AF901499

Münchener Prozessformularbuch
Familienrecht
7. Auflage

Ihr Zugang zur Online-Version

1. Rufen Sie die Internetadresse **freischaltcode.beck.de** auf.
2. Geben Sie Ihren **persönlichen Freischaltcode** (s. unten) ein und folgen Sie den Anweisungen auf dem Bildschirm.
3. Wenn Sie **bereits beck-online-Kunde** sind, wird das Münchener Prozessformularbuch Familienrecht Ihrem bestehenden Konto nach Anmeldung zugeschaltet.
4. Wenn Sie noch **kein beck-online-Kunde** sind, müssen Sie sich zunächst für ein Nutzerkonto registrieren.
5. Sie können nun unter **www.beck-online.beck.de** mit Ihrem **Benutzernamen** und Ihrem **Passwort** von jedem beliebigen PC, Tablet oder Smartphone auf die Online-Version des Münchener Prozessformularbuch Familienrecht zugreifen.
6. Der Freischaltcode und der Zugriff auf die Online-Version des Formularbuchs gelten **für einen Nutzer**, sind nach der Freischaltung nicht übertragbar und bis zum Erscheinen der nächsten Auflage gültig.

Ihr Freischaltcode:

ASBDG-TAPOO-YHQJQ-TBNOG

© 2026 Verlag C.H.Beck GmbH & Co. KG. Urheberrechtlich geschützter Inhalt. Verlag C.H.Beck GmbH & Co. KG ist ausschließlicher Inhaber aller Nutzungsrechte.

Ohne gesonderte Erlaubnis ist jede urheberrechtliche Nutzung des Inhalts im Zusammenhang mit, für oder in KI-Systemen, KI-Modellen oder Generativen Sprachmodellen untersagt. Verlag C.H.Beck GmbH & Co. KG behält sich alle Rechte vor, insbesondere die Nutzung zum Text-und-Data-Mining (TDM) nach § 44b Abs. 3 UrhG (Art. 4 DSM-RL).

Münchener Prozessformularbuch
Familienrecht

Münchener Prozessformularbuch Familienrecht

Herausgegeben von

Professor Dr. Dr. h. c. Peter Gottwald

em. o. Professor an der Universität Regensburg

Bearbeitet von:

Nina Bode, RinOLG Hamm; *Helmut Borth,* Präs. des AG Stuttgart a. D.; *Erkan Elden*, Rechtsanwalt und Fachanwalt für Familienrecht in München, *Martina Erb-Klünemann*, RinAG Hamm und Verbindungsrichterin; *Ansgar Fischer*, VRiOLG Oldenburg; *Dr. Martin Frank,* VRiOLG Karlsruhe; *Timm Frauenknecht,* Rechtsanwalt und Fachanwalt für Familienrecht in München; *Prof. Dr. Dr. Herbert Grziwotz,* Notar a. D. in Regen; *Mechthild Gutbell*, Rechtsanwältin und Fachanwältin für Familienrecht in Hofheim; *Dr. Tobias Kappler,* Notar in Osterhofen; *Dr. Undine Krebs,* Rechtsanwältin und Fachanwältin für Familienrecht in München; *Dr. Rolf Marschner,* Rechtsanwalt und Fachanwalt für Sozialrecht in München; *Dr. Marko Oldenburger,* Rechtsanwalt und Fachanwalt für Familienrecht in Hamburg, *Prof. Dr. Robert Sieghörtner,* Notar in Gräfenberg; Dr. *Rolf Vossenkämper,* RiAG Dinslaken; *Rudolf Vossenkämper,* Stv. Direktor des AG Tempelhof-Kreuzberg a. D.; *Dr. Kerstin Wierse*, RiOLG Frankfurt; *Nina Wölfer*, RiAG Schöneberg

7. Auflage 2026

C.H.BECK

Zitiervorschlag:
MPFormB FamR/Bearbeiter Form. ... Anm. ...

beck.de

ISBN PRINT 978 3 406 83525 4

© 2026 Verlag C.H.Beck GmbH & Co. KG
Wilhelmstraße 9, 80801 München
info@beck.de
Druck und Bindung: Beltz Grafische Betriebe GmbH
Am Fliegerhorst 8, 99947 Bad Langensalza
Satz: Reemers Publishing Services GmbH, Krefeld
Umschlag: Druckerei C.H.Beck Nördlingen

chbeck.de/nachhaltig
produktsicherheit.beck.de

Gedruckt auf säurefreiem, alterungsbeständigem Papier
(hergestellt aus chlorfrei gebleichtem Zellstoff)

Alle urheberrechtlichen Nutzungsrechte bleiben vorbehalten.
Der Verlag behält sich auch das Recht vor, Vervielfältigungen dieses Werkes
zum Zwecke des Text and Data Mining vorzunehmen.

Vorwort zur 7. Auflage

Das Familienrecht ist weiter in Bewegung und die Familiengerichte sind voll beschäftigt. Die Reform des Vormundschaftsrechts, die Änderung des Kostenrechts, Neufassungen der Unterhaltstabellen, nicht zuletzt eine reichhaltige Rechtsprechung machen eine Aktualisierung, aber auch die Einfügung neuer Formulare, etwa für den Kindesunterhalt im Wechselmodell, erforderlich.

Die Formulare entsprechen weitestgehend der Rechtslage zum 1.4.2026. Auf die anstehenden Reformen beim Versorgungsausgleich sowie beim Unterhalt wird, soweit möglich, in den Anmerkungen zu den Formularen hingewiesen. Die zum 1.4.2026 in Kraft getretenen Neuerungen im Abstammungsrecht kommen zur Anwendung. Das nach Redaktionsschluss vom Bundestag am 8.5.2026 verabschiedete Gesetz zur Einführung der elektronischen Aufenthaltsüberwachung sowie der am 22.5.2026 vorgelegte Referententenentwurf eines Gesetzes zur Verbesserung des Schutzes von Opfern häuslicher Gewalt konnten jedoch nicht mehr berücksichtigt werden.

Mit dieser Auflage findet ein erheblicher Generationenwechsel bei den Autoren des Buches statt. Ausgeschieden sind die verdienten Autoren Ludwig Bergschneider (†), Michael Cirullies, Hermann Greving, Jörg Hoffmann, Lothar Müller und (partiell) Rudolf Vossenkämper. Ihre Teile haben mit Eva Bode, Erkan Elden, Timm Frauenknecht, Mechthild Gutbell, Markus Oldenburger und Rolf Vossenkämper sämtlich im Familienrecht ausgewiesene, erfahrene Richter und Rechtsanwälte übernommen. Für die zum Teil kurzfristige Übernahme und ihre sorgfältige Arbeit sei ihnen herzlich gedankt. Mein Dank gilt in gleicher Weise dem Lektorat für die umsichtige Planung und die sorgfältige Herstellung des Buches.

Die Formulare sind wie bisher an typischen Fällen ausgerichtet. Die Anmerkungen enthalten rechtliche Erläuterungen der Antragsmuster, Hinweise auf Streitfragen oder mögliche Fallvarianten.

Ich hoffe, dass diese Formularmuster die Erstellung eigener Schriftsätze weiterhin erleichtern und dazu beitragen, dass Familienverfahren optimal vorbereitet und betrieben werden.

Regensburg, im Juni 2026 Peter Gottwald

Inhaltsübersicht

A. Ehesachen

B. Scheidungsfolgesachen

C. Einstweiliger Rechtschutz

D. Kindschaftssachen

E. Abstammungssachen

F. Adoptionssachen

G. Ehewohnungs- und Haushaltssachen

H. Gewaltschutzsachen

I. Versorgungsausgleichssachen

J. Unterhaltssachen

K. Güterrechtssachen

L. Sonstige Familiensachen

M. Lebenspartnerschaftssachen

N. Faktische Lebensgemeinschaft

O. Rechtsmittel gegen Endentscheidungen und in Kostensachen

P. Rechtsbehelfe gegen andere Entscheidungen

Q. Anerkennung und Vollstreckbarerklärung ausländischer Entscheidungen

R. Zwangsvollstreckung in Familiensachen

Inhaltsverzeichnis

A. Ehesachen

C. Einstweiliger Rechtschutz

D. Kindschaftssachen

E. Abstammungssachen

F. Adoptionssachen

G. Ehewohnungs- und Haushaltssachen

H. Gewaltschutzsachen

I. Versorgungsausgleichssachen

J. Unterhaltssachen

K. Güterrechtssachen

L. Sonstige Familiensachen

M. Lebenspartnerschaftssachen

N. Faktische Lebensgemeinschaft

O. Rechtsmittel gegen Endentscheidungen und in Kostensachen

P. Rechtsbehelfe gegen andere Entscheidungen

Q. Anerkennung und Vollstreckbarerklärung ausländischer Entscheidungen

R. Zwangsvollstreckung in Familiensachen

Verzeichnis der Bearbeiter

Nina Bode	J.I.1-5, 7-20
Helmut Borth	B.I I.
Erkan Elden	K.I.1–4, 8–9, K.II, K.III, K.IV.1 L.II.1, L.III.19
Martina Erb-Klünemann	A.V.4, 7, 10, 11 B.II.10, 11, B.III.14 D.III K.V Q.V–XIII R.IV
Ansgar Fischer	O. P.
Dr. Martin Frank	B.V C. D.I–II L.II.2, L.IV, L.V
Timm Frauenknecht	A.I, A.II, A.III, A.IV B.IV.1–4 B.VI
Prof. Dr. Dr. Herbert Grziwotz ...	M. N.
Mechthild Gutbell	R. I – III
Dr. Tobias Kappler	B.IV.5–7 K.I.5–7 K.IV.2
Dr. Undine Krebs	B.III.1–13 G. H. L.I, L.II, L.III.1–18
Dr. Rolf Marschner	D.VII
Dr. Marko Oldenburger	E.
Prof. Dr. Robert Sieghörtner	F.
Dr. Rolf Vossenkämper	B.II.1–9
Rudolf Vossenkämper	B.II.1–8 J.II–III

Dr. Kerstin Wierse .... D.IV–VI

Nina Wölfer A.V.1–3, 5, 6, 8, 9
L.VI
Q.I–IV

Abkürzungsverzeichnis

aA	anderer Ansicht
aaO	am angegebenen Ort
abgedr.	abgedruckt
Abs.	Absatz
ABl.	Amtsblatt der Europäischen Union
AcP	Archiv für die civilistische Praxis
AdoptG	Adoptionsgesetz
AdVermiG	Adoptionsvermittlungsgesetz
AdwirkG	Adoptionswirkungsgesetz
aE	am Ende
AEUV	Vertrag über die Arbeitsweise der Europäischen Union
aF	alte(r) Fassung
AG	Aktiengesellschaft; Amtsgericht
Alt.	Alternative
aM	anderer Meinung
ÄndG	Änderungsgesetz
Anh.	Anhang
Anm.	Anmerkung
AnVNG	Angestellten-Versicherungs-Neuregelungsgesetz
AnwBl.	Anwaltsblatt
AO	Abgabenordnung
AP	Arbeitsrechtliche Praxis, Nachschlagewerk des BAG
ArbG	Arbeitsgericht
ArbGG	Arbeitsgerichtsgesetz
Art.	Artikel
ArVNG	Arbeiter-Versicherungs-Neuregelungsgesetz
Aufl.	Auflage
AUG	Auslandsunterhaltsgesetz
ausl.	ausländisch
AVG	Angestellten-Versicherungs-Gesetz
AVK	Allgemeine Versicherungsbedingungen der privaten Krankenversicherung
BAG	Bundesarbeitsgericht
BAGE	Entscheidungen des BAG (amtliche Sammlung)
BAnz.	Bundesanzeiger
BayObLG	Bayerisches Oberstes Landesgericht
BayOLGZ	Entscheidungen des BayObLG in Zivilsachen (amtl. Sammlung)
BB	Betriebs-Berater (Zeitschrift)
BBG	Bundesbeamtengesetz
BDSG	Bundesdatenschutzgesetz
BeamtVG	Beamtenversorgungsgesetz
BeckRS	Beck-Rechtsprechung (online)
BEG	Bundesentschädigungsgesetz
begl.	beglaubigt
BerHG	Beratungshilfegesetz
BetrAVG	Gesetz zur Verbesserung der betrieblichen Altersversorgung
BewG	Bewertungsgesetz

BFH	Bundesfinanzhof
BfJ	Bundesamt für Justiz
BGB	Bürgerliches Gesetzbuch
BGBl.	Bundesgesetzblatt (I = Teil I, II = Teil II)
BGH	Bundesgerichtshof
BGHSt	Entscheidungen des BGH in Strafsachen (amtliche Sammlung)
BGHZ	Entscheidungen des BGH in Zivilsachen (amtliche Sammlung)
BKGG	Bundeskindergeldgesetz
BMF	Bundesministerium der Finanzen
BNotO	Bundesnotarordnung
BRAGO	Bundesrechtsanwaltsgebührenordnung
BRAO	Bundesrechtsanwaltsordnung
Brüssel I-VO	Verordnung (EG) Nr. 44/2001 des Rates vom 22. Dezember 2000 über die gerichtliche Zuständigkeit und die Anerkennung und Vollstreckung von Entscheidungen in Zivil- und Handelssachen
Brüssel Ia-VO	Verordnung (EU) Nr. 1215/2012 des Europäischen Parlaments und des Rates vom 12. Dezember 2012 über die gerichtliche Zuständigkeit und die Anerkennung und Vollstreckung von Entscheidungen in Zivil- und Handelssachen
Brüssel II-VO	Verordnung (EG) Nr. 1347/2000 des Rates vom 29. Mai 2000 über die Zuständigkeit und die Anerkennung und Vollstreckung von Entscheidungen in Ehesachen und in Verfahren betreffend die elterliche Verantwortung für die gemeinsamen Kinder der Ehegatten
Brüssel IIa-VO	Verordnung (EG) Nr. 2201/2003 des Rates vom 27. November 2003 über die Zuständigkeit und die Anerkennung und Vollstreckung von Entscheidungen in Ehesachen und in Verfahren betreffend die elterliche Verantwortung und zur Aufhebung der Verordnung (EG) Nr. 1347/2000
Brüssel IIb-VO	Verordnung (EU) 2019/1111 des Rates vom 25. Juni 2019 über die Zuständigkeit, die Anerkennung und Vollstreckung von Entscheidungen in Ehesachen und in Verfahren betreffend die elterliche Verantwortung und über internationale Kindesentführungen
BSG	Bundessozialgericht
BSHG	Bundessozialhilfegesetz
BStBl.	Bundessteuerblatt
Buchst.	Buchstabe
BT-Drs.	Bundestags-Drucksache
BVerfG	Bundesverfassungsgericht
BVerfGE	Entscheidungen des BVerfG (amtliche Sammlung)
BVerwG	Bundesverwaltungsgericht
BVerwGE	Entscheidungen des BVerwG (amtliche Sammlung)
BWNot	Zeitschrift für das Notariat in Baden-Württemberg
DB	Der Betrieb (Zeitschrift)
DFGT	Deutscher Familiengerichtstag
DGVZ	Deutsche Gerichtsvollzieher Zeitung
Die Justiz	Amtsblatt des Justizministeriums Baden-Württemberg
DNotZ	Deutsche Notar-Zeitschrift
dt.	deutsch
DRiZ	Deutsche Richterzeitung

DStR	Deutsches Steuerrecht (Zeitschrift)
DStZ	Deutsche Steuerzeitung
DT	Düsseldorfer Tabelle
DVKostG	Durchführungsvorschriften zu den Kostengesetzen
EGBGB	Einführungsgesetz zum Bürgerlichen Gesetzbuch
EGMR	Europäischer Gerichtshof für Menschenrechte
EheG	Ehegesetz
EMRK	Konvention zum Schutz der Menschenrechte und Grundfreiheiten
EStG	Einkommensteuergesetz
ESÜ	Europäisches Übereinkommen über die Anerkennung und Vollstreckung von Entscheidungen über das Sorgerecht für Kinder und die Wiederherstellung des Sorgeverhältnisses
EU	Europäische Union
EuGH	Gerichtshof der Europäischen Union
EuGewSchRL	Richtlinie 2011/99/EU des Europäischen Parlaments und des Rates vom 13. Dezember 2011 über die Europäische Schutzanordnung
EuGewSchVG	EU-Gewaltschutzverfahrensgesetz
EuGüVO	Verordnung (EU) 2016/1103 des Rates zur Durchführung einer Verstärkten Zusammenarbeit im Bereich der Zuständigkeit, des anzuwendenden Rechts und der Anerkennung und Vollstreckung von Entscheidungen in Fragen des ehelichen Güterstands
EuPartVO	Verordnung (EU) 2016/1104 des Rates zur Durchführung der Verstärkten Zusammenarbeit im Bereich der Zuständigkeit, des anzuwendenden Rechts und der Anerkennung und Vollstreckung von Entscheidungen in Fragen güterrechtlicher Wirkungen eingetragener Partnerschaften
EUR	Euro
EuUntVO	Verordnung (EG) Nr. 4/2009 des Rates über die Zuständigkeit, das anzuwendende Recht, die Anerkennung und Vollstreckung von Entscheidungen und die Zusammenarbeit in Unterhaltssachen
EuVTVO	Verordnung (EG) Nr. 805/2004 des Europäischen Parlaments und des Rates zur Einführung eines europäischen Vollstreckungstitels für unbestrittene Forderungen
f.	folgende (Einzahl)
FamFG	Gesetz über das Verfahren in Familiensachen und in den Angelegenheiten der freiwilligen Gerichtsbarkeit
FamGKG	Gesetz über Gerichtskosten in Familiensachen
FamRÄndG	Familienrechtsänderungsgesetz
FamRB	Familienrechtsberater (Zeitschrift)
FamRBint	FamRB International (Zeitschrift)
FamRZ	Zeitschrift für das gesamte Familienrecht
ff.	folgende (Mehrzahl)
FF	Forum Familienrecht (Zeitschrift)
FG	Finanzgericht
FGG	Gesetz über die Angelegenheiten der Freiwilligen Gerichtsbarkeit
Fn.	Fußnote
Form.	Formular(e)
FoVo	Forderung und Vollstreckung (Zeitschrift)

FPR .... Familie Partnerschaft Recht (Zeitschrift)
FR .... Finanzrundschau (Zeitschrift)
FS .... Festschrift
FuR .... Familie und Recht (Zeitschrift)

G. .... Gesetz
geb. .... geboren
GewSchG .... Gewaltschutzgesetz
GFK .... Genfer UN-Abkommen über die Rechtstellung der Flüchtlinge
GG .... Grundgesetz
GKG .... Gerichtskostengesetz
GS .... Großer Senat
GVG .... Gerichtsverfassungsgesetz
GVGA .... Geschäftsanweisung für Gerichtsvollzieher
GvKostG .... Gerichtsvollzieher-Kostengesetz
GVO .... Gerichtsvollzieherordnung

HAÜ .... Haager Übereinkommen über den Schutz von Kindern und die Zusammenarbeit auf dem Gebiet der internationalen Adoption
HausratsVO .... Hausratsverordnung
HGB .... Handelsgesetzbuch
hM .... herrschende Meinung
HKÜ .... Haager Übereinkommen über die zivilrechtlichen Aspekte internationaler Kindesentführungen
HÜ .... Haager Übereinkommen (betr. Unterhalt, 1956, 1973)
HUntProt (HUP) .... Haager Protokoll über das auf Unterhaltspflichten anzuwendende Recht
HUntÜbk 2007 .... Haager Übereinkommen über die internationale Geltendmachung der Unterhaltsansprüche von Kindern und anderen Familienangehörigen
HUntVÜ 1973 .... Haager Übereinkommen über die Anerkennung und Vollstreckung von Unterhaltsentscheidungen

idF .... in der Fassung
IntFamRVG .... Internationales Familienrechtsverfahrensgesetz
IntGüRVG .... Internationales Güterrechtsverfahrensgesetz
IPG .... Gutachten zum ausländischen und internationalen Privatrecht
IPR .... Internationales Privatrecht
IPRax .... Praxis des Internationalen Privat- und Verfahrensrechts (Zeitschrift)
iSd .... im Sinne des
iVm .... in Verbindung mit
iW .... im Wesentlichen

JR .... Juristische Rundschau (Zeitschrift)
JurBüro .... Das juristische Büro (Zeitschrift)
JuS .... Juristische Schulung (Zeitschrift)
JVBl. .... Justizverwaltungsblatt
JZ .... Juristenzeitung

KG .... Kammergericht (mit Fundstelle); Kommanditgesellschaft
Komm. .... Kommentar

KonkO .... Konkursordnung
KostO .... Kostenordnung
KSÜ .... Haager Übereinkommen über die Zuständigkeit, das anzuwendende Recht, die Anerkennung, Vollstreckung und Zusammenarbeit auf dem Gebiet der elterlichen Verantwortung und der Maßnahmen zum Schutz von Kindern
KV .... Kostenverzeichnis (Anlage 1 zum GKG)

LAG .... Landesarbeitsgericht
LG .... Landgericht
Lit. .... Literatur
LM .... Lindenmaier-Möhring, Nachschlagewerk des BGH
Ls. .... Leitsatz
LugÜ 2007 .... Luganer Übereinkommen über die gerichtliche Zuständigkeit und die Anerkennung und Vollstreckung von Entscheidungen in Zivil- und Handelssachen
LVA .... Landesversicherungsanstalt

mAnm .... mit Anmerkung
MDR .... Monatsschrift für Deutsches Recht
Mio. .... Millionen
MittBayNot .... Mitteilungen des Bayerischen Notarvereins, der Notarkasse und der Landesnotarkammer Bayern
MittRhNotK .... Mitteilungen der rheinischen Notarkammer
MSA .... Haager Minderjährigenschutzübereinkommen
mwN .... mit weiteren Nachweisen

NdsRPfl. .... Niedersächsische Rechtspflege, hrsg. v. Niedersächsischen Ministerium der Justiz
nF .... neue(r) Fassung
NJW .... Neue Juristische Wochenschrift
NJWE-FER .... Neue Juristische Wochenschrift Entscheidungsdienst Familien- und Erbrecht
NJW-RR .... NJW-Rechtsprechungs-Report
NWG .... Neue Wirtschaftsbriefe
NZFam .... Neue Zeitschrift für Familienrecht

OLG .... Oberlandesgericht
OLGZ .... Entscheidungen der Oberlandesgerichte in Zivilsachen

PStG .... Personenstandsgesetz

RabelsZ .... Zeitschrift für ausländisches und internationales Privatrecht begründet von Rabel
RG .... Reichsgericht
RGRK .... BGB, Komm. hrsg. v. Mitgliedern des Bundesgerichtshofs
RGZ .... Entscheidungen des RG in Zivilsachen (amtliche Sammlung)
RiA .... Recht im Amt (Zeitschrift)
RL .... Richtlinie
Rn. .... Randnummer
Rom II-VO .... Verordnung (EG) Nr. 864/2007 des Europäischen Parlaments und des Rates vom 11. Juli 2007 über das auf außervertragliche Schuldverhältnisse anzuwendende Recht („Rom II“)

Rom III-VO	Verordnung (EU) Nr. 1259/2010 des Rates vom 20. Dezember 2010 zur Durchführung einer Verstärkten Zusammenarbeit im Bereich des auf die Ehescheidung und Trennung ohne Auflösung des Ehebandes anzuwendenden Rechts
Rpfleger	Der Deutsche Rechtspfleger (Zeitschrift)
RPflG	Rechtspfleger-Gesetz
Rspr.	Rechtsprechung
RVG	Rechtsanwaltsvergütungsgesetz
s.	siehe
s. auch	siehe auch
SGB	Sozialgesetzbuch
SGb	Sozialgerichtsbarkeit (Zeitschrift)
StAG	Staatsangehörigkeitsgesetz
StAZ	Das Standesamt (Zeitschrift)
str.	Streitig, strittig
Tz.	Textziffer
Übk.	Übereinkommen
VA	Versorgungsausgleich(s)
VAHRG	Gesetz zur Regelung von Härten im Versorgungsausgleich
VAWMG	Gesetz über weitere Maßnahmen auf dem Gebiet des Versorgungsausgleichs
VersAusgl	Versorgungsausgleich
VersAusglG	Versorgungsausgleichgesetz
VersR	Versicherungsrecht (Zeitschrift)
VKH	Verfahrenskostenhilfe
VO	Verordnung
Vorb.	Vorbemerkung
VVG	Versicherungsvertragsgesetz
WEG	Wohnungseigentumsgesetz
ZblJugR	Zentralblatt für Jugendrecht (bis 1983)
ZDG	Gesetz über den Zivildienst
ZEV	Zeitschrift für Erbrecht und Vermögensnachfolge
ZfJ	Zeitschrift für Jugendrecht (seit 1984)
ZIP	Zeitschrift für Wirtschaftsrecht und Insolvenzpraxis
ZKJ	Zeitschrift für Kindschaftsrecht und Jugendhilfe
ZMR	Zeitschrift für Miet- und Raumrecht
ZPO	Zivilprozessordnung
ZVFV	Zwangsvollstreckungsformular-Verordnung
ZVG	Zwangsversteigerungsgesetz
ZZP	Zeitschrift für Zivilprozess
zzt.	zurzeit

Literaturverzeichnis

Andrae IntFamR	Andrae, Internationales Familienrecht, Handbuch, 5. Aufl. 2024
Anders/Gehle	Anders/Gehle, Zivilprozessordnung: ZPO, Kommentar, 84. Aufl. 2025
BeckOGK/Bearbeiter FamFG	Beck-Online.GROSSKOMMENTAR, FamFG, 1.12.2025
BeckOK BGB	Hau/Poseck, BeckOK BGB, Kommentar, 75. Aufl. 2025
BeckOK FamFG	Hahne/Schlögel/Schlünder, BeckOK FamFG, Kommentar, 56. Aufl. 2025
BeckOK SozR	Rolfs/Giesen/Meßling/Udsching, BeckOK Sozialrecht, Kommentar, 79. Aufl. 2025
BeckOK Streitwert	Mayer, BeckOK Streitwert, 54. Aufl. 2026
Bergschneider Verträge Familiensachen	Bergschneider, Verträge in Familiensachen – Eheverträge, Trennungs- und Scheidungsvereinbarungen, Handbuch, 6. Aufl. 2018
Bergschneider Familien-VermögensR-HdB	Bergschneider, Familienvermögensrecht, Handbuch, 3. Aufl. 2016
UnterhaltsR-HdB/Bearbeiter Kap. Rn.	Born/Fuchs/Heiß/Heiß/Henrich/Hornung/Hußmann/Kohlenberg/Linderer, Unterhaltsrecht, 67. EL 2025
Borth UnterhaltsR	Borth, Praxis des Unterhaltsrechts, 4. Aufl. 2025
Borth Versorgungsausgleich	Borth, Handbuch Versorgungsausgleich – In anwaltschaftlicher und familiengerichtlicher Praxis, Kommentar, 10. Aufl. 2025
Bumiller/Harders/Schwamb	Bumiller/Harders/Schwamb, FamFG, Kommentar, 13. Aufl. 2022
Cirullies/Cirullies Schutz	Cirullies/Cirullies, Schutz bei Gewalt und Nachstellung, Handbuch, 3. Aufl. 2024
Cirullies Familiensachen	Cirullies, Vollstreckung in Familiensachen, Handbuch, 2. Aufl. 2017
Dethloff FamR	Dethloff, Familienrecht, Lehrbuch, 33. Aufl. 2022
Dose UnterhaltsR	Dose, Das Unterhaltsrecht in der familienrichterlichen Praxis, Handbuch, 11. Aufl. 2026
Dutta/Jacoby/Schwab FamFG	Dutta/Jacoby/Schwab, FamFG, Kommentar, 4. Aufl. 2021
Eisenberg/Kölbel	Eisenberg/Kölbel, Jugendgerichtsgesetz, Kommentar, 26. Aufl. 2025
Erman	Westermann/Grunewald/Maier-Reimer, BGB, Kommentar, 17. Aufl. 2023

FA-FamR .... Gerhardt/von Heintschel-Heinegg/Klein, Handbuch Familienrecht, 12. Aufl. 2021
FormB-FamR/Bearbeiter .. Meyer-Götz, Familienrecht Formularbuch, 4. Auflage 2018

Gerhardt/von Heintschel-Heinegg/Klein FamR-HdB .... Gerhardt/von Heintschel-Heinegg/Klein, Handbuch Familienrecht, 13. Aufl. 2024
Gernhuber/Coester-Waltjen FamR .... Gernhuber/Coester-Waltjen, Familienrecht, 7. Aufl. 2020
Gerold/Schmidt .... Müller-Rabe/Mayer/Burhoff, RVG, Kommentar, 27. Aufl. 2025
Gießler/Soyka VorlRS in Familiensachen .... Gießler/Soyka, Vorläufiger Rechtsschutz in Familiensachen, Lehrbuch, 6. Aufl. 2015
Grüneberg .... Ellenberger/Götz/Grüneberg/Herrler/von Pückler/Retzlaff/Siede/Sprau/Thorn/Weidenkaff/Weidlich/Wicke, Bürgerliches Gesetzbuch, Kommentar, 85. Aufl. 2026

Grziwotz Nichteheliche Lebensgemeinschaft .... Grziwotz, Nichteheliche Lebensgemeinschaft, Monografie, 5. Aufl. 2014

Hausmann IntEuFamR .... Hausmann, Internationales und Europäisches Familienrecht, Kommentar, 3. Aufl. 2024
Heilmann .... Heilmann, Praxiskommentar Kindschaftsrecht, Kommentar, 3. Aufl. 2024
Henrich/Dutta/Ebert IntEheR .... Henrich/Dutta/Ebert, Internationales Ehe- und Kindschaftsrecht, Handbuch, 7. Aufl. 2023
Hoppenz .... Hoppenz, Familiensachen, Kommentar, 9. Aufl. 2009
Horndasch/Viefhues .... Horndasch/Viefhues, FamFG, Kommentar, 3. Aufl. 2013

Johannsen/Henrich/Althammer .... Johannsen/Henrich/Althammer, Familienrecht, Kommentar, 7. Aufl. 2020

MAH FamR .... Schnitzler, Münchener Anwaltshandbuch Familienrecht, Handbuch, 5. Aufl. 2020

Marschner/Lesting/Stahmann .... Marschner/Lesting/Stahmann, Freiheitsentziehung und Unterbringung, Kommentar, 7. Aufl. 2024
Motzer/Kugler/Grabow Migrationsfamilien .... Motzer/Kugler/Grabow, Kinder aus Migrationsfamilien in der Rechtspraxis, Handbuch, 2. Aufl. 2012
Musielak/Borth/Frank ...... Musielak/Borth/Frank, Familiengerichtliches Verfahren, Kommentar, 7. Aufl. 2022
Musielak/Voit .... Musielak/Voit, Zivilprozessordnung: ZPO, Kommentar, 22. Aufl. 2025
MüKoBGB .... Säcker/Rixecker/Oetker/Limperg, Münchener Kommentar zum Bürgerlichen Gesetzbuch: BGB, Kommentar, Band 1, 2, 3, 9, 11, 10. Aufl. 2025; Band 10, 13, 9. Aufl. 2025
MüKoFamFG .... Rauscher, Münchener Kommentar zum FamFG, Kommentar, Band 1, 2, 4. Aufl. 2025

MüKoZPO	Krüger/Rauscher, Münchener Kommentar zur ZPO, Kommentar, Band 1, 2, 7. Aufl. 2025, Band 3, 6. Aufl. 2020
Müller-Engels/Sieghörtner/Emmerling de Oliveira AdoptionsR	Müller-Engels/Sieghörtner/Emmerling de Oliveira, Adoptionsrecht in der Praxis, Handbuch, 5. Aufl. 2026
Nagel/Gottwald IntZivilProzR	Nagel/Gottwald, Internationales Zivilprozessrecht, Handbuch, 9. Aufl. 2025
Niepmann/Kerscher Unterhalt	Niepmann/Seiler, Die Rechtsprechung zur Höhe des Unterhalts, Monografie, 15. Aufl. 2023
Prütting/Helms	Prütting/Helms, FamFG, Kommentar, 7. Aufl. 2026
Rauscher	Rauscher, Europäisches Zivilprozess- und Kollisionsrecht, Kommentar, 5. Aufl. 2022 ff.
Ruland Versorgungsausgleich	Ruland, Versorgungsausgleich, Monografie, 4. Aufl. 2015
Schneider/Dürbeck Gebühren Familiensache	Schneider/Dürbeck, Gebühren in Familiensachen, 2. Aufl. 2021
Scholz/Kleffmann FamR-HdB	Scholz/Kleffmann, Praxishandbuch Familienrecht, Handbuch, 47. Aufl. 2025
Schulte-Bunert/Weinreich	Schulte-Bunert/Weinreich, FamFG, Kommentar, 8. Aufl. 2025
Schulz/Hauß Vermögensauseinandersetzung	Schulz/Hauß, Vermögensauseinandersetzung bei Trennung und Scheidung, Handbuch, 7. Aufl. 2022
Schwab/Dutta GdR FamR	Schwab/Dutta, Familienrecht, Lehrbuch, 33. Aufl. 2025
Soergel	Soergel, Bürgerliches Gesetzbuch mit Einführungsgesetz und Nebengesetzen (BGB), Kommentar, Band 1, 2/1, 2/2, 11/1, 11/2, 11/3, 19/1, 19/2, 22, 24, 32, 33, 14. Aufl. 2020; Band 2a, 3/2, 4, 5/1, 5/1a, 5/2, 5/3, 6/1, 6/2, 7, 8, 9/1b, 10, 12, 13, 14, 15/1, 15/2, 16, 17/1, 17/2, 18, 18a, 20, 21, 23, 27/1, 13. Aufl. 1999
Staudinger	Staudinger, Kommentar zum Bürgerlichen Gesetzbuch (BGB) mit Einführungsgesetz und Nebengesetzen, Kommentar
Sternal	Engelhardt/Sternal, FamFG, Kommentar, 22. Aufl. 2025 (ehemals Keidel)
Stöber	Keller, Zwangsversteigerungsgesetz: ZVG, Kommentar, 24. Aufl. 2026
Thomas/Putzo	Thomas/Putzo, ZPO, Kommentar, 46. Aufl. 2025
Wellenhofer FamR	Wellenhofer, Familienrecht, Lehrbuch, 7. Aufl. 2023
Wever Vermögensauseinandersetzung	Wever, Vermögensauseinandersetzung der Ehegatten außerhalb des Güterrechts, Handbuch 8. Aufl. 2023

Wick Versorgungs-ausgleich	Wick, Der Versorgungsausgleich, Handbuch, 5. Aufl. 2023
Zöller	Zöller, ZPO, Kommentar, 36. Aufl. 2026

A. Ehesachen

I. Vorbemerkungen

1. Antrag, Beschluss, Beteiligtenbezeichnung

Formelle Voraussetzung für die Scheidung einer Ehe ist der Antrag eines oder beider Ehegatten bei Gericht (§ 1564 S. 1 BGB). Durch die Einreichung einer **Antragsschrift** wird das gerichtliche Verfahren auf Scheidung **anhängig** (§ 124 S. 1 FamFG); durch die Zustellung wird sie **rechtshängig** (§ 124 S. 2 FamFG, §§ 253 Abs. 1, 261 Abs. 1 ZPO). Die Scheidung erfolgt durch gerichtlichen Beschluss (§ 1564 S. 1 BGB, § 116 Abs. 1 FamFG). Mit der **Rechtskraft** des Beschlusses wird die Ehe aufgelöst (§ 1564 S. 2 BGB). Die Parteien des Ehescheidungsverfahrens heißen **Beteiligte** (§ 113 Abs. 5 Nr. 5 FamFG) und tragen anstelle der Bezeichnungen Kläger und Beklagter die Bezeichnungen **Antragsteller** (§ 113 Abs. 5 Nr. 3 FamFG) bzw. **Antragsgegner** (§ 113 Abs. 5 Nr. 4 FamFG), wie auch statt Klageschrift es Antragsschrift heißt. Es ist weitgehend üblich, die Beteiligtenbezeichnung aus dem Scheidungsantrag auch in den Folgesachen selbst dann zu verwenden, wenn dort die Beteiligtenstellung umgekehrt ist. Beispiel: Macht die Antragsgegnerin des Scheidungsverfahrens in der Folgesache Güterrecht ihren Anspruch auf Zugewinn geltend, bleibt sie Antragsgegnerin auch in der Folgesache. Insbes. wenn mehrere Folgesachen anhängig sind, wird der besseren Übersichtlichkeit halber oft statt Antragsteller und Antragsgegner nur von Ehefrau und Ehemann gesprochen.

2. Verfahrensvorschriften

Das Ehescheidungsverfahren bestimmt sich nach den allgemeinen Vorschriften des Verfahrens in **Ehesachen** (§§ 121–132 FamFG), ergänzt durch die § 133 FamFG (Formalitäten des Scheidungsantrags), § 138 FamFG (Beiordnung eines Rechtsanwalts) und § 134 FamFG (einverständliche Scheidung). Im Übrigen gelten auf Grund der Verweisung von § 113 Abs. 1 S. 2 FamFG die allgemeinen Vorschriften der ZPO und deren Vorschriften über das Verfahren vor den Landgerichten entsprechend.

3. Allgemeiner Inhalt der Antragsschrift

Der **allgemeine Inhalt** der Antragsschrift ergibt sich aus § 133 FamFG, § 253 Abs. 2 ZPO wie folgt:

- Bezeichnung des Gerichts
- Bezeichnung der beteiligten Ehegatten (Namen und ladungsfähige Anschriften)
- Antrag auf Scheidung der Ehe
- bestimmte Angaben des Scheidungsgrundes (Sachverhalt, aus dem der Antragsanspruch hergeleitet wird)
- Als **besondere Angaben** muss die Antragsschrift enthalten:
- Namen und Geburtsdaten der gemeinschaftlichen minderjährigen Kinder samt Mitteilung ihres gewöhnlichen Aufenthalts (§ 133 Abs. 1 Nr. 1 FamFG),

- die Erklärung, ob die Ehegatten eine Regelung über die elterliche Sorge, den Umgang und die Unterhaltspflicht gegenüber den gemeinschaftlichen minderjährigen Kindern sowie die durch die Ehe begründete Unterhaltspflicht, die Rechtsverhältnisse an der Ehewohnung und an den Haushaltsgegenständen getroffen haben (§ 133 Abs. 1 Nr. 2 FamFG) und ob
- Familiensachen, an denen beide Ehegatten beteiligt sind, anderweitig anhängig sind (§ 133 Abs. 1 Nr. 3 FamFG).

Ferner sollen der Antragsschrift die Heiratsurkunde und die Geburtsurkunden der gemeinschaftlichen minderjährigen Kinder beigefügt werden (§ 133 Abs. 2 FamFG).

4. Zuständigkeit, insbesondere örtliche Zuständigkeit

Für Ehesachen und damit auch für Verfahren auf Scheidung sind die **Amtsgerichte** zuständig (§ 23a Abs. 1 Nr. 1 GVG, § 111 Nr. 2 FamFG), und zwar die **Familiengerichte** (§ 23b Abs. 1 S. 1 GVG). Die **örtliche Zuständigkeit** für Verfahren auf Scheidung ist in § 122 FamFG in einem tiefgestaffelten **Eventualverhältnis** geregelt. Dabei sind die jeweiligen Gerichtsstände in der Weise einander nachgeschaltet, dass der jeweils spätere nur eingreift, wenn der vorausgehende Gerichtsstand nicht zum Zuge kommt. Eine **Gerichtsstandsvereinbarung** (Prorogation) ist nicht zulässig (§ 40 Abs. 2 Nr. 1 und 2 ZPO). Die jeweiligen Gerichtsstände sind damit **ausschließlich (§ 122 FamFG). Für die örtliche Zuständigkeit** ist grundsätzlich der Zeitpunkt der Rechtshängigkeit ((§ 113 Abs. 1 FamFG iVm §§ 261 Abs. 1, 253 Abs. 1 ZPO) maßgebend (s. Thomas/Putzo/Hüßtege FamFG § 122 Rn. 2). Ändern sich die zuständigkeitsbegründenden Tatsachen nach Rechtshängigkeit, bleibt die örtliche Zuständigkeit erhalten (**perpetuatio fori;** § 261 Abs. 3 Nr. 2 ZPO).

Regelgerichtsstand: Gewöhnlicher Aufenthalt eines der Ehegatten mit allen gemeinschaftlichen minderjährigen Kindern (§ 122 Nr. 1 FamFG; sog. Gerichtsstand der Restfamilie).

Hilfsgerichtsstand 1: Gewöhnlicher Aufenthalt eines der Ehegatten mit einem Teil der gemeinschaftlichen minderjährigen Kinder, sofern bei dem anderen Ehegatten keine gemeinschaftlichen minderjährigen Kinder ihren gewöhnlichen Aufenthalt haben (§ 122 Nr. 2 FamFG).

Hilfsgerichtsstand 2: Letzter gemeinsamer gewöhnlicher Aufenthalt der Ehegatten, wenn dort einer der Ehegatten bei Eintritt der Rechtshängigkeit seinen gewöhnlichen Aufenthalt hat (§ 122 Nr. 3 FamFG).

Hilfsgerichtsstand 3: Gewöhnlicher Aufenthalt des Antragsgegners (§ 122 Nr. 4 FamFG).

Hilfsgerichtsstand 4: Gewöhnlicher Aufenthalt des Antragstellers (§ 122 Nr. 5 FamFG).

Hilfsgerichtsstand 6: Amtsgericht Schöneberg in Berlin (§ 122 Nr. 6 FamFG).

Ein unbekannter Aufenthalt des Antragsgegners wird wie das Fehlen eines Aufenthalts im Inland behandelt (BGH FamRZ 1982, 1199).

5. Internationale Zuständigkeit

Die internationale Zuständigkeit deutscher Gerichte ergibt sich aus Art. 3 der Verordnung (EG) Nr. 2019/1111 des Rates vom 25. Juni 2019 über die Zuständigkeit, die Anerkennung und Vollstreckung von Entscheidungen in Ehesachen und in Verfahren betreffend die elterliche Verantwortung und über internationale Kindesentführungen (auch Brüssel IIb-VO genannt), soweit nicht anwendbar, aus § 98 FamFG.

6. Vollmacht

Nach § 114 Abs. 5 FamFG bedarf der Bevollmächtigte einer **besonderen,** auf das Verfahren gerichteten Vollmacht. Die Vollmacht für die Scheidungssache erstreckt sich auch auf die Folgesachen, nach § 11 S. 5 FamFG, § 82 ZPO auch auf Anordnungsverfahren. Die Vollmacht ist schriftlich zu den Gerichtsakten einzureichen. Sie kann nachgereicht werden. Das Familiengericht hat den Mangel der Vollmacht eines Rechtsanwalts nicht von Amts wegen zu berücksichtigen (§ 11 FamFG). Siehe im Einzelnen BGH FamRZ 2012, 360. Wenn auch nicht zwingend, so ist es doch aus praktischen Gesichtspunkten geboten, die Vollmacht dem Scheidungsantrag beizufügen oder sie ehestmöglich nachzureichen, damit es nicht etwa zu einem Streit über die ordnungsgemäße Bevollmächtigung kommt, besonders, wenn der Mandant während des Verfahrens stirbt und die Folgen der §§ 1933, 2077 Abs. 1, 2279 Abs. 2 BGB streitig werden (siehe unten Nr. 9). Der Nachweis der Prozessvollmacht kann nur durch Vorlage der Originalvollmacht geführt werden, die Kopie einer Vollmacht genügt nicht (vgl. BGH FamRZ 2020, 263 Ls.).

Verlangt wird, dass in der Vollmacht neben der Bezeichnung der Parteien mit Vorname und Familienname das Verfahrensziel (Auflösung oder Erhaltung der Ehe) hinreichend konkret angegeben werden. Bei einer Vollmacht auf Scheidungsantrag oder Zustimmung zum Scheidungsantrag dürfte die praxisübliche Bezeichnung **„wegen Ehescheidung"** genügen, zumal das Gesetz in § 114 Abs. 5 S. 2 FamFG von der „Vollmacht für die Scheidungssache" spricht.

7. Rechtsanwaltsgebühren, Gerichtskosten, Verfahrenswert

Die **Rechtsanwaltsgebühren** für das Ehescheidungsverfahren bestimmen sich nach § 2 Abs. 2 RVG und zwar nach VV 3100 ff. RVG. Dabei fällt regelmäßig eine Verfahrensgebühr nach VV 3100 RVG in Höhe von 1,3 und eine Terminsgebühr nach VV 3104 RVG in Höhe von 1,2 an. Die Gebühren für das Berufungsverfahren bestimmen sich nach VV 3200 RVG. Diese Gebühren fallen nicht nur für den Rechtsanwalt an, der den Scheidungsantrag stellt, sondern auch für denjenigen, welcher (nur) der Scheidung zustimmt oder einen Sachlageantrag stellt (s. VV Vorb. 3 RVG; Gerold/Schmidt/Müller-Rabe RVG VV Vorb. 3 Rn. 74 ff.). Gebührenmäßig besteht also kein Unterschied zwischen streitiger und nichtstreitiger Verhandlung.

Für die **Gerichtskosten** gilt das Gesetz über die Gerichtskosten in Familiensachen (FamGKG). Die Kosten werden gemäß § 3 Abs. 2 FamGKG nach dem dortigen Kostenverzeichnis erhoben und zwar insbesondere nach KV 1110–1111 FamGKG. Es fällt nach KV 1110 FamGKG eine allgemeine Verfahrensgebühr in Höhe von 2,0 an. Die Verfahrensgebühr entsteht nur einmal, auch wenn der Antragsgegner einen Scheidungsantrag einreicht und auch dann, wenn beide Anträge zunächst getrennt behandelt werden. Mit dem Scheidungsantrag ist deshalb eine Gebühr von 2,0 vorzulegen (§ 9 Abs. 1 FamGKG). Für die Beschwerde fällt eine allgemeine Verfahrensgebühr von 3,0 an (KV 1120 FamGKG).

Der **Verfahrenswert** der Ehescheidung ist in § 43 FamGKG geregelt. Danach ist er nach richterlichem Ermessen unter Berücksichtigung aller Umstände des Einzelfalls, insbesondere des Umfangs und der Bedeutung der Sache und der Vermögens- und Einkommensverhältnisse der Ehegatten zu bemessen. Der Wert darf nicht unter 3.000 EUR und nicht über 1,0 Mio. EUR angenommen werden. Für die Einkommensverhältnisse ist das zum Zeitpunkt der ersten Antragstellung (§ 34 FamGKG) in drei Monaten erzielte Nettoeinkommen der Ehegatten einzusetzen. Nach der bisherigen Praxis wurde vom Nettoeinkommen ein Abzug vorgenommen, wenn unterhaltsberechtigte Kinder vorhanden waren, meist in der Größenordnung von 250 EUR pro Kind. Die Praxis der Oberlandesgerichte bei der Berücksichtigung des Vermögens ist unterschiedlich. Vielfach werden 5 % des Vermögens in den Verfahrenswert eingestellt, nachdem 60.000 EUR pro Ehegatte und weitere 30.000 EUR pro unterhaltsberechtigtes Kind als Freibetrag abgezogen werden. Für die Wertfestsetzung wird meist nur das Einkommen und Vermögen zur Grundlage genommen und ein Ermessen nur selten ausgeübt. Die Scheidungssache und die Folgesachen gelten als ein Verfahren (§ 44 Abs. 1 FamGKG); das heißt, sie werden grundsätzlich addiert.

Bei einigen Familiengerichten ist es üblich, dass in der Antragsschrift nicht der genaue Verfahrenswert angegeben wird, sondern ein **(vorläufiger) Pauschalbetrag,** auf dessen Grundlage die Gerichtsgebühr eingezahlt wird. Viele Gerichte setzen ohnedies nach Einreichung des Scheidungsantrags den Verfahrenswert fest und fordern (manchmal) restliche Gebühren nach. Auf die zu niedere Festsetzung des Verfahrenswerts sollte man sich jedoch nur dann einlassen, wenn die Zustellung des Scheidungsantrags nicht besonders eilbedürftig ist, es beispielsweise nicht auf die baldige Festlegung des Endtermins zum Zugewinnausgleich nach § 1384 BGB ankommt.

Für die **Verfahrenskosten,** also die Gerichtskosten und die außergerichtlichen Kosten (insbes. die Rechtsanwaltskosten), gilt abweichend von der Regelung in §§ 80–84 FamFG die Sonderregelung des § 150 FamFG. Danach sind bei einem (erfolgreichen) Scheidungsantrag die Kosten gegeneinander aufzuheben. Ein besonderer Kostenantrag in der Antragsschrift ist somit nicht erforderlich, aber vielfach üblich. Geregelt sind in § 150 Abs. 2 FamFG die Fälle der Abweisung und Zurücknahme des Scheidungsantrags. Erscheint die regelmäßige Kostenverteilung als unbillig, kann das Gericht nach § 150 Abs. 4 FamFG im Hinblick auf eine Versöhnung der Ehegatten oder auf das Ergebnis einer als Folgesache geführten Unterhaltssache oder Güterrechtssache die Kosten nach **billigem Ermessen** anderweitig verteilen. Dabei kann auch berücksichtigt werden, ob ein Beteiligter einer richterlichen Anordnung zur Teilnahme an einem Informationsgespräch über die Möglichkeiten einer gerichtlichen Streitbeilegung (§ 135 Abs. 1 FamFG) unentschuldigt nicht nachgekommen ist. Schließlich soll das Gericht eine Kostenvereinbarung der Beteiligten, für die keine Form vorgeschrieben ist und die manchmal Gegenstand einer umfassenden Scheidungsvereinbarung ist, ganz oder teilweise der Entscheidung zugrunde legen (s. im Einzelnen Zimmermann FamRZ 2009, 377). Es darf aber nicht dem einen Ehegatten allein deshalb ein höherer Kostenanteil überbürdet werden, weil er in einer wirtschaftlich besseren Lage ist (s. Thomas/Putzo/Hüßtege FamFG § 150 Rn. 7). Soll das Gericht von der gesetzlichen Kostenregelung abweichen, ist es ratsam, in der Antragsschrift oder in einem weiteren Schriftsatz einen entsprechenden Antrag zu stellen und diesen zu begründen.

8. Materielle Scheidungsvoraussetzungen

Die materiellen Scheidungsvoraussetzungen und die Einwendungen ergeben sich aus §§ 1565–1568 BGB (§ 1564 S. 3 BGB). Einziger Scheidungsgrund (BGH FamRZ 1987, 264) und damit auch für den Vortrag und die Ausführungen im Prozess maßgeblich ist, dass die Ehe **gescheitert (synonym: zerrüttet)** ist. Die einzelnen Möglichkeiten sind nach der Dauer der Trennung gegliedert, deren Voraussetzungen sich aus § 1567 Abs. 1 BGB ergeben. Regelmäßig werden die Eheleute in verschiedenen Wohnungen getrennt leben, es ist jedoch auch ein **Getrenntleben** innerhalb der ehelichen Wohnung möglich (§ 1567 Abs. 1 S. 2 BGB). Ein Zusammenleben über kürzere Zeit, das der Versöhnung dient, unterbricht oder hemmt die Trennungsfrist nicht (§ 1567 Abs. 2 BGB).

Struktur der alternativen Scheidungsvoraussetzungen:

Einjährige Trennung plus Zerrüttung (§ 1565 Abs. 1 BGB). Diese Form der Scheidung kommt bei zwei unterschiedlichen Fallgestaltungen in Frage:

- beide Eheleute sind scheidungswillig, (**verdeckte Konventionalscheidung;** → Form. A.II.1 bis → Form. A.II.4).
- der Antragsgegner ist scheidungsunwillig und will die Scheidung verhindern (offene **streitige Scheidung;** → Form. A.II.5 bis → Form. A.II.7).
- **Einjährige Trennung plus Zustimmung** oder eigener Scheidungsantrag des anderen Ehegatten. Folge: Es wird unwiderlegbar vermutet, dass die Ehe gescheitert ist (**einvernehmliche Scheidung,** → Form. A.II.10 bis → Form. A.II.14).
- **Dreijährige Trennung** (§ 1566 Abs. 2 BGB) Folge: Es wird unwiderlegbar vermutet, dass die Ehe gescheitert ist (→ Form. A.II.15, → Form. A.II.16).
- Leben die Eheleute nicht getrennt oder noch kein Jahr getrennt, kann die Ehe geschieden werden, wenn sie zerrüttet ist und ein besonderer Fall der Unzumutbarkeit vorliegt (**Härtescheidung;** § 1565 Abs. 1 und 2 BGB; → Form. A.II.8, → Form. A.II.9).
- Trotz des Vorliegens der Voraussetzungen für eine Scheidung (ausgenommen Scheidung nach § 1566 Abs. 1 BGB) kann die Ehe so lange nicht geschieden werden, solange die Voraussetzungen von § 1568 BGB vorliegen (**Härteklauseln** → Form. A.II.17, → Form. A.II.18).

9. Materiell rechtliche Wirkungen des Scheidungsantrags

Zugewinn: Der Zeitpunkt der Rechtshängigkeit des Scheidungsantrags (§ 113 Abs. 2 FamFG, §§ 261 Abs. 1, 253 Abs. 1 ZPO) setzt den Endtermin für die Berechnung des Zugewinnausgleichs fest (§ 1384 BGB).

Erbrecht: Der Scheidungsantrag und die Reaktion auf einen Scheidungsantrag kann erbrechtliche Folgen haben, und zwar für das gesetzliche Erbrecht nach § 1933 S. 1 BGB, für das Testament nach § 2077 Abs. 1 S. 2 BGB, das Gemeinschaftliche Testament nach § 2268 Abs. 2 BGB und den Erbvertrag nach § 2279 Abs. 2 BGB. Nur bei einem wirksamen Scheidungsantrag ist das Ehegattenerbrecht ausgeschlossen. Zu seiner Stellung bedarf der Anwalt einer besonderen, auf das Verfahren gerichteten Vollmacht (OLG Brandenburg 3 W 17/22; FamRZ 2023, 1156).

Vorsorgeunterhalt: Ab der Rechtshängigkeit des Scheidungsantrags (genau: vorausgehender Monatserster) kann Vorsorgeunterhalt (Alter und verminderte Erwerbsfähigkeit) verlangt werden (§ 1361 Abs. 1 S. 2 BGB).

Versorgungsausgleich: Mit dem Ende des Monats, der dem Eintritt der Rechtshängigkeit vorausgeht, endet die Ehezeit im Sinne des Versorgungsausgleichs (§ 3 Abs. 1 VersAusglG).

II. Scheidungssachen, § 121 Nr. 1 FamFG

Verdeckte Konventionalscheidung (§ 1565 Abs. 1 BGB)

1. Scheidungsantrag des Antragstellers bei verdeckter Konventionalscheidung

An das . . . . . [Datum]

Amtsgericht . . . . .

– Familiengericht[1, 2] –

Antrag auf Ehescheidung

In Sachen

. . . . . [Vorname, Familienname]

– Antragsteller –

Verfahrensbevollmächtigte: Rechtsanwalt/Rechtsanwältin, Vorname, Familienname, Adresse[3]

gegen

. . . . . [Vorname, Familienname]

– Antragsgegner –

Vorläufiger Gegenstandswert: . . . . . EUR[4]

zeigen wir hiermit unter Vorlage einer auf uns lautenden besonderen Vollmacht[5]

an, dass wir den Antragsteller anwaltlich vertreten, fügen die Ermächtigung zum Einzug eines Gerichtskostenvorschusses[6] im Lastschriftverfahren in Höhe von . . . . . EUR bei und b e a n t r a g e n:

I. Die am . . . . . vor dem Standesbeamten des Standesamts in . . . . . unter Register-Nr . . . . . geschlossene Ehe der beteiligten Ehegatten wird geschieden.[7]
II. Die Kosten des Verfahrens werden gegeneinander aufgehoben.[8]

Begründung:

I. Allgemeine Angaben:[9]
Standesamt: . . . . .
Eheregister-Nr.: . . . . .
Tag der Eheschließung: . . . . .
Antragsteller:
Familienname:[10] . . . . .
Vorname: . . . . .

Geburtsname: . . . . .
Geburtsdatum und Geburtsort: . . . . .
Staatsangehörigkeit:[11] . . . . .
Adresse: . . . . .
<u>Antragsgegner:</u>
Familienname: . . . . .
Vorname: . . . . .
Geburtsname: . . . . .
Geburtsdatum und Geburtsort: . . . . .
Staatsangehörigkeit: . . . . .
Adresse: . . . . .
<u>Kinder:[12]</u>
Familienname: . . . . .
Vorname: . . . . .
Geburtsdatum: . . . . .
Staatsangehörigkeit: . . . . .
Adresse: . . . . .
<u>Weitere Angaben:</u>

1. Familiensachen, an denen beide Ehegatten beteiligt sind, sind anderweitig nicht anhängig.[13]
2. Die beteiligten Ehegatten haben keinen gemeinsamen gewöhnlichen Aufenthalt[14] mehr. Der Antragsteller hat seinen gewöhnlichen Aufenthalt gemeinsam mit den minderjährigen Kindern . . . . . in . . . . .
3. Die Ehegatten haben keine Regelung über die elterliche Sorge, den Umgang und die Unterhaltspflicht gegenüber den gemeinschaftlichen minderjährigen Kindern sowie die durch die Ehe begründete gesetzliche Unterhaltspflicht, die Rechtsverhältnisse an der Ehewohnung und an den Haushaltsgegenständen getroffen.[15]
4. Aus der Sicht des Antragstellers/der Antragstellerin kann es bei Beibehaltung der gemeinsamen elterlichen Sorge verbleiben. Über den Umgang mit den Kindern sind sich die Ehegatten einig.[16]

II. Ausführungen zum Scheidungsantrag

1. Die örtliche Zuständigkeit[17] des Amtsgerichts . . . . . ergibt sich aus § 122 Nr. 1 FamFG.
2. Der Ehescheidungsantrag wird auf § 1565 Abs. 1 BGB[18] gestützt.
3. Die Parteien leben seit . . . . . und damit (nahezu) ein Jahr getrennt.[19]

   Beweis: Beteiligtenvernehmung

4. Aufgrund des Zustandes, in den die Ehe gekommen ist, sieht der Antragsteller keine Möglichkeit mehr für eine sinnvolle Fortsetzung der Ehe und möchte deshalb geschieden werden.[20]

   Beweis: Beteiligtenvernehmung[21]

5. Die eheliche Lebensgemeinschaft besteht somit nicht mehr. Aufgrund der entschiedenen Haltung des Antragstellers kann nicht erwartet werden, dass die Ehegatten die Ehe wiederherstellen. Die Ehe muss deshalb als endgültig gescheitert angesehen werden.[22]
6. Einen weiteren Vortrag behalten wir uns ausdrücklich vor.
7. Das Einkommen des Antragstellers beträgt monatlich ca . . . . . EUR netto, das der Antragsgegnerin nach Kenntnis des Antragstellers ca . . . . . EUR netto. Anrechenbares Vermögen ist nicht vorhanden. Es wird deshalb ein Verfahrenswert von . . . . . EUR angenommen.[23]

Rechtsanwalt

Anlagen:[24, 25, 26]

- **Vollmacht**
- **amtlich beglaubigte Kopien der Heiratsurkunde**
- **amtlich beglaubigte Kopien der Geburtsurkunden der gemeinsamen minderjährigen Kinder**
- **Einzugsermächtigung im Lastschriftverfahren über . . . . . EUR**
- **eine beglaubigte und zwei einfache Abschriften**

Anmerkungen

1. Zur verdeckten Konventionalscheidung → Vorb. A.I Nr. 8 und → Anm. 19, 20.

Die verdeckte Konventionalscheidung erhält seit Einführung des FamFG in der Praxis eine andere Bedeutung als früher. Bis zu dieser **Rechtsänderung** wurde der größte Teil der Scheidungsanträge auf diese Form der Scheidung gestützt, wobei die Gerichtspraxis gewisse lokale Unterschiede aufwies, jedoch meist eine äußerst zurückhaltende Begründung mit einem nur stichwortartigen Vortrag zur Trennung und Zerrüttung genügen ließ. Die gesetzliche Neuregelung führt zu einer wesentlichen Vereinfachung der einvernehmlichen Scheidung iSd § 1566 Abs. 1 BGB (→ Form. A.II.10 bis → Form. A.II.14). Es genügt allein das, was in § 1566 Abs. 1 BGB für die unwiderlegbare Vermutung verlangt wird, nämlich die einjährige Trennung und die Zustimmung bzw. der gegnerische Scheidungsantrag.

Der Antrag auf eine verdeckte Konventionalscheidung iSd § 1565 Abs. 1 BGB mit weiterhin einer äußerst zurückhaltenden Begründung – wie im vorstehenden Muster – wird deshalb künftig in der Praxis nur noch in **Ausnahmefällen** als Scheidungsmodalität in Betracht kommen. Neben gegnerischen Sachlageanträgen (→ Form. A.II.4) sind insbesondere solche Fälle bedeutsam, in denen bei Einreichung des Scheidungsantrags nicht einschätzbar ist, wie sich der Antragsgegner auf den Scheidungsantrag einlassen wird. Da in einer solchen Situation von vornherein nicht davon ausgegangen werden kann, dass der Antragsgegner der Scheidung zustimmt oder er gar einen eigenen Scheidungsantrag stellt, ist ein Antrag auf einvernehmliche Scheidung (§ 1566 Abs. 1 BGB) nicht angezeigt. Aber auch die andere Modalität des § 1565 Abs. 1 BGB zu wählen, nämlich die der offenen streitigen Scheidung, ist meist nicht der richtige Weg, weil dann von Anfang an oft unnütze Kontroversen in das Verfahren eingebracht werden, die das Verfahren leicht erschweren können und oft überflüssig sind, weil der Antraggegner dann doch der Scheidung zustimmt oder selbst einen Scheidungsantrag anhängig macht. Bis zur gegnerischen Stellungnahme auf den Scheidungsantrag bleibt es dann dem Richter überlassen, die zurückhaltende Begründung zunächst einmal als ausreichend schlüssig zu erachten oder schon jetzt auf das Erfordernis eines Vortrags zur offenen streitigen Scheidung gem. § 1565 Abs. 1 BGB (→ Form. A.II.5 bis Form. A.II.7) oder die Notwendigkeit der gegnerischen Zustimmung oder eines gegnerischen Scheidungsantrags zur einvernehmlichen Scheidung gem. § 1566 Abs. 1 BGB (→ Form. A.II.10) hinzuweisen.

2. Zur **Zuständigkeit** → Vorb. A.I Nr. 4, zum Rubrum → Vorb. A.I Nr. 3.

3. Für den Scheidungsantrag besteht **Anwaltszwang** (§ 114 Abs. 1 FamFG). Die Angabe des Verfahrensbevollmächtigten des Antragsgegners im Scheidungsantrag ist nur dann unbedenklich, wenn sicher ist, dass die gegnerische Kollegin, der gegnerische Kollege wirklich zustellungsbevollmächtigt ist. Ist der Gegenanwalt nicht wirksam bevollmächtigt, führt die Zustellung an ihn die Rechtshängigkeit nicht herbei (OLG Naumburg FamRZ 2000, 166). Damit wird für den Zugewinnausgleich auch nicht der Endtermin (§ 1384 BGB) gesetzt und für den Versorgungsausgleich auch nicht die Ehezeit beendet

(§ 3 Abs. 1 VersAusglG). Der gegnerische Verfahrensbevollmächtigte sollte deshalb insbesondere dann angegeben werden, wenn er im Hinblick auf §§ 170, 172 BGB seine § 114 Abs. 5 FamFG entsprechende Vollmacht vorgelegt hat (→ Vorb. A.I Nr. 6). Grundsätzlich besteht das Selbstvertretungsrecht eines Rechtsanwalts (vgl. OLG Brandenburg FamRZ 2019, 1727).

4. Zur Angabe des Verfahrenswertes → Vorb. A.I Nr. 7. Die **Wertangabe** ist erforderlich, weil die Gerichtsgebühr von 2,0 vorzulegen ist (§ 9 Abs. 1 FamGKG) und die Antragsschrift erst nach Zahlung der Gebühr für das Verfahren im Allgemeinen zugestellt werden soll (§ 14 FamGKG). Die mancherorts praktizierte Übung, in einfachen finanziellen Verhältnissen 3.000,00 EUR, in Mittleren 4.000,00 EUR bis 5.000,00 EUR und in Großzügigeren 8.000,00 EUR und mehr anzugeben, kann selbstverständlich weitergeführt werden. Die meisten Familiengerichte verlangen aber Angaben zur Höhe zumindest des Nettoeinkommens. Der Anwalt sollte seinen Mandanten jedoch über die Höhe des vom Gericht festzusetzenden mutmaßlichen Verfahrenswerts unterrichten.

5. Zur Vollmacht → Vorb. A.I Nr. 6.

6. Zum Gerichtskostenvorschuss → Vorb. A.I Nr. 7 und → Anm. 4. Vorzulegen sind nur die Gerichtskosten für die Ehesache, nicht für die **Scheidungsfolgesachen** (siehe BeckOK KostR/Boiczenko FamGKG § 14 Rn. 6,).

7. Zum Scheidungsantrag → Vorb. A.I Nr. 3. Wenn auch für einen nach § 253 Abs. 2 Nr. 2 ZPO zulässigen Antrag das bloße Scheidungsbegehren genügen mag, sind in einem ordnungsgemäßen Antrag neben dem Scheidungsbegehren das Datum der Eheschließung, das Standesamt und die Registernummer anzugeben.

8. Zur Kostentragung und zum Kostenantrag → Vorb. A.I Nr. 7. Da die Kostenaufhebung dem gesetzlichen Grundsatz des § 150 Abs. 1 FamFG entspricht, ist ein derartiger Antrag prozessrechtlich nicht unbedingt geboten. Bei einem von der Kostenaufhebung abweichenden Begehren ist ein entsprechender Kostenantrag zu empfehlen. Bei der verdeckten Konventionalscheidung ist oft nur der Antragsteller, nicht jedoch der Antragsgegner anwaltlich vertreten, so dass bei einer Kostenaufhebung den Antragsteller die gesamten Anwaltskosten treffen. In solchen Fällen ist oft eine Halbierung der gesamten Verfahrenskosten angemessen. Es sollte dann eine entsprechende **Kostenvereinbarung** iSv § 150 Abs. 4 S. 3 FamFG getroffen und in der Antragsschrift ein dementsprechender Kostenantrag gestellt werden.

9. Die Allgemeinen Angaben (sog. Stammdaten) und deren Anordnung im vorliegenden Antragsformular entsprechen den bei den meisten Familiengerichten eingeführten EDV-Programmen zur Ersterfassung der Stammdaten in der Datenbank.

10. Zur Erleichterung der Eintragung der Scheidung in das Familienbuch sollten die Parteien mit allen Vornamen sowie ihren vollständigen Familiennamen, auch den vor der Eheschließung geführten, und dem Tag und Ort der Geburt bezeichnet werden.

11. Die Angabe der Staatsangehörigkeit ist zur Prüfung des anzuwendenden Sachrechts (Art. 8 Rom III-VO; § 98 FamFG) erforderlich und kann auch beim Versorgungsausgleich von Bedeutung sein (Art. 17 Abs. 4 EGBGB).

12. Zur Angabe gemeinschaftlicher minderjähriger Kinder → Vorb. A.I Nr. 3.

13. Zu den Angaben über weitere Familiensachen → Vorb. A.I Nr. 3. Sie dienen – soweit die Voraussetzungen gegeben sind – der Verweisung oder Abgabe all dieser Sachen an das Gericht der Ehesache, das ausschließlich zuständig ist (§ 133 Abs. 1 Nr. 3 FamFG). Die ausschließliche Zuständigkeit im Zusammenhang mit einer Ehesache ist in folgenden Familiensachen gegeben: Kindschaftssachen (§§ 152 f. FamFG), Wohnungszuweisungs- und Haushaltsgegenstandssachen (§§ 201 f. FamFG), Versorgungsausgleich (§ 218 FamFG), Unterhaltssachen (§§ 232 f. FamFG), Güterrechtssachen (§§ 262 f. FamFG), sonstige Familiensachen (§§ 267 f. FamFG).

14. Die Angabe des gemeinsamen gewöhnlichen Aufenthalts und der jetzigen gewöhnlichen Aufenthalte sowie denen der gemeinsamen minderjährigen Kinder ist für die örtliche Zuständigkeit maßgeblich (§ 122 Nr. 1 und Nr. 2 FamFG); der Familienrichter sollte sie nicht aus dem Rubrum oder sonstigen Teilen der Antragsschrift zusammensuchen müssen. Die weiteren örtlichen Zuständigkeiten ergeben sich aus § 122 Nr. 3–6 FamFG.

15. Zu den weiteren Angaben → Vorb. A.I Nr. 3. Sie sind aufgrund von § 133 Abs. 1 Nr. 2 FamFG erforderlich geworden. Es wird jedoch keine Einigung vorausgesetzt. Sie müssen das Gericht auch nicht über den Inhalt der Einigung informieren (s. Thomas/Putzo/Hüßtege FamFG § 133 Rn. 5).

16. Die Angabe, dass es aus der Sicht des Antragstellers bei der Beibehaltung der gemeinsamen elterlichen Sorge verbleiben kann, wird vom Gesetz nicht verlangt. Die Angabe zur elterlichen Sorge ist jedoch sinnvoll, damit der Familienrichter und der Gegner von Anfang an wissen, dass dazu aus der Sicht des Antragstellers kein Handlungsbedarf besteht.

17. Zur örtlichen Zuständigkeit → Vorb. A.I Nr. 4.

18. Zwar nicht durch § 133 FamFG ausdrücklich vorgeschrieben, jedoch aufgrund der Verweisung in § 113 Abs. 1 S. 1 FamFG gem. § 253 Abs. 2 ZPO einbezogen, sollte – wie bei jeder Klage – auch im Scheidungsantrag die Gesetzesvorschrift angegeben werden, auf die der Antrag gestützt wird, damit Klarheit darüber besteht, welche Scheidungsvariante gemeint ist. Damit werden auch zeitraubende richterliche Rückfragen vermieden, ob beispielsweise ein Antrag nach § 1565 Abs. 1 BGB oder § 1566 Abs. 1 BGB vorliege.

19. Zu den Scheidungsvoraussetzungen → Vorb. A.I Nr. 8, → Anm. 1 und → Form. A.II.2 Anm. 5.

Erstes Tatbestandsmerkmal ist die **einjährige Trennung.** Auch bei der verdeckten Konventionalscheidung ist das mindestens einjährige Getrenntleben eine zwingende Scheidungsvoraussetzung (vgl. OLG Bamberg FamRZ 2019, 2017), wobei nach fast allgemeiner Gerichtspraxis die Angabe des Tages der Trennung als ausreichender Vortrag angesehen wird, unabhängig davon, ob die Trennung innerhalb der ehelichen Wohnung oder durch Auszug eines Ehegatten herbeigeführt wurde. Der Vortrag von Trennungsmodalitäten im Scheidungsantrag wird regelmäßig nicht verlangt. Jedoch genügt vielen Richtern die pauschale Angabe, dass „die Parteien mindestens ein Jahr getrennt leben", nicht. Die sehr häufig vorkommende manipulative Vorverlegung des Trennungstermins zu dem Zweck, den Scheidungsantrag schon (sehr) lange vor dem wirklichen Ablauf des Trennungsjahres einzureichen, ist für den Rechtsanwalt nicht unproblematisch. Hat er davon Kenntnis, dann bedeutet dies, dass er wider besseres Wissen das Gericht mit einer Unwahrheit bedient. Zudem können auch für ihn Probleme bestehen, wenn – wie oft – die Trennungsangaben gegenüber dem Familiengericht mit denen gegenüber dem Finanzamt nicht übereinstimmen. Auch kann der Zeitpunkt der Trennung für den Auskunftsanspruch nach § 1379 Abs. 1 Nr. 1 und Abs. 2 BGB sowie den Beginn des Trennungsunterhalts nach § 1361 BGB von Bedeutung sein. Fast regelmäßig nehmen es aber die Familiengerichte hin, dass der Scheidungsantrag bereits vor Ablauf des vollen Trennungsjahres eingereicht wird. Meist lassen sie eine Trennungsfrist von 10 bis 11 Monaten bei

Anhängigkeit des Scheidungsantrags genügen, bei einzelnen Gerichten ist bereits eine noch kürzere Trennungsfrist ausreichend.

20. Zu den Scheidungsvoraussetzungen → Vorb. A.I Nr. 8, → Anm. 1 und → Form. A.II.2 Anm. 5.

Das zweite Tatbestandsmerkmal besteht im **Scheitern = Zerrüttung** der Ehe. Bei der verdeckten Konventionalscheidung lassen die meisten Familienrichter einen formelhaften Vortrag genügen. Um nicht unnötige Kontroversen zu verursachen, sollte deshalb der Vortrag zumindest zunächst auf das unbedingt erforderliche Minimum beschränkt werden.

21. Da die **Darlegungs- und Beweislast** für die Dauer der Trennung und die Zerrüttung den Antragsteller trifft (vgl. im Einzelnen Grüneberg/Siede BGB § 1565 Rn. 5), entspricht es zumindest einer guten Übung, Beweisangebote für das Vorliegen beider Voraussetzungen in den Scheidungsantrag aufzunehmen. Allerdings wird bei der verdeckten Konventionalscheidung – anders als bei der streitigen Scheidung (→ Form. A.II.5) – eine Beweisführung in der Praxis wohl kaum in Frage kommen, sondern die Anhörung der Beteiligten nach § 128 Abs. 1 FamFG genügen. Soweit es um die Beteiligtenvernehmung geht, gilt der Subsidiaritätsgrundsatz nach § 445 ZPO nicht in Ehesachen. Das Gericht kann einen oder beide Ehegatten von Amts wegen auch dann vernehmen, wenn die Voraussetzungen von § 448 ZPO nicht gegeben sind (§ 128 Abs. 1 S. 3 FamFG).

22. Die Subsumtion und der Vorbehalt eines weiteren Vortrags sind verfahrensrechtlich nicht erforderlich. Sie entsprechen einer verbreiteten Übung in der Anwaltschaft, die man pflegen oder aufgeben kann.

23. Die im obigen Formular angegebenen Anlagen sollten bereits mit dem Scheidungsantrag bei Gericht eingereicht werden. Für die **Heiratsurkunde** und die **Geburtsurkunden** der gemeinsamen Kinder ist dies gesetzlich vorgeschrieben (§ 133 Abs. 2 FamFG); sie sollten zumindest in einfacher Fotokopie, besser im Original (beispielsweise aus dem Familienbuch) oder amtlich beglaubigter Kopie vorgelegt werden. Zur Vollmacht → Anm. 5.

24. → Vorb. A.I Nr. 7.

Kosten und Gebühren

25. → Vorb. A.I Nr. 7.

Fristen und Rechtsmittel

26. Wird die Ehe geschieden, ergeht ein einheitlicher Beschluss über die Ehescheidung und die Folgesachen (§ 142 Abs. 1 FamFG). Wird der Scheidungsantrag abgewiesen, werden die Folgesachen gegenstandslos; sie können jedoch als selbständige Familiensachen fortgeführt bzw. fortgesetzt werden (§ 142 Abs. 2 FamFG). Gegen den Verbundbeschluss kann **Beschwerde** (§ 58 FamFG) eingelegt werden. Die Beschwerde ist beim Familiengericht einzulegen (§ 64 Abs. 1 FamFG; iudex a quo). Das Familiengericht hat die Beschwerde unverzüglich dem Beschwerdegericht vorzulegen. Zu einer Abhilfe ist es nicht befugt, wenn die Beschwerde sich gegen eine Endentscheidung in einer Familiensache und damit auch in einer Scheidungssache richtet (§ 68 Abs. 2 FamFG). Die Beschwerdefrist beträgt einen Monat (§ 63 Abs. 1 FamFG). Die Beschwerdebegründungsfrist beträgt zwei Monate und beginnt grundsätzlich mit der schriftlichen Bekanntgabe des Beschlusses (§ 117 Abs. 1 S. 2 und Abs. 2 FamFG) und kann auf Antrag verlängert werden. Die Beschwerdebegründung ist beim Beschwerdegericht einzureichen (§ 117 Abs. 1 S. 3 FamFG, § 520 Abs. 1 S. 3 ZPO). Beschwerdegericht ist das Oberlandesgericht (§ 119 Abs. 1 Nr. 1 lit. a GVG). Die **Rechtsbeschwerde** gegen den Beschluss des Oberlandesgerichts ist statthaft, wenn das Beschwerdegericht sie zugelassen hat (§ 70 FamFG); zuständig ist der Bundesgerichtshof (§ 133 GVG). Siehe im Einzelnen → Form. P.I ff.; Maurer FamRZ 2009, 465.

Richtet sich die Beschwerde gegen den Scheidungsausspruch und wird mit ihr die Aufrechterhaltung der Ehe erstrebt, bedarf es keiner formellen **Beschwer.** Der Antragsteller, dessen Scheidungsbegehren erfolgreich war, kann mit der Beschwerde auf den Scheidungsanspruch verzichten oder den Scheidungsantrag zurücknehmen (BGHZ 89, 325 = FamRZ 1984, 350 = NJW 1984, 1302).

2. Scheidungsantrag des Antragsgegners bei verdeckter Konventionalscheidung

An das Amtsgericht . . . . [Datum]

– Familiengericht –

. . . . . [Aktenzeichen]

In Sachen

. . . . . Vorname, Familienname

gegen

. . . . . Vorname, Familienname

wegen Ehescheidung[1]

bestelle ich mich[2] hiermit für die Antragsgegnerin, lege

– auf mich lautende besondere Vollmacht[3]

vor und b e a n t r a g e:[4]

Die am . . . . . vor dem Standesbeamten des Standesamts in . . . . . unter Register-Nr. . . . . . geschlossene Ehe der beteiligten Ehegatten wird geschieden.

Begründung:[5]

1. **Im Scheidungsantrag sind die unter dortiger Ziffer I. gemachten Angaben einschließlich der Angaben zur örtlichen Zuständigkeit richtig.**
2. **Die Antragsgegnerin stützt ihren Scheidungsantrag ebenfalls auf § 1565 Abs. 1 BGB.**
3. **Es ist auch richtig, dass die beteiligten Ehegatten seit . . . . . getrennt leben.**

   Beweis: Beteiligtenvernehmung

4. **Auch die Antragsgegnerin sieht keine Möglichkeit mehr für eine sinnvolle Fortsetzung der Ehe und möchte deshalb ebenfalls geschieden werden.**

   Beweis: Beteiligtenvernehmung

5. Die Angaben des Antragstellers zur elterl. Sorge sind richtig. Auch die Antragsgegnerin wird keinen Antrag zur Übertragung der elterl. Sorge oder eines Teils der elterl. Sorge oder zur Umgangsregelung stellen. Auch die Angaben zu den übrigen Folgesachen sind richtig.

Rechtsanwalt[6, 7]

Anmerkungen

1. Im Hinblick auf die Erleichterung der einvernehmlichen Scheidung gem. § 1566 Abs. 1 BGB (→ Form. A.II.10 Anm. 1) hat der auf § 1565 Abs. 1 BGB gestützte Antrag des Antragsgegners seine bisherige große Bedeutung verloren. Will auch der Antragsgegner geschieden werden, genügt aus rechtlicher Sicht seine Zustimmung zum Scheidungsantrag des Antragstellers oder sein eigener Scheidungsantrag mit dem Vortrag zum einjährigen Getrenntleben und der Berufung auf die Einvernehmlichkeit der Scheidung iSv § 1566 Abs. 1 BGB. Die Scheidung ist dann nicht mehr als verdeckte Konventionalscheidung iSd § 1565 Abs. 1 BGB weiterzuführen, sondern als (echte) einvernehmliche Scheidung. Ein Scheidungsantrag des Antragsgegners unter ausdrücklichem Hinweis auf das Scheitern der Ehe – wie in diesem Formular – wird deshalb in Zukunft nur noch emotionale Bedeutung in dem Sinne haben, dass sich auch der Antragsgegner explizit darauf berufen möchte, die Ehe sei auch aus seiner Sicht zerrüttet; eine bloße Zustimmung zum Scheidungsantrag des Antragstellers oder ein eigener Scheidungsantrag unter Hinweis auf die gewünschte einvernehmliche Scheidung kann auf diesem oft mit Irrationalität besetztem Rechtsgebiet als zu schwach und den eigenen Standpunkt nicht genügend zum Ausdruck bringend erscheinen. Ob der Antragsgegner das will oder nicht, das Verfahren ist aber dann dennoch vom Familiengericht als einvernehmliche Scheidung weiterzuführen.

Soweit nicht zur Vermeidung von Kosten für einen eigenen Rechtsanwalt (→ Form. A.II.1 Anm. 3) etwas anderes geboten ist, ist unabhängig vom Inhalt des Antrags des Antragsgegners die Stellung eines eigenen Antrags durch den Antragsgegner jedenfalls zu empfehlen. Zur bloßen Zustimmung und zum Sachlageantrag → Form. A.II.3, → Form. A.II.4.

Der eigene Antrag des Antragsgegners hat aus verfahrensrechtlicher Sicht den **Vorteil**, dass er das Verfahren mitbetreiben kann. Ferner wird bei einer Rücknahme des Scheidungsantrags durch den Antragsteller das Scheidungsverfahren fortgeführt. Aus materiell-rechtlicher Sicht kann der Scheidungsantrag des Antragsgegners somit erbrechtlich, unterhaltsrechtlich, zugewinnausgleichsrechtlich und versorgungsausgleichsrechtlich von Bedeutung sein (→ Vorb. A.I Nr. 9).

2. Für den Scheidungsantrag des Antragsgegners gilt **Anwaltszwang** wie für den Antragsteller, → Form. A.II.1 Anm. 3. Stimmt der Antragsgegner lediglich der Scheidung zu (→ Form. A.II.3) oder stellt er einen Sachlageantrag (→ Form. A.II.4), braucht er keinen Rechtsanwalt. (Zur Zustimmung s. § 114 Abs. 4 Nr. 3 FamFG).

3. Zur **Vollmacht** → Form. A.II.1 Anm. 5.

4. Für die **Anträge** → Form. A.II.1 Anm. 7.

5. In der **Begründung** wird für den Antragsgegner aus seiner Sicht zur Trennung und Zerrüttung vorgetragen. Einen Kurzvortrag wie im obigen Formular lassen die Familienrichter in aller Regel für den Antrag des Antragsgegners genügen. Im Übrigen → Form. A.II.1 Anm. 9–23.

Kosten und Gebühren

6. → Vorb. A.I Nr. 7.

Fristen und Rechtsmittel

7. → Form. A.II.1 Anm. 26.

3. Zustimmung des Antragsgegners bei verdeckter Konventionalscheidung

An das Amtsgericht . . . . [Datum]

– Familiengericht –

. . . . . [Aktenzeichen]

In Sachen

. . . . . [Vorname, Familienname]

gegen

. . . . . [Vorname, Familienname]

wegen Ehescheidung[1]

bestelle ich mich hiermit für die Antragsgegnerin, lege

- **auf mich lautende besondere Vollmacht**[2]

vor und e r k l ä r e namens und im Auftrage der Antragsgegnerin die Zustimmung zur Scheidung.

Begründung:

1. **Die im Scheidungsantrag gemachten Angaben unter Ziffer I. sind richtig. Es ist auch richtig, dass die beteiligten Ehegatten seit . . . . . getrennt leben. Die Antragsgegnerin hält die Ehe ebenfalls für zerrüttet und stimmt der Scheidung zu.**
2. **Auch die Antragsgegnerin wird keinen Antrag zur Übertragung der elterl. Sorge oder eines Teils der elterl. Sorge oder zur Umgangsregelung stellen.**
3. **Die Angaben zu den Folgesachen sind richtig.**

Rechtsanwalt[3, 4]

Anmerkungen

1. Der Vorteil der Zustimmung besteht im Vergleich zu einem eigenen Scheidungsantrag darin, dass der Antragsgegner in einem solchen Fall ohne eigenen Rechtsanwalt auskommt, weil für die Zustimmung kein **Anwaltszwang** besteht (→ Form. A.II.2 Anm. 3; § 114 Abs. 4 Nr. 3 FamFG). Manchmal wird die Variante der Zustimmung aber auch aus emotionalen Gründen gewählt, weil der Antragsgegner zwar (noch) keine

Scheidung haben und deshalb keinen eigenen Scheidungsantrag einreichen möchte, ihm aber angesichts der Sach- und Rechtslage bewusst ist, dass sein Abweisungsantrag keine Erfolgsaussichten hat. Zudem kann der Antragsgegner mit der Zustimmung die gleichen erbrechtlichen Vorteile erzielen wie bei einem eigenen Scheidungsantrag (→ Vorb. A.I Nr. 9).

Der wesentliche **Nachteil** der Zustimmung gegenüber einem eigenen Scheidungsantrag des Antragsgegners besteht darin, dass der Antragsgegner – auch im Falle der Vertretung durch einen Anwalt – eine geringere Verfahrensherrschaft und damit eine eher passive Rolle hat, insbes., wenn das Scheidungsverfahren vom Antragsteller nachlässig betrieben wird. Ferner hat der Antragsteller die Möglichkeit, bei Vorliegen der Voraussetzungen von § 141 FamFG den Scheidungsantrag mit den sich daraus ergebenden materiell rechtlichen Folgen (→ Vorb. A.I Nr. 9) zurückzunehmen.

2. Zur Vollmacht → Vorb. A.I Nr. 6.

Kosten und Gebühren

3. → Vorb. A.I Nr. 7.

Fristen und Rechtsmittel

4. → Form. A.II.1 Anm. 26. Der Antragsgegner kann gegen den Scheidungsausspruch Berufung einlegen mit dem Ziel, die im ersten Rechtszug erklärte Zustimmung zur Scheidung zu widerrufen und die Abweisung des Scheidungsantrags zu begehren (BGHZ 89, 325 = FamRZ 1984, 350 = NJW 1984, 1302).

4. Sachlageantrag des Antragsgegners bei verdeckter Konventionalscheidung

An das Amtsgericht . . . . . **. . . . . [Datum]**

– Familiengericht –

. . . . . [Aktenzeichen]

In Sachen

. . . . . [Vorname, Familienname]

gegen

. . . . . [Vorname, Familienname]

wegen Ehescheidung[1]

bestelle ich mich hiermit für die Antragsgegnerin,[2] **lege**

- **auf mich lautende besondere Vollmacht**

vor und e r k l ä r e, das Gericht möge nach

Sachlage

erkennen.

Rechtsanwalt[3, 4]

Anmerkungen

1. Der Sachlageantrag kommt bei der verdeckten Konventionalscheidung nur aus emotionalen Gründen in Frage, nämlich dann, wenn sich der Scheidungsgegner zwar nicht scheiden lassen möchte, jedoch die Aussichtslosigkeit eines Abweisungsantrags erkannt hat und eine nutzlose Kontroverse vermeiden möchte. Mit der Passivität nimmt der Antragsgegner alle Vorteile, die sich aus dem eigenen Scheidungsantrag oder zumindest aus der Zustimmung ergeben, nicht wahr, jedoch alle **Nachteile** in Kauf, insbesondere diejenigen in erbrechtlicher Hinsicht (→ Form. A.II.2 Anm. 1, → Form. A.II.3 Anm. 1). Es kommt dann aber auch nicht zu einer einvernehmlichen Scheidung iSv § 1566 Abs. 1 BGB, sondern zu einer Scheidung nach § 1565 Abs. 1 BGB (einjährige Trennung plus Zerrüttung; → Vorb. A.I Nr. 8; → Form. A.II.1), wobei es vor allem auf den (überzeugenden) Vortrag des Antragstellers zur Zerrüttung ankommt. Verhält sich der Antragsgegner passiv, genügt meist der Vortrag des Antragstellers. Solche Verfahren können aber auch den Charakter einer offenen streitigen Scheidung annehmen (→ Form. A.II.5, → Form. A.II.6).

2. Es besteht kein **Anwaltszwang.** Der Vorteil des Sachlageantrags liegt damit nur darin, dass er keinen Rechtsanwalt braucht, was jedoch auch bei der Zustimmung nicht erforderlich ist (→ Form. A.II.3 Anm. 1).

Kosten und Gebühren

3. → Vorb. A.I Nr. 7.

Fristen und Rechtsmittel

4. → Form. A.II.1 Anm. 26.

Offene streitige Scheidung (§ 1565 Abs. 1 BGB)

5. Scheidungsantrag des Antragstellers bei offener streitiger Scheidung

Rubrum, Anträge und allgemeine Angaben[1, 2] → Form. A.II.1

I. Ausführungen zum Scheidungsantrag

1. Die örtliche Zuständigkeit des Amtsgerichts . . . . .

2. Der Ehescheidungsantrag wird auf § 1565 Abs. 1 BGB gestützt.

3. Die beteiligten Ehegatten leben seit . . . . . und damit seit (nahezu) einem Jahr getrennt.[3]

Mit Schreiben seines jetzigen Verfahrensbevollmächtigten an die Antragsgegnerin vom . . . . . hat der Antragsteller erklärt, dass er von da an innerhalb der Ehewohnung von ihr getrennt leben werde.

Beweis: Das Schreiben vom . . . . ., das in Fotokopie anliegt als Urkunde.

Von jenem Tag an lebten die beteiligten Ehegatten innerhalb der Ehewohnung getrennt. Der Antragsteller, der beruflich viel verreist ist, lebte im Gästezimmer, während die Antragsgegnerin in der übrigen Wohnung lebte. Nur die Küche und

das Bad wurden von den Parteien gemeinsam genutzt. Ferner bereitete sich der Antragsteller sein Essen und versorgte seine Wäsche selbst.

Beweis: Beteiligtenvernehmung

Vom . . . . . bis . . . . ., also vier Wochen lang, lebten die Parteien wieder zusammen, um noch einmal eine Versöhnung zu versuchen, die jedoch misslang.[4]

Beweis: Beteiligtenvernehmung[7]

Anschließend, nämlich am . . . . ., ist der Antragsteller aus der Ehewohnung ausgezogen.

Beweis: Beteiligtenvernehmung

Seither wohnt er in (Adresse).

Beweis: 1. Meldebescheinigung der Stadt . . . . . vom . . . . .,
die in Fotokopie anliegt als Urkunde
2. Vorname, Familienname, Adresse,
Vermieter des Antragstellers, als Zeuge.

4. Zwischen den beteiligten Ehegatten bestand schon seit mehr als zwei Jahren vor ihrer Trennung kein ehelicher Verkehr mehr.[5, 6]

Beweis: Beteiligtenvernehmung[7]

Der Antragsteller hat sich vor zwei Jahren einer anderen Frau zugewandt, mit der er seither die Wochenenden und die Urlaube verbringt. Im Bekannten- und im beiderseitigen Kollegenkreis treten sie als Paar auf. Sie beabsichtigen, nach der Scheidung in eine gemeinsame Wohnung zu ziehen.

Beweis: 1. Beteiligtenvernehmung[7]
2. Frau, Vorname, Familienname, Adresse, als Zeugin

Bei der Trennung haben die Beteiligten einvernehmlich ihre gemeinsamen Konten und ihren gemeinsamen Wertpapierbestand getrennt. Beim Auszug des Antragstellers haben sie den ehelichen Hausrat auseinandergesetzt und dabei beiderseits mündlich erklärt, dass nunmehr keiner vom anderen mehr Gegenstände des ehelichen Hausrats haben möchte.

Beweis: Beteiligtenvernehmung

5. Die eheliche Lebensgemeinschaft besteht somit nicht mehr. Aufgrund der Entfremdung der Beteiligten, der Zuwendung des Antragstellers zu einer anderen Frau und der endgültigen Auseinandersetzung von Vermögen und Hausrat, kann nicht erwartet werden, dass die Ehegatten die Ehe wiederherstellen. Die Ehe muss deshalb als endgültig gescheitert angesehen werden. Aus diesem Grund möchte der Antragsteller unter allen Umständen geschieden werden.
6. Ein weiterer Vortrag bleibt ausdrücklich vorbehalten.

Rechtsanwalt[8, 9]

Anlagen:

- amtlich beglaubigte Abschrift der Heiratsurkunde
- Vollmacht
- eine beglaubigte und zwei einfache Abschriften

Anmerkungen

1. Zu den Scheidungsvoraussetzungen betreffend die folgenden → Form. A.II.5 bis → Form. A.II.7 und → Vorb. A.I Nr. 8. Für die materiell rechtlichen Auswirkungen ergeben sich keine Unterschiede gegenüber sonstigen Scheidungsanträgen.

2. Zum Rubrum, zur Zuständigkeit, zu den Anträgen und allgemeinen Angaben → Form. A.II.1 Anm. 2–18, 23.

3. Der Ablauf des Trennungsjahres ist eine zwingende Voraussetzung einer Ehescheidung nach § 1565 Abs. 1 BGB (vgl. OLG Bamberg FamRZ 2019, 2017). Die **Trennung** iSv § 1567 BGB gibt es in **zwei Formen,** nämlich als Getrenntleben in verschiedenen Wohnungen und als Getrenntleben in der Ehewohnung. Das Getrenntleben ist jeweils unter **zwei Aspekten** zu prüfen, einem objektiven (Aufhebung der häuslichen Gemeinschaft) und einem subjektiven (Ablehnung der ehelichen Lebensgemeinschaft). Die Antragsschrift bei einer – offen – streitigen Ehescheidung hat einen Vortrag zu diesen Formen und zu diesen Aspekten zu enthalten.

Das Getrenntleben in verschiedenen Wohnungen ist in der Praxis meist unproblematisch. Zumindest ein Ehegatte hat dann die eheliche Wohnung verlassen und ist in eine andere Wohnstätte gezogen. Wo der ausziehende Ehegatte polizeilich gemeldet ist, ob er noch einen Schlüssel für die Ehewohnung besitzt, der Hausrat geteilt ist, wo sich seine persönliche Habe befindet, ist für das Tatbestandsmerkmal des Getrenntlebens in verschiedenen Wohnungen nicht von Bedeutung. Bedeutsam können diese Umstände jedoch für den subjektiven Aspekt und die Annahme der Ehezerrüttung sein. Zu den Problemen der eingeschränkten häuslichen Gemeinschaft (Besuche in der Ehewohnung, berufliche Gemeinsamkeiten, Urlaub, gemeinsame Besuche gesellschaftlicher Veranstaltungen usw, s. Johannsen/Henrich/Althammer/Kappler BGB § 1567 Rn. 13 ff.).

Beim Getrenntleben innerhalb der Ehewohnung ist ein auf den objektiven Aspekt bezogener substantiierter Vortrag der einzelnen Modalitäten des Getrenntlebens erforderlich. Der BGH (FamRZ 1978, 671; s. auch OLG Stuttgart FamRZ 2002, 239) verlangt keine „vollkommene tatsächliche Trennung“, sondern lässt für ein Getrenntleben innerhalb der Ehewohnung genügen, dass „kein gemeinsamer Haushalt geführt wird und zwischen den Ehegatten keine persönlichen Beziehungen mehr bestehen“. Das Schlagwort der Praktiker lautet: Aufhebung der Sexualgemeinschaft, der Wirtschaftsgemeinschaft und der Wohngemeinschaft. Wenn auch ein gemeinsamer Haushalt nicht geführt werden darf, so besteht doch Einigkeit darüber, dass die Wohngemeinschaft auch dann aufgehoben ist, wenn diejenigen Räume und Wohnungseinrichtungen, die nur einmal vorhanden sind (Flur, Küche, Toilette, Bad, Waschmaschine), von beiden Ehegatten genutzt werden und die Absprache über deren Benutzung der Annahme des Getrenntlebens nicht widerspricht. Auch kann ein Getrenntleben trotz gelegentlich gleichzeitiger Nutzung der Küche und gelegentlich gleichzeitigem Essen an einem Tisch, wenn es sich als ein bloßes räumliches Nebeneinander darstellt, angenommen werden (BGH FamRZ 1978, 671; Johannsen/Henrich/Althammer/Kappler BGB § 1567 Rn. 21). Hingegen darf jeder in dem von ihnen gemeinsam bewohnten Haus bestimmte Räume nur für sich allein nutzen. Diese Zimmer müssen also strikt zum getrennten Wohnen und Schlafen aufgeteilt sein. Die Abgrenzung zwischen Getrenntleben und Nicht-Getrenntleben innerhalb der Ehewohnung ist im Einzelfall oft sehr schwierig, zumal in engen Finanz- und Wohnverhältnissen. Der Hinweis des BGH, die Aufhebung der häuslichen Gemeinschaft müsse „in dem nach den gegebenen Umständen weitest möglichen Umfang“ herbeigeführt werden (BGH FamRZ 1979, 469 (470)), zeigt zwar, dass das Getrenntleben nicht nach starren Vorschriften beurteilt werden darf, verlangt aber gleichzeitig von der Antragsschrift und den eventuellen späteren Schriftsätzen einen präzisen Vortrag. Zum gelegentlichen Zusammentreffen, vereinzelten Sorgetätigkeiten, Krankenpflege, gemeinsamen Fernsehen, aufgedrängter Wasch- und Putztätigkeit, mit Rücksicht auf die minderjährigen Kinder aufrechterhaltene Gemeinsamkeiten vgl. Johannsen/Henrich/Althammer/Kappler BGB § 1567 Rn. 23 ff.

Zusätzlich zum objektiven Aspekt der Trennung in den zwei Formen des Getrenntlebens in verschiedenen Wohnungen und des Getrenntlebens innerhalb der Ehewohnung ist ein Vortrag zum subjektiven Aspekt erforderlich, nämlich zur Ablehnung der ehelichen Lebensgemeinschaft, dem Trennungswillen (vgl. Grüneberg/Siede BGB § 1567 Rn. 5). Dabei genügt – entgegen dem zu streng formulierten Gesetzeswortlaut – ein Vortrag, dass der Antragsteller derzeit die Fortsetzung der bisherigen ehelichen Lebensgemeinschaft ablehnt (vgl. Johannsen/Henrich/Althammer/Kappler BGB § 1567 Rn. 11 f.). Das Motiv muss also in der Ablehnung der ehelichen Lebensgemeinschaft liegen. Trennungen, deren Gründe in den Beziehungen des oder der Ehegatten zur Außenwelt liegen und das eheliche Zusammenleben mit der festen Absicht der Wiederherstellung unterbrechen sollen, bedeuten kein Getrenntleben iSv § 1567 BGB (vgl. Johannsen/Henrich/Althammer/Kappler BGB § 1567 Rn. 11 f.). Tritt in solchen Fällen zu einem späteren Zeitpunkt der subjektive Aspekt der Ablehnung des ehelichen Lebens hinzu, ist von da ab ein Getrenntleben im scheidungsrechtlichen Sinn anzunehmen. Dabei kommt es stets auf die Erkennbarkeit des Trennungswillens an (vgl. Grüneberg/Siede BGB §1567 Rn. 5), was insbesondere bei Trennung innerhalb der Ehewohnung eines entsprechenden Vortrags bedarf.

4. Unter den in § 1567 Abs. 2 BGB festgelegten Voraussetzungen unterbricht oder hemmt ein **vorübergehendes Zusammenleben** die Trennungsfrist nicht, wobei nach allgemeiner Meinung diese Vorschrift trotz ihres Wortlauts (Redaktionsversehen!) auch für § 1565 Abs. 1 BGB gilt (vgl. Johannsen/Henrich/Althammer/Kappler BGB § 1567 Rn. 32). Diese Voraussetzungen sind folgende:
- das Zusammenleben dient der Versöhnung
- die Versöhnung scheitert
- das Zusammenleben erfolgt über kürzere Zeit.

Daraus ergibt sich, dass ein vorübergehendes Zusammenleben, das anderen Motiven als der Versöhnung dient, die Trennungsfrist unterbricht. Ebenso wird die Trennungsfrist unterbrochen, wenn die Versöhnung gelingt, später aber wieder scheitert. Darüber, was unter kürzere Zeit zu verstehen ist, besteht im Zusammenhang mit der Ein-Jahres-Frist gem. § 1565 Abs. 1 BGB Einigkeit, dass etwa drei Monate die obere Grenze darstellen (Grüneberg/Siede BGB § 1567 Rn. 8).

Die **Darlegungs- und Beweislast** für die Tatsache und die Dauer des Getrenntlebens trägt der Antragsteller. Hingegen wird die Darlegungs- und Beweislast dafür, dass eine Unterbrechung oder Hemmung der Trennungsfrist vorliegt, dem Antragsgegner aufgebürdet (vgl. Johannsen/Henrich/Althammer/Kappler BGB § 1567 Rn. 35; OLG München FamRZ 1990, 885; OLG Celle FamRZ 1979, 234).

5. Das **Scheitern** der Ehe erfordert nach der ausdrücklichen Formulierung von § 1565 Abs. 1 S. 2 BGB eine Darlegung unter zwei Aspekten (vgl. BGH FamRZ 2002, 316), nämlich einmal, dass die Lebensgemeinschaft der Ehegatten nicht mehr besteht (**Retrospektive, Diagnose**) und zum anderen, dass nicht erwartet werden kann, dass die Ehegatten sie wiederherstellen (**Prognose**). Das Scheitern der Lebensgemeinschaft der Ehegatten stellt zwar einen psychologischen Tatbestand dar. Für die juristische Beurteilung der Scheiternsdiagnose ist eine völlige innere Entfremdung das entscheidende Kriterium, wobei die einseitige innere Abwendung vom Partner genügen kann (Johannsen/Henrich/Althammer/Kappler BGB § 1565 Rn. 8). Innere Vorgänge in einem der Ehegatten lassen sich selbstverständlich vortragen, „griffiger" ist aber meist der Vortrag wahrnehmbarer äußerer

Tatsachen und Verhaltensweisen. Diese äußeren Tatsachen bedeuten zwar nur ein Indiz für das Scheitern der Ehe, wobei auch darauf abzustellen ist, wie diese Tatsachen im Einzelfall auf die Ehegatten wirken (**Individualisierung der Zerrüttungsdiagnose**). Ein Vortrag **typischer Zerrüttungsursachen** und notfalls ein entsprechendes Beweisangebot werden aber in aller Regel für die Darlegungsobliegenheit bezüglich der Zerrüttungsdiagnose genügen. Solche typischen Zerrüttungsursachen sind Ehebruch, neue Partnerschaften, schwere Krankheiten, fehlender ehelicher Verkehr, Tätlichkeiten, Alkoholismus, lang dauernde Kontaktlosigkeit, Beleidigungen, Vernachlässigung des Haushalts und der Kinder (vgl. Grüneberg/Siede BGB § 1565 Rn. 3).

Für die Prognose verlangt der BGH (FamRZ 1978, 671 (672)) eine besonders sorgfältige Prüfung ihrer Voraussetzungen. Danach genügt die bloße Erklärung des sich von der Ehe lösenden Ehegatten, er sehe die Ehe als endgültig zerrüttet oder gescheitert an, nicht. Hingegen genügt es, wenn dem Verhalten und den als glaubhaft anzusehenden Bekundungen des Antragstellers entnommen werden kann, dass er unter keinen Umständen mehr bereit sei, zum anderen Ehegatten zurückzufinden und die Ehe fortzusetzen, die Abwendung von der Ehe also nicht nur eine vorübergehende Gefühlsbewegung ist (BGH FamRZ 1978, 671). Dabei kann zur Darlegung auf Diagnosetatsachen, zusätzlich aber auch auf Tatsachen verwiesen werden, die auf Umstände seit der Trennung, wie die Neuaufnahme einer Partnerschaft, Auflösung von Ehewohnung, Auseinandersetzung von Hausrat, Kontaktlosigkeit, (über ein Jahr hinausgehende) Trennungszeit usw Bezug nehmen.

6. Für das Scheitern der Ehe trägt der Antragsteller die volle **Darlegungs- und Beweislast** (BGHZ 128, 125 = NJW 1995, 1082 = FamRZ 1995, 229; Schwab/Ernst ScheidungsR-HdB/Ernst § 2 Rn. 45). Sowohl für die Diagnose als auch die Prognose lassen die meisten Gerichte einen allgemein gehaltenen Vortrag nicht genügen, sondern verlangen einen substantiierten Prozessvortrag. Nach zutreffender Meinung (Johannsen/Henrich/Althammer/Kappler BGB § 1565 Rn. 33) ist es dem Richter auch nicht im Wege der **Parteianhörung** nach § 127 FamFG gestattet, weitere Tatsachen und Gesichtspunkte für das wirkliche Vorliegen der Zerrüttung zu ermitteln. Die Erfahrung zeigt aber, dass die Scheidung einer wirklich zerrütteten Ehe auch gegen den Willen und Widerstand des anderen Ehegatten durchzusetzen ist, wenn der Antragsteller substantiiert vorträgt. Auf eine Scheidungsmodalität, die zu einer unwiderlegbaren Vermutung führt, braucht nicht zurückgegriffen zu werden. Es braucht also auch in solchen Fällen nicht der Ablauf der dreijährigen Trennung (§ 1566 Abs. 2 BGB) abgewartet zu werden, noch müssen nicht angebrachte Konzessionen bei einer Scheidungsvereinbarung gemacht werden.

7. Beweisangebote in Ehescheidungsprozessen erfolgen in aller Regel – zumindest zunächst – in Form der **Beteiligtenvernehmung.** Der Subsidiaritätsgrundsatz der Beteiligtenvernehmung nach § 445 ZPO gilt nicht in Ehesachen (§ 128 Abs. 1 S. 3 FamFG).

Kosten und Gebühren

8. → Vorb. A.I Nr. 7.

Fristen und Rechtsmittel

9. → Form. A.II.1 Anm. 26.

6. Erwiderung des Antragsgegners auf den Scheidungsantrag bei offener streitiger Scheidung

An das Amtsgericht . . . . . [Datum]

– Familiengericht[1, 2] –

. . . . . [Aktenzeichen]

In Sachen

. . . . . [Vorname, Familienname]

gegen

. . . . . [Vorname, Familienname]

wegen Ehescheidung

bestelle ich mich hiermit unter Vorlage einer auf mich lautenden besonderen Vollmacht[3] für die Antragsgegnerin und b e a n t r a g e

I. Der Scheidungsantrag wird abgewiesen.
II. Der Antragsteller trägt die Kosten des Verfahrens.[4]

Begründung:

1. Im Scheidungsantrag sind richtig angegeben[5]
   - der Tag der Eheschließung und das Standesamt
   - die Staatsangehörigkeiten
   - die Adressen
   - die Angaben bezüglich der Kinder
   - die Angaben zu § 133 Abs. 1 FamFG
   - die Angaben zur örtlichen Zuständigkeit.
2. Die Behauptungen des Antragstellers zur Trennung sind unrichtig und werden bestritten. Richtig ist vielmehr Folgendes:[6]
   a) Die Antragsgegnerin hat zwar das Schreiben des Verfahrensbevollmächtigten des Antragstellers vom . . . . . erhalten. Die beteiligten Ehegatten haben dennoch nicht in der Ehewohnung getrennt gelebt.[7] Wenn der Antragsteller auch im Gästezimmer übernachtete, so hielt er sich doch, wenn er zu Hause war, auch im Wohnzimmer auf, wo die Ehegatten gemeinsam und sehr ausführlich fernsahen und die Sendungen kommentierten. Wenn es das Wetter erlaubte, hielten sich die beteiligten Ehegatten gemeinsam auf der Terrasse auf, wo sie auch des Öfteren Kaffee tranken und sich des vom Antragsteller besorgten Kuchens bedienten. Die Mahlzeiten wurden zwar weitgehend getrennt eingenommen. Dies aber deshalb, weil der Antragsteller zu den üblichen Essenszeiten aus beruflichen Gründen nicht zu Hause war und die Antragsgegnerin zudem für sich und die Kinder Vollwertkost vorzieht, die der Antragsteller ablehnt. Die Wäsche besorgte der Antragsteller selbst; dies stellte aber keine Neuerung dar, da dies der Antragsteller während der gesamten Ehe getan hatte.

      Beweis: Beteiligtenvernehmung

   b) Richtig ist, dass der Antragsteller am . . . . . aus der Ehewohnung ausgezogen ist. Richtig ist ferner, dass die beteiligten Ehegatten vom . . . . . bis . . . . . wieder zusammengelebt haben.[8] Entgegen der Behauptung des Antragstellers ist es jedoch nicht beim Versöhnungsversuch geblieben, vielmehr haben sich die Parteien bereits nach einer Woche tatsächlich versöhnt. Zum Zeichen ihrer Versöhnung steckten sie sich wechselseitig die Eheringe, die sie beide abgelegt hatten, wieder an den Finger und teilten ihre Versöhnung ihren Freunden mit.

Beweis: 1. Beteiligtenvernehmung[9]
2. Vorname, Familienname, Adresse, als Zeuge

Weitere Beweisangebote bleiben vorbehalten.
Am . . . . . zog der Antragsteller in seine neu gemietete Wohnung zurück, ohne dass es vorher zum Streit gekommen wäre.

3. Die Behauptungen des Antragstellers zur Zerrüttung sind ebenfalls unrichtig und werden bestritten.[10]
Es trifft nicht zu, dass die Beteiligten schon mehr als zwei Jahre vor der Trennung keinen ehelichen Verkehr mehr gehabt haben. Richtig ist vielmehr, dass der letzte eheliche Verkehr am . . . . . stattgefunden hat, also nicht einmal ein Jahr vor ihrer Trennung.

Beweis: Beteiligtenvernehmung

Seither ist der eheliche Verkehr aus gesundheitlichen Gründen seitens der Antragsgegnerin unterblieben.

Beweis: ärztlichen Zeugnis des Frauenarztes Dr. . . . . . [Vorname, Familienname], das in Kopie beiliegt.

Die Antragsgegnerin hat den Antragsteller gebeten, dieses Problem in einem gemeinsamen Gespräch der Ehegatten mit dem Frauenarzt zu erörtern. Bei der Versöhnung hat die Antragsgegnerin mit Zustimmung des Antragstellers und in seiner Gegenwart den Termin für ein solches Gespräch vereinbart.

Beweis: Beteiligtenvernehmung

Zu diesem Gespräch kam es jedoch wegen des neuerlichen Auszugs des Antragstellers aus der Ehewohnung nicht mehr.
Es mag richtig sein, dass der Antragsteller eine Freundin hat. Aus der Sicht der Antragsgegnerin handelt es sich hierbei jedoch um keine stabile Beziehung. Wie der Antragsgegnerin aus dem Bekanntenkreis berichtet wird, sind die beiden von sehr unterschiedlichem Charakter, die sich des Öfteren auch vor dritten Personen heftig streiten. Der Antragsteller soll sich gegenüber Arbeitskollegen bereits verärgert dahingehend geäußert haben, dass er es mit seiner Freundin nicht mehr lange aushalte, da wäre er schon besser bei seiner Ehefrau geblieben.
Die Trennung der Konten und des Wertpapierbestandes erfolgte beim seinerzeitigen Auszug des Antragstellers. Bei ihrer Versöhnung sind die Beteiligten übereingekommen, dass es bei dieser Regelung verbleiben solle, weil gemeinsame Konten und Wertpapiere nicht mehr der heutigen Zeit entsprechen. Sie hatten sich auch dahingehend geeinigt, dass große Teile der Einrichtung und damit auch die vom Antragsteller mitgenommenen Gegenstände zu erneuern seien, da sie schon ziemlich alt waren.

Beweis: Beteiligtenvernehmung

4. Die Antragsgegnerin ist deshalb der festen Überzeugung, dass ihre Ehe nicht endgültig gescheitert ist, sondern beide wieder zusammenfinden, wenn die Beziehungen des Antragstellers zu der anderen Frau erwartungsgemäß ihr Ende finden. Sie lässt dem

Antragsteller auch auf diesem Wege versichern, dass sie ihn noch immer liebt und mit ihm die eheliche Lebensgemeinschaft fortsetzen möchte. Er braucht nur zurückzukommen und wird mit offenen Armen aufgenommen.

5. **Der Scheidungsantrag ist somit nicht begründet, da es an beiden nach § 1565 Abs. 1 BGB erforderlichen Voraussetzungen fehlt, nämlich sowohl der einjährigen Trennung als auch der Zerrüttung der Ehe.**

Rechtsanwalt[11, 12]

Anmerkungen

1. Die **Verteidigung** gegen einen Scheidungsantrag kann sich darauf beschränken, die Scheidungsvoraussetzungen (Trennungsfrist und/oder Zerrüttung) lediglich zu bestreiten oder sie bringt einen Vortrag, aus dem zu subsumieren ist, dass die Scheidungsvoraussetzungen nicht vorliegen. Die Praxis zeigt aber, dass es kaum möglich ist, sich gegen einen präzise begründeten und nicht absolut vorschnellen Scheidungsantrag erfolgreich zu wehren. Am ehesten hat die Verteidigung Erfolg, wenn die Trennungsfrist unklar ist. Können zum Zeitpunkt der Rechtshängigkeit des Scheidungsantrags gegen die Trennungsfrist Einwendungen geltend gemacht werden, so läuft aber meist die einjährige Trennungsfrist während des Verfahrens unbestreitbar ab. Für den Nachweis der Zerrüttung genügen das entsprechende Verhalten und überzeugende Bekundungen des Antragstellers (→ Form. A.II.5 Anm. 5). Den Weg der Antragsabweisung sollte man deshalb nur in besonderen **Ausnahmefällen** wählen, beispielsweise, wenn der Antragsgegner nichts unversucht lassen will, die Scheidung der Ehe zu vermeiden, wobei der Rechtsanwalt auf die übliche Gerichtspraxis samt Bedeutung der Jahresfrist deutlich hinweisen und diesen Hinweis dokumentieren sollte. Auch aus taktischen Gesichtspunkten kann eine solche Vorgehensweise im Einzelfall in Frage kommen, nämlich, wenn mit einem prozessualen Widerstand ein Entgegenkommen des Antragstellers auf einem anderen Gebiet erreicht werden soll, besonders, wenn der Antragsteller in Eile ist.

2. Zum Rubrum und zur Zuständigkeit → Form. A.II.2.

3. Zur Vollmacht → Vorb. A.I Nr. 6.

4. Bei Abweisung des Scheidungsantrags hat der Antragsteller grundsätzlich die **Kosten** des Scheidungsverfahrens und der durch die Abweisung gegenstandslos gewordenen Folgesachen zu tragen (§ 150 Abs. 2 FamFG).

5. Auch in einem Schriftsatz, mit dem die Abweisung des Scheidungsantrags begehrt wird, sollte genau enthalten sein, welche Teile des gegnerischen Vortrags zutreffend sind. Der bloße Bezug auf „Standestatsachen" oder „formelle Angaben" kann im Einzelfall nicht ausreichend präzise sein.

6. Zu den Voraussetzungen und zur **Darlegungs- und Beweislast** bezüglich der Trennung → Form. A.II.5 Anm. 6.

7. Zum Getrenntleben in der Ehewohnung → Form. A.II.5 Anm. 3.

8. Zur Unterbrechung oder Hemmung der Trennungsfristen beim Zusammenleben über kürzere Zeit und Darlegungs- und Beweislast → Form. A.II.5 Anm. 4.

9. Zur Beteiligtenvernehmung → Form. A.II.1 Anm. 21.

10. Zu den Voraussetzungen und zur **Darlegungs- und Beweislast** bezüglich der Zerrüttung → Form. A.II.5 Anm. 6.

Kosten und Gebühren

11. → Form. A.I Nr. 7.

Fristen und Rechtsmittel

12. → Form. A.II.1 Anm. 26.

7. „Antrag" des Antragsgegners auf Aussetzung des Verfahrens (§ 136 FamFG)

Rubrum → Form. A.II.2.

b e a n t r a g e

ich:

Das Verfahren auf Scheidung wird ausgesetzt.[1]

Begründung:[2]

1. Der Antragsteller hat der Antragsgegnerin gegenüber erklärt, sein Scheidungsantrag sei möglicherweise voreilig erfolgt. Die Ehe sei nach seiner Einschätzung zwar zerrüttet, er könne sich aber vorstellen, dass eine Familientherapie sie beide wieder zusammenbringen könne.

Beweis: Beteiligtenvernehmung

2. Da Aussicht auf Fortsetzung der Ehe besteht, möge das Gericht amtswegig das Verfahren aussetzen.

Rechtsanwalt[3, 4]

Anmerkungen

1. Die Aussetzung des Scheidungsverfahrens nach § 136 FamFG kann von Amts wegen oder unter bestimmten Voraussetzungen auf Antrag erfolgen. Den Aussetzungsantrag kann **nur der Antragsteller** des Scheidungsverfahrens stellen. Stellen beide Beteiligte einen Scheidungsantrag, kann auch jeder von ihnen einen Aussetzungsantrag stellen. Die Aussetzung erfolgt dann aber nur, wenn auch der andere Ehegatte einen Aussetzungsantrag stellt (vgl. Thomas/Putzo/Hüßtege FamFG § 136 Rn. 9). Der Aussetzungsantrag des Antragsgegners, der keinen eigenen Scheidungsantrag gestellt hat, wird deshalb in der Praxis als Anregung an das Gericht ausgelegt, das Verfahren nach § 136 Abs. 1 FamFG von Amts wegen auszusetzen. Dem Aussetzungsantrag des Antragstellers hat das Familiengericht zu entsprechen (§ 136 Abs. 2 FamFG). Die Aussetzung kann jedoch nicht beschlossen werden, wenn der Scheidungsantrag abweisungsreif ist, weil zB das Trennungsjahr nicht abgelaufen ist. In einem solchen Fall ist der Scheidungsantrag abzuweisen. Lehnt der Antragsgegner die Scheidung ab (offene streitige Scheidung), ist es sinnvoll, neben dem Antrag auf Abweisung des Scheidungsantrags hilfsweise einen „Antrag" auf Aussetzung des Verfahrens zu stellen.

2. Voraussetzung für eine Aussetzung von Amts wegen ist, dass nach freier Überzeugung des Gerichts Aussicht auf Fortsetzung der Ehe besteht. Es müssen jedoch **konkrete Anhaltspunkte** für eine Aussetzung vorliegen. Die allgemein gehaltene Erwägung, das Zerwürfnis der Eheleute sei nicht so schwerwiegend und der Versuch einer Aussöhnung nicht aussichtslos, genügt nicht (OLG Düsseldorf FamRZ 1978, 609; Zöller/Feskorn FamFG § 136 Rn. 2). Die Aussetzung des Verfahrens ist bei allen **Scheidungsvarianten** zulässig, kann jedoch je nach der Trennungsdauer unterschiedlich lang sein. Zur **Höchstdauer** und zur **wiederholten Aussetzung** s. § 136 Abs. 3 FamFG. Neben der Aussetzungsmöglichkeit gem. § 136 FamFG sind die allgemeinen Bestimmungen über die Aussetzung (§§ 148 ff., 246 ff. ZPO) und des **Ruhens des Verfahrens** (§§ 251, 251a Abs. 3 ZPO) anwendbar (vgl. Thomas/Putzo/Hüßtege FamFG § 136 Rn. 6).

Kosten und Gebühren

3. Der die Aussetzung anordnende oder ablehnende Beschluss ergeht **gerichtsgebührenfrei** (Zöller/Feskorn FamFG § 136 Rn. 11). Bezüglich der **Rechtsanwaltsgebühr** dürften regelmäßig die Voraussetzungen für eine 1,3 Verfahrensgebühr nach VV 3100 RVG und eine 1,2 Terminsgebühr nach VV 3104 RVG vorliegen.

Fristen und Rechtsmittel

4. Die Aussetzung bzw. ihre Ablehnung ist mit der sofortigen Beschwerde anfechtbar (§ 113 Abs. 1 S. 2 FamFG, §§ 252, 567 ZPO) Sie kann nur von dem Ehegatten eingelegt werden, der einen Scheidungsantrag gestellt hat (vgl. Thomas/Putzo/Hüßtege FamFG § 136 Rn. 9).

Scheidung bei weniger als einjährigem Getrenntleben – Härtescheidung (§ 1565 Abs. 2 BGB)

8. Scheidungsantrag des Antragstellers bei weniger als einjährigem Getrenntleben

Rubrum, Anträge und formale Angaben[1, 2] → Form. A.II.1

I. Ausführungen zum Scheidungsantrag

1. Die örtliche Zuständigkeit des Amtsgerichts ergibt sich aus ......

2. Der Ehescheidungsantrag wird auf § 1565 Abs. 1 BGB in Verbindung mit § 1565 Abs. 2 BGB gestützt.[3, 4, 5, 6]

3. Die Antragsgegnerin ist schwanger, nach ihren Angaben im vierten Monat. Bis vor drei Wochen hatte sie den Antragsteller im Glauben gelassen, das Kind stamme von ihm. Auf ihren Vorschlag hin haben die Beteiligten verschiedene Eltern-Kind-Veranstaltungen besucht und bereits begonnen, Baby-Ausstattung zu kaufen und Pläne für die Umgestaltung eines Zimmers der ehelichen Wohnung in ein Kinderzimmer zu machen.

Beweis: Beteiligtenvernehmung

Der Antragsteller hat sich sehr auf dieses Kind gefreut, zumal es nach fast zehnjähriger Ehe das erste gemeinsame Kind werden sollte.

Beweis: Beteiligtenvernehmung

Am . . . . . . erfuhr der Antragsteller in einer Arbeitspause von einem Kollegen, dass ein Nachbar der Parteien, der seit längerer Zeit arbeitslos sei, sich in angeheitertem Zustand vor mehreren Zuhörern gerühmt habe, er unterhalte mit der Antragsgegnerin schon lange ein Verhältnis, er sei auch der Vater des Kindes. Die Antragsgegnerin wolle den Antragsteller im Glauben lassen, er sei der Vater, weil der Nachbar keinen Kindesunterhalt zahlen könne und das Kind einmal Erbe des Antragstellers, der nicht unerheblichen Immobilienbesitz habe, werden solle. Die Antragsgegnerin habe ihm auch gesagt, der Antragsteller sei ein Langweiler, der keine Zeit für sie habe und sei nicht in der Lage, „ihr ein Kind zu machen".

Beweis: . . . . . [Vorname, Familienname, Adresse] als Zeuge

Der Antragsteller fuhr daraufhin sofort nach Hause und traf seine Ehefrau mit dem Nachbarn im ehelichen Schlafzimmer in einer Situation, die die Herkunft des Kindes vom Nachbarn durchaus glaubhaft erscheinen ließ. Daraufhin warf der Antragsteller den Nachbarn unter Androhung von Prügeln aus dem Haus.
Angesichts der Situation und unter Vorhalt seines vom Arbeitskollegen mitgeteilten Wissens gestand die Antragsgegnerin ihr langjähriges Verhältnis zum Nachbarn und die Herkunft des Kindes. Dies alles wiederholte die Antragsgegnerin vor laufender Videokamera.

Beweis: 1. Beteiligtenvernehmung 2. Vorspielen des Videofilmes

Sodann verließ die Antragsgegnerin das Haus und zog zu ihrer Mutter. Seither leben die Beteiligten getrennt.

Beweis: Beteiligtenvernehmung

1. Da der Antragsteller so übel und auf so perfide Weise hinters Licht geführt worden ist, ist er unter gar keinen Umständen mehr bereit, die Ehe mit der Antragsgegnerin fortzusetzen. Er möchte deshalb sofort geschieden werden.

   Beweis: Beteiligtenvernehmung

2. Die Lebensgemeinschaft der Beteiligten besteht somit nicht mehr. Aufgrund der entschiedenen Haltung des Antragstellers ist auch nicht zu erwarten, dass die Ehegatten sie wiederherstellen. Zwar leben die Beteiligten noch nicht ein Jahr getrennt. Dennoch würde die Fortsetzung der Ehe für den Antragsteller aus Gründen, die in der Person der Antragsgegnerin liegen, eine unzumutbare Härte darstellen.
3. Ein weiterer Vortrag bleibt ausdrücklich vorbehalten.

Rechtsanwalt[7, 8]

Anlagen:
- Vollmacht
- Heiratsurkunde
- eine beglaubigte und eine einfache Abschrift

Anmerkungen

1. Zu den Scheidungsvoraussetzungen betreffend die folgenden → Form. A.II.8, → Form. A.II.9 sowie → Vorb. A.I Nr. 8. Es ist ein Vortrag zur **Zerrüttung** und zur **speziellen Unzumutbarkeit** erforderlich. In der Praxis wird sich die Zerrüttung regelmäßig aus der Unzumutbarkeit ergeben und braucht dann nicht mehr im Einzelnen dargelegt zu werden. Zur Zerrüttung → Form. A.II.5 Anm. 5.

2. Zum Rubrum, zu den Anträgen, den Allgemeinen Angaben und zur örtlichen Zuständigkeit → Form. A.II.1 Anm. 2–17, 23.

3. Die **Gerichtspraxis** ist zwar nicht ganz einheitlich. Die **Voraussetzungen** für die Annahme der Unzumutbarkeit nach § 1565 Abs. 2 BGB werden jedoch fast allgemein streng bis sehr streng gehandhabt (vgl. zB OLG Stuttgart FamRZ 1988, 1276; 1999, 722; 2002, 239; NZFam 2015, 1168; Bergschneider NZFam 2016, 1158; OLG Köln FamRZ 1999, 723). Es ist deshalb ein entsprechend gravierender Sachverhalt und ein substantiierter Vortrag selbst dann erforderlich, wenn auch der andere Ehegatte scheidungswillig ist. **Faustregel:** Ist es dem Antragsteller zumutbar, mit der Einreichung des Scheidungsantrags den Ablauf des Trennungsjahres abzuwarten oder verlangt das Verhalten des anderen Ehegatten, dass nicht nur die eheliche Lebensgemeinschaft aufgehoben, sondern auch die Ehe dem juristischen Band nach sofort geschieden wird. So wird ein Ehebruch allein von den meisten Gerichten nicht als Unzumutbarkeitsgrund angesehen (vgl. AG Bremerhaven FamRZ 2020, 405; OLG Köln FamRZ 1991, 822; Johannsen/Henrich/Althammer/Kappler BGB § 1565 Rn. 68 ff.). Die in den Kommentaren aufgeführten **Unzumutbarkeitsfälle** (Gewalttätigkeiten, Alkoholmissbrauch, Prostitution, homosexuelle Beziehungen, Kindesmissbrauch, Schikanen, Beleidigungen, Bedrohungen, Straftaten usw (vgl. Grüneberg/Siede BGB § 1565 Rn. 9 ff.; Johannsen/Henrich/Althammer/Kappler BGB § 1565 Rn. 71 ff.) geben zwar einen gewissen Einstieg in die Unzumutbarkeitsproblematik, mit ihnen allein kann jedoch nicht pauschal die Unzumutbarkeit begründet werden. Vielmehr muss eine Ausnahmesituation gegenüber der bloß zerrütteten Ehe vorliegen (OLG Frankfurt a. M. MDR 1978, 317). In der Praxis sind solche Unzumutbarkeitsfälle deshalb nur sehr selten anzunehmen (zB AG München FamRZ 2007, 1886).

4. Die **Darlegungs- und Beweislast** für die Zerrüttung und die Unzumutbarkeit hat der Antragsteller (Johannsen/Henrich/Althammer/Kappler BGB § 1565 Rn. 87; Grüneberg/Siede BGB § 1565 Rn. 5).

5. Haben **beide Eheleute** einen Scheidungsantrag unter Berufung auf § 1565 Abs. 2 BGB gestellt, so genügt für die Scheidung, dass einer der Anträge begründet ist (Johannsen/Henrich/Althammer/Kappler BGB § 1565 Rn. 88).

6. Ist der Antrag nicht begründet, weil das Trennungsjahr nicht abgelaufen ist und kein Unzumutbarkeitsgrund vorliegt, ist er abzuweisen. In der Gerichtspraxis bleiben solch verfrühte Anträge aber oft bis zum Ablauf der Jahresfrist liegen, besonders, wenn dies in wenigen Monaten so weit sein wird. Hintergrund dieser Handhabung ist die Überlegung, dass bis zu einer Berufungsverhandlung das Trennungsjahr abgelaufen sein und der Antragsteller dann mit seinem Scheidungsantrag Erfolg haben würde. Kommt es wegen fehlender Unzumutbarkeit und Trennungsfrist zur Antragsabweisung und dringt der Antragsteller mit der **Berufung** nur deshalb durch, weil mittlerweile das Trennungsjahr abgelaufen ist, dann hat er allerdings die **Kosten** des Berufungsverfahrens zu tragen (analog § 97 Abs. 2 ZPO) Der vom Antragsteller in solchen Fällen zu überlegende Antrag auf **Aussetzung** des Verfahrens gem. § 136 FamFG mit dem Ziel, den Ablauf der einjährigen Trennung auf diese Weise zu erreichen, wird wohl regelmäßig als rechtsmissbräuchlich beurteilt werden und zur Abweisung des Aussetzungsantrags führen (Zöller/Feskorn FamFG § 136 Rn. 3).

Kosten und Gebühren

7. → Vorb. A.I Nr. 7.

Fristen und Rechtsmittel

8. → Form. A.II.1 Anm. 26.

9. Abweisungsantrag bei weniger als einjährigem Getrenntleben

Rubrum, Anträge und formale Angaben[1] → Form. A.II.6

Begründung:[2, 3]

1. Die Behauptungen im Scheidungsantrag bezüglich der Beziehungen der Antragsgegnerin zum Nachbarn sind unrichtig und werden bestritten, sofern nicht nachträglich zugestanden.

2. Es wird bestritten, dass die Antragstellerin mit dem Nachbarn „schon lange" ein Verhältnis unterhalte. Vielmehr handelte es sich bei ihrem vom Antragsteller beanstandeten Zusammentreffen mit dem Nachbarn um einen einmaligen Vorgang. Mit dem Nachbarn hat sie weder damals noch zu einem anderen Zeitpunkt Geschlechtsverkehr ausgeübt. Da der Antragsteller handwerklich sehr ungeschickt ist, hat sie den Nachbarn, der von Beruf Tischler ist, gebeten, eine Reparatur am Schlafzimmerschrank vorzunehmen. An diesem Tag war es sehr heiß, weshalb der Nachbar nur mit einer weißen Badehose und sie mit einem Body bekleidet waren. Da die Antragsgegnerin dem Nachbarn bei der Arbeit half, ist bei dem äußerst eifersüchtigen Antragsteller offenbar der Eindruck entstanden, es sei zwischen ihr und dem Nachbarn zu sexuellen Handlungen gekommen. Es ist auch unrichtig und wird bestritten, dass sie sich dem Nachbarn oder anderen Personen gegenüber abfällig über den Antragsteller geäußert hat. Dies alles kann der Nachbar bestätigen.

Beweis: . . . . . [Vorname, Familienname, Adresse] als Zeuge

3. Aus diesem Vortrag ergibt sich auch, dass das Kind nicht vom Nachbarn stammt. Dieses Kind stammt einzig und allein vom Antragsteller.

Beweis: Sachverständigengutachten

4. Es ist zwar richtig, dass die Antragsgegnerin ein Geständnis abgelegt hat, das der Antragsteller anschließend mit der Videokamera aufgenommen hat. Da der Antragsteller damals völlig außer sich war und ihr glaubhaft drohte, er werde sie umbringen, gestand sie alles, was er ihr vorhielt. Bei den Videoaufnahmen musste sie bei laufender Kamera jeweils denjenigen Satz wiederholen, den ihr der Antragsteller bei abgeschalteter Kamera vorgesprochen hatte. An den Videoaufnahmen ist sicher festzustellen, dass die Kamera jeweils vor einem von ihr gesprochenen Satz eingeschaltet und danach wieder abgeschaltet wurde.

5. Die Antragsgegnerin hat diesen Sachverhalt dem Antragsteller am folgenden Tag in einem Brief mitgeteilt.

Beweis: Brief der Antragsgegnerin an den Antragsteller vom . . . . .

Die Antragsgegnerin beantragt hiermit, dem Antragsteller die Vorlegung dieses Briefes aufzugeben (§ 421 ZPO). Die Antragsgegnerin hat von diesem Brief zunächst einen Entwurf gefertigt, den sie nur sprachlich, aber nicht inhaltlich abgeändert hat und der hiermit vorgelegt wird.

Beweis: Briefentwurf, der in beglaubigter Kopie anliegt.

6. **Die Antragsgegnerin hat Verständnis dafür, dass der Antragsteller auf Grund der Prahlerei des Nachbarn irritiert ist. Der Antragsteller möge aber bedenken, dass sie beide sich bereits früher über die Prahlereien des Nachbarn gewundert hatten. Sie versichert dem Antragsteller hiermit noch einmal, dass ihre Angaben der vollen Wahrheit entsprechen. Die Antragsgegnerin wünscht sich nichts sehnlicher, als dass das gemeinsame Kind in einer versöhnten Familie zur Welt kommt.**
7. **Aus diesem Vortrag ergibt sich, dass die Ehe nicht endgültig gescheitert ist und schon gar nicht ein Unzumutbarkeitsgrund vorliegt.**
8. **Ein weiterer Vortrag bleibt ausdrücklich vorbehalten.**

Rechtsanwalt[4, 5]

Anmerkungen

1. Zum Rubrum, zu den Anträgen und den Allgemeinen Angaben → Form. A.II.6 Anm. 2–4.

2. Gegen einen eingehend substantiierten Scheidungsantrag, der sich auf Unzumutbarkeit iSv § 1565 Abs. 2 BGB stützt, nützt in aller Regel kein bloßes Bestreiten. Vielmehr wird nur ein **Gegenvortrag** Erfolgsaussichten haben, der auf die einzelnen Behauptungen detailliert eingeht.

3. Bei einem Sachverhalt der hier vorliegenden Art wird die Ehe eher durch eine **Aussetzung** des Verfahrens als durch eine Antragsabweisung zu retten sein. Deshalb sollte überlegt werden, ob der Antragsgegner nicht einen „Antrag" auf Verfahrensaussetzung stellt und versucht, den Richter aufgrund des Sachvortrags zu einer Aussetzung von Amts wegen zu bewegen, zumal das Familiengericht mit der Aussetzung in der Regel den Ehegatten nahelegen soll, eine Eheberatung in Anspruch zu nehmen (§ 136 Abs. 4 FamFG, → Form. A.II.7).

Kosten und Gebühren

4. → Vorb. A.I Nr. 7.

Fristen und Rechtsmittel

5. → Form. A.II.1 Anm. 26.

Einvernehmliche Scheidung (§ 1566 Abs. 1 BGB)

10. Antrag des Antragstellers bei einvernehmlicher Scheidung

Rubrum, Anträge und formale Angaben[1, 2] **→ Form. A.II.1**

I. Ausführungen zum Scheidungsantrag
1. **Die örtliche Zuständigkeit des Amtsgerichts ergibt sich aus . . . . .**
2. **Der Ehescheidungsantrag wird auf § 1565 Abs. 1 S. 1 BGB iVm § 1566 Abs. 1 BGB gestützt.**

3. **Die beteiligten Ehegatten leben seit . . . . ., also seit mehr als einem Jahr getrennt. Der Antragsteller ist damals aus der Ehewohnung ausgezogen.[3]**

   Beweis: Beteiligtenvernehmung

4. **Die Antragsgegnerin hat dem Antragsteller versichert, dass sie – je nach dem Rat ihres Anwalts – entweder der Scheidung zustimmen oder in gleicher Weise die Scheidung beantragen werde.[4]**
5. **Somit wird unwiderlegbar vermutet, dass die Ehe gescheitert ist.**
6. **Die Beteiligten haben noch keine Regelung über die elterliche Sorge, den Umgang und die Unterhaltspflicht gegenüber den gemeinschaftlichen minderjährigen Kindern sowie die durch die Ehe gegründete gesetzliche Unterhaltspflicht, die Rechtsverhältnisse an der Ehewohnung und an den Haushaltsgegenständen getroffen.**

(Variante:

Anbei übergeben wir

- ***von den Beteiligten unterzeichnete Scheidungsvereinbarung[5] mit folgenden Regelungen:***
- ***Elterl. Sorge in Nr. I.***
- ***Umgang mit den Kindern in Nr. I.***
- ***Kindesunterhalt in Nr. II. 1.***
- ***Ehegattenunterhalt in Nr. II. 2.***
- ***Ehewohnung in Nr. IV.***
- ***Haushaltsgegenstände in Nr. V.)***

Rechtsanwalt[6, 7]

Anmerkungen

1. Zu den Scheidungsvoraussetzungen → Vorb. A.I Nr. 8, → Form. A.II.1 Anm. 1. Die einvernehmliche Scheidung iSv § 1566 Abs. 1 BGB ist seit Einführung des FamFG die häufigste Form der Scheidung, da für diese Variante nach Wegfall der früheren Regelung die Vorlage einer Scheidungsvereinbarung als Scheidungsvoraussetzung entfallen ist.

2. Zum Rubrum, zur örtlichen Zuständigkeit, zu den Anträgen und allgemeinen Angaben → Form. A.II.1 Anm. 2–16, 21, 22.

3. Auch die einvernehmliche Scheidung nach § 1566 Abs. 1 BGB setzt ein einjähriges Getrenntleben voraus (**1. Voraussetzung**). Zum Getrenntleben → Form. A.II.1 Anm. 19 und → Form. A.II.5 Anm. 3. Vor Ablauf der einjährigen Trennungsfrist ist eine Scheidung nur nach § 1565 Abs. 1 BGB iVm § 1565 Abs. 2 BGB möglich (→ Vorb. A.I Nr. 8).

4. Ferner muss entweder der Scheidungsantrag beider Ehegatten oder die Zustimmung des Antragsgegners vorliegen (**2. Voraussetzung**). Zum Scheidungsantrag des Antragsgegners → Form. A.II.13 zur Zustimmung → Form. A.II.14 Anm. 1. Bis zur Einreichung des Scheidungsantrags des Antragsgegners oder bis Erteilung seiner Zustimmung wird die Scheidung als streitige behandelt.

5. Es braucht keine Einigung über Folgesachen vorgelegt zu werden, weder bei Einreichung des Scheidungsantrags noch während des Scheidungsverfahrens oder im Scheidungstermin. Die Beteiligten brauchen sich auch nicht geeinigt zu haben. Es ist lediglich eine Erklärung zu den Folgesachen abzugeben. Die Ehe ist auch dann zu scheiden, wenn sich die Beteiligten nicht über Folgesachen geeinigt haben. Wie bei jedem Scheidungsantrag sind allerdings die gem. § 133 Abs. 1 Nr. 2 FamFG geforderten Angaben zu machen (Thomas/Putzo/Hüßtege FamFG § 133 Rn. 3, 5). Ganz allgemein ist es jedoch sinnvoll, sich bis spätestens zum Scheidungstermin über die im konkreten Fall als wesentlich anzusehenden Regelungspunkte einig zu sein, da erfahrungsgemäß Einigungen nach der Scheidung (noch) schwieriger werden als dies vor der Scheidung der Fall ist.

Kosten und Gebühren

6. → Vorb. A.I Nr. 7.

Fristen und Rechtsmittel

7. → Form. A.II.1 Anm. 26.

11. Scheidungsvereinbarung (Langform)

An das Amtsgericht . . . . . **. . . . . [Datum]**

– Familiengericht –

. . . . . [Aktenzeichen]

In Sachen

. . . . . [Vorname, Familienname]

– Antragsteller –

Verfahrensbevollmächtigte: Rechtsanwalt/Rechtsanwältin, Vorname, Familienname, Adresse

gegen

. . . . . [Vorname, Familienname]

– Antragsgegner –

Verfahrensbevollmächtigte: Rechtsanwalt/Rechtsanwältin, Vorname, Familienname, Adresse

wegen Ehescheidung

teilen wir für den Antragsteller mit, dass sich die beteiligten Ehegatten über die Trennungs- und Scheidungsfolgen einig sind und b e a n t r a g e n

das Zustandekommen des nachfolgend wiedergegebenen Vergleichs durch Beschluss nach §§ 113 FamFG, 278 VI ZPO, festzustellen.

Für den Fall der Scheidung ihrer Ehe kommt folgende

Vereinbarung[1, 2]

zustande:

I. Elterl. Sorge und Umgang.
Herr . . . . (Ehemann) und Frau . . . . . (Ehefrau) erklären hiermit, dass Anträge zur elterl. Sorge oder eines Teils der elterl. Sorge für das Kind
. . . . . [Vorname, Geburtsname, Geburtsdatum]

und zur Regelung des Umgangs der Eltern mit dem Kind nicht gestellt werden, weil sich die Ehegatten über das Fortgelten der Sorge und über den Umgang einig sind.

II. Unterhalt

1. Herr . . . . . (Ehemann) verpflichtet sich hiermit, für das Kind . . . . . [Vorname] den gesetzlichen Kindesunterhalt zu zahlen. Der Unterhalt berechnet sich auf der Grundlage der jeweiligen Sätze der DT. Auf der Seite von Herrn . . . . . (Ehemann) wurde ein anrechenbares monatliches Nettoeinkommen (Jahresbrutto minus gesetzliche Abzüge unter Berücksichtigung von Steuernachzahlungen und Steuerrückzahlungen minus 5 % für berufsbedingte Aufwendungen geteilt durch 12) von . . . . . [Betrag] EUR zugrunde gelegt. Der Kindesunterhalt ist dynamisiert. Er beträgt . . . . . % des Mindestunterhalts, und zwar bis zum . . . . . [Datum] nach der 1. Altersstufe, das sind derzeit . . . . . [Betrag] EUR, vom . . . . . [Datum] bis zum . . . . . [Datum] nach der 2. Altersstufe und vom . . . . . [Datum] an nach der 3. Altersstufe. Für den Fall einer Änderung des Einkommens von Herrn . . . . . (Ehemann), über die Herr . . . . . (Ehemann) Frau . . . . . (Ehefrau) unverzüglich zu informieren hat, bleiben die gesetzlichen Vorschriften bezüglich der Abänderung des Unterhalts unberührt. Für das Kindergeld ist Frau . . . . . (Ehefrau) bezugsberechtigt. Die Anrechnung des Kindergeldes erfolgt nach § 1612b BGB.
2. Für den Ehegattenunterhalt gelten die gesetzlichen Vorschriften. Herr . . . . . (Ehemann) verpflichtet sich danach, an Frau . . . . . (Ehefrau) derzeit Unterhalt wegen Kindesbetreuung gem. § 1570 Abs. 1 BGB in Höhe von monatlich . . . . . [Betrag] EUR zu bezahlen. Eheprägend und damit Grundlage dieser Unterhaltsvereinbarung ist das Einkommen von Herrn . . . . . (Ehemann), wie es in obiger Nr. 1. errechnet wurde abzüglich des Kindesunterhalts sowie eines Erwerbstätigenbonus von 10 %. Die Hälfte hieraus ergibt den Unterhaltsanspruch von Frau . . . . . (Ehefrau) in Höhe von EUR . . . . . [Betrag]. Für eine Abänderung gelten die gesetzlichen Vorschriften.
3. Der Kindes- und Ehegattenunterhalt ist jeweils am Ersten eines Monats im Voraus fällig und muss an diesem Tag auf dem von Frau . . . . . (Ehefrau) angegebenen Konto eingegangen sein. Der Unterhaltsanspruch ist vom Tag der Fälligkeit an mit 8 %[3] pa zu verzinsen.

III. Zugewinnausgleich

Herr . . . . . (Ehemann) verpflichtet sich, an Frau . . . . . (Ehefrau) einen Zugewinnausgleich in Höhe von . . . . . EUR zu bezahlen, fällig einen Monat nach Rechtskraft der Scheidung. Damit sind alle gegenseitigen Zugewinnausgleichsansprüche endgültig erledigt.

IV. Ehewohnung

1. Die Beteiligten sind darüber einig, dass die Ehewohnung in der . . . . . [Adresse] ab Rechtskraft der Scheidung ausschließlich Frau . . . . . (Ehefrau) zur weiteren Nutzung zusteht. Frau . . . . . (Ehefrau) tritt anstelle von Herrn . . . . . (Ehemann) in ein von diesem eingegangenes Mietverhältnis ein (oder setzt ein von beiden Ehegatten eingegangenes Mietverhältnis allein fort). Herr . . . . . (Ehemann) verpflichtet sich hiermit gegenüber Frau . . . . . (Ehefrau), die genannte Wohnung innerhalb eines Monats ab der Rechtskraft der Scheidung zu verlassen und mit sämtlichen Schlüsseln an sie zu übergeben. Herr . . . . . (Ehemann) verzichtet hiermit auf jedwede Form des Räumungsschutzes, soweit rechtlich zulässig.
2. Herr . . . . . (Ehemann) und Frau . . . . . (Ehefrau) verpflichten sich hiermit gegenseitig, diese Änderung innerhalb von . . . . . Wochen nach Rechtskraft der Ehescheidung dem Vermieter mitzuteilen.

3. Herr . . . . . (Ehemann) verpflichtet sich hiermit, bis zu seinem tatsächlichen Auszug aus der Ehewohnung die Miete und die Nebenkostenvorauszahlung für die genannte Wohnung zu leisten. Eine Verrechnung der Mietzahlung mit anderen Forderungen oder ein Erstattungsanspruch gegenüber Frau . . . . . (Ehefrau) steht Herrn . . . . . (Ehemann) nicht zu. Eine Endabrechnung der Nebenkosten findet nicht statt.

4. Frau . . . . . (Ehefrau) übernimmt die mietvertraglichen Pflichten der Wohnungsrenovierung und stellt Herrn . . . . . (Ehemann) insoweit gegenüber dem Vermieter frei.

5. Frau . . . . . (Ehefrau) steht die Mietkaution in Höhe von . . . . . [Betrag] EUR nebst etwaigen Zinsen zu. Eine Anrechnung auf den Zugewinn erfolgt nicht.

V. Haushaltsgegenstände

Die Beteiligten sind darüber einig, dass die dieser Vereinbarung beigefügten Listen 1 und 2 für die Auseinandersetzung der Haushaltsgegenstände maßgeblich sind. Danach stehen die in der Liste 1 aufgeführten Gegenstände Frau . . . . . (Ehefrau) zu, die in der Liste 2 Herrn . . . . . (Ehemann). Sie verpflichten sich hiermit, die danach dem jeweiligen Ehegatten zustehenden Gegenstände an ihn herauszugeben. Herr . . . . . (Ehemann) verpflichtet sich zudem, die in der Liste 2 bezeichneten Gegenstände beim Verlassen der Wohnung mitzunehmen. Sie sind darüber einig und bestätigen hiermit, dass die dem jeweiligen Ehegatten zustehenden und die bereits in seinem Besitz befindlichen Gegenstände in sein alleiniges Eigentum übergehen bzw. in seinem alleinigen Eigentum stehen.

VI. Abgeltung, Kosten

1. Mit dieser Vereinbarung sind alle gegenseitigen Ansprüche von Herrn . . . . . (Ehemann) und Frau . . . . . (Ehefrau), aus welchem Rechtsgrund auch immer, endgültig erledigt.

2. Die Kosten des Ehescheidungsverfahrens einschließlich dieser Scheidungsvereinbarung werden gegeneinander aufgehoben.

. . . . ., den . . . . .

(Unterschriften der Eheleute und der beiderseitigen Rechtsanwälte)[4]

Anmerkungen

1. Eine solche Scheidungsvereinbarung ist für keine der Scheidungsmodalitäten erforderlich, auch nicht für die einvernehmliche Scheidung iSv § 1566 Abs. 1 BGB (→ Form. A.II.10). Sie ist aber nicht nur deshalb sinnvoll, weil damit die Rechtsverhältnisse im Zusammenhang mit der Scheidung umfassend geregelt sind. Als gerichtlicher Vergleich erfüllt sie auch die für den nachehelichen Unterhalt (§§ 1585c S. 2 und 3, 127a BGB) und den Zugewinnausgleich (§ 1378 Abs. 3 S. 2 BGB) erforderliche **Form** und schafft einen **vollstreckbaren Titel** (§ 794 Abs. 1 Nr. 1 ZPO); hierfür müssen beide beteiligten Ehegatten im Hinblick auf § 114 Abs. 1 FamFG durch **Rechtsanwälte** vertreten sein.

Wegen weiterer Titulierungsmöglichkeiten s. Bergschneider Verträge Familiensachen Rn. 127 ff.

2. Das obige Muster enthält nur die üblichen Punkte. In einem Scheidungsfolgenvergleich können jedoch Vereinbarungen über alle Streitpunkte aufgenommen werden, unabhängig davon, ob sie Folgesachen iSv § 137 FamFG sein können oder nicht, ob sie in die Zuständigkeit des Familiengerichts fallen oder nicht. Dies gilt insbes. für

- Scheidungsmodalitäten
- elterl. Sorge

- Umgangsregelung
- Kindesunterhalt
- Ehegattenunterhalt
- Güterrecht
- Vermögensauseinandersetzung (insbes. Miteigentum, Gesamtgläubigerschaft, Gesamtschuldnerschaft, ehebedingte Zuwendungen)
- Bankkonten
- Bausparkonten
- Vollmachten
- Schulden
- Freistellungen, Schuldentlassungen
- digitale Fragen (Passwörter, Facebook, E-Mail-Postfächer, digitale Signaturen, Onlinekäufe)
- Ansprüche und Verpflichtungen gegenüber Schwiegereltern und anderen Verwandten und Verschwägerten
- Versicherungen allgemein
- Lebensversicherung
- Hausratversicherung
- Versorgungsausgleich
- Ehewohnung
- Haushaltsgegenstände
- Persönliche Gegenstände
- Geschenke
- Ausgleich von Zuwendungen
- Namensrecht
- Gesellschaftsrechtlicher Ausgleich (Ehegatten-Innengesellschaft)
- Arbeitsverträge
- Ausgleich von Arbeitszeit
- Steuerfragen
- Steuerschulden, Steuerrückerstattungen
- erbrechtliche Konsequenzen
- Kosten

Es ist ratsam, in die Scheidungsvereinbarung nach Möglichkeit alle irgendwie in Frage kommenden Gegenstände vollständig zu regeln. Ggf. sollte festgestellt werden, dass beiderseitige Ansprüche etwa auf Zugewinnausgleich nicht bestehen oder es sollte vorsorglich beiderseits darauf verzichtet werden. Schließlich sollte eine Abgeltungsklausel aufgenommen werden. Wird ein Gegenstand bewusst ausgespart, sollte dies ausdrücklich festgestellt werden. (Zur Vertragsgestaltung s. Bergschneider, Verträge in Familiensachen; Krenzler, Vereinbarungen bei Trennung und Scheidung; Langenfeld/Milzer, Handbuch der Eheverträge und Scheidungsvereinbarungen; Münch, Ehebezogene Rechtsgeschäfte).

3. Der gesetzliche Zinssatz beträgt nach § 288 Abs. 1, S 2 BGB nur 5 Prozentpunkte (Achtung: nicht lediglich 5 %) über dem jeweiligen Basiszinssatz. Im Rahmen einer Vereinbarung ist es jedoch möglich auch einen höheren oder niedrigeren Prozentsatz zu vereinbaren.

Kosten und Gebühren

4. Sofern ein Vergleich iSv § 779 BGB vorliegt, was regelmäßig der Fall ist, fällt eine **Rechtsanwaltsgebühr** als Einigungsgebühr nach VV 1000 RVG in Höhe von 1,5 an. Im Übrigen zu Gebühren, Gegenstandswert, Kosten → Vorb. A.I Nr. 7.

12. Scheidungsvereinbarung (Kurzform)

An das Amtsgericht . . . . [Datum]

– Familiengericht –

. . . . . [Aktenzeichen]

In Sachen

. . . . . [Vorname, Familienname]

– Antragsteller –

Verfahrensbevollmächtigte: Rechtsanwalt/Rechtsanwältin, Vorname, Familienname, Adresse

gegen

. . . . . [Vorname, Familienname]

– Antragsgegner –

Verfahrensbevollmächtigte: Rechtsanwalt/Rechtsanwältin, Vorname, Familienname, Adresse

wegen Ehescheidung

teilen wir für den Antragsteller mit, dass sich die beteiligten Ehegatten über die Trennungs- und Scheidungsfolgen einig sind und b e a n t r a g e n

das Zustandekommen des nachfolgend wiedergegebenen Vergleichs durch Beschluss nach §§ 113 FamFG, 278 VI ZPO, festzustellen.

Der Wortlaut der Einigung lautet wie folgt:

Für den Fall der Scheidung ihrer Ehe kommt folgende

Vereinbarung[1, 2]

zustande:

1. Herr . . . . . [Familienname] und Frau . . . . . [Familienname] verzichten hiermit auf nachehelichen Unterhalt in allen Lebenslagen einschließlich dem Fall der Not und nehmen diesen Verzicht hiermit wechselseitig an. Dieser Verzicht gilt auch für den Fall einer Gesetzesänderung und einer Änderung der Rechtsprechung.
2. Die Eheleute stellen hiermit übereinstimmend fest, dass beiderseits ein Zugewinn nicht entstanden ist. Vorsorglich verzichten sie auf etwaige Zugewinnausgleichsansprüche und nehmen diesen Verzicht hiermit wechselseitig an.
3. Die Eheleute stellen hiermit übereinstimmend fest, dass die Ehewohnung aufgelöst ist und insoweit weder gegenseitige Ansprüche noch Verpflichtungen gegenüber dem Vermieter der Ehewohnung bestehen.
4. Die Eheleute stellen hiermit übereinstimmend fest, dass die Haushaltsgegenstände endgültig auseinandergesetzt sind. Sie sind weiter darüber einig, dass jeder von ihnen Alleineigentümer derjenigen Gegenstände bleiben bzw. werden soll, die sich gegenwärtig in seinem Besitz befinden.

. . . . . ., den . . . . . .

Unterschriftszeile . . . . . .

Unterschriftszeile . . . . . .

Anmerkungen

1. Dem Formular liegt der Sachverhalt zugrunde, dass keine gemeinschaftlichen Kinder vorhanden sind.

2. Falls die Parteien eine **formwirksame Vereinbarung** zum nachehelichen Unterhalt und zum Zugewinn abschließen wollen, müssen im Hinblick auf §§ 1585c S. 2 und 3, 1378 Abs. 3 S. 2, 127a BGB, § 114 Abs. 1 FamFG beide durch **Rechtsanwälte** vertreten sein.

13. Scheidungsantrag des Antragsgegners bei einvernehmlicher Scheidung

Rubrum und Anträge[1] → Form. A.II.2

Begründung:

1. **Im Scheidungsantrag sind die unter der dortigen Nr. I. gemachten Angaben und die Angaben zur örtlichen Zuständigkeit richtig.**
2. **Die Antragsgegnerin stützt ihren Scheidungsantrag ebenfalls auf § 1566 Abs. 1 BGB iVm § 1565 Abs. 1 S. 1 BGB.[2]**
3. **Es ist auch richtig, dass die Parteien seit . . . . . getrennt leben.**

Beweis: Beteiligtenvernehmung

Rechtsanwältin[3, 4]

Anmerkungen

1. Formulartext unterstellt einen eigenen Scheidungsantrag des Antragsgegners. Zum Rubrum und zu den Anträgen → Form. A.II.2 Anm. 1–5.

2. § 1566 Abs. 1 BGB räumt dem Antragsgegner alternativ die Möglichkeiten ein, ebenfalls die Scheidung zu beantragen oder der Scheidung zuzustimmen. Zur Wahl der Varianten → Form. A.II.2 Anm. 1 und → Form. A.II.3 Anm. 1.

Kosten und Gebühren

3. → Vorb. A.I Nr. 7.

Fristen und Rechtsmittel

4. → Form. A.II.1 Anm. 26.

14. Zustimmung des Antragsgegners bei einvernehmlicher Scheidung

Rubrum und Zustimmungserklärung[1, 2] → Form. A.II.3

Begründung:

Die im Scheidungsantrag gemachten Angaben unter Ziffer I. und II. 3 sind richtig. Der Antragsgegner stimmt der Scheidung zu.

Rechtsanwalt[3, 4]

Anmerkungen

1. Im Gegensatz zur Zustimmung zu einem Scheidungsantrag im Rahmen der verdeckten Konventionalscheidung nach § 1565 Abs. 1 BGB, die vom Gesetz nicht vorgesehen ist, sondern sich in der Praxis nach und nach entwickelt hatte (→ Form. A.II.3), handelt es sich bei der Zustimmung im obigen Formular um eine **notwendige Voraussetzung** für eine einvernehmliche Scheidung nach § 1566 Abs. 1 BGB. Zur Wahl der Varianten → Form. A.II.3 Anm. 1.

2. Für die Zustimmung besteht kein Anwaltszwang (§ 114 Abs. 4 Nr. 3 FamFG; → Form. A.II.2 Anm. 2). Regelmäßig wird die Zustimmung – meist nach einer vorbereitenden schriftlichen Erklärung – in der mündlichen Verhandlung zu Gerichtsprotokoll erklärt, sie kann aber auch zu Protokoll der Geschäftsstelle erklärt werden (§ 134 Abs. 1 FamFG). Im Hinblick auf die erbrechtlichen Folgen gem. § 1933 BGB (→ Vorb. A.I Nr. 9) sollte die Zustimmung regelmäßig erklärt werden, und zwar bereits zu Beginn des Scheidungsverfahrens.

Kosten und Gebühren

3. → Vorb. A.I Nr. 7.

Fristen und Rechtsmittel

4. → Form. A.II.1 Anm. 26.

Scheidung bei dreijährigem Getrenntleben (§ 1566 Abs. 2 BGB)

15. Antrag des Antragstellers bei dreijähriger Trennung

Rubrum, Anträge und formale Angaben[1, 2] → Form. A.II.1

I. Ausführungen zum Scheidungsantrag

1. **Die örtliche Zuständigkeit des Amtsgerichts ergibt sich aus . . . . .**
2. **Der Ehescheidungsantrag wird auf § 1565 Abs. 1 S. 1 BGB iVm § 1566 Abs. 2 BGB gestützt.**
3. **Die beteiligten Ehegatten leben seit . . . . ., also seit drei Jahren getrennt.[3]**

Beweis: Beteiligtenvernehmung

4. **Somit wird unwiderlegbar vermutet, dass die Ehe gescheitert ist.**

Rechtsanwalt[4, 5]

Anmerkungen

1. Zu den Scheidungsvoraussetzungen → Vorb. A.I Nr. 8.

2. Zum Rubrum, zur örtlichen Zuständigkeit zu den Anträgen und zu den allgemeinen Angaben → Form. A.II.1 Anm. 2–16, 22.

3. Zum Getrenntleben → Form. A.II.5 Anm. 3. Das mindestens drei Jahre dauernde Getrenntleben ist die einzige Voraussetzung für eine Scheidung nach § 1566 Abs. 2 BGB. Maßgeblich für die Trennungsdauer ist der Zeitpunkt der **letzten mündlichen Verhandlung** der Tatsacheninstanz (BGH FamRZ 1979, 1003).

Kosten und Gebühren

4. → Vorb. A.I. Nr. 7.

Fristen und Rechtsmittel

5. → Form. A.II.1 Anm. 26.

16. Antrag des Antragsgegners bei dreijähriger Trennung (§ 1566 Abs. 2 BGB)

Rubrum, Anträge und formale Angaben → Form. A.II.2 bis → Form. A.II.4 mit an § 1566 Abs. 2 BGB angepassten Ausführungen.[1, 2, 3, 4, 5]

Anmerkungen

1. Zu den Varianten, also zur Entscheidung, ob der Antragsteller ebenfalls einen Scheidungsantrag einreicht, der Scheidung zustimmt oder Sachlageantrag stellt, → Form. A.II.3 Anm. 1, → Form. A.II.7 Anm. 1, → Form. A.II.4 Anm. 1.

2. Der Antragsgegner kann sich mit Berufung auf die **Härteklausel** iSv § 1568 BGB verteidigen (→ Form. A.II.17).

3. Der Antragsgegner hat auch die Möglichkeit, „Antrag" auf **Aussetzung** des Verfahrens iSv § 136 FamFG zu stellen (→ Form. A.II.7).

Kosten und Gebühren

4. → Vorb. A.I Nr. 7.

Fristen und Rechtsmittel

5. S. Fristen und Rechtsmittel zu → Form. A.II.1 Anm. 25.

Härteklauseln (§ 1568 BGB)

17. Abweisungsantrag des Antragsgegners (Kinderschutzklausel)

An das Amtsgericht . . . . [Datum]

– Familiengericht –

. . . . . [Aktenzeichen]

In Sachen

. . . . . [Vorname, Familienname]

gegen

. . . . . [Vorname, Familienname]

wegen Ehescheidung[1]

bestelle[2] ich mich hiermit unter Vorlage

einer auf mich lautenden besonderen Vollmacht[3]

für die Antragsgegnerin und

beantrage

I. Der Scheidungsantrag wird abgewiesen.
II. Der Antragsteller trägt die Kosten des Verfahrens.[4]

Begründung:

1. Der Abweisungsantrag wird auf § 1568 Alt. 1 BGB[5] gestützt. Es ist zwar richtig, dass die beteiligten Ehegattend seit mindestens einem Jahr getrennt leben. Es mag auch sein, dass die Ehe gescheitert ist.[6] Im Interesse des Kindeswohls ist der Scheidungsantrag dennoch aus besonderen Gründen abzuweisen.[7]
2. Wie im Scheidungsantrag vorgetragen, ist aus der Ehe die jetzt 14 Jahre alte Tochter Monika hervorgegangen.[8]
   Monika befindet sich seit der Trennung der Eltern in einer sehr problematischen psychischen Verfassung.[9] Als sie jetzt noch dazu vom Scheidungsantrag ihres Vaters erfuhr, drohte sie immer wieder mit Selbstmord, falls die Ehe ihrer Eltern geschieden wird.[10] Der Jugendpsychologe . . . . ., bei dem Monika in laufender Behandlung ist, hält die Drohung insbes. im Hinblick auf Monikas Pubertät für sehr ernsthaft,[9] nimmt jedoch an, dass das Kind in etwa ein bis drei Jahren die mit der Scheidung der Eltern verbundenen Schwierigkeiten überwunden haben wird.[11]

   Beweis: Vorname, Familienname, Adresse, als sachverständiger Zeuge
3. Im Hinblick auf die Selbstmordgefahr von Monika liegen somit besondere Gründe vor, welche die Aufrechterhaltung der Ehe der Beteiligten im Interesse des Kindes bis zur Überwindung dieser Gefahr ausnahmsweise notwendig machen. Der Scheidungsantrag ist deshalb abzuweisen.[12]

Rechtsanwalt[13, 14]

Anmerkungen

1. § 1568 BGB fasst **zwei unterschiedliche Härteklauseln** zusammen, die, wie der Gesetzeswortlaut zeigt, ganz besonders strenge Voraussetzungen haben. In der **Praxis** spielen deshalb beide Härteklauseln kaum eine Rolle; allenfalls werden sie zur Verzögerung des Verfahrens ins Feld geführt. Abweisungen des Scheidungsantrags nach § 1568 BGB kommen noch weniger vor. Zur Kinderschutzklausel ist bisher nur eine einzige Entscheidung veröffentlicht, in der der Scheidungsantrag abgewiesen wurde (OLG Hamburg FamRZ 1986, 469 f.). Gemeinsam ist ihnen ferner, dass mit einer Berufung auf die Klauseln nicht die Scheidung schlechthin verhindert werden kann (BVerfG NJW 1981, 108 = FamRZ 1981, 15), sondern nur die Scheidung zur Unzeit (Grüneberg/Siede BGB § 1568 Rn. 1). Zu bedenken ist, dass ein Abweisungsantrag nicht die erbrechtlichen Konsequenzen der §§ 1933, 2077, 2268, 2279 Abs. 2 BGB auslöst.

2. Zum Anwaltszwang → Anm. 5.

3. Zur Vollmacht → Vorb. A.I Nr. 6.

4. Ein **Kostenantrag** ist durch das FamFG nicht geboten (§ 113 FamFG, § 308 Abs. 2 ZPO), aber vielfach üblich. Dringt der Antragsgegner mit seinem Abweisungsantrag durch, hat der Antragsteller gem. § 150 Abs. 2 FamFG die Kosten der Scheidungssache und grundsätzlich auch die Kosten der Folgesachen zu tragen.

5. Die Kinderinteressen iSv § 1568 BGB sind **von Amts wegen** zu beachten. Die Einschränkung des Amtsermittlungsgrundsatzes nach § 127 Abs. 3 FamFG betrifft nicht die Kinderschutzklausel. Deshalb besteht für den Antragsgegner bei Berufung auf die Kinderschutzklausel **kein Anwaltszwang** (Zöller/Feskorn FamFG § 127 Rn. 5). Es ist jedoch dringend zu raten, dem Familienrichter die Umstände, die zur Anwendung der Kinderschutzklausel führen sollen, zumindest zur Kenntnis zu geben. Aus dem Ausnahmecharakter von § 1568 BGB ergibt sich, dass die Ehe im Zweifel zu scheiden ist, wenn die Ermittlung von Amts wegen nicht zu dem klaren Ergebnis iSd aus Kinderinteressen gebotenen Aufrechterhaltung der Ehe geführt haben (Johannsen/Henrich/Althammer/Kappler BGB § 1568 Rn. 43). Die objektive **Beweislast** (Feststellungslast) trägt somit der Antragsgegner.

6. Die Kinderschutzklausel gilt für alle Scheidungsvarianten. Ihre Prüfung setzt voraus, dass die Scheidungsvoraussetzungen der Zerrüttung, der Trennungsfrist sowie der unzumutbaren Härte nach § 1565 Abs. 2 BGB gegeben sind. Der Antragsgegner ist aber nicht gehindert, die Behauptungen des Antragstellers zur Trennung, zur Zerrüttung usw zu bestreiten, dazu einen Gegenvortrag zu bringen und sich nur hilfsweise auf die Härteklausel zu berufen, was im Einzelfall prozesstaktisch durchaus angezeigt sein kann.

7. Allgemeine mit der Trennung oder Scheidung verbundenen Nachteile für das Kind (zB Wohnungs- und Schulwechsel, Aufnahme einer Berufstätigkeit durch die Mutter) genügen nicht. § 1568 Alt. 1 BGB ist nämlich keine allgemeine Kinderschutzvorschrift, sondern nur auf extreme Ausnahmefälle anzuwenden, wie der Gesetzeswortlaut („aus besonderen Gründen ausnahmsweise notwendig") ergibt. Die Verweigerung der Scheidung muss das einzige Mittel sein, dem Kind zu helfen.

8. Geschützt sind Kinder nur insoweit, als sie gemeinsam (leiblich oder adoptiert) und minderjährig sind.

9. Es kommen wohl nur immaterielle, **psychische Gründe** in der Person des Kindes, wie schwerste Identitätskrisen, Selbstmordgefahr (OLG Hamburg FamRZ 1986, 469 f.)

in Frage (Johannsen/Henrich/Althammer/Kappler BGB § 1568 Rn. 17). Vermögensrechtliche und **wirtschaftlicher Interessen** (Kindesunterhalt) reichen regelmäßig ebenso wenig aus wie das allgemeine Interesse des Kindes daran, dass sich seine Eltern nicht scheiden lassen oder nicht andere Partner heiraten, vgl. Grüneberg/Siede BGB § 1568 Rn 2; Johannsen/Henrich/Althammer/Kappler BGB § 1568 Rn. 16.

10. Ferner wird verlangt, dass die schädlichen Folgen durch den Scheidungsausspruch selbst verursacht oder wesentlich mitverursacht werden; eine allein durch das Scheitern der Ehe verursachte Härte genügt nicht (BGH FamRZ 1980, 124; OLG Köln FamRZ 1981, 959).

11. Aufgrund der Kinderschutzklausel ist die Ehe solange nicht zu scheiden, so lange die schädlichen Folgen für das Kind andauern (→ Anm. 1). Da nur minderjährige Kinder geschützt werden und die Probleme meist im Pubertätsalter auftreten, ist der Scheidungsaufschub ohnedies meist **zeitlich beschränkt.** Die Gerichte könnten deshalb geneigt sein, den Parteien ein Ruhen des Verfahrens nahe zu legen. Dies ist jedoch meist nicht der richtige Weg. Weil die Härte regelmäßig im Anhängigsein des Scheidungsverfahrens mit dem absehbaren Ende in Form des Scheidungsbeschlusses besteht, wird ihr nur durch eine – wenn auch letztlich vorübergehende – Beendigung des Scheidungsverfahrens zu begegnen sein.

12. Nach Wegfall der Härte kann ein neuer Scheidungsantrag gestellt werden. Die Trennungsfrist beginnt nicht neu zu laufen, neue Scheidungsgründe brauchen nicht entstanden zu sein. Die **Rechtskraft** des abweisenden Scheidungsurteils dürfte nur dann einem neuen Scheidungsantrag entgegenstehen, wenn die Härtegründe fortdauern und nicht ihre Änderung zumindest in Form des Ablaufs einer angemessenen weiteren Zeitspanne behauptet wird (Johannsen/Henrich/Althammer/Kappler BGB § 1568 Rn. 41).

Kosten und Gebühren

13. → Vorb. A.I Nr. 7.

Fristen und Rechtsmittel

14. → Form. A.II.1 Anm. 26.

18. Abweisungsantrag des Antragsgegners (Ehegattenschutzklausel)

Rubrum, Anträge[1, 2, 3] → Form. A.II.17

Begründung:

1. **Der Abweisungsantrag wird auf § 1568 Alt. 2 BGB gestützt.[4] Der Scheidungsantrag ist deshalb abzuweisen, weil die Scheidung eine schwere Härte iSd genannten Vorschrift darstellen würde.[5]**
2. **Es ist zwar richtig, dass die beteiligten Ehegatten seit drei Jahren getrennt leben. Richtig ist auch, dass der Antragsteller während der gesamten Trennungszeit mit einer anderen Frau zusammenlebt und aus dieser Verbindung ein Kind hervorgegangen ist.[6] Es kann auch sein, dass der Antragsteller wünscht, das Kind solle „endlich in ordentliche eheliche Verhältnisse" kommen.**
3. **Die Antragsgegnerin lehnt die Scheidung ab, da sie nach wie vor an ihrem Ehemann hängt.[7] Zudem erlitt sie vor einem Jahr einen Autounfall mit schwersten Kopfverlet-**

zungen. Die Antragsgegnerin befand sich daraufhin mehr als sechs Monate in stationärer Krankenhausbehandlung mit anschließender stationärer Rehabilitationsbehandlung. Die Rehabilitationsmaßnahmen dauern an. Nach Auskunft von Dr. med. . . . . . [Vorname, Familienname], wird die Antragsgegnerin noch mindestens eineinhalb Jahre ihren Beruf als Augenärztin nicht ausüben können. Während dieser Dauer sind auf ärztlichen Rat alle Aufregungen, wie sie das Scheidungsverfahren für sie mit sich bringen, von ihr abzuhalten, da sonst mit vermeidbaren Dauerschäden zu rechnen ist.[8, 9]

Beweis: 1. Dr. med. Vorname, Familienname, Adresse, als sachverständiger Zeuge
2. Sachverständigengutachten

4. Stellt man auf der Seite der Antragsgegnerin die durch Abweisung des Scheidungsantrags zu vermeidenden weiteren Verletzungsfolgen dem Interesse des Antragstellers auf baldige Ehelichkeit des Kindes gegenüber, dann würde für die Antragsgegnerin die Scheidung, die von ihr abgelehnt wird, auf Grund außergewöhnlicher Umstände eine so schwere Härte darstellen, dass die Aufrechterhaltung der Ehe auch unter Berücksichtigung der Belange des Antragstellers ausnahmsweise geboten erscheint. Der Scheidungsantrag ist deshalb abzuweisen.

Rechtsanwalt[10, 11]

Anmerkungen

1. → Form. A.II.17 Anm. 1. In der Praxis kommen Fälle der Ehegattenschutzklausel nicht ganz so selten vor wie Fälle der Kinderschutzklausel. Die Entscheidungen, in denen die Berufung auf die Ehegattenschutzklausel nicht zum Erfolg führten, übersteigen jedoch die erfolgreichen um ein Mehrfaches (vgl. die Beispiele bei Grüneberg/Siede BGB § 1568 Rn. 3 ff.; Johannsen/Henrich/Althammer/Kappler BGB § 1568 Rn. 26 ff. vgl. auch OLG Brandenburg FamRZ 2009, 1223).

2. Für den Antragsgegner besteht **Anwaltszwang** (Johannsen/Henrich/Althammer/Kappler BGB § 1568 Rn. 38 f.). Im Gegensatz zur Kinderschutzklausel gilt bei der Ehegattenschutzklausel der sonst das Scheidungsverfahren beherrschende Amtsermittlungsgrundsatz nicht. Vielmehr müssen die außergewöhnlichen Umstände nach § 1568 BGB vorgebracht werden (§ 127 Abs. 3 FamFG). Zum Nachweis der Härte bedarf es deshalb eines substantiierten Vortrags (OLG Zweibrücken FamRZ 1982, 293). Die **Beweislast** ist zwischen den Parteien verteilt. Den Antragsgegner trifft die Beweislast für die außergewöhnlichen Umstände und die schwere Härte, den Antragsteller für seine eigenen Belange (Johannsen/Henrich/Althammer/Kappler BGB § 1568 Rn. 42)

3. Zur Vollmacht und zum Kostenantrag → Form. A.II.17 Anm. 3, 4.

4. Zu den Scheidungsvarianten, zur Zerrüttung und zur **Verfahrenstaktik** → Form. A.II.17 Anm. 6. Auch bei einer einvernehmlichen Scheidung nach § 1566 Abs. 1 BGB ist die Anwendung der Härteklausel trotz Zustimmung des Antragsgegners (→ Form. A.II.14) – zumindest theoretisch – denkbar, in Abwandlung des vorstehenden Formulars beispielsweise dann, wenn die Eheleute weniger als drei Jahre getrennt leben und die Antragstellerin die Scheidung eigentlich ablehnt, im Hinblick auf die Rechtslage dennoch zustimmt und sie erst danach den Unfall erleidet. Der Widerruf der Zustimmung nach § 134 Abs. 2 FamFG macht aus der einvernehmlichen Scheidung eine streitige Scheidung iSv § 1565 Abs. 1 BGB. Zu bedenken ist, dass ein Abweisungsantrag nicht die erbrechtlichen Folgen der §§ 1933, 2077, 2268, 2279 Abs. 2 BGB auslöst.

5. Die Ehegattenschutzklausel ist keine **Generalklausel** nach Art des § 242 BGB. Vielmehr ist sie nur in seltenen Ausnahmefällen anwendbar („außergewöhnliche Umstände, schwere Härte, ausnahmsweise geboten"; Johannsen/Henrich/Althammer/Kappler BGB § 1568 Rn. 19). Es bleiben deshalb allgemein mit der Scheidung verbundene Nachteile außer Betracht. Die schwere Härte muss zudem auf die Ehescheidung bezogen sein. Die Verweigerung der Scheidung muss das **einzige Mittel** sein, um den Ehegatten vor einer für ihn durch die Scheidung sonst entstehenden unerträglichen Lage zu bewahren (OLG Hamm FamRZ 1989, 1188) oder deren Auswirkungen wenigstens zu mildern.

6. Die Belange der beiden Ehegatten sind gegeneinander **abzuwägen.** Für die Seite des Antragstellers bedeutet dies, dass er sich in einer Ausnahmesituation von vergleichbarem Gewicht befindet wie der Antragsgegner. Dazu genügt allein der Wunsch, eine neue Ehe mit seinem Lebenspartner einzugehen, nicht. Hingegen wird von der Literatur beispielsweise die konkrete Gefahr, seinen neuen Lebenspartner zu verlieren, auf den er wegen seiner Pflegebedürftigkeit angewiesen ist, als beachtenswerte Ausnahmesituation angesehen (Johannsen/Henrich/Althammer/Kappler BGB § 1568 Rn. 36).

7. Die Ehegattenschutzklausel setzt voraus, dass der Antragsgegner die **Scheidung ablehnt.** Die entsprechende Erklärung gehört zu einem substantiierten Vortrag. Für die Scheidungsablehnung ist nicht erforderlich, dass der Antragsgegner bereit ist, die eheliche Lebensgemeinschaft wiederherzustellen; in solchen Fällen wird jedoch nur selten eine schwere Härte festzustellen sein (BGH FamRZ 1985, 905). Vorauszusetzen ist selbstverständlich, dass die Ablehnung der Scheidung nicht bereits nach § 1565 BGB zu einer Abweisung des Scheidungsantrags führt (→ Form. A.II.6 Anm. 5, 6).

8. Zusätzlich zur Ablehnung muss eine auf Grund **außergewöhnlicher Umstände** gegebene schwere Härte vorliegen. Die außergewöhnlichen Umstände sind nach einem objektiven Maßstab zu beurteilen. Wirtschaftliche Krise mit Opferung eigenen Vermögens und Unfalltod eines Kindes (BGH FamRZ 1979, 422 (423)), Spätstadium eines Krebsleidens (OLG Karlsruhe FamRZ 1979, 512) oder einer multiplen Sklerose (BGH FamRZ 1985, 905 (906)), sind Beispiele hierfür, regelmäßig jedoch nicht Krankheitszustände allgemein, selbst wenn sie mit einer noch steuerbaren Suizidgefahr verbunden sind (BGH FamRZ 1979, 469 (470); s. die Beispiele bei Johannsen/Henrich/Althammer/Kappler BGB § 1568 Rn. 24 ff.; Grüneberg/Siede BGB § 1568 Rn. 3 ff.). Umstände materieller Art sind ganz besonders selten als außergewöhnliche Umstände anzusehen, da sie regelmäßig durch die Scheidungsfolgen zu regeln sind (s. Beispiele bei Johannsen/Henrich/Althammer/Kappler BGB § 1568 Rn. 28 ff.). Auch die drohende Ausweisung von Ausländern wird regelmäßig nicht als außergewöhnlicher Umstand angesehen (OLG Karlsruhe FamRZ 1990, 630; OLG Köln FamRZ 1995, 997).

Der Begriff der schweren Härte ist subjektbezogen (BGH FamRZ 1979, 422), wobei der Bezug auf den Ausspruch der Scheidung maßgeblich ist. Härteempfindungen, die wesentlich schon durch die Tatsache des Scheiterns der Ehe, der Abkehr des Antragstellers und der Trennung verursacht sind, haben für die Ehegattenschutzklausel keine Bedeutung. Dabei sind die Persönlichkeit des Antragsgegners und sein Betroffensein durch die konkrete Lage entscheidend (BGH FamRZ 1979, 422; 1981, 649; Johannsen/Henrich/Althammer/Kappler BGB § 1568 Rn. 32). Deren Feststellung mit Hilfe eines psychologischen **Sachverständigen** wird in Einzelfällen von Teilen der Rechtsprechung für erforderlich gehalten (BGH FamRZ 1985, 905; KG FamRZ 1983, 1133). Eine derartige Beweisaufnahme dürfte sich jedoch erübrigen, wenn die schwere Härte – wie im Musterfall – für jedermann erkennbar ist.

9. Aufgrund der Ehegattenschutzklausel ist die Ehe so lange nicht zu scheiden, solange auf beiden Seiten die Gründe für die Annahme der Härteklausel andauern. Aus der

Formel des BVerfG (NJW 1981, 108 = FamRZ 1981, 15), wonach eine **„Scheidung zur Unzeit"** verhindert werden solle, wird zu folgern sein, dass für jede Ehe einmal der Zeitpunkt kommt, in dem die Härteklausel nicht mehr greift und die Ehe scheidbar wird (zum Meinungsstand Johannsen/Henrich/Althammer/Kappler BGB § 1568 Rn. 10). Die abweichende Auffassung kann auch nicht auf Art. 6 Abs. 1 GG gestützt werden, da nicht nur die bestehende Ehe, sondern auch das Recht geschützt werden soll, im Wege einer Ehescheidung die Eheschließungsfreiheit wieder zu erlangen (BVerfG FamRZ 1971, 414). In praktischer Hinsicht bedeutet dies, dass Dauerkrankheiten zur Begründung der Härteklausel nur dann herangezogen werden können, wenn weitere Gesichtspunkte von erheblichem Gewicht hinzutreten. Zur Stellung eines neuen Antrags → Form. A.II.17 Anm. 12.

Kosten und Gebühren

10. → Vorb. A.I Nr. 7.

Fristen und Rechtsmittel

11. → Form. A.II.1 Anm. 26.

Antrag auf Verfahrenskostenhilfe für das Scheidungsverfahren

19. Antrag des Antragstellers auf Verfahrenskostenhilfe für das Scheidungsverfahren

An das Amtsgericht . . . . . **. . . . . [Datum]**

– Familiengericht –

. . . . . [Aktenzeichen]

In Sachen

. . . . . [Vorname, Familienname, Adresse]

Verfahrensbevollmächtigter: . . . . . [Rechtsanwalt, Vorname, Familienname, Adresse]

– Antragsteller –

gegen

. . . . . [Vorname, Familienname, Adresse]

– Antragsgegnerin –

wegen Ehescheidung; hier: Verfahrenskostenhilfe[1]

zeige ich hiermit an, dass ich den Antragsteller anwaltlich vertrete und

b e a n t r a g e

1. **Der Antragsteller erhält für das mit dem beigefügten Antrag anhängig gemachte Scheidungsverfahren Verfahrenskostenhilfe.[2]**
2. **Dem Antragsteller wird ein Rechtsanwalt beigeordnet.[3]**

3. Der Scheidungsantrag wird ohne Zahlung eines Verfahrenskostenvorschusses und vor einer Entscheidung über die Verfahrenskostenhilfe zugestellt.[4]

Begründung:

1. Vorweg wird erklärt, dass Rechtsanwalt ..... [Vorname, Familienname] bereit ist, sich dem Antragsteller beiordnen zu lassen.[5]

2. Anbei übergebe ich

• Erklärung des Antragstellers vom ..... über die persönlichen und wirtschaftlichen Verhältnisse samt Anlagen.[6]

3. Ferner beziehe ich mich auf meinen heutigen Scheidungsantrag samt Anlagen.[7]

4. Aus diesen Unterlagen ergibt sich, dass der Antragsteller nach seinen persönlichen und wirtschaftlichen Verhältnissen die Kosten für die Führung des Verfahrens nicht aufbringen kann und die beabsichtigte Rechtsverfolgung hinreichend Aussicht auf Erfolg bietet und nicht mutwillig erscheint (§ 113 Abs. 1 FamFG, §§ 114 ff. ZPO).

5. Mit der Erklärung über die persönlichen Verhältnisse ist dargelegt, dass dem Antragsteller die alsbaldige Zahlung der Kosten mit Rücksicht auf seine Vermögenslage Schwierigkeiten bereiten würde (§ 15 Nr. 3 lit. a FamGKG). Die Richtigkeit der dort gemachten Angaben sind auf dem VKH-Formular durch zusätzliche Erklärung eidesstattlich versichert. Die Voraussetzungen der sofortigen Zustellung des Scheidungsantrags, noch vor einer Entscheidung über die Verfahrenskostenhilfe, sind somit gegeben.[8]

6. Zur Klarstellung wird erklärt, dass der Scheidungsantrag unbedingt eingereicht wird, unabhängig davon, ob Verfahrenskostenhilfe gewährt wird und in welcher Form.[9]

Rechtsanwalt[10, 11]

Anmerkungen

1. Auch nach Einführung des FamFG ist es für Familienstreitsachen und Ehesachen iSv §§ 112, 121 FamFG bei der Prozesskostenhilfe nach den ZPO-Vorschriften (§§ 114 ff. ZPO) geblieben. Dies ergibt sich aus § 113 Abs. 1 FamFG, wonach unter anderem die §§ 76–78 FamFG – welche die Verfahrenskostenhilfe regeln – nicht anzuwenden sind und auf die einschlägigen ZPO-Vorschriften verwiesen wird. Allerdings schreibt § 113 Abs. 5 Nr. 1 FamFG vor, dass bei Anwendung der ZPO an die Stelle der Bezeichnung „Prozess“ die Bezeichnung „Verfahren“ tritt. Deshalb die Bezeichnung: Verfahrenskostenhilfe.

Verfahrenskostenhilfe (VKH) wird nur auf **Antrag** gewährt (§ 114 ZPO). **Zuständig** ist das Prozessgericht (§ 117 Abs. 1 S. 1 ZPO). Es besteht kein **Anwaltszwang** (Zöller/Schultzky ZPO § 117 Rn. 2), auch nicht für die Beschwerde (Zöller/Schultzky ZPO § 127 Rn. 30). Der Antrag auf VKH kann entweder in den Scheidungsantrag aufgenommen oder als getrennter Schriftsatz gleichzeitig mit dem Scheidungsantrag eingereicht werden. Dem Musterformular liegen getrennte Schriftsätze zugrunde. Selbstverständlich ist die Einreichung des VKH-Antrags auch zu einem späteren Zeitpunkt möglich und zwar bis zum Abschluss der **Instanz** (vgl. Zöller/Schultzky ZPO § 119 Rn. 38 ff.). Die Bewilligung der VKH erfasst grundsätzlich sämtliche **Kosten** ab Beginn des Rechtszugs. Bei einer Beantragung zu einem späteren Zeitpunkt ist VKH rückwirkend vom Zeitpunkt des Eingangs eines bewilligungsfähigen Antrags zu gewähren; bei derartigen Anträgen ist darauf zu achten, dass der betreffende Zeitpunkt im VKH-Beschluss festgelegt ist (Zöller/Schultzky ZPO § 119 Rn. 38).

2. Der Antrag im Formular betrifft sowohl die Fälle, in denen VKH mit **Raten** als auch ohne Raten zu gewähren ist. Es kann aber ausdrücklich beantragt werden, die VKH ohne Ratenzahlung zu bewilligen.

3. Da in Ehesachen zumindest für den Antragsteller Anwaltszwang gilt (§ 114 Abs. 1 FamFG), ist ihm nach § 121 Abs. 1 ZPO ein Rechtsanwalt **beizuordnen.** Ein entsprechender Antrag ist deshalb nicht erforderlich, jedoch gleichsam als Merkposten in der Anwaltspraxis üblich. Die Bewilligung der Verfahrenskostenhilfe erstreckt sich auf eine Versorgungsausgleichsfolgesache, sofern nicht eine Erstreckung ausdrücklich ausgeschlossen wird (§ 149 FamFG), sowie den Abschluss eines **Vergleichs** über Ehegatten- und Kindesunterhalt, elterliche Sorge, Umgang mit dem Kind, Ehewohnung, Haushaltsgegenstände und Güterrecht (§ 48 Abs. 3 RVG). Das heißt ua, dass für das Anhängigmachen aller Folgesachen – ausgenommen Versorgungsausgleich – einschließlich einstweiliger Anordnungen **VKH gesondert** zu beantragen ist (→ Anm. 7).

4. Für das VKH-Prüfungsverfahren gilt zwar das **Beschleunigungsgebot** (Zöller/Schultzky ZPO § 118 Rn. 13), dennoch dauern die Verfahren regelmäßig mehrere Wochen, wenn nicht Monate. Da der Scheidungsantrag erst nach erfolgter Bewilligung der VKH formell zugestellt wird, kann eine Beschleunigung durch den Antragsteller dadurch versucht werden, dass er den Antrag stellt, den Scheidungsantrag **sofort zuzustellen** (§ 15 FamGKG), also wie einen Scheidungsantrag, für den Gerichtskostenvorschuss bezahlt wird (→ Vorb. A.I Nr. 7, → Form. A.II.2 Anm. 4, 6 und → Anm. 8).

5. Die Parteien haben die freie Anwaltswahl (§ 121 Abs. 1 ZPO; Grundsatz des **Wahlmandats**). Um Rückfragen des Gerichts zu vermeiden, ist es ratsam, die Bereitschaft des Rechtsanwalts, sich beiordnen zu lassen, ausdrücklich zu erklären. Allerdings ist auch ohne diese Angabe der VKH-Antrag eines Rechtsanwalts dahingehend auszulegen, dass dieser Rechtsanwalt seine Beiordnung beantragt (OLG Düsseldorf FamRZ 1981, 486; OLG München FamRZ 2002, 1196). Bei Sozietäten wird nach allgemeiner Übung ein bestimmter Rechtsanwalt aus der Sozietät, nicht die Sozietät insgesamt, beigeordnet. Es kann aber auch eine Rechtsanwaltssozietät beigeordnet werden (BGH FamRZ 2009, 37). Die Beiordnung bewirkt noch keine Prozessvollmacht (BGHZ 60, 258).

6. Für den VKH-Antrag muss das amtliche **Formular** (Erklärung über die persönlichen und wirtschaftlichen Verhältnisse) benutzt werden (§ 117 Abs. 4 BGB, das aus dem Internet heruntergeladen werden kann). Für jedes Verfahren ist ein gesonderter Antrag zu stellen (OLG Bamberg FamRZ 2001, 628). Die Bezugnahme auf Unterlagen in einem Parallelverfahren genügt nicht. Die Bezugnahme auf eine bereits vorgelegte Erklärung ist lediglich dann ausnahmsweise zuzulassen, wenn das verlangen, eine weitere Erklärung vorzulegen, eine überflüssige Förmelei darstellen würde (OLG Karlsruhe FamRZ 2018, 1100). Die wirtschaftlichen Verhältnisse werden durch das einzusetzende Einkommen (alle Einkünfte minus abzusetzende Beträge; § 115 Abs. 1 ZPO) und das in zumutbarer Weise einzusetzende Vermögen (§ 115 Abs. 2 ZPO) bestimmt (**subjektive Bewilligungsvoraussetzungen;** vgl. zu den Einzelheiten die Kommentierung bei Zöller/Schultzky ZPO § 115 Rn. 9 ff.). Die wirtschaftlichen Verhältnisse lassen sich allerdings in der Praxis von den persönlichen Verhältnissen kaum trennen.

Die Gewährung der VKH hängt nicht von der deutschen Staatsangehörigkeit oder einem inländischen Wohnsitz des Antragstellers oder der Verbürgung der Gegenseitigkeit ab (vgl. Zöller/Schultzky ZPO § 114 Rn. 5).

7. Die Erfolgsaussicht liegt vor, wenn die summarische Prüfung des Vorbringens in tatsächlicher und rechtlicher Hinsicht eine überwiegende Wahrscheinlichkeit dafür ergibt, dass der Scheidungsantrag begründet ist (**objektive Bewilligungsvoraussetzung;** BGH NJW 1994, 1161). Dabei darf das Gericht die Anforderungen an die Prüfung der Erfolgsaussicht nicht überspannen (BVerfG FamRZ 1993, 664; 2002, 665). Da im Hinblick auf das System des Scheidungsrechts Scheidungsanträge in ihrer großen Mehrzahl begründet sind, stellen sich bezüglich der Erfolgsaussichten nur wenige Probleme, ausgenommen Folgende:

- das Vorbringen reicht auch bei einer summarischen Prüfung für die Annahme der Voraussetzungen einer Härtescheidung gem. § 1565 Abs. 2 BGB nicht aus (→ Form. A.II.8).
- das Trennungsjahr nach § 1565 BGB ist noch nicht abgelaufen. Dabei verlangen viele Familiengerichte im Gegensatz zur Praxis bei der Einreichung eines Scheidungsantrags (→ Form. A.II.1 Anm. 17), dass das volle Trennungsjahr abgelaufen ist (zB OLG Köln FamRZ 2004, 1117).
- es liegt eine Scheinehe in der Form vor, dass Deutsche und Ausländer die Ehe nur zu dem Zweck eingehen, dem ausländischen Ehepartner eine Aufenthaltsgenehmigung zu verschaffen. Die überwiegende Rechtsprechung gewährt jedoch auch für diese Fälle grundsätzlich VKH (OLG Hamm FamRZ 2001, 1081; OLG Naumburg FamRZ 2001, 629).

Sind Folgesachen zu regeln, ist dringend zu raten, diese im Verbund geltend zu machen. Die Verfolgung solcher Ansprüche außerhalb des Verbunds wird von der Rechtsprechung oft als mutwillig iSv § 114 ZPO angesehen (OLG Brandenburg FamRZ 2001, 1083; s. im Einzelnen Thomas/Putzo/Seiler ZPO § 114 Rn. 7a und nachfolgend → Anm. 9).

8. Nach § 15 FamGKG ist der Scheidungsantrag ua in folgenden zwei Fällen ohne Zahlung eines **Gerichtskostenvorschusses** zuzustellen, nämlich, wenn die beabsichtigte Rechtsverfolgung nicht aussichtslos oder mutwillig erscheint – was bereits Voraussetzung für einen begründeten VKH-Antrag ist – und glaubhaft gemacht wird,

- dass dem Antragsteller die alsbaldige Zahlung der Kosten mit Rücksicht auf seine Vermögenslage oder aus sonstigen Gründen Schwierigkeiten bereiten würde (§ 15 Nr. 3 lit. a FamGKG),
- dass eine Verzögerung dem Antragsteller einen nicht oder nur schwer zu ersetzenden Schaden bringen würde (§ 15 Nr. 3 lit. b FamGKG).

§ 15 Nr. 3 lit. a FamGKG ist bei einem begründeten VKH-Antrag in aller Regel anzunehmen. Allerdings genügt die auf dem VKH-Formular abzugebende Versicherungserklärung nicht als Glaubhaftmachung. Es sollte deshalb dem Antrag eine eidesstattliche Versicherung beigefügt oder ein entsprechender Zusatz auf der VKH-Erklärung angebracht werden. § 15 Nr. 3 lit. b FamGKG verlangt einen entsprechenden Vortrag, beispielsweise, dass im Hinblick auf den Endtermin nach § 1384 BGB Manipulationsgefahr durch den Antragsgegner besteht. Zur Glaubhaftmachung genügt in diesem Fall die Erklärung des zum Verfahrensbevollmächtigten bestellten Rechtsanwalts (§ 15 Nr. 3 lit. b Hs. 2 FamGKG).

9. Es ist **klarzustellen,** ob dem VKH-Gesuch der Scheidungsantrag lediglich als Entwurf beigefügt oder der Scheidungsantrag gleichzeitig mit dem VKH-Gesuch eingereicht oder ob der Scheidungsantrag nur unter der Bedingung der VKH-Gewährung gelten soll. Da Scheidungsanträge in ihrer Mehrzahl begründet sind, also hinsichtlich der Erfolgsaussichten ohne Risiko sind, können sie gleichzeitig mit dem VKH-Gesuch eingereicht werden, was voraussetzt, dass auch der Scheidungsantrag unterzeichnet wird. In einem solchen Fall wird neben dem VKH-Gesuch auch bereits der Scheidungsantrag **anhängig** (Zöller/Schultzky ZPO § 117 Rn. 7). Vom gleichzeitigen Anhängigmachen von VKH-Gesuch und Scheidungsantrag sollte bei Anträgen mit unsicheren Erfolgsaussichten Abstand genommen werden, beispielsweise, wenn das Trennungsjahr (noch lange) nicht abgelaufen oder es fraglich ist, ob das Gericht die Voraussetzungen von § 1565 Abs. 2 BGB als gegeben ansieht (→ Anm. 7). Isolierte Familienstreitsachen außerhalb des Verbundverfahrens werden in der Rechtsprechung zur VKH unter dem Gesichtspunkt des Mutwillens unterschiedlich behandelt; der BGH nimmt hierzu eine eher großzügige Haltung ein (vgl. BGH FamRZ 2005, 786 und 788).

Kosten und Gebühren

10. **Gerichtsgebühren** fallen im ersten Rechtszug des VKH-Verfahrens nicht an. Die **Anwaltsgebühren** bestimmen sich in Höhe einer Verfahrensgebühr von höchstens 1,0, jedoch bei Betragsrahmengebühren höchstens 420,00 EUR nach VV 3335 RVG. Siehe im Einzelnen Gerold/Schmidt/Müller-Rabe RVG VV 3335 Rn. 43 ff. Der Verfahrenswert für das Scheidungsverfahren ist – wie üblich – unter Berücksichtigung der Einkommens- und Vermögensverhältnisse festzusetzen; eine Verminderung des Streitwerts wegen Bewilligung der VKH ist unzulässig (BVerfG FamRZ 2009, 491).

Fristen und Rechtsmittel

11. Der Antragsteller kann grundsätzlich gegen die ihm ungünstigen Beschlüsse unter den Voraussetzungen des § 127 Abs. 2 S. 2 ZPO die **sofortige Beschwerde** einlegen. Im Einzelnen s. Zöller/Schultzky ZPO § 127 Rn. 10 f.; Thomas/Putzo/Seiler ZPO § 127 Rn. 2 ff. Der Rechtsanwalt hat kein eigenes Beschwerderecht (Thomas/Putzo/Seiler ZPO § 127 Rn. 2). Die Beschwerdefrist beträgt einen Monat (§§ 127 Abs. 2 S. 3, 569 Abs. 1 S. 1 ZPO). Der Antragsgegner kann die Bewilligung nicht anfechten (Zöller/Schultzky ZPO § 127 Rn. 12).

20. Antrag des Antragsgegners auf Verfahrenskostenhilfe für das Scheidungsverfahren

An das Amtsgericht . . . . [Datum]

– Familiengericht –

. . . . . [Aktenzeichen]

In Sachen

. . . . . [Vorname, Familienname]

gegen

. . . . . [Vorname, Familienname]

wegen Ehescheidung; hier: Verfahrenskostenhilfe[1]

zeige ich hiermit an, dass ich die Antragsgegnerin anwaltlich vertrete und

b e a n t r a g e:

1. **Die Antragsgegnerin erhält Verfahrenskostenhilfe.**
2. **Der Antragsgegnerin wird ein Rechtsanwalt beigeordnet.**
3. **Ferner beziehe ich mich auf meinen heutigen Schriftsatz.**
4. **Aus diesen Unterlagen ergibt sich, dass die Antragsgegnerin nach ihren persönlichen und wirtschaftlichen Verhältnissen die Kosten der Prozessführung nicht aufbringen kann und die beabsichtigte Rechtsverteidigung sachgerecht ist.[2]**

Begründung:

Entsprechend Ziffern → Form. A.II.19 Begründung 1. und 2.

Rechtsanwalt[3, 4]

Anmerkungen

1. → Form. A.II.19 Anm. 1–3, 5, 6, 9.

2. Auf die Besonderheiten des Ehescheidungsverfahrens abgestellt, kommt es entgegen dem Wortlaut von § 114 ZPO nicht darauf an, ob die Verteidigung des Antragsgegners gegen den Scheidungsantrag Erfolg in dem Sinne verspricht, dass er die Scheidung der Ehe verhindern kann. Vielmehr wird die **objektive Bewilligungsvoraussetzung** auch dann angenommen, wenn der Antragsgegner seinerseits einen Scheidungsantrag stellt, der Scheidung zustimmt oder die nach Sach- und Rechtslage gerechtfertigte Erklärung abgegeben wird (Thomas/Putzo/Seiler ZPO § 114 Rn. 6 f.). Der Anspruch auf **Beiordnung** eines Rechtsanwalts ergibt sich aus § 121 Abs. 1 ZPO, § 78 Abs. 1 FamFG. Will der Antragsgegner keinen Antrag auf Verfahrenskostenhilfe stellen, weil er beispielsweise die subjektiven Bewilligungsvoraussetzungen nicht erfüllt, genügt es, wenn die nach Sach- und Rechtslage gerechtfertigte Erklärung abgegeben wird (oder sich gar nicht zu äußern).

Kosten und Gebühren

3. → Form. A.II.19 Anm. 10.

Fristen und Rechtsmittel

4. Der Antragsgegner kann die Bewilligung nicht anfechten. S. im Übrigen zu den Rechtsmitteln → Form. A.II.19 Anm. 11.

21. Antrag auf Bewilligung der öffentlichen Zustellung des Scheidungsantrags

An das Amtsgericht . . . . . **. . . . . [Datum]**

– Familiengericht –

In Sachen

. . . . . [Vorname, Familienname, Adresse]

Verfahrensbevollmächtigter: . . . . . [Rechtsanwalt Vorname, Familienname, Adresse]

– Antragstellerin –

gegen

. . . . . [Vorname, Familienname, unbekannten Aufenthalts]

– Antragsgegner –

wegen Ehescheidung; hier: öffentliche Zustellung[1]

zeige ich hiermit an, dass ich die Antragstellerin anwaltlich vertrete[2] und

b e a n t r a g e:

Es wird die öffentliche Zustellung des Scheidungsantrags und der Ladung zum Verhandlungstermin bewilligt.[3]

Begründung:

1. Ich beziehe mich auf meinen heutigen Scheidungsantrag samt Anlagen.
2. Die letzte bekannte Anschrift des Antragsgegners war . . . . . Der Aufenthalt des Antragsgegners ist trotz eingehender Ermittlungen unbekannt.[4]
3. Eine Anfrage beim Einwohnermeldeamt . . . . . ergab, wie aus
   - Anlage 1

   ersichtlich, dass der Antragsgegner „unbekannt" abgemeldet ist. Auch eine postalische Anschriftenüberprüfung und die Anfragen beim Sozialamt und beim Amt für Obdachlosenwesen führten, wie sich aus den
   - Anlagen 2–5

   ergibt, zu keinem Ergebnis. Seine zuletzt bekannte Wohnung hat der Antragsgegner unter Hinterlassung von Gerümpel und Mietschulden aufgegeben. Auch der Bruder des Antragsgegners und frühere Arbeitskollegen haben keine Kenntnis vom Verbleib des Antragsgegners. Weitere Verwandte und Bekannte des Antragsgegners sind der Antragstellerin nicht bekannt, wie sich aus der als
   - Anlage 6

   zur Akte gereichten Erklärung der Antragstellerin ergibt.
4. Sollte das Gericht weitere Angaben für erforderlich halten, wird um einen entsprechenden Hinweis gebeten.

Rechtsanwalt[5, 6]

Anmerkungen

1. Die öffentliche Zustellung ist **zulässig** bei unbekanntem Aufenthalt, bei unausführbarer oder aussichtsloser Auslandszustellung und bei exterritorialer Wohnung (§ 185 ZPO). Auch bei einer unzumutbaren Dauer der Zustellung ins Ausland kann eine öffentliche Zustellung in Betracht kommen (BGH FamRZ 2009, 684). Die Bewilligung der öffentlichen Zustellung erfolgt durch Beschluss. Wird die Zustellung nach den Vorschriften von §§ 185–188 ZPO durchgeführt, ist sie auch dann wirksam, wenn die Voraussetzungen für die Bewilligung nicht vorgelegen haben (BGH NJW 1992, 2280; OLG Oldenburg FamRZ 2016, 998). Lagen allerdings die Voraussetzungen einer öffentlichen Zustellung für das Gericht erkennbar nicht vor, werden Rechtsmittel- und Rechtsbehelfsfristen nicht in Gang gesetzt (BGH FamRZ 2007, 40 mit umfangreichen Nachweisen).

2. Es besteht kein Anwaltszwang.

3. Es ist darauf zu achten, dass der Beschluss dahingehend lautet, nicht nur den Scheidungsantrag, sondern **auch** die **Terminsladung** öffentlich zuzustellen (s. im Einzelnen § 186 Abs. 2 ZPO).

4. Die **Rechtsprechung** stellt an die Feststellung der Voraussetzung für einen „unbekannten Aufenthalt" einer Partei im Hinblick auf das rechtliche Gehör hohe Anforderungen (vgl. BGH FamRZ 2019, 372 Ls.; OLG München FamRZ 1999, 446). Im Hinblick auf die weitreichenden Folgen einer Ehescheidung gelten für Scheidungsverfahren besonders strenge Anforderungen (vgl. zB AG Neustadt a. Rbge. FamRZ 2005, 377). Ein unbekannter Aufenthalt darf deshalb erst angenommen werden, wenn eingehende **Ermittlungen** erfolglos geblieben sind. Nachfragen beim zuletzt zuständigen Postamt und Einwohnermeldeamt sind erforderlich, jedoch nicht ausreichend. Bei Ausländern, deren letzte bekannte Anschrift eine Inlandsadresse war, ist zusätzlich beim Bundesverwaltungsamt (Barbarastraße 1, 50728 Köln) anzufragen. Private Auskunftsersuchen werden dort allerdings nur beantwortet, wenn die Nachfrage bei der zuletzt zuständigen Meldebehörde erfolglos geblieben ist und ein rechtliches Interesse nachgewiesen wird (§ 27 AZRG (Gesetz über das Ausländerzentralregister)). Bei Ehescheidungsverfahren, in denen im Allgemeinen eine bessere Kenntnis über die persönlichen Verhältnisse des Gegners als in sonstigen Prozessen angenommen werden kann, muss diese bessere Kenntnis ausgenutzt werden, insbes. müssen Recherchen im Verwandten- und Bekanntenkreis des Antragsgegners mit negativem Ergebnis stattgefunden haben. Eine Glaubhaftmachung ist nicht erforderlich.

Kosten und Gebühren

5. Das Bewilligungsverfahren und die Entscheidung sind **gerichtsgebührenfrei.** Für das Verfahren um Bewilligung der öffentlichen Zustellung fallen neben der Verfahrensgebühr (VV 3100 RVG) keine **Anwaltsgebühren** an.

Fristen und Rechtsmittel

6. Gegen den zurückweisenden Beschluss findet gem. § 567 Abs. 1 Nr. 2 ZPO die **sofortige Beschwerde** statt (vgl. BGH FamRZ 2015, 743 mAnm Seiler FamRZ 2015, 837), der bewilligende Beschluss ist unanfechtbar.

III. Aufhebung der Ehe, § 121 Nr. 2 FamFG

An das Amtsgericht . . . . . .[1, 2, 3] . . . . . [Datum]

– Familiengericht –

Antrag auf Eheaufhebung[4]

In Sachen

. . . . . [Vorname, Familienname, Adresse]

– Antragstellerin –

Verfahrensbevollmächtigte: . . . . . [Rechtsanwälte, Vorname, Familienname, Adresse]

gegen

. . . . . [Vorname, Familienname, Adresse]

– Antragsgegner –

wegen Eheaufhebung

vorläufiger Gegenstandswert: . . . . . . EUR

zeigen wir[5] hiermit unter Vorlage

- einer auf uns lautenden besonderen Vollmacht[6]

an, dass wir die Antragstellerin anwaltlich vertreten, fügen die Ermächtigung zum Einzug eines Gerichtskostenvorschuss[7] im Lastschriftverfahren in Höhe von . . . . . . EUR bei und

b e a n t r a g e n:

I. Die am . . . . . . vor dem Standesbeamten des Standesamts in . . . . . . unter Register-Nr. . . . . . . geschlossene Ehe der beteiligten Ehegatten wird aufgehoben.[6]
II. Die Kosten des Verfahrens werden gegeneinander aufgehoben.[7]

Begründung:

I. Allgemeine Angaben:[8]
Standesamt: . . . . .
Eheregister-Nr.: . . . . .
Tag der Eheschließung: . . . . .
Antragsteller:
Familienname: . . . . .
Vorname: . . . . .
Geburtsname: . . . . .
Geburtsdatum und Geburtsort: . . . . .
Staatsangehörigkeit: . . . . .
Adresse: . . . . .
Antragsgegner:
Familienname: . . . . .
Vorname: . . . . .

Geburtsname: . . . . .
Geburtsdatum und Geburtsort: . . . . .
Staatsangehörigkeit: . . . . .
Adresse: . . . . .
Weitere Angaben:
Die Beteiligten hatten zu keiner Zeit einen gemeinsamen gewöhnlichen Aufenthalt. Der gewöhnliche Aufenthalt des Antragsgegners ist im Bezirk des angerufenen Gerichts gelegen.

II. Ausführungen zum Eheaufhebungsantrag

1. **Die örtliche Zuständigkeit des angerufenen Amtsgerichts ergibt sich aus § 122 Nr. 4 FamFG.**
2. **Der Antrag auf Aufhebung der Ehe wird auf § 1314 Abs. 2 Nr. 5 BGB gestützt.**[9]
3. **Die beteiligten Ehegatten haben die Ehe geschlossen, um die Abschiebung des Antragsgegners aus Deutschland zu verhindern. Sie haben zu keiner Zeit zusammengelebt, auch ein ehelicher Verkehr hat zwischen ihnen nicht stattgefunden.**

   Beweis: Beteiligtenvernehmung

   Die Antragstellerin hat den Antragsgegner aus reinem Mitleid geheiratet. Vor der Eheschließung hatte die Antragstellerin mit ihrem Freundeskreis mehrere Reisen in das Heimatland des Antragsgegners unternommen und dabei die unvorstellbare Armut erfahren, in der die Menschen dort leben. Als sie von ihrem Freundeskreis darauf angesprochen wurde, dem unmittelbar vor der Abschiebung stehenden Antragsgegner durch eine Eheschließung zu helfen, hat sie aus Dankbarkeit, dass sie in einem so wohlhabenden Land wie Deutschland leben darf, mit dem Antragsgegner die Ehe geschlossen. Finanzielle Leistungen hat sie für die Eheschließung nicht erhalten.

   Beweis: Beteiligtenvernehmung

   Vor der Eheschließung hatten die Beteiligten in einem notariellen Vertrag auf Unterhalt verzichtet, den Güterstand der Gütertrennung vereinbart und den Versorgungsausgleich ausgeschlossen.

   Beweis: notarieller Vertrag vom . . . . . . ,
   der in beglaubigter Abschrift beigefügt ist.

4. **Somit waren sich beide Ehegatten bei der Eheschließung darüber einig, dass sie keine Verpflichtung gem. § 1353 Abs. 1 BGB begründen wollen. Die Ehe ist deshalb aufzuheben.**

Rechtsanwalt[10, 11]

Anmerkungen

1. Die Aufhebung der Ehe ist in §§ 1313 ff. BGB geregelt. Die Vorschriften gelten für alle Fälle der Aufhebung, also sowohl für die Fälle, in denen nach dem bis am 30.6.1998 erfolgten Inkrafttreten des Eheschließungsrechtsgesetzes die Ehe nichtig (iSv vernichtbar) war, als auch für die Fälle, in denen bis dahin auf Aufhebung der Ehe geklagt werden konnte (Johannsen/Henrich/Althammer/Henrich BGB § 1313 Rn. 1; EGBGB Art. 226 Abs. 3).

Die Eheaufhebung **unterscheidet** sich von der Ehescheidung dadurch, dass die Aufhebung aus Gründen erfolgt, die bei der Eheschließung vorlagen, während die Scheidung aus Gründen erfolgt, die nach der Eheschließung eingetreten sind. Die Eheaufhebungsgründe sind in § 1314 BGB **abschließend** aufgezählt (§ 1313 S. 3 BGB). Die **erste Gruppe** der Eheaufhebungsgründe (§ 1314 Abs. 1 BGB) befasst sich mit Verstößen gegen Eheschließungsvoraussetzungen und Eheschließungsverbote, nämlich fehlender Ehefähigkeit (§ 1303 BGB), Geschäftsunfähigkeit (§ 1304 BGB), Doppelehe oder Lebenspartnerschaft mit einer dritten Person (§ 1306 BGB), Verwandtschaft (§ 1307 BGB) und Formmängel (§ 1311 BGB). Die **zweite Gruppe** (§ 1314 Abs. 2 BGB) behandelt im Wesentlichen Fehler bei der Bildung des Eheschließungswillens (FA-FamR/v. Heintschel-Heinegg Kap. 2 Rn. 22), nämlich Bewusstlosigkeit oder vorübergehende Störung der Geistestätigkeit (§ 1314 Abs. 2 Nr. 1 BGB), fehlendes Bewusstsein vom Vorliegen einer Eheschließung (§ 1314 Abs. 2 Nr. 2 BGB), arglistige Täuschung (§ 1314 Abs. 2 Nr. 3 BGB), Drohung (§ 1314 Abs. 2 Nr. 4 BGB); (vgl. im Einzelnen Johannsen/Henrich/Althammer/Henrich BGB § 1314 Rn. 1 ff.). Durch das Eheschließungsrechtsgesetz wurde ein Aufhebungsgrund **neu eingeführt,** nämlich der Aufhebungsgrund der **Scheinehe** (§ 1314 Abs. 2 Nr. 5 BGB), also die Eingehung einer Ehe nur zum Schein, ohne den Willen, eine wirkliche Lebensgemeinschaft nach § 1353 BGB zu begründen. Dieser Aufhebungsgrund ist der einzige von größerer praktischer Bedeutung. Allerdings ist er als Generalklausel so weit gefasst, dass Zweifel bestehen, ob er seinem Wortlaut entsprechend interpretiert werden darf (vgl. Johannsen/Henrich/Althammer/Henrich BGB § 1315 Rn. 77 ff.).

Die **Antragsfrist** beträgt nach näherer Maßgabe von § 1317 BGB ein Jahr. Im Falle einer Scheinehe iSv § 1314 Abs. 2 Nr. 5 BGB läuft keine Frist.

Die **Aufhebungsfolgen** bestimmen sich nach der komplizierten Regelung in § 1318 BGB. Unterhalt verlangen kann grundsätzlich nur der gutgläubige Ehegatte, dh der Ehegatte, der bei der Eheschließung die Aufhebbarkeit der Ehe wegen fehlender Ehefähigkeit oder wegen eines bestehenden Eheverbots oder wegen eines Formverstoßes nicht gekannt hat oder dem bei der Eheschließung nicht bewusst war, eine Ehe einzugehen, oder durch arglistige Täuschung oder Drohung zur Eingehung der Ehe bestimmt worden ist (§ 1318 Abs. 2 Nr. 1 BGB). Wer die Aufhebbarkeit kannte, hat nur dann einen Unterhaltsanspruch, wenn der andere Ehegatte bösgläubig war und auch dann nur unter den Voraussetzungen des § 1318 Abs. 2 Nr. 2 BGB (Johannsen/Henrich/Althammer/Henrich BGB § 1318 Rn. 2 ff.). Die Unterhaltsregelung enthält schließlich eine Kinderschutzklausel in § 1318 Abs. 2 S. 2 BGB. Die Vorschriften zum gesetzlichen Güterrecht und zum Versorgungsausgleich sind entsprechend anwendbar, soweit dies nicht im Hinblick auf die Umstände bei der Eheschließung oder bei Verstoß gegen das Verbot der Doppelehe im Hinblick auf Belange dritter Personen grob unbillig wäre (§ 1318 Abs. 3 BGB; Johannsen/Henrich/Althammer/Henrich BGB § 1318 Rn. 14 ff.). Die §§ 1568a und 1568b BGB (Ehewohnung und Haushaltsgegenstände) gelten im Falle der Aufhebung der Ehe im Grundsatz entsprechend (§ 1318 Abs. 4 BGB). Die Regelung der erbrechtlichen Verhältnisse findet sich in §§ 1318 Abs. 5, 1933 S. 2, 2077 Abs. 1 Nr. 3, 2268 Abs. 1, 2279 Abs. 2 BGB.

Wenn in der **Praxis** wirklich einmal ausnahmsweise ein Aufhebungsgrund vorliegen sollte, kann es wegen der vom Scheidungsrecht teilweise abweichenden Aufhebungsfolgen angezeigt sein, einen Aufhebungsantrag anstelle eines Scheidungsantrags zu stellen. Zudem verlangt die Aufhebung keine Trennungsfrist.

2. Das Eheaufhebungsverfahren fällt unter Verfahren in **Ehesachen** iSv §§ 121–132 FamFG. Damit sind weitgehend die Vorschriften für das Scheidungsverfahren anwendbar. Auch eine einstweilige Anordnung kann erlassen werden (§§ 119 Abs. 1, 49 ff. FamFG). Der **Verhandlungs- und Entscheidungsverbund** nach § 137 FamFG gilt jedoch nicht. Über **Folgesachen** ist nur auf Antrag und in einem gesonderten Verfahren zu entscheiden (Johannsen/Henrich/Althammer/Henrich BGB § 1313 Rn. 9).

3. Da Verfahren auf Aufhebung einer Ehe eine Ehesache iSv § 121 FamFG sind, ergibt sich die **Zuständigkeit** des Familiengerichts aus § 23b Abs. 1 S. 1 Nr. 1 GVG, die örtliche

Zuständigkeit aus § 122 FamFG und die internationale Zuständigkeit aus Art. 3 der Verordnung (EG) Nr. 2019/1111 des Rates vom 25. Juni 2019 über die Zuständigkeit, die Anerkennung und Vollstreckung von Entscheidungen in Ehesachen und in Verfahren betreffend die elterliche Verantwortung und über internationale Kindesentführungen (auch Brüssel IIb-VO genannt), soweit nicht anwendbar, aus § 98 FamFG.

4. Die Aufhebung der Ehe erfolgt auf **Antrag** (§ 1313 S. 1 BGB, § 124 FamFG). Die Beteiligten tragen die Bezeichnung **Antragsteller** und **Antragsgegner.**

5. Es besteht **Anwaltszwang** (§ 114 Abs. 1 FamFG).

6. Antragsberechtigt ist im Regelfall jeder Ehegatte, aber auch die zuständige Verwaltungsbehörde (§ 1316 BGB). Zur Vollmacht → Form. A.II.1 Anm. 5.

Das Aufhebungsverfahren wird durch Einreichung einer Antragsschrift anhängig (§ 124 FamFG). Die Ehe ist mit der Rechtskraft des Beschlusses aufgelöst (§ 1313 S. 2 BGB), also mit Wirkung **ex nunc.** Zulässig ist die gleichzeitige Beantragung der Aufhebung und der Scheidung der Ehe; sind beide Anträge begründet, ist nur auf Aufhebung der Ehe zu erkennen (§ 126 Abs. 3 FamFG). Daraus ergibt sich, dass auch die Geltendmachung eines Eheaufhebungsantrags und **hilfsweise** eines **Scheidungsantrags** zulässig ist. In Zweifelsfällen ist zu empfehlen, dem Aufhebungsantrag einen hilfsweisen Scheidungsantrag anzufügen, sei es von Anfang an, sei es – beispielsweise, wenn der Richter Zweifel an der Begründetheit des Aufhebungsantrags äußert – während des Verfahrens. In beiden Fällen sind die Voraussetzungen der Eheaufhebungsgründe (§ 1314 BGB) und zusätzlich der Ehescheidungsgründe (§§ 1665 ff. BGB) darzulegen. Sind Verfahren auf Scheidung, Aufhebung der Ehe und auf Feststellung des Bestehens oder Nichtbestehens der Ehe anhängig, können sie miteinander verbunden werden (§ 126 Abs. 1 FamFG).

7. Wird eine Ehe aufgehoben, so sind die **Kosten** des Verfahrens gegeneinander aufzuheben. Unter Billigkeitsvoraussetzungen kann das Gericht von dieser Regelung abweichen (§ 132 FamFG). Zum Kostenvorschuss → Form. A.II.1 Anm. 6.

8. Zu den Stammdaten → Form. A.II.1 Anm. 9–11.

9. Die Aufhebungsgründe sind im Gesetz (§ 1314 BGB) erschöpfend aufgezählt (→ Anm. 1). Es gilt zwar der Untersuchungsgrundsatz nach § 127 FamFG. Die Ermittlungspflicht des Gerichts beschränkt sich allerdings auf den jeweils geltend gemachten Aufhebungsgrund, der damit in der Antragsschrift darzulegen ist. Den Antragsteller trifft auch die **Beweislast** für das Vorliegen des Aufhebungsgrundes (vgl. im Einzelnen Johannsen/Henrich/Althammer/Henrich BGB § 1317 Rn. 20).

Kosten und Gebühren

10. Die Kostenverteilung bei Aufhebung der Ehe ergibt sich aus § 132 FamFG. → Vorb. A.I Nr. 7.

Fristen und Rechtsmittel

11. → Form. A.II.1 Anm. 26.

IV. Feststellung des Bestehens oder Nichtbestehens einer Ehe, § 121 Nr. 3 FamFG

An das Amtsgericht . . . . .[1, 2, 3] . . . . . [Datum]

– Familiengericht –

Antrag auf Feststellung des Nichtbestehens einer Ehe

In Sachen

. . . . . [Vorname, Familienname, Adresse]

– Antragstellerin –

Verfahrensbevollmächtigte: Rechtsanwälte . . . . . [Vorname, Familienname, Adresse]

gegen

. . . . . [Vorname, Familienname, Adresse]

– Antragsgegner–

vorläufiger Gegenstandswert: . . . . . EUR

zeigen wir hiermit unter Vorlage

- einer auf uns lautenden besonderen Vollmacht

an, dass wir die Antragstellerin anwaltlich vertreten,[4] fügen die Ermächtigung zum Einzug eines Gerichtskostenvorschusses im Lastschriftverfahren in Höhe von . . . . . EUR bei und

b e a n t r a g e n:

I. Es wird festgestellt, dass die am . . . . . vor dem Standesbeamten des Standesamts in . . . . . geschlossene Ehe der beteiligten Ehegatten durch das Urteil des . . . . . gerichts . . . . . vom . . . . . geschieden worden ist.[5]

II. Der Antragsgegner trägt die Kosten des Verfahrens.[6]

Begründung:

I. Allgemeine Angaben:[7]
Standesamt: . . . . .
Eheregister-Nr.: . . . . .
Tag der Eheschließung: . . . . .
Antragsteller:
Familienname: . . . . .
Vorname: . . . . .
Geburtsname: . . . . .
Geburtsdatum und Geburtsort: . . . . .
Staatsangehörigkeit: . . . . .
Adresse: . . . . .
Antragsgegner:
Familienname: . . . . .

Vorname: . . . . .
Geburtsname: . . . . .
Geburtsdatum und Geburtsort: . . . . .
Staatsangehörigkeit: . . . . .
Adresse: . . . . .
Kinder:[8]
Familienname: . . . . .
Vorname: . . . . .
Geburtsdatum: . . . . .
Staatsangehörigkeit: . . . . .
Adresse: . . . . .
Weitere Angaben:
Die Beteiligten hatten zu keiner Zeit einen gemeinsamen Aufenthalt in Deutschland. Sie haben jedoch ihren gewöhnlichen Aufenthalt im Bezirk des angerufenen Gerichts.

II. Ausführungen zum Feststellungsantrag

1. Die örtliche Zuständigkeit des angerufenen Amtsgerichts ergibt sich aus §§ 121 Nr. 3, 122 Nr. 3 FamFG.
2. Mit dem Antrag verlangt die Antragstellerin die Klärung, dass ihre Ehe mit dem Antragsgegner wirksam aufgelöst wurde.[9]
3. Die Beteiligten haben am . . . . . vor dem Standesbeamten der Stadt . . . . . in der damaligen Sowjetunion die Ehe geschlossen. Auf den Scheidungsantrag der Antragstellerin, dem sich der Antragsgegner angeschlossen hat, hat vor dem . . . . . gericht in . . . . . ein Termin stattgefunden, in dem die dortige Richterin eine Entscheidung des Inhalts erlassen hat, dass die Ehe der Beteiligten geschieden ist. Das Urteil haben beide Beteiligte sofort angenommen. Die Richterin hat damals ausdrücklich erklärt, dass sie ab sofort nicht mehr Mann und Frau seien. Da die Antragstellerin eine Woche nach dem Gerichtstermin und der Antragsgegner wenige Tage später nach Deutschland aussiedelten, erhielten weder sie noch der Antragsgegner trotz vorausgegangener Vorsprache beim Gericht ein Scheidungsurteil ausgehändigt.

   Beweis: Beteiligtenvernehmung

   Ihre von Deutschland aus unternommenen Bemühungen blieben ohne Erfolg.

   Beweis: Die Korrespondenz, die dem Antrag beiliegt.

   Wie die Antragstellerin von Aussiedlern erfuhr, die nach ihr das Land verlassen haben, wurde das Gerichtsgebäude während des zwischenzeitlich stattgefundenen Bürgerkriegs zerstört; alle Akten sind dem Vernehmen nach verloren gegangen.

   Beweis: Vorname, Familienname, Adresse,
   als Zeuge

   Auf Anfrage der Antragstellerin bestätigte die Botschaft . . . . ., dass auch in vergleichbaren Fällen die Beschaffung von Dokumenten aus der Stadt . . . . . nicht möglich war, weil sie in Verlust gegangen sind.

   Beweis: Das Schreiben der Botschaft . . . . . vom . . . . .,
   das in Kopie beiliegt.

1. Die Ehe der Beteiligten wurde somit durch das erwähnte Urteil geschieden. Da die Beteiligten kein Scheidungsurteil erhalten haben und nicht zu erwarten ist, dass sie jemals ein Scheidungsurteil erhalten, ist der Antrag zulässig und begründet.

Rechtsanwalt[10, 11]

Anmerkungen

1. Mit dem Antrag auf Feststellung des Bestehens oder Nichtbestehens einer Ehe (§ 121 Nr. 3 FamFG) soll geregelt werden, ob eine Ehe überhaupt geschlossen oder ob eine Ehe wirksam aufgelöst wurde. **Beispiele:** Streit, ob die Ehe vor einem Standesbeamten stattgefunden hat oder der Verlust des Scheidungsurteils (BGH 17.1.1952 – IV ZR 106/51, NJW 1952, 705). Die Voraussetzungen einer Feststellungsklage nach § 256 ZPO gelten nicht, da der so genannte Bestandsfeststellungsantrag lex specialis ist. Neben diesem Bestandsfeststellungsantrag kann das Bestehen oder Nichtbestehen einer Ehe **inzidenter** auch in anderen Verfahren festgestellt werden, beispielsweise in einem Rentenstreit (BSG 30.11.1977 – 4 RJ 7/77, NJW 1978, 2472).

Bestandsfeststellungsanträge haben häufig einen **Auslandsbezug.** Die Wirksamkeit ausländischer Scheidungsurteile ist jedoch dann nicht im Rahmen eines Bestandsfeststellungsantrags zu prüfen, wenn die **Anerkennung** solcher Urteile dem Verfahren nach Art. 7 § 1 FamRÄndG und damit der Feststellung der Landesjustizverwaltung vorbehalten ist. Nach Art. 30 der Verordnung (EG) Nr. 2019/1111 des Rates vom 25. Juni 2019 über die Zuständigkeit, die Anerkennung und Vollstreckung von Entscheidungen in Ehesachen und in Verfahren betreffend die elterliche Verantwortung und über internationale Kindesentführungen (auch Brüssel IIb-VO genannt) bedarf es für die Anerkennung eines Statusurteils eines EU-Staates keines förmlichen Anerkennungsverfahrens.

2. Das Bestandsfeststellungsverfahren fällt unter **Ehesachen** iSv §§ 121–150 FamFG (→ Form. A.III Anm. 2). Gegen den Antragsteller ist ein Versäumnisurteil zulässig (§ 130 FamFG).

3. Zur Zuständigkeit → Form. A.III Anm. 3.

4. Es besteht **Anwaltszwang** (§ 114 Abs. 1 FamFG).

5. Die Bestandsfeststellung erfolgt im Wege eines Antrags. Das Verfahren kann auch durch die zuständige Verwaltungsbehörde betrieben werden (§ 129 Abs. 2 S. 3 FamFG).

6. Bestandsfeststellungsanträge sind in §§ 132, 150 FamFG nicht erwähnt. Konsequenterweise gilt deshalb bezüglich der **Kosten** § 91 ZPO.

7. Zu den Stammdaten → Form. A.II.1 Anm. 9–11.

8. Wenn auch nicht vorgeschrieben, ist es doch zweckmäßig, die Angaben bezüglich eventuell vorhandener Kinder zu machen, nicht nur wegen der Zuständigkeit. Es kann auch im Einzelfall eine Nennung (schein-)ehelicher Kinder geboten sein.

9. Es gilt der Untersuchungsgrundsatz des § 127 FamFG. Zur Darlegungs- und Beweislast gelten die Ausführungen in → Form. A.III Anm. 10 entsprechend. Kann weder festgestellt noch ausgeschlossen werden, ob eine Ehe besteht, sind im Hinblick auf den **Untersuchungsgrundsatz** die positive wie negative Feststellungsklage abzuweisen.

Kosten und Gebühren

10. → Anm. 6, → Vorb. A.I Nr. 7.

Fristen und Rechtsmittel

11. → Form. A.II.1 Anm. 26.

V. Eheverfahren nach ausländischem Recht

1. Antrag auf Scheidung nach marokkanischem Recht

An das

Amtsgericht

– Familiengericht –[1, 2]

Scheidungsantrag

der Frau . . . . .

– Antragstellerin –

Verfahrensbevollmächtigter: Rechtsanwalt . . . . .

gegen

Herrn . . . . .

– Antragsgegner –

wegen: Ehescheidung

hier: Scheidung nach marokkanischem Recht

Namens und unter Berufung auf die mir schriftlich erteilte, beigefügte (§§ 11, 114 Abs. 5 FamFG) Verfahrensvollmacht der Antragstellerin stelle ich hiermit Scheidungsantrag gegen den Antragsgegner und bitte um Anberaumung eines möglichst nahen Termins zur mündlichen Verhandlung, in dem ich beantragen werde:

1. **Die am . . . . . vor . . . . ./Marokko geschlossene Ehe der Beteiligten wird geschieden.**
2. **Unter Aufhebung der gemeinsamen elterlichen Sorge betreffend die Kinder K., geb. am . . . . ., und A., geb. am . . . . ., wird die Alleinsorge auf die Antragstellerin übertragen.**
3. **Der Versorgungsausgleich wird nach dt. Recht durchgeführt.**
4. **Die Kosten des Verfahrens werden gegeneinander aufgehoben (§ 150 FamFG).**
   Vorab beantrage ich, der Antragstellerin ratenfreie Verfahrenskostenhilfe (§§ 114 ff. ZPO iVm § 113 Abs. 4 FamFG) zu bewilligen und mich ihr zur Wahrnehmung ihrer Rechte beizuordnen; eine Erklärung über die persönlichen und wirtschaftlichen Verhältnisse ist beigefügt.

Begründung:

1. **Beide Beteiligte sind Staatsangehörige des Königreichs Marokko. Da sie ihren letzten gewöhnlichen Aufenthalt in Deutschland hatten, wo die Antragstellerin auch weiterhin wohnhaft ist, ist die internationale Zuständigkeit dt. Gerichte nach Art. 3 lit. a (i) der Verordnung (EU) 2019/1111 des Rates vom 25.6.2019 über die Zuständigkeit, die Anerkennung und Vollstreckung von Entscheidungen in Ehesachen und in Verfahren betreffend die elterliche Verantwortung und über internationale Kindesentführungen („Brüssel IIb-VO") begründet, welche dt. autonomes Recht (§ 98**

FamFG) verdrängt. Die örtl. Zuständigkeit des angerufenen Familiengerichts folgt aus § 122 FamFG.[3]
Die Eheleute A. haben am . . . . . in . . . . .[4, 5]/Marokko geheiratet.

2. Die Antragstellerin wohnt mit den Kindern noch in . . . . . /Deutschland, ehemaliger ehelicher Wohnsitz, während der Antragsgegner vor 14 Monaten die Ehewohnung verlassen hat und nach . . . . . /Marokko verzogen ist. Seit der Trennung der Beteiligten vor 14 Monaten zahlt der Antragsgegner keinen Unterhalt[6] mehr, so dass die Antragstellerin auf staatl. Unterstützungsleistungen angewiesen ist. So kann sie sich aber nicht versorgen. Deshalb arbeitet sie halbtags und mit wechselnden Arbeitszeiten als Aushilfe in einem Supermarkt, wobei sie 625 EUR netto verdient und zudem das Kindergeld für die beiden Kinder bezieht. Für die Miete der Wohnung muss sie 340 EUR kalt im Monat aufwenden; hinzu kommen 80 EUR durchschnittliche Energie- und Heizungskosten (übers Jahr gerechnet).[7]
3. Die Antragstellerin ist nicht bereit, die Ehe mit dem Antragsgegner fortzusetzen bzw. die eheliche Lebensgemeinschaft mit ihm wieder aufzunehmen.

   Beweis: Beteiligtenvernehmung

   Sie will geschieden werden.
   Bis zur Trennung und seinem Auszug aus der Ehewohnung war der Antragsgegner bei . . . . . beschäftigt und verdiente dort mtl. durchschnittlich . . . . . EUR netto.

   Beweis: Vorlage der Gehaltsabrechnungen für die letzten 12 Monate vor der Trennung der Beteiligten

   Nach Kenntnis der Antragstellerin erzielt der Antragsgegner in Marokko nun ein vergleichbares Einkommen.
4. Ihren Scheidungsantrag stützt die Antragstellerin auf die Bestimmungen des marokkanischen Rechts, insbesondere auf Art. 102 und 104 FamGB.
5. Sonstige Familiensachen, an denen beide Ehegatten beteiligt sind, sind nicht anhängig.[8]
6. Der Versorgungsausgleich soll nach dt. Recht durchgeführt werden,[9] Art. 17 Abs. 4 S. 2 EGBGB. Deshalb bitte ich darum, mir für die Antragstellerin die Fragebögen zuzuleiten.
7. K. und A., die beiden Kinder der Beteiligten, leben auch nach dem Auszug des Antragsgegners weiterhin bei der Antragstellerin und werden allein von ihr versorgt.[10] Dabei erhält sie Unterstützung insbesondere von ihren Eltern, die sich um die Kinder kümmern, wenn sie selbst nicht anwesend ist, sondern arbeiten muss. K. besucht den städtischen Kindergarten; A. geht in die Schule. Der Antragsgegner hat sich nach der Trennung nicht mehr um seine Kinder gekümmert.
8. Über den Antrag auf Bewilligung von Verfahrenskostenhilfe bitte ich vorab zu entscheiden. Sollte das angerufene Gericht insoweit den bisherigen Vortrag für ergänzungsbedürftig halten, bitte ich um Hinweise nach § 139 ZPO.[11, 12]
   Soweit ein Verfahrenskostenvorschussanspruch der Antragstellerin in Betracht kommt, steht dieser nicht entgegen. Denn sie kann nicht damit rechnen, einen solchen Anspruch tatsächlich durchsetzen zu können (wird ausgeführt).
9. Die Beschlussausfertigung erbitte ich in vollständiger Form mit Gründen.[13, 14, 15, 16]
   Als Anlagen füge ich bei
   - Vollmacht,
   - Heiratsurkunde in arabischer und in frz. Fassung und in begl. dt. Übersetzung,
   - Geburtsurkunden der Kinder,
   - Erklärung über die persönlichen und wirtschaftlichen Verhältnisse der Antragstellerin mit Anlagen, insbesondere Verdienstbescheinigung und Mietvertrag, sowie eidesstattliche Versicherung zur Glaubhaftmachung der einzelnen Voraussetzungen,

- **letztes Schulzeugnis für A.,**
- **Bescheinigung über den Besuch des Kindergartens für K.,**
- **Gehaltsbescheinigungen für den Antragsgegner für die Zeit vor seinem Auszug aus der Ehewohnung.**

Rechtsanwalt

Anmerkungen

1. a) Beide Eheleute, marokkanische Staatsangehörige, hatten ihren **letzten gemeinsamen gewöhnlichen Aufenthalt** im Inland. Die Antragstellerin hat dort auch weiterhin ihren gewöhnlichen Aufenthalt. Damit sind nach Art. 3 lit. a) i) der Verordnung (EU) 2019/1111 des Rates vom 25.6.2019 über die Zuständigkeit, die Anerkennung und Vollstreckung von Entscheidungen in Ehesachen und in Verfahren betreffend die elterliche Verantwortung und über internationale Kindesentführungen („**Brüssel IIb-VO**")(„bis 31.7.2022 nach der Brüssel IIa-VO") dt. Gerichte international zuständig. § 98 FamFG ist durch die eur. Gesetzgebung weitgehend verdrängt, deren Regeln auch für Angehörige von Drittstaaten maßgeblich werden, falls die sonstigen Anwendungsvoraussetzungen erfüllt sind, → Anm. 1 b).

Wird die Sache nicht bereits im Ausland betrieben (entgegenstehende Rechtshängigkeit), kann für Folgesachen nach § 98 Abs. 2 FamFG die übliche **Verbundzuständigkeit** in Deutschland gegeben sein. Voraussetzung hierfür ist regelmäßig, dass keine selbstständige internationale Zuständigkeit für die Folgesachen begründet ist. Insoweit gelten die allgemeinen (Zuständigkeits-)Bestimmungen, also

- für die elterliche Sorge das MSA/KSÜ,
- für Unterhaltsansprüche vor allem die Vorschriften der VO (EG) Nr. 4/2009 bzw. das LugÜ sowie §§ 232, 105 FamFG (zur abschließenden, inländische Restzuständigkeiten im Hauptsacheverfahren verdrängenden Regelung der internationalen Zuständigkeit durch die VO (EG) Nr. 4/2009 siehe zB Motzer/Kugler/Grabow Migrationsfamilien Rn. 311, Boele-Woelki/Mom FuR 2010, 485 (486)),
- für güterrechtliche Ansprüche seit dem 29.1.2019 die EuGüVO und
- für den Versorgungsausgleich § 102 FamFG.

b) Für die EU-Staaten (außer Dänemark) gilt seit 1.8.2022 die Brüssel IIb-VO, welche grundsätzlich die zum Zeitpunkt des Inkrafttretens der Brüssel-IIa-VO bestehenden, zwischen zwei oder mehr Unionsmitgliedstaaten geschlossenen Übereinkünfte ersetzt, soweit sie die in der Brüssel-IIb-VO geregelten Bereiche betreffen (Artikel 94 Brüssel-IIb-VO). Ihre Vorschriften erfassen auch Staatsangehörige von Drittstaaten, die nicht an der eur. Gesetzgebung teilnehmen, dazu AG Leverkusen FamRZ 2006, 1384 (Kuba), falls sie nur die sonstigen Anwendungsvoraussetzungen erfüllen, vgl. dazu auch OLG Koblenz FamRZ 2009, 611 = FamRBint 2009, 24 mAnm Yassari für den **Iran.** Im Verhältnis zu den neuen Mitgliedstaaten gelten ihre Regeln ohne weiteren Übernahmeakt. Doch beschränkt sich der Anwendungsbereich der Brüssel IIb-VO, ebenso wie zuvor der Anwendungsbereich der Brüssel IIa-VO, auf Verfahren, die „die Ehescheidung, die Trennung ohne Auflösung des Ehebandes oder die Ungültigerklärung einer Ehe" zum Gegenstand haben, Art. 1 Abs. 1 lit. a Brüssel IIb-VO. Sie gilt daher nicht für schlichte **Herstellungsverlangen,** wohl aber für Klagen auf Feststellung des Bestehens oder Nichtbestehens einer Ehe (str.; → Form. A.V.9 Anm. 2). Im Übrigen erfasst sie nicht „Fragen wie die Scheidungsgründe, das Ehegüterrecht oder sonstige mögliche Nebenaspekte", Erwägungsgrund 9. Art. 1 Abs. 4 Brüssel IIb-VO zählt im Übrigen auf, was nicht in den sachlichen Anwendungsbereich der Verordnung fällt, wie etwa die Feststellung und Anfechtung des Eltern-Kind-Verhältnisses, Adoptionsentscheidungen und Maßnahmen zur Vorbereitung einer Adoption sowie die Ungültigerklärung und der Widerruf der Adoption, Namen und Vornamen eines Kindes und Unterhaltspflichten. Verdrängt ist aus dt. Sicht § 98 FamFG. Selbst wenn nur einer der Beteiligten in Deutschland lebt, können dt. Gerichte daher int. zuständig sein. Eine Übersicht zur Brüssel IIb-VO gibt Flindt NZFam 2022, 669.

c) Die **Anerkennung** einer in einem Mitgliedstaat ergangenen Entscheidung erfolgt in den anderen Mitgliedstaaten ohne weiteres und ohne besonderes Verfahren, → Form. Q. I, Art. 30 Abs. 1 Brüssel IIb-VO. Enge Ausnahmen legen Art. 38 ff. Brüssel IIb-VO fest. Für die **Vollstreckung** gelten Art. 51 ff. Brüssel IIb-VO mit einer Liste der zuständigen Gerichte, im Bezirk des KG das AG Pankow, sonst das FamG am Sitz des zuständigen OLG.

2. Für die örtl. Zuständigkeit des angerufenen FamG gelten die allg. inländischen Regeln, die wir auch sonst für den Verfahrensablauf heranziehen, **lex fori,** § 122 FamFG.

3. Auch für die sonstigen Förmlichkeiten des Verfahrens gilt die inländische lex fori, zum Inhalt der Antragsschrift § 133 Abs. 1 und 2 FamFG, so dass Angaben über gemeinschaftliche minderjährige Kinder ebenso notwendig werden wie zur Anhängigkeit anderer Familiensachen, → Anm. 8, da sich so Auswirkungen auf die gerichtliche Zuständigkeit für die anderen Verfahren ergeben können, vgl. etwa § 152 FamFG für **Kindschafts-,** § 232 FamFG für **Unterhalts–** und § 262 FamFG für **Güterrechtssachen,** weil das bisher zuständige Gericht die Angelegenheit an das Gericht der Ehesache abzugeben hat, → Anm. 8. Für die Bewilligung von **Verfahrenskostenhilfe,** dazu Kühner FamRB 2009, 82; Götsche FamRZ 2009, 383, gelten bei Verfahrensbetrieb in Deutschland unsere innerstaatlichen Regeln, wobei im Verhältnis der EU-Staaten untereinander seit dem 1.1.2003 auch die Richtlinie 2002/8/EG des Rates vom 27.1.2003 zur Verbesserung des Zugangs zum Recht bei Streitsachen mit grenzüberschreitendem Bezug durch Festlegung gemeinsamer Mindestvorschriften für die Prozesskostenhilfe in derartigen Streitsachen zu berücksichtigen ist. Nationale Durchführungsbestimmungen zu der Richtlinie finden sich in § 114 ZPO und §§ 1076–1078 ZPO.

4. a) Für die Frage, welches materielle Recht für die Scheidung zur Anwendung gelangt, ist seit dem 21.6.2012 auf die Verordnung (EU) Nr. 1259/2010 des Rates vom 20.12.2010 zur Durchführung einer verstärkten Zusammenarbeit im Bereich des auf die Ehescheidung und Trennung ohne Auflösung des Ehebandes anzuwendenden Rechts (**„Rom III-VO“**) abzustellen. Sie gilt für die Ehescheidung und die Trennung ohne Auflösung des Ehebandes in den Fällen, die eine Verbindung zum Recht verschiedener Staaten aufweisen, Art. 1 Abs. 1 Rom III-VO. Dabei ist zu beachten, dass nach Art. 4 Rom III-VO das nach der Verordnung bezeichnete Recht auch dann anzuwenden ist, wenn es nicht das Recht eines teilnehmenden Mitgliedstaates ist, dh das Recht eines nicht teilnehmenden Mitgliedstaates oder eines Drittstaates (**universelle Anwendung**). Neben Deutschland sind teilnehmende Mitgliedstaaten Belgien, Bulgarien, Spanien, Estland, Frankreich, Griechenland, Italien, Lettland, Litauen, Luxemburg, Ungarn, Malta, Österreich, Portugal, Rumänien und Slowenien (Erwägungsgrund 6 Rom III-VO). Besondere Bedeutung in der Praxis dürfte die in Art. 5 der Verordnung vorgesehene Möglichkeit einer Rechtswahlvereinbarung erlangen (dazu nachfolgend). In zeitlicher Hinsicht ist der Anwendungsbereich nach Art. 18 Rom III-VO für gerichtliche (Scheidungs-) Verfahren und für Rechtswahlvereinbarungen nach Art. 5 Rom III-VO eröffnet, die ab dem 21.6.2012 eingeleitet bzw. geschlossen wurden. Sofern eine Rechtswahlvereinbarung vor dem 21.6.2012 geschlossen wurde, ist sie dennoch wirksam, sofern sie die Voraussetzungen nach Art. 6 und 7 Rom III-VO bzw. Art. 46e EGBGB erfüllt. Rechtswahlvereinbarungen, die nach dem Recht eines teilnehmenden Mitgliedstaates geschlossen wurden, dessen Gerichte vor dem 21.6.2012 angerufen wurden, bleiben unberührt.

Nach der **Rom III-VO** gilt Folgendes:

Haben die Eheleute eine den Kriterien von Art. 5–7 Rom III-VO genügende **Rechtswahl** getroffen, die, sofern einer der Ehegatten zum Zeitpunkt der Rechtswahl seinen gewöhnlichen Aufenthalt in Deutschland hat, zudem die nach dt. Recht vorgesehenen Anforderungen erfüllt, ist das gewählte Recht zugrunde zu legen, soweit kein ordre public-Verstoß in Betracht kommt. Anderenfalls richtet sich das anzuwendende Recht nach Art. 8 Rom III-VO. Eine **Rechtswahl** ist nach Art. 5 Abs. 1 Rom III-VO möglich, wenn es sich dabei um a) das Recht des Staates handelt, in dem die Ehegatten zum Zeitpunkt der Rechtswahl ihren **gewöhnlichen Aufenthalt** haben, oder b) des Staates, in dem die Ehegatten zuletzt ihren gewöhnlichen Aufenthalt hatten, sofern einer von ihnen zum Zeitpunkt der Rechtswahl dort noch seinen gewöhnlichen Aufenthalt hat, oder c) das Recht des Staates, dessen **Staatsangehörigkeit** einer der Ehegatten zum Zeitpunkt der Rechtswahl besitzt, oder d) das Recht des Staates des angerufenen Gerichts. In zeitlicher Hinsicht ist die Rechtswahl in Deutschland gemäß dem mit Wirkung zum 29.1.2013 als Art. 46d EGBGB eingefügten Unterabschnitt, mit Wirkung vom 1.7.2018 nunmehr Art. 46e EGBGB, bis zum Schluss der mündlichen Verhandlung im ersten Rechtszug möglich (Art. 46e Abs. 2 S. 1 EGBGB). Die Vereinbarung ist notariell zu beurkunden (Art. 46e Abs. 1 EGBGB), wobei § 127a BGB entsprechend gilt (Art. 46e Abs. 2 S. 2 EGBGB). Das Zustandekommen und die Wirksamkeit der Vereinbarung oder einer ihrer Bestimmungen richten sich gemäß Art. 6 Abs. 1 Rom III-VO nach dem Recht, das nach der Verordnung anzuwenden wäre, wenn die Vereinbarung oder Bestimmung wirksam wäre. Eine Ausnahme sieht Art. 6 Abs. 2 Rom III-VO vor, wenn sich aus den Umständen ergibt, dass es nicht gerechtfertigt wäre, die Wirkung des Verhaltens eines Ehegatten nach dem in Art. 6 Abs. 1 bestimmten Recht zu bestimmen. In diesem Fall kann sich dieser Ehegatte für die Behauptung, er habe der Vereinbarung nicht zugestimmt, auf das Recht des Staates berufen, in dem er zum Zeitpunkt der Anrufung des Gerichts seinen gewöhnlichen Aufenthalt hat. Da in den Erwägungsgründen 17 und 18 Rom III-VO die Bedeutung der umfassenden Information und Kenntnis der Ehegatten über ihr Tun hervorgehoben wird, sollte in der beratenden Praxis bei der Formulierung einer Rechtswahlvereinbarung dafür Sorge getragen werden, dass Ausführungen über Art und Umfang der vorangegangenen Information und Beratung der Ehegatten enthalten sind. Aus Erwägungsgrund 18 wird auch eine richterliche Überprüfbarkeit von Rechtswahlvereinbarungen im Hinblick auf die Frage abzuleiten sein, ob die Ehegatten die Vereinbarung in voller Kenntnis der Sache und der Rechtsfolgen getroffen haben, Becker NJW 2011, 1543 (1545), zur Rechtswahl und weiteren Fragen der Rom III-VO vgl. auch Dimmler FamRBint 2012, 66 ff., Kemper FamRBint 2012, 63 ff. mit prakt. Fallbeispielen, Rieck NJW 2014, 257 sowie unter Berücksichtigung aktueller dt. Rechtsprechung Althammer NZFam 2015, 9.

Fehlt es an einer wirksamen **Rechtswahlvereinbarung**, unterliegt die Ehescheidung nach Art. 8 Rom III-VO a) dem Recht des Staates, in dem die Ehegatten zum Zeitpunkt der Anrufung des Gerichts ihren **gewöhnlichen Aufenthalt** haben, oder anderenfalls b) dem Recht des Staates, in dem die Ehegatten zuletzt ihren gewöhnlichen Aufenthalt hatten, sofern dieser nicht vor mehr als einem Jahr vor Anrufung des Gerichts endete und einer der Ehegatten zum Zeitpunkt der Anrufung des Gerichts dort noch seinen gewöhnlichen Aufenthalt hat, oder anderenfalls c) dem Recht des Staates, dessen **Staatsangehörigkeit** beide Ehegatten zum Zeitpunkt der Anrufung des Gerichts besitzen, oder anderenfalls d) dem Recht des Staates des **angerufenen Gerichts**.

Für **Altfälle,** in denen die **Rom III-VO** (noch) **nicht** zur Anwendung gelangt, richtet sich die Wirksamkeit einer Ehescheidung gemäß Art. 14 Abs. 1 EGBGB, Art. 17 Abs. 1 S. 1 EGBGB (in der bis zum Inkrafttreten des Gesetzes zur Anpassung der Vorschriften des Internationalen Privatrechts an die Verordnung (EU) Nr. 1259/2010 und zur Änderung anderer Vorschriften des Internationalen Privatrechts, BT-Drs. 468/12, geltenden Fassung) nach dem Recht des Staates, a) dem beide Ehegatten zum Zeitpunkt der Scheidung angehören oder während der Ehe zuletzt angehörten, wenn einer von ihnen diesem Staat zum Zeitpunkt der Scheidung noch angehört, sonst b) dem Recht des Staates, in dem beide Ehegatten ihren gewöhnlichen Aufenthalt zum Zeitpunkt der Scheidung haben oder während der Ehe zuletzt hatten, wenn einer von ihnen dort zum Zeitpunkt der Scheidung noch seinen gewöhnlichen Aufenthalt hat, und hilfsweise c) dem Recht des Staates, mit dem die Ehegatten gemeinsam am engsten verbunden sind (vgl. dazu Geisler, Diss. Berlin 2001, der eine Vielzahl von „im Einzelfall flexiblen Anknüpfungsmomenten" zusammenstellt, S. 140 f.). Für **Flüchtlinge** und anerkannte **Asylberechtigte** wird ihr **(dt.) Personalstatut** maßgeblich, Art. 12 Genfer Flüchtlingskonvention, §§ 2, 3 AsylVfG, Näheres bei Grüneberg/Thorn EGBGB Art. 5 Rn. 6 ff., sowie im Anh. zu Art. 5, zur Rechtsanwendung bei **Kontingentflüchtlingen** → Form. A.V.5 Anm. 14 und → Form. A.V.6 Anm. 7c). Bei Mehrstaatern mit deutscher Staatsangehörigkeit ist nach Art. 5 Abs. 1 S. 2 EGBGB die deutsche Staatsangehörigkeit maßgebend. Bei Mehrstaatern ohne deutsche Staatsangehörigkeit ist auf die effektive Staatsangehörigkeit abzustellen. Die effektive Staatsangehörigkeit richtet sich regelmäßig nach dem Ort des gewöhnlichen Aufenthaltes, berücksichtigt aber auch die Wahrnehmung staatsbürgerlicher Rechte bzw. Pflichten, kulturelle Prägungen, Sprachkenntnisse, wirtschaftliche bzw. berufliche Bindungen, private Kontakte und die zukünftige Lebensplanung, OLG München FamRZ 1994, 634, Grüneberg/Thorn EGBGB Art. 5 Rn. 2. Gemäß Art. 14 Abs. 1 EGBGB nF (Art. 14 EGBGB wurde durch Gesetz vom 17.12.2018 grundlegend überarbeitet) unterliegen die allgemeinen Ehewirkungen dem von den Ehegatten gewählten Recht, soweit diese nicht in den Anwendungsbereich der EuGüVO fallen. Wählbar sind – insoweit teilweise parallel zu Art. 5 Rom III-VO – a) das Recht des Staates, in dem beide Ehegatten zum Zeitpunkt der Rechtswahl ihren gewöhnlichen Aufenthalt haben, oder b) des Staates, in dem die Ehegatten zuletzt ihren gewöhnlichen Aufenthalt hatten, sofern einer von ihnen zum Zeitpunkt der Rechtswahl dort noch seinen gewöhnlichen Aufenthalt hat, oder c) ungeachtet des Art. 5 Abs. 1 EGBGB das Recht des Staates, dem einer der Ehegatten im Zeitpunkt der Rechtswahl angehört (Heimatrecht). Die Rechtswahl bedarf gem. Art. 14 Abs. 1 S. 3 EGBGB der notariellen Beurkundung, bei nicht im Inland geschlossenen Vereinbarungen genügt gem. Art. 14 Abs. 1 S. 4 EGBGB die Einhaltung der Formerfordernisse für einen Ehevertrag nach dem gewählten oder nach dem Ortsrecht. Soweit es um die Wahl des allgemeinen **Ehewirkungsstatuts** geht, gelten die vorstehenden Ausführungen, die Wahl des Ehescheidungsstatuts folgt allerdings nunmehr ausschließlich den Art. 5 ff. Rom III-VO (s. oben).

b) Die **Rechtshängigkeit** beurteilt sich nach unseren allg. Verfahrensregeln. Wird die Sache im Ausland bereits betrieben, steht sie einem Verfahren im Inland bei identischem Streitgegenstand entgegen, wobei eine **Doppelqualifikation** vorzunehmen ist, die zunächst ausl. Recht erfasst (wie wird Rechtshängigkeit dort ausgelöst?) und dann eine Bewertung nach unseren Bestimmungen anschließt (sind die Folgen im Ausland mit unseren Rechtshängigkeitswirkungen vergleichbar?), dazu im Einzelnen Finger FuR 1999, 310 und Gruber FamRZ 1999, 1563. Zudem ist die Anerkennungsfähigkeit des im Ausland ergehenden Urteils in Deutschland weitere Voraussetzung, dazu OLG Bamberg NJWE-FER 2000, 160; ebenso OLG Oldenburg FamRZ 2007, 137 für eine Get-Scheidung aus Israel, die wir als „Privatscheidung" ansehen und daher nicht anerkennen können, soweit deutsches Recht Scheidungsstatut ist; zur Rechtshängigkeit, die ein bei einem englischen Gericht zur Regelung der Scheidungsfolgen gestellter Antrag für ein deutsches Unterhaltsverfahren auslöst, OLG Celle FamRZ 2009, 359. Im Anwendungsbereich der Brüssel IIb-VO und EuUnthVO sind deren Regelungen zur Rechtshängigkeit zu beachten, Art. 20 iVm 17 Brüssel IIb-VO und Art. 12 iVm 9 EuUnthVO (→ Anm. 12). Nach Art. 17 Brüssel IIb-VO gilt im Anwendungsbereich der Brüssel IIb-VO ein Gericht als angerufen a) zu dem Zeitpunkt, zu dem das verfahrenseinleitende Schriftstück oder ein gleichwertiges Schriftstück bei Gericht eingereicht wurde, vorausgesetzt, dass der Antragsteller es in der Folge nicht versäumt hat, die ihm obliegenden Maßnahmen zu treffen, um die Zustellung des Schriftstückes an den Antragsgegner zu bewirken oder b) falls die Zustellung an den Antragsgegner vor Einreichung des Schriftstücks bei Gericht zu bewirken ist, zu dem Zeitpunkt, zu dem die für die Zustellung verantwortliche Stelle das Schriftstück erhalten hat, vorausgesetzt, dass der Antragsteller es in der Folge nicht versäumt hat, die ihm obliegenden Maßnahmen zu treffen, um das Schriftstück bei Gericht einzureichen, oder c) falls das Gericht das Verfahren von Amts wegen einleitet, zu dem Zeitpunkt, zu dem der Beschluss über die Einleitung des Verfahrens vom Gericht gefasst oder, wenn ein solcher Beschluss nicht erforderlich ist, zu dem Zeitpunkt, zu dem die Sache beim Gericht eingetragen wird.

c) **Ausländisches Recht** ist stets von Amts wegen zu ermitteln. Der dt. Tatrichter hat ausländisches Recht im Wege des Freibeweises zu ermitteln, wobei es in seinem Ermessen liegt, in welcher Weise er sich die notwendigen Kenntnisse verschafft, BGH FamRZ 2017, 1209. Deshalb darf zB ein Scheidungsantrag nicht als unschlüssig abgewiesen bzw. die für ihn nachgesuchte Verfahrenskostenhilfe verweigert werden, weil der Inhalt des maßgeblichen Rechts von den Parteien (bisher) nicht mitgeteilt ist, dazu OLG Frankfurt a. M. FamRZ 2000, 37 (für Russland).

5. Für die **Form** der Eheschließung gilt **Art. 11 EGBGB.** Ausreichend ist aus deutscher Sicht jedenfalls die **Ortsform.** Marokko gestattet eigenen Staatsangehörigen, die sich gewöhnlich im Ausland aufhalten, eine Heirat nach Ortsrecht nur, wenn die Ehefrau nicht auf die Brautgabe verzichtet und im Übrigen zwei muslimische Zeugen bei der Eheschließung zugegen sind, so dass der Standesbeamte nicht materiell teilnimmt, sondern lediglich anwesend ist, dazu Sturm StAZ 2005, 1 (9) (die Mitwirkung des Ehevormundes ist bei erwachsenen Personen nach neuem marokkanischem Familienrecht nicht mehr vorgesehen, Nelle StAZ 2004, 253 (259); Finger FuR 2005, 156 und Sturm StAZ 2005, 1 (9 Fn. 104)). Ob die Ehe sachlich wirksam ist, ist fiktiv und unabhängig von der Hauptfrage nach selbstständiger Anknüpfung der Vorfrage nach **Art. 13 EGBGB** zu beurteilen, dazu Grüneberg/Thorn EGBGB Art. 13 Rn. 26, um den inhaltlichen Gleichlauf in allen maßgeblichen Teilbereichen sicherzustellen und zu vermeiden, dass dieselbe Frage unterschiedlich beantwortet wird (für den Versorgungsausgleich – als Beispiel – könnte sonst die Ehe wirksam sein, für das eheliche Güterrecht aber unwirksam). Im Übrigen kann Art. 6 EGBGB (ordre public) eine Rolle spielen, etwa bei religiös begründeten Ehehindernissen im Heimatland (Beispiel Iran: eine Muslimin darf die Ehe nur mit einem gläubigen Muslim eingehen, dazu Finger FuR 1999, 58 (158 und 215)), aus dt. Sicht inakzeptablen Altersgrenzen (**Kinderehen**), Beispiel AG Fürth (Odenwald) FamRZ 2019, 1855 (die Ehefrau war zur Zeit der Eheschließung 12 Jahre alt) oder staatlichen **Genehmigungsvorbehalten;** zum Eheverbot unter Verschwägerten (Verstoß gegen Art. 8 EMRK) EGMR FamRZ 2006, 181 mAnm Henrich, für Onkel und Tanten bzw. Nichten und Neffen (für die Türkei Art. 129 türk. ZGB). **Amnestiegesetze** im Heimatland bzw. staatliche Registrierung dort können für uns Auswirkungen haben, dazu und für die Türkei (**Imamehe**) vgl. Hohloch JuS 1998, 271 mN und Finger FuR 1998, 398 (400); OLG Zweibrücken NJW-RR 1997, 1227. Ist eine Ehe fremder Staatsangehöriger vor einem Geistlichen geschlossen worden, kann die spätere, nach Heimatrecht vorgesehene **Ehebestätigung,** dazu OLG Hamm FamRZ 2000, 823, ausf. Sturm StAZ 2005, 1, zu einer anderen Bewertung von diesem Zeitpunkt an auch für Deutschland führen, so dass von nun an von einer als Ehe gültigen Verbindung auszugehen ist, wiederum OLG Hamm FamRZ 2000, 823. Zur Form zählt auch der Abschluss in Botenschaft, **Handschuhehe,** → Form. A.V.7 Anm. 10 a) und KG KGR Berlin 2004, 326 für die Eheschließung einer deutschen Frau in Pakistan mit einem pak. Asylbewerber, der in Deutschland lebt und deshalb nicht ausreisen kann, nicht aber in **Stellvertretung** mit Auswahlmöglichkeiten des Beauftragten nach allg. Angaben oder frei nach seinen eigenen Vorstellungen.

6. Für das Scheidungsverfahren der Eheleute A. ist marokkanisches Recht maßgeblich, Art. 8 lit. c Rom III-VO, also das marokkanische Familiengesetzbuch, da die Eheleute zum Zeitpunkt der Anrufung des Gerichts keinen gemeinsamen gewöhnlichen Aufenthalt haben (vgl. Art. 8 lit. a Rom III-VO), der letzte gemeinsame gewöhnlichen Aufenthalt schon vor mehr als einem Jahr vor Anrufung des Gerichts endete (vgl. Art. 8 lit. b Rom III-VO) und der Ehemann seither in Marokko lebt. Das marokkanische Ehe- und Familienrecht wurde durch das am 5.2.2004 in Kraft getretene Gesetz Nr. 70–03 über das Familiengesetzbuch (FamGB) neu geregelt, abgedr. bei Bergmann/Ferid/Henrich, Int. Eherecht, Länderbericht Marokko, zu den Veränderungen in Marokko Nelle StAZ 2004, 276 (Gesetzestext) und StAZ 2004, 253 (Bericht über die Rechtslage der Maghreb-Staaten), → Anm. 15; Wohlgemuth FamRZ 2005, 1949. Danach erfolgt die Auflösung der Ehe durch Verstoßung der Frau durch den Mann (**talaq**), durch einvernehmliche Scheidung oder Scheidung gegen Ausgleich (**khol**), für den Iran → Form. A.V.5 Anm. 8, 9, oder durch gerichtliche Scheidung auf Antrag eines Ehegatten wegen Uneinigkeit bzw. aus anderen Gründen. Nach Art. 98 ff. FamGB kann die Ehefrau die Scheidung insbesondere verlangen, wenn der Ehemann gegen die Bestimmungen des Ehevertrages verstößt, wenn der Ehefrau durch die Ehe ein materieller oder immaterieller Schaden entsteht und die Fortsetzung der Ehe für sie unzumutbar ist, bei Verweigerung der Unterhaltsleistung, bei länger als einem Jahr andauernder Abwesenheit des Ehemannes, bei einem dauerhaften körperlichen Mangel des Ehemannes oder wegen eines Enthaltsamkeits- oder Trennungsgelübdes. Die Antragstellerin beruft sich hier auf die **Abwesenheit** ihres Ehemannes. Denn nach Art. 104 FamGB kann die Ehefrau die Scheidung verlangen, wenn sich der Ehemann für mehr als ein Jahr aus der Ehewohnung entfernt. Voraussetzung für die Scheidung wegen Abwesenheit ist neben der mehr als einjährigen Abwesenheit des Ehemannes, dass das Gericht dem Ehemann Gelegenheit zur Stellungnahme gibt und ihn darauf hinweist, dass es die Scheidung ausspricht, wenn er nicht zu seiner Frau zurückkehrt oder diese zu sich kommen lässt. Ist die Anschrift des Ehemannes unbekannt, trifft Art. 105 FamGB besondere Bestimmungen, wonach ua ein Pfleger zu bestellen ist. Vorliegend kommt weiterhin eine Scheidung wegen mangelnder Unterhaltsleistung in Betracht nach Art. 102 f. FamGB. Insoweit differenziert Art. 102 FamGB:

Die Ehefrau kann die Scheidung verlangen, wenn der Ehemann fällige Unterhaltspflichten verletzt, wobei das Gericht, wenn der Ehemann die Unterhaltsleistung verweigert, ohne seine wirtschaftliche Unfähigkeit hierfür nachzuweisen, die Scheidung sofort ausspricht, ihm aber, wenn er seine Mittellosigkeit beweist, eine seiner Lage entsprechende Frist von höchstens 30 Tagen setzt, um seine Unterhaltspflichten zu erfüllen, widrigenfalls spricht es die Scheidung aus, sofern nicht höhere Gewalt oder außergewöhnliche Umstände vorliegen. Verfügt der Ehemann über zur Versorgung seiner Ehefrau ausreichendes Vermögen, kann das Gericht dieses in Anspruch nehmen und spricht keine Scheidung aus.

Im vorliegenden Fall wäre also zu klären, ob der Antragsgegner über ausreichende Mittel verfügt und daher den Unterhalt (nach islamischem Recht umfasst dieser die Sorge für Wohnung, Nahrung, Kleidung und ärztlichen Beistand) sicherstellen kann oder nicht, sofern nicht der Antragsgegner ohnehin mit der Scheidung einverstanden ist und daher nichts vorträgt, so dass auch aus diesem Grunde die Ehe – selbst wenn keine Trennungszeiten gewahrt wären (anders als im dt. Recht) – antragsgemäß zu scheiden wäre. Im Rahmen des Art. 102 FamGB ist im Übrigen zu beachten, dass **Mittellosigkeit** nach marokkanischen Vorstellungen nicht mit **Leistungsunfähigkeit** nach dt. Unterhaltsrecht gleichzustellen ist, etwa mit den dort vorgesehenen besonderen **Selbstbehalten**, zu weiteren Einzelheiten OLG Hamm IPRax 1995, 174 mAnm Henrich IPRax 1995, 166, OLG Düsseldorf FamRZ 1998, 1113 (1114); ähnlich für die Unterhaltsbedürftigkeit als Anspruchsvoraussetzung nach iranischem Recht OLG Schleswig OLGReport Schleswig 2001, 182 ebenso für den vereinbarten Ehescheidungsgrund der ausbleibenden Unterhaltszahlungen und für den Iran OLG Koblenz FamRBint 2009, 26 mAnm Yassari. Zur Scheidung wegen Verstoßes des Ehemannes gegen eine Bestimmung des Ehevertrages oder Schädigung vgl. Art. 99 ff. FamGB, wegen körperlicher Mängel Art. 107 ff. FamGB und wegen Enthaltsamkeits- bzw. Verlassensgelübde Art. 112 FamGB.

7. Die Bewilligung von Verfahrenskostenhilfe erfolgt nach der lex fori, vgl. für die EU-Staaten §§ 114, 1076–1078 ZPO iVm der Richtlinie 2003/8/EG des Rates. Für vorrangige Ansprüche auf Zahlung eines **Verfahrenskostenvorschusses** kann dt. Unterhaltsrecht maßgeblich werden, wenn insoweit die Streitfrage unterhaltsrechtlich zu qualifizieren ist und der Anspruchsteller seinen gewöhnlichen Aufenthalt in Deutschland hat, vgl. Art. 5 iVm 3 HUnthProt (Haager Protokoll über das auf Unterhaltspflichten anzuwendende Recht vom 23.11.2007, ABl. 2009 L 331, 19, welches mWv 18.6.2011, den vormaligen Art. 18 EGBGB sowie die zugrunde liegenden Haager UntÜbk von 1956 bzw. 1973 abgelöst hat). Ob der Antragsgegner insoweit tatsächlich ausreichende Einkünfte erzielt, ist unsicher. Jedenfalls darf die Antragstellerin, die selbst die Voraussetzungen für Verfahrenskostenhilfe erfüllt, nicht auf fernliegende und/oder praktisch nicht realisierbare Forderungen verwiesen werden, **Zumutbarkeitserwägungen.**

8. Die Angabe, ob Familiensachen, an denen beide Ehegatten beteiligt sind, anderweitig anhängig sind, muss gem. § 133 Abs. 1 Nr. 3 FamFG in der Antragsschrift erfolgen. Mit der Anhängigkeit der Ehesache wechselt die Zuständigkeit für das bereits betriebene Verfahren zum Ehegericht, vgl. etwa § 152 FamFG für **Kindschafts-**, § 232 FamFG für **Unterhalts-** und § 262 FamFG für **Güterrechtssachen.** Auch sonst bestimmt sich der Verfahrensablauf nach dt. **Prozessrecht,** lex fori, im Übrigen → Anm. 2, 3. **Kindesunterhalt** macht die Antragstellerin in diesem Verfahren nicht geltend. Sieht ausl. Recht besondere „Förmlichkeiten" vor (etwa die Mitwirkung der Staatsanwaltschaft, → Form. A.V.10 Anm. 3 c) mN, oder einen besonderen Sühneversuch, dazu Bergerfurth FamRZ 2001, 12 (13 f.)), sollten sie, soweit möglich, eingehalten werden, vgl. zu diesen Punkten auch BGH FamRZ 2004, 1952 (für den Iran – Anwesenheit von muslimischen Zeugen), um die Anerkennung der dt. Entscheidung dort sicherzustellen. Umgekehrt ist etwa der Sühneversuch nach ausl. Recht, selbst wenn eine ausl. Behörde eingeschaltet ist, nicht als materiellrechtliche Voraussetzung zu betrachten, sondern prozessrechtlich zu qualifizieren, so dass bei einem Verfahren in Deutschland allein die lex fori maßgeblich ist und nicht die ausl. Vorgaben zu erfüllen sind, dazu OLG Stuttgart OLGReport Stuttgart 2001, 366 und OLG Frankfurt a.M. FamRZ 2001, 293 (beide für Kroatien), OLG Karlsruhe FamRZ 1990, 168 (169) für Portugal, OLG Hamm IPRax 1995, 174 (176) für Marokko. Ob Kosten für ein **Privatgutachten** zur Ermittlung und Auslegung ausl. Rechts erstattungsfähig sind, beurteilt sich wie sonst nach ihrer Notwendigkeit, § 91 Abs. 1 ZPO; zu Einzelheiten Mankowski MDR 2001, 194, wobei es grundsätzlich an der Erstattungsfähigkeit fehlt, wenn die Partei einen Korrespondenzanwalt hinzugezogen hat, der in der betreffenden Rechtsordnung „heimisch" ist, dazu OLG Koblenz VersR 1996, 1560.

9. a) Die Rom III-VO findet nur für die Ehescheidung an sich Anwendung. Der bisherige Art. 17 EGBGB wurde zunächst mWv 29.1.2013 dahingehend abgeändert, dass die nicht von anderen Vorschriften des Abschnitts erfassten vermögensrechtlichen Scheidungsfolgen auch dem nach der Rom III-VO anzuwendenden Recht unterliegen. Art. 17 EGBGB wurde aufgrund des Gesetzes zum Internationalen Güterrecht und zur Änderung von Vorschriften des Internationalen Privatrechts vom 17.12.2018 (BGBl. 2018 I 2573), in Kraft getreten am 29.1.2019, erneut umfassend abgeändert. Art. 17 Abs. 1 EGBGB nF stellt nunmehr insoweit klar, dass vermögensrechtliche Scheidungsfolgen, soweit sie nicht in den Anwendungsbereich der EuGüVO oder der EuUnthVO fallen oder von anderen Vorschriften dieses Abschnitts erfasst sind, dem nach der Rom III-VO auf die Scheidung anzuwendenden Recht unterliegen. Für im Ausland erfolgte

Privatscheidungen gilt Art. 17 Abs. 3 EGBGB nicht, so dass diese grds. in Deutschland Wirksamkeit entfalten können. Art. 17 Abs. 2 EGBGB nF begründet für solche Scheidungen, die nicht in den Anwendungsbereich der Rom III-VO fallen, eine analoge Anwendbarkeit der Rom III-VO, bestimmt dabei jedoch fünf Abweichungen, vgl. hierzu im Einzelnen BeckOK BGB/Heiderhoff EGBGB Art. 17 Rn. 47 ff.

Für den **Versorgungsausgleich** enthält Art. 17 Abs. 4 EGBGB eine **Sonderregelung.** Danach soll der Versorgungsausgleich zwar auch dem nach der Rom III-VO auf die Scheidung anzuwendenden Recht unterliegen, er soll jedoch nur durchzuführen sein, wenn danach dt. Recht zur Anwendung gelangt und ihn das Recht eines der Staaten kennt, denen die Ehegatten im Zeitpunkt des Eintritts der Rechtshängigkeit des Scheidungsantrages angehören. Fehlt es hieran, ist er insbesondere der hiernach maßgebenden weiteren Rechtsordnung nicht bekannt oder bietet die dortige Ausgleichsform keine aus dt. Sicht passende Lösung, sondern belastet den Ausgleichsberechtigten mit herben Verlusten (Weggabe für ein Linsengericht, so plastisch Lüderitz IPRax 1987, 74 (79)), wird der Versorgungsausgleich nur auf Antrag eines Ehegatten nach deutschem Recht durchgeführt, wenn einer der Ehegatten in der Ehezeit ein Anrecht bei einem inländischen Versorgungsträger erworben hat und soweit die Durchführung des Versorgungsausgleichs im Hinblick auf die beiderseitigen wirtschaftlichen Verhältnisse während der gesamten Ehezeit der Billigkeit nicht widerspricht, vgl. hierzu (zum alten Recht) OLG Koblenz FamRZ 1998, 1599 (südvietnamesischer Offizier); OLG Frankfurt a. M. FamRZ 2000, 163 (Polen) und BGH FuR 2000, 86 (Türkei); OLG Frankfurt a. M. FamRZ 2018, 184 (Portugal); zum Ablauf im Einzelnen Klattenhoff FuR 2000, 49 und 108, zu weiteren Einzelheiten → Form. I.V; zu einer Übersicht über Regelungen im Ausland vgl. Wagner, Versorgungsausgleich mit Auslandsberührung, S. 21/22; ausführlich zum Versorgungsausgleich mit Auslandsbezug Scholz/Kleffmann FamR-HdB/Uecker Teil P VIII, HK-VersAusglR/Götsche Einl. IV, zu den maßgeblichen Fragen auch Bergner FamFR 2011, 3.

b) Soweit hiernach eine gesonderte Antragstellung notwendig ist, kann diese wohl nicht schon in der Bitte an das Gericht liegen, die üblichen Fragebögen zu übersenden. Die isolierte Durchführung ist möglich, wenn Anträge im Scheidungsverfahren versäumt wurden. Denn das Verfahren nach Art. 17 Abs. 4 EGBGB ist keine Folgesache von Amts wegen. Ein inländischer Beschluss, der sich zum Versorgungsausgleich nicht äußert, kann keine dahingehende Rechtskraft entfalten. Sofern ein Versorgungsausgleich bei ausländischen Staatsangehörigen nur auf Antrag stattfinden kann, darf bei fehlendem Antrag vom Gericht nicht endgültig festgestellt werden, dass ein Versorgungsausgleich nicht stattfindet, OLG Frankfurt a. M. NJW 2019, 3461. Auch darf in einem Verfahren, in dem ein nach Art. 17 Abs. 4 EGBGB erforderlicher Antrag nicht gestellt ist, das Gericht nicht über den Versorgungsausgleich entscheiden; liegt aber eine solche Entscheidung vor, kann (und muss) sie mit dem üblichen Rechtsmittel angegriffen werden, um ihre Folgen zu beseitigen. Anträge nach Art. 17 Abs. 4 EGBGB können jederzeit zurückgenommen werden, dazu OLG Schleswig FamRZ 1991, 96 (97) mAnm Schulze, wobei sich Voraussetzungen und Folgen nach der lex fori richten, bei Verfahrensführung in Deutschland also nach dt. Verfahrensrecht.

10. a) Die Frage, ob eine Sorgerechtsregelung von Amts wegen durch das Gericht der Ehesache zu treffen ist, richtet sich nach der lex fori des Entscheidungsstaates. Da nach dt. Verfahrensrecht nicht mehr von Amts wegen über die elterliche Sorge entschieden wird, bedarf es eines entsprechenden **Antrags**. Wird dieser nicht gestellt, kann das zu Schwierigkeiten bei der Anerkennung der Ehescheidung im Herkunftsstaat führen, wenn nach dortigem Recht zwingend über die elterliche Sorge gemeinsamer Kinder mit zu entscheiden ist (vgl. zB Art. 182 türk. ZGB).

b) Die **internationale Zuständigkeit** für die Regelung der elterlichen Sorge beurteilt sich vorrangig nach der **Brüssel IIb-VO**, welche die Zuständigkeit im Verhältnis zwischen den

EU-Mitgliedsstaaten für alle Entscheidungen über die elterliche Verantwortung regelt (→ Anm. 1 a)). Die Brüssel IIb-VO ist gegenüber dem MSA und dem **KSÜ** nach Maßgabe der Art. 95 ff. vorrangig. Da der gewöhnliche Aufenthalt der Kinder in Deutschland ist, ist die int. Zuständigkeit dt. Gerichte, auch wenn Marokko ebenso wie Deutschland Vertragsstaat des KSÜ ist, nach Art. 97 Abs. 1 lit. a, Art. 7 Brüssel IIb-VO begründet.

Findet die Brüssel IIb-VO keine Anwendung, richtet sich die int. Zuständigkeit bei Vertragsstaaten des KSÜ vornehmlich nach **Art. 5 KSÜ**, da die Regelung der elterlichen Sorge eine Schutzmaßnahme im Sinne des Übereinkommens darstellt. Hiernach ist ebenfalls der gewöhnliche Aufenthalt des Kindes maßgebend. Das MSA, welches durch das in Deutschland am 1.1.2011 in Kraft getretene KSÜ abgelöst worden ist, bleibt, auch wenn die Kollisionsregeln des KSÜ nach Art. 20 KSÜ unabhängig davon gelten, ob sie auf das Recht eines Vertragsstaats oder das eines Drittstaates verweisen, nach Art. 51 KSÜ noch in Bezug auf Vertragsstaaten anwendbar, die das KSÜ nicht ratifiziert haben. Das ist mittlerweile nur noch China (Macau).

c) Ob sich das anzuwendende Recht für die Sorgerechtsregelung im Anwendungsbereich der Brüssel IIb-VO nach Art. 21 EGBGB oder **Art. 15 KSÜ** richtet, ist streitig. Da die Gerichte in diesem Fall nicht nach KSÜ international zuständig sind, wird teilweise die Auffassung vertreten, dass das maßgebliche materielle Recht sich nach Art. 21 EGBGB bestimmt, da **Art. 15 KSÜ** die Begründung der int. Zuständigkeit nach dem KSÜ voraussetze. Die hM räumt allerdings Art. 15 KSÜ auch in diesem Fall den Vorrang ein, da die Bestimmung andernfalls leerliefe (zum Meinungsstand vgl. Grüneberg/Thorn EGBGB Anh. zu Art. 24 Rn. 21). Hiernach gelangt, da dt. Gerichte int. zuständig sind, ebenso wie nach Art. 21 EGBGB, der auf den gewöhnlichen Aufenthalt der Kinder abstellt, vorliegend dt. Sachrecht zur Anwendung. Liegt ein Fall vor, der weder in den Anwendungsbereich der Brüssel IIb-VO fällt noch in den des KSÜ – beispielsweise die Fälle, in denen die dt. int. Zuständigkeit sich auf § 99 Abs. 1 FamFG gründet und das Kind seinen gewöhnlichen Aufenthalt in einem nicht dem KSÜ angehörenden Staat hat – ist bei der Frage des anzuwendenden materiellen Rechts auf Art. 21 EGBGB abzustellen.

Verstößt das anwendbare Recht aus dt. Sicht gegen den ordre public, Art. 6 EGBGB, ist dt. Recht heranzuziehen. Eine ausl. Sorgerechtsentscheidung (hier: Ägypten) ist ordre-public-widrig, wenn die Ausübung des Sorgerechts durch einen Beteiligten mit seiner weiteren Zugehörigkeit zu einer (hier: Islam) Religion verbunden wird, OLG Koblenz – 11 UF 771/03. Ob umgekehrt deutsche Anordnungen im Ausland anerkannt werden, entscheidet der Heimat- oder Aufenthaltsstaat des Kindes nach seinen eigenen Regeln oder staatsvertraglichen Verpflichtungen.

d) Sorgebefugnisse bestehen nach marokkanischem Recht für Jungen und Mädchen bis zum Eintritt der gesetzlichen Volljährigkeit, Art. 166 FamGB, damit bis zur Vollendung des 18. Lebensjahres. Bei der Scheidung ist eine Sorgerechtsregelung zu treffen. In erster Linie stehen Rechtsbefugnisse der Mutter zu, sodann dem Vater und danach der Großmutter mütterlicherseits, wobei eine Regelung durch das Gericht auch für andere, geeignete Verwandte erfolgen kann, Art. 171 FamGB. So ist nicht von vornherein ein Verstoß gegen den deutschen ordre public gegeben, Art. 6 EGBGB. Nach Vollendung des 15. Lebensjahres können Jungen und Mädchen selbst entscheiden, ob sie beim Vater oder bei der Mutter leben wollen, während Art. 102 CSPS (altes Recht) dieses Wahlrecht Jungen mit der Vollendung des 12., Mädchen mit der Vollendung des 15. Lebensjahres einräumen wollte, dazu Wohlgemuth FamRZ 2005, 1949 (1959). Mit Wiederheirat verliert die Mutter das Recht der elterlichen Sorge für aus der Ehe hervorgegangene Kinder, Art. 173 Nr. 4 FamGB, aber Art. 174 und 175 FamGB formulieren Ausnahmen, wenn die Mutter das Sorgerecht über das Kind ausübt, ihr neuer Ehemann Verwandter eines eheausschließenden Verwandtschaftsgrades oder gesetzlicher Vormund des Kindes ist, die Trennung eines noch nicht sieben Jahre alten Kindes von der Mutter dieses besonders benachteiligen würde oder Krankheit oder Gebrechen des Kindes die weitere Pflege durch die Mutter erfordern, weitere Einzelheiten bei Wohlgemuth FamRZ 2005, 1949 (1959). Rechtsverluste treten auch nicht mehr mit einem Umzug in eine andere Stadt ein, wenn der Sorgeberechtigte oder gesetzliche Vormund seinen Wohnsitz innerhalb Marokkos verlegt, aber das Gericht kann aus besonderen Gründen eine anderweitige Regelung treffen, der wiederum unter dem Blickwinkel des Art. 6 EGBGB mit besondere Skepsis begegnet werden sollte.

11. Für den Fall, dass der Antragsgegner seinen gewöhnlichen Aufenthalt im Inland hat, allerdings zu befürchten ist, dass er in sein Heimatland umzieht und die Antragstellerin dann mit Nachteilen rechnen muss, kann nach § 15 Nr. 3 lit. b FamGKG beantragt werden, die Zustellung der Antragschrift ohne weitere Verzögerungen auch ohne Zahlung des sonst üblichen Kostenvorschusses zu bewirken, dazu Finger FuR 1990, 310 und Gruber FamRZ 1999, 1563. Tritt im Ausland Rechtshängigkeit ein, die zu beachten ist, etwa mit Registrierung bei Gericht, zB Art. 178 türk. ZPO und OLG Frankfurt a. M. FamRZ 2000, 35, entsteht so jedenfalls ein Verfahrenshindernis, das den weiteren Betrieb im Inland ausschließt, denn Registrierung bei Gericht (etwa) kann vor der Rechtshängigkeit nach inländischem Verfahrensrecht geschehen, so dass Rechtsnachteile für die Antragstellerin in Deutschland offensichtlich sind. Zur Rechtshängigkeit nach den Bestimmungen der Brüssel IIb-VO im Verhältnis zu Drittstaaten → Anm. 4 b).

12. a) Auf der Ebene der EU erfasst die VO (EG) Nr. 4/2009 des Rates vom 18.12.2008 über die Zuständigkeit, das anwendbare Recht, die Anerkennung und Vollstreckung von Entscheidungen und die Zusammenarbeit in Unterhaltssachen (**EuUnthVO**), die auf nach dem 18.6.2011 eingeleitete Verfahren anwendbar ist, die internationale Zuständigkeit für Unterhaltsklagen, die Anerkennung und Vollstreckung von Unterhaltstiteln sowie die internationale Zusammenarbeit in Unterhaltssachen. Für in der Zeit vom 1.3.2002 bis zum 18.6.2011 eingeleitete Verfahren ist im Verhältnis zu anderen Mitgliedstaaten primär die VO (EG) Nr. 44/2001 des Rates vom 22.12.2000 über die Anerkennung und Vollstreckung von Entscheidungen in Zivil- und Handelssachen (**Brüssel I-VO**) zu beachten. Soweit die Brüssel I-VO und die EuUnthVO keine Anwendung finden, ist für die Bestimmung der int. Zuständigkeit in Unterhaltssachen das Europäische Übereinkommen über die gerichtliche Zuständigkeit und die Vollstreckung gerichtlicher Entscheidungen in Zivil- und Handelssachen vom 27.9.1968 („**EuGVÜ**" oder „**Brüssel I-Übereinkommen**") zu beachten. Im Verhältnis zur Schweiz, Island und Norwegen findet das weitgehend gleichlautende **Luganer Abkommen**, neu gefasst mit Wirkung ab dem Jahr 2007, Anwendung. Soweit ein Unterhaltsverfahren außerhalb des Anwendungsbereichs der EuUnthVO, der Brüssel I-VO, des EuGVÜ oder des Luganer Übereinkommens geführt wird, folgt die internationale Zuständigkeit dt. Gerichte aus § 98 Abs. 2 FamFG, soweit es sich um ein Verbundverfahren mit dem Ehescheidungsverfahren handelt, oder aus § 105 FamFG bei isolierten Verfahren. Lediglich im Anwendungsbereich der EuUnthVO sind Gerichtsstandsvereinbarungen möglich, Art. 4 EuUnthVO.

Bei der Geltendmachung von Unterhaltsansprüchen im Ausland sind neben dem **Auslandsunterhaltsgesetz** (AUG) in der Neufassung vom 23.5.2011, die am 18.6.2011 in Kraft getreten ist (vgl. dazu Heger/Selg FamRZ 2011, 1101; Andrae NJW 2011, 2545), vor allem die EuUnthVO und das UNÜbk über die Geltendmachung von Unterhaltsansprüchen im Ausland vom 20.6.1956 zu beachten, welche dem Bundesamt für Justiz als Zentraler Behörde verschiedene Aufgaben zuweisen. Nähere Informationen und Formulare sowie die maßgebenden Regelungen finden sich auf der Homepage des Bundesamtes für Justiz (http://www.bundesjustizamt.de).

Die EuUnthVO enthält keine eigenen Kollisionsnormen, sondern verweist für die Mitgliedstaaten, die durch das am 23.11.2007 abgeschlossene **Haager Unterhaltsprotokoll** von 2007 (HUnthProt) gebunden sind, auf dieses Protokoll (Art. 15 EuUnthVO).

Seit dem 18.6.2011 bestimmt das HUnthProt das anwendbare Recht in den Mitgliedsstaaten der EU mit Ausnahme Dänemarks (und des Vereinigten Königreichs). Mit Wirkung zum 18.6.2011 ist der vormalige Art. 18 EGBGB gestrichen worden. Wegen des Vorrangs des HUnthProt und des HUÜ 1973 gilt das Haager Übereinkommen von 1956 nur noch im Verhältnis zu China (Macau) und Liechtenstein fort, also dann, wenn über den Unterhaltsanspruch eines Kindes mit gewöhnlichem Aufenthalt in Macau oder Liechtenstein zu entscheiden ist (vgl. GrünebergThorn HUntProt 18 Rn. 2).

Unter den bilateralen völkerrechtlichen Verträgen hat für das Unterhaltsrecht nur noch das **dt.-iranische Niederlassungsübereinkommen** v. 17.2.1929 Bedeutung. Dieses beinhaltet in Art. 8 Abs. 3 eine dem innerstaatlichen Recht oder später abgeschlossenen völkerrechtlichen Vereinbarungen vorgehende Regelung des maßgeblichen Unterhaltsstatuts. Danach beurteilen sich sämtliche unterhaltsrechtlichen Ansprüche unter Iranern nach iranischem Recht, auch wenn diese ihren gewöhnlichen Aufenthalt in einem anderen Staat haben (→ Form. A.V.5 Anm. 7).

Die int. Zuständigkeit ist (im Anwendungsbereich der EuUnthVO) abschließend in der EuUnthVO geregelt (vgl. hierzu Erwgr. 15). Restzuständigkeiten nach inländischem Verfahrensrecht der Mitgliedsstaaten werden für das Hauptsacheverfahren nicht anerkannt, Motzer/Kugler/Grabow Migrationsfamilien Rn. 311. Eine Ausnahme gilt nach Art. 14 EuUnthVO für Verfahren des einstweiligen Rechtsschutzes.

International zuständig sind nach Art. 3 EuUnthVO die Gerichte des Staates, a) in dem der Antragsteller seinen gewöhnlichen Aufenthalt hat, oder b) in dem der Unterhaltsberechtigte seinen gewöhnlichen Aufenthalt hat, oder c) in dem eine Entscheidung über den Personenstand des Kindes oder d) über die elterliche Verantwortung zu treffen ist, wobei die Zuständigkeit für das Status- bzw. Sorge-/Umgangsrechtsverfahren in den beiden letztgenannten Fällen nicht ausschließlich auf der Staatsangehörigkeit beruhen darf. Ergibt sich hiernach kein Gerichtsstand in einem EU-Mitgliedsstaat, sieht Art. 6 EuUnthVO eine Auffangzuständigkeit in dem Mitgliedsstaat vor, dessen Staatsangehörigkeit beide Parteien haben. Überdies sehen Art. 4 und 5 der EuUnthVO die (eingeschränkte) Möglichkeit von Gerichtsstandsvereinbarungen und die Begründung der Zuständigkeit durch rügelose Einlassung vor.

Im konkreten Fall sind dt. Gerichte – unabhängig von der Ehesache – nach Art. 3 EuUnthVO int. zuständig, weil die Antragstellerin und beide Kinder ihren gewöhnlichen Aufenthalt im Inland haben.

b) Nach Art. 3 HUnthProt ist das am gewöhnlichen Aufenthalt des Unterhaltsberechtigten geltende materielle Recht (alle Verweisungen sind nach Art. 12 HUnthProt Sachnormverweisungen) anzuwenden, auch wenn es sich um das Recht eines Nichtvertragsstaates handelt, Art. 2 HUnthProt (universelle Anwendung). Wechselt der gewöhnliche Aufenthalt, ist das Recht des Staates, in welchem sich der neue gewöhnliche Aufenthalt befindet, anwendbar. Art. 4–6 HUnthProt enthalten weitere Anknüpfungspunkte für das Unterhaltsstatut. Nach Art. 5 HUnthProt findet Art. 3 HUnthProt auf Unterhaltspflichten zwischen (früheren) Ehegatten keine Anwendung, wenn sich einer der beiden Ehegatten dagegen wendet und das Recht eines anderen Staates eine engere Verbindung zu der Ehe aufweist, wie zB das Recht des Staates am letzten gemeinsamen gewöhnlichen Aufenthalt. Darüber hinaus besteht nach Maßgabe der Art. 7 und 8 HUnthProt auch die Möglichkeit einer Rechtswahl. Nach Art. 13 und 14 HUnthProt kann unter ordre public-Gesichtspunkten in Ausnahmefällen auch von der Anwendung des berufenen Sachrechts abgesehen werden. Vorliegend kommt nach Art. 3 HUnthProt dt. Unterhaltsrecht zur Anwendung; zum **Unterhalt mit Auslandsbezug** → Form. A.V.2 Anm. 8.

c) Ist – anders als im konkreten Fall – Heimatrecht anzuwenden, kann die verstoßene/geschiedene Ehefrau nach Art. 84 FamGB, dazu Wohlgemuth FamRZ 2005, 1949 (1958 f.), Unterhalt bis zum Ablauf der Wartezeit geltend machen. Im Übrigen kann sie, wenn sie eheliche Kinder betreut, für die Ausübung des Sorgerechts oder für den Fall, dass sie ein Kind stillt, eine von ihren sonstigen Ansprüchen unabhängige Vergütung verlangen, Art. 167, 201 FamGB, dazu Wohlgemuth FamRZ 2005, 1949 (1958 f.). Leistungspflichtig ist der Vater, wenn er sonst für das Kind aufkommen muss. Dabei soll der Anspruch der Frau den bisherigen Lebensstandard erhalten, so dass die allg. Unterhaltsregeln gelten, Art. 168 FamGB. Insoweit spielt der dt. ordre public-Vorbehalt im Verhältnis zu Marokko dann kaum noch eine Rolle, anders früher OLG Hamm FamRZ 1989, 1142. Unterhaltsforderungen der ehel. Kinder gegen den Vater, die Verpflegung, Kleidung, medizinische Versorgung und die notwendige Ausbildung umfassen, sind vom Bestand der Ehe bzw. ihrer Auflösung unabhängig und bleiben auch bei Wiederheirat der sorgeberechtigten Mutter erhalten, Art. 175 FamGB. Für eine Tochter muss der Vater einstehen, bis der Ehemann für sie sorgen muss; bei einem Sohn ist der Zeitpunkt maßgeblich, zu dem er seinen Lebensunterhalt selbst verdienen kann. Bei unberechtigter Zahlungseinstellung greifen die Bestimmungen über die familiäre Vernachlässigung ein, die auch strafbewehrt sind, vgl. Art. 202 FamGB und Art. 480 marokkanisches StGB, Wohlgemuth FamRZ 2005, 1949 (1958 f.). Haben dt. Gerichte über die Höhe der „Vergütung" zu entscheiden, sind unsere Vorstellungen zumindest Maßstab, wenn auch nicht in allen Einzelheiten prägend, also etwa für Obliegenheiten der Ehefrau, von einem bestimmten Lebensalter des Kindes an halbschichtig oder in vollem Umfang erwerbstätig zu sein, vgl. dazu § 1570 BGB; ihre Einkünfte sind dann in der bei uns üblichen Form anzurechnen.

Sieht das Heimatrecht eine „völlig unzureichende" Unterhaltsausstattung vor, können **Art. 6 EGBGB** bzw. **Art. 13 HUnthProt** Anwendung finden, so dass dt. Recht heranzuziehen ist, etwa bei

- einem Unterhaltsanspruch wegen der Kindesbetreuung kleiner Kinder durch einen Ehegatten, dazu OLG Zweibrücken NJWE-FER 1999, 228 mAnm Hohloch JuS 2000, 403, der nach ausländischem Recht keinen Anspruch hat,
- für Unterhaltsforderungen nur für eine kurze Übergangszeit (**iddat** nach islamischem Recht, in der Regel drei Menstruationsperioden, allerdings → Form. B.II.9 Anm. 4 und → Form. A.V.5 Anm. 12b), zu näheren Einzelheiten – Pakistan – → Form. B.II.9, während in der Wartezeit der geschiedenen Ehefrau ein Unterhaltsanspruch „nach den sozialen Gewohnheiten" zustehen mag, dazu Jones DRiZ 1996, 322 (325) und OLG Zweibrücken FamRZ 2001, 920 (921)). Allerdings ist zu berücksichtigen, dass Art. 6 EGBGB und insbesondere der ordre public-Vorbehalt des Art. 13 HUnthProt als Ausnahmevorschriften eng auszulegen sind und lediglich dazu dienen, besondere Härten zu vermeiden, dazu OLG Zweibrücken FamRZ 2000, 32 und OLG Zweibrücken FamRZ 2001, 920 (922) mN, vgl. im Übrigen OLG Zweibrücken FamRZ 1997, 1404 und OLG Düsseldorf FamRZ 1995, 885 (für Belgien), OLG Hamm FamRZ 1995, 881 (für die Türkei) und OLG Bremen IPRax 1998, 366 für Österreich. Sonst berufene Rechtsregeln können wir daher nicht stets durch dt. Vorschriften ersetzen, nur weil wir zu anderen Ergebnissen kämen. Im Übrigen sind andere finanzielle Regelungen des ausl. Rechts in die Gesamtabwägung einzubeziehen, zur **Morgengabe** → Form. L.VI.1, ausführlich BGH DEuFamR 1999, 133 mAnm Rauscher DEuFamR 1999, 194.

13. Die **Beschlussausfertigung** sollte stets in **vollständiger Form** mit Gründen erfolgen; nur so ist die Anerkennung im jeweiligen Heimatland der Beteiligten sichergestellt, vgl. dazu § 38 Abs. 4 und 5 FamFG.

14. Für die Rechtshilfe in Zivil- und Handelssachen gilt zwischen der Bundesrepublik Deutschland und dem Königreich Marokko im Übrigen der Vertrag v. 29.10.1985, BGBl. 1998 II 1055.

15. Seit dem 1.1.2005 hat sich in Marokko das Familien-/Scheidungsrecht grundlegend verändert, dazu schon Nelle StAZ 2004, 276 (Gesetzestext) und StAZ 2004, 253

(Bericht auch über die Rechtslage in den anderen Maghreb-Staaten), → Anm. 6. Vorgesehen ist nun auch die einverständliche Ehescheidung, vgl. zu weiteren Einzelheiten Wohlgemuth FamRZ 2005, 1949. Bei der Regelung der elterlichen Sorge ist die Mutter deutlich weniger benachteiligt als früher, dazu Wohlgemuth FamRZ 2005, 1949 (1959) mN. Mit dem gerichtlichen Urteil/Beschluss ist ausdrücklich eine Sorgerechtsregelung zu treffen; nach Vollendung des 15. Lebensjahres können Kinder selbst sagen, ob sie dem Vater oder der Mutter anvertraut werden wollen. Mit Zustimmung des gesetzlichen Vormundes, hilfsweise des Gerichts, können sie sich auch für einen anderen nahen Verwandten entscheiden, Art. 166 FamGB. Zwar verliert die Mutter weiterhin ihr Sorgerecht durch Wiederverheiratung, doch sehen Art. 174 und 175 FamGB inzwischen wenigstens Ausnahmen vor, dazu Wohlgemuth FamRZ 2005, 1949 (1959), zu diesen Einzelheiten schon → Anm. 10 d).

16. Die Zustellung des Scheidungsantrags an den in Marokko lebenden Antragsgegner ist nach dem Haager Übereinkommen vom 15.11.1965 über die Zustellung gerichtlicher und außergerichtlicher Schriftstücke im Ausland in Zivil- oder Handelssachen zu bewirken; Näheres → Form. Q.II Anm. 3.

2. Antrag auf Scheidung nach türkischem Recht

An das

Amtsgericht

– Familiengericht –[1, 2]

Scheidungsantrag
des Herrn . . . . . .

– Antragsteller –

Verfahrensbevollmächtigte: Rechtsanwältin . . . . . .

gegen

Frau . . . . . .

– Antragsgegnerin –

wegen: Ehescheidung
hier: Scheidung nach türkischem Recht

Namens und unter Berufung auf die mir schriftlich erteilte, beigefügte (§§ 11, 114 Abs. 5 FamFG) Verfahrensvollmacht des Antragstellers stelle ich hiermit Scheidungsantrag gegen die Antragsgegnerin und bitte um Anberaumung eines möglichst nahen Termins zur mündlichen Verhandlung, in dem ich beantragen werde:

1. **Die am . . . . . . 2018 vor dem Standesbeamten in . . . . . ./Türkei zu Nr. . . . . . . geschlossene Ehe der Beteiligten wird geschieden.**
2. **Die gemeinsame elterliche Sorge für die beiden minderjährigen Kinder Z., geb. am . . . . . ., und N., geb. am . . . . . ., wird aufrechterhalten. Die Kinder sollen jedoch ihren Lebensmittelpunkt bei der Antragsgegnerin haben.[3]**
3. **Die Kosten des Verfahrens werden gegeneinander aufgehoben. Gerichtskostenvorschuss ist eingezahlt.**

Begründung:

1. Die Beteiligten sind beide türkische Staatsangehörige; sie leben im Inland, so dass dt. Gerichte zuständig sind, Art. 3 lit. a Ziff. i Brüssel IIb-VO, deren Regeln auch für Angehörige von Drittstaaten gelten (universelle Anwendung), soweit sie nur die sonstigen Anwendungsvoraussetzungen erfüllen.
   Die örtliche Zuständigkeit des angerufenen Gerichts folgt aus § 122 Nr. 1 FamFG.
2. Die Beteiligten haben am . . . . . . vor dem zuständigen Notar in Deutschland eine Art. 5–7 der Rom III-VO genügende Rechtswahlvereinbarung getroffen, wonach türkisches Scheidungsrecht Anwendung finden soll.

   Beweis: Vorlage der Rechtswahlvereinbarung, in begl. Kopie beigefügt

   Deshalb ist auf die Ehescheidung türk. Recht anzuwenden. Dabei geht der Antragsteller davon aus, dass die Antragsgegnerin im weiteren Verlauf ihre bisher noch fehlende Zustimmung zur beantragten Ehescheidung erklären wird. Aber auch ohne sie möchte er geschieden werden.

3. Die Beteiligten haben am . . . . . . vor dem Standesbeamten[4] in . . . . . ./Türkei geheiratet.

   Beweis: Vorlage der Heiratsurkunde nebst begl. dt. Übersetzung, in der Anlage beigefügt

   Aus der Ehe sind die beiden Kinder Z., geb. am . . . . . . in Frankfurt, und N., geb. am . . . . . . ebenfalls in Frankfurt, hervorgegangen.

   Beweis: Vorlage der Abstammungsurkunden, in begl. Kopie beigefügt

   Beide Kinder leben seit der Trennung am . . . . . . bei der Antragsgegnerin; zu diesem Zeitpunkt ist der Antragsteller aus der Ehewohnung ausgezogen. Der Antragsteller ist damit einverstanden, dass der Lebensmittelpunkt von Z. und N. wie bisher bei der Antragsgegnerin liegt.
   Der Antragsteller ist berufstätig und arbeitet in . . . . . . Sein mtl. Nettoeinkommen beläuft sich auf etwa . . . . . . EUR. Die tatsächliche Versorgung der Kinder leistet die Antragsgegnerin. Das soll auch so bleiben. Allerdings möchte der Antragsteller auch nach Rechtskraft der Scheidung mit ihr gemeinsam die elterliche Sorge für Z. und N. ausüben.
   Der Antragsteller zahlt Unterhalt nach der DT gegenwärtiger Stand; eine Jugendamtsurkunde ist errichtet.

4. Der Antragsteller ist in Deutschland geboren. Er hat immer hier gelebt und – nun seit 22 Jahren – gearbeitet; er ist 46 Jahre alt. Die Antragsgegnerin ist 26 Jahre alt. Sie ist in der Türkei aufgewachsen und erst vor acht[5] Jahren nach Deutschland gekommen, hat aber hier keinerlei Anschluss gefunden. Sie lebt in traditionellen türkischen Lebensvorstellungen, während der Antragsteller für sich diese Verbindungen weitgehend gelöst hat. Immer noch spricht die Antragsgegnerin kaum ein Wort Deutsch. Im Übrigen hält sie sich jedes Jahr mindestens drei Monate bei ihrer Familie in der Türkei auf. So ist auch die Ehe der Beteiligten durch Vermittlung der Familien auf beiden Seiten zustande gekommen; diese kennen sich gut (und lange), da sie viele Jahre in (guter) Nachbarschaft gelebt haben. Der Antragsteller wollte eine türkische Frau aus der Heimat heiraten.
5. Der Antragsteller ist am . . . . . .[6] aus der gemeinsamen Ehewohnung ausgezogen; er lebt inzwischen mit einer anderen Partnerin zusammen, die ein sehr gutes Verhältnis zu beiden Kindern aufgebaut hat und sich häufig um sie kümmert. Die Kinder besuchen ihn gern.

6. Der Antragsteller stützt seinen Scheidungsantrag auf Art. 166 Abs. 1 türk. ZGB. Die eheliche Gemeinschaft ist in ihrem Fundament so zerrüttet, dass den Ehegatten die Fortsetzung des gemeinsamen Lebens nicht zugemutet werden kann. Erst nach der Eheschließung bemerkte der Antragsteller, dass die Antragsgegnerin über praktisch keine Schulbildung verfügt. Beide Ehegatten kannten sich zuvor kaum.

   Beweis: Beteiligtenvernehmung

   Nach der Übersiedlung nach Deutschland hat die Antragsgegnerin keine ernsthaften Anstrengungen unternommen, sich zurechtzufinden oder wenigstens die dt. Sprache zu lernen.

   Beweis: Beteiligtenvernehmung

   Sie verbringt praktisch den ganzen Tag zu Hause und schaut türkisches Fernsehen.

   Beweis: Beteiligtenvernehmung

   Den Haushalt hält sie allerdings in Ordnung; sie kümmert sich auch liebevoll um die Kinder. Der Antragsteller hat ihr zunächst in ausreichendem Maße Hilfe angeboten und sie auch geleistet. Da sie sich aber im Wesentlichen ablehnend verhalten hat, ist er nach einiger Zeit wieder eigene Wege gegangen.[7]

   Beweis: Beteiligtenvernehmung

   Inzwischen ist der Antragsteller nicht (mehr) bereit, die eheliche Lebensgemeinschaft mit der Antragsgegnerin fortzusetzen bzw. wieder aufzunehmen.

   Beweis: Beteiligtenvernehmung

   Sollte die Antragsgegnerin dem Scheidungsantrag zustimmen, könnte die Ehe in beiderseitigem Einverständnis geschieden werden. Sonst beruft sich der Antragsteller auf die Zerrüttung der ehelichen Gemeinschaft.
7. Sonstige Familiensachen, an denen beide Eheleute beteiligt sind, sind nicht anhängig.
8. Für den Unterhalt[8] der Antragsgegnerin nach der Ehescheidung hat der Antragsteller eine notarielle Verpflichtungserklärung abgegeben, die ich beifüge; sollte die Antragsgegnerin wieder in die Türkei gehen, sind geringere Zahlungen vorgesehen als für einen weiteren Aufenthalt in Deutschland (wird ausgeführt).
   Der Kindesunterhalt für beide Kinder ist durch Jugendamtsurkunde tituliert.
9. Der Antragsteller möchte mit der Antragsgegnerin gemeinsam die elterliche Sorge für die beiden Kinder ausüben, § 1671 BGB.[9, 10] Zwar sollen Z. und N. auch in Zukunft von ihr versorgt werden und zumindest bis auf Weiteres ihren Lebensmittelpunkt bei ihr haben. Ob das so bleiben kann, wenn sie älter werden und insbesondere in ihrer schulischen Entwicklung gefördert werden müssen, wird sich finden. Der Antragsteller möchte jedenfalls (auch) verhindern, dass die Antragsgegnerin bei einer anderen Sorgerechtsentscheidung zu ihren Gunsten ohne seine Mitwirkung mit den Kindern in die Türkei zurückkehren kann.[11]
10. Beschlussausfertigung erbitte ich in vollständiger Form mit Gründen.[12, 13, 14, 15, 16]

Rechtsanwältin

Anmerkungen

1. a) Zur **int. Zuständigkeit** der angerufenen dt. Gerichte vgl. die gegenüber § 98 FamFG vorrangigen Bestimmungen der **VO (EU) 2019/1111 (Brüssel IIb-VO)**, (bis 31.7.2022: VO (EG) Nr. 2201/2003 (Brüssel IIa-VO) hier Art. 3 lit. a, die autonomes, nationales Recht weitgehend verdrängen und auch für Scheidungsverfahren für türk. Staatsangehörige gelten, die im (deutschen) Inland geführt werden bzw. werden sollen, falls die sonstigen Anwendungsvoraussetzungen erfüllt sind, → Form. A.V.1 Anm. 2.

b) Aufgrund der von den Eheleuten getroffenen Rechtswahl ist vorliegend türkisches Scheidungsrecht anwendbar. Ist ein „erstes" Scheidungsverfahren erfolglos geblieben, weil sich der Antragsgegner auf Art. 166 Abs. 2 türk. ZGB gestützt hat, kann nach drei Jahren erneut Scheidungsantrag gestellt werden, dem das Gericht dann ohne Weiteres stattzugeben hat, dazu OLG Braunschweig FamRZ 1997, 1409 (1410) und OLG Düsseldorf FamRBint 2009, 7 mAnm Finger, weitere Einzelheiten → Anm. 7 c) aE.

2. Für die **örtl. Zuständigkeit** des in Deutschland angerufenen Gerichts gelten unsere allg. verfahrensrechtlichen Regeln, lex fori, also insbesondere § 122 FamFG.

3. Zum Versorgungsausgleich → Form. A.V.1 Anm. 9 und Art. 17 Abs. 4 EGBGB. Hier kommt eine Durchführung nach dt. Recht gemäß Art. 17 Abs. 4 S. 2 EGBGB auf Antrag in Betracht, zu Einzelheiten Bergner FamFR 2011, 3 und → Form. I.V.

4. Auch in der Türkei ist die **Zivilehe** obligatorisch, zu Imam-Ehen und türk. **Amnestiegesetzen** für zunächst formungültig eingegangene Ehen – und ihrer Bedeutung für uns bzw. der üblichen Registrierung dort – → Form. A.V.1 Anm. 5; Hohloch JuS 1998, 271 mN und OLG Zweibrücken NJW-RR 1997, 1227. Art. 125 türk. ZGB verlangt **„Urteils-"** und **Geschäftsfähigkeit** der Brautleute bei der Heirat. Darüber hinaus ist die **Ehefähigkeit** der Brautleute erforderlich. Diese ist gegeben, wenn sie mindestens **17 Jahre** alt sind, Art. 124 Abs. 1 türk. ZGB. Sind die Beteiligten noch minderjährig oder entmündigt, ist die Zustimmung der gesetzlichen Vertreter erforderlich, Art. 126, 127 türk. ZGB, die bei ungerechtfertigter Verweigerung auch gerichtlich erzwungen werden kann, Art. 128 türk. ZGB. Mit richterlicher Zustimmung ist die Eheschließung auch schon ab Vollendung des 16. Lebensjahres möglich, Art. 124 Abs. 2 türk. ZGB. Nach Art. 132 Abs. 1 türk. ZGB muss die Frau 300 Tage nach der Ehescheidung warten, bis sie wieder heiraten kann (**Wartefrist**). Ist sie allerdings offensichtlich nicht schwanger oder will sie die Ehe mit dem früheren Ehemann (erneut) eingehen, kann das Gericht die Wartezeit verkürzen, Art. 132 Abs. 3 türk. ZGB.

5. Zur **ausländerrechtl. Situation** in Deutschland von Elternteilen, deren Kinder (auch) dt. Staatsangehörige sind oder denen zumindest Umgangsbefugnisse zustehen, vgl. BVerfG FamRZ 1999, 1577; 2006, 950, zu weiteren Einzelheiten → Form. A.V.3 Anm. 4.

6. Das **türk. Scheidungsrecht** kennt keine eigenen **Trennungszeiten** oder -fristen, die die Eheleute einhalten müssen. Bei einverständlicher Scheidung müssen die Parteien nur seit mindestens einem Jahr verheiratet sein, vgl. zu Einzelheiten Art. 166 Abs. 3 türk. ZGB; zum Unterhalt nach türk. Recht Savaş FPR 2013, 101; zur Ehescheidung ausl. Staatsangehöriger vor türk. Gerichten vgl. Rumpf IPRax 2001, 158, zu den Veränderungen des türk. ZGB seit 1.1.2002 vgl. Odendahl FamRZ 2002, 224, und Zeytin NZFam 2016, 450, weitere Einzelheiten bei Rumpf, Einführung in das türkische Recht, 2. Aufl. 2016, § 12; Savaş, Türk. Familienrecht in der anwaltlichen Praxis, dort ua § 2 Rn. 1 ff.; Turan-Schnieders/Finger FamRB 2002, 187 f.; Odendahl FamRZ 2003, 648; ausf. Oguz FamRZ 2005, 766, zu Art. 164 türk. ZGB → Anm. 7, 8. Sämtliche tatsächlichen Voraussetzungen für die Scheidung müssen dem Richter zu seiner Überzeugung vorgetragen sein, so dass auch in Deutschland die notwendigen Feststellungen zu treffen sind, vgl. dazu Art. 184 türk. ZGB. Ansonsten ist die Anerkennung der dt. Entscheidung in der Türkei nicht sichergestellt. Seit 2002 ist auch das eheliche Güterrecht verändert; gesetzlicher Güterstand ist nicht mehr wie zuvor die **Gütertrennung,** sondern nach Schweizer Vorbild die **Errungenschaftsbeteiligung,** zu Einzelheiten Savaş, Türk. Familienrecht in der anwaltlichen Praxis, § 5, Turan-Schnieders/Finger FamRB 2003, 22 und 52;

zur „Genehmigungspflichtigkeit“ eines Ehevertrages nach türk. Recht bei einverständlicher Ehescheidung OLG Düsseldorf FamRZ 2003, 1287 (zulässige Rechtswahl „für“ dt. Güterrecht – türk. Recht hätte die Gütertrennung ohnehin als gesetzlichen Güterstand festlegt); OLG Hamm FamRZ 2006, 1383. Für die **elterliche Sorge** ist eine ausdrückliche gerichtl. Anordnung zu treffen, aber wohl nicht für den Fortbestand der gemeinsamen elterlichen Sorge, denn sie ist in der Türkei unbekannt; fehlt eine solche Regelung, kann der Scheidungsbeschluss in der Türkei ggf. nicht anerkannt werden, vgl. noch Krüger IPRax 2004, 550 nach türk. Kassationshof E.2818/K.3889, zu weiteren Einzelheiten → Anm. 9, 10; vgl. auch Finger FamRBint 2008, 9 (15) und AG Izmir Urteilsnummer 2006, 394. Allerdings wird mittlerweile auch in der Türkei die Möglichkeit diskutiert, die gemeinsame elterliche Sorge nach der Scheidung beizubehalten, vgl. zum Meinungsstand ausf. Ince FamRZ 2018, 1567. Der 2. Zivilsenat des türk. Kassationshofes hat mit Urteil vom 20.2.2017 erstmals eine Entscheidung aufgehoben, mit der die Anerkennung einer ausl. Entscheidung zum gemeinsamen Sorgerecht (hier: England) abgelehnt worden war; das gemeinsame Sorgerecht widerspreche nicht dem türk. ordre public, E. 2016/15771, K. 2017/1737, Leitsatz in FamRZ 2017, 1063. Am 4.12.2017 hat der 2. Senat des türk. Kassationshofs eine weitere Entscheidung aufgehoben, mit der die Anerkennung einer ausl. Scheidungsfolgenentscheidung zum gemeinsamen Sorgerecht (hier: Schweden) wegen Verstoßes gegen den türk. ordre public abgelehnt worden war, E. 2016/18674, K. 2017/13800. Die Anerkennung einer dt. Entscheidung auch zur gemeinsamen elterlichen Sorge in der Türkei erscheint nunmehr also möglich. Jedenfalls kommt eine Anerkennung „zum Teil“ in Betracht, so dass die Sorgerechtsfrage in der Türkei neu entschieden werden kann. In Deutschland steht dann – wenn deutsche Gerichte zuständig sind – das Abänderungsverfahren nach **§ 1696 BGB** bereit.

7. a) Treffen die Beteiligten eine wirksame Rechtswahl gem. den Art. 5–7 der Rom III-VO, Art. 46e EGBGB, findet auf die Ehescheidung das vereinbarte Recht unter Ausschluss der Rechtsnormen des Internationalen Privatrechts Anwendung, Art. 11 Rom III-VO; Näheres zur Rechtswahl und zur Rom III-VO → Form. A.V.1 Anm. 4 sowie bei Kemper FamRBint 2012, 63 ff. und Dimmler/Bißmaier FamRBint 2012, 66 ff. Nach dem Erwägungsgrund 18 der VO (EU) Nr. 1259/2010 „sollten die Richter der teilnehmenden Mitgliedsstaaten wissen, dass es darauf ankommt, dass die Ehegatten ihre Rechtswahl in voller Kenntnis der Rechtsfolgen treffen“. Entsprechendes ist auch dem Erwägungsgrund 19 zu entnehmen. Hieraus dürfte eine Prüfungspflicht der Gerichte abzuleiten sein, ob die entsprechenden Voraussetzungen gewahrt sind und im Vorfeld ggf. eine ausreichende Beratung erfolgt ist. Eine Rechtswahl kann sich vor allem in den Fällen empfehlen, in denen im Heimatstaat der Beteiligten Probleme bei der Anerkennung einer nach dt. Recht auszusprechenden Scheidung entstehen können. Da es sich bei der Verordnung um eine **loi uniforme** handelt, die auch auf Staatsangehörige anderer Staaten als den teilnehmenden Mitgliedsstaaten anzuwenden ist (Art. 4), gilt nicht nur in den teilnehmenden Mitgliedsstaaten ein einheitliches Kollisionsrecht für das Scheidungsstatut, durch welches ein **renvoi** ausgeschlossen ist, sondern auch in Bezug auf andere Staaten ist zu berücksichtigen, dass es sich bei den Verweisungen nicht um Gesamt-, sondern um Sachnormverweisungen handelt (Art. 11). Auch hier sind deshalb Rück- und Weiterverweisungen ausgeschlossen. Zum renvoi kann es deshalb nur kommen, wenn ein Verfahren in einem Drittstaat anhängig gemacht wird, der in seinem Kollisionsrecht einen anderen Anknüpfungspunkt vorsieht als die VO (EU) Nr. 1259/2010. Die in Art. 14 Abs. 1 des türkischen IPR-Gesetzes (Gesetz Nr. 5718 über das internationale Privat- und Zivilverfahren (früher Gesetz Nr. 2675)) vorgesehene Rückverweisung, die das dt. Recht annimmt, erlangt für die Ehescheidung an sich daher keine Bedeutung mehr. Hiervon ausgehend kommt im vorliegenden Fall türkisches Scheidungsrecht zur Anwendung.

Fehlte es an einer (wirksamen) Rechtswahl, wäre die Ehe gemäß Art. 8 lit. a Rom III-VO nach dt. Recht als dem Recht des Aufenthaltsstaates zu scheiden.

b) Nach **Art. 166 türk. ZGB** kann die Ehe geschieden werden, wenn die eheliche Gemeinschaft „so grundlegend zerrüttet (ist), dass den Ehegatten die Fortsetzung der ehelichen Gemeinschaft nicht zugemutet werden kann". Dabei ist grundsätzlich ein, wenn auch nur geringes, Verschulden auf Seiten des Ehegatten, welcher Antragsgegner ist, Voraussetzung, OLG Stuttgart FamRBint 2012, 53, OLG Hamm FamRZ 1995, 934. Der die Scheidung begehrende Ehegatte muss ein (Mit-) Verschulden der Gegenseite darlegen und ggf. beweisen, OLG Stuttgart FamRBint 2012, 53; OLG Hamm FamRZ 2011, 220. Überwiegt das Verschulden des Antragstellers, hat der Antragsgegner ein Widerspruchsrecht nach Art. 166 Abs. 2 türk. ZGB. Ob es an der Antragsberechtigung des allein schuldigen Ehegatten mangelt, wenn der andere Ehegatte hiervon keinen Gebrauch macht, ist umstritten und wird von der herrschenden Lehrmeinung – anders als vom türk. Kassationshof – verneint, da der nicht widersprechende Ehegatte ebenfalls kein Interesse mehr an der Aufrechterhaltung der Ehe habe (vgl. dazu wie zu allem Vorstehenden Savaş, Türk. Familienrecht in der anwaltlichen Praxis, § 2 Rn. 40 und Rn. 30 ff. sowie Öztan FamRZ 2007, 1517 ff. und Yarayan NZFam 2014, 933). Stellt sich der Widerspruch – ausnahmsweise – als rechtsmissbräuchlich dar, kann die Ehe gleichwohl geschieden werden. Ein **Rechtsmissbrauch** liegt vor, wenn der Widerspruch keine Aussicht auf Wiederherstellung der Ehe verspricht und er in niemandes Interesse liegt, dem nicht schuldigen Ehegatten nicht mehr am Fortbestand der Ehe liegt oder auf Seiten des widersprechenden Ehegatten kein schutzwürdiges Interesse vorhanden ist bzw. dieser mit dem Widerspruch sachfremde Interessen verfolgt, Savaş, Türk. Familienrecht in der anwaltlichen Praxis, § 2 Rn. 44. Dies kann zB der Fall sein, wenn der Widerspruch nur erfolgt, um „wirtschaftliche Interessen" durchzusetzen, etwa die kostenfreie Krankenversicherung oder die Teilhabe an nach Zustellung des Scheidungsantrags erworbenen Anwartschaften, OLG Hamm NJW-RR 2004, 583. Stets ist Voraussetzung für eine Scheidung nach Art. 166 türk. ZGB die „Zerrüttung der ehelichen Gemeinschaft", wobei Einzelheiten auch schon im Verfahrenskostenhilfe-Prüfungsverfahren substantiiert vorgebracht werden müssen, Übersicht über die Scheidungsgründe nach türk. Recht Yarayan NZFam 2014, 933 und NZFam 2016, 1141. Bei der Abwägung kann die lange Trennung der Eheleute eine eigene Rolle spielen, einschränkend OLG Frankfurt a. M. FamRZ 2005, 1681 (auch sechsjährige Dauer ist nicht stets ausreichend, um den Widerspruch rechtsmissbräuchlich erscheinen zu lassen).

c) Nach der Praxis der OLGe in Deutschland muss der Antragsteller damit rechnen, dass sein Scheidungsantrag nach Art. 166 Abs. 2 türk. ZGB zurückgewiesen wird, vgl. dazu OLG Hamm FamRZ 1995, 934 (ähnlicher Sachverhalt); zur Rspr. des türk. Kassationshof vgl. Rumpf FamRZ 1993, 1208 (1209) und Öztan, Veröffentlichungen des Schweizer Instituts für Rechtsvergleichung, Bd. 17 (1990), S. 123 ff.; zu weiteren Einzelheiten aus der Rspr. dt. OLGe vgl. OLG Hamm NJW-RR 1996, 1284; KG FamRZ 2006, 1386; OLG Stuttgart FamRZ 2012, 1497. Art. 161 ff. türk. ZGB halten zwar Verschuldensgründe bereit (Ehebruch; Nachstellung nach dem Leben; Misshandlung; Ehrenkränkung), wobei die Klage nach sechs Monaten „verjährt", gerechnet von dem Tage an, zu dem der verletzte Ehegatte vom Scheidungsgrund Kenntnis erlangt, sonst in fünf Jahren nach der Ehebruchshandlung oder nach Eintritt des sonstigen Scheidungsgrundes. Doch liegen die Voraussetzungen dieser Bestimmungen nicht vor. Auch eine „Trennung" durch gerichtl. Ausspruch ist möglich, wobei die Trennung „für eine Dauer von ein bis drei Jahren" angeordnet werden kann, Art. 171 Abs. 1 türk. ZGB. Nach Ablauf der gesetzten Frist endet die Trennung automatisch. Haben die Ehegatten während dieser Zeit nicht die eheliche Gemeinschaft wiederhergestellt, kann jeder der Ehegatten die Scheidung verlangen, Art. 172 Abs. 1 türk. ZGB.

d) Wird der Antrag des Antragstellers abgewiesen, kann er später erneut gegen die Antragsgegnerin vorgehen (Frist: 3 Jahre); im (zweiten) Verfahren ist dann die Ehe zu scheiden, wenn zuvor (im ersten Verfahren) ein Scheidungsgrund nach türk. Recht vorgelegen hat, Art. 166 Abs. 4 türk. ZGB, zu Einzelheiten OLG Hamm FamRZ 1995, 934; OLG Frankfurt a. M. FamRZ 2005, 1681, türk. Kassationshof FamRZ 1998, 1117 und Rumpf FamRZ 1993, 1209. Verfahrenskostenhilfe ist selbst dann zu bewilligen, wenn zunächst (fast sicher) Zurückweisung zu erwarten ist, weil der andere Ehegatte widerspricht, dazu OLG Braunschweig FamRZ 1997, 1409 (1410) und OLG Düsseldorf FamRBint 2009, 7 mAnm Finger. Denn diese Entscheidung ist notwendige Voraussetzung für die spätere Ehescheidung nach Art. 166 Abs. 4 türk. ZGB. Dabei kann das Scheidungsverfahren auch zunächst in der Türkei geführt worden sein, wobei so noch keine Festlegung für das spätere Verfahren in Deutschland erfolgt ist. Hat der Ehemann zunächst Scheidungsantrag gestellt, gegen den sich seine Frau erfolgreich auf ihr Widerrufsrecht berufen hat, haben sich die Beteiligten aber anschließend versöhnt und betreibt er dann erneut das Scheidungsverfahren, kann sich die Frau erneut – wegen der Versöhnung – widersetzen und auf ihr Widerspruchsrecht berufen, so dass

- dieser Antrag zurückzuweisen ist und
- erst ein weiteres Verfahren nach Art. 166 Abs. 4 türk. ZGB eingeleitet und abgeschlossen werden muss.

e) Ist die Antragsgegnerin mit der Ehescheidung einverstanden, kann die Ehe ohne weitere Einschränkungen und ohne Trennungszeit geschieden werden, denn die Beteiligten sind länger als ein Jahr verheiratet, Art. 166 Abs. 3 türk. ZGB, zu Einzelheiten Odendahl FamRZ 2000, 462; Yarayan NZFam 2016, 1141.

f) Nach **Art. 164 türk. ZGB** kann ein Ehegatte Scheidungsantrag stellen, wenn der andere Ehegatte ihn mit dem Ziel verlassen hat, die aus der ehelichen Gemeinschaft entstehenden Pflichten nicht zu erfüllen oder ohne wichtigen Grund nicht in die gemeinsame Wohnung zurückkehrt. Voraussetzung ist allerdings, dass eine auf Antrag durch das Gericht oder den Notar erlassene Aufforderung zur Rückkehr ohne Erfolg geblieben ist, wobei die Trennung nach der Entscheidung wenigstens sechs Monate gedauert haben muss. Solche Verfahren können auch in Deutschland geführt werden. Auch im Inland sollte das Gericht wie in der Türkei sämtliche sachlichen Voraussetzungen des Scheidungsverfahrens überprüfen und zu seiner Überzeugung feststellen, weil sonst die Anerkennung des Beschlusses in der Türkei gefährdet ist. Ist ein Trennungsverfahren vorausgegangen und ist die dort ergangene Entscheidung rechtskräftig geworden, ohne dass entsprechende Einzelheiten geklärt sind, sind sie im Scheidungsverfahren nachzuholen, dazu OLG Stuttgart FamRZ 2005, 1679. Der Antragsteller darf nicht lediglich seine Situation verbessern wollen, weil er ohne Einverständnis des Antragsgegners sonst die Ehescheidung nicht erreichen könnte, weil er

- andere Schuldgründe nicht finden kann und
- mit Anträgen nach Art. 166 Abs. 3 türk. ZGB (Zerrüttung) am voraussichtlichen Widerspruch des Antragsgegners scheitern müsste, dazu OLG Stuttgart FamRZ 2005, 1679; zur Unbeachtlichkeit des Widerspruchs allg. → Anm. 7 b).

8. a) Die int. Zuständigkeit dt. Gerichte folgt aus Art. 3 VO (EG) Nr. 4/2009 (**EuUnthVO**), Einzelheiten → Form. A.V.1 Anm. 12 a). Bei der Frage, welches Unterhaltsrecht Anwendung findet, ist zwischen dem Unterhalt für die Dauer des Getrenntlebens und dem Kindesunterhalt einerseits und dem nachehelichen Unterhalt andererseits zu unterscheiden. Für Erstere ist der gewöhnl. Aufenthalt maßgeblich. Seit dem 18.6.2011 ist die EuUnthVO in Anwendung. Diese verweist in Art. 15 für das anwendbare Recht auf das **Haager Unterhaltsprotokoll von 2007** (HUnthProt), → Form. A.V.1 Anm. 12, welches weitgehend vom **Aufenthaltsprinzip** bestimmt ist und nach Art. 2 als **„loi uniforme“** auch auf Fälle mit Drittstaatsbezug Anwendung findet. Allerdings tritt das

HUnthProt nach Art. 18 HUnthProt nur für seine Vertragsstaaten an die Stelle des **Haager Unterhaltsübereinkommens von 1973** (HUntÜ 1973). Damit gilt **im Verhältnis zur Türkei** weiterhin das HUntÜ 1973, welchem die Türkei beigetreten ist (zu allem Vorstehenden Özen FamRBint 2012, 11 ff. zugleich mit Nachweisen zu einer Auffassung, die schon vor Beitritt der Türkei zum HUnthProt vertritt, dass das HUnthProt das HUntÜ 1973 verdrängt; iErg wie hier auch Grüneberg/Thorn HUntProt Art. 18 Rn. 3 f.). Nach Art. 4 HUntÜ 1973 ist auf Unterhaltspflichten, die sich aus Beziehungen der Familie und Ehe ua ergeben, das am gewöhnlichen Aufenthalt des Unterhaltsberechtigten geltende innerstaatliche Unterhaltsrecht maßgebend. Kann der Berechtigte danach keinen Unterhalt erhalten, ist nach Art. 5 HUntÜ 1973 das Recht des Staates anzuwenden, dem der Berechtigte und der Verpflichtete gemeinsam angehören. Kann der Berechtigte auch hiernach keinen Unterhalt erlangen, ist das innerstaatliche Recht der angerufenen Behörde anzuwenden, Art. 6 HUntÜ 1973. Abweichend hiervon ist nach Art. 8 HUntÜ 1973 in einem Vertragsstaat, in dem eine Ehescheidung ausgesprochen oder anerkannt worden ist, für die Unterhaltspflichten zwischen den geschiedenen Ehegatten das auf die Ehescheidung angewandte Recht maßgebend. Art. 11 HUntÜ 1973 beinhaltet eine ordre public-Klausel und schreibt ausdrücklich vor, dass bei der Bemessung des Unterhaltsbetrags die Bedürfnisse des Berechtigten und die wirtschaftlichen Verhältnisse des Unterhaltsverpflichteten zu berücksichtigen sind, selbst wenn das anzuwendende Recht etwas anderes bestimmt.

b) Seit dem dt. Beitritt zum HUntÜ 1973 ist das dt. Kollisionsrecht im Bereich des Unterhaltsrechts von Sachnormverweisungen geprägt, wie sie Art. 4 ff. des HUntÜ 1973 beinhalten. Türk. IPR hat daher in der dt. Gerichtspraxis keine Bedeutung mehr. Art. 1 Abs. 2 des türk. Gesetzes Nr. 5718 vom 27.11.2007 über das internationale Privat- und Zivilverfahrensrecht (IPRG; abgedruckt in IPRax 2008, 283 ff.) räumt allerdings internationalen Regelungen wie denjenigen des HUntÜ 1973 den Vorrang vor den türk. Kollisionsnormen ein. Nach **Art. 8 HUntÜ 1973** – zu dessen Anwendbarkeit im Verhältnis zur Türkei, die bislang kein Vertragsstaat des HUnthProt ist, → Anm. 8 a), gilt daher auch in der Türkei in der Regel das **faktische Scheidungsstatut für den nachehelichen Unterhalt.** Daran ändert sich auch nichts dadurch, dass die Türkei seit dem 1.2.2017 Vertragsstaat des HUntÜbk 2007 ist. Denn dieses Übereinkommen dient der internationalen Geltendmachung von Unterhaltsansprüchen und vereinfacht damit die Anerkennung und Durchsetzung von Unterhaltstiteln in einem anderen Vertragsstaat, beinhaltet jedoch keine Regelungen betreffend das anwendbare Recht. Allerdings wird sich die türk. Praxis ohnehin am neuen türk. IPRG von 2007 orientieren, welches der Umsetzung der Haager Abkommen diente. Dementsprechend knüpft Art. 19 türk. IPRG im Wesentlichen an den gewöhnlichen Aufenthalt des Berechtigten an. Art. 14 Abs. 2 türk. IPRG legt allerdings für den nachehelichen Unterhalt das Recht zugrunde, welches nach Art. 14 Abs. 1 türk. IPRG vom türkischen Gericht auf die Scheidung anzuwenden ist. Danach wäre auf den Unterhalt geschiedener rein türkischer Paare immer türk. Recht anzuwenden, egal nach welchem Recht sie geschieden wurden. Falls in einem solchen Fall allerdings der Antragsgegner in der Türkei wohnt, wird der türk. Richter zu Recht und ohne Verstoß gegen das HUntÜ 1973 türk. Recht anwenden. Das ergibt sich aus dem von der Türkei gemäß Art. 24 erklärten Vorbehalt zu Art. 14 und 15 HUntÜ 1973. Türk. Recht gilt danach, wenn sowohl der Berechtigte als auch der Verpflichtete türk. Staatsangehörige sind und der Verpflichtete seinen gewöhnlichen Aufenthalt in der Türkei hat, dazu Henrich IPRax 1985, 333; zum türk. Unterhaltsrecht allg. Maciej FamRZ 1998, 937, Savaş FPR 2013, 101 und Elden NZFam 2014, 825.

c) Für die Zeit **nach der Scheidung** richtet sich der Unterhaltsanspruch nach Art. 175 türk. ZGB. Danach kann der bedürftige Ehegatte vom anderen auf unbegrenzte Dauer dessen Leistungsfähigkeit entsprechend Unterhalt verlangen; zur möglichen Befristung siehe Art. 176 türk. ZGB. Voraussetzung ist, dass er durch die Scheidung bedürftig wird und ihn kein überwiegendes Verschulden trifft. Bedürftig ist der Ehegatte, wenn er seinen Unterhalt für eine selbstständige Lebensführung mit eigenem Hausstand nicht durch seine eigene Erwerbstätigkeit oder eigenes Vermögen bestreiten kann, Hahlen, Türkisches Ehegatten- und Geschiedenenunterhaltsrecht, S. 84. Grundsätzlich haben die Ehegatten ihren Unterhalt selbst sicherzustellen. Erwerbsobliegenheiten sind zu prüfen, wobei hieran keine allzu hohen Anforderungen zu stellen sind. Hält sich der unterhaltsberechtigte Ehegatte in der Türkei auf, sind die eingeschränkten Erwerbsmöglichkeiten sowie das, regelmäßig in erheblich geringerer Höhe, erzielbare Einkommen zu beachten. Mangels anderweitiger Anhaltspunkte kann bei einer Schätzung oder fiktiven Anrechnung auf den gesetzlichen Mindestunterhalt in der Türkei zurückgegriffen werden, OLG Nürnberg FamRZ 2008, 1755. Der nacheheliche Unterhaltsanspruch ist auf eine angemessene Bedarfsdeckung gerichtet. Der Unterhalt muss den ehelichen Lebensverhältnissen nicht entsprechen, dazu OLG Stuttgart NJW-RR 2004, 582 (583) mN, geht jedoch über den Notunterhalt hinaus. Zu klären ist also vorrangig der tatsächliche Lebensbedarf. Dabei spielen die Kinderbetreuung, die Dauer der Ehe, das Alter sowie die Gesundheit der Ehegatten ebenso eine Rolle wie die Chancen auf dem Arbeitsmarkt und das Vermögen beider Teile, dazu OLG Stuttgart FamRZ 1993, 975 und Ansay/Krüger StAZ 1988, 254; OLG Stuttgart NJW-RR 2004, 582 (583). Andere scheidungsbedingte, wirtschaftliche Nachteile müssen dagegen nicht ausgeglichen werden. Der Unterhaltsanspruch beurteilt sich insgesamt jedenfalls nicht nach den Maßstäben, die für das dt. Recht zu beachten wären, OLG Stuttgart NJW-RR 2004, 582 (583). Lebt der Antragsteller in der Türkei, kürzen dt. Gerichte seine Ansprüche regelmäßig um ein Drittel, um so die günstigere Lebensführung dort zu berücksichtigen, OLG Hamm FamRZ 2006, 124. Umgekehrt bedarf auch die Prüfung der Leistungsfähigkeit des Unterhaltspflichtigen einer besonderen Prüfung, wenn dieser seinen Aufenthalt in der Türkei hat. Neben den regelmäßig schlechteren Einkommensverhältnissen sind auch hier die geringeren Lebenshaltungskosten zu beachten. Daher wird der Selbstbehalt des in der Türkei lebenden Unterhaltspflichtigen um ein Drittel gekürzt, OLG Hamm FamRZ 2006, 124. Zur Befristung von Unterhaltsansprüchen vgl. Art. 176 türk. ZGB. Nacheheliche Unterhaltsansprüche **verjähren** gemäß Art. 178 türk. ZGB innerhalb **eines Jahres** nach Rechtskraft der Scheidung. Der Zeitpunkt einer späteren Anerkennung der dt. Ehescheidung in der Türkei ist ohne Bedeutung. Aufgrund dessen ist es empfehlenswert, nachehelichen Unterhalt als Folgesache im Verbund geltend zu machen.

d) **Trennungsunterhalt** wird von türk. Gerichten gemäß Art. 197 Abs. 2 und Abs. 3 türk. ZGB festgesetzt. Die Höhe richtet sich nach den ehelichen Lebensverhältnissen sowie nach dem Bedarf des unterhaltsberechtigten Ehegatten. Die Bemessung des Unterhalts für einen in der Türkei lebenden Ehegatten kann dabei besondere Schwierigkeiten bereiten. Teilweise wird angenommen, dass sich der Bedarf nach dem Existenzminimum der DT richtet. So wurde im Fall einer in die Türkei zurückgekehrten Ehefrau beispielsweise die Hälfte des Existenzminimums nach der DT zugrunde gelegt, OLG Düsseldorf FamRZ 1995, 37. Teilweise wird auf die Erwerbsmöglichkeiten in der Türkei bzw. den dortigen gesetzlichen Mindestlohn zurückgegriffen, OLG Nürnberg FamRZ 2008, 1755. In diesen Fällen empfiehlt es sich, den Bedarf möglichst konkret unter Beschreibung des Lebensumfeldes und der tatsächlichen Lebenshaltungskosten darzulegen. Eine Klage in Deutschland, die sich allein an unseren **Halbteilungsgrundsätzen** orientiert, ist für unschlüssig gehalten worden, OLG Stuttgart FuR 2008, 220. Ist in der Türkei zuvor, etwa für andere Leistungszeiträume, bereits ein Urteil ergangen und der Schuldner zur Zahlung verpflichtet, können die dabei festgelegten Sätze zumindest als Anhaltspunkt dienen, wenn dt. Gerichte (später) zu entscheiden haben. Auch wenn die Beteiligten ihren gewöhnlichen Aufenthalt im Inland haben und dt. Recht zur Anwendung gelangt, kann das türk. Recht Bedeutung erlangen, so insbesondere bei der Frage der Erwerbsobliegenheit. Nach § 1361 Abs. 2 BGB besteht auf Seiten des Unterhaltsberechtigten während der

Trennung nur unter den dort genannten Voraussetzungen eine solche. Unter Heranziehung der Trennungsfrist des § 1566 Abs. 1 BGB kann von dem nicht erwerbstätigen Ehegatten grundsätzlich erst nach Ablauf des ersten Trennungsjahres die Aufnahme einer Erwerbstätigkeit verlangt werden, BGH FamRZ 1981, 439. Denn vor Ablauf des Trennungsjahres kann noch nicht von dem endgültigen Scheitern der Ehe ausgegangen werden. Das türk. Recht kennt aber keine Trennungsfristen. Daher kann bei Anwendung türk. Rechts eine Erwerbsobliegenheit auch vor Ablauf eines Jahres entstehen.

e) Unterhaltsansprüche der **Kinder**, die sich in Deutschland aufhalten, richten sich nach dt. Recht. Der Unterhalt ist mit Hilfe der DT unter Berücksichtigung der Leistungsfähigkeit des Unterhaltspflichtigen sowie des Bedarfs des Unterhaltsberechtigten zu bestimmen. Gelangt türk. Recht zur Anwendung, weil das Kind seinen gewöhnlichen Aufenthalt in der Türkei hat, richtet sich der Unterhaltsanspruch nach Art. 330 türk. ZGB. Hiernach sind der Bedarf des Kindes sowie die Lebensumstände der Eltern und deren Leistungsfähigkeit bestimmend. Unterhaltstabellen wie die DT kennt die Türkei nicht. Die dt. Rechtsprechung nimmt bei in der Türkei wohnhaften Kindern regelmäßig einen Abschlag von den Sätzen der DT vor, um ein Drittel OLG München FamRZ 2002, 55, Kürzung auf die Hälfte, OLG Brandenburg FamFR 2012, 551 oder sogar auf ein Drittel der Tabellenwerte, OLG Celle FamRZ 1991, 598. Letztlich empfiehlt es sich, den Bedarf des Kindes möglichst genau und vollständig vorzutragen, da zB die Aufwendungen für den Schulbesuch oder die Krankenversicherung im Ausland auch erheblich teurer sein können als im Inland. Schließlich ist zu berücksichtigen, dass das Kind an den besseren Lebensumständen des im Inland lebenden Unterhaltspflichtigen teilhaben soll, OLG München FamRZ 2002, 55, OLG Koblenz FamRZ 1998, 1532; 2002, 56 (57); OLG Nürnberg FamRZ 1997, 1355; BGH FamRZ 1987, 682.

f) Unterhaltsschulden sind **Geldwertschulden**, die nicht notwendig in einer bestimmten Währung erfüllt werden müssen. Der Berechtigte, der nicht in demselben Land wie der Verpflichtete lebt, kann den Unterhalt regelmäßig wahlweise in der an seinem Aufenthaltsort gültigen oder in der am Wohnsitz des Verpflichteten geltenden Währung geltend machen, BGH FamRZ 1992, 1060 (1063). Anderes kann gelten, wenn der Verpflichtete ein besonderes Interesse daran hat, den Unterhaltsanspruch durch Leistung in der am Aufenthaltsort des Berechtigten geltenden Währung zu erfüllen. Ist dies dem Berechtigten seinerseits unzumutbar, zB bei einer starken Inflation, die zu häufigen Titelanpassungen führen würde, hat das Gericht abzuwägen, BGH FamRZ 1992, 1060 (1063). Die Umrechnung eines auf ausländische Währung lautenden Titels in EUR erfolgt erst im Vollstreckungsverfahren anhand des jeweiligen Tageskurses.

g) Eine weitere Besonderheit, die bei grenzüberschreitenden Sachverhalten zu berücksichtigen ist, sind die **Kaufkraftunterschiede**. Denen kann und sollte zunächst durch eine konkrete Bedarfsermittlung des im Ausland lebenden Unterhaltsberechtigten Rechnung getragen werden, indem die von ihm benötigten Güter und Dienstleistungen am Aufenthaltsort konkret vorgetragen werden. Bedeutung erlangt diese Methode, wenn der Unterhaltsberechtigte an einem Ort lebt, wo die Preisverhältnisse deutlich über den deutschen liegen (dies ist für die Türkei nicht der Fall). Alternativ kommt die Bereinigung des Unterhaltsanspruchs anhand der vom Statistischen Bundesamt erhobenen und veröffentlichten, monatlich aktualisierten **Teuerungsziffern** in Betracht. Mit den Teuerungsziffern werden allerdings lediglich die Preisunterscheide zwischen einzelnen Städten und nicht diejenigen zwischen den verschiedenen Ländern ermittelt, so dass diese nur bedingt geeignet sind, vgl. Wendl/Dose UnterhaltsR/Dose § 9 Rn. 92. Überdies beziehen sich die Werte nicht auf den Durchschnitt privater Haushalte, sondern auf die Haushalte von entsandten Diplomaten. Sie beziehen sich somit überwiegend auf die Kaufkraft in ausländischen Großstädten, die mit dem Kaufkraftdurchschnitt des Landes oft nicht vergleichbar ist, OLG Stuttgart FamRZ 2014, 850. Ein anderes Hilfsmittel stellt die **Ländergruppeneinteilung** des Bundesfinanzministeriums dar. Sie regelt die Frage der steuerlichen Berücksichtigung von Unterhaltsleistungen an Berechtigte im Ausland nach §§ 32, 33a EStG. Gegen diese Berechnung bestehen allerdings ebenfalls Bedenken, weil sich die der Einteilung zugrunde liegenden steuerlichen Erwägungen und die unterhaltsrechtliche Bedarfsbemessung nicht decken und weil der Bedarf nicht ohne Berücksichtigung der konkreten Einzelumstände, auch des verschiedenen und wechselnden Ausmaßes der Inflation in dem betreffenden Staat, pauschal gekürzt werden kann. Die Ländergruppeneinteilung kann daher lediglich der Kontrolle eines auf der Grundlage der vom Statistischen Amt der Europäischen Union (Eurostat), der OECD oder der Weltbank ermittelten „vergleichenden Preisniveaus des Endverbrauchs der privaten Haushalte einschließlich indirekter Steuern“ dienen, ausführlich Wendl/Dose UnterhaltsR/Dose § 9 Rn. 37.

h) Eine Anrechnung von **Kindergeld** bei einem gewöhnlichen Aufenthalt des Kindes im Ausland kommt nur in entsprechender Anwendung von § 1612b BGB in Betracht. Ob und inwieweit eine solche gerechtfertigt ist, muss von der Zielrichtung dieser Leistung her entschieden werden. Wird in Deutschland Kindergeld gezahlt, liegt es nahe, § 1612b BGB – unabhängig vom Unterhaltsstatut – entsprechend heranzuziehen. Das aufgrund bilateraler Abkommen in Deutschland gezahlte Kindergeld liegt allerdings zum Teil beträchtlich niedriger als das Kindergeld für Kinder in Deutschland. In verschiedenen anderen Staaten hängt der dortige Kindergeldanspruch von der sozialen Bedürftigkeit des Kindes ab. Mit der Aufnahme regelmäßiger Unterhaltszahlungen durch den Pflichtigen endet dann die Kindergeldberechtigung, so dass eine Anrechnung von Kindergeld auf den Kindesunterhalt ausscheidet, Motzer/Kugler/Grabow Migrationsfamilien Rn. 306.

i) Unterhalt und materieller Schadenersatz können als einheitliche **„Summe“** oder als **„Rente“** zugesprochen werden, wenn dies erforderlich ist, Art. 176 türk. ZGB, eine Verrentung des immateriellen Schadensersatzes ist hingegen nicht vorgesehen, Art. 176 Abs. 2 türk. ZGB. Rentenzahlungen entfallen, wenn der Ehegatte, dem sie durch Urteil zugesprochen sind, erneut heiratet oder wenn einer der Ehegatten stirbt, Art. 176 Abs. 3 Hs. 1. Die Abänderung eines Unterhaltstitels ist nach Abs. 4 möglich. Einstweilige Maßnahmen nach Anhängigkeit von Scheidungs- oder Trennungsklage trifft das Gericht von Amts wegen für die Dauer des Verfahrens, Art. 169 türk. ZGB.

9. **a**) Da beide Ehegatten hier ausschließlich türkische Staatsangehörige sind, findet nach **Art. 15 Abs. 1 EGBGB aF** (zu den **Güterrechtsverordnungen** → Anm. 9 b)), welcher auf das allgemeine Ehestatut des Art. 14 Abs. 1 EGBGB aF verweist, in **güterrechtlicher Hinsicht** türkisches Recht Anwendung. Denn für Rechtswahlvereinbarungen und Ehen, die wie die vorliegende vor dem 29.1.2019 geschlossen wurden, bestimmt sich das anwendbare Recht nach wie vor nach Art. 15 EGBGB aF, Art. 229 § 47 Abs. 2 EGBGB, vgl. auch DNotI-Report 2019, 5. Die allgemeinen Wirkungen der Ehe unterliegen nach dem hier noch maßgeblichen Art. 14 Abs. 1 EGBGB aF (in der bis zum 28.1.2019 gültigen Fassung) 1) dem Recht des Staates, dem beide Ehegatten angehören oder während der Ehe zuletzt angehört haben, sonst 2) dem Recht des Staates, in dem beide Ehegatten ihren gewöhnlichen Aufenthalt haben oder während der Ehe zuletzt hatten, wenn einer von ihnen dort noch seinen gewöhnlichen Aufenthalt hat, hilfsweise 3) dem Recht des Staates, mit dem die Ehegatten auf andere Weise gemeinsam am engsten verbunden sind. Art. 14 Abs. 2 und Abs. 3 EGBGB aF sehen ferner gewisse Wahlmöglichkeiten vor. Die für die Ehescheidung getroffene Rechtswahl findet auf das Güterrecht keine Anwendung, auch wenn Art. 15 Abs. 2 EGBGB aF die – nach Art. 14 Abs. 4 EGBGB aF notariell zu beurkundende – Wahl 1) des Rechts des Staates, dem einer von beiden Ehegatten angehört oder 2) des Rechts des Staates, in dem einer der Ehegatten seinen gewöhnlichen Aufenthalt hat oder 3) für unbewegliches Vermögen des Rechts des Lageorts gestattet. Das türk. IPRG sieht in Art. 15 Abs. 1 ebenfalls die Möglichkeit einer Rechtswahl vor. Danach können die Ehegatten das Recht ihres gewöhnlichen Aufenthalts im Zeitpunkt der Eheschließung oder eines ihrer im Zeitpunkt der Eheschließung geltenden Heimatrechte wählen. Andernfalls gelangt das gemeinsame Heimatrecht im Zeitpunkt der Eheschließung oder, falls ein solches nicht vorhanden ist, das Recht des gemeinsamen gewöhnlichen Aufenthalts zum Zeitpunkt der Eheschließung und, falls auch ein solcher fehlt, türkisches Recht zur Anwendung. Nach Art. 15 Abs. 2 türk. IPRG findet auf die Auseinandersetzung des Vermögens hinsichtlich unbeweglicher Sachen allerdings das Recht des Landes, in dem sie belegen sind, Anwendung. Hierdurch kann es zu einem gespaltenen Güterrechtsstatut kommen, vgl. OLG Bremen NJOZ 2015, 1953.

b) Am 24.6.2016 wurden die **Europäischen Güterrechtsverordnungen** erlassen, eine zum ehelichen Güterrecht, VO (EU) 2016/1103 (ABl. 2016 L 183, 1), EuGüVO, die andere zum Güterrecht der eingetragenen Partnerschaften, VO (EU) 2016/1104 (ABl. 2016 L 183, 30), EuPartVO. Beide Verordnungen gelten für Ehegatten, die nach dem 29.1.2019 die Ehe bzw. eingetragene Partnerschaft eingegangen sind oder nach diesem Datum eine güterrechtliche Rechtswahl getroffen haben, und betreffen die Zuständigkeit, das anzuwendende Recht, die Anerkennung und die Vollstreckung von Entscheidungen im Bereich des Ehegüterrechts (Art. 69 Abs. 3 EuGüVO). Dadurch ergeben sich Änderungen hinsichtlich des anzuwendenden Güterrechts. Nach Art. 22 EuGüVO können die (künftigen) Ehegatten auch eine Rechtswahl treffen, sofern es sich dabei um das Recht des Staates handelt, in dem a) die Ehegatten oder künftigen Ehegatten ihren gemeinsamen gewöhnlichen Aufenthalt haben oder einer der beiden seinen gewöhnlichen Aufenthalt hat, oder b) dessen Staatsangehörigkeit einer der Ehegatten oder künftigen Ehegatten zum Zeitpunkt der Rechtswahl besitzt. Ohne Rechtswahlvereinbarung richtet sich die Anknüpfung für das eheliche Güterrecht für ab dem 29.1.2019 geschlossene Ehen nach Art. 26 EuGüVO. Danach unterliegt der eheliche Güterstand dem Recht des Staates, a) in dem die Ehegatten nach der Eheschließung ihren ersten gemeinsamen gewöhnlichen Aufenthalt haben, oder anderenfalls b) dessen Staatsangehörigkeit beide Ehegatten zum Zeitpunkt der Eheschließung besitzen, oder anderenfalls c) mit dem die Ehegatten unter Berücksichtigung aller Umstände zum Zeitpunkt der Eheschließung gemeinsam am engsten verbunden sind. Nach Art. 22 Abs. 2 und 3 EuGüVO ist eine Rechtswahl auch noch während der bestehenden Ehe möglich, wobei, sofern die Ehegatten nichts anderes vereinbaren, eine während der Ehe vorgenommene Änderung des auf den ehelichen Güterstand anzuwendenden Rechts nur für die Zukunft gilt und eine rückwirkende Änderung des anzuwendenden Rechts, sofern ausdrücklich vereinbart, die Ansprüche Dritter, die sich aus diesem Recht ableiten, nicht beeinträchtigen darf. Zu weiteren Einzelheiten der Verordnungen ausf. Weber DNotZ 2016, 659 und Dutta/Weber, Die Europäischen Güterrechtsverordnungen.

c) **Gesetzlicher Güterstand** ist in der Türkei seit 1.1.2002 die **Errungenschaftsbeteiligung** (Art. 218 ff. türk. ZGB), nicht mehr die Gütertrennung (zum neuen türk. Güterrecht Odendahl FamRZ 2003, 648, Savaş, Türk. Familienrecht in der anwaltl. Praxis, § 5 Rn. 1 ff. und Yarayan NZFam 2016, 1147), zu § 47 GBO und zur Eintragung türk. Eheleute im „gesetzlichen Güterstand“ ins dt. Grundbuch → Anm. 16 und OLG Zweibrücken OLGReport Zweibrücken 2008, 410. Zur Wahl stehen daneben die **Gütertrennung** (Art. 242 f. türk. ZGB), die **Gütertrennung mit Aufteilgut** (Art. 244 ff. türk. ZGB), bei der am Ende eine Realteilung der während der Ehe erworbenen Güter stattfindet, sowie die **Gütergemeinschaft** (Art. 256 ff. türk. ZGB). Wie das dt. Recht stellt die Türkei für die (kollisionsrechtliche) Rechtsanwendung auf den Zeitpunkt der Eheschließung ab, vgl. dazu Art. 15 türk. IPRG, Unwandelbarkeit des Güterrechtsstatuts, so dass türk. Ehegüterrecht auch dann die Grundlage bleibt, wenn für das Scheidungsverfahren dt. Bestimmungen maßgeblich werden.

Allerdings können die Eheleute (auch) nach Art. 15 Abs. 2 EGBGB aF vorgehen (für Eheschließungen vor dem 29.1.2019; für seither geschlossene Ehen → Anm. 9 b)) und dt.

oder ein anderes Recht wählen, denn die Wirksamkeit ihrer Entscheidung hängt nach dt. Beurteilung nicht von der Zustimmung des abgewählten Rechts ab, wobei dann allerdings hinkende güterrechtliche Rechtsverhältnisse entstehen können. Bis zum 31.12.2001 konnten türk. Eheleute, die schon vorher verheiratet waren, für ihre güterrechtl. Verhältnisse eine eigene materiellrechtliche Rechtswahl, also nicht auf der Kollisionsebene, vornehmen, Art. 10 EinfG; haben sie sich nicht entschieden, leben sie zwingend – denn vorher war Gütertrennung der gesetzliche Güterstand – seit dem 1.1.2002 im (neuen) türk. ges. Güterstand der **Errungenschaftsbeteiligung,** allerdings mit der Festlegung des Anfangsvermögens auf diesen Zeitpunkt, zu Einzelheiten Turan-Schnieders/Finger FamRB 2003, 22, zu den türk. Übergangsregeln Art. 10 des EinfG und Finger FamRBint 2008, 1; im Übrigen Seker FamRZ 2007, 1779. Anerkannt ist, dass den Ehegatten Auskunftsansprüche zur Vorbereitung güterrechtl. Forderungen zukommen. Sofern diese nicht aus Art. 216 Abs. 1 türk. ZGB abgeleitet werden (Verpflichtung zur **Inventarerrichtung**), ist im Wege der Anpassung der dt. Auskunftsanspruch zu übernehmen, OLG Hamm FamRZ 2006, 1383, zum güterrechtl. Ausgleich nach griechischem Recht OLG Stuttgart FamRZ 2005, 1676, zu **Auskunftspflichten** von Banken in der Schweiz im Scheidungsverfahren und den finanziellen Forderungen BG(CH) FAMPRA.ch 2007, 654, wobei in Deutschland § 142 ZPO Grundlage einer gerichtl. Anordnung werden kann.

10. a) Für die Rechtsverhältnisse zwischen **Eltern** und **Kindern** und damit insbesondere für die Regelung der **elterlichen Sorge** im Verfahren ist nach Art. 21 EGBGB bzw. Art. 2 des Haager Abk. v. 5.10.1961 (**MSA**) dt. Recht maßgebend, da die Kinder ihren gewöhnlichen Aufenthalt in Deutschland haben, zu Einzelheiten → Form. A.V.1 Anm. 10. Art. 13 Abs. 3 MSA spielt keine Rolle, denn die Türkei ist seit dem 16.4.1984 Vertragsstaat, dazu BGBl. 1984 II 460; zu den Veränderungen im Recht der elterlichen Sorge in der Türkei seit dem 1.1.2002 Turan-Schnieders/Finger FamRB 2002, 187 f.; zur Regelung der elterl. Sorge im Wege der einstweiligen Anordnung für ein türk. Kind auf Antrag der Mutter, das der Vater, in Deutschland ansässig, gegen ihren Willen in die Türkei gebracht hat oder bringen will, OLG Düsseldorf FamRZ 1998, 1318.

b) Nach dt. Recht, vgl. **§ 1671 BGB,** üben die Eltern nach ihrer Trennung und Scheidung weiterhin – vorwiegend – gemeinsam die elterliche Sorge aus. So wäre jedenfalls für den Antragsteller sichergestellt, dass die Kinder nicht gegen seinen Willen in die Türkei zurückkehren können, vgl. in vergleichbarer Situation (Portugal) OLG Hamm FamRZ 1999, 394; zur Regelung der elterlichen Sorge für Kinder, deren Vater aus Pakistan stammt, in der Zwischenzeit die dt. Staatsangehörigkeit erworben hat, aber weiterhin dafür sorgen will, dass beide in islamisch-traditioneller Form erzogen werden, OLG Frankfurt a. M. FamRZ 1999, 182. Sollte die Antragsgegnerin die Übertragung der elterlichen Sorge allein für sich erreichen, sollte der Antragsteller jedenfalls dafür sorgen, dass ihm das **Aufenthaltsbestimmungsrecht** zumindest mit der Einschränkung vorbehalten bleibt, dass die Kinder in Deutschland aufwachsen, zur Schule gehen und ein Umzug in die Türkei mit der Mutter nur in Frage kommt, wenn er ausdrücklich einverstanden ist. Ob in Deutschland eine gerichtl. Anordnung dahin ergehen kann, dass weiterhin beide Elternteile die elterl. Sorge gemeinsam ausüben, ist zweifelhaft, denn damit würde nur eine gesetzliche Regelung in eine gerichtl. Entscheidung übernommen; ohnehin würde die Anordnung ggf. nicht weiterhelfen, da in der Türkei der Fortbestand der gemeinsamen elterl. Sorge nach der Ehescheidung grds. nicht vorgesehen ist, dazu Krüger IPRax 2004, 550 unter Hinweis auf türk. Kassationshof E.2818/K.3889; eher offen Oguz FamRZ 2005, 766 (773). Nach Art. 336 Abs. 1 türk. ZGB üben die Eltern zwar während der Ehe die elterliche Sorge gemeinsam aus. Bei einer Trennung oder Scheidung wird das Sorgerecht nach Art. 336 Abs. 2 und Abs. 3 türk. ZGB jedoch einem Ehegatten allein zugeteilt (Trennung) bzw. steht demjenigen Elternteil zu, dem die Kinder anvertraut worden sind (Scheidung). Allerdings hat der türk. Kassationshof mit Urteilen vom

20.2.2017 (E. 2016/15771, K. 2017/1737, Leitsatz in FamRZ 2017, 1063) sowie 4.12.2017 (E. 2016/18674, K. 2017/13800) Entscheidungen aufgehoben, mit denen die Anerkennung ausl. Entscheidungen zum gemeinsamen Sorgerecht wegen Verstoßes gegen den türk. ordre public zunächst abgelehnt worden waren, und damit den Weg für die Anerkennung ausl. Sorgerechtsentscheidungen zugunsten gemeinsamer elterl. Sorge (wohl) ermöglicht. Selbst bei sehr zurückhaltender Auslegung wäre die **Anerkennung** der dt. Ehescheidung als solcher in der Türkei nicht gänzlich ausgeschlossen, sondern würde sich genau wie in dem Fall, dass die dt. Entscheidung überhaupt keine Regelung zum Sorgerecht enthält, wohl jedenfalls auf den Scheidungsausspruch beschränken, dazu AG Izmir Urteilsnummer 2006, 395 und Finger FamRBint 2008, 9 und Sargin IPRax 2008, 354. Über die elterl. Sorge könnte dann das türk. Gericht nach seinen Vorstellungen entscheiden; sind die Voraussetzungen des § 1696 BGB erfüllt, steht das nach dieser Bestimmung vorgesehene **Abänderungsverfahren** bei uns bereit, → Anm. 12 b). Für Kinder unter 16 Jahren besteht die Möglichkeit, Sorgerechtsentscheidungen in einem vereinfachten Verfahren nach dem Europäischen Sorgerechtsübereinkommen (ESÜ) in der Türkei anerkennen zulassen. Zentrale Behörde im Sinne von Art. 2 ESÜ ist nach § 3 Abs. 1 IntFamRVG das Bundesamt für Justiz in Bonn. Weitere Hinweise und die erforderlichen Formulare finden sich auf der Internetseite des Bundesamtes für Justiz (https://www.bundesjustizamt.de/DE/Themen/Buergerdienste/HKUE/Anerkennung/Anerkennung_node.html).

11. Die Türkei ist Mitgliedsstaat des Haager Übereinkommens vom 25.10.1980 über die zivilrechtlichen Aspekte internationaler Kindesentführung (BGBl. 1990 II 207), sog. Haager Kindesentführungsübereinkommen (**HKÜ**), so dass der Vater, wenn er mitsorgeberechtigt ist, die Rückführung der Kinder nach Deutschland erreichen kann, zu Einzelheiten des HKÜ → Form. D.III.2. Zentrale Behörde im Sinne von Art. 6 HKÜ ist nach § 3 Abs. 1 IntFamRVG das Bundesamt für Justiz. Näheres hierzu findet sich auf der Internetseite des Bundesamtes für Justiz (https://www.bundesjustizamt.de/DE/Themen/Buergerdienste/HKUE/Hinweise/Hinweise_node.html).

12. a) Art. 263 türk. ZGB aF (bisher: **Stichentscheid** des Vaters bei Meinungsverschiedenheit zwischen Eltern) ist seit dem 1.1.2002 außer Kraft gesetzt, so dass sich „Anerkennungsfragen" für entspr. türk. Entscheidungen bei uns nicht mehr stellen, vgl. Art. 16 MSA bzw. Art. 6 EGBGB (**Gleichberechtigungsgebote** aus Art. 3 Abs. 2 GG sind verletzt, AG Eschwege FamRZ 1995, 565 und OLG Düsseldorf FamRZ 1998, 1318).

b) Bei der nachträglichen **Abänderung** einer Sorgerechtsentscheidung, **§ 1696 BGB**, reicht ein übereinstimmender Elternvorschlag aus, um das Gericht festzulegen, dazu OLG Dresden JAmt 2002, 35, selbst wenn die Entscheidung im Ausland ergangen ist, AG Mönchengladbach FamRZ 2005, 1702; grundsätzlich wird dt. Recht angewandt, wenn der gewöhnliche Aufenthaltsort des Kindes in Deutschland liegt, → Anm. 10 a). Doch wird eine dt. Gerichtsentscheidung mit gemeinsamer elterlicher Sorge in der Türkei wiederum nicht (sicher) anerkannt, dazu Krüger IPRax 2004, 550, weil diese Regelung dort so nicht vorgesehen ist, → Anm. 10 b), zur Anerkennungsfähigkeit deutscher Ehescheidungen in der Türkei vgl. Krüger IPRax 2009, 375.

13. a) Die **Beschlussausfertigung** hat stets in vollständiger Form mit **Gründen** zu ergehen. Nur so ist die Anerkennung im Heimatland der Beteiligten (oder sonst im Ausland) sichergestellt; zu den Voraussetzungen der **Anerkennung** einer dt. Entscheidung in der Türkei vgl. Hohloch Familienrecht S. 475 mit einem knappen Überblick; OLG Frankfurt a.M. FamRZ 2004, 953 (im Anschluss an türk. Kassationshof FamRZ 1996, 1491 – auch die fehlerhafte Anwendung von türkischem Recht durch ein dt. Gericht hindert die Anerkennung der getroffenen Entscheidung in der Türkei grundsätzlich nicht, denn einfache Fehler stellen noch keinen offensichtlichen Verstoß gegen den türk. ordre

public dar, insbesondere dann, wenn sie sich in der Sache kaum ausgewirkt haben; ausführlich Turan-Schnieders/Finger FuR 2003, 488; Odendahl FamRZ 2009, 567. Die Entscheidung des dt. Gerichts muss in jedem Fall einen Ausspruch zu den Befugnissen der Eltern enthalten, um in der Türkei anerkannt werden zu können, ebenfalls Krüger IPRax 2004, 550, wobei, wenn ein türk. Ehegatte (auch in Deutschland) wieder heiraten will, die Anerkennung in der Türkei Voraussetzung für die Erteilung eines Ehefähigkeitszeugnisses der Heimatbehörden ist, dazu StAZ 2004, 371, vgl. auch Finger FamRBint 2008, 9 und Sargin IPRax 2008, 354; AG Izmir Urteilsnummer 2006, 395.
b) Für Scheidungsverfahren eigener Staatsangehöriger nimmt die Türkei nicht (mehr) die ausschließliche Zuständigkeit türk. Gerichte an, dazu Hohloch Familienrecht S. 475. Nach früherem Recht (dazu Art. 38e IPRG aF) war zudem entscheidend, ob das ausl. Gericht das „richtige Recht" in seinem Urteil angewandt hat; war das nicht der Fall, konnte der beklagte türk. Staatsangehörige Einwände erheben und so die Anerkennung in der Türkei verhindern, dazu Hohloch Familienrecht S. 475 und Rumpf FamRZ 1996, 1492 (Anm. türk. Kassationshof FamRZ 1996, 1491). Nach den Regeln des neuen türk. IPRG erfolgt die Anerkennung ausländischer Entscheidungen nun nur noch unter den Voraussetzungen des Art. 54, dazu Krüger IPRax 2009, 375 (376). Fehlerhafte Rechtsanwendung stellt keinen Verstoß gegen den (türk.) ordre public dar, Art. 54c türk. IPRG nF, der die Anerkennung in der Türkei hindern würde, dazu türk. Kassationshof E. 2007–5600/K. 2008–5495, berichtet bei Krüger IPRax 2009, 375 (376).

14. Zur Zuweisung der ehelichen **Wohnung** und zur Verteilung des ehelichen **Hausrats** nach türk. Recht → Form. B.III.14; zur Herausgabe von persönlichem **Vermögen** → Form. L.VI.1; zum Familiennamen eines Türken, der nach dt. Recht den Namen seiner Frau als Ehenamen führte, nach Scheidung und Wiederheirat in der Türkei vgl. StAZ 2000, 311 (Fachausschuss-Gutachten Nr. 3576). In Deutschland wird für Ehen, die intertemporal nicht der EuGüVO unterfallen, über **Art. 17a EGBGB** in der bis zum 28.1.2019 geltenden Fassung stets dt. Recht (der **Belegenheit**) zur Anwendung gebracht. Der dt. Gesetzgeber geht mit einer verbreiteten Literaturmeinung davon aus, dass auch die Zuweisung von Ehewohnung oder Haushaltsgegenständen, die zum Zweck des Gewaltschutzes vorgenommen werden, in den Anwendungsbereich der EuGüVO fallen, vgl. Dutta FamRZ 2016, 1973. Art. 17a EGBGB nF wurde entsprechend auf die nichtvermögensrechtlichen Betretungs-, Näherungs- und Kontaktverbote gekürzt. Sollte entgegen dieser Annahme die EuGüVO Wohnungszuweisungen und/oder die Herausgabe von Haushaltsgegenständen aus gewaltschützenden Gründen nicht erfassen, müsste stattdessen auf das allgemeine Ehewirkungsstatut, Art. 14 EGBGB, zurückgegriffen werden, zu alledem Johannsen/Henrich/Althammer/Gössl EGBGB Art. 17a Rn. 2. Zu den güterrechtl. Veränderungen in der Türkei Odendahl FamRZ 2003, 648 und Turan-Schnieders/Finger FamRB 2002, 187 f., → Anm. 9.

15. Zustellungen und **Rechtshilfe** richten sich, soweit keine Sondervereinbarungen zwischen den Staaten bestehen, nach dem Haager Übereinkommen über die Zustellung gerichtl. und außergerichtl. Schriftstücke im Ausland in Zivil- oder Handelssachen v. 15.11.1965, BGBl. 1977 II 1453 (HZÜ). Im Verhältnis zur Türkei ist das **dt.-türk. Abkommen über den Rechtsverkehr in Zivil- und Handelssachen** vorrangig, RGBl. 1930 II 6 (http://www.datenbanken.justiz.nrw.de/ir_htm/dt-tuerk_rhv_28051929.htm), wobei auch die **dt. AusführungsVO** zu beachten ist; zum HZÜ → Form. Q.II Anm. 3.

16. Zur Herausgabe von **persönlichem Vermögen** → Form. L.VI.1; zur Klage auf Zahlung einer nachehelichen Genugtuung → Form. L.VI.2, zur Morgengabe bzw. Abendgabe → Form. L.VI.1; zur verbotenen Eheschließung bei Schwägerschaft, selbst wenn beide Ehen aufgelöst sind, → Form. A.V.8 Anm. 13a) und EGMR FamRZ 2005, 1971. Türk. Eheleute oder Gatten, die nach türk. Recht leben, können sich für ihren

Grunderwerb in Deutschland zu je 1/2 Anteilen im **Grundbuch** eintragen lassen, selbst wenn sie im gesetzlichen Güterstand der Errungenschaftsbeteiligung leben, wenn dies klar ist und sich aus ihrem Antrag selbst ergibt, Gutachten DNotI v. 19.3.2004, Türkei 48510; ihre allg. Bezugnahme auf den „gesetzlichen Güterstand" nach türk. Recht ist dagegen zu unbestimmt, dazu OLG Zweibrücken OLGReport Zweibrücken 2008, 410 und **§ 47 GBO,** weil so die vorgesehenen Beteiligungsverhältnisse nicht deutlich werden, selbst wenn die Fristen aus Art. 10 EinfG, → Anm. 9, längst abgelaufen sind (anders wohl dann, wenn die Parteien nach dem 1.1.2002 geheiratet haben – dann ist der gesetzliche Güterstand für sie zwingend, wenn sie sich nicht für einen anderen Güterstand entschieden haben); zum **Erwerb** von **Grundstücken** durch Ausländer in der Türkei Tarman IPRax 2008, 359.

3. Ehescheidung nach deutschem Recht bei vorausgegangener, nicht anerkennungsfähiger ausländischer Ehescheidung (und deutschem Scheidungsstatut)

An das

Amtsgericht

– Familiengericht –[1]

Scheidungsantrag

des Herrn . . . .

– Antragstellers –

Verfahrensbevollmächtigter: Rechtsanwalt . . . . .

gegen

Frau . . . .

– Antragsgegnerin –

Verfahrensbevollmächtigte: Rechtsanwältin . . . . .

wegen: Ehescheidung

hier: Ehescheidung nach dt. Recht bei nicht anerkennungsfähiger Auslandsscheidung

Namens und unter Berufung auf die mir schriftlich erteilte, beigefügte (§§ 11, 114 Abs. 5 FamFG) Verfahrensvollmacht des Antragstellers stelle ich hiermit Scheidungsantrag gegen die Antragsgegnerin und bitte um Anberaumung eines möglichst nahen Termins zur mündlichen Verhandlung, in dem ich beantragen werde:

1. **Die am . . . . . vor dem Standesbeamten des Standesamtes . . . . ./Deutschland zu Heiratseintrag Nr. . . . . . geschlossene Ehe der Beteiligten wird geschieden.**
2. **Die gemeinsame elterliche Sorge für die am . . . . . in . . . . . /Deutschland geborene, minderjährige Tochter . . . . . wird aufrechterhalten. Ihren Lebensmittelpunkt soll die Tochter aber wie bisher bei der Antragsgegnerin haben.**[2, 3]
3. **Die Kosten des Verfahrens werden gegeneinander aufgehoben. Gerichtskostenvorschuss ist eingezahlt.**

Begründung:

1. Die Beteiligten haben am . . . . . vor dem Standesbeamten des Standesamtes . . . . ./Deutschland die Ehe geschlossen.

Beweis: Vorlage der Heiratsurkunde, in begl. Kopie beigefügt

Während ihrer Ehe haben sie stets in Deutschland gelebt. Der Antragsteller ist libanesischer Staatsangehöriger und verfügt über eine gültige Aufenthaltserlaubnis; er führt ein Geschäft als Gebrauchtwagenhändler und verdient dabei . . . . . EUR netto im Monat. Die Antragsgegnerin ist Syrerin; sie wird, da die Beteiligten bereits 2006 geheiratet haben, in Deutschland ein vom Bestand der Ehe mit dem Antragsteller unabhängiges Aufenthaltsrecht behalten, § 31 AufenthG.[4]
Beide Beteiligte sind muslimischen Glaubens.[5]

2. Aus der Ehe der Beteiligten ist das Kind . . . . . hervorgegangen, geb. am . . . . . in . . . . ./Deutschland.

Beweis: Vorlage der dt. Abstammungsurkunde, in Kopie beigefügt

Für ihr gemeinsames Kind wollen die Beteiligten auch in Zukunft gemeinsam die elterliche Sorge ausüben. Wie bisher soll der tatsächliche Lebensmittelpunkt des Kindes aber bei der Antragsgegnerin liegen.[6] Für den Kindesunterhalt hat der Antragsteller eine Jugendamtsurkunde errichtet.
Den nachehelichen Ehegattenunterhalt haben die Beteiligten durch notarielle Urkunde geregelt.

Beweis: Vorlage der Urkunden . . . . . in begl. Kopie beigefügt

3. Seit ihrer Eheschließung leben beide Ehegatten in Deutschland. Eine Rechtswahl haben sie nicht getroffen. Nach Art. 8 lit. a Rom III-VO findet daher auf die Ehescheidung dt. Recht Anwendung.[7] Im Libanon hat der Antragsteller die Scheidung der mit der Antragsgegnerin geschlossenen Ehe durch den religiösen Richter in Beirut erreicht, die durch gerichtlichen Beschluss bestätigt ist. Beide Eheleute haben die Urkunde, die ich mit begl. dt. Übersetzung beifüge, durch Bevollmächtigte unterzeichnen lassen. Aber die libanesische Ehescheidung ist in Deutschland nicht anerkennungsfähig, da Scheidungsstatut dt. Recht ist.[8, 9]
4. Sonstige Familiensachen, an denen beide Ehegatten beteiligt sind, sind nicht anhängig.
5. Beschlussausfertigung erbitte ich in vollständiger Form mit Gründen.[10]

Rechtsanwalt

Anmerkungen

1. Zur **int. Zuständigkeit** dt. Gerichte in Ehesachen → Form. A.V.1 Anm. 1 und nach Art. 3 ff. VO (EU) 2019/1111 v. 25.6.2019 („Brüssel IIb-VO"), (vor 1.8.2022 nach Art. 3 ff. VO (EG) Nr. 2201/2003 („Brüssel IIa-VO")) nicht § 98 FamFG, für die örtl. Zuständigkeit des angerufenen FamG dort → Form. A.V.1 Anm. 2, vgl. auch § 122 FamFG.

2. Zum **Verfahren** und seinem Ablauf im Inland → Form. A.V.1 Anm. 3.

3. Zum **Versorgungsausgleich** – keine amtswegige Folgesache – vgl. Art. 17 Abs. 4 EGBGB und → Form. A.V.1 Anm. 9, weitere Einzelheiten → Form. I.V. Will die Antragsgegnerin seine Durchführung erreichen, muss sie einen hierauf bezogenen Antrag stellen. Dies ist auch noch möglich, wenn das Scheidungsverfahren abgeschlossen ist.

4. a) Maßgeblich ist **§ 31 Abs. 1 AufenthG**; zum Familiennachzug vgl. §§ 27 ff. AufenthG. Nach § 31 Abs. 1 AufenthG kann der Ehegatte einer in Deutschland aufenthaltsberechtigten Person ein unabhängiges, **eigenständiges Aufenthaltsrecht** erhalten, wenn die eheliche Lebensgemeinschaft seit mindestens drei Jahren rechtmäßig im Bundesgebiet bestanden hat. Ist die Frist (noch) nicht abgelaufen, kann der weitere Aufenthalt des Ausländers im Inland nur zur Vermeidung einer außergewöhnlichen Härte ermöglicht werden, „es sei denn, für den Ausländer ist die Verlängerung der Aufenthaltserlaubnis ausgeschlossen", § 31 Abs. 2 S. 1 AufenthG, wobei vor allem Schwierigkeiten bei seiner Rückkehr eine Rolle spielen (können), dazu S. 2. Nach S. 4 kann die Verlängerung der Aufenthaltserlaubnis zur Vermeidung von Missbrauch versagt werden, wenn der Ehegatte aus einem von ihm zu vertretenden Grund auf Sozialleistungen angewiesen ist vgl. auch VGH Kassel DÖV 2014, 356 und FamRZ 2001, 912 (keine Aufenthaltserlaubnis im Übrigen, wenn dem Ausländer besondere Ausweisungsgründe entgegengehalten werden, zB wegen Misshandlung des Partners). Voraussetzung ist stets, dass die Ehe in wirksamer Form (in Deutschland oder im Ausland – Anerkennungsfähigkeit in Deutschland ist Voraussetzung) geschlossen ist, vgl. dazu BVerwG NVwZ 2005, 1191. Im Übrigen muss der **Aufenthaltstitel**, wenn er die Folgen des sechsten Abschnitts des Kapitel 2 des AufenthG auslösen und eine vom Bestand der Ehe unabhängige Rechtsbefugnis hier in Deutschland begründen soll, gerade den Nachzug bezwecken. Diese Voraussetzungen erfüllt eine Aufenthaltserlaubnis aus **humanitären Gründen** nach § 25 AufenthG jedenfalls nicht. **Umgangsrechte** bzw. -pflichten nach **§ 1684 BGB** mit einem im Inland lebenden, vielleicht sogar dt. Kind sind bei (geplanten) aufenthaltsbeendenden Maßnahmen der Ausländerbehörde in der gebotenen Form zu begründen, wenn sie bisher schon wahrgenommen wurden und für das Kind wichtig sind, dazu BVerfG NJW 1999, 1577 und BVerfG FamRZ 2005, 926; MüKoBGB/Hennemann BGB § 1684 Rn. 19 mN; Benicke IPRax 2000, 171 und A. Zimmermann IPRax 2000, 180; BVerfG NVwZ 2009, 387 (bei Kleinkindern gewinnt die Trennung von einem Elternteil ganz besonderes Gewicht, sie sind jedenfalls vor endgültigen Verlusten zu bewahren). Zur Abschiebung bei beabsichtigter Eheschließung – sie muss, um Bleiberechte zu vermitteln, „unmittelbar bevorstehen", und das ist der Fall, wenn die Verlobten alles in ihrer Macht Stehende getan haben, um sie zu erreichen und keine durchgreifenden Zweifel an ihren ernsthaften Absichten bestehen – OVG Saarlouis NJW 2006, 2283. Vor Ablauf der ausländerrechtlich festgelegten Fristen darf die eheliche Lebensgemeinschaft nicht tatsächlich schon aufgehoben sein. Andererseits ist nicht erforderlich, dass eine in der üblichen Form sonst „schützenswerte Ehe" vorliegt, VGH Kassel FamRZ 2001, 912. Unerheblich ist auch, ob die Eheleute tatsächlich „einen unbedingten Willen zur Ehe auf Lebenszeit gehabt haben", BayObLG FamRZ 2001, 913, aber die Verbindung darf nicht nur zum **Schein** eingegangen sein, dazu § 1314 Abs. 2 Nr. 5 BGB. Bei Kindern mit ausl. Eltern darf ihr Aufenthaltsrecht nicht mehr allein vom Status der Mutter abhängig gemacht werden, Art. 3 Abs. 2 GG, dazu BVerfG FamRZ 2006, 187.

b) Ist eine **Mehrehe** im Ausland wirksam, darf nur einer der Ehefrauen der Familiennachzug gestattet werden, § 30 Abs. 4 AufenthG, dazu auch OVG Lüneburg AuAS 2006, 74 und OVG Koblenz AuAS 2004, 146. Aus einer in Deutschland nicht zulässigen Doppelehe kann dagegen von vornherein kein Aufenthaltsrecht in dieser Form hergeleitet werden, VGH Baden Württemberg FamRZ 2008, 787, ebenso für eine rechtsmissbräuchliche Vaterschaftsanerkennung OVG Koblenz FamRZ 2009, 511 und OLG Hamm NJW 2008, 1240.

5. Diese Angaben können wichtig sein, wenn das in der Sache berufene Recht für die einzelnen **Religionsgruppen** differenziert und für sie je unterschiedliche Rechtsregeln bereithält, dazu gleich → Form. A.V.5(**Iran**), auch **Israel**, → Form. A.V.6, für den **Libanon** OLG Zweibrücken NJW-RR 2002, 581 (für die islam.-schiitische Religionsgruppe; auch zur ordre public-Widrigkeit dieser Bestimmungen sowie → Form. A.V.5 Anm. 8, 9); Scheidungsverbote – dazu BGH FamRZ 2007, 109 für Syrien – scheitern bei ausreichendem Inlandsbezug am deutschen ordre public, Art. 6 EGBGB, vgl. dazu auch Scholz/Krause FuR 2009, 1 und FuR 2009, 67. Nunmehr werden Scheidungsverbote im Anwendungsbereich der **Rom III-VO** von **Art. 10 und 12** erfasst, so dass ein Rückgriff auf den ordre public, Art. 6 EGBGB, nur noch für Altverfahren erforderlich ist.

6. Zur Regelung der **elterlichen Sorge** → Form. A.V.1 Anm. 10.

7. Zur Rom III-VO ausführlich → Form. A.V.1 Anm. 4 a).

8. Grundlage ist **§ 107 FamFG,** wobei im Verhältnis der Mitgliedstaaten der eur. Gesetzgebung zueinander die Brüssel IIb-VO vorrangig ist, dazu → Form. A.V.1 Anm. 1 b) und → Form. Q.I Anm. 2. Sind ausl. Staatsangehörige auch **Deutsche,** wird die dt. Staatsangehörigkeit bestimmend, Art. 5 Abs. 1 S. 2 EGBGB, so dass die Anerkennung einer ausl. Privatscheidung ausscheidet, weil Scheidungsstatut deutsches Recht ist, dazu (im Verhältnis zu Israel) BGH NJW-RR 1994, 642, zur Anerkennungsfähigkeit ausl. Privatscheidungen sonst → Anm. 9 sowie ausführlich → Form. Q.I.

9. a) Ausländische **Privatscheidungen** sind wegen des Scheidungsmonopols dt. Gerichte (§ 1564 Abs. 1 BGB) in Deutschland nicht **anerkennungsfähig,** wenn Scheidungsstatut dt. Recht ist, vgl. auch BGHZ 82, 35 u. 110, 267; BGH NJW-RR 2008, 1169, OLG Düsseldorf FamRZ 2003, 381 und BayObLG FamRZ 2003, 381, Henrich Anm. zu AG Hamburg FamRZ 2000, 958. Die Scheidung durch ein Gericht in Jordanien, die der Ehemann gegenüber seiner auf ihre vermögensrechtlichen Ansprüche verzichtenden Ehefrau ausgesprochen und die der anwesende Richter so bestätigt und beurkundet hat, ist dabei trotz der gerichtlichen Mitwirkung (einverständliche) Privatscheidung, BayObLG FamRZ 2003, 383. Zu der Anerkennung ausl. Privatscheidungen im Einzelnen → Form. Q.I Anm. 2, 4 und 5.

b) Im Übrigen sind die Anerkennungsvoraussetzungen ausl. **gerichtlicher oder behördlicher Scheidungen** durch Hoheitsakt der staatlichen Stelle nach **§ 109 FamFG** zu beurteilen; weitere Einzelheiten → Form. Q.II; zur Anerkennungsfähigkeit von Gerichtsentscheidungen der Rep. Srpska Saula IPRax 2004, 361; für Bosnien-Herzegowina OLG Frankfurt a. M. IPRax 2000, 124 mAnm Hohloch IPRax 2000, 96; zur Anerkennung einer norwegischen **Behördenscheidung** vgl. OLG Schleswig FamRZ 2009, 609 = FamRBint 2009, 8 mAnm Finger.

c) Ist die Anerkennung der ausl. Ehescheidung/-auflösung **erschlichen** worden, kann sie **zurückgenommen** werden (§ 48 VwVfG oder § 18 FGG (analog)), BayObLG FamRZ 2000, 836 ff. = NJW-RR 2000, 885 ff. §§ 107 ff. FamFG sehen keine speziellen Regelungen zur **Wiederaufnahme** bestandskräftig abgeschlossener Anerkennungsverfahren vor. Es gelten daher die allgemeinen Regelungen des FamFG (Sternal FamFG § 107 Rn. 41). Gemäß **§ 48 Abs. 2 FamFG** finden die Vorschriften der **§§ 578 ff. ZPO** entsprechende Anwendung. Danach ist eine Aufhebung der erschlichenen Anerkennung nicht mehr von Amts wegen, sondern nur auf Antrag möglich.

d) Auf die in Deutschland geführte Ehe war deutsches Scheidungsstatut anzuwenden. In Deutschland kann und muss daher erneut die Ehescheidung beantragt werden, vgl. BGHZ 82, 35, selbst wenn sich die Rechtswirkungen der gerichtl. Entscheidung (eben) auf Deutschland beschränken. Hinzu kommt, dass die Beteiligten im Scheidungsverfahren in Beirut selbst nicht vertreten waren, sondern durch Bevollmächtigte gehandelt haben, allerdings nicht durch Anwälte; damit könnten aus dt. Sicht wesentliche Verfahrensgrundsätze verletzt sein, die aus hiesiger Sicht für unverzichtbar erachtet werden, vgl. **§§ 107 und 109 FamFG.**

e) Zweckmäßig ist, zunächst im Inland im Verfahren nach § 107 FamFG feststellen zu lassen, dass die in Beirut ausgesprochene Scheidung nicht anerkennungsfähig ist, dazu § 21 FamFG. Dann sind die Voraussetzungen für das Scheidungsverfahren vor dem FamG auf jeden Fall nachgewiesen.

f) Mit einer Ehescheidung, die auf Deutschland beschränkt ist, entsteht ein **„hinkendes Rechtsverhältnis"**. Ob eine Entscheidung, die hier ergeht, im Ausland tatsächlich anerkennungsfähig ist und anerkannt wird, ist offen und nach dem jeweiligen ausl. Recht zu beurteilen, vgl. dazu schon d). Im Libanon wird die Anerkennung kaum erfolgen (können), aber dort ist ohnehin die vorausgegangene Privatscheidung maßgeblich; zu hinkenden Rechtsverhältnissen im IPR allg. Grüneberg/Thorn EGBGB Art. 13 Rn. 31.

10. Bei uns richten sich die verfahrensrechtlichen Voraussetzungen, der Ablauf im Einzelnen und die Statthaftigkeit von Rechtsmitteln nach dt. Recht, **lex fori.** Wegen der ausl. Staatsangehörigkeit der Beteiligten kann die Anerkennung der Entscheidung im Ausland in Betracht kommen, insbes. in den jeweiligen Heimatländern; sie wiederum setzt die Abfassung des Beschlusses mit vollständigen Gründen voraus.

4. Antrag auf Schuldausspruch

An das

Amtsgericht

– Familiengericht –

Antrag auf Ehescheidung

In Sachen

des Herrn . . . . ., wohnhaft . . . . ./Deutschland

– Antragsteller –

Verfahrensbevollmächtigter: Rechtsanwalt . . . . .

gegen

Frau . . . . ., wohnhaft . . . . ./Polen

– Antragsgegnerin –

Verfahrensbevollmächtigte: Rechtsanwältin . . . . .

wegen: Ehescheidung aus Verschulden der Ag. nach polnischem Recht

Namens und in Vollmacht des Ast. beantrage ich:

1. **Die am . . . . . vor dem Standesamt . . . . . unter Registernr . . . . . geschlossene Ehe der Beteiligten wird geschieden.**
2. **Die Ag. trägt die Schuld an der Scheidung.**[1]
3. **Die Kosten des Verfahrens werden gegeneinander aufgehoben.**

Begründung:

1. . . . . . [Daten zur Eheschließung]

2. Die Verfahrensbeteiligten sind beide ausschließlich polnische Staatsangehörige, die bis . . . . . zusammen in Deutschland gelebt und hier ihre Ehe geführt haben. Am . . . . . trennten sie sich, indem die Ag. zunächst innerhalb der Stadt in eine andere Wohnung zog. Seit mehr als einem Jahr, nämlich seit dem . . . . ., lebt sie nun dauerhaft in . . . . ./Polen, während der Ast. weiter in . . . . ./Deutschland ansässig ist.
Es besteht die internationale Zuständigkeit deutscher Gerichte. Es greift Art. 3 lit. a Nr. ii) Brüssel IIb-VO, denn die Ehegatten hatten zuletzt beide ihren gewöhnlichen Aufenthalt in Deutschland und der Ast. hat hier noch seinen gewöhnlichen Aufenthalt. Auch hält der Ast. sich seit mindestens einem Jahr in Deutschland auf, wo er seinen gewöhnlichen Aufenthalt hat, Art. 3 lit. a Nr. v) Brüssel IIb-VO.[2]
Auf die Scheidung findet mangels Parteivereinbarung über das anzuwendende Recht iSd Art. 5 Rom III-VO polnisches materielles Recht als Recht des Staates der gemeinsamen Staatsangehörigkeit Anwendung, Art. 8 lit. c Rom III-VO.[3] Da es sich um eine Sachnormverweisung handelt, sind gemäß Art. 6 Rom III-VO Rück- und Weiterverweisungen ausgeschlossen.[4]
Nach Art. 56 §§ 1 und 2 polnisches Familien- und Vormundschaftsgesetzbuch v. 25.2.1964 (im Folgenden „FVGB") kann jeder Ehegatte die gerichtliche Auflösung der Ehe im Wege der Scheidung verlangen, wenn zwischen den Ehegatten eine vollständige und dauernde Zerrüttung der ehelichen Gemeinschaft eingetreten ist und der Scheidungsausspruch nicht den Grundsätzen des gesellschaftlichen Zusammenlebens zuwiderläuft.[5] Die Ag. hat angekündigt, der Scheidung zuzustimmen. Da der die Scheidung begehrende Ast. an der Zerrüttung unschuldig ist, ist die Scheidung aber selbst dann zulässig, wenn die Ag. nicht in die Scheidung einwilligt, Art. 56 § 3 FVGB.
Die Ehe der Beteiligten war – zumindest aus Sicht meines Mandanten – zunächst durchaus glücklich. Seit etwa . . . . . geht die Ag. nun ihre eigenen Wege, ohne auf den Ast. besondere Rücksicht zu nehmen. Sie bleibt auch regelmäßig über Nacht weg. Nachfragen des Ast. nach ihren Beschäftigungen weicht sie aus.

Beweis: Beteiligtenvernehmung

Der Ast. weiß aber, dass sie Kontakt zu zweifelhaften, eventuell kriminellen Kreisen hält. Bekannte von ihm haben sie jeweils in Begleitung verschiedener Männer in einschlägigen Bars gesehen (wird ausgeführt).

Beweis: Beteiligtenvernehmung

Die Ag. wird diese Vorwürfe nicht bestreiten. Sie hat ihrem Mann am . . . . . im Streit gesagt, sie „wolle sich amüsieren", und er „sei eben zu alt und zu einfallslos."

Beweis: Beteiligtenvernehmung

Am . . . . . hat die Ag. die Ehewohnung endgültig verlassen. Über eine Freundin hat sie dem Ast. ihre neue Anschrift innerhalb der Stadt mitgeteilt. Wichtige persönliche Dinge hat sie aus der Ehewohnung mitgenommen. Der Ast. hat wiederholt vergeblich versucht, die Ehe zu retten, zuletzt hat er sich am . . . . . mit der schriftlichen Bitte, gemeinsam eine Eheberatung durchzuführen, vergeblich an die Ag. gewandt.

Beweis: Beteiligtenvernehmung

Am . . . . . ist die Ag. dann nach . . . . ./Polen verzogen, wo sie seitdem in nichtehelicher Lebensgemeinschaft mit Herrn . . . . . lebt.

Beweis: Beteiligtenvernehmung

Der Ast. ist nicht länger bereit, die Ehe mit der Ag. fortzusetzen. Für ihn jedenfalls ist eine dauerhafte und endgültige Zerrüttung der ehelichen Gemeinschaft eingetreten. Deshalb will er die Ehescheidung.

Beweis: Beteiligtenvernehmung

3. **Nach Art. 57 § 1 FVGB erkennt das die Scheidung aussprechende Gericht, ob einen und welchen Ehegatten die Schuld an der Zerrüttung der ehelichen Gemeinschaft trifft.[6] Auf entspr. Feststellungen legt der Ast. Wert, denn die Ag. hat aus seiner Sicht völlig grundlos und jedenfalls vorwerfbar/schuldhaft die eheliche Lebensgemeinschaft mit ihm aufgekündigt und verfolgt ihre eigenen Pläne. Sie wird im Gerichtsverfahren keine Erklärungen finden können, die sie entlasten oder die sie dem Ast. entgegenhalten kann, so dass er schuldig oder nur mitschuldig wäre.[7] Im Übrigen darf auf Art. 60 FVGB verwiesen werden. Zwar hat die Ag. bisher vom Ast. keinen Unterhalt gefordert, aber der Ast. will in diesem Punkt sichergehen und sich vor Überraschungen schützen.**
4. **Aus der Ehe sind keine Kinder hervorgegangen. Die Eheleute haben einvernehmliche Regelungen betreffend Ehewohnung und Hausrat getroffen. Zum Unterhalt liegt keine Regelung vor. Sonstige Familiensachen sind nicht anhängig.**
5. **Es wird eine Urteilsausfertigung in vollständiger Form mit Tatbestand und Entscheidungsgründen erbeten.**

Rechtsanwalt

Anmerkungen

1. Die **Feststellung des alleinigen Verschuldens** kann für den Unterhalt, wenn polnisches Recht maßgeblich wird, eine wesentliche Rolle spielen. Nach Art. 60 FVGB steht dem allein schuldig gesprochenen Ehegatten kein Unterhaltsanspruch zu. Ferner kann die Schuldfeststellung mittelbar nach Art. 43 § 2 FVGB zu einer ungleichmäßigen Verteilung des gemeinsamen Vermögens führen (Oberstes Gericht (Polen) 7.1.1996 – II CR 528/68).

2. Die von Amts wegen zu prüfende **internationale Zuständigkeit** der Gerichte für Ehescheidung, Trennung ohne Auflösung des Ehebandes und Ungültigerklärung einer Ehe (auch wenn von einem Dritten nach dem Tod eines Ehegatten beantragt, EuGH NJW 2017, 15 mAnm Kemper NZFam 2017, 128) regelt sich in Deutschland und den anderen Mitgliedstaaten, also allen EU-Staaten mit Ausnahme von Dänemark, nach der **Brüssel IIb-VO** (Näheres bei Erb-Klünemann/Niethammer-Jürgens FamRB 2019, 454; Gruber/Möller IPRax 2020, 393; Schulz FamRZ 2020, 1141). Zuständigkeit für Scheidung bedeutet nicht auch Zuständigkeit für Folgesachen. Diese sind gesondert anzuknüpfen.

Ungeklärt ist, ob die EU-Regelungen für **gleichgeschlechtliche Ehe** gelten (der EuGH hat deren Rechte in Sachen Coman 5.6.2018 – C-673/16 Rn. 45, BeckRS 2018, 10159 mAnm Dutta FamRZ 2018, 1063 und Pancharevo 4.12.2021 – C-490/20 BeckRS 2021, 38456, FamRZ 2022, 281 mAnm Flindt gestärkt, ohne dass direkte Rückschlüsse auf den Ehebegriff gezogen werden können). Von den europarechtlichen Regelungen nicht umfasst sind **eingetragene Lebenspartnerschaften**, für deren Auflösung sich die int. Zuständigkeit in D. nach § 103 FamFG richtet, das anwendbare Recht nach Art. 17b Abs. 1 EGBGB; zum Ehebegriff Thurm, Der Ehebegriff im europäischen Kollisions- und Zivilverfahrensrecht, 2020.

Eine Ehe kann in Deutschland nur durch ein Gericht geschieden werden, Art. 17 Abs. 3 EGBGB. Deswegen ist auch eine Leistungsklage, die auf Betreiben einer religiösen Ehescheidung nach islamischem Recht aus einer vertraglichen Ehescheidungsfolgenvereinbarung gerichtet ist, unzulässig, OLG Hamburg BeckRS 2019, 28879 = NJW 2020, 409.

Die Frage der Anerkennung einer **Privatscheidung** aus einem in einem anderen Mitgliedstaat vor dem 1.8.2022 eingeleiteten Verfahren regelt sich nach der Brüssel IIa-VO, Art. 100 Abs. 2 Brüssel IIb-VO, für später eingeleitete Verfahren nach der Brüssel IIb-VO, Art. 100 Abs. 1 Brüssel IIb-VO; zu Einzelheiten Niethammer-Jürgens/Erb-Klünemann Int FamR S. 69 ff.

Der Gemeinschaftsbezug entsteht nach Art. 3 ff. Brüssel IIb-VO durch gewöhnlichen Aufenthalt in einem Mitgliedstaat oder durch Staatsangehörigkeit eines Mitgliedstaates. Der **gewöhnliche Aufenthalt** ist gekennzeichnet durch den Willen des Betroffenen, an einem bestimmten Ort den gewöhnlichen Mittelpunkt seiner Interessen zu begründen und durch eine Anwesenheit im Mitgliedstaat, die einen hinreichend Grad an Beständigkeit aufweist, EuGH 1.8.2022 – C-501/20, BeckRS 2022, 18637 = FamRZ 2022, 757252, sonst auch → Form. D.III Anm. 1; bei Mehrstaatern EuGH 16.7.2009 – C-168/08, EuZW 2009, 619 – Hadadi; keine Möglichkeit mehrerer gew. Aufenthalte EuGH 25.11.2021– C-289/20, BeckRS 2021, 35956 = FamRZ 2022, 215 mAnm Berner.

Die Zuständigkeitsalternativen des Art. 3 Brüssel IIb-VO stehen gleichrangig und alternativ nebeneinander. Die antragstellende Partei hat ggfs. eine Wahl, der die antragsgegnerische Partei nicht zustimmen muss, EuGH 3.10.2019 – C-759/18, BeckRS 2019, 25133 = FamRZ 2019, 1989. Dergestalt kann die antragstellende Partei Einfluss auf die Frage des anwendbaren Rechts nehmen, wenn nicht beide Mitgliedstaaten an der verstärkten Zusammenarbeit nach der Rom III-VO teilnehmen, → Anm. 3. Selbst wenn ein internat. zuständiges Recht ggfs. aufwändig ausländisches Recht ermitteln muss, ist die Antragstellung nicht mutwillig iSd § 114 ZPO (OLG Celle BeckRS 2024, 2640 = FamRZ 2024, 957).

Art. 6 Abs. 1 und Abs. 2 Brüssel IIb-VO regeln, inwieweit, wenn sich aus Art. 3–5 Brüssel IIb-VO keine Zuständigkeit ergibt, ein Rückgriff auf das nationale Recht – in Deutschland § 98 FamFG – erfolgt; unter den Voraussetzungen des Art. 6 Abs. 3 Brüssel IIb-VO findet dann eine Modifizierung des nationalen Rechts statt.

3. Das **anzuwendende Scheidungs- und Trennungsrecht** regelt für Deutschland und zZt. 16 weitere teilnehmende Mitgliedsstaaten die am 30.12.2011 im Wege verstärkter Zusammenarbeit in Kraft getretene **Rom III-VO** (ABl. 2010 L 343, 10). Auf die Staatsangehörigkeit der Eheleute kommt es nicht an, Art. 4 Rom III-VO. Einzig dann, wenn beide Ehegatten allein die iranische Staatsangehörigkeit haben und Art. 12 GFK nicht einschlägig ist, gilt gem. Art. 19 Rom III-VO das dt.-iran. Niederlassungsabkommen von 1929 vorrangig; zB OLG Frankfurt a.M. BeckRS 2019, 11216 = NJW 2019, 3461. Ausdrücklich ausgenommen vom Anwendungsbereich der Rom III-VO ist die Ungültigerklärung einer Ehe, Art. 1 Abs. 2 lit. c Rom III-VO, → Form. A.V.7. Eine durch einseitige Erklärung eines Ehegatten vor einem geistlichen Gericht bewirkte Ehescheidung fällt als **Privatscheidung** nicht unter die Rom III-VO (EuGH 20.12.2017 – C-372/16, BeckRS 2017, 136150 = NJW 2018, 447), sondern, wenn die Privatscheidung seit dem 29.1.2013 durchgeführt worden ist, unter Art. 17 Abs. 2 EGBGB, BGHZ 226, 365 = NJW 2020, 3592 = FamRZ 2020, 1811. Auf **gleichgeschlechtliche Ehen**, für die unklar ist, ob sie von der Rom III-VO umfasst sind, → Anm. 2, regelt für Deutschland Art. 17b Abs. 4 S. 1 EGBGB die Anwendung der Rom III-VO. Für die Auflösung **eingetragener Lebenspartnerschaften** gilt Art. 17b Abs. 1 S. 1 EGBGB.

Auch die Rom III-VO stellt schwerpunktmäßig auf den gewöhnl. Aufenthalt ab; zum gew. Aufenthalt von Diplomaten EuGH 20.3.2025 – C-61/24, BeckRS 2025, 4507 = FamRZ 2025, 665 mAnm Recker und BGH RS 2025, 827 = FamRZ 2025, 1465.

Die Rom III-VO stärkt die Privatautonomie. Vorrangig bestimmt sich das anzuwendende Recht nach der partiell möglichen **Rechtswahl** durch die Ehegatten, Art. 5 Rom III-

VO. Die Rechtswahl ist nach Art. 5 Abs. 1, ohne dass ein Rangverhältnis besteht, beschränkt auf

a) das Recht des Staates des gemeinsamen gewöhnlichen Aufenthaltes zum Zeitpunkt der Rechtswahl, Art. 5 Abs. 1 lit. a Rom III-VO;

b) das Recht des Staates des letzten gemeinsamen gewöhnlichen Aufenthaltes, sofern einer der Eheleute zum Zeitpunkt der Rechtswahl dort noch seinen gewöhnlichen Aufenthalt hat, Art. 5 Abs. 1 lit. b Rom III-VO;

c) das Recht des Staates, dessen Staatsangehöriger ein Ehegatte zum Zeitpunkt der Rechtwahl ist, Art. 5 Abs. 1 lit. c Rom III-VO; zur Behandlung mehrfacher Staatsangehörigkeiten Erwägungsgrund 22;

d) das Recht des Staates des angerufenen Gerichts, Art. 5 Abs. 1 lit. d Rom III-VO.

Die Rechtswahl darf nicht gegen Art. 10, 13 Rom III-VO verstoßen.

Sie kann jedenfalls bis zur Anrufung des Gerichtes erfolgen, Art. 5 Abs. 2 Rom III-VO. Für vor dem 21.6.2012 geschlossene Vereinbarungen gilt Art. 18 Abs. 1 Rom III-VO. Die Rechtswahl kann in Deutschland, das von der Öffnungsklausel des Art. 5 Abs. 3 Rom III-VO Gebrauch gemacht hat, sogar bis zum Schluss der letzten mündlichen Verhandlung im ersten Rechtszug erfolgen, Art. 46d Abs. 2 S. 1 EGBGB. Im VKH-Prüfungsverfahren dürfte die Vorlage einer privatschriftlichen Vereinbarung der Eheleute genügen, dass sie in einem gerichtlichen Vergleich ein bestimmtes Recht wählen wollen, um hinreichende Erfolgsaussicht für den nach dem gewählten, nicht aber nach dem deutschen Recht erfolgversprechenden Scheidungsantrag zu begründen (OLG Nürnberg LSK 2013, 340168 = FamRZ 2013, 1321). Die Rechtswahl sollte eindeutig sein. Es ist zweifelhaft, ob eine konkludente Rechtswahl möglich ist (bejahend OLG Hamm LSK 2013, 340471 = IPRax 2014, 349).

Das Recht, das nach der Rom III-VO anzuwenden wäre, wenn die Rechtswahl wirksam wäre, regelt grundsätzlich die Voraussetzungen für Zustandekommen und Wirksamkeit der Rechtswahlvereinbarung, Art. 6 Abs. 1 Rom III-VO. Regelungen zur Formgültigkeit enthält Art. 7 Rom III-VO. Hat mindestens ein Ehegatte zum Zeitpunkt der Rechtswahl den gewöhnlichen Aufenthalt in Deutschland, sind Art. 7 Abs. 2, Abs. 4 Rom III-VO, Art. 46d Abs. 1 EGBGB zu beachten, so dass alleine notarielle Beurkundung oder gerichtlich protokollierter Vergleich der Form genügen. Art. 7 Abs. 3 Rom III-VO macht hiervon eine Ausnahme, wenn beide Ehegatten ihren gewöhnlichen Aufenthalt in verschiedenen teilnehmenden Mitgliedstaaten haben und die Voraussetzungen des Rechts des anderen Mitgliedstaates, der weniger formstreng ist, erfüllt sind (Hau FamRZ 2013, 24).

Ist keine wirksame Rechtswahl getroffen, bestimmt sich das anwendbare Recht nach der Kaskadenanknüpfung des Art. 8 Rom III-VO. Dieses stellt primär auf das Recht des gemeinsamen **gewöhnlichen Aufenthalts** zum Zeitpunkt der Anrufung des Gerichts ab, Art. 8 lit. a Rom III-VO. Die Rom III-VO enthält keine Definition des gewöhnlichen Aufenthaltes. Es dürfte auf die entsprechende Rechtsprechung zu Art. 3 und 8 Brüssel IIa-VO und Art. 3 und 7 Brüssel IIb-VO zurückzugreifen sein, → Anm. 2, → Form. D.III.1 Anm. 1. Andernfalls gilt das Recht des Staates des letzten gemeinsamen Aufenthaltes, sofern zum Zeitpunkt der Anrufung des Gerichts dieser nicht vor mehr als einem Jahr endete – abzustellen ist also auf den Zeitpunkt der Einreichung des Antrags – und einer der Eheleute dort noch seinen gewöhnlichen Aufenthalt hat, Art. 8 lit. b Rom III-VO. Nachrangig gilt das Recht des Staates der gemeinsamen Staatsangehörigkeit, Art. 8 lit. c Rom III-VO, sonst das Recht des Staates des angerufenen Gerichts, Art. 8 lit. d Rom III-VO.

4. Aufgrund universeller Wirkung, Art. 4 Rom III-VO, kommt nicht nur Recht teilnehmender Mitgliedstaaten, sondern auch jedes anderen Staates zur Anwendung; so OLG Hamm BeckRS 2019, 25144 = FamRZ 2020, 666 betr. libanesisches Recht. Gemäß Art. 11 Rom III-VO handelt es sich um eine Sachnormverweisung, dh, dass die

Regeln des ausländischen internationalen Privatrechts nicht auf eine Rück- oder Weiterverweisung zu prüfen sind.

Kommt ausländisches Scheidungsrecht zur Anwendung, ist zunächst zu prüfen, ob in dem Staat mehrere Rechtssysteme gelten, sei es in Teilgebieten, Art. 14 Rom III-VO (zB Großbritannien, USA) oder hinsichtlich verschiedener Personengruppen, Art. 15 Rom III-VO (zB religiöse Scheidungsrechte in Israel und Syrien).

Art. 10 Rom III-VO dient der Inhaltskontrolle, indem es in zwei Fällen zur Anwendung der lex fori führt:

a) wenn das an sich anwendbare Recht keine Ehescheidung vorsieht. Dies betrifft nur Fälle, in denen das anzuwendende Recht gar keine Form der Ehescheidung vorsieht (zB Äquatorialguinea, zT Ägypten, Philippinen, Sudan und Syrien; EuGH 16.7.2020 – C-249/19, BeckRS 2020, 16048 = FamRZ 2020, 1464 mAnm Mankowski) oder

b) wenn das an sich anwendbare Recht einem Ehegatten aufgrund seiner Geschlechtszugehörigkeit keinen gleichberechtigten Zugang zu einem Scheidungs- oder Trennungsverfahren gewährt (dazu EuGH 12.5.2016 – C-281/15, BeckEuRS 2016, 81033 = FamRZ 2016, 1137 mAnm Helms FamRZ 2016, 1134; OLG Nürnberg BeckRS 2022, 14608 = FamRZ 2022, 1019).

Darüber hinaus kommt eine Inhaltskontrolle im Rahmen des ordre public-Vorbehalts des Art. 12 Rom III-VO in Betracht (Schall/Weber IPRax 2014, 381).

Das auf den **Versorgungsausgleich** anzuwendende Recht richtet sich im Fall der Geltung des dt.-iran. Niederlassungsabkommen von 1929 für die Scheidung, → Anm. 7, nach dessen Art. 8 Abs. 3 und findet nicht statt (BGH FamRZ 2005, 1666). Ansonsten ist er nach Art. 17 Abs. 4 S. 1 EGBGB von Amts wegen durchzuführen, wenn deutsches Recht nach der Rom III-VO auf die Scheidung anzuwenden ist und ihn das Recht eines der Staaten kennt, dessen Staatsangehörigkeit einer der Ehegatten im Zeitpunkt der Rechtshängigkeit hatte (dazu BGH LSK 2009, 170265 = FamRZ 2009, 677), so Südafrika, evtl. auch Schweiz, einige Bundesstaaten der USA und einige Provinzen Kanadas (zu Einzelheiten Niethammer-Jürgens/Erb-Klünemann Int FamR S. 86 f.). Andernfalls findet der Versorgungsausgleich nach Art. 17 Abs. 4 S. 2 EGBGB auf Antrag nach deutschem Recht statt, wenn die Ehegatten in der Ehezeit inländische Anwartschaften erworben haben und die Durchführung des Versorgungsausgleichs der Billigkeit nicht widerspricht (BGH FamRZ 2000, 418). Zur Unbilligkeit der Durchführung des Versorgungsausgleichs nach Art. 19 Abs. 3 VersAusglG, wenn nur ein Ehepartner ausländ. Rentenanwartschaften erworben hat OLG Stuttgart BeckRS 2025, 17586 = FamRZ 2026, 110 = NZFam 2026, 30 mAnm Strube; zum Versorgungsausgleich und Art. 1 Abs. 1 lit. f EuGüVO Borth FamRZ 2019, 1573.

5. **Polnisches Familien- und Vormundschaftsgesetzbuch** v. 25.2.1964 (FVGB), Henrich/Dutta/Ebert – de Vries IntEheR Länderbericht Polen III.B.4; Rieck/Lettmaier AuslFamR Polen; Hofer/Schwab/Henrich-Maczynski, Scheidung und nachehelicher Unterhalt im europäischen Vergleich, S. 24. Informationen zu ausländischem Eherecht findet sich bezogen auf EU-Staaten unter https://e-justice.europa.eu/topics/family-matters-inheritance/divorce-and-legal-separation_de?language=de (Stand 31.10.2025) und http://eur-lex.europa.eu/n-lexlexadin.nl (Stand 31.10.2025), international unter http://www.dnoti.de/informationen/linksammlungen/notarlinks-international (Stand 31.10.2025) und http://www.lexadin.nl/wlg/legis/nofr/legis.php (Stand 31.10.2025).

6. Den Schuldausspruch sehen einige ausländische Scheidungsrechte vor. Er erfolgt nach polnischem Recht auf Antrag nach Art. 57 § 1 FVGB. Das internat. zuständige deutsche Gericht hat Feststellungen zur **Schuld/Mitschuld** eines oder der Ehegatten zu treffen. Festzuhalten ist auch die jeweilige Gewichtung der einzelnen Anteile (BGH BeckRS 9998, 102908 = NJW 1982, 1940). Der Schuldausspruch ist in den Tenor aufzunehmen, wenn dies das ausl. Recht verlangt (BGH NJW 1988, 636). Nach OLG Hamm LSK 2000, 090375 = FamRZ 2000, 29 besteht der privilegierte Unterhaltsanspruch nach Art. 60 Abs. 1 FVGB, → Anm. 7, nicht, wenn das alleinige Verschulden nur in den Gründen des Scheidungsurteils festgestellt ist (vgl. Roth IPRax 2000, 292). Wird die Schuldfeststellung später nötig, kann sie nachgeholt werden (OLG Hamm LSK 2000, 480388 = IPRax 2000, 308), erfolgt dann bei internat. Zuständigkeit des angerufenen deutschen Gerichts bei der Auseinandersetzung über die jeweiligen Folgen.

7. Der bisherige Parteivortrag des Ast. ist mit seinen Verdachtsmomenten kaum ausreichend, alleinige Schuldfeststellungen gegen die Ag. zu treffen, so dass ein gerichtlicher Hinweis nach § 139 ZPO veranlasst ist. Belegt der Ast. seine Vorwürfe, kann Unterhalt nach der Ehescheidung im Fall der Anwendung ausländischen Rechts nach dem Haager Protokoll 2007 (HUnthProt), → Form. B.II.9 Anm. 4, auszuschließen sein. Es kann eine ordre public-Überprüfung nach Art. 13 HUnthProt in Betracht kommen, wobei die gegenüber dem deutschen Recht reduzierte Unterhaltspflicht nicht gegen den ordre public verstößt, der ausgeschlossene Unterhaltsanspruch dann, wenn dies eine besondere Härte für den Unterhalt begehrenden Ehegatten darstellt (zu Einzelheiten Andrae IntFamR § 10 Rn. 185 ff. mwN).

5. Antrag auf Scheidung (Verstoßungsscheidung; talaq) nach iranischem Recht

An das

Amtsgericht

– Familiengericht –[1]

Scheidungsantrag

des Herrn . . . . .

– Antragstellers –

Verfahrensbevollmächtigte: Rechtsanwältin . . . . .

gegen

Frau . . . . .

– Antragsgegnerin –

wegen: Ehescheidung nach iranischem Recht

hier: Verstoßungsscheidung des Mannes (talaq nach iran. Heimatrecht)

Namens und unter Berufung auf die mir schriftlich erteilte, beigefügte (§§ 11, 114 Abs. 5 FamFG) Verfahrensvollmacht des Antragstellers bitte ich hiermit um Anberaumung eines möglichst nahen Termins zur mündlichen Verhandlung, in dem ich beantragen werde:

1. Die am . . . . . im Eheschließungsnotariat in . . . . ./Iran zur Nr. . . . . . geschlossene Ehe der Beteiligten wird geschieden. Grundlage der Scheidung ist Art. 1133 iran. ZGB.[2, 3]
2. Unter Aufhebung der gemeinsamen elterlichen Sorge betreffend die beiden minderjährigen Kinder S., geb. am . . . . ., und A., geb. am . . . . ., wird die Alleinsorge

auf den Antragsteller übertragen. Der Lebensmittelpunkt der Kinder soll weiterhin und auch nach Rechtskraft der Ehescheidung bei der Antragsgegnerin sein.

3. Die Kosten des Verfahrens werden gegeneinander aufgehoben.
   Gerichtskostenvorschuss ist eingezahlt.

Begründung:

1. Die Beteiligten haben am . . . . . im Eheschließungsnotariat in . . . . ./Iran zur Nummer . . . . . die Ehe geschlossen.

   Beweis: Vorlage der Heiratsurkunde, im Original mit begl. dt. Übersetzung beigefügt

   Beide Beteiligte sind iran. Staatsangehörige (schiitischer Religionszugehörigkeit).[4] Zunächst lebten sie in Teheran, aber seit Anfang 2000 halten sie sich überwiegend in Deutschland auf. Beide verfügen über eine unbeschränkte Aufenthaltserlaubnis[5] für Deutschland.
   Aus der Ehe der Beteiligten sind die Kinder S., geb. am . . . . ., und A., geb. am . . . . ., hervorgegangen.

   Beweis: Vorlage der Abstammungsurkunden, in begl. Kopie beigefügt

2. Der Antragsteller ist beruflich stark beansprucht. Zunächst hat er im Iran als Selbstständiger ein Geschäft betrieben, um für sich und seine Familie sein Auskommen zu finden, war dabei aber nicht sonderlich erfolgreich. Deshalb ist er mit der Antragsgegnerin nach Deutschland gezogen, um hier besser leben zu können. Inzwischen verdient er mit seinem Export-/Importhandel etwa 4.250 EUR netto im Monat. Nach wie vor ist er aber häufig abwesend, besonders häufig im Iran, denn mit seinem Heimatland unterhält er wichtige geschäftliche Kontakte. Über seine ständigen Abwesenheiten beschwert sich die Antragsgegnerin immer wieder. Der Antragsteller hat zwar versucht, der Antragsgegnerin seine besondere Situation zu erklären und ihr Verständnis zu erreichen, aber sie blieb letztlich uneinsichtig. Am . . . . . ist sie mit den Kindern aus der ehelichen Wohnung ausgezogen und führt jetzt in . . . . . einen eigenen Haushalt.[6] Wiederholte Versuche des Antragstellers, die Antragsgegnerin zur Rückkehr zu bewegen, sind erfolglos geblieben. Deshalb will er jetzt geschieden werden; er ist nicht bereit, die eheliche Lebensgemeinschaft mit der Antragsgegnerin fortzusetzen bzw. wieder aufzunehmen.

   Beweis: Beteiligtenvernehmung

   In der außergerichtl. Korrespondenz hat die Antragsgegnerin erklärt, sie wolle ebenfalls die Scheidung; sie passe einfach nicht zu ihrem Mann. Deshalb ist davon auszugehen, dass sie im Verfahren ihre Zustimmung zur beantragten Ehescheidung erklären wird. Die Ehe der Beteiligten kann daher ohne weiteres geschieden werden, Art. 1133 iran. ZGB.[7, 8, 9]

3. Sonstige Familiensachen, an denen beide Eheleute beteiligt sind, sind nicht anhängig.
4. Nach iran. Recht[10] beansprucht der Antragsteller die elterliche Sorge für die Kinder S. und A. für sich. Beide sollen allerdings weiterhin bei der Antragsgegnerin leben und von ihr versorgt werden, eine Lösung, auf die sich die Eltern auch verständigt haben und die im Interesse der Kinder liegt.[11]

5. **Für den Kindesunterhalt hat der Antragsteller dt. Jugendamtsurkunden errichtet. Über den Ehegattenunterhalt nach der Scheidung haben sich die Beteiligten durch notarielle Urkunde[12] (in begl. Kopie beigefügt) geeinigt.**
6. **Die Beschlussausfertigung erbitte ich in vollständiger Form mit Gründen.**

Rechtsanwältin[13, 14, 15, 16, 17]

Anmerkungen

1. a) Zur **int. Zuständigkeit** dt. Gerichte für **Ehesachen** vgl. die Vorschriften der Brüssel IIb-VO, → Form. A.V.1 Anm. 1, diese Bestimmungen gelten auch für das Verhältnis zum Iran, dazu OLG Koblenz FamRZ 2009, 611 = FamRBint 2009, 26 mAnm Yassari; hier folgt die int. Zuständigkeit für die Ehescheidung aus Art. 3 Abs. 1 lit. a Ziff. i Brüssel IIb-VO und für die Regelung der elterlichen Sorge aus Art. 7 Abs. 1 Brüssel IIb-VO, da die Kinder in Deutschland ihren gewöhnlichen Aufenthalt haben; zur örtl. Zuständigkeit → Form. A.V.1 Anm. 2; zum Verfahrensablauf, **lex fori,** → Form. A.V.1 Anm. 3. Privatscheidungen iran. Eheleute im Konsulat in Deutschland sind bei uns nicht anerkennungsfähig, da diese nicht „im Ausland" erfolgen, OLG Frankfurt a. M. BeckRS 2002, 30298921. Ausl. Scheidungsurteile werden im Iran nur anerkannt, wenn (bei der im Ausland getroffenen Entscheidung) für iranische Eheleute iranisches Recht zur Anwendung gelangt ist; das gilt selbst dann, wenn die Rechtsanwendung bei uns „richtig" war, dazu LG München I FamRZ 1997, 1354 für den Iran. Zusätzlich ist (wohl) unter Vorlage des ausl. Scheidungsurteils die im Iran übliche Erklärung abzugeben, die Ehefrau zu verstoßen. Wirken beide Parteien mit, kann dann vor einem iran. Gericht Anerkennungsklage erhoben werden, wobei in beiden Fällen das ausl. Urteil auf seine inhaltliche Vereinbarkeit mit iran. Sachrecht überprüft wird, vgl. Elwan StAZ 2005, 87 (88).

b) Während das KG IPRax 2000, 126 mAnm Herfarth IPRax 2000, 101, noch von der fehlenden int. Zuständigkeit dt. Gerichte für von Iranern betriebene Scheidungsverfahren ausgegangen ist, da sie dabei „völlig wesensfremde" Aufgaben zu leisten hätten, denn die iran. Heimatvorschriften seien „stark religiös geprägt", hat der BGH die int. Zuständigkeit – bei im Übrigen gegebenen Voraussetzungen – bejaht, BGHZ 160, 332 = FamRZ 2004, 1952 mAnm Henrich FamRZ 2004, 1958, zu dieser Entscheidung Rauscher IPRax 2005, 313; → Form. A.V.6 Anm. 7 a); zu den verschiedenen isl. Rechtsschulen vgl. Fadlalla Ali, Das isl. Ehe- und Kindschaftsrecht im Sudan, Diss. Hamburg 2001; Wähler, Ehrengabe Elwan (2001), S. 113, ausf. Yassari FamRZ 2002, 1088; zum Islam in der Entscheidungspraxis dt. Familiengerichte Bock NJW 2012, 122; zur Vorfrage der wirksamen Eheschließung → Form. A.V.1 Anm. 5 und → Form. A.V.2 Anm. 4; zu iran. Eheverboten Sturm StAZ 2005, 1 (11) und Wähler StAZ 1984, 336; zur isl. Verstoßungsscheidung allg. Büchler, Das islamische Familienrecht: Eine Annäherung, S. 44 f.; dabei erscheint die Sicht des BGH (FamRZ 2004, 1952) zutreffend; andernfalls würden wir Iranern, die in Deutschland leben, praktisch jeden Rechtsschutz verweigern – viele von ihnen können und/oder wollen nicht in den Iran zurückkehren, um sich dort scheiden zu lassen.

2. Die Aufnahme dieser Bestimmung, die die **Verstoßungsscheidung** durch den **Mann** regelt, in den Antrag soll sicherstellen, dass sie auch im **Tenor** des Beschlusses aufgeführt wird. Dies wiederum erleichtert zumindest die Anerkennung im Iran, zu Einzelheiten KG IPRax 2000, 126 (127), ergänzt durch BGH FamRZ 2004, 1952 (auch heimatstaatliche Verfahrensvorschriften können hier zu beachten sein, insbes. die vorgeschriebene „Anwesenheit" erwachsener, männlicher Zeugen bei der Verkündung der Entscheidung); zu den Veränderungen des Familienrechts in Ägypten (ab 2000) Rohe StAZ 2001, 193 mN;

für Marokko Nelle StAZ 2004, 153 und StAZ 2004, 276, Wohlgemuth FamRZ 2005, 1939; zu den allgemeinen Ehewirkungen im Recht der „orientalischen Staaten" Krüger FamRZ 2008, 1749.

3. Zum **Versorgungsausgleich** vgl. **Art. 17 Abs. 4 EGBGB** und → Anm. 16 sowie → Form. A.V.1 Anm. 9, zur nachträglichen Durchführung → Form. I.V. Will die Antragsgegnerin eine gerichtl. Entscheidung, muss sie nach Art. 17 Abs. 4 S. 2 EGBGB entspr. Regelungsanträge stellen. Sind beide Parteien (nur) iranische Staatsangehörige, findet nach der inzwischen überwiegenden Auffassung allerdings kein Versorgungsausgleich in Deutschland statt, → Anm. 16 und BGH FamRZ 2005, 1666, weil – anders als in dem Fall, dass die Parteien auch die dt. Staatsangehörigkeit besitzen – das dt.-iranische Niederlassungsabkommen vorrangig ist (aA MüKoBGB/Winkler v. Mohrenfels, 6. Aufl. 2011, EGBGB Art. 17 Rn. 91) → Anm. 7, wonach iran. Recht zur Anwendung kommt, welches keine Rückverweisung auf dt. Recht vorsieht.

4. Für die einzelnen **Religionsgruppen** stellt iran. Recht für die familienrechtl. Rechtsbeziehungen jeweils unterschiedliche Rechtsregeln bereit, vgl. Bergmann/Ferid/Henrich S. 166 f., Länderbericht Iran; Yassari FamRZ 2002, 1088. Diesen (internen) Anordnungen folgen auch dt. Gerichte, so etwa OLG Frankfurt a. M. NJW 2019, 3461.

5. Zu den ausländerrechtlichen Folgen von Trennung und Scheidung → Form. A.V.3 Anm. 4 mN; zur Praxis des BVerfG (Rücksichtnahme auf tatsächlich ausgeübte Sorge-/ Umgangsbefugnisse bei der ausländerrechtl. Überprüfung und bei aufenthaltsbeendenden Maßnahmen) FamRZ 2002, 601; BVerfG FamRZ 2006, 21; 2006, 187 und BVerfG FamRZ 2006, 925 sowie FamRZ 2009, 579.

6. § 122 Nr. 1 FamFG; aus dieser Vorschrift folgt die örtl. Zuständigkeit des angerufenen Gerichts.

7. Beide Beteiligte sind (nur) iran. Staatsangehörige. Deshalb ist für ihr Ehescheidungsverfahren in Deutschland gem. **Art. 19 Rom III-VO** weiterhin Art. 8 Abs. 3 des Niederlassungsabkommens zwischen dem Deutschen Reich und dem Kaiserreich Persien (**dt.-iran. Niederlassungsabkommen**) v. 17.2.1929 (RGBl. 1930 II 1002 (1006)) iVm dem Schlussprotokoll vom 4.11.1954 (BGBl. 1955 II 829) maßgeblich, so dass materielles iran. Recht zur Anwendung gelangt, so ausdrücklich OLG Frankfurt a. M. NJW 2019, 3416. Das Abkommen gilt auch im Verhältnis zu den neuen Bundesländern, insbesondere Art. 8 des **Zusatzprotokolls**, zu Einzelheiten Schotten/Wittkowski FamRZ 1995, 264 und Finger FuR 1999, 58 (158 und 215) und → Anm. 10, 12. Dagegen ist wie sonst üblich anzuknüpfen, wenn bei einem der Beteiligten – oder bei beiden – zur iran. Staatsangehörigkeit eine weitere Staatsangehörigkeit hinzukommt, wobei für den Fall, dass es nach der anwendbaren Rom III-VO auf die Staatsangehörigkeit ankommt, **Art. 5 EGBGB** zu beachten ist. Verdrängt sind die Sonderregeln des Abk. allerdings durch das **Flüchtlingsstatut** eines Beteiligten aus Art. 12 Abs. 1 der Genfer Flüchtlingskonvention, LG München I FamRZ 1997, 1354, teilw. im Anschluss an BGH FamRZ 1990, 32; Schotten/ Wittkowski FamRZ 1995, 264 (266).

8. a) Nach Art. 1133 iran. ZGB kann der Ehemann seine Frau verstoßen, „wann er will"; seine Erklärung bildet den **konstitutiven** Akt, auch wenn sie an bestimmte Förmlichkeiten und Verfahrensabläufe gebunden ist, dazu Bergmann/Ferid/Henrich IntEheR Länderbericht Iran S. 61; Yassari FamRZ 2002, 1088 (1090). Allerdings muss er die notwendige „Scheidungsfähigkeit" besitzen, also erwachsen und vernünftig sein und absichtsvoll und frei handelnd vorgehen, zu weiteren Einzelheiten Bergmann/Ferid/Henrich IntEheR Länderbericht Iran S. 61 f. Gleichwohl erfolgt die Scheidung durch gerichtl. Ausspruch, zum Gesetz über zivile Sondergerichte Schotten/Wittkowski FamRZ 1995,

264 (265). Eigene Trennungsfristen sind im Iran nicht vorgesehen, ohne dass so der dt. ordre public berührt wäre, dazu Grüneberg/Thorn Rom III-VO Art. 12 Rn. 3, und OLG Hamm FamRZ 1997, 861. Dagegen verletzen die Bestimmungen des iranischen Rechts, die die sachlichen Voraussetzungen für die Ehescheidung für den Mann bzw. die Frau ganz unterschiedlich regeln, **Gleichberechtigungsgebote** nach Art. 3 Abs. 2 GG, so dass der dt. ordre public verletzt sein kann, BeckOK BGB/Heiderhoff EGBGB Art. 17 Rn. 25; zur Beachtlichkeit → Anm. 12. Grob sach- und daher insoweit auch verfassungswidrig wären dabei schon Bestimmungen, die dem Mann die Rechtsverfolgung erleichtern, aber seine Frau in ein schwierigeres Verfahren verweisen. Bei der Heirat können die Parteien im Iran allerdings durch Vereinbarung festlegen, unter welchen Voraussetzungen einer von ihnen, also insbesondere auch die Ehefrau, einen Scheidungsantrag stellen kann, etwa bei Weigerung des Ehemannes, die Unterhaltskosten für sie zu zahlen, dazu OLG Schleswig OLGReport Schleswig 2001, 182; dies ist auch bei der Wertung nach Art. 6 EGBGB zu berücksichtigen. Nach iran. Vorstellungen jedenfalls ist die Eheschließung ein zweiseitiger, verbindlicher **zivilrechtlicher Vertrag,** der – weitgehend – Grundsätzen der Vertragsfreiheit unterliegt, die auch für die Auflösung bestimmend werden. Der dt. ordre public steht diesen Absprachen jedenfalls nicht von vornherein entgegen, sondern dt. Gerichte überprüfen die jeweils ausgehandelten Folgen im Einzelfall.

b) Anstößig im iran. Scheidungsrecht ist aus dt. Sicht vor allem die **Ungleichbehandlung** der Ehefrau, Art. 3 Abs. 2 GG, bei den Scheidungstatbeständen, **Art. 6 EGBGB,** dazu (allerdings sehr knapp, für Algerien) OLG Rostock FamRZ 2006, 947. Aber sie reicht weniger weit als zunächst angenommen, → Anm. 9. Ist die Frau mit der gerichtl. ausgesprochenen Ehescheidung einverstanden, will sie sie sogar selbst und sind die aus dt. Sicht sonst notwendigen Scheidungsvoraussetzungen erfüllt, also insbesondere Trennung der Parteien und Ablauf des Trennungsjahres nach **§ 1566 Abs. 1 BGB,** besteht kein Anlass, sie gegen im Wesentlichen abstrakte Gleichberechtigungswidrigkeit, Art. 3 Abs. 2 GG, zu schützen, dazu BGH FamRZ 1990, 32 (35); BGH FamRZ 2004, 1952; OLG München IPRax 1989, 238 (241) und OLG Köln FamRZ 1996, 1147; ähnliche Erwägungen bei Scholz StAZ 2002, 321 (324) (inhaltliche Relativität des Gleichberechtigungsgebots), aus schweizer Sicht Oberstes Kantonsgericht Bern FAMPRA.ch 2006, 410; anders (für Algerien) OLG Köln FamRZ 2002, 166; zu gleichartigen Erwägungen für den Scheidungsantrag einer **Libanesin** schiitischen Glaubens OLG Zweibrücken NJW-RR 2002, 581 (582), mAnm Hohloch JuS 2002, 1025. Wenn die ausl. Regeln des sonst berufenen Rechts verworfen werden, wird dt. Recht als Ersatzrecht angewandt, auch für die sonstigen sachlichen Voraussetzungen und für die Trennungsfristen, Art. 6 EGBGB, wie hier Hohloch JuS 2002, 1025, anders Motzer FamRB 2002, 331. Dann wird die Ehe (ebenfalls) geschieden, aber nicht nach iranischen, sondern nach dt. Regeln, also mit demselben „Ergebnis", nur dass die Anerkennung des dt. Scheidungsbeschlusses nun im Heimatland stark gefährdet ist, Herfarth IPRax 2000, 101 (103). Der Weg über Art. 6 EGBGB sollte daher nur dann gegangen werden, wenn die Ehefrau oder einer der Verfahrensbeteiligten sonst praktisch rechtlos bliebe, dazu OLG Zweibrücken NJW-RR 2002, 581 (582) mAnm Hohloch JuS 2002, 1025.

9. a) **Art. 1130 iran. ZGB** sieht auch für die Frau eine „Verstoßens-Scheidung" vor. Denn sie kann nach Anrufung des Gerichts das Recht erhalten, sich von ihrem Ehemann scheiden zu lassen, wobei, wenn er sich weigert, das Gericht als „gesetzlicher Vertreter des Mannes" tätig wird, Bergmann/Ferid/Henrich IntEheR Länderbericht Iran S. 61, dabei aber keine eigene Regelung vornimmt, sondern die Scheidungsformel nur anstelle des Ehemannes ausspricht, die stets seine Erklärung bleibt. Dabei kann er sogar seiner Frau das Recht einräumen, ihn bei der Scheidung zu vertreten, vgl. dazu Bergmann/Ferid/Henrich IntEheR Länderbericht Iran S. 61, zu den sonstigen Ehescheidungs- und Eheaufhebungsgründen für Frauen im Iran Finger FuR 1999, 215 (217 f.), zur Ehescheidung nach **marokk. FamGB** wegen Unterhaltspflichtverletzung des Mannes (ähnlich regelt dies auch Art. 1129 iran. ZGB) vgl. OLG Bamberg Streit 2001, 85 (noch zum marokk. CSPS); Yassari FamRZ 2002, 1088 (1091) sowie → Form. A.V.1. Zudem kann die Ehefrau, wenn die Aufrechterhaltung der Ehe für sie eine Härte bedeuten würde und sie sich schuldig macht, wenn sie sie fortführt, ausführlich zu diesem Punkt Yassari FamRZ 2002, 1088 (1095) mit einer Übersicht zu Erläuterungen des iran. Gesetzgebers im Frühjahr 2002 zu Art. 1130 iran. ZGB und den Umständen, die als „Not" oder „kritische Lage" angesehen werden, beim zivilen Sondergericht beantragen, den Mann zu veranlassen, sie zu verstoßen. Weigert er sich dann, der gerichtl. Anordnung nachzukommen, „wird die Ehe durch Urteil geschieden", vgl. dazu Herfarth IPRax 2000, 101, zu weiteren Einzelheiten Bergmann/Ferid/Henrich IntEheR Länderbericht Iran S. 61 mN. Sicherlich wird ein dt. Gericht, wenn sich eine iran. Ehefrau auf Art. 1130 iran. ZGB beruft, zu Maßnahmen veranlasst, die „fremde" Anteile enthalten. Auch die Zuständigkeit des religiösen Gerichts im Iran ist aus dt. Sicht eher ungewöhnlich. Deshalb sollten nach älterer Rechtsprechung insbesondere des KG IPRax 2000, 126 entspr. Verfahren vor dt. Gerichten nicht geführt werden können, deutliche Kritik schon bei Herfarth IPRax 2000, 101, in der Zwischenzeit aber ohnehin anders BGH FamRZ 2004, 1952 mAnm Henrich FamRZ 2004, 1958; früher schon Scholz StAZ 2002, 321 (323) mN, weil so Iranern, die in Deutschland leben, praktisch jeder Rechtsschutz verweigert würde. Grundlage der Scheidung sind dann allerdings die Bestimmungen des iranischen Rechts, also insbesondere Art. 1130 f. iran. ZGB, die durch gerichtl. Entscheidung in einer neutral gefassten Form erfolgt, vgl. dazu auch BGH FamRZ 2004, 1952. Gänzlich unbefriedigend wäre sicherlich, zwischen der Verstoßungsscheidung, die ein iran. Heimatrecht für den Mann zur Verfügung stellt, und Art. 1130 iran. ZGB für die Frau noch einmal zu differenzieren und die Scheidung in Deutschland für den Mann zuzulassen, für die Frau nach Art. 1130 iran. ZGB aber nicht. Zu Altersgrenzen des kanonischen Rechts (12 Jahre für eine Uruguayerin) AG Tübingen ZfJ 1992, 48 mAnm Coester ZfJ 1992, 241; AG Hannover FamRZ 2002, 1116 für Vietnam; zum Problem der „Kinderehen" Andrae NZFam 2016, 923. Nach Art. 13 Abs. 3 EGBGB idF mWv 22.7.2017 ist eine Ehe, wenn die Ehemündigkeit eines Verlobten ausl. Recht unterliegt, nach dt. Recht jedoch unwirksam, wenn der Verlobte im Zeitpunkt der Eheschließung das 16. Lebensjahr nicht vollendet hatte, und aufhebbar, wenn der Verlobte zum Zeitpunkt der Eheschließung das 16., aber nicht das 18. Lebensjahr vollendet hatte. Diese Vorschrift wurde neu gefasst durch das Gesetz zur Bekämpfung von Kinderehen vom 17.7.2017, war allerdings von Anfang an nicht unumstritten. Denn sie erstreckt sich abstrakt-generell auf sämtliche von Minderjährigen geschlossenen Ehen und versagt auch gelebten Statusverhältnissen ohne Zwangscharakter idR die Anerkennung, Grüneberg/Thorn EGBGB Art. 13 Rn. 20. Der BGH hat mit Beschl. v. 14.11.2018 eine Entscheidung des BVerfG zu der Frage eingeholt, ob Art. 13 Abs. 3 Nr. 1 EGBGB idF des Gesetzes zur Bekämpfung von Kinderehen vom 17.7.2017 mit Art. 1, 2 Abs. 1, 3 Abs. 1 und 6 Abs. 1 GG vereinbar ist, FamRZ 2019, 181. Das BVerfG billigt die starre Altersgrenze, hält jedoch die Regelung des Art. 13 Abs. 3 Nr. 1 EGBGB wegen des Fehlens einer Regelung zu den Rechtsfolgen einer nichtigen Eheschließung für unverhältnismäßig und deshalb verfassungswidrig, BVerfG NJW 2023, 1494. § 1305 BGB wurde durch das Gesetz zum Schutz Minderjähriger bei Auslandsehen aufgrund vorgenannter Entscheidung mit Wirkung ab 1.7.2024 neu gefasst, BGBl. 2024 I Nr. 212 vom 27.6.2024. Zur Ehescheidung nach jüd. Ritus → Form. A.V.6.

b) Zur Verstoßungsscheidung (allg.) nach islamischem Recht und Art. 6 EGBGB (bei einem Verfahren vor dt. Gerichten) vgl. auch Wähler Ehrengabe Elwan (2001), S. 113 insbes. 116 f.; Wähler geht sogar davon aus, dass die Verstoßung selbst zu Protokoll des dt. Gerichts erklärt werden kann (aber sie kann auch außerhalb der Verhandlung vorgenommen werden, wobei dann schriftsätzlicher Vortrag ausreicht), S. 119; ausführlich Ungerath IPRax 2004, 519 in seiner Anm. zu AG Kulmbach IPRax 2004, 529; Elwan/Menhofer StAZ 2005, 168 und Rauscher IPRax 2005, 313. Voraussetzung ist jedenfalls Zustimmung der Ehefrau oder, wenn sie fehlt, erklärtes bzw. nachgewiesenes Scheitern der Ehe auch nach dt. Vorstellungen, so dass eine Scheidung nach Vereinbarungen im Ehevertrag möglich wird, S. 116 f.; zur Ehescheidung von pakistanischen Staatsangehörigen, die der Glaubensgemeinschaft der **Ahmadis** angehören, OLG Köln FamRZ 2002, 1481, dazu Finger FamRB 2002, 365 (maßgeblich ist pak. Kollisionsrecht, das die zivilrechtl. Gleichstellung mit sunnitischen Muslimen vorsieht, so dass nicht etwa – wie für andere Glaubensrichtungen – eine versteckte Rückverweisung auf dt. Recht als lex fori erfolgt), kritisch zur versteckten Rückverweisung allg. Andrae/Essebier IPRax 2002, 294 für indische Schiiten und OLG Hamburg IPRax 2002, 304; OLG Zweibrücken FamRB 2002, 331.

c) Neben der einseitigen Verstoßung kennt das iran. Recht eine Scheidung aufgrund einer **Vereinbarung** im **Ehevertrag,** zu Einzelheiten Yassari FamRZ 2002, 1088 (1092 f.); Büchler, Das islamische Eherecht: Eine Annäherung, S. 63 f.; zu den Regelungen dabei vgl. Elwan StAZ 2005, 87. Zwei Varianten sind möglich:

- Besteht zwischen den Ehegatten gegenseitige **Abneigung,** ist die Scheidung im Einvernehmen möglich, wenn die Frau die Leistung eines Entgelts angeboten hat, das die Höhe der Morgengabe nicht übersteigen darf, Art. 1147 iran. ZGB, **mubarat-Scheidung,** → Form. L.VI.1, dazu auch OLG Stuttgart FamRBint 2009, 25 (zur Verpflichtung der Frau, in diesem Fall die Morgengabe zurückzuzahlen).
- Ist dagegen die Abneigung „nur" auf Seiten der Ehefrau vorhanden, wird die Eheauflösung zulässig, wenn sie (die Frau) eine geldwerte Leistung anbietet, deren Höhe nicht begrenzt ist, **khul.** Bei Einvernehmen zwischen den Ehegatten ist die Anrufung eines Gerichts im Iran nicht erforderlich; auch Schiedsrichter müssen nicht bestellt werden, aber dann ist das ausl. Urteil (Privatscheidung) bei uns nicht anerkennungsfähig, wenn dt. Recht Scheidungsstatut ist (im Verhältnis zum Iran eher seltene Ausnahme), zu Einzelheiten dabei → Form. A.V.3 Anm. 9 und → Form. Q.I Anm. 2, 4und 5. Haben sich die Eheleute geeinigt und hat das Gericht diese Einigung herbeigeführt oder unterstützt, ist die Scheidung unwiderruflich; aber die Anordnung erfolgt widerruflich, wenn die Frau nicht zustimmt, zum „unerträglichen Aufführen des Ehemannes und (dadurch) Unmöglichkeit der Fortsetzung des Ehelebens" aus dem Ehevertrag OLG Düsseldorf FamRZ 2003, 379 – wiederholte körperliche Misshandlung der Frau durch den Mann erfüllt diese Voraussetzungen.

10. a) Nach Art. 1168 iran. ZGB ist die **elterl. Sorge** (Personensorge) für Kinder Recht und Pflicht beider Elternteile. Nach Art. 1169 iran. ZGB in der bis zum 31.12.2003 geltenden Fassung stand sie für die ersten zwei Jahre nach der Geburt der Mutter zu; „nach dieser Zeit" gebührte sie dem Vater mit Ausnahme der weiblichen Kinder, „über welche der Mutter bis zur Erreichung von sieben Jahren die Sorge" zustand, ausdrücklich jedoch wiederum nur für die Ehezeit, zu weiteren Einzelheiten Finger FuR 1999, 215 (219) mN. Seit dem 1.1.2004 sieht Art. 1169 iran. ZGB vor, dass die Personensorge für ein Kind, dessen Eltern getrennt leben, primär der Mutter obliegt, bis die Kinder das 7. Lebensjahr erreicht haben, und danach dem Vater. In der zugehörigen Anmerkung heißt es weiter, dass für den Fall, dass sich die Eltern über die Sorgerechtsfrage nach dem Erreichen des 7. Lebensjahres nicht einigen können, das Gericht unter Berücksichtigung des Kindeswohls entscheidet. Gesichtspunkte des Kindeswohls spielen bei der Regelung der elterlichen Sorge daher nun eine ähnliche Rolle wie nach dt. Recht, dazu OLG Koblenz FamRZ 2009, 611 = FamRBint 2009, 26 mAnm Yassari, so dass Art. 6 EGBGB insoweit an Bedeutung verloren hat, → Anm. 11.

b) Für die Frage, welches Sorgerecht zur Anwendung gelangt, ist wegen des Vorrangs des dt.-iran. Niederlassungsabkommen nicht Art. 21 EGBGB maßgeblich. Angesichts dessen gelten auch die Bestimmungen des **MSA** (spätere Regelung) im Verhältnis zum Iran nicht, OLG Bremen FamRZ 1999, 1520 und Finger FuR 1999, 215 (219) mN, zum KSÜ → Form. A.V.1 Anm. 10 und Mansel/Thorn/Wagner IPRax 2009, 1 (10 f.).

11. Wegen der Veränderungen in Art. 1169 iran. ZGB, → Anm. 10, spielt Art. 6 EGBGB für die Regelung der elterl. Sorge im Verhältnis zum Iran keine große Rolle mehr. Bspw. kann dem Vater, wenn nicht vorrangige Kindesinteressen entgegenstehen, die **elterliche Sorge** und die **Vermögenssorge,** der Mutter dagegen die **tatsächliche Sorge** (hadana) für die Kinder übertragen werden, vgl. auch Büchler, Das islamische Familienrecht: Eine Annäherung, S. 59 Fn. 248.

12. a) Für **Unterhaltsansprüche** ist wegen des Vorrangs des dt.-iran. Niederlassungsabkommens iran. Unterhaltsrecht anzuwenden. Art. 15 EuUnthVO iVm Art. 3 HUnthProt (→ Form. A.V.1 Anm. 12) finden zur Bestimmung des maßgebenden materiellen Rechts keine Anwendung. Bei der Anwendung iran. Rechts ergeben sich wie beim Sorgerecht, → Anm. 10, 11, ordre public-Vorbehalte gemäß Art. 6 EGBGB, die nach Art. 8 Abs. 3 S. 2 des dt.-iran. Abk. zu beachten sind (zum Charakter des Art. 8 Abs. 3 S. 2 als ordre public-Klausel vgl. BGH NJW-RR 2005, 1449 (1450) = FamRZ 2005, 1666).

b) Nach iranischem Recht wird Unterhalt bei einer **widerruflichen Scheidung** nur für die übliche **Wartezeit** bis zur Wiedereingehung einer Ehe gezahlt. Bei der unwiderruflichen Verstoßung bestehen dagegen keine weiteren Verpflichtungen des Ehemannes, zur **Wartezeit** Art. 1150 f. iran. ZGB, wenn die Ehefrau nicht schwanger war/ist, denn dann hat sie Ansprüche bis zur Niederkunft, dazu Art. 1109 S. 2 iran. ZGB, zu Einzelheiten Yassari/Rastin-Tehrani FamRBint 2005, 87 (89, 90) (im Übrigen können weitere Forderungen vertraglich vereinbart werden), Regelungen, die mit unseren Grundsätzen der öffentlichen Ordnung (ordre public) aber offensichtlich unvereinbar sind, dazu OLG Zweibrücken FamRZ 2001, 920, ebenso AG Frankfurt a. M. Streit 2003, 121, **Art. 6 EGBGB,** so dass wir dt. Recht als Ersatzrecht heranziehen, aber am eheangemessenen **Unterhalt** nach dt. Vorstellungen, dazu BGH FamRZ 1991, 925 (927), Abzüge anbringen können, dazu BGH und OLG Zweibrücken FamRZ 2001, 921 (922). Als Ausnahmevorschrift ist Art. 6 EGBGB stets eng auszulegen; die Bestimmung soll lediglich besondere Härten vermeiden, so dass die „allg. Maßstäbe des dt. Unterhaltsrechts" nicht ohne weiteres übernommen werden können, OLG Zweibrücken FamRZ 2000, 32 mN. Kein ordre public-Verstoß etwa OLG Celle NJOZ 2011, 1993. Selbst die „Fristen" iranischen Rechts können zu beachten sein; denn maßgeblich werden die jeweiligen Umstände des Einzelfalls, AG Kerpen FPR 2002, 315. Zudem spielt die sonst unvermeidliche Belastung öffentlicher Leistungsträger eine Rolle. Andere Zuwendungen sind im Übrigen zu berücksichtigen, insbesondere die **Morgengabe,** vgl. dazu auch Yassari StAZ 2003, 198 und → Form. L.VI.1.

13. Nach OLG Stuttgart IPRax 2000, 427 ist eine talaq-Scheidung aus Jordanien durch das zuständige Scharia-Gericht bei uns wegen ordre public-Widrigkeit, **Art. 6 EGBGB bzw. Art. 12 VO (EU) Nr. 1259/2010,** nicht anerkennungsfähig, § 107 FamFG, wenn die Ehefrau am Verfahren nicht beteiligt war und sich auch nachträglich nicht mit seinem Ergebnis einverstanden erklärt hat. Allerdings sollte in solchen Fällen wohl auch darauf abgestellt werden, ob die Ehescheidung auch nach dt. Recht, §§ 1564 ff. BGB, möglich gewesen wäre, weil ansonsten eher abstrakte Überzeugungen durchgesetzt würden, statt einer Orientierung an konkreten Folgen und den Absichten der Parteien, dazu Rauscher IPRax 2000, 391 (394), → Anm. 15, 16.

14. Für Flüchtlinge nach int. Konventionen und anerkannte Asylberechtigte ist dt. Recht **Personalstatut,** → Form. A.V. Anm. 4a), wobei dabei auch das dt.-iran. Niederlassungsabkommen verdrängt ist, dazu OLG Hamburg FamRZ 2004, 459 (460). Ist nur einer der Gatten entsprechend berechtigt, haben aber beide eine gemeinsame Staatsangehörigkeit, ist der einseitige „Wechsel" anders als sonst aus dt. Sicht beachtlich, so LG München I NJW 1997, 1354 (für den Iran). Gibt ein Ehegatte seinen Flüchtlingsstatus nachträglich wieder auf, bleibt dt. Personalstatut als letztes gemeinsames Merkmal erhalten, OLG Karlsruhe FamRZ 1996, 1146. Haben beide in Deutschland geheiratet und hier gelebt, kann dt. Recht als Aufenthaltsrecht maßgeblich werden, OLG Köln FamRZ 1999, 1517. Unter Günstigkeitsgesichtspunkten, vgl. Art. 12 Genfer Konvention, kann aber auch Heimatrecht – oder Recht eines „Zwischenstaates", vgl. dazu für eine Ehe von Afghanen im Iran StAZ 2001, 115 – eine Rolle spielen, denn wohlerworbene Rechte bleiben bestehen, vgl. Jayme IPRax 1984, 115 und OLG Düsseldorf StAZ 1989, 282. Allerdings ist zu befürchten, dass der Iran als Heimatland – selbst bei einem nachträglichen Staatsangehörigkeitswechsel nach Deutschland – einen Ehescheidungsbeschluss nicht anerkennt, der in dieser Lage vom dt. Recht als Scheidungsstatut ausgeht, → Anm. 1, zur Rechtsanwendung bei Kontingentflüchtlingen → Form. A.V.6 Anm. 7 c).

15. Bevollmächtigt ein in Deutschland lebender dt.-iran. Doppelstaatler einen Verwandten, für ihn im Iran eine Braut zu wählen und ihn anschließend bei der Eheschließung zu vertreten, ist die dort geschlossene Ehe wegen Verstoßes gegen den dt. ordre public bei uns nicht wirksam, so dass auch kein Familienbuch angelegt werden kann, AG Gießen StAZ 2001, 39; vgl. auch § 34 PStG. Anders ist nur zu entscheiden, wenn der Vermittler **„Bote"** war, also für ihn **kein „Auswahlermessen"** begründet werden sollte, dazu KG NJOZ 2004, 2138 für Pakistan, selbst wenn der Auftraggeber in Deutschland dt. Staatsangehöriger ist.

16. Wegen des Vorrangs des dt.-iran. Niederlassungsabkommens ist für in Deutschland lebende Iraner der **Versorgungsausgleich** ausgeschlossen, denn Art. 17 Abs. 4 EGBGB hat keinen ordre public-Charakter und unterfällt damit nicht Art. 8 Abs. 3 S. 2 des Abk., vgl. BGH NJW-RR 2005, 1449 = FamRZ 2005, 1666; OLG Düsseldorf FamRZ 2003, 379 (381); OLG Frankfurt a. M. OLGReport Frankfurt 2003, 303; ebenso Jayme IPRax 1988, 367.

17. Zu sonstigen finanziellen Ansprüchen für die iran. Ehefrau vgl. Yassari FamRZ 2002, 1088 (1094) (zu den allg. Ehewirkungen für verschiedene islamische Staaten Krüger FamRZ 2008, 649). Ihr können Entschädigungsansprüche für während der Ehe erbrachte Leistungen zustehen, zu denen sie (aus religiösen Gründen) nicht verpflichtet war, wobei sich ihre Höhe nach der Dauer der Ehe und der „Art der verrichteten Arbeiten" bestimmt. Allerdings dient der in Deutschland vorgesehene **Zugewinnausgleich** für uns nicht als Maßstab, dazu Yassari FamRZ 2002, 1088 (1094), zur Morgengabe → Form. L.VI.1 Anm. 1 Abs. 2, denn unsere güterrechtlichen Vorstellungen bleiben für den Iran (Güterstand: Gütertrennung) ohne Bedeutung. Im **Verfahrensverbund** können **Morgengabe** oder ähnliche Ansprüche nur geltend gemacht werden, wenn sie für die Zeit nach Rechtskraft der Ehescheidung vereinbart sind (auch: Abendgabe), sonst steht (nur) das **isolierte Verfahren** bereit, dazu auch BGH FamRZ 2004, 1952, zur Inflation im Ausland und zu den Auswirkungen bei uns Yassari StAZ 2003, 198 (200 Fn. 21) und FamRZ 2002, 1088 (1094); zur Erbquote der Ehefrau bei Anwendung iran. Erbrechts (mit ordre public-Einschränkungen) OLG Düsseldorf ZEV 2009, 190 mit ausf. Anm. Schotten/Schmellenkamp ZEV 2009, 193; im Übrigen Elwan StAZ 2005, 87 (88).

6. Scheidung nach israelischem Recht bei jüdischer Religionszugehörigkeit/Zuständigkeit des Rabbinatsgerichts in Israel

An das
Amtsgericht
– Familiengericht –[1]

Scheidungsantrag
der Frau . . . . .

– Antragstellerin –

Verfahrensbevollmächtigte: Rechtsanwältin . . . . .

gegen

Herrn . . . . .

– Antragsgegner –

Verfahrensbevollmächtigter: Rechtsanwalt . . . . .
wegen: Ehescheidung

hier: Ehescheidung nach israelischem Recht bei jüdischer Religionszugehörigkeit.[2]

Namens und unter Berufung auf die mir schriftlich erteilte, beigefügte (§§ 11, 114 Abs. 5 FamFG) Verfahrensvollmacht der Antragstellerin bitte ich hiermit um Anberaumung eines möglichst nahen Termins zur mündlichen Verhandlung, in dem ich beantragen werde:

1. **Die am . . . . . vor dem Rabbinatsgericht in . . . . ./Israel zu Heiratsurkunde Nr. . . . . . geschlossene Ehe der Beteiligten wird geschieden.**
2. **Der Versorgungsausgleich wird nach dt. Recht durchgeführt.**
3. **Die Kosten des Verfahrens werden gegeneinander aufgehoben. Gerichtskostenvorschuss ist eingezahlt.**

Begründung:

1. **Die Beteiligten, beide israelische Staatsangehörige**[3] **jüdischen Glaubens, haben am . . . . . vor dem Rabbinatsgericht in . . . . ./Israel zu Heiratsurkunde Nr. . . . . . die Ehe miteinander geschlossen.**

   Beweis: Vorlage der Heiratsurkunde, beigefügt in begl. Kopie mit begl. dt. Übersetzung

   Der in der vorgesehenen Form geschlossene schriftliche Ehevertrag ist ebenfalls beifügt (wird ausgeführt).
2. **Die Beteiligten leben in Deutschland, so dass dt. Gerichte int. zuständig sind.**
3. **Die Antragstellerin ist selbstständige Künstlerin, während der Antragsgegner als Kaufmann in . . . . . arbeitet. Beide verdienen zusammen etwa . . . . . EUR (wird ausgeführt). In der Zwischenzeit kann die Antragstellerin ihren eigenen Lebensunterhalt bestreiten; das war in der Vergangenheit anders, und der Antragsgegner hat,**

obwohl er dazu in der Lage gewesen wäre, seine Unterhaltsverpflichtungen seiner Frau gegenüber nicht immer in ausreichender Form erfüllt (wird ausgeführt).

4. Der Antragsgegner ist am . . . . . aus der früheren Ehewohnung in . . . . . ausgezogen, die die Antragstellerin seitdem allein bewohnt.[4] Eheliche Gemeinsamkeiten bestehen nicht fort. Mehrfach hat der Antragsgegner erklärt, er wolle mit der Antragstellerin nicht mehr verheiratet sein und mit ihr auch nicht wieder die eheliche Lebensgemeinschaft aufnehmen. Die Antragstellerin muss sich mit dieser Entscheidung ihres Mannes letztlich abfinden. Nun will sie selbst geschieden werden (wird ausgeführt).

   Beweis für das gesamte tatsächliche Vorbringen: Beteiligtenvernehmung

   Die Scheidung richtet sich nach israel. Recht, da die Beteiligten die anliegende, notariell beurkundete Rechtswahlvereinbarung geschlossen haben, wonach israel. Sachrecht zur Anwendung gelangen soll.[5] Der Umstand, dass in Israel für beide Beteiligte – wie für andere Glaubensgemeinschaften auch – die Zuständigkeit eines religiösen Gerichts für die Ehescheidung vorgesehen ist (vorliegend: Rabbinatsgericht), hindert die Zuständigkeit dt. Gerichte nicht.[6, 7]

5. Nach derzeitigem Sachstand wird der Antragsgegner der beantragten Ehescheidung zustimmen. Er ist mit den Absichten der Antragstellerin einverstanden.[8] Jedenfalls hat er sich ihr gegenüber mehrfach in dieser Form geäußert. In den letzten Jahren hat er seine Unterhaltspflichten nicht immer so erfüllt, wie er sie zu erfüllen gehabt hätte.[9] Im Übrigen bestand zwischen den Beteiligten vor der Trennung nur noch Streit und ständiger Unfriede[10] (beides wird ausgeführt). Damit kann die Ehe nach den maßgeblichen israelischen Bestimmungen geschieden werden (wird ausgeführt).
6. Sonstige Familiensachen, an denen beide Eheleute beteiligt sind, sind nicht anhängig.
7. Beschlussausfertigung erbitte ich in vollständiger Form mit Gründen.

Rechtsanwältin[11]

Anmerkungen

1. Zur int. Zuständigkeit dt. Gerichte, die sich auch im Verhältnis zu Staaten, die der eur. Gesetzgebung nicht angehören, nach den Bestimmungen der Brüssel IIb-VO richten, wenn die sonstigen Anwendungsvoraussetzungen im Einzelnen erfüllt sind, → Form. A.V.1 Anm. 1, zur örtl. Zuständigkeit → Form. A.V.1 Anm. 2, zum Ablauf des Verfahrens und sonstigen Förmlichkeiten → Form. A.V.1 Anm. 3 (lex fori).

2. Israelisches Recht hält für einzelne Glaubensgemeinschaften jeweils unterschiedliche Rechtsregeln bereit, die dann für das Scheidungsverfahren bestimmend sind, vgl. Bergmann/Ferid/Henrich IntEheR Länderbericht Israel → Form. A.V.5 Anm. 4 für den Iran; ausf. Gotham, Die Rechtsnation und ihr Staat – die Geltung des jüdischen Ehe- und Scheidungsrechts in Israel, Diss. Freiburg 2004. Haben die Parteien in Israel geheiratet und sind beide israel. Staatsangehörige/Juden, sind die dortigen Formvorschriften für die Eheschließung auch für uns maßgeblich, **Art. 11 EGBGB**; sind danach Fehler aufgetreten, liegt keine wirksame Ehe vor, wenn diese nicht sonst, etwa durch aus unserer Sicht wirksame **Heilung,** ihre Bedeutung verloren haben, so dass in Deutschland auch keine Ehescheidung erfolgen könnte. Dann bliebe allenfalls die Feststellung des Nichtbestehens einer Ehe, → Form. A.V.9.

3. Sind die Beteiligten nicht nur Staatsangehörige von Israel, sondern auch Deutsche, geht die dt. Staatsangehörigkeit vor, **Art. 5 Abs. 1 S. 2 EGBGB.** Dann ist eine Scheidung dort durch das Rabbinatsgericht, die wir als Privatscheidung ansehen, bei uns nicht anerkennungsfähig, BGH NJW-RR 1994, 642, weil dt. Scheidungsstatut maßgeblich bzw. vorrangig ist, → Form. A.V.1 Anm. 4c) und → Form. Q.I Anm. 2 mN und OLG Oldenburg FamRZ 2007, 137, sowie Musielak/Borth/Borth FamFG § 107 Rn. 7. Dies bestätigend BGH NJW 2020, 3592; in dem vom BGH entschiedenen Fall ging es va um die kollisionsrechtliche Behandlung einer im Wege der einseitigen Verstoßung nach syrischem Recht durchgeführten Privatscheidung zweier deutschsyrischer Doppelstaater; zur Anerkennung von Privatscheidungen allgemein → Form. Q.I. In dieser Situation begründet auch der Einwand, zwischen den Beteiligten sei bereits ein Ehescheidungsverfahren vor dem Gericht in Israel anhängig, keine anderweitige Rechtshängigkeit, weil ein dort ergehendes Urteil bei uns nicht anerkannt werden könnte. Zu weiteren Einzelheiten BGH NJW-RR 1994, 642 sowie BGH IPRax 2009, 347 mit Bespr. Siehr IPRax 2009, 332.

4. Für die **örtl. Zuständigkeit** des angerufenen Gerichts im Inland gilt § 122 FamFG; → Form. A.V.1 Anm. 2.

5. Zur Rechtsanwendung ausführlich → Form. A.V.1, insbesondere → Anm. 4, auch mit Einzelheiten zur Rechtswahl.

6. a) Ob dt. Gerichte in dieser Situation tätig werden und die Ehescheidung für israel. Staatsangehörige jüdischen Glaubens oder mit anderer religiöser Zugehörigkeit in Israel aussprechen können, weil sie nach unseren Vorschriften int. zuständig sind, war früher umstritten, verneinend etwa KG FamRZ 1994, 839 (840). Inzwischen ist die Frage aber geklärt (für den Iran bejahend, BGH FamRZ 2004, 1952). Gleiches muss im Verhältnis zu Israel gelten. Ansonsten würde den Beteiligten der ihnen zustehende Rechtsschutz verweigert, zu weiteren Einzelheiten → Form. A.V.5 Anm. 1 b), → Anm. 4. Nach israelischen Vorstellungen sind religiöse Gerichte für das Scheidungsverfahren für die Glaubensgemeinschaft für Juden, Moslems, Drusen oder Angehörige einer christlichen Gemeinschaft zuständig, dazu → Anm. 4. Das so anwendbare religiöse Recht erkennt ausl. Ehescheidungen allerdings nur an, wenn sie das zuständige religiöse Gericht dort nach religiösem Recht getroffen hat. Ist die Regelung schon vor der Scheidung der Ehe durch das dt. (staatliche) Familiengericht erfolgt, ist die Anerkennung der dt. Entscheidung in Israel ohne Bedeutung, weil der frühere Ausspruch durch das religiöse Gericht aus dortiger Sicht maßgeblich wird. Ist eine Ehe nach dt. Recht wirksam zustande gekommen, genügt sie aber nicht den israelischen Formvorschriften, können wir im Scheidungsverfahren nach dt. Recht vorgehen, denn nach Heimatrecht besteht keine Verbindung, die als Ehe geschieden werden könnte, Inlandsrecht mit hinkender Scheidung nach dt. Vorschriften, dazu und für Israel Herfarth S. 260 f.; zur Heilung einer Ehe, die zunächst in Polen formunwirksam zustande gekommen ist, weil die Beteiligten nur vor dem dortigen Rabbi geheiratet haben, später aber israelische Staatsangehörige geworden sind, SG Hamburg BeckRS 2007, 41405 (die überlebende Frau kann Witwenrente beziehen, vgl. auch BSG EzFamR EGBGB Art. 13 Nr. 3, vgl. im Übrigen gleich b)).

b) Vereinbarungen zu vermögensrechtlichen Folgen, die in der notwendigen Form nach dem sonst maßgeblichen Recht geschlossen sind – Unterschrift von zwei Zeugen und des Ehemannes, nicht aber notwendig der Ehefrau –, sind auch bei uns wirksam, dazu OLG Düsseldorf FamRZ 2002, 1118, auch zu § 1585c BGB (Vertrag zur Unterhaltsabfindung, der im Inland der notariellen Form bedarf, wenn der Abschluss vor der Rechtskraft der Ehescheidung liegt). Sind die zugesagten Leistungen aus unserer Sicht überhöht, **ordre public,** können sie in entspr. Anwendung von Art. 14 HUnthProt, der Art. 18 Abs. 7 EGBGB aF entspricht, herabgesetzt werden, OLG Düsseldorf FamRZ 2002, 1118 (1120), und reichen sie nicht aus, bringen wir ohnehin deutsches Recht als Ersatzrecht zur Anwendung, Art. 6 EGBGB bzw. Art. 13 HUnthProt.

c) Für **Kontingentflüchtlinge,** die die vorgesehene amtliche Bestätigung vorweisen können, gilt **dt. Personalstatut,** Art. 12 Genfer Flüchtlingskonvention, so dass für das Scheidungsverfahren ein Statutenwechsel eintreten kann, sofern es nach der Rom III-VO auf das Personalstatut ankommt, zur Grundlage vgl. die Bestimmungen des Gesetzes über Maßnahmen für im Rahmen humanitärer Hilfsaktionen aufgenommene Flüchtlinge v. 22.7.1980, BGBl. 1980 I 1057 und Jayme IPRax 1981, 73; vgl. auch AG Leverkusen FamRZ 2007, 1565 für die Ukraine, zur Rom III-VO → Form. A.V.1 Anm. 4.

d) Nach dt. Recht ist eine im Inland vor einem Rabbi „nach jüdischem Recht und Gesetz" geschlossene Ehe **Nichtehe,** auf die sich „jeder berufen kann, ohne dass es einer (gerichtlichen) Nichtigerklärung" bedarf, BSG EzFamR EGBGB Art. 13 Nr. 3 (für Rentenansprüche). Für die Anwendung israel. Rechts besteht auch dann kein Raum, wenn einer der Beteiligten neben der dt. auch die israel. Staatsangehörigkeit besitzt, BSG EzFamR EGBGB Art. 13 Nr. 3; ähnlich für Griechenland (Eheschließung in Deutschland durch einen griech.-orth. Geistlichen ohne entspr. Handlungsbefugnis) BGH IPRax 2004, 138, mit erheblichen Einschränkungen dabei Mäsch IPRax 2004, 421 (immerhin ist die Ehe in Griechenland gültig) im Anschluss an Pfeiffer LMK 2003, 128 f.

7. a) Vgl. Herfarth IPRax 2000, 101 (102) mN. Manche Folgen sind dann allerdings unausweichlich, denn die deutsche Entscheidung durch ein staatliches Gericht wird in Israel nicht anerkannt. Das kann allerdings anders sein, wenn die Ehe nicht wirksam zustande gekommen ist, aber die Formvorschriften an ihrem Vornahmeort eingehalten sind, Art. 11 EGBGB, so dass **hinkende Rechtsverhältnisse** entstehen. Haben die Parteien ihren **Lebensmittelpunkt** in Deutschland, tritt für sie ohnehin effektiver Rechtsschutz in den Vordergrund, so auch Herfarth IPRax 2000, 101 (103); BGH FamRZ 2004, 1952 für den Iran. Will einer der Beteiligten in Deutschland erneut heiraten, muss er allerdings nach dem sonst maßgeblichen israelischen Recht die Voraussetzungen im Einzelnen nachweisen, vgl. hierzu Art. 13 EGBGB, so dass in diesem Zusammenhang der Ausspruch der Scheidung nach jüd. Recht wesentlich werden kann, die im Übrigen auch in Deutschland in dieser Form so angeboten wird, zu weiteren Einzelheiten auch Gotham S. 40 f. – dann sind weltliche Gerichte bei uns zuständig, um die Ehe nach dt. Recht zu scheiden, aber die Parteien müssen anschließend oder gleichzeitig die Regeln ihres Heimatlandes erfüllen, um bei uns später eine neue Ehe eingehen zu können (für Israel gelten diese Folgen ohnehin).

b) Dem Antrag auf Scheidung einer dt.-israel. Ehe, der bei einem dt. Familiengericht anhängig ist, kann nicht anderweitige Rechtshängigkeit mit der Begründung entgegengehalten werden, zwischen den Parteien sei bereits ein Ehescheidungsverfahren vor dem Rabbinatsgericht in Israel anhängig, wenn **Scheidungsstatut** dt. Recht ist, KG FamRZ 1994, 839, denn das dortige Urteil ist in diesem Fall in Deutschland nicht anerkennungsfähig, dazu auch OLG Oldenburg FamRZ 2006, 950 und BGH NJW-RR 2008, 1169. Für Doppelstaater geht wie sonst die dt. Staatsangehörigkeit vor, Art. 5 Abs. 1 S. 2 EGBGB. Auf das Verfahren finden dt. Vorschriften Anwendung, lex fori. Im Übrigen verstößt der Zwang, an einer Get-Scheidung in Israel mitzuwirken, gegen den dt. ordre public, dazu OLG Oldenburg FamRZ 2006, 950.

c) Durch Vereinbarung können die Parteien Unterhalts- und andere Rechtsfolgen ihrer Ehe regeln, wobei bei Abschluss in Israel die **Ortsform** genügt, Art. 11 Abs. 1 EGBGB, dazu OLG Düsseldorf FamRZ 2002, 1118. Dies gilt auch dann, wenn dt. Recht für den nachehelichen Unterhalt maßgeblich wird. Unter Berücksichtigung des Lebensbedarfs und der finanziellen Leistungsfähigkeit des Schuldners ist eine unangemessen hohe Abfindungssumme nach Art. 14 des Haager Unterhaltsprotokolls vom 23.11.2007 (HUnthProt) herabzusetzen, OLG Düsseldorf FamRZ 2002, 1118 (1119) (zu Art. 18 Abs. 7 EGBGB, der Art. 14 HUnthProt entspricht); zu niedrige Zahlungen belasten deutsche Sozialkassen, so dass Art. 13 HUnthProt bzw. Art. 6 EGBGB maßgeblich werden können, dt. ordre public.

Die Vereinbarung muss in Anwesenheit zweier Zeugen unterzeichnet sein, während (nach israelischen Regeln) die Unterschrift der Braut/Ehefrau nicht erforderlich ist. Im Übrigen unterliegen die Absprachen für die Auseinandersetzungen richterlicher **Inhaltskontrolle** „anhand der allg. Prinzipien des Vertragsrechts", vgl. auch Art. 14 HUnthProt in entspr. Anwendung (Herabsetzung auf insgesamt 5.000 DM bei einer vereinbarten Zahlung von 250.000 Schekel, damit 121.238 DM bzw. 61.988 EUR, weil der Ehemann in sehr engen finanziellen Verhältnissen lebt, zu weiteren Einzelheiten Finger FF 2004, 245 und BGH NJW 2004, 930), vgl. auch Art. 13 HUnthProt bzw. Art. 6 EGBGB bei unzureichender Unterhaltsausstattung eines sonst anspruchsberechtigten Gatten.

d) Unerheblich ist jedenfalls, dass das Verfahren in Israel religiöse Prägung hat und in einer Form verläuft, die in Deutschland nicht sichergestellt werden kann, dazu inzwischen (für den Iran) BGH FamRZ 2004, 1952, → Anm. 7 a). Vielmehr wird dt. Verfahrensrecht zur Anwendung gebracht, lex fori, so dass an die Stelle der im jüdischen Recht vorgesehenen Scheidungszeremonie die dt. gerichtliche Entscheidung tritt, um effektiven Rechtsschutz sicherzustellen. Gegen die Zuständigkeit der Gerichte kann auch nicht angeführt werden, dass „die Ehescheidung durch ein dt. Gericht nicht zur Wiedererlangung der Ehefähigkeit nach israel. Recht führt, weil die inl. Entscheidung in Israel nicht anerkannt wird", denn beides ist voneinander zu trennen, wobei den Parteien obliegt, die jeweiligen Voraussetzungen im Einzelnen zu erfüllen und sie die Folgen zu tragen haben, wenn sie dies nicht tun, → Anm. 7 a).

8. **a)** Nach jüd. Recht ist die Scheidung ein vertragsartiger Formalakt, der weitgehend vom Willen des Mannes bestimmt wird; sie wird vollzogen durch die Ausstellung des Scheidebriefes **(Get)** durch den Ehemann, wobei weitere zeremonielle Einzelheiten einzuhalten sind, und die freiwillige Annahme durch die Ehefrau, zum jüdischen Scheidebrief vgl. auch Payer, abzufragen über www.payer.de/judentum/jud502.htm, und Atlan, Les Juifs et le Divorce, S. 282 und 283; zu (eigenen) get statutes in einigen Staaten der USA (und seltenen Ausnahmen, die dieses Recht dann in Deutschland zur Anwendung bringen) Herfarth IPRax 2002, 17 (19). Aus dt. Sicht sind diese Scheidungen „Privatscheidungen", so dass sie aus dt. Sicht nicht wirksam sind, wenn das Schriftstück zwar in Israel ausgefertigt ist, der Vollzug aber in Deutschland erfolgt und erfolgen soll. Der Rabbiner, der als Priester und nicht als Richter tätig wird (diese Position bezweifelnd: Beitzke in seiner Anm. FamRZ 1974, 532), hat darüber zu wachen, dass die notwendigen Handlungen nach den Vorschriften des (anwendbaren israel.) Rechts vorgenommen werden, NJW-RR 2008, 1169, zu weiteren Einzelheiten oben → Anm. 7 b). Dabei hat er auch zu prüfen, ob die angeführten Gründe eine Scheidung rechtfertigen, während die nachfolgende Eintragung beim Rabbinatsgericht nur deklaratorischer Natur ist, OLG Düsseldorf FamRZ 1974, 528 (529). Zum Inhalt der einzelnen Scheidungsgründe vgl. Bergmann/Ferid/Henrich IntEheR Länderbericht Israel S. 51 ff.; zu weiteren Einzelheiten Klein, A Guide to Jewish Religious Practice, New York 1979, S. 450 f. Vertraglich können die Parteien vereinbaren, dass der Ehemann den Scheidebrief seiner Frau zu übergeben hat; diese (privatrechtl.) Absprache kann dann zwar gerichtl. durchgesetzt werden, aber in dieser Form nicht bei uns, richtig OLG Köln MDR 1973, 768 und Elwan/Menhofer StAZ 2005, 168 (173) mN. Aus unserer Sicht stellen sich die Vorgänge in Israel als „Privatscheidung" dar, so dass bei dt. Scheidungsstatut eine Anerkennung bei uns nicht erfolgen kann, BGH IPRax 2009, 347 mit Bespr. Siehe IPRax 2009, 332.

b) Nach den Rechtsregeln in Israel kann die Ehefrau zwar ebenfalls Scheidungsgründe für sich in Anspruch nehmen, die gesetzlich verbrieft sind, sie kann ihren Mann aber nicht dazu zwingen, ihr den Scheidebrief auszuhändigen, dazu Atlan S. 205 f., zur Lieberman-Klausel S. 221 f., zu Vorschlägen von Kreitman S. 222, zum Druck, der in Israel auf den Ehemann ausgeübt wird, S. 247 f. Bei uns wäre jedenfalls Art. 6 EGBGB bzw. Art. 12 der VO (EU) Nr. 1259/2010 berufen, vgl. auch BGH FamRZ 2007, 109 für

Syrien, ordre public, denn die Frau kann nicht rechtlos bleiben, weil der Mann seine Mitwirkung verweigert.

9. Für Mitglieder der jüd. Glaubensgemeinschaft bildet nach israel. Recht, denn Israel entscheidet auch noch einmal interreligiös, die Verletzung der **Unterhaltspflicht** durch den Ehemann einen Scheidungsgrund für die Frau, Bergmann/Ferid/Henrich IntEheR Länderbericht Israel S. 51; zu unterhaltsrechtl. Vereinbarungen im Rahmen eines Ehevertrages aus Israel OLG Düsseldorf FamRZ 2002, 1118 (1119); zur Weigerung des Ehemannes, der Ehefrau den Scheidebrief zu übergeben, → Anm. 8 b).

10. Nach israel. Recht stellt für Juden **ständiger Unfriede** in der Ehe einen weiteren, eigenen Scheidungsgrund für die Frau dar, vgl. Bergmann/Ferid/Henrich IntEheR Länderbericht Israel S. 51.

11. Für die **Zustellung** im Verhältnis zu Israel gilt das Haager Übereinkommen vom 15.11.1965 über die Zustellung gerichtlicher und außergerichtlicher Schriftstücke im Ausland in Zivil- und Handelssachen (**HZÜ**). Näheres → Form. Q.II Anm. 3.

7. Ehenichtigkeitsantrag nach philippinischem Recht

An das

Amtsgericht

– Familiengericht –

Ehenichtigkeitsantrag

In Sachen

der Frau . . . . .

– Antragstellerin –

Verfahrensbevollmächtigte: Rechtsanwältin . . . . .

gegen

Herrn . . . . .

– Antragsgegner –

wegen: Ehenichtigkeitsantrag nach philippinischem Recht

Namens und unter Berufung auf die mir schriftlich erteilte, beigefügte Verfahrensvollmacht der Ast. beantrage ich:

1. **Die am . . . . . vor dem Standesbeamten . . . . ./Philippinen geschlossene Ehe der Beteiligten wird für nichtig erklärt.**
2. **Die Kosten des Verfahrens werden gegeneinander aufgehoben.**

Begründung:

1. **Die Beteiligten, die beide philippinische Staatsangehörige und katholischen Glaubens sind, haben am . . . . . vor dem Standesbeamten in . . . . ./Philippinen die Ehe geschlossen.**

Beweis: beigefügte beglaubigte Kopie der Heiratsurkunde mit Übersetzung durch einen in Deutschland vereidigten Übersetzer sowie beglaubigte Kopien der Ausweise beider Eheleute

Wenige Wochen nach der Heirat, noch vor der Geburt ihres Kindes . . . . ., geboren am . . . . . in . . . . ., verließ der Ag. die Ast. am . . . . . Er war dann für diese lange nicht mehr erreichbar. Als die Ast. mit dem Kind nach Deutschland umziehen wollte, ließ der Ag. ihr nach viel Recherche seine Einverständniserklärung über Verwandte zukommen. Am . . . . . zog die Ast. gemeinsam mit dem Kind nach Deutschland um. Wohl . . . . . siedelte dann auch der Ag., wie die Ast. später erfuhr, nach Deutschland über. Es bestand keinerlei Kontakt zwischen den Eheleuten, bis der Ag. sich am . . . . . bei der Ast. meldete und angab, die Familienangelegenheiten regeln zu wollen. Dies bestand dann lediglich darin, dass die Parteien am . . . . . einen notariellen Vertrag schlossen, in dem sie vereinbarten, dass auf die Ehescheidung philippinisches Recht anzuwenden ist.

Beweis: beigefügte beglaubigte Kopie des Notarvertrages vom . . . . .

Hiernach meldete der Ag. sich nicht mehr bei der Ast. Wie diese später erfuhr, verzog der Ast. am . . . . . zurück auf die Philippinen, wo er seitdem lebt. Die Ast. lebt mit dem gemeinsamen Kind weiterhin in Deutschland.

2. Die internationale Zuständigkeit des angerufenen Gerichts folgt aus Art. 3 lit. a Nr. ii Brüssel IIb-VO, da die Eheleute ihren letzten gemeinsamen gewöhnlichen Aufenthalt in Deutschland hatten, auch wenn sie dort nicht zusammengelebt haben. Auch hat die Ast. ihren gewöhnlichen Aufenthalt noch in Deutschland.[1]
3. Auf die Ehescheidung wäre deutsches Recht anzuwenden. Die Eheleute haben am . . . . . zwar eine wirksame Rechtswahl getroffen iSd Art. 5 Rom III-VO.[2] Allerdings ist die Ehescheidung nach philippinischem Recht nicht vorgesehen. Denn nach dem Family Code of the Philippines (im Folgenden „FC“) kann eine Ehe, bei der der Ehemann wie im vorliegenden Fall kein Moslem ist, nicht geschieden werden. Es kann nur eine Klage auf gesetzliche Trennung nach Art. 55 ff. FC erhoben werden. Gemäß Art. 10 Rom III-VO würde deswegen für die Scheidung deutsches Recht gelten.[3]
   Die Ast. beantragt aber auch nicht die Scheidung, sondern die Nichtigerklärung ihrer Ehe. Deren Voraussetzungen im Einzelnen nach philippinischem Recht sind erfüllt.
   Maßgeblich für die Frage des anzuwenden Rechts ist dabei nicht die Rom III-VO, da diese gemäß Art. 1 Abs. 1 Rom III-VO nur für die Scheidung und Trennung ohne Auflösung des Ehebandes gilt. Die Rom III-VO stellt in Erwägungsgrund 10 S. 2 ausdrücklich klar, dass sie sich nicht auf die Ungültigkeit der Ehe erstreckt. Diese richtet sich vielmehr nach Art. 13 EGBGB.[4] Voraussetzungen und Folgen der Eheschließung sind danach für jeden Verlobten gesondert zu beurteilen.[5] Hier besteht die gemeinsame philippinische Staatsangehörigkeit, so dass dies nach philippinischem materiellen Recht zu entscheiden ist.[6]
   Neben den Nichtigkeitsgründen in Art. 35 FC, wonach eine Ehe ua nichtig ist, wenn sie von einer noch nicht 18-jährigen Person geschlossen ist, selbst wenn Eltern oder Vormund zugestimmt haben,[7] gilt der Nichtigkeitsgrund des Art. 36 FC: „Nichtigkeit ist auch dann gegeben, wenn die Ehe von einer Person eingegangen worden ist, die zur Zeit der Eheschließung psychisch unfähig war, die wesentlichen ehelichen Pflichten zu erfüllen, ... auch dann, wenn diese Unfähigkeit des Partners erst nach der Eheschließung offenkundig wird“.[8] Diese Voraussetzungen sind erfüllt (wird ausgeführt).

   Beweis: Parteivernehmung

Der Ag. kannte die Ast. kaum und war jedenfalls nicht sonderlich interessiert an ihr (wird ausgeführt).

Beweis: Parteivernehmung

Seinen ehelichen Verpflichtungen wollte er offensichtlich zu keiner Zeit nachkommen. Jedenfalls ist er nach der Heirat fast durchgehend untätig geblieben. Für seine Frau und auch für das gemeinsame Kind konnte und wollte er offensichtlich nicht verantwortlich sorgen (wird ausgeführt).

Beweis: Parteivernehmung

Bereits eine Woche nach der Hochzeit im Familienkreis auf den Philippinen hat der Ag. seine schwangere Frau verlassen. Nur über Verwandte ließ er ihr seine Einverständniserklärung mit dem Auslandsumzug des Kindes zukommen. Er informierte die Ast. nicht einmal darüber, dass er später auch in Deutschland lebte. Als er sich dann meldete, ging es ihm, wie die Ast. im Nachhinein feststellen musste, allein um den Abschluss des notariellen Vertrages. Danach bestand zwischen ihm und der Ast. wieder keinerlei Kontakt. Die Ast. spürte ihn erst vor kurzem zufällig auf den Philippinen auf (wird ausgeführt).

Beweis: Parteivernehmung

Nach wie vor kümmert sich der Ag. um nichts. Er leistet auch keinen Familienunterhalt und lehnt jeden persönlichen Kontakt zur Ast. und zum gemeinsamen Kind ab. Durch sein Verhalten hat er damit gezeigt, dass er psychisch schon bei der Eheschließung unfähig war, die wesentlichen ehelichen Pflichten zu erfüllen. Er war und ist verantwortungslos (wird ausgeführt).

Beweis: Parteivernehmung

Der Ag. wird alle Vorwürfe einräumen. Zum Nichtigkeitsantrag wird er nach Kenntnis der Ast. keinen eigenen Antrag stellen.[9]

Rechtsanwältin

Anmerkungen

1. Die internationale Zuständigkeit deutscher Gerichte richtet sich nach der **Brüssel IIb-VO**, → Form. A.V.1 Anm. 1, → Form. A.V.4 Anm. 2. Diese gilt auch für das **Verfahren auf Ungültigerklärung** einer Ehe, Art. 1 Abs. 1 lit. a Brüssel IIb-VO. Nichtigkeitsanträge sind als Verfahren nach ausländischen Rechtsordnungen Ehesachen nach **§ 121 FamFG** (Sternal FamFG § 121 Rn. 4). Sie werden nicht mit Folgesachen im Verfahrensverbund geführt (OLG Zweibrücken FamRZ 1982, 375). Zur Eheaufhebung → Anm. 9; zur Klage auf Feststellung des Nichtbestehens einer Ehe → Form. A.V.9.

2. Zur Frage des anwendbaren Rechts auf Scheidung und Trennung nach der Rom III-VO → Form. A.V.4 Anm. 3.

3. zu Art. 10 Rom III-VO → Form. A.V.4 Anm. 4.

4. Betreffend **Nichtigkeit** einer Ehe gilt nicht die Rom III-VO, sondern traditionell das auf die Eheschließung geltende Recht und damit das autonome Kollisionsrecht (Andrae IntFamR § 3 Rn. 10). In Deutschland regelt Art. 13 EGBGB nicht nur die Voraussetzungen einer Eheschließung, sondern entscheidet auch über die Rechtsfolgen, die sich an die Fehlerhaftigkeit knüpfen (BGH BeckRS 2001, 30154054 = FamRZ 2001, 991).

5. Nach langer Dauer des Zusammenlebens und „harmonischer Lebensführung" können Nichtigkeitsanträge nach deutschem Recht rechtsmissbräuchlich sein, selbst wenn sie zunächst statthaft gewesen wären (BGH NJW-RR 1994, 264; zurückhaltender OLG Nürnberg EzFamRaktuell 1997, 351).

6. Bestehen unterschiedliche Auflösungsformen nebeneinander, zB Verfahren zur Ehenichtigkeit oder zur Feststellung, dass eine Ehe gar nicht vorliegt, ist der deutsche ordre public, **Art. 6 EGBGB,** nicht verletzt. Bis zum 1.7.1998 bestand auch im deutschen Recht die Möglichkeit der Nichtigkeitsklage bei besonders nachhaltigen und schwerwiegenden Rechtsverstößen.

Sind die Folgen bei unterschiedlicher Staatsangehörigkeit der Ehegatten nach den jeweils berufenen Rechtsordnungen verschieden ausgestaltet, gilt der **„Grundsatz des ärgeren Rechts"**. Hält eine der beteiligten Rechtsordnungen die Ehe für nichtig, die andere nur für aufhebbar oder zu scheiden, kann das Nichtigkeitsverfahren betrieben werden (BGH BeckRS 9998, 97159 = NJW 1991, 3088). Maßgeblich kann aber auch das Recht des getäuschten Ehegatten sein, wenn dieser besonders schützenswert erscheint (OLG Düsseldorf BeckRS 9998, 11354 = FamRZ 1992, 815 (816) mit einschränkender Anm. Henrich IPRax 1993, 236; OLG Zweibrücken BeckRS 2005, 10798 = FamRZ 2006, 1201). Zu den Rechtsfolgen (ärgeres/schärferes Recht) vgl. Andrae IntFamR § 1 Rn. 171 ff. Trifft das Nichtigkeitsverfahren nach ausl. Recht mit einem Aufhebungsverfahren nach deutschem Recht zusammen, ist von seinem Vorrang wegen seiner weitergehenden Folgen auszugehen (OLG Frankfurt a.M. BeckRS 9998, 51974 = FamRZ 2002, 705); zur Klage auf Feststellung des Nichtbestehens einer Ehe → Form. A.V.9. Sind die Voraussetzungen nach dem nach Art. 13 Abs. 1 EGBGB anzuwendenden ausländischem Recht nicht erfüllt, so ist unter den Voraussetzungen des Art. 13 Abs. 2 EGBGB deutsches Recht anzuwenden. Dies ist insbes. der Fall, wenn ein Ehegatte seinen gewöhnlichen Aufenthalt in Deutschland hat oder Deutscher ist, Art. 13 Abs. 2 Nr. 1 EGBGB.

7. Die **Ehemündigkeit** richtet sich nach dem Recht des Staates, dem jeder Verlobte angehört, Art. 13 Abs. 1 EGBGB; Einzelheiten bei Andrae IntFamR § 1 Rn. 119 f. Nach deutschem Recht regelt **§ 1303 BGB,** → Anm. 9.

8. Erforderlich ist die freie, psychisch unbeeinträchtigte Willensübereinstimmung (Henrich/Dutta/Ebert IntEheR/Tabios Hillebrecht Länderbericht Philippinen S. 28). Sind beide Partner Muslime oder ist der Mann Muslim und wurde die Ehe nach muslimischem Recht geschlossen, gelten die Bestimmungen des Code of Muslim Personal Laws, insbes. Art. 45 ff. (Henrich/Dutta/Ebert IntEheR/Tabios Hillebrecht Länderbericht Philippinen S. 32; Rieck/Lettmaier AuslFamR/Bueb Länderbericht Philippinen S. 3 f.). Für die Ehescheidung, die wie in anderen islamischen Ländern möglich ist, → Form. A.V.5 für den Iran.

9. a) Auch für die **Eheaufhebung** richtet sich das anwendbare Recht nach Art. 13 EGBGB (Einzelheiten bei Andrae IntFamR §§ 3 Rn. 10, 1 Rn. 167 ff.). Werden Eheaufhebung und Scheidung gleichzeitig beantragt, gilt § 126 Abs. 3 FamFG. Für Folgesachen besteht ein vorläufiger Verfahrensverbund (Bergerfurth FamRZ 1986, 582, aA OLG Stuttgart FamRZ 1981, 579). Zur Klage auf Feststellung des Nichtbestehens einer Ehe → Form. A.V.9.

b) Für **ausländische Kinderehen** gilt:

Die zunächst zu klärende Frage, ob die Ehe wirksam geschlossen worden ist, ist selbständig anzuknüpfen. Die Voraussetzungen der Eheschließung und damit das Ehemündigkeitsalter unterliegen nach **Art. 13 Abs. 1 EGBGB** für jeden Verlobten dem Recht des Staates, dem dieser angehört, wobei auch das dortige IPR gilt (BGH NZFam 2019, 65 Rn. 13); zB in Nigeria für Kinder mit Erreichen der Pubertät, dh für Jungen ab 14 und für Mädchen ab 12 Jahren (Henrich/Dutta/Ebert IntEheR/Tuengerthal Länderbericht

Nigeria S. 14). Nach **§ 1303 S. 1 BGB** idF des zum 22.7.2017 in Kraft getretenen Gesetzes zur Bekämpfung von Kinderehen (BGBl. 2017 I 2429), darf eine Ehe nicht vor Volljährigkeit eingegangen werden und kann gemäß **S. 2** mit einer Person, die das 16. Lebensjahr nicht vollendet hat, nicht wirksam eingegangen werden. S. 2 gilt gemäß der Überleitungsvorschrift des Art. 229 § 44 Abs. 1 EGBGB nur für Ehen, die ab dem 22.7.2017 geschlossen worden sind. Dies bezieht sich allein auf inländische Ehen (BGH NZFam 2019, 65 Rn. 20 mAnm Antomo FamRZ 2020, 1538), für die, wenn sie zuvor geschlossen worden sind, das bis zum 22.7.2017 geltende Recht weiter anzuwenden ist.

Für die Form des Eheschlusses gilt Art. 11 EGBGB (BGH BeckRS 2006, 14054 = NJW-RR 2007, 145 und BGH BeckRS 2020, 19311 = FamRZ 2020, 1533 mAnm Antomo FamRZ 2020, 1538).

Unterliegt die Ehemündigkeit ausländischem Recht, bestimmt **Art. 13 Abs. 3 EGBGB**, dass die Ehe nach dem dann in jedem Fall anwendbaren deutschem Recht

- **unwirksam** ist, wenn der Verlobte zum Zeitpunkt der Eheschließung das 16. Lebensjahr nicht vollendet hatte (Nr. 1). Nach der Überleitungsvorschrift des Art. 229 § 44 Abs. 4 EGBGB gilt Art. 13 Abs. 3 Nr. 1 EGBGB nicht, wenn der minderjährige Ehegatte vor dem 22.7.1999 geboren worden ist oder die nach ausländischem Recht wirksame Ehe bis zur Volljährigkeit des minderjährigen Ehegatten geführt worden ist und kein Ehegatte seit der Eheschließung bis zur Volljährigkeit des minderjährigen Ehegatten seinen gewöhnlichen Aufenthalt in Deutschland hatte. Nachdem das BVerfG BeckRS 2023, 5426 = JA 2023, 609 mAnm Muckel bestimmte Aspekte der Regelung für verfassungswidrig erklärt hatte, wurde die Nichtigkeitsregelung in Nr. 1 beibehalten. § 1305 BGB sieht in seiner durch das Gesetz zum Schutz Minderjähriger bei Auslandsehen vom 24.6.2024 nF zugunsten des Minderjährigen abfedernde Folgen und mit Erreichen des 18. Lebensjahrs die Möglichkeit der Heilung durch erneute Heirat im Inland vor;
- **aufhebbar** ist, wenn der Verlobte zum Zeitpunkt des Eheschlusses zwar das 16., aber nicht das 18. Lebensjahr vollendet hat (Nr. 2 iVm § 1314 Abs. 1 Nr. 2 BGB). Bei einem Verstoß gegen § 1303 S. 1 BGB ist die Eheaufhebung ausgeschlossen, wenn der minderjährige Ehegatte, nachdem er volljährig geworden ist, zu erkennen gegeben hat, dass er die Ehe fortsetzen will (**Bestätigung**), § 1315 Abs. 1 S. 1 Nr. 1 lit. 1 BGB, oder wenn die Eheaufhebung für den minderj. Ehegatten aufgrund außergewöhnlicher Umstände ausnahmsweise eine so **schwere Härte** darstellen würde, dass die Aufrechterhaltung der Ehe ausnahmsweise geboten erscheint, § 1315 Abs. 1 S. 1 Nr. 1 lit. b BGB (dazu BGH BeckRS 2020, 19311 = FamRZ 2020, 1533; OLG Oldenburg NJOZ 2018, 1488). Diese Regelung ist mangels Überleitungsvorschrift uneingeschränkt auf alle Auslandsehen anzuwenden, also auch auf solche, die vor Gesetzeserlass geschlossen worden sind. Die Überleitungsvorschriften des Art. 229 § 44 Abs. 1 und Abs. 2 EGBGB gelten nur für nach deutschem Recht geschlossene Ehen (BGH BeckRS 2020, 19311 = FamRZ 2020, 1533). Nach § 1316 Abs. 3 S. 2 BGB muss die zuständige Behörde bei einem Verstoß gegen § 1303 S. 1 BGB einen Antrag stellen, außer es ist eine Bestätigung iSd § 1315 Abs. 1 S. 1 Nr. 1 lit. a BGB erfolgt. Das Gericht hat, wenn die Aufhebungsvoraussetzungen vorliegen, ein Ermessen auszuüben (BGH BeckRS 2020, 19311 = FamRZ 2020, 1533).

Die Frage der Wirksamkeit der Eheschließung eines minderjährigen Kindes im Ausland kann auch Vorfrage sein zB zur Entscheidung, ob der Aufgabenkreis der für ein verheiratetes minderjähriges Mündel bestellten Vormundschaft wegen §§ 1800, 1633 BGB alleine persönliche Angelegenheiten, nicht aber das Aufenthaltsbestimmungsrecht umfasst (OLG Bamberg BeckRS 2016, 09621 = FamRZ 2016, 1270); zu **polygamen Ehen** Andrae IntFamR § 1 Rn. 112 ff. und 146 ff.

c) Kann die Ehe nach dem anwendbaren ausländischen Recht nicht geschieden werden, kann der inländische ordre public, **Art. 12 Rom III-VO,** insbes. dann berührt sein, wenn das ausländische Recht die Scheidung zwar kennt, aber im konkreten Fall ausschließt oder unzumutbar erschwert (Grüneberg/Thorn Rom III-VO Art. 12 Rn. 3). Ein Verstoß gegen den ordre public kommt nur bei eklatanten Grundrechtsverstößen in Frage (Kemper FamRBint 2012, 6). Kennt das ausl. Recht besondere Trennungsfristen, sind sie auch für die Rechtsanwendung in Deutschland zu beachten, selbst wenn die dortigen Abläufe sich praktisch wie eine Scheidungssperre auswirken und zu Verzögerungen und Belastungen führen können (BGH BeckRS 2006, 14676 = FamRZ 2007, 113 für Italien, → Form. A.V.10, → Form. A.V.11).

8. Antrag auf Befreiung von der Vorlage eines ausländischen Ehefähigkeitszeugnisses (Iran)

An den/die

Präsidenten/Präsidentin des Oberlandesgerichts . . . . .

über den

Standesbeamten des Standesamtes . . . . .

Betr.: Befreiung von der Beibringung eines Ehefähigkeitszeugnisses für die iranische Staatsangehörige . . . . . P., geb. am . . . . . in . . . . . /Iran

Sehr geehrte Damen und Herren!

Sehr geehrte Frau Präsidentin!

Für meine Mandantin, Frau P., geb. am . . . . . . in . . . . . /Iran, iranische Staatsangehörige, wohnhaft in . . . . . , bitte ich unter Bezugnahme auf § 1309 Abs. 2 BGB um Befreiung von der Vorlage eines Ehefähigkeitszeugnisses für die beabsichtigte Eheschließung mit dem deutschen Staatsangehörigen . . . . . D., geb. am . . . . . in . . . . . , wohnhaft in . . . . .

Im Einzelnen:

a) Frau P. ist iranische Staatsangehörige. Für die Eheschließung im Ausland erteilt der Iran keine Ehefähigkeitszeugnisse, die den Regeln aus § 1309 BGB entsprechen. Der Iran ist dem CIEC-Übereink. zur Erleichterung der Eheschließung im Ausland v. 10.9.1964 nicht beigetreten.[1, 2]

b) Zum Nachweis des Personen- und Familienstandes meiner Mandantin, welche weder im Iran noch in einem anderen Land verheiratet oder verpartnert ist oder war und deren Heirat mit Herrn D. ihre erste Eheschließung ist, lege ich neben einer eidesstattlichen Versicherung nach § 9 Abs. 2 PStG folgende Unterlagen vor (§ 12 PstG):
- **die Geburtsurkunde (Shenasnameh) meiner Mandantin mit begl. dt. Übersetzung, gefertigt durch einen von einer deutschen Landesjustizverwaltung ermächtigten Übersetzer**
- **den gültigen iranischen Reisepass meiner Mandantin**
- **eine Ehefähigkeitsbescheinigung, ausgestellt durch die zuständige iranische konsularische Vertretung**
- **die Eheeinwilligung des Vaters meiner Mandantin in urkundlicher Form sowie**
- **einen Einkommens- und Vermögensnachweis.[3, 4, 5, 6, 7]**

Ein Antrag auf Befreiung von der Beibringung des Ehefähigkeitszeugnisses ist von meiner Mandantin in der Vergangenheit zu keinem Zeitpunkt gestellt worden.[8]

c) Herr D., der weder in Deutschland noch in einem anderen Land verheiratet bzw. verpartnert ist oder war und dessen Heirat mit Frau P. seine erste Eheschließung ist, ist von Geburt an deutscher Staatsangehöriger. Zum Nachweis seines Personen- und Familienstandes lege ich neben einer eidesstattlichen Versicherung nach § 9 Abs. 2 PStG folgende Unterlagen vor (§ 12 PStG):
- Abstammungsurkunde
- gültigen Personalausweis
- aktuelle Meldebescheinigung.[9]

d) Das Befreiungsverfahren ist durchzuführen, da der Iran ein Ehefähigkeitszeugnis, das den Erfordernissen des § 1309 BGB entspricht, nicht ausstellt. Die beantragte Befreiung von der Vorlage eines ausl. Ehefähigkeitszeugnisses darf nach meiner Auffassung nicht verweigert werden. Nach dem Heimatrecht meiner Mandantin, das über Art. 13 Abs. 1 EGBGB zur Anwendung kommt, ist zwar die Eheschließung für sie als Muslimin mit einem Mann, der nicht dem muslimischen Glauben angehört, untersagt, vgl. dazu Art. 1059 iran. ZGB.[10] Herr D. ist am . . . . . aus der ev. Kirche ausgetreten, der er vorher angehört hat. Zu einer anderen Glaubensgemeinschaft hat er sich nicht bekannt, auch nicht zum Islam. Mit der bei uns gewährleisteten Eheschließungsfreiheit aus Art. 13 Abs. 2 Nr. 3 EGBGB ist das ausl. Ehehindernis aber unvereinbar. Frau P. hält sich zur Ausbildung in Deutschland auf, Art. 13 Abs. 2 Nr. 1 EGBGB. Herr D. ist dt. Staatsangehöriger, so dass jedenfalls der notwendige Inlandsbezug gegeben ist. Im Iran kann Frau P. vom Eheverbot der Religionsverschiedenheit keine Befreiung erhalten; für sie wären Bemühungen dieser Art von vornherein aussichtslos, so dass sie ihr auch nicht zugemutet werden können, dazu Art. 13 Abs. 2 Nr. 2 EGBGB.[11]

Ich bitte darum, die Anmeldung zur Eheschließung von den Verlobten entgegenzunehmen und den Antrag auf Befreiung von der Beibringung des Ehefähigkeitszeugnisses mit den erforderlichen Unterlagen an die zuständige Landesjustizverwaltung weiterzuleiten.[12]

Mit freundlichen Grüßen

Rechtsanwalt[13, 14]

Anmerkungen

1. Das Haager Eheschließungsabkommen v. 12.6.1902 ist seit dem 1.6.2019 außer Kraft. Besondere Vorschriften über die Eheschließung enthält der Konsularvertrag mit der Türkei v. 28.5.1929, RGBl. 1930 II 748 und BGBl. 1952 II 608; zum Abk. mit Japan vgl. Sakurada StAZ 1975, 85, zum Konsularvertrag mit der (früheren) Sowjetunion vom 25.4.1958 BGBl. 1959 II 232.

2. Das CIEC-Übereinkommen zur Erleichterung der Eheschließung im Ausland v. 10.9.1964, BGBl. 1969 II 451, gilt im Verhältnis zu den Niederlanden, Spanien, Griechenland und der Türkei, vgl. zu Einzelheiten Grüneberg/Thorn EGBGB Art. 13 Anh. Rn. 6 und 7.

3. a) Die Unterlagen zum Nachweis des aktuellen Familienstandes dürfen nicht älter als sechs Monate sein. Genau wie ein ausländisches Ehefähigkeitszeugnis (§ 1309 Abs. 1 S. 3 BGB) verlieren sie spätestens sechs Monate nach ihrer Ausstellung ihre Gültigkeit.

b) Einer eidesstattlichen Versicherung bedarf es nicht zwingend. Allerdings kann diese nach § 9 Abs. 2 PStG verlangt werden.

c) Welche Unterlagen im konkreten Einzelfall zum Nachweis des Familienstandes vorzulegen sind, sollte mit dem zuständigen Standesamt bzw. dem Präsidenten/der

Präsidentin des zuständigen Oberlandesgerichts abgeklärt werden. Nicht jedes Land stellt die gleichen Unterlagen aus. So stellt zB das Vereinigte Königreich – anders als der Iran – keine Ehefähigkeitsbescheinigungen aus (→ Anm. 4). Wegen der Anforderungen des Standesamtes vgl. auch Nr. 12.6 und 12.7 der PStG-VwV vom 29.3.2010, BAnz. 2010 Nr. 57a.

d) Die Übersetzungen müssen von einem durch eine dt. Landesjustizverwaltung hierzu ermächtigten Übersetzer erstellt werden. Ein Übersetzer kann bspw. unter http://www.justiz-dolmetscher.de gefunden werden.

4. Die Ehefähigkeitsbescheinigung ist von dem Ehefähigkeitszeugnis im Sinne von § 1309 BGB zu unterscheiden. Sie bescheinigt lediglich den Familienstand und wird nicht von allen Ländern ausgestellt. Kommt eine Ausstellung im Heimatstaat nicht in Betracht, sollte mit dem zuständigen Standesamt bzw. dem zuständigen Präsidenten/der zuständigen Präsidentin des Oberlandesgerichts Rücksprache gehalten werden, welche Unterlagen zum Nachweis des Familienstandes beizubringen sind.

5. Stellt der Heimatstaat zwar grundsätzlich Ehefähigkeitszeugnisse im Sinne von § 1309 BGB aus, hat er dies jedoch im konkreten Fall abgelehnt, ist der ablehnende Bescheid mit Gründen vorzulegen. Zu denken ist hier zB an Fallgestaltungen, in denen der Partner im Heimatstaat verheiratet ist, aus deutscher Sicht die Eheschließung aber unwirksam ist, oder in denen es an einer nach dem Recht des Heimatstaates erforderlichen Einwilligung des Ehevormundes fehlt (→ Anm. 6).

6. Eine – in Ländern des islamischen Rechtsbereichs häufig vorgesehene – Einwilligungserklärung des Ehevormundes der Verlobten wird nach deutschem Recht inzwischen nicht mehr für zwingend erforderlich gehalten, Art. 6 S. 2 EGBGB iVm Art. 3 Abs. 2 GG. In diesen Fällen wird der Eheschließungsfreiheit der Vorrang eingeräumt, obwohl die Gefahr besteht, dass die Eheschließung nach dem Heimatrecht der Verlobten aufgrund einer fehlenden Einwilligung des Ehevormundes unwirksam ist. Angesichts dieser Gefahr sowie der Ziffer 12.7 S. 2 Nr. 1 PStG-VwV vom 29.3.2010, BAnz. 2010 Nr. 57a, sollte vorsorglich eine entsprechende Erklärung beigefügt werden.

7. Der Nachweis ist für die Festsetzung der nach Nr. 203 des Gebührenverzeichnisses zu § 2 JVKostO entstehenden Gebühr für die Befreiung erforderlich, vgl. auch Nr. 12.6.4 der PStG-VwV vom 29.3.2010, BAnz. 2010 Nr. 57a. Da bei der Bemessung der Gebühr teilweise auch die Einkommens- und Vermögensverhältnisse des zukünftigen Ehegatten mit in den Blick genommen werden, empfiehlt es sich, diese in die Erklärung einzubeziehen.

8. Die Erklärung ist nach Nr. 12.6.3 der PStG-VwV vom 29.3.2010, BAnz. 2010 Nr. 57a erforderlich. Wurde bereits ein Antrag gestellt, ist dessen Ergebnis mitzuteilen.

9. Eine eidesstattliche Versicherung ist nicht zwingend, kann jedoch nach § 9 Abs. 2 PStG gefordert werden. Statt einer Abstammungsurkunde kommen bei einer Geburt in Deutschland auch ein beglaubigter Ausdruck aus dem Geburtenregister oder eine beglaubigte Abschrift aus dem Geburtenbuch in Betracht. Wahlweise ist neben der Vorlage des Personalausweises auch die Vorlage eines Reisepasses, einer Meldebescheinigung, aus der die Staatsangehörigkeit hervorgeht, oder auch die Vorlage einer Staatsangehörigkeitsurkunde, die im Einzelfall auch verlangt werden kann, möglich.

10. Ausführlich Finger FuR 1999, 158.

11. vgl. auch BGH FamRZ 1997, 542.

12. Die Verlobten haben ihre Eheschließung bei dem Standesamt eines ihrer Wohnorte oder gewöhnlichen Aufenthalte, und sofern diese im Ausland liegen, bei dem

Standesamt der Eheschließung anzumelden, § 12 Abs. 1 PStG. Das Standesamt hat einen evtl. erforderlichen Antrag auf Befreiung von der Beibringung des Ehefähigkeitszeugnisses aufzunehmen und die Entscheidung vorzubereiten, § 12 Abs. 3 PStG. Es leitet den Antrag nach entsprechender Vorbereitung an den Präsidenten/die Präsidentin des örtlich zuständigen (§ 1309 Abs. 2 S. 1 BGB) Oberlandesgerichts weiter.

13. a) Die Erteilung eines Ehefähigkeitszeugnisses bzw. die Befreiung von der Beibringung eines solchen kann abgelehnt werden, wenn in Deutschland eine **Scheinehe** geplant ist (OLG Naumburg FamRZ 2008, 276), wobei deutliche Anhaltspunkte für ihren Abschluss nachgewiesen werden müssen und schlichte Verdachtsmomente nicht ausreichen; KG NJOZ 2004, 2138 für eine deutsche Frau, die in Pakistan einen in Deutschland lebenden pakistanischen Asylbewerber heiraten will, der nicht ausreisen darf (Handschuhehe; Anhaltspunkte für eine Verbindung zum Schein fehlen); zu weiteren Einzelheiten (Verweigerung der beantragten Eheschließung durch den Standesbeamten in dieser Situation) LG Kiel und OLG Schleswig StAZ 2001, 362 und KG StAZ 2001, 298, kritisch unter dem Blickwinkel der **Eheschließungsfreiheit,** Art. 6 Abs. 1 GG, Eisfeld AcP 201 (2001), 662, gänzlich anders OLG Düsseldorf FamRZ 1996, 1145 (erst der Standesbeamte hat Einzelheiten für die Eheschließung zu überprüfen). **Ausl. Eheverbote** können auch in Deutschland zu beachten sein, so dass die beantragte Befreiung nicht in Betracht kommt, so OLG Stuttgart FamRZ 2000, 821 zu Art. 92 aF türk. ZGB, aufrechterhalten auch nach den Änderungen zum 1.1.2002, nun Art. 129 türk. ZGB für Onkel und Tante bzw. Neffe und Nichte sowie bei bestehender (aber auch aufgelöster) **Schwägerschaft,** deutlich anders inzwischen aber EGMR FamRZ 2006, 181 mAnm Henrich.

b) Gegen die gerichtl. Befreiung ist kein Rechtsmittel vorgesehen. Gegen den ablehnenden Bescheid kann der Antragsteller dagegen Antrag auf **Überprüfung** an das OLG richten, §§ 23 ff. EGGVG. Wie das Ehefähigkeitszeugnis hat die Entscheidung nach § 1309 Abs. 2 S. 1 BGB keine materiellrechtl. Wirkung; sie beseitigt daher das nach ausl. Recht bestehende **Eheverbot/Ehehindernis** nicht selbst, OLG Hamm NJW 1969, 373. Im Übrigen ist sie für den Standesbeamten nicht bindend, so dass er, erlangt er später von einem solchen Hindernis Kenntnis, weiterhin die Mitwirkung an der Eheschließung abzulehnen hat, OLG Hamm NJW 1974, 457 und § 1310 Abs. 1 S. 2 BGB. Bindend ist dagegen für ihn die gerichtl. Entscheidung durch das OLG im Verfahren nach §§ 23 ff. EGGVG, dazu Grüneberg/Siede BGB § 1309 Rn. 15. Gemäß § 1309 Abs. 2 S. 4 BGB gilt die Befreiung jeweils nur für sechs Monate. Nach Ablauf der Frist muss sie erneut beantragt werden. Die Ausstellung von Ehefähigkeitszeugnissen, die Deutsche für eine Eheschließung im Ausland benötigen, folgt § 39 PStG und dem Übereinkommen v. 5.9.1980 im Verhältnis zu den Mitgliedstaaten, dazu BGBl. 1997 II 1086; zu den (wichtigen) Staaten, die Ehefähigkeitszeugnisse ausstellen (oder eben nicht), vgl. Ziffer 166 der – zwischenzeitlich durch die PStG-VwV vom 29.3.2010, BAnz. 2010 Nr. 57a ersetzten – Dienstanweisung für Standesbeamte (DA). Sonstige Förmlichkeiten folgen dem Übereinkommen v. 5.9.1980, BGBl. 1997 II 1086. Verweigerung ist möglich, so jedenfalls OLG Naumburg FamRZ 2002, 955, wenn die Verbindung nur zum Schein geschlossen werden soll, etwa wenn sich die Parteien nur über Videokontakte und das Internet kennen und lediglich über Briefe und Telefonate in Verbindung gestanden haben, → Anm. 13 a).

14. a) Ein Ehehindernis kann sich auch ergeben und einer beabsichtigten Heirat in Deutschland entgegenstehen, wenn eine im Ausland ausgesprochene Ehescheidung hier nicht anerkannt werden kann, vgl. dazu § 107 FamFG. Vorrangig sind in der Zwischenzeit allerdings die Bestimmungen der Brüssel IIb-VO, → Form. A.V.1 Anm. 1 a) und b); die Anerkennung der Entscheidung aus einem Mitgliedstaat in einem (anderen) Mitgliedstaat der eur. Gesetzgebung erfolgt dabei „ohne weiteres". Dann kann auch eine neue

Ehe in Deutschland geschlossen werden. Ehefähigkeitszeugnisse aus dem Heimatland sind allerdings beizubringen, und die Voraussetzungen im Einzelnen bestimmt jeder Staat selbst, doch dürfen sich so keine Brüche und Widersprüche zu den Regeln der eur. Gesetzgebung ergeben. Kann ein Partner, der in Deutschland heiraten möchte, kein Ehefähigkeitszeugnis beibringen, § 1309 BGB, obwohl aus dt. Sicht ein ergangener dt. Scheidungsbeschluss ohne weiteres im Ausland anzuerkennen wäre, steht gemäß Art. 13 Abs. 2 Nr. 2 EGBGB das Befreiungsverfahren nach § 1309 BGB zur Verfügung.

b) Ein Ehehindernis kann sich auch aus einer Vorehe des Partners ergeben, für den kein Befreiungsverfahren erforderlich ist. Mit Blick auf das zweiseitige Ehehindernis der Doppelehe ist ggf. die Anerkennung der Scheidung dieser Vorehe im Heimatstaat des anderen Verlobten zu belegen, wenn früherer Ehegatte und künftiger Ehegatte die gleiche Staatsangehörigkeit besitzen und für dieses Heimatland eine förmliche Anerkennung erforderlich ist. Entsprechendes kann für Lebenspartnerschaften gelten.

9. Antrag auf Feststellung des Nichtbestehens einer Ehe

An das

Amtsgericht

– Familiengericht[1, 2] –

Feststellungsantrag

der Frau . . . . .[3]

– Antragstellerin –

Verfahrensbevollmächtigter: Rechtsanwalt . . . . .

gegen

Herrn . . . . . (Anschrift in Bangladesch[4])

– Antragsgegner –

wegen: Feststellung des Nichtbestehens einer Ehe

Namens und unter Berufung auf die mir schriftlich erteilte, beigefügte (§§ 11, 114 Abs. 5 FamFG) Verfahrensvollmacht der Antragstellerin bitte ich um Anberaumung eines möglichst nahen Termins zur mündlichen Verhandlung, in dem ich beantragen werde:

1. **Es wird festgestellt, dass auch nach der Zeremonie am 9.8.2019 (bzw. am 7.8. oder am 8.8.2019) in . . . . ./Bangladesch keine Ehe zwischen der Antragstellerin und dem Antragsgegner besteht.[5, 6]**
2. **Der Antragsgegner hat die Kosten des Verfahrens zu tragen.[7]**
   Vorab bitte ich darum, der Antragstellerin für dieses Verfahren Verfahrenskostenhilfe zu bewilligen und mich ihr zur Wahrnehmung ihrer Rechte beizuordnen; eine Erklärung über ihre persönlichen und wirtschaftlichen Verhältnisse ist beigefügt.

Begründung:

1. **Die Antragstellerin ist gerade 18 Jahre alt geworden und damit volljährig. Sie wohnt in einer Mädchengruppe in . . . . . und geht noch zur Schule. Eigene Einkünfte hat sie nicht. Sie ist Staatsangehörige von Bangladesch. In Deutschland, wo sie sich seit ihrer Geburt aufhält, betreibt sie das Einbürgerungsverfahren.**

2. Auch der Antragsgegner ist Staatsangehöriger von Bangladesch; er lebt in . . . . . /Bangladesch und ist mit der Antragstellerin verwandt (wird ausgeführt), ohne dass hierdurch nach den dortigen Rechtsregeln oder dt. Recht die Ehe in ihrer Wirksamkeit berührt wäre.
3. Bis zur Volljährigkeit der Antragstellerin übten ihre Eltern, die voneinander getrennt sind, sich aber beide gewöhnlich in Deutschland – ausländerrechtl. berechtigt – aufhalten, für sie die elterl. Sorge aus. Weitere Entscheidungsbefugnisse, insbesondere zur Aufenthaltsbestimmung, haben sie allerdings schon zuvor durch eine der fraglichen Zeremonie zeitlich nachfolgende „Vereinbarung" auf das zuständige Jugendamt „übertragen", das so in der Lage war, die Antragstellerin in einer betreuten Mädchengruppe unterzubringen.[8]
4. Im Sommer 2019 war die Antragstellerin, damals 16 Jahre alt, mit ihrem Vater in Bangladesch. In seinem Heimatort traf sie auch ihre Mutter, die sich dort aufhielt. Bei diesem Besuch lernte sie den Antragsgegner kennen, den ihr ihre Eltern als einen (weitläufigen) Verwandten vorstellten (sie kannte ihn zuvor nicht). Nach einigen Tagen erklärten ihr ihre Eltern, der Antragsgegner „wolle nach Deutschland kommen". Deshalb hätten sie – die Eltern – ihm und seiner Familie, der sie sich verbunden fühlen (wird ausgeführt), zugesagt, die Eheschließung mit ihr (der Antragstellerin) zu ermöglichen. Heiratszeremonie sei für den 9.8.2019 vorbereitet (bzw. den 7.8. oder den 8.8.; ganz genau erinnert sich die Antragstellerin nicht mehr); sie habe sich jedenfalls zu fügen. Erschrocken und verängstigt widersprach die Antragstellerin mit aller Entschiedenheit; sie wolle in Deutschland ihre Schulausbildung beenden und sei auch sonst „unter keinen Umständen" bereit (wird ausgeführt), jetzt schon und zudem einen ihr völlig unbekannten Mann zu heiraten, den sie nicht leiden könne (wird ausgeführt). Nach heftigen Streitigkeiten insbesondere mit ihrer Mutter musste die Antragstellerin aber klein beigeben (wird ausgeführt); beide Eltern erklärten ihr nachdrücklich, wenn sie nicht einlenke, müsse sie in Bangladesch bleiben und könne nicht wieder nach Deutschland ausreisen (wird ausgeführt).
5. Am 9.8.2019 (bzw. am 7. oder am 8.8.2019) fand in Bangladesch eine Feier statt, bei der die Antragstellerin, so muss sie jedenfalls vermuten, dem Antragsgegner von einem „Geistlichen" versprochen und mit ihm getraut wurde. Einzelheiten hat sie nicht verstanden, da sie die Landessprache nur ganz schlecht spricht. Einige Tage später ist sie wie vorgesehen nach Deutschland zurückgekehrt; weiteren Kontakt mit dem Antragsgegner gab es zunächst nicht. Die Abläufe der Zeremonie sonst kann die Antragstellerin nicht schildern; sie war verängstigt, verzweifelt und wollte nur wieder nach Deutschland zurückkehren. In der Folge hat sie das Geschehen weitgehend verdrängt, für das sie sich auch schämt. Mit ihren Eltern hat sie kaum noch Verbindung.
6. Eine Heiratsurkunde oder ähnliche Papiere kann die Antragstellerin nicht vorlegen; sie sind, wenn es sie überhaupt gibt, in Bangladesch verblieben.
7. Vor kurzem hat der Antragsgegner in der Mädchenwohngruppe der Antragstellerin, in der sie lebt – offensichtlich hat er die Telefonnummer dort von der Mutter erhalten – angerufen und erklärt, er werde nun nach Deutschland kommen, um mit ihr als „Ehefrau" zusammen zu leben. Einreisepapiere lasse er bei der Deutschen Botschaft in . . . . . /Bangladesch vorbereiten. Seitdem ist die Antragstellerin völlig verstört (wird ausgeführt).
8. Deshalb beantrage ich für die Antragstellerin die gerichtl. Feststellung, dass durch die (im Einzelnen beschriebene) Zeremonie in Bangladesch eine Ehe zwischen ihr und dem Antragsgegner nicht begründet wurde. Ausfertigung des Beschlusses erbitte ich in vollständiger Form mit Gründen.[9, 10]

Rechtsanwalt

Anmerkungen

1. Es ist zu erwägen, inwieweit hier für den Fall, dass das Gericht, auch wenn die Antragstellerin keine Heiratsurkunde vorlegen kann, von einer Eheschließung ausgeht, **hilfsweise** auch die **Aufhebung** der Ehe beantragt wird → Anm. 5. Der Umstand, dass die Antragstellerin die Heiratsurkunde nicht vorlegen kann, schließt dies nicht von vornherein aus. Der Nachweis einer Eheschließung kann auch auf anderem Wege erbracht werden (vgl. OLG Düsseldorf FamRZ 1992, 1078; zum Nachweis der Eheschließung auch BayObLG StAZ 2000, 296 ff.).

2. Die **int. Zuständigkeit** dt. Gerichte für das von der Antragstellerin eingeleitete Verfahren bestimmt sich nach § 98 Abs. 1 Nr. 4 FamFG bzw. nach Art. 3 Brüssel IIb-VO (str., vgl. MüKoFamFG/Gottwald Brüssel IIa-VO Art. 1 Rn. 8, 8a mwN); zur Anerkennungsfähigkeit der Entscheidung → Anm. 10. Ob der Anwendungsbereich der Brüssel IIb-VO (seit 1.8.2022: Brüssel IIb-VO), deren Bestimmungen auch für Angehörige von Drittstaaten maßgeblich werden und § 98 FamFG verdrängen, zu Einzelheiten → Form. A.V.1 Anm. 1, nach Art. 1 eröffnet ist, wird unterschiedlich gesehen. Nach einer Ansicht gelten die europarechtl. Sonderregeln für die beantragte Feststellung des Bestehens bzw. Nichtbestehens einer Ehe nicht, Zöller/Geimer, 31. Aufl. 2016, VO Nr. 2201/2003 Art. 1 Rn. 1; Andrae ERA-Forum 2003, 28 (32); Helms FamRZ 2001, 257 (259); nach **aA** soll Art. 1 Brüssel IIa-VO bzw. Brüssel IIb-VO auch die Feststellung des (Nicht-)Bestehens einer Ehe erfassen, wohl BeckOK FamFG/Sieghörtner FamFG § 98 Rn. 3; Gruber FamRZ 2000, 1129 (1130) und Hau FamRZ 1999, 484 (485). Folgt man der letztgenannten Auffassung, ist die int. Zuständigkeit des angerufenen Gerichts nach Art. 3 lit a Brüssel IIb-VO begründet, da sich die Antragstellerin von ihrer Geburt an in Deutschland aufhält.

3. Die Antragstellerin ist inzwischen volljährig. Wäre sie (noch) minderjährig, wäre ihre ordnungsgemäße **Vertretung** im Verfahren sicherzustellen, wobei ihre Eltern als Vertreter allerdings ausscheiden, so dass eine **Pflegerbestellung** (Ergänzungspfleger) notwendig wäre. Ist den Eltern die elterl. Sorge entzogen, muss der sonst eingesetzte ges. Vertreter tätig werden.

4. Für die **Zustellung** der Antragsschrift und sonstiger gerichtl. Anordnungen wie etwa der Aufforderung zur Antragserwiderung, Fristsetzungen oder Terminsladungen, schließlich auch des **Beschlusses** an den Antragsgegner in Bangladesch fehlt eine besondere Grundlage in Form bilateraler Abk. bzw. völkerrechtl. Vereinbarungen wie etwa dem **HZÜ**, BGBl. 1977 II 1453, → Form. A.V.1 Anm. 16 und → Form. Q.II Anm. 6. In einem solchen Fall leisten sich Staaten ohne weitere Absprachen gegenseitig **Rechtshilfe** (vertraglose Rechtshilfe, vgl. § 3 Abs. 1 Nr. 3 ZRHO, abzurufen bspw. unter http://www.datenbanken.justiz.nrw.de/pls/jmi//ir_start) gemäß den Regelungen der internationalen Rechtshilfe. Die Zustellung wird in formloser Art und Weise bewirkt. Dabei finden weder die Regeln der ZPO noch die (entspr.) Bestimmungen des Staates, in dem zugestellt werden soll, Anwendung. Eine förmliche Zustellung ist im vertraglosen Rechtshilfeverkehr unzulässig, vgl. § 114 Abs. 2 ZRHO; zum Antrag für die Zustellung vgl. § 51 ZRHO, zu den sonstigen Abläufen (Prüfungsstelle der dt. Auslandsvertretung etc) §§ 28 ff. ZRHO. Näheres zum Rechtshilfeverkehr mit einzelnen Ländern findet sich im Länderteil der ZRHO. **Öffentliche Zustellung** kommt nach § 185 ZPO erst in Betracht, wenn

- der Aufenthalt der gegnerischen Partei im Ausland tatsächlich unbekannt oder
- die Auslandszustellung nach dt. Regeln unausführbar bzw. nicht erfolgversprechend ist,

- nicht aber bei bloßer Unbequemlichkeit oder drohenden Zeitverlusten für die in Deutschland ansässige Partei; zutreffend AG Bad Säckingen FamRZ 1997, 611 (Zustellungszeiten bis zu zwei Jahre sind noch hinnehmbar); nach BGH FamRZ 2009, 684, ist die Auslandszustellung nicht schon unzumutbar, wenn die Dauer der Zustellung im Wege der Rechtshilfe möglicherweise einen Zeitraum von sechs bis neun Monaten überschreiten wird,
- auch nicht bei internen Reibereien (etwa) zwischen (bei uns zuständigem) AG und der Landesjustizverwaltung über die einzuhaltenden Förmlichkeiten, so aber AG Bonn NJW 1991, 1430 (das nach einigen Monaten Schriftverkehr mit der LJV die Zustellung in Deutschland in öffentlicher Form angeordnet hat) mAnm Geimer NJW 1991, 1431, entschieden aA Bindseil NJW 1991, 3071.

5. a) **Eheaufhebung** (nach unseren Vorstellungen) bzw. **Ehenichtigkeit** kommen grds. in Betracht, wenn in Bangladesch entsprechende Verfahren vorgesehen und die für sie notwendigen Voraussetzungen erfüllt sind. Dortiges Recht ist nach Art. 13 Abs. 1 EGBGB anwendbar, weil beide Beteiligten die dortige Staatsangehörigkeit besitzen (zur Anwendbarkeit von Art. 13 EGBGB vgl. Grüneberg/Thorn EGBGB Art. 13 Rn. 13). Für die Ehescheidung, wenn auch die Antragstellerin bei Eheschließung das 18. Lebensjahr vollendet gehabt hätte, wäre ebenfalls das Recht von Bangladesch maßgebend, da beide „Eheleute" Angehörige dieses Staates sind, Art. 8 lit. c VO (EU) Nr. 1259/2010 („Rom III-VO"), und, weil die „Eheleute" Muslime sind, der dortige Dissolution of Muslims Marriage Act. 1939; zu aus dt. Sicht zweifelhaften Eheschließungen im Ausland allg. Sturm StAZ 2005, 1; zu Ehehindernissen wegen Verwandtschaft nach islamischem Recht, die hier nicht gegeben sind, → Form. A.V.8 und EGMR FamRZ 2005, 1971; zum Eheverbot nach türk. Recht zwischen Onkel und Tante bzw. Nichte und Neffe vgl. Art. 129 türk. ZGB. Für die beantragte **Feststellung** kann letztlich nur die dt. Sicht verbunden mit den Bestimmungen des Heimatrechts bzw. des Rechtes des Staates, in dem die Ehe geschlossen worden sein soll, entscheidend werden, wobei, wenn alle Anhaltspunkte für die dort vorgeschriebenen Abläufe fehlen, weil der Ablauf der „Zeremonie" unklar bleibt, von einer Verbindung, die aus dt. Sicht als Ehe aufzufassen wäre, nicht ausgegangen werden kann, zu weiteren Einzelheiten AG Mainz 33 F 69/04. Nach Art. 13 Abs. 3 EGBGB idF mWv 22.7.2017 ist eine Ehe, wenn die Ehemündigkeit eines Verlobten ausl. Recht unterliegt, nach dt. Recht unwirksam, wenn der Verlobte im Zeitpunkt der Eheschließung das 16. Lebensjahr nicht vollendet hatte, und **aufhebbar**, wenn der Verlobte zum Zeitpunkt der Eheschließung das 16., aber nicht das 18. Lebensjahr vollendet hatte. Die vorliegende Verbindung ist demnach, sofern sie als Ehe aufgefasst würde, aufhebbar. Diese Vorschrift wurde neu gefasst durch das Gesetz zur Bekämpfung von Kinderehen vom 17.7.2017, ist allerdings nicht unumstritten. Denn sie erstreckt sich abstrakt-generell auf sämtliche von Minderjährigen geschlossenen Ehen und versagt auch gelebten Statusverhältnissen ohne Zwangscharakter idR die Anerkennung, Grüneberg/Thorn EGBGB Art. 13 Rn. 20. Aus dt. Sicht sollte allerdings auch sichergestellt werden können, dass dem schwächeren Teil, meist der Ehefrau, nicht der Schutz verweigert wird, den ihr nur der rechtliche Bestand der Verbindung als Ehe garantieren kann, dazu schon AG Tübingen ZfJ 1992, 48 mAnm Coester ZfJ 1992, 241. Der XII. Zivilsenat des BGH hat mit Beschl. v. 14.11.2018, FamRZ 2019, 181, eine Entscheidung des BVerfG zu der Frage eingeholt, ob Art. 13 Abs. 3 Nr. 1 EGBGB idF des Gesetzes zur Bekämpfung von Kinderehen vom 17.7.2017 mit Art. 1, 2 Abs. 1, 3 Abs. 1 und 6 Abs. 1 GG vereinbar ist, soweit eine unter Beteiligung eines nach ausl. Recht ehemündigen Minderjährigen geschlossene Ehe nach dt. Recht ohne einzelfallbezogene Prüfung als Nichtehe qualifiziert wird, wenn der Minderjährige im Zeitpunkt der Eheschließung das 16. Lebensjahr nicht vollendet hatte. Das BVerfG billigt die starre Altersgrenze, hält jedoch die Regelung des Art. 13 Abs. 3 Nr. 1 EGBGB wegen des Fehlens einer Regelung zu den Rechtsfolgen einer nichtigen Eheschließung für unverhältnismäßig und deshalb verfassungswidrig, BVerfG NJW 2023, 1494. § 1305 BGB wurde durch das Gesetz zum Schutz Minderjähriger bei Auslandsehen aufgrund vorgenannter Entscheidung mit Wirkung ab 1.7.2024 neu gefasst, BGBl. 2024 I Nr. 212 vom 27.6.2024. Zur Asylgewährung bei drohender **Zwangsheirat** (hier: Iran) VG Frankfurt a. M. NVwZ-RR 2013, 243; zum Abschiebungsverbot bei drohender **Genitalverstümmelung** (in Sierra Leone) VGH Kassel NVwZ-RR 2006, 504, zur Entziehung der elterl. Sorge (Gambia) BGH FamRZ 2005, 344.

b) Im Inland gilt § 1303 BGB idF mWv 22.7.2017: „Eine Ehe darf nicht vor Eintritt der Volljährigkeit eingegangen werden. Mit einer Person, die das 16. Lebensjahr nicht vollendet hat, kann eine Ehe nicht wirksam eingegangen werden." § 1303 BGB wurde ebenfalls neu gefasst durch das Gesetz zur Bekämpfung von Kinderehen. Hat der minderjährige Ehegatte zum Zeitpunkt der Eheschließung das 16. Lebensjahr vollendet, ist die Ehe aufhebbar, ansonsten ist sie unwirksam. Das FamG kann auch nicht mehr, wie noch bis zum 21.7.2017 (§ 1303 Abs. 2 BGB aF), auf Antrag von dieser Vorschrift Befreiung erteilen, wenn der Antragsteller das 16. Lebensjahr vollendet hat und sein künftiger Ehegatte volljährig ist. Aufhebbar sind demnach im Ausland geschlossene „Kinderehen", wenn der minderjährige Ehegatte mindestens 16 Jahre alt war. Ehen, bei denen der minderjährige Ehegatte das 16. Lebensjahr nicht vollendet hatte, sind automatisch und ohne Ermessensspielraum und Einzelfallbetrachtung aus dt. Sicht unwirksam, zu weiteren Einzelheiten → Anm. 5 a). Bei der „Trauungszeremonie" in Bangladesch war die Antragstellerin 16 Jahre alt. Nach aktuellem dt. Recht hätte sie die Ehe nicht schließen können. Ein ordre public-Verstoß allein aufgrund dessen, Art. 6 EGBGB, ist dennoch (wohl eher) nicht gegeben.

c) Nach einer Auskunft der dt. Botschaft in Dhaka muss die in Bangladesch geschlossene Ehe innerhalb von 15 Tagen förmlich registriert werden, wenn sie nicht vor dem Nikah Registrar geschlossen wurde. Häufig, so weiter, würden aber Registrierungsanträge erst nach Vollendung des 19. Lebensjahres der Frau und angeblich innerhalb der Frist, deren Versäumnis ohnehin nur strafrechtliche/ordnungswidrigkeitsrechtliche Folgen auslöst, mit falschen Daten weitergegeben.

6. Die Antragstellerin leitet ein Verfahren auf Feststellung des (Bestehens bzw.) **Nichtbestehens** einer Ehe ein (Ehesache nach § 121 Nr. 3 FamFG), das § 256 ZPO folgt und daher ein besonderes Feststellungsinteresse verlangt. Jedenfalls mit der Ankündigung des Antragsgegners, nun nach Deutschland kommen zu wollen, ist diese Voraussetzung erfüllt.

7. Die Kostenentscheidung folgt aus **§ 91 ZPO,** nicht aus § 150 FamFG; für „andere Ehesachen" als in § 150 FamFG ausdrücklich aufgezählt, gilt die Bestimmung nicht (vgl. Bumiller/Harders/Schwamb FamFG § 150 Rn. 1).

8. Die Eltern waren zu Zugeständnissen und zur Zusammenarbeit mit dem Jugendamt bereit, weil bereits Regelungsanträge nach § 1666 BGB beim zuständigen Gericht gestellt waren, denen so die Grundlage entzogen werden konnte.

9. Sonstige „Folgen" sind nicht zu regeln.

10. Deutsche Scheidungs- bzw. Nichtigkeitsurteile werden in Bangladesch anerkannt, wenn – aus dortiger Sicht – dt. Gerichte int. zuständig sind. Zudem ist wohl auch dt. materielles Familienrecht für die Sache selbst im Wege einer versteckten Rückverweisung anwendbar, vgl. dazu Bergmann/Ferid/Henrich IntEheR Länderbericht Bangladesch S. 23. Im Übrigen sind die Anforderungen für die Annahme eines „domicile" in Deutschland hoch (für die Antragstellerin, die seit Geburt in Deutschland lebt, aber sicherlich erfüllt). Mit der Anerkennung dürfte jedenfalls dann zu rechnen sein, wenn der Scheidungs-/

Nichtigkeitsgrund auch im Recht von Bangladesch vorgesehen ist, Bergmann/Ferid/Henrich IntEheR Länderbericht Bangladesch S. 23.

10. Antrag auf Ehetrennung nach italienischem Recht

An das

Amtsgericht

– Familiengericht –

Antrag auf Trennung

In Sachen

des Herrn . . . . .

– Antragsteller –

Verfahrensbevollmächtigte: Rechtsanwältin . . . . .

gegen

Frau . . . . .

– Antragsgegnerin –

wegen: Trennung von Tisch und Bett nach italienischem Recht

Namens und unter Berufung auf die beigefügte Verfahrensvollmacht des Ast. beantrage ich:

1. **Die am . . . . . vor dem Standesamt . . . . . unter Registernr . . . . . geschlossene Ehe der Beteiligten wird von Tisch und Bett getrennt.**
   Die Ag. trägt die Schuld an der Trennung.
2. **Die elterliche Sorge für das Kind A., geb. am . . . . in . . . . wird auch nach der Trennung gemeinsam von beiden Elternteilen ausgeübt.**
3. **Die Kosten des Verfahrens werden gegeneinander aufgehoben.**

Gerichtskostenvorschuss ist eingezahlt nach einem Gegenstandwert in Höhe von . . . . . EUR.

Begründung:

1. **Die Verfahrensbeteiligten, die beide ausschließlich italienische Staatsangehörige sind, haben am . . . . . vor dem Standesbeamten in . . . . ./Deutschland geheiratet.**

   Beweis: beigefügte beglaubigte Kopie der Heiratsurkunde, beigefügte beglaubigte Kopien der Ausweispapiere beider Eheleute

   Aus ihrer Ehe ist das Kind A., geb. am . . . . . . in . . . . . ., hervorgegangen. Die Familie lebte in Deutschland.

   Beweis: beigefügte beglaubigte Kopie der Abstammungsurkunde

2. **Die Ag. hat sich einem anderen Partner zugewandt, mit dem sie allerdings nicht zusammenlebt. Sie hat sich am . . . . . vom Ast. getrennt, indem sie zusammen mit dem Kind aus der bisherigen Ehewohnung ausgezogen ist. Sie wohnt nun mit dem Kind in einer eigenen Wohnung in derselben Stadt.**

Da die Ehe harmonisch war, hat der Ast. immer wieder versucht, die Ag. von ihrem Liebesverhältnis mit . . . . . abzubringen (wird ausgeführt) und mit ihm zusammen eine Eheberatungsstelle aufzusuchen. Er ist hiermit erfolglos geblieben. Die Ag. wird diese Bemühungen nicht bestreiten. Sie hat dabei wiederholt, so auch am . . . . ., erklärt, er solle nichts weiter tun und sie in Zukunft in Ruhe lassen. Sie liebe ihren jetzigen Partner und werde jedenfalls nicht in die eheliche Lebensgemeinschaft und zum Ast. zurückkehren. Mit einer Trennung von Tisch und Bett sei sie aber nicht einverstanden.

Beweis: Beteiligtenvernehmung

Die Beteiligten haben durch notariellen Vertrag vom . . . . . vor dem Notar . . . . . in . . . . . vereinbart, dass auf die Ehescheidung und auf die Trennung ohne Auflösung des Ehebandes italienisches Recht anzuwenden ist.

Beweis: anliegende beglaubigte Kopie des notariellen Vertrages

Um sich zu schützen und weiterem Spott und Verachtung in seiner Familie zu begegnen, muss sich der Ast. von seiner Frau trennen und die gerichtliche Entscheidung über seinen Antrag auf Trennung von Tisch und Bett beantragen. Die Ag. hat sich einem anderen Mann zugewandt, mit dem sie ein ehebrecherisches Verhältnis unterhält. Der Ast. ist von ihr verletzt und in seiner Ehre schwer gekränkt worden.

Beweis: Beteiligtenvernehmung

Die Ag. ist jedenfalls an der Trennung schuld. Die Ehe war bis zum Ehebruch durch die Ag. harmonisch, keinesfalls zerrüttet (wird weiter ausgeführt).

3. Die Zuständigkeit des angerufenen Gerichts folgt aus Art. 3 lit. a Ziff. i Brüssel IIb-VO, da beide Eheleute ihren gewöhnlichen Aufenthalt in Deutschland haben.[1]

4. Aufgrund parteilicher Vereinbarung gilt nach Art. 5 Abs. 1 lit. c Rom III-VO italienisches materielles Recht.[2] Der Ast. stützt seinen Antrag auf Art. 151 Cod. Civ. (Italien).[3] Die gerichtliche Entscheidung über seine Trennungsklage ist obligatorisch für einen späteren Scheidungsantrag.[4] Er beantragt zusätzlich den Ausspruch, dass die Ag. Schuld an der Trennung ist (wird weiter ausgeführt).[5]

5. A. lebt aufgrund einvernehmlicher Entscheidung der Eheleute bei der Mutter. Der Vater hat regelmäßigen Umgang. Es soll beim gemeinsamen Sorgerecht verbleiben.[6]

6. Regelungen über Hausrat, Ehewohnung und Kindes- sowie Ehegattenunterhalt sind durch den angegebenen Ehevertrag getroffen. Sonstige Familiensachen sind nicht anhängig.

Rechtsanwältin

Anmerkungen

1. Zur int. Zuständigkeit deutscher Gerichte nach der **Brüssel IIb-VO** → Form. A.V.1 Anm. 1, → Form. A.V.4 Anm. 2.

2. Auf die **Ehetrennung** findet hier nach Art. 5 Abs. 1 lit. c **Rom III-VO** aufgrund wirksamer Rechtswahl materielles italienisches Recht Anwendung. Allgemeines zur Rom III-VO → Form. A.V.4 Anm. 3. Es gilt das von den Ehegatten gewählte Recht des Staates, dessen Staatsangehörigkeit einer der Ehegatten zum Zeitpunkt der Rechtswahl besaß. Zur Wirksamkeit der Einigung sind Art. 6 und 7 Rom III-VO sowie in Deutschland Art. 46d EGBGB zu beachten. Ist keine anderweitige wirksame Rechtswahl getroffen, gilt für italienische Eheleute mit gewöhnlichem Aufenthalt in Deutschland die Anwendung deutschen Scheidungsrechts nach Art. 8 lit. a Rom III-VO.

3. a) Es wird die Trennung einer Zivilehe („matrimonio civile") beantragt. Andere Formen des Zusammenlebens sind nach ital. Gesetz v. 20.5.2016 die Lebensgemeinschaft („convivenza") und die gleichgeschlechtliche Partnerschaft („unione civile") (Cubeddu Wiedemann FamRZ 2016, 1535; Enßlin NZFam 2020, 93). Das gerichtliche Trennungsverfahren ist kein Vorverfahren der Scheidung, sondern ein eigenes Verfahren. Eine einvernehmliche gerichtliche Trennung ist möglich, wobei auch Regelungen zum Sorgerecht, Kindesunterhalt und zu vermögensrechtlichen Fragen zu treffen sind, → Form. A.V.11. Trennung der Ehegatten (und auch Scheidung) können nach ital. Recht im Fall des Einvernehmens auch durch eine anwaltsgestützte Vereinbarung oder in einem vereinfachten Verfahren vor dem Standesbeamten erfolgen, Art. 6 D. l. Gesetzesdekret Nr. 132/2014 (zu Einzelheiten Enßlin NZFam 2020, 93; Henrich/Dutta/Ebert IntEheR/Henrich Länderbericht Italien S. 41; Rieck/Lettmaier AuslFamR/Enßlin Länderteil Italien S. 20). Diese zusätzlichen Verfahrensmöglichkeiten lassen die bisherigen gerichtlichen Verfahren unberührt (Cubeddu Wiedemann/Henrich FamRZ 2015, 1253). Sie sind wegen Art. 17 Abs. 3 EGBGB in Deutschland nicht möglich, auch nicht vor italienischer Botschaft bzw. Konsulat, in Italien dagegen schon, wenn bei entsprechender Rechtswahl entweder die ital. Eheleute, die ihren gew. Aufenthalt in Deutschland haben, sich vor dem Bürgermeister des ital. Ortes scheiden lassen, in dem sie geheiratet haben, oder wenn bei einem deutsch-italienischen Paar wenigstens ein Ehegatte den gew. Aufenthalt in Italien hat (Cubeddu Wiedemann/Henrich FamRZ 2015, 1253).

Die **Trennung von Tisch und Bett** („**separazione personale**") ohne Einvernehmen kann ein Ehegatte nach Art. 151 Abs. 1 Cod. Civ. aufgrund Unzumutbarkeit des Zusammenlebens, also objektiver Zerrüttung, oder schwerer Beeinträchtigung der Erziehung der Kinder verlangen. Die bloße räumliche Trennung genügt nicht. Die Trennung kann nach Art. 150 Abs. 3 Cod. Civ. von jedem Ehegatten beantragt werden.

b) Für die internationale Zuständigkeit des späteren Scheidungsverfahren gilt neben Art. 3 Brüssel IIb-VO die Sondervorschrift des Art. 5 Brüssel IIb-VO, betreffend das anzuwendende Recht Art. 9 Rom III-VO.

c) Nach ital. Prozessrecht hat der Gerichtspräsident nach Art. 708 Abs. 1 Cod. Proc. Civ. einen **Versöhnungsversuch** durchzuführen. Schlägt dieser fehl, bestimmt er nach Art. 708 Abs. 3 Cod. Proc. Civ. einen Untersuchungsrichter. Dies gilt nicht in einem deutschen Verfahren, da verfahrensrechtlich deutsches Prozessrecht gilt. Nach Art. 30 Abs. 1 Brüssel IIb-VO erfolgt Anerkennung eines deutschen Beschlusses in Italien auch ohne Einhaltung des ital. Prozessrechts. Das deutsche Gericht sollte zum Zwecke der Erleichterung der Anerkennung in Italien gebeten werden, die Ehegatten entsprechend Art. 708 Abs. 1 Cod. Prov. Civ. zunächst getrennt anzuhören.

d) Werden Verfahren in verschiedenen Staaten geführt, so gilt:

Handelt es sich um zwei Mitgliedstaaten der Brüssel IIb-VO, gilt Art. 20 Abs. 1 iVm Abs. 3–5 Brüssel IIb-VO. Das Trennungsverfahren begründet den **Einwand doppelter Anhängigkeit** auch dann, wenn das in einem anderen Mitgliedstaat der Brüssel IIb-VO geführte Verfahren ein Scheidungsverfahren ist. Denn die Brüssel IIb-VO verlangt nicht Identität des Streitgegenstandes, sondern dass die Anträge auf die Durchführung eines Verfahrens in Ehesachen abzielen, das vom sachlichen Anwendungsbereich der VO erfasst ist (EuGH NJW 2015, 3776 Rn. 33; Andrae IntFamR § 2 Rn. 7). Es gilt der Grundsatz der strikten zeitlichen Priorität; dazu die anstehende Entscheidung des EuGH zur Vorlage durch das OLG Stuttgart BeckRS 2025, 12408 = FamRZ 2025, 1007.

Die doppelte Rechtshängigkeit in einem anderen Staat, der nicht Mitgliedstaat der Brüssel IIb-VO ist, ist nach § 113 Abs. 1 S. 2 FamFG iVm § 261 Abs. 3 Nr. 1 ZPO analog dagegen nur dann zu beachten, wenn der Streitgegenstand identisch ist und die ausländische Entscheidung hier anzuerkennen ist (BGH FamRZ 1992, 38 und FamRZ 1994, 434; KG BeckRS 2016, 04067 = FamRZ 2016, 836 mAnm Hilbig-Lugani; OLG Karlsruhe IPRax 1992, 171 mAnm Sonnenberger IPRax 1992, 154).

4. Die gerichtliche Trennung ist Voraussetzung für die anschließende gerichtliche **Ehescheidung,** zu Ausnahmen (strafrechtliche Verurteilung uÄ) Art. 3 Nr. 2 lit. b Gesetz Nr. 898 v. 1.12.1970 (Henrich/Dutta/Ebert IntEheR/Henrich Länderteil Italien III. B. 8). Für die Scheidung ist eine **Trennungszeit** von einem Jahr bei streitiger Trennung und von sechs Monaten bei einvernehmlicher Trennung notwendig, wenn die gerichtliche Ehescheidung auf die Trennung und nicht auf andere Scheidungsgründe nach ital. Recht gestützt werden soll, Art. 3 Nr. 2 lit. b Gesetz Nr. 898 v. 1.12.1970. Sie beginnt nicht erst mit Rechtskraft des Urteils, sondern gemäß Art. 3 Nr. 2 lit. b Gesetz Nr. 898 v. 1.12.1970 mit dem Erscheinen der Ehegatten im Trennungsverfahren. Die in Deutschland ergangene Trennungsentscheidung bedarf in Italien keiner förmlichen Anerkennung, Art. 1 Abs. 1 lit. a, 21 Abs. 1 Brüssel IIa-VO bzw. Art. 1 Abs. 1 lit. a, 30 Abs. 1 Brüssel IIb-VO.

5. Neben der Möglichkeit, die Trennung aus objektiven Gründen zu beantragen, kann verlangt werden, dass sie einem Ehegatten angelastet wird, Art. 151 Abs. 2 Cod. Civ. Diese **Ehetrennung mit Schuldausspruch („separazione con pronuncia di addebito“)** kann nur im Rahmen der Trennung, nicht im Rahmen der Scheidung erfolgen (Rieck/Lettmaier AuslFamR/Enßlin Länderteil Italien S. 20).

Der Schuldausspruch hat erbrechtliche Wirkungen. Auch steht dem schuldigen Ehegatten kein Anspruch auf den eheangemessenen Unterhalt („mantenimento“), Art. 151, 156 Abs. 1 Cod. Civ., zu. Dieser wird auf den Notunterhalt („alimenti“), Art. 433 Cod. Civ., verwiesen (Henrich/Dutta/Ebert IntEheR/Henrich Länderbericht Italien S. 41; Rieck/Lettmaier AuslFamR/Enßlin Länderteil Italien S. 20). Betreuungsunterhalt bleibt so erhalten, selbst wenn schwere Schuld an der Trennung angelastet werden kann (OLG Stuttgart BeckRS 2004, 01497 = FamRZ 2004, 1496); zu weiteren Einzelheiten BGH BeckRS 2004, 02174 = NJW 2004, 930.

6. Nach Art. 155, 156 Cod. Civ. hat der ital. Richter, der die Trennung von Tisch und Bett ausspricht, auch über Sorge- und Umgangsrecht, Trennungs- und Kindesunterhalt sowie die Benutzung der Ehewohnung zu entscheiden. Dies gilt nicht für das für die Scheidung international zuständige ausländische Gericht. Scheidungsfolgen sind nicht in das Scheidungsstatut einbezogen, sondern richten sich nach ihren jeweils eigenen Anknüpfungsregeln (selbstständige Anknüpfung), für die elterliche Sorge → Form. D.III.1, für den Versorgungsausgleich → Form. A.V.4 Anm. 4, für Unterhaltsansprüche → Form. B.II.9 Anm. 4. § 98 Abs. 3 FamFG greift nur, wenn kein vorrangiges EU-Recht oder zwischenstaatliches Übereinkommen regelt. Besteht für die Regelung des jeweiligen Gegenstandes keine internationale Zuständigkeit, kann der Gegenstand, auch wenn das nationale Verfahrensrecht einen Zwangsverbund vorsieht, nicht im Verbund entschieden werden (EuGH 3.10.2019 – C-759/18, BeckRS 2019, 25133 = FamRZ 2019, 1989).

11. Gerichtliche Genehmigung einer einvernehmlichen Trennung (Italien)

An das

Amtsgericht

– Familiengericht –

Antrag auf gerichtl. Genehmigung einer einvernehml. Trennung

In Sachen

des Herrn . . . . .

– Antragsteller –

Verfahrensbevollmächtigte: Rechtsanwältin . . . . .

gegen

Frau . . . . .

– Antragsgegnerin –

wegen gerichtlicher Genehmigung einer einvernehmlichen Trennung nach ital. Recht[1]

Namens und unter Berufung auf beigefügte Verfahrensvollmacht des Ast. beantrage ich:

1. Die von den Beteiligten für ihre Trennung geschlossene Vereinbarung vom . . . . . wird gerichtlich genehmigt.
2. Die Kosten des Verfahrens werden gegeneinander aufgehoben.

Begründung:

1. Die Beteiligten haben am . . . . . vor dem Standesbeamten in . . . . ./Deutschland die Ehe geschlossen.

   Beweis: beigefügtes Familienbuch

   Beide sind deutsche Staatsangehörige, die seit . . . . . Jahren zusammen in . . . . ., Italien lebten. Aus ihrer Ehe ist das Kind . . . . ., geb. am . . . . . in . . . . ., hervorgegangen.[2]

   Beweis: beigefügte beglaubigte Kopien der Personalausweise der Eheleute und der Abstammungsurkunde des Kindes

2. Die Ag. hat den Ast. verlassen. Sie ist am . . . . . aus der ehelichen Wohnung in . . . . ., Italien ausgezogen und bewohnt mit dem Kind, insoweit im Einverständnis mit dem Ast., eine eigene Wohnung in . . . . ., Italien. Der Ast. möchte allerdings die Ehe mit der Ag. gern fortsetzen und mit ihr und dem Kind wieder zusammenleben. Im Augenblick ist das aber nicht möglich. Die Ag. lehnt sämtliche Annäherungsversuche ab. Deshalb ist der Ast. am . . . . ., also vor weniger als sechs Monaten, nach Deutschland verzogen. Er besteht auf gerichtliche Genehmigung der von den Beteiligten einvernehmlich abgesprochenen Trennung.

   Beweis: Parteivernehmung

Für ihre Trennung und die Regelungen zum Sorge- und Umgangsrecht haben die Beteiligten eine notarielle Vereinbarung getroffen.[3] Eine Rechtswahl haben sie nicht getroffen.

Beweis: beigefügte beglaubige Kopie des Notarvertrages

3. Der Ast. beantragt die gerichtl. Genehmigung dieser Trennungsvereinbarung.

Rechtsanwältin

Anmerkungen

1. Die **„separazione personale"** ist Voraussetzung einer Scheidung nach ital. Recht. Art. 3 Ziff. 2 lit. b Gesetz Nr. 898 v 1.12.1970 Regelung der Fälle der Eheauflösung (bei Henrich/Dutta/Ebert IntEheR/Henrich Länderbericht Italien III. B. 8). Durch L. n. 55/ 2015 v 6.5.2015 wurde die zuvor erforderliche Trennungszeit von 3 Jahren nach Trennungsurteil auf 12 Monate bei streitiger und 6 Monate bei einverständlicher Trennung verkürzt. Die Trennung wird formell herbeigeführt durch eine gerichtliche Entscheidung oder außergerichtlich in Italien durch anwaltsunterstützte Vereinbarung bzw. in einem vereinfachten Verfahren vor dem Standesbeamten. Das Trennungsverfahren ist kein Vorverfahren der Scheidung, sondern ein eigenes Verfahren. Soll die Trennung in Deutschland veranlasst werden, so bleibt auch im Fall des **Einvernehmens** alleine der Antrag auf gerichtl. Genehmigung. Art. 151 Cod. Civ. sieht als Voraussetzung der Trennung entweder die Unzumutbarkeit des Zusammenlebens oder eine schwere Beeinträchtigung der Erziehung der Kinder vor, → Form. A.V.10 Anm. 3, dort Antrag auf einseitige Trennung.

2. Zur int. Zuständigkeit deutscher Gerichte nach der Brüssel IIb-VO → Form. A.V.4 Anm. 2. Nach Art. 1 Abs. 1 lit. a Brüssel IIb-VO ist diese auch auf Entscheidungen über die Trennung ohne Auflösung des Ehebandes anzuwenden. Aufgrund deutscher Staatsangehörigkeit beider Eheleute ist das deutsche Gericht hier international zuständig nach Art. 3 lit. b Brüssel IIb-VO.

Die Rom III-VO regelt auch für die Trennung ohne Auflösung des Ehebandes die Frage nach dem anwendbaren Recht, Art. 1 Abs. 1 Rom III-VO; Näheres zur Rom III-VO → Form. A.V.4 Anm. 3. Da die Eheleute keine Rechtswahl getroffen haben, und es keinen gemeinsamen gewöhnlichen Aufenthalt in einem Staat mehr gibt, gilt Art. 8 lit. b Rom III-VO. Der letzte gemeinsame Aufenthaltsort der Eheleute war in Italien, wo ein Ehegatte noch seinen gew. Aufenthalt hat. Der Wegzug des anderen Ehegatten aus Italien liegt weniger als ein Jahr zurück mit der Folge, dass italienisches Recht anzuwenden ist.

3. Eine einvernehmliche Trennung durch anwaltsunterstützte Vereinbarung bei beiderseitiger anwaltlicher Vertretung ist möglich, wobei auch Regelungen zum Sorge- und Umgangsrecht getroffen werden können, → Form. A.V.10 Anm. 3. Im gerichtlichen Verfahren wird die Vereinbarung gerichtlich bestätigt, Art. 159 Cod. Civ. Gelingt ein gerichtl. Versöhnungsversuch nicht, protokolliert das Gericht die Trennung, Art. 711 Abs. 3 Cod. Proc. Civ. Sonstige verfahrensrechtliche Vorgaben wie Mitwirkung der Staatsanwaltschaft uÄ spielen im deutschen Verfahren keine Rolle, weil verfahrensrechtlich das lex fori gilt und Art. 30 Abs. 1 Brüssel IIb-VO die Anerkennung in Italien sicherstellt.

B. Scheidungsfolgesachen

I. Versorgungsausgleichssachen

1. Vorbemerkungen

a) Einführung des Rechts des Versorgungsausgleichs durch das 1. EheRG

aa) Der Versorgungsausgleich (VA) wurde durch das 1. EheRG zum 1.7.1977 als besondere Form des Ausgleichs von Vorsorgevermögen eingeführt, das während der Ehezeit erworben wurde. Mit diesem neuen Ausgleichssystem wurde der bestehende güterrechtlichen Ausgleich gemäß den §§ 1372 ff. BGB ergänzt, da dieser nicht die für den Fall des Alters und der Invalidität gesondert gebildete Vermögenswerte erfasste. Der Ausgleichsmechanismus des 1. EheRG war davon geprägt, dass sämtliche in den Ausgleich einzubeziehenden Versorgungen (Anrechte) hinsichtlich ihrer Wertigkeit (Dynamik) an der gesetzlichen Rentenversicherung zu messen sind. Dieses Prinzip wurde in § 1587a Abs. 3, 4 BGB aF geregelt, der stets die Prüfung verlangte, ob ein dem Wertausgleich des Ausgleichspflichtigen oder Ausgleichsberechtigten unterliegendes Anrecht hinsichtlich seines Wertes (Dynamik) in der Anwartschafts- und Leistungsphase „in gleicher Weise steigt wie ein Anrecht der gesetzlichen Rentenversicherung bzw. der Beamtenversorgung". Dieser Anpassungsmechanismus war deshalb erforderlich, weil der familienrechtliche Anspruch auf den Wertausgleich **entsprechend dem Zugewinnprinzip** gemäß § 1587a Abs. 1 BGB aF vollzogen wurde.

bb) Das Prinzip der Einbindung aller Anrechte der Ehegatten auf eine Versorgung wegen Alters und/oder Invalidität hat vor allem in Bezug auf die betriebliche Altersversorgung gemäß dem BetrAVG, aber auch der berufsständischen Versorgungen aufgrund der stark abflachenden Dynamik der gesetzlichen Rentenversicherung zu erheblichen systematischen Verwerfungen geführt, da die nach der Barwertverordnung vorzunehmende Angleichung an die Dynamik der gesetzlichen Rentenversicherung eine zu starke Abzinsung bewirkte, die zu einer schwer wiegenden Verletzung des Halbteilungsgrundsatze geführt hat (s. hierzu BVerfG FamRZ 2006, 1000 u. 2006, 1002 mAnm Borth/Glockner). Hierzu stellte die **Begründung des Gesetzesentwurfes** des VAStrRefG (BT-Drs. 16/10144, 31 ff.) zutreffend fest, dass der Grundsatz der Halbteilung im Versorgungsfall bei bestimmten Sachlagen verfehlt wurde, weil die durch das Prinzip des **Ausgleichs in eine Richtung** (Zugewinnprinzip gemäß § 1587a Abs. 1 BGB aF) **notwendige Prognose** über die künftige Entwicklung eines Anrechts zur Angleichung unterschiedlich ausgestalteter Anrechte fehlerträchtig war und zur Wahrung des Halbteilungsgrundsatzes zu ständigen Korrekturen zwang, diese aber in der Praxis nicht wahrgenommen wurden.

b) Grundlegender Ansatz des reformierten Versorgungsausgleichs

- Die Regelungen der §§ 1587a ff. BGB wurden aufgehoben; der VA wird in dem **Gesetz zur Strukturreform des Versorgungsausgleichs** vom 3.4.2009 (VAStrRefG, BGBl. 2009 I 700) geregelt; das BGB enthält lediglich in § 1587 BGB die Verweisung das Versorgungsausgleichsgesetz (VersAusglG). Dies ermöglichte es, den VA übersichtlich zu gliedern und sprachlich so zu überarbeiten, dass das Gesamtkonzept aus sich heraus verständlicher ist.

- Grundsätzlich wird **jedes Anrecht auf eine Versorgung intern geteilt,** also im Versorgungssystem des jeweils ausgleichspflichtigen Ehegatten.
- Eine **externe Teilung** – also die Begründung eines Anrechts bei einem anderen Versorgungsträger – findet statt, wenn der ausgleichberechtigte Ehegatte damit einverstanden ist oder wenn der Versorgungsträger bei kleineren Ausgleichswerten eine externe Teilung verlangt. Im Falle einer Unterstützungskasse sowie einer Direktzusage wurde diese Regelung zugunsten der Träger der betrieblichen Altersversorgung ausgeweitet. Diese besondere Form des Wertausgleichs ist bei **verfassungskonformer Normanwendung** mit dem Grundgesetz vereinbar (BVerfG NJW 2020, 2173 = FamRZ 2020, 1078).
- Die Abkehr vom Einmalausgleich über die gesetzliche Rentenversicherung ermöglicht es, auch betriebliche und private Anrechte schon im Wertausgleich bei der Scheidung zu teilen und damit abschließend zu regeln. Hierdurch wird die schwache Form des schuldrechtlichen Versorgungsausgleichs weitgehend vermieden.
- Allerdings wurde durch das Gesetz zur Änderung des Versorgungsausgleichs vom 12.5.2021 (BGBl. I 1085) mit der Vorschrift des § 19 Abs. 2 Nr. 5 VersAusglG eine **neue Form der schuldrechtlichen Ausgleichsrente** iSd § 20 Abs. 1 VersAusglG eingeführt. Die ausgleichsberechtigte Person kann danach verlangen (Wahlrecht iSd § 222 Abs. 1 FamFG), dass ein dem Wertausgleich bei der Scheidung nach §§ 10 Abs. 1, 14 Abs. 1 VersAusglG unterliegendes Anrecht hiervon ausgenommen wird, wenn sich nach Ehezeitende der Kapitalwert eines Anrechts der betrieblichen Altersversorgung oder der privaten Altersvorsorge als maßgeblicher Ausgleichswert verändert hat, weil die ausgleichspflichtige Person innerhalb der bisher bestehenden Leistungspflicht (bereits) eine Versorgung aus dem Anrecht bezogen hat. Zweck dieser Regelung ist es, den durch den Leistungsbezug eintretenden Barwertverlust zu vermeiden, der grundsätzlich zu einer Wertminderung des Ausgleichswerts iSd § 5 Abs. 1 VersAusglG führt. Dies wird bei Durchführung des schuldrechtlichen Versorgungsausgleichs vermieden (zu den Einzelheiten s. Grüneberg/Siede § 19 VersAusglG Rn. 9a; Borth FamRZ 2021, 1336 sowie → Form. I.I. Anm. 1).
- Bei einer **Ehezeit von bis zu drei Jahren** findet ein VA nicht statt, § 3 Abs. 3 VersAusglG. In diesen Fällen besteht in der Regel kein Bedarf für einen Ausgleich. Der Ausschluss der Teilhabe kann im Einzelfall unter dem Gesichtspunkt der Teilhabe an dem in der Ehe Erwirtschafteten verfassungsrechtlich problematisch sein, wenn trotz kurzer Ehedauer erhebliche Werte erworben wurden. Deshalb wurde ein **voraussetzungsloses Antragsrecht** eingeführt, bei dessen Stellung der Versorgungsausgleich durchzuführen ist.
- Die Neukonzeption eröffnet den Ehegatten einen wesentlich größeren Spielraum, den VA durch **Vereinbarungen** zu regeln, §§ 6–8 VersAusglG.
- Den Trägern der Versorgungen wird zur Gestaltung des internen und externen Ausgleichs ein großer Spielraum gewährt. Hierdurch wird auch eine Entlastung der Versorgungsträger erreicht, die sich teilweise jedoch zulasten der beteiligten Ehegatten auswirkt (so vor allem hinsichtlich der externen Teilung einer betrieblichen Altersversorgung gemäß dem BetrAVG, s. hierzu BGH FamRZ 2016, 781 zur Wahl des Diskontierungssatzes zur Abzinsung des Gesamtwerts einer auszugleichenden Versorgung).
- Gemäß dem Referentenentwurf des Bundesministeriums der Justiz und für Verbraucherschutz eines Gesetzes zur Änderung des Versorgungsausgleichsrechts vom 5.2.2026 soll eine neue Vorschrift zur Erfassung sog. übergangener Anrechte in einem Verfahren zur Durchführung des Versorgungsausgleichs eingeführt werden. Der Anspruch soll als weiterer schuldrechtlicher VA iSd § 23 VersAusglG geltend gemacht werden können. Ferner soll im Bereich betrieblicher Altersversorgungen der Ausgleich von Pensionszusagen in Form eines Kapitalbetrags ermöglicht werden, die einem Organ bzw. Gesellschafter-Geschäftsführer gewährt werden. Im Bereich des Verfahrensrechts sollen in den §§ 224 Abs. 3, 226 Abs. 2, 227 Abs. 1,2 strittige Auslegungsfragen gesetzlich geregelt werden.

2. Antrag auf Durchführung des Versorgungsausgleichs und Durchsetzung der verfahrensrechtlichen Auskunftspflicht

An das

Amtsgericht . . . . .

– Familiengericht –

Geschäfts-Nr.: . . . . . [Az. des Scheidungsverfahrens]

Antrag[1, 2] auf Durchführung des Versorgungsausgleichs und Durchsetzung der verfahrensrechtlichen Auskunftspflicht

In der Scheidungssache

der Frau . . . . . – Antragstellerin –

Verfahrensbevollmächtigte: Rechtsanwälte[3] . . . . .

gegen

ihren Ehemann Herrn . . . . . – Antragsgegner –

Verfahrensbevollmächtigte: Rechtsanwälte . . . . .

wird in der Anlage der von der Antragstellerin ausgefüllte Fragebogen[4] des Familiengerichts zu den Anrechten auf eine Versorgung wegen Alters und Invalidität übersandt.

Beigefügt sind in Bezug auf die Anrechte der Antragstellerin in der gesetzlichen Rentenversicherung

- der von der Deutschen Rentenversicherung Bund/Land bereits erstellte Versicherungsverlauf[5] vom . . . . .,
- der Antrag auf Feststellung der Kindererziehungszeiten (soweit diese nicht bereits im Versicherungsverlauf enthalten sind),
- Schulabschlusszeugnisse (soweit Ausbildungszeiten im Versicherungsverlauf ab dem 17. Lebensjahr noch nicht erfasst sind),
- Ausbildungsbescheinigungen (soweit Ausbildungszeiten im Versicherungsverlauf ab dem 17. Lebensjahr noch nicht erfasst sind),
- Darstellung der beruflichen Erwerbstätigkeit seit Eintritt ins Berufsleben (soweit ein Versicherungsverlauf nicht vorliegt).

Ferner wird beantragt

a) den Antragsgegner zur alsbaldigen Vorlage des vollständig ausgefüllten Fragebogens des Familiengerichts (Form. V.10 bzw. V.12 für Lebenspartner) anzuhalten,

b) Auskünfte[6] bei den zuständigen Versorgungsträgern über die in der Ehezeit erworbenen Anrechte auf eine Versorgung wegen Alters und Invalidität[7] einzuholen und

c) für den Fall, dass der Antragsgegner den Fragebogen nicht innerhalb einer Frist von drei Wochen eingereicht hat, gegen diesen ein Zwangsmittel nach § 35 Abs. 1 FamFG iVm § 220 Abs. 5 FamFG festzusetzen.[8]

Rechtsanwältin/Rechtsanwalt[9, 10]

Anmerkungen

1. Das Verfahren zum VA ist nach § 1 FamFG iVm § 111 Nr. 7 FamFG eine **Familiensache**, jedoch keine Familienstreitsache iSd § 112 Nr. 1–3 FamFG. Es gelten deshalb die Verfahrensbestimmungen des Buches 1 (Allgemeiner Teil) des FamFG iVm den §§ 217–229 FamFG (in der Fassung von Art. 2 VAStrRefG 2009). Sachlich zuständig für die Verfahren zum Versorgungsausgleich sind nach § 23a Abs. 1 Nr. 1 GVG die Familiengerichte.

2. Das Verfahren zum VA ist als Familiensache nach § 26 FamFG **von Amts** wegen durchzuführen. Eine Ausnahme besteht bei der Geltendmachung von Ansprüchen zum Wertausgleich nach der Scheidung gemäß den §§ 20–26 VersAusglG, die nach § 223 FamFG nur auf Antrag eingeleitet werden. Der Antrag auf Durchführung des VAs in Bezug auf den Wertausgleich bei der Scheidung gemäß den §§ 9–19, 28 VersAusglG ist deshalb im **Sinne einer Anregung** gemäß § 24 FamFG zu sehen. Die Verpflichtung des Familiengerichts zur Einleitung des Verfahrens in der Scheidungssache folgt aus § 137 Abs. 2 S. 1 Nr. 1, S. 2 FamFG (zum Umfang der Pflicht zur Amtsermittlung s. Musielak/Borth/Frank/Grandel FamFG § 26 Rn. 6, 8, 20, § 221 Rn. 3 f.). Die örtliche Zuständigkeit folgt aus § 218 Nr. 1 FamFG.

3. **Rechtsanwaltszwang** besteht nach § 114 Abs. 1 FamFG in **Ehesachen und Folgesachen** iSd § 137 Abs. 2 Nr. 1–4, Abs. 3 FamFG (Ausnahme nach § 114 Abs. 4 Nr. 7 FamFG bei Antrag nach § 3 Abs. 3 VersAusglG im Falle einer **kurzen Dauer der Ehe** sowie zur Ausübung der Wahlrechte nach § 15 Abs. 1, 3 VersAusglG – Auswahl einer Zielversorgung im Falle einer externen Teilung) sowie § 19 Abs. 2 Nr. 5 VersAusglG. Der Rechtsanwaltszwang bleibt auch im Falle der Abtrennung des Verfahrens zum VA nach § 140 FamFG von der Scheidungssache bestehen. Im selbständigen Verfahren zum VA (bei Ansprüchen im Wertausgleich nach der Scheidung gemäß §§ 20–26 VersAusglG – vor allem der schuldrechtlichen Ausgleichsrente) besteht kein Rechtsanwaltszwang; insoweit gilt § 10 Abs. 1 FamFG. Gleiches gilt für ein **Abänderungsverfahren** nach den §§ 225, 227 Abs. 1 FamFG, da dieses ebenfalls ein selbständiges Verfahren darstellt.

4. Nach § 220 Abs. 1, 3 FamFG bestehen für die Ehegatten **Mitwirkungspflichten,** deren Zweck darin besteht, ein auszugleichendes Anrecht nach Grund und Höhe feststellen zu können. Nach § 220 Abs. 2 FamFG haben die Ehegatten das vom Familiengericht zugesandte Formular zu verwenden, so dass jeder Ehegatte auch durch Zwangsmittel gemäß § 35 Abs. 1 FamFG angehalten werden kann, dieses vollständig auszufüllen. Gegen das verhängte Zwangsmittel kann nach § 35 Abs. 5 FamFG das Rechtsmittel der sofortigen Beschwerde gemäß den §§ 567–572 ZPO eingelegt werden. Aus § 27 FamFG, der eine allgemeine Mitwirkungspflicht regelt, folgt auch die Pflicht, **vollständige und wahrheitsgemäße Angaben** zu machen. Wird diese verletzt, kann nach § 48 Abs. 2 FamFG iVm §§ 579, 580 ZPO ein Wiederaufnahmeverfahren eingeleitet werden, was vor allem im Hinblick auf eine „unterschlagene Versorgung" bedeutsam wird, weil die Abänderungsbestimmung des § 225 Abs. 1, 2 FamFG keine Totalrevision vorsieht, so dass im Abänderungsverfahren eine **vergessene Versorgung** nicht (mehr) erfasst werden kann (BGH FamRZ 2013, 1548 – zum öffentlich-rechtlichen Versorgungsausgleich; FamRZ 2014, 1614; zum Reformvorhaben des Bundesjustizministeriums, den Ausgleich übergangener Anrechte gesetzlich zu regeln s. Borth FamRZ 2024, 1602; s. auch → Form. B.I.1b.

5. In Bezug auf die gesetzliche Rentenversicherung haben die Versorgungsträger weitgehend für alle Versicherten einen **Versicherungsverlauf** zu den Beitrags- und Anrechnungszeiten in der gesetzlichen Rentenversicherung bereits erstellt, soweit ein solcher wegen des Bezugs einer Alters- oder Invaliditätsrente nicht bereits vorliegt, so dass keine Ermittlungen mehr anzustellen sind. Es empfiehlt sich deshalb, stets den Mandanten nach einem Versicherungsverlauf zu befragen bzw. diesem aufzugeben, einen solchen bei Einleitung des Scheidungsverfahrens zu beantragen, der regelmäßig alsbald erstellt werden kann. Auch beim anderen Ehegatten sollte das Vorhandensein eines solchen Versicherungsverlaufs nachgefragt werden. Nach § 109 Abs. 1 S. 2 SGB VI erhält jeder Versicherte der gesetzlichen Rentenversicherung **ab dem 55. Lebensjahr einen Versicherungsverlauf**. Für die Zeit davor kann nach § 109 Abs. 1 S. 3 SGB VI bei Darlegung des laufenden Scheidungsverfahrens ebenfalls ein Versicherungsverlauf angefordert werden. Dies wird ergänzt durch § 109 Abs. 5 SGB VI, der zudem die Berechnung des Ehezeitanteils iSd § 1 Abs. 2 VersAusglG iVm § 5 Abs. 3 VersAusglG ermöglicht. Im Bereich der **Beamtenversorgungen** sehen die jeweiligen Gesetze des Bundes bzw. der Länder entsprechende Bestimmungen vor (§ 49 Abs. 10 BeamtVG). Gleiches gilt für die **berufsständischen Versorgungen,** die entsprechende Regelungen in ihren Satzungen aufgenommen haben. Für **Betriebsrenten** gewährt § 4a BetrAVG und im Bereich der **privaten Rentenversicherungen** § 155 VVG einen vergleichbaren Anspruch auf Auskunft hinsichtlich des gesamten Anrechts.

6. Die vom Familiengericht einzuholende Auskunft ist im reformierten VA in **anderer Form als bis zum 31.8.2009 zu erteilen.** Der in § 1 Abs. 2 VersAusglG definierte **Ausgleichswert** stellt den hälftigen Ehezeitanteil dar, den die Versorgungsträger nach § 5 Abs. 1 VersAusglG in Form der jeweiligen Bezugsgröße dem Familiengericht mitteilen. Das sind in der gesetzlichen Rentenversicherung die Entgeltpunkte, dagegen nicht ein Rentenbetrag, in der Beamtenversorgung das Anrecht auf eine laufende Rente, in der Zusatzversorgung des öffentlichen Dienstes sog. Versorgungspunkte und bei berufsständischen Versorgungen Leistungszahlen bzw. vergleichbare Bezugsgrößen, die teilweise den Entgeltpunkten der gesetzlichen Rentenversicherung entsprechen. Da eine **Gesamtsaldierung aller Anrechte** wie nach § 1587a Abs. 1 BGB aF nicht mehr erfolgt und wegen der unterschiedlichen Bezugsgrößen auch nicht ohne Weiteres sofort erkannt werden kann, welcher Ehegatten in der Ehezeit die höheren Anrechte erworben hat, muss der Versorgungsträger neben der für ihn maßgeblichen Bezugsgröße nach § 5 Abs. 3 VersAusglG auch einen sog. **korrespondierenden Kapitalwert** iSd § 47 VersAusglG mitteilen. Dessen Zweck besteht vor allem darin, im Falle des Vorliegens einer Härtefallklausel nach § 27 VersAusglG festzustellen, welcher Ehegatte insgesamt die werthöheren Anrechte in der Ehe erlangt hat. Auf dieser Grundlage kann dann entschieden werden, ob der Versorgungsausgleich herabzusetzen oder zu versagen ist. Entsprechendes gilt in den Verfahren gemäß § 31 VersAusglG (sog. Besserstellungsverbot bei Tod eines Ehegatten), in denen zu klären ist, ob der überlebende Ehegatte nach Bestimmung des Gesamtsaldos aller Anrechte noch einen Anspruch auf einen Restausgleich hat. Auch zum Abschluss einer Vereinbarung gemäß §§ 6–8 VersAusglG wird der Wert eines Anrechts benötigt, so vor allem, wenn nach § 6 Abs. 1 Nr. 1 VersAusglG eine Verrechnung von Anrechten mit Vermögenswerten stattfinden soll.

7. Nach § 2 Abs. 2 Nr. 3 VersAusglG werden neben den Anrechten auf eine Rentenleistung auch **Anrechte auf eine Kapitalleistung** in den Versorgungsausgleich einbezogen, wenn ein Anrecht im Sinne des BetrAVG oder des Altersvorsorgeverträge-Zertifizierungsgesetzes vorliegt. Damit entfällt bei solchen Anrechten die Zuordnung zum Güterrecht mit der Folge, dass zB Versorgungsleistungen auf eine Kapitalzahlungen bei leitenden Angestellten auch bei Aufhebung des gesetzlichen Güterstandes gemäß § 1414 BGB (nF) ausgeglichen werden, weil nach § 2 Abs. 4 VersAusglG für diese Anrechte ein güterrechtlicher Ausgleich nicht stattfindet; zu Kapitalleistungen an ein Organ bzw. Gesellschafter-Geschäftsführer einer Kapitalgesellschaft → Form. B.I.1b. Wird bei einem Anrecht der privaten Rentenversicherung ein bestehendes Kapitalwahlrecht im laufenden Verfahren ausgeübt, entfällt die Zuordnung dieses Anrechts zum VA (BGH FamRZ 2011, 1931; s. auch Borth FamRZ 2011, 1919).

Rechtsmittel gegen Zwangsgeld

8. Soweit das Familiengericht zur Durchsetzung einer Anordnung zur Erteilung einer Auskunft bzw. einer Mitwirkungspflicht ein **Zwangsmittel verhängt,** kann gegen diesen Beschluss gemäß § 35 Abs. 5 FamFG mit der sofortigen Beschwerde (§§ 567–572 ZPO) vorgegangen werden. Eine vollstreckbare Anordnung liegt nur vor, wenn eine vollzugsfähige richterliche Verfügung vorliegt, die die zu befolgende Auskunfts- bzw. Mitwirkungspflicht konkret beschreibt (OLG Hamm FamRZ 2014, 1658; OLG Schleswig FamRZ 2015, 1221; OLG Brandenburg FamRZ 2025, 113). Zudem muss nach § 35 Abs. 2 FamFG auf die Folgen einer Zuwiderhandlung hingewiesen werden. Zum Antrag auf Festsetzung eines Zwangsmittels → Form. B.I.4.

Kosten und Gebühren

9. Das FGG-ReformG hat in Art. 2 für alle Familiensachen ein aus dem GKG heraus gelöstes selbständiges Gesetz über die Gerichtskosten in Familiensachen geschaffen (eingehend Musielak/Borth/Frank/Grandel FamGKG, § 50 Rn. 9). Die für Versorgungsausgleichssachen maßgeblichen Bestimmungen sind in § 50 FamGKG enthalten. Sie trägt dem Prinzip des Wertausgleichs nach den Bestimmungen des VersAusglG Rechnung, da neben dem Ausgleich der Regelsicherungssysteme insbesondere die betrieblichen Altersversorgungen eine wesentliche Bedeutung auch im VA erlangen. Dies ergibt sich vor allem aus der Vorschrift des § 50 Abs. 1 FamGKG, den Verfahrenswert für **jedes Anrecht in Höhe von 10 % des in drei Monaten erzielten Einkommens** anzusetzen (zum Begriff „jedes Anrecht" s. OLG Karlsruhe FamRZ 2014, 1226; OLG Brandenburg FamRZ 2014, 1808). Die Bemessung des Verfahrenswerts für jedes Anrecht in Höhe von 10 % gilt in allen Verfahren des VAs, also auch hinsichtlich eines Abänderungsverfahrens; insoweit sind die Einkommensverhältnisse zum Zeitpunkt der Antragstellung maßgeblich; dies folgt auch aus § 34 S. 1 FamGKG (s. auch OLG Hamm FamRZ 2014, 1806; zum Verfahren nach Art. 17 Abs. 4 EGBGB s. OLG Koblenz FamRZ 2017, 1083). Eine Ausnahme gilt bei Entscheidungen über Ausgleichsansprüche nach der Scheidung gemäß den §§ 20–26 VersAusglG (va schuldrechtlicher VA); in diesen Verfahren ist für **jedes Anrecht 20 %** des in drei Monaten erzielten Nettoeinkommens der Ehegatten anzusetzen. Entscheidend ist danach nicht, ob der Ausgleich eines Regelsicherungssystems und einer ergänzenden Versorgung (zum Beispiel einer betrieblichen Altersversorgung) erfolgt. Die Bemessung orientiert sich vielmehr an den Beiträgen der Ehegatten zu den Versorgungssystemen, im Ergebnis also nach ihren Einkommens- und Erwerbsverhältnissen. Entsprechend richtet sich der Verfahrenswert nach den Erwerbseinkünften der Ehegatten. Zugleich ist in § 50 Abs. 1 S. 2 FamGKG eine **Untergrenze** in Höhe von 1.000 EUR festgelegt, nicht dagegen eine **Obergrenze.** Unerheblich ist, ob der VA bei Scheidung der Ehe (im Wertausgleich bei der Scheidung), im Abänderungsverfahren nach §§ 225 ff. FamFG oder nach der Scheidung (schuldrechtliche Ausgleichsrente und Kapitalzahlungen gemäß §§ 20 ff. VersAusglG) erfolgt, ebenso ob der Ausgleich einer Rente oder eines **Kapitalwerts** gemäß § 2 Abs. 2 Nr. 3 VersAusglG vorzunehmen ist. Ist ein schuldrechtlicher VA nach § 20 VersAusglG durchzuführen, ist je Anrecht ein Wert von 20 % der Einkünfte der Ehegatten in drei Monaten anzusetzen (§ 50 Abs. 1 S. 1 FamGKG). Beträgt der Wert aus dem Einkommen in drei Monaten 7.500 EUR und sind zwei Anrechte auszugleichen, beträgt der Verfahrenswert 1.500 EUR.

Der Begriff **„jedes Anrecht"** drückt aus, dass ein Verfahrenswert auch dann anzusetzen ist, wenn nach § 3 Abs. 3 VersAusglG bzw. § 18 Abs. 1, 2 VersAusglG oder wegen einer Vereinbarung nach den §§ 6–8 VersAusglG eine Entscheidung nicht getroffen wird. Ist der VA nach § 3 Abs. 3 VersAusglG wegen **kurzer Dauer der Ehe** (bis drei Jahre) nicht durchzuführen, ist auch der Ansatz eines Verfahrenswertes nach den zuvor genannten Bestimmungen geboten. Gleiches gilt in den Fällen des § 18 Abs. 1, 2 VersAusglG, in denen wegen Geringfügigkeit kein Wertausgleich erfolgt. Da eine Sachprüfung zum Bestehen eines Anrechts und zur Frage des Ausgleichs zu erfolgen hat, ist auch Sinn und Zweck des § 50 FamGKG, einen Verfahrenswert entsprechend festzusetzen, ebenso, wenn in einer Vereinbarung nach den §§ 6–8 VersAusglG auf die Durchführung des VAs verzichtet oder eine andere Form des Ausgleichs außerhalb des Regelungsbereichs des VAs gewählt wird.

§ 50 Abs. 2 FamGKG sieht für das **Auskunftsverfahren** nach § 4 VersAusglG (nicht nach § 220 FamFG) sowie die **Abtretung von Versorgungsansprüchen** nach § 21 VersAusglG eines schuldrechtlich auszugleichenden Anrechts einen **Festwert von 500 EUR** vor. Wird ein Auskunftsanspruch im Rahmen des Verbundverfahrens (als Stufenantrag) geltend gemacht, greift § 38 FamGKG ein; danach ist der höhere Wert maßgebend. Die Einholung von Auskünften durch das Familiengericht auf Grund der **verfahrensrechtlichen Auskunftspflicht** gemäß § 220 Abs. 1 FamFG stellt dagegen keinen selbständigen Verfahrensteil dar, der einen Verfahrenswert nach § 50 Abs. 2 FamGKG auslöst, da dies im Rahmen der Ermittlung der auszugleichenden Anrechte von Amts wegen erfolgt.

§ 50 Abs. 3 FamGKG sieht eine **allgemeine Billigkeitsklausel** vor, die je nach den Umständen einen geringeren oder höheren Verfahrenswert zulässt.

Wird der VA nach § 137 Abs. 2 Nr. 1 FamFG im **Verbund durchgeführt**, greift § 150 Abs. 1 FamFG ein. Zu berücksichtigen ist § 150 Abs. 3 FamFG, der bestimmt, dass die **Versorgungsträger** ihre außergerichtlichen Kosten selbst tragen. In selbständigen Verfahren gilt § 81 Abs. 1 FamFG (Entscheidung nach billigem Ermessen). Diese Vorschrift gilt auch in der zweiten Instanz. Nach § 84 FamFG sollen die Kosten eines ohne Erfolg eingelegten Rechtsmittels dem Beteiligten auferlegt werden, der es eingelegt hat.

Fristen und Rechtsmittel

10. Gegen eine Verbundentscheidung iSd § 142 FamFG ist das Rechtsmittel der Beschwerde gemäß § 58 Abs. 1 FamFG einzulegen. Auch die selbständige Anfechtung der Entscheidung zum VA erfolgt nach § 58 Abs. 1 FamFG mit der Beschwerde. Das Rechtsmittel ist nach § 64 Abs. 1 FamFG beim Familiengericht einzulegen. Die Beschwerdeschrift ist nach § 63 Abs. 1 FamFG binnen einer **Frist von einem Monat** einzulegen. Nach § 68 Abs. 1 S. 2 FamFG ist das Familiengericht nicht befugt, der Beschwerde abzuhelfen, sondern hat die Beschwerde dem Oberlandesgericht – Familiensenat vorzulegen. Die Begründung der Beschwerde kann sowohl beim Familiengericht als auch beim Beschwerdegericht, also dem Familiensenat des Oberlandesgerichts, eingereicht werden, da § 65 FamFG hierzu keine Bestimmung enthält und § 117 Abs. 1 S. 2 FamFG nur bei Familienstreitsachen eingreift. Wird gegen die Scheidungssache das Rechtsmittel der Beschwerde eingelegt, wird die Entscheidung zum Versorgungsausgleich vor Eintritt der Rechtskraft des Scheidungsausspruchs gemäß § 148 FamFG nicht wirksam. Wird von einem Versorgungsträger Beschwerde gegen die Entscheidung zum VA eingelegt, bezieht sich diese aufgrund des Hin-und-Her-Ausgleichs iSd § 1 Abs. 2 VersAusglG lediglich auf die bei ihm bestehende Versorgung, weil er nur insoweit betroffen sein kann und damit ein teilbarer Verfahrensgegenstand vorliegt. Allerdings können **besondere Gründe die Einbeziehung sonstiger Anrechte** zwingend erfordern, so vor allem in den Fällen der Prüfung des Ausschlusses des VAs wegen grober Unbilligkeit (§ 27 VersAusglG) oder im Fall des VAs gemäß § 31 VersAusglG bei Tod eines Ehegatten vor rechtskräftiger Entscheidung über den VA (s. hierzu BGH FamRZ 2016, 794 – dort auch zum Eintritt der Rechtskraft im Hinblick auf mögliche Anschlussrechtsmittel; eingehend Borth FamRZ 2013, 94 ff.).

3. Antrag auf Auskunftserteilung nach § 4 Abs. 1 VersAusglG

An das

Amtsgericht . . . . .

– Familiengericht –

Geschäfts-Nr.: . . . . . [Az. des Scheidungsverfahrens]

Antrag auf Erteilung einer Auskunft zur Feststellung von Anrechten wegen Alters und Invalidität

In der Scheidungssache

der Frau . . . . . – Antragstellerin –

Verfahrensbevollmächtigte: Rechtsanwälte . . . . .

gegen

ihren Ehemann Herrn . . . . . – Antragsgegner –

Verfahrensbevollmächtigte: Rechtsanwälte . . . . .

Namens und im Auftrag der Antragstellerin und unter Bezugnahme auf die bereits in der Scheidungssache vorgelegte Vollmacht beantrage ich im Wege eines Stufenantrags[1] entsprechend § 254 ZPO

1. Den Antragsgegner zu verpflichten, Auskunft über die in der Ehezeit von . . . . . bis . . . . . erworbenen Anrechte auf eine Versorgung wegen Alters oder Invalidität zu erteilen.
2. Ferner wird der Antragsgegner verpflichtet, zur gesetzlichen Rentenversicherung die nach § 109 Abs. 1 SGB VI erteilte jährliche Renteninformation zur gesetzlichen Rentenversicherung für das Jahr 2025 vorzulegen, ebenso die vom Antragsgegner bei seinem Arbeitgeber (Fa . . . . .) nach § 4a Abs. 1 Nr. 2, Abs. 2 BetrAVG einzuholende schriftliche Auskunft über die Höhe des bis zum Ehezeitende erworbenen unverfallbaren Anrechts auf eine Zusage der betrieblichen Altersversorgung sowie den hieraus zu bestimmenden Übertragungswert der Anwartschaft gemäß § 4 Abs. 3 BetrAVG zum . . . . .
3. Zu der bei der Lebensversicherung AG bestehenden privaten Rentenversicherung . . . . . wird der Antragsgegner verpflichtet, die Versicherungspolice mit der Versicherungsnummer . . . . . vorzulegen.
4. Die Entscheidung zu den Kosten bleibt der Verbund-Endentscheidung vorbehalten.[1]
5. Gegenstandswert nach § 50 Abs. 2 FamGKG: 500 EUR.

Begründung

Der Antragsgegner wurde nach Einreichung des Scheidungsantrags durch die Schreiben vom . . . . . und . . . . . vergeblich aufgefordert, zu den in der Ehezeit erworbenen Anrechte auf eine Versorgung wegen Alters und Invalidität iSd § 2 Abs. 2 Nr. 1–3

VersAusglG Auskunft[2] zu erteilen. Ferner hat der Antragsgegner es bisher unterlassen, trotz mehrfacher Anordnungen des Familiengerichts den Fragebogen zu den dem Versorgungsausgleich unterliegenden Anrechten (Form. V.10) vorzulegen. Damit das Verfahren in angemessener Zeit zum Abschluss gebracht werden kann, ist deshalb im Wege eines Stufenantrags im Verbund entsprechend § 254 ZPO der Antragsgegner zur Auskunftserteilung durch gerichtlichen Beschluss zu verpflichten. Ferner ist er nach § 4 Abs. 4 VersAusglG iVm § 1605 Abs. 1 S. 2 BGB verpflichtet, die zu erteilenden Auskünfte zu belegen, damit bei den Versorgungsträgern alsbald die erforderlichen Auskünfte durch das Familiengericht eingeholt werden können.

Dem Antrag steht nicht entgegen, dass nach § 220 Abs. 1, 3 FamFG eine verfahrensrechtliche Auskunftspflicht des Antragsgegners besteht, weil diese Bestimmung den familienrechtlichen Auskunftsanspruch nicht verdrängt und § 220 FamFG dem Gesichtspunkt der Beschleunigung des von Amts wegen durchzuführenden Verfahrens dient, während § 4 VersAusglG das Informationsinteresse des Ausgleichsberechtigten als Annex des Anspruchs auf den Versorgungsausgleich erfüllt.

Der Antragsgegner kann auch unschwer die verlangten Belege beschaffen, da der Träger der gesetzlichen Rentenversicherung jährlich eine schriftliche Renteninformation nach § 109 Abs. 1 S. 1 SGB VI ab Vollendung des 27. Lebensjahres erteilt. Ferner kann der Antragsgegner bei seinem Arbeitgeber nach § 4a Abs. 1 Nr. 2, Abs. 2 BetrAVG eine Berechnung der Höhe seines Anrechts auf eine betriebliche Altersversorgung verlangen.[3]

Ich bitte, alsbald in der Sache zu entscheiden, damit das Verfahren zum Versorgungsausgleich weiterbetrieben werden kann.[4]

Rechtsanwältin/Rechtsanwalt[5]

Anmerkungen

1. Der Auskunftsanspruch gemäß § 4 VersAusglG kann sowohl als Verbundsache im Stufenantrag wie auch als selbständige Familiensache geltend gemacht werden. Er ist als Annex zur Hauptsache nach § 111 Nr. 7 FamFG eine Familiensache. Unklar ist, ob der Anspruch nach § 4 VersAusglG schon vor **Einreichen des Scheidungsantrags zulässig** ist (so Johannsen/Henrich/Althammer/Holzwarth VersAusglG § 4 Rn. 2; Borth Versorgungsausgleich Kap. 11 Rn. 79 f.) oder erst im Zusammenhang mit der Einreichung eines Scheidungsantrags geltend gemacht werden kann, was mittelbar aus der Formulierung des Abs. 1 abgeleitet werden könnte (so OLG Brandenburg FamRZ 1998, 681). Für erstere Ansicht spricht, dass zur Vorbereitung einer Vereinbarung zum VA gemäß den §§ 6–8 VersAusglG ein Ehegatte Informationen benötigt, ohne die eine Vereinbarung nicht geschlossen werden kann. Es ist deshalb ausreichend, wenn ein Ehegatte zur Begründung der Geltendmachung darlegt, dass die Voraussetzungen zur Scheidung vorliegen und ein Scheidungsantrag gestellt werden soll. Mit Einreichung des Scheidungsantrags stellt sich die Frage, ob wegen des Amtsermittlungsgrundsatzes (§§ 26, 220 FamFG) einem Antrag **das Rechtsschutzbedürfnis fehlt** (zur Frage des Rechtsschutzbedürfnisses Grüneberg/Siede VersAusglG § 4 Rn. 9; Musielak/Borth/Frank/Grandel FamFG § 220 Rn. 12 f., verneinend Johannsen/Henrich/Althammer/Holzwarth VersAusglG § 4 Rn. 13; MüKoBGB/Maaß § 4 Rn. 12); dies ist aber nicht zwingend, zumal der Gesetzgeber beide Möglichkeiten zur Auskunftsbeschaffung bestimmt hat. Wird bei einer solchen Sachlage dennoch ein Auskunftsantrag gestellt, hat dieser im Bezug auf ein von Amts wegen eingeleitetes VA-Verfahren die Funktion eines Stufenantrags. Wird wegen eines ehevertraglichen Ausschlusses des VAs kein Verfahren nach § 137 Abs. 2 S. 2 FamFG eingeleitet, ist ein Auskunftsantrag nicht zulässig, wenn mit ihm lediglich die Ermittlung vorhandener Anrechte verlangt, jedoch kein Stufenantrag gestellt wird, weil insoweit keine Entscheidung für den Fall der Scheidung der Ehe begehrt wird (s. auch BGH FamRZ 2021, 1521 Rn. 25). Wird der Auskunftsanspruch im selbständigen Verfahren geltend gemacht, besteht **kein Rechtsanwaltszwang** nach § 114 Abs. 1 FamFG, weil das Verfahren zum VA als Angelegenheit der freiwilligen Gerichtsbarkeit gemäß § 10 FamFG einen solchen nicht vorsieht.

2. Der in § 4 VersAusglG geregelte Auskunftsanspruch ist – wie die Ansprüche nach den §§ 1379, 1580, 1605 BGB – ein **Annexanspruch,** der dazu dient, einen materiellrechtlichen Anspruch im Verfahren sachgerecht geltend machen zu können. Dies gilt in erster Linie in Bezug auf die Darlegung der erforderlichen Voraussetzungen des materiellrechtlichen Anspruchs, aber auch zur Erleichterung der Beweisführung. Dass der Anspruch nach § 4 VersAusglG dieselbe Funktion wie die Auskunftsansprüche in den in § 112 Nr. 1–2 FamFG enthaltenen Familienstreitsachen hat, folgt auch aus § 4 Abs. 4 VersAusglG, der auf die Regelung des § 1605 Abs. 1 S. 2, 3 BGB verweist. Inhaltlich ist er darauf gerichtet, der ausgleichsberechtigten Person alle Informationen zu bringen, die diese zur Durchsetzung des Anspruchs benötigt. Dies ist regelmäßig das **Bestehen eines Beschäftigungsverhältnisses,** aus dem sich ein Versorgungsanrecht ergibt. Dies ist in Bezug auf die in § 32 Nr. 1–5 VersAusglG geregelten Regelsicherungssysteme (gesetzlichen Rentenversicherung, Beamtenversorgung, landwirtschaftliche Alterskasse, berufsständische Versorgungen und Anrechte von Regierungsmitgliedern sowie Abgeordneten) regelmäßig unproblematisch, weil sich die Anrechte auf eine Versorgung aus gesetzlichen oder satzungsmäßigen Bestimmungen ergeben. Insoweit ist die Auskunft regelmäßig nicht auf den Bestand eines Anrechts, sondern dessen **Voraussetzungen in zeitlicher Hinsicht sowie der Höhe nach** gerichtet. In Bezug auf die betriebliche Altersversorgung sowie eine private Rentenversicherung ist die ausgleichsberechtigte Person dagegen auf eine Auskunft deshalb angewiesen, weil nicht ohne Weiteres bekannt ist, ob ein solches Anrecht besteht, falls nicht aufgrund der Art des Versorgungsträgers (Zusatzversorgung des öffentlichen Dienstes) oder dem Bekanntheitsgrad des Arbeitgebers (Autoindustrie, Banken) aufgrund tarifvertraglicher Regelungen das Bestehen eines Anrechts der betrieblichen Altersversorgung bekannt ist.

3. Nach § 4 Abs. 4 VersAusglG iVm § 1605 Abs. 1 S. 2 BGB besteht auch ein Anspruch auf **Vorlage von Belegen.** Dies bezieht sich im Bereich von betrieblichen Altersversorgungen auf die Vorlage von Arbeits- bzw. Dienstverträgen (bei Gesellschafter-Geschäftsführern auch maßgebliche Gesellschafterbeschlüsse) sowie Vereinbarungen zur Direktzusage einschließlich einer gegebenenfalls bestehenden Verpfändungsvereinbarung bei Rückdeckungsversicherungen und im Bereich der privaten Rentenversicherungen auf die Vorlage von Versicherungspolicen.

4. Nach § 4 Abs. 4 VersAusglG iVm § 1605 Abs. 1 S. 3 BGB kann die auskunftsberechtigte Person auch ein **Bestandsverzeichnis** gemäß den §§ 260, 261 BGB über die Anrechte zu Grund und Höhe verlangen (s. auch BGH FamRZ 1984, 465 (467)). Dies rechtfertigt sich vor allem dann, wenn beim Auskunftspflichtigen mehrere Anrechte vorliegen. Hierbei ist auch dazu Stellung zu nehmen, welche Anrechte dem VA und welche dem Güterrecht unterliegen, damit der Auskunftsberechtigte beurteilen kann, ob das Anrecht dem VA zuzuordnen ist. Ebenso besteht eine Verpflichtung, über Sachverhalte Auskunft zu erteilen, die für das **Eingreifen der Härtefallklausel** nach § 27 VersAusglG bedeutsam sind. Insoweit handelt es sich vor allem um **sonstige vermögenswerte Anrechte,** deren Höhe für die Billigkeitsprüfung nach § 27 VersAusglG bedeutsam sein kann, wenn die ausgleichspflichtige Person auf den Erhalt der eigenen Anrechte angewiesen ist, während der andere Ehegatte aufgrund von Vermögenswerten in seiner wirtschaftlichen Existenz gesichert erscheint (s. auch OLG Karlsruhe FamRZ 2003, 1840).

Soweit für die Scheidungssache **Verfahrenskostenhilfe** beantragt und bewilligt wurde, erstreckt sie sich grds. auf das Verbundverfahren zum VA nach § 149 FamFG. Allerdings kann das Familiengericht die Erstreckung ausschließen, wenn das Rechtsbegehren keine Aussicht auf Erfolg hat (s. auch BGH FamRZ 2014, 551 Rn. 9; Johannsen/Henrich/Althammer/Marquart FamFG § 149 Rn. 6; Musielak/Borth/Frank FamFG § 149 Rn. 2).

Fristen und Rechtsmittel

5. Ergeht in der Sache eine **Teilentscheidung** über den Stufenantrag, so liegt eine **Endentscheidung** iSd § 58 Abs. 1 FamFG vor, die mit der Beschwerde nach § 58 Abs. 1 FamFG iVm § 63 Abs. 1, 3 FamFG angefochten werden kann. Eine Mindestbeschwer von 1000 EUR ist in Versorgungsausgleichssachen nicht erforderlich; dies wird in § 228 FamFG iVm § 61 Abs. 1 FamFG ausdrücklich geregelt und entspricht der Rechtsprechung des BGH (FamRZ 1981, 1274; OLG Naumburg FamRZ 2007, 490). Zur Vollstreckung des Auskunfts- und Beleganspruchs → Form. B.I.4.

4. Antrag auf Festsetzung eines Zwangsmittels zur Erteilung einer Auskunft

An das

Amtsgericht . . . . .

– Familiengericht[1] –

Geschäfts-Nr.: . . . . . [Az. des Scheidungsverfahrens]

Antrag auf Festsetzung eines Zwangsmittels zur Erteilung einer Auskunft

In der Scheidungssache

der Frau . . . . . – Antragstellerin –

Verfahrensbevollmächtigte: Rechtsanwälte . . . . .

gegen

ihren Ehemann Herrn . . . . . – Antragsgegner –

Verfahrensbevollmächtigte: Rechtsanwälte . . . . .

Namens und im Auftrag der Antragstellerin und unter Bezugnahme auf die bereits in der Scheidungssache vorgelegte Vollmacht beantrage ich

1. **gegen den Antragsgegner zur Erzwingung der Auskunftsverpflichtung,[2] wie im Beschluss des Amtsgerichts . . . . . – Familiengericht – vom . . . . . angeordnet, ein Zwangsgeld,[3] und für den Fall, dass dieses nicht beigetrieben werden kann, Zwangshaft zu verhängen;**
2. **dem Antragsgegner die Kosten des Verfahrens[4] aufzuerlegen und**
3. **der Antragstellerin für das Verfahren auf Vollstreckung nach § 95 Abs. 1 Nr. 3 FamFG iVm § 888 Abs. 1 ZPO unter Beiordnung des Unterzeichners Verfahrenskostenhilfe zu den bisherigen Bedingungen zu bewilligen.**

Begründung

Die Antragstellerin hat mit Antrag vom ..... den Scheidungsantrag gestellt, der bei dem erkennenden Gericht unter dem Az. .... rechtshängig ist. Ferner hat die Antragstellerin am ..... beantragt, den Antragsgegner zur Auskunftserteilung zu den in der Ehezeit erworbenen Anrechten auf eine Versorgung wegen Alters und Invalidität gemäß § 4 Abs. 1 VersAusglG zu verpflichten. Diesem Antrag hat das Gericht durch Beschl. v. .... stattgegeben. Dennoch ist der Antragsgegner trotz mehrfacher Aufforderung dem Beschluss des Familiengerichts nicht nachgekommen, so dass nunmehr Zwangsmittel zur Durchsetzung des Auskunftsanspruchs geboten sind.

Es wird deshalb gemäß § 95 Abs. 1 Nr. 3 FamFG iVm § 888 Abs. 1 ZPO beantragt, gegen den Antragsgegner ein Zwangsgeld zu verhängen und, für den Fall, dass dieses nicht beigetrieben werden kann, Zwangshaft. Die Höhe des Zwangsgelds sowie der Zwangshaft wird in das Ermessen des Gerichts gestellt; angesichts der beharrlichen Weigerung zur Erteilung der Auskunft ist jedoch ein empfindliches Zwangsgeld anzuordnen, zumal der Antragsgegner über ordentliche Einkünfte verfügt, so dass nur eine wirtschaftlich spürbare Maßnahme zu dem beantragten Rechtsschutzziel führen wird.[5]

Rechtsanwältin/Rechtsanwalt

Anmerkungen

1. § 95 Abs. 1 Nr. 3 FamFG verweist in Bezug auf die Vollstreckung aus einem Beschluss, dessen Gegenstand auf die **Vornahme einer unvertretbaren Handlung** gerichtet ist, auf die Bestimmungen der ZPO, also auf § 888 Abs. 1 ZPO. Zuständig für die anzuordnende Vollstreckungshandlung ist danach das „Prozessgericht des ersten Rechtszugs", also das Familiengericht, das die Verpflichtung zu einer unvertretbaren Handlung ausgesprochen hat (s. auch OLG Düsseldorf FamRZ 1981, 577). Ist die Anordnung zur Auskunftserteilung im Verbund gemäß § 137 Abs. 1, 2 Nr. 1 FamFG als Stufenentscheidung iSd § 254 ZPO getroffen worden, besteht auch für diesen Antrag **Rechtsanwaltszwang.**

2. Der nach § 4 Abs. 1, 4 VersAusglG **titulierte Auskunftsanspruch** beinhaltet eine nicht vertretbare Handlung iSd § 95 Abs. 1 Nr. 3 FamFG. Diese Vorschrift verweist auf § 888 ZPO. Die Durchsetzung dieses Beschlusses des Familiengerichts erfolgt also nach den Grundsätzen des Vollstreckungsrechts der ZPO (BT-Drs. 16/10144, 49). **Der Beleganspruch** ist nach BGH (FamRZ 2019, 1442 (1443) mAnm Borth) gemäß § 883 ZPO (Aussonderung, Wegnahme und Aushändigung der Unterlagen durch einen Gerichtsvollzieher) zu vollstrecken (aA OLG Jena FamRZ 2013, 656 – nach § 888 ZPO als Annex zur Auskunft; OLG Braunschweig FamRZ 2017, 788). In der gerichtlichen Praxis wird überwiegend die Vollstreckung entsprechend einem Auskunftsanspruch akzeptiert (s. OLG Frankfurt FamRZ 2019, 627).

3. Soweit das Familiengericht nach § 220 Abs. 4 FamFG iVm § 35 Abs. 1 FamFG gegen einen Beteiligten ein **Zwangsmittel zur Durchsetzung einer gerichtlichen Auskunftsanordnung** verhängt, kann nach § 35 Abs. 3 FamFG – wie in § 888 Abs. 1 ZPO ein Zwangsgeld bis zu 25.000 EUR verhängt werden. Nach § 35 Abs. 4 FamFG kann auch **Zwangshaft** angeordnet werden, so dass die Zwangsmaßnahmen in beiden Fällen identisch sind. Es ist je nach Sachlage zu prüfen, ob eine gerichtliche Verfügung gemäß § 220 FamFG oder der Stufenantrag mit anschließender Zwangsmaßnahme nach § 95 Abs. 1 Nr. 3 FamFG sinnvoll ist. Jedenfalls ist das Verfahren im Wege eines Stufenantrags langwieriger und auch vom Gegenstandswert wenig attraktiv. Das vom Familiengericht festgesetzte Zwangsgeld wird durch den Rechtspfleger nach der Justizbeitreibungsordnung vollstreckt (s. auch BayObLG FamRZ 1991, 212 – zu § 33 FGG).

4. Strittig ist in der obergerichtlichen Rechtsprechung, ob im Fall der sofortigen Beschwerde gegen die Anordnung eines Zwangsmittels iSd § 35 Abs. 1 FamFG Anwaltszwang besteht, wenn die Maßnahme im Rahmen der Folgesache Versorgungsausgleich angeordnet wurde. Dies wird teilweise mit dem Argument bejaht, die zwangsweise Durchsetzung der Mitwirkungspflicht richte sich aufgrund der Hilfsfunktion nach dem Anwaltszwang des Hauptsacheverfahrens (s. z.B. OLG Rostock FamRZ 2024, 1310; OLG Frankfurt FamRZ 2014, 201; OLG Bamberg FamRZ 2021, 1815). Dem wird entgegen jedoch gehalten, dass das Zwangsmittelverfahren vom Hauptsacheverfahren unabhängig geführt werde und dem Betroffenen zur Rechtsverteidigung selbst die Einlegung des Rechtsmittels jederzeit möglich sei (so OLG Karlsruhe FamRZ 2025, 707; OLG Oldenburg FamRZ 2013, 649; zum früheren Recht BGH FamRZ 1981, 25). Für Letzteres spricht die inhaltliche Unabhängigkeit dieses Verfahrensteils, die zum Bereich des Versorgungsausgleichs keinen unmittelbaren Bezug aufweist, sondern lediglich ein Tätigwerden verlangt.

5. Die allgemeinen Vorschriften zur Vollstreckung gemäß §§ 86, 87 FamFG sehen eine **ausdrückliche Kostenentscheidung** vor, die sich nach den in den §§ 80–82 FamFG enthaltenen Grundsätzen richtet. Vorliegend sind dem Antragsgegner durch die schuldhafte Verletzung seiner Mitwirkungspflicht iSd § 81 Abs. 2 Nr. 4 FamFG die Kosten dieses Verfahrens aufzuerlegen.

6. Zu den Voraussetzungen einer konkreten Bestimmung der gerichtlichen Verfügung sowie das zulässige Rechtsmittel → Form. B.I.2 Anm. 8, 10.

5. Antrag auf Durchführung des Versorgungsausgleichs bei kurzer Dauer der Ehe iSd § 3 Abs. 3 VersAusglG

An das

Amtsgericht . . . . .

– Familiengericht –

Geschäfts-Nr.: . . . . . [Az. des Scheidungsverfahrens]

Antrag auf Durchführung des Versorgungsausgleichs bei kurzer Dauer der Ehe iSd § 3 Abs. 3 VersAusglG[1]

In der Scheidungssache

der Frau . . . . . **– Antragstellerin –**

Verfahrensbevollmächtigte: Rechtsanwälte . . . . .

gegen

ihren Ehemann Herrn . . . . . **– Antragsgegner –**

Verfahrensbevollmächtigte: Rechtsanwälte . . . . .

Namens und im Auftrag der Antragstellerin und unter Bezugnahme auf die bereits in der Scheidungssache vorgelegte Vollmacht beantrage ich

die Durchführung des Versorgungsausgleichs nach den §§ 9–19, 28 VersAusglG.

Begründung

Mit Antragsschrift vom 10.9.2025 habe ich in dem vorliegenden Verfahren namens der Antragstellerin die Scheidung der am 10.1.2023 geschlossenen Ehe der Beteiligten beantragt. Da der Scheidungsantrag dem Antragsgegner am 20.9.2025 zugestellt wurde, liegen die Voraussetzungen einer kurzen Dauer der Ehe iSd § 3 Abs. 3 VersAusglG vor („bei einer Ehezeit von bis zu drei Jahren"), so dass der VA nicht durchzuführen ist, es sei denn, ein Ehegatte beantragt dies. Nach § 3 Abs. 1 VersAusglG beträgt die Ehezeit vom 1.1.2023 -31.8.2025. Dieser Antrag wird hiermit gestellt. Ich bitte, beiden Beteiligten den Fragebogen zur Klärung der dem VA unterliegenden Anrechte beider Ehegatten (V.10) zuzuleiten und die Auskünfte bei den betroffenen Versorgungsträgern einzuholen. Zugleich bitte ich, den auf den 26.11.2025 anberaumten Termin zur mündlichen Verhandlung[2] in der Scheidungssache aufzuheben und erst dann einen Termin zur mündlichen Verhandlung[3] zu bestimmen, sobald die Auskünfte zum VA[4] vorliegen.[5]

Rechtsanwältin/Rechtsanwalt

Anmerkungen

1. Der Antrag nach § 3 Abs. 3 VersAusglG zur Durchführung des VAs ist **voraussetzungslos** und kann deshalb jederzeit gestellt werden. Zweck dieses Antrags ist es, eine Harmonisierung von VA und Zugewinn zu ermöglichen und damit verfassungsrechtliche Risiken zu vermeiden (s. BT-Drs. 16/10144, 116 (124); Borth FamRZ 2009, 562). Betroffen sind vor allem solche Fälle, in denen ein Ehegatte mit einem bei Eheschließung vorhandenen Vermögen, das im Zugewinn Anfangsvermögen iSd § 1374 Abs. 1 BGB darstellt, während der Ehe ein Anrecht auf eine Versorgung erwirbt, das dem VA nach § 2 Abs. 1, 2 Nr. 1–3 VersAusglG unterliegt. Wäre bei einer Ehedauer bis zu drei Jahren generell ein VA nicht durchzuführen, so könnte die Verschiebung des Vermögens aus dem Güterrecht in den Bereich der Versorgung, die regelmäßig **keine illoyale Vermögensminderung** iSd § 1375 Abs. 2 BGB darstellt, nicht erfasst werden. Denn dies würde zu strukturellen Verwerfungen führen, weil sich einerseits der Zugewinn des die Versorgung erwerbenden Ehegatten entsprechend mindert und andererseits dieser Wert bei Durchführung des VAs zugunsten des anderen Ehegatten nicht berücksichtigt werden könnte. Dem kann durch den voraussetzungslosen Antrag begegnet werden. Teilweise wird der Antrag auch zur Erfassung von Kindererziehungszeiten gemäß § 56 SGB VI gestellt, wenn einem Elternteil zu Beginn der Ehezeit solche Rentenversicherungszeiten zugeordnet werden.

2. Wird der Antrag **innerhalb von zwei Wochen** vor der mündlichen Verhandlung gestellt, stellt sich die Frage, ob dieser Antrag nach § 137 Abs. 2 S. 1 FamFG unzulässig ist oder nur außerhalb des Verbundverfahrens gestellt werden kann. Diese Frage ist deshalb bedeutsam, weil nach § 224 Abs. 3 FamFG in der Beschlussformel festzustellen ist, dass bei Vorliegen einer kurzen Dauer der Ehe ein **Versorgungsausgleich nicht stattfindet.** Die Voraussetzungen des § 137 Abs. 2 S. 1 FamFG liegen jedoch nicht vor, weil das Familiengericht auch bei einer kurzen Dauer der Ehe nach § 137 Abs. 2 S. 2 FamFG das Verfahren zum VA **von Amts wegen einzuleiten** hat, in diesem aber feststellt, dass nach § 3 Abs. 3 VersAusglG ein VA nicht stattfindet, falls kein Antrag nach § 3 Abs. 3 VersAusglG zu dessen Durchführung gestellt wird. Wird innerhalb der Frist von zwei

Wochen der **materiell rechtliche Antrag** des § 3 Abs. 3 VersAusglG gestellt, kann das Familiengericht diesen nicht nach § 137 Abs. 2 S. 1 FamFG zurückweisen (s. hierzu OLG Dresden FamRZ 2011, 483; Musielak/Borth/Frank/Grandel FamFG § 137 Rn. 34), sondern muss das Versorgungsausgleichsverfahren durchführen.

3. Die Aufhebung des Termins bei einer solchen Sachlage ist nicht zwingend. Das Familiengericht soll nach § 221 Abs. 1 FamFG mit den Ehegatten die Angelegenheit des VAs erörtern. Dies ist schon deshalb sinnvoll, weil bei einer Anhörung der Ehegatten die Klärung der in der Ehezeit erworbenen Anrechte besser ermittelt werden kann als durch eine schriftliche Auskunftseinholung nach § 4 VersAusglG oder § 220 FamFG durch das Familiengericht. Auch kann das Familiengericht die unterschiedlichen Folgen einer internen Teilung oder externen Teilung den Ehegatten darstellen und vor allem einer fehlerhaften Auswahl der Zielversorgung iSd § 15 Abs. 1, 3 VersAusglG entgegenwirken.

4. Weist das Familiengericht den Antrag **fehlerhaft als Verfahrensantrag** gemäß § 137 Abs. 2 S. 1 FamFG als unzulässig zurück und spricht es in der Beschlussformel aus, dass ein VA nicht stattfindet, muss diese Entscheidung mit der Beschwerde nach § 58 Abs. 1 FamFG angefochten werden. Das Oberlandesgericht hat dann die Entscheidung des Familiengerichts aufzuheben und das Verfahren zur Durchführung des VAs in die erste Instanz gemäß § 69 Abs. 1 S. 2 FamFG zurückzuverweisen, weil in der Sache noch nicht entschieden wurde. Sieht das Familiengericht von einer Zurückweisung des Antrags ab und wird das Verfahren zum VA nach § 140 FamFG unzutreffend abgetrennt, kann zur Herstellung der Verbundentscheidung iSd § 142 FamFG der Beschluss des Familiengerichts nach § 58 Abs. 1 FamFG angefochten werden (BGH FamRZ 2013, 1366; Musielak/Borth/Frank/Grandel FamFG § 137 Rn. 48 f.). Der Beschluss zur Abtrennung des VAs ist nicht selbständig anfechtbar, § 140 Abs. 6 FamFG.

5. Der Antrag nach § 3 Abs. 3 VersAusglG kann gemäß § 114 Abs. 4 Nr. 7 FamFG auch von einem Beteiligten im Termin zur Anhörung selbst gestellt werden, weil das Gesetz diesen (materiell-rechtlichen) Antrag vom **Rechtsanwaltszwang ausnimmt.**

6. Antrag auf Ausschluss des Versorgungsausgleichs bei Vereinbarung nach § 6 Abs. 1 S. 2 Nr. 1, 2 VersAusglG

An das

Amtsgericht . . . . .

– Familiengericht –

Geschäfts-Nr.: . . . . . [Az. des Scheidungsverfahrens]

Antrag auf Ausschluss des Versorgungsausgleichs nach § 6 Abs. 1 Nr. 1, 2 VersAusglG[1]

In der Scheidungssache

der Frau . . . . . **– Antragstellerin –**

Verfahrensbevollmächtigte: Rechtsanwälte . . . . .

gegen

ihren Ehemann Herrn . . . . . – Antragsgegner –

Verfahrensbevollmächtigte: Rechtsanwälte . . . . .

Namens und im Auftrag der Antragstellerin und unter Bezugnahme auf die bereits in der Scheidungssache vorgelegte Vollmacht beantrage ich

1. das Verfahren zum Wertausgleich bei der Scheidung gemäß den §§ 9–19, 28 VersAusglG nicht durchzuführen,
2. eine Inhalts- und Ausübungskontrolle in Bezug auf die in der Anlage beigefügte Scheidungsfolgenvereinbarung vorzunehmen und
3. in der Beschlussformel der Verbundentscheidung nach § 224 Abs. 3 FamFG festzustellen, dass ein Versorgungsausgleich nicht stattfindet.[2, 3]

Begründung

Mit Antragsschrift vom . . . . . habe ich in dem vorliegenden Verfahren namens der Antragstellerin die Scheidung der am . . . . . geschlossenen Ehe der Beteiligten beantragt. Nunmehr haben die Ehegatten eine Vereinbarung zu sämtlichen Scheidungsfolgen geschlossen, die Regelungen zum nachehelichen Unterhalt, zur zugewinnausgleichs- und vermögensrechtlichen Auseinandersetzung und zum Versorgungsausgleich iSd § 6 Abs. 1 Nr. 1 VersAusglG enthält. Die vorgerichtliche Ermittlung der beiderseitigen Anrechte der Ehegatten auf eine Versorgung wegen Alters und Invalidität hat ergeben, dass der Antragsgegner die werthöheren Anrechte in der Ehezeit erworben hat, so dass die Antragstellerin im Rahmen des nach § 1 Abs. 2 VersAusglG vorzunehmenden Hin- und Her-Ausgleichs insgesamt im größeren Umfang als der Antragsgegner Ausgleichswerte erlangen würde. Im Umfang des Werts der höheren Ausgleichswerte hat der Antragsgegner einen höheren vermögensrechtlichen Ausgleich vorgenommen, indem der Antragstellerin die Eigentumshälfte des Antragsgegners an der in . . . . . gelegenen Eigentumswohnung mit einem Wert von 155.000 EUR nach Abzug der auf dieser noch ruhenden Kreditbelastungen übertragen werden soll. Zugleich hat die Antragstellerin auf die Durchführung des Wertausgleichs verzichtet, so dass ein Wertausgleich bei der Scheidung nach den §§ 9–19 VersAusglG ausscheidet. Die Angemessenheit der Vereinbarung zum Versorgungsausgleich ergibt sich aus der folgenden Übersicht der korrespondierenden Kapitalwerte gemäß § 47 VersAusglG; diese wurden in den Auskünften der Versorgungsträger gemäß § 5 Abs. 3 VersAusglG jeweils mitgeteilt:

	Ehemann	Ehefrau
ges. Rentenversicherung		8,2520 (Entgeltpunkte)
betriebliche Altersversorgung		100 EUR (Rente)
berufsständische Versorgung	1.050 EUR (Rente)	
private Rentenversicherung	55.000 EUR (Kapitalwert)	

Hieraus ergeben sich die folgenden korrespondierenden Kapitalwerte:

	Ehemann	**Ehefrau**
ges. Rentenversicherung		**77.500 EUR**
betriebliche Altersversorgung		**15.500 EUR**
berufsständische Versorgung	**191.500 EUR**	
private Rentenversicherung	**55.000 EUR**	
	246.500 EUR	**93.000 EUR**

Der betragsmäßige Wertunterschied der beiderseitigen Ausgleichswerte beläuft sich auf 153.500 EUR, so dass – ausgedrückt in einem Kapitalwert – der Antragstellerin dieser Kapitalbetrag zufließen würde. Da der Antragsgegner durch die Übertragung der Eigentumshälfte an der Eigentumswohnung auf die Antragstellerin einen Vermögenswert mit einem Kapitalbetrag von 155.000 EUR überträgt, ist ein angemessener Ausgleich erfolgt, der der vom Familiengericht nach § 8 Abs. 1 VersAusglG vorzunehmenden Inhalts- und Ausübungskontrolle standhält.

Beigefügt sind folgende Anlagen, aus denen sich die dargestellten Werte ergeben:

- **Auskünfte sämtlicher Versorgungsträger zu den Ausgleichswerten einschließlich der korrespondierenden Kapitalwerte (Anlagen 1–4),**
- **die notariell beurkundete Vereinbarung der Ehegatten, in der diese jeweils auf den Wertausgleich bei der Scheidung hinsichtlich der beiderseitig auszugleichenden Anrechte verzichtet und den jeweiligen Verzicht des anderen Ehegatten angenommen haben, ferner den notariell beurkundeten schuldrechtlichen Übertragungsvertrag hinsichtlich der Eigentumshälfte des Antragsgegners auf die Antragstellerin,**
- **die gutachterliche Bewertung der Eigentumswohnung des Sachverständigen . . . . (Anlage 5),**
- **die Bestätigung der X-Bank über die Höhe der auf der Eigentumswohnung ruhenden Kreditbelastungen sowie deren Ablösung durch die beiderseitige Ausgleichszahlung der Ehegatten aus einem gemeinsamen Bausparvertrag, so dass die Eigentumswohnung mit Vollzug der Vereinbarung lastenfrei ist (Anlage 6).**

Ich bitte, nach Prüfung der Vereinbarung zu den Scheidungsfolgen alsbald einen Termin zur mündlichen Verhandlung in der Scheidungssache zu bestimmen.

Rechtsanwältin/Rechtsanwalt[4, 5]

Anmerkungen

1. Der reformierte VA nach dem VersAusglG sieht **keine Genehmigung** einer Vereinbarung zum Versorgungsausgleich, wie in § 1587o BGB aF vor. Das Gesetz räumt den Ehegatten in Bezug auf den VA eine deutlich größere Dispositionsbefugnis ein. Der Schutz des wirtschaftlich schwächeren Ehegatten erfolgt einmal durch die **erforderliche notarielle Form** einer solchen Vereinbarung nach § 7 Abs. 1, 2 VersAusglG sowie nach § 7 Abs. 3 VersAusglG iVm § 1410 BGB bei Abschluss eines Ehevertrags gemäß § 1408 Abs. 2 BGB. Ferner hat das Familiengericht nach § 8 Abs. 1 VersAusglG eine **Inhalts (wirksamkeits-)kontrolle sowie Ausübungskontrolle** in Bezug auf einen Ehevertrag sowie eine Vereinbarung zu den Scheidungsfolgen vorzunehmen. Das BVerfG hat in der Entscheidung vom 6.2.2001 (BVerfGE 103, 89 (101) = FamRZ 2001, 343 mAnm

Schwab FamRZ 2001, 985) von den Gerichten verlangt, dass sie von Rechts wegen im Falle einer vertraglichen Regelung von Scheidungsfolgen eine Inhaltskontrolle vornehmen. Dem ist der BGH in seiner Rechtsprechung gefolgt (BGHZ 158, 81 = FamRZ 2004, 601 mAnm Borth). Das VersAusglG übernimmt diese Rechtsprechung in § 8 Abs. 1 VersAusglG; danach sind die Familiengerichte verpflichtet, auf der Grundlage der vorgenannten Rechtsprechung eine Prüfung von Vereinbarungen zum VA vorzunehmen. Nach § 6 Abs. 2 VersAusglG ist das Familiengericht an eine **Vereinbarung gebunden,** wenn dieser keine Wirksamkeits- und Durchsetzungshindernisse entgegenstehen (also die §§ 134, 138 BGB sowie die Inhalts- und Ausübungskontrolle nach § 8 Abs. 1 VersAusglG).

2. Nach § 224 Abs. 3 FamFG hat das Familiengericht in der **Beschlussformel zum Versorgungsausgleich** nach Durchführung der Inhalts- und Ausübungskontrolle festzustellen, dass ein VA nicht stattfindet. Mit dieser Feststellung ist der Ausschluss des Versorgungsausgleichs rechtskräftig festgestellt. Diese Vorschrift greift auch ein, wenn die Ehegatten vor Eingehen der Ehe in einem Ehevertrag gemäß § 1408 Abs. 2 BGB den VA im Rahmen einer die künftigen Rechtsverhältnisse gestaltenden Vereinbarung ausschließen und diese Vereinbarung im Falle der Scheidung der Inhalts- und Ausübungskontrolle standhält, die das Familiengericht stets vorzunehmen hat.

Gelangt das Familiengericht zum Ergebnis, dass die Vereinbarung zu den Scheidungsfolgen oder der Ehevertrag **nicht einer Inhalts- oder Ausübungskontrolle standhält,** führt es den VA durch. Gegen diese Endentscheidung kann die Beschwerde nach § 58 Abs. 1 FamFG eingelegt werden, dass die Vereinbarung iSd § 6 Abs. 2 VersAusglG wirksam ist. Folgt dem das Oberlandesgericht – Familiensenat, hebt dieser die Entscheidung auf und stellt in der Entscheidung nach § 224 Abs. 3 FamFG mit Rechtskraft bindend fest, dass der VA ausgeschlossen ist.

3. Aufgrund des neu strukturierten Ausgleichssystems iSd § 1 Abs. 2 VersAusglG (sog. Hin-und-Her-Ausgleich) können einzelne Anrechte ganz oder teilweise **aus dem Wertausgleich im Wege einer Vereinbarung ausgeschlossen** werden, ohne dass hierdurch in ein subjektives Recht des betroffenen Versorgungsträgers eingegriffen wird. Das **Problem der richterlichen Drittbelastungskontrolle** gemäß § 8 Abs. 2 VersAusglG (iS eines Vertrages zu Lasten Dritter) tritt im Rahmen einer Verrechnungsvereinbarung nicht ein. Eine solche Sachlage wäre nur gegeben, wenn mit den getroffenen Regelungen die Ausgleichsquote von 50 % des ehezeitbezogenen Anrechts überschritten würde, was auch durch die Einbeziehung von Anrechten eintreten kann, die außerhalb der Ehezeit erworben wurden und ferner durch die Veränderung der Ehezeit iSd § 3 Abs. 1 VersAusglG gegeben sein kann. Dieser Grundsatz wird aber im Fall einer Verrechnungsvereinbarung nicht verletzt, weil insoweit ein auszugleichendes Anrecht nur in geringerem Umfang gekürzt wird, als dies dem Ausgleichswert iSd § 1 Abs. 2 VersAusglG entspricht (BGH FamRZ 2014, 1179; grundlegend Borth FamRZ 2012, 1681 sowie FamRZ 2014, 1245).

4. Nach § 227 Abs. 2 VersAusglG sind auch Vereinbarungen zum Wertausgleich bei der Scheidung entsprechend den Vorschriften der §§ 225, 226 FamFG abänderbar, falls eine Abänderung nicht ausgeschlossen wurde.

Kosten und Gebühren

5. In den Fällen des Ausschlusses des VAs wird jeweils ein Gegenstandswert gemäß § 50 FamGKG durch das Familiengericht festgesetzt, weil sowohl in den Fällen der kurzen Dauer der Ehe wie auch dem Ausschluss des Versorgungsausgleichs durch Vereinbarung nach § 6 Abs. 1 Nr. 1–3 VersAusglG das Familiengericht ein Verfahren zum VA gemäß § 137 Abs. 2 S. 2 FamFG von Amts wegen ohne Antrag eines Ehegatten einleiten muss und erst aufgrund der feststellenden Entscheidung nach § 224 Abs. 3 FamFG das Verfahren wirksam abgeschlossen ist (→ Form. B.I.5 Anm. 2; → Form. B.I.6 Anm. 2).

7. Antrag auf Durchführung des Versorgungsausgleichs gemäß einer Vereinbarung zur Verrechnung mehrerer gegenseitiger Anrechte der Ehegatten nach § 6 Abs. 1 VersAusglG

An das

Amtsgericht . . . . .

– Familiengericht –

Geschäfts-Nr.: . . . . . [Az. des Scheidungsverfahrens]

Antrag auf Durchführung des Versorgungsausgleichs gemäß einer Vereinbarung der Ehegatten zur Verrechnung der beiderseitigen Anrechte nach § 6 Abs. 1 VersAusglG

In der Scheidungssache

der Frau . . . . . – Antragstellerin –

Verfahrensbevollmächtigte: Rechtsanwälte . . . . .

gegen

ihren Ehemann Herrn . . . . . – Antragsgegner –

Verfahrensbevollmächtigte: Rechtsanwälte . . . . .

Namens und im Auftrag der Antragstellerin und unter Bezugnahme auf die bereits in der Scheidungssache vorgelegte Vollmacht beantrage ich,

1. den Wertausgleich bei der Scheidung gemäß den §§ 9 ff. VersAusglG auf der Grundlage der folgenden notariellen Vereinbarung durchzuführen sowie
2. auf der Grundlage der Vereinbarung gemäß § 224 Abs. 3 FamFG die Beschlussformel zu fassen.

Begründung

Mit Antragsschrift vom . . . . . habe ich in dem vorliegenden Verfahren namens der Antragstellerin die Scheidung der am . . . . . geschlossenen Ehe der Beteiligten beantragt. Nunmehr haben die Ehegatten eine Vereinbarung zu sämtlichen Scheidungsfolgen geschlossen, die Regelungen zum nachehelichen Unterhalt, zur zugewinnausgleichs- und vermögensrechtlichen Auseinandersetzung und zum Versorgungsausgleich iSd § 6 Abs. 1 S. 2 Nr. 1 VersAusglG enthält. Hinsichtlich der von beiden Ehegatten während der Ehezeit erworbenen und dem Versorgungsausgleich unterliegenden Anrechte haben die Ehegatten die folgende Vereinbarung vorbereitet, die gemäß § 7 Abs. 2 VersAusglG iVm § 127a BGB im Termin zur mündlichen Verhandlung protokolliert werden soll.[1] Während der Ehezeit (1.7.2005 – 31.8.2025) haben die Ehegatten die folgenden Anrechte erworben:

1. Ehemann

		Ehezeit-anteil	Ausgleichswert iSd § 5 Abs. 1, 3 VersAusglG	korrespondieren-der Kapitalwert bzw. Kapital-wert EUR	Bezugs-größe
1	gesetzliche Ren-tenversicherung	37,7374	18,8687	177.209,13	Entgelt-punkte
2	A. Unterstüt-zungskasse	21.209,87	10.504,94	10.504,94	Kapital-betrag
3	betriebliche Al-tersversorgung Fa. S.	6.474,00	3.237,00	3.237,00	Kapital-betrag
4	A. Unterstüt-zungskasse Metallrente	304,10	152,05	152,05	Kapital-betrag
				191.103,12	

2. Ehefrau

		Ehezeit-anteil	Ausgleichs-wert iSd § 5 Abs. 1, 3 Ver-sAusglG	korrespondieren-der Kapitalwert bzw. Kapitalwert EUR	Bezugs-größe
1	gesetzliche Ren-tenversicherung	0,00	0,00	0,00	Entgelt-punkte
2	Beamtenversor-gung	618,14	309,07	73.822.50	Rente
				73.822,50	

Zur Vermeidung des Hin-und-Her-Ausgleichs der von den Ehegatten erworbenen Anwartschaften auf eine Beamtenversorgung der Ehefrau und der Anrechte des Ehemannes in der gesetzlichen Rentenversicherung (DRV Bund) sowie der betrieblichen Altersversorgungen bei der A. Unterstützungskasse (Ausgleichswerte iHv 10.504,94 EUR sowie 152,05 EUR) und bei der Fa. S. (Ausgleichswert 3.237,00 EUR; insgesamt 13.893,99 EUR bzgl. aller betrieblichen Altersversorgungen) sind sich die Ehegatten darüber einig, dass das Anrecht der Ehefrau in der Beamtenversorgung sowie die Anrechte des Ehemannes aus den betrieblichen Altersversorgungen nicht im Wege des Hin-und-Her-Ausgleichs gemäß § 1 Abs. 2 VersAusglG ausgeglichen werden. Es soll vielmehr eine Verrechnung dieser Anrechte in der Weise stattfinden, so dass ein Ausgleich des Anrechts der Ehefrau und der Anrechte des Ehemannes bei den zuvor benannten betrieblichen Altersversorgung vollständig unterbleibt und lediglich der nach Verrechnung verbleibende Differenzbetrag aus der Beamtenversorgung der Ehefrau und dem Anrecht des Ehemannes in der gesetzlichen Rentenversicherung (korrespondierende Kapitalwert: 117.280,62 EUR * 0,0001064770[2] = 12,4877 Entgeltpunkte) in den Wertausgleich bei der Scheidung gemäß den §§ 9 ff. VersAusglG einbezogen wird.

Den Ehegatten ist bekannt, dass der Bundesgerichtshof in der Entscheidung vom 7.8.2013 (FamRZ 2013, 1636) zur Vorschrift des § 18 Abs. 1 VersAusglG (Ausschluss des Versorgungsausgleichs wegen Geringfügigkeit) entschieden hat, dass es sich bei den Anrechten der Beamtenversorgung und der gesetzlichen Rentenversicherung nicht um Anrechte gleicher Art handelt. Im Hinblick auf die Vorschrift des § 47 Abs. 3 VersAusglG iVm § 44 Abs. 1 VersAusglG, die eine Gleichstellung beider Anrechte vornehmen, sowie die in § 6 Abs. 1 VersAusglG enthaltene Dispositionsbefugnis der Ehegatten sehen die Ehegatten in der Verrechnungsvereinbarung dennoch keinen Verstoss gegen § 8 Abs. 1 VersAusglG.[3] Hieraus leitet sich die folgende zu protokollierende Vereinbarung ab:

1. Die Ehegatten sind sich darüber einig, dass nach Verrechnung des Anrechts der Ehefrau in der Beamtenversorgung bei dem Träger der Beamtenversorgung . . . . . (korrespondierender Kapitalwert: 73.822,50 EUR) mit den Anrechten des Ehemannes in dessen betrieblichen Altersversorgungen (korrespondierende Kapitalwert insgesamt: 13.893,99 EUR) sowie seiner gesetzlichen Rentenversicherung (korrespondierende Kapitalwert: 177.209,13 EUR) lediglich der danach verbleibende Ausgleichswert aus dem Anrecht des Ehemannes in der gesetzlichen Rentenversicherung im Wertausgleich bei der Scheidung gem. §§ 9 ff. VersAusglG ausgeglichen wird. Der Wertausgleich findet insoweit gemäß den gesetzlichen Vorschriften nach § 10 Abs. 1 VersAusglG statt. Dies ergibt sich aus der folgenden Berechnung:
   Verrechnung der korrespondierenden Kapitalwerte der betrieblichen Altersversorgungen mit dem Anrecht der Ehefrau in der Beamtenversorgung: 73.822,50 EUR – 13.893,99 EUR = 59.928,51 EUR;
   Verrechnung des verbleibenden Betrages aus der Beamtenversorgung mit dem Anrecht des Ehemannes in der gesetzlichen Rentenversicherung, also 177.209,13 EUR – 59.928,51 EUR = 117.280,62 EUR;
   Rückrechnen in Bezugsgröße der gesetzlichen Rentenversicherung: 117.280,62 EUR * 0,0001064770 = 12,4877 Entgeltpunkte.
2. Insoweit verzichtet der Ehemann auf den Ausgleich des verrechneten Anrechts der Ehefrau in der Beamtenversorgung bei der . . . . .; die Ehefrau nimmt diesen Verzicht an. Ferner verzichtet die Ehefrau auf den Ausgleich der betrieblichen Altersversorgungen des Ehemannes bei der A. Unterstützungskasse und der Fa. S. sowie den Ausgleich der Anrechte des Ehemannes aus dessen gesetzlicher Rentenversicherung, soweit der Ausgleichswert (18,8687 Entgeltpunkte) die Anzahl von 12,4877 Entgeltpunkten übersteigt. Der Ehemann nimmt diesen Verzicht an.
3. Ein Ausschluss der Abänderung der getroffenen Vereinbarung (§ 227 Abs. 2 FamFG) wird nicht vereinbart, zumal eine solche Vereinbarung nicht die betroffenen Versorgungsträger binden würde.
4. Das Familiengericht wird ersucht, gemäß § 224 Abs. 3 FamFG in der Beschlussformel iSd § 142 Abs. 3 FamFG aufzunehmen, dass ein Wertausgleich in Bezug auf die Anrechte der Ehefrau in der Beamtenversorgung bei der . . . . . sowie hinsichtlich der Anrechte des Ehemannes aus den zuvor bezeichneten betrieblichen Altersversorgungen nicht stattfindet und hinsichtlich des Anrechts des Ehemannes in der gesetzlichen Rentenversicherung nur in Höhe von 12,4877 Entgeltpunkten, bezogen auf das Ehezeitende 31.8.2025, ein Wertausgleich vorgenommen wird und diesem Ausgleichswert ein korrespondierender Kapitalwert iHv 117.280,62 EUR zugrunde liegt.
   Ich schlage die folgende Beschlussformel vor:[4]
   1. Scheidung . . . . .
   2. Versorgungsausgleich:
      a) Im Wege der internen Teilung wird zu Lasten des Anrechts des Ehemannes (Antragstellers) bei der Deutschen Rentenversicherung Bund (Vers.Nr.) zugunsten der Ehefrau (Antragsgegnerin) ein Anrecht in Höhe von 12,4877 Entgelt-

punkten auf deren vorhandenes Versicherungskonto in der gesetzlichen Rentenversicherung Bund (Vers. Nr.) übertragen, bezogen auf das Ehezeitende 31.8.2025. Der Ausgleichswert entspricht . . . . . einem korrespondierenden Kapitalwert von 117.280,62 EUR.

b) **Hinsichtlich des weitergehenden Anrechts des Ehemannes (Antragsstellers) bei der Deutschen gesetzlichen Rentenversicherung, den betrieblichen Altersversorgungen bei der A. Unterstützungskasse (Vers.Nr . . . . . und Vers.Nr . . . . .) sowie bei der S. findet ein Wertausgleich nicht statt.**

c) **Hinsichtlich des Anrechts der Ehefrau (Antragsgegnerin) aus der Beamtenversorgung des Landes . . . . . findet ein Wertausgleich nicht statt.**

d) **Die Kosten des Verfahrens werden gegeneinander aufgehoben.**

Anmerkungen

1. Dem Familiengericht ist der Inhalt der beabsichtigten Vereinbarung vorab zuzuleiten, damit dieses die Voraussetzungen der Wirksamkeit prüfen kann (Inhaltskontrolle nach § 8 Abs. 1 VersAusglG).

2. Mit diesem Faktor erfolgt die Umrechnung von Barwerten in Entgeltpunkte (Ziffer 3 der Rechengrößen zur gesetzlichen Rentenversicherung; FamRZ 2025, 328 (331).

3. Zudem hat das Familiengericht nach § 219 Nr. 2, 3 FamFG die beteiligten Versorgungsträger vorab über die geplante Vereinbarung zu informieren (iS einer Beteiligung nach § 7 Abs. 1, 2 FamFG sowie § 219 Nr. 2, 3 FamFG). Einer Zustimmung der Versorgungsträger iSd § 8 Abs. 2 VersAusglG bedarf es dagegen nicht, weil diese durch die Vereinbarung nicht betroffen sind und zudem das Gesetz in § 6 Abs. 1 VersAusglG ausdrücklich eine Vereinbarung unter weitergehenden Voraussetzungen zulässt (s. auch § 10 Abs. 2 VersAusglG – Verrechnung von Anrechten). Die Verrechnung des jeweiligen Ausgleichswerts von Anrechten bedeutet der **Sache nach einen jeweiligen Verzicht auf den Ausgleich der verrechneten Anrechte**; dies wird in § 6 Abs. 1 Nr. 2 VersAusglG ausdrücklich zugelassen (s. hierzu Borth FamRZ 2012, 1681; OLG Celle FamRZ 2012, 1722). Auf diese Rechtslage sollten die Versorgungsträger durch das Familiengericht ausdrücklich hingewiesen werden, weil teilweise die Versorgungsträger nicht zwischen der formellen Beteiligung und der Zustimmung zu einer Vereinbarung unterscheiden; eine solche wäre nur dann erforderlich, wenn hinsichtlich eines einzelnen Anrechts ein höherer Ausgleichswert als 50 % des Ehezeitanteils ausgeglichen werden sollten. Dies ist im Fall einer Verrechnung aber nie der Fall (s. auch BGH FamRZ 2014, 1179).

4. Zur Fassung der Beschlussformel ist auf die folgende Sachlage hinzuweisen: § 224 Abs. 3 FamFG bestimmt, dass bei Abschluss einer Vereinbarung zum Versorgungsausgleich in der Beschlussformel iSd § 142 Abs. 3 FamFG das Familiengericht feststellt, dass der Wertausgleich bei der Scheidung nicht oder nur teilweise stattfindet (s. Begriff: soweit ein Wertausgleich . . . . .). Das bedeutet, dass die interne Teilung der Anrechte des Ehemannes in der gesetzlichen Rentenversicherung des Ehemannes gemäß § 10 Abs. 1 VersAusglG nur iHv 12,4877 Entgeltpunkten (anstatt von 18,8687 Entgeltpunkten) erfolgt. Hinsichtlich der weiteren Anrechte erfolgt ein Verzicht, so dass das Familiengericht insoweit festzustellen hat, dass insoweit ein Wertausgleich bei der Scheidung nicht stattfindet.

8. Ausübung des Wahlrechts nach § 15 Abs. 1 VersAusglG hinsichtlich der Zielversorgung – Verfahrensschritte zur verfassungskonformen Durchführung der externen Teilung

An das

Amtsgericht . . . . .

– Familiengericht –

Geschäfts-Nr.: . . . . . [Az. des Scheidungsverfahrens]

Ausübung des Wahlrechts nach § 15 VersAusglG hinsichtlich der Zielversorgung[1]

In der Scheidungssache

der Frau . . . . . – Antragstellerin –

Verfahrensbevollmächtigte: Rechtsanwälte . . . . .

gegen

ihren Ehemann Herrn . . . . . – Antragsgegner –

Verfahrensbevollmächtigte: Rechtsanwälte . . . . .

Namens und im Auftrag der Antragstellerin und unter Bezugnahme auf die bereits in der Scheidungssache vorgelegte Vollmacht komme ich der mit Verfügung des Amtsgerichts – Familiengericht – . . . . . vom . . . . . angeordneten Ausübung des Wahlrechts zur Durchführung der externen Teilung wie folgt nach:

Der der nach § 14 Abs. 4 VersAusglG von der Fa. . . . . als Träger des auszugleichenden Anrechts des Antragsgegners geschuldete Kapitalbetrag zur Begründung eines Anrechts zugunsten der Antragstellerin ist auf den Pensionsfonds der A. Lebensversicherungs AG (Versicherungsnummer . . . . .) einzuzahlen.

Begründung

Durch Verfügung vom . . . . . hat das Familiengericht gemäß § 222 Abs. 1 FamFG die Antragstellerin aufgefordert, zur Durchführung der externen Teilung des Anrechts des Antragsgegners aus einer betrieblichen Altersversorgung gemäß dem BetrAVG innerhalb einer Frist von 3 Wochen den Träger der Zielversorgung zu benennen.[2]

Unter Beachtung der in § 15 Abs. 3 VersAusglG gesetzlich geregelten Vorgaben zur Auswahl einer Zielversorgung lege ich eine Ausfertigung des zwischen der A. Lebensversichungs AG und der Antragstellerin geschlossenen Vertrages vom . . . . . vor, aus dem sich ergibt, dass das zugunsten der ausgleichsberechtigten Antragstellerin hinsichtlich dieses Anrechts zu leistende Kapital gemäß § 14 Abs. 4 VersAusglG dort eingezahlt werden kann.[3] Ferner lege ich das nach § 222 Abs. 2 FamFG vorzulegende Einverständnis der A. Lebensversicherungs – AG zur beabsichtigten Teilung des Anrechts vor.

Der von der Lebensversicherungs AG aufgelegte Pensionsfonds erfüllt die Voraussetzungen des § 5 Altersvorsorgeverträge-Zertifizierungsgesetz, was sich aus der als Anlage beigefügten Erlaubnis der Bundesanstalt für Finanzdienstaufsicht vom . . . . . ergibt.[4]

Ferner gehört die A. Lebensversicherungs AG einem Sicherungsfonds nach § 124 Abs. 3 iVm dem EinSiG Versicherungsaufsichtsgesetz an. Die Begründung eines Anrechts zugunsten der Antragstellerin führt deshalb nicht zu steuerpflichtigen Einnahmen[5] iSd § 15 Abs. 3 VersAusglG bei dem Antragsgegner.[6]

Mit der Vorlage dieser Erklärung sowie den beigefügten Anlagen ist damit das Verfahren zum Versorgungsausgleich entscheidungsreif. Ich bitte deshalb, alsbald den Schlusstermin zur Scheidungssache anzuberaumen.

Rechtsanwältin/Rechtsanwalt

Anmerkungen

1. Nach § 14 Abs. 2 VersAusglG sowie § 17 VersAusglG ist die externe Teilung eines auszugleichenden Anrechts durchzuführen, wenn

- die ausgleichsberechtigte Person und der Versorgungsträger des auszugleichenden Anrechts des anderen Ehegatten eine Vereinbarung schließen. Eine solche Vereinbarung ist nicht formbedürftig iSd § 7 Abs. 1 VersAusglG (OLG Bamberg FamRZ 2020, 1167); die ausgleichspflichtige Person muss an dieser Vereinbarung nicht mitwirken;
- der Versorgungsträger der ausgleichspflichtigen Person die externe Teilung verlangt; dies ist möglich, wenn der Ausgleichswert (hälftiger Ehezeitanteil) am Ende der Ehezeit den Rentenbetrag von 2 % der Bezugsgröße gemäß § 18 SGB IV (2025 – 74,90 EUR) oder einen Kapitalwert von 240 % (2025 – 8.988 EUR; zu § 18 SGB IV s. FamRZ 2025, 332) nicht übersteigt;
- wenn ein Anrecht der betrieblichen Altersversorgung aus einer Direktzusage oder eines Unterstützungskasse auszugleichen ist (s. hierzu § 17 VersAusglG), darf der Ausgleichswert als Kapitalwert die Beitragsbemessungsgrenze gemäß §§ 159, 160 SGB VI nicht übersteigen (2025 – 96.600 EUR).
- Nach § 14 Abs. 2 Nr. 2 letzter Hs. VersAusglG-E ermitteln sich die maßgeblichen Grenzwerte aus der Summe der Ausgleichswerte, soweit **mehrere Anrechte** iSd BetrAVG bei **einem Versorgungsträger** auszugleichen sind; dies bezieht sich insbesondere auf § 17 VersAusglG.

2. Die Ausübung des Wahlrechts nach § 15 Abs. 1 VersAusglG unterliegt gemäß § 114 Abs. 4 Nr. 7 FamFG nicht dem Anwaltszwang. Die vom Familiengericht zu setzende Frist stellt keine Notfrist dar, so dass auch in der Beschwerdeinstanz ein nicht ausgeübtes Wahlrecht noch nachgeholt werden kann (OLG Frankfurt a.M. FamRZ 2020, 680 mwN; Thomas/Putzo/Seiler FamFG § 222 Rn. 1). Dies ist allerdings strittig (nach BGH FamRZ 2013, 773 als Ausschlussfrist zulässig; OLG Karlsruhe FamRZ 2016, 1167 (1168); s. auch Thomas/Putzo/Seiler FamFG § 222 Rn. 1a – bindende Ausschlussfrist).

3. Es ist darauf zu achten, dass zu dem in § 222 Abs. 2 FamFG bestimmten Zeitpunkt nicht nur die Zustimmung des Versorgungsträgers zur externen Teilung, sondern bereits eine **bindende Vereinbarung mit dem gewählten Zielversorgungsträger** vorliegt, die die maßgeblichen Bedingungen gemäß § 14 Abs. 3 VersAusglG iVm § 10 Abs. 3 VersAusglG konkret benennt. Dies ist deshalb erforderlich, weil nur hierdurch die Beschlussformel hinreichend bestimmt erfasst werden kann. Zudem lässt sich nur so sicherstellen, dass das Versicherungsverhältnis zu denjenigen Grundlagen zustande kommt, die das Gericht seiner nach § 15 Abs. 2 VersAusglG vorzunehmenden Prüfung der Angemessenheit der externen Teilung zugrunde gelegt hat (BGH FamRZ 2019, 1775 (1777); Johannsen/Henrich/Althammer/Siede, § 222 FamFG Rn. 7; Borth Versorgungsausgleich Kap. 3 Rn. 135 ff.). Zudem kann nach Rechtskraft der richterlichen Gestaltungsentscheidung zum Versorgungsausgleich strittig werden, nach welchem Geschäftsplan (einschließlich der Verzinsung des eingezahlten Kapitals) und zu welchem Zeitpunkt die hinausgeschobene Rentenleistung zu erbringen ist. Wird die gesetzliche Rentenversicherung als Zielversorgungsträger gewählt, bedarf es deren Zustimmung (BGH FamRZ 2013, 773).

4. Die zu wählende Zielversorgung iSd § 15 Abs. 1 VersAusglG darf nicht zu steuerpflichtigen Einnahmen oder zu einer schädlichen Verwendung bei der ausgleichpflichtigen Person führen, § 15 Abs. 3 VersAusglG, es sei denn, die ausgleichsberechtigte Person stimmt der Wahl der Zielversorgung zu. Dies beruht darauf, dass die dem Versorgungsausgleich nach § 2 Abs. 2 VersAusglG unterliegenden Anrechte (im Grundsatz) auf **unversteuerten Einkünften** beruhen, das heißt die Beiträge zum Erwerb nicht versteuert wurden, sondern § 3 Nr. 62 EStG und § 3 Nr. 63 EStG beim Arbeitgeber und Arbeitnehmer steuerfrei blieben bzw. als Sonderausgaben geltend gemacht werden konnten. Im Gegenzug sind die hieraus erworbenen Anrechte **nachgelagert zu besteuern,** also ab Eintritt des Leistungsfalls. Entsprechendes gilt, wenn eine Rückstellung gemäß § 6a EStG für eine Pensionszusage vorgenommen wurde, weil dies in der Anwartschaftsphase des Versorgungserwerbs ebenfalls keine steuerlichen Wirkungen auf Seiten des Berechtigten auslöst (zu den Einzelheiten eingehend Borth Versorgungsausgleich Kap. 3 Rn. 292 ff.). Wird durch die externe Teilung ein steuerlich begünstigtes Anrecht geteilt, so führt dies bei einem nach § 5 Altersvorsorgeverträge-Zertifizierungsgesetz zertifizierten Anrecht dazu, dass die ausgleichsberechtigte Person über dieses Anrecht frühestens ab dem 60. Lebensjahr eine Rentenleistung verlangen kann, dagegen keine Kapitalleistung. Ferner unterliegt diese Rentenleistung der nachgelagerten Besteuerung gemäß § 22 EStG. Wird die externe Teilung bei einer **nicht zertifizierten Versorgung** vollzogen, führt dies bei der ausgleichpflichtigen Person zu einer **nachteiligen Nachbesteuerung** in Bezug auf die mit der externen Teilung übertragenen Anrechten, wenn dieses Produkt die zuvor dargelegten Beschränkungen nicht erfüllt und damit eine nachgelagerte Besteuerung entfällt. Deshalb darf nur eine zertifizierte Zielversorgung gewählt werden, falls die ausgleichspflichtige Person dem nicht zustimmt, § 15 Abs. 3 VersAusglG. Weist der Verfahrensbevollmächtigte einer ausgleichspflichtigen Person auf das Risiko einer Nachbesteuerung nicht hin oder prüft dieser nicht die erforderliche Zertifizierung, kann gegen ihn ein **Schadensersatzanspruch in Höhe des einkommenssteuerlichen Schadens** bestehen.

5. § 15 Abs. 4 VersAusglG bestimmt, dass ein Anrecht der betrieblichen Altersversorgung sowie ein nach § 5 Altersvorsorgeverträge-Zertifizierungsgesetz zertifiziertes Anrechts stets steuerneutral ist. Gleiches gilt für die nach Art. 9e des Gesetzes zur Änderung des SGB IV **eingeführte Versorgungsausgleichskasse** (Gesetz vom 15.7.2009, BGBl. 2009 I 1869), die diese Voraussetzung ebenfalls erfüllt. Macht ein Ehegatte von seinem Wahlrecht nach § 15 Abs. 1 VersAusglG nicht Gebrauch, ist das Familiengericht nach § 15 Abs. 5 S. 2 VersAusglG bei einer auszugleichenden betrieblichen Altersversorgung verpflichtet, den Kapitalbetrag gemäß § 14 Abs. 4 VersAusglG in diese einbezahlen zu lassen. Ansonsten greift § 15 Abs. 5 S. 1 VersAusglG ein; danach hat die gesetzliche Rentenversicherung die **Funktion einer Auffangversorgung.** Die Einzahlung des Kapitalbetrages in die gesetzliche Rentenversicherung ist vor allem dann sinnvoll, wenn die ausgleichsberechtigte Person **bereits eine Rente wegen voller Erwerbsminderung** bezieht oder deren Bezug alsbald bevorsteht (eingehend → Anm. 6). Bezieht sie bereits die Altersrente, ist eine Einzahlung in die gesetzliche Rentenversicherung nach § 14 Abs. 5 VersAusglG unzulässig, jedoch in eine private Rentenversicherung, soweit diese nach § 5 AltZertG zertifiziert ist.

6. Die in § 14 Abs. 2 Nr. 2 VersAusglG iVm § 17 VersAusglG angeordnete Übertragung des als Kapitalbetrag bestimmten Ausgleichswerts auf einen anderen Versorgungsträger als den Versorgungsträger des auszugleichenden Anrechts hat aufgrund der seit der

Wirtschaftskrise 2008 sich fortsetzende Niedrigzinsphase zu einem **erheblichen Transferverlust** zulasten der ausgleichsberechtigten Person geführt. Entsprechend wurde in der Literatur und Rechtsprechung (BGH FamRZ 2016, 781 (785) mwN) teilweise die Ansicht vertreten, dass hierdurch der dem VA zugrunde liegende Halbteilungsgrundsatz verletzt werde und deshalb verfassungswidrig sei. Dem ist der BGH (FamRZ 2016, 781 (785) mwN) nicht gefolgt. Danach hatte sich das BVerfG (NZFam 2020, 564 mAnm Schwamb = FamRZ 2020, 1078 mAnm Borth FamRZ 2020, 1053) aufgrund eines Vorlagebeschlusses des OLG Hamm (FamRZ 2018, 688) mit der beschriebenen Problematik zu befassen und festgestellt, dass § 17 VersAusglG **nicht verfassungswidrig** ist. Zugleich hat es aber anerkannt, dass die externe Teilung jedoch verfassungswidrig sein kann, wenn bei der ausgleichspflichtigen Person einer Kürzung des Anrechts erfolgt, ohne dass sich diese entsprechend bei der ausgleichsberechtigten Person auswirkt. Um dies zu vermeiden, verlangt das BVerfG von den Gerichten die **Durchführung des VAs in verfassungskonformer Weise**, damit die Grundrechte aller Beteiligter gewahrt sind. Aufgrund der Vorgaben des BVerfG sind die folgenden Verfahrensschritte einzuleiten:

- Sobald der Arbeitgeber die geforderte Auskunft erteilt und in dieser sein Wahlrecht zur Durchführung der externen Teilung ausgeübt hat, kann das Gericht die ausgleichsberechtigte Person auffordern, ihr Wahlrecht nach § 15 Abs. 1 VersAusglG auszuüben. Es hat zugleich darauf hinzuweisen, dass sie das Einverständnis des gewählten Zielversorgungsträgers mit der vorgesehenen Teilung vorzulegen hat (§ 222 Abs. 2 FamFG). Sobald die Zielversorgung benannt wird, hat das FamG von Amts wegen zu prüfen (§ 26 FamFG), ob die Zielversorgung die **Voraussetzungen einer angemessenen Versorgung** iSd § 15 Abs. 2 VersAusglG erfüllt (BVerfGE 153, 358 = NZFam 2020, 564 Rn. 81 = FamRZ 2020, 1078 mAnm Schwamb = FamRZ 2020, 1078 mAnm Borth FamRZ 2020, 1053). Ist diese einem der in § 15 Abs. 4 VersAusglG aufgeführten Versorgungsträger zuzuordnen oder erfüllt sie die Voraussetzungen des § 5 AltZertG, so konnte bisher das FamG ohne weitere Prüfung davon ausgehen, dass die Anforderung des § 15 Abs. 2 VersAusglG erfüllt ist. Aufgrund der Vorgaben des BVerfG ist an dieser Stelle nunmehr vom FamG zu prüfen, ob die externe Teilung verfassungskonform durchgeführt werden kann.
- Ausgangspunkt der gebotenen Prüfung in Bezug auf den Schutz der ausgleichsberechtigten Person vor einer **prognostischen Leistungsminderung** ist der **vorgegebene Vergleichsmaßstab**, der sich aus dem Wert einer hypothetischen internen Teilung durch den Arbeitgeber ergibt. Hierzu muss das Familiengericht anhand der erteilten Auskunft des Arbeitgebers die Höhe der Versorgungsleistung für den Fall einer **fiktiven internen Teilung** mit der zu erwartenden Versorgungsleistung der Zielversorgung feststellen, ob und in welcher Höhe sich ein Transferverlust ergäbe, falls die externe Teilung unkorrigiert durchgeführt würde.
- Um diesen Vergleich vornehmen zu können, bedarf es – anders als bisher – **ergänzender Informationen**. Vom Arbeitgeber ist deshalb durch das FamG neben dem mitgeteilten Ausgleichswert (regelmäßig in Form eines Kapitalbetrags gemäß § 45 Abs. 1 VersAusglG) die sich aus einer **fiktiv durchgeführten internen Teilung** ergebenden Versorgungsleistungen, jeweils ermittelt bei unterstellt identischen biometrischen Faktoren (BVerfG NZFam 2020, 564 Rn. 67) anzufordern. Vom Zielversorgungsträger ist – nunmehr als Beteiligter iSd § 219 Nr. 3 FamFG – neben dem in § 222 Abs. 2 FamFG erforderlichen Einverständnis mit der vorgesehenen Teilung – zusätzlich die **künftig zu erwartende Versorgungsleistung** abzufragen, erstellt auf der Grundlage einer Prognose der aktuell zur Verfügung stehenden Datenlage.
- Auf der Grundlage dieser zusätzlichen Auskünfte ist dann festzustellen, ob unter Berücksichtigung einer **maximalen Abweichung von 10 %** die externe Teilung verfassungskonform durchgeführt werden kann oder ob eine Angleichung des Ausgleichswerts zur verfassungskonformen Durchführung des Wertausgleichs geboten ist. Soweit

das BVerfG eine Steuerung des Ausgleichs über die vom Arbeitgeber sowie der Zielversorgung verwendeten Rechnungszinssätze anspricht (BVerfG NZFam 2020, 564 Rn. 76, 91), ist zu berücksichtigten, dass die in der Regel zur Bewertung der Pensionsrückstellungen heranzuziehenden Abzinsungsfaktoren gemäß § 253 Abs. 2 HGB eine andere Funktion haben als die in einer versicherungsförmig ausgestalteten Versorgungszusage und deshalb nicht miteinander vergleichbar sind. Ein verfassungskonformer Wertvergleich kann deshalb über die daraus sich **ergebenden Rentenwerte** vorgenommen werden. Die hierfür erforderlichen Daten müssen vom Familiengericht zusätzlich von dem jeweils betroffenen Versorgungsträger angefordert werden.

- Die Bestimmung des Differenzwertes aufgrund eines **Barwertvergleichs** ist jedoch stets dann erforderlich, wenn der Leistungsumfang, das Renteneintrittsalter, die Rentendynamik sowie die Leistungsform (Rente, Kapital, Ratenzahlung) voneinander deutlich abweichen.
- Ergibt die Bestimmung des Differenzbetrages auf der Grundlage von Rentenwerten, dass die Rente höher als diejenige der Quellversorgung ist (vor allem bei Zusatzleistungen), ist die komplexe Berechnung durch Barwertvergleich nicht erforderlich.
- Da der aktuelle BilMoG-Zinssatz im Jahr 2025 im Bereich zwischen 1,9 % und 2, 2 % liegt (s. hierzu FamRZ 2025, 336), die jährliche Anpassung in der gesetzlichen Rentenversicherung gemäß dem Rentenversicherungsbericht der Bundesregierung 2019 bis zum Jahr 2035 dagegen jährlich 2,25 % beträgt, kann durch die die **Wahl der gesetzlichen Rentenversicherung** als Zielversorgung eine höhere Versorgungsleistung als im Fall einer internen Teilung des Anrechts erreicht werden. Damit liegt es nahe, zur Gewährleistung einer verfassungskonformen Durchführung der externen Teilung der ausgleichsberechtigten Person diese **als Zielversorgung vorzuschlagen**. Deren Wahl ist für aktuell eingeleitete Verfahren des Versorgungsausgleichs in jedem Fall vorzuziehen; jedoch kann die Bestimmung der gesetzlichen Rentenversicherung als Zielversorgung nicht generell erfolgen. Im Zusammenhang mit der Rechtsprechung des BVerfG ist der BGH dazu übergangen, bei Direktzusagen (wieder) den für die Handelsbilanz geltenden Zehn-Jahres-Durchschnittszins gemäß § 253 Abs. 2 HGB heranzuziehen (FamRZ 2021, 1103 Rn. 30, 33).
- Liegt das **Ehezeitende vor dem 31.12.2008** (so bei Abänderungsverfahren), lässt der BGH (FamRZ 2021, 1103) nunmehr es zu, den Zinssatz in Höhe des steuerlichen Rechnungszinses von 6 % (§ 6a Abs. 1., 3 S. 3 EStG) zu verwenden.
- Die Bestimmung der gesetzlichen Rentenversicherung als Zielversorgung scheidet nach § 14 Abs. 4 VersAusglG aus, wenn die ausgleichsberechtigte Person bereits eine **Rente wegen Alters** bezieht (zu den weiteren Fällen, in denen die gesetzliche Rentenversicherung als Zielversorgung entfällt s. Borth FamRZ 2020, 1053 (1058)). In diesem Fall ist anhand der mitgeteilten Werte des Versorgungsträgers des auszugleichenden Anrechts sowie des Zielversorgungsträgers durch deren Vergleich festzustellen, ob sich die Verringerung der künftig zu erwartenden Versorgungsleistung **innerhalb des Korridors von 10 % bewegt** oder sie diesen übersteigt. Wird diese Grenze nicht überschritten, ist die externe Teilung ohne Korrektur durchzuführen; andernfalls hat das Familiengericht zu prüfen, in welcher Weise der Versorgungsausgleich verfassungskonform durchgeführt werden kann.
- Bei dieser Sachlage hat das Familiengericht im **1. Schritt** den Kapitalbetrag festzulegen, der sich aus der Berücksichtigung der Leistungsminderung um 10 % ergibt (s. hierzu Borth FamRZ 2020, 1053 (1058)); der Kapitalbetrag ist insoweit auf der Grundlage der Zinserwartung der Zielversorgung (mit gesichert anzunehmenden Überschussanteilen) zu ermitteln. Diese Berechnung ist durch das Familiengericht zu veranlassen, indem entweder ein Gutachten eingeholt oder der Zielversorgungsträger um eine Berechnung des erforderlichen Kapitalbetrags gebeten wird. Da diese zusätzliche Berechnung ein Verfahrensvorgang darstellt und nicht im engeren Sinn der Auskunftsverpflichtung des

Versorgungsträgers zuzuordnen ist, handelt es sich um **allgemeine Verfahrenskosten**, die weder vom Arbeitgeber noch der Zielversorgung zu tragen sind.

- Im **2. Schritt** ist dem Arbeitgeber der ermittelte (neue) Kapitalbetrag mitzuteilen, da ihm bei dieser Sachlage die Möglichkeit gegeben werden muss, die internen Teilung zu wählen (s. auch BVerfG NZFam 2020, 564 Rn. 79 aE, 91 aE). Insoweit hat das BVerfG ausdrücklich betont, dass diesem ein **Ausweichen in die interne Teilung** möglich ist, wenn sich die externe Teilung auf der Grundlage des neu ermittelten Ausgleichswerts für ihn nicht aufwandsneutral durchführen lässt. Das Familiengericht darf die interne Teilung jedoch nicht gegen den Willen des Versorgungsträgers anordnen.
- Im Rahmen der anzustellenden Vergleichsberechnung stellt sich die Frage, ob der wirtschaftliche Vorteil, der sich aus dem **hälftigen Beitragssatz zur Kranken- und Pflegeversicherung** in der gesetzlichen Rentenversicherung sowie die günstigere Besteuerung nach § 22 Nr. 1 S. 3 lit. a aa) EStG ergibt, ebenfalls zu berücksichtigen ist (verneinend Borth FamRZ 2020, 1053 (1059)).
- Das BVerfG (NZFam 2020, 564 Rn. 99 = FamRZ 2020, 1078) hat zu Recht darauf hingewiesen, dass mit einer Verrechnungsvereinbarung die dargestellte Problematik einer Vergleichsberechnung gegebenenfalls umgangen werden kann (→ Form. B.I.7).

9. Antrag auf Ausschluss oder Begrenzung des Versorgungsausgleichs wegen grober Unbilligkeit nach § 27 VersAusglG

An das

Amtsgericht . . . . .

– Familiengericht –

Geschäfts-Nr.: . . . . . [Az. des Scheidungsverfahrens]

Antrag auf Ausschluss oder Begrenzung des Versorgungsausgleichs wegen grober Unbilligkeit[1]

In der Scheidungssache

der Frau . . . . . **– Antragstellerin –**

Verfahrensbevollmächtigte: Rechtsanwälte . . . . .

gegen

ihren Ehemann Herrn . . . . . **– Antragsgegner –**

Verfahrensbevollmächtigte: Rechtsanwälte . . . . .

Namens und im Auftrag der Antragstellerin und unter Bezugnahme auf die bereits in der Scheidungssache vorgelegte Vollmacht beantrage ich,

den Versorgungsausgleich wegen grober Unbilligkeit[2] **auszuschließen und gemäß § 224 Abs. 3 FamFG in der Beschlussformel festzustellen, dass ein Wertausgleich bei der Scheidung nicht stattfindet,**

hilfsweise,

diesen der Höhe nach zu begrenzen und im Übrigen festzustellen, dass ein Wertausgleich bei der Scheidung nicht stattfindet.

Begründung

Mit Antragsschrift vom . . . . . habe ich in dem vorliegenden Verfahren namens der Antragstellerin die Scheidung der am . . . . . geschlossenen Ehe der Beteiligten beantragt. Hierauf hat das Familiengericht bei den Versorgungsträgern sämtliche Auskünfte zu den auszugleichenden Anrechten der Ehegatten zur Durchführung des Versorgungsausgleichs eingeholt. Aus diesen Auskünften ergibt sich, dass die Antragstellerin in der Ehezeit die höheren Anrechte erworben hat. Zwar wird durch den Hin- und Her-Ausgleich keine Gesamtsaldierung aller in der Ehezeit erworbenen Anrechte vorgenommen. Aus den von den Versorgungsträgern mitgeteilten korrespondierenden Kapitalwerten (§ 47 Abs. 1 VersAusglG) ergibt sich jedoch, dass die Antragstellerin insgesamt einen höheren Anteil an eigenen Anrechten im Versorgungsausgleich abgeben würde, als sie vom Antragsgegner im Versorgungsausgleich erlangen könnte. Die Durchführung des Versorgungsausgleichs wäre deshalb grob unbillig iSd § 27 VersAusglG, da sich die Versorgungsbilanz zugunsten des Antragsgegners nur daraus ergibt, dass die Antragstellerin zu Beginn der Ehe die Ausbildung des Antragsgegners mit ihren Einkünften finanziert hat. Zudem hat der Antragsgegner seit dem Jahre 2002 keine Altersvorsorgemaßnahmen mehr vorgenommen, sondern seine gesamten Einkünfte in den von ihm gegründeten Betrieb investiert. Da insoweit ein güterrechtlicher Ausgleich gemäß den §§ 1372 ff. BGB wegen einer in dem Ehevertrag vom . . . . . vereinbarten Gütertrennung nicht stattfindet, würde der Ausgleich zulasten der Antragstellerin eine Sinnverfehlung des Versorgungsausgleichs bewirken, weil der Antragsgegner die Möglichkeit hatte, durch die Vermögensbildung in seinem Betrieb eine eigene Altersversorgung aufzubauen. Auch sollte durch die Finanzierung der Ausbildung des Antragsgegners zu Beginn der Ehe die Grundlage eines gemeinsamen Erwerbs in der Ehe geschaffen werden, an dem die Antragstellerin durch die weitere Entwicklung der ehelichen Lebensverhältnisse nicht teilnehmen kann, während der Antragsgegner durch den erlernten Beruf in der Lage ist, durch Vermögensbildung die eigene Altersvorsorge zu sichern.[3]

Nach den eingeholten Auskünften ergibt sich folgende Bilanz (Ehezeitende: 31.8.2025):

Anrechte der Antragstellerin:

- gesetzliche Rentenversicherung: 23,5 Entgeltpunkte, das entspricht einem korrespondierenden Kapitalwert von 220.704,90 EUR (23,5 × 9.391,6980; Faktor zur Umrechnung von Entgeltpunkten in Beiträge, FamRZ 2025, 332 f.).
- betriebliche Altersversorgung bei der Fa. . . . . .; Rentenanwartschaft in Höhe von 350 EUR; der korrespondierende Kapitalwert beträgt 57.550 EUR.
- Gesamter Kapitalbetrag: 278.254,90 EUR

Anrechte des Antragsgegners:

- gesetzlichen Rentenversicherung; 10,5 Entgeltpunkte, das entspricht einem korrespondierenden Kapitalwert von 98.612,83 EUR
- private Rentenversicherung bei der A. Lebensversicherungs AG ein Kapital von 10.500 EUR.
- Gesamter Kapitalbetrag: 109.112,83 EUR.

Hieraus folgt, dass der Wertausgleich im Ergebnis zulasten der Antragstellerin erfolgen würde.[4]

Es wird deshalb beantragt, den Versorgungsausgleich vollständig auszuschließen, also weder einen Ausgleich zulasten des Ehemannes noch zulasten der Ehefrau vorzunehmen, sondern nach § 224 Abs. 3 FamFG in der Beschlussformel festzulegen, dass insgesamt ein Versorgungsausgleich nicht stattfindet.

Rechtsanwältin/Rechtsanwalt[5]

Anmerkungen

1. Die Anwendung der Härtefallklausel nach § 27 VersAusglG bereitet aufgrund des Ausgleichsystems nach den §§ 9–19, 28 VersAusglG besondere Probleme, weil eine **Gesamtsaldierung** iSd § 1587a Abs. 1 BGB aF (sog. Zugewinnprinzip) nicht stattfindet und der VA nicht iSd Zugewinnprinzips in eine Richtung vollzogen wird, sondern jedes Anrecht gesondert auszugleichen ist (sog. Hin-und-Her-Ausgleich). Damit kann auch nicht ohne Weiteres festgestellt werden, welcher Ehegatte insgesamt höhere Anrechte im VA erwirbt, als durch diesen an den anderen Ehegatten abgegeben werden. Aus diesem Grunde wurde durch das VAStrRefG zum 1.9.2009 vom Gesetzgeber der sog. **korrespondierende Kapitalwert** gemäß § 47 VersAusglG eingeführt, dessen Funktion unter anderem darin besteht, die Fälle der Härtefallklausel verfassungs- und systemgerecht zu entscheiden. Wird insgesamt ein Ausgleich versagt, führt das bei beiden Ehegatten dazu, dass ein Ausgleich weder in die eine noch die andere Richtung stattfindet.

2. Die Härtefallklausel des § 27 VersAusglG erfasst **sämtliche Bestimmungen des VersAusglG.** Dies betrifft neben den Vorschriften zum Wertausgleich bei der Scheidung (§§ 10 Abs. 1, 14 Abs. 2, 28 VersAusglG) auch die Bestimmungen zum Wertausgleich nach der Scheidung zum schuldrechtlichen Versorgungsausgleich gemäß den §§ 20, 23, 25, 26 VersAusglG (s. auch BT-Drs. 16/10144, 67). Folgerichtig betrifft dies auch die Anwendung im Abänderungsverfahren; insoweit verweist § 226 Abs. 3 FamFG auf die entsprechende Anwendung des § 27 VersAusglG in den dort geregelten Abänderungsverfahren gemäß § 225 FamFG sowie die Abänderungsverfahren zur schuldrechtlichen Ausgleichsrente (§ 227 Abs. 1 FamFG).

3. Überblick über die neuere Rechtsprechung zur Härteklausel. a) Die bei Ausschluss des VAs notwendige Billigkeitsabwägung nach § 27 VersAusglG setzt die **Ermittlung sämtlicher Umstände** voraus, die für und gegen einen Ausschluss des Versorgungsausgleichs **sprechen** (BGH FamRZ 2017, 26; FamRZ 2017, 1749 (1751)). Verfügt der Ausgleichsberechtigte über Vermögen, das eine hinreichende Altersvorsorge ermöglicht, ist ein Härtefall erst dann gegeben, wenn der Ausgleichspflichtige auf die von ihm erworbenen Anrechte zur Sicherung seines Unterhalts angewiesen ist (BGH FamRZ 2005, 1238). Macht der ausgleichspflichtige Ehegatte einen Tatbestand der Härteklausel geltend, so stellt sich die Frage, auf welcher **Tatsachengrundlage die Billigkeitsabwägung** erfolgen muss. Ferner ist zu prüfen, ob allein das Vorliegen umfangreicher Vermögenswerte beim Ausgleichsberechtigten zum Ausschluss des Versorgungsausgleichs führt. Verfügt der **Ausgleichsberechtigte über erhebliches Vermögen,** durch welches dessen Altersvorsorge hinreichend gesichert ist, so ergibt sich hieraus noch kein Härtegrund iSd § 27 VersAusglG. Ein solcher ist erst dann zu bejahen, wenn zudem der Ausgleichspflichtige auf die erworbenen Anrechte dringend angewiesen ist, um seinen Unterhalt ab Erreichen der Altersgrenze zu sichern (BGH FamRZ 1992, 47; 1999, 714 (715)). Die Billigkeitsabwägung nach § 27 VersAusglG hat alle wesentlichen Gerichtspunkte zu erfassen, die für und gegen eine Begrenzung oder Herabsetzung des Versorgungsausgleichs sprechen. Das Familiengericht muss deshalb allen von den Parteien vorgetragenen Umständen, die bei der Billigkeitsabwägung ins Gewicht fallen können, nachgehen und deren Bestehen feststellen. Hierzu gehört einerseits, dem Vorliegen von behaupteten Vermögenswerten nachzugehen und andererseits auch den Umfang der vorhandenen Versorgungsanrechte in Bezug auf deren Bestehen sowie deren tatsächliche Höhe zu bestimmen. Macht der Ausgleichspflichtige geltend, er sei auf die von ihm erworbenen **Anrechte dringend angewiesen,** ist zu prüfen, ob nach Durchführung des VAs der verbleibende Betrag eine solche Sicherung ermöglicht; hierzu ist auch ein noch bis zum Erreichen der festen Altersgrenze möglicher weiterer Versorgungserwerb einzubeziehen, indem die zuletzt erreichten Anrechte vom Ende der Ehezeit bis zur Altersgrenze hochgerechnet werden. Auch Vermögen (vor allem der Nutzungsvorteil eines Eigenheimes) ist in diese Betrachtung einzubeziehen.

b) Wird der Ausschluss des VAs auf erhebliches Vermögen des Ausgleichsberechtigten gestützt, so sind diese im Rahmen der Billigkeitsabwägung in der Regel nur dann erheblich, wenn kein güterrechtlicher Ausgleich erfolgt, der andere Ehegatte also nicht an dem ehelichen Vermögenserwerb teilnimmt (bei **Gütertrennung** nach § 1414 BGB).

c) Ein Härtefall wegen einer **langjährigen intimen Beziehung** des Ausgleichsberechtigten ist nach dem BVerfG nicht gegeben (FamRZ 2003, 1173), da der VA nach BVerfG für Leistungen in der ehelichen Lebensgemeinschaft gewährt wird (Aufteilung in Hausarbeit und berufliche Tätigkeit), die grds. als gleichwertig anzusehen sind und deshalb bei Wahrnehmung der Aufgaben im Haushalt grds. auszugleichen sind. Der VA wird nicht für die eheliche Treue gewährt. Verschweigt die Ehefrau ihrem Ehemann, dass ein während der Ehe geborenes Kind von einem anderen Mann abstammt, verwirklicht dies grundsätzlich den Härtegrund eines Fehlverhaltens iSd § 27 VersAusglG; hierzu ist es auch im Hinblick auf § 1599 Abs. 1 BGB nicht erforderlich, dass die Vaterschaft angefochten wird (BGH FamRZ 2012, 779).

d) Nach dem Grundgedanken des VAs kann eine lange Trennungszeit (11,5 Jahre) mit einer wirtschaftlichen Verselbständigung dazu führen, dass der VA – teilweise – ausgeschlossen wird. Das gilt va bei einer **phasenverschobenen Ehe** (BGH FamRZ 2004, 1181 (1183); FamRZ 2013, 690 Rn. 16 mAnm Holzwarth; FamRZ 2017, 26 mAnm Siede, wenn also ein Ehegatte in der Ehe bereits eine Versorgung bezieht, während der andere noch Anrechte erwirbt und dieser auf diese Anrechte angewiesen ist, weil er bei Vornahme des Versorgungsausgleichs keine angemessene Versorgung mehr erreichen kann, während der andere Ehegatte eine hinreichende Versorgung besitzt. **Betreut** dagegen der ausgleichberechtigte Ehegatte während einer **langen Trennungszeit ein gemeinsames Kind,** so rechtfertigt dies trotz eines nur kurzen Zusammenlebens der Ehegatten nicht den Ausschluss oder die Herabsetzung des VAs (BGH FamRZ 2005, 2052 = FamRB 2006, 40). Diese Grundsätze hat der BGH im Fall der **phasenverschobenen Ehe** bestätigt, allerdings den Gesichtspunkt der langen Trennungsdauer im Verhältnis zur Gesamtdauer der Ehe, die der Sache nach zu einer Sinnverfehlung des VAs führt, weil das Prinzip der Gleichwertigkeit der beiderseitigen Leistungen in der Ehe gestört ist, nicht besonders hervorgehoben, sondern stärker auf die Auswirkungen der **Phasenverschiebung** im Versorgungserwerb abgestellt. Hierbei stellt er auf das Ergebnis der beiderseitigen Versorgungslage ab, die er im konkreten Fall bei Durchführung des VAs zu Lasten des Ausgleichspflichtigen als übergewichtig angesehen hat. Diese Argumentation weicht von der bisherigen Rechtsprechung ab, wenn der Ausgleichsberechtigte über erhebliches Vermögen verfügt (BGH FamRZ 2005, 1238). In diesem Fall ist nach BGH dennoch der Wertausgleich durchzuführen, wenn der Ausgleichspflichtige auf die übertragenen Anrechte angewiesen ist, um den Unterhalt im Alter zu sichern (BGH FamRZ 1999, 714 (715)).

e) Verändert sich ein auszugleichendes Anrecht aufgrund einer **Einflussnahme des Versorgungsberechtigten** (mit der Folge einer Verminderung oder des vollständigen Wegfalls), so ist es nach § 27 VersAusglG zwar nicht zulässig, aufgrund der treuwidrig herbeigeführten Umstände das veränderte Anrecht so zu behandeln, als lägen sie nicht vor. Jedoch kann in diesem Fall ein auszugleichendes Anrecht des von der Manipulation geschädigten Ehegatten im Wertausgleich bei der Scheidung gemäß § 27 VersAusglG herausgenommen werden, um hierdurch eine „Kompensation der Manipulation" zu erreichen (grundlegend BGH FamRZ 2013, 1362; FamRZ 2017, 26; FamRZ 2019, 1993 (1996)). Dies gelingt aber nur, wenn der **geschädigte Ehegatte über eigene Anrechte jedenfalls in Höhe der manipulationsbedingten Kürzung** verfügt. Ist das nicht der Fall, kann die illoyale Minderung nicht oder nur teilweise ausgeglichen werden (sodass nur ein Schadensersatzanspruch verbleibt). In FamRZ 2013, 1362 (1363) führt der BGH entsprechend aus, dass die Umstände für die eingetretenen Veränderungen der Versorgungslage grundsätzlich keiner Bewertung nach den Kriterien der Vorwerfbarkeit oder eines Verschuldens unterliegen. Soweit ein Anrecht wegen einer solchem Manipulation wegfällt, ist diese **(kollusive) Verminderung** des VAs unabhängig von einer nach § 27 VersAusglG möglichen Kompensation zu berücksichtigen.

f) Weitere Fallgruppen: Zum Bestehen eines erheblichen **wirtschaftlichen Ungleichgewicht** – BGH FamRZ 2019, 1001; OLG Köln FamRZ 2019, 195; keine Berücksichtigung der unterhaltsrechtlich beachtlichen **Selbstbehaltsgrenzen** – BGH FamRZ 2013, 1200 (1202); **lange Trennungszeit** – BGH FamRZ 2016, 35 (37) – Ausschluss bei fehlender Versorgungsgemeinschaft; FamRZ 2007, 1964 (1965); **persönliches Fehlverhalten** – BGH FamRZ 2014, 105 (107) – krasses Fehlverhalten; **Unterhaltspflichtverletzung** – BGH FamRZ 1986, 658 (660); FamRZ 1987, 49 (50); **systembedingte Auswirkungen** des VAs – BGH FamRZ 2015, 1101 (1103); FamRZ 2015, 1004 (1005).

4. Auch bei Geltendmachung der Härtefallklausel nach § 27 VersAusglG hat das Familiengericht die **maßgeblichen Tatsachen vom Amts wegen** zu ermitteln und zu berücksichtigen (BGH FamRZ 1985, 267 (269)). Dieser Grundsatz erfährt im Rahmen der Härtefallklausel eine gewisse Einschränkung, da es den Beteiligten des Verfahrens überlassen bleibt, welche vorteilhaften Gründe der Härtefallklausel von ihnen vorgetragen werden (BGH FamRZ 1990, 985). Deshalb hat der Ehegatte, der sich auf die Härtefallklausel beruft, die ihm günstigen Umstände vorzutragen. Lassen sich danach die Voraussetzungen eines Härtefalls auch nach dem Amtsermittlungsgrundsatz gemäß § 26 FamFG nicht feststellen, verbleibt es bei den **allgemeinen Beweislastregeln** (BGH FamRZ 1990, 1341 = NJW-RR 1990, 1155). Liegen Umstände vor, die in der Wahrnehmungssphäre des anderen Ehegatten liegen, besteht ein **Auskunftsanspruch** nach § 4 VersAusglG (OLG Karlsruhe FamRZ 2003, 1840; Musielak/Borth/Frank/Grandel FamFG § 224 Rn. 16 f.).

Rechtsmittel

5. Wird dem Antrag zum Ausschluss des VAs nicht gefolgt, der der Sache nach nur eine Anregung darstellt (§ 24 FamFG), kann gegen den Beschluss mit der Beschwerde gemäß § 58 Abs. 1 FamFG vorgegangen werden. Umgekehrt kann der andere Ehegatte mit der Beschwerde die Herabsetzung oder Versagung des VAs anfechten. Insoweit bestehen in Bezug auf das Rechtsmittel keine Besonderheiten. Der Versorgungsträger des auszugleichenden Anrechts ist jedoch im Fall einer Ablehnung der Anwendung der Härteklausel sowie im Fall eines vollständigen Ausschlusses des Wertausgleichs nicht beschwert (iSd § 59 FamFG; BGH FamRZ 1998, 1024).

10. Antrag auf Ausschluss des Versorgungsausgleichs wegen Geringfügigkeit des Wertausgleichs nach § 18 VersAusglG

An das

Amtsgericht . . . . .

– Familiengericht –

Geschäfts-Nr.: . . . . . [Az. des Scheidungsverfahrens]

Antrag auf Ausschluss oder Begrenzung des Versorgungsausgleichs wegen Geringfügigkeit[1]

In der Scheidungssache

der Frau . . . . . – Antragstellerin –

Verfahrensbevollmächtigte: Rechtsanwälte . . . . .

gegen

ihren Ehemann Herrn . . . . . – Antragsgegner –

Verfahrensbevollmächtigte: Rechtsanwälte . . . . .

Namens und im Auftrag der Antragstellerin und unter Bezugnahme auf die bereits in der Scheidungssache vorgelegte Vollmacht beantrage ich,

den Versorgungsausgleich wegen Geringfügigkeit nach § 18 VersAusglG auszuschließen.

Begründung:

Mit Antragsschrift vom . . . . . habe ich in dem vorliegenden Verfahren namens der Antragstellerin die Scheidung der am . . . geschlossenen Ehe der Beteiligten beantragt. Hierauf hat das Familiengericht bei den Versorgungsträgern sämtliche Auskünfte zu den auszugleichenden Anrechten der Ehegatten zur Durchführung des Versorgungsausgleichs eingeholt. Aus diesen Auskünften ergibt sich, dass die Voraussetzungen der Geringfügigkeit nach § 18 Abs. 2 VersAusglG vorliegen. Dies ergibt sich aus folgender Sachlage:

Anrechte der Antragstellerin (Ehezeitende 31.3.2025):

- **gesetzliche Rentenversicherung: Ausgleichswert: 15,5000 Entgeltpunkte; das entspricht einem korrespondierenden Kapitalwert von 145.571,31 EUR (15,5 × 9.391,6980; s. FamRZ 2025, 330 f.).**
- **betriebliche Altersversorgung bei der Fa . . . . . : Ausgleichswert: Kapitalwert iSd § 45 Abs. 1 VersAusglG in Höhe von 4.275 EUR.**

Anrecht des Antragsgegners:

- **gesetzliche Rentenversicherung: Ausgleichswert: 25,1550 Entgeltpunkte; das entspricht einem korrespondierende Kapitalwert von 236.248,16 EUR (25,1550 × 9.391,6980).**

Nach § 18 Abs. 2 VersAusglG soll der Ausgleich unterbleiben, wenn ein einzelnes Anrecht einen geringen Ausgleichswert iSd § 18 Abs. 3 VersAusglG aufweist. Dies ist in Bezug auf das Anrecht der Antragstellerin auf eine betriebliche Altersversorgung gegeben, da der Ausgleichswert iSd § 5 Abs. 1, 3 VersAusglG iVm § 45 Abs. 1 VersAusglG einen Kapitalwert von 4.275 EUR aufweist. Der gegenwärtige Grenzbetrag nach § 18 Abs. 3 VersAusglG beläuft sich im Falle eines Kapitalwerts auf 120 % der monatlichen Bezugsgröße nach § 18 Abs. 1 SGB IV (allgemeine Bemessungsgrundlage), das sind gegenwärtig (2025) 4.494 EUR monatlich; er übersteigt deshalb den Ausgleichswert iSd § 5 Abs. 1 VersAusglG iVm § 45 Abs. 1 VersAusglG, so dass die Voraussetzungen einer Geringfügigkeit iS dieser Vorschrift vorliegen. Damit ist der Wertausgleich bei der Scheidung durch die interne Teilung in der gesetzlichen Rentenversicherung in der Weise vorzunehmen, dass vom Versicherungskonto der Antragstellerin auf das Versicherungskonto des Antragsgegners 15,5000 Entgeltpunkte zu übertragen sind und umgekehrt vom Versicherungskonto des Antragsgegners in der gesetzlichen Rentenversicherung auf das entsprechende Versicherungskonto der Antragstellerin 25,1550 Entgeltpunkte.

Hinsichtlich des Anrechts der Antragstellerin aus einer betrieblichen Altersversorgung bei der Fa. . . . . . ist dagegen in der Beschlussformel gemäß § 224 Abs. 3 FamFG festzustellen, dass ein Versorgungsausgleich nicht stattfindet.[2] Ein Anlass, von der Sollbestimmung des § 18 Abs. 2 VersAusglG keinen Gebrauch zu machen, besteht nicht, da der Antragsgegner insgesamt die höheren Anrechte auf eine Versorgung wegen Alters und Invalidität erworben hat und er deshalb auf den Ausgleich des Anrechts der Antragstellerin aus der betrieblichen Altersversorgung nicht angewiesen ist. Demgemäß greift der Regelungszweck des Vermeidens eines unverhältnismäßig hohen Verwaltungsaufwandes durch.

Rechtsanwältin/Rechtsanwalt

Anmerkungen

1. a) Die Regelung des § 18 VersAusglG ermöglicht es, vom Ausgleich abzusehen, wenn entweder die **Differenz sämtlicher beiderseitigen Ausgleichswerte auf Kapitalbasis** gering sind oder ein Anrecht mit einem **geringen Ausgleichswert** besteht. Die Regelung beinhaltet **zwei Varianten.** Nach § 18 Abs. 1 VersAusglG ist der Wertunterschied bei Ehezeitende gering, wenn die **Differenz der Ausgleichswerte** am Ehezeitende derzeit (2025) als Rentenbetrag höchstens 37, 45 EUR und als Kapitalwert höchstens 4.494 EUR beträgt (FamRZ 2025, 332 f.). Dies wird in § 18 Abs. 3 VersAusglG bestimmt, der bei einem Rentenbetrag als maßgebliche Bezugsgröße höchstens 1 %, in allen anderen Fällen als Kapitalwert höchstens 120 % der monatlichen Bezugsgröße des § 18 Abs. 1 SGB IV festlegt. Voraussetzung ist jedoch, dass die Anrechte **gleicher Art** sind (zum Begriff s. BGH FamRZ 2016, 788; 2012, 192; OLG Brandenburg FamRZ 2020, 751). Hierdurch wird berücksichtigt, dass annähernd vergleichbare Stichtagswerte iSd § 5 Abs. 1 VersAusglG sich in Bezug auf das Finanzierungsverfahren, der weiteren Entwicklung des Anrechts und den Umfang der Versorgungsleistungen sehr stark unterscheiden können, sodass annähernd vergleichbare kapitalisierte Stichtagswerte zu unterschiedlichen Versorgungsleistungen führen können.

b) Gleiches gilt nach § 18 Abs. 2 VersAusglG, wenn die **Ausgleichswerte einzelner Anrechte** gering im vorgenannten Sinne sind. Zweck dieser Regelung ist es, (BT-Drs. 16/10144, 60), dass für den zuständigen Versorgungsträger durch die Teilung des Anrechts und Aufnahme eines neuen Berechtigten kein unverhältnismäßig hoher Verwaltungsaufwand entsteht. Da es sich um eine **Soll-Bestimmung** handelt, kann im Einzelfall hiervon abgewichen werden, so vor allem, wenn bei einem Ehegatten mehrere geringfügige

Anrechte bestehen und der andere Ehegatte ohne den Ausgleich dieser Anrechte bis zur Altersgrenze keine hinreichende, die **wirtschaftliche Existenz** sichernde Vorsorgeanrechte erreichen könnte. Entsprechend verlangt er die Prüfung, ob die ausgleichsberechtigte Person bei mehreren geringfügigen Anrechten auf deren Ausgleich angewiesen ist (FamRZ 2015, 2125). Insoweit hat der Gesichtspunkt der **Existenzsicherung der ausgleichsberechtigten Person** zweifelsfrei Vorrang vor dem Ziel einer Verwaltungsersparnis der Versorgungsträger (zur Auslegung des § 18 Abs. 1, 2 VersAusglG s. BGH FamRZ 2012, 189 – betriebliche Altersversorgung mit mehreren Bausteinen mAnm Borth FamRZ 2012, 192 – Begriff der Anrechte gleicher Art bei gesetzlicher Rentenversicherung West und Ost; FamRZ 2012, 277 – Bezugsgröße bei gesetzlicher Rentenversicherung Kapitalbetrag; FamRZ 2012, 513 – Auslegung des § 18 Abs. 2 VersAusglG). Zum Wegfall der Unterscheidung zwischen regeldynamischen und anpassungsdynamischen Anrechten (Ost) der gesetzlichen Rentenversicherung aufgrund des **Rentenüberleitungs-Abschlussgesetzes** Bachmann/Borth FamRZ 2024, 1341.

c) § 18 Abs. 1 VersAusglG schränkt die Möglichkeiten des Ausschlusses des VAs bei geringfügigen Wertunterschieden der beiderseitigen Ausgleichswerte ein und sieht dessen Anwendung nur vor, wenn **Anrechte gleicher Art** vorliegen. Ferner bewirkt die Formulierung „beiderseitige Anrechte gleicher Art", dass einzelne Anrechte gleicher Art mit nur geringfügig unterschiedlichen Ausgleichswerten vom Ausgleich ausgenommen werden können. Die Fassung des Abs. 1 berücksichtigt, dass annähernd vergleichbare Stichtagswerte iSd § 5 Abs. 1 VersAusglG sich in Bezug auf das Finanzierungsverfahren, der weiteren Entwicklung des Anrechts und den Umfang der Versorgungsleistungen sehr stark unterscheiden können, so dass annähernd vergleichbare kapitalisierte Stichtagswerte zu unterschiedlichen Versorgungsleistungen führen können. Die Ausgestaltung als „Soll-Regelung" in § 18 Abs. 1, 2 VersAusglG beinhaltet ein **Ermessen des Familiengerichts,** ob der Ausschluss vorgenommen werden soll (BGH FamRZ 2016, 788; 2012, 192; OLG Brandenburg FamRZ 2020, 751).

d) Nach der Rechtsprechung des BGH sind bei der im Rahmen der § 18 Abs. 1, 2 VersAusglG vorzunehmenden Ermessensausübung der auftretende Verwaltungsaufwand mit dem allgemein vorrangigen Grundsatz der hälftigen Teilhabe der in der Ehezeit erworbenen Anrechte gegeneinander abzuwägen. Insoweit hat der BGH **im Fall der externen Teilung** die Belastung des Versorgungsträgers des auszugleichenden Anrechts gegenüber dem Halbteilungsgrundsatz zurückgestellt (FamRZ 2016, 1658 mAnm Borth).

e) Zum Begriff der **wirtschaftlichen Bedeutungslosigkeit** eines Ausgleichswerts s. BGH FamRZ 2016, 2081; FamRZ 2017, 97; FamRZ 2017, 195; Borth FamRZ 2017, 805.

2. Der Antragsgegner könnte im vorliegenden Fall die Entscheidung des Familiengerichts zum Ausschluss des VAs in Bezug auf das Anrecht der Antragstellerin aus der betrieblichen Altersversorgung mit dem **Rechtsmittel der Beschwerde** nach § 58 Abs. 1 FamFG angreifen zur Beschwerdebefugnis eines Versorgungsträgers s. BGH FamRZ 2015, 2125; Musielak/Borth/Frank/Grandel FamFG § 228 Rn. 9); eine Mindestbeschwer besteht nach § 228 FamFG iVm § 61 FamFG nicht (s. auch Musielak/Borth/Frank/Grandel FamFG § 228 Rn. 1).

11. Antrag auf Ausgleichssperre bei Zusammentreffen inländischer und ausländischer Anrechte nach § 19 Abs. 3 VersAusglG

An das

Amtsgericht . . . . .

– Familiengericht –

Geschäfts-Nr.: . . . . . [Az. des Scheidungsverfahrens]

Antrag auf Ausgleichssperre nach § 19 Abs. 3 VersAusglG

In der Scheidungssache

der Frau . . . . . – Antragstellerin –

Verfahrensbevollmächtigte: Rechtsanwälte . . . . .

gegen

ihren Ehemann Herrn . . . . . – Antragsgegner –

Verfahrensbevollmächtigte: Rechtsanwälte . . . . .

Namens und im Auftrag der Antragstellerin und unter Bezugnahme auf die bereits in der Scheidungssache vorgelegte Vollmacht beantrage ich,

1. den Wertausgleich bei der Scheidung gemäß den §§ 9–19 VersAusglG nicht vorzunehmen und in der Beschlussformel, hilfsweise in den Gründen auszusprechen, dass ein Wertausgleich bei der Scheidung nicht stattfindet, hiervon jedoch der Wertausgleich nach der Scheidung nicht berührt wird.
2. In den Gründen der Entscheidung zum Versorgungsausgleich gemäß § 224 Abs. 4 FamFG aufzunehmen, dass der Antragstellerin Ausgleichsansprüche nach der Scheidung gemäß den §§ 20–26 VersAusglG zustehen können.

Begründung:

Mit Antragsschrift vom . . . . . habe ich in dem vorliegenden Verfahren namens der Antragstellerin die Scheidung der am . . . . . geschlossenen Ehe der Beteiligten beantragt. Hierauf hat das Familiengericht bei den Versorgungsträgern sämtliche Auskünfte zu den auszugleichenden Anrechten der Ehegatten zur Durchführung des Versorgungsausgleichs eingeholt. Danach haben die Beteiligten folgende Anrechte auf eine Versorgung erworben:

Antragstellerin:

- gesetzliche Rentenversicherung (Deutsche Rentenversicherung Bund): Ausgleichswert 25,3000 Entgeltpunkte, das entspricht einem korrespondierenden Kapitalwert von 237.609,95 EUR (2025 = Faktor: 9.391,6980; FamRZ 2025, 330 f.) sowie einem Rentenbetrag (2. Halbjahr 2025) in Höhe von 1.031, 99 EUR (40,79 EUR × 25,3000).
- betriebliche Altersversorgung; Kapitalwert in Höhe von 12.800 EUR.

Antragsgegner:

- **Anrecht in der französischen Sozialversicherung in Höhe von 1.250 EUR; das entspricht einem versicherungsmathematischen Barwert (eingeholt durch Sachverständigengutachten) in Höhe von 236.200 EUR.**

Damit liegen die Voraussetzungen des § 19 Abs. 3 VersAusglG vor, aufgrund von Billigkeitsgesichtspunkten keinen Wertausgleich bei der Scheidung gemäß den §§ 9–19 VersAusglG vorzunehmen. § 19 Abs. 2 Nr. 4 VersAusglG bestimmt, dass ein Anrecht bei einem ausländischen, zwischenstaatlichen oder überstaatlichen Versorgungsträger im Wertausgleich bei der Scheidung nicht teilungsreif iSd § 19 Abs. 1 VersAusglG ist. Danach kann der Wertausgleich bei der Scheidung nur in Bezug auf die Anrechte der Antragstellerin erfolgen. Dies wäre aber unbillig iSd § 19 Abs. 3 VersAusglG, weil einerseits die Antragstellerin ihre inländischen Anrechte hälftig im Versorgungsausgleich ausgleichen müsste, gleichzeitig aber die nahezu gleich hohen Anrechte des Antragsgegners derzeit nicht ausgeglichen werden können. Insbesondere ist im Fall einer Invalidität der Antragstellerin nicht gewährleistet, aus den Anrechten in der französischen Sozialversicherung eine Versorgung zu erhalten. Demgemäß ist der Wertausgleich bei der Scheidung nicht vorzunehmen und der Wertausgleich gemäß § 19 Abs. 4 VersAusglG durch Ausgleichsansprüche nach der Scheidung gemäß den §§ 20–26 VersAusglG auszugleichen.[1]

Die Begründetheit des Antrags zu Ziffer 2 folgt aus dem Gesetz gemäß § 224 Abs. 4 FamFG.[2, 3]

Rechtsanwältin/Rechtsanwalt

Anmerkungen

1. Die Entscheidung, dass wegen der **Billigkeitsprüfung eine Ausgleichssperre** besteht und deshalb der Wertausgleich bei der Scheidung nicht vorzunehmen ist, kann vom anderen Ehegatten mit der **Beschwerde** nach § 58 Abs. 1 FamFG angefochten werden, weil dieser durch die Nichtvornahme des Wertausgleichs bei der Scheidung in Bezug auf die Anrechte des Ehegatten mit den inländischen Anrechten in seinen Rechten iSd § 59 Abs. 1 FamFG beeinträchtigt sein kann, so wenn etwa eine fehlerhafte Bewertung des korrespondierenden Kapitalwerts des ausländischen Anrechts erfolgt ist und bei einer zutreffenden Bewertung dessen Anrechte geringer wären, so dass jedenfalls ein Teilausgleich hätte vorgenommen werden können (zum Vorrang des Wertausgleichs bei der Scheidung gem. §§ 10, 14 Abs. 1, 2 VersAusglG s. BGH FamRZ 2021, 1280 Rn. 36 mAnm Siede sowie Borth Versorgungsausgleich Kap. 3 Rn. 217 ff.).

Der Regelungszweck des § 19 Abs. 2 Nr. 4 VersAusglG ergibt sich daraus, dass ein deutsches Gericht keine Möglichkeit hat, eine **rechtsverbindliche Anweisung zur Teilung eines ausländischen Anrechts** vorzunehmen. Der Ausgleich dieser Anrechte ist deshalb nur über die Ansprüche zum Wertausgleich bei der Scheidung gemäß den §§ 20–26 VersAusglG vorzunehmen (vor allem über die schuldrechtliche Ausgleichsrente gegen die ausgleichspflichtige Person oder dessen Witwe bzw. den Witwer).

2. Die **Feststellung in der Beschlussformel,** dass ein Wertausgleich bei der Scheidung nicht stattfindet, wird in § 224 Abs. 3 VersAusglG nicht geregelt. Diese Bestimmung ist deshalb analog in der Weise anzuwenden, dass lediglich bestimmt wird, dass ein Wertausgleich bei der Scheidung nicht stattfindet, gleichzeitig aber Ansprüche zum Wertausgleich bei der Scheidung gemäß den §§ 20–26 VersAusglG hiervon nicht betroffen werden, um keinen **Totalausschluss** des VAs zu formulieren, der dann in Rechtskraft erwachsen würde (aA OLG Karlsruhe FamRZ 2015, 754; wohl auch BGH FamRZ 2016, 1576 Rn. 10; wie hier OLG Koblenz FamRZ 2016, 468; OLG Düsseldorf FamRZ 2011, 1734).

Der Referentenentwurf des BMJV eines Gesetzes zur Änderung des Versorgungsausgleichrechts sieht eine entsprechende Regelung vor (→ Form. B.I.1b aE).

3. Strittig war, ob bei bestimmten Sachlagen ein **Teilausgleich** in Bezug auf inländische Anrechte im Rahmen der Billigkeitsprüfung zulässig sind. (bejahend Wick Versorgungsausgleich Rn. 562 f.; Borth FamRZ 2016, 1638 (1639); FamRZ 2011, 1736; OLG Brandenburg FamRZ 2012, 310; ablehnend KG FamRZ 2016, 982 mAnm Borth; OLG Zweibrücken FamRZ 2013, 1492; s. auch OLG Düsseldorf FamRZ 2019, 440); dies hat der BGH grundsätzlich bestätigt, s. FamRZ 2021, 1280 Rn. 36 f.). Dies ist jedenfalls dann zulässig, wenn der Ehegatte mit den höheren inländischen Anrechten (zB in der gesetzlichen Rentenversicherung) zusätzlich über ein ausländisches Anrecht verfügt und der andere Ehegatte lediglich geringere inländische Anrechte in der gesetzlichen Rentenversicherung aufweist. In diesem Fall besteht kein Anlass, den Ausgleich der beiderseitigen inländischen Anrechte insgesamt vorzunehmen, weil insoweit der Sicherungszweck des Wertausgleichs bei der Scheidung Vorrang vor dem Regelungszweck des § 19 Abs. 3 VersAusglG hat; der Ehegatte mit den geringeren Anrechten wird durch den Ausgleich der werthöheren inländischen Anrechten hinreichend geschützt. Insbesondere wird die Versorgungslage dieses Ehegatten nicht durch den Wertausgleich bei der Scheidung beeinträchtigt.

12. Antrag auf Durchführung des Versorgungsausgleichs nach Tod eines Ehegatten – Prüfung des Besserstellungsverbots

An das

Amtsgericht . . . . .

– Familiengericht –

Antrag auf Durchführung des Versorgungsausgleichs nach dem Tod des Antragstellers des Scheidungsverfahrens

In der Versorgungsausgleichssache

der Frau . . . . . – Antragstellerin –

Verfahrensbevollmächtigte: Rechtsanwälte . . . . .

gegen

die Erben des am . . . . . verstorbenen – Antragsgegner –
Herrn . . . . .

bisherige Verfahrensbevollmächtigte: Rechtsanwälte[1] . . . . .

Namens und im Auftrag der Antragstellerin beantrage ich,

1. **Das durch Beschluss des Amtsgerichts – Familiengericht – vom . . . . . abgetrennten Verfahrens zur Durchführung des Versorgungsausgleichs von dem Verbundverfahren (Az . . . . .) wird fortgesetzt.**
2. **Der Wertausgleich bei der Scheidung wird gemäß den §§ 9 ff. VersAusglG wird zugunsten der Antragstellerin durchgeführt.**

3. Die Kosten des Verfahrens werden gegeneinander aufgehoben.

Begründung:

1. Mit Antrag vom . . . . . hat die Antragstellerin beim angerufenen Amtsgericht den Antrag auf Scheidung der am . . . . . geschlossenen Ehe beantragt. Diesem Antrag wurde durch inzwischen rechtskräftig gewordenen Endbeschluss vom . . . . . (Az. . . . .) stattgegeben, so dass die Ehe der Beteiligten des Scheidungsverfahrens geschieden ist. In dem erlassenen Endbeschluss wurde jedoch kein Versorgungsausgleich durchgeführt, da die Berechnung des Ausgleichswerts iSd § 5 Abs. 1 VersAusglG eines Anrechts der betrieblichen Altersversorgung der Antragstellerin aufgrund fehlerhaft gespeicherter Beschäftigungszeiten nicht möglich war. Entsprechend wurde durch Beschluss des Gerichts vom . . . . . das Verfahren zum Versorgungsausgleich gemäß § 140 Abs. 2 FamFG abgetrennt. Nachdem nunmehr das Entscheidungshindernis beseitigt ist, wird beantragt, das nach der Aktenordnung weggelegte Verfahren fortzusetzen. Allerdings ist der Antragsgegner am . . . . . verstorben. Gleichwohl ist das Versorgungsausgleichsverfahren fortzusetzen, so dass nunmehr das Recht des überlebenden Ehegatten zur Durchführung des Versorgungsausgleichs gemäß § 31 Abs. 1 S. 2 VersAusglG gegen die Erben des verstorbenen Antragsgegners geltend zu machen ist.
2. Erben des Antragsgegners sind die gemeinsamen Kinder . . . . ., wohnhaft in . . . . . sowie . . . . ., wohnhaft in . . . . . Nach § 31 Abs. 1 S. 2 VersAusglG steht diesen aber kein Recht auf Wertausgleich zu.[2]
3. Nach § 31 Abs. 2 S. 1 VersAusglG darf der überlebende Ehegatte durch den Wertausgleich nicht bessergestellt werden, als wenn der Versorgungsausgleich durchgeführt worden wäre (sog. Besserstellungsverbot). Aus dieser Vorschrift lässt sich ableiten, dass die Versorgungsanrechte des verstorbenen Antragsgegners mit dessen Tod nicht erloschen sind, sondern als fortbestehend fingiert werden; sie fallen auch nicht in den Nachlass des Verstorbenen, soweit ein Anrecht der betrieblichen Altersversorgung oder der privaten Rentenversicherung vorliegt. Aus der folgenden Übersicht der von beiden Ehegatten während der Ehezeit erworbenen Anrechten ergibt sich, dass die Voraussetzungen einer Besserstellung der Antragstellerin nicht vorliegen, sondern diese vielmehr die insgesamt geringeren Anrechte in der Ehezeit erworben hat. Deshalb ist auf der Grundlage der Billigkeitsbestimmung des § 31 Abs. 2 S. 2 VersAusglG der Wertausgleich durchzuführen, soweit die gesamten Ausgleichswerte des verstorbenen Antragsgegners die Ausgleichswerte der Antragstellerin übersteigen.[3]
4. Nach den bereits eingeholten Auskünften der in der Ehezeit erworbenen Anrechte beider Beteiligten ergibt sich die folgende Übersicht (Bezug: Ehezeitende 31.7.2025):
5. 1. Ehemann

		Ehezeitanteil	Ausgleichswert iSd § 5 Abs. 1, 3 VersAusglG	korrespondierender Kapitalwert bzw. Kapitalwert EUR	Bezugsgröße
1	gesetzliche Rentenversicherung	30,2234	15,1117	141.924,52	Entgeltpunkte
2	A. Unterstützungskasse	21.209,87	10.504,94[4]	10.504,94	Kapitalbetrag
3	Direktversicherung	6.474,00	3.237,00	3.237,00	Kapitalbetrag
				155.666,46	

6. 2. Ehefrau

		Ehezeit-anteil	Ausgleichs-wert iSd § 5 Abs. 1, 3 VersAusglG	korrespondieren-der Kapitalwert bzw. Kapitalwert EUR	Bezugsgröße
1	gesetzliche Ren-tenversicherung	25,3344	12.6672	118.966,51	Entgelt-punkte
2	betriebliche Al-tersversorgung	230,00	42.886,00	21.443,00	Kapitalwert
				140.409,51	

7. Aus dieser Übersicht der beiderseitigen Anrechte folgt, dass die Antragstellerin in der Ehezeit geringere Anrechte als der verstorbene Antragsgegner erworben hat, so dass die Durchführung des Versorgungsausgleichs zu keiner Besserstellung führt; die korrespondierenden Kapitalwerte des verstorbenen Antragsgegners übersteigen diejenigen der Antragstellerin um den Wert von 15.256,95 EUR. Da der korrespondierende Kapitalwert aus der betrieblichen Altersversorgung der Antragstellerin die entsprechenden addierten Werte des Antragsgegners aus dessen betrieblichen Altersversorgungen übersteigt (21.443,00 EUR zu 13.741,94 EUR), entspricht es zur Vermeidung von Splitterversorgungen der Billigkeit iSd § 31 Abs. 2 S. 2 VersAusglG, den höheren Wert des Anrechts der Antragstellerin aus deren betrieblicher Altersversorgung mit den geringeren Werten der Anrechte des Antragsgegners aus dessen betrieblichen Altersversorgungen zu verrechnen und den restlichen Wertausgleich über das Anrecht des verstorbenen Antragsgegners bei dessen gesetzlicher Rentenversicherung vorzunehmen. Entsprechend ist der übersteigende korrespondierende Kapitalwert von 15.256,95 EUR in Entgeltpunkte umzurechnen; dies ergibt 1, 6245 Entgeltpunkte (15.256,95 EUR * 0,0001064770 [Umrechnungsfaktor zum Ehezeitende, s. FamRZ 2025, 331]).
8. Entsprechend hat das Familiengericht in Bezug auf das Anrecht des Antragsgegners in der gesetzlichen Rentenversicherung zugunsten der Antragstellerin den Wertausgleich in Form einer internen Teilung iHv 1,6245 Entgeltpunkten vorzunehmen.[5, 6]

Rechtsanwältin/Rechtsanwalt[7, 8]

Anmerkungen

1. Ein abgetrenntes Verfahren behält den Charakter einer Folgesache. Das bedeutet, dass der **Anwaltszwang** zur Scheidungssache gemäß § 114 Abs. 1 FamFG weiterhin besteht (BGH FamRZ 1998, 1505). Der Antrag auf Fortführung des Verfahrens zum Versorgungsausgleich stellt deshalb lediglich eine Anregung iSd § 24 Abs. 1 FamFG dar; er richtet sich deshalb nicht nach § 223 FamFG.

2. Am Verfahren sind die **Erben** nach § 219 Nr. 4 FamFG zu beteiligen; diese nehmen eine der Verfahrensstandschaft vergleichbare Rechtsstellung ein. Sie können dieselben Einwendungen gegen die Durchführung des VAs vorbringen wie die ausgleichspflichtige Person, so zB den Einwand einer groben Unbilligkeit gemäß § 27 VersAusglG (BGH FamRZ 1982, 473; FamRZ 1984, 467 zu § 1587c Nr. 1 BGB aF; OLG Zweibrücken FamRZ 2015, 412 – dort offengelassen). Die in der Praxis der Gerichte verbreitete Ansicht, dass auf eine

Beteiligung von Erben verzichtet werden könne (s. zuletzt OLG Karlsruhe FamRZ 2023, 518), hat der BGH ausdrücklich verworfen (FamRZ 2024, 358 mAnm Siede).

3. Um feststellen zu können, welcher Ehegatte die **insgesamt höheren Anrechte** während der Ehezeit erworben hat, ist deshalb auf die korrespondierenden Kapitalwerte gemäß § 47 VersAusglG zurückzugreifen und eine **Gesamtbilanz** aller korrespondierenden Kapitalwerte – vergleichbar mit der Bilanz im Zugewinnausgleich – zu erstellen (BT-Drs. 16/10144, 84; grundlegend Borth Versorgungsausgleich Kap. 2 Rn. 36, 39).

4. Da eine interne Teilung der Anrechte der betrieblichen Altersversorgung nicht stattfindet, sondern eine Verrechnung erfolgt, sind die Teilungskosten gemäß § 13 VersAusglG bei der Gesamtsaldierung nicht abzuziehen (BGH FamRZ 2017, 960; FamRZ 2017, 1303). Dies gilt nicht, wenn im Rahmen des restlichen Wertausgleich ein Anrecht der betrieblichen Altersversorgung zu teilen wäre.

5. Hätte der überlebende Ehegatte die insgesamt höheren Anrechte in der Ehezeit erworben, besteht kein Bedürfnis zur Durchführung des Wertausgleichs bei der Scheidung. Diesem Ehegatten verbleiben die eigenen Anrechte ohne Kürzung; dies folgt mittelbar aus § 31 Abs. 1 S. 2 VersAusglG, da die Erben aus dem VA keine Anrechte erwerben können. Zudem müssten die übertragenen Anrechte entsprechend § 37 VersAusglG wieder zurückgeführt werden. Der Referentenentwurf des BMJV eines Gesetzes zur Änderung des Versorgungsausgleichrechts (s. Form. Vorbem. B.I.1b aE) sieht eine entsprechende Ergänzung des § 224 Abs. 3 FamFG vor.

6. Verstirbt ein Ehegatte vor Eintritt der Rechtskraft des Scheidungsausspruchs, ist ein VA nicht durchzuführen, da ein solcher nur zwischen geschiedenen Ehegatten stattfindet, § 1 Abs. 1 VersAusglG. Das Verfahren erledigt sich nach § 131 FamFG. Zu den Auswirkungen des Todes eines Ehegatten **vor Durchführung eines Abänderungsverfahrens** → Form. I.VI Anm. 4.

Kosten und Gebühren

7. Da das abgetrennte Verfahren weiterhin als Folgesache zu führen ist, richten sich die Kosten des Verfahrens nach § 150 Abs. 1–4 FamFG; dies legt Abs. 5 dieser Vorschrift ausdrücklich fest.

Rechtsmittel

8. Die Entscheidung ist nach § 58 Abs. 1 FamFG mit der Beschwerde anfechtbar, da eine Endentscheidung iSd Bestimmung vorliegt. Die Beschwerdefrist beträgt nach § 63 Abs. 1 FamFG einen Monat.

II. Unterhaltsfolgesachen bei Scheidung (§ 137 Abs. 2 S. 1 Nr. 2 FamFG) und bei Aufhebung der Lebenspartnerschaft (§ 270 Abs. 1 S. 1 FamFG)

Unterhalt für ein gemeinschaftliches Kind

1. Antrag der Ehefrau im Scheidungsverbund auf Zahlung von Kindesunterhalt im Wege der Stufenforderung

An das
Amtsgericht[1, 2]
– Familiengericht –

Folgesachenantrag Kindesunterhalt[3]

In der Familiensache

der Frau . . . . .

wohnhaft . . . . .

geboren am . . . . .

Staatsangehörigkeit: . . . . . – Antragstellerin –

Verfahrensbevollmächtigter: Rechtsanwalt . . . . .

gegen

Herrn . . . . .

wohnhaft . . . . .

geboren am . . . . .

Staatsangehörigkeit: . . . . . – Antragsgegner –

Verfahrensbevollmächtigter: Rechtsanwalt . . . . .

wird namens und in Vollmacht der Antragstellerin die Folgesache Kindesunterhalt in der Scheidungssache zum Aktenzeichen . . . . . anhängig gemacht und beantragt,

der Antragstellerin für die Folgesache Kindesunterhalt Verfahrenskostenhilfe unter Beiordnung ihres Verfahrensbevollmächtigten zu bewilligen[4] und wie folgt zu beschließen:

1. Der Antragsgegner hat dem Kind . . . . ., geboren am . . . . ., zu Händen der Antragstellerin Auskunft zu erteilen durch Vorlage einer systematischen Aufstellung über
   a) sein Vermögen am[5] . . . . .;
   b) seine sämtlichen Brutto- und Nettoeinkünfte einschließlich aller Nebeneinkünfte aus nichtselbständiger Tätigkeit sowie aus Steuererstattungen und aus anderer Herkunft in der Zeit[6] vom . . . . . bis . . . . .

und die erteilte Auskunft zu belegen[7] durch Vorlage der Lohnsteuerbescheinigung und des Einkommensteuerbescheids für das Jahr . . . . . und der Verdienstabrechnungen des Arbeitgebers für die Monate . . . . . sowie der Bescheide über im vorgenannten Zeitraum etwa bezogenes Krankengeld und etwa bezogenes Arbeitslosengeld;

c) seine sämtlichen Einnahmen und Aufwendungen aus selbständiger Arbeit, aus Kapitalvermögen, aus Vermietung und Verpachtung sowie aus anderer Herkunft unter Angabe der Privatentnahmen in der Zeit[8] vom . . . . . bis . . . . . und die erteilte Auskunft zu belegen durch Vorlage der Einkommensteuererklärungen sowie der etwaigen Bilanzen nebst den Gewinn- und Verlustrechnungen bzw. der etwaigen Einnahmenüberschussrechnungen für die Jahre . . . . . sowie der Einkommensteuerbescheide für die Jahre . . . . .

2. Der Antragsgegner hat zu Protokoll des Amtsgerichts seines Aufenthaltsortes an Eides statt zu versichern, dass er die Auskunft über sein Vermögen und seine Einkünfte nach bestem Wissen so vollständig abgegeben habe, als er dazu imstande sei.[9]
3. Der Antragsgegner hat an das zu 1. genannte Kind zu Händen der Antragstellerin ab der Rechtskraft der Scheidung eine monatlich im Voraus fällige Unterhaltsrente in der nach Erfüllung der Auskunftsverpflichtung noch zu beziffernden Höhe zu zahlen.

Begründung:

Die Antragstellerin macht als Verfahrensstandschafterin gemäß § 1629 Abs. 3 S. 1 Nr. 2 BGB im laufenden Scheidungsverfahren den Unterhaltsanspruch des im Antrag genannten und von ihr betreuten ehelichen Kindes der Beteiligten nach §§ 1601 ff. BGB gegen den Antragsgegner geltend.

Der Antragsgegner, dessen zurzeit ausgeübter Beruf und dessen derzeitiges Nettoeinkommen nicht genau bekannt sind, ist von der Antragstellerin als Verfahrensstandschafterin des Kindes durch das beigefügte Mahnschreiben vom . . . . . vor der Einreichung dieses Folgesachenantrags aufgefordert worden, dem Kind zu ihren Händen zum Zwecke der Geltendmachung der Ansprüche auf Kindesunterhalt über seine Einkünfte und sein Vermögen Auskunft zu erteilen.[10] Der Antragsgegner hat jedoch dem Kind bisher keine Auskunft erteilt und diesem keinen Unterhalt gezahlt.

Deshalb ist diese Unterhaltsfolgesache (§ 137 Abs. 2 S. 1 Nr. 2 FamFG) mit ihrem Stufenantrag gemäß § 254 ZPO iVm § 113 Abs. 1 S. 2 FamFG geboten.

Mit dem Antrag zu 1. wird zunächst Auskunft und Vorlage von Belegen nach § 1605 BGB verlangt.

Der Antrag zu 2. wird für den Fall gestellt werden, dass Grund zu der Annahme besteht, der Antragsgegner habe die Auskunft nicht mit der erforderlichen Sorgfalt erteilt (§§ 1605 Abs. 1 S. 3, 260, 261 BGB).

Nach der Erteilung der Auskunft wird die Antragstellerin den Anspruch auf Kindesunterhalt beziffern.[11]

Zum Antrag auf Bewilligung von Verfahrenskostenhilfe wird auf die bereits zum Hauptverfahren Scheidung eingereichten Unterlagen verwiesen. Die Einkommensverhältnisse sind unverändert.

Rechtsanwalt[12, 13]

Anmerkungen

1. In der **Folgesache Kindesunterhalt** besteht wie in der Ehesache **Anwaltszwang** (§ 114 Abs. 1 FamFG).

Zur wirksamen Einreichung von Verfahrenserklärungen **müssen Schriftsätze als elektronische Dokumente** (vorbehaltlich § 130d S. 2 u. 3 ZPO) **durch Rechtsanwälte u. Behörden übermittelt werden** (§§ 130a, 130d ZPO iVm § 113 Abs. 1 S. 2 FamFG; s. auch BGBl. 2013 I 3786 (3798); Bacher MDR 2019, 1 ff.; Socha FamRZ 2020, 1252 ff. zu den Fehlerquellen).

Die technischen Bearbeitungsvoraussetzungen für eine wirksame Übermittlung eines elektronischen Dokumentes an das Gericht ergeben sich aus der Verordnung über die technischen Rahmenbedingungen des elektronischen Rechtsverkehrs u. über das besondere elektronische Behördenpostfach (Elektronischer-Rechtsverkehr-Verordnung (ERVV)) in der jeweils geltenden Fassung sowie aus der Bekanntmachung des Bundesministeriums der Justiz u. für Verbraucherschutz zu § 5 ERVV auf der Internetseite www.justiz.de. **Bei fehlender Eignung** zur Bearbeitung ist der Eingang unwirksam, worauf das Gericht den Absender unverzüglich (§ 130a Abs. 6 S. 1 ZPO), aber lt. BAG (NJW 2020, 1694 Rn. 10 = FamRZ 2020, 1017) nur **einmalig hinweisen** muss. Das Dokument gilt nach § 130a Abs. 6 S. 2 ZPO zur Fristwahrung dann als zum Zeitpunkt der früheren Einreichung eingegangen, sofern der Absender es **unverzüglich** in einer für das Gericht zur Bearbeitung geeigneten Form nachreicht u. glaubhaft macht, dass es mit dem zuerst eingereichten Dokument inhaltlich übereinstimmt. Auch diese Möglichkeit besteht nach BAG NJW 2020, 1694 Rn. 10 nur **einmalig.**

Das Institut des Verbunds von Scheidungssache u. Folgesachen ist zum Schutz des wirtschaftlich schwächeren Ehegatten in § 137 FamFG geregelt (BGH BeckRS 2021, 22085 Rn. 19 = FamRZ 2021, 1521; BT-Drs. 16/6308, 229 f.). **Verbund** bedeutet nach §§ 137 Abs. 1, 142 Abs. 1 FamFG, dass über die Scheidung u. die Folgesachen zusammen zu verhandeln u. durch einheitlichen Beschluss zu entscheiden ist. Im Scheidungsverbundverfahren kann der **Unterhalt eines** minderjährigen **gemeinschaftlichen Kindes** der Ehegatten als **Folgesache** (§ 137 Abs. 2 S. 1 Nr. 2 FamFG) nicht durch das Kind selbst, wohl aber trotz gemeinsamer elterlicher Sorge durch den das Kind betreuenden Elternteil (s. § 1629 Abs. 2 S. 2 BGB) als **Verfahrensstandschafter** im eigenen Namen geltend gemacht werden (§ 1629 Abs. 3 S. 1 Nr. 2 BGB). **Kindesunterhalt** kann im Verbundverfahren **nur ab der Rechtskraft der Scheidung** zugesprochen werden, weil § 137 Abs. 2 S. 1 FamFG als Voraussetzung für diese Folgesache bestimmt, dass eine Entscheidung **„für den Fall der Scheidung"** zu treffen ist u. dass diese Folgesache spätestens **zwei Wochen** vor der mündlichen Verhandlung im ersten Rechtszug in der Scheidungssache von einem Ehegatten anhängig gemacht wird. An einer Entscheidung „für den Fall der Scheidung" würde es aber bei einem Unterhaltsbeschluss für die vor der Rechtskraft der Scheidung liegende Zeit fehlen (OLG Hamm FamRZ 1994, 773; OLG Dresden FamRZ 1998, 1389, jeweils zum alten Recht; MüKoFamFG/Heiter FamFG § 137 Rn. 31).

Wird die Folgesache Kindesunterhalt nicht spätestens **zwei Wochen** vor der **letzten** mündlichen Verhandlung im ersten Rechtszug in der Scheidungssache (s. BGH NJW 2012, 1734 Rn. 32 ff. = FamRZ 2012, 863) anhängig gemacht, ist der **verspätete Kindesunterhaltsantrag keine Folgesache**, sondern muss vom Familiengericht als selbständige Familiensache fortgeführt werden (OLG Bamberg BeckRS 2011, 4739 = FamRZ 2011, 1416; Sternal/Weber FamFG § 137 Rn. 26 ff.). Dies stellt keine Abtrennung gemäß § 140 FamG, sondern nach § 145 ZPO iVm § 113 Abs. 1 S. 2 FamFG dar (BGH NJW 1997, 2176; Sternal/Weber FamFG § 137 Rn. 26).

Nach hM wird die **Frist** des § 137 Abs. 2 S. 1 FamFG **durch** einen bloßen **Antrag auf VKH** für den Folgesachenantrag **gewahrt** (OLG Hamm NJW 2012, 240 = FamRZ 2012,

655; OLG Oldenburg BeckRS 2012, 669 = FamRZ 2012, 656; OLG Bamberg BeckRS 2011, 4739 = FamRZ 2011, 1416; Ehinger/Rasch/Schwonberg/Siede UnterhaltsR-HdB/ Rasch Rn. 11.228; Prütting/Helms FamFG § 137 Rn. 50). Nur diese Auslegung des § 137 Abs. 2 S. 1 FamFG erscheint als verfassungskonform (zutr. Fiedler FamFR 2012, 91; aM AG Mühlheim BeckRS 2015, 03614 = FamRZ 2015, 1128; Zöller/Feskorn FamFG § 137 Rn. 27). Eine Entsch. des BGH steht allerdings noch aus, sodass entweder eine unbedingte, allerdings mit einem Kostenrisiko verbundene Antragstellung erfolgen sollte o. der isolierte VKH-Antrag unter Hinweis auf BGH NJW 2012, 1734 Rn. 22 mit einem Antrag auf Terminsverlegung verbunden werden sollte (Sternal/Weber FamFG § 137 Rn. 16 mwN).

Für die **Berechnung der Zwei-Wochen-Frist** des § 137 Abs. 2 S. 1 FamFG gelten nach § 113 Abs. 1 S. 2 FamFG iVm § 222 Abs. 1 ZPO die §§ 187 Abs. 1, 188 Abs. 2 BGB, sodass bei einem Termin zur mündlichen Verhandlung zB am 19.3.2026 (Donnerstag) dieser Terminstag für die Fristberechnung nicht mitgerechnet wird u. die zu errechnende **Rückwärtsfrist** von zwei Wochen mit Beginn (00:00 Uhr) des 5.3.2026 (Donnerstag) endet u. ein erst am 5.3.2026 eingegangener Folgesachenantrag wegen Unterhalts verspätet ist (s. zur Berechnung BGH NJW 2013, 2199 Rn. 11 = FamRZ 2013, 1300). Allenfalls bei einem Eingang des Antrags am 4.3.2026 (Mittwoch) wäre die Frist von vollen 14 Tagen zwischen dem Eingang u. dem Verhandlungstermin am 19.3.2026 gewahrt.

Lt. **BGH** (NJW 2012, 1734 Rn. 24 = FamRZ 2012, 863; NJW 2013, 2199 Rn. 10 = FamRZ 2013, 1300) muss es den beteiligten Ehegatten nach Zugang der Ladung möglich sein, unter Einhaltung der Zwei-Wochen-Frist nach § 137 Abs. 2 S. 1 FamFG eine Folgesache anhängig zu machen, sodass ihnen zur Vorbereitung eines Antrags **zusätzlich eine Woche** zur Verfügung stehen muss.

Wenn das rechtzeitige Anhängigmachen der Folgesache an einer zu kurzfristigen Ladung zum Termin scheitert, besteht ein **Anspruch auf Terminsverlegung** (BGH NJW 2012, 1734 Rn. 25 = FamRZ 2012, 863).

Die **Folgesache Kindesunterhalt** kann wie auch die Folgesache Geschiedenenunterhalt nicht als alleiniger Auskunftsanspruch, wohl aber **als Stufenforderung** nach § 254 ZPO iVm § 113 Abs. 1 S. 2 FamFG **im Verbundverfahren** anhängig gemacht werden (BGH NJW 2021, 3119 Rn. 25; BGH NJW 2012, 1734 Rn. 30). Dann geht in den Verbundbeschluss nur die Entscheidung über die Zahlungsstufe ein. Über die **Hilfsansprüche** auf Erteilung der **Auskunft** u. auf **eidesstattliche Versicherung** hat das Familiengericht schon vor der Entscheidung über den Scheidungsantrag durch **Teilbeschluss** zu entscheiden (Sternal/Weber FamFG § 137 Rn. 12). Nicht in den Scheidungsverbund gehörende Ansprüche sind nach § 145 ZPO iVm § 113 Abs. 1 S. 2 FamFG abzutrennen, u. über sie ist nach der **Abtrennung** in einem gesonderten Verfahren zu verhandeln u. zu entscheiden (BGH NJW 2021, 3119 Rn. 33; NJW 1997, 2176 = FamRZ 1997, 811).

Eine **fehlerhaft** im Scheidungsverbundverfahren **anhängig gemachte Stufenforderung,** mit der **Kindesunterhalt ab sofort** u. nicht erst ab der Scheidung geltend gemacht wird, müsste **insgesamt** u. nicht nur wegen des bis zur Scheidung zu zahlenden Unterhalts **abgetrennt werden,** weil es sich um einen einheitlichen, von der Scheidung der Eltern nicht abhängigen Verfahrensgegenstand handelt (OLG Frankfurt a.M. BeckRS 2024, 41300 Rn. 18 = NZFam 2025, 510 mAnm Rake NZFam 2025, 510; OLG München BeckRS 2015, 892 zum alten Recht).

Von demselben Elternteil sollte nicht etwa in einem isolierten Verfahren Kindesunterhalt bis zur Rechtskraft der Scheidung u. daneben im Verbundverfahren ab der Rechtskraft der Scheidung beantragt werden, da eine solche Rechtsverfolgung von Kindesunterhalt in zwei getrennten Verfahren gegen das Gebot sparsamer Verfahrensführung verstoßen kann u. mit der Verweigerung von VKH für das später eingeleitete Verfahren gerechnet werden muss (OLG Oldenburg NJWE-FER 1999, 162 = FamRZ 1999, 240).

Im Übrigen würde ein **früher** als das Scheidungsverfahren rechtshängig gewordener **isolierter Kindesunterhaltsantrag** den das Kind betreuenden Elternteil gem. § 261 Abs. 3 Nr. 1 ZPO iVm § 113 Abs. 1 S. 2 FamFG daran **hindern,** den Kindesunterhalt **als Folgesache** geltend zu machen (Zöller/Feskorn FamFG § 137 Rn. 8).

Kindesunterhalt sollte deshalb **grundsätzlich** in einem selbständigen Verfahren u. **nicht im Verbundverfahren** geltend gemacht werden (BGH BeckRS 2023, 13802 Rn. 21 f. m. Anm. Rake in NZFam 2023, 759), zumal man den laufenden Unterhalt alsbald u. nicht erst ab dem noch ungewissen Zeitpunkt der Rechtskraft der Scheidung haben möchte.

Im Scheidungsverbund ist ein **Auskunftsstufenantrag** gemäß §§ 113 Abs. 1 S. 2, 254 ZPO zu stellen u. nicht nur ein Auskunftsantrag, wenn die Einkommens- u. Vermögensverhältnisse des Unterhaltspflichtigen nicht bekannt sein sollten. Mit dem Stufenantrag wird ein der Höhe nach noch unbekannter Unterhaltshauptanspruch zugleich mit den zu seiner Konkretisierung erforderlichen Hilfsansprüchen auf Auskunft u. Richtigkeitsversicherung geltend gemacht (Zöller/Greger ZPO § 254 Rn. 1 mwN). Auch der zunächst noch unbezifferte Zahlungsanspruch wird mit der Zustellung sofort rechtshängig (BGH BeckRS 1995, 1821 = NJW-RR 1995, 770 = FamRZ 1995, 797). Ein bloßer Auskunftsantrag kann im Scheidungsverbund nach der Rechtsprechung des **BGH** nicht erhoben werden; weil bei einem bloßen Auskunftsantrag eine Entscheidung nicht „für den Fall der Scheidung" iSv § 137 Abs. 2 S. 1 FamFG zu treffen ist (BGH BeckRS 2021, 22085 Rn. 25 = FamRZ 2021, 1521; BeckRS 2012, 7970 Rn. 30 = NJW 2012, 1734 = FamRZ 2012, 863; BeckRS 1997, 3334 = FamRZ 1997, 811; Sternal/Weber FamFG § 137 Rn. 12).

Dies gilt auch für einen auf Auskunft u. Abgabe der eidesstattlichen Versicherung **„verkürzten" Stufenantrag,** da Scheidungsfolge nur der Zahlungsanspruch ist (KG BeckRS 2000, 11383 = FamRZ 2000, 1292 (1293)).

2. Die **Antragsfolgesache Kindesunterhalt** (§ 137 Abs. 2 S. 1 Nr. 2 FamFG) ist während der Anhängigkeit der Ehesache **bei dem für die Ehescheidung** zuständigen Familiengericht anhängig zu machen (§ 232 Abs. 1 Nr. 1 FamFG). Zur örtlichen Zuständigkeit nach § 122 FamFG u. zur int. Zuständigkeit **für das Scheidungsverfahren** s. → Form. A.I Anm. 4, 5.

In Verfahren mit **Auslandsberührung** (s. eingehend Langeheine/Dose UnterhaltsR/Langeheine § 9 Rn. 1 ff.) richtet sich die **internationale Zuständigkeit** des deutschen Familiengerichts **für die Folgesache Unterhalt** nach § 98 Abs. 3 FamFG o. nach **vorrangigem** Europa- bzw. Konventionsrecht (Prütting/Helms/Hau FamFG § 98 Rn. 46). Vom europäischen Verfahrensrecht ist insbes. die durch §§ 25, 26 **Auslandsunterhaltsgesetz** (AUG) ausgefüllte Bestimmung des **Art. 3 Buchst. c EuUnthVO** über die **Annexzuständigkeit** („derivative int. Verbundzuständigkeit im EU-Recht") zu beachten (Heger/Selg FamRZ 2011, 1101 (1105); MüKoFamFG/Rauscher FamFG § 98 Rn. 109; Prütting/Helms/Hau FamFG Anh. 3 zu § 110 Rn. 30, 31). Die **Verordnung (EG) Nr. 4/2009** des Rates vom 18.12.2008 über die Zuständigkeit, das anwendbare Recht, die Anerkennung u. Vollstreckung von Entscheidungen u. die Zusammenarbeit in Unterhaltssachen gilt nämlich in allen EU-Mitgliedstaaten (in Dänemark nur eingeschränkt). Die **EuUnthVO** (abgedruckt u. kommentiert von Prütting/Helms/Hau FamFG Anh. 3 zu § 110) **gilt** somit auch **in Deutschland unmittelbar.** Sie hat nach ihrem Art. 69 Abs. 2 im Verhältnis der Mitgliedstaaten untereinander **Vorrang** vor sonstigen Abkommen (BT-Drs. 17/4887, 30). Nach **Art. 3 Buchst. c EuUnthVO** ist **zuständig für Entscheidungen in Unterhaltssachen** in den Mitgliedstaaten **das Gericht, das** nach seinem Recht **für ein Verfahren in Bezug auf den Personenstand** zuständig ist, wenn in der Nebensache zu diesem Verfahren über eine Unterhaltssache zu entscheiden ist. Es sei denn, diese Zuständigkeit begründet sich einzig auf der Staatsangehörigkeit einer der Parteien (vgl. Andrae NJW 2011, 2545 (2546)). Art. 1 Abs. 1 EuUnthVO wird aus deutscher Sicht autonom dahin ausgelegt, dass unter

„Unterhaltspflichten“ **alle nationalen Unterhaltsregelungen**, also auch die **nach §§ 1601, 1569 ff. BGB u. § 16 LPartG** fallen (Heger/Selg FamRZ 2011, 1101 (1103)).

Hat das über die Scheidung befindende Gericht seine Zuständigkeit für die Entscheidung über den die elterliche Verantwortung betreffenden Antrag verneint, ist es gleichwohl **für die Entscheidung in der Unterhaltssache zuständig, wenn** es zugleich das Gericht des Ortes ist, an dem der Beklagte seinen gewöhnlichen Aufenthalt hat, o. vor dem der Beklagte sich auf das Verfahren eingelassen hat, ohne den Mangel der Zuständigkeit geltend zu machen (**EuGH** BeckRS 2019, 20140 Rn. 52 = FamRZ 2019, 2001).

Gem. **Art. 15 EuUnthVO** bestimmt sich das **anwendbare Unterhaltsrecht** nach dem in Deutschland unmittelbar geltenden **Haager Protokoll** vom 23.11.2007 **über das auf Unterhaltspflichten anzuwendende Recht (HUnthProt)**. Dieses Protokoll ist universell anzuwenden, dh auch dann, wenn das darin bezeichnete Recht dasjenige eines Nichtvertragsstaats ist (Art. 2 HUnthProt). Nach **Art. 3 Abs. 1 HUnthProt** ist für int. Unterhaltspflichten grds. das **Recht des Staates** maßgebend, in dem **die berechtigte Person** ihren **gewöhnlichen Aufenthalt** hat, was für den Unterhaltsberechtigten von Vorteil ist. Letzteres gilt ebenso für den **Scheidungsunterhalt**, allerdings mit der Möglichkeit der Einrede gem. Art. 5 HUnthProt (Boele-Woelki/Mom FPR 2010, 485 (487)).

3. Durch die Überschrift „Folgesachenantrag Kindesunterhalt“ soll erreicht werden, dass die Eingangsregistratur des Familiengerichts die Sache nicht irrtümlich als isolierten Antrag einträgt, sondern sogleich richtig eine Unterakte UK („Unterhalt des Kindes“) zur Scheidungsakte anlegt (s. § 27 Abs. 3 AktO).

Wegen der Unteraktenführung sollte zur Scheidungssache u. zur Folgesache Kindesunterhalt jeweils **in getrennten Schriftsätzen** vorgetragen werden, damit bei der Anhörung anderer Verfahrensbeteiligter der **Datenschutz** (§ 139 FamFG) gewährleistet werden kann u. durch eine inhaltliche Trennung des Streitstoffs auch umfangreiche Akten mit weiteren Folgesachen lesbar bleiben. Die gesonderte Antragsschrift sollte ein volles Rubrum zur Erleichterung der kanzleimäßigen Bearbeitung im Familiengericht enthalten. Dabei müssen unbedingt die **Beteiligtenbezeichnungen** des zuerst eingegangenen Scheidungsantrages **beibehalten** werden. Denn die Beteiligtenbezeichnungen richten sich für das gesamte Scheidungsverfahren einschließlich aller Folgesachen nach dem zuerst beim Gericht eingegangenen Scheidungsantrag. Wenn als erstes der Scheidungsantrag der Ehefrau eingegangen ist u. der Ehemann eine Folgesache anhängig macht, ist auch für diesen Folgeantrag des Ehemannes die Ehefrau als Antragstellerin u. der Ehemann als Antragsgegner zu bezeichnen. Sonst kann es zu fehlerhaften Zustellungen kommen. Die Zuordnung der Schriftsätze betr. die Folgesache Kindesunterhalt zur richtigen Unterakte wird gefördert, wenn dem **Aktenzeichen** des Scheidungsverfahrens der **Zusatz UK** beigefügt wird.

4. Für die Antragsfolgesache Kindesunterhalt ist **gesondert Verfahrenskostenhilfe** zu beantragen, was aus § 149 FamFG folgt (Sternal/Weber FamFG § 149 Rn. 8).

Auf das bereits mit dem Scheidungsantrag eingereichte Erklärungsformular über die persönlichen u. wirtschaftlichen Verhältnisse nebst Belegen kann verwiesen werden, wenn sich an den Verhältnissen nichts geändert hat.

5. **Auskunft über das Vermögen** kann nicht für einen Zeitraum, sondern nur zu einem bestimmten Stichtag verlangt werden. Es empfiehlt sich, einen vor dem Zugang des Mahnschreibens liegenden Tag zu nehmen, um Vermögensverschleierungen vorzubeugen.

6. Über **Einkünfte** ist für einen Zeitraum Auskunft zu erteilen, der es ermöglicht, das Durchschnittseinkommen verlässlich zu ermitteln (Bartels FuR 2019, 252 (255)). Hinsichtlich seiner **Einkünfte aus nichtselbständiger Tätigkeit** sollte die Antragstellerin vom

Antragsgegner Auskunft für die Dauer eines Jahres verlangen (BGH BeckRS 1983, 900 = NJW 1983, 2243 = FamRZ 1983, 996), um Sonderzahlungen wie Weihnachts- u. Urlaubsgeld, Spesen o. Prämien feststellen u. jahreszeitlich bedingte Schwankungen berücksichtigen zu können (Bartels FuR 2019, 252 (255)). Hierbei sollte der Auskunftszeitraum möglichst aktuell u. datumsmäßig abzugrenzen sein (zB vom 1.1.2025 bis 31.12.2025; nicht: „für die letzten 12 Monate"; vgl. OLG Brandenburg BeckRS 2008, 25055 = NJW-RR 2009, 437). Aus Gründen der Praktikabilität kann es sich zur Vermeidung unnötiger Rechenarbeit empfehlen, auf das zuletzt abgelaufene Kalenderjahr abzustellen, weil sich das Jahreseinkommen dann aus der Lohnsteuerbescheinigung o. aus der Gehaltsabrechnung für Dezember des Vorjahres ablesen lässt u. nur noch die aus dem letzten dem Antragsgegner zugegangenen Einkommensteuerbescheid ersichtlichen Steuererstattungen hinzugerechnet werden müssen (vgl. Dose UnterhaltsR/Dose § 1 Rn. 69).

Zur Erfüllung des Auskunftsanspruchs ist vom Antragsgegner eine systematische Zusammenstellung aller erforderlichen Angaben im maßgeblichen Zeitraum im Sinne von §§ 1605 Abs. 1 Satz 3, 260 Abs. 1 BGB zu erstellen, um der Antragstellerin ohne übermäßigen Aufwand eine Berechnung seines Einkommens zu ermöglichen (OLG Düsseldorf BeckRS 2022, 42978). Es ist **eine in sich geschlossene schriftliche Aufstellung** erforderlich. In dieser Aufstellung sind sämtliche Einnahmen – mithin auch die aus Vermietung u. Verpachtung, Kapitalvermögen u. Nebentätigkeiten sowie Steuererstattungen – übersichtlich u. systematisch anzugeben (KG BeckRS 2015, 19088 = FamRZ 2015, 1973). Die regelmäßig zu beobachtende Übung, der Antragstellerin ein Konvolut an Unterlagen zu überreichen, aus denen sich Daten im Einzelnen ermitteln lassen sollen, genügt zur Erfüllung der Auskunftspflicht nicht.

Eine **Auskunftsverpflichtung** besteht nur dann nicht, wenn feststeht, dass die begehrte Auskunft den Unterhaltsanspruch o. die Unterhaltsverpflichtung unter keinem Gesichtspunkt beeinflussen kann u. daher **offensichtlich nicht mehr unterhaltsrelevant** ist (BGH BeckRS 2020, 29627 Rn. 10 ff. = FamRZ 2021, 28).

Nach **BGH** (BeckRS 2020, 29627 Rn. 13 = FamRZ 2021, 28) entfällt ein Auskunftsanspruch insbesondere nicht allein aufgrund der Erklärung des Unterhaltspflichtigen, er sei **„unbegrenzt leistungsfähig"**. Eine allgemeingültige feste Obergrenze besteht für den Kindesunterhalt nicht. Vielmehr muss auch bei höherem Elterneinkommen sichergestellt bleiben, dass Kinder in einer ihrem Alter entsprechenden Weise an einer Lebensführung teilhaben, die der besonders günstigen wirtschaftlichen Situation ihrer Eltern entspricht, so dass der Kindesunterhalt auch bei einem den höchsten Einkommensbetrag der Düsseldorfer Tabelle übersteigenden Elterneinkommen im Hinblick auf die Darlegungs- u. Beweislast des Unterhaltsberechtigten für seinen Unterhaltsbedarf nicht faktisch auf den für die höchste Einkommensgruppe der Düsseldorfer Tabelle geltenden Richtsatz festgeschrieben werden darf (BGH BeckRS 2023, 30939 Rn. 20 = FamRZ 2024, 32).

7. Die geforderten **Belege** müssen, damit ein auf den Antrag ergehender Beschluss einen vollstreckbaren Inhalt hat, möglichst **genau** bezeichnet werden (BGH BeckRS 1983, 109405 = NJW 1983, 1056 = FamRZ 1983, 454). Bei den Verdienstabrechnungen sollten wegen der Gefahr einer Gefälligkeitsbescheinigung stets die monatlichen (EDV-) Abrechnungen gefordert u. keine individuelle Jahresbescheinigung akzeptiert werden.

8. Hinsichtlich seiner etwaigen **selbständigen Tätigkeit** muss der Antragsgegner Angaben über seine Einkünfte in einem **Zeitraum von** regelmäßig **drei Kalenderjahren** machen (BGH BeckRS 1983, 673 = NJW 1983, 1554 = FamRZ 1983, 680; BGH BeckRS 1983, 900 = NJW 1983, 2243 = FamRZ 1983, 996; KG BeckRS 1996, 09731 = FamRZ 1997, 360). Dabei macht es, wie dies in der Praxis immer wieder geschieht, keinen Sinn, von einem Selbständigen bereits zu Anfang eines Jahres Auskunft für das Vorjahr zu verlangen. Vielmehr sollte die Auskunft nur für Steuerjahre gefordert werden, für die die

Zahlen nebst aussagekräftigen Belegen unter Berücksichtigung der Frist für die Abgabe der Einkommensteuererklärung u. der Bearbeitungszeit im Finanzamt bereits vorliegen können. Die Abgabefrist endet gem. § 149 AO normalerweise am 31.7. des folgenden Kalenderjahres, sofern gesetzlich oder durch Anordnung des Finanzamts nichts anderes bestimmt ist.

9. Die Pflicht zur Abgabe einer **eidesstattlichen Versicherung** besteht nur dann, wenn Grund zu der Annahme besteht, der Verpflichtete habe die Auskunft nicht mit der erforderlichen Sorgfalt erteilt. Die Darlegungs- u. Beweislast liegt insoweit beim Unterhaltsberechtigten (Stein/Roth ZPO § 254 Rn. 16). Der Verdacht, dass die die Auskunft nicht mit der erforderlichen Sorgfalt iSv § 260 Abs. 2 BGB erteilt worden ist, kann unter Berücksichtigung des Gesamtverhaltens des Auskunftspflichtigen begründet sein, auch wenn inhaltliche Mängel der nunmehr vorliegenden Auskunft nicht festgestellt sind (BGH BeckRS 1983, 1271 = NJW 1984, 484 = FamRZ 1984, 144; OLG Köln BeckRS 2015, 6655). Dabei kann eine tiefgreifende Verstimmung zwischen den Beteiligten u. eine längere Verzögerung der Auskunft ausreichen (OLG Frankfurt a. M. BeckRS 1992, 5207 = NJW-RR 1993, 1483).

Der Antrag bringt dem Antragsteller nach praktischen Erfahrungen außer einer Verfahrensverzögerung in vielen Fällen wenig ein. Ein hartgesottener auskunfts- u. zahlungsunwilliger Unterhaltsschuldner, der mit einer vorsätzlich falschen Auskunft bereits einen Prozessbetrug begangen hat, wird auch vor einer falschen Versicherung an Eides statt nicht zurückschrecken u. hoffen, dass im Strafverfahren kein Nachweis für eine falsche Auskunft u. Versicherung geführt werden kann o. er sich mit einem entschuldbaren Irrtum herausreden kann.

Deshalb sollte der Auskunftsantrag nach den Umständen des Falles besonders sorgfältig formuliert u. nach dem Erlass eines rechtskräftigen Auskunftsteilbeschlusses alsbald die Auskunft vom Antragsgegner nach §§ 120 Abs. 1 FamFG, 889 Abs. 2, 888 ZPO auf seine Kosten (§§ 120 Abs. 1 FamFG, 788 ZPO) erzwungen werden.

10. Die Aufforderung zur **Erteilung der Auskunft** über die Einkünfte u. das Vermögen vor Verfahrensbeginn ist wegen der nach billigem Ermessen möglichen Kostenentscheidung (§ 150 Abs. 4 S. 1 FamFG) zu empfehlen.

11. In der **Zahlungsstufe** sollte im Interesse des Kindes ein **dynamisierter Unterhalt** gem. § 1612a Abs. 1 BGB verlangt werden, da dieser entspr. jeder Änderung des Mindestunterhalts automatisch angepasst wird u. Abänderungsverfahren vermieden werden (s. § 1612a Abs. 3 BGB).

Ferner sollte – für den Fall einer Beschwerde zur Unterhaltsfolgesache – zugleich beantragt werden: „Der Beschluss betreffend die Zahlung des Kindesunterhalts ist ab der Rechtskraft der Scheidung sofort wirksam."

Endentscheidungen in Familienstreitsachen – auch die Entscheidungen in der Folgesache zum nachehelichen Unterhalt – werden grundsätzlich erst mit Rechtskraft wirksam (OLG Schleswig BeckRS 2022, 13652 Rn. 2 = FamRZ 2022, 1387). Nach § 116 Abs. 3 S. 2 FamFG kann das Gericht aber die **sofortige Wirksamkeit** der Endentscheidung **anordnen**, was deren sofortige **Vollstreckbarkeit** kraft Gesetzes (§ 120 Abs. 2 S. 1 FamFG) zur Folge hat, ohne dass es hierzu einer Vollstreckbarerklärung des Gerichts bedürfte. Die Regelung in §§ 120 Abs. 2 S. 1, 116 Abs. 3 FamG ersetzt die Bestimmungen zur vorläufigen Vollstreckbarkeit in §§ 708–713 ZPO. Nach § 116 Abs. 3 S. 2 u. 3 FamFG soll das Familiengericht die sofortige Wirksamkeit anordnen, soweit die Endentscheidung eine Verpflichtung zur Leistung von Unterhalt enthält. Mit dieser Soll-Vorschrift wird die Bedeutung des Unterhalts zur Sicherung des Lebensbedarfs zum Ausdruck gebracht (Sternal/Weber FamFG § 116 Rn. 20). Die Anordnung der sofortigen Wirksamkeit steht im pflichtgemäßen Ermessen des Familiengerichts unter Abwägung aller Umstände u. hat von Amts wegen zu erfolgen, ohne dass es eines Antrags bedarf.

Ob das erstinstanzliche Gericht die **vergessene Anordnung der sofortigen Wirksamkeit** nachholen kann (so OLG Jena BeckRS 2024, 37895 Rn. 6 = NZFam 2025, 299; OLG München BeckRS 2023, 29177 Rn. 6 = FamRZ 2024, 460; OLG Schleswig BeckRS 2022, 13652 Rn. 9 = FamRZ 2022, 1387; OLG Karlsruhe BeckRS 2013, 15818 = NJOZ 2013, 1925; OLG Brandenburg NJOZ 2016, 521 = FamRZ 2016, 161) o. ob dies auch das Beschwerdegericht tun kann (so KG BeckRS 2014, 22339 mwN = FamRZ 2014, 1934; OLG Bamberg BeckRS 2012, 18395 = FamRZ 2013, 481) ist umstritten. Daher sollte der Antragsteller den Ergänzungsantrag unter Einhaltung der 2-Wochenfrist des §§ 120 Abs. 1 FamFG, 716, 321 Abs. 2 ZPO umgehend beim erstinstanzlichen Familiengericht stellen.

Kosten und Gebühren

12. Die **Scheidungsfolgesachen** (§ 137 Abs. 2 FamFG) unterliegen nach §§ 9 Abs. 1, 12, 14 Abs. 1 FamGKG **nicht der Vorauszahlungspflicht.** Diese Pflicht gilt im Verbundverfahren nur für die Ehesache (den Scheidungsantrag) selbst (BT-Drs. 16/6308, 302; BeckOK KostR/Boiczenko FamGKG § 14 Rn. 6; Keske FPR 2012, 241 (249)), da § 14 Abs. 1 FamGKG nur von der „Ehesache“ spricht. Die Zustellung der Antragsschrift in einer Scheidungsfolgesache darf also nicht von der Einzahlung eines Gerichtskostenvorschusses abhängig gemacht werden (Schneider NZFam 2017, 143).

Die **Scheidungssache u. die Folgesachen** gelten gem. §§ 33 Abs. 1, 44 Abs. 1 FamGKG, §§ 16 Nr. 4, 22 Abs. 1 RVG als **ein Verfahren.** Die Gebühren sind deshalb nach den zusammengerechneten Werten ihrer Verfahrensgegenstände zu berechnen (BT-Drs. 16/6308, 305).

Für die **Wertberechnung** des als Folgesache anhängig gemachten Stufenantrags Kindesunterhalt ist nur einer der Ansprüche, u. zwar der höhere maßgebend (§ 38 FamGKG). Der höhere u. damit maßgebende Anspruch ist regelmäßig der **Zahlungsanspruch,** weil der Auskunftsanspruch u. der Anspruch auf eidesstattliche Versicherung den Leistungsanspruch nur vorbereiten (OLG Karlsruhe BeckRS 2008, 12396 = FamRZ 2008, 1205 mwN). Wird der Zahlungsanspruch später beziffert, errechnet sich der Verfahrenswert gem. § 51 Abs. 1 FamGKG nach dem für ein Jahr ab der Rechtskraft der Scheidung geforderten Unterhaltsbetrag, falls dieser höher als der ursprünglich erwartete Betrag ist. Wird der Zahlungsanspruch nicht o. geringer als der bei der Antragseinreichung erwartete Betrag beziffert, ist nach hM auf das bei der Antragseinreichung (§ 34 S. 1 FamGKG) anhand der Antragsbegründung zu bewertende Interesse u. die vernünftigerweise bestehende Erwartung des Antragstellers abzustellen (OLG Hamm BeckRS 2013, 15806 = FamRZ 2013, 1420; OLG Schleswig BeckRS 2013, 17343 = FamRZ 2014, 689; OLG Frankfurt a. M. BeckRS 2018, 5839 = FamRZ 2018, 1258; OLG Frankfurt a. M. BeckRS 2016, 1096 = FamRZ 2016, 2149).

Wenn Anhaltspunkte für eine Bestimmung des Verfahrenswertes für den unbeziffert gebliebenen Leistungsantrag nach §§ 51, 42 Abs. 1 FamGKG fehlen, ist gem. § 42 Abs. 3 FamGKG von einem **Auffangwert von 5.000 EUR** auszugehen (OLG Frankfurt a. M. BeckRS 2018, 5839 Rn. 13 = FamRZ 2018, 1258; OLG Frankfurt a. M. BeckRS 2016, 1096 Rn. 3 = FamRZ 2016, 2149).

Unterhaltsrückstände iSv § 51 Abs. 2 S. 1 FamGKG können nicht vorhanden sein, weil im Scheidungsverbund Unterhalt nach § 137 Abs. 2 S. 1 Nr. 2 FamFG immer nur ab der Rechtskraft der Scheidung verlangt u. zugesprochen werden darf.

Fristen und Rechtsmittel

13. In dieser **Scheidungsfolgesache** Kindesunterhalt besteht wie auch in selbständigen Unterhaltsstreitsachen gem. § 114 Abs. 1 FamFG **Anwaltszwang,** sodass eine Beschwerde nur durch einen Rechtsanwalt o. eine Rechtsanwältin eingelegt werden kann. Die Beschwerde ist als elektronisches Dokument einzureichen (§§ 130a, 130d ZPO iVm § 113 Abs. 1 S. 2 FamFG). Näheres → Anm. 1.

Da nach **§ 39 FamFG** jeder anfechtbare Beschluss eine **Rechtsbehelfsbelehrung** enthalten muss, wird empfohlen, sich an der Rechtsbehelfsbelehrung des jeweiligen Familiengerichts – vorbehaltlich anwaltlicher Prüfung auf deren Richtigkeit (s. BGH NJW-RR 2012, 1025 Rn. 8 ff. = FamRZ 2012, 1287) – zu orientieren. Angesichts der in den einzelnen Bundesländern hins. der einzuhaltenden Form u. Frist unterschiedlich formulierten Standard-Rechtsbehelfsbelehrungen wird aber erläuternd ausgeführt:

Entscheidet das Familiengericht **vorab** (dh außerhalb des späteren Verbundbeschlusses betr. den Scheidungsantrag u. die Zahlungsstufe als letzte Stufe der Unterhaltsfolgesache) über die **Hilfsansprüche** auf Erteilung der **Auskunft** o. **eidesstattliche Versicherung** durch **Teilbeschluss,** ist ein solcher Teilbeschluss eine zulässige erstinstanzliche Endentscheidung iSd §§ 38 Abs. 1 S. 1, 58 Abs. 1 FamFG (BeckOK FamFG/Obermann FamFG § 38 Rn. 13 mwN). Gegen den Teilbeschluss kann **Beschwerde binnen eines Monats** ab seiner schriftlichen Bekanntgabe (§ 63 Abs. 1 u. 3 FamFG) **bei dem Familiengericht** eingelegt werden, dessen Beschluss angefochten wird (§ 64 Abs. 1 S. 1 FamFG). Ist die schriftliche Bekanntgabe (Zustellung) des Beschlusses an einen bereits förmlich Beteiligten unterblieben, beginnt die Beschwerdefrist nach § 63 Abs. 3 S. 2 FamFG **spätestens mit Ablauf von fünf Monaten** nach Erlass des Beschlusses zu laufen, wobei in Ehe- u. Familienstreitsachen an die Stelle des Erlasses die **Verkündung** der Entscheidung tritt (s. § 113 Abs. 1 S. 2 FamFG iVm §§ 311 Abs. 2 S. 1, 329 Abs. 1 S. 1 ZPO; BGH NJW 2015, 1529 Rn. 10, 22 ff. = FamRZ 2015, 839).

Beim **Oberlandesgericht** als Beschwerdegericht (§ 119 Abs. 1 Nr. 1a GVG) kann die Beschwerde angesichts des klaren Wortlauts von § 64 Abs. 1 S. 1 FamFG **nicht** eingelegt werden (BT-Drs. 16/6308, 206; BGH BeckRS 2023, 2051 Rn. 7 = FamRZ 2023, 593).

Beim Familiengericht u. nicht beim OLG ist auch ein **Antrag auf Bewilligung von VKH** für eine beabsichtigte Beschwerde einzureichen (§ 64 Abs. 1 S. 2 FamFG).

Die Beschwerde steht nach § 59 Abs. 1 FamFG demjenigen zu, der durch den Beschluss in seinen Rechten beeinträchtigt ist. Der **Wert des Beschwerdegegenstandes** muss bei vermögensrechtlichen Angelegenheiten, wozu auch eine Teilentscheidung wegen Auskunft gehört, **600 EUR übersteigen,** mithin wenigstens 600,01 EUR betragen (§ 61 Abs. 1 FamFG), o. das Gericht des ersten Rechtszugs muss die Beschwerde zugelassen haben (§ 61 Abs. 2 u. 3 FamFG).

Die **Beschwer bei einer Teilentscheidung wegen Auskunft** richtet sich nach dem gem. § 113 Abs. 1 S. 2 FamFG iVm § 3 ZPO geschätzten Interesse des Rechtsmittelführers an der Auskunft bzw. an der Vermeidung der Auskunft.

Das **Interesse** der Antragstellerin **bei einer abgelehnten Auskunft** wäre in Höhe von **1/4 bis 1/10** des **3,5-fachen Wertes** des voraussichtlichen einjährigen Unterhaltsanspruches (§ 9 ZPO) zu bemessen (BGH BeckRS 1999, 30056125 = FamRZ 1999, 1497; BeckOK FamFG/Obermann FamFG § 61 Rn. 14a).

Für das **Interesse** des zur Auskunft verpflichteten **Antragsgegners, die Auskunft nicht erteilen zu müssen,** kommt es auf seinen Zeit- u. Arbeitsaufwand an (BGH BeckRS 2025, 20339 Rn. 7; BGH BeckRS 2016, 20948 Rn. 7, 18 = FamRZ 2020, 157). Die erforderliche Beschwer von mehr als 600 EUR wird in der Praxis regelmäßig nicht erreicht. Denn der eigene **Zeitaufwand des Auskunftspflichtigen** wird von der stRspr in Anlehnung an die Bestimmungen über die Entschädigung eines Zeugen in einem Zivilprozess bewertet.

Dabei wird regelmäßig davon ausgegangen, dass die zur Auskunftserteilung erforderlichen Tätigkeiten in der Freizeit erbracht werden können (BGH BeckRS 2019, 14927 Rn. 8 mwN = FamRZ 2019, 1440). Der Bundesgerichtshof zieht für die Bewertung des Zeitaufwandes die Stundensätze für die Entschädigung von Zeugen in einem Zivilprozess nach dem Justizvergütungs- u. -entschädigungsgesetz (JVEG) heran (BGH NJOZ 2017, 1542 Rn. 11 = FamRZ 2017, 1947). Das führt gem. § 20 JVEG zu einer Bewertung des Zeitaufwandes mit **4 EUR pro Stunde** (BGH NJOZ 2017, 1542 Rn. 11 = FamRZ 2017, 1947). Hinzu kommen die für die Erfüllung der Auskunfts- und insbesondere Belegvorlageverpflichtung erforderlichen **Kopierkosten** (BGH BeckRS 2025, 20339 Rn. 7). Selbst wenn der Auskunftspflichtige darlegt u. glaubhaft macht, dass er die für die Auskunft erforderlichen Tätigkeiten nicht in seiner Freizeit erbringen kann, würde sein Zeitaufwand nach § 22 JVEG maximal mit **25 EUR pro Stunde** zu bemessen sein (BGH BeckRS 2016, 20948 Rn. 14). Die Kosten der Zuziehung einer **sachkundigen Hilfsperson** (zB eines Steuerberaters) werden nur dann berücksichtigt, wenn der Auskunftspflichtige zu einer sachgerechten Auskunftserteilung allein nicht in der Lage ist (BGH NJW-RR 2014, 834 Rn. 11 = FamRZ 2014, 644; BeckOK FamFG/Obermann FamFG § 61 Rn. 16a).

Bei einer Verpflichtung zur **Abgabe der eidesstattlichen Versicherung** bemisst sich die **Beschwer** des Antragsgegners ebenfalls nach dem Aufwand an Zeit u. Kosten für deren Abgabe (BGH BeckRS 2012, 24728 Rn. 9 ff. = FamRZ 2013, 105; FA-FamR/Kintzel Kap. 6 Rn. 1013).

Wird der **Folgesachenantrag** Kindesunterhalt in der **Zahlungsstufe insgesamt abgewiesen o. dem Antrag stattgegeben** u. soll nur diese Entscheidung von der Antragstellerin o. vom Antragsgegner angefochten werden, richtet sich die **Beschwer** nicht nach § 51 FamGKG, sondern gem. § 113 Abs. 1 S. 2 FamFG **nach §§ 2, 9 ZPO,** also nach dem **3,5fachen Jahresbetrag** (Maurer FamRZ 2009, 465 (471); so zum alten Recht schon BGH BeckRS 1999, 30056125 = FamRZ 1999, 1497). Hier wird die **Mindestbeschwer** von 600,01 EUR **regelmäßig erreicht.**

In Ehesachen u. Familienstreitsachen hat der Beschwerdeführer zur **Begründung der Beschwerde** einen **bestimmten Sachantrag** zu stellen u. diesen zu **begründen** (§ 117 Abs. 1 S. 1 FamFG). In diesen Sachen findet nämlich keine Überprüfung der erstinstanzlichen Endentscheidung von Amts wegen statt, sondern das Beschwerdeverfahren wird als Streitverfahren unter der Geltung des Beibringungsgrundsatzes geführt. Die Rechtsmittelinstanz ist als volle zweite Tatsacheninstanz ausgestaltet (BT-Drs. 16/6308, 225).

Die **Anforderungen** des § 117 Abs. 1 S. 1 FamFG sind lt. **BGH** (BGH BeckRS 2024, 28699 Rn. 11 = FamRZ 2024, 1943; NJW 2015, 1606 Rn. 12 = FamRZ 2015, 1009) **erfüllt**, wenn die Beschwerdebegründung – auch ohne einen ausformulierten Beschwerdeantrag u. ohne eine Schlüssigkeit der Begründung – erkennen lässt, in welcher Weise der angegriffene Beschluss abgeändert werden soll. Ein bestimmter u. klar begründeter Beschwerdeantrag könnte aber den Erfolg der Beschwerde fördern u. das Beschwerdeverfahren beschleunigen (s. den Fall BGH NJW 2014, 3098 Rn. 14 ff. = FamRZ 2014, 1443).

Die **Beschwerdebegründungsfrist** beträgt **zwei Monate** u. beginnt mit der schriftlichen Bekanntgabe des Beschlusses, bei unterbliebener o. fehlerhafter Zustellung spätestens mit Ablauf von fünf Monaten nach Erlass des Beschlusses (§ 117 Abs. 1 S. 3 FamFG). Die Begründungsfrist kann auf den von einem Rechtsanwalt **vor ihrem Ablauf** (BGH NJW-RR 2017, 577 Rn. 7 ff. = FamRZ 2017, 1068) schriftlich gestellten Antrag vom Vorsitzenden des Beschwerdegerichts verlängert werden, ohne die Einwilligung des Gegners aber nur bis zu einem Monat (§ 117 Abs. 1 S. 4 FamFG, § 520 Abs. 2 S. 2 u. 3 ZPO). Das Ausgangsgericht kann die Beschwerdebegründungsfrist nicht verlängern (BGH NJW 2014, 3159 Rn. 5 = FamRZ 2014, 1845).

Fällt das **Ende der** vorgenannten **Fristen** auf einen **Sonntag**, einen allgemeinen **Feiertag** o. einen **Sonnabend**, so endet die Frist mit Ablauf des nächsten Werktages (§ 222 Abs. 2 ZPO iVm § 113 Abs. 1 S. 2 FamFG). Zu den allgemeinen Feiertagen nach Bundesrecht u. nach Landesrecht s. Sternal/Sternal FamFG § 16 Rn. 20 ff.

Gem. § 117 Abs. 1 S. 2 FamFG ist die **Begründung beim Beschwerdegericht einzureichen.** Damit ist aber ersichtlich der Fall gemeint, dass zunächst nur die noch nicht begründete Beschwerde beim Familiengericht eingelegt wird u. erst danach, insbes. unter Ausschöpfung der Begründungsfrist von zwei Monaten, die Begründung nachgereicht wird. Denn nach der Beschlussempfehlung u. dem Bericht des Rechtsausschusses des Deutschen Bundestages soll mit der Gesetzesänderung eine unnötige Verzögerung des Beschwerdeverfahrens verhindert werden, da das Ausgangsgericht die Beschwerdebegründung ohne jede Abhilfebefugnis an das Beschwerdegericht weiterleiten müsse (BT-Drs. 16/12717, 60). Diese vom Rechtsausschuss befürchtete Verzögerung des Beschwerdeverfahrens droht jedoch nicht, wenn der Beschwerdeführer mit demselben, beim Familiengericht eingereichten Schriftsatz seine Beschwerde sofort begründet. Die beim **Familiengericht eingereichte Beschwerde** darf deshalb **sogleich begründet werden** (BGH NJW 2012, 2814 Rn. 23 = FamRZ 2012, 1205). Die Beschwerdeschrift u. die Beschwerdebegründungsschrift müssen nicht in verschiedenen Schriftsätzen enthalten sein (Sternal/Weber FamFG § 117 Rn. 31). Der Beschwerdeführer trägt dann aber das **Risiko**, dass das Familiengericht die Akten nicht gem. § 68 Abs. 1 S. 1 Hs. 2 FamFG unverzüglich u. innerhalb der Frist des § 117 Abs. 1 S. 3 FamFG dem Beschwerdegericht vorlegt. Verstößt das Erstgericht gegen diese Pflicht, ist dem Beschwerdeführer allerdings von Amts wegen **Wiedereinsetzung in den vorigen Stand** gegen die Versäumung der Beschwerdebegründungsfrist zu gewähren (BGH NJW 2012, 2814 Rn. 25 ff.).

In den Verbundbeschluss gem. § 137 Abs. 1 FamFG geht erst die Entscheidung über die letzte Stufe der Folgesache ein. Dies ist die Zahlungsstufe (FA-FamR/Kintzel Kap. 6 Rn. 1106).

Gegen den Verbundbeschluss kann ebenfalls **binnen eines Monats** ab seiner schriftlichen Bekanntgabe **Beschwerde** bei dem Familiengericht eingelegt werden, dessen Beschluss angefochten wird. Zur Begründung u. zur Begründungsfrist gilt das vorstehend zum Teilbeschluss Gesagte. Vgl. im Übrigen zu den Formalien bei der Beschwerde in Familiensachen Elzer/Gutowski NZFam 2015, 1042 ff.

Der Verbundbeschluss kann mit der **Beschwerde in vollem Umfang** o. nur **hinsichtlich einzelner Teile**, zB nur hinsichtlich der Unterhaltsfolgesache, angefochten werden, was aus § 145 FamFG folgt (s. dazu Bumiller/Harders/Schwamb/Schwamb FamFG § 145 Rn. 1 ff.).

2. Antrag der Ehefrau im Scheidungsverbund auf Zahlung von Kindesunterhalt beim Wechselmodell (paritätisch/nicht paritätisch)

An das Amtsgericht[1, 2]

– Familiengericht –

Folgesachenantrag Kindesunterhalt[3]

In der Familiensache

der Frau . . . .

wohnhaft . . . .

geboren am . . . .

Staatsangehörigkeit: . . . . . – Antragstellerin –

Verfahrensbevollmächtigter: Rechtsanwalt . . . . .

gegen

Herrn . . . . .

wohnhaft . . . . .

geboren am . . . . .

Staatsangehörigkeit: . . . . . – Antragsgegner –

Verfahrensbevollmächtigter: Rechtsanwalt . . . . .

wird namens und in Vollmacht der Antragstellerin die Folgesache Kindesunterhalt in der Scheidungssache zum Aktenzeichen . . . . . anhängig gemacht[4] und beantragt,

der Antragstellerin für die Folgesache Kindesunterhalt Verfahrenskostenhilfe unter Beiordnung ihres Verfahrensbevollmächtigten zu bewilligen und wie folgt zu beschließen:
Der Antragsgegner wird verpflichtet, ab Rechtskraft der Scheidung laufenden Kindesunterhalt für die gemeinsamen Kinder . . . . ., geb. am . . . . . 20. . . und . . . . ., geb. am . . . . . 20. . . , in Höhe von . . . % des Mindestunterhalts der jeweiligen Altersstufe nach der Düsseldorfer Tabelle abzüglich des hälftigen Kindergeldes jeweils monatlich im Voraus an die Antragstellerin zu zahlen.
Der Beschluss ist hinsichtlich der Folgesache Kindesunterhalt ab der Rechtskraft der Scheidung sofort wirksam.[5]

Begründung:

Die Antragstellerin macht als Verfahrensstandschafterin gemäß § 1629 Abs. 3 S. 1 Nr. 2 BGB im laufenden Scheidungsverfahren den Unterhaltsanspruch des im Antrag genannten und von ihr betreuten ehelichen Kinder der Beteiligten nach §§ 1601 ff. BGB gegen den Antragsgegner geltend.

Die Beteiligten sind dem Gericht bereits aus dem Verfahren zum Aktenzeichen . . F . . . . ./ . . . zum Verfahrensgegenstand Umgangsrecht bekannt. Es wird gebeten, die Akte des vorgenannten Verfahrens beizuziehen.

Die Beteiligten schlossen am . . . . . die Ehe. Aus der Ehe gingen das am . . . . . 20. . . .geborene Kind . . . und das am . . . . . 20. . . .geborene Kind . . . hervor. Nach der Trennung der Beteiligten am . . . . . verblieben die gemeinsamen Kinder im Haushalt der Antragstellerin, die das Kindergelt erhält. Da das jüngste Kind noch unter drei Jahren alt ist, geht die Antragstellerin keiner Berufstätigkeit nach und ist zu dieser auch nicht verpflichtet.[6] Betreuungsunterhalt wird durch die Antragstellerin nicht geltend gemacht.

Ausweislich des Beschlusses vom . . . . . 20. . . . zum Aktenzeichen . . F . . . . ./ . . . hat der Antragsgegner mit den gemeinsamen Kindern jeweils vierzehntägig von Mittwoch nach der Schule bis zum Schulbeginn am darauffolgenden Montagmorgen, mithin an fünf von 14 Tagen und während der Hälfte der gesetzlichen Schulferien Umgang. Die gerichtliche Umgangsregelung wird von den Beteiligten praktiziert. Nach Erlass des Beschlusses im Umgangsverfahren stellte der Antragsgegner die Unterhaltszahlungen für die gemeinsamen Kinder ein. Er ist der Auffassung, er sei zu Unterhaltszahlungen nicht mehr verpflichtet, da die Beteiligten ein Wechselmodell[7] praktizieren würden. Der Antragsgegner ist von der Antragstellerin als Verfahrensstandschafterin des Kindes durch das beigefügte Schreiben vom . . . . . 20. . . . zur Zahlung von Kindesunterhalt in Höhe von . . . . . EUR ab dem . . . . . 20. . . . und zur Errichtung einer entsprechenden Jugendamtsurkunde[8] aufgefordert worden. Der Antragsgegner hat weder Kindesunterhalt gezahlt noch eine Jugendamtsurkunde errichtet.

Ausweislich der Dezemberabrechnung des Antragsgegners für das Jahr 20 . ., seiner Lohnsteuerbescheinigung für das Jahr 20 . . und des Einkommensteuerbescheides für das Jahr 20 . . .[9] ermittelt sich unter Berücksichtigung von pauschalisierten berufsbedingten Aufwendungen[10] in Höhe von 5 % seines Einkommens ein unterhaltsrechtlich relevantes bereinigtes Einkommen des Antragsgegners in Höhe von . . . . . EUR. Das unterhaltsrechtlich relevante, bereinigte Einkommen des Antragsgegners fällt in die Einkommensgruppe . . . der Düsseldorfer Tabelle.

Beweis: 1. Dezemberabrechnung für das Jahr 20. . . ,
2. Lohnsteuerbescheinigung für das Jahr 20. . . ,
3. Einkommensteuerbescheid das Jahr 20. . . .

Das aufgrund des gerichtlichen Beschlusses im Umgangsverfahren praktizierte Betreuungsmodell rechtfertigt nicht die Einstellung sämtlicher Unterhaltszahlungen durch den Antragsgegner. Die vom Antragsgegner wahrgenommene Betreuung entspricht einem Anteil von gut 35 %, mithin ungefähr einem Drittel der Betreuungszeit für die gemeinsamen Kinder. In einem solchen Fall des sogenannten nichtparitätischen[11] Wechselmodells oder erweiterten Umgangs ist nach der höchstrichterlichen Rechtsprechung (BGH BeckRS 2014, 23279 Rn. 22 = FamRZ 2015, 236; BGH BeckRS 2014, 7868 Rn. 3 = FamRZ 2014, 917) dem erweiterten Umgang des Antragsgegners durch eine Herabgruppierung um eine oder mehrere Einkommensgruppen der Düsseldorfer Tabelle Rechnung zu tragen. Bei der Bemessung des Umfangs der Herabgruppierung ist zu berücksichtigen, inwieweit der mitbetreuende Elternteil während seiner Betreuungszeit über die Gewährung von Naturalunterhalt den Bedarf des Kindes anteilig deckt und den hauptbetreuenden Elternteil dadurch entlastet (OLG Braunschweig BeckRS 2025, 7406 Rn. 10 mwN = FamRZ 2025, 1369). Hiernach wird der Barunterhaltsbedarf der Kinder zu einem Anteil von 15 % durch den Antragsgegner durch den von ihm während seiner Betreuungszeit geleisteten Naturalunterhalt gedeckt. Denn die Mitbetreuung von Kindern im Rahmen eines erweiterten Umgangs betrifft etwa 45 % der regelbedarfsrelevanten Verbrauchsausgaben für ein Kind nach § 6 Regelbedarfsermittlungsgesetz (RBEG). Auf dieser Grundlage errechnet sich bei einem Mitbetreuungsanteil von einem Drittel eine Bedarfsdeckung im Umfang von 15 % (= 45 % × 1/3). Da sich der in der Düsseldorfer Tabelle ausgewiesene Kindesunterhaltsbedarf mit jeder Einkommensgruppe um 5 % erhöht, führt eine Bedarfsdeckung von 15 % zu einer Herabgruppierung um drei Einkommensgruppen, so dass es weiterhin bei einer Verpflichtung des Antragsgegners zur Zahlung von Kindesunterhalt in Höhe von Einkommensgruppe der Düsseldorfer Tabelle verbleibt.

Zum Antrag auf Bewilligung von Verfahrenskostenhilfe[12] wird auf die bereits zum Hauptverfahren Scheidung eingereichten Unterlagen verwiesen. Die Einkommensverhältnisse sind unverändert.

Rechtsanwalt[13, 14]

Anmerkungen

1. In der **Folgesache Kindesunterhalt** besteht wie in der Ehesache **Anwaltszwang** (§ 114 Abs. 1 FamFG). → Form. B.II.1 Anm. 1.

Zum Institut des Scheidungsverbunds → Form. B.II.1 Anm. 1.

2. Die **Antragsfolgesache Kindesunterhalt** (§ 137 Abs. 2 S. 1 Nr. 2 FamFG) ist während der Anhängigkeit der Ehesache **bei dem für die Ehescheidung** zuständigen Familiengericht anhängig zu machen (§ 232 Abs. 1 Nr. 1 FamFG).

3. Durch die **Überschrift „Folgesachenantrag Kindesunterhalt"** soll erreicht werden, dass die Eingangsregistratur des Familiengerichts die Sache nicht irrtümlich als isolierten Antrag einträgt, sondern sogleich richtig eine Unterakte UK („Unterhalt des Kindes") zur Scheidungsakte anlegt (s. § 27 Abs. 3 AktO). → Form. B.II.1 Anm. 1.

4. Wird die Folgesache Kindesunterhalt nicht spätestens **zwei Wochen** vor der **letzten** mündlichen Verhandlung im ersten Rechtszug in der Scheidungssache (s. BGH NJW 2012, 1734 Rn. 32 ff. = FamRZ 2012, 863) anhängig gemacht, ist der **verspätete Kindesunterhaltsantrag keine Folgesache,** sondern muss vom Familiengericht als selbständige Familiensache fortgeführt werden. Für Weiteres u. zur Fristberechnung, s. → Form. B.II.1 Anm. 1.

Kindesunterhalt kann im Verbundverfahren **nur ab der Rechtskraft der Scheidung** zugesprochen werden, weil § 137 Abs. 2 S. 1 FamFG als Voraussetzung für diese Folgesache bestimmt, dass eine Entscheidung **„für den Fall der Scheidung"** zu treffen ist u. dass diese Folgesache spätestens **zwei Wochen** vor der mündlichen Verhandlung im ersten Rechtszug in der Scheidungssache von einem Ehegatten anhängig gemacht wird. → Form. B.II.1 Anm. 1.

Von demselben Elternteil sollte nicht etwa in einem isolierten Verfahren Kindesunterhalt bis zur Rechtskraft der Scheidung u. daneben im Verbundverfahren ab der Rechtskraft der Scheidung beantragt werden, → Form. B.II.1 Anm. 1.

Kindesunterhalt sollte deshalb **grundsätzlich** in einem selbständigen Verfahren u. **nicht im Verbundverfahren** geltend gemacht werden (BGH NZFam 2023, 759 mAnm Rake NZFam 2023, 759), zumal man den laufenden Unterhalt alsbald u. nicht erst ab dem noch ungewissen Zeitpunkt der Rechtskraft der Scheidung haben möchte.

5. In der **Zahlungsstufe** sollte im Interesse des Kindes ein dynamisierter Unterhalt verlangt werden (→ Form. J.I.3). Ferner sollte dann – für den Fall einer Beschwerde zur Unterhaltsfolgesache – zugleich beantragt werden: „Der Beschluss betreffend die Zahlung des Kindesunterhalts ist ab der Rechtskraft der Scheidung sofort wirksam." → Form. B.II.1 Anm. 11.

6. In den ersten drei Jahren nach der Geburt eines Kindes kann ein Elternteil frei entscheiden, ob er sein Kind selbst erziehen o. eine andere Betreuungsmöglichkeit in Anspruch nehmen möchte. → Form. B.II.3 Anm. 7.

7. → Form. J.I.6 Anm. 6

8. Der Antragsgegner sollte aufgefordert werden, kostenfrei einen Vollstreckungstitel in Form eine **Jugendamtsurkunde** gemäß §§ 59, 60 SGB VIII, 64 SGB X zu errichten, in der der Verpflichtung zur Zahlung von Kindesunterhalt tituliert wird. Denn andernfalls droht die Versagung der Bewilligung von Verfahrenskostenhilfe wegen Mutwilligkeit gemäß §§ 113 Abs. 1 S. 2 FamFG, 114 ZPO (vgl. OLG München FamRZ 1196, 1021; Born UnterhaltsR-HdB/Fuchs Kap. 28 Rn. 122).

9. Zu den Belegen, die zur Einkommensermittlung bei Einkünften aus nichtselbständiger Tätigkeit benötigt werden, → Form. B.II.1 Anm. 6 u. bei Einkünften aus selbständiger Tätigkeit, → Form. B.II.1 Anm. 8.

Zum Vorgehen, wenn das unterhaltsrechtliche Einkommen des Verpflichteten nicht genau bekannt ist, → Form. B.II.3 Anm. 8.

10. Zu den berufsbedingten Aufwendungen u. zu etwaigen unterhaltsrechtlich relevanten Verbindlichkeiten → Form. B.II.3 Anm. 7.

11. Ein **nichtparitätisches (asymmetrisches) Wechselmodell o. erweiterter Umgang/ erweiterte Mitbetreuung ist gegeben,** wenn die Betreuungszeit der gemeinsamen Kinder nicht exakt hälftig zwischen den Eltern aufgeteilt ist, aber über das beim klassischen Residenzmodell übliche Maß hinausgeht (BGH BeckRS 2014, 7868 Rn. 36 f. = FamRZ 2014, 917). Eine genaue Definition, ab wann die Betreuungszeit über das klassische Residenzmodell hinausgeht, fehlt (KG NJW 2019, 2036 mAnm Ruetten NJW 2019, 2038).

Das vom Bundesjustizministerium entwickelte Eckpunktepapier für die in der 20. Legislaturperiode beabsichtigte, aber nicht umgesetzte Unterhaltsreform ging vom Vorliegen eines nichtparitätischen Wechselmodells bei einem Mitbetreuungsanteil ab 30 % aus (Bachinger FamRB 2025, 230). In Rechtsprechung u. Literatur wird davon ausgegangen, dass ein nicht paritätisches Wechselmodell ab einem Mitbetreuungsanteil von 30 % (Bachinger FamRB 2025, 230) o. von einem Drittel (Niepmann/Rake/Gutjahr NZFam 2025, 937; KG NJW 2019, 2036 mit Anm. Ruetten, NJW 2019, 2038 f) o. 35 % gegeben ist. Ein paritätisches Wechselmodell liegt demnach vor, **wenn ein Elternteil die gemeinsamen Kinder zwischen 30 % o. 35 % bis 49 % mitbetreut.** Ein nichtparitätisches Wechselmodell wäre also zum Beispiel gegeben, wenn ein Kind neun Tage bei einem Elternteil ist u. sich sodann an fünf Tagen bei dem anderen Elternteil aufhält (FormB-FamR/Oertel§ 9 Unterhalt Rn. 318).

Hinsichtlich der **Vertretung des Kindes,** dessen Unterhalt geltend gemacht wird, stellen sich **beim nichtparitätischen Wechselmodell** keine besonderen Probleme. Da beim nichtparitätischen Wechselmodell die Obhut für das Kind eindeutig beim Obhutselternteil liegt, kann der Obhutselternteil bei verheirateten bzw. verpartnerten Eltern den Barunterhalt im eigenen Namen gemäß § 1629 Abs. 3 BGB geltend machen. Der Übertragung des Alleinentscheidungsrechts zur Geltendmachung von Ansprüchen auf Kindesunterhalt gemäß § 1628 BGB o. der Bestellung eines Ergänzungspflegers gemäß §§ 1629 Abs. 2 S. 1, 1809 BGB bedarf es mithin nicht.

Für das nichtparitätische Wechselmodell gibt es keine konkrete gesetzliche Vorgabe, wie der Kindesunterhalt in diesem Fall die Höhe des Kindesunterhalts zu berechnen ist. Es verbleibt grundsätzlich bei der Regelung von § 1606 Abs. 3 S. 1 BGB, wonach ein Elternteil betreut u. der andere Elternteil zahlt.

Dem Umstand, dass ein das übliche Maß hinausgehendes Umgangsrecht mit einer **finanziellen Mehrbelastung** – insbesondere für zusätzlichen Fahrtkosten u. den Kosten für das Vorhalten von Wohnraum – verbunden sein kann, ist dadurch Rechnung zu tragen, dass etwaige Mehraufwendungen des barunterhaltspflichtigen Elternteils durch eine **Herabstufung in der Düsseldorfer Tabelle um eine o. mehrere Einkommensgruppen bis zum Mindestbedarf** berücksichtigt werden können und auf eine ansonsten gebotene Hochstufung in eine höhere Einkommensgruppe verzichtet wird. Außerdem können bedarfsdeckende Aufwendungen für die Kinder (z.B. durch Verköstigung) den Kindesbedarf mindern (BGH BeckRS 2014, 7868 Rn. 37 f. = FamRZ 2014, 917; OLG Bamberg BeckRS 2024, 31655 Rn. 31 = FamRZ 2025, 683; OLG Brandenburg BeckRS 2022, 10320 Rn. 34 f. = FamRZ 2023, 1116).

So hält das **OLG Frankfurt a.M.** (BeckRS 2016, 122631 Rn. 25 = FamRZ 2017, 889) bei einer Betreuung durch den barunterhaltspflichtigen Elternteil an sechs von 14 Tagen im Hinblick auf die von ihm getätigten Aufwendungen eine Herabstufung statt zur Zahlung von 115 % auf 105 % des Mindestunterhaltes für geboten.

Nach Auffassung des **OLG Brandenburg** (BeckRS 2016, 122631 Rn. 25 = FamRZ 2017, 889) ist eine Herabgruppierung um zwei Einkommensgruppen angemessen, wenn dem barunterhaltspflichtigen Elternteil ein nicht unerheblicher Kostenaufwand für das gemeinsame Kind entsteht.

Das **OLG Braunschweig** (BeckRS 2025, 7406 Rn. 10 f. = FamRZ 2025, 1369) u. das **OLG Düsseldorf** (BeckRS 2025, 23770 Rn. 55 = FamRZ 2025, 1711) sind in Anlehnung an die in der 20. Legislaturperiode gemachten Vorschläge für eine Reform des Unterhaltsrechts der Auffassung, die Mitbetreuung des Kindes im Rahmen eines erweiterten Umgangs betreffe etwa 45 % der regelbedarfsrelevanten Verbrauchsausgaben für ein Kind nach § 6 Regelbedarfsermittlungsgesetz (RBEG). Dies gelte beispielsweise für Ausgaben für Nahrung, Verkehr u. Freizeitgestaltung. Bei einem Mitbetreuungsanteil von einem Drittel ergibt sich somit eine Bedarfsdeckung im Umfang von 15 % (= 45 % x 1/3) u. bei einem Mitbetreuungsanteil von 45 % eine Bedarfsdeckung von rund 20 % (= 45 % x 45/100). Unter Berücksichtigung dessen, dass sich der in der Düsseldorfer Tabelle ausgewiesene Kindesunterhaltsbedarf mit jeder Einkommensgruppe um 5 % erhöht, führt eine Bedarfsdeckung von 15 % somit zu einer Herabgruppierung um drei Einkommensgruppen u. eine Bedarfsdeckung von 20 % zu einer Herabgruppierung um vier Einkommensgruppen.

Gegen die Entscheidung des OLG Düsseldorf wurde Rechtsbeschwerde zum Aktenzeichen XII ZB 415/25 eingelegt, so dass **möglicherweise im Jahr 2026** eine **Entscheidung des BGH** zur Berechnung der Höhe des Kindesunterhalts beim nichtparitätischen Wechselmodell ergehen wird (Rubenbauer/Dose FamRZ 2025, 1677 (1679)).

Da eine Rückstufung um mehrere Einkommensgruppen nur bis zum Mindestbedarf in Betracht kommt u. in wirtschaftlich schwächeren Regionen oft nur um den Mindestunterhalt gestritten wird, wirkt sich das nichtparitätische Wechselmodell oftmals nicht auf die Höhe des Kindesunterhalts aus. Da es bis jetzt an konkreten gesetzlichen Vorgaben dafür fehlt, wie einem nichtparitätischen Wechselmodell bei der Bestimmung der Unterhaltshöhe Rechnung zu tragen ist, lässt sich der Ausgang eines Unterhaltsverfahrens nur schwer voraussehen. Eine konkrete gesetzliche Regelung wäre wünschenswert.

In der **Literatur** werden weitere Lösungen diskutiert, um die Höhe des Kindesunterhalts beim nichtparitätischen Wechselmodell zu bemessen. **Rubenbauer/Dose** (FamRZ 2022, 1497 (1503) u. FamRZ 2025, 1677), **Borth** (FamRZ 2023, 405; FamRZ 2023, 1012) u. **Gutdeutsch** (FamRZ 2023, 572) schlagen dynamische Modelle vor, die im Ausgangspunkt den Kindesbedarf am Gesamteinkommen beider Eltern abzgl. der auf den Barunterhalt entfallenden Kindergeldhälften bemessen wollen.

Rake (FF 2025, 276 (280)) hält es für möglich, aufgrund einer maßvollen Erhöhung des notwendigen Selbstbehalts des barunterhaltspflichtigen Elternteils im nichtparitätischen Wechselmodell nur einen Unterhaltsanspruch unterhalb des Mindestunterhalts zuzuerkennen.

12. Für die Antragsfolgesache Kindesunterhalt ist **gesondert Verfahrenskostenhilfe** zu beantragen, was aus § 149 FamFG folgt (Sternal/Weber FamFG § 149 Rn. 8).

Auf das bereits mit dem Scheidungsantrag eingereichte Erklärungsformular über die persönlichen u. wirtschaftlichen Verhältnisse nebst Belegen kann verwiesen werden, wenn sich an den Verhältnissen nichts geändert hat.

Im Fall der Betreuung eines Kindes im paritätischen Wechselmodell sind vom Einkommen eines um Verfahrenskostenhilfe nachsuchenden Elternteils nur ein hälftiger

Unterhaltsfreibetrag iSv § 76 Abs. 1 FamFG iVm § 115 Abs. 1 Satz 3 Nr. 2b ZPO u. der tatsächlich für das Kind gezahlte Barunterhalt abzusetzen (BGH BeckRS 2022, 3387 Rn. 17 = FamRZ 2022, 639; BGH BeckRS 2022, 4889 Rn. 10 = FamRZ 2022, 707).

Kosten und Gebühren

13. → Form. B.II.1 Anm. 12.

Fristen und Rechtsmittel

14. → Form. B.II.1 Anm. 13.

Ehelicher/nachehelicher Unterhalt

3. Antrag der Ehefrau im Scheidungsverbund auf Zahlung von Geschiedenenunterhalt wegen Kindesbetreuung

An das

Amtsgericht[1, 2]

– Familiengericht –

Folgesachenantrag Geschiedenenunterhalt[3]

In der Familiensache

der Frau . . . . .

wohnhaft . . . . .

geboren am . . . . .

Staatsangehörigkeit: . . . . . **– Antragstellerin –**

Verfahrensbevollmächtigter: Rechtsanwalt . . . . .

gegen

Herrn . . . . .

wohnhaft . . . . .

geboren am . . . . .

Staatsangehörigkeit: . . . . . **– Antragsgegner –**

Verfahrensbevollmächtigter: Rechtsanwalt . . . . .

wird namens und in Vollmacht der Antragstellerin die Folgesache Geschiedenenunterhalt in der Scheidungssache zum Aktenzeichen . . . . . anhängig gemacht und beantragt,

der Antragstellerin für die Folgesache Geschiedenenunterhalt Verfahrenskostenhilfe unter Beiordnung ihres Verfahrensbevollmächtigten zu bewilligen[4] und wie folgt zu beschließen:
Der Antragsgegner hat an die Antragstellerin ab der Rechtskraft der Scheidung eine monatlich im Voraus fällige Unterhaltsrente von . . . . . EUR zu zahlen.
Der Beschluss ist hinsichtlich der Folgesache Geschiedenenunterhalt ab der Rechtskraft der Scheidung sofort wirksam.[5]

Begründung:

Die Antragstellerin macht im laufenden Scheidungsverfahren gegen den Antragsgegner ihren Unterhaltsanspruch wegen Betreuung eines Kindes nach §§ 1570, 1578 Abs. 1 S. 1 BGB entsprechend den ehelichen Lebensverhältnissen geltend, nachdem der Antragsgegner trotz des beigefügten Mahnschreibens der Antragstellerin vom . . . . . sich nicht bereitgefunden hat, einen Unterhaltstitel betreffend den Geschiedenenunterhalt zu errichten.

Die Beteiligten sind seit dem . . . . . miteinander verheiratet und leben seit dem . . . . . getrennt.

Die Antragstellerin ist Hausfrau ohne Einkommen und ohne Vermögen. Sie lebt zurzeit vom Trennungsunterhalt des Antragsgegners in Höhe von monatlich . . . . . EUR.

Die Antragstellerin betreut das am . . . . . geborene, noch nicht drei Jahre alte Kind . . . . . der Beteiligten und braucht sich gemäß § 1570 Abs. 1 S. 1 BGB derzeit nicht auf eine eigene Erwerbstätigkeit verweisen zu lassen.

Der Betreuungsunterhalt wird entsprechend der Rechtsprechung des BGH (NJW 2009, 1876 Rn. 41) unbefristet verlangt. Vorsorglich wird bereits jetzt vorgetragen, dass für die Zeit nach Vollendung des dritten Lebensjahres des Kindes die folgenden kind- und elternbezogenen Verlängerungsgründe vorliegen:[6]

. . . . .

Der Antragsgegner zahlt an das Kind zu Händen der Antragstellerin einen monatlichen Unterhalt von (. . . . . EUR Tabellenbedarfsbetrag – . . . . . EUR als hälftiges Kindergeld =) . . . . . EUR.

Der Antragsgegner ist von Beruf . . . . . und bei der Firma . . . . . beschäftigt und hat mindestens ein um die berufsbedingten Aufwendungen[7] bereinigtes monatliches Nettoeinkommen in Höhe von . . . . . EUR.[8]

Beweis: . . . . .

Nennenswertes Vermögen, das in die Bedarfsdeckung eingeflossen wäre, haben die Beteiligten nicht gebildet. Ihre ehelichen Lebensverhältnisse waren allein geprägt durch das Einkommen des erwerbstätigen Antragsgegners und von der einvernehmlich ausgeübten Haushaltsführung und Kindesbetreuung durch die nicht erwerbstätige Antragstellerin.[9]

Somit errechnet sich ein Anspruch der Antragstellerin auf Geschiedenenunterhalt in Höhe von (. . . . . EUR bereinigtes Nettoeinkommen des Antragsgegners – . . . . . EUR Zahlbetrag[10] für das Kind = ... EUR × 45 %[11] wegen Erwerbstätigenbonus =) . . . . . EUR.

Falls der Antragsgegner die Höhe seines Nettoeinkommens bestreiten sollte, wird das Gericht vorsorglich gebeten, nach § 235 FamFG dem Antragsgegner aufzugeben, binnen zwei Wochen seine Verdienstabrechnungen für die letzten 12 Monate und seinen neues-

ten Einkommensteuerbescheid vorzulegen. Wenn der Antragsgegner der Aufforderung nicht oder nicht vollständig nachkommt, wird das Gericht gebeten, gemäß § 236 FamFG diese Belege beim Arbeitgeber des Antragsgegners bzw. beim Finanzamt einzuholen. Ein Antrag gemäß § 236 Abs. 2 FamFG bleibt vorbehalten.[12]

Zum Antrag auf Bewilligung von Verfahrenskostenhilfe wird auf die bereits zum Hauptverfahren Scheidung eingereichten Unterlagen verwiesen. Die Einkommensverhältnisse sind unverändert.

Rechtsanwalt[13, 14]

Anmerkungen

1. In der **Folgesache Geschiedenenunterhalt** (§ 137 Abs. 2 S. 1 Nr. 2 FamFG) besteht wie in der Ehesache **Anwaltszwang** (§ 114 Abs. 1 FamFG).

Das Institut des Verbunds von Scheidungssache u. Folgesachen nach § 137 FamFG dient dem Schutz des wirtschaftlich schwächeren Ehegatten (BT-Drs. 16/6308, 229 f.). **Verbund bedeutet** nach §§ 137 Abs. 1, 142 Abs. 1 FamFG, dass über die Scheidung u. die Folgesachen zusammen zu verhandeln u. durch einheitlichen Beschluss zu entscheiden ist. **Geschiedenenunterhalt** kann im Verbundverfahren **nur ab der Rechtskraft der Scheidung** zugesprochen werden, weil § 137 Abs. 2 S. 1 Nr. 2 FamFG als Voraussetzung für diese Folgesache bestimmt, dass eine Entscheidung **„für den Fall der Scheidung"** zu treffen ist u. dass diese Folgesache spätestens **zwei Wochen** vor der mündlichen Verhandlung im ersten Rechtszug in der Scheidungssache von einem Ehegatten anhängig gemacht wird (BT-Drs. 16/6308, 230). **Trennungsunterhalt** (§ 1361 BGB) u. **Geschiedenenunterhalt** (§§ 1569 ff. BGB) sind **nicht identisch** (BGH NJW 1981, 978 = FamRZ 1981, 242). Der Antrag auf Zahlung von Trennungsunterhalt kann nur in einem isolierten Verfahren u. niemals im Scheidungsverbundverfahren, wie dies gelegentlich geschieht, gestellt werden (BGH NJW 1982, 2439 = FamRZ 1982, 892).

Wird die Folgesache Geschiedenenunterhalt nicht spätestens **zwei Wochen** vor der letzten mündlichen Verhandlung im ersten Rechtszug in der Scheidungssache durch den Antragsschriftsatz eines Rechtsanwalts (§ 114 Abs. 1 FamFG) anhängig gemacht, ist der **verspätete Geschiedenenunterhaltsantrag keine Folgesache,** sondern muss vom Familiengericht als selbständige Familiensache behandelt werden (Näheres → Form. B.II.1 Anm. 1).

Die Antragstellerin sollte ihren **Anspruch auf Geschiedenenunterhalt bereits im Scheidungsverbund** u. nicht erst nach der Rechtskraft der Scheidung in einem isolierten Verfahren geltend machen. Oft möchte nämlich der Unterhaltsschuldner alsbald geschieden werden. Wenn aber die Scheidung erfolgt, ohne dass die Antragsfolgesache Geschiedenenunterhalt in das Verbundverfahren gelangt ist, hat der Unterhaltsgläubiger (meistens die wirtschaftlich schlechter gestellte Ehefrau) sich eines Druckmittels für eine zügige Einkommensauskunft durch den Schuldner u. für einen großzügigen Unterhaltsvergleich begeben. Ferner droht eine Unterhaltslücke, da der Anspruch aus § 1361 BGB am Tage des Eintritts der Rechtskraft der Scheidung der Ehe erlischt (BGH NJW 1988, 1137 = FamRZ 1988, 370). Deshalb sollte ab der Anhängigkeit eines Scheidungsverfahrens rechtzeitig für einen neuen Titel betreffend den ab der Rechtskraft der Ehescheidung zu zahlenden Geschiedenenunterhalt Sorge getragen werden.

Beim Vorhandensein eines Trennungsunterhaltstitels ist es verfehlt, wenn der Anwalt des unterhaltsberechtigten Ehegatten im Scheidungstermin durch einen **Rechtsmittelverzicht** betr. den Scheidungsbeschluss die Wirkung des Trennungsunterhaltstitels verkürzt, ohne dass der nacheheliche Unterhalt geregelt ist.

Das Gesetz geht gem. § 1569 BGB **nach der Ehescheidung** grds. von der **Eigenverantwortung** jedes Ehegatten für seinen Unterhalt aus u. gewährt einen Unterhaltsanspruch nur noch unter den besonderen in den §§ 1570 ff. BGB genannten Voraussetzungen wie wegen der Betreuung eines gemeinschaftlichen Kindes (**§ 1570 BGB**), wegen Alters (**§ 1571 BGB**), wegen Krankheit o. Gebrechen (**§ 1572 BGB**), wegen fehlender angemessener Erwerbstätigkeit o. nicht ausreichender Einkünfte (**§§ 1573, 1574 BGB**), wegen Ausbildung (**§ 1575 BGB**) u. aus Billigkeitsgründen (**§ 1576 BGB**).

Außerdem lässt **§ 1578b BGB** bei allen Unterhaltstatbeständen grds. eine **Herabsetzung u. zeitliche Begrenzung** des Anspruchs auf Geschiedenenunterhalt wegen Unbilligkeit zu.

Beim **Betreuungsunterhalt** (§ 1570 BGB) **scheidet** aber **eine zeitliche Begrenzung** gem. § 1578b BGB regelmäßig **aus.** Denn bis zum Erreichen des dritten Lebensjahres des Kindes steht meistens nicht fest, ob der betreuende Elternteil danach eine kindgerechte Fremdbetreuung u. eine angemessene Erwerbstätigkeit finden kann (Dose UnterhaltsR/Bömelburg § 4 Rn. 206). Wenn der Betreuungsunterhalt über die Vollendung des dritten Lebensjahres des Kindes hinaus wenigstens teilweise fortdauert, enthält § 1570 BGB eine Sonderregelung für die Billigkeitsabwägung, u. die für die Fortdauer des Unterhalts sprechenden Gründe können nicht gleichzeitig zu einer Befristung im Rahmen der Billigkeit nach § 1578b BGB führen (BGH NJW 2014, 1302 Rn. 13 = FamRZ 2014, 823).

Eine **höhenmäßige Begrenzung** des Betreuungsunterhalts auf den angemessenen Unterhalt iSv § 1578b BGB ist allerdings grds. auch dann **möglich,** wenn wegen der noch fortdauernden Kindesbetreuung eine Befristung dieses Unterhalts entfällt. Das gilt vor allem dann, wenn der Unterhaltsbedarf nach den ehelichen Lebensverhältnissen gem. § 1578 Abs. 1 S. 1 BGB erheblich über den angemessenen Unterhalt nach der eigenen Lebensstellung des Unterhaltsberechtigten hinausgeht u. eine fortdauernde Teilhabe des betreuenden Elternteils an den Lebensverhältnissen während der Ehe als unbillig erscheint. Voraussetzung der Begrenzung ist aber, dass die notwendige Erziehung u. Betreuung des gemeinsamen Kindes trotz des abgesenkten Unterhaltsbedarfs sichergestellt u. das Kindeswohl auch sonst nicht beeinträchtigt ist (BGH NJW 2011, 1582 Rn. 36 = FamRZ 2011, 791). Der herabgesetzte Unterhalt darf das **Existenzminimum** des Unterhaltsberechtigten **nicht unterschreiten,** muss also mindestens dem **notwendigen Selbstbehalt** eines nicht erwerbstätigen Unterhaltspflichtigen (1.475 EUR nach Anm. B. II.b DT 2026) entsprechen (BGH NJW 2010, 1598 Rn. 31–33 = FamRZ 2010, 629).

2. Die **Antragsfolgesache Geschiedenenunterhalt** (§ 137 Abs. 2 S. 1 Nr. 2 FamFG) ist während der Anhängigkeit der Ehesache **bei dem für die Ehescheidung** zuständigen Familiengericht **anhängig zu machen** (§ 232 Abs. 1 Nr. 1 FamFG). Zu Auslandssachen → Form. B.II.1 Anm. 2.

3. Durch die Überschrift „Folgesachenantrag Geschiedenenunterhalt“ soll erreicht werden, dass die Eingangsregistratur des Familiengerichts die Sache nicht irrtümlich als isolierten Antrag einträgt, sondern sogleich richtig eine Unterakte UE („Unterhaltssache des Ehegatten“) zur Scheidungsakte anlegt (s. § 27 Abs. 3 AktO).

Wegen der Unteraktenführung sollte zur Scheidungssache u. zur Folgesache Geschiedenenunterhalt jeweils **in getrennten Schriftsätzen** vorgetragen u. in den Schriftsätzen betr. die Folgesache Geschiedenenunterhalt dem **Aktenzeichen** des Scheidungsverfahrens der **Zusatz UE** beigefügt werden.

4. Für die Antragsfolgesache Geschiedenenunterhalt ist **gesondert Verfahrenskostenhilfe** zu beantragen, was aus § 149 FamFG folgt (Sternal/Weber FamFG § 149 Rn. 8). Die Antragstellerin kann auf ihr bereits mit dem Scheidungsantrag eingereichtes Erklärungsformular über ihre persönlichen u. wirtschaftlichen Verhältnisse nebst Belegen verweisen, wenn sich an ihren Verhältnissen nichts geändert hat.

5. Ein **Anspruch auf Trennungsunterhalt** (§ 1361 BGB) **erlischt** am Tage des Eintritts der Rechtskraft der Scheidung der Ehe (BGH NJW 1988, 1137 = FamRZ 1988, 370). Zur Vermeidung einer Unterhaltslücke sollte deshalb für den Fall einer Beschwerde nur hinsichtlich der Unterhaltsfolgesache vorsorglich beantragt werden: „Der Beschluss ist hinsichtlich der Folgesache Geschiedenenunterhalt ab der Rechtskraft der Scheidung **sofort wirksam.**" → Form. B.II.1 Anm. 11.

6. Gem. § 1570 Abs. 1 S. 1 BGB kann ein geschiedener Ehegatte im Falle der Bedürftigkeit von dem anderen Ehegatten wegen der Pflege o. Erziehung eines gemeinschaftlichen Kindes Unterhalt für **mindestens drei Jahre** nach der Geburt des Kindes verlangen.

Dieser Anspruch ist nur bei der Betreuung eines **ehelichen Kindes** gegeben (BGH NJW 1998, 1065 = FamRZ 1998, 426). Der Unterhaltsanspruch des Elternteils, der ein nichteheliches Kind betreut, ergibt sich aus der an § 1570 BGB angeglichenen Vorschrift des § 1615l BGB. Bei Aufhebung einer Ehe kommt ein Anspruch auf Betreuungsunterhalt gemäß § 1318 Abs. 1 u. 2 BGB iVm § 1570 BGB analog in Betracht (OLG Hamm BeckRS 2022, 28843 Rn. 45 f. = FamRZ 2023, 588).

Der **Betreuungsunterhalt** nach § 1570 BGB kann als Basisunterhalt ohne nähere Begründung nur für die Dauer von drei Jahren nach der Geburt des (jüngsten) Kindes beansprucht werden. In dieser Zeit kann der betreuende Elternteil frei entscheiden, ob er sein Kind selbst erziehen o. eine andere Betreuungsmöglichkeit in Anspruch nehmen will (BGH NJW 2011, 1582 Rn. 19 = FamRZ 2011, 791). Das vom betreuenden Elternteil in den ersten drei Lebensjahren des Kindes erzielte **Einkommen** ist stets **überobligatorisch** u. nur nach den Umständen des Einzelfalles anteilig zu berücksichtigen (BGH NJW 2009, 1876 Rn. 21 = FamRZ 2009, 770). Soweit das Einkommen des Ehegatten, der ein Kind betreut, als aus überobligatorischer Erwerbstätigkeit stammend unberücksichtigt zu bleiben hat, kommt ein Unterhaltsanspruch aus § 1570 BGB in Betracht. Besteht dann ein **Teilunterhaltsanspruch auf Betreuungsunterhalt** u. ein weiterer Teilanspruch auf Grund eines anderen Unterhaltstatbestands (zB § 1573 Abs. 2 BGB), unterfällt der **Gesamtanspruch dem Rang des § 1609 Nr. 2 BGB** (BGH NJW 2014, 3649 Rn. 23 = FamRZ 2014, 1987 mwN).

Will der das Kind betreuende Ehegatte seinen Anspruch im Einzelfall aus **kindbezogenen Gründen** (§ 1570 Abs. 1 S. 2 u. 3 BGB) o. aus erst nachrangig (BGH NJW 2014, 3649 Rn. 31) zu prüfenden **elternbezogenen Gründen** (§ 1570 Abs. 2 BGB) ab dem dritten Geburtstag des Kindes **verlängert** haben, ist er **für die Umstände,** die eine solche Verlängerung rechtfertigen, **darlegungs- u. beweispflichtig,** wobei insbes. an die Darlegung kindbezogener Gründe keine überzogenen Anforderungen zu stellen sind (BGH BeckRS 2016, 6283 Rn. 26 = FamRZ 2016, 887; BGH NJW 2012, 1868 Rn. 20, 21 = FamRZ 2012, 1040; s. auch Grüneberg/von Pückler BGB § 1570 Rn. 12–15, 24 mwN).

Nach BGH (NJW 2009, 1876 Rn. 41 = FamRZ 2009, 770) ist eine **Befristung des Betreuungsunterhalts** bis zur Vollendung des **dritten Lebensjahres** des Kindes **nicht** schon nach der Systematik des § 1570 BGB **geboten,** da der Betreuungsunterhalt während der ersten drei Lebensjahre des Kindes u. ein daran anschließender weiterer Betreuungsunterhalt einen einheitlichen Unterhaltsanspruch bildeten; nur wenn im Zeitpunkt der Entscheidung für die Zeit nach Vollendung des dritten Lebensjahres absehbar keine kind- o. elternbezogenen Verlängerungsgründe mehr vorliegen, ist ein künftiger Betreuungsunterhalt abzuweisen (sa Borth UnterhaltsR Rn. 130 f.).

Der BGH (BGH BeckRS 2012, 10742 Rn. 19 = FamRZ 2012, 1040; BGH NJW 2009, 1876 Rn. 22, 28) sieht das frühere **Altersphasenmodell** in ständiger Rechtsprechung als **nicht mehr haltbar** an. Es wird jedoch **kein abrupter Wechsel** von der elterlichen Betreuung zu einer Vollzeiterwerbstätigkeit verlangt, sondern ein **gestufter Übergang** bis hin zu einer **Vollzeiterwerbstätigkeit** als möglich betrachtet (s. auch BT-Drs. 16/6980, 9; BGH NJW 2011, 1582 Rn. 20, 22 = FamRZ 2011, 791).

Nach **BGH** (NJW 2009, 1956 Rn. 32, 35 = FamRZ 2009, 1124) ist bei der Billigkeitsentscheidung über eine **Verlängerung des Betreuungsunterhalts** zunächst zu prüfen, ob u. in welchem Umfang die **Kindesbetreuung** in anderer Weise gesichert ist o. in kindgerechten Einrichtungen (hier beim durch ADS eingeschränkten Gesundheitszustand eines 15 Jahre alten Kindes) **gesichert werden kann.**

Grundsätzlich ist auch der **barunterhaltspflichtige Elternteil als Betreuungsperson** in Betracht zu ziehen, wenn er dies ernsthaft u. verlässlich anbietet (BGH BeckRS 2011, 16689 Rn. 24 = FamRZ 2011, 1209 mit Anm. Viefhues). Maßstab dafür ist auch im Rahmen des § 1570 BGB das Kindswohl, hinter dem rein unterhaltsrechtliche Erwägungen zurücktreten müssen. Ist bereits eine am Kindeswohl orientierte Umgangsregelung vorhanden, ist diese grundsätzlich vorgreiflich (BGH BeckRS 2010, 24972 Rn. 28 = FamRZ 2010, 1880). Denn die Kinderbetreuung während des Umgangs durch den Unterhaltspflichtigen kann allenfalls dann, wenn der Umgang geregelt ist o. unproblematisch funktioniert, zu einer Erwerbsobliegenheit des Unterhaltsberechtigten in den feststehenden Zeiten führen (OLG Frankfurt a. M. BeckRS 2018, 32499 Rn. 30 = FamRZ 2019, 1322; OLG Hamm BeckRS 2014, 5709 = FamRZ 2014, 1468). Die Änderung einer bestehenden Umgangsregelung zum Zweck der Ausweitung der Erwerbstätigkeit des betreuenden Unterhaltsberechtigten kann in der Regel nicht verlangt werden

Nur wenn eine Fremdbetreuung nicht in ausreichendem Maße vorhanden o. aus kindbezogenen Gründen nicht in Anspruch genommen werden kann, darf der Elternteil das Kind ausnahmsweise auch nach der Vollendung des 3. Lebensjahres zu Lasten seiner Erwerbstätigkeit weiter betreuen (OLG Brandenburg BeckRS 2020, 4958 Rn. 50). Dem unterhaltsberechtigten Elternteil obliegt die Darlegungs- u. Beweislast für die **konkret bestehenden Betreuungsmöglichkeiten** des gemeinsamen Kindes (OLG Brandenburg BeckRS 2020, 20053 Rn. 35). Der das gemeinsame Kind betreuende Elternteil hat daher nachzuweisen, dass in der Person des Kindes Gründe vorliegen, die einen Unterhaltsanspruch nach Ablauf der Dreijahresfrist rechtfertigen können. Erforderlich ist eine substantiierte Darlegung, dass das Kind nicht ebenso gut betreut u. versorgt werden könnte, wenn der Elternteil vollschichtig arbeiten würde.

Bei der Betreuung eines **fünfjährigen Kindes** ist es nach **OLG Düsseldorf** (NJW 2014, 948 = FamRZ 2014, 772) aus kind- u. elternbezogenen Gründen auch zur Gewährleistung einer gerechten Lastenverteilung zwischen den Eltern unbillig, von der Mutter eine weitergehende Erwerbstätigkeit als die von **25 Wochenstunden** zu verlangen (ähnlich **OLG Hamm** BeckRS 2014, 5709 = FamRZ 2014, 1468: **¾-schichtige Erwerbsobliegenheit** einer Friseurin, die ein gesundes **sechsjähriges Kind** betreut).

Nach **OLG Koblenz** (BeckRS 2017, 145615 Rn. 2, 24 ff. = FamRZ 2018, 824) sind einer Mutter, die **Zwillinge im Vorschulalter** betreut u. die fünf Stunden täglich (= 60,98 %) arbeitet, keine fiktiven Einkünfte aus einer 80 %-igen o. vollschichtigen Erwerbstätigkeit zuzurechnen.

Lt. **OLG Brandenburg** (BeckRS 2008, 14280 = FamRZ 2008, 1947) obliegt einer 46 Jahre alten geschiedenen Ehefrau, die ein gemeinsames, **an ADS leidendes Kind** im Alter **von elf Jahren** betreut u. die seit der Geburt des Kindes nicht mehr berufstätig gewesen ist, nach einer Ehedauer von 13 Jahren nur die Ausübung einer **Halbtagstätigkeit** (ebenso **OLG Braunschweig** BeckRS 2008, 26306 = FamRZ 2009, 977).

Das **OLG Köln** (NJW 2008, 2659 = FamRZ 2008, 2119) hält eine **vollschichtige Erwerbstätigkeit** der Mutter trotz der Betreuung von zwei **elf u. acht Jahre alten Kindern** grds. für zumutbar.

Bestehen für zwei schulpflichtige Kinder im **Alter von 12 u. 10 Jahren** keine ganztägigen Betreuungseinrichtungen, ist **¼ der vollen Arbeitszeit** als **überobligatorisch** anzusehen (**OLG Düsseldorf** BeckRS 2016, 82 Rn. 6 = FamRZ 2016, 63).

Nach Auffassung des **OLG Zweibrücken** (BeckRS 2022, 16188 Rn. 72 = FamRZ 2022, 1603) ist davon auszugehen, dass ein **7 bis 8-jähriges Kind** altersbedingt noch einer lückenlosen Betreuung u. Beaufsichtigung bedarf u. selbst beim Vorhandensein einer Fremdbetreuung zwischen 8.00 u. 16.00 Uhr von der betreuenden Mutter **regelmäßig keine vollschichtige Erwerbstätigkeit erwartet werden kann.**

Das **OLG Hamm** (NJW-RR 2017, 2 Rn. 9) verneint eine Verpflichtung der Mutter zur Vollzeittätigkeit, wenn sie den **16-jährigen an Autismus leidenden** gemeinsamen **Sohn** betreut, da sie angesichts des gesteigerten Betreuungsbedarfs keine Obliegenheit habe, über eine **Zwei-Drittel-Stelle** hinaus einer Erwerbstätigkeit nachzugehen.

Vgl. dazu ferner die unterhaltsrechtlichen **Leitlinien der OLG Nr. 17.1** bei www.famrz.de >Materialien >Arbeitshilfen >Unterhaltsleitlinien.

Die **Höhe des geschuldeten Betreuungsunterhalts** nach § 1570 BGB ergibt sich aus der Differenz des aus einer Ganztagstätigkeit erzielbaren Einkommens zu dem tatsächlich aus der zumutbaren Teilzeitarbeit erzielten o. fiktiv erzielbaren Einkommens (BGH NJW 2010, 2277 Rn. 42 = FamRZ 2010, 1050).

Ist nicht abzusehen, ob die Entscheidung des Familiengerichts vor dem dritten Geburtstag des Kindes ergehen wird, o. verlangt ein Elternteil **Betreuungsunterhalt** erst **nach** der **Vollendung** des **dritten Lebensjahres** des Kindes, sollten im Verfahren vor allem die individuellen **kindbezogenen Verlängerungsgründe** substanziiert vortragen werden. Ein wesentlicher Verlängerungsgrund wäre es, wenn die **Fremdbetreuung** des drei Jahre alten Kindes **nicht hinreichend gesichert** ist u. diese trotz seines Anspruchs auf den Besuch einer Tageseinrichtung (§ 24 Abs. 3 SGB VIII) auch nicht in kindgerechten Einrichtungen sichergestellt werden kann u. wenn das Kind im Hinblick auf sein Alter noch nicht sich selbst überlassen bleiben kann (BGH NJW 2009, 1876 Rn. 30). Denn mit der Formulierung des § 1570 Abs. 1 S. 3 BGB („Belange des Kindes" u. „bestehende Möglichkeiten der Kinderbetreuung") ist gemeint, dass im konkreten Einzelfall die Möglichkeit einer Fremdbetreuung tatsächlich existiert, zumutbar u. verlässlich ist u. mit dem Kindeswohl im Einklang steht (BT-Drs. 16/1830, 17), was in der Regel zu bejahen sein wird (BVerfG NJW 2007, 1735 Rn. 73 = FamRZ 2007, 965).

Für eine Verlängerung des Unterhaltsanspruchs aus kindbezogenen Gründen kommen auch besondere Bedürfnisse des Kindes, wie etwa sportliche, musische o. andere Beschäftigungen in Betracht (BGH BeckRS 2012, 10742 Rn. 21 = FamRZ 2012, 1040).

Sofern diese vom Kind nicht selbständig wahrgenommen werden können, sind vom Unterhaltsberechtigten etwa zu erbringende Fahr- u. Betreuungsleistungen in Rechnung zu stellen. Berücksichtigt werden können auch schulische Anforderungen an die Mitarbeit der Eltern (etwa Hausaufgabenbetreuung, Klassenpflegschaft usw.). Es ist zu berücksichtigen, ob diese Aktivitäten vom Kind u. den Eltern schon zur Zeit des Zusammenlebens der Familie durchgeführt wurden. Betreuungsleistungen u. sonstige Tätigkeiten dürfen allerdings nicht außer Verhältnis zu der dadurch gehinderten Erwerbstätigkeit stehen.

Als kindbezogene Verlängerungsgründe kommen ferner schwere **Krankheiten des Kindes** in Betracht, die aber nicht nur pauschal, sondern in ihren konkreten Auswirkungen anzugeben sind (BGH NJW 2009, 1876 Rn. 29, 34). Eine Verlängerung aus kindbezogenen Gründen kann auch in Betracht kommen, wenn ein **volljähriges Kind behindert** ist u. die Verlängerung des Unterhaltsanspruchs unter Berücksichtigung der Gestaltung von Kinderbetreuung u. Erwerbstätigkeit in der Ehe sowie der Dauer der Ehe der Billigkeit entspricht (OLG Frankfurt a.M. BeckRS 2023, 24353 = FamRZ 2024, 355).

Die Belange des Kindes können einer Fremdbetreuung auch dann entgegenstehen, wenn das Kind unter der Trennung der Eltern besonders leidet u. daher **der persönlichen Betreuung** durch den Elternteil, bei dem es lebt, **bedarf** (BT-Drs. 16/6980, 9). Das kann auch bei Schulschwierigkeiten, Entwicklungsstörungen, Verhaltensauffälligkeiten u. schweren Behinderungen der Fall sein (Grüneberg/von Pückler BGB § 1570 Rn. 14 mwN).

Eine **Verlängerung** des Betreuungsunterhalts **aus elternbezogenen Gründen** (§ 1570 Abs. 2 BGB) ist unabhängig vom Kindeswohl möglich aus Gründen der nachehelichen Solidarität, etwa wenn ein Elternteil im Interesse der Kindererziehung seine **Erwerbstätigkeit** dauerhaft **aufgegeben** o. zurückgestellt hat (OLG Hamm BeckRS 2022, 28843 Rn. 65 = FamRZ 2023, 588; BT-Drs. 16/6980, 9) o. wenn der Elternteil durch eine Vollzeittätigkeit neben der anschließenden Kinderbetreuung (nach dem Aufenthalt des Kindes im Kindergarten o. im Hort) **überobligationsmäßig beansprucht** wird (BGH NJW 2009, 1876 Rn. 35).

Der Elternteil, der in einer **Ehe von längerer Dauer** aufgrund eines einvernehmlichen Betreuungskonzepts der Ehegatten mehrere Kinder betreut hat, kann aus Gründen der Billigkeit u. des Vertrauensschutzes einen Betreuungsunterhalt länger beanspruchen als bei einer kürzeren Ehedauer. Voraussetzung ist aber, dass im Zeitpunkt der Scheidung noch ein gemeinschaftliches Kind betreut werden muss, da es sich bei § 1570 Abs. 2 BGB um keinen selbständigen, etwa einen dauerhaften Anspruch begründenden Unterhaltstatbestand, sondern nur um eine ehespezifische Ausprägung des Betreuungsunterhaltsanspruchs nach § 1570 Abs. 1 BGB handelt (BT-Drs. 16/6980, 9).

Keinen elternbezogenen Grund für die Verlängerung des Betreuungsunterhalts stellt die Belastung durch die Beendigung eines Studiums o. einer anderen Ausbildung dar (**BGH** NJW 2015, 2257 Rn. 27 = FamRZ 2015, 1369).

Grundsätzlich ist **auch der barunterhaltspflichtige Elternteil als Betreuungsperson in Betracht zu ziehen,** wenn er dies ernsthaft u. verlässlich anbietet. Bei einem vollschichtig erwerbspflichtigen Elternteil kann allerdings angenommen werden, dass es ihm nicht möglich sein wird, den Obhutselternteil auch an Werktagen von der weiteren Betreuung eines gemeinsamen Kindes zu entlasten (BGH BeckRS 2011, 8039 Rn. 30 = FamRZ 2011, 791).

Das **OLG Hamm** (BeckRS 2014, 5709 = FamRZ 2014, 1468). betont allerdings, dass keine Pflicht des unterhaltsbegehrenden Elternteils besteht, anderweitige familiäre Betreuungsangebote, auch durch den geschiedenen Ehemann, zwecks Ausübung einer vollschichtigen Erwerbstätigkeit anzunehmen, weil die Verlängerungsvoraussetzungen des Betreuungsunterhalts nicht vom unterhaltspflichtigen Elternteil durch das Angebot einer Ausweitung des praktizierten Umgangsrechts unterlaufen werden dürfen, weil dadurch das hierfür vorgesehene Kindschaftsverfahren konterkariert würde.

Laut **OLG Frankfurt a. M.** (BeckRS 2018, 32499 Rn. 30 = FamRZ 2019, 1322) kann die Kinderbetreuung während des Umgangs durch den Unterhaltspflichtigen allenfalls dann, wenn der Umgang geregelt ist o. unproblematisch funktioniert, zu eine Erwerbsobliegenheit des Unterhaltsberechtigten in den feststehenden Zeiten führen. Die Änderung einer bestehenden Umgangsregelung zum Zweck der Ausweitung der Erwerbstätigkeit des betreuenden Unterhaltsberechtigten kann in der Regel nicht verlangt werden.

7. Nach den uneinheitlichen unterhaltsrechtlichen Leitlinien unter Nr. 10.2.1 (bei www.famrz.de >Materialien >Arbeitshilfen >Unterhaltsleitlinien) berücksichtigen die meisten OLG **berufsbedingte Aufwendungen** (notwendige Kosten zur Einkommenserzielung wie Fahrten zur Arbeitsstätte) durch Abzug einer Pauschale in Höhe von 5 % des Nettoeinkommens. Teilweise wird noch gefordert, es dürfe kein Mangelfall vorliegen, der Ansatz einer Pauschale nur Zurechnung eines fiktiven Einkommens zugelassen o. der pauschalisierte Ansatz berufsbedingter Aufwendungen sei auf höchstens 150 EUR begrenzt.

Die OLG Bremen u. Schleswig verlangen eine konkrete Darlegung der berufsbedingten Aufwendungen.

Lt. **BGH** (BeckRS 2005, 14485 Rn. 22 ff. = NJW 2006, 369 = FamRZ 2006, 108, 110) darf grds. auf die pauschalierende 5 %ige Berechnungsmethode zurückgegriffen werden. Diese Pauschalierung darf aber nicht dazu führen, dass die Anforderungen an die erforderliche Darlegung höherer Fahrtkosten (hier eines Leiharbeitnehmers auf wechselnden Baustellen) u. an ihren Nachweis überspannt werden.

Zur Berücksichtigung etwaiger **unterhaltsrechtlich relevanter Verbindlichkeiten** s. Nr. 10.4 der unterhaltsrechtlichen Leitlinien der OLG (bei www.famrz.de >Materialien >Arbeitshilfen >Unterhaltsleitlinien).

Im Rahmen des Ehegattenunterhalts besteht keine Obliegenheit des Unterhaltspflichtigen, ein Verbraucherinsolvenzverfahren einzuleiten, um die eigene Leistungsfähigkeit zu erhöhen (BGH BeckRS 2008, 1455 Rn. 18 ff. = BGH NJW 2008, 851 = FamRZ 2008, 497).

8. Zur Verwendung einer **arbeitsrechtlichen Abfindung** für den Unterhalt s. BGH NJW 2012, 1868 Rn. 37 ff. = FamRZ 2012, 1040.

Wenn der Antragsgegner keine **aktuelle Auskunft** über seine Einkünfte erteilt hat u. sein jetziger Arbeitgeber nicht bekannt ist, aber seine früheren Einkünfte unter Beweis gestellt werden können (zB durch eine Verdienstabrechnung o. einen Einkommensteuerbescheid) u. sich das vom Antragsgegner nach seinem beruflichen Werdegang erzielbare aktuelle Nettoeinkommen in etwa abschätzen lässt, ist es anstelle eines langwierigen Auskunftsstufenverfahrens nach § 254 ZPO iVm § 113 Abs. 1 S. 2 FamFG oft zweckmäßiger, das **zuletzt bekannte** monatliche **Nettoeinkommen** des Antragsgegners **als** weiterhin erzielt bzw. **erzielbar** zu **behaupten**. Ein Unterhaltszahlungsantrag **ohne genaue Kenntnis des aktuellen Einkommens** des Pflichtigen u. ohne vorherige Durchsetzung des Auskunftsanspruchs ist nicht mutwillig (OLG Hamm BeckRS 1998, 11170 = FamRZ 1998, 1602).

9. Zur unterhaltsrechtlichen **Erwerbspflicht des** das Kind **betreuenden Elternteils** → Anm. 6.

10. Vom Nettoeinkommen des Unterhaltspflichtigen wird beim Geschiedenenunterhalt schon auf der Bedarfsebene vorweg der den gemeinsamen Kindern u. den vor Rechtskraft der Scheidung geborenen nichtehelichen Kindern des Unterhaltspflichtigen geschuldete Unterhalt abgesetzt (BGH NJW 2012, 384 Rn. 18 f. = FamRZ 2012, 281). Auf der Leistungsebene ist aber der nach § 1609 Nr. 1 BGB stets vorrangige Kindesunterhalt auch dann zu berücksichtigen, wenn dieser die ehelichen Lebensverhältnisse nicht prägt (vgl. Borth FamRZ 2012, 253 (255) mit Rechenbeispiel).

Abzuziehen ist nicht der Tabellenbetrag, sondern der **Zahlbetrag** (BGH BeckRS 2010, 10710 Rn. 26 = FamRZ 2010, 869; BGH NJW 2009, 2523 Rn. 45 ff. = FamRZ 2009, 1300).

Nach der neueren u. umstrittenen Rechtsprechung des **BGH** (BeckRS 2021, 31928 Rn. 31–34 = FamRZ 2021, 1965 = NZFam 2021, 1008 mAnm Niepmann), die von den OLG Braunschweig, Celle, Hamburg u. Schleswig unter Nr. 15 in Ihre unterhaltsrechtlichen Leitlinien (bei www.famrz.de >Materialien >Arbeitshilfen >Unterhaltsleitlinien) übernommen wurde, berechnet sich der Unterhalt der Kinder, wenn die Erwerbseinkünfte beider Elternteile zu berücksichtigen sind, von deren gemeinsamen Einkünften abzüglich des hälftigen auf den Barunterhalt entfallenden Kindergelds u. abzüglich des vom Nichtobhutselternteils geleisteten Barunterhalts. In dieser Höhe leistet der betreuende Elternteil neben dem Betreuungsunterhalt restlichen Barunterhalt in Form von Naturalunterhalt. Zu den Einzelheiten s. die kritischen Ausführungen von Schürmann (FF 2022, 356 (364)).

11. Der bei der Unterhaltsbemessung zum nachehelichen Unterhalt zu berücksichtigende Erwerbstätigenbonus ist mit 1/10 des maßgeblichen Einkommens bemessen. Es ist daher mit einer 45 %-Quote auf die Differenz zwischen den anrechenbaren Erwerbseinkommen der Ehegatten zu rechnen (DT 2026 Anm. B.I. 1a).

Näheres zum **Erwerbstätigenbonus** → Form. B.II.4 Anm. 8.

12. Nach **§§ 235 Abs. 1, 236 FamFG** kann das Gericht ua anordnen, dass der Antragsteller u. der Antragsgegner in bestimmter Frist Auskunft über ihre Einkünfte, ihr Vermögen u. ihre persönlichen u. wirtschaftlichen Verhältnisse erteilen sowie bestimmte Belege vorlegen, soweit dies für die Bemessung des Unterhalts von Bedeutung ist. Gem. § 235 Abs. 2 FamFG hat das Gericht nach Abs. 1 vorzugehen, wenn ein Beteiligter dies beantragt u. der andere Beteiligte vor Beginn des Verfahrens einer nach den Vorschriften des bürgerlichen Rechts bestehenden Auskunftspflicht entgegen einer Aufforderung innerhalb angemessener Frist nicht nachgekommen ist. Mit dieser verfahrensrechtlichen Auskunftsanordnung, die nicht selbständig anfechtbar, aber auch nicht mit Zwangsmitteln durchsetzbar ist (§ 235 Abs. 4 FamFG), sollen in Unterhaltssachen die zeitaufwendigen Stufenverfahren in möglichst weitgehendem Umfang entbehrlich werden (BT-Drs. 16/6308, 255 f.). Anordnungen gemäß §§ 235, 236 FamFG darf das Familiengericht allerdings erst treffen, wenn bereits ein bezifferter Zahlungsantrag gestellt u. ein Unterhaltsanspruch substanziiert dargelegt worden ist. Denn §§ 235, 236 FamFG bezwecken nicht die Durchbrechung des Prinzips der Dispositionsmaxime u. sollen nicht zum Amtsermittlungsprinzip in Unterhaltssachen führen. Bei völliger Unkenntnis über die Einkommens- u. Vermögensverhältnisse des Antragsgegners ist daher ein Antragsteller auf die Durchführung des Stufenverfahrens gemäß §§ 113 Abs. 1 S. 2 FamFG, 254 ZPO angewiesen (OLG Oldenburg NJOZ 2020, 523 Rn. 9 = FamRZ 2020, 697; OLG Brandenburg BeckRS 2023, 29347 Rn. 31 = FamRZ 2024, 1206; OLG Hamm BeckRS 2024, 29915 Rn. 40 = FamRZ 2025, 1121).

Der Gesetzgeber hat bei einem Ungehorsam eines Beteiligten gegen die Anordnung nach § 235 Abs. 1 FamFG nur Sanktionen gegen die in § 236 FamFG genannten Dritten vorgesehen u. eine mangelnde Auskunftserteilung kann im Rahmen einer Billigkeitsentscheidung gemäß § 150 Abs. 4 S. 1 FamFG Berücksichtigung finden. Somit läuft die Regelung im Wesentlichen leer, wenn der Arbeitgeber des Unterhaltsschuldners nicht bekannt ist. Die Auskunftspflicht der Finanzämter gemäß § 236 Abs. 1 Nr. 5 FamFG hat zur Folge, dass die Finanzämter die Auskunftserteilung nicht unter Berufung auf das Steuergeheimnis verweigern dürfen.

Kosten und Gebühren

13. Die **Scheidungsfolgesachen** (§ 137 Abs. 2 FamFG) unterliegen nach §§ 9 Abs. 1, 14 Abs. 1 FamGKG **nicht der Vorauszahlungspflicht** → Form. B.II.1 Anm. 12.

Die **Scheidungssache u. die Folgesachen** gelten gem. §§ 33 Abs. 1, 44 Abs. 1 FamGKG, §§ 16 Nr. 4, 22 Abs. 1 RVG als **ein Verfahren.** Die Gebühren sind deshalb nach den **zusammengerechneten Werten** ihrer Verfahrensgegenstände zu berechnen (BT-Drs. 16/6308, 305).

Der **gerichtliche Verfahrenswert** der Folgesache Geschiedenenunterhalt errechnet sich gem. § 51 Abs. 1 FamGKG nach dem für ein Jahr ab der Rechtskraft der Scheidung geforderten Unterhaltsbetrag. Unterhaltsrückstände iSv § 51 Abs. 2 S. 1 FamGKG können nicht vorhanden sein, weil im Scheidungsverbund Unterhalt nach § 137 Abs. 2 S. 1 Nr. 2 FamFG immer nur ab der Rechtskraft der Scheidung verlangt u. zugesprochen werden darf.

Eine Vereinbarung über den **Verzicht auf künftigen Unterhalt** führt nicht zu einer Erhöhung des Verfahrenswertes (OLG Stuttgart BeckRS 2013, 14372 = FamRZ 2014, 1810 mwN).

Nach dem gerichtlichen Verfahrenswert bestimmt sich der **Gegenstandswert** für die Berechnung der **anwaltlichen Gebühren** im gerichtlichen Verfahren (§ 23 Abs. 1 S. 1 RVG).

Fristen und Rechtsmittel

14. → Form. B.II.1 Anm. 13.

4. Antrag der Ehefrau im Scheidungsverbund auf Zahlung von Geschiedenenunterhalt wegen Alters

An das

Amtsgericht[1, 2]

– Familiengericht –

Folgesachenantrag Geschiedenenunterhalt[3]

In der Familiensache

der Frau .....

wohnhaft .....

geboren am .....

Staatsangehörigkeit: ..... **– Antragstellerin –**

Verfahrensbevollmächtigter: Rechtsanwalt .....

gegen

Herrn .....

wohnhaft .....

geboren am .....

Staatsangehörigkeit: ..... **– Antragsgegner –**

Verfahrensbevollmächtigter: Rechtsanwalt .....

wird namens und in Vollmacht der Antragstellerin die Folgesache Geschiedenenunterhalt in der Scheidungssache zum Aktenzeichen ..... anhängig gemacht und beantragt,

der Antragstellerin für die Folgesache Geschiedenenunterhalt Verfahrenskostenhilfe unter Beiordnung ihres Verfahrensbevollmächtigten zu bewilligen[4] und wie folgt zu beschließen:
Der Antragsgegner hat an die Antragstellerin ab der Rechtskraft der Scheidung eine monatlich im Voraus fällige Unterhaltsrente von ..... EUR zu zahlen.
Der Beschluss ist hinsichtlich der Folgesache Geschiedenenunterhalt ab der Rechtskraft der Scheidung sofort wirksam.[5]

Begründung:

Die Antragstellerin macht im laufenden Scheidungsverfahren gegen den Antragsgegner ihren Unterhaltsanspruch wegen Alters nach §§ 1571 Nr. 1, 1578 Abs. 1 S. 1 BGB entsprechend den ehelichen Lebensverhältnissen geltend, nachdem der Antragsgegner

trotz des beigefügten Mahnschreibens der Antragstellerin vom ..... sich nicht bereitgefunden hat, einen Unterhaltstitel betreffend den Geschiedenenunterhalt zu errichten.

Die Beteiligten sind seit dem ..... miteinander verheiratet und leben seit dem ..... getrennt. Ihre Kinder ..... sind inzwischen volljährig und wirtschaftlich selbständig.

Die Antragstellerin ist Hausfrau ohne Einkommen und ohne Vermögen. Sie lebt zurzeit vom Trennungsunterhalt des Antragsgegners in Höhe von monatlich ..... EUR.

Die Antragstellerin hat in den Jahren ..... bis ..... den Beruf einer ..... erlernt. Diesen Beruf hat sie aber im Einvernehmen mit dem Antragsgegner wegen der Betreuung der Kinder und der Haushaltsführung für die Familie seit dem Jahre ..... nicht mehr ausgeübt. Dadurch hat sie dem Antragsgegner seinen beruflichen Aufstieg zum ..... mit ermöglicht.

Unter diesen Umständen ist von der Antragstellerin wegen ihres Alters keine angemessene Erwerbstätigkeit im Sinne von § 1574 Abs. 2 BGB mehr zu erwarten. Die Antragstellerin hätte auch keine reale Beschäftigungschance.

Beweis: Einholung einer amtlichen Auskunft der Arbeitsagentur .....

Der Antragsgegner ist bei der Firma ..... beschäftigt und hat mindestens ein um die berufsbedingten Aufwendungen[6] bereinigtes monatliches Nettoeinkommen in Höhe von ..... EUR.[7]

Beweis: .....

Nennenswertes Vermögen, das in die Bedarfsdeckung eingeflossen wäre, haben die Beteiligten nicht gebildet. Ihre ehelichen Lebensverhältnisse waren allein geprägt durch das Einkommen des erwerbstätigen Antragsgegners und von der einvernehmlich ausgeübten Haushaltsführung und Kinderbetreuung durch die nicht erwerbstätige Antragstellerin.

Somit errechnet sich ein Anspruch der Antragstellerin auf Geschiedenenunterhalt in Höhe von (..... EUR als bereinigtes Nettoeinkommen des Antragsgegners × 45 %[8] wegen Erwerbstätigenbonus =) ..... EUR.

Falls der Antragsgegner die Höhe seines Nettoeinkommens bestreiten sollte, wird das Gericht vorsorglich gebeten, nach § 235 FamFG dem Antragsgegner aufzugeben, binnen zwei Wochen seine Verdienstabrechnungen für die letzten 12 Monate und seinen neuesten Einkommensteuerbescheid vorzulegen. Wenn der Antragsgegner der Aufforderung nicht oder nicht vollständig nachkommt, wird das Gericht gebeten, gemäß § 236 FamFG diese Belege beim Arbeitgeber des Antragsgegners bzw. beim Finanzamt einzuholen. Ein Antrag gemäß § 236 Abs. 2 FamFG bleibt vorbehalten.[9]

Zum Antrag auf Bewilligung von Verfahrenskostenhilfe wird auf die bereits zum Hauptverfahren Scheidung eingereichten Unterlagen verwiesen. Die Einkommensverhältnisse sind unverändert.

Rechtsanwalt[10, 11]

Anmerkungen

1. Zunächst → Form. B.II.2 Anm. 1.

Der – in der Praxis seltene – Anspruch auf Altersunterhalt gem. § 1571 BGB knüpft nur an die Voraussetzung an, dass **wegen Alters keine Erwerbstätigkeit** mehr erwartet werden kann. Die Unterhaltsbedürftigkeit muss nicht ehebedingt sein (vgl. Dose UnterhaltsR/Bömelburg § 4 Rn. 214 ff.). Der Unterhaltsanspruch nach § 1571 BGB besteht auch dann, wenn der unterhaltsberechtigte Ehegatte nicht im Laufe einer langjährigen Ehe alt und unterhaltsbedürftig geworden ist, sondern **bereits bei Eheschließung altersbedingt einer Erwerbstätigkeit nicht mehr nachgehen konnte** (OLG Hamm BeckRS 2023, 40435 Rn. 37 = FamRZ 2024, 923).

Wenn der Unterhaltsberechtigte vollständig wegen Alters an einer Erwerbstätigkeit gehindert ist, ergibt sich der Unterhaltsanspruch **allein aus § 1571 BGB.** Dies gilt auch dann, wenn ein Unterhaltsberechtigter bereits im Alter von **63 Jahren** in den Ruhestand getreten ist u. er als Behinderter nicht mehr erwerbspflichtig u. auch nicht erwerbstätig ist (BGH NJW 2012, 2028 Rn. 18 f. = FamRZ 2012, 951). Eine gesundheitlich nicht beeinträchtigte erst **60 Jahre** alte Unterhaltsgläubigerin hat dagegen noch **keinen Anspruch auf Altersunterhalt**, sondern lediglich einen Anspruch auf Aufstockungsunterhalt gem. § 1573 Abs. 2 BGB (OLG Zweibrücken NJW-RR 2012, 259 = FamRZ 2012, 643).

Bei einer nur teilweisen Hinderung an einer Erwerbstätigkeit wegen Alters ergibt sich der Anspruch wegen des nicht durch die Erwerbshinderung verursachten Einkommensausfalls aus § 1573 Abs. 2 BGB (BGH NJW 2010, 2056 Rn. 15 = FamRZ 2010, 869).

Ab welchem Alter eine Erwerbstätigkeit des bedürftigen geschiedenen Ehegatten nicht mehr erwartet werden kann u. somit ein **Unterhaltsanspruch wegen Alters** im Zeitpunkt der Scheidung (bzw. der letzten mündlichen Verhandlung; s. BGH NJW 1983, 1483 f. = FamRZ 1983, 144 f.) in Betracht kommt, wird in § 1571 BGB nicht gesagt. Grundsätzlich besteht eine **Obliegenheit zur Erwerbstätigkeit bis zur Regelaltersgrenze** (BGH NJW 2012, 3434 Rn. 28 = FamRZ 2012, 1483; OLG Hamm BeckRS 2013, 19542 = FamRZ 2014, 777; Dose UnterhaltsR/Dose § 1 Rn. 658 f., 749). Bei der Vereinbarung von **Altersteilzeit** wird regelmäßig keine unterhaltsbezogene Mutwilligkeit vorliegen (BGH NJW 2012, 3434 Rn. 30).

Die **Regelaltersgrenze** wird von den nach dem 31.12.1946 Geborenen in der **gesetzlichen Rentenversicherung** für langjährig Versicherte (§§ 35 S. 2, 36, 235 SGB VI) u. von den **Beamten des Bundes und der Länder** (§ 51 BBG o. § 25 BeamtStG iVm den Regelungen über die Altersgrenze in den Landesbeamtengesetzen) mit Vollendung des **67. Lebensjahres** erreicht. Dies **wirkt sich** aber für die Zeit **nach dem** (31.12.1946 + 65 Jahre =) **31.12.2011** nur schrittweise **aus** (Dose UnterhaltsR/Bömelburg § 4 Rn. 217). Bei Beamten kann die Altersgrenze auf Antrag des Beamten u. im dienstlichen Interesse längstens bis zum 70. Lebensjahr hinausgeschoben werden.

Der **BGH** (NJW 2006, 1654 Rn. 14) **verneint die Erwerbspflicht des Bedürftigen** ab dem Erreichen der allgemeinen Altersgrenze (damals 65 Jahre) u. will den unterhaltsrelevanten Anteil eines nach dem Renteneintritt überobligationsmäßig erzielten Einkommens nach Billigkeit ermitteln. Mit seinem Urteil vom 12.1.2011 hat der BGH im Falle eines nach Vollendung seines 65. Lebensjahres noch tätigen selbständigen Apothekers klargestellt, dass hins. des Ehegattenunterhalts (u. des Kindesunterhalts) mit dem Erreichen der Regelaltersgrenze die **Erwerbsobliegenheit** grds. sowohl für den **Unterhaltsberechtigten** als auch für den **Unterhaltspflichtigen** endet u. dass auch ein vom **Selbständigen** danach **erzieltes Einkommen** schon beim Unterhaltsbedarf nicht vollständig, sondern **nur eingeschränkt** (o. gar nicht) nach den Grundsätzen von Treu und Glauben (§ 242 BGB) aufgrund der konkreten Umstände des Einzelfalls für den Unterhalt herangezogen werden darf (BGH NJW 2011, 670 Rn. 15–28 = FamRZ 2011, 454; s. auch OLG Hamm BeckRS 2013, 19542 zur Tätigkeit eines 68-jährigen selbständigen Steuerberaters). Nach OLG Koblenz (BeckRS 2014, 12847) sind aber die Einkünfte eines selbständigen 78-jährigen Bauingenieurs überobligationsmäßig u. nicht mehr in die Unterhaltsberechnung einzubeziehen.

Wenn die Antragstellerin einen **Anspruch auf Grundsicherung** im Alter u. bei voller Erwerbsminderung hätte (§§ 19 Abs. 2, 41 ff. SGB XII), wäre ihr Anspruch auf Grundsicherung als besondere Art der Sozialhilfe gem. § 2 SGB XII **nachrangig gegenüber der Unterhaltspflicht** des Antragsgegners. Denn nach § 94 Abs. 1a SGB XII bleiben bei der Sozialhilfe nur Unterhaltsansprüche ggü. Kindern u. Eltern unberücksichtigt, sofern deren Jahreseinkommen nicht über einem Betrag von 100.000 EUR liegt. Dagegen geht der **Unterhaltsanspruch des** getrenntlebenden o. **geschiedenen Ehegatten** gem. § 94 Abs. 1 S. 1 SGB XII bis zur Höhe der geleisteten Aufwendungen zusammen mit dem unterhaltsrechtlichen Auskunftsanspruch auf den Träger der Sozialhilfe über. Mithin ist der nachrangige Anspruch auf Grundsicherung gegenüber der Unterhaltspflicht des getrenntlebenden o. geschiedenen Ehegatten für die Bedürftigkeit der Antragstellerin bedeutungslos (Dose UnterhaltsR/Dose § 1 Rn. 705 ff.; BeckOK SozR/Gebhardt SGB XII § 43 Rn. 1, 13, 15). Denn Grundsicherung ist beim Ehegattenunterhalt kein Einkommen des Beziehers (s. auch die unterhaltsrechtlichen **Leitlinien der OLG Nr. 2.9** bei www.famrz.de >Materialien >Arbeitshilfen >Unterhaltsleitlinien). Der Antragsgegner kann die Antragstellerin also nicht auf die Inanspruchnahme von Grundsicherung verweisen.

Ob vor dem 65. Lebensjahres noch eine **Erwerbsobliegenheit** besteht, ist bei einem nach Vollendung des 63. Lebensjahres laufenden Rentenbezug auf Grund einer flexiblen Altersgrenze (§ 36 S. 2 SGB VI) **nach unterhaltsrechtlichen Gesichtspunkten** unter Berücksichtigung der Umstände des Einzelfalles zu entscheiden. Allein der Rentenbezug aufgrund des Erreichens einer flexiblen Altersgrenze lässt die Erwerbsobliegenheit nicht entfallen (BGH NJW 1999, 1547 = FamRZ 1999, 708).

Bei der Entscheidung über die Erwerbspflicht vor dem 65. Lebensjahr kann die **Angemessenheit** iSv **§ 1574 BGB** eine Rolle spielen. Durch diese Vorschrift wird der Anspruch aus § 1571 BGB (wie auch aus § 1572 BGB u. § 1573 Abs. 1 BGB) konkretisiert (Grüneberg/von Pückler BGB § 1574 Rn. 1). Nach § 1574 Abs. 1 BGB **obliegt** es dem geschiedenen Ehegatten, eine angemessene Erwerbstätigkeit auszuüben. Bei der **Beurteilung der Angemessenheit** kommt es gem. § 1574 Abs. 2 S. 1 BGB vor allem auf die Ausbildung, die Fähigkeiten, die frühere Erwerbstätigkeit, das Lebensalter u. den Gesundheitszustand des geschiedenen Ehegatten an. Die ehelichen Lebensverhältnisse sind zu einem Billigkeitskorrektiv herabgestuft worden, sodass auch die Dauer der Ehe sowie die Dauer der Pflege o. Erziehung eines gemeinschaftlichen Kindes an Gewicht verloren haben. Ferner ist hins. der Angemessenheit der für alle Unterhaltstatbestände vorrangige **Grundsatz der Eigenverantwortung** jedes Ehegatten für seinen Unterhalt nach der Scheidung (§ 1569 S. 1 BGB) zu beachten (Dose FamRZ 2007, 1289 (1297) mwN). Somit muss der **Unterhaltsberechtigte darlegen** u. ggf. **beweisen,** dass eine an sich erreichbare Erwerbstätigkeit für ihn aufgrund der ehelichen Lebensverhältnisse unzumutbar ist (BT-Drs. 16/1830, 17, BR-Drs. 253/06, 27).

Nach diesen Grundsätzen sind die früheren aus der Zeit vor dem 1.1.2008 stammenden Entscheidungen, in denen 49 o. 53 Jahre alten, einst als Verkäuferin o. als Bürokraft berufstätig gewesenen geschiedenen Ehefrauen eines Professors o. Betriebsleiters keine Erwerbstätigkeit im Hinblick auf ihr Alter mehr zugemutet wurde (BGH NJW 1983, 1483 = FamRZ 1983, 144; BGH NJW 1985, 1340 = FamRZ 1985, 371), überholt (Dose UnterhaltsR/Bömelburg § 4 Rn. 226). Vielmehr ist eine früher ausgeübte Erwerbstätigkeit grds. immer als angemessen anzusehen (BT-Drs. 16/1830, 17). Erforderlichenfalls obliegt es dem geschiedenen Ehegatten, sich ausbilden, fortbilden o. umschulen zu lassen (§ 1574 Abs. 3 BGB).

In der Praxis wird vor allem um eine **Herabsetzung u. zeitliche Begrenzung** des Unterhalts gem. **§ 1578b BGB** gestritten. In § 1578b Abs. 1 S. 2 BGB ist zur Klarstellung das Tatbestandsmerkmal der **Ehedauer** eigenständig als weiterer Billigkeitsmaßstab von besonderer Bedeutung genannt, um deutlich zu machen, dass eine Herabsetzung o. zeitliche Begrenzung eines nachehelichen Unterhaltsanspruchs unzulässig sein kann, wenn zwar **keine ehebedingten Nachteile** vorliegen, aber eine Beschränkung des Unterhalts wegen der bei **Ehen von langer Dauer** gebotenen **nachehelichen Solidarität** unbillig erscheint (BT-Drs. 17/11885, 6; s. auch Büte/Poppen/Menne UnterhaltsR/Botur BGB § 1578b Rn. 21 ff.).

§ 1578b BGB gilt für alle Tatbestände der §§ 1570–1573 BGB, mithin **auch für den Altersunterhalt** nach § 1571 BGB (Dose UnterhaltsR/Bömelburg § 4 Rn. 235 mwN).

Da § 1578b BGB eine **Billigkeitsentscheidung** darüber verlangt, ob eine fortdauernde unbeschränkte Unterhaltspflicht unbillig erscheint (BGH NJW 2010, 3097 Rn. 29 = FamRZ 2010, 1633), ist die Entscheidung des Familiengerichts für den anwaltlichen Berater schwer vorherzusehen.

Die **Kriterien für die Billigkeitsabwägung** sind lt. **BGH** (BeckRS 2019, 28020 Rn. 38 = FamRZ 2020, 97; NZFam 2018, 885 Rn. 23 f. = FamRZ 2018, 1506) dem § 1578b Abs. 1 S. 2 u. 3 BGB zu entnehmen. Danach sind neben der **Dauer der Ehe** vorrangig die sich aus der Haushaltsführung u. der Erziehung eines gemeinschaftlichen Kindes eingetretenen **Nachteile** im Hinblick auf die Möglichkeit, für den eigenen Unterhalt zu sorgen, zu berücksichtigen. Der ehebedingte Nachteil äußere sich in der Regel darin, dass der unterhaltsberechtigte Ehegatte nachehelich nicht die Einkünfte erziele, die er ohne Ehe u. Kinderbetreuung erzielen würde. Aber auch beim **Fehlen ehebedingter Nachteile** sei eine Herabsetzung o. Befristung des nachehelichen Unterhalts nur bei Unbilligkeit eines fortdauernden Unterhaltsanspruchs nach den ehelichen Lebensverhältnissen vorzunehmen. Dabei seien für das **Maß der nachehelichen Solidarität** neben der **Dauer der Ehe** die in der Ehe gelebte **Rollenverteilung** u. die vom Unterhaltsberechtigten während der Ehe erbrachte **Lebensleistung** wesentlich. Ferner seien die **wirtschaftlichen Verhältnisse** der Eheleute von Bedeutung, sodass in die Abwägung einzubeziehen sei, wie dringend der Unterhaltsberechtigte neben seinen eigenen Einkünften auf den Unterhalt angewiesen sei u. in welchem Maße der Unterhaltspflichtige unter Berücksichtigung weiterer Unterhaltspflichten durch die Unterhaltszahlung belastet werde. Dabei könne auch eine **lange Dauer von Trennungsunterhaltszahlungen** bedeutsam sein.

Bei den in § 1578b BGB aufgeführten Kriterien handelt es sich um **objektive Umstände,** denen kein Unwerturteil und keine subjektive Vorwerfbarkeit anhaften, weshalb im Rahmen der Abwägung nach § 1578b BGB **keine Aufarbeitung ehelichen Fehlverhaltens** stattfindet. Insbesondere kann der unterhaltspflichtige Ehegatte nicht einwenden, dass er den Unterhaltsberechtigten während der Ehe zur Berufstätigkeit angehalten habe (BGH BeckRS 2019, 29207 Rn. 50 = FamRZ 2020, 171; OLG München BeckRS 2024, 25153 Rn. 54 = FamRZ 2025, 1102).

Die **Grenze** für die **Herabsetzung** des Unterhaltsanspruchs **auf den angemessenen Lebensbedarf** (§ 1578b Abs. 1 S. 1 BGB) bemisst sich nach dem Einkommen, das der unterhaltsberechtigte Ehegatte ohne Ehe u. Kindererziehung aus eigenen Einkünften zur Verfügung hätte (BGH NZFam 2018, 885 Rn. 25 = FamRZ 2018, 1506). Dabei muss der herabgesetzte Unterhaltsbedarf aber das **Existenzminimum** des Unterhaltsberechtigten erreichen. Dieses Existenzminimum entspricht dem notwendigen Selbstbehalt eines nicht erwerbstätigen Unterhaltsschuldners (**1.200 EUR** lt. DT 2026 Anm. A. VII.), u. zwar auch dann, wenn vom Unterhaltsgläubiger noch eine Erwerbstätigkeit erwartet werden kann (BGH NJW 2013, 866 Rn. 26 = FamRZ 2013, 534).

Der **BGH** (NJW 2013, 1530 Rn. 34 ff. = FamRZ 2013, 853) hat wegweisend bei einer **33-jährigen Hausfrauenehe** mit Betreuung von zwei Kindern der Ehedauer ein erhebliches Gewicht beigemessen, aber im Rahmen der zu treffenden Billigkeitsabwägung die Berücksichtigung aller weiteren Umstände verlangt (wie Angewiesensein der Unterhaltsberechtigten auf den Unterhalt u. Belastung des Unterhaltspflichtigen durch die Unterhaltszahlungen).

Das **OLG Hamm** (BeckRS 2013, 19542 = FamRZ 2014, 777) betont besonders den Gedanken der **nachehelichen Solidarität** u. der **engen wirtschaftlichen Verflechtung,** wenn die Bedürftigkeit auf einer gewachsenen wirtschaftlichen Abhängigkeit beruht, u. es hat eine **Begrenzung o. Befristung** des Unterhaltsanspruchs einer **66-jährigen Rentnerin**, die seit der Heirat vor 18 Jahren nicht mehr berufstätig gewesen war, **abgelehnt.**

Ebenfalls hat das **OLG Hamm** (BeckRS 2023, 40435 Rn. 71 = FamRZ 2024, 923) eine Herabsetzung oder zeitliche Befristung des Anspruchs auf Altersunterhalt ausgeschlossen, wenn Pflichtiger und Berechtigter schon Altersrentner sind, da nicht mehr erwartet werden kann, dass der Berechtigte in der Lage sein wird, sein Einkommen zu erhöhen.

Das **KG** (NJOZ 2017, 50 Rn. 24 ff.) weist darauf hin, dass es **kein für alle Fälle gleiches Maß** an nachehelicher Solidarität gibt, sondern dass das im konkreten Einzelfall geschuldete Ausmaß immer das Ergebnis einer umfassenden Billigkeitsabwägung unter Berücksichtigung aller maßgeblichen Gesichtspunkte ist u. dass auch bei einer Ehe von langer Dauer (hier ca. 17 Jahre) nebst Kindererziehung eine Herabsetzung u. zeitliche Befristung des Unterhaltsanspruchs in Betracht kommt, wenn keine fortwirkenden ehebedingten Nachteile vorliegen u. der unterhaltsberechtigte Ehegatte die ihm obliegende Erwerbsobliegenheit über Jahre hinweg vernachlässigt u. sich in keiner Weise darum bemüht hat, die seit 20 Jahren bestehende Unterhaltslast des Pflichtigen gering zu halten.

Ehebedingte Nachteile stehen einer Befristung von Unterhaltsansprüchen nach stRspr grundsätzlich entgegen (**BGH** NJW 2015, 1380 Rn. 24 = FamRZ 2015, 824).

Nach **BGH** (BeckRS 2013, 6319 Rn. 20 = FamRZ 2013, 860) sind Nachteile nur dann ehebedingt, wenn sie auf die konkrete Lebensgestaltung während der Ehe zurückzuführen sind. **Umstände**, die **aus einem vorehelichen Zusammenleben** – wie die vor der Heirat aufgenommene Betreuung eines gemeinsamen Kindes und eine damit verbundene Aufgabe des Arbeitsplatzes beruhen – **scheiden aus.** Ein ehebedingter Nachteil kann sich dann nur aus der Fortsetzung der Kinderbetreuung nach der Eheschließung ergeben.

Ehebedingte Nachteile iSv § 1578b Abs. 1 S. 2 BGB können **nicht** mit den durch die Unterbrechung der Erwerbstätigkeit während der Ehe verursachten geringeren Rentenanwartschaften begründet werden, wenn für diese Zeit ein **Versorgungsausgleich** stattgefunden hat (BGH BeckRS 2018, 16905 Rn. 11 = NJW 2018, 2636 = FamRZ 2018, 1421).

Kein ehebedingter Nachteil ist auch der gem. § 1586 Abs. 1 BGB durch die Eheschließung bedingte **Wegfall des Unterhaltsanspruchs** gegen den **früheren Ehemann (BGH** NJW 2012, 309 Rn. 27 f. = FamRZ 2012, 197).

Ein fortwirkender ehebedingter **Nachteil** kann aber darin bestehen, dass der Unterhaltsberechtigte bei **Bezug von Lohnersatzleistungen** wie einer befristeten Erwerbsunfähigkeitsrente nicht wie bei einem Erwerbseinkommen auch Altersvorsorgeansprüche aufbauen kann (OLG Celle NJW 2016, 2194).

Der Unterhaltspflichtige sollte etwa vorhandene **Gründe** für eine Herabsetzung u./o. zeitliche Begrenzung des Unterhalts **nach § 1578b BGB** unbedingt **bereits im Scheidungsverfahren geltend machen**, um nicht als Antragsteller eines späteren Abänderungsverfahrens mit diesen Alttatsachen gem. § 238 Abs. 2 FamFG **präkludiert** zu sein. Denn wenn die für eine Unbilligkeit sprechenden Gründe bereits im Ausgangsverfahren entstanden o. jedenfalls zuverlässig vorauszusehen waren, kann die Entscheidung darüber im Rahmen eines Abänderungsverfahrens grds. nicht nachgeholt werden, sofern die Umstände schon für die Entsch. des Ausgangsverfahrens erheblich waren (BGH NJW 2018, 1753 Rn. 13 ff. = FamRZ 2018, 914; Sternal/Weber FamFG § 238 Rn. 56).

Der Unterhaltspflichtige hat die **Darlegungs- u. Beweislast** für die Tatsachen, die für eine Unterhaltsbegrenzung gem. § 1578b BGB sprechen. Behauptet der Unterhaltspflichtige substanziiert, es seien keine ehebedingten Nachteile entstanden, trifft den Unterhaltsberechtigten eine **sekundäre Darlegungslast** darüber, welche konkreten ehebedingten Nachteile entstanden sein sollen (BGH NJW 2010, 3097 Rn. 21 f. = FamRZ 2010, 1633).

Bei einer **geringfügigen Einkommensdifferenz** dürfte – wie beim Anspruch auf Aufstockungsunterhalt aus § 1573 BGB (→ Form. B.II.6 Anm. 10) – kein Anspruch auf

Unterhalt wegen Alters bestehen (OLG Karlsruhe NJW-RR 2008, 1458 = FamRZ 2008, 2120).

2. Die **Antragsfolgesache Geschiedenenunterhalt** (§ 137 Abs. 2 S. 1 Nr. 2 FamFG) ist während der Anhängigkeit der Ehesache **bei dem für die Ehescheidung** zuständigen Familiengericht **anhängig zu machen** (§ 232 Abs. 1 Nr. 1 FamFG). Zu Auslandssachen → Form. B.II.1 Anm. 2.

3. Durch die Überschrift „Folgesachenantrag Geschiedenenunterhalt" soll erreicht werden, dass die Eingangsregistratur des Familiengerichts die Sache nicht irrtümlich als isolierten Antrag einträgt, sondern sogleich richtig eine Unterakte UE („Unterhalt des Ehegatten") zur Scheidungsakte anlegt (s. § 27 Abs. 3 Nr. 3 AktO).

Wegen der Unteraktenführung sollte zur Scheidungssache u. zur Folgesache Geschiedenenunterhalt jeweils **in getrennten Schriftsätzen** vorgetragen u. in den Schriftsätzen betr. die Folgesache Geschiedenenunterhalt dem **Aktenzeichen** des Scheidungsverfahrens der **Zusatz UE** beigefügt werden.

4. Für die Antragsfolgesache Geschiedenenunterhalt ist **gesondert Verfahrenskostenhilfe** zu beantragen → Form. B.II.3 Anm. 4.

5. Ein **Anspruch auf Trennungsunterhalt** (§ 1361 BGB) **erlischt** am Tage des Eintritts der Rechtskraft der Scheidung der Ehe (BGH NJW 1988, 1137 = FamRZ 1988, 370). Zur Vermeidung einer Unterhaltslücke sollte deshalb für den Fall einer Beschwerde nur wegen der Unterhaltsfolgesache vorsorglich beantragt werden: „Der Beschluss ist hinsichtlich der Folgesache Geschiedenenunterhalt ab der Rechtskraft der Scheidung **sofort wirksam.**" → Form. B.II.1 Anm. 11.

6. Zu den **berufsbedingten Aufwendungen** u. zu etwaigen unterhaltsrechtlich relevanten **Verbindlichkeiten** → Form. B.II.3 Anm. 7.

7. Zum Vorgehen, wenn das unterhaltserhebliche Einkommen des Verpflichteten nicht genau bekannt ist, → Form. B.II.3 Anm. 8.

8. Nach der Rechtsprechung des BGH (NJW 1982, 41 = FamRZ 1981, 1165) steht bei der **Bemessung des Trennungs- u. des Geschiedenenunterhalts** an sich jedem Ehegatten die Hälfte des anrechnungsfähigen Einkommens zu, weil die Ehegatten grds. in gleicher Weise am ehelichen Lebensstandard teilnehmen. Diesem **Halbteilungsgrundsatz** widerspricht es aber nicht, wenn im Falle der Erwerbstätigkeit des Unterhaltspflichtigen o. beider Ehegatten das Einkommen bzw. die Einkommensdifferenz nach unterschiedlichen Quoten zwischen den Ehegatten aufgeteilt wird, weil dadurch dem mit der Berufstätigkeit verbundenen erhöhten Aufwand in maßvoller Weise Rechnung getragen u. der **Anreiz zur Erwerbstätigkeit** gesteigert wird. Das gilt auch dann, wenn der **Erwerbstätigenbonus** allein beim Unterhaltsberechtigten anfällt, etwa weil der Unterhaltspflichtige bereits Rentner ist (**BGH** NJW 2020, 238 Rn. 18 ff. = FamRZ 2020, 171). Den Erwerbstätigenbonus würde auch ein berufstätiger Unterhaltsgläubiger bei einer Doppelverdienerehe erhalten.

Die in früheren Jahren umstrittene Frage, ob der Erwerbstätigenbonus mit $^1/_7$ oder mit $^1/_{10}$ zu bemessen ist, ist durch den **BGH** mit Beschluss vom 15.12.2021 (BeckRS 2021, 44148 Rn. 49 = FamRZ 2022, 434) entschieden worden. Danach ist regelmäßig ein Erwerbstätigenbonus anzusetzen, der $^1/_{10}$ nicht zu übersteigen hat.

Von dem – um berufsbedingte Aufwendungen, um unterhaltsrechtlich relevante Schulden u. um prägenden Kindesunterhalt – bereinigten Nettoeinkommen des erwerbstätigen Schuldners wird nach Anm. B. I. der DT 2026 und Ziffer 15.2 der der unterhaltsrechtlichen Leitlinien der OLG (www.famrz.de >Materialien >Arbeitshilfen >Unterhaltsleitlinien) ein **Erwerbstätigenbonus von 1/10** abgezogen. Das belässt dem Schuldner **55 %** seines Erwerbseinkommens, während die Gläubigerin davon **45 %** erhält.

Bei den nicht auf einer Erwerbstätigkeit beruhenden Einkünften wie **Renten, Pensionen, Arbeitslosengeld, Krankengeld, Abfindungen, Zinsen u. Mieteinnahmen** gibt es **keinen Erwerbstätigenbonus** (BGH BeckRS 2010, 30817 = FamRZ 2011, 192). Vielmehr gilt für diese sonstigen anrechenbaren Einkünfte der Halbteilungsgrundsatz uneingeschränkt. Bei den nicht auf Erwerbseinkommen beruhenden Einkünften ist der Bedarf nach einer Quote von 50 % zu ermitteln (vgl. Scholz/Kleffmann FamR-HdB/Bruske Teil H Rn. 855 zur Berechnung des Erwerbstätigenbonus bei Mischeinkommen).

Hat der **Ehemann** ein bereinigtes Nettoeinkommen von **3.800 EUR** u. die **Ehefrau** ein solches von **700 EUR**, ergeben sich die nachstehenden Unterhaltsberechnungen.

a) beide Eheleute haben Erwerbseinkommen:

Ehemann: 3.800 EUR – 380 EUR (1/10) =	3.420 EUR
Ehefrau: 700 EUR – 70 EUR (1/10) =	630 EUR
gemeinsames Einkommen:	4.050 EUR : 2 =
Bedarf der Ehefrau:	2.025 EUR
abzüglich eigenes Einkommen:	630 EUR
ungedeckter Bedarf u. Unterhaltsanspruch der Ehefrau:	1.395 EUR

Diesen Rechengang kann man vereinfachen, indem man den Unterhaltsanspruch aus der Differenz der beiden Nettoeinkommen von (3.800 EUR – 700 EUR =) 3.100 EUR × 45 % = 1395 EUR errechnet.

b) Ehemann hat Erwerbseinkommen, die Ehefrau Rente:

Ehemann: 3.800 EUR – 380 EUR (1/10) =	3.420 EUR
Ehefrau nur Rente:	700 EUR
gemeinsames Einkommen:	4.120 EUR : 2 =
Bedarf der Ehefrau:	2.060 EUR
abzüglich eigenes Einkommen:	700 EUR
ungedeckter Bedarf u. Unterhaltsanspruch der Ehefrau:	1.360 EUR

9. Zu §§ 235, 236 FamFG → Form. B.II.3 Anm. 12.

Kosten und Gebühren

10. → Form. B.II.3 Anm. 13.

Fristen und Rechtsmittel

11. → Form. B.II.1 Anm. 13.

5. Antrag der Ehefrau im Scheidungsverbund auf Zahlung von Geschiedenenunterhalt wegen Krankheit nebst Krankheits- und Pflegevorsorgeunterhalt sowie Altersvorsorgeunterhalt

An das

Amtsgericht[1, 2]

– Familiengericht –

Folgesachenantrag Geschiedenenunterhalt[3]

In der Familiensache

der Frau . . . .

wohnhaft . . . . .

geboren am . . . . .

Staatsangehörigkeit: . . . . . Antragstellerin,

Verfahrensbevollmächtigter: Rechtsanwalt . . . . .

gegen

Herrn . . . . .

wohnhaft . . . .

geboren am . . . . .

Staatsangehörigkeit: . . . . . Antragsgegner,

Verfahrensbevollmächtigter: Rechtsanwalt . . . . .

wird namens und in Vollmacht der Antragstellerin die Folgesache Geschiedenenunterhalt in der Scheidungssache zum Aktenzeichen . . . . . anhängig gemacht und beantragt,

der Antragstellerin für die Folgesache Geschiedenenunterhalt Verfahrenskostenhilfe unter Beiordnung ihres Verfahrensbevollmächtigten zu bewilligen[4] und wie folgt zu beschließen:

Der Antragsgegner hat an die Antragstellerin ab der Rechtskraft der Scheidung eine monatlich im Voraus fällige Gesamtunterhaltsrente von . . . . . EUR, davon . . . . . EUR als Elementarunterhalt, ... EUR als Krankheits- und Pflegevorsorgeunterhalt und . . . . . EUR als Altersvorsorgeunterhalt, zu zahlen.

Der Beschluss ist hinsichtlich der Folgesache Geschiedenenunterhalt ab der Rechtskraft der Scheidung sofort wirksam.[5]

Begründung:

Die Antragstellerin macht im laufenden Scheidungsverfahren gegen den Antragsgegner wegen Krankheit ihren Anspruch nach §§ 1572, 1578 Abs. 1 S. 1, Abs. 2 und 3 BGB auf Elementarunterhalt, Krankheits- und Pflegevorsorgeunterhalt sowie Altersvorsorgeunterhalt entsprechend den ehelichen Lebensverhältnissen geltend, nachdem der Antragsgegner trotz des beigefügten Mahnschreibens der Antragstellerin vom . . . . . sich nicht bereitgefunden hat, einen Unterhaltstitel betreffend den Geschiedenenunterhalt zu errichten.

Die Beteiligten sind seit dem . . . . . miteinander verheiratet und leben seit dem . . . . . getrennt. Ihre Kinder . . . . . sind inzwischen volljährig und wirtschaftlich selbständig.

Die Antragstellerin ist Hausfrau ohne Einkommen und ohne Vermögen. Sie lebt zurzeit vom Trennungsunterhalt des Antragsgegners in Höhe von monatlich . . . . . EUR.

Die Antragstellerin, die zuletzt im Jahre . . . . . in ihrem Beruf als . . . . . sozialversicherungspflichtig gearbeitet hat, leidet seit dem Jahre . . . . ., und damit auch zum Zeitpunkt der Scheidung, an . . . . . und ist seitdem nicht mehr erwerbsfähig.

Beweis: Das anliegende Attest des behandelnden Arztes . . . . .

Die genannten Leiden sind trotz ärztlicher Behandlung nicht mehr völlig heilbar und wirken sich auf die Arbeitsfähigkeit der Antragstellerin dahin aus, dass diese . . . . .[6]

Die Antragstellerin ist als dauernd erwerbsunfähig anzusehen.

Beweis: Einzuholendes ärztliches Gutachten

Trotz des mit der Scheidung zugunsten der Antragstellerin durchzuführenden Versorgungsausgleichs[7] wird die Antragstellerin erst ab der Vollendung des 67. Lebensjahres eine Regelaltersrente erhalten (§§ 35, 235 SGB VI).

Eine Rente wegen Erwerbsminderung bis zur Vollendung des 67. Lebensjahres nach § 43 SGB VI steht der Antragstellerin nicht zu. Denn die von der Antragstellerin durch den Versorgungsausgleich erworbenen Rentenanwartschaften gelten nicht als Pflichtbeiträge für drei Jahre im Sinne von § 43 Abs. 1 S. 1 Nr. 2 und Abs. 2 S. 1 Nr. 2 SGB VI (BVerfGE 75, 78; BSG FamRZ 1990, 1346 nach altem Recht; Deutsche Rentenversicherung Bund, Versorgungsausgleich in der gesetzlichen Rentenversicherung, 14. Aufl., Erl. zu § 8 SGB VI, S. 686 ff. mwN). Die Antragstellerin hat ihren Versicherungsschutz über den 31.12.1983 hinaus nicht durch eigene, freiwillige Beiträge aufrechterhalten, weil sie hierzu als Hausfrau nicht in der Lage war. Der Antragsgegner hätte für sie die freiwilligen Mindestbeiträge an die Deutsche Rentenversicherung Bund zahlen können, hat dies aber nicht getan.[8] Dies ist ein ehebedingter Nachteil (BGH NJW 2011, 1284 Rn. 20 = FamRZ 2011, 713).

Der Antragsgegner ist nach allem verpflichtet, der bedürftigen Antragstellerin den nachstehend berechneten Elementarunterhalt zu zahlen.

Er ist ferner verpflichtet, der Antragstellerin die erforderlichen, nachstehend berechneten Vorsorgeaufwendungen für den Fall der Krankheit und der Pflegebedürftigkeit sowie des Alters zu zahlen.

Die Antragstellerin ist bisher in der gesetzlichen Krankenversicherung des Antragsgegners nach § 10 Abs. 1 S. 1 SGB V als Ehefrau beitragsfrei (§ 3 S. 3 SGB V) mitversichert. Diese Eigenschaft als Ehefrau und damit ihren Anspruch auf Familienversicherung wird sie mit der Rechtskraft der Scheidung verlieren (BSG BeckRS 1979, 608 Rn. 12). Gem. § 188 Abs. 4 SGB V wird sich die Versicherung der Antragstellerin mit dem Tag nach dem Ende ihrer Familienversicherung mangels ihrer Austrittserklärung automatisch als freiwillige gesetzliche Krankenversicherung fortsetzen.[9] Dann wird die Antragstellerin nach §§ 20 Abs. 3, 50 Abs. 1 S. 3 SGB XI auch in der sozialen Pflegeversicherung pflichtversichert sein.

Der Antragsgegner ist von Beruf . . . . . und bei der Firma . . . . . beschäftigt und hat mindestens ein um die berufsbedingten Aufwendungen[10] bereinigtes monatliches Nettoeinkommen in Höhe von . . . . . EUR.[11]

Beweis: . . . . .

Nennenswertes Vermögen, das in die Bedarfsdeckung eingeflossen wäre, haben die Beteiligten nicht gebildet. Ihre ehelichen Lebensverhältnisse waren allein geprägt durch das Einkommen des erwerbstätigen Antragsgegners und von der einvernehmlich ausgeübten Haushaltsführung und Kinderbetreuung durch die nicht erwerbstätige Antragstellerin.

Der Unterhalt kann nunmehr nur noch durch eine wiederholte Kontrollrechnung ermittelt werden, da nach BSG (BeckRS 2015, 73495 Rn. 18 ff. = FamRZ 2016, 304) zu den der Beitragspflicht unterliegenden Einnahmen der gesamte Unterhalt, mithin neben dem Elementarunterhalt auch der Kranken- und Pflegevorsorgeunterhalt und der Altersvorsorgeunterhalt, gehört. Die Mehrfachberechnung mit WinFam[12] ergibt:

Hier die Berechnung mit WinFam >Datei >Neu >Unterhalt einfügen.

Der Antragsgegner hat danach an die Antragstellerin einen Elementarunterhalt von . . . . . EUR, einen Krankheits- und Pflegevorsorgeunterhalt von . . . . . EUR und einen Altersvorsorgeunterhalt von . . . . . EUR, also insgesamt rund . . . . . EUR zu zahlen.

Falls der Antragsgegner die Höhe seines Nettoeinkommens bestreiten sollte, wird das Gericht vorsorglich gebeten, dem Antragsgegner gemäß § 235 FamFG aufzugeben, binnen zwei Wochen seine Verdienstabrechnungen für die letzten 12 Monate und seinen neuesten Einkommensteuerbescheid vorzulegen. Wenn der Antragsgegner der Aufforderung nicht oder nicht vollständig nachkommt, wird das Gericht gebeten, gemäß § 236 FamFG diese Belege beim Arbeitgeber des Antragsgegners bzw. beim Finanzamt einzuholen. Ein Antrag gemäß § 236 Abs. 2 FamFG bleibt vorbehalten.[13]

Zum Antrag auf Bewilligung von Verfahrenskostenhilfe wird auf die bereits zum Hauptverfahren Scheidung eingereichten Unterlagen verwiesen. Die Einkommensverhältnisse sind unverändert.

Rechtsanwalt[14, 15]

Anmerkungen

1. Zunächst → Form. B.II.3 Anm. 1.

Ein geschiedener Ehegatte hat nach § 1572 BGB einen Anspruch auf **Unterhalt wegen Krankheit** (o. anderer Gebrechen o. Schwäche seiner körperlichen o. geistigen Kräfte), solange u. soweit von ihm vom Zeitpunkt der Scheidung (o. den anderen in § 1572 BGB genannten Einsatzzeitpunkten) an eine Erwerbstätigkeit nicht mehr erwartet werden kann. Die **Erwerbsunfähigkeit muss nicht durch die Ehe bedingt sein** (BGH BeckRS 2004, 3237 = FamRZ 2004, 779; OLG Koblenz BeckRS 2019, 43482 Rn. 6 = FamRZ 2020, 1262). Die zur Erwerbsunfähigkeit führende **Krankheit** muss auch nicht erst während der Ehe eingetreten o. dem unterhaltspflichtigen Ehegatten bei der Heirat bekannt gewesen sein (BGH NJW 1994, 1286 = FamRZ 1994, 566; BGH NJW-RR 1995, 449 = FamRZ 1995, 1405).

Zum **Begriff der Krankheit,** des Gebrechens, der körperlichen u. geistigen Schwäche, der Pflicht des Erwerbsunfähigen, sich einer notwendigen Heilbehandlung zu unterziehen, sowie zum erforderlichen ursächlichen Zusammenhang zwischen Krankheit u.

Erwerbsunfähigkeit bzw. Erwerbsbeschränkung s. Dose UnterhaltsR/Bömelburg § 4 Rn. 238 ff.

Der Unterhaltsgläubiger hat die **Darlegungs- u. Beweislast** für seine krankheitsbedingte Erwerbsunfähigkeit (BGH NJW-RR 2005, 1450 = FamRZ 2005, 1897). Er sollte hierzu in seinem eigenen Interesse seine Krankheiten im Einzelnen substanziiert angeben u. vortragen, inwiefern sich diese auf seine Erwerbsfähigkeit auswirken (vgl. BGH NJW 2007, 839 Rn. 15 = FamRZ 2007, 200 (201 f.)). Erhält der Unterhaltsgläubiger aber eine **Erwerbsminderungsrente**, indiziert dieser Umstand lt. OLG Koblenz (BeckRS 2019, 43482 Rn. 5 = FamRZ 2020, 1262) seine krankheitsbedingte Erwerbsunfähigkeit auch im unterhaltsrechtlichen Sinn.

Voraussetzung für einen Unterhaltsanspruch nach § 1572 BGB ist insbesondere, dass **alle zumutbaren Mitwirkungshandlungen** unternommen werden, **um die Krankheit behandeln zu lassen.** Der krankheitsbedingt Erwerbsunfähige ist gehalten, selbst das in seiner Person erforderliche für seine Genesung zu unternehmen, d.h. aktiv an seiner Genesung mitzuarbeiten. Maßstab für die Obliegenheit sind die im Schadensersatzrecht entwickelten Grundsätze über die Zumutbarkeit einer Behandlung (OLG München BeckRS 2024, 25153 Rn. 34 = FamRZ 2025, 1102). Legt der Unterhaltsgläubiger **hinreichende Genesungsbemühungen** nicht dar, muss er sich unterhaltsrechtlich so behandeln lassen, als hätten die Genesungsbemühungen zum Erfolg geführt (OLG Brandenburg BeckRS 2020, 41247 Rn. 21–27 = FamRZ 2021, 1024).

Die Darlegungs- u. Beweislast gilt auch hins. der in § 1572 BGB genannten **Einsatzzeitpunkte** (BGH NJW 1990, 2752 = FamRZ 1990, 496).

Wenn die Antragstellerin einen **Anspruch auf Grundsicherung** wegen voller Erwerbsminderung hätte (§§ 19 Abs. 2, 41 ff. SGB XII), wäre der Anspruch auf Grundsicherung **gegenüber der Unterhaltspflicht** des Antragsgegners **nachrangig** u. für die Bedürftigkeit der Antragstellerin ohne Bedeutung (→ Form. B.II.4 Anm. 1).

Nach der Rechtsprechung des **BGH** (NJW 2001, 2254 = FamRZ 2001, 986; bestätigt vom BVerfG NJW 2002, 1185 = FamRZ 2002, 527) sind zur Berechnung des nachehelichen Unterhalts **beide Rententeile** als **Surrogatseinkommen** in die Bedarfsberechnung einzubeziehen. Auch das **auf dem Versorgungsausgleich beruhende Renteneinkommen** der Berechtigten ist als Surrogat des wirtschaftlichen Wertes ihrer Tätigkeit während der Ehe für die Haushaltsführung anzusehen u. bei der Bedarfsbemessung nach dem Maßstab des § 1578 BGB mit zu berücksichtigen (BGH NJW 2002, 436 = FamRZ 2002, 88).

Der Unterhaltspflichtige sollte etwaige **Gründe** für eine Herabsetzung u./o. zeitliche Befristung des Krankheitsunterhalts **gem. § 1578b BGB** unbedingt bereits **im Scheidungsverfahren** geltend machen, um eine **Präklusion** nach § 238 Abs. 2 FamFG in einem späteren Abänderungsverfahren zu vermeiden (→ Form. B.II.4 Anm. 1).

Die **Krankheit** eines unterhaltsbedürftigen Ehegatten ist regelmäßig **kein ehebedingter Nachteil** iSv § 1578b Abs. 1 S. 2 BGB. Denn hierunter sind vornehmlich Einbußen zu verstehen, die sich aus der Rollenverteilung in der Ehe (s. § 1356 BGB) ergeben, nicht dagegen solche, die aufgrund sonstiger persönlicher Umstände o. schicksalhafter Entwicklungen eingetreten sind. Selbst wenn eine **psychische Erkrankung** durch die Ehekrise ausgelöst o. verstärkt worden ist, begründet dies für sich genommen keinen ehebedingten Nachteil (BGH NJW 2011, 300 Rn. 20 f. = FamRZ 2011, 188; BGH NJW 2010, 2953 Rn. 18 f. = FamRZ 2010, 1414).

§ 1578b BGB beschränkt sich allerdings nicht auf die Kompensation ehebedingter Nachteile, sondern berücksichtigt auch eine darüber hinausgehende **nacheheliche Solidarität** (BGH BeckRS 2019, 28020 Rn. 38 = FamRZ 2020, 97). 1578b BGB will auch die Fälle erfassen, in denen es nicht um die Kompensation ehebedingter Nachteile, sondern wie im Fall der unabhängig von der Ehe eingetretenen Erkrankung eines Ehegatten um das Ausmaß der nachehelichen Solidarität geht. Billigkeitsmaßstab für die Herabsetzung o. zeitliche Begrenzung des Unterhalts soll hier allein die fortwirkende Solidarität im Licht des Grundsatzes der Eigenverantwortung sein, wobei die in § 1578b BGB genannten Umstände wie die **Dauer der Ehe** Bedeutung für das Ausmaß einer fortwirkenden Verantwortung haben (BT-Drs. 16/1830, 19). Näheres → Form. B.II.4 Anm. 1.

Unter Berücksichtigung dieser Grundsätze hat der **BGH** (NJW 2011, 300 = FamRZ 2011, 188) einer 54 Jahre alten geschiedenen Ehefrau, die nach einer **kinderlosen Ehe von 11 Jahren** (gerechnet von der Eheschließung bis zur Zustellung des Scheidungsantrags) unter Berücksichtigung des Versorgungsausgleichs von rd. 169 EUR eine unbefristete Erwerbsminderungsrente von 874 EUR wegen einer schon vor der Heirat aufgetretenen depressiven Störung erhielt, einen **uneingeschränkten Krankheitsunterhalt** (mtl. 417 EUR) nur **für 5 Monate** zugebilligt, diesen **dann auf 30 %** (126 EUR) **reduziert** u. **auf ein** weiteres **Jahr befristet.** Von Bedeutung war, dass die Ehefrau während der Ehe vollschichtig erwerbstätig gewesen war u. im Hinblick darauf keine enge wirtschaftliche u. soziale Verflechtung der Eheleute vorlag, dass die Ehefrau aufgrund des Versorgungsausgleichs an den höheren Einkünften des Ehemannes teilgenommen hatte, dass ihre Renteneinkünfte über dem damaligen Existenzminimum von 770 EUR lagen u. dass der Ehemann an sie bereits für mehr als 4 Jahre Trennungsunterhalt gezahlt hatte.

Im Fall eines 61 Jahre alten, voll erwerbsgeminderten Rentners mit einem Renteneinkommen von 1.449 EUR hat der **BGH** (NJW 2009, 989 = FamRZ 2009, 406) die **Befristung seines Krankheitsunterhalts** von 285 EUR **auf 3 Jahre** ab Rechtskraft der Ehescheidung für gerechtfertigt gehalten, da der **Dauer der** (kinderlosen) **Ehe von etwa 11 Jahren** bei nur fünfjährigem Zusammenleben in einem gemeinsamen Haushalt, dem Alter des Mannes von bereits 47 Jahren bei seiner für ihn zweiten Eheschließung sowie seinem deutlich über dem Existenzminimum liegenden Einkommen aus zwei Renten kein erhebliches Gewicht zukomme.

Dagegen hat der **BGH** die **Befristung** des Krankheitsunterhalts durch die Vorinstanzen im Fall einer wegen nicht ehebedingter Psychose dauernd erwerbsunfähigen, 1964 geborenen Ehefrau trotz eines Versorgungsausgleichs von rd. 496 EUR **beanstandet,** weil diese in der 22 Jahre dauernden Ehe wegen der Betreuung von zwei Kindern u. der Haushaltsführung nicht erwerbstätig gewesen war u. sie trotz Erfüllung der Wartezeit (§ 43 Abs. 2 S. 1 Nr. 3 SGB VI) die Voraussetzungen für eine **Rente wegen voller Erwerbsminderung** nach § 43 Abs. 2 S. 1 Nr. 2 SGB VI mangels Zahlung von Pflichtbeiträgen für drei Jahre für eine versicherte Beschäftigung o. Tätigkeit in den letzten fünf Jahren vor Eintritt der Erwerbsminderung nicht erfüllte, was ein nach § 1578b BGB zu berücksichtigender ehebedingter Nachteil sei (BGH NJW 2011, 1284 Rn. 20, 31 = FamRZ 2011, 713; s. auch BGH NJW 2013, 2434 Rn. 22 ff. = FamRZ 2013, 1291 im Fall einer an multipler Sklerose erkrankten Ehefrau bei einer 20 Jahre dauernden kinderlosen Ehe).

Die **Befristung** des nachehelichen Krankheitsunterhalts ist auch dann **möglich**, wenn der unterhaltspflichtige frühere Ehemann seiner geschiedenen, psychisch kranken Ehefrau den Unterhalt versagt hat, der Sozialhilfeträger dieser daraufhin **Sozialhilfe gewährt** hat u. er nunmehr aus übergegangenem Recht nach § 94 SGB XII den Krankheitsunterhaltsanspruch gegen den früheren Ehemann geltend macht. Denn das Gesetz nimmt durch die Möglichkeit der Befristung in Kauf, dass der Unterhaltsberechtigte dadurch sozialleistungsbedürftig wird u. somit die Unterhaltsverantwortung des geschiedenen Ehegatten durch eine staatliche Verantwortung ersetzt wird (**BGH** NJW-RR 2010, 1009 Rn. 18 = FamRZ 2010, 1057).

Der **angemessene Lebensbedarf** iSv § 1578b BGB ist die **Grenze für die Herabsetzung** des nachehelichen Krankheitsunterhalts. Diese Grenze bemisst sich beim Krankheitsunterhalt nach dem Einkommen, das der kranke Unterhaltsberechtigte ohne die Ehe u. Kindererziehung zur Verfügung hätte, bei einer vollständigen Erwerbsunfähigkeit also aus der Höhe der tatsächlichen Erwerbsunfähigkeitsrente nach Durchführung des Versorgungsausgleichs. Dabei muss der herabgesetzte Unterhaltsbedarf jedenfalls das **Exis-**

tenzminimum eines nicht erwerbstätigen Unterhaltsberechtigten (1.200 EUR nach Anm. B.III.b der DT 2026) erreichen. Wenn die eigenen Einkünfte des Unterhaltsberechtigten diesen angemessenen Unterhaltsbedarf erreichen, kann dies nach einer Übergangszeit zum **vollständigen Wegfall des nachehelichen Unterhalts** in Form einer Befristung führen. Sind die **Einkünfte geringer, scheidet eine Befristung** des Unterhaltsanspruchs gem. § 1578b Abs. 2 BGB regelmäßig **aus.** Dann kann der Unterhalt nach einer Übergangszeit aber bis auf die **Differenz** zwischen dem angemessenen Lebensbedarf u. dem eigenen Einkommen **herabgesetzt** werden (**BGH** NJW 2010, 1598 Rn. 28–33 = FamRZ 2010, 629).

Zur Begrenzung des Krankheitsunterhalts in der **Rechtsprechung** s. Dose UnterhaltsR/Bömelburg § 4 Rn. 262 S. ferner:

Das **OLG Koblenz** (BeckRS 2016, 109980 Rn. 54 ff. = FamRZ 2017, 38 = NZFam 2017, 373) hat einer 49 Jahre alten, an einer schweren Depression erkrankten Ehefrau, die eine deutlich über dem notwendigen Selbstbehalt liegende unbefristete Rente wegen voller Erwerbsminderung bezog u. die keine ehebedingten Nachteile hatte, nach einer **Ehedauer von 24 Jahren** bei drei inzwischen volljährigen Kindern nur einen **auf fünf Jahre befristeten Unterhaltsanspruch** aus § 1572 Nr. 1 BGB zugebilligt. Von Bedeutung sei, dass die Ehefrau der (nach)ehelichen Solidarität keine besondere Bedeutung beigemessen habe, da sie schon kurz nach der Trennung für 1,5 Jahre mit einem 19 Jahre jüngeren Mann zusammengelebt habe. In der Gesamtabwägung müsse dies die Konsequenz haben, dass auch der Ehemann, der bereits für 2,5 Jahre Trennungsunterhalt gezahlt habe, nicht unbegrenzt gehalten sei, unter dem Gesichtspunkt der nachehelichen Solidarität für den angemessenen Unterhalt der Ehefrau aufzukommen.

Das **OLG Köln** (BeckRS 2017, 150195 Rn. 26, 73 ff., 89) hat den nachehelichen Krankheitsunterhalt einer unter körperlichen u. psychischen Beschwerden leidenden, 1955 geborenen Arztgattin, die seit 2008 eine Rente wegen voller Erwerbsminderung erhielt, nach einer (von 1989 bis 2006) 17 Jahre dauernden Hausfrauenehe mit Betreuung eines Kindes auf den angemessenen Lebensbedarf herabgesetzt u. den Elementarunterhalt bis März 2021 u. den Altersvorsorgeunterhalt bis Juli 2017 befristet, ihr aber den Krankheitsvorsorgeunterhalt (reduziert auf die private Absicherung iHd Standardtarifs) unbefristet zugesprochen.

Das **OLG Hamm** (BeckRS 2017, 121116 Rn. 22 ff. = FamRZ 2017, 1306) hat den 1993 nach einer Ehedauer von 18 Jahren titulierten Unterhaltsanspruch einer psychisch kranken Unterhaltsberechtigten, die seit der Eheschließung 1973 nicht mehr erwerbstätig gewesen war u. ihr Studium wegen der Erziehung von drei Kindern abgebrochen hatte, bis zum 31.12.2016 trotz hoher wirtschaftlicher Verflechtung der Beteiligten befristet, nachdem der frühere Ehemann seit 24 Jahren erhebliche Unterhaltsleistungen erbracht hatte. Der Befristung stehe nicht zwingend entgegen, dass die Unterhaltsberechtigte durch den Wegfall des Unterhalts **sozialleistungsbedürftig** werde (ebenso BGH NJW 2010, 2953 Rn. 36 = FamRZ 2010, 1414).

Das **OLG Hamm** (BeckRS 2014, 6507 = FamRZ 2015, 1397) hat die **Befristung des Teilkrankenunterhalts** einer wegen chronisch depressiver Erkrankung u. chronischen Schmerzsyndroms maximal vier Stunden täglich erwerbsfähigen 1962 geborenen Taxifahrerin nach 24-jähriger Ehe u. Betreuung von zwei Kindern mangels einer klaren Prognose wegen des Bezugs einer Erwerbsminderungsrente **abgelehnt**, den Unterhalt aber ab Januar 2016 (5 Jahre nach Zustellung des Scheidungsantrags) auf den angemessenen Lebensbedarf herabgesetzt.

Der **BGH** (NZFam 2019, 1095 Rn. 40, 42 ff. = FamRZ 2020, 97) betont, dass die Abwägung aller für die Billigkeitsabwägung nach § 1578b BGB in Betracht kommenden Gesichtspunkte **Aufgabe des Tatrichters** ist, u. er beanstandet nicht, dass das OLG Hamm den Unterhaltsanspruch einer 1957 geborenen, krankheitsbedingt dauerhaft vollständig erwerbsunfähigen Unterhaltsberechtigten, die ehebedingt die Voraussetzungen für eine Erwerbsminderungsrente nicht erfüllte, nach einer **Ehe von 28 Jahren** mit

Erziehung von zwei Kindern **weder** (vor dem Bezug einer Altersrente) **befristet noch herabgesetzt** hat.

Wenn ein Anspruch auf Krankheitsunterhalt (zB aus § 1572 Nr. 4 BGB als Anschlussunterhalt nach einem Anspruch auf Aufstockungsunterhalt aus § 1573 Abs. 4 BGB) zu verneinen ist, kann ein **Unterhaltsanspruch aus Billigkeitsgründen** nach § 1576 BGB zum Tragen kommen (vgl. BGH NJW 2003, 3481 = FamRZ 2003, 1734 im Fall der wegen einer Tumorerkrankung erwerbsunfähigen früheren Ehefrau ohne Berufsausbildung nach 29-jähriger Ehe u. der Erziehung eines Kindes). Ein Anspruch aus § 1576 BGB kommt auch dann in Betracht, sofern die Zubilligung eines Anspruchs aus § 1572 BGB lediglich am Einsatzzeitpunkt scheitert (BGH NJW 1990, 2752 = FamRZ 1990, 496).

2. Die **Antragsfolgesache Geschiedenenunterhalt** (§ 137 Abs. 2 S. 1 Nr. 2 FamFG) ist während der Anhängigkeit der Ehesache bei dem für die Ehescheidung zuständigen Familiengericht anhängig zu machen (§ 232 Abs. 1 Nr. 1 FamFG). Zu Auslandssachen → Form. B.II.1 Anm. 2.

3. Durch die Überschrift „Folgesachenantrag Geschiedenenunterhalt“ soll erreicht werden, dass die Eingangsregistratur des Familiengerichts die Sache nicht irrtümlich als isolierten Antrag einträgt, sondern sogleich richtig eine Unterakte UE („Unterhaltssache des Ehegatten“) zur Scheidungsakte anlegt (s. § 27 Abs. 3 Nr. 3 AktO). Ferner → Form. B.II.4 Anm. 3.

4. Für die Antragsfolgesache Geschiedenenunterhalt ist **gesondert Verfahrenskostenhilfe** zu beantragen → Form. B.II.3 Anm. 4.

5. Ein **Anspruch auf Trennungsunterhalt** (§ 1361 BGB) **erlischt** am Tage des Eintritts der Rechtskraft der Scheidung der Ehe (BGH NJW 1988, 1137 = FamRZ 1988, 370). Zur Vermeidung einer Unterhaltslücke sollte für den Fall einer Beschwerde hinsichtlich der Unterhaltsfolgesache vorsorglich beantragt werden: „Der Beschluss ist hinsichtlich der Folgesache Geschiedenenunterhalt ab der Rechtskraft der Scheidung **sofort wirksam.**“ (→ Form. B.II.1 Anm. 11).

6. Die **gesundheitlichen Beeinträchtigungen** sollten nicht nur aufgezählt u. nicht nur ein ärztliches Attest mit lateinischen Bezeichnungen eingereicht werden. Denn dies kann für die Einholung eines medizinischen Sachverständigengutachtens unzureichend sein. Entscheidend ist ein Vortrag der Antragstellerin, wie sich die Leiden auf ihre Arbeitsfähigkeit konkret auswirken.

7. Falls die Antragstellerin bereits eine (Erwerbsminderungs-)Rente bezieht u. im Verbundbeschluss der vom berufstätigen Antragsgegner zu zahlende **nacheheliche Unterhalt** unter Berücksichtigung des **gleichzeitig durchzuführenden Versorgungsausgleichs** berechnet werden muss, ist Folgendes zu beachten:

Der nach Beginn der Rente durchgeführte **Versorgungsausgleich** (VA) wirkt sich gem. § 101 Abs. 3 SGB VI beim unterhaltsbedürftigen Beteiligen rentenerhöhend u. **bedarfsmindernd** aus (vgl. Deutsche Rentenversicherung Bund, Versorgungsausgleich in der gesetzlichen Rentenversicherung, 14. Aufl., Erl. 2 zu § 101 SGB VI) u. muss deshalb auch bei der Höhe des Geschiedenenunterhalts berücksichtigt werden.

Wie hoch das Renteneinkommen der Antragstellerin infolge des VA sein wird, lässt sich nicht aus der für sie erteilten Auskunft zum VA ablesen. Denn die Rentenhöhe wird zB durch unterschiedliche **Zugangsfaktoren** (§ 77 SGB VI) beeinflusst. Das Familiengericht sollte deshalb nach dem Vorliegen aller Auskünfte eine vorläufige Berechnung zum VA erstellen u. diesen an die für den ausgleichsberechtigten Beteiligten zuständigen Rententräger mit dem **Ersuchen** gem. **§ 220 FamFG** senden, eine **fiktive Berechnung** zur künftigen Rentenhöhe zu erstellen.

8. Pflichtbeiträge vor dem Eintritt der **Erwerbsminderung** sind nicht erforderlich für Versicherte, die vor dem 1.1.1984 die allgemeine Wartezeit von 5 Jahren (§ 50 Abs. 1 SGB VI) erfüllt haben, wenn jeder Kalendermonat vom 1.1.1984 bis zum Kalendermonat vor dem Eintritt der Erwerbsminderung o. Berufsunfähigkeit lückenlos mit **Anwartschaftserhaltungszeiten** (zB Zahlung wenigstens der freiwilligen Mindestbeiträge) belegt ist o. wenn die Erwerbsminderung o. Berufsunfähigkeit vor dem 1.1.1984 eingetreten ist (§ 241 Abs. 2 S. 1 SGB VI). Eine Zahlung von freiwilligen Mindestbeiträgen an die Rentenversicherung für die nicht mehr berufstätige Ehefrau ist in vielen Fällen von den Eheleuten zum Nachteil beider versäumt worden.

Das Vorstehende kommt aber nur zum Tragen bei Versicherten, die altersbedingt vor dem 1.1.1984 5 Jahre lang Beitrags- o. Ersatzzeiten erwerben konnten, also praktisch nur bei den vor dem (1984 – 5 Jahre – 15 Jahre =) 1.1.1964 geborenen Versicherten. Die jüngeren Versicherten haben einen **Versicherungsschutz gegen Erwerbsminderung** grds. nur dann noch, wenn sie in den letzten 5 Jahren vor dem Eintritt der Erwerbsminderung drei Jahre Pflichtbeiträge für eine versicherte Beschäftigung o. Tätigkeit haben u. wenn sie vor dem Eintritt der Erwerbsminderung die allgemeine Wartezeit erfüllt haben (§ 43 SGB VI).

Wenn die Antragstellerin das 60. Lebensjahr vollendet hat, sollte sie vorsorglich eine **Altersrente für schwerbehinderte Menschen** nach § 236a SGB VI beantragen, sich jedenfalls aber an eine Rentenberatungsstelle wenden.

9. Der/Die Verfahrensbevollmächtigte der Antragstellerin sollte diese wegen der großen Bedeutung des **Krankenversicherungsschutzes** über die **Änderungen infolge der Scheidung** bes. gründlich aufklären (vgl. BeckOGK/Witt BGB § 1578 Rn. 639; Doering-Striening NZFam 2014, 145 ff.; Büte FuR 2015, 374 ff.).

Denn mit der Rechtskraft der Scheidung **verliert** eine privat versicherte Antragstellerin als frühere **Ehefrau eines Beamten** ihre **Beihilfeberechtigung** (s. § 4 BBhV u. die entspr. LBhVOen), u. der Beihilfetarif ihrer privaten Krankenversicherung sollte (als Einzelversicherung) in einen Vollversicherungstarif umgestuft werden, falls eine Rückkehr in die günstigere gesetzliche Krankenversicherung ausscheidet.

War die Antragstellerin – wie in den meisten Fällen – die Ehefrau eines **gesetzlich Krankenversicherten**, würde ihre bisher gem. § 3 S. 3 SGB V beitragsfreie **Familienversicherung** (§ 10 Abs. 1 S. 1 SGB V) mit der Rechtskraft der Scheidung **entfallen** (BSG BeckRS 1979, 608 Rn. 12). Nach **§ 188 Abs. 4 S. 1 SGB V setzt sich die Versicherung** der Antragstellerin aber mit dem Tag nach dem Ende ihrer Familienversicherung – bei Fehlen einer vorrangigen Versicherungspflicht – als freiwillige gesetzliche Krankenversicherung **automatisch fort**, wenn die Antragstellerin nicht innerhalb von zwei Wochen nach dem Hinweis der Krankenkasse über die Austrittsmöglichkeit ihren Austritt erklärt. Dabei ist ein Austritt nur wirksam, wenn die Antragstellerin das Bestehen eines anderweitigen Anspruchs auf Absicherung im Krankheitsfall nachweist (§ 188 Abs. 4 S. 2 SGB V; BeckOK SozR/Heberlein SGB V § 188 Rn. 6). Mit dem Inkrafttreten des § 188 Abs. 4 SGB V am 1.8.2013 (BGBl. 2013 I 2423) hat die fortgeltende **Beitrittsregelung** nach § 9 Abs. 1 S. 1 Nr. 2 SGB V mit der 3-Monatsfrist gem. § 9 Abs. 2 Nr. 2 SGB V **keinen praktischen Anwendungsbereich** mehr (BeckOK SozR/Ulmer SGB V § 9 vor Rn. 1; s. auch Doering-Striening NZFam 2014, 145 (147)).

Mit § 188 Abs. 4 SGB V als vorrangiger Spezialregelung wollte der Gesetzgeber für Personen, die grds. ein Beitrittsrecht zur freiwilligen Versicherung haben, einen lückenlosen Versicherungsschutz gewährleisten u. den Aufbau hoher Beitragsschulden auf Grund der zwischenzeitlich eingetretenen nachrangigen Versicherungspflicht (§ 5 Abs. 1 Nr. 13a SGB V) vermeiden (BT-Drs. 17/13947, 27 f.).

Für ihre freiwillige gesetzliche Krankenversicherung sind von der Antragstellerin **Beiträge** nach ihren gem. §§ 223 Abs. 2, 240 SGB V beitragspflichtigen Einnahmen, wozu auch bezogene Unterhaltsleistungen gehören, zu zahlen. Damit sollte die Antragstellerin wegen § 16 Abs. 3a S. 3 SGB V nicht in Rückstand geraten u. notfalls öffentliche Hilfen nach dem SGB II o. SGB XII in Anspruch nehmen (Büte FuR 2015, 375 f.). Ferner sollte sie unmittelbar nach der Rechtskraft der Scheidung ihrer **Krankenversicherung mitteilen,** dass sie geschieden ist, u. ihre Absicherung im Krankheitsfall klären. Außerdem sollte sie den ihr zugesprochenen Krankheitsvorsorgeunterhalt zur Vermeidung von Nachteilen tatsächlich für eine Krankenversicherung einsetzen (BGH NJW-RR 1989, 386 (387) = FamRZ 1989, 483 (485)).

Eine private Krankenversicherung wäre für die Antragstellerin wesentlich teurer, u. der Mehrbetrag müsste vom gesetzlich versicherten Antragsgegner nicht getragen werden (BGH NJW 1983, 2937 = FamRZ 1983, 888).

Hätte **in der Ehe** allerdings eine **private Krankenversicherung** für die Antragstellerin bestanden, dürfte sie diese weiterführen u. müsste der Antragsgegner die Beiträge als Krankheitsvorsorgeunterhalt jedenfalls iHd des **Basistarifs** nach § 152 VAG bezahlen (OLG Oldenburg NJW-RR 2010, 512 = FamRZ 2010, 567; OLG Hamm NJW-RR 2010, 577 (578); KG NJOZ 2013, 1326 = FamRZ 2013, 1047 betr. die Herabsetzung des Krankenvorsorgeunterhalts wegen kurzer Ehedauer auf die **Hälfte des Basistarifs** gem. § 152 Abs. 4 VAG).

10. Zu den **berufsbedingten Aufwendungen** u. zu etwaigen unterhaltsrechtlich relevanten **Verbindlichkeiten** → Form. B.II.3 Anm. 7.

11. Zum Vorgehen, wenn das unterhaltserhebliche Einkommen des Verpflichteten nicht genau bekannt ist, → Form. B.II.3 Anm. 8.

12. Das Rechenprogramm von *Gutdeutsch***WinFam** (>Datei >Neu >Unterhalt) ermöglicht die komplizierte Berechnung des **Elementarunterhalts,** des **Krankheits- u. Pflegevorsorgeunterhalts** sowie des **Altersvorsorgeunterhalts.**

Zur Festsetzung eines ausreichenden Krankheits- u. Pflegevorsorgeunterhalts ist eine **wiederholte Kontrollrechnung (Iteration)** erforderlich, da nach **BSG** (BeckRS 2015, 73495 Rn. 18 ff. = FamRZ 2016, 304) zu den der Beitragspflicht unterliegenden Einnahmen der gesamte Unterhalt, mithin neben dem Elementarunterhalt u. dem Altersvorsorgeunterhalt auch der Kranken- u. Pflegevorsorgeunterhalt, gehört (vgl. Gutdeutsch FamRZ 2016, 184 ff.; Weil FamRZ 2016, 684 ff.; Christl NZS 2016, 499 ff.). Sonst würde der Krankheits- u. Pflegevorsorgeunterhalt zu niedrig festgesetzt werden, u. die Antragstellerin müsste den nicht berücksichtigten Beitragsteil aus ihrem Elementarunterhalt selbst zahlen.

Praktischer WinFam-Hinweis: Zwecks Iteration muss bei „Verteilungsergebnis" die Frage „Auch Krankheitsvorsorgeunterhalt in die Beitragsbemessung einbeziehen" mit Ja beantwortet werden. Dann muss bei „Berechnung wiederholen mit Unterhalt (inkl. Vorsorgeunterhalt) als Bemessungsgrundlage des KVU" mindestens dreimal das Häkchen rechts angeklickt werden, bis die beiden Unterhaltsbeträge in der Zeile darüber gleich sind.

Fallbeispiel: Wenn der Antragsgegner ein bereinigtes monatliches Nettoeinkommen von **4.800 EUR** hat u. die Antragstellerin einkommenslos ist, ergibt die **Mehrfachberechnung** im „Abtastverfahren" **mit WinFam** bei einer Berechnung im Jahre 2026 unter Anwendung der **Bremer Tabelle** zur Berechnung des Altersvorsorgeunterhalts vom 1.1.2026 (Gutdeutsch/Maaß FamRZ 2026, 434) u. bei einem **Erwerbstätigenbonus v. 1/10** (→ Form. B.II.4 Anm. 8) sowie einem allg. **Beitragssatz** (ohne Zusatzbeitrag) **für alle ges. Krankenversicherungen** v. **14,6 %** (§ 241 SGB V) nebst einem Beitragssatz v. **3,6 %** für die **soziale Pflegeversicherung** (ohne den Kinderlosenzuschlag v. 0,6 Beitragssatzpunkten, § 55 Abs. 1 u. 3 SGB XI), zusammen **18,2 %,** u. einem Beitragssatz v. **18,6 %** in der allgemeinen **Rentenversicherung** für das Jahr 2025 (BGBl. 2024 I Nr. 368) folgende **Unterhaltsberechnung:**

Bonusbereinigtes Nettoeinkommen Ehemann: 4.800 EUR – 480 EUR (10 %) = **4.320 EUR**

Elementarunterhalt Ehefrau: (4320 EUR/2 =) **2.160 EUR**

Altersvorsorgeunterhalt Ehefrau

2.160 EUR + 518,40 EUR (24 % lt. Bremer Tabelle 1.1.2026) = 2.678,40 EUR x 18,6 % (Beitragssatz Rentenversicherung) = **498,18 EUR**

Bonusbereinigtes Einkommen Ehemann, zweite Stufe:

4.800 EUR netto – 498,18 EUR Altersvorsorgeunterhalt – Erwerbstätigenbonus [(4800 EUR – 498,18 EUR) x 10 % = 430,18 EUR] = **3.871,64 EUR**

Voller Unterhalt Ehefrau (3.871,64/2 =) **1.935,82 EUR**

Der Ehemann hat demnach an die Ehefrau insgesamt (1.935,82 EUR + 498,18 EUR Altersvorsorgeunterhalt =) **2.434,00 EUR zu zahlen.**

Dem Ehemann bleiben (4.800 EUR– 2.434 EUR =) 2.366 EUR. Dieses Resteinkommen unterschreitet nicht seinen Selbstbehalt von 1.600 EUR nach Anm. B.II.a der DT 2026.

Der Richter ist an den Antrag o. an ein Anerkenntnis eines Beteiligten nur hins. der Höhe des **Gesamtunterhalts** u. **nicht** hins. der **Verteilung des Gesamtunterhalts** auf den Elementar- u. den Vorsorgeunterhalt als unselbständige Bestandteile des Gesamtunterhalts gebunden (BGH NJW 1985, 2713 (2716) = FamRZ 1985, 912 (915)). Deshalb sind bei einer etwaigen Aufrundung im Antrag u. in der Beschlussformel **nur der Gesamtunterhalt** u. nicht zusätzlich dessen unselbständige Bestandteile **aufzurunden**, zumal nach Nr. 25 der unterhaltsrechtlichen Leitlinien der OLG nur „der Unterhaltsbetrag" auf volle Euro zu runden bzw. aufzurunden ist.

Die Antragstellerin sollte nicht nur einen Elementarunterhalt von monatlich 2.160,00 EUR geltend machen. Denn das **Rechenergebnis** zeigt, dass die Geltendmachung auch von Vorsorgeunterhalt hier zu erheblich **höheren Gesamt-Unterhaltszahlungen** von monatlich 2.434,00 EUR führt. Die komplizierte Berechnung ist offenbar die Ursache, dass in der Praxis zum Schaden der Unterhaltsberechtigten nicht immer Vorsorgeunterhalt verlangt wird.

Außerdem ist bei einem Anspruch auf Aufstockungsunterhalt (§ 1573 Abs. 2 BGB) normalerweise wegen des Versicherungsschutzes des weniger verdienenden Beteiligten auf Grund eigener Erwerbstätigkeit kein Vorsorgebedarf gegeben. § 7 Abs. 1 SGB VI schließt sogar für eine ohnehin versicherungspflichtige Person die zusätzliche freiwillige Rentenversicherung aus (s. auch BeckOK SozR/Geckeler SGB VI § 7 Rn. 8).

Die komplizierte Berechnung kann bei **besonders günstigen wirtschaftlichen Verhältnissen** des Unterhaltspflichtigen unterbleiben, da dieser hier den Vorsorgeunterhalt neben dem konkret ermittelten ungekürzten Elementarunterhalt schuldet (BGH NJW 2010, 3372 Rn. 37 = FamRZ 2010, 1637). Laut **BGH** (BeckRS 2024, 33792 Rn. 45 = FamRZ 2025, 167; NJW 2019, 3570 Rn. 27 ff. = FamRZ 2020, 21) sind besonders günstige wirtschaftliche Verhältnisse dann gegeben, wenn das um berufsbedingte Aufwendungen, berücksichtigungsfähige Verbindlichkeiten, vorrangigen Kindesunterhalt und sonstige eheprägende Unterhaltsverpflichtungen bereinigte Familieneinkommen das Doppelte des höchsten Einkommensbetrags der DT in ihrer früheren Tabellenstruktur (DT 2021), mithin einen Betrag (5.500 EUR x 2 =) 11.000 überstiegen hat. Nach der erfolgten Fortschreibung der Düsseldorfer Tabelle werden besonders günstige wirtschaftliche Verhältnisse überwiegend angenommen, wenn das bereinigten Familieneinkommen den höchsten in der Düsseldorfer Tabelle ausgewiesenen Einkommensbetrag (**11.200 EUR** nach der DT 2026) überschreitet (Nr. 15.3 der unterhaltsrechtlichen Leitlinien der OLG Braunschweig, OLG Celle, Dresden, Frankfurt, Koblenz, NRW, Saarbrücken, Schleswig u. des KG, *www.famrz.de >Materialien >Arbeitshilfen >Unterhaltsleitlinien;* OLG München BeckRS 2024, 25153 Rn. 47 = FamRZ 2025, 1102; Grüneberg/von Pückler BGB § 1578 Rn. 40; Dose/Rubenbauer, FF 2024, 383 (385); Rake FamRZ 2024, 165 f.).

Macht der Unterhaltsberechtigte erstmalig Vorsorgeunterhalt geltend, braucht er grds. die Art u. Weise der beabsichtigten Altersvorsorge nicht darzulegen. Dem Unterhaltsberechtigten steht es frei, den Altersvorsorgeunterhalt als freiwillige Leistung in die gesetzliche Rentenversicherung einzuzahlen o. ihn ganz o. teilweise für eine private Altersvorsorge, insbesondere eine private Rentenversicherung, zu verwenden (BGH BeckRS 2021, 30601 Rn. 24 = FamRZ 2021, 1878). Der Verpflichtete kann aber dann eine Verurteilung zur Zahlung an einen von der Berechtigten benannten Versicherungsträger verlangen, wenn begründete **Zweifel** bestehen, dass die Berechtigte die an sie selbst gezahlten Beträge **bestimmungsgemäß verwenden** wird (BGH BeckRS 1990, 2171 = FamRZ 1990, 1095; OLG Koblenz BeckRS 2023, 33515 Rn. 16 = NZFam 2024, 373). Derartige Zweifel bestehen insbesondere, wenn der Unterhaltsberechtigte in der Vergangenheit als Vorsorgeunterhalt erhaltene Beträge nicht bestimmungsgemäß verwendet hat o. er einem Auskunftsverlangen zur Verwendung des bereits gezahlten Altersvorsorgeunterhalts nicht nachkommt (BGH BeckRS 2019, 29207 Rn. 37 = FamRZ 2020, 171; OLG Hamm BeckRS 2022, 41185 Rn. 97 = FamRZ 2023, 195). Der Verfahrensbevollmächtigte der Antragstellerin sollte in deren Renteninteresse veranlassen, dass diese von der Möglichkeit der freiwilligen Versicherung nach §§ 7, 167 SGB VI in der gesetzlichen Rentenversicherung o. der Begründung bzw. Aufstockung einer privaten Altersvorsorge mit Hilfe des Altersvorsorgeunterhalts auch tatsächlich Gebrauch macht.

Ab **Vollendung des 67. Lebensjahres** ist normalerweise der **Vorsorgefall** eingetreten, sodass eine weitere Absicherung für das Alter nicht mehr dem Sinn u. Zweck des § 1578 Abs. 3 BGB entspricht. Nach § 35 S. 2 SGB VI beginnt im Normalfall spätestens mit der Vollendung des 67. Lebensjahres der Bezug der Regelaltersrente, sodass danach gem. § 7 Abs. 2 SGB VI eine freiwillige Versicherung nicht mehr zulässig ist (KassKomm/Guttenberger SGB VI § 7 Rn. 7 f.).

Zum **Nachrang der Grundsicherung** → Form. B.II.4 Anm. 1.

Der **Krankheitsvorsorgeunterhalt** ist mit dem **Elementarunterhalt gleichrangig** (BGH NJW-RR 1989, 386 = FamRZ 1989, 483 (485)). Dagegen hat der **Elementarunterhalt Vorrang** vor dem **Altersvorsorgeunterhalt** (BGH NJW 1981, 1556 (1558) = FamRZ 1981, 442 (445)), sodass im **Mangelfall** der Anspruch auf Altersvorsorgeunterhalt am fehlenden Leistungsvermögen des Schuldners ganz scheitern kann (OLG Bamberg FamRZ 1982, 389) o. der Altersvorsorgeunterhalt zu kürzen ist (s. Grüneberg/von Pückler BGB § 1578 Rn. 63 ff., 72 mwN). Teilweise haben die Oberlandesgerichte in **Nr. 15.4 der Unterhaltsleitlinien** (*www.famrz.de >Materialien >Arbeitshilfen >Unterhaltsleitlinien*) bestimmt, dass Altersvorsorgeunterhalt nicht geschuldet wird, wenn das **Existenzminimum** des Berechtigten (zur Höhe s. Anm. B. III der DT 2026) nicht gesichert ist.

13. Zu §§ 235, 236 FamFG → Form. B.II.3 Anm. 12.

Kosten und Gebühren

14. → Form. B.II.3 Anm. 13.

Fristen und Rechtsmittel

15. → Form. B.II.1 Anm. 14.

6. Auskunftsstufenantrag der Ehefrau im Scheidungsverbund wegen Aufstockungsunterhalts

An das

Amtsgericht[1, 2]

– Familiengericht –

Folgesachenantrag Geschiedenenunterhalt[3]

In der Familiensache

der Frau . . . . .

wohnhaft . . . . .

geboren am . . . . .

Staatsangehörigkeit: . . . . . Antragstellerin,

Verfahrensbevollmächtigter: Rechtsanwalt . . . . .

gegen

Herrn . . . . .

wohnhaft . . . . .

geboren am . . . . .

Staatsangehörigkeit: . . . . . Antragsgegner,

Verfahrensbevollmächtigter: Rechtsanwalt . . . . .

wird namens und in Vollmacht der Antragstellerin die Folgesache Geschiedenenunterhalt in der Scheidungssache zum Aktenzeichen . . . . . anhängig gemacht und beantragt,

der Antragstellerin für die Folgesache Geschiedenenunterhalt Verfahrenskostenhilfe unter Beiordnung ihres Verfahrensbevollmächtigten zu bewilligen[4] und wie folgt zu beschließen:

1. Der Antragsgegner hat der Antragstellerin Auskunft zu erteilen durch Vorlage einer systematischen Aufstellung über
   a) sein Vermögen am[5] . . . . .;
   b) seine sämtlichen Brutto- und Nettoeinkünfte einschließlich aller Nebeneinkünfte aus nichtselbständiger Tätigkeit sowie aus Steuererstattungen und aus anderer Herkunft in der Zeit[6] vom . . . . . bis . . . . .
   und die erteilte Auskunft zu belegen[7] durch Vorlage der Lohnsteuerbescheinigung und des Einkommensteuerbescheids für das Jahr . . . . . und der Verdienstabrechnungen des Arbeitgebers für die Monate . . . . . sowie der Bescheide über im vorgenannten Zeitraum etwa bezogenes Krankengeld und etwa bezogenes Arbeitslosengeld;

c) seine sämtlichen Einnahmen und Aufwendungen aus selbständiger Arbeit, aus Kapitalvermögen, aus Vermietung und Verpachtung sowie aus anderer Herkunft unter Angabe der Privatentnahmen in der Zeit[8] vom ..... bis .....
und die erteilte Auskunft zu belegen durch Vorlage der Einkommensteuererklärungen sowie der etwaigen Bilanzen nebst den Gewinn- und Verlustrechnungen bzw. der etwaigen Einnahmenüberschussrechnungen für die Jahre ..... sowie der Einkommensteuerbescheide für die Jahre .....

2. Der Antragsgegner hat zu Protokoll des Amtsgerichts seines Aufenthaltsortes an Eides statt zu versichern, dass er die Auskunft über sein Vermögen und seine Einkünfte nach bestem Wissen so vollständig abgegeben habe, als er dazu imstande sei.[9]
3. Der Antragsgegner hat an die Antragstellerin ab der Rechtskraft der Scheidung eine monatlich im Voraus fällige Unterhaltsrente in der nach Erfüllung der Auskunftsverpflichtung noch zu beziffernden Höhe zu zahlen.

Begründung:

Die Antragstellerin macht im laufenden Scheidungsverfahren gegen den Antragsgegner ihren Anspruch auf Aufstockungsunterhalt nach § 1573 Abs. 2 BGB geltend.

Die Beteiligten sind seit dem ..... miteinander verheiratet und leben seit dem ..... getrennt. Ihre Kinder ..... sind inzwischen volljährig und wirtschaftlich selbständig.

Ein Unterhaltsanspruch der Antragstellerin nach §§ 1570, 1571, 1572 oder 1573 Abs. 1 BGB besteht nicht, wohl aber ein solcher nach § 1573 Abs. 2 BGB, da die Beteiligten eine Doppelverdienerehe mit erheblichen Einkommensunterschieden[10] geführt haben.

Die Antragstellerin hat den Beruf einer ..... erlernt. Sie ist ganztags als ..... bei der Firma ..... erwerbstätig und hat nach den beigefügten Verdienstabrechnungen der letzten 12 Monate ein durchschnittliches monatliches Nettoeinkommen von ..... EUR. Diese Erwerbstätigkeit ist angesichts der Berufsausbildung der Antragstellerin angemessen. Die Einkünfte der Antragstellerin reichen aber zu ihrem vollen Unterhalt nach den ehelichen Lebensverhältnissen der Beteiligten (§ 1578 Abs. 1 S. 1 BGB) nicht aus.

Der als ..... bei der Firma ..... beschäftigte Antragsgegner hatte nämlich bereits während intakter Ehe ein wesentlich höheres monatliches Nettoeinkommen als die Antragstellerin, und zwar von etwa ..... EUR. Seine jetzigen Einkommens- und Vermögensverhältnisse sind der Antragstellerin nicht genau bekannt. Die Antragstellerin hat ihn durch das beigefügte Mahnschreiben vom ..... vor der Einreichung dieses Folgesachenantrags aufgefordert, ihr zum Zwecke der Geltendmachung ihres Unterhaltsanspruchs über seine Einkünfte und sein Vermögen Auskunft zu erteilen.[11] Der Antragsgegner hat jedoch keine Auskunft erteilt und auch keinen Unterhalt gezahlt.

Deshalb ist diese Unterhaltsfolgesache (§ 137 Abs. 2 S. 1 Nr. 2 FamFG) mit ihrem Stufenantrag gemäß § 254 ZPO iVm § 113 Abs. 1 S. 2 FamFG geboten.

Mit dem Antrag zu 1. wird zunächst Auskunft und Vorlage von Belegen nach §§ 1580, 1605 BGB verlangt.

Der Antrag zu 2. wird für den Fall gestellt werden, dass Grund zu der Annahme besteht, der Antragsgegner habe die Auskunft nicht mit der erforderlichen Sorgfalt erteilt (§§ 1580, 1605 Abs. 1 S. 3, 260, 261 BGB).

Nach der Erteilung der Auskunft wird die Antragstellerin ihren Anspruch auf Aufstockungsunterhalt beziffern.[12]

Zum Antrag auf Bewilligung von Verfahrenskostenhilfe wird auf die bereits zum Hauptverfahren Scheidung eingereichten Unterlagen verwiesen. Die Einkommensverhältnisse sind unverändert.

Rechtsanwalt[13, 14]

Anmerkungen

1. Zunächst → Form. B.II.3 Anm. 1.

Die meisten Ehen sind heute **Doppelverdienerehen.** Ca. 78 % der Frauen im Alter von 20 bis 64 Jahren sind inzwischen erwerbstätig, wobei sie aber oft weniger als Männer verdienen. Die Erwerbseinkünfte der Eheleute sind häufig unterschiedlich hoch. § 1573 Abs. 2 BGB will dem unterhaltsberechtigten Ehegatten einen Anspruch auf **Teilhabe an dem** während der Ehe **erreichten Lebensstandard** einräumen (Grüneberg/von Pückler BGB § 1573 Rn. 13 mwN). Nachehelicher Aufstockungsunterhalt wird – vorbehaltlich § 1578b BGB – grds. **zeitlich unbefristet** geschuldet (BGH BeckRS 2010, 26920 Rn. 17 = NJW 2011, 147 = FamRZ 2010, 1971). Der Anspruch auf **Aufstockungsunterhalt nach § 1573 Abs. 2 BGB** wird deshalb im Scheidungsverbundverfahren am häufigsten geltend gemacht.

Der Anspruch auf Aufstockungsunterhalt setzt voraus, dass der Unterhalt begehrende Ehegatte eine **angemessene Erwerbstätigkeit** (§ 1574 BGB) ausübt o. ausüben kann (BGH BeckRS 2012, 4472 Rn. 22 = NJW 2012, 1144 = FamRZ 2012, 517). Für die Beurteilung der Frage, was für ihn eine angemessene Tätigkeit im Sinne der Legaldefinition des § 1574 Abs. 2 BGB darstellt, ist auf die ehelichen Lebensverhältnisse unter Einbeziehung der gesamten Entwicklung bis zur Rechtskraft der Scheidung abzustellen (OLG München BeckRS 2024, 25153 Rn. 39 = FamRZ 2025, 1102). Soweit der unterhaltsbegehrende Ehegatte keine angemessene vollschichtige Erwerbstätigkeit zu finden vermag, kann sich sein Unterhaltsanspruch nur aus § 1573 Abs. 1 BGB (Unterhalt wegen Erwerbslosigkeit) ergeben (BGH BeckRS 2010, 30817 Rn. 16 f. = NJW 2011, 303 = FamRZ 2011, 192). Eine angemessene Erwerbstätigkeit kann auch in der Ausübung von zwei Teilzeitbeschäftigungen bestehen (BGH BeckRS 2012, 16901 Rn. 24 = FamRZ 2012, 1483).

Wenn aber die Einkünfte des geringer verdienenden Ehegatten aus einer **angemessenen Erwerbstätigkeit** (→ Form. B.II.4 Anm. 1) zu seinem vollen Unterhalt iSv § 1578 BGB nicht ausreichen, kann er den **Unterschiedsbetrag** zwischen seinen (fiktiven) Einkünften u. dem vollen Unterhalt vom anderen Ehegatten gem. § 1573 Abs. 2 BGB verlangen, soweit er nicht bereits einen Unterhaltsanspruch nach den vorrangigen §§ 1570–1572 BGB hat (Dose UnterhaltsR/Bömelburg § 4 Rn. 308 ff.).

Rechenbeispiel:

Erzielt in einer Doppelverdienerehe aus jeweils angemessener Erwerbstätigkeit der Ehemann ein bereinigtes monatliches Nettoeinkommen von **3.500 EUR** u. die Ehefrau ein solches von **2.100 EUR**, berechnet man nach Anm. B. I. der DT 2026 den Unterhaltsanspruch der Ehefrau unter Berücksichtigung einer **Quote von 45 %** bzw. des beiderseitigen **Erwerbstätigenbonus von** $^1/_{10}$ wie folgt:

(3.500 EUR – 2.100 EUR =) 1.400 EUR × 45 % = **630 EUR**

Näheres zur Berechnung → Form. B.II.4 Anm. 8.

Der **BGH** (BeckRS 2024, 33792 Rn. 45–47 = FamRZ 2025, 167)) hat nicht die Annahme beanstandet, dass ein um berufsbedingte Aufwendungen, berücksichtigungsfähige Verbindlichkeiten, vorrangigen Kindesunterhalt, sonstige eheprägende Unterhaltsverpflichtungen bereinigtes Familieneinkommen bis zur Höhe des Doppelten des höchsten in der DT in ihrer früheren Tabellenstruktur (DT 2021) ausgewiesenen

Einkommensbetrages, mithin eines Betrages von (5.500 EUR x 2 =) 11.000 EUR vollständig für den Lebensbedarf der Familie verwendet worden ist.

Nach der erfolgten Fortschreibung der Düsseldorfer Tabelle im Jahr 2022 wird regelmäßig angenommen, dass die Vermutung der Verwendung des gesamten Familieneinkommens für Konsumzwecke solange gilt, wie das bereinigte Familieneinkommen nicht den höchsten in der Düsseldorfer Tabelle ausgewiesenen Einkommensbetrag (**11.200 EUR** nach der DT 2026) überschreitet (Nr. 15.3 der unterhaltsrechtlichen Leitlinien der OLG Braunschweig, OLG Celle, Dresden, Frankfurt, Koblenz, NRW, Saarbrücken, Schleswig und des KG, www.famrz.de >Materialien >Arbeitshilfen >Unterhaltsleitlinien; OLG München BeckRS 2024, 25153 Rn. 47 = FamRZ 2025, 1102; Grüneberg/von Pückler BGB § 1578 Rn. 40; Dose/Rubenbauer, FF 2024, 383, 385; Rake FamRZ 2024, 165 f.). Bis dahin kann der **Unterhaltsbedarf** ohne Darlegung der konkreten Einkommensverwendung **nach der Einkommensquote** bemessen werden.

Die **Erklärung** des mtl. 7.000 EUR netto verdienenden Ehemannes, er sei **„unbegrenzt leistungsfähig"**, macht seine Einkommensauskunft gem. § 1580 S. 1 BGB nicht überflüssig, da sein Einkommen für die Bedarfsbemessung bedeutsam bleibt (**BGH** BeckRS 2020, 29627 Rn. 13 = FamRZ 2021, 28, NJW 2018, 468 Rn. 24 f. = FamRZ 2018, 260).

Zur Berücksichtigung eines **Wohnvorteils** bei den unterhaltsrelevanten Einkünften s. BGH NJW 2014, 1733 = FamRZ 2014, 1098.

§ 1573 Abs. 2 BGB bietet **keine** von ehebedingten Nachteilen unabhängige **Lebensstandardgarantie** (BGH NJW 2011, 147 Rn. 17 = FamRZ 2010, 1971). Denn das Gesetz geht verstärkt (BT-Drs. 16/1830, 16 f.) **nach der Ehescheidung** von der **Eigenverantwortung** jedes Ehegatten für seinen Unterhalt aus (s. §§ 1569 S. 1, 1574 Abs. 1 BGB). Von großer praktischer Bedeutung ist nunmehr die Frage einer **Beschränkung** des Aufstockungsunterhalts nach **§ 1578b BGB.** Der Verfahrensbevollmächtigte des Unterhaltspflichtigen sollte daher bereits im Scheidungsverfahren alle Umstände für eine Herabsetzung u./o. zeitliche Befristung des Aufstockungsunterhalts geltend machen, um der Zubilligung eines unbeschränkten Aufstockungsunterhalts u. einer **Präklusion** mit den Alttatsachen nach § 238 Abs. 2 FamFG in einem späteren Abänderungsverfahren vorzubeugen (s. BGH NJW 2018, 1753 Rn. 13 ff. = FamRZ 2018, 914; Sternal/Weber FamFG § 238 Rn. 56).

Die **Kriterien für die Billigkeitsabwägung** sind lt. **BGH** (NZFam 2018, 885 Rn. 23 f. = FamRZ 2018, 1506) dem **§ 1578b Abs. 1 S. 2 u. 3 BGB** zu entnehmen. Danach sind neben der **Dauer der Ehe** vorrangig die sich aus der Haushaltsführung u. der Erziehung eines gemeinschaftlichen Kindes eingetretenen **Nachteile** im Hinblick auf die Möglichkeit, für den eigenen Unterhalt zu sorgen, zu berücksichtigen. Im Einzelnen → Form. B.II.4 Anm. 1.

S. ferner aus der **Rspr. des BGH** die nachstehenden Entsch.:

BGH NJW 2018, 2638 Rn. 27 = FamRZ 2018, 1506 (die Entsch. über eine Befristung u. Herabsetzung des Unterhalts nach § 1578b BGB kann einem **späteren Abänderungsverfahren vorbehalten** werden, wenn sich erst nach der **wirtschaftlichen Entflechtung** der Verhältnisse der Ehegatten abschätzen lässt, ob ehebedingte Nachteile dauerhaft bestehen o. nicht);

BGH NJW 2016, 2256 Rn. 19 ff. = FamRZ 2016, 1345 (bei der Herabsetzung des nachehelichen Aufstockungsunterhalts ist der ehebedingte **Erwerbsnachteil** des unterhaltsberechtigten Ehegatten **nicht hälftig** auf beide geschiedenen Ehegatten **zu verteilen**, sondern in voller Höhe zugunsten des Unterhaltsberechtigten zu berücksichtigen);

BGH NJW 2014, 1807 Rn. 19 ff. = FamRZ 2014, 1007 (ein **betriebsbedingter Verlust des Arbeitsplatzes** begründet keinen ehebedingten Nachteil; dieser kann sich aber daraus ergeben, dass sich der unterhaltsberechtigte Ehegatte danach mit Rücksicht auf die Ehe u. die für mehrere Jahre übernommene Rollenverteilung „Haushaltsführung u. Kinderbetreuung" zunächst vergeblich u. nur in einem eingeschränkten Radius u. später gar nicht mehr um eine seiner beruflichen Qualifikation u. seinen Fähigkeiten entspr. Stelle bewirbt u. ihm dadurch eine dauerhafte Einkommenseinbuße entsteht);

BGH NJW 2013, 1738 Rn. 41 = FamRZ 2013, 935 (**keine Herabsetzung o. Befristung** des Aufstockungsunterhalts nach 25-jähriger Ehe u. Betreuung von zwei Kindern bei fortbestehenden ehebedingten Lohnnachteilen durch Arbeitsplatzwechsel zwecks besserer Kindesbetreuung);

BGH NJW 2013, 1444 Rn. 17 ff., 31 = FamRZ 2013, 860 (die zweieinhalb Jahre **vor der Eheschließung aufgenommene Betreuung eines** gemeinschaftlichen **Kindes** kann keinen „ehebedingten" Erwerbsnachteil begründen, wenn die Nachteile durch voreheliche Aufgabe des Arbeitsplatzes bei der Eheschließung schon endgültig eingetreten waren; selbst wenn **keine ehebedingten Nachteile** feststellbar sind, kann eine Herabsetzung o. Befristung des nachehelichen Aufstockungsunterhalts insoweit ausscheiden, als das Maß der geschuldeten **nachehelichen Solidarität** einen fortdauernden Unterhaltsanspruch begründet; ein unbefristet fortdauernder Unterhalt kann aber als unbillig erscheinen, wenn die Ehefrau aus eigenen Einkünften auch ohne Unterhaltszahlungen des Ehemanns einen über ihrem Mindestbedarf liegenden Lebensbedarf sicherzustellen vermag u. die Einkommensverhältnisse des Ehemanns bestenfalls durchschnittlich sind);

BGH NJW 2012, 1506 Rn. 19 ff. = FamRZ 2012, 776 (eine geraume Zeit **vor der Eheschließung** vorgenommene **Arbeitsplatzaufgabe** o. ein **Arbeitsplatzwechsel** begründen keinen ehebedingten Nachteil iSv § 1578b BGB; ein solcher kann sich dann aber aus der Fortsetzung der Rollenverteilung in der Ehe u. dem Verzicht auf eine Erwerbstätigkeit ergeben);

BGH NJW 2011, 3712 Rn. 29 = FamRZ 2011, 1854 (nach § 1579 BGB kann der Unterhaltsanspruch auch völlig versagt werden, während § 1578b BGB nur eine Herabsetzung u./o. eine zeitliche Begrenzung vorsieht; die beiden Begrenzungstatbestände schließen sich nicht gegenseitig aus); so auch BT-Drs. 16/1830, 20;

BGH NJW 2011, 1066 Rn. 20 = FamRZ 2011, 628 (wenn eine Ehefrau zwecks Haushaltsführung u. Betreuung eines gemeinschaftlichen Kindes ihren sicheren Arbeitsplatz bei der VW-AG aufgegeben hat u. sie später als Verkäuferin dauerhaft monatlich 700 EUR weniger verdient, ist dies selbst dann ein der Befristung u. Herabsetzung des Aufstockungsunterhalts entgegenstehender ehebedingter Nachteil iSd § 1578b BGB, wenn der unterhaltspflichtige **Ehegatte mit der Aufgabe des Arbeitsplatzes nicht einverstanden** gewesen sein sollte; denn bei den in § 1578b BGB aufgeführten Kriterien handelt es sich um objektive Umstände, denen keine subjektive Vorwerfbarkeit anhaftet, weshalb im Rahmen der Abwägung **nach § 1578b BGB keine Aufarbeitung ehelichen Fehlverhaltens** stattfindet);

BGH NJW 2008, 2644 = FamRZ 2008, 1508 (**4-jährige Befristung** des nachehelichen Aufstockungsunterhalts einer stets vollschichtig in ihrem Beruf als Küchenhilfe erwerbstätigen Ehefrau nach einer **13-jährigen kinderlosen Ehe** mit einem Rentner; die Übergangszeit müsse sich nicht schematisch an der Ehedauer orientieren u. die nacheheliche Einkommensdifferenz sei nicht auf ehebedingte Nachteile, sondern darauf zurückzuführen, dass beide Ehegatten schon vorehelich infolge ihrer unterschiedlichen Berufsausbildung einen unterschiedlichen Lebensstandard erreicht gehabt hätten).

Wegen der Begrenzung des nachehelichen Aufstockungsunterhalts in der **oberlandesgerichtlichen Rspr.** wird auf die folgenden Entscheidungen hingewiesen:

OLG Düsseldorf BeckRS 2022, 42861 Rn. 30 = FamRZ 2023, 940 (eine lange **Ehedauer von über 25 Jahren** ist allein kein ausreichender Umstand, um von einer Begrenzung bzw. Befristung nach § 1578b BGB abzusehen);

OLG Brandenburg BeckRS 2021, 24799 Rn. 82 (die lange **Ehedauer von fast 26 Jahren** rechtfertigt es aber nicht allein, aus Billigkeitsgründen von einer Begrenzung des Unterhalts abzusehen);

OLG Brandenburg BeckRS 2020, 11218 Rn. 18 ff. (**keine Befristung** der Unterhaltszahlung nach 20-jähriger kinderloser Ehe bei fortdauernden ehelichen Nachteilen auf Seiten der Ehefrau dadurch, dass sie während der Ehe einer Teilzeittätigkeit als Schreibkraft bei einer Zeitarbeitsfirma unterhalb ihrer beruflichen Qualifikation nachgegangen ist, um dem Überstunden leistenden Ehemann den Rücken freizuhalten, u. sie deshalb nach dem Scheitern der Ehe spürbar weniger verdienen kann, als dies bei anhaltender Vollzeittätigkeit in ihrem erlernten Beruf als Wirtschaftskauffrau der Fall gewesen wäre);

OLG Frankfurt a. M. BeckRS 2019, 15331 Rn. 74 (Unterhalt für **15 Jahre** bei „Hausfrauenehe" von knapp 17 Jahren mit zwei Kindern u. Ehemann mit sehr soliden Einkünften, der während seines Studiums von den Einkünften der Ehefrau ohne qualifizierte Berufsausbildung u. denen ihres Vaters gelebt hatte);

OLG Hamm NJOZ 2019, 1172 Rn. 48 f. = FamRZ 2019, 110 (ist bei einer 50 Jahre alten Ehefrau aufgrund familiär bedingter langer beruflicher Abstinenz u. ihrer gesundheitlichen Beeinträchtigungen noch nicht hinreichend sicher erkennbar, ob u. in welchem Umfang es ihr gelingen wird, ihren Unterhalt durch eine eigene Berufstätigkeit zu sichern, ist eine **Befristung o. Herabsetzung** des Anspruchs auf nachehelichen Unterhalt nach § 1573 Abs. 2 BGB **derzeit nicht** möglich);

OLG Hamm BeckRS 2016, 11349 Rn. 96 ff. (keine ehebedingten Nachteile bei schicksalhafter psychischer Erkrankung; **Befristung** des nachehelichen Unterhalts auf **fünf Jahre** bei 7-jähriger „Hausfrauenehe" u. teilweiser Erwerbsfähigkeit der Ehefrau u. sehr guten wirtschaftlichen Verhältnissen des die beiden Kinder betreuenden Ehemannes);

KG BeckRS 2014, 9243 (eine **Ehedauer von 32 Jahren** kann einer Begrenzung o. Befristung des Aufstockungsunterhalts trotz fehlender ehebedingter Erwerbsnachteile entgegenstehen);

OLG Hamm NJOZ 2014, 1090 (1097) (eine **Befristung** des nachehelichen Aufstockungsunterhalts auf **4,5 Jahre** nach Rechtskraft der Scheidung ist angemessen bei einer Ehedauer von 18 Jahren u. drei Kindern u. fehlenden ehebedingten Nachteilen);

OLG Köln NZFam 2014, 945 Rn. 31 = FamRZ 2014, 1207 (ein **Unterhalt für 10 Jahre** ab der Scheidung ist nach 20-jähriger „Hausfrauenehe" mit vier Kindern angemessen u. billig; eine schematische Betrachtung wie „1/3 der Ehezeit" würde die gebotene Einzelfallwürdigung vermissen lassen);

OLG Zweibrücken BeckRS 2014, 2341 = FamRZ 2014, 775 (**keine Befristung** des Aufstockungsunterhaltsanspruchs einer Ehefrau vor ihrem Eintritt ins Rentenalter nach 28-jähriger „Hausfrauenehe" u. Betreuung von zwei Kindern);

OLG Brandenburg BeckRS 2012, 5190 (**keine Befristung o. Herabsetzung** des Aufstockungsunterhalts der Ehefrau bei ehebedingten beruflichen Nachteilen u. aus Gründen der nachehelichen Solidarität nach 30-jähriger Ehe u. der Betreuung von zwei Kindern);

OLG Frankfurt a. M. BeckRS 2011, 28018 = FamRZ 2012, 1392 (dem unterhaltsberechtigten Ehegatten **obliegt es**, einen eingetretenen **ehebedingten Nachteil** durch Fortbildungsmaßnahmen und zielgerichtete berufliche Maßnahmen **auszugleichen**);

OLG Schleswig BeckRS 2010, 9647 = FamRZ 2010, 651 (**Befristung bis zum Rentenbeginn** bei Ehedauer von 32 Jahren u. Betreuung eines Kindes);

OLG Celle BeckRS 2009, 12552 (**kein Wegfall** des Aufstockungsunterhalts bei ehebedingten Rentennachteilen durch Nichterlangung einer VBL-Rente);

OLG Stuttgart BeckRS 2009, 13140 = FamRZ 2009, 785 (787) (**keine Befristung** bei dauerhaftem Nachteil im beruflichen Fortkommen nach Ehedauer von 15 Jahren u. Betreuung von zwei Kindern, aber Herabsetzung des Aufstockungsunterhalts vom vollen auf den angemessenen Betrag nach einer Schonphase);

OLG Bremen NJW 2009, 373 = FamRZ 2009, 347 (Übergangszeit von **einem Jahr** nach kinderloser 8-jähriger Ehe);

OLG Koblenz NJW 2008, 3720 = FamRZ 2009, 524 (**keine Befristung o. Herabsetzung** des Aufstockungsunterhalts wegen noch nicht nachhaltiger Sicherung des Einkommens);

OLG München NJW 2008, 2447 = FamRZ 2009, 52 (Übergangszeit von **drei Jahren** ab Zustellung des Scheidungsantrags bei kinderloser 9-jähriger Ehe).

Ein **Indiz gegen** fortdauernde ehebedingte **Nachteile** ist der Umstand, dass der Unterhaltsberechtigte eine vollschichtige Tätigkeit in seinem erlernten Beruf ausübt. Der **Unterhaltsschuldner** trägt die **Darlegungs- u. Beweislast** hins. der für eine Beschränkung des Aufstockungsunterhalts sprechenden Tatsachen, während den **Unterhaltsberechtigten** die **sekundäre Darlegungslast** trifft, er mithin die Behauptung des Unterhaltsschuldners, es seien keine ehebedingten Nachteile entstanden, substanziiert bestreiten u. seinerseits darlegen muss, welche konkreten ehebedingten Nachteile entstanden sein sollen (**BGH** NJW 2010, 3653 Rn. 24 = FamRZ 2010, 2059; s. auch BT-Drs. 16/1830, 20).

Der **angemessene Lebensbedarf**, der nach § 1578b Abs. 1 BGB die **Grenze für die Herabsetzung** des nachehelichen Unterhalts bildet, bemisst sich nach dem **Einkommen**, das der unterhaltsberechtigte Ehegatte **ohne die Ehe** u. Kindererziehung aus eigenen Einkünften zur Verfügung hätte. Erzielt der Unterhaltsberechtigte **eigene Einkünfte**, die den angemessenen Unterhaltsbedarf erreichen, o. könnte er solche Einkünfte erzielen, kann der nacheheliche Aufstockungsunterhalt nach einer **Übergangszeit** in Form einer **Befristung** vollständig wegfallen. Erreichen dagegen die **Einkünfte nicht** den eigenen **angemessenen Unterhaltsbedarf**, scheidet eine Befristung des Unterhaltsanspruchs regelmäßig aus. Aber auch dann kann der Unterhalt nach einer Übergangszeit **bis auf den ehebedingten Nachteil herabgesetzt** werden, der sich aus der Differenz des angemessenen Unterhaltsbedarfs mit dem erzielten o. erzielbaren eigenen Einkommen ergibt. Dies setzt voraus, dass der eheangemessene Bedarf den angemessenen Lebensbedarf übersteigt (**BGH** NJW 2010, 3653 Rn. 22 = FamRZ 2010, 2059).

Behauptet der unterhaltsberechtigte Ehegatte im Rahmen seiner sekundären Darlegungslast das Bestehen eines ehebedingten Nachteils, so darf er sich nicht auf den pauschalen Vortrag beschränken, er habe aktuell keine Möglichkeit, Einkünfte in einer Höhe zu erzielen, wie er dies ohne Ehe könnte. Vielmehr ist konkreter **Vortrag** zu dem Einkommen, das er heute ohne Ehe – nach Steuerklasse I/kein Kinderfreibetrag – erzielen könnte und dem aktuell erzielbaren Einkommen, also **zu einer monetär messbaren Differenz** erforderlich (OLG Düsseldorf BeckRS 2020, 53550 Rn. 438). Behauptet der unterhaltsberechtigte Ehegatte, er hätte ohne die Ehe, eine bessere Karriere gemacht als in der Ehe, so ist konkret darzulegen, **woran** dieser **Karrierewille festgemacht wird.** Es ist zur hypothetischen beruflichen Entwicklung ohne die Ehe, seinen Fähigkeiten, besonderen Talente und Neigungen, seiner Bereitschaft zum Erwerb von Zusatzqualifikationen bzw. Fortbildungsbereitschaft und zur beruflichen Entwicklung vor der Ehe, die Aufschluss über seine Leistungsbereitschaft und gegebenenfalls frühe Erfolge geben kann, vorzutragen (OLG Brandenburg BeckRS 2020, 20053 Rn. 64 mwN = NZFam 2020, 874 Anm. Graba).

Die **Folgesache Geschiedenenunterhalt** kann **als Stufenforderung** nach § 254 ZPO iVm § 113 Abs. 1 S. 2 FamFG **im Verbundverfahren** anhängig gemacht werden. Dies ist zweckmäßig, wenn der Unterhaltsgläubiger zunächst zuverlässige Unterlagen für die Berechnung seines Unterhaltsanspruchs benötigt. In den Verbundbeschluss geht nur die Entscheidung über die Zahlungsstufe ein. Über die **Hilfsansprüche** auf Erteilung der **Auskunft** u. auf **eidesstattliche Versicherung** darf das Familiengericht schon vor der Entscheidung über den Scheidungsantrag durch **Teilbeschluss** entscheiden → Form. B. II.1 Anm. 1.

Ein **bloßer Auskunftsanspruch** (ohne das unbezifferte Zahlungsbegehren als Hauptanspruch) oder ein auf Auskunft u. Abgabe der eidesstattlichen Versicherung „verkürzten“

Stufenantrag kann im Scheidungsverbund nicht geltend gemacht werden→ Form. B.II.1 Anm. 1.

2. Die **Antragsfolgesache Geschiedenenunterhalt** (§ 137 Abs. 2 S. 1 Nr. 2 FamFG) ist während der Anhängigkeit der Ehesache **bei dem für die Ehescheidung** zuständigen Familiengericht **anhängig zu machen** (§ 232 Abs. 1 Nr. 1 FamFG). Zu Auslandssachen → Form. B.II.1 Anm. 2.

3. Durch die Überschrift „Folgesachenantrag Geschiedenenunterhalt" soll erreicht werden, dass die Eingangsregistratur des Familiengerichts die Sache nicht irrtümlich als isolierten Antrag einträgt, sondern sogleich richtig eine Unterakte UE („Unterhalt des Ehegatten") zur Scheidungsakte anlegt (s. § 27 Abs. 3 AktO). Ferner → Form. B.II.4 Anm. 3.

4. Für die Antragsfolgesache Geschiedenenunterhalt ist **gesondert Verfahrenskostenhilfe** zu beantragen → Form. B.II.3 Anm. 4.

5. Auskunft über das **Vermögen** kann nicht für einen Zeitraum, sondern nur zu einem bestimmten **Stichtag** verlangt werden. Es empfiehlt sich, einen vor dem Zugang des Mahnschreibens liegenden Tag zu nehmen, um Vermögensverschleierungen vorzubeugen.

6. Die Antragstellerin kann u. sollte vom Antragsgegner hinsichtlich seiner **Einkünfte** aus **nichtselbständiger Tätigkeit** Auskunft für die Dauer eines Jahres verlangen, wobei der **Auskunftszeitraum** datumsmäßig abzugrenzen ist → Form. B.II.1 Anm. 6.

Zur **Ermittlung** des unterhaltsrechtlich relevanten **Einkommens** des Unterhaltspflichtigen (einschl. Überstundenvergütungen, Prämien, Zulagen, Urlaubs- u. Weihnachtsgeld u. sonstiger Nebeneinnahmen) vgl. BGH NJW 2013, 1738 Rn. 21 ff. = FamRZ 2013, 935.

Die in § 1580 S. 2 BGB iVm § 1605 Abs. 2 BGB vorgesehene **Sperrfrist von 2 Jahren** zur Geltendmachung des Auskunfts- u. Beleganspruchs betr. den nachehelichen Unterhalt besteht nicht, wenn sich die erstmalige Geltendmachung auf den Trennungsunterhalt bezog, weil die materiellen Ansprüche nicht identisch sind (OLG München BeckRS 2015, 19987 Rn. 7 = FamRZ 2015, 2069 mwN; OLG Brandenburg BeckRS 2015, 12450 Rn. 17).

7. Die geforderten **Belege** müssen **genau** bezeichnet werden → Form. B.II.1 Anm. 7.

8. Hinsichtlich seiner etwaigen **selbständigen Tätigkeit** muss der Antragsgegner Angaben über seine Einkünfte in einem **Zeitraum von** regelmäßig **drei Kalenderjahren** machen → Form. B.II.1 Anm. 8. Zu **Teilauskünften** s. BGH NJW 2014, 3647 = FamRZ 2015, 127.

9. Zur **eidesstattlichen Versicherung** → Form. B.II.1 Anm. 9.

10. Der Anspruch auf Aufstockungsunterhalt gem. § 1573 Abs. 2 BGB dient im Hinblick auf den ab der Scheidung geltenden Grundsatz der Selbstverantwortung (§ 1569 BGB) nicht dazu, einen **geringfügigen Einkommensunterschied** der Beteiligten auszugleichen. Die Aufstockungsforderung muss deshalb einen gewissen Mindestbetrag erreichen, der allerdings in der Rspr. unterschiedlich bemessen u. vom Einzelfall abhängig gemacht wird.

Der **BGH** (BeckRS 2010, 25975 Rn. 23 = FamRZ 1984, 988 (990)) hielt im Jahre 1983 einen Aufstockungsanspruch von mehr als 160 DM = ca. **82 EUR** für **nicht** mehr **geringfügig.**

Das **OLG München** (FamRZ 2004, 1208) meint, die vorstehende Entsch. des BGH sei durch die Inflation überholt, u. es verneint einen Aufstockungsunterhalt **unter 10 %** des bereinigten Nettoeinkommens der Bedürftigen.

Auch lt. **OLG Koblenz** (NJW-RR 2006, 151 (152)) besteht kein Anspruch auf Aufstockungsunterhalt, wenn sich die Einkommensdifferenz auf weniger als **10 % des Gesamteinkommens** beläuft.

Dagegen will das **KG** (BeckRS 2008, 3238 Rn. 22 = FamRZ 2008, 415 (416)) nicht pauschal, sondern unter Berücksichtigung der konkreten wirtschaftlichen Verhältnisse des Bedürftigen entscheiden, u. es sieht eine Einkommensdifferenz von **115 EUR** (8,4 % des eigenen Einkommens des Bedürftigen) als **nicht geringfügig** an.

Das **OLG Karlsruhe** (BeckRS 2010, 16367 = FamRZ 2010, 1082) hat einen Aufstockungsunterhalt von **63 EUR** monatlich zugesprochen, weil die Antragstellerin in sehr engen wirtschaftlichen Verhältnissen lebte u. der geringe Unterhalt auch auf der Zurechnung fiktiven Einkommens beruhte (zust. Dose UnterhaltsR/Bömelburg § 4 Rn. 322).

Nach **OLG Hamm** (BeckRS 2024, 37039 Rn. 29 = NJOZ 2025, 298) scheidet ein Anspruch auf Aufstockungsunterhalt in der Regel aus, wenn der Unterhalt einen Betrag von **50,00 EUR**, der die absolute Geringfügigkeitsschwelle darstellt, nicht übersteigt.

Die Verfahrensbevollmächtigten der Antragstellerin u. des Antragsgegners sollten diese über das wichtige **Unterhaltsprivileg informieren.**

Nach dem **Unterhaltsprivileg** (§§ 33, 34 VersAusglG) kann der kraft Gesetzes zum Ehegattenunterhalt Verpflichtete auf Antrag die **Kürzung seiner laufenden Versorgung** aus einem der Regelsicherungssysteme des § 32 VersAusglG iHd Unterhaltsanspruchs, der bei ungekürzter Versorgung gegeben wäre, **aussetzen** lassen, solange der Unterhalts- u. Ausgleichsberechtigte aus einem im Versorgungsausgleich erworbenen Anrecht noch keine laufende Versorgung erhalten kann (s. BT-Drs. 16/10144, 72 ff.; Deutsche Rentenversicherung Bund, Versorgungsausgleich in der gesetzlichen Rentenversicherung, 14. Aufl., Erl. zu § 33 VersAusglG, jeweils mit Rechenbeispielen; BGH NJW 2012, 1661 = FamRZ 2012, 853; s. auch OLG Nürnberg BeckRS 2015, 17311 = FamRZ 2016, 559).

Besonders wenn der **Antragsgegner** bei der Scheidung **wesentlich älter** als die Antragstellerin ist u. deshalb o. als Bundeswehrangehöriger, Feuerwehrangehöriger o. Polizist **früher** als diese **in den Ruhestand** gehen wird (s. §§ 45 Abs. 2, 96 SG § 5 BPolBG) kann die **Wahrnehmung des Unterhaltsprivilegs** vorteilhaft sein.

Nach hM kann der **Anpassungsantrag nicht** schon **im Scheidungsverbundverfahren** gestellt werden, weil die Versorgungsausgleichsentscheidung zunächst rechtskräftig geworden sein muss (so zutr. OLG Koblenz BeckRS 2016, 123067 Rn. 9 ff. = FamRZ 2017, 964; OLG Hamm BeckRS 2016, 116077 Rn. 7 ff. = FamRZ 2017, 367; OLG Stuttgart NJOZ 2014, 1768 = FamRZ 2014, 1304; KG BeckRS 2013, 3461; OLG Celle NJW-RR 2013, 1416 = FamRZ 2013, 1313; Erman/Norpoth/Sasse VersAusglG § 34 Rn. 2a; Zöller/Feskorn FamFG § 137 Rn. 5; MüKoBGB/Siede VersAusglG § 34 Rn. 5; **aM** OLG Zweibrücken NJW 2012, 1298 = FamRZ 2012, 722; OLG Köln BeckRS 2012, 23775 Rn. 26; OLG Karlsruhe BeckRS 2016, 4319 Rn. 9, ohne nähere Begr.; OLG Stuttgart BeckRS 2020, 31065 = FamRZ 2021, 352 mablAnm Borth; FA-FamR/Wagner Kap. 7 Rn. 383).

Über den **Anpassungsantrag** kann nach vorstehender hM erst **nach Rechtskraft u. Wirksamkeit der Entsch. über den Versorgungsausgleich** (§§ 148, 224 Abs. 1 FamFG) in einem selbstständigen Versorgungsausgleichsverfahren (§§ 111 Nr. 7, 217 FamFG) bei dem nach § 218 FamFG zuständigen Familiengericht entschieden werden (s. MüKoBGB/Siede VersAusglG § 34 Rn. 2–4). Da lt. **BGH** (NJW 2016, 2321 Rn. 5 = FamRZ 2016, 1438) der **Versorgungsträger Antragsgegner** ist, kann dies zur (nachrangigen) örtlichen Zuständigkeit des Familiengerichts am Sitz des Versorgungsträgers (§ 218 Nr. 3 FamFG) führen, wenn beide Ehegatten aus dem Bezirk ihres letzten gewöhnlichen Aufenthalts verzogen sind. In den meisten Fällen wird aber einer der Ehegatten weiterhin seinen gewöhnlichen Aufenthalt im Bezirk des Gerichts ihres letzten gemeinsamen gewöhnlichen

Aufenthalts haben u. die (vorrangige) örtliche Zuständigkeit gem. § 218 Nr. 2 FamFG gegeben sein (s. auch OLG Frankfurt a. M. NJW-RR 2010, 1449 = FamRZ 2010, 916).

Der Anpassungsantrag, der vom Ausgleichspflichtigen u. vom Ausgleichsberechtigten gestellt werden kann, sollte bereits **im Monat vor Wirksamkeit der Versorgungskürzung** (§§ 148, 224 Abs. 1 FamFG) beim Familiengericht eingereicht werden (OLG Stuttgart NJOZ 2014, 1768 (1770) mwN = FamRZ 2014, 1304; s. auch OLG Koblenz BeckRS 2016, 123067 Rn. 13; OLG Celle NJW-RR 2013, 1416 (1417)). Denn nach § 34 Abs. 3 VersAusglG wirkt die Anpassung ab dem ersten Tag des Monats, der auf den Monat der Antragstellung folgt.

Der **Anpassungsantrag** hat lediglich eine verfahrenseinleitende Funktion u. **bedarf keiner Bezifferung** o. Konkretisierung dahin, welche laufenden Versorgungen des Ausgleichspflichtigen in welcher Höhe angepasst werden sollen (BGH BeckRS 2014, 6638 Rn. 11 = FamRZ 2014, 827). Für die vom Familiengericht zu treffende Entsch. hat der **BGH** (NZFam 2020, 480 Rn. 20 ff. = FamRZ 2020, 833) eine **dynamischen Beschlussformel** für zulässig erklärt.

Zu beachten ist, dass bei einer **Unterhaltsvereinbarung** über einen niedrigeren als den fiktiven gesetzlichen Unterhalt die Aussetzung der Rentenkürzung dann auf den vereinbarungsgemäß geschuldeten Unterhaltsbetrag beschränkt ist (BGH NJW 2013, 226 Rn. 22 = FamRZ 2013, 189).

Die schwierig zu berechnende Anpassung der Rentenkürzung sollte vor einer Unterhaltsvereinbarung mit dem **WinFam-Programm** (Datei >Neu >Versorgungsausgleich >Unterhaltsprivileg) durchgeführt werden.

Das **WinFam-Programm** (dort abrufbar unter Formulare >Sachanträge für den Familienrichter >Anträge ohne Scheidungsverbund >Versorgungsanpassung § 33 VersAusglG) hält **Anpassungsanträge** mit einer Standardbegründung nebst einer Berechnungshilfe bereit.

11. Die Aufforderung zur **Erteilung der Auskunft** über die Einkünfte u. das Vermögen vor Verfahrensbeginn ist wegen der nach billigem Ermessen möglichen Kostenentscheidung (§ 150 Abs. 4 S. 1 FamFG) zu empfehlen.

12. In der **Zahlungsstufe** sollte vorsorglich für den Fall einer Beschwerde hinsichtlich der Unterhaltsfolgesache zugleich beantragt werden: „Der Beschluss betreffend die Zahlung des Geschiedenenunterhalts ist ab der Rechtskraft der Scheidung sofort wirksam." (→ Form. B.II.1 Anm. 11).

Kosten und Gebühren

13. → Form. B.II.1 Anm. 12.

Fristen und Rechtsmittel

14. → Form. B.II.1 Anm. 13.

7. Antrag des Ehemannes in der Folgesache Geschiedenenunterhalt auf Abweisung des Antrags der Ehefrau auf Aufstockungsunterhalt wegen grober Unbilligkeit

An das

Amtsgericht[1, 2]

– Familiengericht –

In der Familiensache

. . . . ./. . . . .

Az.: . . . . . UE

wird namens und in Vollmacht des Antragsgegners beantragt:

Dem Antragsgegner wird für die Folgesache Geschiedenenunterhalt Verfahrenskostenhilfe unter Beiordnung seines Verfahrensbevollmächtigten bewilligt.[3]

Der Antrag der Antragstellerin auf Zahlung von Geschiedenenunterhalt wird zurückgewiesen.

Begründung:

Der Vortrag der Antragstellerin zu den persönlichen und wirtschaftlichen Verhältnissen der Beteiligten ist zwar im Wesentlichen zutreffend, ihr Anspruch auf Aufstockungsunterhalt ist jedoch gemäß § 1579 Nr. 2 BGB zu versagen.

Der Antragsgegner hat ausweislich seiner anliegenden Verdienstabrechnungen für die letzten 12 Monate ein durchschnittliches monatliches Nettoeinkommen von . . . . . EUR, wovon 5 % für berufsbedingte Aufwendungen[4] abzuziehen sind, sodass . . . . . EUR verbleiben. Er hat keine weiteren Einkünfte und kein Vermögen. Die Antragstellerin hat ihr monatliches Nettoeinkommen unter Berücksichtigung von 5 % für berufsbedingte Aufwendungen mit . . . . . EUR angegeben, was nicht bestritten werden soll. Der Antragstellerin steht somit rein rechnerisch ein Aufstockungsunterhaltsanspruch nach § 1573 Abs. 2 BGB in Höhe von (. . . . . EUR – . . . . . EUR =) . . . . . EUR × 45 %[5] = ... EUR zu.

Die Antragstellerin verschweigt jedoch, dass sie seit . . . . . und damit seit mehr als zwei Jahren mit Herrn . . . . . als ihrem neuen Partner in einer verfestigten Lebensgemeinschaft[6] zusammenlebt und diesen wie eine Ehefrau betreut. Beide wohnen und wirtschaften zusammen und verbringen ihre Freizeit und ihren Urlaub gemeinsam.

Beweis zunächst:[7] Vernehmung des Herrn . . . . . als Zeugen

Weitere Beweisanträge bleiben für den Fall des Bestreitens vorbehalten.

Diese verfestigte Lebensgemeinschaft ist ein Härtegrund im Sinne von § 1579 Nr. 2 BGB und macht eine dauerhafte Unterhaltsleistung durch den Antragsgegner unzumutbar. Der Unterhalt ist daher wegen grober Unbilligkeit zu versagen. Dabei kommt es nicht auf die Leistungsfähigkeit des neuen Partners oder auf die Aufnahme von intimen Beziehungen oder auf ein vorwerfbares Fehlverhalten der Antragstellerin an. Mit § 1579 Nr. 2 BGB wird allein eine rein objektive Veränderung in den Lebensverhältnissen des bedürftigen Ehegatten sanktioniert, nachdem dieser durch das Eingehen einer neuen, inzwischen

verfestigten Lebensgemeinschaft sich damit endgültig aus der nachehelichen Solidarität herausgelöst und zu erkennen gegeben hat, dass er diese Solidarität nicht mehr benötigt (BT-Drs. 16/1830, 21).

Falls das Gericht die Voraussetzungen für eine verfestigte Lebensgemeinschaft als noch nicht gegeben ansehen sollte, wird vorsorglich vorgetragen, dass die Antragstellerin ihren neuen Partner in jeder Hinsicht betreut. Sie kocht für ihn, wäscht seine Wäsche und hält die von ihm bewohnten Räume sauber.

Beweis zunächst: Vernehmung des Herrn . . . . . als Zeugen

Weitere Beweisanträge bleiben für den Fall des Bestreitens vorbehalten.

Die geldwerten Betreuungsleistungen für den neuen Partner sind als Surrogat der früheren Haushaltstätigkeit in der Familie anzusehen. Ihr Wert wird auf . . . . . EUR geschätzt. Dieser Betrag ist als fiktives Einkommen der Antragstellerin nach BGH NJW 2004, 2305 in die Bemessung ihres Unterhaltsbedarfs einzubeziehen, sodass ein Unterhaltsanspruch der Antragstellerin von allenfalls . . . . EUR verbleibt.[8]

Zum Antrag auf Bewilligung von Verfahrenskostenhilfe wird auf die bereits zum Hauptverfahren Scheidung eingereichten Unterlagen verwiesen. Die Einkommensverhältnisse sind unverändert.

Rechtsanwalt

Anmerkungen

1. Auch für den **Zurückweisugsantrag** in der Folgesache Geschiedenenunterhalt (§ 137 Abs. 2 S. 1 Nr. 2 FamFG) besteht gem. § 114 Abs. 1 FamFG **Anwaltszwang.** Bestellt sich für den Antragsgegner kein Rechtsanwalt, kann der Antragsgegner nicht wirksam Anträge stellen (BGH BeckRS 2020, 30630 Rn. 11 = FamRZ 2021, 213).

Wegen der erheblichen Belastung des Antragsgegners durch eine grds. zeitlich unbefristete Verpflichtung zur Zahlung von nachehelichem Aufstockungsunterhalt (s. BGH NJW 2011, 147 Rn. 17 = FamRZ 2010, 1971) sollte der Zurückweisungsantrag besonders gründlich vorbereitet werden. Der einmal nach § 1579 Nr. 2 BGB **versagte Anspruch** auf Aufstockungsunterhalt würde bei einem späteren Scheitern der verfestigten Lebensgemeinschaft regelmäßig **nur** im Interesse gemeinsamer Kinder **als Betreuungsunterhalt,** sonst aber nur ausnahmsweise, **wieder aufleben** (BGH NJW 2011, 3089 Rn. 33 = FamRZ 2011, 1498; OLG Brandenburg BeckRS 2024, 21470 Rn. 29 = FamRZ 2025, 346; OLG Düsseldorf BeckRS 2020, 37253 Rn. 7 = FamRZ 2021, 1027; Dose UnterhaltsR/Siebert § 4 Rn. 1382, 1384). Spielen Interessen gemeinsamer minderjähriger Kinder keine Rolle mehr, lebt der Unterhaltsanspruch nicht wieder auf (OLG Koblenz BeckRS 2013, 05186 = FamRZ 2013, 474).

2. Der Zurückweisungsantrag ist bei dem für die Ehescheidung u. damit auch für die Folgesache Geschiedenenunterhalt **zuständigen Familiengericht** (§ 232 Abs. 1 Nr. 1 FamFG) zum Aktenzeichen der Scheidungssache mit dem Zusatz UE einzureichen.

3. Der Antragsgegner muss für die Antragsfolgesache Geschiedenenunterhalt **gesondert Verfahrenskostenhilfe** beantragen, was aus § 149 FamFG folgt. Er kann auf sein bereits mit dem Scheidungsantrag eingereichtes Erklärungsformular über seine persönlichen u. wirtschaftlichen Verhältnisse nebst Belegen (§ 117 Abs. 2, 4 ZPO iVm § 113 Abs. 1 S. 2 FamFG) verweisen, wenn sich an seinen Verhältnissen nichts geändert hat.

4. Zu den **berufsbedingten Aufwendungen** → Form. B.II.3 Anm. 7.

5. Nach Anm. B. I zur DT 2026 ist dem Erwerbsbonus von 1/10 durch einen Ansatz von 45 % des anrechenbaren Erwerbseinkommens Rechnung zu tragen.

6. Das dauerhafte Zusammenleben des Unterhaltsberechtigten mit einem neuen Partner in **verfestigter Lebensgemeinschaft** (§ 1579 Nr. 2 BGB) ist in der Praxis der bedeutsamste Ausschlusstatbestand.

Mit diesem eigenständigen Härtegrund soll kein vorwerfbares Fehlverhalten des Unterhaltsberechtigten sanktioniert werden, sondern es sollen rein objektive Veränderungen in den Lebensverhältnissen des unterhaltsbedürftigen Ehegatten erfasst werden, die eine dauerhafte Unterhaltsleistung für den anderen Ehegatten unzumutbar erscheinen lassen. Eine verfestigte Lebensgemeinschaft, unabhängig von ihrer geschlechtlichen und sexuellen Ausrichtung (OLG Hamm BeckRS 2022, 44227 Rn. 73 f. = FamRZ 2023, 586; BeckOGK/Haidl BGB § 1579 Rn. 48–51) kann insbesondere angenommen werden, wenn objektive, nach außen tretende Umstände wie etwa ein über einen längeren Zeitraum geführter **gemeinsamer Haushalt**, das **Erscheinungsbild in der Öffentlichkeit, im Freundeskreis und in sozialen Medien**, das **gemeinsame Verbringen von Familienfeiern und Urlauben**, größere **gemeinsame Investitionen** wie der Erwerb eines gemeinsamen Familienheims o. eines Kraftfahrzeugs mit den Initialen beider Partner auf dem Nummernschild, **Fürsorgeleistungen für den Partner, Versorgung in Krankheitsfällen, Vorsorge für den Partner**, zB durch letztwillige Verfügung, in einem anderen Verfahren **mitgeteilte Eheschließungsabsicht, wirtschaftliche Verflechtung** o. die **Dauer der Verbindung**, den Schluss auf eine verfestigte Lebensgemeinschaft nahelegen. Entscheidend ist, ob der unterhaltsbedürftige Ehegatte sich mit der neuen Lebensgemeinschaft endgültig aus der ehelichen Solidarität herauslöst u. zu erkennen gibt, dass er diese nicht mehr benötigt. Ein **intimes Verhältnis** allein reicht nicht aus. Die **Leistungsfähigkeit des neuen Partners** spielt keine Rolle (BT-Drs. 16/1830, 21; ebenso BGH NJW 2011, 3712 Rn. 20, 23 = FamRZ 2011, 1854).

Das Gesetz sagt nicht, welche **Dauer** das Zusammenleben des Unterhaltsberechtigten mit einem neuen Partner gehabt haben muss, damit eine verfestigte Lebensgemeinschaft angenommen werden kann. Sie wird in der Regel erst nach einer Mindestdauer des Zusammenlebens von **zwei bis drei Jahren** angenommen (BGH NJW 1997, 1851 = FamRZ 1997, 671; BGH NJW 2002, 1947 = FamRZ 2002, 810). Es kann aber beim Zusammenleben in einer gemeinsamen Wohnung u. bei der Geburt eines gemeinsamen Kindes auch eine kürzere Zeitspanne ausreichen (BGH NJW 2012, 2190 Rn. 34 = FamRZ 2012, 1201). Nach OLG Celle (NJW 2008, 1456 = FamRZ 2008, 997) genügt ein Zusammenleben von **zwei Jahren** in einer nach außen hin als eheähnlich erscheinenden Beziehung. Das OLG Saarbrücken (NJW-RR 2009, 1449) u. das OLG Köln (NJW-RR 2000, 371 = FamRZ 2000, 290) bejahen eine verfestigte Lebensgemeinschaft bereits nach **einjährigem Zusammenleben** in einer gemeinsam erworbenen **Immobilie.** Dies gilt insbes. dann, wenn aus der neuen Verbindung **ein Kind** hervorgegangen ist (OLG Brandenburg BeckRS 2024, 21470 Rn. 20 = FamRZ 2025, 346; OLG Frankfurt a. M. NJW 2013, 1686; OLG Hamm BeckRS 2014, 5709 = FamRZ 2014, 1468). Nach Auffassung des OLG Düsseldorf (BeckRS 2021, 55083 Rn. 54–56 = FamRZ 2022, 1611) kann eine hinreichende Verfestigung der Lebensgemeinschaft, die eine dauerhafte Verbindung erwarten lässt, frühestens nach drei Jahren in Betracht kommen, wenn die Beziehung des unterhaltsberechtigten Ehepartners in besonderer Weise durch **erhebliche Anfeindungen des unterhaltspflichtigen Ehegatten** geprägt ist.

Der Annahme einer verfestigten Lebensgemeinschaft steht nicht entgegen, dass der neue Partner seine **eigene Wohnung beibehält**, wenn die sonstigen Kriterien für eine dauerhafte Lebensgemeinschaft vorliegen (BGH NJW 1997, 1851 = FamRZ 1997, 671). Das OLG Karlsruhe (NJW 2009, 860 = FamRZ 2009, 351; NJW-RR 2011, 655) u. das OLG Brandenburg (NJOZ 2017, 1076 Rn. 32 ff.) nehmen aber bei einer Beziehung, die

nicht durch ein **Zusammenwohnen** u. **nicht** durch ein **gemeinsames Wirtschaften** geprägt ist, eine verfestigte Beziehung erst dann an, wenn die Partner seit **fünf Jahren in der Öffentlichkeit**, bei gemeinsamen Urlauben u. der Freizeitgestaltung **als Paar** auftreten u. Feiertage u. Familienfeste zusammen mit Familienangehörigen verbringen. Der **BGH** (NJW 2011, 3089 Rn. 28 = FamRZ 2011, 1498) hat die Annahme einer verfestigten Lebensgemeinschaft bereits nach **3 ¾ Jahren** nicht beanstandet.

7. In der Praxis wird das **Zusammenleben** mit einem anderen Partner in einer verfestigten Lebensgemeinschaft vom Unterhaltsgläubiger meistens **bestritten** u. oft wahrheitswidrig behauptet, man tätige nur „gemeinsame Spaziergänge mit einem guten Freund", es bestehe nur eine „Wochenendfreundschaft mit einem Bekannten" ohne ein gemeinsames Wirtschaften o. nur ein „Untermietverhältnis" o. nur eine „Wohngemeinschaft" mit getrenntem Einkaufen u. ohne hauswirtschaftliche Versorgung des Partners. Der Unterhaltsschuldner tut für einen solchen Fall gut daran, vorsorglich weitere Zeugen u. den **Bericht einer Detektei** in der Hinterhand zu haben (vgl. die Fälle BGH NJW 1997, 1851 = FamRZ 1997, 671 u. OLG Koblenz NJW-RR 2003, 75 = FamRZ 2003, 238), aber abzuwarten, wie die Antragstellerin sich einlässt. Denn das schlichte Bestreiten eines substanziierten Vortrags des Antragsgegners durch die Antragstellerin würde nicht ausreichen u. wäre unbeachtlich (OLG Brandenburg NJW 2008, 2355).

Wenn die Antragstellerin im Unterhaltsverfahren ihre verfestigte Lebensgemeinschaft mit einem neuen Partner wahrheitswidrig bestreiten sollte, hätte sie damit wegen **versuchten Prozessbetrugs** den zusätzlichen Verwirkungstatbestand des § 1579 Nr. 3 BGB (OLG Hamm FamRZ 1996, 1079; OLG Stuttgart BeckRS 1996, 31138475 = FamRZ 1997, 419; OLG Koblenz NJW-RR 1999, 1597 = FamRZ 2000, 605), jedenfalls aber den des § 1579 Nr. 5 BGB erfüllt (OLG Frankfurt a. M. BeckRS 2001, 30157997).

Die oft sehr hohen **Detektivkosten** können bei Beachtung der Rspr. des BGH **erstattungsfähig** sein. Nach **BGH** (NJW 2013, 2668 = FamRZ 2013, 1387) gehören Detektivkosten, die dem Unterhaltsschuldner bei der Beschaffung von Beweismitteln zur Feststellung des Bestehens einer verfestigten Lebensgemeinschaft des Unterhaltsberechtigten entstehen, grds. zu den erstattungsfähigen Kosten, wenn sie zur zweckentsprechenden Rechtsverfolgung **notwendig waren** u. im Verfahren **verwertet werden dürfen**. Daran fehle es, wenn der Detektiv die Fahrten der Unterhaltsberechtigten durch einen an ihrem Pkw heimlich angebrachten **GPS-Sender** überwacht u. so ein personenbezogenes Bewegungsprofil erstellt habe, weil dies ein unverhältnismäßiger u. unzulässiger **Eingriff in ihr allgemeines Persönlichkeitsrecht** sei, zumal als milderes Mittel die **punktuelle persönliche Beobachtung** am Anwesen des vermeintlichen Lebensgefährten, zeitlich beschränkt auf Stichproben zu Abend- u. Nachtzeiten sowie am Wochenende, zur Verfügung gestanden habe.

Im Anschluss an diese Entscheidung des BGH hielt das **OLG Hamm** (BeckRS 2015, 6841 = FamRZ 2015, 1742) Detektivkosten einer ortsnahen Detektei iHv 7.653,47 EUR (von insges. 17.687,39 EUR) für drei Observierungen u. drei spätere Überprüfungsobservierungen bis zu 10 Stunden täglich für notwendig u. erstattungsfähig.

Das **AG Oranienburg** (FamRZ 2024, 1931) sieht Kosten für die Beauftragung eines Detektivs iHv 24.628,57 EUR nicht als unverhältnismäßig an, wenn die Eheleute bis zur Rechtskraft der Ehescheidung um Trennungsunterhalt in Höhe von insgesamt über 30.000 EUR gestritten haben u. die Beauftragung des Detektivs Anlass zur Rücknahme des Antrags auf nachehelichen Unterhalt gab.

Nach Auffassung des **OLG Schleswig** (BeckRS 2020, 55018 Rn. 35 = SchlHA 2023, 274) halten sich Detektivkosten für fünf Observationen in Höhe von 41.055,00 EUR in vernünftigen Grenzen, wenn die Beteiligten in relativ guten wirtschaftlichen Verhältnissen leben u. um eine hohe Unterhaltsverpflichtung streiten.

Vgl. zum Kostenrisiko beim Einsatz eines Detektivs Bruns NZFam 2015, 998.

8. Die Annahme einer verfestigten Lebensgemeinschaft kann derzeit daran **scheitern,** dass die Antragstellerin mit ihrem neuen Partner noch nicht zwei bis drei Jahre zusammenlebt (BGH NJW 1997, 1851 = FamRZ 1997, 671) u. diese Frist nicht durch andere Umstände (Hauskauf, Geburt eines gemeinsamen Kindes) verkürzt wird (→ Anm. 6). Ferner kann das Gericht uU eine grobe Unbilligkeit der Inanspruchnahme für den Unterhaltspflichtigen verneinen (so OLG Saarbrücken NJW-RR 2017, 1092).

Dann hat der Unterhaltspflichtige aber noch die Möglichkeit, sich auf die **geldwerten Versorgungsleistungen** des Unterhaltsberechtigten zu berufen. Denn nach der Rechtsprechung des **BGH** (NJW 2004, 2305 = FamRZ 2004, 1173; NJW 2001, 3779 = FamRZ 2001, 1693) ist das **fiktive Einkommen** aus der **Versorgung des neuen Partners** als **Surrogat** der früheren Haushaltstätigkeit in der Ehe anzusehen u. deshalb – wie eine bezahlte Tätigkeit als Haushälterin bei Dritten – in die Unterhaltsbedarfsberechnung einzubeziehen. Die Berücksichtigung eines fiktiven Einkommens aus der Versorgung des neuen Partners lässt den Unterhaltsanspruch des Unterhaltsberechtigten kaum völlig entfallen, kann aber die Höhe des Unterhaltsanspruchs zugunsten des Unterhaltspflichtigen beeinflussen. Der Unterhaltspflichtige sollte daher das nach der Lebenserfahrung wahrscheinliche Erbringen von Versorgungsleistungen der Unterhaltsberechtigten für den neuen Partner behaupten u. hierzu möglichst nähere Angaben machen. Es obliegt dann der Unterhaltsberechtigten, dieses Vorbringen des Ehemannes zu widerlegen, da sie die **Darlegungs- u. Beweislast für** ihre **Bedürftigkeit** trägt (BGH NJW 1995, 1148 = FamRZ 1995, 291).

Der Wert einer erbrachten **Versorgungsleistung** bleibt nicht deshalb völlig unberücksichtigt, weil die Haushaltsführung **neben einer Vollzeitbeschäftigung** erbracht wird (BGH NJW 1995, 962 = FamRZ 1995, 343; Dose UnterhaltsR/Dose § 1 Rn. 713–718). Anders kann es sein, wenn die ganztags berufstätige Bedürftige (mit zwei Kindern) sich die anfallende Hausarbeit mit ihrem neuen Partner (mit ebenfalls zwei Kindern) teilt (BGH NJW-RR 2005, 945 (948) = FamRZ 2005, 967 (970)).

Nach der uneinheitlich gefassten **Nr. 6 der Unterhaltsleitlinien** der Oberlandesgerichte (www.famrz.de >Materialien >Arbeitshilfen >Unterhaltsleitlinien) würde einer nicht oder nicht voll erwerbstätigen Antragstellerin für die **Führung des Haushalts** eines leistungsfähigen Partners in der Regel als **fiktives Einkommen** ein monatlicher Betrag von 200 EUR bis zum höchst zulässigen Verdienst für geringfügige Beschäftigungen in Privathaushalten (in 2026: 603 EUR) zugerechnet werden.

Für das folgende **Beispiel** wurde der Wert der Haushaltsführung einer nicht vollschichtig erwerbstätigen Ehefrau für den neuen Partner nach § 287 ZPO iVm § 113 Abs. 1 S. 2 FamFG auf 400 EUR geschätzt. Das führt bei einem bereinigten monatlichen Nettoeinkommen des Ehemannes von 2.100 EUR u. einem solchen der Ehefrau von 700 EUR zum nachstehenden Anspruch der Ehefrau auf Aufstockungsunterhalt.

Ehemann: 2.100 EUR × $^9/_{10}$ =	1.890 EUR
Ehefrau: 700 EUR × $^9/_{10}$ =	630 EUR
Haushaltsführung Ehefrau:	400 EUR
gemeinsames Einkommen:	2.920 EUR : 2 =
Bedarf der Ehefrau:	1.460 EUR
– Einkommen Ehefrau:	630 EUR
– fiktives Einkommen Ehefrau:	400 EUR
ungedeckter Bedarf u. Unterhaltsanspruch der Ehefrau:	430 EUR

Falls der Härtegrund der verfestigten Lebensgemeinschaft gem. § 1579 Nr. 2 BGB noch nicht gegeben sein sollte, kann **§ 1578b BGB** zur Anwendung kommen. Denn die beiden

Begrenzungstatbestände nach § 1579 BGB u. nach § 1578b BGB schließen sich nicht gegenseitig aus (BGH NJW 2011, 3712 Rn. 29 = FamRZ 2011, 1854).

Näheres zur Anwendung von § 1578b BGB beim Aufstockungsunterhalt → Form. B.II.6 Anm. 1.

Nachpartnerschaftlicher Unterhalt

8. Auskunftsstufenantrag einer Lebenspartnerin im Aufhebungsverbund wegen nachpartnerschaftlichen Altersunterhalts, § 16 LPartG, § 1571 Nr. 1 BGB

An das

Amtsgericht[1, 2]

– Familiengericht –

Folgesachenantrag Nachpartnerschaftlicher Unterhalt[3]

In der Familiensache

der Frau . . . . .

wohnhaft . . . . .

geboren am . . . . .

Staatsangehörigkeit: . . . . . – Antragstellerin –

Verfahrensbevollmächtigte: Rechtsanwältin . . . . .

gegen

Frau . . . . .

wohnhaft . . . . .

geboren am . . . . .

Staatsangehörigkeit: . . . . . – Antragsgegnerin –

Verfahrensbevollmächtigte: Rechtsanwältin . . . . .

wird namens und in Vollmacht der Antragstellerin die Folgesache Nachpartnerschaftlicher Unterhalt in der Lebenspartnerschaftsaufhebungssache zum Aktenzeichen . . . . . anhängig gemacht und beantragt,

der Antragstellerin für die Folgesache Nachpartnerschaftlicher Unterhalt Verfahrenskostenhilfe unter Beiordnung ihrer Verfahrensbevollmächtigten zu bewilligen[4] und wie folgt zu beschließen:

1. Die Antragsgegnerin hat der Antragstellerin Auskunft zu erteilen durch Vorlage einer systematischen Aufstellung über

a) ihr Vermögen am[5] . . . . .;

b) ihre sämtlichen Brutto- und Nettoeinkünfte einschließlich aller Nebeneinkünfte aus nichtselbständiger Tätigkeit sowie aus anderer Herkunft in der Zeit[6] vom . . . . . bis . . . . .
und die erteilte Auskunft zu belegen[7] durch Vorlage der Lohnsteuerbescheinigung und des Einkommensteuerbescheids für das Jahr . . . . . und der Verdienstabrechnungen des Arbeitgebers für die Monate . . . . . sowie der Bescheide über im vorgenannten Zeitraum etwa bezogenes Krankengeld und etwa bezogenes Arbeitslosengeld;

c) ihre sämtlichen Einnahmen und Aufwendungen aus selbständiger Arbeit, aus Kapitalvermögen, aus Vermietung und Verpachtung sowie aus anderer Herkunft unter Angabe der Privatentnahmen in der Zeit[8] vom . . . . . bis . . . . .
und die erteilte Auskunft zu belegen durch Vorlage der Einkommensteuererklärungen sowie der etwaigen Bilanzen nebst den Gewinn- und Verlustrechnungen bzw. der etwaigen Einnahmenüberschussrechnungen für die Jahre . . . . . sowie der Einkommensteuerbescheide für die Jahre . . . . .

2. Die Antragsgegnerin hat zu Protokoll des Amtsgerichts ihres Aufenthaltsortes an Eides statt zu versichern, dass sie die Auskunft über ihr Vermögen und ihre Einkünfte nach bestem Wissen so vollständig abgegeben habe, als sie dazu imstande sei.[9]
3. Die Antragsgegnerin hat an die Antragstellerin ab der Rechtskraft der Aufhebungsentscheidung eine monatlich im Voraus fällige Unterhaltsrente in der nach Erfüllung der Auskunftspflicht noch zu beziffernden Höhe zu zahlen.

Begründung:

Die Antragstellerin macht im laufenden Aufhebungsverfahren gegen die Antragsgegnerin ihren Anspruch auf nachpartnerschaftlichen Unterhalt wegen Alters nach § 16 S. 2 LPartG, §§ 1571 Nr. 1, 1578 Abs. 1 S. 1 BGB geltend.

Die Beteiligten haben am . . . . . gemäß § 1 LPartG eine eingetragene Lebenspartnerschaft begründet, leben aber seit dem . . . . . getrennt. Während der Lebenspartnerschaft hatten die Beteiligten eine Arbeitsteilung dahin gewählt, dass die Antragsgegnerin mit ihrer Berufstätigkeit den Lebensunterhalt für beide verdient hat, während die Antragstellerin den Haushalt geführt hat.

Die Antragstellerin hat kein Vermögen und keine Einkünfte. Sie lebt zurzeit vom Trennungsunterhalt der Antragsgegnerin in Höhe von monatlich . . . . . EUR.

Die Antragstellerin hat in den Jahren . . . . . bis . . . . . den Beruf einer . . . . . erlernt. Diesen Beruf hat sie aber im Einvernehmen mit der Antragsgegnerin wegen der Haushaltsführung seit dem Jahre . . . . . nicht mehr ausgeübt. Dadurch hat sie der Antragsgegnerin ihren beruflichen Aufstieg zur . . . . . mit ermöglicht.

Unter diesen Umständen ist von der Antragstellerin wegen ihres Alters keine angemessene Erwerbstätigkeit im Sinne von § 16 S. 2 LPartG, § 1574 Abs. 2 BGB mehr zu erwarten. Die Antragstellerin hätte auch keine reale Beschäftigungschance.

Beweis: Einholung einer amtlichen Auskunft der Arbeitsagentur . . . . .

Die als . . . . . bei der Firma . . . . . beschäftigte Antragsgegnerin hatte bereits während intakter Lebenspartnerschaft ein monatliches Nettoeinkommen von etwa . . . . . EUR. Ihre jetzigen Einkommens- und Vermögensverhältnisse sind der Antragstellerin nicht genau bekannt. Die Antragstellerin hat die Antragsgegnerin vergeblich durch das beigefügte Mahnschreiben vom . . . . . vor der Einreichung dieses Folgesachenantrags

aufgefordert, ihr zum Zwecke der Geltendmachung ihres Unterhaltsanspruchs über ihre Einkünfte und ihr Vermögen Auskunft zu erteilen.[10]

Deshalb ist diese Unterhaltsfolgesache (§§ 270 Abs. 1 S. 1, 137 Abs. 2 S. 1 Nr. 2 FamFG) mit ihrem Stufenantrag gemäß § 254 ZPO iVm §§ 112 Nr. 1, 269 Abs. 1 Nr. 9, 113 Abs. 1 S. 2 FamFG geboten.

Mit dem Antrag zu 1. wird zunächst Auskunft und Vorlage von Belegen nach § 16 S. 2 LPartG, §§ 1580, 1605 BGB verlangt.

Der Antrag zu 2. wird für den Fall gestellt werden, dass Grund zu der Annahme besteht, die Antragsgegnerin habe die Auskunft nicht mit der erforderlichen Sorgfalt erteilt (§ 16 S. 2 LPartG, §§ 1580, 1605 Abs. 1 S. 3, 260, 261 BGB).

Nach der Erteilung der Auskunft durch die Antragsgegnerin wird die Antragstellerin ihren Anspruch auf nachpartnerschaftlichen Unterhalt wegen Alters beziffern.[11]

Zum Antrag auf Bewilligung von Verfahrenskostenhilfe wird auf die bereits zum Hauptverfahren Aufhebung der Lebenspartnerschaft eingereichten Unterlagen verwiesen. Die Einkommensverhältnisse sind unverändert.

Rechtsanwältin[12, 13]

Anmerkungen

1. Die für den **nachpartnerschaftlichen Unterhalt** maßgebliche Vorschr. des **§ 16 LPartG ist den Vorschriften über den nachehelichen Unterhalt vollständig angepasst.**

Seit dem 1.10.2017 (BGBl. 2017 I 2787) ist gem. § 1353 Abs. 1 S. 1 BGB die Ehe auch für zwei Personen gleichen Geschlechts geöffnet worden (s. dazu Kaiser FamRZ 2019, 845 ff.). Seitdem können nach § 1 S. 1 LPartG **Lebenspartnerschaften** zwischen zwei Personen gleichen Geschlechts **nicht mehr begründet** werden. Daher ist ein Bedeutungsverlust von § 16 LPartG eingetreten, nachdem diese Vorschrift schon bisher in der Gerichtspraxis keine nennenswerte Bedeutung hatte.

Auf die **vor dem 1.10.2017** in der BRD **begründeten Lebenspartnerschaften,** die **nicht** nach § 20a LPartG **in eine Ehe umgewandelt** wurden (s. dazu Dutta FamRZ 2019, 163 f.), bleiben aber die **Vorschriften des LPartG anwendbar** (BeckOK BGB/Hahn LPartG § 1 Rn. 6). Dies gilt nach § 1 S. 2 Nr. 2 LPartG auch, soweit vor o. nach diesem Zeitpunkt **im Ausland** Lebenspartnerschaften begründet wurden bzw. werden, soweit auf sie deutsches Recht anwendbar ist (BT-Drs. 19/4670, 28).

Infolge der **Globalverweisung** in § 16 LPartG auf das Recht des nachehelichen Unterhalts besteht kein Unterschied mehr zwischen dem nachpartnerschaftlichen u. dem nachehelichen Unterhalt (MüKoBGB/Duden LPartG § 16 Rn. 1). Es kann deshalb auf die Formulare → Form. B.II.3 bis → Form. B.II.7 mit der Maßgabe verwiesen werden, dass Unterhalt wegen Betreuung eines Kindes gem. § 16 S. 2 LPartG iVm § 1570 BGB besonders nach einer **Stiefkindadoption** (§ 9 Abs. 7 LPartG) in Betracht kommt (MüKoBGB/Duden LPartG § 16 Rn. 3). Zur **Sukzessivadoption** s. Grüneberg/Siede LPartG § 9 Rn. 11, seit der 79. Aufl. zu finden unter www.grueneberg.beck.de >III. Nebengesetze >LPartG.

§ 16 S. 1 LPartG entspricht **§ 1569 BGB,** u. **§ 16 S. 2 LPartG** erklärt die **§§ 1570–1586b BGB u. § 1609 BGB** für entsprechend anwendbar. Damit soll die Gleichstellung der Unterhaltsansprüche von Lebenspartnern mit denjenigen von Ehegatten nachgeholt werden, u. zwar auch in Bezug auf die Rangfolge (BT-Drs. 16/1830, 32).

Auch **verfahrensrechtlich** werden die **Lebenspartnerschaftssachen** wie die ihnen jeweils entspr. Familiensachen **im Fall der Ehe** behandelt. Die Verweisung in § 270 FamFG bezieht sich auf sämtliche in den entspr. Familiensachen anwendbare Vorschriften (BT-Drs. 16/6308, 264).

In der **Folgesache Nachpartnerschaftlicher Unterhalt** (§§ 270 Abs. 1 S. 1, 137 Abs. 2 S. 1 Nr. 2 FamFG) besteht daher wie in der Lebenspartnerschaftsaufhebungssache **Anwaltszwang** (§ 114 Abs. 1 FamFG).

Voraussetzung einer Anwendung von § 16 LPartG ist, dass die Beteiligten gleichen Geschlechts gem. § 1 LPartG **wirksam eine eingetragene Lebenspartnerschaft** begründet haben, was durch eine **Lebenspartnerschaftsurkunde** des Standesamts (§§ 17, 15 PStG, § 22 LPartG) dargetan werden kann, falls nicht nach § 23 LPartG eine andere Stelle zuständig ist.

Die Antragstellerin sollte ihren Anspruch auf nachpartnerschaftlichen Unterhalt (Unterhalt der Lebenspartnerin ab der Rechtskraft der Aufhebung) bereits im **Aufhebungsverbund** (§§ 270 Abs. 1 S. 1, 137 Abs. 2 S. 1 Nr. 2 FamFG) u. nicht erst nach der Rechtskraft der Aufhebung in einem isolierten Verfahren geltend machen. Oft möchte nämlich die Unterhaltsschuldnerin die baldige Aufhebung der Lebenspartnerschaft erreichen. Wenn aber die Aufhebung erfolgt, ohne dass die Antragsfolgesache Nachpartnerschaftlicher Unterhalt in das Verbundverfahren gelangt ist, hat die wirtschaftlich schlechter gestellte Lebenspartnerin sich eines Druckmittels für eine zügige Einkommensauskunft durch die Unterhaltsschuldnerin u. für einen großzügigen Unterhaltsvergleich begeben.

Verbund bedeutet nach §§ 270 Abs. 1 S. 1, 137 Abs. 1, 142 Abs. 1 FamFG, dass über die Aufhebung der Lebenspartnerschaft (§ 15 LPartG) u. über die Folgesachen zusammen zu verhandeln u. durch einheitlichen Beschl. zu entscheiden ist. **Nachpartnerschaftlicher Unterhalt** kann im Verbundverfahren **nur ab der Rechtskraft der Aufhebung** zugesprochen werden, weil die §§ 270 Abs. 1 S. 1, 137 Abs. 2 S. 1 Nr. 2 FamFG als Voraussetzung für diese Folgesache bestimmen, dass eine Entscheidung **„für den Fall der Aufhebung"** zu treffen ist u. dass diese Folgesache spätestens **zwei Wochen** vor der **letzten** mündlichen Verhandlung im ersten Rechtszug in der Aufhebungssache von einem Lebenspartner anhängig gemacht wird.

Wird die Folgesache nachpartnerschaftlicher Unterhalt nicht innerhalb der vorgenannten Frist anhängig gemacht, ist der verspätete Unterhaltsantrag keine Folgesache, sondern muss vom Familiengericht als selbständige Familiensache behandelt werden → Form. B.II.1 Anm. 1.

Zur Frage, ob die Zwei-Wochen-Frist durch einen **Antrag auf Verfahrenskostenhilfe** für den Folgesachenantrag gewahrt wird → Form. B.II.1 Anm. 1.

Wegen der **Berechnung der Zwei-Wochen-Frist** → Form. B.II.1 Anm. 1.

Nach **BGH** (NJW 2012, 1734 Rn. 24 = FamRZ 2012, 863; NJW 2013, 2199 Rn. 10 = FamRZ 2013, 1300) muss es den beteiligten Lebenspartnern nach Zugang der Ladung möglich sein, unter Einhaltung der Zwei-Wochen-Frist des § 137 Abs. 2 S. 1 FamFG eine Folgesache anhängig zu machen, sodass ihnen zur Vorbereitung eines Antrags **zusätzlich eine Woche** zur Verfügung stehen muss.

Wenn das rechtzeitige Anhängigmachen der Folgesache an einer zu kurzfristigen Ladung zum Termin scheitert, besteht ein **Anspruch auf Terminsverlegung** (BGH NJW 2012, 1734 Rn. 25).

Wie beim Geschiedenenunterhalt ist zu beachten, dass der **Unterhalt bei Getrenntleben** nach § 12 LPartG u. der **nachpartnerschaftliche Unterhalt** nach § 16 LPartG nicht identisch sind (BGH NJW 1981, 978 = FamRZ 1981, 242 zum Trennungs- u. Geschiedenenunterhalt) u. dass somit ein Titel betr. den Unterhalt bei Getrenntleben nicht den nachpartnerschaftlichen Unterhalt ab der rechtskräftigen Aufhebung der Lebenspartnerschaft umfasst. Ein titulierter Anspruch auf Unterhalt bei Getrenntleben nach § 12 LPartG **erlischt am Tag des Eintritts der Rechtskraft der Aufhebung der Lebenspartnerschaft** (BGH NJW 1988, 1137 = FamRZ 1988, 370 für die Scheidung), sodass ab der

Anhängigkeit eines Aufhebungsverfahrens rechtzeitig für einen neuen Titel betr. den ab der Rechtskraft der Aufhebung zu zahlenden nachpartnerschaftlichen Unterhalt Sorge getragen werden sollte.

Unterhalt bei Getrenntleben, also Unterhalt für die **vor** der Rechtskraft der Aufhebung liegende Zeit, kann **nicht als Folgesache im Aufhebungsverbund** geltend gemacht werden (BGH BeckRS 1985, 30383213 = FamRZ 1985, 578 für den Trennungsunterhalt einer Ehefrau).

Beim Vorhandensein eines Trennungsunterhaltstitels ist es verfehlt, wenn der Verfahrensbevollmächtige der unterhaltsberechtigten Lebenspartnerin im Aufhebungstermin durch einen **Rechtsmittelverzicht** betr. den Aufhebungsbeschluss die Wirkung des Trennungsunterhaltstitels verkürzt, ohne dass der nachpartnerschaftliche Unterhalt geregelt ist.

Die **Folgesache Nachpartnerschaftlicher Unterhalt** kann **als Stufenforderung** nach § 254 ZPO iVm §§ 112 Nr. 1, 269 Abs. 1 Nr. 9, 113 Abs. 1 S. 2 FamFG **im Verbundverfahren** anhängig gemacht werden, wenn der Unterhaltsgläubiger zunächst zuverlässige Unterlagen für die Berechnung seines Unterhaltsanspruchs benötigt. Dann geht in den Verbundbeschluss nur die Entsch. über die Zahlungsstufe ein. Über die **Hilfsansprüche** auf Erteilung der **Auskunft** u. auf **eidesstattliche Versicherung** darf das Familiengericht schon vor der Entsch. über den Aufhebungsantrag durch **Teilbeschluss** entscheiden → Form. B.II.1 Anm. 1.

Ein bloßer Auskunftsanspruch (ohne das unbezifferte Zahlungsbegehren als Hauptanspruch) kann aber im Aufhebungsverbund nicht geltend gemacht werden (BGH NJW 1997, 2176; KG NJW-RR 1992, 450). Dies gilt auch für einen auf Auskunft u. Abgabe der eidesstattlichen Versicherung „verkürzten" Stufenantrag, da Aufhebungsfolge nur der Zahlungsanspruch ist (KG BeckRS 2000, 11383 = FamRZ 2000, 1292 (1293)).

2. Die Antragsfolgesache Nachpartnerschaftlicher Unterhalt ist bei dem für die Aufhebung der Lebenspartnerschaft **zuständigen Familiengericht** anhängig zu machen (§§ 270 Abs. 1 S. 1, 232 Abs. 1 Nr. 1 FamFG).

In Verfahren mit Auslandsberührung richtet sich die **internationale Zuständigkeit** des Familiengerichts für die Folgesache Nachpartnerschaftlicher Unterhalt nach § 103 Abs. 2 FamFG o. nach vorrangigem Europa- bzw. Konventionsrecht (Prütting/Helms/Hau FamFG § 103 Rn. 14). Ferner → Form. B.II.1 Anm. 2.

3. Durch die Überschrift „Folgesachenantrag Nachpartnerschaftlicher Unterhalt" soll erreicht werden, dass die Eingangsregistratur des Familiengerichts die Sache nicht irrtümlich als isolierten Antrag einträgt.

4. Für die Antragsfolgesache Nachpartnerschaftlicher Unterhalt ist **gesondert Verfahrenskostenhilfe** zu beantragen, was aus §§ 149, 270 Abs. 1 S. 1 FamFG folgt. Auf das bereits mit dem Aufhebungsantrag eingereichte Erklärungsformular über die persönlichen u. wirtschaftlichen Verhältnisse nebst Belegen kann verwiesen werden, wenn sich an diesen Verhältnissen nichts geändert hat.

5. Auskunft über das **Vermögen** kann nicht für einen Zeitraum, sondern nur zu einem bestimmten **Stichtag** verlangt werden. Es empfiehlt sich, einen vor dem Zugang des Mahnschreibens liegenden Tag zu nehmen, um Vermögensverschleierungen vorzubeugen.

6. Die Antragstellerin kann u. sollte von der Antragsgegnerin hinsichtlich ihrer **Einkünfte** aus **nichtselbständiger Tätigkeit** Auskunft für die Dauer eines Jahres verlangen, wobei der **Auskunftszeitraum** datumsmäßig abzugrenzen ist (→ Form. B.II.1 Anm. 6).

7. Die geforderten **Belege** müssen **genau** bezeichnet werden → Form. B.II.1 Anm. 7.

8. Hinsichtlich ihrer etwaigen **selbständigen Tätigkeit** muss die Antragsgegnerin Angaben über ihre Einkünfte in einem **Zeitraum von** regelmäßig **drei Kalenderjahren** machen → Form. B.II.1 Anm. 8.

9. Zur **eidesstattlichen Versicherung** → Form. B.II.1 Anm. 9.

10. Die Aufforderung zur **Erteilung der Auskunft** über die Einkünfte u. das Vermögen vor Verfahrensbeginn ist wegen der nach billigem Ermessen möglichen Kostenentscheidung (§§ 270 Abs. 1 S. 1, 150 Abs. 4 S. 1 FamFG) zu empfehlen.

11. Zur Bedeutung der gem. § 16 S. 2 LPartG entspr. geltenden Vorschrift über den **Unterhaltsanspruch wegen Alters** (§ 1571 Nr. 1 BGB) u. zur möglichen **Beschränkung** dieses Anspruchs nach § 1578b BGB wird auf → Form. B.II.4 Anm. 1 verwiesen.

Zur Unterhaltsberechnung → Form. B.II.4 Anm. 8.

Wenn die Antragstellerin einen **Anspruch auf Grundsicherung** im Alter o. wegen voller Erwerbsminderung hätte (§§ 19 Abs. 2, 41 ff. SGB XII), wäre der Anspruch auf Grundsicherung **gegenüber der Unterhaltspflicht** der Antragsgegnerin **nachrangig** u. für die Bedürftigkeit der Antragstellerin ohne Bedeutung (→ Form. B.II.4 Anm. 1).

In der **Zahlungsstufe sollte** vorsorglich für den Fall einer Beschwerde hins. der Unterhaltsfolgesache zugleich **beantragt werden**: „Der Beschluss betreffend die Zahlung des nachpartnerschaftlichen Unterhalts ist ab der Rechtskraft der Aufhebungsentscheidung sofort wirksam." (→ Form. B.II.1 Anm. 11).

Kosten und Gebühren

12. → Form. B.II.1 Anm. 12.

Die dortigen Ausführungen gelten aufgrund der Verweisungen in § 5 FamGKG für die Lebenspartnerschaftssachen entsprechend.

Fristen und Rechtsmittel

13. → Form. B.II.1 Anm. 13.

9. Antrag eines Lebenspartners im Aufhebungsverbund wegen nachpartnerschaftlichen Aufstockungsunterhalts gemäß § 16 LPartG, § 1573 Abs. 2 BGB

An das

Amtsgericht[1, 2]

– Familiengericht –

Folgesachenantrag Nachpartnerschaftlicher Unterhalt[3]

In der Familiensache

des Herrn . . . . .

wohnhaft . . . . .

geboren am . . . . .

Staatsangehörigkeit: . . . . . **– Antragstellers –**

Verfahrensbevollmächtigter: Rechtsanwalt . . . . .

gegen

Herrn . . . . .

wohnhaft . . . . .
geboren am . . . . .

Staatsangehörigkeit: . . . . . – Antragsgegner –

Verfahrensbevollmächtigter: Rechtsanwalt . . . . .

wird namens und in Vollmacht des Antragstellers die Folgesache Nachpartnerschaftlicher Unterhalt in der Lebenspartnerschaftsaufhebungssache zum Aktenzeichen . . . . . anhängig gemacht und beantragt,

dem Antragsteller für die Folgesache Nachpartnerschaftlicher Unterhalt Verfahrenskostenhilfe unter Beiordnung seines Verfahrensbevollmächtigten zu bewilligen[4] und wie folgt zu beschließen:
Der Antragsgegner hat an den Antragsteller ab der Rechtskraft der Aufhebungsentscheidung eine monatlich im Voraus fällige Unterhaltsrente von . . . . . EUR zu zahlen.
Der Beschluss ist hinsichtlich der Folgesache Nachpartnerschaftlicher Unterhalt ab der Rechtskraft der Aufhebungsentscheidung sofort wirksam.[5]

Begründung:

Der Antragsteller macht im laufenden Aufhebungsverfahren gegen den Antragsgegner seinen Anspruch auf nachpartnerschaftlichen Aufstockungsunterhalt nach § 16 S. 2 LPartG, § 1573 Abs. 2 BGB geltend, nachdem der Antragsgegner trotz des beigefügten Mahnschreibens des Antragstellers vom . . . . . sich nicht bereitgefunden hat, einen Unterhaltstitel betreffend den nachpartnerschaftlichen Aufstockungsunterhalt zu errichten.

Die Beteiligten haben am . . . . . gemäß § 1 LPartG eine eingetragene Lebenspartnerschaft begründet, leben aber seit dem . . . . . getrennt.

Ein Unterhaltsanspruch des Antragstellers nach § 16 S. 2 LPartG, §§ 1570, 1571, 1572 oder 1573 Abs. 1 BGB besteht nicht, wohl aber ein solcher nach § 16 S. 2 LPartG, § 1573 Abs. 2 BGB, da die Beteiligten eine Doppelverdienerpartnerschaft mit erheblichen Einkommensunterschieden[6] geführt haben.

Der Antragsteller hat den Beruf eines . . . . . erlernt. Er ist ganztags als . . . . . bei der Firma . . . . . erwerbstätig und hat nach den beigefügten Verdienstabrechnungen der letzten 12 Monate ein durchschnittliches monatliches Nettoeinkommen von . . . . . EUR. Diese Erwerbstätigkeit ist angesichts der Berufsausbildung des Antragstellers angemessen. Die Einkünfte des Antragstellers reichen aber zu seinem vollen Unterhalt nach den partnerschaftlichen Lebensverhältnissen der Beteiligten (§ 16 S. 2 LPartG, § 1578 Abs. 1 S. 1 BGB) nicht aus.

Der Antragsgegner ist bei der Firma . . . . . beschäftigt und hat mindestens ein um die berufsbedingten Aufwendungen[7] bereinigtes monatliches Nettoeinkommen in Höhe von . . . . . EUR.[8]

Beweis: . . . . .
Die Beteiligten haben keine weiteren Einkünfte und kein Vermögen.

Dem Antragsteller steht ein Anspruch[9] auf Aufstockungsunterhalt nach § 16 S. 2 LPartG, § 1573 Abs. 2 BGB in Höhe von (. . . . . EUR – . . . . . EUR =) . . . . . EUR × 45 %)[10] = ... EUR zu.

Falls der Antragsgegner die Höhe seines Nettoeinkommens bestreiten sollte, wird das Gericht vorsorglich gebeten, dem Antragsgegner gemäß § 235 FamFG aufzugeben, binnen zwei Wochen seine Verdienstabrechnungen für die letzten 12 Monate und seinen neuesten Einkommensteuerbescheid vorzulegen. Wenn der Antragsgegner der Aufforderung nicht oder nicht vollständig nachkommt, wird das Gericht gebeten, gemäß § 236 FamFG diese Belege beim Arbeitgeber des Antragsgegners bzw. beim Finanzamt einzuholen. Ein Antrag gemäß § 236 Abs. 2 FamFG bleibt vorbehalten.[11]

Zum Antrag auf Bewilligung von Verfahrenskostenhilfe wird auf die bereits zum Hauptverfahren Aufhebung der Lebenspartnerschaft eingereichten Unterlagen verwiesen. Die Einkommensverhältnisse sind unverändert.

Rechtsanwalt[12, 13]

Anmerkungen

1. Zum **nachpartnerschaftlichen Unterhalt,** zum **Anwaltszwang,** zum **Aufhebungsverbund** u. zum **rechtzeitigen Anhängigmachen** dieser Folgesache bzw. zum **Anspruch auf Terminsverlegung** → Form. B.II.8 Anm. 1.

Zum **Aufstockungsunterhalt nach § 1573 Abs. 2 BGB** u. zu seiner **Beschränkung gem. § 1578b BGB** → Form. B.II.6 Anm. 1.

2. Die Antragsfolgesache Nachpartnerschaftlicher Unterhalt ist bei dem für die Aufhebung der Lebenspartnerschaft **zuständigen Familiengericht** anhängig zu machen (§§ 270 Abs. 1 S. 1, 232 Abs. 1 Nr. 1 FamFG). Ferner → Form. B.II.8 Anm. 2.

3. Durch die Überschrift „Folgesachenantrag Nachpartnerschaftlicher Unterhalt" soll erreicht werden, dass die Eingangsregistratur des Familiengerichts die Sache nicht irrtümlich als isolierten Antrag einträgt.

4. Für die Antragsfolgesache Nachpartnerschaftlicher Unterhalt ist **gesondert Verfahrenskostenhilfe zu beantragen** (→ Form. B.II.8 Anm. 4).

5. Der **Antrag** betr. die **sofortige Wirksamkeit** des Beschlusses hins. der Folgesache Nachpartnerschaftlicher Unterhalt sollte zur Vermeidung einer Unterhaltslücke im Fall einer Beschwerde nur wegen dieser Folgesache vorsorglich immer gestellt werden (→ Form. B.II.1 Anm. 11). Denn ein Anspruch auf Unterhalt bei Getrenntleben nach § 12 LPartG erlischt am Tag des Eintritts der Rechtskraft der Aufhebung der Lebenspartnerschaft (→ Form. B.II.8 Anm. 1).

6. Der Anspruch auf Aufstockungsunterhalt gem. § 16 S. 2 LPartG, § 1573 Abs. 2 BGB dient im Hinblick auf den ab der Aufhebung der Lebenspartnerschaft geltenden Grundsatz der Selbstverantwortung (§ 16 S. 1 LPartG) nicht dazu, einen **geringfügigen Einkommensunterschied** der Beteiligten auszugleichen. Ferner → Form. B.II.6 Anm. 10.

7. Zu den **berufsbedingten Aufwendungen** u. zu etwaigen unterhaltsrechtlich relevanten **Verbindlichkeiten** → Form. B.II.3 Anm. 7.

8. Zum Vorgehen, wenn das unterhaltserhebliche **Einkommen** des Verpflichteten **nicht genau bekannt** ist → Form. B.II.3 Anm. 8.

9. Zur Unterhaltsberechnung → Form. B.II.4 Anm. 8.

Die **Höhe des Selbstbehalts** des unterhaltspflichtigen erwerbstätigen Lebenspartners ist angesichts der vollständigen Anpassung des nachpartnerschaftlichen Unterhalts an den nachehelichen Unterhalt wie beim geschiedenen Ehegatten zu bemessen (lt. Anm. B. II.a der Düsseldorfer Tabelle 2026 auf 1.600 EUR).

Der **Rang** des nachpartnerschaftlichen Unterhaltsanspruchs richtet sich gem. § 16 S. 2 LPartG nach dem entspr. anwendbaren § 1609 BGB. Unterhaltsansprüche von Lebenspartnern fallen damit entspr. den individuellen Lebensverhältnissen des Berechtigten entweder unter **§ 1609 Nr. 2 BGB** (bei Betreuung eines nach § 9 Abs. 7 LPartG adoptierten Stiefkindes o. bei Lebenspartnerschaft von langer Dauer) o. unter **§ 1609 Nr. 3 BGB** (BT-Drs. 16/1830, 24 (32)). Der Unterhaltsanspruch eines Lebenspartners, der ein Adoptivkind betreut, steht dem Unterhaltsanspruch des kinderbetreuenden Ehegatten o. demjenigen nach § 1615l BGB im Range gleich (FA-FamR/Weinreich Kap. 11 Rn. 251).

Zur **Verwirkung** des Unterhaltsanspruchs wegen einer verfestigten neuen Lebensgemeinschaft (§ 16 S. 2 LPartG, § 1579 Nr. 2 BGB) → Form. B.II.7 Anm. 6.

10. Der bei der Unterhaltsbemessung zum nachpartnerschaftlichen Unterhalt zu berücksichtigende Erwerbstätigenbonus ist mit 1/10 des maßgeblichen Einkommens zu bemessen. Es ist daher mit einer 45 %-Quote auf die Differenz zwischen den anrechenbaren Erwerbseinkommen der Lebenspartner zu rechnen (DT 2026 Anm. B.I.1.b).

Näheres zum **Erwerbstätigenbonus** → Form. B.II.4 Anm. 8.

11. Zu **§§ 235, 236 FamFG** → Form. B.II.3 Anm. 12.

Kosten und Gebühren

12. → Form. B.II.3 Anm. 13.

Die dortigen Ausführungen gelten aufgrund der Verweisungen in § 5 FamGKG für die Lebenspartnerschaftssachen entsprechend.

Fristen und Rechtsmittel

13. → Form. B.II.1 Anm. 13.

Unterhalt mit Auslandsbezug

10. Abänderung eines ausländischen Unterhaltsurteils (Österreich)

An das

Amtsgericht

– Familiengericht –[1]

Abänderungsantrag

In der Familiensache

des Herrn . . . .

– Antragsteller –

Verfahrensbevollmächtigter: Rechtsanwalt . . . . .

gegen

Frau . . . . .

– Antragsgegnerin –

Verfahrensbevollmächtigte: Rechtsanwältin . . . . .

wegen: Abänderung des Urteils des . . . . . gerichts . . . . . /Österreich vom . . . . .

Namens und unter Berufung auf die beigefügte Verfahrensvollmacht des Ast. beantrage ich:

1. Das Unterhaltsurteil des . . . . . gerichts . . . . . /Österreich vom . . . . . wird dahingehend abgeändert, dass festgestellt wird, dass die Ag. ab . . . . . gegen den Ast. keinen Anspruch auf Unterhalt hat.
2. Hilfsweise wird beantragt Unterhaltsansprüche der Ag. für die Zeit ab . . . . . auf den angemessenen Lebensbedarf in Höhe von allenfalls monatlich . . . . . EUR zu beschränken und diese zeitlich zu befristen, dies allenfalls bis zum . . . . .
3. Die Ag. trägt die Kosten des Verfahrens.

[evtl. Antrag auf einstweilige Einstellung der Zwangsvollstreckung[2]]

Begründung:

1. Die Beteiligten haben am . . . . . die Ehe geschlossen. Kinder sind aus der Ehe, die die Eheleute in Deutschland geführt haben, nicht hervorgegangen. Ihre Ehe ist mit beigefügtem Urteil des AG . . . . . /Deutschland vom . . . . ., rechtskräftig seit dem . . . . ., geschieden worden. Seitdem hat der Ast. für seine Frau nachehelichen Unterhalt gezahlt, nämlich nach dem beigefügten Urteil des . . . . . gerichts . . . . . /Österreich mtl. . . . . . EUR.
   Der Ast. ist in . . . . . als Bankkaufmann tätig. Seine monatlichen Einkünfte belaufen sich auf . . . . . EUR (wird ausgeführt). Die Ag., die aus Österreich stammt und dort bis zur Heirat gelebt hatte, ist nach der Ehescheidung zunächst wieder nach Österreich gezogen, um dort in der Tourismusbranche zu arbeiten. Sie ist Reisekauffrau und war bis . . . . . vollschichtig in einem Reiseunternehmen beschäftigt. Trotz mehrfacher Aufforderung weigert sie sich bisher, ihren Verdienst nachzuweisen. Der Ast. weiß aber, dass sie zumindest teilweise einer wohl vollschichtigen Erwerbstätigkeit nachgegangen ist, denn er hat sie mehrfach telefonisch in einem Reisebüro in . . . . . erreichen können. Seit . . . . . lebt die Ag. wieder in Deutschland. Der Ast. hat keine Erkenntnisse darüber, wovon sie lebt.
2. Die Ag. ist verpflichtet, für die Deckung ihres Bedarfs selbst aufzukommen. Ist sie erwerbstätig, dann ist sie ohne weiteres in der Lage, ihren eigenen Lebensunterhalt zu verdienen. Andernfalls muss sie sich fiktiv Einkünfte anrechnen lassen, die sie in die Lage versetzen, für die Deckung ihres Bedarfs selber zu sorgen. Die Ag. ist dann für die von ihr geschaffene Lage selbst verantwortlich, denn sie könnte arbeiten und so viel verdienen, dass sie von ihrem Einkommen leben kann (wird ausgeführt).
   Zu berücksichtigen ist, dass die Ehe der Beteiligten, die alleine . . . . . Jahre gedauert hat und aus der keine Kinder hervorgegangen sind, seit inzwischen . . . . . Jahren rechtskräftig geschieden ist.
3. Die Ag. hat auf die Aufforderung vom . . . . ., ihren Verdienst nachzuweisen bzw. keine weiteren Unterhaltsforderungen zu stellen, lediglich erklärt, der Ast. „habe sich nicht in ihr Leben einzumischen“. Im Übrigen werde sie, falls Zahlungen ausblieben, wie früher schon einmal vollstrecken.[3] Der Abänderungsantrag ist daher geboten.

4. Der Antrag richtet sich gegen das im Antrag näher bezeichnete Urteil des . . . . . gerichts . . . . ./Österreich, das den Ast. für die Zeit ab . . . . . zu mtl. Unterhaltszahlungen an die Ag. in Höhe von . . . . . EUR verurteilt hat. Seitdem hat der Ast. seine Unterhaltsverpflichtungen stets erfüllt.

5. Unterhaltsansprüche der geschiedenen Ehegatten sind gemäß Art. 3 Haager Protokoll über das auf Unterhaltspflichten anzuwendende Recht (im Folgenden „HUnthProt") nach deutschem Recht zu beurteilen, da die Antragsgegnerin als berechtigte Person ihren gewöhnlichen Aufenthalt in Deutschland hat. Hiergegen kann diese sich nach Art. 5 HUnthProt auch nicht wenden, da die Ehe, die die Eheleute in Deutschland geführt haben, zu keinem anderen Staat eine engere Verbindung aufweist.[4] Unerheblich ist, dass das Gericht in . . . . ./Österreich im angegriffenen Urteil Unterhaltsansprüche der Ag., die damals in Österreich lebte, nach österreichischem Sachrecht behandelt hat.

6. Die Voraussetzungen für die beantragte Abänderung nach § 238 FamFG liegen vor:[5] Die Ehe der Beteiligten hat nur . . . . . Jahre gedauert, das Scheidungsurteil liegt bereits . . . . . Jahre zurück, wobei die Ag. nun arbeiten gehen kann und ihren eigenen Lebensunterhalt verdienen muss. Wenn sie nicht arbeitet, sind ihr fiktive Einkünfte anzurechnen, denn sie könnte arbeiten und ausreichend verdienen (wird ausgeführt).

7. Hilfsweise beruft der Ast. sich darauf, dass jedenfalls die Voraussetzungen für eine Begrenzung/Befristung vorliegen (wird ausgeführt).

Rechtsanwalt

Anmerkungen

1. a) Informationen zum **grenzüberschreitenden Unterhalt** finden sich bei Andrae IntFamR § 10; Hausmann IntFamR C; Niethammer-Jürgens/Erb-Klünemann IntFamR Teil 5; Winter IntEUFamR E. Überblicke zum materiellen Unterhaltsrecht geben Henrich/Jutta/Ebert IntEheR; Rieck AuslFamR; unter https://dijuf.de/service/unterhaltsrealisierung/formulare-materialien (Stand 31.10.2025); nationale Rechtsakte der EU-Mitgliedstaaten unter https://n-lex.europa.eu/n-lex/index?lang=de (Stand 31.10.2025); Informationen zu ausländischem Kindesunterhaltsrecht im CSW Web Guide des globalen Netzwerkes Child Support Worldwide unter https://childsupport-worldwide.org/up-to-date.html (Stand 31.10.2025); zur Abänderung ausländischer Unterhaltstitel Beißel, Die Abänderung ausländischer Unterhaltstitel 2022.

In Unterhaltsfällen mit grenzüberschreitendem Bezug unterstützt, falls gewünscht, das Bundesamt für Justiz (**BfJ**) als deutsche Zentrale Behörde (https://www.bundesjustizamt.de/DE/Themen/Familieinternational/Unterhalt/Unterhalt_node.html; Stand 31.10.2025; hier auch verschiedenes Infomaterial zum Auslandsunterhalt). Das BfJ kann nach § 5 Abs. 5 Gesetz zur Geltendmachung von Unterhaltsansprüchen im Verkehr mit ausländischen Staaten (**AUG**) bei eingehenden Ersuchen außergerichtl. und gerichtl. tätig werden; zur Unterstützungsmöglichkeit des BfJ bei ausgehenden Ersuchen → Form. R.IV.1 Anm. 1.

b) Die von Amts wegen zu prüfende **internationale Zuständigkeit** regelt sich, wenn die antragsgegnerische Partei ihren Wohnsitz in Island, Norwegen oder der Schweiz hat bzw. durch Gerichtsstandvereinbarung gemäß Art. 23 LugÜ 2007 die Zuständigkeit der Gerichte von Island, Norwegen oder Schweiz begründet worden, nach dem Lugano-Übereinkommen v. 30.10.2007 (**LugÜ 2007**),→ Form. Q.IX, Art. 64 Abs. 2 lit. a LugÜ 2007, Art. 69 Abs. 1 EuUnthVO. Der erläuternde Bericht von Pocar findet sich unter https://eur-lex.europa.eu/legal-content/DE/TXT/?uri=uriserv%3AOJ.C_.2009.319.01.0001.01.DEU&toc=OJ%3AC%3A2009%3A319%3ATOC (Stand 31.10.2025). Derjenige, der seinen Wohnsitz in einem Vertragsstaat hat, kann dort unabhängig von seiner Nationalität verklagt werden, Art. 2 LugÜ 2007. Art. 5 Nr. 2 LugÜ 2007 enthält Sondervorschriften für Unterhaltsverfahren. Hiernach ist die Unterhaltsklage insbes. am Ort zu erheben, an dem der Unterhaltsberechtigte Wohnsitz oder gewöhnlichen Aufenthalt hat. Dieser Gerichtsstand gilt auch für die öffentliche Hand, die übergegangene Unterhaltsansprüche geltend macht (EuGH 14.11.2002 – C-271/00, BeckEuRS 2002, 264070 = FamRZ 2003, 85).

Ansonsten regelt die VO (EG) Nr. 4/2009 v. 18.12.2008 (**EuUnthVO**) die internationale Zuständigkeit für Unterhaltsverfahren mit grenzüberschreitendem Bezug, Art. 3 ff., 68, 75 EuUnthVO. Das Vereinigte Königreich und Irland, die sich nach Erwägungsgrund 47 nicht beteiligt haben, haben die Annahme von Kap. I und II durch Protokoll Nr. 21 hinsichtlich der Position des Vereinigten Königreichs und Irlands erklärt, vgl. Erwägungsgrund 3 der DurchführungsVO (EU) 2015/228 v. 17.2.2015 (http://eur-lex.europa.eu/legal-content/DE/TXT/PDF/?uri=CELEX:32015R0228&from=DE, Stand 31.10.2025). Art. 67 Abs. 1 lit. d, Abs. 2 lit. c und Abs. 3 lit. b BrexitAbk enthalten für das Vereinigte Königreich und für Mitgliedstaaten in Bezug auf das Vereinigte Königreich Regelungen. Das sich nicht beteiligende Dänemark, vgl. Erwägungsgrund 48 EuUnthVO, hat auf der Grundlage des Abkommen v. 19.10.2005 zwischen der EG und dem Königreich Dänemark über die gerichtliche Zuständigkeit und die Anerkennung und Vollstreckung von Entscheidungen in Zivil- und Handelssachen (http://eur-lex.europa.eu/legal-content/DE/TXT/PDF/?uri=CELEX:22014A0813(01)&from=DE, Stand 31.10.2025) die teilweise Umsetzung der EuUnthVO mit Ausnahme von Kap. VI (anwendbares Recht) und Kap. VII (Zusammenarbeit zwischen den Zentralen Behörden) erklärt. Die zur EuUnthVO auf dem europäischen Justizportal veröffentlichten Formblätter können jedoch grundsätzlich auch im Verhältnis zu Dänemark verwendet werden, → Form. Q.VII Anm. 1 und → Form. R.III.1 Anm. 1.

Unter die EuUnthVO fallen sämtliche **Unterhaltspflichten**, dazu Erwägungsgrund 11 EuUnthVO. Der Unterhaltsbegriff ist autonom und weit auszulegen (BGH BeckRS 2007, 18818 = FamRZ 2008, 40). Hierunter fallen auch Wohnungszuweisung/Hausratverteilung, die vornehmlich der Unterhaltssicherung des bedürftigen Ehegatten dienen, → Form. B.III.14 Anm. 1 zur Abgrenzung zur elterlichen Verantwortung EuGH BeckRS 2019, 25133 = FamRZ 2019, 1989. Die EuUnthVO regelt **universell**, also auch bei Bezug zu einem Drittstaat, und abschließend, **Art. 10 EuUnthVO,** sa Erwägungsgrund 15.

Die internationale und örtliche Zuständigkeit ergibt sich vorrangig aus rügeloser Einlassung, **Art. 5 EuUnthVO**. Die Rüge muss bereits in der ersten Antragserwiderung enthalten sein (OLG Koblenz BeckRS 2015, 16001 = FamRZ 2015, 1618) und in jeder Instanz erfolgen (BGH BeckRS 2007, 12549 = NJW 2007, 3501).

Art. 4 EuUnthVO regelt Gerichtsstandsvereinbarungen, von denen Unterhalt für ein minderjähriges Kind ausgenommen ist, Art. 4 Abs. 3 EuUnthVO. Mithilfe einer solchen, schriftlich erforderlichen Vereinbarung kann über Art. 8 HUnthProt, → Anm. 4, auch Einfluss auf das anzuwendende Recht genommen werden.

Ansonsten gilt **Art. 3 EuUnthVO**. Unterhaltsansprüche können nach **Art. 3 lit. a** und **lit. b EuUnthVO** insbes. am Ort des **gewöhnlichen Aufenthalts** der unterhaltsverpflichteten oder -berechtigten Person geltend gemacht werden. Der Begriff ist verordnungskonform auszulegen, wobei wegen der Sachnähe auf die Auslegung betr. Brüssel IIa-VO/Brüssel IIb-VO und HUP zurückgegriffen werden kann (EuGH 10.4.2018 – C-85/18 PPU, BeckRS 2018, 7521 = FamRZ 2018, 1430 und 1.8.2022 – C-501/20, BeckRS 2022, 18637 = FamRZ 2022, 1466), → Form. D.III.2 Anm. 12. Gewöhnlicher Aufenthalt iSd EuUnthVO ist der Ort, an dem sich – unter Berücksichtigung des familiären und sozialen Umfelds – tatsächlich der gewöhnliche Lebensmittelpunkt befindet, insbesondere, wenn es sich bei dem Unterhaltsberechtigten um ein minderjähriges Kind handelt (EuGH 1.8.2022 – C-501/20, BeckRS 2022, 18637 = FamRZ 2022, 1466), der Ort, an dem eine Person sich ständig niedergelassen und deshalb dort einen Wohnsitz begründet hat (BGH BeckRS 2013, 09101 = FamRZ 2013, 1113), der tatsächliche Lebensmittelpunkt, an dem die Person sich hauptsächlich aufhält (BGH BeckRS 2002, 30263390 = FamRZ 2002, 1182). Für die Annahme eines gewöhnlichen Aufenthaltes ist keine Mindestdauer erforderlich; zur Bestimmung des gew. Aufenthaltes bei ausländischem Kindergeldbezug OLG Koblenz BeckRS 2015, 16001 = FamRZ 2015, 1618. Ist ein Kind widerrechtlich von einem Mitgliedstaat in einen anderen Mitgliedstaat verbracht worden iSd Art. 10 Brüssel IIa-VO/Art. 9 Brüssel IIb-VO, → Form. D.III.1 Anm. 1, ist der Staat, in dem sich das Kind nun aufhält, international nicht zuständig, Kindesunterhalt festzusetzen, wenn es keine Anhaltspunkte dafür gibt, dass der andere Elternteil dem Verbringen zugestimmt oder keinen Antrag auf dessen Rückgabe gestellt hat (EuGH 10.4.2018 – C-85/18 PPU, BeckRS 2018, 7521 = FamRZ 2018, 7521). Eine öffentl. Aufgaben wahrnehmende Einrichtung, auf die Ansprüche im Wege der Legalzession übergegangen sind, kann sich auf Art. 3 lit. b EuUnthVO berufen (EuGH 17.9.2020 – C-540/19, BeckRS 2020, 23018 = NJW 2020, 3229). Abzustellen ist auf den Zeitpunkt der Anrufung iSd Art. 9 lit. a EuUnthVO. Es gilt der Grundsatz der perpetuatio fori (OLG Karlsruhe BeckRS 2024, 23477 = FamRZ 2024, 1486. Für Abänderungsverfahren kommt es auf den Zeitpunkt ihrer Antragstellung an. Die im Ausgangsverfahren begründete Zuständigkeit entfaltet keine Bindungswirkung, EuGH 15.2.2017 – C-499/15, BeckRS 2017, 101680 = FamRZ 2017, 734.

Art. 3 lit. c EuUnthVO regelt die Zuständigkeit, wenn Unterhalt als Nebensache zu einem Personenstandsverfahren geltend gemacht wird. Handelt es sich hierbei um ein Scheidungsverfahren, enthält Art. 25 Abs. 1 Nr. 1 AUG Ausführungsvorschriften. Für Vaterschaftsfeststellungsverfahren regelt § 25 Abs. 1 Nr. 2 AUG weiter. Sind Verfahren nach Art. 3 lit. c EuUnthVO und Art. 3 lit. d EuUnthVO in verschiedenen Mitgliedstaaten anhängig, ist die Annexkompetenz nach **Art. 3 lit. d EuUnthVO** vorrangig (EuGH BeckEuRS 2015, 436745 = FamRZ 2015, 1582).

Auffang- und Notzuständigkeiten bestehen nach **Art. 6, 7 EuUnthVO.** Art. 7 EuUnthVO kann ausnahmsweise greifen, wenn sich keine Zuständigkeit eines Gerichts eines Mitgliedstaats gem. Art. 3–6 EuUnthVO ergibt, wenn es nicht zumutbar ist oder sich als unmöglich erweist, ein Verfahren in einem Drittstaat, zu dem der Rechtsstreit einen engen Bezug aufweist, einzuleiten oder zu führen, und wenn der Rechtsstreit einen ausreichenden Bezug zu dem Mitgliedstaat des angerufenen Gerichts aufweist (EuGH 1.8.2022 C-501/20, BeckRS 2022, 18637 = FamRZ 2022, 1466, vgl. auch BGH BeckRS 2015, 18936 = FamRZ 2016, 115 mAnm Rieck, wenn eine deutsche Entscheidung in den USA nicht geändert werden kann). Einen Gerichtsstand des Vermögens gibt es in grenzüberschreitenden Unterhaltssachen nicht. Hier können allenfalls Art. 7 EuUnthVO, § 27 AUG einschlägig sein (BT-Drs. 17/4887, 42).

Art. 8 EuUnthVO enthält Regelungen für Abänderungsanträge, → Anm. 5.

Art. 12 EuUnthVO befasst sich mit der Situation, dass Anträge bei Gerichten in verschiedenen Mitgliedstaaten gestellt sind (dazu EuGH 6.6.2024 – C-381/23, BeckRS 2024, 12362 = FamRZ 2024, 1479); zu Anhängigmachung iSd Art. 9 EuUnthVO durch einen VMH-Antrag EuGH 12.3.26 – C-516/24, BeckRS 2026, 3504.

Für einstweilige Anordnungen kann bei fehlender internat. Zuständigkeit nach **Art. 14 EuUnthVO** auf §§ 105, 50 FamFG zurückgegriffen werden (Hau FamRZ 2010, 516). Die Rückzahlung für den Fall, dass in der Hauptsache nicht obsiegt wird, muss gewährleistet sein (Andrae IntFamR § 10 Rn. 87 ff. unter Verweis auf die Rspr. des EuGH).

Für Vollstreckungsabwehranträge ist der Vollstreckungsstaat internat. zuständig (EuGH 4.6.2020 – C-41/19, BeckRS 2020, 11036 = FamRZ 2020, 1289).

c) Die **örtliche Zuständigkeit** für isolierte Unterhaltsverfahren regelt sich, wenn ein Beteiligter seinen gewöhnlichen Aufenthalt im Ausland hat und sich die internationale Zuständigkeit aus Art. 3 lit. a bzw. lit. b EuUnthVO ergibt, in Deutschland nach Art. 3 lit. a und lit. b EuUnthVO iVm **§ 28 AUG**, wonach das Amtsgericht am Sitz des OLG zuständig ist, in dessen Bezirk der Antragsgegner oder der Berechtigte seinen gewöhnlichen Aufenthalt hat. Für den Bezirk des KG entscheidet das AG Pankow. Von der Ermächtigung zur weiteren Spezialisierung, § 28 Abs. 2 AUG, ist bislang nicht Gebrauch gemacht worden. Da es sich bei § 28 AUG nicht mehr um einen ausschließlichen Gerichtsstand handelt, sind Gerichtsstandsvereinbarungen und die Zuständigkeitsbegründung durch rügelose Einlassung entsprechend Art. 4 und 5 EuUnthVO möglich. Der Gerichtstand des § 232 Abs. 3 FamFG greift als reiner Auffanggerichtsstand dagegen nicht (OLG Brandenburg FamRZ 2017, 145). Die Frage der Vereinbarkeit von § 28 AUG aF mit Art. 3 EuUnthVO ist national zu klären (EuGH BeckEuRS 2014, 407762 = FamRZ 2015, 639). Das OLG Brandenburg (FamRZ 2017, 145) und das OLG Hamm (27.7.2018 – II-2 SAF 13/18, nv) erachten § 28 AUG nF, der dahingehend geändert worden ist, dass es sich nicht mehr um eine ausschließliche Gerichtsbarkeit handelt, für EU-rechtskonform (aA AG Köln FamRZ 2017, 1511). Denn nun bestehe die Möglichkeit, jedenfalls in den Fällen der Gerichtsstandsvereinbarung oder rügelosen Einlassung die Zuständigkeit anders zu beurteilen. Das OLG Stuttgart BeckRS 2021, 5130 = FamRZ 2021, 1466 führt eine Einzelfallprüfung durch. Regelt ausnahmsweise das LugÜ 2007 die internationale Zuständigkeit, → Anm. 1, ist streitig, ob § 28 AUG analog gilt (dazu Dimmler FamRB 2015, 48).

Wird Unterhalt als Nebensache zu einem Personenstandsverfahren iSd Art. 3 lit. c EuUnthVO geltend gemacht, ist gemäß Art. 26 Abs. 1 AUG das Gericht der Ehesache bzw. das Gericht, bei dem das Abstammungsverfahren anhängig ist, örtlich zuständig. Gemäß § 26 Abs. 2 AUG bleibt § 233 FamFG unberührt. Folgt die Zuständigkeit aus Art. 5 EuUnthVO, greift § 28 AUG nicht mit der Folge, dass ein Verweisungsbeschluss keine Wirkung entfaltet (OLG Karlsruhe FamRZ 2020, 933). § 27 AUG regelt die örtliche Zuständigkeit für die Auffang- und Notzuständigkeit nach Art. 6 und Art. 7 EuUnthVO, §§ 67 Abs. 2, 35, 57 ff. AUG für Vollstreckungsabwehranträge.

2. Hilfreich für den Ast. wäre ein Antrag auf **einstweilige Einstellung** der **Zwangsvollstreckung** aus dem angegriffenen Urteil, § 242 FamFG, § 769 ZPO entspr.

3. Zu Fragen **grenzüberschreitender Vollstreckung** → Form. Q.VII.

4. a) Die Frage, welches **materielle Recht** anzuwenden ist, richtet sich vorrangig nach dem deutsch-iranischen Niederlassungsabkommen v. 17.2.1929 (RGBl. 1930 II 1006), Art. 19 HUnthProt. Die Frage, ob in Bezug auf Lichtenstein und Macao betr. Kindesunterhalt das Haager Übereinkommen über das auf Unterhaltsverpflichtungen gegenüber Kindern anzuwendende Recht v. 24.10.1956 (**HUÜ 1956**), → Form. Q.VII Anm. 1, und in Bezug auf Albanien, Japan, Schweiz und Türkei das Haager Übereinkommen über das auf Unterhaltspflichten anzuwendende Recht v. 2.10.1973 (**HUÜ 1973**), → Form. Q.VII Anm. 1, → Form. Q.IX, weiter gelten, (so Henrich FamRZ 2015, 1761; Andrae IntFamR § 10 Rn. 110 ff.; aA OLG Stuttgart BeckRS 2013, 12437) hat der BGH (BeckRS 2013, 12431 = FamRZ 2013, 1366) offengelassen.

Gemäß Art. 15 EuUnthVO bestimmt sonst für alle Mitgliedsstaaten mit Ausnahme Dänemarks das Haager Protokoll über das auf Unterhaltspflichten anzuwendende Recht vom 23.11.2007 (**HUnthProt**); dazu Bonomi, Erläuternder Bericht zum HUnthProt. Aufgrund Art. 5 EG-Ratsbeschluss 2009/941/EG v. 30.11.2009 gilt das HUnthProt trotz Art. 22 HUnthProt auch für Zeiträume vor dem 18.6.2011 (BGH BeckRS 2015, 01475 = FamRZ 2015, 479 mAnm Gruber IPRax 2016, 338; OLG Celle BeckRS 2012, 09528 = FamRZ 2012, 1501). Es ist auf sämtliche Unterhaltspflichten aus Familienbeziehungen anzuwenden, Art. 1 HUnthProt, gilt auch für Titelabänderungen (OLG Koblenz BeckRS 2015, 16001 = FamRZ 2015, 1618).

Das Haager Unterhaltsprotokoll 2007 verweist auch auf Rechte von Nichtvertragsstaaten (**universelle Wirkung**), Art. 2 HUnthProt. Zu beachten ist, dass es alleine auf die Sachnormen des Staates verweist, nicht auf dessen Kollisionsrecht, Art. 12 HUnthProt.

Vorrangig gilt eine wirksame Rechtswahlvereinbarung. **Art.** 7 und 8 HUnthProt führen eine beschränkte Parteiautonomie ein, die nicht für Kindesunterhalt gilt, Art. 8 Abs. 3 HUnthProt → Form. B.II.10 Anm. 3, 5.

Ansonsten ist für Unterhaltsforderungen nach **Art. 3** Abs. 1 HUntProt grundsätzlich auf das Recht des Staates des gewöhnlichen Aufenthalts des Unterhaltsberechtigten abzustellen (**Aufenthaltsstatut**). Insoweit erfolgt die Auslegung wegen der Sachnähe parallel mit der Auslegung in der EuUnthVO (EuGH 1.8.2022 – C-501/20, BeckRS 2022, 18637 = FamRZ 2022, 1466), → Anm. 1. Nach Art. 3 Abs. 2 HUntProt ist die Anknüpfung **wandelbar**, dh sie ändert sich mit der Verlegung des Aufenthaltsorts der berechtigten Person. Wird ein Kind widerrechtlich von einem Elternteil in einen anderen Mitgliedstaat verbracht, schließt die gerichtliche Anordnung der Rückkehr des Kindes nicht aus, dass das Kind einen gewöhnlichen Aufenthalt im neuen Staat begründet hat, EuGH 12.5.2022 C-644/20, BeckRS 2022, 10279 = FamRZ 2022, 1029.

Ausnahmevorschriften sind:

- **Art. 4** HUnthProt insbes. für Kindesunterhalt. Nach dessen Abs. 2 ist, wenn die berechtigte Person nach dem in Art. 3 HUnthProt vorgesehenen Recht von der verpflichteten Peron keinen Unterhalt verlangen kann, das am Gerichtsort geltende Recht anzuwenden (dazu EuGH 7.6.2018 – C-83/17, BeckRS 2018, 10469 = FamRZ 2018, 1503); Art. 4 Abs. 3 (dazu EuGH 20.9.2018 – C-214/17, NJW 2018, 3433) und Abs. 4 enthalten weitere Sonderregelungen; s. auch OGH Österreich FamRZ 2025, 1888;
- **Art. 5** HUnthProt für Ehegattenunterhalt. Hiernach findet Art. 3 HUnthProt keine Anwendung auf Ehegattenunterhalt, wenn eine Partei sich dagegen in Form einer Einrede wendet und das Recht eines anderen Staates, insbes. des Staates des letzten gemeinsamen gewöhnlichen Aufenthaltes, zu der Ehe eine engere Verbindung aufweist (**Ausweichklausel**). Hierfür ist im Rahmen einer wertenden Gesamtbetrachtung der Einzelfallumstände ua auf Dauer des gemeinsamen Aufenthaltes, Staatsangehörigkeit, Ort der Heirat/Scheidung und soziale Einbindung abzustellen (BGH BeckRS 2013, 12431 = FamRZ 2013, 1366 mAnm Gruber und BeckRS 2022, 13683 = FamRZ 2022, 1278 mAnm Lugani);
- **Art. 6** HUnthProt, wenn es sich weder um Kindes- noch Ehegattenunterhalt handelt und der Unterhaltsverpflichtete die Einrede erhebt;
- **Art. 10** HUnthProt, wenn Ansprüche auf öffentl. Einrichtungen übergegangen sind.
- **Art. 13 HUnthProt** enthält einen ordre public-Vorbehalt (zu Einzelheiten Andrae IntFamR § 10 Rn. 185 ff. Legt ausl. Unterhaltsrecht eine andere Rangfolge unter den Unterhaltsberechtigten fest als § 1609 BGB, ist den ausl. Vorgaben grundsätzlich zu folgen, ohne dass der deutsche ordre public stets berührt wäre (zum Gleichrang der ersten und der zweiten Ehefrau nach türk. Recht OLG Düsseldorf BeckRS 2000, 13794 = FamRZ 2001, 919; OLG Hamm BeckRS 9998, 12237 = FamRZ 1994, 582). Zur Berücksichtigung von Unterhaltsverpflichtungen im Ausland AG Karlsruhe BeckRS 2015. 12452 = FamRZ 2015, 1201.

Stellen sich im Kindesunterhaltsverfahren abstammungsrechtliche Fragen, so ist insoweit selbständig anzuknüpfen (Beispiel: BGH NJW 2016, 3171).

b) Die **Unterhaltshöhe** richtet sich grundsätzlich nach dem anwendbaren Recht, **Art. 11** lit. a HUnthProt. **Art.** 14 HUnthProt regelt die Frage der Korrektur des Unterhaltsbetrages nach dem anwendbaren Recht aufgrund Auslandsbezugs. Es ist eine **Kaufkraftanpassung** vorzunehmen, die Gegenstand tatrichterl. Beurteilung, nämlich Schätzung nach § 287 Abs. 2 ZPO ist, wobei zu unterscheiden ist:

Lebt die unterhaltsberechtigte Person im Ausland, die unterhaltsverpflichtete Person in Deutschland, ist der zu ermittelnde Bedarf, wie er sich ergeben würde, wenn der Berechtigte im Inland leben würde, anzupassen. Es ist festzustellen, wie viel die unterhaltsberechtigte Person benötigt, um im Ausland so leben zu können, wie sie in Deutschland leben könnte (OLG Düsseldorf BeckRS 9998, 08008 = FamRZ 1989, 1335). Die 2009 eingestellte Verbrauchergeldparität kann nicht mehr herangezogen werden. Der BGH BeckRS 2014, 15266 = FamRZ 2014, 1536 hat zur Ermittlung des Kaufkraftunterschieds die Heranziehung des vom Statistischen Amt der Europäischen Union ermittelten „vergleichenden Preisniveaus des Endverbrauchs der privaten Haushalte einschließlich indirekter Steuern" (Eurostat-Tabellen; https://ec.europa.eu/eurostat/de/data/database; Stand 30.10.2025) gebilligt; so genutzt von OLG Karlsruhe BeckRS 2015, 15897 = FamRZ 2016, 237; OLG Hamm BeckRS 2017, 116617 = NJW 2018, 404. Das KG BeckRS 2025, 18828 = FamRZ 2025, 1371 mAnm Guttzeit nutzte für einen außereuropäischen Staat die Online-Datenbank Numbeo und zog zur Ergebniskontrolle die Ländergruppeneinteilung des BFM heran.

Lebt die unterhaltsberechtigte Person im Inland, die unterhaltsverpflichtete Person im Ausland, ist beim Einkommen und dem Selbstbehalt der verpflichteten Person eine Kaufkraftbereinigung vorzunehmen (BGH BeckRS 2014, 15266 = FamRZ 2014, 1536). Insoweit ist zu schätzen (Motzer FamRBint 2010, 93). Vorschläge zur Kaufkraftbereinigung bei grenzüberschreitenden Sachverhalten bei OLG Karlsruhe BeckRS 2016, 14640 = FamRZ 2017, 282; Andrae IntFamR § 10 Rn. 180 ff.; Többens FamRZ 2016, 597.

Die unterhaltsberechtigte Person kann in jedem Fall die Währung wählen (BGH BeckRS 9998, 77979 = FamRZ 1992, 1060).

c) Zur Berücksichtigung von **Kindergeld** beim Kindesunterhalt im Fall eines Auslandsbezugs Rieck NJW 2014, 1905; zu luxemburgischen Familienleistungen OLG Saarbrücken BeckRS 2016, 02581 = FamRZ 2016, 1593; OLG Koblenz LSK 2020, 16403 = FamRZ 2020, 1472. Zum deutschen Kindergeldanspruch bei Hauptwohnsitz in einem anderen EU-Mitgliedstaat BFH BeckRS 2022, 22561 = FamRZ 2022, 1686; zum **Koordinierungsverfahren**, das feststellt, ob ein Anspruch auf Familienleistungen in einem anderen EU-Mitgliedstaat Auswirkungen auf den Kindergeldanspruch nach deutschem Recht haben kann, BFH BeckRS 2023, 41127 = FamRZ 2024, 521.

5. a) Geht es um die **Abänderung** eines ausländischen Titels und ergibt sich die internationale Zuständigkeit aus Art. 3 – 7 EuUnthVO (dazu EuGH 27.3.2025 – C-67/24 BeckRS 2025, 5243 = FamRZ 2025, 934) → Anm. 1, ist die **Verfahrensbegrenzung** nach **Art. 8 EuUnthVO** zu beachten. Hiernach kann die Abänderung einer Entscheidung aus einem Mitgliedstaat der EuUnthVO oder aus einem Vertragsstaat des Haager Übereinkommens v. 23.11.2007 über die internationale Geltendmachung der Unterhaltsansprüche von Kindern und anderen Familienangehörigen (HUntÜbk 2007), → Form. Q.VIII, → Form. R.III.2, in dem die unterhaltsberechtigte Person ihren gewöhnlichen Aufenthalt hatte und noch hat, von der unterhaltsverpflichteten Person grundsätzlich nicht in einem anderen Mitgliedstaat eingeleitet werden. Diese Einschränkung gilt nicht für den Unterhaltsberechtigten (OLG Düsseldorf BeckRS 2012, 11654 = FamRZ 2013, 55). Läge der gewöhnliche Aufenthaltsort der Ehefrau hier noch weiterhin in Österreich, wären deutsche Gerichte damit grundsätzlich nicht zuständig. Es wäre zu prüfen, ob eine Zuständigkeit durch rügelose Einlassung nach Art. 5 EuUnthVO entsteht oder die Ausnahmetatbestände des Art. 8 Abs. 2 EuUnthVO greifen. Ist eine Zuständigkeit nach den europarechtl. Regeln gegeben, kann der Ag. nicht vorbringen, ein anderes Gericht sei „besser zur Sachentscheidung in der Lage" (EuGH 1.3.2005 – C-281/02 BeckRS 2005, 70156 = IPRax 2005, 244).

b) Ausl. Unterhaltsurteile sind abänderbar, ohne dass dies einen Eingriff in fremde Hoheitsgewalt bedeutet (BGH BeckRS 9998, 102179 = FamRZ 1983, 806 und BeckRS 2015, 01475 = FamRZ 2015, 479). **Abänderungen** richtet sich in Deutschland, auch wenn es sich um einen ausländischen Titel handelt, nach **§ 238 FamFG bzw. § 239 FamFG** als verfahrensrechtlicher Vorschrift des lex fori (Andrae IntFamR § 10 Rn. 337 ff.). Voraussetzung ist, dass der ausländ. Titel anerkennungsfähig ist, was inzident zu prüfen ist (BGH BeckRS 2015, 1475 = NJW 2015, 694). Die Anerkennungsfähigkeit einer ausländ. Unterhaltsentscheidung im Verbund bezieht sich sowohl auf den Scheidungsausspruch, von dessen Wirksamkeit die Folgeregelung abhängt, als auch auf den Folgenausspruch (OLG Frankfurt a. M. BeckRS 2016, 15318 = FamRZ 2017, 204). Bei Vergleichen und öffentl. Urkunden müssen die Voraussetzungen von Anerkennung und Vollstreckbarkeit erfüllt sein, was nur dann der Fall ist, wenn sie aus einem EU-Mitgliedstaat stammen oder unter das LugÜ 2007 → Form. Q.VIII, das HUÜ 1973 → Form. Q.IX oder das HUntÜbk 2007 → Form. Q.VIII fallen.

c) Ob und wie sich Änderungen der maßgeblichen Verhältnisse auf den titulierten materiellen Unterhaltsanspruch auswirken, richtet sich nach dem international anwendbaren materiellen Recht. Insoweit gilt:

Ist kein Aufenthaltswechsel der unterhaltsberechtigten Person gegenüber der Ausgangsentscheidung erfolgt, besteht eine **Bindung** an das Unterhaltsstatut. Das einem abzuändernden ausländischen Unterhaltstitel zu Grunde liegende Sachrecht kann in einem in Deutschland betriebenen Abänderungsverfahren grundsätzlich nicht ausgetauscht werden, sondern bleibt für Art und Höhe der anzupassenden Unterhaltsleistung weiterhin maßgeblich (BGH BeckRS 2015, 01475 = FamRZ 2015, 479), auch wenn falsches materielles Recht angewendet worden ist (BGH BeckRS 2012, 01030 = FamRZ 2012, 281).

Keine Bindungswirkung, sondern **Wandelbarkeit** besteht, wenn nach Erlass der abzuändernden Entscheidung infolge eines Aufenthaltswechsels der unterhaltsberechtigten Person ein vom deutschen Kollisionsrecht beachteter Statutenwechsel, Art. 3 Abs. 2 HUnthProt, eingetreten ist (BGH BeckRS 2015, 01475 = FamRZ 2015, 479). Der Statutenwechsel führt zu einer freien Neufestsetzung (OLG Koblenz BeckRS 2015, 16001 = NJW-RR 2015, 1482; OLG Hamm NJW 2018, 404).

d) Bezüglich des **Abänderungszeitpunktes** gilt: Eine Abänderung kann unabhängig vom Unterhaltsstatut ab Rechtshängigkeit verlangt werden, § 238 Abs. 3 S. 1 FamFG. Die Frage der Erhöhung für die Vergangenheit richtet sich nach dem anwendbaren Recht, § 238 Abs. 3 S. 2 FamFG. Im Fall eines Statutenwechsels kommt es auf das Unterhaltsstatut für den Zeitpunkt an, für den eine Änderung in der Vergangenheit begehrt wird (Andrae IntFamR § 10 Rn. 343 unter Heranziehung von BGH FamRZ 2009, 1402).

e) hier: Der Unterhaltsanspruch der Ag. richtet sich nach deutschem Recht, Art. 3 Abs. 1 HUnthProt; zum Unterhaltsanspruch nach österreichischem Recht Gitschthaler, Unterhaltsrecht, 5. Aufl. 2025; Henrich/Dutta/Ebert IntEheR/Lurger/Jesser-Huß Länderteil Österreich S. 71 ff.; Rieck/Lettmaier AuslFamR/Nademleinsky Länderteil Österreich Rn. 16 ff.

11. Antrag auf Unterhalt nach ausländischem Recht (Pakistan)

An das

Amtsgericht

– Familiengericht –[1]

Antrag

In der Familiensache

der Frau . . . . .

– Antragstellerin –

Verfahrensbevollmächtigte: Rechtsanwältin . . . . .

gegen

Herrn . . . . .

– Antragsgegner –

Namens und unter Berufung auf die mir erteilte, versicherte Verfahrensvollmacht der Ast. beantrage ich:

1. Der Ag. wird verpflichtet, an die Ast. einen mtl. Unterhaltsbeitrag von . . . . EUR ab . . . . ., zahlbar jeweils bis zum 3. Werktag eines jeden Monats monatlich im Voraus, zu zahlen.
2. Der Ag. trägt die Kosten des Rechtsstreits.

Begründung:

1. Die Ast. ist pakistanische Staatsangehörige; sie hat den Ag. am . . . . . in . . . . ./Pakistan geheiratet.

   Beweis: Vorlage der Heiratsurkunde

2. Der Ag. ist seit . . . . . Deutscher. Die Ast. weiß nicht, ob er zusätzlich die pakistanische Staatsangehörigkeit hat. Ihre Ehe haben die Beteiligten seit . . . . . in Deutschland geführt. Beide sind Muslime.
3. Mit Beschluss des AG . . . . ./Deutschland vom . . . . ., Az. . . . . . ist die Ehe der Beteiligten rechtskräftig geschieden worden.[2]

   Beweis: Vorlage des Scheidungsbeschlusses

4. Die Parteien haben durch schriftliche Erklärung vom . . . . . bestimmt, dass sich die Frage der nachehelichen Unterhaltspflicht zwischen ihnen nach pakistanischem Recht richten soll.

   Beweis: Erklärung vom . . . . ., in Kopie anbei

5. Zwar ist eine derartige Wahl grundsätzlich möglich, Art. 8 HUnthProt über das auf Unterhaltspflichten anzuwendende Recht.[3] Nach pakistanischem Recht wäre die Ast. aber nach Rechtskraft der Scheidung ohne jede Rücksicht auf die Verhältnisse in der Ehe, deren Dauer, ihr Lebensalter, ihre ehebedingte Bedürftigkeit und ihre Möglichkeiten, ihren eigenen Lebensunterhalt selbst zu verdienen und so für sich zu sorgen,

auf Zahlungen allenfalls für „Übergangszeiten" beschränkt[4] (wird ausgeführt) und müsste danach öffentliche Unterstützungsleistungen in Anspruch nehmen.
Da dies unbillig wäre, ist es als Verstoß gegen den ordre public nicht hinzunehmen, so dass hier entgegen der Rechtswahl deutsches Recht anzuwenden ist.[5] So hat die Ast. die Rechtswahl in völliger Unkenntnis des pakistanischen Unterhaltsrechts getroffen. Nur der Ag. war hierüber informiert und hat die Ast. gedrängt, die Erklärung abzugeben, ohne dass er sie über die Folgen informiert hat. Da die Ast. sich dem Ag. unterlegen und wirtschaftlich von diesem abhängig fühlte, gab sie die Erklärung auf seine Aufforderung hin unmittelbar ab, ohne sich zuvor näher zu informieren.

6. Damit ist deutsches Recht in der Sache maßgeblich. Die Ast., die in Deutschland lebt, ist nicht in der Lage, hier eine eigene Beschäftigung auszuüben, die ihren Lebensunterhalt sichert. Sie hat in Deutschland nie gearbeitet, hat keinerlei Ausbildung und spricht kaum Deutsch und schlecht englisch. Sie ist bereits . . . . . Jahre alt und ist außerdem in der Zwischenzeit krank geworden (wird ausgeführt). Sie bezieht gegenwärtig öffentliche Leistungen. Eine Inkassozession ist mit der öffentlichen Hand geschlossen.

Beweis: Inkassozession vom . . . . ., in Kopie anbei.

Der Ag. arbeitet . . . . . in einem Unternehmen in . . . . . . Sein Verdienst beläuft sich auf . . . . . EUR, wobei Sonderzahlungen und Boni/Tantiemen nicht berücksichtigt sind.

Rechtsanwältin

Anmerkungen

1. Zur internationalen und örtlichen Zuständigkeit → Form. B.II.9 Anm. 1.

2. Zur Frage des auf die Scheidung anzuwendenden Rechts nach der Rom III-VO → Form. A.V.4 Anm. 3.

3. Die Frage des auf die Unterhaltspflicht anzuwendenden Rechts richtet sich nach dem **Haager Unterhaltsprotokoll 2007** (HUnthProt) → Form. B.II.9 Anm. 4. Die Rechtswahl ist hier in der Form des Art. 8 Abs. 2 HUnthProt erfolgt. Auch haben die Parteien eine nach Art. 8 Abs. 1 HUnthProt zulässige Rechtsordnung gewählt, da jedenfalls die Ast. pakistanische Staatsangehörige ist. Ausländisches Recht ist vom Gericht von Amts wegen zu ermitteln (BGH BeckRS 2013, 09698 = FamRZ 2013, 1304). Informationenquellen zu vielen Rechtsordnungen → Form. B.II.9 Anm. 1.

4. Das pakistanische Recht räumt der muslimischen Ehefrau einen Trennungsunterhaltsanspruch ein, wenn der Mann der Frau das Zusammenleben durch sein Verhalten unmöglich gemacht hat, aber keinen Unterhaltsanspruch nach der Scheidung. In dem angesichts der Religionszugehörigkeit der Parteien anwendbaren Muslim Family Law Ordinance 1961 (Verordnung für das Familienrecht der Moslems, bei Henrich/Dutta/Ebert IntEheR/Weishaupt Länderteil Pakistan III.B.3.a) sieht in Sect. 9 nur den Unterhalt der Ehefrau während des Bestehens der Ehe vor. Dieser besteht, „solange die Frau dem Mann treu ist und seine vernünftigen Anweisungen ausführt" (Henrich/Dutta/Ebert IntEheR/Weishaupt Länderteil Pakistan S. 45). Soweit Sect. 10 einen Anspruch auf Zahlung der **Morgengabe** festgelegt, ist dieser als güterrechtlicher Anspruch zu qualifizieren und fällt in den Anwendungsbereich der EuGüVO → Form. K.V.1 Anm. 1.

5. Die **Rechtswahl** nach **Art. 8 HUnthProt** unterliegt Einschränkungen. So kann nach Art. 8 Abs. 3 HUnthProt keine Rechtswahl getroffen werden, wenn es um Unterhaltspflichten eines Kindes unter 18 Jahren oder eines Erwachsenen geht, der aufgrund einer Beeinträchtigung oder der Unzulänglichkeit seiner persönlichen Fähigkeiten nicht in der Lage ist, seine Interessen zu schützen. Im Falle eines Unterhaltsverzichts regelt nach Art. 8 Abs. 4 HUnthProt das Recht des Staates des gewöhnlichen Aufenthaltes der berechtigten Person, ob der Verzicht zulässig ist. Dies gilt entsprechend, wenn ein Recht gewählt wird, das keinen Unterhaltsanspruch vorsieht (Bonomi-Bericht Rn. 149).

Daneben findet eine inhaltliche Überprüfung statt. **Art. 8 Abs. 5 HUnthProt** regelt mit seiner von Amts wegen durchzuführenden **Missbrauchskontrolle**, dass das gewählte Recht nicht anzuwenden ist, wenn dies für eine Partei offensichtlich unbillige oder unangemessene Folgen hätte, es sei denn, dass die Parteien im Zeitpunkt der Rechtswahl umfassend unterrichtet und sich der Folgen der Wahl vollständig bewusst waren. Diese Kenntnis muss sich neben dem Wissen, welches Recht abbedungen wurde, auch auf die wesentlichen materiellen Unterschiede der zwei Rechtsordnungen beziehen, was bei einer rechtsunkundigen Person regelmäßig nicht gegeben sein dürfte (Andrae IntFamR § 10 Rn. 178).

Art. 13 HUnthProt enthält einen Vorbehalt, wonach von der Anwendung des nach HUnthProt anzuwendenden Rechts abgesehen werden darf, wenn dies einen Verstoß gegen den **ordre public** bedeutet; zu Einzelheiten Andrae IntFamR § 10 Rn. 185 ff.

Gilt ausländisches Recht, so schränkt **Art. 14 HUnthProt** insoweit ein, als, selbst wenn das anzuwendende Recht etwas anderes bestimmt, bei der Bemessung des Unterhaltsbetrages die Bedürfnisse des Berechtigten und die wirtschaftlichen Verhältnisse des Verpflichteten zu berücksichtigen sind, → Form. B.II.9 Anm. 5.

III. Ehewohnungs- und Haushaltssachen, §§ 137 Abs. 2 Nr. 3, 200 FamFG

Anträge auf Zuweisung der Ehewohnung

1. Vorbemerkungen

a) Können sich die Ehegatten „anlässlich der Scheidung“ nicht darauf verständigen, wer von ihnen künftig die Ehewohnung alleine bewohnen darf oder wie die Wohnungseinrichtung und die übrigen Haushaltssachen zwischen ihnen aufgeteilt werden, so trifft das Familiengericht auf Antrag eines Ehegatten eine Entscheidung in einem streitigen Verfahren der freiwilligen Gerichtsbarkeit. Grundlage hierfür sind die § 1568a BGB (Ehewohnung) und § 1568b BGB (Haushaltssachen). Mit beiden Normen kann der Familienrichter die für die Ehegatten wichtigen Auseinandersetzungen von Wohnung und Haushaltssachen im Streitfall schnell, gerecht, zweckmäßig und ohne starre gesetzliche Fesseln regeln.

Bezüglich der Ehewohnung werden die Rechte des Vermieters eingeschränkt berücksichtigt, § 1568a Abs. 4 und 5 BGB.

b) Bei der Auseinandersetzung der Haushaltssachen erfolgt grundsätzlich keine Neubegründung von Alleineigentum zulasten des bisherigen Eigentümers; ebenso wenig erfolgt eine Auseinandersetzung insoweit bestehender Verbindlichkeiten.

Das Verfahren selbst wird auf Antrag eingeleitet, wobei ausschließlich die Ehegatten selbst antragsberechtigt sind, nicht etwa die am Verfahren sonst beteiligten Dritten (Vermieter).

c) Die Anträge auf Zuteilung der Ehewohnung und/oder Auseinandersetzung der Haushaltssachen sind mit der Ehescheidung verbundene Sachen. Sofern der Antrag nach Anhängigkeit eines Ehescheidungsantrags eingereicht wird, und zwar zwei Wochen vor der (letzten) mündlichen Verhandlung im ersten Rechtszug, und eine Entscheidung für den Fall und für die Zeit nach der Ehescheidung begehrt wird, wird darüber ausschließlich im Scheidungsverbundverfahren verhandelt und entschieden (§ 137 Abs. 1 Nr. 3 FamFG). Der Verbund selbst, der nur in Scheidungssachen und nicht in anderen Familiensachen entsteht, ist nicht von einem hierauf gerichteten Antrag abhängig, vielmehr entsteht der Verbund kraft Gesetzes (Johannsen/Henrich/Althammer/Dürbeck FamFG § 200 Rn. 8).

In zeitlicher Hinsicht kann ein Antrag zur Antragsfolgesache Ehewohnung oder Haushaltssachen frühestens zusammen mit dem Scheidungsantrag eingereicht werden und spätestens zwei Wochen vor der letzten mündlichen Verhandlung im ersten Rechtszug (BGH FamRZ 2012, 863 mAnm Heiter; OLG Hamm FF 2011, 78; Johannsen/Henrich/Althammer/Dürbeck FamFG § 200 Rn. 25; Johannsen/Henrich/Althammer/Marquardt FamFG § 137 Rn. 14). Voraussetzung ist die Anhängigkeit einer Ehesache, die mit Einreichung des Scheidungsantrags beginnt. Die Einreichung eines Verfahrenskostenhilfegesuchs reicht nicht. Da die Folgesachen gemeinsam mit der Ehescheidung zu verhandeln und zu entscheiden sind, besteht für die Einreichung des Antrags Anwaltszwang (Bumiller/Harders/Schwamb/Schwamb FamFG § 127 Rn. 21).

d) Die Folgesache wird anhängig entweder durch einen Antragschriftsatz oder durch Geltendmachung in der mündlichen Verhandlung. Eine bloße Erörterung der Folgesache mit dem Ziel der Einbeziehung genügt nicht (Hoppenz/A. Walter FamFG § 137 Rn. 9).

Ein Verfahren auf Wohnungszuweisung oder Teilung der Haushaltssachen, welches vor Anhängigkeit einer Scheidungssache eingeleitet wurde, wird bei Anhängigwerden einer Scheidungssache nicht als Antragsfolgesache in das Scheidungsverbundverfahren übergeleitet. Es bleibt selbstständig und wird vielmehr als isolierte Familiensache weitergeführt, es sei denn, der Antragsteller ändert sein Begehren und wünscht nunmehr – hinreichend deutlich – eine Entscheidung auf endgültige Regelung seines Begehrens für die Zeit nach der Ehescheidung (Johannsen/Henrich/Althammer/Dürbeck FamFG § 200 Rn. 25; KG FamRZ 2020, 831).

Wird die Folgesache nach Ablauf der Zweiwochenfrist anhängig gemacht, ist dies allein kein Grund zur Wiedereröffnung der Verhandlung.

Ebenso können auch in der Beschwerdeinstanz die Anträge auf eine Wohnungszuweisung und die Teilung der Haushaltssachen nicht als Folgesachen geltend gemacht werden. Das Begehren ist vielmehr vom zuständigen Familienrichter erster Instanz als selbstständige Familiensache zu behandeln (Zöller/Feskorn FamFG § 137 Rn. 30).

Will der antragstellende Ehegatte den eingeleiteten Verbund wieder aufheben, kann er dies nur erreichen, wenn er seinen Antrag zur Folgesache wieder zurücknimmt, was auch ohne Zustimmung des Prozessgegners möglich ist, der aber seinerseits nunmehr einen Folgeantrag zur Auseinandersetzung der Haushaltssachen oder zur Wohnungszuweisung stellen kann, ebenfalls bis zu zwei Wochen vor der mündlichen Verhandlung in erster Instanz.

Eine Regelung des Streits über die Aufteilung der Haushaltssachen und die Zuweisung der Ehewohnung als Scheidungsfolgesache ist immer gerichtet auf eine endgültige Regelung.

Weiterhin ist Voraussetzung für eine Regelung der Rechtsverhältnisse an Haushaltssachen und Ehewohnung, dass keine Einigung der Ehegatten vorliegt. Eine vollständige Einigung der Ehegatten steht der Einreichung eines Antrags als Scheidungsfolgesache entgegen, was gegebenenfalls vorab zu klären ist, wenn eine solche Einigung von einem Ehegatten behauptet wird (MüKoBGB/Wellenhofer BGB § 1568a Rn. 14). Eine Teileinigung hindert die Geltendmachung der Folgesache im Verbund jedoch nicht (Johannsen/Henrich/Althammer/Dürbeck FamFG § 200 Rn. 14).

Seit 29.1.2019 gelten zwei neue EU-VO unmittelbar für Ehegatten und Lebenspartner für Scheidungsfälle mit internationalem Bezug in der Beratungspraxis und bei der Vertragsgestaltung, allerdings ohne spezielle Maßnahmen für die Ehewohnung und Haushaltssachen:

- VO (EU) 2016/1103 zur Durchführung einer verstärkten Zusammenarbeit im Bereich der Zuständigkeit, des anzuwendenden Rechts und der Anerkennung und Vollstreckung in Fragen des ehelichen Güterrechts (EuGüVO).
- VO (EU) 2016/1104 über die güterrechtlichen Wirkungen eingetragener Partnerschaften (EuPartVO).

Zu beachten ist, dass die Verordnung auch für Ehen gilt, die vor dem 29.1.2019 eingegangen sind, aber ab diesem Tag eine Rechtswahl über das anzuwendende Güterrecht in einer notariellen Vereinbarung vorgenommen haben (Art. 69 Abs. 1 EuGüVO). In sachlicher Hinsicht werden sämtliche vermögensrechtliche Regelungen erfasst, und zwar die konkrete Ausgestaltung des Güterstandes, Haftungsfragen zwischen Ehegatten/Partnern, Vermögensverwaltung, güterrechtliche Auseinandersetzung bei Trennung oder Tod, oder materielle Wirksamkeit eines Ehevertrags. Ebenso wird auch das Nebengüterrecht wie zB Ehegatteninnengesellschaft oder unbenannte Zuwendungen güterrechtlich erfasst. Nach Art. 25 Abs. 1 der Verordnung bedürfen güterrechtliche Vereinbarungen mindestens der Schriftform. Die schlüssige Vereinbarung über die Begründung einer Ehegatteninnengesellschaft ist dem Güterrecht zuzuordnen und wäre grds. ab dem 29.1.2019 formnichtig. Dies wird aber einhellig abgelehnt (Dutta FamRZ 2019, 1390; Wellenhofer NZFam 2024, 337; Sutor FamRZ 2023, 1259). Probleme können auch bestehen, wenn bei Eheverträgen vereinbart wird, dass für Ansprüche aus dem Nebengüterrecht zwingend Schriftform gilt.

Nach Art. 22 EuGüVO/EuPartVO stehen zur Wahl das Rechts des Staates, in dem zum Zeitpunkt der Rechtswahl einer der Ehegatten/Partner ihren/seinen gewöhnlichen Aufenthalt hat oder das Recht eines Staates, dem zum Zeitpunkt der Rechtswahl einer von ihnen angehört.

Ohne Rechtswahl bestimmt sich das Recht nach Art. 26 EuGüVO als das Recht des Staates, in dem die Ehegatten nach der Eheschließung ihren ersten gemeinsamen Aufenthalt haben, andernfalls als das Recht des Staates, dessen Staatsangehörigkeit beide Ehegatten zum Zeitpunkt der Eheschließung besitzen oder andernfalls als das Recht des Staates, mit dem die Ehegatten unter Berücksichtigung aller Umstände zum Zeitpunkt der Eheschließung gemeinsam am engsten verbunden sind.

e) Gemäß § 210 FamFG sind die Familiengerichte für alle Verfahren nach §§ 1 und 2 GewSchG zuständig. Für die Geltendmachung weiterer Ansprüche, etwa auf Zahlung von Schmerzensgeld oder Schadensersatz oder auch die Verletzung weiterer Rechtsgüter, etwa des Eigentums oder des allgemeinen Persönlichkeitsrechts, sind die Zivilgerichte zuständig, was durch Auslegung des Antrags zu ermitteln ist. Insoweit besteht auch keine Annexzuständigkeit mit einem gleichzeitigen Unterlassungsantrag, sodass insoweit die Zuständigkeiten auseinanderfallen (so ausführlich OLG Karlsruhe FamRZ 2020, 1752).

2. Antrag auf Wohnungszuweisung bei gemeinschaftlichem Mietvertrag

An das

Amtsgericht

– Familiengericht –[1]

Antrag

In der Familiensache

der . . . . . – Antragstellerin –

Verfahrensbevollmächtigte: Rechtsanwälte . . . . .

gegen

. . . . . – Antragsgegner –

Verfahrensbevollmächtigte: Rechtsanwälte . . . . .

wegen Ehescheidung

hier: Zuweisung der Ehewohnung[2]

Beteiligter:[3] Herr . . . . . als Vermieter

Aktenzeichen: . . . . .

nehmen wir Bezug auf die mit Einreichung des Scheidungsantrags vorgelegte besondere Prozessvollmacht.[4]

Die Antragstellerin begehrt die richterliche Zuweisung der Ehewohnung und Umgestaltung des Mietverhältnisses.

Wir beantragen[5] zu erkennen:

1. Die im Hause . . . . . Straße Nr . . . . . in . . . . . , im Erdgeschoss gelegene Ehewohnung, bestehend aus 3 Zimmern, Küche, Bad, WC, Flur, Terrasse, Kellerraum, wird ab Rechtskraft der Ehescheidung der Antragstellerin zur alleinigen Nutzung zugewiesen.[6]
2. Die Kostenentscheidung folgt derjenigen in der Hauptsache.[7]

Zur

Begründung

tragen wir vor:

1. Die Parteien sind auf Grund schriftlichen Mietvertrages vom . . . . . gemeinsam Mieter der im Antrag Ziffer 1 bezeichneten Ehewohnung, in welcher die Antragstellerin mit den ehegemeinsamen minderjährigen Kindern A, geboren am . . . . . und B, geboren am . . . . . seit der Trennung lebt. Der Antragsgegner, der seinerzeit anlässlich eines Ehestreits aus der Ehewohnung ausgezogen war, hat in der außergerichtlichen Korrespondenz verlangt, dass die Antragstellerin sich eine anderweitige Wohnung suche und er wieder in die Ehewohnung zurückkehren könne, weil diese in unmittelbarer Nähe zu seinem Arbeitsplatz liege.
2. Die Zuweisung der Ehewohnung an die Antragstellerin zur alleinigen Nutzung ergibt sich aus § 1568a Abs. 1 BGB.
   Die gewünschte Entscheidung zu Gunsten der Antragstellerin entspricht den wohlverstandenen Interessen der ehegemeinsamen Kinder der Parteien, die seit ihrer Geburt in dieser Wohnung leben und in der räumlichen Umgebung fest verwurzelt sind. Der Kindergarten, den beide Kinder zurzeit noch besuchen, und die Schule befinden sich in unmittelbarer Nähe. Die Kinder haben auch hier ihren Freundeskreis.
   Weiterhin ist zu berücksichtigen, dass die Antragstellerin über kein eigenes Einkommen und auch über kein nennenswertes Vermögen verfügt oder zu erwarten hat, während der Antragsgegner trotz seiner Unterhaltsverpflichtungen gegenüber der Antragstellerin und den Kindern, die er korrekt erfüllt, immer noch in ausreichendem Maße über finanzielle Mittel verfügt, die es ihm ermöglichen, eine ihm angemessene Wohnung anzumieten. Es trifft zwar zu, dass die Ehewohnung in unmittelbarer Nähe zu seinem Arbeitsplatz liegt, andererseits hat der Antragsgegner auch zu erkennen gegeben, dass ihm der besonders günstige Mietzins der Ehewohnung entgegenkommen würde. Darüber hinaus ist zu berücksichtigen, dass es zwischen der jetzigen Wohnung des Antragsgegners und seinem Arbeitsplatz eine gute Verbindung mit öffentlichen Verkehrsmitteln gibt.
3. Der Vermieter hat auch zu erkennen gegeben, dass er durchaus bereit sei, mit der Antragstellerin das Mietverhältnis fortzusetzen, während er den Antragsgegner als Mieter nicht mehr wünscht. Der Vermieter hat zu Recht darauf hingewiesen, dass es in den letzten Monaten vor dem Auszug des Antragsgegners immer wieder zu Ruhestörungen, ausgelöst vom Antragsgegner, gekommen war, die das Zusammenleben mit den übrigen Mietparteien beeinträchtigt haben.

Zwei begl. Abschriften für den Antragsgegner sowie zwei weitere begl. Abschriften für den Beteiligten anbei

Rechtsanwalt[8]

Anmerkungen

1. Die Regelung der Rechtsverhältnisse an Ehewohnung und den Haushaltssachen ist **Familiensache** (§§ 111 Nr. 5, 137 Abs. 1 Nr. 3, 200 FamFG).

Wird nach Anhängigkeit eines Scheidungsantrags ein Antrag auf Regelung der künftigen **Nutzung** der Ehewohnung nach der Scheidung oder auf **die Aufteilung der Haushaltsgegenstände** für die Zeit nach der Scheidung gestellt, ist ausschließlich das Familiengericht der Ehescheidung zuständig (§ 201 Nr. 1 FamFG). Dies gilt auch dann, wenn zunächst eine Wohnungszuweisung oder ein Antrag auf Aufteilung der Haushaltsgegenstände vor Rechtshängigkeit eines Ehescheidungsantrags anhängig ist. Diese Verfahren sind dann von Amts wegen an das Gericht der Ehesache abzugeben. § 281 Abs. 2 u. 3 S. 1 der ZPO gilt entsprechend (§ 202 FamFG). Es tritt automatisch **Verhandlungs- und Entscheidungsverbund** ein. Der Verbund tritt ein, sofern der Antrag in der Zeit zwischen Anhängigkeit des Scheidungsantrags und vor Ablauf der letzten zwei Wochen vor der letzten mündlichen Verhandlung in der ersten Instanz wirksam gestellt wird. Ist der Antrag verspätet, so ist das Begehren als selbständige Familiensache zu behandeln (Zöller/Feskorn FamFG § 137 Rn. 30). Wird ein Urteil des Familiengerichts, welches den Scheidungsantrag abgewiesen hat, durch das OLG aufgehoben und die Sache an das Familiengericht zurückverwiesen, so können dann erneut bis zu zwei Wochen vor Schluss der letzten mündlichen Verhandlung vor dem Familiengericht Folgesachen rechtshängig gemacht werden und damit auch **Antragsfolgesachen** auf Wohnungszuweisung und Aufteilung der Haushaltssachen (Johannsen/Henrich/Althammer/Markwardt FamFG § 146 Rn. 4).

Die Antragsfolgesache muss wirksam anhängig gemacht werden; eine bloße Erörterung mit dem Ziel der Einbeziehung genügt nicht.

Der Verbund entsteht kraft Gesetzes, ohne dass die Einleitung des Verbundes verlangt wird. Demzufolge kann durch entgegengesetzten Antrag die Einleitung des Verbundes auch nicht verhindert werden (Johannsen/Henrich/Althammer/Markwardt FamFG § 137 Rn. 17).

Entscheidend für die „Verbundfähigkeit" des Antrags ist, dass eine Regelung nach § 1568a BGB für die Zeit nach rechtskräftiger Scheidung der Ehe begehrt wird, also insbesondere die endgültige Regelung der Rechtsverhältnisse an der ehelichen Wohnung und der Haushaltsgegenstände für die Zeit nach der Scheidung und die (dingliche) Aufteilung der ehelichen Haushaltsgegenstände (Zöller/Feskorn FamFG § 137 Rn. 17).

Wird der Scheidungsantrag abgewiesen, werden auch die Folgesachen gegenstandslos, mit Ausnahme der Kindschaftssachen. Wenn allerdings einer der Beteiligten vor der Entscheidung ausdrücklich erklärt, dass er diese auch im Falle der Abweisung des Scheidungsantrages fortführen wolle, werden diese als selbstständige Familiensachen fortgeführt (§ 142 FamFG). Im Übrigen werden die Folgesachen erst mit der Rechtskraft des Scheidungsurteils wirksam (§ 148 FamFG).

2. Der Begriff „Ehewohnung" iSv § 1568a BGB ist weit auszulegen (MüKoBGB/Pernice BGB § 1361b Rn. 4). Unter **Ehewohnung** sind alle **Wohnräume** einschließlich sämtlicher **Nebenräume (Keller, Speicher, Garage,** auch **Garten)** zu verstehen, die tatsächlich zum gemeinsamen, nicht nur vorübergehenden Wohnen der Eheleute bestimmt und geeignet sind, ohne dass es auf die Eigentumsverhältnisse oder ihre Eigenschaft als Mietwohnung ankommt (Schwab/Ernst/Grandke § 18 Rn. 12). Entscheidend ist, ob die Räume tatsächlich gemeinsam und regelmäßig genutzt werden (MüKoBGB/Wellenhofer BGB § 1568b Rn. 10). Demzufolge kann auch eine **Wohnlaube,** ein **Behelfsheim,** eine **Ferienwohnung** (OLG Celle FuR 2015, 542) oder ein regelmäßig gemeinsam genutztes **Wochenendhaus** Ehewohnung in diesem Sinne sein (OLG Celle FuR 2015, 542). Ebenfalls ist die Eigenschaft als Ehewohnung bejaht worden für ein **Gartenhäuschen** (BGH FamRZ 1990, 987 = NJW-RR 1990, 1026), für ein fest installiertes **Wohnmobil** oder den **Wohnwagen** eines Schaustellers, für ein **Wohnschiff** oder ein **Behelfsheim** (MüKoBGB/Wellenhofer BGB § 1568b Rn. 10; BGH FamRZ 1990, 987). Ausschließlich oder ganz überwiegend beruflich oder gewerblich genutzte Räume wie Werkstätten oder Praxisräume gehören dagegen nicht zur Ehewohnung. Ob solche Geschäftsräume von der Ehewohnung abgetrennt sind, ist insoweit nicht von Bedeutung (MAH FamR/Müller § 17 Rn. 10). Umstritten ist, ob Ehegatten mehrere Ehewohnungen haben können (bejahend insbesondere Brudermüller FamRZ 1999, 130; MüKoBGB/Wellenhofer BGB § 1568b Rn. 11; OLG Celle FamRZ 2015, 1194, Schulz/Hauß Vermögensauseinandersetzung S. 272) oder ob entscheidend ist, wo die Eheleute den räumlichen Mittelpunkt des ehelichen Zusammenlebens haben bzw. gehabt haben, so dass nur hier von einer Ehewohnung ausgegangen werden kann (so Scholz/Stein FamR-HdB/Eckebrech Teil D Rn. 6; Scholz/Kleffmann/Grandke Teil D Rn. 7; OLG München FamRZ 1994, 1331).

Die Qualifizierung als Ehewohnung richtet sich nach dem Zustand vor dem Beginn des **Getrenntlebens;** der **Auszug** eines Ehegatten ändert hieran nichts, solange der andere in der Wohnung verbleibt, es sei denn, der ausziehende Ehegatte gibt die Ehewohnung eindeutig endgültig auf (MüKoBGB/Wellenhofer BGB § 1568b Rn. 13; OLG Karlsruhe FamRZ 1999, 1087). Ob allerdings ein endgültiger Auszug und eine damit verbundene alleinige **Nutzungsüberlassung** an den anderen Ehegatten gewollt ist, bedarf genauer Prüfung im Einzelfall. Zu beachten ist allerdings § 1361b Abs. 4 BGB. Ist nach der Trennung der Ehegatten ein Ehegatte aus der Ehewohnung ausgezogen und hat er binnen 6 Monaten danach eine ernstliche Rückkehrabsicht dem anderen Ehegatten nicht mitgeteilt, wird unwiderleglich vermutet, dass er dem anderen Ehegatten die Nutzung der Ehewohnung allein überlassen hat. Diese gesetzliche Vermutung der Wohnungsüberlassung ist nicht widerlegbar (Schulz/Hauß, Vermögensauseinandersetzung S. 279). Der Begriff der Unwiderleglichkeit ist nur von beweisrechtlicher Bedeutung: Er bewirkt, dass der Gegenbeweis für die Annahme, dass durch den Auszug des einen Ehegatten ein Überlassungsverhältnis begründet worden ist, nicht geführt werden kann (vgl. § 292 S. 1 ZPO). Über die spätere Abänderbarkeit des durch den Auszug und anschließendes Stillhalten begründeten Überlassungsverhältnisses besagt das jedoch nichts (BGHZ 212, 133 = FamRZ 2017, 22).

3. Außer den Ehegatten selbst sind im Verfahren auch die in § 204 FamFG genannten Personen **Beteiligte** des Verfahrens, weil deren Rechtsstellung durch die Entscheidung des Gerichts tangiert werden kann. Es sind dies der **Vermieter,** auch der **Untervermieter,** wenn die Ehegatten zur Untermiete wohnen, der **Grundstückseigentümer** und die dinglich Berechtigten, der **Arbeitgeber** oder **Dienstherr** bei einer **Werks- oder Dienstwohnung,** auch ein **Untermieter** eines oder beider Ehegatten oder nahe **Anhörige,** die in **Wohngemeinschaft** mit einem Ehegatten in der Ehewohnung leben, nicht jedoch minderjährige Kinder (Johannsen/Henrich/Althammer/Dürbeck FamFG § 204 Rn. 2). Beteiligt ist auch auf Antrag das Jugendamt, sofern in dem Haushalt Kinder der Ehegatten leben (§ 204 Abs. 2 FamFG).

Die Stellung dieser **Drittbeteiligten** ist parteiähnlich. Sie haben Anspruch auf rechtliches Gehör. Anträge (der Ehegatten) sowie Entscheidungen sind ihnen zuzustellen. Soweit in ihre Rechte eingegriffen ist, sind sie auch nach § 59 FamFG berechtigt, Beschwerde einzulegen. Auch der Scheidungsbeschluss selbst wird erst rechtskräftig, wenn (auch) die mit der Zustellung beginnende Rechtsmittelfrist für alle an der Folgesache Beteiligten abgelaufen ist (Johannsen/Henrich/Althammer/Dürbeck FamFG § 204 Rn. 7). Die Drittbeteiligten haben jedoch kein eigenes Antragsrecht. Entscheidungen werden auch diesen Drittbeteiligten gegenüber rechtskräftig. Vergleiche sind den Drittbeteiligten gegenüber jedoch nur wirksam, wenn diese ihnen zugestimmt haben.

4. Im **Verbundverfahren** besteht für die Antragstellung zu einer Folgesache **Anwaltszwang** (§ 114 FamFG; BGH FamRZ 1998, 1505). Auf die mit der Einreichung des Scheidungsantrags eingereichte Prozessvollmacht kann selbstverständlich Bezug genommen werden. Die für die Scheidungssache erteilte Vollmacht bezieht sich auch auf die Folgesachen. Der Anwaltszwang besteht sowohl für die Antragstellung des antragstellenden Ehegatten als auch für einen eventuellen **Abweisungsantrag** oder **Gegenantrag** des anderen Ehegatten. Anwaltliche Vertretung ist selbstverständlich auch in der mündlichen Verhandlung geboten.

5. Die sich aus dem Gesetz ergebende **Amtsermittlungspflicht** des Gerichts entbindet indessen die Parteien nicht davon, die anspruchsbegründenden Tatsachen vorzutragen und auch ggf. **Beweismittel** zu benennen. Kommen die Beteiligten ihrer **Mitwirkungspflicht** nicht genügend nach, kann das Gericht ggf. auf vollständigen und substantiierten Vortrag hinwirken. Eine **Unaufklärbarkeit** geht zu Lasten desjenigen Ehegatten, der aus der nicht feststellbaren Tatsache Rechtsfolgen für sich herleiten will. Es besteht zwar keine subjektive Beweispflicht, jedoch eine **Beweislast** oder **Feststellungslast,** wenn das Ergebnis der von Amts wegen durchgeführten Ermittlungen zur Überzeugung des Gerichts nicht ausreicht (Scholz/Stein FamR-HdB/Eckebrecht Teil D Rn. 95; Johannsen/Henrich/Althammer/Dürbeck BGB § 1361b Rn. 48).

6. Bei der nach § 1568a BGB zu treffenden Entscheidung nach billigem Ermessen innerhalb der gesetzlichen Grenzen hat der Richter alle Umstände des Einzelfalls, jedoch insbesondere das **Wohl der Kinder** zu berücksichtigen. Dabei kommt dem Wohl der Kinder eine besondere Gewichtung zu (MüKoBGB/Wellenhofer BGB § 1568a Rn. 19). Demzufolge ist es in aller Regel geboten, demjenigen Ehegatten die Ehewohnung zur Nutzung zuzuweisen, dem die elterliche Sorge für gemeinsame Kinder übertragen ist oder bei dem sich die Kinder mit Einwilligung des anderen Elternteils bei gemeinsamer elterlicher Sorge gewöhnlich aufhalten (OLG Brandenburg FamRZ 2010, 1983; OLG Celle FamRZ 2006, 1143). Die Kinder sollen so in ihrer vertrauten **Umgebung bleiben** (Johannsen/Henrich/Althammer/Dürbeck BGB § 1361b Rn. 15–18; MüKoBGB/Wellenhofer BGB § 1568a Rn. 19). Dabei ist nicht nur das Wohl gemeinsamer minderjähriger Kinder zu berücksichtigen, sondern auch volljähriger Kinder, jedenfalls dann, wenn sie sich noch in der Ausbildung befinden (MAH FamR/Müller § 17 Rn. 116; OLG Koblenz FamRZ 1987, 852; KG FamRZ 1991, 467; OLG Celle FamRZ 1992, 465). Dasselbe gilt für nicht gemeinsame Kinder, also etwa Kinder eines Ehegatten aus einer früheren Ehe oder aus einer nichtehelichen Beziehung oder auch Pflegekinder (MAH FamR/Müller § 17 Rn. 116). Ein weiteres Zuweisungskriterium im Rahmen der Billigkeitsentscheidung ist auch die Beziehung der Ehegatten gegenüber dem **Hauseigentümer** und den übrigen **Hausbewohnern** (MüKoBGB/Wellenhofer BGB § 1568a Rn. 20). In diesem Zusammenhang kann etwa berücksichtigt werden, wenn ein Ehegatte als Alkoholiker durch ständiges Randalieren eine erhebliche Belastung für die Hausgemeinschaft darstellen könnte, oder ein Ehegatte bereits durch einen Selbstmordversuch mit Gas eine Gefahr für die anderen Mitbewohner herbeigeführt hat (MAH FamR/Müller § 17 Rn. 119).

Als weitere Umstände, die bei der **Ermessensentscheidung** zu berücksichtigen sind, kommen das **Alter,** der **Gesundheitszustand,** die **Hilfsbedürftigkeit,** die wirtschaftliche **Leistungsfähigkeit** und die Möglichkeit anderweitiger **Ersatzbeschaffung** in Betracht (Johannsen/Henrich/Althammer/Dürbeck BGB § 1361b Rn. 29).

Weiterhin kann berücksichtigt werden, ob ein Ehegatte schon vor der Eheschließung in der Wohnung gelebt hat, sie evtl. eingerichtet und ausgebaut hat, ob sich die Wohnung in der Nähe zur **Arbeitsstelle** befindet und ob etwa **Verwandte** zwischenzeitlich mit in der Ehewohnung leben oder in der Nähe wohnen (MüKoBGB/Wellenhofer BGB § 1568a Rn. 21; Johannsen/Henrich/Althammer/Dürbeck BGB § 1568a Rn. 6, 17).

Erforderlich ist eine **Gesamtwürdigung** unter Einbeziehung aller Kriterien und Umstände. Soweit der Gesichtspunkt des Kindeswohls nicht schon eine ausreichende Entscheidungsgrundlage bildet, sind in die weitere Würdigung alle anderen Umstände einzubeziehen, die das Verhältnis der Ehegatten zueinander, ihre gegenwärtigen Lebensbedingungen und ihre Beziehung zu der Wohnung betreffen (MAH FamR/Müller § 17 Rn. 123; OLG Köln FamRZ 2009, 973).

7. Die **Kostenentscheidung** richtet sich nach § 150 FamFG. Danach sind die Kosten der Scheidungssache und der Folgesache gegeneinander aufzuheben.

Damit wird das Verbundverfahren einschließlich der Folgesachen kostenrechtlich nach zivilprozessualen Grundsätzen behandelt, wobei Gegenstand der **Kostenverteilung** in Folgesachen wie im Scheidungsverfahren nur die **Gerichtskosten** und die außergerichtlichen Kosten der Ehegatten sind. Außergerichtliche Kosten Drittbeteiligter in Folgesachen werden nicht erfasst (Johannsen/Henrich/Althammer/Markwardt FamFG § 150 Rn. 8). Im Grundsatz werden die Kosten der Scheidungssache und der Folgesachen zwischen den Ehegatten gegeneinander aufgehoben. Abweichend hiervon kann das Gericht nach § 150 Abs. 4 bzw. Abs. 5 FamFG die Kosten nach billigem Ermessen anderweitig verteilen, wenn dies aus Härtegründen oder aus Gründen der Billigkeit geboten ist (Johannsen/Henrich/Althammer/Markwardt FamFG § 150 Rn. 9). Die **Billigkeitsklausel** ermöglicht unabhängig von dem Gesichtspunkt der wirtschaftlichen Lage der Beteiligten eine anderweitige **Verteilung der Kosten,** wobei auf den jeweiligen Verlauf des Verfahrens und auch dessen Vorgeschichte Rücksicht genommen wird, nämlich insoweit, als ein Ehegatte in einer Folgesache ganz oder teilweise unterlegen ist oder den Antrag zurücknimmt (Johannsen/Henrich/Althammer/Markwardt FamFG § 150 Rn. 11). Das Abschneiden in anderen Folgesachen ist ohne Bedeutung. Als Ausnahme ist die Vorschrift eng auszulegen (Musielak/Borth ZPO § 93a Rn. 7). Demzufolge können Kosten der Folgesache Wohnungszuweisung selbst dann nicht einem Ehegatten ganz oder teilweise auferlegt werden, wenn dieser durch sein vorangegangenes Verhalten die Einleitung der Folgesache erst veranlasst hat.

Kosten und Gebühren

8. Der Verfahrenswert und die Gebühren richten sich nach §§ 80 ff. FamFG, § 48 Abs. 1, Abs. 3 FamGKG. Der Verfahrenswert beträgt 5.000 EUR. Er kann nach den besonderen Umständen des Einzelfalles durch das Gericht auch höher oder niedriger angesetzt werden.

Die **Rechtsanwaltsgebühren** richten sich einheitlich nach VV 3100 ff. RVG.

3. Antrag auf Wohnungszuweisung und Räumung

An das

Amtsgericht

– Familiengericht[1] –

Antrag

In der Familiensache

der . . . . . **– Antragstellerin –**

Verfahrensbevollmächtigte: Rechtsanwälte . . . . .

gegen

. . . . . – Antragsgegner –

Verfahrensbevollmächtigte: Rechtsanwälte . . . . .

wegen Ehescheidung

hier: Zuweisung der Ehewohnung[2]

Aktenzeichen: . . . . .

nehmen wir Bezug auf die mit Einreichung des Scheidungsantrags vorgelegte besondere Prozessvollmacht.[3]

Die Antragstellerin begehrt die richterliche Zuweisung der Ehewohnung sowie Räumung und Herausgabe.

Wir beantragen zu erkennen:

1. Die im Hause . . . . . Straße Nr. . . . . . in . . . . ., im Erdgeschoss gelegene Ehewohnung, bestehend aus 3 Zimmern, Küche, Bad, WC, Flur, Terrasse, Kellerraum wird ab Rechtskraft der Ehescheidung der Antragstellerin zur alleinigen Nutzung zugewiesen.[4]
2. Dem Antragsgegner wird aufgegeben, die im Antrag Ziffer 1 bezeichnete Wohnung zu räumen und an die Antragstellerin herauszugeben.[5] § 885 Abs. 2–4 ZPO sind im Falle der Zwangsräumung nicht anzuwenden.
3. Dem Antragsgegner wird eine Räumungsfrist von 3 Monaten bewilligt, beginnend mit der Rechtskraft der Ehescheidung.
4. Die Kostenentscheidung folgt derjenigen in der Hauptsache.

Zur

Begründung

tragen wir vor:

1. Die im Antrag Ziffer 1 bezeichnete Ehewohnung der Parteien befindet sich in einem Zweifamilienhaus, welches im Alleineigentum der Mutter der Antragstellerin steht, die die Wohnung im 1. Obergeschoss bewohnt. Ein Mietvertrag ist nicht abgeschlossen worden. Die Eheleute haben lediglich einen pauschalen Kostenbeitrag von 100 EUR pro Monat für die Heizung entrichtet; ein Mietzins wurde nicht bezahlt, weil die Mutter der Antragstellerin von ihrer Tochter und ihrem Schwiegersohn keine Miete verlangen wollte. Nach dem Auszug der Antragstellerin hat der Antragsgegner auch die Zahlung des pauschalen Entgelts für die Heizung in Höhe von 100 EUR monatlich eingestellt.
2. Die Antragstellerin hat seinerzeit die Ehewohnung verlassen, weil sie anders den Gewalttätigkeiten des Antragsgegners nicht entgehen konnte.[6] Für die Zeit nach der Ehescheidung wünscht die Antragstellerin allerdings wieder die Rückkehr in die Wohnung in ihrem Elternhaus.
3. Dies entspricht auch billigem Ermessen.[7]
   Die Mutter der Antragstellerin ist auf Grund eines vor zwei Monaten erlittenen leichten Schlaganfalls in gewissem Umfang betreuungs- und pflegebedürftig. Die Antragstellerin hat dies bisher bewerkstelligt, indem sie, allerdings heimlich, ihre Mutter aufgesucht hat. Es steht zu befürchten, dass sich der Gesundheitszustand der

Mutter der Antragstellerin verschlechtert und ihre Pflegebedürftigkeit somit zunimmt, so dass die Antragstellerin gehalten ist, ihre Mutter öfter und regelmäßig aufzusuchen.

4. **Weiterhin möge berücksichtigt werden, dass die Antragstellerin beabsichtigt, nach der Ehescheidung ihren jetzigen Lebensgefährten zu heiraten.**[8]
5. **Da der Antragsgegner nicht bereit ist, die frühere Ehewohnung zu räumen und sie der Antragstellerin zu überlassen, ist es geboten, die Wohnung der Antragstellerin zur alleinigen Nutzung zuzuweisen und darüber hinaus den Antragsgegner zur Räumung und Herausgabe zu verurteilen.**

Zwei begl. Abschriften anbei.

Rechtsanwalt[9]

Anmerkungen

1. Zur Zuständigkeit des Familiengerichts → Form. B.III.2 Anm. 1.

2. Zur Begriffsbestimmung der Ehewohnung → Form. B.III.2 Anm. 2.

3. Zum Anwaltszwang → Form. B.III.2 Anm. 4.

4. Zur Voraussetzung der Wohnungszuweisung → Form. B.III.2 Anm. 6.

5. § 209 Abs. 1 FamFG eröffnet dem Gericht die Möglichkeit, ergänzende Anordnungen zu treffen, um die Endentscheidung durchzuführen. Hierzu gehört auch die Anordnung der Räumung der Wohnung mit entsprechender Fristsetzung (BGH FamRZ 2004, 1555). Nur hierdurch wird die Wohnungszuweisung auch umsetzbar. Die Räumung hat sich allerdings auf die Person zu beschränken.

6. Die Ehewohnung bleibt Ehewohnung, auch wenn ein Ehegatte auszieht. Die Eigenschaft als Ehewohnung wird durch einen solchen **Auszug** nicht aufgehoben, insbesondere dann, wenn sich der Ehegatte mit Rücksicht auf die ehelichen Spannungen zum Verlassen der Wohnung gezwungen sieht, und zwar selbst dann nicht, wenn der andere Ehegatte sie nach dem Auszug über längere Zeit alleine bewohnt (BGHZ 212, 133 = FamRZ 2017, 22; OLG Jena FamRZ 2004, 877; → Form. B.III.2 Anm. 1).

7. Zu den Erfordernissen des **Gemeinschaftslebens** kann auch das **„soziale Umfeld"** der Ehegatten verstanden werden, so dass der Tatsache Gewicht zukommen kann, dass nahe Verwandte, insbesondere sofern sie durch den Ehegatten gepflegt werden, im gleichen Hause oder in der Nähe wohnen (MüKoBGB/Wellenhofer BGB § 1568a Rn. 21).

8. Zwar ist bei der Entscheidung auf die Verhältnisse im Zeitpunkt der Entscheidung selbst abzustellen, jedoch können auch künftige Ereignisse zu berücksichtigen sein, soweit sie sicher vorhersehbar sind, so zum Beispiel die bevorstehende **Wiederverheiratung** eines Ehegatten.

Kosten und Gebühren

9. Der Verfahrenswert und die Gebühren richten sich nach §§ 80 ff. FamFG, § 48 Abs. 1, Abs. 3 FamGKG. Der Verfahrenswert beträgt 5.000 EUR. Er kann nach den besonderen Umständen des Einzelfalles durch das Gericht auch höher oder niedriger angesetzt werden.

Die **Rechtsanwaltsgebühren** richten sich einheitlich nach VV 3100 ff. RVG.

4. Antrag auf Wohnungszuweisung und Räumung einer Werk-/Dienstwohnung

An das
Amtsgericht
– Familiengericht[1] –

Antrag

In der Familiensache

der . . . . . – Antragsteller –

Verfahrensbevollmächtigte: Rechtsanwälte . . . . .

gegen

. . . . . – Antragsgegnerin –

Verfahrensbevollmächtigte: Rechtsanwälte . . . . .

wegen Ehescheidung

hier: Zuweisung der Ehewohnung[2]

Beteiligter:[3] . . . . . als Vermieter

Aktenzeichen: . . . . .

nehmen wir Bezug auf die vorgelegte besondere Prozessvollmacht[4] für den Antragsgegner.

Der Antragsteller begehrt die richterliche Zuweisung der Ehewohnung und Räumung und Herausgabe:

Wir beantragen[5] zu erkennen:

1. **Die im Hause . . . . . Straße Nr. . . . . . in . . . . . , im Erdgeschoss gelegene Ehewohnung, bestehend aus 3 Zimmern, Küche, Bad, WC, Flur, Terrasse, Kellerraum wird ab Rechtskraft der Ehescheidung dem Antragsteller zur alleinigen Nutzung zugewiesen.[6]**
2. **Der Antragsgegnerin wird aufgegeben, die im Antrag Ziffer 1 bezeichnete Wohnung zu räumen und an den Antragsteller herauszugeben.[7] § 885 Abs. 2–4 ZPO sind im Falle der Zwangsräumung nicht anzuwenden.**
3. **Der Antragsgegnerin wird eine Räumungsfrist von 3 Monaten bewilligt, beginnend mit der Rechtskraft der Ehescheidung.**
4. **Die Kostenentscheidung folgt derjenigen in der Hauptsache.**

Zur

Begründung

tragen wir vor:

1. Bei der Ehewohnung handelt es sich um eine Dienstwohnung im Sinne von §§ 576, 576a, 576b BGB.[8] Ein Mietverhältnis besteht ausschließlich zwischen dem Antragsteller und der Stadt . . . . ., die Eigentümerin des Grundstücks und Gebäudes ist.
2. Der Antragsteller steht als Hausmeister der neben der Wohnung befindlichen Grundschule in einem ungekündigten Dienstverhältnis mit Stadt . . . . . Dieses Dienstverhältnis[9] wird auch über den Scheidungszeitpunkt hinaus andauern, da der Antragsteller vermutlich erst in 12 Jahren in den Ruhestand eintreten wird.
3. Die Parteien haben, als sie sich innerhalb des Hauses getrennt haben, ihre Wohn- und Lebensbereiche aufgeteilt, so dass es keine Berührungspunkte zwischen ihnen gegeben hat.
   Die Antragsgegnerin wünscht auch nach der Scheidung in der Ehewohnung in dem ihr zugeordneten Bereich zu verbleiben, was mit Rücksicht auf die Lage der Wohnung und die Tatsache, dass sie hier unentgeltlich wohnt, durchaus verständlich erscheint.
4. Der Dienstherr des Antragstellers hat dem Antragsteller allerdings mit Schreiben des zuständigen Dezernenten vom . . . . . mitgeteilt, dass die Stadt nicht bereit sei, das weitere Verbleiben der Antragsgegnerin in der Dienstwohnung über die Scheidung hinaus zu dulden.[10] Gleichzeitig wurde der Antragsteller aufgefordert, dafür Sorge zu tragen, dass die Antragsgegnerin innerhalb angemessener Zeit vor oder nach der Ehescheidung aus dem Hause auszieht.
   Hinzu kommt, dass der Antragsteller beabsichtigt, nach der Ehescheidung seine Lebensgefährtin zu heiraten, die als Reinemachefrau ebenfalls in einem Dienstverhältnis zur Stadt steht und ihre Arbeit in der gleichen Schule verrichtet. Nach Eheschließung wird die Lebensgefährtin als Ehefrau des Antragstellers in die Wohnung einziehen. Ein weiteres Verbleiben der Antragsgegnerin in der Ehewohnung ist daher nicht möglich.
5. Besondere Härtegründe, die es gebieten würden, der Antragsgegnerin die Nutzung der Wohnung zuzuweisen oder ein längeres, wenngleich zeitlich befristetes Verbleiben anzuordnen, sind nicht ersichtlich. Aufgrund ihres gesicherten Einkommens ist die Antragsgegnerin durchaus in der Lage, eine eigene angemessene Wohnung anzumieten.[11]

Zwei begl. Abschriften für die Antragsgegnerin sowie zwei weitere begl. Abschriften für den Beteiligten anbei.

Rechtsanwalt[12]

Anmerkungen

1. Zur Zuständigkeit des Familiengerichts → Form. B.III.2 Anm. 1.

2. Zur Begriffsbestimmung der Ehewohnung → Form. B.III.2 Anm. 2.

3. Zum Dienstherrn als Beteiligter → Form. B.III.2 Anm. 3.

4. Zum Anwaltszwang → Form. B.III.2 Anm. 4.

5. Zur Antragstellung → Form. B.III.2 Anm. 5.

6. Zur Voraussetzung der Zuweisung → Form. B.III.2 Anm. 6.

7. Zur Räumungspflicht → Form. B.III.2 Anm. 5.

8. Eine **Werk-/Dienstwohnung** iSv §§ 576, 576a, 576b BGB ist gegeben, wenn sie mit Rücksicht auf das Bestehen eines **Dienst- oder Arbeitsverhältnisses** vermietet ist, wobei für die Begründung oder den Fortbestand des Mietverhältnisses das Bestehen oder der Abschluss eines Dienst- oder Arbeitsverhältnisses **von maßgeblichem Einfluss** gewesen sein muss (MüKoBGB/Wellenhofer BGB § 1568a Rn. 49,50). Unter **Werk- oder Dienstwohnungen** fallen aber auch Wohnungen, bei denen die Überlassung der Wohnung das Entgelt oder auch ein Teil des Entgelts für die Dienstleistungen ist, oder auch Dienstwohnungen auf Grund öffentlich-rechtlicher Nutzungsverhältnisse für Beamte, Richter und Soldaten (Johannsen/Henrich/Althammer/Dürbeck BGB § 1568a Rn. 43). Die Nähe zum Arbeitsplatz ist nicht von Bedeutung, sondern kann allenfalls im Rahmen des Ermessens nach § 1568a BGB berücksichtigt werden (Johannsen/Henrich/Althammer/Dürbeck BGB § 1568a Rn. 43).

Auf **Genossenschaftswohnungen**, die im Gesetz nicht erwähnt werden, ist § 1568a Abs. 4 BGB nicht anzuwenden. Diese werden vielmehr entsprechend § 1568a Abs. 1 BGB wie Mietwohnungen behandelt. Bei der Entscheidung darf jedoch in die Rechte der Genossenschaft und deren Eigentum nicht eingegriffen werden; ebenso wenig können Mitgliedschaftsrechte übertragen oder verändert werden (MAH FamR/Müller § 17 Rn. 157). Die Genossenschaft kann das Mietverhältnis nur aus wichtigem Grund nach § 563 Abs. 4 BGB kündigen, wenn dem Ehegatten zuvor die Mitgliedschaft zur Genossenschaft erfolglos angeboten wurde (OLG Hamburg FamRZ 2020, 670).

9. Maßgebend ist, dass zum Zeitpunkt der Entscheidung das Dienst- oder Arbeitsverhältnis besteht. Ist es bereits beendet oder eine Frist verstrichen, nach deren Ablauf die Wohnung nicht mehr als mit Rücksicht auf das Arbeitsverhältnis überlassen gelten sollte, ist für die Anwendung von § 1568a Abs. 4 BGB kein Raum (MüKoBGB/Wellenhofer BGB § 1568a Rn. 50).

10. Die Entscheidung über die Nutzungszuweisung einer Dienst- oder Werkswohnung hängt zunächst und in erster Linie davon ab, ob der **Dienstherr** bzw. **Arbeitgeber** mit der Zuweisung der Wohnung an den anderen Ehegatten einverstanden ist. Liegt die **Zustimmung** vor, so kann die Wohnung auch dem anderen Ehegatten zugewiesen werden, wenn dies billigem Ermessen entspricht (MüKoBGB/Wellenhofer BGB § 1568a Rn. 50). Nach anderer Auffassung soll auch im Falle der Zustimmung des Dritten der Ehegatte, mit dem das Dienst- oder Arbeitsverhältnis besteht, grundsätzlich Vorrang vor dem anderen Ehegatten haben; diesem könne die Wohnung nur überlassen werden, wenn dies zur Vermeidung einer **unbilligen Härte** notwendig ist (Erbarth Der Anspruch auf Überlassung einer Genossenschaftswohnung NZFam 2020, 66). Auch wenn § 1568a Abs. 4 BGB nicht zwingend ist, darf durch die Entscheidung des Familienrichters die Fortsetzung des Arbeitsverhältnisses nicht unmöglich gemacht oder in unzumutbarer Weise erschwert werden (Erbarth Der Anspruch auf Überlassung einer Genossenschaftswohnung NZFam 2020, 66).

11. Auch bei verweigerter Zustimmung des Dienstherren oder Arbeitgebers kann die Wohnung dem anderen Ehegatten zugeteilt werden, wenn dies zur Vermeidung einer unbilligen Härte notwendig ist, was im Einzelfall besonders zu prüfen ist (MüKoBGB/Wellenhofer BGB § 1568a Rn. 52).

Kosten und Gebühren

12. Der Verfahrenswert und die Gebühren richten sich nach §§ 80 ff. FamFG, § 48 Abs. 1, Abs. 3 FamGKG. Der Verfahrenswert beträgt 5.000 EUR. Er kann nach den besonderen Umständen des Einzelfalles durch das Gericht auch höher oder niedriger angesetzt werden.

Die Rechtsanwaltsgebühren richten sich einheitlich nach VV 3100 ff. RVG.

5. Antrag auf Wohnungszuweisung bei einer Werkwohnung

An das

Amtsgericht

– Familiengericht[1] –

Antrag

In der Familiensache

der . . . . . – Antragstellerin –

Verfahrensbevollmächtigte: Rechtsanwälte . . . . .

gegen

. . . . . – Antragsgegner –

Verfahrensbevollmächtigte: Rechtsanwälte . . . . .

wegen Ehescheidung

hier: Zuweisung der Ehewohnung[2]

Beteiligter:[3] . . . . . als Vermieter

Aktenzeichen: . . . . .

nehmen wir Bezug auf die mit Einreichung des Scheidungsantrags vorgelegte besondere Prozessvollmacht.[4]

Die Antragstellerin begehrt die richterliche Zuweisung der Ehewohnung und Umgestaltung des Mietverhältnisses.

Wir beantragen[5] zu erkennen:

1. Die im Hause . . . . . Straße Nr . . . . . in . . . . ., im Erdgeschoss gelegene Ehewohnung, bestehend aus 3 Zimmern, Küche, Bad, WC, Flur, Terrasse, Kellerraum wird ab Rechtskraft der Ehescheidung der Antragstellerin zur alleinigen Nutzung zugewiesen.[6]
2. Die Kostenentscheidung folgt derjenigen in der Hauptsache.

Zur

Begründung

tragen wir vor:

1. Der Antragsgegner ist Werksangehöriger der Firma . . . . . AG. Sein Anstellungsverhältnis wird auch nach der Ehescheidung weiter bestehen. Der Antragsgegner ist auch alleiniger Vertragspartner des Mietvertrages bezüglich der im Antrag Nr. 1 bezeichneten Werkwohnung.[7]
2. Anlässlich der einvernehmlich erfolgten Trennung hat der Antragsgegner der Antragstellerin zusammen mit den minderjährigen Kindern der Parteien, A geboren

am . . . . ., B geboren am . . . . . und C geboren am . . . . . die Ehewohnung zur Nutzung überlassen und in unmittelbarer Nähe eine eigene Wohnung angemietet.

3. Mit Schreiben vom . . . . . haben die Parteien übereinstimmend den Arbeitgeber des Antragsgegners gebeten, mit einer Umwandlung des Mietvertrages einverstanden zu sein. Dies hat die Firma . . . . . AG mit Schreiben vom . . . . . jedoch ausdrücklich abgelehnt.[8]

4. Die Zuweisung der Ehewohnung an die Antragstellerin ist trotz ihrer Eigenschaft als Werkswohnung geboten, da die Belange der Antragstellerin schwerer wiegen als das Interesse des beteiligten Vermieters. Dies folgt daraus, dass es der Antragstellerin schwerfallen würde, angesichts ihrer eigenen geringfügigen Einkünfte aus Erwerbstätigkeit eine für sie finanzierbare Wohnung zu finden. Ehegattenunterhalt erhält sie mangels Leistungsfähigkeit des Antragsgegners nicht, da dieser – im Einvernehmen mit der Antragstellerin – vorrangig den Kindesunterhalt bezahlt. Ihr eigenes Erwerbseinkommen beträgt, da sie nur eine Teilzeiterwerbstätigkeit ausüben kann, lediglich durchschnittlich 800 EUR.

5. Es kommt hinzu, dass das jüngste Kind der Parteien, die Tochter C, geboren am . . . . ., wie sich aus beigefügtem ärztlichem Gutachten ergibt, psychisch sehr instabil geworden ist und eine räumliche Veränderung zu einer Verschlimmerung des Krankheitsbildes führen würde.

6. Andererseits ist der Arbeitgeber nicht schlechter gestellt, da der Antragsgegner keinen Anspruch auf eine anderweitige Werkwohnung erhebt, sondern in der von ihm anlässlich der Trennung angemieteten Wohnung verbleiben wird.

7. Damit ergibt die Abwägung aller Umstände, dass zur Vermeidung ungewöhnlicher Härte die Ehewohnung der Antragstellerin als dem betriebsfremden Ehegatten auch gegen den Willen des Arbeitgebers zur Nutzung zuzuweisen ist; die Interessen des Arbeitgebers haben in diesem Ausnahmefall zurückzutreten.

Zwei begl. Abschriften für den Antragsgegner sowie zwei weitere begl. Abschriften für den Beteiligten anbei.

Rechtsanwalt[9]

Anmerkungen

1. Zur Zuständigkeit des Familiengerichts → Form. B.III.2 Anm. 1.

2. Zur Begriffsbestimmung der Ehewohnung → Form. B.III.2 Anm. 2.

3. Zum Arbeitgeber als Beteiligter → Form. B.III.2 Anm. 3.

4. Zum Anwaltszwang → Form. B.III.2 Anm. 4.

5. Zur Antragstellung → Form. B.III.2 Anm. 5.

6. Zu den Voraussetzungen der Zuweisung → Form. B.III.2 Anm. 6.

7. Zur Begriffsbestimmung der Werk-/Dienstwohnung → Form. B.III.4 Anm. 8.

8. Auch bei verweigerter Zustimmung des Arbeitgebers kann das Gericht gleichwohl die Werkswohnung dem anderen Ehegatten zuteilen, wenn dies zur Vermeidung einer schweren **Härte notwendig** ist (Staudinger/Weinreich BGB § 1568a Rn. 85; MüKoBGB/Wellenhofer BGB § 1568a Rn. 52).

Die Voraussetzungen sind jedoch im Einzelnen konkret darzulegen. Finanzielle Gesichtspunkte allein dürften nicht ausreichend sein. Der **Gesundheitszustand** des Ehegatten oder minderjähriger Kinder ist dagegen uU von ausschlaggebendem Gewicht; ebenso die

Tatsache, dass die Wohnung für diesen Ehegatten behindertengerecht umgebaut worden ist (MüKoBGB/Wellenhofer § 1568a Rn. 52). Ebenso kann der Tatsache Bedeutung beigemessen werden, dass beide Ehegatten sich darin einig sind, dass der nicht Werksangehörige die Wohnung weiter benutzen soll, während der Werksangehörige schon geraume Zeit in einer anderen Wohnung (lieber) wohnt, ohne dass dadurch das Arbeitsverhältnis in irgendeiner Form tangiert wird (Johannsen/Henrich/Althammer/Dürbeck BGB § 1568a Rn. 45). Bei Würdigung der wohlverstandenen Interessen des Vermieters, die **Werkwohnung** nur an **Werksangehörige** zu vermieten, ist zu berücksichtigen, ob die Wohnung nun für einen anderen Werksangehörigen benötigt wird, was jedoch nicht anzunehmen ist, wenn der früher in der Werkswohnung lebende Ehegatte ausgezogen ist und eine eigene Wohnung auf Dauer weiter bewohnt. Ebenso ist zu werten, dass das soziale Engagement des Arbeitgebers für seine Werksangehörigen auch die Fürsorge für deren Kinder umfasst (AG Ludwigshafen FamRZ 1995, 558; AG Ludwigshafen FamRZ 1995, 1207). Ohne die Zustimmung des Arbeitgebers sollte die Wohnung an den anderen aber nur befristet überlassen werden (BeckOK BGB/Neumann BGB § 1568a Rn. 34).

Kosten und Gebühren

9. Der Verfahrenswert und die Gebühren richten sich nach §§ 80 ff. FamFG, § 48 Abs. 1, Abs. 3 FamGKG. Der Verfahrenswert beträgt 5.000 EUR. Er kann nach den besonderen Umständen des Einzelfalles durch das Gericht auch höher oder niedriger angesetzt werden.

Die Rechtsanwaltsgebühren richten sich einheitlich nach VV 3100 ff. RVG.

6. Antrag auf Wohnungszuweisung bei Miteigentum der Ehegatten

An das Amtsgericht
– Familiengericht –[1]

Antrag

In der Familiensache

der . . . . . **– Antragstellerin –**

Verfahrensbevollmächtigte: Rechtsanwälte . . . . .

gegen

. . . . . **– Antragsgegner –**

Verfahrensbevollmächtigte: Rechtanwälte . . . . .

wegen Ehescheidung

hier: Zuweisung der Ehewohnung[2]

Aktenzeichen: . . . . .

nehmen wir Bezug auf die mit Einreichung des Scheidungsantrages vorgelegte besondere Prozessvollmacht.[3]

Die Antragstellerin begehrt die richterliche Zuweisung der Ehewohnung.

Wir beantragen zu erkennen:[4]

1. Die im Hause . . . . ., Straße Nr. . . . . . in . . . . ., im Erdgeschoss gelegene Ehewohnung, bestehend aus drei Zimmern, Küche, Bad, WC, Flur, Terrasse, Kellerraum wird ab Rechtskraft der Ehescheidung der Antragstellerin zur alleinigen Nutzung zugewiesen.[5]
2. Zwischen dem Antragsgegner und der Antragstellerin wird bezogen auf die Ehewohnung ab Rechtskraft der Ehescheidung ein auf fünf Jahre befristetes Mietverhältnis begründet.[6]
3. Die Antragstellerin ist zur Zahlung eines Mietzinses und zur Erstattung verbrauchsunabhängiger Kosten an den Antragsgegner nicht verpflichtet. Sie hat lediglich die verbrauchsabhängigen Nebenkosten zu zahlen.[7]
4. Die Kostenentscheidung folgt derjenigen in der Hauptsache.

Zur

Begründung

tragen wir vor:

1. Die Parteien sind zu je . . . . . Miteigentümer des Wohnhauses, in dem sich die Ehewohnung befindet.
2. Die Antragstellerin, die gegenwärtig mit den vier ehegemeinsamen minderjährigen Kindern A., geb. am . . . . ., B., geb. am . . . . ., C., geb. am . . . . ., und D., geb. am . . . . ., die Ehewohnung bewohnt, wünscht die Zuweisung der Ehewohnung zur alleinigen Nutzung auch nach der Ehescheidung. Der Antragsgegner ist damit nicht einverstanden und beansprucht umgekehrt für sich die Nutzung der Ehewohnung. Trotz zahlreicher Gespräche konnten sich die Ehegatten bisher nicht darauf verständigen, wer von ihnen nach der Scheidung die Ehewohnung bewohnen soll.
3. Die Zuweisung der Ehewohnung an die Antragstellerin entspricht der Billigkeit. Die Antragstellerin, die über kein eigenes Einkommen verfügt, sondern lediglich die Unterhaltszahlungen durch den Antragsgegner erhält, dürfte es sehr schwer haben, mit den vier Kindern eine geeignete anderweitige Wohnung als Mietwohnung zu finden. Demgegenüber ist der Antragsgegner auf die Nutzung der Ehewohnung nicht angewiesen. Seit der Trennung lebt er in der sehr geräumigen Eigentumswohnung seiner jetzigen Lebenspartnerin, die er wohl auch nach Rechtskraft der Ehescheidung zu heiraten gedenkt. Darüber hinaus ist er Alleineigentümer einer weiteren Eigentumswohnung, in die er nach Kündigung des Mietverhältnisses wegen Eigenbedarfs einziehen könnte.
4. Der Abschluss eines Mietvertrages ist geboten, um die weitere Nutzungsmöglichkeit durch die Antragstellerin auch im Falle einer eventuellen Teilungsversteigerung, die der Antragsgegner nach Rechtskraft der Ehescheidung ohne weiteres einleiten könnte, zu sichern.
5. Eine Nutzungsentschädigung ist nicht festzusetzen. Bereits bei der Bemessung des Trennungsunterhalts hat das Gericht in seinem rechtskräftigen Beschl. v. . . . . ., Az. . . . . den Wohnvorteil berücksichtigt. In der anhängigen Antragsfolgesache nachehelicher Ehegattenunterhalt sind sich die Parteien darin einig, dass bei der Bemessung des nachehelichen Ehegattenunterhalts der Wohnvorteil sowohl bei der Bemessung des Bedarfs als auch bei der Bedürftigkeit in unstreitiger Höhe zu bemessen ist.

Zwei begl. Abschriften anbei.

Rechtsanwalt[8]

Anmerkungen

1. Zur Zuständigkeit des Familiengerichts → Form. B.III.2 Anm. 1.

2. Zur Begriffsbestimmung der Ehewohnung → Form. B.III.2 Anm. 2.

3. Zum Anwaltszwang → Form. B.III.2 Anm. 4.

4. Zur Antragstellung → Form. B.III.2 Anm. 5.

5. Zur Voraussetzung der Wohnungszuweisung → Form. B.III.2 Anm. 6.

6. Sind beide Ehegatten Miteigentümer oder mit gleichem Rang an der Wohnung dinglich berechtigt, entscheidet sich die Zuweisung der Wohnung nach den **Billigkeitsregeln** des § 1568a Abs. 1 BGB. Die Zuweisung zur Nutzung erfolgt allein nach diesem Maßstab (Preisner/Erman BGB § 1568a Rn. 22). In dingliche Rechtspositionen kann allerdings nicht eingegriffen werden (MAH FamR/Müller § 17 Rn. 128).

Wird die Wohnung einem der Ehegatten zur alleinigen Nutzung zugewiesen, haben beide Ehegatten das Recht, die Begründung eines Mietverhältnisses zu verlangen. Dies ergibt sich aus § 1568a Abs. 5 BGB. Einen Antrag auf Begründung eines Mietverhältnisses (schon) während der Trennungszeit in einem gesonderten Verfahren hält das OLG Stuttgart für mutwillig (OLG Stuttgart FamRZ 2019, 1928; aA OLG München NZFam 2016, 859); OLG Celle FamRZ 2012, 32; Wever (FamRZ 2019, 1928). Bei bestehendem Miteigentum, in welches nicht eingegriffen werden kann, ist grundsätzlich eine **Befristung des Mietverhältnisses** vorgesehen. Im Falle einer Nichteinigung über die zu zahlende Miete sollte grundsätzlich die ortsübliche Miete verlangt werden. Hiervon kann aber aus Billigkeitsgesichtspunkten abgewichen werden.

Vertragspartner sind in diesem Falle die beiden Ehegatten als Eigentümer und ein Ehegatte als Mieter/Nutzender (MAH FamR/Müller § 17 Rn. 141). Mit Rücksicht darauf, dass der weichende Ehegatte, der in gleichberechtigter Position Miteigentümer ist, in der Nutzung und Verwertung seines Eigentums stark beeinträchtigt ist, ist das Miet-/Nutzungsverhältnis grundsätzlich zu befristen (MAH FamR/Müller § 17 Rn. 168). Dem weichenden Ehegatten verbleiben die Rechte aus dem Gemeinschaftsverhältnis (§§ 741 ff. BGB). Allerdings ist das Recht, gemäß § 745 Abs. 2 BGB eine Neuregelung der Nutzung und Verwaltung zu verlangen und demzufolge auch ein Anspruch entsprechend dieser Norm auf Zahlung einer Nutzungsentschädigung ausgeschlossen, solange die im Rahmen des Wohnungszuweisungsverfahrens getroffene Entscheidung das Nutzungsverhältnis zwischen den Ehegatten regelt (MAH FamR/Müller § 17 Rn. 148). Unbenommen hiervon steht dem Miteigentümer-Ehegatten das Recht zu, jederzeit zum Zwecke der endgültigen Auseinandersetzung des Miteigentums die Teilungsversteigerung zu beantragen (Wever Vermögensauseinandersetzung Rn. 287). Götz hingegen hält eine Befristung nur dann für erforderlich, wenn die Wohnung dem nicht dinglich Berechtigten überlassen wird (Götz/Giers, Die Wohnung in der familienrechtlichen Praxis Rn. 424, 427).

Bei der **Teilungsversteigerung** gem. § 180 ZVG ist aber gem. § 183 ZVG das Sonderkündigungsrecht des Erstehers aus § 57a ZVG ausgeschlossen (Stöber/Kiderlen ZVG § 183 Rn. 2). Dies gilt auch für den anderen Ehegatten, wenn dieser das Objekt ersteigert (MüKo BGB/Wellenhofer BGB § 1568a BGB Rn. 62).

7. Grundsätzlich ist für die Benutzung der im Alleineigentum des anderen Ehegatten stehenden Wohnung ein **Mietzins** festzusetzen, wenn dies von einem der Ehegatten beantragt wird. Hier sind beide Ehegatten einerseits Vermieter, ein Ehegatte ist andererseits allerdings auch Mieter, sodass jeder für sich den Abschluss eines Mietvertrages und die Festsetzung der Miete beantragen kann. Die Höhe der Miete ist an der ortsüblichen Mietzinsrate zu orientieren. Nach Billigkeitsgesichtspunkten kann allerdings auch hiervon abgewichen werden (Johannsen/Henrich/Althammer/Dürbeck BGB § 1568a Rn. 52). Ist darüber hinaus der **Wohnwert** bereits bei der Bemessung des Unterhalts mit einbezogen, besteht durchaus ein **Feststellungsinteresse,** dass darüber hinaus die Verpflichtung zur Zahlung eines Mietzinses nicht besteht (Gottwald FamRZ 1988, 410). Dagegen kann sich der andere im Hinblick auf die Ausgestaltung als Anspruchsgrundlage zur Wehr setzen, denn die Miete ist auch dann festzusetzen, wenn der sich aus der Wohnungsnutzung ergebende Wohnvorteil im Rahmen einer Unterhaltsberechnung berücksichtigt wurde. Dem Mietzahlungsanspruch kann der unterhaltsberechtigte Ehgatte ein Zurückbehaltungsrecht entgegenhalten (AG München FamRZ 2014, 1459; Götz/Giers, Die Wohnung in der familienrechtlichen Praxis Rn. 595).

Kosten und Gebühren

8. Der Verfahrenswert und die Gebühren richten sich nach §§ 80 ff. FamFG, § 48 Abs. 1, Abs. 3 FamGKG. Der Verfahrenswert beträgt 5.000 EUR. Er kann nach den besonderen Umständen des Einzelfalles durch das Gericht auch höher oder niedriger angesetzt werden.

Die Rechtsanwaltsgebühren richten sich einheitlich nach VV 3100 ff. RVG.

7. Antrag auf Wohnungszuweisung, Räumung und Nutzungsentschädigung bei Alleineigentum eines Ehegatten

An das

Amtsgericht

– Familiengericht[1] –

Antrag

In der Familiensache

der . . . . . – Antragstellerin –

Verfahrensbevollmächtigte: Rechtsanwälte . . . . .

gegen

. . . . . – Antragsgegner –

Verfahrensbevollmächtigte: Rechtsanwälte . . . . .

wegen Ehescheidung

hier: Zuweisung der Ehewohnung[2]

Aktenzeichen: . . . . .

nehmen wir Bezug auf die mit Einreichung des Scheidungsantrags vorgelegte besondere Prozessvollmacht.[3]

Die Antragstellerin begehrt die richterliche Zuweisung der Ehewohnung sowie Räumung und Herausgabe.

Wir beantragen[4] zu erkennen:

1. **Die im Hause . . . . . Straße Nr. . . . . . in . . . . ., im Erdgeschoss gelegene Ehewohnung, bestehend aus drei Zimmern, Küche, Bad, WC, Flur, Terrasse, Kellerraum wird ab Rechtskraft der Ehescheidung der Antragstellerin zur alleinigen Nutzung zugewiesen.[5]**
2. **Dem Antragsgegner wird aufgegeben, die im Antrag Ziffer 1 bezeichnete Wohnung zu räumen und an die Antragstellerin herauszugeben.[6] § 885 Abs. 2–4 ZPO sind im Falle der Zwangsräumung nicht anzuwenden.**
3. **Dem Antragsgegner wird eine Räumungsfrist von drei Monaten bewilligt, beginnend mit der Rechtskraft der Ehescheidung.**
4. **Dem Antragsgegner wird aufgegeben, ab Rechtskraft der Ehescheidung für jeden angefangenen Monat der Weiterbenutzung der Wohnung bis zu seinem Auszug an die Antragstellerin eine monatliche Nutzungsentschädigung[7] zu zahlen, und zwar bis zum Ablauf der bewilligten Räumungsfrist in Höhe von 900 EUR und für die Zeit danach in Höhe von 1.300 EUR.**
5. **Die Kostenentscheidung folgt derjenigen in der Hauptsache.**

Zur

Begründung

tragen wir vor:

1. **Bei der Ehewohnung handelt es sich um eine Eigentumswohnung iSd WEG, die im Alleineigentum[8] der Antragstellerin steht. Der Antragsgegner weigert sich, aus der Wohnung auszuziehen. Bisherige Aufforderungen an ihn blieben ohne Resonanz.**
2. **Die Antragstellerin wohnt seit der Trennung bei ihren Eltern und hat in deren Wohnung ein einziges Zimmer zur alleinigen Nutzung erhalten. Küche und Bad benutzt sie mit ihren Eltern gemeinsam.[9]**
3. **Ein weiteres Verbleiben des Antragsgegners in der im Alleineigentum der Antragstellerin stehenden Wohnung über den Zeitpunkt der Scheidung hinaus ist nicht vertretbar und wird von der Antragstellerin nicht hingenommen.**
4. **Besondere Gründe, die es zur Vermeidung einer unbilligen Härte notwendig machen würden, dem Antragsgegner die Wohnung zuzuweisen, sind nicht ersichtlich.**
5. **Die Festsetzung einer Vergütung ist geboten, zumal der Antragsgegner keinen Ehegattenunterhalt zu leisten hat. Die Höhe der Vergütung ist angemessen.[10] Angesichts der Größe der Wohnung mit 130 m² Nutzfläche entspricht das Nutzungsentgelt in Höhe von 1.300 EUR der ortsüblichen Marktmiete. Für die Zeit bis zum Ablauf der gewünschten Räumungsfrist will die Antragstellerin dem Antragsgegner allerdings durch Festsetzung einer unter der Marktmiete liegenden Nutzungsentschädigung entgegenkommen.**

Zwei begl. Abschriften anbei.

Rechtsanwalt[11]

Anmerkungen

1. Zur Zuständigkeit des Familiengerichts → Form. B.III.2 Anm. 1.

2. Zur Begriffsbestimmung der Ehewohnung → Form. B.III.2 Anm. 2.

3. Zum Anwaltszwang → Form. B.III.2 Anm. 4.

4. Zur Antragstellung → Form. B.III.2 Anm. 5.

5. Zu den Voraussetzungen der Wohnungszuweisung → Form. B.III.2 Anm. 6.

6. Zur Räumungspflicht → Form. B.III.3 Anm. 8.

7. Will der Ehegatte, der Alleineigentümer oder dinglich Nutzungsberechtigter der Ehewohnung ist, erreichen, dass er nach der Scheidung die Wohnung alleine nutzen kann und der andere die Wohnung verlässt, steht ihm für die Zeit ab Rechtskraft der Scheidung nur der Überlassungsanspruch nach § 1568a Abs. 1 BGB zu; er hat keinen Herausgabeanspruch nach §§ 985, 986 BGB (OLG Bamberg FamRZ 2020, 917). Obwohl das Gesetz ausdrücklich die Festsetzung einer **Vergütung** für die **Benutzung** der Wohnung nicht vorsieht, ist diese Maßnahme geboten. Durch die Bewilligung einer **Räumungsfrist** wird dem anderen Ehegatten die zeitweilige Nutzung der Ehewohnung ermöglicht. Der hierdurch sich ergebende Eingriff in die **Eigentümerrechte** kann nur bei Festsetzung einer **Vergütung** und zeitlicher **Befristung** hingenommen werden (Johannsen/Henrich/Althammer/Dürbeck BGB § 1568a Rn. 16 ff.). Im Falle der Zuweisung einer im **Alleineigentum** eines Ehegatten stehenden Wohnung an den anderen Ehegatten im isolierten Verfahren nach § 1361b BGB entspricht die Festsetzung einer Vergütung „stets" der Billigkeit, es sei denn, die Nutzung ist bereits im Rahmen der **Unterhaltsbemessung** berücksichtigt (Johannsen/Henrich/Althammer/Dürbeck BGB § 1361b Rn. 39, § 1568a Rn. 19). Demzufolge erscheint es zwingend, auch im Falle einer endgültigen **Nutzungsregelung** zugunsten des Eigentümerehegatten eine **Entschädigung** für die Zeit der Nutzung der Wohnung durch den anderen Ehegatten festzusetzen. Die Ansprüche auf **Wohnungszuweisung** und auf **Nutzungsvergütung** können gleichzeitig beim Familiengericht geltend gemacht werden (MüKoBGB/Wellenhofer BGB § 1568a Rn. 56).

8. Die **Eigentumsverhältnisse** sind – im Falle des Bestreitens – von Amts wegen zu ermitteln. Insoweit besteht kein Ermessensspielraum (Johannsen/Henrich/Althammer/Dürbeck BGB § 1568a Rn. 15).

9. Die Zuweisung der Ehewohnung an den Ehegatten, der **Alleineigentümer** der Wohnung ist, bedarf keiner besonderen Begründung, da dieser grundsätzlich **Vorrang** vor dem anderen Ehegatten hat (Johannsen/Henrich/Althammer/Dürbeck BGB § 1361b Rn. 26). Gleichwohl kann es geboten sein, Gesichtspunkte auch zugunsten des Eigentümers vorzutragen, die eine Wohnungszuweisung an diesen noch unterstreichen, falls nämlich der andere Ehegatte mit einem Gegenantrag erreichen will, dass ihm die Ehewohnung wegen einer besonderen **Härtesituation** zugewiesen werden soll. Nach § 1568 Abs. 2 BGB kann auch der nicht dinglich berechtigte Ehegatte die Überlassung der Wohnung verlangen, wenn dies notwendig ist, um eine unbillige Härte zu vermeiden. Da insoweit in das Eigentumsrecht des dinglich berechtigten Ehegatten eingegriffen werden soll, sind die Voraussetzung für die Wohnungszuweisung als besonders schwerwiegend einzustufen (Johannsen/Henrich/Althammer/Dürbeck BGB § 1568a Rn. 16).

Der Antrag auf Zuweisung der Ehewohnung zur weiteren alleinigen Nutzung nach § 1568 Abs. 1 BGB und der Antrag auf Begründung eines Mietverhältnisses nach § 1568a Abs. 5 BGB können miteinander im gleichen Verfahren geltend gemacht werden.

10. Die Höhe der **Vergütung** richtet sich nach Billigkeitsgesichtspunkten, wobei die wirtschaftlichen Verhältnisse der Ehegatten und ihre bisherige **Lebensgestaltung** zu berücksichtigen sind, ebenso der Umstand, dass neben dem Ehegatten noch Kinder in der Ehewohnung leben (OLG Bremen FamRB 2005, 162; OLG Brandenburg FamRZ 2006, 1392; OLG Naumburg FamRZ 2010, 583; OLG Hamm FamRZ 2011, 892). Obergrenze ist der ortsübliche **Mietzins**, der jedenfalls anzusetzen ist für die Zeit nach einer bewilligten **Räumungsfrist** bis zu einer eventuell erfolgreich durchgeführten **Zwangsräumung** (Johannsen/Henrich/Althammer/Dürbeck BGB § 1568a Rn. 52).

Allerdings ist ein Anspruch auf **Nutzungsentschädigung** abzulehnen, wenn der andere Ehegatte die gesamten, den **Mietwert** übersteigenden **Belastungen** des Hauses wegen **Vermögenslosigkeit** des anderen Ehegatten allein tragen muss (OLG Köln FamRZ 1999, 1272).

Kosten und Gebühren

11. Der Verfahrenswert und die Gebühren richten sich nach §§ 80 ff. FamFG, § 48 Abs. 1, Abs. 3 FamGKG. Der Verfahrenswert beträgt 5.000 EUR. Er kann nach den besonderen Umständen des Einzelfalles durch das Gericht auch höher oder niedriger angesetzt werden.

Die Rechtsanwaltsgebühren richten sich einheitlich nach VV 3100 ff. RVG.

8. Antrag auf Wohnungszuweisung mit Begründung eines Mietverhältnisses bei Alleineigentum des Antragsgegners

An das

Amtsgericht

– Familiengericht[1] –

Antrag

In der Familiensache

der . . . . . **– Antragstellerin –**

Verfahrensbevollmächtigte: Rechtsanwälte . . . . .

gegen

. . . . . **– Antragsgegner –**

Verfahrensbevollmächtigte: Rechtsanwälte . . . . .

wegen Ehescheidung

hier: Zuweisung der Ehewohnung[2]

Aktenzeichen: . . . . .

nehmen wir Bezug auf die mit Einreichung des Scheidungsantrags vorgelegte besondere Prozessvollmacht.[3]

Die Antragstellerin begehrt die richterliche Zuweisung der Ehewohnung sowie Räumung und Herausgabe.

Wir beantragen[4] zu erkennen:

1. Die im Hause . . . . . Straße Nr. . . . . . in . . . . ., im Erdgeschoss gelegene Ehewohnung, bestehend aus drei Zimmern, Küche, Bad, WC, Flur, Terrasse,

Kellerraum wird ab Rechtskraft der Ehescheidung der Antragstellerin zur alleinigen Nutzung zugewiesen.[5]

2. Zwischen dem Antragsgegner und der Antragstellerin wird bezogen auf die Ehewohnung ab Rechtskraft der Ehescheidung ein auf fünf Jahre befristetes Mietverhältnis begründet.[6] Die Antragstellerin ist zur Zahlung eines Mietzinses und zur Erstattung verbrauchsunabhängiger Kosten an den Antragsgegner nicht verpflichtet. Sie hat lediglich die verbrauchsabhängigen Nebenkosten zu zahlen.[7]
3. Die Kostenentscheidung folgt derjenigen in der Hauptsache.

Zur

Begründung

tragen wir vor:

1. Das Wohnhaus, in dem sich die Ehewohnung befindet, steht im Alleineigentum des Antragsgegners.
   Zur Vermeidung einer unbilligen Härte ist es notwendig, der Antragstellerin die Nutzung der Ehewohnung zuzuweisen.
2. Die Antragstellerin bewohnt mit den vier ehegemeinsamen minderjährigen Kindern, A geboren am . . . . ., B geboren am . . . . ., C geboren am . . . . . und D geboren am . . . . ., für die ihr auf Grund Beschlusses des Amtsgerichts – Familiengerichts – vom . . . . . mit Zustimmung des Antragsgegners die alleinige elterliche Sorge insgesamt übertragen wurde, die im Antrag Ziffer 1 bezeichnete Ehewohnung. Ein Auszug würde für die Antragstellerin eine ungewöhnlich schwere Beeinträchtigung darstellen, die als unbillig hart anzusehen wäre und die nur dadurch vermieden werden kann, dass ihr die Wohnung zur Nutzung zugewiesen wird. Mit Rücksicht auf die vier Kinder und mit Rücksicht auch darauf, dass sie kein Erwerbseinkommen und auch kein Vermögen hat, vielmehr auf die Unterhaltszahlungen durch den Antragsgegner angewiesen ist, dürfte es für sie praktisch unmöglich sein, eine andere, auch den Raumbedarf der Kinder deckende Wohnung, die für sie erschwinglich wäre, zu finden. Weiter ist zu berücksichtigen, dass die Antragstellerin seit ihrem schweren Verkehrsunfall vor zwölf Jahren an den Rollstuhl gefesselt ist. Die Parteien haben damals – ua auch mit Mitteln der Antragstellerin aus einer Erbschaft – die ebenerdig gelegene Wohnung behindertengerecht ausgebaut.[8]
3. Nach einem Zeitraum von fünf Jahren, für welchen die Nutzung der Ehewohnung begehrt wird, dürfte sich die Situation jedoch deutlich verbessert haben. Die beiden ältesten Kinder dürften dann vermutlich entweder ein Studium aufgenommen haben oder sich in der Berufsausbildung befinden und die beiden jüngeren Kinder sind in einem Alter, welches der Antragstellerin die Ausübung einer Erwerbstätigkeit in ihrem erlernten Beruf ermöglichen wird.[9]
4. Demgegenüber ist der Antragsgegner auf die Nutzung der Ehewohnung nicht angewiesen, da er eine weitere Eigentumswohnung besitzt, in welcher er auch zurzeit wohnt.[10]
5. Der Abschluss eines Mietvertrages ist allerdings geboten, um die Antragstellerin entsprechend in ihren Nutzungsrechten zu schützen. Der Antragsgegner hat nämlich wiederholt angekündigt, ein weiteres Verbleiben der Antragstellerin im Hause nicht ohne weiteres hinnehmen zu wollen und das Haus verkaufen zu wollen. Durch die zeitliche Begrenzung wird auch den Interessen des Antragsgegners Rechnung getragen.[11]
6. Eine Nutzungsentschädigung ist nicht festzusetzen. Bereits bei der Bemessung des Trennungsunterhalts hat das Gericht in seinem rechtskräftigem Beschl. v. . . . , Az. . . . . den Wohnvorteil berücksichtigt. In der anhängigen Antragsfolgesache

nachehelicher Ehegattenunterhalt sind sich die Parteien darin einig, dass bei der Bemessung des nachehelichen Ehegattenunterhalts der Wohnvorteil sowohl bei der Bemessung des Bedarf als auch bei der Bedürftigkeit in unstreitiger Höhe zu berücksichtigen ist.[12]

Zwei begl. Abschriften anbei.

Rechtsanwalt[13]

Anmerkungen

1. Zur Zuständigkeit des Familiengerichts → Form. B.III.2 Anm. 1.

2. Zur Begriffsbestimmung der Ehewohnung → Form. B.III.2 Anm. 2.

3. Zum Anwaltszwang → Form. B.III.2 Anm. 4.

4. Zur Antragstellung → Form. B.III.2 Anm. 5.

5. Zu den Voraussetzungen der Wohnungszuweisung → Form. B.III.2 Anm. 6.

6. Ist die **Zuweisung** einer **Ehewohnung,** die sich im **Alleineigentum** eines Ehegatten befindet, an den anderen Ehegatten anzuordnen, weil diese Zuweisung notwendig ist, um eine unbillige Härte zu vermeiden, ist die Zuweisung regelmäßig **zeitlich zu begrenzen** und ein **Mietverhältnis** zu begründen. Die Zuweisung kann ohnehin nur zur Benutzung erfolgen, da das Gericht keine Befugnis gibt, Eigentum zu übertragen oder ein **dingliches Recht** des Nichteigentümerehegatten zu begründen (Johannsen/Henrich/Althammer/Dürbeck BGB § 1568a Rn. 20).

7. Grundsätzlich ist für die Benutzung der im Alleineigentum des anderen Ehegatten stehenden Wohnung eine **Miete** festzusetzen, auch wenn dies im Gesetz nicht vorgesehen ist. Die Höhe der Vergütung wird sich an der ortsüblichen **Miete** orientieren (§ 1568a Abs. 5 BGB). Der **Wohnbedarf** gemeinsamer minderjähriger Kinder kann nicht zur Herabsetzung der Miete führen, wenn Kindesunterhalt bezahlt wird, weil in diesem ein Wohnkostenanteil enthalten ist (Johannsen/Henrich/Althammer/Dürbeck BGB § 1568a Rn. 53). Ist darüber hinaus der **Wohnwert** bereits bei der Bemessung des Unterhalts mit einbezogen, besteht durchaus ein **Feststellungsinteresse,** dass darüber hinaus die Verpflichtung zur Zahlung eines Mietzinses nicht besteht (Gottwald FamRZ 1988, 410).

8. Die Zuweisung der Nutzung an den **Nichteigentümerehegatten** ist nur ausnahmsweise möglich, nämlich wenn sie notwendig ist, um eine unbillige Härte zu vermeiden. Der verwendete Begriff der unbilligen Härte entspricht dem der schweren Härte in § 1361b BGB aF. Unbillig in diesem Sinne ist eine Härte nur bei ungewöhnlich schweren Beeinträchtigungen (Johannsen/Henrich/Althammer/Dürbeck BGB § 1568a Rn. 16). Eine solche **Ausnahmesituation** kann gegeben sein, wenn der Ehegatte für sich und die von ihm betreuten Kinder keine geeignete – für ihn auch finanziell erschwinglich – **Ersatzwohnung** erhalten kann (Johannsen/Henrich/Althammer/Dürbeck BGB § 1568a Rn. 17; MüKoBGB/Wellenhofer BGB § 1568a Rn. 31). Ein besonderes Gewicht kann auch dem **Gesundheitszustand** des antragstellenden Ehegatten zukommen, wenn auf dessen körperliche Bedürfnisse besonders Rücksicht zu nehmen ist (OLG Schleswig FamRZ 2010, 1985).

9. Die Zuweisung erfolgt nur zum **Gebrauch** und bedeutet keinen enteignenden Eingriff (OLG Frankfurt a. M. FamRZ 2004, 875). Allerdings ist die **Zuweisung** regelmäßig zeitlich zu begrenzen. Eine unbefristete Zuweisung wäre verfassungsrechtlich äußerst bedenklich und nicht zu vertreten (Johannsen/Henrich/Althammer/Dürbeck BGB § 1568a Rn. 21; Götz NZFam 2017, 433; aA OLG Köln FamRZ 1996, 492).

10. Im Rahmen der Prüfung, ob die Zuweisung der Ehewohnung an den Nichteigentümerehegatten zur Vermeidung einer unbilligen Härte geboten ist, ist auch die Lage des **Eigentümerehegatten** zu berücksichtigen, ob er etwa die Wohnung selbst benötigt oder die Wohnung persönlich gar nicht nutzen will, weil sein **Wohnbedarf** auch anderweitig sicher gedeckt ist (MüKoBGB/Wellenhofer BGB § 1568a Rn. 31).

11. Mit der Zuweisung kann/soll das Gericht ein **Mietverhältnis** zwischen den Ehegatten begründen. Insbesondere dann, wenn die Zuweisung nicht nur für relativ kurze Zeit, sondern über einen längeren Zeitraum erfolgt und andererseits die Gefahr besteht, dass der Eigentümerehegatte die Wohnung zu veräußern beabsichtigt, ist zum Schutz des in der Wohnung verbleibenden Ehegatten der Abschluss eines zeitlich befristeten Mietverhältnisses geboten (MüKoBGB/Wellenhofer BGB § 1568a Rn. 62).

12. Ist der Wohnvorteil bereits beim Unterhalt berücksichtigt, entfällt eine zusätzliche Festsetzung eines Mietzinses.

Kosten und Gebühren

13. Der Verfahrenswert und die Gebühren richten sich nach §§ 80 ff. FamFG, § 48 Abs. 1, Abs. 3 FamGKG. Der Verfahrenswert beträgt 5.000 EUR. Er kann nach den besonderen Umständen des Einzelfalles durch das Gericht auch höher oder niedriger angesetzt werden.

Die Rechtsanwaltsgebühren richten sich einheitlich nach VV 3100 ff. RVG.

9. Antrag auf Wohnungszuweisung nach wirksamer Kündigung des Mietvertrages durch den Antragsgegner

An das

Amtsgericht

– Familiengericht[1] –

Antrag

In der Familiensache

der . . . . – Antragstellerin –

Verfahrensbevollmächtigte: Rechtsanwälte . . . . .

gegen

. . . . – Antragsgegner –

Verfahrensbevollmächtigte: Rechtsanwälte . . . . .

wegen Ehescheidung

hier: Zuweisung der Ehewohnung[2]

Beteiligter:[3] Herr . . . . . als Vermieter

Aktenzeichen: . . . . .

nehmen wir Bezug auf die mit Einreichung des Scheidungsantrags vorgelegte besondere Prozessvollmacht.[4]

Die Antragstellerin begehrt die richterliche Zuweisung der Ehewohnung und Umgestaltung des Mietverhältnisses.

Wir beantragen[5] zu erkennen:

1. Die im Hause . . . . . Straße Nr. . . . . . in . . . . . , im Erdgeschoss gelegene Ehewohnung, bestehend aus drei Zimmern, Küche, Bad, WC, Flur, Terrasse, Kellerraum wird ab Rechtskraft der Ehescheidung der Antragstellerin zur alleinigen Nutzung zugewiesen.[6]
2. Zwischen der Antragstellerin als Mieterin und dem Beteiligten als Vermieter wird mit Wirkung vom 1.5.2013 ein Mietverhältnis begründet, für welches die Regelungen des schriftlichen Mietvertrages zwischen dem Vermieter und dem Antragsgegner vom . . . . . gelten.[7]
3. Die Kostenentscheidung folgt derjenigen in der Hauptsache.

Zur

Begründung

tragen wir vor:

1. Der Antragsgegner war auf Grund schriftlichen Mietvertrages vom . . . . . Mieter der im Antrag Ziffer 1 bezeichneten Ehewohnung. Im Juni vor drei Jahren ist er aus dieser Wohnung ausgezogen und wohnt seither zusammen mit seiner neuen Partnerin in deren Eigentumswohnung. Die Antragstellerin verblieb in der Ehewohnung. Sie möchte auch weiterhin hier wohnen und begehrt demzufolge die Zuweisung der Ehewohnung an sie als neue Mieterin.
2. Die Zuweisung der Ehewohnung an die Antragstellerin entspricht billigem Ermessen. Anders als der Antragsgegner, der über ein hohes eigenes Einkommen verfügt, ist die Antragstellerin auf die Unterhaltszahlungen seitens des Antragsgegners angewiesen, da sie mit Rücksicht auf die Betreuung des ehegemeinsamen minderjährigen Kindes A, geboren am . . . . . einer Erwerbstätigkeit nicht nachgehen kann. Ein Umzug ist ihr nicht zuzumuten. Die Kosten der Ehewohnung kann sie mit Rücksicht auf den recht günstigen Mietzins auch aus ihrem Ehegattenunterhalt bestreiten.
3. Mit Schreiben vom . . . . . hat der Antragsgegner das Mietverhältnis einseitig auf den . . . . . gekündigt. Der Vermieter hat die Kündigung bestätigt und die Antragstellerin hiervon in Kenntnis gesetzt und sie gleichzeitig aufgefordert, mit Rücksicht auf die Beendigung des Mietverhältnisses die Wohnung zum . . . . . zu verlassen.
   Die Kündigung ist wirksam, weil allein zwischen dem Vermieter und dem Antragsgegner ein Mietverhältnis bestanden hat.
   Demzufolge ist es geboten, rückwirkend auf den Zeitpunkt der Beendigung des alten Mietverhältnisses ein neues Mietverhältnis zwischen der Antragstellerin und dem Vermieter zu begründen um – auch im Interesse des Vermieters – eine vertragslose Zwischenzeit zu vermeiden.[8]

Zwei begl. Abschriften für den Antragsgegner sowie zwei weitere begl. Abschriften für den Beteiligten anbei.

Rechtsanwalt[9]

Anmerkungen

1. Zur Zuständigkeit des Familiengerichts → Form. B.III.2 Anm. 1.

2. Zur Begriffsbestimmung der Ehewohnung → Form. B.III.2 Anm. 2.

3. Zum Vermieter als Beteiligter → Form. B.III.2 Anm. 3.

4. Zum Anwaltszwang → Form. B.III.2 Anm. 4.

5. Zur Antragstellung → Form. B.III.2 Anm. 5.

6. Zu den Voraussetzungen der Zuweisung → Form. B.III.2 Anm. 6.

7. Sofern über die Ehewohnung kein **Mietverhältnis** besteht, kann auf Antrag eines Ehegatten der Familienrichter nach § 1568a Abs. 5 BGB ein Mietverhältnis begründen. Die Begründung eines neuen Mietverhältnisses ist auch dann zulässig, wenn ein bestehender **Mietvertrag** vom anderen Ehegatten, der **Alleinmieter** der Ehewohnung war, gekündigt worden ist und der andere Ehegatte noch in der Wohnung lebt. Ansonsten könnte der Ehegatte, der Mieter der Wohnung war, die Zuweisung der Ehewohnung an den anderen Ehegatten vereiteln (Johannsen/Henrich/Althammer/Dürbeck BGB § 1568a Rn. 49).

8. Die **Kündigung** des Ehegatten, der Alleinmieter der Wohnung war, hat das Mietverhältnis wirksam beendet (MüKoBGB/Wellenhofer BGB § 1568a Rn. 35). Die Begründung eines Mietverhältnisses zwischen dem Vermieter und dem in der Wohnung verbliebenen Ehegatten ist anzuordnen, wenn die **Zuweisung** der Wohnung der **Billigkeit** entspricht und solange die Ehewohnung noch nicht wirksam anderweitig vermietet worden ist (MüKoBGB/Wellenhofer BGB § 1568a Rn. 35). In die Rechtsstellung eines außenstehenden neuen Mieters, der wirksam einen Mietvertrag mit dem Vermieter abgeschlossen hat, kann nicht im Rahmen einer Folgesache Wohnungszuweisung zwischen den Ehegatten eingegriffen werden.

Es kommt demzufolge die Zuteilung der Ehewohnung an den in der Ehewohnung noch lebenden anderen Ehegatten unter (rückwirkender) Begründung eines neuen Mietverhältnisses zu den alten Bedingungen in Betracht, weil die Ehewohnung durch die Kündigung des anderen Ehegatten ihre Eigenschaft als Mietwohnung nicht verloren hat (MüKoBGB/Wellenhofer BGB § 1568a Rn. 57; Götz FamRZ 2014, 1460). Ebenso ist zu verfahren im Falle einer einvernehmlichen Mietvertragsaufhebung oder wenn der Vermieter mit dem Alleinmieter (Ehegatten) bei der Kündigung oder der Vertragsaufhebung zum Nachteil des anderen Ehegatten kollusiv zusammengewirkt hat (MüKoBGB/Wellenhofer BGB § 1568a Rn. 35).

Kosten und Gebühren

9. Der Verfahrenswert und die Gebühren richten sich nach §§ 80 ff. FamFG, § 48 Abs. 1, Abs. 3 FamGKG. Der Verfahrenswert beträgt 5.000 EUR. Er kann nach den besonderen Umständen des Einzelfalles durch das Gericht auch höher oder niedriger angesetzt werden.

Die Rechtsanwaltsgebühren richten sich einheitlich nach VV 3100 ff. RVG.

10. Antrag auf Wohnungszuweisung und negativer Feststellungsantrag gegen eine Nutzungsvergütung

An das

Amtsgericht

– Familiengericht[1] –

Antrag

In der Familiensache

der . . . . . – Antragstellerin –

Verfahrensbevollmächtigte: Rechtsanwälte . . . . .

gegen

. . . . . – Antragsgegner –

Verfahrensbevollmächtigte: Rechtsanwälte . . . . .

wegen Ehescheidung

hier: Zuweisung der Ehewohnung[2]

Aktenzeichen: . . . . .

nehmen wir Bezug auf die mit Einreichung des Scheidungsantrags vorgelegte besondere Prozessvollmacht.[3]

Die Antragstellerin begehrt die richterliche Zuweisung der Ehewohnung.

Wir beantragen[4] zu erkennen:

1. Die im Hause . . . . . Straße Nr. . . . . . in . . . . ., im Erdgeschoss gelegene Ehewohnung, bestehend aus drei Zimmern, Küche, Bad, WC, Flur, Terrasse, Kellerraum wird ab Rechtskraft der Ehescheidung der Antragstellerin zur alleinigen Nutzung zugewiesen.[5]
2. Es wird festgestellt, dass die Antragstellerin dem Antragsgegner keine Nutzungsvergütung schuldet.[6]
3. Die Kostenentscheidung folgt derjenigen in der Hauptsache.

Zur

Begründung

tragen wir vor:

1. Die Parteien sind zu je . . . . . Miteigentümer der im Antrag Ziffer 1 bezeichneten Wohnung. Die Antragstellerin, die seit der Trennung der Parteien vor zwei Jahren mit den ehegemeinsamen minderjährigen Kindern A . . . . ., geboren am . . . . ., und B . . . . ., geboren am . . . . ., allein in der Wohnung wohnt, wünscht die Zuweisung der Wohnung zur alleinigen Nutzung auch in der Zeit nach der Ehescheidung.[7]

2. Der Antragsgegner hat hiergegen keine Einwände, verlangt allerdings von der Antragstellerin die Zahlung eines Mietzinses in Höhe der hälftigen Marktmiete, abzüglich hälftiger Lasten und verbrauchsunabhängiger Kosten. In der Vorkorrespondenz hat er den dann verbleibenden Betrag mit 600 EUR beziffert und von der Antragstellerin die Verpflichtung zur Zahlung dieses Mietzinses verlangt.[8]

3. Die Antragstellerin ist nicht bereit, diesem Begehren zu entsprechen, da die Festsetzung eines Mietzinses nicht der Billigkeit entsprechen würde.
Der der Antragstellerin zugutekommende Wohnvorteil ist nämlich bei der Bemessung des Ehegattenunterhalts zu berücksichtigen, so dass darüber hinaus ein Mietzins nicht in Betracht kommt. Über die Höhe des der Antragstellerin dem Grunde nach unstreitig zustehenden nachehelichen Unterhalts wird in der gleichfalls anhängigen Folgesache nachehelicher Unterhalt vom erkennenden Gericht zu entscheiden sein.[9]

4. Da der Antragsgegner diese Auffassung nicht zu teilen vermag und auf der Zahlung des von ihm verlangten Mietzinses beharrt, besteht ein Rechtsschutzinteresse der Antragstellerin an der begehrten negativen Feststellung, nämlich dass sie zur Zahlung einer laufenden Vergütung für die Ehewohnung nicht verpflichtet ist.

Zwei begl. Abschriften anbei.

Rechtsanwalt[10]

Anmerkungen

1. Zur Zuständigkeit des Familiengerichts → Form. B.III.2 Anm. 1.

2. Zur Begriffsbestimmung der Ehewohnung → Form. B.III.2 Anm. 2.

3. Zum Anwaltszwang → Form. B.III.2 Anm. 4.

4. Zur Antragstellung → Form. B.III.2 Anm. 5.

5. Zu den Voraussetzungen der Zuweisung → Form. B.III.2 Anm. 6.

6. Wird eine Ehewohnung, die im Miteigentum der Ehegatten steht, einem der Ehegatten nach Rechtskraft der Scheidung zur alleinigen Nutzung zugewiesen, wird in der Regel eine **Regelung** in Höhe des halben **Mietwertes** abzüglich der Hälfte der **Lasten** und der nicht verbrauchsabhängigen **Nebenkosten**, wenn diese der **Alleinnutzer** ganz trägt, zu treffen sein. Die Nutzungsvergütung richtet sich bei Miteigentum nach § 745 Abs. 2 BGB und bei Alleineigentum nach §§ 987 Abs. 1, 990 BGB (BGH NJW-RR 2010, 1585; Wendl/Dose, Das Unterhaltsrecht in der familienrechtlichen Praxis Rn. 529; Billhardt Nutzungsvergütung und Ehewohnung NZFam 2024, 529; Erbarth Nacheheliche Ansprüche im Zusammenhang mit der Begründung eines Mietverhältnisses an der Ehewohnung gem. § 1568a Abs. 5 BGB NZFam 2024, 913). Der Anspruch gem. 745 Abs. 2 BGB ist als zivilrechtlicher Anspruch eine Familienstreitsache (§ 266 I Nr. 3 FamFG) und kann nach einer Ansicht nicht im Verfahren der freiwilligen Gerichtsbarkeit gem. § 200 geltend gemacht werden (Schwamb, Bumiller/Harders/Schwamb FamFG § 200 Rn. 15). Differenziert sehen dies Schulz/Hauß, Vermögensauseinandersetzung bei Trennung und Scheidung (Rn. 138, 139) und Wellenhofer (MüKoBGB/Wellenhofer BGB § 1568a Rn 25). Danach enthält 1568a BGB keine ausdrückliche Regelung, wenn die Wohnung im Miteigentum beider steht. Abs. 2 gilt nur für den Fall, dass ein Ehegatte allein oder mit einem Dritten mitberechtigt ist. Deshalb ist auf die allgemeine Regelung des Abs. 1 zurückzugreifen. Somit kann das Familiengericht auf Antrag eines Ehegatten ein Mietverhältnis nach Abs. 5 begründen. Begehren allerdings beide Ehegatten die Überlassung der im hälftigen Miteigentum stehenden Immobilie und sind die Voraussetzungen für eine alleinige Zuweisung bei keinem gegeben, so sind die wechselseitigen Ansprüche jeweils abzuwenden. Die Eheleute können in diesem Fall ihr Gemeinschaftsverhältnis nur zivilrechtlich klären.

7. Steht die Ehewohnung im **Miteigentum** der Ehegatten oder sind beide Ehegatten in gleicher Weise sonst dinglich berechtigt, richtet sich die Zuweisung der Wohnung allein nach dem Maßstab des § 1568a Abs. 1 BGB, also nach billigem Ermessen (MüKoBGB/Wellenhofer BGB § 1568a Rn. 24). Eine Änderung der **Eigentumsverhältnisse,** etwa durch Übertragung eines **Miteigentumsanteils,** ist nicht statthaft (MüKoBGB/Wellenhofer BGB § 1568a Rn. 22). Die endgültige Auseinandersetzung des Miteigentums erfolgt, sofern eine Einigung nicht erzielt werden kann, letztendlich durch **Teilungsversteigerung** nach § 753 BGB, § 180 ZVG. Wegen einer Vertreibung aus der Ehewohnung durch eine vom anderen Ehegatten betriebene Teilungsversteigerung, die allerdings auf die Dauer von bis zu fünf Jahren nach § 180 Abs. 3 und Abs. 4 ZVG eingestellt werden kann, wird der geschiedene Ehegatte, der (mit den Kindern) in der Wohnung weiterwohnt, am besten geschützt durch Zuweisung der Wohnung und Begründung eines Mietverhältnisses auf unbestimmte Zeit (Johannsen/Henrich/Althammer/Dürbeck BGB § 1568a Rn. 13).

8. Wenn der andere Ehegatte der Zuweisung der Ehewohnung zwar zustimmt, jedoch die Nutzung durch den anderen Ehegatten von der Zahlung eines **Mietzinses** durch diesen Ehegatten abhängig macht, liegt eine Einigung der Ehegatten, die eine Regelung durch das Familiengericht ausschließen würde, nicht vor.

9. Macht der andere Ehegatte gleichwohl einen Anspruch auf Nutzungsvergütung geltend, besteht ein **Rechtsschutzbedürfnis** für eine negative Feststellung durch das Familiengericht (Gottwald FamRZ 1988, 410).

Kosten und Gebühren

10. Der Verfahrenswert und die Gebühren richten sich nach §§ 80 ff. FamFG, § 48 Abs. 1, Abs. 3 FamGKG. Der Verfahrenswert beträgt 5.000 EUR. Er kann nach den besonderen Umständen des Einzelfalles durch das Gericht auch höher oder niedriger angesetzt werden.
Die Rechtsanwaltsgebühren richten sich einheitlich nach VV 3100 ff. RVG.

11. Antrag auf Wohnungszuweisung und Hilfsantrag auf Nutzungsvergütung

An das

Amtsgericht
– Familiengericht[1] –

Antrag

In der Familiensache

der . . . . . **– Antragstellerin –**

Verfahrensbevollmächtigte: Rechtsanwälte . . . . .

gegen

. . . . . – Antragsgegner –

Verfahrensbevollmächtigte: Rechtsanwälte . . . . .

wegen Ehescheidung

hier: Zuweisung der Ehewohnung[2]

Aktenzeichen: . . . . .

nehmen wir Bezug auf die mit Einreichung des Scheidungsantrags vorgelegte besondere Prozessvollmacht.[3]

Die Antragstellerin begehrt die richterliche Zuweisung der Ehewohnung.

Wir beantragen[4] zu erkennen:

1. Die im Hause . . . . . Straße Nr . . . . . in . . . . . gelegene Ehewohnung, bestehend aus fünf Zimmern, Küche, Bad mit WC, separatem WC, Flur, Terrasse, Balkon, nebst allen Nebenräumen und die gesamte Grundstücksfläche wird ab Rechtskraft der Ehescheidung der Antragstellerin zur alleinigen Nutzung zugewiesen.[5]
2. Der Antrag des Antragsgegners, ihm die in Nr. 1 bezeichnete Ehewohnung und das Grundstück zur Nutzung zuzuweisen, wird zurückgewiesen.
3. Hilfsweise: Dem Antragsgegner wird aufgegeben, an die Antragstellerin ab Nutzungsbeginn eine monatliche, jeweils zum 15. eines Monats zahlbare Nutzungsvergütung in Höhe von 1.000 EUR zu zahlen.[6]
4. Die Kostenentscheidung folgt derjenigen in der Hauptsache.

Zur

Begründung

tragen wir vor:

1. Die Parteien sind zu je . . . . . Miteigentümer des Hauses . . . . ., Straße . . . . ., Nr . . . . . in . . . . ., in welchem sich die im Antrag Ziffer 1 bezeichnete Ehewohnung befindet. Das Grundstück ist lastenfrei.
2. Seit der Trennung bewohnt die Antragstellerin die Ehewohnung allein und möchte auch nach der Ehescheidung in der Wohnung verbleiben, insbesondere weil sich die Wohnung in unmittelbarer Nachbarschaft zu der Schule befindet, in welcher die Antragstellerin als Lehrerin unterrichtet. Zum Zeitpunkt des Auszugs des Antragsgegners hatte dieser eine Beziehung zu einer anderen Frau, mit welcher er in deren Eigentumswohnung zusammengelebt hat. Diese Beziehung ist seit einem Monat beendet; der Antragsgegner musste die Wohnung seiner früheren Partnerin verlassen und wohnt seither in einer Pension. Mit Anwaltsbrief vom . . . . . hat der Antragsgegner geltend gemacht, die Antragstellerin möge ausziehen und ihm das Haus zur alleinigen Nutzung überlassen, da er es schließlich mit seinen finanziellen Mitteln erworben habe und er der Antragstellerin nur entgegenkommenderweise Miteigentum eingeräumt habe.
3. Die Zuweisung der Ehewohnung an die Antragstellerin entspricht jedoch der Billigkeit.[7] Die Behauptung des Antragsgegners, das Haus sei von seinen Mitteln erworben worden, ist unzutreffend. Die Antragstellerin hat während der gesamten Ehe ebenfalls durch ihr Einkommen als Lehrerin zum Familienunterhalt beigetragen, außerdem hat sie aus erhaltener Erbschaft vor fünf Jahren über 300.000 EUR investiert und den letzten bestehenden Kredit damit vorzeitig abgelöst. Ansonsten wäre das Haus heute nicht schuldenfrei.

Hinzu kommt, dass der Antragsgegner als Arzt über ein deutlich höheres Einkommen als die Antragstellerin verfügt, jedoch keinen nachehelichen Ehegattenunterhalt schuldet, nachdem die Parteien wechselseitig im Ehevertrag vom . . . . ., UR-Nr . . . . ., wirksam auf die Zahlung von nachehelichem Unterhalt verzichtet haben.
Damit entspricht die beantragte Zuweisung der Ehewohnung an die Antragstellerin der Billigkeit.

4. Für den Fall jedoch, dass das Familiengericht dem Antrag der Antragstellerin gemäß Ziffer 1 nicht stattgeben sollte und stattdessen auf den Gegenantrag des Antragsgegners diesem die Nutzung der Ehewohnung zuweisen sollte, wird die Verurteilung des Antragsgegners zur Zahlung eines entsprechenden Mietzinses durch den Antragsgegner an die Antragstellerin begehrt. Im Falle einer Vermietung des Hauses wäre die ortsübliche Miete monatlich sicher mit 2.000 EUR anzusetzen, so dass die Höhe des begehrten Mietzinses dem hälftigen Mietzins entspricht. Auch dies entspricht der Billigkeit.[8] Gesichtspunkte, von dem hälftigen Mietwert abzuweichen, sind nicht ersichtlich. Die öffentlichen Abgaben und verbrauchsunabhängigen Kosten werden ohnehin von den Parteien seit langem je zur Hälfte getragen.

Zwei begl. Abschriften anbei.

Rechtsanwalt[9]

Anmerkungen

1. Zur Zuständigkeit des Familiengerichts → Form. B.III.2 Anm. 1.

2. Zur Begriffsbestimmung der Ehewohnung → Form. B.III.2 Anm. 2.

3. Zum Anwaltszwang → Form. B.III.2 Anm. 3.

4. Zur Antragstellung → Form. B.III.2 Anm. 4.

5. Zur Voraussetzung der Zuweisung → Form. B.III.2 Anm. 5.

6. Der Anspruch auf Nutzungsvergütung kann auch als Hilfsantrag geltend gemacht werden.

7. Bei **Miteigentum** der Ehegatten richtet sich die Zuweisung der Wohnung nach Billigkeitsgesichtspunkten, die sich allein aus der Regelung des § 1568a Abs. 1 BGB ergeben (MüKoBGB/Wellenhofer BGB § 1568a Rn. 28).

8. Die Höhe der Vergütung orientiert sich an der **Marktmiete** unter Berücksichtigung von **Billigkeitsgesichtspunkten** (MüKoBGB/Wellenhofer BGB § 1568a Rn. 58).

Kosten und Gebühren

9. Der Verfahrenswert und die Gebühren richten sich nach §§ 80 ff. FamFG, § 48 Abs. 1, Abs. 3 FamGKG. Der Verfahrenswert beträgt 5.000 EUR. Er kann nach den besonderen Umständen des Einzelfalles durch das Gericht auch höher oder niedriger angesetzt werden.
Die Rechtsanwaltsgebühren richten sich einheitlich nach VV 3100 ff. RVG.

12. Antrag auf Zuteilung von gemeinsamen Haushaltsgegenständen

An das

Amtsgericht

– Familiengericht[1] –

Antrag

In der Familiensache

der . . . . . **– Antragstellerin –**

Verfahrensbevollmächtigte: Rechtsanwälte . . . . .

gegen

. . . . . **– Antragsgegner –**

Verfahrensbevollmächtigte: Rechtsanwälte . . . . .

wegen Ehescheidung

hier: Teilung der Haushaltsgegenstände[2]

Aktenzeichen: . . . . .

nehmen wir Bezug auf die mit Einreichung des Scheidungsantrags vorgelegte besondere Prozessvollmacht.[3]

Namens und Auftrags der Antragstellerin beantragen wir hiermit die Teilung der gemeinsamen Haushaltsgegenstände.

Wir beantragen[4] zu erkennen:

1. **Von den gemeinsamen Haushaltsgegenständen[5] werden der Antragstellerin ab Rechtskraft der Scheidung folgende Gegenstände zu Alleineigentum zugeteilt:[6]**
   1. . . . . .
   2. . . . . .
   3. . . . . .
2. **Der Antragsgegner ist verpflichtet, die der Antragstellerin zugeteilten Haushaltsgegenstände gemäß Ziffer 1–12 ab Rechtskraft der Scheidung an die Antragstellerin herauszugeben.[7]**
3. **Die Kostenentscheidung folgt derjenigen in der Hauptsache.**

Zur

Begründung

tragen wir vor:

1. **Die Parteien können sich nicht darauf verständigen, wie ihre Wohnungseinrichtung und die übrigen Haushaltsgegenstände unter ihnen endgültig aufgeteilt werden. Die bisherige außergerichtliche Korrespondenz hat zu keiner Einigung geführt, so dass eine richterliche Teilung der Haushaltsgegenstände notwendig wird.**

2. Als Anlage zu diesem Schriftsatz ist eine Liste beigefügt, in welcher alle gemeinsamen Haushaltsgegenstände der Parteien aufgeführt sind.[8]
   Die Gegenstände der Liste Ziffer 1 bis 12, die auch im Antrag Ziffer 1 mit den Ziffern 1 bis 12 bezeichnet sind, befinden sich im Besitz des Antragsgegners. Anlässlich der Trennung der Parteien hat der Antragsgegner diese Gegenstände mitgenommen. Sie sind jedoch der Antragstellerin zuzuweisen.
   Die Antragstellerin lebt mit den drei minderjährigen Kindern A, geboren am . . . . ., B, geboren am . . . . . und C, geboren am . . . . . zusammen, so dass sie wesentlich mehr Haushaltsgegenständen als der Antragsgegner benötigt. Darüber hinaus hat sie keine finanziellen Mittel, entsprechende Ersatzgegenstände anzuschaffen. Sie verfügt über kein eigenes Erwerbseinkommen; der vom Antragsgegner gezahlte Ehegattenunterhalt reicht gerade aus zur knappen Deckung der alltäglichen Lebenshaltungskosten.
   Bei dem Gegenstand Ziffer 12 handelt es sich um eine wertvolle alte Kristallvase, an welcher die Antragstellerin besonders hängt, nachdem die Eltern der Antragstellerin diese Vase den Parteien zur Hochzeit geschenkt haben.[9]
3. Die Haushaltsgegenstände Ziffer 13 bis 35 der Liste, die den Ziffern 13 bis 35 in Antrag Ziffer 1 entsprechen, sind insoweit streitig, als der Antragsgegner behauptet, diese stünden in seinem Alleineigentum, weil er sie gekauft und bezahlt hat. Indessen erfolgte die Anschaffung dieser Haushaltsgegenstände in beiderseitigem Einvernehmen für Zwecke des gemeinsamen ehelichen Haushalts; entsprechend wurden diese Gegenstände auch nach ihrer Anschaffung im gemeinsamen Haushalt genutzt. Demzufolge liegt gemeinsames Eigentum der Parteien vor. Die Zuweisung an die Antragstellerin entspricht der Billigkeit, wie sich aus den oben dargelegten Gründen ergibt.[10]
4. Bezüglich der Haushaltsgegenstände Ziffer 36 bis 42 der Liste, die den Ziffern 36 bis 42 in Antrag Ziffer 1 entsprechen, besteht Einigkeit zwischen den Parteien, dass diese der Antragstellerin zugewiesen werden sollen.
5. Die Haushaltsgegenstände Ziffer 43 bis 72 der Liste befinden sich bereits im Besitz des Antragsgegners. Die Parteien sind sich darin einig, dass diese Gegenstände dem Antragsgegner zu Alleineigentum zugeteilt werden.

Zwei begl. Abschriften anbei.

Rechtsanwalt[11]

Anmerkungen

1. Zur Zuständigkeit des Familiengerichts → Form. B.III.2 Anm. 1.

2. Die richterliche **Auseinandersetzung der Haushaltsgegenstände** ist im Scheidungsverbund **Antragsfolgesache** und insoweit ein streitiges Verfahren der freiwilligen Gerichtsbarkeit. Die Aufteilung erfolgt nach **§ 1568b BGB**. Die Zuweisung der Haushaltsgegenstände erfolgt unter Berücksichtigung des Wohls der im Haushalt lebenden Kinder und der Lebensverhältnisse der Ehegatten nach den Maßstäben der Gerechtigkeit und Billigkeit.

Nach § 1568b Abs. 2 BGB gilt Miteigentum für alle in der Ehezeit angeschafften Gegenstände (BGH NJW 2011, 2289).

Nach § 1568b Abs. 3 BGB kann der übertragende Ehegatte eine angemessene Ausgleichung verlangen.

Auf den **Güterstand** der Ehegatten kommt es nicht an. Maßgeblicher Zeitpunkt ist die letzte mündliche Verhandlung der Ehesache in der I. Instanz (Johannsen/Henrich/Althammer/Dürbeck BGB § 1568b Rn. 4).

3. Zum Anwaltszwang → Form. B.III.2 Anm. 3.

4. Das Verfahren wird durch einen **Antrag** auf Aufteilung eines Ehegatten eingeleitet. Dabei bedarf es einer individualisierbaren Beschreibung der Gegenstände, damit die Entscheidung einen vollstreckungsfähigen Inhalt erhalten kann (OLG Zweibrücken FamRZ 1999, 672). Um dieses Ziel zu erreichen, eröffnet das Gesetz dem Familienrichter ergänzende Möglichkeiten nach § 206 FamFG. Danach kann der **Richter** dem antragstellenden Ehegatten exakt aufgeben, die Haushaltsgegenstände, die er begehrt, genau zu bezeichnen und auch eine Aufstellung über alle Haushaltsgegenstände mit genauer Bezeichnung vorzulegen. Er kann beiden Ehegatten aufgeben, die eigenen Angaben zu ergänzen und zum Vortrag der anderen Seite Stellung zu nehmen. Der Familienrichter ist weiterhin berechtigt, beiden Ehegatten die Auflage zu erteilen, bestimmte Belege, wie zB Kaufverträge, Rechnungen etc vorzulegen. Für diese Auflagen ist eine angemessene Frist zu setzen, nach deren Ablauf diese Gesamtumstände nicht mehr berücksichtigt werden, wenn dadurch nach der freien Überzeugung des Gerichts die Erledigung des Verfahrens verzögert wird oder wenn keine genügende Entschuldigung vorliegt. Die Entscheidung ist dann nach Maßgabe der Unterlagen zu treffen, die dem Gericht bekannt sind, gegebenenfalls kann auch bei völliger Nichtbeachtung der notwendigen Auflagen der Antrag auf Aufteilung der Haushaltsgegenstände nicht abgewiesen werden (Johannsen/Henrich/Althammer/Dürbeck FamFG § 200 Rn. 28, 29, § 203 Rn. 5, § 206 Rn. 7).

5. Der Begriff **Haushaltsgegenstände** ist weit auszulegen (Brudermüller FamRZ 1999, 129 (136)). Er umfasst alle beweglichen Sachen, die dem gemeinsamen Leben der Eheleute und der mit ihnen zusammenlebenden Kinder zu dienen bestimmt sind, wobei es nicht auf ihre Vermögens- und Lebensverhältnisse selbst ankommt, sondern ausschließlich auf die Eignung als Haushaltsgegenstände und ihre tatsächliche Verwendung zur Gestaltung des ehelichen Lebens (MüKoBGB/Pernice § 1361a Rn. 4). Maßstab ist der **Lebenszuschnitt** der Eheleute (Schwab/Ernst/Grandke § 18 Rn. 58). Unerheblich ist, welcher Ehegatte gekauft oder bezahlt hat (AG Weilburg FamRZ 2000, 1017). Die Gegenstände können auch geliehen (OLG Hamm FamRZ 1990, 531), geleast (OLG Stuttgart FamRZ 1995, 1295) oder gemietet sein oder im Sicherungseigentum einer anderen Person stehen. Tiere sind ebenfalls Haushaltsgegenstände, auch wenn sie nach § 90a BGB keine Sachen im Rechtssinne sind (OLG Nürnberg MDR 2017, 342).

Entscheidend ist also die **Funktion** und die **Zweckbestimmung** der Gegenstände für die **Wohnung,** die **Hauswirtschaft,** das **Zusammenleben der Familie,** einschließlich der **Freizeitgestaltung** (BGH FamRZ 1984, 144; OLG Düsseldorf FamRZ 1986, 1132; OLG Hamm FamRZ 1991, 89). Damit scheiden Gegenstände, die als **Kapitalanlage** dienen oder für den **Beruf** eines Ehegatten oder zu seinem persönlichen Gebrauch bestimmt sind (etwa **Musikinstrumente** eines **Berufs-** oder **Hobbymusikers,** anders allerdings das **Klavier** im Wohnzimmer, auf dem alle Familienangehörigen spielen), von der Teilung der Haushaltsgegenstände aus (BGHZ 89, 137 (145) = FamRZ 1984, 144 (146); AG Weilburg FamRZ 2000, 1017). Dient ein Gegenstand ausschließlich der Freizeitgestaltung eines Ehegatten (zB Minibagger als „Liebhaberobjekt" des Ehemannes), dann spricht das gegen die Einordnung als Haushaltsgegenstand. Aufschluss kann die Nutzung des streitigen Gegenstands geben (OLG Hamburg NJW-RR 2019, 1347). Ein **Pkw** kann zum Hausrat zählen, wenn er bestimmungsmäßig vorzugsweise für private Zwecke der ganzen Familie und nicht allein für berufliche Zwecke eines Ehegatten genutzt wird (OLG Hamburg FamRZ 1990, 1118; OLG Hamm FamRZ 1990, 54; OLG Karlsruhe FamRZ 2001, 760; OLG Köln FamRZ 2002, 322; KG FamRZ 2003, 1927; OLG Zweibrücken FamRZ 2005, 902; OLG Koblenz FamRB 2006, 102; OLG Düsseldorf FuR 2007, 39). Wenn der Pkw allerdings vorzugsweise für berufliche oder rein private Zwecke nur eines Ehegatten (etwa als **Jagdwagen** oder allein als **Zugwagen** für den Pferdeanhänger verwendet wird (Hoppenz/Müller BGB § 1361b Rn. 23), zählt ein solches Fahrzeug nicht zu den Haushaltsgegenständen (Schwab/Ernst/Grandke § 18 Rn. 59).

Fahrzeuge und Sportgeräte aller Art, einschließlich einer wertvollen Segeljacht, eines Motorbootes oder eines Sportflugzeuges sind Hausrat, wenn diese Fahrzeuge von der Familie gemeinsam zur Freizeitgestaltung genutzt werden, nicht aber, wenn sie allein und ausschließlich dem Hobby eines Ehegatten dienen (OLG Dresden FamRZ 2004, 273; LG Ravensburg FamRZ 1995, 1585; Johannsen/Henrich/Althammer/Dürbeck BGB § 1361a Rn. 8–20; MAH FamR/Müller § 18 Rn. 7). Auch ein **Wohnmobil** kann bei dieser Zweckbestimmung ein Haushaltsgegenstand sein (OLG Köln FamRZ 1992, 696). **Einbaumöbel,** insbesondere **Einbauküchen,** sind dann keine Haushaltsgegenstände, wenn sie wesentliche **Bestandteile** des **Gebäudes** sind (OLG Hamm FamRZ 1991, 89; OLG Celle NJW-RR 1989, 913; OLG Zweibrücken FamRZ 1993, 82; OLG Stuttgart FamRZ 1999, 855).

Eine Einbauküche wird nur dann wesentlicher Bestandteil eines Gebäudes iSv §§ 94 Abs. 2, 946 BGB, wenn erst ihre Einfügung dem Gebäude nach der Verkehrsanschauung eine besondere Eigenart, ein bestimmtes Gepräge gibt, ohne das es nicht als fertiggestellt gilt oder wenn die Einbauküche dem Baukörper besonders angepasst ist und deswegen mit ihm eine Einheit bildet (MüKoBGB/Stresemann BGB § 94 Rn. 30; OLG Koblenz NJW-RR 2017, 838).

Ein **Computer** nebst Zubehör sind dann Haushaltsgegenstände, wenn sie von der Familie gemeinsam benutzt werden, nicht aber, wenn sie von einem Ehegatten allein für berufliche Zwecke eingesetzt werden (OLG Hamburg FamRZ 1990, 1118). **Bücher**, die Fachliteratur darstellen und somit der Berufsausübung eines Ehegatten dienen, sind keine Haushaltsgegenstände, anders dagegen Bücher zur Unterhaltung (zB Romane) oder für das Allgemeinwissen (MAH FamR/Müller § 18 Rn. 6). Ebenso können Gegenstände von hohem Wert einschließlich wertvoller **Antiquitäten** und kostbare **Kunstgegenstände** Haushaltsgegenstände sein, wenn sie der **Ausschmückung** der Ehewohnung dienen und nicht ausschließlich zur **Kapitalanlage** angeschafft wurden (BGH FamRZ 1984, 575; OLG Bamberg FamRZ 1997, 378).

Voraussetzung einer Teilung von Haushaltsgegenständen ist, dass es sich um **gemeinsame** Haushaltsgegenstände der Eheleute handelt, wobei sich aus § 1568b Abs. 2 BGB eine widerlegliche **Vermutung** für das gemeinsame Eigentum der Ehegatten ergibt. Die Vermutung des Abs. 2 gilt nur für angeschaffte, also durch entgeltliches Geschäft erworbene, nicht für geerbte oder geschenkte Gegenstände, wobei die **Anschaffung** während der Ehe für den gemeinsamen Haushalt erfolgt sein muss (Johannsen/Henrich/Althammer/Dürbeck BGB § 1568b Rn. 13, 14). Zur Miteigentumsvermutung eines Fahrzeugs und der damit verbundenen Darlegungs- und Beweislast instruktiv OLG Stuttgart FamRZ 2019, 1131 = BeckRS 2018, 45337.

Bei **Hochzeitsgeschenken** besteht die allgemeine Vermutung, dass sie beiden Ehegatten gehören sollen (MAH FamR/Müller § 18 Rn. 30). Dasselbe gilt, wenn ein Ehegatte dem anderen Ehegatten einen Haushaltsgegenstand schenkt, weil im Allgemeinen insoweit keine Übertragung von Alleineigentum verbunden ist (Schwab/Ernst/Grandke § 18 Rn. 76). Wer **Eigentümer** eines während der Ehe angeschafften Haushaltsgegenstandes ist, richtet sich nach §§ 929 ff. BGB. Allerdings ist davon auszugehen, dass nach § 1568b Abs. 2 BGB bei Anschaffungen während der Ehe für den gemeinsamen Haushalt beide Ehegatten **Miteigentum** erwerben sollen, so dass es nicht darauf ankommt, ob ein Ehegatte im eigenen Namen gekauft und mit eigenen Mitteln bezahlt hat; ebenso wenig reicht die **Haltereigenschaft** bei einem Pkw aus (MüKoBGB/Wellenhofer BGB § 1568b Rn. 7).

Die Vermutung des § 1568 Abs. 2 BGB ist widerlegt, wenn das Alleineigentum eines Ehegatten entweder unstreitig ist oder festgestellt wird, wobei das Familiengericht von Amts wegen ermitteln muss, wenn **Alleineigentum** behauptet wird (Johannsen/Henrich/

Althammer/Dürbeck BGB § 1568b Rn. 12; zur Widerlegung der Vermutung durch Beweisführung oder Ersatzbeschaffung, vgl. MAH FamR/Müller § 18 Rn. 33, 34).

Vor der Eheschließung von den Verlobten für den späteren Hausstand angeschaffte Haushaltsgegenstände stehen ebenfalls im gemeinsamen Eigentum, da schon bei der Anschaffung gemeinsames Eigentum mit bestimmter Zweckrichtung begründet wird (Johannsen/Henrich/Althammer/Dürbeck BGB § 1568b Rn. 14).

Haushaltsgegenstände, die ein Ehegatte mit in die Ehe bringt, werden jedoch nicht durch gemeinsame Benutzung während der Ehe auch gemeinsames Eigentum (Schwab/Ernst/Grandke § 18 Rn. 75; Johannsen/Henrich/Althammer/Dürbeck BGB § 1568b Rn. 14).

Haushaltsgegenstände, die nach der **Trennung** der Ehegatten angeschafft werden, unterliegen allerdings nicht der Verteilung gemeinsamer Haushaltsgegenstände, da sie nicht für das Zusammenleben der Familie bestimmt sind. Diese Gegenstände unterliegen vielmehr dem Zugewinnausgleich.

Alleineigentum für Ersatzgegenstände kann sich auch aus dem zum 1.9.2009 aufgehobenen § 1370 BGB ergeben, wenn diese früheren Gegenstände vor dem 1.9.2009 angeschafft wurden (MüKoBGB/Koch BGB § 1370 Rn. 1, 2).

6. Die Zuteilung zu Alleineigentum begründet mit Rechtskraft der Entscheidung Alleineigentum durch richterliche **Entscheidung;** das Miteigentum erlischt (aA Johannsen/Henrich/Althammer/Dürbeck BGB § 1568b Rn. 22). Durch die Zuteilung, die unbedingt und unbefristet sein muss, wird die Gemeinschaft aufgelöst. Der begünstigte Ehegatte erwirbt **Alleineigentum,** auch wenn er den Besitz erst später erhält. Das Alleineigentum geht auch dann über, wenn in Wirklichkeit nicht Miteigentum, sondern Alleineigentum des anderen Ehegatten bestanden hatte. Dies gilt, gleichgültig, ob das Alleineigentum des Ehegatten nicht festgestellt werden konnte und somit die Vermutung des § 1568 Abs. 2 BGB nicht widerlegt wurde, oder ob es sich um bewusste **Zuteilung** eines im Alleineigentum des anderen Ehegatten stehenden Haushaltsgegenstandes handelt. Dagegen bleiben Rechte Dritter unberührt; gutgläubiger Erwerb ist nicht möglich. Eine Entscheidung zu Lasten des Dritten wäre wirkungslos (MAH FamR/Müller § 18 Rn. 7).

7. Haushaltsgegenstände, die sich im Besitz eines Ehegatten befinden und die durch richterliche Entscheidung dem anderen Ehegatten zu Alleineigentum zugeteilt werden, sind von dem besitzenden Ehegatten an den anderen Ehegatten herauszugeben. Holt der Ehegatte die Möbel aber nicht ab, dann darf der andere Ehegatte diese nicht aus der Wohnung entfernen und einlagern. Im gerichtlichen Verfahren muss das Familiengericht gemäß § 209 FamFG anordnen, dass die Gegenseite zur Einhaltung der Wohlverhaltungsklausel gemäß § 1361b Abs. 3 BGB ihre Einrichtungsgegenstände aus der Wohnung zu entfernen hat.

8. Obwohl der Antrag auf endgültige Zuteilung grundsätzlich keine genaue **Aufstellung** der verlangten und insgesamt vorhandenen Haushaltsgegenstände enthalten muss, da die tatsächlichen Verhältnisse von Amts wegen zu ermitteln sind, empfiehlt es sich im eigenen Interesse, alle Gegenstände im Einzelnen darzustellen, die vorhanden sind und die auch beansprucht werden (OLG Bamberg FamRZ 1996, 1293). Ansonsten ergibt sich zwingend hieraus die Auflage des Familienrichters nach § 206 FamFG. Nur so ist es dem Familienrichter überhaupt möglich, entsprechend dem Auftrag des Gesetzes die Haushaltsgegenstände gerecht und zweckmäßig zu verteilen (OLG Brandenburg FamRZ 2004, 891). Es empfiehlt sich weiter, außer der genauen **Beschreibung** der Haushaltsgegenstände selbst, deren **Alter** oder **Anschaffungsjahr** und deren heutigen geschätzten **Verkehrswert** sowie letztendlich die **Eigentums- und Besitzverhältnisse** anzugeben.

Die Gegenstände, die der Antragsteller für sich beansprucht und die sich im Besitz des anderen Ehegatten befinden, sollten so genau bezeichnet werden, dass sie bei einer Zwangsvollstreckung unverwechselbar bestimmt werden können. Eine Sachentscheidung hat nur dann einen vollstreckungsfähigen Inhalt, wenn die herauszugebenden Gegenstände im Einzelnen bestimmt sind, so dass sie für den **Gerichtsvollzieher** ohne weiteres identifizierbar sind (Johannsen/Henrich/Althammer/Dürbeck FamFG § 206 Rn. 4).

9. Die Zuteilung an einen Ehegatten soll gerecht und zweckmäßig sein. **Verteilungsmaßstab** ist § 1568b Abs. 1 BGB (zu den Aufteilungskriterien vgl. MAH FamR/Müller § 18 Rn. 83 ff.). Vor allem ist auf das Wohl der Kinder Rücksicht zu nehmen, darüber hinaus sind die Bedürfnisse der Eheleute und die wirtschaftlichen Möglichkeiten zur **Ersatzbeschaffung** zu beachten, ebenso wenn ein Ehegatte aus bestimmten Gründen eine besondere Beziehung zu einem bestimmten Gegenstand hat (Johannsen/Henrich/Althammer/Dürbeck BGB § 1568b Rn. 8). Allerdings ist bei der Entscheidung Kleinlichkeit zu vermeiden (BGH FamRZ 1984, 144).

10. Nach § 1568b Abs. 2 BGB wird gemeinsames Eigentum angenommen, es sei denn, dass das Alleineigentum eines Ehegatten feststeht. Die **Vermutung** kann widerlegt werden. Soweit sich jedoch Alleineigentum nicht feststellen lässt, geht dies zu Lasten des Ehegatten, der Alleineigentum behauptet (OLG München NJW 1972, 542).

Kosten und Gebühren

11. Der Verkehrswert beträgt 3.000 EUR (§ 48 Abs. 2 FamGKG). Dieser Betrag kann nach Billigkeit im Einzelfall erhöht oder erniedrigt werden.

13. Antrag auf Zuteilung von Haushaltsgegenständen und Ausgleichszahlungen

An das

Amtsgericht

– Familiengericht[1] –

Antrag

In der Familiensache

der . . . . . **– Antragstellerin –**

Verfahrensbevollmächtigte: Rechtsanwälte . . . . .

gegen

. . . . . **– Antragsgegner –**

Verfahrensbevollmächtigte: Rechtsanwälte . . . . .

wegen Ehescheidung

hier: Teilung der Haushaltsgegenstände[2]

Aktenzeichen: . . . . .

nehmen wir Bezug auf die mit Einreichung des Scheidungsantrags vorgelegte besondere Prozessvollmacht.[3]

Namens und in Auftrag der Antragstellerin beantragen wir hiermit die Teilung der gemeinsamen Haushaltsgegenstände.

Wir beantragen[4] zu erkennen:

1. Der Antragstellerin werden alle gemeinsamen Haushaltsgegenstände, wie in anliegender Liste im Einzelnen aufgeführt, ab Rechtskraft der Scheidung zu Alleineigentum zugeteilt.
2. Der Antragstellerin wird aufgegeben, dem Antragsgegner ab Rechtskraft der Scheidung einen Ausgleichsbetrag[5] in Höhe von . . . . . EUR zu bezahlen.
3. Die Kostenentscheidung folgt derjenigen in der Hauptsache.

Zur

Begründung

tragen wir vor:

1. Die Parteien sind sich darin einig, dass die gesamten gemeinsamen Haushaltsgegenstände der Antragstellerin zu Alleineigentum zugeteilt werden soll.[6] Anlässlich der Trennung hat der Antragsgegner lediglich seine persönlichen Sachen mitgenommen und sich in der Folgezeit zusammen mit seiner neuen Lebensgefährtin vollständig neu nach seinem Geschmack eingerichtet.
   Andererseits hat die Antragstellerin die gemeinsamen Haushaltsgegenstände mit viel Liebe zum Detail ausgesucht und zusammengestellt, so dass die Gesamteinrichtung der Wohnung ein harmonisches Bild wiedergibt.
2. Die Parteien sind sich auch dem Grunde nach darin einig, dass eine Ausgleichszahlung der Antragstellerin an den Antragsgegner für die Übertragung der gesamten Haushaltsgegenstände gerechtfertigt ist. Sie können sich jedoch über die Höhe der Ausgleichszahlung nicht einigen, so dass eine richterliche Regelung geboten ist. In der Vorkorrespondenz hat der Antragsgegner eine Summe verlangt, die in keiner Relation zu den Werten steht.
   Die Antragstellerin ist bereit, den im Antrag bezeichneten Ausgleichsbetrag zu entrichten. Nach ihrer Auffassung entspricht dieser Wert der Hälfte der fiktiven Wiederbeschaffungskosten der zugeteilten Haushaltsgegenstände, wobei die Einrichtung der beiden Kinderzimmer von der Bemessung der Ausgleichung auszunehmen sind.

Zwei begl. Abschriften anbei.

Rechtsanwalt

Anmerkungen

1. Zur Zuständigkeit des Familiengerichts → Form. B.III.2 Anm. 1.

2. Zur Begriffsbestimmung der Haushaltsgegenstände → Form. B.III.2 Anm. 2.

3. Zum Anwaltszwang → Form. B.III.2 Anm. 3.

4. Zur Antragstellung → Form. B.III.2 Anm. 4.

5. Soweit aus praktischen Gründen bei sinnvoller Verteilung nicht erreicht wird, dass die den geschiedenen Ehegatten zugeteilten Gegenstände jeweils etwa den gleichen Wert haben, kann nach § 1568b Abs. 3 BGB eine **Ausgleichszahlung** festgesetzt werden, soweit dies der Billigkeit entspricht, da die Ausgleichszahlung in angemessener Höhe zu erfolgen hat (zu den Kriterien vgl. BeckOK BGB/Neumann BGB § 1568b Rn. 20). Die Frage der Ausgleichszahlung ist schon bei der Frage der Zuteilung und Auseinandersetzung der gemeinsamen Haushaltsgegenstände mit zu bedenken und ein entsprechender **Antrag** zu stellen, da eine einheitliche Entscheidung, nämlich die Teilung der Haushaltsgegenstände und die Anordnung einer Ausgleichszahlung insgesamt als Gesamtentscheidung der Billigkeit entsprechen muss (BeckOK BGB/Neumann BGB § 1568b Rn. 19).

6. Eine isolierte **Ausgleichsanordnung** ohne Zuteilung von Haushaltsgegenständen mit der Funktion einer **Abfindung** ist **unzulässig** (OLG Düsseldorf FamRZ 2016, 1087; MüKoBGB/Wellenhofer BGB § 1568b Rn. 26). Als zulässig wird jedoch ein Antrag angesehen, einem Ehegatten die gesamten Haushaltsgegenstände gegen Auferlegung einer Ausgleichszahlung zuzuteilen, da ansonsten der Ehegatte gezwungen wäre, zumindest einen Haushaltsgegenstand für sich zu beanspruchen, obwohl er diesen überhaupt nicht will (OLG Karlsruhe FamRZ 1987, 848).

In Bezug auf die Ausgleichszahlung kann im Einzelfall auch Ratenzahlung oder Stundung gewährt werden (MüKoBGB/Wellenhofer BGB § 1568b Rn. 26)

7. Zu den Anwaltskosten → Form. B.III.12.

14. Antrag auf Wohnungszuweisung/ Hausratverteilung bei Auslandsbezug

An das

Amtsgericht

– Familiengericht –[1]

Antrag

In der Familiensache

der Frau . . . . .

– Antragstellerin –

Verfahrensbevollmächtigter: Rechtsanwalt . . . . .

gegen

Herrn . . . . .

– Antragsgegner –

wegen: einstweiliger Anordnung Zuweisung der Ehewohnung für die Dauer des Getrenntlebens

Namens und unter Berufung auf die mir schriftlich erteilte, beigefügte Verfahrensvollmacht der Ast. stelle ich folgende Anträge:

1. Die Ehewohnung, gelegen . . . . . str., ..., ... Etage . . . . . (rechts/links/ Mitte), bestehend aus . . . . . Zimmern, Küche, Bad, Flur und einem Kellerraum, wird für die Dauer des Getrenntlebens der Ast. zur alleinigen Nutzung mit den aus

der Ehe hervorgegangenen Kindern . . . . . und . . . . . zugewiesen. Dem Ag. wird aufgegeben, die Wohnung bis zum . . . . .[2] zu verlassen und sämtliche zur Wohnung gehörenden Schlüssel an die Ast. herauszugeben. Dem Ag. wird untersagt, die Ehewohnung in . . . . . ohne vorherige, ausdrückliche Zustimmung der Ast. wieder zu betreten.

2. Der Ag. trägt die Kosten des Verfahrens.[3]

Begründung:

1. Die Beteiligten haben am . . . . . in . . . . . geheiratet.

Beweis: Vorlage der Heiratsurkunde, in der Anlage in Kopie beigefügt

Sie sind beide . . . . . (ausländische) Staatsangehörige. Aus der Ehe sind die Kinder . . . . ., geb. am . . . . . in . . . . ., und . . . . ., geb. am . . . . . in . . . . ., hervorgegangen. Seit . . . . . leben die Eheleute in Deutschland.

2. Der Ag. ist vor rund . . . . . Jahren bei der Firma . . . . . ausgeschieden und ist seitdem Frührentner. Mit dieser Situation hat er sich nie abfinden können (wird ausgeführt – Tätlichkeiten gegenüber Frau und Kindern, umfangreicher Alkoholkonsum, mehrfache Mietrückstände mit Kündigungsandrohungen des Vermieters für das Mietverhältnis).
3. Am . . . . . hat die Ehefrau sich endgültig entschieden, sich vom Ag. zu trennen. Sie hat ihn in einem persönlichen Gespräch am . . . . . hierüber informiert und ihn aufgefordert auszuziehen.
4. Der Ag. ist dem nicht nachgekommen. Er hält sich weiterhin in der gemeinsam angemieteten Wohnung auf, die auch die Ast. mit den Kindern bewohnt. Er geht in weitem Umfang seinen eigenen Weg. Mit seiner Frau streitet er im Wesentlichen. Die . . . . . und . . . . . Jahre alten Kinder, um die sich der Ag. wenig kümmert, werden alleine von der Ast. versorgt. Wegen des stark veränderten Verhaltens ihres Vaters haben die Kinder inzwischen Angst vor dem Ag. Deshalb ist die Zuweisung der Ehewohnung an die Ast. zu ihrer alleinigen Nutzung mit den Kindern . . . . . und . . . . . geboten. Die Ast. ist ohne eigene Beschäftigung. Sie hat einen Antrag auf ergänzende öffentliche Leistungen gestellt und eine vorläufige Leistungszusage sowie erste Abschlagszahlungen erhalten. Das Kommunale Jobcenter wird in Zukunft für die Miete der Wohnung aufkommen.[4]
5. Eine Aufteilung der Räumlichkeiten kommt nicht in Betracht. Die Wohnung ist zu klein (wird ausgeführt). Im Übrigen hat sich der Ag. schon früher an eine von seiner Frau herbeigeführte Trennung in der Ehewohnung nicht gehalten (wird beschrieben), sondern hat sich immer wieder zu Übergriffen hinreißen lassen (wird ausgeführt).
6. Allenfalls ist die Ast. damit einverstanden, dass ihr Mann eine kürzere Übergangsfrist bis zum Auszug und der Herausgabe der Räumlichkeiten an sie erhält. Sie will ihn schließlich nicht auf die Straße setzen. Der Ag. bezieht zwar als Frührentner allein eine monatliche Rente in Höhe von . . . . . EUR netto. Hiermit wird er kaum eine eigene Wohnung finanzieren können, wird – ebenso wie die Ast. – auf öffentliche Hilfe angewiesen sein. Er hat Verwandtschaft in . . . . . (wird ausgeführt). Dort kann er zumindest vorläufig wohnen. Als Frührentner ist er örtlich flexibel.
7. Eine Ehesache ist nicht anhängig. Die Ast. stützt ihren Antrag auf die Bestimmungen des deutschen Sachrechts, die über Art. 30 EuGüVO zur Anwendung gelangen. Die Eheleute haben zwar durch notariellen Vertrag von . . . . . geregelt, dass auf ihre Ehescheidung . . . . . (ausländisches) Recht anzuwenden ist.

Beweis: Vorlage des notariellen Vertrages, in der Anlage in Kopie beigefügt

Diese Regelung findet aber keine Anwendung auf die Frage des auf die Wohnungszuweisung für die Trennungszeit anzuwendenden Rechts.[5]

Zum Zwecke der Glaubhaftmachung liegt die eidesstattliche Versicherung der Ast. bei.

Rechtsanwalt

(Variante:

Die Ast. stellt einen Antrag auf Hausratsteilung.[6]*)*

Anmerkungen

1. a) Die **internationale Zuständigkeit** für **Wohnungszuweisungs- und Hausratsverteilungsverfahren** richtet sich,

wenn die Wohnungszuweisung/Hausratsverteilung vornehmlich der Unterhaltssicherung des bedürftigen Ehegatten dient, nach Art. 3 ff. **EuUnthVO**, → Form. B.II.9 Anm. 1 (Dutta FamRZ 2016, 1573);

ansonsten für seit dem 29.1.2019 eingeleitete Verfahren nach Art. 4 ff. iVm 69 Abs. 4 **EuGüVO**, → Form. K.V.1 Anm. 1. Denn Hausratverteilung und Wohnungszuweisung sind vermögensrechtliche Auseinandersetzungen aus Anlass von Ehe/Trennung iSd Art. 3 lit. a EuGüVO (BT-Drs. 19/4852, 27). Sie unterliegen nicht den von der Geltung der EuGüVO ausgeschlossenen Bereichen des Art. 1 Abs. 2 EuGüVO. Die EuGüVO ist autonom auszulegen, so dass es unerheblich ist, dass Ehewohnung/Hausrat aus Sicht des deutschen Rechts nicht dem Güterrecht zuzuordnen sind. Entscheidend ist der **weite Begriff** des Güterrechts der EuGüVO, → Form. K.V.1 Anm. 1. Da die EuGüVO universell gilt, → Form. K.V.1 Anm. 1, ist ihre Geltung auch nicht auf den Bezug zu einem teilnehmenden Mitgliedstaat, → Form. K.V.1 Anm. 1, beschränkt.

Für Ansprüche **anlässlich der Scheidung**, also solche auf Ehewohnungs-/Hausratsverteilung für die Zeit nach der Scheidung, §§ 1568a, 1568b BGB, gilt, da sie materiellrechtlich Folge einer wirksamen Eheauflösung sind, die Annexzuständigkeit des Art. 5 Abs. 1 EuGüVO. Verteilungsansprüche **bei Getrenntleben**, §§ 1361a, 1361b BGB, stehen dagegen nicht im Zusammenhang mit einer Ehesache, so dass Art. 6 ff. EuGüVO regeln, → Form. K.V.1 Anm. 1. Wird während des laufenden Verfahrens eine Ehesache anhängig, ändert dies nichts an der Zuständigkeit, so dass unterschiedliche Zuständigkeiten von Aufteilungs- und Eheverfahren möglich sind (Sternal/Dimmler FamFG § 105 Rn. 61); sonst richten sie sich nach §§ 98 Abs. 3, 105 ff. FamFG.

b) Die **örtliche** Zuständigkeit bestimmt sich

- bei Geltung der EuUnthVO nach §§ 3 ff. EuUnthVO; iVm §§ 26 ff. AUG, → Form. B.II.9 Anm. 1;
- bei Geltung der EuGüVO nach § 3 Abs. 1 Nr. 2 **IntGüRVG**, → Form. K.V.1 Anm. 1; sonst nach § 201 FamFG.

2. Weitere **Räumungsfristen** kann das Gericht gewähren; maßgeblich ist deutsches Verfahrensrecht als lex fori.

3. Grundlage ist § 81 FamFG. Das Gericht kann insbes. die Kosten des Verfahrens nach billigem Ermessen den Verfahrensbeteiligten ganz oder zu Teilen auferlegen.

4. Gerade deswegen ist die Wohnungszuweisung an die Ast. notwendig. Denn bliebe der Ag. noch Mitmieter oder vielleicht sogar alleiniger Mieter, könnte er darauf bestehen, dass er die Leistungen der öffentlichen Hand erhält, so dass das Mietverhältnis insgesamt gefährdet wäre, wenn er die Zahlungen nicht bestimmungsgemäß an den Vermieter weiterleitet. Im Übrigen könnte er das Mietverhältnis kündigen, vgl. auch **§ 1361b Abs. 3 S. 1 BGB.**

5. Für die Frage, welches **materielle Recht** auf die Verteilung von Ehewohnung/ Hausrat Anwendung findet, ist zu unterscheiden:

- bei Geltung der EuUnthVO nach Art. 15 EuUnthVO iVm HUnthProt, → Form. B.II.9 Anm. 4;
- bei Geltung der EuGüVO nach Art. 69 Abs. 3 EuGüVO, weil die Eheleute die Ehe ab dem 29.1.2019 geschlossen haben, nach der EuGüVO, → Form. K.V.1 Anm. 1. Deswegen umfasst Art. 17a EGBGB auch nicht mehr die Zuweisung der Ehewohnung. Es gilt vorrangig eine wirksame Rechtswahl, Art. 22 EuGüVO, sonst Art. 26 ff. EuGüVO, → Form. K.V.1 Anm. 3. Es ist streitig, ob über Art. 30 EuGüVO deutsches materielles Recht gilt (zum Meinungsstand Sternal/Dimmler FamFG § 105 Rn. 54);
- sonst für eine im Inland befindliche Ehewohnung nach Scheidungsstatut bzw. Art. 17a EGBGB aF (offen gelassen von KG BeckRS 2023, 26365 = FamRZ 2024, 1614).

6. → Anm. 1; zu Art. 17a EGBGB aF KG BeckRS 2023, 32891 = FamRZ 2024, 1477.

IV. Güterrechtssachen, §§ 137 Abs. 2 Nr. 4, 261 FamFG

Zugewinnausgleich

1. Antrag auf Zahlung einer bestimmten Summe

An das Amtsgericht . . . . . .[1, 2] . . . . . . [Datum]

– Familiengericht –

Aktenzeichen . . . . . .

In Sachen

. . . . . [Vorname, Familienname]

gegen

. . . . . [Vorname, Familienname]

wegen Ehescheidung;

hier: Folgesache Güterrecht

machen wir hiermit namens und im Auftrag des Antragstellers[3] die Folgesache Güterrecht anhängig und

b e a n t r a g e n:

Die Antragsgegnerin ist verpflichtet, für den Fall der Scheidung an den Antragsteller 59.175,50 EUR nebst Zinsen in Höhe von 5 Prozentpunkten über dem jeweiligen Basiszinssatz hieraus ab Rechtskraft der Scheidung zu zahlen.[4]

Begründung:

A. Allgemeine Ausführungen

I. Anspruchsgrund

Zwischen den Beteiligten besteht der Güterstand der Zugewinngemeinschaft. Der Antragsteller stützt seinen Zugewinnausgleichsanspruch auf § 1378 Abs. 1 BGB. Der Zugewinn der Antragsgegnerin übersteigt den Zugewinn des Antragstellers um 118.351 EUR. Davon steht ihm die Hälfte als Ausgleichsforderung zu, somit 59.175,50 EUR. Der Zinsanspruch wird auf §§ 1378 Abs. 3 S. 1, 291 S. 1 BGB gestützt Diesen Betrag macht der Antragsteller mit diesem Antrag geltend.

II. Formalien

Wir beziehen uns auf den Inhalt der Gerichtsakte, insbes. unseren Scheidungsantrag vom 5.8.2015. Daraus ergibt sich, dass die Parteien am 7.3.1998 die Ehe geschlossen haben. Der Scheidungsantrag ist der Antragsgegnerin am 25.8.2024 zugestellt worden. Stichtag für das Endvermögen iSd § 1375 BGB ist somit der 25.8.2024, für das Anfangsvermögen iSv § 1374 Abs. 1 BGB der 7.3.1998.

Am 30.6.1999 ist der Vater des Antragstellers verstorben, dessen Alleinerbe der Antragsteller wurde.

Beweis: Erbschein vom . . . . . ., in Kopie als Anlage K 1.

Stichtag für die Zurechnung zum Anfangsvermögen iSv § 1374 Abs. 2 BGB ist somit der 30.6.1999.

III. Preisindizes[5]

Der Verbraucherpreisindex für Deutschland 2020 = 100 lautet (Jahresdurchschnitt lt. Veröffentlichung des Statischen Bundesamtes):

- 1998: 74,0
- 1999: 74,5
- 2024: 119,3

Beweis: Auskunft des Statistischen Bundesamtes

B. Der beiderseitige Zugewinn[6, 7]

I. Endvermögen des Antragstellers

1. Aktiva

a. Festgeldkonto Nr. . . . . . .

bei der . . . . . . Bank[8] 40.000 EUR

Beweis: Bestätigungsschreiben der . . . . . . Bank vom . . . . . ., in Kopie als Anlage K 2[9]

b. Girokonto Nr. . . . . . .

bei der . . . . . . Bank 623,40 EUR

Beweis: Bestätigungsschreiben der . . . . . . Bank vom . . . . . ., in Kopie als Anlage K 3

c. Lebensversicherung VS-Nr. . . . . . .

bei der . . . . . . Lebensversicherung.

Zeitwert: 17.125 EUR[10]

Beweis: Bestätigungsschreiben der . . . . . . Lebensversicherung vom . . . . . ., in Kopie als Anlage K 4

d. Pkw BMW Cabrio 325,[11]

amtliches Kennzeichen . . . . . .

Zeitwert: 28.000 EUR

Das Fahrzeug stammt aus dem Baujahr . . . . . . und hatte zum Endtermin einen Kilometerstand von . . . . . . Es war unfallfrei. An Extras verfügt es über Ledersitze und eine Metallic-Lackierung. Der Antragsteller hat das Fahrzeug im August 2005 in gebrauchtem Zustand bei einem Kilometerstand von . . . . . . zum Preis von 35.000 EUR erworben.

Beweis: 1. Kaufvertrag vom . . . . . . in Kopie als Anlage K 5
2. Kfz-Schein in Kopie als Anlage K 6,
3. Sachverständigengutachten[12]

e. Unternehmenswert[13]

des Handwerksbetriebs 10.000 EUR

Der Handwerksbetrieb erzielte in den letzten drei Jahren einen Jahresumsatz zwischen . . . . . EUR und . . . . . EUR und einen Gewinn zwischen . . . . . EUR und EUR . . . . . .

Beweis: 1. die Jahresabschlüsse für die Jahre . . . . . ., in Kopie als Anlagen K 7 bis K 9
2. Sachverständigengutachten

Summe der Aktiva im Endvermögen des Antragstellers	95.748,40 EUR

2. Passiva

a.	Aufbaukredit Konto-Nr.	
	bei der . . . . . . Bank	10.322 EUR

Beweis: Bestätigungsschreiben der . . . . . . Bank vom . . . . . ., in Kopie als Anlage K 10

b.	Unterhaltsverbindlichkeit[14]	
	gegenüber Antragsgegnerin	3.180 EUR

Beweis: Schreiben des Prozessbevollmächtigten der Antragsgegnerin vom . . . . . ., in Kopie als Anlage K 11

c.	Gesamtschuldnerisches Darlehen[15] Konto-Nr.	
	bei der . . . . . . Bank	10.000 EUR

Die Beteiligten haben das Darlehen gemeinsam aufgenommen. Es war zum Endtermin noch in Höhe von 20.000 EUR geschuldet.

Beweis: Bestätigungsschreiben der . . . . . . Bank vom . . . . . ., in Kopie als Anlage K 12

Summe der Passiva im Endvermögen des Antragstellers	23.502 EUR
3. Endvermögen des Antragstellers	72.246 EUR

II. Anfangsvermögen des Antragstellers

1. Aktiva iSv von § 1374 Abs. 1 BGB

a.	Pkw Porsche 356 B Cabrio	
	amtliches Kennzeichen	25.000 EUR

Das Fahrzeug stammt aus dem Baujahr . . . . . und hatte einen Kilometerstand von . . . . . Es hatte schwarze Ledersitze und war unfallfrei. Der Antragsteller hat das Fahrzeug im Juni 1994 zum Preis von 30.500 EUR in gebrauchtem Zustand erworben, es mit einem neuen Verdeck ausrüsten und neu lackieren lassen.

Beweis: 1. Kaufvertrag vom 8.6.1994
2. Kfz–Schein,
3. Rechnung über Lackierung und Verdeckerneuerung vom 10.9.1994, in Kopie als Anlagen K 13 bis K 15
4. Sachverständigengutachten

b. Wohnungseinrichtung[16] 3.000 EUR

Der Antragsteller hatte zum Zeitpunkt der Eheschließung eine von ihm möblierte Ein-Zimmer-Wohnung gemietet. Die in seinem Eigentum stehende Einrichtung bestand aus folgenden Gegenständen:

- ein Bett, gekauft im Jahre ...... zu ...... EUR
- ......
- ......

Beweis: 1. Fotos der eingerichteten Wohnung, die anliegen als Anlage K 16
2. Rechnung des Möbelhauses ...... vom ......, in Kopie als Anlage K 17

Summe der Aktiva im Anfangsvermögen iSv § 1374 Abs. 1 BGB des Antragstellers 28.000 EUR

2. Passiva

a. Darlehen Konto-Nr. ......
bei der ...... Bank 19.500 EUR

Dieses Darlehen hatte der Antragsteller zur Finanzierung des oben unter 1. a. bezeichneten Pkw Porsche aufgenommen. Das Darlehen war zunächst tilgungsfrei und hatte zum Zeitpunkt der Eheschließung den Stand von 29.500 EUR.

Beweis: Kontoauszug der ...... Bank vom 31.8.1997, in Kopie als Anlage K 18

b. Darlehensverbindlichkeiten gegenüber der Antragsgegnerin 3.500 EUR

Beweis: Vernehmung der Antragsgegnerin als Beteiligte[17]

Summe der Passiva im Anfangsvermögen iSv § 1374 Abs. 1 BGB des Antragstellers 23.000 EUR

3. Anfangsvermögen des Antragstellers iSv § 1374

Abs. 1 BGB[18] 3.500 EUR

Indexiert (x 119,3 : 74,0 =) 5.643 EUR

4. Anfangsvermögen des Antragstellers iSv § 1374

Abs. 2 BGB

Der Nachlass betrug nach Abzug der Todesfallkosten usw 23.524 EUR

indexiert (× 119,3 : 74,5 =)[19, 20] 37.700 EUR

Beweis: 1. Nachlassverzeichnis vom ......,
2. Kontoauszug der ...... Bank vom ......
3. Rechnung des Bestattungsinstituts ...... vom ......, in Kopie als Anlage K 19 bis K 21

5. Anfangsvermögen des Antragstellers insgesamt 43.343 EUR

III. Endvermögen der Antragsgegnerin

1. Aktiva

a. Unterhaltsforderung gegenüber
dem Antragsteller[21] 3.180 EUR

b. Alleineigentum am Hausgrundstück,[22]
(Adresse) 350.000 EUR

Das Grundstück ist vorgetragen im Grundbuch des Amtsgerichts . . . . . . S . . . . . . Flur-Nr. . . . . . . Es hat eine Größe von 405 qm und ist bebaut mit einem Einfamilienhaus, bestehend aus 4 Zimmern, Küche, Bad, Keller, mit einer Gesamtnutzfläche von 108 qm.

Beweis: 1. Grundbuchauszug, Baupläne, Brandversicherungsurkunde, deren Vorlage der Antragsgegnerin aufgegeben werden möge[23]
2. Sachverständigengutachten

c. Sparkonto Nr. . . . . . . bei der . . . . . . Bank
5.608 EUR

Beweis: Sparbuch, in Kopie als Anlage K 22

d. Lebensversicherung VS-Nr. . . . . . .
bei der . . . . . . Lebensversicherung.
Zeitwert: . . . . . 8.327 EUR

Beweis: Bestätigungsschreiben der . . . . . . Lebensversicherung vom . . . . . ., in Kopie als Anlage K 23

Summe der Aktiva im Endvermögen der Antragsgegnerin 367.115 EUR

2. Passiva

a. Giro-Konto-Nr. . . . . . .
bei der . . . . . . Bank 1.615,83 EUR

Beweis: Tagesauszug vom . . . . . ., in Kopie als Anlage K 24

b. Darlehensverbindlichkeit Konto-Nr. . . . . . .
gegenüber . . . . . . Bank 8.763 EUR

Die Darlehensverbindlichkeit resultiert aus der Finanzierung der Dachreparatur im Jahre . . . . . .

Beweis: Bestätigung der . . . . . . Bank vom . . . . . ., in Kopie als Anlage K 25

c. Gesamtschuldnerisches Darlehen Konto-Nr. . . . . . .
bei der . . . . . . Bank 10.000 EUR

Beweis: Bestätigungsschreiben der . . . . . . Bank vom . . . . . ., in Kopie als Anlage K 12,

Summe der Passiva im Endvermögen der Antragsgegnerin 20.378,83 EUR

3. Endvermögen der Antragsgegnerin 346.736 EUR

IV. Anfangsvermögen der Antragsgegnerin

1. Aktiva

a. Darlehensforderung gegenüber dem Antragsteller[24]	**3.500 EUR**
Beweis: Vernehmung des Antragsgegners als Beteiligter	
b. Alleineigentum am Hausgrundstück (Adresse)	**155.000 EUR**
Beweis: Sachverständigengutachten	
Summe der Aktiva im Anfangsvermögen der Antragsgegnerin	**158.500 EUR**

2. Passiva

a. Darlehensverbindlichkeit, Konto-Nr. . . . . . . bei der . . . . . Bank	**33.927 EUR**
Die Antragsgegnerin hat das Anwesen vor der Eheschließung geerbt. Zum Zeitpunkt der Eheschließung war es noch mit 33.927,18 EUR belastet.	
Beweis: Bestätigung der . . . . . . Bank vom . . . . . ., in Kopie als Anlage K 26	
b. Girokonto-Nr. . . . . . . bei der . . . . . Bank	**836,20 EUR**
Beweis: Tagesauszug der . . . . . Bank vom . . . . . ., in Kopie als Anlage 27	
Summe der Passiva im Anfangsvermögen der Antragsgegnerin	**34.763,38 EUR**
3. Anfangsvermögen der Antragsgegnerin insgesamt	**123.736 EUR**
indexiert (× 119,3 : 74,0 =)	**199.482 EUR**

C. Berechnung der Zugewinnausgleichsforderung des Antragstellers

1. Endvermögen des Antragstellers (s. oben Ziffer I.3.)	**72.246 EUR**
2. Anfangsvermögen des Antragstellers (s. oben Ziffer II.5.)	**43.343 EUR**
3. Zugewinn des Antragstellers	**28.903 EUR**
4. Endvermögen der Antragsgegnerin (s. oben Ziffer III.3.)	**346.736 EUR**
5. Anfangsvermögen der Antragsgegnerin (s. oben Ziffer IV.3.)	**199.482 EUR**
6. Zugewinn der Antragsgegnerin	**147.254 EUR**

7. Differenz **118.351 EUR**

8. davon 1/2 = Zugewinnausgleichsforderung

des Antragstellers gegen die Antragsgegnerin **59.175,50 EUR**

Diese Zugewinnausgleichsforderung macht der Antragsteller hiermit gegen die Antragsgegnerin geltend.

Rechtsanwalt[25, 26]

Anmerkungen

1. Diese Antragsschrift geht davon aus, dass ein Scheidungsverfahren anhängig ist. Das **Schema** der Antragsschrift (→ Form. K.I.1) sollte der Struktur der Zugewinngemeinschaft entsprechen, die dem Grundsatz nach eine Gütertrennung ist. Das bedeutet, dass jeder Ehegatte nach Eintritt des Güterstandes alleiniger Inhaber seines Vermögens bleibt, auch desjenigen Vermögens, das er nach der Eheschließung erwirbt (§ 1363 Abs. 2 S. 1 BGB). Für die Antragsschrift bedeutet dies, dass das für den Zugewinn relevante Vermögen des eines Ehegatten von demjenigen des anderen Ehegatten **getrennt** darzustellen ist (im obigen Formulartext Ziffern B. I. und II. einerseits und B. III. und IV. andererseits). Sodann ist bei jedem Ehegatten der Zugewinn zu ermitteln (§ 1373 BGB), nämlich der Geldbetrag, der sich aus der Differenz des Endvermögens (§ 1375 BGB) minus des Anfangsvermögens (§ 1374 BGB) errechnet (im obigen Formulartext Ziffern C. 1–3 einerseits und C. 4–6 andererseits). Schließlich sind die beiderseitigen Zugewinne gegenüberzustellen, zwischen ihnen die Differenz zu ermitteln (im obigen Formulartext Ziffer C. 7) und die Hälfte der Differenz in Form eines Geldanspruchs zugunsten desjenigen Ehegatten mit dem kleineren Zugewinn auszugleichen (§ 1378 Abs. 1 BGB; im obigen Formulartext Ziffer C. 8). Es ist sinnvoll, die einzelnen Positionen zur eindeutigen Identifikation mit dem genauen (Cent-)Betrag in die Vermögensaufstellungen aufzunehmen. Wenn es jedoch um die abschließende Zusammenstellung der beiderseitigen End- und Anfangsvermögen geht (vgl. im obigen Formulartext Abschnitt C.), ist es einfacher, die einzelnen Beträge in vollen EUR anzugeben, zumal es sich teilweise ohnehin um Circa-Beträge handelt.

2. Für Ansprüche aus dem ehelichen Güterrecht sind die Familiengerichte ausschließlich zuständig (§ 23b Abs. 1 GVG, § 111 Nr. 9 FamFG). Sie sind Familienstreitsachen (§ 112 Nr. 2 FamFG) und Folgesachen (§ 137 Abs. 2 Nr. 4 FamFG), soweit – wie regelmäßig bei anhängigen Scheidungsverfahren – eine Entscheidung für den Fall der Ehescheidung zu treffen ist und von einem Ehegatten **rechtzeitig** begehrt wird. Rechtzeitig bedeutet, dass der Zugewinnausgleichsantrag frühestens gleichzeitig mit dem Scheidungsantrag, aber auch während des Verfahrens bis zur letzten mündlichen Verhandlung der ersten Instanz der Scheidungssache anhängig gemacht werden kann, jedoch spätestens zwei Wochen vor der (letzten) mündlichen Verhandlung im ersten Rechtszug in der Scheidungssache (§ 137 Abs. 2 S. 1 FamFG). Ist der Antrag verspätet, muss das Familiengericht den Antrag als isolierte Familiensache führen (s. Thomas/Putzo/Hüßtege FamFG § 137 Rn. 20g). Im Übrigen gilt § 115 FamFG.

Die internationale Zuständigkeit folgt aus § 105 FamFG, sonst § 98 Abs. 2 FamFG, wenn sie als Folgesachen gemäß § 137 Abs. 2 Nr. 4 FamFG anhängig gemacht werden. Für Verfahren, die ab dem 29.1.2019 eingeleitet wurden, ist die Verordnung (EU) 2016/1103 vom 24.6.2016 (auch EuGüVO genannt) zur Durchführung einer Verstärkten Zusammenarbeit im Bereich der Zuständigkeit, des anzuwendenden Rechts und der Anerkennung und Vollstreckung von Entscheidungen in Fragen des ehelichen Güterstandes maßgebend. §§ 98 Abs. 2, 103, 105, 108 – 110 FamFG sind wegen des Vorrangs der EuGüVO/EüPartVO nicht anzuwenden, soweit der Anwendungsbereich der VO eröffnet ist. In Art. 5 ff EuGüVO finden sich die Zuständigkeitsregelungen.

Es hat sich die Übung herausgebildet, die **Beteiligtenrolle** in Ehescheidungsverfahren als Beteiligtenbezeichnung in allen Folgesachen zu übernehmen. Beispielsweise wird der Antragsteller des Ehescheidungsverfahrens in der Folgesache Zugewinn auch dann als Antragsteller bezeichnet, wenn er dort in Anspruch genommen ist.

3. Es besteht **Anwaltszwang** (§ 114 Abs. 1 FamFG). Die **Vollmacht** für die Scheidungssache erstreckt sich auf die Folgesachen (§ 114 Abs. 5 S. 2 FamFG). Vorzuschießen sind die **Gerichtskosten** für das Scheidungsverfahren und für die Folgesachen. Bezüglich der **Kosten** gilt – wie bei der Scheidung – der Grundsatz der Kostenaufhebung nach § 150 FamFG (→ Form. A.II.1 Anm. 8). Verfahrenskostenhilfe muss für die Folgesache Güterrecht gesondert beantragt und bewilligt werden (§ 149 FamFG). Die Beiordnung eines Rechtsanwalts in der Ehesache erstreckt sich automatisch auf den Abschluss eines Vergleichs, der die Ansprüche aus dem ehelichen Güterrecht betrifft (§ 48 Abs. 3 S. 1 RVG). Im Übrigen gelten die Vorschriften über das Verfahren vor Landgerichten entsprechend (§ 113 Abs. 1 S. 2 FamFG). Die Folgesache Zugewinn stellt also ein durch Antrag eingeleitetes Verfahren im Verbund dar. Ein Versäumnisbeschluss gegen den Antragsgegner ist zulässig, da § 130 Abs. 2 FamFG nur für Ehesachen, nicht für Folgesachen im Verbundverfahren gilt (s. auch § 142 Abs. 1 S. 2 FamFG).

4. Die Zugewinnausgleichsforderung entsteht mit der Beendigung des Güterstandes, also im hier interessierenden Fall mit der Rechtskraft der Scheidung (§ 1378 Abs. 3 S. 1 BGB), auch wenn die Folgesache Zugewinn abgetrennt und über sie in einem späteren Zeitpunkt entschieden wird. Mit ihrem Entstehen wird die Ausgleichsforderung sofort fällig und verzinslich (§ 291 S. 1 BGB; Johannsen/Henrich/Althammer/Kohlenberg BGB § 1378 Rn. 10). Auch die Prozesszinsen nach § 291 BGB betragen fünf Prozentpunkte über dem jeweiligen Basiszinssatz nach § 247 BGB; vgl. Büttner FamRZ 2000, 921).

5. Zum Ausgleich des **Kaufkraftschwunds** von DM/EUR (BGHZ 61, 385 = FamRZ 1974, 83 = NJW 1974, 137; BGHZ 101, 65 = FamRZ 1987, 791 = NJW 1987, 2814) wird der Verbraucherpreisindex für Deutschland in langjähriger Übersicht herangezogen, derzeit meist mit dem Basisjahr 2020 = 100 und durchschnittlichen Jahreszahlen, sofern bereits bekannt, evtl. auch mit der letzten Monatszahl.

6. Zum Schema und zur Struktur → Anm. 1 und → Form. K.I.1. Das obige Formular enthält häufig in der Praxis vorkommende Positionen zum Anfangs- und Endvermögen in Auswahl. → Form. K.I.1 bringt eine umfassende Struktur. Da die Vorschriften vor den Landgerichten entsprechend gelten, (§ 113 FamFG), muss der Antrag § 253 ZPO entsprechen. Damit gelten auch der Beibringungsgrundsatz, die Erklärungspflicht über vom Gegner behauptete Tatsachen (§ 138 Abs. 2 ZPO). Für die Verspätungsvorschriften § 115 FamFG (→ Anm. 2). Nach allgemeiner Erfahrung versanden solche Prozesse, wenn nicht streng die Systematik des Gesetzes eingehalten wird. Zudem ist es ratsam, die **Anlagen** zu den einzelnen Schriftsätzen einheitlich zu bezeichnen (K1, K2 usw für Anspruchsteller und B1, B2 usw für Anspruchsgegner alternativ bietet sich auch die Bezeichnung ZM 1, ZM 2 (=Zugewinn Mann) und ZF 1, ZF 2 (=Zugewinn Frau) an; ist beispielsweise noch die Folgesache Ehegattenunterhalt anhängig, könnten dort die Anlagen mit den Bezeichnungen UM und UF vorgelegt werden, dann wäre zugleich klar, in welcher Folgesache die Anlagen jeweils vorgelegt wurden) und die dem Antrag zugrunde gelegten Gliederung während des gesamten Rechtsstreits beizubehalten.

7. Der Anspruchsteller trägt die **Darlegungs- und Beweislast** nicht nur für sein eigenes Endvermögen (Aktiva und Passiva), sondern auch für das Endvermögen des Anspruchsgegners (BGH FamRZ 1986, 1196; OLG Hamm FamRZ 1998, 237). Die Darlegungs- und Beweislast erstreckt sich auch auf den Wert einzelner Gegenstände im beiderseitigen Endvermögen (BGH FamRZ 1989, 954) sowie die Abwesenheit von endvermögensmindernden Verbindlichkeiten (OLG Hamm FamRZ 1998, 237). Zum Gesamtkomplex und zur Beweislast beim Negativbeweis im familienrechtlichen Bereich vgl. Johannsen/Henrich/Althammer/Kohlenberg BGB § 1375 Rn. 18 ff. Die Beweislast trifft auch dann den Anspruchsteller, wenn der Anspruchsgegner zuvor eine Auskunft nach § 1379 BGB erteilt hatte, an die sich der Anspruchsteller bei der Erhebung seines Antrages gehalten hatte (BGH FamRZ 1986, 1196; aA OLG Koblenz FamRZ 1988, 1273). Bei der Beweiswürdigung kann die erteilte Auskunft jedoch von Bedeutung sein. Die Darlegungs- und Beweislast für die Zurechnung zum Endvermögen gem. § 1375 Abs. 2 BGB liegt bei demjenigen Beteiligten, der sich auf diese Vorschrift beruft (vgl. Johannsen/Henrich/Althammer/Kohlenberg BGB § 1375 Rn. 19). Sofern die beteiligten Ehegatten nicht gem. § 1377 BGB ein Verzeichnis über das Anfangsvermögen errichtet haben, trifft die Darlegungs- und Beweislast zum Anfangsvermögen denjenigen Ehegatten, der Anfangsvermögen und seine wertbildenden Faktoren geltend macht (BGHZ 113, 325 = FamRZ 1991, 1166; Grüneberg/Siede BGB § 1374 bei § 1376 Rn. 19). Zum Zugewinn sowie zum End- und Anfangsvermögen vgl. die üblichen Kommentare und Handbücher, insbes. zu §§ 1373–1375 BGB.

8. Die Darlegungslast bedeutet die Obliegenheit, die entsprechenden Behauptungen aufzustellen und dieses Vorbringen hinreichend zu substantiieren. Die einzelnen Vermögensgegenstände sollten deshalb individualisierend bezeichnet werden. Da es sich hierbei regelmäßig um den so genannten fakultativen Inhalt eines Anwaltsschriftsatzes handelt, ist eine **Bezugnahme** auf Anlagen erlaubt, wenn der Schriftsatz aus sich heraus geschlossen und verständlich bleibt. Dann ist jedoch ein substantiierter Bezug auf die einzelnen Anlagen (Bankauszüge, Bestätigungen von Versicherungsgesellschaften, Kaufverträge, amtliche Beschreibungen, Grundbuchauszüge, Baupläne, Jahresabschlüsse usw) erforderlich (§§ 130 f. ZPO). Die Angabe wertbildender Faktoren ist sinnvoll und zumindest bei Antritt des Sachverständigenbeweises auch erforderlich (→ Anm. 11).

9. Die Bezugnahme ist oft mit dem **Beweisantritt** verbunden, insbes. bei Urkunden, bei denen der Beweisantritt durch Vorlage der Urkunde erfolgt (§ 420 ZPO). Bei öffentlichen Urkunden genügt eine beglaubigte Abschrift (§ 435 ZPO), Privaturkunden sind in Urschrift beizubringen. In der Praxis werden demgegenüber in aller Regel (zunächst) nur Fotokopien vorgelegt; werden sie – wie meist – vom Gegner nicht bestritten, werden sie vom Gericht regelmäßig als ausreichender Beweis für eine Behauptung angesehen.

10. Zur **Bewertung** allgemein vgl. die Kommentierungen zu § 1376 BGB, insbes. den Katalog bei Schulz/Hauß Vermögensauseinandersetzung Kap. 1 Rn. 189 ff. Kapitallebensversicherungen werden bei Fortführung des Versicherungsverhältnisses mit dem sogenannten Zeitwert angesetzt, mit dem Rückkaufwert nur dann, wenn die Fortführung des Versicherungsvertrages nicht zu erwarten ist (BGHZ 130, 298 = FamRZ 1995, 1270; vgl. im Einzelnen Grüneberg/Siede BGB § 1374 bei § 1376 Rn. 35; Johannsen/Henrich/Althammer/Kohlenberg BGB § 1376 Rn. 55 ff.; FA-FamR/Heintschel v. Heinegg Kap. 9 Rn. 83; Schröder, Bewertungen im Zugewinnausgleich, Rn. 121).

11. Zur Bewertung vgl. die Kommentierungen zu § 1376 BGB. Gebrauchte **Fahrzeuge** werden mit dem Wiederbeschaffungswert angesetzt, der sich mit Hilfe der Schwacke-Liste bestimmen lässt (vgl. Johannsen/Henrich/Althammer/Kohlenberg BGB § 1376 Rn. 8).

12. Den **Sachverständigenbeweis** tritt der Beweisführer durch eine summarische Angabe von Tatsachen samt den Ergebnissen, zu denen der Sachverständige kommen soll, an (§ 403 ZPO; BGH NJW 1995).

13. Zur Bewertung von **Unternehmen,** Unternehmensbeteiligungen und freiberuflichen Praxen vgl. die Kommentierungen zu § 1376 BGB (Johannsen/Henrich/Althammer/Kohlenberg BGB § 1375 Rn. 30, 66 f., 70). Grüneberg/Siede BGB § 1374 bei § 1376 Rn. 43 ff.; Schulz/Hauß Vermögensauseinandersetzung Kap. 1 Rn. 219 ff.; Schröder Bewertungen im Zugewinnausgleich Rn. 138, 147 ff.).

14. Auch **Unterhaltsrückstände,** selbst wenn sie dem anderen Ehegatten geschuldet werden, und andere, bis zum Stichtag entstandene Verbindlichkeiten der Ehegatten untereinander, gehören als Passivposten in das Endvermögen und ggf. das Anfangsvermögen (vgl. OLG Celle FamRZ 1991, 944; Johannsen/Henrich/Althammer/Kohlenberg BGB § 1375 Rn. 65).

15. Der Ansatz **gesamtschuldnerischer** Verbindlichkeiten bestimmt sich regelmäßig nach der internen Ausgleichsquote gem. § 426 BGB, also meist bei jedem Ehegatten zur Hälfte (vgl. Grüneberg/Siede BGB § 1374 bei § 1376 Rn. 70).

16. Zwar unterliegen alle Haushaltsgegenstände, die nach §§ 1361a, 1568b BGB verteilt werden können und die zum Zeitpunkt der Trennung noch zum ehelichen **Hausrat** gehört haben, nicht dem Zugewinnausgleich (BGH FamRZ 1984, 144). Doch sind nach ganz überwiegender Meinung Gegenstände, die ein Ehegatte in den ehelichen Hausstand einbringt, in sein Anfangsvermögen einzustellen (vgl. zum Meinungsstand Johannsen/Henrich/Althammer/Kohlenberg BGB § 1374 Rn. 13).

17. Zur Vermeidung von Rückfragen ist die Angabe sinnvoll, ob der Antragsgegner oder der Antragsteller als Beteiligter vernommen werden soll. Zur Darlegungs- und Beweislast → Anm. 7, 8, zum Beweisantritt und zur Subsidiarität des Beweises zur Beteiligtenvernehmung § 445 ZPO, zur Beteiligtenvernehmung von Amts wegen § 448 ZPO.

18. Im Form. sind im Anfangsvermögen des Antragstellers zum Zeitpunkt der Eheschließung die Passiva nicht höher als die Aktiva. Zum überschuldeten Anfangsvermögen s. die Regelung von § 1374 Abs. 3 BGB

19. Zur Indexierung → Anm. 5.

20. Nach der Rechtsprechung des BGH (BGHZ 129, 311 = FamRZ 1995, 990 = NJW 1995, 2165) sind die Wertansätze nach § 1374 Abs. 1 BGB (originäres Anfangsvermögen) und § 1374 Abs. 2 BGB (hinzuzurechnender Vermögenserwerb) getrennt voneinander zu errechnen und zu indexieren.

21. Die Unterhaltsforderung der Antragsgegnerin stellt das Spiegelbild zur Unterhaltsverbindlichkeit des Antragstellers dar (→ Anm. 14).

22. Für **Grundstücke** wird meist der Verkehrswert angesetzt. Zur Grundstücksbewertung und zu den Bewertungsverfahren s. Johannsen/Henrich/Althammer/Kohlenberg BGB § 1376 Rn. 31 ff.; Grüneberg/Siede BGB § 1374 bei § 1376 Rn. 55 ff. Land- und forstwirtschaftliche Grundstücke sind gem. § 1376 Abs. 4 BGB grundsätzlich mit dem Ertragswert anzusetzen, jedoch mit Ausnahmen, beispielsweise bei Verpachtung (BVerfG FamRZ 1985, 256), oder wenn Bauland ausgegliedert werden kann (BGH FamRZ 1998, 382; s. Grüneberg/Siede BGB § 1374 bei § 1376 Rn. 78 ff.).

23. Derartige Ausführungen werden im Hinblick auf § 113 FamFG, § 273 Abs. 2 Nr. 1 ZPO in der Praxis allgemein für einen Beweisantritt (§ 421 ZPO) als genügend angesehen. Erforderlichenfalls ist ein formeller Vorlegungsantrag nach § 424 ZPO zu stellen. Die Vorlegungspflicht ergibt sich aus § 1379 Abs. 1 S. 2 BGB.

24. Die Darlehensforderung der Antragsgegnerin stellt als Aktivum das Spiegelbild zur Verbindlichkeit des Antragstellers dar.

Kosten und Gebühren

25. → Vorb. A.I. Nr. 7. Für den Gebührenverfahrenswert gelten die Scheidungssache und die Folgensachen als ein Verfahren, dessen Gebühren nach dem zusammengerechneten Wert der Gegenstände berechnet werden (§ 44 Abs. 1 FamGKG).

Fristen und Rechtsmittel

26. Für die **Beschwerde** gegen einen Verbundbeschluss mit der Folgesache Güterrecht (Familienstreitsache nach § 112 Nr. 2 FamFG) gilt § 117 FamFG. Es kann gegen den Verbundbeschluss insgesamt oder beschränkt auf die Folgesache Güterrecht Beschwerde eingelegt werden. → Form. A.II.1 Anm. 26.

2. Gegenantrag auf Zahlung einer bestimmten Summe

An das Amtsgericht . . . . .[1] **[Datum]**

– Familiengericht –

Aktenzeichen . . . . .

In Sachen

. . . . . [Vorname, Familienname]

gegen

. . . . . [Vorname, Familienname]

wegen Ehescheidung;

hier: Folgesache Güterrecht

zeige ich an, dass ich die Antragsgegnerin auch in der Folgesache Güterrecht anwaltlich vertrete und

b e a n t r a g e:

Der Antrag des Antragstellers wird abgewiesen.

Namens und im Auftrage der Antragsgegnerin stelle ich folgenden

Gegenantrag

und

b e a n t r a g e:

Der Antragsteller ist verpflichtet, für den Fall der Scheidung an die Antragsgegnerin 10.123 EUR nebst Zinsen in Höhe von 5 Prozentpunkten über dem Basiszinssatz hieraus seit Rechtskraft der Scheidung zu bezahlen.

Begründung:

A. Allgemeine Ausführungen

1. Das gegnerische Rechenwerk bringt in einigen wesentlichen Positionen unrichtige Ansätze. In Wirklichkeit steht der Antragsgegnerin eine Zugewinnausgleichsforderung in Höhe von 10.123,00 EUR gegen den Antragsteller zu. Der Zugewinn des Antragstellers übersteigt nämlich den Zugewinn der Antragsgegnerin um 20.247,00 EUR. Damit steht der Antragsgegnerin der Hälftebetrag in Höhe der geltend gemachten Forderung zu. Der Antrag des Antragstellers ist deshalb abzuweisen.

2. Der unter A. II. und III. des gegnerischen Antrags gebrachte Vortrag wird nicht bestritten. Ansonsten ist Folgendes vorzutragen, wobei die Bezifferung im gegnerischen Schriftsatz beibehalten bleibt:[2]

B. Der beiderseitige Zugewinn[3]

I. Endvermögen des Antragstellers

1.	**Aktiva**		
	a.	**Festgeldkonto Nr . . . . .**	
		bei der . . . . . Bank	**40.000 EUR**
		Diese Position wird nicht bestritten.	
	b.	**Girokonto Nr . . . . .**	
		bei der . . . . . Bank	**623,40 EUR**
		Diese Position wird nicht bestritten.	
	c.	**Lebensversicherung VS-Nr . . . . .**	
		bei der . . . . . Lebensversicherung	**17.125 EUR**
		Diese Position wird nicht bestritten.	
	d.	**Pkw BMW Cabrio 325,**	
		amtliches Kennzeichen	**35.000 EUR**[4]
		Der im Antrag angegebene Wert wird bestritten. Der Wert beläuft sich mindestens auf diesen Betrag.	
		Beweis: Sachverständigengutachten[5]	
	e.	**Unternehmenswert**	
		des Handwerksbetriebs	**50.000 EUR**[6, 7]
		Der im Antrag angegebene Wert wird bestritten. Der Wert beläuft sich mindestens auf diesen Betrag.	
		Beweis: Sachverständigengutachten[5]	
	Summe der Aktiva im Endvermögen des Antragstellers		**142.748 EUR**
2.	**Passiva**		
	a.	**Aufbaukredit Konto-Nr . . . . .**	
		bei der . . . . . Bank	**10.322 EUR**

Diese Position wird nicht bestritten.

b. Unterhaltsverbindlichkeit[8] 3.180 EUR

Diese Position wird nicht bestritten.

c. Gesamtschuldnerisches Darlehen Konto-Nr . . . . .
bei der . . . . . Bank 10.000 EUR

Diese Position wird nicht bestritten.

Summe der Passiva im Endvermögen des Antragstellers 23.502 EUR

3. Endvermögen des Antragstellers insgesamt 119.246 EUR

II. Anfangsvermögen des Antragstellers

1. Aktiva iSv § 1374 Abs. 1 BGB

a. Pkw Porsche 356 B Cabrio
amtliches Kennzeichen . . . . . 25.000 EUR

Der wirkliche Wert sei zunächst dahingestellt. Ein weiterer Vortrag bleibt vorbehalten.[10]

b. Wohnungseinrichtung[11] 3.000 EUR

Der wirkliche Wert sei zunächst dahingestellt. Ein weiterer Vortrag bleibt vorbehalten.[12]

Summe der Aktiva im Anfangsvermögen des Antragstellers 28.000 EUR

2. Passiva

a. Darlehen Konto-Nr . . . . .
bei der . . . . . Bank 19.500 EUR

Diese Position wird nicht bestritten.

b. Darlehensverbindlichkeiten
gegenüber der Antragsgegnerin 3.500 EUR

Diese Position wird nicht bestritten.

Summe der Passiva im Anfangsvermögen des Antragstellers 23.000 EUR

3. Anfangsvermögen des Antragstellers
iSv § 1374 Abs. 1 BGB 5.000 EUR
indexiert (× 106,9 : 84,0 =) 6.363 EUR

4. Anfangsvermögen des Antragstellers
iSv § 1374 Abs. 2 BGB 29.760 EUR

Diese Position samt Indexierung[12] wird nicht bestritten.

5. Anfangsvermögen des Antragstellers insgesamt 36.123 EUR

III. Endvermögen der Antragsgegnerin

1. Aktiva

a.	Unterhaltsforderung gegenüber dem Antragsteller[8]	3.180 EUR
	Diese Position wird nicht bestritten.	
b.	Alleineigentum am Hausgrundstück, (Adresse)[13]	300.000 EUR
	Der in der Klage angegebene Wert wird bestritten. Der Wert beläuft sich mindestens auf diesen Betrag.	
	Beweis: Sachverständigengutachten[5]	
c.	Sparkonto Nr . . . . . bei der . . . . . Bank	5.608 EUR
	Diese Position wird nicht bestritten.	
d.	Lebensversicherung VS-Nr . . . . . bei der . . . . . Lebensversicherung[14]	8.327 EUR
	Diese Position wird nicht bestritten.	
	Summe der Aktiva im Endvermögen der Antragsgegnerin	317.115 EUR

2. Passiva

a.	Giro-Konto-Nr . . . . . bei der . . . . . Bank	1.615,83 EUR
	Diese Position wird nicht bestritten.	
b.	Darlehensverbindlichkeit Konto-Nr . . . . . gegenüber . . . . . Bank	8.763 EUR
	Diese Position wird nicht bestritten.	
c.	Gesamtschuldnerisches Darlehen Konto-Nr . . . . . bei der . . . . . Bank[9]	10.000 EUR
	Diese Position wird nicht bestritten.	
	Summe der Passiva im Endvermögen der Antragsgegnerin	20.378,83 EUR
	Endvermögen der Antragsgegnerin insgesamt	296.736 EUR

IV. Anfangsvermögen der Antragsgegnerin

1. Aktiva

a.	Darlehensforderung gegenüber dem Antragsteller	3.500 EUR
	Diese Position wird nicht bestritten.	
b.	Alleineigentum am Hausgrundstück[13]	200.000 EUR

Der in der Klage angegebene Wert wird bestritten. Der Wert beläuft sich mindestens auf diesen Betrag.

c. Aussteuer (neu) 15.000 EUR

Die Antragsgegnerin erhielt zur Eheschließung eine Ausstattung, bestehend aus . . . . ., die mindestens diesen Wert hatte.

Beweis: Vorname, Familienname, Adresse, Mutter der Antragsgegnerin, als Zeugin[15, 16]

Summe der Aktiva im Anfangsvermögen der Antragsgegnerin 218.500 EUR

2. Passiva

a. Darlehensverbindlichkeit Konto-Nr . . . . .

bei der . . . . . Bank 33.927,18 EUR

Diese Position wird nicht bestritten.

b. Girokonto-Nr . . . . .

bei der . . . . . Bank 836,20 EUR

Diese Position wird nicht bestritten.

Summe der Passiva im Anfangsvermögen der Antragsgegnerin 34.763,38 EUR

3. Anfangsvermögen der Antragsgegnerin insgesamt 183.736 EUR

indexiert (× 106,9 : 84,0 =) 233.860 EUR

C. Berechnung der Zugewinnausgleichsforderung der Antragsgegnerin[2]

1.	Endvermögen des Antragstellers (s. oben I.3)	119.246 EUR
2.	Anfangsvermögen des Antragstellers (s. oben II.5)	36.123 EUR
3.	Zugewinn des Antragstellers	83.123 EUR
4.	Endvermögen der Antragsgegnerin (s. oben III.3)	296.736 EUR
5.	Anfangsvermögen der Antragsgegnerin (s. oben IV.3)	233.860 EUR
6.	Zugewinn der Antragsgegnerin	62.876 EUR
	Differenz	20.247 EUR
8.	davon 1/2 = Zugewinnausgleichsforderung der Antragsgegnerin gegen den Antragsteller	10.123 EUR

Rechtsanwalt[17, 18]

Anmerkungen

1. Beim Gegenantrag handelt es sich prozessual um eine Widerklage iSv § 33 ZPO. Die unterschiedliche Bezeichnung ist auf § 113 Abs. 5 Nr. 2 FamFG zurückzuführen, wonach bei der Anwendung der ZPO in Familiensachen an die Stelle der Bezeichnung „Klage“ die Bezeichnung „Antrag“ tritt. Für den Gegenantrag – ebenso für eine sonstige **Antragserwiderung** – → Form. B.IV.1 Anm. 1–3. Im Übrigen vgl. Zöller/Schultzky ZPO § 33 Rn. 6 ff.

2. Zum **Schema** und zur Struktur der Klageerwiderung → Form. B.IV.1 Anm. 6. Noch mehr als für die Antragsschrift gilt für die Antragserwiderung, dass das ganze Verfahren hindurch die Bezeichnung für die einzelnen Vermögensmassen und Vermögensgegenstände durch Antragsteller wie Antragsgegner einheitlich zu erfolgen hat und auch die Bezeichnung der Anlagen (K 1, K 2 – B 1, B 2 usw) stets beizubehalten bleibt.

3. Zur **Darlegungs- und Beweislast** → Form. B.IV.1 Anm. 8, 9.

4. Zur Bewertung gebrauchter Fahrzeuge → Form. B.IV.1 Anm. 11.

5. Zum Beweisantritt beim Sachverständigenbeweis → Form. B.IV.1 Anm. 12. Nähere Angaben in der Antragserwiderung sind selbstverständlich dann nicht erforderlich, wenn die Angaben der Antragsschrift nicht bestritten werden; sie sind dann gem. § 138 Abs. 3 ZPO zugestanden.

6. Zur Bewertung von Unternehmen, Unternehmensbeteiligungen und freiberuflichen Praxen → Form. B.IV.1 Anm. 13.

7. Ist eine vorgängige **Auskunft** nicht erteilt oder nicht vollständig erteilt, kann auch noch während des Verfahrens im Wege eines Stufenantrags nach § 254 ZPO Auskunft und Belegung verlangt werden.

8. Unterhaltsverbindlichkeit → Form. B.IV.1 Anm. 14. Wegen der Behandlung im Zugewinnausgleich ist es oft fraglich, ob es sinnvoll ist, Unterhaltsrückstände aus der Zeit vor Rechtshängigkeit des Scheidungsantrags (§ 1384 BGB) geltend zu machen.

9. Zum gesamtschuldnerischen Darlehen → Form. B.IV.1 Anm. 15.

10. Zur Vermeidung einer ausufernden Beweisaufnahme und damit zur Zeit- und Kostenersparnis wird in der Praxis oft bei einzelnen Gegenständen das Bestreiten zurückgestellt. Das gilt einmal für Kleinbeträge, zum anderen für Positionen, die nach gegenwärtigem Aktenstand für den Zugewinn ohne Bedeutung sind. Dabei ist allerdings die Verspätungsvorschrift von § 115 FamFG zu beachten. Die in → Form. B.IV.1 Anm. 2 beschriebene Frist von zwei Wochen gilt nur für die Geltendmachung einer Folgesache insgesamt, nicht jedoch für einzelne Angriffs- und Verteidigungsmittel innerhalb einer Folgesache.

11. Zur Wohnungseinrichtung und zum Hausrat → Form. B.IV.1 Anm. 16.

12. Zur Indexierung → Form. B.IV.1 Anm. 5.

13. Zur Bewertung von Immobilien → Form. B.IV.1 Anm. 22.

14. Zur Bewertung von Lebensversicherungen → Form. B.IV.1 Anm. 10.

15. **Ausstattungen** iSv § 1624 BGB (Mitgift, Aussteuer) sind in § 1374 Abs. 2 BGB ausdrücklich erwähnt. Aber auch sonstige in die Ehe eingebrachte Aussteuergegenstände werden dem Anfangsvermögen iSv § 1374 Abs. 1 BGB zugerechnet (OLG Celle FamRZ 2000, 227).

16. Der Zeugenbeweis wird nach § 373 ZPO durch die Benennung des Zeugen und die Bezeichnung der Tatsachen, über welche die Vernehmung des Zeugen stattfinden soll, angetreten. Für einen wirksamen Beweisantritt muss die Benennung des Zeugen namentlich und mit ladungsfähiger Anschrift erfolgen (Thomas/Putzo/Seiler ZPO § 373 Rn. 1).

Kosten und Gebühren

17. → Form. B.IV.1 Anm. 25.

Fristen und Rechtsmittel

18. → Form. B.IV.1 Anm. 26.

3. Stufenantrag

Rubrum[1, 2] → Form. B.IV.1

machen wir hiermit namens und im Auftrag der Antragstellerin die Folgesache Güterrecht anhängig und

b e a n t r a g e n:

I. Der Antragsgegner ist verpflichtet, der Antragstellerin
1. Auskunft zu erteilen[3]
a) über den Bestand seines Endvermögens zum . . . . . .
b) über den Bestand seines Anfangsvermögens zum . . . . . .,
c) über unentgeltliche Zuwendungen, die er nach Eintritt des Güterstandes gemacht hat,
d) über Vermögen, das er nach Eintritt des Güterstandes verschwendet hat,
e) über Handlungen, die er in der Absicht vorgenommen hat, die Antragstellerin zu benachteiligen,
f) über Vermögen, das er nach Eintritt des Güterstandes von Todes wegen oder mit Rücksicht auf ein künftiges Erbrecht, durch Schenkung oder als Ausstattung erworben hat unter Angabe des Zeitpunkts der Zuwendung,
g) über das Vermögen zum Zeitpunkt der Trennung am . . . . . .,
2. den Wert aller unter vorstehender Ziffer 1 bezeichneten Vermögensgegenstände mitzuteilen,[4]
3. alle Unterlagen herauszugeben, welche die Auskunft der unter obiger Ziffer 1 bezeichneten Vermögensgegenstände belegen.[5]

II. Der Antragsgegner ist gegebenenfalls verpflichtet, die eidesstattliche Versicherung abzugeben, dass die oben unter vorstehender Ziffer I. 1 erteilte Auskunft vollständig und richtig ist.[6]

III. Der Antragsgegner ist verpflichtet, der Antragstellerin für den Fall der Ehescheidung Zugewinnausgleich in einer nach Auskunftserteilung noch zu beziffernden Höhe nebst Zinsen in Höhe von 5 Prozentpunkten über dem jeweiligen Basiszinssatz hieraus seit Rechtskraft der Scheidung zu zahlen.

Begründung:[7]

1. **Wir beziehen uns auf den gesamten Akteninhalt. Daraus ergibt sich ua, dass der Scheidungsantrag seit . . . . . rechtshängig ist und die Beteiligten am . . . . . die Ehe geschlossen haben. Übereinstimmend haben die Beteiligten vorgetragen, dass sie seit . . . . . getrennt leben.**
2. **Zwischen den Beteiligten besteht der Güterstand der Zugewinngemeinschaft. Mit dem hiermit als Folgesache anhängig gemachten Antrag verfolgt die Antragstellerin ihre Auskunfts-, Wertermittlungs-, Vorlage-, eidesstattliche Versicherungs- und Zahlungsansprüche aus Zugewinn, und zwar im Wege der Stufenklage iSv § 254 ZPO.**
3. **Mit Schreiben vom . . . . . . haben die Verfahrensbevollmächtigten der Antragstellerin den Verfahrensbevollmächtigten des Antragsgegners zur Auskunftserteilung unter Fristsetzung zum . . . . . . aufgefordert.**

Beweis: Das Schreiben vom . . . . . . in Kopie als Anlage K1

4. **Eine vollständige Auskunft ist bis heute nicht erteilt. Der Antragsgegner hat lediglich zu früheren Terminen Teilangaben gemacht.**
5. **Der Auskunfts-, Beleg- und Wertermittlungsanspruch wird auf §§ 1379, 1384 BGB, der Anspruch auf Abgabe der eidesstattlichen Versicherung auf §§ 1379, 260 Abs. 2 BGB und der Zahlungsanspruch auf § 1378 BGB gestützt.**

Rechtsanwalt[8, 9]

Anmerkungen

1. Es handelt sich hier prozessual um eine Stufenklage iSv § 254 ZPO, die in Familiensachen die Bezeichnung Stufenantrag trägt (§ 113 Abs. 5 Nr. 2 FamFG). Mit dem Stufenantrag können gleichzeitig **mehrere Anträge** geltend gemacht werden, im obigen Formular sind es die Anträge auf Auskunft, Wertangabe und Belegung als erste Stufe, der Antrag auf Abgabe der eidesstattlichen Versicherung (die nur dann weiterverfolgt wird, wenn die Auskunft nicht mit der erforderlichen Sorgfalt erteilt ist) als zweite Stufe und der Zahlungsantrag als dritte Stufe. Anträge zur zweiten und dritten Stufe brauchen erst nach Erfüllung des Anspruchs aus der jeweils vorhergehenden Stufe gestellt zu werden. Es werden jedoch alle Anträge gleichzeitig rechtshängig. Innerhalb des Stufenantrags sind die stufenweise erhobenen Ansprüche prozessual selbständige Teile eines (auch gebührenmäßig) einheitlichen Verfahrens (vgl. Zöller/Greger ZPO § 254 Rn. 1 und 4). Der Stufenantrag ist während des Scheidungsverfahrens Teil des **Verbunds** (§ 137 FamFG). Hingegen kommt ein **bloßer Auskunftsantrag** nicht in den Verbund, weil die Entscheidung nicht für den Fall der Scheidung zu treffen ist; wird ein derartiger Auskunftsanspruch im Scheidungsverbundverfahren anhängig gemacht, ist darüber nach Abtrennung in einem gesonderten Verfahren zu verhandeln und zu entscheiden (BGH FamRZ 1997, 811).

2. → Form. B.IV.1 Anm. 1–3.

3. Grundlage für den Auskunftsanspruch ist § 1379 BGB. Nach der Neuregelung des Zugewinnausgleichs kann Auskunft über das Vermögen des anderen Ehegatten verlangt werden, soweit es für die Berechnung des Anfangs- und Endvermögens maßgeblich ist; ferner sind auf Anforderung Belege vorzulegen. Dieser Anspruch umfasst auch die Auskunft über das Vermögen zum Zeitpunkt der **Trennung** (§ 1379 Abs. 1 Nr. 1 BGB). → Form. K.I.3 Anm. 13. Das Formular fasst alle diese Ansprüche im Antrag zusammen. Dies gilt ganz besonders für die Anträge unter 1. d) und e). In der Praxis wird ein solch umfassender Antrag nur äußerst selten vorkommen. Für solche Anträge müssen nämlich

Anhaltspunkte für entsprechende Vorgänge vorliegen. Für einen Auskunftsanspruch bzgl. illoyaler Vermögensänderungen wird verlangt, dass der Auskunftsberechtigte konkrete Tatsachen vorträgt, die ein unter § 1375 Abs. 2 Nr. 1 BGB fallendes Handeln nahelegen (vgl. BGH FamRZ 2012, 1785). Die Auskunft ist in Form eines **Bestandsverzeichnisses** iSv § 260 Abs. 1 BGB zu erteilen. In diesem Verzeichnis sind Aktiva und Passiva so geordnet, übersichtlich und genau aufzuführen, dass der Berechtigte die Vermögenswerte selbst – oder mit sachverständiger Hilfe – ermitteln und berechnen kann. Die Auskunft erfordert eine eigene und schriftlich verkörperte Erklärung des Schuldners, die jedoch auch durch einen Boten, zB einen Rechtsanwalt, an den Gläubiger übermittelt werden kann (BGH FamRZ 2008, 600). Ein Zurückbehaltungsrecht gem. § 273 BGB, bis der andere Ehegatte seinerseits Zug um Zug Auskunft erteilt, besteht nicht (Grüneberg/Siede BGB § 1379 Rn. 6; Johannsen/Henrich/Althammer/Kohlenberg BGB § 1379 Rn. 16).

4. Der Anspruch auf Ermittlung des Werts der Vermögensgegenstände und der Verbindlichkeiten ergibt sich aus § 1379 Abs. 1 S. 3 BGB. Hierbei handelt es sich um einen neben dem Auskunftsanspruch zusätzlichen, besonders geltend zu machenden Anspruch. Auch wenn die Wertangaben des Prozessgegners oft unzuverlässig sind, geben sie doch einen gewissen Aufschluss. Zudem muss der Verpflichtete auf Verlangen **erläutern,** wie er zu diesen Werten gekommen ist (vgl. Schulz/Hauß Vermögensauseinandersetzung Kap. 1 Rn. 782 ff.). Der Wertermittlungsanspruch sollte deshalb – zumindest in geeigneten Fällen – in den Klageantrag aufgenommen werden.

5. Zum Beleganspruch → Anm. 3. Belege sind nur auf Anforderung vorzulegen und in vollstreckungsfähiger Weise konkret zu bezeichnen. Allgemeine **Floskeln** („dazugehörende, erforderliche, entsprechende Belege, insbesondere") sind unzulässig (Johannsen/Henrich/Althammer/Kohlenberg BGB § 1379 Rn. 8 ff.; Schulz/Hauß Vermögensauseinandersetzung Kap. 1 Rn. 778 ff.). Lässt sich von vornherein erst nach Auskunftserteilung feststellen, welche Unterlagen benötigt werden, muss es zulässig sein, den Vorlageanspruch als gesonderte Klagestufe (nach dem Auskunfts- und eventuellen Wertermittlungsanspruch) geltend zu machen.

6. Der Anspruch auf Abgabe der eidesstattlichen Versicherung ergibt sich aus §§ 1379 Abs. 1 S. 2, 260 Abs. 2 BGB. Zur **Abgrenzung** des Anspruchs auf Abgabe der eidesstattlichen Versicherung vom Anspruch auf Ergänzung der erteilten Auskunft vgl. Johannsen/Henrich/Althammer/Kohlenberg BGB § 1379 Rn. 14.

7. Für den Stufenantrag genügt (zunächst) die Begründung des Auskunftsantrags und hier der Vortrag, dass die Eheleute im gesetzlichen Güterstand der Zugewinngemeinschaft leben und Antrag auf Scheidung der Ehe gestellt ist (oder gleichzeitig gestellt wird). Werden weitere Ansprüche geltend gemacht, sind die jeweiligen Voraussetzungen darzulegen (s. auch oben Nr. 3). Zusätzlich zum Auskunftsanspruch über das End- und Anfangsvermögen gibt es einen Auskunftsanspruch über das Vermögen zum **Zeitpunkt der Trennung,** im Folgenden als Trennungsvermögen bezeichnet. Siehe im Einzelnen Bergschneider FamRZ 2009, 1713. Dieser Auskunftsanspruch steht in **zwei Gestalten** zur Verfügung:

- Ist der Güterstand beendet oder ist die Scheidung oder Aufhebung der Ehe beantragt oder vorzeitige Aufhebung der Zugewinngemeinschaft verlangt, besteht auch ein Anspruch auf Auskunft über das Trennungsvermögen (§ 1379 Abs. 1 S. 1 Nr. 1 BGB).
- Bereits ab dem Getrenntleben der Ehegatten, kann jeder Ehegatte von dem anderen Auskunft über das Trennungsvermögen verlangen und isoliert gerichtlich geltend machen (§ 1379 Abs. 2 BGB). Einzige Voraussetzung ist die Trennung der Ehegatten iSv § 1567 BGB.

- **Gegenstand des Anspruchs** ist die Erteilung der Auskunft und die Vorlage von Belegen usw zum Zeitpunkt der Trennung, aber auch der eidesstattlichen Versicherung. Daraus kann sich folgende **Weiterung** ergeben: Ist das Endvermögen eines Ehegatten geringer als das Vermögen, das er in der Auskunft zum Trennungsvermögen angegeben hat, so hat dieser Ehegatte nach § 1375 Abs. 2 S. 2 BGB dazulegen und zu beweisen, dass die Vermögensminderung nicht auf illoyale Handlungen iSv § 1375 Abs. 2 S. 1 Nr. 1–3 BGB zurückzuführen ist.
- Wegen der Nichterfüllung der Auskunftspflicht zum Trennungsvermögen nach § 1379 Abs. 2 BGB kann der vorzeitige Ausgleich des Zugewinns oder die vorzeitige Aufhebung der Zugewinngemeinschaft nach §§ 1385 Nr. 4, 1386 BGB jedoch nicht verlangt werden (BGH FamRZ 2015, 32).

Zum Antrag auf Auskunft über das Trennungsvermögen → Form. B.IV.3 Anträge unter Nr. 1 f.

Kosten und Gebühren

8. → Form. B.IV.1 Anm. 25. Für die Wertberechnung ist nur einer der verbundenen Ansprüche, und zwar der höhere, maßgebend (§ 38 FamGKG). Soweit eine Stufe durch Teilbeschluss erledigt wird, ist die jeweilige Entscheidung für einen Teil des Verfahrensgenstands ein Endbeschluss und damit gerichtsgebührenpflichtig (§ 30 FamGKG). Für die Rechtsanwaltskosten fallen die jeweiligen Gebühren für alle Stufen zusammen nur einmal an. Sie errechnen sich aus dem höchsten Wert, der der Tätigkeit zugrunde liegt, die den Gebührentatbestand erfüllt (s. im Einzelnen Zöller/Greger ZPO § 254 Rn. 17).

Wird für einen Stufenantrag Verfahrenskostenhilfe bewilligt, umfasst diese in der Regel auch die spätere Bezifferung der Leistungsstufe (OLG Nürnberg FamRZ 2002, 1193).

Fristen und Rechtsmittel

9. → Form. B.IV.1 Anm. 26. Zu Besonderheiten im Beschwerdeverfahren/Berufungsverfahren s. Thomas/Putzo/Seiler ZPO § 254 Rn. 9 auf Grund der Verweisung von § 113 Abs. 1 S. 2 FamFG.

Entscheidet das Gericht nur über die Auskunftsstufe, sind die Rechtsmittelmöglichkeiten der Beteiligten unterschiedlich. Weist das Gericht den Auskunftsanspruch des Antragstellers ab, bestimmt sich der Beschwerdewert nach dem beabsichtigten Leistungsanspruch, also der Höhe des beabsichtigten Zugewinnausgleichsanspruchs des Rechtsmittelführers und erreicht damit meist den Beschwerdewert des § 61 Abs. 1 FamFG. Gibt das Gericht dem Auskunftsanspruch des Antragstellers statt, bestimmt sich der Beschwerdewert nach dem Interesse des Rechtsmittelführers, die Auskunft nicht erteilen zu müssen. Dabei ist regelmäßig auf den Aufwand an Zeit und Kosten abzustellen, den die sorgfältige Erteilung der Auskunft erfordert (vgl. BGH FamRZ 2019, 818 mAnm Bergschneider FamRZ 2019, 1440 Rn. 8), womit der Beschwerdewert des § 61 Abs. 1 FamFG meist nicht erreicht wird, ausgenommen bei ganz besonders umfangreichen Kopierkosten (vgl. BGH 20.12.2018 – III ZR 17/18, FamRZ 2019, 464).

4. Antrag auf Abweisung wegen grober Unbilligkeit (§ 1381 BGB)

An das Amtsgericht . . . . .[1, 2] . . . . . [Datum]

– Familiengericht –

Aktenzeichen . . . . .

In Sachen

. . . . . [Vorname, Familienname, Adresse]

gegen

. . . . . [Vorname, Familienname, Adresse]

wegen Ehescheidung;

hier: Folgesache Güterrecht

stelle ich den

Antrag:

Der Antrag wird abgewiesen.

Begründung:

1. Der Abweisungsantrag wird auf grobe Unbilligkeit iSv § 1381 BGB gestützt.[3]
2. Es mag zutreffen, dass der Antragsteller keinen Zugewinn erwirtschaftet hat, weil er während der gesamten Ehe nur Schulden vor sich hergeschoben hat. Es ist richtig, dass die Antragsgegnerin ein Endvermögen von 18.724 EUR hat, das auch ihren Zugewinn darstellt, weil sie kein Anfangsvermögen hatte. Die Antragstellerin verweigert jedoch die Erfüllung der Ausgleichsforderung von 9.362 EUR, weil der Ausgleich des Zugewinns nach den Umständen des hier vorliegenden Falles grob unbillig wäre.
3. Während der fast fünf Jahre dauernden Ehe war der Antragsteller nur insgesamt etwas mehr als sechs Monate erwerbstätig. Die übrige Zeit war er arbeitslos. Fünfmal hat er seinen Arbeitsplatz durch eigene Kündigung oder unentschuldigtes Fernbleiben verloren. Arbeitslosengeld hat er nur für etwa neun Monate erhalten; für die übrige Zeit lagen entweder die entsprechenden rechtlichen Voraussetzungen nicht vor oder der Antragsteller hat aus Nachlässigkeit keinen Antrag auf Arbeitslosengeld gestellt. Vom Arbeitslosengeld ist kein Cent in den ehelichen Haushalt geflossen. Vielmehr hat er dieses Geld in Stehbierhallen ausgegeben. Zudem hat ihm die Antragsgegnerin auf sein energisches Verlangen hin immer wieder Beträge gegeben, um den Ehefrieden einigermaßen zu wahren, im Monatsdurchschnitt etwa 300 EUR. Um die Kinder hat sich der Antragsteller praktisch nicht gekümmert. Sie wurden von der Mutter der Antragsgegnerin versorgt, die sie während der Arbeitszeit der Antragsgegnerin immer zu sich nahm. Beim morgendlichen Weggang der Antragsgegnerin zur Arbeit schlief der Antragsteller noch immer. Auch hat er trotz anwaltlicher Aufforderung in der Trennungszeit keinen Kindesunterhalt bezahlt. Dies alles hat der Antragsteller in einem Gespräch mit der Antragsgegnerin, an der auch ihr Bruder, der nachbenannte Zeuge, teilnahm, eingeräumt.

   Beweis: Vorname, Familienname, Adresse, als Zeuge

4. Hingegen war die Antragsgegnerin trotz ihrer beiden jetzt vier bzw. fünf Jahre alten Kinder vollschichtig erwerbstätig, ausgenommen die Mutterschutzzeiten, und hat die Kinder betreut, soweit dies nicht in ihrem Auftrag ihre Eltern getan haben. Ihr Nettoeinkommen belief sich auf durchschnittlich etwa 1.200 EUR bis 1.500 EUR pro Monat. Dies ergibt sich aus der Auskunft der Deutschen Rentenversicherung zum Versorgungsausgleich. Sie hat auch regelmäßig Überstunden gemacht, einmal zur Deckung des Aufwandes für die Familie, zum anderen, um einen Notgroschen für die Fälle einer eigenen längeren Krankheit zu haben und um einen eventuellen medizinischen Aufwand zu bestreiten, der nicht durch die Krankenkasse gedeckt ist, beispielsweise einer umfangreichen Zahnbehandlung, mit der sie in den nächsten Jahren rechnen muss. Dieser Notgroschen stellt ihr Endvermögen dar. Auch dies hat der Antragsteller im vorhin erwähnten Gespräch eingeräumt.

Beweis: Vorname, Familienname, wie oben, als Zeuge

5. Mit diesem Verhalten liegen die in § 1381 Abs. 2 BGB genannten Voraussetzungen für die Annahme einer Unbilligkeit vor. Der Antragsteller, der keinen Zugewinn erzielt hat, hat nämlich längere Zeit hindurch seine wirtschaftlichen Verpflichtungen, die aus dem ehelichen Verhältnis ergeben, schuldhaft nicht erfüllt.

Rechtsanwalt[4, 5]

Anmerkungen

1. Das starre Gerüst des Zugewinnausgleichsrechts führt nicht selten zu unbilligen Ergebnissen. Die Unbilligkeitsklausel von § 1381 BGB stellt ein Korrektiv dar, das jedoch nur auf Fälle grober Unbilligkeit anwendbar ist und das von der Rechtsprechung noch dazu sehr **restriktiv** ausgelegt wird. Der BGH (FamRZ 1980, 768; 1980, 877; 1992, 787; die Rechtsprechung zusammenfassend Kogel NJW 2022, 1580) verlangt hierfür, dass die (volle) Leistung des Zugewinnausgleichs dem Gerechtigkeitsempfinden in unerträglicher Weise widersprechen würde, was aber nur in Ausnahmefällen zutreffe und eine genaue Prüfung sämtlicher Umstände des Einzelfalles erforderlich mache (Schwab/Ernst ScheidungsR-HdB Teil VI Rn. 261 ff.). Aufgrund der **beispielhaften** Erwähnung in § 1381 Abs. 2 BGB steht die Nichterfüllung wirtschaftlicher Pflichten im Vordergrund. In ganz besonders eingeschränktem Maß können aber auch lang andauernde Pflichtverletzungen im persönlichen Lebensbereich der Ehegatten in Frage kommen (vgl. BGH FamRZ 1980, 877; dazu ausführlich Johannsen/Henrich/Althammer/Kohlenberg BGB § 1381 Rn. 14 ff.; Bergschneider FamilienvermögensR-HdB Rn. 4.328 ff.). Die gegenseitigen Interessen der Parteien sind gegeneinander abzuwägen.

2. Der Unbilligkeitsantrag ist Familiensache und Familienstreitsache (§§ 112 Nr. 2, 261 Abs. 1 FamFG). Zuständig ist das Amtsgericht – Familiengericht – (§ 111 Nr. 9 FamFG; §§ 23a Nr. 5, 23b Abs. 1 S. 1 Nr. 9 GVG). Die örtliche Zuständigkeit ist in § 262 FamFG geregelt.

3. Die grobe Unbilligkeit ist als Einwendung geltend zu machen und zwar spätestens bis zum Schluss der letzten mündlichen Verhandlung. Während der Anhängigkeit der Ehesache – wie im vorstehenden Form. – kommt diese Einwendung in den Verbund und ist damit eine Folgesache (§ 137 Abs. 2 Nr. 4 FamFG). Die Einwendung der groben Unbilligkeit steht nur dem Ausgleichsschuldner zur Verfügung. Sie kann auch **hilfsweise** mit einem Stundungsantrag oder Ratenzahlungsantrag (§ 1382 BGB) verbunden werden. Da die Ausgleichsforderung nicht nur in vollem Umfang wegfallen, sondern auch herabgesetzt werden kann, kann es sinnvoll sein, auf einen Teilwegfall zu plädieren, wenn sich

– meist erst während des Verfahrens – herausstellt, dass die Voraussetzungen (zumindest nach Ansicht des Richters) für eine vollständige Verweigerung nicht vorliegen. Die **Darlegungs- und Beweislast** für das Vorliegen der Verweigerungsgründe trifft den Ausgleichsschuldner. Im Hinblick auf die sehr restriktive Rechtsprechung (→ Anm. 1) ist es geboten, die groben Unbilligkeitsgründe substantiiert und ausführlich darzulegen und unter Beweis zu stellen. Ist die Ausgleichsforderung der Höhe nach streitig, sollte der Ausgleichsschuldner hilfsweise seine Gegenrechnung bezüglich der Höhe des Zugewinns aufmachen.

Kosten und Gebühren

4. → Form. B.IV.1 Anm. 25.

Fristen und Rechtsmittel

5. → Form. B.IV.1 Anm. 26.

5. Abtrennung

An das Amtsgericht . . . . . **. . . . . [Datum]**

– Familiengericht –

Aktenzeichen . . . . .

In Sachen

Vorname, Familienname, Adresse

gegen

Vorname, Familienname, Adresse

wegen Ehescheidung

b e a n t r a g e

ich namens und im Auftrag der Antragstellerin:

Die Folgesache Güterrecht wird abgetrennt.[1, 2]

Begründung:

1. **Der Abtrennungsantrag wird auf § 140 Abs. 2 Nr. 5 FamFG gestützt.**[3]
2. **Ich beziehe mich auf den Akteninhalt. Daraus ergibt sich, dass das Ehescheidungsverfahren samt der Folgesache Güterrecht seit . . . . ., also seit mehr als zweieinhalb Jahren rechtshängig ist. Die Ehescheidung ist entscheidungsreif, da die Parteien bereits mehr als drei Jahre getrennt leben und die beiderseitigen Anrechte zum Versorgungsausgleich geklärt sind. Das Verfahren in der Folgesache Güterrecht wird voraussichtlich noch längere Zeit in Anspruch nehmen, da nach dem langwierigen Verfahren in der Auskunftsstufe mit der Erstattung des Gutachtens über den Wert des Anteils des Antragsgegners an der Wirtschaftsprüfungsgesellschaft, der anschließend zu erwartenden Sachverständigenanhörung und den üblichen Schriftsatzfristen die Folgesache Güterrecht voraussichtlich nicht vor Ablauf eines Jahres entscheidungsreif sein wird.**[4]

3. Die Antragstellerin ist von ihrem neuen Lebenspartner im fünften Monat schwanger.

Beweis: Ärztliches Attest der Frauenärztin Dr. med. Vorname, Familienname, vom . . . . ., das in Fotokopie anliegt.

Sie und ihr neuer Lebenspartner wollen möglichst bald heiraten, damit das Kind ehelich wird.

4. Damit würde die gleichzeitige Entscheidung über die Folgesache Güterrecht den Scheidungsausspruch so außergewöhnlich verzögern, dass der Aufschub auch unter Berücksichtigung der Bedeutung der Folgesache Güterrecht eine unzumutbare Härte darstellen würde. Der Antrag auf Abtrennung der Folgesache Güterrecht und die Vorabentscheidung der Ehescheidungs- und Versorgungsausgleichssache ist damit begründet.[4]

Rechtsanwalt[5, 6]

Anmerkungen

1. Nach § 137 FamFG ist über die Scheidungssache und die Folgesachen gleichzeitig zu verhandeln und zu entscheiden. Das bedeutet, dass die Scheidung erst dann ausgesprochen werden kann, wenn sämtliche Folgesachen entscheidungsreif sind. Dieser **Grundsatz** erfährt nach § 140 FamFG in mehreren Fällen eine **Durchbrechung,** die zulässig ist:

- bei Beteiligung dritter Personen in einer Unterhalts- oder Güterrechtsfolgesache (§ 140 Abs. 1 FamFG),
- bei bestimmten Vorgreiflichkeiten (§ 140 Abs. 2 Nr. 1 und 2 FamFG),
- in Gründen des Kindeswohls (§ 140 Abs. 2 Nr. 3 FamFG),
- wenn seit Rechtshängigkeit des Scheidungsantrags drei Monate verstrichen sind und beide Ehegatten die erforderlichen Mitwirkungshandlungen in der Versorgungsausgleichsfolgesache vorgenommen haben (§ 140 Abs. 2 Nr. 4 FamFG),
- wenn sich der Scheidungsausspruch unter näher bestimmten Voraussetzungen außergewöhnlich verzögern würde (§ 140 Abs. 2 Nr. 5 FamFG).

2. Die Abtrennung nach § 140 Abs. 2 Nr. 4 FamFG setzt einen **Antrag** beider Ehegatten voraus. Die Abtrennung einer Unterhaltssache kann auf Antrag auch im Zusammenhang mit einer Kindschaftsfolgesache vorgenommen werden (§ 140 Abs. 3 FamFG). Ansonsten erfordert die Abtrennung keinen Antrag. In aller Regel befasst sich der Familienrichter mit einer Abtrennung nur dann, wenn eine der Parteien initiativ wird, was regelmäßig in Form eines Antrags geschieht. § 140 FamFG ist zwingenden Rechts (BGH FamRZ 1991, 687). Ein Antrag beider Ehegatten oder die Zustimmung des anderen Ehegatten ist jedoch bei der Gesamtwürdigung zu berücksichtigen.

3. Zur **außergewöhnlichen Verzögerung** der Entscheidung über die Folgesache iSv § 140 Abs. 2 Nr. 5 FamFG hat der BGH (FamRZ 1986, 898; 1991, 1043) als Richtwert eine Verfahrensdauer von zwei Jahren angenommen, nach deren Ablauf eine außergewöhnliche Verzögerung vorliegen kann. Diese Frist darf jedoch nicht als starr missverstanden werden. Ist beispielsweise mit einer alsbaldigen Entscheidungsreife zu rechnen, ist nicht mehr abzutrennen. Deshalb sollte in den Antrag eine Prognose über die weitere mutmaßliche Verfahrensdauer aufgenommen werden. Wie bei der Abtrennung nach § 140 Abs. 2 Nr. 4 FamFG bleibt auch hier der vor Ablauf des ersten Trennungsjahres liegende Zeitraum außer Betracht (§ 140 Abs. 4 FamFG).

4. Zusätzlich zur Verfahrensdauer sollten in der Begründung die Voraussetzungen für die Annahme einer **unzumutbaren Härte** dargelegt werden. Zu behandelnde Gesichtspunkte sind beispielsweise Ehedauer (so OLG Köln FamRZ 1997, 1487), unterschiedliche Interessen von Antragsteller und Antragsgegner, Wiederverheiratungswunsch, Wohl eines gemeinsamen Kindes, schleppende Mitwirkung, wirtschaftliche Belange (vgl. dazu insbes. Thomas/Putzo/Hüßtege FamFG § 140 Rn. 23). Die Bedeutung der Regelung der abzutrennenden Folgesache stellt bereits nach dem Gesetzestext ein wesentliches Kriterium dar. Dies gilt insbes. im Hinblick auf den der Abtrennung widersprechenden Ehegatten. Ein Widerspruch verhindert jedoch nicht die Abtrennung; er ist lediglich in die Gesamtabwägung einzubeziehen. Die Abtrennung kann beim Zugewinn auch deshalb bedeutsam sein, weil ab Rechtskraft der Scheidung der Ausgleichsanspruch regelmäßig verzinslich ist. Da Gerichte hinsichtlich eines Abtrennungsantrages meist zurückhaltend entscheiden, ist dann, wenn nur die Folgesache Güterrecht das Ehescheidungsverfahren „blockiert“ immer auch an eine vorzeitige Beendigung der Zugewinngemeinschaft nach §§ 1385, 1386 BGB zu denken.

Kosten und Gebühren

5. Bezüglich der Rechtsanwaltsgebühren bilden die Scheidungssache und ihre Folgesachen, auch wenn sie abgetrennt wurden, eine Angelegenheit (§ 44 Abs. 1 FamGKG).

Fristen und Rechtsmittel

6. Entscheidungen zur Abtrennung sind nicht selbständig **anfechtbar** (§ 140 Abs. 6 FamFG). Im Falle der Abtrennung kann jedoch gegen den Scheidungsausspruch Beschwerde mit der Begründung eingelegt werden, die Abtrennung hätte nicht erfolgen dürfen (BGH FamRZ 1979, 690).

Gütergemeinschaft

6. Vorweggenommene Rückübertragung eines in das Gesamtgut eingebrachten Betriebes

Amtsgericht[1]

– Familiengericht –

In der Scheidungssache

. . . . .

hier: Folgesache wegen Güterrechts

beantrage ich namens des Antragsstellers, für den Fall der rechtskräftigen Scheidung der Ehe folgenden Beschluss zu erlassen:

Die Antragsgegnerin wird verurteilt, als Gesamtberechtigte den im Grundbuch des Amtsgerichts . . . . . für . . . . . Band . . . . . Blatt . . . . . vorgetragenen landwirtschaftlichen Betrieb . . . . . samt aller Aktiva und Passiva an den Antragsteller als Alleinberechtigten zum Alleineigentum bzw. -berechtigung zu übertragen und aufzulassen und die Eintragung der Rechtsänderung in das Grundbuch zu bewilligen,[2] **Zug um Zug gegen die von der Antragsgegnerin zu bewilligende und zu deren Gunsten**

erfolgende Eintragung einer Höchstbetragssicherungshypothek zu . . . . . EUR an nächstoffener Rangstelle.[3]

Die Parteien sind im Güterstand der Gütergemeinschaft verheiratet. Der Antragsteller macht im Vorgriff auf die erst durch Ehescheidung eintretende Beendigung dieses Güterstandes wie auch auf die erst anschließend durchzuführende Auseinandersetzung des Gesamtguts sein gesetzliches Rückübernahmerecht an dem von ihm in das Gesamtgut eingebrachten landwirtschaftlichen Betrieb geltend. Soweit die Antragsgegnerin hiergegen ein Zurückbehaltungsrecht bis zur Auszahlung ihres Auseinandersetzungsguthabens ausüben will, bietet der Antragssteller zu dessen Abwendung die Eintragung einer Höchstbetragssicherungshypothek im Umfang des behaupteten Anspruchs an. Diese Vorgehensweise ist durch höchstrichterliche wie obergerichtliche Rechtsprechung bestätigt. Dazu im Einzelnen:

Die Parteien haben am . . . . . den als Anlage beigefügten Ehevertrag geschlossen und darin Gütergemeinschaft mit Alleinverwaltungsrecht des Antragstellers vereinbart. In der Folgezeit,[4] nämlich durch den ebenfalls beigefügten Übergabevertrag vom . . . . ., erhielt der Antragsteller den im Klageantrag näher bezeichneten landwirtschaftlichen Betrieb von seinem Vater als dem überlebenden Elternteil übergeben, und die Parteien wurden aufgrund ihres Güterstandes als Gesamtberechtigte in das Grundbuch eingetragen. Der Antragssteller kann somit nach § 1477 Abs. 2 S. 2 BGB diesen Betrieb mit Beendigung des Güterstandes zurückübernehmen, als auch unter Lebenden abgeschlossene Übergabeverträge[5] als Erwerb mit Rücksicht auf ein künftiges Erbrecht im Sinne der genannten Bestimmung anzusehen sind.

Soweit eine solche Rückübernahme voraussetzt, dass der eingebrachte Gegenstand nicht benötigt wird, um gemäß § 1475 BGB vorrangig die gegenüber Dritten bestehenden Gesamtgutsverbindlichkeiten zu befriedigen,[6] ist diese Voraussetzung im hier vorliegenden Falle erfüllt. Zwar ist der Betrieb mit einer Grundschuld zu nominal . . . . . EUR zugunsten der Raiffeisenbank . . . . . zur Sicherung eines betrieblichen Darlehens belastet, welches derzeit mit . . . . . EUR valutiert. Der Antragsteller hat jedoch mit der genannten Bank vereinbart, dass er diese Darlehensverbindlichkeit als Alleinschuldner übernimmt und die Bank die Antragsgegnerin aus der persönlichen Haftung entlässt.[7] Eine Abschrift der betreffenden Erklärung der genannten Bank vom . . . . ., welche die Antragsgegnerin bereits im Original erhalten hat, ist hier ebenfalls beigefügt.[8]

Auch wenn die Übernahme der in § 1477 Abs. 2 S. 2 BGB genannten Gegenstände im Regelfall erst nach Berichtigung der Gesamtgutsverbindlichkeiten und Teilungsreife[9] des Gesamtguts verlangt werden kann, ist eine vorzeitige Übernahme möglich, weil die Eheleute gemäß § 1474 BGB durch Vereinbarung von der gesetzlich vorgesehenen Reihenfolge bei der Auseinandersetzung des Gesamtguts abweichen dürfen.[10] Dies gilt jedenfalls dann, wenn – wie hier – eine befriedigende Regelung geschaffen ist, die den anderen Ehepartner vor einer persönlichen Inanspruchnahme durch die Gesamtgutsgläubiger gemäß § 1480 BGB schützt.[11]

Ebenso wenig muss die Rückübernahme daran scheitern, dass die Beendigung der Gütergemeinschaft erst mit der bevorstehenden rechtskräftigen Scheidung der Ehe eintreten wird. Der Gesetzgeber hätte bei Schaffung des Verbundverfahrens dieses auf güterrechtliche Ansprüche aus der Zugewinngemeinschaft beschränken können, wenn die Einbeziehung der Gütergemeinschaft ausgeschlossen werden sollte; nachdem dies nicht geschehen ist, rechtfertigt der Verbundgedanke die Einbeziehung auch der Auseinandersetzung des Gesamtguts in das Verbundverfahren.[12]

Die Antragsgegnerin behauptet, bei der bevorstehenden Auseinandersetzung des Gesamtguts ergäbe sich zu ihren Gunsten ein Guthaben[13] von insgesamt 124.499,57 EUR. Dies leitet sie einmal daraus her, dass im Jahre 1972, dem Zeitpunkt der Einbringung, der Wert des landwirtschaftlich genutzten Grundes bei 3,50 DM pro m² gelegen habe, wogegen er zum heutigen Zeitpunkt auf 4,60 EUR pro m² gestiegen sei, sodass bei insgesamt 20 ha landwirtschaftlicher Nutzfläche auch unter Berücksichtigung der Geldentwertung die Wertsteigerung 204.516,75 EUR und damit ihr hälftiger Anteil 102.258,38 EUR betrage; ferner habe sie im Jahre 1980 aus einem Viehunfall von der Versicherung ein Schmerzensgeld in Höhe von 6.500 DM erhalten, welches ihr zurückzuerstatten sei; schließlich habe ihr der inzwischen verstorbene Vater des Antragstellers im Jahre 1986 für Pflegeleistungen einen Betrag von 37.000 DM in ihr Vorbehaltsgut zugewendet. – Ein Überschussanteil[14] bzw. Werterstattungsanspruch[15] dieses Umfangs wird bereits jetzt vom Antragsteller bestritten. Eine nach der Einbringung eingetretene Wertsteigerung ist durch die Geldentwertung[16] kompensiert; das genannte Schmerzensgeld würde in das Sondergut der Antragsgegnerin fallen; die Auseinandersetzung beschränkt sich jedoch auf das Gesamtgut;[17] darüber hinaus wird hierzu sowie zur Abgeltung der Pflegeleistungen bestritten, dass beide Zahlungen in das Gesamtgut gelangt sind.

Der Umfang eines solchen Auseinandersetzungsguthabens kann jedoch im hier vorliegenden Verfahren dahingestellt bleiben. Das von der Antragsgegnerin deswegen ausgeübte Zurückbehaltungsrecht[18] lässt sich gemäß § 273 Abs. 3 S. 1 BGB durch Sicherheitsleistung abwenden, die auch durch eine Hypothek an inländischen Grundstücken erbracht werden kann, § 232 Abs. 1 BGB.[19] Eine solche Sicherheit ist im Antrag angeboten, und zwar in Höhe des von der Antragsgegnerin behaupteten Anspruchs; eine Überprüfung, welches Guthaben ihr bei der künftigen Auseinandersetzung im Einzelnen zufallen wird, ist entbehrlich,[20] weil ein Sicherungsbedürfnis der Antragsgegnerin nicht weiter reichen kann, als der zu sichernde Anspruch nach ihrer Behauptung beträgt. Mit diesem Sicherungsangebot ist im Übrigen kein Anerkenntnis des behaupteten, zuvor schon bestrittenen Gegenanspruchs verbunden.

Auch soweit der Antragsteller an sich gemäß § 1477 Abs. 2 S. 1 BGB für die von ihm begehrte Rückübernahme des Betriebes dessen Wert in das Gesamtgut zu ersetzen hat, ist hierdurch die vorzeitige Rückübernahme nicht ausgeschlossen. Das Gesetz geht von einer Zahlungspflicht des übernehmenden Ehegatten an das Gesamtgut nur insoweit aus, als dieses zur vorrangig erforderlichen Befriedigung von Gesamtgutsverbindlichkeiten eingesetzt werden muss; nur insoweit ist ein schutzwürdiges Interesse des anderen Ehegatten zu erkennen; andernfalls würde die Ausübung des gesetzlichen Rückübernahmerechts erschwert, wenn nicht sogar wirtschaftlich unmöglich gemacht, wenn der berechtigte Ehegatte dafür zunächst den vollen Wert in das Gesamtgut zu leisten hätte.[21]

Rechtsanwalt[22]

Anmerkungen

1. Eine in der Praxis wichtige Alternative zum Antrag auf Auseinandersetzung des vollständigen Gesamtguts ist die hier behandelte Möglichkeit, einzelne, in das Gesamtgut eingebrachte Vermögensgegenstände, insbesondere einen gewerblichen oder landwirtschaftlichen Betrieb, schon vorweg zurück zu übernehmen. Wegen der mit Ehescheidung eintretenden Beendigung des Güterstandes und der damit zwangsweise verbundenen gemeinschaftlichen Verwaltung des Gesamtguts, § 1472 BGB, ist andernfalls der einbringende Ehepartner während der oft Jahre dauernden Auseinandersetzung des vollständigen Gesamtguts bei allen Entscheidungen vom anderen, mit ihm regelmäßig zerstrittenen Ehepartner abhängig. Die im Scheidungsverbund mögliche Vorwegnahme der Rückübertragung gibt ihm schon mit Ehescheidung die Alleinverfügung über den Betrieb zurück. Diese Variante wird also nur für den Ehepartner in Betracht kommen, der einen Betrieb oder sonstigen wirtschaftlich wertvollen Vermögensgegenstand eingebracht hat; derjenige, welcher sich von der scheidungsbedingten Vermögensabwicklung einen Anspruch aus während der Ehe eingetretenen Vermögenssteigerung erwartet, wird die Auseinandersetzung des kompletten Gesamtgutes betreiben und hierfür zunächst die durch Ehescheidung eintretende Beendigung des Güterstandes abwarten müssen, weswegen der entsprechende Antrag und die hierfür bestehenden Gründe unter den Güterrechtssachen (→ Form. K.I.5 und → Form. K.I.6) behandelt werden.

2. Wenn der Betrieb im Wesentlichen aus Grundstücken besteht oder solche hierzu gehören, ersetzt der auf den Antrag ergehende Beschluss mit Eintritt der Rechtskraft nur die Auflassungserklärung des Antragsgegners. Die darüber hinaus erforderliche Auflassungserklärung des Antragstellers muss in gesonderter notarieller Urkunde abgegeben werden, um die Eigentumsumschreibung im Grundbuch herbeizuführen.

3. Die in dieser Antragsfassung zugleich mit der Eigentumsumschreibung veranlasste Eintragung einer Höchstbetragssicherungshypothek muss nicht stets erfolgen; sie ist nur dann erforderlich bzw. zweckmäßig, wenn bei der künftigen Auseinandersetzung des kompletten Gesamtguts ein Guthaben des anderen Ehepartners zu erwarten ist und dieser hieraus auch Ansprüche geltend macht. Die wegen solcher Ansprüche bei vorzeitiger Rückübernahme in der Regel erforderliche Sicherheit kann auch in anderer Weise erbracht werden. Einzelheiten sind nachstehend im Text bzw. in den Anmerkungen berücksichtigt.

4. Das gesetzliche Rückübernahmerecht erstreckt sich nicht nur auf die bereits bei Beginn des Güterstandes vorhandenen Vermögensgegenstände, sondern auch auf solche, die unter den in § 1477 Abs. 2 BGB genannten Voraussetzungen erst später in das Gesamtgut eingebracht worden sind, also durch eingetretene oder vorweggenommene Erbfolge, durch Vermächtnis, durch Schenkung oder durch Ausstattung. Der Anspruch setzt allerdings voraus, dass der eingebrachte Gegenstand im Zeitpunkt der Auseinandersetzung noch im Gesamtgut vorhanden ist; das Rückübernahmerecht erstreckt sich grundsätzlich nicht auf Surrogate (BGH FamRZ 1998, 817 (818)); wegen weiterer Einzelheiten und Ausnahmen wird auf → Form. K.I.6 Anm. 6 verwiesen.

5. Landwirtschaftliche Betriebe werden häufig aufgrund sog. Übergabeverträge in das Gesamtgut eingebracht. Solche werden bereits zu Lebzeiten zwischen Eltern und einem Abkömmling geschlossen. Sie enthalten neben der Übertragung der Betriebsaktiva und -passiva als Gegenleistung idR die Alterssicherung der Übergeber sowie (teils) auch Ausgleichszahlungen an Geschwister des Übernehmers (sog. weichende Erben). Insgesamt stellt sich das als vorweggenommene Erbfolge dar, die auch angesichts der hierfür zu erbringenden Gegenleistungen nicht einer Einordnung nach § 1477 Abs. 2 BGB oder auch § 1478 Abs. 2 BGB entgegensteht (BGH FamRZ 1986, 776).

6. Hier liegt der materiell-rechtliche Kern für die Durchsetzbarkeit des Anspruchs auf Rückübernahme. Der Anteil des übernehmenden Ehepartners am Gesamtgut und/oder sein sonstiges Vermögen müssen ausreichen, um die gegenüber Dritten bestehenden Gesamtgutsverbindlichkeiten abzudecken. Diese Voraussetzung folgt aus den gesetzlichen Teilungsregeln, die denen zur Auseinandersetzung einer Gesellschaft, die die Gütergemeinschaft letztlich ist, entsprechen. Im ersten Schritt müssen die Gesamtgutsverbindlichkeiten berichtigt werden; erst danach können die Einlagen/Werterstattungsforderungen der Gesellschafter/Eheleute berücksichtigt werden; ein danach noch etwa verbleibender Überschuss wird zwischen den Eheleuten hälftig aufgeteilt. Lässt die Vermögenssituation insgesamt eine solche Befriedigung oder Sicherung nicht zu, muss das an sich nach § 1477 BGB bestehende Übernahmerecht zurücktreten (BGH FamRZ 1982, 286 (289); 1986, 883; 1988, 926 (927)). Seine Geltendmachung und Durchsetzung erfordern also eine zumindest gedankliche Übersicht und Bewertung aller Gesamtgutsgegenstände. Die einzelnen Formen der Befriedigung bzw. Sicherstellung werden im nachfolgenden Text bzw. Anmerkungen behandelt.

7. Die häufigste und auch von der höchstrichterlichen Rechtsprechung ausdrücklich bestätigte Form einer ausreichenden Regelung der Gesamtgutsverbindlichkeiten ist die dem Muster zugrunde gelegte, in der der rückübernehmende Ehegatte die Gesamtgutsverbindlichkeiten im Innenverhältnis allein übernimmt und zugleich mit dem Gläubiger vereinbart, dass der andere Ehepartner aus der persönlichen Haftung entlassen wird (BGH FamRZ 1985, 903 (905); 1988, 813 (815)). Die beiden Voraussetzungen müssen kumulativ gegeben sein; die Haftungsübernahme im Innenverhältnis allein reicht nicht aus, weil im Falle der Nichterfüllung durch den Übernehmer der Gläubiger nicht daran gehindert ist, den anderen Ehepartner nach § 1480 BGB weiterhin auch persönlich in Anspruch zu nehmen.

8. Schuldübernahme und Haftungsentlassungserklärung müssen spätestens im Zeitpunkt der letzten mündlichen Tatsachenverhandlung vorliegen; ein bloßes Angebot oder auch eine Zug-um-Zug-Leistung gegen Rückauflassung reichen nicht aus; das Prozessgericht – und nicht erst das Vollstreckungsgericht – muss in die Lage versetzt werden, selbst zu überprüfen, ob eine ausreichende, den anderen Ehepartner vor einer persönlichen Inanspruchnahme schützende Regelung geschaffen worden ist (BGH FamRZ 1988, 813 (815)). Es genügt jedoch, wenn der Gläubiger die Haftungsentlassung erst mit Umschreibung im Grundbuch eintreten lässt (BeckOGK/Kappler BGB § 1474 Rn. 11). Nachdem eine solche Haftungsentlassung rechtstechnisch ein Vertrag ist, muss das Angebot des Gläubigers dem zu befreienden Ehepartner gegenüber abgegeben werden; dessen förmliche Annahmeerklärung wird im Hinblick auf § 151 BGB entbehrlich sein.

9. Dieser Begriff ist in → Form. B.IV.7 Anm. 2 erläutert.

10. Die vorzeitige, also vor der Auseinandersetzung des vollständigen Gesamtguts durchgeführte Rückübernahme eines eingebrachten Gegenstandes ist bei Vorliegen der zuvor behandelten Voraussetzungen vom BGH mehrfach aus dem im Text genannten Grund ausdrücklich bestätigt worden (FamRZ 1985, 903; 1988, 813 (815); NJW 2008, 2983 (2984)).

11. Schuldübernahme und Haftungsentlassung sind nicht der einzige Weg, bei bestehenden Gesamtgutsverbindlichkeiten die Voraussetzungen für die Rückübernahme zu schaffen. Nach der Rechtsprechung des BGH kann die erforderliche Berichtigung bzw. Sicherung auch auf jede andere Weise erfolgen, die dem Sicherungsbedürfnis des anderen Ehegatten vor einer fortdauernden persönlichen Haftung gegenüber den Gesamtgutsgläubigern Rechnung trägt (BGH FamRZ 1986, 40 (41)). So kann beispielsweise der rückübernehmende Ehepartner auch eine Bankbürgschaft stellen (→ Form. K.I.7 Anm. 9).

12. Mit der hier wiedergegebenen Begründung hat der BGH die Einbeziehung in das Verbundverfahren sowohl des Werterstattungsanspruchs nach § 1478 BGB wie auch des hier behandelten Anspruchs auf Rückübernahme eines konkreten Gegenstandes nach § 1477 Abs. 2 BGB ausdrücklich bestätigt (BGH NJW 1982, 2373 = FamRZ 1982, 286 (288)).

13. Der verfahrensgegenständliche Rückübernahmeanspruch kann nicht nur mit dem zuvor behandelten Sicherungsbedürfnis des anderen Ehegatten kollidieren; es kommen darüber hinaus auch aktive Ansprüche in Betracht, vor allem wenn sich der andere Ehepartner aus der – künftigen – Auseinandersetzung des kompletten Gesamtguts ein Guthaben errechnet. Zu den Bestandteilen und zur Berechnung eines solchen Guthabens wird auf den nachfolgenden Text und die nachstehenden Anmerkungen verwiesen. Dass die hierauf gegründeten Gegenansprüche zwischen den Parteien umstritten sind, hindert die Ausübung des Übernahmerechts nicht (BGH NJW 2008, 2983 (2984); OLG München OLG Report 1993, 212).

14. Wenn die Summe der Gesamtgutsaktiva sowohl die Gesamtgutsverbindlichkeiten als auch die Werterstattungsforderung der Ehepartner nach § 1478 BGB übersteigt, ist der hieraus verbleibende Überschuss nach § 1476 Abs. 1 BGB zwischen den Eheleuten hälftig zu teilen. Unter dieser Voraussetzung ist der Überschussanteil Bestandteil des sich bei der Auseinandersetzung des kompletten Gesamtguts ergebenden Guthabens. Eine von vielen möglichen Ursachen für das Entstehen eines solchen Überschusses kann es sein, dass der Wert des von einem Ehepartner eingebrachten Gegenstandes während der Ehezeit erheblich gestiegen ist, beispielsweise, wenn zu einem landwirtschaftlichen Betrieb gehörende Grundstücke Bauland geworden sind. An der hierdurch eingetretenen Wertsteigerung ist der andere Ehepartner im Ergebnis zur Hälfte beteiligt, soweit sie die Geldentwertung (→ Anm. 16) übersteigt. Im Endergebnis läuft daher die Auseinandersetzung der Gütergemeinschaft ebenso wie der gesetzliche Güterstand auf den Ausgleich des während der Ehezeit eingetretenen Zugewinnes hinaus.

15. Der nach Erfüllung bzw. Sicherung der Gesamtgutsverbindlichkeiten verbleibende Teil des Gesamtguts ist zunächst zur Befriedigung der Werterstattungsforderung der Eheleute zu verwenden, sofern sich solche aus jeweiliger Einbringung von Vermögensgegenständen in das Gesamtgut ergeben, § 1478 BGB. Dieser Werterstattungsanspruch entsteht – was zu beachten ist – nur dann, wenn der Güterstand durch Ehescheidung beendet worden ist. Reicht das hiernach verbliebene Gesamtgut hierfür nicht aus, entfällt die in vorstehender Anmerkung behandelte Überschussverteilung nach § 1476 BGB von vornherein; darüber hinaus müssen sich die Eheleute auch eine Kürzung ihrer Werterstattungsforderung in dem Verhältnis gefallen lassen, in dem ihre jeweiligen Einbringungen stehen, § 1478 Abs. 1 S. 1 Hs. 2 BGB. Hat nur einer der Ehepartner etwas in das Gesamtgut eingebracht, fällt ihm also zum Ausgleich seiner Werterstattungsforderung das nach Berichtigung der Verbindlichkeiten verbleibende Gesamtgut allein zu.

16. Die Werterstattungsforderungen der Eheleute berechnen sich zunächst nach dem Wert des eingebrachten Gegenstandes, der zum Zeitpunkt der Einbringung bestand, § 1478 Abs. 3 BGB. Wie beim Zugewinnausgleich ist er jedoch auch um die bis zum Auseinandersetzungsstichtag eingetretene Geldentwertung zu bereinigen (BGH FamRZ 1982, 991), was auch für eingebrachtes Bar- und Sparvermögen gilt (BGH FamRZ 1990, 256). Ein aus der Wertsteigerung des eingebrachten Gegenstandes entstandener Überschussanteil des anderen Ehegatten kann sich per Saldo also nur dann ergeben, wenn diese Wertsteigerung die im selben Zeitraum eingetretene Geldentwertung übersteigt.

17. Die Auseinandersetzung ist auf das Gesamtgut beschränkt, § 1471 Abs. 1 BGB. Sonder- und Vorbehaltsgut der Ehegatten bleiben hiervon unberührt. Alles was nicht zum Sonder- oder Vorbehaltsgut gehört, ist Gesamtgut. Sondergut sind nach der Legaldefinition des § 1417 Abs. 2 BGB die Gegenstände, die nicht durch Rechtsgeschäft übertragen werden können. Der im Mustertext erwähnte Schmerzensgeldanspruch war jedenfalls bis zu der am 1.7.1990 eingetretenen Gesetzesänderung (Streichung des § 847 Abs. 1 S. 2 BGB aF) nicht übertragbar und konnte daher im Beispielsfall nicht in das Gesamtgut fallen. Falls er im Einzelfall jedoch in das Gesamtgut vereinnahmt worden sein sollte, kann sich ein Erstattungsanspruch des berechtigten Ehepartners nach § 1467 Abs. 2 BGB gegen das Gesamtgut ergeben, welcher dann bei der Auseinandersetzung zu berücksichtigen wäre. Ausnahmsweise kann jedoch auch ein zum Vorbehaltsgut gehörender Vermögensgegenstand in die Auseinandersetzung des Gesamtguts mit einzubeziehen sein (Rückübertragung in das Gesamtgut wegen Störung der Geschäftsgrundlage, § 313 Abs. 1 BGB), wenn er durch ehebedingte Zuwendung dorthin gelangt ist; beispielsweise der Anteil eines Ehepartners an einer Personengesellschaft, wenn dieser unentgeltlich und allein aus steuerlichen Gründen aus dem Gesamtgut in das Vorbehaltsgut eines Ehegatten übertragen worden war (OLG München FamRZ 2006, 204).

18. Wegen seines Anspruchs auf Auszahlung des Auseinandersetzungsguthabens hat der andere Ehegatte ein Zurückbehaltungsrecht (§ 273 Abs. 1 BGB), welches er dem verfahrensgegenständlichen Rückübernahmeanspruch entgegensetzen kann (OLG München FamRZ 1986, 170 (171); BGH NJW 2008, 2983 (2985)).

19. Eine in der Praxis wichtige Form dieser Sicherheitsleistung ergibt sich daraus, dass die im Gesetz zugelassene Bestellung einer Hypothek auch als Höchstbetragssicherungshypothek an dem zurückübernommenen Grundstück erfolgen kann (BGH NJW 2008, 2983 (2985); OLG München FamRZ 1986, 170 (171)).

20. Die Sicherheit ist grundsätzlich in Höhe der Hälfte des Wertes des zurückbegehrten Gegenstandes zu leisten (BGH NJW 2007, 1879 (1881); 2008, 2983 (2985)). Die dem Formular zugrunde gelegte Variante, dass Sicherheit in Höhe des vom Gegner behaupteten Anspruchs geleistet wird, bietet zwei Vorteile: Einmal den der Beschleunigung des Verfahrens, weil sonst über den Wert des Gegenstandes ein Sachverständigengutachten erholt werden müsste; zum Zweiten kann sich daraus auch ein niedrigerer als der Hälftewert ergeben, weil sich das Auseinandersetzungsguthaben des Gegners aus dem Betrag einer etwaigen Einbringung und dem einer etwaigen Wertsteigerung des Gesamtguts zusammensetzt (→ Form. K.I.6 Anm. 2). Dieser kann durchaus niedriger als der Hälftewert ausfallen, wenn der Gegner nichts oder wenig eingebracht oder der Wert des Gesamtguts während der Ehezeit nicht oder nur wenig gestiegen ist. Die Bemessung der Sicherheit nach diesen Kriterien hat der BGH ausdrücklich offengelassen (NJW 2007, 1879 (1881)).

21. Der Weg zur Durchsetzbarkeit des Rückübernahmeanspruchs wird in wirtschaftlicher Hinsicht letztlich erst durch eine sich aus der höchstrichterlichen Rechtsprechung ergebende Verrechnungsmöglichkeit eröffnet. An sich muss der rückübernehmende Ehepartner den aktuellen Wert des rückübernommenen Gegenstandes in das Gesamtgut erstatten (§ 1477 Abs. 2 S. 1 BGB). Hiergegen kann jedoch der zugleich für den rückübernehmenden Ehepartner sich nach § 1478 Abs. 1 BGB ergebende Werterstattungsanspruch verrechnet werden. Die Verrechnungsbefugnis folgt aus § 1476 Abs. 2 BGB und ist durch die höchstrichterliche Rechtsprechung ausdrücklich bestätigt (BGH FamRZ 1988, 926 (927)). Im Ergebnis bleibt damit zu Lasten des rückübernehmenden Ehepartners nur der Hälfteanteil des anderen an der – etwaigen – während der Ehezeit eingetretenen, die Geldentwertung übertreffenden Wertsteigerung, welche aber Bestandteil dessen Auseinandersetzungsguthabens und damit durch die zuvor behandelte Sicherheitsleistung bereits berücksichtigt ist.

Kosten und Gebühren

22. Besonderheiten ergeben sich nur zum Streitwert. Dieser richtet sich entsprechend der zur Auflassung von Grundstücken geltenden Regeln nach dem Verkehrswert. Jedoch ist nicht der volle Wert, sondern nur der dem ideellen Anteil des Antragstellers entsprechende Hälftebetrag anzusetzen. Die etwa auf dem Grundstück ruhenden Belastungen sind wie bei Auflassungsklagen jedoch nicht abzuziehen.

7. Feststellung der Zugehörigkeit eines Gegenstandes zum Gesamtgut

Amtsgericht[1]

– Familiengericht –

In der Scheidungssache

. . . . .

hier: Folgesache wegen Güterrechts

beantrage ich namens des Antragstellers, für den Fall der rechtskräftigen Scheidung der Ehe folgenden Beschluss zu erlassen:

> **Es wird festgestellt, dass der Anteil des Antragstellers an der . . . . . oHG[2] nicht zum Gesamtgut der zwischen den Parteien bestehenden Gütergemeinschaft gehört.**

Mit Scheidung der Ehe wird auch die zwischen den Parteien bestehende Gütergemeinschaft enden. Über die Auseinandersetzung deren Gesamtguts haben die Parteien bereits außergerichtlich Verhandlungen aufgenommen. Hierbei will die Antragsgegnerin unbegründeterweise auch den Anteil des Antragstellers an der genannten offenen Handelsgesellschaft einbeziehen. Dazu im Einzelnen:

Die Parteien haben am . . . . . den als Anlage beigefügten Ehevertrag geschlossen, in dem sie den Güterstand der Gütergemeinschaft vereinbart haben. Zu diesem Zeitpunkt war der Antragsteller zusammen mit dritten Personen[3] Gesellschafter der . . . . . oHG, und zwar aufgrund des ebenfalls beigefügten Gesellschaftsvertrages vom . . . . ., in dessen Ziffer . . . . . unter anderem vereinbart ist, dass ein Gesellschafter seinen Anteil an der Gesellschaft mit Zustimmung aller anderen Gesellschafter auf Dritte übertragen kann. Mit dem als weitere Anlage beigefügten Schreiben[4] vom . . . . . hat die Antragsgegnerin über ihren Prozessbevollmächtigten eine Auseinandersetzungsbilanz[5] vorgelegt, zu deren Aktiva der Anteil des Antragstellers an der . . . . . oHG mit einem behaupteten Wert von 820.000 EUR und bei den Passiva als Werterstattungsforderung des Antragstellers gegenüber dem Gesamtgut mit einem Betrag von 360.000 EUR enthalten ist, was vor Bereinigung um die seit dem Zeitpunkt des Ehevertrages eingetretene Geldentwertung einem Einbringungswert von 210.000 EUR entspricht. Die auf den Gesellschaftsanteil bezogene, während der Ehezeit eingetretene Wertsteigerung beläuft sich nach Behauptung der Antragsgegnerin somit auf immerhin 460.000 EUR und ist Bestandteil eines Auseinandersetzungsguthabens[6] von 250.000 EUR, dessen sich die Antragsgegnerin insgesamt berühmt. Nachdem ersichtlich der Gesamtbetrag des behaupteten Auseinandersetzungsguthabens wesentlich vom Wert des Gesellschaftsanteils beeinflusst ist, hat der Antragsteller ein rechtliches Interesse an der Feststellung, dass dieser Anteil entgegen der Behauptung der Antragsgegnerin nicht zum Gesamtgut gehört und daher nicht der Auseinandersetzung unterliegt.

Die begehrte Feststellung kann auch schon im Verbund getroffen werden, bevor also der Güterstand durch Scheidung der Ehe beendet werden wird. Das gilt zwar nicht generell, sondern hängt von den Umständen des Einzelfalls ab. Maßgebend ist hierbei insbesondere, ob die erforderlichen Feststellungen schon abschließend zum Zeitpunkt der letzten

mündlichen Tatsachenverhandlung des Verbundverfahrens getroffen werden oder ob – insbesondere bei Bewertungsfragen – diese erst zu einem ungewissen, in der Zukunft liegenden Zeitpunkt vorgenommen werden können.[7] Hier ist eine solche Feststellung bereits jetzt und ohne weiteres möglich. Die Zugehörigkeit zum Gesamtgut bzw. deren Gegenteil beurteilt sich nach einem in der Vergangenheit liegenden Zeitpunkt, nämlich der Begründung des Güterstandes. Wie vorgetragen bestand die Beteiligung des Antragstellers an der Gesellschaft bereits bei Abschluss des Ehevertrages. Gemäß § 1416 Abs. 1 S. 1 BGB werden das zu diesem Zeitpunkt bestehende Vermögen des Mannes und der Frau durch Vereinbarung der Gütergemeinschaft gemeinschaftliches Vermögen beider Ehegatten, sofern sie nicht entweder nach § 1417 BGB Sondergut sind oder gemäß § 1418 BGB zum Vorbehaltsgut erklärt werden. An der hiernach eingetretenen Rechtsfolge kann sich in Zukunft also nichts mehr ändern. Eine von der Zugehörigkeit unabhängige Bewertung dieses Anteils ist nicht Gegenstand des Antrags und damit auch nicht des Verfahrens.

Die sonach zu entscheidende Frage, ob auch der Anteil eines Ehepartners an einer Personengesellschaft[8] gemäß § 1416 Abs. 1 BGB zum Gesamtgut wird oder – abgesehen von einer hier nicht vorliegenden Vereinbarung über die Eigenschaft als Vorbehaltsgut – dem Sondergut zuzurechnen ist, wird in der Literatur und Rechtsprechung unterschiedlich beantwortet. Nachdem § 1417 BGB dem Sondergut die Gegenstände zuordnet, welche nicht übertragbar sind, wurde teils dieser Umstand als entscheidendes Merkmal angesehen. Die Folge wäre, dass in einem – auch hier vorliegenden – Fall der Übertragbarkeit des Anteils aufgrund Regelung im Gesellschaftsvertrag – wenn auch mit Zustimmung der Gesellschafter – eine Zugehörigkeit zum Gesamtgut zu bejahen sein könnte.[9] Das ist jedoch nicht der maßgebliche Gesichtspunkt. Nach höchstrichterlicher Rechtsprechung[10] kommt es entscheidend darauf an, dass bei einer in den Rechtsverkehr eingetretenen offenen Handelsgesellschaft notwendig ein Gesellschaftsvermögen entsteht, welches gegenüber dem Privatvermögen der Gesellschafter ein verselbstständigtes Sondervermögen darstellt. Auch bei Eingehung der Gütergemeinschaft wird nach § 1416 BGB ein solches Gesamthandsvermögen begründet. Die unmittelbare Zugehörigkeit eines Gegenstandes zum Gesellschaftsvermögen einer Handelsgesellschaft und zugleich zum Gesamtgut der Gütergemeinschaft ist aber schon begrifflich nicht möglich. Hieraus folgt, dass der Anteil des Ehegatten an einer Personengesellschaft entweder dem Sondergut oder – bei entsprechender formwirksamer Vereinbarung – dem Vorbehaltsgut zugeordnet werden muss, er dagegen aber in keinem Fall zum Gesamtgut gehören kann.

Nachdem die Auseinandersetzung der Gütergemeinschaft kraft ausdrücklicher gesetzlicher Regelung in § 1471 Abs. 1 BGB sich nur auf das Gesamtgut erstreckt, der Anteil des Antragsgegners an der genannten Gesellschaft jedoch hierzu nicht gehört, kann er auch nicht dem Verlangen der Antragsgegnerin entsprechend einbezogen werden.

Sollte nach Auffassung des erkennenden Gerichts eine Entscheidung über die vom Antragsteller begehrte Feststellung vorab im Rahmen des Verbundes nicht getroffen werden können, wäre sein Antrag nicht abzuweisen, sondern die hieraus entstandene Folgesache gemäß § 140 Abs. 2 Nr. 1 FamFG abzutrennen.[11]

Rechtsanwalt

Anmerkungen

1. Die in Gütergemeinschaft lebenden Eheleute können auch Teilfragen, welche sich bei der Auseinandersetzung des Gesamtguts stellen, durch Feststellungsantrag schon vorab klären lassen. Nachdem sich die Auseinandersetzung insgesamt bis dahin verzögern würde, empfiehlt es sich, diesen Schritt möglichst frühzeitig, also schon im Verbund des die Beendigung des Güterstandes erst herbeiführenden Scheidungsverfahrens zu tun. Alternativ ist es aber auch ohne weiteres möglich, die Feststellung in einem isolierten Verfahren zu treffen oder diesen Punkt als Teilfrage inzidenter im Verfahren auf vollständige Auseinandersetzung des Gesamtguts (→ Form. K.I.6) klären zu lassen. Dann entfällt auch die nachstehend behandelte Problematik, ob eine solche Feststellung schon vorab, also vor Beendigung des Güterstandes, verfahrensrechtlich getroffen werden kann.

2. Die erstrebte Feststellung ist nicht auf einen dem Formular zugrunde gelegten Anteil an einer Personengesellschaft beschränkt; nicht einmal auf die Fragestellung der Zugehörigkeit eines bestimmten Vermögensgegenstandes zum Gesamtgut. Eine solche Konstellation ist in der höchstrichterlichen Rechtsprechung zwar ausdrücklich als Beispielsfall erwähnt (BGH FamRZ 1984, 254 (256)); jedoch ist dort ebenso ausdrücklich angeführt, dass im Scheidungsverbund auch „lediglich die Klärung einzelner Streitpunkte begehrt" werden kann. Allerdings lässt sich das nicht für jeden denkbaren Streitpunkt annehmen; es müssen weitere, im Einzelfall sich stellende Voraussetzungen erfüllt sein, wie sie nachstehend näher behandelt werden.

3. Zugrunde gelegt ist hier die Konstellation, dass sich einer der Ehepartner zusammen mit Dritten an einer Personengesellschaft beteiligt hat. Denkbar ist auch, dass nur die in Gütergemeinschaft lebenden Ehegatten eine Personengesellschaft eingegangen sind. Eine Gesellschaft bürgerlichen Rechts wird allerdings ohne eine hierzu ausdrücklich getroffene Vereinbarung nicht in Betracht kommen, weil von einer stillschweigenden Vereinbarung neben der ohnehin bestehenden Gütergemeinschaft nicht ausgegangen werden kann (BGH FamRZ 1994, 295). Auch eine zwischen in Gütergemeinschaft lebenden Eheleuten bestehende oHG kann nach Auffassung des BGH (BGHZ 65, 79 = NJW 1975, 1774) rechtswirksam nur durch Zuweisung ins Vorbehaltsgut errichtet werden, sodass auch für diesen Fall eine Feststellungsklage auf Nichtzugehörigkeit zum Gesamtgut in Frage kommt. Die Auseinandersetzung einer zwischen in Gütergemeinschaft lebenden Eheleuten rechtswirksam bestehenden oHG muss dann außerhalb der güterrechtlichen Auseinandersetzung nach gesellschaftsrechtlichen Bestimmungen gesondert im Rahmen des jeweiligen Vorbehaltsguts durchgeführt werden.

4. Für den dem Muster zugrunde gelegten negativen Feststellungsantrag wird zum Nachweis des Feststellungsinteresses eine entgegengesetzte, gegnerische Rechtsbehauptung darzulegen sein.

5. Nur die Erstellung einer Auseinandersetzungsbilanz, in die sämtliche zum Gesamtgut gehörenden Vermögensaktiva und -passiva eingesetzt sind, gibt Auskunft darüber, ob letztlich einem der Ehepartner bei der Auseinandersetzung ein Guthaben zufällt. Hierzu wird ergänzend auf → Form. K.I.6 Anm. 2 verwiesen.

6. Ein solches Auseinandersetzungsguthaben kann sich entweder aus Vermögensgegenständen ergeben, welche ein Ehepartner zu Beginn der Gütergemeinschaft (§ 1416 BGB) oder während der Gütergemeinschaft (§ 1478 BGB) in das Gesamtgut eingebracht hat, woraus sich dann – nur – für den Fall der durch Ehescheidung bedingten Beendigung des Güterstandes ein Werterstattungsanspruch ergibt. Darüber hinaus können Ansprüche daraus entstehen, dass eine – etwa – während des Güterstandes eingetretene Wertsteigerung des Vermögens insgesamt – wie im gesetzlichen Güterstand – den Ehepartnern eine hälftige Beteiligung gewährt, § 1476 Abs. 1 BGB.

7. Die Möglichkeit einer vorzeitigen Feststellung im Verbund als solche wie auch die Abgrenzung, unter welchen Voraussetzungen dies geschehen kann, sind durch die Rechtsprechung des BGH bereits bestätigt worden (BGH FamRZ 1984, 254 (256)). In der

Formular-Begründung wurde diese Rechtsprechung zusammengefasst. Hieraus folgt, dass die Auseinandersetzung des kompletten Gesamtguts bereits im Scheidungsverbund nur dann möglich sein wird, wenn sich die Parteien auf einen bestimmten, zeitlich zurückliegenden Bewertungsstichtag geeinigt haben. Andernfalls entstehen oft unüberwindliche Schwierigkeiten, weil nach der zitierten Rechtsprechung abweichend von der Regelung des gesetzlichen Güterstandes der Stichtag für die Bewertung grundsätzlich erst der Zeitpunkt der – künftigen – Übertragung des betreffenden Gegenstandes auf einen der Ehepartner oder der Zeitpunkt der Erfüllung der entsprechenden Verbindlichkeit sein wird. In einem solchen Fall können sich die Parteien und das Gericht allenfalls dadurch behelfen, dass der Wert im Verfahren zunächst ermittelt und der idR hinzuzuziehende Sachverständige auf den Zeitpunkt der letzten mündlichen Tatsachenverhandlung hinzugeladen wird und dort die Frage des etwaigen zwischenzeitlichen Eintritts einer Wertveränderung beantworten kann. All dies wird aber nur in den Fällen möglich sein, als zwischen dem Zeitpunkt dieser letzten mündlichen Tatsachenverhandlung und der Rechtskraft der Entscheidung keine weiteren wesentlichen Wertveränderungen zu erwarten sind (vgl. hierzu im Einzelnen BGH FamRZ 1984, 254 (256)). Wenn diese Voraussetzungen nicht erfüllt werden können, muss die Auseinandersetzung auf den Zeitraum nach Rechtskraft der Ehescheidung verschoben werden, weil danach zumindest keine Veränderungen der Gesamtgutsverbindlichkeiten mehr möglich sind (BayObLG FamRZ 2004, 879; OLG München FamRZ 1996, 170) und Veränderungen bei den Gesamtgutsaktiva nach diesem Zeitpunkt nur unter den eingeschränkten Voraussetzungen des § 1473 BGB eintreten können.

8. Gegensätzlich ist die Rechtslage, wenn Ehepartner nicht an einer Personengesellschaft, sondern an einer GmbH beteiligt sind. Ein solcher Geschäftsanteil gehört zum Gesamtgut, sofern er nicht durch ausdrückliche, formbedürftige und unter den weiteren, in § 1418 BGB bestimmten Voraussetzungen dem Vorbehaltsgut zugewiesen ist (vgl. Roth FamRZ 1984, 328; OLG Saarbrücken FamRZ 2002, 1034).

9. In Literatur und Rechtsprechung wird die Zugehörigkeit des Anteils an einer Personengesellschaft zum Gesamtgut teilweise allein wegen mangelnder Übertragbarkeit verneint und diese demgemäß wiederum nur für die Fälle bejaht, in denen der Gesellschaftsvertrag eine solche Übertragung zulässt (BayObLG Betrieb 1980, 519).

10. Der BGH (BGHZ 65, 79 = NJW 1975, 1774) stellt wie in der Formularbegründung wiedergegeben darauf ab, dass ein Nebeneinander von Sondervermögen, die einerseits der Gütergemeinschaft und andererseits der Gesellschaft zugeordnet werden, schon begrifflich nicht möglich ist.

11. In der Praxis sind schon im Verbund gestellte Anträge zur Auseinandersetzung der Gütergemeinschaft abgewiesen worden, weil die Feststellung der begehrten Rechtsfolge vor Beendigung des Güterstandes nicht möglich sei. Selbst wenn dies zutrifft, darf das aber nicht zur Antragsabweisung führen; vielmehr muss das Familiengericht in einem solchen Fall die Folgesache Güterrecht aus dem Scheidungsverbund gemäß § 140 Abs. 2 Nr. 1 FamFG abtrennen (BGH FamRZ 1984, 254 (256) für den gleichlautenden § 628 ZPO aF).

8. Antrag auf Mitwirkung bei der Berichtigung von Gesamtgutsverbindlichkeiten

Amtsgericht[1, 2]

– Familiengericht –

In der Scheidungssache

. . . . .

hier: Folgesache wegen Güterrechts

beantrage ich namens der Antragstellerin, für den Fall der rechtskräftigen Scheidung der Ehe den folgenden Beschluss zu erlassen:

> Der Antragsgegner wird verpflichtet, zur Berichtigung von Gesamtgutsverbindlichkeiten dahin mitzuwirken, dass ein Betrag in Höhe von . . . . . EUR von dem auf den Namen der Parteien lautenden Sparkonto Nr . . . . . bei der . . . . . Bank auf das weitere, dort bestehende und auf den Namen des Antragsgegners lautende Darlehenskonto Nr . . . . . überwiesen wird.

Die Antragstellerin ist zur Vorbereitung der Auseinandersetzung der zwischen den Parteien bestehenden Gütergemeinschaft auf Mitwirkung des Antragsgegners angewiesen. Die Berichtigung der Gesamtgutsverbindlichkeiten gehört dort zu den vom Gesetz als vorrangig erklärten Aufgaben. Da der Antragsgegner seine Mitwirkung verweigert hat, ist im Interesse einer zügigen Auseinandersetzung ein hierauf gerichteter Antrag schon im Scheidungsverbund geboten und auch zulässig. Dazu im Einzelnen:

Die Parteien leben – wie bereits im Scheidungsverfahren vorgetragen und belegt – im Güterstand der Gütergemeinschaft mit gemeinsamen Verwaltungsrecht.[3] Aus Anlass ihrer Trennung hat der Antragsgegner für die von ihm bezogene Wohnung Mobiliar und eine Einbauküche erworben und diese Anschaffung mit Zustimmung[4] der Antragstellerin durch einen Kredit der . . . . . Bank über 12.000 EUR finanziert, welcher nach Kenntnis der Antragstellerin noch in dieser Höhe valutiert und derzeit mit 7,25 % jährlich zu verzinsen ist. Bereits kurz nach Beginn ihrer Ehe haben die Parteien darüber hinaus ein auf beider Namen lautendes Sparkonto errichtet und hierauf laufend und monatlich Beträge unterschiedlicher Höhe eingezahlt. Das Sparkonto weist derzeit ein Guthaben in Höhe von 14.850 EUR auf und wird mit 2,75 % jährlich verzinst. Das Sparguthaben sollte nach damaliger Absprache der Parteien entweder später für eine Weltreise oder für die Anschaffung eines Wohnmobils verwendet werden. Nachdem eine solche, jedenfalls gemeinsame Verwendung im Hinblick auf die bereits beantragte Ehescheidung nicht mehr in Betracht kommt, verlangt die Antragstellerin, dass das Sparguthaben zur Tilgung des genannten Darlehens verwendet wird. Der Antragsgegner hat seine Mitwirkung verweigert, weil er an der geplanten Verwendung des Sparguthabens festhalte und die Antragstellerin der Aufnahme des Kredits zugestimmt habe.

Der Antrag ist geboten, weil die Antragstellerin im Hinblick auf die genannte Verwaltungsregelung nur gemeinsam mit dem Antragsgegner über das zum Gesamtgut gehörende Sparguthaben verfügen kann, §§ 1416, 1450 BGB. Ihr Anspruch auf Mitwirkung gründet sich auf § 1451 BGB, wonach jeder Ehegatte dem anderen gegenüber verpflichtet ist, zu Maßregeln mitzuwirken, die zur ordnungsgemäßen Verwaltung des Gesamtguts erforderlich sind. Eine gleichartige Verpflichtung wird auch in Zukunft für die Zeit nach der durch Ehescheidung bedingten Beendigung der Gütergemeinschaft zum Zwecke der

Auseinandersetzung bestehen, § 1472 Abs. 3 BGB. Hierdurch ist jeweils ein prozessual geltendmachbarer[5] Anspruch des einen gegen den anderen Ehepartner begründet. Die Antragstellerin kann auch nicht darauf verwiesen werden, dass sie statt des verfahrensgegenständlichen Mitwirkungsanspruchs beantragt, die Zustimmung des Antragsgegners gemäß § 1452 BGB zu ersetzen;[6] eine solche Maßnahme ist nur dann geboten, wenn die Parteien zur geforderten Verwaltung des Gesamtguts erst ein Rechtsgeschäft abschließen müssten; hier reicht jedoch als Verwaltungsmaßregel eine bloße Handlung, nämlich die Überweisung vom Sparkonto auf das Darlehenskonto, aus, weswegen sich die Mitwirkungspflicht des Antragsgegners hierauf „reduziert".

Die begehrte Mitwirkung ist auch erforderlich im Sinne einer ordnungsgemäßen Verwaltung. Für die aufgrund ihrer Zustimmung wirksam als Gesamtgut begründete Darlehensschuld haftet die Antragstellerin gemäß § 1459 Abs. 2 S. 1 BGB gegenüber der Darlehensgläubigerin persönlich, auch wenn die Verbindlichkeit im Außenverhältnis allein in der Person des Antragsgegners entstanden ist. Schon wegen der aufgrund Ehescheidung bevorstehenden Beendigung des Güterstandes hat die Antragstellerin Anspruch darauf, von dieser sie persönlich treffenden Verbindlichkeit befreit zu werden. § 1475 Abs. 1 S. 1 BGB bestimmt, dass die Parteien mit Beginn der Auseinandersetzung vorrangig, nämlich „zunächst", die Gesamtgutsverbindlichkeiten zu berichtigen[7] haben. Grund hierfür ist, dass die während des Güterstandes entstandene persönliche Haftung sonst auch über die Beendigung und die Auseinandersetzung hinaus gemäß § 1480 BGB fortdauern würde, wenn eine Berichtigung der Verbindlichkeit nicht als Bestandteil der Auseinandersetzung vorgenommen worden ist. Im Hinblick hierauf gewährt die Rechtsprechung jedem Ehepartner auch das Recht, die weitere Auseinandersetzung solange zu verweigern, bis die vom Gesetz geforderte vorrangige Befriedigung der Gesamtgutsverbindlichkeiten durchgeführt ist.[8]

Darüber hinaus besteht unbeschadet der bevorstehenden Auseinandersetzung ein weiterer Grund für die begehrte Umschichtung darin, dass das Gesetz jeweils ausdrücklich eine „ordnungsgemäße Verwaltung" fordert, womit schon grundsätzlich die Einhaltung des Wirtschaftlichkeitsgebots einschließt; die Ehepartner müssen die Verwaltung vornehmen, die das Gesamtgut wirtschaftlich am wenigsten belastet.[9] Hierzu gehört insbesondere, dass ein mit einem höheren Zins zu verzinsendes Darlehen zurückgeführt wird, wenn das aufgrund eines niedrigere Zinsen bringenden Sparguthabens möglich ist.

Schließlich kann sich der Antragsgegner auch nicht auf die von der Antragstellerin erteilte Zustimmung zur Kreditaufnahme berufen. Dies geschah zwar nach Trennung der Parteien; jedoch ist nach inzwischen erfolgtem Ablauf eines Trennungsjahres und Einreichung des Scheidungsantrags die Ehe der Parteien als endgültig zerrüttet anzusehen und damit auch eine etwaige Geschäftsgrundlage für die Aufrechterhaltung des Sparkontos entfallen.

Eine Entscheidung über den Anspruch der Antragstellerin ist auch bereits im Vorgriff auf die erst durch Ehescheidung eintretende Beendigung des Güterstandes zulässig.[10] Dies gilt jedenfalls dann, wenn der zu beurteilende Vermögensgegenstand bis zu dem erst bevorstehenden Zeitpunkt der Auseinandersetzung bzw. Rückübernahme keine Veränderungen mehr erfahren wird, wie dies sonst insbesondere bei streitigen Bewertungsfragen der Fall wäre. Hier muss dagegen die Zweckmäßigkeit einer bestimmten Verwaltungsmaßnahme geprüft werden, was durch den bereits gestellten Scheidungsantrag beeinflusst ist und sich auch durch die Ehescheidung nicht mehr ändern wird. Sollte nach Auffassung des erkennenden Gerichts gleichwohl eine Entscheidung hierüber schon zum gegenwärtigen Zeitpunkt ausgeschlossen sein, wäre der Antrag nicht abzuweisen, sondern die Folgesache gemäß § 140 Abs. 2 Nr. 1 FamFG abzutrennen.[11]

Rechtsanwalt[12]

Anmerkungen

1. Die Gütergemeinschaft begründet Gesamthandseigentum und ist somit echte Ehe-Gesellschaft; wie die Gesellschaft ist sie im Grundsatz auf Gesamtvertretung ausgelegt, so dass die Eheleute gemeinschaftlich handeln müssen. Insbesondere in der Ehe-Krise wird die hierzu erforderliche Mitwirkung häufig verweigert; erforderliche Maßnahmen müssen gerichtlich durchgesetzt werden. Das gilt insbesondere für die vom Gesetz für die Auseinandersetzung gestellten Aufgaben; die in der Praxis wichtigste ist die im Formular behandelte Mitwirkung bei der Berichtigung von Gesamtgutsverbindlichkeiten. Aber auch andere, je nach Einzelfall erforderliche Maßnahmen können verlangt und durchgesetzt werden. Auch besteht eine Alternative zu dem hier zugrunde gelegten Leistungsantrag; mittelbar lässt sich die erforderliche Mitwirkung auch durch die Geltendmachung eines Zurückbehaltungsrechts erzwingen. Einzelheiten zu alldem werden in den nachstehenden Anmerkungen behandelt.

2. Die Auseinandersetzung der Gütergemeinschaft erfordert Teilungsreife, welche jedenfalls dann gegeben sein muss, wenn sie durch ein gerichtliches Verfahren erzwungen werden soll. Bevor das Gesamtgut auf die Eheleute verteilt werden kann, sind in einem ersten Schritt zunächst die Gesamtgutsverbindlichkeiten zu berichtigen (§ 1475 Abs. 1 BGB). Danach ist in einem zweiten Schritt Teilungsreife herzustellen; real nicht teilbare Gesamtgutsgegenstände müssen in Geld umgesetzt werden, um auf der letzten Stufe der Auseinandersetzung eine dem jeweiligen Auseinandersetzungsguthaben der Eheleute entsprechende Aufteilung zu ermöglichen (§ 1475 Abs. 3 BGB). Die Teilungsreife muss spätestens im Zeitpunkt der letzten Tatsachenverhandlung im Verfahren auf Auseinandersetzung vorliegen, andernfalls ist der Antrag auf Auseinandersetzung abzuweisen (BGH FamRZ 1988, 815). Zur Mitwirkung an diesen Maßnahmen sind die Ehepartner kraft Gesetzes verpflichtet (§ 1472 Abs. 3 BGB). Wird sie verweigert, ergibt diese Bestimmung einen klagbaren Anspruch. Da sich insbesondere wegen der erforderlichen Teilungsreife ein Antrag auf Auseinandersetzung meist erst nach der durch Ehescheidung bewirkten Beendigung des Güterstandes erheben lässt, ist die Vorbereitung dieser Auseinandersetzung schon im Verbund zweckmäßig und auch zulässig. Ebenso kann aber auch ein Antrag auf Mitwirkung als isolierte Familiensache eingereicht werden. Die einzelnen Voraussetzungen werden in den nachstehenden Anmerkungen erläutert.

3. Für den Inhalt der Mitwirkungspflicht ist die Verwaltungsregelung der Gütergemeinschaft maßgebend. Sie ist daher vorweg zu prüfen und im Verfahren vorzutragen. Überwiegend wird gemeinschaftliche Verwaltung vereinbart; sie gilt auch, wenn der Ehevertrag hierüber schweigt (§ 1421 S. 2 BGB); ferner stets ab Beendigung des Güterstandes im Auseinandersetzungsstadium (§ 1472 Abs. 1 BGB). An den einzelnen Auseinandersetzungsmaßnahmen müssen daher beide Ehepartner mitwirken. Ausnahmen können allenfalls dann gelten, wenn im Ehevertrag Alleinverwaltung vereinbart ist, was jedoch in der Praxis eher selten vorkommt und jedenfalls nur bis zur Beendigung des Güterstandes gilt.

4. Die Auseinandersetzung ist auf das Gesamtgut beschränkt (§ 1471 Abs. 1 BGB). Beim Vorbehalts- und Sondergut der Ehegatten ändert sich nichts. Deswegen müssen auch nur Gesamtgutsverbindlichkeiten bei der Auseinandersetzung vorweg berichtigt werden; das ist also nur dann erforderlich, wenn eine solche auch wirksam begründet worden ist, was insbesondere auch wegen der fortdauernden persönlichen Haftung der Ehepartner geprüft werden muss (→ Anm. 7). Bei gemeinschaftlicher Verwaltung kann also eine Gesamtgutsverbindlichkeit wirksam nur durch gemeinsame Rechtshandlung oder durch Handlung des einen und Zustimmung des anderen begründet werden (§ 1460

Abs. 1 BGB). In der Praxis wird allerdings häufig die Verwaltung des Gesamtguts faktisch von einem Ehepartner allein übernommen; bei Fehlen einer ausdrücklichen Zustimmung kann sich eine solche aber auch aus den Rechtsinstituten der Anscheins- und Duldungsvollmacht ergeben; ferner auch, wenn einem der Ehepartner die Führung eines selbstständigen Erwerbsgeschäftes übertragen wurde (§ 1456 BGB). Liegen diese Voraussetzungen nicht vor, haftet der handelnde Ehepartner allein und persönlich; die hieraus entstandene Verbindlichkeit ist außerhalb der Auseinandersetzung zu behandeln.

5. Ein Anspruch auf Mitwirkung besteht sowohl während des Bestands der Gütergemeinschaft, § 1451 BGB, wie auch nach deren Ende im Auseinandersetzungsstadium, § 1472 Abs. 3 BGB. In beiden Fällen ist er auf eine „ordnungsgemäße Verwaltung des Gesamtguts" gerichtet. Nähere Einzelheiten bestimmt das Gesetz nicht; sie ergeben sich aus der Situation des Einzelfalles (→ Anm. 9). Die Erfüllung dieser Mitwirkungspflicht kann jeweils klageweise geltend gemacht werden. Für den Fall des § 1451 BGB war dies umstritten, da das Gesetz als Alternative einen Antrag auf Ersetzung der Zustimmung ans Familiengericht vorsieht, § 1452 BGB (→ Anm. 6). Der BGH hat jedoch die Einklagbarkeit dieser Mitwirkungspflicht ausdrücklich bestätigt (BGH FamRZ 1990, 851 (853)). Für das Auseinandersetzungsstadium und den dort geltenden § 1472 Abs. 3 BGB ist dagegen die Einklagbarkeit nie in Zweifel gezogen worden und auch obergerichtlich bestätigt (OLG Frankfurt a. M. FamRZ 2006, 1678 (1679)).

6. Ausschließlich zuständig für die Entscheidung über den Antrag ist das Familiengericht. Jedoch muss bei der nach dem Formular zugrunde liegende Konstellation, dass noch vor Beendigung des Güterstandes auf Mitwirkung geklagt wird, im Antrag differenziert werden: Wenn sich die begehrte Mitwirkung auf eine bloße Handlung „reduziert" wie beispielsweise die Auszahlung aus einem Bankkonto, kann auf Mitwirkung bei dieser Maßnahme nach § 1451 BGB geklagt werden (BGH FamRZ 1990, 851 (853)); ist erst noch ein Rechtsgeschäft abzuschließen, zu dem also übereinstimmende Willenserklärungen beider Eheleute abzugeben sind, muss der Antrag auf Ersetzung der Zustimmung nach § 1452 BGB gerichtet werden, wofür nunmehr ebenfalls das Familiengericht zuständig ist, § 261 Abs. 2 FamFG (→ Form. K.IV.2).

7. Die Berichtigung der Gesamtgutsverbindlichkeiten durch Erfüllung ist jedoch nicht stets erforderlich. Die höchstrichterliche Rechtsprechung lässt Alternativen zu, ausgehend vom Gedanken des Gesetzes, dass dieses vorrangige Erfordernis letztlich nur dazu dienen soll, den anderen Ehepartner vor einer sonst gemäß § 1480 BGB über die Auseinandersetzung hinaus fortdauernden persönlichen Haftung zu schützen (BGH FamRZ 1985, 903 (905); 1988, 813 (815)). Sonach kann jede andere Lösung, die dasselbe Ergebnis erzielt, anstatt der Erfüllung der Verbindlichkeiten herangezogen werden; hierzu kommt insbesondere in Betracht, dass einer der Ehegatten die Gesamtgutsverbindlichkeiten alleine übernimmt und darüber hinaus durch Vereinbarung mit den Gläubigern bewirkt, dass der andere aus der persönlichen Haftung entlassen wird; möglich ist auch eine Sicherheitsleistung. Weitere Einzelheiten sind unter → Form. B.IV.5 Anm. 7–10 sowie in → Form. K.I.7 Anm. 9 behandelt.

8. Die auf die Berichtigung der Gesamtgutsverbindlichkeiten bezogene Mitwirkungspflicht führt wegen deren Vorrangs auch dazu, dass ein Ehegatte – als Alternative zur klageweisen Durchsetzung – im Rahmen der außergerichtlichen Auseinandersetzung seine Mitwirkung durch Ausübung eines Zurückbehaltungsrechts solange verweigern kann, als die Gesamtgutsverbindlichkeiten nicht bedient oder an deren Stelle eine ausreichende Sicherheit für ihn geschaffen worden ist (BGH FamRZ 1988, 813 (815)).

9. Der Inhalt der Mitwirkungspflicht ist im Gesetz nicht näher umrissen; § 1451 BGB bzw. § 1472 Abs. 3 BGB beschränken sich auf die Generalklausel einer „ordnungsmäßigen Verwaltung des Gesamtguts". Die obergerichtliche Rechtsprechung hat hierzu zwei für die Praxis wichtige Grundsätze entwickelt, aus denen sich jeweils konkrete Ansprüche ableiten lassen. Das ist einmal ein Wirtschaftlichkeitsgebot, wonach die Eheleute bei der Verwaltung im Zweifel die Maßnahme wählen müssen, die das Gesamtgut am wenigsten belastet (BayObLG FamRZ 2001, 1214 (1215)). Ferner sind die Ehegatten aufgrund nachwirkender ehelicher Treuepflicht gehalten, bei der Auseinandersetzung Schäden zu vermeiden, welche auch nur in der Person des anderen Ehegatten entstehen, wenn und soweit dies unter Berücksichtigung der berechtigten eigenen Belange möglich und zumutbar ist (OLG Düsseldorf FamRZ 1993, 194 (196)). Hieraus folgt unter anderem auch der im Formular geltend gemachte Anspruch zur Umschichtung des Vermögens auf einen zinsgünstigeren Kredit (BayObLG FamRZ 2001, 1214).

10. Sowohl für den Zeitraum des Bestands wie auch den nach Beendigung des Güterstandes ist eine inhaltsgleiche Verpflichtung zur Mitwirkung in § 1451 BGB bzw. § 1472 Abs. 3 BGB zur „ordnungsmäßigen Verwaltung des Gesamtguts" begründet. Hieraus lässt sich ableiten, dass hierzu auch schon vorbereitende Maßnahmen für die Auseinandersetzung gehören können. Das im Formular zugrunde gelegte Wirtschaftlichkeitsgebot gilt ohnehin für beide Tatbestände; aber auch Fälle, die erst auf die bevorstehende Auseinandersetzung zielen, dürften davon umfasst sein. Damit ist auch der Weg eröffnet, den Mitwirkungsanspruch schon im Scheidungsverbund geltend zu machen. Das lässt sich zwar nicht generell bejahen, kommt aber dann in Betracht, wenn über bereits abgeschlossene Tatbestände zu entscheiden ist, die sich bis zum erst bevorstehenden Zeitpunkt der durch Ehescheidung eintretenden Beendigung des Güterstandes nicht mehr verändern werden (BGH FamRZ 1984, 254 (256)).

11. Bei fehlender Entscheidungsmöglichkeit im Verbund darf der Antrag nicht abgewiesen, sondern die betreffende Folgesache muss gemäß § 140 Abs. 2 Nr. 1 FamFG abgetrennt werden (BGH FamRZ 1984, 254 (256) zu § 628 Abs. 1 S. 1 Nr. 1 ZPO aF).

Fristen und Rechtsmittel

12. Der Anspruch auf Mitwirkung bei der Verwaltung des Gesamtguts ist auf eine unvertretbare Handlung gerichtet und daher nach § 95 Abs. 1 Nr. 3 FamFG iVm § 888 ZPO zu vollstrecken (BGH FamRZ 1990, 851 (853)). Zur Entscheidung über einen Ordnungsmittelantrag ist somit nicht das Vollstreckungsgericht, sondern das Prozessgericht berufen, sodass Auslegungsschwierigkeiten hinsichtlich des zu vollstreckenden Anspruchs nicht entstehen dürfen.

V. Kindschaftssachen

Sorgerechtsverfahren

1. Antrag auf Regelung der elterlichen Sorge mit Zustimmung des anderen Elternteils

An das

Amtsgericht . . . . .[1]

– Familiengericht –

. . . . ., den 22.3.2026

Antrag

der . . . . ., – Antragstellerin und Mutter[2] –

– Verfahrensbevollmächtigter: Rechtsanwalt . . . . .[3] –

gegen

. . . . ., – Antragsgegner und Vater[2] –

– Verfahrensbevollmächtigte: Rechtsanwälte . . . . .[3] –

wegen: Ehescheidung

hier: Regelung der elterlichen Sorge für das gemeinsame Kind der Beteiligten Luca, geb. am 18.9.2019

Aktenzeichen: . . . . .

Vorläufiger Verfahrenswert: EUR . . . . .[4]

Namens und im Auftrag der Antragstellerin und unter Bezugnahme auf die bereits im Scheidungsverfahren vorgelegte Verfahrensvollmacht[5] beantrage ich,[6]

im Rahmen des Scheidungsverfahrens[7] die elterliche Sorge für das gemeinsame Kind der Beteiligten Luca, geb. am 18.9.2019, der Mutter[2] zu übertragen.

Begründung:[8]

Die Sorge für das gemeinsam Kind der Ehegatten soll mit der Scheidung zusammen geregelt werden.[7]

Wie das Jugendamt bestätigen wird,[9] lebt Luca seit der Trennung[10] der Ehegatten im Februar 2024 bei der Mutter und wird von dieser bestens betreut.

Die Beteiligten haben sich zur Regelung der elterlichen Sorge, die bisher beiden gemeinsam zustand,[11] darauf geeinigt, das Sorgerecht für Luca der Mutter zu übertragen. Der Vater hat dem durch die schriftliche Erklärung vom 15.2.2026 ausdrücklich zugestimmt.[12]

Beweis: Schriftliche Zustimmungserklärung des Vaters vom 15.2.2026

Luca ist mit der Übertragung des Sorgerechts – soweit er dies in seinem Alter überhaupt einschätzen kann – auf die Mutter ebenfalls einverstanden.[13]

Da die Mutter sich intensiv und liebevoll um Luca kümmert, stehen der Sorgerechtsübertragung Gründe des Kindeswohls nicht entgegen.[14]

Rechtsanwalt[15,16]

Anmerkungen

1. Die örtliche Zuständigkeit für die Regelung der elterlichen Sorge für ein gemeinsames Kind der Ehepartner nach § 1671 Abs. 1 S. 2 BGB liegt gemäß § 152 Abs. 1 FamFG während der Anhängigkeit einer Ehesache ausschließlich bei dem Gericht der Ehesache. Die Anhängigkeit tritt gemäß § 124 S. 1 FamFG mit der Einreichung der Antragsschrift bei Gericht ein.

Die internationale Zuständigkeit richtet sich nach Art. 7 ff. Brüssel IIb-VO, die frühere Zuständigkeit als Folgesache zur Scheidung gibt es nicht mehr. Nach Art. 10 Brüssel IIb-VO sind aber Gerichtsstandsvereinbarungen und nach Art. 12 Brüssel IIb-VO Übertragungen der Zuständigkeit an ein Gericht eines anderen Mitgliedstaats möglich.

2. Bei der Bezeichnung der Beteiligten ist es häufig sachgerecht, auf die – an sich zutreffenden – Begriffe „Antragstellerin" und „Antragsgegner" zu verzichten. Vor allem, wenn die Beteiligtenrollen im Scheidungsverfahren oder in anderen Folgesachen gegenläufig sind, kann es zu Verwechslungen und Unklarheiten kommen.

3. Für Folgesachen besteht Anwaltszwang gemäß § 114 Abs. 1 FamFG. Dieser entfällt gemäß § 137 Abs. 5 S. 2 FamFG nach Abtrennung der Kindschaftssache vom Verbund.

Gemäß § 113 Abs. 1 S. 2 FamFG mit § 78 Abs. 2 ZPO sind alle zugelassenen Rechtsanwälte postulationsfähig.

4. Der Verfahrenswert der Ehesache erhöht sich (unabhängig von der Anzahl der Kinder) bei Regelung der elterlichen Sorge im Verbundverfahren gemäß § 44 Abs. 2 FamGKG um 20 %, höchstens jedoch um 5.000 EUR. Eine davon abweichende Festsetzung ist gerechtfertigt, wenn der Fall von einem Durchschnittsfall nach oben oder unten abweicht, § 44 Abs. 3 FamGKG.

5. Gemäß § 114 Abs. 5 FamFG ist eine besondere, auf das Verfahren gerichtete Verfahrensvollmacht erforderlich. Diese erstreckt sich nach S. 2 auch auf die Folgesachen.

6. Das Familiengericht entscheidet über die Folgesache Sorgerecht gemäß § 1671 Abs. 1 BGB nur auf Antrag eines Elternteils oder beider Elternteile. Damit steht es den Eltern grundsätzlich frei, ob sie eine gerichtliche Entscheidung über die Regelung der elterlichen Sorge herbeiführen oder aber es bei dem gemeinsamen Sorgerecht belassen wollen. Eine Entscheidung von Amts wegen kommt nur nach § 1666 BGB bei Gefährdung des Kindeswohles in Betracht. Die Frist zur Anhängigmachung von Folgesachen nach § 137 Abs. 2 FamFG ist zu beachten.

Es ist sachgerecht, den Sorgerechtsantrag als Folgesache in einer gesonderten Antragsschrift bei Gericht einzureichen, da bei vielen Gerichten die Folgesachen in (elektronischen) Unterheften bearbeitet werden. Hinzu kommt, dass die Antragsschrift dem Jugendamt zur Stellungnahme zugeleitet wird, da dieses vom Familiengericht gemäß § 162 Abs. 1 FamFG anzuhören ist.

7. Trotz der Konzentrationszuständigkeit des Gerichts der Ehesache werden Kindschaftssachen gemäß § 137 Abs. 3 FamFG zur Folgesache im Scheidungsverbund aber – anders als die Sachen gemäß § 137 Abs. 2 FamFG – nur auf ausdrücklichen Antrag eines der Ehegatten. Dieser sollte gut überlegt sein. Zwar kann die Koppelung an die Scheidung gemäß §§ 137 Abs. 1, 142 Abs. 1 S. 1 FamFG erheblichen Einfluss auf die Kooperations- und Einigungsbereitschaft der Ehegatten haben. Eine wirksame Entscheidung über die elterliche Sorge ergeht aber – anders als nach § 40 FamFG – in Folgesachen gemäß § 148 FamFG nicht vor Rechtskraft der Scheidung.

8. Nach § 23 FamFG soll ein Antrag begründet werden. Dies bedeutet, dass das Fehlen einer Begründung nicht zur Unzulässigkeit des Antrages führt. Gerade in Kindschaftssachen bietet es sich im Hinblick auf den frühen Termin nach § 155 Abs. 2 FamFG an, die Begründung so knapp wie möglich zu halten und insbesondere von Abwertungen des anderen Elternteils abzusehen. Auf der anderen Seite empfiehlt sich, die Begründung so zu halten, dass sich für das Gericht genügend Anhaltspunkte für seine Ermittlungen im Rahmen der Amtsaufklärung nach § 26 FamFG ergeben.

9. Das Jugendamt ist gemäß § 162 Abs. 1 FamFG vor einer Sorgerechtsentscheidung grundsätzlich anzuhören. Es hat als Verfahrensbeteiligter eine eigenständige Stellung. Seine Mitwirkung besteht ua in der Vorlage eines Jugendamtsberichts, § 50 Abs. 1 SGB VIII. Dieser Bericht soll das Gericht in die Lage versetzen, sich ein Bild vom sozialen Umfeld des Kindes zu verschaffen. Außerdem soll das Jugendamt eine gutachterliche Stellungnahme abgeben, zu der es auf Grund seiner besonderen Fachkunde befähigt ist.

10. Gemäß § 1671 Abs. 1 BGB ist Voraussetzung für die Übertragung der alleinigen Sorge auf einen Elternteil die Trennung der Eltern auf Dauer und nicht nur vorübergehend. Diese Voraussetzung lässt sich im Regelfall dem ebenfalls anhängigen Scheidungsverfahren entnehmen.

11. Weitere Voraussetzung für die Übertragung der alleinigen Sorge ist gemäß § 1671 Abs. 1 BGB, dass beide Eltern das Sorgerecht bisher gemeinsam innegehabt haben. Darauf sollte in der Antragsschrift hingewiesen werden. War über die elterliche Sorge bereits in einem Hauptsacheverfahren entschieden worden und besteht nunmehr ein Regelungsbedürfnis zu einer neuen Sorgerechtsgestaltung, müssen zusätzlich die Voraussetzungen des § 1696 BGB vorliegen.

12. Den mit der Zustimmung des anderen Elternteils zum Ausdruck gebrachten übereinstimmenden Elternwillen sieht § 1671 Abs. 1 S. 2 Nr. 1 BGB als verbindlich an. Dem Gericht ist es dadurch verwehrt, eine Richtigkeitskontrolle dieses Elternwillens vorzunehmen. Es hat vielmehr den Antrag ohne jegliche Sachprüfung in eine entsprechende Entscheidung umzusetzen (siehe aber → Anm. 14). Die Zustimmung muss jedoch in Bezug auf einen konkreten Antrag erteilt sein. Es genügt also nicht, dass der Antragsgegner irgendwann einmal allgemein geäußert hat, er werde sich mit einer Alleinsorge des anderen Elternteils einverstanden erklären (Grüneberg/Götz BGB § 1671 Rn. 8). Die Zustimmung ist höchstpersönlicher Natur, keine Verfahrenshandlung, sie muss unbedingt erfolgen (OLG Koblenz FamRZ 2016, 475).

Nach ganz allgemeiner Meinung kann die Zustimmung bis zur gerichtlichen Entscheidung in der letzten Tatsacheninstanz erteilt und auch frei widerrufen werden (OLG Düsseldorf FamRZ 2018, 512; OLG Brandenburg FamRZ 2014, 1717; OLG Zweibrücken 2011, 992; OLG Celle OLGR 2007, 690; Grüneberg/Götz BGB § 1671 Rn. 8). Es handelt sich dabei nicht um eine vertragliche oder vertragsähnliche Vereinbarung, die den Regeln des Vertragsrechts unterliegt (vgl. BGH FamRZ 1993, 314).

13. Wenn das Kind, welches das 14. Lebensjahr vollendet hat, der Übertragung widerspricht, kommt eine Entscheidung nach § 1671 Abs. 1 S. 2 Nr. 1 BGB nicht in Betracht. Das Gericht kann die elterliche Sorge dann nur nach § 1671 Abs. 1 S. 2 Nr. 2 BGB übertragen, wenn unter Berücksichtigung des Kindeswohls die stärkeren Gründe für die Übertragung der elterlichen Sorge auf den Antragsteller sprechen. In diesem Fall muss die Begründung des Antrages ausführlicher sein. Zu den Einzelheiten → Form. B.V.2 Anm. 12 ff.

Hervorzuheben wäre aber in der vorliegenden Konstellation auch dann, dass der andere Elternteil der Übertragung zustimmt und es hier in erster Linie um die Kommunikation der Eltern untereinander geht.

14. Dem Antrag auf Alleinsorge darf trotz Vorliegens der Voraussetzungen nach § 1671 Abs. 1 S. 2 Nr. 1 BGB nicht stattgegeben werden, wenn dadurch das Kindeswohl gefährdet wäre (§§ 1671 Abs. 4, 1666 BGB). Da auch dies von Amts wegen zu prüfen ist (§ 26 FamFG), erscheint es sachgerecht kurz darzulegen, dass Umstände für die Gefährdung des Kindeswohls nicht vorliegen.

Kosten und Gebühren

15. Die Kostenentscheidung ergibt sich aus § 150 FamFG. Danach sind die Kosten der Scheidung und der Folgesachen grundsätzlich gegeneinander aufzuheben. Gem. § 150 Abs. 4 S. 1 FamFG mit § 81 Abs. 2 FamFG kommt aber auch eine andere Verteilung in Betracht.

Gerichtskosten: Zwei Verfahrensgebühren fallen in Scheidungs- und Folgesachen gemäß KV 1110 FamGKG an. Eine Vorauszahlungspflicht gemäß § 14 Abs. 1 FamGKG besteht für den Scheidungsantrag, nicht aber für die elterliche Sorge als Scheidungsfolgesache.

Rechtsanwaltsgebühren: Der dritte Teil des RVG ist für das gesamte Verbundverfahren anzuwenden. Gemäß § 16 Abs. 4 RVG gelten eine Scheidungssache und die Folgesachen als eine Angelegenheit. Gemäß § 44 Abs. 2 FamGKG, § 22 RVG werden die Gegenstände addiert. Es kann entstehen eine 1,3 Verfahrensgebühr nach VV 3100 RVG iVm § 13 RVG und eine 1,2 Terminsgebühr nach VV 3104 RVG iVm § 13 RVG. Möglich ist auch eine Einigungsgebühr (vgl. § 156 FamFG) nach VV 1000 RVG.

Wird das Kindschaftsverfahren gemäß § 140 Abs. 2 Nr. 3 FamFG vom Scheidungsverfahren abgetrennt, wird diese Folgesache gemäß § 137 Abs. 5 S. 2 FamFG als selbständiges Verfahren fortgeführt. Die Kostenentscheidung richtet sich gemäß § 150 Abs. 5 S. 2 FamFG dann nach § 81 FamFG. Gebührenrechtlich ist aber der vorher bestandene Verbund zu berücksichtigen (vgl. OLG Zweibrücken FamRZ 2012, 1413).

Fristen und Rechtsmittel

16. Befristete Beschwerde gemäß § 58 FamFG an das Oberlandesgericht gemäß § 119 GVG. Gemäß § 64 FamFG kann die Einlegung der befristeten Beschwerde wirksam nur beim Ausgangsgericht erfolgen. Dies gilt gemäß § 64 Abs. 1 S. 2 FamFG auch für Anträge auf Bewilligung von Verfahrenskostenhilfe für eine beabsichtigte Beschwerde. Das Rechtsmittel muss gemäß § 114 Abs. 1 FamFG durch einen beim Rechtsmittelgericht zugelassenen Rechtsanwalt eingelegt werden. Die befristete Beschwerde muss innerhalb einer Notfrist von einem Monat ab Zustellung der Entscheidung eingelegt werden, § 63 Abs. 1 FamFG. Nach erfolgter Bewilligung von Verfahrenskostenhilfe für eine beabsichtigte Beschwerde darf die Beschwerdeeinlegung nicht vergessen werden (!). Das betroffene Kind hat ab Vollendung des 14. Lebensjahres ein eigenes Beschwerderecht, § 60 FamFG.

Eine Beschwerdebegründung ist nicht erforderlich, bei § 65 Abs. 1 FamFG handelt es sich um eine Sollvorschrift, eine Begründung, die nicht nur den erstinstanzlichen Vortrag wiederholt, ist aber sicher sinnvoll.

2. Antrag auf Regelung der elterlichen Sorge auf Grund des Wohles des Kindes (Kommunikationsprobleme)

An das

Amtsgericht . . . . .[1]

– Familiengericht –

. . . . ., den 22.3.2026

Antrag

der . . . . . – Antragstellerin und Mutter[2] –

– Verfahrensbevollmächtigter: Rechtsanwalt . . . . .[3] –

gegen

. . . . . – Antragsgegner und Vater[2] –

– Verfahrensbevollmächtigte Rechtsanwälte . . . . .[3] –

wegen: Ehescheidung

hier: Regelung der elterlichen Sorge für das gemeinsame Kind der Beteiligten

Luca, geb. am 18.9.2019

Aktenzeichen: . . . . .

Vorläufiger Verfahrenswert: . . . . .[4]

Namens und im Auftrag der Antragstellerin und unter Bezugnahme auf die bereits im Scheidungsverfahren vorgelegte Verfahrensvollmacht[5] beantrage ich,[6]

1. im Rahmen des Scheidungsverfahrens[7] die elterliche Sorge für das gemeinsame Kind der Beteiligten Luca, geb. am 18.9.2019, zur alleinigen Ausübung auf die Mutter[2] zu übertragen.
   Sollte der Vater der Sorgerechtsübertragung zustimmen, bietet die Mutter folgende Verpflichtung an:[21]
   Die Mutter verpflichtet sich, dem Vater ungefragt (mindestens einmal alle sechs Monate) alle Auskünfte und Informationen zu erteilen, die die Entwicklung des Sohnes Luca betreffen, zB über Erkrankungen, Verletzungen, Unfälle, sowie ärztliche Behandlungen, Therapien, wesentliche schulische Angelegenheiten und Veranstaltungen, und ihm in Kopie hierzu gehörende wesentliche Unterlagen, zB Arztberichte, ärztliche Atteste, Schulzeugnisse und Ähnliches zu übersenden.
   Die Mutter ermächtigt den Vater, sich bei den in Frage kommenden Stellen auch unabhängig davon selbst Informationen über Luca einzuholen.

Begründung:[8]

Die Sorge für das gemeinsame Kind der Ehegatten soll mit der Scheidung zusammen geregelt werden.[7]

Wie das Jugendamt bestätigen wird,[9] lebt Luca seit der Trennung[10] der Ehegatten im Februar 2024 bei der Mutter und wird von dieser bestens betreut.

Die Beteiligten können sich über die elterliche Sorge für ihr gemeinsames Kind Luca, geb. am 18.9.2019, die bisher beiden gemeinsam zustand,[11] nicht einigen. Der Vater erstrebt voraussichtlich die Beibehaltung des gemeinsamen Sorgerechts.

Dem Wohl des Kindes entspricht es jedoch am besten, wenn das gemeinsame Sorgerecht aufgehoben und die Alleinsorge der Mutter übertragen wird.[12]

Luca wird auch in Zukunft bei der Mutter leben. Dies hat der Vater auch noch nie in Frage gestellt.[13]

Der Vater blockiert aber praktisch jede wesentliche Entscheidung der Mutter.[14]

Eine Ausübung der gemeinsamen elterlichen Sorge scheitert bereits am Fehlen der erforderlichen Kooperationsbereitschaft.[15] Eine sachliche Auseinandersetzung mit dem Vater über die Kindesbelange ist der Mutter nicht möglich. Ohne wirkliches Interesse an den Belangen des Kindes zu haben oder sich genauer über die Umstände zu informieren,[16] stellt er die Entscheidungen der Mutter immer wieder in Frage, ohne dass er zu einer konstruktiven Lösung bereit wäre. Luca hält sich mittlerweile demonstrativ die Ohren zu, wenn Mutter und Vater aufeinandertreffen.[17]

Dies zeigt sich exemplarisch[18] immer wieder insbesondere beim Umgang mit der ärztlich diagnostizierten ADHS-Erkrankung des Kindes. Der Vater beharrt trotz einer Vielzahl gemeinsamer Termine bei verschiedenen Ärzten darauf, dass Luca nur gelegentlich ein wenig überdreht sei. Jede ärztliche Maßnahme zieht endlose und fruchtlose Diskussionen nach sich. Dabei wird der Vater gegenüber der Mutter regelmäßig ausfallend und beleidigend. Durch diese ständigen Streitigkeiten der Eltern verstärkt sich bei Luca die eigene Wahrnehmung, mit ihm stimme etwas nicht.[17]

Auch bei der Auswahl der Schule für Luca verlangte der Vater völlig übertriebene Rechtfertigungen von der Mutter. So wollte er allen Ernstes eine schulamtliche Bestätigung, dass die von der Mutter ausgesuchte örtliche Waldorfschule ideologisch unbedenklich sei. Eigene Gedanken zur Schulauswahl hat sich der Vater nicht gemacht. Luca konnte nur deshalb noch einen der begehrten Plätze erhalten, weil die Schule ihn zunächst ohne Zustimmung des Vaters akzeptierte.[18]

Bei der Eröffnung eines Girokontos für Luca wollte der Vater, dass die Mutter bei allen örtlichen Banken die jeweiligen Konditionen erfragt, selbst hat er sich nicht gekümmert.

Insgesamt leidet Luca so erheblich unter den ständigen Auseinandersetzungen der Eltern, dass die Mutter ihn kaum noch bewegen kann, die Umgänge mit dem Vater durchzuführen.[17]

Die Ausübung eines gemeinsamen Sorgerechts kommt nicht in Betracht. Auch Luca möchte, dass die Mutter allein entscheidet, wie er in seiner Anhörung bestätigen wird.[19]

Auch dem Jugendamt ist es mit seiner Beratungs- und Unterstützungstätigkeit nicht gelungen, eine hinreichende Kommunikationsbasis der Eltern zu schaffen.[20]

Möglicherweise ist der Vater ja auch bereit, seine Zustimmung für die alleinige elterliche Sorge zu erteilen. Die Mutter würde dann die oben formulierte Erklärung abgeben.[21]

Die Erteilung einer Vollmacht hat der Vater zwar mehrfach angeboten, aber nie vollzogen.[22]

Rechtsanwalt[23,24]

Anmerkungen

1. → Form. B.V.1 Anm. 1.

2. → Form. B.V.1 Anm. 2.

3. → Form. B.V.1 Anm. 3.

4. → Form. B.V.1 Anm. 4.

5. → Form. B.V.1 Anm. 5.

6. → Form. B.V.1 Anm. 6.

7. → Form. B.V.1 Anm. 7.

8. → Form. B.V.1 Anm. 8.

9. → Form. B.V.1 Anm. 9.

10. → Form. B.V.1 Anm. 10.

11. → Form. B.V.1 Anm. 11.

12. Nach § 1671 Abs. 1 S. 2 Nr. 2 BGB ist der Antrag eines Elternteils, ihm die Alleinsorge zu übertragen, dann begründet, wenn zu erwarten ist, dass die Aufhebung der gemeinsamen Sorge und die Übertragung auf den Antragsteller dem Wohl des Kindes am besten entsprechen. Damit ist für die Erfolgsaussicht des Antrages eine zweifache Erwartung erforderlich (doppelte Kindeswohlprüfung, vgl. BGH FamRZ 2005, 1167). Zum einen muss die Aufhebung der gemeinsamen elterlichen Sorge dem Kindeswohl am besten entsprechen, zum anderen muss die Übertragung der Alleinsorge gerade auf den Antragsteller die beste Lösung für das Kind sein. In der vorliegenden Konstellation besteht Streit im Wesentlichen über die erste Frage, während nicht zu erwarten ist, dass der Antragsgegner die Übertragung der Alleinsorge auf sich überhaupt in Erwägung zieht. Der Sachvortrag in der Antragschrift kann sich daher (zunächst) auf die Aufhebung der gemeinsamen Sorge konzentrieren.

13. Zu einem solchen Fall des erstrebten Aufenthaltswechsels → Form. D.I.3.

14. § 1671 Abs. 1 S. 2 Nr. 2 BGB bezieht sich auf die Regelungen von erheblicher Bedeutung für das Kind, während gemäß § 1687 Abs. 1 S. 2 und S. 4 BGB die Angelegenheiten des täglichen Lebens von dem Elternteil entschieden werden, bei dem das Kind sich gerade aufhält.

§ 1687 Abs. 1 S. 3 BGB versucht eine Abgrenzung einerseits nach der Häufigkeit und andererseits nach der Bedeutung für die Entwicklung des Kindes. Im Einzelfall kann dies sehr schwierig vorzunehmen sein (vgl. etwa zum Thema Impfung BGH FamRZ 2017, 1057).

15. Entscheidendes Kriterium für die Frage der Aufhebung der gemeinsamen elterlichen Sorge ist die Kooperation der Eltern und ihre Auswirkungen auf das Kindeswohl. Die Übertragung der elterlichen Sorge auf einen Elternteil alleine kommt insbesondere dann in Betracht, wenn das Mindestmaß der für die gemeinsame Ausübung der Elternverantwortung erforderlichen Kooperationsfähigkeit und Kooperationsbereitschaft und die dafür erforderliche tragfähige soziale Beziehung, die eine Verständigung auch noch bei einem Dissens erlaubt, zwischen den Eltern nicht (mehr) gewährleistet sind (BVerfG FamRZ 2004, 354; BGH FamRZ 2008, 592).

§ 1671 Abs. 1 S. 2 Nr. 2 BGB enthält kein Regel-Ausnahme-Verhältnis in dem Sinne, dass ein Vorrang zugunsten der gemeinsamen elterlichen Sorge besteht und die Alleinsorge eines Elternteils nur in Ausnahmefällen als ultima ratio in Betracht kommen sollte (BT-Drs. 13/4899, 63 u. 99; BVerfG FamRZ 2007, 1876; BGH FamRZ 2008, 592). Entscheidend ist, welche Auswirkungen die Auseinandersetzungen der Eltern auf das Kindeswohl haben.

Einerseits lässt sich elterliche Gemeinsamkeit in der Realität nicht verordnen. Die bloße Pflicht zur Konsensfindung vermag eine tatsächlich nicht bestehende Verständigungsmöglichkeit nicht zu ersetzen, diese muss auch praktisch funktionieren. Dabei besagt etwa der Umstand, dass Eltern tief zerstritten sind, noch nichts über deren Unfähigkeit, in Angelegenheiten ihres gemeinsamen Kindes zu gemeinsamen kindeswohlverträglichen Lösungen zu gelangen. Auch die Meinungsverschiedenheit der Eltern über einzelne Fragen der Erziehung des Kindes ist – jedenfalls für sich genommen – nicht angetan, die Alleinsorge eines Elternteils als die für das Kindeswohl beste Lösung erscheinen zu lassen (BGH FamRZ 2008, 592; BGH FamRZ 2005, 1167).

Andererseits beeinträchtigen Meinungsverschiedenheiten und Auseinandersetzungen der Eltern nicht per se das Kindeswohl. Zur Normalität in Eltern-Kind-Beziehungen gehört vielmehr, dass Eltern über Einzelfragen der Erziehung unterschiedliche Auffassungen haben und sich mitunter erst aus Kontroversen die für das Kind beste Lösung herausschält.

Erst dann, wenn angesichts der Entwicklungen in der Vergangenheit die begründete Besorgnis besteht, dass die Eltern auch in Zukunft nicht in der Lage sein werden, ihre Streitigkeiten in wesentlichen Bereichen der elterlichen Sorge konstruktiv und ohne gerichtliche Auseinandersetzungen beizulegen, ist die erzwungene Aufrechterhaltung der gemeinsamen elterlichen Sorge dem Kindeswohl nicht zuträglich. Denn ein fortgesetzter destruktiver Elternstreit führt für Kinder zwangsläufig zu erheblichen Belastungen (vgl. BGH FamRZ 2008, 592).

16. Auf die Gründe für die scheiternde Kommunikation, insbesondere die jeweilige Verantwortlichkeit der Eltern, kommt es grundsätzlich nicht an, weil man eben Verständigung nicht verordnen kann. Die sorgerechtliche Entscheidung soll nicht Fehlverhalten eines Elternteils sanktionieren, sondern das Kindeswohl im Blick haben (BGH FamRZ 2008, 592).

Aber in jedem Fall ist es besser herauszustellen, dass keine einseitige Kommunikationsverweigerung durch die Mutter vorliegt.

Wichtig ist dieser Hinweis auf mangelndes Interesse des Vaters vorliegend auch deshalb, damit deutlich wird, dass eine Übertragung der elterlichen Sorge auch in Teilbereichen auf ihn (→ Anm. 18) nicht in Betracht kommt.

17. Entscheidend ist in jedem Fall die im konkreten Einzelfall zu treffende Feststellung, dass der Elternkonflikt erhebliche negative Auswirkungen auf das Kindeswohl hat (BGH FamRZ 2008, 592). Diese können sich sowohl daraus ergeben, dass die erforderlichen Entscheidungen nicht oder nur verspätet getroffen werden können, als auch daraus, dass Kinder unter dem Elternkonflikt in erheblichem Maße leiden.

18. Als denkbare Entscheidung des Gerichts muss in Betracht gezogen werden, dass dem Antrag nur teilweise stattgegeben wird, weil das Gericht der Auffassung ist, dass es unter dem Gesichtspunkt der Verhältnismäßigkeit ausreicht, die Alleinsorge lediglich für Teilbereiche, hier zB die Gesundheitsfürsorge oder die Schulangelegenheiten, herzustellen (vgl. dazu BGH FamRZ 2008, 592; BGH FamRZ 2005, 1167). Wenn dies vermieden werden soll, muss die Antragsschrift darstellen, dass es sich nicht um wenige inhaltliche Streitpunkte bei weitgehendem Konsens in anderen Bereichen handelt, sondern ein umfassender und grundsätzlicher Konflikt der Eltern vorliegt.

19. Von besonderer Bedeutung für die Entscheidung des Gerichts über den Sorgerechtsantrag ist das Ergebnis der Anhörung des Kindes, die der Ermittlung des Kindeswillens dient. Der Wille des Kindes ist ein Beurteilungskriterium für die Kindeswohlprüfung.

Kinder sind bei § 1671 BGB bereits ab etwa drei Jahren anzuhören. Die Bedeutung des Kindeswillens nimmt mit dem Alter des Kindes zu. Insbesondere bei Kindern ab 14 Jahren wird man den Kindeswillen nur dann übergehen können, wenn schwerwiegende Gründe gegen den Wunsch des Kindes sprechen. Auch bei einem Kind, das deutlich jünger ist, kann der Wille im Einzelfall ein ernst zu nehmender Faktor für die gebotene Gesamtabwägung aller Faktoren sein.

Stets ist dabei zu beurteilen, ob der vom Kind geäußerte Wille stabil ist und sich objektiv mit seinem Wohl vereinbaren lässt. Maßgeblich für die Beachtung des Kindeswillens wird insbesondere sein, ob das Kind seine Meinung nachvollziehbar begründen kann. Lässt sich dies feststellen, dürfte dem Kindeswillen eine entscheidende Bedeutung beizumessen sein. Auch ein manipulierter Kindeswille ist beachtlich, wenn der Elternteil das Kind beeinflusst, zu dem es die größere emotionale Bindung hat (BVerfG NJW 2015, 2561).

Auch wenn es vorliegend in erster Linie um den Konflikt der Eltern geht, kann nicht ohne weiteres angenommen werden, dass eine Kindesanhörung entbehrlich ist (vgl. dazu BGH FamRZ 2016, 1439).

20. Der Hinweis auf die vergebliche Inanspruchnahme der Vermittlung des Jugendamtes ist jedenfalls erforderlich um für die Verfahrenskostenhilfe den Vorwurf des Mutwillens gem. § 76 Abs. 1 FamFG mit § 114 Abs. 2 ZPO auszuräumen.

21. Dieses Angebot, das die ohnehin bestehende Auskunftspflicht gemäß § 1686 BGB konkretisiert, kann möglicherweise den Bedenken des Vaters Rechnung tragen, ohne Sorgerecht von Informationen über das Kind abgeschnitten zu sein. Dann kommt eine Entscheidung nach § 1671 Abs. 1 S. 2 Nr. 1 BGB in Betracht, → Form. B.V.1.

22. Eine tatsächlich erfolgte (und nicht nur angebotene) Bevollmächtigung kann eine Übertragung des alleinigen Sorgerechts nach § 1671 Abs. 1 BGB als unverhältnismäßig entbehrlich machen. Um den Handlungsspielraum des betreuenden Elternteils bei bestehenden Kommunikationsproblemen (Nichterreichbarkeit oder Streit) aber zu erweitern, bedarf es dabei nicht nur einer Bevollmächtigung im Außenverhältnis, sondern auch einer Ermächtigung im Innenverhältnis, die Entscheidungen für das Kind allein zu treffen. Dass somit von der gemeinsamen Sorge nur eine leere Hülle bleibt, ist hinzunehmen (zumal es den Eltern häufig aus optischen Gründen ausreicht).

Ein Absehen von einer Sorgerechtsübertragung setzt aber die Akzeptanz der Vollmachtsurkunde im Rechtsverkehr voraus, an der es bei Behörden, Banken oder Konsulaten fehlen kann. Auf die ohnehin unsichere Prognose einer (nicht verzichtbaren) Widerrufsmöglichkeit kommt es dagegen nicht an (vgl. zum Ganzen BGH FamRZ 2020, 1171).

Kosten und Gebühren

23. → Form. B.V.1 Anm. 15.

Bei einer Vereinbarung über die Auskunftspflicht kommt ein Vergleichsmehrwert in Betracht, §§ 44 Abs. 2 S. 1, 45 Abs. 1 Nr. 3 FamGKG.

Fristen und Rechtsmittel

24. → Form. B.V.1 Anm. 16.

Regelung des Umgangs mit einem Kind

3. Umgang mit einem gemeinschaftlichen Kind

An das

Amtsgericht . . . . . [1]

– Familiengericht –

. . . . ., den 22.3.2026

Antrag

des . . . . ., **– Antragsteller und Vater**[2] **–**

– Verfahrensbevollmächtigter: Rechtsanwalt . . . . . [3] **–**

gegen

. . . . ., **– Antragsgegnerin und Mutter**[2] **–**

– Verfahrensbevollmächtigte: Rechtsanwälte . . . . . [3] **–**

wegen: Ehescheidung

hier: Regelung des Umgangs mit den gemeinsamen Kindern der Beteiligten

Lisa, geb. am 13.6.2019

Max, geb. am 16.2.2023

Aktenzeichen: . . . .

Vorläufiger Verfahrenswert: . . . . . EUR[4]

Namens und im Auftrag des Antragstellers und unter Bezugnahme auf die bereits im Scheidungsverfahren vorgelegte Verfahrensvollmacht[5] **beantrage ich,**[6]

> **im Rahmen des Scheidungsverfahrens**[7] **das Umgangsrecht des Vaters wie folgt zu regeln:**
>
> **Der Vater**[2] **hat das Recht, die gemeinsamen Kinder der Beteiligten Lisa, geb. am 13.6.2019, und Max, geb. am 16.2.2023,**
> **an den Wochenenden in den geraden Kalenderwochen von Samstag 10.00 Uhr bis Sonntag 18.00 Uhr,**
> **in den Schulferien jeweils die zweite Hälfte,**
> **zu sich zu nehmen.**
>
> **Der Vater holt die Kinder zur Ausübung des Umgangsrechts bei der Mutter ab und bringt die Kinder wieder pünktlich zurück.**
>
> **Die Mutter hat die Kinder pünktlich zur Abholung durch den Vater bereitzuhalten.**

Bei schuldhafter Zuwiderhandlung gegen die geregelten Verpflichtungen kann das Gericht gegenüber dem Verpflichteten Ordnungsgeld bis zur Höhe von 25.000 EUR und für den Fall, dass dieses nicht beigetrieben werden kann, Ordnungshaft bis zu sechs Monaten anordnen. Verspricht die Anordnung eines Ordnungsgeldes keinen Erfolg, kann das Gericht Ordnungshaft bis zu sechs Monaten anordnen.[6]
Außerdem rege ich an,[6] den Kindern einen Verfahrensbeistand zu bestellen.

Begründung:[8]

Der Umgang für die gemeinsamen Kinder der Ehegatten soll mit der Scheidung zusammen geregelt werden.[7]

Wie das Jugendamt bestätigen wird,[9] haben sich die Eltern darauf geeinigt, dass die beiden Kinder, die seit der Trennung im Juni 2024 bei der Mutter leben, in deren Obhut bleiben sollen und das gemeinsame Sorgerecht beibehalten wird.

Streit besteht lediglich über die Ausübung des Umgangsrechts, das bisher nicht gerichtlich geregelt wurde und dem Vater nur unzureichend gewährt wird. Die Mutter ist der Auffassung, dass es völlig ausreiche, wenn die Kinder einen Samstag im Monat bei ihrem Vater verbringen. Dies wird dem Wohl der Kinder nicht gerecht.[10]

Der Vater regt an, im Interesse des Kindeswohls den Kindern einen Verfahrensbeistand zu bestellen.[6] Insbesondere könnte dieser den wirklichen Willen der Kinder besser erforschen.[16] Offenbar haben sich die Kinder auch gegenüber dem Jugendamt negativ zu den Umgängen geäußert. Wenn sich die Kinder beim Vater aufhalten, sind sie dagegen völlig gelöst und zufrieden. Es wäre daher gut, die Kinder auch einmal bei einem Umgang beim Vater zu erleben.

Der Vater ist der Meinung, dass die Kinder – so wie während der Zeit des Zusammenlebens auch – zumindest die Hälfte ihrer Freizeit mit ihm verbringen sollten, also jedes zweite Wochenende und die Hälfte der Ferien.[11] Gerade die Übernachtungen sind dem Vater sehr wichtig, er hat die Kinder schon als Säuglinge ebenso ins Bett gebracht wie die Mutter.[12] Ohne Ferienregelung wäre ein Verreisen nicht möglich, was für die Kinder früher immer ganz wichtig war.[13] Der Vater holt und bringt die Kinder natürlich.[14]

Streit besteht im vorliegenden Fall lediglich über die grundsätzliche Frage des zeitlichen Umfangs des Umgangs. Die Terminabsprache im Einzelnen funktioniert dagegen sehr gut. Erfreulicherweise bietet die Mutter bei Verhinderung der Kinder, zB durch Krankheit, auch immer wieder Ersatztermine an.[15]

Die Kinder werden bei ihrer Anhörung bestätigen, dass früher das Verhältnis zum Vater gut und eigentlich kein Grund vorliegt, warum sich das geändert haben sollte.[16]

Rechtsanwalt[17,18]

Anmerkungen

1. Die örtliche Zuständigkeit für die Regelung des Umgangs mit einem gemeinsamen Kind der Ehepartner nach § 1684 BGB liegt gemäß § 152 Abs. 1 FamFG während der Anhängigkeit einer Ehesache ausschließlich bei dem Gericht der Ehesache. Die Anhängigkeit tritt gemäß § 124 S. 1 FamFG mit der Einreichung der Antragsschrift bei Gericht ein.

Die internationale Zuständigkeit richtet sich nach Art. 7 ff. Brüssel IIb-VO, die frühere Zuständigkeit als Folgesache zur Scheidung gibt es nicht mehr. Nach Art. 10 Brüssel IIb-VO sind aber Gerichtsstandsvereinbarungen möglich.

2. Bei der Bezeichnung der Beteiligten ist es häufig sachgerecht, auf die – an sich zutreffenden – Begriffe „Antragstellerin“ und „Antragsgegner“ zu verzichten. Vor allem, wenn die Beteiligtenrollen im Scheidungsverfahren oder in anderen Folgesachen gegenläufig sind, kann es zu Verwechslungen und Unklarheiten kommen.

3. Für Folgesachen besteht Anwaltszwang gemäß § 114 Abs. 1 FamFG. Dieser entfällt gemäß § 137 Abs. 5 S. 2 FamFG nach Abtrennung der Kindschaftssache vom Verbund.

Gemäß § 113 Abs. 1 S. 2 FamFG mit § 78 Abs. 2 ZPO sind alle zugelassenen Rechtsanwälte postulationsfähig.

4. Der Verfahrenswert der Ehesache erhöht sich (unabhängig von der Anzahl der Kinder) bei Regelung des Umgangs im Verbundverfahren gemäß § 44 Abs. 2 FamGKG um 20 %, höchstens jedoch um 5.000 EUR. Eine davon abweichende Festsetzung ist gerechtfertigt, wenn der Fall von einem Durchschnittsfall nach oben oder unten abweicht, § 44 Abs. 3 FamGKG.

5. Gemäß § 114 Abs. 5 FamFG ist eine besondere, auf das Verfahren gerichtete Verfahrensvollmacht erforderlich. Diese erstreckt sich nach S. 2 auch auf die Folgesachen.

6. Anders als die Regelung der elterlichen Sorge nach § 1671 Abs. 1 BGB kann das Umgangsrecht auch ohne Antrag von Amts wegen geregelt werden, so dass das vorliegende Begehren strenggenommen keinen Antrag, sondern lediglich eine Anregung darstellt. In der Praxis wird ein Umgangsverfahren aber regelmäßig ohne diese Anregung eines Elternteils nicht eingeleitet werden. Die Frist zur Anhängigmachung von Folgesachen nach § 137 Abs. 2 FamFG ist zu beachten.

Es ist sachgerecht, den Umgangsantrag auch als Folgesache in einer gesonderten Antragsschrift bei Gericht einzureichen, da bei vielen Gerichten die Folgesachen in Unterheften bearbeitet werden. Hinzu kommt, dass die Antragsschrift dem Jugendamt zur Stellungnahme zugeleitet wird, da dieses vom Familiengericht gemäß § 162 Abs. 1 FamFG anzuhören ist. Aus diesem Grunde ist es auch erforderlich, eine weitere Durchschrift der Antragsschrift für das Jugendamt beizufügen.

Der Hinweis auf die Folgen einer Zuwiderhandlung muss gemäß § 89 Abs. 2 FamFG von Amts wegen erfolgen. Dennoch kann es sinnvoll sein, bereits im Antrag darauf hinzuweisen. Wenn der Hinweis vom Gericht vergessen wird, muss er zeitraubend nachgeholt werden, bevor eine Vollstreckung erfolgen kann (BGH FamRZ 2011, 1729).

Auch der Verfahrensbeistand wird von Amts wegen bestellt, so dass es sich lediglich um eine Anregung an das Gericht handelt. Hier liegt allerdings möglicherweise kein Regelfall nach § 158 Abs. 3 FamFG vor (vgl. dazu Musielak/Borth/Frank/Frank FamFG § 158 Rn. 11). Deshalb sollte in der Begründung dieser Anregung unbedingt auf die bessere Ermittlung des Kindeswillens hingewiesen werden. Ohne Verfahrensbeistand besteht die Gefahr, dass die Kinder bei ihrer Anhörung durch das Familiengericht nach § 159 FamFG bewusst oder unbewusst von der Mutter, die dem Umgang der Kinder mit dem Vater eher kritisch gegenübersteht, „vorbereitet“ werden.

Die zusätzlichen Kosten von bis zu 690 EUR pro Kind gemäß § 158c Abs. 1 FamFG sollten aber beachtet werden.

7. Trotz der Konzentrationszuständigkeit des Gerichts der Ehesache werden Kindschaftssachen gemäß § 137 Abs. 3 FamFG zur Folgesache im Scheidungsverbund aber – anders als die Sachen gemäß § 137 Abs. 2 FamFG – nur auf ausdrücklichen Antrag eines der Ehegatten. Dieser sollte gut überlegt sein. Zwar kann die Koppelung an die Scheidung gemäß §§ 137 Abs. 1, 142 Abs. 1 S. 1 FamFG erheblichen Einfluss auf die Kooperations- und Einigungsbereitschaft der Ehegatten haben. Eine wirksame Entscheidung über den Umgang ergeht aber gemäß § 148 FamFG nicht vor Rechtskraft der Scheidung.

8. Die Vorschrift des § 23 FamFG zur Begründung eines verfahrensleitenden Antrags gilt hier nicht, → Anm. 6. Dennoch ist es sinnvoll das Begehren zu begründen. Gerade in Kindschaftssachen bietet es sich im Hinblick auf den frühen Termin nach § 155 Abs. 2 FamFG an, die Begründung so knapp wie möglich zu halten und insbesondere von Abwertungen des anderen Elternteils abzusehen. Auf der anderen Seite empfiehlt sich, die Begründung so zu halten, dass sich für das Gericht genügend Anhaltspunkte für seine Ermittlungen im Rahmen der Amtsaufklärung nach § 26 FamFG ergeben.

9. Das Jugendamt ist gemäß § 162 Abs. 1 FamFG auch vor einer Umgangsregelung grundsätzlich anzuhören. Es hat als Verfahrensbeteiligter eine eigenständige Stellung. Seine Mitwirkung besteht ua in der Vorlage eines Jugendamtsberichts, § 50 Abs. 1 SGB VIII. Dieser Bericht soll das Gericht in die Lage versetzen, sich ein Bild vom sozialen Umfeld des Kindes zu verschaffen. Außerdem soll das Jugendamt eine gutachterliche Stellungnahme abgeben, zu der es auf Grund seiner besonderen Fachkunde befähigt ist. Im Umgangsverfahren kommt häufig die vermittelnde Funktion des Jugendamtes zu Hilfe, zudem kann es Beratungsangebote machen.

10. Das Umgangsrecht eines Elternteils ermöglicht dem umgangsberechtigten Elternteil, sich von dem körperlichen und geistigen Befinden des Kindes und seiner Entwicklung fortlaufend persönlich zu überzeugen, die verwandtschaftlichen Beziehungen zu ihm aufrechtzuerhalten, einer Entfremdung vorzubeugen und dem Liebesbedürfnis Rechnung zu tragen. Das Familiengericht hat sowohl die betroffenen Grundrechtspositionen des Elternteils als auch das Wohl des Kindes gemäß § 1697a BGB und dessen Individualität als Grundrechtsträger zu berücksichtigen (BVerfG FamRZ 2015, 1093).

Bei Sorgerecht und Umgangsrecht handelt es sich nach der gesetzlichen Systematik um eigenständige Verfahrensgegenstände. Während im Sorgerechtsverfahren etwa nach § 1671 BGB oder § 1666 BGB die Frage der Rechtszuständigkeit der Eltern für die elterliche Sorge oder Teile davon in Rede steht, betrifft die Umgangsregelung die tatsächliche Ausübung der elterlichen Sorge und schränkt insoweit die Befugnisse des Sorgeberechtigten entsprechend ein, ohne in das Sorgerecht als Status einzugreifen (BGH FamRZ 2020, 255).

11. Der zeitliche Umfang des Umgangs hängt von der Abwägung im konkreten Einzelfall ab. Als im Residenzmodell üblich wird von der Rechtsprechung weitgehend die hälftige Teilung der Freizeit der Kinder zwischen den getrenntlebenden Elternteilen angesehen, jedenfalls bei jüngeren Kindern, während bei Jugendlichen die selbstbestimmte Freizeitgestaltung zu berücksichtigen ist. Dies läuft dann auf jedes zweite Wochenende und die Hälfte der Ferien hinaus.

Beim Wechselmodell (→ Form. D.I.4 und → Form. D.II.4) wird dann auch der Alltag des Kindes aufgeteilt.

12. Ob Übernachtungen des Kindes in Betracht kommen, hängt zunächst vom Alter des Kindes ab, was aber wiederum im Einzelfall zu prüfen ist. Wichtig ist auch das Verhältnis des Kindes zum Umgangsberechtigten. Je stabiler dieses Verhältnis ist, desto weniger Bedenken bestehen gegen eine Übernachtung. Auch längere Fahrtzeiten können für Übernachtungen sprechen (BVerfG FamRZ 2007, 105). Durch die entsprechenden Rituale beim Zu-Bett-Gehen und morgendlichen Aufwachen sowie dem Frühstücken entsteht eine größere und intensivere Nähe. Dies ist der Entwicklung des Eltern-Kind-Verhältnisses förderlich. Des Weiteren besteht die Möglichkeit eines unbefangeneren Kontaktes, der nicht durch die bei der An- und Abreise entstehenden Emotionen belastet ist.

Für einen vierzehntägigen Wechsel der Wochenenden zwischen den Eltern erscheint der Bezug auf die Kalenderwochenzählung sinnvoller als die auch übliche Regelung „1. und 3. Woche im Monat“, die nicht immer ganz eindeutig ist.

13. Ferienregelungen bringen die Möglichkeit, über einen etwas längeren Zeitraum mit dem anderen Elternteil zusammen zu sein. Ein großer Vorteil liegt darin, dass auch das Kind den anderen Elternteil eher unter Alltagsbedingungen erlebt als bei Kurzaufenthalten während des Wochenendes. Ferienaufenthalte sind insbesondere bei weiten Fahrtzeiten geboten (BVerfG FamRZ 2007, 105). Zu einem reinen Ferienumgang → Form. D.II.3.

Hier wird eine relativ übersichtliche Ferienregelung ohne Berücksichtigung der hohen Festtage vorgeschlagen. Dies kann im Einzelfall aber von den Eltern anders gewünscht sein (vgl. etwa OLG Schleswig FamRZ 2003, 910).

14. Da gerade über das Holen und Bringen des Kindes häufiger Streitigkeiten zwischen den Eltern bestehen, ist es wichtig, diese Modalität zu regeln. Grundsätzlich ist es allein Sache des Umgangsberechtigten, für das Abholen und Zurückbringen des Kindes zu sorgen. Der betreuende Elternteil hat das Kind zur Ausübung des Umgangs bereit zu halten und in geeigneter Weise auf die Durchführung des Umgangsrechts hinzuwirken (BGH FamRZ 2012, 533).

15. Die hier beantragte Umgangsregelung ist – abgesehen von der konkreten Regelung der Wochenenden – sehr allgemein gehalten. Die Regelung hinsichtlich der Ferien ist mangels Bestimmtheit kaum vollstreckbar (vgl. BGH FamRZ 2012, 533). Verhinderungsregeln fehlen ganz. Deshalb ist darzulegen, dass in diesem konkreten Fall die Regelung ausreicht.

Zu komplexeren Regeln → Form. D.II.2.

16. Zum Kindeswillen vgl. zunächst → Form. B.V.2 Anm. 19.

Der geäußerte Wille des Kindes ist im Umgangsverfahren noch stärker als im Sorgerechtsverfahren zu berücksichtigen. Ein gegen den ernsthaften Widerstand des Kindes erzwungener Umgang kann durch die Erfahrung der Missachtung der eigenen Persönlichkeit unter Umständen mehr Schaden verursachen als nutzen. Selbst ein auf einer bewussten oder unbewussten Beeinflussung beruhender Wunsch kann beachtlich sein, wenn er Ausdruck echter und damit schützenswerter Bindungen ist. Das Außerachtlassen des beeinflussten Willens ist daher nur dann gerechtfertigt, wenn die manipulierten Äußerungen des Kindes den wirklichen Bindungsverhältnissen nicht entsprechen (BVerfG FamRZ 2015, 1093).

Gemäß § 90 Abs. 2 S. 1 FamFG ist die Anwendung unmittelbaren Zwanges gegen ein Kind zur Ausübung des Umgangs nicht zulässig.

Kosten und Gebühren

17. → Form. B.V.1.

Bei Bestellung eines Verfahrensbeistands (→ Anm. 6) könnten gemäß § 158c Abs. 1 FamFG weitere Kosten von bis zu 1.245 EUR anfallen.

Fristen und Rechtsmittel

18. → Form. B.V.1.

C. Einstweiliger Rechtschutz

I. Familienstreitsachen, §§ 119 Abs. 1, 49 ff. FamFG und 119 Abs. 2 FamFG

1. Antrag auf dinglichen Arrest zur Sicherung der Forderung auf Zugewinnausgleich

An das

Amtsgericht . . . . .[1]

– Familiengericht –

. . . . ., den 22.3.2026

Antrag auf dinglichen Arrest[2]

In der Familiensache

der Frau . . . . . – Antragstellerin –

– Verfahrensbevollmächtigter: Rechtsanwalt . . . . .[3] –

gegen

Herrn . . . . ., – Antragsgegner –

– Verfahrensbevollmächtigte: Rechtsanwälte . . . . . –

Vorläufiger Verfahrenswert: . . . . . EUR[4]

beantrage ich namens und in Vollmacht der Antragstellerin wegen Dringlichkeit ohne mündliche Verhandlung:[5]

Zur Sicherung der Zwangsvollstreckung wegen einer Zugewinnausgleichsforderung der Antragstellerin in Höhe von 100.000 EUR sowie einer Kostenpauschale von . . . . . EUR wird der dingliche Arrest in das bewegliche Vermögen des Antragsgegners angeordnet.[6]

Begründung:

Die Beteiligten haben am 10.4.1999 die Ehe miteinander geschlossen. Sie leben seit dem 15.6.2024 voneinander getrennt. Ein Scheidungsverfahren ist vor dem Amtsgericht . . . . . unter dem Aktenzeichen . . . . . anhängig. Der Scheidungsantrag des Antragsgegners wurde der Antragstellerin am 15.10.2025 zugestellt.[7]

Glaubhaftmachung: Beiziehung der Akten . . . . .

Im Verbundverfahren macht die Antragstellerin als Folgesache im Wege des Stufenantrages einen Zugewinnausgleichsanspruch geltend. Das Verfahren befindet sich noch in der Auskunftsstufe. Die Antragstellerin errechnet für sich eine Ausgleichsforderung in Höhe von ca. 100.000 EUR.

Die Beteiligten haben bei Eingehung der Ehe kein Anfangsvermögen besessen. Im Verlaufe der Ehe hat der Antragsgegner auf Grund seiner beruflichen Tätigkeit erhebliches Vermögen angesammelt. Er besitzt eine Münzsammlung im Wert von ca. 30.000 EUR. Außerdem erwarb er im Jahre 2006 und 2007 je einen Oldtimer, einen Mercedes 190 Cabrio aus dem Jahre 1964 im Werte von ca. 40.000 EUR und einen Porsche Cabrio aus dem Jahre 1967 im Werte von ebenfalls ca. 40.000 EUR. Weiteres Barvermögen im Werte von ca. 90.000 EUR legte er in Vermögensfonds an. Die Antragstellerin besitzt kein Endvermögen.

Danach errechnet sich eine Zugewinnausgleichsforderung von ca. 100.000 EUR.

Glaubhaftmachung: Eidesstattliche Versicherung der Antragstellerin vom . . . . .[8]

Der Antragstellerin ist von einer Mitarbeiterin des Antragsgegners, Frau . . . . ., zugetragen worden, dass der Antragsgegner seine geschäftlichen Tätigkeiten nach Amerika verlagert hat und beabsichtigt, nach dorthin auszuwandern und seine Fahrzeuge und die Münzsammlung zu verkaufen.

Glaubhaftmachung: Eidesstattliche Versicherung der Frau . . . . . vom . . . . .

Auf Grund dieses Gespräches hat sich die Antragstellerin der Mühe unterzogen, in den letzten Ausgaben der auch vom Antragsgegner bezogenen Zeitschriften „Oldtimer" und „Die Münze" nach Kleinanzeigen zur Bestätigung dieser Angaben zu suchen. Sie ist tatsächlich fündig geworden. In den beiden letzten Ausgaben der Zeitschriften bot der Antragsgegner die beiden Fahrzeuge und die Münzsammlung zum Verkauf an.[9]

Glaubhaftmachung: Ablichtungen der Zeitschriftenseiten mit den Kleinanzeigen

Bei den dort angegebenen Telefonnummern handelt es sich um die geschäftliche Telefonverbindung des Antragsgegners.

Es besteht die Gefahr, dass die Durchsetzung des künftigen Zugewinnausgleichsanspruchs vereitelt wird.

Rechtsanwalt[10,11]

Anmerkungen

1. Gemäß § 50 Abs. 1 FamFG ist für die einstweilige Anordnung das Gericht der Hauptsache zuständig. Hier gilt aber § 119 Abs. 2 S. 2 FamFG mit § 919 ZPO, so dass neben dem Gericht der Hauptsache alternativ auch das Amtsgericht zuständig, in dessen Bezirk sich ein mit dem Arrest belegener Gegenstand oder – beim persönlichen Arrest – der Schuldner selbst befindet, dies gilt auch bei Anhängigkeit einer Ehesache vor einem anderen Gericht (OLG Frankfurt FamRZ 1988, 184). Solange eine Ehesache noch nicht anhängig ist, ist Hauptsachegericht im Sinn des § 943 Abs. 1 ZPO das nach allgemeinen Regeln zuständige örtliche Familiengericht (BGH FamRZ 1980, 46). Ist eine Ehesache bereits anhängig, so ist das für die Ehesache zuständige Familiengericht auch für Güterrechtssachen zuständig, § 262 Abs. 1 FamFG.

2. Da gemäß §§ 1378 Abs. 3, 1384 BGB im Falle der Scheidung sowohl für die Berechnung als auch für die Höhe der Ausgleichsforderung an die Stelle der Beendigung des Güterstandes die Zustellung des Scheidungsantrages tritt, kann ab diesem Zeitpunkt der Arrest, der in § 119 Abs. 2 FamFG ausdrücklich für anwendbar erklärt wird, geltend gemacht werden. Zweifelhaft ist aber, ob dieselbe Rechtsfolge nicht auch durch die einstweilige Anordnung erreicht werden kann, die nach § 49 Abs. 2 FamFG nunmehr auch zur Sicherung eines Rechtsverhältnisses mit Verfügungsverboten angeordnet werden kann. Damit lässt sich mit ihr dasselbe Rechtsschutzziel erreichen wie mit dem Arrest. Allerdings dürfte der Arrest als speziellerer Rechtsbehelf vorrangig sein. Die Regelung des § 119 Abs. 2 FamFG befindet sich im Allgemeinen Teil für Familiensachen, der gegenüber dem Allgemeinen Teil, in dem die einstweilige Anordnung geregelt ist, spezieller ist.

3. Es besteht gemäß § 114 Abs. 4 Nr. 6 FamFG mit § 78 Abs. 3 ZPO kein Anwaltszwang, da der Arrestantrag gemäß § 119 Abs. 2 S. 2 FamFG mit §§ 920 Abs. 3, 129a ZPO zu Protokoll der Geschäftsstelle gestellt werden kann.

4. Beim Verfahrenswert gilt § 42 Abs. 1 FamGKG. Dabei ist nach hM vom Wert der zu sichernden Forderung ein Abschlag vorzunehmen, der nicht zwingend die Hälfte wie in § 41 FamGKG beträgt (OLG Frankfurt FamRZ 2018, 1172).

5. Das Gericht kann gemäß § 51 Abs. 2 FamFG, § 921 Abs. 1 ZPO auch ohne mündliche Verhandlung über das Arrest- bzw. Anordnungsgesuch entscheiden. Dies steht im pflichtgemäßen Ermessen des Gerichts. Die Vorschrift ist in entsprechender Anwendung des § 937 Abs. 2 ZPO dahingehend auszulegen, dass nur im Falle besonderer Dringlichkeit eine mündliche Verhandlung nicht durchzuführen ist, also wenn auch eine innerhalb kürzester Frist terminierte mündliche Verhandlung wegen der Eilbedürftigkeit nicht abgewartet werden kann oder wenn der Zweck des Arrestes die Überraschung des Antragsgegners erfordert (Zöller/G. Vollkommer ZPO § 922 Rn. 2).

6. Der dingliche Arrest wird in das gesamte Vermögen des Schuldners beantragt; die Auswahl unter den Zugriffsobjekten wird erst bei der Arrestvollziehung getroffen. Grund und Betrag des zu sichernden Anspruchs sind anzugeben. Demgegenüber ist es bei der Sicherung durch einstweilige Anordnung erforderlich, die Vermögensgegenstände aufzuführen, auf die sich das Verfügungsverbot erstrecken soll.

7. Ein Arrestanspruch kann jedenfalls ab Rechtshängigkeit des Scheidungsantrags geltend gemacht werden (vgl. Musielak/Borth/Frank/Borth FamFG § 119 Rn. 7).

8. An der Darlegung und Glaubhaftmachung der voraussichtlichen Zugewinnausgleichsforderung sind keine hohen Anforderungen zu stellen. Die geltend gemachte Höhe muss jedoch annähernd rechnerisch dargestellt und glaubhaft gemacht werden (OLG Brandenburg FamRZ 2015, 1225). An einem zu sichernden künftigen Anspruch fehlt es aber, wenn das Eheaufhebungsbegehren oder die Klage auf vorzeitige Aufhebung der Zugewinngemeinschaft keine hinreichende Aussicht auf Erfolg besitzt. In diesem Fall kann nämlich nicht davon ausgegangen werden, dass eine Zugewinnausgleichsforderung demnächst entstehen wird und geltend gemacht werden kann (OLG Karlsruhe FamRZ 1999, 663).

9. Ein Arrestgrund ist im Regelfall gegeben, wenn zu besorgen ist, dass die Vollstreckung ansonsten vereitelt oder wesentlich erschwert werden würde. Ein Indiz dafür kann etwa die Veräußerung eines Grundstückes sein (OLG Celle FamRZ 2015, 160). Die Gefährdung wird sich im Regelfall aus dem Verhalten des anderen Ehegatten ergeben. Ausreichend sind zB Verhaltensweisen wie in § 1386 Abs. 2 BGB dargelegt, Auswanderungsabsicht oder Veräußerungsabsicht von Vermögenswerten, sowie Verspielen des Vermögens (OLG Düsseldorf FamRZ 1981, 44). Nicht erforderlich ist, dass der andere Ehegatte Vermögenswerte bereits veräußert hat (OLG Karlsruhe NJW 1997, 1017).

Nicht ausreichend ist aber die Nichterteilung der verlangten Auskunft (OLG München FamRZ 2000, 965).

Kosten und Gebühren

10. Über die Kosten des Arrestverfahrens ist ohne Antrag zu entscheiden. Die Kosten treffen gemäß § 113 Abs. 1 S. 2 FamFG mit § 91 ZPO bei stattgebendem Beschluss den Antragsgegner.

Gerichtskosten: Nach KV 1420 FamGKG beträgt die Verfahrensgebühr 1,5, die sich bei Rücknahme des Antrages auf 0,5 ermäßigt.

Rechtsanwaltsgebühren: Es fällt eine 1,3 Verfahrensgebühr nach VV 3100 RVG iVm § 13 RVG an. Das Verfahren über die einstweilige Anordnung oder die Anordnung eines Arrestes gilt als besondere Angelegenheit gegenüber dem Hauptsacheverfahren, § 18 Nr. 2 RVG. Eine Addition der Gegenstandswerte beider Verfahren findet daher nicht statt.

Fristen und Rechtsmittel

11. Ist die Arrestentscheidung ohne mündliche Verhandlung ergangen, so richtet sich der Rechtsbehelf danach, ob ein stattgebender oder zurückweisender Beschluss vorliegt. Gegen einen stattgebenden Beschluss findet der Widerspruch statt. Beim zurückweisenden Beschluss ist streitig, ob die befristete Beschwerde nach §§ 58 ff. FamFG oder die sofortige Beschwerde nach §§ 567 ff. ZPO eingelegt werden kann (vgl. die Nachweise bei Prütting/Helms/Helms FamFG § 119 Rn. 9).

Wurde ein Arrestbefehl erlassen und will sich der Antragsgegner nur gegen den Fortbestand des Arrestbefehls wenden, kann er bei Vorliegen der Voraussetzungen einen Aufhebungsantrag gemäß § 926 Abs. 2 ZPO oder § 927 ZPO stellen. Diese Verfahren richten sich nicht gegen den Erlass des Arrestbefehls, sondern nur gegen dessen Fortbestand.

2. Antrag auf dinglichen Arrest zur Sicherung einer künftigen oder rückständigen Unterhaltsforderung

An das

Amtsgericht . . . . . [1]

– Familiengericht –

. . . . ., den 22.3.2026

Antrag auf Erlass eines dinglichen Arrestes[2]

In der Familiensache

der Frau . . . . ., **– Antragstellerin –**

– Verfahrensbevollmächtigter: Rechtsanwalt . . . . .[3] **–**

gegen

Herrn . . . . ., – Antragsgegner –

– Verfahrensbevollmächtigte: Rechtsanwälte . . . . . –

Vorläufiger Verfahrenswert: . . . . . EUR[4]

beantrage ich namens und in Vollmacht der Antragstellerin wegen Dringlichkeit ohne mündliche Verhandlung[5] den Erlass des folgenden Arrestes

Zur Sicherung der Zwangsvollstreckung wegen rückständigen und künftigen Trennungsunterhaltsanspruchs der Antragstellerin in Höhe von 500 EUR monatlich ab 1.10.2025 wird der dingliche Arrest in das bewegliche Vermögen des Antragsgegners angeordnet.[6]

Begründung:

Die Beteiligten heirateten am 1.10.1995 und leben seit dem 1.9.2024 voneinander getrennt. Mit Schreiben vom 15.9.2025 forderte die Antragstellerin den Antragsgegner zur Zahlung eines monatlichen Trennungsunterhalts von 500 EUR auf. Da der Antragsgegner keine Zahlungen leistete, leitete die Antragstellerin vor dem Amtsgericht . . . . . zu dem Aktenzeichen . . . . . ein Verfahren auf Trennungsunterhalt ein, in dem noch keine Entscheidung ergangen ist.[2]

Der Antragsgegner ist 65 Jahre alt und bezieht keine Rente. Er hat im Jahre 1990 von der Möglichkeit Gebrauch gemacht, aus der gesetzlichen Rentenversicherung auszutreten und stattdessen eine eigene Altersversorgung in Form von Lebensversicherungen aufzubauen. Im August 2025 wurden von der . . . . . AG Lebensversicherungen in Höhe von insgesamt 240.000 EUR an den Antragsgegner ausgezahlt. Dieses Kapital hat er zur Bestreitung seines Lebensunterhalts einzusetzen. Aufgrund versicherungsmathematischer Berechnungen, die im Einzelnen im Trennungsunterhaltsverfahren dargestellt sind, und hier zur Glaubhaftmachung noch einmal beigefügt sind,

Glaubhaftmachung: Schriftsatz im Unterhaltsverfahren Az. . . . . vom . . . . .

stehen dem Antragsgegner monatlich 2.000 EUR zur Bestreitung seines Lebensunterhalts zur Verfügung. Da die Antragstellerin selbst nur über eigene Renteneinkünfte von 1.000 EUR verfügt, stehen ihr nach dem Halbteilungsgrundsatz als Trennungsunterhalt gemäß § 1361 BGB 500 EUR monatlich zu.[7]

Der Antragsgegner ist der Spielleidenschaft erlegen. Seit etwa 3 Monaten besucht er regelmäßig zweimal in der Woche Galopp- und Trabrennen in Krefeld, Düsseldorf, Mönchengladbach und Gelsenkirchen. In dieser Zeit hat er bei Pferdewetten schon ca. 40.000 EUR seines Vermögens verloren. Dies hat er der gemeinsamen Tochter der Beteiligten . . . . . anlässlich eines Besuchs vor einer Woche mitgeteilt.

Glaubhaftmachung: Eidesstattliche Versicherung der Frau . . . . . vom . . . . .

Die gemeinsame Tochter der Beteiligten hat daraufhin sofort die Antragstellerin informiert. Aufgrund der Spielleidenschaft des Antragsgegners, unter der er auch während des Zusammenlebens der Beteiligten litt, die durch die Einflussnahme der Antragstellerin aber in Grenzen gehalten werden konnte, steht zu befürchten, dass der Antragsgegner sein gesamtes Vermögen bei Pferdewetten aufs Spiel setzt. Da er auf Grund seines Alters keine Erwerbstätigkeit mehr finden wird und über weitere Einkommensquellen nicht verfügt, besteht die Besorgnis, dass die Durchsetzung der Unterhaltsansprüche der Antragstellerin vereitelt wird, obwohl sie dringend auf Unterhaltszahlungen angewiesen ist.[8]

Rechtsanwalt[9,10]

Anmerkungen

1. → Form. C.I.1 Anm. 1.
Die örtliche Zuständigkeit für die Hauptsache Unterhalt richtet sich nach § 232 FamFG.

2. → Form. C.I.1 Anm. 2.
Der Arrest zur Sicherung des Trennungsunterhalts kann unmittelbar geltend gemacht werden. Hinsichtlich des Nachehelichenunterhalts gilt dies spätestens ab Rechtshängigkeit der Scheidung (vgl. Musielak/Borth/Frank/Borth FamFG § 119 Rn. 5).

3. → Form. C.I.1 Anm. 3.

4. → Form. C.I.1 Anm. 4.

5. → Form. C.I.1 Anm. 5.

6. → Form. C.I.1 Anm. 6.

7. → Form. C.I.1 Anm. 7.

8. → Form. C.I.1 Anm. 8.

Kosten und Gebühren

9. → Form. C.I.1 Anm. 10.

Fristen und Rechtsmittel

10. → Form. C.I.1 Anm. 11.

3. Antrag auf einstweilige Anordnung für Kindes- und/oder Ehegattenunterhalt

An das

Amtsgericht . . . . .[1]

– Familiengericht –

. . . . ., den 22.3.2026

Antrag auf Erlass einer einstweiligen Anordnung[2]

In der Familiensache

der Frau . . . . .,[3] **– Antragstellerin –**

– Verfahrensbevollmächtigter: Rechtsanwalt . . . . .[4] **–**

gegen

Herrn . . . . ., **– Antragsgegner –**

– Verfahrensbevollmächtigte: Rechtsanwälte . . . . . –

Vorläufiger Verfahrenswert: . . . . . EUR[5]

beantrage ich namens und in Vollmacht der Antragstellerin den Erlass folgender einstweiliger Anordnung:

Der Antragsgegner wird verpflichtet, an die Antragstellerin ab 1.3.2026 monatlichen Kindesunterhalt für das gemeinsame Kind der Beteiligten Luca in Höhe von 454,50 EUR und monatlichen Trennungsunterhalt in Höhe von 1.350 EUR zu zahlen.[6]

Begründung:

Die Antragstellerin und der Antragsgegner hatten am 15.4.2023 geheiratet. Aus der Ehe ist der gemeinsame Sohn Luca, geb. am 26.8.2024, hervorgegangen. Die Beteiligten leben seit dem 15.11.2025 getrennt. Der Antragsgegner hat die eheliche Wohnung verlassen. Luca lebt seitdem bei der Antragstellerin, die das staatliche Kindergeld erhält.

Mit Schreiben vom 7.3.2026 forderte die Antragstellerin den Antragsgegner zur Auskunftserteilung über sein Einkommen und Vermögen zwecks Geltendmachung von Kindesunterhalt und Trennungsunterhalt auf. Mit Schreiben vom 16.3.2026 lehnte der Antragsgegner jegliche Unterhaltszahlungen ab.

Der Antragstellerin bleibt daher nichts anderes übrig, als die Unterhaltsansprüche gerichtlich geltend zu machen. Im Hauptsacheverfahren (Az. . . . .) verfolgen sie beides im Wege des Stufenantrags.

Die Antragstellerin und der Sohn sind auf den Unterhalt dringend angewiesen.[7] Die Antragstellerin ist seit der Geburt von Luca in Absprache mit dem Antragsgegner nicht mehr berufstätig und sieht sich auf Grund der Betreuungssituation auch jetzt nicht in der Lage, ihren Unterhalt durch Erwerbseinkünfte sicherzustellen. Über Vermögen oder sonstige Einkünfte verfügt sie nicht.

Die Antragstellerin geht vorläufig davon aus, dass sich seit dem ehelichen Zusammenleben die Einkommensverhältnisse des Antragsgegners nicht verändert haben. Aus einem Nettoeinkommen des Antragsgegners von 3.454,50 EUR errechnet sich ein Kindesunterhalt von 454,50 EUR und bei Abzug eines Erwerbstätigenbonus von 10 % ein Trennungsunterhalt von 1.350 EUR, für den der Antragsgegner auch leistungsfähig ist.[8]

Glaubhaftmachung: Eidesstattliche Versicherung der Antragstellerin vom . . . .

Um antragsgemäße Entscheidung wird gebeten.

Rechtsanwalt[9, 10]

Anmerkungen

1. Zuständig für die einstweilige Anordnung ist das mit dem anhängigen Unterhaltsverfahren befasste Gericht gemäß § 50 Abs. 1 FamFG. Für die örtliche Zuständigkeit in Unterhaltssachen gilt § 232 FamFG. Bei gleichzeitiger Geltendmachung von Kindesunterhalt besteht für den Elternunterhalt gemäß § 232 Abs. 3 S. 2 FamFG ein Wahlgerichtsstand am Wohnort des Kindes (der im Regelfall der eigene sein wird).

2. Die einstweilige Anordnung ist nach § 51 Abs. 3 S. 1 FamFG von der Hauptsache unabhängig. Sie kommt in Betracht bei familiengerichtlichen Unterhaltsanträgen aller Art, entweder auf Leistung von Verwandtenunterhalt gemäß §§ 1601 ff. BGB oder auf Leistung von Ehegattenunterhalt gemäß §§ 1360a, 1361, 1569 ff. BGB oder nach § 1615l BGB.

Die einstweilige Anordnung unterscheidet sich vom Hauptsacheverfahren zunächst durch die Verfahrensdauer. Der Sachverhalt wird nur oberflächlich geklärt. Eine Rechtskraft tritt nicht ein, so dass die einstweilige Anordnung jederzeit abgeändert werden kann und keinen Behaltensgrund darstellt. Allerdings gibt es für einstweilige Anordnungen über Unterhalt keinen Schadensersatzanspruch, da § 119 Abs. 1 S. 2 FamFG diese von der Verweisung auf § 945 ZPO ausnimmt, während für sofort wirksam erklärte Hauptsachebeschlüsse § 717 Abs. 2 ZPO gilt (vgl. BGH FamRZ 2013, 109).

Auf die Durchführung einer mündlichen Verhandlung kann gemäß § 246 Abs. 2 FamFG (zunächst) verzichtet werden.

3. Wird von einem der Beteiligten für das minderjährige gemeinsame Kind Unterhalt verlangt, ist bei Getrenntleben der Eltern § 1629 BGB zu beachten. In der vorliegenden Konstellation liegt kein Vertretungsverhältnis vor, sondern gemäß § 1629 Abs. 3 S. 1 FamFG ein Fall der gesetzlichen Prozessstandschaft.

4. In Verfahren der einstweiligen Anordnung besteht gemäß § 114 Abs. 4 Nr. 1 FamFG kein Anwaltszwang, anders als in Unterhaltsverfahren als Hauptsache (§ 114 Abs. 1 FamFG mit §§ 112 Nr. 2, 231 FamFG).

5. Für den Verfahrenswert gilt § 51 FamGKG, anzusetzen ist gem. § 41 FamGKG im Regelfall die Hälfte. Teilweise wird vertreten, dass in Unterhaltsverfahren dennoch der volle Wert anzusetzen ist. Dies überzeugt im Hinblick auf die Unterschiede zum Hauptsacheverfahren → Anm. 2 nicht (vgl. Musielak/Borth/Frank/Frank FamFG § 41 FamGKG Rn. 2).

6. Im einstweiligen Anordnungsverfahren ist ein bezifferter Antrag zu stellen, einen Stufenantrag lehnt die überwiegende Meinung ab (Musielak/Borth/Frank/Borth FamFG § 246 Rn. 7). Der Geltungsbereich des § 246 FamFG gilt regelmäßig nicht für Rückstände (aaO Rn. 5).

7. § 246 FamFG regelt abweichend von § 49 FamFG die Voraussetzungen einer einstweiligen Anordnung in Unterhaltssachen. Zum einen wird beim Unterhalt vorausgesetzt, dass ein dringendes Bedürfnis für ein sofortiges Tätigwerden, also ein Anordnungsgrund besteht. Zum anderen gilt kein Verbot der Vorwegnahme der Hauptsache, so dass eine Leistungsanordnung die Regel darstellen.

8. Die Grundlagen des geltend gemachten Unterhaltsanspruchs sind möglichst substantiiert darzulegen und glaubhaft zu machen. Zu Einzelheiten → Form. J.

Kosten und Gebühren

9. Die Kostenentscheidung richtet sich nach der Spezialnorm des § 243 FamFG, bei der Ermessensausübung ist eine Gesamtabwägung vorzunehmen.

Gerichtskosten: Nach KV 1420 FamGKG beträgt die Verfahrensgebühr 1,5, die sich bei Rücknahme des Antrages auf 0,5 ermäßigt.

Rechtsanwaltsgebühren: Es fällt eine 1,3 Verfahrensgebühr nach VV 3100 RVG iVm § 13 RVG an. Das Verfahren über die einstweilige Anordnung gilt als besondere Angelegenheit gegenüber dem Hauptsacheverfahren, § 18 Nr. 2 RVG.

Fristen und Rechtsmittel

10. Wird ohne mündliche Verhandlung entschieden, kann gemäß § 54 Abs. 2 FamFG beantragt werden, auf Grund mündlicher Verhandlung erneut zu entscheiden.

Danach kann nur noch die Aufhebung oder Abänderung gemäß § 54 Abs. 1 FamFG beantragt werden, wobei ein Rechtsschutzbedürfnis in der Regel eine Änderung der Verhältnisse erfordert.

Gemäß § 57 FamFG ist die Beschwerde nicht statthaft.

4. Antrag auf einstweilige Anordnung auf Unterhalt des nicht verheirateten Elternteils

An das

Amtsgericht . . . . .[1]

– Familiengericht –

. . . . ., den 22.3.2026

Antrag auf Erlass einer einstweiligen Anordnung[2]

In der Familiensache

1. der Frau . . . . .,
2. des Kindes Luca, geb. am 15.2.2026 gesetzlich vertreten durch die Antragstellerin zu 1[3]

– Antragsteller zu 1 und 2 –

– Verfahrensbevollmächtigter: Rechtsanwalt . . . . . –[4]

gegen

Herrn . . . . ., **– Antragsgegner –**

– Verfahrensbevollmächtigte: Rechtsanwälte . . . . . –

Vorläufiger Verfahrenswert: . . . . . EUR[5]

beantrage ich namens und in Vollmacht der Antragsteller den Erlass folgender einstweiliger Anordnung:

Der Antragsgegner wird verpflichtet, ab 1.3.2026

1. an die Antragstellerin zu 1 monatlichen Betreuungsunterhalt in Höhe von 900 EUR und
2. an den Antragsteller zu 2 zu Händen der Antragstellerin zu 1 monatlichen Kindesunterhalt in Höhe von 842,50 EUR zu zahlen.[6]

Begründung:

Die Antragstellerin zu 1 ist die Mutter des am 28.2.2026 geborenen Antragstellers zu 2, dessen Vater der Antragsgegner ist. Dieser hat die Vaterschaft inzwischen anerkannt. Die Mutter hat dem Anerkenntnis zugestimmt.

Glaubhaftmachung: Anerkenntnisurkunde vom . . . . .

Der Antragsgegner hat sich zwar auch grundsätzlich bereit erklärt, für Luca Unterhalt zu zahlen, bisher allerdings weder eine entsprechende Urkunde errichtet noch Zahlungen geleistet.

Die Antragsteller sind auf den Unterhalt dringend angewiesen.[7] Die Antragstellerin zu 1 war bis November 2025 als Bürokauffrau berufstätig. Sie hat dort ein Nettoeinkommen von 1.800 EUR monatlich erzielt. Diese Tätigkeit hat sie wegen der Schwangerschaft aufgeben müssen. Da sie sich nunmehr um Luca kümmern muss, ist sie gehindert, ins Berufsleben zurückzukehren. Sie erhält derzeit lediglich Elterngeld von 1.200 EUR. Gleichwohl weigert sich der Antragsgegner, Unterhalt zu zahlen, obwohl er auf Grund seiner Einkommensverhältnisse dazu in der Lage ist. Er verdient mindestens 10.000 EUR netto im Monat als leitender Manager eines Großunternehmens.[8]

Rechtsanwalt[9, 10]

Anmerkungen

1. → Form. C.I.3 Anm. 1.

2. → Form. C.I.3 Anm. 2.

3. → Form. C.I.3 Anm. 3.

4. → Form. C.I.3 Anm. 4.

5. → Form. C.I.3 Anm. 5.

6. → Form. C.I.3 Anm. 6.

7. → Form. C.I.3 Anm. 7.
Der Unterhaltsanspruch gemäß § 1615l Abs. 2 BGB hat zur Voraussetzung, dass die Mutter wegen der Betreuung des Kindes nicht berufstätig sein kann. Die Betreuung des Kindes muss ursächlich für das Unterbleiben der Erwerbstätigkeit sein. Dies ist für die ersten drei Jahre des Kindes unproblematisch.

8. → Form. C.I.3 Anm. 8.
Die Höhe des Anspruchs nach § 1615l richtet sich nach der Lebensstellung der Mutter, §§ 1615l Abs. 3 S. 1, 1610 Abs. 1 S. 2 BGB. Maßgeblich ist in der Regel das bis zur Geburt des Kindes erzielte Einkommen. Anzurechnen ist allerdings das Elterngeld. Gemäß § 11 S. 1 BEEG ist ein Betrag von 300 EUR anrechnungsfrei. Damit besteht hier ein Anspruch von 900 EUR (1.800 – 900).

Die Höhe des Anspruchs auf Kindesunterhalt richtet sich nach der Lebensstellung des Vaters. Hier ist die höchste Einkommensstufe der Düsseldorfer Tabelle einschlägig.

Kosten und Gebühren

9. → Form. C.I.3 Anm. 9.

Fristen und Rechtsmittel

10. → Form. C.I.3 Anm. 10.

5. Antrag auf einstweilige Anordnung nach § 248 FamFG auf Zahlung von Unterhalt

An das

Amtsgericht . . . . .[1]

– Familiengericht –

. . . . ., den 22.3.2026

Antrag auf Erlass einer einstweiligen Anordnung

In der Abstammungssache

1. der Frau . . . . .,
2. des Kindes Luca, geb. am 15.2.2026 gesetzlich vertreten durch die Antragstellerin zu 1[2]

– Antragsteller zu 1 und 2 –

– Verfahrensbevollmächtigter: Rechtsanwalt . . . . . –[3]

gegen

Herrn . . . . ., – Antragsgegner –

– Verfahrensbevollmächtigte: Rechtsanwälte . . . . . –[3]

Vorläufiger Verfahrenswert: . . . . . EUR[4]

beantrage ich namens und in Vollmacht der Antragsteller den Erlass der folgenden einstweiligen Anordnung:[5]

Dem Antragsgegner wird aufgegeben, ab 1.3.2026

1. an die Antragstellerin zu 1 monatlichen Betreuungsunterhalt in Höhe von 900 EUR und
2. an den Antragsteller zu 2 zu Händen der Antragstellerin zu 1 monatlichen Kindesunterhalt in Höhe von 842,50 EUR zu zahlen.[6]

Begründung:

Die Antragstellerin zu 1 ist die Mutter des am 28.2.2026 geborenen Antragstellers zu 2, dessen Vater der Antragsgegner ist.

Dieser bestreitet jedoch die Vaterschaft, so dass die Antragstellerin zu 1. gezwungen war, vor dem Amtsgericht . . . . . zu Aktenzeichen . . . . . ein Vaterschaftsfeststellungsverfahren mit Antrag vom 16.2.2026 eingegangen am selben Tage bei Gericht, einzuleiten.[8]

Zur Glaubhaftmachung der Vaterschaft des Antragsgegners wird auf die in dem Hauptsacheverfahren vorgetragenen Beweismittel Bezug genommen, die in Kopie noch einmal beigefügt sind.

Glaubhaftmachung: Unterlagen aus dem Verfahren . . . . .

Die Antragsteller sind auf den Unterhalt dringend angewiesen.[7] Die Antragstellerin zu 1 war bis November 2025 als Bürokauffrau berufstätig. Sie hat dort ein Nettoeinkommen von 1.800 EUR monatlich erzielt. Diese Tätigkeit hat sie wegen der Schwangerschaft aufgeben müssen. Da sie sich nunmehr um Luca kümmern muss, ist sie gehindert, ins Berufsleben zurückzukehren. Sie erhält derzeit lediglich Elterngeld von 1.200 EUR. Gleichwohl weigert sich der Antragsgegner, an sie Unterhalt zu zahlen, obwohl er auf Grund seiner Einkommensverhältnisse dazu in der Lage ist. Er verdient mindestens 10.000 EUR netto im Monat als leitender Manager eines Großunternehmens.[9]

Rechtsanwalt[10, 11]

Anmerkungen

1. Zuständig ist das mit dem Vaterschaftsfeststellungsverfahren befasste Familiengericht gemäß § 248 Abs. 2 FamFG, solange der Antrag bei diesem Gericht anhängig ist, während des Beschwerdeverfahrens das Oberlandesgericht.

2. Sowohl das Kind als auch die Mutter sind zur vorläufigen Geltendmachung ihrer Unterhaltsansprüche berechtigt. Das Kind wird durch den gesetzlichen Vertreter, also im Regelfall durch die Mutter, vertreten, § 1629 Abs. 1 S. 1 BGB. Hat die Mutter einen schriftlichen Antrag auf Eintritt der Beistandschaft zur Feststellung der Vaterschaft und/oder zur Geltendmachung von Unterhaltsansprüchen gemäß §§ 1712 Abs. 1 Nr. 1, 2, 1713 BGB gestellt, so ist mit Zugang des Antrages beim Jugendamt dieses zum Beistand des Kindes für diese Angelegenheiten geworden, § 1716 BGB. Das Jugendamt hat in diesem Falle die Rechte eines Pflegers, § 1716 BGB und ist zur Vertretung des Kindes berechtigt, §§ 1915, 1793 BGB, unter Ausschluss des sorgeberechtigten Elternteils, § 173 FamFG.

3. → Form. C.I.3 Anm. 3.

4. → Form. C.I.3 Anm. 4.

5. Der Antrag auf Erlass einer einstweiligen Anordnung ist statthaft, wenn ein positiver Vaterschaftsfeststellungsantrag, auch in Gestalt einer Widerklage, anhängig ist, § 248 Abs. 1 FamFG.

6. Im einstweiligen Anordnungsverfahren ist ein bezifferter Antrag zu stellen, einen Stufenantrag lehnt die überwiegende Meinung ab (Musielak/Borth/Frank/Borth FamFG § 246 Rn. 7). Der Geltungsbereich des § 246 FamFG gilt regelmäßig nicht für Rückstände (aaO Rn. 5).

Aus dem Antrag muss sich ergeben, ob das Kind oder die Mutter Unterhaltszahlung oder Sicherheitsleistung gemäß § 248 Abs. 4 FamFG begehren.

7. § 246 FamFG regelt abweichend von § 49 FamFG die Voraussetzungen einer einstweiligen Anordnung in Unterhaltssachen. Zum einen wird beim Unterhalt vorausgesetzt, dass dringendes Bedürfnis für ein sofortiges Tätigwerden, also ein Anordnungsgrund besteht. Zum anderen gilt kein Verbot der Vorwegnahme der Hauptsache, so dass Leistungsanordnung die Regel darstellen.

8. Die Voraussetzungen für die Vaterschaftsfeststellung sind schlüssig darzulegen und glaubhaft zu machen.

9. Auch die Grundlagen des geltend gemachten Unterhaltsanspruchs sind substantiiert darzulegen und glaubhaft zu machen.

Kosten und Gebühren

10. → Form. C.I.3 Anm. 9.

Fristen und Rechtsmittel

11. → Form. C.I.3 Anm. 10.

6. Antrag auf einstweilige Anordnung nach § 248 FamFG auf Sicherheitsleistung für den Unterhalt

An das

Amtsgericht . . . . .[1]

– Familiengericht –

. . . . ., den 22.3.2026

Antrag auf Erlass einer einstweiligen Anordnung

In der Abstammungssache

1. **der Frau . . . . .,**
2. **des Kindes Luca, geb. am 28.2.2025 gesetzlich vertreten durch die Antragstellerin zu 1[2]**

– Antragsteller zu 1 und 2 –

– Verfahrensbevollmächtigter: Rechtsanwalt . . . . . –[3]

gegen

Herrn . . . . ., **– Antragsgegner –**

– Verfahrensbevollmächtigte: Rechtsanwälte . . . . . –[3]

Vorläufiger Verfahrenswert: . . . . . EUR[4]

beantrage ich namens und in Vollmacht der Antragsteller den Erlass der folgenden einstweiligen Anordnung:[5]

> **Dem Antragsgegner wird aufgegeben, für den Unterhalt der Antragsteller vom 1.3.2025 bis 31.12.2025 Sicherheit in Höhe von 17.365 EUR zu zahlen.[6]**

Begründung:

Die Antragstellerin zu 1 ist die Mutter des am 28.2.2025 geborenen Antragstellers zu 2, dessen Vater der Antragsgegner ist.

Dieser bestreitet jedoch die Vaterschaft, so dass die Antragstellerin zu 1. gezwungen war, vor dem Amtsgericht . . . . . zu Aktenzeichen . . . . . ein Vaterschaftsfeststellungsverfahren mit Antrag vom 16.10.2025 einzuleiten.[8]

Zur Glaubhaftmachung der Vaterschaft des Antragsgegners wird auf die in dem Hauptsacheverfahren vorgetragenen Beweismittel Bezug genommen, die in Kopie noch einmal beigefügt sind.

Glaubhaftmachung: Unterlagen aus dem Abstammungsverfahren .....

Den Antragstellern wurde im einstweiligen Anordnungsverfahren Az..... mit Beschl. v. 25.1.2026 laufender Unterhalt ab 1.1.2026 in Höhe von 900 EUR bzw. 842,50 EUR zugesprochen. Auf diesen Beschluss und die damals vorgetragenen Berechnungen, die in Kopie noch einmal beigefügt sind, wird verwiesen.[9]

Glaubhaftmachung: Unterlagen aus dem einstweiligen Unterhaltsverfahren .....

Die Antragsteller haben jetzt erfahren, dass der Antragsgegner bereits zum 1.2.2026 eine neue Stelle in China angetreten hat, seiner Eigentumswohnung in Frankfurt a. M. steht zum Verkauf, damit würde die Vollstreckung des rückständigen Unterhalts erheblich erschwert.[7]

Rechtsanwalt[10, 11]

Anmerkungen

1. → Form. C.I.5 Anm. 1.

2. → Form. C.I.5 Anm. 2.

3. → Form. C.I.5 Anm. 3.

4. → Form. C.I.5 Anm. 4.

5. → Form. C.I.5 Anm. 5.

6. → Form. C.I.5 Anm. 6.
Die Art der Sicherheitsleistung ist geregelt in § 113 Abs. 1 S. 2 FamFG mit § 108 ZPO.

7. Für eine Sicherheitsleistung besteht vor allem dann ein Bedürfnis, wenn es um Unterhaltsrückstände geht, die im Regelfall nicht im Wege der einstweiligen Anordnung geltend gemacht werden können (Sternal/Giers FamFG § 248 Rn. 7).

8. → Form. C.I.5 Anm. 8.

9. → Form. C.I.5 Anm. 9.

Kosten und Gebühren

10. → Form. C.I.3 Anm. 9.

Fristen und Rechtsmittel

11. → Form. C.I.3 Anm. 10.

7. Antrag auf einstweilige Anordnung nach § 247 FamFG

An das

Amtsgericht . . . . .[1]

– Familiengericht –

. . . . ., den 22.3.2026

Antrag auf Erlass einer einstweiligen Anordnung

In der Familiensache

der Frau . . . . .

– Antragstellerin[2] –

– Verfahrensbevollmächtigter: Rechtsanwalt . . . . . –[3]

gegen

Herrn . . . . ., – Antragsgegner –

– Verfahrensbevollmächtigte: Rechtsanwälte . . . . . –[3]

Vorläufiger Verfahrenswert: . . . . . EUR[4]

beantrage ich namens und in Vollmacht der Antragstellerin den Erlass der folgenden einstweiligen Anordnung:[5]

Der Antragsgegner wird verpflichtet, an die Antragstellerin zu zahlen

1. monatlichen Betreuungsunterhalt in Höhe von 900 EUR in 3 gleichen Raten wie folgt:
   die erste Rate zum 5.3.2026,
   die zweite Rate zum 5.4.2026,
   die dritte Rate zum 5.5.2026,
2. Kindesunterhalt in Höhe von 842,50 EUR in 3 gleichen Raten,
   die erste Rate unmittelbar nach der Geburt des Kindes;
   die zweite und dritte Rate spätestens zum 5. Kalendertag des nächsten und übernächsten Monats.[6]

Begründung:

Die Antragstellerin ist schwanger, der voraussichtliche Geburtstermin ist der 16.4.2026.[7]

Glaubhaftmachung: Unterlagen aus dem Verfahren . . . .

Vater des Kindes ist der Antragsgegner. Dieser bestreitet die Vaterschaft zu Unrecht. Er hat der Antragstellerin während der gesetzlichen Empfängniszeit beigewohnt. Beide hatten seit Frühjahr 2025 bis vor wenigen Wochen eine lose Beziehung geführt, in der es immer wieder zum ungeschützten Geschlechtsverkehr gekommen ist. Im gesamten letzten Kalenderjahr war die Antragstellerin mit keinem anderen Mann zusammen.[8]

Glaubhaftmachung: Eidesstattliche Versicherung der Antragstellerin vom . . . .

Die Antragstellerin ist auf den Unterhalt dringend angewiesen.[9] Die Antragstellerin war bis Februar 2026 als Bürokauffrau berufstätig. Sie hat dort ein Nettoeinkommen von 1.800 EUR monatlich erzielt. Diese Tätigkeit hat sie wegen der Schwangerschaft aufgeben müssen. Da sie sich nunmehr um das Kind kümmern wird, ist sie gehindert, ins Berufsleben zurückzukehren. Sie wird voraussichtlich Elterngeld von 1.200 EUR erhalten. Gleichwohl weigert sich der Antragsgegner, an sie Unterhalt zu zahlen, obwohl er auf Grund seiner Einkommensverhältnisse dazu in der Lage ist. Er verdient mindestens 10.000 EUR netto im Monat als leitender Manager eines Großunternehmens.[10]

Glaubhaftmachung: Eidesstattliche Versicherung der Antragstellerin vom . . . . .

Um antragsgemäße Entscheidung wird gebeten.

Rechtsanwalt[11, 12]

Anmerkungen

1. Das einstweilige Anordnungsverfahren ist in § 247 FamFG geregelt. Örtlich zuständig ist als Gericht der Hauptsache, § 50 Abs. 1 FamFG, das Familiengericht, in dessen Bezirk das Kind seinen gewöhnlichen Aufenthalt hat, § 232 Abs. 1 Nr. 2 FamFG.

2. Antragsberechtigt für den Kindesunterhalt ist das Kind oder die Mutter, § 247 Abs. 2 FamFG. Für das hier noch ungeborene und damit nicht rechtsfähige Kind kommt nur eine Antragstellung durch die Mutter in Betracht.

3. → Form. C.I.3 Anm. 3.

4. → Form. C.I.3 Anm. 4.

5. Der Antrag auf Erlass einer einstweiligen Anordnung nach § 247 FamFG ist statthaft, sobald die voraussichtliche Geburt glaubhaft gemacht werden kann.

6. Im einstweiligen Anordnungsverfahren ist ein bezifferter Antrag zu stellen, einen Stufenantrag lehnt die überwiegende Meinung ab (Musielak/Borth/Frank/Borth FamFG § 246 Rn. 7).

Die einstweilige Anordnung nach § 247 FamFG erlaubt die Geltendmachung des Kindesunterhalts für die ersten 3 Monate, ohne dass die Vaterschaft festgestellt sein muss. Hier liegt eine Ausnahme zu § 1600d Abs. 4 BGB vor. Innerhalb dieser Frist können sowohl der Vaterschaftsfeststellungsantrag wie auch das Verfahren nach § 248 FamFG anhängig gemacht werden.

Nach § 247 Abs. 1 FamFG kann die Mutter für sich selbst im vorliegenden Verfahren lediglich den Unterhalt nach § 1615l Abs. 1 BGB verlangen, also für die Dauer von sechs Wochen vor und acht Wochen nach der Geburt des Kindes. Bei beiden Anträgen ist problematisch, dass sich der tatsächliche Geburtstermin nicht unerheblich verschieben kann. Dann ist ggf. der Antrag noch umzustellen.

7. Die Angabe des Geburtstermins ist insbesondere erforderlich, um die Vaterschaftsvermutung des § 1600d Abs. 2 BGB darzulegen.

8. Die Antragstellerin hat die Voraussetzungen der Vaterschaftsvermutung des § 1600d Abs. 2 BGB glaubhaft zu machen. Danach wird die Vaterschaft vermutet, wenn der Mann der Mutter während der Empfängniszeit beigewohnt hat und schwerwiegende Zweifel an der Vaterschaft nicht verbleiben.

9. § 246 FamFG regelt abweichend von § 49 FamFG die Voraussetzungen einer einstweiligen Anordnung in Unterhaltssachen. Zum einen wird beim Unterhalt vorausgesetzt, dass dringendes Bedürfnis für ein sofortiges Tätigwerden, also ein Anordnungsgrund besteht. Zum anderen gilt kein Verbot der Vorwegnahme der Hauptsache, so dass Leistungsanordnung die Regel darstellen.

10. Die Grundlagen des geltend gemachten Unterhaltsanspruchs sind substantiiert darzulegen und glaubhaft zu machen.

Kosten und Gebühren

11. → Form. C.I.3 Anm. 9.

Fristen und Rechtsmittel

12. → Form. C.I.3 Anm. 10.

8. Antrag auf Erlass einer einstweiligen Anordnung auf Zahlung eines Kostenvorschusses gemäß § 246 FamFG

An das

Amtsgericht . . . . . [1]

– Familiengericht –

. . . . ., den 22.3.2026

Antrag auf Erlass einer einstweiligen Anordnung

In der Familiensache

der Frau . . . . .

– Antragstellerin[2] –

– Verfahrensbevollmächtigter: Rechtsanwalt . . . . . –[3]

gegen

Herrn . . . . ., **– Antragsgegner –**

– Verfahrensbevollmächtigte: Rechtsanwälte . . . . . –[4]

Vorläufiger Verfahrenswert: . . . . . EUR[4]

beantrage ich namens und in Vollmacht der Antragstellerin den Erlass der folgenden einstweiligen Anordnung:[5]

Der Antragsgegner wird verpflichtet, an die Antragstellerin einen Kostenvorschuss in Höhe von . . . . . EUR zu zahlen.[6]

Begründung:

Mit der heute beim Amtsgericht eingegangenen Antragsschrift verlangt die Antragstellerin von dem Antragsgegner Trennungsunterhalt in Höhe von monatlich . . . . . EUR ab dem 1.2.2026. Auf die Antragsschrift wird Bezug genommen. Daraus ergibt sich, dass das Unterhaltsbegehren hinreichende Erfolgsaussicht hat und nicht mutwillig ist.[7]

Glaubhaftmachung: Unterlagen aus dem Verfahren . . . . .

Der Antragstellerin steht gemäß § 1361 Abs. 4 S. 4 BGB iVm § 1360a Abs. 4 BGB ein Anspruch auf Kostenvorschuss zu.[8]

Wie sich aus den oben erwähnten Unterlagen ergibt, ist sie bedürftig, insbesondere verfügt sie über keinerlei verwertbares Vermögen. Der Antragsgegner ist demgegenüber leistungsfähig.[9]

Der Verfahrenswert für das Unterhaltsverfahren beträgt . . . . . EUR.[10] Wie sich aus der als Anlage beigefügten Kostenvorschussrechnung ergibt, errechnet sich hieraus ein Bedarf der Antragstellerin für Gerichts- und Verfahrenskosten in Höhe von . . . . . EUR.[11]

Außerdem besteht auch eine Vorschusspflicht für das vorliegende einstweilige Anordnungsverfahren selbst mit einem Verfahrenswert von . . . . . EUR.[12]

Glaubhaftmachung: Eidesstattliche Versicherung der Antragstellerin vom . . . . .
Kostenrechnung vom . . . . .

Um antragsgemäße Entscheidung wird gebeten.

Rechtsanwalt[13, 14]

Anmerkungen

1. Die Zuständigkeit richtet sich nach § 50 Abs. 1 FamFG. Danach ist zuständig für den Erlass der einstweiligen Anordnung das Gericht, bei dem die Hauptsache anhängig ist oder anhängig zu machen wäre. Dies richtet sich nach § 232 FamFG. Für den zweit- und drittinstanzlichen Kostenvorschuss ist das Oberlandesgericht gemäß § 50 Abs. 1 FamFG zuständig.

2. Einstweilige Anordnungen auf Kostenvorschuss sind nach § 246 Abs. 1 FamFG in Familiensachen als Unterhaltssachen möglich.

3. → Form. C.I.3 Anm. 3.

4. → Form. C.I.3 Anm. 4.

5. → Form. C.I.3 Anm. 7.

6. Im einstweiligen Anordnungsverfahren ist ein bezifferter Antrag zu stellen.

7. Der Anspruch auf Verfahrenskostenvorschuss setzt die hinreichende Erfolgsaussicht der beabsichtigten Rechtsverfolgung nach dem Maßstab des Verfahrenskostenhilfeverfahrens voraus. Dabei ist es Sache des Unterhaltsberechtigten, die Erfolgsaussichten seines Verfahrens schlüssig darzulegen und hierfür Beweis anzutreten (BGH FamRZ 2001, 1363).

8. § 1360a Abs. 4 BGB regelt die Kostenvorschusspflicht zwischen Ehegatten, die in ehelicher Gemeinschaft leben. Für getrenntlebende Ehegatten ist die Vorschusspflicht in § 1361a Abs. 4 S. 3 BGB erfasst, der eine entsprechende Anwendung des § 1360a Abs. 4 BGB vorsieht. Demgegenüber kann nach Rechtskraft der Scheidung zwischen den geschiedenen Ehegatten kein Anspruch auf Verfahrenskostenvorschuss mehr entstehen (BGH FamRZ 2017, 1052).

9. Der Verfahrenskostenvorschuss ist als unterhaltsrechtlicher Sonderbedarf neben der monatlichen Geldrente zu zahlen, der Vorrang vor der Bewilligung von Verfahrenskostenhilfe hat. Die Unterhaltsbedürftigkeit des Berechtigten und die Leistungsfähigkeit des Verpflichteten sind nach Unterhaltsrecht zu prüfen. Ggf. ist eine Zahlung des Vorschusses in monatlichen Raten anzuordnen (BGH FamRZ 2004, 1633)

10. Die Höhe des Kostenvorschusses ergibt sich aus den Gebühren, die sich nach dem Verfahrenswert der anhängigen Familiensache errechnen.

11. Die Vorschusspflicht umfasst alle notwendigen gerichtlichen und außergerichtlichen Kosten des Verfahrens, soweit sie fällig sind. Dazu gehören zunächst die mit der Einreichung der Antragsschrift anfallenden Gerichtskosten und Rechtsanwaltsgebühren des Verfahrens.

12. Wird der Kostenvorschuss durch eine einstweilige Anordnung geltend gemacht, gehören auch diese Kosten zum Anspruch (OLG Frankfurt FamRZ 1979, 732).

Kosten und Gebühren

13. → Form. C.I.3 Anm. 9.

Fristen und Rechtsmittel

14. → Form. C.I.3 Anm. 10.

9. Antrag auf Erlass einer einstweiligen Anordnung bei Störungen im räumlich-gegenständlichen Ehebereich

An das

Amtsgericht . . . . . [1]

– Familiengericht –

. . . . ., **den 22.3.2026**

Antrag auf Erlass einer einstweiligen Anordnung

In Sachen

des Herrn . . . . ., **– Antragsteller –**

– Verfahrensbevollmächtigter: Rechtsanwalt . . . . . [2] **–**

gegen

Frau . . . . ., **– Antragsgegnerin –**

– Verfahrensbevollmächtigte: Rechtsanwälte . . . . . [2] **–**

wegen Störung des räumlich-gegenständlichen Ehebereichs

Vorläufiger Verfahrenswert: . . . . . EUR [3]

Namens und im Auftrag des Antragstellers und unter Bezugnahme auf die beigefügte Verfahrensvollmacht [4] **beantrage ich,**

1. Der Antragsgegnerin wird vorläufig untersagt, Herrn . . . . . in der Ehewohnung oder dem zur Ehewohnung gehörenden Grundstück zu empfangen.[5]
2. Gegen die Antragsgegnerin wird für jeden Fall der Zuwiderhandlung gegen das in Nr. 1 ausgesprochene Verbot ein Ordnungsgeld bis zu 25.000 EUR festgesetzt.[6]

Begründung:

Der Antragsteller begehrt die Beseitigung einer Störung des räumlich-gegenständlichen Bereichs seiner Ehe.[7]

Antragsteller und Antragsgegnerin sind seit 52 Jahren verheiratet. Nachdem die Antragsgegnerin dem Antragsteller zum wiederholten Male eine außereheliche Affäre mitgeteilt hat, leben sie seit etwa 6 Wochen wieder einmal innerhalb des beiden zu Miteigentum gehörenden Einfamilienhauses, das ihnen als Ehewohnung dient, getrennt. Die Beteiligten haben schon seit langem das Reihenhaus in der Weise aufgeteilt, dass der Antragsteller das ehemalige Wohnzimmer im Erdgeschoss als Wohn- und Schlafraum und die Küche sowie das im Obergeschoss gelegene Badezimmer nutzt. Die Antragsgegnerin lebt in den im Obergeschoss gelegenen Räumen und nutzt ebenfalls das dortige Badezimmer und die im Erdgeschoss gelegene Küche. Beide Geschosse sind durch ein Treppenhaus mit einem Hauseingang verbunden, von dem aus die Räume im Erd- und Obergeschoss zu erreichen sind. Es bestehen also keine abgeschlossenen Wohnungen, seit 6 Wochen wirtschaften die Eheleute aber getrennt.

Seit etwa 3 Wochen empfängt die Antragsgegnerin ihren neuen Lebenspartner nahezu täglich, selbst wenn der Antragsteller zu Hause ist. In der vergangenen Woche hat der Antragsteller am Montag, Dienstag, Mittwoch und Donnerstag den neuen Lebenspartner der Antragsgegnerin, Herrn . . . . ., mehrfach in der Küche und im Hausflur angetroffen. Außerdem blockierte dieser mehrfach das Badezimmer im ersten Obergeschoss.

Der Antragsteller fühlt sich in seinem räumlich-gegenständlichen Bereich der Ehewohnung gestört. Die Antragsgegnerin hat ihm auf entsprechende Vorhalte im Beisein der Nachbarin Frau . . . . . erklärt, dass sie gar nicht daran denke, die Besuche des Herrn . . . . . zu unterbinden.

Glaubhaftmachung: Eidesstattliche Versicherung des Antragstellers vom . . . . .

Der Antragsteller geht davon aus, dass die Antragsgegnerin wie immer in den letzten Jahren nach kurzer Zeit das Interesse an diesem Herrn verlieren und reumütig zu ihm zurückkehren wird. Bis dahin ist der Zustand aber unerträglich.[8]

Rechtsanwalt[9, 10]

Anmerkungen

1. Der Ehestörungsantrag, den die Rechtsprechung zum Schutz des räumlich-gegenständlichen Bereichs der Ehe entwickelt hat, ist eine sonstige Familiensache iSd § 266 Abs. 1 Nr. 3 FamFG (BGH FamRZ 2014, 746).

Zu einer Hauptsache → Form. L.II.2.

2. In Verfahren der einstweiligen Anordnung besteht gemäß § 114 Abs. 4 Nr. 1 FamFG kein Anwaltszwang, anders als im Hauptsacheverfahren (§ 114 Abs. 1 FamFG mit §§ 112 Nr. 3, 266 Abs. 1 Nr. 3 FamFG).

3. Der Verfahrenswert ist mangels Spezialregelung gemäß § 42 Abs. 2 FamGKG nach billigem Ermessen zu bestimmen. Anzusetzen wäre möglicherweise an einem Bruchteil des Wohnwertes. Ansonsten gilt der Auffangwert von 5.000 EUR, Abs. 3 der Vorschrift. In jedem Fall ist § 41 FamGKG zu beachten, → Form. C.I.3 Anm. 5.

4. Die Vollmacht ist gemäß § 11 FamFG schriftlich einzureichen.

5. Der Antrag muss auf Erwirkung eines Unterlassens gegen den Ehegatten gerichtet sein. Dem anderen Ehegatten ist die Verpflichtung aufzuerlegen, den Drittstörer aus der Ehewohnung zu entfernen verbunden mit dem Verbot, ihm Wohnung zu gewähren und ihn in der Ehewohnung zu empfangen.

Es können auch Gebote und Verbote an den Drittstörer gerichtet werden. Dann ist dieser aber am Verfahren zu beteiligen, was nicht immer atmosphärisch sinnvoll ist.

6. Der Hinweis auf die Folgen einer Zuwiderhandlung ist gemäß § 120 Abs. 1 FamFG mit § 890 Abs. 2 ZPO Voraussetzung für die Vollstreckung. Daher kann es sinnvoll sein, bereits im Antrag darauf hinzuweisen, da er sonst zeitraubend nachgeholt werden muss.

7. Rechtsgrundlage des geltend gemachten Anspruchs sind §§ 823 Abs. 1, 1004 BGB iVm Art. 6 Abs. 1 GG. Daraus ergeben sich Unterlassungs- und Beseitigungsansprüche bei Störungen des räumlich-gegenständlichen Bereichs der Ehe, auch wenn sie sich gegen einen Dritten richten. Der Schutzbereich des „räumlich-gegenständlichen Bereichs der Ehe“ beschränkt sich auf den äußeren Bereich der Lebensgestaltung der Ehegatten, der die Grundlage für das gemeinsame Ehe- und Familienleben bildet und zugleich den einzelnen Familienmitgliedern die Entfaltung ihrer Persönlichkeit ermöglichen soll. Er umfasst daher insbesondere die Ehewohnung in dem Bestand, in dem sie die Eheleute gemeinsam nutzen. Ehestörungen, die unmittelbar die innere Lebens- und Geschlechtsgemeinschaft der Ehegatten berühren, sind dagegen als innerehelicher Vorgang nicht in den Schutzzweck der deliktischen Haftungstatbestände einbezogen (BGH FamRZ 2014, 746).

Abzugrenzen sind diese Ansprüche vom Ehrschutz, der in die Zuständigkeit der allgemeinen Zivilgerichte fällt (BGH FamRZ 2014, 746) sowie von Gewaltschutzsachen, → Form. H. Letztere sind zwar auch Familiensachen. Eine hilfsweise Geltendmachung im gleichen Verfahren scheitert aber an den grundsätzlich verschiedenen Verfahrensregeln in Streitsachen und sonstigen FamFG-Sachen.

8. Der verletzte Ehegatte muss im Rahmen des allgemeinen Rechtsschutzinteresses auf die Maßnahme zur Abwendung wesentlicher Nachteile angewiesen sein. Dabei muss es ihm gerade um den Schutz der Grundlagen der Ehe gehen. Während früher dieser Schutz bis zur Scheidung angenommen wurde (so noch BGHZ 6, 360), dürfte dieser nach den geänderten gesellschaftlichen Vorstellungen mittlerweile mit Scheitern der Ehe, spätestens mit Rechtshängigkeit der Scheidung enden.

Erforderlich ist im vorliegenden einstweiligen Anordnungsverfahren zusätzlich ein dringendes Bedürfnis für ein sofortiges Tätigwerden gemäß § 49 Abs. 1 FamFG.

Kosten und Gebühren

9. → Form. B.I.3 Anm. 9.

Fristen und Rechtsmittel

10. → Form. B.I.3 Anm. 10.

II. FG-Familiensachen

1. Antrag auf einstweilige Anordnung auf Übertragung des Aufenthaltsbestimmungsrechts und Kindesherausgabe

An das

Amtsgericht . . . . .[1]

– Familiengericht –

. . . . ., den 22.3.2026

Antrag auf Erlass einer einstweiligen Anordnung

des . . . . . – Antragsteller und Vater[2] –

– Verfahrensbevollmächtigter: Rechtsanwalt . . . . .[3] –

gegen

. . . . . – Antragsgegnerin und Mutter[2] –

– Verfahrensbevollmächtigte Rechtsanwälte . . . . .[3] –

wegen: Vorläufiger Regelung der elterlichen Sorge für das gemeinsame Kind der Beteiligten Luca, geb. am 18.11.2019

Aktenzeichen: . . . . .

Vorläufiger Verfahrenswert: . . . . .[4]

Namens und im Auftrag des Antragstellers und unter Bezugnahme auf die beigefügte Verfahrensvollmacht[5] beantrage ich wegen Dringlichkeit ohne mündliche Anhörung[6] wie folgt zu entscheiden,[7]

1. das Aufenthaltsbestimmungsrecht für das gemeinsame Kind der Beteiligten Luca, geb. am 18.11.2019, vorläufig zur alleinigen Ausübung auf den Vater[2] zu übertragen.
2. Hilfsweise im Falle der Übertragung des Aufenthaltsbestimmungsrechts:
   a) Die Mutter zu verpflichten, das Kind an den Vater herauszugeben;[15]
   b) Bei schuldhafter Zuwiderhandlung gegen die Herausgabeverpflichtung kann das Gericht gegenüber dem Verpflichteten Ordnungsgeld bis zur Höhe von 25.000 EUR und für den Fall, dass dieses nicht beigetrieben werden kann, Ordnungshaft bis zu sechs Monaten anordnen. Verspricht die Anordnung eines Ordnungsgeldes keinen Erfolg, kann das Gericht Ordnungshaft bis zu sechs Monaten anordnen.[7]

Begründung:[8]

Mit dem vorliegenden Antrag soll das Aufenthaltsbestimmungsrecht für das gemeinsame Kind der Beteiligten vorläufig geregelt werden. Parallel wird ein Hauptsacheantrag zur

Regelung der elterlichen Sorge bei Gericht gestellt. Ein sonstiges Verfahren ist derzeit nicht anhängig.[1]

Wie das Jugendamt bestätigen wird,[9] ist Luca bis zur Trennung[10] der Eltern von beiden Eltern umfassend und bestens betreut worden. Die gemeinsam bestehende elterliche Sorge[11] wurde von beiden Eltern gut wahrgenommen.

Von dieser harmonischen Familiengemeinschaft hat sich die Mutter ohne Grund einseitig verabschiedet, indem sie heimlich immer wieder wechselnde Liebschaften einging und schließlich vorgestern überstürzt die Ehewohnung verließ und mit dem gemeinsamen Kind ohne Einverständnis des Vaters zu ihrem derzeitigen Lebensgefährten zog, den sie über das Internet kennengelernt hatte, 700 km entfernt von hier.

Der Vater hat dem widersprochen und möchte, dass das Kind nicht so plötzlich aus seinem vertrauten Umfeld herausgerissen wird, sondern weiter hier aufwächst. Um erhebliche Beeinträchtigungen für das Kind zu vermeiden, ist eine sofortige Regelung notwendig. Ein Abwarten bis zur Entscheidung im Hauptsacheverfahren ist mit dem Kindeswohl unvereinbar.[12]

Da sich die Eltern nicht einigen können, ist dringend hinsichtlich des Aufenthaltsbestimmungsrechts das gemeinsame Sorgerecht aufzuheben und dieses vorläufig zur alleinigen Ausübung auf den Vater zu übertragen. Im Übrigen kann es derzeit bei der gemeinsamen elterlichen Sorge bleiben.[13]

Dies entspricht dem Wohl des Kindes.

Luca hat eine enge und liebevolle Beziehung zum Vater. Der Vater ist mindestens ebenso geeignet für die Erziehung des Kindes wie die Mutter, er kann sich – wie gelegentlich in der Vergangenheit – auch um die Hausaufgaben kümmern. Und natürlich wird er den Kontakt zur Mutter, der für das Kind ja ganz wichtig ist, engagiert fördern.

Luca ist in hier verwurzelt und möchte hier bleiben. Der Vater hat Luca auch immer trotz der Berufstätigkeit betreut, vor allem am Wochenende auch häufig mit ihm allein Ausflüge unternommen. Es ist geplant, mit dem Arbeitgeber zumindest einen Home-Office-Tag pro Woche zu vereinbaren. Außerdem steht die Großmutter väterlicherseits zum Abholen von der Schule zur Verfügung. Zu dieser hat Luca eine enge Beziehung, da er auch in der Vergangenheit mindestens 1–2 Nachmittag in der Woche von ihr betreut worden ist.

Der Widerstand Lucas gegen einen Umzug mit der Mutter betrifft nicht nur die vertraute Wohnung. Luca hat viele Freunde, mit denen er sich regelmäßig trifft und die sehr wichtig für ihn sind. Mindestens drei Freunde werden auch mit ihm im Herbst auf die Realschule wechseln. Außerdem geht Luca mindestens zweimal die Woche in seinen geliebten Sportverein, in dem er sich mühsam eine Stellung erkämpft hat.

Da die Mutter klar erklärt hat, dass sie in jedem Fall endgültig zu ihrem Lebensgefährten ziehen will, kommt daher allein deshalb nur eine Übertragung des Aufenthaltsbestimmungsrechts auf den Vater in Betracht.

Auch Luca wird bei seiner Anhörung seinen Wunsch äußern.[14]

Da die Mutter bereits angedeutet hat, dass sie eine gerichtliche Sorgeentscheidung zu ihren Ungunsten möglicherweise nicht akzeptieren wird, beantragt der Vater bereits jetzt hilfsweise die Herausgabe des Kindes.[15]

Glaubhaftmachung: Eidesstattliche Versicherung des Antragstellers vom . . . . .

Rechtsanwalt[16, 17]

Anmerkungen

1. Für den Erlass der einstweiligen Anordnung ist das Gericht zuständig, bei dem auch das Hauptverfahren anhängig zu machen ist, § 50 Abs. 1 FamFG. Dies ist in Kindschaftssachen gemäß § 152 Abs. 1 FamFG ausschließlich das Gericht, bei dem die Ehesache anhängig ist. Ist dies nicht der Fall, bestimmt sich die Zuständigkeit für die Hauptsache gemäß § 152 Abs. 2 FamFG nach dem gewöhnlichen Aufenthaltsort des Kindes. Dieser kann angesichts der gemeinsam bestehenden elterlichen Sorge nicht einseitig von der Mutter verändert werden.

2. Bei der Bezeichnung der Beteiligten ist es häufig sachgerecht, auf die – an sich zutreffenden – Begriffe „Antragsteller" und „Antragsgegnerin" zu verzichten. Vor allem, wenn die Beteiligtenrollen in Parallelsachen gegenläufig sind, kann es zu Verwechslungen und Unklarheiten kommen.

3. Anwaltszwang besteht nicht. Zum einen gilt dies gemäß § 114 Abs. 1 FamFG in Kindschaftssachen generell, zum anderen gemäß § 114 Abs. 4 S. 1 FamFG im einstweiligen Anordnungsverfahren. Beides hat Geltung auch für das Beschwerdeverfahren.

4. Der Verfahrenswert beträgt bei Regelung der elterlichen Sorge gemäß § 45 Abs. 1 Nr. 1 FamGKG in der Regel 5.000 EUR, unabhängig von der Anzahl der Kinder. Eine davon abweichende Festsetzung ist gemäß Abs. 3 der Vorschrift gerechtfertigt, wenn der Fall von einem Durchschnittsfall nach oben oder unten abweicht. Im einstweiligen Anordnungsverfahren ist der Wert gemäß § 41 FamGKG im Regelfall zu halbieren.

5. Die Vollmacht ist gemäß § 11 FamFG schriftlich einzureichen.

6. Im einstweiligen Anordnungsverfahren kann gemäß § 51 Abs. 2 S. 2 FamFG ohne mündliche Verhandlung entschieden werden. Wenn wie vorliegend eine Art Entführung glaubhaft gemacht wird, dürften dafür gute Gründe sprechen.

Die mündliche Anhörung ist nachzuholen, spätestens auf Antrag gemäß § 54 Abs. 2 FamFG.

7. Die elterliche Sorge wird gemäß § 1671 Abs. 1 BGB nur auf Antrag eines Elternteils oder beider Elternteile geregelt. Damit steht es den Eltern grundsätzlich frei, ob sie eine gerichtliche Entscheidung über die Regelung der elterlichen Sorge herbeiführen oder aber es bei dem gemeinsamen Sorgerecht belassen wollen. Eine Entscheidung von Amts wegen kommt nur nach § 1666 BGB bei Gefährdung des Kindeswohles in Betracht.

Die Antragsschrift wird dem Jugendamt zur Stellungnahme zugeleitet, da dieses vom Familiengericht gemäß § 162 Abs. 1 FamFG anzuhören ist. Aus diesem Grunde ist es auch erforderlich, eine weitere Durchschrift der Antragsschrift für das Jugendamt beizufügen.

Der Hinweis auf die Folgen einer Zuwiderhandlung hat gemäß § 89 Abs. 2 FamFG von Amts wegen erfolgen. Dennoch kann es sinnvoll sein, bereits im Antrag darauf hinzuweisen. Wenn der Hinweis vom Gericht vergessen wird, muss er zeitraubend nachgeholt werden, bevor eine Vollstreckung erfolgen kann (BGH FamRZ 2011, 1729).

8. Anträge auf Erlass einer einstweiligen Anordnung müssen anders als die Antragsschriften für das Hauptsacheverfahren (dazu § 23 FamFG → Form. D.I.1 Anm. 7) begründet werden, § 51 Abs. 1 FamFG. Sowohl der Anordnungsanspruch als auch das Regelungsbedürfnis müssen sich aus der Begründung ergeben. Ferner müssen die Mittel der Glaubhaftmachung angegeben werden.

9. Das Jugendamt ist gemäß § 162 Abs. 1 FamFG vor einer Sorgerechtsentscheidung grundsätzlich anzuhören. Es hat als Verfahrensbeteiligter eine eigenständige Stellung. Seine Mitwirkung besteht ua in der Vorlage eines Jugendamtsberichts, § 50 Abs. 1 SGB VIII. Dieser Bericht soll das Gericht in die Lage versetzen, sich ein Bild vom sozialen Umfeld des Kindes zu verschaffen. Außerdem soll das Jugendamt eine gutachterliche Stellungnahme abgeben, zu der es auf Grund seiner besonderen Fachkunde befähigt ist.

10. Gemäß § 1671 Abs. 1 BGB ist Voraussetzung für die Übertragung der alleinigen Sorge auf einen Elternteil die Trennung der Eltern auf Dauer und nicht nur vorübergehend. Dies sollte kurz dargelegt werden.

11. Weitere Voraussetzung für die Übertragung der alleinigen Sorge ist gemäß § 1671 Abs. 1 BGB, dass beide Eltern das Sorgerecht bisher gemeinsam innegehabt haben. Darauf sollte in der Antragsschrift hingewiesen werden. War über die elterliche Sorge bereits in einem Hauptsacheverfahren entschieden worden und besteht nunmehr ein Regelungsbedürfnis zu einer neuen Sorgerechtsgestaltung, müssen zusätzlich die Voraussetzungen des § 1696 BGB vorliegen.

12. Die einstweilige Anordnung ist nach § 51 Abs. 3 S. 1 FamFG von der Hauptsache unabhängig.

Nach § 49 Abs. 1 FamFG kann durch einstweilige Anordnung eine vorläufige Maßnahme getroffen werden, soweit dies nach den für das Rechtsverhältnis maßgebenden Vorschriften gerechtfertigt ist (Anordnungsanspruch → Anm. 13) und ein dringendes Bedürfnis für ein sofortiges Tätigwerden besteht (Anordnungsgrund). Ein derartiges Regelungsbedürfnis ist anzunehmen, wenn ein Abwarten bis zur endgültigen Entscheidung nicht möglich ist, weil diese zu spät kommen würde, um die zu schützenden Interessen (hier: das Kindeswohl) zu wahren (BVerfG FamRZ 2016, 22).

In Fragen des Aufenthalts geht es vor allem darum, dem Kind ein Hin-und-Her zu ersparen, falls in der Hauptsache dann noch einmal anders entschieden wird. Hier ist allein der Wechsel des Kindergartens ein erhebliches Argument für eine vorläufige Beibehaltung des jetzigen Zustands. Dies kann nur durch den Erlass einer einstweiligen Anordnung vermieden werden. Gerade deshalb ist eine schnelle vorläufige Regelung wichtig. Wenn das Kind erst einmal am neuen Ort integriert ist, wird dies gegen einen nochmaligen (vorläufigen) Wechsel sprechen.

13. Zu den materiellen Voraussetzungen, nach denen gemäß § 1671 Abs. 1 S. 2 Nr. 2 BGB ein Teil der elterlichen Sorge auf einen Elternteil allein übertragen werden kann → Form. D.I.3 Anm. 11–19. Im einstweiligen Anordnungsverfahren muss durch Glaubhaftmachung eine überwiegende Wahrscheinlichkeit der zugrundeliegenden Tatsachen erreicht werden.

14. Zum Kindeswillen zunächst → Form. D.I.2 Anm. 18. Diese Grundsätze gelten auch im Verfahren der einstweiligen Anordnung.

15. Es ist empfehlenswert, auch im einstweiligen Anordnungsverfahren neben dem Antrag auf Übertragung der Alleinsorge einen Herausgabeantrag gemäß § 1632 BGB zu stellen, wenn Anhaltspunkte dafür bestehen, dass der andere Elternteil eine für ihn ungünstige Sorgerechtsentscheidung nicht hinnehmen wird (ansonsten fehlte das Rechtsschutzbedürfnis für den Herausgabeantrag). Aus Kostengründen sollte dies nur hilfsweise erfolgen.

Kosten und Gebühren

16. Gerichtskosten: Nach KV 1410 FamGKG beträgt die Gebühr 0,3 der Gebühr nach § 28 FamGKG.

Rechtsanwaltskosten: Es fällt eine 1,3 Verfahrensgebühr nach VV 3100 RVG iVm § 13 RVG an. Das Verfahren über die einstweilige Anordnung gilt als besondere Angelegenheit gegenüber dem Hauptsacheverfahren, § 18 Nr. 2 RVG.

Fristen und Rechtmittel

17. Statthaft ist die sofortige Beschwerde nach § 57 Nr. 1 und 2 FamFG, wenn – wie hier – über die elterliche Sorge oder die Herausgabe des Kindes entschieden wird. Dies gilt auch für den Fall der Ablehnung eines Antrages, da es sich ebenfalls um eine Entscheidung in diesem Sinne handelt. Die Beschwerdefrist beträgt 2 Wochen, § 63 Abs. 2 Nr. 1 FamFG.

Nicht mit der Beschwerde anfechtbar ist ein Beschluss, der nicht aufgrund einer mündlichen Erörterung ergangen ist. Vielmehr muss dann zunächst ein entsprechender Antrag nach § 54 FamFG gestellt werden.

2. Antrag auf einstweilige Anordnung zur Herausgabe des Kindes

An das

Amtsgericht . . . . .[1]

– Familiengericht –

. . . . ., den 22.3.2026

Antrag auf Erlass einer einstweiligen Anordnung

der . . . . . – Antragstellerin und Mutter[2] –

– Verfahrensbevollmächtigter: Rechtsanwalt . . . . .[3] –

gegen

Jugendamt . . . . . –

– Antragsgegner[9] –

Weiterer Beteiligter . . . . .[13] – Vater[2] –

– Verfahrensbevollmächtigter: Rechtsanwalt . . . . .[3] –

wegen: Regelung der Herausgabe des Kindes der Antragstellerin

Luca, geb. am 18.11.2021

Vorläufiger Verfahrenswert: . . . . .[4]

Namens und im Auftrag des Antragstellers und unter Bezugnahme auf die beigefügte Verfahrensvollmacht[5] beantrage ich wegen Dringlichkeit ohne mündliche Anhörung[6] wie folgt zu entscheiden,[7]

Das Jugendamt wird verpflichtet, das Kind Luca, geb. am 18.11.2021, an die Mutter herauszugeben.

Begründung:[8]

Mit dem vorliegenden Antrag soll die vorläufige Herausgabe des Kindes der Antragstellerin erreicht werden.[10]

Während der Ehe der Antragstellerin mit dem Vater war das gemeinsame Kind geboren worden. Leider hat sich die Antragstellerin durch ihren Ehemann zwischenzeitlich in dessen Drogenmilieu hineinziehen lassen und das Wohl des Kindes gelegentlich aus den Augen verloren. Luca hat darunter aber glücklicherweise kaum gelitten, da er in dieser Zeit von seiner Großmutter liebevoll betreut wurde.

Mittlerweile hat sich die Mutter fast vollständig stabilisiert. Sie hat sich vom Vater getrennt und auch keinerlei Kontakt mehr zu ihm.[13] Mit Hilfe der Sozialpädägogischen Familienhilfe kann sie den Alltag bewältigen, Luca geht regelmäßig in den Kindergarten.

Bei dem Vorfall am Wochenende handelt es sich um ein Missverständnis. Die Mutter war mit einer Freundin unterwegs, Luca sollte zu Hause auf sie warten. Unerklärlicherweise rannte er auf die Straße und wurde dort fast von einem Auto angefahren. Die daraufhin erklärte Inobhutnahme durch das Jugendamt ist aber völlig unverhältnismäßig.[11]

Luca hat sicherlich Heimweh, die Mutter vermisst ihn sehr.[12]

Auch Luca wird bei seiner Anhörung seinen Wunsch äußern, dass alles so bleibt, wie es jetzt ist.[14]

Glaubhaftmachung: Eidesstattliche Versicherung der Antragstellerin vom . . . .

Rechtsanwalt[15, 16]

Anmerkungen

1. → Form. C.II.1 Anm. 1.

2. → Form. C.II.1 Anm. 2.

3. → Form. C.II.1 Anm. 3.

4. Der Verfahrenswert beträgt bei Regelung der Kindesherausgabe gemäß § 45 Abs. 1 Nr. 4 FamGKG in der Regel 5.000 EUR, unabhängig von der Anzahl der Kinder. Eine davon abweichende Festsetzung ist gemäß Abs. 3 der Vorschrift gerechtfertigt, wenn der Fall von einem Durchschnittsfall nach oben oder unten abweicht. Im einstweiligen Anordnungsverfahren ist der Wert gemäß § 41 FamGKG im Regelfall zu halbieren.

Da das Familienrecht in der vorliegenden Konstellation von Amts wegen auch über die elterliche Sorge entscheiden wird, zumindest in dem Sinne, dass keine Maßnahmen nach § 1666 BGB erforderlich sind, sind gemäß §§ 45 Abs. 1 Nr. 1, 41 FamGKG weitere 2.500 EUR hinzuzurechnen.

5. → Form. C.II.1 Anm. 5.

6. → Form. C.II.1 Anm. 6.

7. → Form. C.II.1 Anm. 7.

8. → Form. C.II.1 Anm. 8.

9. Das Jugendamt ist in Verfahren nach § 1666 BGB gemäß § 162 Abs. 2 S. 1 FamFG zwingend zu beteiligen.

Es hat als Verfahrensbeteiligter eine eigenständige Stellung. Seine Mitwirkung besteht ua in der Vorlage eines Jugendamtsberichts, § 50 Abs. 1 SGB VIII. Dieser Bericht soll das Gericht in die Lage versetzen, sich ein Bild vom sozialen Umfeld des Kindes zu verschaffen. Außerdem soll das Jugendamt eine gutachterliche Stellungnahme abgeben, zu der es auf Grund seiner besonderen Fachkunde befähigt ist.

10. Die einstweilige Anordnung ist nach § 51 Abs. 3 S. 1 FamFG von einer Hauptsache unabhängig.

Nach § 49 Abs. 1 FamFG kann durch einstweilige Anordnung eine vorläufige Maßnahme getroffen werden, soweit dies nach den für das Rechtsverhältnis maßgebenden Vorschriften gerechtfertigt ist (Anordnungsanspruch → Anm. 11) und ein dringendes Bedürfnis für ein sofortiges Tätigwerden besteht (Anordnungsgrund → Anm. 12).

11. In die elterliche Sorge darf nach § 1666 BGB nur bei einer Kindeswohlgefährdung eingegriffen werden.

Gemäß § 1666 Abs. 1 BGB hat das Familiengericht die erforderlichen Maßnahmen zu treffen, wenn das körperliche, geistige oder seelische Wohl eines Kindes gefährdet ist und Eltern nicht gewillt oder nicht in der Lage sind, die Gefahr abzuwenden. Voraussetzung der Entziehung der elterlichen Sorge ist eine gegenwärtige, in einem solchem Maße vorhandene Gefahr, dass sich für die weitere Entwicklung des Kindes eine erhebliche Schädigung mit ziemlicher Sicherheit voraussehen lässt (BVerfG FamRZ 2017, 1055; FamRZ 2012, 1127; BGH FamRZ 2017, 212; BGH FamRZ 2005, 344). Unerheblich ist, ob das Kindeswohl durch missbräuchliche Ausübung der elterlichen Sorge, durch Vernachlässigung des Kindes, durch verschuldetes oder unverschuldetes Versagen der Eltern oder durch das Verhalten eines Dritten gefährdet wird.

Soweit es um die Trennung des Kindes von seinen Eltern als dem stärksten Eingriff in das Elternrecht geht, ist dieser nur zulässig, wenn die Erziehungsberechtigten versagen oder wenn die Kinder aus anderen Gründen zu verwahrlosen drohen. Nicht jedes Versagen oder jede Nachlässigkeit der Eltern berechtigt den Staat auf der Grundlage seines ihm nach Art. 6 Abs. 2 S. 2 GG zukommenden Wächteramtes, die Eltern von der Pflege und Erziehung ihres Kindes auszuschalten oder gar selbst diese Aufgabe zu übernehmen. Das elterliche Fehlverhalten muss vielmehr ein solches Ausmaß erreichen, dass das Kind bei einem Verbleiben in der Familie in seinem körperlichen, geistigen oder seelischen Wohl nachhaltig gefährdet ist (BVerfG FamRZ 2012, 1127).

Im einstweiligen Anordnungsverfahren muss durch Glaubhaftmachung eine überwiegende Wahrscheinlichkeit der zugrundeliegenden Tatsachen erreicht werden.

12. Das erforderliche dringende Bedürfnis für ein sofortiges Tätigwerden ist anzunehmen, wenn ein Abwarten bis zur endgültigen Entscheidung nicht möglich ist, weil diese zu spät kommen würde, um die zu schützenden Interessen (hier: das Kindeswohl) zu wahren (BVerfG FamRZ 2016, 22).

Hier muss dringend über den Aufenthalt des Kindes entschieden werden, also entweder der Mutter das Aufenthaltsbestimmungsrecht gerichtlich entzogen oder die Herausgabe des Kindes angeordnet werden.

Ein dringendes Bedürfnis für einen vorläufigen Entzug des Aufenthaltsbestimmungsrechts der Mutter erfordert über die Kindeswohlgefährdung hinaus, dass ein Zuwarten bis zu einer Klärung im Hauptsacheverfahren nicht möglich erscheint. Da hier akute Gefährdungen möglicherweise tatsächlich fehlen (anders bei Gewalt, Missbrauch oder erheblicher Vernachlässigung), dürfte dies zu verneinen sein.

13. Im Verfahren nach § 1666 BGB wird insgesamt von Amts wegen über die gesamte elterliche Sorge entschieden, also auch über die des Vaters.

Der Vater ist daher gemäß § 7 Abs. 2 S. 1 FamFG Mussbeteiligter.

Die Herausgabe an sich kann die Mutter auch allein beantragen, da das Kind offenbar im Einvernehmen der gemeinsam sorgeberechtigten Eltern bei ihr lebt. Ein vorläufiger (teilweiser) Entzug der elterlichen Sorge müsste aber auch den Vater in Blick nehmen.

14. Zum Kindeswillen zunächst → Form. D.I.2 Anm. 18. Diese Grundsätze gelten auch im Verfahren der einstweiligen Anordnung.

Kosten und Gebühren

15. → Form. C.II.1 Anm. 16.

Fristen und Rechtmittel

16. → Form. C.II.1 Anm. 17.

3. Antrag auf einstweilige Anordnung auf Übertragung einzelner Sorgebereiche

An das

Amtsgericht . . . . . [1]

– Familiengericht –

. . . . ., den 21.6.2026

Antrag auf Erlass einer einstweiligen Anordnung

des . . . . . **– Antragsteller und Vater[2] –**

– Verfahrensbevollmächtigter: Rechtsanwalt . . . . .[3] –

gegen

. . . . . **– Antragsgegnerin und Mutter[2] –**

– Verfahrensbevollmächtigte Rechtsanwälte . . . . .[3] –

wegen: Vorläufiger Regelung der elterlichen Sorge für das gemeinsame Kind der Beteiligten

Luca, geb. am 18.11.2019

Aktenzeichen: . . . . .

Vorläufiger Verfahrenswert: . . . . .[4]

Namens und im Auftrag des Antragstellers und unter Bezugnahme auf die beigefügte Verfahrensvollmacht[5] beantrage ich wegen Dringlichkeit ohne mündliche Anhörung[6] wie folgt zu entscheiden,[7]

1. **Der Teilbereich der Schulangelegenheiten für das gemeinsame Kind der Beteiligten Luca, geb. am 18.11.2019, wird vorläufig zur alleinigen Ausübung auf den Vater[2] zu übertragen.**
2. **Hilfsweise: Die Entscheidung über den Schulbezirkswechsel und Anmeldung des Kindes an der Grundschule . . . . . für das gemeinsame Kind der Beteiligten Luca, geb. am 18.11.2019, wird vorläufig zur alleinigen Ausübung auf den Vater[2] übertragen.**

Begründung:[8]

Mit dem vorliegenden Antrag soll die Schulwahl für das gemeinsame Kind der Beteiligten vorläufig geregelt werden. Ein sonstiges Verfahren ist derzeit nicht anhängig.[1]

Wie das Jugendamt bestätigen wird,[9] ist Luca bis zur Trennung[10] der Eltern von beiden Eltern umfassend und bestens betreut worden. Die gemeinsam bestehende elterliche Sorge[11] wurde von beiden Eltern gut wahrgenommen.

Die Eltern haben sich auseinandergelebt und im November 2025 getrennt. Seitdem betreuen sie Luca abwechselnd, zu beiden Eltern hat er ein liebevolles Verhältnis. Die Wochenenden von Freitagnachmittag bis Montag früh werden alle zwei Wochen beim Vater verbracht, gleiches gilt für die Hälfte der Ferien. Außerdem verbringt Luca jeden Mittwochnachmittag bis Donnerstag früh beim Vater. Der Vater holt Luca jeweils vom Kindergarten ab und bringt ihn dort auch wieder hin. Das Ganze funktioniert sehr gut, weil Mutter und Vater (und auch dessen Eltern) nur wenige Minuten voneinander entfernt wohnen, wo sich auch der Kindergarten befindet. Auf dem gleichen Gelände befindet sich auch die Grundschule. Bisher war für alle Beteiligten klar, dass Luca dort gemeinsam mit seinen Freunden Nikki, Paul und Augustin ab September anfangen wird.

Vor ein paar Tagen hat die Mutter aber überraschend erklärt, dass sie gemeinsam mit ihrem Lebensgefährten in der 8 km entfernten Stadt ein Haus gekauft habe. Luca sei bereits umgemeldet und werde daher die dortige Grundschule besuchen, auch um dort in der neuen Nachbarschaft Kinder kennenzulernen.

Die dortige Grundschule ist aber nicht – wie die bisher geplante – auf einem Gelände mit einem Kindergarten, sondern mit einer Werkrealschule untergebracht. Erst neulich war wieder ein Artikel über Übergriffe der älteren Schüler in der Zeitung.

Außerdem ist der Schulweg für die Mutter recht einfach zu bewältigen, da sie ohnehin weiter direkt neben der hiesigen Grundschule arbeitet.

Da die Anmeldung demnächst erfolgen muss, besteht Dringlichkeit.[12]

Die Übertragung auf den Vater entspricht dem Wohl des Kindes.[13]

Auch Luca wird bei seiner Anhörung seinen Wunsch äußern, dass alles so bleibt wie geplant.[14]

Glaubhaftmachung: Eidesstattliche Versicherung des Antragstellers vom . . . . .

Rechtsanwalt[15, 16]

Anmerkungen

1. → Form. C.II.1 Anm. 1.

2. → Form. C.II.1 Anm. 2.

3. → Form. C.II.1 Anm. 3.

4. → Form. C.II.1 Anm. 4.

5. → Form. C.II.1 Anm. 5.

6. → Form. C.II.1 Anm. 6.

7. → Form. C.II.1 Anm. 7.

8. → Form. C.II.1 Anm. 8.

9. → Form. C.II.1 Anm. 9.

10. → Form. C.II.1 Anm. 10.

11. → Form. C.II.1 Anm. 11.

12. Die einstweilige Anordnung ist nach § 51 Abs. 3 S. 1 FamFG von der Hauptsache unabhängig.

Nach § 49 Abs. 1 FamFG kann durch einstweilige Anordnung eine vorläufige Maßnahme getroffen werden, soweit dies nach den für das Rechtsverhältnis maßgebenden Vorschriften gerechtfertigt ist (Anordnungsanspruch → Anm. 13) und ein dringendes Bedürfnis für ein sofortiges Tätigwerden besteht (Anordnungsgrund). Ein derartiges Regelungsbedürfnis ist anzunehmen, wenn ein Abwarten bis zur endgültigen Entscheidung nicht möglich ist, weil diese zu spät kommen würde, um die zu schützenden Interessen (hier: das Kindeswohl) zu wahren (BVerfG FamRZ 2016, 22).

Hier muss zumindest bis zu den Sommerferien eine Entscheidung über die Einschulung getroffen werden.

13. Rechtsgrundlage für die Übertragung könnten hier sowohl § 1628 BGB wie § 1671 Abs. 1 S. 2 Nr. 2 BGB sein, je nachdem ob es sich um eine einzelne Entscheidung oder um ein ganzes Bündel von Entscheidungen handelt → Form. B.V.2 Anm. 14. Die inhaltlichen Maßstäbe (Kindeswohl) sind aber identisch.

Zu den materiellen Voraussetzungen, nach denen gemäß § 1671 Abs. 1 S. 2 Nr. 2 BGB ein Teil der elterlichen Sorge auf einen Elternteil allein übertragen werden kann, zunächst → Form. D.I.3 Anm. 11–19. Im einstweiligen Anordnungsverfahren muss durch Glaubhaftmachung eine überwiegende Wahrscheinlichkeit der zugrundeliegenden Tatsachen erreicht werden.

Üblicherweise übertragen Familiengerichte solche Entscheidungen (etwa auch solche zu ärztlichen Therapien) gerne dem Elternteil, bei dem das Kind lebt, weil er im Alltag die daraus folgenden Konsequenzen zu tragen hat. Eine inhaltliche Gewichtung wird häufig vermieden, deshalb sollten hier besonders viele Argumente zusammengetragen werden.

14. Zum Kindeswillen zunächst → Form. D.I.2 Anm. 18. Diese Grundsätze gelten auch im Verfahren der einstweiligen Anordnung.

Kosten und Gebühren

15. → Form. C.II.1 Anm. 16.

Fristen und Rechtmittel

16. → Form. C.II.1 Anm. 17.

4. Antrag auf einstweilige Anordnung zur Regelung des Umgangsrechts

An das
Amtsgericht . . . . .[1]
– Familiengericht –

. . . . ., den 22.3.2026

Antrag

des . . . . ., – Antragsteller und Vater[2] –

– Verfahrensbevollmächtigter: Rechtsanwalt . . . . .[3] –

gegen

. . . . ., – Antragsgegnerin und Mutter[2] –

– Verfahrensbevollmächtigte: Rechtsanwälte . . . . .[3] –

wegen: Regelung des Umgangs mit den gemeinsamen Kindern der Beteiligten
a) Lisa, geb. am 13.6.2019
b) Max, geb. am 16.2.2023

Vorläufiger Verfahrenswert: . . . . . EUR[4]

Namens und im Auftrag des Antragstellers und unter Bezugnahme auf die beigefügte Verfahrensvollmacht[5] beantrage ich wegen Dringlichkeit ohne mündliche Anhörung[6] wie folgt zu entscheiden,[7]

Das Umgangsrecht des Vaters wird vorläufig wie folgt geregelt:
1. Der Vater[2] hat das Recht, die gemeinsamen Kinder der Beteiligten Lisa, geb. am 13.6.2019, und Max, geb. am 16.2.2023, an den Wochenenden in den geraden Kalenderwochen von Samstag 10.00 Uhr bis Sonntag 18.00 Uhr, zu sich zu nehmen.
2. Der Vater holt die Kinder zur Ausübung des Umgangsrechts bei der Mutter ab und bringt die Kinder wieder pünktlich zurück.
3. Die Mutter hat die Kinder pünktlich zur Abholung durch den Vater bereitzuhalten.
4. Bei schuldhafter Zuwiderhandlung gegen die geregelten Verpflichtungen kann das Gericht gegenüber dem Verpflichteten Ordnungsgeld bis zur Höhe von 25.000 EUR und für den Fall, dass dieses nicht beigetrieben werden kann, Ordnungshaft bis zu sechs Monaten anordnen. Verspricht die Anordnung eines Ordnungsgeldes keinen Erfolg, kann das Gericht Ordnungshaft bis zu sechs Monaten anordnen.[7]

Begründung:[8]

Mit dem vorliegenden Antrag soll der vorläufige Umgang für die gemeinsamen Kinder der Beteiligten geregelt werden.

Wie das Jugendamt bestätigen wird,[9] haben sich die Eltern darauf geeinigt, dass die beiden Kinder, die seit der Trennung im Juni 2024 bei der Mutter leben, in deren Obhut bleiben sollen und das gemeinsame Sorgerecht beibehalten wird.

Streit besteht lediglich über die Ausübung des Umgangsrechts, das bisher nicht gerichtlich geregelt wurde und seit kurzer Zeit nicht mehr funktioniert.[10]

Seit der Trennung konnten sich die Eltern ganz gut über den Umgang absprechen, dieser fand etwa alle zwei Wochen für das Wochenende, häufig auch mit Übernachtungen von Samstag auf Sonntag statt. Seit die Mutter mit ihrem neuen Lebensgefährten zusammengezogen ist, hat sich das aber geändert. Jede Terminabsprache muss mit ihm erfolgen, da er ebenfalls regelmäßige Umgänge mit seinen beiden Kindern aus erster Ehe hat. Anfänglich war der Vater auch verständnisvoll und trat häufig mit seinen Terminwünschen zurück. Dies führte wegen seiner Wochenendschichten oft zu einem Ausfall des Umgangs. Daher erscheint dringend erforderlich, den Umgang verlässlich und verbindlich zu regeln.[11]

Eine Ferienregelung kann auch später noch im parallelen Hauptsacheverfahren ergehen.[10]

Die Anhörung der Kinder wird deren Wunsch nach regelmäßigen Kontakten zum Vater ergeben.[12]

Glaubhaftmachung: Eidesstattliche Versicherung des Antragstellers vom . . . . .

Rechtsanwalt[13, 14]

Anmerkungen

1. → Form. C.II.1 Anm. 1.

2. → Form. C.II.1 Anm. 2.

3. → Form. C.II.1 Anm. 3.

4. Der Verfahrenswert beträgt bei Regelung des Umgangs gemäß § 45 Abs. 1 Nr. 2 FamGKG in der Regel 5.000 EUR, unabhängig von der Anzahl der Kinder. Eine davon abweichende Festsetzung ist gemäß Abs. 3 der Vorschrift gerechtfertigt, wenn der Fall von einem Durchschnittsfall nach oben oder unten abweicht. Im einstweiligen Anordnungsverfahren ist der Wert gemäß § 41 FamGKG im Regelfall zu halbieren.

5. → Form. C.II.1 Anm. 5.

6. → Form. C.II.1 Anm. 6.

7. Anders als die Regelung der elterlichen Sorge nach § 1671 Abs. 1 BGB kann das Umgangsrecht auch ohne Antrag von Amts wegen geregelt werden, so dass das vorliegende Begehren strenggenommen keinen Antrag, sondern lediglich eine Anregung darstellt. In der Praxis wird ein Umgangsverfahren aber regelmäßig ohne diese Anregung eines Elternteils nicht eingeleitet werden.

Der Hinweis auf die Folgen einer Zuwiderhandlung hat gemäß § 89 Abs. 2 FamFG von Amts wegen erfolgen. Dennoch kann es sinnvoll sein, bereits im Antrag darauf hinzuweisen. Wenn der Hinweis vom Gericht vergessen wird, muss er zeitraubend nachgeholt werden, bevor eine Vollstreckung erfolgen kann (BGH FamRZ 2011, 1729).

8. → Form. C.II.1 Anm. 8.

9. Die Antragsschrift wird dem Jugendamt zur Stellungnahme zugeleitet, da dieses vom Familiengericht gemäß § 162 Abs. 1 FamFG anzuhören ist. Aus diesem Grunde ist es auch erforderlich, eine weitere Durchschrift der Antragsschrift für das Jugendamt beizufügen.

Das Jugendamt ist gemäß § 162 Abs. 1 FamFG auch vor einer Umgangsregelung grundsätzlich anzuhören. Es hat als Verfahrensbeteiligter eine eigenständige Stellung. Seine Mitwirkung besteht ua in der Vorlage eines Jugendamtsberichts, § 50 Abs. 1 SGB VIII. Dieser Bericht soll das Gericht in die Lage versetzen, sich ein Bild vom sozialen Umfeld des Kindes zu verschaffen. Außerdem soll das Jugendamt eine gutachterliche Stellungnahme abgeben, zu der es auf Grund seiner besonderen Fachkunde befähigt ist. Im Umgangsverfahren kommt häufig die vermittelnde Funktion des Jugendamtes zur Hilfe, zudem kann es Beratungsangebote machen.

10. Die einstweilige Anordnung ist nach § 51 Abs. 3 S. 1 FamFG von der Hauptsache unabhängig.

Nach § 49 Abs. 1 FamFG kann durch einstweilige Anordnung eine vorläufige Maßnahme getroffen werden, soweit dies nach den für das Rechtsverhältnis maßgebenden Vorschriften gerechtfertigt ist (Anordnungsanspruch → Anm. 11) und ein dringendes Bedürfnis für ein sofortiges Tätigwerden besteht (Anordnungsgrund). Ein derartiges Regelungsbedürfnis ist anzunehmen, wenn ein Abwarten bis zur endgültigen Entscheidung nicht möglich ist, weil diese zu spät kommen würde, um die zu schützenden Interessen (hier: das Kindeswohl) zu wahren (BVerfG FamRZ 2016, 22).

Beim Umgang geht es vor allem darum, dass der regelmäßige Kontakt zwischen Vater und Kinder nicht abreißt.

11. Zu den rechtlichen Grundlagen des Umgangsrechts → Form. D.II.1 Anm. 9–14.

12. Zum Kindeswillen vgl. zunächst → Form. D.I.2 Anm. 18. Diese Grundsätze gelten auch im Verfahren der einstweiligen Anordnung.

Der geäußerte Wille des Kindes ist im Umgangsverfahren noch stärker als im Sorgerechtsverfahren zu berücksichtigen. Ein gegen den ernsthaften Widerstand des Kindes erzwungener Umgang kann durch die Erfahrung der Missachtung der eigenen Persönlichkeit unter Umständen mehr Schaden verursachen als nutzen. Selbst ein auf einer bewussten oder unbewussten Beeinflussung beruhender Wunsch kann beachtlich sein, wenn er Ausdruck echter und damit schützenswerter Bindungen ist. Das Außerachtlassen des beeinflussten Willens ist daher nur dann gerechtfertigt, wenn die manipulierten Äußerungen des Kindes den wirklichen Bindungsverhältnissen nicht entsprechen (BVerfG FamRZ 2015, 1093).

Gemäß § 90 Abs. 2 S. 1 FamFG ist die Anwendung unmittelbaren Zwanges gegen ein Kind zur Ausübung des Umgangs nicht zulässig.

Kosten und Gebühren

13. → Form. C.II.1 Anm. 16.

Fristen und Rechtsmittel

14. Wird ohne mündliche Verhandlung entschieden, kann gemäß § 54 Abs. 2 FamFG beantragt werden, auf Grund mündlicher Verhandlung erneut zu entscheiden.

Danach kann nur noch die Aufhebung oder Abänderung gemäß § 54 Abs. 1 FamFG beantragt werden. → Form. C.III.4.

Gemäß § 57 FamFG ist die Beschwerde nicht statthaft.

5. Antrag zur einstweiligen Anordnung in Haushaltssachen

An das

Amtsgericht . . . . .[1]

– Familiengericht –

. . . . ., den 22.3.2026

Antrag auf Erlass einer einstweiligen Anordnung

In der Familiensache

des Herrn . . . . ., **– Antragstellers –**

– Verfahrensbevollmächtigter: Rechtsanwalt . . . . .[2] –

gegen

Frau . . . . ., **– Antragsgegnerin –**

– Verfahrensbevollmächtigte: Rechtsanwälte . . . . .[2] –

wegen: Haushaltssache eA

Vorläufiger Verfahrenswert: . . . . . EUR[3]

Namens und im Auftrag des Antragstellers und unter Bezugnahme auf die beigefügte Verfahrensvollmacht[4] beantrage ich wegen Dringlichkeit ohne mündliche Anhörung[5] wie folgt zu entscheiden,[6]

1. Die Antragsgegnerin wird verpflichtet, dem Antragsteller folgende Gegenstände herauszugeben und zur Nutzung zu überlassen:
   a) Fernseher, Marke . . . . .
   b) Kühlschrank, Marke . . . . .
   c) Elektroherd, Marke . . . . .[6]

2. Außerdem wird dem Antragsteller der Staubsauger, Marke . . . . . zur Nutzung zugeteilt.[6]

Begründung:[7]

Die Beteiligten sind seit Dezember 2017 miteinander verheiratet. Am 20.12.2025 trennte sich der Antragsteller von der Antragsgegnerin und zog in eine teilweise möblierte Wohnung, die seinen Eltern gehört.[8] Ein Scheidungsverfahren ist zwischen den Beteiligten nicht anhängig.[1]

Kinder sind aus der Ehe nicht hervorgegangen.[9]

Die in dem Antrag genannten Gegenstände benötigt der Antragsteller dringend[10] für sein Informationsbedürfnis, dafür, Lebensmittel aufzubewahren und Mahlzeiten zuzubereiten sowie zur Sauberhaltung der Wohnung. Ihm stehen in der ihm von den Eltern zur Verfügung gestellten Wohnung zu diesem Zwecke keine anderen Gegenstände zur Verfügung.[11]

Glaubhaftmachung: Eidesstattliche Versicherung des Antragstellers vom . . . . .

Der Fernseher gehört dem Antragsteller. Er hat ihn mit in die Ehe gebracht.

Glaubhaftmachung: Eidesstattliche Versicherung des Antragstellers vom . . . . .

Der Herd und der Kühlschrank gehören der Antragsgegnerin. Diese Geräte befinden sich im Keller des der Antragsgegnerin gehörenden Hauses. Sie waren Bestandteil der alten Küche der Beteiligten, die im Jahre 2018 gemeinsam durch eine moderne Einbauküche ersetzt wurde. Sie wurden in den Kellerräumen nur gelegentlich beim Zubereiten besonderer Mahlzeiten genutzt. Der Antragsgegnerin stehen also in der Küche des Hauses entsprechende Elektrogeräte für ihre Bedürfnisse zur Verfügung.[11]

Gleichwohl weigert sie sich, die herausverlangten Gegenstände zur Nutzung an den Antragsteller herauszugeben.

Er ist auf die benannten Gegenstände dringend angewiesen. Er hat daher ein erhebliches Interesse daran, die Sachen so schnell wie möglich zu erhalten.[11]

Außerdem ist er dringend auf den gemeinsam angeschafften Zweitstaubsauger angewiesen, den er mitgenommen hat. Die Antragsgegnerin hat einen deutlich größeren Staubsauger zur Verfügung und verlangt den Zweitstaubsauger vom Antragsteller aber jetzt für das Ferienhaus ihres neuen Lebensgefährten.[11]

Glaubhaftmachung: Eidesstattliche Versicherung des Antragstellers vom . . . . .

Rechtsanwalt[12, 13]

Anmerkungen

1. Für den Erlass der einstweiligen Anordnung ist das Gericht zuständig, bei dem auch das Hauptverfahren anhängig zu machen ist, § 50 Abs. 1 FamFG. Dies ist in Haushaltssachen gemäß § 201 Nr. 1 FamFG ausschließlich bei dem Gericht, bei dem die Ehesache anhängig ist. Ist dies nicht der Fall, bestimmt sich die Zuständigkeit für die Hauptsache gemäß § 201 Nr. 2–4 FamFG nach dem Ort der gemeinsamen Ehewohnung, hilfsweise nach dem gewöhnlichen Aufenthalt des Antragsgegners, hilfsweise nach dem Aufenthalt des Antragstellers.

2. Anwaltszwang besteht nicht. Zum einen gilt dies gemäß § 114 Abs. 1 FamFG in Ehewohnungs- und Haushaltssachen generell, zum anderen gemäß § 114 Abs. 4 S. 1 FamFG im einstweiligen Anordnungsverfahren. Beides hat Geltung auch für das Beschwerdeverfahren.

3. Der Verfahrenswert beträgt gemäß § 48 Abs. 2 Alt. 1 FamGKG mit § 200 Abs. 2 Nr. 1 FamFG in Haushaltssachen bei Getrenntleben gemäß § 1361a BGB 2.000 EUR, nach Rechtskraft der Scheidung 3.000 EUR.
Im einstweiligen Anordnungsverfahren ist der Wert gemäß § 41 FamGKG im Regelfall zu halbieren.

4. Die Vollmacht ist gemäß § 11 FamFG schriftlich einzureichen.

5. Im einstweiligen Anordnungsverfahren kann gemäß § 51 Abs. 2 S. 2 FamFG ohne mündliche Verhandlung entschieden werden.
Die mündliche Anhörung ist nachzuholen, spätestens auf Antrag gemäß § 54 Abs. 2 FamFG.

6. Das Verfahren in Ehewohnungs- und Haushaltssachen wird gemäß § 203 FamFG nur auf qualifizierten Antrag eingeleitet, der in jedem Fall eine Auflistung der Gegenstände erfordert, deren Zuteilung begehrt wird. Soweit Herausgabe von Gegenständen verlangt wird, muss deren Bezeichnung vollstreckungsfähig sein.

7. Anträge auf Erlass einer einstweiligen Anordnung müssen anders als die Antragsschriften für das Hauptsacheverfahren (dazu § 23 FamFG) begründet werden, § 51 Abs. 1 FamFG. Sowohl der Anordnungsanspruch als auch das Regelungsbedürfnis müssen sich aus der Begründung ergeben. Ferner müssen die Mittel der Glaubhaftmachung angegeben werden.

Außerdem ist davon auszugehen, dass anderenfalls das Familiengericht gemäß § 206 FamFG entsprechende Auflagen erteilt.

8. Voraussetzung ist, dass die Ehegatten getrennt leben, § 1361a BGB. Außerdem dürfen die Ehegatten sich über den Verbleib der Haushaltsgegenstände noch nicht geeinigt haben, § 1361a Abs. 3 BGB.

9. Die Angabe zu Kindern im Haushalt fordert das Gesetzt in § 203 Abs. 3 FamFG nur für Ehewohnungssachen. Für die auch in Haushaltssachen erforderliche Abwägung kann dieser Gesichtspunkt aber eine erhebliche Rolle spielen.

10. Die einstweilige Anordnung ist nach § 51 Abs. 3 S. 1 FamFG von der Hauptsache unabhängig.

Nach § 49 Abs. 1 FamFG kann durch einstweilige Anordnung eine vorläufige Maßnahme getroffen werden, soweit dies nach den für das Rechtsverhältnis maßgebenden Vorschriften gerechtfertigt ist (Anordnungsanspruch → Anm. 11–14) und ein dringendes Bedürfnis für ein sofortiges Tätigwerden besteht (Anordnungsgrund). Ein derartiges Regelungsbedürfnis ist anzunehmen, wenn ein Abwarten bis zur endgültigen Entscheidung nicht möglich ist, weil diese zu spät kommen würde, um die zu schützenden Interessen zu wahren (BVerfG FamRZ 2016, 22).

Beides ist im Einzelnen substantiiert vorzutragen und glaubhaft zu machen.

11. Zu den rechtlichen Grundlagen der Haushaltszuteilung → Form. G.IV.1.

Kosten und Gebühren

12. → Form. C.II.1 Anm. 16.

Fristen und Rechtsmittel

13. → Form. C.II.4 Anm. 14.

6. Antrag auf einstweilige Anordnung auf Überlassung der Ehewohnung

An das

Amtsgericht . . . . .[1]

– Familiengericht –

. . . . ., den 22.3.2026

Antrag auf Erlass einer einstweiligen Anordnung

In der Familiensache

der Frau . . . . ., – Antragstellerin –

– Verfahrensbevollmächtigter: Rechtsanwalt . . . . .[2] –

gegen

Herrn . . . . ., – Antragsgegner –

– Verfahrensbevollmächtigte: Rechtsanwälte . . . . .[2] –

wegen: Wohnungsüberlassung eA

Vorläufiger Verfahrenswert: . . . . . EUR[3]

Namens und im Auftrag der Antragstellerin und unter Bezugnahme auf die beigefügte Verfahrensvollmacht[4] beantrage ich wegen Dringlichkeit ohne mündliche Anhörung[5] wie folgt zu entscheiden,[6]

> der Antragstellerin die in . . . . ., Straße . . . . ., Nr. . . . . ., gelegene Ehewohnung zur alleinigen Nutzung zu überlassen und den Antragsgegner zu verpflichten, die Wohnung bis zum 15.4.2026 zu räumen.[6]

Begründung:[7]

Die Beteiligten leben seit Juli 2025 innerhalb der Ehewohnung getrennt.[8] Ein Scheidungsverfahren ist zwischen den Beteiligten nicht anhängig.[1]

Bei dieser Wohnung handelt es sich um ein angemietetes Reihenhaus, dessen Dachgeschoss voll ausgebaut ist. Dieses Dachgeschoss wird vom Antragsgegner benutzt, während die Antragstellerin mit den 3 minderjährigen Kindern,[9] Lisa, geb. am 12.5.2015, Max, geb. am 14.7.2017, und Ariel, geb. am 18.8.2020, das Erdgeschoss und die erste Etage bewohnt. Die in dem Erdgeschoss gelegene Küche steht beiden Beteiligten zur Nutzung zur Verfügung. Das Zusammenleben auf Grund der vorgenannten Wohnungsteilung funktionierte bis vor einem Monat relativ reibungslos. Seit Anfang März haben sich die Dinge jedoch drastisch verändert. Der Antragsgegner kommt nahezu jede Nacht betrunken nach Hause und beschimpft die Antragstellerin. Er schreckt nicht einmal davor zurück, die Kinder zu wecken und die Antragstellerin vor ihnen schlecht zu machen und zu beleidigen.

Auf Grund dieses Verhaltens ist ein weiteres Verbleiben des Antragsgegners in der Ehewohnung nicht möglich. Es führt zu einer unmittelbaren Bedrohung der Gesundheit der Antragstellerin und der Kinder. Die Antragstellerin kann nachts kaum noch schlafen. Sie ist am Rande der Erschöpfung und einem Nervenzusammenbruch nahe. Auch die Kinder leiden unter diesem Verhalten. Sie fürchten sich vor den Nächten und ziehen sich ängstlich zurück, wenn sie den Antragsgegner nur sehen. Es bedarf keiner Ausführungen, dass mit tiefgreifenden psychischen Beeinträchtigungen zu rechnen ist, wenn sie dieses Verhalten des Antragsgegners über sich ergehen lassen müssen.

Aufgrund dieses schwerwiegenden und wiederholten Fehlverhaltens des Antragsgegners ist es dringend geboten, der Antragstellerin die Ehewohnung allein zu überlassen und dem Antragsgegner das Betreten der Wohnung zu verbieten.[10] Auf Grund der räumlichen Verhältnisse ist es der Antragstellerin auch nicht möglich, sich und die Kinder vor den geschilderten Übergriffen des Antragsgegners zu schützen. Das Dachgeschoss ist nur über ein offenes Treppenhaus zu erreichen, an das die Zimmer der Kinder und das Schlafzimmer der Antragstellerin angrenzen. Zwar hält sie die vom Treppenhaus zugänglichen Türen der Kinderzimmer und des Schlafzimmers verschlossen, der Antragsgegner schlägt jedoch mit der Faust dagegen, um sicherzustellen, dass seine Beschimpfungen auch von allen Familienmitgliedern wahrgenommen werden.[11]

Glaubhaftmachung: Eidesstattliche Versicherung der Antragstellerin vom . . . . . und der Eheleute . . . .

Die Eheleute . . . . . bewohnen das Nachbarhaus und bekommen das nächtliche Randalieren und die Beschimpfungen des Antragsgegners ebenfalls mit. Sie fühlen sich dadurch in ihrer Nachtruhe empfindlich gestört.

Rechtsanwalt[12, 13]

Anmerkungen

1. → Form. C.II.5 Anm. 1.

2. → Form. C.II.5 Anm. 2.

§ 1361a BGB ist gegenüber § 2 GewSchG lex specialis (Grüneberg/Götz GewSchG § 2 Rn. 2).

3. Der Verfahrenswert beträgt gemäß § 48 Abs. 1 Alt. 1 FamGKG mit § 200 Abs. 1 Nr. 1 FamFG in Ehewohnungssachen bei Getrenntleben gemäß § 1361b BGB 4.000 EUR, nach Rechtskraft der Scheidung 5.000 EUR.

Im einstweiligen Anordnungsverfahren ist der Wert gemäß § 41 FamGKG im Regelfall zu halbieren.

4. Die Vollmacht ist gemäß § 11 FamFG schriftlich einzureichen.

5. Im einstweiligen Anordnungsverfahren kann gemäß § 51 Abs. 2 S. 2 FamFG ohne mündliche Verhandlung entschieden werden.

Die mündliche Anhörung ist nachzuholen, spätestens auf Antrag gemäß § 54 Abs. 2 FamFG.

Wegen der Bedeutung der Entscheidung für den weichenden Ehegatten wird aber meist eine Anhörung durchgeführt werden.

6. Das Verfahren in Ehewohnungs- und Haushaltssachen wird gemäß § 203 Abs. 1 und 3 FamFG nur auf Antrag eingeleitet. Die Bezeichnung der Räume muss vollstreckungsfähig sein. Im Falle der Alleinüberlassung ist zugleich die Räumung anzuordnen, um eine Vollstreckung zu ermöglichen (OLG Zweibrücken FamRZ 2020, 832). Dafür ist eine angemessene Frist zu setzen.

7. Anträge auf Erlass einer einstweiligen Anordnung müssen anders als die Antragsschriften für das Hauptsacheverfahren (dazu § 23 FamFG) begründet werden, § 51 Abs. 1 FamFG. Sowohl der Anordnungsanspruch als auch das Regelungsbedürfnis müssen sich aus der Begründung ergeben. Ferner müssen die Mittel der Glaubhaftmachung angegeben werden.

8. Voraussetzung ist, dass die Ehegatten getrennt leben oder ein Ehegatte sich trennen will, § 1361b BGB.

9. Die Angabe zu Kindern im Haushalt fordert das Gesetz in § 203 Abs. 3 FamFG für Ehewohnungssachen ausdrücklich. Für die erforderliche Abwägung kann dieser Gesichtspunkt ohnehin die entscheidende Rolle spielen.

10. Die einstweilige Anordnung ist nach § 51 Abs. 3 S. 1 FamFG von der Hauptsache unabhängig.

Nach § 49 Abs. 1 FamFG kann durch einstweilige Anordnung eine vorläufige Maßnahme getroffen werden, soweit dies nach den für das Rechtsverhältnis maßgebenden Vorschriften gerechtfertigt ist (Anordnungsanspruch → Anm. 11) und ein dringendes Bedürfnis für ein sofortiges Tätigwerden besteht (Anordnungsgrund). Ein derartiges Regelungsbedürfnis ist anzunehmen, wenn ein Abwarten bis zur endgültigen Entscheidung nicht möglich ist, weil diese zu spät kommen würde, um die zu schützenden Interessen zu wahren (BVerfG FamRZ 2016, 22).

Beides ist im Einzelnen substantiiert vorzutragen und glaubhaft zu machen.

11. Zu den rechtlichen Grundlagen der Wohnungszuweisung → Form. G.II.1.

Kosten und Gebühren

12. → Form. C.II.1 Anm. 16.

Fristen und Rechtsmittel

13. → Form. C.II.1 Anm. 17.

III. Besondere Rechtsbehelfe

1. Antrag auf Feststellung des Außerkrafttretens einer einstweiligen Anordnung

An das

Amtsgericht . . . . .[1]

– Familiengericht –

. . . . ., den 22.3.2026

Antrag

des Herrn . . . . ., – Antragstellers –

– Verfahrensbevollmächtigter: Rechtsanwalt . . . . .[2] –

gegen

Frau . . . . ., – Antragsgegnerin –

– Verfahrensbevollmächtigte: Rechtsanwälte . . . . .[2] –

hier: Antrag auf Feststellung des Außerkrafttretens der einstweiligen Anordnung auf Zahlung von Ehegattenunterhalt vom 15.9.2025[3]

Aktenzeichen: . . . . .[4]

Namens und im Auftrag des Antragstellers und unter Bezugnahme auf die beigefügte Verfahrensvollmacht[5] beantrage ich,

festzustellen, dass die einstweilige Anordnung auf Zahlung von Ehegattenunterhalt vom 15.9.2025 am 10.2.2026 insgesamt außer Kraft getreten ist.[6]

Begründung:

Das zwischen den Beteiligten anhängige Scheidungsverfahren ist noch nicht abgeschlossen. Durch einstweilige Anordnung vom 15.9.2025 wurde dem Antragsteller aufgegeben, an die Antragsgegnerin einen monatlichen Unterhalt von 600 EUR ab 1.9.2025 zu zahlen.

In dem von der Antragsgegnerin betriebenen Trennungsunterhaltsverfahren ist ihr Unterhaltsantrag für den Zeitraum ab Januar 2025 durch Beschluss des Amtsgerichts . . . . . vom 10.2.2026 in der Hauptsache mangels Bedürftigkeit der Antragsgegnerin abgewiesen worden.

Glaubhaftmachung: Beschl. v. 10.2.2026

Damit liegt eine anderweitige Regelung iSd § 56 Abs. 1 S. 1 FamFG vor. Der Beschl. v. 10.2.2026 ist auf Grund des Rechtsmittelverzichts beider Beteiligten seit dem Tage der Verkündung rechtskräftig.

Glaubhaftmachung: Protokoll vom 10.2.2026

Dennoch betreibt die Antragsgegnerin weiter die Zwangsvollstreckung aus der einstweiligen Anordnung.

Glaubhaftmachung: Unterlagen aus dem Vollstreckungsverfahren

Rechtsanwalt[7, 8]

Anmerkungen

1. Zuständig ist das Gericht, das die einstweilige Anordnung erlassen hat, § 56 Abs. 3 FamFG.

2. Das Verfahren unterliegt gemäß § 114 Abs. 4 Nr. 1 FamFG nicht dem Anwaltszwang.

3. Der Antrag auf Feststellung des Außerkrafttretens einer einstweiligen Anordnung ist gemäß § 56 Abs. 3 S. 1 FamFG statthaft. Die einstweilige Anordnung tritt bei Vorliegen der in § 56 Abs. 1 S. 1 FamFG genannten Voraussetzungen kraft Gesetzes außer Kraft. Dennoch besteht häufig ein Bedürfnis, dies durch gerichtlichen Beschluss feststellen zu lassen, vor allem, wenn die Vollstreckungsorgane einen derartigen Nachweis benötigen und der Gläubiger nicht von sich aus die Zwangsvollstreckung unterlässt.

4. Es gilt das Aktenzeichen des Verfahrens der einstweiligen Anordnung weiter.

5. Die Vollmacht ist gemäß § 11 FamFG schriftlich einzureichen.

6. Eine einstweilige Anordnung tritt gemäß § 56 Abs. 1 S. 1 FamFG bei Wirksamwerden einer anderweitigen Regelung außer Kraft. Die Art der Regelung lässt das Gesetz bewusst offen. Dies muss keine gerichtliche Entscheidung sein, selbst ein außergerichtlicher Vergleich wäre ausreichend (BT-Drs. 7/650, 202). Für den Zeitpunkt ist gemäß § 56 Abs. 1 S. 2 FamFG in Familienstreitsachen die Rechtskraft entscheidend, auf eine sofortige Wirksamkeit gemäß § 116 Abs. 3 S. 2 und 3 FamFG kommt es nicht an.

Die einstweilige Anordnung tritt nicht rückwirkend, sondern nur mit Wirkung für die Zukunft außer Kraft, so dass bereits abgeschlossene Vollstreckungsmaßnahmen nicht unwirksam werden. Für den Geltungszeitraum kommt es darauf an, inwieweit sich die Zeiträume der einstweiligen Anordnung und der anderweitigen Regelung decken.

Kosten und Gebühren

7. Rechtsanwaltsgebühren: Im Regelfall entstehen keine weiteren Anwaltsgebühren. Das Verfahren gehört zum Anordnungsverfahren und wird durch die Gebühren abgegolten, die bereits verdient worden sind.

Gerichtskosten: Es entstehen keine Gerichtsgebühren für den Beschluss über das Außerkrafttreten der einstweiligen Anordnung (§ 1 Abs. 1 FamGKG). Für die Beschwerde wird eine Gebühr nach KV 1422 ff. FamGKG erhoben.

Fristen und Rechtsmittel

8. Gegen den Beschluss, dass die Anordnung außer Kraft getreten ist, kann der Antragsgegner Beschwerde gemäß § 56 Abs. 3 S. 2 FamFG einlegen. Gegen die Zurückweisung seines Antrages kann der Antragsteller Beschwerde einlegen. Die Beschwerde wird durch Einreichung einer Beschwerdeschrift beim Gericht, das die Entscheidung erlassen hat, § 64 FamFG. Sie kann zu Protokoll der Geschäftsstelle eingelegt werden, § 64 Abs. 2 FamFG. Infolgedessen besteht kein Anwaltszwang. Die Frist für die Einlegung und Begründung der Beschwerde beträgt 2 Wochen und beginnt mit der Zustellung des angefochtenen Beschlusses, § 63 Abs. 2 Nr. 1 FamFG. Wird sie nicht fristgerecht eingelegt, so ist sie als unzulässig zu verwerfen.

2. Antrag auf mündliche Verhandlung, Abänderung einer einstweiligen Anordnung und Aussetzung der Vollstreckung

An das

Amtsgericht . . . . .[1]

– Familiengericht –

. . . . ., den 21.3.2026

Antrag

des Herrn . . . . ., – Antragsgegners –

– Verfahrensbevollmächtigter: Rechtsanwalt . . . . .[2] –

gegen

Frau . . . . ., – Antragstellerin –

– Verfahrensbevollmächtigte: Rechtsanwälte . . . . .[2] –

hier: Antrag auf mündliche Verhandlung, Abänderung der einstweiligen Anordnung und Einstellung der Vollstreckung aus der einstweiligen Anordnung.[3]

Aktenzeichen: . . . . .[4]

Namens und im Auftrag des Antragsgegners und unter Bezugnahme auf die beigefügte Verfahrensvollmacht[5] beantrage ich,

1. **auf Grund mündlicher Verhandlung über den Antrag auf Erlass einer einstweiligen Anordnung zur Zahlung von Ehegattenunterhalt erneut zu beschließen,[6]**
2. **den Antrag auf Erlass einer einstweiligen Anordnung zurückzuweisen und**
3. **durch Vorabentscheidung[7] die Vollstreckung aus der einstweiligen Anordnung vom 10.3.2026 einzustellen.[8]**

Begründung:

Durch die ohne mündliche Verhandlung ergangene einstweilige Anordnung vom 10.3.2026 ist dem Antragsgegner aufgegeben worden, an die Antragstellerin einen monatlichen Unterhalt von 600 EUR zu zahlen. Dabei hat die Antragstellerin zur Glaubhaftmachung des Einkommens des Antragsgegners eine Bescheinigung zum Jahreseinkommen 2025 vorgelegt, obwohl ihr bekannt sein müsste, dass der Antragsgegner seit 1.2.2026 arbeitsunfähig erkrankt ist. Damit sind die Einkünfte der Ehegatten ungefähr gleich, so dass kein Unterhaltsanspruch der Antragstellerin mehr besteht.

Glaubhaftmachung: Ärztliche Bescheinigung vom . . . . .
Krankengeldbescheid vom . . . . .
Neue Unterhaltsberechnung

Damit ist der Unterhaltsantrag der Antragstellerin unbegründet und zurückzuweisen.

Die Antragstellerin hat bereits Vollstreckungsmaßnahmen beantragt, daher wird außerdem beantragt, durch Vorabentscheidung die Vollstreckung aus dem Beschl. v. 10.3.2026 auszusetzen.

Rechtsanwalt[9, 10]

Anmerkungen

1. Zuständig für den Antrag auf mündliche Verhandlung gemäß § 54 Abs. 3 S. 1 FamFG ist das Gericht, das die einstweilige Anordnung erlassen hat, auch wenn sich die der Zuständigkeit zugrunde liegenden Umstände geändert haben. Eine Ausnahme ist gemäß § 54 Abs. 3 S. 2 FamFG nur bei Abgabe oder Verweisung vorgesehen. Zum Beschwerdeverfahren vgl. Musielak/Borth/Frank/Borth FamFG § 54 Rn. 2; Zöller/Feskorn FamFG § 54 Rn. 9.

2. Es besteht kein Anwaltszwang gemäß § 114 Abs. 4 Nr. 1 FamFG.

3. Gemäß § 54 Abs. 2 FamFG kann beantragt werden, auf Grund mündlicher Verhandlung erneut zu beschließen, wenn das Gericht den Beschluss über die einstweilige Anordnung ohne mündliche Verhandlung erlassen hat. Die Vollstreckung der einstweiligen Anordnung kann nach § 55 FamFG ausgesetzt werden, wenn nach mündlicher Verhandlung erneut zu befinden ist.

4. Es gilt das Aktenzeichen des Verfahrens der einstweiligen Anordnung weiter.

5. Die Vollmacht ist gemäß § 11 FamFG schriftlich einzureichen.

6. Die Zulässigkeit einer Entscheidung ohne mündliche Verhandlung ergibt sich aus § 51 Abs. 2 FamFG und deren Beantragung aus § 54 Abs. 2 FamFG.

7. Über den Antrag auf Aussetzung der Vollstreckung ist gemäß § 55 Abs. 3 FamFG vorab zu entscheiden. Dieser Antrag sollte drucktechnisch hervorgehoben werden, damit er nicht übersehen wird.

8. Die Aussetzung der Vollziehung erfolgt nach § 55 Abs. 1 S. 1 FamFG und steht im pflichtgemäßen Ermessen des Gerichts. Anders als in anderen vergleichbaren Regelungen werden keine uneinbringlichen Nachteile für den Vollstreckungsschuldner verlangt. Daher ist vor allem die Erfolgsaussicht des Unterhaltsbegehrens neu zu bewerten.

Kosten und Gebühren

9. Keine zusätzlichen Gerichtskosten oder Rechtsanwaltsgebühren, uU aber weitere Rechtsanwaltsgebühren bei Verfahrenswertänderungen.

Fristen und Rechtsmittel

10. Die Vorabentscheidung über die Aussetzung der Vollstreckung ist nicht anfechtbar, § 55 Abs. 1 S. 2 FamFG.

Gegen die einstweilige Anordnung selbst, die auf Grund mündlicher Verhandlung ergangen ist, ist gemäß § 57 S. 1 FamFG grundsätzlich keine Beschwerde gegeben. Ein Ausnahmefall nach § 57 S. 2 FamFG liegt hier nicht vor.

3. Antrag auf Rückerstattung des Unterhalts aus der Vollstreckung einer einstweiligen Anordnung

An das

Amtsgericht . . . . . [1]

– Familiengericht –

. . . . ., den 21.5.2026

Antrag

des Herrn . . . . ., – Antragstellers –

– Verfahrensbevollmächtigter: Rechtsanwalt . . . . . [2] **–**

gegen

Frau . . . . ., – Antragsgegnerin –

– Verfahrensbevollmächtigte: Rechtsanwälte . . . . . [2] **–**

hier: Antrag auf Rückzahlung von Unterhalt

Vorläufiger Verfahrenswert: 1.800 EUR[3]

Namens und im Auftrag des Antragstellers und unter Bezugnahme auf die beigefügte Verfahrensvollmacht[4] **beantrage ich,**

Die Antragsgegnerin zu verpflichten, den auf die einstweilige Anordnung vom 20.1.2026 Az. . . . . . für Januar bis März 2026 gezahlten Unterhalt in Höhe von insgesamt 1.800 EUR an den Antragsteller zurückzuzahlen.[5]

Begründung:

Durch die ergangene einstweilige Anordnung vom 20.1.2026 ist dem Antragsteller aufgegeben worden, an die Antragsgegnerin einen monatlichen Unterhalt von 600 EUR ab Januar 2026 zu zahlen. Der Antragsteller hat zur Abwendung der Zwangsvollstreckung drei Monate lang den Unterhalt gezahlt. Diese 1.800 EUR sind an ihn zurückzuzahlen.[6]

Dabei hat die Antragsgegnerin zur Glaubhaftmachung des Einkommens des Antragstellers eine Bescheinigung zum Jahreseinkommen 2025 vorgelegt, obwohl ihr bekannt war,[8] **dass der Antragsteller seit 1.2.2026 arbeitsunfähig erkrankt ist. Damit sind die Einkünfte der Ehegatten ungefähr gleich, so dass kein Unterhaltsanspruch der Antragsgegnerin mehr besteht.**

Die einstweilige Anordnung vom 20.1.2026 wurde mit Beschl. v. 25.3.2026 aufgehoben.

Beweis: Beschl. v . . . . .

Die Antragsgegnerin ist verpflichtet, den zur Abwendung der Zwangsvollstreckung drei Monate lang gezahlten Unterhalt zurückzuzahlen.

Auf eine Entreicherung[7] kann sich die Antragsgegnerin bereits wegen Bösgläubigkeit nicht berufen.[8] In jedem Fall ist sie auch nicht entreichert, da sie über ein ausreichendes eigenes Einkommen verfügt und daher davon auszugehen ist, dass sie das erhaltene Geld nicht für den täglichen Lebensbedarf verwendet, sondern Rücklagen gebildet oder nachhaltige Anschaffungen getätigt hat.[9]

Rechtsanwalt

Anmerkungen

1. Zuständig für den Bereicherungsantrag ist das Amtsgericht. Es handelt sich um eine Familienstreitsache, entweder als Unterhaltssache gemäß § 231 Abs. 1 Nr. 2 FamFG kraft Sachzusammenhangs oder als sonstige Familiensache nach § 266 Abs. 1 Nr. 3 FamFG.

Es handelt sich nicht um einen Antrag im Einstweiligen Anordnungsverfahren, sondern um eine Hauptsache. Wegen des Sachzusammenhangs mit der vorläufigen Vollstreckung wird das Formular aber hier abgehandelt.

2. Gemäß § 114 Abs. 1 FamFG ist für die Streitsache im Hauptsacheverfahren → Anm. 1 eine anwaltliche Vertretung erforderlich.

3. Der Verfahrenswert richtet sich entweder nach § 35 FamGKG oder nach § 51 FamGKG analog.

4. Die Vollmacht ist gemäß § 11 FamFG schriftlich einzureichen.

5. Gemäß § 113 Abs. 1 S. 2 FamFG mit § 253 Abs. 2 Nr. 2 ZPO ist ein bezifferter Antrag zu stellen.

6. Anspruchsgrundlage für die Rückforderung des auf eine einstweilige Anordnung gezahlten Unterhalts ist die Leistungskondiktion nach § 812 Abs. 1 S. 1 Alt. 1 BGB (vgl. Wendl/Dose UnterhaltsR/Siebert § 6 Rn. 205).

7. Der Unterhaltsberechtigte wird sich im Regelfall auf den Wegfall der Bereicherung nach § 818 Abs. 3 BGB berufen dürfen.

Zwar hat im Rahmen des § 818 Abs. 3 BGB der Berechtigte grundsätzlich den Wegfall der Bereicherung zu beweisen. Hier hat die Rechtsprechung allerdings Beweiserleichterungen geschaffen, wenn aus der Überzahlung in der fraglichen Zeit keine besonderen Rücklagen oder Vermögensvorteile gebildet wurden (→ Anm. 9). Insbesondere bei unteren und mittleren Einkommen spricht dann nach der Lebenserfahrung eine Vermutung dafür, dass das Erhaltene für die Verbesserung des Lebensstandards ausgegeben wurde, ohne dass der Bereicherte einen besonderen Verwendungsnachweis erbringen müsste (BGH FamRZ 2008, 1911).

8. Eine verschärfte Haftung nach § 818 Abs. 4 BGB erfordert bei Zahlung auf eine einstweilige Anordnung die Rechtshängigkeit des Rückforderungsantrags. § 241 FamFG gilt für die Anträge im Rahmen der einstweiligen Anordnung nicht, dies wird lediglich für einen negativen Feststellungsantrag erwogen (OLG Hamm FamRZ 2017, 724).

Nach § 819 Abs. 1 BGB kommt eine verschärfte Haftung dann in Betracht, wenn der Bereicherungsschuldner den Mangel des rechtlichen Grundes gekannt hat. Hierfür muss der Bereicherungsempfänger das Fehlen des rechtlichen Grundes selbst und die sich daraus ergebenden Rechtsfolgen gekannt haben; die bloße Kenntnis von Tatsachen, auf denen das Fehlen des Rechtsgrundes beruht, reicht nicht aus (BGH FamRZ 1992, 1152).

Hier wird man wohl Bösgläubigkeit auch bei einer Parallelwertung in der Laiensphäre bejahen können.

9. Keine Entreicherung liegt vor, wenn die Zahlungen im Vermögen des Empfängers noch vorhanden sind, auch in Form anderweitiger Ersparnisse, Anschaffungen oder Tilgung eigener Schulden (BGH FamRZ 2008, 968). Da der darlegungs- und beweisbelastete andere Ehegatte → Anm. 7 außerhalb dieser Verhältnisse steht, dürfte der Bereicherungsempfänger im Rahmen einer sekundären Darlegungslast zumindest die Obliegenheit zum substantiierten Vortrag haben.

4. Antrag auf Abänderung einer einstweiligen Anordnung und Einstellung der Vollstreckung

An das

Amtsgericht . . . . .[1]

– Familiengericht –

. . . . ., den 22.3.2026

Antrag

des Herrn . . . . ., **– Antragsgegners –**

– Verfahrensbevollmächtigter: Rechtsanwalt . . . . .[2] –

gegen

Frau . . . . ., **– Antragstellerin –**

– Verfahrensbevollmächtigte: Rechtsanwälte . . . . .[2] –

hier: Abänderung der einstweiligen Anordnung und Einstellung der Vollstreckung aus der einstweiligen Anordnung.[3]

Aktenzeichen: . . . . .[4]

Namens und im Auftrag des Antragsgegners und unter Bezugnahme auf die beigefügte Verfahrensvollmacht[5] beantrage ich,

1. **die einstweilige Anordnung vom 2.9.2025 in der Weise abzuändern, dass ab April 2026 nur noch Unterhalt von 300 EUR monatlich geschuldet ist und**
2. **durch Vorabentscheidung[6] die Vollstreckung aus der einstweiligen Anordnung vom 2.9.2025 insoweit einzustellen, als ab April 2026 die Vollstreckung über einen monatlichen Unterhalt von 300 EUR hinausgeht.[7]**

Begründung:

Das Familiengericht hat nach Durchführung einer mündlichen Verhandlung mit einstweiliger Anordnung vom 2.9.2025 dem Antragsgegner aufgegeben, an die Antragstellerin einen monatlichen Unterhalt von 900 EUR zu zahlen.

Dabei hat es das damals erzielte Erwerbseinkommen des Antragsgegners zugrunde gelegt. Seit 1.2.2026 ist der Antragsgegner arbeitsunfähig erkrankt ist. Damit errechnet sich lediglich noch ein Unterhaltsanspruch in Höhe von 300 EUR.

Glaubhaftmachung: Ärztliche Bescheinigung vom . . . .
Krankengeldbescheid vom . . . .
Neue Unterhaltsberechnung

Gleichwohl weigert sich die Antragstellerin ihre Vollstreckungsmaßnahmen anzupassen. Daher wird außerdem beantragt, ohne mündliche Verhandlung durch Vorabentscheidung[6] die Vollstreckung aus dem Beschl. v. 2.9.2025 teilweise auszusetzen.

Rechtsanwalt[8, 9]

Anmerkungen

1. → Form. C.III.2 Anm. 1.

2. → Form. C.III.2 Anm. 2.

3. Das Verhältnis zwischen dem Abänderungsantrag gemäß § 54 Abs. 1 FamFG und dem Antrag auf mündliche Verhandlung gemäß § 54 Abs. 2 FamFG ist streitig (vgl. dazu Zöller/Feskorn FamFG § 54 Rn. 7). Hier kommt aber nur der Abänderungsantrag in Frage.

In Amtsverfahren setzt die Aufhebung oder Abänderung einer Entscheidung im Eilverfahren keine Veränderung der Sach- oder Rechtslage voraus. Das Gericht ist nicht an seine ursprüngliche Entscheidung gebunden, es hat den Sachverhalt umfassend neu zu würdigen und kann ihn auch abweichend beurteilen (BVerfG FamRZ 2014, 1772). Demgegenüber wird in Antragsverfahren – wie hier dem Unterhaltsverfahren – für das Rechtsschutzbedürfnis eine Änderung der Sach- und Rechtslage gefordert (OLG Jena FamRZ 2012, 54; Zöller/Feskorn FamFG § 54 Rn. 4).

4. → Form. C.III.2 Anm. 4.

5. → Form. C.III.2 Anm. 5.

6. Über den Antrag auf Aussetzung der Vollstreckung ist gemäß § 55 Abs. 3 FamFG vorab zu entscheiden. Dieser Antrag sollte drucktechnisch hervorgehoben werden, damit er nicht übersehen wird.

7. Die Aussetzung der Vollziehung erfolgt nach § 55 Abs. 1 S. 1 FamFG und steht im pflichtgemäßen Ermessen des Gerichts. Anders als in anderen vergleichbaren Regelungen werden keine uneinbringlichen Nachteile für den Vollstreckungsschuldner verlangt. Daher ist vor allem die erheblich geänderte Erfolgsaussicht des Unterhaltsbegehrens neu zu bewerten.

Kosten und Gebühren

8. Keine zusätzlichen Gerichtskosten oder Rechtsanwaltsgebühren, uU aber weitere Rechtsanwaltsgebühren bei Verfahrenswertänderungen.

Fristen und Rechtsmittel

9. Die Vorabentscheidung über die Aussetzung der Vollstreckung ist nicht anfechtbar, § 55 Abs. 1 S. 2 FamFG.

Gegen die einstweilige Anordnung selbst, die auf Grund mündlicher Verhandlung ergangen ist, ist gemäß § 57 S. 1 FamFG grundsätzlich keine Beschwerde gegeben. Ein Ausnahmefall nach § 57 S. 2 FamFG liegt hier nicht vor.

5. Antrag auf Einleitung eines Hauptsacheverfahrens

An das
Amtsgericht . . . . .[1]
– Familiengericht –

. . . . ., den 22.3.2026

Antrag

des Herrn . . . . ., **– Antragsgegners –**

– Verfahrensbevollmächtigter: Rechtsanwalt . . . . .[2] –

gegen

Frau . . . . ., **– Antragstellerin –**

– Verfahrensbevollmächtigte: Rechtsanwälte . . . . .[2] –

hier: Antrag auf Einleitung eines Hauptsacheverfahrens[3]

Aktenzeichen: . . . . .[4]

Namens und im Auftrag des Antragsgegners und unter Bezugnahme auf die beigefügte Verfahrensvollmacht[5] beantrage ich,

anzuordnen, dass die Antragstellerin binnen einer möglichst kurz zu bemessenden Frist ein Hauptsacheverfahren einleitet.[6]

Begründung:

Die Antragstellerin hat am 1.3.2026 eine einstweilige Anordnung gegen den Antragsgegner erwirkt, durch die er verpflichtet worden ist, monatlichen Unterhalt von 900 EUR an die Antragstellerin zu zahlen. Dabei wurde der Unterhalt grob aufgrund des summarischen Verfahrens errechnet. Um die genauen Einkünfte insbesondere der Antragstellerin klären zu lassen, ist das Hauptsacheverfahren durchzuführen. Das Gericht wird gebeten, die Frist zur Einleitung eines Hauptsacheverfahrens möglichst knapp zu bemessen und die Dreimonatsfrist nicht auszuschöpfen. Der Antragsgegner hat die Antragstellerin bereits mehrfach zur Offenlegung ihrer Einkommensverhältnisse aufgefordert, die (wie der Antragsgegner aus früheren Zeiten weiß und dem Gericht aus den Verfahrenskostenhilfeunterlagen vermutlich auch selbst ersehen kann) relativ übersichtlich sind. Über die

Einkommensverhältnisse des Antragsgegners hat dieser der Antragstellerin umfassend Auskunft erteilt.

Rechtsanwalt

Anmerkungen

1. → Form. C.III.2 Anm. 1.

2. → Form. C.III.2 Anm. 2.

3. Gemäß § 52 Abs. 1 FamFG ist in amtswegigen Verfahren die Hauptsache auf Antrag eines Beteiligten selbst von Amts wegen einzuleiten. In Verfahren, die nur auf Antrag eingeleitet werden – wie hier der Unterhalt –, wird dem Antragsteller der einstweiligen Verfügung lediglich aufgegeben, binnen einer zu bestimmenden Frist Antrag auf Einleitung eines Hauptsacheverfahrens zu stellen. Damit hat der unterlegene Gegner die Möglichkeit, gemäß § 56 FamFG eine anderweitige Regelung zu erstreiten. Wenn das Hauptsacheverfahren innerhalb der Frist nicht eingeleitet wird, ist gemäß § 52 Abs. 2 S. 3 FamFG die einstweilige Anordnung aufzuheben.

4. → Form. C.III.2 Anm. 4.

5. → Form. C.III.2 Anm. 5.

6. Das Gericht hat die Möglichkeit, eine Dreimonatsfrist für die Einleitung des Hauptsacheverfahrens auszuschöpfen. Es besteht im Regelfall keine Veranlassung, die Verfahrenseinleitung so lange hinauszuzögern. Die Frist sollte daher wesentlich kürzer bemessen werden. Es ist nicht unschädlich, bereits im Antrag auf diesen Punkt näher einzugehen.

D. Kindschaftssachen

I. Sorgerecht

1. Antrag auf Regelung der elterlichen Sorge mit Zustimmung des anderen Elternteils

An das

Amtsgericht . . . . .[1]

– Familiengericht –

. . . . ., den 22.3.2026

Antrag

der . . . . ., **– Antragstellerin und Mutter[2] –**

– Verfahrensbevollmächtigter: Rechtsanwalt . . . . .[3] –

gegen

. . . . ., **– Antragsgegner und Vater[2] –**

– Verfahrensbevollmächtigte: Rechtsanwälte . . . . .[3] –

Regelung der elterlichen Sorge für das gemeinsame Kind der Beteiligten

Luca, geb. am 18.9.2019

Vorläufiger Verfahrenswert: . . . . . EUR[4]

Namens und im Auftrag der Antragstellerin und unter Bezugnahme auf die beigefügte Verfahrensvollmacht[5] beantrage ich,[6]

die elterliche Sorge für das gemeinsame Kind der Beteiligten Luca, geb. am 18.9.2019, der Mutter[2] zu übertragen.

Begründung:[7]

Mit dem vorliegenden Antrag soll die elterliche Sorge für das gemeinsame Kind der Ehegatten geregelt werden.

Wie das Jugendamt bestätigen wird,[8] lebt Luca seit der Trennung[9] der Ehegatten im Februar 2024 bei der Mutter und wird von dieser bestens betreut.

Die Beteiligten haben sich zur Regelung der elterlichen Sorge, die bisher beiden gemeinsam zustand,[10] darauf geeinigt, das Sorgerecht über Luca der Mutter zu übertragen. Der Vater hat dem durch die schriftliche Erklärung vom 15.2.2026 ausdrücklich zugestimmt.[11]

Beweis: Schriftliche Zustimmungserklärung des Vaters vom 15.2.2026

Luca ist mit der Übertragung des Sorgerechts – soweit er dies in seinem Alter überhaupt einschätzen kann – auf die Mutter ebenfalls einverstanden.[12]

Da die Mutter sich intensiv und liebevoll um Luca kümmert, stehen der Sorgerechtsübertragung Gründe des Kindeswohls nicht entgegen.[13]

Rechtsanwalt[14, 15]

Anmerkungen

1. Die örtliche Zuständigkeit für Kindschaftssachen betreffend ein gemeinsames Kind der Ehepartner liegt gemäß § 152 Abs. 1 FamFG ausschließlich bei dem Gericht, bei dem die Ehesache anhängig ist. Die Anhängigkeit tritt gemäß § 124 S. 1 FamFG mit der Einreichung der Antragsschrift bei Gericht ein. Ist dies nicht der Fall, bestimmt sich die Zuständigkeit gemäß Abs. 2 nach dem gewöhnlichen Aufenthaltsort des Kindes.

Die internationale Zuständigkeit richtet sich nach Art. 7 ff. Brüssel IIb-VO.

2. Bei der Bezeichnung der Beteiligten ist es häufig sachgerecht, auf die – an sich zutreffenden – Begriffe „Antragstellerin" und „Antragsgegner" zu verzichten. Vor allem, wenn die Beteiligtenrollen in Parallelsachen gegenläufig sind, kann es zu Verwechslungen und Unklarheiten kommen.

3. Gemäß § 113 Abs. 1 S. 2 FamFG mit § 78 Abs. 2 ZPO sind alle zugelassenen Rechtsanwälte postulationsfähig. Es besteht gem. § 114 FamFG in Kindschaftssachen jedoch kein Anwaltszwang.

4. Der Verfahrenswert beträgt bei Regelung der elterlichen Sorge gemäß § 45 Abs. 1 Nr. 1 FamGKG in der Regel 5.000 EUR, unabhängig von der Anzahl der Kinder. Eine davon abweichende Festsetzung ist gemäß Abs. 3 der Vorschrift gerechtfertigt, wenn der Fall von einem Durchschnittsfall nach oben oder unten abweicht, § 44 Abs. 3 FamGKG.

5. Die Vollmacht ist gemäß § 11 FamFG schriftlich einzureichen.

6. Die elterliche Sorge wird gemäß § 1671 Abs. 1 BGB nur auf Antrag eines Elternteils oder beider Elternteile geregelt. Damit steht es den Eltern grundsätzlich frei, ob sie eine gerichtliche Entscheidung über die Regelung der elterlichen Sorge herbeiführen oder aber es bei dem gemeinsamen Sorgerecht belassen wollen. Eine Entscheidung von Amts wegen kommt nur nach § 1666 BGB bei Gefährdung des Kindeswohles in Betracht.

Die Antragsschrift wird dem Jugendamt zur Stellungnahme zugeleitet, da dieses vom Familiengericht gemäß § 162 Abs. 1 FamFG anzuhören ist.

7. Nach § 23 FamFG soll ein Antrag begründet werden. Dies bedeutet, dass das Fehlen einer Begründung nicht zur Unzulässigkeit des Antrages führt. Gerade in Kindschaftssachen bietet es sich im Hinblick auf den frühen Termin nach § 155 Abs. 2 FamFG an, die Begründung so knapp wie möglich zu halten und insbesondere von Abwertungen des anderen Elternteils abzusehen. Auf der anderen Seite empfiehlt sich, die Begründung so zu halten, dass sich für das Gericht genügend Anhaltspunkte für seine Ermittlungen im Rahmen der Amtsaufklärung nach § 26 FamFG ergeben.

8. Das Jugendamt ist gemäß § 162 Abs. 1 FamFG vor einer Sorgerechtsentscheidung grundsätzlich anzuhören. Es hat als Verfahrensbeteiligter eine eigenständige Stellung. Seine Mitwirkung besteht ua in der Vorlage eines Jugendamtsberichts, § 50 Abs. 1 SGB VIII. Dieser Bericht soll das Gericht in die Lage versetzen, sich ein Bild vom sozialen

Umfeld des Kindes zu verschaffen. Außerdem soll das Jugendamt eine gutachterliche Stellungnahme abgeben, zu der es auf Grund seiner besonderen Fachkunde befähigt ist.

9. Gemäß § 1671 Abs. 1 BGB ist Voraussetzung für die Übertragung der alleinigen Sorge auf einen Elternteil die Trennung der Eltern auf Dauer und nicht nur vorübergehend. Dies sollte kurz dargelegt werden.

10. Weitere Voraussetzung für die Übertragung der alleinigen Sorge ist gemäß § 1671 Abs. 1 BGB, dass beide Eltern das Sorgerecht bisher gemeinsam innegehabt haben. Darauf sollte in der Antragsschrift hingewiesen werden. War über die elterliche Sorge bereits in einem Hauptsacheverfahren entschieden worden und besteht nunmehr ein Regelungsbedürfnis zu einer neuen Sorgerechtsgestaltung, müssen zusätzlich die Voraussetzungen des § 1696 BGB vorliegen.

11. Den mit der Zustimmung des anderen Elternteils zum Ausdruck gebrachten übereinstimmenden Elternwillen sieht § 1671 Abs. 1 S. 2 Nr. 1 BGB als verbindlich an. Dem Gericht ist es dadurch verwehrt, eine Richtigkeitskontrolle dieses Elternwillens vorzunehmen. Es hat vielmehr den Antrag ohne jegliche Sachprüfung in eine entsprechende Entscheidung umzusetzen (siehe aber → Anm. 13). Die Zustimmung muss jedoch in Bezug auf einen konkreten Antrag erteilt sein. Es genügt also nicht, dass der Antragsgegner irgendwann einmal allgemein geäußert hat, er werde sich mit einer Alleinsorge des anderen Elternteils einverstanden erklären (Grüneberg/Götz BGB § 1671 Rn. 8). Die Zustimmung ist höchstpersönlicher Natur, keine Verfahrenshandlung, sie muss unbedingt erfolgen (OLG Koblenz FamRZ 2016, 475).

Nach ganz allgemeiner Meinung kann die Zustimmung bis zur gerichtlichen Entscheidung in der letzten Tatsacheninstanz erteilt und auch frei widerrufen werden (OLG Düsseldorf FamRZ 2018, 512; OLG Brandenburg FamRZ 2014, 1717; OLG Zweibrücken 2011, 992; OLG Celle OLGR 2007, 690; Grüneberg/Götz BGB § 1671 Rn. 8). Es handelt sich dabei nicht um eine vertragliche oder vertragsähnliche Vereinbarung, die den Regeln des Vertragsrechts unterliegt (vgl. BGH FamRZ 1993, 314).

12. Wenn das Kind, welches das 14. Lebensjahr vollendet hat, der Übertragung widerspricht, kommt eine Entscheidung nach § 1671 Abs. 1 S. 2 Nr. 1 BGB nicht in Betracht. Das Gericht kann die elterliche Sorge dann nur nach § 1671 Abs. 1 S. 2 Nr. 2 BGB übertragen, wenn unter Berücksichtigung des Kindeswohls die stärkeren Gründe für die Übertragung der elterlichen Sorge auf den Antragsteller sprechen. In diesem Fall muss die Begründung des Antrages ausführlicher sein. Zu den Einzelheiten → Form. D.I.2 Anm. 12 ff.

Hervorzuheben wäre aber in der vorliegenden Konstellation in jedem Fall, dass der andere Elternteil der Übertragung zustimmt und es hier in erster Linie um die Kommunikation der Eltern untereinander geht.

13. Dem Antrag auf Alleinsorge darf trotz Vorliegens der Voraussetzungen nach § 1671 Abs. 1 S. 2 Nr. 1 nicht stattgegeben werden, wenn dadurch das Kindeswohl gefährdet wäre (§§ 1671 Abs. 4, 1666 BGB). Da auch dies von Amts wegen zu prüfen ist (§ 26 FamFG), erscheint es sachgerecht kurz darzulegen, dass Umstände für die Gefährdung des Kindeswohls nicht vorliegen.

Kosten und Gebühren

14. Die Kostenentscheidung ergibt sich aus § 81 FamFG.
GK: Eine 0,5 Verfahrensgebühr gemäß KV 1310 FamGKG.
RA: Der dritte Teil des RVG ist für das Sorgerechtsverfahren anzuwenden. Es kann entstehen eine 1,3 Verfahrensgebühr nach VV 3100 RVG iVm § 13 RVG und eine 1,2 Terminsgebühr nach VV 3104 RVG iVm § 13 RVG. Möglich ist auch eine Einigungsgebühr (vgl. § 156 FamFG) nach VV 1000 RVG.

Fristen und Rechtsmittel

15. Befristete Beschwerde gemäß § 58 FamFG an das Oberlandesgericht. Gemäß § 64 Abs. 1 S. 1 FamFG kann die Einlegung der befristeten Beschwerde wirksam nur beim Ausgangsgericht erfolgen. Dies gilt gemäß § 64 Abs. 1 S. 2 FamFG auch für Anträge auf Bewilligung von Verfahrenskostenhilfe für eine beabsichtigte Beschwerde. Das Rechtsmittel kann nach § 64 Abs. 2 FamFG zur Niederschrift der Geschäftsstelle eingelegt werden. Ein Anwaltszwang besteht nach § 114 Abs. 1 FamFG ohnehin nicht. Die befristete Beschwerde muss innerhalb einer Notfrist von einem Monat ab Zustellung der Entscheidung eingelegt werden, § 63 Abs. 1 FamFG. Nach erfolgter Bewilligung von Verfahrenskostenhilfe für eine beabsichtigte Beschwerde darf die Beschwerdeeinlegung nicht vergessen werden (!). Das betroffene Kind hat ab Vollendung des 14. Lebensjahres ein eigenes Beschwerderecht, § 60 FamFG. Eine Beschwerdebegründung ist nicht erforderlich, bei § 65 Abs. 1 FamFG handelt es sich um eine Sollvorschrift, eine Begründung, die nicht nur den erstinstanzlichen Vortrag wiederholt, ist aber sicher sinnvoll.

2. Antrag auf Regelung der elterlichen Sorge auf Grund des Wohles des Kindes (Kommunikationsprobleme)

An das

Amtsgericht . . . . .[1]

– Familiengericht –

. . . . ., den 22.3.2026

Antrag

der . . . . . **– Antragstellerin und Mutter[2] –**

– Verfahrensbevollmächtigter: Rechtsanwalt . . . . .[3] –

gegen

. . . . . **– Antragsgegner und Vater[2] –**

– Verfahrensbevollmächtigte Rechtsanwälte . . . . .[3] –

wegen: Regelung der elterlichen Sorge für das gemeinsame Kind der Beteiligten

Luca, geb. am 18.9.2019

Vorläufiger Verfahrenswert: . . . . .[4]

Namens und im Auftrag der Antragstellerin und unter Bezugnahme auf die beigefügte Verfahrensvollmacht[5] beantrage ich,[6]

1. die elterliche Sorge für das gemeinsame Kind der Beteiligten Luca, geb. am 18.9.2019, zur alleinigen Ausübung auf die Mutter[2] zu übertragen.
2. Sollte der Vater der Sorgerechtsübertragung zustimmen, bietet die Mutter folgende Verpflichtung an:[20]
   Die Mutter verpflichtet sich, dem Vater ungefragt (mindestens einmal alle sechs Monate) alle Auskünfte und Informationen zu erteilen, die die Entwicklung des Sohnes Luca betreffen, zB über Erkrankungen, Verletzungen, Unfälle, sowie ärztliche Behandlungen, Therapien, wesentliche schulische Angelegenheiten und Veranstaltungen, und ihm in Kopie hierzu gehörende wesentliche Unterlagen, zB Arztberichte, ärztliche Atteste, Schulzeugnisse und Ähnliches zu übersenden.
   Die Mutter ermächtigt den Vater, sich bei den in Frage kommenden Stellen auch unabhängig davon selbst Informationen über Luca einzuholen.

Begründung:[7]

Mit dem vorliegenden Antrag soll die elterliche Sorge für das gemeinsame Kind der Beteiligten geregelt werden.

Wie das Jugendamt bestätigen wird,[8] lebt Luca seit der Trennung[9] der Eltern im Februar 2024 bei der Mutter und wird von dieser bestens betreut.

Die Beteiligten können sich über die elterliche Sorge für ihr gemeinsames Kind Luca, geb. am 18.9.2019, die bisher beiden gemeinsam zustand,[10] nicht einigen. Der Vater erstrebt die Beibehaltung des gemeinsamen Sorgerechts.

Dem Wohl des Kindes entspricht es jedoch am besten, wenn das gemeinsame Sorgerecht aufgehoben und die Alleinsorge der Mutter übertragen wird.[11]

Luca wird auch in Zukunft bei der Mutter leben. Dies hat der Vater auch noch nie in Frage gestellt.[12]

Der Vater blockiert aber praktisch jede wesentliche Entscheidung der Mutter.[13]

Eine Ausübung der gemeinsamen elterlichen Sorge scheitert bereits am Fehlen der erforderlichen Kooperationsbereitschaft.[14] Eine sachliche Auseinandersetzung mit dem Vater über die Kindesbelange ist der Mutter nicht möglich. Ohne wirkliches Interesse an den Belangen des Kindes zu haben oder sich genauer über die Umstände zu informieren,[15] stellt er die Entscheidungen der Mutter immer wieder in Frage, ohne er zu einer konstruktiven Lösung bereit wäre. Luca hält sich mittlerweile demonstrativ die Ohren zu, wenn Mutter und Vater aufeinandertreffen.[16]

Dies zeigt sich exemplarisch[17] immer wieder insbesondere beim Umgang mit der ärztlich diagnostizierten ADHS-Erkrankung des Kindes. Der Vater beharrt trotz einer Vielzahl gemeinsamer Termine bei verschiedenen Ärzten darauf, dass Luca nur gelegentlich ein wenig überdreht sei. Jedes ärztliche Rezept zieht endlose und fruchtlose Diskussionen nach sich. Dabei wird der Vater gegenüber der Mutter regelmäßig ausfallend und beleidigend. Durch diese ständigen Streitigkeiten der Eltern verstärkt sich bei Luca die eigene Wahrnehmung, mit ihm stimme etwas nicht.[18]

Auch bei der Auswahl der Schule für Luca verlangte der Vater völlig übertriebene Rechtfertigungen von der Mutter. So wollte er allen Ernstes eine schulamtliche Bestätigung, dass die von der Mutter ausgesuchte örtliche Waldorfschule ideologisch unbedenk-

lich sei. Eigene Gedanken zur Schulauswahl hat sich der Vater nicht gemacht. Luca konnte nur deshalb noch einen der begehrten Plätze erhalten, weil die Schule ihn zunächst ohne Zustimmung des Vaters akzeptierte.[17]

Bei der Eröffnung eines Girokontos für Luca wollte der Vater, dass die Mutter bei allen örtlichen Banken die jeweiligen Konditionen erfragt, selbst hat er sich nicht gekümmert.

Insgesamt leidet Luca so erheblich unter den ständigen Auseinandersetzungen der Eltern, dass die Mutter ihn kaum noch bewegen kann, die Umgänge mit dem Vater durchzuführen.[16]

Die Ausübung eines gemeinsamen Sorgerechts kommt nicht in Betracht. Auch Luca möchte, dass die Mutter allein entscheidet, wie er in seiner Anhörung bestätigen wird.[18]

Auch dem Jugendamt ist es mit seiner Beratungs- und Unterstützungstätigkeit nicht gelungen, eine hinreichende Kommunikationsbasis der Eltern zu schaffen.[19]

Möglicherweise ist der Vater ja auch bereit, seine Zustimmung für die alleinige elterliche Sorge zu erteilen. Die Mutter würde dann die oben formulierte Erklärung abgeben.[20]

Die Erteilung einer Vollmacht hat der Vater zwar mehrfach angeboten, aber nie vollzogen.[21]

Rechtsanwalt[22, 23]

Anmerkungen

1. → Form. D.I.1 Anm. 1.

2. → Form. D.I.1 Anm. 2.

3. → Form. D.I.1 Anm. 3.

4. → Form. D.I.1 Anm. 4.

5. → Form. D.I.1 Anm. 5.

6. → Form. D.I.1 Anm. 6.

7. → Form. D.I.1 Anm. 7.

8. → Form. D.I.1 Anm. 8.

9. → Form. D.I.1 Anm. 9.

10. → Form. D.I.1 Anm. 10.

11. Nach § 1671 Abs. 1 S. 2 Nr. 2 BGB ist der Antrag eines Elternteils, ihm die Alleinsorge zu übertragen, dann begründet, wenn zu erwarten ist, dass die Aufhebung der gemeinsamen Sorge und die Übertragung auf den Antragsteller dem Wohl des Kindes am besten entsprechen. Damit ist für die Erfolgsaussicht des Antrages eine zweifache Erwartung erforderlich (doppelte Kindeswohlprüfung, vgl. BGH FamRZ 2005, 1167). Zum einen muss die Aufhebung der gemeinsamen elterlichen Sorge dem Kindeswohl am besten entsprechen, zum anderen muss die Übertragung der Alleinsorge gerade auf den Antragsteller die beste Lösung für das Kind sein. In der vorliegenden Konstellation besteht Streit im Wesentlichen über die erste Frage, während nicht zu erwarten ist, dass der Antragsgegner die Übertragung der Alleinsorge auf sich überhaupt in Erwägung zieht. Der Sachvortrag in der Antragschrift kann sich daher (zunächst) auf die Aufhebung der gemeinsamen Sorge konzentrieren.

12. Zu einem solchen Fall → Form. D.I.3.

13. § 1671 Abs. 1 S. 2 Nr. 2 BGB bezieht sich auf die Regelungen von erheblicher Bedeutung für das Kind, während gemäß § 1687 Abs. 1 S. 2 und S. 4 BGB die Angelegenheiten des täglichen Lebens von dem Elternteil entschieden werden, bei dem das Kind sich gerade aufhält.

§ 1671 Abs. 1 S. 3 BGB versucht eine Abgrenzung einerseits nach der Häufigkeit und andererseits nach der Bedeutung für die Entwicklung des Kindes. Im Einzelfall kann dies sehr schwierig vorzunehmen sein (vgl. etwa zum Thema Impfung BGH FamRZ 2017, 1057).

14. Entscheidendes Kriterium für die Frage der Aufhebung der gemeinsamen elterlichen Sorge ist die Kooperation der Eltern und ihre Auswirkungen auf das Kindeswohl. Die Übertragung der elterlichen Sorge auf einen Elternteil alleine kommt insbesondere dann in Betracht, wenn das Mindestmaß der für die gemeinsame Ausübung der Elternverantwortung erforderlichen Kooperationsfähigkeit und Kooperationsbereitschaft und die dafür erforderliche tragfähige soziale Beziehung, die eine Verständigung auch noch bei einem Dissens erlaubt, zwischen den Eltern nicht (mehr) gewährleistet sind (BVerfG FamRZ 2004, 354; BGH FamRZ 2008, 592).

§ 1671 Abs. 1 S. 2 Nr. 2 BGB enthält kein Regel-Ausnahme-Verhältnis in dem Sinne, dass ein Vorrang zugunsten der gemeinsamen elterlichen Sorge besteht und die Alleinsorge eines Elternteils nur in Ausnahmefällen als ultima ratio in Betracht kommen sollte (BT-Drs. 13/4899, 63 u. 99; BVerfG FamRZ 2007, 1876; BGH FamRZ 2008, 592). Entscheidend ist, welche Auswirkungen die Auseinandersetzungen der Eltern auf das Kindeswohl haben.

Einerseits lässt sich elterliche Gemeinsamkeit in der Realität nicht verordnen. Die bloße Pflicht zur Konsensfindung vermag eine tatsächlich nicht bestehende Verständigungsmöglichkeit nicht zu ersetzen, diese muss auch praktisch funktionieren. Dabei besagt etwa der Umstand, dass Eltern tief zerstritten sind, noch nichts über deren Unfähigkeit, in Angelegenheiten ihres gemeinsamen Kindes zu gemeinsamen kindeswohlverträglichen Lösungen zu gelangen. Auch die Meinungsverschiedenheit der Eltern über einzelne Fragen der Erziehung des Kindes ist – jedenfalls für sich genommen – nicht angetan, die Alleinsorge eines Elternteils als die für das Kindeswohl beste Lösung erscheinen zu lassen (BGH FamRZ 2008, 592; BGH FamRZ 2005, 1167).

Es gehört zur Normalität im Eltern-Kind-Verhältnis, dass sich in Einzelfragen die für das Kind beste Lösung erst aus Kontroversen herausbildet. Hierdurch können sogar mehr Argumente abgewogen werden als bei Alleinentscheidungen und so dem Kindeswohl besser entsprechende Ergebnisse erreicht werden. Insbesondere sieht das Gesetz für einzelne kontrovers diskutierte und von den Eltern nicht lösbare Fragen mit § 1628 BGB ein geeignetes Instrumentarium vor (BGH FamRZ 2016, 1439).

Erst dann, wenn angesichts der Entwicklungen in der Vergangenheit die begründete Besorgnis besteht, dass die Eltern auch in Zukunft nicht in der Lage sein werden, ihre Streitigkeiten in wesentlichen Bereichen der elterlichen Sorge konstruktiv und ohne gerichtliche Auseinandersetzungen beizulegen, ist die erzwungene Aufrechterhaltung der gemeinsamen elterlichen Sorge dem Kindeswohl nicht zuträglich. Denn ein fortgesetzter destruktiver Elternstreit führt für Kinder zwangsläufig zu erheblichen Belastungen (vgl. BGH FamRZ 2008, 592).

15. Auf die Gründe für die scheiternde Kommunikation, insbesondere die jeweilige Verantwortlichkeit der Eltern, kommt es grundsätzlich nicht an, weil man eben Verständigung nicht verordnen kann. Die sorgerechtliche Entscheidung soll nicht Fehlverhalten eines Elternteils sanktionieren, sondern das Kindeswohl im Blick haben (BGH FamRZ 2008, 592).

Aber in jedem Fall ist es besser herauszustellen, dass keine einseitige Kommunikationsverweigerung durch die Mutter vorliegt.

Wichtig ist dieser Hinweis auf mangelndes Interesse des Vaters vorliegend auch deshalb, damit deutlich wird, dass eine Übertragung der elterlichen Sorge auch in Teilbereichen auf ihn (→ Anm. 17) nicht in Betracht kommt.

16. Entscheidend ist in jedem Fall die im konkreten Einzelfall zu treffende Feststellung, dass der Elternkonflikt erhebliche negative Auswirkungen auf das Kindeswohl hat (BGH FamRZ 2008, 592). Diese können sich sowohl daraus ergeben, dass die erforderlichen Entscheidungen nicht oder nur verspätet getroffen werden können, als auch daraus, dass Kinder unter dem Elternkonflikt in erheblichem Maße leiden.

17. Als denkbare Entscheidung des Gerichts muss in Betracht gezogen werden, dass dem Antrag nur teilweise stattgegeben wird, weil das Gericht der Auffassung ist, dass es unter dem Gesichtspunkt der Verhältnismäßigkeit ausreicht, die Alleinsorge lediglich für Teilbereiche, zB die Gesundheitsfürsorge oder die Schulangelegenheiten, herzustellen (vgl. dazu BGH FamRZ 2008, 592; 2005, 1167). Wenn dies vermieden werden soll, muss die Antragsschrift darstellen, dass es sich nicht um wenige inhaltliche Streitpunkte bei weitgehendem Konsens in anderen Bereichen handelt, sondern ein umfassender und grundsätzlicher Konflikt der Eltern vorliegt.

18. Von besonderer Bedeutung für die Entscheidung des Gerichts über den Sorgerechtsantrag ist das Ergebnis der Anhörung des Kindes, die der Ermittlung des Kindeswillens dient. Der Wille des Kindes ist ein Beurteilungskriterium für die Kindeswohlprüfung.

Kinder sind bei § 1671 BGB bereits ab etwa drei Jahren anzuhören. Die Bedeutung des Kindeswillens nimmt mit dem Alter des Kindes zu. Insbesondere bei Kindern ab 14 Jahren wird man den Kindeswillen nur dann übergehen können, wenn schwerwiegende Gründe gegen den Wunsch des Kindes sprechen. Auch bei einem Kind, das deutlich jünger ist, kann der Wille im Einzelfall ein ernst zu nehmender Faktor für die gebotene Gesamtabwägung aller Faktoren sein.

Stets ist dabei zu beurteilen, ob der vom Kind geäußerte Wille stabil ist und sich objektiv mit seinem Wohl vereinbaren lässt. Maßgeblich für die Beachtung des Kindeswillens wird insbesondere sein, ob das Kind seine Meinung nachvollziehbar begründen kann. Lässt sich dies feststellen, dürfte dem Kindeswillen eine entscheidende Bedeutung beizumessen sein. Auch ein manipulierter Kindeswille ist beachtlich, wenn der Elternteil das Kind beeinflusst, zu dem es die größere emotionale Bindung hat (BVerfG NJW 2015, 2561).

Auch wenn es vorliegend in erster Linie um den Konflikt der Eltern geht, kann nicht ohne weiteres angenommen werden, dass eine Kindesanhörung entbehrlich ist (vgl. dazu BGH FamRZ 2016, 1439 Rn. 44 ff.).

19. Der Hinweis auf die vergebliche Inanspruchnahme der Vermittlung des Jugendamtes ist jedenfalls erforderlich um für die Verfahrenskostenhilfe den Vorwurf des Mutwillens gem. § 76 Abs. 1 FamFG mit § 114 Abs. 2 ZPO auszuräumen.

20. Dieses Angebot, das die ohnehin bestehende Auskunftspflicht gemäß § 1686 BGB konkretisiert, kann möglicherweise den Bedenken des Vaters Rechnung tragen, ohne Sorgerecht von Informationen über das Kind abgeschnitten zu sein. Dann kommt eine Entscheidung nach § 1671 Abs. 1 S. 2 Nr. 1 BGB in Betracht, → Form. D.I.1.

21. Eine tatsächlich erfolgte (und nicht nur angebotene) Bevollmächtigung kann eine Übertragung des alleinigen Sorgerechts nach § 1671 Abs. 1 BGB als unverhältnismäßig entbehrlich machen. Um den Handlungsspielraum des betreuenden Elternteils bei bestehenden Kommunikationsproblemen (Nichterreichbarkeit oder Streit) aber zu erweitern, bedarf es dabei nicht nur einer Bevollmächtigung im Außenverhältnis, sondern auch einer Ermächtigung im Innenverhältnis, die Entscheidungen für das Kind allein zu treffen. Dass somit von der gemeinsamen Sorge nur eine leere Hülle bleibt, ist hinzunehmen (zumal es den Eltern häufig aus optischen Gründen ausreicht).

Ein Absehen von einer Sorgerechtsübertragung setzt aber die Akzeptanz der Vollmachtsurkunde im Rechtsverkehr voraus, an der es bei Behörden, Banken oder Konsulaten fehlen kann. Auf die ohnehin unsichere Prognose einer (nicht verzichtbaren) Widerrufsmöglichkeit kommt es dagegen nicht an (vgl. zum Ganzen BGH FamRZ 2020, 1171).

Kosten und Gebühren

22. → Form. D.I.1 Anm. 14.

Bei einer Vereinbarung über die Auskunftspflicht kommt ein Vergleichsmehrwert in Betracht, § 45 Abs. 1 Nr. 3 FamGKG.

Fristen und Rechtsmittel

23. → Form. D.I.1 Anm. 15.

3. Antrag auf Regelung der elterlichen Sorge auf Grund des Wohles des Kindes (Aufenthaltswechsel)

An das

Amtsgericht . . . . .[1]

– Familiengericht –

. . . . ., den 22.3.2026

Antrag

des . . . . . **– Antragsteller und Vater**[2] **–**

– Verfahrensbevollmächtigter: Rechtsanwalt . . . . .[3] **–**

gegen

. . . . . **– Antragsgegnerin und Mutter**[2] **–**

– Verfahrensbevollmächtigte Rechtsanwälte . . . . .[3] **–**

wegen: Regelung der elterlichen Sorge für das gemeinsame Kind der Beteiligten

Luca, geb. am 18.11.2019

Vorläufiger Verfahrenswert: . . . . . EUR[4]

Namens und im Auftrag des Antragstellers und unter Bezugnahme auf die beigefügte Verfahrensvollmacht[5] **beantrage ich,**[6]

1. das Aufenthaltsbestimmungsrecht für das gemeinsame Kind der Beteiligten Luca, geb. am 18.11.2019, zur alleinigen Ausübung auf den Vater[2] zu übertragen.
2. Im Falle der Übertragung des Aufenthaltsbestimmungsrechts die Mutter zu verpflichten, das Kind an den Vater herauszugeben.[21]
3. Bei schuldhafter Zuwiderhandlung gegen die Herausgabeverpflichtung kann das Gericht gegenüber dem Verpflichteten Ordnungsgeld bis zur Höhe von 25.000 EUR und für den Fall, dass dieses nicht beigetrieben werden kann, Ordnungshaft bis zu sechs Monaten anordnen. Verspricht die Anordnung eines Ordnungsgeldes keinen Erfolg, kann das Gericht Ordnungshaft bis zu sechs Monaten anordnen.[6]

Begründung:[7]

Mit dem vorliegenden Antrag soll das Aufenthaltsbestimmungsrecht für das gemeinsame Kind der Beteiligten geregelt werden.

Wie das Jugendamt bestätigen wird,[8] ist Luca bis zur Trennung[9] der Eltern von beiden Eltern umfassend und bestens betreut worden. Die gemeinsam bestehende elterliche Sorge[10] wurde von beiden Eltern gut wahrgenommen.

Von dieser harmonischen Familiengemeinschaft hat sich die Mutter ohne Grund[15] einseitig verabschiedet, indem sie heimlich immer wieder wechselnde Liebschaften einging und schließlich vor wenigen Tagen überstürzt die Ehewohnung verließ und mit dem gemeinsamen Kind ohne Einverständnis des Vaters zu ihrem derzeitigen Lebensgefährten zog, den sie über das Internet kennengelernt hatte, 700 km entfernt von hier.

Der Vater hat dem widersprochen und möchte, dass das Kind bei ihm im vertrauten Umfeld weiter aufwächst.

Da sich die Eltern nicht einigen können, ist hinsichtlich des Aufenthaltsbestimmungsrechts das gemeinsame Sorgerecht aufzuheben und dieses zur alleinigen Ausübung auf den Vater zu übertragen.[11] Im Übrigen kann es derzeit bei der gemeinsamen elterlichen Sorge bleiben.[12]

Dies entspricht dem Wohl des Kindes.[13]

Luca hat eine enge und liebevolle Beziehung zum Vater.[14] Der Vater ist mindestens ebenso geeignet für die Erziehung des Kindes wie die Mutter, er kann sich – wie gelegentlich in der Vergangenheit – auch um die Hausaufgaben kümmern. Und natürlich wird er den Kontakt zur Mutter, der für das Kind ja ganz wichtig ist, engagiert fördern.[15]

Luca ist in hier verwurzelt und möchte hier bleiben.[16] Der Vater hat Luca auch immer trotz der Berufstätigkeit betreut,[17] vor allem am Wochenende auch häufig mit ihm allein Ausflüge unternommen. Es ist geplant, mit dem Arbeitgeber zumindest einen Home-Office-Tag pro Woche zu vereinbaren. Außerdem steht die Großmutter väterlicherseits zum Abholen von der Schule zur Verfügung. Zu dieser hat Luca eine enge Beziehung, da er auch in der Vergangenheit mindestens 1–2 Nachmittag(e) in der Woche von ihr betreut worden ist.

Der Widerstand Lucas gegen einen Umzug mit der Mutter[18] betrifft nicht nur die vertraute Wohnung. Luca hat viele Freunde, mit denen er sich regelmäßig trifft und die sehr wichtig für ihn sind. Mindestens drei Freunde werden auch mit ihm im Herbst auf die Realschule wechseln. Außerdem geht Luca mindestens zweimal die Woche in seinen geliebten Sportverein, in dem er sich mühsam eine Stellung erkämpft hat.

Da die Mutter klar erklärt hat, dass sie in jedem Fall endgültig zu ihrem Lebensgefährten ziehen will, kommt daher allein deshalb nur eine Übertragung des Aufenthaltsbestimmungsrechts auf den Vater in Betracht.[19]

Auch Luca wird bei seiner Anhörung seinen Wunsch äußern.[20]

Da die Mutter bereits angedeutet hat, dass sie eine gerichtliche Sorgeentscheidung zu ihren Ungunsten möglicherweise nicht akzeptieren wird, beantragt der Vater bereits jetzt hilfsweise die Herausgabe des Kindes.[21]

Rechtsanwalt[22, 23]

Anmerkungen

1. → Form. D.I.1 Anm. 1.

2. → Form. D.I.1 Anm. 2.

3. → Form. D.I.1 Anm. 3.

4. → Form. D.I.1 Anm. 4.

5. → Form. D.I.1 Anm. 5.

6. → Form. D.I.1 Anm. 6.

7. → Form. D.I.1 Anm. 7.

8. → Form. D.I.1 Anm. 8.

9. → Form. D.I.1 Anm. 9.

10. → Form. D.I.1 Anm. 10.

11. Nach § 1671 Abs. 1 S. 2 Nr. 2 BGB ist der Antrag eines Elternteils, ihm die elterliche Sorge oder einen Teil davon allein zu übertragen, dann begründet, wenn zu erwarten ist, dass insoweit die Aufhebung der gemeinsamen Sorge und die Übertragung auf den Antragsteller dem Wohl des Kindes am besten entsprechen. Damit ist für die Erfolgsaussicht des Antrages eine zweifache Erwartung erforderlich (doppelte Kindeswohlprüfung, vgl. BGH FamRZ 2005, 1167). Zum einen muss die Aufhebung der gemeinsamen elterlichen Sorge dem Kindeswohl am besten entsprechen, zum anderen muss die Übertragung der Alleinsorge gerade auf den Antragsteller die beste Lösung für das Kind sein.

Hinsichtlich des Aufenthaltsbestimmungsrechts sind sich die Beteiligten darüber einig, dass die elterliche Sorge aufzuheben ist (oben erste Frage, ansonsten → Form. D.I.2 Anm. 14 ff.), es besteht lediglich Streit darüber, welchem Elternteil dieses zu übertragen ist (oben zweite Frage). Darauf ist der Sachvortrag in der Antragschrift zu konzentrieren.

12. In der vorliegenden Konstellation besteht derzeit Streit ausschließlich über das Aufenthaltsbestimmungsrecht. Bei möglichen weiteren Streitpunkten (etwa Einschulung, Arztwahl) handelt es sich ersichtlich um Folgefragen, in denen nach einmal erfolgter Entscheidung über den Aufenthalt kein weiterer Streit ersichtlich ist. Nach dem Verhältnismäßigkeitsprinzip ist daher die Entscheidung darauf zu beschränken → Form. D.I.2 Anm. 17.

Zu einem Fall, in dem weitere Sorgerechtsteile zu übertragen sind → Form. D.I.2.

13. Für die Frage, ob dem Wohl eines Kindes am besten eine Übertragung der elterlichen Sorge auf den Vater oder auf die Mutter entspricht, sind als gewichtige Gesichtspunkte des Kindeswohls die Erziehungseignung der Eltern, die Bindungen des Kindes, die Prinzipien der Förderung und der Kontinuität sowie die Beachtung des Kindeswillens zu berücksichtigen. Die einzelnen Kriterien stehen aber nicht wie Tatbestandsmerkmale kumulativ nebeneinander. Jedes von ihnen kann im Einzelfall mehr oder weniger bedeutsam für die Beurteilung sein, was dem Wohl des Kindes am besten entspricht (BGH FamRZ

2020, 252). Zudem sind die durch Art. 6 Abs. 2 S. 1 GG gewährleisteten Elternrechte beider Elternteile zu berücksichtigen (BGH FamRZ 2010, 1060).

14. Entscheidend sind vor allem die **Bindungen** des Kindes an den jeweiligen Elternteil (BGH FamRZ 2012, 99; FamRZ 2008, 592), aber auch an weitere Bezugspersonen wie (Halb-)Geschwister oder Großeltern (OLG Brandenburg FamRZ 2008, 1474; OLG Hamm FamRZ 2000, 1039). Auch außerfamiliäre Bindungen, insbesondere an enge Freunde oder wichtige Erzieher können eine Rolle spielen.

15. Die Übertragung elterlicher Sorge kommt nicht in Betracht, wenn erhebliche Bedenken gegen die **Erziehungseignung** eines Elternteils bestehen → Form. D.I.5. Die Gründe für die Trennung der Eltern spielen aber im Regelfall keine Rolle, es sei denn, es lassen sich daraus konkrete kindbezogene Rückschlüsse auf die Erziehungseignung eines Elternteils ziehen.

Allgemein anerkannt als einer der wichtigsten Aspekte für das Kindeswohl ist das sogenannte **Förderungsprinzip**, das die Eignung der Eltern zur Übernahme der für das Kindeswohl essentiell wichtigen Erziehungs- und Betreuungsaufgabe zum Entscheidungskriterium erhebt. Danach soll die elterliche Sorge demjenigen Elternteil übertragen werden, der in Gegenwart und überschaubarer Zukunft besser als der andere Elternteil zur Erziehung und Betreuung des Kindes geeignet erscheint und der als Alleinsorgeberechtigter dem Kind voraussichtlich die besseren Entwicklungschancen vermitteln und mehr an Unterstützung für den Aufbau seiner Persönlichkeit geben kann (OLG München FamRZ 2012, 1064)

Zur Erziehungs- und Förderungsfähigkeit gehört auch die **Bindungstoleranz**, also die Fähigkeit und Bereitschaft des einen Elternteils, die Beziehung des Kindes zum anderen Elternteil zu erhalten und zu fördern (BGH FamRZ 2011, 796). Insbesondere wirkt es sich nachteilig auf das Kind aus, wenn es von einem Elternteil – bewusst oder unbewusst – unter „Koalitionsdruck" gesetzt und dadurch in Loyalitätskonflikte gebracht wird (BGH FamRZ 2020, 103).

16. In der Praxis häufig ausschlaggebend angesehen wird der **Kontinuitätsgrundsatz.** Dieser stellt aber keinen Wert an sich dar. Vielmehr handelt es sich lediglich um den Aspekt der stabilen Verhältnisse, bezogen aber jeweils auf die anderen genannten Kindeswohlkriterien. Dabei ist gerade bei jüngeren Kindern häufig der „inneren" Kontinuität der Betreuung durch einen Elternteil (→ Anm. 17) ein Vorrang gegenüber der „äußeren" Kontinuität des Wohnumfeldes (→ Anm. 18) einzuräumen, selbst in Auswanderungsfällen (vgl. etwa BGH FamRZ 1990, 392).

17. Ausschlaggebend kann also sein, welcher Elternteil aufgrund der gewachsenen Bindungen des Kindes auch in Zukunft die bessere **Betreuungsmöglichkeit** bietet. Dabei ist gerade bei Kleinkindern einer persönlichen Betreuung durch einen Elternteil gegenüber einer Fremdbetreuung der Vorzug zu geben (OLG Köln FamRZ 2014, 575), gewachsene Bindungen zu anderen Bezugspersonen, etwa Großeltern, sind dabei aber zu berücksichtigen (→ Anm. 14).

18. Mit zunehmendem Alter wird aber auch die Kontinuität im äußeren Sinne für das Kind wichtig, also die sozialen Beziehungen über die Familie hinaus (vgl. BGH FamRZ 2017, 532 Rn. 29). Hier sind die Freunde und der Sportverein angesprochen.

19. Bei geplanten Umzügen über weite Entfernungen würde häufig am besten die Kontinuität gewahrt werden, wenn der betreffende Elternteil angewiesen wird, nicht so weit weg zu ziehen. Dies kommt aber rechtlich nicht in Betracht. Die allgemeine Handlungsfreiheit des auswanderungswilligen Elternteils schließt es aus, dass auch die Möglichkeit des Verbleibs des betreuenden Elternteils am bisherigen Wohnort als tatsächliche

Alternative in Betracht kommt, selbst wenn diese dem Kindeswohl am besten entspräche. Die Gründe des Elternteils für seinen Umzugswunsch sind nur insoweit bedeutsam, als sie sich nachteilig auf das Kindeswohl auswirken (BGH FamRZ 2010, 1060 für die Auswanderung nach Mexiko). Verfolgt der Elternteil mit der Übersiedlung allerdings (auch) den Zweck, den Kontakt zwischen dem Kind und dem anderen Elternteil zu vereiteln, steht die Bindungstoleranz des betreuenden Elternteils und somit seine Erziehungseignung in Frage (BGH FamRZ 2011, 796).

20. → Form. D.I.2 Anm. 18.

Für das Kind ist ein Verfahrensbeistand zu bestellen, da ein Regelfall nach § 158 Abs. 2 Nr. 3 FamFG vorliegt, darauf könnte auch im Antrag hingewiesen werden.

21. Es ist empfehlenswert, in streitigen Sorgerechtsverfahren neben dem Antrag auf Übertragung der Alleinsorge einen Herausgabeantrag gemäß § 1632 BGB zu stellen, wenn Anhaltspunkte dafür bestehen, dass der andere Elternteil eine für ihn ungünstige Sorgerechtsentscheidung nicht hinnehmen wird (ansonsten fehlte das Rechtsschutzbedürfnis für den Herausgabeantrag). Aus Kostengründen sollte dies hilfsweise erfolgen.

Kosten und Gebühren

22. → Form. D.I.1 Anm. 14.

Der Herausgabeantrag stellt eine eigene Kindschaftssache gemäß § 45 Abs. 1 Nr. 4 FamGKG dar, die Werte sind gemäß § 33 Abs. 1 S. 1 FamGKG zu addieren, wenn eine Entscheidung über die Herausgabe ergeht, § 39 Abs. 1 S. 2 FamGKG.

Da hier gemäß § 158 Abs. 3 Nr. 3 FamFG ein Regelfall für die Bestellung eines Verfahrensbeistands vorliegt, könnten gemäß § 158c Abs. 1 FamFG weitere Gerichtskosten von bis zu 690 EUR anfallen. Aus Kostengründen sollte dies hilfsweise erfolgen.

Fristen und Rechtsmittel

23. → Form. D.I.1 Anm. 15.

4. Antrag auf Regelung der elterlichen Sorge auf Grund des Wohles des Kindes (Wechselmodell)

An das

Amtsgericht . . . . .[1]

– Familiengericht –

. . . . ., den 22.3.2026

Antrag

des . . . . . **– Antragsteller und Vater**[2] **–**

– Verfahrensbevollmächtigter: Rechtsanwalt . . . . .[3] **–**

gegen

. . . . . – Antragsgegnerin und Mutter[2] –

– Verfahrensbevollmächtigte Rechtsanwälte . . . . .[3] –

wegen: Regelung der elterlichen Sorge für das gemeinsame Kind der Beteiligten

Luca, geb. am 18.11.2019

Vorläufiger Verfahrenswert: . . . . .[4]

Namens und im Auftrag der Antragstellerin und unter Bezugnahme auf die beigefügte Verfahrensvollmacht[5] beantrage ich,[6]

das Aufenthaltsbestimmungsrecht und das Umgangsbestimmungsrecht für das gemeinsame Kind der Beteiligten Luca, geb. am 18.11.2019, zur alleinigen Ausübung auf den Vater[2] zu übertragen.

Begründung:[7]

Mit dem vorliegenden Antrag soll der Aufenthalt für das gemeinsame Kind der Beteiligten geregelt werden.

Wie das Jugendamt bestätigen wird,[8] ist Luca bis zur Trennung[9] der Eltern von beiden Eltern umfassend und bestens betreut worden.[16] Die gemeinsam bestehende elterliche Sorge[10] wurde von beiden Eltern gut wahrgenommen.

Die Eltern haben sich auseinandergelebt und im November 2025 getrennt. Seitdem betreuen sie Luca ungefähr hälftig, zu beiden Eltern hat er ein liebevolles Verhältnis.[14] Der Vater holt Luca jeweils am Montag und Mittwoch vom Kindergarten ab und bringt ihn am nächsten Tag dorthin, die Mutter jeweils am Dienstag und Donnerstag. Die Wochenenden von Freitagnachmittag bis Montag früh werden abwechselnd bei Vater und Mutter verbracht, gleiches gilt für die Ferien.[16] Das Ganze funktioniert sehr gut, weil Vater und Mutter nur wenige Minuten voneinander entfernt wohnen. Auch kurzfristige Absprachen sind problemlos möglich.[15]

Vor ein paar Tagen hat die Mutter aber erklärt, dass sie dies mit der Einschulung von Luca im September ändern möchte. Sie habe gelesen, dass Kinder ein festes Zuhause bräuchten, außerdem meint sie, es würde Chaos mit den Schulsachen geben. Der Vater solle sich auf einen 14tägigen Wochenendumgang und die Hälfte der Schulferien beschränken.

Der Vater will aber die bisherige hälftige Regelung beibehalten, allerdings der Mutter insoweit entgegenkommen, als ein wöchentlicher Wechsel wohl tatsächlich sinnvoller wäre. Dabei ist er für ihre konkreten Wünsche und Anregungen natürlich jederzeit offen.

Da sich die Eltern insoweit nicht einigen können, ist hinsichtlich des Aufenthaltsbestimmungsrechts und des Umgangsbestimmungsrechts das gemeinsame Sorgerecht aufzuheben und dieses zur alleinigen Ausübung auf den Vater zu übertragen.[11] Im Übrigen soll es derzeit bei der gemeinsamen elterlichen Sorge bleiben.[12] Die Mutter wird voraussichtlich eine Übertragung auf sich beantragen.

Die Übertragung auf den Vater entspricht aber dem Wohl des Kindes.[13]

Auch Luca wird bei seiner Anhörung seinen Wunsch äußern, dass alles so bleibt wie es jetzt ist.[17]

Rechtsanwalt[18, 19]

Anmerkungen

1. → Form. D.I.1 Anm. 1.

2. → Form. D.I.1 Anm. 2.

3. → Form. D.I.1 Anm. 3.

4. → Form. D.I.1 Anm. 4.

5. → Form. D.I.1 Anm. 5.

6. → Form. D.I.1 Anm. 6.

7. → Form. D.I.1 Anm.7.

8. → Form. D.I.1 Anm. 8.

9. → Form. D.I.1 Anm. 9.

10. → Form. D.I.1 Anm. 10.

11. Das vom Vater begehrte Wechselmodell kann vom Familiengericht nicht nur durch eine konkrete Regelung der jeweiligen Betreuungsanteile angeordnet werden (→ Form. D.II.4), sondern auch indirekt, indem es einem Elternteil, der das Sorgerecht praktizieren will, die elterliche Sorge oder einen Teil davon überträgt (BGH FamRZ 2017, 532; FamRZ 2020, 255; OLG Frankfurt FamRZ 2020, 1181 sieht das sogar als vorrangig an). Dafür dürfte die Übertragung des Aufenthaltsbestimmungsrechts nicht ausreichen, vielmehr wäre zusätzlich auch noch das Umgangsbestimmungsrecht als selbständiger Teil der Personensorge zu regeln (vgl. dazu BGH FamRZ 2016, 1752).

Diese sorgerechtliche Lösung des Wechselmodells kommt allerdings nur dann in Betracht, wenn die verlässliche Erwartung besteht, dass der dann bestimmungsberechtigte Elternteil die Regelungen auch im Kindeswohl trifft, ansonsten ist die konkrete Regelung der Betreuungsanteile durch das Gericht vorrangig (→ Form. D.II.4.).

12. In der vorliegenden Konstellation besteht derzeit Streit ausschließlich über das Aufenthaltsbestimmungsrecht und das Umgangsbestimmungsrecht. Nach dem Verhältnismäßigkeitsprinzip ist daher die Entscheidung darauf zu beschränken (→ Form. D.I.2 Anm. 17).

13. Auch für die vorliegende Entscheidung ist ausschlaggebend, für welchen Elternteil das Wohl des Kindes spricht, § 1697a BGB.

14. Siehe zunächst → Form. D.I.3 Anm. 14.

Ein Wechselmodell setzt eine auf sicherer **Bindung** beruhende tragfähige Beziehung des Kindes zu beiden Elternteilen voraus (BGH FamRZ 2017, 532; FamRZ 2020, 255).

15. Siehe zunächst → Form. D.I.3 Anm. 15.

Aufgrund des im Wechselmodell erhöhten Abstimmungs- und Kooperationsbedarfs ist eine entsprechende Kooperations- und Kommunikationsfähigkeit der Eltern voraussetzt. Dementsprechend sollten beide Eltern hinreichende **Erziehungskompetenzen** aufweisen und erkannt haben, dass eine kontinuierliche und verlässliche Kindererziehung der elterlichen Kooperation und eines Grundkonsenses in wesentlichen Erziehungsfragen bedarf (BGH FamRZ 2017, 532; FamRZ 2020, 255).

16. Siehe zunächst → Form. D.I.3 Anm. 16–18.

Für das Wechselmodell sind auch die Betreuungsanteile während des Zusammenlebens der Eltern relevant (BGH FamRZ 2017, 532; FamRZ 2020, 255). Auch eine einmal im elterlichen Konsens getroffene Entscheidung für ein Wechselmodell lässt vermuten, dass sie dem Kindeswohl entsprochen hat und noch entspricht (OLG Karlsruhe FamRZ 2020, 1371).

Ein Wechselmodell erfordert geeignete äußere Rahmenbedingungen, so etwa im Regelfall eine gewisse Nähe der elterlichen Haushalte und die Erreichbarkeit von Schule und Betreuungseinrichtungen (BGH FamRZ 2017, 532).

Die Frage, ob aus psychologischer Sicht zumindest Säuglinge und Kleinkinder ein festes Zuhause brauchen, so dass für sie das Wechselmodell nicht in Betracht kommt, hat der BGH bewusst offengelassen (BGH FamRZ 2017, 532).

Ob tatsächlich das Kind im Wechselmodell durch vermehrte oder ausgedehnte Kontakte auch mit dem anderen Elternteil verstärkt mit dem elterlichen Streit konfrontiert wird und durch den von den Eltern oftmals ausgeübten „Koalitionsdruck" in Loyalitätskonflikte gerät (BGH FamRZ 2017, 532), muss im Einzelfall konkret festgestellt werden (vgl. etwa FamRZ 2020, 255). Bei dem hier angestrebten wöchentlichen Wechsel müssen die Eltern auch nicht zwingend häufiger aufeinandertreffen als bei einem 14tägigen Umgang. Abstimmungsbedarf über Schulsachen uÄ kann es auch bei letzterem geben.

17. Siehe zunächst → Form. D.I.3 Anm. 20.

Auch beim Wechselmodell ist der geäußerte Kindeswille zwar zu berücksichtigen, dieser kann aber als einseitig beeinflusst und im Widerspruch zu weiteren, gewichtigen Belangen des Kindeswohls angesehen werden (BGH FamRZ 2020, 255).

Kosten und Gebühren

18. → Form. D.I.1 Anm. 14.

Fristen und Rechtsmittel

19. → Form. D.I.1 Anm. 15.

5. Antrag auf (teilweise) Übertragung der elterlichen Sorge wegen Gefährdung des Kindeswohls

An das

Amtsgericht . . . . . [1]

– Familiengericht –

. . . . ., den 22.3.2026

Antrag

der . . . . . **– Antragstellerin und Mutter**[2] **–**

– Verfahrensbevollmächtigter: Rechtsanwalt . . . . .[3] **–**

gegen

Jugendamt . . . . . – Antragsgegner[8] –

Weiterer Beteiligter . . . . .[12] – Vater[2] –

– Verfahrensbevollmächtigter: Rechtsanwalt . . . . .[3] –

wegen: Regelung der elterlichen Sorge gem. § 1666 BGB für das Kind der Antragstellerin

Luca, geb. am 18.11.2021

Vorläufiger Verfahrenswert: . . . . .[4]

Namens und im Auftrag der Antragstellerin und unter Bezugnahme auf die beigefügte Verfahrensvollmacht[5] beantrage ich,[6]

die elterliche Sorge für das Kind Luca, geb. am 18.11.2021, zur alleinigen Ausübung auf die Mutter[2] (zurück) zu übertragen.

Begründung:[7]

Mit dem vorliegenden Antrag soll die elterliche Sorge für das Kind der Antragstellerin geregelt werden.

Während der Ehe der Antragstellerin mit dem Vater war das gemeinsame Kind geboren worden. Leider hat sich die Antragstellerin durch ihren Ehemann zunehmend in dessen Drogenmilieu hineinziehen lassen und das Wohl des Kindes gelegentlich aus den Augen verloren. Als das Jugendamt das Kind vor zwei Jahren in Obhut nahm und in eine Pflegefamilie gab, konnte die Antragstellerin dies in ihrer damaligen Verfassung nicht akzeptieren, das Familiengericht entzog ihr deshalb mit einstweiliger Anordnung vom . . . . . (Az. . . . . .) damals die gesamte elterliche Sorge. Immerhin ist damit Ruhe eingekehrt, die Antragstellerin hat keinen Hauptsacheantrag gestellt, eine Hauptsache wurde vom Familiengericht auch nicht von Amts wegen betrieben.[8]

Seitdem hat sich die Antragstellerin erheblich gefestigt. Der stationäre Drogenentzug war erfolgreich, die anschließende Therapie musste die Antragstellerin zwar abbrechen, will aber baldmöglichst eine neue Therapie beginnen.[9]

Vom Vater hat sie sich endgültig getrennt. Da dieser weiterhin obdachlos und drogensüchtig ist, besteht keinerlei Kontakt mehr zu ihm, ein solcher wäre der Mutter auch nicht mehr zumutbar. Die Mutter stellt daher bewusst den Antrag auf Alleinübertragung der elterlichen Sorge gemäß § 1671 BGB.[12]

Zu Luca besteht recht regelmäßiger Kontakt einmal im Monat für einen Nachmittag.[11] Die Antragstellerin reagiert meist sofort auf die Schreiben des Jugendamtes.[10]

Zwar würde die Antragstellerin gerne ihr Kind bei sich aufwachsen sehen, möchte das Kind aber jedenfalls derzeit nicht aus der gewachsenen Bindung in der Pflegefamilie herausnehmen. Sie möchte allerdings wieder die Entscheidungen für Luca treffen.[10]

Das wäre auch im Sinne von Luca, der dazu gehört werden möge.[13]

Hilfsweise wäre die Mutter auch bereit, den Pflegeeltern in einzelnen Teilbereichen eine Vollmacht zu erteilen. Um die Erteilung eines rechtlichen Hinweises wird gebeten.[14]

Rechtsanwalt[15, 16]

Anmerkungen

1. → Form. D.I.1 Anm. 1.

2. → Form. D.I.1 Anm. 2.

3. → Form. D.I.1 Anm. 3.

4. → Form. D.I.1 Anm. 4.

5. → Form. D.I.1 Anm. 5.

6. → Form. D.I.1 Anm. 6.

7. → Form. D.I.1 Anm. 7.
Das Jugendamt ist in Verfahren nach § 1666 BGB gemäß § 162 Abs. 2 S. 1 FamFG zwingend zu beteiligen.

8. Da im vorliegenden Fall bisher keine Hauptsacheentscheidung getroffen wurde, gilt bereits deshalb nicht der Maßstab des § 1696 BGB (vgl. auch Abs. 2).

9. Eine Entscheidung nach § 1666 BGB erfordert zunächst eine Kindeswohlgefährdung.
Gemäß § 1666 Abs. 1 BGB hat das Familiengericht die erforderlichen Maßnahmen zu treffen, wenn das körperliche, geistige oder seelische Wohl eines Kindes gefährdet ist und Eltern nicht gewillt oder nicht in der Lage sind, die Gefahr abzuwenden. Voraussetzung der Entziehung der elterlichen Sorge ist eine gegenwärtige, in einem solchem Maße vorhandene Gefahr, dass sich für die weitere Entwicklung des Kindes eine erhebliche Schädigung mit ziemlicher Sicherheit voraussehen lässt (BVerfG FamRZ 2017, 1055; FamRZ 2012, 1127; BGH FamRZ 2017, 212; BGH 2005, 344). Unerheblich ist, ob das Kindeswohl durch missbräuchliche Ausübung der elterlichen Sorge, durch Vernachlässigung des Kindes, durch verschuldetes oder unverschuldetes Versagen der Eltern oder durch das Verhalten eines Dritten gefährdet wird.
Da in das nach Art. 6 Abs. 2 S. 1 GG den Eltern gewährleistete Recht auf Erziehung nur unter strenger Beachtung des Grundsatzes der Verhältnismäßigkeit eingegriffen werden darf (BVerfG FamRZ 2017, 1055; FamRZ 1994, 223), dürfen den Eltern nicht mehr Rechte entzogen werden, als es zur Abwehr der Gefahr erforderlich ist.
Es ist daher für jeden Sorgerechtsbereich gesondert zu begründen, warum die Entziehung erforderlich ist. Im konkreten Fall ist vor allem das Aufenthaltsbestimmungsrecht von den restlichen Bereichen der elterlichen Sorge zu unterscheiden.

10. Die Notwendigkeit einer Fremdunterbringung eines Kindes allein (→ Form. C.II.3) erfordert nicht zwangsläufig den Sorgerechtsentzug. Selbst wenn eine Fremdunterbringung geboten ist, kann der Sorgerechtsentzug zur Abwendung einer dem Kind drohenden Gefahr insbesondere dann entbehrlich sein, wenn der erziehungsberechtigte Elternteil die Fremdunterbringung mitträgt und unterstützt und alle im Zusammenhang hiermit notwendig werdenden Mitwirkungshandlungen vornimmt oder vorzunehmen bereit ist. Sind die Eltern willens, die Gefahr für ihr Kind im Wege der Fremdunterbringung abzuwenden, ist ein familiengerichtliches Einschreiten grundsätzlich nicht erforderlich und damit unverhältnismäßig (BVerfG FamRZ 2017, 1577), insbesondere wenn keine Gefahr eines kurzfristigen Widerrufs des Einverständnisses der Eltern besteht (OLG Karlsruhe FamRZ 2018, 196).

Hinsichtlich des Aufenthaltsbestimmungsrechts kommt es auf die Verlässlichkeit der Zustimmung der Mutter an. Eine Vorratsentscheidung insoweit wäre unzulässig, aber auch im Regelfall unnötig, da das Jugendamt jederzeit kurzfristig das Kind in Obhut nehmen kann. Außerdem wäre ohnehin vorrangig eine Verbleibensanordnung nach § 1632 Abs. 4 BGB zu prüfen (BVerfG FamRZ 2020, 422; BGH FamRZ 2014, 543).

Hinsichtlich der weiteren Sorgerechtsbereiche sind die Erfahrungen in der Vergangenheit darzulegen, bei einer verlässlichen Erreichbarkeit der Mutter und entsprechender Kooperationsbereitschaft spricht die Verhältnismäßigkeit gegen einen Entzug der elterlichen Sorge.

11. Bedeutsam für den Entzug sind auch die regelmäßigen Kontakte und eine gute Bindung an das Kind. Teilweise wird in der Rechtsprechung vertreten, dass Eltern, die keinen Einblick in die Lebenswelt des Kindes haben, nicht in der Lage sind, kindgerechte Entscheidungen zu treffen.

12. Im Verfahren nach § 1666 BGB wird insgesamt von Amts wegen über die gesamte elterliche Sorge entschieden, also auch über die des Vaters. Die Mutter kann durch ihren Antrag auf Alleinübertragung der elterlichen Sorge auf sich den Prüfungsmaßstab hinsichtlich des Vaters abmildern. Dann muss diesbezüglich keine Kindeswohlgefährdung gemäß § 1666 BGB bei Wahrnehmung durch den Vater mehr vorliegen, es reicht die Kindeswohldienlichkeit gem. § 1671 Abs. 1 S. 2 Nr. BGB (entsprechend). Dazu → Form. D.I.3.

Der Vater ist daher gemäß § 7 Abs. 2 S. 1 FamFG Mussbeteiligter.

13. → Form. D.I.3 Anm. 20.

14. Eine tatsächlich erfolgte (und nicht nur angebotene) Bevollmächtigung kann eine Entziehung des Sorgerechts als unverhältnismäßig entbehrlich machen. Um den Handlungsspielraum des Bevollmächtigten bei bestehenden Kommunikationsproblemen (Nichterreichbarkeit oder Streit) aber zu erweitern, bedarf es dabei nicht nur einer Bevollmächtigung im Außenverhältnis, sondern auch einer Ermächtigung im Innenverhältnis, die Entscheidungen für das Kind allein zu treffen. Dass somit von der gemeinsamen Sorge nur eine leere Hülle bleibt, ist hinzunehmen (zumal es den Eltern häufig aus optischen Gründen ausreicht).

Ein Absehen von einer Sorgerechtsübertragung setzt aber die Akzeptanz der Vollmachtsurkunde im Rechtsverkehr voraus, an der es bei Behörden, Banken oder Konsulaten fehlen kann. Auf die ohnehin unsichere Prognose einer (nicht verzichtbaren) Widerrufsmöglichkeit kommt es dagegen nicht an (vgl. zum Ganzen BGH FamRZ 2020, 1171).

Kosten und Gebühren

15. → Form. D.I.1 Anm. 14.

Fristen und Rechtsmittel

16. → Form. D.I.1 Anm. 15.

6. Antrag auf Regelung gemeinsamer elterlicher Sorge nicht verheirateter Eltern

An das

Amtsgericht . . . . .[1]

– Familiengericht –

. . . . ., den 22.3.2026

Antrag

der . . . . . – Antragsteller und Vater[2] –

– Verfahrensbevollmächtigter: Rechtsanwalt . . . . .[3] –

gegen

. . . . . – Antragsgegnerin und Mutter[2] –

– Verfahrensbevollmächtigte Rechtsanwälte . . . . .[3] –

wegen: Regelung der elterlichen Sorge für das gemeinsame Kind der Beteiligten

Luca, geb. am 18.9.2023

Vorläufiger Verfahrenswert: . . . . .[4]

Namens und im Auftrag des Antragstellers und unter Bezugnahme auf die beigefügte Verfahrensvollmacht[5] beantrage ich,[6]

die elterliche Sorge für das gemeinsame Kind der Beteiligten Luca, geb. am 18.9.2023, wird zur gemeinsamen Ausübung auf die Mutter[2] und den Vater[2] übertragen.

Begründung:[7]

Mit dem vorliegenden Antrag soll die Sorge für das gemeinsame Kind der Beteiligten geregelt werden.

Der Antragsteller und die Antragsgegnerin hatten zusammengelebt, ohne zu heiraten, am 18.9.2023 wurde das gemeinsame Kind geboren. An eine Sorgerechtserklärung haben sie nicht gedacht. Die Entscheidungen für das Kind wurden auch so immer gemeinsam getroffen. Daran hat die Trennung im Frühjahr 2025 auch zunächst nichts geändert. So schauten sie gemeinsam nach der Trennung verschiedene Kindertagesstätten an und diskutierten Vor- und Nachteile, die Entscheidung wurde gemeinsam getroffen. Gleiches gilt für die schwierige Frage einer Therapie für die Autoimmunerkrankung des Kindes.

Erst als der Vater Anfang des Jahres eine neue Frau kennenlernte, änderte sich die Haltung der Mutter, obwohl die Trennung damals von ihr ausgegangen war. Sie verweigert seitdem jegliche Kommunikation mit dem Vater und hat jetzt auch der KiTa mitgeteilte, dass der Vater Luca weder allein dort abholen noch irgendwelche Auskünfte erhalten darf. Gleiches gilt für den Kinderarzt. Immerhin findet der Umgang weiterhin regelmäßig statt.

Der Vater möchte an den Entscheidungen für das Kind beteiligt werden, dabei ist er zur Zusammenarbeit und zu jeglichen Kompromissen mit der Mutter bereit.[9]

Die Anhörung des Jugendamts[8] und des Kindes[10] werden ergeben, dass die Anordnung der gemeinsamen elterlichen Sorge dem Kindeswohl entspricht.

Rechtsanwalt[11, 12]

Anmerkungen

1. → Form. D.I.1 Anm. 1.

2. → Form. D.I.1 Anm. 2.

3. → Form. D.I.1 Anm. 3.

4. → Form. D.I.1 Anm. 4.

5. → Form. D.I.1 Anm. 5.

6. → Form. D.I.1 Anm. 6.

7. → Form. D.I.1 Anm. 7.

8. → Form. D.I.1 Anm. 8.

9. Die Herstellung des gemeinsamen Sorgerechts ist nach § 1626a Abs. 2 BGB möglich.

Vorrangiger Maßstab für die danach zu treffende Entscheidung ist das Kindeswohl. Dabei gelten die gleichen Maßstäbe wie die bei verheirateten Eltern nach § 1671 Abs. 1 S. 2 Nr. 2 BGB (BGH FamRZ 2016, 1439), → Form. D.I.2 Anm. 11–17.

Es besteht allerdings ein verfahrensrechtlicher Unterschied hinsichtlich der Sachaufklärung. Nach § 1626a Abs. 2 S. 2 BGB obliegt es dem anderen Elternteil Gründe vorzutragen, die einer gemeinsamen elterlichen Sorge entgegenstehen. Außerdem ergibt sich aus der negativen Formulierung der Kindeswohlprüfung eine objektive Feststellungslast zugunsten der gemeinsamen elterlichen Sorge (BGH FamRZ 2016, 1439).

10. → Form. D.I.1 Anm. 1–8.

Kosten und Gebühren

11. → Form. D.I.1 Anm. 14.

Fristen und Rechtsmittel

12. → Form. D.I.1 Anm. 15.

II. Umgangsrecht

1. Umgang mit gemeinschaftlichen Kindern (einfach)

An das

Amtsgericht . . . . .[1]

– Familiengericht –

. . . . ., den 22.3.2026

Antrag

des . . . . ., – Antragsteller und Vater[2] –

– Verfahrensbevollmächtigter: Rechtsanwalt . . . . .[3] –

gegen

. . . . ., – Antragsgegnerin und Mutter[2] –

– Verfahrensbevollmächtigte: Rechtsanwälte . . . . .[3] –

wegen: Regelung des Umgangs mit den gemeinsamen Kindern der Beteiligten

a) Lisa, geb. am 13.6.2019

b) Max, geb. am 16.2.2023

Vorläufiger Verfahrenswert: . . . . . EUR[4]

Namens und im Auftrag des Antragstellers und unter Bezugnahme auf die beigefügte Verfahrensvollmacht[5] beantrage ich,[6]

das Umgangsrecht des Vaters wie folgt zu regeln:

1. Der Vater[2] hat das Recht, die gemeinsamen Kinder der Beteiligten Lisa, geb. am 13.6.2019, und Max, geb. am 16.2.2023,
   a) an den Wochenenden in den geraden Kalenderwochen von Samstag 10.00 Uhr bis Sonntag 18.00 Uhr,
   b) in den Schulferien jeweils die zweite Hälfte,

   zu sich zu nehmen.
2. Der Vater holt die Kinder zur Ausübung des Umgangsrechts bei der Mutter ab und bringt die Kinder wieder pünktlich zurück.
3. Die Mutter hat die Kinder pünktlich zur Abholung durch den Vater bereitzuhalten.
4. Bei schuldhafter Zuwiderhandlung gegen die geregelten Verpflichtungen kann das Gericht gegenüber dem Verpflichteten Ordnungsgeld bis zur Höhe von 25.000 EUR und für den Fall, dass dieses nicht beigetrieben werden kann, Ordnungshaft bis zu sechs Monaten anordnen. Verspricht die Anordnung eines Ordnungsgeldes keinen Erfolg, kann das Gericht Ordnungshaft bis zu sechs Monaten anordnen.[6]

Außerdem rege ich an,[6] den Kindern einen Verfahrensbeistand zu bestellen.

Begründung:[7]

Mit dem vorliegenden Antrag soll der Umgang für die gemeinsamen Kinder der Ehegatten geregelt werden.

Wie das Jugendamt bestätigen wird,[8] haben sich die Eltern darauf geeinigt, dass die beiden Kinder, die seit der Trennung im Juni 2024 bei der Mutter leben, in deren Obhut bleiben sollen und das gemeinsame Sorgerecht beibehalten wird.

Streit besteht lediglich über die Ausübung des Umgangsrechts, das bisher nicht gerichtlich geregelt wurde und dem Vater nur unzureichend gewährt wird. Die Mutter ist der Auffassung, dass es völlig ausreiche, wenn die Kinder einen Samstag im Monat bei ihrem Vater verbringen. Diese völlig ungerechte Regelung wird dem Wohl der Kinder nicht gerecht.[9]

Der Vater regt an, im Interesse des Kindeswohls den Kindern einen Verfahrensbeistand zu bestellen.[6] Insbesondere könnte dieser den wirklichen Willen der Kinder besser erforschen.[15] Offenbar haben sich die Kinder auch gegenüber dem Jugendamt negativ zu den Umgängen geäußert. Wenn sich die Kinder beim Vater aufhalten, sind sie dagegen völlig gelöst und zufrieden. Es wäre daher gut, die Kinder auch einmal bei einem Umgang beim Vater zu erleben.

Der Vater ist der Meinung, dass die Kinder – so wie während der Zeit des Zusammenlebens auch – zumindest die Hälfte ihrer Freizeit mit ihm verbringen sollten, also jedes zweite Wochenende und die Hälfte der Ferien.[10] Gerade die Übernachtungen sind dem Vater sehr wichtig, er hat die Kinder schon als Säuglinge ebenso ins Bett gebracht wie die Mutter.[11] Ohne Ferienregelung wäre ein Verreisen nicht möglich, was für die Kinder früher immer ganz wichtig war.[12] Der Vater holt und bringt die Kinder natürlich.[13]

Streit besteht im vorliegenden Fall lediglich über die grundsätzliche Frage des zeitlichen Umfangs des Umgangs. Die Terminabsprache im Einzelnen funktioniert dagegen sehr gut. Erfreulicherweise bietet die Mutter bei Verhinderung der Kinder, zB durch Krankheit, auch immer wieder Ersatztermine an.[14]

Die Kinder werden bei ihrer Anhörung bestätigen, dass früher das Verhältnis zum Vater gut und eigentlich kein Grund vorliegt, warum sich das geändert haben sollte.[15]

Rechtsanwalt[16, 17]

Anmerkungen

1. Die örtliche Zuständigkeit für die Regelung des Umgangs mit einem gemeinsamen Kind der Ehepartner nach § 1684 BGB liegt gemäß § 152 Abs. 1 FamFG während der Anhängigkeit einer Ehesache ausschließlich bei dem Gericht der Ehesache. Die Anhängigkeit tritt gemäß § 124 S. 1 FamFG mit der Einreichung der Antragsschrift bei Gericht ein.

Die internationale Zuständigkeit richtet sich nach Art. 7 ff. Brüssel IIB-VO, die frühere Zuständigkeit als Folgesache zur Scheidung gibt es nicht mehr. Nach Art. 10 Brüssel IIB-VO sind aber Gerichtsstandvereinbarungen und nach Art. 12 Brüssel IIb-VO übertragungen der Zuständigkeit an ein Gericht eines anderen Mitgliedstaats möglich.

2. Bei der Bezeichnung der Beteiligten ist es häufig sachgerecht, auf die – an sich zutreffenden – Begriffe „Antragstellerin“ und „Antragsgegner“ zu verzichten. Vor allem, wenn die Beteiligtenrollen in Parallelsachen gegenläufig sind, kann es zu Verwechslungen und Unklarheiten kommen.

3. Gemäß § 113 Abs. 1 S. 2 FamFG mit § 78 Abs. 2 ZPO sind alle zugelassenen Rechtsanwälte postulationsfähig. Es besteht gem. § 114 FamFG in Kindschaftssachen jedoch kein Anwaltszwang.

4. Der Verfahrenswert beträgt bei Regelung des Umgangs gemäß § 45 Abs. 1 Nr. 2 FamGKG in der Regel 5.000 EUR, unabhängig von der Anzahl der Kinder. Eine davon abweichende Festsetzung ist gemäß Abs. 3 der Vorschrift gerechtfertigt, wenn der Fall von einem Durchschnittsfall nach oben oder unten abweicht.

5. Die Vollmacht ist gemäß § 11 FamFG schriftlich einzureichen.

6. Anders als die Regelung der elterlichen Sorge nach § 1671 Abs. 1 BGB kann das Umgangsrecht auch ohne Antrag von Amts wegen geregelt werden, so dass das vorliegende Begehren strenggenommen keinen Antrag, sondern lediglich eine Anregung darstellt. In der Praxis wird ein Umgangsverfahren aber regelmäßig ohne diese Anregung eines Elternteils nicht eingeleitet werden.

Der Hinweis auf die Folgen einer Zuwiderhandlung muss gemäß § 89 Abs. 2 FamFG von Amts wegen erfolgen. Dennoch kann es sinnvoll sein, bereits im Antrag darauf hinzuweisen. Wenn der Hinweis vom Gericht vergessen wird, muss er zeitraubend nachgeholt werden, bevor eine Vollstreckung erfolgen kann (BGH FamRZ 2011, 1729).

Auch der Verfahrensbeistand wird von Amts wegen bestellt, so dass es sich ebenfalls lediglich um eine Anregung an das Gericht handelt. Hier liegt allerdings kein Regelfall nach § 158 Abs. 3 FamFG vor. Deshalb sollte in der Begründung dieser Anregung unbedingt auf die bessere Ermittlung des Kindeswillens hingewiesen werden. Ohne Verfahrensbeistand besteht die Gefahr, dass die Kinder bei ihrer Anhörung durch das Familiengericht nach § 159 FamFG bewusst oder unbewusst von der Mutter, die dem Umgang der Kinder mit dem Vater eher kritisch gegenübersteht, „vorbereitet" werden.

Die zusätzlichen Kosten von bis zu 690 EUR pro Kind gemäß § 158c Abs. 1 FamFG sollten aber beachtet werden.

7. Die Vorschrift des § 23 FamFG zur Begründung eines verfahrensleitenden Antrags gilt hier nicht (→ Anm. 6). Dennoch ist es sinnvoll das Begehren zu begründen. Gerade in Kindschaftssachen bietet es sich im Hinblick auf den frühen Termin nach § 155 Abs. 2 FamFG an, die Begründung so knapp wie möglich zu halten und insbesondere von Abwertungen des anderen Elternteils abzusehen. Auf der anderen Seite empfiehlt sich, die Begründung so zu halten, dass sich für das Gericht genügend Anhaltspunkte für seine Ermittlungen im Rahmen der Amtsaufklärung nach § 26 FamFG ergeben.

8. Die Antragsschrift wird dem Jugendamt zur Stellungnahme zugeleitet, da dieses vom Familiengericht gemäß § 162 Abs. 1 FamFG anzuhören ist.

Das Jugendamt ist gemäß § 162 Abs. 1 FamFG auch vor einer Umgangsregelung grundsätzlich anzuhören. Es hat als Verfahrensbeteiligter eine eigenständige Stellung. Seine Mitwirkung besteht ua in der Vorlage eines Jugendamtsberichts, § 50 Abs. 1 SGB VIII. Dieser Bericht soll das Gericht in die Lage versetzen, sich ein Bild vom sozialen Umfeld des Kindes zu verschaffen. Außerdem soll das Jugendamt eine gutachterliche Stellungnahme abgeben, zu der es auf Grund seiner besonderen Fachkunde befähigt ist. Im Umgangsverfahren kommt häufig die vermittelnde Funktion des Jugendamtes zur Hilfe, zudem kann es Beratungsangebote machen.

9. Das Umgangsrecht eines Elternteils ermöglicht dem umgangsberechtigten Elternteil, sich von dem körperlichen und geistigen Befinden des Kindes und seiner Entwicklung fortlaufend persönlich zu überzeugen, die verwandtschaftlichen Beziehungen zu ihm aufrechtzuerhalten, einer Entfremdung vorzubeugen und dem Liebesbedürfnis Rechnung zu tragen. Das Familiengericht hat sowohl die betroffenen Grundrechtspositionen des

Elternteils als auch das Wohl des Kindes gemäß § 1697a BGB und dessen Individualität als Grundrechtsträger zu berücksichtigen (BVerfG FamRZ 2015, 1093).

Bei Sorgerecht und Umgangsrecht handelt es sich nach der gesetzlichen Systematik um eigenständige Verfahrensgegenstände. Während im Sorgerechtsverfahren etwa nach § 1671 BGB oder § 1666 BGB die Frage der Rechtszuständigkeit der Eltern für die elterliche Sorge oder Teile davon in Rede steht, betrifft die Umgangsregelung die tatsächliche Ausübung der elterlichen Sorge und schränkt insoweit die Befugnisse des Sorgeberechtigten entsprechend ein, ohne in das Sorgerecht als Status einzugreifen (BGH FamRZ 2020, 255).

10. Der zeitliche Umfang des Umgangs hängt von der Abwägung im konkreten Einzelfall ab. Als im Residenzmodell üblich wird von der Rechtsprechung weitgehend die hälftige Teilung der Freizeit der Kinder zwischen den getrenntlebenden Elternteilen angesehen, jedenfalls bei jüngeren Kindern, während bei Jugendlichen die selbstbestimmte Freizeitgestaltung zu berücksichtigen ist.

Beim Wechselmodell (→ Form. D.I.4 und → Form. D.II.4) wird dann auch der Alltag des Kindes aufgeteilt.

11. Ob Übernachtungen des Kindes in Betracht kommen, hängt zunächst vom Alter des Kindes ab, was aber wiederum im Einzelfall zu prüfen ist. Wichtig ist auch das Verhältnis des Kindes zum Umgangsberechtigten. Je stabiler dieses Verhältnis ist, desto weniger Bedenken bestehen gegen eine Übernachtung. Auch längere Fahrtzeiten können für Übernachtungen sprechen (BVerfG FamRZ 2007, 105). Durch die entsprechenden Rituale beim Zu-Bett-Gehen und morgendlichen Aufwachen sowie dem Frühstücken entsteht eine größere und intensivere Nähe. Dies ist der Entwicklung des Eltern-Kind-Verhältnisses förderlich. Des Weiteren besteht die Möglichkeit eines unbefangeneren Kontaktes, der nicht durch die bei der An- und Abreise entstehenden Emotionen belastet ist.

Für einen vierzehntägigen Wechsel der Wochenenden zwischen den Eltern erscheint der Bezug auf die Kalenderwochenzählung sinnvoller als die auch übliche Regelung „1. und 3. Woche im Monat“, die nicht immer ganz eindeutig ist.

12. Ferienregelungen bringen die Möglichkeit, über einen etwas längeren Zeitraum mit dem anderen Elternteil zusammen zu sein. Ein großer Vorteil liegt darin, dass auch das Kind den anderen Elternteil eher unter Alltagsbedingungen erlebt als bei Kurzaufenthalten während des Wochenendes. Ferienaufenthalte sind insbesondere bei weiten Fahrtzeiten geboten (BVerfG FamRZ 2007, 105). Zu einem reinen Ferienumgang → Form. D.II.3.

Hier wird eine relativ übersichtliche Ferienregelung ohne Berücksichtigung der hohen Festtage vorgeschlagen. Dies kann im Einzelfall aber von den Eltern anders gewünscht sein (vgl. etwa OLG Schleswig FamRZ 2003, 910).

Bei der Bezeichnung der Tage ist sinnvoller von „schulfreien Tagen“ zu reden, da der Begriff „Ferientage“ häufig nur für Wochentage verwendet wird. In vielen Fällen gibt es darüber hinaus bewegliche schulfreie Tage, die nicht eindeutig Ferien sind.

13. Da gerade über das Holen und Bringen des Kindes häufiger Streitigkeiten zwischen den Eltern bestehen, ist es wichtig, diese Modalität zu regeln. Grundsätzlich ist es allein Sache des Umgangsberechtigten, für das Abholen und Zurückbringen des Kindes zu sorgen. Der betreuende Elternteil hat das Kind zur Ausübung des Umgangs bereit zu halten und in geeigneter Weise auf die Durchführung des Umgangsrechts hinzuwirken (BGH FamRZ 2012, 533).

14. Die hier beantragte Umgangsregelung ist – abgesehen von der konkreten Regelung der Wochenenden – sehr allgemein gehalten. Die Regelung hinsichtlich der Ferien ist mangels Bestimmtheit kaum vollstreckbar (vgl. BGH FamRZ 2012, 533). Verhinderungsregeln fehlen ganz. Deshalb ist darzulegen, dass in diesem konkreten Fall die Regelung ausreicht.

Zu komplexeren Regeln → Form. D.II.2.

15. Zum Kindeswillen vgl. zunächst → Form. D.I.2 Anm. 18.

Der geäußerte Wille des Kindes ist im Umgangsverfahren noch stärker als im Sorgerechtsverfahren zu berücksichtigen. Ein gegen den ernsthaften Widerstand des Kindes erzwungener Umgang kann durch die Erfahrung der Missachtung der eigenen Persönlichkeit unter Umständen mehr Schaden verursachen als nutzen. Selbst ein auf einer bewussten oder unbewussten Beeinflussung beruhender Wunsch kann beachtlich sein, wenn er Ausdruck echter und damit schützenswerter Bindungen ist. Das Außerachtlassen des beeinflussten Willens ist daher nur dann gerechtfertigt, wenn die manipulierten Äußerungen des Kindes den wirklichen Bindungsverhältnissen nicht entsprechen (BVerfG FamRZ 2015, 1093).

Gemäß § 90 Abs. 2 S. 1 FamFG ist die Anwendung unmittelbaren Zwanges gegen ein Kind zur Ausübung des Umgangs nicht zulässig.

Kosten und Gebühren

16. → Form. D.I.1.

Bei Bestellung eines Verfahrensbeistands (→ Anm. 6) könnten gemäß § 158c Abs. 1 FamFG weitere Kosten von bis zu 1.380 EUR anfallen.

Fristen und Rechtsmittel

17. → Form. D.I.1.

2. Umgang mit gemeinschaftlichen Kindern (hochstreitig)

An das

Amtsgericht . . . . . [1]

– Familiengericht –

. . . . ., den 22.3.2026

Antrag

des . . . . ., – Antragsteller und Vater[2] **–**

– Verfahrensbevollmächtigter: Rechtsanwalt . . . . .[3] **–**

gegen

. . . . ., – Antragsgegnerin und Mutter[2] **–**

– Verfahrensbevollmächtigte: Rechtsanwälte . . . . .[3] **–**

wegen: Regelung des Umgangs mit den gemeinsamen Kindern der Beteiligten

a) Lisa, geb. am 13.6.2019
b) Max, geb. am 16.2.2023

Vorläufiger Verfahrenswert: . . . . . EUR[4]

Namens und im Auftrag des Antragstellers und unter Bezugnahme auf die beigefügte Verfahrensvollmacht[5] beantrage ich,[6]

das Umgangsrecht des Vaters wie folgt zu regeln:

1. Der Vater[2] hat das Recht, die gemeinsamen Kinder der Beteiligten Lisa, geb. am 13.6.2019, und Max, geb. am 16.2.2023, zu sich zu nehmen:
   a) an den Wochenenden in den geraden Kalenderwochen von Samstag 10.00 Uhr bis Sonntag 18.00 Uhr,
   b) in den Baden-Württembergischen Schulferien einschließlich der jeweiligen beweglichen Ferientage:
      I. in den geraden Kalenderjahren
      die Herbstferien vom ersten schulfreien Samstag 10.00 Uhr für eine Woche bis Samstag 18.00 Uhr,
      vom 26.12. um 10.00 Uhr bis 3.1. um 18.00 Uhr,
      in den Osterferien und Pfingstferien vom ersten schulfreien Samstag 10.00 Uhr für eine Woche bis Samstag 18.00 Uhr,
      in den Sommerferien vom ersten schulfreien Samstag 10.00 Uhr für drei Wochen bis Samstag 18.00 Uhr,
      II. in den ungeraden Kalenderjahren
      vom ersten schulfreien Tag der Weihnachtsferien bis zum 26.12. um 10.00 Uhr,
      in den Fasnachtsferien vom ersten schulfreien Samstag 10.00 Uhr für eine Woche bis Samstag 18.00 Uhr, bei kürzeren Ferien bis zum letzten schulfreien Tag 18.00 Uhr.
      in den Osterferien und Pfingstferien vom ersten schulfreien Samstag 10.00 Uhr für eine Woche bis Samstag 18.00 Uhr, bei kürzeren Ferien bis zum letzten schulfreien Tag 18.00 Uhr.
      in den Sommerferien vom vierten schulfreien Samstag 10.00 Uhr für drei Wochen bis Samstag 18.00 Uhr,
   c) Der Vater holt die Kinder zur Ausübung des Umgangsrechts bei der Mutter ab und bringt die Kinder wieder pünktlich zurück. Die Mutter hat die Kinder pünktlich zur Abholung durch den Vater bereitzuhalten.
   d) Die Mutter ist verpflichtet dafür Sorge zu tragen, dass ihr neuer Lebensgefährte, Herr . . . . , dabei nicht in Erscheinung tritt.[15]
2. Außerdem hat der Vater Umgang
   a) mit Lisa am Mittwoch in den ungeraden Kalenderwochen vom Betreuungsende bis Donnerstag Betreuungsbeginn,[16]
   b) mit Max am Donnerstag in den ungeraden Kalenderwochen vom Betreuungsende bis Freitag Betreuungsbeginn.
   c) Der Vater holt die Kinder bei der jeweiligen Betreuung (derzeit für beide KiTa Regenbogen) ab und bringt sie dorthin zurück. Falls die Kinder an diesem Tag nicht in der KiTa betreut werden, tritt an deren Stelle der Wohnort der Mutter.
3. Der Umgang nach Ziffern 1 lit. a und 2 findet nicht statt in den Ferien einschließlich der jeweils angrenzenden Wochenenden.
4. Fällt ein Umgangstermin an einem Wochenende wegen der Erkrankung eines der Kinder aus, wird der ausgefallene Umgang am darauffolgenden Wochenende für dieses Kind nachgeholt, der Turnus wird dadurch nicht geändert. Sollte auch für das Nachholwochenende eine Erkrankung dieses Kindes den Umgang ausschließen, ist

dies vor Beginn des Umgangs durch Vorlage eines ärztlichen Attestes des Kinderarztes Dr. Strohmaier oder seines Vertreters zu belegen.[17]

5. Dem Vater ist es auch ohne Zustimmung der Mutter gestattet, mit den gemeinsamen Kindern Reisen innerhalb des Schengen-Raums zu unternehmen.[18]
6. Die Mutter gibt den gemeinsamen Kindern die für die Umgangszeit erforderliche witterungsgerechte Kleidung, die Krankenversichertenkarte und die Reisepässe mit und stimmt die Kinder positiv auf die Umgänge ein.[19]
7. Bei schuldhafter Zuwiderhandlung gegen die geregelten Verpflichtungen kann das Gericht gegenüber dem Verpflichteten Ordnungsgeld bis zur Höhe von 25.000 EUR und für den Fall, dass dieses nicht beigetrieben werden kann, Ordnungshaft bis zu sechs Monaten anordnen. Verspricht die Anordnung eines Ordnungsgeldes keinen Erfolg, kann das Gericht Ordnungshaft bis zu sechs Monaten anordnen.[6]

Außerdem rege ich an,[6] den Kindern einen Verfahrensbeistand zu bestellen.

Begründung:[7]

Mit dem vorliegenden Antrag soll der Umgang für die gemeinsamen Kinder der Ehegatten geregelt werden.

Wie das Jugendamt bestätigen wird,[8] haben sich die Eltern darauf geeinigt, dass die beiden Kinder, die seit der Trennung im Juni 2024 bei der Mutter leben, in deren Obhut bleiben sollen und das gemeinsame Sorgerecht beibehalten wird.

Streit besteht lediglich über die Ausübung des Umgangsrechts, das bisher nicht gerichtlich geregelt wurde und dem Vater nur unzureichend gewährt wird. Die Mutter ist der Auffassung, dass es völlig ausreiche, wenn die Kinder einen Samstag im Monat bei ihrem Vater verbringen. Diese Regelung wird dem Wohl der Kinder nicht gerecht.[9]

Der Vater regt an, im Interesse des Kindeswohls den Kindern einen Verfahrensbeistand zu bestellen.[6] Insbesondere könnte dieser den wirklichen Willen der Kinder besser erforschen.[20] Offenbar haben sich die Kinder auch gegenüber dem Jugendamt negativ zu den Umgängen geäußert. Wenn sich die Kinder beim Vater aufhalten, sind sie dagegen völlig gelöst und zufrieden. Es wäre daher gut, die Kinder auch einmal bei einem Umgang beim Vater zu erleben.

Der Vater ist der Meinung, dass die Kinder – so wie während der Zeit des Zusammenlebens auch – zumindest die Hälfte ihrer Freizeit bei ihm verbringen sollten, also jedes zweite Wochenende und die Hälfte der Ferien.[10] Gerade die Übernachtungen sind dem Vater sehr wichtig, er hat die Kinder schon als Säuglinge ebenso ins Bett gebracht wie die Mutter.[11] Ohne Ferienregelung wäre ein Verreisen nicht möglich, was für die Kinder früher immer ganz wichtig war.[12] Der Vater holt und bringt die Kinder natürlich.[13]

In der Vergangenheit ist es bei der Absprache des Umgangs immer wieder zu Konflikten der Eltern gekommen. Es ist daher sinnvoll, eine möglichst umfassende Regelung zu treffen, um die Eltern und damit die Kinder von diesen Konflikten zu entlasten.[14] Da in der Vergangenheit der neue Lebensgefährte den Vater vor den Kindern immer wieder als Störenfried, Versager uÄ beschimpft hat, hat die Mutter sicherzustellen, dass sich dieser bei den Übergaben im Hintergrund hält.[15]

Rechtsanwalt[21, 22]

Anmerkungen

1. → Form. D.II.1 Anm. 1.

2. → Form. D.II.1 Anm. 2.

3. → Form. D.II.1 Anm. 3.

4. → Form. D.II.1 Anm. 4.

5. → Form. D.II.1 Anm. 5.

6. → Form. D.II.1 Anm. 6.

7. → Form. D.II.1 Anm. 7.

8. → Form. D.II.1 Anm. 8.

9. → Form. D.II.1 Anm. 9.

10. → Form. D.II.1 Anm. 10.

11. → Form. D.II.1 Anm. 11.

12. → Form. D.II.1 Anm. 12.

13. → Form. D.II.1 Anm. 13.

14. Die hier vorgeschlagene Regelung versucht, alle denkbaren Streitpunkte abzudecken. Dies kann tatsächlich entlastend wirken und steht einer einvernehmlichen Abänderung (etwa bei Familienfesten auf der einen oder der anderen Seite) nicht entgegen.

15. Dieses Gebot an den betreuenden Elternteil ist eine Ausgestaltung des Umgangsrechts gemäß § 1684 Abs. 3 S. 1 und 2 BGB. Danach könnte grundsätzlich auch der Lebensgefährte unmittelbar verpflichtet werden, dieser wäre dann aber am Umgangsverfahren zu beteiligen, was häufig im Interesse der Streitvermeidung nicht sachgerecht und sinnvoll ist.

16. Die direkte Abholung an der KiTa oder Schule kann konfliktträchtige Kontakte zwischen den Eltern reduzieren, bringt aber neue Abstimmungserfordernisse (zum Beispiel Kuscheltier zum Einschlafen, Wechselkleidung) mit sich.

17. Nicht jede Erkrankung steht einem Umgang entgegen. Verhinderungsregelungen wirken letztlich auch präventiv. Sie sind insbesondere veranlasst, wenn es bereits in der Vergangenheit insoweit Streit gegeben hat (OLG Saarbrücken FamRZ 2012, 646).

Bei tiefergehenden Konflikten über die Entscheidung, ob Umgang jeweils stattfindet (etwa bei Erklärung der Kinder, keine Lust auf den Umgang zu haben) ist die Einrichtung einer befristeten Umgangspflegschaft gemäß § 1684 Abs. 3 S. 4 und 5 BGB zu überlegen.

18. Die Regelung zu Auslandsreisen dient vor allem der Klarstellung, da es grundsätzlich allein Sache des umgangsberechtigten Elternteils ist, über den Ort des Ferienumgangs mit den gemeinsamen Kindern und die Art der Ferien zu entscheiden, es handelt sich dabei nicht um eine Entscheidung von besonderer Bedeutung, für die der umgangsberechtigte Elternteil nach § 1687 Abs. 1 S. 1 BGB die Zustimmung des anderen Elternteils benötigen würde. Etwas anderes gilt nur bei besonderen Umständen, etwa für eine Urlaubsreise in politische Krisengebiete oder bei außergewöhnlichen gesundheitlichen Risiken (KG FamRZ 2020, 1731).

19. Auch bei der Verpflichtung zur Mitgabe von Wechselkleidung handelt es sich um eine Ausgestaltung des Umgangsrechts. Inwieweit solche Regelungen sinnvoll und vor allem vollstreckbar sind, hängt vom Einzelfall ab. Der Herausgabeanspruch folgt aus einer entsprechenden Anwendung von §§ 1632 Abs. 1, 1684 Abs. 2 BGB (BGH FamRZ 2019, 1615 und FamRZ 2019, 1056).

20. Zum Kindeswillen vgl. → Form. D.I.2 Anm. 18 und → Form. D.II.1 Anm. 15.

Kosten und Gebühren

21. → Form. D.I.1.
Bei Bestellung eines Verfahrensbeistands (→ Anm. 6) könnten gemäß § 158c Abs. 1 FamFG weitere Kosten von bis zu 1.245 EUR anfallen.

Fristen und Rechtsmittel

22. → Form. D.I.1.

3. Umgang mit gemeinschaftlichen Kindern (reiner Ferienumgang)

An das

Amtsgericht . . . . .[1]

– Familiengericht –

. . . . ., den 22.3.2026

Antrag

der . . . . ., – Antragsteller und Vater[2] –

– Verfahrensbevollmächtigter: Rechtsanwalt . . . . .[3] –

gegen

. . . . ., – Antragsgegnerin und Mutter[2] –

– Verfahrensbevollmächtigte: Rechtsanwälte . . . . .[3] –

wegen: Regelung des Umgangs mit den gemeinsamen Kindern der Beteiligten

a) Lisa, geb. am 13.6.2012
b) Max, geb. am 16.2.2014

Vorläufiger Verfahrenswert: . . . . . EUR[4]

Namens und im Auftrag des Antragstellers und unter Bezugnahme auf die beigefügte Verfahrensvollmacht[5] beantrage ich,[6]

das Umgangsrecht des Vaters wie folgt zu regeln:

1. Der Umgang des Vaters[2] mit den gemeinsamen Kindern der Beteiligten Lisa, geb. am 13.6.2012, und Max, geb. am 16.2.2014, findet in den Baden-Württembergischen Schulferien wie folgt statt:

a) in den geraden Kalenderjahren

I. vom ersten schulfreien Tag der Weihnachtsferien bis zum vorletzten Tag vor Schulbeginn,

II. in den Pfingstferien vom ersten Feriensamstag bis zum vorletzten Tag vor Schulbeginn,

III. in den Sommerferien vom dritten Feriensamstag bis zum vorletzten Tag vor Schulbeginn,

b) in den ungeraden Kalenderjahren

I. in den Osterferien vom ersten schulfreien Tag bis zum vorletzten Tag vor Schulbeginn.

II. in den Sommerferien vom ersten schulfreien Tag bis zum fünften Feriensamstag.

2. Der Vater teilt der Mutter spätestens zwei Wochen vorher die genauen Flugzeiten mit. Er kauft und übermittelt rechtzeitig Tickets für die Kinder sowie für eine Begleitperson bis zum Flughafen Frankfurt a. M. und zurück (auch für das Abholen beim Rückflug).
3. Die Mutter wird verpflichtet dafür zu sorgen, dass die Kinder rechtzeitig zum Flughafen Frankfurt a. M. kommen und dort abgeholt werden.[15]
4. Außerdem wird der Vater jeden Samstag in den geraden Kalenderwochen von 17.00 bis 18.00 Uhr eine Video-Unterhaltung mit beiden Kindern führen. Die Mutter wird verpflichtet, das vom Vater zur Verfügung gestellte Endgerät betriebsbereit zu halten sowie für eine stabile Datenverbindung zu sorgen.
5. Diese Kontakte finden nicht statt in den Ferien einschließlich der jeweils angrenzenden Wochenenden.
6. Bei schuldhafter Zuwiderhandlung gegen die geregelten Verpflichtungen kann das Gericht gegenüber dem Verpflichteten Ordnungsgeld bis zur Höhe von 25.000 EUR und für den Fall, dass dieses nicht beigetrieben werden kann, Ordnungshaft bis zu sechs Monaten anordnen. Verspricht die Anordnung eines Ordnungsgeldes keinen Erfolg, kann das Gericht Ordnungshaft bis zu sechs Monaten anordnen.[6]

Außerdem rege ich an,[6] den Kindern einen Verfahrensbeistand zu bestellen.

Begründung:[7]

Mit dem vorliegenden Antrag soll der Umgang für die gemeinsamen Kinder der Ehegatten geregelt werden.

Wie das Jugendamt bestätigen wird,[8] haben sich die Eltern darauf geeinigt, dass die beiden Kinder, die seit der Trennung im Juni 2024 bei der Mutter leben, in deren Obhut bleiben sollen und das gemeinsame Sorgerecht beibehalten wird.

Streit besteht lediglich über die Ausübung des Umgangsrechts, das bisher nicht gerichtlich geregelt wurde und dem Vater nur unzureichend gewährt wird.

Dieses Umgangsrecht wird dadurch erschwert, dass die Mutter an der gemeinsam getroffenen und durchgeführten Auswandungsentscheidung nach Kanada nach der Trennung nicht festhalten wollte und nach Deutschland zurückgekehrt ist. Ein völliger Kontaktabbruch würde aber dem Wohl der Kinder nicht gerecht.[9]

Der Vater regt an, im Interesse des Kindeswohls den Kindern einen Verfahrensbeistand zu bestellen.[6] Insbesondere könnte dieser den wirklichen Willen der Kinder besser erforschen.[13] Offenbar haben sich die Kinder auch gegenüber dem Jugendamt negativ zu den Umgängen geäußert. Wenn sich die Kinder beim Vater aufhalten, sind sie dagegen völlig gelöst und zufrieden. Es wäre daher gut, die Kinder auch einmal bei einem Umgang beim Vater zu erleben. Dafür würde der Vater auch einmal nach Deutschland kommen.

Der Vater ist der Meinung, dass die Kinder – da schon kein Wochenendumgang möglich ist – zumindest die Hälfte der Ferien bei ihm verbringen sollten.[10] Für den Entgang der einwöchigen Fastnachts- und Herbstferien werden dafür vier Wochen Sommerferien begehrt.

Die Kinder sind mittlerweile in einem Alter, das es zulässt, dass sie einen Direktflug von Frankfurt a. M. nach Kanada unbegleitet machen können, wo sie der Vater abholen wird.[11] Da die Mutter für die weite Distanz verantwortlich ist, ist ihr auch zuzumuten, das – ja recht seltene – Umgangsrecht des Vaters aktiv zu unterstützen.

Die Regelung der Kommunikation des Vaters mit den Kindern per Video-Telefonie ist nötig, da es häufig vorkommt, dass trotz technischer Vorkehrungen durch den Vater keine stabile Verbindung zustande kommt. Die Mutter hat erklärt, sie lehne WLAN wegen der Strahlen ab, auch Endgeräte mit mobilen Daten wolle sie im Haushalt nicht haben.[12]

Rechtsanwalt[14, 15]

Anmerkungen

1. → Form. D.II.1 Anm. 1.

2. → Form. D.II.1 Anm. 2.

3. → Form. D.II.1 Anm. 3.

4. → Form. D.II.1 Anm. 4.

5. → Form. D.II.1 Anm. 5.

6. → Form. D.II.1 Anm. 6.

7. → Form. D.II.1 Anm. 7.

8. → Form. D.II.1 Anm. 8.

9. → Form. D.II.1 Anm. 9.

10. Aufgrund der großen Entfernung kommt ein Umgang hier nur in den Ferien in Betracht, die mehr als eine Woche umfassen. Dafür erhält der Vater eine Woche mehr in den Sommerferien.

11. Das beantragte Gebot an den betreuenden Elternteil, für den Transfer nach Frankfurt a. M. zu sorgen, ist eine Ausgestaltung des Umgangsrechts gemäß § 1684 Abs. 3 S. 1 und 2 BGB. Dabei ist zu prüfen, ob sonst die Ausübung des Umgangsrechts des anderen Elternteils unzumutbar erschwert wird (BVerfG FamRZ 2002, 809). Bei der Zumutbarkeit ist zu berücksichtigen, dass der Umgangsberechtigte hier keinen Einfluss auf die große Entfernung hatte.

12. Die hier begehrte Video-Telefonie ist ein Umgangssurrogat. Der Bedenken der Mutter sollten nicht völlig weggewischt werden, aber bei der Abwägung ist wieder zu berücksichtigen, dass der Vater keinen Einfluss auf den Umzug der Mutter mit den Kindern hatte. Außerdem gibt es strahlentechnisch mildere Mittel, wie zB LAN.

13. Zum Kindeswillen vgl. → Form. D.I.2 Anm. 18 und → Form. D.II.1 Anm. 15.

Kosten und Gebühren

14. → Form. D.I.1.

Bei Bestellung eines Verfahrensbeistands (→ Anm. 6) könnten gemäß § 158c Abs. 1 FamFG weitere Kosten von bis zu 1.245 EUR anfallen.

Fristen und Rechtsmittel

15. → Form. D.I.1.

4. Umgang mit einem gemeinschaftlichen Kind (Wechselmodell)

An das

Amtsgericht . . . . .[1]

– Familiengericht –

. . . . ., den 22.3.2026

Antrag

des . . . . ., **– Antragsteller und Vater[2] –**

– Verfahrensbevollmächtigter: Rechtsanwalt . . . . .[3] –

gegen

. . . . ., **– Antragsgegnerin und Mutter[2] –**

– Verfahrensbevollmächtigte: Rechtsanwälte . . . . .[3] –

wegen: Regelung des Umgangs mit dem gemeinsamen Kind der Beteiligten

Luca, geb. am 18.11.2019

Vorläufiger Verfahrenswert: . . . . . EUR[4]

Namens und im Auftrag des Antragstellers und unter Bezugnahme auf die beigefügte Verfahrensvollmacht[5] beantrage ich,[6]

den Umgang beider Eltern als Wechselmodell wie folgt zu regeln:

1. **Das gemeinsame Kind der Beteiligten Luca, geb. am 18.11.2019, verbringt die geraden Kalenderwochen im Haushalt des Vaters,[2] die ungeraden Kalenderwochen im Haushalt der Mutter.[2] Der Wechsel erfolgt jeweils am Ende der Umgangswoche am Sonntag um 18.00 Uhr.**
2. **Die Baden-Württembergischen Sommerferien verbringt Luca in den geraden Kalenderjahren in der ersten Hälfte beim Vater und in der zweiten Hälfte bei der Mutter, in den ungeraden Kalenderjahren umgekehrt. Der Wechsel erfolgt jeweils am vierten Feriensonntag um 18.00 Uhr, ggf. (siehe Ziffer 1) auch noch am ersten und letzten Feriensonntag um 18.00 Uhr.**
3. **Bei schuldhafter Zuwiderhandlung gegen die geregelten Verpflichtungen kann das Gericht gegenüber dem Verpflichteten Ordnungsgeld bis zur Höhe von 25.000 EUR und für den Fall, dass dieses nicht beigetrieben werden kann, Ordnungshaft bis zu sechs Monaten anordnen. Verspricht die Anordnung eines Ordnungsgeldes keinen Erfolg, kann das Gericht Ordnungshaft bis zu sechs Monaten anordnen.[6]**

Außerdem rege ich an,[6] den Kindern einen Verfahrensbeistand zu bestellen.

Begründung:[7]

Mit dem vorliegenden Antrag soll der Umgang für das gemeinsame Kind der Beteiligten geregelt werden.

Wie das Jugendamt bestätigen wird,[8] ist Luca bis zur Trennung[9] der Eltern von beiden Eltern umfassend und bestens betreut worden.[11] Die gemeinsam bestehende elterliche Sorge wird von beiden Eltern gut wahrgenommen.

Die Eltern haben sich auseinandergelebt und im November 2025 getrennt. Seitdem betreuen sie Luca ungefähr hälftig, zu beiden Eltern hat er ein liebevolles Verhältnis.[12] Der Vater holt Luca jeweils am Montag und Mittwoch vom Kindergarten ab und bringt ihn am nächsten Tag dorthin, die Mutter jeweils am Dienstag und Donnerstag. Die Wochenenden von Freitagnachmittag bis Montag früh werden abwechselnd bei Vater und Mutter verbracht, gleiches gilt für die Ferien.[13] Das Ganze funktioniert sehr gut, weil Vater und Mutter nur wenige Minuten voneinander entfernt wohnen.[14]

Vor ein paar Tagen hat die Mutter aber erklärt, dass sie dies mit der Einschulung von Luca im September ändern möchte. Sie habe gelesen, dass Kinder ein festes Zuhause bräuchten, außerdem meint sie, es würde Chaos mit den Schulsachen geben. Der Vater solle sich auf einen 14tägigen Wochenendumgang und die Hälfte der Schulferien beschränken.

Der Vater will aber die bisherige hälftige Regelung beibehalten, allerdings der Mutter insoweit entgegenkommen, als ein wöchentlicher Wechsel wohl tatsächlich sinnvoller wäre. Dabei ist er für ihre konkreten Wünsche und Anregungen natürlich jederzeit offen.

Da sich die Eltern insoweit nicht einigen können, sind die Betreuungsanteile der Eltern als Umgang gerichtlich zu regeln.[10] Das Wechselmodell entspricht dem Wohl des Kindes.[15]

Auch Luca wird bei seiner Anhörung seinen Wunsch äußern, dass alles so bleibt wie es jetzt ist.[16]

Rechtsanwalt[17, 18]

Anmerkungen

1. → Form. D.II.1 Anm. 1.

2. → Form. D.II.1 Anm. 2.

3. → Form. D.II.1 Anm. 3.

4. → Form. D.II.1 Anm. 4.

5. → Form. D.II.1 Anm. 5.

6. → Form. D.II.1 Anm. 6.

7. → Form. D.II.1 Anm. 7.

8. → Form. D.II.1 Anm. 8.

9. → Form. D.II.1 Anm. 9.

10. Das vom Vater begehrte Wechselmodell kann vom Familiengericht nicht nur dadurch geregelt werden, indem es einem Elternteil, der das Wechselmodell praktizieren will, die elterliche Sorge oder einen Teil davon überträgt → Form. D.I.4, sondern auch direkt durch eine konkrete gerichtliche Regelung der jeweiligen Betreuungsanteile (BGH FamRZ 2017, 532).

11. → Form. D.I.4 Anm. 11.

12. → Form. D.I.4 Anm. 12.

13. → Form. D.I.4 Anm. 13.

14. → Form. D.I.4 Anm. 14.

15. → Form. D.I.4 Anm. 15.

Die hier vorgeschlagene Regelung, die einen wöchentlichen Wechsel ungeachtet von Feiertagen und Ferien (mit Ausnahme der Sommerferien) vorsieht, kann im Einzelfall auch noch ausdifferenziert werden, → Form. D.II.2.

16. Zum Kindeswillen vgl. → Form. D.I.2 Anm. 18 und → Form. D.II.1 Anm. 15.

Kosten und Gebühren

17. → Form. D.I.1.

Bei Bestellung eines Verfahrensbeistands (→ Anm. 6) könnten gemäß § 158c Abs. 1 FamFG weitere Kosten von bis zu 690 EUR anfallen.

Fristen und Rechtsmittel

18. → Form. D.I.1.

5. Umgang mit einem gemeinschaftlichen Kind (Umgangsausschluss und Kontaktverbot)

An das

Amtsgericht . . . . .[1]
– Familiengericht –

. . . . ., den 22.3.2026

Antrag

des . . . . ., **– Antragsteller und Vater[2] –**

– Verfahrensbevollmächtigter: Rechtsanwalt . . . . .[3] –

gegen

. . . . ., **– Antragsgegnerin und Mutter[2] –**

– Verfahrensbevollmächtigte: Rechtsanwälte . . . . .[3] –

wegen: Regelung des Umgangs mit dem gemeinsamen Kind der Beteiligten

Luca, geb. am 18.11.2021

Vorläufiger Verfahrenswert: . . . . . EUR[4]

Namens und im Auftrag des Antragstellers und unter Bezugnahme auf die beigefügte Verfahrensvollmacht[5] beantrage ich,[6]

1. Der Umgang der Mutter mit dem gemeinsamen Kind der Beteiligten Luca, geb. am 18.11.2021, wird längstmöglich ausgeschlossen.
2. Die Mutter darf einmal im Monat einen Brief an Luca schreiben. Ein darüber hinaus gehender Kontakt mit Luca (persönlich, brieflich, telefonisch, elektronisch) wird der Mutter verboten.
3. Bei schuldhafter Zuwiderhandlung gegen die geregelten Verpflichtungen kann das Gericht gegenüber dem Verpflichteten Ordnungsgeld bis zur Höhe von 25.000 EUR und für den Fall, dass dieses nicht beigetrieben werden kann, Ordnungshaft bis zu sechs Monaten anordnen. Verspricht die Anordnung eines Ordnungsgeldes keinen Erfolg, kann das Gericht Ordnungshaft bis zu sechs Monaten anordnen.[6]
4. Der Vater bietet die Übernahme folgender Verpflichtung an:[14]
   Der Vater verpflichtet sich, der Mutter ungefragt (mindestens einmal alle sechs Monate) alle Auskünfte und Informationen zu erteilen, die die Entwicklung des Sohnes Luca betreffen, zB über Erkrankungen, Verletzungen, Unfälle, sowie ärztliche Behandlungen, Therapien, wesentliche schulische Angelegenheiten und Veranstaltungen, und ihr in Kopie hierzu gehörende wesentliche Unterlagen, zB Arztberichte, ärztliche Atteste, Schulzeugnisse und Ähnliches zu übersenden.

Begründung:[7]

Mit dem vorliegenden Antrag soll der Umgang der Mutter mit dem gemeinsamen Kind der Beteiligten geregelt werden.

Wie das Jugendamt bestätigen wird,[8] wird Luca seit der Trennung im Juni 2024 vom Vater betreut und umfassend versorgt. Die Mutter hat sich nach mehreren stationären Aufenthalten in der Psychiatrie im Nachbarort niedergelassen. Nach vielen, teilweise handgreiflichen Auseinandersetzungen der Eltern hat das Familiengericht mit Beschl. v. 5.10.2025 (Az. . . . .) die elterliche Sorge allein auf den Vater übertragen.

Der Umgang der Mutter mit Luca ist zum Wohle des Kindes äußerst eingeschränkt zu regeln.[9]

Einen normalen Umgangskontakt des Kindes mit der Mutter hat es seit Juni 2024 nicht mehr gegeben, obwohl der Vater unzählige Male Vorschläge gemacht hat. Den zuletzt vom Jugendamt organisierten begleiteten Umgang beim Kinderschutzbund wollte die Mutter „als Gefängnisbesuche" nicht wahrnehmen. Sie hat dem Kind verschiedene Male am Kindergarten aufgelauert, das Kind lautstark als undankbar und verdorben beschimpft, so dass das Kind dort lange Zeit nicht mehr alleine in den zur Straße gelegenen Garten gehen wollte. Mittlerweile reagiert Luca mit lautem Schreien, wenn er nur auf die Mutter angesprochen wird. Ein Zusammentreffen mit der Mutter kann sich Luca überhaupt nicht vorstellen, mittlerweile nicht einmal mehr bei Begleitung durch den Kinderschutzbund. Daher ist der Umgang längstmöglich auszuschließen.[10]

Außerdem müssen die überfallartigen Kontaktaufnahmen der Mutter aufhören.[11]

Dem Vater ist es gelungen, das Kind zu überzeugen, dass die Mutter gelegentlich einen Brief schreiben darf.[12]

Bei der Anhörung von Luca möge behutsam auf seine Traumatisierung Rücksicht genommen werden.[13]

Rechtsanwalt[15, 16]

Anmerkungen

1. → Form. D.II.1 Anm. 1.

2. → Form. D.II.1 Anm. 2.

3. → Form. D.II.1 Anm. 3.

4. → Form. D.II.1 Anm. 4.

5. → Form. D.II.1 Anm. 5.

6. → Form. D.II.1 Anm. 6.

7. → Form. D.II.1 Anm. 7.

8. → Form. D.II.1 Anm. 8.

9. → Form. D.II.1 Anm. 9.

10. Eine dauerhafte oder länger andauernde Einschränkung oder Ausschluss des Umgangsrechts ist gemäß § 1684 Abs. 4 S. 2 BGB nur möglich bei Gefährdung des Kindeswohls. Die hier im Raum stehende Kindeswohlgefährdung durch die psychische Erkrankung der Mutter kann häufig durch eine fachgerechte Begleitung des Umgangs aufgefangen werden (§ 1684 Abs. 4 S. 3 BGB). Dies wird von der Mutter aber offenbar abgelehnt. Dann kommt nur der Umgangsausschluss in Betracht (OLG Brandenburg FamRZ 2008, 716). Auf die vom vierjährigen Kind erklärte Ablehnung des Umgangs (→ Anm. 13) kommt es daher im Ergebnis nicht an.

Bei der Frage der Dauer der Ausschließung spricht das geringe Alter des Kindes mit entsprechenden Entwicklungserwartungen eher für eine kürzere Dauer, die Schwere der Erkrankung der Mutter möglicherweise für eine längere Dauer. Mehr als zwei Jahre werden im Normalfall nicht angeordnet.

11. Grundlage für ein Kontaktverbot ist ebenfalls § 1684 Abs. 4 BGB (OLG Frankfurt FamRZ 2019, 1865: nicht GewSchG und auch nicht § 1666 BGB). In jedem Fall ist eine Kindeswohlgefährdung erforderlich.

12. Der Ausspruch eines Umgangsausschlusses fällt nach dem Verhältnismäßigkeitsprinzip leichter, wenn die Tür zu einer Kontaktanbahnung mit der Mutter wenigstens einen Spalt breit offenbleibt.

13. Zum Kindeswillen → Form. D.I.2 Anm. 18 und → Form. D.II.1 Anm. 15.

14. Dieses Angebot, das die ohnehin bestehende Auskunftspflicht gemäß § 1686 BGB konkretisiert, kann möglicherweise den Bedenken der Mutter Rechnung tragen, ohne Umgang von Informationen über das Kind abgeschnitten zu sein. Die ansonsten mögliche Ermächtigung für die Mutter, sich bei den in Frage kommenden Stellen auch unabhängig davon selbst Informationen über das Kind einzuholen (→ Form. D.I.2), scheint im vorliegenden Fall nicht sinnvoll.

Kosten und Gebühren

15. → Form. D.I.1.

Da hier gemäß § 158 Abs. 2 Nr. 2 FamFG zwingend ein Verfahrensbeistand zu bestellen ist, fallen gemäß § 158c Abs. 1 FamFG weitere Gerichtskosten von bis zu 690 EUR an.

Bei einer Vereinbarung über die Auskunftspflicht kommt ein Vergleichsmehrwert in Betracht, § 45 Abs. 1 Nr. 3 FamGKG.

Fristen und Rechtsmittel

16. → Form. D.I.1.

6. Antrag des leiblichen, aber nicht rechtlichen Vaters auf Umgang mit seinem Kind

An das

Amtsgericht . . . . .[1]

– Familiengericht –

. . . . ., den 22.3.2026

Antrag

der . . . . ., – Antragsteller und leiblicher Vater[2] –

– Verfahrensbevollmächtigter: Rechtsanwalt . . . . .[3] –

gegen

. . . . ., – Antragsgegnerin zu 1 und Mutter[2] –

– Verfahrensbevollmächtigte: Rechtsanwälte . . . . .[3] –

. . . . ., – Antragsgegner zu 2 und (rechtlicher) Vater[2] –

– Verfahrensbevollmächtigte: Rechtsanwälte . . . . .[3] –

wegen: Regelung des Umgangs mit dem gemeinsamen Kind der Beteiligten Mira, geb. am 13.12.2023

Vorläufiger Verfahrenswert: . . . . . EUR[4]

Namens und im Auftrag des Antragstellers und unter Bezugnahme auf die beigefügte Verfahrensvollmacht[5] beantrage ich,[6]

1. **Der Antragsteller hat das Recht, das gemeinsame Kind der Antragsgegner Mira, geb. 13.12.2023, an jedem ersten Samstag im Monat von 15.00 bis 18.00 Uhr zu sich zu nehmen.**
2. **Bei schuldhafter Zuwiderhandlung gegen die geregelten Verpflichtungen kann das Gericht gegenüber dem Verpflichteten Ordnungsgeld bis zur Höhe von 25.000 EUR und für den Fall, dass dieses nicht beigetrieben werden kann, Ordnungshaft bis zu**

sechs Monaten anordnen. Verspricht die Anordnung eines Ordnungsgeldes keinen Erfolg, kann das Gericht Ordnungshaft bis zu sechs Monaten anordnen.[6]

Außerdem rege ich an,[6] dem Kind einen Verfahrensbeistand zu bestellen.

Begründung:[7]

Der Antragsteller begehrt Umgang mit seinem Kind.

Die Mutter ist seit 25 Jahren mit dem Antragsgegner Ziffer 2 verheiratet, sie haben drei gemeinsame Kinder, die alle mittlerweile erwachsen sind. Der Antragsteller stammt aus Ghana und hat in Deutschland Asyl beantragt. Anfang 2023 führte er eine kurze Beziehung mit der Mutter, aus der die Tochter Mira, geb. am 13.12.2023, hervorgegangen ist. Die Trennung erfolgte bereits lange vor der Geburt, der Antragsteller erfuhr erst vor wenigen Monaten davon, dass er eine Tochter hat. Die Antragsgegner, die mittlerweile wieder zusammenleben und Mira als angebliche gemeinsame Tochter aufziehen, verweigern ihm den Kontakt, selbst die Einwilligung zum Gentest musste der Antragsteller gerichtlich durchsetzen.

Es entspricht dem Kindeswohl, einen Kontakt anzubahnen.[8]
Der Antragsteller hat sich immer wieder erfolglos um Kontakte bemüht. Der Vorwurf, dem Antragsteller würde es nur um sein Bleiberecht gehen, ist unzutreffend.[9]
Es ist auch nicht ersichtlich, dass die wenigen Stunden im Monat für die Antragsgegner unzumutbar wären. Da Mira farbig ist, ist auf den ersten Blick eindeutig, dass es nicht das Kind der beiden weißen Antragsgegner ist, deshalb ist es bereits aus diesem Grund für ihre geistige und seelische Entwicklung erforderlich, die Beziehung zu ihrer leiblichen Herkunftsfamilie zu fördern.[10]

Eine Anhörung von Mira ist vielleicht nicht erforderlich, um ihren Willen zu erforschen, aber zumindest könnte sich das Gericht einen eigenen Eindruck von ihrem eindeutigen Aussehen verschaffen.[11]

Rechtsanwalt[12, 13]

Anmerkungen

1. → Form. D.II.1 Anm. 1.

2. → Form. D.II.1 Anm. 2.

3. → Form. D.II.1 Anm. 3.

4. → Form. D.II.1 Anm. 4.

5. → Form. D.II.1 Anm. 5.

6. → Form. D.II.1 Anm. 6.

7. → Form. D.II.1 Anm. 7.
Antragsgegner sind sowohl die Mutter als auch der rechtliche Vater

8. Anders als der Umgang der (rechtlichen) Eltern gemäß § 1684 BGB ist der Umgang des leiblichen Vaters gemäß § 1686a Abs. 1 BGB nur nach positiver Kindeswohlprüfung anzuordnen. Dabei ist unter Berücksichtigung der konkreten familiären Begebenheiten insbesondere auch zu prüfen, ob und gegebenenfalls inwieweit Umgangskontakte mit einem gewissermaßen zweiten, ausschließlich auf der biologischen Abstammung beruhenden Vater für das Kind eine seelische Belastung darstellen, ob das Kind dadurch in einer dem Kindswohl abträglichen Weise verunsichert wird, inwieweit die Kindesmutter und der biologische Vater gegebenenfalls ihre Konflikte nach der Trennung begrenzen können und wie der Umgang im Interesse einer gesunden Persönlichkeitsentwicklung und der Identitätsfindung des Kindes zu bewerten ist. Die Frage der Kindeswohldienlichkeit wird je nach familiärer Situation, Stabilität und Belastbarkeit des Familienverbands, Beziehungskonstellation bzw. Konfliktniveau zwischen den betroffenen Erwachsenen, Alter und Resilienz des Kindes, Grad der Bindung des Kindes an seine rechtlich-sozialen Eltern, Dauer der Kenntnis von der Existenz eines biologischen Vaters etc unterschiedlich zu beurteilen sein (BT-Drs. 17/12163, 13; BGH FamRZ 2016, 2082).

Einen zwingenden Vorrang der Anfechtung der rechtlichen Vaterschaft sieht das Gesetz nicht vor (BT-Drs. 17/12163, 12). Hier dürfte eine Anfechtungsberechtigung des Antragstellers gemäß § 1600 Abs. 1 Nr. 2, Abs. 2 BGB aber auch fehlen.

9. Das vom Gesetz erforderte ernsthafte Interesse ist anhand des Verhaltens des leiblichen Vaters im Einzelfall festzustellen (BT-Drs. 17/12163, 13). Ein tatsächlicher Kontakt ist nicht erforderlich, das Bemühen ist ausreichend (BGH FamRZ 2016, 2082). Die Motive des leiblichen Vaters für seinen Umgangswunsch sind zweitrangig. Wenn der Kontakt objektiv dem Kindeswohl dient → Anm. 10, kann er angeordnet werden, auch wenn die ursprüngliche Motivation von außen kam.

10. Die Frage der Kindeswohldienlichkeit ist je nach familiärer Situation, Stabilität und Belastbarkeit des Familienverbandes, Beziehungskonstellation bzw. Konfliktniveau zwischen den betroffenen Erwachsenen Alter und psychischer Widerstandsfähigkeit des Kindes, Grad der Bindung des Kindes an seine rechtlich-sozialen Eltern, Dauer der Kenntnis von der Existenz eines biologischen Vaters etc unterschiedlich zu beurteilen.

Allein der Umstand, dass sich die Eltern beharrlich weigern, einen Umgang zuzulassen, genügt nicht, um den Umgang des Kindes mit seinem leiblichen Vater abzulehnen. Regelmäßig wird beim Vorliegen des Tatbestands des § 1686a Abs. 1 Nr. 1 BGB der leibliche Vater in ein (intaktes) Familiensystem eingreifen und werden sich die rechtlichen Eltern gegen einen Umgang sperren. Denn nur so lässt sich die Anrufung des Familiengerichts erklären, die bei einem Umgang auf freiwilliger Basis nicht erforderlich wäre. Würde man bereits diese Verweigerungshaltung als Hinderungsgrund akzeptieren, würde die Regelung des § 1686a Abs. 1 Nr. 1 BGB leerlaufen. Der leibliche Vater darf daher nicht generell als „Störenfried" der behüteten rechtlichen Familie angesehen und damit praktisch eine Vermutung gegen die Kindeswohldienlichkeit etabliert werden. Auch wenn die Bindung an die rechtliche Familie nachhaltig zu berücksichtigen ist, darf sie nicht in eine solche Typisierung umschlagen. Das gilt unbeschadet des Umstands, dass die Vermutungsregel des § 1626 Abs. 3 BGB, wonach zum Wohl des Kindes in der Regel der Umgang mit beiden Elternteilen gehört, nicht gilt, weil hiervon – de lege lata – nur der rechtliche Vater erfasst wird. Es ist vielmehr eine umfassende Kindeswohlprüfung durchzuführen (BGH FamRZ 2016, 2082).

In der vorliegenden Konstellation ist voraussichtlich die Idylle einer heilen Familie angesichts der anderen Hautfarbe des Kindes ohnehin nicht mehr lange aufrechtzuerhalten. Daher erscheint zwingend, eine Kontaktanbahnung zu versuchen, bei der sich die Kindeswohldienlichkeit konkreter feststellen lässt. Diese könnte auch zunächst einmal lediglich begleitet erfolgen (§ 1686a Abs. 2 S. 1 BGB mit § 1684 Abs. 4 S. 3 BGB).

11. Zur Kindesanhörung vgl. → Form. D.I.2 Anm. 18 und → Form. D.II.1 Anm. 15. Auch im Verfahren nach § 1686a BGB hat das Gericht das Kind grundsätzlich persönlich anzuhören.

Vor einer Anhörung bzw. einer etwaigen Begutachtung ist das Kind bei entsprechender Reife grundsätzlich über seine wahre Abstammung zu unterrichten, sofern ein Umgang nicht bereits aus anderen, nicht unmittelbar das Kind betreffenden Gründen ausscheidet (BGH FamRZ 2016, 2082). Dann ist auf eine Anhörung des Kindes zu verzichten (OLG Frankfurt FamRZ 2017, 307).

Hier kann aufgrund des Alters des Kindes von einer Anhörung abgesehen werden, das Aussehen des Kindes dürfte sich auch anders feststellen lassen.

Kosten und Gebühren

12. → Form. D.I.1.

Bei Bestellung eines Verfahrensbeistands (→ Anm. 6) könnten gemäß § 158c Abs. 1 FamFG weitere Kosten von bis zu 690 EUR anfallen.

Fristen und Rechtsmittel

13. → Form. D.I.1.

7. Umgang der Großeltern mit ihrem Enkelkind

An das

Amtsgericht . . . . . [1]

– Familiengericht –

. . . . ., den 22.3.2026

Antrag

der . . . . ., **– Antragstellerin und Großmutter**[2] **–**

– Verfahrensbevollmächtigter: Rechtsanwalt . . . . .[3] **–**

gegen

. . . . ., **– Antragsgegnerin zu 1 und Mutter**[2] **–**

– Verfahrensbevollmächtigte: Rechtsanwälte . . . . .[3] **–**

. . . . ., **– Antragsgegner zu 2 und Vater**[2] **–**

– Verfahrensbevollmächtigte: Rechtsanwälte . . . . .[3] **–**

wegen: Regelung des Umgangs mit dem gemeinsamen Kind der Antragsgegner

Mira, geb. am 13.12.2021

Vorläufiger Verfahrenswert: . . . . . EUR[4]

Namens und im Auftrag der Antragstellerin und unter Bezugnahme auf die beigefügte Verfahrensvollmacht[5] **beantrage ich,**[6]

1. **Die Antragstellerin hat das Recht, ihr Enkelkind Mira, geb. 13.12.2021, an jedem ersten Samstag im Monat von 10.00 bis 18.00 Uhr zu sich zu nehmen.**

2. Bei schuldhafter Zuwiderhandlung gegen die geregelten Verpflichtungen kann das Gericht gegenüber dem Verpflichteten Ordnungsgeld bis zur Höhe von 25.000 EUR und für den Fall, dass dieses nicht beigetrieben werden kann, Ordnungshaft bis zu sechs Monaten anordnen. Verspricht die Anordnung eines Ordnungsgeldes keinen Erfolg, kann das Gericht Ordnungshaft bis zu sechs Monaten anordnen.[6]

Außerdem rege ich an,[6] dem Kind einen Verfahrensbeistand zu bestellen.

Begründung:[7]

Die Antragstellerin begehrt Umgang mit ihrem Enkelkind.

Die Antragsgegner sind Tochter und Schwiegersohn der Antragstellerin. Diese sind Eltern der gemeinsamen Tochter Mira, geb. 13.12.2021. Leider hat sich die Tochter der Antragstellerin durch ihren Mann zunehmend in dessen Drogenmilieu hineinziehen lassen. Das Kind Mira wurde immer wieder tage- oder wochenweise bei der Antragstellerin abgegeben, die sich aufopfernd gekümmert hat. Der Antragsgegner und zunehmend auch die Antragsgegnerin verhielten sich aber dennoch immer aggressiver gegen die Antragstellerin, so dass der Kontakt vor etwa einem Jahr völlig abbrach.

Vor einem halben Jahr hat die Antragstellerin erfahren, dass kurz zuvor das Kind Mira vom Jugendamt in Obhut genommen und mit Zustimmung der Eltern in eine Pflegefamilie gegeben wurde, eine Entziehung des Sorgerechts haben die Eltern damit vermieden. Die Eltern haben seitdem nur einmal einen Besuchskontakt mit ihrem Kind gehabt, da sie mittlerweile nach Berlin verzogen sind und kein Geld für die Reise haben.

Es entspricht dem Kindeswohl, einen Kontakt zwischen Großmutter und Enkelin wiederherzustellen.[8] Die Antragstellerin war die ersten Lebensjahre des Kindes hauptsächliche Bezugsperson und es bestand eine enge Bindung.[9]

Da die Eltern ihren Umgang offenbar kaum ausüben, entstehen wenig Belastungen für die Pflegefamilie. Außerdem bleibt nur so die Bindung an die Herkunftsfamilie wenigstens etwas erhalten.

Die Antragstellerin kann mittlerweile schweren Herzens auch die Entscheidung der Eltern akzeptieren, das Kind nicht zur Großmutter, sondern in eine fremde Pflegefamilie zu geben. Sie wird dieses Thema bei den Umgängen auf keinen Fall ansprechen.[10]

Die Antragstellerin hat inzwischen Mira einen Brief geschrieben, dass sie gut findet, wenn Mira in der Pflegefamilie bleibt. Daher ist davon auszugehen, dass die frühere Äußerung von Mira, sie wolle „die Zank-Oma“ nicht mehr sehen, nicht erneut fallen wird.[11]

Rechtsanwalt[12, 13]

Anmerkungen

1. → Form. D.II.1 Anm. 1.

2. → Form. D.II.1 Anm. 2.

3. → Form. D.II.1 Anm. 3.

4. → Form. D.II.1 Anm. 4.

5. → Form. D.II.1 Anm. 5.

6. → Form. D.II.1 Anm. 6.

7. → Form. D.II.1 Anm. 7.
Antragsgegner sind beide Eltern, soweit ihnen das Sorgerecht und damit das Umgangsbestimmungsrecht gemeinsam zusteht.

8. Anders als der Umgang der Eltern gemäß § 1684 BGB, ist der Umgang der Großeltern gemäß § 1685 Abs. 1 BGB nur nach positiver Kindeswohlprüfung anzuordnen.

Für die Frage, was dem Wohl des Kindes dient, kann § 1626 Abs. 3 S. 2 BGB als Auslegungshilfe herangezogen werden. Danach gehört der Umgang mit anderen Personen (als den Eltern), zu denen das Kind Bindungen besitzt, zum Wohl des Kindes, wenn deren Aufrechterhaltung für seine Entwicklung förderlich ist. Zur Feststellung der Kindeswohldienlichkeit ist eine umfassende Abwägung sämtlicher Umstände des Einzelfalls durchzuführen (BGH FamRZ 2017, 1668).

9. Entscheidend sind also zunächst bestehende Bindungen. Für die Entwicklung förderlich ist es im Regelfall auch, wenn der Kontakt zur Herkunftsfamilie nicht völlig abreißt.

Andererseits ist zu berücksichtigen, dass durch die Ausdehnung des Umgangsrechts konkurrierende Umgangsrechte entstehen, die das Kind erheblich belasten können (BT-Drs. 13/4899, 154). Darauf sollte in jedem Fall eingegangen werden.

10. Der Umgang der Großeltern mit dem Kind dient hingegen regelmäßig nicht seinem Wohl, wenn die – einen solchen Umgang ablehnenden – Eltern und die Großeltern so zerstritten sind, dass das Kind bei einem Umgang in einen Loyalitätskonflikt geriete. Daneben ist zu berücksichtigen, dass der Erziehungsvorrang von Verfassungs wegen den Eltern zugewiesen ist. Ist zu befürchten, dass die Großeltern diesen Erziehungsvorrang missachten, lässt dies ein Umgangsrecht nach § 1685 Abs. 1 BGB deshalb ebenfalls als nicht kindeswohldienlich erscheinen (BGH FamRZ 2017, 1668). Im vorliegenden Fall hat es darüber offensichtlich Streit gegeben, ohne verlässliche Beilegung dieses Streits hätte der Umgangsantrag keine Aussicht auf Erfolg.

11. Zum Kindeswillen vgl. → Form. D.I.2 Anm. 18 und → Form. D.II.1 Anm. 15.
Auch im Verfahren nach § 1685 BGB hat das Gericht das Kind grundsätzlich persönlich anzuhören. Nur in Ausnahmefällen kommt in Betracht, auf eine Anhörung des Kindes zu verzichten (vgl. BGH FamRZ 2016, 2082; OLG Frankfurt FamRZ 2017, 307).

Kosten und Gebühren

12. → Form. D.II.1.
Bei Bestellung eines Verfahrensbeistands (→ Anm. 6) könnten gemäß § 158c Abs. 1 FamFG weitere Kosten von bis zu 690 EUR anfallen.

Fristen und Rechtsmittel

13. → Form. D.II.1.

III. Kindschaftsverfahren mit Auslandsbezug

1. Sorgerechtsverfahren mit Auslandsbezug

An das
Amtsgericht
– Familiengericht –[1]

Antrag zur Regelung des Sorgerechts

In der Familiensache

der Frau . . . . . – Kindesmutter und Antragstellerin –

Verfahrensbevollmächtigter: Rechtsanwalt . . . . .

gegen

Herrn . . . . . – Kindesvater und Antragsgegner –

wegen: Regelung des Sorgerechts für das gemeinsame Kind . . . . ., geb. . . . . .

Namens und in Vollmacht der Ast. beantrage ich:

1. Die elterliche Sorge für das minderjährige Kind . . . . ., geb. . . . . . in Warschau/Polen, wird der Ast. übertragen, hilfsweise wird ihr das Aufenthaltsbestimmungsrecht übertragen.
2. Die Kosten des Verfahrens werden gegeneinander aufgehoben.

Begründung:

1. . . . . . wurde am . . . . . außerhalb einer Ehe in Warschau/Polen geboren, wo die Kindeseltern seit . . . . . zusammen lebten. Der Ag. ist der juristische Vater des Kindes (wird ausgeführt). Die Ast. ist . . . . . Staatsangehörige, der Ag. . . . . . Staatsangehöriger. Das Kind hat beide Staatsangehörigkeiten. Der Ag., der für eine international ansässige Firma arbeitet, wurde dann zeitlich unbefristet nach Deutschland versetzt, so dass die Familie . . . . . nach . . . . . (Deutschland) zog, wo sie seitdem leben. Die Kindeseltern trennten sich . . . . . Jahre nach ihrem Umzug nach Deutschland, nämlich am . . . . ., indem der Ag. in eine eigene Wohnung in derselben Stadt gezogen ist. Das Kind lebt seitdem aufgrund einverständlicher gemeinsamer Entscheidung bei der Ast.
   Der Ag. erfuhr am . . . . ., dass er im nächsten Jahr in das Ausland, nämlich nach . . . . . versetzt wird. Mit Schreiben vom . . . . . forderte er daraufhin von der Ast. deren Einverständnis, dass er zusammen mit dem Kind im nächsten Jahr in das Ausland nach . . . . . umziehen wird. Dies lehnte sie mit Schreiben vom . . . . . ab. Die Voraussetzungen für die beantragte Entscheidung nach § 1671 Abs. 1 Nr. 2 BGB liegen vor, da es dem Wohl des Kindes am besten entspricht, die nach Art. 93 des polnischen Familien- und Vormundschaftsgesetzbuches bestehende gemeinsame elter-

liche Sorge, die nach dem Umzug nach Deutschland nach Art. 16 Abs. 3 KSÜ fortbesteht, dergestalt zu ändern, dass die Ast. die alleinige Sorge erlangt.[2]
Die Ast., die halbtags als . . . . . in . . . . . arbeitet und ihre Arbeitszeiten nach den Bedürfnissen des Kindes einteilt, versorgt dieses seit der Trennung allein. Das Kind besucht seit . . . . . die Kindertagesstätte. Ab mittags ist die Ast. zu Hause. Sie wird bei der Betreuung des Kindes durch ihre Mutter, Frau . . . . ., die in ihrer Nähe lebt, unterstützt.
Der Ag. hat regelmäßig 14-tägig am Wochenende Umgang mit . . . . . . Die Ast. erkennt an, dass er für das Kind wichtig ist. So hat er auch bislang die für das Kind beste Lösung mitgetragen, dass diese ihren Lebensmittelpunkt bei der Ast. hat. Sein aus beruflichen Gründen anstehender Umzug nach . . . . . führt nun aber dazu, dass er nicht mehr am Wohl des Kindes orientiert handelt. Es steht außer Zweifel, dass es für das kindliche Wohl wichtig ist, bei der Ast. als Hauptbezugsperson in der gewohnten Umgebung zu bleiben. Das Kind hat die engeren Bindungen zur Ast. Durch ihre Halbtagstätigkeit hat diese auch mehr Zeit für das Kind als der Ag., der keine Möglichkeit hat, auf eine Teilzeitstelle zu reduzieren. Er würde das Kind in ein ihr fremdes Land mitnehmen. Ihre gesamten sozialen Bindungen an Mutter, Großfamilie und Freunde könnte sie nicht unverändert aufrechterhalten. Der Ag. wäre außerdem aufgrund seiner Berufstätigkeit ganztägig auf Fremdbetreuung angewiesen.

2. Der Ag. kann aufgrund der ihm zustehenden Freizügigkeit seinen Wohnort frei wählen, für das Kind ist das Kindeswohl entscheidend, § 1671 Abs. 2 Nr. 2 BGB (BVerfG FamRZ 2003, 1731; BGH FamRZ 2010, 1060).[3] Um sicherzustellen, dass die für das Kind erforderlichen Entscheidungen alleine an deren Wohl orientiert getroffen werden, bedarf es der Übertragung der elterlichen Sorge auf die Ast., jedenfalls des Aufenthaltsbestimmungsrechtes, damit sichergestellt ist, dass das Kind bei der Mutter als ihrer Hauptbezugsperson in ihrer gewohnten Umgebung verbleibt. Die Ast. ist auch bei dem anstehenden Umzug des Vaters in das Ausland daran interessiert, dass das Kind den Kontakt zum Vater aufrechterhält. Sie ist bereit, insoweit an einer kindeswohlförderlichen Lösung betreffend den Umgang[4] mitzuarbeiten. Diese kann aber nicht so aussehen, dass der Vater das Kind mit in das Ausland nimmt.

Rechtsanwalt

Anmerkungen

1. a) Informationen zum **grenzüberschreitenden Kindschaftsrecht** finden sich bei Andrae, IntFamR § 9; Niethammer-Jürgens/Erb-Klünemann IntFamR Teil 7; Winter IntFamR D.

b) Die **int. Zuständigkeit,** die in jeder Verfahrenslage von Amts wegen zu prüfen ist (BGH BeckRS 2015, 17506 = FamRZ 2015, 2147), richtet sich

(1) für ein Kind, das seinen gewöhnlichen Aufenthalt in Deutschland hat:

- wenn das Kind (auch) die chinesische (nur Macao) Staatsangehörigkeit oder der überseeischen Autonomen Gebiete der Niederlande Aruba und Sint Maarten hat: nach dem Haager Übereinkommen v. 5.10.1961 über die Zuständigkeit der Behörden und das anzuwendende Recht auf dem Gebiet des Schutzes von Minderjährigen (**MSA**; dazu OLG Stuttgart BeckRS 2012, 10154 = FamRZ 2013, 49);

ansonsten für ab dem 1.8.2022 in Mitgliedstaaten (alle EU-Staaten außer Dänemark) eingeleiteten Verfahren nach der **Brüssel IIb-VO,** Art. 100 Abs. 1 Brüssel IIb-VO, → Form. A.V.4 Anm. 2. Art. 7–16 Brüssel IIb-VO regeln die **internat. Zuständigkeit.** Die Regelzuständigkeit liegt im Staat des gewöhnlichen Aufenthalts des Kindes zum

Zeitpunkt der Antragstellung, **Art. 7 Abs. 1** Brüssel IIb-VO. Der Begriff des **gewöhnlichen Aufenthalts** ist autonom auszulegen (EuGH 28.6.2028 – C- 512/17 BeckRS 2018, 13329 = FamRZ 2018, 1426). Er bildet den räumlichen, tatsächlichen Lebensmittelpunkt des Kindes, wobei sämtliche Umstände des konkreten Einzelfalls zu berücksichtigen sind (EuGH 2.4.2009 – 523/07, BeckRS 2009, 70122 = FamRZ 2009, 843 mAnm Völker, EuGH 28.6.2018 – C-512/17, BeckRS 2018, 13329 = FamRZ 2018, 1426, EuGH 17.10.2018 – C-393/18 PPU, BeckRS 2018, 24929 = FamRZ 2019, 132 mAnm Siehr und EuGH 1.8.2022 C-501/20, BeckRS 2022, 18637 = FamRZ 2022, 1466). Dies ist die tatsächliche Anwesenheit, die nicht nur vorübergehend ist, aber einen gewissen Grad von sozialer und familiärer Integration widerspiegelt. Zu berücksichtigende Faktoren sind insbesondere: körperliche Anwesenheit (ein Kind kann in einem Mitgliedstaat, in dem es nie körperlich anwesend war, keinen gewöhnl. Aufenthalt haben, EuGH 17.10.2018 – C-393/18 PPU, BeckRS 2018, 24929 = FamRZ 2019, 132 mAnm Siehr), Dauer (ohne feststehende Zeiten), Regelmäßigkeit und Umstände (dazu zählt auch die Rechtmäßigkeit der Anwesenheit), Besuch von Schule/Kindergarten, Sprachkenntnisse, familiäre und soziale Bindungen, Staatsangehörigkeit (geringere Bedeutung). Der gewöhnl. Aufenthalt ist tatsächlich zu bestimmen, hängt nicht von einer Aufenthaltserlaubnis ab (OLG Wien ZfRV 2004,75). Entscheidend ist der gewöhnl. Aufenthalt des Kindes, der sich grundsätzlich nicht von dem des Sorgeberechtigten ableitet. Bei einem Säugling ist auf den gew. Aufenthalt der Personen abzustellen, von denen das Kleinkind abhängig ist (EuGH 8.6.2027 – C-111/17 PPU, BeckRS 2017, 117861 = FamRZ 2011, 1506 mAnm Rentsch). Der gewöhnl. Aufenthalt ist dynamisch und wandelbar (EuGH 15.2.2017 C-499/15, BeckRS 2017, 101680 = FamRZ 2017, 734 mAnm Mankowski). Er kann zeitnah nach Umzug wechseln, wenn dieser für längere Zeit angelegt ist und mit Zustimmung des/der Sorgeberechtigten erfolgt (BGH BeckRS 2011, 03977 = FamRZ 2011, 542; OLG Frankfurt a. M. NJW-RR 2020, 260). Nach einer **Entführung** (rechtswidriges Verbringen oder Zurückhalten) ist die Begründung eines neuen gewöhnl. Aufenthalts möglich nach Ablauf gewisser Zeit und Entstehen von Bindungen am neuen Ort (BGH BeckRS 1980, 286 = NJW 1981, 520); bei Wechsel des gewöhnl. Aufenthalts nach Entführung in einen anderen Mitgliedstaat gilt Art. 9 Brüssel IIb-VO, in einen anderen Vertragsstaat des KSÜ Art. 7 KSÜ. Es ist möglich, dass ein Kind keinen gewöhnl. Aufenthalt hat (dann Art. 11 Brüssel IIb-VO/Art. 6 Abs. 2 KSÜ). Mehrere gewöhnl. Aufenthalte eines Kindes dürften nicht möglich sein, → Form. A.V.4 Anm. 2.

- Im Fall einer Kindesentführung bleibt der gew. Aufenthalt regelmäßig erst einmal bestehen. Wechselt er später doch zwischen Mitgliedstaaten regelt **Art. 9** Brüssel IIb-VO; dazu EuGH 24.3.2021 – C-603/20 PPU, BeckRS 2021, 5171 = FamRZ 2021, 777 mAnm Höhn. **Art. 10** Brüssel IIb-VO eröffnet die Möglichkeit der Zuständigkeitsvereinbarung. **Art. 12, Art. 13** Brüssel IIb-VO ermöglichen die Übertragung der Zuständigkeit an ein Gericht eines anderen Mitgliedstaates, das den Fall besser beurteilen kann. **Art. 15** Brüssel IIb-VO berechtigt in drigenden Fällen ein internat. unzuständiges Gericht zum Erlass einstweiliger Maßnahmen einschließlich Schutzmaßnahmen.

(2) für ein Kind, das seinen gewöhnlichen Aufenthalt in einem anderen Staat hat:

- in China (Macao), Aruba, Sint Maarten: nach dem MSA (dazu OLG Zweibrücken BeckRS 2014, 09225 = FamRZ 2014, 1555);
- in einem EU-Mitgliedstaat außer Dänemark: nach der Brüssel IIb-VO, Art. 97 Abs. 1 lit. a Brüssel IIb-VO, Art. 52 KSÜ;
- in einem Vertragsstaat des **KSÜ**, der nicht Mitgliedstaat der Brüssel IIb-VO ist, zB Australien, Dänemark, Schweiz, Ukraine (Länderliste unter https://www.bundesjustizamt.de/DE/Themen/Familieinternational/Sorgerecht/Staatenliste/Staatenliste_node.html, Stand 30.10.2025): nach dem KSÜ. Dieses gilt seit 1.2.2017 auch in Bezug auf die Türkei. Das KSÜ regelt die internat. Zuständigkeit in Art. 5–14 KSÜ. Es kommt

grundsätzlich auf den gewöhnl. Aufenthalt des Kindes an, **Art.** 5 Abs. 1 KSÜ (dazu OLG Karlsruhe BeckRS 2015, 12920 = FamRZ 2016, 248; OLG Stuttgart BeckRS 2020, 16491 = FamRZ 2020, 1120). **Art.** 7 KSÜ regelt im Fall einer Kindesentführung (dazu BVerfG BeckRS 2025, 9486 = FamRZ 2025, 1131 mAnm Dimmler = NZFam 2025, 694 mAnm Keuter), **Art. 10** KSÜ die Scheidungsannexzuständigkeit und **Art. 11** KSÜ die Eilzuständigkeit. Einzelheiten bei Benicke IPRax 2013, 44;

- in einem sonstigen Staat: nach Art. 11, 12 KSÜ, Art. 14 Brüssel IIb-VO iVm §§ 98, 99 FamFG.

(3) Für **Flüchtlingskinder**, die sich in Deutschland aufhalten und Kinder ohne feststellbaren gewöhnlichen Aufenthalt gilt Art. 11 Brüssel IIb-VO bzw. Art. 6 Abs. 2 KSÜ.

(4) Ein **Wegzug des Kindes während des laufenden Sorgerechtsverfahrens** ist für die internat. Zuständigkeit nach Art. 7 Abs. 1 Brüssel IIb-VO unerheblich. Es gilt die **perpetuatio fori**, wenn das Kind seinen gewöhnlichen Aufenthalt auch jetzt in einem Mitgliedstaat der Brüssel IIb-VO hat, Art. 97 Abs. 1 lit. a Brüssel IIb-VO, sa Erwägungsgrund 21 Brüssel IIb-VO. Wechselt das Kind in einen Vertragsstaat des KSÜ, der nicht Mitgliedstaat der Brüssel IIb-VO ist, regelt das KSÜ. Nach Art. 5 KSÜ endet die Zuständigkeit, wenn nicht Art. 7 KSÜ wegen Kindesentführung gilt (Beispiel: KG BeckRS 2015, 05918 = FamRZ 2015, 1214 mAnm Heiderhoff IPRax 2016, 335; OlG Hamm BeckRS 2025, 18506). Wechselt das Kind in einen Staat, im Verhältnis zu dem kein Übereinkommen gilt, bleibt es bei der universellen Anwendbarkeit der Brüssel IIb-VO. Es gilt die perpetuatio fori.

Hier: Das Kind hat seinen gewöhnlichen Aufenthalt seit längerer Zeit in Deutschland, wo sie sozial verwurzelt ist. Art. 7 Abs. 1 Brüssel IIb-VO begründet die internat. Zuständigkeit deutscher Gerichte.

Für Abänderungsverfahren kommt es auf den Zeitpunkt ihrer Antragstellung an. Die im Ausgangsverfahren begründete Zuständigkeit entfaltet keine Bindungswirkung (EuGH 15.2.2017 – C-499/15, BeckRS 2017, 101680 = NJW 2017, 2013).

c) Die **örtliche Zuständigkeit** richtet sich nach § 152 FamFG, wobei beim Spezialgericht iSd § 12 **IntFamRVG** ein Wahlgerichtsstand nach § 13 Abs. 2 IntFamRVG besteht, wenn ein Elternteil seinen gewöhnl. Aufenthalt in einem anderen Mitgliedstaat der EU oder einem anderen Vertragsstaat des KSÜ, HKÜ oder ESÜ hat. Auch einem fehlerhaften Verweisungsbeschluss kommt Bindungswirkung zu, § 281 Abs. 2 S. 4 ZPO, außer bei objektiv willkürlicher Entziehung des gesetzlichen Richters. Ist die Beurteilung der Zuständigkeit in Fällen mit Auslandsbezug aufgrund der unübersichtlichen Gesetzeslage durchaus schwierig, steht ein Rechtsfehler der Bindungswirkung nicht entgegen (OLG Brandenburg FamRZ 2017, 135).

2. Die Frage, welches **materielle Recht** die bestehende Sorgelage bestimmt, richtet sich,

a) wenn Eltern und Kind iranische Staatsangehörige sind: nach dem deutsch-iranischen Niederlassungsabkommen vom 17.2.1929;

b) wenn sich die internat. Zuständigkeit nach MSA regelt: nach MSA;

c) wenn sich die internat. Zuständigkeit nach KSÜ richtet oder wenn sie sich zwar nach Brüssel IIb-VO richtet, sich aber auch fiktiv nach KSÜ begründen würde (BGH BeckRS 2011, 6969 = NJW 2011, 2360 und BeckRS 2017, 140085 = NJW 2018, 613; OLG Karlsruhe BeckRS 2013, 06051 = FamRZ 2013, 1238): nach **Art. 16 ff. KSÜ;**

d) ansonsten nach **Art. 21 EGBGB;**

Die Frage eines evtl. väterlichen Mitsorgerechts hat das OLG Frankfurt a. M. BeckRS 2020, 15843 = NJW-RR 2020, 951 mit zweifelhafter Begründung dahingestellt gelassen im Fall des Sorgerechtsentzugs einer IS-Rückkehrerin; zum Sorgerechtsentzug betr. einen in das Ausland ausgereisten Vater, der IS-Kämpfer ist, OLG Karlsruhe BeckRS 2016, 13661 = FamRZ 2017, 41.

Anzuwendendes ausländisches Recht hat das Gericht nach § 293 ZPO von Amts wegen zu ermitteln (BGH BeckRS 2013, 9699 = FamRZ 2013, 1304). Zu Informationsquellen → Form. D.III.2 Anm. 13. Das Europäische Justizielle Netz in Zivil- und Handelssachen (**EJN**; mehr unter https://e-justice.europa.eu/topics/trainings-judicial-networks-and-agencies/european-judicial-network-civil-and-commercial-matters_de, Stand 30.10.2025) und https://www.bundesjustizamt.de/DE/Themen/InternationaleZusammenarbeit/Zivilsachen/EJNZH/EJNZH_node.html, Stand 30.10.2025) und das Internationale Haager Richternetzwerk (**IHNJ**; mehr unter https://www.hcch.net/en/instruments/conventions/specialised-sections/child-abduction/ihnj, Stand 30.10.2025) – Deutschland ist in beiden Netzwerken vertreten – bieten dem Gericht Unterstützungsmöglichkeiten bei grenzüberschreitenden Sachverhalten und sind zu nutzen (BVerfG BeckRS 2015, 55208 = FamRZ 2016, 26; Brieger/Erb-Klünemann FamRZ 2016, 962; Menne FamRZ 2018, 1644 und IPRax 2020, 86). Anwälte können sich der Netzwerke nicht selbst bedienen, sollten Gerichte aber darauf hinweisen.

hier: Die Zuständigkeit richtet sich nach der Brüssel IIb-VO, würde sich aber fiktiv auch aus dem KSÜ ergeben, das seit 1.1.2011 in Deutschland wie in Polen gilt. Die Sorgerechtslage bei Geburt richtete sich, da der gewöhnliche Aufenthalt des Kindes in Polen war, nach poln. Recht, Art. 16 Abs. 1 KSÜ. Nach Art. 93 des poln. Familien- und Vormundschaftsgesetzbuches haben unverheiratete Eltern die gemeinsame elterliche Sorge. Durch den Umzug nach Deutschland nach dem 1.1.2011 (Zeitpunkt des Inkrafttretens des KSÜ) blieb das väterliche Mitsorgerecht nach Art. 16 Abs. 3 KSÜ bestehen. Nach Art. 15 Abs. 1 KSÜ richtet sich die **zu treffende Maßnahme** nach deutschem Recht, also § 1671 BGB. Zu Sachverhalten vor Inkrafttreten des KSÜ vgl. OLG Karlsruhe BeckRS 2013, 06051 = FamRZ 2013, 1238; OLG Frankfurt a. M. BeckRS 2015, 11332 = FamRZ 2015, 1633.

3. Bei § 1671 BGB sind im Rahmen der allgemeinen Kriterien besondere Kindeswohlgesichtspunkte bei Auslandsbezug zu berücksichtigen (hierzu umfangreich Motzer/Kugler/Grabow Migrationsfamilien/Kugler Rn. 155 ff.; zur Situation in anderen Staaten The Judges' Newsletter on International Child Protection Volume XXVII 2025 (https://www.hcch.net/de/publications-and-studies/details4/?pid=9109, Stand 30.10.2025).

Sorgerecht und **Auslandsumzug:** Entscheidend nach deutschem Recht ist das Kindeswohl und wie die im Einklang mit dem Kindeswohl auszuübenden Elternrechte beider Elternteile zu einem schonenden Ausgleich zu bringen sind. Welcher Elternteil in der praktischen Ausübung des Sorgerechtes mehr oder weniger Mühen auf sich nehmen muss, ist demgegenüber von untergeordneter Bedeutung. Elternteile können ihren Wohnort grundsätzlich unabhängig voneinander frei wählen (BGH BeckRS 2011, 06969 = FamRZ 2011, 796). Auch wenn Auswanderungsgründe nicht zur Überprüfung stehen, sind beachtenswerte Gründe für den Auslandsumzug vorzutragen. Geht es rein um die Vereitelung des Umgangsrechts des anderen Elternteils, spricht das gegen Bindungstoleranz (BGH BeckRS 2010, 12894 = FamRZ 2010, 1060; OLG Zweibrücken BeckRS 2004, 06776 = NJW-RR 2004, 1588; OLG Köln BeckRS 2006, 09823 = FamRZ 2006, 1625; OLG Nürnberg LSK 2013, 150261 = FamRZ 2013, 553). Die elterliche Freizügigkeit darf nicht indirekt dadurch beschränkt werden, dass die Sorgerechtsübertragung davon abhängig gemacht wird, wer von beiden sich in größtmöglicher Nähe zum früheren gemeinsamen Wohnsitz aufhält. Bei der Kindeswohlabwägung sind ua die Auswirkungen eines Umzugs auf den Umgang zu berücksichtigen (BVerfG BeckRS 2003, 23827 = FamRZ 2003, 1731) Das Umgangsrecht muss bisweilen als das schwächere Recht dem stärkeren Sorgerecht weichen (BGH BeckRS 1989, 3788 = FamRZ 1990, 392 mAnm Henrich). Dann ist mit der sorgerechtlichen Entscheidung sicherzustellen, dass ein regelmäßiger Kontakt mit dem anderen Elternteil gewährleistet ist (BVerfG BeckRS 2003, 23827 = FamRZ 2003, 1731). Es kann nicht anerkannt werden, dass die mit einem

Umzug verbundenen Veränderungen der kindl. Umwelt das Kindeswohl stets ernsthaft beeinträchtigen (BGH BeckRS 9998, 76744 = FamRZ 1990, 392 und BeckRS 2010, 12894 = FamRZ 2010, 1060). Entscheidend ist, welche Auswirkungen ein Umzug auf das Kindeswohl hätte, und ob es für das Kind besser ist, mit dem einen Elternteil umzuziehen oder mit dem anderen Elternteil im derzeitigen Staat zu bleiben (BGH BeckRS 12894 = FamRZ 2010, 1060 mAnm Völker und BeckRS 2011, 6969 = FamRZ 2011, 796 mAnm Völker).

Die Gefahr einer **internat. Kindesentführung,** → Form. D.III.2, durch einen Elternteil vermag einen Eingriff in das elterl. Sorgerecht wegen des drohenden Verlusts des Kontakts zu dem im Inland verbleibenden Elternteil nur dann rechtfertigen, wenn Tatsachen vorliegen, die den konkreten Verdacht begründen, dass eine solche Kindesentziehung zu erwarten ist und sich der Sorgerechtseingriff darüber hinaus als geeignetes Mittel zur Abwendung einer Entführung darstellt (OLG Hamburg BeckRS 2019, 39350 = FamRZ 2020, 925). Die Übertragung des Aufenthaltsbestimmungsrechts mit örtlichen Beschränkungen ist möglich (OLG Stuttgart BeckRS 2020, 38538 = FamRZ 2021, 686 mAnm Rake; Heiderhoff IPRax 2016, 335); zu vorläufigen Sicherungsmaßnahmen → Form. D.III.5.

In einem Sorgerechtsstreit im Anschluss an eine Kindesentführung hat sich die sorgerechtliche Abwägung am Kindeswohl zu orientieren, nicht an einer Sanktion des Fehlverhaltens. Die eigenmächtige Trennung vom anderen Elternteil kann auf mangelnde Kindeswohlorientiertheit und mangelnde Erziehungseignung hindeuten (OLG Nürnberg BeckRS 2013, 10364 = FamRZ 2013, 1588). Auch ist damit zu rechnen, dass der zurückgelassene Elternteil einen Rückführungsantrag nach dem HKÜ stellt, → Form. D.III.2 und → Form. D.III.3. Nach einer Entführung durch den nicht-sorgeberechtigten Elternteil stellt die spürbare Entfremdung des Kindes von Sorgeberechtigten keinen triftigen Grund iSd § 1696 Abs. 1 S. 1 BGB dar, OLG Hamm BeckRS 2025, 18506.

Geht es um die Entscheidung über eine **Auslandsreise** ist nach deutschem Recht ein Antrag nach § 1628 S. 1 BGB zu stellen. Ein Sorgerechtsantrag kann in einen Antrag nach § 1628 S. 1 BGB umgedeutet werden, der das mildere Mittel darstellt (OLG Köln BeckRS 2019, 45326 = FamRZ 2020, 997). Eine Auslandsreise stellt eine Angelegenheit von erheblicher Bedeutung iSd § 1628 BGB dar, wenn die Reise besondere Gefahren mit sich bringt (OLG Frankfurt a.M. BeckRS 2016, 13326 = FamRZ 2016, 1595). Es wird regelmäßig abgestellt auf: Entfernung – insbes. ob es sich um außereuropäisches Ausland handelt –, die politische Stabilität im Urlaubsland, Grund und Dauer der Reise, Sicherheitslage im Urlaubsstaat (insbes. Risikobewertung durch Reisewarnungen des Auswärtigen Amtes), Vertrautheit des Kindes mit dem Kulturkreis, Herkunftsbiographie des Kindes, konkrete Gefahr einer Kindesentführung (OLG Hamburg BeckRS 2011, 20661 = FamRZ 2012, 562; OLG Karlsruhe BeckRS 2015, 00946 = FamRZ 2015, 150; KG BeckRS 2016, 107594 = FamRZ 2016, 2111; OLG Frankfurt a.M. BeckRS 2016, 13326 = FamRZ 2016, 1595). In Zeiten der Covid-19-Pandemie kam Reisen vermehrt erhebliche Bedeutung zu; Überblick bei Erb-Klünemann/Höhn FamRB 2020, 37 (39).

Für die Frage, ob dem antragstellenden Elternteil die Entscheidungsbefugnis über den Auslandsumzug übertragen wird, ist entscheidend, ob es dem Kindeswohl mehr entspricht, wenn die gegenseitige Blockierung der Eltern durch Übertragung der Entscheidungskompetenz auf einen Elternteil beseitigt oder die Angelegenheit durch Antragszurückweisung beim gegenwärtigen Zustand belassen wird (OLG Köln BeckRS 45328 = FamRZ 2020, 997); Überblick zu den Regelungen bzgl. Auslandsumzug und -reise in ausländischen materiellen Rechtsvorschriften bei Martiny FamRZ 2012, 1765.

Betreffend die **Ausstellung eines deutschen Passes** für das Kind gibt Nr. 6.1.3.4. Passverwaltungsvorschrift dem Elternteil, bei dem sich das Kind gewöhnlich aufhält, das alleinige Antragsrecht. Es besteht deswegen kein Regelungsbedürfnis für ein Sorgerechtsverfahren. Anders ist dies, wenn es um ausländische Pässe geht; zum Anspruch des umgangs- oder sorgeberechtigten Elternteiles auf **Passherausgabe** nach §§ 1632 Abs. 1, 1684 Abs. 2 BGB analog BGH BeckRS 2019, 7520 = NJW-RR 2019, 897.

Zur Anerkennung, Vollstreckbarerklärung und Vollstreckung ausländischer Entscheidungen → Form. D.III.4 Anm. 4.

4. Der Aufrechterhaltung des regelmäßigen Kontakts mit dem nicht aufenthaltsbestimmungsberechtigten Elternteil kommt gerade auch bei Auslandsumzug besondere Bedeutung zu (BVerfG BeckRS 2003, 23827 = FamRZ 2003, 1731).

2. Rückführungsantrag für ein entführtes Kind nach dem HKÜ; Variante: Kind jetzt im Inland (eingehender Fall)

An das

Amtsgericht

– Familiengericht –[1, 2]

Antrag

In der Familiensache

des Herrn . . . . . (Ausland) – Antragsteller –

Verfahrensbevollmächtigte: Rechtsanwältin . . . . .

gegen

Frau . . . . . (Inland) – Antragsgegnerin –

wegen: Rückführung des Kindes . . . . ., geb. . . . . ., nach dem Haager Kindesentführungsübereinkommen vom 25.10.1980 (HKÜ)

Namens und in Vollmacht des Antragstellers beantrage ich,

1. die Ag. zu verpflichten, das Kind . . . . ., geb. . . . . ., derzeitige Anschrift . . . . . (Inland), ab Wirksamkeit[3] dieses Beschlusses nach (Staat; hier: Polen) zurückzuführen.
2. Kommt die Ag. der Verpflichtung zu 1. nicht nach, so ist sie und jede andere Person, bei der sich das Kind . . . . ., geb. . . . . ., aufhält, zu verpflichten, das Kind . . . . ., derzeit wohnhaft bei der Ag., sowie die im Besitz dieser Person befindlichen, dem Kind gehörenden persönlichen Gegenstände sowie den Reisepass des Kindes[4] an den Ast. oder eine von diesem bestimmte Person zum Zwecke der Rückführung nach (Staat, hier: Polen) herauszugeben.[5]
3. die Kosten des Verfahrens einschließlich der Vollstreckungskosten und Rückführungskosten der Ag. aufzuerlegen und
4. den Gegenstandswert für die Rechtsanwaltsgebühren festzusetzen.[6]

Es wird beantragt, dem Ast. für das Verfahren Verfahrenskostenhilfe unter Beiordnung der Unterzeichnerin zu bewilligen, ohne dass die Zustellung des Antrages hiervon abhängig gemacht wird.[7]

Es wird darauf hingewiesen, dass mit beigefügten, gesonderten zwei Schriftsätzen vom heutigen Tag der Erlass von Sicherungsmaßnahmen sowie die Regelung von Umgang des Ast. mit dem Kind während des Rückführungsverfahrens im Wege einstweiliger Anordnungen beantragt werden.[8]

Begründung:

1. Der Ast. begehrt von der Ag. die sofortige Rückführung des Kindes . . . . ., geb. . . . . . in . . . . . ., nach (Staat, hier: Polen) auf der Grundlage des Haager Übereinkommens vom 25.10.1980 über die zivilrechtlichen Aspekte internationaler Kindesentführung (im Folgenden „HKÜ") iVm Art. 22 ff. Brüssel IIb-VO (Brüssel IIb-VO nur im Fall der Rückführung in einen EU-Staat mit Ausnahme von Dänemark). Die Zuständigkeit des angerufenen Gerichts folgt aus §§ 11, 12 des Gesetzes zum internationalen Familienrecht (im Folgenden „IntFamRVG"), da sich das Kind, auf das sich der Antrag bezieht, derzeit im Bezirk des Oberlandesgerichtes . . . . aufhält.
2. Die Eltern des entführten Kindes heirateten am . . . . . in . . . . ./Polen. Am . . . . . wurde ihr Kind . . . . . dort geboren. Die Familie lebte in . . . . ./Polen.

   Beweis: Anlagen: Heirats- und Geburtsurkunde, behördliche Anmeldung

   Nach Art. 92 des polnischen Familien- und Vormundschaftsgesetzbuches vom 25.2.1964 (im Folgenden „FVG") haben Eltern für die während der Ehe geborenen Kinder gemeinsame elterliche Sorge. Eine anderweitige Regelung bei Trennung oder Scheidung nach Art. 107 FVG war zum Zeitpunkt des Wegzugs nicht getroffen.

   Beweis: Anlage: Auszug aus dem polnischen Familien- und Vormundschaftsgesetzbuch vom 25.2.1964

   Im Jahr . . . . verschlechterte sich die Beziehung der Kindeseltern. Nach einem Streit am . . . . . lebten sie getrennt innerhalb der Ehewohnung. Am . . . . . verließ die Ag. zusammen mit dem Kind . . . . . heimlich den gewöhnlichen Aufenthaltsort in Polen und brachte das Kind ohne Wissen des Ast. nach Deutschland in der Absicht, hier mit dem Kind zu verbleiben. Sie wohnt seitdem zusammen mit dem Kind im Haus ihrer Eltern in . . . . . Der Wegzug war nicht mit dem Ast. abgesprochen. Dieser war und ist auch in keiner Weise hiermit einverstanden.

   Bereits am . . . . . stellte die Ag. beim Wohnsitzgericht in . . . . ./Deutschland, Az. . . . ., den Antrag, ihr im Wege der einstweiligen Anordnung die elterliche Sorge für . . . . . allein zu übertragen. Das Gericht hat mündliche Verhandlung anberaumt auf den . . . . . Dieses Verfahren wird alsbald von Amts wegen nach § 13 Abs. 2 IntFamRVG an das Rückführungsgericht abzugeben sein, wobei Art. 16 HKÜ gilt.[9]

   Mit Schreiben v. . . . . . forderte der Ast. die Ag. vergeblich zur freiwilligen Rückführung des Kindes auf.

   Beweis: Anlage: Aufforderungsschreiben vom . . . . .
3. Die Verpflichtung zur Herausgabe des Kindes . . . . . zum Zwecke seiner Rückführung nach Polen folgt aus Art. 12 Abs. 1, 3 HKÜ iVm Art. 22 ff. Brüssel IIb-VO (Brüssel IIb-VO nur im Fall der Rückführung in einen EU-Staat mit Ausnahme von Dänemark).

   Das Übereinkommen gilt zwischen Deutschland und Polen seit dem 1.2.1993.[10] Das Verbringen des Kindes am . . . . . fand nach der Wirksamkeit des Übereinkommens zwischen den zwei Staaten statt.

   Das Kind ist unter 16 Jahre alt, Art. 4 S. 2 HKÜ.

   Das Kind . . . . . wurde von der Antragsgegnerin am . . . . . widerrechtlich nach Deutschland verbracht iSd Art. 3 HKÜ.[11] Es hatte seinen gewöhnlichen Aufenthalt zu

diesem Zeitpunkt in Polen.[12] Es lebte seit seiner Geburt in . . . . ./Polen. Es besuchte dort den Kindergarten und war sozial integriert. Seine Aufenthalte in Deutschland waren immer nur kürzere Ferienaufenthalte bei den Großeltern mütterlicherseits.
Die Ag. entschied trotz gemeinsamen Sorgerechts eigenmächtig über den Auslandsumzug des Kindes und verletzte dadurch das Mitsorgerecht des Ast. iSd Art. 3 Abs. 1 lit. a HKÜ. Denn nach polnischem Recht . . . . . (Ausführungen zur Sorgerechtslage nach ausländischem Recht).[13] Mit dem Umzug des Kindes nach Deutschland war und ist der Ast. nicht einverstanden. Der Ast. übte sein Sorgerecht zum Zeitpunkt des Verbringens auch tatsächlich aus iSd Art. 3 Abs. 1 lit. b HKÜ, indem er mit dem Kind zusammenwohnte und für dieses sorgte.
Der Ast. begehrt die schnellstmögliche Rückführung des Kindes nach Polen. Rein vorsorglich wird bereits jetzt darauf hingewiesen, dass die Ag. keinen der restriktiv auszulegenden Ausnahmetatbestände wird beweisen können. Es liegen keinerlei Gesichtspunkte vor, die zu einer Versagung der Rückführung führen könnten.[14]
So wird sie, wie bereits ausgeführt, nicht beweisen können, dass der Ast sein Sorgerecht tatsächlich nicht ausgeübt hat iSd Art. 13 Abs. 1 lit. a HKÜ.[15]
Soweit die Ag. sich vorprozessual wahrheitswidrig darauf berufen hat, der Ast. habe dem Umzug nach Deutschland zugestimmt, wird sie auf ihre Darlegungs- und Beweislast hingewiesen. Der Ast. hat dem Umzug nach Deutschland weder zugestimmt noch diesen genehmigt, Art. 13 Abs. 1 lit. a HKÜ.[16] Er war völlig überrascht, als er am . . . . . nach Rückkehr von der Arbeit feststellen musste, dass Mutter und Kind nicht mehr da waren. Erst durch telefonische Nachfrage bei seinen Schwiegereltern am selben Tag erfuhr er, dass Mutter und Kind sich nun in Deutschland aufhalten.
Die Rückführung des Kindes wird mit keiner schwerwiegenden Gefahr eines körperlichen oder seelischen Schadens für das Kind verbunden sein, Art. 13 Abs. 1 lit. b 1. Alt. HKÜ.[17] Die Ag. beruft sich vorprozessual darauf, dass der Ast. ihr gegenüber wiederholt, auch in Gegenwart des Kindes, häusliche Gewalt verübt habe. Dieser Vortrag, der nicht hinreichend substantiiert ist, wird bestritten. Es ist nie zu häuslicher Gewalt gekommen. Das Verhältnis zwischen dem Ast. und dem Kind ist innig. In einem Telefonat hat das Kind dem Vater noch letzte Woche gesagt, dass es ihn und die Freunde in Polen vermisse.
Die Rückführung wird das Kind auch nicht anderweitig in eine unzumutbare Lage iSd Art. 13 Abs. 1 lit. b 2. Alt. versetzen.[19]
Im Übrigen würde im Fall des Vorliegens eines Ausnahmetatbestands nach Art. 13 Abs. 1 lit. b HKÜ die weitere Einschränkung des Art. 27 Abs. 3 Brüssel IIb-VO gelten (Brüssel IIb-VO nur im Fall der Rückführung in einen EU-Staat mit Ausnahme von Dänemark).[18]
Das Kind widersetzt sich auch nicht der Rückführung bei ausreichendem Alter und ausreichender Reife iSd Art. 13 Abs. 2 HKÜ.[20] Im Gegenteil hat es in dem angeführten Telefonat letzte Woche angegeben, er freue sich zurückzukehren.
Schließlich erscheint die Rückgabe nach den Grundwerten über den Schutz der Menschenrechte und Grundfreiheiten nicht unzulässig, Art. 20 HKÜ.[21]
Die Jahresfrist des Art. 12 Abs. 2 HKÜ ist nicht abgelaufen, so dass es auf ein eventuelles Einleben des Kindes in der neuen Umgebung nicht ankommt.[22]
Dieser Rückführungsantrag ist nicht auf die Regelung der elterlichen Sorge gerichtet, Art. 19 HKÜ. Ein widerrechtlich entführtes Kind ist schnellstmöglich in den Staat seines gewöhnlichen Aufenthaltes zurückzuführen, damit die dortigen Gerichte über elterliche Sorge und Umgang entscheiden können. Diese sofortige Wiederherstellung des status quo ante dient dem Wohl des Kindes. Hierdurch bleibt die Kontinuität seiner Lebensbedingungen erhalten.[23]
Da es sich bei dem Rückführungsverfahren um ein vorrangig und beschleunigt zu betreibendes Verfahren handelt, Art. 11 HKÜ, Art. 24 Brüssel IIb-VO (Brüssel IIa-

VO/IIb-VO nur im Fall der Rückführung in einen EU-Staat mit Ausnahme von Dänemark), § 38 Abs. 1 IntFamRVG, wird die möglichst kurzfristige Anberaumung eines Anhörungstermins beantragt.
Der Ast. wird den Termin persönlich wahrnehmen, wobei darauf hingewiesen wird, dass er eines Dolmetschers für die . . . . . Sprache bedarf.[24]

4. Der Kostenantrag folgt aus § 20 Abs. 2 IntFamRVG iVm §§ 81, 92 Abs. 2 FamFG, Art. 26 Abs. 4 S. 4 HKÜ, der Antrag auf Festsetzung des Wertes für die Rechtsanwaltsgebühren aus § 33 RVG.
5. Es wird angeregt zu prüfen, ob dieses Verfahren für eine Mediation geeignet ist.[25] Der Ast. ist an einer Mediation parallel zum Gerichtsverfahren interessiert. Die Ag. hat auf sein diesbezügliches Angebot bislang nicht reagiert.
6. Der Ast. ist nach seinen persönlichen und wirtschaftlichen Verhältnissen nicht in der Lage, die Kosten des Verfahrens aufzubringen. Auf die beigefügte Erklärung über die persönlichen und wirtschaftlichen Verhältnisse wird Bezug genommen. Da der Ast. seinen Wohnsitz im Ausland hat, wird nach § 78 Abs. 2 FamFG die Beiordnung der Unterzeichnerin beantragt. Nur auf diese Weise können die Rechte des Ast. im Verfahren und insbes. auch in der mündlichen Verhandlung in erforderlicher Weise wahrgenommen werden.
Die Einleitung des Verfahrens wird nicht von der Bewilligung von Verfahrenskostenhilfe abhängig gemacht. Es wird gebeten, die Entscheidung über die Bewilligung der Verfahrenskostenhilfe und die Beiordnung der Rechtsanwältin unter Abkürzung der Fristen schnellstmöglich, in jedem Fall jedoch rechtzeitig vor dem Termin zu treffen.
7. Für den Fall der Zuwiderhandlung gegen die Anordnungen wird bereits jetzt beantragt, dem Ast. Verfahrenskostenhilfe für das Zwangsvollstreckungsverfahren unter Beiordnung der Unterzeichnerin zu bewilligen.
Die Vollstreckung erfolgt durch das Gericht von Amts wegen, § 44 Abs. 3 IntFamRVG.[26] Gleichwohl erfordert die Vollziehung einer wirksamen Rückführungsentscheidung zugunsten des im Ausland lebenden Ast.s die Begleitung durch einen Rechtsanwalt vor Ort.
Gemäß § 90 Abs. 1 Nr. 3 FamFG kann das Gericht unmittelbaren Zwang anordnen, wenn die alsbaldige Vollstreckung der Entscheidung unbedingt geboten ist. Dies ist gemäß § 97 FamFG iVm dem Beschleunigungsgrundsatz nach Art. 2, 11 Abs. 1 HKÜ, Art. 24 Brüssel IIb-VO (Brüssel IIb-VO nur im Fall der Rückführung in einen EU-Staat mit Ausnahme von Dänemark) in Fällen internationaler Kindesentführung regelmäßig der Fall.
Erfolgt die Herausgabe des Kindes nicht freiwillig, so wird bereits jetzt angeregt, die geeigneten Maßnahmen anzuordnen, insbesondere
   a) die Ag. darauf hinzuweisen, dass das Gericht im Fall der Zuwiderhandlung gegen die Verpflichtung zu 2. gemäß § 44 Abs. 3 IntFamRVG iVm § 89 FamFG ein Ordnungsgeld bis zu 25.000 EUR sowie für den Fall, dass Ordnungsgeld nicht beigetrieben werden kann oder die Anordnung eines Ordnungsgeldes keinen Erfolg verspricht, Ordnungshaft bis zu 6 Monaten anordnen kann,[27]
   b) den Gerichtsvollzieher zu beauftragen und zu ermächtigen, das Kind der Ag. oder jeder anderen Person, bei der sich das Kind aufhält, wegzunehmen und es dem Ast. oder einer von ihm bestimmten Person an Ort und Stelle zu übergeben,[28]
   c) den Gerichtsvollzieher zu beauftragen und zu ermächtigen, zur Durchsetzung der Herausgabe unmittelbaren Zwang gegen jede zur Herausgabe verpflichtete Person[29] und erforderlichenfalls auch gegen das Kind nach Maßgabe des § 90 Abs. 2 FamFG anzuwenden,
   d) den Gerichtsvollzieher zum Betreten und zur Durchsuchung der Wohnung der Ag. und der Wohnung jeder anderen Person, bei der sich das Kind aufhält, zu ermächtigen,[30]

e) dem Gerichtsvollzieher die Befugnis zu erteilen, die vorgenannten Vollstreckungsmaßnahmen auch zur Nachtzeit und an Sonn- und Feiertagen vorzunehmen,
f) den Gerichtsvollzieher zur Hinzuziehung polizeilicher Vollzugsorgane zu ermächtigen,
g) das Jugendamt in . . . . . . gem. § 9 Abs. 1 IntFamRVG zu verpflichten,
aa) Vorkehrungen zur Gewährleistung der sicheren Herausgabe des Kindes . . . . . an den Ast. zu treffen,
bb) das Kind nach Vollstreckung der Herausgabe ggfs. vorläufig bis zur Rückführung in die Obhut einer für geeignet befundenen Einrichtung oder Person zu geben.

8. Der Ag. sind neben den Verfahrenskosten die Vollstreckungskosten sowie die Rückführungskosten nach § 44 Abs. 1 IntFamRVG gemäß § 92 Abs. 2 FamFG aufzuerlegen.

Rechtsanwältin

Anmerkungen

1. Das HKÜ (BGBl. 1990 II 206) regelt die zivilrechtlichen Folgen einer internationalen Kindesentführung. Wird ein Kind unter Verletzung des Sorge- bzw. Mitsorgerechts in einen anderen Staat verbracht oder dort zurückgehalten, gibt es demjenigen, der in seinem Sorgerecht verletzt ist, das Recht, einen Antrag auf Rückführung des Kindes in den Heimatstaat zu stellen. Dieser Rückführungsantrag wird in dem Staat gestellt, in dem sich das Kind aktuell aufhält. Hierdurch soll sichergestellt werden, dass das Kind schnellstmöglich wieder in den Heimatstaat zurückkehrt, der status quo ante wiederhergestellt wird. So können die Gerichte im Heimatstaat, die insoweit allein international zuständig sind, alsbald über Sorge und Umgang entscheiden. Allgemeine Informationen zum HKÜ im erläuternden Bericht von Pérez-Vera unter https://www.bundesjustizamt.de/SharedDocs/Downloads/DE/HKUE/hkue_erl_bericht_perez_vera.pdf?__blob=publicationFile&v=1 (Stand 31.10.2025), Andrae IntFamR § 9 E; Niethammer-Jürgens/Erb-Klünemann IntFamR Teil 8, NK-BGB/Erb-Klünemann, Anhang III zu Art. 24 EGBGB; Staudinger/Pirrung BGB – EGBGB/IPR, 2018; zur Durchsetzung von Rückführungsansprüchen nach dem HKÜ Dutta/Scherpe FamRZ 2006, 901.

Im Falle eines Rückführungsantrages zwischen EU-Staaten (außer Dänemark) gelten für nach dem 1.8.2022 eingeleitete Verfahren ergänzend Art. 22–29 **Brüssel IIb-VO,** → Form. A.V.4 Anm. 2 und → Form. D.III.1 Anm. 1: Es gibt zeitliche Bearbeitungsvorgabe für die Zentralen Behörden, Art. 23 Abs. 2 Brüssel IIb-VO, für die Gerichte erster und der Rechtsmittelinstanz, Art. 24 Brüssel IIb-VO sowie für das Vollstreckungsverfahren, Art. 28 Brüssel IIb-VO. Art. 26, 21 Brüssel IIb-VO enthalten erstmalig einen autonomen Standard für die Kindesanhörung. Art. 27 Abs. 3 – Abs. 5 Brüssel IIb-VO ergänzende Regelungen zur Anwendung des Art. 13 Abs. 1 lit. b HKÜ im Verhältnis der Mitgliedstaaten, die die sowieso schon hohen Anforderungen für die Annahme des Ausnahmetatbestands weiter erhöhen. Es besteht für die Gerichte des Herkunftsstaats und das mit dem Rückführungsverfahren befasste Gericht selbst die Möglichkeit, Schutzmaßnahmen zu erlassen. Diese Schutzmaßnahmen gelten nicht nur in dem Mitgliedstaat, in dem sie erlassen worden sind, sondern sind in allen anderen Mitgliedstaaten anzuerkennen und zu vollstrecken, Art. 2 Abs. 1 lit. b Brüssel IIb-VO. Eine Rückführungsentscheidung kann für vorläufig vollstreckbar erklärt werden, wenn die Rückgabe des Kindes vor der Entscheidung über den Rechtsbehelf aus Kindeswohlgründen erforderlich ist, Art. 27 Abs. 6, wofür in Deutschland nach § 40 Abs. 2 IntFamRVG das OLG zuständig ist. Rückführungsentscheidungen nach dem HKÜ aus einem Mitgliedstaat unterliegen in anderen Mitgliedstaaten den Anerkennungs- und Vollstreckungsregelungen der Brüssel IIb-VO, Art. 2 Abs. 1 lit. a, s. auch Erwägungsgrund 16 Brüssel IIb-VO. So kann die Rückführungsentscheidung, wenn ein Kind nach der Entscheidung und vor deren Vollzug in einen anderen, also dritten Mitgliedstaat entführt wird, anstelle der sonst bestehenden Erforderlichkeit, dort ein neues Rückführungsverfahren zu führen, dort vollstreckt werden. Im Fall der Zurückweisung des Rückführungsantrag nur wegen Art. 13 Abs. 1 lit. b oder Abs. 2 HKÜ setzt der sogen. Rückklappmechanismus des Art. 29 Brüssel IIb-VO ein.

Das HKÜ wird ergänzt durch das **IntFamRVG** als deutschem Ausführungsgesetz (dazu Janzen/Wagner, Die IntFamRVG-Novelle nach der Neufassung der EuEheVO, IPRax 2022, 545 ff.). Zu den relevanten Vorschriften und weiteren Informationen: https://www.bundesjustizamt.de/DE/Themen/Familieinternational/Sorgerecht/Recht/Rechtliches_node.html (Stand 31.10.2025) und https://www.hcch.net/de/instruments/specialised-sections/child-abduction (Stand 31.10.2025), dort auch die internationale Rechtsprechungsdatenbank INCADAT.

Zum Rückführungsverfahren auf der Grundlage des **ESÜ** → Form. D.III.3 Anm. 5.

Praktische Hinweise im Fall einer Kindesentführung hält die deutsche Zentrale Anlaufstelle für grenzüberschreitende Kindschaftskonflikte (**ZAnK**) unter https://zank.de (Stand 31.10.2025) bereit.

Ein Antrag auf Rückführung des Kindes in den Heimatstaat kann in Deutschland durch das Bundesamt für Justiz (BfJ) als deutscher Zentraler Behörde gestellt werden, Art. 7 Abs. 2 lit. f HKÜ iVm § 6 Abs. 2 IntFamRVG. Dies ist aber ebenso wenig zwingend wie eine anwaltliche Vertretung, Art. 29 HKÜ. § 114 FamFG gilt nicht.

2. Erstinstanzlich ist in Deutschland nach §§ 11, 12 **IntFamRVG** das Amtsgericht, in dessen Bezirk ein Oberlandesgericht seinen Sitz hat, als Spezialgericht für die sich im gesamten OLG-Bezirk zum Zeitpunkt des Antrags bei der Zentralen Behörde aufhaltenden Kinder, sonst dort, wo das Bedürfnis der Fürsorge bekannt geworden ist, örtlich ausschließlich zuständig. Für Berlin gilt § 12 Abs. 2 IntFamRVG. Niedersachsen hat als einziges Bundesland von § 12 Abs. 3 IntFamRVG dergestalt Gebrauch gemacht, dass das AG Celle erstinstanzlich für sämtliche Rückführungsanträge in Niedersachsen zuständig ist. Eine Liste der in Deutschland zuständigen spezialisierten Gerichte findet sich unter https://www.bundesjustizamt.de/DE/Themen/Familieinternational/Sorgerecht/Gerichte/Gerichte_node.html (Stand 31.10.2025).

3. Nach § 40 Abs. 1 IntFamRVG wird die Rückgabeentscheidung erst mit Rechtskraft wirksam. Die Beschwerde ist innerhalb 2 Wochen einzulegen und zu begründen, § 40 Abs. 2 S. 2 IntFamRVG. Das OLG kann die sofortige Wirksamkeit der angefochtenen Rückführungsentscheidung anordnen, § 40 Abs. 3 IntFamRVG. Eine Rechtsbeschwerde ist nach § 40 Abs. 2 S. 4 IntFamRVG ausgeschlossen. Eine Verfassungsbeschwerde zum BVerfG setzt die Erschöpfung des Rechtswegs voraus, § 90 Abs. 2 S. 1 BVerfGG. Es besteht die Möglichkeit einer einstw. Anordnung auf Aussetzung des Vollzugs nach § 32 Abs. 1 BVerfGG. Das BVerfG berücksichtigt, wenn der Ausgang der Verfassungsbeschwerde offen ist, den Zweck des HKÜ. Außer im Fall ungewöhnlich schwerer Nachteile für das Kind lehnt es regelmäßig die einstweilige Aussetzung des Vollzugs ab, um den Zweck des HKÜ nicht zu beeinträchtigen; BVerfG BeckRS 2016, 49002 = FamRZ 2016, 1571 mAnm Finger NZFam 2016, 816; BVerfG BeckRS 2019, 30710 = FamRZ 2020, 251.

4. Der Herausgabeanspruch betr. **Pass** (nach §§ 1632 Abs. 1, 1684 Abs. 2 BGB analog, BGH BeckRS 2019, 7520 = NJW-RR 2019, 897) und persönlicher Gegenstände (Götz FamRZ 2016, 519) ist ein Annexanspruch zum Rückführungsanspruch.

5. Es handelt sich um ein **beschleunigtes Verfahren** auf schnellstmögliche Rückführung des entführten Kindes in das Heimatland. Das Verfahren ist zügig zu bearbeiten, Art. 2 S. 2, 11 Abs. 1 HKÜ (BVerfG BeckRS 9998, 55339 = FamRZ 1996, 405). Zwischen EU-Staaten außer Dänemark gibt es eine detaillierte Verpflichtung für die Zentrale Behörde in Art. 23 Brüssel IIb-VO, und für jede Gerichtsinstanz gilt eine sechswöchige Frist bis zur Entscheidung, Art. 24 Brüssel IIb-VO. Es geht um die schnellstmögliche Wiederherstellung des status quo ante, nicht um eine Vorwegnahme einer Sorgerechtsentscheidung, Art. 19 HKÜ. Es handelt sich in Deutschland um ein eilig zu betreibendes Hauptsacheverfahren mit einer summarischen Tatsachenprüfung, in dem eine bloße Glaubhaftmachung nicht ausreicht (OLG Saarbrücken BeckRS 2010, 29590 = FamRZ 2011, 1235). Es wird der volle Beweis verlangt, wobei damit zu rechnen ist, dass das Gericht die Beweismittel auf diejenigen beschränkt, die präsent oder unschwer zu erheben sind (AG Saarbrücken LSK 2003, 280044 = FamRZ 2003, 398). Ein Sachverständigengutachten wird aufgrund des Beschleunigungsgrundsatzes regelmäßig nicht eingeholt (OLG Karlsruhe BeckRS 2001, 30211589 = FamRZ 2002, 1141). Eine einstweilige Anordnung auf Erlass einer Rückführungsentscheidung ist nicht zulässig. Die Rückführungsentscheidung bedeutet keine Sachentscheidung über das Sorgerecht. Sie ist von einer sorgerechtlichen Herausgabeentscheidung aus dem Herkunftsstaat zu unterscheiden, die nach den Regeln der Brüssel IIb-VO, → Form. D.III.4 Anm. 4, dem KSÜ oder autonomen Recht zu vollstrecken ist.

6. Wegen der Kosten gelten § 20 Abs. 2 IntFamRVG, §§ 81, 92 Abs. 2 FamFG entspr. Nach Art. 26 Abs. 4 S. 4 HKÜ kann das Gericht der antragsgegnerischen Partei auch die der antragstellenden Partei entstandenen notwendigen Kosten, wie insbes. Reisekosten, Kosten zum Auffinden des Kindes, deren Rechtsvertretung und Kosten für die Rückgabe des Kindes auferlegen (Finger ZfJ 1999, 15). Es erfolgt keine Festsetzung des Gegenstandswertes von Amts wegen (OLG Nürnberg BeckRS 2018, 17532 = NJW-RR 2018, 1277). Es fallen Gerichtsgebühren nach Anl. 1 zu § 3 Abs. 2 FamGKG, Hauptabschnitt 7, Verfahren mit Auslandsbezug KV 1710 Nr. 1, 1720 FamGKG (zzt. erstinstanzlich 288 EUR, zweitinstanzlich 432 EUR) an. Die Wertfestsetzung für die Rechtsanwaltsgebühren erfolgt auf Antrag nach § 33 RVG und dürfte regelmäßig über 5.000 EUR liegen.

7. Deutschland hat den Vorbehalt nach Art. 26 Abs. 3, 42 HKÜ eingelegt. Kostenbefreiung besteht nur bei VHK-Bewilligung, Art. 25 HKÜ, § 43 IntFamRVG. Vorschusspflicht besteht nicht, §§ 14 Abs. 1, Abs. 3, 21 Abs. 1 S. 2 FamGKG.

Nichtamtliche Übersetzungen des Formulars zur Erklärung über die persönlichen und wirtschaftlichen Verhältnisse in verschiedenen Sprachen finden sich unter https://www.bundesjustizamt.de/DE/Themen/Familieinternational/Sorgerecht/Formulare/Formulare_node.html (Stand 31.10.2025).

8. Einstweilige Anordnungen gerichtet auf Maßnahmen für die Dauer des Verfahrens können in einem gesonderten Verfahren nach § 15 IntFamRVG beantragt werden; zwischen EU-Mitgliedstaaten außer Dänemark iVm Art 27 Abs. 5, 15 Brüssel IIb-VO, sonst iVm Art. 7 Abs. 3, 11 Abs. 1, 50 KSÜ. Dies können Sicherungsmaßnahmen sein, wenn konkrete Anhaltspunkte glaubhaft gemacht werden, dass es der Sicherung des Aufenthaltsortes des Kindes während des Rückführungsverfahrens bedarf, → Form. D.III.5. Es kann auch der Umgang der antragstellenden Partei mit dem Kind für die Dauer des Rückführungsverfahrens geregelt werden (zu Einzelheiten Limbrock FamRZ 1999, 1631; § 38 Abs. 2 IntFamRVG verpflichtet das deutsche Gericht, die Anordnung derartigen Umgangs in jeder Lage des Verfahrens zu prüfen). Für eine dauerhafte Umgangsregelung sowie die Regelung von Umgang mit anderen Bezugspersonen als der antragstellenden Partei im Rückführungsverfahren fehlt dem deutschen Gericht dagegen die internationale Zuständigkeit. Vorwegnahmen der Hauptsache dürfen nicht beantragt werden.

9. Bezüglich der Sachentscheidung in einem ggf. in Deutschland ebenfalls anhängigen Verfahren über die elterliche Sorge entfaltet der Rückführungsantrag auch für das Spezialgericht Sperrwirkung, Art. 16 HKÜ (OLG Hamm BeckRS 1999, 31160325 = FamRZ 2000, 373). Nach Wegfall der Sperre (dazu OLG Bremen NJW-RR 2017, 115 mAnm Riegner NZFam 2017, 765 und Gruber/Möller IPRax 2019, 221), ist die Frage der internat. Zuständigkeit genau zu prüfen sein. Art. 7 ff. Brüssel IIb-VO, insbes. Art. 7 Abs. 1 Brüssel IIb-VO, wenn der gewöhnliche Aufenthalt weiterhin in einem an die Brüssel IIb-VO gebundenen Herkunftsstaat liegt, sonst Art. 9 Brüssel IIb-VO, wenn der gewöhnliche Aufenthalt trotz Entführung gewechselt hat, und Art. 5, 7 KSÜ können einschlägig sein, → Form. D.III.1 Anm. 1, 3. Art. 16 HKÜ hindert nicht die Entscheidung im Nichtanerkennungsverfahren nach Art. 21 Abs. 3 Brüssel IIa-VO bzw. Art. 40 Brüssel IIb-VO (BGH BeckRS 2011, 10616 = FamRZ 2011, 959).

10. Das HKÜ ist das Haager Übereinkommen mit der größten Anzahl an Vertragsstaaten. Es gilt zZt. in 103 Staaten (Stand 31.10.2025); s. weltweite Vertragsstaatenliste unter https://www.hcch.net/en/instruments/conventions/status-table/?cid=24 (Stand 31.10.2025). Dies bedeutet nicht, dass das HKÜ in Bezug auf jeden anderen Vertragsstaat gilt. Für Deutschland gilt es in Bezug auf andere Mitgliedstaaten iSd Art. 37 HKÜ und in Bezug auf Beitrittsstaaten iSd Art. 38 Abs. 1 HKÜ dann, wenn Deutschland den Beitritt angenommen hat, Art. 38 Abs. 4, 5 HKÜ. Eine übersichtliche Länderliste zur Geltung in Bezug auf Deutschland findet sich unter

https://www.bundesjustizamt.de/SharedDocs/Downloads/DE/HKUE/Vertragsstaaten.pdf?__blob=publicationFile&v=1 (Stand 31.10.2025).

11. Widerrechtliches Verbringen oder Zurückhalten des Kindes iSd Art. 3 HKÜ bedeutet:

a) Das Kind hatte seinen gewöhnlichen Aufenthaltsort in einem anderen Vertragsstaat, Art. 4 S. 1 HKÜ, → Anm. 12.
b) Das Kind hält sich jetzt in Deutschland auf.
c) Das Verbringen bzw. Zurückhalten ist widerrechtlich, → Anm. 13.

Anders als in den meisten anderen HKÜ-Staaten, in denen die antragstellende Partei insoweit die Darlegungs- und Beweislast trägt, gilt in Deutschland in Bezug auf diese Voraussetzungen der Amtsermittlungsgrundsatz.

12. Der Begriff des **gewöhnlichen Aufenthaltes** kann, jedenfalls nicht primär, durch Rückgriff auf nationale Vorschriften definiert werden (BGH BeckRS 2002, 30263390 = FamRZ 2002, 1182). Es bedarf einer auf völkerrechtlicher Ebene autonomen und einheitlichen Bestimmung (OLG Saarbrücken BeckRS 2010, 29590 = FamRZ 2011, 1235). Dabei kann auf die vom EuGH zu Art. 8 Brüssel IIa-VO entwickelten Kriterien zurückgegriffen werden, → Form. D.III.1 Anm. 1. Der gewöhnl. Aufenthalt ist ein Aufenthalt, der Ausdruck gewisser Integration in ein soziales und familiäres Umfeld ist, wobei sich das Kind in dem Staat bereits aufgehalten haben muss. Es kommt insoweit auf die soziale und familiäre Integration in einem Staat, Ort und Umstände des Schul-/Kindergartenbesuchs, Sprachkenntnisse, sonstige familiäre und soziale Bindungen im Staat, Dauer, Regelmäßigkeit und Umstände des Aufenthalts, Gründe für den Aufenthalt sowie für einen Umzug der Familie und die Staatsangehörigkeit an (EuGH BeckRS 2009, 70389 = NJW 2009, 1868). Haben die Sorgeberechtigten die Übersiedlung entschieden, so wechselt der gewöhnl. Aufenthalt mit dem Umzug des Kindes, selbst wenn eine anschließende Trennung der Eltern dazu führt, dass ein Elternteil den vorgesehen Umzug nicht vornimmt (OLG Karlsruhe BeckRS 2008, 13312 FamRZ 2009, 239). Mehrere gewöhnliche Aufenthalte dürften nicht möglich sein (so betr. Eheleute EuGH BeckRS 2021, 35956 = FamRZ 2022, 215 mAnm Berner), wohl aber kein gewöhnlicher Aufenthalt (AG Hamm BeckRS 2014, 13983).

13. **Widerrechtlichkeit** bedeutet die Verletzung des Sorgerechts, Art. 3 Abs. 1 lit. a HKÜ, wobei das **Mitspracherecht in wichtigen Fragen der Personensorge und der Aufenthaltsbestimmung** ausreicht (BVerfG BeckRS 9998, 01675 = FamRZ 1997, 1269). Der US-Supreme Court erachtet das „ne exeat Recht" (gerichtliches Verbot, das Kind aus der gerichtlichen Zuständigkeit zu entfernen) für ausreichend (17.5.2010 – 08-645 – Abbott; https://www.incadat.com/en/case/1029, Stand 31.10.2025). Die Verletzung des Umgangsrechts reicht nicht aus (OLG Stuttgart BeckRS 2000, 13350 = FamRZ 2001, 645). Es ist auf die Entscheidungsbefugnis über den Auslandsumzug abzustellen. Entscheidend ist die Rechtslage des Staates des gewöhnlichen Aufenthaltes des Kindes, wie sie sich aus Gesetzeslage oder durch Regelung ergibt, wobei es keines Anerkennungsverfahrens bedarf, Art. 14 HKÜ. Das deutsche Gericht hat von Amts wegen zu ermitteln, grundsätzlich wegen der besonderen Eilbedürftigkeit ohne Gutachten. Verfahrensbeschleunigende anwaltliche Ausführungen sind hilfreich.

Informationen zur elterlichen Verantwortung in EU-Staaten finden sich unter https://e-justice.europa.eu/topics/family-matters-inheritance/parental-responsibility-child-custody-and-contact-rights_de (Stand 31.10.2025); weltweit: Henrich/Dutta/Ebert IntEheR; Rieck, AuslFamR. Vorsicht ist insoweit geboten, als es in vielen Staaten selbst dann, wenn alleinige Sorge übertragen ist, der Zustimmung des anderen Elternteils bzw. des Gerichtes zum Auslandsumzug bedarf, dazu HCCH Judges' Newsletter XXVII unter https://www.hcch.net/en/publications-and-studies/details4/?pid=9109 (Stand 31.10.2025). Es kann anwaltlicherseits angeregt werden, dass das Gericht über die **Zentralen Behörden** oder über die **Verbindungsrichter** im Europäischen Justiziellen Netz für Zivil- und Handelssachen und im Internationalen Haager Richternetzwerk Informationen einholt, → Form. D.III.1 Anm. 2. Art. 86 Brüssel IIb-VO ermächtigt ausdrücklich hierzu.

Bei der Bewertung der Widerrechtlichkeit ist auf die Sorgerechtslage zum Zeitpunkt der Entführung abzustellen. Eine ausländische Entscheidung nach einem rechtmäßigen Verbringen, die das Recht entzieht, kann kein widerrechtliches Zurückhalten begründen (OLG Stuttgart BeckRS 2000, 13350 = FamRZ 2001, 645). Eine nachträgliche Entscheidung des Herkunftsstaates nach einer Entführung, die dem Entführer Alleinentscheidungsbefugnis einräumt, ist wie eine Genehmigung zu behandeln, evtl. selbst eine solche als einstweilige Regelung (OLG Stuttgart BeckRS 2003, 30309552 = FamRZ 2003, 959).

Für die Gerichte des Zufluchtsstaates besteht ein Verbot der Sachentscheidung über das Sorgerecht, Art. 16 HKÜ. Darüber hinaus dürfte ihnen regelmäßig die int. Zuständigkeit fehlen, → Anm. 9. Sorgerechtsentscheidungen des Zufluchtsstaates sind im Rückführungsverfahren auch grundsätzlich unerheblich, Art. 17 HKÜ.

Das Gericht kann vom Antragsteller die Beibringung einer **Widerrechtlichkeitsbescheinigung** des Herkunftsstaates nach Art. 15 HKÜ anfordern, sofern in dem betreffenden Staat nach dessen nationalem Prozessrecht eine derartige Bescheinigung erwirkt werden kann. In Deutschland wird die Widerrechtlichkeitsbescheinigung durch die Spezialgerichte erteilt, § 41 IntFamRVG, der weitere Verfahrensregelungen enthält. Das Bundesamt für Justiz als deutsche Zentrale Behörde unterstützt bei der Erlangung einer Widerrechtlichkeitsbescheinigung im Ausland, Art. 7 Abs. 2 lit. e HKÜ. Eine Widerrechtlichkeitsbescheinigung hat nach hM keine Bindungswirkung (OLG Hamm BeckRS 2009, 87939; OLG Stuttgart BeckRS 2000, 13350 = FamRZ 2001, 645; OLG München BeckRS 2025, 19430 = NZFam 2025, 1101 mAnm Markwardt; differenziert KG LSK 1998, 040301 = FamRZ 1997, 1098; Hohloch IPRax 2016, 248).

14. Die sieben **Ausnahmetatbestände** der Art. 12 Abs. 2, 13, 20 HKÜ, die ein Ermessen einräumen, den Antrag zurückzuweisen, sind **restriktiv** auszulegen. Werden die Befugnisse des Sorgeberechtigten durch eigenmächtiges Handeln praktisch außer Kraft gesetzt und somit der persönliche Kontakt des Kindes nachhaltig erschwert oder ausgeschlossen, entspricht dies im Zweifel nicht dem Kindeswohl. Ob und unter welchen Voraussetzungen ein Aufenthaltswechsel im konkreten Einzelfall doch mit dem Kindeswohl vereinbar ist, ist letztlich der Entscheidung der nach dem früheren gewöhnlichen Aufenthalt des Kindes für Sorgerecht zuständigen Gerichte vorbehalten (BVerfG BeckRS 9998, 01675 = FamRZ 1997, 1269; BVerfG BeckRS 1998, 30031044 = FamRZ 1999, 85; BVerfG BeckRS 1999, 30050357 = FamRZ 1999, 641). Die Rechtsprechung des **EGMR** ist zu beachten (EGMR 6.7.2010 – 41615/07 (138 f.) = BeckRS 2013, 3966 – Neulinger & Shuruk v Schweiz: das nationale Gericht hat eine in die Tiefe gehende Überprüfung der gesamten Familiensituation und einer ganzen Anzahl von Faktoren vorzunehmen und EGMR 26.11.2013 – 27853/09 (106 f.), BeckRS 2014, 19245 – X v Lettland: die Neulinger-Entscheidung setzt keines der Prinzipien für die Anwendung des HKÜ durch die nationalen Gerichte aus. Es kann eine harmonische Interpretation der EMRK und des HKÜ erreicht werden, wenn Ausnahmetatbestände nach dem HKÜ, insbes. wenn sie von einem Beteiligten erhoben werden, von dem angerufenen Gericht ernsthaft berücksichtigt werden. Es bedarf einer Bewertung aller Umstände des Einzelfalls im Lichte von Art. 8 EMRK Außerdem ist die gerichtl. Entscheidung ausreichend zu begründen. Diese Rspr. ist berücksichtigt, wenn ein im Einzelnen begründeter fairer Ausgleich zwischen den in Rede stehenden Interessen herbeigeführt wird unter Berücksichtigung der obersten Priorität des Kindeswohls (OLG Karlsruhe BeckRS 2015, 3340 = FamRZ 2015, 1627).

Die **Darlegungs- und Beweislast** betr. das Vorliegen eines Ausnahmetatbestandes liegt bei der antragsgegnerischen Partei- mit Ausnahme von Art. 13 S. 2 HKÜ, der nach deutschem Verständnis von Amts wegen zu prüfen ist (OLG Dresden BeckRS 2002, 01208 = FamRZ 2002, 1136). Bewiesene Ausnahmetatbestände führen nicht zur Antragszurückweisung, sondern geben dem Gericht einen **Ermessens**spielraum. Eine behördliche Auskunft über die soziale Lage des Kindes aus dem Herkunftsstaat ist zu berücksichtigen, Art. 13 Abs. 3 HKÜ.

Lehnt das Gericht die Rückführung in einen EU-Staat außer Dänemark alleine nach Art. 13 Abs. 1 lit. b HKÜ, weil auch Schutzmaßnahmen nach Art. 27 Abs. 3 und Abs. 5 Brüssel IIb-VO nicht ausreichend greifen, oder nach Art. 13 Abs. 2 HKÜ ab, gilt Art. 29 Brüssel IIb-VO: das mit dem Rückführungsantrag nach dem HKÜ befasste Gericht erstellt von Amts wegen, auch wenn die Entscheidung noch nicht rechtskräftig ist (EuGH C-195/08 PPU = BeckRS 2008, 396 = FamRZ 2008, 1729 mAnm Schulz), eine Bescheinigung nach Art. 29 Abs. 2, Anhang I Brüssel IIb-VO. Die Gerichte des Herkunftsstaats haben nun sorgerechtlich die Möglichkeit des „letzten Wortes", sog. **Rückklappmechanismus.** Werden dem zurückgelassenen Elternteil dort nun Befugnisse auf Sorge und Herausgabe des Kindes übertragen, und erteilt dieses Gericht auf Antrag die Bescheinigung nach Art. 47 Abs. 1 lit. b, Anhang VI Brüssel IIb-VO, ist diese Entscheidung eine **privilegierte Entscheidung** iSd Art. 42 ff. Brüssel IIb-VO. Wie alle Entscheidung betreffend die elterliche Verantwortung im Anwendungsbereich der Brüssel IIb-VO ist diese Entscheidung automatisch anzuerkennen und bedarf keiner Vollstreckbarerklärung, Art. 43 Abs. 1, 45 Abs. 1 Brüssel IIb-VO. Art. 50 beschränkt die Gründe für eine Versagung von Anerkennung und Vollstreckung. In Deutschland erfolgt die Vollstreckung dieser Entscheidungen durch das spezialisierte Amtsgericht von Amts wegen, §§ 10, 12, 44 Abs. 3 IntFamRVG.

Ändern sich die Verhältnisse nach Rückgabeentscheidung dergestalt, dass nun in unvorhersehbarer Weise die Voraussetzungen des Art. 13 HKÜ vorliegen, hat das Gericht von Amts wegen zu prüfen, ob die Vollstreckung – aus Gründen der Verhältnismäßigkeit möglichst zeitlich befristet – auszusetzen ist (EGMR NJOZ 2014, 1830; OLG Karlsruhe LSK 2000, 450081 = FamRZ 2000, 1428 und LSK 2017, 136800 = FamRZ 2018, 39 (mittlerweile schwere politische Unruhen im Vertragsstaat); OLG Hamburg BeckRS 2014, 16146 = NZFam 2014, 843 mit krit. Anm. Fahl NZFam 2014, 846; OLG

Saarbrücken BeckRS 2017, 119142 = FamRZ 2018, 40 (dramatische Verstärkung des gegen die Rückführung gerichteten Kindeswillens und zwischenzeitlicher Eintritt ausreichender Verstandesreife, um die Rückführungskonsequenzen zu überblicken); KG BeckRS 2021, 31546 = NJW-RR 2022, 287). Einige Gerichte lassen ein Abänderungsverfahren zu, wobei ihre Meinungen in Details auseinandergehen (OLG Karlsruhe BeckRS 2000, 172248 = NJW 2000, 3361; OLG Hamm BeckRS 2021, 37232 = FamRZ 2021, 1990 mAnm Hüßtege; OLG Rostock BeckRS 2023, 20311 = NJW 2023, 3175; aA Erb-Klünemann Familienrecht Kompakt 2025, 7).

15. Ausnahmetatbestand: Fehlen einer tatsächlichen Sorgerechtsausübung durch den Antragsteller, Art. 13 Abs. 1 lit. a HKÜ. Das Übereinkommen geht davon aus, dass das Sorgerecht ausgeübt worden ist. Eine faktische Sorgeaufgabe in der Form, dass Rechte und Pflichten überhaupt nicht, auch nicht hin und wieder oder in Ansätzen auch im Umfang eines Umgangsrechtes wahrgenommen werden, muss von der antragsgegnerischen Partei dargetan und ggfs. bewiesen werden (OLG Saarbrücken BeckRS 2010, 29590 = FamRZ 2011, 1235; angenommen von KG FamRZ 1996, 691 bei zweijähriger Nichtausübung). Schon mehr als ein bloßes Nichts reicht dagegen aus, um eine Ausübung festzustellen, etwa Umgang bzw. entsprechende Bemühungen oder Kindesunterhaltszahlungen (Erb-Klünemann Familienrecht kompakt 2011, 142).

16. Ausnahmetatbestand: Der Sorgeberechtigte stimmt dem Verbringen bzw. Zurückhalten zu bzw. genehmigt dieses nachträglich, Art. 13 Abs. 1 lit. a HKÜ. Die antragsgegnerische Partei hat, wobei strenge Anforderungen zu stellen sind, eine (vorherige) Zustimmung zur dauerhaften Aufenthaltsänderung bzw. eine (nachträgliche) Genehmigung darzutun und ggs. zu bewiesen. Eine einmalige Erklärung bzw. die Umstände als konkludente Erklärung reichen nur dann, wenn sich klar ergibt, dass der Aufenthalt dauerhaft akzeptiert und nicht nur zeitweilig hingenommen wird. Zurückhaltend umzugehen ist mit Angaben im Rahmen des Versuchs, die Angelegenheit gütlich zu einigen (OLG Karlsruhe BeckRS 2001, 30214985 = FamRZ 2002, 1142) und mit in der Hitze der Situation gemachten Angaben. Die Rspr. ist uneinheitlich, ob Zustimmung und Genehmigung widerrufen werden können (zu Einzelheiten NK-BGB/Erb-Klünemann, Art. 13 HKÜ Rn. 17).

17. Ausnahmetatbestand: die Rückgabe ist mit einer schwerwiegenden Gefahr eines körperlichen oder seelischen Schadens für das Kind verbunden, Art. 13 Abs. 1 lit. b HKÜ, wobei zwischen EU-Staaten außer Dänemark die **Restriktion** des Art. 27 Abs. 3 Brüssel IIb-VO gilt sowie die Möglichkeit der Anordnung einstw. Schutzmaßnahmen iSd Art. 27 Abs. 5, 15 Brüssel IIb-VO durch das mit dem Rückführungsantrag befasste Gericht selbst. Die von der antragsgegnerischen Partei darzulegende und gfs. zu beweisende Gefahr muss besonders erheblich, konkret und aktuell sein, eine ungewöhnlich schwerwiegende Beeinträchtigung des Kindeswohls darstellen (BVerfG BeckRS 9998, 55339 = FamRZ 1996, 405, BeckRS 9998, 01675 = FamRZ 1997, 1269, BeckRS 1998, 30031044 = FamRZ 1999, 85 und BeckRS 1999, 30050357 = FamRZ 1999, 641).

Eine schwerwiegende Gefahr im Fall der Rückführung kann vorliegen bei begründeter Gefahr der körperlichen oder sexuellen Misshandlung des Kindes (OLG Hamburg BeckRS 2019, 37491), dass das Kind häuslicher Gewalt ausgesetzt würde (EGMR BeckRS 2019, 16629 = FamRZ 2019, 1239 mAnm Pasche; OLG Karlsruhe BeckRS 2019, 44400), einer erheblichen seelischen Belastung des Kindes (OLG Hamm BeckRS 2006, 753); die sich bei kleineren Kindern auch aus einer unzumutbaren Trennung von der entführenden Person als Hauptbezugsperson ergeben kann, OLG Dresden BeckRS 2023, 3558 = NJW-Spezial 2023, 292; OLG Stuttgart BeckRS 2023, 38165 = NJW 2024, 1277)), konkreter Suizidgefahr des Kindes (OLG Schleswig LSK 2019, 14270 = FamRZ 2020, 1384), einer schweren elterlichen Suchtmittelabhängigkeit (OLG Nürnberg BeckRS 2017, 120830 = NJOZ 2017, 1664), Risiken, die mit der Situation im

Herkunftsstaat zusammenhängen (betr. die aktuellen Situationen in der Ukraine und Israel BVerfG BeckRS 2024, 12382 = NJW 2024, 2389; OLG Stuttgart BeckRS 2022, 29048 = NJW 2022, 3653 und BeckRS 2024, 11185 = NJW 2024, 2258 = Erb-Klünemann IPrax 2025, 589), einer nicht zu verkraftenden Geschwistertrennung (OLG Karlsruhe BeckRS 1997, 15948), erheblicher ökonomischer, gesundheitlicher oder die Bildung betreffender Nachteile (OLG Rostock NJW-RR 2001, 1448; OLG Nürnberg FamRZ 2007, 849; sehr restriktiv, weil Rückkehr in Verhältnisse, in denen das Kind vor der Entführung gelebt hat OLG Karlsruhe BeckRS 2006, 2729 = NJOZ 2006, 1374) oder aus der **ausländerrechtlichen Situation** des entführten Flüchtlingskindes (so die ungesicherte ausländerrechtl. Situation im Herkunftsstaat aufgrund Abschiebeentscheidung, Erb-Klünemann FamRB 2018, 327 (332) wie auch Asylgewährung im Staat, in dem sich das Kind aufhält, zurückhelfend EGMR 16.12.2025 – 42758/23). Folgt der mögliche Ausnahmetatbestand aus der unzumutbaren Trennung des Kindes von der entführenden Person als Hauptbezugsperson, wird geprüft, ob dem entführenden Elternteil die Begleitung des Kindes bei der Rückkehr zuzumuten ist (OLG Stuttgart BeckRS 2018, 35196 = FamRZ 2019, 1543). **Härten** für einen **entführenden Elternteil** spielen keine Rolle, da diesem grundsätzlich zuzumuten ist, mit der Trennung vom Kind zusammenhängende Beeinträchtigungen dadurch zu vermeiden, dass dieser Elternteil mit dem Kind zusammen in den Heimatstaat zurückkehrt und dort das Sorgerechtsverfahren führt (BVerfG BeckRS 1998, 30031044 = FamRZ 1999, 85 und BeckRS 1999, 30050357 = FamRZ 1999, 641); zu den Möglichkeiten der Nutzung des grenzüberschreitenden europäischen Gewaltschutzes, → Form. Q.XIII. Zumutbarkeit der Begleitung ist grds. auch im Fall der Gefahr strafrechtl. Konsequenzen für den entführenden Elternteil gegeben, da es sich regelmäßig um eine hinzunehmende typische Folge des rechtswidrigen Handelns des entführenden Elternteils handelt (BVerfG BeckRS 1998, 23133 = NJW 1999, 631; OLG Stuttgart NZFam 2020, 121). Einzelheiten finden sich im Praxisleitfaden zu Art. 13 Abs. 1 lit. b der Haager Konferenz unter https://assets.hcch.net/docs/219d68af-73f6-47f4-9acc-f0528e5d9c02.pdf (Stand 31.10.2025) und zur deutschen Rspr. Erb-Klünemann FamRB 2018, 327 (329).

Mit der Rückkehr typischerweise verbundene Beeinträchtigungen, wie der Wegfall der Umgebung, die Trennung von der Hauptbezugsperson, reichen nicht aus. Sie sind typische Folge der Entführung und grundsätzlich als vermeidbar hinzunehmen. Das HKÜ will die Rückkehr in den Staat sicherstellen, nicht in die Stadt oder die frühere Wohnung. Sorgerechtskriterien spielen keine Rolle (OLG Nürnberg BeckRS 2003, 30322681 = FamRZ 2004, 726).

Die Einschätzungen von Jugendamt und Verfahrensbeistand sind zu berücksichtigen (BVerfG BeckRS 2024, 12382 = NJW 2024, 2389; zur Kindesanhörung Art. 21, 26 Brüssel II-VO, EGMR BeckRS 2025, 23413 = NZFam 2025, 1154 mAnm Volke. Ausnahmsweise kann es erforderlich sein, ein Sachverständigengutachten einzuholen, das aber nur dann zulässig ist, wenn es zeitnah erfolgt, zB mündlich nach Teilnahme an Kindesanhörung und mündlicher Verhandlung. Bei der Gefahr einer Verhaftung werden gerade bei kleineren Kindern **undertakings** diskutiert, also Verpflichtungen der antragstellenden Partei im Rahmen der Rückführung, zB die Rücknahme eines Strafantrages im Herkunftsstaat (hierzu Mäsch FamRZ 2002, 1069). Es kann vom Gericht auch über die Zentralen Behörden oder Verbindungsrichter versucht werden Kontakt mit den Strafbehörden im Herkunftsstaat aufzunehmen, → Form. D.III.1 Anm. 2.

18. Zwischen EU-Staaten außer Dänemark kann die Rückgabe nicht nach Art. 13 Abs. 1 lit. b HKÜ abgelehnt werden, wenn durch die antragstellende Partei oder auf andere Weise nachgewiesen ist, dass im Herkunftsstaat **angemessene Vorkehrungen** getroffen worden sind, um den Kinderschutz nach Rückkehr sicherzustellen, **Art. 27 Abs. 3 Brüssel IIb-VO.** Hierzu zählt zB eine alsbaldige psychiatrische Behandlung des suizidalen Kindes nach Rückkehr. Auch kann das Gericht eigene, die Rückführungsentscheidung begleitende einstweilige Schutzmaßnahmen nach **Art. 27 Abs. 5, 15 Brüssel IIb-VO** treffen; für diese ist die Bescheinigung durch das die Rückführung anordnende Gericht nach Art. 36 Abs. 1 lit. c, Anhang IV Brüssel IIb-VO zu erteilen; diese können so grenzüberschreitend genutzt werden, „reisen" also mit dem Kind mit. Erwägungsgrund 46 nennt als Beispiele die Regelung, dass das Kind sich nach Rückkehr weiter bei der Person aufhält, die die tatsächliche Sorge wahrnimmt oder eine Umgangsregelung.

19. Ausnahmetatbestand: die Rückgabe bringt das Kind auf andere Weise in eine unzumutbare Lage, Art. 13 Abs. 1 lit. b HKÜ mit der **Restriktion** des Art. 27 Abs. 3 Brüssel IIb-VO zwischen EU-Staaten außer Dänemark. Es handelt sich um eine sehr restriktiv anzuwendende Generalklausel. Zu denken ist an ein Zusammentreffen verschiedener, dem Kindeswohl nachteiliger Umstände bei Rückkehr in den Herkunftsstaat, die insgesamt eine Rückkehr als schweren Nachteil und einen Verbleib im Aufenthaltsstaat als ungleich günstiger für das Kind erscheinen lassen, so dass ein vernünftiger Sorgerechtsinhaber nicht auf Rückkehr bestehen würde (Staudinger/Pirrung HKÜ Art. 13 Rn. E 72; OLG Karlsruhe BeckRS 2019, 44400). Hierunter werden zwecks Vermeidung eines sinnlosen Hin- und Her-Verbringens auch Fälle gefasst, in denen im Herkunftsstaat eine Entscheidung ergangen ist, die den Aufenthaltsort des Kindes beim entführenden Elternteil festlegt (OLG Karlsruhe BeckRS 2015, 03340 = FamRZ 2015, 1627; OLG Stuttgart BeckRS 2015, 06196 = FamRZ 2015, 1631).

20. Ausnahmetatbestand: das Kind widersetzt sich der Rückgabe und hat Alter und Reife erreicht, angesichts deren es angebracht erscheint, seine Meinung zu berücksichtigen, Art. 13 Abs. 2 HKÜ. Der geäußerte Kindeswille ist zu berücksichtigen, aber nicht unbedingt ausschlaggebend (EGMR 9.9.2014 – 43730/07 NLMR 2014, 397 mAnm Kieber). Erforderlich ist, dass das Kind sich mit Nachdruck (AG Hamm BeckRS 2011, 00828 = FamFR 2011, 94; fehlte bei OLG Stuttgart LSK 1996, 340284 = FamRZ 1996, 688; OLG Hamm BeckRS 2013, 02420 = FamRZ 2013, 1238; der bloße Wunsch reicht nicht aus, OLG Stuttgart NZFam 2020, 121), respektablen Gründen (OLG Stuttgart BeckRS 2023, 38165 = NJW 2024, 1277; Hohloch IPRax 2016, 248) und aus freien Stücken, also nicht erkennbar maßgeblich durch den Entführer beeinflusst (OLG Nürnberg BeckRS 2003, 30322681 = FamRZ 2004, 726), widersetzt. Entscheidend ist das Widersetzen gegen eine Rückkehr in den Herkunftsstaat, nicht gegen eine Trennung vom Entführer (OLG Stuttgart LSK 1996, 340284 = FamRZ 1996, 688 und BeckRS 2017, 145432; OLG Hamm BeckRS 2003, 15248 = FamRZ 2004, 723; kritisch Schulz IPRax 2002, 203). Es müssen Alter und Reife gegeben sein, dass von einer eigenverantwortlichen Entscheidung ausgegangen werden kann. Aus verfassungsrechtl. Sicht (BVerfG BeckRS 1998, 30031044 = NJW 1999, 631) ist ein **Verfahrensbeistand** zu bestellen, wenn zu besorgen ist, dass die Interessen der Eltern in einen Konflikt mit denen ihrer Kinder geraten. Über diese verfassungsrechtl. Anforderungen hinaus dürfte es aber regelmäßig angezeigt sein, einen Verfahrensbeistand zu bestellen (Carl FPR 2006, 39). Bezüglich des Kindesalters gibt es keine formale absolute Untergrenze (BVerfG BeckRS 1999, 30043732 = FamRZ 1999, 1053). Oft fehlte Gerichten bei Kindern unter acht Jahren die notwendige Reife (OLG Celle BeckRS 9998, 13107 = FamRZ 1995, 955; Erb-Klünemann FamRB 2018, 327 (329)). Zur Berücksichtigung im Vollstreckungsverfahren vgl. OLG Hamburg BeckRS 2014, 16146 = NJW 2014, 3378.

21. Ausnahmetatbestand: die Rückgabe erscheint nach den Grundwerten über den Schutz der Menschenrechte und Grundfreiheiten unzulässig, Art. 20 HKÜ. Diese ordre public-Klausel wird nur in extremen Ausnahmefällen angewandt, wenn zB der Herkunftsstaat über das Sorgerecht nach starren Regeln einer religiösen Rechtsordnung ohne Berücksichtigung des Kindeswohls entscheidet (Staudinger/Pirrung HKÜ Art. 14–20 Rn. E 86). Da insoweit zu beachten ist, dass der Beitritt dieses Staates vom eigenen Staat nach Art. 38 Abs. 4 HKÜ angenommen worden ist, scheint es verständlich, dass diese Vorschrift weltweit praktisch kaum Relevanz hat (Verneinung rechtsstaatl. Bedenken bei einer Rückführung nach Thailand durch OLG Stuttgart BeckRS 2009, 21289 = OLGReport München 2009, 402).

22. **Ausnahmetatbestand: Antrag nach Ablauf der Jahresfrist und Nachweis des Einlebens des Kindes in die neue Umgebung, Art. 12 Abs. 2 HKÜ.** Die Jahresfrist beginnt mit dem widerrechtlichen Verbringen über die Staatsgrenze oder bei Zurückhalten mit dem Zeitpunkt zu laufen, zu dem die Rechtmäßigkeit des Aufenthaltes im Aufenthaltsstaat abgelaufen ist (OLG Frankfurt a. M. BeckRS 2016, 17790; OLG Stuttgart BeckRS 2023, 38165 = NJW 2024, 1277). Dies gilt auch dann, wenn die Absicht, das Kind nicht zurückzugeben, schon vorher erkennbar wird (OLG Nürnberg 4.1.2019 – 7 UF 1464/18). Für das Fristende ist auf den Eingang bei Gericht, nicht bei der Zentralen Behörde abzustellen (OLG Hamm LSK 1998, 050496 = FamRZ 1998, 385). Einleben bedeutet, dass das Kind mit dem neuen Wohnort und den Bezugspersonen verbunden und verwachsen und im neuen Freundes- und Verwandtschaftskreis verwurzelt ist (OLG Koblenz BeckRS 9998, 12671 = FamRZ 1994, 183; OLG Stuttgart BeckRS 2012, 10241 = FamRZ 2013, 51). Gründe für eine Fristversäumnis sind grundsätzlich unerheblich, auch zB Kriegswirren. Hat die entführende Person maßgeblich dazu beigetragen, zB durch Untertauchen, sind besonders hohe Anforderungen an das Einleben zu stellen (Staudinger/Pirrung HKÜ Art. 12 Rn. E 66).

23. Besonderheiten gelten für **gegenläufige Kindesentführungen**, bei denen eine nähere Kindeswohlprüfung zu erfolgen hat (BVerfG BeckRS 1998, 30031044 = FamRZ 1999, 85).

24. Die persönliche Wahrnehmung des Termins durch die antragstellende Partei kann, da diese sich im fremden Hoheitsgebiet aufhält, angeordnet, aber nicht zwangsweise durchgesetzt werden. Alle Beteiligten sollten sich bemühen, dass auch die antragstellende Partei persönlich im Termin erscheint. Bei Bedürftigkeit kann vor Reiseantritt eine Reisekostenhilfebewilligung beantragt werden, die erforderliche Reise- und Übernachtungskosten umfasst. Die Anordnung pers. Erscheinens hilft auch ggf. bei Aus- und Einreisebeschränkungen (betr. Covid-19-Pandemie Erb-Klünemann/Höhn FamRB 2021, 37).

25. **Alternative Streitbeilegungsmethoden** stellen eine wichtige Alternative zum Gerichtsverfahren dar. Sie werden durch die Brüssel IIb-VO gestärkt, wonach die mit Rückführungsverfahren befassten Gerichte die Parteien grds. auffordern zu prüfen, inwieweit die Möglichkeit der Herbeiführung einer Lösung durch Mediation oder andere alternative Streitbeilegungsverfahren besteht, Art. 25 Brüssel IIb-VO, s. auch Erwägungsgrund 43 Brüssel IIb-VO.

Eine speziell für internationale Kindschaftskonflikte konzipierte bi-nationale Co-Mediation kann bundesweit durch den Verein Internationales Mediationszentrum für Familienkonflikte und Kindesentführung (**MiKK e. V.**; https://mikk-ev.org, Stand 31.10.2025) vermittelt werden. Durch die zeitliche Verzahnung der Mediation mit dem Rückführungsverfahren entsteht kein Zeitverzug und werden keine Rechte im Verfahren genommen (Einzelheiten bei Paul/Kiesewetter/Khalaf-Newsome (Hrsg.), Cross-Border Family Mediation, 3. Aufl. 2023 und zum **MiG-Modell** https://mikk-ev.org/mediator-at-the-court/, Stand 31.10.2025).

Es sind Besonderheiten zu beachten, wenn eine vergleichsweise Regelung zwecks Herstellung von Rechtssicherheit durch gerichtliche Entscheidung vollstreckungsfähig gemacht werden soll. Dem Gericht, das über die Rückführung zu entscheiden hat, mangelt es insoweit nämlich idR an der internat. Zuständigkeit. Die Regelung von Sorgerecht, Umgang, Unterhalt etc. liegt nach den jeweils einschlägigen Rechtsinstrumenten regelmäßig in der internat. Zuständigkeit des Herkunftsstaates. Auch ist zu beachten, welches materielle Recht gilt; Einzelheiten unter www.amicable-eu.org (Stand 31.10.2025). Es kann zur

Notwendigkeit von **undertakings, mirror orders** oder **safe harbour orders** kommen (Paul/Kiesewetter/Nehls, Mediation bei internationalen Kindschaftskonflikten, S. 22 ff.). Zwischen Mitgliedstaaten der Brüssel IIb-VO gibt es, da **Gerichtsstandsvereinbarungen** nach Art. 10 Abs. 1 lit. b Ziff. ii Brüssel IIb-VO auch noch im laufenden Gerichtsverfahren möglich sind, erweiterte Möglichkeiten für das Rückführungsgericht.

26. Es vollstreckt das Gericht von Amts wegen, das zuletzt entschieden hat, § 44 Abs. 2 IntFamRVG. Einer Vollstreckungsklausel bedarf es nicht, wenn das Gericht einen eigenen Titel vollstreckt, § 86 Abs. 3 FamFG. Zum Umgang des EGMR mit ungebührlichen Verzögerungen im Vollstreckungsverfahren Urteile v. 14.1.2020 – 10926/09 = BeckRS 2020, 864 = FamRZ 2020, 496 mAnm Tertsch; v. 12.5.2022 – 64886/19 BeckRS 2022, 10115 und v. 7.1.2025 – 18737/18.

27. Der Hinweis auf Ordnungsmittel erfolgt nach § 44 Abs. 1 IntFamRVG, § 89 Abs. 3 FamFG, § 913 ZPO.

28. Es gilt § 213a Geschäftsanweisung für Gerichtsvollzieher.

29. Die Vollstreckung unmittelbaren Zwanges kann unter der Voraussetzung des § 90 Abs. 1 Nr. 3 FamFG unmittelbar zusammen mit der Rückführungsentscheidung angeordnet werden. Die alsbaldige Vollstreckung einer Rückführungsentscheidung ist aufgrund des Eilcharakters des HKÜ regelmäßig unmittelbar geboten. Wegen der Gefahr der Vereitelung bzw. wesentlichen Erschwerung der Vollstreckung wird auch zumeist auf eine vorherige Anhörung des Schuldners zu verzichten sein, § 92 Abs. 1 S. 2 FamFG. Hält das Kind sich bei einer dritten Person auf und geschieht dies auf Veranlassung bzw. mit Billigung des Schuldners, kann die Berechtigung auch auf diese dritte Person ausgeweitet werden. Nach § 95 Abs. 4 FamFG hat das Gericht die Möglichkeit, kumulativ oder alternativ Zwangsmittel nach § 888 ZPO anzuordnen.

30. § 91 Abs. 1 FamFG gibt die Berechtigung, die Wohnung des Verpflichteten mit richterlichem Beschluss zu durchsuchen. Ob der Wohnungsdurchsuchungsbeschluss auf die Wohnungen dritter Personen erweitert werden kann, ohne dass diese konkret benannt sind, ist wegen Art. 13 Abs. 2 GG abzuwägen (dazu Thomas/Putzo-Seiler ZPO § 758a Rn. 8).

3. Rückführungsantrag betreffend ein entführtes Kind nach dem HKÜ, Variante: Kind jetzt im Ausland (ausgehender Fall)

An das Bundesamt für Justiz[1]

Referat II 3

– Zentrale Behörde für int. Sorgerechtskonflikte –

Adenauerallee 99–103

53113 Bonn

Rückführungsantrag

der Frau . . . . ., wohnhaft . . . . . (Deutschland)

– Antragstellerin –

Verfahrensbevollmächtigter: Rechtsanwalt . . . . .

gegen

Herrn . . . . ., wohnhaft . . . . ./Vereinigte Staaten von Amerika

– Antragsgegner –

wegen: Rückführung des Kindes . . . . ., geb. . . . . . ., nach dem Haager Übereinkommen v. 25.10.1980 (HKÜ)[2]

Namens und in Vollmacht der Antragstellerin beantragen wir, den anliegenden Antrag nebst weiteren Unterlagen schnellstmöglich an die Zentrale Behörde der Vereinigten Staaten von Amerika weiterzuleiten, damit dort für die Antragstellerin ein Verfahren auf Rückführung des Kindes . . . . ., geb. . . . . . ., gestellt wird.

Es wird um Hinweis gebeten, wenn es weiterer Informationen oder Unterlagen bedarf. Außerdem wird angefragt, zeitnah über den weiteren Verlauf zu unterrichten.

Rechtsanwalt

Anlagen:

- Antrag auf Rückführung nebst Anlagen, jeweils in deutscher und englischer Sprache bzw. Übersetzung[3]
- zweisprachige Vollmacht für die ausländische Zentrale Behörde[4]
- aktuelles Foto des Kindes

(Variante:

Antrag nach dem ESÜ[5])

Anmerkungen

1. Der Rückführungsantrag nach dem HKÜ ist in dem Staat zu stellen, in dem das Kind sich nach behaupteter Entführung aufhält, → Form. D.III.2 Anm. 1. Parallel dazu kann ein sorgerechtlicher Herausgabeantrag im Staat des bisherigen gewöhnl. Aufenthaltes des Kindes gestellt werden. Möglich ist es, sich in Bezug auf den Rückführungsantrag nach dem HKÜ im Ausland entweder direkt an das Gericht bzw. die dortige Zentrale Behörde zu wenden (abhängig vom dortigen Prozessrecht) oder den Antrag über das Bundesamt für Justiz (BfJ) als deutscher Zentraler Behörde zu stellen. Dieses unterstützt dann im Fall einer Kindesentführung aus Deutschland die antragstellende Partei im Rückführungsverfahren im Ausland. Wird der Antrag über das BfJ gestellt, ist er diesem in Deutsch und in der Amtssprache des ersuchten Staates vorzulegen. Auch wenn kein Formularzwang besteht, empfiehlt es sich, das international standardisierte **Musterformular** zu verwenden: https://www.bundesjustizamt.de/DE/Themen/Familieinternational/Sorgerecht/Formulare/Formulare_node.html (Stand 30.10.2025), → Anm. 3, 4. Es besteht die Möglichkeit, nach § 5 Abs. 2 Abs. 1 IntFamRVG beim Rechtspfleger des deutschen Wohnsitzgerichts im Justizverwaltungsverfahren einen Antrag auf Befreiung von der Erstattungspflicht für Übersetzungen für den im Ausland zu stellenden Rückführungs- bzw. Umgangsantrag nach dem HKÜ zu stellen.

2. → Form. D.III.1.

3. Beispiel eines Rückführungsantrags gemäß international standardisiertem Formular:

Antrag auf Rückgabe

Haager Übereinkommen vom 25.10.1980 über die zivilrechtlichen Aspekte internationaler Kindesentführung

ERSUCHENDE ZENTRALE BEHÖRDE ODER ANTRAGSTELLER	ERSUCHTE BEHÖRDE
Frau . . . . ., wohnhaft . . . . ./Deutschland	*Zentrale Behörde des Staates . . . . .* *(ausl. Vertragsstaat)*

Betrifft das Kind: . . . . ., *geb.* . . . . .
das das 16. Lebensjahr vollendet am: . . . . .
Anmerkung: Die folgenden Felder sollen so ausführlich wie möglich ausgefüllt werden.
I. IDENTITÄT DES KINDES UND SEINER ELTERN
1. Kind
Name und Vornamen . . . . .
Geschlecht weiblich () männlich ()
Geburtsdatum und -ort . . . . . *in* . . . . ./. . . . . *(Staat)*
Staatsangehörigkeit . . . . .
Gewöhnlicher Aufenthaltsort vor dem Verbringen oder Zurückhalten . . . . . *straße* . . . . .,. . . . . */Deutschland*
Nummer des Reisepasses oder Personalausweises, falls vorhanden . . . . .
Personenbeschreibung und wenn möglich Lichtbild (siehe Anlagen) *siehe beigefügte Kopie des Reisepasses*
2. Eltern
2.1. Mutter
Name und Vornamen . . . . .
Geburtsdatum und -ort . . . . . *in* . . . . ./. . . . . *(Staat)*
Staatsangehörigkeit . . . . .
Beruf . . . . .
Gewöhnlicher Aufenthalt . . . . . *straße* . . . . .,. . . . . */Deutschland,*
Nummer des Reisepasses oder Personalausweises, falls vorhanden . . . . .
2.2. Vater
Name und Vornamen . . . . .
Geburtsdatum und -ort . . . . . *in* . . . . ./. . . . . *(Staat)*
Staatsangehörigkeit . . . . .
Beruf . . . . .
Gewöhnlicher Aufenthalt . . . . ./. . . . . *(Staat)*
Nummer des Reisepasses oder Personalausweises, falls vorhanden . . . . .
2.3. Datum und Ort der Eheschließung . . . . . *in* . . . . ./. . . . . *(Staat)*
II. ANTRAGSTELLENDE PERSON ODER BEHÖRDE
3. (die das Sorgerecht vor dem Verbringen oder Zurückhalten tatsächlich ausgeübt hat)
Name und Vornamen . . . . .
Staatsangehörigkeit des Antragstellers (falls natürliche Person) . . . . .
Beruf des Antragstellers (falls natürliche Person) . . . . .
Anschrift . . . . . *straße* . . . . .,. . . . . */Deutschland*
Nummer des Reisepasses oder Personalausweises, falls vorhanden . . . . .
Beziehung zum Kind *Mutter*
Name und Anschrift des Rechtsanwalts, falls vorhanden *Rechtsanwälte* . . . . .

III. ORT, AN DEM SICH DAS KIND VERMUTLICH BEFINDET

4.1. Angaben über die Person, die das Kind angeblich verbracht oder zurückgehalten hat
Name und Vornamen . . . . .
Geburtsdatum und -ort, falls bekannt . . . . . *in* . . . . ./. . . . . *(Staat)*
Staatsangehörigkeit, falls bekannt . . . . .
Beruf . . . . .
Letzte bekannte Anschrift . . . . ., .../. . . . . *(Staat)*
Nummer des Reisepasses oder Personalausweises, falls vorhanden . . . . .
Personenbeschreibung und wenn möglich Lichtbild (siehe Anlagen) *anliegend*
4.2. Anschrift des Kindes . . . . . *straße* . . . . ., ... */Deutschland,*
4.3. Andere Personen, die in der Lage sein könnten, zusätzliche Angaben über den Aufenthaltsort des Kindes zu machen *Eheleute* . . . . ., *wohnhaft* . . . . ./. . . . . *(Staat) als Großeltern väterlicherseits*

IV. ZEITPUNKT, ORT, DATUM UND UMSTÄNDE DES WIDERRECHTLICHEN VERBRINGENS ODER ZURÜCKHALTENS

Der Vater holte das Kind ohne Wissen der Antragstellerin am . . . . . um . . . . . Uhr von der Schule in . . . . . ab und flog noch am selben Tag mit ihr ohne Zustimmung der Ast. nach . . . . . (Staat). Er nutzte dabei den in seinem Besitz befindlichen Pass des Kindes.

V. TATSÄCHLICHE ODER RECHTLICHE GRÜNDE, DIE DEN ANTRAG RECHTFERTIGEN

Das Kind . . . . . ist aus der Ehe der Eltern hervorgegangen. Sie lebte zunächst zusammen mit den Eltern in . . . . ./. . . . . (Staat). Am . . . . . verzogen die Eltern mit ihr berufsbedingt nach . . . . . /Deutschland, wo sie seitdem lebt. Nach der Trennung der Eltern am . . . . . lebte das Kind aufgrund gemeinsamer Entscheidung der Eltern zusammen mit der Mutter in der vormaligen Ehewohnung. Der Vater verzog am . . . . . berufsbedingt nach . . . . ., ... (Staat). Er besuchte das Kind in den Sommerferien . . . . . für . . . . . Wochen in Deutschland, wobei er mit ihr in einer Ferienwohnung in . . . . . wohnte.

Das HKÜ gilt zwischen Deutschland und . . . . . (anderer Staat). Der Vater hat das Kind am . . . . . widerrechtlich nach . . . . . (anderer Staat) verbracht. Der Lebensmittelpunkt des Kindes befindet sich seit ihrem . . . . . Lebensjahr unverändert in Deutschland. Hier ist sie sozial verwurzelt, geht zur Schule. Die verheirateten Eltern haben nach § 1626 Abs. 1 BGB gemeinsame elterliche Sorge, wozu auch die Entscheidung über einen Auslandsumzug gehört. Gerichtliche Sorgerechtsentscheidungen gibt es nicht. Es gab keine Absprachen, nicht einmal Gespräche zwischen den Eltern über einen Umzug des Kindes nach . . . . . (anderer Vertragsstaat).

VI. ANHÄNGIGE ZIVILVERFAHREN

derzeit keine

VII. DAS KIND IST ZURÜCKZUGEBEN AN

a) Name und Vornamen . . . . .
Geburtsdatum und -ort . . . . . *in* . . . . .
Anschrift . . . . . *straße* . . . . ., ... */Deutschland,*
Telefonnummer . . . . .
b) Vorschläge, wie die Rückgabe des Kindes durchgeführt werden soll
Übergabe an die Ast. in Deutschland bzw. Abholung durch die Ast. in . . . . . (anderer Staat) bei Übernahme der Reisekosten durch den Ag. bzw. Überstellung durch die zuständigen Behörden

VIII. SONSTIGE BEMERKUNGEN

Die Ast. ist an einer einvernehmlichen Lösung interessiert und hat Interesse, eine Mediation durchzuführen. Sie hat derzeit keinerlei Kontakt zum Kind, da der Ag. diesen unterbindet. Sie möchte Umgang während des laufenden Rückführungsverfahrens. Sie ist bereit nach . . . . . (anderer Staat) zu reisen zwecks persönlicher Termins- und Umgangswahrnehmung.

IX. VERZEICHNIS DER BEIGEFÜGTEN SCHRIFTSTÜCKE[1)]

Meldebescheinigung der Stadt . . . . ./Deutschland betr. das Kind . . . . .
beglaubigte Kopie des Reisepasses des Kindes
beglaubigte Kopie des Personalausweises der Ast.
beglaubigte Kopie der Heiratsurkunde
Personenbeschreibung und aktuelle Fotos von Ag. und Kind
Vollmacht für die Zentrale Behörde

Datum: . . . . .
Ort: . . . . .

Unterschrift und/oder Siegel der ersuchenden Zentralen Behörde oder des Antragstellers

1) zB beglaubigte Ausfertigung einer für die Sache erheblichen Entscheidung oder Vereinbarung über das Sorgerecht oder das Recht auf persönlichen Umgang; Bescheinigung oder eidesstattliche Erklärung (Affidavit) über das anzuwendende Recht; Auskunft über die soziale Lage des Kindes; Vollmacht für die Zentrale Behörde, für den Antragsteller tätig zu werden.

Das Formular ist zusätzlich noch in der in dem ausländischen Staat zugelassenen Sprache beizubringen.

4. Beispiel einer mehrsprachigen Vollmacht gemäß Formular:

Vollmacht
Authorization
Procuration

(*x*) **nach Artikel 28 des Haager Kindesentführungsübereinkommens**
pursuant to Article 28 of the Hague Child Abduction Convention
selon l'article 28 de la Convention de La Haye sur l'enlèvement d'enfants

() **nach Artikel 13 Abs. 1 Buchstabe a des Europäischen Sorgerechtsübereinkommens**
pursuant to Article 13 para. 1a of the European Custody Convention
selon l'article 13 alinéa 1 lit. a de la Convention européenne sur le droit de garde

Hiermit bevollmächtige ich die Zentrale Behörde in . . . . (ausländ. Staat)
I hereby authorize the Central Authority in . . . .
Par la présente je donne procuration à l'Autorité centrale de . . . . .
in meinem Namen tätig zu werden oder einen Vertreter zu bestellen, der in meinem Namen tätig wird.
to act on my behalf or to appoint a representative to act on my behalf.
d'agir en mon nom ou d'instituer un mandataire agissant en mon nom.
Antragsteller/Antragstellerin
Applicant

Demandeur/Demanderesse . . . .

(Name) (Vorname)
(name) (first name)
(nom) (prénom)

(Datum) (Unterschrift)
(date) (signature)

5. Zum Rückführungsverfahren nach **ESÜ:** Motzer/Kugler/Grabow Migrationsfamilien/Grabow Rn. 269 ff. Art. 8 ESÜ gibt zwischen Vertragsstaaten im Fall eines unzulässigen Verbringens eines Kindes einen Anspruch auf umgehende Wiederherstellung des Sorgeverhältnisses; Vertragsstaatenliste unter https://www.bundesjustizamt.de/SharedDocs/Downloads/DE/HKUE/Vertragsstaaten.pdf?__blob=publicationFile&v=2 (Stand 30.10.2025). In Deutschland wird, wenn im Einzelfall eine Rückführung nach dem HKÜ und nach dem ESÜ in Betracht kommt, vorrangig das HKÜ angewendet, wenn nicht ausdrücklich die Anwendung des ESÜ begehrt wird, § 37 IntFamRVG. Es muss, abweichend vom HKÜ, eine ausländische gerichtl. oder behördl. Sorgeentscheidung vorliegen, die in den anderen Mitgliedstaaten vollstreckt wird, Art. 7 ESÜ (BT-Drs. 11/5314, 63). Zu beachten ist, dass das ESÜ im Verhältnis zu Mitgliedstaaten der Brüssel IIb-VO nachrangig ist, Art. 95 lit. d Brüssel IIb-VO. Antragsformular unter: https://www.bundesjustizamt.de/DE/Themen/Familieinternational/Sorgerecht/Formulare/Formulare_node.html (Stand 30.10.2025).

Gelten weder HKÜ noch ESÜ bleibt eine Antragstellung im Staat, in den das Kind entführt ist, nach dessen nationalen Vorschriften, falls solche vorhanden sind. Außerdem besteht, wenn deutsche Gerichte internat. zuständig sind, die Möglichkeit Herausgabe des Kindes – uU kombiniert mit dem Sorgerechtsantrag – beim deutschen Gericht zu beantragen (OLG Karlsruhe BeckRS 9998, 01950 = NJW-RR 1999, 1383). Inwieweit die deutsche Entscheidung im Ausland anerkennungs- und vollstreckungsfähig ist, entscheidet sich außerhalb der Geltung von Brüssel IIb-VO und KSÜ nach dem nationalen Recht des anderen Staates und ist oft zweifelhaft. Hier empfiehlt es sich besonders, eine **Mediation** zu versuchen, → Form. D.III.2 Anm. 25.

Sollte das ausländische Gericht eine Widerrechtlichkeitsbescheinigung iSd Art. 15 HKÜ in Deutschland anfordern, → Form. D.III.2 Anm. 13, gilt § 41 IntFamRVG; Beispiel einer deutschen Widerrechtlichkeitsbescheinigung: AG Pankow/Weißensee BeckRS 2021, 14710 und sodann KG BeckRS 2021, 14709 = FamRZ 2021, 1910.

4. Umgangsverfahren mit Auslandsbezug

An das

Amtsgericht

– Familiengericht –[1]

Antrag

In der Familiensache

des Herrn . . . . ., wohnhaft in . . . . ., Deutschland, **– Antragstellers –**

Verfahrensbevollmächtigter: Rechtsanwalt . . . . .

gegen

Frau . . . . ., wohnhaft in . . . . ./Belgien, **– Antragsgegnerin –**

wegen Umgang

Namens und in Vollmacht des Ast. stelle ich hiermit folgende Anträge, wobei ich um möglichst umgehende Anberaumung eines Termins zur mündlichen Verhandlung bitte:

1. **Der Ast. hat in Abänderung der Entscheidung des Amtsgerichts . . . . . vom . . . . ., Az. . . . . ., den Umgang mit dem gemeinsamen Kind . . . . ., geb. . . . . ., von . . . . . bis . . . . .[2]**
2. **Die Kosten des Verfahrens werden gegeneinander aufgehoben.**

Begründung:

Aus der am . . . . . geschlossenen Ehe der Beteiligten ist das Kind . . . . ., geb. . . . . ., hervorgegangen. Sämtliche Familienangehörige sind . . . . . Staatsangehörige. Die Familie lebte in . . . . . (Deutschland). Die Kindeseltern trennten sich am . . . . ., indem der Ast. eine Wohnung in unmittelbarer Nähe der früheren Ehewohnung bezog. Wegen Umgangsschwierigkeiten entschied das Amtsgericht . . . . . in dem Verfahren Az. . . . . . am . . . . . dergestalt über den väterlichen Umgang mit dem Kind, dass es anordnete . . . . . (wird ausgeführt). Vor sechs Wochen, nämlich am . . . . ., verzog die Ag. mit dem Kind mit Zustimmung des Ast. in eine von ihr angemietete Wohnung in . . . . ./Belgien. Wegen der nun erheblicheren Entfernungen zwischen den Wohnorten bedarf es einer Abänderung der gerichtlichen Umgangsregelung. Hiermit ist die Ag. aber nicht einverstanden.

Dies kann der Ast. nicht hinnehmen. Er hat starke Bindungen zu dem Kind. Für ihn ist die kontinuierliche und verlässliche Aufrechterhaltung der das Wohl des Kindes fördernden Kontakte von entscheidender Bedeutung. Bedingt durch den Wegzug bedarf es einer Abänderung der angegebenen Umgangsregelung dergestalt, dass (wird ausgeführt)

Da die Ag. keine Bereitschaft erkennen lässt, einzulenken und mit ihm zu einer abgesprochenen Lösung zu gelangen, ist der Antrag auf gerichtl. Entscheidung erforderlich.

(Variante 1:

Umgangsantrag nach dem HKÜ[3])

(Variante 2:

Anerkennung und Vollstreckung einer ausländischen Umgangsentscheidung in Deutschland[4])

Rechtsanwalt

Anmerkungen

1. Zur int. und örtl. Zuständigkeit → Form. D.III.1 Anm. 1. „Elterliche Verantwortung" iSd Brüssel IIb-VO, → Form. A.III.4 Anm. 2) umfasst auch den Umgang, Art. 1 Abs. 2 lit. a Brüssel IIb-VO. Abweichend von Art. 7 Abs. 1 Brüssel IIb-VO enthält Art. 8 Brüssel IIb-VO eine Sondervorschrift zur **internat.** Zuständigkeit betreffend Umgangsverfahren. Hiernach bleibt es für die Dauer von drei Monaten nach dem **rechtmäßigen Umzug** des Kindes von einem Mitgliedstaat in einen anderen (alle EU-Staaten außer Dänemark) bei der internat. Zuständigkeit der Gerichte des früheren gewöhnl. Aufenthalts, wenn es um die Abänderung der in diesem Mitgliedstaat ergangenen Umgangsentscheidung geht und der umgangsberechtigte Elternteil sich weiterhin gewöhnlich in dem Mitgliedstaat des früheren gewöhnl. Aufenthalts des Kindes aufhält (OLG München BeckRS 2011, 27436 = FamRZ 2011, 1887). Für den Fristbeginn ist auf den Tag nach dem tatsächlichen Umzug des Kindes in den Mitgliedstaat seines neuen gewöhnlichen Aufenthalts abzustellen (EuGH 27.4.2023 – C-372/22 BeckRS 2023, 8410 = FamRZ

2023, 1199). Das nach Art. 8 Brüssel IIb-VO zuständige Gericht des früheren gewöhnlichen Aufenthalts kann bei Vorliegen von dessen Voraussetzungen von Art. 15 Brüssel IIb-VO Gebrauch machen (EuGH 27.4.2023 – C-372/22 BeckRS 2023, 8410 = FamRZ 2023, 1199). Alternativ kann die umgangsberechtigte Person sich an die Gerichte des Mitgliedstaats des neuen gewöhnlichen Aufenthalts wenden, Art. 8 Abs. 2 Brüssel IIb-VO.

Die **örtliche Zuständigkeit** ergibt sich aus der deutschen **lex fori.** Es besteht die Möglichkeit, den Antrag beim örtlichen Familiengericht oder beim Amtsgericht am Sitz des zuständigen Oberlandesgerichts als Spezialgericht zu stellen, § 13 Abs. 2 IntFamRVG; bei Antragstellung über die Zentrale Behörde s. → Anm. 3.

2. Nach Art. 15 KSÜ ist grundsätzlich die materielle lex fori anzuwenden, hier § 1696 Abs. 1 BGB. Zu den besonderen Problemen des Umganges bei Auslandsbezug Haager Konferenz für Internationales Privatrecht, Transfrontier Contact Concerning Children – General Principles and a Guide to Good Practice, 2008 (https://assets.hcch.net/upload/guidecontact_e.pdf (Stand 30.10.2025)); AG Tempelhof-Kreuzberg BeckRS 2009, 13642 = FamRZ 2009, 795; Kretzschmar NZFam 2014, 893; Motzer/Kugler/Grabow Migrationsfamilien/Grabow Rn. 177 ff.; Kretzschmar NZFam 2014, 893; Menne FamRZ 2016, 1223 (1228); zur Anordnung einer Umgangsbegleitung im Ausland OLG Köln BeckRS 2016, 124946 = FamRZ 2017, 1514 mAnm Menne; aus psychologischer Sicht Ulrich NZFam 2014, 889.

Im Fall einer konkreten **Entführungsgefahr** sind Anordnungen nach § 1684 Abs. 3 S. 2 BGB und Beschränkungen zu prüfen (BVerfG BeckRS 2009, 41859 = FamRZ 2010, 109; OLG Schleswig BeckRS 2008, 07382 = FamRZ 2008, 1968; OLG Hamm LSK 2010, 421193 = FamRZ 2010, 1574; Motzer/Kugler/Grabow Migrationsfamilien/Motzer Rn. 188; Menne FamRZ 2016, 1223 (1228)). Zum Umgang mit Einreiseschwierigkeiten OLG Bremen BeckRS 2011, 05416 = FamRZ 2011, 1514; OLG Oldenburg BeckRS 2013, 00474 = FamRZ 2013, 49; zu Umgang in Pandemiezeiten Rake FamRZ 2020, 650; Erb-Klünemann/Höhn FamRB 2021, 37 (39); zum digitalen Umgang Herberger FF 2025, 341.

3. Eine Umgangsvereitelung bedeutet keine Kindesentführung iSd **HKÜ** und begründet keinen Rückführungsanspruch nach dem HKÜ, → Form. D.III.2. Der im Ausland lebende Ast. hat neben einem selbst gestellten Umgangsantrag die Möglichkeit, mit Unterstützung der Zentralen Behörden – in Deutschland das Bundesamt für Justiz – einen Antrag auf Umgang nach Art. 21 HKÜ zu stellen. Dieser kann auf Anordnung oder Durchsetzung eines bereits geregelten Umgangs gerichtet sein; zum Kreis der Berechtigten Limbrock FamRZ 1999, 1631; (nicht zwingende) Formulare unter https://www.bundesjustizamt.de/DE/Themen/Familieinternational/Sorgerecht/Formulare/Formulare_node.html (Stand 30.10.2025). Für einen Umgangsantrag, der über das BfJ in Deutschland gestellt wird und damit ein solcher nach dem HKÜ ist, ist nach §§ 11, 12 IntFamRVG örtlich ausschließlich das Amtsgericht am Sitz des OLG zuständig.

4. Für die **grenzüberschreitende Geltendmachung** einer ausländischen Sorge- bzw. Umgangsentscheidung gilt:

a) **zwischen Mitgliedstaaten der Brüssel IIa-VO/Brüssel IIb-VO,** → Form. A.V.4 Anm. 2 ist zu unterscheiden, ob die Brüssel IIa-VO oder Brüssel IIb-VO Anwendung findet. Hierfür ist entscheidend, ob das gerichtliche Verfahren, in dem die Entscheidung ergangen ist, ab 1.8.2022 eingeleitet worden ist, Art. 100 Brüssel IIb-VO.

aa) für die **Anerkennung** gilt:

(1) Entscheidung betr. die elterl. Verantwortung aus Verfahren, die vor 1.8.2022 eingeleitet worden sind, werden ohne Weiteres anerkannt, Art. 21 Abs. 1 Brüssel IIa-VO; für privilegierte Entscheidungen iSd Art. 40 Abs. 1 Brüssel IIb-VO nach Art. 41, Art. 42 Brüssel IIa-VO. Es besteht die fakultative Möglichkeit eines Anerkennungs- bzw.

Nichtanerkennungsverfahrens, Art. 21 Abs. 3 Brüssel IIa-VO, beim Spezialgericht, § 55 IntFamRVG, §§ 10, 12 IntFamRVG aF. Nichtanerkennungsgründe sind in Art. 23 Brüssel IIa-VO aufgeführt; zu Art. 23 lit. a Brüssel IIa-VO (öffentliche Ordnung) EuGH BeckRS 2015, 81825 = FamRZ 2016, 111; EuGH NJW 2019, 1129; zu Art. 23 lit. b Brüssel IIa-VO (Kinderanhörung) BGH BeckRS 2025, 35689 = FamRZ 2026, 303 mAnm Dimmler. Es darf weder die Zuständigkeit noch in der Sache nachgeprüft werden, Art. 24 und Art. 26 Brüssel IIa-VO. Die allgemeinen Anerkennungsversagungsgründe gelten nicht für privilegierte Entscheidungen iSd Art. 40 Brüssel IIa-VO, wenn die Bescheinigung nach Anhang III bzw. IV vorgelegt wird. Hier kann sich alleine darauf berufen werden, dass aufgrund geänderter Umstände eine ersetzende bzw. vorgehende neue Entscheidung getroffen worden ist (Schulz FamRZ 2020, 1141 (1146)).

(2) Entscheidung betr. die elterl. Verantwortung aus Verfahren, die ab 1.8.2022 eingeleitet worden sind, werden ohne Weiteres **anerkannt,** Art. 30 Abs. 1 Brüssel IIb-VO; für privilegierte Entscheidungen iSd Art. 42 Brüssel IIb-VO ebenso, Art. 43 Abs. 1 Brüssel IIb-VO. Es besteht die fakultative Möglichkeit eines Verfahrens auf Feststellung, dass kein Grund für eine Versagung der Anerkennung gegeben ist, Art. 30 Abs. 3 Brüssel IIb-VO, und auf Versagung der Anerkennung, Art. 40 Brüssel IIb-VO. Örtlich zuständig ist in Deutschland das Spezialgericht, §§ 10, 12 IntFamRVG. Nichtanerkennungsgründe sind in Art. 39 Brüssel IIb-VO aufgeführt. Betreffend den Anerkennungsversagungsgrund der Möglichkeit des Kindes zur Meinungsäußerung, Art. 39 Abs. 2 Brüssel IIb-VO, ist – anders als bei Art. 23 lit. b Brüssel IIa-VO, der auf den nationalen Standard des ersuchten Mitgliedstaates abstellt – der verordnungsautonome Standard des Art. 21 Brüssel IIb-VO entscheidend. Die allgemeinen Anerkennungsversagungsgründe gelten nicht für privilegierte Entscheidungen iSd Art. 42 Brüssel IIb-VO, für die eine Bescheinigung nach Anhang V bzw. VI ausgestellt worden ist. Diese können nicht angefochten werden, es sei denn, es liegt eine Unvereinbarkeit mit einer späteren Entscheidung vor, Art. 43, 50 Brüssel IIb-VO. Es darf weder die Zuständigkeit noch in der Sache nachgeprüft werden, Art. 69 und Art. 71 Brüssel IIb-VO.

bb) für die **Vollstreckung** gilt:

(1) Es bedarf bei Geltung der Brüssel IIa-VO grds. einer **Vollstreckbarerklärung** im Mitgliedstaat, in dem der Titel geltend gemacht wird, Art. 28 ff. Brüssel IIa-VO, § 55 IntFamRVG, §§ 16 ff. IntFamRVG aF (dazu EuGH BeckRS 2018, 22081 = FamRZ 2019, 56; OLG München BeckRS 2014, 21621 = FamRZ 2015, 602), Vollstreckbarkeitsversagungsgründe in Art. 31 Abs. 2, Art. 23 Brüssel IIa-VO. Da nach deutschem Verständnis nur eine Herausgabe vollstreckt werden kann (BGH BeckRS 2005, 09414 = FamRZ 2005, 1541), ist § 33 IntFamRVG zu beachten, wobei ausländische sorgerechtliche Titel regelmäßig, ohne dass dies ausdrücklich aufgeführt ist, die Herausgabe umfassen. Sorgerechtliche einstweilige Maßnahmen nach Art. 20 Brüssel IIa-VO fallen aber nicht unter Art. 21 ff. Brüssel IIa-VO (EuGH BeckEuRS 2010, 519618 = FamRZ 2010, 1521; BGH BeckRS 2011, 03977 = FamRZ 2011, 542). Anders ist dies für **privilegierte Entscheidungen** iSd Art. 40 Brüssel IIa-VO: Für Umgangsentscheidungen gilt nach Art. 41 Brüssel IIa-VO, dass im Falle einer Bescheinigung nach Art. 41 Abs. 2, Anhang III Brüssel IIa-VO direkt vollstreckt werden kann, Art. 47 Abs. 2 Brüssel IIa-VO. Das gilt auch für Rückgabeentscheidungen nach Art. 11 Abs. 8 Brüssel IIa-VO (die nicht mit Rückführungsentscheidungen nach HKÜ, → Form. D.III.2, verwechselt werden dürfen). Dies sind Rückgabeentscheidungen des Herkunftslandes, nachdem der Staat, in dem sich das Kind jetzt aufhält, die Rückführung nach Art. 13 HKÜ abgelehnt hat, Art. 11 Abs. 8 Brüssel IIa-VO. Nach Art. 40 Abs. 1 lit. b, 42 Brüssel IIa-VO wird eine Rückgabeentscheidung, für die im Ursprungsstaat die Bescheinigung nach Art. 42, Anhang IV Brüssel IIa-VO ausgestellt ist, im Vollstreckungsstaat unmittelbar anerkannt und kann direkt vollstreckt werden. Das Exequaturverfahren entfällt. Ob die – noch nicht rechtskräftige – Entscheidung über die Ablehnung der Rückführung nach HKÜ dann

ausgesetzt, abgeändert, aufgehoben oder jedenfalls nicht rechtskräftig geworden oder sogar von einer höheren Instanz durch eine Rückgabeanordnung ersetzt worden ist, bleibt dann ohne Bedeutung, sofern das Kind nicht tatsächlich auch zurückgegeben worden ist (EuGH BeckRS 2008, 70770 = NJW 2008, 2973).

(2) Bei Geltung der Brüssel IIb-VO sind alle die elterliche Verantwortung betreffenden Entscheidungen aus einem Mitgliedstaat in einem anderen Mitgliedstaat **ohne Vollstreckbarkeitserklärung** vollstreckbar, Art. 34, Art. 46 Brüssel IIb-VO, sa Erwägungsgrund 58 Brüssel IIb-VO. Der Vollstreckungsschuldner hat die Möglichkeit zu beantragen, dass die Vollstreckung der Entscheidung versagt wird, Art. 41, 39 Brüssel IIb-VO, sa Erwägungsgrund 62 Brüssel IIb-VO. Einstweilige Maßnahmen nach Art. 15 Brüssel IIb-VO werden allerdings weiterhin grds. in anderen Mitgliedstaaten weder anerkannt noch vollstreckt, Erwägungsgrund 30 Brüssel IIb-VO, außer es handelt sich um eine Schutzmaßnahme iSd Art. 27 Abs. 5 Brüssel IIb-VO, s. auch Erwägungsgründe 30, 59 Brüssel IIb-VO.

b) Ansonsten gelten im Verhältnis zu einem KSÜ-Vertragsstaat, der nicht auch Mitgliedstaat der Brüssel IIa-VO/Brüssel IIb-VO ist, Art. 23 ff. KSÜ, sonst MSA, ESÜ (OLG Köln BeckRS 2015, 00102 = FamRZ 2015, 78) und subsidiär §§ 108 ff. FamFG.

Die **Vollstreckung** von Entscheidungen – zur internationalen Zuständigkeit BGH BeckRS 2019; 32329 = FamRZ 2020, 272 mAnm Gomille – aus EU-Mitgliedstaaten außer Dänemark richtet sich nach Art. 47 f. Brüssel IIa-VO bzw. Art. 51 ff. Brüssel IIb-VO – mit autonomen Regelungen zur Vollstreckung, Aussetzung der Vollstreckung und Vollstreckungsversagung – iVm §§ 44a ff. IntFamRVG, sonst KSÜ (dazu OLG München BeckRS 2015, 02636 = FamRZ 2015, 777 mAnm Siehr IPRax 2016, 344), MSA; bei Drittstaaten vgl. BGH BeckRS 2015, 17506 = FamRZ 2015, 2147.

5. Antrag auf einstweilige Anordnung zur Sicherung des Aufenthaltes des Kindes

An das
Amtsgericht
– Familiengericht –[1, 2]

Antrag auf Erlass einer dringenden Maßnahme zur Sicherung des Aufenthaltes des Kindes im Wege der einstweiligen Anordnung

In der Familiensache betreffend das Kind . . . . , geb. . . . . . in . . . . / . . . . ,
. . . . . Staatsangehörige,[3] weiblich,

des Herrn . . . . . **– Antragsteller –**

Verfahrensbevollmächtigter: Rechtsanwalt . . . . .

gegen

Frau . . . . . **– Antragsgegnerin –**

Verfahrensbevollmächtigte: Rechtsanwältin . . . . .

Namens und in Vollmacht des Ast. beantrage ich den dringenden Erlass der folgenden einstweiligen Anordnung, möglichst ohne mündliche Verhandlung:

1. Der Ag. . . . . sowie jeder (sonstigen) dritten Person mit Ausnahme des Ast.[4] wird verboten, den jetzigen Aufenthaltsort des Kindes (Name, Geburtsdatum) zu verändern, insbes. das Kind an einen Ort außerhalb der Grenzen der Bundesrepublik Deutschland zu verbringen.[5]
2. Das Gericht weist darauf hin, dass die Ag. eine geplante Auslandsreise mit dem Kind dem Gericht unverzüglich mitzuteilen hat. Es sind der Grund der Reise sowie das geplante Ausreisedatum, Reiseroute, Ziel, Dauer, Begleitperson(en) anzugeben und Belege beizufügen. Auch eventuell nach Erlass dieses Beschlusses im In- und Ausland ergangene Sorgerechtsentscheidungen sind von den Beteiligten unverzüglich mitzuteilen und zu belegen. Das Gericht prüft dann auf Antrag die Aufhebung oder Änderung dieses Beschlusses.
3. Das Bundespolizeipräsidium, Heinrich-Mann-Allee 103, Haus 44, 14473 Potsdam, wird ersucht, die Ausschreibung des Kindes im Schengen-Informationssystem zur Ingewahrsamnahme,[6] sofern es beim Versuch, Deutschland zu verlassen oder[7] außerhalb Deutschlands angetroffen wird, sowie der Begleitperson[8] im geschützten Grenzfahndungsbestand zur Kontrolle unverzüglich in die Fahndungssysteme einzustellen.
4. Die Polizeibehörden der Bundesrepublik Deutschland und jedes anderen Schengen-Staates werden ersucht, jede Ausreise des Kindes . . . . . aus der Bundesrepublik Deutschland, hilfsweise jedenfalls aus dem Schengen-Raum zu verhindern.
5. Wird das Kind beim Versuch der Ausreise aus der Bundesrepublik Deutschland oder außerhalb Deutschlands angetroffen, ist es in Gewahrsam zu nehmen und in die Obhut der örtlichen Jugendbehörden zu geben. Das anordnende Familiengericht ist unverzüglich zu informieren. Eventuelle Kosten der Ingewahrsamnahme sind Kosten des hiesigen Gerichtsverfahrens.[9]
Wird das Kind durch die Polizeibehörden eines anderen Schengen-Staates in jenem Staat angetroffen und aufgrund dieses Beschlusses in Gewahrsam genommen, sind diese Behörden durch die SIRENE Deutschland zu ersuchen, unverzüglich die Zentrale Behörde ihres Staates nach der Brüssel IIb-VO/des KSÜ/des HKÜ/des ESÜ zu unterrichten und diese Behörde zu bitten, sich alsbald mit dem Bundesamt für Justiz als der deutschen Zentralen Behörde in Verbindung zu setzen.
6. Der Ag. . . . . wird aufgegeben, binnen eines Tages ab Zustellung dieses Beschlusses Kinderausweis und Reisepass des Kindes . . . . . sowie ihren eigenen Reisepass[10] bei der zuständigen Polizeidienststelle in . . . . . oder dem erkennenden Gericht in . . . . . zu hinterlegen. Die Polizei wird ersucht, dem Gericht unverzüglich Mitteilung über die Hinterlegung zu machen und die hinterlegten Unterlagen dort zu behalten bis weitere Mitteilung durch das erkennende Gericht ergeht.
7. Der Ag. . . . . wird aufgegeben, sich gemeinsam mit dem Kind . . . . . mit Wirkung ab Zustellung dieses Beschlusses jeden Montag und jeden Freitag persönlich bei der Polizeidienststelle in . . . . . zu melden.
8. Die Polizeidienststelle in . . . . . wird ersucht, dem Gericht sofortige Mitteilung zu machen, wenn die Ag. . . . . sich nicht zu den festgesetzten Zeiten gemeinsam mit dem Kind . . . . . dort meldet.
9. Der Ag. . . . . wird es untersagt, Ersatzpapiere für sich und das Kind . . . . . zu beantragen. Die Botschaft des Staates[11] . . . . . wird von diesem Beschluss unterrichtet und gebeten, keine Ersatzpapiere für das Kind . . . . . und die Ag. . . . . auszustellen sowie die Konsulate des Staates . . . . . in Deutschland ebenfalls hierüber zu informieren.
10. Es wird angeregt, im Beschluss bereits darauf hinzuweisen, dass für jeden Fall der Zuwiderhandlung gegen eine Verpflichtung aus diesem Beschluss ein Zwangsgeld bis

zu 25.000 EUR sowie für den Fall, dass dieses nicht beigetrieben werden kann, Zwangshaft bis zu 6 Monaten festgesetzt werden kann. Verspricht die Anordnung eines Zwangsgeldes keinen Erfolg, soll das Gericht Zwangshaft anordnen, § 35 Abs. 1, 2 FamFG.

11. Die Ag. trägt die Kosten des Verfahrens, § 81 Abs. 1 iVm Abs. 2 FamFG.

12. Es wird beantragt, dem Ast. für das Verfahren Verfahrenskostenhilfe unter Beiordnung des Unterzeichners zu bewilligen, ohne dass die Zustellung des Antrages hiervon abhängig gemacht wird.

Begründung:

Zur Vermeidung von Wiederholungen wird zunächst auf die Begründung des heute ebenfalls eingereichten Sorgerechtsantrags verwiesen.

Es bedarf schnellstmöglich, ohne die vorherige Anhörung der Ag., gerichtlicher Maßnahmen, um den Aufenthalt des Kindes in Deutschland sicherzustellen. Es steht zu befürchten, dass die Ag. kurzfristig versuchen wird, mit dem Kind Deutschland zu verlassen, sobald sie von diesem Antrag und dem heute parallel eingereichten Sorgerechtsantrag Kenntnis erlangt. Die hiermit verbundenen Gefahren für das Kind sind abzuwenden. Auch hat der Ast. ein erhebliches Interesse an dem Verbleib des Kindes in Deutschland, damit nicht einseitig und widerrechtlich Fakten durch die Ag. geschaffen werden, sondern abgewartet wird, wie im Sorgerechtsverfahren die weitere Zukunft des Kindes geregelt wird.

Die Ag. hat erst kürzlich, nämlich am . . . . . ., im Treppenhaus ihres Wohnhauses gegenüber ihrer Nachbarin, Frau . . . . ., angegeben, im Falle der Antragstellung mit dem Kind nach . . . . . (anderer Staat) zu flüchten, wo sie Freunde habe.

Glaubhaftmachung: anliegende eidesstattliche Versicherung der Frau . . . . . vom . . . . .

Auch hat der Ast. in Erfahrung bringen können, dass sie sich vor . . . . . Wochen beim Vermieter bereits über die Möglichkeiten der frühzeitigen Auflösung ihres Mietverhältnisses erkundigt hat.

Glaubhaftmachung: anliegende eidesstattliche Versicherung des Herrn . . . . . vom . . . . .

Schon in der Vergangenheit hat die Ag. ein Fluchtverhalten gezeigt. So hat sie vor zwei Jahren aus Anlass eines ehelichen Streits ohne Absprache mit dem Ast. zusammen mit dem Kind die Ehewohnung verlassen. Nur durch große Anstrengungen gelang es dem Ast., in Erfahrung zu bringen, dass sie sich auch damals schon bei den Freunden in . . . . . (anderer Staat) aufhielt. Nach Versöhnung kehrte sie dann, nachdem sie insgesamt . . . . . Wochen im Ausland waren, mit dem Kind zum Ast. zurück.

Glaubhaftmachung: anliegende eidesstattliche Versicherung des Ast. vom . . . . .

Dies begründet eine konkrete Fluchtgefahr, wobei die Sicherungsmaßnahme auch auf jede sonstige Person mit Ausnahme des Ast. zu erweitern ist, um einen Verbleib des Kindes in Deutschland für die Dauer des Sorgerechtsverfahrens sicherzustellen und weitere Unruhe für das Kind zu vermeiden. Genauere Angaben zu möglichen weiteren Begleitpersonen sind dem Ast. nicht möglich.

Da die Gefahr besteht, dass die Ag., sobald ihr der Verfahrensgegenstand bekannt ist, das Kind bereits vor Anhörung bzw. Greifen der Anordnungen ins Ausland verbringt, besteht ein dringendes Bedürfnis für die beantragten Maßnahmen vor Anhörung der Ag.

Beigefügt ist ein aktuelles Lichtbild des Kindes[12] mit der Bitte, dieses an das Bundespolizeipräsidium weiterzuleiten.

Rechtsanwalt

Anmerkungen

1. Der Erlass von Maßnahmen zum Zwecke der Sicherung des Verbleibs des Kindes in Deutschland kann bei konkretem Sicherungsbedürfnis gestellt werden, sei es zur **Absicherung eines Sorge- oder eines Rückführungsverfahrens nach dem HKÜ**, → Form. D.III.2. Gerade bei letzterem ist genau zu prüfen, ob das eingeleitete Rückführungsverfahren die antragsgegnerische Partei zu dem Plan verleitet, das Kind außer Landes zu bringen. Das Sorge- oder Rückführungsverfahren kann bereits anhängig sein, parallel anhängig gemacht oder auch nur angekündigt werden.

Zu den möglichen Sicherungsmaßnahmen zählen insbesondere:

- das Verbot, den jetzigen Aufenthalt des Kindes zu verändern, insbes. dieses ohne vorherige gerichtliche Genehmigung außerhalb der Grenzen Deutschlands zu verbringen,
- das Ersuchen an das Bundespolizeipräsidium, jede Ausreise des Kindes aus Deutschland und den Staaten des Schengener Übereinkommens zu verhindern,
- die Auflage an die antragsgegnerische Partei, eigene Ausweispapiere und/oder die des Kindes zu hinterlegen,
- die Auflage, sich mit dem Kind regelmäßig bei der Polizei zu melden.

Es ist zu beachten, dass Ausschreibungen in den polizeilichen Informationssystemen nur im Rahmen der polizeirechtlich möglichen Maßnahmen in Frage kommen.

Die Maßnahme gründet sich im Fall eines Sorgerechtsverfahrens materiell auf dem Vorliegen einer Kindeswohlgefährdung, **§ 1666 BGB** (OLG Karlsruhe BeckRS 2001, 30186653 = FamRZ 2002, 1272) und stellt unter dem Gesichtspunkt der Gefahrenabwehr den geringstmöglichen Eingriff dar. Falls erforderlich ist auch ein Antrag auf Übertragung sorgerechtlicher Befugnisse im Wege einstweiliger Anordnung zu stellen, so zB bei drohender Genitalverstümmelung im Ausland (AG Delmenhorst ZKJ 2014, 79).

Geht es um die Absicherung eines Rückführungsverfahrens nach dem HKÜ, ergeht die Maßnahme nach **§ 15 IntFamRVG** und materiell auf Grundlage von Art. 2, 7 Abs. 2 lit. b, f, h HKÜ. Hier ist zusätzlich anzugeben, ob das Verbot auch die Rückführung in den Heimatstaat umfasst. Das Gericht hat dann darauf hinzuweisen, dass eine beabsichtigte freiwillige Rückführung in den Heimatstaat dem Gericht unter Beifügung von Belegen mitzuteilen ist, so dass das Gericht dann eine Aufhebung/Änderung der Maßnahme oder Genehmigung der Reise prüfen kann. Regelmäßig dürfte die Rückkehr in den Schengen-Staat des gewöhnl. Aufenthaltes auszunehmen sein, da die Rückkehr dorthin gerade das Ziel des HKÜ ist, → Anm. 9.

2. Es bedarf der **internationalen Zuständigkeit** des angerufenen Gerichts. Diese richtet sich, wenn es um die Absicherung im Rahmen eines Sorgerechtsverfahrens geht, im Fall des gewöhnlichen Aufenthalts des Kindes in Deutschland nach Art. 7 Abs. 1 Brüssel IIb-VO, → Form. D.III.1 Anm. 1.

Geht es um die Absicherung eines Rückführungsverfahrens nach dem HKÜ, ergibt sich die internat. Zuständigkeit aus Art. 15 Brüssel IIb-VO bzw. Art. 7 Abs. 3, 11 Abs. 1, 50 KSÜ, → Form. D.III.1 Anm. 1. Im Fall der Verhinderung der weiteren Entführung eines nach Deutschland entführten Kindes sind deutsche Gerichte für die Sicherungsmaßnahme internat. zuständig, wenn sich das Kind jetzt in Deutschland aufhält.

Es ist das Gericht **örtlich zuständig**, bei dem auch das Hauptverfahren, gerichtet auf Sorge oder Rückführung anhängig zu machen ist, § 50 Abs. 1 FamFG. Bei Sorgerechtsverfahren ist das das Gericht nach § 152 Abs. 2 FamFG oder wahlweise bei Auslandsbezug das Spezialgericht nach § 13 Abs. 2 IntFamRVG. Bei Rückführungsverfahren ist dies nach §§ 11, 12 IntFamRVG ausschließlich das AG am Sitz des OLG's als Spezialgericht für die sich im gesamten OLG-Bezirk aufhaltenden Kinder; zur Situation in Berlin und Niedersachsen → Form. D.III.2 Anm. 2.

3. Es ist wichtig alle Staatsangehörigkeiten des Kindes anzugeben.

4. Unionsbürger haben das Recht, sich im Hoheitsgebiet der Mitgliedstaaten frei zu bewegen und aufzuhalten, Art. 20 Abs. 2 S. 2 lit. a, Art. 21 AEUV. Unter Prüfung aller Umstände des Einzelfalles muss sich jede nationale Maßnahme eines Mitgliedstaates, auch gegen drittstaatenangehörige Bezugspersonen minderjähriger Unionsbürger, daran messen lassen, ob sie diesen Kernbestand der Unionsbürgerschaft beeinträchtigt (BVerwG BeckRS 2013, 56760 = BVerwGE 147, 261 unter Bezugnahme auf die Rspr. des EuGH). Die Rechtfertigung erfolgt über die Gefahr einer Kindeswohlgefährdung.

5. Es ist evtl. eine Dauer anzugeben. Ohne gerichtliche Befristung schreibt das Bundespolizeipräsidium für zwei Jahre aus, solange nicht vom Gericht vor Fristablauf die Verlängerung oder Aufhebung mitgeteilt wird. Die im Wege einstweiliger Anordnung verhängte Grenzsperre wird nicht automatisch durch eine die elterliche Sorge betreffende Hauptsacheentscheidung außer Kraft gesetzt (KG KGR Berlin 2009, 17).

6. Es stehen im Schengener Informationssystem (**SIS II**) als Ausreisekontrolle allein die Alternativen Ausschreibung zur Ingewahrsamnahme oder zur Aufenthaltsermittlung polizeirechtlich zur Verfügung. Die Aufenthaltsermittlung dürfte gerade zur Absicherung einer sorgerechtlichen Maßnahme regelmäßig nicht ausreichen. Sie bedeutet, dass allein die ladungsfähige Anschrift des Kindes festgestellt wird. Ausschreibung zur Ingewahrsamnahme bedeutet Inobhutnahme des Kindes, → Anm. 9.

7. Insoweit ist die Erforderlichkeit abzuwägen. Ist der Versuch, Deutschland zu verlassen, nicht umfasst, so wird die das Kind beim Versuch, Deutschland zu verlassen, begleitende Person allein über das gerichtliche Verbot belehrt und in das Inland zurückgeschickt.

8. Die fahndungsbegleitende Ausschreibung der Begleitperson erfolgt nach § 30 Abs. 3 BPolG in dem **geschützten Grenzfahndungsbestand**, der nur für grenzpolizeiliche Kontrollstellen im Inland sichtbar ist.

9. Gesetzesvorbehalt und Bestimmtheitsgrundsatz erfordern, dass im Hinblick auf die Grundrechtsrelevanz des Eingriffes durch **Ingewahrsamnahme** diese als Ausschreibungsziel ausdrücklich in die Entscheidung aufgenommen wird. Alternativ kommt eine Ausschreibung des Kindes (nur) zur **Aufenthaltsermittlung** in Frage. Im Fall eines Treffers wird dann allein die ladungsfähige Anschrift festgestellt, nichts Weiteres mit dem Kind veranlasst. Für die Frage, welche Art der Ausschreibung gewählt wird, wird es neben den Umständen des Einzelfalles auf die Art des Verfahrens ankommen, das abgesichert wird. So ist in Rückführungsverfahren nach dem HKÜ, → Form. D.III.2, das privatrechtliche Ziel zu berücksichtigen, das Kind nicht nach Deutschland, sondern in den Staat des bisherigen gewöhnl. Aufenthaltes zurückzuführen; deswegen auch Art. 9 HKÜ. Deutschland ist nicht der zur Regelung von Sorge und Umgang internat. zuständige Staat, sondern nur Zufluchtsstaat nach dem HKÜ. Ist der Staat des gewöhnl. Aufenthaltes ein Schengen-Staat, so sollte dieser Staat auf jeden Fall aus der Regelung ausgenommen werden, da Ziel des HKÜ gerade die Rückkehr des Kindes dorthin ist. Wird deswegen alleine Aufenthaltsermittlung angeordnet, so sollte geregelt werden, dass die das Kind in einem anderen Schengen-Staat antreffende Behörde über **SIRENE Deutschland** ersucht wird, unverzüglich ihre nationale Zentrale Behörde nach dem jeweiligen Rechtsinstrument, also Brüssel IIb-VO, KSÜ, HKÜ oder ESÜ, zu unterrichten und diese zu bitten, sich alsbald mit der deutschen Zentralen Behörde iSd § 3 IntFamRVG in Verbindung zu setzen. Auch das anordnende Gericht ist unverzüglich zu informieren. Das Sicherungsbedürfnis in Sorgerechtsverfahren dürfte regelmäßig größer sein und eher zur Ausschreibung zur Ingewahrsamnahme führen.

10. Da die Hinterlegung befristet ist, beeinträchtigt sie die Passfunktion nicht und ist auch im Fall ausländischer Pässe verfassungs- und völkerrechtlich zulässig (Sauerland ZAR 2000, 122).

11. Im Falle mehrerer Staatsangehörigkeiten sind die Botschaften und Konsulate aller betreffenden Staaten anzugeben.

12. Hierdurch kann die Identität des Kindes schneller abgeglichen werden.

IV. Vormundschaft

1. Vorbemerkungen

Verfahren betreffend die Vormundschaft zählen zu den **Kindschaftssachen**, die den Familiengerichten ausschließlich zugewiesen sind (§ 151 Nr. 4 FamFG). Erfasst werden sämtliche Verfahren, die die Bestimmung der Person oder der Rechte oder Pflichten des Vormunds betreffen (Sternal/Schäder FamFG § 151 Rn. 14).

Durch das zum 1.1.2023 in Kraft getretene Gesetz zur **Reform des Vormundschafts- und Betreuungsrechts** (BGBl. 2021 I 882 ff.) wurde das Vormundschafts- und Betreuungsrecht insgesamt neu strukturiert. Die Vorschriften betreffend die Vermögenssorge, Aufsicht, Vergütung und Genehmigung von Geschäften sind nunmehr im Betreuungsrecht verankert und gelten per Verweisung entsprechend für Vormundschaft und Pflegschaft. Inhaltlich verfolgt die Reform insbesondere das Ziel, die **Subjektstellung des Mündels** zu stärken. § 1788 BGB formuliert erstmals einen Katalog spezifischer Mündelrechte (ua auf Förderung, Pflege, gewaltfreie Erziehung), die mit entsprechenden Pflichten des Vormunds (§§ 1790, 1795, 1798 BGB) korrelieren. Bei der Auswahl des Vormunds sind insbesondere der Wille des Mündels, seine Bindungen und Beziehungen zu berücksichtigen (§ 1788 Abs. 2 Nr. 1 BGB). § 1795 Abs. 1 S. 2 BGB stellt klar, dass der Vormund die Pflege und Erziehung des Mündels persönlich zu fördern und zu gewährleisten hat.

Ein **Minderjähriger** erhält einen **Vormund**, wenn er nicht unter **elterlicher Sorge** (§ 1773 Abs. 1 Nr. 1 BGB) steht, wenn die Eltern zur Vertretung des Minderjährigen weder in Angelegenheiten der **Personen-** noch der **Vermögenssorge** berechtigt sind (§ 1773 Abs. 1 Nr. 2 BGB) oder wenn der **Familienstand des Minderjährigen** nicht zu ermitteln ist (§ 1773 Abs. 1 Nr. 3 BGB). Der Minderjährige steht nicht unter elterlicher Sorge, wenn beide Eltern verstorben sind oder ihnen die elterliche Sorge entzogen worden ist (§ 1666 Abs. 3 Nr. 6, 1666a BGB). Nicht zur Vertretung des Minderjährigen berechtigt sind die Eltern, wenn ihre elterliche Sorge ruht (§§ 1673–1675 BGB).

Der Bestellung eines Vormundes bedarf es nicht, wenn den Eltern die **gemeinsame elterliche Sorge** zustand und ein Elternteil verstorben ist; dann steht die elterliche Sorge kraft Gesetzes dem anderen Elternteil zu (§ 1680 Abs. 1 BGB).

Auch bei alleiniger elterlicher Sorge des verstorbenen Elternteils nach § 1626a Abs. 3 BGB oder nach § 1671 BGB ist die Bestellung eines Vormundes entbehrlich, wenn die Voraussetzungen für eine **Übertragung der elterlichen Sorge auf den überlebenden Elternteil** gem. § 1680 Abs. 2 BGB vorliegen. Entsprechendes gilt über § 1680 Abs. 3 BGB, wenn dem allein sorgeberechtigten Elternteil die elterliche Sorge entzogen worden ist. Wird einem Elternteil bei gemeinsamer elterlicher Sorge das Sorgerecht entzogen, so steht die elterliche Sorge ebenfalls dem anderen Elternteil zu (§ 1680 Abs. 1 iVm Abs. 3 BGB). Für das Ruhen der elterlichen Sorge eines Elternteils enthält § 1678 BGB vergleichbare Regelungen.

Die **Anordnung der Vormundschaft** erfolgt von Amts wegen (§ 1773 Abs. 1 BGB), bei Bedarf auch schon vor der Geburt (§ 1773 Abs. 2 BGB). Die Eltern können durch letztwillige Verfügung (§ 1782 Abs. 1 BGB) einen Vormund für ihr Kind benennen; der so **berufene Vormund** darf ohne seine Zustimmung nur in den in § 1783 BGB aufgeführten Fällen – etwa wenn der Mündel, der das 14. Lebensjahr vollendet hat, der Bestellung widerspricht (§ 1783 Abs. 1 Nr. 3 BGB) – übergangen werden. Allerdings setzt die Benennung eines Vormundes voraus, dass den Eltern zur Zeit ihres Todes die Personen-

und Vermögenssorge zustand (§ 1782 Abs. 1 S. 1 BGB). Die Entziehung der Personen- oder der Vermögenssorge nimmt dem betroffenen Elternteil das Benennungsrecht; gleiches gilt, wenn die elterliche Sorge ruht (Grüneberg/Götz BGB § 1782 Rn. 2; OLG Brandenburg JAmt 2019, 525 mwN). Ist die Vormundschaft nicht einem nach § 1782 BGB Benannten zu übertragen, so hat das Familiengericht den Vormund auszuwählen, der **am besten geeignet** ist, für die Person und das Vermögen des Mündels zu sorgen (§ 1778 Abs. 1 BGB). Geeignet ist eine natürliche Person, wenn sie nach ihren Kenntnissen und Erfahrungen, ihren persönlichen Eigenschaften, ihren persönlichen Verhältnissen und ihrer Vermögenslage sowie ihrer Fähigkeit und Bereitschaft zur Zusammenarbeit mit den anderen an der Erziehung des Mündels beteiligten Personen in der Lage ist, die Vormundschaft so zu führen, wie es das Wohl des – konkreten – Mündels erfordert (§ 1779 Abs. 1 BGB). Bei der **Auswahl** unter mehreren geeigneten Personen sind insbesondere der Wille des Mündels, seine familiären Beziehungen, seine persönlichen Bindungen, sein religiöses Bekenntnis und sein kultureller Hintergrund (§ 1778 Abs. 2 Nr. 1 BGB), der wirkliche oder mutmaßliche Wille der Eltern (§ 1778 Abs. 2 Nr. 2 BGB) und die Lebensumstände des Mündels (§ 1778 Abs. 2 Nr. 3 BGB) zu berücksichtigen. Weiter zur Auswahl siehe → Form. D.IV.3 Anm. 10, 13.

Zum Vormund kann nach § 1774 Abs. 1 BGB eine natürliche Person bestellt werden, die die Vormundschaft ehrenamtlich (Nr. 1) oder beruflich selbständig (Nr. 2) führt, ferner ein Mitarbeiter eines anerkannten Vormundschaftsvereins (Nr. 3) sowie das Jugendamt (Nr. 4). Ihre Eignung nach § 1779 Abs. 1 BGB vorausgesetzt, ist eine natürliche Person, die bereit (§ 1785 Abs. 2 BGB) ist, die Vormundschaft ehrenamtlich zu führen, **vorrangig** zu bestellen, da davon auszugehen ist, dass der **ehrenamtliche Vormund** gegenüber dem beruflichen Vormund mehr Zeit, Engagement und persönliche Zuwendung für den Mündel aufbringen kann (BT-Drs. 19/24445, 196). Beim Berufsvormund und dem Vereinsvormund ist gem. § 1780 S. 1 BGB zudem seine berufliche Belastung mit anderen Vormundschaften und Pflegschaften zu berücksichtigen, worüber der Vormund dem Familiengericht Auskunft zu erteilen hat (§ 1780 S. 2 BGB). Die Auswahl des für den Mündel „richtigen" Vormunds ist für das Gelingen der Vormundschaft von besonderer Bedeutung (BT-Drs. 19/24445, 124). Um dem Familiengericht mehr Zeit für eine sorgfältige Ermittlung und Auswahl einer geeigneten Vormundsperson zu ermöglichen, sieht § 1781 BGB – neben der grundsätzlich weiterhin bestehenden Option einer Vormundbestellung im Wege einstweiliger Anordnung (§ 49 ff. FamFG) – die Möglichkeit der Bestellung eines **vorläufigen Vormunds** vor. Zum vorläufigen Vormund iSd § 1781 BGB kann ausschließlich ein anerkannter Vormundschaftsverein oder das Jugendamt bestellt werden (§ 1784 Abs. 2 BGB). Die Bestellung erfolgt zunächst für die Dauer von drei Monaten (§ 1781 Abs. 3 S. 1 BGB) und kann bei Bedarf für weitere drei Monate verlängert werden (§ 1781 Abs. 3 S. 2 BGB). Allerdings endet das Amt des vorläufigen Vormunds nicht mit Fristablauf, sondern erst mit der Bestellung des (endgültigen) Vormunds (§ 1781 Abs. 5 BGB). § 1781 Abs. 4 BGB stellt klar, dass die Bestellung eines Vereinsmitarbeiters oder des Jugendamtes zum (endgültigen) Vormund auch dann erforderlich ist, wenn zuvor ein Vormundschaftsverein oder das Jugendamt als vorläufiger Vormund bestellt waren.

Es gilt der **Grundsatz der Einzelvormundschaft**. Als Ausnahme hiervon können allein Ehegatten gemeinschaftlich zu Vormündern bestellt werden (§ 1775 Abs. 1 BGB). Auch für Geschwister soll – außer bei Vorliegen besonderer Gründe – nur ein Vormund bestellt werden (§ 1775 Abs. 2 BGB). Zur Stärkung der ehrenamtlichen Vormundschaft sieht § 1776 BGB allerdings die Möglichkeit vor, dem **ehrenamtlichen Vormund** mit dessen Einverständnis einen **zusätzlichen Pfleger** zur Seite zu stellen, dem einzelne oder eine bestimmte Art von Sorgeangelegenheiten zur eigenständigen Wahrnehmung übertragen werden. Damit können komplexe oder konfliktträchtige Sorgerechtsbereiche auf einen zusätzlichen Pfleger übertragen werden, ohne dass dadurch die generelle Eignung des ehrenamtlichen Vormunds in Frage gestellt wird (§ 1779 Abs. S. 2 BGB; BG-Drs. 19/24445, 190). Für die ehrenamtliche Vormundschaft für **unbegleitete minderjährige Flüchtlinge** besteht damit die Möglichkeit der Bestellung eines zusätzlichen Pflegers für asyl- und ausländerrechtliche Angelegenheiten. Für **Berufsvormünder** gilt demgegenüber, dass sie nur dann geeignet sind, wenn sie alle anstehenden Angelegenheiten zum Wohl des Mündels regeln können (vgl. BT-Drs. 19/24445, 192). Fehlt ihnen die zur sachgerechten Besorgung einzelner Geschäfte erforderliche **Sachkunde**, ohne dass dadurch ihre generelle Eignung in Frage steht, haben sie diesen Mangel in eigener Verantwortung durch Inanspruchnahme fachspezifischer Hilfen auszugleichen (vgl. BGH NJW 2017, 3520; NJW 2013, 3095). Dies gilt insbesondere für den Amtsvormund, der sich zudem nicht auf mangelnde Kapazität berufen kann (vgl. BGH NJW-RR 2021, 1441).

Unter den in § 1777 Abs. 1 BGB genannten Voraussetzungen ist zudem eine Übertragung von Sorgeangelegenheiten auf die **Pflegeperson als Pfleger** zur alleinigen bzw. im Fall von Angelegenheiten von erheblicher Bedeutung zur gemeinsamen Wahrnehmung mit dem Vormund möglich. Die Zusammenarbeit zwischen Vormund und Pfleger regelt § 1792 BGB; bei Meinungsverschiedenheiten – auch zwischen mehreren gemeinschaftlich oder für Geschwister bestellten Vormündern – entscheidet gem. § 1793 BGB das Familiengericht, wobei es eine Entscheidung in der Sache zu treffen hat und anders als bei § 1628 BGB nicht lediglich die Entscheidungsbefugnis überträgt (Grüneberg/Götz BGB § 1793 Rn. 4).

Der Vormund hat gem. § 1789 Abs. 1 S. 1 BGB die Pflicht und das Recht für die Person und das Vermögen des Mündels zu sorgen, insbesondere den **Mündel zu vertreten** (§ 1789 Abs. 2 S. 1 BGB). Ausgenommen sind die Angelegenheiten, für die ein Pfleger bestellt ist (§ 1789 Abs. 1 S. 2 BGB). Um eine Gefährdung der Mündelinteressen durch Missbrauch der Vertretungsmacht zu verhindern, ist in Ergänzung zu § 181 BGB die Vertretungsmacht des Vormunds in den Fällen des § 1824 BGB (iVm § 1789 Abs. 2 S. 2 BGB) ausgeschlossen. Bei Vorliegen eines erheblichen Interessengegensatzes im Einzelfall kann das Familiengericht dem Vormund die Vertretung auch in nicht benannten Fällen für einzelne Angelegenheiten entziehen (§ 1789 Abs. 2 S. 3 und 4 BGB). Im Rahmen der Vermögenssorge bedarf der Vormund für bestimmte Rechtsgeschäfte nach §§ 1795 Abs. 2, 1799 Abs. 1 BGB der Genehmigung des Familiengerichts, wobei § 1799 Abs. 1 BGB auf die Genehmigungstatbestände des Betreuungsrechts nach §§ 1848 bis 1854 Nr. 1 bis 7 BGB verweist.

Die Vormundschaft wird nach der Gesetzeskonzeption als staatsbürgerliches Ehrenamt grundsätzlich **unentgeltlich** (§ 1808 Abs. 1 BGB) und nur **ausnahmsweise berufsmäßig** (§ 1808 Abs. 3 S. 1 BGB) geführt. Das Familiengericht stellt die Berufsmäßigkeit bei der Bestellung fest, wenn dem Vormund in einem solchen Umfang Vormundschaften übertragen sind oder perspektivisch übertragen werden, dass er diese nur im Ahmen seiner Berufsausübung führen kann (§ 1 Abs. 1 S. 1 VBVG), wobei Berufsmäßigkeit in der Regel vorliegt, wenn mehr als zehn Vormundschaften geführt werden oder wöchentlich mindestens 20 Wochenstunden erforderlich sind (§ 1 Abs. 1 S. 2 VBVG). Berufsmäßigkeit ist stets bei Bestellung des Jugendamtes, des Vereinsvormunds und des Vormundschaftsvereins gegeben (§ 1 Abs. 2 VBVG). Der ehrenamtliche Vormund kann statt einzeln darzulegender Aufwendungen (§§ 1808 Abs. 2 S. 1, 1877 BGB) auch eine Aufwandspauschale (§§ 1808 Abs. 2 S. 1, 1878 BGB) geltend machen. Im Einzelfall kann durch das Familiengericht auch eine Vergütung nach §§ 1808 Abs. 2 S. 1, 1876 S. 2 BGB bewilligt werden.

2. Antrag auf Feststellung der Beendigung der Vormundschaft

An das

Amtsgericht . . . . .

– Familiengericht –[1]

. . . . . [Datum]

Aktenzeichen.: . . . . .

Antrag[2] auf Feststellung der Beendigung der Vormundschaft nach § 168e FamFG

In der Familiensache

betreffend das minderjährige Kind

Jonas . . . . ., geboren . . . . .,

wohnhaft . . . . .

Beteiligte:[3]

1. die Mutter . . . . ., c/o JVA . . . . .

– Antragstellerin –

Verfahrensbevollmächtigter: Rechtsanwalt . . . . .[4]

2. das Kind . . . . .

3. Herr . . . . ., ...
als Vormund des Kindes

zeige ich unter Bezugnahme auf die beigefügte Vollmacht die Vertretung der Mutter und Antragstellerin an.

Es wird beantragt,

1. **der Antragstellerin Verfahrenskostenhilfe[5] zu bewilligen und ihr den Unterzeichner zur unentgeltlichen Wahrnehmung ihrer Rechte beizuordnen,**
2. **gem. § 1674 Abs. 2 BGB festzustellen, dass der Grund des Ruhens der elterlichen Sorge der Antragstellerin nicht mehr besteht und**
3. **gem. § 168e FamFG festzustellen, dass die durch Anordnung des Amtsgerichts – Familiengericht – . . . . . vom . . . . . eingetretene Vormundschaft für das im Rubrum aufgeführte Kind beendet ist.**

Begründung:

I. Wegen des Antrags auf Verfahrenskostenhilfe wird zunächst auf die beigefügte Erklärung über die persönlichen und wirtschaftlichen Verhältnisse der Antragstellerin Bezug genommen, aus der ersichtlich ist, dass die Antragstellerin nicht in der Lage ist, die Verfahrenskosten zu tragen.

Die Erfolgsaussicht der Rechtsverfolgung ergibt sich aus der nachfolgenden Darstellung.

II. Die Antragstellerin ist die Mutter des am . . . . . geborenen Kindes Jonas. Gemäß § 1626a Abs. 3 BGB war sie seit der Geburt des Kindes allein sorgeberechtigt.[6] Der

Aufenthalt des Vaters . . . . . ist weder der Antragstellerin noch dem Jugendamt bekannt.[7]
Am . . . . . wurde die Antragstellerin während einer Auslandsreise in . . . . . wegen des Besitzes von Drogen inhaftiert und in der Folgezeit zu einer vierjährigen Haftstrafe verurteilt. Kontakt zu ihren in Deutschland lebenden Familienangehörigen konnte sie wegen der Haftbedingungen vor Ort in dieser Zeit nur sporadisch aufnehmen. Jonas lebt seit der Inhaftierung der Antragstellerin bei deren Eltern. Durch Beschl. v. . . . . . stellte das Amtsgericht – Familiengericht – . . . . . das Ruhen der elterlichen Sorge der Antragstellerin fest[8] und ordnete zugleich Vormundschaft[9] an. Eine Übertragung der elterlichen Sorge auf den Vater kam aus Gründen des Kindeswohls seinerzeit nicht in Betracht.[10] Zum Vormund wurde der Beteiligte zu 2) – der Vater der Antragstellerin – bestellt.[11]
Am . . . . . wurde die Antragstellerin zur Verbüßung ihrer Reststrafe nach Deutschland überstellt. Sie befindet sich seitdem in der JVA . . . . . und wird in absehbarer Zeit in den offenen Vollzug überstellt werden. Die Voraussetzungen für die Anordnung der Vormundschaft liegen damit nicht mehr vor, denn seit der Rückkehr nach Deutschland hält die Antragstellerin regelmäßigen Kontakt sowohl zu ihrem Sohn als auch zu ihren Eltern, von denen das Kind betreut wird. Sie ist damit in der Lage, ausreichend Einfluss auf die Erziehung ihres Sohnes zu nehmen und die im Rahmen der elterlichen Sorge erforderlichen Entscheidungen selbst zu treffen.[12]
Mit dem zuständigen Jugendamt in . . . . . hat die Antragstellerin sofort nach ihrer Rückkehr nach Deutschland Kontakt aufgenommen. Das Jugendamt wird die Antragstellerin vor allem in der ersten Zeit beraten und unterstützen.
2 beglaubigte Abschriften anbei.

Rechtsanwalt[13, 14, 15, 16]

Anmerkungen

1. Die sachliche **Zuständigkeit des Familiengerichts** folgt aus §§ 1773 ff. BGB, § 151 Nr. 4 FamFG; es handelt sich um eine **Kindschaftssache.** Für Kindschaftssachen örtlich zuständig ist in der Regel das Gericht, in dessen Bezirk das Kind seinen gewöhnlichen Aufenthalt hat (§ 152 Abs. 2 FamFG); während der Anhängigkeit einer Ehesache ist, sofern es um gemeinschaftliche Kinder der Ehegatten geht, das Gericht zuständig, bei dem die Ehesache im ersten Rechtszug anhängig ist oder war (§ 152 Abs. 1 FamFG). Die **Anordnung der Vormundschaft** obliegt – ebenso wie die Feststellung ihrer Beendigung – dem **Rechtspfleger (§ 3 Nr. 2 lit. a RPflG)**, der grundsätzlich auch für die Feststellungen zum Ruhen der elterlichen Sorge nach § 1674 BGB zuständig ist. Im Einzelfall kann allerdings bereits hier der Richtervorbehalt des § 14 Abs. 1 Nr. 1 RPflG greifen (vgl. OLG Dresden ZKJ 2012, 269 für den Fall einer möglichen Geschäftsunfähigkeit; OLG Bamberg FamRZ 2025, 882 bei Antragstellung nach § 1671 BGB im Rahmen des Verfahrens nach § 1674 Abs. 2 BGB). Die Entscheidung über eine Übertragung der elterlichen Sorge auf den anderen Elternteil ist dem **Richter** vorbehalten (§ 14 Abs. 1 Nr. 3 RPflG), der dann für das gesamte Verfahren einschließlich der Prüfung der Voraussetzung des Ruhens der elterlichen Sorge zuständig ist (OLG Dresden ZKJ 2012, 269; vgl. auch Sternal/Sternal FamFG Einl. Rn. 97).

2. Wenn die Voraussetzungen der Vormundschaft – etwa durch **Volljährigkeit** des Mündels oder durch **Beendigung des Ruhens** der elterlichen Sorge – entfallen sind, endet die Vormundschaft gem. § 1806 BGB kraft Gesetzes. Bei insoweit bestehenden Zweifeln stellt das Familiengericht die Beendigung und den Zeitpunkt der Beendigung der Vormundschaft nach § 168e FamFG (mit deklaratorischer Wirkung) fest. Die Feststellung erfolgt **von Amts wegen** (vgl. Prütting/Helms/Hammer FamFG § 168e Rn. 7), wobei Vormund, Mündel oder auch Dritte die Verfahrenseinleitung unter Mitteilung der veränderten Umstände bzw. bestehender Zweifel anregen können. § 24 Abs. 1 FamFG stellt klar, dass Verfahren von Amts wegen auch auf **Anregung eines Dritten** eingeleitet werden können (BT-Drs. 16/6308, 186). Die Verfolgung eines eigenen Rechtsschutzziels kann durch ausdrückliche Formulierung eines Antrags hervorgehoben werden, wenngleich dieser im Rahmen eines von Amts wegen einzuleitenden Verfahrens nur als **Anregung** für ein Tätigwerden des Gerichts behandelt wird (Sternal/Sternal FamFG § 24 Rn. 6; Bumiller/Harders/Schwamb FamFG § 24 Rn. 1). Entsprechendes gilt, soweit (auch oder lediglich) die Feststellung begehrt wird, dass der Grund des Ruhens der elterlichen Sorge nicht mehr besteht (§ 1674 Abs. 2 BGB).

3. Gem. § 23 Abs. 1 S. 2 FamFG sollen im Antrag die Personen benannt werden, die als **Beteiligte** in Betracht kommen. Das sollte aus Zweckmäßigkeitsgründen auch im Rahmen eines von Amts wegen einzuleitenden Verfahrens nach Möglichkeit beachtet werden. Der vom Gericht bestellte Vormund sollte daher als Beteiligter aufgeführt werden. Das **Jugendamt** (in der Funktion des Sozialen Dienstes) ist gem. § 162 Abs. 1 FamFG in allen **Verfahren, die die Person des Kindes betreffen,** von Amts wegen anzuhören. Das sind alle Kindschaftssachen, die das Kind betreffen und die nicht ausschließlich vermögensrechtlicher Art sind (vgl. BT-Drs. 16/6308, 241; Bumiller/Harders/Schwamb FamFG § 162 Rn. 1). In Verfahren nach den §§ 1666, 1666a BGB ist das Jugendamt von Amts wegen zu beteiligen (§ 162 Abs. 2 S. 1 FamFG), im Übrigen gem. §§ 162 Abs. 2 S. 2, 7 Abs. 2 Nr. 2 FamFG nur auf seinen Antrag. Eine Benennung des Jugendamtes als **möglichen Beteiligten** ist sinnvoll, wenn im Fall der Amtsvormundschaft die Zuständigkeit für die Mitwirkung im Verfahren bei einem anderen Jugendamt liegt (§§ 86, 87b SGB VIII) oder sich dem Gericht nicht ohne weiteres erschließt, welches Jugendamt zuständig ist. Im Regelfall dürfte die Benennung entbehrlich sein. Das Kind ist in allen seine Person oder sein Vermögen betreffenden Verfahren Beteiligter (§ 7 Abs. 2 Nr. 1 FamFG; vgl. Heilmann/Köhler FamFG § 7 Rn. 11).

4. In Familiensachen besteht vor dem Amtsgericht sowie vor dem Oberlandesgericht gem. § 114 Abs. 1 FamFG **Anwaltszwang in Ehesachen, Folgesachen** sowie in **selbständigen Familienstreitsachen** (Ausnahmen: § 114 Abs. 4 FamFG). In Kindschaftssachen besteht Anwaltszwang somit nur, soweit diese als **Folgesachen** betrieben werden.

5. Für die Bewilligung von **Verfahrenskostenhilfe** gelten gem. § 76 Abs. 1 FamFG die Vorschriften der ZPO über die Bewilligung von **Prozesskostenhilfe** entsprechend. Da hier kein Anwaltszwang besteht, hängt die **Beiordnung eines Rechtsanwaltes** von der Schwierigkeit der Sach- und Rechtslage ab (§ 78 Abs. 2 FamFG).

6. Sind die Eltern eines Kindes nicht miteinander verheiratet, so steht ihnen die elterliche Sorge gemeinsam zu, wenn sie **Sorgeerklärungen** nach § 1626a Abs. 1 Nr. 1 BGB abgegeben haben oder soweit das Familiengericht den Eltern gem. § 1626a Abs. 1 Nr. 3 und Abs. 2 BGB auf Antrag eines Elternteils die elterliche Sorge oder einen Teilbereich gemeinsam übertragen hat. Im Übrigen hat die Mutter gem. § 1626a Abs. 3 BGB die elterliche Sorge.

7. Grundsätzlich sollen die **Eltern** – unabhängig davon, ob ihnen das Sorgerecht zusteht – in allen **Verfahren, die die Person des Kindes betreffen, persönlich angehört** werden (§ 160 Abs. 1 S. 1 FamFG). Hierzu gehören alle Kindschaftssachen nach § 151 Nr. 1 bis 5 und 8, die das Kind betreffen und nicht ausschließlich vermögensrechtlicher Art sind (vgl. Sternal/Schäder FamFG § 160 Rn. 5). Von der persönlichen Anhörung darf nur in besonders gelagerten Ausnahmefällen abgesehen werden, wenn der mit der persönlichen Anhörungspflicht verfolgte Zweck auch auf andere Weise – also zB durch eine schriftliche Anhörung – erreicht werden kann (vgl. BGH NJW 2020, 1220 Rn. 30), was etwa der Fall bei der allein auf die Ausübung des Zeugnisverweigerungsrechts nach § 52 Abs. 2 StPO begrenzten Anordnung einer Ergänzungspflegschaft nach § 1809 Abs. 1 BGB ist (vgl. Sternal/Schäder, FamFG § 160 Rn. 7). In **sonstigen Kindschaftssachen**, die nicht die Person des Kindes betreffen, dh Verfahren, die ausschließlich die Vermögenssorge des Kindes zum Gegenstand haben, hat das Gericht die Eltern ebenfalls – allerdings nicht vorrangig persönlich – anzuhören (§ 160 Abs. 2 S. 1 FamFG), es sei denn, dass von der Anhörung eines Elternteils, dem die elterliche Sorge nicht zusteht, eine Aufklärung nicht erwartet werden kann (§ 160 Abs. 2 S. 2 FamFG).

8. Nach § 1674 Abs. 1 BGB ruht die elterliche Sorge eines Elternteils, wenn das Familiengericht feststellt, dass er auf längere Zeit die elterliche Sorge tatsächlich nicht ausüben kann. Eine bloße physische Abwesenheit reicht dabei nicht aus, wenn der Elternteil, sei es durch den anderen Elternteil, sei es durch sonstige Hilfskräfte bei der Ausübung der elterlichen Sorge, seine Kinder gut versorgt weiß und auf der Grundlage moderner Kommunikationsmittel oder Reisemöglichkeiten auch aus der Ferne Einfluss auf die Ausübung der elterlichen Sorge nehmen kann. Deshalb rechtfertigen die Behinderungen in der Ausübung des Sorgerechts durch Verbüßung einer **Strafhaft** allein noch keine Feststellung des **Ruhens der elterlichen Sorge** nach § 1674 Abs. 1 BGB (vgl. BGH NJW 2005, 221 ff. mwN). Bei längerer Strafhaft sind für Eltern und Kind Kontaktmöglichkeiten zu schaffen, etwa durch regelmäßige Besuche (MüKoBGB/Hennemann BGB § 1674 Rn. 5). Nur dann, wenn der Elternteil auf längere Zeit nicht entscheidend in die Ausübung des Sorgerechts eingreifen kann, sei es infolge langfristiger Inhaftierung (vgl. OLG Dresden FamRZ 2003, 1038; OLG Brandenburg FamRZ 2009, 237 – Inhaftierung im Ausland – und FamRZ 2009, 1683), Abwesenheit ohne weitere Kontaktpflege (vgl. OLG Naumburg FamRZ 2002, 258) oder durch einen **Aufenthalt im Ausland** ohne Einfluss auf die Ausübung des Sorgerechts (OLG Köln FamRZ 1992, 1093), ist das Ruhen der elterlichen Sorge nach § 1674 BGB festzustellen (BGH NJW 2005, 221 ff.). Bei einer längeren Inhaftierung im Ausland ohne regelmäßige Möglichkeit der Kontaktaufnahme wird man die Voraussetzungen von § 1674 BGB mithin vielfach bejahen können, nicht dagegen, wenn trotz der Inhaftierung eine ausreichende Mitwirkung an den im Rahmen der elterlichen Sorge zu treffenden Entscheidungen möglich ist. Ohne unmittelbare Bedeutung bleiben die Art des Strafvorwurfs oder die Wahrscheinlichkeit der Tat. Hiervon kann allenfalls § 1666 BGB betroffen sein (MüKoBGB/Hennemann BGB § 1674 Rn. 5).

Bei **unbegleiteten minderjährigen Flüchtlingen** werden die Voraussetzungen des § 1674 Abs. 1 BGB in der Regel vorliegen, weil entweder der Aufenthalt der Eltern unbekannt ist oder aber wegen der Situation im Heimatland kein Kontakt zu ihnen hergestellt werden kann (vgl. MüKoBGB/Hennemann BGB § 1674 Rn. 6) und die tatsächliche Ausübung der elterlichen Sorge insbesondere in Bezug auf Beantragung von Schutz und Versorgung wegen fehlender Kenntnis der Strukturen im Aufnahmeland kaum möglich ist (vgl. Oberloskamp/Dürbeck/Schwarz § 10 Rn. 91). Ist zweifelhaft, ob der Betroffene noch minderjährig ist, hat das Familiengericht dies gem. § 26 FamFG von Amts wegen aufzuklären, ohne dass dabei eine Bindung an das Ergebnis der vom Jugendamts nach § 42f SGB VIII durchgeführte Altersfeststellung besteht (vgl. BGH JAmt 2015, 395; KG JAmt 2023, 597). Mittel der Sachaufklärung, an die hohe Anforderungen zu stellen sind (vgl. BGH JAmt 2018, 476), ist neben dem persönlichen Eindruck vom und Anhörung des Betroffenen, Altersangaben in anderen Verwaltungs- und Gerichtsverfahren und insbesondere die Einholung eines forensischen Sachverständigengutachtens zur Altersdiagnostik (vgl. KG FamRZ 2020, 842; OLG Hamm JAmt 2019, 112). Der Zweifelssatz, demzufolge bei nicht ausräumbaren Zweifeln an der Volljährigkeit des Betroffenen von der Minderjährigkeit auszugehen ist, greift erst ein, wenn sich das Gericht nach Ausschöpfung aller verfahrensrechtlich möglichen und zulässigen (unzulässig: Röntgenuntersuchung ohne Einwilligung des Betroffenen, § 25 Abs. 1 RöntgenVO, vgl. OLG München FamRZ 2012, 1958) sowie den Umständen nach veranlassten Aufklärungsmöglichkeiten keine hinreichende Gewissheit über das tatsächliche Alter des Betroffenen verschaffen kann (BGH FamRZ 2018, 1795; JAmt 2015, 395). Dabei ist für die richterliche Überzeugungsbildung über das Alter des Betroffenen ein für das praktische Leben brauchbarer Grad an Gewissheit erforderlich, der den Zweifeln Schweigen gebietet, ohne sie völlig auszuschließen (vgl. KG NJW-RR 2024, 1327).

Für den **Eintritt der Volljährigkeit** ist auch bei Vormundschaften ausländischer Mündel nunmehr einheitlich das deutsche Recht maßgeblich (§ 2 BGB). Der mit Wirkung zum 1.1.2023 neugefasste Art. 24 Abs. 1 EGBGB verweist ebenso wie die Regelungen des Haager Kinderschutzabkommens (KSÜ) und des Haager Minderjährigen Schutzabkommens (MSA) sowie Art. 12 der Genfer Flüchtlingskonvention auf das Recht des Staates des gewöhnlichen Aufenthaltes, womit die zuvor bestehende Problematik unterschiedlicher Volljährigkeitszeitpunkte der Heimatrechte der Mündel obsolet geworden ist.

Einen **Sonderfall** regelt § 1674a BGB: Nach § 1674a S. 1 BGB ruht die elterliche Sorge der Eltern für ein vertraulich geborenes Kind (zur Definition vgl. § 25 Abs. 1 des Schwangerschaftskonfliktgesetzes) kraft Gesetzes; sie lebt wieder auf, wenn das Familiengericht feststellt, dass ein Elternteil ihm gegenüber die für den Geburtseintrag des Kindes erforderlichen Angaben gemacht hat (§ 1674a S. 2 BGB).

Das **Ruhen der elterlichen Sorge** wird (außer im Rahmen von § 1674a BGB) durch **Beschluss** des Familiengerichts gem. § 1674 Abs. 1 BGB festgestellt. Solange die elterliche Sorge eines Elternteils ruht, ist dieser gem. § 1675 BGB nicht berechtigt, sie auszuüben.

9. Der Bestellung eines Vormundes bedarf es nicht, wenn den Eltern die **gemeinsame elterliche Sorge** zustand und die elterliche Sorge bei lediglich einem Elternteil ruht; dann übt der andere Elternteil die elterliche Sorge allein aus (§ 1678 Abs. 1 BGB).

10. Ruht die elterliche Sorge des gem. § 1626a Abs. 3 BGB oder gem. § 1671 BGB allein sorgeberechtigten Elternteils und besteht keine Aussicht, dass der Grund des Ruhens wegfallen werde, so hat das Familiengericht die elterliche Sorge auf den anderen Elternteil zu übertragen, wenn dies dem **Wohl des Kindes** nicht widerspricht (§§ 1678 Abs. 2 BGB). Vergleichbare Regelungen bestehen für den Fall, dass ein Elternteil verstorben ist oder einem Elternteil die elterliche Sorge entzogen worden ist (§ 1680 Abs. 1–3 BGB). Auch in diesen Fällen bedarf es also nicht der Bestellung eines Vormundes.

11. Wegen der Kriterien für die Auswahl des Vormundes wird auf → Form. D.IV.3 Anm. 10, 13 verwiesen.

12. Entfällt der Grund für das Ruhen der elterlichen Sorge, lebt diese erst durch den konstitutiv wirkenden Beschluss des Familiengerichts wieder auf, mit dem festgestellt wird, dass der Grund des Ruhens nicht mehr besteht (§ 1674 Abs. 2 BGB). Die Überprüfung hat das Gericht von Amts wegen einzuleiten und durchzuführen (vgl. MüKoBGB/Hennemann BGB § 1674 Rn. 19), so dass auch insoweit ein etwaiger Antrag eines Beteiligten lediglich eine Anregung darstellt (vgl. oben Anm. 2). Bis zur Feststellung schützen § 1698a Abs. 2 BGB den handelnden anderen Elternteil und §§ 1807, 1874 Abs. 1 BGB den Vormund.

Kosten und Gebühren

13. Gerichtskosten. Kostenschuldner bei einer **Vormundschaft oder Dauerpflegschaft** (mit Ausnahme der Umgangspflegschaft, § 4 FamGKG) ist grundsätzlich der Minderjährige (§ 22 S. 1 FamGKG). Gem. § 22 S. 2 FamGKG kann das Gericht auch einem anderen Kosten auferlegen. Die **Fälligkeit** richtet sich nach § 10 FamGKG. Nach KV 1311 FamGKG wird für eine Vormundschaft oder Dauerpflegschaft eine **Jahresgebühr** erhoben, deren Höhe sich nach dem Vermögen des Minderjährigen bemisst. Vom Minderjährigen werden in Kindschaftssachen **Gebühren** nur erhoben, wenn sein **Vermögen** nach Abzug der Verbindlichkeiten mehr als 10.000 EUR beträgt, wobei das selbst oder von Angehörigen bewohnte angemessene **Hausgrundstück** nicht berücksichtigt wird (KV 1311 Abs. 1 FamGKG iVm § 90 Abs. 2 Nr. 8 SGB XII). Die **Verfahrensgebühr** (KV 1310 FamGKG) entsteht für Verfahren, die in den Rahmen einer Vormundschaft oder Pflegschaft fallen, nicht. Da die Jahresgebühr (KV 1311) sämtliche Handlungen von Beginn bis Ende der Vormundschaft erfasst, fällt für das Feststellungsverfahren nach § 168e FamFG keine weitere Gebühr an (vgl. Prütting/Helms/Dürbeck FamFG § 168e Rn. 11).

Für das Verfahren nach § 1674 Abs. 2 BGB fällt eine Verfahrensgebühr nach KV 1310 FamGKG an, der Wert folgt aus § 45 Abs. 1 Nr. 1 FamGKG.

14. **Außergerichtliche Kosten.** Das Gericht kann nach **billigem Ermessen** den Beteiligten ganz oder teilweise die **Verfahrenskosten** auferlegen (§ 81 FamFG). Eine **Kostenbelastung des Minderjährigen** scheidet in Verfahren, die seine **Person** betreffen, wegen § 81 Abs. 3 FamFG aus.

15. **Rechtsanwaltsgebühren.** Der **Gegenstandswert** beträgt für **Vormundschaftssachen** nach §§ 23 Abs. 1 S. 2 RVG, § 42 Abs. 2 und 3 FamGKG regelmäßig 5.000 EUR (hM entsprechende Anwendung von § 45 Abs. 1 Nr. 1 FamGKG, vgl. OLG Karlsruhe, BeckRS 2024, 17794; BeckOK Streitwert/Dürbeck, Familienrecht – Vormundschaft Rn. 2a). Im Fall der Feststellung der Beendigung der Vormundschaft nach § 168e FamFG neben der Feststellung des Wegfalls des Ruhensgrundes nach § 1674 Abs. 2 BGB wird für § 168e FamFG kein gesonderter Wert anzusetzen sein (notwendige gesetzliche Folge, § 1806 BGB, vgl. OLG Nürnberg FamRZ 2016, 2148). Die dem Rechtsanwalt zustehende **Verfahrensgebühr** (VV 3100 RVG) ermäßigt sich, wenn der Rechtsanwalt in einer Familiensache oder in einem Verfahren der freiwilligen Gerichtsbarkeit lediglich einen Antrag gestellt und eine Entscheidung entgegengenommen hat, auf 0,8 (VV 3101 Nr. 3 Alt. 2 RVG). Ergibt sich dagegen – etwa nach einem gerichtlichen Hinweis – die Notwendigkeit zu ergänzendem Sachvortrag, kann der Rechtsanwalt die übliche Verfahrensgebühr von 1,3 beanspruchen, ebenso bei Durchführung eines Anhörungstermins, der zusätzlich die **Terminsgebühr** nach VV 3104 RVG auslöst (vgl. Toussaint/Toussaint RVG VV 3101 Rn. 34).

Rechtsmittel

16. Gegen den Beschluss nach § 168e FamFG ist die **befristete Beschwerde** gem. §§ 58, 63 FamFG eröffnet. Beschwerdeberechtigt sind der Mündel und der Vormund, dieser für den Mündel und aus eigener Rechtsbetroffenheit (vgl. Prütting/Helms/Hammer FamFG § 168e Rn. 10).

3. Antrag auf Entlassung des Amtsvormunds nach § 1804 BGB

An das

Amtsgericht . . . . .

– Familiengericht –[1]

. . . . [Datum]

Aktenzeichen: . . . . .

Antrag[2] auf Entlassung des Amtsvormunds nach § 1804 BGB und Antrag zur Bestellung eines anderen Vormunds nach § 1805 BGB

In der Familiensache

betreffend das minderjährige Kind

Lukas . . . . ., geboren . . . . .,

wohnhaft . . . . .

– Mündel –

Beteiligte:[3]

1. die Eheleute . . . . .,
   wohnhaft . . . . .

– Großeltern und Antragsteller –

Verfahrensbevollmächtigter: Rechtsanwalt . . . . .[4]

2. der Mündel . . . . .
3. als Vormund des Mündels das Jugendamt . . . . .

zeige ich unter Bezugnahme auf die beigefügte Vollmacht die Vertretung der Antragsteller an.

Es wird beantragt,

1. den Antragstellern Verfahrenskostenhilfe[5] zu bewilligen und ihnen den Unterzeichner zur unentgeltlichen Wahrnehmung ihrer Rechte beizuordnen,
2. das Jugendamt . . . . . als Vormund des Mündels zu entlassen und die Antragsteller gemeinschaftlich zu Vormündern[6] zu bestellen.

Begründung:

I. Wegen des Antrags auf Verfahrenskostenhilfe wird zunächst auf die beigefügte Erklärung über die persönlichen und wirtschaftlichen Verhältnisse der Antragsteller nebst Anlagen verwiesen, aus der ersichtlich ist, dass die Antragsteller nicht in der Lage sind, die Verfahrenskosten zu tragen.
Die Erfolgsaussicht der Rechtsverfolgung ergibt sich aus der nachfolgenden Darstellung.

II. Das im Rubrum genannte Kind entstammt einer außerehelichen Beziehung der Mutter Daniela . . . . ., wohnhaft . . . . .,[7] mit dem Vater Dirk . . . . ., wohnhaft . . . . .

Die Antragsteller sind die Eltern der Kindesmutter und somit die Großeltern des Kindes, wie durch die als Anlagen beigefügten beglaubigten Abschriften
der Heiratsurkunde der Antragsteller,
der Geburtsurkunde der Mutter
und der Geburtsurkunde des Mündels[8]
dokumentiert wird.
Durch Beschluss des Amtsgerichts – Familiengericht – . . . . . vom . . . . . wurde der bis dahin gem. § 1626a Abs. 3 BGB allein sorgeberechtigten Mutter die elterliche Sorge nach § 1666 BGB entzogen. Da aus Gründen des Kindeswohls eine Übertragung der elterlichen Sorge auf den Vater nicht in Betracht kam,[9] wurde zugleich Vormundschaft angeordnet und das Jugendamt . . . . . zum Vormund bestellt.[10]
Lukas lebt seit dem . . . . . unter der im Rubrum angegebenen Anschrift in einer Pflegefamilie; Pflegeeltern sind die Eheleute . . . . .[11]
Die Antragsteller hatten zeitweise keinen Kontakt zur Kindesmutter und sind deshalb von der dargestellten Entwicklung erst im Nachhinein informiert worden. Sie pflegen seit . . . . . regelmäßig Umgang mit Lukas und möchten durch die Führung der Vormundschaft[12] Verantwortung für ihr Enkelkind übernehmen.
Die jetzt 55 und 53 Jahre alten Antragsteller sind uneingeschränkt zur Führung der Vormundschaft geeignet und als Angehörige vorrangig zu berücksichtigen.[13] Dies entspricht auch dem Wunsch der Kindesmutter.[14] Da die Bestellung der Antragsteller zu Vormündern dem Wohl des Mündels nicht widerspricht, ist dem Antrag zu entsprechen und das Jugendamt als Vormund zu entlassen.[15]
2 beglaubigte Abschriften anbei.

Rechtsanwalt[16, 17]

Anmerkungen

1. Wegen der **Zuständigkeit** des **Familiengerichts** wird zunächst auf → Form. D.IV.2 Anm. 1 verwiesen. Auch die Entscheidung über die Entlassung und Neubestellung eines Vormundes fällt in die Zuständigkeit des **Rechtspflegers** beim Familiengericht (§ 3 Nr. 2 lit. a RPflG).

2. Die Entlassung des Vormunds wird für alle Vormundtypen in § 1804 BGB geregelt. Nach **§ 1804 Abs. 1 BGB** hat das Familiengericht **von Amts wegen** den Vormund zu entlassen, wenn die Fortführung des Amtes durch ihn, insbesondere wegen einer Pflichtverletzung, das Interesse oder das Wohl des Mündels gefährden würde (Nr. 1), er als Berufsvormund gem. § 1774 Abs. 1 Nr. 2 bis 4 BGB bestellt wurde und nunmehr eine andere Person geeignet und bereit ist, die Vormundschaft ehrenamtlich zu führen, es sei denn, die Entlassung widerspricht dem Wohl des Mündels (Nr. 2), er als Vereinsvormund bestellt wurde und aus dem Arbeitsverhältnis mit dem Verein ausscheidet (Nr. 3), nach der Bestellung Umstände bekannt werden oder eintreten, die seiner Bestellung gem. § 1784 BGB entgegenstehen (Nr. 4) oder ein sonstiger wichtiger Grund für die Entlassung vorliegt (Nr. 5). Eine Entlassung hat nach **§ 1804 Abs. 2 BGB** ferner in den dort genannten Fällen **auf Antrag** des Vormunds bzw. Vereins zu erfolgen.

Im Übrigen soll das Familiengericht nach **§ 1804 Abs. 3 BGB** den Vormund **auf Antrag** entlassen, wenn der Wechsel in der Vormundschaft dem Wohl des Mündels dient (Satz 1), wobei ein entgegenstehender Wille des Mündels und der Vorrang des ehrenamtlichen Vormunds zu berücksichtigen sind (Satz 2). **Antragsberechtigt** sind nach § 1804 Abs. 3 S. 3 BGB der Vormund, derjenige, der sich im Interesse des Mündels als neuer Vormund anbietet, der Mündel, der das 14. Lebensjahr vollendet hat, und jeder andere, der ein berechtigtes Interesse des Mündels geltend macht. Dieses ist anzunehmen, wenn jemand wegen seiner persönlichen Beziehung zum Mündel verständlichen Anlass hat, sich um dessen Wohl zu kümmern, und wenn er nicht mündelwohlfremde Zwecke verfolgt (Grüneberg/Götz BGB § 1804 Rn. 9). Begehren Großeltern oder Pflegeeltern selbst die Entlassung des bestellten Vormunds und die eigene Bestellung zum Vormund, handelt es sich um ein Antragsverfahren.

3. → Form. D.IV.2 Anm. 3.

4. → Form. D.IV.2 Anm. 4.

5. → Form. D.IV.2 Anm. 5.

6. Ein **Ehepaar** kann gem. § 1775 Abs. 1 BGB **gemeinschaftlich zu Vormündern** bestellt werden. Für (Halb-)Geschwister soll das Familiengericht im Interesse des Familienzusammenhalts (Grüneberg/Götz BGB § 1775 Rn. 3) einen gemeinsamen Vormund bestellen, sofern nicht besondere Gründe für die Bestellung jeweils eines Vormunds für einzelne Geschwister vorliegen (vgl. § 1775 Abs. 2 BGB). Weitere Einzelheiten zu gemeinschaftlicher Vormundschaft → Form. D.IV.1.

7. Die **nicht sorgeberechtigten Eltern** gehören bei Kindschaftssachen nach § 151 Nr. 4 FamFG nicht zu den Verfahrensbeteiligten nach § 7 Abs. 2 FamFG, sie sind jedoch gem. § 160 Abs. 1 S. 1 FamFG anzuhören – insbesondere bei der auch am Elternwillen orientierten Auswahl des Vormundes (§ 1778 Abs. 2 Nr. 2 BGB) –, weshalb die Anschriften, soweit bekannt, mitgeteilt werden sollten.

8. Nach § 23 Abs. 1 S. 4 FamFG sollen **Urkunden,** auf die Bezug genommen wird, dem Antrag in Urschrift oder Abschrift beigefügt werden. Der in allen Verfahren der freiwilligen Gerichtsbarkeit geltende Amtsermittlungsgrundsatz (§ 26 FamFG) wird durch die Mitwirkungsverpflichtung des § 27 FamFG ergänzt.

9. Wird dem gem. § 1626a Abs. 3 BGB oder gem. § 1671 BGB allein sorgeberechtigten Elternteil die elterliche Sorge entzogen, so hat das Familiengericht die elterliche Sorge auf den anderen Elternteil zu übertragen, wenn dies dem Wohl des Kindes nicht widerspricht (§ 1680 Abs. 2 und 3 BGB).

10. Die **Amtsvormundschaft** (§ 1774 Abs. 1 Nr. 4 BGB) hat ihren Grund im staatlichen Schutzauftrag des Art. 6 Abs. 2 S. 2 GG und stellt die in der Praxis noch vorherrschende Vormundschaftsform dar. Ihrer praktischen Bedeutung wurde durch die Vormundschaftsreform Rechnung getragen: Sie steht nunmehr gleichrangig neben den anderen beruflichen Vormündern (§ 1774 Abs. 1 Nr. 2 und 3; vgl. MüKoBGB/Lettmaier BGB § 1774 Rn. 17). **Vorrang** vor diesen hat **die ehrenamtliche Vormundschaft** als die für das **Kindeswohl beste Form der Vormundschaft** gem. § 1799 Abs. 2 S. 1 BGB, weil „von einem solchen Vormund am ehesten eine familiär geprägte persönliche Beziehung zum Mündel zu erwarten" ist (BT-Drs. 19/24445, 196). Der Vorrang kommt allerdings nur bei festgestellter Eignung (§ 1779 Abs. 1 BGB) der in Betracht kommenden ehrenamtlichen Person zum Tragen. Dabei gilt, dass die Eignung des ehrenamtlichen Vormunds nicht dadurch beeinträchtigt wird, dass ein zusätzlicher Pfleger zu seiner Unterstützung bestellt wird (§ 1779 Abs. 2 S. 2 BGB).

11. Wenn das Kind seit längerer Zeit in **Familienpflege** lebt, ist gem. § 161 Abs. 2 FamFG in allen die Person des Kindes betreffenden Verfahren die Pflegeperson (die gem. § 161 Abs. 1 FamFG zudem als Beteiligte hinzugezogen werden kann) anzuhören, weshalb bei der Antragstellung nach Möglichkeit auch deren Anschrift mitgeteilt werden sollte. Der Vorrang der ehrenamtlichen Einzelvormundschaft vor der Berufs-, Vereins- und Amtsvormundschaft gilt auch für **Pflegeeltern** (vgl. OLG Karlsruhe JAmt 2024, 489). Pflegeeltern können zudem gem. § 1777 BGB auf Antrag und im Einvernehmen mit dem bestellten Vormund einzelne oder eine bestimmte Art von Sorgeangelegenheiten zur eigenen bzw. im Fall von Angelegenheiten von erheblicher Bedeutung zur gemeinsamen Wahrnehmung mit dem Vormund übertragen werden.

12. Eine **Übertragung der elterlichen Sorge** auf die **Großeltern** oder sonstige Angehörige des Kindes ist nicht zulässig. Das Gesetz sieht – außer im Falle von § 1630 Abs. 3 BGB – eine Übertragung der elterlichen Sorge auf Dritte nicht vor. Für Minderjährige, die nicht unter elterlicher Sorge stehen, ist deshalb stets ein **Vormund** zu bestellen (§ 1773 Abs. 1 Nr. 1 BGB; vgl. OLG Hamm BeckRS 2007, 19138).

13. Für die **Auswahl des Vormunds** gelten sowohl bei erstmaliger Bestellung als auch bei der Bestellung eines neuen Vormunds nach Tod oder Entlassung des vormals bestellten Vormunds (§ 1805 BGB) die §§ 1778, 1779 BGB. Danach hat das Familiengericht als Vormund die Person auszuwählen, die am besten geeignet ist, für die Person und das Wohl des Mündels zu sorgen (§ 1778 Abs. 1 BGB). Die Person muss nach ihren Kenntnissen und Erfahrungen, ihren persönlichen Eigenschaften und Verhältnissen und ihrer Vermögenslage sowie ihrer Fähigkeit und Bereitschaft zur Zusammenarbeit mit anderen an der Erziehung des Mündels beteiligten Personen geeignet sein, die Vormundschaft nach den Erfordernissen des Mündelwohls zu führen (§ 1779 Abs. 1 BGB). Hierfür kann es auch auf das Alter sowie etwaige gesundheitliche Beeinträchtigungen des Vormundes ankommen. Bei der Auswahl unter mehreren geeigneten Personen sind nach § 1778 Abs. 2 BGB in gewichteter Reihenfolge insbesondere zunächst der Wille des Mündels, seine familiären Beziehungen, seine persönlichen Bindungen, sein religiöses Bekenntnis und sein kultureller Hintergrund (Nr. 1), sodann der wirkliche oder mutmaßliche Wille der Eltern (Nr. 2) und schließlich die Lebensumstände des Mündels (Nr. 3) zu berücksichtigen. Nach der Rechtsprechung des **Bundesverfassungsgerichts** (BVerfGE 33, 236 ff. = BeckRS 1972, 469; BVerfG NJW-RR 2006, 1009) ist die vorzugsweise Berücksichtigung von **Familienangehörigen** und Verwandten des Kindes verfassungsrechtlich geboten, sofern keine Interessenkollision besteht oder der Zweck der Fürsorgemaßnahme nicht aus anderen Gründen die Bestellung eines Dritten verlangt. Die Nichtberücksichtigung von Angehörigen kann das den Gerichten gem. § 1779 Abs. 1 BGB eingeräumte Auswahlermessen und damit auch den insbesondere im Rahmen von Sorgerechtsentscheidungen nach §§ 1666 f. BGB zu beachtenden Verhältnismäßigkeitsgrundsatz verletzen (vgl. BVerfG FamRZ 2012, 938 ff.; 2015, 208). Im Kontext von Sorgerechtsentscheidungen nach § 1666 BGB ist der Eignung der Angehörigen jedoch besondere Beachtung zu schenken und wird diese zu verneinen sein, wenn sie sich nicht hinreichend von den Interessen der Eltern abgrenzen können und die Kinder infolge der familiär bedingten Erfahrungen besondere professionelle Betreuung bedürfen (vgl. OLG Koblenz BeckRS 2020, 32946). Im Übrigen gilt weithin als Selbstverständlichkeit, dass bei intakten Familien- und Verwandtschaftsbeziehungen Kinder dann, wenn ihre Eltern aus welchen Gründen auch immer als Sorgeberechtigte ausscheiden, von Großeltern oder anderen nahen Verwandten aufgenommen und großgezogen werden, sofern deren Verhältnisse dies ermöglichen. Darin dokumentieren sich gewachsene Familienbeziehungen, Verbundenheit und Verantwortungsbewusstsein. Sind diese Verwandten zur Führung der Vormundschaft geeignet im Sinne von § 1779 Abs. 1 BGB, so dürfen sie nicht etwa deswegen übergangen werden, weil ein außenstehender Dritter noch besser dazu geeignet wäre, beispielsweise im Hinblick auf eine optimale geistige Förderung des Kindes (BVerfG NJW 2009, 1133 ff.).

14. Bei der Auswahl des Vormundes ist, wie oben dargelegt, auch der (mutmaßliche oder tatsächliche) Wille der Eltern zu berücksichtigen.

15. Zur Verwirklichung des **Vorrangs der ehrenamtlichen Vormundschaft** sieht § 1804 Abs. 1 Nr. 2 BGB vor, dass der nach § 1774 Abs. 1 Nr. 2 – 4 BGB bestellte Berufsvormund durch das Familiengericht **von Amts wegen** zu entlassen ist, wenn eine andere Person geeignet (§ 1779 Abs. 1 BGB) und bereit (§ 1785 BGB) ist, die Vormundschaft ehrenamtlich zu führen. Die Entlassung darf dem Mündelwohl dabei lediglich nicht widersprechen (**negative Mündelwohlprüfung**). § 1804 Abs. 3 BGB ermöglicht daneben die Auswechslung eines jeden Vormunds, wenn dies beantragt wird und der Wechsel dem Mündelwohl dient, dh zu erwarten ist, dass sich die Situation des Mündels in irgendeiner Form verbessert (vgl. Erman/Schulte-Bunert BGB § 1804 Rn. 16). Bei der erforderlichen **positiven Mündelwohlprüfung** ist neben einem etwaig entgegenstehenden Willen des Mündels der **Vorrang des ehrenamtlichen Vormunds** besonders zu berücksichtigen (§ 1804 Abs. 3 S. 2 BGB). Die durch die Entlassung eines ehrenamtlichen Vormunds und Neubestellung eines Berufsvormunds zu erwartende positive Verbesserung muss so erheblich sein, dass eine Abkehr von dem gesetzgeberischen Leitbild des ehrenamtlichen Vormunds gerechtfertigt ist (vgl. jurisPK-BGB/Pammler-Klein BGB § 1804 Rn. 147). Beantragen Verwandte oder Pflegeeltern die Entlassung des Amtsvormunds und ihre eigene Bestellung als ehrenamtlicher Vormund ist der Maßstab für die Entlassungsentscheidung § 1804 Abs. 1 Nr. 2 BGB zu entnehmen.

Kosten und Gebühren

16. → Form. D.IV.2 Anm. 13–15.

Fristen und Rechtsmittel

17. Gegen den Beschluss über die Entlassung ist die befristete Beschwerde statthaft (§ 58 FamFG, § 11 Abs. 1 RPflG). Die **Beschwerdefrist** beträgt nach § 63 Abs. 1 FamFG grundsätzlich **einen Monat**. Beschwerdeberechtigt nach § 59 Abs. 1 FamFG sind der (entlassene) Vormund, der über 14-jährige Mündel (§ 60 FamFG), das Jugendamt (§ 162 Abs. 3 S. 2 FamFG). Nicht beschwerdeberechtigt ist der Antragsteller, der sich selbst als Vormund anbietet (§ 1804 Abs. 3 Nr. 2 BGB) oder ein berechtigtes Interesse iSd § 1804 Abs. 3 Nr. 4 BGB geltend macht (Eltern, Angehörige, Pflegepersonen) in Ermangelung einer Verletzung in eigenen Rechten (vgl. OLG Köln BeckRS 2024, 4088; MüKoBGB/Schneider § 1804 Rn. 29).

4. Antrag auf familiengerichtliche Genehmigung eines Vergleichs nach §§ 1799 Abs. 1, 1854 Abs. 1 Nr. 6 BGB

An das

Amtsgericht . . . . .

– Familiengericht –[1]

[Datum] . . . . .

Aktenzeichen: . . . . .

Antrag[2] auf Genehmigung eines Vergleichs nach §§ 1799 Abs. 1, 1854 Abs. 1 Nr. 6 BGB

In der Familiensache

betreffend das minderjährige Kind

David . . . .

Beteiligte:

das Kind . . . . .

der Vormund des Kindes,

Herr . . . . .

– Antragsteller –

Verfahrensbevollmächtigter: Rechtsanwalt . . . . .[3]

zeige ich unter Bezugnahme auf die beigefügte Vollmacht die Vertretung des Antragstellers an. Ich überreiche als Anlage eine beglaubigte Abschrift des Verhandlungsprotokolls des Landgerichts . . . . vom . . . . mit dem Antrag,

den vor dem Landgericht . . . . in dem Rechtsstreit . . . . ./. . . . . (Aktenzeichen: . . . . .) am . . . . . abgeschlossenen Vergleich familiengerichtlich zu genehmigen.

Begründung:

Der Antragsteller wurde am . . . . . durch das erkennende Gericht zum Vormund des Minderjährigen bestellt. Dieser erlitt am . . . . . einen Verkehrsunfall. Wegen der Unfallfolgen hat er im oben genannten Rechtsstreit den Unfallverursacher sowie dessen Haftpflichtversicherung auf Ersatz seiner materiellen und immateriellen Schäden in Anspruch genommen. Dem Grunde nach ist die Haftung des Unfallgegners für sämtliche Unfallfolgen unstreitig.

Im Verhandlungstermin haben die Prozessparteien den im obigen Antrag bezeichneten Vergleich geschlossen, mit welchem sich die dortigen Beklagten ua zum Ersatz aller materiellen Schäden des Mündels sowie zur Zahlung eines Schmerzensgeldes in Höhe von . . . . . EUR verpflichtet haben; wegen der Einzelheiten verweise ich auf die als Anlage beigefügte Protokollabschrift.

Gem. §§ 1799 Abs. 1, 1854 Nr. 6 BGB bedarf der Vergleich der Genehmigung des Familiengerichts.[4] Diese ist zu erteilen, weil die Vereinbarung im Interesse des Mündels liegt[5] . . . . . (Begründung[6]).

Rechtsanwalt[7, 8, 9]

Anmerkungen

1. Wegen der Zuständigkeit des Familiengerichts wird zunächst auf das → Form. D.IV.2 Anm. 1 verwiesen. Die Entscheidung über die Genehmigung von Rechtsgeschäften fällt in die Zuständigkeit des Rechtspflegers beim Familiengericht.

2. Die Genehmigung eines Rechtsgeschäfts wird zwar von Amts wegen, regelmäßig aber nur auf **Ersuchen** des Vormunds erteilt (BGH DNotZ 1967, 320; MüKoBGB/Kroll-Ludwigs BGB § 1855 Rn. 35). Einen förmlichen Antrag setzt das Genehmigungsverfahren nach §§ 1799 Abs. 1, 1848 ff. BGB nicht voraus. Es kann auch auf Anregung des Vertragspartners eingeleitet werden, der dadurch allerdings nicht Verfahrensbeteiligter wird (Grüneberg/Götz BGB § 1855 Rn. 13). Geht die Anregung von einem Dritten aus, so darf die Genehmigung keinesfalls ohne oder gegen den **Willen des Vormunds** ausgesprochen werden, denn die Erteilung einer Genehmigung für ein vom Vormund nicht (mehr) gewünschtes Geschäft ist ein Eingriff in seine Amtsführung (MüKoBGB/Kroll-Ludwigs BGB § 1855 Rn. 35). Bei Rechtsgeschäften, die der notariellen Beurkundung bedürfen, wird der Antrag in der Regel durch den beurkundenden Notar eingereicht, der gem. § 24 Abs. 1 S. 2 BNotO die Beteiligten vor Behörden und Gerichten vertritt.

3. → Form. D.IV.2 Anm. 4 .

4. Der Vormund benötigt gem. § 1799 Abs. 1 BGB in Ausübung der **Vermögenssorge** für die in §§ 1848 bis 1854 Nr. 1 bis 7 BGB geregelten Rechtsgeschäfte die **Genehmigung des Familiengerichts.** § 1799 Abs. 2 BGB sieht als lex specialis besondere Regelungen für den Abschluss von Miet- und Pachtverträgen vor und nimmt Verträge geringer wirtschaftlicher Bedeutung für den Mündel und Vertragsverhältnisse, die von dem Mündel nach Eintritt der Volljährigkeit spätestens zum Ablauf des 19. Lebensjahres ohne eigene Nachteile gekündigt werden können, von der Genehmigungspflicht aus. Darüber hinaus bedarf der Vormund im Bereich der **Personensorge** nach § 1795 Abs. 2 BGB der Genehmigung des Familiengerichts zu einem Arbeitsvertrag, der für längere Zeit als ein Jahr geschlossen wird, zu einem Vertrag, der auf die Einhegung eines Dienst- oder Arbeitsverhältnisses gerichtet ist, wenn der Mündel zu persönlichen Leistungen für längere Zeit als ein Jahr verpflichtet werden soll und zum Wechsel des gewöhnlichen Aufenthalts des Mündels ins Ausland. Für **Amtsvormünder** und -pfleger werden die Genehmigungserfordernisse modifiziert durch § 56 SGB VIII. Die erforderlichen Genehmigungen haben stets **Außenwirkung.** Unterbliebene Genehmigungen führen zur **schwebenden Unwirksamkeit** des Rechtsgeschäfts (§§ 1795 Abs. 4 S. 1, 1800 Abs. 2 S. 1, 1856 Abs. 1 S. 1 BGB), verweigerte Genehmigungen ziehen die Nichtigkeit des Rechtsgeschäfts nach sich (§§ 1795 Abs. 4 S. 1, 1800 Abs. 2 S.1, 1856 Abs. 2 BGB). Ein schwebend unwirksames Rechtsgeschäft kann der Mündel nach Eintritt der Volljährigkeit selbst genehmigen (§§ 1795 Abs. 4 S. 2, 1800 Abs. 2 S. 2 BGB). Ein **einseitiges Rechtsgeschäft,** das der Vormund ohne erforderliche Genehmigung des Familiengerichts vornimmt, ist hingegen gem. §§ 1795 Abs. 4 S. 1, 1800 Abs. 2 S. 1, 1858 Abs. 1 BGB stets unwirksam. Hier ist die Genehmigung nicht nachholbar; das Rechtsgeschäft kann nur nach Einholung der Genehmigung wiederholt werden (Grüneberg/Götz BGB § 1858 Rn. 2). Das gilt etwa für die Erteilung einer **Prokura,** die nach § 1852 Nr. 3 BGB **genehmigungspflichtig** ist, wenn der Minderjährige **Inhaber des Handelsgeschäfts** ist. Kann der Prokurist dagegen durch die vertretungsberechtigten Organe der Gesellschaft bestellt werden, bedarf es der Genehmigung nicht (MüKoBGB/Kroll-Ludwigs BGB § 1852 Rn. 30). Für die in §§ 1850 bis 1854 BGB aufgeführten Rechtsgeschäfte besteht gem. § 1643 Abs. 1 BGB, vorbehaltlich der Regelungen in § 1643 Abs. 2 bis 5 BGB, ein **Genehmigungserfordernis auch im Rahmen der elterlichen Sorge.**

In Zweifelsfällen kann es angebracht sein, die Frage der **Genehmigungspflichtigkeit** im Vorfeld durch ein so genanntes **Negativattest** (vgl. dazu etwa BGH NJW 1989, 1926 ff.; BGH NJW 1966, 652 ff.; OLG Jena FamRZ 2014, 140 ff.; OLG Hamm Rpfleger 2016, 563 ff.) klären zu lassen, wobei jedoch zu beachten ist, dass das Negativattest des Familiengerichts einer Genehmigung keinesfalls gleichgesetzt werden kann und für andere Institutionen wie etwa das Grundbuchamt nicht bindend ist (BGH NJW 1966, 652 ff.; OLG Köln Rpfleger 2003, 570 ff.).

Zu einem **Vergleich** oder einem **Schiedsvertrag** bedarf der Vormund grundsätzlich gem. § 1854 Nr. 6 BGB der **Genehmigung des Familiengerichts.** Diese ist nur entbehrlich, wenn der Gegenstand des Streits oder der Ungewissheit in Geld schätzbar ist und den Wert von 6.000 EUR nicht übersteigt oder wenn der Vergleich einem schriftlichen oder protokollierten gerichtlichen **Vergleichsvorschlag** entspricht. Vor dem Abschluss eines gerichtlichen Vergleichs empfiehlt es sich deshalb, einen etwaigen Vergleichsvorschlag des Gerichts protokollieren zu lassen.

Auch für andere Bereiche hat der Gesetzgeber ein Genehmigungsbedürfnis gesehen, etwa für den Verzicht auf die deutsche Staatsangehörigkeit (§ 26 Abs. 4 S. 2 StAG) und für den Antrag auf **Namensänderung** (zB zur Einbenennung eines Pflegekindes) gem. § 2 Abs. 1 NamÄndG (vgl. dazu etwa BGH NJW 2020, 1220 ff.; OLG Frankfurt NJW-RR 2021, 726; OLG Hamm NZFam 2024, 185).

5. Das Familiengericht erteilt die Genehmigung in den Fällen der der Personensorge zugeordneten Rechtsgeschäften gem. § 1795 Abs. 3 BGB, wenn das Rechtsgeschäft oder der Aufenthaltswechsel unter Berücksichtigung der Rechte des Mündels aus § 1788 BGB dem Wohl des Mündels nicht widerspricht. Die **negative Kindeswohlprüfung** fußt auf der Annahme, dass die Vormundentscheidung grundsätzlich genehmigungsfähig ist (vgl. BT-Drs. 19/24445, 209; ausführlich: Erman/Schulte-Bunert BGB § 1795 Rn. 21, 23). Maßstab für die Erteilung oder Verweigerung der Genehmigung im **Bereich der Vermögenssorge ist, dass das Rechtsgeschäft den Grundsätzen** nach § 1798 Abs. 1 BGB nicht widerspricht (§ 1800 Abs. 1 BGB). Primär maßgebend ist danach das **Mündelinteresse**, wie es sich zum Zeitpunkt der Entscheidung, nicht des Vertragsschlusses darstellt (vgl. Grüneberg/Götz BGB § 1800 Rn. 3). Unter Berücksichtigung einer nur beschränkt zur Überprüfung des Gerichts stehenden Dispositionsbefugnis des Vormundes ist entscheidend, ob das genehmigungsbedürftige Rechtsgeschäft unter Berücksichtigung aller Umstände im Interesse des Mündels liegt (OLG Dresden FamRZ 2019, 535 ff.; OLG Bremen NJW-RR 1999, 876). Es genügt, wenn im Ganzen gesehen der Vertrag für den Mündel vorteilhaft, zweckmäßig und nützlich ist (OLG Hamm FamRZ 2001, 53; OLG München NJW-RR 2008, 672 ff.). Vorteile ideeller Art oder Familieninteressen sind zu berücksichtigen, vermögen allein aber ein wirtschaftlich unvorteilhaftes Geschäft nicht zu rechtfertigen (vgl. OLG Celle FamRZ 2012, 1066). Die Entscheidung des Familiengerichts ist nach hinreichender Sachaufklärung nach noch hM eine Ermessensentscheidung (BGH NJW 1986, 2829; OLG München NJW-RR 2008, 672 ff.), nach anderer vorzugswürdiger Ansicht handelt es sich bei dem Kriterium des Kindeswohls um einen unbestimmten Rechtsbegriff, dessen richtige Anwendung der vollen Überprüfung auch des Rechtsbeschwerdegerichts unterliegt (vgl. MüKoBGB/Kroll-Ludwigs § 1855 Rn. 16; MüKoBGB/Huber § 1644 Rn. 6 jew mwN).

6. Ungeachtet der aus § 26 FamFG folgenden **Amtsermittlungspflicht** des Familiengerichts ist dem Gericht der dem Antrag zugrunde liegende Sachverhalt jedenfalls in den wesentlichen Grundzügen zu unterbreiten.

Kosten und Gebühren

7. Gerichtskosten. Die **Verfahrensgebühr** entsteht nach KV 1310 FamGKG nicht für Verfahren, die in den Rahmen einer Vormundschaft oder Pflegschaft fallen. Daher fallen neben der nach KV 1311 FamGKG zu erhebenden **Jahresgebühr** keine weiteren Gebühren an. Die Höhe der Jahresgebühr bemisst sich nach dem Vermögen des Minderjährigen. Von diesem werden in Kindschaftssachen Gebühren nur erhoben, wenn sein Vermögen nach Abzug der Verbindlichkeiten mehr als 10.000 EUR beträgt, wobei das selbst oder von Angehörigen bewohnte angemessene **Hausgrundstück** nicht berücksichtigt wird (KV 1311 Abs. 1 FamGKG iVm § 90 Abs. 2 Nr. 8 SGB XII; → Form. D.IV.2 Anm. 13).

8. Rechtsanwaltsgebühren. Der **Gegenstandswert** entspricht nach § 23 Abs. 1 S. 2 RVG, § 36 FamGKG dem Wert des zugrunde liegenden Geschäfts. Zwar bleibt der für die Wertfestsetzung maßgebliche § 36 FamGKG im Rahmen einer **Vormundschaft** ohne Konsequenzen, weil hier für das gerichtliche Verfahren keine (zusätzliche) Verfahrensgebühr erhoben wird. Für den **Gegenstandswert** selbst ist es aber unerheblich, ob eine familiengerichtliche Genehmigung im Rahmen elterlicher Sorge – mit der Folge, dass für das Gerichtsverfahren eine am Wert orientierte Verfahrensgebühr nach KV 1310 FamGKG entsteht – oder im Rahmen einer Vormundschaft zu erteilen ist.

Zur **Verfahrens- und Terminsgebühr** wird auf → Form. D.IV.2 Anm. 15 verwiesen.

Fristen und Rechtsmittel

9. Entscheidungen des Rechtspflegers nach §§ 1643, 1795, 1800 BGB sind mit der **befristeten Beschwerde** gem. §§ 58, 63 FamFG anfechtbar. Die Beschwerde gegen einen Beschluss, der die **Genehmigung eines Rechtsgeschäfts** zum Gegenstand hat, ist – abweichend von der regulären Beschwerdefrist von einem Monat gem. § 63 Abs. 1 FamFG – binnen einer Frist von **zwei Wochen** einzulegen (§ 63 Abs. 2 FamFG).

Beschwerdeberechtigt ist der Vormund aus eigenem Recht (§ 59 Abs. 1 FamFG) und im Namen des Mündels gegen die Verweigerung der Genehmigung. Gegen die Erteilung der Genehmigung ist der Mündel selbst (ggf. vertreten durch Ergänzungspfleger) und der Vormund dann aus eigenem Recht beschwerdebefugt, wenn er geltend macht, die Erteilung sei gegen oder ohne seinen Willen erfolgt (vgl. BeckOK BGB/Bettin BGB § 1800 Rn. 10 f.). Der Vertragspartner ist nur ausnahmsweise beschwerdeberechtigt, etwa wenn er geltend macht, dass ihm gegenüber eine Genehmigung wirksam und damit gem. § 48 Abs. 3 FamFG unabänderlich geworden sei (BGH NJW 2016, 565 ff.).

V. Pflegschaft für einen Minderjährigen oder eine Leibesfrucht

1. Vorbemerkungen

Verfahren, die die Pflegschaft oder die gerichtliche Bestellung eines sonstigen Vertreters für einen Minderjährigen oder für ein bereits gezeugtes Kind betreffen, sind als Kindschaftssachen gem. § 151 Nr. 5 FamFG ausschließlich den Familiengerichten zugewiesen.

Die Pflegschaft ist im Gegensatz zur Vormundschaft für Fälle vorgesehen, in denen ein Fürsorgebedürfnis durch gesetzliche Vertretung nicht allgemein, sondern nur für bestimmte personen- und sachbezogene Angelegenheiten oder für einen begrenzten Kreis solcher Angelegenheiten besteht (vgl. Grüneberg/Götz BGB Einf. vor § 1809 Rn. 1). Wer unter elterlicher Sorge oder unter Vormundschaft steht, erhält für Angelegenheiten, an deren Besorgung die Eltern oder der Vormund verhindert sind, einen Pfleger (§ 1809 Abs. 1 S. 1 BGB). Für ein bereits gezeugtes Kind kann gem. § 1810 BGB zur Wahrung seiner künftigen Rechte ein Pfleger bestellt werden, sofern die Eltern an der Ausübung der elterlichen Sorge verhindert wären, wenn das Kind bereits geboren wäre. Einen weiteren Sonderfall bildet die Zuwendungspflegschaft nach § 1811 BGB, die beim Vermögenserwerb von Todes wegen oder durch unentgeltliche Zuwendung von Seiten eines Dritten angeordnet wird, wenn der Erblasser oder der Zuwendende beide Eltern bzw. den alleinsorgeberechtigten Elternteil oder den Vormund von der Verwaltung des Vermögens ausgeschlossen hat (§ 1638 BGB; vgl. Grüneberg/Götz BGB § 1811 Rn. 2).

Die durch das zum 1.1.2023 in Kraft getretene Gesetz zur **Reform des Vormundschafts- und Betreuungsrechts** (BGBl. 2021 I 882 ff.) neu geschaffenen Rechtsfiguren des Zusatzpflegers (§ 1776 BGB) und der Pflegeperson als Pfleger (§ 1777 BGB) stellen keine Ergänzungspfleger iSd § 1809 BGB dar, da ihre Anwendbarkeit keine Verhinderung des Vormunds voraussetzt. Die Vorschriften zur Pflegschaft gelten aber aufgrund von Verweisungsregelungen (§§ 1776 Abs. 3 S. 2, 1777 Abs. 4 S. 2 BGB) entsprechend.

Die Notwendigkeit der Bestellung eines Ergänzungspflegers lässt sich vielfach schon unmittelbar aus dem Gesetz ableiten, etwa in den Fällen der §§ 1789 Abs. 2 S. 2, 1629 Abs. 2 S. 1 BGB jeweils iVm § 1824 BGB. Zudem kann die elterliche Sorge bzw. die Vertretungsmacht des Vormunds im Falle von Interessenkollisionen beschränkt werden (§§ 1789 Abs. 2 S. 3 und 4, 1629 Abs. 2 S. 3 BGB). Auch dies erfordert eine Pflegerbestellung. Gleiches gilt für die Entziehung eines Teils der elterlichen Sorge – etwa des Aufenthaltsbestimmungsrechts – nach § 1666 BGB. Ein weiterer Sonderfall der Pflegschaft ist die der Organisation von Umgangskontakten dienende (vgl. Grüneberg/Götz BGB § 1684 Rn. 21 ff.) Umgangspflegschaft, deren Voraussetzungen in §§ 1684 Abs. 3 S. 3, 1685 Abs. 3 BGB geregelt sind und auf die ebenfalls die Pflegschaftsregelungen der §§ 1809 ff. BGB anwendbar sind. Insoweit wird auf die Darstellung → Form. D.II.2 verwiesen.

2. Anzeige eines Vertretungshindernisses nach §§ 1824, 1629 Abs. 2 S. 1, 1809 Abs. 2 BGB und Antrag auf Bestellung eines Ergänzungspflegers

An das

Amtsgericht . . . . .
– Familiengericht –[1]

. . . . . [Datum]

Anzeige eines Vertretungshindernisses[2] nach §§ 1824, 1629 Abs. 2 S. 1, 1809 Abs. 2 BGB und Antrag[3] auf Bestellung eines Ergänzungspflegers

des . . . . .

– Vater und Antragsteller –

Verfahrensbevollmächtigter: Rechtsanwalt . . . . .

als gesetzlicher Vertreter des minderjährigen Kindes

Tim . . . . ., geboren am . . . . .,

wohnhaft . . . . .

Hiermit zeige ich unter Bezugnahme auf die beigefügte Vollmacht die Vertretung des Antragstellers an. Es wird beantragt,

> für das Kind . . . . . einen Ergänzungspfleger[4] zu bestellen mit dem Wirkungskreis „Ausübung des Stimmrechts als Gesellschafter der . . . . .-GmbH, soweit es um die Bestellung des Kaufmanns N . . . . . zum Geschäftsführer der . . . . .-GmbH sowie Abschluss eines Anstellungsvertrages geht".

Begründung:

Der Antragsteller ist der Vater des am . . . . . geborenen Kindes Tim . . . . . und nach dem Tod der am . . . . . verstorbenen Kindesmutter – der Ehefrau des Antragstellers – allein sorgeberechtigt.[5] Tim . . . . . ist im Wege der Erbfolge nach seiner verstorbenen Mutter Alleingesellschafter der . . . . .-GmbH, eingetragen beim Amtsgericht . . . . . unter der Handelsregisternummer HR B . . . . ., geworden.

Der derzeitige Geschäftsführer der Gesellschaft, Herr A . . . . ., soll abberufen werden. Es ist beabsichtigt, Herrn N . . . . . zum neuen Geschäftsführer zu bestellen. Herr N . . . . . ist der Vater des Antragstellers.

Als Anlagen überreiche ich jeweils in beglaubigter Kopie den vom Amtsgericht . . . . . ausgestellten Erbschein vom . . . . ., Abstammungsurkunden des Kindes und des Antragstellers sowie eine Sterbeurkunde der Mutter.[6]

Gem. § 1795 Abs. 1 Nr. 1 BGB iVm § 1629 Abs. 2 S. 1 BGB kann der Antragsteller das Kind bei der Bestellung des neuen Geschäftsführers nicht vertreten.[7] Gleiches gilt für den

Abschluss des beabsichtigten Anstellungsvertrages.[8] Deshalb muss für diesen Wirkungskreis ein Ergänzungspfleger bestellt werden.

Rechtsanwalt[9, 10, 11]

Anmerkungen

1. Es handelt sich um eine Kindschaftssache gem. § 151 Nr. 5 FamFG, für die das Familiengericht sachlich zuständig ist. Zur örtlichen Zuständigkeit → Form. D.IV.2 Anm. 1. Funktionell zuständig ist der Rechtspfleger (§ 3 Nr. 2a RPflG). Für das Verfahren gelten die Anhörungsvorschriften der §§ 159 ff. FamFG uneingeschränkt (OLG Frankfurt NZFam 2023, 231).

2. Wird eine **Pflegschaft** erforderlich, so haben die **Eltern** oder der **Vormund** dies dem Familiengericht gem. § 1809 Abs. 2 BGB unverzüglich anzuzeigen.

3. Das Bedürfnis für die **Pflegschaftsanordnung** ist vom Familiengericht von Amts wegen zu prüfen und festzustellen (§ 26 FamFG). Gefordert wird vom Gesetz lediglich eine Anzeige des Vertretungshindernisses nach § 1809 Abs. 2 BGB. Deshalb reicht es grundsätzlich aus, die Einleitung des Verfahrens unter gleichzeitiger Mitteilung des Vertretungshindernisses lediglich anzuregen. Durch § 24 Abs. 1 FamFG wird klargestellt, dass Verfahren von Amts wegen auch auf **Anregung eines Dritten** eingeleitet werden können (BT-Drs. 16/6308, 186). Die Verfolgung eines eigenen Rechtsschutzziels kann durch Formulierung eines ausdrücklichen Antrags hervorgehoben werden, wenngleich dieser im Rahmen eines von Amts wegen einzuleitenden Verfahrens nur als **Anregung** für ein Tätigwerden des Gerichts behandelt wird (Sternal/Sternal FamFG § 24 Rn. 6).

4. Maßgeblich für die **Auswahl des Pflegers** ist allein das **Interesse des Pflegebefohlenen.** Nach § 1813 Abs. 1 BGB finden auf die Pflegschaft grundsätzlich die für die Vormundschaft geltenden Vorschriften Anwendung. Für die Ergänzungspflegschaft nach § 1809 Abs. 1 S. 1 BGB gelten jedoch die Regelungen zum elterlichen Benennungsrecht nach §§ 1782, 1783 BGB zur Verhinderung von Interessenkollisionen nicht. Die Auswahlvorschriften der §§ 1778, 1779 BGB bleiben nach § 1813 Abs. 1 BGB jedoch uneingeschränkt anwendbar. Daher sind bei der Auswahl unter mehreren geeigneten Personen neben dem Willen des Mündels ua seine familiären Beziehungen und seine persönlichen Bindungen sowie der wirkliche oder mutmaßliche Wille der Eltern und zu berücksichtigen (§ 1778 Abs. 2 Nr. 1 und 2 BGB). Es ist jedoch darauf zu achten, ob die Gefahr einer Interessenkollision besteht, und nur mit dieser Einschränkung sind auch die Vorschläge der Eltern gebührend zu berücksichtigen (MüKoBGB/Schneider BGB § 1813 Rn. 12 mwN).

5. Wenn bei gemeinsamer elterlicher Sorge ein Elternteil verstirbt, steht die elterliche Sorge gem. § 1680 Abs. 1 BGB dem überlebenden Elternteil zu.

6. Nach § 23 Abs. 1 S. 4 FamFG sollen **Urkunden,** auf die Bezug genommen wird, dem Antrag in Urschrift oder Abschrift beigefügt werden. Das sollte trotz des gem. § 26 FamFG geltenden **Amtsermittlungsgrundsatzes** auch in Verfahren, die von Amts wegen eingeleitet werden können, nach Möglichkeit beachtet werden.

7. Gem. § 1629 Abs. 2 S. 1 BGB können die **Eltern** ihr Kind insoweit nicht vertreten, als nach § 1824 BGB ein **Betreuer** von der **Vertretung des Betreuten** ausgeschlossen ist. Der Betreuer kann den Betreuten nach § 1824 Abs. 1 Nr. 1 BGB nicht vertreten bei einem Rechtsgeschäft zwischen seinem Ehegatten, seinem Lebenspartner (§ 21 LPartG) oder einem seiner Verwandten in gerader Linie einerseits und dem Mündel andererseits, es sei denn, dass das Rechtsgeschäft ausschließlich in der Erfüllung einer Verbindlichkeit besteht. Diese Einschränkung der Vertretungsmacht gilt auch für die durch Beschluss der Gesellschafterversammlung zu erfolgende Bestellung eines GmbH-Geschäftsführers, auch wenn es sich dabei nicht um ein Rechtsgeschäft im engeren Sinne handelt. Im Rahmen von §§ 1629 Abs. 2 S. 1, 1824 Abs. 1 BGB schließt der erweiterte Schutz des Minderjährigen aus, dass dessen gesetzlicher Vertreter eine mit ihm in gerader Linie verwandte Person zum Geschäftsführer einer Gesellschaft bestellt (vgl. OLG Düsseldorf RNotZ 2006, 68 (69); MHdB GesR IX/Otte/Heuser § 21 Rn. 85 mwN). Auch wenn ein Elternteil als Geschäftsführer einer GmbH, an der das Kind beteiligt ist, entlassen werden soll, kann der andere Elternteil das Kind gem. §§ 1629 Abs. 2 S. 1, 1824 Abs. 1 Nr. 1 BGB nicht vertreten (KG JW 35, 2154; Grüneberg/Götz BGB § 1809 Rn. 2).

8. Da der Bestellung des Geschäftsführers durch die Gesellschafterversammlung regelmäßig noch ein Anstellungsvertrag folgt, sollte sich der Wirkungskreis des Ergänzungspflegers von vornherein auch hierauf erstrecken.

Kosten und Gebühren

9. Gerichtskosten. Nach KV 1313 FamGKG entsteht bei einer **Pflegschaft für einzelne Rechtshandlungen** eine halbe Verfahrensgebühr, höchstens jedoch eine nach KV 1311 FamGKG im Rahmen einer Vormundschaft entstehende Jahresgebühr (→ Form. D.IV.2 Anm. 13) Die Gebühr nach KV 1313 FamGKG wird nicht erhoben, wenn für den Minderjährigen eine Vormundschaft oder Dauerpflegschaft, die sich auf denselben Gegenstand bezieht, besteht (KV 1313 Abs. 3 FamGKG). Der Gegenstandswert richtet sich nach § 46 Abs. 2 S. 1 FamGKG. Maßgeblich ist der Wert der Rechtshandlung.

10. Rechtsanwaltsgebühren. Auch für die Rechtsanwaltsgebühren bestimmt sich der **Gegenstandswert** des Verfahrens gem. § 23 Abs. 1 RVG, § 46 Abs. 2 FamGKG nach dem **Wert der Rechtshandlung.** Zur Verfahrens- und Terminsgebühr → Form. D.IV.2 Anm. 15.

Rechtsmittel

11. Die Anordnung der Ergänzungspflegschaft und die Bestellung des Ergänzungspflegers sind selbständige Verfahrensgegenstände. Gegen beide ist die **befristete Beschwerde** gem. § 58 FamFG statthaft. Die **Beschwerdefrist** beträgt nach § 63 Abs. 1 FamFG grundsätzlich **einen Monat.** Jedoch ist die Beschwerde binnen einer Frist von **zwei Wochen** einzulegen, wenn sie sich gegen eine **einstweilige Anordnung** oder einen Beschluss, der die **Genehmigung** eines Rechtsgeschäfts zum Gegenstand hat, richtet (§ 63 Abs. 2 FamFG). Die Beschwerde steht gem. § 59 Abs. 1 FamFG demjenigen zu, der durch den Beschluss in seinen Rechten beeinträchtigt ist, hier ist zwischen Anordnung und Bestellung zu unterscheiden (BGH NJW 2012, 685 Rn. 7; vgl. Grüneberg/Götz BGB § 1809 Rn. 6 mwN zu Einzelkonstellationen).

VI. Aufgaben nach dem Jugendgerichtsgesetz

1. Festsetzung von Erziehungsmaßregeln, §§ 53, 104 Abs. 4 JGG

Zu den Kindschaftssachen zählen nach § 151 Nr. 8 FamFG auch die dem Familiengericht nach dem Jugendgerichtsgesetz zugewiesenen Aufgaben. In **Verfahren gegen Jugendliche** kann das Jugendgericht gem. § 53 S. 1 JGG im Urteil, wenn nicht auf **Jugendstrafe** erkannt wird, die **Auswahl und Anordnung von Erziehungsmaßregeln** dem Familiengericht überlassen. Wenn auf Jugendstrafe erkannt wird, hat das Jugendgericht auch die daneben für notwendig gehaltene Erziehungsmaßregeln selbst anzuordnen (Eisenberg/Kölbel/Kölbel JGG § 53 Rn. 3). Das Familiengericht **muss** nach Überweisung, soweit sich die für das Urteil maßgebenden Umstände nach dessen Verkündung nicht wesentlich verändert haben, eine Erziehungsmaßregel anordnen, wobei deren Auswahl in seinem eigenen pflichtgemäßen **Ermessen** liegt (Eisenberg/Kölbel/Kölbel JGG § 53 Rn. 6), dh es darf weder die Übernahme des Verfahrens ablehnen noch auf eine Sanktionierung verzichten noch andere Sanktionen als Erziehungsmaßregeln anordnen (Ostendorf/Schady JGG § 53 Rn. 8). Etwas anderes gilt nur dann, wenn sich „die Umstände, die für das Urteil maßgebend waren, verändert haben" (§ 53 S. 2 JGG). Hierzu zählen die tatsächlichen Voraussetzungen für die Rückfall- und Sanktionsprognose (insb. Veränderungen des häuslichen, schulischen oder beruflichen Umfelds sowie im Suchtmittelkonsum) und ebenso der Umstand, dass die erforderliche erzieherische Einwirkung aus anderen Gründen bereits erreicht ist. Auch die Anordnung familiengerichtlicher Maßnahmen nach dem Bürgerlichen Recht oder Installation von Hilfen nach dem SGB VIII kann zum Absehen berechtigen (vgl. BeckOK JGG/C. Putzke JGG § 53 Rn. 12; Ostendorf/Schady JGG § 53 Rn. 8). Eine andere Beurteilung der Sachlage, insbesondere der Schuldfrage, ist dem Familiengericht demgegenüber verwehrt (Eisenberg/Kölbel/Kölbel JGG § 53 Rn. 8).

Erziehungsmaßregeln sind nach § 9 JGG die Erteilung von **Weisungen** (Definition: § 10 JGG) sowie die Anordnung, **Hilfe zur Erziehung** in Anspruch zu nehmen (§ 12 JGG), entweder in Form einer Erziehungsbeistandschaft (§ 30 SGB VIII) oder einer betreuten Wohnform (§ 34 SGB VIII). Neben der Zuständigkeit für die **Auswahl und Anordnung** einer Erziehungsmaßregel bleibt das Familiengericht auch zuständig, wenn die **nachträgliche Änderung, Verlängerung** oder **Befreiung** von einer dem Jugendlichen erteilten Weisung (§ 10 JGG) in Betracht kommt. Dagegen bleibt der überlassende Jugendrichter des ersten Rechtszugs zuständig, wenn wegen schuldhafter Zuwiderhandlung des Jugendlichen gegen angeordnete Weisungen **Jugendarrest** (§ 11 Abs. 3 JGG) verhängt werden soll, weil das **Familiengericht** zur Verhängung von Jugendarrest auch sonst nicht befugt ist (Eisenberg/Kölbel/Kölbel JGG § 53 Rn. 10 mwN).

In **Verfahren gegen Jugendliche** vor den für **allgemeine Strafsachen** zuständigen Gerichten ist die Überweisung an das **Familiengericht,** wenn der Richter Erziehungsmaßregeln für erforderlich hält, durch § 104 Abs. 4 JGG zwingend vorgeschrieben. Das **Erwachsenengericht** darf Erziehungsmaßregeln nicht aussprechen, sondern hat deren Anordnung abweichend von § 53 JGG **zwingend** dem Familiengericht zu überlassen, und zwar auch dann, wenn es gleichzeitig auf Jugendstrafe erkennt (Eisenberg/Kölbel/Kölbel JGG § 104 Rn. 34).

Die **Überweisung** an das Familiengericht ist gem. § 55 Abs. 1 S. 1 JGG **unanfechtbar.** Mit der Rechtskraft der Überweisung ist das Jugendstrafverfahren vorbehaltlich eventueller nachträglicher Entscheidungen beendet (Eisenberg/Kölbel/Kölbel JGG § 53 Rn. 10).

Das Verfahren vor dem Familiengericht richtet sich nach dem **FamFG.** Zuständig für die Aufgaben nach dem Jugendgerichtsgesetz ist – außer für die dem Rechtspfleger übertragene Pflegerbestellung gem. § 67 Abs. 4 S. 3 JGG – der Richter (§ 14 Abs. 1 Nr. 13 RPflG). Dem Angeklagten ist unter den Voraussetzungen der §§ 158 ff FamFG ein **Verfahrensbeistand** zu bestellen (vgl. Ostendorf/Schady JGG § 53 Rn. 7); es gelten ferner die Anhörungsvorschriften §§ 159 ff. FamFG.

Die Entscheidung des Familiengerichts ist grundsätzlich als **Endentscheidung** mit der befristeten Beschwerde gem. §§ 58 ff. FamFG anfechtbar. Die **Beschwerdefrist** beträgt nach § 63 Abs. 1 FamFG grundsätzlich **einen Monat.** Ordnet der Familienrichter entgegen § 53 S. 2 JGG trotz unveränderter Umstände keine Erziehungsmaßnahme an und hat er auch keine inhaltlich verwandte Maßnahme angeordnet, so sind nach ganz überwiegender Auffassung das Jugendamt (vgl. § 162 Abs. 3 S. 2 FamFG) und das Jugendgericht beschwerdeberechtigt (Eisenberg/Kölbel/Kölbel JGG § 53 Rn. 12; MüKoStPO/Höffler JGG § 53 Rn. 22 mwN). Wenn dagegen das Familiengericht trotz **veränderter Umstände** iSv § 53 S. 2 JGG eine Erziehungsmaßregel angeordnet hat, ist der Jugendliche nach § 60 FamFG beschwerdeberechtigt.

2. Bestellung eines Pflegers nach § 67 Abs. 4 S. 3 JGG

§ 67 JGG regelt die **Befugnisse des Erziehungsberechtigten** und des gesetzlichen Vertreters des Beschuldigten in Verfahren gegen Jugendliche. Das Jugendgericht kann dem Erziehungsberechtigten und dem gesetzlichen Vertreter die ihnen dort eingeräumten Rechte unter den Voraussetzungen des § 67 Abs. 4 S. 1 und 2 JGG (etwa beim Verdacht einer Beteiligung an der Straftat des Beschuldigten) entziehen. Kommt es zu einem (zumindest teilweisen) Ausschluss aller Berechtigter, so muss das Familiengericht dem Beschuldigten gem. § 67 Abs. 4 S. 3 JGG einen **Pfleger** (§§ 1693, 1809, 1813, 1778 f. BGB) zur Wahrnehmung der **Interessen des Beschuldigten im anhängigen Strafverfahren** bestellen (Eisenberg/Kölbel/Kölbel JGG § 67 Rn. 50). Das Jugendgericht wird die Einleitung eines entsprechenden Amtsverfahrens beim Familiengericht anregen. Bis zur Pflegerbestellung wird die Hauptverhandlung ausgesetzt (§ 67 Abs. 4 S. 4 JGG). Zudem hat das Jugendgericht (durch den Vorsitzenden) dem Jugendlichen einen Verteidiger zu bestellen (§ 68 Nr. 2 JGG; Eisenberg/Kölbel/Kölbel JGG § 67 Rn. 50). Das Verfahren vor dem Familiengericht ist eine Kindschaftssache gem. § 151 Nr. 8 FamFG. Zuständig ist der Rechtspfleger (vgl. § 14 Abs. 1 Nr. 13 RPflG).

VII. Unterbringung Minderjähriger

1. Genehmigung der Unterbringung Minderjähriger (§ 151 Nr. 6 FamFG)

An das

Amtsgericht[1] . . . . .

– Familiengericht –

. . . . ., den . . . . .

Antrag[2]

der . . . . . – Antragstellerin –

Verfahrensbevollmächtigter: Rechtsanwalt . . . . .

Namens und im Auftrag der Antragstellerin beantrage ich,

> die Unterbringung des Kindes . . . . ., geb. . . . . ., in einem psychiatrischen Krankenhaus (alternativ: in einer Jugendhilfeeinrichtung) familiengerichtlich zu genehmigen.[3]

Begründung:

Die Antragstellerin ist die allein sorgeberechtigte Mutter des Kindes . . . . .[4] Zum Vater des Kindes besteht kein Kontakt. Das Kind ist seit Jahren psychisch auffällig und befand sich bereits in Behandlung eines Kinder- und Jugendpsychiaters. In den vergangenen Monaten ist das Kind strafrechtlich erheblich aufgefallen. Unter anderem hat es in einer Tiefgarage Feuer gelegt, hat in mehreren Geschäften Diebstähle begangen und war in Schlägereien verwickelt. Die Mutter hat keine Einflussmöglichkeiten mehr. Das Kind entzieht sich ihr zunehmend, kommt seit einigen Tagen auch nachts nicht nach Hause und verweigert jede Hilfestellung, insbesondere ärztliche oder psychologische Behandlung. Es besteht die Gefahr, dass das Kind weiterhin Straftaten begeht oder selbst Opfer von Straftaten wird.

Um einer weiteren Eskalierung vorzubeugen, ist die Unterbringung in einem psychiatrischen Krankenhaus (alternativ: in einer Jugendhilfeeinrichtung) zur Abwendung einer erheblichen Selbst- und Fremdgefährdung erforderlich (§ 1631b Abs. 1 BGB). Weniger einschneidende Maßnahmen stehen nicht zur Verfügung, da das Kind sich jeglicher Hilfe verweigert.[5]

Ich rege an, dem Kind einen unabhängigen Verfahrensbeistand zu bestellen.[6] Wegen der Dringlichkeit der Angelegenheit bitte ich, die Unterbringung zunächst ohne Anhörung des Kindes im Wege der einstweiligen Anordnung zu genehmigen.[7]

Rechtsanwalt[8, 9]

Anmerkungen

1. Die freiheitsentziehende Unterbringung eines Kindes sowie andere freiheitsentziehende Maßnahmen bei einem Kind bedürfen der Genehmigung des Familiengerichts (§ 1631b BGB, § 151 Nr. 6 FamFG). Damit werden die verfassungsrechtlichen Vorgaben des Art. 104 Abs. 2 GG erfüllt, wonach über die Zulässigkeit und Fortdauer einer Freiheitsentziehung der Richter zu entscheiden hat. Es handelt sich um eine dem Familiengericht zugewiesene Kindschaftssache. Örtlich zuständig ist das Amtsgericht am gewöhnlichen Aufenthalt des Kindes (§§ 167 Abs. 2, 313 Abs. 1 Nr. 2 FamFG). Ist das Kind in einem Heim untergebracht und die Rückkehr zu dem sorgeberechtigten Elternteil nicht beabsichtigt, besteht dort der gewöhnliche Aufenthalt (OLG München FamRZ 2006, 1622; aA OLG Brandenburg FamRZ 2003, 175).

2. Das Verfahren auf Genehmigung der Unterbringung wird durch einen Antrag der sorgeberechtigten Personen eingeleitet, da diese das Aufenthaltsbestimmungsrecht nach § 1631 Abs. 1 BGB haben (OLG Bremen FamRZ 2013, 1227; OLG Frankfurt a. M. FamRZ 2015, 2070; OLG Oldenburg FamRZ 2019, 203; wohl auch Götz FamRZ 2017, 1289; aA OLG Dresden FamRZ 2017, 621; Vogel FamRZ 2015, 1 ff.: Amtsverfahren). Der Antragsteller ist nach § 7 Abs. 1 FamFG Beteiligter des Verfahrens, der Betroffene nach § 315 Abs. 1 Nr. 1 FamFG. Unabhängig von der Antragstellung können die Eltern des Betroffenen, wenn der Betroffene bei diesen lebt oder bei Einleitung des Verfahrens gelebt hat, beteiligt werden (§ 315 Abs. 4 FamFG). Es kommt nicht darauf an, ob den Eltern die Personensorge zusteht (so bereits OLG Karlsruhe FamRZ 2007, 746). Nach der Rechtsprechung des Bundesverfassungsgerichts kann nur der Aufenthaltsbestimmungsberechtigte einen wirksamen Antrag auf Erteilung der familiengerichtlichen Genehmigung nach § 1631b BGB stellen. Dies gilt auch im Fall einer vorausgegangenen Inobhutnahme nach § 42 Abs. 5 SGB VIII (BVerfG FamRZ 2007, 1627). Das Jugendamt kann den Antrag nur stellen, wenn den sorgeberechtigten Eltern das Aufenthaltsbestimmungsrecht entzogen wurde und das Jugendamt insoweit zum Ergänzungspfleger bestellt wurde.

3. Es handelt sich bei der gerichtlichen Entscheidung über die Unterbringung eines Kindes um eine Genehmigung des Familiengerichts. Dieses ordnet die Unterbringung außer im Fall des § 1693 BGB nicht selbst an. Auch nach Erteilen der familiengerichtlichen Genehmigung liegt die Entscheidung über die Aufenthaltsbestimmung bei den sorgeberechtigten Personen. Diese müssen von der Genehmigung keinen Gebrauch machen und können von der Unterbringung des Kindes absehen, weil sich zB neue Umstände ergeben haben, die eine Unterbringung nicht mehr erforderlich machen. In dem Beschluss der Genehmigung der geschlossenen Unterbringung nach § 1631b Abs. 1 BGB muss klargestellt werden, ob die Unterbringung in einer psychiatrischen Klinik oder in einer geschlossenen Einrichtung der Jugendhilfe genehmigt wird (BVerfG FamRZ 2007, 1627; BGH FamRZ 2025, 592). Die konkrete Einrichtung wird von den Sorgeberechtigten ausgewählt (OLG Koblenz FamRZ 2015, 2069). Ohne Genehmigung ist die Unterbringung nur zulässig, wenn mit dem Aufschub Gefahr verbunden ist; die Genehmigung ist unverzüglich nachzuholen (§ 1631b Abs. 1 S. 3 BGB).

4. Die Vorschriften über die elterliche Sorge finden sich in §§ 1626 ff. BGB (→ Form. D.I.1; → Form. D.I.2).

5. Die Voraussetzungen einer mit Freiheitsentziehung verbundenen Unterbringung des Kindes sowie anderer freiheitsentziehender Maßnahmen sind in § 1631b BGB geregelt. Auch die freiheitsentziehende Maßnahme bei einem Kind bedarf nunmehr der familiengerichtlichen Genehmigung, wenn dem Kind, das sich in einem Krankenhaus, einem Heim oder einer sonstigen Einrichtung aufhält, durch mechanische Vorrichtungen, Medikamente oder auf andere Weise über einen längeren Zeitraum oder regelmäßig in nicht altersgerechter Weise die Freiheit entzogen werden soll (§ 1631b Abs. 2 BGB, aA noch BGH FamRZ 2013, 1646; zur Neuregelung Götz FamRZ 2017, 1289; zur Evaluierung und zum Stand der Umsetzung Kirsch FamRZ 2024, 754). Die Vorschrift entspricht § 1831 Abs. 4 BGB für volljährige betreute Menschen. Bei Fixierungen ist die Genehmigung bereits ab dem Zeitraum einer halben Stunde erforderlich (BVerfG NJW 2018, 2619). Dient die Maßnahme ausschließlich therapeutischen Zwecken, soll eine Genehmigung nicht erforderlich sein (OLG München FamRZ 2020, 104), wobei die Abgrenzung im Einzelfall schwierig sein dürfte. Nach Ansicht des BGH sind andere Genehmigungserfordernisse im Betreuungsrecht wie §§ 1829 und 1833 BGB im Kindschaftsrecht nicht anwendbar und damit auch nicht § 1832 BGB für die Zwangsbehandlung eines Kindes (OLG Dresden FamRZ 2017, 621). Insoweit verbleibt es bei der alleinigen Entscheidungskompetenz der sorgeberechtigten Personen, die nach allgemeinen Grundsätzen zu beurteilen ist (insbesondere § 1666 BGB).

Eine Freiheitsentziehung liegt vor bei der Unterbringung in einer geschlossenen Einrichtung (Krankenhaus oder Heim). Auch eine halboffene oder offene Unterbringung kann die Voraussetzungen der Freiheitsentziehung erfüllen, wenn keine Möglichkeit des freien Zutritts oder keine Möglichkeit des Ausgangs ohne Aufsicht besteht (AG Kamen FamRZ 1982, 299). Die Notwendigkeit, einen für das Kind erreichbaren Türöffnungsknopf drücken zu müssen, reicht für die Annahme einer genehmigungspflichtigen Freiheitsentziehung nicht aus (OLG Celle NJW 2014, 163). Eine Unterbringung liegt nicht vor, wenn sie mit Einwilligung des Kindes erfolgt und dieses über die erforderliche Einwilligungsfähigkeit verfügt (ähnlich Hoffmann FamRZ 2013, 1346; Gutmann/Schumann/Hegerfeld FamRZ 2019, 1676; aA Grüneberg/Götz BGB § 1631b Rn. 2; Vogel FamRZ 2015, 1 ff.; Schepker/Vogel FamRZ 2020, 896). Allerdings sind an die Einwilligungsfähigkeit eines Kindes strenge Anforderungen zu stellen, um nicht den Schutz des gerichtlichen Genehmigungsverfahrens zu unterlaufen.

Eine Unterbringung ist nur zulässig, wenn sie zum Wohl des Kindes, insbesondere zur Abwendung einer erheblichen Selbst- oder Fremdgefährdung erforderlich ist und der Gefahr nicht auf andere Weise, auch nicht durch öffentliche Hilfen, begegnet werden kann (§ 1631b Abs. 1 S. 2 BGB). Das bedeutet, dass eine mit Freiheitsentziehung verbundene Unterbringung nicht in Betracht kommt, solange eine Heimerziehung in einer offenen Einrichtung nicht aussichtslos ist (BGH NJW 2012, 2584 = FamRZ 2012, 1556 mAnm Salgo). Eine psychische Krankheit oder geistige oder seelische Behinderung ist anders als bei der Unterbringung volljähriger betreuter Personen (§ 1831 BGB) nicht Voraussetzung. Allerdings ist sie maßgeblich für die Frage, ob die Unterbringung in einer psychiatrischen Klinik oder in einer Einrichtung der Jugendhilfe erfolgen soll. Aber selbst bei Anzeichen für eine psychische Störung ist die Unterbringung eines Minderjährigen in der Kinder- und Jugendpsychiatrie unverhältnismäßig, wenn im Schwerpunkt pädagogische Defizite bestehen, die nur die Unterbringung in einer Jugendhilfeeinrichtung rechtfertigen. Das gilt auch, wenn aktuell kein Platz in einer Jugendhilfeeinrichtung zur Verfügung steht (BGH FamRZ 2025, 592). Gegebenenfalls kann zur stationären diagnostischen Abklärung eine Unterbringung zur Begutachtung nach §§ 167 Abs. 1 Satz 1, 322, 284 FamFG angeordnet werden (BGH FamRZ 2025, 592). Anders als im Betreuungsrecht rechtfertigt nicht nur eine erhebliche Selbstgefährdung, sondern auch eine erhebliche Fremdgefährdung die Unterbringung eines Kindes. Insoweit ist allerdings umstritten, ob im Fall der Fremdgefährdung eine mittelbare Selbstgefährdung hinzutreten muss, weil zB das Risiko von Notwehrmaßnahmen Dritter, von Schadensersatzansprüchen oder strafrechtlichen Sanktionen besteht. Eine Unterbringung lediglich aus erzieherischen Gründen kommt nur ausnahmsweise in Betracht, da eine Unterbringung in diesen

Fällen selten verhältnismäßig sein dürfte (zum Verhältnismäßigkeitsgrundsatz OLG Saarbrücken FamRZ 2010, 1920).

6. Hinsichtlich des Unterbringungsverfahrens verweist § 167 Abs. 1 FamFG auf das Verfahren in Unterbringungssachen Volljähriger nach §§ 312 ff. FamFG. An die Stelle des nach § 317 FamFG zu bestellenden Verfahrenspflegers tritt der Verfahrensbeistand nach § 158 FamFG (§ 167 Abs. 1 S. 2 FamFG). Wegen des schweren Grundrechtseingriffs im Fall einer Unterbringung ist die Bestellung eines Verfahrensbeistands stets erforderlich (§ 167 Abs. 1 S. 3 FamFG). Der Verfahrensbeistand ist so rechtzeitig zu bestellen, dass er noch Einfluss auf die Entscheidung nehmen kann. Die Vergütung des Verfahrensbeistands richtet sich nach § 158 Abs. 7 FamFG. Es findet keine Anrechnung der Vergütung statt, wenn der Verfahrensbeistand gleichzeitig in einem Sorgerechtsverfahren bestellt wird (BGH FamRZ 2011, 467). Das betroffene Kind ist im Unterbringungsverfahren ohne Rücksicht auf seine Geschäftsfähigkeit ab Vollendung des 14. Lebensjahres verfahrensfähig (§ 167 Abs. 3 FamFG). Dem verfahrensfähigen Minderjährigen kann auch ein Rechtsanwalt seiner Wahl im Wege der Verfahrenskostenhilfe beigeordnet werden (OLG Dresden NJW 2014, 1451). Verfahrenskostenhilfe unter Beiordnung eines Rechtsanwalts kann im Verfahren der Unterbringung eines Kindes auch der sorgeberechtigten Mutter gewährt werden (OLG Schleswig FamRZ 2016, 656).

7. Das betroffene Kind ist im Unterbringungsverfahren vor Genehmigung der Unterbringung persönlich anzuhören (§§ 167 Abs. 1, 319 Abs. 1 FamFG). Dies gilt grundsätzlich auch im Fall der Genehmigung einer vorläufigen Unterbringung durch einstweilige Anordnung nach § 331 FamFG. Nur bei Gefahr im Verzug kann eine einstweilige Anordnung bereits vor Anhörung des Betroffenen sowie Anhörung und Bestellung des Verfahrensbeistands erlassen werden. Diese Verfahrenshandlungen sind unverzüglich nachzuholen (§ 332 FamFG). Weniger dringliche Dienstgeschäfte müssen zurückgestellt werden (BVerfG FamRZ 2007, 1627). Darüber hinaus sind die personensorgeberechtigten Eltern zwingend persönlich anzuhören (§ 167 Abs. 4 FamFG). Dies gilt auch im Verfahren der vorläufigen Unterbringung durch einstweilige Anordnung (OLG Naumburg FamRZ 2010, 1919). Das Jugendamt ist als zuständige Behörde anzuhören (§§ 167 Abs. 1, 320 FamFG). Außerdem ist vor eine Unterbringungsmaßnahme ein Sachverständigengutachten einzuholen (§§ 167 Abs. 1, 321 FamFG). Betrifft das Verfahren die Genehmigung einer Unterbringung eines Kindes, das das 14. Lebensjahr vollendet hat, ist ihm das eingeholte Sachverständigengutachten rechtzeitig vor dem Anhörungstermin in vollem Wortlaut zu überlassen, um ihm Gelegenheit zur Stellungnahme zu geben (BGH FamRZ 2025, 180 und 349). Im Fall der Genehmigung der vorläufigen Unterbringung durch einstweilige Anordnung genügt ein ärztliches Zeugnis über den Zustand des Betroffenen (§ 331 S. 1 Nr. 2 FamFG, OLG Hamburg FamRZ 2020, 999), ebenso im Verfahren der Genehmigung freiheitsentziehender Maßnahmen (§ 167 Abs. 6 S. 3 FamFG). Der Sachverständige soll Arzt für Kinder- und Jugendpsychiatrie und -psychotherapie sein. Im Fall der Unterbringung nach § 1631b BGB kann das Gutachten (bzw. Zeugnis) auch durch einen in Fragen der Heimerziehung ausgewiesenen Psychotherapeuten, Psychologen, Pädagogen oder Sozialpädagogen erstattet werden (§ 167 Abs. 6 FamFG), nicht aber wenn es um eine Unterbringung in einer psychiatrischen Klinik geht (OLG Saarbrücken FamRZ 2010, 1920). Wurde die Unterbringung durch das Familiengericht genehmigt, hat das Jugendamt die Eltern, den Vormund oder Pfleger auf deren Wunsch bei der Zuführung zur Unterbringung (also Verbringung in die psychiatrische Klinik oder ins Heim) zu unterstützen (§ 167 Abs. 5 FamFG). Gewalt darf dabei nur auf Grund einer ausdrücklichen gerichtlichen Entscheidung unter Hinzuziehen polizeilicher Vollzugsorgane angewendet werden (§ 326 Abs. 2 FamFG), wenn das Jugendamt nicht selbst über die erforderlichen Fachkräfte verfügt (VG Gelsenkirchen FamRZ 2016,

1709). Die Dauer der Unterbringung oder freiheitsentziehenden Maßnahme ist im Regelfall auf sechs Monate, ausnahmsweise bei langer Sicherungsbedürftigkeit auf ein Jahr begrenzt (§ 167 Abs. 7 FamFG). Soll die Unterbringung länger als sechs Monate dauern, ist dies besonders zu begründen (BGH FamRZ 2025, 180; OLG Frankfurt FamRZ 2025, 183).

Kosten und Gebühren

8. In Verfahren, die eine freiheitsentziehende Unterbringung Minderjähriger betreffen, werden keine Gebühren und Auslagen (zB Kosten der Sachverständigengutachten) für das gerichtliche Verfahren erhoben (KV Vorb. 1.3.1. Abs. 1 Nr. 2 FamGKG; OLG Hamm NJW 2012, 790). Vergütung und Aufwendungsersatz für den Verfahrensbeistand sind stets aus der Staatskasse zu zahlen (§ 158c Abs. 3 FamFG).

Nach § 337 Abs. 1 FamFG kann das Gericht die notwendigen Auslagen des Betroffenen ganz oder teilweise der Staatskasse auferlegen, wenn eine Unterbringungsmaßnahme als ungerechtfertigt aufgehoben, eingeschränkt oder das Verfahren ohne Entscheidung über eine Maßnahme beendet wird.

Die Rechtsanwaltsgebühren richten sich nach dem VV 6300 ff. RVG.

Rechtsmittel

9. Zur Beschwerde und zum Beschwerdeverfahren → Form. O.II.7

2. Unterbringung psychisch kranker Minderjähriger (§ 151 Nr. 7 FamFG)

An das

Amtsgericht[1] . . . . .

– Familiengericht –

Az.: . . . . .

. . . . ., den . . . . .

Ich zeige an, dass ich die Eheleute . . . . . als gesetzliche Vertreter des Minderjährigen . . . . ., geb. . . . . . vertrete und lege gegen den Beschluss des Amtsgerichts – Familiengerichts – . . . . . vom 15.9.2019 im Namen des Kindes

– Beschwerdeführer –

Beschwerde[2]

ein und beantrage:

Es wird festgestellt, dass die Unterbringungsmaßnahme vom 15.9.2019 den Beschwerdeführer in seinen Rechten verletzt hat.[3]

Begründung:

Mit Beschl. v. 15.9.2019 hat das Amtsgericht – Familiengericht . . . . . die vorläufige Unterbringung des Beschwerdeführers . . . . . in einem psychiatrischen Krankenhaus

nach Art. 5 Abs. 1 des Bayerischen Psychisch-Kranken-Hilfe-Gesetzes (PsychKHG) durch einstweilige Anordnung für die Dauer von sechs Wochen angeordnet.[4] Als Begründung wurde angeführt, der Beschwerdeführer sei von der Polizei in ein psychiatrisches Krankenhaus eingeliefert worden, nachdem er von dieser auf den S-Bahngleisen laufend aufgegriffen wurde und einen verwirrten Eindruck machte.[5] Eine richterliche Anhörung fand erst am 22.9.2019 statt. Am 25.9.2019 wurde der Beschwerdeführer aus dem Krankenhaus entlassen. Nach seiner Mitteilung habe zu keinem Zeitpunkt eine suizidale Absicht bestanden. Außerdem hätte von Anfang an die Bereitschaft bestanden, für einen vorübergehenden Zeitraum freiwillig in der Klinik zu verbleiben. Die Voraussetzungen einer Unterbringung nach dem Bayerischen PsychKHG lagen daher zu keinem Zeitpunkt vor.[6] Außerdem hätte die richterliche Anhörung nicht erst eine Woche nach der Unterbringung stattfinden dürfen und hätte dem Beschwerdeführer ein Verfahrensbeistand bestellt werden müssen.[7] Es ist daher die Rechtswidrigkeit der Unterbringungsmaßnahme nach § 62 FamFG festzustellen, da es sich um einen schweren Grundrechtseingriff handelte.

Rechtsanwalt[8]

Anmerkungen

1. Auch für die Genehmigung oder Anordnung einer freiheitsentziehenden Unterbringung, freiheitsentziehenden Maßnahme oder ärztlichen Zwangsmaßnahme bei einem Minderjährigen nach den Psychisch-Kranken(-Hilfe-)Gesetzen der Bundesländer (PsychKG oder PsychKHG) ist das Familiengericht zuständig (§ 151 Nr. 7 FamFG). Örtlich zuständig ist ausschließlich das Familiengericht, in dessen Bezirk das Bedürfnis für die Unterbringungsmaßnahme hervortritt bzw. in dessen Bezirk die Einrichtung liegt, wenn der Betroffene sich bereits in einer Einrichtung zur freiheitsentziehenden Unterbringung befindet (§§ 167 Abs. 1, 313 Abs. 3 FamFG). Die Anordnung der Unterbringungsmaßnahme durch das Gericht erfolgt auf Antrag der zuständigen Verwaltungsbehörde. Die Zuständigkeit der Verwaltungsbehörde richtet sich nach Landesrecht (Übersicht bei Marschner/Lesting/Stahmann B 89).

2. Rechtsmittel gegen im ersten Rechtszug ergangene Entscheidungen der Amtsgerichte ist nunmehr die Beschwerde, die innerhalb eines Monats nach schriftlicher Bekanntgabe des angefochtenen Beschlusses bei dem Amtsgericht einzulegen ist (§§ 58, 63, 64 FamFG). Die Beschwerde ist auch im Fall einer vorläufigen Unterbringung durch einstweilige Anordnung statthaft (OLG Frankfurt a. M. FamRZ 2010, 907; OLG Celle FamRZ 2010, 1844; aA OLG Koblenz FamRZ 2010, 908). In diesem Fall beträgt die Beschwerdefrist zwei Wochen (§ 63 Abs. 2 Nr. 1 FamFG). Der Betroffene kann die Beschwerde auch bei dem Amtsgericht einlegen, in dessen Bezirk er untergebracht ist (§ 336 FamFG). Beschwerdeberechtigt sind der Betroffene selbst, auch wenn er minderjährig ist (§§ 59, 60 FamFG), seine Eltern, wenn er bei diesen lebt oder bei Einleitung des Verfahrens gelebt hat (§ 335 Abs. 1 Nr. 1 FamFG; so bereits OLG Karlsruhe FamRZ 2008, 428) sowie eine Person des Vertrauens, die im Interesse des Betroffenen am Verfahren beteiligt wurde (§ 335 Abs. 1 Nr. 2 FamFG; BGH FamRZ 2013, 115). Es kommt nicht darauf an, ob den Eltern die Personensorge zusteht. Beschwerdegericht ist das Oberlandesgericht (§ 119 Abs. 1 Nr. 1 lit. a GVG). Das Beschwerdeverfahren richtet sich nach § 68 FamFG. Das Beschwerdegericht darf von einer erneuten Anhörung des Kindes nicht gemäß § 68 Abs. 3 S. 2 FamFG absehen, wenn das Gericht des ersten Rechtszugs bei der Anhörung zwingende Verfahrensvorschriften verletzt hat (BGH NJW 2012, 2584 = FamRZ 2012, 1556 mAnm Salgo). Die Rechtsbeschwerde in Unterbringungssachen ist ohne Zulassung statthaft (§ 70 Abs. 3 Nr. 2 FamFG). Dies gilt nicht für einstweilige Anordnungen (§ 70 Abs. 4 FamFG). Rechtsbeschwerdegericht ist der BGH (§ 133 GVG).

3. Hat sich die Hauptsache (zB durch Entlassung aus der Unterbringung) erledigt, bleibt die Beschwerde nach nunmehr ausdrücklicher gesetzlicher Regelung in § 62 FamFG im Anschluss an die Rechtsprechung des Bundesverfassungsgerichts statthaft, wenn es sich wie bei der Unterbringung um einen schwerwiegenden Grundrechtseingriff handelt (ständige Rechtsprechung für freiheitsentziehende Maßnahmen, zuletzt BGH FamRZ 2025, 349 und 592). Ziel der Beschwerde ist die Feststellung der Rechtsverletzung durch das Gericht des ersten Rechtszugs. Antragsberechtigt ist insoweit nur das Kind, nicht die Eltern (BGH FamRZ 2014, 108).

4. Die öffentlich-rechtliche Unterbringung psychisch kranker und suchtkranker Menschen richtet sich nach Landesrecht. Alle Bundesländer verfügen über ein Psychisch-Kranken-Gesetz (PsychKG) oder Psychisch-Kranken-Hilfe-Gesetz (PsychKHG), in dem die Voraussetzungen der Unterbringung sowie besonderer Sicherungsmaßnahmen und ärztlicher Zwangsmaßnahmen geregelt sind (siehe hierzu im Einzelnen die Zusammenstellung der Landesgesetze bei Marschner/Lesting/Stahmann). Grundsätzlich sind diese Gesetze auch für Minderjährige anwendbar. Da anders als die Unterbringung Volljähriger durch den Betreuer nach § 1831 BGB die Unterbringung nach § 1631b Abs. 1 BGB auch die Fremdgefährdung erfasst und in der Regel ein gesetzlicher Vertreter vorhanden ist, der das Verfahren der Unterbringung nach § 1631b BGB betreiben kann, ist eine Unterbringung Minderjähriger vorrangig nach dieser Vorschrift durchzuführen (OLG Dresden FamRZ 2017, 621). In aller Regel erfolgt zunächst eine vorläufige Unterbringung durch einstweilige Anordnung für die Dauer von sechs Wochen nach §§ 331 ff. FamFG.

5. In allen Landesgesetzen bestehen für akute Gefahrensituationen (zB bei akuter Suizidalität) behördliche bzw. polizeiliche Eingriffsbefugnisse, die zu einer Unterbringung in einem psychiatrischen Krankenhaus vor der richterlichen Entscheidung führen können (siehe zB Art. 11 ff. BayPsychKHG, § 14 PsychKG-NRW). In diesen Fällen hat die zuständige Verwaltungsbehörde unverzüglich einen Antrag auf Unterbringung bei dem zuständigen Familiengericht zu stellen, das dann die Unterbringung bei Vorliegen der materiellrechtlichen Voraussetzungen anordnet.

6. Trotz unterschiedlicher Regelungen und Formulierungen im Einzelnen ist eine Unterbringung nach den Gesetzen aller Bundesländer zulässig, wenn eine psychisch kranke oder suchtkranke Person ihr Leben oder ihre Gesundheit oder erhebliche Rechtsgüter Dritter gefährdet und der Gefahr nicht durch weniger einschneidende Mittel, insbesondere die in den PsychKGs geregelten vorrangigen Hilfen begegnet werden kann (Marschner/Lesting/Stahmann B 104 ff.). Eine gegenwärtige Gefahr liegt vor, wenn ein schadenstiftendes Ereignis unmittelbar bevorsteht oder sein Eintritt zwar unvorhersehbar, wegen besonderer Umstände jedoch jederzeit zu erwarten ist (§ 11 Abs. 2 PsychKG-NRW). Liegt eine vom natürlichen Willen des Betroffenen getragene Einwilligung vor, ist nach überwiegender Auffassung eine Unterbringung unzulässig. Kommt es während der Unterbringung zu einer Fixierung oder einer vergleichbar schweren freiheitsentziehenden Maßnahme, ist eine weitere gerichtliche Entscheidung erforderlich (BVerfGE 149, 293 = NJW 2018, 2619).

7. Das Verfahren richtet sich nach §§ 167, 312 ff. FamFG (→ Form. D.VI.1 Anm. 6, 7). Eine Anhörung erst eine Woche nach Anordnung der Unterbringung führt nach der Rechtsprechung des Bundesverfassungsgerichts in aller Regel zur Rechtswidrigkeit der Unterbringung, da die Anhörung nicht unverzüglich im Sinn des § 332 FamFG nachgeholt wurde (BVerfG NJW 1982, 691; 1990, 2309; FamRZ 2007, 1627).

Kosten und Gebühren

8. Zur Kostenfreiheit in Unterbringungssachen → Form. D.VII.1 Anm. 8.
Im Fall der öffentlich-rechtlichen Unterbringung besteht eine Kostenpflicht der Körperschaft, der die antragstellende Behörde angehört, wenn der Antrag auf eine Unterbringungsmaßnahme abgelehnt oder zurückgenommen wird und kein begründeter Anlass für die Behörde bestand, den Antrag zu stellen (§ 337 Abs. 2 FamFG).

E. Abstammungssachen

I. Vorbemerkung

1. Abstammung und Elternschaft

a) **Allgemeines.** Die Abstammung einer Person von einer anderen bildet die Grundlage ihrer gesetzlichen **Verwandtschaft**, wie sie in § 1589 BGB normiert ist. Das Gesetz selbst definiert nicht ausdrücklich, unter welchen Voraussetzungen ein Abstammungsverhältnis im rechtlichen Sinn besteht. Die hierzu maßgeblichen Bestimmungen finden sich in den §§ 1591 ff. BGB, die zwischen **Mutterschaft** und **Vaterschaft** differenzieren (vgl. Gernhuber/Coester-Waltjen FamR/Coester-Waltjen/Gernhuber, 7. Aufl. 2020, § 52. Rn. 8 ff.). Ergänzend sind seit dem 1.11.2024 die Regelungen des § 11 SBGG heranzuziehen.

Das Abstammungsverhältnis wird im **Geburtenregister** dokumentiert (§§ 3 Abs. 1 Nr. 3, 21 PStG, sog. Statusprinzip). Als Nr. 1 wird dort die **Mutter** (bei Änderung der Geschlechtsidentität, die immer mit einer Namensänderung einhergehen muss, mit ihrem ursprünglichen Frauen-/Mädchennamen; kritisch Oldenburger NZFam 2025, 57), als Nr. 2 der **Vater**, soweit bekannt, eingetragen. Auf Antrag können die Bezeichnungen in **Elternteil** geändert werden (§ 48 Abs. 1a PStV).

Veränderte Lebens- und Familienformen, reproduktionsmedizinische Behandlungen, gleichgeschlechtliche Ehen und erleichterte Änderungsmöglichkeiten der geschlechtlichen Identität stellen allerdings neue **Herausforderungen** an das Recht. Darf (oder sollte) ein Kind bloß **zwei Eltern** haben? Müssen (oder sollten) Eltern unbedingt Mutter und Vater heißen (und sein) und dem Kind durch eigene oder, soweit es den Mann betrifft, substituierte **Keimzellen** das Leben geschenkt haben? Warum ist **Samenspende** erlaubt, **Eizellspende** hingegen verboten? Das geltende Recht gibt auf diese Fragen keine befriedigenden Antworten (mehr). Für die Anwaltschaft bedeutet das: Kreativ und mutig sein. Eine **geänderte Geschlechtsidentität** kann bspw. einer Ehefrau (gem. § 11 Abs. 1 S. 2 SBGG vorübergehend: Ehemann) der Mutter zur Elternschaft verhelfen. Eizellspenden werden, eine häufig in Anspruch genommene Option, legal im Ausland beschafft, befruchtet und transferiert, um schwanger zu werden. Männerpaare und Paare, die selbst kein Kind austragen können, nutzen zudem ausländische **Leihmütter** oder suchen nach Wegen des **Co-Parenting** (vgl. Oldenburger NZFam 2020, 985; Peukert/Motakef/Teschlade/Wimbauer NZFam 2018, 322; Wapler, Wahlverwandtschaften, Plurale Familienformen rechtlich ermöglichen und absichern, E-Paper, 2016; kritisch zum geltenden Recht auch Nationale Akademie der Wissenschaften Leopoldina und Union der deutschen Akademien der Wissenschaften, Fortpflanzungsmedizin in Deutschland – für eine zeitgemäße Gesetzgebung, Halle (Saale) 2019; Löhnig NJW 2019, 122; Löhnig NZFam 2024, 247; Schamberg FamRZ 2024, 748; Coester-Waltjen ZfPW 2021, 129; MüKoBGB/Wellenhofer, 9. Aufl. 2024, Vor § 1591 Rn. 20 f.).

Seit längerer Zeit müht sich die Politik vor diesem Hintergrund, Änderungen zu beschließen und umzusetzen – bislang ohne besonders bedeutsames Resultat. Eine von der Bundesregierung eingesetzte Kommission legte im Jahr 2017 ihren Abschlussbericht mit einem Katalog von Reformvorschlägen zum Abstammungsrecht vor (BMJV (Hrsg.), Empfehlungen für eine Reform des Abstammungsrechts, Abschlussbericht Arbeitskreis Abstammungsrecht, Köln 2017). Ergebnislos. Die Bundesregierung der 20. Wahlperiode (SPD/

Grüne/FDP) konnte sich nicht auf einen gemeinsamen Entwurf einigen; Entwürfe des BMJ wurden zwar diskutiert, indes nicht umgesetzt (vgl. Keuter NZFam 2025, 161). Eine anschließend von der Regierung eingesetzte weitere Kommission analysierte das Recht auf Leihmutterschaft und die Legalisierungsmöglichkeiten der Eizellspende, ihr Bericht wurde im April 2024 veröffentlicht. Erneut ohne Ergebnis, es soll alles so bleiben, wie es ist, so der damalige Justizminister Buschmann. Die Koalition der 21. Wahlperiode (CDU/CSU/SPD) geht in Bezug auf familienrechtliche Reformprojekte *schrittchenweise* voran, klammert jedoch bislang zentrale Reformforderungen wie die Elternschaft der Ehefrau der Mutter oder Mehrelternschaft aus. Immerhin wurde mit Wirkung zum 1.4.2026 eine verfassungskonforme Rechtslage für das Anfechtungsrecht leiblicher Väter eingeführt (BGBl. 2026 I Nr. 83; BT-Drs. 21/2997; Beschlussempfehlung Rechtsausschuss BT-Drs. 21/4323; vgl dazu Keuter NZFam 2025, 847; Oldenburger NJW 2026, 1177; Oldenburger NZFam 2023, 817; kritisch auch Röthel/von Scheliha ZRP 2025, 37).

b) **Mutterschaft.** aa) Nach § 1591 BGB ist Mutter eines Kindes die Frau, die es geboren hat. Diese leiblich-biologische Mutterschaft ist unabänderlich und wird **exklusiv** begründet (→ Form. E.III). Eine Mutterschaft der genetischen **Eizellspenderin,** also der Frau, von der die von einer anderen Frau ausgetragene befruchtete Eizelle stammt, ist gesetzlich ausgeschlossen – und kann nicht gerichtlich festgestellt werden (§§ 169 ff. FamFG; vgl. dazu EGMR, 12.11.2024 – 46808/16, BeckRS 2024, 31065 – R. F. u.a. v. Deutschland). Entsprechendes gilt für Keimzellgeberinnen oder -geber im Rahmen einer **Embryospende.** Ein **statusunabhängiges Klärungsverfahren** nach § 1598a BGB ist allerdings möglich, um die Übereinstimmung von genetischer und leiblich-biologischer Elternschaft zu überprüfen (vgl. KG FamRZ 2018, 1923) (→ Form. E.IV).

bb) Das geltende Recht sieht keine Möglichkeit vor, einer Frau (oder Person mit **geänderter Geschlechtsidentität,** siehe §§ 2, 11 Abs. 1 SBGG) Mutterschaft zuzuschreiben, deren Eizelle (oder mitochondriales Erbmaterial) zur künstlichen Befruchtung verwendet wurde, wenn das Kind nicht von ihr, sondern von einer anderen Frau ausgetragen wurde. Diese gesetzgeberische Entscheidung beruht auf der im Jahr 1998 eingeführten Neufassung des § 1591 BGB und auf dem Embryonenschutzgesetz (ESchG) aus 1990, das Ärztinnen und Ärzten jede Beteiligung an Eizellspende und Leihmutterschaft untersagt (zum Reformbedarf Taupitz NJW 2019, 337; Laubacher/Ruppert ZRP 2024, 132; Oldenburger NZFam 2022, 870; Magnus ZRP 2016, 91; Terpitz ZRP 2016, 51; Lindner ZRP 2019, 171; Bericht der Kommission zur Reproduktiven Selbstbestimmung und Fortpflanzungsmedizin v. 15.4.2024). Infolge dieses Verbots wurde im Jahr 1998 durch das KindRG ausdrücklich klargestellt, dass allein die gebärende Frau im abstammungsrechtlichen Sinn als Mutter gilt – nicht hingegen eine genetisch oder sozial intendierte Wunschmutter. Selbst bei fehlender genetischer Verbindung oder **Verantwortungsabsicht** kann ihre Geburtsmutterschaft nur durch Adoption beendet oder übertragen werden (kritisch Oldenburger NZFam 2025, 57).

cc) Ungeachtet der in Deutschland geltenden gesetzlichen Beschränkungen haben sich im Ausland seit Jahren **reproduktionsmedizinische Verfahren** etabliert, die aus deutscher Perspektive zu einer abweichenden biologischen und/oder genetisch-leiblichen Elternschaft führen können – etwa durch Samen-, Eizell- oder Embryospenden sowie **Leihmutterschaft.** Diese Methoden ermöglichen Mutterschaft, die vom herkömmlichen Grundsatz *mater semper certa est* abweicht (vgl. Oldenburger NZFam 2020, 457; Möglichkeiten, Leihmutterschaft in Deutschland zu regeln, zeigt Oldenburger FuR 2024, 408).

Wird im Rahmen einer im Ausland durchgeführten Leihmutterschaft die rechtliche Elternschaft der **intendierten Mutter** von einem zuständigen ausländischen Gericht in einem ordnungsgemäßen Verfahren festgestellt oder konstituiert, wird diese Entscheidung in Deutschland nach **§ 108 FamFG** anerkannt. Unabhängig von einer genetischen und leiblich-biologischen Verbindung zwischen Mutter und Kind akzeptiert das deutsche Recht damit eine fremdstaatlich begründete Elternstellung der Wunschmutter. Gleiches gilt, wenn eine im Ausland wirksam **angefochtene Mutterschaft** zu einer neuen rechtlichen Zuordnung, auch zum Wegfall der registrierten Mutterschaft, führt (vgl. AG Köln 22.4.2025 – 378 III 32/25, BeckRS 2025, 8649). In Anbetracht der Neureglung in § 1599 Abs. 2 BGB, wonach Mutterschaft unanfechtbar ist, bleibt abzuwarten, ob damit künftig im Kontext der Anerkennung einer dementsprechenden ausländischen Entscheidung ein Verstoß gegen wesentliche deutsche Rechtsgrundsätze angenommen wird (§ 109 Abs. 1 Nr. 4 FamFG).

§ 108 Abs. 1 FamFG führt im Licht der Rechtsprechung des BGH dazu, dass die in § 1591 BGB vorgesehene exklusive Geburtsmutterschaft durch **Anerkennung einer ausländischen Entscheidung** überlagert und einer Frau zugeschrieben wird, die das Kind nicht geboren hat. Der inländische *ordre public (international)* gemäß § 109 Abs. 1 Nr. 4 FamFG steht einer solchen Anerkennung nicht entgegen, sofern das Kindeswohl und die Rechte der Leihmutter gewahrt sind. Damit steht das deutsche Recht in Einklang mit europarechtlichen Vorgaben, wonach beachtliche Schranken in der Ausbeutung von Leihmüttern sowie des Menschenhandels bestehen (Art. 5 Abs. 3 EU-Charta). Damit wird – europarechtskonform – **intentionale Elternschaft** anerkannt, die maßgeblich von tatsächlicher **Verantwortungsbereitschaft** und -übernahme sowie Freiwilligkeit, Kontrolle und Fairness geprägt ist. Rechtliche Elternschaft kann insoweit – vermittelt durch ausländische Entscheidungen – (auch) auf von der Geburt und Nutzung eigener Keimzellen abweichenden Grundlagen beruhen. Die Geburt verliert damit einen Teil ihres nationalen Exklusivcharakters für die abstammungsrechtliche Zuordnung. Sie bildet keinen unverrückbaren, Elternschaft bestimmenden Grundsatz mehr (vgl. BGH NZFam 2018, 983; BGH NJW 2015, 479 (Rn. 43 ff.); zum Verantwortungsprinzip BVerfG Beschl. v. 24.3.1981 – 1 BvR 1516/78, 1 BvR 984/80, 1 BvR 1337/80, NJW 1981, 1201; BVerfG NJW 1988, 125; Oldenburger NZFam 2021, 853; Oldenburger FuR 2025, 61 (64 f.); a. A. wohl Di Cato in: Herberger/Martinek/Rüßmann/Weth/Würdinger, jurisPK-BGB, 10. Aufl., § 1591 Rn. 5 ff., 11 f.; MüKoBGB/Helms, 9. Aufl. 2024, EGBGB Art. 19 Rn. 69 f.).

c) **Vaterschaft.** Die zweite Elternstelle, also die Vaterschaft, kann auf verschiedene Weisen begründet werden: Nach § 1592 BGB entsteht sie durch die Ehe mit der Mutter zum Zeitpunkt der Geburt (§ 1592 Nr. 1 BGB), durch wirksame Anerkennung der Vaterschaft mit Zustimmungen von Mutter und Kind (§§ 1592 Nr. 2, 1595 BGB), oder durch gerichtliche Feststellung in einem Abstammungsverfahren (§§ 1592 Nr. 3, 1600d BGB).

aa) Die Vaterschaft des mit der Mutter verheirateten Mannes entsteht kraft Gesetzes mit der Geburt des Kindes (→ Form. E.II.1). Eine entsprechende Anwendung dieser Regelung auf die **Ehefrau der Mutter** lehnt der BGH ab (BGH DNotZ 2019, 58); eine verfassungsrechtliche Überprüfung dieser Rechtslage ist anhängig (siehe die Vorlagen OLG Celle NZFam 2021, 352; KG NJOZ 2021, 840; AG München FamRZ 2022, 122; die Verfahren werden vor dem BVerfG unter den Az. 1 BvL 1/21 u. a. geführt). § 11 Abs. 1 S. 2 SBGG eröffnet jedoch seit November 2024 die Möglichkeit, dass eine Person, die ihre geschlechtliche Identität vor der Geburt in „männlich" geändert hat, die rechtliche Vaterschaft erlangt (vgl. noch zum TSG OLG Schleswig Beschl. v. 4.7.2024 – 2 Wx 11/24, BeckRS 2024, 15855).

bb) Über § 1592 Nr. 1 BGB hinaus setzt jede weitere Zuordnung eines Vaters **formgebundene Erklärungen** (Anerkennung mit Zustimmungen von Mutter und Kind, §§ 1595, 1596 BGB, → Form. E.II.2) oder einen gerichtlichen Beschluss (§ 1600d BGB, → Form. E.II.3) voraus. Die Zustimmung des Kindes ist nunmehr immer erforderlich, sie kann jedoch für Kinder jünger als 14 Jahre durch Erklärung der sorgeberechtigten Mutter ersetzt werden; ist das Kind älter als 14 Jahre, ist neben dessen persönlicher Zustimmung die Zustimmung des gesetzlichen Vertreters erforderlich, die ggf. durch die Zustimmungserklärung der allein sorgeberechtigten Mutter als abgegeben gilt (dazu HKFamR/Oldenburger, 4. Aufl., § 1596 Rn. 7 f.). Für die Anerkennung ist, anders als bei der Feststellung gem. §§ 1592 Nr. 3, 1600d BGB, kein genetischer Nachweis, leiblicher Vater zu sein, erforderlich, es reicht ein als „männlich" registriertes Geschlecht (§ 11 Abs. 1 S. 2 Hs. 1 SBGG; Rentsch/Valentiner NJW 2024, 3407; kritisch Oldenburger NZFam 2025, 57). Die Bundesregierung hat allerdings die Anerkennung zur Steuerung von (politisch unerwünschter) Migration (bisherige Regelung: § 1597a BGB) neu gestaltet: § 85a AufenthG, auf den § 1598 Abs. 1 S. 2 BGB nF verweist, verlangt eine Zustimmung der zuständigen Ausländerbehörde wenn ein **aufenthaltsrechtliches Gefälle** besteht (BT-Drs. 21/4081 BT-Drs. 21/6393; Beschlussannahme im Dt. Bundestag am 12.6.2026 nach 2./3. Beratung). Dieses Gefälle wird gesetzlich definiert (§ 85a Abs. 1 S. 1 AufenthG), wobei Ausnahmen für Personen gelten die Ländern gem. Anhang II der Verordnung (EU) 2018/1806 angehören (Positivstaatler). Zur Kritik sowohl an Regelungsbedarf als auch -art vgl. Ausschussdrucksachen 21(4)153H und I.

Mutter und Anerkennender müssen nach der Neuregelung, wenn ein Gefälletatbestand gem. § 85a Abs. 1 AufenthG. vorliegt, gemeinsam die Zustimmung beantragen (eine Beteiligung des zustimmungspflichtigen Kindes ist nicht vorgesehen), es sei denn, einer der **Ausschlussgründe** des Abs. 2 liegt vor: Genetische Abstammung, mindestens 14-monatiges Zusammenleben in gemeinsamem Haushalt als gemeinsamen Erstwohnsitz, Heirat oder Vorlage eines Geburtsregisterauszuges, wonach bereits ein gemeinsames Kind der Antragsteller vorhanden ist. Fehlt es daran, entscheidet die Ausländerbehörde über den Antrag durch Verwaltungsakt (§ 85c Abs. 1 AufenthG). Maßgeblich soll sein, ob eine der Voraussetzungen der **Positiv**– (§ 85b Abs. 2 AufenthG) oder **Negativliste** (§ 85b Abs. 3 S. 2 AufenthG) vorliegt. Die Antragsteller müssen im Verfahren an Anhörungen teilnehmen und erforderliche Belege und Informationen übermitteln; Verstöße führen unter den weiteren Voraussetzungen des § 85b Abs. 5 AufenthG zur Abweisung des Antrags. Entscheidet die Behörde nicht innerhalb von 4 Monaten, gilt die Fiktion der Zustimmung. Die Reform hat weitreichende Konsequenzen und dürfte angesichts ihrer fehlenden Passgenauigkeit, bspw. in Leihmutterschaftsfällen, und einer fehlenden allgemeinen Ausschlussklausel unverhältnismäßig in Grundrechte von Mutter, Kind und Anerkennenden eingreifen (vgl. schriftliche Stellungnahme der SV von Scheliha, Innen-Ausschussdrucksache 21(4)153H).

cc) Anders als die Mutterschaft kann die rechtliche Vaterschaft – etwa durch **Anfechtung** oder gerichtliche Feststellung – korrigiert oder aufgehoben werden (§§ 1599 ff. BGB). Diese Verfahren ermöglichen es, Abweichungen zwischen rechtlicher und genetischer Abstammung auszugleichen (→ Form. E.VII).

d) **Keine Mehrelternschaft.** Das geltende Recht geht grundsätzlich vom **Zwei-Eltern-Modell** aus. Mehr als zwei Personen können rechtlich nicht zugleich Eltern eines Kindes sein. Gleichwohl hat das BVerfG jüngst entschieden, dass eine verfassungsrechtliche Grundlage für Mehr-Elternschaft besteht (BVerfG NJW 2024, 1732). Dazu müssten intentionale, soziale, rechtliche und leiblich-genetische Elternstellen harmonisiert und fachrechtlich ausdifferenziert werden (→ Form. E.VII).

e) **Eltern und Geschlecht.** aa) Das BVerfG hat betont, dass das Elterngrundrecht **nicht geschlechtsspezifisch** vorgeprägt ist, sondern auf der **Verantwortung** für das Kind beruht (BVerfG NJW 2024, 1732 (Rn. 33 ff.)). Dieses **Verantwortungsprinzip**, das seine Grundlage in Art. 6 Abs. 2 S. 1 GG findet, eröffnet die Möglichkeit, Elternschaft unabhängig von der Zeugungsart und dem Geschlecht der intendierten Eltern einzurichten. Eltern im verfassungsrechtlichen Sinne können daher auch Personen sein, deren geschlechtliche Identität nicht mit den traditionellen Kategorien von „Frau" oder „Mann" übereinstimmt, sofern sie tatsächliche Verantwortung für ein Kind übernehmen. Andererseits hat das BVerfG auch betont, dass es gravierende Unterschiede zwischen dem **Elterngrundrecht** in Art. 6 Abs. 2 S. 1 GG und dem **Familiengrundrecht** aus Art. 6 Abs. 1 GG gibt: Anlässlich einer Entscheidung zum Adoptionsrecht wies die 2. Kammer des 1. Senats darauf hin, dass es keine verfassungsrechtliche Pflicht gebe, in jedem Fall einer faktischen

Eltern-Kind-Beziehung auch das volle Elternrecht zu gewähren (BVerfG NZFam 2025, 747 mAnm Oldenburger; auch BVerfG NZFam 2019, 473). Solange Kinder nicht elternlos sind und **ein** Verantwortung tragender **Elternteil** vorhanden ist, bestehe keine Verpflichtung, im rechtlichen Sinne tatsächlich vorgefundene familiäre Gemeinschaften nachzuzeichnen (etwas anderes dürfte gelten, wenn es um intentionale bzw. präkonzeptionelle Modelle bspw. bei gleichgeschlechtlichen Paaren geht, da diese nicht nachzeichnen, sondern getragen von Verantwortungsabsicht und -bereitschaft kreieren). Das Familiengrundrecht – abweichend vom Elterngrundrecht – veranlasst also nicht, das familiäre Zusammenleben durch Eröffnung des vollen Elternrechts zu schützen (siehe auch BVerfG NZFam 2019, 473 (Rn. 57)). Das BVerfG verweist in Bezug auf die Regelungsmöglichkeiten des Gesetzgebers allerdings auf ein (zumindest möglich erscheinendes) Zusammenfallen von leiblicher und rechtlicher Elternschaft, was bei (biologisch betrachtet) nicht binärgeschlechtlichen Paaren ausgeschlossen ist. In diesem Sinne wird ein verfassungsrechtliches Gebot, eine rein abstammungsrechtliche Gleichstellung von Ehefrauen und Ehemännern herzustellen, nicht zu begründen sein. Sollte jedoch durch rechtspolitische oder verfassungsgerichtliche Entscheidungen das Verantwortungselement dieselbe Qualität wie die Beteiligung an der Zeugung mittels Keimzellen erlangen, wäre eine (sinnvolle) Reform möglich (vgl. Oldenburger FuR 2025, 61; Oldenburger NZFam 2020, 985; Helms FamRZ 2024, 489; Helms FamRZ 2024, 1917; Schamberg FamRZ 2024, 748; Reuß FF 2025, 14).

Das Recht kennt bereits Möglichkeiten, trotz leiblich-genetischer Verbindung zum Kind nicht Elternstelle zu werden: §§ 1600 Abs. 6 und 1600d Abs. 4 BGB regeln das etwa bei der Nutzung einer substituierenden Samenspende oder, wenn eine Person im Rahmen einer reproduktionsmedizinischen Behandlung bewusst auf die eigene Elternstellung verzichtet. Dies betrifft typischerweise qualifizierte **Samenspender**, die von vornherein keine Verantwortung übernehmen wollen. Eine vergleichbare gesetzliche Regelung für Frauen gibt es bislang nicht (vgl. BGH NJW 2019, 153 (Rn. 24 f.); Coester-Waltjen ZfPW 2021, 129 (133); Lindner ZRP 2019, 171; Schewe FamRZ 2014, 90 (93); Oldenburger NZFam 2021, 853 (859); Oldenburger NZFam 2022, 870; Müller-Terpitz ZRP 2016, 51 (53); MüKoBGB/Wellenhofer, 9. Aufl. 2024, § 1591 Rn. 48 ff.). Bei Samenspenden wurde das verfassungsrechtlich anerkannte Recht des Kindes auf Kenntnis der eigenen Abstammung (BVerfG FamRZ 2016, 877) durch das **Samenspenderregistergesetz** (SaRegG) konkretisiert. Danach hat das Kind ab Vollendung des 16. Lebensjahres einen Anspruch auf Auskunft über die Identität des Samenspenders (§ 10 Abs. 1 SaRegG). Die gesetzlichen Vertreter des Kindes können indes bereits vor Erreichen dieser Altersgrenze Auskunft begehren (§ 10 Abs. 3 S. 2 SaRegG); sie besitzen jedoch keinen eigenen, vom Kind unabhängigen Anspruch (§ 11 Abs. 2 SaRegG). Samenspender sind über die Geburt eines Kindes zu informieren (§ 7 Abs. 4 S. 1 SaRegG); Eltern werden sie jedoch nicht.

Das **Bundesinstitut für Arzneimittel und Medizinprodukte** (BfArM) führt ein zentrales Register, in dem die Angaben über den Spender sowie über das daraus hervorgegangene Kind für die Dauer von 110 Jahren gespeichert werden (§ 8 SaRegG). Erfasst werden insbesondere Name, Geburtsdatum, Geburtsort und Anschrift des Spenders sowie die Daten des Kindes, falls eine Geburt nach der Spende erfolgt ist (§§ 5 Abs. 2, 6 Abs. 1 und 2 SaRegG). Rechtlich ungeklärt ist indes, welche Auskünfte das Kind wem gegenüber hat, wenn die Samenspende vertauscht wurde und die Klinik oder Kryobank dem Register Daten eines falschen Spenders gemeldet haben. Auch bei einer **vertraulichen Geburt** besteht ein Auskunftsanspruch: Nach § 31 Abs. 1 SchKG kann das Kind ab dem 16. Lebensjahr Einsicht in die bei der zuständigen Behörde gespeicherten Daten der Mutter verlangen. Ergänzend ermöglicht § 169 Nr. 1 FamFG ein gerichtliches Feststellungsverfahren, mit dem die genetische Abstammung überprüft werden kann.

bb) Trotz der zum 1.11.2024 eingeführten Regelungen der §§ 2, 11 Abs. 1 SBGG bleibt eine geänderte geschlechtliche Identität für die abstammungsrechtliche Zuordnung als Mutter und leiblicher Vater ohne praktische Relevanz. Mutter ist im Sinne des § 1591 BGB immer die **Frau**, die das Kind geboren hat, unabhängig davon, welche (abweichende) Geschlechtsidentität sie gewählt hat oder registrieren ließ. Für die leibliche **Vaterschaft** (§§ 1592 Nr. 3, 1600d BGB) gilt das Gleiche: Unabhängig vom registrierten Geschlecht wird immer ein **Mann** zugeordnet. **Ausnahmen** bestehen für die Vaterschaft durch **Anerkennung** und **Ehe**, für welche wiederum die im Zeitpunkt der Geburt registrierte Geschlechtsidentität maßgeblich ist (§ 11 Abs. 1 S. 2 SBGG; → Form. E.VII Anm. 6). Derzeit kann eine Person, die bei ihrer Geburt weiblich war (Chromosomenpaar XX, weibliche Geschlechtsorgane) und ihre Geschlechtsidentität später in „männlich" geändert hat, als Ehepartner der Mutter oder durch Anerkennung rechtlicher Vater werden. Erfolgt die Änderung dagegen nicht in „männlich", ist eine Elternschaft ausgeschlossen; in diesen Fällen kommt eine Elternstellung nur im Wege der Stiefkindadoption in Betracht. Ob Personen mit *diverser* Geschlechtsidentität die zweite Elternstelle im Sinne des § 1592 BGB einnehmen können, ist bislang ungeklärt (offen gelassen in BGH Beschl. v. 11.6.2025 – XII ZB 354/22, BeckRS 2025, 18108 mAnm Oldenburger NZFam 2025, 980).

2. Reformen und -pläne

aa) Seit geraumer Zeit wird das geltende Abstammungsrecht einer intensiven Reformdebatte unterzogen (s. o. I.1.). Kritisiert werden insbesondere strukturelle Defizite im Umgang mit gleichgeschlechtlichen Paarbeziehungen, reproduktionsmedizinischen Entwicklungen und dem verfassungsrechtlich anerkannten **Verantwortungsprinzip**. Diese Kritik zielt auf die mangelnde Abbildung moderner Familienformen im geltenden Recht und die unzureichende Berücksichtigung sozialer Elternschaft. Einen Überblick über die Reformüberlegungen geben

- der Referentenentwurf zur Reform des Abstammungsrechts des Bundesministeriums der Justiz (BMJ) aus Oktober 2024,
- der Diskussionsentwurf der FDP-Fraktion vom 17.12.2024 (BT-Drs. 20/14263) sowie
- der Diskussionsentwurf des BMJ zum Abstammungsrechtsreformgesetz (AbReG) aus Januar 2025.

Darin werden verschiedene Reformansätze vorgestellt, die teilweise auf den Empfehlungen der Abstammungskommission aus dem Jahr 2017 beruhen, deren Vorschläge bislang nicht umgesetzt wurden. So sahen die Entwürfe des BMJ der 20. Legislaturperiode unter anderem eine **geschlechtsunabhängige Bezeichnung** der Elternstellen („Elternteil 1" und „Elternteil 2") sowie die Möglichkeit einer zweiten Elternschaft ohne genetische oder eheliche Zuordnung vor – etwa durch **vertragliche Elternschaftsvereinbarungen.** Damit wäre die in § 1589 BGB angelegte Vorstellung von Blutsverwandtschaft als verbindendem Element zwischen Eltern und Kindern (weiter) relativiert worden. Der Koalitionsvertrag der Bundesregierung der 21. Legislaturperiode (CDU/CSU/SPD) aus April 2025 enthält hingegen keine konkreten Pläne zur Fortführung der Abstammungsrechtsreform. Stattdessen wird allgemein das **Kindeswohl** als leitendes Prinzip für zukünftige Gesetzesvorhaben hervorgehoben. Im Zuge der Umsetzung einer verfassungsgemäßen Rechtslage zum Anfechtungsrecht leiblicher Väter (BVerfG NJW 2024, 1732) hat die Bundesregierung am 29.10.2025 einen Regierungsentwurf veröffentlicht (BT-Drs. 21/2997). Darin waren auch Neuregelungen zur sog. **Dreiererklärung** enthalten. Nach einer den Entwurf lediglich rudimentär ändernden Empfehlung des Rechtsausschusses (BT-Drs. 21/4323) erfolgte die 2./3. Lesung im Bundestag am 26.2.2026; der Antrag wurde mit den vorgeschlagenen Änderungen angenommen, der Bundesrat legte in seiner

Sitzung am 27.3.2026 keinen Einspruch ein; das Gesetz trat zum 1.4.2026 in Kraft (BGBl. 2026 I Nr. 83).

Zudem hat die Bundesregierung Maßnahmen zum **Schutz vor häuslicher Gewalt** – durch Einführung einer **elektronischen Aufenthaltsüberwachung** (eAÜ, Gesetzentwurf der Bundesregierung für ein „Gesetz zur Einführung der elektronischen Aufenthaltsüberwachung und der Täterarbeit im Gewaltschutzgesetz" v. 11.2.2026, BT-Drs. 21/4082) eingeführt.

Auch das zum 1.5.2025 in Kraft getretene **Namensrecht** soll vereinfacht und neu strukturiert werden.

bb) Das geltende Recht erkennt derzeit – außerhalb des Adoptionsrechts – folgende Typen rechtlicher Elternschaft an:

- **Biologische Mutterschaft durch Geburt (§ 1591 BGB):** Die Mutterschaft entsteht kraft Geburt, unabhängig davon, ob das Kind durch natürliche Empfängnis oder mittels einer medizinisch assistierten Reproduktion (z.B. unter Verwendung einer fremden Eizelle, eines gespendeten Embryos oder im Rahmen einer Mitochondrienspende) gezeugt wurde.
- **Rechtliche oder genetische Mutterschaft auf Grundlage einer anerkannten ausländischen Entscheidung (§§ 108 FamFG, 36 PStG):** Wird im Ausland – etwa im Rahmen einer Leihmutterschaft – die rechtliche Elternstellung einer Wunschmutter begründet und diese Entscheidung im Inland anerkannt, kann die Frau, die das Kind nicht geboren hat, zur Mutter im rechtlichen Sinne werden. Dies gilt sowohl bei alleiniger Elternstellung als auch in Kombination mit einer Vaterschaft als zweiter Elternstelle.
- **Rechtliche Vaterschaft durch Ehe oder Anerkennung (§§ 1592 Nrn. 1, 2, 1595 BGB):** Sie entsteht entweder kraft Ehe mit der Geburtsmutter oder durch wirksame Anerkennung mit Zustimmungen.
- **Rechtliche Vaterschaft aufgrund einer ausländischen Abstammungsentscheidung (§§ 108 FamFG, 36 PStG):** Diese kann – etwa nach einer Leihmutterschaft – sowohl einem einzelnen Mann (ggf. nur bei genetischer Verbindung) als auch zwei Männern (bei gleichgeschlechtlichen Wunscheltern mit ggf. mindestens einem genetischen Bezug) oder einem Mann als zweitem Elternteil eines heterosexuellen Paares zugeordnet werden.
- **Genetische Vaterschaft durch gerichtliche Feststellung (§§ 1592 Nr. 3, 1600d BGB):** Sie entsteht durch gerichtlichen Beschluss, wenn die leibliche (= genetische) Abstammung nachgewiesen ist.
- **Rechtliche Vaterschaft bei substituierender Samenspende (§§ 1592 Nr. 1, 2 i.V.m. 1600 Abs. 6 S. 1 BGB):** Hier besteht die Elternstellung unabhängig von der genetischen Verbindung, sofern die Samenspende im Rahmen einer konsentierten Fortpflanzungsbehandlung erfolgt ist.

Diese Übersicht verdeutlicht, dass das geltende Abstammungsrecht zwar verschiedene Kombinationen biologischer, genetischer und sozial-rechtlicher Zuordnungen kennt, gleichwohl am binären Zwei-Eltern-Prinzip festhält und dabei Frauen und Männer in Bezug auf genetische Zeugungsbeiträge unterschiedlich behandelt. Genetik und Biologie sind zwar für die Zeugung und das Entstehen menschlichen Lebens unerlässlich, können aber mit Elternschaft und der ihr immanenten Verantwortung für das Kind nicht gleichgesetzt werden. Das Abstammungsrecht sollte daher de lege ferenda Elternschaftsrecht sein und das Gewicht zeugungsbiologischer Aspekte verringern.

cc) Treffen rechtlich-soziale und genetische Vaterschaft aufeinander, verlangt das geltende Recht eine Entscheidung zugunsten (und zulasten) einer der beiden Elternstellen. Nach §§ 1600 Abs. 2 und 3 BGB aF war die Anfechtung der bestehenden rechtlichen Vaterschaft durch den leiblichen Putativvater ausgeschlossen, wenn zwischen Kind und rechtlichem Vater eine **sozial-familiäre Beziehung** bestand – unabhängig davon, ob und in welchem Umfang der Putativvater zuvor selbst eine solche Bindung hergestellt hatte

(BGH NJW 2021, 1875; → Form. E.VII). Anders verhielt es sich bei der Kollision einer „Elternschaft" der Ehefrau oder Lebenspartnerin der Mutter: Hier bestand keine durch § 1600 Abs. 2 oder 3 BGB aF geschützte sozial-familiäre Beziehung, da die zweite Elternstelle nach § 1592 Nrn. 1, 2 BGB ausschließlich durch einen Mann – bzw. nach Maßgabe des § 11 Abs. 1 S. 2 SBGG durch eine als männlich registrierte Person – besetzt werden konnte (BGH NJW 2019, 153). Die **Ehefrau der Mutter** konnte deshalb nicht die rechtliche Elternstelle einnehmen, die dem leiblichen Vater den Zugang zur Elternposition verwehren könnte. Selbst eine langjährige sozial-familiäre Bindung zwischen der Ehefrau der Mutter und dem Kind begründete kein verfassungsrechtlich geschütztes Elternrecht im Sinne von Art. 6 Abs. 2 GG, die Familie wird nur vom Schutzbereich des Familiengrundrechts (Art. 6 Abs. 1 GG) erfasst Änderungen bei der geschlechtsspezifischen Zuordnung sind durch § 11 Abs. 1 S. 2 SBGG eingetreten, als eine vorgeburtliche Änderung der Geschlechtsidentität in „männlich" zur Elternstellung gem. § 1592 Nr. 1 oder § 1592 Nr. 2 verhelfen kann. Der Schutz vor einem Rechtsverlust durch das Bestehen einer sozial-familiären Beziehung bezieht sich daher auf Väter, also Männer oder männlich registrierte Elternstellen, wobei sich nachträgliche Änderungen der Geschlechtsidentität auf die Zuordnung und Registrierung im Haupteintrag nicht auswirken (vgl. KG 2.12.2025 – 1 W 187/25, BeckRS 2025, 34496).

dd) Das BVerfG hatte **§§ 1600 Abs. 2, 3 S. 1 BGB** für **verfassungswidrig** erklärt (BVerfG NJW 2024, 1732 mAnm Heiderhoff in NJW 2024, 1700; Reuß FamRZ 2024, 846; Sanders JZ 2024, 559). Nach seiner Auffassung darf der Schutz einer bestehenden sozial-familiären Beziehung zwischen Kind und rechtlichem Vater nicht dazu führen, dass dem leiblichen Vater dauerhaft der Zugang zur Elternstellung versperrt bleibt. Die Rechtslage, wonach das Anfechtungsrecht eines (genetischen) Putativvaters entfällt, sobald zum Zeitpunkt der letzten mündlichen Verhandlung eine sozial-familiäre Beziehung zum rechtlichen Vater besteht, verletzt daher Art. 6 Abs. 2 GG. Der Gesetzgeber wurde verpflichtet, bis zum 31. März 2026 eine verfassungskonforme Neuregelung zu schaffen. Das BMJV veröffentlichte daraufhin unter (neuer) Leitung von Fr. Dr. Hubig am 4.7.2025 einen Referentenentwurf zur Umsetzung der verfassungsgerichtlichen Vorgaben gefolgt von einem Regierungsentwurf am 29. Oktober 2025 (BT-Drs. 21/2997). Nach Sachverständigenanhörung im Rechtsausschuss wurde eine Beschlussempfehlung ausgesprochen, über welche der Bundestag am 26.2.2026 in 2. / 3. Lesung beriet; die im Vergleich zum Reg.E. vom Rechtsausschuss teilweise abgeänderte Fassung (BT-Drs. 21/4323) wurde vom Parlament angenommen und trat am 1.4.2026 in Kraft (BGBl. I (2026), Nr. 83).

Das Gesetz hält am Zwei-Eltern-Prinzip – bestehend aus Mutter und Vater – fest, führt jedoch ein **neues vierstufiges Prüfungsverfahren** für Anfechtungsfanträge des Putativvaters unter Berücksichtigung sozial-familiärer Beziehungen ein: Innerhalb eines Jahres nach Anerkennung (§ 1592 Nr. 2 BGB) oder der Geburt (§ 1592 Nr. 1 BGB) soll zunächst keine Sperrwirkung aufgrund einer sozial-familiären Beziehung eintreten, sodass eine Anfechtung der rechtlichen Vaterschaft durch den (leiblichen) Putativvater immer begründet wäre (1. Stufe). Diese Regelvermutung kann jedoch entkräftet werden; die Voraussetzungen sind vom Vater (oder Mutter, Kind) darzulegen (und nachzuweisen). Kann sich das Gericht davon überzeugen, dass dies entgegen der Regelvermutung der Fall ist (2. Stufe), wäre die Anfechtung unbegründet. Besteht außerhalb der Jahresfrist eine sozial-familiäre Beziehung zum Zeitpunkt des Schlusses der letzten mündlichen Verhandlung über einen Anfechtungsantrag, versperrt sie die Anfechtung ebenfalls. Der Anfechtende kann sich gleichwohl Hoffnung machen, Elternstelle zu werden, wenn er einen von vier exklusiven Ausschlusstatbeständen nachweisen kann (3. Stufe, § 1600 Abs. 3 S. 2 BGB). In diesem Fall wäre seine Anfechtung begründet, wenn sie nicht auf der anschließenden 4. Stufe doch noch familiengerichtlich abgelehnt wird. Dazu soll gem. § 1600 Abs. 3 S. 3 BGB eine Güterabwägung (erweiterte **Kindeswohlprüfung**) vorgenommen werden (vgl. jurisPK-BGB/Oldenburger § 1600 Rn. 39 f.); ist das Familiengericht iE nicht davon überzeugt, dass der **Fortbestand der Vaterschaft unter Berücksichtigung der berechtigten Interessen der übrigen Beteiligten für das Wohl des Kindes erforderlich** ist, ist zugunsten des leiblichen Vaters zu entscheiden (BT-Drs. 21/2997, S. 40). Dazu wird es der Bestellung von Verfahrensbeiständen (§ 174 FamFG), in vielen Fällen auch sachverständiger Begutachtungen bedürfen.

Die Entscheidung für oder gegen eine Elternstelle wäre obsolet, wenn neben der rechtlichen Elternschaft, die idealtypisch auf Verantwortung basiert, auch eine leibliche Elternstellung (3. Elternstelle) eingerichtet würde, welche auf der nachgeordneten Ebene des Fachrechts (bspw. Sorge- und Umgangsrecht) näher austariert werden könnte. Die Ausgangslage nach der Entscheidung des BVerfG hat (gerade in den von § 1600 BGB erfassten Konfliktfällen) Tür und Tor für eine Mehrelternschaft geöffnet, welche jedoch rechtspolitisch abgelehnt wird (vgl. zur Kritik auch Rechtsausschuss Wortprotokoll v. 12.2.2026, Nr. 21/19). Die Einführung von Elternschaftsvereinbarungen oder der Elternschaft kraft Ehe (oder Anerkennung) der Ehefrau der Mutter ist, anders als noch die Pläne des vormaligen BMJ (Ref.E. Reform AbstR BMJ, Oktober 2024, und Diskussionsentwurf BMJ AbReG, Januar 2025), ebenfalls nicht vorgesehen.

ee) Auf **europäischer Ebene** wird eine stärkere **Harmonisierung** der Regelungen zur **Elternschaft** angestrebt. Hintergrund sind die unterschiedlichen nationalen Systeme der Mitgliedstaaten, was in grenzüberschreitenden Fällen häufig zu Rechtsunsicherheiten führt. Die Europäische Kommission hat hierzu im Dezember 2022 einen Verordnungsentwurf vorgelegt (Vorschlag für eine Verordnung des Rates über die Zuständigkeit, das anzuwendende Recht, die Anerkennung von Entscheidungen und die Annahme öffentlicher Urkunden in Elternschaftssachen sowie zur Einführung eines Europäischen Elternschaftszertifikats, COM (2022) 695 final), der die Zuständigkeit, das anzuwendende Recht, die Anerkennung von Entscheidungen und öffentlichen Urkunden in Elternschaftssachen sowie die Einführung eines europäischen Elternschaftszertifikats regeln soll. Ziel des Entwurfs ist es, die Grundrechte von Kindern in grenzüberschreitenden Situationen zu stärken und die Kontinuität des Elternschaftsstatus innerhalb der Europäischen Union sicherzustellen. Die vorgeschlagene Verordnung beruht auf der Annahme, dass alle Kinder – unabhängig von der Art ihrer Empfängnis, der Familienform oder dem Geburtsort – die gleichen Rechte genießen sollen. Maßgebliche Bezugspunkte sind dabei die UN-Kinderrechtskonvention, die EU-Grundrechtecharta sowie völkerrechtliche Verpflichtungen, die Diskriminierungsfreiheit und Kindeswohl in den Mittelpunkt stellen. Kernanliegen des Entwurfs ist die Verpflichtung aller Mitgliedstaaten, eine in einem anderen EU-Staat begründete Elternschaft anzuerkennen und so widersprüchliche rechtliche Elternstellungen zu vermeiden. Damit würde der Elternschaftsstatus eines Kindes unionsweit einheitlich gelten – unabhängig von der jeweiligen nationalen Regelung der Abstammung. Zudem soll ein **europäisches Elternschaftszertifikat** als einheitlicher Nachweis über die rechtliche Elternstellung innerhalb der EU eingeführt werden und die bisher oft aufwendigen Anerkennungsverfahren ersetzen. Das Europäische Parlament hat den Kommissionsvorschlag am 14. Dezember 2023 mehrheitlich angenommen. Gegenwärtig beraten die Regierungen der Mitgliedstaaten über die endgültige Fassung. Für das Inkrafttreten ist Einstimmigkeit im Rat erforderlich. Kritische Stimmen – etwa aus der Marburger Gruppe (10.05.2023, Home | Marburg Group) oder aus der Literatur (Budzikiewicz/Duden/Dutta/Helms/Mayer IPRax 2023, 425; MüKoZPO/Rauscher, 7. Aufl. 2025, ZPO Einleitung Rn. 567; Oldenburger, NZFam 2023, 632) – verweisen auf mögliche Spannungen zwischen unionsrechtlicher Vereinheitlichung und nationalen Wertentscheidungen des Familienrechts. Gleichwohl deutet sich an, dass eine europäische Harmonisierung der Elternschaft zunehmend notwendige Antwort auf die gesellschaftlichen und rechtlichen Realitäten moderner Familien sein dürfte.

Ein ähnliches Bild zeigt sich auch (und insbesondere) im Kontext von **Leihmutterschaft**: Art. 3 Abs. 2 lit. c) EU-Charta regelt ein **Kommerzialisierungsverbot**, wonach selbst Teile des menschlichen Körpers nicht zur Gewinnerzielung genutzt werden dürfen. Das hat Auswirkungen auf nationale Regelungen zur Leihmutterschaft. Auch das Europäische Parlament verurteilt Leihmutterschaft, wenn sie **reproduktive Ausbeutung** und Nutzung der Körper von Frauen zu finanziellen oder sonstigen Gewinnen Dritter beinhaltet, und forderte die Kommission auf, Maßnahmen zu ergreifen, um die Beendigung dieses „Phänomens" zu unterstützen (Zf. 14 der Gleichstellungsstrategie 2025, P10_TA (2025) 0278, Beschluss des Europäischen Parlaments vom 13.11.2025). Der Beschluss dient als Auslegungsrahmen für die Europäische Richtlinie zur Bekämpfung des Menschenhandels (vgl. Europäische Richtlinie 2024/1712), die in ihrem Art. 2 Abs. 3 nunmehr ausdrücklich „Ausbeutung durch Leihmutterschaft" anführt. Ziel ist es, zu verhindern, dass Frauen aus Profitgründen zur Leihmutterschaft gezwungen werden. Die Mitgliedstaaten sind gehalten, alle Formen der Ausbeutung im Zusammenhang mit Leihmutterschaft zu verhindern und zu sanktionieren, zur Umsetzung mittels Rechts- und Verwaltungsvorschriften haben sie bis zum 15. Juli 2026 Zeit.

3. Besonderheiten des Verfahrens

a) Ob und in welchem Umfang ein Eltern-Kind-Verhältnis besteht, kann im Rahmen einer **Abstammungssache** (§ 169 FamFG) gerichtlich geklärt werden (näher Harders/Schwamb/Oldenburger, 14. Aufl. 2026, FamFG § 169 Rn. 1 f.). Zuständig ist gem. §§ 23a Abs. 1 S. 1 Nr. 1 GVG iVm § 111 Nr. 3 FamFG das **Familiengericht.** Ein **Anwaltszwang** besteht – mit Ausnahme verbundener Verfahren gem. §§ 179 Abs. 1, 237 FamFG – nicht; Verfahrenskostenhilfe kann gewährt werden. Dazu ist die besondere Schwierigkeit der Sach- und Rechtslage festzustellen (§ 78 Abs. 2 FamFG).

b) Es gilt gem. § 26 FamFG der Grundsatz der **Amtsermittlung** (vgl. OLG Celle NJOZ 2022, 1132; zusammenfassend BeckOK FamFG/Perleberg-Kölbel, 57. Ed. 1.3.2026, FamFG § 26 Rn. 2 ff.) unter Mitwirkung (und Beibringungslast) der Beteiligten (§ 27 FamFG). Die Beweiserhebung steht im Ermessen des Gerichts, jedoch hat in Fällen der §§ 169 Nr. 1 und 4 FamFG eine förmliche Beweisaufnahme stattzufinden (§ 177 Abs. 2 FamFG; dazu Harders/Schwamb/Oldenburger, FamFG, 14. Aufl., § 177 Rn. 2 ff.).

c) Endentscheidungen in Abstammungssachen werden nach § 184 Abs. 1 S. 1 FamFG mit Rechtskraft **wirksam** und **vollstreckbar** (§ 86 Abs. 2 FamFG). Für § 1598a BGB sieht § 96a FamFG eine Spezialregelung vor (dazu BeckOGK/Weber, 1.2.2026, FamFG § 96a Rn. 1 ff.).

d) Wird die **Vaterschaft** angefochten (→ Form. E.VII) oder soll sie festgestellt werden (→ Form. E.II), ist für die Feststellung der leiblichen Abstammung gemäß § 177 Abs. 2 S. 1 FamFG eine **förmliche Beweiserhebung** erforderlich. Die Beteiligten sind grundsätzlich verpflichtet, an der Probenentnahme mitzuwirken (§ 178 FamFG, → Form. E.V). Die Zumutbarkeit dieser Mitwirkung richtet sich nach der Art der Untersuchung und den möglichen Auswirkungen des Untersuchungsergebnisses für die betroffene Person (vgl. BeckOGK/Löhnig, FamFG, Stand 15.1.2026, § 178 Rn. 10 ff.). Eine Ausnahme kann bestehen, wenn die Durchführung eines genetischen Abstammungsgutachtens für eine Person aufgrund religiös-kultureller Hintergründe mit einer erheblichen Gefährdung – bis hin zur Lebensgefahr – verbunden wäre. So hat das OLG Karlsruhe in einem Beschluss vom 6. Mai 2025 OLG Karlsruhe 6.5.2025 – 2 WF 62/24, BeckRS 2025, 12296 mAnm Keuter NZFam 2025, 774) entschieden, dass im Falle jesidischer Beteiligter eine Unzumutbarkeit wegen der Gefahr schwerer körperlicher Verletzungen aus dem Familienverbund gegeben sein kann (→ Form. E.V).

e) **Verstirbt** ein Beteiligter während des Verfahrens, gilt dieses grundsätzlich als erledigt. Eine Fortsetzung ist jedoch möglich, wenn ein anderer lebender Beteiligter binnen eines Monats nach Zugang des gerichtlichen Hinweises die Fortführung beantragt (§ 181 FamFG).

f) Die **Kosten des Verfahrens** werden zwischen den Beteiligten – mit Ausnahme des Kindes verteilt. Ist die Anfechtung erfolgreich, erfolgt eine Kostenteilung gemäß § 183 FamFG; andernfalls entscheidet das Gericht nach billigem Ermessen. Nach § 81 Abs. 1 S. 3 FamFG ist über die Kosten stets **von Amts wegen** zu befinden, und zwar gemäß § 82 FamFG in der Endentscheidung. Es gelten die allgemeinen Grundsätze der §§ 81 und 83 FamFG sowie für das Rechtsmittelverfahren die Vorschriften des § 84 FamFG. Wird jedoch gegen eine Zwischenentscheidung nach § 178 FamFG ein Rechtsmittel eingelegt, entfällt die Festsetzung eines Verfahrenswerts, da in diesen Fällen eine **Festgebühr** nach Kostenverzeichnis Nr. 1912 FamGKG entsteht.

g) Der **Verfahrenswert** beträgt seit dem 1. Juni 2025 nach § 47 S. 1 Alt. 1 FamGKG regelmäßig 3.000 EUR. Bei statusunabhängigen Verfahren – etwa solchen nach § 1598a BGB – bleibt es hingegen bei dem bisherigen Regelwert von 1.000 EUR (Alt. 2). Diese Werte sind als Regelwerte ausgestaltet und können nach § 47 Abs. 2 FamGKG nur bei Vorliegen besonderer Umstände angepasst werden. Liegt eine subjektive Antragsgegnerhäufung vor, beispielsweise bei einem Verfahren nach § 1598a BGB, kann eine Wertaddition gemäß § 33 Abs. 1 S. 1 FamGKG vorgenommen werden.

II. Feststellung des Bestehens/Nichtbestehens eines Eltern-Kind-Verhältnisses

1. Feststellung der Vaterschaft aufgrund Ehe

An das

Amtsgericht[2]

– Familiengericht –

Antrag

In der Familiensache

betreffend die Feststellung der Vaterschaft[1]

zeige ich unter Vorlage einer auf mich lautenden Vollmacht an, dass ich den Antragsteller vertrete. Namens und in Vollmacht des Antragstellers beantrage ich:[3]

I. Es wird festgestellt, dass der Antragsteller Vater des Kindes . . . . ., geb. am . . . . . ist.

Darüber hinaus beantrage ich,

dem Antragsteller für das Verfahren erster Instanz Verfahrenskostenhilfe zu bewilligen und ihm zur Vertretung den Unterzeichnenden als Rechtsanwalt beizuordnen.

(Weitere) Beteiligte:[4]

1. Das Kind, ..., geboren am . . . . . in . . . . ., wohnhaft . . . . .,
   gesetzlich vertreten durch seine Mutter . . . . ., (Beteiligte zu 1.)
2. Kindesmutter, ..., geboren am . . . . . in . . . . ., wohnhaft . . . . .,[5] (Beteiligte zu 2.)

vorläufiger Verfahrenswert: 3.000 EUR.[10]

Begründung:

Der Antragsteller begehrt die Feststellung seiner Vaterschaft aufgrund rechtsgültiger Ehe mit der Kindesmutter, der Beteiligten zu 2. (§ 1592 Nr. 1 BGB).[6]

Ihre Ehe wurde am . . . . . vor dem Standesamt in . . . . . geschlossen.

Beweis: Ehe-/Heiratsurkunde vom . . . . .

Das Kind . . . . . wurde von der Beteiligten zu 2., isländische Staatsangehörige, ... am . . . . . in . . . . . zur Welt gebracht.

Beweis: Vorlage der Geburtsurkunde des Standesamtes . . . . . vom . . . . .

Zu diesem Zeitpunkt war die Ehe mit dem Antragsteller weder geschieden noch aufgehoben. Dass das Kind nur wenige Wochen vor der Heirat gezeugt wurde, ist für die Vaterschaft des Antragstellers nach § 1592 Nr. 1 BGB[7] ohne Relevanz.

Wie der Antragsteller allerdings erfahren hat, war seine Ehefrau vor ihm mit einem Amerikaner verheiratet. Ihre Ehe wurde zwar in Reykjavik rechtsgültig geschieden, jedoch erfolgte keine Anerkennung gem. § 107 Abs. 1 S. 1 FamFG. Die Vaterschaft des Antragstellers kollidiert daher mit der Vaterschaft des vormaligen Ehemannes der Kindesmutter.

Trotz des Verstoßes gegen das Eheverbot gem. § 1306 BGB ist die Ehe der Beteiligten zu 2. mit dem Antragsteller nicht nichtig, sondern lediglich aufhebbar (§§ 1313, 1314 Abs. 1 Nr. 2 BGB). Eine Aufhebung ist jedoch weder erfolgt noch beantragt. Der Antragsteller ist daher analog § 1593 S. 3 BGB iVm § 1592 Nr. 1 BGB Vater des Kindes. Gleichwohl verweigert das Standesamt seine Registrierung als Vater (§ 21 Abs. 1 PStG). Der Antragsteller ist daher gehalten, seine Vaterschaft gerichtlich feststellen zu lassen.[11]

Der Antragsteller ist außerstande, die Kosten des Verfahrens[8] auch nur zum Teil oder in Raten aufzubringen.

Beweis: Erklärung über seine persönlichen und wirtschaftlichen Verhältnisse nebst Belegen.

Die Sach- und Rechtslage stellt sich zudem als schwierig iSd § 78 Abs. 2 FamFG dar, weshalb die Vertretung durch einen Rechtsanwalt erforderlich und damit dessen Beiordnung geboten ist. Dies nicht zuletzt schon deshalb, weil schwierige Rechtsfragen zur Klärung der abstammungsrechtlichen Zuordnung geklärt werden müssen. Die Wirkungen einer nicht registrierten Scheidung auf die neue Ehe können nicht ohne anwaltliche Unterstützung erfasst und gerichtlich vorgetragen werden. Zudem . . . .[9]

Rechtsanwalt

Anmerkungen

1. Gegenstand des Verfahrens ist gem. § 169 Nr. 1 FamFG die Feststellung, dass der Antragsteller Vater des Kindes ist. Grundlage ist § 1592 Nr. 1 BGB. Danach besteht die Vaterschaft aufgrund der Ehe mit der Mutter des Kindes zum Zeitpunkt der Geburt. **Anwaltszwang** besteht nicht, eine **Vollmacht** muss ggf. gem. § 11 FamFG (erst) nach Aufforderung durch das Gericht übermittelt werden.

2. a) **Internationale Zuständigkeit**: Zuständig sind deutsche Gerichte gem. § 100 FamFG, wenn einer der Beteiligten (Kind, Mutter, Putativvater) die deutsche Staatsangehörigkeit besitzt oder sich in Deutschland **gewöhnlich aufhält** (zum Begriff des gewöhnlichen Aufenthalts EuGH NZFam 2025, 538; EuGH NJW 2023, 2767; BGH NZI 2024, 238). Maßgeblich für den Aufenthalt ist der **Wille** der betreffenden Personen, an einem bestimmten Ort den gewöhnlichen Mittelpunkt ihrer Interessen zu begründen, sowie eine **tatsächliche** Anwesenheit im Hoheitsgebiet des betroffenen Mitgliedstaats, die einen hinreichenden Grad an Beständigkeit aufweist; für Diplomaten ist eine solche Beständigkeit im Empfangsstaat grds. nicht anzunehmen (EuGH NZFam 2025, 538 Rn. 47 ff.).

b) **Örtliche Zuständigkeit**: Zuständig ist das Gericht, in dessen Bezirk sich das Kind gewöhnlich aufhält (erste Stufe). Fehlt es daran, bspw. bei einem Aufenthalt im Ausland, erfolgt die Bestimmung der Zuständigkeit weiter abgestuft: Auf der zweiten Stufe kommt es auf den gewöhnlichen Aufenthalt der Mutter an. Für die Frage, wer Mutter ist, ist neben § 1591 BGB auf Art. 19 Abs. 1 EGBGB abzustellen. Hat die Mutter ebenfalls keinen gewöhnlichen Aufenthalt in Deutschland, wird jener des Vaters herangezogen. Damit ist jede Person gemeint, die gem. § 1592 BGB Elternteil des Kindes ist. Ist auch danach keine Zuständigkeit gegeben, erfolgt auf der dritten Stufe gem. § 170 Abs. 3 FamFG eine Zuweisung an das Amtsgericht Berlin-Schöneberg.

c) **Sachlich zuständig** ist das Amtsgericht, Familiengericht (§§ 23a Abs. 1 S. 1 Nr. 1 GVG iVm § 111 Nr. 3 FamFG).

3. Endentscheidungen in Abstammungssachen werden nach § 184 Abs. 1 S. 1 FamFG erst mit Rechtskraft **wirksam** und damit nach § 86 Abs. 2 FamFG **vollstreckbar,** dürfen also nicht für vorläufig vollstreckbar erklärt werden, auch nicht bei Antragsabweisung. Dies betrifft auch die Kostenentscheidung.

4. **Beteiligte** sind gem. § 172 Abs. 1 FamFG das Kind, die Mutter und der Vater. Diese Personen sind auch **antragsbefugt. Sonstige Dritte** sind nicht antragsbefugt, auch nicht bei mittelbarem Feststellungsinteresse, sei es zB wegen erb- oder unterhaltsrechtlichen Ansprüchen. Dies belegt § 172 Abs. 1 FamFG betreffend die Beteiligten des Abstammungsverfahrens, der zB für Großeltern, die die Feststellung der Vaterschaft ihres verstorbenen Sohnes begehren, nicht entsprechend gilt, und zwar auch dann nicht, wenn mit dem Antrag ein Umgangsrecht mit dem Kind durchgesetzt werden soll (OLG Hamburg FamRZ 2002, 842). Auch das Jugendamt ist nicht antragsbefugt, ist jedoch auf eigenen Antrag zu beteiligen (§ 170 Abs. 2 FamFG).

Eine Streitverkündung oder Nebenintervention ist ausgeschlossen. Die Hinzuziehung weiterer Beteiligter durch das Familiengericht ist möglich (§ 7 Abs. 2 FamFG).

5. Die **Verfahrensfähigkeit** der Beteiligten richtet sich nach § 9 FamFG. Nach Abs. 1 Nr. 1 dieser Bestimmung sind die nach bürgerlichem Recht voll Geschäftsfähigen auch verfahrensfähig.

a) Ist ein Beteiligter nicht verfahrensfähig, so wird das Verfahren durch den **gesetzlichen Vertreter** geführt. Als **Vertreter** kommen insbesondere die sorgeberechtigte Mutter, ein Vormund und Ergänzungspfleger (§§ 1773, 1809 BGB) sowie der Betreuer eines volljährigen, aber geschäftsunfähigen Beteiligten (§ 1814 BGB) in Betracht. Minderjährige Eltern des Kindes werden ihrerseits durch ihre sorgeberechtigten Eltern vertreten und sind selbst an der Vertretung des Kindes nach § 1673 Abs. 2 S. 2 BGB gehindert. Für das Kind ist deshalb nach § 1773 BGB ein Vormund zu bestellen. Für Anfechtungsverfahren sieht §§ 1600a Abs. 3, 4 BGB eine differenzierte Vertretungsregelung abhängig vom Alter des Kindes vor.

b) Nach **Tod** des Antragstellers (oder eines anderen Beteiligten) sind im Vaterschaftsfeststellungsverfahren die Beteiligten zu informieren und aufzufordern, innerhalb eines Monats die Fortsetzung zu verlangen (§ 181 S. 1 FamFG). Anderenfalls gilt das Verfahren als erledigt (§ 181 S. 2 FamFG).

c) Das Feststellungsverfahren kann auf Antrag nach § 21 FamFG für begrenzte Zeit **ausgesetzt** werden. Voraussetzung ist die Vorgreiflichkeit eines anderen bereits anhängigen gerichtlichen Verfahrens (Abs. 1 S. 1 Hs. 2 Alt. 1) oder ein sonstiger wichtiger Grund (vgl. BeckOGK/Flöck, 1.4.2026, FamFG § 21 Rn. 28 ff., 39 ff.).

6. Der Antrag ist begründet, wenn der Antragsteller ein **Mann** ist und zum **Zeitpunkt der Geburt** des Kindes in **rechtsgültiger Ehe** mit der Mutter verheiratet war.

a) Eine vorgeburtliche Feststellung ist ausgeschlossen (BGH FamRZ 2016, 1849; BVerfG NJW 2017, 948), eine analoge Anwendung von § 1594 Abs. 4 BGB scheidet aus (BGH NJW 2016, 3174).

b) Eine wirksame **Eheschließung** vor der Geburt ist notwendige Bedingung für die Vaterschaft. Ob die dafür notwendige Willenserklärung gegenüber dem Standesamt von einem **Volltrunkenen** abgegeben werden kann (siehe § 105 Abs. 2 BGB), ist im Einzelfall zu prüfen (§§ 1311, 1314 Abs. 2 Nr. 1 BGB iVm § 13 Abs. 2 S. 1 PStG); sie könnte eine Eheaufhebung zur Folge haben, wäre aber nicht nichtig (§ 1314 Abs. 2 Nr. 1 BGB).

c) Die Wirksamkeit einer **Eheschließung im Ausland** kann im Rahmen der Registrierung gem. § 34 PStG geprüft werden. Nach Feststellung der Verfassungswidrigkeit von

Art. 13 Abs. 3 EGBGB in Bezug auf fehlende Folgeregelungen (BVerfG NJW 2023, 1494) hat der Gesetzgeber § 1305 BGB neu gefasst (BGBl. I (2024) Nr. 212): Nach ausländischem Recht wirksam Verheiratete können ihre geschlossene, aus deutscher Rechtssicht jedoch nach § 1303 S. 2 BGB, Art. 13 Abs. 3 Nr. 1 EGBGB unwirksame Ehe **heilen**, indem sie die Ehe im Inland erneut schließen, nachdem die bei der Eheschließung noch nicht 16-jährige Person das 18. Lebensjahr vollendet hat. Beide Beteiligte müssen dazu vor dem Standesamt (Dt. Botschaft reicht nicht) die Ehe (erneut) eingehen. Die Ehe gilt dann **rückwirkend** mit dem Tag ihrer ersten unwirksamen Eingehung als wirksam geschlossen. Gem. § 1305 Abs. 3 BGB tritt die Vaterschaft nach § 1592 Nr. 1 BGB jedoch nicht ein, wenn bereits eine gerichtliche Entscheidung über die Feststellung einer (anderen) Vaterschaft oder über die Annahme als Kind rechtskräftig oder für das Kind die Anerkennung der Vaterschaft (eines anderen Mannes) wirksam geworden ist. Die Feststellung einer leiblichen Vaterschaft ist zudem nach erfolgter Adoption ausgeschlossen (BGH NZFam 2024, 929).

d) **Eheverbote** (Polygamie gem. § 1306 BGB, fehlende Volljährigkeit gem. § 1311 BGB oder nicht persönliche Erklärungen gem. § 1311 BGB) führen nicht zur Unwirksamkeit der Ehe, sondern ermöglichen nur ihre Aufhebung (§ 1314 BGB). Zudem ist die **Heilung** dieser Mängel gem. § 1315 BGB möglich. Nur eine **Nichtehe** hat die unmittelbare Unwirksamkeit zur Folge, also dann, wenn die Eheschließenden noch nicht 16 Jahre alt sind/waren oder kein Standesbeamter anwesend war.

e) Gem. § 107 Abs. 1 FamFG muss eine im Ausland geschiedene Ehe in Deutschland anerkannt werden, wenn sie nicht als **Heimatstaatenehe** geschieden wurde. Das ist der Fall, wenn sie nach dem Heimatrecht der Eheleute bei gleichen Staatsangehörigkeiten geschieden wurde. Bei unterschiedlichen Staatsangehörigkeiten besteht demgegenüber eine **Anerkennungspflicht** der Scheidung, bevor eine neue Ehe geschlossen werden kann. Die Fiktion der Fortgeltung der Ehewirkung (bei fehlender Anerkennung) in Bezug auf die abstammungsrechtliche Zuordnung eines in neuer Ehe geborenen Kindes führt dann zu einer doppelten Vaterschaftsvermutung iSv § 1592 Nr. 1 BGB. Die **Zweitehe** unterfällt dem Eheverbot der Bigamie und ist **aufhebbar** (§§ 1313, 1314 Abs. 1 Nr. 2 BGB). Das Gesetz enthält für den Fall einer Doppelehe mit Blick auf das Abstammungsrecht keine Regelung, mithin also eine planwidrige Regelungslücke; diese ist durch analoge Anwendung von § 1593 S. 3 BGB aufzulösen (OLG Hamburg FamRZ 2021, 956; nachfolgend BGH NJW-RR 2023, 1169 (Rn. 38 ff.)). Nur der neue Ehegatte wird daher gem. § 1592 Nr. 1 BGB Vater. Das kollisionsrechtliche Verweisungsergebnis wird, so der BGH vom **verfahrensrechtlichen Anerkennungserfordernis** überlagert, da der Wahrung des **inneren Entscheidungseinklangs** der Vorzug einzuräumen ist, wenn der internationale Sachverhalt einen starken Inlandsbezug (z. B. durch Aufenthalt, Staatsangehörigkeit) aufweist. Ausnahmsweise muss daher auf der Fehlerfolgenebene zur Vermeidung eines Wertungswiderspruchs das mildere Recht entscheiden. Anzuwenden ist also nicht das einer bigamischen Ehe am stärksten entgegenstehende, sondern am wenigsten schädliche Recht. Folge ist eine zwar aufhebbare, bis dahin aber wirksame Ehe (vgl. BGH MDR 2023, 777; auch OLG Zweibrücken FamRZ 2009, 1923; MüKoBGB/Wellenhofer, 9. Aufl. 2024, § 1593 Rn. 16; JurisPK-BGB/Di Cato § 1593 Rn. 15).

f) Wird das Kind **vor Rechtskraft der Ehescheidung** geboren, besteht ebenfalls die gesetzliche Vaterschaft des Ehemannes. Es bestand bisher nur die Möglichkeit einer konsentierten statusändernden **Dreiererklärung** gem. § 1599 Abs. 2 BGB aF (**scheidungsakzessorischer Statuswechsel**). Der Bundestag hat diese Rechtslage in Folge der Annahme des „Gesetzes zur Umsetzung des Urteils des BVerfG zum Anfechtungsrecht leiblicher Väter“ am 26.2.2026 korrigiert, der Bundesrat hat in seiner Sitzung am 27.3.2026 keinen Einspruch (Art. 77 Abs. 2 GG) erhoben: Nunmehr wird bei übereinstimmenden Erklärungen aller vier beteiligten Personen (Anerkennender, Mutter, Ehegatte und Kind, siehe § 1596 Abs. 4 BGB) sowie dem Nachweis der genetischen Abstammung ohne Scheidungsverfahren (oder Anfechtung) die Korrektur der gesetzlichen Elternschaftsvermutung ermöglicht (§ 1595a BGB). Aus einer Dreier- ist eine (konsentierte) **Vierererklärung** geworden, die Scheidungsakzessorietät ist entfallen (vgl. jurisPK-BGB/Oldenburger § 1595a Rn. 1 ff.). Dem Standesamt ist dazu neben den öffentlichen Urkunden u. a. ein § 17 GenDG entsprechendes Gutachten vorzulegen (44a PStG; → Form. E.VII Anm. 3).

g.) **Verstirbt** der Ehemann vor der Geburt, gelten die Besonderheiten des § 1593 BGB.

7. a) Der Wortlaut von § 1592 Nr. 1 BGB sieht **keine weibliche** zweite Elternstelle vor. Eine Ehe**frau** der Mutter wird nach hM weder in direkter noch in entsprechender Anwendung des § 1592 Nr. 1 BGB zum Elternteil (BGH Beschl. v. 10.10.2018 – XII ZB 231/18, DNotZ 2019, 58). Eine Verfassungswidrigkeit der Norm liegt nicht vor, so der BGH, weil der Schutzbereich von Art. 6 Abs. 1 GG nicht berührt ist. Schließlich gibt es keine verfassungsrechtliche Notwendigkeit, dem Kind eine leiblich nicht verwandte Person als Elternteil zuzuordnen (Art. 6 Abs. 2 S. 1 GG). Auch eine Ungleichbehandlung im Sinne von Art. 3 Abs. 1 GG besteht nicht. Das OLG Celle, KG und AG München haben dies anders bewertet und die Frage gem. Art. 100 GG dem BVerfG vorgelegt. Sie sind der Auffassung, dass jedenfalls dann, wenn in einer gleichgeschlechtlichen Ehe nach einer Embryospende die zweite Elternstelle unbesetzt bleibt, eine Eltern-Kind-Zuordnung auch zu einer weiblichen zweiten Elternstelle erfolgen müsse. Zu berücksichtigen sei, dass die durch Abstammung begründete verfassungsrechtliche Elternschaft auch durch ein gleichwertiges voluntatives Element nebst Übernahme von Verantwortung begründet werden kann. Eine Entscheidung des BVerfG (BVerfG – 1 BvL 1/21 u. a.) liegt (Stand 15.6.2026) noch nicht vor.

b) Geänderte **Geschlechtsidentitäten** sind für die Vaterschaft nach dem Wortlaut von § 11 Abs. 1 S. 2 SBGG bedeutungslos, soweit sie nicht **männlich** sind (§§ 2, 11 Abs. 1 S. 2 SBGG, 42 Abs. 2 PStV). Registriert als Vater wird also immer nur ein **Mann**, entweder aufgrund einer standesamtlichen Erklärung gem. § 2 SBGG vor der Geburt des Kindes oder durch Nachweis mittels der eigenen (ersten) Geburtsurkunde (→ Form. E.VII Anm. 6).

Ändert eine **Frau** vor der Geburt ihre Geschlechtsidentität in **männlich** (zur Missbräuchlichkeit einer Änderung AG Würzburg BeckRS 2025, 42230 mAnm Oldenburger NZFam 2026, 540), wird sie gem. § 11 Abs. 1 S. 2 SBGG zum **Vater** (zur Rechtslage nach dem TSG siehe OLG Schleswig 4.7.2024 – 2 Wx 11/24, FamRZ 2024, 1373 mit Anm. Oldenburger in FuR 2024, 495; zum SBGG Oldenburger NZFam 2025, 57; Rentsch/Valentiner NJW 2024, 3407; Keuter FamRZ 2024, 1073).

Ob eine *diverse* Geschlechtsidentität oder eine Person, die *keine Angabe* dazu registriert hat, zur Besetzung der Vaterstelle ungeeignet ist, ist ungeklärt (bejahend AG München BeckRS 2021, 10423, daraufhin aufgrund der laufenden Verfahren beim BVerfG Aussetzungsbeschluss des OLG München FamRZ 2022, 200; der BGH zeigte sich offen für eine Elternschaft eines *diversen* Ehegatten, als er explizit einen Berichtigungsantrag nach § 48 PStG anregte, siehe BGH Beschl. v. 11.6.2025 – XII ZB 354/22, BeckRS 2025, 18108 mAnm Oldenburger in NZFam 2025, 980). *Diverse* Personen sind nicht geschlechtslos und werden als **drittes Geschlecht** vom BVerfG zwischen männlich und weiblich verortet (BVerfG NZFam 2017, 1141 (Rn. 43); Oldenburger NZFam 2025, 57). Da auch eine genetische Beteiligung an der Zeugung nicht ausgeschlossen ist, dürfte eine Beschränkung auf Männer bzw. männlich registrierte Personen verfassungsrechtlich bedenklich sein.

8. Eines besonderen **Antrags** zur **Kostenentscheidung** bedarf es nicht. In Familiensachen ist nach § 81 Abs. 1 S. 3 FamFG über die Kosten des Verfahrens stets – also von Amts wegen – zu entscheiden, und zwar nach § 82 FamFG in der Endentscheidung. Es gelten die allgemeinen in §§ 81, 83 FamFG und für das Rechtsmittelverfahren in § 84 FamFG aufgestellten Grundsätze der Kostenpflicht.

9. Die für die Beiordnung eines Rechtsanwalts nach § 78 Abs. 2 FamFG erforderliche Schwierigkeit der Sach- und Rechtslage sollte dargelegt werden.

Kosten und Gebühren

10. Der gebührenrechtliche Gegenstandswert in Verfahren gem. § 169 Nr. 1 und 4 FamFG betrug gem. § 47 Abs. 1 FamGKG bis zum 31.5.2025 noch 2.000 EUR. Mit Wirkung zum 1.6.2025 wurde der Wert durch das KostBRÄG 2025 (BGBl. 2025 I Nr. 109) auf **3.000** EUR erhöht. Für Anträge nach § 169 Nr. 2 und 3 FamFG beträgt er dagegen **1.000** EUR (anders OLG Nürnberg FamFR 2013, 383).

Die Gegenstandswerte sind **Regelwerte** und können gem. § 47 Abs. 2 FamFG nur aufgrund **besonderer Umstände** angepasst werden. Bei subjektiver Antragsgegnerhäufung (z.B. § 1598a BGB) kann eine Wertaddition nach § 33 Abs. 1 S. 1 FamGKG vorgenommen werden (OLG Naumburg BeckRS 2018, 36687 = FamRZ 2019, 914; aA Dürbeck in BeckOK Streitwert, Mayer, 54. Edition, Stand: 1.1.2026, FamR, Abstammungssachen, Rn. 2).

Eine **Einigungsgebühr** gemäß VV 1000, 1003 RVG entsteht nicht, da in Abstammungssachen keine Einigung der Beteiligten über das Bestehen der Vaterschaft möglich ist (OLG München FamRZ 2011, 246).

Fristen und Rechtsmittel

11. a) Gegen den Beschluss des Familiengerichts als Endentscheidung iSd § 38 Abs. 1 S. 1 FamFG ist nach § 58 Abs. 1 FamFG die **Beschwerde** zum OLG – Familiensenat – eröffnet (§§ 119 Abs. 1 Nr. 1 lit. a, 23a Abs. 1 Nr. 1, 23b Abs. 1 GVG).

Anwaltszwang vor dem OLG besteht ebenfalls nicht (§§ 10 Abs. 1, 114 Abs. 1 FamFG).

Da die Entscheidung des Familiengerichts in Abstammungssachen nach § 184 Abs. 1 S. 1 FamFG erst mit Rechtskraft wirksam wird, bedarf es keines Antrags auf Aussetzung der Vollziehung nach § 64 Abs. 3 FamFG. Ein besonderer **Beschwerdewert** muss nicht erreicht sein, Abstammungssachen sind keine vermögensrechtlichen Angelegenheiten. Die Beschwerde muss auch nicht durch das Erstgericht **zugelassen** werden (§ 61 FamFG).

b) **Beschwerdeberechtigt** ist nach der Sondernorm des § 184 Abs. 3 FamFG jeder, der an dem Verfahren nach § 172 FamFG beteiligt war oder zu beteiligen gewesen wäre (Mutter, Vater, Kind). Auch Jugendamt (§ 172 Abs. 2 FamFG) und Verfahrensbeistand (§§ 174 S. 2, 158 Abs. 3 S. 2, Abs. 4 S. 5 FamFG) sind beschwerdeberechtigt (vgl. Harders/Schwamb/Oldenburger, FamFG, 14. Aufl., § 184 Rn. 7 ff.).

Verstirbt der **Vater**, besteht keine Beschwerdeberechtigung seiner Ehefrau, da die Statusklärung höchstpersönlichen Charakter hat (BGH NJW 2018, 1316 (Rn. 9)).

Darüber hinaus steht nach § 59 Abs. 1 FamFG demjenigen die Beschwerde zu, der durch den Beschluss in seinen Rechten beeinträchtigt ist. Das BVerfG bezieht darin Personen ein, denen gegenüber die gerichtliche Entscheidung **materiellrechtlich wirkt** (vgl. BVerfGE 60, 7 (13); 89, 381 (390 f.); BVerfG Beschl. der 2. Kammer des Ersten Senats vom 31.10.2023 – 1 BvR 571/23, Rn. 22). Die materielle Betroffenheit bedingt jedoch eine **unmittelbare Betroffenheit** in subjektiven Rechten (BVerfGE 60, 7 (13); BVerfGE 89, 381 (390 f.); vgl. auch BVerfG Beschl. v. 25.1.2018 – 2 BvR 1362/16; BVerfG Beschl. v. 20.10.2008 – 1 BvR 291/06; BVerfG Beschl. v. 23.3.1994 – 2 BvR 397/93). Bloß wirtschaftliche Interessen begründen keine unmittelbare Betroffenheit (vgl. zur Beeinträchtigung nach § 59 Abs. 1 FamFG: BGH Beschl. v. 27.3.2024 – XII ZB 237/23, Rn. 15). Gleiches gilt für Umgangsfragen oder die Höhe von Unterhaltszahlungen (BGH NJW 2017, 1480 (Rn 18)).

Die Beschwerdeberechtigung des **Jugendamtes** ergibt sich über §§ 184 Abs. 3, 172 Abs. 2 FamFG hinaus auch aus § 176 Abs. 2 FamFG und besteht insoweit unabhängig von der Beteiligung in der ersten Instanz (vgl. Harders/Schwamb/Oldenburger, FamFG, 14. Aufl., § 184 Rn. 7 ff.).

Minderjährige, die das 14. Lebensjahr vollendet haben, können das Beschwerderecht ohne Mitwirkung des gesetzlichen Vertreters, also unabhängig vom Willen der ansonsten sie vertretenden Person, selbständig ausüben (§ 60 FamFG).

c) Für die Einlegung und Begründung der Beschwerde gelten besondere **Formvorschriften.** Die durch Einreichung einer Beschwerdeschrift oder zur Niederschrift der Geschäftsstelle einzulegende Beschwerde (nach BGH FamRZ 2019, 1951 gewahrt auch durch Niederschrift des zuständigen Richters) muss den anzufechtenden Beschluss bezeichnen nebst der Erklärung, dass gegen diesen Beschluss Beschwerde eingelegt wird. Sie ist von dem Beschwerdeführer oder seinem Bevollmächtigten zu **unterzeichnen** bzw. zu **signieren** (§ 64 Abs. 2 FamFG). Zu den Anforderungen an die Ausgangskontrolle bei der Versendung mittels beA vgl. BGH NJW 2025, 1508, zur Pflicht der Einreichung mittels beA BGH NJW-RR 2023, 1163.

Des Weiteren **soll** die Beschwerde **begründet** werden, wobei das Gericht hierfür eine Frist einräumen kann (§ 65 Abs. 1 und 2 FamFG). Die Beschwerde kann auch auf neue Tatsachen und Beweismittel, nicht aber auf die fehlende Zuständigkeit des Erstgerichts gestützt werden (§ 65 Abs. 3 und 4 FamFG).

d) Die Beschwerde muss binnen einer **Frist von einem Monat** ab der schriftlichen Bekanntgabe des Beschlusses an den jeweiligen Beteiligten durch Einreichung einer Beschwerdeschrift beim Familiengericht eingelegt werden (§§ 63 Abs. 1 und 3 S. 1, 64 Abs. 1 und 2 FamFG). Erfolgt die Übermittlung durch Rechtsanwälte, besteht seit dem 1.1.2022 die Pflicht zur Übertragung mittels **besonderem elektronischen Anwaltspostfach** (beA) gemäß §§ 130a Abs. 4 Nr. 2 ZPO, 31a BRAO (vgl. zu den Anforderungen bei Störungen und anwaltlichen Sorgfaltspflichten BGH NJW 2023, 2433; BGH NJW 2025, 309; BGH NJW-RR 2025, 757 betreffend Internetstörung; BGH NJW 2024, 903).

Kann die schriftliche Bekanntgabe an einen Beteiligten nicht bewirkt werden, beginnt die Monatsfrist spätestens mit Ablauf von fünf Monaten nach Erlass des Beschlusses (§ 63 Abs. 3 S. 2 FamFG).

Die Zustellung an einen **vormaligen Bevollmächtigten** ist für den Fristbeginn maßgeblich, wenn dieser das Erlöschen der Vollmacht nicht ggü. dem Familiengericht angezeigt hat (§§ 87 Abs. 1 ZPO, 11 S. 5 FamFG; vgl. MüKoFamFG/A. Fischer, 4. Aufl., § 63 Rn. 21).

Eine **Anschlussbeschwerde** ist möglich (§ 66 FamFG). Eine Frist für diese besteht nicht (vgl. BeckOGK/Fritzsche, 15.2.2026, FamFG § 66 Rn. 12).

e) Zur Rechtsbeschwerde und Sprungrechtsbeschwerde zum BGH vgl. §§ 70 ff. FamFG (zum dortigen Anwaltszwang siehe § 10 Abs. 4 FamFG) und § 133 GVG.

f) Zwischen- und Nebenentscheidungen des Familiengerichts sind nicht selbständig anfechtbar, soweit durch Gesetz nicht abweichend geregelt (zB nach § 76 Abs. 2 FamFG für die VKH-Beschwerde).

g) **Kosten- und Auslagenentscheidungen** sind nach § 58 Abs. 1 FamFG isoliert anfechtbar; die in § 61 Abs. 1 S. 1 FamFG für vermögensrechtliche Angelegenheiten vorgesehene Mindestbeschwer findet auf eine Kostenbeschwerde in einer nichtvermögensrechtlichen Angelegenheit keine Anwendung (BGH NJW 2013, 3523). Im Falle der Zurückweisung einer isolierten Kostenbeschwerde in einer Familiensache der freiwilligen Gerichtsbarkeit entsteht eine Festgebühr nach KV 1912 FamGKG (KG NJW-Spezial 2025, 349; OLG Frankfurt a.M. NZFam 2025, 256; aA OLG Karlsruhe NZFam 2023, 459; dazu Schneider/Dürbeck, Gebühren in Familiensachen, 2. Aufl., § 6 Rn. 50).

2. Feststellung der Vaterschaft aufgrund Anerkennung

An das

Amtsgericht[2]

– Familiengericht –

Antrag

In der Familiensache

betreffend die Feststellung der Wirksamkeit einer Vaterschaftsanerkennung[1]

legitimiere ich mich unter Vorlage einer auf mich lautenden Vollmacht[6] für den Antragsteller.[5] Für diesen werde ich beantragen:

I. Es wird festgestellt, dass die Anerkennung der Vaterschaft bezogen auf das Kind . . . . .gemäß Erklärung des Antragstellers vor dem Standesamt in Spanien . . . . . vom . . . . wirksam ist.

(Weitere) Beteiligte:[3]

1. Das Kind . . . . ., geboren am . . . . . . in . . . . . (Spanien), wohnhaft . . . . ., gesetzlich vertreten durch die Kindesmutter . . . . ., , wohnhaft . . . . ., (Beteiligte zu 1.)
2. Die Kindesmutter . . . . ., geboren am . . . . . in . . . . ., wohnhaft . . . . ., (Beteiligte zu 2.)

Darüber hinaus beantrage ich,[4]

dem Antragsteller für das Verfahren erster Instanz Verfahrenskostenhilfe zu bewilligen und ihm zur Vertretung den Unterzeichnenden als Rechtsanwalt beizuordnen.

Vorläufiger Verfahrenswert: 3.000 EUR[10]

Begründung

Der Antragsteller begehrt die Feststellung, dass seine Vaterschaftsanerkennung vom . . . . .vor dem Standesamt in . . . . . (Spanien) wirksam ist.[7] Er hat dort mit Zustimmung der Kindesmutter (Beteiligte zu 2.) die Vaterschaft für das Kind . . . . (Beteiligte zu 1.) anerkannt.[8]

Beweis: Vorlage der Urkunde des Standesamtes . . . . . (Spanien) vom . . . . . mit amtlicher deutscher Übersetzung

Zu diesem Zeitpunkt lebte er mit der Kindesmutter und dem Kind in Barcelona.

Beweis: Mietvertrag; Meldebestätigung

Mittlerweile lebt er seit über einem Jahr in München, die Kindesmutter mit dem Kind in Hamburg. Einen gemeinsamen Haushalt führen sie nicht, Umgang mit dem Kind findet nach Absprache mit der Kindesmutter statt.

Der Antragsteller möchte eine deutsche Geburtsurkunde ausstellen lassen, in der er als Vater des Kindes ausgewiesen wird. Auf telefonische Nachfrage teilte ihm das zuständige Standesamt – nach Rücksprache mit der Standesamtsaufsicht – mit, dass es Zweifel an der Wirksamkeit der Anerkennung habe und ein gerichtliches Verfahren geführt werden müsse. Zur Vermeidung eines solchen amtsgerichtlichen Verfahrens begehrt der Antragsteller die familiengerichtliche Feststellung gem. § 169 Nr. 1 FamFG.

Die Anerkennung vor dem Standesamt in Barcelona unterliegt gem. Art. 19 Abs. 1 S. 1 EGBGB deutschem Recht. Der Feststellungsantrag verweist gem. Art. 19 Abs. 1 EGBGB auf das Recht des gewöhnlichen Aufenthalts oder der Staatsangehörigkeit. Nach beiden Anknüpfungstatbeständen ist deutsches Recht anzuwenden; aufgrund des wandelbaren Anknüpfungstatbestandes des Aufenthalts gilt das deutsche Recht daher auch für den Feststellungsantrag.[8]

Anerkennung und Zustimmung wurden wirksam beurkundet. Die standesamtliche Urkunde entspricht sowohl den Anforderungen von Art. 4 CIEC (Internationale Zivilstandskommission) als auch Art. 11 Abs. 1 EGBGB (BGH NJW-RR 2017, 1089).

Der Antragsteller ist außerstande, die Kosten des Verfahrens auch nur zum Teil oder in Raten aufzubringen.

Beweis: Erklärung des Antragstellers über seine persönlichen und wirtschaftlichen Verhältnisse nebst Belegen.

Die Sach- und Rechtslage stellt sich als schwierig iSd § 78 Abs. 2 FamFG dar, weshalb die Vertretung durch einen Rechtsanwalt erforderlich und damit dessen Beiordnung geboten ist.[9] Dies nicht zuletzt schon deshalb, weil die Anerkennung in Spanien erfolgte und die Rechtsfolgen derselben für den deutschen Rechtskreis nicht ohne anwaltliche Unterstützung gerichtlich vertreten werden können . . . . .

Rechtsanwalt[11]

Anmerkungen

1. **Gegenstand** des Verfahrens nach § 169 Nr. 1 FamFG ist der Streit oder die Ungewissheit über die **ursprüngliche Wirksamkeit oder Unwirksamkeit** der Anerkennung der Vaterschaft im Hinblick auf die Anforderungen der §§ 1594–1597a BGB. Nur dann, wenn die Anerkennung diesen Vorschriften nicht genügt, ist sie unwirksam, § 1598 Abs. 1 BGB. Nach Eintragung im Register muss die Unwirksamkeit innerhalb von 5 Jahren geltend gemacht werden (§ 1598 Abs. 2 BGB).

2. Zuständigkeit → Form. E.II.1 Anm. 2.

3. Beteiligte → Form. E.II.1 Anm. 4.

4. Verfahrensfähigkeit → Form. E.II.1 Anm. 5.

5. **Antragsbefugt** ist der Vater, der die Wirksamkeit oder Unwirksamkeit seiner Vaterschaftsanerkennung geklärt wissen will, das Kind sowie die Mutter. Sonstige Dritte, insbesondere ein Vaterschaftsprätendent (Putativvater), der eine Vaterschaft für sich reklamiert, sind nicht zur Antragstellung berechtigt.

6. Eine **Vollmacht** muss gem. § 11 FamFG (erst) nach Aufforderung durch das Gericht übermittelt werden.

7. Als Grund der für die Unwirksamkeit einer Vaterschaftsanerkennung kommen die **fehlende Zustimmung** der Mutter und/oder des Kindes (§ 1595 BGB), **Mängel** der Anerkennung und Zustimmung bei fehlender oder beschränkter Geschäftsfähigkeit (§ 1596 BGB nF), Formmängel (§ 1597 Abs. 1 BGB), Anerkennung unter einer **Bedingung** oder **Zeitbestimmung** (§ 1594 Abs. 3 BGB; die wirksame Anfechtung der Abstammung vom Ehemann ist zulässige Rechtsbedingung, vgl. KG FamRZ 1995, 631), die bestehende **Vaterschaft eines anderen Mannes** (§ 1594 Abs. 2 BGB; bei Anfechtung der bestehenden Vaterschaft allerdings nur schwebende Unwirksamkeit bis zu deren Beseitigung), sowie die fehlende Zustimmung der Ausländerbehörde (§ 1598 Abs. 1 S. 2 BGB nF iVm § 85 a ff. AufenthG nF) (zum alten Recht gem. § 1597a BGB, vgl. KG NJW-RR 2025, 710) in Betracht. Ob das Fehlen einer Übermittlung gem. § 1597 Abs. 2 BGB ebenfalls zur Unwirksamkeit führt, ist streitig (vgl. dazu jurisPK-BGB/Oldenburger, Bd. 4, 11. Aufl., § 1598 Rn. 12 ff.). Die Möglichkeit des **Widerrufs** einer Anerkennungserklärung (§ 1597 Abs. 3 BGB aF) ist mit der Einführung des neuen § 1597 BGB ersatzlos **entfallen**, der vormalige Abs. 3 wurde gestrichen.

Bei einer **Mehrlingsschwangerschaft**-/geburt erfasst die Anerkennung iÜ alle aus dieser Schwangerschaft geborenen Kinder, selbst wenn der Anerkennende keine Kenntnis von der Mehrlingsschwangerschaft hatte. Wie bei einer Mehrlingsschwangerschaft zu verfahren ist, wenn nur **ein** Kind vom Anerkennenden stammt und das andere anderweitig (zB Mehrverkehr oder IVF und Transfer) gezeugt wurde, ist ungeklärt. Für die Mutterschaft änderte sich nichts. Erklärungen zur Anerkennung der Vaterschaft beziehen sich grds. auf beide Kinder; wenn über die Abstammung eines Kindes jedoch ein Irrtum besteht, kann nach neuem Recht kein (Teil-)Widerruf mehr erfolgen. Es verbleibt nur das (fristgebundene) Anfechtungsrecht unter Beachtung von §§ 1600 Abs. 6, 1600c Abs. 2 BGB.

Zur (Nicht-)Anwendbarkeit auf nicht männliche Personen (§§ 2, 11 Abs. 1 SBGG) siehe → Form. E.II.1 Anm. 7.

8. Die Vaterschaft eines in einer Ehe geborenen Kindes kann angesichts der bereits nach § 1592 Nr. 1 BGB bestehenden rechtlichen **Vaterschaft des Ehemannes** nicht wirksam anderweitig anerkannt werden, auch, wenn es sich unstreitig nicht um das leibliche Kind des Ehemannes handelt. Bis zur Geburt ist die Anerkennung mangels rechtsfähigen Kindes als Bezugspunkt noch nicht wirksam, mit der Geburt greift die Rechtssperre der §§ 1592 Nr. 1, 1594 Abs. 2 BGB; die Vaterschaft kraft Ehe kann nicht durch eine andere Vaterschaft gesperrt werden (OLG Düsseldorf Beschl. v. 28.3.2019 – 3 Wx 226/2018; OLG Hamm StAZ 2019, 370).

Durch das „Gesetz zur Umsetzung der Entscheidung des BVerfG zum Anfechtungsrecht leiblicher Väter" wurde zum 1.4.2026 ein neuer § 1595a BGB eingeführt: Danach kann ohne die bisherige Notwendigkeit einer Ehescheidung (oder Anfechtung) eine Anerkennung durch den leiblichen Vater mit Zustimmung von Mutter, ihrem Ehemann und Kind erfolgen, aus der vormaligen Dreier- ist ein **Vierererklärung** geworden (→ näher unten g.).

a) Eine Anerkennung ist aufgrund der neuen Gesetzeslage nicht mehr möglich, wenn bereits ein **Feststellungsverfahren** beim Familiengericht **anhängig** ist. Es tritt gem. § 1594 Abs. 5 BGB eine **Sperrwirkung** ein, sobald der Antrag gem. § 1600d BGB bei Gericht eingegangen ist (vgl. BT-Drs. 21/2997 und BT-Drs. 21/4323) vgl. juris-PK BGB/Oldenburger § 1554 Rn. 33.2).

b) Ist dem Kind schon bei der Geburt nach einer der von **Art. 19 Abs. 1 EGBGB** alternativ berufenen Rechtsordnungen ein Vater zugeordnet, ist eine später von einem anderen Mann erklärte Anerkennung der Vaterschaft unwirksam (BGH NZFam 2018, 746; vgl. MüKoBGB/Helms, 9. Aufl. 2024, EGBGB Art. 19 Rn. 29). Dies gilt auch dann, wenn aufgrund der Rechtsordnung, der die Anerkennung unterliegt, erstmals eine rechtliche Vaterschaft entstehen würde (BGH NJW 2017, 2911; KG FamRZ 2020, 1478; OLG Jena FamRZ 2017, 1232). Erfüllt die Form einer ausländischen standesamtlichen Urkunde gem. Art. 4 CIEC (Internationale Zivilstandskommission) die Voraussetzungen des deutschen Rechts, ist sie wirksam und anzuerkennen. Gleiches gilt aufgrund der Regelung in Art. 11 Abs. 1 EGBGB in Bezug auf die Maßgeblichkeit der Ortsform (BGH NJW-RR 2017, 1089). Wenn es erst nachgeburtlich zu einem gewöhnlichen Aufenthalt des Kindes kommt, hindert das die Anwendung von Art. 19 Abs. 1 S. 1 EGBGB nicht (BGH NJW-RR 2022, 508).

c) Eine Vaterschaftsanerkennung ist nicht schon deshalb unwirksam, weil der Anerkennende bei der Beurkundung nicht seine richtigen **Personalien**, sondern seinen bis dahin ständig geführten **Alias-Namen** angegeben hat (OVG Sachsen-Anhalt FamRZ 2019, 42). Trotz Wirksamkeit der – auch bewusst unrichtigen – Anerkennung ist die **Anfechtung der Vaterschaft** zulässig. Im Hinblick auf die zweijährige Anfechtungsfrist kann neben dem Antrag auf Feststellung der Unwirksamkeit der Anerkennung eine vorsorgliche Anfechtung der Vaterschaft sinnvoll sein. Beide Anträge können miteinander verbunden werden (§ 179 Abs. 1 S. 1 FamFG).

d) Wird durch eine notariell beurkundete Anerkennung mit Zustimmung der Mutter und des Kindes die Vaterschaft gemäß §§ 1592 Nr. 2, 1595 Abs. 1, 2 BGB eingerichtet, steht der Rechtswirksamkeit nicht entgegen, dass mit ihr auch das Ziel verfolgt wurde, einen **Aufenthaltstitel** zu verschaffen. Anhaltspunkte für eine solche Absicht begründen gemäß § 1597a Abs. 2 S. 1 BGB lediglich die Verpflichtung der beurkundenden Stelle, die Beurkundung auszusetzen und den Vorgang der **Ausländerbehörde** vorzulegen, die sodann in dem Verfahren nach § 85a AufenthG gegebenenfalls eine **Missbräuchlichkeit** der beabsichtigten Anerkennung feststellt und dadurch sowohl die vorlegende Urkundsperson als auch jede andere beurkundende Stelle verpflichtet, die Beurkundung abzulehnen (§ 1597a Abs. 2 S. 4, Abs. 3 S. 2 BGB). Ist die Beurkundung hingegen bereits durchgeführt worden, so steht der Umstand, dass mit der Anerkennung der Vaterschaft (auch) die Absicht verfolgt wurde, einen Aufenthaltstitel zu erschleichen, deren Rechtswirksamkeit nicht entgegen. Dies folgt aus § 1598 Abs. 1 BGB, der die Gründe für die Unwirksamkeit einer **bereits beurkundeten** Anerkennung der Vaterschaft abschließend regelt und die in § 1597a Abs. 1 BGB normierte Konstellation der Anerkennung der Vaterschaft mit dem Ziel, die rechtlichen Voraussetzungen für den erlaubten Aufenthalt der Mutter zu schaffen, nicht erwähnt. Etwas anderes folgt auch nicht aus der Entscheidung des BVerwG (BVerwG NVwZ 2021, 1689), in welcher lediglich die Kriterien erläutert werden, die im Rahmen der vor der Beurkundung durchzuführenden **Missbräuchlichkeitsprüfung** nach § 85a AufenthG zu berücksichtigen sind (vgl. auch KG NStZ 2024, 52).

e) Am 11.2.2026 veröffentlichte die Bundesregierung einen Entwurf für ein „Gesetz zur besseren Verhinderung missbräuchlicher Anerkennungen der Vaterschaft" (BT-Drs. 21/4081), das am 12.2.2026 vom Bundestag mit den vom Innenausschuss vorgeschlagenen Änderungen (BT-Drs. 21/6393) angenommen wurde. Das Gesetz sieht vor die Wirksamkeit einer Vaterschaftsanerkennung bei (unterstelltem) aufenthaltsrechtlichem Gefälle von der (vorherigen) Zustimmung der Ausländerbehörde abhängig zu machen. § 1597a BGB wurde gestrichen und über § 1598 Abs. 1 S. 2 BGB auf die §§ 85a ff. AufenthG nF verwiesen, welche die Wirksamkeit einer Vaterschaftsanerkennung von der vorherigen Zustimmung der Ausländerbehörde gem. §§ 85a ff. AufenthG abhängig machen. Eine Aussetzung der Beurkundung zur Durchführung der Missbrauchsprüfung der Ausländerbehörde soll durch eine organisatorische Trennung unterbleiben. Anerkennung und Zustimmung sollen regelhaft unwirksam sein, solange die (erforderliche) Zustimmung der Ausländerbehörde nicht erteilt ist. Den Antrag müssen Mutter und anerkennender Vater gemeinsam stellen, die Behörde entscheidet durch zu begründenden Verwaltungsakt (§ 85b Abs. 1 AufenthG). Dieser ist dem Standesamt zur Registrierung vorzulegen (§ 45b PStG). Bis zur Beendigung des gerichtlichen Verfahrens oder Vormundbestellung erhält der Anerkennende, wenn wirksame Sorgeerklärungen gem. § 1626a BGB vorliegen, im Fall des Todes der Mutter oder beim Ruhen ihrer elterlichen Sorge Vertretungsrechte (§ 1598 Abs. 3 BGB nF).

Auf der ersten Stufe streiten – soweit einer der **Einsatztatbestände** des § 85a Abs. 1 AufenthG. vorliegt, also Aufenthaltsgestattung, Ausreisepflicht, Aufenthalt mit Schengen-Visum oder als Positivstaatler (Anhang II der Verordnung (EU) 2018/1806) – enumerative Vermutungstatbestände (u.a. Entgeltlichkeit, Sprachbarrieren, Mehrfachanerkennungen, wiederholtes unentschuldigtes Fernbleiben einer behördlichen Anhörung oder Nichterfüllung von Auflagen) für eine Missbräuchlichkeit (§ 85b Abs. 2 AufenthG). Anderenfalls ist die Zustimmung zu erteilen, insbesondere (§ 85b Abs. 3 S. 2 AufenthG) dann, wenn die Parteien bereits länger als 8 Monate in einem gemeinsamen Haushalt zusammenleben, substanzielle Unterhaltszahlungen erbracht werden, regelmäßiger Umgang besteht, nach Geburt des Kindes die Ehe geschlossen wurde oder bereits vormals eine Zustimmung der Ausländerbehörde für ein anderes Kind erteilt wurde (§ 85b Abs. 3 AufenthG). Ein Antrag ist gem. § 85a Abs. 2 AufenthG nicht erforderlich, wenn das Kind genetisch vom Anerkennenden abstammt, er die Mutter nach der Geburt geheiratet hat oder beide zum Zeitpunkt der Geburt seit mehr als 14 Monaten einen gemeinsamen gemeldeten Hauptwohnsitz haben, an welchem sie auch zusammenleben. Die Antragsteller sind im Falle des Vorliegens der Voraussetzungen des § 85a Abs. 1 AufenthG verpflichtet, der Behörde **alle** relevanten Tatsachen vorzutragen und Dokumente vorzulegen (§§ 85b, 85c Abs. 5 AufenthG); bei Verstößen soll dem Antrag nicht entsprochen werden. Entscheidet die Behörde nicht innerhalb von 4 Monaten, gilt eine Zustimmungsfiktion (§ 85c Abs. 3 AufenthG).

Die ausländerbehördliche Entscheidung wird damit zur Wirksamkeitsbedingung für die Statuierung eines Eltern-Kind-Verhältnisses im Sinne einer conditio sine qua non. Das soll auch bei anwendbarem ausländischem Abstammungsstatut gelten (§ 85a Abs. 1 S. 2 AufentG). Gegenüber dieser geplanten Regelung bestehen erhebliche verfassungsrechtliche Bedenken, da Konstellationen, bspw. auch bei ausländischer Leihmutterschaft, betroffen sind, die dem Gesetzeszweck offenkundig nicht unterfallen – und gleichwohl **ohne Ausnahmeklausel** zur Verfahrensführung verpflichten. Damit wird in Grundrechte, v.a. des Anerkennenden, aber auch „seines" Kindes, eingegriffen; eine Rechtfertigung dafür besteht in vielen Konstellationen nicht, insbesondere nicht durch das rechtspolitische Ziel der Migrationssteuerung mit Hilfe des Abstammungsrechts (vgl. die schriftliche Stellungnahme von Scheliha, Innen-Ausschussdrucksache 21(4)153H v. 22.3.2026).

f) Nach dem **Tod der Kindesmutter** vor Abgabe ihrer Zustimmungserklärung entfällt die Notwendigkeit, der Vaterschaftsanerkennung gem. § 1595 Abs. 1 S. 2 BGB zuzustimmen; die Vaterschaftsanerkennung ist ohne diese Erklärung zulässig und wirksam, es bedarf nur noch der Zustimmung des Kindes gem. §§ 1595 Abs. 2, 1596 Abs. 4 S. 3 BGB und/oder der Zustimmung des gesetzlichen Vertreters (§ 1596 Abs. 4 BGB) (vgl. zum alten Recht BGH NJW 2023, 3726; zum neuen Recht HKFamR/Oldenburger, 4. Aufl., § 1596 Rn. 5 ff.).

g) Zu beachten ist, dass nach § 1599 Abs. 2 BGB aF der zum Zeitpunkt der Geburt des Kindes mit der Mutter verheiratete Ehemann entgegen § 1592 Nr. 1 BGB dann nicht als Vater des Kindes galt, wenn dieses nach Anhängigkeit eines Scheidungsantrags geboren wurde und ein Dritter innerhalb eines Jahres nach Rechtskraft des Scheidungsausspruchs die Vaterschaft wirksam – mit Zustimmung des Ehemannes – anerkennt hat (sog. **scheidungsakzessorischer Statuswechsel**). Einer Anfechtung der Vaterschaft durch den (früheren) Ehemann bedurfte es in diesem Fall nicht. Die Zustimmungserklärung des Ehemannes konnte aufgrund der gesetzlich vorgesehenen öffentlichen Urkundenform allerdings **nicht** wirksam im Scheidungsverfahren vor dem Familiengericht abgegeben werden. § 180 FamFG ist auf eine Erklärung im Scheidungsverfahren nicht analog anzuwenden, es lag keine planwidrige Gesetzeslücke vor (BGH NJW-RR 2013, 705). Die Erklärung unterlag zudem nicht der Jahresfrist des § 1599 Abs. 2 S. 1 BGB aF (BGH FamRZ 2013, 944 mAnm Wellenhofer). Die Wirkungen des scheidungsakzessorischen Statuswechsels (zB Unterhalt, Erbfolge) traten ex tunc ein, dh sie wirkten auf den Zeitpunkt der Geburt des Kindes zurück und entfalteten Wirkung für und gegen alle (MüKoBGB/Wellenhofer, 9. Aufl. 2024, BGB § 1594 Rn. 18).

Diese Rechtslage hat sich durch das Gesetz zur Umsetzung des Urteils des BVerfG zum Anfechtungsrecht leiblicher Väter (BGBl. 2026 I Nr. 83) geändert: Nunmehr ist gem.

§ 1595a BGB **ohne gerichtliches Verfahren** (weder Anfechtung noch Ehescheidung) die Zuordnung zum leiblichen Vater aufgrund übereinstimmender zu beurkundender Erklärungen nebst genetischem Abstammungsgutachten möglich (**Viererklärung,** → Form. E. VII Anm. 3). Das Gutachten muss § 17 GenDG entsprechen und dem Standesamt vorgelegt werden (§ 44a PStG). Die Vaterschaft des Anerkennenden entsteht dann rückwirkend bezogen auf den Zeitpunkt der Geburt (§ 1595a Abs. 2 BGB; näher juris-PK BGB/Oldenburger § 1595a Rn. 4 ff.).

h) Bei geführtem Nachweis **sonstiger Willensmängel** betreffend die Vaterschaftsanerkennungserklärung nach §§ 119 Abs. 1, 123 BGB entfällt nach § 1600c Abs. 2 BGB die Vaterschaftsvermutung nach dessen Abs. 1; es gilt § 1600d Abs. 2 und 3 BGB entsprechend. Eine Anfechtung oder ein Widerruf der Anerkennungserklärung nach allgemeinen Vorschriften ist nicht möglich. Insbesondere kann eine nach obigen Grundsätzen wirksame Anerkennung nicht nach §§ 134, 138 BGB nichtig sein. Nicht die Anerkennung der Vaterschaft, sondern diese selbst ist in diesen Fällen innerhalb der Frist des § 1600b Abs. 1 ZPO anzufechten. Für die Geltendmachung der Unwirksamkeit einer Anerkennung sieht § 1598 Abs. 2 BGB eine **Ausschlussfrist von 5 Jahren** ab Eintragung im Geburtsregister vor.

i) Liegen **zwei pränatale Vaterschaftsanerkennungen** vor, so entfaltete diejenige Anerkennung, bei der zuerst der **zweiaktige** Tatbestand von Erklärung und Zustimmung jeweils in der vorgeschriebenen Form erfüllt war, Sperrwirkung nach § 1594 Abs. 2 BGB gegenüber der späteren Anerkennung (MüKoBGB/Helms, 9. Aufl. 2024, EGBGB Art. 19 Rn. 29; OLG München NJW-RR 2010, 580). Nach neuem Recht bedarf es auch der **Zustimmung des Kindes** (§ 1595 Abs. 2 BGB), die ggf. von dessen gesetzlicher Vertreterin (Mutter) abgegeben werden kann (§ 1596 Abs. 4 BGB, bei alleiniger elterlichen Sorge der Mutter gilt ihre Zustimmung sogleich als Zustimmung des Kindes, § 1596 Abs. 4 S. 4 BGB). Heiratet die Mutter vor der Geburt des Kindes, geht die **Vaterschaft des Ehemannes** einer vorgeburtlichen (wirksamen) Anerkennung eines anderen Mannes vor (OLG Hamm StAZ 2019, 370; MüKoBGB/Wellenhofer, 9. Aufl. 2024, BGB § 1594 Rn. 41).

j) Ob nach dem **Tod des Kindes** die Vaterschaft noch anerkannt werden kann oder aber nur der Weg der gerichtlichen Vaterschaftsfeststellung bleibt, ist umstritten. Bei einer Fehl- oder Totgeburt wird die Anerkennung hinsichtlich der Statusfolgen in jedem Fall unwirksam. Nach dem **Tod des Mannes** ist eine persönliche Anerkennung nicht mehr möglich. Hatte dieser zuvor bereits persönlich in öffentlicher Urkunde anerkannt, können post mortem noch Zustimmungen von Mutter und Kind abgegeben und damit dessen Vaterschaft wirksam eingerichtet werden. Ob nach dem **Tod der Mutter** eine Anerkennung noch wirksam werden kann, war umstritten. § 1595 Abs. 1 S. 2 BGB sieht nunmehr explizit vor, dass ihre Zustimmung in diesem Fall nicht mehr erforderlich ist; es bedarf neben der Anerkennung jedoch der Zustimmung des Kindes, ggf. durch dessen gesetzlichen Vertreter (§§ 1595 Abs. 2, 1596 Abs. 4 S. 1 BGB). Vgl. iÜ → Form. E.II.1 Anm. 5.

9. Zum nicht erforderlichen Kostenantrag und Ausführungen zur schwierigen Sach- und Rechtslage → Form. E.II.1 Anm. 8

10. → Form. E.II.1 Anm. 10

11. → Form. E.II.1 Anm. 11

3. Feststellung der Vaterschaft und Zahlung von Mindestunterhalt

An das

Amtsgericht

– Familiengericht[3] –

Antrag

In der Familiensache

betreffend die Feststellung der Vaterschaft und Zahlung von Mindestunterhalt[1]

zeige ich unter Vorlage einer auf mich lautenden Vollmacht[9] an, dass ich die Antragstellerin Frau . . . . ., geboren am . . . . ., wohnhaft . . . . . vertrete.[5, 7] Ich werde beantragen:

I. Es wird festgestellt,[10] dass der Beteiligte zu 2. Vater des Kindes[6] . . . . . , geb. am. . . . . . in . . . . . , ist.

II. Der Beteiligten zu 2. wird verpflichtet, an die Antragstellerin Kindesunterhalt für das Kind . . . . ., geboren am . . . . ., monatlich im Voraus zum jeweils Monatsersten in Höhe des jeweiligen Mindestunterhalts nach der jeweiligen Altersstufe, derzeitiger Zahlbetrag in der 1. Altersstufe 354,50 EUR, nebst 5 % Zinsen über dem Basiszinssatz zu zahlen.[11]

III. Der Beteiligte zu 2. zahlt an die Antragstellerin einen Unterhaltsrückstand für die Zeit . . . . . bis . . . . . nebst 5 % Zinsen über dem Basiszinssatz bezogen auf einen Teilbetrag in Höhe von . . . . . seit dem . . . . ., im Übrigen auf jeweilige Teilbeträge in Höhe von . . . . . seit dem jeweils Monatsersten beginnend am . . . . ., hilfsweise ab Rechtshängigkeit.

IV. Die Kosten des Verfahrens trägt der Beteiligte zu 2.[12]

V. Die sofortige Wirksamkeit der Entscheidung betreffend die Verpflichtung zur Leistung von Kindesunterhalt wird für die Zeit ab Rechtskraft des Ausspruchs der Feststellung der Vaterschaft angeordnet.[13]

Darüber hinaus beantrage ich,

der Antragstellerin für das Verfahren erster Instanz Verfahrenskostenhilfe zu bewilligen und ihr zur Vertretung den Unterzeichnenden als Rechtsanwalt beizuordnen.[14]

(Weitere) Beteiligte:[4]

1. Das Kind . . . . ., geboren am . . . . . in . . . . . , wohnhaft . . . . . ., vertreten durch die Antragstellerin als gesetzliche Vertreterin, wohnhaft . . . . . ., (Beteiligte zu 1.)
2. Herr . . . . . ., geboren am . . . . . . in . . . . . ., wohnhaft . . . . . ., (Beteiligter zu 2.)

vorläufiger Verfahrenswert:[8] 4.254 EUR (+ Rückstand).[15]

Begründung

Die Antragstellerin begehrt die Feststellung der Vaterschaft des Beteiligten zu 2. in Verbindung mit seiner Verpflichtung, den Mindestunterhalt für das Kind . . . . . (Beteiligte zu 1.) zu zahlen. Im Einzelnen:

Zum Vaterschaftsfeststellungsantrag: Der Beteiligte zu 2. hat der unverheirateten Antragstellerin während ihrer Empfängniszeit zwischen dem 300. bis zu dem 181. Tage vor der Geburt des Kindes ungeschützt beigewohnt. Sie wurde daraufhin von ihm schwanger und brachte das Kind . . . . . (Beteiligte zu 1.) zur Welt.

Beweis: Geburtsurkunde, in Kopie

Der Beteiligte zu 2. hat die Vaterschaft jedoch trotz Bitten der Antragstellerin nicht gem. § 1592 Nr. 2 BGB anerkannt. Eine andere Vaterschaft besteht nicht. Die Antragstellerin hatte in dieser Zeit neben dem Beteiligten zu 2. keinen anderen Verkehr. Er ist der leibliche, d.h. genetische Vater des Kindes . . . . . (Beteiligte zu 1.).

Beweis: Einzuholendes Abstammungsgutachten

Seine Vaterschaft ist daher gem. § 1600d BGB festzustellen.

Zum Antrag auf Zahlung von Mindestunterhalt:[11] Der Anspruch des Antragstellers auf Zahlung von Kindesunterhalt in Höhe des gesetzlichen Mindestunterhalts ergibt sich aus §§ 1612a, 1612b, 1601 BGB und der Verordnung zur Festlegung des Mindestunterhalts minderjähriger Kinder nach § 1612a Absatz 1 des Bürgerlichen Gesetzbuchs (Mindestunterhaltsverordnung) vom 3. Dezember 2015 (BGBl. I S. 2188), zuletzt geändert durch die Siebte ÄndVO vom 15.11.2024 (BGBl. 2024 I Nr. 359), und kann gemäß §§ 179 Abs. 1 S. 2, 237 FamFG zusammen mit dem Verfahren auf Feststellung der Vaterschaft geltend gemacht werden.

Das staatliche Kindergeld, welches die Antragstellerin bezieht, ist nach § 1612b Abs. 1 S. 1 Nr. 1 BGB hälftig auf den Barbedarf anzurechnen. Es betrug im Jahr 2025 monatlich 255 EUR, hälftig also 127,50 EUR, und in 2026 nunmehr 259 EUR, hälftig 129,50 EUR.

Die Antragstellerin hat den Beteiligten zu 2. mit Schreiben vom . . . . . . aufgefordert, zum Zwecke der Geltendmachung von Kindesunterhalt über seine Einkünfte und sein Vermögen Auskunft zu erteilen (§ 1613 Abs. 1 S. 1 BGB).

Beweis: Aufforderungsschreiben vom . . . . . , in Kopie

Der Beteiligte zu 2. ist dem Auskunftsverlangen unter Hinweis darauf, nicht der Vater des Antragstellers zu sein, entgegengetreten. Der Beteiligte zu 2. befindet sich daher mit der Zahlung des Mindestunterhalts in Höhe von 356,50 EUR in Verzug. Er hat für die Zeit ab Zugang des Aufforderungsschreibens (. . . . . 2025) den monatlichen Mindestunterhalt zu leisten.[2] Für die Zeit von . . . . . bis . . . . . ist ein Rückstand in Höhe von . . . . . entstanden. Darüber hinaus schuldet er den laufenden Mindestunterhalt, weiterhin also monatlich zum jeweils Monatsersten 356,50 EUR.

Die Kosten des Verfahrens bitte ich in Anwendung von § 81 Abs. 1 und 2 Nr. 1 FamFG dem Beteiligten zu 2. aufzuerlegen. Dieser hat sich trotz mehrfacher außergerichtlicher Aufforderungen geweigert, die Vaterschaft anzuerkennen und den Kindesunterhalt zu zahlen. Dadurch hat er Anlass für den gerichtlichen Antrag gegeben.

Die Antragstellerin ist außerstande, die Kosten des Verfahrens auch nur zum Teil oder in Raten aufzubringen. Anliegend überreiche ich ihre Erklärung über die persönlichen und wirtschaftlichen Verhältnisse nebst Belegen.

Nach § 78 Abs. 1 FamFG ist die Beiordnung eines Anwalts geboten, da nach §§ 114 Abs. 1, 112 Nr. 1, 231 Abs. 1 FamFG anwaltliche Vertretung vorgeschrieben ist.

Rechtsanwalt[16]

Anmerkungen

1. Das Verfahren auf Zahlung von **Kindesunterhalt** bei Feststellung der **Vaterschaft** nach § 237 FamFG ist ein **selbständiges Verfahren** und nicht Gegenstand des Abstammungsverfahrens. Es kann allerdings nach § 179 Abs. 1 S. 2 FamFG mit diesem **verbunden** werden (§ 20 FamFG), wenn der Unterhaltsantrag zunächst isoliert gestellt wurde. Der unterhaltsrechtliche Teil bleibt jedoch Familienstreitsache (§ 112 Nr. 1 FamFG) mit den dafür geltenden Verfahrensvorschriften (BT-Drs. 16/6308, 257; OLG Hamm FamFR 2011, 523). Er kann deshalb wirksam anerkannt und auch vergleichsweise geregelt werden (vgl. OLG Brandenburg FamRZ 2005, 1843).

Mit diesem Verfahren ist die Möglichkeit eingeräumt, abweichend von § 1600d Abs. 5 BGB, wonach die Rechtswirkungen der Vaterschaft erst vom Zeitpunkt ihrer Feststellung an geltend gemacht werden können, gleichzeitig mit der Vaterschaftsfeststellung und ohne weiteren Zeitverlust den Unterhalt zu titulieren.

Der Antrag auf Zahlung von Kindesunterhalt ist gem. § 237 Abs. 1 FamFG nur zulässig, wenn das Kind minderjährig und ein – zulässiges – Verfahren auf Feststellung der Vaterschaft nach § 1600d BGB anhängig ist. Ob das auch gilt, wenn zunächst eine **bestehende Vaterschaft angefochten** werden muss, solange der als leiblicher Vater festzustellende Mann zur Unterhaltszahlung verpflichtet werden soll, ist streitig (bejahend OLG Nürnberg NJW 2023, 531; Giers NZFam 2023, 231; Bömelburg FamRB 2023, 142 (143); ablehnend Sternal/WeberFamFG § 237 Rn. 3; BeckOGK/Dürbeck, 1.3.2026, FamFG § 237 Rn. 10 mwN). Das Verfahren zur Unterhaltsfestsetzung nach § 237 FamFG ist unzulässig, wenn die Vaterschaft des auf Unterhalt in Anspruch genommenen Mannes im Zeitpunkt der Antragstellung bereits rechtswirksam **feststeht** (OLG Nürnberg FamRZ 2017, 542).

Ob das Kind auch nach dem **Tod des Mannes** gemäß §§ 179 Abs. 1 S. 2, 237 FamFG Unterhalt geltend machen kann, erscheint zweifelhaft. In Betracht kommt eher die Antragserhebung gegen die Erben des verstorbenen Mannes nach rechtskräftiger Feststellung der Vaterschaft. Angesichts des nach § 1615 BGB weitgehenden Erlöschens von Unterhaltsansprüchen mit dem Tode des Verpflichteten ein Problem ohne nennenswerte Relevanz. Gleichwohl kann die Vaterschaft als solches auch noch posthum festgestellt werden (OLG Celle NJW-RR 2023, 786).

2. Aufgrund der in § 237 Abs. 3 S. 3 FamFG ausgesprochenen Beschränkung von **Einwendungen** ist der Einwand der Erfüllung nicht zulässig und dem Abänderungsverfahren nach § 240 FamFG vorbehalten (Born UnterhaltsR-HdB/BornKap. 22 Rn. 446 ff.). Dies gilt gleichermaßen für den Einwand **fehlender Leistungsfähigkeit** (§ 1603 Abs. 2 BGB), der mangelnden **Bedürftigkeit** des Kindes oder einer nur anteiligen Barunterhaltspflicht wegen Betreuung im Rahmen eines **Wechselmodells**. In Fällen, in denen die Erfüllung oder die Leistungsunfähigkeit unstreitig sind, bleibt allerdings zu prüfen, ob einem dennoch nach § 237 Abs. 1 FamFG gestellten Antrag wegen einer missbräuchlichen Ausnutzung des Einwendungsausschlusses das Rechtsschutzbedürfnis fehlt (BGH FamRZ 2003, 1095).

Einwendungen und Einreden, die den Grund des Anspruchs betreffen, wie **Verjährung** und **Verwirkung** (OLG Brandenburg FamRZ 2005, 1843) oder fehlende **Aktivlegitimation** (OLG Naumburg FamRZ 2006, 1395; OLG Nürnberg FamRZ 2015, 277; BGH FamRZ 2003, 1095, zu § 653 Abs. 1 ZPO) können ebenfalls nicht erhoben werden (aA OLG Nürnberg NJW-RR 2015, 135). Ob die in § 237 Abs. 3 S. 3 FamFG formulierten Einschränkungen bestehen bleiben, wenn die Vaterschaft im Verfahren rechtskräftig festgestellt oder anerkannt wird, ist streitig (bejahend OLG Frankfurt a.M. BeckRS

2015, 18964; OLG München FamRZ 2019, 796 = FamRB 2019, 257 mAnm Bömelburg; OLG Hamm NJW-RR 2015, 1029; aA OLG Hamm NJOZ 2012, 123).

Nach § 237 Abs. 3 S. 3 FamFG kann **keine Herabsetzung** oder **Erhöhung** des Unterhalts verlangt werden. Auch **Mehr- oder Sonderbedarf** kann nicht verlangt werden.

Den Mindestunterhalt übersteigende Unterhaltsbeträge sind umfassend oder als überschießende Spitzenbeträge im **isolierten Unterhaltsverfahren** nach rechtskräftiger Feststellung der Vaterschaft zu verfolgen. Möglich bleibt der **Abänderungsantrag** nach § 240 FamFG sowie das **vereinfachte Unterhaltsverfahren** nach §§ 249 ff. FamFG. Im Abänderungsverfahren nach § 240 FamFG kann zur Abwehr einer ungerechtfertigten Vollstreckung nach § 242 FamFG entsprechend § 769 ZPO deren einstweilige Einstellung beantragt werden.

Sobald ein Verfahren auf positive Feststellung der Vaterschaft anhängig ist – auch in Form eines Gegenantrages des Kindes –, kann Unterhalt auch durch eine auf Zahlung oder Sicherheitsleistung gerichtete **einstweilige Anordnung** nach § 248 FamFG geregelt werden. Ein bloßer VKH-Antrag genügt nach dem Gesetzeswortlaut nicht. Schon **vor der Geburt des Kindes** kann nach § 247 FamFG eine **einstweilige Anordnung** sowohl den Kindesunterhalt als auch den Unterhalt der Kindesmutter betreffend ergehen.

3. Ausschließlich **zuständig** für das Unterhaltsverfahren ist nach § 237 Abs. 2 FamFG das Gericht, bei dem das Verfahren auf Feststellung der Vaterschaft im ersten Rechtszug anhängig ist. Auf diese Weise soll die Verbindung beider Verfahren ermöglicht werden.

4. Gem. § 172 Abs. 1 FamFG sind das Kind, die Mutter und der Vater **Muss-Beteiligte** im Abstammungsverfahren, am Unterhaltsverfahren beteiligt sind nach § 7 Abs. 1 und Abs. 2 Nr. 1 FamFG das Kind als Antragsteller und der in Anspruch genommene Putativvater.

5. Zur **Verfahrensfähigkeit** und **Vertretung** siehe zunächst → Form. E.II.1. Anm. 5. Das Antragsrecht ist höchstpersönlich und unvererbbar (BGH NJW 1993, 119).

Die Mutter vertritt das Kind (als Antragsteller) gem. § 1626a Abs. 3 BGB, es besteht die Möglichkeit der Beistandschaft gem. § 1712 Abs. 1 Nr. 1 BGB (mit den Folgen des § 173 FamFG). Ein eigener Antrag des Kindes ist nicht möglich (vgl. MüKoBGB/Wellenhofer, 9. Aufl. 2024, BGB § 1600d Rn. 18 mwN). Ob dem Kind ein **Ergänzungspfleger** bei Antragstellung durch die Mutter bestellt werden muss, ist gesetzlich nicht geregelt, nach hM jedoch abzulehnen (MüKoBGB/Wellenhofer, 9. Aufl. 2024, BGB § 1600d Rn. 22 mwN).

6. Die Befugnis zur Geltendmachung von Kindesunterhalt richtet sich nach den allgemeinen Vorschriften. Das den Unterhalt begehrende Kind muss **minderjährig** sein (§ 237 Abs. 1 FamFG), auf volljährige und privilegierte volljährige Kinder findet die Norm keine Anwendung. Die Notwendigkeit der Rückübertragung kraft Gesetzes übergegangener Unterhaltsansprüche ist ggf. zu beachten.

7. Abstammungsverfahren unterliegen zwar nicht dem **Anwaltszwang,** anderes gilt jedoch für damit nach § 179 Abs. 1 S. 2 FamFG **verbundene Unterhaltsverfahren** nach § 237 FamFG. Es verbleibt dann auch im Verbund bei einer einbezogenen Unterhaltssache, also selbständigen **Familienstreitsache.** Nach hM soll der insoweit bestehende Anwaltszwang (§§ 114 Abs. 1, 112 Nr. 1, 231 Abs. 1 Nr. 1 FamFG) in diesem Fall auf das Abstammungsverfahren durchschlagen (BeckOK FamFG/Weber, 57. Ed. 1.3.2026, FamFG § 179 Rn. 7). Die Beteiligten müssen sich daher bereits erstinstanzlich anwaltlich vertreten lassen.

8. Bei Verbindung des Vaterschaftsfeststellungsantrages mit einem Antrag auf Zahlung des Mindestunterhalts kommt es gemäß **§ 33 Abs. 1 S. 2 FamGKG** auf den **höheren**

Wert eines verbundenen Antrages an. Dies ist regelmäßig der Antrag auf Unterhaltszahlung. Dessen Wert berechnet sich gemäß § 51 Abs. 1 S. 1 FamGKG nach dem für die ersten zwölf Monate nach Einreichung des Antrags geforderten Betrag, höchstens jedoch nach dem Gesamtbetrag der geforderten Leistung. Auszugehen ist nach § 51 Abs. 1 S. 2 FamGKG von dem Mindestunterhalt nach der zu diesem Zeitpunkt maßgebenden Altersstufe. Rückstände für die Zeit davor sind nach § 51 Abs. 2 FamGKG hinzuzurechnen. Von dem Mindestunterhalt abzusetzende Beträge, wie zB das hälftige Kindergeld nach § 1612b BGB, vermindern den Streitwert (vgl. OLG Köln FamRZ 2008, 1645). Zur **Vorschusspflicht** vgl. §§ 14 Abs. 3, 15 FamGKG sowie die Sonderregelung für Minderjährige in § 21 Abs. 1 S. 2 Nr. 3 FamGKG.

9. Eine **Vollmacht** muss gem. § 11 FamFG (erst) nach Aufforderung durch das Gericht übermittelt werden.

10. Zum Antrag auf **Feststellung der Vaterschaft:** a) Die Vaterschaft kann gem. § 1600d Abs. 1 BGB gerichtlich festgestellt werden, wenn keine andere Vaterschaft gem. §§ 1592 Nrn. 1, 2 BGB besteht; der Feststellungsantrag ist nach BGH anderenfalls unzulässig (BGH FamRZ 1999, 716). Das Jugendamt kann ggf. als Beistand den Antrag für das Kind stellen (§ 1712 BGB). Wird im Verfahren ein anderer Mann als der (beteiligte) Putativvater als leiblicher Vater festgestellt, wirkt die Entscheidung auch für und gegen diesen (§ 184 Abs. 2 FamFG; anders wohl OLG Düsseldorf StAZ 2019, 180).

b) Antragsbefugt und zu beteiligen sind die **Mutter**, das **Kind** und der als Vater in Betracht kommende **Mann**. Eine Änderung der Geschlechtsidentität führt zu keiner anderen gerichtlichen Zuordnung, vgl. § 11 Abs. 1 S. 1 SBGG; nur die Person, von der das Kind durch Verwendung von **Samen** abstammt, kann als Vater festgestellt werden. Nicht möglich ist die Feststellung als Vater auf Grundlage einer genetischen Verbindung mittels Eizelle. Siehe weiter → Form. E.II.1 Anm. 7 → Form. E.VII Anm. 6.

c) Die Feststellung der leiblichen (= genetischen) Vaterschaft erfolgt in Form eines gerichtlich einzuholenden medizinischen Abstammungsgutachtens. Dieses muss den Richtlinien der Gendiagnostik-Kommission (GEKO, Stand 11.4.2025) und dem am 1. Februar 2010, hinsichtlich der Bestimmung zur Qualitätssicherung genetischer Analysen am 1. Februar 2011, in Kraft getretenen GenDG vom 31. Juli 2009 (Gendiagnostikgesetz – GenDG; BGBl. I S. 2529, zuletzt geändert durch Gesetz vom 07.08.2013, BGBl I, S. 3154) bzw. die von der Bundesärztekammer im Jahr 2002 veröffentlichten Richtlinien für die Erstattung von Abstammungsgutachten (Deutsches Ärzteblatt 2002, A665 ff.) entsprechen. Zur **Überzeugung** des Gerichts anhand von anderen Tatsachen siehe auch → Form. E.IV Anm. 14.

d) Zum Ausschluss der Feststellung eines **Samenspenders** siehe → Form. E.VII Anm. 10.

e) Zur **Unzumutbarkeit der Probenentnahme** gem. § 178 FamFG siehe → Form. E.V.

f) Die Vaterschaft kann auch postmortal (durch Untersuchung von Körpermaterial des Toten) festgestellt werden, ggf. nach Exhumierung (BGH NJW 2014, 3786), wenn keine anderen geeigneten Gewebeproben, auch von nahen Angehörigen, zur Verfügung stehen oder ausgewertet werden können (OLG Celle NJOZ 2023; auch OLG Celle NJW-RR 2023, 786). Im Falle des Todes eines Beteiligten siehe iÜ → Form. E.II.1 Anm. 5.

11. Zum **Unterhaltsantrag:** Nach § 237 Abs. 3 FamFG kann nur der **Mindestunterhalt** gemäß den Altersstufen nach § 1612a Abs. 1 S. 3 BGB und unter Berücksichtigung der Leistungen nach den §§ 1612b oder 1612c BGB beantragt werden (der vorliegende Unterhaltsantrag gilt für den Fall, dass das Kindergeld an die Mutter des Kindes ausgezahlt wird). Das Kind kann nach § 237 Abs. 3 S. 2 FamFG auch geringeren Unterhalt verlangen. Dies bietet sich zur Vermeidung eines ansonsten anstehenden Abänderungsantrags des nur eingeschränkt leistungsfähigen Vaters nach § 240 FamFG an.

Für die **Vergangenheit** kann der Berechtigte nach § 1613 Abs. 2 Nr. 2 lit. a BGB ohne Einschränkung, also von **Geburt des Kindes** an, Unterhalt geltend machen, da er aus rechtlichen Gründen (§ 1600d Abs. 4 BGB) an der Geltendmachung des Unterhalts gehindert war. Das gilt auch ggü. ersatzweise haftenden Verwandten des leistungsunfähigen Kindesvaters (BGH FamRZ 2004, 800). Diese Rückwirkung ist allerdings beschränkt – vom Verfahren nach § 237 FamFG abgesehen – auf den Zeitpunkt der Anerkennung oder gerichtlichen Feststellung der Vaterschaft. **Nach** ihrer wirksamen Feststellung ist durch Maßnahmen nach § 1613 Abs. 1 BGB sicherzustellen, dass keine – weitergehenden – Unterhaltsansprüche für die Vergangenheit verloren gehen.

Im Verfahren nach § 237 FamFG kann sich der in Anspruch genommene Vater nicht darauf berufen, das Kind habe seinen Antrag auf Feststellung der Vaterschaft und Verurteilung zur Zahlung von Mindestunterhalt verspätet erhoben und deshalb den Anspruch auf Unterhalt für die Vergangenheit verwirkt; dies ist einem Abänderungsverfahren nach § 240 FamFG vorbehalten (OLG Karlsruhe FamRZ 2002, 1262; zur Verwirkung OLG Karlsruhe FamRZ 2018, 1313; OLG Köln FamRZ 2014, 1309). Bis zur Abänderungsentscheidung kann er im Unterhaltsverfahren nach § 237 FamFG zur Vermeidung unbilliger Härte Erlass, Stundung oder Ratenzahlung des aufgelaufenen Unterhalts nach § 1613 Abs. 3 BGB beantragen (OLG Naumburg FamRZ 2002, 837 (838)).

12. Nach § 243 FamFG ist über die **Kostenverteilung** nach billigem Ermessen zu entscheiden. Aufgrund der Verbindung beider Verfahrensgegenstände unterliegt die Kostenentscheidung für die Abstammungssache der Regelung des § 81 Abs. 1 und Abs. 2 FamFG, jene zum Unterhaltsantrag unterfällt § 243 FamFG. Als einheitliches Verfahren muss jedoch eine einheitliche Kostenentscheidung getroffen werden (**gemischte Kostenentscheidung**). Dabei ist der auf die Abstammungssache entfallende Anteil mit dem auf die Unterhaltssache entfallenden Wert ins Verhältnis zu setzen (OLG Celle NZFam 2021, 1105 mwN). Nach der Rechtsprechung des BGH (BGH NZFam 2014, 407 mAnm Bastian-Holler; BGH NZFam 2015, 323 mAnm v. Dörndorfer) ist weder von dem zivilprozessualen Grundsatz des Obsiegens bzw. Unterliegens noch von einem Regel-Ausnahme-Verhältnis auszugehen, es kommt im Rahmen der nach billigem Ermessen zu treffenden Kostenentscheidung vielmehr auf alle Umstände des Einzelfalles an. Wesentlich ist, welcher Verfahrensbeteiligte **Anlass** für das gerichtliche Verfahren gegeben hat (zur sogenannten Baumbach'schen Kostenformel Dürbeck/Schneider NZFam 2020, 471 (474)). Grundsätzlich ist von einer **hälftigen Kostenpflicht** von Mutter und Vater auszugehen, da beide während der gesetzlichen Empfängniszeit miteinander Geschlechtsverkehr hatten (OLG Celle NZFam 2021, 1105 (1107) mwN). Für die **einheitliche Kostenentscheidung** der verbundenen Verfahrensgegenstände bedeutet das: Maßgeblich ist die Summe beider Verfahrensgegenstände, im Beispielfall also 3.000 EUR + 4.278 EUR = 7.278 EUR (ohne Rückstand). Auf die Abstammungssache entfallen daher 41 %, auf die Unterhaltssache 59 %. Die Kosten der Vaterschaftsfeststellung sind hälftig zu teilen, was im Verhältnis zum Gesamtwert (41 %) zu jeweils **20,5 %** Kostenlast führt. Wenn der Beteiligte 2. (als festgestellter Vater) in der Unterhaltssache in vollem Umfang unterliegt, hat er die darauf anfallenden Kosten zu tragen (Anteil also **59 %**). Danach ergibt sich für die einheitliche Kostenentscheidung ein Anteil 79,5 % zu Lasten des Beteiligten 2. sowie von 20,5 % für die Kindesmutter.

13. Endentscheidungen in **Abstammungssachen** werden nach § 184 Abs. 1 S. 1 FamFG erst mit **Rechtskraft wirksam** und nach § 86 Abs. 2 FamFG **vollstreckbar,** dürfen also nicht für vorläufig vollstreckbar erklärt werden, auch nicht bei Antragsabweisung. Dies betrifft auch die Kostenentscheidung.

Anderes gilt hinsichtlich der Verpflichtung zur Leistung von **Unterhalt.** Zwar wird diese gem. § 237 Abs. 4 FamFG nicht vor Rechtskraft des die Vaterschaft feststellenden

Beschlusses oder Anerkennung der Vaterschaft wirksam. Wird aber die Vaterschaft rechtskräftig festgestellt und nur der Ausspruch zum Unterhalt angefochten, ist die sofortige Vollstreckbarkeit für den Unterhaltsgläubiger von wesentlicher Bedeutung. Die Entscheidung zum Unterhalt wird iÜ nach §§ 112 Nr. 1, 231 Abs. 1 Nr. 1, 116 Abs. 3 S. 1 FamFG mit **Rechtskraft wirksam.** Nach § 116 Abs. 3 S. 3 FamFG soll das Gericht daher die **sofortige Wirksamkeit** anordnen; gem. § 120 Abs. 2 S. 2 FamFG kann der Schuldner im Verfahren Vollstreckungsschutz beantragen.

14. Eine stufenweise Bewilligung von **VKH** (Vaterschaft einerseits und Unterhalt andererseits) kommt nicht in Betracht (vgl. zur früheren Rechtslage OLG Naumburg FamRZ 2005, 42).

In **Abstammungssachen** kommt eine Beiordnung aufgrund fehlenden Anwaltszwangs gem. § 78 Abs. 2 FamFG nur in Betracht, wenn nach der Schwierigkeit der Sach- und Rechtslage eine Vertretung durch einen Rechtsanwalt erforderlich scheint. Wird die Vaterschaft aufgrund **Beiwohnung** (jede sexuelle Handlung, die nach medizinischer Erfahrung geeignet ist, eine Befruchtung der Eizelle durch die Samenzelle herbeizuführen; künstliche Befruchtungen im Wege der IVF (In-Vitro-Fertilisation) sowie private Samenspenden fallen darunter, da der Übertragungsakt als Abstammungsindiz und Vermutungstatbestand im Sinne der Empfängnisvermutung an die Stelle der Beiwohnung tritt, siehe MüKoBGB/Wellenhofer, 9. Aufl. 2024, BGB § 1600d Rn. 84 f.; BGH NJW 2024, 3591 Rn. 10) in der gesetzlichen Empfängniszeit behauptet, ist von hinreichenden Erfolgsaussichten auszugehen (MüKoBGB/Wellenhofer, 9. Aufl. 2024, BGB § 1600d Rn. 43). Steht nach einem gerichtlich eingeholten Abstammungsgutachten die Vaterschaft des Antragsgegners fest, fehlt es daran (OLG Naumburg FamRZ 2014, 587). Das gilt in Bezug auf die Rechtsverteidigung auch dann, wenn keine qualifizierten Argumente vorgebracht werden, die eine Vaterschaft ausschließen könnten (OLG Brandenburg FamRZ 2007, 151; OLG Stuttgart NJOZ 2005, 2086); ob ein Bestreiten ausreicht, ist streitig (bejahend OLG Dresden FamRZ 2010, 2007; OLG Zweibrücken MDR 2006, 271).

Wird die Abstammungssache mit dem Antrag auf Zahlung des Mindestunterhalts gem. § 237 Abs. 1 FamFG **verbunden,** fehlt es für die Rechtsverteidigung des Putativvaters an hinreichenden Erfolgsaussichten, wenn bereits die Einholung eines Abstammungsgutachten angeordnet wurde (OLG Naumburg FamRZ 2014, 587).

Kosten und Gebühren

15. Zu unterscheiden sind die maßgeblichen **Verfahrenswerte** auf der einen und die Höhe der entstehenden **Gerichtsgebühren** auf der anderen Seite. Im Verbund entstehende Gerichtskosten können sich entweder am Wert der Vaterschaftsfeststellung oder am Mindestunterhalt orientieren. Gem. § 47 Abs. 1 Hs. 1 FamGKG beträgt der Wert im Verfahren der Vaterschaftsfeststellung (§ 169 Nr. 1 FamFG) 3.000 EUR. Für den Mindestunterhalt wird gem. § 51 Abs. 1 FamGKG der Jahresbetrag der betreffenden Altersstufe zugrunde gelegt. In 2026 beträgt der Mindestunterhalt der 1. Altersstufe 486 EUR, das (hälftig in Ansatz zu bringende) staatliche Kindergeld 259 EUR (50 % = 129,50 EUR); der Jahreswert beträgt daher 5.832 EUR ./. 1.554 EUR = 4.278 EUR. § 33 Abs. 1 S. 2 FamGKG regelt, dass bei Verbindung von nichtvermögensrechtlichem und aus ihm hergeleiteten vermögensrechtlichem Anspruch nur ein Anspruch besteht, und zwar der höhere. Maßgeblich für die Wertgebühren sind daher 4.278 EUR. Dieser ist auch für die Vergütung nach dem **RVG** zugrunde zu legen.

KV 1320 FamGKG sieht 2,0 Gerichtsgebühren in Abstammungssachen vor, KV 1220 FamGKG hingegen 3,0 für Unterhaltsverfahren. Gesetzlich nicht geregelt ist, welcher Gebührenansatz auf den einheitlichen, höheren Wert zu erfolgen hat. Schneider/Dürbeck schlagen eine analoge Anwendung von § 33 Abs. 1 S. 2 FamGKG vor, da sich der Gebührenansatz nach dem (höheren) Wertansatz richten soll. Ist der (höhere) Wert der Abstammungssache maßgeblich, entstehen 2,0 Gerichtsgebühren, wird auf den (höheren) Wert der Unterhaltsforderung (wie regelmäßig) abgestellt, sollen 3,0 Gebühren entstehen (Schneider/Dürbeck, Gebühren Familiensachen, 2. Aufl. 2021, § 15 Rn. 387).

Rechtsmittel

16. Entscheidungen gem. § 237 FamFG erfordern im Hinblick auf die jeweiligen Verfahrensteile differenzierte Rechtsmittelbelehrungen gem. § 39 FamFG: Die Beschwerde ggü. der (zurückgewiesenen) Vaterschaftsfeststellung soll gem. § 65 FamFG begründet werden, wohingegen jene ggü. der Unterhaltsverpflichtung § 117 Abs. 1 S. 1 FamFG gilt. Für Beschwerden ggü. Unterhaltsentscheidungen besteht Anwaltszwang (§ 114 Abs. 1 FamFG), für solche ggü. Abstammungssachen nicht (§ 10 Abs. 1 FamFG).

Der **Unterhaltsausspruch** ist isoliert mit der Beschwerde anfechtbar, wenn der Wert des Beschwerdegegenstandes 1.000 EUR übersteigt oder die Beschwerde zugelassen ist (§ 61 Abs. 1 und 2 FamFG). Der Wert des Beschwerdegegenstandes bestimmt sich dabei nicht nach dem Gebührenstreitwert (§ 51 FamGKG), sondern nach § 113 Abs. 1 S. 2 FamFG iVm §§ 2 und 9 ZPO (maßgebend ist also der $3^1/_2$-fache Jahresbetrag der zu- oder aberkannten Unterhaltsrente). Ggü. einer abschließenden Rechtsmittelentscheidung kann die **Abänderung** gem. § 240 FamFG beantragt werden.

Die **Kostenentscheidung** als Nebenentscheidung in der Unterhaltssache ist demgegenüber nicht isoliert anfechtbar; Ausnahmen sind nur in Form der sofortigen Beschwerde (Frist 14 Tage) bei Kostenentscheidungen nach Anerkennung vorgesehen (§§ 113 Abs. 1 FamFG, 99 Abs. 2 ZPO). Gleiches gilt aufgrund der Regelungen in §§ 91a Abs. 2 S. 1, 99 Abs. 2 S. 1, 269 Abs. 5 ZPO bei Erledigung der Hauptsache oder Antragsrücknahme, welche § 99 Abs. 2 ZPO ausschließen.

Ggü. der **Abstammungsentscheidung** ist (isoliert) die Beschwerde zulässig, Frist gem. § 63 Abs. 1 FamFG 1 Monat.

Die Kostenentscheidung (**Kostenmischentscheidung**) kann **isoliert** bezogen auf den **abstammungsrechtlichen** Aspekt mit der Beschwerde angefochten werden (KG FamRZ 2016, 319; OLG Celle NZFam 2021, 1105; aA OLG Koblenz FamRZ 2015, 1424; Dürbeck NZFam 2019, 524 (527)). Eine Abhängigkeit von einem Beschwerdewert besteht nicht, da es um eine Abstammungssache bzw. nichtvermögensrechtliche Angelegenheit geht (siehe § 61 Abs. 1 FamFG).

Zuständig ist gem. § 119 Abs. 1 Nr. 1 lit. a GVG das OLG.

Zur Einreichung mittels beA → Form. E.II.1 Anm. 11

III. Feststellung der Mutterschaft

An das

Amtsgericht
– Familiengericht[1] –

Antrag

In der Familiensache

betreffend die Feststellung der Mutterschaft

zeige ich unter Vorlage einer auf mich lautenden Vollmacht an, dass ich die Antragstellerin, das Kind . . . . ., gesetzlich vertreten durch das Jugendamt . . . als Amtsvormund,[6] vertrete.[5] Namens und in Vollmacht der Antragstellerin beantrage ich:[7]

Es wird festgestellt, dass die Beteiligte zu 2. die Mutter der Antragstellerin ist.[9],

Darüber hinaus beantrage ich,[8]

der Antragstellerin für das Verfahren erster Instanz Verfahrenskostenhilfe zu bewilligen und ihr zur Vertretung den Unterzeichnenden als Rechtsanwalt beizuordnen.

Beteiligte:[2]

1. Das Kind . . . . ., geboren am . . . . . . in . . . . . ., wohnhaft . . . . . . , gesetzlich vertreten durch das Jugendamt . . . . . als Amtsvormund (Antragstellerin)
2. Frau . . . . ., geboren am . . . . . . in . . . . . ., wohnhaft . . . . . ., (Beteiligte zu 2.)
3. Frau . . . . ., geboren am . . . . . . in . . . . . ., wohnhaft . . . . . ., (Beteiligte zu 3.)

vorläufiger Verfahrenswert: 3.000 EUR.[11]

Begründung

Die Antragstellerin begehrt die Feststellung der Mutterschaft (§ 1591 BGB) der Beteiligten zu 2.).[3] Im Einzelnen:

Die Antragstellerin wurde am 1.1.2026 in der Babyklappe des Klinikums . . . . . abgelegt und dort vom Klinikpersonal aufgefunden. Das genaue Geburtsdatum ist unbekannt. Das Jugendamt . . . . . wurde gem. § 1786 BGB zum Amtsvormund bestellt.

Beweis: Beschluss des Familiengerichts . . . . . vom . . . . . in Kopie

Ärztlicherseits wurde das Geburtsdatum auf den 24.12.2025 geschätzt.

Beweis: Ärztliches Attest, in Kopie

Das Jugendamt erteilte dem Kind den Geburtsnamen Maria.

Das Standesamt . . . . . erstellte daraufhin einen Geburtseintrag, in dem für die Antragstellerin der Vor- und Zuname registriert und der Ablageort (Babyklappe) als

Geburtsort aufgenommen wurden. Sodann wurde eine Geburtsurkunde ausgestellt, die eine unbekannte Mutter (und keinen Vater) ausweist.

Beweis: Geburtsurkunde vom . . . . ., in Kopie.

Das Jugendamt hat im Zuge von Ermittlungen gegenüber einer Kinderwunschklinik in Prag die Information erhalten, dass dort kryokonservierte Eizellen entgegen der vertraglichen und gesetzlichen Regelung zur Befruchtung anderer Frauen verwendet worden sein sollen. Die Beteiligte zu 2.) wird von Seiten der Klinik als Empfängerin einer künstlich befruchteten Eizelle dokumentiert. Sie verfügte indes offensichtlich nicht über eigene fortpflanzungsfähige Eizellen. In der Klinik in Tschechien (Prag) ließ sie deshalb zur Erfüllung ihres Kinderwunsches eine gespendete Eizelle mit ebenfalls gespendetem Samen befruchten. Diese befruchtete Eizelle wurde sodann in ihre Gebärmutter eingesetzt, woraufhin sie schwanger wurde. Nach dem weiteren Akteninhalt soll die Beteiligte zu 2.) am 24.12.2025 eine Tochter geboren haben.

Die Antragstellerin geht nach alledem davon aus, dass die Beteiligte zu 2.) ihre Mutter ist, da sie die Antragstellerin zur Welt gebracht hat bzw. haben dürfte.

Beweis: Einzuholende Geburtsbescheinigung des Klinikums . . . . .; Anhörung der Beteiligten zu 2.)

Entgegen der Vereinbarung – und daher vertrags- und gesetzeswidrig – soll allerdings nicht die selektierte befruchtete Eizelle der Beteiligten zu 2.) in ihre Gebärmutter transferiert worden sein, sondern eine fremde: Parallel zu den Ermittlungen des Jugendamtes als Vormund meldete sich Frau . . . . . . , Beteiligte zu 3.), und teilte mit, dass sie die genetische Mutter der von der Beteiligten zu 2.) zur Welt gebrachten Antragstellerin sei. Ihre Eizellen sollten in Prag nur kryokonserviert werden, um sie später selbst verwenden zu können. Aus ihr nicht bekannten Umständen hat die Klinik ihre Eizelle ohne ihre Zustimmung zur Befruchtung und Verwendung durch die Beteiligte zu 2.) verwendet. Damit sei sie nicht einverstanden, immerhin sei nun ein Kind, die Antragstellerin, mit ihrem genetischen Code geboren werden. Sie sei damit auch, ohne es zu wissen, Mutter geworden. Sollte es rechtlich möglich sein, möchte sie sich daher als Mutter der Antragstellerin feststellen lassen.

Die Antragstellerin möchte vor diesem Hintergrund die Mutterschaft der Beteiligten zu 2.) feststellen lassen.[4] Die Beteiligte zu 3.), Eizellspenderin wider Willen, weist nach ihren Angaben eine genetische Verbindung zu ihr auf und konkurriert mit der Beteiligten zu 2.) um die Position als Mutter. Das deutsche Recht erkennt allerdings nur die Frau als Mutter an, die das Kind geboren hat (mater semper certa est). Auf eine genetische Verbindung der Antragstellerin zur Beteiligten zu 3.) kommt es dabei nicht an. Wird allerdings eine Geburt nicht belegt, wie hier durch anonyme Ablage der Antragstellerin in der Babyklappe – ohne jeden Hinweis auf eine stattgefundene Geburt –, könnte die Beteiligte zu 3.) sogar aufgrund genetischer Verbindung in die Mutterstelle gelangen, wenn sie eine Geburt behauptet, ggf. anlässlich eines Verfahrens in Tschechien. Die Beteiligte zu 2.) muss daher als ihre Mutter festgestellt werden, denn sie hat, anders als die Beteiligte zu 3.), die Antragstellerin geboren.

Die Antragstellerin ist außerstande, die Kosten des Verfahrens auch nur zum Teil oder in Raten aufzubringen.

Beweis: Erklärung über ihre persönlichen und wirtschaftlichen Verhältnisse nebst Belegen.

Die Sach- und Rechtslage stellt sich zudem als schwierig iSd § 78 Abs. 2 FamFG dar, weshalb die Vertretung durch einen Rechtsanwalt erforderlich und damit dessen Beiordnung geboten ist. Dies nicht zuletzt schon deshalb, weil es um die Klärung konkurrierender leiblicher Elternstellen und besonderer Ermittlungen zur Geburt der Antragstellerin geht.[10]

Rechtsanwalt[12]

Anmerkungen

Gegenstand des Verfahrens ist nach § 169 Nr. 1 FamFG die Feststellung, dass die Antragstellerin Mutter des Kindes ist (vgl. AG Schwäbisch-Hall 16.3.2022 – 2 F 643/21, BeckRS 2022, 16807). Grundlage ist § 1591 BGB. Es handelt sich um ein besonderes Status-Feststellungsverfahren (§ 256 ZPO; siehe auch BT-Drs. 13/4899, 83). Die Entscheidung wirkt für und gegen alle (§ 184 Abs. 2 FamFG).

1. Zur **Zuständigkeit** siehe → Form. E.II.1 Anm. 2.

2. **Beteiligt** ist gem. § 172 Abs. 1 Nr. 2 FamFG die als **Mutter** (§ 1591 BGB) in Betracht kommende Frau, also Geburtsmutter. Die bloß **genetische** Mutter kann nicht als Mutter festgestellt werden, fällt also nicht in den unbedingt zu beteiligenden Personenkreis. Besteht jedoch Unklarheit darüber, wer das Kind zur Welt gebracht hat, kann auch die konkurrierende Frau zu beteiligen sein, entweder über § 172 Abs. 1 Nr. 2 FamFG oder § 7 Abs. 2 FamFG. Nur so wird der Anspruch auf Gewährung rechtlichen Gehörs umgesetzt. Ggf. besteht ggü. der genetischen Mutter ein Anspruch auf Duldung einer Probenentnahme und Untersuchung gem. § 1598a BGB (→ Form. E.IV).

Der **Vater** (§ 172 Abs. 1 Nr. 3 FamFG) ist unbekannt; es wurde der Antragstellerin bislang kein Mann (bzw. Person mit männlicher Geschlechtsidentität) als Vater zugeordnet. Ein Putativvater oder Vaterschaftsprätendent gehört nicht zum Kreis der zu beteiligenden Personen, solange es nicht um seinen Status geht (MüKoFamFG/Coester-Waltjen/Lugani, 4. Aufl. 2025, FamFG § 172 Rn. 8). Er ist nicht Muss-Beteiligter, wäre aber ggf. gem. § 7 FamFG am Verfahren zu beteiligen.

3. Der Antrag ist **begründet**, wenn die Beteiligte zu 2.) die Antragstellerin auf die Welt gebracht hat (§ 1591 BGB).

a) Durch die **Geburt** eines Kindes wird die gebärende Frau als erste Elternstelle zur Mutter. Das gilt unabhängig von einer ehelichen oder nichtehelichen Geburt und dem Umstand, dass das Kind durch Eizell- oder Embryospende gezeugt wurde (und daher keine genetische Verbindung zur Geburtsmutter besteht). Die Umstände der Zeugung und des Empfangs ändern an der Geburtsmutterschaft genauso wenig wie die Motivation, das Kind ggf. für Wunscheltern auszutragen (der EGMR hat diese Rechtslage europarechtlich bestätigt, EGMR NJOZ 2025, 1161; kritisch Rolffs/Lubahn Greppler NZFam 2025, 833). Die Feststellung einer zweiten Mutterschaft (in Bezug auf die Ehefrau der Mutter) ist nicht möglich (AG Berlin-Tempelhof-Kreuzberg BeckRS 2020, 54705).

Mutterschaft wird immer zeugungsbiologisch zugewiesen, d.h. auch bei Geburt durch eine Person, die gem. § 2 SBGG eine ändernde Erklärung zum **Geschlechtseintrag** abgegeben hat (also z.B. zu *männlich*, *divers*, *keine Angabe*), wird im Geburtsregister immer eine Frau (als Mutter) eingetragen (vgl. §§ 11 Abs. 1 S. 1 SBGG, 42 Abs. 2 PStV). **Geänderte Geschlechtsidentitäten** sind für die Mutterschaft daher bedeutungslos. Ändert eine **Frau** vor der Geburt ihre Geschlechtsidentität in **männlich**, wird sie daher gleichwohl gem. § 11 Abs. 1 S. 1 SBGG zur **Mutter** (zur Rechtslage nach dem TSG siehe OLG Schleswig 4.7.2024 – 2 Wx 11/24, FamRZ 2024, 1373 mAnm Oldenburger FuR 2024, 495; zum SBGG Oldenburger NZFam 2025, 57; Rentsch/Valentiner NJW 2024, 3407; Keuter FamRZ 2024, 1073).

Auch bei einer **vertraulichen Geburt** nach dem SchKG oder Nutzung einer **Babyklappe** gilt die (unbekannte) Frau, die das Kind geboren hat, als Mutter. Ein Feststellungsverfahren gem. § 169 Nr. 1 FamFG ist nur außerhalb einer vertraulichen Geburt nach dem SchKG möglich (OLG Koblenz FamRZ 2010, 481; KG StAZ 2019, 271). Gem. §§ 25 ff. SchKG werden die Daten der Mutter (sog. Herkunftsnachweis) beim Bundesamt für Familie und zivilgesellschaftliche Aufgaben hinterlegt (§ 27 SchKG). Das Kind hat, ähnlich wie nach dem Samenspenderregistergesetz, ab dem 16. Geburtstag ein Einsichtsrecht (§ 31 Abs. 1 SchKG), das ggf. gem. § 32 SchKG familiengerichtlich durchsetzbar ist.

Die aufgrund der Abgabe des Neugeborenen in einer Babyklappe einzurichtende **Vormundschaft** hat ua die Aufgabe, die Mutter ausfindig zu machen, iÜ wird die Geburt sodann im Geburtenregister wie bei einem Findelkind beurkundet (§ 24 Abs. 2 PStG) bzw. bei vertraulicher Geburt gem. § 21 Abs. 2a PStG.

Das Kind kann gem. § 31 Abs. 1 SchKG ab dem 16. Geburtstag die gespeicherten **Daten** der Geburtsmutter einsehen. Gem. §§ 24 Abs. 2, 25 PStG bestimmt die zuständige Verwaltungsbehörde bei Findelkindern deren Vor- **und** Familiennamen sowie Geburtstag und -ort (§ 21 Abs. 1 PStG). Es besteht ein weiter Ermessenspielraum (vgl. Spindler StAZ 2012, 97).

Das Familiengericht ist verpflichtet, im Rahmen des **Statusklärungsverfahrens** von Amts wegen die Identität der Mutter zu ermitteln (KG FamRZ 2018, 1923). Ungeklärt ist, ob eine Frau, die genetisch mit dem Kind verbunden ist, als Mutter festgestellt werden kann, wenn keine andere Frau als Geburtsmutter in Betracht kommt (vgl. auch EGMR NJOZ 2025, 1161). Das wird man verneinen müssen, wenn feststeht, dass diese Frau das Kind nicht zur Welt gebracht hat oder haben kann. Die Gebärende wird immer und ausnahmslos rechtliche Mutter des Kindes, auch, wenn ihre Identität (vorerst) verborgen bleibt (Gernhuber/Coester-Waltjen FamR/Coester-Waltjen/Gernhuber § 53 Rn. 23; MüKoBGB/Wellenhofer BGB § 1591 Rn. 60).

b) Abweichend von § 1591 BGB kann bei im Ausland durchgeführter **Leihmutterschaft** die Wunschmutter zur Mutter werden, also auch dann, wenn sie das Kind nicht geboren hat (zu Regelungsmöglichkeiten von Leihmutterschaft in Deutschland Oldenburger FuR 2024, 408). Grundlage dafür ist eine **anerkennungsfähige Entscheidung** (§ 108 FamFG). Das setzt qualitativ voraus, dass – neben Gerichten – Behörden tätig geworden sind, die mit staatlicher Autorität ausgestattet und funktional mit deutschen Gerichten gleichgestellt werden können. Eine bloße **Registrierung** kann nicht Gegenstand einer Entscheidungsanerkennung sein; eine Geburtsurkunde oder -registrierung entfaltet keine über die Beurkundung einer Geburt hinausgehende Wirkung (BGH NJW 2019, 1608 = FamRZ 2019, 890). Ob die ausländische Entscheidung konstitutive oder feststellende Wirkung hat, ist unerheblich (BGH BGHZ 203, 350 = NJW 2015, 479). Das deutsche IPR (v.a. Art. 19 EGBGB) ist in diesen Fällen nicht anzuwenden und wird suspendiert (Hepting/Dutta Personenstand-HdB, 3. Aufl., Teil IV-161, 76 m.w.N.; Wagner StAZ 2012, 294 (295); OLG Köln NJW-RR 2024, 1613 mAnm Oldenburger NZFam 2024, 856).

Werden die Wirksamkeit der Leihmutterschaftsvereinbarung und die rechtliche Elternschaft der Wunscheltern vom zuständigen ausländischen Gericht in einem rechtsstaatlichen Anforderungen entsprechenden Verfahren festgestellt, bietet die Entscheidung mangels gegenteiliger Anhaltspunkte die Gewähr für eine freie Entscheidung der Leihmutter wie auch für die **Freiwilligkeit** der Herausgabe des Kindes (vgl. § 109 Abs. 1 Nr. 4 FamFG) an die Wunscheltern; das Umgehen des in Deutschland geltenden Verbots der Leihmutterschaft verstößt als solches nicht gegen den (anerkennungsrechtlichen) ordre public (BGH BGHZ 203, 350 = NJW 2015, 479 (482 f., 484)). Folge der Anerkennung ist die **Registrierung** der Wunschmutter als Mutter des Kindes (in Abweichung vom Grundsatz des § 1591 BGB) (OLG Köln NJW-RR 2024, 1513 mAnm Oldenburger NZFam 2024, 856; Oldenburger, Die Anerkennung im Ausland durchgeführter Leihmutterschaften, in Budzikiewicz/Heiderhoff/Klinkhammer/Niethammer-Jürgens (Hrsg.), Grenzen und Grenzverschiebungen im internationalen Familienrecht, 2024, S. 25 ff.).

Wird die (eingetragene) **Mutterschaft** der Leihmutter durch eine ausländische (nachgeburtliche) Gerichtsentscheidung nachträglich **aufgehoben**, bspw. im Rahmen eines Anfechtungsverfahrens, ist auch diese Entscheidung in Deutschland anzuerkennen mit der Folge, dass ihre Eintragung im Geburtsregister entfällt (AG Köln BeckRS 2025, 8649).

c) Eine **genetische Mutterschaft** einer Frau, deren Eizelle (oder Mitochondrien) zur künstlichen Befruchtung und anschließenden Austragung durch eine andere Frau verwendet worden sind, ist gesetzlich nicht vorgesehen. Ein Feststellungsantrag gem. § 169 Nr. 1 FamFG ist daher nicht möglich (vgl. AG Berlin-Tempelhof-Kreuzberg BeckRS 2020, 54705; AG Köln BeckRS 2014, 12864). Das basiert u.a. auf der gesetzlichen Neuregelung des § 1591 im Jahr 1998 (RegE KindRG, BT-Drs. 13/4899, 82) sowie der Regelung im Embryonenschutzgesetz (ESchG) aus dem Jahr 1990, Ärztinnen und Ärzten jede Beteiligung an einer Eizellspende und Leihmutterschaft zu verbieten (siehe Bericht der Kommission zur Reproduktiven Selbstbestimmung und Fortpflanzungsmedizin v. 15.4.2024; kritisch Oldenburger NZFam 2025, 57; Oldenburger NZFam 2022, 870; Taupitz NJW 2019, 337; Laubacher/Ruppert ZRP 2024, 132; Terpitz ZRP 2016, 51; Lindner ZRP 2019, 171). In Folge des Verbots von **Leihmutterschaft** bestimmte der Gesetzgeber im Jahr 1998 klarstellend, dass nur die Geburtsmutter dem Kind abstammungsrechtlich zugeordnet wird, nicht aber die Frau, von der die befruchtete Eizelle stammt (oder die Wunschmutter). Es gibt daher keine Möglichkeit, mit Ausnahme einer Adoption die Geburtsmutterschaft auch bei von vornherein fehlender Verantwortungsabsicht oder nicht bestehenden genetischen Verbindung zu beseitigen (kritisch zum Ausschluss einer genetischen Mutterschaft Dethloff, FS Coester-Waltjen, 2015, 41 (48)).

4. Die Feststellung des Bestehens oder Nichtbestehens eines Eltern-Kind-Verhältnisses ist **nicht fristgebunden**. Zweifelhaft erscheint, ob das Feststellungsverfahren auf Antrag nach § 21 FamFG für begrenzte Zeit **ausgesetzt** werden kann (vgl. Sternal/Sternal, 22. Aufl. 2025, FamFG § 21 Rn. 12). Als wichtiger Grund könnte eine unzeitgemäße Belastung des Kindes durch das Verfahren in Betracht kommen (vgl. BeckOGK/Flöck, 1.12.2025, FamFG § 21 Rn. 28 ff., 39 ff.; OLG Braunschweig FamRZ 2020, 1200 (1202) mAnm Coester-Waltjen). Abzuwägen wären einerseits das Interesse des Kindes an der jedenfalls zeitweiligen Nichtaufklärung der leiblichen Vaterschaft und andererseits das Interesse des Mannes an der Kenntnis seiner Vaterschaft und seiner eventuellen Beteiligung an der elterlichen Sorge.

5. Das **Vertretungsverhältnis** ist unter Angabe des Namens und der Anschrift des Vertreters darzustellen.

6. Zur **Verfahrensfähigkeit** → Form. E.II.1 Anm. 5

7. Das erstinstanzliche Verfahren vor dem Familiengericht unterliegt nicht dem **Anwaltszwang.** Eine **Vollmacht** muss gem. § 11 FamFG (erst) nach Aufforderung durch das Gericht übermittelt werden.

8. Eines **Antrags** zur **Kostenentscheidung** bedarf es nicht. In Familiensachen ist von Amts wegen nach § 81 Abs. 1 S. 3 FamFG über die Kosten zu entscheiden (§ 82 FamFG). Es gelten die allgemeinen in §§ 81, 83 FamFG und für das Rechtsmittelverfahren in § 84 FamFG aufgestellten Grundsätze der Kostenpflicht.

9. Endentscheidungen in Abstammungssachen werden nach § 184 Abs. 1 S. 1 FamFG erst mit Rechtskraft **wirksam** und damit nach § 86 Abs. 2 FamFG **vollstreckbar,** dürfen also nicht für vorläufig vollstreckbar erklärt werden, auch nicht bei Antragsabweisung. Dies betrifft auch die Kostenentscheidung.

10. Die für die Beiordnung eines Rechtsanwalts nach § 78 Abs. 2 FamFG erforderliche Schwierigkeit der Sach- und Rechtslage sollte dargelegt werden.

Kosten und Gebühren

11. Nach § 47 Abs. 1 FamGKG nF beträgt der Wert in Abstammungssachen seit dem 1.6.2025 gemäß § 169 Nr. 1 FamFG 3.000 EUR. Siehe iÜ → Form. E.II.1 Anm. 10

Fristen und Rechtsmittel

12. → Form. E.II.1 Anm. 11

IV. Antrag auf Ersetzung der Einwilligung in eine genetische Abstammungsuntersuchung und Anordnung der Duldung einer Probeentnahme

An das

Amtsgericht

– Familiengericht[1] –

Antrag

In der Familiensache

betreffend die Ersetzung der Einwilligung in eine genetische Abstammungsuntersuchung und Anordnung der Duldung einer Probeentnahme[2]

zeige ich unter Vorlage einer auf mich lautenden Vollmacht an, dass ich den Antragsteller

. . . . . geb.am . . . . . in . . . . . , wohnhaft in . . . . .

vertrete.[7]

Namens und in Vollmacht des Antragstellers beantrage ich:[6]

Die Einwilligung der Beteiligten zu 1. und 2. in die Untersuchung der genetischen Abstammung des Kindes . . . . . wird ersetzt und die Duldung der Entnahme einer für die Untersuchung geeigneten Probe, die nach dem allgemein anerkannten Stand der Wissenschaft und Technik und den gem. § 23 GenDG ergangenen Richtlinien und unter Beachtung von § 17 GenDG zu entnehmen ist, angeordnet.

Darüber hinaus beantrage ich,

dem Antragsteller für das Verfahren erster Instanz Verfahrenskostenhilfe zu bewilligen und ihm zur Vertretung den Unterzeichnenden als Rechtsanwalt beizuordnen.

Des Weiteren rege ich an,

dem betroffenen Kind – Beteiligter zu 1. – zur Vertretung in dem Verfahren einen Ergänzungspfleger zu bestellen.[8]

(Weitere) Beteiligte:[5]

1. Kind . . . . . , geboren am . . . . . in . . . . . , wohnhaft . . . . . , (Beteiligter zu 1.)
2. Kindesmutter . . . . . , geboren am . . . . . in . . . . . , wohnhaft . . . . . (Beteiligte zu 2.)

vorläufiger Verfahrenswert:[3] 2.000 EUR.[9, 18]

Begründung

Der Antragsteller und die Beteiligte zu 2. haben am . . . . . miteinander die Ehe geschlossen.

Beweis: Heiratsurkunde des Standesamtes . . . . . vom . . . . .

Aus dieser Ehe ist der am . . . . . geborene . . . . . – Beteiligter zu 1. – hervorgegangen.

Beweis: Geburtsurkunde des Standesamtes . . . . . vom . . . . .

Der Antragsteller ist nach § 1592 Nr. 1 BGB der Vater des Kindes . . . . . (Beteiligter zu 1.).[10]

Der Antragsteller hat erhebliche Zweifel, dass das Kind . . . . . tatsächlich von ihm abstammt, also sein leiblicher Sohn ist.

Sowohl im persönlichen Gespräch als auch mit vorgerichtlichen Anwaltsschreiben vom . . . . . und . . . . . hat der Antragsteller die Kindesmutter (Beteiligte zu 2.) aufgefordert, zur Prüfung selbst und namens des Kindes . . . . . in eine genetische Abstammungsuntersuchung einzuwilligen und dazu jeweils die Entnahme einer der Untersuchung dienenden Probe (voraussichtlich Mundschleimhautabstrich) zu dulden.

Beweis: Vorlage der außergerichtlichen Anwaltsschreiben.

Die Beteiligte zu 2. hat die erbetene Zustimmung gegenüber dem Antragsteller nicht erteilt und auf die ihr übermittelten Anwaltsschreiben nicht geantwortet. Sie ist jedoch nach § 1598a Abs. 1 BGB verpflichtet, in die genetische Abstammungsuntersuchung einzuwilligen und die Entnahme der für die Untersuchung erforderlichen genetischen Probe zu dulden.[4] Angesichts ihrer Weigerung hat das Familiengericht nach § 1598a Abs. 2 BGB die nicht erteilte Genehmigung zu ersetzen und die Duldung einer Probeentnahme anzuordnen.[16]

Vorsorglich weise ich bereits an dieser Stelle darauf hin, dass die Probenentnahme und Durchführung der Abstammungsuntersuchung für die Beteiligten zu 1. und 2. gem. § 178 FamFG nicht unzumutbar sind.[12] Dem liegt zugrunde, dass die Kindesmutter (Beteiligte zu 2.) offensichtlich befürchtet, von ihrer Familie bestraft zu werden, wenn sich herausstellt, dass nicht ihr Ehemann der Vater ihres Sohnes . . . . . (Beteiligter zu 1.) ist. Ihre Familie und sie gehören trotz ihres Lebensmittelpunktes in Deutschland weiterhin einer Religion und Kultur an, in der Ehebruch als ahndungspflichtige Ehrverletzung angesehen wird. Sie hat ggü. dem Antragsteller daher angegeben, aus diesem Grund bereits die Probenentnahme nicht durchführen zu wollen. Der Antragsteller hat daraufhin mit der Familie gesprochen und vom Familienoberhaupt die Zusage erhalten, dass keine Sanktionen bevorstehen oder zu befürchten sind.

Es bestehen auch keine Gründe, das Verfahren nach § 1598a Abs. 3 BGB auszusetzen.[17] Die Klärung der leiblichen Abstammung begründet keine erhebliche Beeinträchtigung des Wohls des Kindes, die auch unter Berücksichtigung der Belange des Antragstellers für das Kind unzumutbar wäre. Der Beteiligte zu 1. ist gesundheitlich stabil und seelisch ausgeglichen. In der Schule zeigt er gute Leistungen und ist in einen festen Freundeskreis eingebunden. Er würde deshalb sowohl eine mögliche Feststellung, dass der Antragsteller nicht sein leiblicher Vater ist, als auch eine dadurch bedingte Belastung der Vater-Kind-Beziehung ohne die konkrete Gefahr außergewöhnlicher und schwerwiegender Beeinträchtigungen verkraften. Demgegenüber steht das gesetzlich geschützte Recht des Antragstellers auf Klärung der Abstammung.

Eine fristgerechte Anfechtung der Vaterschaft bleibt abhängig vom Ergebnis der begehrten Untersuchung vorbehalten.

Der Antragsteller beabsichtigt, mit der Klärung der Abstammung das Institut für Rechtsmedizin der Universitätsklinik . . . . . zu beauftragen.[14] Damit ist sichergestellt, dass die Proben nach den anerkannten Grundsätzen der Wissenschaft entnommen und ausgewertet werden. Das Institut für Rechtsmedizin hat auf Anfrage mitgeteilt, die genetische Abstammungsuntersuchung anhand von Speichelproben, die durch Mundschleimhautabstriche gewonnen werden, durchführen zu können.[11]

Beweis: Schreiben des Instituts für Rechtsmedizin vom . . . . . (Beweisantritt verzichtbar).

Die Kosten des Verfahrens bitte ich, in Anwendung von § 81 Abs. 1 und 2 Nr. 1 FamFG der Beteiligten zu 2. aufzuerlegen.[13] Diese hat sich trotz mehrfacher außergerichtlicher Aufforderungen geweigert, in die genetische Abstammungsuntersuchung einzuwilligen und eine Probenentnahme zu dulden.

Der Antragsteller ist außerstande, die Kosten des Verfahrens auch nur zum Teil oder in Raten aufzubringen. Anliegend überreiche ich die Erklärung des Antragstellers über seine persönlichen und wirtschaftlichen Verhältnisse nebst Belegen.

Die Sach- und Rechtslage stellt sich als schwierig iSd § 78 Abs. 2 FamFG dar, weshalb die Vertretung durch einen Rechtsanwalt erforderlich und damit dessen Beiordnung geboten ist.[15] Dies nicht zuletzt schon deshalb, weil im Hinblick auf die zu erwartenden Einwände der Kindesmutter eine Klärung und Auseinandersetzung mit den rechtlichen Voraussetzungen der Abstammungsuntersuchung im Kontext des familiären Kulturkreises erfolgen müsste. Dazu ist anwaltliche Expertise erforderlich.

Zur Vertretung des beteiligten Kindes bedarf es der Bestellung eines Ergänzungspflegers nach §§ 1693, 1809 Abs. 1 BGB. Der Antragsteller und die Kindesmutter sind nach § 1629 Abs. 2a BGB von der Vertretung des . . . . . im gerichtlichen Verfahren ausgeschlossen.[8]

Rechtsanwalt[19]

Anmerkungen

1. Zuständig ist das Gericht, in dessen Bezirk das Kind seinen gewöhnlichen Aufenthalt hat, andernfalls dasjenige im Bezirk des gewöhnlichen Aufenthaltsortes von Mutter oder Vater (§ 170 Abs. 1, 2 FamFG).

2. Allgemeines. Gegenstand dieses Verfahrens nach § 169 Nr. 2 FamFG ist die Durchsetzung des dem rechtlichen Vater, der Mutter und dem Kind gegenseitig zustehenden Anspruchs aus § 1598a BGB auf Mitwirkung an der Klärung, ob eine genetische Abstammung zum Kind besteht.

3. Zur Vorschusspflicht der Verfahrensgebühr → Form. E.VI Anm. 9.

4. a) Das Kind kann nicht feststellen lassen, dass bzw. ob ein sonstiger Dritter als sein leiblicher Vater in Betracht kommt. Auch dem **Putativvater** steht **kein statusunabhängiger Klärungsanspruch** zu (BGH NZFam 2024, 929 mAnm Oldenburger; kritisch auch Löhnig JA 2025, 75). Unter Verwendung einer eidesstattlichen Versicherung zur Beiwohnung müsste dieser eine bestehende rechtliche Vaterschaft gemäß § 1600 Abs. 1 S. 1 Nr. 2 anfechten (→ Form. E.VII) oder diese gemäß § 1592 Nr. 3, 1600d feststellen lassen (→ Form. E.II.3) (OLG Karlsruhe Beschl. v. 17.7.2009 – 2 UF 49/09, FamRZ 2010, 221). Gegenüber dem Putativvater hat jedoch keiner der Berechtigten einen durchsetzbaren Klärungsanspruch, die Bereitstellung eines dahingehenden Verfahrens ist verfassungsrechtlich auch nicht geboten (BVerfG Beschl. v. 19.4.2016 – 1 BvR 3309/13, NJW 2016, 1939). Das Kind kann allerdings ggü. der Mutter die genetische Abstammung klären lassen, obschon sie das Kind geboren hat, nicht aber ggü. einer möglichen *nur* genetischen Mutter, die nicht sogleich auch Mutter gem. § 1591 ist (KG FamRZ 2018, 1923 Rn. 3; Helms FamRZ 2008, 1033; Grüneberg/Siede § 1598a Rn. 6; Schwab FamRZ 2008, 23 (24); Borth FPR 2007, 381 (382)). → Form. E.III

b) Eine **vorgeburtliche** Klärung ist nicht möglich (zur Ausnahme bei Sexualdelikten siehe §§ 17 Abs. 6, 15 Abs. 1 GenDG).

c) Das vormalige BMJ plante im Jahr 2024, die bestehende Regelung durch ein gerichtliches Feststellungsverfahren zu ersetzen, in welches auch ein mutmaßlicher genetischer Elternteil einbezogen werden sollte, wobei die Feststellung weiterhin keine Konsequenzen für die bestehende rechtliche Elternschaft gehabt hätte. Anders als bisher sollte jedoch die derzeitige außergerichtlich-private Vorgehensweise durch eine unmittelbare gerichtliche Prüfung und Entscheidung ersetzt werden (§ 1598 BGB-E. AbReG). Erstmals sollte dabei auch die Feststellung ggü. einer nur genetischen Mutter möglich sein. Antragsberechtigt hätte jeder mutmaßliche genetische Elternteil sein sollen. Im Koalitionsvertrag der 21. Legislatur finden sich dazu keine Hinweise. Der Gesetzgeber hat zur Umsetzung des Urteils des BVerfG zum Anfechtungsrecht leiblicher Väter zum 1.4.2026 eine Neuregelung eingeführt, die neben der Neugestaltung von § 1600 (dazu HKFamR/Oldenburger, 4. Aufl., § 1600 Rn. 1 ff.) eine Sperrwirkung (§ 1594 Abs. 5), nicht mehr Scheidungsakzessorische Viererеrklärung (§ 1595a) sowie Restitutionsmöglichkeiten (§ 185a FamFG), vorsieht; § 1598a wurde indes nicht geändert.

d) Das Verfahren auf Klärung der Abstammung bleibt – anders als das Vaterschaftsanfechtungs- oder Feststellungsverfahren – **ohne Auswirkung auf die statusrechtliche Zuordnung** des Kindes. Die bestehende rechtliche Elternschaft bleibt davon unberührt. Das statusunabhängige Klärungsverfahren ist jedoch geeignet, einen bislang nicht ausreichend geklärten Anfangsverdacht zu begründen und damit ein Anfechtungsverfahren vorzubereiten. Das gerichtliche Verfahren führt zur **Hemmung der Anfechtungsfrist** gem. § 1600b Abs. 5 BGB (dazu → Form. E.VII Anm. 23).

e) Ersetzt wird die fehlende Zustimmung (Einwilligung) iSd §§ 182, 183 BGB in eine noch durchzuführende Abstammungsuntersuchung. Wurde eine **heimliche Probe** genommen, darf die Abstammungsuntersuchung nicht durchgeführt werden (BeckOK BGB/Hahn, 75. Ed. 1.8.2025, BGB § 1598a Rn. 2). Ob eine nachträgliche Genehmigung erfolgen kann, ist fraglich. Einzelheiten der genetischen Untersuchung sind in § 17 Gendiagnostikgesetz (GenDG) geregelt (zum Beweiserhebungsverbot bei genetisch-genealogischer Analyse im Ausland OLG Celle NJOZ 2023, 261).

f) Die Ersetzung der Einwilligung hat die gleiche Wirkung wie die Einwilligung des Betroffenen. Sie vermeidet zusätzlichen Vollstreckungsaufwand und fördert eine zügige Abwicklung. Ein Vollstreckungsverfahren ist danach nur bei der Weigerung zur Abgabe einer genetischen Probe erforderlich.

g) Der Anspruch ist weder fristgebunden noch unterliegt er der Verjährung (§ 194 Abs. 2 BGB).

5. **Beteiligte** des Abstammungsverfahrens sind bei Antragstellung des (rechtlichen) Vaters jeweils Mutter und Kind, bei Antragstellung der Mutter jeweils Vater und Kind und bei Antragstellung des Kindes jeweils beide Elternteile (§ 1598a Abs. 1 S. 1 BGB). Ausnahmsweise kann eine abstammungsrechtliche Klärung vom Kind auch gegenüber **weiteren Abkömmlingen vorverstorbener Elternteile** verlangt werden, wenn nur auf diesem Wege eine Klärung erfolgen kann (vgl. § 178 Abs. 1 FamFG). Die Anspruchsberechtigung ist höchstpersönlich und unvererblich. Im Falle eines vorverstorbenen Elternteils kann zur Probenentnahme auch die **Exhumierung** angeordnet und durchgeführt werden. Zu beteiligen ist in diesem Fall die Person, der das Recht der Totenfürsorge zusteht (Helms FamRZ 2008, 1033 (1034)).

6. **Antragsbefugt** sind nach § 1598a Abs. 1 S. 1 Nr. 1 BGB **nur** der rechtliche Vater (§ 1592 BGB), nach Nr. 2 die Kindesmutter (§ 1591 BGB) und nach Nr. 3 das Kind. Die Antragsbefugnis geht nach dem Tod des Klärungsberechtigten nicht auf dessen Erben über. Einem Putativvater steht die Möglichkeit auf inzidente Klärung der leiblichen

Vaterschaft im Rahmen eines Umgangsverfahrens gem. § 1686a BGB zur Seite. Eine Fälschung des Personenstandsregisters oder der Geburtsurkunde des Kindes begründen keine rechtliche Vaterschaft und damit keine Antragsbefugnis (vgl. BGH FamRZ 2017, 1685).

7. Das erstinstanzliche Verfahren vor dem Familiengericht unterliegt nicht dem **Anwaltszwang.** Ggf. ist eine besondere anwaltliche **Vollmacht** nach Aufforderung durch das Familiengericht vorzulegen (§ 11 FamFG).

8. Vater und Mutter des Kindes sind von der **Vertretung** des Kindes im gerichtlichen Verfahren nach § 1629 Abs. 2a BGB ausgeschlossen. Für minderjährige Kinder (= Beteiligte gem. § 172 Abs. 1 Nr. 1 FamFG) ist ein **Ergänzungspfleger** nach §§ 1693, 1809 Abs. 1 BGB zu bestellen (OLG Koblenz NJW-RR 2013, 1349). Außerhalb des gerichtlichen Verfahrens bleiben die Eltern im Rahmen des ihnen zustehenden Sorgerechts zur Vertretung des Kindes berechtigt und entscheiden über eine außergerichtliche Einwilligungserklärung des Kindes und auch über die Frage, ob von dem Kind ein gerichtliches Klärungsverfahren überhaupt angestrengt werden soll (OLG Koblenz NJW-RR 2013, 1349 = FamRZ 2014, 406; Helms FamRZ 2008, 1033 (1034)). Nach § 17 Abs. 3 GenDG gelten im Rahmen der genetischen Abstammungsuntersuchung §§ 1627 und 1821 Abs. 2 bis 4 BGB.

9. In Abstammungssachen nach § 169 Nr. 2 FamFG beträgt der **Verfahrenswert** gem. § 47 Abs. 1 FamGKG 1.000 EUR. Werden die Ansprüche auf Einwilligung in eine Abstammungsuntersuchung und auf Duldung der Entnahme einer genetischen Probe in einem Verfahren verfolgt, verbleibt es beim Wert von 1.000 EUR, es erfolgt keine Addition. Richtet sich der Antrag gegen mehrere Personen, erfolgt eine Wertaddition nach § 33 Abs. 1 S. 1 FamGKG (OLG Naumburg FamRZ 2019, 914).

10. Das international anwendbare Recht für den Anspruch auf statusneutrale Klärung der Abstammung ist entsprechend Art. 19 Abs. 1 EGBGB zu ermitteln. Eine nach ausländischem Recht erfolgte statusrechtliche Abstammungsfeststellung entfaltet im Rahmen des § 1598a BGB keine Sperrwirkung für die Anwendbarkeit deutschen Rechts (BGH FamRZ 2019, 1543 mAnm Schwonberg = FamRB 2019, 393 mAnm Siede).

11. Nach § 1598a Abs. 1 S. 2 BGB besteht ein Anspruch auf Entnahme einer Probe nur nach den anerkannten Grundsätzen der Wissenschaft. Da der Klärungspflichtige dem Anspruch nur unter dieser Voraussetzung nachzukommen hat, bedarf es des Vortrags hierzu bereits im Antragsverfahren, nicht etwa erst bei der Vollstreckung der Entscheidung (Borth FPR 2007, 381 (383); der **Antrag** sollte daher hinsichtlich der Art der Probeentnahme (zB Blutprobe oder Mundschleimhautabstrich) möglichst konkret gefasst werden, um vollstreckungsfähig zu sein, vgl. OLG Brandenburg FamRZ 2010, 1817 (1818); aA OLG München FamRZ 2011, 1878)). Maßgeblich sind die Richtlinie der **Gendiagnostik-Kommission** (GEKO, Stand 11.4.2025) und das am 1. Februar 2010, hinsichtlich der Bestimmung zur Qualitätssicherung genetischer Analysen am 1. Februar 2011, in Kraft getretene **GenDG** vom 31. Juli 2009 (Gendiagnostikgesetz – GenDG; BGBl. I S. 2529, zuletzt geändert durch Gesetz vom 07.08.2013, BGBl I, S. 3154) bzw. die von der Bundesärztekammer im Jahr 2002 veröffentlichten Richtlinie für die Erstattung von Abstammungsgutachten (Deutsches Ärzteblatt 2002, A665 ff.).

Die **Abstammungsuntersuchung** selbst wird nicht vom Gericht, sondern vom Antragsteller (auf dessen Kosten) in Auftrag gegeben. Die Wahl der Untersuchungsmethode und des Anbieters ist ihm überlassen. Maßgeblich ist § 17 GenDG, der die Voraussetzungen der genetischen Untersuchung im Einzelnen regelt (s. o.).

12. Im Hinblick auf eine mögliche **Unzumutbarkeit der Untersuchung** (§ 178 Abs. 1 FamFG) kann eine Zwischenentscheidung gem. § 178 Abs. 2 S. 1 FamFG ergehen → Form. E.V. Diese kann mit der sofortigen Beschwerde (§§ 386, 387 Abs. 3 ZPO analog) angefochten werden (vgl. BGH FamRZ 2007, 549; OLG Celle FamRZ 2022, 1792 mAnm von Bary). Eine Weigerung kann bspw. bei heimlich eingeholten Abstammungsgutachten (BVerfG NJW 2007, 753), unterlassener weiterer Aufklärungsmöglichkeiten (OLG Saarbrücken Beschl. v. 2.10.2003 – 6 UF 54/03, BeckRS 2003, 30329714) oder Möglichkeiten, Probenmaterial anderweitig zu beschaffen (OLG Saarbrücken OLGR 2005, 297), begründet sein.

Das unterscheidet sich vom Einwand im (anschließenden) **Vollstreckungsverfahren** nach § 96a Abs. 1 FamFG bezogen auf die **Art der Probenentnahme** (→ Anm. 14).

13. Zur **Kostenentscheidung** siehe § 81 FamFG (für erfolgreiche Anfechtungsverfahren besteht eine Sonderregelung in § 183 FamFG). Danach entscheidet das Familiengericht nach **Billigkeit**. Es kann die Regelbeispiele des § 82 Abs. 2 FamFG wertend einbeziehen. Einem Putativvater können in Ermangelung konkreter Einblicke in das Intimleben der Mutter Verfahrenskosten regelmäßig nicht auferlegt werden (vgl. OLG Frankfurt a. M. FamRZ 2025, 1053; vgl. auch Dürbeck NZFam 2019, 524). IÜ folgt die Kostenlast dem Veranlasserprinzip (BGH NZFam 2014, 407 Rn. 17), wonach Elternteile und Kinder, die die Durchführung einer genetischen Abstammungsuntersuchung vorgerichtlich wider besseres Wissen verweigert haben, die Verfahrenskosten zu tragen haben. Ob eine Kostenaufhebung bei insgesamt 3 Beteiligten in Bezug auf die Gerichtskosten zu einer Halbierung oder Drittelung führt, ist ungeklärt. Hat der Antrag Erfolg, entspricht es indes der Billigkeit, dem Antragsteller keine **Gerichtskosten** aufzuerlegen, diese sind von den weiteren Beteiligten (Antragsgegnern), die auch die Hälfte der außergerichtlichen Kosten des Antragstellers zu tragen haben, zu zahlen (OLG Nürnberg FamRZ 2025, 464). Die Kosten des Abstammungsgutachtens, das der Antragsteller einholt, sind – anders als im Anfechtungsverfahren – keine Verfahrenskosten und vom Antragsteller selbst zu tragen.

14. Die **Vollstreckung richtet nach** §§ 95 Abs. 1 Nr. 4, 96a FamFG. Der Beschluss muss gem. § 45 FamFG **rechtskräftig** sein, was durch ein Rechtskraftzeugnis nachzuweisen ist. Wird die Probenentnahme verweigert, kann das Gericht auf Antrag Ordnungsgeld, ersatzweise Ordnungshaft, oder sogleich Ordnungshaft festsetzen; Kostenentscheidung gem. § 92 Abs. 2 FamFG. Das Vollstreckungsgericht entscheidet dann nach Anhörung der Beteiligten, also auch des/der Verpflichteten (§§ 890, 891 ZPO). Nach § 96a Abs. 1 FamFG kann ein besonderer Schutzantrag gestellt werden, der erfolgreich ist, wenn die Art der Probenentnahme **unzumutbar** ist (vgl. zu den Voraussetzungen MüKoFamFG/Zimmermann FamFG § 96a Rn. 5 mwN). Der Einwand der Unzumutbarkeit ist iÜ **von Amts wegen** zu beachten, bspw. bei gesundheitlichen Schäden (nicht schon die Blutentnahme) oder besonderen psychischen Beeinträchtigungen (OLG München NJW 2011, 2892; OLG Brandenburg BeckRS 2007, 11698). Gem. § 96a Abs. 2 FamFG kann bei **wiederholter** unberechtigter Verweigerung sogleich eine zwangsweise Vorführung angeordnet werden. Sie erfolgt durch begründeten Beschluss (OLG Celle NJW-RR 2022, 77). Rechtsmittel ist die Beschwerde (§ 87 Abs. 4 FamFG).

15. Die für die **Beiordnung** eines Rechtsanwalts nach § 78 Abs. 2 FamFG erforderliche Schwierigkeit der Sach- und Rechtslage wird sich in Verfahren der vorliegenden Art gut begründen lassen. Die Ansprüche auf Abstammungsklärung in § 1598a Abs. 1 und 4 BGB sind an keine weiteren materiellrechtlichen Voraussetzungen gebunden und bewusst niedrigschwellig ausgestaltet (BGH FamRZ 2017, 219; OLG Koblenz FamRZ 2014, 406). Die Rechtsverteidigung desjenigen, der seine Einwilligung verweigert hat, bietet demgegenüber regelmäßig keine hinreichende Aussicht auf Erfolg. Eine VKH darüber hinaus ausschließende Mutwilligkeit sehen §§ 76 Abs. 1 FamFG, 114 Abs. 2 ZPO dann vor, wenn ein Beteiligter, der keine Verfahrenskostenhilfe beansprucht, bei verständiger Würdigung aller Umstände von der Rechtsverfolgung oder Rechtsverteidigung absehen würde, obwohl eine hinreichende Aussicht auf Erfolg besteht (BGH FamRZ 2022, 601 (603 Rn. 21)). Trotz abgelaufener Anfechtungsfrist (2 Jahre ab Geburt, vgl. OLG Hamm FamRZ 1999, 1362) kann der Mutter VKH nicht vorenthalten werden, auch nicht unter Hinweis auf eine aus möglicher (präventiv installierter) **Missbräuchlichkeit** der Anerkennung der Vaterschaft (1597a BGB) ableitbare erweiterte Missbräuchlichkeit gem. §§ 76 Abs. 1 FamFG, 114 Abs. 2 ZPO (OLG Celle NJW-RR 2025, 1159 Rn. 28 unter Hinweis auf BGH FamRZ 2011, 872 (873) und OLG Braunschweig FamRZ 2017, 910 (911)).

16. Der Anspruch nach § 1598a Abs. 1 S. 1 BGB setzt voraus, dass die leibliche Abstammung des Kindes nicht schon durch ein Abstammungsgutachten geklärt ist oder, trotz vorliegendem Gutachten, ein Bedürfnis nach Klärung gegeben ist (ablehnend für ein in Ungarn eingeholtes Gutachten BGH NZFam 2022, 164). Dies kann bei fehlerhafter Durchführung der Begutachtung oder dann zu bejahen sein, wenn das Gutachten lediglich zu einem Grad der Gewissheit geführt hat, der dem nach aktuellen wissenschaftlichen Standards zu erreichenden eindeutig unterlegen ist (vgl. BGH FamRZ 2019, 1543 mAnm Schwonberg; BGH FamRZ 2017, 219 mAnm Reuß). Ob das Familiengericht ein außergerichtlich eingeholtes Gutachten gem. § 177 Abs. 2 S. 2 FamFG zugrunde legen kann, wenn alle Beteiligten dies wünschen, obschon Mängel erkennbar sind, ist im Einzelfall zu entscheiden. Zweifel am Ergebnis, der Identität der Proben etc. dürften dem aber entgegenstehen. Das gilt auch für Genehmigungen von Gutachten, die zunächst heimlich eingeholt worden sind (MüKoBGB/Wellenhofer, 9. Aufl. 2024, BGB § 1600d Rn. 53, 54), bei denen aber zB eine Identitätsprüfung (§ 17 Abs. 1 S. 1 GenDG) nicht möglich ist.

Der Darlegung eines besonderen **Rechtsschutzbedürfnisses** bedarf es darüber hinaus nicht. Anders als bei der Vaterschaftsanfechtung ist es daher nicht erforderlich, Umstände darzutun, die einen hinreichenden Verdacht auf die fehlende leibliche Abstammung begründen (OLG Frankfurt a. M. FamRZ 2016, 918; OLG Koblenz NJW-RR 2013, 1349; OLG Jena NJW-RR 2010, 300). Der Klärungsbedarf entfällt nicht allein dadurch, dass der Putativvater bislang von einer Anfechtung der Vaterschaft abgesehen hat (OLG Düsseldorf JAmt 2011, 31).

17. Um einer von Amts wegen vorzunehmender **Aussetzung des Verfahrens** nach § 1598a Abs. 3 BGB wegen einer erheblichen Beeinträchtigung des Wohls des minderjährigen Kindes (nicht eines volljährigen Kindes) vorzubeugen, empfiehlt sich dazu bereits in der Antragsschrift qualifizierter Vortrag. Das Gericht hat hierzu nach § 26 FamFG von Amts wegen zu ermitteln und falls erforderlich ein Sachverständigengutachten einzuholen. Kaum vermeidbare typische psychische Störungen beim Kind, wie sie bei Verfahren der vorliegenden Art wegen des drohenden Verlusts einer wichtigen Bezugsperson generell auftreten können, müssen hingenommen werden (vgl. OLG Koblenz NJW-RR 2013, 1349; OLG Karlsruhe FamRZ 2012, 1148; zur Erkrankung des Kindes an Neurodermitis im zeitlichen Zusammenhang mit der Verfahrenseinleitung siehe OLG Schleswig FamRZ 2011, 1805). Im besonderen Ausnahmefall sollen sich die Kindesinteressen zumindest zeitweise durchsetzen können, nämlich dann, wenn die Gefahr besteht, dass die Konfrontation mit dem Ergebnis der Abstammungsbegutachtung bzw. die drohende Gefahr einer Verschlechterung der Vater-Kind-Beziehung auf Grund außergewöhnlicher Umstände besonders schwere Folgen für das Kind auslöst. Zu denken ist hierbei an eine **Suizidgefahr** beim Kind oder an die gravierende Verschlechterung einer bereits bestehenden schweren Erkrankung. Bei Kleinkindern dürfte eine Aussetzung des Verfahrens eher nicht in Betracht kommen, da sie Sinn und Auswirkungen der Klärung der leiblichen Abstammung weniger oder noch nicht zu erfassen vermögen (siehe zu alledem Wellenhofer NJW 2008, 1185 (1287); Helms FamRZ 2008, 1033 (1120, 1035); Zimmermann FuR 2008, 374 (379)).

Die Aussetzung sollte **befristet** und/oder durch das Gericht in angemessenen Abständen überprüft werden (OLG Karlsruhe FamRZ 2012, 1148).

18. Gem. § 47 Abs. 1 Hs. 2 FamGKG nF beträgt der **Verfahrenswert** 1.000 EUR. Erstreckt sich die Zustimmungsersetzung und Duldung auf mehr als einen Beteiligten (bspw. Mutter und Kind), sind die Werte gem. § 33 Abs. 1 Satz 1 FamGKG zu addieren (OLG Naumburg Beschl. v. 29.10.2018 – 3 WF 192/18, BeckRS 2018, 36687).

Für die **Beschwerde** gilt § 40 FamGKG. Für die (teilweise) Zurückweisung der Beschwerde entsteht eine Festgebühr nach Nr. 1912 des Kostenverzeichnisses zum FamGKG (72 EUR). Ein Verfahrenswert ist daher nicht festzusetzen.

19. Ein **Beweisbeschluss** ist nicht selbständig anfechtbar.

Gegen eine **Zwischenentscheidung** (§ 178 Abs. 1 FamFG) ist iVm §§ 386 – 390 ZPO eine sofortige Beschwerde entspr. §§ 567–572 ZPO zulässig (BGH FamRZ 2007, 549).

Gegenüber der **Endentscheidung** des Familiengerichts ist die **Beschwerde** (§§ 58 ff. FamFG) statthaft. Die Frist beträgt gem. § 63 Abs. 1 FamFG **einen Monat** und beginnt mit der Bekanntgabe (§ 63 Abs. 3 FamFG). Sie ist gem. § 64 Abs. 1 FamFG beim Familiengericht einzulegen und soll gem. § 65 FamFG begründet werden.

Gegen die **Kostenentscheidung** findet die (isolierte) Beschwerde (§ 58 Abs. 1 FamFG) unabhängig vom Erreichen eines Mindestbeschwerdewerts (vgl. BGH NJW 2013, 3523) statt. Die Frist beträgt ebenfalls 1 Monat.

Gegen die **Aussetzung des Verfahrens** gem. § 1598a Abs. 3 BGB ist ebenfalls die Beschwerde nach § 58 FamFG statthaft (MüKoBGB/Wellenhofer, 9. Aufl. 2024, BGB § 1598a Rn. 36). Gegen eine sofortige Beschwerde entsprechend § 21 Abs. 2 FamFG iVm §§ 567 ff. ZPO spricht die Gesetzesbegründung (nach BT-Drucksache 16/6561, S. 13, ist gegen die Aussetzung des Verfahrens die Beschwerde gemäß § 19 FGG zulässig; diese Beschwerde ist nicht fristgebunden).

Die Rechtsmittel im **Vollstreckungsverfahren** sind teilweise ungeklärt. Bei **Unzumutbarkeit** kann nach einer Auffassung gem. § 766 ZPO analog **Erinnerung** eingelegt werden (MüKoFamFG/Zimmermann FamFG § 96a Rn. 7), nach aA ist die **Beschwerde** gem. § 87 Abs. 4 FamFG zulässig (Sternal/Giers FamFG § 96a Rn. 3; Musielak/Borth/Frank/Frank FamFG § 96a Rn. 2).

V. Antrag auf Feststellung der Unzumutbarkeit einer Probenentnahme (§ 178 FamFG)

An das

Amtsgericht

– Familiengericht[1] –

Antrag

In der Familiensache

betreffend die Durchführung einer genetischen Abstammungsuntersuchung

zeige ich unter Vorlage einer auf mich lautenden Vollmacht[2] an, dass ich die Kindesmutter (Beteiligte zu 1.)[3] vertrete. Namens und in Vollmacht beantrage ich:

I. Es wird festgestellt, dass die Probenentnahme für die Kindesmutter zur Durchführung einer genetischen Abstammungsuntersuchung unzumutbar ist.

Darüber hinaus beantrage ich,

der Kindesmutter für das Verfahren erster Instanz Verfahrenskostenhilfe zu bewilligen und ihr zur Vertretung den Unterzeichnenden als Rechtsanwalt beizuordnen.

Des Weiteren rege ich an,

dem Kind – Beteiligter zu 2. – zur Vertretung in dem Verfahren einen Ergänzungspfleger zu bestellen.

(Weitere) Beteiligte:[5]

1. Kindesvater . . . . . ., geboren am . . . . . . in . . . . . ., wohnhaft . . . . . ., (Antragsteller im Hauptsacheverfahren)
2. Kind . . . . . ., geboren am . . . . . . in . . . . . ., wohnhaft . . . . . ., (Beteiligter zu 2.)
vertreten durch einen noch zu bestellenden Ergänzungspfleger,

vorläufiger Verfahrenswert: 1.000 EUR.[4]

Begründung

Die Beteiligte zu 1. begehrt die Feststellung, dass die gemäß Beschluss des Familiengerichts vom . . . . . . zum Az. . . . ., zur Feststellung der fehlenden leiblichen Abstammung des Kindes vom Antragsteller durchzuführende genetische Abstammungsuntersuchung unzumutbar ist.[6] Im Einzelnen:

Die Beteiligte zu 1. ist als Ehefrau des Antragstellers im Hauptsacheverfahren „Anfechtung seiner Vaterschaft" beteiligt. Aus dieser Ehe ist der am . . . . . . geborene . . . . . . – Beteiligter zu 2. – hervorgegangen.

Beweis: Heiratsurkunde des Standesamtes . . . . . . vom . . . . . .
Geburtsurkunde des Standesamtes . . . . . . vom . . . . . .

Der Antragsteller ist gem. § 1592 Nr. 1 BGB Vater des Beteiligten zu 2.

Der Antragsteller hat jedoch beim Amtsgericht, Familiengericht, die Anfechtung seiner Vaterschaft erklärt und die Feststellung beantragt, nicht sein Vater zu sein. Das Familiengericht hat nach Anhörung der Parteien die Einholung eines genetischen Abstammungsgutachtens angeordnet.

Beweis: (vorsorglich) Beschluss des Familiengerichts . . . . . . vom . . . . . .;

Für die Antragsgegnerin ist die Probenentnahme indes unzumutbar iSv § 178 Abs. 1 FamFG. Sie gehört dem jesidischen Kultur- und Religionskreis an. Danach erfolgt eine Bestrafung der Frau, die sogar den Tod zur Folge haben kann, wenn ein in der Ehe geborenes Kind nicht von ihrem Ehemann stammt. Bereits die Tatsache einer Probenentnahme zur Einholung eines Abstammungsgutachtens kann diese Folgen auslösen.

Beweis: Zeugnis des Bruders der Antragstellerin

Daher ist bereits die Probenentnahme und nicht erst das Ergebnis der Untersuchung für sie unzumutbar.

Die Antragsgegnerin ist außerstande, die Kosten des Verfahrens auch nur zum Teil oder in Raten aufzubringen.[9] Anliegend überreiche ich eine Erklärung der Antragstellerin über ihre persönlichen und wirtschaftlichen Verhältnisse nebst Belegen.

Die Sach- und Rechtslage stellt sich als schwierig iSd § 78 Abs. 2 FamFG dar, weshalb die Vertretung durch einen Rechtsanwalt erforderlich und damit dessen Beiordnung geboten ist.[7] Dies nicht zuletzt schon deshalb, weil die anwaltlich nicht vertretene Partei die gesetzlichen Bedingungen und Voraussetzungen nicht zu überblicken vermag. Insbesondere aber, weil . . . . . .

Zur Vertretung des beteiligten Kindes bedarf es der Bestellung eines Ergänzungspflegers nach §§ 1693, 1809 Abs. 1 BGB. Weder Kindesvater noch Antragsgegnerin können das Kind gem. § 1629 Abs. 2a BGB im gerichtlichen Verfahren vertreten.[8]

Rechtsanwalt[10]

Anmerkungen

1. Zur örtlichen, sachlichen und internationalen gerichtlichen **Zuständigkeit** sowie zur Zuständigkeit des Familiengerichts → Form. II.1 Anm. 2 sowie § 1598a Abs. 4 S. 2 BGB.

2. Gegenstand dieses Verfahrens ist als Zwischenverfahren die Feststellung der Unzumutbarkeit einer Abstammungsuntersuchung gem. § 178 Abs. 1 FamFG. In der Hauptsache geht es um die Anfechtung einer Vaterschaft als Abstammungssache gem. § 169 Nr. 4 FamFG. Anwendbar ist § 178 FamFG zudem in Verfahren nach § 1598a BGB (Abstammungssache gem. § 169 Nr. 2 FamFG). Es besteht **kein Anwaltszwang.** Eine **Vollmacht** muss ggf. gem. § 11 FamFG (erst) nach Aufforderung durch das Gericht übermittelt werden.

3. Antragsbefugt ist derjenige, der in eine genetische Abstammungsuntersuchung eingewilligt hat und/oder eine Probe abgeben soll. Dies gilt auch dann, wenn durch eine gerichtliche Entscheidung die Einwilligung ersetzt und die Duldung einer Probeentnahme angeordnet worden ist (→ Form. E.IV).

4. Der **Verfahrenswert** in Verfahren gem. § 169 Nr. 1 und 4 FamFG beträgt gem. § 47 Abs. 1 FamGKG seit dem 1.6.2025 (KostBRÄG 2025, BGBl. 2025 I Nr. 109) 3.000 EUR. Bei Anträgen nach § 169 Nr. 2 FamFG beträgt er 1.000 EUR.

5. **Beteiligte** sind nach § 172 Abs. 1 FamFG neben der Kindesmutter (Beteiligte zu 1. im Hauptsacheverfahren) und dem Kindesvater als Antragsteller im Vaterschaftsanfechtungsverfahren das betroffene Kind (vgl. Harders/Schwamb/Oldenburger, FamFG, 14. Aufl., § 172 Rn. 1 ff.).

6. Der Antrag ist begründet, wenn die Probenentnahme **unzumutbar** ist.

a) Die Darlegungs- und Feststellungslast trägt die Kindesmutter. Für eine Entscheidung als **Zwischenstreit** sind die **Gründe**, die eine Unzumutbarkeit begründen sollen, vorzutragen. Ihr Vorbringen ggü. dem Gericht genügt (§ 389 Abs. 2 ZPO). Die Weigerungsgründe sind zur Zulässigkeit des Zwischenverfahrens in jedem Fall glaubhaft zu machen (OLG Braunschweig NJOZ 2024, 582).

b) Die Beurteilung der Berechtigung zur Verweigerung im Sinne von § 178 Abs. 2 S. 1 FamFG richtet sich nach §§ 386 – 390 ZPO analog, so dass über die Rechtmäßigkeit der Weigerung in entsprechender Anwendung von § 387 Abs. 1 ZPO wie bei Geltendmachung eines Zeugnisverweigerungsrechts durch einen Zeugen nach Anhörung der Beteiligten im Wege einer rechtsmittelfähigen Zwischenentscheidung zu befinden ist (OLG Frankfurt/M. NZFam 2019, 431). Maßstab für die Zumutbarkeit sind die Art der Untersuchung sowie die Folgen des Ergebnisses der Untersuchung für die zu untersuchende Person (vgl. BeckOK/Weber FamFG, Stand: 1.3.2025, § 178 Rn. 5).

c) Etwaige vermögensrechtliche Nachteile (Unterhalt, Erbfolge) begründen eine Unzumutbarkeit nicht (OLG München FamRZ 2012, 57). Wer als **Angehöriger** in den Schutzbereich der Norm fällt, regelt § 383 ZPO (OLG Braunschweig FamRZ 2020, 1200).

d) Die Abgabe einer Blut- und Speichelprobe kann nicht unter Berufung auf das Grundrecht auf **Glaubensfreiheit** und ungestörte **Religionsausübung** oder auf das Recht auf **informationelle Selbstbestimmung** bzw. wegen unzulässigen Eindringens in die Intimsphäre verweigert werden (OLG Brandenburg NJW-RR 2010, 1229; kritisch BeckOGK/Löhnig, 15.6.2025, FamFG § 178 Rn. 17). Droht allerdings bereits im Fall der Durchführung eines Vaterschaftsgutachtens unter Berücksichtigung der von aus **kulturell-religiösen** (jesidischen) Gründen einzuhaltenden Regeln ein erheblicher gesundheitlicher Schaden bis zur Tötung, soll eine Unzumutbarkeit vorliegen (OLG Karlsruhe BeckRS 2025, 12296 = MDR 2025, 1268 mkritAnm Keuter NZFam 2025, 774, Bspr. Oldenburger jurisPR-FamR 20/2025 Anm. 4; vgl. auch Musielak/Borth/Frank/Frank, FamFG § 178 Rn. 22;). Insoweit hat eine Bewertung der betroffenen Rechtsgüter zu erfolgen, wobei **Störungen des Familienfriedens** und etwa aufzudeckende **Straftaten** (vgl. MüKoBGB/Wellenhofer BGB § 1600d Rn. 58) eine Unzumutbarkeit der Probenentnahme nicht rechtfertigen, da das durch Art. 2 Abs. 1 iVm Art. 1 Abs. 1 GG verfassungsrechtlich geschützte Interesse des Kindes, die Abstammung zu kennen, von wesentlicher(er) Bedeutung ist (so Sternal/Giers FamFG § 178 Rn. 9 f. mwN. auf BVerfG NJW 1997, 1769). Das OLG Hamm hat festgestellt, dass beim Verdacht der **Blutschande** (mit entsprechenden familiären und strafrechtlichen Folgen) eine Blutentnahme zur Feststellung der Elternschaft geduldet werden muss (OLG Hamm NJW 1993, 474). Zur Zumutbarkeit der Duldung weiterer genetischer Abstammungsuntersuchungen bei eineiigen Zwillingen, die beide mit der Kindesmutter geschlechtlich verkehrt haben, siehe OLG Oldenburg NZFam 2025, 598.

7. Die für die Beiordnung eines Rechtsanwalts nach § 78 Abs. 2 FamFG erforderliche Schwierigkeit der Sach- und Rechtslage wird sich in Verfahren der vorliegenden Art gut begründen lassen.

8. Zum Ausschluss der Vertretungsrechte der Eltern → Form. E.IV Anm. 8

9. → Form. II.1 Anm. 10.

Im **Rechtsmittel** richtet sich die Kostenentscheidung nach § 84 FamFG. Die Festsetzung eines Verfahrenswerts unterbleibt, da für die Beschwerde eine Festgebühr gem. KV Nr. 1912 FamGKG entsteht.

Im Rechtsmittel ggü. einem **Ordnungsgeldbeschluss** richtet sich der Wert nach der Höhe des gem. Art. 6 I 1 EGStGB auferlegten Ordnungsgeldes (OLG Celle FGPrax 2023, 95).

10. Als Rechtsmittel gegen eine **Zwischenentscheidung** (Zwischenbeschluss, § 303 ZPO) ist gemäß §§ 178 Abs. 2 FamFG, 387 Abs. 3, 569 ZPO die **sofortige Beschwerde** zulässig. Die Frist beträgt 14 Tage ab Zustellung. Sie kann beim Familiengericht, dessen Entscheidung angefochten wird, eingelegt werden.

Zudem besteht die Möglichkeit, bei Verweigerung **ohne Begründung** gem. § 178 Abs. 2 FamFG, § 390 Abs. 1 ZPO Ordnungsgeld oder -haft anzuordnen. Dazu muss die zu untersuchende Person zuvor zum Entnahmetermin ordnungsgemäß **gerichtlich** geladen worden sein, die Ladung durch ein Testinstitut reicht nicht aus (OLG Bamberg NJOZ 2024, 1290). **Zwangsmittel** können gem. § 390 Abs. 1 ZPO per Beschluss angeordnet werden. Unmittelbarer Zwang ist gem. § 178 Abs. 2 S. 2 FamFG möglich, dagegen besteht das Rechtsmittel der **sofortigen Beschwerde** (§ 390 Abs. 3 ZPO), die gem. § 570 Abs. 1 ZPO aufschiebende Wirkung entfaltet.

VI. Antrag auf Aushändigung einer Abschrift des Abstammungsgutachtens oder Einsichtnahme

An das

Amtsgericht
– Familiengericht[2] –

Antrag

In der Familiensache

betreffend die Aushändigung einer Abschrift (Einsichtnahme) eines genetischen Abstammungsgutachtens[1]

zeige ich unter Vorlage einer auf mich lautenden Vollmacht[8] an, dass ich die Antragstellerin[4] vertrete.[5, 6] Namens und in Vollmacht der Antragstellerin beantrage ich:[10]

I. Dem Beteiligten zu 1. wird aufgegeben, der Antragstellerin eine Abschrift des von ihm zur Klärung der leiblichen Abstammung des Kindes . . . . . – Beteiligter zu 2. – eingeholten Abstammungsgutachtens auszuhändigen.
II. Die Kosten des Verfahrens hat der Beteiligte zu 1. zu tragen.[11, 15]

I. Dem Beteiligten zu 1. wird aufgegeben, der Antragstellerin Einsicht in das von ihm zur Klärung der leiblichen Abstammung des Kindes . . . . . – Beteiligter zu 3. – eingeholte Abstammungsgutachtens zu geben.
II. Die Kosten des Verfahrens hat der Beteiligte zu 1. zu tragen.[11, 15]

Darüber hinaus beantrage ich,[12]

der Antragstellerin für das Verfahren erster Instanz Verfahrenskostenhilfe zu bewilligen und ihr zur Vertretung den Unterzeichnenden als Rechtsanwalt beizuordnen.

Des Weiteren rege ich an,[6]

dem Kind . . . . . . – Beteiligter zu 2. – zur Vertretung in dem Verfahren einen Ergänzungspfleger zu bestellen.

(Weitere) Beteiligte:[3]

1. Kindesvater . . . . . , geboren am . . . . . . in . . . . . , wohnhaft . . . . . ,
(Beteiligter zu 1.)
2. Kind . . . . . . , geboren am . . . . . . in . . . . . , wohnhaft . . . . . . ,
vertreten durch einen noch zu bestellenden Ergänzungspfleger, (Beteiligter zu 2.)

vorläufiger Verfahrenswert: 1.000 EUR.[7, 9]

Begründung

Die Antragstellerin begehrt gem. § 1598a Abs. 4 BGB die Aushändigung (alternativ: Einsichtnahme) eines Abstammungsgutachtens. Im Einzelnen:

Die Antragstellerin und der Beteiligter zu 1. haben am . . . . . . miteinander die Ehe geschlossen. Aus dieser Ehe ist der am . . . . . . geborene . . . . . . – Beteiligter zu 2. – hervorgegangen.

Beweis: Heiratsurkunde des Standesamtes . . . . . . vom . . . . . .;
Geburtsurkunde des Standesamtes . . . . . . vom . . . . . .

Der Beteiligte zu 1. ist nach § 1592 Nr. 1 BGB der (rechtliche) Vater des Kindes . . . . . . (Beteiligter zu 2.).

Die Antragstellerin hat auf Aufforderung des Beteiligten zu 1. in eine genetische Abstammungsuntersuchung zur Klärung der leiblichen Abstammung des Kindes eingewilligt. Am . . . . . . wurden ihr und dem Beteiligten zu 2. in dem vom Beteiligten zu 1. mit der Begutachtung beauftragten Institut für Rechtsmedizin der Universitätsklinik . . . . . jeweils eine der Untersuchung dienende Speichelprobe (Mundschleimhautabstrich) entnommen.[4]

Beweis: Vorlage der Ladung des Instituts in Kopie.

Klageantrag Alt. A: Die Antragstellerin begehrt nunmehr die Aushändigung einer Abschrift des von dem beauftragten Institut für Rechtsmedizin der Universitätsklinik . . . . . . erstellten Abstammungsgutachtens. Der Beteiligte zu 1. hat dieses persönlich vorgetragene Ansinnen jeweils ohne Begründung abgewiesen und auf dahingehende Anwaltsschreiben vom . . . . . . und . . . . . . nicht geantwortet.

Beweis: Vorlage der genannten Anwaltsschreiben.

Der Beteiligte zu 1. ist nach § 1598a Abs. 4 BGB verpflichtet, der Antragstellerin eine Abschrift des Abstammungsgutachtens auszuhändigen.[13]

Klageantrag Alt. B: Die Antragstellerin begehrt nunmehr Einsicht in das von dem beauftragten Institut für Rechtsmedizin der Universitätsklinik . . . . . . erstellte Abstammungsgutachten. Der Beteiligte zu 2. hat den Wunsch der Antragstellerin ohne Begründung abgewiesen und auch auf an ihn übermittelte Anwaltsschreiben nicht reagiert.

Beweis: Vorlage der genannten Anwaltsschreiben.

Der Beteiligte zu 2. ist nach § 1598a Abs. 4 BGB verpflichtet, der Antragstellerin Einsicht in das Abstammungsgutachten zu geben.[13]

Die Kosten des Verfahrens sind in Anwendung von § 81 Abs. 1 und 2 Nr. 1 FamFG dem Beteiligten zu 1. aufzuerlegen. Dieser hat sich trotz mehrfacher außergerichtlicher Aufforderungen bislang ohne Angabe von Gründen geweigert, der Antragstellerin die erbetene Abschrift des Gutachtens auszuhändigen (Alt. A; Alt. B: Einsicht zu gewähren). Er hat dadurch in grob schuldhafter Weise Anlass für das vorliegende Verfahren gegeben.

Die Antragstellerin ist außerstande, die Kosten des Verfahrens auch nur zum Teil oder in Raten aufzubringen. Anliegend überreiche ich eine Erklärung der Antragstellerin über ihre persönlichen und wirtschaftlichen Verhältnisse nebst Belegen.

Die Sach- und Rechtslage stellt sich als schwierig iSd § 78 Abs. 2 FamFG dar, weshalb die Vertretung durch einen Rechtsanwalt erforderlich und damit dessen Beiordnung geboten ist. Dies nicht zuletzt schon deshalb, weil die anwaltlich nicht vertretene Partei die verschiedenen gesetzlich vorgesehenen Abstammungsverfahren, deren Unterschiedlichkeiten und Besonderheiten nicht zu überblicken vermag. Darüber hinaus, weil . . . . .[12]

Zur Vertretung des beteiligten Kindes bedarf es der Bestellung eines Ergänzungspflegers nach §§ 1693, 1809 Abs. 1 BGB. Vater und Mutter des Kindes sind nach § 1629 Abs. 2a BGB von dessen Vertretung im gerichtlichen Verfahren ausgeschlossen.[6]

Rechtsanwalt[14, 16]

Anmerkungen

1. Gegenstand des Verfahrens ist nach § 169 Nr. 3 FamFG die Durchsetzung des Anspruchs aus § 1598a Abs. 4 BGB auf Einsicht in ein Abstammungsgutachten oder Aushändigung einer Abschrift des Gutachtens. Die genetische Probe muss dazu **tatsächlich abgegeben** und das Gutachten erstellt worden sein. Das **Ergebnis** der Begutachtung ist ohne Belang.

Der Anspruch muss **nicht** innerhalb einer bestimmten **Frist** geltend gemacht werden. Ob er den allgemeinen Verjährungsvorschriften unterliegt, ist streitig. Gemäß dem Wortlaut von § 194 Abs. 2 BGB ist nur der Anspruch auf Einwilligung in eine genetische Untersuchung zur Klärung der leiblichen Abstammung von der Verjährung ausgenommen. Da § 1598a Abs. 4 BGB den Einsicht- und Aushändigungsanspruch eigenständig regelt, unterfällt er nicht dem Wortlaut von § 194 Abs. 2 BGB. Eine Gesetzeslücke besteht nicht, eine analoge Anwendung kommt nicht in Betracht. Die Einsicht oder Aushändigung kann daher jederzeit nach Gutachtenerstellung verlangt werden.

2. Zur örtlichen, sachlichen und internationalen gerichtlichen **Zuständigkeit** sowie zur Zuständigkeit des Familiengerichts → Form. E.IV Anm. 1 sowie § 1598a Abs. 4 S. 2 BGB.

3. Zu den **Beteiligten** des Abstammungsverfahrens und zum Tod der Beteiligten → Form. E.IV Anm. 5.

Nach § 172 Abs. 1 FamFG ist neben der Kindesmutter als Antragstellerin und dem Kindesvater als Klärungsberechtigtem, also demjenigen, der nach § 1598a Abs. 1 BGB die Einwilligung in die Abstammungsuntersuchung und die Duldung der Probeentnahme verlangt hat, auch das betroffene Kind selbst am Verfahren zu beteiligen.

4. Antragsbefugt sind nach § 1598a Abs. 4 S. 1 BGB derjenigen, die in eine genetische Abstammungsuntersuchung eingewilligt und eine genetische Probe abgegeben haben. Dies gilt gleichermaßen, wenn durch eine gerichtliche Entscheidung die Einwilligung ersetzt und die Duldung einer Probeentnahme angeordnet worden ist (→ Form. E.IV).

Ob die Antragsberechtigung auf die Personen gem. Abs. 1 S. 1 **beschränkt** ist, ist streitig. Nach dem Gesetzeswortlaut sind auch andere Personen berechtigt, eine Beschränkung auf den Personenkreis des Abs. 1 enthält Abs. 4 nicht. Ob Antragsteller auch Personen sein können, die in anderen Abstammungsverfahren, zB einem Vaterschaftsanfechtungsverfahren, eine genetische Untersuchung geduldet haben, ist fraglich. Nach noch weitergehender Meinung soll der Anspruch – entgegen dem Gesetzeswortlaut – der Mutter auch dann zustehen, wenn sie selbst an der Abstammungsuntersuchung überhaupt nicht beteiligt gewesen ist (MüKoBGB/Wellenhofer BGB § 1598a Rn. 38). Das dürfte unzutreffend sein, da Abs. 4 grds. neben der **Probenabgabe** die **Einwilligung in eine** Untersuchung voraussetzt. Dritte dürften daher auch dann antragsbefugt sein, wenn sie freiwillig an einer Abstammungsuntersuchung mitgewirkt haben, und nun das Ergebnis einsehen möchte (für eine solche erweiterte Anwendung auch MüKoFamFG/Coester-Waltjen/Lugani FamFG § 169 Rn. 63).

5. Das erstinstanzliche Verfahren vor dem Familiengericht unterliegt nicht dem **Anwaltszwang.**

6. Zur Vertretung des Kindes siehe zunächst → Form. E.IV Anm. 8. § 1629 Abs. 2a BGB ist auf das Verfahren zur Aushändigung oder Einsicht nach § 1598a Abs. 4 BGB nicht anwendbar. Das Vertretungsrecht der Eltern ist gem. § 1824 Abs. 1 Nr. 3 BGB ausgeschlossen (MüKoFamFG/Coester-Waltjen/Lugani FamFG § 169 Rn. 66), so dass ein Ergänzungspfleger bestellt werden muss.

7. In Abstammungssachen nach § 169 Nr. 2 FamFG beträgt der **Verfahrenswert** gem. § 47 Abs. 1 FamGKG 1.000 EUR. Zur Angabe des Verfahrenswertes in der Antragsschrift und zur Festsetzung eines höheren oder niedrigeren Wertes → Form. E.IV Anm. 9.

8. Zur Vorlage einer **Vollmacht** zu den Gerichtsakten siehe § 11 FamFG; regelmäßig muss sie nicht sogleich mit dem Antrag überreicht, sondern kann nach Aufforderung übermittelt werden.

9. Die **Verfahrensgebühr** ist grds. vorauszuzahlen, vgl. § 14 Abs. 3 FamGKG. Regelmäßig wird zum Zwecke der besseren Zuordnung jedoch die Kostenrechnung des Gerichts abzuwarten sein, denn dann kann konkret unter Angabe des Aktenzeichens der vom Gericht festgesetzte Betrag überwiesen werden. Ausnahmen bestehen bei Anträgen unter der Bedingung der Bewilligung von VKH und bei Minderjährigen (§ 21 Abs. 1 S. 2 Nr. 3 FamGKG).

10. Der **Antrag** geht nach § 1598a Abs. 4 S. 1 BGB **wahlweise** auf Einsicht in das Abstammungsgutachten oder aber Aushändigung einer Abschrift des Gutachtens. Letzteres dürfte vorzuziehen sein, obschon bei Einsicht mit modernen Telekommunikationsgeräten Scans oder Fotos gefertigt werden können.

11. Zum **Kostenantrag** und zur **Kostenentscheidung** vgl. zunächst → Form. E.IV Anm. 13. Die **Kosten einer Abschrift** des Abstammungsgutachtens sind **keine Verfahrenskosten.** Wer die mit der Fertigung einer Abschrift des Gutachtens verbundenen Kosten zu tragen hat, ist gesetzlich nicht ausdrücklich geregelt. Empfehlenswert ist daher ein gesonderter Antrag. Befindet sich der in Anspruch genommene Beteiligte (Antragsgegner) mit der Aushändigung oder Einsichtnahme in Verzug, dürfte dieser die dafür entstehenden Kosten zu tragen haben.

12. Die für die Beiordnung eines Rechtsanwalts nach § 78 Abs. 2 FamFG erforderliche Schwierigkeit der Sach- und Rechtslage wird sich in Verfahren der vorliegenden Art gut begründen lassen, wenn es sich um Ansprüche Dritter handelt oder die rechtliche Frage aufgeworfen wird, ob auch eine familiengerichtliche Beschlussentscheidung gem. Abs. 1, 2 als Einwilligung gilt. Dies sollte vor Verfahrensbeginn bedacht sein.

13. Der Darlegung eines besonderen **Rechtsschutzbedürfnisses** bedarf es nicht. Ausreichend ist der Vortrag, dass der Antragsteller auf Verlangen des in Anspruch genommenen Klärungsberechtigten in eine genetische Abstammungsuntersuchung eingewilligt und eine genetische Probe abgegeben hat sowie der Hinweis darauf, dass ein Klärungsberechtigter vorgerichtlich die erbetene Einsicht in das Abstammungsgutachten bzw. die Aushändigung einer Abschrift des Gutachtens verweigert hat.

14. Vollstreckung Die Vollstreckung findet nach §§ 86 Abs. 1 Nr. 1, Abs. 2, 184 Abs. 1 S. 1 FamFG nur aus **rechtskräftigen Beschlüssen** statt. § 184 Abs. 1 FamFG ist lex specialis zu § 40 Abs. 1 FamFG. Das Verfahren richtet sich sodann nach §§ 86, 87 FamFG. Soweit nichts anderes bestimmt ist, gelten nach § 95 Abs. 1 Nr. 2, 3 FamFG die Vorschriften der ZPO entsprechend. Die Einsicht in das Abstammungsgutachten kann nach § 890 ZPO, die Aushändigung einer Abschrift des Gutachtens nach § 888 ZPO durch Zwangs- bzw. Ordnungsgeld und Zwangs- bzw. Ordnungshaft durchgesetzt werden.

Kosten und Gebühren

15. Wer die Kosten einer Erstellung einer **Abschrift** des Gutachtens und ggf. dessen Versendung trägt, ist gesetzlich nicht ausdrücklich geregelt. Insoweit wird eine analoge Anwendung von § 811 Abs. 2 ZPO vorgeschlagen, dh, derjenige, der eine Abschrift erhalten möchte, hat die dafür entstehenden Kosten zu tragen (vgl. BeckOK FamFG/Weber, 57. Ed. 1.3.2026, FamFG § 169 Rn. 14).

Rechtsmittel

16. **Beschwerde** gem.§§ 58 ff. FamFG ggü. der Endentscheidung des Familiengerichts. **Frist** gem. § 63 Abs. 1 FamFG **ein Monat.**

Rechtsbeschwerde (§§ 70 ff. FamFG) nur im Fall ihrer Zulassung.

VII. Anfechtung der Vaterschaft

An das

Amtsgericht

– Familiengericht –[2]

Antrag

In der Familiensache

betreffend die Anfechtung der Vaterschaft[1]

zeige ich unter Vorlage einer auf mich lautenden Vollmacht an, dass ich den Antragsteller vertrete.[14] Namens und in Vollmacht des Antragstellers beantrage ich:

Es wird festgestellt, dass nicht ..... (Beteiligter zu 1.), sondern der Antragsteller Vater des Kindes ....., geb. am ..... in ..... (Beteiligter zu 3.), ist.[17, 19]

(Variante: Antragsfassung bei der Vaterschaftsanfechtung des Kindes:[17]

„..... dass der Beteiligte zu ..... (Scheinvater) nicht der Vater des Antragstellers (Kind) ist.“,

bei der Vaterschaftsanfechtung der Mutter:

„..... dass der Beteiligte zu ..... (Scheinvater) nicht der Vater des Kindes ..... ist.“))

(Variante: In manchen Fällen empfiehlt es sich, über die negative Feststellung hinaus die gewünschte positive Feststellung zu beantragen:[17]

„Es wird festgestellt, dass nicht der ......, sondern der Antragsteller Vater des ...... ist.“)

Darüber hinaus beantrage ich,[18]

dem Antragsteller für das Verfahren erster Instanz Verfahrenskostenhilfe zu bewilligen und ihm zur Vertretung den Unterzeichnenden als Rechtsanwalt beizuordnen.[24]

(Weitere) Beteiligte:

1. Kindesvater ..... geboren am ..... in ....., wohnhaft .....,
2. Kindesmutter ....., geboren am ..... in ....., wohnhaft .....,
3. Kind ....., geboren am ..... in ....., wohnhaft .....,[15]

vorläufiger Verfahrenswert: 3.000 EUR.[16]

Begründung:

Der Antragsteller ist der leibliche Vater des Kindes ..... (Beteiligter zu 3.);[6] in Kenntnis dessen wurde jedoch die Vaterschaft des Beteiligten zu 1. gem. §§ 1592 Nr. 2, 1595 BGB eingerichtet.[4] Der Antragsteller ficht diese Vaterschaft gem. §§ 1599 Abs. 1, 1600 Abs. 1 S. 1 Nr. 2 BGB an[7] und begehrt gem. § 182 Abs. 1 FamFG die Feststellung, Vater des am ..... in ..... geborenen Kindes ..... (Beteiligter zu 3.) zu sein.[12] Im Einzelnen:[21]

Das Kind . . . . . (Beteiligter zu 3.) kam am . . . . . in . . . . . zur Welt.

Beweis: Geburtsurkunde, von der Kindesmutter vorzulegen

Die Kindesmutter, Beteiligte zu 2., war zu diesem Zeitpunkt nicht verheiratet.[3] Der Antragsteller unterhielt mit ihr eine nichteheliche Beziehung. U.a. während ihrer Empfängniszeit zwischen dem 300. und 181. Tag vor der Geburt verkehrte er geschlechtlich mit ihr.[5]

Beweis: Eidesstattliche Versicherung des Antragstellers

Daraufhin wurde die Beteiligte zu 2. schwanger, was sie dem Antragsteller auch mitteilte.[11] Dieser unterstützte sie während der Schwangerschaft nach Kräften, begleitete sie zu ärztlichen Untersuchungen und gestaltete mit ihr das Kinderzimmer in ihrer Wohnung. Es gab keine Zweifel daran, dass der Antragsteller die Vaterrolle für sein Kind übernehmen wollte und auch sollte.[8]

Es war geplant, nach der Geburt die Anerkennungs- und Zustimmungserklärungen (§§ 1592 Nr. 2, 1595, 1597 Abs. 1 BGB) nebst gemeinsamen Sorgeerklärungen (§ 1626a Abs. 1 Nr. 1 BGB) beurkunden zu lassen.

Die Kindesmutter (Beteiligte zu 2.) brach jedoch, für den Antragsteller völlig überraschend, unmittelbar nach der Geburt die Beziehung zum Antragsteller ab und begann, sich mit . . . . . (Beteiligter zu 1.) zu treffen.

Der Antragsteller erkannte daraufhin seine Vaterschaft mit Urkunde des Jugendamtes . . . . . vom . . . . . zum Az. . . . . . an.

Beweis: Jugendamtsurkunde, in Kopie

Die Kindesmutter verweigerte allerdings die von ihr angekündigte Zustimmung.[9] In der Hoffnung, dass sie ihre Meinung noch ändert, versuchte der Antragsteller, sein Kind zu sehen und Umgang zu bekommen. Es gab daraufhin etwa 5 Besuchskontakte für jeweils 1,5 Stunden im Beisein der Kindesmutter. Sodann erklärte die Kindesmutter, dass sie nicht mehr wünsche, dass der Antragsteller ihr Kind . . . . . sehe und Kontakt zu ihm habe. Zur Begründung führte sie aus, dass sie ihre Beziehung zu . . . . . (Beteiligter zu 1.) intensivieren wolle. Es sei geplant, demnächst zusammenzuziehen.

Als der Antragsteller die Kindesmutter noch einmal bat, die Zustimmung zu seiner Vaterschaftsanerkennung abzugeben, da er doch der leibliche Vater sei, erklärte sie ihm, dass der Beteiligte zu 1. ihr neuer Lebensgefährte sei. Dieser sei zwischenzeitlich auch rechtlicher Vater des Kindes . . . . . geworden. Insoweit wurden eine notarielle Vaterschaftsanerkennung nebst Zustimmungserklärung ihrerseits beurkundet. Eine gemeinsame Sorgeerklärung wurde nicht abgegeben.[22]

Da der Kindesvater (Beteiligter zu 1.), derzeit nach Angabe der Kindesmutter ihr Lebensgefährte, tatsächlich nicht der leibliche Vater des Kindes . . . . . ist, was alle Beteiligten wissen,[23] muss dessen Vaterschaft angefochten werden, damit der Antragsteller als Vater festgestellt werden kann.[13]

Das von Amts wegen einzuholende Abstammungsgutachten wird bestätigen, dass der Antragsteller der leibliche Vater des Kindes . . . . . ist.[10]

Beweis: Einzuholendes Abstammungsgutachten

Der Antragsteller ist außerstande, die Kosten des Verfahrens auch nur zum Teil oder in Raten aufzubringen. Anliegend überreiche ich Erklärung des Antragstellers über seine persönlichen und wirtschaftlichen Verhältnisse nebst Belegen.

Die Sach- und Rechtslage stellt sich als schwierig iSd § 78 Abs. 2 FamFG dar, weshalb die Vertretung durch einen Rechtsanwalt erforderlich und damit dessen Beiordnung geboten ist.[20] Dies nicht zuletzt schon deshalb, weil der Kindesvater voraussichtlich in einer sozial-familiären Beziehung zum Kind steht und es nach der gesetzlichen Neuregelung des § 1600 BGB auf die eigenen Bemühungen des Antragstellers ankommen könnte, Elternstelle zu werden.[8]

Rechtsanwalt[25]

Anmerkungen

1. Das Verfahren gem. § 1598a BGB → Form. E.IV betrifft die rein genetische Abstammungsprüfung ohne Auswirkung auf die statusrechtliche Zuordnung des Kindes. Demgegenüber wird durch Anfechtung gem. §§ 1599 ff. BGB unmittelbar der bestehende rechtliche Vaterstatus angegriffen. Ist der Antrag begründet, d.h. der Anfechtende, der eine **Beiwohnung** gem. § 1600 Abs. 1 S. 1 Nr. 2 BGB versichert hat, ist tatsächlich der leibliche Vater des Kindes (§ 1600 Abs. 1 S. 2 BGB), stellt das Familiengericht dies gem. § 182 Abs. 1 FamFG von Amts wegen fest.

2. Zuständigkeit: Es handelt sich gem. § 169 Nr. 4 FamFG um eine Abstammungssache. Zur Zuständigkeit siehe → Form. E.II.1 Anm. 2

3. Dreiererklärung (§ 1599 Abs. 2 aF): a) Zur Vermeidung einer Anfechtung bestand nach Anhängigkeit eines **Scheidungsantrages** bis zum 31.3.2026 die Möglichkeit der Anerkennung mit Zustimmung von Mutter und rechtlichem Vater (§ 1599 Abs. 2 BGB aF). Die dafür notwendigen Erklärungen mussten alle den formalen Voraussetzungen der §§ 1594 – 1597 BGB entsprechen. Die Wirkungen der Dreiererklärung setzten erst mit Rechtskraft des Scheidungsbeschlusses ein (sog. **scheidungsakzessorischer Statuswechsel**). Eine Dreiererklärung entfaltete **keine Wirkung**, wenn das Kind später als 300 Tage nach dem Tod des Ehemannes zur Welt kam. Unwirksam war sie auch dann, wenn die Geburt vor Anhängigkeit des Scheidungsantrages oder anlässlich eines Eheaufhebungsantrages stattfand.

b) Der Bundestag hat nach Beschlussempfehlung des Rechtsausschusses (BT-Drs. 21/4323) am 26.2.2026 das „Gesetz zur Umsetzung der Entscheidung des BVerfG zum Anfechtungsrecht leiblicher Väter" beschlossen. Nachdem der Bundesrat keinen Einspruch erhob, trat es am 1.4.2026 in Kraft (BGBl. 2026 I Nr. 83). Nunmehr wird es einfacher, in Konstellationen, die bisher dem § 1599 BGB aF unterfielen, einen Vätertausch vorzunehmen. Gem. 1595a BGB besteht die Möglichkeit, die Vaterschaft gem. §§ 1592 Nrn. 1, 2 BGB nicht mehr, wie bisher, gerichtlich anfechten zu müssen oder Mutter und Ehemann in eine Ehescheidung zu drängen, wenn ein leiblicher Vater diese mit Zustimmung der Mutter, ihres Ehegatten und des Kindes (§§ 1595 Abs. 2, 1596 Abs. 4 BGB; dazu HKFamR/Oldenburger, 4. Aufl., § 1596 Rn. 7 f.) anerkennt **und** nachgewiesen wird, dass das Kind genetisch/leiblich von ihm abstammt (zur Zukunft des Abstammungsrecht Oldenburger FuR 2025, 61). Dieser Nachweis erfolgt gem. § 44a PStG mittels genetischer Abstammungsuntersuchung, die § 17 GenDG entsprechen muss. Die Wirkungen erstrecken sich, wie bisher, auf den Zeitpunkt der Geburt (§ 1595a Abs. 2 BGB).

Da Änderungen in § 11 Abs. 1 SBGG nicht vorgesehen sind, ist für die Erklärung des Mannes das zum Geburtszeitpunkt registrierte Geschlecht maßgeblich (§ 11 Abs. 1 S. 2 Hs. 1 SBGG), soweit diese Folge der Änderung nicht ausgeschlossen worden ist (§ 11 Abs. 1 S. 2 Hs. 2 SBGG). Ob eine Vaterschaft auf Grundlage einer leiblichen Verbindung mittels Eizelle möglich ist, ist ungeklärt, wird aber wohl abzulehnen sein.

c) Wird die Scheidung aufgrund **Todes eines Ehegatten** nicht (mehr) ausgesprochen (§ 131 FamFG), unterbleibt der Statuswechsel. Wurden die notwendigen Erklärungen zudem nicht vor dem Tod eines Beteiligten abgegeben, können sie nicht nachgeholt werden. In anderen Fällen muss § 1593 BGB einbezogen werden.

Stirbt die Mutter nach Abgabe ihrer Zustimmungserklärung, bedarf es der Zustimmung des Kindes gemäß § 1595 Abs. 2 BGB; stirbt der Ehemann (oder Ehegatte mit geänderter neuer Geschlechtsidentität) nach vorheriger Zustimmung, wird die Anerkennung der Vaterschaft des anderen Mannes (oder Person mit männlicher Geschlechtsidentität gem. §§ 2, 11 Abs. 1 S. 2 SBGG) mit dem Tod wirksam. Die Möglichkeit der Anfechtung bleibt bestehen. Hat die Ehefrau der Schwangeren ihre **geschlechtliche Identität** gem. § 2 SBGG in männlich geändert, wird sie mit der Geburt des Kindes zum Vater gem. § 11 Abs. 1 S. 2 Hs. 1 SBGG und daher ebenfalls zustimmungspflichtig gem. Abs. 2 S. 2.

4. Ein Anfechtungsantrag ist – außerhalb der Neuregelung in § 1595a BGB – immer dann zu stellen, wenn die Vaterstelle **durch eine andere Person besetzt** ist (vgl. zur Unwirksamkeit einer Anerkennung § 1594 Abs. 1 Nr. 2 BGB, iÜ § 1599 Abs. 1 BGB aF, § 1598 Abs. 1 S. 1 BGB). Das ist nach einer vorgeburtlichen Eheschließung der Mutter mit einer Person mit männlicher Geschlechtsidentität (§ 11 Abs. 1 S. 2 SBGG) oder prä- oder postnataler Anerkennung mit Zustimmungen von ihr und dem Kind (§§ 1592 Nr. 2, 1595, 1596 BGB) der Fall. Die Anerkennung wirkt auf den **Zeitpunkt der Geburt** des Kindes. Sie ist an **keine Frist** gebunden. Das kann zu erheblichen wirtschaftlichen Belastungen, bspw. bei Unterhaltsregressen, führen.

Mit dem neuen § 1595a BGB steht eine einfache und kostengünstige Möglichkeit zur Verfügung, durch übereinstimmende zu beurkundende Erklärungen die (leibliche) Vaterschaft einzurichten (vgl. oben 3. b.)).

5. Berechtigt, die Vaterschaft anzufechten, sind der Mann, der an Eides statt versichert, der Mutter des Kindes während der Empfängniszeit **beigewohnt** zu haben (§ 1600 Abs. 1 S. 1 Nr. 2 BGB) oder dessen Vaterschaft aufgrund Heirat oder Anerkenntnis besteht (s. oben). Außerdem sind die Mutter und das Kind berechtigt (§ 1600 Abs. 1 S. 1 Nrn. 1, 3 und 4 BGB). Nicht antragsberechtigt ist die Frau, die das Kind nicht selbst geboren hat, von welcher aber die befruchtete (von der Mutter ausgetragene) Eizelle stammt.

6. Änderungen der **Geschlechtsidentität** sind nach § 2 SBGG seit dem 1.11.2024 durch Erklärungen ggü. dem Standesamt möglich. Sie wirken sich auf den Abstammungsstatus unterschiedlich aus:

a) § 11 Abs. 1 **S. 1** SBGG belässt es bei der leiblichen Mutter- und Vaterschaft in Fällen des § 1591 BGB und § 1592 Nr. 3 BGB. Änderungen der Geschlechtsidentität wirken sich insoweit nicht aus, registriert wird als Mutter, wer das Kind geboren hat, und als Vater der Mann, der genetisch mit dem Kind verbunden ist.

b) Davon weicht die Regelung bei Anerkennung und Eheschließung ab: Gem. § 11 Abs. 1 **S. 2** Hs. 1 SBGG ist dafür die zum **Zeitpunkt der Geburt** eingetragene Geschlechtsidentität maßgeblich. Ändert bspw. eine **Ehefrau** ihre Identität vorgeburtlich in „männlich", wird sie zum Vater oder kann außerhalb einer Ehe mit Zustimmung der Mutter die Vaterschaft anerkennen (zur etwaigen Missbräuchlichkeit vgl. AG Würzburg BeckRS 2025, 42230 mAnm Oldenburger NZFam 2026, 540). In Folge dessen kann es zu (aufzulösenden) Kollisionen zwischen zwei leiblichen Elternstellen kommen: Eine Person mit bloß männlich registrierter Geschlechtsidentität könnte ihre **Eizellen** zur Befruchtung und Austragung durch die Mutter zur Verfügung gestellt haben. Die notwendige Samenspende könnte privat organisiert worden sein, insbesondere nicht gem. § 1600d Abs. 4 BGB. Der Samenspender wäre dann berechtigt, seine Vaterschaft gem. §§ 1592 Nr. 3,

1600d BGB feststellen zu lassen. Ob die dazu erforderliche Versicherung der **Beiwohnung** (§ 1600d Abs. 2 BGB) plausibel vorgetragen werden kann, ist allerdings fraglich (zur Beiwohnung juris-PK BGB/Oldenburger § 1600 Rn. 32). Bejahendenfalls wäre eine leibliche Abstammung durch Abstammungsgutachten feststellbar. Parallel bestünde jedoch auch eine leibliche Abstammung des Kindes vom rechtlichen zweiten Elternteil (aufgrund verwendeter Eizellen). Das BVerfG hat herausgestellt, dass **alle leiblichen Eltern Grundrechtsträger** iSv Art. 6 Abs. 2 GG und daher Inhaber des Elterngrundrechts sind (BVerfG NJW 2003, 2151; BVerfG NJW 2024, 1732). Es kann also neben der Kollision von leiblicher und rechtlicher Elternstelle zu einem triadischen Konflikt kommen. Zeugungsbiologisch stehen unter Berücksichtigung der Behandlungsmöglichkeiten in der EU und in Drittstaaten **drei** leibliche Komponenten für Elternschaft zur Verfügung: Eine **biologische** durch Geburt und **zwei genetische** durch Verwendung von Ei- und Samenzelle. Daneben kann Elternschaft ohne leibliche Verbindung weiterhin durch übereinstimmende Erklärungen oder Ehe eingerichtet werden (soziale oder rechtliche Elternschaft).

c) Neben weiblich und männlich gibt es ein **drittes Geschlecht**: „Divers" (BVerfG NZFam 2017, 1141 (Rn. 43)); Lindenberg NZFam 2018, 1062; Jäschke FamRZ 2018, 887; Oldenburger NZFam 2025, 57). Dieses ist weder geschlechtslos noch geschlechtsneutral. Gleichwohl beharren BGB und SBGG auf dem binären Geschlechtsprinzip Mann und Frau, wenn es um die Zuweisung und Zuordnung von Eltern-Kind-Verhältnissen geht. Eine Person des **dritten Geschlechts** („divers") kann nach dem Wortlaut von § 1592 BGB nicht zur Elternstelle (Vater) werden. Diese Folge könnte entweder im Rahmen einer verfassungskonformen Auslegung zur inhaltlichen Anpassung von § 1592 BGB oder Vorlage an das BVerfG führen. Der BGH (BGH 11.6.2025 – XII ZB 354/22 = NJW-RR 2025, 1153 mAnm Oldenburger NZFam 2025, 980) hatte sich vor diesem Hintergrund mit der Frage zu befassen, ob eine Person diversen Geschlechts als Vater registriert werden kann. Anlass des Verfahrens war ein Berichtigungsverfahren nach § 48 PStG, da das Standesamt die begehrte Eintragung verweigerte. Der BGH hätte offensichtlich gerne inhaltlich entschieden – und womöglich die gesetzliche Regelung in § 1592 Nr. 1 BGB iVm § 11 Abs. 1 S. 2 SBGG verfassungskonform dahingehend ausgelegt, dass auch eine Person mit diverser Geschlechtsidentität zur zweiten Elternstelle werden kann, oder die Regelung anderenfalls zur verfassungsgerichtlichen Überprüfung gestellt. Dass dies nicht geschah, lag an den verfahrensrechtlichen Erklärungen der Beteiligten, denn die Zurücknahme des ursprünglichen Berichtigungsantrages schloss eine Entscheidung darüber aus.

d) Durch die neu hinzugetretenen (erleichterten) **Änderungsmöglichkeiten der Geschlechtsidentität** entstehen neue Problemfelder im Kontext der Anfechtung: Nach dem Wortlaut von § 1599 Abs. 1 BGB („*Stellt das Familiengericht auf Grund einer Anfechtung rechtskräftig fest, dass der dem Kind nach § 1592 Nummer 1 oder 2 oder nach § 1593 als Vater zugeordnete Mann nicht der leibliche Vater des Kindes ist, entfällt die Vaterschaft rückwirkend ab Geburt des Kindes.*") wird die **Vaterschaft** durch Ehe oder Anerkennung beseitigt, wenn der **Mann** nicht (auch) leiblicher Vater des Kindes ist. Als Mann (und Vater) gelten seit dem 1.11.2024 indes nicht nur Personen mit dem Chromosomenpaar XY, sondern auch solche mit zum Zeitpunkt der Geburt des Kindes davon abweichender *nur* männlich registrierter Geschlechtsidentität (§ 11 Abs. 1 S. 2 SBGG). Da ein Kind von lediglich mit männlichem Geschlecht registrierten Personen tatsächlich nicht leiblich abstammen kann, wenn exklusiv auf die Zeugung mittels **Samenzellen** abgestellt wird, wäre eine Anfechtung stets begründet, also auch dann, wenn die Abstammung auf der Verwendung von Eizellen des rechtlichen Vaters beruhte. Es kann zur Vermeidung von gesetzlichen Wertungswidersprüchen jedoch nicht darauf ankommen, ob die leibliche Verbindung durch Samen- oder Eizellen hergestellt worden ist. Wie der Konflikt konkurrierender leiblicher Elternstellen zu entscheiden ist, da an der 2-Elternschaft festgehalten werden soll, ist ungeklärt. Im Reg.E. zur Begründung der Neuregelung der Dreiererklärung wurde allerdings auf eine maßgebliche und exklusive Verbindung durch Samen abgestellt (BT-Drs. 21/2997, S. 28). Trotz medizinisch bestätigter leiblicher Abstammung müsste im Gutachten also explizit festgestellt werden, ob die genetische Verbindung auf Samen oder Eizelle beruht. Stammt das Kind von einer Eizelle des „Vaters“ (Person mit männlicher Geschlechtsidentität) ab, soll diese leibliche Abstammung statusrechtlich irrelevant und grds. derjenigen Person, mit deren Samen das Kind gezeugt wurde, nachrangig sein. Das erscheint aus vielerlei Gründen, auch und insbesondere verfassungsrechtlich (Art. 6 Abs. 2, Art. 3 GG), bedenklich. In solchen Konstellationen sind überzeugende Argumente gegen eine Elternschaft von drei Personen (bei gesetzter Mutterschaft gem. § 1591 BGB) nicht mehr erkennbar (vgl. BVerfG NJW 2024, 1732 (Rn. 59 f.)).

7. **Vor der Geburt** des Kindes kann die Vaterschaft nicht angefochten werden (BGH FamRZ 2017, 1687 (1689)). Auch kann eine nach § 1600d BGB **gerichtlich festgestellte Vaterschaft** nicht mehr angefochten werden. Auf das Recht, die Vaterschaft eines Kindes anzufechten, kann zudem nicht wirksam **verzichtet** werden (BGH NZFam 2020, 525). Die **Zurücknahme** eines Anfechtungsantrags führt nicht zum Verlust des Anfechtungsrechts. Der Antrag kann bei noch nicht verstrichener Anfechtungsfrist (§ 1600b BGB) erneut gestellt werden.

Bei erfolgreicher Anfechtung wird die Elternschaft des leiblichen Vaters von Amts wegen festgestellt (§ 182 Abs. 1 FamFG), und zwar rückwirkend bezogen auf die Geburt des Kindes. Gleiches gilt für den Entfall der vormaligen Vaterschaft (§ 1599 Abs. 1 BGB).

8. Der BGH hatte der gesetzlichen **Sperrwirkung** (§ 1600 Abs. 2 BGB aF) weder eine eigene **sozial-familiäre Beziehung** des Putativvaters noch Bemühungen, Elternverantwortung zu tragen, entgegengesetzt (BGH 24.3.2021 – XII ZB 364/19, NJW 2021, 1875).

a) Das BVerfG hatte diese Rechtslage daraufhin für **verfassungswidrig** erklärt: Der leibliche Vater muss durch eigenes Verhalten Einfluss auf die Voraussetzungen des § 1600 Abs. 2 Alt. 1 BGB aF nehmen und damit in das Elterngrundrecht aus Art. 6 Abs. 2 S. 1 GG gelangen können (BVerfG 9.4.2024 – 1 BvR 2017/21, NJW 2024, 1732). Elternschaft könne nicht von Zufällen und zeitlichen Abläufen abhängen, sie könne auch nicht allein dem Willen der Mutter unterfallen. Mit jedem gesetzlich zugelassenen Wettlauf um die rechtliche Vaterstellung verletze der Gesetzgeber seine Pflicht zu einer verfassungskonformen Ausgestaltung abstammungsrechtlicher Zuordnungen. Er müsse demgegenüber gewährleisten, dass leibliche Väter ihre Elternverantwortung auch wahrnehmen können. Die §§ 1600 Abs. 2, 3 S. 1 BGB aF wurden deshalb als unvereinbar mit Art. 6 Abs. 2 S. 1 GG erklärt und der Gesetzgeber aufgefordert, bis spätestens zum 31.3.2026 den **verfassungswidrigen Zustand** zu beseitigen (BVerfG 9.4.2024 – 1 BvR 2017/21, NJW 2024, 1732 Rn. 110; BVerfG 3.6.2025 – 1 BvR 2017/21, FamRZ 2025, 1139). Der Dt. Bundestag hat daraufhin am 26.2.2026 über die Einführung des von der Bundesregierung eingebrachten Gesetzesentwurfs (BT-Drs. 21/2997) auf Grundlage einer Beschlussempfehlung des Rechtsausschusses (BT-Drs. 21/4323) beraten und den Entwurf in dieser geänderten Fassung angenommen (die Änderungsvorschläge betrafen die Regelung zur Wiederaufnahme (§ 185a FamFG-E). Die Neuregelung trat am 1.4.2026 in Kraft (BGBl. 2026 I Nr. 83).

Bis zum Inkrafttreten konnten Putativväter (§ 1600 Abs. 1 Nr. 2 BGB aF) in anhängigen Anfechtungsverfahren **Aussetzungsanträge** stellen. Das Antragsrecht trat insoweit an die Stelle einer Aussetzungspflicht (siehe auch BVerfG 4.12.2002 – 2 BvR 400/98, 2 BvR 1735/00, NJW 2003, 2079). Im Hinblick auf die Anfechtungsfrist des § 1600b Abs. 1

BGB war es daher ratsam, fristwahrend einen Anfechtungsantrag zu stellen und sogleich die Aussetzung des Verfahrens zu beantragen.

b) Die Überleitungsvorschriften stellen klar, dass suspendierte (und laufende) Verfahren der neuen Rechtslage unterfallen. Beachtlich ist auch, dass bereits rechtskräftig **abgeschlossene Verfahren** wieder aufgenommen werden können, wenn die Zurückweisung aufgrund des Bestehens einer sozial-familiären Beziehung erfolgte (§ 185a Abs. 1 S. 2 FamFG; zur Unzulässigkeit aufgrund fehlender neuer Tatsachen unter Berufung auf die Entscheidung des BVerfG vgl. OLG Karlsruhe 28.8.2024 – 2 WF 75/24, NJW-RR 2025, 196). Voraussetzung ist nach der den Regierungsentwurf ändernden Beschlussempfehlung des Rechtsausschusses nurmehr nur noch der **Entfall** der sozial-familiären Beziehung zum Vater. Die zunächst noch vorgesehene Alternative einer **eigenen** sozial-familiäre Beziehung des (leiblichen) Putativvaters zum Kind wurde gestrichen. Stellt das Gericht ihren Entfall fest, soll die Anfechtung stets erfolgreich sein. Gem. § 185a FamFG iVm § 1600 Abs. 4 BGB ist die Anfechtung trotz Wegfalls der sozial-familiären Beziehung jedoch ausgeschlossen, wenn der **Fortbestand** der Vaterschaft unter Berücksichtigung der berechtigten Interessen der Beteiligten für das Wohl des Kindes **erforderlich** ist. Darunter fallen nach der Gesetzesbegründung bspw. eine identitätsstiftende Bedeutung der Fortgeltung, aber auch Konstellationen, wenn die sozial-familiäre Beziehung im Zusammenhang mit dem Tod des rechtlichen Vaters endete. Abhängig von seinem Lebensalter kann nach Wegfall der sozial-familiären Beziehung zum rechtlichen Vater der **Wille des Kindes** für den Fortbestand der rechtlichen Vaterschaft sprechen, bspw. bei fast Volljährigen, die gem. § 1600 Abs. 2 BGB der Anfechtung widersprechen können (BT-Drs. 21/2997, S. 41).

Auch für Altfälle soll eine **Wartefrist** gelten, bevor eine Überprüfung aufgrund schlüssig vorzutragenden Entfalls der sozial-familiären Beziehung zulässig ist (§ 185a Abs. 1 S. 2 FamFG). Diese Frist kann länger sein, da sie sich am **Kindesalter** orientiert (§ 185a Abs. 2 S. 3 FamFG): Bis zum Ende des fünften Lebensjahres beträgt sie 2 Jahre, zwischen 6 – 13 Jahren 3 Jahre, für Kinder älter als 14 Jahre beträgt sie 4 Jahre. Damit wäre auch die vom OLG Karlsruhe (OLG Karlsruhe NJW-RR 2025, 196 mAnm Oldenburger NZFam 2025, 615) vorgenommene Zurückweisung eines Wiederaufnahmeantrages obsolet, denn auch in diesem Fall könnte ein Wiederaufnahmeantrag (unter den weiteren neuen gesetzlichen Voraussetzungen) gestellt werden.

Gegenüber einem wegen **Fristablaufs** zurückgewiesenen Anfechtungsantrag ist eine Wiederaufnahme nicht möglich. Eine erneute Anfechtungsfrist beginnt nach zurückweisendem Beschluss nicht erneut zu laufen.

Der Bundestag hat den **Regierungsentwurf** zur Umsetzung der BVerfG-Entscheidung zum Anfechtungsrecht leiblicher Väter vom 29.10.2025 mit geringen Änderungen am 26.2.2026 angenommen. Zur Lösung des Konflikts konkurrierender Elternstellen wurde neben einer neuen 4-stufigen Prüfung (§ 1600 BGB) eine **Anerkennungssperre** eingerichtet (§ 1594 Abs. 5 BGB); der neue § 1600 BGB lautet wie folgt:

„(1) Berechtigt, die Vaterschaft anzufechten, sind:

1. der Mann, dessen Vaterschaft nach § 1592 Nummer 1 oder 2 oder § 1593 besteht,
2. der Mann, der an Eides statt versichert, der Mutter des Kindes während der Empfängniszeit beigewohnt zu haben,
3. die Mutter und
4. das Kind.

Die Anfechtung nach Satz 1 Nummer 2 setzt voraus, dass der Anfechtende der leibliche Vater des Kindes ist.

(2) Ist das Kind volljährig, ist die Anfechtung nach Absatz 1 Satz 1 Nummer 2 ausgeschlossen, wenn das Kind der Anfechtung widerspricht.

(3) Ist das Kind minderjährig, ist die Anfechtung nach Absatz 1 Satz 1 Nummer 2 ausgeschlossen, wenn zwischen dem Kind und dem Mann, dessen Vaterschaft nach § 1592 Nummer 1 oder 2 oder § 1593 besteht, eine sozial-familiäre Beziehung besteht. Dies gilt nicht, wenn

1. zwischen dem Kind und dem Anfechtungsberechtigten ebenfalls eine sozial-familiäre Beziehung besteht,
2. zwischen dem Kind und dem Anfechtungsberechigten früher eine sozial-familiäre Beziehung bestanden hat, die aus von dem Anfechtungsberechtigten nicht zu vertretenden Gründen nicht mehr andauert,
3. der Anfechtungsberechtigte sich ernsthaft um eine sozial-familiäre Beziehung mit dem Kind bemüht hat, damit aber aus von dem Anfechtungsberechtigten nicht zu vertretenden Gründen keinen Erfolg hatte oder
4. der Ausschluss der Anfechtung aus anderen Gründen, die der Anfechtungsberechtigte nicht zu vertreten hat, grob unbillig wäre.

Satz 2 gilt nicht, wenn der Fortbestand der Vaterschaft nach § 1592 Nummer 1 oder 2 oder § 1593 unter Berücksichtigung der berechtigten Interessen der Beteiligten für das Wohl des Kindes erforderlich ist.

(4) Wird ein Verfahren aufgrund eines Restitutionsantrags nach § 185a des Gesetzes über das Verfahren in Familiensachen und in den Angelegenheiten der freiwilligen Gerichtsbarkeit wiederaufgenommen und ist die sozial-familiäre Beziehung zwischen dem Kind und dem Mann, dessen Vaterschaft nach § 1592 Nummer 1 oder 2 oder § 1593 besteht, beendet, ist die Anfechtung ausgeschlossen, wenn der Fortbestand der Vaterschaft unter Berücksichtigung der berechtigten Interessen der Beteiligten für das Wohl des Kindes erforderlich ist.

(5) Eine sozial-familiäre Beziehung nach Absatz 3 oder 4 besteht, wenn der Mann für das Kind tatsächliche Verantwortung trägt. Eine Übernahme tatsächlicher Verantwortung liegt in der Regel vor, wenn der Mann mit dem Kind längere Zeit in häuslicher Gemeinschaft zusammengelebt hat. In der Regel liegt noch keine sozial-familiäre Beziehung nach Absatz 3 Satz 1 vor, wenn die Vaterschaft nach § 1592 Nummer 1 oder 2 oder § 1593 vor weniger als einem Jahr begründet wurde.

(6) Die Anfechtung des Mannes, dessen Vaterschaft nach § 1592 Nummer 1 oder 2 oder § 1593 besteht, ist ausgeschlossen, wenn der Mann bei Anerkennung der Vaterschaft wusste, dass das Kind nicht von ihm abstammt, oder wenn das Kind mit Einwilligung des Mannes und der Mutter durch künstliche Befruchtung mittels Samen spende eines Dritten gezeugt worden ist. Die Anfechtung durch die Mutter ist ausgeschlossen, wenn sie bei Zustimmung zur Anerkennung der Vaterschaft wusste, dass das Kind nicht von dem Anerkennenden abstammt oder wenn das Kind mit Einwilligung des Mannes und der Mutter durch künstliche Befruchtung mittels Samenspende eines Dritten gezeugt worden ist. Kann die Mutter nach Satz 2 nicht anfechten, kann sie das Kind bei der Anfechtung der Vaterschaft auch nicht vertreten."

Die Neuregelung sieht – neben einer neuen Härtefallklausel in Abs. 3 S. 2 Nr. 4 – eine **4-stufige-Prüfung** von **konkurrierenden Elternpositionen** im Sinne der Rechtsprechung des BVerfG vor: Innerhalb eines Jahres ab Anerkennung oder Geburt wird regelmäßig noch keine sperrende sozial-familiäre Beziehung angenommen (§ 1600 Abs. 5 S. 3 BGB). Die Anfechtung wird in dieser Zeit also grds. erfolgreich sein, solange nicht der Nachweis erbracht wird, dass ausnahmsweise doch eine Sperrwirkung besteht (**1. Stufe**).

Besteht eine sozial-familiäre Beziehung außerhalb der Jahresfrist nicht, ist dem Antrag stattzugeben. Anderenfalls führt sie (**2. Stufe**) zur **Unbegründetheit** des Anfechtungsantrags des Putativvaters. Dabei soll es nur darauf ankommen, dass der rechtliche Vater im Zeitpunkt des Schlusses der letzten mündlichen Verhandlung **tatsächliche Verantwortung** für das Kind trägt (vgl. auch BGH 15.11.2017 – XII ZB 389/16, NJW 2018, 947). Eine **Ehe** soll nicht mehr regelhaft die Übernahme tatsächlicher Verantwortung abbilden, anders das häusliche Zusammenleben. Wenn der Vater in der Vergangenheit Verantwortung getragen hat, jedoch zum maßgeblichen Bewertungszeitpunkt nicht mehr trägt, bleibt sie unbeachtlich. Kann eine sozial-familiäre Beziehung nicht festgestellt werden, ist die Anfechtung des Putativvaters begründet. Anderenfalls kommt es auf der **3. Stufe** darauf an, ob der Anfechtende ebenfalls eine sozial-familiäre Beziehung hat oder hatte bzw. **ernsthafte Bemühungen** (Indizien: Zeitpunkt, Dauer, Frequenz, Intensität, fruchtlose Kontaktaufnahmeversuche) darum nachweisen kann. In diesem Fall wäre dem Anfechtungsantrag stattzugeben, es sei denn, der Fortbestand der Vaterschaft ist unter Berücksichtigung der berechtigten Interessen der Beteiligten für das Wohl des Kindes ausnahmsweise doch **erforderlich** (§ 1600 Abs. 3 S. 2 BGB; **4. Stufe**). Das bedingt eine erweiterte

Kindeswohlprüfung. Der Vater trägt dabei die Darlegungs- und Feststellungslast dafür, dass das Kindeswohl den Fortbestand seiner Vaterschaft erfordert (vgl. auch Oldenburger NJW 2026, 1177). Die Einbeziehung des Kindes zur Ermittlung einer dazu festzustellenden Erforderlichkeit folgt der Bedeutung dieser Frage für das Kindeswohl. Im Zweifel ist zu Gunsten des leiblichen Vaters zu entscheiden (BT-Drs. 21/2997, S. 40). Beachtlich ist, dass für die abstammungsrechtliche Zuordnung im Rahmen der Einzelfallprüfung **häusliche Gewalt** als Kriterium von der Gesetzesbegründung explizit angeführt wird (BT-Drs. 21/2997, S. 41).

Im Rahmen der öffentlichen Anhörung von Sachverständigen im Rechtsausschuss zum Gesetzesentwurf wurde u.a. noch ein Vorrang- und Beschleunigungsgebot gefordert (Wortprotokoll Ausschuss für Recht und Verbraucherschutz 21/19, S. 22 (SV Oldenburger)). Die 2. Lesung fand nach Beschlussempfehlung des Rechtsausschusses am 26.2.2026 im Bundestag statt; Änderungen erfolgten lediglich zum Recht der Wiederaufnahme (s. oben unter 7. b)).

Die Neuregelung entspricht den Forderungen des BVerfG, wonach der leibliche Vater von seiner Elternstellung **nur** noch dann ausgeschlossen bleiben darf, wenn **gegenläufige geschützte Interessen** (auch des Kindes) **überwiegen**. Eine rückbezogene Bewertung einer sozial-familiären Beziehung zum rechtlichen oder leiblichen Vater war aus fachrechtlicher Sicht ausgeschlossen (BGH NJW 2021, 1875). Es war zwar denkbar, dass eine am Schluss der (letzten) mündlichen Verhandlung vorliegende sozial-familiäre Beziehung zu einem *nur* rechtlichen Vater schützenswert(er) war und der Gesetzgeber diese insoweit dem leiblichen Vater vorziehen kann; die vormalige Rechtslage stellte dem leiblichen Vater in den §§ 1600 Abs. 2, 3 BGB aF aber jedenfalls dann kein effektives Verfahren zur Verfügung, Elternstelle zu werden, wenn dessen eigene Bemühungen, Elternstelle zu werden, unberücksichtigt bleiben (vgl. auch Franck FamRZ 2025, 1340). Das wurde durch die Neuregelung korrigiert.

Neben der erforderlichen Neuregelung im Anfechtungsrecht ist die **Hemmung** der Anfechtungsfrist durch ein Feststellungsverfahren (§ 1600b Abs. 4 BGB) oder Verfahren gem. § 1598a BGB sowie eine **Wiederaufnahmeoption** (sog. 2. Chance) eingeführt worden: Für den Fall, dass eine sozial-familiäre Beziehung, die im Rahmen eines fristgerechten Anfechtungsverfahrens die Anfechtung verhindert hat, später entfällt, soll (frühestens) nach Ablauf von 2 Jahren (abhängig vom Kindesalter) ab rechtskräftigem Zurückweisungsbeschluss ein **Restitutionsantrag** möglich sein (§ 1600 Abs. 4 BGB iVm § 185a FamFG; dazu Harders/Schwamb/Oldenburger, FamFG, 14. Aufl., § 185a Rn. 1 ff.). Die Frist (mit vom Lebensalter des Kindes abhängigen Laufzeiten) beginnt nach Zurückweisung eines Restitutionsantrages erneut (§ 185a Abs. 2 S. 2 FamFG). Eine Restitution ist auch für Altfälle möglich (§ 185a Abs. 1 S. 2 FamFG). Sachverständigenseits wurde auf damit verbundene Probleme der Statuswahrheit und (zu vermeidende) fortwährende Belastungen für das Kind hingewiesen und eine Begrenzung auf eine 2. Chance gefordert; mit den Auffassungen der von der Unionsfraktion benannten Sachverständigen verblieb es jedoch bei wiederholbaren Restitutionen, die lediglich marginal altersabhängig beschränkt wurden (Wortprotokoll Ausschuss für Recht und Verbraucherschutz v. 12.1.2026, 21/19; näher Oldenburger NJW 2026, 1177).

9. Ein **Ausschluss** des Rechts zur Vaterschaftsanfechtung wegen **Rechtsmissbrauchs** kommt nur ausnahmsweise in Betracht (vgl. BGH NZFam 2020, 525; kritisch Oldenburger NZFam 2023, 817). Die Eingehung der Ehe in Kenntnis des Umstands, dass die Braut von einem anderen Mann schwanger war, reicht dazu nicht. Auch ein bewusst wahrheitswidriges Anerkenntnis der Vaterschaft lässt ihre spätere Anfechtung nicht rechtsmissbräuchlich erscheinen. Denn nach Maßgabe der gesetzlichen Regelung der Vaterschaftsanfechtung soll innerhalb der zweijährigen Anfechtungsfrist eine freie Entscheidung möglich sein und der Mann Gelegenheit zu der Prüfung haben, ob er das fremde Kind auf Dauer als eigenes betrachten will (OLG Köln NJW 2002, 901). Der Vaterschaftsanfechtung des Ehemannes nach § 1600 Abs. 1 S. 1 Nr. 1 BGB steht auch dann kein Einwand unzulässiger Rechtsausübung nach § 242 BGB gegenüber, wenn sich dieser in einem vorausgegangenen Anfechtungsverfahren des biologischen Vaters nach § 1600 Abs. 1 Nr. 2 BGB aF (§ 1600 Abs. 1 S. 1 Nr. 2 BGB) zu dem Kind bekannt hat (OLG Düsseldorf NJW-RR 2020, 456).

10. Ist das Kind mit Einwilligung des Mannes und der Mutter durch **künstliche Befruchtung** mittels Samenspende eines Dritten gezeugt worden, ist die Anfechtung der Vaterschaft durch den Mann oder die Mutter **ausgeschlossen** (§ 1600 Abs. 6 BGB; § 1600 Abs. 4 BGB aF; zur Rechtsnatur und zum Rechtsbindungswillen der Erklärung vgl. OLG Oldenburg FamRZ 2015, 67 und OLG Karlsruhe FamRZ 2012, 1150).

a) Die Vorschrift ist auf alle nicht natürlichen Zeugungsvorgänge anwendbar, also bspw. häusliche **Becherspende** oder **Heiminsemination** (BT-Drs. 11/4560, S. 8 (zum ESchG); BGH NJW 2013, 2589; zu § 167a Abs. 1 FamFG vgl. OLG Frankfurt a. M. FamRZ 2019, 37 mAnm Hammer; OLG Hamm NJW 2007, 3733) oder **Embryonentransfer** (OLG Frankfurt a. M. FamRZ 2019, 541). § 1600 Abs. 6 BGB (§ 1600 Abs. 4 BGB aF) kommt demnach auch bei dem Transfer eines Embryos, der nicht aus einer eigenen Eizelle der Mutter entstanden ist, zum Schutz des Kindes zur Anwendung (vgl. auch OLG Hamburg NJW-RR 2012, 1286).

Eine Anfechtung mit dem Einwand, das Kind sei nicht durch die erfolgte heterologe Insemination gezeugt worden, bleibt möglich (BT-Drs. 14/8131, 7 f.).

b) Das **Kind** ist nach allgemeinen Grundsätzen selbst **anfechtungsberechtigt** (OLG Saarbrücken FamRZ 2018, 832 mAnm Schumann). Nach neuer Gesetzeslage wird nach dem Alter des Kindes differenziert: Geschäftsunfähige oder beschränkt geschäftsfähige Kinder jünger als 14 Jahre können nicht selbst, sondern nur durch den gesetzlichen Vertreter anfechten (§ 1600a Abs. 3 BGB), beschränkt Geschäftsfähige älter als 14 Jahre können selbst anfechten, eine Zustimmung des gesetzlichen Vertreters ist nicht erforderlich (§ 1600a Abs. 4 BGB).

c) Ein **privater Samenspender** (zur Beiwohnungsfähigkeit vgl. BGH 31.7.2024 – XII ZB 147/24, NJW 2024, 3591 (Rn. 10)) wird auch nach § 1600 Abs. 1 S. 1 Nr. 2 BGB nicht anfechtungsberechtigt sein, wenn er mittels **Vereinbarung** seine Elternschaft, ggf. konkludent, **ausgeschlossen** hat (erweiterte konsentierte heterologe Insemination, vgl. BGH Beschl. v. 31.7.2024 – XII ZB 147/24, NJW 2024, 3591 (Rn. 10)).

d) Gem. **§ 1600d Abs. 4 BGB** kann ein offizieller (qualifizierter) Samenspender nicht als Vater des Kindes festgestellt werden, wenn das Kind durch eine **ärztlich** unterstützte künstliche Befruchtung in einer Einrichtung der medizinischen Versorgung im Sinne von § 1a Nr. 9 TPG unter heterologer Verwendung von Samen gezeugt wurde, der vom Spender einer Entnahmeeinrichtung im Sinne von § 2 Abs. 1 S. 1 SaRegG zur Verfügung gestellt wurde. Fälle der privaten künstlichen Befruchtung einschließlich der hier verwendeten Becherspende schließen die Vaterschaftsfeststellung **nicht** aus (OLG Stuttgart NZFam 2022, 787 mAnm Flindt).

e) Für die Wirkung des Anfechtungsausschlusses bedarf es **wirksamer Einwilligungen** der beteiligten Personen **vor** einer **Insemination**, also nach der Formulierung von Mann und Frau. Sie sind als Willenserklärungen **höchstpersönlich** und erfordern einen Rechtsbindungswillen (OLG Oldenburg FamRZ 2015, 67; OLG Karlsruhe FamRZ 2012, 1150). Bloße Kenntnis oder nachträgliche Genehmigung einer geplanten Insemination genügen dafür nicht (BGH NJW 2015, 3434; OLG Karlsruhe FamRZ 2014, 313; OLG Stuttgart NJW-Spezial 2014, 645). Der zeitliche Rahmen der Bindungswirkung und die Umsetzung im Im- oder Ausland müssen ggf. ermittelt werden. Grundsätzlich empfehlen sich notarielle Urkunden, jedenfalls aber schriftliche Vereinbarungen, welche in Bezug auf die Einwilligung des Mannes der Mutter bekannt gegeben werden müssen (BGH NJW 2015, 3434).

11. **Anfechtung** oder **Widerruf** vor dem Transfer sind iÜ ohne Angabe von Gründen möglich. Mit der Trennung der Eheleute verliert eine erteilte Einwilligung in der Regel ihre Wirksamkeit (OLG Frankfurt a. M. NZFam 2018, 1145). Das gilt auch in Bezug auf eine zur Insemination vorgehaltene **kryokonservierte** befruchtete **Eizelle:** § 4 Abs. 1 Nr. 1 ESchG verbietet, eine Eizelle künstlich zu befruchten, ohne dass die Einwilligungen der Frau und des Mannes, dessen Samenzelle für die künstliche Befruchtung verwendet wird, vorliegen. Zudem darf ein Embryo gem. § 4 Abs. 1 Nr. 2 ESchG nur mit Einwilligung der Frau transferiert werden. Es fehlt jedoch an einer gesetzlichen Regelung sowohl im Hinblick auf das Zustimmungserfordernis bei der künstlichen Befruchtung als auch für den Embryotransfer (kritisch Oldenburger NZFam 2022, 870).

a) Das OLG Hamburg (NJW 2022, 2344) hat im Zusammenhang mit einer **postmortalen Verwendung** im Zusammenhang mit § 4 ESchG zum Schutzzweck der Norm Stellung genommen. Es hat ausgeführt, dass sie im Wesentlichen das Selbstbestimmungsrecht der Keimzellengeber erfasse. Anders als bei einem Samenspender, der die Spermien kryokonservieren lässt und damit noch kein Einverständnis zu ihrer Verwendung im Einzelfall erklärt hat, ist bei einer bereits durchgeführten künstlichen Befruchtung durch Verwendung auch dieser Keimzellen die Zustimmung zum Entstehen neuen menschlichen Lebens erteilt – und letztlich auch immanent die Zustimmung zum Transfer in den Uterus der Frau. Aus diesem Schutzzweck könnte argumentiert werden, dass das Selbstbestimmungsrecht des Mannes auch die Ermöglichung der weiteren Entwicklung durch das Auftauen der kryokonservierten Zellen beinhaltet, da das Unterbrechen auch eine Zäsur in der ansonsten sich weiter entwickelnden Zellteilung bedeutet. Das Besondere in diesem Fall ist aber, dass die Zäsur in einem **Vorkernstadium** erfolgte und nun, aufgrund einer Willensänderung des Mannes, der nach dem Auftauprozess vorgesehene Transfer und damit die ursprünglich vorgesehene Verwendung untersagt werden soll. Da aber die künstliche Befruchtung bereits begonnen hat, die nach Auffassung in Rechtsprechung und Literatur erst mit der Kernverschmelzung abgeschlossen ist, gleichwohl aber damit verbunden die Verwendung durch den Transfer in den Uterus der Frau vorgesehen war, ist der Schutzzweck insbesondere aus § 4 Abs. 1 Nr. 2 ESchG dahingehend eröffnet, als ein Transfer nur mit Zustimmung der Frau erfolgen kann und darf. Eine Zustimmung des Mannes ist (dann) nicht mehr explizit erforderlich. § 1 Abs. 1 Nr. 2 ESchG stünde dem ebenfalls nicht entgegen, wenn die Verwendung durch die Frau, von der die Eizelle stammt, vorgesehen ist.

b) Das **LG Bonn** hat ebenfalls darauf abgestellt, dass § 4 ESchG das **Selbstbestimmungsrecht** der Keimzellengeber sicherstellen soll (LG Bonn FamRZ 2017, 447). Anders als bei natürlichen Befruchtungsvorgängen und einer daraufhin einsetzenden Zellentwicklung werde durch die künstliche Unterbrechung erneut die Zustimmung zur weiteren Verwendung von beiden Keimzellengeber erforderlich, da diese Grundvoraussetzung für eine reproduktionsmedizinische Behandlung werde und Ausdruck der grundrechtlich geschützten Reproduktionsfreiheit als Teil des allgemeinen Persönlichkeitsrechts nach Art. 2 Abs. 1 iVm Art. 1 Abs. 1 GG sei.

c) Das LG Bonn verweist dazu ergänzend auf eine Entscheidung des **Europäischen Gerichtshofs für Menschenrechte**, Große Kammer, in einem Urteil vom 10.04.2007, wonach die Zustimmung beider Keimzellengeber auch im Sinne von Art. 8 EMRK das Recht auf Achtung der Entscheidung für oder gegen eine Mutter- oder Vaterschaft einschließe (EGMR NJW 2008, 2013). Dieses Recht könne nicht durch die Wahl einer Reproduktionsmethode und auch nicht einseitig auf einen Elternteil verlagert werden (LG Bonn aaO). Denn im Vergleich zu einem natürlichen Verlauf nach initialer Befruchtung sei durch die konsensuale Entscheidung, diesen Vorgang künstlich zu unterbrechen, auch der Zeitpunkt der Entscheidung, ein Kind zu zeugen, künstlich nach hinten verlagert, sodass bis zur **Kernverschmelzung** und dem anschließenden Transfer für beide Keimzellengeber gleichermaßen die Möglichkeit bestehe, sich noch gegen die Zeugung werdenden menschlichen Lebens zu entscheiden (LG Bonn aaO). Der EGMR wies darauf hin, dass z. B. in Österreich und Italien ein vorgelagerter Zeitpunkt gesetzlich bestimmt ist, und zwar im Hinblick auf die Fertilisation, ab welchem ein Widerruf nicht mehr möglich ist. Im entschiedenen Fall hatte sich allerdings England zu einer Widerruflichkeit bis zu einem Transfer entschieden, was der EGMR nicht als europarechtswidrig angesehen hat. Insoweit seien die Länder frei, eine zeitliche Dimension für einen solchen Widerruf im nationalen Recht zu konkretisieren. In Deutschland gibt es bislang keine solche gesetzliche zeitliche Dimension. Ein Widerruf bis zum Transfer beeinträchtige nicht das Recht des Embryos auf Leben (so auch schon EGMR FamRZ 2006, 533 als I. Instanz und Große Kammer EGMR NJW 2008, 2013).

d) Das **LG München** hat in Bezug auf § 4 Abs. 1 Nr. 1 ESchG ausgeführt, dass eine Einwilligung des Mannes zu einem Embryonentransfer nach dem Wortlaut der Norm nicht gefordert werden könne (LG München FamRZ 2018, 1629). Insoweit kann die Auffassung vertreten werden, dass die künstliche Befruchtung in § 4 Abs. 1 Nr. 1 ESchG die initiale künstliche Befruchtung in Form der IVF oder ICSI meint, nicht aber einen weitergehenden Entwicklungsvorgang, der nach einer zwischenzeitlichen Kryokonservierung im Vorkernstadium durch das Auftauen dieser Zellen bewirkt wird und das Ziel hat, diese dann weiter entwickelte, kernverschmolzene, Zelle in die Gebärmutter der Frau einzusetzen, von der die befruchtete Eizelle auch stammt. Der Schutzzweck von § 4 Abs. 1 Nr. 1 ESchG könnte insoweit das Verhindern einer eigenmächtigen Befruchtung sein, die mit entsprechender Strafandrohung verhindert werden soll, mit der Folge, dass nur für die Imprägnierung beide Keimzellengeber zustimmen müssen. Gleichwohl sieht das LG München das Erfordernis, dass der Mann als Keimzellengeber beiden ärztlich unterstützten Maßnahmen zustimmen müsse. Dies folge aus der grundrechtlich geschützten **Fortpflanzungsfreiheit** sowie dem **allgemeinen Persönlichkeitsrecht** aus Art. 1 Abs. 1, Art. 2 Abs. 1 GG.

e) Der **BGH** (NJW 1995, 2028 (2030)) hat entschieden, dass eine Zustimmung des Mannes bis zu einem Transfer frei widerrufen und auf diese Weise die mit der Zustimmung verbundenen Vereinbarungen gekündigt werden kann. Das ergibt sich durch eine Auslegung der die Zustimmung enthaltenden Absprache, denn die Frau konnte nicht annehmen, dass sich der Mann ohne Widerrufsmöglichkeit binden wollte, also für den Fall, dass er aufgrund veränderter Umstände oder auch nur aufgrund einer Sinnesänderung eine auf diese Weise zustande gekommene Schwangerschaft nicht mehr wollte. Eine unwiderrufliche Bindung sei aber auch unwirksam, weil sie gegen elementare Grundsätze des Familienrechts und des Verfassungsrechts verstoße. Eine vertragliche Verpflichtung der Eheleute zu einer bestimmten Familienplanung erkennt die Rechtsordnung nicht an. Das gilt auch, wenn das Kind nicht auf natürliche Weise, sondern durch heterologe Insemination gezeugt werden soll. Widerruft der Ehemann seine Zustimmung, bevor die zur Schwangerschaft führende Insemination durchgeführt worden ist, so treffen ihn aus der Zustimmungsvereinbarung nur solche Verbindlichkeiten, die bis zu dem Widerruf bereits entstanden waren (zB: die Haftung für Klinikkosten). Von dem Zeitpunkt der Insemination an ist ein **Widerruf** der Zustimmungsvereinbarung dagegen **nicht** mehr möglich. Mit der Insemination hat ein Vorgang begonnen, der – normalen Verlauf vorausgesetzt – unumkehrbar zu der Geburt eines Kindes führt. Insofern sind vollendete Tatsachen geschaffen worden. Ein zu diesem Zeitpunkt erfolgender Widerruf des Ehemannes könnte die Geburt des Kindes nicht mehr verhindern, und zwar auch dann nicht, wenn die übrigen Beteiligten bereit wären, den Sinneswandel des Ehemannes zu akzeptieren. Deshalb würde ein Widerruf zu diesem Zeitpunkt letztlich nicht mehr die Zustimmung zu der heterologen Insemination betreffen, sondern nur den Versuch des Ehemannes darstellen, die Konsequenzen abzuwehren, die sich für ihn notwendigerweise aus der mit seiner Zustimmung durchgeführten heterologen Insemination ergeben. Solange es an einer gesetzlichen Regelung fehlt, so der BGH, kann die Lösung indes nicht darin bestehen, dass dem Ehemann, der durch seine Zustimmung zur heterologen Insemination die Geburt des Kindes entscheidend mitveranlasst habe, aus allgemeinen Gerechtigkeitsüberlegungen die Möglichkeit eröffnet wird, sich durch eine in seinem Belieben stehende Anfechtung seiner Verantwortung für das Kind zu entziehen (BGH NJW 1995, 2028 (2029 ff.)). Der BGH erkennt damit grundsätzlich ein **Widerrufsrecht** des Mannes an, begrenzt dieses aber bis zum **Zeitpunkt der Insemination.** Von diesem Zeitpunkt an ist ein Widerruf der Zustimmung nicht mehr möglich (BGH NJW 1995, 2028 (2030)).

12. a) Die Anfechtung gem. § 1600 BGB kann **nicht** durch einen **Bevollmächtigten** erklärt werden, sondern nur **höchstpersönlich.** Dies gilt auch für den Fall, dass sie in der **Geschäftsfähigkeit beschränkt** ist. Ein geschäftsfähiger **Betreuter** kann ebenfalls nur selbst anfechten (§ 1600a Abs. 2 BGB). Der für das Anfechtungsverfahren bevollmächtigte Anwalt ist hinsichtlich der Anfechtungserklärung nicht Vertreter, sondern Bote des Anfechtenden.

b) Bei **Geschäftsunfähigkeit** kann indes nur der gesetzliche – nicht etwa rechtsgeschäftliche – Vertreter anfechten. Die Anfechtung durch den **gesetzlichen Vertreter** (§ 1600a Abs. 3 BGB) ist nach § 1600a Abs. 5 BGB jedoch nur zulässig, wenn sie dem **Wohl des Vertretenen** dient. Damit verbunden ist eine besondere gerichtliche Prüfung und Abwägung erkennbarer Vor- und Nachteile der Anfechtung (vgl. OLG Dresden NJW-RR 2023, 77; OLG Saarbrücken NZFam 2018, 284; MüKoBGB/Wellenhofer, 9. Aufl. 2024, BGB § 1600a Rn. 18–21).

Hat der gesetzliche Vertreter eines **minderjährigen Kindes** die Vaterschaft nicht angefochten, kann das Kind nach Erreichen der Volljährigkeit selbst anfechten (§ 1600b Abs. 2 S. 2 BGB). Für die Frist kommt es darauf an, ob der gesetzliche Vertreter noch währen der Minderjährigkeit angefochten hat; in diesem Fall verbleibt es bei der 2-Jahres Frist. Anderenfalls endet die Frist nicht vor Vollendung des 21. Lebensjahres (§ 1600b Abs. 2 S. 3 BGB). Bei **Geschäftsunfähigen** gilt § 1600b Abs. 3 BGB: *„Hat der gesetzliche Vertreter eines geschäftsunfähigen Anfechtungsberechtigten die Vaterschaft nicht rechtzeitig angefochten, so kann der Anfechtungsberechtigte die Vaterschaft nach dem Wegfall seiner Geschäftsunfähigkeit selbst anfechten. Die Frist beginnt nicht vor dem Wegfall der Geschäftsunfähigkeit und nicht vor dem Zeitpunkt, in dem der Anfechtungsberechtigte selbst von den Umständen erfährt, die gegen die Vaterschaft sprechen.“*

c) Beim **Tod des Anfechtungsberechtigten** ist wegen des höchstpersönlichen Charakters des Anfechtungsrechts eine Anfechtung durch seine Eltern, die Erben oder einen Bevollmächtigten ausgeschlossen. Das Anfechtungsrecht ist nicht vererblich und geht mit dem Tod unter. Ein bereits schwebendes Verfahren ist auf Verlangen eines Beteiligten allerdings fortzusetzen (vgl. Harders/Schwamb/Oldenburger, FamFG, 14. Aufl., § 181 Rn. 1 ff. → Form. E.II.1 Anm. 4). Der Tod der Kindesmutter, zB bei der Geburt des betroffenen Kindes, lässt das Anfechtungsrecht des Ehemannes unberührt. Sind sowohl der rechtliche Vater als auch Mutter und Kind verstorben, bleibt nur noch das Anfechtungsrecht des Putativvaters nach § 1600 Abs. 1 S. 1 Nr. 2 BGB.

13. Von der verfahrensrechtlichen Ausübung des materiellen Gestaltungsrechts auf Anfechtung zu unterscheiden ist die **vorgeschaltete** Entscheidung über die Frage, **ob** überhaupt angefochten werden soll (BGH NJW 2009, 1496). Darüber entscheiden die **Sorgeberechtigten** (BVerfG FamRZ 2009, 189). Der BGH hat allerdings seine vormalige Rechtsprechung aufgegeben, wonach diese Entscheidungskompetenz unabhängig vom Entzug der Vertretungsrechte im Anfechtungsverfahren besteht (BGH 29.10.2025 – XII ZB 242/24, Rn. 22 ff.). Maßgeblich ist nunmehr, ob die sorgeberechtigten Eltern bei auftretenden Interessenkonflikten zur sachgerechten Wahrnehmung bestimmter Angelegenheiten des Kindes noch geeignet sind; ein wirksamer Schutz der Kindesinteressen erfordert eine einheitliche Wahrnehmung von Vertretungsbefugnis und Entscheidung über die Vaterschaftsanfechtung (BGH 29.10.2025 – XII ZB 242/24, Rn. 23). Ob diese Rechtsprechungsänderung auch Entscheidungen nach einvernehmlicher Zeugung im Wege der heterologen Insemination nach § 1600 Abs. 4 BGB aF (§ 1600 Abs. 6 BGB nF) erfasst, hat der BGH nicht entschieden, wird aber in Anbetracht der Ausführungen des BGH zu bejahen sein: Ziel der Rechtsprechungsänderung ist es, die **Kindesinteressen wirksam zu schützen**, was voraussetzt, die Wahrnehmung von Vertretungsbefugnis und Entscheidung über die Vaterschaftsanfechtung zu **vereinheitlichen**. Die Zulässigkeit des Anfechtungsantrages des minderjährigen Kindes setzt eine Entscheidung des Inhabers der elterlichen Sorge voraus. Ggf. muss ein Antrag nach § 1628 Abs. 1 S. 1 BGB gestellt werden.

Der sorgeberechtigte Vater war bislang von einer solchen Entscheidung nur bei einer Gefährdung des Kindeswohls ausgeschlossen, nicht bei einem Interessenkonflikt; Maßstab hierfür war § 1666 BGB (Siede FamRB 2018, 185 mAnm zu OLG Frankfurt a. M. FamRZ 2018, 357). Ob das noch aufrechterhalten werden kann, ist nach der neuen Rechtsprechung des BGH fraglich.

14. Das erstinstanzliche Verfahren vor dem Familiengericht unterliegt nicht dem **Anwaltszwang.**

15. Das **Vertretungsverhältnis** ist ggf. unter Angabe des Namens und der Anschrift des Vertreters darzustellen.

a) **Verfahrensfähig** sind nach § 9 Abs. 1 Nr. 1 FamFG voll Geschäftsfähige. Verfahren auf Anfechtung der Vaterschaft erfahren nach § 9 Abs. 1 Nr. 2 FamFG indes eine besondere Regelung: Danach sind verfahrensfähig auch die beschränkt Geschäftsfähigen, soweit sie für den Gegenstand des Verfahrens als geschäftsfähig gelten. Die Regelung in § 1600a Abs. 2 S. 2 BGB aF, wonach persönlich anfechtungsberechtigte **minderjährige Kindeseltern** verfahrensfähig sind (nicht aber der geschäftsunfähige Elternteil, für ihn kann nur sein gesetzlicher Vertreter anfechten), ist durch die **Neuregelung** von § 1600a BGB in Folge des „Gesetzes zur Umsetzung der Entscheidung des BVerfG zum Anfechtungsrecht leiblicher Väter" angepasst worden. Gleiches gilt für minderjährige Kinder, für welche nach § 1600a Abs. 3 BGB aF nur der gesetzliche Vertreter (§ 1629 Abs. 1 S. 2 Hs. 1 BGB) anfechten konnte. § 1600a Abs. 3, 4 BGB sieht vor, dass bei Geschäftsunfähigkeit oder Kindern im Alter unter 14 Jahren nur der **gesetzliche Vertreter** anfechten kann; ist die anfechtungsberechtigte Person in der Geschäftsfähigkeit beschränkt und hat sie das 14. Lebensjahr vollendet, kann sie die Anfechtung nur selbst erklären und bedarf hierzu auch **nicht der Zustimmung** ihres gesetzlichen Vertreters. Soweit der gesetzliche Vertreter anficht, muss sie dem Wohl des Vertretenen **dienen,** anderenfalls ist sie unzulässig (§ 1600a Abs. 5 BGB).

b) Als **gesetzliche Vertreter** in Betracht kommen insbesondere die Mutter des minderjährigen Kindes (§§ 1626a Abs. 3, 1629 Abs. 1 S. 1 BGB), ein Vormund oder Ergänzungspfleger (§§ 1773 ff., 1786, 1809 Abs. 1 BGB) sowie der Betreuer einer volljährigen geschäftsunfähigen Person (§ 1814 ff. BGB). Bis zur Bestellung des Betreuers mit entsprechendem Aufgabenkreis ist der Geschäftsunfähige nicht gesetzlich vertreten, daher kann ihm ein Antrag nicht wirksam zugestellt werden.

Der Aufgabenkreis des **Jugendamtes** als **Beistand** des Kindes (§§ 1712 Abs. 1 Nr. 1, 1716 S. 2 BGB) umfasst nach hM nicht die Anfechtung der Vaterschaft (vgl. OLG Nürnberg FamRZ 2001, 705); die Vertretung durch den sorgeberechtigten Elternteil ist deshalb nicht nach § 173 FamFG ausgeschlossen.

Der rechtliche **Vater** war bereits bisher trotz Sorgeberechtigung nach § 1629 Abs. 2 BGB von der **Vertretung** des minderjährigen Kindes ausgeschlossen, wenn gem. § 1629 Abs. 2 S. 1 BGB ein Betreuer gem. § 1824 BGB von der Vertretung des Betreuten ausgeschlossen wäre. Das ist bei Anfechtungen bzw. Statusklärungen gem. § 1824 Abs. 1 Nrn. 1, 3 BGB bei Verfahren zwischen Ehegatten oder Verwandten in gerader Linie der Fall.

Die **allein** sorgeberechtigte **Mutter** des Kindes ist von dessen **Vertretung** grundsätzlich nicht ausgeschlossen, und zwar weder bei eigenem Anfechtungsantrag noch bei Anfechtung der Vaterschaft durch den rechtlichen Vater oder sonstige Anfechtungsberechtigte. Bei **gemeinsamer** elterlicher Sorge ist die Mutter jedoch ausgeschlossen (OLG Dresden NJW 2016, 1028; OLG Oldenburg FamRZ 2013, 1671). Sie kann sich vom Familiengericht allerdings ggf. über § 1628 S. 1 BGB die Entscheidungsbefugnis zur Verfahrensführung übertragen lassen, wäre dann aber wiederum von der Vertretung im Verfahren ausgeschlossen (BGH 21.3.2012 – XII ZB 510/10, NJW 2012, 1731; BGH NJW 2017, 561). Folge dessen ist die gerichtliche Bestellung eines Ergänzungspflegers (§§ 1809 Abs. 1, 1693 BGB). Gleiches gilt bei einer allein sorgeberechtigten Mutter. Sind die Eltern von der Vertretung des Kindes ausgeschlossen, ist ein Ergänzungspfleger zu bestellen (OLG Koblenz FamRZ 2015, 1122; OLG Brandenburg FamRZ 2010, 472), das gilt auch bei einer Anfechtung der allein sorgeberechtigten Mutter als Vertreterin des Kindes (OLG Hamburg FamRZ 2016, 69).

Nach **Entzug der elterlichen Sorge** kann ein **Ergänzungspfleger** nach neuer Rechtsprechung des BGH sowohl über das „Ob“ der Vaterschaftsanfechtung als auch über die Durchführung des Verfahrens allein entscheiden (BGH 29.10.2025 – XII ZB 242/24, Rn. 31).

16. Nach § 14 Abs. 3 FamGKG iVm § 21 Abs. 1 FamGKG soll vor **Zahlung der Verfahrensgebühr** keine gerichtliche Handlung vorgenommen werden. Ausgenommen sind Abstammungsverfahren auf Antrag des Minderjährigen, da dieser nach § 21 Abs. 1 S. 2 Nr. 3 FamGKG nicht Kostenschuldner ist (OLG Hamm FamRZ 2012, 811). Die Vorschusspflicht gilt nach § 15 FamGKG nicht, wenn dem Antragsteller **VKH** bewilligt wurde. Der Antragsteller wird zu bedenken haben, ob er vorab einen vorschussfreien **isolierten Antrag** auf Bewilligung von VKH stellt oder aber zusammen mit dem VKH-Antrag auch den Antrag in der Hauptsache einreicht. Soll dieser nur für den Fall der Bewilligung von VKH als gestellt gelten und zugestellt werden, was deutlich zu machen ist, bedarf es auch insoweit keiner Einzahlung eines Kostenvorschusses.

17. Da durch die Anfechtung der Vaterschaft der Rechtsschein der Vaterschaft kraft Ehe oder Anerkennung nach §§ 1592 Nr. 1 und 2, 1593 BGB beseitigt werden soll, handelt es sich um einen **Gestaltungsantrag** (vgl. BGH FamRZ 1999, 716). Der Antrag ist indes, wie § 1599 Abs. 1 BGB verdeutlicht, auf **Feststellung** der Nicht-Vaterschaft gerichtet. Bei ungewisser Wirksamkeit einer Vaterschaftsanerkennung kommt in Betracht, im Hauptantrag die Feststellung der Unwirksamkeit der Anerkennung und hilfsweise im Rahmen erfolgter Anfechtung der Vaterschaft zu beantragen, die Nicht-Vaterschaft festzustellen. Auch, wenn bei erfolgreicher Anfechtung durch den **leiblichen Vater** nach § 1600 Abs. 1 S. 1 Nr. 2 BGB von Amts wegen dessen Vaterschaft festzustellen ist (§ 182 Abs. 1 FamFG), empfiehlt es sich, über die negative Feststellung hinaus die gewünschte positive Feststellung zu beantragen.

18. Zum möglichen **Kostenantrag** und zur **Kostenentscheidung** → Form. E.II.1 Anm. 8.

a) Hat der Antrag auf Anfechtung der Vaterschaft **Erfolg,** so haben erstinstanzlich nach der Sondernorm des § 183 FamFG die Beteiligten mit Ausnahme des minderjährigen Kindes die Gerichtskosten zu gleichen Teilen zu tragen; ihre außergerichtlichen Kosten tragen die Beteiligten selbst. Dies gilt auch dann, wenn der Anfechtende die Vaterschaft zunächst anerkannt hatte und sich dessen Vaterschaft nun auch leiblich als begründet erweist. Bei einem auf **Täuschung** beruhenden Anerkenntnis der Vaterschaft könnte § 81 Abs. 2 Nr. 1 FamFG heranzuziehen sein.

b) Bei **Erfolglosigkeit** des Antrags verbleibt es bei den allgemeinen Vorschriften der §§ 80 ff. FamFG. Bestand kein (objektiver) Anlass für berechtigte Zweifel an der Vaterschaft, können dem Antragsteller eines Anfechtungsverfahrens die gesamten Verfahrenskosten auferlegt werden, und zwar auch dann, wenn die Kindesmutter die gewünschte Einwilligung in eine genetische Abstammungsuntersuchung verweigert hatte (OLG Saarbrücken FamRZ 2017, 545; OLG Jena 25.8.2025 – 1 WF 320/25).

c) Erklären die Beteiligten das Anfechtungsverfahren in der Hauptsache übereinstimmend für **erledigt**, ist im Rahmen der zu treffenden Billigkeitsentscheidung der Vorschrift des § 183 FamFG Rechnung zu tragen (also Kostenaufhebung, wenn der Antrag Erfolg gehabt hätte). Bei übereinstimmenden **Erledigungserklärungen nach Anerkennung** durch den am Verfahren nicht beteiligte leiblichen Vater sind diesem gemäß § 81 Abs. 4 FamFG die Kosten aufzuerlegen, wenn er es vorgerichtlich abgelehnt hatte, die Vaterschaft anzuerkennen, obwohl daran keine begründeten Zweifel bestanden (AG Erfurt FamRZ 2017, 828). Das Kind kann vom leiblichen Vater nach gerichtlicher Feststellung oder wirksamer Anerkennung die Kosten eines vorgeschalteten Anfechtungsverfahrens analog § 1610 Abs. 2 BGB erstattet verlangen (OLG Dresden FamRZ 1999, 303).

d) Dem Ehemann der Kindesmutter kann wegen der Kosten, die ihm durch das erfolgreiche Anfechtungsverfahren entstanden sind, aus materiellem Recht, zB § 826 BGB, ein **Ausgleichsanspruch** gegen den leiblichen Vater zustehen. Demgegenüber kann der Scheinvater, der seine durch Anerkenntnis begründete rechtliche Vaterschaft erfolgreich angefochten hat, vom leiblichen Vater keinen Ersatz der Kosten des Vaterschaftsanfechtungsverfahrens verlangen (vgl. OLG Jena NJW-RR 2005, 1671; OLG Celle FamRZ 2005, 1853).

19. Zur **Wirksamkeit** der Endentscheidung → Form. E.II.1 Anm. 3 (s. auch § 182 Abs. 1 FamFG). Die Zurückweisung ändert die bestehende Vaterschaft nicht, andere Anfechtungsanträge sind daher zulässig.

20. Wird ein Kind nach Anhängigkeit eines Scheidungsantrags geboren, besteht nach neuem Recht (§ 1595a BGB) die Möglichkeit des konsentierten Vatertauschs (**Vierererklärung**), welcher die vormalige scheidungsakzessorische Dreiererklärung (§ 1599 Abs. 2 BGB aF) ersetzt hat (→ Anm. 3). Besteht kein Einvernehmen, kann die Vaterschaft nach allgemeinen Regeln angefochten werden (§ 1600 BGB). Ob ein auf die Durchführung eines Anfechtungsverfahrens gerichteter **VKH-Antrag** als **mutwillig** zurückgewiesen werden kann, wenn nicht zuvor der Versuch einer Vierererklärung unternommen wird, ist unklar. Nach altem Recht bestand darüber keine Einigkeit (dafür OLG Naumburg FamRZ 2008, 432; dagegen OLG Brandenburg FamRZ 2008, 68). Aufgrund der Notwendigkeit, die Anfechtung gerichtlich feststellen zu lassen, liegt jedenfalls dann keine Mutwilligkeit vor, wenn zuvor ein gerichtliches medizinisches Klärungsverfahren gem. § 1598a BGB durchgeführt worden ist (OLG Saarbrücken FamRZ 2021, 532). Da dieses jedoch den Putativvater ausschließt, verbleiben für ihn nur die Optionen des § 1595a BGB oder der Anfechtung (§ 1600 BGB). Diese stehen wahlweise zur Verfügung; eine **Verpflichtung**, sich mit den weiteren Beteiligten zum Zwecke der Erstellung öffentlicher Urkunden und Einholung eines privaten genetischen Abstammungsgutachtens in Verbindung zu setzen, besteht insoweit jedoch nicht. Eine Mutwilligkeit wird daher auch bei unmittelbarem Vorgehen nach § 1600 BGB nicht anzunehmen sein.

21. Schlüssigkeit und Substantiierung des Vortrags sind trotz Amtsermittlung erforderlich. Dies gilt auch für Tatsachen und Indizien in Bezug auf das Bestehen oder Nichtbestehen einer sozial-familiären Beziehung. Aufgrund der Neuregelung in § 1600

Abs. 3 BGB wird es dabei künftig auch ergänzend auf die **Bemühungen des Putativvaters** ankommen, Elternstelle zu werden (→ Anm. 8).

Der verfahrenseinleitende Antrag sollte nach der allgemeinen Vorschrift des § 23 Abs. 1 FamFG sowie § 171 Abs. 2 FamFG begründet werden, es sind also alle relevanten **Tatsachen** und **Beweismittel** anzugeben sowie die Personen zu benennen, die als Beteiligte in Betracht kommen; **Urkunden** sind beizufügen.

Bei einem Anfechtungsantrag des Ehemannes reicht das bloße Vorbringen, er sei nicht der leibliche Vater des Kindes, was durch Sachverständigengutachten ausgeschlossen werden könne, nicht aus. Vielmehr sind **konkrete Umstände** vorzutragen, die bei objektiver Betrachtung geeignet sind, ernsthafte **Zweifel an der Vaterschaft** zu wecken und die Möglichkeit einer anderweitigen Abstammung als nicht ganz fernliegend erscheinen lassen (vgl. BVerfG NJW 2007, 753; BGH FamRZ 2008, 501). Ein solcher **Anfangsverdacht** ist regelmäßig begründet, wenn eigener Geschlechtsverkehr mit der Mutter des Kindes in der Empfängniszeit widerlegt oder substantiiert Mehrverkehr vorgetragen wird (vgl. OLG Brandenburg FamRZ 2014, 1129; OLG Köln FamRZ 1998, 1523). Der Hinweis auf eine eigene **Zeugungsunfähigkeit** kann dabei genügen.

Nicht ausreichend ist demgegenüber die Behauptung, die Kindesmutter habe geraume Zeit nach einem Vaterschaftsanerkenntnis erklärt, der Vater sei nicht der leibliche Vater des Kindes (OLG Köln FamRZ 2005, 43). Unzureichend ist auch der Verweis auf einen **anonymen telefonischen Hinweis**, das Kind stamme nicht von dem rechtlichen Vater ab (BGH FamRZ 2008, 501). Bloße Gerüchte, allgemeine Vermutungen oder unbestimmte Äußerungen Dritter reichen grundsätzlich ebenfalls nicht aus (OLG Koblenz FamRZ 2007, 1675). Ob eine Äußerung der Kindesmutter gegenüber Dritten genügt, der als Vater geltende Mann sei nicht der leibliche Vater, ist streitig (bejahend OLG Brandenburg FamRZ 2010, 1174; verneinend OLG Bremen NJW 2012, 1668). Die gem. § 1600c Abs. 1 BGB bestehende Vaterschaftsvermutung kann allerdings aufgrund einer förmlichen Beweisaufnahme (§ 448 ZPO) widerlegt werden, ohne, dass es eines Abstammungsgutachtens bedarf. Dazu muss die erforderliche (gerichtliche) Gewissheit bestehen, dass das Kind nicht vom Ast. abstammt, weil er mit der Kindesmutter in der Empfängniszeit keinen Geschlechtsverkehr hatte (OLG Frankfurt a. M. NJW-RR 2022, 1285).

Werden Umstände laienhaft falsch bewertet, die bei objektiver Betrachtung nicht geeignet sind, berechtigte Zweifel an der Vaterschaft zu begründen, ist der Antrag unschlüssig und wird die Anfechtungsfrist nicht in Gang gesetzt (OLG Frankfurt a. M. FamRZ 2008, 805). Verdachtsmomente aus früheren erfolgreichen Anfechtungsverfahren im Hinblick auf andere Kinder müssen einen konkreten Bezug zu dem jetzt betroffenen Kind haben (BGH FamRZ 2008, 501; OLG Köln MDR 2005, 993).

Mangelnde **Ähnlichkeit** des Kindes mit dem rechtlichen Vater soll einen Anfangsverdacht dann begründen, wenn erhebliche Abweichungen bei charakteristischen Erbmerkmalen wie etwa der **Hautfarbe** bestehen (OLG Jena FamRZ 2010, 1822). Nach anderer Ansicht genügt das nicht, denn unterschiedliche Hautfarben können nur in seltenen Ausnahmefällen einen **gesicherten Anfangsverdacht** begründen – und somit den Beginn der Anfechtungsfrist bewirken. Das beruht darauf, dass die **Vererbung** der Hautfarbe bzw. des Hauttyps von einem Laien ohne genetische Spezialkenntnisse nicht mit der für die erforderliche Überzeugungsbildung notwendigen Grundlage beurteilt werden kann (OLG Celle NJW-RR 2025, 519; auch OLG Karlsruhe FamRZ 2000, 107).

Sichere Kenntnis liegt auch bei einem von der Kindesmutter **bestrittenem Mehrverkehr** nicht vor (OLG Dresden FamRZ 1997, 1297). Eine Nachforschungspflicht besteht nicht, solange keine nicht ganz fernliegende Möglichkeit der Abstammung von einem anderen Mann erkennbar war (OLG Koblenz NJW-RR 2023, 219). Sind dem anfechtenden Mann indes Umstände bekannt, die bei objektiver Beurteilung hinreichend begründete Anhaltspunkte dafür geben, dass die Mutter des Kindes in der Empfängniszeit auch nur einmalig außerehelichen Geschlechtsverkehr bzw. **Mehrverkehr** hatte, so handelt es sich regelmäßig um einen gegen die Vaterschaft des Anfechtenden sprechenden Umstand, auch wenn dessen eigene Vaterschaft ebenfalls in Betracht kommt (vgl. BGH FamRZ 2006, 771; OLG Koblenz NJW-RR 2023, 219; OLG Brandenburg FamRZ 2001, 1630; OLG Karlsruhe FamRZ 2001, 702; OLG Frankfurt a.M. FamRZ 2000, 108). Hatte die Ehefrau in der Empfängniszeit sowohl mit ihrem Ehemann als auch mit dessen eineiigem **Zwillingsbruder** Geschlechtsverkehr und besteht nach dem eingeholten Gutachten eine gleich hohe Vaterschaftsvermutung für beide Männer, gilt der Ehemann gem. § 1600c Abs. 1 BGB als Vater des Kindes (OLG Hamm FamRB 2008, 367 = JAmt 2008, 378). Kann ein einmaliger Mehrverkehr eine Schwangerschaft jedoch nicht bewirkt haben, weil er bspw. während einer schon bestehenden Schwangerschaft ausgeübt wurde, liegen keine die Anfechtungsfrist auslösenden Umstände vor (OLG Koblenz FamRZ 2020, 1845). Bei **Verwendung von Kondomen** beim Ehebruch und ungeschütztem ehelichen Verkehr ist die Kenntnis von der Möglichkeit der Abstammung des Kindes von dem anderen Mann nicht ausgeschlossen (BGH NJW 2014, 629). Maßgebend sind immer die Umstände des Einzelfalles.

Ist die Ehefrau in der Empfängniszeit der **Prostitution** nachgegangen, darf der Ehemann der Zusicherung der Mutter, regelmäßig und verlässlich Kondome verwendet zu haben, nicht blind vertrauen (BGH FamRZ 2006, 771).

Ein nach § 1598a BGB eingeholtes **DNA-Gutachten** ist geeignet, den Anfangsverdacht und damit die Schlüssigkeit des Vaterschaftsanfechtungsantrags zu begründen, macht aber die Einholung eines gerichtlichen genetischen Abstammungsgutachtens nur unter den Voraussetzungen des § 177 Abs. 2 S. 2 FamFG entbehrlich (näher Harders/Schwamb/Oldenburger, FamFG, 14. Aufl., § 177 Rn. 6 f.). Ein ohne Zustimmung des Kindes oder des gesetzlichen Vertreters **heimlich** eingeholtes privates DNA-Gutachten hingegen kann nicht als Beweismittel verwertet werden (BVerfG NJW 2007, 753; BGH NJW 2005, 497; OLG Celle NJW 2004, 449). Räumt die Kindesmutter im Laufe des Verfahrens dennoch Mehrverkehr ein, liegt wiederum ein Anfangsverdacht vor (OLG Stuttgart FamRZ 2011, 382). Ihre Weigerung, an der Einholung eines privaten DNA-Gutachtens mitzuwirken, rechtfertigt die Annahme eines Anfangsverdachts demgegenüber nicht (BGH NJW-RR 2008, 449).

22. Die **Anfechtungsfristen** und deren Lauf sind in § 1600b BGB geregelt. Danach kann die Vaterschaft binnen zwei Jahren ab **Kenntnis** der Umstände, die gegen die Vaterschaft sprechen, angefochten werden (§ 1600b Abs. 1 S. 1 BGB).

a) Für die anfechtende **Mutter** ist Fristbeginn im Hinblick auf § 1600b Abs. 2 S. 1 BGB regelmäßig die **Geburt des Kindes** (vgl. OLG Frankfurt a.M. FamRZ 2000, 548). Dies auch bei einmaligem außerehelichem Geschlechtsverkehr und selbst bei der Erklärung des Sexualpartners, zeugungsunfähig zu sein (OLG Karlsruhe FamRZ 2016, 249). Ein nach Ablauf der materiellrechtlichen Ausschlussfrist gestellter Anfechtungsantrag ist unbegründet (nicht etwa unzulässig).

b) Erforderlich ist nach § 171 Abs. 2 S. 2 FamFG schlüssiger und substantiierter Vortrag dazu, wann welche Tatsachen bekannt geworden sind, die ihn veranlassen, jetzt einen Anfechtungsantrag zu stellen (vgl. BGH FamRZ 1998, 955 (956); OLG Karlsruhe FamRZ 2003, 52; OLG Karlsruhe FamRZ 2001, 702). Dies erübrigt sich nur bei Einleitung des Anfechtungsverfahrens innerhalb von zwei Jahren nach der Geburt des Kindes, da die zweijährige Frist nicht vor der Geburt zu laufen beginnt (§ 1600b Abs. 1 S. 1 und Abs. 2 S. 1 BGB). Schon in der Antragsschrift sollte deshalb qualifiziert vorgetragen werden, dass der Mann von den Umständen, die Bedenken gegen seine Vaterschaft begründen, vor Ablauf der Frist keine positive Kenntnis hatte.

c) Die Anfechtungsfrist ist **nicht dispositiv** und kann von den Beteiligten weder verlängert noch verkürzt werden. Eine Wiedereinsetzung in den vorigen Stand wegen Fristversäumung ist nicht möglich. Ein zurückgenommener Antrag kann innerhalb der

Anfechtungsfrist **wiederholt** werden. Durch das frühere Verfahren ist die laufende Anfechtungsfrist aber nicht gehemmt.

d) Die Anfechtungsfrist wird durch rechtzeitige **Einreichung des Antrags** beim zuständigen Gericht gewahrt, sonst gem. § 25 Abs. 3 S. 2 FamFG mit Eingang nach Abgabe beim zuständigen Gericht. Die Verfahrensdauer hat auf die unterbrochene Frist keinen Einfluss (vgl. OLG Köln FamRZ 2001, 246)

e) **Rechtsirrtümer** über die **Notwendigkeit** oder rechtliche Möglichkeit der Vaterschaftsanfechtung sowie **Fehlvorstellungen** über die Folgen eines Vaterschaftsanerkenntnisses bzw. der statusrechtlichen Stellung des Kindes hindern den Beginn der Frist nicht (vgl. BGH NJW-RR 1991, 386; OLG Koblenz FamRZ 2007, 2098; OLG Köln NJW 1997, 2458; OLG Köln FamRZ 2002, 842; OLG Jena FamRZ 2017, 1232). Auch sind Willensmängel bei (wirksamer) Anerkennung der Vaterschaft grundsätzlich unbeachtlich.

f) Eine durch sichere Kenntnis ausgelöste Anfechtungsfrist beginnt nicht **neu zu laufen**, wenn der Anfechtungsberechtigte weitere verdächtige Umstände erfährt, es sei denn, dass ursprünglich bestehende Verdachtsmomente zwischenzeitlich widerlegt wurden (vgl. OLG Brandenburg FamRZ 2002, 1055; OLG Köln FamRZ 2001, 703; OLG Frankfurt a.M. FamRZ 2000, 108).

g) Die Frist beginnt **nicht vor der Geburt** des Kindes. Hatte der Anfechtende keine Kenntnis davon, beginnt sie erst mit Kenntniserlangung. Die Anerkennung der Vaterschaft im Wissen, nicht leiblicher Vater des Kindes zu sein, hinderte den Fristbeginn nach altem Recht nicht (vgl. OLG Köln FamRZ 2002, 629 (630)). Nach der gesetzlichen Neuregelung in § 1600 Abs. 6 S. 1, 2 BGB ist die **Anfechtung** des Anerkennenden (oder der Kindesmutter) unter dieser Voraussetzung nunmehr allerdings **ausgeschlossen**; auf den Fristbeginn kommt es folglich nicht mehr an. Das Anfechtungsrecht des Kindes bleibt jedoch bestehen mit der Besonderheit, dass eine Vertretung durch die Mutter ausgeschlossen ist (§ 1600 Abs. 6 S. 3 BGB).

Die Anfechtungsfrist beginnt nicht vor der Rechtskraft der gerichtlichen Entscheidung, durch die die Nichtvaterschaft des neuen Ehemanns der Mutter nach § 1593 S. 4 BGB feststellt wird (§ 1600b Abs. 2 S. 1 BGB). Darüber muss der/die Anfechtungsberechtigte positive Kenntnis haben.

h) Bei Anfechtung durch das minderjährige Kind ist nach § 166 Abs. 1 BGB die Kenntnis des zur **Vertretung** berechtigten gesetzlichen Vertreters maßgebend (vgl. BGH FamRZ 2017, 123 Rn. 12; OLG Schleswig FamRZ 2003, 51 (52)); Kenntnis eines Elternteils genügt (zum Fristbeginn bei nachträglicher Übertragung der elterlichen Sorge vgl. OLG Brandenburg FamRZ 2009, 59).

In Fällen, in denen die Eltern als **gesetzliche Vertreter** für das Kind anfechten, oder in denen ein **Ergänzungspfleger** bestellt wird, können die Zeitpunkte der Kenntniserlangung auseinanderfallen. Nach hM kommt es für den Beginn der Anfechtungsfrist auf den Beginn der gesetzlichen Vertretung oder auf die Kenntnis nach Bestellung an (so OLG Karlsruhe NJW 2025, 1134; OLG Frankfurt a.M. RPfleger 2025, 473; OLG Nürnberg FamRZ 2018, 356; OLG Koblenz FamRZ 2015, 1122; OLG Köln FamRZ 2001, 245; Veit FamRZ 2002, 953 (954)), nach mM auf die ihnen zurechenbaren Kenntnisse der Sorgeberechtigten (so OLG Hamburg FamRZ 2016, 69). Nach der mM des OLG Hamburg liegt der Sinn der zweijährigen Frist darin, fortdauernde Ungewissheiten über die Abstammung zu vermeiden, indem der jeweilige Beteiligte innerhalb des vorgegebenen Zeitrahmens entscheiden muss, ob eine Anfechtung erfolgen soll oder nicht. Da nicht der Ergänzungspfleger, sondern der **Sorgeberechtigte** diese Entscheidung zu treffen hat, könne es auf die Kenntnisse des Ergänzungspflegers (als Berechtigten im Anfechtungsverfahren) nicht ankommen. Die Entscheidung über das *Ob* einer Anfechtung ist Zulässigkeitsvoraussetzung für die Durchführung des Anfechtungsverfahrens, welches wiederum nur vom **Berechtigten** nach § 1600b Abs. 1 S. 2 BGB eingeleitet und geführt werden kann. Der BGH hatte insoweit bereits entschieden, dass es beim Auseinanderfallen der Zeitpunkte auf die Kenntnis des gesetzlichen Vertreters ankommt, da nur dieser **befugt** ist, das Kind im gerichtlichen Anfechtungsverfahren zu vertreten. Diese Frist beginnt nach hM frühestens zu dem Zeitpunkt, in welchem das **Vertretungsverhältnis** hergestellt worden ist (BGH FamRZ 2017, 123 (Rn. 10); OLG Karlsruhe NJW 2025, 1134). Auf eine etwaige vorherige Kenntnis kommt es nicht an.

§ 1600a Abs. 2 BGB sieht nun gesetzlich vor, dass **gesetzliche Vertreter** die Anfechtung für Geschäftsunfähige oder beschränkt Geschäftsfähige jünger als 14 Jahre erklären, wohingegen ältere beschränkt Geschäftsfähige selbst (persönlich) anfechten müssen (§ 1600a Abs. 4 BGB).

Ist die Anfechtungsfrist noch nicht abgelaufen und wechselt der gesetzliche Vertreter, läuft die Frist für das Kind erst mit der Kenntnis des neuen gesetzlichen Vertreters weiter (OLG Celle FamRZ 2012, 567 mwN). Eine versäumte Frist lebt bei einem Wechsel des gesetzlichen Vertreters und anschließenden Bestellung eines Ergänzungspflegers nicht wieder auf (vgl. OLG Karlsruhe NJW 2025, 1134; OLG Hamburg NJOZ 2024, 388).

i) Wenn das **Kind** nach Eintritt der Volljährigkeit **selbst anficht,** beginnt die Frist nicht vor Eintritt der Volljährigkeit und nicht vor dem Zeitpunkt, in dem das Kind von den Umständen erfährt, die gegen die Vaterschaft sprechen (§ 1600b Abs. 2 S. 2 BGB). Dies gilt in ähnlicher Weise nach Wegfall der Geschäftsunfähigkeit des Anfechtungsberechtigten (§ 1600b Abs. 3 BGB).

Erlangt das volljährige Kind Kenntnis von Umständen, auf Grund derer die Folgen der Vaterschaft für es **unzumutbar** werden, so beginnt die zweijährige Anfechtungsfrist erneut (§ 1600b Abs. 5 BGB). Dies ist regelmäßig dann der Fall, wenn die Ehe der Eltern aufgelöst ist und die Mutter den biologischen Vater geheiratet hat. Eine Unzumutbarkeit kann sich zwar auch aus dem **Tod des Scheinvaters** ergeben mit der Folge, dass die (abgelaufene) Frist gem. § 1600b Abs. 5 BGB neu beginnt, allerdings müssen – zumindest bei Volljährigkeit des betroffenen Kindes – weitere Umstände hinzutreten, die die Abstammungssituation als nicht mehr hinnehmbar erscheinen lassen; eine lange Passivität nach Kenntniserlangung über Umstände, die gegen die bestehende Vaterschaft sprechen (Tod des Scheinvaters), schließt den Neubeginn der Frist (§ 1600b Abs. 5 BGB) aus (OLG Nürnberg NJW-RR 2025, 133 zu § 1600b Abs. 6 BGB aF).

23. Für eine **Hemmung** der Anfechtungsfrist trägt der/die Anfechtende nach allg. Grundsätzen die objektive Beweislast.

a) Das Vorliegen einer sozial-familiären Beziehung hindert den Lauf der Frist nicht (§ 1600b Abs. 1 S. 2 Hs. 2 BGB). Das BVerfG hatte die §§ 1600 Abs. 2, 3 S. 1 BGB mit Art. 6 Abs. 2 S. 1 GG **unvereinbar** erklärt (BVerfG NJW 2024, 1732 (Rn. 110)) und den Gesetzgeber aufgefordert, bis zum 31.3.2026 den verfassungswidrigen Zustand zu beseitigen (BVerfG FamRZ 2025, 1139). Eingeleitete Verfahren konnten auf Antrag bis zur gesetzlichen Neuregelung **ausgesetzt** werden. Das Antragsrecht trat an die Stelle einer Aussetzungspflicht.

Abgeschlossene Verfahren können grds. aufgrund fehlenden neuen Lebenssachverhalts nicht wieder aufgenommen werden (OLG Karlsruhe NJW-RR 2025, 196 mAnm Oldenburger NZFam 2025, 615; zu den Ausnahmen siehe § 185a FamFG)). Hätte der Gesetzgeber innerhalb der Frist keine Neuregelung geschaffen, wären Anfechtungen leiblicher Väter grds. ausgeschlossen gewesen (BVerfG FamRZ 2025, 1139 (Rn. 3)). Aufgrund der Neuregelung können Aussetzungen nicht mehr beantragt werden, bereits ausgesetzte Verfahren werden fortgeführt.

b) Für laufende nicht ausgesetzte Verfahren verblieb es bis zum Inkrafttreten der Neuregelung (1.4.2026) bei der **Fortgeltung** der Norm, da das BVerfG die **Unvereinbarkeitserklärung** mit einer Fortgeltungsanordnung verbunden hat. Die sofortige Ungültigkeit hätte dem Schutz überragender Güter des Gemeinwohls die Grundlage entzogen oder ein rechtliches Vakuum entstehen lassen, falls die Abwägung mit den betroffenen Grundrechten ergeben hätte, dass die Nichtigerklärung zu einem noch verfassungsferneren Zustand als dem bei befristeter Fortgeltung der verfassungswidrigen Norm bestehenden geführt haben würde (BVerfG NJW 2024, 1732 (Rn. 111); vgl. auch BVerfG NJW 2023, 1474 (Rn. 187 mwN)). Eine zum Schluss der letzten mündlichen Verhandlung bestehende sozial-familiäre Beziehung zum rechtlichen Vater verhinderte daher in jedem Fall die Anfechtung (BGH NJW 2021, 1875). Eine Vorverlagerung des Beurteilungszeitraums war ausgeschlossen. Dies galt auch dann, wenn der leibliche Vater selbst bereits eine Beziehung/Bindung zum Kind hatte und erst nach Einleitung des Vaterschaftsfeststellungsverfahrens ein anderer Mann die Vaterschaft anerkannt hat, mit welchem dann am Schluss der letzten mündlichen Verhandlung eine sozial-familiäre Beziehung bestand. Rechtlich unerheblich war auch, dass der Anfechtende neben dem Vater eine sozial-familiäre Beziehung zum Kind hat oder gehabt hat (vgl. OLG Hamburg NJW-RR 2019, 1286; OLG Frankfurt a. M. FamRZ 2019, 1872; kritisch Oldenburger NZFam 2023, 817). Zur Neuregelung → Anm. 8.

c) Die **Frist** wird nach § 1600b Abs. 4 S. 1 BGB (§ 1600b Abs. 5 S. 1 BGB aF) durch die Einleitung eines gerichtlichen **Verfahrens zur Klärung der Abstammung** unabhängig vom Anfechtungsverfahren **gehemmt**. Die bloße Einwilligung aller Beteiligten in die Untersuchung und die Entnahme einer Probe reichen dafür jedoch nicht. § 204 Abs. 2 BGB gilt entsprechend; die Hemmung endet **sechs Monate** nach der rechtskräftigen Entscheidung oder anderweitigen Erledigung des Klärungsverfahrens. Wird die Entscheidung vollstreckt, hat das auf den Fristablauf keinen Einfluss. Eine bei Einleitung des Verfahrens nach § 1598a Abs. 2 BGB bereits verstrichene Anfechtungsfrist kann nicht gehemmt werden.

Das bloße **Bestehen** einer sozial-familiären Beziehung wird nicht zur Hemmung der Anfechtungsfrist führen (§ 1600b Abs. 1 S. 2 Hs. 2 BGB). Allerdings werden (auch wiederholte) Wiederaufnahmen abgeschlossener Verfahren nach Eintritt der Rechtskraft eines die Anfechtung zurückweisenden Beschlusses aufgrund sozial-familiärer Beziehung nach Ablauf von Wartefristen, die sich am Alter des Kindes orientieren, möglich (§ 185a FamFG; dazu näher Harders/Schwamb/Oldenburger, FamFG, 14. Aufl., § 185a Rn. 1 ff.). Innerhalb der Anfechtungsfrist des § 1600b BGB muss also immer angefochten werden, da nur dann eine Restitutionsmöglichkeit gem. § 185a FamFG besteht.

d) Nach § 1600b Abs. 4 Hs. 2 BGB (§ 1600b Abs. 5 S. 3 BGB aF) iVm § 204 Abs. 1 Nr. 14 BGB kann die laufende Anfechtungsfrist auch schon durch die Einreichung eines Antrags auf Gewährung von **VKH** gehemmt werden. Der Antrag muss indes ordnungsgemäß gestellt, das Formular also insbesondere vollständig ausgefüllt sein. Auch muss der Antragsteller von seiner VKH-Bedürftigkeit ausgehen dürfen. Der VKH-Antrag kann sich sowohl auf die Einleitung des Anfechtungsverfahrens als auch auf das Klärungsverfahren beziehen. Auch die Vereinbarung, außergerichtlich ein Abstammungsgutachten einzuholen, ist nach der in Bezug genommenen Bestimmung des § 204 Abs. 1 Nr. 8 BGB mit Beginn des Begutachtungsverfahrens fristhemmend.

e) Der Frist ist nach § 1600b Abs. 4 S. 2 BGB (§ 1600b Abs. 5 S. 2 BGB aF) **gehemmt,** solange der Anfechtungsberechtigte widerrechtlich durch **Drohung** an der Anfechtung gehindert wird (siehe OLG Jena FamRZ 2009, 707). Eine solche Drohung gegenüber dem leiblichen Vater kann in der Ankündigung der Kindesmutter liegen, im Falle der Anfechtung dessen Kontakt mit dem Kind zu unterbinden und/oder die Beziehung zu beenden und mit dem Kind die gemeinsame Wohnung zu verlassen (BVerfG FamRZ 2019, 1868 = FamRB 2019, 438 mAnm Siede und nach Zurückverweisung OLG Hamm FamRZ 2020, 1846).

Hiervon abgesehen sind die für die Verjährung geltenden Vorschriften der §§ 206, 210 BGB (Hemmung bei höherer Gewalt und bei nicht voll Geschäftsfähigen) entsprechend anzuwenden (§ 1600b Abs. 4 S. 3 BGB; § 1600b Abs. 5 S. 3 BGB aF). Rechtliche Unkenntnis oder **Fehlvorstellungen** vermögen regelmäßig keine höhere Gewalt iSd § 206 BGB zu begründen (OLG Koblenz FamRZ 2007, 2098).

f) Für die Mutter ist die Anfechtungsfrist bis zur Berichtigung des Geburtseintrags aufgrund höherer Gewalt (Rechtsunkenntnis bei Geltung internationalen Privatrechts und wahrheitsgemäßen Angaben bei Beurkundung der Geburt) gehemmt, wenn der leibliche Vater aufgrund eines nach § 1594 Abs. 2 BGB unwirksamen Anerkenntnisses als Vater des Kindes im Geburtsregister eingetragen ist und sie keine Veranlassung hatte, an der materiellen Richtigkeit dieses Eintrags zu zweifeln (OLG Düsseldorf FamRZ 2019, 1871).

g) Bei nicht ausreichender Beratung im Scheidungsverfahren auch hinsichtlich der Notwendigkeit und der Voraussetzungen einer Anfechtung der Vaterschaft ist das **Verschulden des Anwalts** nach § 85 Abs. 2 ZPO zuzurechnen (OLG Celle FamRZ 2010, 1824). Zur anwaltlichen Hinweis- und Beratungspflicht sowie Anwaltshaftung s. auch OLG Köln FamRZ 2000, 877.

h) Wird die **Anfechtungsfrist versäumt,** gilt der Anfechtende selbst dann weiter als der rechtliche Vater, wenn seine biologische Vaterschaft nachweislich ausgeschlossen ist (vgl. OLG Brandenburg FamRZ 2001, 1630). Nur ausnahmsweise kann nach Ablauf der Anfechtungsfrist ein Antrag auf Feststellung, nicht der Vater des Kindes zu sein, Erfolg haben. So, wenn nach neben deutschem Recht anwendbarem ausländischen Recht die Vaterschaft eines Dritten bereits feststeht, ohne dass es der Vaterschaftsanfechtung bedurft hätte (OLG Stuttgart FamRZ 2004, 1986). Anfechtungswillige Eltern, deren **eigene Anfechtungsfrist** abgelaufen ist, sollten erwägen, ihr Ziel über die Anfechtung im Namen des Kindes zu erreichen.

i) Haben die Beteiligten in einer Anfechtungssache **unterschiedliche Staatsangehörigkeiten**, können durch alternative Anknüpfungen **verschiedene Rechtsordnungen** in Betracht kommen. Wenn das nach Art. 20 EGBGB alternativ berufene Recht keine Anfechtungsfrist kennt, kann der rechtliche Vater die Vaterschaft nach seinem (ausländischem) Heimatrecht auch dann anfechten, wenn die nach deutschem Recht laufende Frist versäumt wurde (OLG Celle FamRZ 2020, 609; OLG Hamburg FamRZ 2012, 568). Anfechtung (Art. 20 EGBGB) und Feststellung (Art. 19 EGBGB) können insoweit unterschiedlichen Rechtsordnungen unterfallen; die **Vorfrage** der Abstammung bestimmt sich dann nach Art. 19 EGBGB. Lag insoweit eine gem. Art. 19 Abs. 1 S. 1 EGBGB iVm § 1600 Abs. 2 BGB aF sozial-familiäre Beziehung vor, war die Anfechtung ausgeschlossen (BGH NJW-RR 2018, 68; wegen der Verfassungswidrigkeit der Norm siehe → Anm. 8). Das wird auch nach der Neuregelung in § 1600 Abs. 3 BGB anzunehmen sein, wenn das Ergebnis der Stufenprüfung keine eigene sozial-familiäre Beziehung des Putativvaters oder ausreichende Bemühungen um sie ausweist (§ 1600 Abs. 3 S. 2 BGB) oder anderenfalls eine besondere Erforderlichkeit des Fortbestandes der Vaterschaft feststellt (§ 1600 Abs. 3 S. 3 BGB).

Kosten und Gebühren

24. Der Verfahrenswert beträgt seit dem 1.6.2025 3.000 EUR (§ 47 Abs. 1 Alt.1 FamGKG nF). S. auch → Form. E.II.1 Anm. 10

Bewilligte VKH bezieht sich, anders als bei § 1598a BGB, auch auf ein gerichtlich eingeholtes Abstammungsgutachten.

Rechtsmittel

25. Siehe → Form. E.II.1 Anm. 11

F. Adoptionssachen

I. Vorbemerkungen

Das gerichtliche Adoptionsverfahren ist in den §§ 186–199 FamFG geregelt. Eine Norm zur internationalen Zuständigkeit findet sich in § 101 FamFG. Soll eine im Ausland durchgeführte Adoption im Inland anerkannt oder umgewandelt werden, so ist in verfahrensrechtlicher Hinsicht darüber hinaus das Haager Übereinkommen über den Schutz von Kindern und die Zusammenarbeit auf dem Gebiet der internationalen Adoption vom 29.5.1993 (HAÜ), §§ 108, 109 FamFG sowie das Adoptionswirkungsgesetz (AdWirkG) zu beachten (im Einzelnen → Form. Q.V und → Form. Q.VI). Regelungen zur Adoptionsvermittlung enthält das Adoptionsvermittlungsgesetz (AdVermiG). Im Verhältnis zur ehemaligen DDR ist die Übergangsbestimmung des Art. 234 § 13 EGBGB zu berücksichtigen. Mit dem Gesetz zur Überarbeitung des Lebenspartnerschaftsrechts vom 15.12.2004, in Kraft getreten am 1.1.2005, wurde die Adoption des Kindes des einen Lebenspartners durch den anderen ermöglicht (Zulassung der Stiefkindadoption, vgl. § 9 Abs. 7 LPartG).

Die materiell-rechtlichen Bestimmungen für die Voraussetzungen und Wirkungen der Adoption sowie für die Aufhebung der Adoption finden sich in den §§ 1741–1772 BGB. Bei Adoptionen mit Auslandsbezug ist in kollisionsrechtlicher Hinsicht Art. 22 EGBGB zu beachten. Dieser wurde mit Wirkung ab 31.3.2020 grundlegend neu gefasst (ausführlich Müller-Engels/Sieghörtner/Emmerling de Oliveira AdoptionsR/Emmerling de Oliveira Rn. 219 ff.).

II. Antrag auf Ausspruch der Minderjährigenadoption, § 186 Nr. 1 FamFG (Stiefkindadoption eines vierzehn Jahre alten Kindes)

Verhandelt am . . . . . . in . . . . . .

Vor dem Notar . . . . . . erschienen:

1. Herr . . . . . ., geboren am . . . . . . in . . . . . .,
2. seine Ehefrau, Frau . . . . . ., geboren am . . . . . . in . . . . . .,
3. die Tochter der Beteiligten zu 2), ..., geboren am . . . . . . in . . . . . .; die Beteiligten zu 1)–3) sind wohnhaft in . . . . . .,
4. der Vater der Beteiligten zu 3), geboren am . . . . . . in . . . . . ., wohnhaft in . . . . . .

Die Erschienenen wiesen sich dem Notar durch Vorlage ihrer amtlichen Lichtbildausweise aus und baten um Beurkundung folgender Erklärungen:

I. Persönliche Verhältnisse

Sämtliche Beteiligte besitzen die deutsche Staatsangehörigkeit.[1] Die Beteiligten zu 1) und 2) haben am . . . . . . vor dem Standesbeamten in . . . . . . die Ehe miteinander geschlossen. Für den Beteiligten zu 1) ist es die erste Ehe. Die erste Ehe der Beteiligten zu 2) mit dem Beteiligten zu 4), aus der die Beteiligte zu 3) hervorgegangen ist, ist mit rechtskräftigem Beschluss des Amtsgerichts . . . . . . vom . . . . . ., Az. . . . . . . geschieden worden. Die Beteiligte zu 3) lebt seit der Eheschließung der Beteiligten zu 1) und 2) in deren gemeinsamen Haushalt. Die elterliche Sorge für die Beteiligte zu 3) üben die Beteiligten zu 2) und 4) gemeinsam aus.

II. Antrag auf Ausspruch der Annahme als Kind[2]

Der Beteiligte zu 1) beantragt beim Familiengericht[3] . . . . . . auszusprechen:

Die Beteiligte zu 3) wird von dem Beteiligten zu 1) als Kind angenommen.[4]

Die Beteiligte zu 3) erhält als Geburtsnamen den Familiennamen[5] . . . . . . des Beteiligten zu 1).

Der Notar wird mit der Einreichung einer Ausfertigung des Antrags beim zuständigen Familiengericht betraut.[6]

III. Einwilligungen[7]

Die Beteiligte zu 3) erklärt gegenüber dem Familiengericht ihre Einwilligung in die Annahme.

Die Beteiligte zu 2) erklärt gegenüber dem Familiengericht ihre Einwilligung in die Annahme der Beteiligten zu 3) als deren Vater.

Der Beteiligte zu 4) erklärt gegenüber dem Familiengericht seine Einwilligung in die Annahme als Vater der Beteiligten zu 3).

Die Beteiligten zu 2) und 4) erklären als gesetzliche Vertreter der Beteiligten zu 3) ihre Zustimmung zu deren Einwilligungserklärung.

IV. Hinweise

Der Notar hat die Beteiligten insbesondere über Folgendes belehrt:

1. Mit dem Beschluss des Familiengerichts über den Ausspruch der Annahme erlangt die Beteiligte zu 3) die rechtliche Stellung eines gemeinschaftlichen Kindes der Beteiligten zu 1) und 2), was mit Rechten und Pflichten insbesondere im Unterhalts- und Erbrecht verbunden ist.[8]

2. Das Verwandtschaftsverhältnis nebst den sich daraus ergebenden Rechten und Pflichten der Beteiligten zu 3) zu ihrem bisherigen Vater, dem Beteiligten zu 4), sowie dessen Verwandten erlischt.[9]
3. Die Beteiligte zu 3) erhält den Familiennamen des Beteiligten zu 1).[10]
4. Der Beschluss des Familiengerichts über den Ausspruch der Annahme wird mit Zustellung an den Antragsteller wirksam und unanfechtbar.[11]
5. Die Beteiligte zu 3) kann ihre Einwilligung bis zum Wirksamwerden des Beschlusses über den Ausspruch der Annahme ohne Zustimmung des gesetzlichen Vertreters gegenüber dem Familiengericht in notariell beurkundeter Form widerrufen.[12]
6. Die Einwilligungen der Beteiligten zu 2) und 4) werden mit dem Zugang beim Familiengericht unwiderruflich.[13]
7. Mit dem Zugang der Einwilligung des Beteiligten zu 4) beim Familiengericht ruht dessen elterliche Sorge, die Befugnis zum persönlichen Umgang mit dem Kind darf nicht ausgeübt werden.[14]
8. Die Einwilligung verliert ihre Kraft, wenn das Kind nicht innerhalb von drei Jahren nach Zugang beim Familiengericht angenommen wird, der Antrag auf Annahme zurückgenommen oder die Annahme versagt wird.
9. Die Aufhebung des Annahmeverhältnisses ist nur in besonderen Ausnahmefällen möglich.[15]

V. Beratungsbescheinigung, Kosten, Ausfertigungen
Die Beratungsbescheinigung nach § 9a AdVermiG liegt heute in Urschrift vor……

Anmerkungen

1. Haben Annehmender bzw. Anzunehmender eine **ausländische Staatsangehörigkeit,** so wäre zunächst nach Art. 22 EGBGB zu prüfen, welches Recht auf die Adoption zur Anwendung gelangt. Aufgrund der Neuregelung des Art. 22 Abs. 1 S. 1 EGBGB unterliegen Adoptionen im Inland allerdings nun einheitlich dem deutschen Recht. Zur Anerkennung und Umwandlung ausländischer Adoptionsentscheidungen → Form. Q.V.

2. Eingeleitet wird die Adoption durch einen **notariell beurkundeten Antrag** an das Familiengericht, der weder bedingt oder befristet noch durch Vertreter gestellt werden kann (§ 1752 BGB). Mit dem Antrag sind **folgende Urkunden bei Gericht einzureichen:**
- Adoptionsantrag in Ausfertigung;
- erforderliche Einwilligungen in Ausfertigung;
- Geburtsurkunden des/der Annehmenden und des Anzunehmenden;
- gegebenenfalls Heiratsurkunden des Annehmenden bzw. Anzunehmenden;
- gegebenenfalls Sterbeurkunden solcher Personen, deren Einwilligung erforderlich wäre, die aber bereits verstorben sind;
- ärztliche Gesundheitszeugnisse bezüglich des/der Annehmenden und des Anzunehmenden (nach Grauel ZNotP 2001, 185 (188) nicht notwendigerweise ein amtsärztliches Zeugnis);
- Nachweise der Staatsangehörigkeit des/der Annehmenden und des Anzunehmenden;
- polizeiliches Führungszeugnis des/der Annehmenden;
- ggf. Beratungsbescheinigung nach § 9a AdVermiG (vgl. dazu auch § 196a FamFG; zur äußerst umstrittenen Frage, ob die Beratung nachgeholt werden kann, vgl. zB OLG Frankfurt NJW 2024, 1196 mAnm Eckebrecht; OLG Brandenburg BeckRS 2022, 743; Teklote FamRZ 2022, 1345; Reinhardt, FamRZ 2022, 502; FamRZ 2022, 1346);
- ggf. Adoptionseignungsbericht der Adoptionsvermittlungsstelle (vgl. § 7 Abs. 3 S. 1 AdVermiG).

Der Adoptionsantrag sollte und die Einwilligungen müssen in Ausfertigung vorgelegt werden, iÜ genügen beglaubigte Abschriften (Müller-Engels/Sieghörtner/Emmerling de Oliveira AdoptionsR/Sieghörtner Rn. 188 f., auch zum Problem des Verhältnisses zu § 14b FamFG).

3. Das **gerichtliche Adoptionsverfahren** ist in §§ 186–199 FamFG geregelt (zum „FamFG und Adoption", Reinhardt JAmt 2009, 162). **Sachlich zuständig** ist für Adoptionssachen (zur Legaldefinition vgl. § 186 FamFG) das **„große" Familiengericht,** § 111 Nr. 4 FamFG.

Die **örtliche Zuständigkeit** ist in § 187 FamFG bestimmt. Primär zuständig ist danach das Gericht, in dessen Bezirk der Annehmende, bei mehreren Annehmenden einer von ihnen, seinen gewöhnlichen Aufenthalt hat, § 187 Abs. 1 FamFG. In Ermangelung eines solchen Aufenthalts im Inland wird stattdessen auf den gewöhnlichen Aufenthalt des Kindes abgestellt, § 187 Abs. 2 FamFG. Fehlt auch ein gewöhnlicher Aufenthalt des Kindes im Inland, so greift die subsidiäre Auffangzuständigkeit des Amtsgerichts Berlin Schöneberg ein, § 187 Abs. 5 FamFG.

Funktionell zuständig ist der Richter, § 14 Abs. 1 Nr. 14 RPflG.

Die Adoptionsvoraussetzungen muss das Gericht **von Amts wegen ermitteln,** vgl. § 26 FamFG. Während sich bei der Volljährigenadoption die Prüfung auf eine Missbrauchskontrolle (→ Form. F.III Anm. 3) beschränkt und begründete Zweifel an der sittlichen Rechtfertigung nach hM bereits zur Ablehnung des Adoptionsantrags führen (MüKoBGB/Maurer BGB § 1767 Rn. 34, 71 mwN), sind bei der **Minderjährigenadoption** weitreichendere Ermittlungen anzustellen. Über die Adoptionseignung des/der Annehmenden und des Kindes wird eine fachliche Äußerung der Adoptionsvermittlungsstelle bzw., falls eine solche nicht tätig geworden ist, des Jugendamtes eingeholt (§ 189 FamFG). Sofern die Adoptionsvermittlungsstelle bzw. das Jugendamt noch keine gutachterliche Stellungnahme abgegeben hat, ist jedenfalls eine Anhörung anzuordnen (§ 194 Abs. 1 FamFG). In Fällen mit Auslandsberührung ist gem. § 195 FamFG die Anhörung der zentralen Adoptionsvermittlungsstelle oder des Landesjugendamtes vorgesehen. Daneben hat das Gericht den Annehmenden/die Annehmenden und das anzunehmende Kind (§§ 188 Abs. 1 Nr. 1a, 192 Abs. 1 FamFG) persönlich anzuhören. Von der Anhörung eines minderjährigen Kindes kann gem. § 192 Abs. 3 FamFG abgesehen werden, wenn Nachteile für seine Entwicklung, Erziehung oder Gesundheit zu befürchten sind oder wenn wegen des geringen Alters von der Anhörung eine Aufklärung nicht erwartet werden kann. Schließlich sollen gem. § 192 Abs. 2 FamFG die übrigen am Adoptionsverfahren Beteiligten (vgl. § 188 Abs. 1 Nr. 1 FamFG) und die in § 193 FamFG genannten Personen angehört werden, nämlich:

- die leiblichen Eltern des anzunehmenden Kindes, welche bei der Minderjährigenadoption regelmäßig Verfahrensbeteiligte sind; bei der Volljährigenadoption dann, wenn es sich um eine Adoption nach § 1772 BGB handelt, §§ 192 Abs. 2, 188 Abs. 1 Nr. 1 lit. b FamFG;
- regelmäßig der Ehegatte oder Lebenspartner des Annehmenden bzw. des Anzunehmenden, §§ 192 Abs. 2, 188 Abs. 1 Nr. 1 lit. c FamFG;
- die Abkömmlinge des/der Annehmenden bzw. des Anzunehmenden, § 193 FamFG, wobei § 192 Abs. 3 FamFG entsprechend gilt.

Anders als noch in § 50c FGG vorgesehen, ist die Anhörung von Pflegepersonen im FamFG nicht mehr ausdrücklich vorgesehen. Ihre Anhörung wird aber regelmäßig über die allgemeine Aufklärungspflicht nach § 26 FamFG geboten sein. Das Gleiche gilt für die leiblichen Eltern im Falle der Volljährigenadoption mit schwachen Wirkungen (Staudinger/Helms BGB § 1768 Rn. 8). Zum Institut der Verfahrensbeistandschaft für minderjährige Beteiligte vgl. § 191 FamFG sowie Schaal FamRZ 2009, 265 u. Menne ZKJ 2009, 68.

Die **Entscheidung über die Annahme erfolgt durch Beschluss,** § 1752 Abs. 1 BGB, § 197 FamFG. Der Beschluss, durch den das Gericht die Annahme als Kind ausspricht, ist zu begründen und er muss angeben, auf welche gesetzlichen Vorschriften sich die Entscheidung stützt (§ 197 Abs. 1 S. 1 FamFG). Eine besondere Begründung muss der Beschluss in den Fällen der §§ 1747 Abs. 4, 1757 Abs. 3 S. 1 Nr. 1 und 2 BGB enthalten (Schulte-Bunert/Weinreich/Sieghörtner FamFG § 197 Rn. 6, 8). Der Annahmebeschluss wird mit Zustellung an den Annehmenden/die Annehmenden wirksam, § 197 Abs. 2 Hs. 1 FamFG. Nach dem **Tod des anzunehmenden Kindes** kann der Ausspruch der Annahme nicht mehr erfolgen, § 1753 Abs. 1 BGB. Der **Tod des Annehmenden** hindert den Ausspruch hingegen grundsätzlich nicht; Voraussetzung ist jedoch, dass der Annehmende den Antrag bereits beim Familiengericht eingereicht hatte oder **den Notar damit betraut hatte, den Antrag einzureichen,** § 1753 Abs. 2 BGB. Der postmortale Ausspruch der Adoption scheidet jedoch aus, wenn primär der Antragsteller und erst in zweiter Linie der Notar „für den Fall des Todes des Annehmenden" mit der Einreichung des Adoptionsantrags beim Familiengericht betraut wird (OLG München MittBayNot 2010, 319). Im Falle des Todes des Annehmenden wird der Beschluss mit Zustellung an das angenommene Kind bzw. dessen gesetzlichen Vertreter wirksam (§ 197 Abs. 2 Hs. 2 FamFG).

Der **Annahmebeschluss ist unanfechtbar** und kann auch vom Gericht **nicht geändert** werden, § 197 Abs. 3 FamFG. Zu beachten ist, dass auch die Namensregelung des § 1757 Abs. 3 BGB Teil des Annahmebeschlusses ist. Sofern ein entsprechender Antrag vor Wirksamwerden des Beschlusses nicht gestellt worden ist, ist eine entsprechende Namensänderung nicht mehr möglich, weil dem die Unabänderbarkeit des Beschlusses entgegensteht (BayObLG FamRZ 2003, 1773). Allerdings ist die Ablehnung eines gemäß § 1757 Abs. 3 BGB gestellten Antrags selbständig anfechtbar (BGH FamRZ 2020, 1275; Sternal/Giers FamFG § 197 Rn. 13). Auch der Antrag nach § 1772 BGB, also auf Ausspruch der Volljährigenadoption mit den Wirkungen der Minderjährigenadoption, kann nur bis zum Wirksamwerden der Adoption gestellt werden (OLG Frankfurt a. M. FamRZ 2009, 356 = StAZ 2009, 40).

Der den Annahmeantrag **zurückweisende Beschluss** ist in § 197 FamFG nicht geregelt, so dass für ihn die allgemeinen Regeln der §§ 38 ff. FamFG gelten (Schulte-Bunert/Weinreich/Sieghörtner FamFG § 197 Rn. 21). Gegen den ablehnenden Beschluss besteht die Möglichkeit der **Beschwerde zum OLG,** § 58 Abs. 1 FamFG, § 119 Abs. 1 Nr. 1 lit. a GVG. Gegen die Beschwerdeentscheidung ist die zulassungsabhängige Rechtsbeschwerde zum BGH möglich, §§ 70 ff. FamFG, § 133 GVG. Beschwerdebefugt ist nach § 59 Abs. 2 FamFG der Antragsteller. Zur Einlegung der Beschwerde kann auch der Notar bevollmächtigt werden (§ 10 Abs. 2 S. 2 Nr. 3 FamFG).

4. Eheleute können gemäß § 1741 Abs. 2 S. 2 und 3 BGB grundsätzlich **nur gemeinschaftlich adoptieren** oder, jeweils einzeln – wie im Muster –, das Kind des anderen Ehegatten (Stiefkindadoption). Im Übrigen ist eine **Einzeladoption** durch Verheiratete nur dann möglich, wenn der andere Ehegatte kein Kind adoptieren kann, weil er geschäftsunfähig oder noch nicht 21 Jahre alt ist. Eine Stiefkindadoption wie bei Ehegatten ist aufgrund des neuen § 1766a BGB nun unter bestimmten weiteren Voraussetzungen auch zulässig bei zwei Personen, die in einer verfestigten Lebensgemeinschaft in einem gemeinsamen Haushalt leben. Diese Regeln gelten auch bei der Volljährigenadoption, was verfassungsgemäß ist (BGH FamRZ 2021, 1892). Eine **unverheiratete Person** kann im Übrigen gemäß § 1741 Abs. 2 S. 1 BGB **nur allein adoptieren.** Für **eingetragene Lebenspartner** ist nach § 9 Abs. 7 LPartG eine Stiefkindadoption möglich (zur Verfassungsmäßigkeit der Stiefkindadoption durch eingetragene Lebenspartner BVerfG FamRZ 2009, 1653). In diesem Rahmen (Ehegatten, eingetragene Lebenspartner, „verfestigte" Lebensgemeinschaft) ist über § 1742 BGB auch eine sog. Sukzessivadoption möglich (Stiefkindadoption eines bereits adoptierten Kindes).

Der/die Annehmende(n) muss/müssen unbeschränkt geschäftsfähig sein und ein bestimmtes Alter erreicht haben, § 1743 BGB. Eine starre Höchstaltersgrenze sieht das deutsche Adoptionsrecht nicht vor. Die Adoption des eigenen – auch nichtehelichen – Kindes ist nicht möglich (Staudinger/Helms BGB § 1741 Rn. 81). § 1742 BGB normiert das **Verbot von Zweitadoptionen.** Hierdurch sollen zum Wohl des Kindes Kettenadoptionen ausgeschlossen werden (Müller-Engels/Sieghörtner/Emmerling de Oliveira AdoptionsR/Müller-Engels Rn. 68).

5. Die **namensrechtlichen Folgen** der Adoption regelt § 1757 BGB, → Form. F.III Anm. 6. Der Antrag im Muster entspricht der in § 1757 Abs. 1 S. 1 BGB gesetzlich vorgesehenen Namensfolge, sofern die Ehegatten den Familiennamen des Annehmenden als Ehenamen führen. Ein entsprechender „Antrag" ist daher zwar nicht erforderlich, jedoch praxisüblich (Müller-Engels/Sieghörtner/Emmerling de Oliveira AdoptionsR/Sieghörtner Rn. 527 Fn. 1; zur entsprechenden Tenorierung: Frank StAZ 2008, 1 (4)). Zur Namensfolge → Form. F.II Anm. 6.

6. Gem. § 1753 Abs. 2 BGB ist nach dem Tod des Annehmenden der Ausspruch nur zulässig, wenn der Annehmende den Antrag bereits bei Gericht eingereicht hat oder aber den Notar mit der Einreichung betraut hat, → Form. F.II Anm. 3.

7. Dem Antrag beigefügt sein müssen die im Einzelfall erforderlichen **Einwilligungserklärungen,** die nach § 1750 BGB unbedingt, unbefristet, höchstpersönlich und notariell beurkundet sein müssen. Die Einwilligungen werden in dem Zeitpunkt wirksam, in dem sie dem Familiengericht zugehen (§ 1750 Abs. 1 S. 3 BGB), wobei dem Gericht eine Ausfertigung der notariellen Einwilligungsurkunde vorgelegt werden muss, eine beglaubigte Abschrift genügt nicht (OLG Hamm NJW 1982, 1002). Die Einwilligungen sind unwiderruflich (§ 1750 Abs. 2 S. 2 BGB; Ausnahme: § 1746 Abs. 2 BGB, → Form. F.II Anm. 12). Im Einzelnen müssen einwilligen:

- das Kind (§ 1746 BGB), wobei es, sofern es das vierzehnte Lebensjahr vollendet hat, selbst die Einwilligung erteilen muss, wozu es jedoch die Zustimmung seines gesetzlichen Vertreters braucht, § 1746 Abs. 1 S. 3 BGB;
- die leiblichen Eltern des Kindes (§ 1747 Abs. 1 S. 1 BGB; die Einwilligung kann gemäß § 1748 BGB unter den dort beschriebenen Voraussetzungen ersetzt werden, → Form. F.IV);
- der Ehegatte des Annehmenden (§ 1749 BGB).

8. Hinsichtlich der **Adoptionswirkungen** ist bei der Minderjährigenadoption **zu unterscheiden** zwischen der Adoption durch Ehegatten, der Stiefkindadoption und der Adoption durch eine Einzelperson. Bei der **Adoption durch Ehegatten** erlangt das Adoptivkind die rechtliche Stellung eines gemeinschaftlichen Kindes der Annehmenden (§ 1754 Abs. 1 BGB). Es handelt sich also um eine Volladoption, mit der Folge, dass das Kind vollständig aus den bisherigen verwandtschaftlichen Beziehungen herausgelöst (§ 1755 Abs. 1 BGB) und vollständig in die neue Familie integriert wird. Bei der **Stiefkindadoption** erlischt nur das Verwandtschaftsverhältnis des Adoptivkindes zum anderen Elternteil und dessen Verwandten, nicht aber zum Elternteil (und seinen Verwandten), der der Ehegatte des Annehmenden ist (§ 1755 Abs. 2 BGB; zur Stiefkindadoption vgl. auch Grziwotz FamFR 2011, 533). Das Gleiche gilt bei der Stiefkindadoption durch den eingetragenen Lebenspartner (vgl. § 9 Abs. 7 LPartG, welcher auf § 1755 Abs. 2 BGB verweist) und aufgrund des neuen § 1766a BGB bei Personen, die in einer verfestigten Lebensgemeinschaft in einem gemeinsamen Haushalt leben. Außerhalb des Anwendungsbereichs des neuen § 1766a BGB kann eine mit ihrem Partner weder verheiratete noch in einer eingetragenen Lebensgemeinschaft lebende Person dessen Kind nicht adoptieren, ohne dass zugleich das Verwandtschaftsverhältnis zwischen ihrem Partner und dem Kind erlischt (BGH BeckRS 2017, 102902). Bei der **Adoption durch eine Einzelperson** erhält das Kind die rechtliche Stellung eines Kindes des Annehmenden, § 1754 Abs. 2 BGB. Wie bei der Adoption durch Eheleute verliert das Kind gemäß § 1755 Abs. 1 S. 1 BGB sämtliche verwandtschaftlichen Beziehungen zu seiner Ursprungsfamilie. Besonderheiten gelten bei der Verwandtenadoption, vgl. § 1756 Abs. 1 BGB, insbesondere hinsichtlich der erbrechtlichen Wirkungen (vgl. Kersten/Bühling FormB FGG/Kordel/Emmerling de Oliveira § 93 Rn. 35 ff.).

9. → Form. F.II Anm. 8.

10. → Form. F.II Anm. 5.

11. Die Annahme als Kind ist **nicht anfechtbar oder vom Gericht abänderbar,** § 197 Abs. 3 FamFG und damit endgültig. Wirksam wird der Beschluss mit der Zustellung an den/die Annehmenden (mit Zustellung an den letzten Annehmenden, Soergel/Liermann BGB § 1752 Rn. 14), § 197 Abs. 2 Hs. 1 FamFG, im Falle des Todes des Annehmenden (§ 1753 Abs. 2 BGB) mit Zustellung an den Angenommenen bzw. dessen gesetzlichen Vertreter, § 197 Abs. 2 Hs. 2 FamFG, → Form. F.II Anm. 3.

12. Nach § 1746 Abs. 2 BGB kann das nicht geschäftsunfähige Kind, das das 14. Lebensjahr vollendet hat, ohne Zustimmung des gesetzlichen Vertreters seine Einwilligung bis zum Wirksamwerden des Ausspruchs gegenüber dem Familiengericht in beurkundeter Form widerrufen.

13. Vgl. § 1750 Abs. 2 S. 2 BGB.

14. Nach § 1751 Abs. 1 S. 1 BGB bewirkt bereits die Einwilligung allein das **Ruhen der elterlichen Sorge** und den Ausschluss der Befugnis zum persönlichen Umgang. Hinsichtlich des persönlichen Umgangs können sich die Beteiligten jedoch auch auf eine andere Lösung verständigen (Staudinger/Helms BGB § 1751 Rn. 11). Hingegen führt die Einwilligung seitens des leiblichen Vaters hier nicht dazu, dass das Jugendamt gem. § 1751 Abs. 1 S. 2 BGB Vormund wird, da die Eltern die elterliche Sorge bisher gemeinsam ausgeübt haben und daher die Bestimmung des § 1678 Abs. 1 BGB eingreift, wonach beim Ruhen der elterlichen Sorge des einen Elternteils der andere Teil die elterliche Sorge allein ausübt.

15. Zum Muster einer Adoptionsaufhebung → Form. F.V. Eine **Aufhebung der Minderjährigenadoption** durch Gerichtsentscheidung ist nur für zwei Fallgruppen gesetzlich vorgesehen:

- auf Antrag, wenn der Antrag des Annehmenden, die Einwilligung des Kindes oder die erforderliche Einwilligung eines Elternteils fehlt oder nicht wirksam erfolgt ist (§§ 1760–1762 BGB);
- von Amts wegen während der Minderjährigkeit des Kindes, wenn die Aufhebung aus schwerwiegenden Gründen zum Wohl des Kindes erforderlich wird, sofern das Kind dadurch nicht familienlos wird (§ 1763 BGB).

III. Antrag auf Ausspruch der Volljährigenadoption, § 186 Nr. 1 FamFG

Verhandelt am ..... in .....

Vor dem Notar ..... erschienen:

1. Herr ....., geboren am ..... in ....., – Annehmender –,
2. Herr ....., geboren am ..... in ....., – Anzunehmender –.[1]

Die Erschienenen wiesen sich dem Notar durch Vorlage ihrer amtlichen Lichtbildausweise aus und baten um Beurkundung folgender Erklärungen:

I. Persönliche Verhältnisse
Sowohl der Annehmende als auch der Anzunehmende besitzen die deutsche Staatsangehörigkeit.[2] Weder der Annehmende noch der Anzunehmende sind bzw. waren verheiratet. Beide haben keine leiblichen Abkömmlinge.
Der 67-jährige Annehmende und der 25-jährige Anzunehmende kennen sich seit über 15 Jahren. Der Annehmende ist ein guter Freund der Familie des Anzunehmenden. Seit dem Tod des Vaters des Anzunehmenden vor fünf Jahren hat sich zwischen dem Annehmenden und dem Anzunehmenden ein sehr enges und persönliches Verhältnis entwickelt. Da die Mutter des Anzunehmenden von ihrer Witwenrente nur einen kleinen finanziellen Beitrag zum Studium des Anzunehmenden leisten kann, trägt der Annehmende fast vollständig dessen Lebenshaltungskosten und einen Großteil der Studiengebühren. Der Anzunehmende leistet seinerseits regelmäßige Hilfs- und Fahrdienste für den gehbehinderten Annehmenden. Insgesamt hat sich in den letzten Jahren zwischen dem Annehmenden und dem Anzunehmenden eine sehr enge Beziehung, gleich einer Vater-Sohn-Beziehung, entwickelt. Der Annehmende und der Anzunehmende begegnen sich häufig; sie haben – auch zusammen mit der Mutter des Anzunehmenden – bereits mehrfach gemeinsame Reisen unternommen und Urlaube zusammen verbracht.[3]

II. Antrag auf Ausspruch der Annahme als Kind[4]
Die Beteiligten zu 1) und 2) beantragen beim Familiengericht[5] ..... auszusprechen:
Der Beteiligte zu 2) wird durch den Beteiligten zu 1) als Kind angenommen.
Der Beteiligte zu 2) widerspricht einer Änderung seines bisherigen Familiennamens.[6]
Der Notar wird mit der Einreichung einer Ausfertigung des Antrags beim zuständigen Familiengericht betraut.[7]

III. Hinweise[8]
Der Notar hat die Beteiligten insbesondere über Folgendes belehrt:
1. Mit dem Beschluss des Familiengerichts über den Ausspruch der Annahme erlangt der Beteiligte zu 2) die rechtliche Stellung eines Kindes des Beteiligten zu 1), was mit Rechten und Pflichten insbesondere im Unterhalts- und Erbrecht verbunden ist. Ein Verwandtschaftsverhältnis zu den Verwandten des Beteiligten zu 1) entsteht nicht. Die Rechtsbeziehungen zu den leiblichen Verwandten bleiben unberührt. Stirbt der Beteiligte zu 2) nach dem Beteiligten zu 1) und hat er Vermögen von diesem geerbt, so kann dieses Vermögen des Beteiligten zu 1) über den Beteiligten zu 2) an dessen leibliche Verwandte gelangen. Dies kann durch entsprechende letztwillige Verfügung vermieden werden.[9]

2. Hinsichtlich der Namensführung des Beteiligte zu 2) bestünden auch folgende Möglichkeiten (welche die Beteiligten ausdrücklich nicht wünschen):
– den Familiennamen des Annehmenden als Geburtsnamen zu erhalten;
– einen aus seinem bisherigen Familiennamen und dem Familiennamen des Annehmenden gebildeten Doppelnamen zum Geburtsnamen zu bestimmen.[10]

3. Es besteht unter Umständen die Möglichkeit einer Annahme mit den Wirkungen der Minderjährigenannahme. Dies wünschen die Beteiligten ausdrücklich nicht.[11]

4. Der Beschluss des Familiengerichts über den Ausspruch der Annahme wird mit Zustellung an die Antragsteller wirksam und unanfechtbar.[12]

5. Die Aufhebung des Annahmeverhältnisses ist nur in besonderen Ausnahmefällen möglich.[13]

IV. Kosten, Ausfertigungen

. . . . .

Anmerkungen

1. Das geltende Recht unterscheidet zwischen der Minderjährigenadoption (§§ 1741 ff. BGB) und der Volljährigenadoption (§§ 1767 ff. BGB), wobei bei der Volljährigenadoption weiter unterschieden wird zwischen der **einfachen Volljährigenadoption** und der **Volljährigenadoption mit den Wirkungen der Minderjährigenadoption** (§ 1772 BGB). Nach § 1767 Abs. 2 S. 1 BGB gelten für die Volljährigenadoption die Vorschriften für die Minderjährigenadoption sinngemäß, sofern sich nicht aus den Sondervorschriften der §§ 1767–1772 BGB etwas anderes ergibt.

Eine Volljährigenadoption im Sinne der §§ 1767 ff. BGB liegt stets dann vor, wenn der Anzunehmende zum Zeitpunkt des Annahmebeschlusses volljährig ist (§ 2 BGB). Wird also der zunächst minderjährige Anzunehmende während des Adoptionsverfahrens volljährig, so muss ein **neuer Antrag** auf Volljährigenadoption gestellt werden (OLG Karlsruhe FamRZ 2000, 768; KG FamRZ 2004, 1315). Eine Umdeutung des ursprünglich gestellten Antrags auf Minderjährigenadoption in einen Antrag auf Volljährigenadoption durch das Gericht ist nicht möglich; es muss jedoch den Beteiligten entsprechend Gelegenheit zur Stellung eines neuen Antrags gegeben werden (KG FamRZ 2004, 1315).

2. → Form. F.II Anm. 1.

3. § 1767 Abs. 1 BGB setzt für die Volljährigenadoption ausdrücklich voraus, dass die Annahme **sittlich gerechtfertigt** ist, was insbesondere dann anzunehmen ist, wenn zwischen dem bzw. den Annehmenden und dem Anzunehmenden bereits ein Eltern-Kind-Verhältnis entstanden ist (§ 1767 Abs. 1 Hs. 2 BGB) oder wenn für die Zukunft zu erwarten ist, dass eine **Eltern-Kind-Beziehung** entstehen wird (ausführlich zur sittlichen Rechtfertigung einer Volljährigenadoption OLG Bremen ZErb 2017, 18; vgl. auch OLG Schleswig FamRZ 2020, 615; FGPrax 2009, 269, bespr. von Milzer FamFR 2009, 174; Grüneberg/Götz BGB § 1767 Rn. 2 ff.). Nicht ausreichend sind hingegen bloß wirtschaftliche Interessen (OLG Zweibrücken FamRZ 2006, 572) oder lediglich freundschaftliche Beziehungen (BayObLG NJWE-FER 1998, 29). Hinweise für das Bestehen bzw. Entstehen einer so engen Beziehung, wie sie die Eltern-Kind-Beziehung ist, sind etwa das Vorliegen eines Altersabstandes, der der natürlichen Generationenfolge entspricht sowie die Bereitschaft, sich in allen Lebenslagen beizustehen (Staudinger/Helms BGB § 1767 Rn. 35 mwN). In jedem Fall muss die Adoption aus familienbezogenen Gründen angestrebt werden, so dass, sofern die Verringerung der Steuerlast im Erbfall (OLG München RNotZ 2009, 174) oder etwa der Erwerb von Adelsnamen im Vordergrund steht, die Annahme nicht gerechtfertigt ist (Müller-Engels/Sieghörtner/Emmerling de Oliveira AdoptionsR/Müller-Engels Rn. 122).

4. → Form. F.II Anm. 2, → Form. F.III Anm. 1. Neben dem **Antrag des/der Annehmenden** verlangt § 1768 BGB – abweichend von § 1752 BGB – den **notariell beurkundeten Antrag des Anzunehmenden.** Zu beachten ist, dass auch der Antrag nach § 1772 BGB, also auf Ausspruch der Volljährigenadoption mit den Wirkungen der Minderjährigenadoption, nur bis zum Wirksamwerden der Adoption gestellt werden kann (OLG Frankfurt a. M. FamRZ 2009, 356 = StAZ 2009, 40).

5. Zum gerichtlichen Adoptionsverfahren → Form. F.II Anm. 3. Zu den Anhörungspflichten des Gerichts im Falle der Volljährigenadoption vgl. § 192 Abs. 1, 2 FamFG iVm § 188 Abs. 1 Nr. 1 lit. a, c FamFG. Anzuhören sind regelmäßig die Antragsteller persönlich, bei der Adoption nach § 1772 BGB die leiblichen Eltern als materiell Beteiligte (§ 192 Abs. 2 FamFG) sowie die Kinder des Annehmenden und Anzunehmenden (§ 193 S. 1 FamFG), letztere allerdings nicht notwendig persönlich (Schulte-Bunert/Weinreich/Sieghörtner FamFG § 193 Rn. 2). Im Fall der einfachen Volljährigenadoption wird die Anhörung der leiblichen Eltern über § 26 FamFG ebenfalls in der Regel geboten sein (Schulte-Bunert/Weinreich/Sieghörtner FamFG § 192 Rn. 10).

6. Infolge der Neuregelung des § 1767 Abs. 3 BGB führt die Volljährigenadoption **nicht mehr zwingend** zu einer **Änderung des vom Anzunehmenden bisher geführten Nachnamens.** Nach § 1767 Abs. 3 S. 1 Nr. 1 BGB kann er der Namensänderung widersprechen. Ansonsten erhält er den Namen des Annehmenden als Geburtsnamen. Zusätzlich gewährt § 1767 Abs. 3 S. 1 Nr. 2 BGB die Möglichkeit, auf Antrag des Annehmenden mit Einwilligung des Anzunehmenden dessen neuem Familiennamen den **bisher geführten Familiennamen voranzustellen oder anzufügen.**

7. → Form. F.II Anm. 6.

8. Nach § 1768 Abs. 1 S. 2 BGB iVm § 1747 BGB sind die Einwilligungserklärungen der leiblichen Eltern des zu Adoptierenden nicht erforderlich. Die Einwilligung des Anzunehmenden ist ebenfalls nicht notwendig, da er in diesem Verfahren Antragsteller ist. Nach § 1769 BGB dürfen überwiegende Interessen der Kinder des Annehmenden oder des Anzunehmenden der Adoption nicht entgegenstehen; eine von diesen zu erteilende Einwilligung ist jedoch vom Gesetz nicht gefordert. Allerdings verlangt die Berücksichtigung der Interessen der jeweiligen Kinder zwingend deren Anhörung im Adoptionsverfahren (→ Form. F.III Anm. 5).

9. Hinsichtlich der **Adoptionswirkungen** ist bei der Volljährigenadoption zwischen der einfachen Volljährigenadoption und der Volljährigenadoption nach § 1772 BGB zu unterscheiden. Die einfache Volljährigenadoption hat im Gegensatz zur Minderjährigenadoption nur schwache Wirkungen: Der Angenommene (einschließlich seiner Abkömmlinge) wird zwar Kind des bzw. der Annehmenden, jedoch entstehen zu den Verwandten des bzw. der Annehmenden keine verwandtschaftlichen Beziehungen, § 1770 Abs. 1 BGB. Die verwandtschaftlichen Beziehungen des Angenommenen und seiner Abkömmlinge zu den leiblichen Verwandten bleiben weiter in vollem Umfang bestehen (§ 1770 Abs. 2 BGB); die Unterhaltspflichten der leiblichen Verwandten treten allerdings im Rang zurück, § 1770 Abs. 3 BGB.

10. → Form. F.III Anm. 6.

11. Die **Volljährigenadoption nach § 1772 BGB,** die nur bei Vorliegen der dort normierten Voraussetzungen zulässig ist, hat dieselben **Wirkungen wie eine Minderjährigenadoption:** insbesondere erlischt das Verwandtschaftsverhältnis zu den leiblichen Verwandten. Nimmt ein Ehegatte allerdings das Kind seines Ehegatten an, tritt das Erlöschen nur im Verhältnis zum anderen Elternteil und dessen Verwandten ein, §§ 1772 Abs. 1, 1755 Abs. 2 BGB. Dies gilt jedoch nicht bei Adoption des Kindes des geschiedenen

Ehegatten (BGH NJW 2014, 934). Auch bei der „starken" Stiefkindadoption eines Volljährigen durch den Ehegatten seines überlebenden Elternteils besteht das Verwandtschaftsverhältnis zur Familie seines vorverstorbenen Elternteils nach § 1772 Abs. 1 BGB iVm § 1756 Abs. 2 BGB weiter, wenn der vorverstorbene Elternteil die elterliche Sorge hatte (BGH DNotZ 2010, 309). Eine antragsgemäß ausgesprochene schwache Volljährigenadoption kann auch dann nicht nachträglich in eine Adoption mit den starken Wirkungen der Minderjährigenadoption abgeändert werden, wenn die Antragsteller geltend machen, dass letztere von Anfang an gewünscht gewesen sei und nur aus Unkenntnis der verschiedenen Formen der Volljährigenadoption nicht beantragt worden sei (OLG Frankfurt a. M. FamRZ 2009, 356; zu den Problemen der Volljährigenadoption mit starken Wirkungen vgl. auch Müller MittBayNot 2011, 16). → Form. F.III Anm. 4.

12. → Form. F.II Anm. 11.

13. → Form. F.II Anm. 15. § 1771 BGB nennt abschließend (NK-BGB/Dahm BGB § 1771 Rn. 4) die Aufhebungsgründe für die Volljährigenadoption → Form. F.V.

IV. Antrag auf Ersetzung der Einwilligung eines Elternteils zur Adoption, § 186 Nr. 2 FamFG

An das . . . . ., den . . . . .

Amtsgericht . . . . .

Familiengericht[1]

Antrag auf Ersetzung der elterlichen Einwilligung zur Adoption[2]

In Sachen

des . . . . . (Name des anzunehmenden Kindes), geb. am . . . . . in . . . . ., vertreten durch . . . . ., geb. am . . . . . in . . . . . als allein sorgeberechtigte Mutter, beide wohnhaft in . . . . .

– Antragsteller –

zeigen wir die anwaltliche Vertretung des Antragstellers an und beantragen:

Die Einwilligung des . . . . . (Name des Vaters), geb. am . . . . . in . . . . ., wohnhaft in . . . . ., in die Annahme des Antragstellers als Kind wird ersetzt.

Sachverhalt und Begründung:[3]

Der Antragsteller ist der nichteheliche Sohn der alleinsorgeberechtigten . . . . . Die Mutter des Antragstellers hat am . . . . ., also zwei Jahre nach der Geburt des Antragstellers, den Annehmenden geehelicht. Seither lebt der Antragsteller mit seiner Mutter und dem Annehmenden zusammen in einem Haushalt. Der Annehmende hat enge persönliche Bindungen zu dem Antragsteller aufgebaut, die – auch aus der Sicht des Antragstellers, der den Annehmenden als „seinen Vater" bezeichnet, – denen bei einer Vater-Kind-Beziehung entsprechen. Auch finanziell unterstützt der Annehmende den Antragsteller.

Der Vater des Antragstellers hat die Vaterschaft zwar am . . . . . anerkannt, jedoch zu keiner Zeit ein Eltern-Kind-Verhältnis zu seinem Sohn aufgebaut. Er hat den Antragsteller nur ein einziges Mal kurz nach der Geburt besucht und in den ersten beiden Lebensjahren nur unregelmäßig und nie in geschuldeter Höhe Unterhalt geleistet. Seit dem . . . . ., also seit dem dritten Lebensjahr des Antragstellers, verbüßt der Vater des Antragstellers eine 6-jährige Freiheitsstrafe. Er hat in dieser Zeit – trotz mehrfacher Anregung von Seiten der Mutter des Antragstellers – nicht ein einziges Mal Kontakt zu dem Antragsteller aufgenommen und auch keinen Unterhalt gezahlt. Mithäftlingen gegenüber hat er den Antragsteller mehrfach als „Missgeburt" bezeichnet. Die Erteilung seiner Einwilligung in eine Adoption durch den Annehmenden hat er unmissverständlich und endgültig abgelehnt.

Unter Zugrundelegung dieser Sachverhaltsumstände muss man hier zu dem Ergebnis gelangen, dass das Unterbleiben der Adoption für den Antragsteller einen unverhältnismäßigen Nachteil nach sich ziehen würde. Die gebotene Interessenabwägung zwischen dem verfassungsrechtlichen Elternrecht und den Entwicklungsinteressen des Kindes muss hier zu dem Ergebnis führen, dass die Adoption die Lebensverhältnisse des Antragstellers

in einem solchen Maß verbessern würde, dass ein sich verständig um das Kind sorgender Elternteil auf der Erhaltung des Verwandtschaftsbandes nicht bestehen würde.[4]

Rechtsanwältin

Anmerkungen

1. **Zuständig** ist das Familiengericht, in dessen Bezirk der Annehmende oder einer der Annehmenden seinen gewöhnlichen Aufenthalt hat, §§ 186 Nr. 2, 187 Abs. 1 FamFG, iE → Form. F.II Anm. 3.

Über die Ersetzung der Einwilligung wird in einem gegenüber dem Adoptionsverfahren **selbständigen Verfahren** entschieden und zwar entweder vor Einreichung des Adoptionsantrags oder – nach gestelltem Adoptionsantrag – in einem Zwischenverfahren (MüKoBGB/Maurer BGB § 1748 Rn. 122 f.). Am Ersetzungsverfahren nach § 1748 BGB zu beteiligen und anzuhören sind der Antragsteller (§ 7 FamFG) sowie der Elternteil, dessen Einwilligung ersetzt werden soll, §§ 188 Abs. 1 Nr. 2, 192 Abs. 2 FamFG. Der **Beschluss** wird regelmäßig erst mit Rechtskraft wirksam, § 198 Abs. 1 FamFG.

Die Ablehnung der Ersetzung der Einwilligung kann im Falle des § 1748 BGB nur das Kind als Antragsteller (§ 59 Abs. 2 FamFG), den Ersetzungsbeschluss der die Einwilligung verweigernde Elternteil (§ 59 Abs. 1 FamFG) mit der **Beschwerde** anfechten, § 58 Abs. 1 FamFG.

2. Das Verfahren setzt einen **Antrag des anzunehmenden Kindes voraus,** § 1748 Abs. 1 BGB. Für das geschäftsunfähige oder noch nicht 14 Jahre alte Kind handelt sein gesetzlicher Vertreter. Hat das Kind das 14. Lebensjahr bereits vollendet und ist es nicht geschäftsunfähig, kann es den Antrag gem. § 9 Abs. 1 Nr. 3 FamFG auch selbst stellen (vgl. Schulte-Bunert/Weinreich/Sieghörtner FamFG § 186 Rn. 20).

3. Der Sachverhalt ist grob angelehnt an die Entscheidung des OLG Saarbrücken FamRZ 2005, 1586. § 1748 BGB unterscheidet fünf Fälle der Ersetzung der elterlichen Einwilligung. Tatbestandsvoraussetzung einer jeden Ersetzungsentscheidung ist, dass dem Adoptivkind ohne die Adoption ein **unverhältnismäßiger Nachteil** erwachsen würde. Während § 1748 Abs. 1–3 BGB daneben grundsätzlich ein Fehlverhalten des die Zustimmung verweigernden Elternteils (anhaltend gröbliche Pflichtverletzung oder Gleichgültigkeit, Abs. 1 u. 2) bzw. ein nicht zurechenbares Versagen (schwere psychische Störung, Abs. 3) verlangen, reicht es im Fall des § 1748 Abs. 4 BGB (Ersetzung der Einwilligung des nichtsorgeberechtigten Vaters) nach dem Gesetzeswortlaut bereits aus, wenn das Unterbleiben der Annahme dem Kind zu unverhältnismäßigem Nachteil gereichen würde. Allerdings ist nach einer Entscheidung des BVerfG (NJW 2006, 827 = FamRZ 2006, 94) § 1748 Abs. 4 BGB verfassungskonform so auszulegen, dass eine Ungleichbehandlung der in Abs. 1 und Abs. 4 angesprochenen Vätergruppe verhindert wird (vgl. auch KG FamRZ 2016, 2019; Staudinger/Helms BGB § 1748 Rn. 62). Besonders strenge Maßstäbe sind nach dieser Entscheidung des BVerfG an die Ersetzung der Einwilligung in den Fällen der Stiefkindadoption anzulegen.

4. Formulierung nach BVerfG NJW 2006, 827 = FamRZ 2006, 94 mAnm Maurer; vgl. auch BGH NJW 2005, 1781; FamRZ 2005, 891 mit derselben Definition.

V. Antrag auf Aufhebung der Volljährigenadoption, § 186 Nr. 3 FamFG

Verhandelt am . . . . . in . . . . .
Vor dem Notar . . . . . erschienen:

1. Frau . . . . ., geboren am . . . . . in . . . . ., wohnhaft in . . . . ., – Annehmende –,
2. Frau . . . . ., geboren am . . . . . in . . . . ., wohnhaft in . . . . ., – Angenommene –.

Die Erschienenen wiesen sich dem Notar jeweils durch Vorlage ihres amtlichen Lichtbildausweises aus und baten um Beurkundung folgender Erklärungen:

I. Sachverhalt und Begründung[1]

Durch Beschluss des Familiengerichts . . . . . vom . . . . ., Az. . . . ., ist die Adoption der Beteiligten zu 2) als Kind der Beteiligten zu 1) nach den Vorschriften über die Volljährigenadoption ausgesprochen worden. Auf die Akten des Familiengerichts wird Bezug genommen.

Die Fortsetzung des Annahmeverhältnisses kann der Annehmenden nicht zugemutet werden. Die Angenommene hat seit über drei Jahren – seit ihrer von der Annehmenden missbilligten Eheschließung – den Kontakt zur Annehmenden vollständig abgebrochen, Einladungen ausgeschlagen und Briefe nicht beantwortet. Dem Verhalten der Angenommenen sind heftige und wiederholte Streitigkeiten zwischen ihr und der Annehmenden vorausgegangen, wobei eine Versöhnung vor allem von Seiten der Angenommenen nicht möglich war und auch heute noch nicht ist. Ein Wiederaufleben der emotionalen Beziehung ist ausgeschlossen, da die Angenommene hierzu nicht bereit ist. Die Annehmende ist durch das lieblose und unversöhnliche Verhalten der Angenommenen in einem Maße erschüttert, dass sie das Annahmeverhältnis beenden möchte. Auch der Angenommenen, die sich soweit als möglich von der Annehmenden distanzieren möchte, ist an der Fortsetzung des Annahmeverhältnisses nicht gelegen.

II. Antrag auf Aufhebung der Annahme als Kind[2]

Die Beteiligten zu 1) und 2) beantragen beim Familiengericht[3] . . . . . auszusprechen: Die Annahme der Beteiligten zu 2) als Kind der Beteiligten zu 1) wird aufgehoben.

III. Hinweise

Der Notar hat die Beteiligten insbesondere über Folgendes belehrt:

1. Die Aufhebung wirkt nur für die Zukunft.[4]
2. Mit der Aufhebung der Adoption erlischt das durch die Annahme begründete Verwandtschaftsverhältnis zwischen der Beteiligten zu 2) und der Beteiligten zu 1).[5]
3. Die Beteiligte zu 2) verliert das Recht, den Familiennamen der Beteiligten zu 1) als Geburtsnamen zu führen. Es besteht die Möglichkeit, die Beibehaltung des durch die Adoption erworbenen Familiennamens beim Familiengericht zu beantragen.[6]
4. Die Wirkungen der Aufhebung treten mit Rechtskraft des Aufhebungsbeschlusses ein.[7]

IV. Kosten, Ausfertigungen

. . . . .

Anmerkungen

1. Die Aufhebung einer Adoption kommt in der Praxis äußerst selten vor (vgl. Staudinger/Helms BGB § 1759 Rn. 5).

Hinsichtlich der Aufhebungsmöglichkeiten unterscheidet das Gesetz zwischen der Volljährigen- und der Minderjährigenadoption: Letztere kann nach Maßgabe der §§ 1760 u. 1763 BGB aufgehoben werden, die einfache Volljährigenadoption hingegen in sinngemäßer Anwendung der Vorschrift des § 1760 Abs. 1–5 BGB (§ 1771 S. 2 BGB) und nach § 1771 S. 1 BGB. Die Volljährigenadoption nach § 1772 BGB ist nur in sinngemäßer Anwendung von § 1760 Abs. 1–5 BGB aufhebbar (Müller-Engels/Sieghörtner/Emmerling de Oliveira AdoptionsR/Müller-Engels Rn. 178).

Die **Aufhebung nach § 1760 BGB** setzt voraus, dass ein notariell beurkundeter Antrag (zur Antragsberechtigung, Frist und Form vgl. § 1762 BGB) und einer der in § 1760 Abs. 1 BGB genannten Aufhebungstatbestände vorliegt, wie zB fehlender Antrag des Annehmenden oder fehlende Einwilligung des Kindes oder eines Elternteils. Die entsprechende Erklärung fehlt auch dann, wenn sie zum Zeitpunkt der Abgabe wegen eines beachtlichen Willensmangels (§ 1760 Abs. 2 BGB) unwirksam war (Müller-Engels/Sieghörtner/Emmerling de Oliveira AdoptionsR/Müller-Engels Rn. 168).

Die **Aufhebung nach § 1763 BGB**, die nur während der Minderjährigkeit des Adoptivkindes möglich ist, erfolgt von Amts wegen, wenn eine Aufhebung aus schwerwiegenden Gründen zum Wohl des Kindes erforderlich ist (zu Einzelheiten s. Staudinger/Helms BGB § 1763 Rn. 7 ff.). Auch bei schwersten Verfehlungen eines Beteiligten (sexueller Missbrauch der Adoptivtochter durch den Adoptivvater) ist das zu einem Minderjährigen begründete Annahmeverhältnis nach Eintritt der Volljährigkeit des Adoptivkindes nicht mehr aufhebbar (BGH NJW 2014, 1663; vgl. auch den Nichtannahmebeschluss des BVerfG FamRZ 2015, 1365).

Die **einfache Volljährigenadoption kann nach § 1771 S. 1 BGB** auf Antrag des Annehmenden und des Anzunehmenden bei Vorliegen eines wichtigen Grundes aufgehoben werden. Ein wichtiger Grund liegt vor, wenn die Fortsetzung des Annahmeverhältnisses dem Annehmenden oder dem Angenommenen nicht zugemutet werden kann, weil das Entstehen einer einem Eltern-Kind-Verhältnis entsprechenden emotionalen Beziehung unmöglich ist (MüKoBGB/Maurer BGB § 1771 Rn. 14). Nicht ausreichend ist, dass sich die Beziehung schwieriger gestaltet als erwartet (Staudinger/Helms BGB § 1771 Rn. 10) oder dass sich aus der mit der Adoption verbundenen Namensänderung Schwierigkeiten ergeben (anders allerdings LG Münster FamRZ 2002, 1655). Ein wichtiger Grund wurde etwa angenommen bei Aufnahme einer gleichgeschlechtlichen Beziehung zwischen dem Annehmenden und dem Angenommenen (AG Düsseldorf BeckRS 2015, 6281).

2. Die Aufhebung der Volljährigenadoption setzt einen **beidseitigen Antrag** voraus, also einen Antrag sowohl des Annehmenden als auch des Angenommenen (Müller-Engels/Sieghörtner/Emmerling de Oliveira AdoptionsR/Müller-Engels Rn. 173 f.).

3. **Zuständig** für die Aufhebung der Adoption ist das Familiengericht des Bezirks des gewöhnlichen Aufenthalts des Annehmenden oder eines der Annehmenden, §§ 186 Nr. 3, 187 Abs. 1 FamFG, → Form. F.II Anm. 3.

Die Aufhebung der Adoption erfolgt **im Falle des § 1763 BGB von Amts wegen**, wohingegen es in den anderen beiden Fällen (§§ 1760, 1771 BGB) zur Einleitung des Verfahrens eines **Antrags** bedarf. Im Verfahren sind die nach § 188 Abs. 1 Nr. 3 FamFG Beteiligten, also der/die Annehmende/n und der Angenommene sowie die leiblichen Eltern des minderjährigen Angenommenen, anzuhören, § 192 Abs. 2 FamFG. Der **Beschluss** wird regelmäßig erst mit Rechtskraft wirksam, § 198 Abs. 2 FamFG. Eine Abänderung des Beschlusses oder eine Wiederaufnahme des Verfahrens ist nicht möglich (§ 198 Abs. 2 Hs. 2 FamFG).

Gegen den Aufhebungsbeschluss ist die **Beschwerde** statthaft, § 58 Abs. 1 FamFG. Beschwerdeberechtigt ist nach § 59 Abs. 1 FamFG jeder, der durch die Aufhebung in seinen Rechten verletzt ist, wobei dies – im Falle der Minderjährigenadoption – der Annehmende, der Angenommene, die Eltern des Angenommenen oder auch die jeweiligen Ehegatten und Kinder sein können (Krause NotBZ 2007, 276). Der ablehnende Beschluss unterliegt der Beschwerde nach § 58 Abs. 1 FamFG. Beschwerdeberechtigt sind die Antragsteller/der Antragsteller (§ 59 Abs. 2 FamFG), im Verfahren nach § 1763 BGB nur das Kind (OLG Oldenburg FamRZ 2004, 399).

4. Für die **Wirkungen der Aufhebung** nach § 1771 BGB gelten die §§ 1764, 1765 BGB sinngemäß (Grüneberg/Götz BGB § 1771 Rn. 1). Nach § 1764 Abs. 1 S. 1 BGB wirkt die Aufhebung nur für die Zukunft.

5. → Form. F.V Anm. 4. Zum **Erlöschen der durch die Annahme begründeten Verwandtschaftsverhältnisse** s. § 1764 Abs. 2 BGB, wobei sich dies im Falle der Volljährigenadoption regelmäßig nur im Verhältnis Annehmender/Anzunehmender (einschließlich etwaiger Abkömmlinge des Anzunehmenden) auswirkt, vgl. § 1770 Abs. 1 BGB.

6. → Form. F.V Anm. 4. Zur **Namensfolge nach Aufhebung** s. § 1765 BGB. Grundsätzlich verliert der Angenommene mit der Aufhebung das Recht den Familiennamen des Annehmenden weiterzuführen. Die Beibehaltung des Familiennamens kann jedoch beantragt werden, wenn ein berechtigtes Interesse des Angenommenen an der Fortführung dieses Namens besteht, § 1765 Abs. 2 S. 1 BGB, wenn er sich also etwa mit dem Namen identifiziert (Krause NotBZ 2007, 282; Grüneberg/Götz BGB § 1765 Rn. 3).

7. → Form. F.V Anm. 3.

VI. Antrag auf Befreiung vom Eheverbot (§ 1308 BGB), § 186 Nr. 4 FamFG

An das . . . . ., den . . . . .

Amtsgericht . . . . .
Familiengericht[1]

Antrag auf Befreiung vom Eheverbot nach § 1308 Abs. 1 BGB[2]

In Sachen

1. des . . . . ., geb. am . . . . . in . . . . ., wohnhaft in . . . . .,
2. der . . . . ., geb. am . . . . . in . . . . ., wohnhaft in . . . . .

– Antragsteller –

zeigen wir die anwaltliche Vertretung der Antragsteller an und beantragen:

Vom Eheverbot nach § 1308 Abs. 1 BGB wird Befreiung erteilt.

Begründung:[3]

Durch Beschluss des Familiengerichts . . . . . vom . . . . ., Az. . . . . ., ist der Antragsteller zu 1) im Wege der Minderjährigenadoption durch die Eheleute, Frau . . . . ., geb. am . . . . ., und Herrn . . . . ., geb. am . . . . ., beide wohnhaft in . . . . ., als gemeinschaftliches Kind angenommen worden. Auf die Akten des Familiengerichts wird Bezug genommen.

Durch die Adoption hat der Antragsteller zu 1) gem. § 1754 Abs. 1 BGB die rechtliche Stellung eines gemeinschaftlichen Kindes der annehmenden Eheleute erworben. Mit der Antragstellerin zu 2), der Tochter der Adoptiveltern, ist der Antragsteller aufgrund der Adoption daher iSd § 1589 Abs. 1 S. 2 BGB in der Seitenlinie verwandt.[4] Einer Eheschließung zwischen dem Antragsteller zu 1) und der Antragstellerin zu 2) steht mithin das Eheverbot des § 1308 Abs. 1 BGB entgegen.

Der Antragsteller zu 1) und die Antragstellerin zu 2) möchten nunmehr heiraten und begehren gem. § 1308 Abs. 2 BGB die Befreiung vom Eheverbot nach § 1308 Abs. 1 BGB. Wichtige Gründe, die der Eingehung der Ehe entgegenstehen könnten, liegen nicht vor.

Rechtsanwältin

Anmerkungen

1. Das Verfahren auf Befreiung vom Eheverbot war bereits vor Inkrafttreten des FamFG dem **Familiengericht** zugewiesen. § 186 Nr. 4 FamFG weist es der größeren Sachnähe wegen den Adoptionssachen zu (BT-Drs. 16/6308, 247).

Zuständig ist das Familiengericht, in dessen Bezirk einer der Verlobten seinen gewöhnlichen Aufenthalt hat, §§ 186 Nr. 4, 187 Abs. 3 FamFG. Funktionell zuständig ist der Richter, § 14 Abs. 1 Nr. 15 RPflG.

Im Verfahren gilt der **Amtsermittlungsgrundsatz,** § 26 FamFG. Anzuhören sind nach § 192 Abs. 2 FamFG iVm § 188 Abs. 1 Nr. 4 FamFG beide Verlobte.

Die Entscheidung ergeht durch **Beschluss.** Der Beschluss, durch den die Befreiung erteilt wird, wird mit der Bekanntgabe an die Verlobten wirksam (§ 40 Abs. 1 FamFG; s. auch Schulte-Bunert/Weinreich/Sieghörtner FamFG § 198 Rn. 13). Er ist **nicht anfechtbar** und, wenn die Ehe geschlossen worden ist, nicht mehr abänderbar, das Verfahren nicht wiederaufnehmbar, § 198 Abs. 3 FamFG. Der **versagende Beschluss** ist durch den Antragsteller anfechtbar, §§ 58 Abs. 1, 59 Abs. 2 FamFG. Die Entscheidung des Gerichts bindet den Standesbeamten (Schulte-Bunert/Weinreich/Sieghörtner FamFG § 198 Rn. 13).

2. Das Verfahren bedarf zur Einleitung gem. § 1308 Abs. 2 S. 1 BGB eines **Antrags,** wobei es – anders als im Muster – auch ausreicht, wenn einer der beiden Verlobten ihn stellt (MüKoBGB/Wellenhofer BGB § 1308 Rn. 7).

3. Grundsätzlich verbietet § 1308 Abs. 1 BGB die Eheschließung zwischen Personen, die durch Adoption iSv § 1307 BGB, also als Verwandte in gerader Linie oder als Geschwister, miteinander verwandt geworden sind. Für Adoptivgeschwister sieht § 1308 Abs. 2 BGB die Möglichkeit vor, von diesem Eheverbot zu befreien. Die Befreiung darf nur versagt werden, **wenn der Ehe wichtige Gründe entgegenstehen** (unbestimmter Rechtsbegriff, vgl. OLG Hamburg FamRZ 1970, 27). Die Befreiung ist also die Regel, die Versagung die Ausnahme (BeckOK BGB/Hahn BGB § 1308 Rn. 4, 5).

Eine **verbotswidrig geschlossene Ehe ist gültig** (Grüneberg/Siede BGB § 1308 Rn. 4), führt aber im Falle der Eheschließung zwischen Adoptionsverwandten in gerader Linie (nicht jedoch bei Adoptionsgeschwistern) zur Auflösung des Annahmeverhältnisses, § 1766 BGB.

4. Bei der Minderjährigenadoption (§ 1754 BGB) und bei der Volljährigenadoption mit den Wirkungen der Minderjährigenannahme (§ 1772 Abs. 1 S. 1 BGB iVm § 1754 BGB) erstreckt sich die durch die Adoption begründete Verwandtschaft auf alle Mitglieder der neuen Familie, nicht allerdings bei der einfachen Volljährigenadoption nach §§ 1767 ff. BGB, vgl. § 1770 Abs. 1 BGB und → Form. F.III Anm. 9.

G. Ehewohnungs- und Haushaltssachen

I. Vorbemerkungen

Isolierte Familiensachen gerichtet auf Regelung der **Nutzungs- und Rechtsverhältnisse** an Ehewohnung und Haushaltsgegenständen sind denkbar, sobald sich die Ehegatten **auf Dauer getrennt** haben oder auch bei bloßer Trennungsabsicht eines oder beider Ehegatten (MüKoBGB/Pernice BGB § 1361b Rn. 1) BeckOK BGB/Neumann BGB § 1361b Rn. 2). Bei diesen isolierten Familiensachen handelt es sich um Verfahren der freiwilligen Gerichtsbarkeit, wobei die materiell rechtlichen Rechtsgrundlagen sich für die **Aufteilung der Haushaltssachen** aus § 1361a BGB und für die **Wohnungszuweisung** aus § 1361b BGB ergeben. Die materiell rechtlichen Vorschriften des § 1568a BGB sind nicht anwendbar. § 1361a BGB ermöglicht lediglich **Gebrauchsregelungen** und erlaubt nicht, in die Eigentumsrechte einzugreifen. In Betracht kommt nur eine vorläufige **Nutzungsregelung** (MüKoBGB/Pernice BGB § 1361b Rn. 14). Entsprechendes gilt für die Frage der Benutzung der Ehewohnung gemäß § 1361b BGB. Insbesondere kann in einem solchen isolierten Verfahren vor der Ehescheidung nicht rechtsgestaltend in ein bestehendes Mietverhältnis eingegriffen werden (MüKoBGB/Pernice BGB § 1361b Rn. 14).

Isolierte Familiensachen sind auch solche, die, gerichtet auf eine endgültige Regelung, nicht rechtzeitig zwei Wochen vor Schluss der mündlichen Verhandlung erster Instanz im Scheidungsverfahren anhängig gemacht wurden, insbesondere solche Verfahren, die nach rechtskräftiger Ehescheidung erst eingeleitet wurden.

Diese Verfahren sind auf endgültige Regelungen gerichtet. Die materiell rechtlichen Rechtsgrundlagen des § 1568a BGB kommen zur Anwendung, mit der Folge, dass hinsichtlich der (früheren) **Ehewohnung** auch das **Mietverhältnis** umgestaltet oder ein neues Mietverhältnis begründet werden kann und mit der weiteren Folge, dass auch hinsichtlich der Haushaltsgegenstände Eigentum übertragen werden kann. Allerdings ist bezüglich der Wohnungszuweisung § 1568a Abs. 6 BGB zu beachten. Nach Ablauf eines Jahres ab Rechtskraft des Scheidungsurteils darf der Richter in die Rechte des Vermieters oder eines anderen Drittbeteiligten nur noch eingreifen, wenn dieser ausdrücklich damit einverstanden ist (MüKoBGB/Wellenhofer BGB § 1568a Rn. 64). Diese Frist gilt auch, wenn der andere ehemalige Ehegatte Eigentümer der Wohnung ist (BGH NJW 2021, 1527).

Für einen Antrag auf Teilung der Haushaltssachen ist eine Frist nicht vorgesehen. Jedoch kann ein Antrag, der erst längere Zeit nach der Scheidung gestellt wird, insbesondere wenn zwischenzeitlich bereits die Vermögensauseinandersetzung und die Herausgabe von einzelnen Haushaltsgegenständen vollzogen wurde, unter dem Gesichtspunkt der **Verwirkung** als rechtsmissbräuchlich zurückgewiesen werden (MüKoBGB/Wellenhofer BGB § 1568b Rn. 27; OLG Naumburg FamRZ 2007, 1579).

II. Wohnungszuweisung

1. Antrag auf Wohnungszuweisung bei Getrenntleben, § 1361b BGB, § 200 Nr. 1 FamFG

An das
Amtsgericht
– Familiengericht[1] –

Antrag

In der Familiensache

der . . . . . – Antragstellerin –

Verfahrensbevollmächtigte: Rechtsanwälte . . . .

gegen

. . . . . – Antragsgegner –

wegen Zuweisung der Ehewohnung[2]

zeigen wir unter Vollmachtsvorlage an, dass wir die Antragstellerin vertreten.
Namens und in Auftrag derselben stellen wir hiermit den Antrag auf

Zuweisung der Ehewohnung gemäß § 1361b BGB.

Wir beantragen zu erkennen:

1. Die im Hause . . . . . Straße Nr. . . . . . in . . . . . im Erdgeschoss gelegene Ehewohnung, bestehend aus drei Zimmern, Küche, Bad, WC, Flur, Terrasse, Kellerraum wird der Antragstellerin zur alleinigen Nutzung zugewiesen.[3]
2. Dem Antragsgegner wird aufgegeben, die in Ziffer 1 bezeichnete Ehewohnung unter Mitnahme seiner persönlichen Sachen, insbesondere seiner Kleidung und seiner Schuhe und gegen Übergabe sämtlicher Haus- und Wohnungsschlüssel an die Antragstellerin zu räumen und an die Antragstellerin herauszugeben.[4]
   § 885 Abs. 2–4 ZPO sind bei der Vollstreckung nicht anzuwenden.[5]
3. Dem Antragsgegner wird es bei Meidung eines vom Gericht festzusetzenden Zwangsgeldes verboten, die Ehewohnung ohne Zustimmung der Antragstellerin zu betreten. Es wird ihm weiter aufgegeben, jegliche Bedrohung oder Misshandlung oder Belästigung der Antragstellerin zu unterlassen.[6]
4. Die Antragstellerin ist berechtigt, das Schloss für die Wohnungsabschlusstür auszuwechseln.[6]
5. Der Antragsgegner trägt die Kosten des Verfahrens.[7]

Zur

Begründung

tragen wir vor:

1. Die Parteien sind miteinander verheiratet. Sie haben zwei gemeinsame minderjährige Kinder, die Tochter A, geboren am . . . . . und den Sohn B, geboren am . . . . .
2. Die Parteien sind gemeinsam Mieter der im Antrag Ziffer 1 bezeichneten Wohnung.
3. Die Antragstellerin begehrt gemäß § 1361b BGB die richterliche Zuweisung der Ehewohnung zu ihrer alleinigen Nutzung, da nur auf diese Art und Weise eine unbillige Härte im Sinne der genannten Vorschrift vermieden werden kann.[8]
4. Die Antragstellerin beabsichtigt, sich scheiden zu lassen, da die Verhältnisse in ihrer Ehe untragbar geworden sind. Besonders in jüngster Zeit schlägt der Antragsgegner die Antragstellerin des Öfteren, geradezu immer wann er Lust hat und ohne jeden Anlass. Beschimpfungen mit den vulgärsten Ausdrücken wie „stinkige Sau, Schlampe, verfluchtes Aas, verfluchte Hure" usw sind an der Tagesordnung, zuletzt am gestrigen Tage.
   Vor 2 Tagen wurde die Antragstellerin vom Antragsgegner massiv misshandelt, indem er ihr mehrere Schläge mit der flachen Hand auf beide Gesichtshälften versetzte und ihr schließlich auch einen Tritt mit dem beschuhten Fuß gegen den rechten Oberschenkel versetzte. Der Anlass hierfür war, dass der Antragsgegner etwas am Essen zu beanstanden hatte.
   Am Abend zuvor hatte der Antragsgegner die Antragstellerin beleidigt und verprügelt, weil sie es ablehnte, mit ihm zu schlafen.
   Dies waren nur die letzten Misshandlungen und Unzuträglichkeiten seitens des Antragsgegners. Einen Monat zuvor musste sich die Antragstellerin sogar in ärztliche Behandlung begeben.[9]

   Beweis: Beigefügtes ärztliches Attest vom . . . .

5. Mit Anwaltsbrief vom . . . . . wurde der Antragsgegner aufgefordert, die Ehewohnung zu verlassen.

   Beweis: Aktenexemplar des Anwaltsbriefs vom . . . . in beglaubigter Fotokopie.

   Dieser Aufforderung hat er nicht entsprochen, sondern damit gedroht, die Antragstellerin umzubringen, wenn sie sich scheiden lassen würde.

6. Die Antragstellerin begehrt damit im isolierten Verfahren gemäß § 1361b Abs. 1 BGB eine richterliche Regelung bezüglich der Ehewohnung in dem Sinne, dass die Wohnung für die Dauer des Getrenntlebens der Antragstellerin zur alleinigen Nutzung zugewiesen wird und des Weiteren, dass der Antragsgegner verurteilt wird, die Wohnung unter Mitnahme seiner persönlichen Sachen und Übergabe der Schlüssel zu räumen und an die Antragstellerin herauszugeben.[10, 11]
7. Die örtliche Zuständigkeit des angerufenen Familiengerichts ergibt sich aus § 201 Nr. 2 FamFG, nachdem die eheliche Wohnung im Bezirk dieses Gerichts liegt.
8. Den Streitwert beziffern wir mit 4.000 EUR. Gerichtskosten in Höhe von . . . . . EUR sind beigefügt.

Zwei begl. Abschriften anbei.

Rechtsanwalt[12]

Anmerkungen

1. Bei den Verfahren nach § 1361a BGB und § 1361b BGB handelt es sich um Verfahren der streitigen freiwilligen Gerichtsbarkeit. Der Anspruch ist eine sogenannte isolierte Familiensache und kann – bereits vor Anhängigkeit einer Ehesache – bei vollzogener oder auch erst beabsichtigter Trennung rechtshängig gemacht werden.

Zuständig ist das Familiengericht. Örtlich zuständig ist das Familiengericht, in dessen Bezirk sich die **Ehewohnung** befindet (§ 201 Nr. 2 FamFG). Dies gilt sowohl dann, wenn eine **Haushaltssache** während des Getrenntlebens oder vor Anhängigkeit eines Scheidungsverfahrens (nach §§ 1361a oder 1361b BGB) anhängig gemacht wird, als auch dann, wenn dies erst nach Rechtskraft des Scheidungsverfahrens erfolgt (Götz/Giers Die Wohnung in der familienrechtlichen Praxis Rn. 605).

Wird nach Anhängigkeit eines Scheidungsantrags ein Antrag auf Regelung der Nutzung der Ehewohnung für die Zeit nach der Scheidung gestellt, ist ausschließlich das Familiengericht der Ehescheidung zuständig. Es tritt automatisch **Verhandlungs- und Entscheidungsverbund** ein (§ 201 Nr. 1 FamFG).

2. Der Begriff „Ehewohnung" iSv § 1361b BGB ist identisch mit dem Begriff nach Maßgabe von § 1568a BGB und weit auszulegen (MüKoBGB/Pernice BGB § 1361b Rn. 4).

3. Der Anspruch nach § 1361b BGB muss grundsätzlich das Begehren der Zuweisung der Wohnung zur **eigenen Nutzung** zum Gegenstand haben. Eine Zuweisung der Ehewohnung nach § 1361b BGB kommt demzufolge nicht in Betracht, wenn der antragstellende Ehegatte die Wohnung nicht selbst nutzen, sondern diese veräußern will (OLG Hamm FamRZ 1998, 1172; OLG Karlsruhe FamRZ 1999, 1087).

Dagegen kann auch im Falle eines zunächst freiwilligen Auszugs eines Ehegatten aus der Ehewohnung der Ausschluss des anderen Ehegatten aus der **Mitbenutzung** der Ehewohnung beantragt werden, sofern die besonderen Voraussetzungen des § 1361b BGB vorliegen (MüKoBGB/Pernice BGB § 1361b Rn. 4).

4. Allein die Wohnungszuweisung nach § 1361b BGB ist jedoch nicht ausreichend, den anderen Ehegatten letztendlich auch zwangsweise zum **Auszug** zu veranlassen. Die Entscheidung über die Wohnungszuweisung stellt keinen **Räumungstitel** dar (OLG Zweibrücken NJW-RR 2020, 581). Demzufolge ist die **Räumung** durch den anderen Ehegatten ausdrücklich **anzuordnen.** Es handelt sich dabei um eine **Annexentscheidung** gem. § 209 Abs. 1 FamFG zum Zwecke der Durchführung der Entscheidung (Bumiller/Harders/Schwamb/Schwamb FamFG § 209 Rn. 2; Zöller/Seibel ZPO § 885 Rn. 2).

5. Die Anordnung der Räumung bedeutet **Vollstreckung** iSv § 885 ZPO, also nicht nur Entfernung der Person, sondern auch der gesamten beweglichen Sachen und damit der Wohnungseinrichtung. Da dies in aller Regel nicht gewollt ist, ja den Interessen des antragstellenden Ehegatten sogar zuwiderlaufen kann, ist es geboten, bereits im **Vollstreckungstitel** zu bestimmen, dass die bewegliche Sachen betreffenden ergänzenden Vorschriften der Abs. 2–4 des § 885 ZPO bei der Durchführung der Räumung nicht zur Anwendung kommen sollen. Eine Beschränkung des **Vollstreckungsauftrags** erst im Rahmen der Zwangsvollstreckung ist nicht möglich (OLG Hamburg FamRZ 1983, 1141; KG FamRZ 1987, 1290; OLG Karlsruhe FamRZ 1994, 1185).

6. Im Rahmen des § 209 FamFG besteht die Möglichkeit, weitere zur Durchführung der Entscheidung über die Wohnungsnutzung **notwendigen Maßnahmen** anzuordnen. In Verbindung mit dem Wohlverhaltensgebot nach § 1361b Abs. 3 S. 1 BGB (Schulz/Hauß Vermögensauseinandersetzung bei Trennung und Scheidung S. 299) kann insoweit dem

Antragsgegner ein Betretungsverbot, sowie ein Verbot, den anderen Ehegatten zu bedrohen, zu misshandeln oder zu belästigen auferlegt werden. Umgekehrt kann der andere Ehegatte ermächtigt werden, das Türschloss auszuwechseln. Falls der andere Ehegatte Alleinmieter sein sollte, kann ihm auch untersagt werden, eine Kündigung des bestehenden Mietverhältnisses auszusprechen oder einen Aufhebungsvertrag mit dem Vermieter zu schließen, um durch die Rechtswirkungen nach §§ 135, 136 BGB zu verhindern, dass die Anordnung der Wohnungsüberlassung an anderen Ehegatten unterlaufen wird (Schulz/Hauß Vermögensauseinandersetzung bei Trennung und Scheidung S. 299).

7. Die **Kostenentscheidung** richtet sich nach §§ 80 ff. FamFG und damit nach billigem Ermessen.

Das Familiengericht muss über die Kosten des Verfahrens – nach billigem Ermessen – entscheiden.

Es kann auch über die Erstattung außergerichtlicher Kosten entscheiden (Bumiller/Harders/Schwamb/Bumiller FamFG § 81 Rn. 10–13).

Bei fehlender Entscheidung gibt es keine Erstattung.

8. Der Rechtsbegriff der „unbilligen Härte" ist einzelfallbezogen auszufüllen (MüKoBGB/Pernice BGB § 1361b Rn. 6).

Als Kriterium gilt in erster Linie das Wohl von im Haushalt lebenden **Kindern,** was **vorrangig** zu berücksichtigen ist, und zwar ohne Rücksicht darauf, ob es sich um gemeinsame Kinder der Ehegatten, um Stiefkinder oder Pflegekinder, um minderjährige oder volljährige Kinder handelt (Staudinger/Voppel (2024) BGB § 1361b Rn. 36). Bestehen schwere Spannungen zwischen den Erwachsenen und ist die häusliche Atmosphäre durch Streitigkeiten und rücksichtslosen Umgang miteinander nachhaltig gestört, kann dies zu erheblichen Belastungen der Kinder führen. Ihren Bedürfnissen einer geordneten und spannungsfreien Familiensituation kommt Vorrang zu (OLG Hamburg FamRB 2019, 211).

Zur Bejahung einer unbilligen Härte ist keine unmittelbare Gefahr für Leib und Leben des die Überlassung der Ehewohnung begehrenden Ehegatten erforderlich. Bloße Belästigungen, die zum regelmäßigen Erscheinungsbild einer zerrütteten Ehe gehören, reichen allerdings nicht aus, den Begriff der „unbilligen Härte" zu erfüllen, jedoch können häufige und auf Dauer angelegte ehezerstörerische Vorkommnisse erheblicher Art es rechtfertigen, den Begriff der „unbilligen Härte" anzunehmen (AG Tempelhof-Kreuzberg FPR 2003, 26 mwN). Die Tendenz und Absicht des Gesetzes ist dahingehend zu verstehen, jedenfalls in Gewaltfällen eine Erleichterung der Überlassung der Ehewohnung im Vergleich zum bisherigen Rechtszustand zu ermöglichen (MüKoBGB/Pernice BGB § 1361b Rn. 5).

9. Eindeutig ist die gesetzliche Regelung in § 1361b BGB bezüglich der Folgen von **Gewalttaten** und der **Drohung** mit Gewaltanwendung. Bei vorsätzlichen und widerrechtlichen Verletzungen an Körper, Gesundheit oder Freiheit oder entsprechenden Drohungen mit solchen Verletzungen sind die Voraussetzungen für die Wohnungszuweisung grundsätzlich gegeben, wobei darüber hinaus in diesen Fällen eine Teilung der Wohnung nicht in Betracht kommt; vielmehr ist dem Opfer die Wohnung grundsätzlich im Ganzen zur alleinigen und ausschließlichen Nutzung zuzuweisen. In diesen Fällen ist eine Wohnungsaufteilung nur in Ausnahmefällen denkbar, wenn nämlich die Wohnverhältnisse der Ehegatten so großzügig bemessen sind, dass sie sich praktisch nicht begegnen müssen (MüKoBGB/Pernice BGB § 1361b Rn. 15). Hinzu kommt eine Umkehr der Beweislast (§ 1361b Abs. 2 S. 2 BGB). Bei begangener Gewaltanwendung oder erfolgter Drohung mit Gewaltanwendung wird die Wiederholung weiterer Verletzungen des Opfers vermutet. Dem Täter obliegt es, diese Vermutung zu widerlegen, wobei an eine Widerlegung hohe Anforderungen zu stellen sind (Schick, Baumgärtel/Laumen/Prütting Beweislast-HdB § 1361b Rn. 6).

Ebenso stellen wiederholte Besuche des neuen Lebensgefährten bei einer beengten Wohnsituation eine unbillige Härte nach § 1361b BGB dar (OLG Hamm FamRZ 2013, 1082; ebenso mit Befristung auf das Trennungsjahr OLG Hamm NZFam 2016, 1101 mit ausführlicher Begründung). Gleichermaßen führt eine einseitige Veränderung der Wohnung durch den Nichteigentümer zur Annahme der unbilligen Härte (OLG Düsseldorf NZFam 2016, 764).

10. Die Interessen des **Vermieters** sind bei einer vorläufigen Nutzungsregelung nach § 1361b BGB nicht zu berücksichtigen; der Vermieter ist auch nicht am Verfahren zu beteiligen. § 1568a BGB kann im Rahmen eines isolierten Verfahrens auf Zuweisung der ehelichen Wohnung gem. § 1361b BGB nicht angewendet werden (MüKoBGB/Pernice BGB § 1361b Rn. 28).

Nach § 1361b BGB, also bei bestehender Trennung oder zur Herbeiführung der Trennung, kommt nur eine vorläufige Nutzungsregelung der Ehewohnung in Betracht. Demzufolge erfolgt kein Eingriff in ein bestehendes Mietverhältnis oder gar in das Eigentum. Die richterliche Entscheidung entfaltet keine Außenwirkung, sie regelt nur das Innenverhältnis der Ehegatten. In ein bestehendes Mietverhältnis wird nicht eingegriffen. Die vorläufige Nutzungsregelung nach § 1361b BGB hat keine andere Wirkung auf das Verhältnis zum Vermieter als ein freiwilliger Auszug eines Ehegatten.

11. Da vielfach das Bedürfnis nach einer schnellen Entscheidung gegeben ist, empfiehlt es sich, gleichzeitig mit dem Hauptsacheverfahren einen Antrag auf Erlass einer einstweiligen Anordnung nach §§ 49 ff. FamFG einzureichen (OLG Schleswig FamRZ 1990, 546; OLG Köln FamRZ 2003, 319; → Form. C.II.1).

Kosten und Gebühren

12. Der Verfahrenswert für das Wohnungszuweisungsverfahren beträgt 4.000 EUR (§ 48 FamGKG). Ist der bestimmte Wert nach den besonderen Umständen des Einzelfalles unbillig, kann das Gericht einen höheren oder niedrigeren Wert festsetzen.

Die Rechtsanwaltsgebühren bestimmen sich nach VV 3100 ff. RVG.

2. Antrag auf Nutzungsentschädigung bei Getrenntleben

An das

Amtsgericht

– Familiengericht[1] –

Antrag

In der Familiensache

des . . . . . – Antragsteller –

Verfahrensbevollmächtigte: Rechtsanwälte . . . . .

gegen

. . . . . – Antragsgegnerin –

wegen Nutzungsentschädigung[2]

zeigen wir unter Vollmachtsvorlage an, dass wir den Antragsteller vertreten.
Namens und in Auftrag desselben beantragen wir zu erkennen:

1. Der Antragsgegnerin wird aufgegeben, an den Antragsteller ab dem . . . . . für die Dauer der alleinigen Nutzung der Ehewohnung eine monatliche, zum 15. eines jeden Monats fällige Benutzungsvergütung in Höhe von . . . . . EUR zu zahlen.
2. Die Antragsgegnerin trägt die Kosten des Verfahrens.[3]

Zur

Begründung

tragen wir vor:

1. Das erkennende Gericht hat durch Beschl. v. . . . . ., Aktenzeichen . . . . . . der Antragsgegnerin für die Dauer des Getrenntlebens die ausschließliche Nutzung der Ehewohnung unter Ausschluss des Antragstellers zugewiesen. Der Beschluss ist rechtskräftig. Bereits seit dem . . . . . nutzt die Antragsgegnerin die Wohnung alleine. Der Antragsteller ist am . . . . . aus der Ehewohnung ausgezogen.
   Gleichzeitig wurde von der Antragsgegnerin mit Anwaltsschreiben vom . . . . . die Zahlung der nunmehr gerichtlich geltend gemachten Nutzungsentschädigung verlangt.[4]

   Beweis: Aktenexemplar des Anwaltsbriefs vom . . . . . in beglaubigter Fotokopie.
2. Der Antragsteller ist Alleineigentümer des Hausanwesens, in dem sich die Ehewohnung befindet. Aufgrund bestehender Kreditverträge, die allein vom Antragsteller unterzeichnet sind, hat dieser als alleiniger Schuldner an die . . . . . Bank monatliche Zins- und Tilgungsleistungen in Höhe von . . . . . EUR zu erbringen. Darüber hinaus zahlt der Antragsteller die Grundsteuer und Gebäudeversicherung. Die Antragsgegnerin kommt lediglich für die verbrauchsabhängigen Kosten auf.
3. Der Antragsteller begehrt die Festsetzung einer Benutzungsvergütung. Dies entspricht auch der Billigkeit, da die Antragsgegnerin die im Alleineigentum des Antragstellers stehende Ehewohnung alleine nutzen kann, während der Antragsgegner für seine Person eine Wohnung anmieten musste.
   Aufgrund des eigenen Einkommens der Antragsgegnerin ist der Antragsteller nicht verpflichtet, an die Antragsgegnerin Ehegattenunterhalt zu zahlen; von dieser wird auch kein Unterhaltsanspruch geltend gemacht.[5]
4. Die Höhe der begehrten Benutzungsvergütung ist gerechtfertigt. Die von der Antragsgegnerin genutzte Wohnung hat eine Nutzfläche von . . . . . m^2 mit gehobener Ausstattung. Die geltend gemachte Benutzungsvergütung entspricht in etwa $^2/_3$ der objektiven Marktmiete für vergleichbaren Wohnraum.[6]
5. Den Streitwert beziffern wir vorläufig mit . . . . . EUR Gerichtskosten in Höhe von . . . . . EUR sind entrichtet.

Zwei begl. Abschriften anbei.

Rechtsanwalt[7]

Anmerkungen

1. → Form. G.II.1 Anm. 1 zur Zuständigkeit des Familiengerichts.

2. Nach § 1361b Abs. 3 S. 2 BGB kann der Ehegatte, der die Wohnung dem anderen überlassen muss, von diesem eine **Vergütung** für die **Benutzung** verlangen, soweit dies der Billigkeit entspricht. Dieses Begehren kann auch isoliert geltend gemacht werden, insbesondere dann, wenn der betroffene Ehegatte dem Antrag auf Wohnungszuweisung nach § 1361b Abs. 1 BGB entgegengetreten ist, jedoch unterlegen war. Selbst dann, wenn ein Ehegatte freiwillig ausgezogen ist und somit eine Zuweisung der Ehewohnung nach § 1361b Abs. 1 BGB nicht mehr notwendig ist, kann eine **Nutzungsvergütung** isoliert verlangt werden (MüKoBGB/Pernice BGB § 1361b Rn. 17).

3. → Form. G.II.1 Anm. 6. Die Möglichkeit der ergänzenden Anordnung ergibt sich auch aus § 209 Abs. 1 FamFG.

4. Der **Vergütungsanspruch** setzt eine vorherige **Zahlungsaufforderung** voraus (MüKoBGB/Pernice BGB § 1361b Rn. 18; OLG Düsseldorf FamRZ 2019, 779).

5. Die Festsetzung einer Vergütung entspricht in der Regel immer der Billigkeit, wenn der **Eigentümerehegatte** weichen muss. Sind die Ehegatten Miteigentümer, besteht ein Konkurrenzverhältnis zwischen dem Anspruch aus § 1361b Abs. 3 S. 2 BGB und § 745 Abs. 2 BGB. Im Falle der gerichtlich angeordneten Überlassung der Ehewohnung an einen Ehegatten ergibt sich ein Anspruch auf Nutzungsentschädigung aus § 1361b Abs. 3 S. 2 BGB als Sondervorschrift gegenüber der gemeinschaftsrechtlichen Regelung (Schulz/Hauß Vermögensauseinandersetzung bei Trennung und Scheidung S. 288; OLG Düsseldorf FamRZ 2019, 779). Zu regeln ist neben der Höhe der Vergütung auch die Fälligkeit der einzelnen Beträge; das Gericht hat insoweit im Rahmen pflichtgebundenen Ermessens freie Hand (MüKoBGB/Pernice BGB § 1361b Rn. 24).

Zu berücksichtigen ist allerdings, ob der **Wohnvorteil** schon bei der Unterhaltsbemessung berücksichtigt ist (MüKoBGB/Pernice BGB § 1361b Rn. 18).

Eine etwaige Unterhaltsregelung hat Vorrang (Staudinger/Voppel (2024) BGB § 1361b Rn. 71; Schulz/Hauß Vermögensauseinandersetzung bei Trennung und Scheidung S. 287).

6. Bei der **Billigkeitsentscheidung** ist die wirtschaftliche und persönliche Situation beider Ehegatten und ggf. die der anderen Mitglieder des Hausstandes zu beachten, insbesondere die der betreuungsbedürftigen Kinder (Schulz/Hauß Vermögensauseinandersetzung bei Trennung und Scheidung S. 290). Beim Auszug des dinglich Alleinberechtigten ist die Vergütung am objektiven **Mietwert** zu orientieren (MüKoBGB/Pernice BGB § 1361b Rn. 21).

Kosten und Gebühren

7. Der Verfahrenswert für das Wohnungszuweisungsverfahren beträgt 4.000 EUR (§ 48 FamGKG). Ist der bestimmte Wert nach den besonderen Umständen des Einzelfalles unbillig, kann das Gericht einen höheren oder niedrigeren Wert festsetzen.

Die Rechtsanwaltsgebühren bestimmen sich nach VV 3100 ff. RVG.

3. Antrag auf Benutzungsvergütung bei freiwilligem Auszug

An das
Amtsgericht
– Familiengericht[1] –

Antrag

In der Familiensache

des . . . . . – Antragsteller –

Verfahrensbevollmächtigte: Rechtsanwälte . . . . .

gegen

. . . . . – Antragsgegnerin –

wegen Nutzungsentschädigung[2]

zeigen wir unter Vollmachtsvorlage an, dass wir den Antragsteller vertreten.
Namens und in Auftrag desselben beantragen wir zu erkennen:

1. Der Antragsgegnerin wird aufgegeben, an den Antragsteller ab dem . . . . . für die Dauer der alleinigen Nutzung der Ehewohnung eine monatliche, zum 15. eines jeden Monats fällige Benutzungsvergütung in Höhe von . . . . EUR zu zahlen.
2. Die Antragsgegnerin trägt die Kosten des Verfahrens.[3]

Zur

Begründung

tragen wir vor:

1. Der Antragsteller ist am . . . . . freiwillig aus der Ehewohnung ausgezogen. Die Antragsgegnerin hat vom Antragsteller durch Anwaltsbrief vom . . . . . den Auszug verlangt und mit der Einleitung eines gerichtlichen Verfahrens auf Wohnungszuweisung nach § 1361b BGB gedroht.

   Beweis: Anwaltsbrief vom . . . . . in beglaubigter Fotokopie.

   Daraufhin hat sich der Antragsteller eine Wohnung gesucht, diese angemietet und ist ausgezogen. Damit hat sich eine gerichtliche Entscheidung in einem Wohnungszuweisungsverfahren nach § 1361b Abs. 1 BGB erübrigt. Der Antragsteller hat sich aber auch nicht vertraglich im Verhältnis zur Antragsgegnerin zum Auszug verpflichtet, sondern hat lediglich deren Aufforderung entsprochen.

2. Demzufolge begehrt der Antragsteller gem. § 1361b Abs. 3 S. 2 BGB die Zahlung einer Benutzungsvergütung durch die Antragsgegnerin.
   Mit Anwaltsbrief vom . . . . . hat der Antragsteller von der Antragsgegnerin die Zahlung einer Nutzungsvergütung gem. Ziffer 1. des Antrags verlangt.[4] Dieses Begehren entspricht der Billigkeit, auch wenn die Ehewohnung in hälftigem Miteigentum der Eheleute steht.[5]

3. Die Höhe der gewünschten Benutzungsvergütung berücksichtigt die Tatsache, dass kein Unterhaltsanspruch zu Gunsten der Antragsgegnerin besteht und dass der Antragsteller die Zins- und Tilgungsleistungen an die Bausparkasse . . . . . in Höhe von . . . . . erbringt, für welche die Eheleute als Gesamtschuldner haften.
Weiterhin ist berücksichtigt, dass auch das ehegemeinsame minderjährige Kind K der Parteien in der Ehewohnung zusammen mit der Antragsgegnerin lebt. Demzufolge wurde als Ausgangswert lediglich der hälftige Betrag der ortsüblichen Marktmiete zugrunde gelegt.[6]

4. Den Streitwert beziffern wir vorläufig mit . . . . . EUR Gerichtskosten in Höhe von . . . . . EUR sind entrichtet.

Zwei begl. Abschriften anbei.

Rechtsanwalt[7]

Anmerkungen

1. → Form. G.II.1 Anm. 1 zur Zuständigkeit des Familiengerichts.

2. → Form. G.II.2 Anm. 2 zur Voraussetzung der Nutzungsvergütung.

3. → Form. G.II.1 Anm. 6 zur Kostenregelung.

4. → Form. G.II.2 Anm. 4 Zahlungsaufforderung notwendig.

5. Der Anspruch auf Zahlung einer Nutzungsentschädigung für die Zeit des Getrenntlebens der Parteien ist unabhängig davon, ob ein Ehegatte dem anderen die Nutzung der Wohnung überlassen musste oder freiwillig überlassen hat. Entscheidend ist aufgrund des Wortlautes allein, ob die Ehewohnung tatsächlich „überlassen" wurde. (MüKoBGB/Pernice BGB § 1361b Rn. 17; OLG München FamRZ 2007, 1655).

Der Anspruch auf Nutzungsvergütung ist danach unabhängig davon, ob ein Ehegatte zur Wohnungsräumung verpflichtet ist. Die Unterscheidung nach den Eigentumsverhältnissen ist insoweit unerheblich. § 1361b Abs. 3 S. 2 BGB geht als lex specialis und lex posterior dem § 745 Abs. 2 BGB vor (MüKoBGB/Pernice BGB § 1361b Rn. 2; Schulz/Hauß Vermögensauseinandersetzung bei Trennung und Scheidung S. 288; OLG München FamRZ 1999, 1270; OLG Düsseldorf FamRZ 1999, 1271).

6. → Form. G.II.2 Anm. 5 zu den zur Höhe der Zahlung zu berücksichtigenden Umständen.

Kosten und Gebühren

7. Der Verfahrenswert für das Wohnungszuweisungsverfahren beträgt 4.000 EUR (§ 48 FamGKG). Ist der bestimmte Wert nach den besonderen Umständen des Einzelfalles unbillig, kann das Gericht einen höheren oder niedrigeren Wert festsetzen.

Die Rechtsanwaltsgebühren bestimmen sich nach VV 3100 ff. RVG.

4. Antrag auf Wohnungszuweisung und Nutzungsvergütung nach vorherigem Auszug

An das Amtsgericht

– Familiengericht –[1]

Antrag

In der Familiensache

der . . . . . – Antragstellerin –

Verfahrensbevollmächtigte: Rechtsanwälte . . . . .

gegen

. . . . . – Antragsgegner –

wegen Zuweisung der Ehewohnung[2]

zeigen wir unter Vollmachtsvorlage an, dass wir die Antragstellerin vertreten.

Namens und in Auftrag derselben beantragen wir zu erkennen:

1. Die im Hause . . . . . Straße Nr. . . . . . in . . . . ., im Erdgeschoss gelegene Ehewohnung, bestehend aus drei Zimmern, Küche, Bad, WC, Flur, Terrasse, Kellerraum, wird der Antragstellerin zur alleinigen Nutzung zugewiesen.[3]
2. Dem Antragsgegner wird aufgegeben, die im Antrag Ziffer 1 bezeichnete Wohnung zu räumen und an die Antragstellerin herauszugeben.[4]
   § 885 Abs. 2–4 ZPO sind im Falle der Zwangsräumung nicht anzuwenden.
3. Dem Antragsgegner wird eine Räumungsfrist von zwei Wochen bewilligt.
4. Dem Antragsgegner wird aufgegeben, ab dem . . . . . bis zu seinem Auszug für jeden angefangenen Monat der Weiterbenutzung der Wohnung an die Antragstellerin eine monatliche Nutzungsentschädigung in Höhe von . . . . . EUR zu zahlen.
5. Die Kosten des Verfahrens werden dem Antragsgegner auferlegt.

Zur

Begründung

tragen wir vor:

1. Die Parteien sind miteinander verheiratet. Aus ihrer Ehe sind zwei Kinder hervorgegangen, nämlich der Sohn A, geb. am . . . . . und die Tochter B, geb. am . . . . . Seit etwa einem Jahr hat der Antragsgegner erhebliche Alkoholprobleme mit sich verstärkender Tendenz. Insbesondere an den Wochenenden spricht der Antragsgegner in erheblichem Maße dem Alkohol zu; er konsumiert pro Tag zwischen zwei und drei Flaschen Rotwein. Hierdurch bedingt gab es in den letzten zwei Monaten erhebliche Streitereien zwischen den Parteien, insbesondere auch, weil der Antragsgegner uneinsichtig ist und jegliche medizinische Behandlung seines Problems verweigert.

Anlässlich des letzten Streits, der sich am Sonntag, den . . . . . auch in Anwesenheit der Kinder abspielte, hat die Antragstellerin ihre Sachen gepackt und ist mit den Kindern zu ihren Eltern gezogen.[5]

2. Die Antragstellerin hat sich entschlossen, endgültig von ihrem Ehemann getrennt zu leben und sich zu gegebener Zeit scheiden zu lassen.
3. Seit der Trennung wohnt die Antragstellerin bei ihren Eltern und hat in deren Wohnung ein einziges Zimmer zur alleinigen Nutzung erhalten.
   Küche und Bad benutzt sie mit ihren Eltern gemeinsam.[6]
4. Die Ehewohnung im Hause der Antragstellerin ist großzügig bemessen mit einer Gesamtfläche von ca. 150 m^2. Außerdem hat jedes Kind dort ein eigenes Zimmer.
   Der Antragsgegner könnte bei seinen Eltern wohnen. Die Dachgeschosswohnung, die er dort vor Eheschließung bewohnt hat, ist nach wie vor frei und könnte von ihm sofort bezogen werden.[7]
5. Mit Anwaltsbrief vom . . . . ., welcher dem Antragsgegner am . . . . . durch den Gerichtsvollzieher zugestellt wurde, ließ die Antragstellerin erklären, dass sie in die Ehewohnung zurückzukehren beabsichtige, jedoch mit dem Antragsgegner nicht mehr weiter zusammenleben wolle.
   Dem Antragsgegner wurde Frist gesetzt bis . . . . . die Ehewohnung zu verlassen.[8]

   Beweis: Kopie des Anwaltsbriefs vom . . . . . nebst Zustellungsurkunde des Gerichtsvollziehers.

   Diese Frist ist fruchtlos verstrichen.
6. Die Festsetzung einer Vergütung ist geboten, zumal der Antragsgegner keinen Ehegattenunterhalt zu leisten hat. Die Höhe der Vergütung ist angemessen. Angesichts der Größe der Wohnung entspricht das Nutzungsentgelt der ortsüblichen Marktmiete.

Den Gegenstandwert beziffern wir mit . . . . . EUR Gerichtskosten im Werte von . . . . . EUR sind entrichtet.

Zwei begl. Abschriften anbei.

Rechtsanwalt[9]

Anmerkungen

1. → Form. G.II.1 Anm. 1 zur Zuständigkeit des Familiengerichts.

2. → Form. G.II.1 Anm. 2 zum Begriff der Ehewohnung.

3. → Form. G.II.1 Anm. 3 zur Voraussetzung der Zuweisung.

4. → Form. G.II.1 Anm. 4 zur Notwendigkeit der Räumung und Herausgabe.

5. § 1361b BGB ist auch anwendbar, wenn der **antragstellende Ehegatte**, etwa um ständigen Streitereien auszuweichen, ausgezogen war, jetzt mit den Kindern in einer sehr beengten Einzimmerwohnung vorübergehend leben muss, aber in die Ehewohnung wieder zurück will (OLG Düsseldorf FamRZ 1998, 1171).

6. Im Rahmen der vorzunehmenden Gesamtwürdigung, insbesondere wenn die Ursachen der Spannung nicht eindeutig bei einem Ehegatten liegen, sind auch die dinglichen Rechtspositionen an der Wohnung zu würdigen und zu Gunsten des dinglich berechtigten Ehegatten zu berücksichtigen. Dies ergibt sich aus § 1361b Abs. 1 S. 3 BGB (Staudinger/Voppel BGB § 1361b Rn. 46).

7. Besondere Beachtung verdient immer das **Kindeswohl.** Allein die Tatsache, dass ein Ehegatte mit den von ihm betreuten minderjährigen Kindern in beengten Wohnverhältnissen lebt, während der andere Ehegatte die großzügig bemessene Ehewohnung bewohnt, kann als unbillige Härte iSv § 1361b BGB angesehen werden (OLG Bamberg FamRB 2003, 109 mAnm Müller; Staudinger/Voppel BGB § 1361b Rn. 36).

8. Nach § 1361b Abs. 4 BGB wird **unwiderleglich** vermutet, dass dem in der Ehewohnung verbliebenen Ehegatten die alleinige Nutzung überlassen ist, wenn der aus welchen Gründen auch immer ausgezogene Ehegatte nicht binnen sechs Monaten nach seinem Auszug seine ernstliche Rückkehrabsicht dem anderen Ehegatten gegenüber bekundet hat. Die Vermutungswirkung des § 1361b Abs. 4 BGB erschöpft sich indessen in der Rechtstatsache, dass ein Überlassungsverhältnis begründet worden ist, auf das die Rechtsfolgen des § 1361b Abs. 3 BGB einstweilen gestützt werden können. Folge der Vermutungswirkung ist jedoch weder, dass die Ehewohnung ihren Charakter als solche verliert (MüKoBGB/Pernice BGB § 1361b Rn. 25; Staudinger/Voppel BGB § 1361b Rn. 12), noch liegt in der gesetzlichen Vermutung für die Entstehung des Überlassungsverhältnisses bereits eine Festlegung über dessen Endgültigkeit. Das auf Grundlage des § 1361b Abs. 4 BGB begründete Überlassungsverhältnis ist zwar nicht frei kündbar, schließt aber eine Abänderung der Überlassungsregelung bei wesentlicher Veränderung der zugrundeliegenden Umstände nicht aus (BGH NJW 2017, 260).

Die Frist ist auch für den Alleineigentümer der Ehewohnung einzuhalten. Ist die Frist verstrichen und ist eine wesentliche Veränderung der zugrundeliegenden Umstände nicht gegeben, bleibt dem Ehegatten nur noch die Möglichkeit, im Rahmen des (nach Ablauf des Trennungsjahres möglichen) Scheidungsverfahrens einen Antrag auf Zuweisung der Wohnung nach § 1568a BGB zu stellen.

Kosten und Gebühren

9. → Form. G.II.3.

5. Antrag auf Wohnungszuweisung nach der Scheidung

An das

Amtsgericht

– Familiengericht[1] –

Antrag

In der Familiensache

der . . . . . **– Antragstellerin –**

Verfahrensbevollmächtigte: Rechtsanwälte . . . . .

gegen

. . . . . **– Antragsgegner –**

wegen Wohnungszuweisung[2]

Beteiligter:[3] Herr . . . . .

zeigen wir unter Vollmachtsvorlage an, dass wir die Antragstellerin vertreten.

Namens und in Auftrag derselben beantragen[4] wir zu erkennen:

1. Die im Hause . . . . . Straße Nr. . . . . . in . . . . . im 1. Obergeschoss rechts gelegene Ehewohnung, bestehend aus Flur, drei Zimmern, Küche, Bad und Kelleranteil wird der Antragstellerin zur alleinigen Nutzung zugewiesen.[5]
2. Dem Antragsgegner wird aufgegeben, die in Ziffer 1 genannte Ehewohnung zu räumen und an die Antragstellerin herauszugeben.[6] Bei der Räumung sind § 885 Abs. 2–4 ZPO nicht anzuwenden.[7]
3. Dem Antragsgegner wird eine Räumungsfrist von zwei Monaten ab Rechtskraft der Entscheidung bewilligt.[8]
4. Die Gerichtskosten werden dem Antragsgegner auferlegt. Die außergerichtlichen Kosten behält jede Partei auf sich.[9]

Zur

Begründung

tragen wir vor:

1. Aufgrund des Beschlusses vom . . . . . des Amtsgerichts – Familiengerichts – . . . . ., Aktenzeichen . . . . . wurde die Ehe der Parteien geschieden. Der Beschluss ist seit dem . . . . . rechtskräftig.
2. Um die Trennung herbeizuführen ist die Antragstellerin seinerzeit zusammen mit den gemeinsamen minderjährigen Kindern, A, geboren am . . . . . und B, geboren am . . . . . aus der Ehewohnung ausgezogen, nachdem der Antragsgegner damals erklärt hatte, er halte an der Ehe fest und wolle auch aus der Ehewohnung nicht ausziehen.
3. Während des Scheidungsverfahrens hat der Antragsgegner allerdings erklärt, er werde sich eine Wohnung suchen und dann die Ehewohnung der Antragstellerin überlassen. Indessen blieb es bei diesen Absichtserklärungen des Antragsgegners. Die Antragstellerin meint allerdings, dass der Antragsgegner sich ernsthaft überhaupt nicht um eine eigene Wohnung bemüht, zumal der Mietzins der Ehewohnung sehr günstig ist.
4. Die Zuweisung der Ehewohnung an die Antragstellerin entspricht der Billigkeit.[10]
   Die Antragstellerin lebt mit den beiden minderjährigen Kindern der Parteien nur notdürftig innerhalb der Wohnung ihrer Eltern in beengten Verhältnissen. Sie hat sich nach der Trennung zu ihren Eltern begeben, weil sie davon ausging, dass der Antragsgegner ihr später die Wohnung überlassen werde, was er auch zugesichert hatte. Zur Anmietung einer eigenen Wohnung wäre sie auch finanziell nicht in der Lage gewesen.
   Auch die Kinder der Parteien wollen in die frühere Ehewohnung zurück, da sie dort aufgewachsen sind, nach wie vor die in der Parallelstraße liegende Schule besuchen und dort auch ihren Freundeskreis haben.
   Demgegenüber dürfte es für den alleinstehenden und gutverdienenden Antragsgegner kein Problem bedeuten, für sich auf dem freien Wohnungsmarkt angemessenen Wohnraum zu finden.
5. Angesichts der beiderseitigen Interessenlage ist dem Antragsgegner lediglich eine kurze Räumungsfrist zu bewilligen.

Zwei begl. Abschriften anbei.

Rechtsanwalt[11]

Anmerkungen

1. Die Zuweisung der Wohnung nach Ehescheidung ist Familiensache (§§ 111 Nr. 5, 200 Abs. 1 Nr. 2 FamFG). Örtlich zuständig ist das Gericht, in dessen Bezirk sich die gemeinsame Wohnung der Ehegatten befindet (§ 201 Nr. 2 FamFG).

2. → Form. G.II.1 Anm. 2 zur Zuständigkeit des Familiengerichts.

3. Bei der Wohnungszuweisung nach der Ehescheidung ist grundsätzlich der zur Vermietung Berechtigte (**Vermieter**) am Verfahren zu beteiligen (§ 204 Abs. 1 FamFG). Auf eigenen Antrag ist auch das **Jugendamt** Beteiligter (§ 204 Abs. 2 FamFG). Eine Anhörung soll erfolgen, wenn Kinder im Haushalt leben (§ 205 FamFG). Die Rechtsposition des Beteiligten ergibt sich aus § 7 FamFG.

4. Das Verfahren kommt als Antragsverfahren nur in Gang, wenn von einem Ehegatten ein entsprechender Antrag gestellt wird → Form. G.II.1 Anm. 3.

5. → Form. G.II.1 Anm. 3 zu den Voraussetzungen der Wohnungszuweisung.

6. → Form. G.II.1 Anm. 5 zur Notwendigkeit der Vollstreckungsanordnung.

Allein die Wohnungszuweisung nach § 1568a BGB ist nicht ausreichend, den anderen Ehegatten letztendlich auch zwangsweise zum **Auszug** zu veranlassen. Die Entscheidung über die Wohnungszuweisung stellt keinen Räumungstitel dar. Demzufolge ist die **Räumung** durch den anderen Ehegatten ausdrücklich anzuordnen. Es handelt sich dabei um eine **Annexentscheidung** nach § 209 Abs. 1 FamFG zum Zwecke der Durchführung der Entscheidung (Schulz/Hauß Vermögensauseinandersetzung bei Trennung und Scheidung S. 299).

7. Die Anordnung der Räumung bedeutet **Vollstreckung** iSv § 885 ZPO, also nicht nur Entfernung der Person, sondern auch der gesamten beweglichen Sachen und damit der Wohnungseinrichtung. Da dies in aller Regel nicht gewollt ist, ja den Interessen des antragstellenden Ehegatten sogar zuwiderlaufen kann, ist es geboten, bereits im **Vollstreckungstitel** zu bestimmen, dass die bewegliche Sachen betreffenden ergänzenden Vorschriften der Abs. 2–4 des § 885 ZPO bei der Durchführung der Räumung nicht zur Anwendung kommen sollen. Eine Beschränkung des **Vollstreckungsauftrags** erst im Rahmen der Zwangsvollstreckung ist nicht möglich (OLG Hamburg FamRZ 1983, 1141; KG FamRZ 1987, 1290; OLG Karlsruhe FamRZ 1994, 1185).

8. Bei Anordnung der Räumung ist ein Zeitpunkt festzulegen. Es kann auch eine **Räumungsfrist** (auch ohne Antrag) bewilligt werden, die wegen der fehlenden vorläufigen Vollstreckbarkeit ab Rechtskraft der Entscheidung laufen sollte (MüKoBGB/Wellenhofer BGB § 1568a Rn. 70; OLG Nürnberg NJW-RR 2000, 225). Die Rechtsgrundlage für die Bewilligung der Räumungsfrist ist ebenfalls § 209 Abs. 1 FamFG. Diese Vorschrift ist insoweit lex specialis zu §§ 721, 765a ZPO. Zur Bemessung der Räumungsfrist vgl. OLG Frankfurt NJW-RR 2022,1226).

9. → Form. G.II.1 Anm. 7 zur Kostenregelung.

10. → Form. G.II.2 Anm. 6 zu den Voraussetzungen der Billigkeit.

Kosten und Gebühren

11. In Wohnungszuweisungssachen nach § 1568a BGB beträgt der Verfahrenswert 5.000 EUR. Ist dieser Wert nach den besonderen Umständen des Einzelfalles unbillig, kann das Gericht einen höheren oder einen niedrigeren Wert festsetzen (§ 48 Abs. 1, Abs. 3 FamGKG).

Die Rechtsanwaltsgebühren bestimmen sich nach VV 3100 ff. RVG.

III. Umgestaltung des Verhältnisses mit Vermieter

1. Begründung eines Mietverhältnisses

An das

Amtsgericht

– Familiengericht[1] –

Antrag

In der Familiensache

der . . . . . – Antragsteller –

Verfahrensbevollmächtigte: Rechtsanwälte . . . . .

gegen

. . . . . – Antragsgegnerin –

wegen Begründung eines Mietverhältnisses

zeigen wir unter Vollmachtsvorlage an, dass wir den Antragsteller vertreten.
Namens und in Auftrag desselben beantragen wir zu erkennen:

1. [2] Die Antragsgegnerin wird verpflichtet, das Angebot des Antragstellers zum Abschluss eines Mietvertrages über die Wohnung im Hause des Antragstellers in . . . . . Straße Nr. . . . . . gelegen im ersten OG, bestehend aus Flur, drei Zimmern, Küche, Bad und Kelleranteil zu folgenden Bedingungen . . . . . anzunehmen.
2. Die Kosten des Verfahrens werden gegeneinander aufgehoben.

Zur

Begründung

tragen wir vor:

1. Die Antragsgegnerin und ihr Ehemann sind rechtskräftig geschieden. Im Hause des Antragstellers befindet sich die frühere gemeinsame Ehewohnung der Parteien. Diese wird von der Antragsgegnerin allein bewohnt. Aufgrund ihrer Erwerbstätigkeit als kaufmännische Angestellte verfügt sie über ausreichendes Einkommen.
2. Für diese Wohnung besteht kein Mietvertrag. Bisher hat der Sohn des Antragstellers diesem bei seiner Arbeit im Geschäft hinreichend ausgeholfen, was er nun aufgrund einer erlittenen Krankheit nicht mehr kann.
3. Der Antragsteller verlangt somit den Abschluss eines Mietvertrages zu den ortsüblichen Bedingungen.[3] Diese ergeben sich aus dem in der Anlage in Kopie vorgelegten Mietvertrag, der vom Antragsteller bereits entsprechend ausgefüllt ist.

4. Bisher hat die Antragsgegnerin jeglichen Abschluss eines Mietvertrages verweigert und sich auch geweigert, eine angemessene Miete zu zahlen. Es ist demzufolge der Antrag geboten.

Rechtsanwalt[4]

Anmerkungen

1. Der Rechtsstreit ist Familiensache (§§ 111 Nr. 5, 200 Abs. 1 Nr. 2 FamFG).
Die örtliche Zuständigkeit ergibt sich aus § 201 Nr. 2 FamFG. Zuständig ist das Gericht, in dessen Bezirk sich die gemeinsame Wohnung der Ehegatten befindet.

2. Nach § 1568a Abs. 5 FamFG kann die zur Vermietung berechtigte Person den Abschluss eines Mietvertrages von dem in der Wohnung verbliebenen Ehegatten verlangen. Die Anspruchsgegnerin kann den Vertrag nicht allein begründen, sondern nur durch entsprechende Erklärung am Vertragsschluss mitwirken. Deshalb richtet sich der Anspruch auf die Abgabe einer solchen Erklärung. Dem Antrag sollte ein Mustermietvertrag beigefügt werden, an dem sich das Familiengericht bei seiner Entscheidung orientieren kann. Nach Eintritt der Rechtskraft der gerichtlichen Entscheidung gilt der Antrag als abgegeben, § 894 ZPO (Dutta/Jacoby/Schwab/Cirullies FamFG § 200 Rn. 24).

3. Kommt eine Einigung über die Höhe der Miete nicht zu Stande, ist im Zweifelsfall die ortsübliche Vergleichsmiete anzusetzen (Johannsen/Henrich/Althammer/Dürbeck BGB § 1568a Rn. 52).

Kosten und Gebühren

4. Der Verfahrenswert bestimmt sich nach § 48 FamGKG mit 5.000 EUR. Dieser Wert kann nach den besonderen Umständen des Einzelfalles aus Billigkeitsgründen höher oder niedriger festgesetzt werden.
Die Rechtsanwaltsgebühren bestimmen sich nach VV 3100 ff. RVG.

2. Begründung eines befristeten Mietverhältnisses

An das

Amtsgericht

– Familiengericht[1] –

Antrag

In der Familiensache

der . . . . . – Antragsteller –

Verfahrensbevollmächtigte: Rechtsanwälte . . . . .

gegen

. . . . . – Antragsgegnerin –

wegen Begründung eines Mietverhältnisses

zeigen wir unter Vollmachtsvorlage an, dass wir den Antragsteller vertreten.

Namens und in Auftrag desselben beantragen wir zu erkennen:

1. **Die Antragsgegnerin wird verpflichtet, das Angebot des Antragstellers zum Abschluss eines Mietvertrages über die Wohnung im Hause des Antragstellers in . . . . . Straße Nr . . . . . gelegen im ersten OG, bestehend aus Flur, drei Zimmern, Küche, Bad und Kelleranteil zu folgenden Bedingungen . . . . . anzunehmen.**
2. **Das Mietverhältnis wird auf die Dauer von einem Jahr befristet.[2]**
3. **Die Kosten des Verfahrens werden gegeneinander aufgehoben.**

Zur

Begründung

tragen wir vor:

1. **Die Antragsgegnerin und ihr Ehemann sind rechtskräftig geschieden. Im Hause des Antragstellers befindet sich die frühere gemeinsame Ehewohnung der Parteien. Diese wird von der Antragsgegnerin allein bewohnt. Aufgrund ihrer Erwerbstätigkeit als kaufmännische Angestellte verfügt sie über ausreichendes Einkommen.**
2. **Für diese Wohnung besteht kein Mietvertrag. Bisher hat der Sohn des Antragstellers diesem bei seiner Arbeit im Geschäft hinreichend ausgeholfen, was er nun aufgrund einer erlittenen Krankheit nicht mehr kann.**
3. **Der Antragsteller verlangt somit den Abschluss eines Mietvertrages zu den ortsüblichen Bedingungen. Diese ergeben sich aus dem in der Anlage in Kopie vorgelegten Mietvertrag, der vom Antragsteller bereits entsprechend ausgefüllt ist.**
4. **Bisher hat die Antragsgegnerin jeglichen Abschluss eines Mietvertrages verweigert und sich auch verweigert, eine angemessene Miete zu zahlen. Es ist demzufolge Klage geboten.**
5. **Der Antragsgegnerin wurde allerdings schon kurz nach der Scheidung mitgeteilt, dass der von ihr gewünschte Mietvertrag nicht unbefristet abgeschlossen werden kann, weil der zweite Sohn der Familie in einem Jahr heiraten wird und dann diese Wohnung für ihn benötigt wird. Anderweitiger Wohnraum für diesen Sohn ist nicht vorhanden.[3]**

Rechtsanwalt[4]

Anmerkungen

1. Der Rechtsstreit ist Familiensache (§§ 111 Nr. 5, 200 Abs. 1 Nr. 2 FamFG). Die örtliche Zuständigkeit ergibt sich aus § 201 Nr. 2 FamFG. Zuständig ist das Gericht, in dessen Bezirk sich die gemeinsame Wohnung der Ehegatten befindet.

2. Der Vermieter kann bei Abschluss eines Mietvertrages, den er nach § 1568a Abs. 5 BGB verlangen kann, auch gleichzeitig eine Befristung des Mietverhältnisses erreichen, wenn die Voraussetzungen des § 575 Abs. 1 BGB vorliegen oder die Begründung eines unbefristeten Mietverhältnisses für den Vermieter unter Berücksichtigung seiner Interessenlage unbillig ist (Preisner/Erman BGB § 1568a Rn. 60).

Die Anspruchsgegnerin kann den Vertrag nicht allein begründen, sondern nur durch entsprechende Erklärung am Vertragsschluss mitwirken. Deshalb richtet sich der Anspruch auf die Abgabe einer solchen Erklärung. Dem Antrag sollte ein Mustermietvertrag beigefügt werden, an dem sich das Familiengericht bei seiner Entscheidung orientieren kann. Nach Eintritt der Rechtskraft der gerichtlichen Entscheidung gilt der Antrag als abgegeben, § 894 ZPO (Dutta/Jacoby/Schwab/Cirullies FamFG § 200 Rn. 24).

3. Die Berücksichtigung der beabsichtigten Zuweisung der Wohnung an den zweiten Sohn begründet die Voraussetzung für die Befristung. Auf eine darüberhinausgehende besondere Interessenlage des Vermieters kommt es insoweit nicht an.

Kosten und Gebühren

4. Der Verfahrenswert bestimmt sich nach § 48 FamGKG mit 5.000 EUR. Dieser Wert kann nach den besonderen Umständen des Einzelfalles aus Billigkeitsgründen höher oder niedriger festgesetzt werden.

Die Rechtsanwaltsgebühren bestimmen sich nach VV 3100 ff. RVG.

IV. Haushaltssachen

1. Antrag auf Teilung der Haushaltsgegenstände bei Getrenntleben, § 1361a BGB, § 200 Abs. 2 Nr. 1 FamFG

An das
Amtsgericht

– Familiengericht[1] –

Antrag

In der Familiensache[2]

der . . . . – Antragstellerin –

Verfahrensbevollmächtigte: Rechtsanwälte . . . . .

gegen

. . . . . – Antragsgegner –

wegen Haushaltsteilung

zeigen wir unter Vollmachtsvorlage an, dass wir die Antragstellerin vertreten.

Wir beantragen[3] zu erkennen:

1. Dem Antragsgegner wird aufgegeben, der Antragstellerin die im Wohnzimmer der Ehewohnung auf einer Kommode stehende holzgeschnitzte Madonna (eine Nachbildung der Madonna von Veit Stoß) herauszugeben.
2. Dem Antragsgegner wird aufgegeben, der Antragstellerin die Waschmaschine und den Trockner jeweils Marke . . . . . zu überlassen.
3. Von den gemeinsamen Haushaltsgegenständen werden der Antragstellerin folgende Gegenstände zugeteilt:
   1. . . . . .
   2. . . . . .
   3. . . . . .
4. Die Kosten des Verfahrens werden gegeneinander aufgehoben.

Zur

Begründung

tragen wir vor:

1. Die Parteien sind auf Dauer getrenntlebende Eheleute. Ein Scheidungsverfahren ist nicht anhängig.
   Die Antragstellerin ist am . . . . . mit den beiden gemeinsamen minderjährigen Kindern A, geboren am . . . . . und B, geboren am . . . . aus der Ehewohnung in

Trennungsabsicht ausgezogen. Nach Ablauf des Trennungsjahres beabsichtigt die Antragstellerin die Ehescheidung zu beantragen.
Mit vorstehendem Antrag begehrt die Antragstellerin eine vorläufige Regelung der Nutzung von bisher gemeinsam genutzten Haushaltsgegenständen gem. § 1361a BGB.[4]

2. Mit dem Antrag Ziffer 1 wünscht die Antragstellerin die Herausgabe der Madonna, die in ihrem Alleineigentum steht.[5]
Sie hat diese Madonna auf das Ableben ihrer Großmutter Frau ..... im Jahre ..... geerbt.

Beweis: Vorlage des Erbscheins und des Nachlassverzeichnisses, wobei auf Ziffer 14 des Verzeichnisses Bezug genommen wird.

Der Antragsgegner ist verpflichtet, die Madonna herauszugeben, weigert sich jedoch, so dass eine entsprechende richterliche Entscheidung notwendig ist.

3. Mit dem Antrag Ziffer 2 wünscht die Antragstellerin die Überlassung der Waschmaschine und des Wäschetrockners. Diese Gegenstände stehen zwar im Alleineigentum des Antragsgegners, nachdem er diese Gegenstände von seiner vor einem Jahr verstorbenen Mutter geerbt hat.
Er ist jedoch verpflichtet, diese der Antragstellerin zu überlassen, da die Antragstellerin diese Gegenstände zur Führung ihres abgesonderten Haushalts benötigt und die Überlassung darüber hinaus der Billigkeit entspricht. Die Antragstellerin lebt mit den beiden minderjährigen Kindern in einer separaten Wohnung, so dass sie die Wäsche für sich selbst und für die beiden Kinder zu versorgen hat. Hierzu werden die Geräte benötigt. Der Antragsgegner nutzt diese nicht, bringt vielmehr seine Wäsche zu seiner im Hause nebenan wohnenden Schwester, die ihm die Wäsche versorgt. Die Antragstellerin ist auch aus finanziellen Gründen nicht in der Lage, sich Ersatzgeräte zu beschaffen.[6]
Über eigenes Erwerbseinkommen oder Vermögenswerte verfügt sie nicht. Mit dem vom Antragsgegner gezahlten Trennungsunterhalt kann sie lediglich ihre notwendigsten Lebensbedürfnisse abdecken.[7]

4. Mit dem Antrag Ziffer 3 begehrt die Antragstellerin die Aufteilung gemeinsamer Haushaltsgegenstände. Diese wurden während des ehelichen Zusammenlebens von den Parteien angeschafft. Die Antragstellerin wünscht zunächst lediglich die im Einzelnen im Antrag aufgeführten Gegenstände. Mit dieser Aufteilung ist der gesamte eheliche Haushalt nicht erfasst, sondern lediglich teilweise. Die abschließende Haushaltsteilung sollte einer möglichen außergerichtlichen Einigung der Eheleute oder aber der endgültigen Teilung der Haushaltsgegenstände im Rahmen eines eventuellen späteren Ehescheidungsverfahrens vorbehalten bleiben.[8]

Zwei begl. Abschriften anbei.

Rechtsanwalt[9]

Anmerkungen

1. Die Aufteilung der Haushaltsgegenstände in der Trennungszeit ist Familiensache (§ 200 Abs. 2 Nr. 1 FamFG) und damit die Zuständigkeit des Familiengerichts begründet (§ 111 Nr. 5 FamFG). Örtlich zuständig ist das Gericht in dessen Bezirk sich die gemeinsame Wohnung der Eheleute befindet (§ 201 Nr. 2 FamFG).

Die richterliche **Teilung der Haushaltsgegenstände** ist ein auf Antrag durchzuführendes streitiges Verfahren der freiwilligen Gerichtsbarkeit (Johannsen/Henrich/Althammer/Dürbeck BGB § 1361a Rn. 50). Auf den Güterstand der Ehegatten kommt es nicht an. Maßgeblicher Zeitpunkt ist der Zeitpunkt der Beschlussfassung.

2. Der Antrag hat zunächst verfahrenseinleitende Wirkung. An Sachanträge der Parteien ist das Gericht nicht gebunden (BGH BGHZ 18, 143 = FamRZ 1955, 327; BGH FamRZ 1992, 414; OLG München FamRZ 1986, 1019).

Die **Amtsermittlungspflicht** des Gerichts entbindet indessen die Parteien nicht davon, die anspruchsbegründenden Tatsachen vorzutragen und auch ggf. Beweismittel zu benennen. Kommen die Beteiligten ihrer **Mitwirkungspflicht** nicht genügend nach, kann das Gericht ggf. auf vollständigen und substantiierten Vortrag hinwirken. Eine **Unaufklärbarkeit** geht zu Lasten desjenigen Ehegatten, der aus der nicht feststellbaren Tatsache Rechtsfolgen für sich herleiten will. Es besteht zwar keine subjektive Beweispflicht, jedoch eine **Beweislast oder Feststellungslast,** wenn das Ergebnis der von Amts wegen durchgeführten Ermittlungen zur Überzeugung des Gerichts nicht ausreicht (Scholz/Kleffmann FamR-HdB/Roessnik Teil O Rn. 329).

3. Ein Antrag auf Auseinandersetzung der Haushaltsgegenstände hat zunächst lediglich die Bedeutung eines bloßen **Verfahrensantrags.** Allerdings bedarf es einer individualisierbaren Beschreibung der Gegenstände, damit die Entscheidung einen vollstreckungsfähigen Inhalt erhalten kann (OLG Zweibrücken FamRZ 1999, 672). Das Familiengericht kann nach § 206 FamFG den Parteien genaue **Auflagen** erteilen, wie die Haushaltsgegenstände zu bezeichnen sind; es kann den Parteien die Vorlage entsprechender Belege aufgeben. Hierzu kann auch eine Frist gesetzt werden mit der Maßgabe, dass nach Ablauf der Frist erbrachter Vortrag nicht mehr berücksichtigt wird. Insoweit entsteht ein besonderes Beschleunigungsbedürfnis, in diesen, oft in der Praxis unrühmlichen langen Verfahren.

4. Nach § 1361a BGB kann bei Getrenntleben der Ehegatten eine – vorläufige – Auseinandersetzung der Haushaltsgegenstände dergestalt erfolgen, dass eine **Gebrauchsüberlassung** angeordnet wird, wobei die Eigentumsverhältnisse unberührt bleiben (Johannsen/Henrich/Althammer/Dürbeck BGB § 1361a Rn. 1).

Die vorläufige Nutzungsregelung ist zeitlich beschränkt auf die Zeit bis zur rechtskräftigen Ehescheidung oder aber auch bis zu einer eventuellen Beendigung der Trennung und Wiederherstellung der ehelichen Lebensgemeinschaft. Demzufolge kommt nur eine vorläufige Nutzungsregelung in Betracht, die zu keiner Veränderung der Eigentumsverhältnisse führen darf (MAH FamR/Müller § 17 Rn. 43). Diese Vorschrift ist auf Haushaltsgegenstände beschränkt, dh, sie ist nicht auf andere Gegenstände, die ausschließlich dem persönlichen Gebrauch eines Ehegatten dienen (zB Kleidung, Schmuck, Sparbuch, Dokumente) oder der Berufsausübung dienen (zB Musikinstrument des Berufsmusikers), anwendbar. Zuständig ist auch hier das Familiengericht (Prütting/Helms FamFG § 266 Rn. 54a).

5. Der **Herausgabeanspruch** des Eigentümers nach § 1361a Abs. 1 S. 1 BGB ist lex specialis zu § 985 BGB, beschränkt auf Haushaltsgegenstände (MüKoBGB/Weber-Monecke BGB § 1361a Rn. 8). Gegenansprüche können sich aus einer vertraglichen Gebrauchsüberlassung, aus einem allgemeinen **Zurückbehaltungsrecht** gemäß § 273 BGB oder wegen Verwendungen gemäß §§ 683, 677, 273 BGB iVm § 601 Abs. 2 S. 1 BGB ergeben (MüKoBGB/Pernice BGB § 1361a Rn. 9).

6. Aus § 1361a Abs. 1 S. 2 BGB ergibt sich ein Anspruch auf **Gebrauchsüberlassung** hinsichtlich solcher Haushaltsgegenstände, die im Alleineigentum des anderen Ehegatten stehen, die der anspruchsstellende Ehegatte jedoch zur Führung eines abgesonderten Haushalts benötigt, wobei die Gebrauchsüberlassung der **Billigkeit** entsprechen muss. Die Billigkeit hängt von den Umständen des Einzelfalles ab, wobei insbesondere die

Interessen der Kinder zu berücksichtigen sind (Johannsen/Henrich/Althammer/Dürbeck BGB § 1361a Rn. 26 ff.). Es kommt auch darauf an, ob dem Eigentümer die Überlassung der Gegenstände an den anderen Ehegatten zugemutet werden kann, also ob er sie selbst entbehren oder sich ggf. auch neue anschaffen kann (MüKoBGB/Pernice BGB § 1361a Rn. 12). Von Bedeutung dürften auch die beiderseitigen Einkommens- und Vermögensverhältnisse sein, insbesondere die Frage wechselseitiger Unterhaltspflicht, zumal § 1361a Abs. 1, 2 BGB Folgerungen aus der Unterhaltspflicht zieht, so dass Bedürftigkeit und Leistungsfähigkeit auch hier als **Verteilungskriterien** gelten (MüKoBGB/Pernice BGB § 1361a Rn. 12). Die Gebrauchsüberlassungspflicht ist **Holschuld,** so dass der Pflichtige weder den **Transport** noch dessen Kosten schuldet (MüKoBGB/Pernice BGB § 1361b Rn. 13).

Wird ein Haustier herausverlangt, sind auch tierbezogene Faktoren, insbesondere tierschutzrechtliche Gesichtspunkte heranzuziehen (OLG Oldenburg FamRZ 2019, 784). Bei der Entscheidung über die Zuweisung sind ebenso das Affektionsinteresse der Beteiligten und die praktizierte Sorge für das Tier zu berücksichtigen (OLG Nürnberg MDR 2017, 342). Ein Aufwendungsersatz (zB. Tierarztkosten) ist aber ausgeschlossen (OLG Bamberg FamRZ 2019, 354).

7. Sowohl für die Überlassung von Gegenständen an den Nichteigentümer gemäß § 1361a Abs. 1 S. 2 BGB als auch für die Verteilung gemeinschaftlicher Gegenstände nach § 1361a Abs. 2 BGB kann durch das Gericht eine **Nutzungsvergütung** festgesetzt werden, allerdings nur unter Billigkeitsgesichtspunkten. Dabei wird es im Wesentlichen auf die beiderseitigen Einkommens- und Vermögensverhältnisse ankommen. Eine Vergütung kommt nur in Betracht, soweit und solange der Ehepartner über ein Einkommen oder über Vermögen verfügt, das ihm die Zahlung einer Vergütung überhaupt erlaubt, ohne seinen eigenen angemessenen Unterhalt zu gefährden (Johannsen/Henrich/Althammer/Dürbeck BGB § 1361a Rn. 37–39). Voraussetzung für den Vergütungsanspruch ist eine vorhergehende Zahlungsaufforderung des Anspruchstellers (OLG Frankfurt a. M. NJW-RR 2018, 1284).

8. In analoger Anwendung von § 1568b Abs. 2 BGB wird bis zum Beweis des Gegenteils gemeinsames Eigentum an gemeinsam genutztem Hausrat vermutet. Die Aufteilung erfolgt zur zeitlich befristeten Nutzung, nämlich nur für die Dauer des Getrenntlebens. Bei der endgültigen Auseinandersetzung der Haushaltsgegenstände im Zusammenhang mit der Ehescheidung oder nach der Ehescheidung kann uU eine hiervon abweichende Zuteilung vorgenommen werden. Anders als nach § 1361a Abs. 1 S. 2 BGB können bezüglich gemeinschaftlicher Haushaltsgegenstände alle vorhandenen Gegenstände erfasst und zur Nutzung zugeteilt werden. Eine Nutzungsregelung kann sich aber auch diesbezüglich auf einen Teil der Haushaltsgegenstände insgesamt und nur auf bestimmte Gegenstände beschränken (OLG Düsseldorf FamRZ 1999, 1270).

Kosten und Gebühren

9. Der Verfahrenswert beträgt 2.000 EUR. Erscheint dieser Wert nach den besonderen Bestimmungen des Einzelfalls unbillig, kann das Gericht einen höheren oder niedrigeren Wert festsetzen (§ 48 Abs. 2, 3 FamGKG). Die Kostenpflicht richtet sich nach §§ 80 ff. FamFG.

Die **Rechtsanwaltsgebühren** sind nach VV 3100 ff. RVG anzusetzen.

2. Auseinandersetzung der Haushaltsgegenstände nach Scheidung, § 1568b BGB, § 200 Abs. 2 Nr. 2 FamFG

An das
Amtsgericht
– Familiengericht[1] –

Antrag

In der Familiensache

der . . . . . – Antragstellerin –

Verfahrensbevollmächtigte: Rechtsanwälte . . . . .

gegen

. . . . . – Antragsgegner –

wegen Auseinandersetzung der Haushaltsgegenstände

zeigen wir unter Vollmachtsvorlage an, dass wir die Antragstellerin vertreten.

Wir beantragen[2] zu erkennen:

1. Von den ehelichen Haushaltsgegenständen[3] werden der Antragstellerin folgende Gegenstände zu Alleineigentum zugeteilt:[4]
   1. . . . . .
   2. . . . . .
   3. . . . . .
2. Der Antragsgegner ist verpflichtet, die in Ziffer 1 unter Nr. 1–12 aufgeführten Gegenstände an die Antragstellerin herauszugeben.[5]
3. Die Kosten werden gegeneinander aufgehoben.

Zur

Begründung

tragen wir vor:

1. Durch Beschl. v. . . . . . des Amtsgerichts – Familiengerichts – . . . . . wurde die Ehe der Parteien geschieden. Der Beschluss ist seit dem . . . . . rechtskräftig.
   Über die Auseinandersetzung und Aufteilung der Haushaltsgegenstände konnten sich die Parteien bis heute nicht einigen, so dass eine richterliche Entscheidung notwendig wird.
2. Der zum Zeitpunkt der Rechtskraft des Scheidungsbeschlusses[6] vorhandene Haushalt ist in der als Anlage beigefügten Liste[7] im Einzelnen aufgeführt. Die Gegenstände sind exakt bezeichnet. Darüber hinaus sind das jeweilige Anschaffungsjahr und die Verkehrswerte zum Zeitpunkt der Rechtskraft des Scheidungsausspruchs – nach der Einschätzung der Antragstellerin – angegeben. Soweit Alleineigentum vorliegt, ist dies besonders vermerkt.
   Die Liste wird zum Gegenstand des Sachvortrags gemacht.

3. Die im Antrag Ziffer 1 unter Ziffer 1 bis 12 aufgeführten Gegenstände, die mit denen auf der Liste Ziffer 1 bis 12 identisch sind, befinden sich noch in Besitz des Antragsgegners. Die Gegenstände Ziffer 13 bis 45 befinden sich bereits im Besitz der Antragstellerin. Die Gegenstände Nr. 46–81 befinden sich im Besitz des Antragsgegners.
4. Die von der Antragstellerin gewünschte Aufteilung entspricht der Billigkeit.[8]
Bei den Haushaltsgegenständen handelt es sich um gemeinsames Eigentum der Eheleute. Wie sich aus der Liste ergibt, verbleiben dem Antragsgegner die Haushaltsgegenstände Ziffer 46 bis 81. Die Aufteilung ist ausgewogen und entspricht der Billigkeit. Zwar erhält die Antragstellerin von den gemeinsamen Haushaltsgegenständen einen größeren Anteil.
Dies ist jedoch gerechtfertigt, weil zum einen das gemeinsame minderjährige Kind der Parteien, K, geboren am . . . . . im Haushalt der Antragstellerin lebt, darüber hinaus der Antragsgegner über das deutlich höhere Einkommen verfügt, er sich demzufolge leichter Ersatzgegenstände beschaffen kann.

Zwei begl. Abschriften anbei.

Rechtsanwalt[9]

Anmerkungen

1. Die Auseinandersetzung der Haushaltsgegenstände nach Ehescheidung führt zur **endgültigen Aufteilung** der Haushaltsgegenstände auf der rechtlichen Grundlage von § 1568b BGB. Das Verfahren ist mit Zuständigkeit des Familiengerichts Familiensache (§ 111 Nr. 5 FamFG). Die örtliche Zuständigkeit richtet sich nach § 201 Nr. 2 FamFG nach dem Gericht, in dessen Bezirk sich die gemeinsame Wohnung der Ehegatten befindet. Falls eine gemeinsame Wohnung nicht mehr gegeben ist, ist das Gericht des gewöhnlichen Aufenthalts des Antragsgegners zuständig, danach der gewöhnliche Aufenthalt des Antragstellers (§ 201 Nr. 3, 4 FamFG).

Die richterliche Auseinandersetzung der gemeinsamen Haushaltsgegenstände ist eine privatrechtliche Streitsache der freiwilligen Gerichtsbarkeit. Die Aufteilung erfolgt nach der Vorschrift des § 1568b BGB. Auf den Güterstand der Ehegatten kommt es nicht an.

2. Der Antrag hat zunächst verfahrenseinleitende Wirkung. An **Sachanträge** der Parteien ist das Gericht nicht gebunden (BGHZ 18, 143 = FamRZ 1955, 327; BGH FamRZ 1992, 414; OLG München FamRZ 1986, 1019).

Das Gericht kann jedem Ehegatten aufgegeben, die Haushaltsgegenstände exakt zu bezeichnen, die er wünscht. Weiterhin sollen auf Auflage des Gerichts alle Haushaltsgegenstände bezeichnet werden. Dies soll in einer vorzulegenden Aufstellung geschehen, wobei die Gegenstände einzeln genau bezeichnet werden sollen. Weiterhin kann das Gericht den Ehegatten aufgeben, bestimmte Umstände zu erklären, eigene Angaben zu ergänzen oder auch zum Vortrag des Anderen Stellung zu nehmen. Schließlich kann das Gericht auch aufgeben, dass die Ehegatten bestimmte Belege vorlegen. Für diese Auflagen setzt das Gericht den Parteien eine angemessene Frist. Wird diese Frist nicht eingehalten, werden diese Angaben nicht mehr berücksichtigt, wenn dadurch das Verfahren verzögert wird oder keine ausreichende Entschuldigung eingeht. Zur weiteren Sachaufklärung ist das Gericht insoweit nicht verpflichtet. Hierdurch werden die Ehegatten nicht davon entbunden, die anspruchsbegründenden Tatsachen vorzutragen und gegebenenfalls auch Beweismittel zu benennen

Die **Amtsermittlungspflicht** des Gerichts entbindet indessen die Parteien nicht davon, die anspruchsbegründenden Tatsachen vorzutragen und auch ggf. Beweismittel zu benennen. Kommen die Beteiligten ihrer **Mitwirkungspflicht** nicht genügend nach, kann das

Gericht ggf. auf vollständigen und substantiierten Vortrag hinwirken (Scholz/Kleffmann FamR-HdB/Roessnik Teil O Rn. 329). Allerdings bedarf es einer individualisierbaren **Beschreibung** der Gegenstände, damit die Entscheidung einen vollstreckungsfähigen Inhalt erhalten kann (OLG Zweibrücken FamRZ 1999, 672).

3. Der Begriff **Haushaltsgegenstand** ist weit auszulegen (Brudermüller FamRZ 1999, 129 (136)). Der Begriff umfasst alle beweglichen Sachen, die dem gemeinsamen Leben der Eheleute und der mit ihnen zusammen lebenden Kinder zu dienen bestimmt sind, wobei es nicht auf ihre Vermögens- und Lebensverhältnisse selbst ankommt, sondern ausschließlich auf die Eignung der Gegenstände als Haushaltssachen und ihre tatsächliche Verwendung zur Gestaltung des ehelichen Lebens (MüKoBGB/Pernice § 1361a Rn. 4). Maßstab ist der Lebenszuschnitt der Eheleute (Schwab/Ernst/Grandke § 18 Rn. 58).

Entscheidend ist also die Funktion und die Zweckbestimmung der Gegenstände für die Wohnung, die Hauswirtschaft, das Zusammenleben der Familie, einschließlich der Freizeitgestaltung (BGH FamRZ 1984, 144; BGH FamRZ 1984, 575; OLG Düsseldorf FamRZ 1986, 1132; OLG Hamm FamRZ 1991, 89). Damit scheiden Gegenstände, die als Kapitalanlage dienen oder für den Beruf eines Ehegatten oder zu seinem persönlichen Gebrauch bestimmt sind (etwa Musikinstrumente eines Berufs- oder Hobbymusikers, anders allerdings das Klavier im Wohnzimmer, auf dem alle Familienangehörigen spielen), von der Teilung der Haushaltsgegenstände aus (BGHZ 89, 137 (145) = BGH FamRZ 1984, 144 (146)). Auch ein Pkw kann zu den Haushaltssachen zählen, wenn er bestimmungsmäßig vorzugsweise für private Zwecke der ganzen Familie und nicht für berufliche Zwecke eines Ehegatten genutzt wird (OLG Hamburg FamRZ 1990, 1118; OLG Hamm FamRZ 1990, 54; KG FamRZ 2003, 1927; OLG Zweibrücken FamRZ 2005, 902; OLG Koblenz FamRZ 2006, 102; OLG Düsseldorf FamRZ 2007, 39). Wenn der Pkw allerdings vorzugsweise für berufliche oder rein private Zwecke nur eines Ehegatten (etwa als Jagdwagen oder allein als Zugwagen für einen Pferdeanhänger – Hoppenz/Müller BGB § 1361b Rn. 23) verwendet wird, zählt ein solches Fahrzeug nicht zu den Haushaltssachen (Schwab/Ernst/Grandke § 18 Rn. 59). Einbaumöbel, insbesondere Einbauküchen, sind dann keine Haushaltssachen, wenn sie wesentliche Bestandteile des Gebäudes sind (OLG Hamm FamRZ 1991, 89; OLG Celle NJW-RR 1989, 913; OLG Zweibrücken FamRZ 1993, 82; OLG Stuttgart FamRZ 1999, 855). Auch ein Wohnmobil kann bei dieser Zweckbestimmung eine Haushaltssache sein (OLG Köln FamRZ 1992, 696). Ebenso können Gegenstände von hohem Wert einschließlich wertvoller Antiquitäten und kostbarer Kunstgegenstände Haushaltssachen sein, wenn sie der Ausschmückung der Ehewohnung dienen und nicht ausschließlich zur Kapitalanlage angeschafft wurden (BGH FamRZ 1984, 575; OLG Bamberg FamRZ 1997, 378).

Voraussetzung einer Teilung der Haushaltsgegenstände ist, dass es sich um gemeinsame Haushaltssachen der Eheleute handelt, wobei sich aus § 1568b Abs. 2 BGB eine widerlegliche Vermutung für das gemeinsame Eigentum der Ehegatten ergibt (OLG Hamburg FamRZ 2020, 242). Die Vermutung des Abs. 2 gilt nur für angeschaffte, also durch entgeltliches Geschäft erworbene, nicht für geerbte oder geschenkte Gegenstände, wobei die Anschaffung während der Ehe für den gemeinsamen Haushalt erfolgt sein muss (Johannsen/Henrich/Althammer/Dürbeck BGB § 1568b Rn. 13). Bei Hochzeitsgeschenken besteht die allgemeine Vermutung, dass sie beiden Ehegatten gehören sollen (MAH FamR/Müller § 18 Rn. 30). Dasselbe gilt, wenn ein Ehegatte dem anderen Ehegatten einen Haushaltsgegenstand schenkt, weil insoweit keine Übertragung von Alleineigentum verbunden ist (Schwab/Ernst/Grandke § 18 Rn. 76). Wer Eigentümer eines während der Ehe angeschafften Haushaltsgegenstandes ist, richtet sich nach §§ 929 ff. BGB. Allerdings ist davon auszugehen, dass bei Anschaffungen während der Ehe für den gemeinsamen Haushalt beide Ehegatten Miteigentum erwerben sollen, so dass es nicht darauf ankommt, ob ein Ehegatte im eigenen Namen gekauft und mit eigenen Mitteln bezahlt hat; ebenso wenig reicht die Haltereigenschaft bei einem Pkw aus (MüKoBGB/Wellenhofer BGB § 1568b Rn. 5, 6).

Das Gesetz geht grundsätzlich davon aus, dass die in der Ehe angeschafften Haushaltsgegenstände gemeinsames Eigentum der Ehegatten sind (§ 1568b Abs. 2 FamFG).

Vor der Eheschließung von den Verlobten für den späteren Hausstand angeschaffte Haushaltsgegenstände stehen ebenfalls im gemeinsamen Eigentum, da schon bei der Anschaffung gemeinsames Eigentum mit bestimmter Zweckrichtung begründet wird (Soergel/Heintzmann HausratsVO § 8 Rn. 5).

Haushaltsgegenstände, die ein Ehegatte mit in die Ehe bringt, werden allerdings nicht durch gemeinsame Benutzung während der Ehe auch gemeinsames Eigentum (Schwab/Ernst/Grandke § 18 Rn. 76; Johannsen/Henrich/Althammer/Dürbeck BGB § 1568b Rn. 14).

Alleineigentum für Ersatzgegenstände kann sich auch aus dem zum 1.9.2009 aufgehobenen § 1370 BGB ergeben, wenn die entsprechenden früheren Gegenstände vor dem 1.9.2009 angeschafft wurden (MüKoBGB/Koch BGB § 1370 Rn. 1, 2).

Haushaltsgegenstände, die nach der Trennung der Ehegatten angeschafft werden, unterliegen jedoch nicht der Teilung der Haushaltsgegenstände, da sie nicht für das Zusammenleben der Familie bestimmt sind. Diese Gegenstände zählen zum Zugewinn.

4. Die Zuteilung zu Alleineigentum begründet mit Rechtskraft der Entscheidung Alleineigentum durch richterliche Entscheidung; das Miteigentum erlischt (aA Johannsen/Henrich/Althammer/Dürbeck BGB § 1568b Rn. 22; danach habe der Tenor der Endentscheidung auf die Abgabe einer dinglichen Einigungserklärung nach § 929 ff. BGB zu lauten und auf Übergabe der Sache). Durch die Zuteilung, die unbedingt und unbefristet sein muss, wird die Gemeinschaft aufgelöst. Der begünstigte Ehegatte erwirbt Alleineigentum, auch wenn er den Besitz erst später erhält. Das Alleineigentum geht auch dann über, wenn in Wirklichkeit nicht Miteigentum, sondern Alleineigentum des anderen Ehegatten bestanden hatte (Soergel/Heintzmann HausratsVO § 8 Rn. 12; MüKoBGB/Wellenhofer BGB § 1568b Rn. 20). Dies gilt gleichgültig, ob das Alleineigentum des Ehegatten nicht festgestellt werden konnte und somit die Annahme des § 1568b Abs. 2 FamFG nicht widerlegt wurde, oder ob es sich um bewusste Zuteilung eines im Alleineigentum des anderen Ehegatten stehenden Haushaltsgegenstandes handelt.

5. Haushaltsgegenstände, die sich im Besitz eines Ehegatten befinden und die durch richterliche Entscheidung dem anderen Ehegatten zu Alleineigentum zugeteilt werden, sind von dem besitzenden Ehegatten an den anderen Ehegatten herauszugeben.

6. Die Teilung der Haushaltsgegenstände unterliegt der zum Zeitpunkt der Rechtskraft des Scheidungsbeschlusses vorhandenen Gegenstände.

7. Obwohl der Antrag auf endgültige Zuteilung grundsätzlich keine genaue Aufstellung der verlangten und insgesamt vorhandenen Haushaltsgegenstände enthalten muss, empfiehlt es sich im eigenen Interesse, alle Gegenstände im Einzelnen aufzuführen, die vorhanden sind und die auch beansprucht werden (OLG Bamberg FamRZ 1996, 1293). Nur so ist es dem Familienrichter überhaupt möglich, entsprechend dem Auftrag des Gesetzes die Haushaltssachen gerecht und zweckmäßig zu verteilen. Es empfiehlt sich weiter, außer der genauen **Beschreibung** der Haushaltsgegenstände selbst, deren **Alter** oder **Anschaffungsjahr**, den heutigen geschätzten **Verkehrswert** sowie letztendlich die **Eigentums- und Besitzverhältnisse** anzugeben.

Die Gegenstände, die der Antragsteller für sich beansprucht und die sich im Besitz des anderen Ehegatten befinden, sollten so genau bezeichnet werden, dass sie bei einer Zwangsvollstreckung unverwechselbar bestimmt werden können. Eine Sachentscheidung hat nur dann einen vollstreckungsfähigen Inhalt, wenn die herauszugebenden Gegenstände im Einzelnen bestimmt sind, so dass sie für den Gerichtsvollzieher ohne weiteres identifizierbar sind.

8. Nach § 1568b Abs. 2 FamFG wird gemeinsames Eigentum der während der Ehe angeschafften Haushaltsgegenstände angenommen. Die Vermutung kann widerlegt werden. Soweit sich jedoch Alleineigentum nicht feststellen lässt, geht dies zu Lasten des Ehegatten, der Alleineigentum behauptet (OLG München NJW 1972, 542).

Kosten und Gebühren

9. Der Verfahrenswert des isolierten Teilungsverfahrens beträgt 3.000 EUR (§ 48 Abs. 2 FamGKG). Dieser Wert kann vom Gericht nach den besonderen Umständen des Einzelfalls höher oder niedriger bewertet werden (§ 48 Abs. 3 FamGKG). Die Kostenpflicht ergibt sich aus §§ 80 ff. FamFG.

Die Rechtsanwaltsgebühren sind nach VV 3100 ff. RVG anzusetzen.

H. Gewaltschutzsachen

I. Vorbemerkungen

Durch das Gesetz zur Verbesserung des zivilgerichtlichen Schutzes bei Gewalttaten und Nachstellungen sowie zur Erleichterung der Überlassung der Ehewohnung bei Trennung (BGBl. 2001 I 3513 (3518), in Kraft getreten am 1.1.2002) sollen die zivilrechtlichen Möglichkeiten des Schutzes vor Gewalttaten im sozialen Nahbereich effektiver als bisher ausgestaltet werden.

1. In § 1 GewSchG sind gerichtliche Maßnahmen zum Schutze vor Gewalt und Nachstellungen normiert.

Erfasst sind vorsätzliche Gewalttaten, die zu einer Verletzung von Körper, Gesundheit oder Freiheit führen, Drohungen mit der Verletzung dieser Rechtsgüter, wobei es unerheblich ist, ob der Täter die Drohung ernst gemeint hat, sowie Belästigungen und Nachstellungen. Kein Nachstellen liegt vor, wenn im Rahmen eines Nachbarschaftsstreits ein Nachbar auf seinem Grundstück eine Kamera nebst Scheinwerfer installiert und damit das Grundstück des anderen Nachbarn filmt, um sich vor vermeintlichen Übergriffen zu schützen (OLG Hamburg FamRZ 2020, 1169 mAnm Gottwald). Ein Herüberlehnen über die Brüstung zwischen zwei angrenzenden Balkonen ist kein Eindringen in das befriedete Besitztum (OLG Frankfurt a.M. NJW-RR 2016, 1228).

Die persönliche Ehre, die allgemeine Handlungsfreiheit, der ungestörte Besitz an beweglichen Sachen und das Eigentum gehören nicht zu den Rechtsgütern, die durch Gewaltschutzanordnungen gesichert werden können. Ein Hausrechtsverstoß rechtfertigt eine Anordnung nach § 1 Abs. 2 S. 1 Nr. 2 lit. a GewSchG nur dann, wenn der Täter in den Wohnbereich eingedrungen ist, nicht aber, wenn er diesen trotz Aufforderung nicht verlässt (OLG Brandenburg NJW-RR 2019, 837).

§ 1 GewSchG eröffnet dem Gericht die Möglichkeit, zum Schutze des Opfers in Bezug auf den Täter diejenigen Maßnahmen anzuordnen, die es für erforderlich hält, um weitere Verletzungen abzuwenden. Wird das Verbot ausgesprochen, mit dem Antragsteller in irgendeiner Form Kontakt aufzunehmen, kann ein Verstoß auch bei einer bloßen Gestik vorliegen (OLG Zweibrücken NZFam 2019, 748 mAnm Kischkel – Zeigen des sog. „Stinkefingers"). Das Einstellen bestimmter Inhalte in das eigene Profil oder den eigenen Status bei WhatsApp stellt hingegen keine Verbindungsaufnahme dar (AG Bergheim FamRZ 2019, 408). Der Maßnahmenkatalog im Gesetz ist nicht abschließend, sondern lediglich eine beispielhafte Aufzählung. Der Schutzbereich ist nicht auf den häuslichen Bereich beschränkt; vielmehr sind auch Rechtsgutverletzungen außerhalb der Wohnung erfasst. Ebenso wenig spielt die Beziehung, in der Opfer und Täter zueinanderstehen, eine Rolle. Voraussetzung für ein Tätigwerden des Gerichts ist außer einem Antrag des Opfers auf Einleitung des Verfahrens das Vorliegen einer materiellen Anspruchsgrundlage gem. §§ 823, 1004 BGB auf Unterlassung der Beeinträchtigung der genannten Rechtsgüter, denn das GewSchG erhält ausschließlich Verfahrensrecht. Es begründet keinen Anspruch, sondern es setzt einen Unterlassungsanspruch zum Schutz der in § 1 GewSchG genannten Rechtsgüter aufgrund materiellen bürgerlichen Rechts voraus (OLG Brandenburg NJW 2016, 3541).

2. Dagegen begründet § 2 GewSchG, der die Wohnungsüberlassung bei Gewalt und Drohungen ermöglicht, einen materiell rechtlichen Anspruch auf Überlassung einer gemeinsam genutzten Wohnung.

Die somit auf § 1 GewSchG aufbauende und hieran anschließende Regelung des § 2 GewSchG greift, wenn zwischen Täter und Opfer ein auf Dauer angelegter gemeinsamer Haushalt besteht und es um die Überlassung einer bislang gemeinsam genutzten Wohnung geht. Die Vorschrift gilt für Wohngemeinschaften beliebiger Art, sofern sie entsprechend dem Begriff „gemeinsamer Haushalt" ein auf Dauer angelegte Lebensgemeinschaft haben, die keine weiteren Bindungen in gleicher Art zulässt und ein gegenseitiges Füreinandereinstehen begründet, die somit über eine reine Wohn-/und Wirtschaftsgemeinschaft hinausgeht. Die Bedrohung allein reicht aus. Ob die Ursachen der Konflikte im täglichen Zusammenleben liegen, ist dagegen unbeachtlich (OLG Schleswig NJW-RR 2004, 156). Schwerwiegende Belange des Täters (Behinderung/Erkrankung und daraus resultierendes Angewiesensein auf die Wohnung oder akute Selbstmordgefahr, OLG Brandenburg NJOZ 2020, 935 = FamRZ 2020, 2006) können einer Wohnungsüberlassung entgegenstehen, ebenso besondere Belange von Kindern (Breidenstein in: jurisPK-BGB, Rn. 18) An den Nachweis der fehlenden Wiederholungsgefahr sind strenge Anforderungen zu stellen. Ein längerer Zeitablauf oder geänderte Verhältnisse sind grds. nur dann geeignet, das Fortbestehen einer Wiederholungsgefahr in Frage zu stellen, wenn der Täter keine weiteren Verletzungshandlungen begangen hat, obwohl er die Möglichkeit hierzu gehabt hätte (OLG Karlsruhe FamRZ 2016, 1194).

Eine familiäre Verbindung zwischen Täter und Opfer ist dagegen nicht Voraussetzung.

Nach § 4 GewschG ist die Möglichkeit der Strafbarkeit nach wirksamer Zustellung des Beschlusses eröffnet (BGH FamRZ 2007, 812). Zusätzlich besteht die Strafbarkeit nach § 238 StGB als selbstständiger Straftatbestand. Als Mittel des ersten Zugriffs kommt immer die polizeirechtliche Wohnungsverweisung in Betracht, die allerdings sehr kurzfristig angesetzt werden muss und nicht einseitig wiederholt werden darf (VG Karlsruhe FF 2008, 123).

3. Außer dem Verfahren in der Hauptsache gewährt das Gesetz die Möglichkeit eines Antrags auf Erlass einer einstweiligen Anordnung (§§ 49–57, 214 FamFG).

Die entscheidende Differenzierung zum bisherigen Recht liegt darin, dass die einstweilige Anordnung nunmehr ohne ein Hauptsacheverfahren zulässig ist. Der frühere akzessorische Rechtsschutz an eine Hauptsache ist entfallen. Das Verfahren der einstweiligen Anordnung ist nunmehr als ein von der Hauptsache völlig unabhängiges Verfahren des einstweiligen Rechtsschutzes ausgestaltet. Die Parteien können sich somit mit dem Ergebnis des Verfahrens der einstweiligen Anordnung zufriedengeben, ohne eine Hauptsache durchzuführen.

Die einstweilige Anordnung ist auch möglich, wenn ein Hauptsacheverfahren bereits rechtshängig ist.

Nach § 51 Abs. 3 FamFG kann das Gericht aber auch im Falle der Anhängigkeit einer Hauptsache von einzelnen Verfahrenshandlungen absehen, wenn diese bereits im Verfahren der einstweiligen Anordnung vorgenommen wurden und von einer erneuten Vornahme keine zusätzlichen Erkenntnisse zu erwarten sind.

Allerdings besteht die Möglichkeit für beide Parteien ein Hauptsacheverfahren einzuleiten, entweder durch eigenständigen Antrag oder durch Antrag des unterlegenen Beteiligten an das Gericht, eine Frist zu bestimmen innerhalb deren der antragstellende Ehegatte das Hauptsacheverfahren einzuleiten hat. Dabei darf die Frist drei Monate nicht überschritten werden. Wird dieser Anordnung nicht Folge geleistet, ist die einstweilige Anordnung aufzuheben (§ 52 FamFG).

Im Verfahren der einstweiligen Anordnung besteht keine Anwaltspflicht, im Gegensatz zum Hauptsacheverfahren.

Notwendig sind ein zu begründender Antrag und Glaubhaftmachung der Voraussetzungen des Anspruchs.

Weitere Voraussetzung ist ein dringendes Bedürfnis für die Regelung. Mit dem Zuwarten einer Entscheidung in der Hauptsache muss also ein erheblicher Nachteil verbunden sein.

In Gewaltschutzsachen werden die Zulässigkeitsvoraussetzungen verschärft (§ 214 FamFG). Danach muss eine Tat im Sinne von § 1 GewSchG begangen worden sein oder aufgrund konkreter Umstände mit einer solchen zu rechnen sein.

4. Das Gericht kann ohne mündliche Verhandlung entscheiden.

Die Vollstreckung erfolgt ohne Vollstreckungsklausel, es sei denn, dass die Vollstreckung für oder gegen einen anderen als den im Beschluss bezeichneten Beteiligten erfolgen soll. In Gewaltschutzfällen und anderen vergleichbaren Fällen mit besonderem Bedürfnis dafür, kann das Gericht anordnen, dass die Vollstreckung der einstweiligen Anordnung vor der Zustellung an den Verpflichteten zulässig ist. Damit wird die Anordnung mit Erlass wirksam.

Der Antrag auf Ordnungsmittelfestsetzung setzt aber zumindest fahrlässiges Verhalten voraus. Das ist nicht der Fall, wenn der Täter das Verbot gar nicht kennt. Dies kann vermieden werden, wenn der Berechtigte ungeachtet der gebotenen Amtszustellung selbst unverzüglich für eine Bekanntgabe im Parteibetrieb sorgt (OLG Brandenburg FamRZ 2019, 1270 mAnm Cirullies). Auf eine Zustellung ist auch bei einer im Gewaltschutzverfahren getroffenen vergleichsweisen Regelung zu achten, damit vollstreckt werden kann (OLG Hamburg FamRZ 2019, 1451).

Der Versuch einer Zuwiderhandlung gegen ein Unterlassungsgebot genügt nicht, um Ordnungsmittel festzusetzen (OLG Brandenburg FamRZ 2019, 1270 mAnm Cirullies). Die Vollstreckung von Ordnungsmittel gegen schuldunfähige Stalker ist nicht möglich (OLG Koblenz FamRB 2018, 28 = FamRZ 2017, 1933).

Ist die Entscheidung ohne mündliche Verhandlung ergangen, besteht grundsätzlich die Möglichkeit, eine entsprechende mündliche Verhandlung zu beantragen. In der mündlichen Verhandlung sind Beweismittel nur zulässig, sofern sie präsent vorhanden sind.

5. Nach § 49 Abs. 2 FamFG kann das Gericht auch Annexentscheidungen anordnen, die zur Durchführung der getroffenen Anordnung notwendig sind. Hierzu zählt zum Beispiel die Herausgabeanordnung von Haushaltsgegenständen, die Räumungsfrist für eine Wohnung oder auch die Ge- und Verbote im Zusammenhang mit der Ausübung eines Umgangsrechts.

Im Übrigen tritt die einstweilige Anordnung, sofern das Gericht keinen konkreten Zeitpunkt festgelegt hat, dann außer Kraft bei:

- Zurücknahme des Antrags in der Hauptsache
- Rechtskräftige Abweisung des Antrags in der Hauptsache
- Übereinstimmende Erledigung der Hauptsache
- Anderweitige Erledigung der Hauptsache

Die Entscheidung muss immer auch eine Kostenentscheidung beinhalten (§ 51 Abs. 4 FamFG). Dies gilt auch bei einer Entscheidung ohne mündliche Verhandlung.

II. Schutzmaßnahmen, § 1 GewSchG

An das Amtsgericht
– Familiengericht –[1]

Antrag

In Sachen

der . . . . . – Antragstellerin –

Verfahrensbevollmächtigte: Rechtsanwälte . . . . .

gegen

. . . . . – Antragsgegner –

wegen

Schutzmaßnahmen nach § 1 GewSchG

zeigen wir unter Vollmachtsvorlage an, dass wir die Antragstellerin vertreten.
Namens und in Auftrag derselben beantragen wir zu erkennen:

1. Dem Antragsgegner wird verboten, dass Hausgrundstück . . . . ., Straße Nr . . . . . in . . . . . zu betreten.[2]
2. Dem Antragsgegner wird verboten, sich in der . . . . . Straße in . . . . . aufzuhalten, diese zu betreten oder zu befahren.[3]
3. Dem Antragsgegner wird untersagt, durch Fernkommunikationsmittel aller Art, Kontakt mit der Antragstellerin aufzunehmen.[4]
4. Dem Antragsgegner wird aufgegeben, im Falle eines zufälligen Zusammentreffens mit der Antragstellerin, zu dieser sofort einen Abstand von 50 m einzuhalten.[5]
5. Die Anordnungen gem. Nr. 1–4 werden auf die Dauer von 6 Monaten ab Rechtskraft der Entscheidung befristet.[6]
6. Für jeden Fall der Zuwiderhandlung gegen eine Anordnung gem. Nr. 1–4 wird dem Antragsgegner ein Ordnungsgeld bis zu 250.000 EUR oder Ordnungshaft bis 6 Monate angedroht.[7]
7. Der Antragsgegner trägt die Kosten des Verfahrens.

Zur

Begründung

tragen wir vor:

1. Die Parteien sind miteinander verheiratet. Seit 2 Wochen leben sie auf Dauer getrennt. Die Antragstellerin ist am . . . . . endgültig und in Trennungsabsicht aus der Ehewohnung ausgezogen. In ihrer Obhut befindet sich das gemeinsame Kind der Parteien, Karl, geb. am . . . . .
2. Der Antragsgegner ist nicht bereit, die von der Antragstellerin gewollte und vollzogene Trennung zu respektieren. Unter dem Vorwand, das gemeinsame Kind sehen zu

wollen, versucht er regelmäßig die jetzige Wohnung der Antragstellerin zu betreten, so zuletzt am . . . . . von . . . . . Uhr bis . . . . . Uhr am . . . . . von . . . . . Uhr bis . . . . . Uhr und am . . . . . von . . . . . Uhr bis . . . . . Uhr. An diesen genannten Zeiten hat sich der Antragsgegner in das Hausanwesen, in dem sich die Wohnung der Antragstellerin befindet, begeben und an der Wohnungstür der Antragstellerin mehrfach und lang andauernd geläutet. Nachdem diese ihm nicht geöffnet hat, hat er sich an den genannten Tagen jeweils für weitere 30–45 Minuten vor der Hauseingangstür auf dem Hof aufgehalten.

Beweis: Zeuge AB . . . . .

3. Das Kind K besucht den Kindergarten St. Antonius, der sich in der . . . . .-Straße in . . . . . befindet. In der vergangenen Woche hat der Antragsgegner dreimal versucht, das Kind aus dem Kindergarten abzuholen, nämlich am . . . . ., am . . . . ., und am . . . . . Da die Antragstellerin dies geahnt hatte, der Antragsgegner hatte entsprechende Ankündigungen verlautbart, hat sie das Kind früher vom Kindergarten abgeholt.

Beweis: Zeuge CD . . . . .

4. Das Umgangsrecht zwischen dem Antragsgegner und dem Kind ist gewährleistet. Eine Schwester des Antragsgegners, Frau . . . . ., hat sich bereit erklärt, für eine zunächst noch nicht bestimmte Zeit das Kind einmal in der Woche bei der Antragstellerin zu holen, zu dem Antragsgegner zu bringen und es entsprechend dort wieder abzuholen und zur Antragstellerin zurückzubringen.

Beweis: Frau . . . . .

Der Kindergarten St. Antonius befindet sich in der X-Straße als einziges Gebäude. Bei der X-Straße handelt es sich um eine Sackgasse, die nur benutzt wird, um zu dem Kindergarten zu kommen. Es ist demzufolge dem Antragsgegner zuzumuten, sich von dieser Straße fernzuhalten.

5. Seit der Trennung ruft der Antragsgegner nahezu täglich bei der Antragstellerin an, teils über den Festanschluss, teils über deren Handy, des Weiteren schickt er nahezu täglich E-Mails mit zum Teil unverschämten, ja beleidigenden Inhalten. Die Antragstellerin hat dem Antragsgegner mehrfach zu verstehen gegeben und ausdrücklich erklärt, dass sie sich hierdurch unzumutbar belästigt fühle und ihn aufgefordert, jeglichen Kontakt mit ihr zu unterlassen.

6. Am . . . . . kam es in der . . . . .-Str. in . . . . . zu einem zufälligen Zusammentreffen der Parteien. Als die Antragstellerin aus der Metzgereifiliale auf die Straße trat, kam zufällig der Antragsgegner vorbei und begann, lautstark die Antragstellerin zu beschimpfen, wobei er ihr unmittelbar zu Fuß nachfolgte.

Zwei begl. Abschriften anbei.

Rechtsanwalt[8]

Anmerkungen

1. Seit dem 1.9.2009 sind nunmehr **ausschließlich die Familiengerichte** für alle Verfahren nach dem Gewaltschutzgesetz zuständig (§§ 210–216a FamFG).

2. Eine sehr wesentliche Maßnahme zu Gunsten des Opfers von Gewalttaten ist das Verbot an den Täter, den Wohnbereich des Opfers zu betreten. Obwohl in § 1 Abs. 1 Nr. 1 GewSchG die Wohnung selbst angesprochen ist, kann das Verbot sich auf das

Gesamtgrundstück erstrecken, auf dem sich das Gebäude mit der Wohnung befindet. Gem. Nr. 2 kann darüber hinaus auch angeordnet werden, dass sich der Täter nur bis zu einer bestimmten Entfernung der Wohnung (bestimmter Umkreis der Wohnung) aufhalten darf, so dass insoweit eine Art „Bannmeile" bestimmt wird (KG FamRZ 2020, 831).

3. Dem Täter kann weiterhin untersagt werden, bestimmte, auch öffentlich **zugängliche Orte** aufzusuchen, in denen sich das Opfer regelmäßig aufhält, zB Arbeitsstelle, Kindergarten, Spielplatz, Sportstätten (Künkel Handbuch Familien- und Familienverfahrensrecht/Niepmann B. Gewaltschutzsachen Rn 12). In diesem Zusammenhang kann dem Täter auch auferlegt werden, eine ganze Straße nicht zu befahren, zu betreten oder sich dort aufzuhalten, etwa wenn sich an dieser Straße der Kindergarten befindet, den das Opfer mit den Kindern täglich aufsucht, wodurch natürlich regelmäßig die Gefahr des Zusammentreffens besteht (Künkel Handbuch Familien- und Familienverfahrensrecht/Niepmann B. Gewaltschutzsachen Rn. 16).

4. Der Maßnahmenkatalog sieht auch ausdrücklich vor, ein **Kontaktverbot** jeglicher Art zu verhängen unter Einschluss aller Kommunikationsmittel, wie Telefon, Telefax, Mobiltelefon, Internet oder E-Mail (MAH FamR/Müller § 16 Rn. 32).

5. Da es auch zu völlig zufälligen Zusammentreffen von Opfer und Täter kommen kann, ist es sinnvoll, dem Täter aufzuerlegen, in einem solchen Fall sofort wieder einen entsprechenden räumlichen Abstand vom Opfer einzuhalten (MAH FamR/Müller § 16 Rn. 33).

6. Bei allen Maßnahmen ist der Grundsatz der **Verhältnismäßigkeit** zu beachten, da das Gesetz dem Gericht die Möglichkeit eröffnet, in – auch grundrechtlich geschützte – Rechtspositionen des Täters einzugreifen, so etwa sein Recht auf Bewegungs- und Kommunikationsfreiheit (Künkel Handbuch Familien- und Familienverfahrensrecht/Niepmann B. Gewaltschutzsachen Rn. 13 f.).

Demzufolge sind nur solche Maßnahmen zulässig, die zur Abwendung weiterer Verletzungen erforderlich sind. Aus demselben Grund sind die Anordnungen grundsätzlich auch zu **befristen** (OLG Celle FamRZ 2009, 1751). Die Frist kann allerdings – auch mehrmalig – verlängert werden. Bei der Bestimmung der Frist sind die Umstände des Einzelfalles zu berücksichtigen (Künkel Handbuch Familien- und Familienverfahrensrecht/Niepmann B. Gewaltschutzsachen Rn. 14 f.).

Ein besonderes Problem ergibt sich insoweit, wenn die notwendigen Schutzmaßnahmen zu Gunsten des Opfers mit den berechtigten Interessen des Täters, etwa an der Wahrnehmung des Umgangs mit seinen Kindern in Konflikt kommen. Die Schutzanordnungen sind dann so auszugestalten, dass das Schutzbedürfnis des Opfers und das Recht des Kindes auf Umgang mit dem anderen Elternteil, der Täter ist, ebenso wie dessen Recht (und Pflicht) auf Ausübung des Umganges gewahrt werden (Krüger NZFam 2016, 294).

7. Die Vollstreckung kann sowohl nach §§ 890, 891 ZPO erfolgen, aber auch durch den Gerichtsvollzieher, der gem. § 96 FamFG iVm § 758 Abs. 3 ZPO ermächtigt ist, auch Polizeibeamte bzw. Zeugen hinzuzuziehen.

Kosten und Gebühren

8. In Gewaltschutzsachen nach § 1 des GewSchG beträgt der Wert 3.000 EUR. Ist dieser Wert nach den besonderen Umständen des Einzelfalles unbillig, kann das Gericht einen höheren oder einen niedrigeren Wert festsetzen (§ 49 FamGKG) (OLG Hamburg FamRZ 2020, 1168 mAnm Gottwald).

Die Rechtsanwaltsgebühren richten sich nach VV 3100 ff. RVG.

III. Wohnungszuweisung, § 2 GewSchG

An das Amtsgericht
– Familiengericht –[1]

Antrag

In Sachen

der . . . . . – Antragstellerin –

Verfahrensbevollmächtigte: Rechtsanwälte . . . . .

gegen

. . . . . – Antragsgegnerin –

wegen Wohnungszuweisung

zeigen wir unter Vollmachtsvorlage an, dass wir die Antragstellerin vertreten.

Namens und in Auftrag derselben beantragen wir zu erkennen:

1. Die im Hause . . . . ., Straße Nr. . . . . ., in . . . . . im Erdgeschoss gelegene Wohnung, bestehend aus 4 Zimmern, Küche, Bad und Kelleranteil wird auf die Dauer von 6 Monaten ab Rechtskraft der Entscheidung der Antragstellerin zur alleinigen Nutzung zugewiesen.[2]
2. Der Antragsgegnerin wird aufgegeben, die in Ziffer 1 genannte Wohnung zu räumen und an die Antragstellerin herauszugeben. Bei der Räumung sind § 885 Abs. 2–4 ZPO nicht anzuwenden.
3. Der Antragstellerin wird gestattet, für die Dauer der alleinigen Nutzung der Wohnung die Schlösser auszuwechseln.[3]
4. Der Antragsgegnerin wird bei Meidung eines vom Gericht festzusetzenden Ordnungsgeldes bis zu 250.000 EUR oder der Ordnungshaft bis zu 6 Monaten verboten, während der Dauer der alleinigen Nutzung durch die Antragstellerin, die in Ziffer 1 genannte Wohnung zu betreten. Das Ordnungsgeld und die Ordnungshaft werden angedroht.[3]
5. Es wird festgestellt, dass die Antragstellerin nicht verpflichtet ist, der Antragsgegnerin für die alleinige Nutzung der Wohnung eine Vergütung zu zahlen.[4]
6. Die Kosten des Verfahrens werden der Antragsgegnerin auferlegt.

Zur

Begründung

tragen wir vor:

1. Die Parteien sind Geschwister. Die Antragstellerin ist unverheiratet, die Antragsgegnerin verwitwet. Bei der im Antrag Ziffer 1 genannten Wohnung handelt es sich um die frühere Wohnung der seit vielen Jahren verstorbenen Eltern der Parteien. Die Antragstellerin hat nach dem Tod der zuletzt verstorbenen Mutter die Wohnung zunächst alleine bewohnt. Die Antragsgegnerin hat nach dem Tod ihres Mannes vor

gut 10 Jahren ihren damaligen Hausstand aufgelöst. Seit dieser Zeit leben die Schwestern in dieser Wohnung zusammen und führen einen gemeinsamen Haushalt und sorgen auch wechselseitig für sich, indem sie sich persönlich und auch finanziell wechselseitig unterstützen. Die Antragstellerin hat eine relativ geringe Rente, während die Antragsgegnerin sowohl eine eigene Altersrente als auch die Witwenrente auf Ableben ihres Mannes bezieht.

2. **Während die Parteien bis vor etwa einem halben Jahr sehr gut miteinander ausgekommen waren, hat sich die Antragsgegnerin in der letzten Zeit auch mit zunehmendem Alter sehr verändert. Sie hat seit einigen Monaten damit begonnen, die Antragstellerin herumzukommandieren und ihr Befehle zu erteilen. Hierdurch bedingt gab es Streit zwischen den Parteien, die in den letzten Wochen auch zu Gewaltanwendungen führten. Am . . . . . hat die Antragsgegnerin die Antragstellerin derart mit einem Kochlöffel misshandelt, dass diese eine Platzwunde erlitt, die im Krankenhaus genäht werden musste.**
3. **Die Antragstellerin begehrt somit gem. § 2 S. 1 GewSchG in Verbindung mit § 1 Abs. 1 S. 1 GewSchG die Zuweisung der Wohnung zur alleinigen Benutzung. Die alleinige Benutzung soll auf die Dauer von 6 Monaten befristet werden.**
4. **Der Antragstellerin ist zu gestatten, zum eigenen Schutz die Schlösser auszuwechseln. Der Antragsgegnerin ist ein Betretungsverbot für diese Zeit auszusprechen. Die Parteien sind zwar hälftige Miteigentümer der Wohnung. Es handelt sich um eine Eigentumswohnung im Sinne des WEG. Die Auferlegung einer Nutzungsvergütung zu Lasten der Antragstellerin und zu Gunsten der Antragsgegnerin würde jedoch nicht der Billigkeit entsprechen, da die Antragstellerin aufgrund ihrer geringen Rente von knapp 600 EUR monatlich, nicht in der Lage wäre, ohne Gefährdung ihres eigenen Unterhalts eine solche Nutzungsvergütung zu zahlen, während andererseits die Antragsgegnerin aufgrund ihrer Gesamtrenteneinkünfte von knapp 2.000 EUR auf die Zahlung einer Nutzungsvergütung durch ihre Schwester nicht angewiesen ist.**

Zwei begl. Abschriften anbei.

Rechtsanwalt[5, 6]

Anmerkungen

1. Die Zuständigkeit des Familiengerichts ergibt sich aus § 211 FamFG. Die örtliche Zuständigkeit ergibt sich aus dem Antrag der Antragstellerin, entweder das Gericht, in dessen Bezirk sich die gemeinsame Wohnung befindet oder in dessen Bezirk der Antragsgegner seinen gewöhnlichen Aufenthalt hat.

Für den Fall angewandter Gewalt oder widerrechtlicher Drohung mit Gewalt ergibt sich aus § 2 GewSchG eine materiell rechtliche Rechts- und Anspruchsgrundlage für eine **richterliche Regelung** der Nutzung der Wohnung (OLG Stuttgart FamRZ 2007, 829).

In den Schutzbereich des § 2 GewSchG sind auch miteinander verwandte Personen einbezogen, also auch Geschwister, sofern sie einen gemeinsamen Haushalt führen und es zu Gewaltanwendungen kommt (MAH FamR/Müller § 16 Rn. 41). Leben Eheleute getrennt oder besteht (wenigstens bei einem Ehegatten) Trennungsabsicht, ist § 1361b BGB lex specialis gegenüber § 2 GewSchG (MüKoBGB/Duden GewSchG § 2 Rn. 3).

2. Das Gesetz normiert unterschiedliche Voraussetzungen einer Wohnungsüberlassung für den Fall des Vorliegens einer Gewalttat und für den Fall der Drohung mit einer Gewalttat.

Im Falle der Gewalttat ist der Anspruch auf Überlassung der Wohnung im Ganzen zur alleinigen Benutzung ohne weitere Darlegung begründet. Eine Wohnungsaufteilung kommt nicht in Betracht (Scholz/Kleffmann Praxishandbuch Familienrecht/Grandke Rn. 132).

Durch die Bezugnahme auf § 1 Abs. 3 GewSchG ist gewährleistet, dass die Gewalttat auch dann den Anspruch auf Wohnungsüberlassung auslöst, wenn der Täter sich durch den Genuss geistiger Getränke oder anderer Mittel vorübergehend in einen die freie Willensbestimmung ausschließenden Zustand krankhafter Störung der Geistestätigkeit versetzt hatte (Scholz/Kleffmann Praxishandbuch Familienrecht/Grandke Rn. 135).

Im Falle der Drohung mit einer **Gewalttat** ist die Überlassung der Wohnung nur begründet, wenn diese erforderlich ist, um eine unbillige Härte (iSv § 1361b BGB) zu vermeiden (MAH FamR/Müller § 16 Rn. 49).

Da Täter und Opfer an der Wohnung gemeinsam dinglich berechtigt sind, ist die Nutzungsdauer zu befristen. Eine Höchstfrist ist nicht vorgesehen. Diese Frist soll nach den Umständen des jeweiligen Einzelfalles bemessen werden. Steht die Berechtigung an der Wohnung dem Täter allein oder zusammen mit einem Dritten zu, so ist die Überlassung auf höchstens 6 Monate zu befristen (§ 2 Abs. 2 S. 2). Eine Aufhebung der Gemeinschaft ist für die Dauer der Wohnungsüberlassung unzulässig.

Der Anspruch auf Wohnungsüberlassung nach § 2 GewSchG geht dem Anspruch auf Neuregelung der Nutzung und Verwaltung gem. § 745 Abs. 2 BGB vor und verdrängt auch das Recht auf jederzeitige Aufhebung der Gemeinschaft. Diese Überlagerung durch § 2 GewSchG erfolgt für die Dauer der vom Gericht angeordneten Wohnungsüberlassung an das Opfer der Gewalttat (OLG Bamberg FamRZ 2020, 917).

3. Hat das Gericht zu Gunsten des Opfers die Wohnungsüberlassung angeordnet, hat der Täter alles zu unterlassen, was die Ausübung dieses Nutzungsrechts erschweren oder vereiteln könnte (§ 2 Abs. 4 GewSchG).

Hieraus resultiert das Verbot, die Wohnung in dieser Zeit zu betreten; umgekehrt kann die in der Wohnung verbleibende Person ermächtigt werden, die Schlösser auszutauschen. Hier zeigt sich die Verzahnung und Ergänzung der beiden Normen §§ 1 und 2 GewSchG (MAH FamR/Müller § 17 Rn. 89).

4. Entsprechend der Parallelvorschrift des § 1361b Abs. 3 S. 2 BGB ist in § 2 Abs. 5 GewSchG als „Gegenleistung" für die Nutzung der Wohnung die Verpflichtung zur Zahlung einer Vergütung vorgesehen, soweit es der Billigkeit entspricht. Die zuzubilligende Nutzungsvergütung kann aber bei fehlender finanzieller Möglichkeit des geschädigten Partners entfallen (MAH FamR/Müller § 17 Rn. 15).

5. Die Vollstreckung erfolgt durch den Gerichtsvollzieher. Während der Dauer der Wohnungszuweisung ist auch die wiederholte Einweisung des Besitzes ohne erneute Zustellung möglich (§ 96 FamFG).

Kosten und Gebühren

6. In den Gewaltschutzsachen nach § 2 GewSchG beträgt der Verfahrenswert 4.000 EUR. Ist dieser Wert nach den besonderen Umständen des Einzelfalles unbillig, kann das Gericht einen höheren oder einen niedrigeren Wert festsetzen (§ 49 FamGKG).

Die Rechtsanwaltsgebühren richten sich nach VV 3100 ff. RVG.

IV. Einstweilige Anordnung, § 214 FamFG

1. Antrag auf Erlass einer Einstweiligen Anordnung nach § 1 GewSchG

An das Amtsgericht

– Familiengericht –[1]

Antrag

In Sachen

der . . . . . – Antragstellerin –

Verfahrensbevollmächtigte: Rechtsanwälte . . . . .

gegen

. . . . . – Antragsgegner –

wegen

einstweiliger Anordnung nach § 1 GewSchG[2, 3]

beantragen wir zu erkennen:

1. Dem Antragsgegner wird mit sofortiger Wirkung verboten, das Hausgrundstück . . . . ., Straße Nr. . . . . in . . . . . zu betreten.
2. Dem Antragsgegner wird verboten, sich in der . . . . . Straße in . . . . . aufzuhalten, diese zu betreten oder zu befahren.
3. Dem Antragsgegner wird untersagt, durch Fernkommunikationsmittel aller Art, Kontakt mit der Antragstellerin aufzunehmen.
4. Dem Antragsgegner wird aufgegeben, im Falle eines zufälligen Zusammentreffens mit der Antragstellerin, zu dieser sofort einen Abstand von 50 m einzuhalten.
5. Wegen der besonderen Eilbedürftigkeit bitten wir um Erlass der Entscheidung ohne mündliche Erörterung.
6. Die Zustellung soll nicht vor der Vollstreckung erfolgen.
7. Die Kosten des Verfahrens werden dem Antragsgegner auferlegt.

Zur

Begründung

tragen wir vor:

1. Die Parteien sind miteinander verheiratet. Seit zwei Wochen leben sie auf Dauer getrennt. Das gemeinsame Kind der Parteien, Leon, geboren am . . . . . befindet sich in der Obhut der Antragstellerin.
2. Der Antragsgegner ist offensichtlich nicht bereit, die von der Antragstellerin vollzogene Trennung zu akzeptieren. Bei jeder sich bietenden Gelegenheit versucht er, wieder in die frühere gemeinsame Wohnung einzudringen, zuletzt am . . . . . sowie am . . . . .

3. **Am . . . . . hat der Antragsgegner die Antragstellerin vor dem Haus abgepasst und ohne irgendeine Erklärung auf die Antragstellerin eingeschlagen. Dabei hat er sie mit der rechten Faust im Gesicht getroffen. Die Antragstellerin erlitt hierdurch eine Platzwunde im Gesicht, die im Krankenhaus operativ versorgt werden musste.**
4. **Ständig nimmt er auch Kontakt auf und bedroht die Antragstellerin. Am . . . . . hat er hier dabei angedroht, sie erneut zu schlagen, wie dies am . . . . . geschehen war.**
5. **Zur Glaubhaftmachung legen wir die eidesstattliche Erklärung der Antragstellerin,das ärztliche Attest vom . . . . ., sowie das polizeiliche Aktenzeichen der Anzeige vor.**[4]
6. **Die Kosten des Verfahrens werden dem Antragsgegner auferlegt.**

Zwei begl. Abschriften anbei.

Rechtsanwalt[5]

Anmerkungen

1. Örtlich zuständig ist nach der Wahl des Antragstellers das Gericht, in dessen Bezirk die Tat begangen wurde, das Gericht, in dessen Bezirk sich die gemeinsame Wohnung der Parteien befindet oder das Gericht, in dessen Bezirk der Antragsgegner seinen gewöhnlichen Aufenthalt hat (§ 211 FamFG).

2. Die Zulässigkeit der vom Hauptsacheverfahren losgelösten einstweiligen Anordnung setzt in den Gewaltschutzfällen nach § 1 GewSchG voraus, dass eine Tat nach § 1 GewSchG begangen wurde oder aufgrund konkreter Umstände mit einer Begehung zu rechnen ist (§ 214 Abs. 1 FamFG). Der dem Antrag entsprechende Beschluss ist grundsätzlich zu befristen (OLG Naumburg FPR 2003, 376). Der Antrag auf Erlass der Entscheidung ohne mündliche Erörterung dient gleichzeitig als Auftrag zur Zustellung durch den Gerichtsvollzieher unter Vermittlung der Geschäftsstelle und als Auftrag zur Vollstreckung. Die Antragstellerin kann gleichzeitig verlangen, dass zu ihrem eigenen Schutz die Zustellung des Beschlusses erst nach der Vollstreckung erfolgen kann (§ 214 Abs. 2 FamFG).

3. Der Antragsgegner kann beantragen, dass der Antragstellerin eine Frist gesetzt wird, den Antrag in der Hauptsache zu stellen. Unterbleibt dieser Antrag, wird die einstweilige Anordnung aufgehoben (§ 52 FamFG).

4. Die tatsächlichen Voraussetzungen sind durch die Antragstellerin glaubhaft zu machen gemäß § 51 Abs. 1 S. 2 FamFG. Dies ist möglich durch alle Beweismittel des Freibeweises (§ 29 Abs. 1 FamFG) einschließlich der Versicherung an Eides statt (§ 31 Abs. 1 FamFG). Auch ohne Einwilligung des Gegners aufgezeichnete Privatgespräche dürfen verwertet werden, wenn der Schutz der betroffenen Rechtsgüter im konkreten Fall Vorrang vor dem Schutz des gesprochenen Wortes haben muss (OLG Brandenburg FamRZ 2020, 1834 mAnm Cirullies). Ein absolutes Verwertungsgebot nicht gestatteter Tonbandaufnehmen ist unannehmbar (BVerfGE 34, 238 (246 ff.) = NJW 1973, 891). In einem Hauptsacheverfahren genügt die bloße Glaubhaftmachung nicht; dort bedarf es des Vollbeweises.

Im Ordnungsmittelverfahren ist ebenfalls der Vollbeweis zu erbringen (OLG Koblenz FamRZ 2019, 1948)

5. Nach freiwilliger Versöhnung der Parteien kann die einstweilige Anordnung wieder aufgehoben werden (OLG Hamburg FamRZ 2016, 989 mAnm Cirullies FamRZ 2016, 953).

Kosten und Gebühren

5. In den Gewaltschutzsachen nach § 2 GewSchG beträgt der Verfahrenswert 3.000 EUR. Ist dieser Wert nach den besonderen Umständen des Einzelfalles unbillig, kann das Gericht einen höheren oder einen niedrigeren Wert festsetzen (§ 49 FamGKG).

Die Rechtsanwaltsgebühren richten sich nach VV 3100 ff. RVG.

2. Antrag auf Erlass einer Einstweiligen Anordnung nach § 2 GewSchG

An das Amtsgericht

– Familiengericht –[1]

Antrag

In Sachen

der . . . . . **– Antragsteller –**

Verfahrensbevollmächtigte: Rechtsanwälte . . . . .

gegen

. . . . . **– Antragsgegner –**

wegen

einstweiliger Anordnung nach § 2 GewSchG[2]

beantragen wir zu erkennen:

1. **Die im Hause . . . . ., Straße Nr. . . . . ., in . . . . . im Erdgeschoss gelegene Wohnung, bestehend aus 4 Zimmern, Küche, Bad und Kelleranteil wird auf die Dauer von 6 Monaten ab Rechtskraft der Entscheidung dem Antragsteller zur alleinigen Nutzung zugewiesen.**
2. **Dem Antragsgegner wird aufgegeben, die in Ziffer 1 genannte Wohnung zu räumen und an den Antragsteller herauszugeben. Bei der Räumung sind § 885 Abs. 2–4 ZPO nicht anzuwenden.**
3. **Dem Antragsteller wird gestattet, für die Dauer der alleinigen Nutzung der Wohnung die Schlösser auszuwechseln.**
4. **Dem Antragsgegner wird bei Meidung eines vom Gericht festzusetzenden Zwangsgeldes bis zu 250.000 EUR oder der Zwangshaft bis zu 6 Monaten verboten, während der Dauer der alleinigen Nutzung durch den Antragsteller, die in Ziffer 1 genannte Wohnung zu betreten. Das Zwangsgeld und die Zwangshaft werden angedroht.**
5. **Es wird festgestellt, dass der Antragsteller nicht verpflichtet ist, dem Antragsgegner für die alleinige Nutzung der Wohnung eine Vergütung zu zahlen.**
6. **Die Kosten des Verfahrens werden dem Antragsgegner auferlegt.**

Zur

Begründung

tragen wir vor:

1. Der Antragsteller ist der Vater des volljährigen Antragsgegners, die nach dem Tod der Ehefrau des Antragstellers die Wohnung gemeinsam bewohnen. Der Antragsteller ist alleiniger Eigentümer dieser Eigentumswohnung.
2. In jüngster Zeit hat sich der Antragsgegner wegen seiner gegenwärtigen Arbeitslosigkeit und dem Verlust seiner Freundin immer mehr dem Alkohol zugewandt mit der Folge, dass er insbesondere, wenn er Alkohol schon in geringen Mengen getrunken hat, wegen jeder Kleinigkeit gewalttätig wird und gegenüber seinem Vater, dem Antragsteller, rücksichtslos handelt und ihn auch körperlich misshandelt. Am . . . . . hat er anlässlich eines solchen Streites dem Antragsteller mit einem Spazierstock massiv auf den Rücken geschlagen, dass sich dieser drei Tage im Krankenhaus behandeln lassen musste.
3. Der Antragsteller ist nicht mehr bereit, mit dem Antragsgegner in der gleichen Wohnung zu leben.
4. Wir beantragen, ohne mündliche Verhandlung zu erkennen und bitten um Zustellung vor der Vollstreckung.
5. Zur Glaubhaftmachung legen wir eidesstattliche Erklärung des Antragstellers und ärztliche Bescheinigung des Krankenhauses vom . . . . . vor.[3]

Zwei begl. Abschriften anbei.

Rechtsanwalt[4]

Anmerkungen

1. Örtlich zuständig ist nach der Wahl des Antragstellers das Gericht, in dessen Bezirk die Tat begangen worden, das Gericht, in dessen Bezirk sich die gemeinsame Wohnung der Parteien befindet oder das Gericht, in dessen Bezirk der Antragsgegner seinen gewöhnlichen Aufenthalt hat.

2. Die einstweilige Anordnung ist losgelöst von der Hauptsache. Ein Hauptsacheverfahren kann auf Antrag eingeleitet werden.

3. Die tatsächlichen Vorgänge müssen glaubhaft gemacht werden. Insoweit ist eine konkrete Darstellung der einzelnen Vorgänge nach Zeit, Ort und Details des Verhaltens erforderlich.

Kosten und Gebühren

4. Nach § 49 FamGKG beträgt der Verfahrenswert 3.000 EUR, der nach Ermessen höher oder niedriger angesetzt werden kann.

I. Versorgungsausgleichssachen

I. Antrag auf Leistung der schuldrechtlichen Ausgleichsrente und auf Abtretung des Anspruchs in Höhe der schuldrechtlichen Ausgleichsrente

An das

Amtsgericht . . . . .

– Familiengericht –

Antrag auf Zahlung der schuldrechtlichen Ausgleichsrente und auf Abtretung des Anspruchs in Höhe der schuldrechtlichen Ausgleichsrente

In der Versorgungsausgleichssache

der Frau . . . . . – Antragstellerin –

Verfahrensbevollmächtigte: Rechtsanwälte . . . . .

gegen

des Herrn . . . . . – Antragsgegner –

Verfahrensbevollmächtigte: Rechtsanwälte[1] . . . . .

Namens und im Auftrag der Antragstellerin beantrage ich,[2, 3]

1. **Der Antragsgegner ist verpflichtet, ab dem 1.10.2025 eine monatliche schuldrechtliche Ausgleichsrente in Höhe von 300 EUR zu bezahlen, zahlbar jeweils im Voraus.[4]**
2. **Der Antragsgegner ist verpflichtet, eine rückständige schuldrechtliche Ausgleichsrente in Höhe von 900 EUR zu bezahlen zuzüglich Zinsen aus monatlich 300 EUR in Höhe von 5 Prozentpunkten über dem Basiszinssatz zum 1.7.2025, 1.8.2025 sowie 1.9.2025.**
3. **Der Antragsgegner ist verpflichtet, der Antragstellerin den Anspruch gegen den Träger der Versorgung in Höhe der schuldrechtlichen Ausgleichsrente von monatlich 300 EUR mit Wirkung ab 1.10.2025 abzutreten.**
4. **Der Antragsgegner hat die Kosten des Verfahrens zu tragen.**

Begründung:

1. **Die Beteiligten sind geschiedene Eheleute. Ihre Ehe wurde durch Urteil vom 30.6.2009 durch das Amtsgericht – Familiengericht . . . . . rechtskräftig geschieden und zugleich der öffentlich rechtliche Versorgungsausgleich zugunsten der Antragstellerin in Bezug auf die beiderseitigen Anrechte in der gesetzlichen Rentenversicherung durchgeführt (Az. . . . . . des Amtsgerichts – Familiengericht . . . . .). Die Anrechte aus der betrieblichen Altersversorgung des Antragsgegners bei der Fa. . . . . wurden ent-**

sprechend der Erklärung der Antragstellerin anlässlich ihrer Anhörung zum Versorgungsausgleich, einen Teilausgleich im Wege des erweiterten Splittings gemäß § 2 VAHRG aF, nach § 3b Abs. 1 VAHRG aF nicht vorzunehmen, im öffentlich rechtlichen Versorgungsausgleich nicht ausgeglichen. Das Familiengericht hat entsprechend den Wertausgleich auf den schuldrechtlichen Versorgungsausgleich gemäß § 2 VAHRG verwiesen.

2. Nunmehr macht die am 30.5.1959 geborene Antragstellerin die schuldrechtliche Ausgleichsrente gemäß § 20 Abs. 1 VersAusglG geltend, da sie seit dem 1.7.2025 die Regelaltersrente aus der gesetzlichen Rentenversicherung bezieht und auch der Antragsgegner bereits seit dem 1.1.2023 Leistungen aus der betrieblichen Altersversorgung seines ehemaligen Arbeitgebers, der Fa . . . . ., erlangt. Damit sind die Voraussetzungen des § 20 Abs. 2 VersAusglG gegeben und der Anspruch auch fällig, nachdem der Antragsgegner durch Schriftsatz vom 10.6.2025 aufgefordert wurde, die schuldrechtliche Ausgleichsrente ab dem 1.7.2025 zu bezahlen. Der Antragsgegner hat zwar – entsprechend der Aufforderung an ihn – die Leistungsmitteilung des Arbeitgebers Anfang Juli 2025 zugesandt, nachdem er mehrfach in Verzug gesetzt wurde (s. hierzu die Anlagen Ziffer 1–3). Eine Zahlung hat er allerdings nicht erbracht, so dass nunmehr der Antrag auf Verpflichtung zur Zahlung der schuldrechtlichen Ausgleichsrente gestellt wurde.[5] Aus dem Leistungsbescheid der Fa . . . . . ergibt sich, dass der Antragsgegner eine monatliche Rentenleistung von 600 EUR[6] netto[7] erlangt. Da die gesamte Betriebsrente in der Ehezeit erworben wurde, stehen der Antragstellerin 50 % des Anrechts zu, somit monatlich 300 EUR. Der vollständige Erwerb des Anrechts in der Ehezeit ergibt sich aus der Auskunft des Arbeitgebers vom . . . . ., die anlässlich des Verbundverfahrens zum öffentlich-rechtlichen Versorgungsausgleich eingeholt wurde (s. Sonderheft Versorgungsausgleich zur Scheidungssache).
3. Ferner verlangt die Antragstellerin vom Antragsgegner die Abtretung seines Anspruchs gegen seinen Arbeitgeber in Höhe der schuldrechtlichen Ausgleichsrente von 300 EUR monatlich gemäß § 21 VersAusglG. Die Abtretung wird gemäß § 21 Abs. 2 VersAusglG nur hinsichtlich der laufenden Beträge, also ab dem 1.10.2025 verlangt.[8] Mit diesem Antrag soll sichergestellt werden, dass die Antragstellerin in den Genuss des regelmäßigen und pünktlichen Bezugs der schuldrechtlichen Ausgleichsrente kommt; hierdurch soll eine wohl zwangsläufig erforderliche Vollstreckung gegen den Antragsgegner vermieden werden, der sich bisher beharrlich geweigert hat, die geschuldete Rente zu zahlen. Aus diesem Grund ist der Antragsgegner auch verpflichtet, gemäß § 81 Abs. 2 Nr. 1, 4 FamFG die Kosten des Verfahrens zu tragen, da angesichts des einfachen Sachverhalts unschwer die Höhe des schuldrechtlichen Ausgleichsrente hat festgestellt werden können.
4. Ich bitte, alsbald über den Antrag[9] zu entscheiden, damit die Antragstellerin angesichts ihrer beschränkten Versorgungsbezüge die für sie dringend erforderliche Rente erlangt.[10]

Rechtsanwältin/Rechtsanwalt[11, 12, 13]

Anmerkungen

1. Kennzeichnend für den schuldrechtlichen Versorgungsausgleich ist, dass der Wertausgleich **ausschließlich zwischen den geschiedenen Ehegatten** stattfindet, also eine Teilung des Anrechts beim Versorgungsträger des auszugleichenden Anrechts oder im Fall der externen Teilung über einen anderen Versorgungsträger nicht stattfindet. Das bedeutet zugleich, dass mit dem Tod der ausgleichspflichtigen Person der Anspruch gegen diesen erlischt; dies bestimmt § 31 Abs. 3 VersAusglG. Sieht das Anrecht, aus dem der schuldrechtliche Versorgungsausgleich geschuldet wird, eine **Hinterbliebenenversorgung**

vor, besteht jedoch gegen den Versorgungsträger nach § 25 VersAusglG grundsätzlich ein Anspruch aufgrund des Versorgungsausgleichs. Entsprechend regelt § 26 VersAusglG einen Anspruch gegen den Witwer bzw. die Witwe des Ausgleichspflichtigen, wenn ein **ausländisches, zwischenstaatliches oder überstaatliches Anrecht** vorliegt.

Diese Form des Ausgleichs hat der Gesetzgeber mit der Vorschrift des § 19 Abs. 2 Nr. 5 VersAusglG ab 2021 übernommen, wenn im Fall einer bereits bestehenden Leistungspflicht des Versorgungsträgers ein sog. Barwertverlust aufgrund der laufenden Rentenzahlungen eintritt. Denn bei Ableitung des Anspruchs auf den Versorgungsausgleich gegen die ausgleichspflichtige Person wird eine Anrechtsteilung nicht vorgenommen, so dass der Leistungsanspruch des Ausgleichspflichtigen gegen den Versorgungsträger unabhängig von einer Anrechtsteilung besteht, also der Versorgungsausgleich ohne einen Barwertverlust erfüllt werden kann. Zu den Grundlagen – einschließlich der daraus folgenden Risiken – wird auf die Ausführungen zu → Form. B.I.1 b) verwiesen.

2. Nach § 10 FamFG besteht in **selbständigen Versorgungsausgleichssachen** kein Rechtsanwaltszwang, da die Regelung des § 114 Abs. 1 FamFG nur in Ehesachen und den Familienstreitsachen iSd § 112 FamFG besteht. Die **örtliche Zuständigkeit** für das Verfahren zu den §§ 20, 21 VersAusglG folgt aus § 218 FamFG (zu den Einzelheiten s. Musielak/Borth/Frank/Grandel FamFG § 218 Rn. 2 ff.).

3. Nach § 11 FamFG ist die **Vollmacht** grundsätzlich schriftlich zu den Gerichtsakten einzureichen. Der Mangel der Vollmacht kann in jeder Lage des Verfahrens geltend gemacht werden. Wird ein Beteiligter durch eine Rechtsanwältin/einen Rechtsanwalt vertreten, kann vom Bestehen der Vollmacht ausgegangen werden und ist nicht von Amts wegen durch das Gericht zu prüfen.

4. Die Pflicht, die schuldrechtliche Ausgleichsrente im **Voraus zu zahlen,** folgt aus § 20 Abs. 3 VersAusglG iVm § 1585 Abs. 1 S. 2 BGB (s. aber OLG Frankfurt a. M. FamRZ 2017, 33 – Monatsende, wenn Versorgung erst zu diesem Zeitpunkt ausbezahlt wird).

5. Die **Schaffung eines dynamischen Titels** zur schuldrechtlichen Ausgleichsrente ist nicht zulässig, da eine Analogie zu § 1612a Abs. 1 BGB (dynamischer Mindestunterhalt für Kinder) ausscheidet und auch Probleme der Vollstreckung mangels hinreichender Bestimmtheit entstehen (BGH FamRZ 2007, 2055 (2057)). Möglich wäre jedoch eine Vereinbarung mit dem Inhalt, dass die ausgleichspflichtige Person einen bestimmten Prozentsatz der bezogenen betrieblichen Altersversorgung leistet, der allerdings bei geänderten Tarifen zur Kranken- und Pflegeversicherung angepasst werden müsste.

Nach § 22 VersAusglG kann im Übrigen auch ein **Kapitalbetrag** als schuldrechtliche Ausgleichsleistung verlangt werden (s. auch § 2 Abs. 2 Nr. 3 VersAusglG). Dies gilt auch, wenn der Kapitalbetrag bereits ausbezahlt wurde (s. hierzu AG Böblingen FamRZ 2010, 1905, bestätigt OLG Stuttgart FamRZ 2015, 511 mAnm Borth – dort auch zur Verzinsung ab Auszahlung vor Fälligkeit des Anspruchs).

6. Die **Wirkungen des Verzugs** ergeben sich aus § 20 Abs. 3 VersAusglG iVm § 1585b Abs. 2 BGB.

7. Zur Geltendmachung der schuldrechtlichen Ausgleichsrente ist es nicht erforderlich, einen **bezifferten Antrag** zu stellen, weil eine Bindung an den Antrag iSd § 308 ZPO nicht besteht (s. BGH FamRZ 2014, 827 zu § 33 VersAusglG).

8. § 20 Abs. 1 VersAusglG enthält – abweichend zur Rechtsprechung des BGH (FamRZ 2007, 1545 (1547); 2007, 1805) – das **Nettoprinzip.** Das bedeutet, dass die ausgleichspflichtige Person die Beitragslast zur gesetzlichen und privaten Kranken- und Pflegeversicherung abziehen kann, also die schuldrechtliche Ausgleichsrente nur aus dem Nettobetrag schuldet (zur Berechnung bei Übersteigen der Jahresarbeitsentgeltgrenze nach § 6 Abs. 6, 7 SGB V s. Borth Versorgungsausgleich Kap. 4 Rn. 58 ff.). In Bezug auf die **Einkommenssteuerpflicht** ist zu beachten, dass die ausgleichspflichtige Person die schuldrechtliche Ausgleichsrente als **Sonderausgaben** nach § 10 Abs. 1a Nr. 4 EStG geltend machen kann (geändert ab 1.1.2015), während die ausgleichsberechtigte Person diese Leistungen nach § 22 Nr. 1a EStG als sonstige Einkünfte zu versteuern hat (sog. Korrespondenzprinzip). Damit ist die **steuerliche Neutralität** hergestellt und auch der Halbteilungsgrundsatz in Bezug auf das Nettoprinzip gewahrt (zur – abweichenden – Steuerpflicht bei einem ausländischen Anrecht, das schuldrechtlich auszugleichen und der Steuerpflichtige im Inland nicht uneingeschränkt steuerpflichtig ist (§ 1a EStG) s. BGH FamRZ 2019, 103 mit Beitrag Borth FamRZ 2019, 98).

9. § 21 Abs. 2 VersAusglG bestimmt ausdrücklich, dass nur hinsichtlich der **laufenden Versorgungsleistungen** eine Abtretung erfolgen kann, weil diese mit der Versorgungsleistung kongruent sein muss; damit scheidet eine Abtretung bezüglich rückständiger Beträge aus. Soweit in den Versorgungssatzungen der betrieblichen Altersversorgungen ein **Abtretungs- bzw. Pfändungsverbot** enthalten ist, bestimmt § 21 Abs. 3 VersAusglG, dass eine nach § 23 Abs. 1 VersAusglG erfolgte Abtretung auch in Bezug auf solche Einschränkungen wirksam ist (s. § 53 Abs. 3 SGB I iVm § 54 Abs. 3 SGB I; § 69 VBL-Satzung; §§ 850a–850i ZPO). Gibt das Familiengericht dem Antrag statt, wird die Abgabe der Erklärung gemäß § 95 Abs. 1 Nr. 5 FamFG iVm § 894 ZPO fingiert. Strittig ist die Beteiligung des Versorgungsträgers des abzutretenden Anrechts. Grundsätzlich ist dieser lediglich „Auskunftsperson", dagegen nicht in seinen Rechten betroffen (s. Wick, Rn. 1069; aA OLG Frankfurt FamRZ 2025, 344 m. krit. Anm. Borth).

10. Für die Geltendmachung der schuldrechtlichen Ausgleichsrente ist es in verfahrensmäßiger Hinsicht unerheblich, ob der Anspruch nach Durchführung der Erstentscheidung zum Versorgungsausgleich anlässlich der Scheidung vor dem 1.9.2009 oder nach dem 31.8.2009 entstanden ist. Ist bereits eine Entscheidung zum schuldrechtlichen VA nach § 1587g Abs. 1 BGB aF ergangen, erfolgt deren Abänderung nach § 227 Abs. 1 FamFG iVm § 48 Abs. 1 FamFG (wesentliche Änderung; kein fester Grenzwert wie in § 225 Abs. 3 FamFG). **Verstirbt die ausgleichspflichtige Person,** ist der Anspruch gegen den Versorgungsträger nach § 25 VersAusglG geltend zu machen (verlängerter schuldrechtlicher Versorgungsausgleich). Insoweit gelten dieselben Voraussetzungen wie zu § 3a Abs. 1 VAHRG. Danach muss eine **Witwen-/Witwerversorgung** vorgesehen sein, ferner ist eine Wiederverheiratungsklausel zu beachten. Die Geltendmachung gleicht ansonsten § 20 Abs. 1 VersAusglG.

11. Nach § 221 Abs. 1 FamFG soll das Familiengericht die Angelegenheit mit den Beteiligten in einem **Termin erörtern.** Dies ist jedoch nicht zwingend, jedenfalls aber dann geboten, wenn die ausgleichspflichtige Person nicht durch einen Verfahrensbevollmächtigten vertreten ist.

Kosten und Gebühren

12. Hierzu wird auf die Ausführungen → Form. B.I.2 Anm. 9 verwiesen.

Rechtsmittel

13. Die Entscheidung ist nach § 58 Abs. 1 FamFG mit der Beschwerde anfechtbar, da eine Endentscheidung iSd Bestimmung vorliegt. Die Beschwerdefrist beträgt nach § 63 Abs. 1 FamFG einen Monat.

II. Antrag auf Erlass einer einstweiligen Anordnung zur Leistung der schuldrechtlichen Ausgleichsrente

An das

Amtsgericht . . . . .

– Familiengericht –

Antrag auf Zahlung der schuldrechtlichen Ausgleichsrente

hier: Erlass einer einstweiligen Anordnung

In der Versorgungsausgleichssache

der Frau . . . . . – Antragstellerin –

Verfahrensbevollmächtigte: Rechtsanwälte . . . . .

gegen

des Herrn . . . . . – Antragsgegner –

Verfahrensbevollmächtigte: Rechtsanwälte . . . . .

habe ich mit heutigem Tag den Antrag auf Festsetzung der schuldrechtlichen Ausgleichsrente nach § 20 Abs. 1 VersAusglG beim erkennenden Gericht eingereicht.

Namens und im Auftrag der Antragstellerin beantrage ich ferner den Erlass einer einstweiligen Anordnung:[1]

1. **Der Antragsgegner ist verpflichtet, ab dem 1.10.2025 eine monatliche schuldrechtliche Ausgleichsrente in Höhe von 300 EUR zu bezahlen, zahlbar jeweils im Voraus.**
2. **Der Antragsgegner hat die Kosten des Verfahrens zu tragen.**

Begründung:

1. **Die Beteiligten sind geschiedene Eheleute. Ihre Ehe wurde durch Urteil vom 30.6.2009 durch das Amtsgericht – Familiengericht . . . . . rechtskräftig geschieden und zugleich der öffentlich rechtliche Versorgungsausgleich zugunsten der Antragstellerin in Bezug auf die beiderseitigen Anrechte in der gesetzlichen Rentenversicherung durchgeführt (Az. . . . . des Amtsgerichts – Familiengericht . . . . .). Die Anrechte aus der betrieblichen Altersversorgung des Antragsgegners bei der Fa. . . . . wurden entsprechend der Erklärung der Antragstellerin anlässlich ihrer Anhörung zum Versorgungsausgleich, das erweiterte Splitting gemäß § 2 VAHRG aF nach § 3b Abs. 1 VAHRG aF nicht in Anspruch nehmen zu wollen, im öffentlich rechtlichen Versorgungsausgleich nicht ausgeglichen. Entsprechend wurde der Wertausgleich gemäß § 2 VAHRG auf den schuldrechtlichen Versorgungsausgleich verwiesen.**
2. **Nunmehr macht die am 30.5.1959 geborene Antragstellerin die schuldrechtliche Ausgleichsrente gemäß § 20 Abs. 1 VersAusglG geltend, da sie seit dem 1.7.2025 die Regelaltersrente aus der gesetzlichen Rentenversicherung bezieht und auch der Antragsgegner bereits seit dem 1.1.2023 Leistungen aus der betrieblichen Altersversor-**

gung seines ehemaligen Arbeitgebers, der Fa . . . . . , erlangt. Damit sind die Voraussetzungen des § 20 Abs. 2 VersAusglG gegeben und der Anspruch auch fällig, nachdem der Antragsgegner durch Schriftsatz vom 10.6.2025 aufgefordert wurde, die schuldrechtliche Ausgleichsrente ab dem 1.7.2025 zu bezahlen. Der Antragsgegner hat zwar – entsprechend der Aufforderung an ihn – die Leistungsmitteilung des Arbeitgebers Anfang Juli 2025 zugesandt, nachdem er mehrfach in Verzug gesetzt wurde (s. hierzu die Anlagen Ziffer 1–3). Eine Zahlung hat er allerdings nicht erbracht, so dass nunmehr der Antrag auf Verpflichtung zur Zahlung der schuldrechtlichen Ausgleichsrente gestellt wurde. Aus dem Leistungsbescheid der Fa . . . . . ergibt sich, dass der Antragsgegner eine monatliche Rentenleistung von 600 EUR netto erhält. Da die gesamte Betriebsrente in der Ehezeit erworben wurde, stehen der Antragstellerin 50 % des Anrechts zu, somit monatlich 300 EUR. Der vollständige Erwerb des Anrechts in der Ehezeit ergibt sich aus der Auskunft des Arbeitgebers vom . . . . . , die anlässlich des Verbundverfahrens zum öffentlich rechtlichen Versorgungsausgleich eingeholt wurde (s. Sonderheft Versorgungsausgleich zur Scheidungssache).

3. Für den Antrag auf Erlass einer einstweiligen Anordnung besteht gemäß § 49 Abs. 1 FamFG ein dringendes Regelungsbedürfnis, da die Antragstellerin angesichts ihrer eigenen geringen Rentenbezüge, die unterhalb des unterhaltsrechtlichen Selbstbehalts iHv mon. 1.200 EUR liegen (2025), auf einen sofortigen Bezug dieser Versorgung angewiesen ist;[2] ihre monatliche Nettorente beträgt lediglich 850 EUR. Der Versorgungsausgleich stellt im Gefüge der Scheidungsfolgen den vorweggenommenen Unterhalt wegen Alters gemäß § 1571 BGB dar (BGH FamRZ 2004, 601 (604) mAnm Borth). Entsprechend ist die Antragstellerin zur Sicherung ihres Lebensunterhalts darauf angewiesen, dass über den ihr zustehenden Anspruch auf die schuldrechtliche Ausgleichsrente gemäß § 20 Abs. 1 VersAusglG zeitnah entschieden wird. Der Antragsgegner hat trotz mehrfacher Mahnungen sich nicht bereit erklärt, seiner rechtlichen Verpflichtung zur Leistung der schuldrechtlichen Ausgleichsrente nachzukommen. Damit liegen die Voraussetzungen eines Regelungsbedürfnisses vor, da die Antragstellerin ohne die schuldrechtliche Ausgleichsrente den ihr zustehenden Lebensbedarf aus eigener Altersvorsorge und der aus dem Versorgungsausgleich abgeleiteten Rente nicht decken kann. Ich bitte deshalb, alsbald über den Antrag auf Erlass der einstweiligen Anordnung zu entscheiden.
4. Ferner sind dem Antragsgegner nach billigem Ermessen gemäß § 81 Abs. 1 S. 1 FamFG die Kosten des Verfahrens aufzuerlegen, da er durch sein zögerliches Verhalten Anlass zur Stellung des Antrags gegeben hat.[3]

Rechtsanwalt[4, 5]

Anmerkungen

1. Nach § 51 Abs. 3 S. 1 FamFG ist das Verfahren der einstweiligen Anordnungen neben dem Hauptsacheverfahren als **selbständiges Verfahren** zu führen. Dies gilt auch, soweit in einem Verfahren zur schuldrechtlichen Ausgleichsrente die Voraussetzungen zum Erlass einer einstweiligen Anordnung vorliegen.

2. Wegen der Nähe der schuldrechtlichen Ausgleichsrente mit dem nachehelichen Unterhalt ist der Erlass einer einstweiligen Anordnung grundsätzlich zuzulassen. Weder das FamFG noch das VersAusglG enthalten eine Regelung, wie sie im Fall einer Unterhaltspflicht nach § 246 FamFG besteht; § 3a Abs. 9 S. 3 VAHRG aF (wirksam bis zum 31.8.2009) sah dagegen den Erlass einer einstweiligen Anordnung vor. Aus dem Schweigen des Gesetzes (FamFG und VersAusglG) folgt jedoch nicht zwingend, dass deren Erlass nicht zulässig ist. Es ist deshalb die allgemeine Vorschrift der §§ 49 ff. FamFG zurückzugreifen. Danach muss ein **dringendes Regelungsbedürfnis** bestehen. Entsprechend wird in der Gesetzesbegründung (BT-Drs. 16/10144, 92) darauf hingewiesen, dass nur unter den Voraussetzungen des § 49 FamFG der Erlass einer einstweiligen Anordnung zulässig ist. Dies ist nur dann anzunehmen, wenn der Ausgleichsberechtigte auf eine sofortige Leistung zur **Sicherung des Existenzminimums** angewiesen ist.

3. Da das Verfahren zum VA eine Angelegenheit der freiwillige Gerichtsbarkeit darstellt, richtet sich die Entscheidung zu den Kosten nach den §§ 80 ff. FamFG. Das in § 81 Abs. 1 FamFG bestimmte billige Ermessen richtet sich nach den in § 81 Abs. 1, 2 FamFG enthaltenen Kriterien. Einem Beteiligten können die gesamten Gerichtskosten (Gebühren und Auslagen) sowie die zur Durchführung des Verfahrens notwendigen Aufwendungen nur unter den verschärften Anforderungen des § 81 Abs. 2 FamFG auferlegt werden.

Kosten und Gebühren

4. Hierzu wird auf die Ausführungen zu → Form. B.I.2 Anm. 9 verwiesen. Der Verfahrenswert bei einstweiligen Anordnungen richtet sich nach der Vorschrift des § 41 S. 2 FamGKG, wonach idR 50 % des Verfahrenswertes zugrunde zu legen sind.

Fristen und Rechtsmittel

5. Nach § 57 S. 1, 2 FamFG besteht gegen die erlassene einstweilige Anordnung kein Rechtsmittel.

III. Antrag auf Leistung einer Hinterbliebenenversorgung in Form des Anspruchs gegen den Versorgungsträger (verlängerter schuldrechtlicher Versorgungsausgleich)

An das
Amtsgericht . . . . .
– Familiengericht –

Antrag auf Zahlung der Hinterbliebenenversorgung nach § 25 VersAusglG

In der Versorgungsausgleichssache

der Frau . . . . . – Antragstellerin –

Verfahrensbevollmächtigte: Rechtsanwälte . . . . .

gegen

die Fa . . . . . (Träger einer betrieblichen Altersversorgung/Pensionskasse)[1]

– Antragsgegner –

Verfahrensbevollmächtigte: Rechtsanwälte[2] . . . . .

Namens und im Auftrag der Antragstellerin beantrage ich,

1. Der Antragsgegner ist verpflichtet, ab dem 1.10.2025 eine monatliche Rente in Höhe von 500 EUR zu bezahlen, zahlbar jeweils im Voraus.[3]
2. Der Antragsgegner ist verpflichtet, einen rückständigen Rentenbetrag in Höhe von 1.500 EUR zu bezahlen zuzüglich Zinsen aus monatlich 500 EUR in Höhe von 5 Prozentpunkten über dem Basiszinssatz zum 1.7.2025, 1.8.2025 sowie 1.9.2025.
3. Der Antragsgegner hat die Kosten des Verfahrens zu tragen.

Begründung:

1. Der Antragsgegner hat dem am 20.6.2025 verstorbenen geschiedenen Ehemann . . . . . der Antragstellerin eine betriebliche Altersversorgung zugesagt, aus der ihm seit 1.4.2020 eine monatliche Leistung auf eine Altersrente in Höhe von 1.000 EUR (brutto) zugeflossen ist. Die Ehe der Antragstellerin mit dem verstorbenen Ehemann wurde durch Urteil vom 30.6.2009 des Amtsgerichts – Familiengericht . . . . . rechtskräftig geschieden und zugleich der öffentlich-rechtliche Versorgungsausgleich gemäß den §§ 1587 ff. BGB aF durchgeführt; insoweit wurden die beiderseitigen Anrechte in der gesetzlichen Rentenversicherung verrechnet (Az. . . . . des Amtsgerichts – Familiengericht . . . . .). Eine neue Ehe ist die Antragstellerin nicht eingegangen.[4] Die Anrechte aus der betrieblichen Altersversorgung des verstorbenen Ehemannes, die dieser beim Antragsgegner, der Fa . . . . ., aufgrund seiner Erwerbstätigkeit bei dieser erworben hat, wurden entsprechend der Erklärung der Antragstellerin anlässlich der Anhörung der Antragstellerin zum Versorgungsausgleich, einen Teilausgleich im Wege des erweiterten Splittings gemäß § 2 VAHRG aF iVm § 3b Abs. 1 VAHRG aF nicht vorzunehmen, im öffentlich rechtlichen Versorgungsausgleich nicht ausgeglichen. Der Wertausgleich wurde deshalb vom Familiengericht auf den schuldrecht-

lichen Versorgungsausgleich verwiesen. Nach ständiger Rechtsprechung des BGH war die Wahl der schuldrechtlichen Ausgleichsrente anstelle des öffentlich-rechtlichen Versorgungsausgleichs zulässig (FamRZ 1993, 172),[5] so dass auch nicht die Vorschrift des § 25 Abs. 2 VersAusglG eingreift. Da die Antragstellerin seit dem 1.7.2024 die Altersrente aus der gesetzlichen Rentenversicherung bezieht, hat sie von ihrem geschiedenen Ehemann ab diesem Zeitpunkt die schuldrechtliche Ausgleichsrente gemäß § 20 Abs. 1 VersAusglG iHv monatlich 500 EUR bezogen.

2. **Nunmehr macht die am 30.6.1958 geborene Antragstellerin den Anspruch gegen den Versorgungsträger gemäß § 25 Abs. 1 VersAusglG geltend, da sie seit dem 1.7.2024 die Regelaltersrente aus der gesetzlichen Rentenversicherung bezieht. Damit sind die Voraussetzungen des § 25 Abs. 1 VersAusglG gegeben und der Anspruch auch fällig, nachdem der (geschiedene) Ehemann der Antragstellerin am 20.6.2025 verstorben ist und der Antragsgegner durch Schriftsatz vom 20.6.2025 aufgefordert wurde, die Ausgleichsrente gemäß § 25 Abs. 1 VersAusglG ab dem 1.7.2025 zu bezahlen.[6] Der Antragsgegner hat zwar – entsprechend der Aufforderung an ihn – den Eingang des Aufforderungsschreibens bestätigt. Eine Zahlung hat er allerdings nicht erbracht, so dass nunmehr der Antrag auf Verpflichtung zur Zahlung der Ausgleichsrente gestellt wurde. In dem Schreiben vom 20.7.2025 hat der Versorgungsträger die unzutreffende Ansicht vertreten, er schulde den Anspruch nur aufgrund einer gerichtlichen Regelung des Versorgungsausgleichs; eine solche Regelung enthält aber das Gesetz nicht. Aus dem Leistungsbescheid der Fa . . . . . ergibt sich, dass der Antragsgegner eine monatliche Rentenleistung von 1.000 EUR brutto[7] erlangt. Da die gesamte Betriebsrente in der Ehezeit erworben wurde, stehen der Antragstellerin 50 % des Anrechts zu, somit monatlich 500 EUR. Der vollständige Erwerb des Anrechts in der Ehezeit ergibt sich aus der Auskunft des Arbeitgebers vom . . . . ., die anlässlich des Verbundverfahrens zum öffentlich rechtlichen Versorgungsausgleich eingeholt wurde (s. Sonderheft Versorgungsausgleich zur Scheidungssache).[8]**
3. **Ich bitte, über den Antrag alsbald zu entscheiden, da die Antragstellerin auf die Leistungen aus der betrieblichen Altersversorgung ihres geschiedenen Ehemannes dringend angewiesen ist. Ein Antrag auf Erlass einer einstweiligen Anordnung bleibt vorbehalten.**

Rechtsanwalt

Anmerkungen

1. Der Träger der betrieblichen Altersversorgung ist – anders als im Verfahren zur Festsetzung der schuldrechtlichen Ausgleichsrente gegenüber dem geschiedenen Ehegatten – gemäß § 219 Nr. 2 FamFG am **Verfahren zu beteiligen,** weil ihn eine unmittelbare Leistungspflicht trifft.

2. Für den Versorgungsträger der betrieblichen Altersversorgung besteht nach § 10 Abs. 1, 4 FamFG im Verfahren gemäß § 25 Abs. 1 FamFG kein Rechtsanwaltszwang.

3. § 25 Abs. 4 VersAusglG verweist auf § 20 Abs. 3 VersAusglG. In dieser Vorschrift sind die Voraussetzungen des Verzugs geregelt, so dass entsprechend nach § 1585b Abs. 2 BGB iVm § 1613 Abs. 1 BGB auch eine Verzinsung der rückständigen Beträge verlangt werden kann (s. § 288 Abs. 1 BGB).

4. Zu beachten ist eine in der Versorgungsordnung des Versorgungsträgers bestehende **Wiederverheiratungsklausel,** wonach der Anspruch nach § 25 Abs. 1 VersAusglG ab Eingehen einer neuen Ehe entfällt (s. hierzu BGH FamRZ 2006, 326; 2011, 961 zu § 3a

VAHRG aF; eingehend Grüneberg/Siede § 25 VersAusglG Rn. 4; Borth Versorgungsausgleich Kap. 5 Rn. 8 ff.).

5. Haben die Ehegatten im Zusammenhang mit der Regelung des VAs im Verbund vereinbart, dass eine betriebliche Altersversorgung lediglich schuldrechtlich nach § 2 VAHRG aF ausgeglichen wird (das war nach BGH FamRZ 1993, 172 zulässig) und ein Teilausgleich nicht stattfinden soll, stellt sich die Frage, ob damit der Anspruch wegen der Regelung des § 25 Abs. 2 VersAusglG entfällt. Dies ist zu verneinen, weil nach dem bis zum 31.8.2009 geltenden Recht der Versorgungsträger einer betrieblichen Altersversorgung nicht am Verfahren zu beteiligen war und in dessen Rechte kein unmittelbarer Eingriff erfolgte (Ausnahme bei Realteilung nach § 1 Abs. 2 VAHRG aF). Die Vorschrift des § 25 Abs. 2 VersAusglG stellt eine Schutznorm zugunsten des Versorgungsträgers dar, der im Fall der internen oder externen Teilung sofort eine Kürzung des Anrechts vornimmt; die Vorschrift bezieht sich deshalb nicht auf die bis 31.8.2009 bestehende Rechtslage (eingehend Wick Versorgungsausgleich Rn. 1107; Borth Versorgungsausgleich Kap. 5 Rn. 36; ferner OLG Hamm FamRZ 2013, 789; OLG Stuttgart FamRZ 2016, 554; OLG Hamburg FamRZ 2020, 1087).

6. Der Anspruch gegen den Versorgungsträger nach § 25 Abs. 1 VersAusglG besteht auch dann, wenn der **verstorbene ausgleichspflichtige Ehegatte die Versorgung nie bezogen** hat, weil er vor Erreichen der Altersgrenze verstorben ist. In diesem Fall kann gegen den Versorgungsträger ferner die Zahlung einer Kapitalleistung iSd § 22 VersAusglG verlangt werden (eingehend hierzu Borth Versorgungsausgleich Kap. 5 Rn. 15 f., OLG Hamburg FamRZ 2020, 1087).

7. Anders als nach § 20 Abs. 1 S. 2 VersAusglG sind die **Aufwendungen für eine Kranken- und Pflegeversicherung** nicht abzuziehen, weil der Ausgleichsberechtigte diese selbst an den jeweils zuständigen Träger der Kranken- und Pflegeversicherung zu leisten hat und dieser Aufwand regelmäßig unmittelbar vom Versorgungsträger abgeführt wird. Insoweit ist auch die tatsächlich geleistete Höhe der schuldrechtlichen Ausgleichsrente des verstorbenen ausgleichspflichtigen Ehegatten nicht für den Anspruch gemäß § 25 Abs. 1 VersAusglG bindend (BGH FamRZ 2017, 1660 Rn. 27). Der ausgleichspflichtige Versorgungsträger ist jedoch berechtigt, die von der ausgleichsberechtigten Person geschuldete (laufende) **Lohnsteuer** im Abzugsverfahren einzubehalten und an das Finanzamt abzuführen (s. hierzu OLG Frankfurt FamRZ 2025, 1036; eingehend Borth FamRZ 2024, 1621).

8. Besondere verfahrensrechtliche Maßnahmen sind erforderlich, wenn die **verstorbene ausgleichspflichtige Person wieder verheiratet** war und dessen Witwe bzw. Witwer (ebenfalls einen Anspruch auf eine Hinterbliebenenversorgung hat, der damit mit dem Anspruch gemäß § 25 VersAusglG konkurriert. Soweit zum Zeitpunkt der Antragstellung durch die ausgleichsberechtigte Person der nach § 25 VersAusglG in Anspruch genommene Versorgungsträger bereits **Leistungen** an die – nach § 219 Nr. 4 FamFG zu beteiligende – **Witwe** der wieder verheirateten (und verstorbenen) ausgleichspflichtigen Person aufgrund der bestehenden Hinterbliebenenversorgung erbringt, ergeben sich im Hinblick auf den **Schutz des Versorgungsträgers** nach § 30 Abs. 1 S. 2 VersAusglG verfahrensrechtliche Probleme. Da die darin bestimmte **Leistungsbefreiung des Versorgungsträgers** nicht den Anspruch der ausgleichsberechtigten Person gemäß § 25 VersAusglG beseitigt, muss zur Wahrung des in dieser Vorschrift bestimmten **Schuldnerschutzes vor einer doppelten Leistungserbringung** in Form einer feststellenden Entscheidung ausgesprochen werden, dass

- der Versorgungsträger verpflichtet ist, den (bezifferten) Anspruch gemäß § 25 Abs. 1 VersAusglG vom Beginn des zweiten Monats nach Ablauf des Monats an zu leisten, in dem er Kenntnis von der Rechtskraft der erlassenen Entscheidung erlangt,

• und ferner festgestellt wird, dass der Versorgungsträger die Ausgleichsrente auch für den rückständigen Zeitraum bis zum Ablauf des Monats zu zahlen hat, der dem Monat folgt, in dem er Kenntnis von der Rechtskraft der Entscheidung erlangt, soweit er in diesem Zeitraum nicht mit befreiender Wirkung an die Witwe/den Witwer gezahlt hat.

Auf der Grundlage dieser feststellenden Entscheidung kann die ausgleichsberechtigte Person gemäß § 30 Abs. 3 VersAusglG iVm den §§ 812 ff. BGB gegen die Witwe/den Witwer der ausgleichspflichtigen Person in einem gesonderten Verfahren den **bereicherungsrechtlichen Anspruch** geltend machen, der aufgrund der ungekürzten Leistung der Hinterbliebenenversorgung durch den Versorgungsträger während der in § 30 Abs. 2 VersAusglG bestimmten Übergangszeit entstanden ist (s. hierzu BGH FamRZ 2017, 1919 mAnm Siede; OLG Frankfurt a. M. FamRZ 2020, 751 mAnm Borth FamRZ 2020, 730). Ein solches Verfahren ist als sonstige Familiensache iSd § 266 Abs. 1 Nr. 3 FamFG geltend zu machen (OLG Frankfurt a. M. FamRZ 2021, 1292 mAnm Borth; zum Schutz des Versorgungsträgers gegen eine Doppelbelastung bei Leistung der Hinterbliebenenversorgung an die Witwe des verstorbenen Ehegatten sa BGH FamRZ 2022, 1517 Rn. 22 mAnm Borth).

IV. Antrag auf eine zweckgebundene Abfindung der schuldrechtlichen Ausgleichsrente

An das
Amtsgericht . . . . .
– Familiengericht –

Antrag auf eine zweckgebundene Abfindung der schuldrechtlichen Ausgleichsrente

In der Versorgungsausgleichssache

der Frau . . . . . – Antragstellerin –

Verfahrensbevollmächtigte: Rechtsanwälte . . . . .

gegen

des Herrn . . . . . – Antragsgegner –

Verfahrensbevollmächtigte: Rechtsanwälte[1] . . . . .

Namens und im Auftrag der Antragstellerin beantrage ich,[2]

1. Der Antragsgegner ist verpflichtet, zur Abfindung des künftigen Anspruchs der Antragstellerin auf eine schuldrechtliche Ausgleichsrente aus dem Anrecht des Antragsgegners bei der Fa . . . . . einen Betrag von . . . . . EUR zu zahlen.
2. Der Abfindungsbetrag ist an die A. Lebensversicherungs AG auf den von der Antragstellerin mit dieser geschlossenen Vertrag mit der Nr . . . . . zu zahlen.[3]
3. Der Antragsgegner ist berechtigt, den Abfindungsbetrag von . . . . . in monatlichen Raten von . . . . . EUR zu leisten, beginnend ab dem . . . . .
4. Weiter wird beantragt, der Antragstellerin unter Beiordnung des Unterzeichners Verfahrenskostenhilfe ohne Ratenzahlung zu bewilligen.[4]

Begründung:

1. Die Beteiligten sind geschiedene Eheleute. Ihre Ehe wurde durch Urteil vom . . . . . durch das Amtsgericht – Familiengericht . . . . . rechtskräftig geschieden und zugleich der öffentlich rechtliche Versorgungsausgleich zugunsten der Antragstellerin in Bezug auf die beiderseitigen Anrechte in der gesetzlichen Rentenversicherung durchgeführt (Az. . . . . . des Amtsgerichts – Familiengericht . . . . .). Die Anrechte aus der betrieblichen Altersversorgung des Antragsgegners bei der Fa. . . . . . wurden entsprechend der Erklärung der Antragstellerin anlässlich ihrer Anhörung zum Versorgungsausgleich, einen Teilausgleich im Weg des erweiterten Splittings gemäß § 2 VAHRG aF, nach § 3b Abs. 1 VAHRG aF nicht vorzunehmen, im öffentlich rechtlichen Versorgungsausgleich nicht ausgeglichen und der Wertausgleich auf den schuldrechtlichen Versorgungsausgleich verwiesen. Zudem war es dem Antragsgegner zu diesem Zeitpunkt wirtschaftlich nicht zumutbar, nach § 3b Abs. 1 Nr. 2 VAHRG aF einen Beitrag zur Begründung eines Anrechts in der gesetzlichen Rentenversicherung zu erbringen.

Nunmehr ist es dem Antragsgegner angesichts seines laufenden monatlichen Einkommens von mindestens . . . . sowie dem Wegfall seiner Unterhaltspflichten gegenüber den beiden gemeinsamen Kindern und der Antragstellerin iSd § 23 Abs. 2 VersAusglG und insbesondere seinen weiteren vermögensrechtlichen Verhältnissen wirtschaftlich zuzumuten, die Abfindungsleistung zu erbringen [ist im Einzelfall auszuführen]. Die Antragstellerin macht deshalb den ihr nach § 23 Abs. 1 VersAusglG zustehenden Abfindungsbetrag geltend.

2. Die Höhe des Abfindungsbetrags ergibt sich aus der anliegenden Berechnung der A. Lebensversicherungs AG, die den gemäß § 24 Abs. 1 VersAusglG nach dem Zeitwert des Ausgleichswerts richtet.[5]

   Beweis: Anlage 1

   Der Ausgleichswert hat bei der Entscheidung zum Versorgungsausgleich . . . . EUR betragen. Die Berechnung der A. Lebensversicherungs AG ergibt, dass der zur Begründung des Zeitwerts des Anrechts erforderliche Kapitalbetrag . . . . EUR beträgt. Diesen Betrag schuldet der Antragsgegner.

3. Der von der Antragstellerin mit der A. Lebensversicherungs AG abgeschlossene Vertrag mit der Nr. . . . . . erfüllt die Voraussetzungen des § 24 Abs. 2 VersAusglG iVm § 15 Abs. 3 VersAusglG, ist also für den Antragsgegner steuerneutral, weil dieser Vertrag den Voraussetzungen des Altersvorsorgeverträge-Zertifizierungsgesetz entspricht und von der Zertifizierungsstelle gemäß § 5 Altersvorsorgeverträge-Zertifizierungsgesetz zertifiziert wurde.[6]

   Beweis: Anlage 2

4. Dem Antragsgegner wird es gestattet, den Abfindungsbetrag in monatlichen Raten zu zahlen. Dem Antragsgegner kann nach seinen laufenden Einkünften eine monatliche Ratenzahlung iSd § 23 Abs. 3 VersAusglG in Höhe von jedenfalls . . . . EUR zugemutet werden, da diesem immer noch ein monatlicher Betrag verbleibt, der deutlich über dem angemessenen Selbstbehalt gegenüber Eltern von . . . . (2025: 2.300 EUR) liegt und im Verhältnis zu der bisherigen Höhe des Unterhaltsverpflichtung eine wesentlich geringere Belastung bedeutet.[7]

Ich bitte, alsbald einen Termin zur Anhörung anzuberaumen.

Rechtsanwältin/Rechtsanwalt[8, 9]

Anmerkungen

1. Das Verfahren gehört zu den Ausgleichsansprüchen nach der Scheidung gemäß den §§ 20–26 VersAusglG. Zu den verfahrensrechtlichen Voraussetzungen wird deshalb auf die → Form. B.I.2 Anm. 1, 2 verwiesen.

2. Nach § 223 FamFG ist für sämtliche Verfahren der §§ 20–26 VersAusglG ein Antrag erforderlich. Das Verfahren ist eine Angelegenheit der freiwilligen Gerichtsbarkeit und regelmäßig als selbständiges Verfahren zu führen. Der Anspruch kann aber im Verfahrensverbund nach § 137 Abs. 1, 2 S. 1 FamFG geltend gemacht werden, weil der Anspruch auf die Abfindungszahlung keinen fälligen Leistungsanspruch voraussetzt (BGH FamRZ 2013, 1021 Rn. 13). Im Beschwerdeverfahren kann dieser Anspruch nicht erstmals geltend gemacht, da es insoweit an einer Anfallwirkung dieses Verfahrensgegenstandes fehlt.

3. Der nach § 23 Abs. 1 VersAusglG geschuldete **Abfindungsbetrag ist zweckgebunden** und muss wie im Falle der externen Teilung gemäß § 15 Abs. 1, 3 VersAusglG auf ein Produkt eingezahlt werden, das nach § 15 Abs. 3 VersAusglG für die **ausgleichspflichtige Person steuerunschädlich** ist. Dies wird in § 24 Abs. 2 VersAusglG ausdrücklich geregelt. Zu den versorgungsausgleichsrechtlichen Grundlagen wird auf die Ausführungen → Form. B.I.8 Anm. 1–3 verwiesen. Das bedeutet, dass der Antragsteller zur Durchsetzung eines Anspruchs nach § 23 VersAusglG vor Einreichung eines Antrags sinnvoller Weise sich mit einem Versicherungsunternehmen in Verbindung setzt und die vertraglichen sowie versorgungsausgleichsrechtlichen Voraussetzungen für die Leistung einer Abfindungssumme schafft.

Dies ist aber nicht zwingend. Insbesondere würde es ausreichen, wenn der Antragsteller an das Familiengericht den Antrag stellt, den Antragsgegner zu einer Abfindungsleistung gemäß § 23 VersAusglG zu verpflichten und dem Familiengericht die Bestimmung der Höhe der Abfindungsleistung zu überlassen, da das Verfahren nach § 23 VersAusglG eine Angelegenheit der freiwilligen Gerichtsbarkeit darstellt und deshalb vom Familiengericht von Amts wegen zu führen ist. Allerdings verbleibt es bei der Regelung des § 222 Abs. 1 FamFG, dass der Antragsteller die dort geregelten **Mitwirkungshandlungen** in Bezug auf die Auswahl der Zielversorgung zu erbringen hat. Kommt er dem nicht nach, könnte die Ausgleichszahlung nach § 24 Abs. 2 VersAusglG iVm § 15 Abs. 5 S. 2 VersAusglG auch zur Versorgungsausgleichskasse eingezahlt werden (s. auch OLG Bamberg FamRZ 2022, 1180 mAnm Borth; anders BGH FamRZ 2023, 117 Rn. 32 f. mAnm Siede). Die Versorgungsausgleichskasse ist nicht zur Annahme der Zahlung verpflichtet (§ 222 Abs. 2 FamFG). Im Referentenentwurf des BMJV eines Gesetzes zur Änderung des Versorgungsausgleichsrechts (→ Form. Vorbem. B.I.16 aE) wird zur Klarstellung bestimmt, dass in den Fällen des § 23 VersAusglG die Versorgungsausgleichskasse nicht gewählt werden kann (§ 24 Abs. 2 S. 2 VersAusglG). Insoweit wird auf → Form. B.I.8 Anm. 2, 4 verwiesen.

4. Für die **Verfahrenskostenhilfe** gelten die §§ 76–78 FamFG. Die Beiordnung eines Rechtsanwalts richtet sich nach § 78 Abs. 1, 2 FamFG. Entscheidend für die Vertretung durch einen Rechtsanwalt in einem Verfahren ist die Schwierigkeit der Sach- und Rechtslage. Eine Beiordnung ist in den Verfahren zu den Ausgleichsansprüchen nach der Scheidung gemäß den §§ 20–26 VersAusglG regelmäßig erforderlich (s. auch Musielak/Borth/Frank § 78 FamFG Rn. 14 unter Bezug auf BGH FamRZ 2014, 551 Rn. 9 f.), weil es sich nicht um rechtlich einfache und leicht zugängliche Regelungsbereiche handelt (s. hierzu BGH FamRZ 2010, 1427 Rn. 16 – Grundsatz der Waffengleichheit).

5. § 24 Abs. 1 VersAusglG legt fest, dass sich die **Abfindungssumme nach dem Zeitwert** des Ausgleichswerts iSd § 5 Abs. 1, 3 VersAusglG richtet. Dies bedeutet zunächst, dass von dem Ausgleichswert zum Ehezeitende auszugehen ist. Sind Wertveränderungen des Anrechts nach Ehezeitende eingetreten, die nach § 5 Abs. 2 VersAusglG beachtlich sind, also nicht auf einem **Karrieresprung** der ausgleichpflichtigen Person (beruflicher Aufstieg nach Ehezeitende), sondern einer sonstigen Entwicklung beruhen (zB Dynamik in der Anwartschaftsphase sowie sog. Rententrend; s. hierzu Borth FamRZ 2012, 601), müssen diese zusätzlich erfasst werden. Die Höhe des Abfindungsbetrags hängt von der **individuellen Lebenserwartung** und dem zugrunde gelegten Rechnungszins ab. Insoweit kann bei einem Lebensversicherungsunternehmen regelmäßig eine konkrete Berechnung erlangt werden. Auch die Einholung eines versicherungsmathematischen Sachverständigengutachtens iSd § 47 Abs. 5 VersAusglG ist zulässig. Zu entscheiden ist, ob das Anrecht auf der Grundlage der „verbundenen Leben" beider geschiedener Ehegatten zu berechnen ist (s. hierzu Bergner/Schneider FamRZ 2004, 1838 (1839 f.)) oder nur eine Abzinsung des Zeitwerts eines Anrechts erfolgt, der auf das Leben der ausgleichsberechtigten Person bezogen wird (s. hierzu Ruland Versorgungsausgleich Rn. 823; Wick Der Versorgungsausgleich Rn. 1089 ff.; Borth Versorgungsausgleich Kap. 4 Rn. 112 f.).

6. Nach § 24 Abs. 2 VersAusglG iVm § 15 Abs. 5 S. 1 VersAusglG kann der **Abfindungsbetrag auch zur gesetzlichen Rentenversicherung** einbezahlt werden (→ Form. B.I.8 Anm. 2, 3). Eine Abfindungszahlung zur gesetzlichen Rentenversicherung kommt danach gegebenenfalls in den Fällen des § 19 Abs. 2 Nr. 3 VersAusglG in Betracht, wenn ein Ausgleichswert im Fall der Übertragung oder Begründung von Anrechten der gesetzlichen Rentenversicherung wegen seiner Geringfügigkeit nicht zu einer Versorgungsleistung führen würde (s. §§ 50, 52 SGB VI; eingehend Borth Versorgungsausgleich Kap. 3 Rn. 177 ff.).

Erfolgt die Abfindungszahlung zur gesetzlichen Rentenversicherung, erfolgt die Bestimmung des Kapitalwerts gemäß den Umrechnungsfaktoren für den VA in der Rentenversicherung (FamRZ 2025, 329 ff.). Liegt ein Anrecht von 100 EUR als Ausgleichswert vor (Ehezeitende: 2. Halbjahr 2025), ergibt dies 2,4516 Entgeltpunkte (100 : 40,79 EUR – aktueller Rentenwert 2. Hj. 2025). Für einen Entgeltpunkt beträgt der Umrechnungsfaktor 9.391,6980; damit sind in die gesetzlichen Rentenversicherung 23.024,69 EUR einzuzahlen.

7. Im Falle eines Abfindungsbegehrens nach § 23 Abs. 1 VersAusglG ist eine wesentliche Voraussetzung, dass die Zahlung des Abfindungsbetrages der ausgleichspflichtigen Person **zumutbar** ist, § 23 Abs. 2 VersAusglG. Maßgebend sind die **wirtschaftlichen Verhältnisse der ausgleichpflichtigen Person.** Die Verpflichtung zur Leistung eines Abfindungsbetrages darf den angemessenen Unterhalt der ausgleichpflichtigen Person sowie seiner sonstigen Unterhaltsberechtigten nicht gefährden. Vermögenswerte sind grundsätzlich einzusetzen. Hierbei kommt es jeweils auf die konkreten Umstände des Einzelfalls an. Vermögenswerte, die bereits dem güterrechtlichen oder vermögensrechtlichen Ausgleich unterlagen, sind zwar grundsätzlich ebenfalls einzusetzen, jedoch ist der Gesichtspunkt der doppelten Inanspruchnahme zu berücksichtigen (BGH FamRZ 2016, 1576; Borth Versorgungsausgleich Kap. 4 Rn. 95 ff.).

Kosten und Gebühren

8. Hierzu wird auf die Ausführungen zu → Form. B.I.2 Anm. 9 verwiesen.

Fristen und Rechtsmittel

9. Die Entscheidung ist nach § 58 Abs. 1 FamFG mit der Beschwerde anfechtbar, da eine Endentscheidung iSd Bestimmung vorliegt. Die Beschwerdefrist beträgt nach § 63 Abs. 1 FamFG einen Monat.

V. Antrag auf Abänderung des Wertausgleichs bei der Scheidung gemäß §§ 225, 226 FamFG

An das

Amtsgericht . . . .

– Familiengericht –

Antrag auf Abänderung des Wertausgleichs bei der Scheidung gemäß §§ 225, 226 FamFG

In der Versorgungsausgleichssache

der Frau . . . . . – Antragstellerin –

Verfahrensbevollmächtigte: Rechtsanwälte . . . . .

gegen

des Herrn . . . . . – Antragsgegner –

Verfahrensbevollmächtigte: Rechtsanwälte[1] . . . . .

Namens und im Auftrag der Antragstellerin beantrage ich,[2]

1. Der Beschluss des Amtsgerichts – Familiengericht – vom . . . . . (Az. . . . . .) wird bezüglich Ziffer 3 aufgehoben und wie folgt neu gefasst:
2. Vom Anrecht der Antragstellerin auf eine Beamtenversorgung bei der Versorgungsanstalt des Bundes wird auf das Versorgungskonto des Antragsgegners bei der Versorgungsanstalt des Bundes ein Rentenanrecht in Höhe von monatlich 260 EUR (. . . . .) übertragen, bezogen auf das Ehezeitende 30.9.2019 (. . . . .). Die Abänderungsentscheidung wird wirksam ab 1.9.2025.
3. Die Kosten des Verfahrens werden gegeneinander aufgehoben.

Begründung:

1. Die Beteiligten sind geschiedene Eheleute. Ihre Ehe wurde durch Beschl. v. 15.12.2019 (. . . . .) durch das Amtsgericht – Familiengericht . . . . . rechtskräftig geschieden (Az. . . . . .) und zugleich der Versorgungsausgleich nach dem seit dem 1.9.2009 geltenden Recht durchgeführt. In Ziffer 3 der Beschlussformel wurde das Anrecht der Antragstellerin auf eine Beamtenversorgung bei der Versorgungsanstalt des Bundes in Höhe von monatlich 660 EUR im Wege der internen Teilung gemäß § 10 Abs. 1 VersAusglG dergestalt ausgeglichen, dass ein Anrecht in Höhe von monatlich 330 EUR auf ein begründetes Versorgungskonto des Antragsgegners bei der Versorgungsanstalt des Bundes, bezogen auf das Ehezeitende 31.8.2019, nach den Bestimmungen des BVersTG übertragen wurde.[3]
2. Der Antrag auf Abänderung der Erstentscheidung zum Versorgungsausgleich ist zulässig, da die Antragstellerin seit 1.6.2025 eine laufende Versorgung aus ihrer Beamtenversorgung bezieht; damit sind die zeitlichen Vorschriften des § 226 Abs. 2 FamFG zur Stellung des Abänderungsantrags zum Versorgungsausgleich gegeben.

3. Diese Entscheidung ist abzuändern, weil sich das Anrecht der Antragstellerin auf die Beamtenversorgung bei der Versorgungsanstalt des Bundes iSd § 225 Abs. 1, 2 FamFG wesentlich verändert hat. Die Antragstellerin erlitt am 30.9.2023 einen Dienstunfall und ist dauerhaft dienstunfähig. Sie bezieht deshalb seit 1.6.2025 eine deutlich geringere Versorgung aus ihrem Anrecht aus der Beamtenversorgung, als in der Entscheidung des Familiengerichts vom 15.12.2019 als Anwartschaft zugrunde gelegt. Nach der Berechnung des Versorgungsträgers der Antragstellerin hat sich ihre Versorgung von einem im Versorgungsausgleich zum Ehezeitende zugrunde gelegten Betrag von 3.100 EUR auf 2.650 EUR gemindert. Entsprechend vermindert sich der Ehezeitanteil von monatlich 660 EUR auf 520 EUR und der Ausgleichswert von 330 EUR auf 260 EUR. Damit wirkt sich die Minderung des Versorgungsanrechts gemäß § 225 Abs. 2 FamFG iVm § 5 Abs. 3 VersAusglG wesentlich auf den Ausgleichswert iSd § 5 Abs. 1 VersAusglG im Versorgungsausgleich aus.

Beweis: Berechnungen der Versorgungsanstalt des Bundes vom 30.10.2025 – Anlage 1 sowie vorläufige Berechnung des Versorgungsträgers vom 20.3.2025 – Anlage 2

Die Voraussetzungen einer wesentlichen Änderung des Wertausgleichs iSd § 225 Abs. 1, 3 FamFG liegen vor. Das Anrecht der Antragstellerin hat sich aufgrund des nach dem Ende der Ehezeit[4] eingetretenen Dienstunfalls, der zum Bezug der Versorgung wegen Dienstunfähigkeit geführt hat, ehezeitbezogen zum Ende der Ehezeit von 660 EUR auf 520 EUR monatlich gemindert, die Ausgleichswerte somit von 330 EUR auf 260 EUR. Die Wertveränderung beträgt damit 21,21 %, so dass die Mindestquote von mindestens 5 % gemäß § 225 Abs. 3 FamFG überschritten ist. Ferner wird der Mindestbetrag von 1 % der Bezugsgröße (als Rente) gemäß § 18 Abs. 1 SGB IV in Höhe von . . . . . (2025: 37,45 EUR; s. FamRZ 2025, 333) überstiegen (330 EUR – 260 EUR = 70 EUR). Entsprechend ist die Entscheidung des Amtsgerichts – Familiengericht – abzuändern.
Da der Abänderungsantrag noch im August 2025 gestellt wurde, wird die Abänderung bereits ab dem 1.9.2025 gemäß § 226 Abs. 4 FamFG und nicht erst ab Rechtskraft der Entscheidung über den gestellten Antrag wirksam. Dennoch bitte ich, alsbald in der Sache zu entscheiden. Ferner wird beantragt, in der Beschlussformel den in § 226 Abs. 4 FamFG bestimmten Zeitpunkt des Wirksamwerdens der Abänderungsentscheidung festzuhalten, da die Minderung des Ausgleichswerts bereits ab diesem Zeitpunkt zu einer geringeren Kürzung des Anrechts aus der Beamtenversorgung aufgrund des Versorgungsausgleichs führt.

Rechtsanwältin/Rechtsanwalt[5, 6]

Anmerkungen

1. Das Abänderungsverfahren nach § 225 Abs. 1 FamFG ist ein selbständiges Verfahren der Angelegenheit der freiwilligen Gerichtsbarkeit, so dass insoweit nach § 10 FamFG kein Rechtsanwaltszwang gilt (→ Form. I.I Anm. 1, 2 – dort auch zu weiteren Verfahrensfragen zu selbständigen Verfahren des VAs).

2. Es ist ausreichend, dass lediglich der Antrag zur Abänderung der Erstentscheidung gestellt wird, ohne den konkreten Umfang der Abänderung darzulegen, weil es sich bei diesem Verfahren um ein Verfahren iSd § 217 FamFG handelt und damit eine Angelegenheit der freiwilligen Gerichtsbarkeit vorliegt, für die nach § 26 FamFG generell der Amtsermittlungsgrundsatz gilt. Nach § 225 Abs. 2 FamFG reicht es deshalb aus, den Antrag auf Abänderung zu stellen. weil mit diesem lediglich eine Verfahrenseinleitung bewirkt werden soll. (s. hierzu BT-Drs. 10/5447, 20 zu § 10a VAHRG; BGH FamRZ 2003, 1738 (1739)). Das Familiengericht hat hierauf von Amts wegen die Voraussetzungen zur Zulässigkeit und Begründetheit des Abänderungsantrags zu prüfen und ist auch an den **konkret gestellten Antrag nicht gebunden.**

3. Der reformierte VA kennt im Bereich der Abänderung von Entscheidungen nach § 225 FamFG das **Prinzip der Totalrevision** nicht. Dies beruht auf den Besonderheiten des neuen Ausgleichssystems nach den §§ 9–19, 28 VersAusglG (Hin- und Her-Ausgleich). Danach kann ein einzelnes Anrecht abgeändert werden, ohne dass die weiteren, dem VA unterliegenden Anrechte von dem Antrag betroffen werden. Eine Gesamtsaldierung aller Anrechte findet nicht mehr statt. Neu geregelt ist auch die **Wesentlichkeitsgrenze**, die sich auf den einzelnen Ausgleichswert iSd § 5 Abs. 1, 3 VersAusglG bezieht.

4. Nach § 225 Abs. 2 FamFG können nur noch wesentliche Änderungen berücksichtigt werden, die nach dem Ende der Ehezeit eingetreten sind. **Rechtsanwendungsfehler** (fehlerhafte Bestimmung des Ehezeitendes, fehlerhafte Ausgleichshöhe, vergessene Versorgung) können – vergleichbar wie in § 323 Abs. 2 ZPO aF bzw. § 238 Abs. 2 FamFG – nicht berücksichtigt werden (zu den Einzelheiten s. Thomas/Putzo/Seiler § 225 FamFG Rn. 5 f.; Borth FamRZ 2012, 337; Borth Versorgungsausgleich Kap. 11 Rn. 153 ff.). Soweit allerdings ein „zulässiger Einstieg“ in das Abänderungsverfahren vorliegt, können innerhalb dieses Verfahrens auch Rechtsanwendungsfehler korrigiert werden (BGH FamRZ 2015, 1279 Rn. 18 mAnm Holzwarth).

Kosten und Gebühren

5. Hierzu wird auf die Ausführungen zu → Form. B.I.2 Anm. 9 verwiesen.

Fristen und Rechtsmittel

6. Die Entscheidung ist nach § 58 Abs. 1 FamFG mit der Beschwerde anfechtbar, da eine Endentscheidung iSd Bestimmung vorliegt. Die Beschwerdefrist beträgt nach § 63 Abs. 1 FamFG einen Monat.

VI. Antrag auf Abänderung des öffentlich-rechtlichen Versorgungsausgleichs gemäß den Übergangsvorschriften nach §§ 51, 52 FamFG

An das

Amtsgericht . . . . .

– Familiengericht –

Antrag auf Abänderung des öffentlich-rechtlichen Versorgungsausgleichs gemäß den Übergangsvorschriften nach §§ 51, 52 FamFG

In der Versorgungsausgleichssache

der Frau . . . . . – Antragstellerin –

Verfahrensbevollmächtigte: Rechtsanwälte . . . . .

gegen

des Herrn . . . . . – Antragsgegner –

Verfahrensbevollmächtigte: Rechtsanwälte[1] . . . . .

Namens und im Auftrag der Antragstellerin beantrage ich,[2]

1. Das Urteil des Amtsgerichts – Familiengericht – vom . . . . . (Az. . . . . .) wird bezüglich Ziffer 3 aufgehoben und wie folgt neu gefasst:
2. Zum Ausgleich des Anrechts des Antragsgegners bei der berufsständischen Versorgung der Versorgungsanstalt der . . . . . . wird zugunsten der Antragstellerin ein Anrecht (in EUR oder Leistungspunkten) bei der berufsständischen Versorgung der ausgleichspflichtigen Person, der Versorgungsanstalt . . . . . übertragen, dessen Höhe durch das Familiengericht noch festzustellen ist, bezogen auf das Ehezeitende 30.6.1997.
3. Die Abänderungsentscheidung wird wirksam ab 1.9.2025.
4. Die Kosten des Verfahrens werden gegeneinander aufgehoben.

Begründung:

1. Die Beteiligten sind geschiedene Eheleute. Ihre Ehe wurde durch Urteil des Amtsgerichts – Familiengericht – vom 15.12.1997 rechtskräftig geschieden (Az. . . . . .) und zugleich der Versorgungsausgleich nach dem bis zum 31.8.2009 geltenden Recht durchgeführt. In Ziffer 3 des Urteils wurde der Ausgleich zugunsten der Antragstellerin im Wege des analogen Quasisplittings gemäß § 1 Abs. 3 VAHRG aF durchgeführt, indem in der gesetzlichen Rentenversicherung zulasten der Anrechte des Antragsgegners bei der Versorgungsanstalt der . . . . . (berufsständische Versorgung) ein Anrecht in Höhe von monatlich . . . . . begründet wurde.
2. Diese Entscheidung ist nach § 51 Abs. 3 VersAusglG abzuändern, weil im Sinne dieser Vorschrift eine wesentliche Änderung des bei Ehezeitende ermittelten Ehezeitanteils eingetreten ist.[3] Dies ergibt sich aus der folgenden Berechnung.
   - Daten: Der Ehemann wurde am 20.11.1952 geboren. Sein auf die Ehezeit bezogenes monatliches Anrecht aus der berufsständischen Versorgung betrug zum Ehezeitende

1.250 DM. Das Ehezeitende ist der 30.6.1997. Das Anrecht wurde entsprechend der Vorschrift des § 1587a Abs. 3 BGB aF in der Anwartschaftsphase als statisch und in der Leistungsphase als dynamisch angesehen.

- Auf der Grundlage der Barwertverordnung vom 22.5.1984 (BGBl. 1984 I 692) wurde in der Verbundentscheidung nach § 1587a Abs. 3 BGB aF folgende Dynamisierung vorgenommen:[4]
  - Jahresbetrag des auszugleichenden Anrechts: 1.250 DM x 12 = 15.000 DM
  - Vervielfacher nach Tabelle 1 Anm. 2 der Barwertverordnung mit Zuschlag von 60 % Vervielfacher bei Lebensalter 44 = 2,8 x 1,6 (60 %) = 4,48
  - Barwert: 4,48 x 15.000 = 67.200 DM
  - Umrechnen in Entgeltpunkte der gesetzlichen Rentenversicherung DM x 0,0000915531 (Faktor Nr. 5 der Rechengrößen, FamRZ 2010, 93) 6,1524 Entgeltpunkte
  - Umrechnen in eine monatliche Rentenanwartschaft: 6,1524 x 46,67 DM (akt. Rentenwert 1997) = 287,13 DM/146,81 EUR Dieser Wert wurde in der Erstentscheidung in den Wertausgleich eingestellt.
  - Erfolgt im 2. Halbjahr 2025 eine Prüfung der Voraussetzungen zur Abänderung, ist folgende Angleichung des zum Ehezeitende ermittelten Rentenwerts vorzunehmen, mit der festzustellen ist, in welchem Umfang sich die der Barwertverordnung zugrunde liegende Prognose des Anstiegs der gesetzlichen Rentenversicherung im Verhältnis zum Ausgangswert realisiert hat:
    6.1524 Entgeltpunkte x 40,79 EUR (aktueller Rentenwert 2. Halbjahr 2025) = 250,96 EUR
    Das Anrecht ist von 1997 bis zum 2. Halbjahr 2025 von 146,81 EUR auf 250,96 EUR angestiegen.
  - Vergleich mit dem realen Wert des Anrechts: 1.250 DM = 639,11 EUR Differenz: 639,11 EUR – 250,96 EUR = 338,15 EUR. Der Grenzwert des § 51 Abs. 3 VersAusglG iVm § 18 Abs. 1 SGB IV (2 Prozent dieser Bezugsgröße) in Höhe von 74,90 EUR (s. FamRZ 2025, 332 (334)) ist damit überstiegen und die Voraussetzungen einer Abänderung nach § 51 Abs. 3 VersAusglG gegeben.

3. Der Ausgleich erfolgt nach § 51 Abs. 1 VersAusglG im Wege der internen Teilung nach § 10 Abs. 1 VersAusglG. Da die Voraussetzungen einer wesentlichen Änderung iSd § 51 Abs. 3 VersAusglG vorliegen, wird beantragt, dass das Familiengericht bei dem zuständigen Versorgungsträger eine neue Auskunft einholt, auf deren Grundlage mit dem Ausgleichswert zum Ende der Ehezeit die internen Teilung nach § 10 Abs. 1 VersAusglG vorgenommen wird. Da in Bezug auf die Abänderung nach § 51 Abs. 3 VersAusglG weiterhin eine Totalrevision stattfindet, ist auch das Anrecht der Antragstellerin in der gesetzlichen Rentenversicherung einzubeziehen, das ebenfalls nach § 10 Abs. 1 VersAusglG zugunsten des Antragsgegners auszugleichen ist. Ferner hat der Antragsgegner in der Ehezeit Anrechte in der gesetzlichen Rentenversicherung erworben, deren Höhe ebenfalls neu zu bestimmen ist. Auch insoweit sind vom Familiengericht neue Auskünfte einzuholen, da sich die Anrechte aufgrund verschiedener Gesetzesänderungen in der gesetzlichen Rentenversicherung verändert haben.
4. Die Ehefrau wird ab 1.9.2025 die Rente wegen Alters beziehen, da sie im Juli 2025 das 66. Lebensjahr vollendet hat (§§ 35, 235 Abs. 1, 2 SGB VI). Damit sind auch die Voraussetzungen des § 52 VersAusglG iVm § 226 Abs. 2 FamFG erfüllt (Frist von zwölf Monaten vor Versorgungsbezug). Ferner wird beantragt, in der Beschlussformel zur Abänderungsentscheidung gemäß § 226 Abs. 4 FamFG festzuhalten, dass die Abänderung ab dem 1.9.2025 wirkt.

Rechtsanwältin/Rechtsanwalt[5, 6]

Anmerkungen

1. Zu den Verfahrensvoraussetzungen wird auf → Form. I.V Anm. 1 verwiesen, da das Abänderungsverfahren nach § 51 Abs. 3 VersAusglG demjenigen nach § 225 FamFG gleicht und nach denselben Grundsätzen zu führen ist.

2. Es ist ausreichend, dass lediglich der Antrag zur Abänderung der Erstentscheidung gestellt wird, ohne den **konkreten Umfang der Abänderung** darzulegen, weil es sich bei diesem Verfahren um ein Verfahren iSd § 217 FamFG handelt und damit eine Angelegenheit der freiwilligen Gerichtsbarkeit vorliegt, für die nach § 26 FamFG generell der Amtsermittlungsgrundsatz gilt. Nach § 51 Abs. 1 VersAusglG iVm § 226 Abs. 1 FamFG reicht es deshalb aus, den in dieser Vorschrift geregelten Antrag auf Abänderung zu stellen, weil mit diesem lediglich eine Verfahrenseinleitung bewirkt werden soll. Das Familiengericht hat hierauf von Amts wegen die Voraussetzungen zur Zulässigkeit und Begründetheit des Abänderungsantrags zu prüfen (s. BT-Drs. 10/5447, 20; BGH FamRZ 2003, 1738 (1739)).

3. Die Grundlagen sowie Berechnung der Dynamisierung eines statischen bzw. teildynamischen Anrechts nach § 1587a Abs. 3 BGB aF iVm der Barwertverordnung sind aus der abzuändernden Erstentscheidung zu entnehmen, die zur Stellung eines Abänderungsantrags stets einzusehen sind.

4. § 51 Abs. 1–3 VersAusglG regelt die Zulässigkeit der Abänderung des öffentlich-rechtlichen Versorgungsausgleichs nach den §§ 1587 ff. BGB aF. Die Regelung erfasst damit auch Verfahren, die nach dem 1.9.2009 nach den Bestimmungen des bis dahin geltenden Rechts rechtskräftig abgeschlossen wurden. Dies erfolgt allerdings nicht auf der Grundlage des § 10a VAHRG aF; vielmehr werden die Bestimmungen an das neue Recht angepasst.

- Es erfolgt eine **Totalrevision nach neuem Recht**, soweit die Abänderungsvoraussetzungen vorliegen. Das bedeutet, dass die Fehlerkorrektur auf der Grundlage des neuen Ausgleichsystems gemäß der §§ 9–19 VersAusglG erfolgt.
- Hierbei bleiben allerdings Anrechte, die nach bisherigem Recht nicht dem Versorgungsausgleich unterlagen, im Abänderungsverfahren unberücksichtigt (vor allem betriebliche Altersversorgungen auf Kapitalbasis – Versorgungskonten – BT-Drs. 16/10144, 89; eingehend Borth Versorgungsausgleich Kap. 12 Rn. 6).
- Die Voraussetzungen einer wesentlichen Änderung iSd § 51 Abs. 1 VersAusglG ergeben sich aus § 51 Abs. 2, 3 VersAusglG.
- Nach § 51 Abs. 5 VersAusglG iVm § 225 Abs. 5 FamFG muss sich die Abänderung **zugunsten eines Ehegatten oder seiner Hinterbliebenen auswirken.** Ferner ist nach § 51 Abs. 5 VersAusglG iVm § 225 Abs. 4 FamFG das Abänderungsverfahren zulässig, wenn hierdurch eine für die ausgleichsberechtigte Person maßgebende Wartezeit erfüllt wird.
- Die Voraussetzungen einer Abänderung liegen auch dann vor, wenn eine solche nur hinsichtlich **eines Anrechts** (bei mehreren Anrechten) in Betracht kommt.
- Das Abänderungsverfahren wird nur auf **Antrag eingeleitet;** dies folgt aus § 51 Abs. 1 VersAusglG sowie § 52 Abs. 1 VersAusglG, der auf § 226 FamFG verweist. Nach § 226 Abs. 1 FamFG sind antragsberechtigt der Ehegatte, ihre Hinterbliebenen und die vor der Abänderung betroffenen Versorgungsträger.
- Die Vorschrift des § 31 Abs. 1, 2 VersAusglG zum sog. **Besserstellungsverbot des überlebenden Ehegatten** greift auch im Abänderungsverfahren nach § 51 VersAusglG ein (BGH FamRZ 2013, 1287; FamRZ 2018, 1496; FamRZ 2020, 743 mAnm Borth; zu den Grundlagen des Erstverfahrens → Form. B.I.12). Stirbt die insgesamt aus-

gleichsberechtigte Person vor der insgesamt ausgleichspflichtigen Person, sind dieser nach BGH im Fall eines begründeten Abänderungsantrags die im Erstverfahren auf den verstorbenen Ehegatten übertragenen oder begründeten Anrechte ab dem Zeitpunkt der Antragstellung wieder zurück zu übertragen, sodass dieser sein **Anrecht ungekürzt** zurückerhält (FamRZ 2018, 1238; FamRZ 2018, 1496; FamRZ 2022, 1177 mAnm Bührer). Allerdings muss sich dann die Abänderung auf der Grundlage einer Gesamtbetrachtung des Ausgleichsergebnisses zugunsten des überlebenden Ehegatten auswirken (sa OLG Köln FamRZ 2024, 184).

- Ein Einstieg in das Abänderungsverfahren ist deshalb nur möglich, wenn der überlebende, insgesamt ausgleichspflichtige Ehegatte seinen Antrag auf eine **wesentliche und ihn begünstigende Wertänderung** stützen kann (so zB, wenn in Bezug auf die verstorbene Ehefrau als insgesamt ausgleichsberechtigte Person **Kindererziehungszeiten** aufgrund der Mütterrenten zuzuordnen sind (Gesetz vom 23.6.2014, BGBl. 2014 I 787 sowie Gesetz vom 28.11.2018, BGBl. 2018 I 2016; s. hierzu Bachmann/Borth FamRZ 2014, 1229; FamRZ 2019, 157). Soweit die wesentliche Wertänderung für den **Antragsteller nachteilig** ist, im Ergebnis aber wegen der begehrten Anwendung des § 31 Abs. 1 S. 2 VersAusglG der Wertausgleich bei der Scheidung aber insgesamt entfallen sollte, fehlt für einen solchen Antrag jedoch das **Rechtsschutzinteresse** (BGH FamRZ 2020, 743 mAnm Borth; zur Durchführung des Wertausgleichs, wenn der Versorgungsträger nach dem Tod des Ausgleichspflichtigen die vorgenommenen Pensionsrückstellungen aufgelöst hat s. BGH FamRZ 2021, 668 mAnm. Borth).

Kosten und Gebühren

5. Hierzu wird auf die Ausführungen zu → Form. B.I.2 Anm. 9 verwiesen.

Rechtsmittel

6. Die Entscheidung ist nach § 58 Abs. 1 FamFG mit der Beschwerde anfechtbar, da eine Endentscheidung iSd Bestimmung vorliegt. Die Beschwerdefrist beträgt nach § 63 Abs. 1 FamFG einen Monat.

VII. Nachträgliche Durchführung des Versorgungsausgleichs gemäß Art. 17 Abs. 4 EGBGB

An das

Amtsgericht . . . . .

– Familiengericht –

Antrag auf nachträgliche Durchführung des Versorgungsausgleichs gemäß Art. 17 Abs. 4 EGBGB

In der Versorgungsausgleichssache

der Frau . . . . . – Antragstellerin –

Verfahrensbevollmächtigte: Rechtsanwälte . . . . .

gegen

des Herrn . . . . . – Antragsgegner –

Verfahrensbevollmächtigte: Rechtsanwälte[1] . . . . .

Namens und im Auftrag der Antragstellerin beantrage ich,[2]

1. Zwischen den Ehegatten wird der den Versorgungsausgleich nach deutschem Recht gemäß Art. 17 Abs. 4 S. 2 EGBGB durchgeführt.
2. Die Kosten des Verfahrens werden gegeneinander aufgehoben.
3. Der Antragstellerin wird unter Beiordnung des Unterzeichners Verfahrenskostenhilfe ohne Anordnung einer Ratenzahlung bewilligt.

Begründung:

1. Die Beteiligten sind geschiedene Eheleute. Ihre Ehe wurde durch Urteil des zuständigen Bezirksgerichts Wien geschieden; das Urteil ist seit dem . . . . . rechtskräftig.

   Beweis: Beglaubigte Ausfertigung des Bezirksgerichts Wien mit Rechtskraftvermerk vom . . . . . (Anlage 1)

   Die geschiedenen Ehegatten sind österreichische Staatsangehörige. Beide Ehegatten hatten jedoch während der gesamten Ehezeit vom Januar 2001 – November 2024 ihren gewöhnlichen Aufenthalt in der Bundesrepublik Deutschland und haben in der Ehezeit auch ausschließlich Anrechte in der deutschen gesetzlichen Rentenversicherung erlangt. Die Antragstellerin hat weiterhin ihren gewöhnlichen Aufenthalt im Bezirk des angerufenen Gerichts, sodass dessen Zuständigkeit aus Art. 3 lit a Ziff. ii Brüssel IIb-VO folgt. Ferner liegt nach Kenntnis der Antragstellerin beim Antragsgegner eine betriebliche Altersversorgungszusage seines Arbeitgebers, der Fa. B. in . . . . . vor. Ob sonstige Anrechte des Antragsgegners bestehen, ist der Antragstellerin nicht bekannt. Ausweislich der Verfahrensakten des Bezirksgerichts Wien wurde der Scheidungsantrag der Antragstellerin dem Antragsgegner durch das Bezirksgericht Wien am 10.2.2025 (. . . . .) zugestellt.[3]

Beweis: Beglaubigter Auszug aus den Verfahrensakten des Bezirksgerichts Wien zur Zustellung des Scheidungsantrags

Die Ehe der Beteiligten wurde am 20.1.2001 (. . . . .) in München (. . . . .) geschlossen.

2. Da das Scheidungsfolgenrecht von Österreich den Versorgungsausgleich iSd § 1587 BGB iVm den §§ 1 ff. VersAusglG nicht kennt,[4] die Ehegatten jedoch in der Ehezeit ausschließlich in der Bundesrepublik Deutschland Anrechte auf eine Versorgung wegen Alters und Invalidität erworben haben, wird gemäß Art. 17 Abs. 4 S. 2 EGBGB beantragt, nach deutschem Recht den Versorgungsausgleich durchzuführen. Dies widerspricht nicht der Billigkeit iSd Art. 17 Abs. 4 S. 2 EGBGB, weil die Antragstellerin während der Ehezeit im Wesentlichen die gemeinsamen Kinder A. und B. betreut hat und einer beruflichen Tätigkeit nur teilweise nachgehen konnte. Auch hat die Antragstellerin in der Ehezeit kein sonstiges Vermögen erworben, mit dem sie ihre Altersvorsorge sichern könnte.[5] Es wird deshalb beantragt, das Verfahren zum Versorgungsausgleich nach deutschem Recht durchzuführen, um die Lücke in der sozialen Biografie der Antragstellerin zu schließen. Ferner wird gebeten, den Beteiligten die Fragebögen (V.10) zuzuleiten, um sicherzustellen, dass sich der Antragsgegner vollständig über die in der Ehezeit erworbenen Anrechte erklärt.
3. Einer förmlichen Anerkennung der Entscheidung des Bezirksgerichts nach § 107 FamFG bedarf es nicht, da gemäß § 97 Abs. 1, 2 FamFG vorrangig die Brüssel IIb-VO (Verordnung (EG) Nr. 2019/1111 des Rates vom 25.6.2019 über die Zuständigkeit, die Anerkennung und Vollstreckung von Entscheidungen in Ehesachen und in Verfahren betreffend die elterliche Verantwortung und über internationale Kindesentführungen eingreift. Diese bestimmt in Art. 30 Abs. 1 Brüssel IIb -VO, dass es für die Entscheidung eines Mitgliedstaates keiner Anerkennung bedarf; dies trifft auf Österreich zu.
4. Ferner wird beantragt, der Antragstellerin Verfahrenskostenhilfe unter Beiordnung des Unterzeichners zu bewilligen, da die Antragstellerin nur über monatliche Einkünfte in Höhe von 1.100 EUR netto verfügt und sonstiges Vermögen nicht vorliegt. Auf die beiliegende Erklärung zu den persönlichen und wirtschaftlichen Verhältnissen wird Bezug genommen.[6]

Rechtsanwältin/Rechtsanwalt[7, 8]

Anmerkungen

1. Ein Rechtsanwaltszwang besteht in den Verfahren nach Art. 17 Abs. 4 EGBGB, wenn der Antrag als Verbundsache gemäß § 137 Abs. 1, 2 Nr. 1 FamFG gestellt, somit bei Anwendung eines ausländischen Scheidungsstatuts der Antrag auf Scheidung im Inland gestellt und in diesem der VA nach Art. 17 Abs. 4 EGBGB geltend gemacht wird. Eine Folgesache iSd § 114 Abs. 1 FamFG, der den Rechtsanwaltszwang insoweit regelt, liegt nur dann vor, wenn die in § 137 Abs. 1 FamFG enthaltene Definition einer Folgesache vorliegt. Dies ist im Falle der Scheidung im Ausland nicht der Fall, so dass auch kein Rechtsanwaltszwang in der oben dargelegten Fallsituation besteht. Es gilt deshalb § 10 FamFG, der für selbständige Verfahren zum VA keinen Rechtsanwaltszwang beim Familiengericht und dem Oberlandesgericht vorsieht.

2. Die internationale Zuständigkeit in Verbundsachen, zu denen nach § 137 Abs. 2 Nr. 1 FamFG auch der VA gehört, richtet sich grundsätzlich nach § 98 Abs. 1, 3 FamFG, der die Verbundzuständigkeit ausdrücklich regelt; danach sind die deutschen Gerichte bei einem ausländischen Scheidungsstatut auch für den VA in den Fällen des Art. 17 Abs. 4

S. 1, 2 EGBGB zuständig. Nach § 97 FamFG ist jedoch vorrangig stets zu prüfen, ob völkerrechtliche Vereinbarungen bestehen oder Regelungen von Rechtsakten der Europäischen Gemeinschaft gegeben sind. Dies ist der Fall, da nach Art. 3 Abs. 1 lit. a Brüssel IIb-VO die internationale Zuständigkeit der Gerichte der Mitgliedsstaaten regelt, diese Bestimmung also vorrangig eingreift. In **selbständigen Verfahren zum VA** regelt § 102 FamFG die internationale Zuständigkeit der deutschen Gerichte. Hierzu reicht es nach § 102 Nr. 1 FamFG aus, wenn der Antragsteller oder der Antragsgegner seinen gewöhnlichen Aufenthalt im Inland haben, über inländische Anrechte zu entscheiden ist oder ein deutsches Gericht die Ehe zwischen Antragsteller und Antragsgegner geschieden hat. Die örtliche Zuständigkeit folgt aus § 218 FamFG.

3. Rechtliches und praktische Probleme ergeben sich bei der **Bestimmung der Ehezeit** iSd § 3 Abs. 1 VersAusglG. Die Festlegung des Ehezeitendes hängt von der Zustellung des Scheidungsantrages ab. Ob und wann Rechtshängigkeit im Ausland eingetreten ist, bestimmt sich nach der **lex fori des ausländischen Gerichts** (BGH FamRZ 1992, 1058 (1059); 1993, 798 (800); zur Rechtshängigkeit eines in der Türkei gestellten Antrags OLG Frankfurt a. M. FamRZ 2000, 35; s. auch Finger FuR 1999, 310; Gruber FamRZ 1999, 1563). Liegt ein Antrag auf Trennung von Tisch und Bett nach ausländischem Recht vor (richtig: personale Trennung durch das Gericht), so bleibt es dennoch bei dem Grundsatz des § 3 Abs. 1 VersAusglG, nach dem es auf die Zustellung des Scheidungsantrages ankommt (BGH FamRZ 1994, 825 (826 f.)). Der Trennungsantrag ist nicht auf die Auflösung der Ehe gerichtet, so dass dieser das Ende der Ehezeit nicht auslöst. Bei einer langen Trennungszeit ist jedoch die Härtefallklausel des § 27 VersAusglG zu prüfen (eingehend Borth Versorgungsausgleich Kap. 10 Rn. 31).

4. Aufgrund der Verordnung (EU) Nr. 1259/2010 vom 20.12.2010 zur *Durchführung einer verstärkten Zusammenarbeit im Bereich des auf die Ehescheidung und Trennung ohne Auflösung des Ehebandes anzuwendenden Rechts* (Rom III-Verordnung; s. Becker NJW 2011, 1543; Kohler/Pintens FamRZ 2011, 1433) trat ab 21.6.2012 in Bezug auf die **Anknüpfungsmerkmale des anzuwendenden Rechts** eine wesentliche Änderung ein. Soweit die Ehegatten nichts anderes vereinbart haben, greift an erster Stelle der gewöhnliche Aufenthalt beider Ehegatten in demselben Staat ein, danach folgt die gemeinsame Staatsangehörigkeit. Entfallen beide Anknüpfungsmerkmale, greift das Recht des Forumstaates ein. Soweit nach dem anzuwendenden Recht der Versorgungsausgleich nach deutschen Recht nicht durchzuführen ist, kann nach Art. 17 Abs. 4 S. 2 EGBGB auf Antrag der VA durchgeführt werden. Bezogen auf die vorliegende Sachlage ist nach Art. 17 Abs. 4 S. 2 EGBGB der VA nach deutschem Recht durchzuführen; ansonsten bleibt aber die Prüfung, ob das Heimatrecht eines Ehegatten den VA kennt (zur Prüfung des Begriffs des Kennens OLG Hamm FamRZ 2020, 666 (667)).

5. Die in Art. 17 Abs. 4 S. 2 letzter Hs. EGBGB enthaltene **Billigkeitsklausel** bezweckt, die **beiderseitigen wirtschaftlichen Verhältnisse** auch während einer im Ausland verbrachten Zeit einzubeziehen. So wäre der VA unbillig, wenn der ausgleichsberechtigte Ehegatte im Ausland zwar keine Anrechte erworben hat, dort aber andere Vermögenspositionen besitzt, die keinem (güterrechtlichen) Ausgleich unterliegen (BT-Drs. 10/5632, 42; s. auch BGH FamRZ 2021, 668; OLG Frankfurt a. M. FamRZ 1990, 417). Die **Billigkeitsprüfung** ist nach den Umständen des Einzelfalls vorzunehmen, die sich nicht nur auf die in Art. 17 Abs. 4 S. 2 EGBGB genannten Kriterien beschränken (s. OLG Karlsruhe FamRZ 2002, 1633; zum Verhältnis dieser Vorschrift zu § 27 VersAusglG s. BGH FamRZ 2014, 105). Die Frage der Schuld an der Scheidung ist in der Regel bedeutungslos (BGH FamRZ 1994, 825 (827), Eichenhofer IPRax 2001, 110). Wurde in einer (rechtskräftigen) Entscheidung festgestellt, dass nach Art. 17 Abs. 4 S. 1 EGBGB ein VA nicht stattfindet, weil das anzuwendende Recht einen solchen nicht kennt, so kann in einem neuen Verfahren nachträglich der VA nach Art. 17 Abs. 4 S. 2 EGBGB verlangt werden (OLG Düsseldorf FamRZ 2000, 1210). Im Rahmen der Billigkeitsabwägung nach Art. 17 Abs. 4 S. 2 EGBGB kann der Unterschied der Kaufpreisparität berücksichtigt werden, ferner die Gefährdung des (unterhaltsrechtlich zu bestimmenden) Selbstbehalts des Ausgleichspflichtigen (OLG Frankfurt a. M. FamRZ 2000, 163 – Berechtigter lebt in Polen; dort auch zur Form des Ausgleichs; s. auch OLG Karlsruhe FamRZ 2000, 963). Findet nach Art. 17 Abs. 4 S. 1 EGBGB kein VA statt und wird auch nicht nach Art. 17 Abs. 4 S. 2 EGBGB ein Antrag zur Durchführung des VAs gestellt, bedarf es in der Beschlussformel keiner Feststellung, dass dieser nicht stattfindet (OLG München FamRZ 2000, 165). Dem steht nicht § 224 Abs. 3 FamFG entgegen, weil in den dort geregelten Fällen ein Verfahren zum VA stets einzuleiten ist, das durch eine gerichtliche Entscheidung abgeschlossen werden muss.

6. Für das selbständige Verfahren zum VA greifen in Bezug auf die Bewilligung von Verfahrenskostenhilfe die §§ 76–78 FamFG ein. Da in selbständigen Verfahren kein Rechtsanwaltszwang besteht (→ Anm. 1), ist die Beiordnung eines Verfahrensbevollmächtigten nach § 78 Abs. 2 FamFG auf Antrag vorzunehmen, wenn wegen der Schwierigkeit der Sach- und Rechtslage die Vertretung durch einen Rechtsanwalt erforderlich erscheint (zur Auslegung dieses Begriffs s. BGH FamRZ 2010, 1427). Regelmäßig ist die Beiordnung eines Verfahrensbevollmächtigten wegen der rechtlichen Schwierigkeit des Versorgungsausgleichs geboten (eingehend Musielak/Borth/Frank/Grandel FamFG § 78 Rn. 14).

Kosten und Gebühren

7. Da eine selbständige Versorgungsausgleichssache iSd § 217 FamFG vorliegt, richtet sich die Entscheidung zu den Kosten gemäß §§ 80, 81 Abs. 1 FamFG nach Billigkeitsgesichtspunkten. Im Rahmen der Billigkeitsbestimmung des § 81 Abs. 1 FamFG ist der in § 150 Abs. 1 FamFG enthaltene Grundsatz der Kostenaufhebung auch in den Verfahren des Art. 17 Abs. 4 EGBGB zu berücksichtigen, weil diese Verfahren als Folge der Scheidung der Ehe entstehen und deshalb der dieser Regelung zugrunde liegende Zweck auch auf die Verfahren des Art. 17 Abs. 4 EGBGB anzuwenden ist. Gleiches gilt in Bezug auf die außergerichtlichen Kosten der Versorgungsträger, die diese nach § 150 Abs. 3 FamFG selbst zu tragen haben.

Fristen und Rechtsmittel

8. Insoweit ist auf → Form. B.I.2 Anm. 10 zu verweisen. Wird ein Rechtsmittel eingelegt, weil in erster Instanz der VA nicht durchgeführt wurde, um die Verbundwirkung iSd § 137 Abs. 1 VersAusglG herbeizuführen, so ist dies nur möglich, wenn bereits in erster Instanz der Antrag nach Art. 17 Abs. 4 S. 2 EGBGB gestellt wurde, weil eine Folgesache im Verbund nach § 137 Abs. 2 S. 1 FamFG nur durch einen Antrag in erster Instanz eingeleitet werden kann. Eine rechtkräftige Entscheidung, die den VA nicht berücksichtigt, präkludiert nicht die Durchführung des Versorgungsausgleichs auf Antrag nach Art. 17 Abs. 4 S. 2 EGBGB. Ordnet ein Gericht wegen des Fehlens eines Antrags nach Art. 17 Abs. 4 S. 2 EGBGB an, dass ein VA nicht stattfindet, ohne dass ein in § 224 Abs. 3 FamFG bestimmter Sachverhalt vorliegt, muss diese Anordnung mit der Beschwerde angefochten werden, wenn ein Beteiligter die Durchführung des VAs außerhalb des Verbunds beantragen will.

VIII. Verfahren zur Anpassung des Versorgungsausgleichs nach Rechtskraft wegen Unterhalt gemäß §§ 33, 34 VersAusglG

An das

Amtsgericht . . . . .

– Familiengericht[1] –

Antrag zur Anpassung des Versorgungsausgleichs nach Rechtskraft wegen Unterhalt gemäß §§ 33, 34 VersAusglG

In der Versorgungsausgleichssache

des Herrn . . . . . – Antragsteller und ausgleichspflichtige Person –

Verfahrensbevollmächtigte: Rechtsanwälte . . . . .

gegen

Deutsche Rentenversicherung Bund – Versicherungsnummer: . . . . . – Antragsgegner –

Beteiligte: Ziffer 1 Frau[2] . . . . . – ausgleichsberechtigte Person –

Namens und im Auftrag des Antragstellers beantrage ich,[3]

1. Die Kürzung des Anrechts des Antragstellers (ausgleichspflichtige Person) bei der Deutschen Rentenversicherung Bund (Versicherungsnummer . . . . .), die aufgrund des Beschlusses des Amtsgerichts A. – Familiengericht – (Az.: . . . . .) vom . . . . . zur Durchführung des Versorgungsausgleichs durch Bescheid des Versorgungsträgers vom . . . . . angeordnet wurde, wird in Höhe des Rentenbetrages von monatlich 939,76 EUR ausgesetzt.[4]
2. Die Aussetzung wirkt ab 1.9.2025.[5]

Begründung:

1. Die Ehe des Antragstellers mit der Beteiligten zu Ziffer wurde durch Beschluss (bzw. Urteil) des Amtsgerichts A. – Familiengericht vom . . . . . (Az.) rechtskräftig geschieden. In Ziffer 2 der Beschlussformel wurde in Bezug auf die Anrechte des Antragstellers bei der DRV Bund zugunsten der geschiedenen Ehefrau gemäß § 10 Abs. 1 VersAusglG ein Ausgleichswert von 25,5500 Entgeltpunkten übertragen, bezogen auf das Ehezeitende 30.9.2016. Die geschiedene Ehefrau hat ebenfalls ein auszugleichendes Anrecht in der gesetzlichen Rentenversicherung erworben; der Ausgleichswert zugunsten des Antragstellers betrug 2,5110 Entgeltpunkte. Der am 31.5.1959 geborene Antragsteller bezieht seit dem 1.8.2025 die Altersrente gemäß §§ 35, 235 SGB VI; seine zum Rentenbeginn ermittelte Rente wegen Alters iHv mon. 2.505 EUR (brutto; einschließlich der im Versorgungsausgleich erworbenen Entgelt-

punkte iHv 2,5110 Entgeltpunkten) wurde um mon. 939,76 EUR auf 1.565,24 EUR (brutto) gekürzt.

Beweis: Bescheid der DRV Bund vom . . . . . (Anlage 1)

Ferner bezieht der Antragsteller eine betriebliche Altersversorgung der Fa. X. iHv mon. netto 1.050 EUR (nach Kürzung um den Ausgleichswert zugunsten der geschiedenen Ehefrau).[6]
Im Hinblick auf einen titulierten Unterhaltsanspruch der Beteiligten zu Ziffer 2 kann damit der Antragsteller den festgelegten nachehelichen Unterhalt nicht mehr erfüllen. Insoweit hatte sich der Antragsteller im Anschluss an die Scheidung der im Rahmen einer gerichtlich nach § 794 Abs. 1 Nr. 1 ZPO beurkundeten Scheidungsfolgenvereinbarung auf der Grundlage eines Erwerbseinkommens von mon. (netto) 4.500 EUR verpflichtet, einen nachehelichen Unterhalt iHv mon. 1.500 EUR zu leisten.

Beweis: Ablichtung der beglaubigten Ausfertigung des Protokolls vom . . . . ., das die Scheidungsfolgenvereinbarung enthält (Anlage 2)

Die am 1.7.1961 geborene (geschiedene) Ehefrau des Antragstellers bezieht derzeit noch keine Altersrente, da sie die zeitlichen Voraussetzungen eines Rentenbezugs gemäß §§ 35, 235 SGB VI noch nicht erfüllt. Die Ehefrau verfügt nach Kenntnis des Antragstellers weiterhin über keine auf den geschuldeten Unterhalt anzurechnenden Einkünfte.

2. Die Voraussetzungen der Aussetzung der Kürzung der Versorgung des Antragstellers aus seiner gesetzlichen Rentenversicherung liegen vor. Der Antragsteller schuldet seiner geschiedenen Ehefrau aufgrund der vorgelegten Scheidungsfolgenvereinbarung einen gesetzlichen (nachehelichen) Unterhalt, der in dieser auf die Vorschrift des § 1573 Abs. 1, 2 BGB gestützt wurde und dessen Voraussetzungen auch heute noch vorliegen. Ferner stehen der Beteiligten zu Ziffer 1 aus den im Versorgungsausgleich erworbenen Anrechten der gesetzlichen Rentenversicherung noch keine Rentenleistungen zu, da sie die Voraussetzungen einer flexiblen Altersrente nicht erfüllt (§ 36 SGB VI iVm § 51 Abs. 3 SGB VI) und somit gemäß §§ 35, 235 SGB VI erst ab 1.1.2028 eine Altersrente beziehen kann. Den monatlich geschuldeten Unterhalt kann der Antragsteller unter Wahrung des im Unterhaltsrecht geltenden Halbteilungsgrundsatzes nicht mehr erfüllen, da er nach Kürzung seines Anrechts bei der gesetzlichen Rentenversicherung insgesamt nur noch über 1.565, 24 EUR (brutto) monatlich verfügt.[7] Wird die vorgenommene Kürzung iHv 939, 76 EUR ausgesetzt, verfügt der Antragsteller über ein Einkommen von monatlich 2.505 EUR aus der gesetzlichen Rentenversicherung (brutto) und seiner betrieblichen Altersversorgung iHv monatlich 1.050,00 EUR. Erst hierdurch wird er in die Lage versetzt, den in der Scheidungsfolgenvereinbarung bestimmten gesetzlichen Unterhalt zu erfüllen.[8, 9]
3. Der Antrag erfüllt ferner die Voraussetzungen des § 33 Abs. 3 VersAusglG. Danach ist die Kürzung iHd Unterhaltsanspruchs auszusetzen, höchstens jedoch iHd Differenz der beiderseitigen Ausgleichswerte aus denjenigen Anrechten iSd § 32 Nr. 1–5 VersAusglG, aus denen die ausgleichspflichtige Person eine laufende Versorgung bezieht. Dem entspricht der im Antrag aufgeführte Aussetzungsbetrag von 939.76 EUR. Der Antragsteller hat im Wege der internen Teilung an die Beteiligte zu Ziffer 1 25,5500 Entgeltpunkte abgegeben und von deren Anrechten der gesetzlichen Rentenversicherung gleichzeitig durch den Versorgungsausgleich 2,5110 Entgeltpunkte erlangt. Aus der nach Verrechnung gemäß § 10 Abs. 2 VersAusglG verbleibenden Differenz von 23,039 Entgeltpunkten ergeben sich zum Zeitpunkt der Antragstellung 939,76 EUR (23,0390 * 40,79 EUR [aktueller Rentenwert 2. Halbjahr 2025]).[10]

4. Schließlich übersteigt dieser Wert den in § 33 Abs. 2 VersAusglG enthaltenen Grenzwert von 240 Prozent der monatlichen Bezugsgröße nach § 18 Abs. 1 SGB IV (2025: 8.988 EUR), da für 23,0390 Entgeltpunkte (* Faktor 9391,6980 je Entgeltpunkt) ein Beitrag von 216.375,33 EUR aufzubringen wäre.

Ich bitte, nach Bekanntgabe des gestellten Antrags an die weiteren Beteiligten alsbald einen Termin zur Anhörung anzuberaumen.

Rechtsanwalt[11]

Anmerkungen

1. § 34 Abs. 1 VersAusglG bestimmt, dass für die **Anpassung und deren Abänderung stets das Familiengericht** zuständig ist. Über die Beendigung der Aussetzung entscheidet nach § 34 Abs. 6 VersAusglG dagegen der Versorgungsträger. Grund für die Zuordnung dieses Verfahrens an die Familiengerichte ist die dem Regelungszweck des § 33 Abs. 1 VersAusglG zugrunde liegende Voraussetzung, dass die Aussetzung der Kürzung in Höhe des **gesetzlich zu bestimmenden Unterhalts** zu erfolgen hat. Eine solche Festsetzung könnte von den Versorgungsträgern nicht geleistet werden. Ferner soll die Bestimmung des gesetzlichen nachehelichen Unterhalts einem kollusiven Zusammenwirken zu Lasten des Versorgungsträgers entgegenwirken.

2. § 219 FamFG bestimmt in Versorgungsausgleichsverfahren den **Kreis der Beteiligten.** Hinsichtlich des betroffenen Versorgungsträgers des ausgeglichenen Anrechts fehlt in den Verfahren der §§ 33, 34 VersAusglG in § 219 FamFG eine passende Regelung, weil Nr. 2 lediglich die Versorgungsträger benennt, bei denen ein auszugleichendes Anrecht besteht. Insoweit ist diese Vorschrift aber analog anzuwenden, da aus ihr entnommen werden kann, dass der Versorgungsträger, um dessen Teilung es im Versorgungsausgleichsverfahren geht, naturgemäß auch im Fall der Aussetzung der Kürzung zu beteiligen ist; denn bei Anordnung der Aussetzung wird er unmittelbar in seinen Rechten iSd § 7 Abs. 2 Nr. 1 FamFG betroffen. Allerdings verleiht der BGH dem betroffenen Versorgungsträger die **Funktion eines Antragsgegners** (FamRZ 2017, 1662; FamRZ 2020, 833 (834)). Auch die **ausgleichsberechtigte Person** ist als unmittelbar Betroffene am Verfahren zu beteiligen, weil der Umfang der Aussetzung der Kürzung des durch den Versorgungsausgleich geminderten Anrechts Einfluss auf ihrem nachehelichen Unterhalt nimmt.

3. Nach § 34 Abs. 2 S. 1 VersAusglG sind die ausgleichspflichtige sowie die ausgleichsberechtigte Person antragsberechtigt. Soweit die **Abänderung** einer bereits angeordneten Aussetzung in Betracht kommt (so zB im Fall einer Reduzierung des nachehelichen Unterhalts), kann auch der betroffene Versorgungsträger den Antrag stellen, § 34 Abs. 2 S. 2 VersAuslG. Dieser Antrag ist abzugrenzen von dem Fall der **Beendigung der Aussetzung der Kürzung** des Anrechts (zB bei Wegfall der Unterhaltspflicht aufgrund einer neuen Ehe der ausgleichsberechtigten Person, die zum Wegfall des nachehelichen Unterhalts führt; gleiches gilt im Fall des Todes des Unterhaltsberechtigten, § 1586 Abs. 1 BGB); insoweit entscheidet stets der Versorgungsträger, dagegen nicht das Familiengericht. Die maßgeblichen Fälle werden in § 34 Abs. 5 VersAusglG bestimmt (vor allem bei Beginn des Leistungsbezugs der ausgleichsberechtigten Person).

4. Zur Beschlussfassung hat der BGH (FamRZ 2012, 853 Rn. 38) zunächst die **betragsmäßige Festsetzung des Umfangs der Aussetzung der Kürzung** der ausgeglichenen Versorgung verlangt; sie darf nicht auf die Aussetzung des vollen Kürzungsbetrags beschränkt werden, auch wenn der errechnete Unterhaltsanspruch gegenwärtig die Kürzung der Versorgung übersteigt. Zudem lehnte der BGH eine **Beschlussfassung in**

dynamischer Form ab, so dass auch die Angabe von Entgeltpunkten bei Teilung der gesetzlichen Rentenversicherung ausschied. Aufgrund der im Jahr 2010 geänderten Rechtsprechung lässt er dagegen eine **dynamische Beschlussfassung im Bereich der gesetzlichen Rentenversicherung** zu (FamRZ 2010, 833 (835)). Danach ist der Kürzungsbetrag als Produkt der ausgeglichenen Entgeltpunkte, der maßgeblichen Zugangs- und Rentenartfaktoren sowie dem jeweils aktuellen Rentenwert anzugeben, wenn der sich daraus ergebende Kürzungsbetrag auf einen konkret bezifferten Höchstbetrag begrenzt ist, der der Unterhaltspflicht entspricht. Vorliegend ergibt sich damit die folgende Formel:

23,039 Entgeltpunkte (25,5500 – 2,5110) * 1 (Zugangsfaktor – ohne Versorgungsabschlag) * 1 (Rentenartfaktor für allgemeine Rentenversicherung) * aktueller Rentenwert (40,79 EUR) = 939,76 EUR. Dieser Betrag übersteigt den geschuldeten Unterhalt nicht, auch wenn aus der gesetzlichen Rentenversicherung nach Abzug der Kranken- und Pflegeversicherung sowie der Einkommensteuer ein Nettobetrag von etwa 1.850 EUR ermittelt wird. Denn das Einkommen des Antragstellers wird ferner durch die betriebliche Altersversorgung iHv monatlich 1.050 EUR (netto) erhöht, so dass nach dem unterhaltsrechtlichen Halbteilungsgrundsatz jedenfalls der bestimmte Kürzungsbetrag geschuldet wird.

5. Der **Antrag zur Wirksamkeit der Aussetzung** beruht auf § 34 Abs. 3 VersAusglG, der bestimmt, dass die Anpassung erst ab dem ersten Tag des Monats wirksam angeordnet werden kann, der auf den Monat der Antragstellung folgt. Soweit die ausgleichspflichtige Person zum Zeitpunkt der Entscheidung über den VA bereits eine laufende Versorgung bezieht, wird zur Vermeidung eines finanziellen Nachteils durch Ausfall eines Monats die Ansicht vertreten, dass der Antrag auch im Verbund gestellt werden könne (Gutdeutsch FamRZ 2010, 1140; OLG Zweibrücken FamRZ 2012, 722). Dem steht entgegen, dass keine Entscheidung für den **Fall der rechtskräftigen Entscheidung** zu treffen ist, so dass hinsichtlich des Antrags nach § 33 VersAusglG keine Verbundsache iSd § 137 Abs. 1, 2 FamFG vorliegt (s. auch OLG Celle FamRZ 2013, 1313; OLG Stuttgart FamRZ 2014, 1304). Das Problem des Ausfalls der Leistungen in Höhe eines Monatsbetrags kann dadurch umgangen werden, dass bereits mit Zugang der vom Familiengericht erlassenen Entscheidung umgehend der Antrag nach § 33 VersAusglG gestellt wird. Da die Rechtskraft der Entscheidung frühestens einen Monat nach Bekanntgabe der erlassenen Entscheidung eintritt, kann die Aussetzung zum 1. Tag des folgenden Monats ausgesprochen werden. Der Begriff der **Antragstellung bedeutet nicht Rechtshängigkeit**; es reicht insoweit aus, dass der Antrag beim Familiengericht eingeht.

6. Hinsichtlich des ebenfalls gekürzten Anrechts des Antragstellers aus seiner betrieblichen Altersversorgung scheidet eine Aussetzung gemäß den §§ 33, 34 VersAusglG aus, da das sog. Unterhaltsprivileg **nur hinsichtlich der Regelsicherungssysteme** iSd § 32 Nr. 1–5 VersAusglG gilt; hierzu zählt die betriebliche Altersversorgung nicht (dies ist nicht verfassungswidrig, s. BVerfG FamRZ 2014, 1259 mAnm Borth).

7. Nach dem Wortlaut des § 33 Abs. 1 VersAusglG muss die vom Versorgungsträger vorgenommene Kürzung kausal für den Wegfall bzw. die Verringerung der unterhaltsrechtlichen Leistungsfähigkeit sein („ohne die Kürzung der laufenden Versorgung durch den Versorgungsausgleich einen gesetzlichen Unterhaltsanspruch hätte"). Dem folgt aber der BGH (FamRZ 2013, 189 Rn. 18 ff.) nicht; er stützt dieses insbesondere darauf, dass der Unterhaltspflichtige ansonsten eine Einschränkung seiner Lebensführung aufgrund der kausal begründeten Minderung hinnehmen müsste.

8. Der gemäß § 33 Abs. 1 VersAusglG zu bestimmende gesetzliche Unterhaltsanspruch ermittelt sich im Rahmen dieser Vorschrift jedoch nicht auf der Grundlage von Nettobeträgen, wie dies im Unterhaltsverfahren erfolgt. Hierauf wird in der Gesetzesbegründung hingewiesen (BT-Drs. 16/10144, 72). Dies bedeutet, dass im **Unterhaltsverfahren**

(als Familienstreitsache gemäß § 112 Nr. 1 FamFG) jeweils die gesetzliche Kranken- und Pflegeversicherung sowie die Einkommenssteuer von dem in Form eines Bruttobetrags bestimmten Aussetzungsbetrag (der Kürzung) abzuziehen sind.

9. Liegt ein Unterhaltstitel in Form eines Beschlusses, Urteils, gerichtlichen Vergleichs oder einer Urkunde nach § 794 Abs. 1 Nr. 5 ZPO vor, ist regelmäßig von dem Bestehen eines nachehelichen Unterhaltsanspruchs auszugehen. Allerdings ist insbesondere bei gerichtlichen Vergleichen sowie Urkunden stets die **Möglichkeit einer Manipulation** zulasten des Versorgungsträgers nicht außer Betracht zu lassen (s. auch BGH FamRZ 2016, 1438 Rn. 9). Grundsätzlich kann aber davon ausgegangen werden, dass insoweit eine Bestimmung des gesetzlich geschuldeten Unterhalts erfolgt ist. Gleichwohl ist das Familiengericht an einen bestehenden Titel nicht gebunden. Dies gilt insbesondere im Hinblick auf die Möglichkeit einer Abänderung nach den §§ 238, 239 FamFG, die von Amts wegen stets zu prüfen ist (s. BGH FamRZ 2012, 853; BVerwG FamRZ 2005, 709 zu § 5 VAHRG).

10. Soweit Grundlage der Kürzung eines Anrechts eine Entscheidung zum öffentlich-rechtlichen VA (gemäß dem bis zum 31.8.2009 geltenden Rechts) war, ergibt sich die Bestimmung der Höhe der Differenz bereits aus der nach § 1587b Abs. 1 BGB aF vorzunehmenden Verrechnung der wechselseitigen Anrechte der gesetzlichen Rentenversicherung (s. auch OLG Hamm FamRZ 2011, 814).

Kosten und Gebühren

11. Das Verfahren zur Anpassung wegen Unterhalt wird bei der Bestimmung der Gegenstandswerte in § 50 Abs. 1–3 FamGKG nicht ausdrücklich erfasst. Da es sich um eine Versorgungsausgleichssache iSd § 217 FamFG handelt, was sich aus der systematischen Zuordnung im VersAusglG sowie der Zuweisung an die Familiengerichte ergibt, greift die Vorschrift zum **Auffangwert gemäß § 42 FamGKG** nicht ein (s. auch OLG Stuttgart FamRZ 2012, 1972, OLG Karlsruhe FamRZ 2015, 529). Der Verfahrenswert richtet sich deshalb nach § 50 Abs. 1 S. 1 Alt. 1 FamGKG (BGH FamRZ 2020, 833 (835)). Da dem Antrag sowohl versorgungsausgleichsrechtliche als auch unterhaltsrechtliche Sach- und Rechtsfragen zugrunde liegen, ist es gerechtfertigt, gemäß § 50 Abs. 3 FamGKG einen Zuschlag zu der nach § 50 Abs. 1 FamGKG vorzunehmenden Wertfestsetzung vorzunehmen (s. auch OLG Celle FamRZ 2012, 1812; OLG Stuttgart FamRZ 2012, 1972 gegen OLG Karlsruhe FamRZ 2014, 1805; einschränkend auch BGH FamRZ 2020, 833 (835)).

Die Entscheidung zu den Kosten ergibt sich aus § 81 Abs. 1 FamFG; sie sind regelmäßig gegeneinander aufzuheben. Hinsichtlich der Kosten des Versorgungsträgers liegt es nahe, über diese entsprechend § 150 Abs. 3 FamFG zu entscheiden, also anzuordnen, dass diese seine Kosten selbst trägt, weil eine vergleichbare Sachlage vorliegt.

Fristen und Rechtsmittel

Da das Verfahren eine Versorgungsausgleichssache iSd § 217 FamFG ist, geltend die Vorschriften des FamFG (§ 111 Nr. 7 FamFG). Der Beschluss über die Aussetzung der Kürzung stellt eine Endentscheidung dar; er ist deshalb mit der Beschwerde nach § 58 Abs. 1 FamFG anfechtbar. Die Beschwerdefrist beträgt nach § 63 Abs. 1 FamFG einen Monat. Ferner gilt § 64 Abs. 1 FamFG hinsichtlich der Einlegung der Beschwerde beim Gericht, dessen Beschluss angefochten wird.

J. Unterhaltssachen

I. Ordentliches Verfahren

Verwandtenunterhalt

1. Antrag des minderjährigen Kindes gegen die Mutter auf Zahlung eines statischen Unterhalts

An das

Amtsgericht[1]

– Familiengericht[2] –

. . . . .

Antrag

In der Familiensache

des Kindes . . . . .

geboren am . . . . .

gesetzlich vertreten durch seinen Vater,

Herr . . . . .

beide wohnhaft . . . . .

– Antragsteller –

Verfahrensbevollmächtigter: Rechtsanwalt . . . . .

gegen

Frau . . . . .

wohnhaft . . . . .

– Antragsgegnerin –

wird namens und in Vollmacht des Antragstellers beantragt:

Die Antragsgegnerin wird verpflichtet, an den Antragsteller zu Händen des gesetzlichen Vertreters ab . . . . . monatlich Unterhalt in Höhe von (. . . . . EUR Bedarfsbetrag abzgl. . . . . . EUR anzurechnendes Kindergeld =) . . . . . EUR zu zahlen, und zwar im Voraus bis zum 3. eines jeden Monats.[3]

Die Antragsgegnerin wird außerdem verpflichtet, an den Antragsteller zu Händen des gesetzlichen Vertreters Zinsen[4] in Höhe von 5 Prozentpunkten über dem jeweiligen Basiszinssatz nach § 247 BGB aus dem folgenden monatlichen Unterhaltsrückstand zu zahlen:

von . . . . . EUR seit dem . . . . .,

von . . . . . EUR seit dem . . . . .,

von . . . . . EUR seit dem . . . . . .
Der Beschluss ist sofort wirksam.[5]

Darüber hinaus wird beantragt:

Dem Antragsteller wird für die erste Instanz Verfahrenskostenhilfe unter Beiordnung seines Verfahrensbevollmächtigten bewilligt.[6]
Für den Fall der nicht rechtzeitig angezeigten Verteidigungsbereitschaft im schriftlichen Vorverfahren wird Antrag auf Versäumnisbeschluss (§ 113 Abs. 1 S. 2 FamFG, § 331 Abs. 3 ZPO) ohne mündliche Verhandlung gestellt.[7]

Begründung:

Die Antragsgegnerin ist die Mutter des einkommens- und vermögenslosen Antragstellers und diesem gegenüber nach §§ 1601 ff. BGB barunterhaltspflichtig.

Der Antragsteller wird von seinem Vater nach § 1626a Abs. 3 BGB/§ 1629 Abs. 2 S. 2 BGB/§ 1671 BGB (auf Grund der in Fotokopie beigefügten Entscheidung des Amtsgerichts – Familiengerichts – . . . . . vom . . . . .) gesetzlich vertreten.[8]

Einen Unterhaltstitel zugunsten des Antragstellers gibt es bisher nicht.[9] Der Antragsteller bezieht keinen Unterhaltsvorschuss und keine Sozialleistungen. (Die Unterhaltsvorschusskasse/Der Träger der Sozialleistungen hat durch den beigefügten Vertrag vom . . . . . die kraft Gesetzes übergegangenen Unterhaltsansprüche des Antragstellers auf diesen zur gerichtlichen Geltendmachung rückübertragen; der betreuende Vater ist allein sorgeberechtigt.)[10]

Der Antragsteller lebt im Haushalt seines Vaters, der seine Unterhaltsverpflichtung durch die Pflege und die Erziehung des minderjährigen unverheirateten Antragstellers erfüllt (§ 1606 Abs. 3 S. 2 BGB).[11] Das Kindergeld von monatlich . . . . . EUR,[12] welches der betreuende Vater erhält, ist bedarfsdeckend anzurechnen.

(Die Antragsgegnerin hat dem Antragsteller den Mindestunterhalt zu zahlen.)[13]

Der Bedarf des Antragstellers richtet sich nach dem Einkommen der barunterhaltspflichtigen Antragsgegnerin.[14] Diese ist von Beruf . . . . . und ist nach Kenntnis des Vaters des Antragstellers bei der Firma . . . . . beschäftigt. Dort erzielt sie mindestens ein um die berufsbedingten Aufwendungen[15] bereinigtes monatliches Nettoeinkommen in Höhe von . . . . . EUR.[16]

Beweis: . . . . .
(Vorlage der Lohn- und Gehaltsabrechnungen für die Monate . . . . .)

Falls die Antragsgegnerin die Höhe dieses Nettoeinkommens bestreiten sollte, wird das Gericht vorsorglich gebeten, ihr gemäß § 235 FamFG aufzugeben, binnen zwei Wochen ihre Verdienstabrechnungen für die letzten 12 Monate und ihre neuesten Einkommensteuerbescheide vorzulegen. Wenn die Antragsgegnerin der Aufforderung nicht oder nicht vollständig nachkommt, wird das Gericht gebeten, gemäß § 236 FamFG diese Belege beim Arbeitgeber der Antragsgegnerin bzw. beim Finanzamt ihres Wohnsitzes einzuholen. Ein Antrag gemäß § 236 Abs. 2 FamFG bleibt vorbehalten.[17]

Falls die Antragsgegnerin etwa inzwischen arbeitslos sein und den Einwand der mangelnden Leistungsfähigkeit erheben sollte, wird darauf hingewiesen, dass die arbeitsfähige und erst . . . . . Jahre alte Antragsgegnerin dem minderjährigen Antragsteller gegenüber nach § 1603 Abs. 2 S. 1 BGB eine gesteigerte Erwerbsobliegenheit mit der Pflicht zur Ausübung einer Vollzeiterwerbstätigkeit und zudem einer Nebentätigkeit hat. Sie ist dann mangels einer laufenden und nachprüfbaren Stellensuche so zu behandeln, als wenn sie das vorgenannte Nettoeinkommen weiterhin erzielen würde.[18]

Das bereinigte Einkommen der Antragsgegnerin fällt an sich in die Einkommensgruppe . . . . . der Düsseldorfer Tabelle mit Stand . . . . .[19] Da die Antragsgegnerin aber nur dem Antragsteller gegenüber unterhaltspflichtig ist, ist die Einstufung um jedenfalls eine Gruppe höher angemessen.[20] Daraus folgt nach der für den Antragsteller anzuwendenden . . . . . Altersstufe ein Tabellenbedarfsbetrag von monatlich . . . . . EUR.

Dies führt zu dem verlangten Unterhaltszahlbetrag von (. . . . . EUR Bedarfsbetrag abzgl. . . . . . EUR Kindergeld =) . . . . . EUR; das hälftige Kindergeld ist nach § 1612b Abs. 1 S. 1 Nr. 1 BGB bedarfsdeckend anzurechnen.

Die Antragsgegnerin ist in Höhe dieses Unterhalts leistungsfähig.[21]

Die Antragsgegnerin zahlt seit dem . . . . . keinen Unterhalt mehr an den Antragsteller, obwohl sie hierzu durch das beigefügte Mahnschreiben vom . . . . ., zugegangen am . . . . ., aufgefordert worden ist. Gemäß § 1613 Abs. 1 BGB wird Unterhalt ab dem Ersten des Monats, in dem die Antragsgegnerin das Mahnschreiben erhalten hat, verlangt.[22]

Beweis: Anliegendes Aufforderungsschreiben (einschließlich Einschreiben mit Rückschein)

Die Verzugszinsen auf die im Beschlussantrag bezeichneten Unterhaltsrückstände werden gemäß § 288 Abs. 1, § 286 Abs. 1 S. 1 BGB geltend gemacht.[4] Durch das vorgenannte Mahnschreiben ist die Antragsgegnerin in Verzug gesetzt worden. Eine Erweiterung des Zinsantrages auf die bis zum Verhandlungstermin etwa zusätzlich aufgelaufenen Unterhaltsrückstände bleibt vorbehalten.

Der Antrag auf Anordnung der sofortigen Wirksamkeit beruht auf § 116 Abs. 3 S. 3 FamFG. Die begehrte Endentscheidung betrifft eine Familienstreitsache im Sinne von § 112 Nr. 1, § 231 Abs. 1 Nr. 1 FamFG, sie enthält eine Verpflichtung zur Leistung von Unterhalt, und der Antragsteller benötigt den Unterhalt sofort zur Sicherung seines Lebensbedarfs.[5]

Zum Antrag auf Bewilligung von Verfahrenskostenhilfe wird gemäß § 2 PKHFV formfrei mitgeteilt, dass der minderjährige unverheiratete Antragsteller keine Einnahmen hat, dass er seinen Lebensunterhalt mit Hilfe seines ihn gesetzlich vertretenden Elternteils bestreitet und dass er und sein ihn gesetzlich vertretender Elternteil über kein nach § 115 ZPO einzusetzendes Einkommen und Vermögen verfügen.[23] Auch von der Antragsgegnerin kann nach deren vorstehend dargelegten Einkommensverhältnissen kein alsbald realisierbarer Verfahrenskostenvorschuss erlangt werden.

Rechtsanwalt[24, 25]

Anmerkungen

1. In dem Verfahren betr. Kindesunterhalt besteht gem. § 114 Abs. 1 FamFG **Anwaltszwang**, da es sich gem. § 112 Nr. 1, § 231 Abs. 1 Nr. 1 FamFG um eine Familienstreitsache handelt. Die anwaltliche Vertretung insbes. in **erstinstanzlichen Unterhaltsstreitigkeiten** soll wegen ihrer häufig existenziellen Folgen u. wegen der ständig zunehmenden Komplexität des materiellen Rechts dem Schutz der Beteiligten, vor allem des Unterhaltsberechtigten, dienen u. die Waffengleichheit gewährleisten (BT-Drs. 16/6308, 223 f.). Der Vertretung durch einen Rechtsanwalt bedarf es ua nicht im Verfahren der einstweiligen Anordnung (§ 114 Abs. 4 Nr. 5 FamFG), über die VKH (§ 114 Abs. 4 Nr. 5 FamFG) sowie dann nicht, wenn ein Kind durch das Jugendamt als Beistand (§ 1712 Abs. 1 Nr. 2 BGB), Vormund (§§ 1773 ff. BGB) o. Ergänzungspfleger (§ 1809 Abs. 1 BGB) vertreten ist (§ 114 Abs. 4 Nr. 2 FamFG).

S. zum **elektronischen Rechtsverkehr** u. zur Pflicht für alle Rechtsanwälte u. Behörden, ab 1.1.2022 ihre Schriftsätze als elektronische Dokumente einzureichen, → Form. B.II.1 Anm. 1.

Das Gesetz über das Verfahren in Familiensachen u. in den Angelegenheiten der freiwilligen Gerichtsbarkeit (FamFG), welches am 1.9.2009 in Kraft getreten ist (BGBl. 2008 I 2587), verwendet einheitlich in allen Familiensachen, auch wenn in den Familienstreitsachen gem. § 113 FamFG weite Teile der ZPO Anwendung finden, folgende **Begriffe** (§ 113 Abs. 5 FamFG): Antrag (statt Klage), Verfahren (statt Prozess o. Rechtsstreit), Antragsteller (statt Kläger), Antragsgegner (statt Beklagter), Beteiligte (statt Parteien). Dementsprechend wird der Begriff Verfahrenskostenhilfe (VKH, statt Prozesskostenhilfe), Verfahrenskostenvorschuss (statt Prozesskostenvorschuss), Verfahrensstandschaft (statt Prozessstandschaft) verwendet. Eine Endentscheidung ergeht durch Beschluss (statt Urteil), wobei Endentscheidung eine den Verfahrensgegenstand ganz o. teilweise erledigende Entscheidung ist (§ 38 Abs. 1 S. 1 FamFG); die erstinstanzliche Endentscheidung kann mit der Beschwerde gem. §§ 58 ff. FamFG angefochten werden.

In Familienstreitsachen sind eine **einstweilige Anordnung** (§ 119 Abs. 1 FamFG, §§ 49 ff., 246 ff. FamFG) u. ein Arrest (§ 119 Abs. 2 FamFG, §§ 916–934 u. 943–945 ZPO), aber keine einstweilige Verfügung zulässig (BT-Drs. 16/6308, 226). Bei dem Verfahren der einstweiligen Anordnung handelt es sich um ein selbständiges Verfahren, auch wenn eine Hauptsache anhängig ist (§ 51 Abs. 3 S. 1 FamFG). Wegen der Einzelheiten einer einstweiligen Anordnung betr. den Kindesunterhalt wird auf → Form. C.I.3 verwiesen.

2. Der Unterhaltsantrag betrifft nach § 111 Nr. 8 FamFG eine Familiensache u. ist bei dem **sachlich zuständigen** Amtsgericht (Familiengericht) einzureichen (§ 23a Abs. 1 S. 1 Nr. 1 u. S. 2, § 23b Abs. 1 GVG).

Die **örtliche Zuständigkeit** in isolierten Unterhaltssachen bestimmt sich für **Inlandsfälle** nach § 232 Abs. 1 FamFG; Inlandsfälle sind solche, in denen sich sowohl Antragsteller als auch Antragsgegner in Deutschland aufhalten. Diese spezielle Zuständigkeitsvorschrift für Unterhaltssachen hat gem. § 232 Abs. 2 FamFG Vorrang vor § 113 Abs. 1 S. 2 FamFG u. den Allgemeinen Vorschriften der ZPO. Die unterhaltsrechtlich bestimmte ausschließliche Zuständigkeit ist auch vorrangig gegenüber anderen ausschließlichen Gerichtsständen wie dem nach § 767 Abs. 1, § 802 ZPO (BT-Drs. 16/6308, 255).

Nach der festen Rangfolge des § 232 FamFG ist bei innerstaatlichen Streitverfahren, die die Unterhaltspflicht für ein gemeinschaftliches (minderjähriges o. volljähriges) Kind der Ehegatten betreffen, gem. § 232 Abs. 1 Nr. 1 FamFG das **Gericht der Ehesache** ausschließlich zuständig, also während der Anhängigkeit einer Ehesache das Gericht, bei dem die Ehesache im ersten Rechtszug anhängig ist o. war. Wird während des laufenden Kindesunterhaltsverfahrens eine Ehesache anhängig, ist das Unterhaltsverfahren von Amts wegen an das Gericht der Ehesache abzugeben, § 233 FamFG. Bei miteinander verheirateten Eltern können die Unterhaltsansprüche des Kindes gegen den anderen Elternteil während des Getrenntlebens o. während der Anhängigkeit einer Ehesache gem. § 1629 Abs. 3 S. 1 BGB nur im eigenen Namen des Elternteils im Wege der Verfahrensstandschaft geltend gemacht werden. → Form. J.I.4

Ist eine Zuständigkeit nach § 232 Abs. 1 Nr. 1 FamFG nicht gegeben, ist das Gericht ausschließlich zuständig, in dessen Bezirk das minderjährige Kind o. das nach § 1603 Abs. 2 S. 2 BGB gleichgestellte volljährige Kind o. der Elternteil, der auf Seiten des minderjährigen Kindes zu handeln befugt ist, seinen **gewöhnlichen Aufenthalt** hat (§ 232

Abs. 1 Nr. 2 FamFG). Gewöhnlicher Aufenthalt ist der tatsächliche Mittelpunkt des Lebens namentlich in familiärer u. beruflicher Hinsicht, wofür die Anmeldung eines Wohnsitzes ein Indiz, aber für sich allein nicht ausreichend ist (BGH NJW-RR 1995, 507; Sternal/Weber FamFG § 232 Rn. 8). Hinsichtlich der Handlungsbefugnis wird nicht allein auf die gesetzliche Vertretung abgestellt; handlungsbefugt ist der Elternteil, der als gesetzlicher Vertreter des Kindes o. in **Verfahrensstandschaft** nach § 1629 Abs. 3 S. 1 BGB den Unterhaltsanspruch geltend machen kann (BT-Drs. 16/6308, 255). Danach ist handlungsbefugt der allein sorgeberechtigte Elternteil (§ 1626a Abs. 3 BGB bzw. § 1671 BGB) sowie bei gemeinsamer elterlicher Sorge der Elternteil, in dessen Obhut sich das Kind befindet (§ 1629 Abs. 2 S. 2 BGB), dh der das Kind überwiegend betreut u. erzieht (Grüneberg/Götz BGB § 1629 Rn. 25 f. mwN). Zwischen den beiden alternativen Gerichtsständen des gewöhnlichen Aufenthalts des Kindes u. des Elternteils hat, wenn beide Aufenthaltsorte auseinanderfallen, der Antragsteller die Wahl (OLG Hamm FamRZ 2018, 1685). Bei der Betreuung in Form des **paritätischen Wechselmodells** mit tatsächlich gleichen Anteilen der Betreuung steht die Vertretungsmacht beiden **nicht miteinander verheirateten Eltern** zu u. jeder Elternteil kann den Unterhaltsanspruch des Kindes gegen den anderen Elternteil als gesetzlicher Vertreter des Kindes geltend machen, ohne dass es der Bestellung eines Ergänzungspflegers o. einer teilweisen Sorgerechtsübertragung nach § 1628 BGB bedarf (BGH NJW 2024, 2176 = FamRZ 2024, 1093. Dagegen bedarf es bei **verheirateten Eltern** u. Betreuung des Kindes im Wechselmodell nach umstrittener Ansicht für die Geltendmachung des Kindesunterhalts der vorherigen Bestellung eines Ergänzungspflegers o. der teilweisen Übertragung des Sorgerechts nach § 1628 BGB (OLG Frankfurt NJW 2024, 2851 = FamRZ 2024, 1631; aA OLG Karlsruhe NJW 2024, 1890 = FamRZ 2024, 1096–1098).

Haben das minderjährige Kind (o. das nach § 1603 Abs. 2 S. 2 BGB gleichgestellte volljährige unverheiratete Kind) u. der barunterhaltspflichtige Antragsgegner ihren gewöhnlichen Aufenthalt im Inland u. macht die Behörde (zB der Sozialleistungsträger) den **übergegangenen Unterhaltsanspruch** des Kindes gegen den Antragsgegner geltend, ist gem. § 232 Abs. 1 Nr. 2 FamFG das Familiengericht ausschließlich zuständig, in dessen Bezirk das Kind seinen gewöhnlichen Aufenthalt hat (OLG Naumburg BeckRS 2011, 29330; OLG Brandenburg BeckRS 2014, 7035; Musielak/Borth/Borth FamFG § 232 Rn. 8). Denn durch den gesetzlichen Übergang des Unterhaltsanspruchs des Kindes auf den Leistungsträger werden Natur, Inhalt u. Umfang das Anspruchs nicht verändert (BGH NJW 2003, 128 (129) = FamRZ 2002, 1698 (1699)), u. die Unterhaltssache betrifft nach wie vor die Unterhaltspflicht für ein Kind.

Die ausschließliche Zuständigkeit nach § 232 Abs. 1 Nr. 2 FamFG ist nicht gegeben, wenn das **Kind** o. ein **Elternteil** seinen **gewöhnlichen Aufenthalt im Ausland** hat (§ 232 Abs. 1 Nr. 2 letzter Hs. FamFG).

Hat der **Antragsgegner im Inland keinen Gerichtsstand,** richtet sich die **internationale** u. örtliche **Zuständigkeit** des Familiengerichts gem. § 232 Abs. 3 S. 2 Nr. 3 FamFG nach dem inländischen gewöhnlichen Aufenthalt des Antragstellers o. nach den Zuständigkeitsregeln des vorrangig (s. § 97 Abs. 1 S. 2 FamFG) anwendbaren **europäischen Verfahrensrechts** (Musielak/Borth/Borth FamFG § 97 Rn. 3). Für die Prüfung der internationalen Zuständigkeit stellen Niethammer-Jürgens/Erb-Klünemann (Internationales Familienrecht in der Praxis, Teil 5 C) eine Prüfung in 6 Schritten vor.

Das Luganer Übereinkommen über die gerichtliche Zuständigkeit und die Vollstreckung gerichtlicher Entscheidungen in Zivil- und Handelssachen vom 30.10.2007, ABl. (EU) L 339 v. 21.12.2007 (Lugano-Übereinkommen II – **LugÜ II**) regelt die Frage der Zuständigkeit u. gilt für EU-Mitgliedsstaaten **im Verhältnis zu Island, Norwegen u. der Schweiz;** das LugÜ II hat mehr Vertragsstaaten, hat aber wegen seines Nachrangs einen Restanwendungsbereich nur im Verhältnis zu den Vertragsstaaten, die nicht Mitgliedstaaten der EU sind.

Das Verfolgen von Unterhaltsansprüchen **über die Grenzen der Europäischen Union** (EU) **hinaus** wird durch das am 1.8.2014 (s. BGBl. 2014 I 887) in Kraft getretene Haager Übereinkommen vom 23.11.2007 über die int. Geltendmachung der Unterhaltsansprüche von Kindern u. anderen Familienangehörigen (**Haager Unterhaltsübereinkommen**) durch die Zusammenarbeit Zentraler Behörden vereinfacht; Zentrale Behörde in Deutschland ist gem. § 4 Abs. 1 des Auslandunterhaltsgesetzes (AUG) das Bundesamt für Justiz in Bonn (www. Bundesjustizamt.de > Unterhalt). Zu Fragen des **Brexit** s. von Bary FamRZ 2021, 342 (344 f.) – die EU hat einem Beitritt des Vereinigten Königreichs zum LugÜ II bislang nicht zugestimmt.

In der EU ist parallel zum Haager Unterhaltsübereinkommen eine **EG-Unterhaltsverordnung** erlassen worden, die auf dem Haager Unterhaltsübereinkommen von 2007 aufbaut u. die seit dem Jahre 2011 innerhalb der EU eine erleichterte Durchsetzung von Unterhalt im Ausland ermöglicht. Ab dem 18.6.2011 gilt in allen EU-Mitgliedstaaten (in Dänemark nur eingeschränkt) die **Verordnung (EG) Nr. 4/2009** des Rates vom 18.12.2008 über die Zuständigkeit, das anwendbare Recht, die Anerkennung u. Vollstreckung von Entscheidungen u. die Zusammenarbeit in Unterhaltssachen (ABl. 2009 L 7, 1, berichtigt durch das Dokument des Rates der EU 8552/11 vom 13.4.2011). Diese **EuUnthVO** (abgedruckt u. kommentiert von Prütting/Helms/Hau FamFG Anhang 3 zu § 110) gilt auch in Deutschland ab dem 18.6.2011 als eigenständiges Rechtsinstrument für das int. Verfahrensrecht in Unterhaltssachen unmittelbar. Sie hat nach ihrem Art. 69 Abs. 2 im Verhältnis der Mitgliedstaaten untereinander Vorrang vor sonstigen Abkommen (BT-Drs. 17/4887, 27 (28, 30); Dose UnterhaltsR/Dose § 9 Rn. 602 f., 640).

Der in **Art. 1 Abs. 1 EuUnthVO** definierte **sachliche Anwendungsbereich** der Verordnung wird aus deutscher Sicht autonom dahin ausgelegt, dass alle Verpflichtungen bzw. Ansprüche, die sich zumindest wesentlich an der Bedürftigkeit des Berechtigten u. der Leistungsfähigkeit des Verpflichteten orientieren, gemeint sind; entscheidend ist die Funktion des Anspruchs, dem Begünstigen das Bestreiten seines Lebensunterhalts zu ermöglichen (Andrae IntFamR/Andrae, § 10 Rn. 5).

Ein unterhaltsberechtigter Antragsteller hat das **Wahlrecht** zwischen den in Art. 3 EuUnthVO genannten **vier gleichrangigen Gerichtsständen:**

a) Gericht des gewöhnlichen Aufenthaltsortes des Antragsgegners
b) Gericht des gewöhnlichen Aufenthaltsortes der unterhaltsberechtigten Person
c) Gericht des Statusverfahrens für Unterhalt als Annex
d) Gericht des Sorgerechtsverfahrens für Unterhalt als Annex.

Für den **Vorteil des nahen inländischen Gerichtsstandes** empfiehlt sich meist ein Antrag am Ort des gewöhnlichen Aufenthalts des unterhaltsberechtigten Kindes gem. Art. 3 Buchst. b EuUnthVO. Für den gewöhnlichen Aufenthalt eines Kindes ist der Ort maßgebend, der Ausdruck einer gewissen sozialen u. familiären Integration des Kindes ist; eine nur vorübergehende o. gelegentliche Anwesenheit des Kindes in einem Mitgliedstaat genügt nicht (EuGH BeckRS 2009, 70389 Rn. 31 ff. = FamRZ 2009, 843; Wendl/Dose UnterhaltsR/Dose § 9 Rn. 641; Prütting/Helms/Hau FamFG vor §§ 98–106 Rn. 21 ff.; Hau FamRBint 2012, 19).

Das **Auslandsunterhaltsgesetz** (AUG) (BGBl. 2011 I 898) erläutert die internationalen Zuständigkeitsregeln der EuUnthVO in § 25 AUG u. ergänzt in §§ 26 ff. AUG Regelungen zur örtlichen Zuständigkeit, begründet aber keine int. Entscheidungszuständigkeit (Andrae NJW 2011, 2545). Die ab 26.11.2015 gültige Fassung von § 28 Abs. 1 S. 1 AUG (BGBl. 2015 I 2020) behält die für die Fälle des Art. 3 Buchst. a u. b EuUnthVO beim gewöhnlichen Aufenthalt eines der Verfahrensbeteiligten im Ausland bestimmte – jetzt aber nicht mehr ausschließliche – örtliche Zuständigkeitskonzentration bei. Nach wie vor örtlich zuständig ist das für den **Sitz des OLG zuständige Amtsgericht**, in dessen Bezirk der im Inland lebende Antragsgegner o. Berechtigte seinen gewöhnlichen Aufenthalt hat (für den Bezirk des Kammergerichts ist gem. § 28 Abs. 1 S. 2 AUG das Amtsgericht Pankow zuständig). Der Wegfall der ausschl. Zuständigkeit beruht auf dem Urteil des EuGH vom 18.12.2014 (BeckRS 2014, 82643 = FamRZ 2015, 639), welches bei einer ausschl. Zuständigkeit das durch Art. 3 Buchst. b EuUnthVO verfolgte Ziel der räumlichen Nähe zwischen dem Unterhaltsberechtigten u. dem zuständigen Gericht beeinträchtigt sah, es sei denn, diese Regelung begünstige eine effektive Durchsetzung von Unterhaltsansprüchen, was vom nationalen Gericht zu prüfen sei. Die Änderung wirkt sich praktisch dahingehend aus, dass der Unterhaltsberechtigte ein **Wahlrecht** hat zwischen seinem örtlichen Familiengericht, das gem. § 232 Abs. 3 FamFG zuständig ist, u. demjenigen am Sitz des OLG, das gem. § 28 Abs. 1 S. 1 AUG zuständig ist, da das Gericht am OLG nicht mehr ausschließlich zuständig ist. Wurde das örtliche Familiengericht angerufen, kann es nicht an das Familiengericht mit Sitz am OLG mit bindender Wirkung verweisen, da das örtliche Familiengericht nicht seine Unzuständigkeit feststellen kann. Da die räumliche Nähe aufgrund moderner Kommunikationsmitteln nur noch eine untergeordnete Rolle spielt, werden sich in grenzüberschreitenden Unterhaltssachen die Ansprüche meist effektiver bei einem spezialisierten Familiengericht durchsetzen lassen, so dass grds. das Familiengericht mit Sitz am OLG angerufen werden sollte (vgl. OLG Brandenburg BeckRS 2016, 15147 Rn. 8; Dimmler FamRB 2015, 48).

Nach dem Erwägungsgrund 15 der EuUnthVO gilt die EuUnthVO u. damit auch das AUG nicht nur für Fälle zwischen zwei Mitgliedstaaten der Europäischen Union, sondern auch für Unterhaltssachen mit Bezug zu **Drittstaaten**.

Eine **Behörde** (s. Art. 64 EuUnthVO u. Erwägungsgrund 14 EuUnthVO) mit Sitz im Inland, die Unterhaltsansprüche aus übergegangenem Recht (§ 7 Abs. 1 UVG, § 33 Abs. 1 SGB II, § 94 Abs. 1 SGB XII, § 37 Abs. 1 BAföG) von einem Antragsgegner mit gewöhnlichem Aufenthalt im Ausland verlangt, kann gem. Art. 3 Buchst. b EuUnthVO auch das Gericht am inländischen Gerichtsstand des materiell Unterhaltsberechtigten anrufen (EuGH NJW 2020, 3229 Rn. 31 ff. = FamRZ 2020, 1722).

Gem. Art. 15 EuUnthVO bestimmt sich das **anwendbare Unterhaltsrecht** nach dem in Deutschland seit dem 18.6.2011 unmittelbar geltenden Haager Protokoll vom 23.11.2007 über das auf Unterhaltspflichten anzuwendende Recht – HUnthProt – (ABl. 2009 L 331, 17 u. 2009 L 331, 19; abgedruckt u. kommentiert bei Grüneberg/Thorn EGBGB Art. 18). Dieses Protokoll ist universell anzuwenden, dh auch dann, wenn das darin bezeichnete Recht dasjenige eines Nichtvertragsstaats ist (Art. 2 HUnthProt). Nach Art. 3 Abs. 1 HUnthProt ist für int. Unterhaltspflichten grundsätzlich das Recht des Staates maßgebend, in dem die berechtigte Person ihren gewöhnlichen Aufenthalt hat, was für den Unterhaltsberechtigten von Vorteil ist. Letzteres gilt ebenso für den Trennungs- u. den Scheidungsunterhalt, allerdings mit der Möglichkeit der Einrede gem. Art. 5 HUnthProt (Boele-Woelki/Mom FPR 2010, 485 (487)).

Hält sich der **Antragsgegner im Inland** u. das **antragstellende Kind im Ausland** auf, richtet sich die Zuständigkeit des Familiengerichts nach § 232 Abs. 3 S. 1 FamFG, §§ 12, 13 ZPO bzw. nach dem vorrangigen Art. 3 Buchst. a EuUnthVO, wenn das Kind diesen Gerichtsstand wählt. Int. u. örtlich zuständig ist dann das Gericht am inländischen gewöhnlichen Aufenthaltsort des Antragsgegners. Nach Art. 4 Abs. 3 S. 1 HUnthProt ist das am Ort des angerufenen Gerichts geltende Recht anzuwenden. In grenzüberschreitenden Unterhaltsfällen hat demnach das Gericht regelmäßig das eigene Unterhaltsrecht anzuwenden (Andrae GPR 2010, 196 (202)).

Um die Gerichte in Europa besser unterstützen zu können, wurde ein Netz aus nationalen Behörden u. Gerichten eingerichtet, das die justizielle Zusammenarbeit zwischen den Staaten der Europäischen Union in solchen Fällen fördern, verbessern u. beschleunigen soll. Dieses Netz ist das Europäische Justizielle Netz für Zivil- und Handelssachen (EJN). In Deutschland stehen in Familienverfahren mit Auslandsbezug vier Familienrichter(innen) als sog. **Verbindungsrichter(innen)** ihren Kolleg(innen) als Ansprechpartner(innen) zur Verfügung (Näheres bei www.bundesjustizamt.de; Menne IPRax 2020, 86 (86–90) mwN; Tätigkeitsbeispiele bei Menne ZEuP 2019, 472 ff. (492 f.) zum Unterhaltsrecht).

Den Zugang zum Recht in der EU erleichtert das **Europäische Justizportal** (https://e-justice.europa.eu).

Will der Leistungsträger den übergegangenen Unterhaltsanspruch eines **nicht gleichgestellten volljährigen Kindes** gegen einen Antragsgegner mit gewöhnlichem Aufenthalt im Inland geltend machen, muss er dies bei dem für den inländischen gewöhnlichen Aufenthaltsort des Antragsgegners zuständigen Familiengericht tun (§ 232 Abs. 3 S. 1 FamFG, §§ 12, 13 ZPO).

Nachrangig gegenüber der ausschließlichen Zuständigkeit nach § 232 Abs. 1 FamFG bestimmt sich die örtliche Zuständigkeit gem. **§ 232 Abs. 3 FamFG nach der ZPO**, wobei nicht auf den Wohnsitz, sondern auf den gewöhnlichen Aufenthalt abzustellen ist, sowie nach Wahl des Antragstellers gem. § 232 Abs. 3 S. 2 Nr. 1–3 FamFG.

Nimmt das Kind **beide Eltern** auf Erfüllung der Unterhaltspflicht in Anspruch, ist gem. **§ 232 Abs. 3 S. 2 Nr. 2 FamFG** nach der Wahl des Antragstellers auch das Familiengericht zuständig, das für den Antrag gegen einen Elternteil zuständig ist. Dieser Wahlgerichtsstand hat vor allem Bedeutung für die Unterhaltsanträge volljähriger, nicht nach § 1603 Abs. 2 S. 2 BGB gleichgestellter Kinder gegen beide Eltern (Haußleiter/Eickelmann FamFG § 232 Rn. 47).

3. Durch das Gesetz zur Änderung des Unterhaltsrechts (BGBl. 2007 I 3189) ist zum 1.1.2008 der **Mindestunterhalt** für die minderjährigen Kinder in den alten u. neuen Bundesländern vereinheitlicht u. dem Kindesunterhalt in § 1609 Nr. 1 BGB der Vorrang vor anderen Unterhaltspflichten eingeräumt worden. Mit Wirkung zum 1.1.2016 ist § 1612a Abs. 1 S. 2 BGB dahin geändert worden, dass der Mindestunterhalt sich nicht mehr nach dem einkommensteuerrechtlichen Kinderfreibetrag (§ 32 Abs. 6 S. 1 EStG), sondern direkt nach dem steuerfrei zu stellendem sächlichem Existenzminimum des minderjährigen Kindes richtet (BGBl. 2015 I 2018; s. dazu Menne NZFam 2016, 97). Der konkrete Betrag des Mindestunterhalts wird seither wieder gem. § 1612a Abs. 4 BGB zur Vereinfachung der Rechtsanwendung alle zwei Jahre durch Rechtsverordnung festgelegt. Die VO, durch die der Mindestunterhalt ab dem Jahr 2016 bestimmt wird, wird jeweils in Anm. A.II der **Düsseldorfer Tabellen (DT)** 2016 ff. genannt (www.olg-duesseldorf.nrw.de). Bei Drucklegung galt die DT 2026 mit Mindestunterhaltssätzen nach der Siebten Verordnung zur Änderung der MindestunterhaltsVO vom 15.11.2024 (BGBl. 2024 I Nr. 359): Der Mindestunterhalt beläuft sich in 2026 in der ersten Altersstufe (0–5 Jahre) auf 486 EUR, in der zweiten Altersstufe (6–11 Jahre) auf 558 EUR u. in der dritten Altersstufe (12–17 Jahre) auf 653 EUR. Die DT 2026 hat den Mindestunterhalt der 4. Altersstufe (ab 18 Jahre) auf (558 EUR x 125 % = gerundet) 698 EUR festgelegt.

Das monatliche **Kindergeld** beläuft sich **ab dem 1.1.2026** auf 259 EUR pro Kind (BGBl. 2024 I Nr. 449) (s. die Kindergeldtabelle → Anm. 12).

Das Gesetz belässt dem minderjährigen Kind die **Wahl** zwischen einem **statischen** u. einem **dynamisierten Unterhaltstitel.** Regelmäßig wird es zweckmäßig sein, einen dynamisierten Unterhalt zu fordern, um den Vorteil der automatischen Anpassung der Unterhaltsrente nach § 1612a BGB zu haben (→ Form. J.I.3). Mit einem statischen Unterhaltsantrag ist kein endgültiger Verzicht auf eine Dynamisierung verbunden, da diese noch durch einen späteren, aus anderen Gründen gestellten Abänderungsantrag nach § 238 FamFG erreicht werden kann (BT-Drs. 13/7338, 57); allein der Wunsch, nunmehr statt des statischen einen dynamischen Titel zu erhalten, reicht für einen Abänderungsantrag jedoch nicht aus (Wendl/Dose UnterhaltsR/Klinkhammer, § 2 Rn. 358). Für ein vorläufiges Absehen von der Dynamisierung kann zB sprechen, dass ein Kindesunterhalt auf einem höheren als dem gesetzlich geschuldeten Niveau vereinbart werden soll o. dass dieser in einem **Mangelfall** für mehrere gleichrangige Berechtigte festzulegen ist, da in Mangelfällen bereits geringe Veränderungen des Einkommens die Leistungsfähigkeit u. damit die Unterhaltshöhe mit der Verteilung auf mehrere Berechtigte beeinflussen können. Auch wenn sich die Grundlagen der Unterhaltsbemessung absehbar ändern werden, zB wegen Einkommensänderungen aufgrund Steuerklassenwechsel o. Hinzutreten weiterer Unterhaltspflichten, kann ein statischer Titel vorzugswürdig sein.

Im Antrag ist ein **konkreter Zahlungsbeginn**, aber **kein Zahlungsende** (etwa bis zur Vollendung des 18. Lebensjahres des Antragstellers) zu nennen. Denn die Unterhaltsansprüche des minderjährigen u. des volljährigen Kindes sind identisch (BGH NJW 1994, 1530) u. die Unterhaltspflicht dauert grundsätzlich lebenslang fort, solange das Kind bedürftig ist u. die Eltern leistungsfähig sind (BGH NJW 1984, 1613). Dies bedeutet, dass statische u. dynamisierte, unbefristet tenorierte Unterhaltstitel auch über den Zeitpunkt der Volljährigkeit des Kindes fortgelten u. weiter vollstreckbar sind; der Unterhaltspflichtige kann einen Abänderungsantrag nach § 238 FamFG stellen. Für statische Titel ergibt sich dies aus der Identität der Unterhaltsansprüche minderjähriger u. volljähriger Kinder (OLG Hamm BeckRS 2012, 4437). Für dynamisierte Titel ist dies in § 244 FamFG bestimmt (Sternal/Giers FamFG § 244 Rn. 4). Das minderjährige Kind hat einen Anspruch auf Errichtung eines unbefristeten Unterhaltstitels, der nicht auf die Zeit der Minderjährigkeit begrenzt ist (OLG Bamberg NJW-RR 2018, 1348).

Ferner sollte bereits im Antrag deutlich gemacht werden, aus welchem **Bedarfsbetrag u.** aus welchem gem. § 1612b BGB bedarfsmindernd angerechneten **Kindergeldbetrag** sich der Zahlbetrag errechnet, damit später bei einer Versäumnis- o. Anerkenntnisentscheidung sowie eines Abänderungsverfahrens die Höhe des Kindergeldabzugs nachvollziehbar ist.

Der **Bedarfsbetrag** richtet sich nach der DT, die keine Gesetzeskraft hat, sondern als eine Richtlinie eine bundesweit einheitliche Unterhaltsbemessung ermöglichen soll. Die DT stellt im Wesentlichen auf das Alter des Kindes (**Altersstufen**) u. auf die Einkommensverhältnisse des Barunterhaltspflichtigen (**Einkommensgruppen**) ab. Sie beruht seit 2010 auf der Annahme, dass zwei Personen Unterhalt geschuldet wird. Bei einer höheren Anzahl von Unterhaltsberechtigten kommen Herabstufungen u. bei nur einem Unterhaltsberechtigten kommen Heraufstufungen in Betracht. Darüber hinaus sind Herabstufung zB bei erweiterten Umgangskontakten durch den Unterhaltspflichtigen denkbar (BGH NJW 2014, 1958 = FamRZ 2014, 917; OLG Brandenburg NZFam 2022, 975). Bis 2021 sah die DT insgesamt 10 Einkommensgruppen vor, die zum 1.1.2022 um fünf weitere Einkommensgruppen erweitert wurden. Bei der Einstufung in die DT ist nach den Leitlinien der meisten Oberlandesgerichte (Ziff. 11.2) der **Bedarfskontrollbetrag** zu beachten, der eine ausgewogene Verteilung zwischen dem Unterhaltspflichtigen, den Kindern u. ggf. dem anderen Elternteil sicherstellen soll. Ist nach Abzug der anhand der Einkommensgruppen zu zahlenden Unterhaltsbeträge der entsprechende Bedarfskontrollbetrag nicht gewahrt, ist der Unterhalt der niedrigeren Einkommensgruppe zu entnehmen, bei der der Kontrollbetrag nicht unterschritten wird.

Bei der Bemessung des Unterhaltsbedarfs sind **weitere Unterhaltsverpflichtungen** des Pflichtigen zu berücksichtigen: konkurriert der Unterhaltsanspruch des minderjährigen Kindes o. privilegierten Volljährigen mit gem. § 1609 BGB nachrangigen Unterhaltslasten getrennt lebender u./o. geschiedener Ehegatten o. Ansprüchen nach § 1615l BGB, ist trotz Vorrangs der Kinder nach § 1609 Nr. 1 BGB auf ein ausgewogenes Verhältnis in Bezug zum betreuenden Ehegatten zu achten, was durch Anwendung der Bedarfskontrollbeträge u. eine Angemessenheitskontrolle erreicht werden kann. Bei einem Mangelfall im 2. Rang ist zur Deckung des Mindestbedarfs aller Beteiligten – einschließlich des Ehegatten – eine Herabstufung des Unterhaltsbedarfs des minderjährigen Kindes bis in die unterste Tabellengruppe auf den Mindestunterhalt vorzunehmen (BGH NJW 2010, 2515 Rn. 20 = FamRZ 2010, 1318; Dose UnterhaltsR/Siebert § 4 Rn. 442; Wendl/Dose UnterhaltsR/Guhling § 5 Rn. 139; Scholz FamRZ 2007, 2021 (2028 f.); Grüneberg/von Pückler BGB § 1609 Rn. 11, 30; Anm. A. I zur DT 2025). Bei sonstigen nachrangigen Unterhaltslasten, zB bei nachrangigen Ehegatten gem. § 1609 Nr. 3 BGB o. sonstigen Volljährigen gem. § 1609 Nr. 4 BGB, ist es dagegen im Rahmen des ausgewogenen Verhältnisses ausreichend, dass sie bei der Eingruppierung des Kindesunterhalts berücksichtigt werden (BGH NJW 2014, 2109 = FamRZ 2014, 1183). Die abweichende Meinung, nach der nachranginge Unterhaltspflichten des 2. Rangs keine Herabstufung auf den Mindestunterhalt beim minderjährigen Kind rechtfertigen (Schürmann FamRZ 2008, 313 (321); Vossenkämper FamRZ 2008, 201 (210); Peschel-Gutzeit, Unterhaltsrecht aktuell, Rn. 245 ff.; Maurer FamRZ 2008, 977; Schwab FamRZ 2005, 1417 (1423 f.); MüKoBGB/Langeheine BGB § 1609 Rn. 5; krit. auch Borth FamRZ 2006, 813 (817 f.)), hat sich nicht durchgesetzt. Bei der Ermittlung des Unterhaltsbedarfs für das minderjährige Kind ist auf das zusammengerechnete Einkommen beider Eltern abzustellen.

Da die Unterhaltsverpflichtung des Barunterhaltsschuldners im Kindesunterhalt aber auf den Betrag begrenzt ist, den er aufgrund des von ihm allein erzielten Einkommens zahlen müsste (BGH NJW 2022, 2470 = FamRZ 2022, 1366), wirkt sich ein Abzug des **„ungedeckten Naturalunterhalts“** durch den Betreuenden erst beim Mehr- u. Sonderbedarf des Kindes o. beim Partnerunterhalt (BGH NZFam 2021, 1008) aus (zur Diskussion: Bruske, FamRZ 2024, 1838; kritisch dazu Teubel, FamRZ 2025, 661 mit Erwiderung Bruske FamRZ 2025, 662; Maaß NZFam 2025, 265; Borth FamRZ 2025, 490; Dose UnterhaltsR/Klinkhammer § 2 Rn. 206 ff.), so dass im Residenzmodell regelmäßig die Unterhaltsermittlung abgekürzt werden kann, indem für den Unterhaltsbedarf allein auf das Einkommen des Barunterhaltspflichtigen abgestellt wird.

Mehrere Unterhaltsgläubiger können ihre gegen denselben Unterhaltsschuldner gerichteten Ansprüche zwar gemeinsam, aber nicht in einer Summe geltend machen, sondern müssen die **Ansprüche aufschlüsseln;** sonst fehlt dem Antrag die notwendige Bestimmtheit (§ 113 Abs. 1 S. 2 FamFG iVm § 253 Abs. 2 Nr. 2 ZPO) u. dieser ist unzulässig (BGH NJW 1981, 2462).

Für den Unterhaltsanspruch u. die Konkurrenz gleichrangiger Ansprüche auf Kindesunterhalt kommt es allein auf die **rechtliche** u. nicht auf die leibliche **Abstammung** des unterhaltsberechtigten Kindes vom Unterhaltspflichtigen an. Den Unterhaltspflichtigen trifft keine unterhaltsrechtliche Obliegenheit zur Anfechtung der Vaterschaft (BGH NZFam 2020, 244 Rn. 27 f.).

Es sollte vor der Einreichung des Zahlungsantrags überlegt werden, ob ein Antrag auf Festsetzung des Unterhalts für das minderjährige Kind im vereinfachten Verfahren nach § 249 FamFG (→ Form. J.II.1) erfolgversprechend ist. Das **Vereinfachte Verfahren über den Unterhalt Minderjähriger** gem. §§ 249 ff. FamFG steht wahlweise zum Streitverfahren allen minderjährigen Kindern, die mit dem in Anspruch genommenen Elternteil nicht in einem Haushalt leben, für die Erstfestsetzung ihres Unterhalts zur Verfügung. Das vereinfachte Verfahren kann deshalb zweckmäßig sein, weil hier ohne nähere Begründung die Erstfestsetzung des Kindesunterhalts bis zum 1,2fachen des Mindestunterhalts abzgl. hälftigem Kindergeld möglich ist (zur Höhe s. die Arbeitshilfe zur DT 2025 → Anm. 12). Dies gilt umso mehr, als das minderjährige Kind im Streitverfahren von der Darlegungs- u. Beweislast für seinen Bedarf u. für die Leistungsfähigkeit des Unterhaltsverpflichteten nur bis zum Mindestunterhalt (§ 1612a BGB = Gruppe 1 der DT) befreit ist (BGH NZFam 2019, 78 Rn. 25). Somit kann im vereinfachten Verfahren durch das Einreichen des schnell ausgefüllten Antragsformulars die Festsetzung eines Kindesunterhalts von 120 % des Mindestunterhalts erreicht werden u. dem Antragsgegner ist die Berufung auf eine mangelnde Leistungsfähigkeit durch seine Auskunftspflichten nach § 252 Abs. 4 FamFG erschwert. Allerdings ist das vereinfachte Verfahren dann unzweckmäßig, wenn der Unterhaltsschuldner bereits vor Einleitung des Streitverfahrens mangelnde Leistungsfähigkeit eingewendet hat (OLG Rostock FamRZ 2006, 1394).

4. Neben dem Unterhalt hat der Unterhaltsberechtigte grds. Anspruch auf **Zinsen**. In der Praxis unterbleibt jedoch meist die Beantragung von Zinsen, da der Antrag mit gestaffeltem Zinsbeginn umständlich ist u. die Beträge im Vergleich zum Unterhaltsbetrag verhältnismäßig gering sind; da Unterhaltsansprüche zeitnah geltend zu machen sind, laufen selten hohe Zinsansprüche auf, zumal der Verzugszinssatz des § 288 Abs. 1 S. 2 BGB in der Zeit vom 1.1.2013 bis 1.1.2023 aufgrund eines negativen Basiszinssatzes unter 5 % lag. Auch fördert die Geltendmachung von Zinsen nicht für die Zukunft ein konstruktives Verhältnis zwischen den Beteiligten, von dem bei Unterhaltsansprüchen jedoch grds. beide Seiten aufgrund der bestehenden Verwandtschaftsverhältnisse u. der gegenseitigen Rücksichtnahmepflichten profitieren würden.

Auf Unterhaltsrückständen können **Verfahrenszinsen** nach § 291 BGB (BGH NJW-RR 1987, 386 = FamRZ 1987, 352) verlangt werden. **Verzugszinsen** gem. § 286 BGB setzen grundsätzlich eine Zahlungsaufforderung voraus (im Einzelnen: → Anm. 22). Unterhaltsschulden sind unter den Voraussetzungen des Schuldnerverzugs gem. § 288 Abs. 1 BGB wie andere Geldschulden zu verzinsen (BGH NJW 2008, 2710 Rn. 22 f. = FamRZ 2008, 1428). Der Schuldner schuldet auf die Unterhaltsrückstände Verzugszinsen gestaffelt nach Fälligkeitszeitpunkten (§ 1612 Abs. 3 S. 1 BGB) ab dem Ersten des Monats (§ 1613 Abs. 1 S. 2 BGB), in dem er vom Gläubiger nach dem Eintritt der Fälligkeit gemahnt (§ 286 Abs. 1 S. 1 BGB) o. zur Auskunft gem. § 1613 Abs. 1 S. 1 BGB aufgefordert worden ist (s. Grüneberg/von Pückler BGB § 1613 Rn. 2 ff.).

Der einmal nach dem Eintritt der Fälligkeit einer Unterhaltsrate **begründete Verzug** des Unterhaltsschuldners erstreckt sich grds. auch auf die künftig fällig werdenden Unterhaltsraten, ohne dass die Mahnung monatlich wiederholt werden muss (BGH NJW 1988, 1137 = FamRZ 1988, 370).

Die **Höhe der Verzugszinsen** ergibt sich aus der in § 288 Abs. 1 S. 2 BGB genannten Höhe (fünf Prozentpunkte über dem Basiszinssatz pro Jahr), § 247 BGB. Der Basiszinssatz verändert sich jeweils zum 1.1. u. 1.7. eines jeden Jahres. Der aktuelle Stand wird von der Deutsche Bundesbank im Bundesanzeiger u. im Internet unter www.bundesbank.de > Basiszinssatz bekannt gegeben. Daraus folgt die nachstehende Tabelle der Verzugs- u. Prozesszinssätze pro Jahr, bei denen es sich jeweils um die Summe von fünf Prozentpunkten u. dem aktuellen Basiszinssatz handelt.

Ab 1.7.2011	(0,37 % zzgl. 5 Prozentpunkte =) **5,37 %**
Ab 1.1.2012	(0,12 % zzgl. 5 Prozentpunkte =) **5,12 %**
Ab 1.1.2013	(-0,13 % zzgl. 5 Prozentpunkte =) **4,87 %**
Ab 1.7.2013	(-0,38 % zzgl. 5 Prozentpunkte =) **4,62 %**
Ab 1.1.2014	(-0,63 % zzgl. 5 Prozentpunkte =) **4,37 %**
Ab 1.7.2014	(-0,73 % zzgl. 5 Prozentpunkte =) **4,27 %**
Ab 1.1.2015	(-0,83 % zzgl. 5 Prozentpunkte =) **4,17 %**
Ab 1.7.2016	(-0,88 % zzgl. 5 Prozentpunkte =) **4,12 %**
Ab 1.1.2023	(1,62 % zzgl. 5 Prozentpunkte =) **6,62 %**
Ab 1.7.2023	(3,12 % zzgl. 5 Prozentpunkte =) **8,12 %**
Ab 1.1.2024	(3,62 % zzgl. 5 Prozentpunkte =) **8,62 %**
Ab 1.7.2024	(3,37 % zzgl. 5 Prozentpunkte =) **8,37 %**
Ab 1.1.2025	(2,27 % zzgl. 5 Prozentpunkte =) **7,27 %**
Ab 1.7.2025	(1,27 % zzgl. 5 Prozentpunkte =) **6,27 %**
Ab 1.1.2026	(1,27 % zzgl. 5 Prozentpunkte =) **6,27 %**

Für **künftig fällig werdende Unterhaltsansprüche** können Verzugszinsen nur dann verlangt werden, wenn ausnahmsweise die Voraussetzungen des § 259 ZPO vorliegen (BGH NJW 2008, 2710 Rn. 19 = FamRZ 2008, 1428; OLG Koblenz BeckRS 2010, 20080 = FamRZ 1980, 583 (585)), dh wenn den Umständen nach die Besorgnis gerechtfertigt ist, der Schuldner werde sich der rechtzeitigen Leistung entziehen. Für den Zinsanspruch greift § 259 ZPO damit nur dann ein, wenn der Schuldner subjektiv die Besorgnis begründet hat, er werde den Zinsanspruch selbst bei Fälligkeit nach Grund u. Höhe bestreiten. Da selten entsprechende Anhaltspunkte vorliegen dürften, ist ein Zinsantrag betr. die noch nicht fälligen Unterhaltsraten regelmäßig unzulässig.

Mit dem formulierten Zinsantrag werden Zinsen auf die Unterhaltsrückstände verlangt. Die Rückstände beziehen sich auf die in der Zeit zwischen dem **Monatsersten der Mahnung** bzw. dem Auskunftsverlangen sowie dem im **Monat der Antragseinreichung** bereits fälligen Unterhaltsbeträge, gestaffelt nach den Fälligkeitszeitpunkten der einzelnen Monatsraten. Wird also zB der Antrag im Mai gestellt, ist der Unterhaltsbetrag für Mai gem. § 1612 Abs. 3 S. 1 BGB bereits fällig u. für ihn können Zinsen verlangt werden. Sind die rückständigen Monatsbeträge gleich hoch, müssen die einzelnen Monatsbeträge nicht mehrfach genannt werden, sondern kann der Antrag insoweit auch wie folgt kürzer gefasst werden:

„von jeweils . . . . . EUR seit dem . . . . ., seit dem . . . . . und seit dem . . . . .“

Sind die monatlichen Unterhaltsrückstände u. die Zinsen im Rückstandszeitraum gleich hoch, kann der Zinsbeginn gemittelt u. der Antrag folgendermaßen abgekürzt werden:

„Die Antragsgegnerin wird verpflichtet, an den Antragsteller zu Händen des gesetzlichen Vertreters einen Unterhaltsrückstand für die Zeit vom . . . . . bis . . . . . in Höhe von insgesamt . . . . . EUR nebst Zinsen in Höhe von 5 Prozentpunkten über dem jeweiligen Basiszinssatz nach § 247 BGB seit dem . . . . . (Mittelzins) sowie ab . . . . . monatlich Unterhalt in Höhe von (. . . . . EUR Bedarfsbetrag abzgl. . . . . . EUR anzurechnendes Kindergeld =) . . . . . EUR zu zahlen, und zwar im Voraus bis zum 3. eines jeden Monats.“

Im Verhandlungstermin können auf die bis dahin **zusätzlich aufgelaufenen Unterhaltsrückstände** bis einschl. des Monats der mündlichen Verhandlung Verzugszinsen verlangt werden. Um eine Vertagung (§ 113 Abs. 1 S. 2 u. Abs. 3 FamFG, § 227 Abs. 1 ZPO) zu vermeiden, weil sich der Unterhaltsschuldner auf diese – sachdienliche – Antragserweiterung im Verhandlungstermin nicht einlassen möchte, können bereits in der Antragsschrift Verzugszinsen auch auf die künftigen Monatsraten verlangt u. dieser Zinsantrag im Verhandlungstermin für die auf den Verhandlungsmonat folgenden Monate zurückgenommen werden.

Beim Abschluss von Unterhaltsvergleichen werden Verzugszinsen im Rahmen des Nachgebens überwiegend erlassen. Um die Höhe des Nachgebens zu erfassen, sollte der Betrag – zumindest überschlägig – errechnet werden.

5. Nach § 116 Abs. 3 S. 1 FamFG werden Endentscheidungen in Familienstreitsachen, zu denen gem. § 112 Nr. 1 FamFG auch Verwandtenunterhaltssachen iSv § 231 Abs. 1 Nr. 1 FamFG gehören, erst mit Rechtskraft wirksam. Sie sind aber gem. § 120 Abs. 2 S. 1 FamFG sofort vollstreckbar, wenn das Gericht deren **sofortige Wirksamkeit** gem. § 116 Abs. 3 S. 2 FamFG anordnet. Dies unterscheidet Unterhaltsbeschlüsse von Endurteilen, die nach den Regelungen der §§ 708–713 ZPO vorläufig vollstreckbar sind. Die Anordnung der sofortigen Wirksamkeit kann weder von einer Sicherheitsleistung abhängig gemacht noch kann dem Unterhaltspflichtigen eine Abwendungsbefugnis durch Sicherheitsleistung eingeräumt werden.

Nach § 116 Abs. 3 S. 3 FamFG soll das Gericht die sofortige Wirksamkeit anordnen, soweit die Endentscheidung eine Verpflichtung zur Leistung von Unterhalt enthält; ein Antrag ist nicht erforderlich. Mit dieser **Soll-Vorschrift** wird die Bedeutung des Unterhalts zur Sicherung des Lebensbedarfs zum Ausdruck gebracht. Im Hinblick auf diese Zweckrichtung kann auf eine Anordnung der sofortigen Wirksamkeit teilweise o. vollständig verzichtet werden, wenn zB länger zurückliegende Unterhaltsrückstände verlangt werden o. wenn die Unterhaltsvorschussstelle nach § 7 Abs. 4 S. 1 UVG übergegangene Ansprüche geltend macht (BT-Drs. 16/6308, 224).

Ob nur das erstinstanzliche Gericht die **vergessene Anordnung** der sofortigen Wirksamkeit gem. § 64 Abs. 3 FamFG nachholen kann (so OLG Brandenburg NJOZ 2016, 521 = FamRZ 2016, 161) o. ob dies auch das Beschwerdegericht nach § 120 Abs. 1 FamFG iVm § 718 Abs. 1 ZPO tun kann (so wohl hM KG BeckRS 2014, 22339 = FamRZ 2014, 1934; OLG München BeckRS 2023, 29177 = FamRZ 2024, 460), ist umstritten. Daher sollte der Antragsteller primär einen Ergänzungsantrag unter Einhaltung der Frist des § 321 Abs. 2 ZPO beim erstinstanzlichen Familiengericht stellen (OLG Brandenburg, NJOZ 2016, 521 = FamRZ 2016, 161).

Dem Unterhaltsschuldner bleibt die Berufung auf die **Schuldnerschutzklausel des § 120 Abs. 2 S. 2, 3 FamFG.** Wenn er glaubhaft macht, dass die Vollstreckung ihm einen nicht zu ersetzenden Nachteil bringen würde, hat das Gericht auf seinen Antrag die Vollstreckung vor Eintritt der Rechtskraft der Endentscheidung einzustellen o. zu beschränken (§ 120 Abs. 2 S. 2 FamFG). Hierdurch soll vermieden werden, dass durch die Vollstreckung vor Eintritt der Rechtskraft ein Schaden entsteht, der im Fall des Erfolgs eines Rechtsmittels nicht mehr rückgängig zu machen ist (BT-Drs. 16/6308, 226). Das Tatbestandsmerkmal des nicht zu ersetzenden Nachteils muss gerade durch die Vollstreckung ausgelöst werden u. setzt die Erfolgsaussichten des Rechtsmittels voraus. Nach Auffassung des BGH (BeckRS 2007, 2497 = FamRZ 2007, 554 zu § 719 Abs. 2 ZPO) bringt die Zwangsvollstreckung dem Schuldner einen nicht zu ersetzenden Nachteil, wenn im Falle der Aufhebung o. Abänderung des Vollstreckungstitels der Gläubiger voraussichtlich wegen Mittellosigkeit nicht in der Lage sein wird, den beigetriebenen Geldbetrag zurückzuzahlen. Andere sehen dies nicht als ausreichend für einen Vollstreckungsschutz nach § 120 Abs. 2 S. 2, 3 FamFG an, solange die Vollstreckung nicht mit nicht wieder gut zu machenden Folgeschäden (zB Arbeitsplatzverlust aufgrund Pfändungen) verbunden ist (OLG Karlsruhe BeckRS 2017, 142209 = NJW 2018, 1409 mwN). Der Antrag gem. § 120 Abs. 2 S. 2 FamFG kann nach vorherrschender Betrachtungsweise nur während des erstinstanzlichen Verfahrens gestellt werden. Anschließend ist ein Antrag nach § 120 Abs. 2 S. 3 FamFG möglich. → Form. R.II.5

6. Die Bewilligung von **Verfahrenskostenhilfe** (VKH) setzt gem. § 113 Abs. 1 FamFG, § 114 Abs. 1 ZPO voraus, dass der Hauptsacheantrag Aussicht auf Erfolg bietet, nicht mutwillig erscheint u. der Antragsteller bedürftig ist.

In Unterhaltsverfahren wird für die Frage der **Erfolgsaussicht** schlüssiger Vortrag mit einer nachvollziehbaren Berechnung des begehrten Unterhalts verlangt; es genügt, wenn der Antragsteller Bedarf u. Bedürftigkeit schlüssig darlegt, den Einwand der mangelnden Leistungsfähigkeit hat der Antragsgegner vorzubringen (MüKoFamFG/Witt FamFG § 76 Rn. 79). Macht das Kind nur den **Mindestunterhalt** geltend, ist es von der Darlegungs- u. Beweislast befreit (BGH NZFam 2019, 78 Rn. 25), so dass ein Antrag auf Mindestunterhalt bei entsprechenden Betreuungsverhältnisses stets Aussicht auf Erfolg bietet.

Auch bei **freiwilliger, regelmäßiger u. vorbehaltloser Zahlung** des geforderten Unterhaltsbeitrags besteht aufgrund des Titulierungsinteresses Erfolgsaussicht für den Leistungsantrag, da der Unterhaltspflichtige seine Zahlungen jederzeit einstellen kann (BGH NJW 2010, 238 = FamRZ 2010, 195).

Vor der gerichtlichen Inanspruchnahme des Unterhaltsschuldners sollte diesem die **Möglichkeit der kostenfreien Titulierung** des Kindesunterhalts durch Errichtung einer Jugendamtsurkunde (§ 59 Abs. 1 S. 1 Nr. 3, § 60 SGB VIII, § 64 SGB X) gegeben werden, damit sein Antrag nicht mutwillig iSd § 114 Abs. 2 ZPO erscheint (OLG Hamm NJW-RR 2012, 968).

VKH kann nicht wegen **Mutwillen** verweigert werden, weil das minderjährige Kind seinen Unterhaltsanspruch auch im kostengünstigeren **vereinfachten Verfahren** gem. §§ 249 ff. FamFG durchsetzen könnte (OLG Bremen NZFam 2018, 858). Das Wahlrecht des minderjährigen Kindes zwischen dem ordentlichen Streitverfahren u. dem vereinfachten Verfahren darf dem Kind nicht durch die generelle Verweigerung der VKH für das Streitverfahren genommen werden, zumal sich nach dem vereinfachten Verfahren ein streitiges Verfahren gem. § 255 FamFG (→ Form. J.II.4) mit einem Zeitverlust für das bedürftige Kind anschließen kann. Ferner ist der im vereinfachten Verfahren erwirkte Titel wegen der erleichterten Abänderungsmöglichkeit nach § 240 FamFG (→ Form. J.I.10 Anm. 3) einem Streitbeschluss nicht gleichwertig (OLG Koblenz NJWE-FER 2000, 131).

Zur Prüfung der **Bedürftigkeit** hat der Antragsteller das vorgesehene **Formular** über seine persönlichen u. wirtschaftlichen Verhältnisse mit entsprechenden Belegen vorzulegen (§ 117 Abs. 2 S. 1, Abs. 4 ZPO, § 1 PKHFV) → Anm. 23. Das Formular ist stets vollständig auszufüllen u. alle Fragen sind zu beantworten (ggf. mit „nein"). Empfängern von Leistungen nach SGB II (Bürgergeld/Grundsicherungsgeld) kommt hinsichtlich der Darlegung ihrer Bedürftigkeit keine besonders (privilegierte) Stellung zu (OLG Brandenburg FamRZ 2010, 1266), so dass sie insbesondere Angaben zu ihrem vorhandenen Vermögen zu machen haben; die Vorlage eines Leistungsbescheids genügt nicht. Gleiches gilt für Empfänger von Leistungen nach dem AsylbewerberleistungsG (OLG Dresden 11.10.2021 – 4 W 655/21). Bezieher von Leistungen nach SGB XII (Sozialhilfe) müssen jedoch regelmäßig keine Angaben zu den wirtschaftlichen Verhältnissen machen (§ 2 Abs. 2 PKHFV).

Von dem Einkommen sind gem. § 115 Abs. 1 S. 2 ZPO **Freibeträge** abzusetzen, die sich nach den Bedarfssätzen des SGB II richten u. die sich **bundesweit** zum 1.1.2025 auf folgende Beträge beliefen (Prozesskostenhilfebekanntmachung 2025, BGBl. 2024 I Nr. 429) und Prozesskostenhilfebekanntmachung 2026, BGBl. 2025 I Nr. 360):

Antragsteller	619 EUR
weitere vollj. Person in seinem Haushalt	496 EUR
Person im Alter zwischen 15 u. 18 Jahren in seinem Haushalt	518 EUR
Person im Alter zwischen 7 u. 14 Jahren in seinem Haushalt	429 EUR
Person im Alter bis 6 Jahren in seinem Haushalt	393 EUR
Freibetrag für Erwerbstätigkeit	282 EUR

Abweichend gelten im Landkreis Fürstenfeldbrück, in der Stadt München u. im Landkreis München folgende Beträge:

	Landkreis Fürstenfeldbrück	Stadt München	Landkreis München
Antragsteller	649 EUR	650 EUR	637 EUR
weitere vollj. Person in seinem Haushalt	520 EUR	519 EUR	510 EUR
Person zwischen 15 u. 18 Jahren	540 EUR	541 EUR	534 EUR

Person zwischen 7 u. 14 Jahren	443 EUR	446 EUR	441 EUR
Person im Alter bis 6 Jahren	408 EUR	407 EUR	404 EUR
Freibetrag für Erwerbstätigkeit	295 EUR	296 EUR	290 EUR

Der Mehrbedarf bei Alleinerziehenden ist gem. § 115 Abs. 1 S. 3 Nr. 4 ZPO iVm § 21 SGB II, § 30 SGB XII abzusetzen. Zum 1.1.2025 sind bundesweit ausgehend von einem Regelbedarf in Höhe von 563 EUR folgende Pauschalen zu berücksichtigen:

1 Kind im Alter bis zu 7 Jahren	36 % des Regelbedarfs	202,68 EUR
1 Kind über 7 Jahre	12 % des Regelbedarfs	67,56 EUR
2 Kinder unter 16 Jahren	36 % des Regelbedarfs	202,68 EUR
2 Kinder über 16 Jahre	24 % des Regelbedarfs	135,12 EUR
1 Kind über 7 u. 1 Kinder über 16 Jahre	24 % des Regelbedarfs	135,12 EUR
3 Kinder	36 % des Regelbedarfs	202,68 EUR
4 Kinder	48 % des Regelbedarfs	270,24 EUR
ab 5 Kinder	60 % des Regelbedarfs	337,80 EUR

Zu der Berücksichtigung besonderer Belastungen neben dem allgemeinen Freibetrag existieren zahlreiche (Einzelfall-)Entscheidungen. Beispielsweise ist umstritten, ob der zu zahlende Rundfunkbeitrag als besondere Belastung gesondert absetzbar ist (dafür: OLG Braunschweig FamRZ 2023, 1893; MüKoZPO/Wache ZPO § 115 Rn. 57; dagegen: OLG Zweibrücken 5.7.2023 – 7 W 10/23), wofür spricht, dass er nicht im sozialhilferechtlichen Bedarf erfasst ist, da Empfänger von Leistungen nach SGB II o. SGB XII von deren Zahlung befreit sind.

Als verwertbares Vermögen gelten Ansprüche gegen Dritte auf Übernahme der Verfahrenskosten o. ein Anspruch auf **Verfahrenskostenvorschuss**. Daher sollte vor Stellung eines Antrages auf VKH geprüft werden, ob das Kind einen solchen Verfahrenskostenvorschuss erlangen kann. Eltern schulden ihren **minderjährigen Kindern** in entspr. Anwendung von § 1360a Abs. 4 BGB einen Verfahrenskostenvorschuss für Erfolg versprechende Verfahrensstreitigkeiten in persönlichen Angelegenheiten wie bei einem Streit über Kindesunterhalt, soweit dies der Billigkeit entspricht (BGH NJW-RR 2004, 1662 = FamRZ 2004, 1633). Dies gilt ebenso für **volljährige Kinder**, wenn diese wegen der Fortdauer ihrer Ausbildung noch keine eigene Lebensstellung erreicht haben; der Verfahrenskostenvorschussanspruch ist also nicht auf die gem. § 1603 Abs. 2 S. 2 BGB gleichgestellten, im Elternhaushalt lebenden volljährigen Schüler beschränkt (BGH NJW 2005, 1722 = FamRZ 2005, 883).

Bei einem Antrag auf Zahlung von Kindesunterhalt ist der minderjährige Antragsteller nicht bedürftig iSv § 114 ZPO iVm § 113 Abs. 1 S. 2 FamFG, wenn er einen durch einstweilige Anordnung (§ 246 FamFG) **alsbald realisierbaren Anspruch** auf Verfahrenskostenvorschuss hat; vorschusspflichtig gegenüber minderjährigen Kindern ist in erster Linie der barunterhaltspflichtige Elternteil. Nicht alsbald realisierbar ist ein Anspruch auf Verfahrenskostenvorschuss, wenn der Antragsteller erst durch einen Stufenantrag Kenntnis über die Einkommens- u. Vermögensverhältnisse des Antragsgegners erlangen will (OLG Karlsruhe NZFam 2023, 475 = FamRZ 2023, 1306).

Ist ein Verfahrenskostenvorschuss vom Antragsgegner nicht zu erwarten, kann nach § 1607 Abs. 2 BGB eine **Vorschusspflicht auch des** das Kind **betreuenden Elternteils** bestehen (OLG Karlsruhe BeckRS 1994, 11549 Rn. 9 ff. = FamRZ 1996, 1100). Die Betreuung eines minderjährigen unverheirateten Kindes befreit nur von dem Barunterhalt für den normalen Lebensbedarf (§ 1606 Abs. 3 S. 2 BGB), nicht aber von der Zahlung für Sonderbedarf, zu dem Verfahrenskosten gehören (OLG Koblenz NJWE-FER 2000, 173 = FamRZ 2001, 632).

Zur Frage, wann das Rechtsschutzbedürfnis für eine an sich zulässige Wiederholung des Antrags auf VKH fehlen kann, s. BGH NJW 2009, 857 = FamRZ 2009, 496.

7. Der Erlass eines **Versäumnisbeschlusses** setzt gem. § 113 Abs. 1 FamFG, § 331 Abs. 3 ZPO einen entsprechenden Antrag voraus, der bereits mit Einreichung des Hauptsacheantrags gestellt werden kann. Allerdings sind Versäumnisentscheidung in Unterhalts- u. insbesondere in Kindesunterhaltssachen in der Praxis selten, so dass auf die Formulierung dieses Antrags in der Antragsschrift verzichtet werden kann; ist eine Verteidigung des Unterhaltspflichtigen nicht zu erwarten, empfiehlt sich vielmehr ein Antrag im vereinfachten Verfahren über den Unterhalt Minderjähriger gem. §§ 249 ff. FamFG (→ Form. J.II.1).

8. Das Unzutreffende bitte aus dem Text entfernen.

Der Unterhaltsanspruch des Kindes steht diesem zu; das Kind ist grds. **Anspruchsinhaber** u. Antragsteller.

Eine **gesetzliche Verfahrensstandschaft** für das Kind besteht jedoch gem. § 1629 Abs. 3 S. 1 BGB bei **verheirateten Eltern während des Getrenntlebens** o. der Anhängigkeit einer Ehesache zwischen ihnen; in diesem Fall kann ein Elternteil Unterhaltsansprüche des Kindes gegen den anderen Elternteil nur im eigenen Namen geltend machen. → Form. J. I.4

Liegt dieser Fall nicht vor u. ist das Kind Antragsteller, wird es durch den Sorgeberechtigten vertreten, dh bei **alleiniger elterlicher Sorge** eines Elternteils durch diesen.

Bei **gemeinsamer elterlicher Sorge** wird das Kind grds. gem. § 1629 Abs. 1 S. 2 BGB durch die Eltern gemeinschaftlich vertreten. Für die Geltendmachung von Unterhaltsansprüchen des Kindes gegen den anderen Elternteil kann jedoch der **Obhutselternteil** gem. § 1629 Abs. 2 S. 2 BGB das Kind auch bei gemeinsamer Sorge allein vertreten. Der Begriff der Obhut wird ausschließlich nach den tatsächlichen Verhältnissen bestimmt (BGH NZFam 2014, 600 Rn. 16 = FamRZ 2014, 917; OLG Nürnberg NJW 2019, 689 Rn. 24 = FamRZ 2019, 295). Das Kind befindet sich in der Obhut desjenigen Elternteils, bei dem der Schwerpunkt der tatsächlichen Fürsorge u. Betreuung liegt, dh der sich vorrangig um die Befriedigung der elementaren Bedürfnisse des Kindes kümmert. Diese Zuordnung ist bei einer Betreuung des Kindes im Rahmen eines paritätischen Wechselmodells nicht möglich, so dass in diesen Fällen kein Obhutselternteil existiert.

Bei der Betreuung in Form des paritätischen **Wechselmodells** mit tatsächlich gleichen Anteilen der Betreuung ist, steht die Vertretungsmacht beiden **nicht miteinander verheirateten Eltern** zu. Jeder Elternteil kann in diesem Fall den Unterhaltsanspruch des Kindes, soweit dieser nach § 1606 BGB gegen den anderen Elternteil gerichtet ist, als gesetzlicher Vertreter des Kindes geltend machen. Es bedarf dann weder die Bestellung eines Ergänzungspflegers noch die teilweise Übertragung des Sorgerechts nach § 1628 BGB (BGH NZFam 2024, 693 = FamRZ 2024, 1093). Bei **verheirateten Eltern** u. Betreuung des Kindes im Wechselmodell bedarf es nach umstrittener Ansicht für die Geltendmachung des Kindesunterhalts der vorherigen Bestellung eines Ergänzungspflegers nach § 1809 BGB o. der teilweisen Übertragung des Sorgerechts nach § 1628 BGB (OLG Frankfurt NJW 2024, 2851 = FamRZ 2024, 1631; aA OLG Karlsruhe NJW 2024, 1890 = FamRZ 2024, 1096).

Befindet sich das Kind in der **Obhut eines Dritten**, sind die Eltern an der Vertretung des Kindes gem. § 1629 Abs. 2 S. 1 BGB iVm § 1824 BGB gehindert u. es bedarf der Bestellung eines Ergänzungspflegers (§ 1809 BGB).

Wechselt das Kind während des laufenden Kindesunterhaltsverfahrens dauerhaft in den Haushalt des unterhaltspflichtigen Antragsgegners, lässt dieser **Obhutswechsel** eine bisher bestehende Vertretungsbefugnis nach § 1629 Abs. 2 S. 2 BGB entfallen; der Antrag wird rückwirkend auch für die bis zum Obhutswechsel geltend gemachten Unterhaltsansprüche unzulässig. Der Antragsteller kann gem. § 113 Abs. 1 S. 2 FamFG iVm. § 91a ZPO das Verfahren in der Hauptsache für erledigt erklären (OLG Koblenz BeckRS 2015, 13114 Rn. 3 f. = FamRZ 2015, 1902) o. auf einen Anspruch auf familienrechtlichen Ausgleichsanspruch (vgl. BGH NZFam 2017, 270 = FamRZ 2017, 611) umstellen. Beruhte die Vertretungsbefugnis des Kindes auf dem alleinigen Sorgerecht des Elternteils, bei dem das Kind zu Beginn des Verfahrens gelebt hat, kann der Kindesunterhalt bis zum Zeitpunkt des Obhutswechsels festgesetzt werden (BGH NJW-RR 2017, 705 Rn. 17 ff. = FamRZ 2017, 816 mwN).

9. Der Unterhaltsanspruch ist grds. auf einen **einheitlichen Betrag** gerichtet: Wenn bereits eine Endentscheidung über das gleiche Unterhaltsrechtsverhältnis vorliegt, die sich auch auf zukünftige Ansprüche bezieht, ist nur der Abänderungsantrag statthaft. Mit einer Entscheidung wird der Unterhaltsbetrag sowohl nach oben als auch nach unten rechtskräftig festgestellt. Begehrt der Unterhaltsgläubiger für die Zukunft einen höheren Unterhaltsbetrag, ist er auf ein Abänderungsverfahren gem. §§ 238, 239 FamFG zu verweisen.

Die Frage nach einem **bestehenden Unterhaltstitel** sollte mit der Mandantschaft explizit geklärt u. möglichst überprüft werden, zB durch Einsichtnahme in die Urkunde über die Vaterschaftsanerkennung, die gelegentlich mit einem Unterhaltstitel verbunden wird. Denn Titel, die aufgrund Zusammenlebens nicht bedient werden, geraten teils in Vergessenheit.

Eine Ausnahme bildet die Titulierung eines **Teil-Unterhalts** auf einen offenen Teilantrag des Unterhaltsberechtigten, wenn er sich also eindeutig u. ausdrücklich die Geltendmachung eines weitergehenden Anspruchs vorbehalten hat (im Zweifel ist zu vermuten, dass in einem Vorprozess der Unterhalt in voller Höhe geltend gemacht worden ist, BGH, NJW 2009, 1410 Rn. 13 = FamRZ 2009, 314). Dann kann der Unterhaltsberechtigte den im Vorverfahren vorbehaltenen Mehrbetrag ausnahmsweise mit einem **Nachforderungsantrag** (Zusatzantrag) in einem zweiten Leistungsverfahren – statt in einem Abänderungsverfahren – geltend machen, in dem er jedoch die Anspruchsgrundlagen für die gesamte Höhe neu vortragen u. notfalls beweisen muss. Dies bietet sich an, um schnell einen Titel über einen unproblematisch zu begründenden Teil zu erlangen (zB Mindestunterhalt) u. den darüber hinausgehenden Betrag in einem Folgeverfahren zu verlangen (zB nach Erteilung einer Auskunft durch den Unterhaltspflichtigen). Es kann im Nachforderungsverfahren beantragt werden:

Formulierungsvorschlag:

„an den Antragsteller ab . . . . . monatlich Unterhalt in Höhe eines monatlichen Mehrbetrages von . . . . . EUR über den durch Beschluss des Amtsgerichts – Familiengerichts – . . . . . vom . . . . . (Aktenzeichen . . . . .) bereits titulierten Teilbetrag von . . . . . EUR zu zahlen, und zwar im Voraus bis zum 3. eines jeden Monats"

Um die Vollstreckung zu vereinfachen u. nicht mit zwei Titeln hantieren zu müssen, kann auch beantragt werden:

Formulierungsvorschlag:

„an den Antragsteller unter Einbeziehung des bereits durch Beschluss des Amtsgerichts – Familiengericht – . . . . . vom . . . . . (Aktenzeichen . . . . .) titulierten Teilbetrags in Höhe von . . . . . EUR ab . . . . . monatlich Unterhalt in Höhe eines monatlichen Mehrbetrages von . . . . . EUR zu zahlen, und zwar im Voraus bis zum 3. eines jeden Monats"

Auch wenn der Unterhaltsschuldner freiwillig u. regelmäßig **Teilleistungen** auf den geschuldeten vollen Unterhalt erbringt, hat der Unterhaltsgläubiger ein **Rechtsschutzinteresse** für die Titulierung seines vollen Unterhaltsanspruchs (BGH NJW 2010, 238 Rn. 14 ff. = FamRZ 2010, 195). Er sollte vor der Einreichung des Streitantrags allerdings den Unterhaltsschuldner zu einer außergerichtlichen Titulierung des vollen Unterhalts auffordern, damit sich bei einem sofortigen Anerkenntnis des Schuldners (s. § 243 S. 2 Nr. 4 FamFG) die Frage einer teilweisen Kostentragung durch den Unterhaltsgläubiger erst gar nicht stellt.

Es ist nicht ratsam, aus Kostengründen nur den streitigen **Spitzenbetrag** über den freiwillig gezahlten Sockelbetrag hinaus titulieren zu lassen, da dies in der Folgezeit zu Problemen führen kann. Denn der Titel über den Spitzenbetrag stellt nicht rechtskräftig fest, dass der Unterhaltsanspruch im Umfang der freiwilligen Zahlung tatsächlich besteht (BGH BeckRS 1994, 10623 = FamRZ 1995, 729). Der Unterhaltspflichtige kann die freiwilligen Zahlungen jederzeit einstellen u. gegen den titulierten Spitzenbetrag mit einem Abänderungsantrag vorgehen (OLG Saarbrücken BeckRS 2013, 16325 = FamRZ 2014, 484). Der Unterhaltsberechtigte dagegen muss die **Titulierungslücke** iHd bisher freiwilligen Zahlung zunächst durch einen Zusatz- bzw. Nachforderungsantrag schließen. Begehrt der Unterhaltsberechtigte einen Betrag, der über den freiwillig gezahlten u. den titulierten Betrag hinausgeht, muss er ebenfalls einen Nachforderungsantrag stellen; vor einer Titulierung des gesamten Unterhaltsanspruchs ist für einen Abänderungsantrag des Unterhaltsberechtigten kein Raum (BGH NJW 1985, 1340 = FamRZ 1985, 371; BGH NJW 1991, 429 = FamRZ 1991, 320; BGH NJW 1993, 1995 = FamRZ 1993, 945).

Hat der Unterhaltsschuldner sich aufgrund einer Vereinbarung der Beteiligten in einer vor dem **Jugendamt** (§ 59 Abs. 1 S. 1 Nr. 3 SGB VIII, § 60 SGB VIII) o. vor dem **Notar** (§ 794 Abs. 1 Nr. 5 ZPO iVm § 120 Abs. 1 FamFG) errichteten **Urkunde** zur Zahlung des aus seiner Sicht vollen geschuldeten Unterhalts verpflichtet u. sich der sofortigen Zwangsvollstreckung aus der Urkunde unterworfen, kann der Gläubiger einen Mehrbetrag nur mit einem Abänderungsantrag nach § 239 FamFG u. nicht mit einem Leistungsantrag (Nachforderungsantrag) verlangen (BGH NJW 2011, 1874 Rn. 23 ff. = FamRZ 2011, 1041) (Einzelheiten: → Form. J.I.17 Anm. 7); eine vollstreckbare Urkunde kann auch nicht durch Errichtung einer neuen „abgeändert" werden, sondern nur im Abänderungsverfahren nach § 239 FamFG (BGH NZFam 2017, 111 = FamRZ 2017, 370). Zulässig ist aber die einvernehmliche Ersetzung durch eine neue Urkunde mit der Maßgabe, dass der Unterhaltsgläubiger auf seine Rechte aus dem bestehenden Vollstreckungstitel verzichtet u. diesen an den Unterhaltsschuldner herauszugeben hat.

Der Unterhaltsbetrag umfasst gem. § 1610 Abs. 2 BGB den gesamten Lebensbedarf. Neben dem regelmäßigen **Elementarbedarf** (vgl. Düsseldorfer Tabelle → Anm. 4) kann ein zusätzlicher Bedarf bestehen in Form von Mehrbedarf u. Sonderbedarf.

Beim **Mehrbedarf** handelt es sich um den Teil des Bedarfs, der regelmäßig u. über einen längeren Zeitraum anfällt u. das Übliche dermaßen übersteigt, dass er von der auf Durchschnittsfälle zugeschnittenen Düsseldorfer Tabelle nicht erfasst wird. Beispiele für Mehrbedarf sind Privatschulbesuch (BGH NJW 1983, 393 = FamRZ 1983, 48; OLG Brandenburg NJW 2023, 86 = FamRZ 2023, 520), Nachhilfeunterricht (OLG Düsseldorf NJW-RR 2005, 1529), u. der Beitrag für den **Kindergarten** (BGH NJW 2009, 1816 = FamRZ 2009, 962) ohne Verpflegungskosten (OLG Bremen FamRZ 2018, 685), soweit der pädagogische Aspekt im Vordergrund steht; dagegen stellen Betreuungskosten, die allein wegen der Berufstätigkeit des betreuenden Elternteils anfallen, keinen Mehrbedarf des Kindes, sondern berufsbedingte Aufwendungen des Elternteils dar (BGH NZFam 2017, 1101 = FamRZ 2018, 23; Offene Ganztagsschule: BGH NZFam 2024, 788 = FamRZ 2024, 1201). Ob ein Mehrbedarf überhaupt als Bedarf anzuerkennen u. dementsprechend zu zahlen ist, hängt insbesondere von einer Abwägung der Interessen des Kindes u. der Unterhaltspflichtigen ab u. ist von den Eltern regelmäßig anteilig nach ihrer Leistungsfähigkeit zu tragen (BGH NJW 2013, 2900 = FamRZ 2013, 1563); zur Berechnung der Haftungsanteile der Eltern → Form. J.I.7 Anm. 12). Der Mehrbedarf ist in einem einheitlichen Betrag mit dem Elementarbedarf geltend zu machen. Bei einem bestehenden Unterhaltstitel ist Mehrbedarf im Wege eines Abänderungsantrags geltend zu machen (hM: zB OLG Karlsruhe NZFam 2019, 579 = FamRZ 2019, 1859).

Der Begriff **Sonderbedarf** ist definiert in § 1613 Abs. 2 Nr. 1 BGB als unregelmäßiger außergewöhnlich hoher Bedarf. Der Sonderbedarf kann im gerichtlichen Verfahren – über auch schon titulierten Regelbedarf hinaus – durch Zusatzantrag geltend gemacht werden, u. zwar in einem Einmalbetrag (MüKoBGB/Langeheine § 1613 Rn. 88).

10. Bitte den zutreffenden Text auswählen.

Öffentliche Leistungen sind teilweise auf den Bedarf des Kindes bedarfsdeckend anzurechnen. Dies betrifft insbesondere das hälftige Kindergeld bei Minderjährigen u. das volle Kindergeld bei Volljährigen o. eine Halbwaisenrente; auch Leistungen nach dem BAföG sind bedarfsdeckende Einkünfte, soweit sie als endgültiger Zuschuss gewährt werden.

Andere öffentliche Leistungen sind nachrangig u. nicht anrechenbar. **Subsidiäre Sozialleistungen** (zB **Unterhaltsvorschuss** nach dem UVG zur Sicherung des Unterhalts von Kindern, **Bürgergeld/Grundsicherungsgeld** nach dem SGB II, **Sozialhilfe** nach dem SGB XII). Der zivilrechtliche Unterhaltsanspruch des Unterhaltsberechtigten, der die Leistungen bezieht, gegen den Unterhaltspflichtigen geht kraft Gesetzes auf den Träger der öffentlichen Leistungen über (§ 7 Abs. 1 UVG, § 33 Abs. 1 SGB II, § 94 Abs. 1 SGB XII).

Möglich ist die einvernehmliche **Rückübertragung** des übergegangenen Unterhaltsanspruches vom Leistungsträger auf den Leistungsempfänger nach § 7 Abs. 4 S. 3 UVG bzw. § 33 Abs. 4 S. 1 SGB II bzw. § 94 Abs. 5 S. 1 SGB XII zur gerichtlichen Geltendmachung bei Übernahme der Kosten durch den Staat. Dies hat für den Unterhaltsberechtigten den Vorteil, dass er im Streitverfahren auch die über den Sozialleistungen liegende Unterhaltsansprüche durchsetzen kann u. ein einheitlicher Titel über den gesamten Anspruch geschaffen wird. Besteht kein über den Sozialleistungen hinausgehender Unterhaltsanspruch kann die Titulierung dem Leistungsträger überlassen werden. Bei gemeinsamer **elterlicher Sorge** kann der Elternteil, in dessen Obhut sich das Kind befindet, zwar gem. § 1629 Abs. 2 Satz 2 BGB Unterhaltsansprüche des Kindes gegen den anderen Elternteil geltend machen, aber nicht eine Vereinbarung über den Abschluss einer Rückübertragung abschließen (BGH NZFam 2020, 618 = FamRZ 2020, 991), so dass eine wirksame Rückübertragung nur bei alleinigem Sorgerecht des Elternteils, bei dem das Kind lebt, möglich ist.

Der Leistungsträger hat die Kosten, mit denen der Leistungsempfänger durch die Rückübertragung selbst belastet ist, zu übernehmen. Dem Leistungsempfänger ist mangels Bedürftigkeit für die gerichtliche Geltendmachung der rückübertragenen **rückständigen Unterhaltsansprüche** grds. keine VKH zu bewilligen; ihm steht ein Anspruch auf Verfahrenskostenvorschuss gegen den Sozialhilfeträger zu (BGH NJW 2008, 1950 = FamRZ 2008, 1159 für SGB XII). Für die Geltendmachung seines **laufenden Unterhalts** ab Rechtshängigkeit des Antrags bzw. ab Eingang des Gesuchs um VKH ist dem Unterhaltsberechtigten bei Erfolgsaussicht u. Bedürftigkeit VKH zu bewilligen; hinsichtlich der laufenden Unterhaltsansprüche ab Rechtshängigkeit, die sukzessive mit Leistung kraft Gesetzes auf den Sozialhilfeträger übergegangen sind, ist er weiterhin gem. § 113 Abs. 1 FamFG iVm § 265 Abs. 2 S. 1 ZPO prozessführungsbefugt u. hat seinen Antrag auf Zahlung an den Sozialhilfeträger **umzustellen.** Es kann formuliert werden:

Formulierungsvorschlag:

Die Antragsgegnerin wird verpflichtet, ab . . . . . monatlich Unterhalt in Höhe von (. . . . . EUR Bedarfsbetrag abzgl. . . . . . EUR zu Händen des gesetzlichen Vertreters anzurechnendes Kindergeld =) . . . . . EUR zu zahlen, und zwar ab . . . . . an den Antragsteller im Voraus bis zum 3. eines jeden Monats und für die Zeit vom . . . . . bis . . . . . an den Träger der Sozialhilfe . . . . .

Entsprechendes gilt für die Rückübertragung der übergegangenen Unterhaltsansprüche durch die Unterhaltsvorschusskassen (OLG Brandenburg NZFam 2021, 425 = FamRZ 2021, 1137) u. für die Rückübertragung nach § 33 Abs. 4 S. 1 SGB II durch den Träger der Grundsicherung für Arbeitsuchende (OLG Köln BeckRS 2008, 20265 = FamRZ 2009, 135).

11. Der Elternteil, der ein minderjähriges Kind betreut, erfüllt gem. § 1606 Abs. 3 S. 2 BGB seine Verpflichtung, zum Unterhalt des Kindes beizutragen, in der Regel durch die Pflege u. die Erziehung des Kindes. Der andere Elternteil ist beim **Residenzmodell** (Kind lebt bei einem Elternteil u. der andere Elternteil hat ein übliches Umgangsrecht) barunterhaltspflichtig; verkürzt (vgl. → Anm. 3) richtet sich die Höhe des Barunterhalts im Residenzmodell nach dem Einkommen des barunterhaltspflichtigen Elternteils (→ Anm. 15–16) u. kann der DT entnommen werden.

Lebt das Kind im Haushalt eines Elternteils u. der andere Elternteil hat ein **umfangreiches Umgangsrecht,** hat auch der zu weniger als 50 % mitbetreuende Elternteil häufig erhebliche Aufwendungen (insbes. Wohnkosten). Der BGH (NZFam 2014, 600 = FamRZ 2014, 917, Rn. 32 ff.) orientiert sich gleichwohl bei der Höhe des Barunterhalts an der DT u. akzeptiert nur eine Anrechnung von Aufwendungen für Kleidung etc. als teilweise bedarfsdeckend, was der Unterhaltspflichtige darzulegen hat, u. hält ansonsten ggf. eine Herabsetzung des Tabellenunterhalts um eine o. mehrere Einkommensgruppen für gerechtfertigt (→ Form. B.II.2 Anm. 11); Reformbemühungen (vgl. Diskussionsentwurf des Bundesministeriums der Justiz zur Modernisierung des Unterhaltsrechts vom 24.8.2023) wurden bislang nicht umgesetzt.

Beim **paritätischen o. symmetrischen Wechselmodell,** in denen das minderjährige Kind von beiden Eltern gleichwertig (50:50) betreut wird, diese aber nicht zusammenleben, ist die Barunterhaltspflicht nach dem beiderseitigen Einkommen der Eltern zu bestimmen. Für die Annahme einer gleichwertigen Betreuung reicht die zeitweilige Betreuung während des Umgangsrechts nicht aus. Die Zeitkomponente hat für die Annahme eines Wechselmodells Indizwirkung, ist aber nicht allein ausschlaggebend. Im symmetrischen Wechselmodell ist § 1606 Abs. 2 S. 3 BGB nicht anwendbar u. kein Elternteil wird vom Barunterhalt für das Kind befreit (sonst bekäme das Kind nur Betreuung u. keinen Unterhalt). Vielmehr gilt folgendes (BGH NJW 2017, 1676 = FamRZ 2017, 437):

- Der Unterhaltsbedarf bemisst sich im Wechselmodell nach dem **zusammengerechneten Einkommen** beider Eltern u. umfasst außerdem die infolge des Wechselmodells entstehenden angemessenen Mehrkosten; diese Mehrkosten sind dem Tabellenbetrag hinzuzurechnen.
- Das **Kindergeld** ist zur Hälfte auf den Barbedarf des Kindes anzurechnen; diese Hälfte wird nach der Quote zwischen den Eltern aufgeteilt. Die auf die Betreuung entfallende

zweite Kindergeldhälfte ist zwischen den Eltern wegen der paritätischen Betreuungsleistungen hälftig auszugleichen (also jeweils ein Viertel).

- Die Haftungsanteile der Eltern sind unter Vorwegabzug des **angemessenen Selbstbehalts** zu ermitteln. Der während der Betreuung des Kindes geleistete Naturalunterhalt ist als (teilweise) Erfüllung des Unterhaltsanspruchs zu berücksichtigen. Auch tatsächliche Kosten sind von den jeweiligen Anteilen abzuziehen.
- Zur **Aufteilung des Kindergeldes** ist dem Anteil des Elternteils, der das Kindergeld bezieht, der auf den Barunterhalt entfallende Teil (die Hälfte) des Kindergeldes hinzuzurechnen; im Folgenden Schritt ist dann die Hälfte des auf den Betreuungsunterhalt entfallenden Kindergeldes vom Ausgleichsbetrag abzuziehen (wenn der Empfänger der Ausgleichszahlung das Kindergeld bezieht) o. hinzuzurechnen (wenn der andere Elternteil das Kindergeld bezieht).

Beispiel: Das 9 Jahre alte Kind wird im symmetrischen Wechselmodell von seinen Eltern betreut; der Vater erzielt ein bereinigtes Einkommen von 2.700 EUR u. die Mutter von 2.300 EUR (vgl. Viefhues in: jurisPK-BGB, § 1612, Rn. 77.3 ff.). Der Berechnung ist die DT 2026 zu Grunde gelegt

Ermittlung des **Elementarbedarfs:**

bereinigtes Einkommen Vater	2.700,00 EUR
bereinigtes Einkommen Mutter	2.300,00 EUR
Summe	5.000,00 EUR
Tabellenunterhalt 2. Altersstufe (keine Herabstufung) = Bedarf	849,00 EUR
Haftungsverteilung	
Anteil Vater abzgl. 1.750 EUR Selbstbehalt	950,00 EUR
Anteil Mutter abzgl. 1.750 EUR Selbstbehalt	550,00 EUR
zusammen	1.500,00 EUR
prozentualer Anteil Vater	63,33%
prozentualer Anteil Mutter	36,67%
Anteil Vater am Unterhaltsbedarf	537,70 EUR
Anteil Mutter am Unterhaltsbedarf	311,30 EUR
Differenz	226,40 EUR
Ausgleichsbetrag (Hälfte)	113,20 EUR
bereinigtes Einkommen Vater	2.700,00 EUR

Ausgleich des Kindergeldes:

Die auf die Betreuung des Kindes entfallende Hälfte des Kindergeldes ist zu gleichen Teilen beiden Elternteilen mit jeweils 64,75 EUR (259 EUR/2/2), während die auf den Barunterhalt entfallende Hälfte des Kindergelds nach Maßgabe der zuvor errechneten Haftungsanteile zwischen den Eltern zu verteilen ist.

Kindergeld	259,00 EUR
Barunterhaltsanteil (Hälfte)	129,50 EUR
prozentualer Anteil Vater	82,02 EUR
prozentualer Anteil Mutter	47,48 EUR
Kindergeld Vater (Bar- u. Betreuungsanteil)	146,77 EUR
Kindergeld Mutter (Bar- u. Betreuungsanteil)	112,23 EUR

Berechnung des Ausgleichsbetrags, wenn die Mutter als diejenige, die weniger verdient, das Kindergeld erhält:

Ausgleichsanspruch der Mutter	113,20 EUR
abzgl. dem Vater zustehender Kindergeldanteil	146,77 EUR
zu zahlen sind von der Mutter an den Vater	33,57 EUR

Berechnung des Ausgleichsbetrags, wenn der Vater als derjenige, der mehr verdient, das Kindergeld erhält:

Ausgleichsanspruch der Mutter	113,20 EUR
zzgl. der Mutter zustehender Kindergeldanteil	112,23 EUR
zu zahlen sind von dem Vater an die Mutter	225,43 EUR

S. auch die Rechenbeispiele bei Seiler, FamRZ 2016, 1057; Wegener, FamRZ 2019, 1021; Dose UnterhaltsR/Klinkhammer § 2 Rn. 450; FA-FamR/Fuchs, Kap. 6 Rn. 356 ff.; Ehinger in: Ehinger/Rasch/Schwonberg/Siede, Handbuch Unterhaltsrecht, Kap. 1 Rn. 1.403) und Form J.I.6 Anm. 6.

12. **Kindergeld** wird grds. bis zum 18. Lebensjahr des Kindes an ein Elternteil gezahlt (vgl. § 2 BKGG u. für die steuerlichen Freibeträge § 32 EStG). Die Zahlung kann wg. Arbeitslosigkeit des Kindes bis zur Vollendung des 21. Lebensjahres, wg. Berufsausbildung usw. bis zur Vollendung des 25. Lebensjahres (des 27. Lebensjahres bis zum 31.12.2006) u. bei körperlicher, geistiger o. seelischer Behinderung ohne Altersbegrenzung verlängert werden.

Die Entwicklung zur **Höhe des Kindergeldes** gem. § 6 Abs. 1 BKGG seit 1998 ergibt sich aus der nachstehenden Kindergeldtabelle.

Ab dem 1.7.1998 ist das auf das jeweilige Kind entfallende Kindergeld ohne Berücksichtigung eines Zählkindvorteils für ein nicht gemeinschaftliches Kind (§ 1612b Abs. 2 BGB) anzurechnen; die Höhe ergibt sich aus der Arbeitshilfe zur Düsseldorfer Tabelle. Seit dem 1.1.2008 ist das Kindergeld zur Hälfte, wenn ein Elternteil seine Unterhaltspflicht durch Betreuung des Kindes erfüllt, u. ansonsten in voller Höhe bedarfsdeckend beim Kind anzurechnen (§ 1612b Abs. 1 BGB). Es wird damit unterhaltsrechtlich wie **Einkommen des Kindes** behandelt (BT-Drs. 16/1830, 29; BGH NJW 2009, 2523 Rn. 50 = FamRZ 2009, 1300; bestätigt vom BVerfG NJW 2011, 3215 Rn. 37 ff. = FamRZ 2011, 1490).

Zeitraum	1. u. 2. Kind	3. Kind	4. u. jedes weitere Kind
	Kindergeld pro Monat		
1.1.1998–31.12.1998	220 DM	300 DM	350 DM
1.1.1999–31.12.1999	250 DM	300 DM	350 DM
1.1.2000–31.12.2001	270 DM	300 DM	350 DM
1.1.2002–31.12.2008	154 EUR	154 EUR	179 EUR
1.1.2009–31.12.2009	164 EUR	170 EUR	195 EUR
1.1.2010–31.12.2014	184 EUR	190 EUR	215 EUR
1.1.2015–31.12.2015	188 EUR	194 EUR	219 EUR

Zeitraum	1. u. 2. Kind	3. Kind	4. u. jedes weitere Kind
1.1.2016–31.12.2016	190 EUR	196 EUR	221 EUR
1.1.2017–31.12.2017	192 EUR	198 EUR	223 EUR
1.1.2018–30.6.2019	194 EUR	200 EUR	225 EUR
1.7.2019–31.12.2020	204 EUR	210 EUR	235 EUR
1.1.2021–31.12.2022	219 EUR	225 EUR	250 EUR
1.1.2023–31.12.2024	250 EUR	250 EUR	250 EUR
1.1.2025–31.12.2025	255 EUR	255 EUR	255 EUR
ab 1.1.2026	259 EUR	259 EUR	259 EUR

Beläuft sich das Kindergeld auf einen ungeraden Betrag, ergeben sich nach der hälftigen Kindergeldanrechnung gebrochene Zahlbeträge von zB (486 EUR – 129,50 EUR =) 356,50 EUR.

Seit dem 1.1.2023 wird für jedes Kind ein einheitlicher Betrag gezahlt. **Kinderbonus** wurde in 2020 einmalig 100 EUR u. weitere 200 EUR je Kind, in 2021 einmalig 100 EUR je Kind u. in 2022 einmalig 100 EUR je Kind ausgezahlt. Der Kinderbonus wird unterhaltsrechtlich wie Kindergeld nach § 1612b Abs. 1 BGB hälftig o. voll bedarfsdeckend beim Kind angerechnet (BGH, NZFam 2025, 334 Rn. 26 = FamRZ 2025, 442).

Der **Kinderzuschlag** nach § 6a BKGG berührt Unterhaltspflichten nicht, § 6c BKGG.

Wird statt Kindergeld eine **andere kindbezogene Leistung** wie eine Kinderzulage aus der gesetzlichen Unfallversicherung o. ein Kinderzuschuss aus der gesetzlichen Rentenversicherung gezahlt (§ 65 Abs. 1 EStG, § 4 Abs. 1 BKGG), ist eine solche kindbezogene Leistung wie das Kindergeld zu berücksichtigen (§§ 1612c, 1612b BGB).

Die durch das „Starke-Familien-Gesetz" (BGBl. 2019 I 530) für Familien mit kleinem Einkommen verbesserten **Bildungs- u. Teilhabeleistungen** sind unterhaltsrechtlich – abgesehen von der Frage eines Mehrbedarfs – nicht zu berücksichtigen, da den Leistungen entspr. Ausgaben gegenüberstehen (Dose UnterhaltsR/Dose § 1 Rn. 688; iErg ebenso Borth FamRZ 2019, 853 (856 f.)).

Im Anhang zur Düsseldorfer Tabelle werden die **Zahlbeträge** (Mindestunterhalt abzgl. des hälftigen Kindergeldes in der 1. bis 3. Altersstufe sowie des vollen Kindergeldes in der 4. Altersstufe) zusammengefasst (Stand: 1.1.2026, in EUR):

Gruppe der DT		Altersstufen in Jahren (§ 1612a Abs. 1 BGB)				Prozentsatz	Bedarfskontrollbetrag
	Nettoeinkommen des Barunterhaltspflichtigen	1. Stufe: 0–5	2. Stufe: 6–11	3. Stufe: 12–17	4. Stufe: ab 18	%	
1.	bis 2.100	356,50	428,50	523,50	439,00	100	1.200/1.450
2.	2.101- 2.500	381,50	456,50	556,50	474,00	105	1.750
3.	2.501- 2.900	405,50	484,50	589,50	509,00	110	1.850
4.	2.901- 3.300	429,50	512,50	621,50	544,00	115	1.950
5.	3.301- 3.700	454,50	540,50	654,50	579,00	120	2.050
6.	3.701- 4.100	493,50	585,50	706,50	635,00	128	2.150
7.	4.101- 4.500	531,50	629,50	759,50	691,00	136	2.250
8.	4.501- 4.900	570,50	674,50	811,50	747,00	144	2.350
9.	4.901- 5.300	609,50	719,50	863,50	802,00	152	2.450
10.	5.301- 5.700	648,50	763,50	915,50	858,00	160	2.550
11.	5.701- 6.400	687,50	808,50	968,50	914,00	168	2.850

12.	6.401- 7.200	726,50	853,50	1.020,50	970,00	176	3.250
13.	7.201- 8.200	765,50	897,50	1.072,50	1.026,00	184	3.750
14.	8.201- 9.700	804,50	942,50	1.124,50	1.082,00	192	4.350
15.	9.701- 11.200	842,50	986,50	1.176,50	1.137,00	200	5.050

Die bei Unterhaltsansprüchen für die Vergangenheit maßgeblichen Kindesunterhaltstabellen finden sich auf den Internetseiten der Oberlandesgerichte (zB www.olg-duesseldorf.nrw.de) u. für die Jahre ab 2008 bei **WinFam** > Formulare.

13. Dieser Text kann verwendet werden, wenn nur der Mindestunterhalt verlangt wird. Ansonsten kann der Satz gestrichen werden.

Wie in jedem Zivilverfahren hat jeder Beteiligte die Voraussetzungen der für ihn günstigen Normen **darzulegen u. zu beweisen**, sofern nichts anderes bestimmt ist o. keine von der Regel abweichende Ausnahmesituation besteht. Danach ist der Unterhaltsberechtigte darlegungs- u. beweispflichtig für die Tatbestandsvoraussetzungen der Normen, auf die er seinen Unterhaltsanspruch stützt, für die maßgeblichen Lebensverhältnisse, nach denen sich sein Unterhaltsbedarf bemisst, u. für seine Bedürftigkeit. Der Unterhaltspflichtige trägt die Darlegungs- u. Beweislast für eine Beschränkung seiner Leistungsfähigkeit. Als Ausnahme von dem allgemeinen Grundsatz der Darlegungs- u. Beweislast des Unterhaltsberechtigten für die Höhe seines Unterhaltsbedarfs muss ein minderjähriges Kind seinen Unterhalsbedarf in Höhe des **Mindestbedarfs nicht näher darlegen** (BGH BeckRS 2018, 28297 Rn. 25 = FamRZ 2019, 112). Daher kann der Antragsteller – wenn er lediglich den Mindestunterhalt nach der 1. Einkommensgruppe der DT verlangt – auf weitere Ausführungen zu seinem Bedarf u. seine Bedürftigkeit verzichten; eine eingeschränkte Leistungsfähigkeit muss der Unterhaltspflichtige darlegen.

Ist aus der vorgerichtlichen Korrespondenz bekannt, dass sich der Unterhaltspflichtige auf eine eingeschränkte Leistungsfähigkeit berufen wird, kann auf den zu erwartenden Vortrag bereits in der Antragsschrift eingegangen werden.

14. Minderjährige Kinder haben noch keine eigene Lebensstellung erreicht, sondern eine von ihren Eltern abgeleitete Lebensstellung. Ihr Bedarf bestimmt sich nach den Sätzen der DT u. die Eingruppierung ist grds. nach den zusammengerechneten Einkünften beider Elternteile zu ermitteln. Da die Unterhaltspflicht des barunterhaltspflichtigen Elternteils jedoch auf den Betrag begrenzt, den er auf Grundlage allein seines Einkommens zu zahlen hätte, kann hier **verkürzt allein auf das Einkommen des barunterhaltspflichtigen Elternteils** abgestellt werden; ein Unterhaltsanteil des betreuenden Elternteils wirkt sich beim Tabellenunterhalt des Kindes nicht aus, sondern erst bei den Haftungsanteilen der Eltern beim Mehr- o. Sonderbedarf des Kindes o. beim Partnerunterhalt (vgl. → Anm. 3).

15. Bei Einkünften von Erwerbstätigen dürfen nach den unterhaltsrechtlichen Leitlinien der meisten OLG bei Nr. 10.2.1 (Stand: 1.1.2026) **berufsbedingte Aufwendungen** grds. ohne konkreten Vortrag in Höhe einer Pauschale von 5 % des Nettoeinkommens abgezogen werden; teils verlangen die Leitlinien das Vorliegen entsprechender Anhaltspunkte. Dabei handelt es sich um notwendige Kosten zur Einkommenserzielung wie Fahrten zur Arbeitsstätte, die eindeutig von den Kosten der privaten Lebensführung abgrenzbar sind.

Zur **Berechnung der Pauschale** von 5 % ist das Bruttoeinkommen des Unterhaltspflichtigen aus Erwerbstätigkeit vorab um die Steuern u. die Vorsorgeaufwendungen, aber nicht um etwaige Schulden zu bereinigen. Übersteigen die berufsbedingten Aufwendungen die Pauschale von 5 % des Nettoeinkommens, sind die Aufwendungen vom Unterhaltspflichtigen insges. nach Grund u. Höhe darzulegen u. bei Bestreiten nachzuweisen. Dann muss konkret dargetan werden, dass die Aufwendungen notwendig durch die Berufstätigkeit entstehen; die bloße Bezugnahme auf steuerliche Unterlagen reicht nicht (BGH NJW 2009, 1742 Rn. 39 f. = FamRZ 2009, 762).

Die Leitlinien der OLG in NRW (Düsseldorf, Hamm u. Köln), die vom OLG Saarbrücken als Orientierungshilfe benutzt werden, sowie OLG Bremen, Rostock u. Schleswig verlangen eine **konkrete Darlegung** der berufsbedingten Aufwendungen. Lt. BGH (NJW 2006, 369 Rn. 22 ff. = FamRZ 2006, 108 (110)) darf grds. auf die pauschalierende 5 % ige Berechnungsmethode zurückgegriffen werden; diese Pauschalierung darf aber nicht dazu führen, dass die Anforderungen an die erforderliche Darlegung höherer Fahrtkosten (hier eines Leiharbeitnehmers auf wechselnden Baustellen) u. an ihren Nachweis überspannt werden.

Nach Nr. 10.2.2 der Leitlinien der OLG sind für die berufsbedingt **notwendigen Fahrtkosten** 0,42 EUR pro gefahrenem Kilometer anzusetzen, die teilweise bei Fahrtstrecken von mehr als meist 30 km einfacher Entfernung ab dem 31. Kilometer auf 0,28 EUR pro gefahrenem Kilometer reduziert werden (Stand: 1.1.2026).

Beispiel: Bei einer Entfernung von 5 km vom Wohn- zum Arbeitsort ist zu rechnen:

Entfernung	Hin/Rückweg	Arbeitstage jhrl.	Monate	Pauschale	Ergebnis
5 km	x 2	x 220 Tage	/ 12 Monate	x 0,42 EUR	= 77 EUR

Beispiel: Bei einer Entfernung von 35 km vom Wohn- zum Arbeitsort ist zu rechnen:

Entfernung	Hin/Rückweg	Arbeitstage jhrl.	Monate	Pauschale	Ergebnis
30 km	x 2	x 220 Tage	/ 12 Monate	x 0,42 EUR	+
5 km	x 2	x 220 Tage	/ 12 Monate	x 0,28 EUR	= 539 EUR

Da die Leitlinien der OLG jährlich überarbeitet werden, sollte stets die Regelung der für den konkreten Fall anzuwendenden Leitlinien nachgehalten werden.

16. Ausgangspunkt für das anzurechnende Einkommen ist das **tatsächlich erzielte Einkommen.** Das unterhaltsrechtlich maßgebliche Einkommen ist nicht stets mit dem steuerrechtlichen Einkommen identisch u. je nach dem Unterhaltsverhältnis (zB Kindes-, Eltern-, Trennungs- o. Nachscheidungsunterhalt) unterschiedlich.

Beim Kindesunterhalt sind grds. **alle Einkünfte** heranzuziehen, die dem Unterhaltspflichtigen zufließen, gleich welcher Art diese Einkünfte sind u. aus welchem Anlass sie erzielt werden. Es sind die **aktuellen Einkünfte** zu Grunde zu legen, da das Kind grds. an allen positiven u. negativen Einkommensentwicklungen seiner Eltern partizipiert. Für den zukünftigen Unterhaltsanspruch ist eine Prognose des zukünftigen Einkommens anhand der bisherigen Einkünfte zu erstellen u. bei nichtselbständigen Erwerbstätigen auf das Einkommen der letzten 12 Monate abzustellen. Wegen der Verwendung einer arbeitsrechtlichen Abfindung zur Aufstockung des Einkommens des Unterhaltspflichtigen sind die Grundsätze des BGH (NJW 2012, 1873 Rn. 9 ff.) zu beachten.

Es wird auf die Leitlinien der OLG Nr. 1 ff. verwiesen, in denen sich meist Ausführungen zu der **Berücksichtigung** von Steuererstattungen u. -nachzahlungen, geldwerten Zuwendungen des Arbeitgebers (Firmenwagen, freie Kost u. Logis, mietgünstiges Wohnen), Wohnwert mit Zins- u. Tilgungsleistungen, Vorsorgeaufwendungen (sekundäre Altersvorsorge), berufsbedingten Aufwendungen sowie Schulden finden u. die die aktuelle Rechtsprechung des BGH berücksichtigt.

Ist das aktuelle Einkommen des Unterhaltspflichtigen nicht bekannt, zB weil er **keine aktuelle Auskunft** über seine Einkünfte erteilt hat u. sein jetziger Arbeitgeber nicht bekannt ist, können die früheren Einkünfte dargelegt u. das vermutlich aktuelle Einkommen nach seinem beruflichen Werdegang genannt werden. Denn zunächst muss der Unterhaltsberechtigte lediglich die Einkommenshöhe darlegen u. darf dabei aufgrund konkreter Anhaltspunkte Schätzungen vornehmen. Als Beleg für die Schätzung können frühere Einkommensunterlagen vorgelegt werden. Dadurch wird ein uU langwieriges Auskunftsstufenverfahrens nach § 113 Abs. 1 S. 2 FamFG iVm § 254 ZPO vermieden. Dem Unterhaltspflichtigen obliegt es sodann, sein tatsächliches Einkommen darzulegen u. durch die Vorlage aktueller Belege nachzuweisen. Sollte das Gericht insoweit Bedenken äußern, besteht die Möglichkeit, den Antrag nachträglich (auch noch im Beschwerdeverfahren) gem. § 113 Abs. 1 S. 2 FamFG iVm § 263 ZPO zu ändern u. zum **Stufenantrag** nach § 254 ZPO überzugehen (OLG München FamRZ 1995, 678). Der umgestellte Antrag lautet dann wie in → Form. J.I.5 dargestellt, modifiziert im Antrag zu 3.:

„3. Die Antragsgegnerin wird verpflichtet, an den Antragsteller zu Händen des gesetzlichen Vertreters ab . . . . . den nach Erfüllung der Auskunftsverpflichtung noch zu beziffernden angemessenen Unterhalt, mindestens aber in Höhe von . . . . . (wie bereits bezifferter Zahlungsanspruch), zu zahlen."

17. Nach dem Wortlaut des § 1603 Abs. 1 BGB trägt der Unterhaltspflichtige die Darlegungs- u. Beweislast für seine fehlende Leistungsfähigkeit (BGH NJW 2019, 3783 Rn. 15 = FamRZ 2019, 1415 mwN; BVerfG BeckRS 2014, 57437 = FamRZ 2014, 1977 Rn 18 mwN), so dass es ihm obliegt, ein geringeres Einkommen darzulegen u. zu beweisen.

Nach **§ 235 Abs. 1 FamFG** kann das Gericht ua anordnen, dass Antragsteller u. Antragsgegner in bestimmter Frist Auskunft über ihre Einkünfte, ihr Vermögen u. ihre persönlichen u. wirtschaftlichen Verhältnisse erteilen sowie bestimmte Belege vorlegen, soweit dies für die Bemessung des Unterhalts von Bedeutung ist; ein entsprechendes Vorgehen können die Beteiligten gem. § 235 Abs. 2 FamFG beantragen. Kommen die Beteiligten der gerichtlichen Anordnung nicht nach, kann das Gericht von Dritten nach § 236 FamFG die Belege bei Dritten (insbesondere Arbeitgebern u. Finanzämtern) anfordern. Die verfahrensrechtliche Auskunftsanordnung kann gem. § 235 Abs. 4 FamFG nicht mit Zwangsmitteln durchgesetzt werden; dem Familiengericht bleiben nur die Sanktionen nach § 236 Abs. 4 S. 2 FamFG, § 390 ZPO gegen die in § 236 Abs. 1 FamFG genannten Dritten, wobei Behörden ausgenommen sind. Somit läuft die Regelung insbes. dann leer, wenn der Arbeitgeber des Unterhaltsschuldners nicht bekannt ist.

Praktisch machen Gerichte von ihrem Auskunftsrecht lediglich punktuell Gebrauch. § 235 FamFG enthält zwar eine Einschränkung des Beibringungsgrundsatzes, konstatiert aber keine Ermittlungspflicht des Gerichts. Es verbleibt dabei, dass die Beteiligten die Einkommenshöhe darzulegen haben u. bei streitigem Vortrag der Nachweis vereinfacht über ein Vorgehen nach § 235 Abs. 1, § 236 FamFG geführt werden kann. Ein bezifferter, aber nicht schlüssiger Leistungs- o. Abänderungsantrag verbunden mit einem Antrag auf gerichtliche Auskunftsaufforderung nach § 235 Abs. 2 wäre nicht zulässig (vgl. MüKo-FamFG/Witt § 235 Rn. 2). Bei völliger Unkenntnis über die Einkommens- u. Vermögensverhältnisse des Unterhaltspflichtigen ist der Unterhaltsberechtigte auf das Stufenverfahren zu verweisen. → Form. J.I.5

18. Die **Leistungsfähigkeit** des Unterhaltspflichtigen bemisst sich nicht nur nach seinen tatsächlichen Einkünften, sondern wird auch durch seine Arbeits- u. Erwerbsfähigkeit bestimmt. Er ist verpflichtet, seine Arbeitskraft so gut wie möglich einzusetzen u. sich, wenn er keine Arbeit hat, um einen Arbeitsplatz zu bemühen. In der Regel kann von ihm eine Vollzeittätigkeit (grds. 173 Stunden/Monat) erwartet werden.

Zur Anrechnung eines **fiktiven Einkommens** beim Unterhaltspflichtigen muss dieser in einem **ersten Schritt** darlegen u. gegebenenfalls beweisen, dass er seiner Obliegenheit zur

Erzielung von (weiteren) Einkünften nachgekommen ist. Der arbeitslose Unterhaltsschuldner muss im Einzelnen angeben, welche Bemühungen um eine neue Arbeitsstelle er unternommen hat u. dass u. aus welchem Grund er keine Arbeit gefunden hat (BGH NZFam 2014, 273 = FamRZ 2014, 637 Rn 17); die Arbeitslosmeldung allein reicht nicht, da für die Annahme, dass für einen gesunden Unterhaltspflichtigen im mittleren Erwerbsalter keine reale Chance auf Vermittlung in eine vollschichtige Tätigkeit bestehe, auch bei einem Ausländer ohne eine abgeschlossene Berufsausbildung bei gesteigerter Unterhaltspflicht nach § 1603 Abs. 2 BGB strenge Maßstäbe anzulegen sind. Ob der Umfang der Bewerbungen den Anforderungen an die gesteigerte Unterhaltspflicht genügt, ist im Einzelfall zu beurteilen (vgl. zB OLG Stuttgart FamRZ 2015, 935; OLG Koblenz FuR 2021, 427). In der Praxis gelingt der Nachweis der ausreichenden Erwerbsbemühungen selten.

In einem **zweiten Schritt**, muss die Höhe des erzielbaren Einkommens geschätzt werden (Schätzung nach § 287 ZPO). In der Regel sind Einkünften anzunehmen, die denjenigen entsprechen, die mit der zuletzt ausgeübten Tätigkeit erzielt wurden (OLG Brandenburg NZFam 2024, 130 = FamRZ 2024, 1213). Wenn der Unterhaltspflichtige aufgrund unzureichender persönlicher Ausbildungs- u. Erwerbsbiografie lediglich eine vollzeitige Beschäftigung im Niedriglohnsektor finden könnte, ist nur der allgemeine gesetzliche Mindestlohn anzurechnen (OLG Brandenburg NZFam 2024, 130 = FamRZ 2024, 1213). Dieser hat sich seit seiner Einführung im Januar 2015 wie folgt entwickelt; teilweise gibt es höhere Branchenmindestlöhne, die unter www.dgb.de o. www.boeckler.de o. www.bibb.de nachgelesen werden können:

Entwicklung Gesetzlicher Mindestlohn	
1.1.2015–31.12.2016	8,50 EUR/Stunde
1.1.2017–31.12.2018	8,84 EUR/Stunde
1.1.2019–31.12.2019	9,19 EUR/Stunde
1.1.2020–31.12.2020	9,35 EUR/Stunde
1.1.2021–30.6.2021	9,50 EUR/Stunde
1.7.2021–31.12.2021	9,60 EUR/Stunde
1.1.2022–30.6.2022	9,82 EUR/Stunde
1.7.2022–30.9.2022	10,45 EUR/Stunde
1.10.2022–31.12.2023	12,00 EUR/Stunde
1.1.2024–31.12.2024	12,41 EUR/Stunde
1.1.2025–31.12.2025	12,82 EUR/Stunde
ab 1.1.2026	13,90 EUR/Stunde

Der Mindestlohn steigt zum 1.1.2027 auf 14,60 EUR/Stunde.

Für die **Schätzung eines höheren Stundenlohns** sind die Schul- u. Berufsausbildung, die Berufserfahrung, Alter, Gesundheitszustand, Deutschkenntnissen usw des Unterhaltspflichtigen zu berücksichtigen. Dies erfordert konkrete Ausführungen für den Einzelfall dieses Unterhaltspflichtigen, um dem Gericht eine nachvollziehbare u. überprüfbare Schätzung des fiktiven Einkommens nach § 287 ZPO zu ermöglichen, insbesondere ist der bisherige berufliche Werdegang darzulegen (angefangene u. abgeschlossene Berufsausbildung, tatsächliche Tätigkeiten). So kann aus Sicht des Unterhaltsberechtigten zB vorgetragen werden: „Der Pflichtige ist jung u. gesund, aber ungelernt, so dass er schwere körperliche Arbeit als Bauhelfer ausüben kann, für den ein Branchenmindestlohn von . . . . . gezahlt wird."

Nach erfolgter Schätzung des Stundenlohns ist das zur Verfügung stehende Einkommen zu berechnen:

Beispiel: Der Unterhaltspflichtige kann ein Einkommen ausgehend von dem gesetzlichen Mindestlohn in 2026 von 13,90 EUR erzielen. Von seinem Einkommen sind Steuern u. Sozialversicherungsbeiträge abzuziehen. Auch sind pauschal 5 % berufsbedingte Aufwendungen zu berücksichtigen; konkreter Vortrag zu berufsbedingten Aufwendungen ist bei der Anrechnung eines fiktiven Einkommens nicht zu erwarten (vgl. Nr. 10.2.1 der OLG Leitlinien):

brutto (13,90 EUR/Stunde; 173 Stunden/Monat)	2.404,70 EUR
Steuern (Steuerklasse I; 0,5; ohne Kirchensteuer)	–171,41 EUR
Sozialabgaben	–508,45 EUR
netto	1.724,84 EUR
davon 5 % berufsbedingte Aufwendungen	–86,24 EUR
bereinigtes Einkommen	1.638,60 EUR
Selbstbehalt (→ Anm. 21)	–1.450,00 EUR
verbleibt für Unterhaltszwecke	188,60 EUR

Bei einer **gesteigerten Unterhaltspflicht** nach § 1603 Abs. 2 BGB besteht eine erhöhte Erwerbsobliegenheit. Die Eltern sind verpflichtet, alle zumutbaren Erwerbsmöglichkeiten auszuschöpfen (BGH NJW 2013, 530 = FamRZ 2013, 278 Rn 20). Die Unzumutbarkeit einer Nebentätigkeit hat der Unterhaltspflichtige darzulegen u. zu beweisen (BGH NZFam 2014, 1084 = FamRZ 2014, 1992 Rn 23); denkbar ist eine doppelte Fiktion mit erzielbaren Einkünften aus einer Haupt- u. Nebentätigkeit. Auch bei der gesteigerten Unterhaltspflicht sind indessen die Umstände des Einzelfalls u. insbesondere der Grundsatz der Verhältnismäßigkeit zu beachten (BGH NJW 2011, 1874 = FamRZ 2011, 1041 Rn 29 ff.; BVerfG NJW-RR 2007, 649 = FamRZ 2007, 273; NJW 2006, 2317 = FamRZ 2006, 469; FamRZ 2003, 661). Die Anforderungen dürfen nicht überspannt werden u. nicht dazu führen, dass eine Tätigkeit trotz der Funktion des Mindestunterhalts, das Existenzminimum des Kindes zu sichern, unzumutbar erscheint.

19. Bitte die jeweils maßgebliche DT nennen.

Die DT hat keine Gesetzeskraft. Ihr kommt aber als Richtlinie für die gleichmäßige Feststellung des Unterhaltsbedarfs eines Kindes Pilotfunktion für das gesamte Bundesgebiet zu.

Die Bedarfssätze der DT stellt auf das Alter des Kindes (Altersstufen) u. auf die Einkommensverhältnisse des bzw. der Barunterhaltspflichtigen (Einkommensgruppen) ab. Es gibt **vier Altersstufen** (0–5, 6–11, 12–17 u. über 18 Jahren), wobei die vierte Altersstufe teilweise nicht angewandt wird u. der Bedarf für die sogenannten privilegierten Volljährigen der 3. Altersstufe entnommen wird o. mit festen Bedarfssätzen gearbeitet wird. Der Unterhalt einer höheren Altersstufe ist gem. § 1612a Abs. 3 BGB für minderjährige Kinder ab dem Beginn des Monats maßgebend, in dem das Kind das betreffende Lebensjahr vollendet.

Bei der Unterhaltsbestimmung sind für die Lebensverhältnisse der Eltern deren Einkommensverhältnisse maßgeblich, nach denen sich die **Einkommensgruppe** richtet. Die DT weist den monatlichen Unterhaltsbedarf aus, bezogen auf zwei Unterhaltsberechtigte, ohne Rücksicht auf den Rang. Bei einer größeren o. geringeren Anzahl Unterhaltsberechtigter können Ab- o. Zuschläge durch Einstufung in niedrigere o. höhere Einkommensgruppen angemessen sein (DT Anm. A I).

Die Bedarfssätze der DT gehen davon aus, dass der Aufwand für eine **Kranken- u. Pflegeversicherung des Kindes** durch die gesetzliche Familienversicherung gedeckt ist, so dass entsprechende Beiträge nicht enthalten sind (DT Anm. A. V); die Kosten einer privaten Kranken- u. Pflegeversicherung sind ggf. bedarfserhöhend zu berücksichtigten.

Die Sätze der DT spiegeln die Lebensverhältnisse in Deutschland wider, sodass beim Aufenthalt des Unterhaltsberechtigten im **Ausland** eine Bedarfskorrektur erforderlich sein kann; ein nach deutschen Verhältnissen ermittelter Bedarf muss anhand der Lebensstellung auf den Betrag korrigiert werden, den der Berechtigte benötigt, um in dem Land, in dem er lebt, dieselbe Kaufkraft zur Verfügung zu haben. Lebt der Pflichtige des Kindesunterhalts im Ausland, so kann der Unterhaltsbedarf auch in der Weise bestimmt werden, dass nicht der Bedarf nach der Düsseldorfer Tabelle angepasst wird, sondern bereits das Einkommen des Pflichtigen nach dem Verhältnis der Preisniveaus zueinander umgerechnet wird. Geschuldet ist dann der Tabellenbetrag, der sich aus dem umgerechneten Einkommen des Pflichtigen ergibt. Zu den Einzelheiten: MüKoBGB/Langeheine § 1610 Rn. 141 ff.

Neben der DT sind die **Unterhaltsleitlinien** des jeweiligen OLG zu beachten.

20. Die **Einstufung** in eine bestimmte **Tabellengruppe** hängt vom Einzelfall ab u. liegt im tatrichterlichen Ermessen (BGH NJW 2000, 3140 = FamRZ 2000, 1492). Der Barunterhaltsbedarf des Kindes kann unter Herabstufung um eine o. mehrere Einkommensgruppen der DT o. durch Verzicht auf eine ansonsten gebotene Hochstufung bestimmt werden, wenn der barunterhaltspflichtige Elternteil ein weit über das übliche Maß hinaus gehendes Umgangsrecht mit erheblichen Aufwendungen wahrnimmt (BGH NJW 2014, 1958 Rn. 37 = FamRZ 2014, 917).

Bei der Einstufung in die Düsseldorfer Tabelle ist nach den Leitlinien der meisten Oberlandesgerichte der **Bedarfskontrollbetrag** zu beachten, der ab der Einkommensgruppe 2 höher als der notwendige Selbstbehalt liegt. Er soll eine ausgewogene Verteilung zwischen dem Unterhaltspflichtigen, den Kindern u. ggf. dem anderen Elternteil sicherstellen (DT Anm. A III) u. stellt als Angemessenheitskontrolle eine ergebnisorientierte Billigkeitsprüfung dar. Ist nach Abzug der Unterhaltszahlbeträge der dem Einkommen entsprechende Bedarfskontrollbetrag nicht gewahrt, ist der Unterhalt der niedrigeren Einkommensgruppe zu entnehmen, bei der der Kontrollbetrag nicht unterschritten wird (DT Anm. A III).

Zur Deckung des **Mindestbedarfs aller Beteiligten** – einschließlich des Ehegatten – ist gegebenenfalls eine Herabstufung bis in die unterste Tabellengruppe vorzunehmen. Reicht das verfügbare Einkommen auch dann nicht aus, sind vorrangig die Ansprüche auf Kindesunterhalt zu bedienen (s. DT Anm. A I). Gegebenenfalls erfolgt zwischen den erstrangigen Unterhaltsberechtigten eine Mangelberechnung. In der DT ist unter C ein Beispiel für eine Mangelberechnung aufgeführt.

Bei Einkünften **über der höchsten 15. Einkommensgruppe** (also über 11.200 EUR) bestimmt sich der Bedarf „nach den Umständen des Falles". Die Kinder sollen auch am erhöhten Lebensbedarf der Eltern teilhaben, jedoch ist ein höherer Bedarf als der aus der 15. Einkommensgruppe grundsätzlich konkret darzulegen; eine begrenzte Fortschreibung der in der Düsseldorfer Tabelle enthaltenen Bedarfsbeträge ohne konkrete Bedarfsermittlung ist jedoch nicht ausgeschlossen (BGH NZFam 2020, 1062 = FamRZ 2021, 28). Dabei ist einerseits zu beachten, dass das Kind die Lebensstellung der Eltern teilt, es andererseits aber keinen Anspruch auf Teilhabe am Luxus hat (KG NZFam 2019, 718).

21. Unterhaltspflichtig ist gem. § 1603 Abs. 1 BGB nicht, wer bei Berücksichtigung seiner sonstigen Verpflichtungen außerstande ist, ohne Gefährdung seines angemessenen

Unterhalts den Unterhalt zu gewähren. Der **Selbstbehalt** ist der Betrag, der dem Unterhaltspflichtigen nach Abzug aller unterhaltsrechtlich anzuerkennenden Verpflichtungen einschließlich der vor- u. gleichrangigen Unterhaltsverpflichtungen verbleiben soll, um seinen eigenen notwendigen Mindestbedarf sicherzustellen. Wird der Selbstbehalt unterschritten, liegt ein Mangelfall vor → Anm. 20.

Auch bei einer Unterhaltsverpflichtung gegenüber minderjährigen u. privilegiert volljährigen Kinder ist dem Pflichtigen grds. der **angemessene Selbstbehalt** zu belassen. Erst wenn Eltern den Unterhalt für diese Kinder nicht aufbringen können, ohne ihren angemessenen Lebensbedarf zu gefährden, begründet § 1603 Abs. 2 BGB eine sog. „gesteigerte Unterhaltspflicht". Bei dieser kann die Belastungsgrenze bis auf den eigenen notwendigen Lebensbedarf abgesenkt werden. Bei einer verschärften Unterhaltsverpflichtung gem. § 1603 Abs. 2 BGB gegenüber minderjährigen u. privilegiert volljährigen Kindern reduziert sich der Betrag auf den **notwendigen Selbstbehalt**. Zu beachten ist, dass die verschärfte Unterhaltsverpflichtung gem. § 1603 Abs. 2 S. 1 BGB u. der niedrigere Selbstbehalt dann nicht gelten, wenn die Voraussetzungen des § 1603 Abs. 2 S. 3 BGB vorliegen, dh wenn ein anderer unterhaltspflichtiger Verwandter vorhanden ist o. der Unterhalt des Kindes aus seinem Vermögensstamm bestritten werden kann. Den barunterhaltspflichtigen Elternteil trifft die Beweislast, dass ein anderer unterhaltspflichtiger Verwandter vorhanden ist (BGH NZFam 2022, 15 = FamRZ 2022, 180). → Form. J.I.2 Anm. 4

Bei dem angemessenen Selbstbehalt wird nicht danach unterschieden, ob der Pflichtige erwerbstätig ist o. nicht. Der notwendige Selbstbehalt, der bei verschärfter Unterhaltsverpflichtung gem. § 1603 Abs. 2 BGB gilt u. das Existenzminimum abbildet, unterscheidet zwischen Erwerbstätigen u. Nichterwerbstätigen. Die Beträge haben sich wie folgt entwickelt:

Selbstbehalt	notwendig		angemessen
	ohne Erwerbstätigkeit	mit Erwerbstätigkeit	
ab 1.1.2024	1.200 EUR	1.450 EUR	1.750 EUR
ab 1.1.2023	1.120 EUR	1.370 EUR	1.650 EUR
ab 1.1.2020	960 EUR	1.160 EUR	1.400 EUR
ab 1.1.2015	880 EUR	1.080 EUR	1.300 EUR
ab 1.1.2013	800 EUR	1.000 EUR	1.200 EUR
ab 1.1.2011	770 EUR	950 EUR	1.150 EUR
ab 1.1.2009	770 EUR	900 EUR	1.100 EUR

In Einzelfällen kommt eine **Erhöhung o. Herabsetzung** des Selbstbehalts in Betracht.

In der Düsseldorfer Tabelle wird inzwischen im Selbstbehalt ein **Wohnanteil** ausgewiesen, unterschiedlich bei notwendigem u. angemessenem Selbstbehalt (aktuell 520 EUR/ 650 EUR, vgl. DT Anm. A VII). Höhere Wohnkosten sind zu berücksichtigen, wenn sie nicht unangemessen sind; die Überschreitung des Selbstbehalts muss den Umständen nach nicht vermeidbar sein (BGH NJW 2021, 472 = FamRZ 2021, 181), was im Einzelnen (Wohnbedarf, Mietniveau, Bemühungen um eine preiswerte Wohnung) darzulegen ist (OLG München NZFam 2023, 756 = FamRZ 2023, 1706 Rn. 24).

Eine Herabsetzung des Selbstbehalts kann auch in Betracht kommen, wenn der Pflichtige nicht alleine lebt u. durch eine **gemeinsame Haushaltsführung** mit einem weiteren Erwachsenen Ersparnisse eintreten (BGH NJW 2009, 1410 = FamRZ 2009, 314 Rn. 35). Diese Ersparnisse werden idR pauschal mit insgesamt 20 % angesetzt u.

dem Unterhaltspflichtigen zur Hälfte angerechnet (vgl zB Ziff. 21.5 Abs. 5 Leitlinien OLG NRW).

22. **Unterhalt für die Vergangenheit** kann nur nach Maßgabe des § 1613 Abs. 1 BGB verlangt werden. Grundgedanke ist, dass Unterhalt der Befriedigung des laufenden Lebensbedarfs dient u. der Unterhaltspflichtige vor unerwarteten Nachforderungen für lange zurückliegende Zeiträume geschützt werden soll. Voraussetzung für die rückwirkende Geltendmachung ist alternativ

- eine Aufforderung des unterhaltsverpflichteten Elternteils, über seine Einkünfte u. sein Vermögen zum Zwecke der Geltendmachung des Unterhaltsanspruchs Auskunft zu erteilen (§ 1605 BGB),
- Verzug durch Mahnung (§ 286 BGB) o.
- Rechtshängigkeit der Zahlungsforderung nach § 113 Abs. 1 S. 2 FamFG iVm §§ 253, 261 ZPO

Der Unterhalt kann nach § 1613 Abs. 1 S. 2 BGB ab dem **Ersten des Monats** verlangt werden, in den eines der drei vorgenannten Ereignisse fällt, wenn der Unterhaltsanspruch dem Grunde nach zu diesem Zeitpunkt bereits bestanden hat.

Das **Auskunftsverlangen** muss hinreichend bestimmt sein u. insbes. auf die Geltendmachung eines bestimmten Unterhaltsanspruchs bezogen sein (BT-Drs 13/7338, 56). Der Vorteil des Auskunftsverlangens für den Gläubiger besteht im Rahmen des § 1613 BGB darin, dass der Unterhalt noch nicht beziffert zu werden braucht u. auch keine Stufenmahnung erforderlich ist. Es bewirkt neben der Sicherung rückständiger Ansprüche auch die Verringerung des Verfahrenskostenrisikos gem. § 243 S. 2 Nr. 2 FamFG. Die Verzugswirkungen des Auskunftsverlangens treten aber nur in der Höhe ein, in der der Unterhalt zum Zeitpunkt des – damaligen – Auskunftsverlangens geschuldet war; nicht erfasst werden spätere Erhöhungen, zB wg Einkommenssteigerungen, Altersstufenwechsel o. Neufassung der DT (BGH NJW 2013, 161 = FamRZ 2013, 109).

Eine verzugsauslösende **Mahnung** muss gem. § 286 Abs. BGB nach Fälligkeit erfolgen; eine Mahnung vor Fälligkeit ist wirkungslos. Sie muss eine der Höhe nach bestimmte u. eindeutige Leistungsaufforderung, gesondert beziffert für jeden Unterhaltsberechtigten, enthalten. Unschädlich ist eine überhöhte Forderung. Wird zu wenig gefordert, begründet dies nur Verzug in Höhe des verlangten Betrags (BGH NJW-RR 2004, 1227 = FamRZ 2004, 1177); für die Geltendmachung höheren Unterhalts ist deshalb eine erneute Mahnung erforderlich.

Rechtshängigkeit tritt mit Zustellung des Antrags ein, § 113 Abs. 1 S. 2 FamFG iVm § 261 Abs. 1, § 253 Abs. 1 ZPO. Beim Stufenantrag wird auch der zunächst unbezifferte Zahlungsanspruch rechtshängig. Der Zugang des Verfahrenskostenhilfegesuchs bewirkt keine Rechtshängigkeit; der Antrag steht aber einer Mahnung gleich.

Das Auskunftsbegehren löst keine Zinsfolge nach § 288 Abs. 1 BGB aus (BGH NJW 2008, 2710 = FamRZ 2008, 1428). Um die Verzinsung der Unterhaltsrückstände (→ Anm. 4) zu ermöglichen, ist eine Stufenmahnung erforderlich, die mit dem Auskunftsbegehren verbunden werden kann.

Ein **Titulierungsinteresse** für die Zukunft besteht selbst bei bisher pünktlicher Zahlung des der Höhe nach unstreitigen Kindesunterhalts, da der Schuldner die freiwilligen Zahlungen jederzeit einstellen kann u. der Gläubiger dann einen Titel benötigt (BGH NJW 2010, 238 = FamRZ 2010, 195). Der Unterhaltsschuldner kann den Unterhaltstitel für ein Kind, welches zum Zeitpunkt der Beurkundung das 21. Lebensjahr noch nicht vollendet hat, kostenfrei vor dem Jugendamt erstellen lassen kann (§ 59 Abs. 1 S. 1 Nr. 3, § 60 SGB VIII, § 64 SGB X).

23. Die **Formularfreiheit** nach § 2 PKHFV besteht in dem Unterhaltsverfahren, in dem das minderjährige, unverheiratete Kind selbst Antragsteller ist. Bei einem Verfahren in gesetzlicher Verfahrensstandschaft nach § 1629 Abs. 3 S. 1 BGB ist auf die Einkommens- u. Vermögensverhältnisses des antragstellenden Elternteils u. nicht auf diejenigen des Kindes abzustellen (BGH NJW-RR 2005, 1237 = FamRZ 2005, 1164). Das gem. § 1 PKHFV zu benutzende Formular findet sich im Justizportal des Bundes u. der Länder (www.justiz.de in der Rubrik service/formular).

Kosten und Gebühren

24. In Unterhaltssachen entscheidet das Gericht über die **Kostenverteilung** nach billigem Ermessen (§ 243 FamFG), wobei insbes. eine unterlassene, ungenügende o. verspätete Auskunftserteilung kostenrechtlich sanktioniert werden kann. Insgesamt soll die Kostenentscheidung flexibler u. weniger formal gehandhabt werden können als nach den §§ 91 ff. ZPO (BT-Drs. 16/6308, 259).

Die Kostenentscheidung ist nach einer **umfassenden Ermessensprüfung** anhand aller kostenrechtlich relevanten Umstände durchzuführen (BGH NJW-RR 2017, 705 Rn. 24 ff. = FamRZ 2017, 816), bei der auch die in den §§ 91 ff., 269 ZPO enthaltenen Rechtsgedanken Anwendung finden können (§ 91a ZPO bei Erledigung der Hauptsache; § 269 ZPO bei Antragsrücknahme; § 98 ZPO bei Vergleich) (BGH NJW 2011, 3654 = FamRZ 2011, 1933).

In Familiensachen werden **Kosten** gem. § 1 FamGKG nach dem FamGKG erhoben, soweit nichts anderes bestimmt ist. Die Gerichtskosten werden in selbständigen Familienstreitsachen gem. § 9 FamGKG mit Antragseinreichung fällig; grds. wird erst mit Zahlung der Gebühren die Antragsschrift zugestellt (Vorauszahlungspflicht gem. §§ 14, 21 Abs. 1 S. 1 FamGKG), soweit dem Antragsteller keine VKH bewilligt ist o. ihm Gebührenfreiheit zusteht (§ 15 Nr. 1, 2 FamGKG).

Für das Unterhaltsstreitverfahren erster Instanz entsteht nach KV 1220 FamGKG eine dreifache gerichtliche **Verfahrensgebühr**. Der **Rechtsanwalt** erhält für seine erstinstanzliche Tätigkeit folgende Vergütung (Gebühren u. Auslagen):

- Verfahrensgebühr iHv 1,3 des Satzes nach § 13 RVG (VV 3100 RVG)
- Terminsgebühr iHv 1,2 des Satzes nach § 13 RVG (VV 3104 RVG) bei Terminswahrnehmung
- Einigungsgebühr iHv 1,0 des Satzes der Gebühr nach § 13 RVG (VV 1003 RVG) bei Mitwirkung bei einem Vergleich.

Der **Gegenstandswert** für die Berechnung der anwaltlichen Gebühren im gerichtlichen Verfahren bestimmt sich gem. § 23 Abs. 1 RVG nach dem gerichtlichen Verfahrenswert, wobei nach § 51 Abs. 1 S. 1 FamGKG in Unterhaltsstreitsachen der für die ersten zwölf Monate nach Einreichung des Antrags geforderte Zahlbetrag, höchstens jedoch der Gesamtbetrag der geforderten Leistung, maßgeblich ist. Die bei Einreichung des Streitantrags fälligen Beträge werden dem Wert hinzugerechnet (§ 51 Abs. 2 S. 1 FamGKG), wobei der Einreichung des Streitantrags die Einreichung eines Antrags auf Bewilligung der VKH gleichsteht, wenn der Streitantrag alsbald nach Mitteilung der Entscheidung über den VKH-Antrag eingereicht wird (§ 51 Abs. 2 S. 2 FamGKG). § 51 Abs. 2 S. 1 u. 2 FamGKG sind im vereinfachten Verfahren zur Festsetzung von Unterhalt Minderjähriger (§§ 249 ff. FamFG) entspr. anzuwenden (§ 51 Abs. 2 S. 3 FamGKG).

Beispiel: Am 22.03.2026 wird beim Familiengericht ein Antrag auf Zahlung eines statischen Unterhalts für ein Kind der dritten Altersstufe ab dem 01.03.2026 in Höhe von mtl. (719 EUR – 129,50 EUR hälftigem Kindergeld =) 589,50 EUR eingereicht

Für den zukünftigen Jahresunterhalt ab dem 1.04.2026 errechnet sich ein Verfahrenswert von (589,50 EUR × 12 Monate =) 7.074 EUR. Hinzu kommt der Unterhaltsrückstand in der Zeit vom 1.10.2025 bis 31.03.2026 iHv 589,50 EUR. Insgesamt errechnet sich ein Verfahrenswert iHv 7.663,50 EUR.

Der Anspruch auf Leistung des Monatsunterhalts für März 2026 war bei der Einreichung des Antrags bereits fällig (§ 1612 Abs. 3 S. 1 BGB) u. ist deshalb in voller Höhe zu berücksichtigen.

Ein etwa durch **einstweilige Anordnung** titulierter Unterhalt verringert den Verfahrenswert des Hauptverfahrens nicht (OLG Karlsruhe NJW-RR 1999, 582 = FamRZ 1999, 606).

Zum 1.6.2025 wurden die Gebührensätze in § 28 Abs. 1 S. 3 FamGKG u. in § 13 Abs. 1 Satz 3 RVG angehoben. Die neuen Tabellen (jeweils Anlage 2 des FamGKG u. des RVG) sind auf Verfahren anzuwenden, die nach dem 1.6.2025 eingeleitet wurden (§ 63 Abs. 1 FamGKG) bzw. dem Rechtsanwalt nach dem 1.6.2025 der unbedingte Auftrag zur Erledigung der Angelegenheit erteilt worden ist.

Fristen und Rechtsmittel

25. → Form. B.II.1 Anm. 13.

2. Abweisungsantrag der Mutter

An das

Amtsgericht[1]

– Familiengericht –

. . . . .

In der Familiensache

. . . . . / . . . . .

Az.: . . . . .

wird namens und in Vollmacht der Antragsgegnerin beantragt:

Der Unterhaltsantrag des Antragstellers wird kostenpflichtig zurückgewiesen.

Darüber hinaus wird beantragt:

Der Antragsgegnerin wird für die erste Instanz Verfahrenskostenhilfe unter Beiordnung ihres Verfahrensbevollmächtigten bewilligt.[2]

Begründung:

Die Statusangaben sind zutreffend: Die Antragsgegnerin ist die Mutter des minderjährigen Antragstellers und diesem gegenüber nach §§ 1601 ff. BGB dem Grunde nach barunterhaltspflichtig. Der Antragsteller lebt im Haushalt seines Vaters, der das Kindergeld für den Antragsteller erhält.

Die Antragsgegnerin ist jedoch zur Zahlung des begehrten Unterhalts nicht in der Lage. Sie ist seit . . . . . arbeitslos und erhält Bürgergeld nach § 33 Abs. 1 SGB II als Grundsicherung für erwerbsfähige Arbeitsuchende.

Beweis: Anliegender Bescheid der Arbeitsagentur . . . . . vom . . . . .

Die Antragsgegnerin hat keine weiteren Einkünfte und kein Vermögen.[3]

Seit ihrer Arbeitslosigkeit bemüht sich die Antragsgegnerin ständig und ernsthaft, aber bisher vergeblich um einen neuen Arbeitsplatz in ihrem zuletzt ausgeübten Beruf als . . . . . oder in einem ähnlichen Beruf und auch um Aushilfstätigkeiten.[4]

Beweis: Anliegende . . . . . Bewerbungsschreiben nebst Absagen

Die Agentur für Arbeit hat der Antragsgegnerin bisher ebenfalls nicht in eine neue Arbeitsstelle vermitteln können, obwohl die Antragsgegnerin dem Arbeitsmarkt zur Verfügung steht und sie sich andauernd um Arbeit bemüht.

Beweis: Anliegender Ausdruck des bei der Arbeitsagentur . . . . . . gespeicherten Bewerberdatensatzes der Antragsgegnerin[5]

Die Arbeitssuche der Antragsgegnerin ist durch ihre gesundheitlichen Beeinträchtigungen erschwert. Die Antragsgegnerin leidet an . . . . . (ICD 10: . . . . .) und ist deshalb nur noch eingeschränkt arbeitsfähig.

Beweis: Anliegendes Attest des behandelnden Arztes . . . . . mit Diagnose

Die genannten Leiden sind trotz ärztlicher Behandlung nicht mehr völlig heilbar; eine Besserung ist nicht absehbar. Ihre Erkrankung wirkt sich auf die Arbeitsfähigkeit der Antragsgegnerin dahin aus, dass . . . . . .[6]

Beweis: Einzuholendes ärztliches Gutachten

Selbst wenn die Antragsgegnerin eine neue Arbeitsstelle gefunden und eine Erwerbstätigkeit aufgenommen hätte, könnte sie kein Einkommen erzielen, mit dem sie für den geltend gemachten Unterhalt leistungsfähig wäre.

Zum einen führen die bereits dargestellten gesundheitlichen Einschränkungen dazu, dass sie nicht eine Tätigkeit ausüben kann, in der sie . . . . . ., so dass sie nicht den branchenüblichen Lohn erzielen kann. Auch kann sie nicht vollschichtig arbeiten; die Ausübung einer Nebentätigkeit ist ihr nicht zumutbar. Dabei ist auch zu berücksichtigen, dass sie Umgang mit dem Antragssteller im Umfang von . . . . . hat.[4]

Zum anderen kann sie allenfalls den Mindestlohn erzielen; ihre bisherigen Erwerbsbiografie lässt nicht die Annahme eines höheren Stundenlohns zu. Sie hat eine Ausbildung zur . . . . . absolviert und . . . . . Jahre als . . . . . gearbeitet; dabei hat sie zuletzt einen Stundenlohn in Höhe von . . . . . erhalten. Inzwischen ist sie . . . . . Jahre alt.

Bei Annahme des erzielbaren Einkommens und unter Berücksichtigung des ihr zu belassenen notwendigen Selbstbehaltes in Höhe von aktuell . . . . . verbleibt kein für Unterhaltszwecke zur Verfügung stehendes Einkommen.[7]

Nach allem ist der Antrag des Antragstellers zurückzuweisen.

Zum Antrag auf Bewilligung von Verfahrenskostenhilfe sind die nach § 117 Abs. 2 und 4 ZPO iVm § 113 Abs. 1 S. 2 FamFG erforderlichen Unterlagen mit Abschriften für den Gegner[8] beigefügt.

Rechtsanwalt

Anmerkungen

1. Zum Anwaltszwang in erstinstanzlichen Unterhaltsstreitigkeiten → Form. J.I.1 Anm. 1.

2. Mit dem Antrag auf Bewilligung von **Verfahrenskostenhilfe** (VKH) empfiehlt sich im Interesse der Verfahrensbeschleunigung zugleich das vollständig ausgefüllte Erklärungsformular über seine persönlichen u. wirtschaftlichen Verhältnisse nebst Belegen einzureichen (§ 113 Abs. 1 S. 2 FamFG iVm § 117 Abs. 2 u. 4 ZPO). Das gem. § 1 PKHFV zu benutzende Formular findet sich im Justizportal des Bundes u. der Länder (www.justiz.de in der Rubrik service/formular).

Das Formular ist stets **vollständig** auszufüllen u. alle Fragen sind zu beantworten (ggf. mit „nein"). Empfängern von Leistungen nach SGB II (Bürgergeld/Grundsicherungsgeld) kommt hinsichtlich der Darlegung ihrer Bedürftigkeit keine besonders (privilegierte) Stellung zu (OLG Brandenburg FamRZ 2010, 1266), so dass sie insbesondere Angaben zu ihrem vorhandenen Vermögen zu machen haben; die Vorlage eines Leistungsbescheids genügt nicht. → Form. J.I.1 Anm. 6

Ist die Erklärung vollständig ausgefüllt u. liegen die erforderlichen Belege bei, ist der Antrag auf Bewilligung von VKH bei hinreichender Erfolgsaussicht **entscheidungsreif**. Es kann dann auch noch nach Abschluss des Verfahrens (zB nach Antragsrücknahme o. Vergleichsabschluss) VKH bewilligt werden (BGH BeckRS 2009, 88699 Rn. 19 = FamRZ 2010, 197; BGH NJW 2013, 3793 = FamRZ 2014, 196). Wurde dem VKH beantragenden Beteiligten nachgelassen, binnen einer Frist die Erklärung o. einzelne Belege nachzureichen, kommt eine Bewilligung noch nach Verfahrensabschluss in Betracht (OLG Hamburg FamRZ 2021, 1395). Dagegen geht ein nach Verfahrensabschluss gestellter Antrag auf Bewilligung von VKH ins Leere u. ist unzulässig (OLG Brandenburg NJW-RR 2019, 1082).

Von dem Einkommen sind gem. § 115 Abs. 1 S. 2 ZPO **Freibeträge** abzusetzen → Form. J.I.1 Anm. 6. Gezahlter Unterhalt ist zu berücksichtigen. Auch sind die Warmmiete (§ 115 Abs. 1 S. 3 Nr. 3 ZPO) u. besondere Belastungen (§ 115 Abs. 1 S. 3 Nr. 5 ZPO) wie geleistete Kreditraten o. berufsbedingte Fahrtkosten nebst den PKW-Anschaffungskosten abzusetzen. Schulden dürfen nur berücksichtigt werden, soweit sie getilgt werden u. die Verbindlichkeit bereits vor Kenntnis der entstandenen o. bevorstehenden Verfahrenskosten aufgenommen wurden, weil die Partei ihr Einkommen vorrangig zur Begleichung dieser Kosten aufwenden muss, es sei denn, es handelt sich um ein unabweisbares Bedürfnis für die Kreditaufnahme (vgl. zu den Absetzungen vom Einkommen zB Musielak/Voit/Fischer ZPO § 115 Rn. 10).

An **Belegen** werden häufig Lohnabrechnungen der letzten 3 Monate, Mietvertrag, Darlehensverträge sowie Belege von weiteren Ausgaben u. Einnahmen verlangt. Zum Nachweis der erfolgten Zahlungen werden häufig vollständige Kontoauszüge der letzten 3 Monate angefordert. Diese Belege können direkt mit Antragstellung vorgelegt werden.

Zur Prüfung der **Erfolgsaussicht** der Rechtsverteidigung ist wichtig, dass der Abweisungsantrag des arbeitslosen Unterhaltsschuldners substantiiert u. unter ausreichendem Beweisantritt begründet wird. Dies ist in der Praxis oft nicht der Fall.

3. Zunächst ist auf das **tatsächliche Einkommen** abzustellen. → Form. J.I.1 Anm. 16
Bei dem ausschließlichen Bezug von Bürgergeld/Grundsicherungsgeld gem. SGB II besteht keine Leistungsfähigkeit zur Zahlung von Unterhalt an außerhalb der Bedarfsgemeinschaft lebenden Personen, da das Bürgergeld/Grundsicherungsgeld lediglich den Bedarf der in der Bedarfsgemeinschaft lebenden Personen deckt. Jedoch ist der Bezug von **SGB-II-Leistungen** alleine nicht geeignet, die mangelnde Leistungsfähigkeit eines Unterhaltsschuldners darzutun (OLG Koblenz BeckRS 2017, 144134 Rn. 17 = FamRZ 2018, 918).

4. Die **Bemühungen** des Unterhaltspflichtigen um einen neuen Arbeitsplatz sind wegen seiner gesteigerten Verantwortung nach § 1603 Abs. 2 BGB für den angemessenen Unterhalt seines minderjährigen (o. privilegiert volljährigen) unverheirateten Kindes in nachprüfbarer Weise darzutun. Diese Bemühungen müssen nicht erst mit dem Eintritt des

Verzugs, sondern bereits zu einem Zeitpunkt beginnen, zu dem der Unterhaltspflichtige mit seiner Inanspruchnahme auf Kindesunterhalt ernsthaft zu rechnen hat (KG NZFam 2014, 758 = FamRZ 2014, 1031). Einzelheiten: → Form. J.I.1 Anm. 18.

Den Unterhaltspflichtigen trifft grds. die Pflicht zur Aufnahme einer vollschichtigen Erwerbstätigkeit. Die gesteigerte Unterhaltspflicht kann grds. auch eine Obliegenheit des Unterhaltspflichtigen begründen, über eine vollschichtige Arbeitstätigkeit hinaus eine **Nebentätigkeit** auszuüben, um den Mindestunterhalt sicher zu stellen. Bei der Prüfung, ob dem Unterhaltspflichtigen neben einer regelmäßigen Arbeitszeit von 40 Wochenstunden eine Nebentätigkeit in den Grenzen des § 3 ArbZG (max. durchschnittliche 48 Wochenstunden) zumutbar ist, sind alle Umstände des Einzelfalls bei der Verhältnismäßigkeitsprüfung einzubeziehen, zB (vgl. BGH NZFam 2025, 334 = FamRZ 2025, 442; NJW 2014, 3784 Rn. 19 ff. = FamRZ 2014, 1992; NJW 2009, 1410 Rn. 22 ff. = FamRZ 2009, 314):

- das Recht u. die Pflicht des Schuldners zum Umgang mit seinen Kindern,
- vorhersehbare u. regelmäßige Arbeitszeiten in der Haupttätigkeit
- Fahrtzeiten im Zusammenhang mit der Haupttätigkeit,
- Genehmigung der Nebentätigkeit durch den Hauptarbeitgeber, ggf. Zumutbarkeit eines arbeitsrechtlichen Vorgehens gegen diesen auf Erteilung der Nebentätigkeitsgenehmigung,
- konkrete gesundheitliche Belastungen, die einer Nebentätigkeit entgegenstehen,
- Vorhandensein von Nebentätigkeiten am Wohnort des Unterhaltspflichtigen.

Darlegung- u. beweispflichtig für die Unzumutbarkeit der Aufnahme einer Nebentätigkeit ist der Unterhaltspflichtige.

Es empfiehlt sich eine konkrete **(Rück-)Rechnung** (nach BVerfG, Beschluss vom 18.6.2012, AZ: 1 BvR 1530/11):

Mindestbedarf (zB 3. Altersstufe abzgl. hälftigem Kindergeld)	523,50 EUR
Erforderliches Einkommen (523,50 EUR zzgl. 1.450 EUR Selbstbehalt)	1.973,50 EUR
zzgl. 5 % berufsbed. Aufwendungen (1.973,50 EUR / 95 x 100)	2.077,37 EUR
brutto (Steuerklasse I; 0,5, ohne Kirchensteuer), ca.	3.020,00 EUR
dh 40 Wochenstunden/173 Monatsstunden: Stundenlohn	17,46 EUR
dh 48 Wochenstunden/208 Monatsstunden: Stundenlohn	14,52 EUR

Da der Unterhaltspflichtige auch nach **Wiederverheiratung** – o. Eingehung einer nichtehelichen Lebensgemeinschaft (BGH NJW 2001, 1488 = FamRZ 2001, 614) – grds. gehalten ist, auf die bestehenden Unterhaltspflichten Rücksicht zu nehmen, kommt auch in diesen Fällen eine Nebentätigkeitsobliegenheit, welche der erwerbstätige Partner ermöglichen muss, in Betracht. Hat ein verheirateter Schuldner keine Einkünfte o. nur Einkünfte aus einer Teilzeitbeschäftigung unterhalb des Selbstbehalts, weil er minderjährige Kinder aus einer anderen Beziehung betreut, kann er sich gegenüber dem barunterhaltsberechtigten Kind nicht auf Leistungsunfähigkeit berufen, wenn sein jetziger Ehepartner ein ausreichendes Nettoeinkommen erzielt (BGH NJW 2002, 1646 = FamRZ 2002, 742). Der notwendige Selbstbehalt des Unterhaltspflichtigen wird durch den Familienunterhalt gem. §§ 1360, 1360a, 1615l BGB im Falle der Leistungsfähigkeit des neuen Partners meistens gedeckt sein (BGH NJW 2008, 1373 Rn. 36 = FamRZ 2008, 594). Der Schuldner muss dann durch Aufnahme eines Nebenerwerbs zum Unterhalt des minderjährigen Kindes aus der früheren Beziehung beitragen (BGH NJW 2006, 2404 Rn. 32 = FamRZ 2006, 1010; BGH NJW 2015, 1178 Rn. 18 = FamRZ 2015, 738). Denkbar ist der vom Unterhaltspflichtigen zu beweisende Vortrag, dass der neue Partner sich nicht ausreichend an den Kosten der gemeinsamen Lebensführung beteiligen kann (BGH NJW 2008, 1373 Rn. 39 = FamRZ 2008, 594). Schließlich braucht die Rollenwahl in der neuen Partnerschaft von dem unterhaltsberechtigten minderjährigen Kind nur hingenommen zu werden, wenn unter Abwägung der Interessen der Beteiligten sich der Familienunterhalt in der neuen Familie dadurch, dass der andere Ehegatte erwerbstätig ist, wesentlich günstiger gestaltet als bei umgekehrter Rollenverteilung (BGH NZFam 2015, 359 = FamRZ 2015, 738).

Der Schuldner darf seine Erwerbstätigkeit nicht wegen seines **erweiterten Umgangs** so reduzieren, dass er weniger als 100 % des Mindestunterhalts leisten kann (KG BeckRS 2016, 2304 = FamRZ 2016, 832).

Falls ein Unterhaltsverpflichteter nach der Geburt eines weiteren Kindes **Elterngeld** (gem. § 2 BEEG mindestens 300 EUR u. höchstens 1.800 EUR) o. Elterngeld Plus (gem. § 4 Abs. 3 BEEG iHv 150 EUR bei doppelter Bezugsdauer) erhält, ist dieses nach Maßgabe des § 11 BEEG Einkommen des Pflichtigen (BGH NJW 2011, 70 Rn. 29 = FamRZ 2011, 97). Bei gesteigerter Unterhaltspflicht gegenüber einem minderjährigen u. einem privilegiert volljährigen Kind wird für die Frage der Leistungsfähigkeit des elterngeldberechtigten Unterhaltsschuldners nach § 11 S. 4 BEEG, § 1603 Abs. 2 BGB das volle Elterngeld, also ausnahmsweise auch der Mindestbetrag von 300 EUR bzw. 150 EUR als sein Einkommen berücksichtigt, allerdings nur, wenn u. soweit der notwendige Selbstbehalt des Unterhaltsverpflichteten – etwa durch Unterhaltsleistungen in der neuen Ehe – sichergestellt ist (BGH NJW 2006, 2404 = FamRZ 2006, 1010). Da das Elterngeld kein Erwerbseinkommen ist, darf es nicht um einen Erwerbstätigenbonus gekürzt werden (Scholz FamRZ 2007, 7 (9)). Der Bezieher des Elterngeldes ist jedenfalls für die ersten zwei Lebensjahre des von ihm betreuten weiteren Kindes nicht zu einer Nebentätigkeit verpflichtet. Ihm ist auch keine Obliegenheitsverletzung vorzuwerfen, wenn er sich für die ihm gesetzlich eingeräumte Option entscheidet, das Elterngeld unter Inkaufnahme der Halbierung des mtl. gezahlten Betrages auf die doppelte Zeit zu strecken (BGH NJW 2015, 1178 Rn. 19 ff. = FamRZ 2015, 738).

Die **gesteigerte Unterhaltspflicht kann entfallen**, wenn nach § 1603 Abs. 2 Satz 3 BGB ein anderer unterhaltspflichtiger Verwandter vorhanden ist, was der Unterhaltspflichtige darzulegen u. zu beweisen hat. Dies ist gegeben, wenn der betreuende Elternteil den Barunterhalt des Kindes aufbringen kann, ohne seinen eigenen angemessenen Selbstbehalt (in 2026: 1.750 EUR) zu gefährden, u. sodann noch eine hinreichende Einkommensdifferenz (zB 500 EUR: OLG Brandenburg NZFam 2022, 220 = FamRZ 2022, 186) zwischen den Einkünften der Eltern besteht (BGH NJW 2013, 2897 = FamRZ 2013, 1558 Rn. 26). Einkommen oberhalb des angemessenen Selbstbehaltes muss der Unterhaltspflichtige aber weiterhin für Unterhaltszwecke verwenden (vgl. BGH NJW 2008, 227 = FamRZ 2008, 137, 139 f.).

Bei einer **erheblichen Einkommensdifferenz der Eltern** kann ausnahmsweise gem. § 1603 Abs. 2 S. 3 BGB eine vollständige o. anteilige Haftung des betreuenden Elternteils für den Barunterhalt des Kindes in Betracht kommen, etwa wenn der betreuende Elternteil über das Dreifache der unterhaltsrelevanten Nettoeinkünfte des nicht betreuenden Elternteils verfügt (BGH NJW 2013, 2897 Rn. 26 ff. = FamRZ 2013, 1558).

Vom Arbeitsentgelt eines im Vollzug arbeitenden **Strafgefangenen** steht für Unterhaltszwecke regelmäßig nur das Eigengeld zur Verfügung. Sein Selbstbehalt kann nach dem ihm zustehenden Taschengeldsatz bemessen werden (BGH NJW 2015, 2493 Rn. 18, 26 = FamRZ 2015, 1473).

5. Die EDV erleichtert dem arbeitslosen Unterhaltsschuldner im Unterhaltsverfahren den schwierigen Beweisantritt, dass er tatsächlich seiner Arbeitsfähigkeit entsprechend arbeitsbereit ist u. dass er alle Möglichkeiten nutzt, um seine Beschäftigungslosigkeit zu beenden. Denn die Agenturen für Arbeit speichern die Vermittlungsbemühungen u. deren

Ergebnis elektronisch. Diesen sog. **Bewerberdatensatz** muss die zuständige Arbeitsagentur dem Arbeitslosen auf Antrag gem. Art. 15 Abs. 3 DS-GVO (s. dazu Greve NVwZ 2017, 737) aushändigen.

Allerdings ist zu beachten, dass als Ausdruck **ernsthaften Bemühens** um eine Erwerbstätigkeit grds. mindestens 20–30 gezielte u. ernsthafte Bewerbungen pro Monat als notwendig angesehen werden (OLG Brandenburg NZFam 2019, 691 = FamRZ 2020, 1264)

6. Unterhaltsschuldner zählen im Verfahren häufig ihre **gesundheitlichen Beeinträchtigungen** lediglich auf o. reichen nur ein ärztliches Attest ein. Erforderlich ist zumindest eine konkrete Diagnose; der in dem Attest genannten ICD 10 Kennung, mit der Krankheiten, Anzeichen o. Symptome, auffällige Befunde, Beschwerden, soziale Umstände u. äußere Ursachen von Verletzungen o. Krankheiten klassifiziert werden, kann diese entnommen werden.

Neben der Mitteilung der Diagnose ist der Vortrag des Unterhaltspflichtigen entscheidend, wie sich die Leiden auf seine Arbeitsfähigkeit **konkret auswirken** (BGH NJW 2013, 2897 Rn. 13 mwN = FamRZ 2013, 1558 betr. Folgen einer Darmkrebsoperation; KG BeckRS 2015, 11178 Rn. 10 betr. Depressionen). Er muss zudem darlegen, dass er alles Notwendige getan hat, um seine Erwerbsfähigkeit alsbald wiederherzustellen (KG NJOZ 2015, 1199 Rn. 5 ff. betr. eine Schulterläsion).

Aus dem Bezug einer **Rente wegen voller Erwerbsminderung** ergibt sich, dass der Unterhaltspflichtige nicht drei Stunden o. mehr täglich einer Erwerbstätigkeit nachgehen kann u. dass er für die Vermittlung durch die Agentur für Arbeit nicht zur Verfügung steht; bis zu diesem Umfang muss er sich jedoch auch trotz des Bezugs der Rente um eine (Neben-)Tätigkeit bemühen o. darlegen u. beweisen, dass er auch zu einer solchen Tätigkeit nicht in der Lage ist (BGH NJW-RR 2017, 449 Rn. 22 = FamRZ 2017, 109).

7. Sowohl bei Zugrundelegung des tatsächlichen als auch eines fiktiven Einkommens ist die **Leistungsfähigkeit** zu berechnen, um festzustellen, welches Einkommen für Unterhaltszwecke zur Verfügung steht, ggf. ist eine Mangelfallberechnung vorzunehmen. → Form. J.I.1 Anm. 20

8. In Unterhaltsstreitverfahren zwischen Gläubiger u. Schuldner sollten auch die **Verfahrenskostenhilfeunterlagen** mit einem Doppel für den Verfahrensgegner eingereicht werden. Denn nach § 113 Abs. 1 S. 2 FamFG iVm § 117 Abs. 2 S. 2 ZPO dürfen die Erklärung u. die Belege dem Gegner ohne Zustimmung des die VKH beantragenden Beteiligten zugänglich gemacht werden, wenn der Gegner gegen ihn nach § 1605 BGB o. § 1361 Abs. 4 S. 4, § 1605 BGB o. § 1580 BGB einen materiell-rechtlichen Anspruch auf Auskunft über die Einkünfte u. das Vermögen hat. Dies soll der Richtigkeitsgewähr u. der Verfahrensökonomie dienen (BT-Drs. 16/6308, 325). Nach § 117 Abs. 2 S. 3 ZPO ist dem die VKH beantragenden Beteiligten allerdings vor der Übermittlung seiner Erklärung an den Gegner Gelegenheit zur Stellungnahme zu geben, damit dieser die gegen eine Übermittlung sprechenden Gesichtspunkte vortragen kann. Wenn seine Erklärung übermittelt wurde, muss das Gericht ihn darüber unterrichten (§ 117 Abs. 2 S. 4 ZPO).

Das gem. § 1 PKHFV zu benutzende Formular findet sich im Justizportal des Bundes u. der Länder (www.justiz.de in der Rubrik service/formular).

3. Antrag des minderjährigen Kindes gegen den Vater auf Zahlung eines dynamisierten Unterhalts

An das

Amtsgericht[1]

– Familiengericht[2] –

. . . . .

Antrag

In der Familiensache

des Kindes . . . . .

geboren am . . . . .

gesetzlich vertreten durch seine Mutter,

Frau . . . . .

beide wohnhaft . . . . .

– Antragsteller –

Verfahrensbevollmächtigter: Rechtsanwalt . . . . .

gegen

Herrn . . . . .

wohnhaft . . . . .

– Antragsgegner –

wird namens und in Vollmacht des Antragstellers beantragt:

Der Antragsgegner wird verpflichtet, an den Antragsteller zu Händen der gesetzlichen Vertreterin monatlich Unterhalt
für die Zeit ab . . . . . in Höhe von . . . . . Prozent des jeweiligen Mindestunterhalts der ersten Altersstufe nach § 1612a BGB abzüglich hälftigem Kindergeld, mithin derzeit . . . . EUR (. . . . . EUR abzgl. hälftigem Kindergeld von . . . . . EUR),
für die Zeit ab . . . . . (dem ersten Tag des Monats, in dem das Kind 6 Jahre alt wird) in Höhe von . . . . . Prozent des jeweiligen Mindestunterhalts der zweiten Altersstufe nach § 1612a BGB abzüglich hälftigem Kindergeld, mithin derzeit . . . . . EUR (. . . . . EUR abzgl. hälftigem Kindergeld von . . . . . EUR) und
für die Zeit ab . . . . . (dem ersten Tag des Monats, in dem das Kind 12 Jahre alt wird) in Höhe von . . . . . Prozent des jeweiligen Mindestunterhalts der dritten Altersstufe nach § 1612a BGB abzüglich hälftigem Kindergeld, mithin derzeit . . . . . EUR (. . . . . EUR abzgl. hälftigem Kindergeld von . . . . . EUR)
zu zahlen, und zwar im Voraus bis zum 3. eines jeden Monats.[3]

Der Antragsgegner wird außerdem verpflichtet, an den Antragsteller zu Händen der gesetzlichen Vertreterin Zinsen[4] in Höhe von 5 Prozentpunkten über dem jeweiligen Basiszinssatz nach § 247 BGB aus dem folgenden monatlichen Unterhaltsrückstand zu zahlen:
von . . . . . EUR seit dem . . . . .,

von . . . . . EUR seit dem . . . . .,
von . . . . . EUR seit dem . . . . ..
Der Beschluss ist sofort wirksam.[5]

Darüber hinaus wird beantragt:

Dem Antragsteller wird für die erste Instanz Verfahrenskostenhilfe unter Beiordnung seines Verfahrensbevollmächtigten bewilligt.[6]
Für den Fall der nicht rechtzeitig angezeigten Verteidigungsbereitschaft im schriftlichen Vorverfahren wird Antrag auf Versäumnisbeschluss (§ 113 Abs. 1 S. 2 FamFG, § 331 Abs. 3 ZPO) ohne mündliche Verhandlung gestellt.[7]

Begründung:

Der Antragsgegner ist der Vater des einkommens- und vermögenslosen Antragstellers und diesem gegenüber nach §§ 1601 ff. BGB barunterhaltspflichtig.

Der Antragsteller wird von seiner Mutter nach § 1626a Abs. 3 BGB/§ 1629 Abs. 2 S. 2 BGB/§ 1671 BGB (auf Grund der in Fotokopie beigefügten Entscheidung des Amtsgerichts – Familiengerichts – . . . . . vom . . . . .) gesetzlich vertreten.[8]

Einen Unterhaltstitel zugunsten des Antragstellers gibt es bisher nicht.[9] Der Antragsteller bezieht keinen Unterhaltsvorschuss und keine Sozialleistungen. (Die Unterhaltsvorschusskasse/Der Träger der Sozialleistungen hat durch den beigefügten Vertrag vom . . . . . die kraft Gesetzes übergegangenen Unterhaltsansprüche des Antragstellers auf diesen zur gerichtlichen Geltendmachung rückübertragen; die betreuende Mutter ist allein sorgeberechtigt.)[10]

Der Antragsteller lebt im Haushalt seiner Mutter, die ihre Unterhaltsverpflichtung durch die Pflege und die Erziehung des minderjährigen unverheirateten Antragstellers erfüllt (§ 1606 Abs. 3 S. 2 BGB).[11] Das Kindergeld von monatlich . . . . . EUR,[12] welches die betreuende Mutter erhält, ist bedarfsdeckend anzurechnen.

(Der Antragsgegner hat dem Antragsteller den Mindestunterhalt zu zahlen.)[13]

Der Bedarf des Antragstellers richtet sich nach dem Einkommen des barunterhaltspflichtigen Antragsgegners.[14] Dieser ist von Beruf . . . . . und erzielt nach der von ihm erteilten, beiliegenden Auskunft[15] ein um die berufsbedingten Aufwendungen[16] bereinigtes monatliches Nettoeinkommen in Höhe von . . . . . EUR.[17]

Beweis: . . . . .
(Vorlage der Auskunft des Antragsgegners mit Lohn- und Gehaltsabrechnungen für die Monate . . . . .)

Falls der Antragsgegner etwa inzwischen arbeitslos sein und den Einwand der mangelnden Leistungsfähigkeit erheben sollte, wird darauf hingewiesen, dass der arbeitsfähige und erst . . . . . Jahre alte Antragsgegner dem minderjährigen Antragsteller gegenüber nach § 1603 Abs. 2 S. 1 BGB eine gesteigerte Erwerbsobliegenheit mit der Pflicht zur Ausübung einer Vollzeiterwerbstätigkeit und zudem einer Nebentätigkeit hat. Er ist dann mangels einer laufenden und nachprüfbaren Stellensuche so zu behandeln, als wenn er das vorgenannte Nettoeinkommen weiterhin erzielen würde.[18]

Das bereinigte Nettoeinkommen des Antragsgegners fällt an sich in Einkommensgruppe . . . . . der Düsseldorfer Tabelle mit Stand . . . . ..[19] Da der Antragsgegner aber nur dem Antragsteller gegenüber unterhaltspflichtig ist, ist die Einstufung um jedenfalls eine Gruppe höher angemessen.[20] Daraus folgt nach der für den Antragsteller anzuwendenden . . . . . Altersstufe ein Tabellenbedarfsbetrag von monatlich . . . . . EUR, dem ein aus der Düsseldorfer Tabelle ablesbarer Prozentsatz von . . . . . % des Mindestunterhalts entspricht.[21] Um spätere Abänderungsverfahren zu vermeiden, soll der Unterhalt dynamisiert tituliert werden.

Diese dynamisierte Unterhaltsrente ist nach § 1612b Abs. 1 S. 1 Nr. 1 BGB um die Hälfte des auf den Antragsteller entfallenden jeweiligen gesetzlichen Kindergeldes zu vermindern, was ebenfalls in dynamisierter Formulierung tenoriert werden soll.[22]

Zusammengefasst führt dies zu einem derzeitigen Unterhaltszahlbetrag von (. . . . . EUR Bedarfsbetrag abzgl. . . . . . EUR hälftigem Kindergeld =) . . . . . EUR.

Der Antragsgegner ist in Höhe dieses Unterhalts leistungsfähig.[23]

Der Antragsgegner ist vom Antragsteller durch das beigefügte Mahnschreiben vom . . . . ., zugegangen am . . . . ., aufgefordert worden, zum Zwecke der Geltendmachung des Unterhaltsanspruchs über seine Einkünfte und sein Vermögen Auskunft zu erteilen. Der Antragsgegner erteilte zwar die Auskunft, zahlte jedoch bisher keinen Unterhalt an den Antragsteller und übergab diesem keinen vollstreckbaren Unterhaltstitel, so dass nunmehr der Verfahrensantrag geboten ist. Gemäß § 1613 BGB wird Unterhalt ab dem Ersten des Monats, in dem der Antragsgegner das Mahnschreiben erhalten hat, verlangt.[15]

Beweis: Anliegendes Aufforderungsschreiben (einschließlich Einschreiben mit Rückschein)

Die Verzugszinsen auf die im Beschlussantrag bezeichneten Unterhaltsrückstände werden gemäß § 288 Abs. 1, § 286 Abs. 1 S. 1 BGB geltend gemacht.[4] Durch das vorgenannte Mahnschreiben ist der Antragsgegner in Verzug gesetzt worden. Eine Erweiterung des Zinsantrages auf die bis zum Verhandlungstermin etwa zusätzlich aufgelaufenen Unterhaltsrückstände bleibt vorbehalten.

Der Antrag auf Anordnung der sofortigen Wirksamkeit beruht auf § 116 Abs. 3 S. 3 FamFG. Die begehrte Endentscheidung betrifft eine Familienstreitsache im Sinne von § 112 Nr. 1, § 231 Abs. 1 Nr. 1 FamFG, sie enthält eine Verpflichtung zur Leistung von Unterhalt, und der Antragsteller benötigt den Unterhalt sofort zur Sicherung seines Lebensbedarfs.[5]

Zum Antrag auf Bewilligung von Verfahrenskostenhilfe wird gemäß § 2 PKHFV formfrei mitgeteilt, dass der minderjährige unverheiratete Antragsteller keine Einnahmen hat, dass er seinen Lebensunterhalt mit Hilfe seines ihn gesetzlich vertretenden Elternteils bestreitet und dass er und sein ihn gesetzlich vertretender Elternteil über kein nach § 115 ZPO einzusetzendes Einkommen und Vermögen verfügen.[24] Auch vom Antragsgegner kann nach dessen vorstehend dargelegten Einkommensverhältnissen kein alsbald realisierbarer Verfahrenskostenvorschuss erlangt werden.

Rechtsanwalt[25, 26]

Anmerkungen

1. Zum **Anwaltszwang** u. den Begrifflichkeiten in erstinstanzlichen Unterhaltsstreitigkeiten: → Form. J.I.1 Anm. 1.

2. Zur sachlichen, örtlichen u. internationalen **Zuständigkeit**: → Form. J.I.1 Anm. 2.

3. Zum Mindestunterhalt u. Unterhalt nach **Prozentsätzen des Mindestunterhalts** gem. § 1612a Abs. 1 BGB: → Form. J.I.1 Anm. 3.

Das Gesetz belässt dem minderjährigen Kind die **Wahl** zwischen einem **statischen** u. einem **dynamisierten Unterhaltstitel.** Regelmäßig wird es zweckmäßig sein, einen dynamisierten Unterhalt zu fordern, um den Vorteil der automatischen Anpassung der Unterhaltsrente nach § 1612a BGB zu haben; jede Änderung der Düsseldorfer Tabelle, der Kindergeldhöhe o. ein Wechsel der Altersstufe wirken sich ohne weiteres auf den titulierten Unterhaltsbetrag aus. Die Mindestunterhaltsbeträge gem. § 1612a Abs. 4 BGB werden grds. alle zwei Jahre durch eine – vom jeweiligen letzten Existenzminimumbericht der Bundesregierung ausgehende – Rechtsverordnung festgelegt.

Um **Änderungen bei der Höhe des Kindergeldes** automatisch nachzuvollziehen, müssen im dynamisierten Unterhaltstitel der Prozentsatz des Mindestunterhalts u. der Kindergeldabzug getrennt genannt werden. Die Höhe des bedarfsmindernd anzurechnenden Kindergeldes (§ 1612b Abs. 1 S. 1 Nr. 1 BGB) ergibt sich aus der Kindergeldtabelle → Form. J.I.1 Anm. 12. Der Zahlbetrag eines Prozenttitels kann dem Anhang der Düsseldorfer Tabelle → Form. J.I.1 Anm. 12 entnommen werden.

Dem Gesetz sind sowohl der Mindestunterhalt für minderjährige Kinder der drei Altersstufen als auch die Höhe des Kindergeldes zu entnehmen, so dass ein verkürzter Antrag (zB „Unterhalt an den am . . . . . geborenen Antragsteller für die Zeit ab . . . . . in Höhe von . . . . . Prozent des jeweiligen Mindestunterhalts der entsprechenden Altersstufe abzgl. hälftigem Kindergeld") **hinreichend bestimmt** sein dürfte (vgl. OLG Dresden NJW-RR 2011, 1305 = FamRZ 2011, 1657); dies ist aber in der Vollstreckung umständlich u. für das Vollstreckungsorgan o. einen Drittschuldner kaum zumutbar, so dass es sich empfiehlt, den Antrag wie im Formulartext dargestellt zu formulieren. Der in der maßgeblichen DT den Bedarfsbeträgen einer Gruppe zugeordnete Prozentsatz sollte abgelesen u. in den Antrags- u. Begründungstext eingesetzt werden, da eine konkrete Berechnung in den meisten Fällen zu gebrochenen Prozentsätzen führt, ohne dass sich dadurch der auf volle Euro aufgerundete Zahlbetrag erhöht.

In einem **Mangelfall** sollte von einem Antrag auf Dynamisierung abgesehen werden, da sich die durch den Selbstbehalt des Unterhaltsschuldners begrenzte Verteilungsmasse nicht durch etwaige weitere Anhebungen des Mindestunterhalts erhöht (OLG Brandenburg BeckRS 2016, 10085 Rn. 11 = FamRZ 2016, 1469; OLG Frankfurt NJW-RR 2025, 3 = FamRZ 2025, 446). Zu weiteren Fällen, in denen von einem Antrag auf Dynamisierung abgesehen werden soll: → Form. J.I.1 Anm. 3.

Die Dynamisierung gem. § 1612a BGB gilt nur für den Unterhalt eines Minderjährigen; gleichwohl bleibt der Titel ohne zeitliche Begrenzung auch nach dem **Eintritt der Volljährigkeit** des Kindes wirksam. Das minderjährige Kind hat einen Anspruch auf Titulierung seines Unterhaltsanspruchs ohne zeitliche Begrenzung in der dritten Altersstufe (OLG Hamm BeckRS 2012, 4437 = FamRZ 2012, 993). Dynamisierte, nach oben unbefristet tenorierte Unterhaltstitel, die während der Minderjährigkeit des Kindes errichtet worden sind, gelten – wie statische Titel – über den Zeitpunkt der Volljährigkeit des Kindes mit dem Betrag der 3. Altersstufe bis zu einer Abänderung fort u. sind weiter vollstreckbar (OLG München BeckRS 2015, 8325 Rn. 12 = FamRZ 2015, 1815).

In § 1612a BGB ist kein Mindestunterhalt für ein bereits **volljähriges Kind** geregelt, so dass dieses keinen Anspruch auf einen dynamisierten Unterhaltstitel hat.

Durch § 7 Abs. 4 S. 2 UVG wird klargestellt, dass die **Unterhaltsvorschusskasse** den Unterhalt auch als veränderlichen Mindestunterhalt entspr. § 1612a Abs. 1 S. 1 BGB beantragen kann.

Vor der Einreichung des Streitantrags auf Zahlung eines dynamisierten Unterhalts kann überlegt werden, ob ein Antrag auf Festsetzung des Unterhalts für das minderjährige Kind im vereinfachten Verfahren nach § 249 FamFG sinnvoll ist (→ Form. J.II.1).

Für die Vollstreckung im **Ausland** ist es meist erforderlich, dass der Titel auf eine Forderung zur Zahlung einer bestimmten Geldsumme gerichtet ist (vgl. innerhalb der EU: Art. 20 Abs. 1 Buchst. b) u. c) iVm Ziff. 5.2.1. des Formulars I EG-UntVO – Verordnung

(EG) Nr. 4/2009 des Rates vom 18.12.2008), woran es bei einer rein dynamischen Titulierung als Prozentsatz des Mindestunterhalts fehlt. § 245 FamFG eröffnet die Möglichkeit, einen dynamisierten Unterhaltstitel zur Zwangsvollstreckung im Ausland auf Antrag (des Gläubigers o. des Schuldners) durch die Stelle zu beziffern, der die Erteilung einer vollstreckbaren Ausfertigung obliegt (Gericht, Jugendamt o. Notar).

4. Zum **Zinsantrag** u. zur Zinshöhe: → Form. J.I.1 Anm. 4.

5. Zur Anordnung der **sofortigen Wirksamkeit** des Beschlusses: → Form. J.I.1 Anm. 5.

6. Zur **Verfahrenskostenhilfe:** → Form. J.I.1 Anm. 6.

7. Zum Antrag auf **Versäumnisbeschluss:** → Form. J.I.1 Anm. 7.

8. Das Unzutreffende bitte aus dem Text entfernen.
Zur **Vertretung des Kindes** u. gesetzlicher Verfahrensstandschaft: → Form. J.I.1 Anm. 8.

9. Zum einheitlichen Antrag auf Unterhalt u. der Abänderung eines bereits bestehenden Titels: → Form. J.I.1 Anm. 9; nach einer **Titulierung des vollen Unterhalts** ist ein Leistungsantrag regelmäßig ausgeschlossen u. nur ein Abänderungsantrag möglich.

10. Bitte den zutreffenden Text auswählen.
Zum **Bezug von öffentlichen Leistungen** des Kindes, gesetzlicher Anspruchsübergang u. Rückübertragung: → Form. J.I.1 Anm. 10.

11. Zur **Erfüllung der Unterhaltspflicht durch Betreuung** im Residenz- u. im paritätischen Wechselmodell: → Form. J.I.1 Anm. 11.

12. S. die **Kindergeldtabelle:** → Form. J.I.1 Anm. 12.

13. Dieser Text kann verwendet werden, wenn nur der **Mindestunterhalt** verlangt wird. Ansonsten kann der Satz gestrichen werden.
Zur Darlegungs- u. Beweislast beim Mindestunterhalt: → Form. J.I.1 Anm. 13.

14. Zum **Bedarf** des minderjährigen Kindes aufgrund der von den Eltern abgeleiteten Lebensstellung: → Form. J.I.1 Anm. 14.

15. Die Aufforderung zur **Erteilung der Auskunft** über die Einkünfte u. das Vermögen vor Verfahrensbeginn ist zur Geltendmachung von Unterhalt für die Vergangenheit wegen §§ 286, 1613 BGB erforderlich (→ Form. J.I.1 Anm. 22). S. auch § 243 FamFG zur Kostenverteilung nach billigem Ermessen bei unterlassener o. ungenügender Auskunftserteilung sowie → Form. J.I.1 Anm. 17 zur Möglichkeit einer verfahrensrechtlichen Auskunftsanordnung.

16. Zu den **berufsbedingten Aufwendungen:** → Form. J.I.1 Anm. 15.

17. Zur **Berechnung des Einkommens:** → Form. J.I.1 Anm. 16.

18. Zur Anrechnung **fiktiven Einkommens:** → Form. J.I.1 Anm. 18.

19. Bitte die jeweils maßgebliche **Düsseldorfer Tabelle** nennen. Zur Anwendung der Tabelle: → Form. J.I.1 Anm. 19.

20. Zur **Einstufung** in eine bestimmte **Tabellengruppe** u. zur Herauf- u. Herabstufung: → Form. J.I.1 Anm. 20.

21. Der in der maßgeblichen DT den Bedarfsbeträgen einer Gruppe zugeordnete **Prozentsatz** kann der Tabelle entnommen u. in den Antrags- u. Begründungstext eingesetzt werden; die aufgeführten Prozentsätze wurden bereits gerundet (vgl. § 1612a Abs. 2 S. 2 BGB).

22. Eine **Bezifferung** des anzurechnenden Kindergeldes ist weder erforderlich (OLG Dresden NJW-RR 2011, 1305 (1306)) noch zweckmäßig. Denn bei einer Bezifferung des anzurechnenden Kindergeldes kann kein – spätere Kindergeldänderungen umfassender – vollständig dynamisierter Titel geschaffen werden. Auch der Kindergeldabzug sollte deshalb in dynamisierter Form beantragt werden.

Zur Höhe des jeweiligen Kindergeldes s. die Kindergeldtabelle → Form. J.I.1 Anm. 12.

23. Zur **Leistungsfähigkeit** u. dem Selbstbehalt des Unterhaltspflichtigen: → Form. J. I.1 Anm. 21.

24. Zur Formularfreiheit nach § 2 PKHFV: → Form. J.I.1 Anm. 23.

Kosten und Gebühren

25. Zur Kostenverteilung: → Form. J.I.1 Anm. 24.

Fristen und Rechtsmittel

26. → Form. B.II.1 Anm. 13.

4. Antrag der Mutter als Verfahrensstandschafterin des minderjährigen Kindes gegen den Vater auf Zahlung eines dynamisierten Kindesunterhalts

An das

Amtsgericht[1]

– Familiengericht[2] **–**

. . . . .

Antrag

In der Familiensache

der Frau . . . . .[3]

wohnhaft . . . . .

– Antragstellerin –

Verfahrensbevollmächtigter: Rechtsanwalt . . . . .

gegen

Herrn . . . . .

wohnhaft . . . . .

– Antragsgegner –

wird namens und in Vollmacht der Antragstellerin beantragt:

Der Antragsgegner wird verpflichtet, an die Antragstellerin für das Kind . . . . .,[4] **geboren am . . . . ., monatlich Unterhalt**

für die Zeit ab . . . . . in Höhe von . . . . . Prozent des jeweiligen Mindestunterhalts der ersten Altersstufe nach § 1612a BGB abzüglich hälftigem Kindergeld, mithin derzeit . . . . . EUR (. . . . . EUR abzgl. hälftigem Kindergeld von . . . . . EUR),
für die Zeit ab . . . . . (dem ersten Tag des Monats, in dem das Kind 6 Jahre alt wird) in Höhe von . . . . . Prozent des jeweiligen Mindestunterhalts der zweiten Altersstufe nach § 1612a BGB abzüglich hälftigem Kindergeld, mithin derzeit . . . . . EUR (. . . . . EUR abzgl. hälftigem Kindergeld von . . . . . EUR) und
für die Zeit ab . . . . . (dem ersten Tag des Monats, in dem das Kind 12 Jahre alt wird) in Höhe von . . . . . Prozent des jeweiligen Mindestunterhalts der dritten Altersstufe nach § 1612a BGB abzüglich hälftigem Kindergeld, mithin derzeit . . . . . EUR (. . . . . EUR abzgl. hälftigem Kindergeld von . . . . . EUR)
zu zahlen, und zwar im Voraus bis zum 3. eines jeden Monats.[5]
Der Antragsgegner wird außerdem verpflichtet, an die Antragstellerin für das Kind . . . . ., geboren am . . . . ., Zinsen[6] in Höhe von 5 Prozentpunkten über dem jeweiligen Basiszinssatz nach § 247 BGB aus dem folgenden monatlichen Unterhaltsrückstand zu zahlen:
von . . . . . EUR seit dem . . . . .,
von . . . . . EUR seit dem . . . . .,
von . . . . . EUR seit dem . . . . .
Der Beschluss ist sofort wirksam.[7]

Darüber hinaus wird beantragt:

Der Antragstellerin wird für die erste Instanz Verfahrenskostenhilfe unter Beiordnung ihres Verfahrensbevollmächtigten bewilligt.[8]
Für den Fall der nicht rechtzeitig angezeigten Verteidigungsbereitschaft im schriftlichen Vorverfahren wird Antrag auf Versäumnisbeschluss (§ 113 Abs. 1 S. 2 FamFG, § 331 Abs. 3 ZPO) ohne mündliche Verhandlung gestellt.[9]

Begründung:

Die Beteiligten sind die miteinander verheirateten, aber getrennt lebenden und gemeinsam sorgeberechtigten Eltern des im Antrag genannten Kindes. Die Antragstellerin macht gemäß § 1629 Abs. 3 S. 1 Nr. 1 BGB als Verfahrensstandschafterin des Kindes dessen Unterhaltsansprüche gegen den Antragsgegner geltend.[3]

Der Antragsgegner ist dem einkommens- und vermögenslosen Kind gegenüber nach §§ 1601 ff. BGB barunterhaltspflichtig.

Einen Unterhaltstitel zugunsten des Kindes gibt es bisher nicht.[10] Das Kind bezieht keinen Unterhaltsvorschuss und keine Sozialleistungen.[11]

Das Kind lebt im Haushalt der Antragstellerin, die ihre Unterhaltsverpflichtung durch die Pflege und die Erziehung des minderjährigen unverheirateten Kindes (§ 1606 Abs. 3 S. 2 BGB) erfüllt.[12] Das Kindergeld von monatlich . . . . . EUR,[13] welches die Antragstellerin erhält, ist bedarfsdeckend anzurechnen.

(Der Antragsgegner hat für das Kind den Mindestunterhalt zu zahlen.)[14]

Der Bedarf des Kindes richtet sich nach dem Einkommen des barunterhaltspflichtigen Antragsgegners.[15] Dieser ist von Beruf . . . . . und erzielt nach der von ihm erteilten, beiliegenden Auskunft ein um die berufsbedingten Aufwendungen[16] bereinigtes monatliches Nettoeinkommen in Höhe von . . . . . EUR.[17]

Beweis: . . . . .
(Vorlage der Auskunft des Antragsgegners mit Lohn- und Gehaltsabrechnungen für die Monate . . . . .)

Falls der Antragsgegner etwa inzwischen arbeitslos sein und den Einwand der mangelnden Leistungsfähigkeit erheben sollte, wird darauf hingewiesen, dass der arbeitsfähige und erst . . . . . Jahre alte Antragsgegner dem minderjährigen Kind gegenüber nach § 1603 Abs. 2 S. 1 BGB eine gesteigerte Erwerbsobliegenheit mit der Pflicht zur Ausübung einer Vollzeiterwerbstätigkeit und zudem einer Nebentätigkeit hat. Er ist dann mangels einer laufenden und nachprüfbaren Stellensuche so zu behandeln, als wenn er das vorgenannte Nettoeinkommen weiterhin erzielen würde.[18]

Das bereinigte Nettoeinkommen des Antragsgegners fällt an sich in Einkommensgruppe . . . . . der Düsseldorfer Tabelle mit Stand . . . . .[19] Da der Antragsgegner aber nur einem Kind gegenüber unterhaltspflichtig ist, ist die Einstufung um jedenfalls eine Gruppe höher angemessen.[20] Daraus folgt nach der für das Kind anzuwendenden . . . . . Altersstufe ein Tabellenbedarfsbetrag von monatlich . . . . . EUR, dem ein aus der Düsseldorfer Tabelle ablesbarer Prozentsatz von . . . . . % des Mindestunterhalts entspricht.[21] Um spätere Abänderungsverfahren zu vermeiden, soll der Unterhalt dynamisiert tituliert werden.

Diese dynamisierte Unterhaltsrente ist nach § 1612b Abs. 1 S. 1 Nr. 1 BGB um die Hälfte des auf das Kind entfallenden jeweiligen gesetzlichen Kindergeldes zu vermindern, was ebenfalls in dynamisierter Formulierung tenoriert werden soll.[22]

Zusammengefasst führt dies zu einem derzeitigen Unterhaltszahlbetrag von (. . . . . EUR Bedarfsbetrag abzgl. . . . . . EUR hälftigem Kindergeld =) . . . . . EUR.

Der Antragsgegner ist in Höhe dieses Unterhalts leistungsfähig.[23]

Der Antragsgegner ist von der Antragstellerin durch das beigefügte Mahnschreiben vom . . . . ., zugegangen am . . . . ., aufgefordert worden, zum Zwecke der Geltendmachung des Unterhaltsanspruchs für das gemeinsame Kind über seine Einkünfte und sein Vermögen Auskunft zu erteilen.

Beweis: Anliegendes Aufforderungsschreiben (einschließlich Einschreiben mit Rückschein)

Der Antragsgegner erteilte zwar die Auskunft, zahlte jedoch bisher keinen Unterhalt an die Antragstellerin für das Kind und übergab dieser keinen vollstreckbaren Unterhaltstitel, so dass nunmehr der Verfahrensantrag geboten ist. Gemäß § 1613 BGB wird Unterhalt ab dem Ersten des Monats, in dem der Antragsgegner das Mahnschreiben erhalten hat, verlangt.[24]

Die Verzugszinsen auf die im Beschlussantrag bezeichneten Unterhaltsrückstände werden gemäß § 288 Abs. 1, § 286 Abs. 1 S. 1 BGB geltend gemacht.[6] Durch das vorgenannte Mahnschreiben ist der Antragsgegner in Verzug gesetzt worden. Eine Erweiterung des Zinsantrages auf die bis zum Verhandlungstermin etwa zusätzlich aufgelaufenen Unterhaltsrückstände bleibt vorbehalten.

Der Antrag auf Anordnung der sofortigen Wirksamkeit beruht auf § 116 Abs. 3 S. 3 FamFG. Die begehrte Endentscheidung betrifft eine Familienstreitsache im Sinne von § 112 Nr. 1, § 231 Abs. 1 Nr. 1 FamFG, sie enthält eine Verpflichtung zur Leistung von Unterhalt, und das Kind benötigt den Unterhalt sofort zur Sicherung seines Lebensbedarfs.[7]

Zum Antrag auf Bewilligung von Verfahrenskostenhilfe wird anliegend die Erklärung über die persönlichen und wirtschaftlichen Verhältnisse der Antragstellerin nebst Belegen überreicht.[25] Vom Antragsgegner kann nach dessen vorstehend dargelegten Einkommensverhältnissen kein alsbald realisierbarer Verfahrenskostenvorschuss erlangt werden.

Rechtsanwalt[26, 27]

Anmerkungen

1. Zum **Anwaltszwang** u. den Begrifflichkeiten in erstinstanzlichen Unterhaltsstreitigkeiten: → Form. J.I.1 Anm. 1.

2. **Örtlich zuständig** für eine isolierte Unterhaltssache ist in Inlandsfällen das Familiengericht, bei dem das Kind o. der Elternteil, der in Verfahrensstandschaft gem. § 1629 Abs. 3 S. 1 BGB den Unterhalt für das minderjährige Kind geltend macht, seinen gewöhnlichen Aufenthalt hat (§ 232 Abs. 1 Nr. 2 FamFG).

Im Übrigen zur sachlichen, örtlichen u. internationalen **Zuständigkeit:** → Form. J.I.1 Anm. 2.

3. Während des Getrenntlebens verheirateter Eltern kann gem. § 1629 Abs. 3 S. 1 Nr. 1 BGB ein Elternteil Unterhaltsansprüche des minderjährigen Kindes gegen den anderen Elternteil nur im eigenen Namen geltend machen. Das Gleiche gilt nach § 1629 Abs. 3 S. 1 Nr. 2 BGB, solange eine Ehesache o. eine Lebenspartnerschaftssache iSv § 269 Abs. 1 Nr. 1 o. 2 FamFG zwischen ihnen anhängig ist. Diese **gesetzliche Verfahrensstandschaft** des antragstellenden Elternteils gilt für einen isolierten Kindesunterhaltsantrag, für einen Antrag im Verbundverfahren (BGH NJW 1983, 2084 = FamRZ 1983, 474) u. für Passivverfahren (OLG Naumburg BeckRS 2002, 30284207 = FamRZ 2003, 1115).

Die gesetzliche Verfahrensstandschaft schließt eine Vertretung des Kindes durch das **Jugendamt als Beistand** zur gerichtlichen Geltendmachung von Kindesunterhalt (§ 1712 Abs. 1 Nr. 2 BGB) nicht aus (BGH NJW 2015, 232 = FamRZ 2015, 130). Die Beistandschaft schränkt die elterliche Sorge gem. § 1716 S. 1 BGB nicht ein, aber die Verfahrenshandlungen des Beistandes haben gem. §§ 173, 234 FamFG im gerichtlichen Verfahren Vorrang vor denen des Elternteils (OLG Jena BeckRS 2014, 11487 = FamRZ 2014, 965).

Wird das **Kind** im Laufe des Verfahrens **volljährig** u. endet damit die gesetzliche Verfahrensstandschaft des Elternteils, kann das volljährig gewordene Kind nach seiner freien Entscheidung nur im Wege des gewillkürten Beteiligtenwechsels als Antragsteller in das Verfahren eintreten, was keiner Zustimmung des Antragsgegners bedarf (BGH NJW 2013, 2595 Rn. 8, 11 = FamRZ 2013, 1378).

Die Verfahrensstandschaft dauert **über die Rechtskraft des Scheidungs- o. Aufhebungsausspruchs** hinaus bis zum Abschluss des Unterhaltsverfahrens fort, solange der antragstellende Elternteil die (alleinige o. gemeinsame) elterliche Sorge hat u. das Kind nicht volljährig geworden ist (BGH NJW-RR 1990, 323 = FamRZ 1990, 283; BGH NJW 2014, 1958 Rn. 24 = FamRZ 2014, 917).

Für die Vertretung des Kindes bei dessen Betreuung im Wechselmodell: → Form. J.I.1 Anm. 8.

4. Es handelt sich um einen **Unterhaltsanspruch des Kindes**, so dass auch bei der Geltendmachung durch ein Elternteil im Wege der Verfahrensstandschaft der Antrag auf Zahlung „für das Kind" lauten muss; die gesetzliche Verfahrensstandschaft gem. § 1629 Abs. 3 S. 1 BGB ändern die materiell-rechtliche Lage nicht, sondern verleiht dem Elternteil die Verfahrensführungsbefugnis, ein fremdes Recht im eigenen Namen geltend zu machen. Jedoch ist der Kindesunterhalt nicht „an das Kind" zu zahlen, welches es sodann für seine Hobbies ausgeben könnte, sondern an die Betreuungsperson, die den Barunterhalt dem Kind in Naturalien durch Gewährung von Essen, Unterkunft usw. weiterleitet.

5. Zur **Wahl** zwischen einem Antrag auf statischen o. dynamisierten Unterhalt u. zur Formulierung eines **dynamisierten Unterhaltsantrags** → Form. J.I.3 Anm. 3.

6. Zum **Zinsantrag** u. zur Zinshöhe → Form. J.I.1 Anm. 4.

7. Zur Anordnung der **sofortigen Wirksamkeit** des Beschlusses → Form. J.I.1 Anm. 5.

8. Zur **Verfahrenskostenhilfe** → Form. J.I.1 Anm. 6.

9. Zum Antrag auf **Versäumnisbeschluss:** → Form. J.I.1 Anm. 7.

10. Besteht bereits ein Unterhaltstitel, ist der Leistungsantrag regelmäßig ausgeschlossen u. nur ein Abänderungsantrag o. Nachforderungsantrag möglich (→ Form. J.I.1 Anm. 9).

11. Zum gesetzlichen **Übergang des Unterhaltsanspruchs** des Kindes beim Empfang subsidiärer Sozialleistungen: → Form. J.I.1 Anm. 10.

Besteht das gemeinsame Sorgerecht der verheirateten Eltern (§ 1626 BGB) fort, kann kein Elternteil allein eine Vereinbarung mit dem Träger von Sozialleistungen über den Abschluss einer Rückübertragung der gesetzlich übergegangenen Unterhaltsanspruchs vom Leistungsträger auf den Leistungsempfänger zur gerichtlichen Geltendmachung abschließen (BGH NZFam 2020, 618 = FamRZ 2020, 991 für § 1629 Abs. 2 Satz 2 BGB); eine wirksame Rückübertragung ist nur bei alleinigem Sorgerecht des Elternteils, bei dem das Kind lebt, möglich.

12. Zur **Unterhaltspflicht des Betreuenden:** → Form. J.I.1 Anm. 11.

13. **Kindergeldtabelle** → Form. J.I.1 Anm. 12.

14. Dieser Text kann verwendet werden, wenn nur der **Mindestunterhalt** verlangt wird. Ansonsten kann der Satz gestrichen werden.

Zur Darlegungs- u. Beweislast beim Mindestunterhalt: → Form. J.I.1 Anm. 13.

15. Zum **Bedarf des Kindes:** → Form. J.I.1 Anm. 14.

16. Zum Abzug **berufsbedingter Aufwendungen:** → Form. J.I.1 Anm. 15.

17. Zur Anrechnung des **tatsächlichen Einkommens:** → Form. J.I.1 Anm. 16.

18. Zur Anrechnung **fiktiven Einkommens:** → Form. J.I.1 Anm. 18.

19. Bitte die maßgebliche **Düsseldorfer Tabelle** (→ Form. J.I.1 Anm. 19) nennen.

20. Zur **Einstufung in** eine bestimmte **Tabellengruppe** sowie zur Herauf- u. Herabstufung: → Form. J.I.1 Anm. 20.

21. Der in der maßgeblichen DT den Bedarfsbeträgen einer Gruppe zugeordnete **Prozentsatz** kann der Tabelle entnommen u. in den Antrags- u. Begründungstext eingesetzt werden; die aufgeführten Prozentsätze wurden bereits gerundet (vgl. § 1612a Abs. 2 S. 2 BGB).

22. Zum **dynamisierten Antrag** bzgl. Kindergeld: → Form. J.I.3 Anm. 22.

23. Zur **Leistungsfähigkeit** des Unterhaltspflichtigen: → Form. J.I.1 Anm. 21.

24. Zur Aufforderung zur **Auskunftserteilung:** → Form. J.I.3 Anm. 15.

25. Macht ein Elternteil als Verfahrensbeteiligter Kindesunterhalt im Wege der **gesetzlichen Verfahrensstandschaft** im eigenen Namen geltend, kommt es auf seine Einkommens- u. Vermögensverhältnisse u. nicht auf diejenigen des Kindes an (BGH NJW-RR 2005, 1237 = FamRZ 2005, 1164). Der Elternteil muss daher seinem Verfahrenskostenhilfeantrag nach § 117 Abs. 2 u. 4 ZPO iVm § 113 Abs. 1 S. 2 FamFG das vollständig ausgefüllte Formular über seine persönlichen u. wirtschaftlichen Verhältnisse (Familienverhältnisse, Beruf, Vermögen, Einkommen u. Lasten) nebst entsprechenden Belegen beifügen.

Die Antragstellerin kann das Verfahren beschleunigen, wenn sie zugleich mit dem Streitantrag das vollständig ausgefüllte **Formular über ihre persönlichen und wirtschaftlichen Verhältnisse nebst allen Belegen** einreicht.

Kosten und Gebühren

26. → Form. J.I.1 Anm. 24.

Fristen und Rechtsmittel

27. → Form. B.II.1 Anm. 13.

5. Auskunftsstufenantrag des minderjährigen Kindes gegen den Vater

An das

Amtsgericht[1]

– Familiengericht[2] –

. . . . .

Antrag

In der Familiensache

des Kindes . . . . .

geboren am . . . . .

gesetzlich vertreten durch seine Mutter,

Frau . . . . .

beide wohnhaft . . . . .

– Antragsteller –

Verfahrensbevollmächtigter: Rechtsanwalt . . . . .

gegen

Herrn . . . . .

wohnhaft . . . . .

– Antragsgegner –

wird namens und in Vollmacht des Antragstellers beantragt:[3]

1. Der Antragsgegner wird verpflichtet, dem Antragsteller Auskunft zu erteilen durch Vorlage einer vollständigen, einheitlichen und systematischen Aufstellung über
   a) sein Vermögen am . . . . .;[4]
   b) seine sämtlichen Brutto- und Nettoeinkünfte einschließlich Sonderzuwendungen sowie aller Nebeneinkünfte aus nichtselbständiger Tätigkeit und Lohnersatzleistungen in der Zeit vom . . . . . bis . . . . .;[5]
   c) seine sämtlichen Einnahmen und Aufwendungen aus selbständiger Arbeit, aus Kapitalvermögen, aus Vermietung und Verpachtung sowie aus anderer Herkunft unter Angabe der Privatentnahmen in der Zeit vom . . . . . bis . . . . .;[6]
   d) Steuererstattungen in der Zeit vom . . . . . bis . . . . .;[7]
   e) Wohnvorteile und sonstige geldwerte Vorteile (z.B. Fahrzeugnutzung) unter konkreter Angabe von wertbildenden Faktoren, im Hinblick auf das Eigenheim . . . . ., Größe, Ausstattung sowie abzugsfähige Positionen, wie Zahlungen für Schuldzinsen und Instandhaltung im Zeitraum . . . . .;[8]
   f) unterhaltsrechtliche Belastungen.[9]
2. Der Antragsgegner wird verpflichtet, die erteilte Auskunft zu Ziff. 1 geeignet zu belegen und zwar insbesondere auch durch Vorlage[10]
   a) von Kontoauszügen mit Saldenbestätigung;
   b) der Verdienstabrechnungen des Arbeitgebers für die Monate . . . . . sowie der Bescheide über im vorgenannten Zeitraum etwa bezogenes Krankengeld und etwa bezogenes Arbeitslosengeld;
   c) der etwaigen Bilanzen nebst den Gewinn- und Verlustrechnungen bzw. der etwaigen Einnahmenüberschussrechnungen mit allen Anlagen und Unterlagen für die Abzugspositionen für die Jahre . . . . . sowie der Einkommensteuerbescheide nebst Einkommensteuererklärungen für die Jahre . . . . .;
   d) der Lohnsteuerbescheinigung und des Einkommensteuerbescheids für das Jahr . . . . .
   e) sonstiger geeigneter Belege zum Nachweis des Einkommens sowie der unterhaltsrelevanten Abzüge.
3. Der Antragsgegner wird verpflichtet, zu Protokoll des Amtsgerichts seines Wohnsitzes an Eides statt zu versichern, dass er die Auskunft über sein Vermögen und seine Einkünfte nach bestem Wissen so vollständig abgegeben habe, als er dazu imstande sei.[11]
4. Der Antragsgegner wird verpflichtet, an den Antragsteller zu Händen der gesetzlichen Vertreterin monatlich ab . . . . . den nach Erfüllung der Auskunftsverpflichtung noch zu beziffernden Unterhalt zu zahlen.

Darüber hinaus wird beantragt:

Dem Antragsteller wird für die erste Instanz Verfahrenskostenhilfe unter Beiordnung seines Verfahrensbevollmächtigten bewilligt.[12]

Für den Fall der nicht rechtzeitig angezeigten Verteidigungsbereitschaft im schriftlichen Vorverfahren wird Antrag auf Versäumnisbeschluss (§ 113 Abs. 1 S. 2 FamFG, § 331 Abs. 3 ZPO) ohne mündliche Verhandlung gestellt.[13]

Begründung:

Der Antragsgegner ist der Vater des einkommens- und vermögenslosen Antragstellers und diesem gegenüber nach §§ 1601 ff. BGB barunterhaltspflichtig.

Der Antragsteller wird von seiner Mutter nach § 1626a Abs. 3 BGB/§ 1629 Abs. 2 S. 2 BGB/§ 1671 BGB (auf Grund der in Fotokopie beigefügten Entscheidung des Familiengerichts . . . . .)[14] gesetzlich vertreten.

Einen Unterhaltstitel zugunsten des Antragstellers gibt es bisher nicht.[15]

Der Antragsteller lebt im Haushalt seiner Mutter, die ihre Unterhaltsverpflichtung durch die Pflege und die Erziehung des minderjährigen unverheirateten Kindes erfüllt (§ 1606 Abs. 3 S. 2 BGB).[16]

Der Antragsgegner, dessen zurzeit ausgeübter Beruf und dessen derzeitiges Nettoeinkommen nicht genau bekannt sind, ist vom Antragsteller durch das beigefügte Mahnschreiben vom . . . . ., zugegangen am . . . . . ., vor Verfahrensbeginn aufgefordert worden, zum Zwecke der Geltendmachung des Unterhaltsanspruchs über seine Einkünfte und sein Vermögen Auskunft zu erteilen.[17]

Beweis: Anliegendes Aufforderungsschreiben (einschließlich Einschreiben mit Rückschein)

Der Antragsgegner erteilte jedoch dem Antragsteller bisher keine Auskunft und zahlte ihm keinen Unterhalt, so dass nunmehr ein Stufenantrag gemäß § 254 ZPO iVm § 113 Abs. 1 S. 2 FamFG geboten ist.

Mit dem Antrag zu 1. wird zunächst Auskunft nach § 1605 BGB verlangt. Mit dem Antrag zu 2. wird der Anspruch auf Vorlage von Belegen verfolgt; die Bezeichnung der Belege wird gegebenenfalls nach Erteilung der Auskunft angepasst.

Der Antrag zu 3. wird für den Fall gestellt werden, dass Grund zu der Annahme besteht, der Antragsgegner habe die Auskunft nicht mit der erforderlichen Sorgfalt erteilt (§ 1605 Abs. 1 S. 3, §§ 260, 261 BGB).

Nach der Erteilung der Auskunft wird der Antragsteller den geschuldeten Unterhalt der Höhe nach beziffern.[18]

Zum Antrag auf Bewilligung von Verfahrenskostenhilfe wird gemäß § 2 PKHFV formfrei mitgeteilt, dass der minderjährige unverheiratete Antragsteller keine Einnahmen hat, dass er seinen Lebensunterhalt mit Hilfe seines ihn gesetzlich vertretenden Elternteils bestreitet und dass er und sein ihn gesetzlich vertretender Elternteil über kein nach § 115 ZPO einzusetzendes Einkommen und Vermögen verfügen.[19] Auch vom Antragsgegner kann nach dessen ungeklärten Verhältnissen kein alsbald realisierbarer Verfahrenskostenvorschuss erlangt werden.

Rechtsanwalt[20, 21]

Anmerkungen

1. Zum **Anwaltszwang** u. den Begrifflichkeiten in erstinstanzlichen Unterhaltsstreitigkeiten: → Form. J.I.1 Anm. 1.

2. Zur sachlichen, örtlichen u. internationalen **Zuständigkeit:** → Form. J.I.1 Anm. 2.

3. Denkbar ist sowohl ein isolierter Auskunftsantrag als auch ein **Auskunftsstufenantrag** gem. § 254 ZPO iVm § 113 Abs. 1 S. 2 FamFG.

Insgesamt **kostengünstiger** ist der Auskunftsstufenantrag. Der zunächst unbezifferte Auskunftsstufenantrag dient neben der Verminderung des Verfahrenskostenrisikos auch der Verfahrensökonomie. Mit dem Stufenantrag wird ein der Höhe nach noch unbekannter Unterhaltshauptanspruch zugleich mit den zu seiner Konkretisierung erforderlichen Hilfsansprüchen auf Auskunft, Belegvorlage u. Richtigkeitsversicherung geltend gemacht, bei dem auch der zunächst noch unbezifferte Zahlungsanspruch mit der Zustellung sofort rechtshängig wird (BGH NJW-RR 1995, 770 = FamRZ 1995, 797;

BGH NJW 2012, 2180 = FamRZ 2012, 1296). Daher empfiehlt sich regelmäßig, den Auskunftsantrag als Stufenantrag geltend zu machen.

Gleichwohl ist der Unterhaltsberechtigte **frei**, ob er den Auskunftsantrag u. den Zahlungsantrag in getrennten Verfahren o. in einem Verfahren als Stufenantrag geltend macht. So kann ein isolierter Auskunftsantrag bei begründeter Aussicht auf einen vergleichsweisen Abschluss nach erteilter Auskunft ratsam sein. Der BGH (NJW 2023, 2123 = FamRZ 2023, 1218) hat die Bewilligung von Verfahrenskostenhilfe bei einem sukzessiven Vorgehen über einen isolierten Auskunftsantrag u. einem gesonderten Leistungsantrag nicht generell wegen Mutwilligkeit versagt.

Die in §§ 235, 236 FamFG normierte **verfahrensrechtliche Auskunftspflicht** der Beteiligten sowie Dritter dient der Beschleunigung der Unterhaltsverfahren, führt aber nicht das Amtsermittlungsprinzip in Unterhaltssachen ein (vgl. → Form. J.I.1 Anm. 17); § 26 FamFG gilt in Familienstreitsachen nicht (§ 113 Abs. 1 S. 1 FamFG). Ein Antragsteller ist bei völliger Unkenntnis über die Einkommens- u. Vermögensverhältnisse des Antragsgegners auf das Stufenverfahren zu verweisen (OLG Oldenburg NJOZ 2020, 523 Rn. 9 = FamRZ 2020, 697) und eine Auskunftsaufforderung nach § 235 FamFG darf erst ergehen, wenn der Unterhaltsberechtigte seinen Anspruch beziffert hat (OLG Hamm BeckRS 2024, 29915 = FamRZ 2025, 1121; aA Sternal/Weber FamFG § 235 Rn. 18).

Das Verfahren eines Stufenantrag kann sich lange hinziehen, da über die einzelnen Stufen aufgrund deren verfahrensrechtlichen Selbständigkeit nur sukzessive durch Teil- u. Schlussentscheidungen zu befinden ist. Neben einem Auskunftsstufenantrag sollte deshalb auch immer über einen Antrag auf Erlass einer **einstweiligen Anordnung** nach **§ 246 FamFG** nachgedacht werden (→ Form. C.I.3).

Statt eines Auskunftsstufenantrags kommt bei durchschnittlichen u. ungefähr bekannten Einkommensverhältnissen ein Antrag auf Festsetzung des Unterhalts für das minderjährige Kind **im vereinfachten Verfahren** nach § 249 FamFG in Betracht, der kostengünstiger ist (→ Form. J.II.1). In dem vereinfachten Verfahren trifft den Unterhaltspflichtigen für seine Einwendungen gegen den Antrag (→ Form. J.II.3) eine umfangreiche Auskunftspflicht.

4. Der Auskunftsanspruch gem. § 1605 Abs. 1 BGB erfasst auch das **Vermögen**. Voraussetzung ist, dass die Auskunftserteilung zur Feststellung des Unterhaltsanspruchs erforderlich ist.

Wenn sonstige Mittel nicht zur Verfügung stehen, hat der Pflichtige grds auch sein Vermögen einschließlich des **Vermögensstamms einzusetzen**, wobei eine Verwertung durch Verbrauch, Veräußerung o. auch Belastung in Betracht kommt. Der Unterhaltsschuldner braucht das Vermögen jedoch nicht zu verwerten, soweit dies für ihn mit wirtschaftlich nicht mehr vertretbaren Nachteilen verbunden wäre (Hammermann in: Erman BGB § 1603, Rn. 103 mwN). In der Praxis wird der Anspruch auf Auskunft über das Vermögen nur selten verfolgt, da sich der Bedarf des Unterhaltsberechtigten u. die Leistungsfähigkeit des Unterhaltspflichtigen meist aus seinem Einkommen ergibt.

Auskunft über das Vermögen kann nicht für einen Zeitraum, sondern nur zu einem bestimmten **Stichtag** verlangt werden. Stichtag für die Vermögensauskunft ist der Zugang des Aufforderungsschreibens (Völlings/Kania FamRZ 2007, 1215).

Die in einer **verkörperten Erklärungsform** zu erteilende Auskunft ist als Wissenserklärung höchstpersönlicher Natur u. daher vom Auskunftspflichtigen in Person zu erfüllen. Die Auskunft bedarf aber nicht seiner persönlichen Unterschrift u. kann auch von seinem Verfahrensbevollmächtigten als **Boten übermittelt** werden (BGH NJW 2008, 917 = FamRZ 2008, 600). Die bloße Einreichung von Belegen o. eines Vermögensverzeichnisses ohne Angabe der privaten Entnahmen stellt aber noch keine systematische u. einheitliche Auskunft dar (KG BeckRS 2015, 19088 = FamRZ 2015, 1973).

5. Die Auskunft soll die Beteiligten in die Lage versetzen, den Unterhaltsanspruch zutreffend zu ermitteln. Geschuldet wird eine **einheitliche u. systematische Zusammenstellung** der Einnahmen u. Ausgaben (Verzeichnis), aus der sich der Unterhaltsberechtigte ohne übermäßigen Arbeitsaufwand seinen Unterhaltsanspruch berechnen kann. Es ist jedenfalls nicht ausreichend, Auskunft lediglich über das zu versteuernde Einkommen zu verlangen, da dieses von dem unterhaltsrechtlich relevanten Einkommen abweichen kann.

Für den Unterhaltsberechtigten ist insbesondere die Angabe wichtig, dass die **Auskunft vollständig** ist, dh keine weiteren Einkünfte vorliegen, als die in dem Verzeichnis angegebenen (negative Auskunft).

Der Auskunftsantrag muss **vollstreckungsfähig** sein, dh hinreichend bestimmt.

Bei **Einkünften aus nichtselbständiger Tätigkeit** kann Auskunft für die Dauer eines Jahres verlangen werden (BGH NJW 1983, 2243 = FamRZ 1983, 996), wobei der **Auskunftszeitraum** zur Bestimmtheit datumsmäßig abzugrenzen ist (zB vom 1.1.2025 bis 31.12.2025; nicht: „für die letzten 12 Monate"; vgl. OLG Brandenburg NJW-RR 2009, 437). Der Zeitraum sollte möglichst aktuell sein, aber auch einen etwaigen Rückstandsabschnitt mit umfassen. Aus Gründen der Praktikabilität kann es sich zur Vermeidung unnötiger Rechenarbeit empfehlen, auf das **zuletzt abgelaufene Kalenderjahr** abzustellen, weil sich das Jahreseinkommen dann aus der Lohnsteuerbescheinigung o. aus der Gehaltsabrechnung für Dezember des Vorjahres ablesen lässt u. nur noch die Steuererstattungen hinzugerechnet werden müssen (vgl. Dose UnterhaltsR/Dose § 1 Rn. 69).

Für **rückständigen Unterhalt** ist das in dieser Zeit erzielte Einkommen zu Grunde zu legen, wobei aus Vereinfachungsgründen Jahresdurchschnittsbeträge gebildet werden können, so dass zB Urlaubs-, Weihnachtsgeld u. Sonderzuwendungen auf ein Jahr umgelegt werden; bei größeren Schwankungen innerhalb eines Jahres sind Unterabschnitte zu bilden, ohne zu kleinteilig zu werden (OLG Dresden NJW-RR 2014, 452 = FamRZ 2014, 1471). Hinsichtlich des laufenden **künftigen Unterhalts** ist auf eine Prognose abzustellen, die sich an einem zuvor nachhaltig erzielten Einkommen orientiert (BGH BeckRS 2008, 17063 Rn. 56 = FamRZ 2008, 173).

Ein Auskunftsanspruch besteht nicht, wenn die begehrte Auskunft den Unterhaltsanspruch **unter keinem Gesichtspunkt beeinflussen** kann. Das ist selten der Fall; nach BGH (BeckRS 2020, 29627 = FamRZ 2021, 28) entfällt der Auskunftsanspruch des Kindes gegen den barunterhaltspflichtigen Elternteil nicht allein aufgrund der Erklärung des Unterhaltspflichtigen, er sei **„unbegrenzt leistungsfähig"**, da damit noch nicht feststeht, dass auch der Bedarf ohne Rücksicht auf Einkommen u. Vermögen des Unterhaltspflichtigen ermittelt werden kann, u. da die Höhe des Einkommens für die Haftungsquote bei Mehrbedarf (zB Hortkosten) relevant sein kann. Wer sich aber für unbegrenzt leistungsfähig erklärt und sich verpflichtet, Kindesunterhalt von 200 % des Mindestunterhalts zu zahlen und für die Kosten jedes der Lebensstellung angemessenen Sonder- und Mehrbedarfs aufzukommen, ist nicht zur Auskunftserteilung verpflichtet (OLG München BeckRS 2025, 13690). Der pauschalierte Unterhaltsbetrag für auswärts wohnende Studierende kann ebenfalls durch die Einkommenshöhe des Unterhaltspflichtigen beeinflusst werden.

6. Auch bei **Einkommen aus selbständiger Tätigkeit** ist für **rückständigen Unterhalt** auf das in dieser Zeit tatsächlich erzielte Einkommen abzustellen. Für die Prognose zur Bemessung **künftigen Unterhalts** ist wegen der in dieser Einkommensart nicht unüblichen Schwankungen auf einen **Zeitraum von** regelmäßig **drei Kalenderjahren** abzustellen (BGH NJW 1983, 1554 = FamRZ 1983, 680; BGH NJW 1983, 2243 = FamRZ 1983, 996; KG BeckRS 1996, 09731 = FamRZ 1997, 360; vgl. Ziff. 1.5 der meisten Leitlinien) u. der Unterhaltspflichtige hat über sein Einkommen aus drei Jahren Auskunft zu erteilen;

die Auskunftsjahre sind im Auskunftsantrag zu benennen, damit ein Auskunftstitel vollstreckungsfähig ist. Meist macht es keinen Sinn, von einem Selbständigen bereits zu Anfang eines Jahres Auskunft für das Vorjahr zu verlangen, da die Abrechnungen nicht zeitnah vorliegen. Vielmehr sollte die Auskunft nur für Steuerjahre gefordert werden, für die die Zahlen nebst aussagekräftigen Belegen unter Berücksichtigung der Frist für die Abgabe der Einkommensteuererklärung u. der Bearbeitungszeit im Finanzamt bereits vorliegen. Die **Abgabefrist** endet gem. § 149 AO erst am 31.7. des folgenden Kalenderjahres u. bei Beauftragung zB eines Steuerberaters sogar erst am letzten Februartag des übernächsten Jahres; die Fristen können vom Finanzamt gem. § 109 AO verlängert werden.

Zu den **Anforderungen an die Erteilung** der Auskunft s. KG BeckRS 2015, 19088 Rn. 3 ff. = FamRZ 2015, 1973: Die gesamten Einnahmen u. die damit zusammenhängenden Ausgaben müssen niedergeschrieben werden, damit der Berechtigte im Stande ist, deren unterhaltsrechtliche Relevanz nachzuprüfen. Die Ausgaben müssen also so konkret dargestellt werden, dass die allein steuerlich beachtlichen Aufwendungen von unterhaltsrechtlich relevanten abgegrenzt werden können.

Gleiches gilt für die **weiteren steuerlichen Einkommensarten** des § 2 Abs. 1 ESG wie Einkünften aus Land- u. Forstwirtschaft, aus Gewerbebetrieb, aus Kapitalvermögen, aus Vermietung u. Verpachtung sowie sonstige Einkünfte im Sinne des § 22 EStG, bei denen sich ebenfalls meist ein Drei-Jahres-Zeitraum anbietet.

Die Einkünfte können insbes. bei Berufsgruppen des gewerblichen Bereichs auf Grund der wirtschaftlichen Beeinträchtigungen durch die **Coronavirus(COVID-19)-Pandemie** ab 2020 erheblich gesunken sein (vgl. Borth FamRZ 2020, 653 ff.). Dies wird insbesondere beim Auskunftszeitraum zu berücksichtigen sein u. sich ein längerer Zeitraum anbieten.

7. Steuerliche Zahlungen (Erstattungen u. Nachzahlungen) werden nach dem **In-Prinzip** berücksichtigt, dh Steuern werden grundsätzlich nur in dem Zeitraum berücksichtigt, in dem sie tatsächlich entrichtet wurden (BGH NJW-RR 2004, 1227 = FamRZ 2004, 1177 Rn. 34), so dass Auskunft über die Steuerzahlungen in einem bestimmten Zeitraum u. nicht für einen bestimmten Zeitraum zu verlangen ist. Bei Selbständigen kann stattdessen zur Ermittlung eines realitätsnahen Einkommens auf den Zeitraum der Veranlagung abgestellt werden (Für-Prinzip) (vgl. Ziff. 1.7 Leitlinien).

8. Unterhaltsrechtlich sind **weitere Einkünfte** zu berücksichtigen, insbesondere Vermögenserträge u. sonstige wirtschaftliche Nutzungen, die aus einem Vermögen gezogen werden.

Dabei handelt es sich zB um die Vorteile des mietfreien Wohnens im eigenen Haus. Die Höhe des anzurechnenden **Wohnvorteils** richtet sich nach der erzielbaren Miete, den Schuldzinsen u. ggfs. Tilgungsleistungen, den Instandhaltungskosten, den nicht umlagefähigen Kosten usw. (vgl. Ziff. 5 der Leitlinien), so dass insoweit ein Auskunftsanspruch besteht.

Wird einem Arbeitnehmer ein **Dienstwagen** auch zur privaten Nutzung zur Verfügung gestellt, erhöht sich grundsätzlich sein unterhaltspflichtiges Einkommen, soweit er eigene Aufwendungen für die Unterhaltung eines Pkw erspart (OLG Karlsruhe NJW-RR 2015, 1411 = FamRZ 2016, 237); die Höhe kann ausgehend von dem zu versteuernden Nutzungswert des Fahrzeugs berechnet werden (BGH NJW 2008, 3125 = FamRZ 2008, 1739, Rn. 64). Zur unterhaltsrechtlichen Bewertung eines vom Arbeitgeber gewährten Zuschusses für die dienstliche Nutzung eines vom Arbeitnehmer selbst anzuschaffenden Pkw (sog. „Car Allowance"): BGH NJW 2021, 697 = FamRZ 2021, 186.

9. Zur korrekten Berechnung des unterhaltsrechtlich relevanten Einkommens gehört auch die Kenntnis der **relevanten Abzüge**, zB über **berufsbedingte Aufwendungen** (Fahrtkosten: → Form. J.I.1 Anm. 15).

Neben den Aufwendungen für die gesetzliche Altersversorgung werden zusätzliche Aufwendungen in Höhe von 4 % des Vorjahres-Bruttoeinkommens (beim Elternunterhalt 5 %) für eine **zusätzliche, sekundäre Altersversorgung** anerkannt (BGH NJW 2011, 2430 = FamRZ 2011, 1209 Rn. 35), wenn bei gesteigerter Unterhaltspflicht der Mindestunterhalt sichergestellt ist (BGH NJW 2013, 1005 = FamRZ 2013, 616).

Kreditverbindlichkeiten können unterhaltsrechtlich relevant sein. Denn – außerhalb der gesteigerten Unterhaltspflicht nach § 1603 Abs. 2 BGB – gilt der allgemeine Grundsatz, dass Ansprüchen Unterhaltsberechtigter kein allgemeiner Vorrang vor anderen Verbindlichkeiten des Unterhaltspflichtigen zukommt (BGH NJW-RR 2017, 449 = FamRZ 2017, 109, Rn. 34). Danach können Kreditverbindlichkeiten die Leistungsfähigkeit des Unterhaltspflichtigen begrenzen o. sogar ausschließen.

Schließlich sind **Unterhaltsansprüche Dritter** gegen den Unterhaltspflichtigen relevant. Weitere u. nach § 1609 BGB nachrangige Unterhaltsansprüche können die Höhe des Anspruchs beeinflussen, indem zB der Bedarf einer niedrigen Einkommensgruppe zu entnehmen ist, um den Anspruch nachrangig Berechtigter zumindest teilweise erfüllen zu können. Bei der Prüfung der Leistungsfähigkeit des Unterhaltspflichtigen ist die Rangfolge des § 1609 BGB zu beachten.

10. Die geforderten **Belege** müssen **genau** bezeichnet werden (BGH NJW 1983, 1056 = FamRZ 1983, 454). Da eine genaue Bezeichnung der Belege vor Erteilung der Auskunft nicht immer präzise möglich ist, wurde der Beleganspruch gesondert formuliert u. kann ggfs. nach Auskunftserteilung angepasst werden.

Die **Jahresbescheinigung über den Lohn** eines nicht selbständig Beschäftigten ist nicht ausreichend, da in dieser steuerfreie Sonderzuwendungen nicht aufgeführt werden. Vielmehr sind alle monatlichen Abrechnungen vorzulegen.

Für die Berechnung des unterhaltsrechtlich relevanten Einkommens eines Selbständigen sind die **Bilanzen, Gewinn- u. Verlustrechnungen o. Einnahmenüberschussrechnungen** allein nicht ausreichend, da sich diesen nicht entnehmen lässt, ob die steuerlich relevanten Abzüge auch unterhaltsrechtlich anzuerkennen sind.

11. Nach § 1605 Abs. 1 S. 3 iVm § 259 Abs. 2, § 260 Abs. 2 BGB kann eine eidesstattliche Versicherung verlangt werden, wenn der begründete Verdacht besteht, dass die Auskunft in einzelnen Punkten **nicht mit der erforderlichen Sorgfalt** erteilt worden. Dieser Verdacht kann unter Berücksichtigung des Gesamtverhaltens des Auskunftspflichtigen begründet sein, auch wenn inhaltliche Mängel der nunmehr vorliegenden Auskunft nicht festzustellen sind (BGH NJW 1984, 484 = FamRZ 1984, 144; OLG Köln BeckRS 2015, 6655). Dabei kann eine tiefgreifende Verstimmung zwischen den Beteiligten u. eine längere Verzögerung der Auskunft ausreichen (OLG Frankfurt a.M. NJW-RR 1993, 1483).

Für das Vorliegen der Voraussetzung des § 259 Abs. 2, § 260 Abs. 2 BGB trifft den Auskunftsberechtigten die **Darlegungs- u. Beweislast**; den Auskunftspflichtigen kann zum Beweis negativer Tatsachen eine sekundäre Darlegungslast treffen.

Der genaue Inhalt der abzugebenden Versicherung ist konkret zu bezeichnen; die Abgabe der eidesstattlichen Versicherung bezieht sich auf ein **konkretes Verzeichnis**, so dass bei sukzessiver Auskunftserteilung in verschiedenen Schriftsätzen zunächst auf eine einheitliche Auskunft hingewirkt werden muss.

Zuständig für die Abnahme der eidesstattlichen Versicherung ist der Rechtspfleger (bei freiwilliger Abgabe gem. § 410 Nr. 1 FamFG, § 3 Nr. 1b RPflG u. im Wege eines gerichtlichen Verfahrens gem. § 120 FamFG, § 10 Abs. 1 Nr. 17 RPflG) beim Amtsgericht als Vollstreckungsgericht (§ 120 FamFG iVm § 889 Abs. 1 ZPO).

Es besteht die Gefahr, dass der Antrag auf Abgabe der eidesstattlichen Versicherung das Verfahren lediglich weiter **verzögert**, ohne dass die Auskunft vervollständigt o.

nachgebessert wird. Erfolgversprechender ist häufig, den Auskunftsantrag sorgfältig zu formulieren (zB Nebentätigkeiten nach einzelnen Arbeitgebern konkret abzufragen) u. nach dem Erlass eines Auskunftsteilbeschlusses alsbald die Auskunft vom Antragsgegner nach § 120 Abs. 1 FamFG, § 888 ZPO mittels Zwangsmittel auf seine Kosten (§ 788 ZPO) zu erzwingen.

12. Zur **Verfahrenskostenhilfe** → Form. J.I.1 Anm. 6.

Die VKH ist nach hM nicht nur zunächst für die Auskunftsstufe, sondern **für den gesamten Stufenantrag** (also auch für den noch nicht bezifferten Leistungsantrag) zu bewilligen, u. zwar nach einem – entsprechend den ungefähren Vorstellungen des Antragstellers zur Leistungsstufe – vorläufig festzusetzenden einheitlichen Verfahrenswert (OLG Stuttgart BeckRS 2011, 5272 = FamRZ 2011, 387; KG BeckRS 2008, 6423 = FamRZ 2008, 702; Zöller/Schultzky ZPO § 119 Rn. 3.24 mwN). Die Beschränkung der VKH auf den Auskunftsantrag ist nach richtiger Ansicht unzulässig (OLG Hamm BeckRS 2013, 13662).

Die Rechtsverfolgung bietet hinreichende **Aussicht auf Erfolg**, wenn sowohl die Voraussetzungen des Auskunftsanspruchs gegeben sein können als auch im Ergebnis ein Zahlungsanspruch in Betracht kommt. Wird der Zahlungsantrag später beziffert, so kann das Gericht durch Beschluss klarstellen, wie weit der neue Antrag von der Bewilligung gedeckt ist.

13. Zum Antrag auf **Versäumnisbeschluss:** → Form. J.I.1 Anm. 7.

14. Das Unzutreffende bitte aus dem Text entfernen.

Zur **Vertretung des Kindes** u. gesetzlicher Verfahrensstandschaft: → Form. J.I.1 Anm. 8.

15. Zum einheitlichen Antrag auf Unterhalt u. der Abänderung eines bereits bestehenden Titels: → Form. J.I.1 Anm. 9; nach einer **Titulierung des vollen Unterhalts** ist ein Leistungsantrag regelmäßig ausgeschlossen u. nur ein Abänderungsantrag möglich.

16. Zur Erfüllung der Unterhaltspflicht durch Betreuung: → Form. J.I.1 Anm. 11.

Zum Bezug öffentlicher Leistungen: → Form. J.I.1 Anm. 10. In der **Auskunftsstufe** spielt es noch keine Rolle, ob der Antragsteller einen Unterhaltsvorschuss o. andere subsidiäre Sozialleistungen erhält. Zwar umfasst dann der **Rechtsübergang** gem. § 7 Abs. 1 S. 1 UVG bzw. § 33 Abs. 1 S. 4 SGB II bzw. § 94 Abs. 1 S. 1 SGB XII auch den unterhaltsrechtlichen Auskunftsanspruch nach § 1605 BGB (ebenso iVm § 1361 Abs. 4 S. 4, §§ 1580, 1615l Abs. 3 S. 1 BGB, § 12 S. 2, § 16 S. 2 LPartG), sodass auch die Leistungsträger mit einer Stufenklage gegen den Unterhaltsschuldner vorgehen können. Dem Unterhaltsberechtigten verbleibt aber ein **abgespaltener Auskunftsanspruch,** um die Berechtigung seiner ihm verbliebenen Ansprüche überprüfen zu können (KG FamRZ 1997, 1405; zust. Dose UnterhaltsR/Klinkhammer § 8 Rn. 66).

Zum Kindergeld siehe die **Kindergeldtabelle:** → Form. J.I.1 Anm. 12.

17. Die Aufforderung zur **Erteilung der Auskunft** über die Einkünfte u. das Vermögen vor Verfahrensbeginn ist wegen §§ 286, 1613 BGB u. § 243 S. 2 Nr. 2 FamFG zu empfehlen (→ Form. J.I.1 Anm. 22).

Wenn der Antragsteller den Antragsgegner vor Verfahrensbeginn zur Erteilung der Auskunft u. zur Vorlage von Belegen über sein Einkommen aufgefordert hat u. der Antragsgegner seiner **Auskunftspflicht nicht** o. nicht vollständig **nachgekommen** ist, können ihm auch im Falle seines Obsiegens die Kosten des Verfahrens gem. § 243 S. 2 Nr. 2 FamFG nach billigem Ermessen auferlegt werden. In Unterhaltssachen entscheidet das Gericht nämlich über die **Kostenverteilung** – abweichend von den Vorschriften der ZPO – nach billigem Ermessen (§ 243 S. 1 FamFG), wobei insbesondere eine unterlassene

o. ungenügende Auskunftserteilung kostenrechtlich sanktioniert werden kann. Dies gilt selbst bei einer **Antragsrücknahme** des nach der Erteilung der Auskunft nunmehr aussichtslosen unbezifferten Zahlungsantrags. Denn die für Unterhaltsstreitsachen iSd § 112 Nr. 1, § 231 Abs. 1 FamFG maßgebliche Kostenvorschrift des § 243 FamFG ersetzt als vorrangige Sonderregelung die Kostenvorschriften der §§ 91 ff. ZPO u. damit auch § 269 Abs. 3 S. 2 ZPO iVm § 113 Abs. 1 S. 2 FamFG (BGH NJW 2011, 3654 Rn. 29 = FamRZ 2011, 1933; OLG Hamm BeckRS 2010, 31114 = FamRZ 2011, 582; OLG Brandenburg BeckRS 2014, 7035).

18. Bei einer späteren Bezifferung des zu zahlenden Unterhalts sollte zugleich beantragt werden: „Der Beschluss ist sofort wirksam." (→ Form. J.I.1 Anm. 5).

19. Zur Formularfreiheit nach § 2 PKHFV: → Form. J.I.1 Anm. 23.

Kosten und Gebühren

20. Zur Kostenverteilung: → Form. J.I.1 Anm. 24.

Nach § 38 FamGKG ist für die **Wertberechnung bei einem Stufenantrag** (§ 254 ZPO) nur einer der verbundenen Ansprüche, u. zwar der höhere maßgebend. Der höhere u. damit maßgebende Anspruch ist regelmäßig der Zahlungsanspruch, weil der Auskunftsanspruch den Leistungsanspruch nur vorbereitet (OLG Karlsruhe BeckRS 2008, 12396 = FamRZ 2008, 1205 mwN). Dieser Wert wird zu Beginn des Verfahrens anhand der realistischen wirtschaftlichen Erwartungen des Antragstellers geschätzt.

Wird der Zahlungsanspruch **später höher** beziffert, errechnet sich der gesamte Verfahrenswert nach § 51 Abs. 1 u. 2 FamGKG unter Berücksichtigung des tatsächlich geforderten Unterhaltsbetrages.

Wird der Zahlungsanspruch **nicht beziffert** („steckengebliebenes Stufenverfahren") o. wird er **geringer** als der bei der Antragseinreichung erwartete Betrag beziffert, ist streitig, ob der Verfahrenswert auf den regelmäßig niedrigeren Verfahrenswert des Auskunftsantrages herabzusetzen ist o. rückwirkend auf den Betrag der Bezifferung zu ermäßigen ist (vgl. zum Streitstand: MüKoZPO/Becker-Eberhard § 254 Rn. 34).

Wenn Anhaltspunkte für eine Bestimmung des Verfahrenswertes für den unbeziffert gebliebenen Leistungsantrag nach §§ 51, 42 Abs. 1 FamGKG fehlen (zB weil der Unterhaltspflichtige nur dem Namen nach bekannt ist), ist gem. § 42 Abs. 3 FamGKG von einem **Auffangwert von 5.000 EUR** auszugehen (OLG Hamm BeckRS 2013, 15806; OLG Frankfurt a. M. BeckRS 2016, 1096).

Fristen und Rechtsmittel

21. → Form. B.II.1 Anm. 13.

Zu beachten ist, dass der der **Beschwerdewert des § 61 Abs. 1 FamFG von 1000 EUR (bis zum 31.12.2025 600 EUR)** für den Antragsgegner, der sich gegen seine Verpflichtung zur Auskunftserteilung, Rechenschaftslegung u. Belegvorlage wendet, häufig nicht erreicht ist. Nach der ständigen Rechtsprechung des BGH (zB NJW-RR 2025, 191 = FamRZ 2025, 375) richtet sich die Beschwer eines zur Auskunft u. Belegvorlage verpflichteten Beteiligten nach seinem Interesse, die Auskunft nicht erteilen bzw. die Belege nicht vorlegen zu müssen. Dabei kommt es grundsätzlich auf den Aufwand an Zeit u. Kosten an, den die Erteilung der Auskunft bzw. die Belegvorlage erfordern.

6. Antrag des minderjährigen Kindes gegen den Vater auf Zahlung von Kindesunterhalt beim Wechselmodell (paritätisch/nicht paritätisch)

An das Amtsgericht[1, 2]
– Familiengericht –

Antrag

In der Familiensache

des Kindes .....

geboren am .....

gesetzlich vertreten durch seine Mutter,

Frau .....

beide wohhaft .....

– Antragsteller –

Verfahrensbevollmächtigter: Rechtsanwalt .....

gegen

Herrn .....
wohnhaft .....

– Antragsgegner –

Verfahrensbevollmächtigter: Rechtsanwalt .....

wird namens und in Vollmacht des Antragstellers beantragt,

dem Antragsteller Verfahrenskostenhilfe unter Beiordnung seines Verfahrensbevollmächtigten zu bewilligen und wie folgt
– bei einer von dem Antragsgegner im schriftlichen Vorverfahren nicht rechtzeitig angezeigten Verteidigungsbereitschaft durch Versäumnisentscheidung (§§ 113 Abs. 1 S. 2 FamFG, 331 Abs. 3 ZPO) ohne mündliche Verhandlung –
zu beschließen:
Der Antragsgegner wird verpflichtet, rückständigen Kindesunterhalt für den Antragsteller für den Zeitraum ..... bis ..... nebst Zinsen in Höhe von 5 Prozentpunkten über dem jeweiligen Basiszinsatz aus folgenden monatlichen Unterhaltsrückstandsbeträgen zu Händen der Mutter zu zahlen:
von ... EUR seit dem ..... und
von ... EUR seit dem .....
Der Antragsgegner wird des Weiteren verpflichtet, ab ..... laufenden Kindesunterhalt für den Antragsteller in Höhe von ... % des Mindestunterhalts der jeweiligen Altersstufe nach der Düsseldorfer Tabelle abzüglich des hälftigen Kindergeldes jeweils monatlich im Voraus zu Händen der Mutter zu zahlen.[3]
Der Beschluss ist sofort wirksam.[4]

Begründung:

Der Antragsteller begehrt Kindesunterhalt.

Die Beteiligten sind dem Gericht bereits aus dem Verfahren zum Aktenzeichen . . F . . . . . / . . . zum Verfahrensgegenstand Umgangsrecht bekannt. Es wird gebeten, die Akte des vorgenannten Verfahrens beizuziehen.

Der am . . . . 20 . . geborene Antragsteller ging aus der nichtehelichen Beziehung seiner Mutter mit dem Antragsgegner hervor. Der Antragsgegner erkannte die Vaterschaft vor dem Jugendamt . . . . . . an und die Eltern des Antragstellers gaben Sorgerechtserklärungen ab. Nach der Trennung der Eltern am . . . . 20 . . verblieb der Antragsteller im Haushalt der Mutter, die das Kindergeld erhält. Da der Antragsteller noch unter drei Jahren alt ist, geht die Mutter keiner Berufstätigkeit nach und ist zu dieser auch nicht verpflichtet.[5] Die Mutter macht keinen Anspruch auf Betreuungsunterhalt geltend.

Ausweislich des Beschlusses vom . . . . . . 20 . . zum Aktenzeichen . . F . . . . . / . . . hat der Antragsgegner mit dem Antragsteller jeweils vierzehntägig von Mittwoch nach der Schule bis zum Schulbeginn am darauffolgenden Montagmorgen, mithin an fünf von 14 Tagen und während der Hälfte der gesetzlichen Schulferien Umgang. Die gerichtliche Umgangsregelung wird von den Beteiligten praktiziert. Nach Erlass des Beschlusses im Umgangsverfahren stellte der Antragsgegner die Unterhaltszahlungen für den Antragsteller ein. Er ist der Auffassung, er sei zu Unterhaltszahlungen nicht mehr verpflichtet, da die Beteiligten ein Wechselmodell[6] praktizieren würden. Der Antragsgegner ist durch das beigefügte Schreiben vom . . . . . . 20 . . . zur Zahlung von Kindesunterhalt in Höhe von . . . . . EUR ab dem . . . . 20 . . und zur Errichtung einer entsprechenden Jugendamtsurkunde[7] aufgefordert worden. Der Antragsgegner hat weder Kindesunterhalt gezahlt noch eine Jugendamtsurkunde errichtet.

Ausweislich der Dezemberabrechnung des Antragsgegners für das Jahr 20 . ., seiner Lohnsteuerbescheinigung für das Jahr 20 . . und des Einkommensteuerbescheides für das Jahr 20 . .[8] ermittelt sich unter Berücksichtigung von pauschalisierten berufsbedingten Aufwendungen[9] in Höhe von 5 % seines Einkommens ein unterhaltsrechtlich relevantes bereinigtes Einkommen des Antragsgegners in Höhe von . . . . . EUR .

Beweis:
1. Dezemberabrechnung für das Jahr . 20 . . ,
2. Lohnsteuerbescheinigung für das Jahr . 20 . . ,
3. Einkommensteuerbescheid das Jahr . 20 . . . .

Das unterhaltsrechtlich relevante, bereinigte Einkommen des Antragsgegners fällt an sich in die Einkommensgruppe . . der Düsseldorfer Tabelle. Da der Antragsgegner nur dem Antragsteller gegenüber unterhaltspflichtig ist, ist grundsätzlich eine Einstufung um jedenfalls eine Gruppe höher (BGH NJW 2008, 1663 Rn. 51 = FamRZ 2008, 968) in die Einkommensgruppe . . der Düsseldorfer Tabelle geboten.[10]

Das aufgrund des gerichtlichen Beschlusses im Umgangsverfahren praktizierte Betreuungsmodell rechtfertigt nicht die Einstellung sämtlicher Unterhaltszahlungen durch den Antragsgegner. Die vom Antragsgegner wahrgenommene Betreuung entspricht einem Anteil von gut 35 %, mithin ungefähr einem Drittel der Betreuungszeit für den Antragsteller. In einem solchen Fall des sogenannten nichtparitätischen[11] Wechselmodells oder erweiterten Umgangs ist nach der höchstrichterlichen Rechtsprechung (BGH BeckRS 2014, 23279 Rn. 22 = FamRZ 2015, 236; BGH BeckRS 2014, 7868 Rn. 3 = FamRZ 2014, 917) dem erweiterten Umgang des Antragsgegners durch eine Herabgruppierung um eine oder mehrere Einkommensgruppen der Düsseldorfer Tabelle Rechnung zu tragen. Bei der Bemessung des Umfangs der Herabgruppierung ist zu berücksichtigen, inwieweit der mitbetreuende Elternteil während seiner Betreuungszeit über die Gewährung von Naturalunterhalt den Bedarf des Kindes anteilig deckt und den hauptbetreuenden Elternteil dadurch entlastet (OLG Braunschweig BeckRS 2025, 7406 Rn. 10 mwN = FamRZ 2025, 1369). Hiernach wird der Barunterhaltsbedarf des Antragstellers zu einem Anteil von 15 % durch den Antragsgegner durch den von ihm während seiner Betreuungszeit geleisteten Naturalunterhalt gedeckt. Denn die Mitbetreuung von Kindern im Rahmen eines erweiterten Umgangs betrifft etwa 45 % der regelbedarfsrelevanten Verbrauchsausgaben für ein Kind nach § 6 Regelbedarfsermittlungsgesetz (RBEG). Auf dieser Grundlage errechnet sich bei einem Mitbetreuungsanteil von einem Drittel eine Bedarfsdeckung im Umfang von 15 % (= 45 % x 1/3). Da sich der in der Düsseldorfer Tabelle ausgewiesene Kindesunterhaltsbedarf mit jeder Einkommensgruppe um 5 % erhöht, führt eine Bedarfsdeckung von 15 % zu einer Herabgruppierung um drei Einkommensgruppen. Letztendlich ist also von der grundsätzlich gebotenen Höhergruppierung abzusehen und eine Herabgruppierung um zwei Einkommensgruppen vorzunehmen. Mithin ergibt sich eine Verpflichtung des Antragsgegners zur Zahlung von Kindesunterhalt in Höhe von Einkommensgruppe . . der Düsseldorfer Tabelle.

Da der Antragsgegner für die Monate . .20. . bis . .20. . keinen Unterhalt mehr gezahlt hat, führt dies zu einem rückständiger Kindesunterhalt von (. . Monate x . . . EUR =) . . . EUR.

Zum Antrag auf Bewilligung von Verfahrenskostenhilfe[12,] wird gemäß § 2 PKHFV formfrei mitgeteilt, dass der minderjährige unverheiratete Antragsteller keine Einnahmen hat, dass er seinen Lebensunterhalt mit Hilfe seines ihn gesetzlich vertretenden Elternteils bestreitet und dass sein ihn gesetzlich vertretender Elternteil über kein nach §§ 113 Abs. 1 S. 2 FamFG, 115 ZPO einzusetzendes Einkommen und Vermögen verfügt. Auch vom Antragsgegner kann nach dessen vorstehend dargelegten Einkommensverhältnissen kein alsbald realisierbarer Verfahrenskostenvorschuss erlangt werden.

Rechtsanwalt[13, 14]

Anmerkungen

1. In einer selbständigen Familiensache, in der **Kindesunterhalt** geltend gemacht wird, besteht gem. § 114 Abs. 1 FamFG **Anwaltszwang.**

2. Die örtliche Zuständigkeit für den Antrag auf Kindesunterhalt richtet sich in Inlandsfällen nach § 232 Abs. 1 FamFG.

3. In der **Zahlungsstufe** sollte im Interesse des Kindes ein dynamisierter Unterhalt verlangt werden (→ Form. B.II.1 Anm. 1).

4. Gemäß § 116 Abs. 3 S. 3 FamFG soll das Gericht die sofortige Wirksamkeit anordnen, soweit die Endentscheidung eine Verpflichtung zur Leistung von Unterhalt enthält.

5. In den ersten drei Jahren nach der Geburt eines Kindes kann ein Elternteil frei entscheiden, ob er sein Kind selbst erziehen o. eine andere Betreuungsmöglichkeit in Anspruch nehmen möchte. S. → Form. B.II.3 Anm. 6.

6. Wenn sich Eltern trennen, aus deren Ehe minderjährige Kinder hervorgegangen sind, ist regelmäßig zu klären, bei welchem Elternteil die Kinder nach der Trennung leben u. vom welchem Elternteil die Kinder betreut u. versorgt werden sollen.

Klassischer Weise verbleiben die Kinder nach der Trennung ihrer Eltern im Haushalt eines Elternteils. Der Elternteil, in dessen Obhut die minderjährigen Kinder leben, betreut u. versorgt die Kinder im Rahmen des sog. Residenzmodells (Eingliederungsmodell). Der andere Elternteil erbringt Betreuungsleitungen nur im Rahmen persönlicher Umgangskontakte an Wochenenden, an Feiertagen, einzelnen Tagen unter der Woche u. in den Schulferien. Die gesetzlichen Regelungen zum Unterhaltsrecht orientieren sich am Residenzmodell. Gemäß § 1606 Abs. 3 S. 2 BGB erfüllt der Elternteil, der ein minderjähriges Kind betreut, seine Verpflichtung zum Unterhalt beizutragen, in der Regel durch die Pflege u. Erziehung des Kindes. Es gilt der sog. Grundsatz „Eine(r) betreut, eine(r) bezahlt." (BeckOGK/M. Gerlach BGB § 1606 Rn. 7).

Das heißt, der Elternteil, in dessen Haushalt die Kinder leben, erfüllt seine Unterhaltspflicht gegenüber den Kindern regelmäßig durch die Betreuung der Kinder. Der andere Elternteil, in dessen Obhut die Kinder nicht leben, hat den Kindesunterhalt in Form von Barunterhalt sicherzustellen, indem er den Kindesunterhalt durch Geldzahlungen zu Händen des Obhutselternteils erbringt. Dementsprechend kann gemäß § 1629 Abs. Abs. 2 S. 2 BGB der Elternteil, in dessen Obhut die Kinder leben, Unterhaltsansprüche der Kinder auch bei gemeinsamer elterlicher Sorge gegen den barunterhaltspflichtigen Elternteil gerichtlich o. außergerichtlich geltend machen. Die Düsseldorfer Tabelle geht ebenfalls von dem Residenzmodell aus. Die Bedarfssätze der Düsseldorfer Tabelle orientieren sich an den bedarfsdeckenden Leistungen eines umgangsberechtigten Elternteils, der seine Kinder in etwa an jedem zweiten Wochenende u. während der Hälfte der Schulferien betreut (Niepmann/Rake/Gutjar FF 2025, 382). Solange getrenntlebende Eltern verheiratet o. verpartnert sind u. zwischen Ihnen eine Ehe- o. Lebenspartnerschaftssache anhängig ist, gilt die Sondervertretungsregel von § 1629 Abs. 3 Nr. 2 BGB. Gemäß § 1629 Abs. 3 Nr. 2 BGB kann während des laufenden Scheidungs- o. Aufhebungsverfahrens der Obhutselternteil Unterhaltsansprüche der Kinder gegen den anderen Elternteil nur im eigenen Namen geltend machen.

In den letzten Jahren wollen verstärkt beide Eltern nach der Trennung in gleichem Umfang Verantwortung für die Betreuung u. Versorgung ihrer Kinder übernehmen. Teilweise leben Trennungsfamilien mittlerweile ein paritätisches (o. symmetrisches, strenges, striktes o. echtes) Wechselmodell. Beim **paritätischen Wechselmodell** werden die Kinder nahezu/exakt hälftig durch beide Elternteile betreut u. versorgt. Ein paritätisches Wechselmodell liegt insbesondere vor, wenn die Kinder wöchentlich zwischen den Haushalten ihrer Eltern wechseln. Zum Teil wird das paritätische Wechselmodell in Form des sogenannten Nestmodells praktiziert, wenn die gemeinsamen Kinder in einem Haushalt verbleiben u. jeweils abwechselnd ein Elternteil die Kinder in diesem Haushalt betreut (Rake FamRZ 2025, 3179).

Demgegenüber spricht man von einem **nichtparitätischen** (asymmetrischen) **Wechselmodell o. erweitertem Umgang/erweiterter Mitbetreuung**, wenn die Betreuungszeit nicht exakt hälftig zwischen den Eltern aufgeteilt ist, aber über die des klassischen Residenzmodells hinausgeht. Der Wunsch, seine Kinder in Form eines paritätischen o. nichtparitätischen Wechselmodells zu betreuen, hat sich verstärkt, seitdem der **BGH** (BeckRS 2017, 102353 Rn. 27 = FamRZ 2017, 532, so auch OLG Dresden FamRZ 2017, 897; OLG Dresden FuR 2022, 481 = FamRZ 2022, 1206; OLG Dresden 31.1.2023 – 21 UF 776/201066, OLG Dresden 31.1.2023 – 21 UF 776/20, FuR 2023, 387) entschieden hat, dass ein **Wechselmodell auch gegen den Willen eines Elternteils** familiengerichtlich als Umgangsregelung angeordnet werden kann, wenn die geteilte Betreuung durch beide Eltern im Vergleich mit anderen Betreuungsmodellen dem Kindeswohl im konkreten Fall am besten entspricht.

Rechtspolitisch wird seit längerem eine **ausdrückliche gesetzliche Regelung** des Wechselmodells sowohl im Kindschafts- als auch im Unterhaltsrechts **gefordert**. Denn die in § 1606 Abs. 3 S. 2 BGB vorgesehene regelmäßige Befreiung des betreuenden Elternteils von der Verpflichtung, zum materiellen Bedarf des gemeinsamen Kindes beizutragen („Einer zahlt, einer betreut"), passt nicht mehr zu der aktuellen Lebenswirklichkeit. Die **Lebensrealität vieler Trennungsfamilien** wird zunehmend davon geprägt, dass nach der Trennung beide Eltern Betreuungsleistungen übernehmen u. Kinder durch die in den letzten Jahren erweiterten Möglichkeiten der Kinderbetreuung (Kindertagesstätten, Offener Ganztag in Schulen, usw.) zunehmend fremdbetreut werden. In der letzten Legislaturperiode hatte die Ampelkoalition mit vom Bundesministerium der Justiz vorgelegten Eckpunktepapieren zum Unterhaltsrecht (s. Maaß NZFam 2023, 913) u. zum Kindschaftsrecht (s. hierzu Reichel ZRP 2024, 72) u. einem Diskussionsentwurf (s. DIJuF JAmt 2025, 115) sowie einem von der FDP-Fraktion eingebrachten Gesetzesentwurf (BT-Drucks. 20/14263 v. 17.12.2024) den Versuch unternommen, das Wechselmodell gesetzlich ausdrücklich zu regeln. Angedacht war die Voraussetzungen für die Anordnung des Wechselmodells, dessen Zuordnung im Umgangsrecht, ein Berechnungsmodell für den Kindesunterhalt beim nichtparitätischen Wechselmodell u. die Vertretung des Kindes bei der Geltendmachung von Unterhaltsansprüchen im Rahmen des Wechselmodells ausdrücklich zu regeln. Aufgrund des vorzeitigen Endes der Ampelkoalition im November 2024 konnte die Reform des Kindesunterhalts in der 20. Legislaturperiode nicht umgesetzt werden.

Zur Zeit der Drucklegung (März 2026) ist keine Gesetzesinitiative für eine Regelung des Wechselmodells im Unterhaltsrecht bekannt geworden. Die Rechtsfortbildung wird also weiter der Rechtsprechung überlassen u. der Praxis keine klaren gesetzlichen Regelungen an die Hand gegeben, die zu mehr Rechtssicherheit u. -klarheit führen könnten.

Nach der Rechtsprechung liegt ein **paritätisches Wechselmodell**, bei dem Anlass besteht, von der in § 1606 Abs. 3 S. 1 BGB normierten Aufteilung zwischen Barunterhalt u. Betreuungsleistung abzuweichen, nur vor, wenn jeder Elternteil in etwa die Hälfte der Versorgungs- u. Erziehungsaufgaben wahrnimmt. Der zeitlichen Komponente kommt hierbei besondere Bedeutung zu, ohne dass sich die Beurteilung darauf zu beschränken hat (BGH BeckRS 2014, 23279 Rn. 21 = FamRZ 2015, 236; BGH, BeckRS 2014, 7868 Rn. 29 = FamRZ 2014, 917; BGH BeckRS 2007, 5328 Rn. 16 = FamRZ 2007, 707 u. BGH BeckRS 2006, 6836 Rn. 16 = FamRZ 2006, 1015).

Die Rechtsprechung hat bis jetzt nicht definiert, wann genau die Wahrnehmung von „in etwa die Hälfte der Versorgungs- u. Erziehungsaufgaben" vorliegt u. stellt sehr strenge Anforderungen an die zeitliche Komponente, die praktisch darauf hinausläuft, dass eine möglichst exakte Aufteilung der Versorgungs- u. Erziehungsaufgaben im Verhältnis 50/50 zwischen den Eltern gefordert wird.

So kann nach Auffassung des **KG** (KG BeckRS 2019, 7436 Rn. 22 = NJW 2019, 2023) bei einer Betreuung des gemeinsamen Kindes durch beide Elternteile im Verhältnis von 45 % zu 55 % von einem unterhaltsrechtlichen paritätischen Wechselmodell, bei dem beide Elternteile quotal für den Unterhaltsbedarf des Kindes einzustehen haben, noch keine Rede sein.

Das **OLG Dresden** (BeckRS 2021, 37320 Rn. 12 = FamRZ 2022, 31) ist der Ansicht, bei einer Betreuung von acht Tagen durch einen Elternteil u. sechs Tagen durch den anderen Elternteil liege kein paritätisches Wechselmodell vor.

Laut dem **OLG Köln** (BeckRS 2016, 16956 Rn. 4 = NZFam 2016, 1046) ergibt sich bei der Aufteilung der Betreuungszeiten für die gemeinsamen Kinder zwischen den Eltern im Verhältnis von 58 % zu 42 % kein paritätisches Wechselmodell.

Nach Auffassung des **OLG Nürnberg** (BeckRS 2016, 115225 Rn. 19 = NZFam 2017, 257) kann ein Betreuungsmodell mit einer Verteilung des zeitlichen Betreuungsumfangs von 52,5 % zu 47,5 % als ein paritätisches Wechselmodell anzusehen sein.

Die zeitlichen Voraussetzungen für ein paritätisches Wechselmodell sind also insbesondere dann erfüllt, wenn das Kind im wöchentlichen Wechsel von dem einen o. dem anderen Elternteil betreut wird (Rubenbauer/Dose FamRZ 2022, 1497, 1503).

Neben der zeitlichen Komponente ist für die Annahme eines paritätischen Wechselmodells auch die annähernd hälftige Wahrnehmung der Betreuungsleistung durch beide Eltern erforderlich (Rubenbauer/Dose FamRZ 2022, 1497, 1503).

Die **Kriterien**, die **neben der zeitlichen Komponente** bei der Beantwortung der Frage, ob ein paritätisches Wechselmodell herangezogen werden können, sind (BGH BeckRS 2014, 7868 Rn. 20 = FamRZ 2014, 917; OLG Bamberg BeckRS 2024, 31655 Rn. 27 = FamRZ 2025, 683; KG BeckRS 2019, 7436 Rn. 20 f. = FamRZ 2019, 1321):

- die Strukturierung des kindlichen Tagesablaufs in den Morgen- u. Abendstunden durch den Elternteil, in dessen Haushalt das Kind übernachtet u.
– das langfristige Anbieten verlässlicher Betreuungszeiten
– Sicherstellung des Besuchs der Kindertagesstätte u. der Schule u. Schulveranstaltungen
– Absprache/Organisation u. Wahrnehmung von Arztterminen
– Absprache/Organisation von Freizeitaktivitäten des Kindes
– Hol- u. Bringdienste für das Kind

Soweit auch hinsichtlich der vorgenannten Kriterien nicht erreicht wird, dass sich die Eltern annähernd bzw. fast 50 % : 50 % abwechseln, verbleibt es bei der alleinigen Barunterhaltspflicht eines Elternteils.

Wenn ein Elternteil in einem Unterhaltsverfahren behauptet, die Trennungsfamilie lebe das paritätische Wechselmodell, sollte deshalb nicht nur zu den praktizierten Betreuungszeiten, sondern auch zu den anderen Gesichtspunkten der Kinderbetreuung substanziiert vorgetragen werden.

Für das Unterhaltsverfahren ist es unerheblich, warum ein paritätisches Wechselmodell gegebenenfalls nicht von einer Trennungsfamilie gelebt wird. **Maßgeblich** für das Unterhaltsverfahren ist die **tatsächliche bestehende Regelung** des Umgangs mit ihren Kindern. Wenn von einem Elternteil eine Änderung der bestehenden Umgangsregelung gewünscht werden sollte, so muss die Änderung in einem familiengerichtlichen Verfahren zum Verfahrensgegenstand Umgangsrecht herbeigeführt werden (OLG Bamberg BeckRS 2024, 31655 Rn. 28 = FamRZ 2025, 683).

Wird bei einem paritätischen Kindesunterhalt gefordert, stellt sich die Frage, **wie der Unterhalt verfahrensrechtlich geltend gemacht werden** kann.

Nach der gesetzlichen Regelung von § 1629 Abs. 2 S. 2 BGB vertritt bei unverheirateten gemeinsam sorgeberechtigten Eltern, der Elternteil, in dessen Obhut das Kind lebt, das Kind in einem Unterhaltsverfahren. Bei verheirateten o. verpartnerten Eltern, die sich getrennt haben, kann ein Elternteil nach § 1629 Abs. 3 BGB Unterhaltsansprüche des Kindes gegen den anderen Elternteil nur im eigenen Namen geltend machen.

An einer ausdrücklichen Regelung für das paritätische Wechselmodell fehlt es.

Durch den **BGH** (BeckRS 2024, 11637 Rn. 18 = FamRZ 2024, 1093,) ist bis jetzt nur entscheiden worden, dass es bei gemeinsam sorgeberechtigte Eltern, die **nicht (o. nicht mehr) verheiratet sind, beim Wechselmodell** der Bestellung eines Ergänzungspflegers o. der Übertragung des Alleinentscheidungsrechts gemäß § 1628 BGB nicht bedarf.

Noch nicht höchstrichterlich entschieden ist, wie **Kinder von ihren noch verheirateten o. verpartnerten Eltern** nach deren Trennung vertreten werden. Unter Bezugnahme auf die Rechtsprechung des Bundesgerichtshofs sind das OLG Karlsruhe (BeckRS 2024, 8324 Rn. 30 = FamRZ 2024, 1096), das OLG Dresden (BeckRS 2025, 10711 Rn. 26 = NZFam 2025, 816) u. das AG Gemünden (BeckRS 2025, 5263 Rn. 16 = NZFam 2025, 560) der Auffassung, kein Elternteil habe die Obhut über das gemeinsame Kind, so dass beide Eltern den Anspruch auf Kindesunterhalt geltend machen könnten, ohne dass es zuvor einer Übertragung eines Teilbereichs der elterlichen Sorge o. des Alleinentscheidungsrechts auf einen Elternteil bedürfe.

Das **OLG Frankfurt a.M.** (BeckRS 2024, 17398 Rn. 18 = NJW 2024, 2851 = FamRZ 2024, 1631) ist hingegen weiterhin der Auffassung, es müsse vor einem Unterhaltsverfahren zunächst ein Ergänzungspfleger bestellt werden o. das Alleinentscheidungsrecht gemäß § 1628 BGB auf einen Elternteil übertragen werden, bevor dieser Unterhaltsansprüche des Kindes geltend machen könne.

Der **BGH** (BeckRS 2017, 101236 Rn. 23 ff. = FamRZ 2017, 437) hat zur Berechnung der **Höhe des Unterhalts** ein Modell entwickelt. Hiernach haben beim paritätischen Wechselmodell grundsätzlich **beide Elternteile für den Barunterhalt des Kindes einzustehen.** Der Unterhaltsbedarf bemisst sich nach dem beiderseitigen Einkommen der Eltern u. umfasst außerdem die infolge des Wechselmodells entstehenden Mehrkosten. Der geleistete Naturalunterhalt ist nur als (teilweise) Erfüllung des Unterhaltsanspruchs zu berücksichtigen. Der Unterhaltsanspruch kann in zulässiger Weise vom Kind gegen den besser verdienenden Elternteil geltend gemacht werden. Das Kindergeld ist zur Hälfte auf den Barbedarf des Kindes anzurechnen. Der auf die Betreuung entfallende Anteil ist zwischen den Eltern hälftig auszugleichen. Der Ausgleich kann in Form der Verrechnung mit dem Kindesunterhalt erfolgen.

Beiden Elternteilen kommt im Falle eines paritätischen Wechselmodells eine Erwerbsobliegenheit zu. Das **OLG Brandenburg** (BeckRS 2023, 2549 Rn. 27–28 = FamRZ 2024, 1193) hat klargestellt, dass beiden Elternteilen trotz der von ihnen geleisteten Kinderbetreuung eine **vollschichtige Tätigkeit auszuüben** zu haben.

Laut dem **OLG Karlsruhe** (BeckRS 2025, 10545 Rn. 45 = FamRZ 2025, 1531) besteht beim paritätischen Wechselmodell hinsichtlich eines auf die Zahlung von Barunterhalt gerichteten Kindesunterhaltsanspruchs **keine Leistungsfähigkeit**, wenn dem Elternteil nach Abzug seines eigenen Selbstbehalts weniger als die Hälfte des sozialrechtlichen Regelsatzes für das Kind verbleibt.

Rechenbeispiel zum paritätischen Wechselmodell:

Kind 8 Jahre alter Schüler, Kindergeld v. 259 EUR erhält Mutter, bereinigtes monatliches Netto Mutter 2.100 EUR, Vater 3.300 EUR, Gesamteinkommen Eltern 5.400 EUR

Regelbedarf Kind lt. DT 2026 (893 EUR – 129,50 EUR als erste Kindergeldhälfte =) 763,50 EUR.

Die Mutter trägt bedingt durch das Wechselmodell Mehrkosten (den Mehrbedarf) v. mtl. 100 EUR (Fahrtkosten u. erhöhte Unterkunftskosten, s. dazu BGH NJW 2016, 1956 Rn. 15).

Gesamtbedarf des Kindes also 863,50 EUR.

Vater hat Einkommen v. (3.300 EUR – 1.750 EUR angemessener Eigenbedarf =) 1.550 EUR einzusetzen.

Mutter hat Einkommen v. (2.100 EUR – 1.750 EUR angemessener Eigenbedarf =) 350 EUR einzusetzen.

Einzusetzendes Elterneinkommen insges. 1.900 EUR.

Vater trägt v. Gesamtbedarf: (863,50 EUR x 1.550 EUR : 1.900 EUR =) 704,43 EUR.

Mutter trägt v. Gesamtbedarf: (863,50 EUR x 350 EUR : 1.900 EUR =) 159,07 EUR.

Da die Mutter allein die Mehrkosten des Wechselmodells v. 100 EUR erbracht hat, muss der Vater folgende Ausgleichszahlung an die Mutter für das Kind leisten:

(704,43 EUR – 159,07 EUR + 100 EUR – 259 EUR Kindergeld) : 2 = 193,18 EUR, rd. 193 EUR.

Es wird empfohlen, die schwierige Unterhaltsberechnung beim Wechselmodell mit dem Rechenprogramm v. Gutdeutsch WinFam >Datei >Neu >Unterhalt vorzunehmen. Dabei wären zwecks richtiger Berechnung beim obigen Rechenbeispiel nicht nur bei „Mehrbedarf durch Wechselmodell“ 100 EUR einzutragen, sondern es müssten auch bei „Ausgleich“ die „Leistungen, welche Mutter allein für das Kind erbringt,“ mit 100 EUR angegeben werden.

Zur Berechnung der Höhe des Kindesunterhalts beim paritätischen Wechselmodell s. auch die Beispiele bei Bausch, Gutdeutsch, Seiler FamRZ 2012, 258 ff; Dose UnterhaltsR/Klinkhammer, § 2 Rn. 450.

7. Der Antragsgegner sollte aufgefordert werden, kostenfrei einen Vollstreckungstitel in Form eine **Jugendamtsurkunde** gemäß §§ 59, 60 SGB VIII, 64 SGB X zu errichten, in der der Verpflichtung zur Zahlung von Kindesunterhalt tituliert wird. Denn andernfalls droht die Versagung der Bewilligung von Verfahrenskostenhilfe wegen Mutwilligkeit gemäß §§ 113 Abs. 1 S. 2 FamFG, 114 ZPO (vgl. OLG München FamRZ 1996, 1021; Born UnterhaltsR-HdB/Fuchs 28. Kap. Rn. 122).

8. Zu den Belegen die zur Einkommensermittlung bei Einkünften aus nichtselbständiger Tätigkeit benötigt werden, → Form. B.II.1 Anm. 6 u. bei Einkünften aus selbständiger Tätigkeit, → Form. B.II.1 Anm. 8.

Zum Vorgehen, wenn das unterhaltsrechtliche Einkommen des Verpflichteten nicht genau bekannt ist, → Form. B.II.3 Anm. 8.

9. Zu den berufsbedingten Aufwendungen u. zu etwaigen unterhaltsrechtlich relevanten Verbindlichkeiten → Form. B.II.3 Anm. 7.

10. Die **Düsseldorfer Tabelle** weist nach ihrer Anmerkung A I. den monatlichen Unterhaltsbedarf aus, bezogen auf **zwei Unterhaltsberechtigte,** ohne Rücksicht auf den Rang. Bei einer **größeren/geringeren Anzahl Unterhaltsberechtigter** können Ab- o. Zuschläge durch **Einstufung in niedrigere/höhere Gruppen** angemessen sein.

Die Einstufung in eine bestimmte Tabellengruppe hängt vom Einzelfall ab u. liegt im tatrichterlichen Ermessen. Nach Auffassung des BGH (NJW 2008, 1663 Rn. 51 = FamRZ 2008, 968) dürfte regelmäßig die Herauf- o. Herabstufung um eine Einkommensgruppe ausreichend sein (s. auch Klinkhammer FamRZ 2008, 193 (195, 197)). Eine Höhergruppierung um zwei Gruppen kann aber angemessen sein, wenn sich das verfügbare Einkommen des Unterhaltspflichtigen an der oberen Grenze einer Einkommensgruppe befindet (Dose UnterhaltsR/Klinkhammer § 2 Rn. 345).

Eine Höhergruppierung kommt normalerweise nicht in Betracht, wenn der Schuldner ein niedriges Nettoeinkommen im unteren Tabellenbereich 1 (bis 2.100 EUR) hat. Dann ist vor allem der Selbstbehalt des Schuldners zu beachten.

Mehrere OLG berücksichtigen ab der Einkommensgruppe 2 auch den Bedarfskontrollbetrag als Rechengröße (s. Anm. A. III. der DT 2026; Dose UnterhaltsR/Klinkhammer § 2 Rn. 351 ff.).

11. Ein nichtparitätisches **(asymmetrisches) Wechselmodell o.** erweiterter **Umgang/erweiterte Mitbetreuung ist gegeben,** wenn die Betreuungszeit der gemeinsamen Kinder nicht exakt hälftig zwischen den Eltern aufgeteilt ist, aber über das beim klassischen Residenzmodell übliche Maß hinausgeht (BGH BeckRS 2014, 7868 Rn. 36 f. = FamRZ 2014, 917). Eine genaue Definition, ab wann die Betreuungszeit über das klassische Residenzmodell hinausgeht, fehlt (KG NJW NJW 2019, 2036 mAnm. Ruetten, NJW 2019, 2038).

Das vom Bundesjustizministerium entwickelte Eckpunktepapier für die in der 20. Legislaturperiode beabsichtigte, aber nicht umgesetzte Unterhaltsreform ging vom Vorliegen eines nichtparitätischen Wechselmodells bei einem Mitbetreuungsanteil ab 30 % aus (Bachinger FamRB 2025, 230). In Rechtsprechung u. Literatur wird davon ausgegangen, dass ein nicht paritätisches Wechselmodell ab einem Mitbetreuungsanteil von 30 % (Bachinger FamRB 2025, 230) o. von einem Drittel (Niepmann/Rake/Gutjahr NZFam 2025, 937; KG NJW 2019, 2036 mAnm Ruetten, NJW 2019, 2038 f) o. 35 % gegeben ist. Ein paritätisches Wechselmodell liegt demnach vor, **wenn ein Elternteil die gemeinsamen Kinder zwischen 30 % o. 35 % bis 49 % mitbetreut.** Ein nichtparitätisches

Wechselmodell wäre also zum Beispiel gegeben, wenn ein Kind neun Tage bei einem Elternteil ist u. sich sodann an fünf Tagen bei dem anderen Elternteil aufhält (FormB – FamR § 9 Rn. 318).

Hinsichtlich der **Vertretung des Kindes,** dessen Unterhalt geltend gemacht wird, stellen sich **beim nichtparitätischen Wechselmodell** keine besonderen Probleme. Da beim nichtparitätischen Wechselmodell die Obhut für das Kind eindeutig beim Obhutselternteil liegt, kann der Obhutselternteil bei unverheirateten Eltern als gesetzlicher Vertreter des Kindes den Anspruch auf Kindesunterhalt gemäß § 1629 Abs. 2 S. 2 BGB o. bei verheirateten bzw. verpartnerten Eltern im eigenen Namen gemäß § 1629 Abs. 3 BGB geltend machen. Der Übertragung des Alleinentscheidungsrechts zur Geltendmachung von Ansprüchen auf Kindesunterhalt gemäß § 1628 BGB o. der Bestellung eines Ergänzungspflegers gemäß §§ 1629 Abs. 2 S. 1, 1809 BGB bedarf es mithin nicht.

Für das nichtparitätische Wechselmodell gibt es keine konkrete gesetzliche Vorgabe, wie der Kindesunterhalt in diesem Fall die Höhe des Kindesunterhalts zu berechnen ist. Es verbleibt grundsätzlich bei der Regelung von § 1606 Abs. 3 S. 1 BGB, wonach ein Elternteil betreut u. der andere Elternteil zahlt.

Dem Umstand, dass ein das übliche Maß hinausgehendes Umgangsrecht mit einer **finanziellen Mehrbelastung** – insbesondere für zusätzlichen Fahrtkosten u. den Kosten für das Vorhalten von Wohnraum – verbunden sein kann, ist dadurch Rechnung zu tragen, dass etwaige Mehraufwendungen des barunterhaltspflichtigen Elternteils durch eine **Herabstufung in der Düsseldorfer Tabelle um eine o. mehrere** Einkommensgruppen **bis zum Mindestbedarf** berücksichtigt wird u. auf eine ansonsten gebotene Hochstufung in eine höhere Einkommensgruppe verzichtet wird. Außerdem können bedarfsdeckende Aufwendungen für die Kinder (zB durch Verköstigung) den Kindesbedarf mindern. (BGH BeckRS 2014, 7868 Rn. 37–38 = FamRZ 2014, 917; OLG Bamberg BeckRS 2024, 31655 Rn. 31 = FamRZ 2025, 683; OLG Brandenburg BeckRS 2022, 10320 Rn. 34 f. = FamRZ 2023, 1116).

So hält das **OLG Frankfurt a. M.** (BeckRS 2016, 122631 Rn. 25 = FamRZ 2017, 889) bei einer Betreuung durch den barunterhaltspflichtigen Elternteil an sechs von 14 Tagen im Hinblick auf die von ihm getätigten Aufwendungen eine Herabstufung statt zur Zahlung von 115 % auf 105 % des Mindestunterhaltes für geboten.

Nach Auffassung des **OLG Brandenburg** (BeckRS 2016, 122631 Rn. 25 = FamRZ 2017, 889) ist eine Herabgruppierung um zwei Einkommensgruppen angemessen, wenn dem barunterhaltspflichtigen Elternteil ein nicht unerheblicher Kostenaufwand für das gemeinsame Kind entsteht.

Das **OLG Braunschweig** (BeckRS 2025, 7406 Rn. 10 f. = FamRZ 2025, 1369) u. das **OLG Düsseldorf** (BeckRS 2025, 23770 Rn. 55 = FamRZ 2025, 1711) sind in Anlehnung an die in der 20. Legislaturperiode gemachten Vorschläge für eine Reform des Unterhaltsrechts der Auffassung, die Mitbetreuung des Kindes im Rahmen eines erweiterten Umgangs betreffe etwa 45 % der regelbedarfsrelevanten Verbrauchsausgaben für ein Kind nach § 6 Regelbedarfsermittlungsgesetz (RBEG). Dies gelte beispielsweise für Ausgaben für Nahrung, Verkehr u. Freizeitgestaltung. Bei einem Mitbetreuungsanteil von einem Drittel ergibt sich somit eine Bedarfsdeckung im Umfang von 15 % (= 45 % x 1/3) u. bei einem Mitbetreuungsanteil von 45 % eine Bedarfsdeckung von rund 20 % (= 45 % x 45/100). Unter Berücksichtigung dessen, dass sich der in der Düsseldorfer Tabelle ausgewiesene Kindesunterhaltsbedarf mit jeder Einkommensgruppe um 5 % erhöht, führt eine Bedarfsdeckung von 15 % somit zu einer Herabgruppierung um drei Einkommensgruppen u. eine Bedarfsdeckung von 20 % zu einer Herabgruppierung um vier Einkommensgruppen.

Gegen die Entscheidung des OLG Düsseldorf wurde Rechtsbeschwerde zum Aktenzeichen XII ZB 415/25 eingelegt, so dass **möglicherweise im Jahr 2026 eine Entscheidung**

des BGH zur Berechnung der Höhe des Kindesunterhalts beim nichtparitätischen Wechselmodell ergehen wird (Rubenbauer/Dose, FamRZ 2025, 1677, 1679).

Da eine Rückstufung um mehrere Einkommensgruppen nur bis zum Mindestbedarf in Betracht kommt u. in wirtschaftlich schwächeren Regionen oft nur um den Mindestunterhalt gestritten wird, wirkt sich das nichtparitätische Wechselmodell oftmals nicht auf die Höhe des Kindesunterhalts aus. Da es bis jetzt an konkreten gesetzlichen Vorgaben dafür fehlt, wie einem paritätischen Wechselmodell bei der Bestimmung der Unterhaltshöhe Rechnung zu tragen ist, lässt sich der Ausgang eines Unterhaltsverfahrens nur schwer voraussehen. Eine konkrete gesetzliche Regelung wäre wünschenswert.

In der **Literatur** werden weitere Lösungen diskutiert, um die Höhe des Kindesunterhalts beim nichtparitätischen Wechselmodell zu bemessen. **Rubenbauer/Dose** (FamRZ 2022, 1497, 1503 u. FamRZ 2025, 1677), **Borth** (FamRZ 2023, 405; FamRZ 2023, 1012) u. **Gutdeutsch** (FamRZ 2023, 572) schlagen dynamische Modelle vor, die im Ausgangspunkt den Kindesbedarf am Gesamteinkommen beider Eltern abzgl. der auf den Barunterhalt entfallenden Kindergeldhälften bemessen wollen.

Rake (FF 2025, 276, 280) hält es für möglich, aufgrund einer maßvollen Erhöhung des notwendigen Selbstbehalts des barunterhaltspflichtigen Elternteils im nichtparitätischen Wechselmodell nur einen Unterhaltsanspruch unterhalb des Mindestunterhalts zuzuerkennen.

12. S. § 2 PKHFV (BGBl. 2014 I 34 ff.).

Kosten und Gebühren

13. In Unterhaltssachen entscheidet das Gericht über die Kostenverteilung nach billigem Ermessen (§ 243 FamFG).

In selbständigen Familienstreitsachen gilt nach §§ 14, 21 Abs. 1 S. 1 FamGKG die übliche Vorauszahlungspflicht des Antragstellers, soweit diesem keine VKH bewilligt ist (§ 15 Nr. 1 FamGKG).

Der Gegenstandswert für die Berechnung der anwaltlichen Gebühren im gerichtlichen Verfahren bestimmt sich gem. § 23 Abs. 1 RVG nach dem gerichtlichen Verfahrenswert, wobei nach § 51 Abs. 1 S. 1 FamGKG in Unterhaltsstreitsachen der für die ersten zwölf Monate nach Einreichung des Antrags geforderte Betrag, höchstens jedoch der Gesamtbetrag der geforderten Leistung, maßgeblich ist. Die bei Einreichung des Streitantrags fälligen Beträge werden dem Wert hinzugerechnet (§ 51 Abs. 2 S. 1 FamGKG), wobei der Einreichung des Streitantrags die Einreichung eines Antrags auf Bewilligung der VKH gleichsteht, wenn der Streitantrag alsbald nach Mitteilung der Entsch. über den VKH-Antrag eingereicht wird (§ 51 Abs. 2 S. 2 FamGKG).

Fristen und Rechtsmittel

14. → Form. B.II.1 Anm. 13.

7. Antrag des volljährigen Sohnes gegen den Vater auf Zahlung von Unterhalt

An das

Amtsgericht[1]

– Familiengericht[2] –

. . . . .

Antrag

In der Familiensache

des Herrn . . . . .

wohnhaft . . . . .

geboren am . . . . .

– Antragsteller –

Verfahrensbevollmächtigter: Rechtsanwalt . . . . .

gegen

Herrn . . . . .

wohnhaft . . . . .

– Antragsgegner –

wird namens und in Vollmacht des Antragstellers beantragt:

Der Antragsgegner wird verpflichtet, an den Antragsteller ab . . . . . . monatlich Unterhalt in Höhe von . . . . . EUR zu zahlen, und zwar im Voraus bis zum 3. eines jeden Monats.[3]

Der Antragsgegner wird außerdem verpflichtet, an den Antragsteller Zinsen[4] in Höhe von 5 Prozentpunkten über dem jeweiligen Basiszinssatz nach § 247 BGB von folgenden monatlichen Unterhaltsrückstandsbeträgen zu zahlen:

von . . . . . EUR seit dem . . . . .,

von . . . . . EUR seit dem . . . . .,

von . . . . . EUR seit dem . . . . .

Der Beschluss ist sofort wirksam.[5]

Darüber hinaus wird beantragt:

Dem Antragsteller wird für die erste Instanz Verfahrenskostenhilfe unter Beiordnung seines Verfahrensbevollmächtigten bewilligt.[6]

Für den Fall der nicht rechtzeitig angezeigten Verteidigungsbereitschaft im schriftlichen Vorverfahren wird Antrag auf Versäumnisbeschluss (§ 113 Abs. 1 S. 2 FamFG, § 331 Abs. 3 ZPO) ohne mündliche Verhandlung gestellt.[7]

Begründung:

Der Antragsgegner ist der Vater des volljährigen Antragstellers und nur diesem gegenüber nach §§ 1601 ff. BGB barunterhaltspflichtig.

Einen Unterhaltstitel zugunsten des Antragstellers gibt es bisher nicht.[8] Der Antragsteller bezieht keine staatlichen Leistungen. (Der Träger der Sozialleistungen hat durch den beigefügten Vertrag vom . . . . . die kraft Gesetzes übergegangenen Unterhaltsansprüche des Antragstellers auf diesen zur gerichtlichen Geltendmachung rückübertragen.)[9]

Der Antragsteller ist Schüler der Klasse . . . . . der allgemeinbildenden Schule . . . . ., die er voraussichtlich noch bis zum . . . . . besuchen wird. Er hat kein Einkommen und kein Vermögen. Er lebt bei seiner Mutter, Frau . . . . ., und ist damit privilegiert Volljähriger im Sinne des § 1603 Abs. 2 S. 2 BGB.[10] Das Kindergeld von monatlich . . . . . EUR,[11] welches die Mutter des Antragstellers erhält, ist bedarfsdeckend anzurechnen. Der Bedarf des Antragstellers richtet sich nach dem zusammengerechneten Einkommen seiner Eltern.[12]

(Variante: Ausbildung, Haushalt der Mutter
Der Antragsteller befindet sich in einer Ausbildung zum . . . . .[13] und erzielt ein Einkommen in Höhe von monatlich . . . . . netto, von dem ausbildungsbedingte Kosten in Höhe von monatlich 100 EUR abzusetzen sind. Vermögen hat er nicht. Er lebt bei seiner Mutter, Frau . . . . . Das Kindergeld von monatlich . . . . . EUR,[11] welches die Mutter des Antragstellers erhält, ist bedarfsdeckend anzurechnen. Der Bedarf des Antragstellers richtet sich nach dem zusammengerechneten Einkommen seiner Eltern.[12])

(Variante: Student mit eigenem Haushalt
Der Antragsteller studiert an der . . . . . im . . . . . Semester das Fach . . . . .[14] Er hat kein Einkommen und kein Vermögen. Er lebt in seinem eigenen Haushalt. Das Kindergeld von monatlich . . . . . EUR[11] erhält seine Mutter, Frau . . . . . und ist bedarfsdeckend anzurechnen. Der Bedarf des Antragstellers beläuft sich nach der Düsseldorfer Tabelle auf einen Betrag in Höhe von . . . . . EUR.[15])

Der Antragsgegner ist von Beruf . . . . . und erzielt nach der von ihm erteilten, beiliegenden Auskunft ein um die berufsbedingten Aufwendungen[16] bereinigtes monatliches Nettoeinkommen . . . . . EUR.[17]

Beweis: . . . . .
(Vorlage der Auskunft des Antragsgegners mit Lohn- und Gehaltsabrechnungen für die Monate . . . . .)

Die Mutter des Antragstellers erzielt ausweislich der beigefügten Verdienstabrechnungen der letzten 12 Monate ein um die berufsbedingten Aufwendungen bereinigtes monatliches Nettoeinkommen in Höhe von . . . . . EUR.[18]

Das addierte bereinigte Nettoeinkommen beider Eltern fällt in Einkommensgruppe . . . . . der Düsseldorfer Tabelle mit Stand . . . . .[19] Dies führt in der vierten Altersstufe der Tabelle zu einem Bedarfsbetrag von monatlich . . . . . EUR, der nach vorab vorzunehmender Anrechnung des vollen Kindergeldes (BGH NJW 2009, 1742 Rn. 32 f. = FamRZ 2009, 762) von . . . . . EUR vom Antragsgegner nach § 1606 Abs. 3 S. 1 BGB wie folgt anteilig zu tragen ist: . . . . .[12]

Der Antragsgegner zahlt seit dem . . . . . keinen Unterhalt mehr an den Antragsteller, obwohl er hierzu durch das beigefügte Mahnschreiben vom . . . . ., zugegangen am . . . . ., aufgefordert worden ist. Gemäß § 1613 Abs. 1 BGB wird Unterhalt ab dem Ersten des Monats, in dem der Antragsgegner das Mahnschreiben erhalten hat, verlangt.[20]

Beweis: Anliegendes Aufforderungsschreiben (einschließlich Einschreiben mit Rückschein)

Die Verzugszinsen auf die im Beschlussantrag bezeichneten Unterhaltsrückstände werden gemäß § 288 Abs. 1, § 286 Abs. 1 S. 1 BGB geltend gemacht. Durch das vorgenannte Mahnschreiben ist der Antragsgegner in Verzug gesetzt worden.[4] Eine Erweiterung des Zinsantrages auf die bis zum Verhandlungstermin etwa zusätzlich aufgelaufenen Unterhaltsrückstände bleibt vorbehalten.

Der Antrag auf Anordnung der sofortigen Wirksamkeit beruht auf § 116 Abs. 3 S. 3 FamFG. Die begehrte Endentscheidung betrifft eine Familienstreitsache im Sinne von § 112 Nr. 1, § 231 Abs. 1 Nr. 1 FamFG, sie enthält eine Verpflichtung zur Leistung von Unterhalt, und der Antragsteller benötigt den Unterhalt sofort zur Sicherung seines Lebensbedarfs.[5]

Zum Antrag auf Bewilligung von Verfahrenskostenhilfe wird anliegend die Erklärung über die persönlichen und wirtschaftlichen Verhältnisse des Antragstellers nebst Belegen überreicht.[21] Der volljährige Antragsteller hat keinen alsbald realisierbaren Anspruch auf Verfahrenskostenvorschuss gegen seine Eltern, wie sich aus deren vorstehend dargelegten Einkommensverhältnissen ergibt.

Rechtsanwalt[22, 23]

Anmerkungen

1. Zum **Anwaltszwang** u. den Begrifflichkeiten in erstinstanzlichen Unterhaltsstreitigkeiten: → Form. J.I.1 Anm. 1.

2. Zur sachlichen, örtlichen u. internationalen **Zuständigkeit:** → Form. J.I.1 Anm. 2.

Nach der festen Rangfolge des § 232 FamFG für die **örtliche Zuständigkeit** bei innerstaatlichen Streitverfahren, die die Unterhaltspflicht für ein gemeinschaftliches (minderjähriges o. volljähriges) Kind der Ehegatten betreffen, ist gem. § 232 Abs. 1 Nr. 1 FamFG primär das **Gericht der Ehesache** ausschließlich zuständig, also während der Anhängigkeit einer Ehesache das Gericht, bei dem die Ehesache im ersten Rechtszug anhängig ist o. war. Wird während des laufenden Kindesunterhaltsverfahrens eine Ehesache anhängig, ist das Unterhaltsverfahren von Amts wegen an das Gericht der Ehesache abzugeben, § 233 FamFG.

Ist eine Zuständigkeit nach § 232 Abs. 1 Nr. 1 FamFG nicht gegeben, ist das Gericht ausschließlich zuständig, in dessen Bezirk das volljährige, nach § 1603 Abs. 2 S. 2 BGB **privilegierte Kind** (zu den Voraussetzungen: → Anm. 10) seinen gewöhnlichen Aufenthalt hat (§ 232 Abs. 1 Nr. 2 FamFG).

Volljährige Kinder, die nicht gem. § 1603 Abs. 2 S. 2 BGB minderjährigen Kindern gleichgestellt sind, müssen ihre Unterhaltsansprüche gem. § 232 Abs. 3 FamFG bei dem nach den allgemeinen Vorschriften zuständigen Gericht geltend machen, wobei statt des Wohnsitzes immer der gewöhnliche Aufenthalt maßgeblich ist. Neben den allgemeinen Zuständigkeiten nach der ZPO (also insbesondere beim Gericht des gewöhnlichen Aufenthalts des Antragsgegners, §§ 12, 13 ZPO) kann das volljährige Kind seinen Anspruch wahlweise bei einem der in § 232 Abs. 3 FamFG genannten Gerichtsstand geltend machen; § 232 Abs. 3 Nr. 2 FamFG betrifft den Antrag des Kindes, durch den beide Eltern – nicht notwendig gleichzeitig – auf Erfüllung der Unterhaltspflicht in Anspruch genommen werden; zuständig ist das Gericht, das für den Antrag gegen einen Elternteil zuständig ist, so dass für den anderen Elternteil ein zusätzlicher Gerichtsstand begründet wird.

3. Das volljährige Kind kann nur einen **statischen** u. mangels einer gesetzlichen Bezugsgröße keinen dynamisierten Unterhalt verlangen; § 1612a BGB gilt ausdrücklich nur für minderjährige Kinder.

4. Zum **Zinsantrag** u. zur Zinshöhe: → Form. J.I.1 Anm. 4.

5. Zur Anordnung der **sofortigen Wirksamkeit** des Beschlusses: → Form. J.I.1 Anm. 5.

6. Zur **Verfahrenskostenhilfe:** → Form. J.I.1 Anm. 6.

7. Zum Antrag auf **Versäumnisbeschluss:** → Form. J.I.1 Anm. 7.

8. Zum einheitlichen Antrag auf Unterhalt u. der Abänderung eines bereits bestehenden Titels: → Form. J.I.1 Anm. 9; nach einer **Titulierung des vollen Unterhalts** ist ein Leistungsantrag regelmäßig ausgeschlossen u. nur ein Abänderungsantrag möglich.

Der Unterhaltsanspruch des Kindes beruht immer auf §§ 1601 ff. BGB, so dass Minderjährigen- u. Volljährigenunterhalt **keine verschiedenen Streitgegenstände** darstellen; es bedarf grundsätzlich keiner neuen Titulierung des Unterhalts mit Eintritt der Volljährigkeit, es sei denn es handelt sich explizit um ein auf die Minderjährigkeit befristeter Titel.

Materiell besteht Anspruch auf Volljährigenunterhalt **ab dem Tag der Volljährigkeit;** eine § 1612a Abs. 3 S. 2 BGB entsprechende Bestimmung, die zur Rückwirkung auf den Monatsersten führt, fehlt.

9. Bitte den zutreffenden Text auswählen.

Zum **Bezug von öffentlichen Leistungen** des Kindes, gesetzlicher Anspruchsübergang u. Rückübertragung: → Form. J.I.1 Anm. 10.

BAföG-Leistungen sind mit Ausnahme von Vorausleistungen nach §§ 36, 37 BAföG Einkommen; das gilt in der Regel auch dann, wenn sie als Darlehen gewährt werden (vgl. Ziff. 2.4 der Leitlinien). Die Regelleistungen werden grundsätzlich nur abhängig vom Einkommen u. Vermögen der Eltern gewährt, § 11 Abs. 2 BAföG. Liegen die Voraussetzungen für die Bewilligung nicht vor u. erbringen die Eltern dennoch keinen Unterhalt, erfolgen lediglich BAföG-Vorausleistungen, die gem. §§ 36, 37 BAföG grundsätzlich subsidiär sind: Die Unterhaltsansprüche gehen gem. § 37 Abs. 1 BAföG über u. die Leistungen sind wegen des Nachrangs nicht bedürftigkeitsmindernd anzurechnen (BGH NJW 1985, 2331 = FamRZ 1985, 916).

10. Volljährige Kinder werden beim Unterhalt gem. § 1603 Abs. 2 S. 2 BGB unter folgenden kumulativen Voraussetzungen **privilegiert,** dh in einzelnen Fragen minderjährigen Kindern gleichgestellt:

- Alter: 18 – 20 Jahre
- unverheiratet
- Leben im Haushalt der Eltern o. eines Elternteils
- Absolvieren der allgemeinen Schulausbildung

Die **allgemeine Schulausbildung** ist abzugrenzen von der Berufsausbildung u. vom Studium. Nach dem BGH (NJW 2001, 2633 = FamRZ 2001, 1068) erfolgt die Abgrenzung unter Heranziehung der zu § 2 Abs. 1 Nr. 1 BAföG entwickelten Grundsätze in drei Richtungen:

- nach Ausbildungsziel,
- zeitlicher Beanspruchung (Unterrichtszeit von mindestens 20 Wochenstunden) u.
- Organisationsstruktur der Schule (kontrollierter Unterricht).

Das **Ausbildungsziel** muss der Erwerb eines allgemeinen Schulabschlusses als Zugangsvoraussetzung für die Aufnahme einer Berufsausbildung o. den Besuch einer Hochschule o. Fachhochschule sein. Nicht ausreichend ist die Vermittlung einer auf ein konkretes Berufsbild bezogenen Ausbildung o. die Verbesserung allgemeiner Fähigkeiten.

Abgrenzungskriterien:

für allg. Schulausbildung	gegen allg. Schulausbildung
• konkreter Schulabschluss • Schwerpunkt bei Schulabschluss (zB schulischer Teil für Fachoberschul- o. Fachhochschulreife) • Vorbereitung eines Schulabschlusses (zB Sprachunterricht bei immigrierten Kindern)	• Vermittlung von Kenntnissen mehrerer Berufe • Schwerpunkt bei Berufsabschluss • Berufsschule neben Berufsausbildung (duales System)

11. S. die **Kindergeldtabelle:** → Form. J.I.1 Anm. 12.

12. Der Unterhaltsanspruch des Kindes umfasst die Kosten **einer** angemessenen Vorbildung zu einem **Beruf,** § 1610 Abs. 2 BGB.

Der **Bedarf** volljähriger Kinder richtet sich nach dem zusammengerechneten Einkommen beider Eltern u. – auch für privilegiert volljährige Kinder (BGH NJW 2008, 227 Rn. 16 = FamRZ 2008, 137) – nach der vierten Altersstufe der Düsseldorfer Tabelle (DT).

Einkommen des Kindes ist **bedarfsmindernd in voller Höhe** anzurechnen. Berufs- bzw. ausbildungsbedingte Aufwendungen sind von der Vergütung abzuziehen. Dabei bestehen Unterschiede in der Rechtsprechung hinsichtlich einer Pauschalierung der berufsbedingten Aufwendungen. Überwiegend wird eine Pauschale angesetzt, meist in Höhe von aktuell 100 EUR (vgl. Ziff. 10.2.3 der Leitlinien).

Die anteilige Haftung der Eltern bestimmt sich gem. § 1606 Abs. 3 S. 1 BGB nach ihrer **Leistungsfähigkeit**; dies gilt auch für privilegiert volljährige Kinder, da sie keine Betreuung mehr benötigen.

Das Einkommen **der erwerbstätigen Eltern** des volljährigen Antragstellers wird, wenn bei beiden Eltern kein Mangelfall vorliegt, laut BGH (NJW 2011, 670 = FamRZ 2011, 454) nach dem Verhältnis ihrer vorher jeweils um den **angemessenen Selbstbehalt** verminderten anrechenbaren Einkommen bestimmt. Denn die verschärfte Unterhaltspflicht setzt sowohl beim minderjährigen als auch beim privilegiert volljährigen Kind erst ein, wenn kein anderer unterhaltspflichtiger Verwandter, zB der andere Elternteil, vorhanden ist, der den Bedarf ohne Gefährdung seines angemessenen Selbstbehalts decken kann. Der angemessene Selbstbehalt wird aber dann bis zum **notwendigen Selbstbehalt** herabgesetzt, wenn der Bedarf des Kindes andernfalls nicht gedeckt werden kann (BGH NJW 2011, 670 Rn. 35 ff. = FamRZ 2011, 454; BGH NJW 2011, 1874 Rn. 39 ff. = FamRZ 2011, 1041; Dose UnterhaltsR/Klinkhammer § 2 Rn. 594 ff.; Vgl. Ziff. 13.3 der Leitlinien).

Nach diesen Grundsätzen ist beispielhaft (mit den Bedarfs- u. Selbstbehaltssätzen der DT Stand 2026) wie folgt zu rechnen:

Beispiel 1: Anrechenbares Einkommen beider Eltern über dem angemessenen Selbstbehalt

Fall: Das 18-jährige Kind lebt bei der Mutter, geht zur Schule u. hat kein eigenes Einkommen o. Vermögen. Der Vater erzielt ein bereinigtes monatlichen Einkommen von 2.500 EUR u. die Mutter von 2.100 EUR.

Addiert beläuft sich das Einkommen der Eltern auf 4.600 EUR. Der **Bedarf** des Kindes nach der 8. Einkommensgruppe u. der vierten Altersstufe beträgt 1.006 EUR. Auf diesen Elementarbedarf ist gem. § 1612b Abs. 1 S. 1 Nr. 2 BGB das Kindergeld von 259 EUR in voller Höhe vor der Quotenberechnung bedarfsdeckend anzurechnen (BGH NJW 2009, 1742 Rn. 33, 57 = FamRZ 2009, 762). Es verbleibt ein offener Bedarf von 747 EUR (s. die Kindergeldtabelle u. die Arbeitshilfe zur DT → Form. J.I.1 Anm. 12).

Das Elterneinkommen ist jeweils um den **angemessenen Selbstbehalt** zu kürzen:

Vater (2.500 EUR – angemessener Selbstbehalt 1.750 EUR) =	750 EUR
Mutter (2.100 EUR – angemessener Selbstbehalt 1.750 EUR) =	350 EUR
Gesamteinkommen (für Unterhaltszwecke) =	1.100 EUR

Die Haftungsanteile betragen:

Vater (750 EUR : 1.100 EUR × 747 EUR) = gerundet	509 EUR
Mutter (350 EUR : 1.100 EUR × 747 EUR) = gerundet	2368 EUR

Begrenzt wird der geschuldete Unterhalt in der Regel auf das, was der Pflichtige **allein nach seinem Einkommen** nach der Tabelle schuldet (BGH NJW 2008, 3635 = FamRZ 2008, 2104 Rn. 31). Insoweit schließt sich an die Berechnung der Haftungsanteile immer eine Kontrollberechnung an. Nach dem Einkommen des Vaters nach der 3. Einkommensstufe (2. Einkommensstufe + Höherstufung, da nur einer Person unterhaltsverpflichtet) beträgt der Bedarf 768 EUR u. nach Anrechnung des vollen Kindergeldes die Bedürftigkeit 509 EUR. Die Kontrollberechnung führt im Beispiel nicht zu einer Korrektur.
Im Ergebnis kann der Bedarf des Kindes aus dem nach Abzug des angemessenen Selbstbehalts zur Verfügung stehenden Elterneinkommen von 747 EUR gezahlt werden, so dass keine Absenkung des Selbstbehalts erforderlich ist.

Beispiel 2: Anrechenbares Einkommen beider Eltern über dem angemessenen Selbstbehalt deckt nicht vollen Bedarf
Fall: Das 18-jährige Kind lebt bei der Mutter, geht zur Schule u. hat kein eigenes Einkommen o. Vermögen. Der Vater erzielt ein bereinigtes monatlichen Einkommen aus Erwerbstätigkeit von 2.100 EUR u. die Mutter aus Erwerbstätigkeit von 1.900 EUR.
Addiert beläuft sich das Einkommen der Eltern auf 4.000 EUR. Der **Bedarf** des Kindes nach der 6. Einkommensgruppe u. der vierten Altersstufe beträgt 894 EUR, mithin verbleibt nach Abzug des vollen Kindergeldes ein offener Bedarf von 635 EUR.
Zunächst ist das Elterneinkommen jeweils um den **angemessenen Selbstbehalt** zu kürzen:

Vater (2.100 EUR – angemessener Selbstbehalt 1.750 EUR) =	350 EUR
Mutter (1.900 EUR – angemessener Selbstbehalt 1.750 EUR) =	150 EUR
Gesamteinkommen (für Unterhaltszwecke) =	500 EUR
Fehlbetrag bis zum vollen Unterhalt von 635 EUR	135 EUR

Das von den Eltern über dem angemessenen Selbstbehalt erzielte Einkommen **reicht nicht** zur Deckung des offenen Bedarfs auf Seiten des Kindes; es fehlen 135 EUR. Es ist **streitig**, wie die Haftungsanteile der Eltern zu berechnen sind.
Die hM (s. Dose UnterhaltsR/Guhling § 5 Rn. 189) berechnet die Haftungsanteile der Eltern in den Fällen, wenn beide Eltern mehr als den angemessenen Selbstbehalt zur Verfügung haben, das für Unterhaltszwecke zur Verfügung stehende Einkommen aber nicht ausreicht, um den vollen Bedarf des Kindes zu decken, wie folgt zweistufig:
In **der ersten Stufe** haben die Eltern das jeweils über dem angemessenen Selbstbehalt liegende Einkommen für den Unterhalt zu verwenden, also der Vater 350 EUR u. die Mutter 150 EUR. Für den restlichen Bedarf von 135 EUR wird das verbleibende Einkommen in **der zweiten Stufe** bis zum notwendigen Selbstbehalt gekürzt u. die Haftungsanteile für das Defizit werden errechnet:

Vater (2.100 EUR – notwendiger Selbstbehalt 1.450 EUR – Unterhalt) =	300 EUR
Mutter (1.900 EUR – notwendiger Selbstbehalt 1.450 EUR – Unterhalt) =	300 EUR
Gesamteinkommen (für Unterhaltszwecke) =	600 EUR
Haftungsanteile (300 EUR : 600 EUR × 135 EUR) = gerundet	68 EUR

Weil beide Eltern über Einkommen oberhalb des angemessenen Selbstbehalts verfügen, aus dem sie den Kindesunterhalt zahlen, ergibt sich eine **hälftige Haftung** beider für den Fehlbetrag bis zum vollen Unterhalt.
Der Vater als Antragsgegner ist damit in Höhe von (350 EUR + 68 EUR =) 418 EUR unterhaltspflichtig für das privilegiert volljährige Kind.
Nach seinem eigenen Einkommen nach der 2. Einkommensstufe (1. Einkommensstufe + Höherstufung, da nur einer Person unterhaltsverpflichtet) beträgt der Bedarf 733 EUR u. nach Anrechnung des vollen Kindergeldes die Bedürftigkeit 474 EUR. Die Kontrollberechnung führt im Beispiel nicht zu einer Korrektur.
Die Leitlinien sehen eine **Rundung** des Unterhaltsbetrags auf volle Euro vor (Ziff. 25 der Leitlinien).
Wäre das Kind **kein privilegierter Schüler** iSv § 1603 Abs. 2 S. 2 BGB, sondern ein bei seiner Mutter wohnender bereits 21 Jahre alter Schüler, würde man auf jeden Fall den angemessenen Selbstbehalt berücksichtigen u. wie im Beispiel 1 rechnen.

Beispiel 3: Anrechenbares Einkommen der Eltern über u. unter dem angemessenen Selbstbehalt):

Fall: Das 18-jährige Kind lebt bei dem Vater, geht zur Schule u. hat kein eigenes Einkommen o. Vermögen. Die Mutter erzielt ein bereinigtes monatlichen Einkommen von 2.400 EUR u. der Vater aus Erwerbstätigkeit von 1.600 EUR.
Addiert beläuft sich das Einkommen der Eltern auf 4.000 EUR. Der **Bedarf** des Kindes nach der 6. Einkommensgruppe u. der vierten Altersstufe beträgt 894 EUR, mithin verbleibt nach Abzug des vollen Kindergeldes ein offener Bedarf von 635 EUR.
Nach Abzug des **angemessenen Selbstbehalts** verbleibt ein Einkommen für Unterhaltszwecke der Mutter von 650 EUR (2.400 EUR – 1.750 EUR), während der Vater über kein Einkommen oberhalb seines angemessenen Selbstbehalts verfügt. Daher haftet die Mutter allein für den Unterhalt des Kindes, der nach ihrem Einkommen begrenzt ist; im Ergebnis schuldet die Mutter Unterhalt nach der 3. Einkommensgruppe (Höherstufung um eine Gruppe) in Höhe von 509 EUR (768 EUR – 259 EUR). Der Vater schuldet keinen Unterhalt.

13. Der Unterhaltsanspruch des Kindes umfasst gem. § 1610 Abs. 2 BGB die Kosten einer angemessenen Vorbildung zu einem Beruf. Darunter ist eine **Ausbildung** zu verstehen, die der Begabung, den Fähigkeiten u. dem Leistungswillen des Kindes entspricht, u. bei der die Finanzierung den Eltern wirtschaftlich zumutbar ist (BGH NJW 2006, 2984 = FamRZ 2006, 1100). Diesem Recht korrespondiert eine entsprechende Obliegenheit des Kindes, die Ausbildung zielstrebig aufzunehmen u. durchzuführen. Der BGH spricht von einem **Gegenseitigkeitsverhältnis**; verletzt das Kind seine Obliegenheit büßt es seinen Unterhaltsanspruch automatisch, also ohne Erfüllung des Verwirkungstatbestandes aus § 1611 BGB, ein u. muss sich darauf verweisen lassen, seinen Lebensunterhalt durch Erwerbstätigkeit selbst zu verdienen (BGH NJW 2011, 2884 = FamRZ 2011, 1560). Es gilt dann nicht mehr als an eigener Erwerbstätigkeit (durch die Ausbildung) gehindert u. ist deshalb nicht mehr bedürftig iSd § 1602 BGB.

Ein **schuldhaft verzögerter Ausbildungsbeginn** kann zum Verlust des Unterhaltsanspruchs führen. Das gilt aber – da es keine festen Altersgrenzen für die Aufnahme einer Ausbildung gibt – nicht, wenn das Kind – etwa nach notenschwachem Schulabschluss – trotz durchgehenden Bemühungen erst nach längerer Zeit einen Ausbildungsplatz errungen hat (BGH NJW 2013, 2751 = FamRZ 2013, 1375) o. sich die Aufnahme der Ausbildung etwa durch Schwangerschaft u. Kinderbetreuung verzögert hat (BGH NJW 2011, 2884 = FamRZ 2011, 1560).

Bewerbungs- u. Wartezeiten von bis zu drei Monaten fallen in der Regel in die Unterhaltspflicht (BGH NJW 1998, 1555 = FamRZ 1998, 671). Auch zwischen Abitur u. Studienbeginn trifft das Kind keine Erwerbsobliegenheit (OLG Hamm NJW-RR 2006, 509 = FamRZ 2006, 1479).

Der Anspruch auf Ausbildungsunterhalt im Anschluss an die Beendigung der Schulausbildung ist nach hM für die Zeit der **Ableistung des freiwilligen sozialen o. ökologischen Jahres** nicht mehr davon abhängig, dass dieses zwingende Voraussetzung für die geplante Ausbildung o. das angestrebte Studium ist (OLG Düsseldorf NJW 2019, 2480 Rn. 11 mwN = FamRZ 2019, 1136).

Ein volljähriges Kind, das wegen Krankheit o. Behinderung auf Dauer **voll erwerbsgemindert** ist (§ 43 Abs. 2 SGB VI), ist unterhaltsrechtlich nicht einem minderjährigen Kind gleichgestellt (BGH NJW 1984, 1813 = FamRZ 1984, 683). Sein nachvollziehbar zu begründender Unterhaltsbedarf wird oft konkret zu bemessen sein (s. OLG Koblenz BeckRS 2015, 17353 = FamRZ 2015, 1811), wobei auf den Bedarf die Grundsicherungsleistung anzurechnen ist, da diese Leistung unterhaltsrechtliches Einkommen des Kindes darstellt. Dem Kind obliegt deshalb gegenüber dem unterhaltspflichtigen Elternteil die Inanspruchnahme der Grundsicherungsleistung. Diese ist nämlich nicht subsidiär, u. ein noch nicht erfüllter Unterhaltsanspruch gegenüber dem Unterhaltspflichtigen, dessen jährliches Gesamteinkommen (Summe der Einkünfte iSd Einkommensteuerrechts, s. § 16 SGB IV sowie BSG BeckRS 2004, 41766 Rn. 16) unter 100.000 EUR brutto liegt, bleibt gem. § 94 Abs. 1a SGB XII beim Grundsicherungsbedarf unberücksichtigt (BGH NJW-RR 2007, 1513 = FamRZ 2007, 1158; BeckOK SozR/Gebhardt SGB XII § 43 Rn. 13 ff.). Dabei bezieht sich die Einkommensgrenze von 100.000 EUR nicht auf das zusammengerechnete Einkommen beider Elternteile, sondern auf das Einkommen eines jeden einzelnen Unterhaltspflichtigen, sodass es auch bei verheirateten Eltern auf das „Gesamteinkommen" eines jeden Elternteils ankommt. Ein Anspruch des Kindes auf Grundsicherung scheidet somit nur dann aus, wenn mindestens einer der beiden Elternteile allein ein Einkommen von über 100.000 EUR jährlich hat (BSG BeckRS 2013, 71265 Rn. 19 f. = FamRZ 2014, 385). Zum Unterhaltsbedarf u. zur Unterhaltsbedürftigkeit eines nicht in der Ausbildung befindlichen volljährigen Kindes, das an einer psychischen Erkrankung leidet, s. OLG Frankfurt a. M. BeckRS 2019, 30986 = FamRZ 2020, 580.

Hat ein erwachsenes Kind seine bereits erlangte **wirtschaftliche Selbständigkeit** wieder verloren, gilt lt. BGH (NJW 2012, 2883 Rn. 16 = FamRZ 2012, 1553) für den Unterhaltspflichtigen der erhöhte angemessene Selbstbehalt wie gegenüber Eltern. Jedoch war die Höhe des Selbstbehalts gegenüber Eltern nach Inkrafttreten des Angehörigen-Entlastungsgesetzes zum 1.1.2020, mit dem in § 94 Abs 1a SGB XII die Regressansprüche des Leistungsträgers auf Jahresbruttoeinkommen des Pflichtigen von 100.000 EUR beschränkt wurden, streitig u. die Leitlinien wiesen keinen Betrag für den Selbstbehalt gegenüber Eltern u. gegenüber volljährigen Kindern mit bereits erlangter wirtschaftlicher Selbständigkeit auf. Inzwischen hat der BGH entschieden, dass beim Elternunterhalt in 2020 ein Selbstbehalt von 2.000 EUR zzgl. etwa 70 % des darüberhinausgehenden Einkommens als Selbstbehalt angemessen ist (BGH NZFam 2025, 176 = FamRZ 2025, 167; NJW 2025, 1272 = FamRZ 2025, 853 u. NJW 2025, 2254 = FamRZ 2025, 1269). Zum 1.1.2026 beziffert die DT (Anm. DT) den Selbstbehalt gegenüber Eltern auf 2650 EUR zzgl 70 % des darüber hinausgehenden Einkommens.

14. Das Studium ist mit Fleiß u. der gebotenen Zielstrebigkeit in angemessener u. üblicher Zeit aufzunehmen u. zu beenden. Konkret heißt dies, dass der **Studienplan** einzuhalten ist; als Anhalt hierfür dient in der Regel die Höchstförderungsdauer gem. § 15a BAföG bzw. die Regelstudienzeit nebst Examenssemestern. Verlängerungen können aber in Betracht kommen, insbesondere bei Krankheit u. leichterem u. nur vorübergehendem Versagen des Kindes (BGH NJW 2006, 2984 = FamRZ 2006, 1100).

Ein **Studienwechsel** nach einer Orientierungszeit von ein bis zwei Semestern lässt den Unterhaltsanspruch nicht entfallen (BGH NJW 2001, 2170 = FamRZ 2001, 757).

Grundsätzlich wird nur **eine Ausbildung** geschuldet. Ausnahmen gelten:

- bei einer Begabungsfehleinschätzung durch den Sorgeberechtigten,

- wenn der erlernte Beruf keine Lebensgrundlage mehr bietet,
- bei einer gemeinsamen Fortsetzungsplanung,
- wenn das Kind in einen falschen Beruf gedrängt worden ist.

Ausnahmsweise kann eine zweite Ausbildung zu finanzieren sein, wenn sie auf einer vorigen so aufbaut, dass von einer **einheitlichen Ausbildung** gesprochen werden kann. Voraussetzung in solchen Fällen mehrstufiger Ausbildungen ist ein zeitlicher u. sachlicher Zusammenhang sowie eine frühzeitige Information der Eltern.

Als einheitliche Ausbildung hat der BGH (NZFam 2017, 346 = FamRZ 2017, 799; NZFam 2017, 552 = FamRZ 2017, 1132) insbesondere die **Abitur-Lehre-Studium**-Fälle anerkannt. Der Entschluss zum Studium braucht dabei nicht von vornherein festgestanden zu haben, sondern kann auch noch nach Abschluss der Lehre gefasst werden. In Fällen von mittlerer Reife-Lehre-Fachhochschulreife-Fachhochschule u. Lehre-Abitur-Studium soll dagegen nach umstrittener hM keine einheitliche Ausbildung vorliegen, da die Eltern nicht mit der Aufnahme eines Studiums nach der Lehre rechnen musste, es sei denn, der Entschluss zu den weiteren Ausbildungsschritten war schon von vornherein getroffen worden (zur Kasuistik: Dose UnterhaltsR/Klinkhammer § 2 Rn. 97 ff.).

Außerdem muss den Eltern die Finanzierung des Studiums **zumutbar** sein, was aufgrund einer umfassenden Abwägung aller maßgeblichen Gründe, insbesondere der finanziellen Verhältnisse, zu prüfen ist.

15. Für Studierende mit eigenem Haushalt ist in der Düsseldorfer Tabelle ein **pauschaler Bedarfsbetrag** angesetzt, u. zwar seit dem 1.1.2025 in Höhe von 990 EUR. In dem festen Bedarfssatz sind Beiträge zu Kranken- u. Pflegeversicherung nicht enthalten, aber die Semesterbeiträge. Enthalten ist der Wohnkostenanteil. Dieser wird in der Düsseldorfer Tabelle Anm. A IV mit 440 EUR ausgewiesen.

Je nach **Einzelfall** kommen auch höhere o. niedrigere Beträge in Betracht, etwa bei Einkünften der Eltern oberhalb der höchsten Einkommensgruppe (vgl. Ziff. 13.1 Abs. 2 einiger Leitlinien). Aber auch bei günstigsten Verhältnissen der Eltern ist zu beachten, dass die Lebensstellung des Kindes auch durch das "Student sein" geprägt wird, was dazu führt, dass es keinen Anspruch auf Teilhabe am Luxus hat (BGH NJW-RR 1986, 1261 = FamRZ 1987, 58).

Ein volljähriges studierendes Kind hat den **Stamm seines Vermögens** einzusetzen, bevor es seine Eltern auf Ausbildungsunterhalt in Anspruch nehmen kann (OLG Zweibrücken NJW 2016, 329 = FamRZ 2016, 726).

16. Zu den **berufsbedingten Aufwendungen:** → Form. J.I.1 Anm. 15.

17. Zur **Berechnung des Einkommens:** → Form. J.I.1 Anm. 16.

18. Das volljährige Kind trifft im Unterhaltsverfahren gegen einen Elternteil die **Darlegungs- u. Beweislast** nicht nur für seinen Bedarf, sondern auch für die Haftungsanteile der Eltern (OLG Koblenz BeckRS 1998, 12565 = FamRZ 1999, 676; Dose UnterhaltsR/Klinkhammer § 2 Rn. 578); das Kind hat das Einkommen des anderen Elternteils darzulegen u. zu beweisen, so dass es gem. § 1605 Abs. 1 BGB einen Auskunftsanspruch gegen beide Eltern hat. Streitig ist, ob das Kind sich entsprechend § 1607 Abs. 2 BGB von einem Elternteil auf **fiktive** Einkünfte des anderen Elternteils verweisen lassen muss (verneinend Dose UnterhaltsR/Klinkhammer § 2 Rn. 567; bejahend Hammermann in: Erman BGB, § 1606 BGB, Rd-Nr. 22; offen BGH NZFam 2017, 171 = FamRZ 2017, 437 u. BGH NJW 2008, 3635 = FamRZ 2008, 2104).

19. Bitte die jeweils maßgebliche **Düsseldorfer Tabelle** nennen. Zur Anwendung der Tabelle: → Form. J.I.1 Anm. 19.

20. Zur **Aufforderung** zur Zahlung des Unterhalts: → Form. J.I.1 Anm. 22.

21. Der Antragsteller kann das Verfahren beschleunigen, wenn er zugleich mit dem Streitantrag das vollständig ausgefüllte **Formular über seine persönlichen u. wirtschaftlichen Verhältnisse nebst allen Belegen** einreicht.

Ferner sollte er dartun, dass er keinen durch einstweilige Anordnung (§ 246 FamFG) alsbald realisierbaren Anspruch auf **Verfahrenskostenvorschuss** gegen seine Eltern mangels ihrer ausreichenden Leistungsfähigkeit hat (s. dazu Zöller/Schultzky ZPO § 115 Rn. 59, 64 f.). Auch volljährige Kinder, die wegen der Fortdauer ihrer Ausbildung noch keine eigene Lebensstellung erreicht haben, können nämlich gegen ihre Eltern in entsprechender Anwendung von § 1360a Abs. 4 BGB einen Anspruch auf Verfahrenskostenvorschuss in einem Unterhaltsstreit haben (BGH NJW 2005, 1722 = FamRZ 2005, 883).

Kosten und Gebühren

22. → Form. J.I.1 Anm. 24.

Fristen und Rechtsmittel

23. → Form. B.II.1 Anm. 13.

8. Abänderungsstufenantrag der minderjährigen Tochter gegen den Vater auf Unterhaltserhöhung (§ 238 FamFG)

An das

Amtsgericht[1]

– Familiengericht[2] –

. . . . .

Antrag

In der Familiensache

der Tochter . . . . .

geboren am . . . . .

gesetzlich vertreten durch ihre Mutter,

Frau . . . . .

beide wohnhaft . . . . .

– Antragstellerin –

Verfahrensbevollmächtigter: Rechtsanwalt . . . . .

gegen

Herrn . . . . .

wohnhaft . . . . .

– Antragsgegner –

wird namens und in Vollmacht der Antragstellerin beantragt:[3]

1. Der Antragsgegner wird verpflichtet, der Antragstellerin Auskunft[6] zu erteilen durch Vorlage einer vollständigen, einheitlichen und systematischen Aufstellung über
   a) sein Vermögen am . . . . .;
   b) seine sämtlichen Brutto- und Nettoeinkünfte einschließlich Sonderzuwendungen sowie aller Nebeneinkünfte aus nichtselbständiger Tätigkeit und Lohnersatzleistungen in der Zeit vom . . . . . bis . . . . .;
   c) seine sämtlichen Einnahmen und Aufwendungen aus selbständiger Arbeit, aus Kapitalvermögen, aus Vermietung und Verpachtung sowie aus anderer Herkunft unter Angabe der Privatentnahmen in der Zeit vom . . . . . bis . . . . .;
   d) Steuererstattungen in der Zeit vom . . . . . bis . . . . .;
   e) Wohnvorteile und sonstige geldwerte Vorteile (z.B. Fahrzeugnutzung) unter konkreter Angabe von wertbildenden Faktoren, im Hinblick auf das Eigenheim . . . . ., Größe, Ausstattung sowie abzugsfähige Positionen, wie Zahlungen für Schuldzinsen und Instandhaltung im Zeitraum . . . . .;
   f) unterhaltsrechtliche Belastungen.
2. Der Antragsgegner wird verpflichtet, die erteilte Auskunft zu Ziff. 1 geeignet zu belegen und zwar insbesondere auch durch Vorlage[7]
   a) von Kontoauszügen mit Saldenbestätigung;
   b) der Verdienstabrechnungen des Arbeitgebers für die Monate . . . . . sowie der Bescheide über im vorgenannten Zeitraum etwa bezogenes Krankengeld und etwa bezogenes Arbeitslosengeld;
   c) der etwaigen Bilanzen nebst den Gewinn- und Verlustrechnungen bzw. der etwaigen Einnahmenüberschussrechnungen mit allen Anlagen und Unterlagen für die Abzugspositionen für die Jahre . . . . . sowie der Einkommensteuerbescheide nebst Einkommensteuererklärungen für die Jahre . . . . .;
   d) der Lohnsteuerbescheinigung und des Einkommensteuerbescheids für das Jahr . . . . .
   e) sonstiger geeigneter Belege zum Nachweis des Einkommens sowie der unterhaltsrelevanten Abzüge.
3. Der Antragsgegner wird verpflichtet, zu Protokoll des Amtsgerichts seines Wohnsitzes an Eides statt zu versichern, dass er die Auskunft über sein Vermögen und seine Einkünfte nach bestem Wissen so vollständig abgegeben habe, als er dazu imstande sei.[8]
4. Der Antragsgegner wird unter Abänderung des Beschlusses des Amtsgerichts – Familiengericht – . . . . . vom . . . . . (Aktenzeichen . . . . .)[9] verpflichtet, an die Antragstellerin zu Händen der gesetzlichen Vertreterin monatlich ab . . . . . den nach Erfüllung der Auskunftsverpflichtung noch zu beziffernden Unterhalt zu zahlen.

Darüber hinaus wird beantragt:

Der Antragstellerin wird für die erste Instanz Verfahrenskostenhilfe unter Beiordnung ihres Verfahrensbevollmächtigten bewilligt.[4]
Für den Fall der nicht rechtzeitig angezeigten Verteidigungsbereitschaft im schriftlichen Vorverfahren wird Antrag auf Versäumnisbeschluss (§ 113 Abs. 1 S. 2 FamFG, § 331 Abs. 3 ZPO) ohne mündliche Verhandlung gestellt.[5]

Begründung:

Der Antragsgegner ist der Vater der einkommens- und vermögenslosen Antragstellerin und dieser gegenüber unterhaltspflichtig. Die Unterhaltspflicht wurde durch den beigefügten Beschluss des Amtsgerichts – Familiengericht – . . . . . vom . . . . . (Aktenzeichen . . . . .)[9] mit . . . . . EUR festgesetzt.[10]

Grundlage der Unterhaltsfestsetzung war ein anrechenbares Einkommen des Antragsgegners in Höhe von . . . . . EUR. Dies entsprach – bei Höherstufung um eine Einkommensgruppe, da der Antragsgegner nur gegenüber einer Person unterhaltsverpflichtet war und ist – nach der . . . . . Einkommensgruppe der Düsseldorfer Tabelle und Kindergeld in Höhe von monatlich . . . . . EUR einer Unterhaltspflicht in Höhe von monatlich . . . . . EUR.[11]

Die Antragstellerin wird weiterhin von ihrer Mutter nach § 1626a Abs. 3 BGB/§ 1629 Abs. 2 S. 2 BGB/§ 1671 BGB (auf Grund der in Fotokopie beigefügten Entscheidung des Amtsgerichts – Familiengerichts – . . . . . vom . . . . .) gesetzlich vertreten.[12]

Sie lebt weiterhin im Haushalt ihrer Mutter, die ihre Unterhaltsverpflichtung durch die Pflege und die Erziehung des minderjährigen unverheirateten Kindes erfüllt (§ 1606 Abs. 3 S. 2 BGB).[13] Das Kindergeld von nun monatlich . . . . . EUR,[14] welches die betreuende Mutter erhält, ist bedarfsdeckend anzurechnen.

Seit der Unterhaltsfestsetzung sind folgende wesentlichen Veränderungen der tatsächlichen Verhältnisse eingetreten:[11]

Der Antragsgegner verfügt nun über ein höheres Einkommen, dessen genaue Höhe der Antragstellerin nicht bekannt ist. Er erteilte der Antragstellerin zuletzt am . . . . . Auskunft über seine Einkünfte und sein Vermögen und ist nun nach § 1605 BGB erneut zur Auskunftserteilung verpflichtet; die Frist von zwei Jahren nach § 1605 Abs. 2 BGB ist abgelaufen. Die Antragstellerin forderte ihn durch das beigefügte Mahnschreiben vom . . . . ., zugegangen am . . . . ., vor Verfahrensbeginn vergeblich auf, zum Zwecke der Geltendmachung eines etwaigen höheren Unterhaltsanspruchs über seine Einkünfte und sein Vermögen eine aktuelle Auskunft zu erteilen.[15]

Der Antragsgegner erteilte jedoch der Antragstellerin bisher keine Auskunft und zahlte ihr keinen höheren Unterhalt, so dass nunmehr ein Stufenantrag gemäß § 254 ZPO iVm § 113 Abs. 1 S. 2 FamFG geboten ist.

Mit dem Antrag zu 1. wird zunächst Auskunft nach § 1605 BGB verlangt. Mit dem Antrag zu 2. wird der Anspruch auf Vorlage von Belegen verfolgt; die Bezeichnung der Belege wird gegebenenfalls nach Erteilung der Auskunft angepasst.

Der Antrag zu 3. wird für den Fall gestellt werden, dass Grund zu der Annahme besteht, der Antragsgegner habe die Auskunft nicht mit der erforderlichen Sorgfalt erteilt (§ 1605 Abs. 1 S. 3, §§ 260, 261 BGB).

Nach der Erteilung der Auskunft wird die Antragstellerin den Abänderungszahlungsantrag der Höhe nach beziffern.[16]

Zum Antrag auf Bewilligung von Verfahrenskostenhilfe wird gemäß § 2 PKHFV formfrei mitgeteilt, dass die minderjährige unverheiratete Antragstellerin keine Einnahmen hat, dass sie ihren Lebensunterhalt mit Hilfe ihres sie gesetzlich vertretenden Elternteils bestreitet und dass sie und ihr sie gesetzlich vertretender Elternteil über kein nach § 115 ZPO einzusetzendes Einkommen und Vermögen verfügen.[17] Auch vom Antragsgegner kann nach dessen ungeklärten Verhältnissen kein alsbald realisierbarer Verfahrenskostenvorschuss erlangt werden.

Rechtsanwalt[18, 19]

Anmerkungen

1. Zum **Anwaltszwang** u. den Begrifflichkeiten in erstinstanzlichen Unterhaltsstreitigkeiten: → Form. J.I.1 Anm. 1.

Der Abänderungsstufenantrag leitet ein **neues Verfahren** ein.

2. Zur sachlichen, örtlichen u. internationalen **Zuständigkeit:** → Form. J.I.1 Anm. 2.

3. Zum **Auskunftsstufenantrag:** → Form. J.I.5 Anm. 3.

Der **Abänderungsstufenantrag** dient der Verminderung des Verfahrenskostenrisikos sowie der Verfahrensökonomie. Mit dem Stufenantrag wird ein der Höhe nach zunächst unbezifferter Abänderungszahlungsantrag zugleich mit den zu seiner Konkretisierung erforderlichen Hilfsansprüchen auf Auskunft, Belegvorlage u. Richtigkeitsversicherung geltend gemacht.

4. Zur **Verfahrenskostenhilfe:** → Form. J.I.1 Anm. 6, insbesondere zum Stufenantrag: → Form. J.I.5 Anm. 12.

5. Zum Antrag auf **Versäumnisbeschluss:** → Form. J.I.1 Anm. 7.

6. Zum Anspruch auf **Auskunft** über das Vermögen u. das Einkommen: → Form. J.I.5 Anm. 4–9.

7. Zum Anspruch auf **Vorlage von Belegen:** → Form. J.I.5 Anm. 10.

8. Zum Anspruch auf **Versicherung an Eides statt:** → Form. J.I.5 Anm. 11.

9. Der abzuändernde Titel ist genau nach Gericht, Datum u. Aktenzeichen zu **bezeichnen.**

10. Der Unterhaltsanspruch ist grds. auf einen einheitlichen Betrag gerichtet: Wenn bereits eine Endentscheidung über das gleiche Unterhaltsrechtsverhältnis vorliegt, die sich auch auf zukünftige Ansprüche bezieht, ist nur der **Abänderungsantrag** statthaft. Mit einer Entscheidung wird der Unterhaltsbetrag sowohl nach oben als auch nach unten rechtskräftig festgestellt. Begehrt der Unterhaltsgläubiger für die Zukunft einen höheren Unterhaltsbetrag, ist er auf ein Abänderungsverfahren gem. §§ 238, 239 FamFG zu verweisen. Zu der Ausnahme eines titulierten Teil-Unterhalts o. der Geltendmachung von Sonderbedarf: → Form. J.I.1 Anm. 9.

§ 238 FamFG stellt gegenüber § 323 ZPO eine **vorrangige Spezialregelung** für die Abänderung gerichtlicher Endentscheidungen in Unterhaltssachen nach § 231 Abs. 1 FamFG dar, die eine Verpflichtung zu künftig fällig werdenden Unterhaltsleistungen betrifft. Entscheidungen im Wege einer einstweiligen Anordnung unterliegen nicht der Abänderung nach § 238 FamFG, sondern der nach § 54 Abs. 1 FamFG (BT-Drs. 16/6308, 257); eine einstweilige Anordnung tritt gem. § 56 Abs. 1 FamFG mit Rechtskraft der Hauptsacheentscheidung außer Kraft.

Gegenstand eines Abänderungsverfahrens können auch unmittelbar wirkende o. anerkennungsfähige **ausländische** Urteile, Beschlüsse o. vergleichbare Endentscheidungen sein. Entscheidungen können in Deutschland aufgrund internationaler Abkommen (§ 97 Abs. 1 S. 1 FamFG) bzw. nach europäischem Recht (§ 97 Abs. 1 S. 2 FamFG, insbesondere im Unterhaltsrecht die VO (EG) Nr. 4/2009 v. 18.12.2008 (EuUntVO)) als anerkannt gelten, anerkannt werden (§ 108 FamFG) o. sind anzuerkennen (§ 110 Abs. 1 FamFG). Dabei dürfte unerheblich sein, ob auch nach dem Recht des Entscheidungsstaats die Abänderung eröffnet ist (streitig, vgl. Sternal/Weber, FamFG § 238 Rn. 11 ff. m. w. N., auch zu der streitigen Frage, ob sich die Voraussetzungen der Abänderung nach dem inländischen Verfahrensrecht o. nach dem materiellen Kollisionsrecht richten). Zur Abänderung eines ausländischen Unterhaltsurteils vgl. → Form. B.II.10.

Die **Beteiligte eines Abänderungsverfahrens** müssen grds. identisch mit den Beteiligten der abzuändernden Entscheidung sein, dh mit denen, zwischen denen der abzuändernde Titel ergangen ist o. auf die sich seine Rechtskraftwirkung erstreckt (§ 113 Abs. 1 S. 2 FamFG iVm § 325 Abs. 1 ZPO), so dass ihnen die Sachlegitimation zukommt. Bestand im Ausgangsverfahren eine gesetzliche Verfahrensstandschaft nach § 1629 Abs. 3 S. 1 BGB, so dass das Obhutselternteil Beteiligter war, ist im nach Ende der Verfahrensstandschaft eingeleiteten Abänderungsverfahren allein das Kind aktiv u. passiv legitimiert, da der Titel – auch ohne Umschreibung nach § 120 Abs. 1 FamFG iVm § 727 ZPO – gem. § 1629 Abs. 3 S. 2 BGB für u. gegen das Kind wirkt. Zur gesetzlichen Verfahrensstandschaft: → Form. J.I.1 Anm. 8.

11. Die Abänderung gerichtlicher Entscheidungen o. von Vergleichen u. Urkunden gem. §§ 238, 239 FamFG gewährt **keine neue Festsetzung** des Unterhalts, sondern es erfolgt eine Abänderung unter Wahrung der Grundlagen des Ausgangsbeschlusses (wenn zB bei einem Vergleich keinerlei Grundlagen mehr feststellbar sind, ist nur eine Neuberechnung nach der aktuellen Sach- u. Rechtslage möglich). Eine Fehlerkorrektur der abzuändernden Entscheidung ist wegen der entgegenstehenden Rechtskraft nicht zulässig. Vielmehr dient das Abänderungsverfahren der Anpassung an die Verhältnisse, die sich nach Erlass der abzuändernden Entscheidung anders entwickelt haben, als vom Gericht des früheren Verfahrens angenommen worden ist. Das **Ausmaß der Abänderung** richtet sich nach folgenden Fragen:

Zum Ausgangsverfahren

- Welche Umstände waren damals maßgebend?
- Welches Gewicht ist ihnen bei der Bemessung der Unterhaltsrente damals zugekommen?

Zum Abänderungsverfahren:

- Welche Veränderungen sind inzwischen eingetreten?
- Welche Auswirkungen ergeben sich daraus für die Höhe des Unterhalts?

Erforderlich ist in einem ersten Schritt eine vollständige Darlegung der Verhältnisse bei Titelerlass u. der **damaligen Berechnung des Unterhaltsanspruchs**; diese schriftsätzliche Darstellung ist Aufgabe des Antragstellers u. ein Verweis auf den schriftsätzlichen Vortrag der Beteiligten im Ausgangsverfahren ist nicht ausreichend. Weiter muss der Antragsteller des Abänderungsverfahrens in einem zweiten Schritt vortragen, wie sich die Verhältnisse nun darstellen u. wie dies zu einer **Anpassung der Berechnung** bei einzelnen Positionen führt. Es ist eine Differenzbetrachtung sowohl hinsichtlich der Tatsachen als auch des Zahlenwerks erforderlich u. es muss sich bei saldierender Betrachtung ein Änderungsgrund ergeben (OLG Brandenburg NJOZ 2005, 911 = FamRZ 2005, 815).

Zur **Zulässigkeit des Abänderungsantrags** gehört gem. § 238 Abs. 1 S. 2 FamFG der Vortrag durch den Antragsteller des Abänderungsverfahrens, dass eine wesentliche Veränderung in den tatsächlichen o. rechtlichen Verhältnissen eingetreten ist. Der Vortrag muss, seine Richtigkeit unterstellt, eine wesentliche Änderung des titulierten Anspruchs in Betracht kommen lassen; es gibt keine allgemein gültige **Wesentlichkeitsschwelle**, aber als Richtwert kann eine Betragsdifferenz von etwa 10 % gelten (OLG Hamm FamRZ 2012, 53). Wird der Abänderungsantrag auf die allg. Änderung der Bedarfssätze der Düsseldorfer Tabelle o. auf das Erreichen einer höheren Altersstufe gestützt, ist grds. eine wesentliche Veränderung der Verhältnisse anzunehmen (BGH NJW 2005, 1279 (1280) = FamRZ 2005, 608; BGH NJW 1995, 534 (536) = FamRZ 1995, 221). Auch die Höhergruppierung um eine Einkommensgruppe der DT stellt bereits eine wesentliche Änderung dar (OLG Düsseldorf NJW 2008, 2658 = FamRZ 2008, 1861).

Die Änderung der tatsächlichen o. rechtlichen Verhältnisse darf gem. § 238 Abs. 2 FamFG erst **nach Schluss der mündlichen Verhandlung** der letzten Tatsacheninstanz des Vorverfahrens eingetreten u. ihre Geltendmachung durch Einspruch (§ 113 Abs. 1 S. 1 FamFG iVm § 338 ZPO) nicht möglich sein o. gewesen sein (BGH NZFam 2021, 587 = FamRZ 2021, 1114).

Beispiel: Beim Unterhaltspflichtigen fallen die bei Titulierung Anfang 2025 berücksichtigten Kreditraten in 2026 weg.

Bereits zur Zulässigkeit eines Abänderungsantrags sind die Verhältnisse bei Titelerlass einschließlich der Unterhaltsberechnung darzulegen. Sodann sind die Änderungen darzulegen u. ggf. zu beweisen sowie deren Auswirkungen auf die Berechnung u. die Unterhaltshöhe vorzutragen.

	Titel	Abänderung
Einkommen Vater, netto	3.200,00 EUR	3.200,00 EUR
Kreditraten	–250,00 EUR	
berufsbedingte Aufwendungen	–100,00 EUR	–100,00 EUR
anrechenbares Einkommen	2.850,00 EUR	3.100,00 EUR
Kind, 14 Jahre	3. Gruppe + 1	4. Gruppe + 1
Tabellenbedarf	747,00 EUR	784,00 EUR
anrechenbares Kindergeld	–127,50 EUR	–129,50 EUR
offener Bedarf	619,50 EUR	654,50 EUR
Angemessenheit		
anrechenbares Einkommen Vater	2.850,00 EUR	3.100,00 EUR
Unterhaltspflicht	–619,50 EUR	–654,50 EUR
verbleibt	2.230,50 EUR	2.445,50 EUR
Bedarfskontrollbetrag	1.950,00 EUR	2.050,00 EUR
Differenz		35,00 EUR
Prozentual		5,65 %

Die Änderung trat nach der letzten mündlichen Verhandlung ein u. kann mit dem Abänderungsantrag geltend gemacht werden; dagegen ist das Kind mit dem Einwand präkludiert, die berufsbedingten Aufwendungen hätten von vornherein nicht berücksichtigt werden dürfen.
Der Unterhaltsbetrag steigt zwar um weniger als 10 %, die Wesentlichkeitsschwelle ist aber erreicht, weil der Vater in einer höheren Einkommensgruppe einzuordnen ist.

Eine **rückwirkende Abänderung** ist gem. § 238 Abs. 3 S. 1 FamFG grds. zulässig für die Zeit ab der Rechtshängigkeit des Antrags, also ab der Zustellung des Antrags an den Gegner (u. nicht schon ab der bloßen Einreichung des Antrags bei Gericht). Erweitert wird die rückwirkende Erhöhung des Unterhalts gem. § 238 Abs. 3 S. 2 FamFG durch die Vorschriften des materiellen Rechts (zB § 1613 Abs. 1 BGB ab dem Monatsersten, in dem ein Auskunftsverlangen o. eine Mahnung betr. Unterhalt zugegangen ist, vgl. → Form. J.I.1 Anm. 22). Ein Antrag auf Herabsetzung des Unterhalts ist nach § 238 Abs. 3 S. 3 FamFG auch zulässig für die Zeit ab dem Ersten des auf ein entsprechendes Auskunfts- o. Verzichtsverlangen des Antragstellers folgenden Monats, wobei § 238 Abs. 3 S. 4 FamFG jedoch das Herabsetzungsverlangen auf die ein Jahr vor Rechtshängigkeit liegende Zeit begrenzt.

Begründet ist ein Abänderungsantrag gem. § 238 Abs. 4 FamFG, wenn eine wesentliche Veränderung der tatsächlichen o. rechtlichen Verhältnisse auch wirklich vorliegt. Dabei trifft den **Antragsteller** des Abänderungsantrags die **Darlegungs- u. Beweislast** für die Veränderung der Umstände, die es ihm nunmehr nicht mehr möglich macht, den festgesetzten Unterhalt weiterhin zu zahlen. Er muss daher die Grundlagen des früheren Unterhaltstitels u. die inzwischen eingetretenen Änderungen darlegen u. beweisen (BGH NJW-RR 2004, 1155 = FamRZ 2004, 1179 zu § 323 ZPO aF). Den **Antragsgegner** trifft die Beweislast für alle den Fortbestand des Unterhaltstitels rechtfertigenden Tatsachen (Sternal/Weber, FamFG § 238 Rn. 92).

Zur Abänderung von Vergleichen u. Urkunden s. § 239 FamFG u. → Form. J.I.17.

12. Das Unzutreffende bitte aus dem Text streichen.

Zur **Vertretung des Kindes** u. gesetzlicher Verfahrensstandschaft: → Form. J.I.1 Anm. 8.

13. Zur Erfüllung der Unterhaltspflicht **durch Betreuung:** → Form. J.I.1 Anm. 11.

Zum Bezug öffentlicher Leistungen: → Form. J.I.1 Anm. 10. In der **Auskunftsstufe** spielt es noch keine Rolle, ob der Antragsteller einen Unterhaltsvorschuss o. andere subsidiäre Sozialleistungen erhält. Zwar umfasst dann der **Rechtsübergang** gem. § 7 Abs. 1 S. 1 UVG bzw. § 33 Abs. 1 S. 4 SGB II bzw. § 94 Abs. 1 S. 1 SGB XII auch den unterhaltsrechtlichen Auskunftsanspruch nach § 1605 BGB (ebenso iVm §§ 1361 Abs. 4 S. 4, 1580, 1615l Abs. 3 S. 1 BGB, §§ 12 S. 2, 16 S. 2 LPartG), sodass auch die Leistungsträger mit einer Stufenklage gegen den Unterhaltsschuldner vorgehen können. Dem Unterhaltsberechtigten verbleibt aber ein **abgespaltener Auskunftsanspruch,** um die Berechtigung seiner ihm verbliebenen Ansprüche überprüfen zu können (KG FamRZ 1997, 1405; zust. Dose UnterhaltsR/Klinkhammer § 8 Rn. 66).

14. Zum Kindergeld siehe die **Kindergeldtabelle:** → Form. J.I.1 Anm. 12.

15. Zur Aufforderung zur **Erteilung der Auskunft** über die Einkünfte u. das Vermögen vor Verfahrensbeginn: → Form. J.I.1 Anm. 22.

Zur **Kostenverteilung** bei vergeblicher Aufforderung u. nach Erteilung der Auskunft aussichtslosem unbeziffertem Zahlungsantrages: → Form. J.I.5 Anm. 17.

16. Bei einer späteren Bezifferung des Abänderungszahlungsantrages sollte zusätzlich beantragt werden: „Der Beschluss ist sofort wirksam." (→ Form. J.I.1 Anm. 5).

17. Zur Formularfreiheit nach § 2 PKHFV: → Form. J.I.1 Anm. 23.

Kosten und Gebühren

18. Zunächst → Form. J.I.1 Anm. 24.

Der Abänderungsantrag gem. § 238 FamFG ist nach § 31 Abs. 2 S. 1 FamGKG eine neue Gebührenangelegenheit.

Nach § 38 FamGKG ist für die **Wertberechnung beim Abänderungsstufenantrag** (§ 238 FamFG, § 254 ZPO) nur einer der verbundenen Ansprüche, u. zwar der höhere maßgebend (→ Form. J.I.5 Anm. 20).

Der für die Gebührenbemessung des Zahlungsantrags maßgebliche **Verfahrenswert** berechnet sich gem. § 51 Abs. 1 u. 2 FamGKG nach der Differenz zwischen dem titulierten u. demjenigen Unterhalt, der mit dem Abänderungsantrag im Wege der Erhöhung o. Herabsetzung geltend gemacht wird. Verfolgt ein Antragsteller in einem Abänderungsverfahren sein Begehren, den Antragsgegner zur Zahlung von 100 % des Mindestunterhalts zu verpflichten, nachdem dieser vor der Verfahrenseinleitung bereits eine Jugendamtsurkunde in statischer Form über den aktuell geschuldeten Unterhaltsbetrag hat errichten lassen, richtet sich lt. OLG Hamm (BeckRS 2014, 22704 = FamRZ 2015, 954 ebenso OLG Brandenburg NZFam 2017, 320; aA OLG Naumburg NZFam 2015, 376) der Verfahrenswert nicht nach dem vollen Wert des dynamischen Titels, sondern nur nach dem Interesse des Antragstellers, anstelle des statischen über einen dynamischen Titel zu verfügen. Der Wert des Verfahrens kann hier auf 15 % der in 12 Monaten nach Antragseinreichung anfallenden Unterhaltsbeträge bemessen werden.

Fristen und Rechtsmittel

19. → Form. B.II.1 Anm. 13.

9. Abänderungsantrag des Vaters gegen den minderjährigen Sohn auf Unterhaltsherabsetzung (§ 238 FamFG)

An das

Amtsgericht[1]

– Familiengericht[2] –

. . . . .

Antrag

In der Familiensache

des Herrn . . . . .

wohnhaft . . . . .

– Antragsteller –

Verfahrensbevollmächtigter: Rechtsanwalt . . . . .

gegen

das Kind . . . . .

geboren am . . . . .

gesetzlich vertreten durch seine Mutter,

Frau . . . . .

beide wohnhaft . . . . .

– Antragsgegner –

wird namens und in Vollmacht des Antragstellers beantragt:

> Die Unterhaltsverpflichtung des Antragstellers aus dem Beschluss des Amtsgerichts – Familiengericht – . . . . . vom . . . . . (Aktenzeichen . . . . .)[3] wird dahin abgeändert, dass er mit Wirkung ab . . . . . nur noch zu monatlichen Unterhaltszahlungen in Höhe von (. . . . . EUR Bedarfsbetrag – . . . . . EUR anzurechnendes Kindergeld =) . . . . . EUR an den Antragsgegner zu Händen der gesetzlichen Vertreterin verpflichtet ist.

Darüber hinaus wird beantragt:

Dem Antragsteller wird für die erste Instanz Verfahrenskostenhilfe unter Beiordnung seines Verfahrensbevollmächtigten bewilligt.[4]

Für den Fall der nicht rechtzeitig angezeigten Verteidigungsbereitschaft im schriftlichen Vorverfahren wird Antrag auf Versäumnisbeschluss (§ 113 Abs. 1 S. 2 FamFG, § 331 Abs. 3 ZPO) ohne mündliche Verhandlung gestellt.[5]

Begründung:

Der Antragsteller ist der Vater des minderjährigen Antragsgegners und diesem gegenüber unterhaltspflichtig. Die Unterhaltspflicht des Antragstellers wurde durch Beschluss des Amtsgerichts – Familiengericht – . . . . . vom . . . . . (Aktenzeichen . . . . .),[3] die in der Anlage beigefügt wird, mit . . . . . festgesetzt.[6] Dem ist er bisher nachgekommen.

Grundlage der Unterhaltsfestsetzung war ein anrechenbares Einkommen des Antragstellers in Höhe von . . . . . EUR. Dies entsprach – bei Höherstufung um eine Einkommensgruppe, da der Antragsteller nur gegenüber einer Person unterhaltsverpflichtet war und ist – nach der . . . . . Einkommensgruppe der Düsseldorfer Tabelle und Kindergeld in Höhe von monatlich . . . . . EUR einer Unterhaltspflicht in Höhe von monatlich . . . . . EUR.[7]

Der Antragsgegner wird weiterhin von seiner Mutter nach § 1626a Abs. 3 BGB/§ 1629 Abs. 2 S. 2 BGB/§ 1671 BGB (auf Grund der in Fotokopie beigefügten Entscheidung des Familiengerichts . . . . .)[8] gesetzlich vertreten.

Er lebt weiterhin im Haushalt seiner Mutter, die ihre Unterhaltsverpflichtung durch die Pflege und die Erziehung des minderjährigen unverheirateten Kindes erfüllt (§ 1606 Abs. 3 S. 2 BGB).[9] Das Kindergeld von nun monatlich . . . . . EUR,[10] welches die betreuende Mutter erhält, ist bedarfsdeckend anzurechnen.

Seit der Unterhaltsfestsetzung sind folgende wesentlichen Veränderungen der tatsächlichen Verhältnisse eingetreten:[7]

Seit dem . . . . . bezieht der Antragsteller laut anliegendem Bescheid des . . . . vom . . . . . eine Rente wegen voller Erwerbsminderung (§ 43 Abs. 2 SGB VI) in Höhe von monatlich . . . . . EUR netto, so dass sich sein anrechenbares Einkommen wesentlich verringert hat.[11]

Beweis: Anliegender Bescheid vom . . . . .

Weitere Einkünfte oder Vermögen hat der Antragsteller nicht. Ein Hinzuverdienst zur Rente innerhalb der Grenze des § 96a Abs. 1c SGB VI ist dem Antragsteller nicht möglich. Der Antragsteller ist aufgrund seiner Erkrankungen (. . . . .) erwerbsunfähig und kann auch keine geringfügige Erwerbstätigkeit von weniger als drei Stunden täglich ausüben. Seine Erkrankungen wirken sich auf seine Erwerbsfähigkeit dahingehend aus, dass er . . . . .[12]

Beweis: Anliegendes Attest des behandelnden Arztes . . . .
und vorsorglich: Einzuholendes Sachverständigengutachten eines Arztes der . . . . .

Das anzurechnende Einkommen des Antragstellers fällt in die unterste Gruppe der Düsseldorfer Tabelle mit Stand . . . . .. Obwohl der Antragsteller nur dem Antragsgegner gegenüber unterhaltspflichtig ist, ist wegen seines geringen Nettoeinkommens eine Höhergruppierung nicht angemessen, zumal dann auch der Selbstbehalt des Antragstellers berührt wäre. Dies führt nach für den Antragsgegner anzuwendenden . . . . .

Altersstufe zu einem Tabellenbedarfsbetrag von monatlich . . . . . EUR. Der Antragsteller ist aufgrund des ihm zu belassenen Selbstbehalts jedoch nur in Höhe von monatlich . . . . . EUR leistungsfähig.[13]

Somit errechnet sich ein nunmehr geschuldeter Unterhaltszahlbetrag von (. . . . . EUR Bedarfsbetrag abzgl. . . . . . EUR hälftigem Kindergeld, § 1612b Abs. 1 S. 1 Nr. 1 BGB =) . . . . . EUR.

Der Antragsteller forderte mit seinem in Fotokopie beigefügten Schreiben vom . . . . ., zugegangen am . . . . ., den Antragsgegner zu Händen seiner gesetzlichen Vertreterin auf, auf die Rechte aus dem Unterhaltstitel zu verzichten, soweit ein Betrag von . . . . . EUR monatlich überschritten ist.

Beweis: Anliegendes Aufforderungsschreiben (einschließlich Einschreiben mit Rückschein)

Da der Antragsgegner dies nicht getan hat, ist gemäß § 238 Abs. 1 u. Abs. 3 S. 3 FamFG dieser Abänderungsantrag veranlasst.[14]

Die Wesentlichkeitsvoraussetzung des § 238 Abs. 4 FamFG liegt vor, da der jetzt noch geschuldete und der titulierte Unterhaltsbetrag um mehr als 10 % voneinander abweichen.

Zum Antrag auf Bewilligung von Verfahrenskostenhilfe sind die nach § 117 Abs. 2 und 4 ZPO iVm § 113 Abs. 1 S. 2 FamFG erforderlichen Unterlagen mit Abschriften für den Gegner beigefügt.[15]

Rechtsanwalt[16, 17]

Anmerkungen

1. Zum **Anwaltszwang** u. den Begrifflichkeiten in erstinstanzlichen Unterhaltsstreitigkeiten: → Form. J.I.1 Anm. 1.

Der Abänderungsantrag leitet ein **neues Verfahren** ein.

2. Zur sachlichen, örtlichen u. internationalen **Zuständigkeit:** → Form. J.I.1 Anm. 2.

3. Der abzuändernde Titel ist genau nach Gericht, Datum u. Aktenzeichen zu bezeichnen.

4. Zur **Verfahrenskostenhilfe:** → Form. J.I.1 Anm. 6.

5. Zum Antrag auf **Versäumnisbeschluss:** → Form. J.I.1 Anm. 7.

6. Zum Gegenstand eines Abänderungsantrags: → Form. J.I.8 Anm. 10.

7. Zum Inhalt eines **Abänderungsantrags:** → Form. J.I.8 Anm. 11.

Eine **rückwirkende Abänderung** ist gem. § 238 Abs. 3 S. 1 FamFG grds. zulässig für die Zeit ab der Rechtshängigkeit des Antrags, also ab der Zustellung des Antrags an den Gegner (u. nicht schon ab der bloßen Einreichung des Antrags bei Gericht). Ein Antrag auf **Herabsetzung** des Unterhalts ist nach § 238 Abs. 3 S. 3 FamFG auch zulässig für die Zeit ab dem Ersten des auf ein entsprechendes Auskunfts- o. Verzichtsverlangen des Antragstellers folgenden Monats, wobei § 238 Abs. 3 S. 4 FamFG jedoch das Herabsetzungsverlangen auf die ein Jahr vor Rechtshängigkeit liegende Zeit begrenzt.

8. Das Unzutreffende bitte aus dem Text streichen.

Zur **Vertretung des Kindes** u. gesetzlicher Verfahrensstandschaft: → Form. J.I.1 Anm. 8.

9. Zur **Erfüllung der Unterhaltspflicht durch Betreuung:** → Form. J.I.1 Anm. 11.
Zum **Bezug öffentlicher Leistungen:** → Form. J.I.1 Anm. 10.

10. Zum Kindergeld siehe die **Kindergeldtabelle:** → Form. J.I.1 Anm. 12.

11. Ausgangspunkt für das anzurechnende Einkommen ist das **tatsächlich erzielte Einkommen** (vgl. → Form. J.I.1 Anm. 16).

Wird Einkommen nicht aus Erwerbstätigkeit erzielt, ist beim **notwendigen Selbstbehalt,** der bei einer gesteigerten Erwerbsobliegenheit zu wahren ist, der Betrag eines nicht erwerbstätigen Unterhaltspflichtigen anzusetzen (in 2026: 1.200, vgl. DT Anm. A VII). Der angemessene Selbstbehalt differenziert nicht zwischen Einkommen aus Erwerbstätigkeit u. anderen Einkommensarten.

12. Zur Anrechnung eines **fiktiven Einkommens** zunächst: → Form. J.I.1 Anm. 18, u. den Bemühungen um einen neuen Arbeitsplatz: → Form. J.I.2 Anm. 4.

Beruft sich der Unterhaltsschuldner auf **Leistungsunfähigkeit infolge Krankheit,** muss er die Art der Erkrankung u. deren Auswirkung auf die Arbeitsfähigkeit konkret darlegen (BGH NZFam 2017, 61 = FamRZ 2017, 109); sonst ist der Vortrag unsubstantiiert u. unbeachtlich. Atteste des behandelnden Arztes sind, soweit zumutbar, vorzulegen. Erst wenn der Vortrag substantiiert ist, kommt die Einholung eines entsprechenden ärztlichen Sachverständigengutachtens in Betracht (ohne substantiierten Vortrag wäre dies ein unzulässiger Ausforschungsbeweis). Kann der Unterhaltspflichtige eine eingeschränkte Erwerbsfähigkeit o. eine Erwerbsunfähigkeit beweisen o. ist diese unstreitig, scheidet die Anrechnung fiktiven Einkommens aus; die Unterhaltspflicht richtet sich sodann nach dem tatsächlich erzielten Einkommen.

Hiervon macht der BGH (NZFam 2017, 61 = FamRZ 2017, 109) eine Ausnahme: bezieht der Unterhaltspflichtige eine **Erwerbsunfähigkeitsrente,** wird vermutet, dass seine Arbeitsfähigkeit auf unter 3 Stunden täglich eingeschränkt ist (vgl. Definition der vollen Erwerbsminderung in § 43 Abs. 2 S. 2 SGB VI). Er muss belegen, dass er auf dieser Grundlage nicht in der Lage ist, einen Hinzuverdienst zu erzielen, dh entweder keine 3 Stunden täglich arbeiten o. keine entsprechende Nebentätigkeit finden zu können (die Grenzen für einen Hinzuverdienst sind zum 1.1.2023 für vorgezogene Altersrenten aufgehoben u. bei Erwerbsminderungsrenten deutlich angehoben worden u. daher hier kaum von Belang: bei voller Erwerbsminderungsrente liegt die jährliche Grenze in 2026 bei 20.763,75 EUR 2025 bei 19.661 EUR (2024 bei 18.558,75 EUR) u. bei teilweiser Erwerbminderungsrente bei jährlich 41.527,50 EUR (2025 bei 39.322 EUR u. 2024 bei 37.117,50 EUR), § 96a Ic Nr. 2 SGB VI).

13. Bitte die jeweils maßgebliche **Düsseldorfer Tabelle** nennen. Zur DT mit Altersstufen, Einkommensgruppen, Bedarfskontrollbetrag sowie Selbstbehaltssätzen: → Form. J.I.1 Anm. 19–21.

Ein Beispiel für die **Berechnung eines Mangelfalls,** in dem das Einkommen des Unterhaltspflichtigen nicht zur Deckung des Bedarfs aller Unterhaltsberechtigen ausreicht, ist in der DT Anm. C aufgeführt.

Wird nur einem Kind Unterhalt geschuldet, kann die Berechnung abgekürzt werden.

Beispiel: Unterhaltspflichtiger verdient monatlich 2.000 EUR netto und ist einem 14-jährigen Kind zum Unterhalt verpflichtet (Berechnung nach DT Stand 2026)

Einkommen Unterhaltspflichtiger, netto	2.000,00 EUR
berufsbedingte Aufwendungen (5 %)	–100,00 EUR

anrechenbares Einkommen	1.900,00 EUR

Kind, 14 Jahre	
Mindestunterhalt (1. Einkommensgruppe)	653,00 EUR
anrechenbares Kindergeld	–129,50 EUR
offener Bedarf	523,50 EUR

Angemessenheit	
anrechenbares Einkommen Vater	1.900,00 EUR
notwendiger Selbstbehalt	–1.450,00 EUR
für Unterhalt	450,00 EUR

Ergebnis: Der Unterhaltspflichtiger ist nur in Höhe von monatlich 450 EUR leistungsfähig.

14. Um den **Abänderungsbeginn** bei einem Antrag auf Herabsetzung des Unterhalts gem. § 238 Abs. 3 S. 3 FamFG **vorzuverlagern** auf den Ersten des Monats, der auf ein entsprechendes Auskunfts- o. Verzichtsverlangen folgt, sollte der Antragsteller die gesetzlichen Vertreterin des Antragsgegners schon vor Verfahrensbeginn alsbald per Einschreiben/Rückschein auffordern, (teilweise) auf die Rechte aus der gerichtlichen Unterhaltsentscheidung zu verzichten o. bei inzwischen möglichen Einkünften des Kindes eine aktuelle Auskunft über dessen Einkünfte u. dessen Vermögen zum Zwecke der Herabsetzung des Unterhalts zu erteilen.

15. Zum Antrag auf Bewilligung von Verfahrenskostenhilfe: → Form. J.I.2 Anm. 8.

Kosten und Gebühren

16. Zunächst → Form. J.I.1 Anm. 24.
Der **Verfahrenswert** des Abänderungsantrags errechnet sich gem. § 51 Abs. 1 u. 2 FamGKG nach dem Unterschied zwischen dem bisherigen u. dem neu begehrten Jahresbetrag unter Hinzurechnung des bei Einreichung des Abänderungsantrags ab dem Ersten des Monats nach dem Zugang des Verzichtsverlangens aufgelaufenen Herabsetzungsbetrages.

Fristen und Rechtsmittel

17. → Form. B.II.1 Anm. 13.

10. Abänderungsantrag des Kindes gegen die Mutter auf Unterhaltserhöhung nach vereinfachtem Unterhaltsfestsetzungsverfahren (§ 240 FamFG)

An das

Amtsgericht[1]

– Familiengericht[2] **–**

. . . . .

Antrag

In der Familiensache

des Kindes . . . . .

geboren am . . . . .

gesetzlich vertreten durch seinen Vater,

Herr . . . . .

beide wohnhaft . . . . .

– Antragsteller –

Verfahrensbevollmächtigter: Rechtsanwalt . . . . .

gegen

Frau . . . . .

wohnhaft . . . . .

– Antragsgegnerin –

wird namens und in Vollmacht des Antragstellers beantragt:[3]

Die Antragsgegnerin wird unter Abänderung des Beschlusses des Amtsgerichts – Familiengericht – . . . . . vom . . . . . (Aktenzeichen . . . . .)[4] verpflichtet, an den Antragsteller zu Händen des gesetzlichen Vertreters monatlich Unterhalt
für die Zeit ab . . . . . in Höhe von . . . . . Prozent des jeweiligen Mindestunterhalts der ersten Altersstufe nach § 1612a BGB abzüglich hälftigem Kindergeld, mithin derzeit . . . . . EUR (. . . . . EUR abzgl. hälftigem Kindergeld von . . . . . EUR),
für die Zeit ab . . . . . (dem ersten Tag des Monats, in dem das Kind 6 Jahre alt wird) in Höhe von . . . . . Prozent des jeweiligen Mindestunterhalts der zweiten Altersstufe nach § 1612a BGB abzüglich hälftigem Kindergeld, mithin derzeit . . . . . EUR (. . . . . EUR abzgl. hälftigem Kindergeld von . . . . . EUR) und
für die Zeit ab . . . . . (dem ersten Tag des Monats, in dem das Kind 12 Jahre alt wird) in Höhe von . . . . . Prozent des jeweiligen Mindestunterhalts der dritten Altersstufe nach § 1612a BGB abzüglich hälftigem Kindergeld, mithin derzeit . . . . . EUR (. . . . . EUR abzgl. hälftigem Kindergeld von . . . . . EUR)
zu zahlen, und zwar im Voraus bis zum 3. eines jeden Monats.[5]

Die Antragsgegnerin wird außerdem verpflichtet, an den Antragsteller zu Händen des gesetzlichen Vertreters Zinsen[6] in Höhe von 5 Prozentpunkten über dem jeweiligen Basiszinssatz nach § 247 BGB aus dem folgenden monatlichen Unterhaltsrückstand zu zahlen:

von . . . . . EUR seit dem . . . . .,
von . . . . . EUR seit dem . . . . .,
von . . . . . EUR seit dem . . . . .

Der Beschluss ist sofort wirksam.[7]

Darüber hinaus wird beantragt:

Dem Antragsteller wird für die erste Instanz Verfahrenskostenhilfe unter Beiordnung seines Verfahrensbevollmächtigten bewilligt.[8]

Für den Fall der nicht rechtzeitig angezeigten Verteidigungsbereitschaft im schriftlichen Vorverfahren wird Antrag auf Versäumnisbeschluss (§ 113 Abs. 1 S. 2 FamFG, § 331 Abs. 3 ZPO) ohne mündliche Verhandlung gestellt.[9]

Begründung:

Die Antragsgegnerin ist die Mutter des einkommens- und vermögenslosen Antragstellers und diesem gegenüber nach §§ 1601 ff. BGB barunterhaltspflichtig. Die Unterhaltspflicht wurde im vereinfachten Unterhaltsfestsetzungsverfahren nach §§ 253 ff. FamFG durch den beigefügten Festsetzungsbeschluss des Amtsgerichts – Familiengericht – . . . . . vom . . . . . (Aktenzeichen . . . . .)[4] mit . . . . . festgesetzt. Diese pauschale Unterhaltsfestsetzung erreicht nicht die volle von der Antragsgegnerin nach ihrem Einkommen geschuldete Unterhaltsleistung und soll im Korrekturverfahren gemäß § 240 FamFG ab dem im Antrag genannten Zeitpunkt erhöht werden.[3]

Ein Antrag auf Durchführung des streitigen Verfahrens nach § 255 FamFG ist nicht gestellt worden.[10]

Der Antragsteller wird von seinem Vater nach § 1629 Abs. 2 S. 2 BGB/§ 1671 BGB (auf Grund der in Fotokopie beigefügten Entscheidung des Amtsgerichts – Familiengerichts – . . . . . vom . . . . .) gesetzlich vertreten.[11]

Er lebt im Haushalt seines Vaters, der das Kindergeld von monatlich . . . . . EUR[12] erhält. Der Vater erfüllt seine Unterhaltsverpflichtung durch die Pflege und die Erziehung des minderjährigen unverheirateten Antragstellers (§ 1606 Abs. 3 S. 2 BGB).[13]

Der Bedarf des Antragstellers richtet sich nach dem Einkommen der barunterhaltspflichtigen Antragsgegnerin.[14] Diese ist von Beruf . . . . . und erzielt nach der von ihr erteilten, beiliegenden Auskunft ein um die berufsbedingten Aufwendungen bereinigtes monatliches Nettoeinkommen in Höhe von . . . . . EUR.

Beweis: . . . . .
(Vorlage der Auskunft des Antragsgegners mit Lohn- und Gehaltsabrechnungen für die Monate . . . . .)

Das bereinigte Nettoeinkommen der Antragsgegnerin fällt an sich in Einkommensgruppe . . . . . der Düsseldorfer Tabelle mit Stand . . . . . Da die Antragsgegnerin aber nur dem Antragsteller gegenüber unterhaltspflichtig ist, ist die Einstufung um jedenfalls eine Gruppe höher angemessen. Daraus folgt nach der für den Antragsteller anzuwendenden . . . . . Altersstufe ein Tabellenbedarfsbetrag von monatlich . . . . . EUR, dem ein aus der Düsseldorfer Tabelle ablesbarer Prozentsatz von . . . . . % des Mindestunterhalts entspricht.[15] Um spätere Abänderungsverfahren zu vermeiden, soll der Unterhalt dynamisiert tituliert werden.

Diese dynamisierte Unterhaltsrente ist nach § 1612b Abs. 1 S. 1 Nr. 1 BGB um die Hälfte des auf den Antragsteller entfallenden jeweiligen gesetzlichen Kindergeldes zu vermindern, was ebenfalls in dynamisierter Formulierung tenoriert werden soll.[16]

Zusammengefasst führt dies zu einem derzeitigen Unterhaltszahlbetrag von (. . . . . EUR Bedarfsbetrag – . . . . . EUR Kindergeldabzug =) . . . . . EUR.

Die Antragsgegnerin ist in Höhe dieses Unterhalts leistungsfähig.

Die Antragsgegnerin ist vom Antragsteller durch das beigefügte Mahnschreiben vom . . . . ., zugegangen am . . . . ., aufgefordert worden, zum Zwecke der Geltendmachung des Unterhaltsanspruchs über ihre Einkünfte und ihr Vermögen Auskunft zu erteilen. Die Antragsgegnerin erteilte zwar die Auskunft, zahlte jedoch bisher

nicht den sich aus ihrem Einkommen ergebenden erhöhten Unterhalt an den Antragsteller und übergab diesem keinen vollstreckbaren Unterhaltstitel, so dass nunmehr der Verfahrensantrag geboten ist. Gemäß § 1613 BGB wird Unterhalt ab dem Ersten des Monats, in dem die Antragsgegnerin das Mahnschreiben erhalten hat, verlangt.[17]

Die Verzugszinsen auf die im Beschlussantrag bezeichneten Unterhaltsrückstände werden gemäß § 288 Abs. 1, § 286 Abs. 1 S. 1 BGB geltend gemacht.[6] Durch das vorgenannte Mahnschreiben ist der Antragsgegner in Verzug gesetzt worden. Eine Erweiterung des Zinsantrages auf die bis zum Verhandlungstermin etwa zusätzlich aufgelaufenen Unterhaltsrückstände bleibt vorbehalten.

Der Antrag auf Anordnung der sofortigen Wirksamkeit beruht auf § 116 Abs. 3 S. 3 FamFG. Die begehrte Endentscheidung betrifft eine Familienstreitsache im Sinne von § 112 Nr. 1, § 231 Abs. 1 Nr. 1 FamFG, sie enthält eine Verpflichtung zur Leistung von Unterhalt, und der Antragsteller benötigt den Unterhalt sofort zur Sicherung seines Lebensbedarfs.[7]

Zum Antrag auf Bewilligung von Verfahrenskostenhilfe wird gemäß § 2 PKHFV formfrei mitgeteilt, dass der minderjährige unverheiratete Antragsteller keine Einnahmen hat, dass er seinen Lebensunterhalt mit Hilfe seines ihn gesetzlich vertretenden Elternteils bestreitet und dass er und sein ihn gesetzlich vertretender Elternteil über kein nach § 115 ZPO einzusetzendes Einkommen und Vermögen verfügen.[18] Auch von der Antragsgegnerin kann nach deren vorstehend dargelegten Einkommensverhältnissen kein alsbald realisierbarer Verfahrenskostenvorschuss erlangt werden.

Rechtsanwalt[19, 20]

Anmerkungen

1. Zum **Anwaltszwang** u. den Begrifflichkeiten in erstinstanzlichen Unterhaltsstreitigkeiten: → Form. J.I.1 Anm. 1.

Der Abänderungsantrag leitet ein **neues Verfahren** ein.

2. Zur sachlichen, örtlichen u. internationalen **Zuständigkeit:** → Form. J.I.1 Anm. 2.

3. Ein **Festsetzungsbeschluss** gem. § 253 FamFG, der im vereinfachten Verfahren über den Unterhalt Minderjähriger (→ Form. J.II) erlassen wurde, o. ein Beschluss gem. § 237 FamFG, der die Unterhaltsverpflichtung als Annex zur Vaterschaftsfeststellung gem. § 169 Nr. 1 FamFG (→ Form. E.II.3) feststellt, ist gem. § 240 FamFG abänderbar. In den Beschlüssen nach §§ 237 u. 253 FamFG wird der Unterhalt der Höhe nach begrenzt tituliert u. die Einwendungsmöglichkeiten des Schuldners sind eingeschränkt bzw. an die Voraussetzungen des § 252 FamFG geknüpft.

Der Korrekturantrag nach § 240 FamFG hat Vorrang vor dem Abänderungsantrag nach § 238 FamFG (BT-Drs. 16/6308, 258 f.). Hiermit können wie bei einem Erstantrag **ohne Präklusion,** dh ohne die Einschränkungen des § 238 FamFG (Wesentlichkeitsschwelle u. Tatsachenpräklusion), sowohl der Unterhaltsgläubiger als auch der -schuldner die Abänderung einer Unterhaltsfestsetzung beantragen. Voraussetzung ist, dass nicht bereits ein Antrag auf Durchführung des streitigen Verfahrens nach § 255 FamFG gestellt worden ist. Die vorher ohne inhaltliche Sachprüfung in pauschaler Weise erfolgte Unterhaltsfestsetzung kann erhöht o. herabgesetzt u. damit den individuellen Verhältnissen angepasst werden (OLG Celle NJW-RR 2013, 1096 Rn. 12 = FamRZ 2013, 1829).

Die **Darlegungs- u. Beweislast** ist wie im normalen Unterhaltserstverfahren verteilt (OLG Celle NJW-RR 2013, 1096). Das Kind muss seinen Bedarf u. die Leistungsfähigkeit des Unterhaltspflichtigen nur darlegen, wenn es mehr als den Mindestunterhalt verlangt (→ Form. J.I.1 Anm. 13).

Mit dem Abänderungsantrag nach § 240 FamFG kann das Kind zwischen der Titulierung eines **statischen o. eines dynamischen** Unterhalts wählen u. auch die Änderung des statischen Unterhaltstitels in einen dynamisierten Unterhaltstitel o. die gegenteilige Änderung verlangen.

Das Gesetz sieht für den Erhöhungsantrag **keine Frist** vor; für die Frage der rückwirkenden Unterhaltserhöhung ist allein § 1613 BGB maßgeblich (→ Form. J.I.1 Anm. 22).

4. Der abzuändernde Titel ist genau nach Gericht, Datum u. Aktenzeichen **zu bezeichnen.**

5. Zum **Unterhaltsantrag:** → Form. J.I.1 Anm. 3 u. zum dynamisierten Titel: → Form. J.I.3 Anm. 3.

6. Zum **Zinsantrag** u. zur Zinshöhe: → Form. J.I.1 Anm. 4.

7. Zur Anordnung der **sofortigen Wirksamkeit** des Beschlusses: → Form. J.I.1 Anm. 5.

8. Zur **Verfahrenskostenhilfe:** → Form. J.I.1 Anm. 6.

9. Zum Antrag auf **Versäumnisbeschluss:** → Form. J.I.1 Anm. 7.

10. Wenn bereits ein Antrag auf Durchführung des streitigen Verfahrens nach § 255 FamFG (→ Form. J.II.4) gestellt worden ist, geht dieses **streitige Verfahren** dem Abänderungsverfahren nach § 240 FamFG vor (BT-Drs. 16/6308, 258).

11. Das Unzutreffende bitte aus dem Text streichen.

Zur **Vertretung des Kindes** u. gesetzlicher Verfahrensstandschaft: → Form. J.I.1 Anm. 8.

12. Zum Kindergeld siehe die **Kindergeldtabelle:** → Form. J.I.1 Anm. 12.

13. Zur Erfüllung der Unterhaltspflicht **durch Betreuung:** → Form. J.I.1 Anm. 11.

14. Zum **Bedarf** des minderjährigen Kindes aufgrund der von den Eltern abgeleiteten Lebensstellung: → Form. J.I.1 Anm. 14.

15. Bitte die jeweils maßgebliche **Düsseldorfer Tabelle** nennen. Zur **Düsseldorfer Tabelle** mit Altersstufen, Einkommensgruppen, Bedarfskontrollbetrag sowie Selbstbehaltssätzen: → Form. J.I.1 Anm. 19–21.

16. Zur **Dynamisierung** eines Unterhaltstitels: → Form. J.I.3 Anm. 21.

17. Die Aufforderung zur **Erteilung der Auskunft** über die Einkünfte u. das Vermögen vor Verfahrensbeginn ist zur Geltendmachung von Unterhalt für die Vergangenheit wegen §§ 286, 1613 BGB erforderlich (→ Form. J.I.1 Anm. 22). S. auch § 243 FamFG zur Kostenverteilung nach billigem Ermessen bei unterlassener o. ungenügender Auskunftserteilung sowie → Form. J.I.1 Anm. 17 zur Möglichkeit einer verfahrensrechtlichen Auskunftsanordnung.

18. Zur **Formularfreiheit** nach § 2 PKHFV: → Form. J.I.1 Anm. 23.

Kosten und Gebühren

19. Zunächst → Form. J.I.1 Anm. 24.

Zum **Verfahrenswert** des Abänderungsantrags: → Form. J.I.8 Anm. 18.

Eine **Anrechnung** der Kosten des vorausgegangenen Unterhaltsfestsetzungsverfahrens nach § 253 FamFG beim Korrekturverfahren gem. § 240 FamFG erfolgt nicht (es fehlt für das Korrekturverfahren an einer § 255 Abs. 5 FamFG vergleichbaren gesetzlichen Regelung).

Fristen und Rechtsmittel

20. → Form. B.II.1 Anm. 13.

11. Abänderungsantrag des Vaters gegen die Tochter auf Unterhaltsherabsetzung nach Unterhaltsfestsetzung bei Vaterschaftsfeststellung (§ 240 FamFG) – Nachverfahren

An das

Amtsgericht[1]

– Familiengericht[2] –

. . . . .

Antrag

In der Familiensache

des Herrn . . . . .

wohnhaft . . . . .

– Antragsteller –

Verfahrensbevollmächtigter: Rechtsanwalt . . . . .

gegen

die Tochter . . . . .

geboren am . . . . .

gesetzlich vertreten durch ihre Mutter,

Frau . . . . .

beide wohnhaft . . . . .

– Antragsgegnerin –

wird namens und in Vollmacht des Antragstellers beantragt:[3]

Die Unterhaltsverpflichtung des Antragstellers aus dem Beschluss des Amtsgerichts – Familiengericht – . . . . . vom . . . . . (Aktenzeichen . . . . .)[4] wird dahin abgeändert, dass er mit Wirkung ab . . . . . nur noch zu monatlichen Unterhaltszahlungen in Höhe von (. . . . . EUR Bedarfsbetrag abzgl. . . . . . EUR anzurechnendes Kindergeld =) . . . . . EUR an die Antragsgegnerin zu Händen der gesetzlichen Vertreterin verpflichtet ist.

(Variante: Dynamisierter Titel
Die Unterhaltsverpflichtung des Antragstellers aus dem Beschluss des Amtsgerichts –

Familiengericht – . . . . . vom . . . . . (Aktenzeichen . . . . .)[4] wird dahin abgeändert, dass er nur noch zu monatlichen Unterhaltszahlungen

für die Zeit ab . . . . . in Höhe von . . . . . Prozent des jeweiligen Mindestunterhalts der ersten Altersstufe nach § 1612a BGB abzüglich hälftigem Kindergeld, mithin derzeit . . . . . EUR (. . . . . EUR abzgl. hälftigem Kindergeld von . . . . . EUR),

für die Zeit ab . . . . . (dem ersten Tag des Monats, in dem das Kind 6 Jahre alt wird) in Höhe von . . . . . Prozent des jeweiligen Mindestunterhalts der zweiten Altersstufe nach § 1612a BGB abzüglich hälftigem Kindergeld, mithin derzeit . . . . . EUR (. . . . . EUR abzgl. hälftigem Kindergeld von . . . . . EUR) und

für die Zeit ab . . . . . (dem ersten Tag des Monats, in dem das Kind 12 Jahre alt wird) in Höhe von . . . . . Prozent des jeweiligen Mindestunterhalts der dritten Altersstufe nach § 1612a BGB abzüglich hälftigem Kindergeld, mithin derzeit . . . . . EUR (. . . . . EUR abzgl. hälftigem Kindergeld von . . . . . EUR)

an die Antragsgegnerin zu Händen der gesetzlichen Vertreterin verpflichtet ist.)[5]

Darüber hinaus wird beantragt:

Dem Antragsteller wird für die erste Instanz Verfahrenskostenhilfe unter Beiordnung seines Verfahrensbevollmächtigten bewilligt.[6]
Für den Fall der nicht rechtzeitig angezeigten Verteidigungsbereitschaft im schriftlichen Vorverfahren wird Antrag auf Versäumnisbeschluss (§ 113 Abs. 1 S. 2 FamFG, § 331 Abs. 3 ZPO) ohne mündliche Verhandlung gestellt.[7]

Begründung:

Der Antragsteller ist der Vater der minderjährigen Antragsgegnerin und dieser gegenüber nach §§ 1601 ff. BGB barunterhaltspflichtig. Die Vaterschaft des Antragstellers wurde durch Beschluss des Amtsgerichts – Familiengericht – . . . . . vom . . . . . (Aktenzeichen . . . . .) festgestellt; diese Entscheidung ist seit dem . . . . . rechtskräftig. Die Unterhaltspflicht des Antragstellers wurde bei Feststellung der Vaterschaft gem. § 237 FamFG durch Beschluss des Amtsgerichts – Familiengericht – . . . . . vom . . . . . (Aktenzeichen . . . . .),[4] die in der Anlage beigefügt wird, mit . . . . . EUR/ . . . . . % des Mindestunterhalts abzüglich des hälftigen Kindergeldes ab dem . . . . . festgesetzt.

Diese pauschale Unterhaltsfestsetzung entspricht nicht der tatsächlichen Unterhaltsverpflichtung des Antragstellers. Daher wird mit dem innerhalb eines Monats seit der Rechtskraft der Unterhaltsfestsetzung erhobenen Korrekturantrag nach § 240 FamFG eine rückwirkende Herabsetzung des Unterhalts auf die aus dem Antrag ersichtlichen Höhe verlangt.[3]

Ein Antrag auf Durchführung des streitigen Verfahrens nach § 255 FamFG ist nicht gestellt worden.[8]

Die Antragsgegnerin wird von ihrer Mutter nach (§ 1626a Abs. 3 BGB/§ 1629 Abs. 2 S. 2 BGB/§ 1671 BGB auf Grund der in Fotokopie beigefügten Entscheidung des Amtsgerichts – Familiengerichts – . . . . . vom . . . . .) gesetzlich vertreten.[9]

Sie lebt im Haushalt ihrer Mutter, die das Kindergeld von monatlich . . . . . EUR[10] erhält. Die Mutter erfüllt ihre Unterhaltsverpflichtung durch die Pflege und die Erziehung der minderjährigen unverheirateten Antragsgegnerin (§ 1606 Abs. 3 S. 2 BGB).[11]

Der Antragsteller ist in Höhe des bisher pauschal festgesetzten Unterhalts nicht leistungsfähig.

Der Antragsteller arbeitet seit . . . . . Jahren vollschichtig als . . . . . bei demselben Arbeitgeber und erzielt dort ein maßgebliches, um die berufsbedingten Aufwendungen bereinigtes monatliches Nettoeinkommen in Höhe von . . . . . EUR.[12]

Beweis: Die anliegenden Einkommensunterlagen für die Zeit vom . . . . . und der Einkommensteuerbescheid für das Jahr . . . . .

Dem Antragsteller ist für die Vergangenheit kein fiktives Einkommen anzurechnen. Denn für die Zeit vor seiner Vaterschaftsfeststellung konnte er nicht mit seiner Inanspruchnahme auf Unterhalt rechnen. Auch aktuell ist dem Antragsteller kein weiteres Einkommen fiktiv anzurechnen, da . . . . . .[13]

Der Antragsteller ist einem weiteren bei dessen Mutter lebenden minderjährigen Kind, das keine Einkünfte hat, unterhaltspflichtig, und zwar dem am . . . . . geborenen Kind . . . . . Die Unterhaltsverpflichtung gegenüber diesem Kind wurde mit Beschluss des Amtsgerichts – Familiengericht – . . . . vom . . . . (Aktenzeichen . . . . .)/Vergleich des Amtsgerichts – Familiengericht – . . . . . vom . . . . . (Aktenzeichen . . . . .)/Urkunde des Jugendamtes/Notars . . . . . vom . . . . . (Urkunden-Nr. . . . . .) festgesetzt und entspricht seiner tatsächlichen Unterhaltsverpflichtung.[14]

Beweis: Titel vom . . . . .

Bei diesen zwei gleichrangigen Unterhaltspflichten ist der Selbstbehalt des Antragstellers von . . . . . EUR berührt, und es liegt ein Mangelfall vor.

Das anrechenbare Einkommen des Antragstellers fällt in die . . . . . Einkommensgruppe der Düsseldorfer Tabelle mit Stand . . . . . Eine höhere Einstufung ist nicht angemessen. Es folgt nach der für die Antragsgegnerin anzuwendenden . . . . . Altersstufe ein Tabellenbedarfsbetrag von monatlich . . . . . EUR und unter Anrechnung des hälftigen Kindergeldes ein offener Bedarf der Antragsgegnerin in Höhe von . . . . EUR. Für das weitere Kind des Antragstellers folgt aus der . . . . . Altersstufe ein Tabellenbedarfsbetrag von monatlich . . . . EUR und unter Anrechnung des hälftigen Kindergeldes ein offener Bedarf des Kindes in Höhe von . . . . . EUR.[15]

Dem Gesamtbedarf der gleichrangig unterhaltsberechtigten Kinder in Höhe von . . . . EUR steht ein für Unterhaltszwecke zur Verfügung stehendes Einkommen des Antragstellers (unter Berücksichtigung seines notwendigen Selbstbehalts von . . . . . EUR) in Höhe von . . . . . EUR gegenüber. Es entfällt auf jedes Kind eine Unterhaltsquote von . . . . . %, was für die Antragsgegnerin einem Unterhaltsbetrag von . . . . . EUR entspricht.[16]

Der Antragsteller forderte mit seinem in Fotokopie beigefügten Schreiben vom . . . . ., zugegangen am . . . . ., die Antragsgegnerin zu Händen ihrer gesetzlichen Vertreterin auf, auf die Rechte aus dem Unterhaltstitel zu verzichten, soweit ein Betrag von monatlich . . . . . EUR/. . . . . % des Mindestunterhalts abzüglich des hälftigen Kindergeldes überschritten ist.

Beweis: Anliegendes Aufforderungsschreiben (einschließlich Einschreiben mit Rückschein)

Dem ist die Antragsgegnerin nicht nachgekommen.[17]

Zum Antrag auf Bewilligung von Verfahrenskostenhilfe sind die nach § 117 Abs. 2 und 4 ZPO iVm § 113 Abs. 1 S. 2 FamFG erforderlichen Unterlagen mit Abschriften für den Gegner beigefügt.[18]

Rechtsanwalt[19, 20]

Anmerkungen

1. Zum **Anwaltszwang** u. den Begrifflichkeiten in erstinstanzlichen Unterhaltsstreitigkeiten: → Form. J.I.1 Anm. 1.

Der Abänderungsantrag leitet ein **neues Verfahren** ein.

2. Zur sachlichen, örtlichen u. internationalen **Zuständigkeit:** → Form. J.I.1 Anm. 2.

3. Zum **Korrekturantrag nach § 240 FamFG** zunächst: → Form. J.I.10 Anm. 3.

Eine rückwirkende Herabsetzung des Unterhalts kann der Unterhaltspflichtige gem. § 240 Abs. 2 S. 1 FamFG nur erreichen, wenn er den Antrag in einer **Frist von einem Monat** nach Rechtskraft des abzuändernden Unterhaltstitels stellt. Wenn innerhalb der Monatsfrist ein Erhöhungsantrag des Kindes anhängig geworden ist, läuft die Frist für den Korrekturantrag des Schuldners nicht vor der Beendigung des Erhöhungsverfahrens ab (§ 240 Abs. 2 S. 2 FamFG). Ferner ist ein nach Ablauf der Monatsfrist gestellter Herabsetzungsantrag des Schuldners zulässig für die Zeit ab dem Ersten des auf sein entsprechendes Auskunft- o. Verzichtsverlangen folgenden Monats (§ 240 Abs. 2 S. 3 iVm § 238 Abs. 3 S. 3 FamFG).

Stellt der Unterhaltsschuldner seinen Korrekturantrag auf Herabsetzung des Unterhalts nicht innerhalb eines Monats nach Rechtskraft der Endentscheidung, ist nach § 240 Abs. 2 S. 1 FamFG die Abänderung nur zulässig für die Zeit **ab Rechtshängigkeit** des Antrags.

Streitig ist, ob bei einem innerhalb eines Monats nach Rechtskraft der Unterhaltsverpflichtung vom Schuldner gestellten Herabsetzungsantrag die Frist der § 240 Abs. 2 S. 4, § 238 Abs. 3 S. 4 FamFG gilt, mithin die Herabsetzung nur für die ein Jahr vor der Rechtshängigkeit des Herabsetzungsantrages liegende Zeit verlangt werden kann. Zum einen wird in der Verweisung auf § 238 Abs. 3 S. 4 FamFG eine **absolute Grenze von einem Jahr** vor Eintritt der Rechtshängigkeit des abzuändernden Beschlusses gesehen. Es soll aber – wie bei einem Abänderungsantrag nach § 238 FamFG – nur zur Vermeidung unbilliger Härten eine Abweichung im Wege der teleologischen Reduktion in Betracht kommen (rechtsmissbräuchliche Berufung auf die Jahresfrist); da bei einer Festsetzung des Mindestunterhalts mit Feststellung der Vaterschaft dem Vater gem. § 237 Abs. 3 S. 3 FamFG der Einwand mangelnder Leistungsfähigkeit abgeschnitten ist, musste der Unterhaltsberechtigte mit einer Korrektur rechnen (KG BeckRS 2010, 33000 = ZKJ 2010, 290; OLG Nürnberg NJW-RR 2012, 1027 = FamRZ 2012, 1242; Sternal/Weber, FamFG § 240 Rn. 11; Prütting/Helms/Bömelburg FamFG § 240 Rn. 20; Recknagel/Dose UnterhaltsR/Recknagel, § 10 Rn. 439). Zum anderen wird vertreten, dass die Jahresfrist allein in den Fällen der rückwirkenden Herabsetzung nach Maßgabe des § 240 Abs. 2 S. 3 FamFG u. damit nur für eine Herabsetzung außerhalb der Monatsfrist gilt (MüKoFamFG/Witt, FamFG § 240 Rn. 28; Bumiller/Harders/Schwamb FamFG § 240 Rn. 5 u. 10).

Damit der Unterhaltsschuldner insbes. eine **viele Rückstandsjahre** ab der Geburt des Kindes umfassende Entscheidung auf Vaterschaftsunterhalt (§ 237 FamFG) mit voller Rückwirkung abändern lassen kann, sollte unbedingt die Monatsfrist nach § 240 Abs. 2 S. 1 FamFG für den Korrekturantrag eingehalten werden.

Nach § 241 FamFG gilt eine **verschärfte Haftung des Unterhaltsempfängers** ab der Rechtshängigkeit eines auf Herabsetzung gerichteten Korrekturantrages. Ein solcher Antrag steht bei der Anwendung des § 818 Abs. 4 BGB der Rechtshängigkeit eines Antrags auf Rückzahlung der geleisteten Beträge gleich. Hiermit soll vermieden werden, dass der Unterhaltsempfänger ohne einen auf Rückzahlung gerichteten zusätzlichen Leistungsantrag Entreicherung nach § 818 Abs. 3 BGB einwenden kann (BT-Drs. 16/6308, 259).

Der Schuldner kann im Korrekturverfahren nach § 240 FamFG einen **Erlass,** eine **Stundung** o. eine **Ratenzahlung** hinsichtlich des rückständigen Unterhalts gem. § 1613 Abs. 3 BGB wegen unbilliger Härte begehren; es handelt sich um eine materielle Einwendung, die der Unterhaltspflichtige zur Geltung bringen muss. Diese Härteregelung (s. OLG Oldenburg BeckRS 2011, 16859 = FamRZ 2006, 1561; OLG Schleswig NJW-RR 2007, 1017 = FamRZ 2007, 2102; OLG Koblenz BeckRS 2015, 14282 = FamRZ 2015, 1401; OLG Celle NJW-RR 2019, 776 = FamRZ 2019, 1787; OLG Brandenburg BeckRS 2020, 41250 = FamRZ 2021, 1039) hat vor allem Bedeutung, wenn die Vaterschaft eines in schlechten wirtschaftlichen Verhältnissen lebenden Mannes für ihn überraschend erst nach vielen Jahren rechtskräftig festgestellt wird u. erhebliche Unterhaltsrückstände ab der Geburt des Kindes aufgelaufen sind (→ Form. J.III). Die Tatbestandsmerkmale hat der Unterhaltspflichtige darzulegen u. zu beweisen (OLG Saarbrücken BeckRS 2024, 34673 Rn. 42 = FamRZ 2025, 1114). Der **Korrekturantrag** sollte dann wie folgt **ergänzt** werden:

Formulierungsvorschlag:

Der rückständige Unterhalt für die Zeit vom . . . . . bis . . . . . wird dem Antragsteller erlassen.
Hilfsweise: Dem Antragsteller wird der für die Zeit vom . . . . . bis . . . . . geltend gemachte rückständige Unterhalt bis zum . . . . . gestundet.
Hilfsweise: Den Antragsteller wird nachgelassen, den rückständigen Unterhalt für die Zeit vom . . . . . bis . . . . . in Raten von monatlich . . . . . EUR ab dem . . . . . zahlen.

4. Der abzuändernde Titel ist genau nach Gericht, Datum u. Aktenzeichen zu **bezeichnen.**

5. Der Antrag auf einen statischen o. dynamisierten Unterhaltstitel richtet sich nach dem abzuändernden Titel.

Ohne Zustimmung des Unterhaltsgläubigers kann der eine Herabsetzung der Unterhaltsfestsetzung beantragende Unterhaltsschuldner mit seinem Korrekturantrag **keine Änderung** des **dynamisierten** Unterhaltstitels in einen **statischen** Unterhaltstitel verlangen, weil er damit die Wahlmöglichkeit des Kindes vereiteln würde (Zöller/Lorenz FamFG § 240 Rn. 2; Sternal/Meyer-Holz FamFG § 240 Rn. 4). Dies kann zu dynamisierten Unterhaltstiteln unter 100 % des Mindestunterhalts führen, obwohl gegen dynamisierte Titel im Mangelfall Bedenken bestehen, da sich die durch den Selbstbehalt des Unterhaltsschuldners begrenzte Verteilungsmasse nicht durch etwaige weitere Anhebungen des Mindestunterhalts erhöht (OLG Brandenburg BeckRS 2016, 10085 Rn. 11 = FamRZ 2016, 1469; OLG Frankfurt NJW-RR 2025, 3 = FamRZ 2025, 446).

6. Zur Verfahrenskostenhilfe: → Form. J.I.1 Anm. 6.

7. Zum Antrag auf Versäumnisbeschluss: → Form. J.I.1 Anm. 7.

Teilweise wird es als **mutwillig** iSv § 114 ZPO angesehen, wenn ein Unterhaltspflichtiger nicht durch eine rechtzeitige Darlegung seiner Leistungsunfähigkeit bereits im vereinfachten Verfahren über den Unterhalt Minderjähriger eine Unterhaltsfestsetzung verhindert hat (OLG Celle NJOZ 2013, 1962 = FamRZ 2013, 1592; OLG Bamberg NJW 2023, 1971 = FamRZ 2023, 1303), was aber zu weitgehend sein dürfte (OLG Düsseldorf BeckRS 2022, 44805 = MDR 2023, 733; OLG Stuttgart NZFam 2021, 430 = FamRZ 2022, 526). Lt. OLG Hamburg (NJW 2013, 2042) soll es auch mutwillig sein, wenn der Unterhaltsschuldner VKH für einen Antrag auf Herabsetzung des Unterhalts nach § 240 FamFG erstrebt, nachdem der Unterhaltsgläubiger ihm mitgeteilt hat, künftig nur noch den reduzierten Unterhalt zu verlangen.

8. Wenn bereits ein Antrag auf Durchführung des streitigen Verfahrens nach § 255 FamFG (→ Form. J.II.4) gestellt worden ist, geht dieses **streitige Verfahren** dem Abänderungsverfahren nach § 240 FamFG vor (BT-Drs. 16/6308, 258).

9. Das Unzutreffende bitte aus dem Text streichen.

Zur **Vertretung des Kindes** u. gesetzlicher Verfahrensstandschaft: → Form. J.I.1 Anm. 8.

10. Zum Kindergeld siehe die **Kindergeldtabelle:** → Form. J.I.1 Anm. 12.

11. Zur Erfüllung der Unterhaltspflicht **durch Betreuung:** → Form. J.I.1 Anm. 11.

12. Ausgangspunkt für das anzurechnende Einkommen ist das **tatsächlich erzielte Einkommen** (vgl. → Form. J.I.1 Anm. 16).

13. Zur Anrechnung eines **fiktiven Einkommens** zunächst: → Form. J.I.1 Anm. 18.

Dem unterhaltspflichtigen Vater kann naturgemäß **nicht vor Kenntnis** seiner Vaterschaft vorgeworfen werden, dass er einer (gesteigerten) Erwerbsobliegenheit nicht nachgekommen ist; insoweit scheidet die Anrechnung fiktiven Einkommens aus. Der Vater musste seine Lebensführung nicht auf Unterhaltspflichten einstellen u. musste keine Rücklagen bilden.

14. Reicht das für Unterhaltszwecke zur Verfügung stehende Einkommen des Unterhaltspflichtigen nicht zur Deckung des gesamten Bedarfs aller Unterhaltsberechtigten aus, sind zunächst die höherrangigen Unterhaltspflichten u. innerhalb eines Rangs die Unterhaltspflichten quotal zu erfüllen. Der **Unterhaltsrang** ergibt sich aus § 1609 BGB. Zur Berücksichtigung weiterer Unterhaltsverpflichtungen: → Form. J.I.1 Anm. 3.

Die Mangelfallberechnung hat ohne Rücksicht auf bereits erfolgte Titulierungen für jeden Anspruch so zu erfolgen wie bei einer **gleichzeitigen Entscheidung** über alle Unterhaltsansprüche. Der mehreren gleichrangigen Kindern gesteigert Unterhaltspflichtige muss alle ihm zur Verfügung stehenden Mittel einsetzen, um den Mindestunterhalt der Kinder zu decken. Zu diesen Mitteln gehören auch solche Einkünfte, die andere Unterhaltsberechtigte ihm, aus welchen Gründen auch immer, endgültig belassen (BGH NZFam 2019, 713 = FamRZ 2019, 1415). Damit ist für die Vergangenheit der tatsächlich an ein weiteres Kind gezahlte, niedrigere Unterhalt zu berücksichtigen, wenn keine Nachforderung mehr zu befürchten ist, so dass auf den im Verfahren festzusetzenden Unterhalt ein höherer Betrag entfällt. Für den laufenden u. künftigen Unterhalt ist für jeden Monat neu eine Prognose abzugeben, in welchem Umfang die Einkünfte des Unterhaltspflichtigen nicht für den Unterhalt zur Verfügung stehen, weil weitere gleichrangige Unterhaltsansprüche zu bedienen sind (zB aufgrund eines Titels o. in der Vergangenheit geleisteter Zahlungen); der Unterhaltsschuldner ist für den Fall, dass die Prognose falsch ist, auf die Abänderung zu verweisen. Auch wenn für ein weiteres Kind ein zu hoher Unterhalt tituliert ist, ist der Unterhaltsschuldner auf die Abänderung zu verweisen.

15. Bitte die jeweils maßgebliche **Düsseldorfer Tabelle** nennen. Zur DT mit Altersstufen, Einkommensgruppen, Bedarfskontrollbetrag sowie Selbstbehaltssätzen: → Form. J.I.1 Anm. 19–21.

16. Ein Beispiel für die **Berechnung eines Mangelfalls**, in dem das Einkommen des Unterhaltspflichtigen nicht zur Deckung des Bedarfs aller Unterhaltsberechtigen ausreicht, ist in der DT Anm. C aufgeführt.

17. Der **Abänderungsbeginn** kann gem. § 240 Abs. 2 S. 3 FamFG durch ein entsprechendes Auskunfts- o. Verzichtsverlangen vorverlagert werden: → Form. J.I.9 Anm. 14.

18. Zum Antrag auf Bewilligung von Verfahrenskostenhilfe: → Form. J.I.2 Anm. 8.

Kosten und Gebühren

19. → Form. J.I.10 Anm. 19.

Fristen und Rechtsmittel

20. → Form. B.II.1 Anm. 13.

Ehegattenunterhalt

12. Antrag der Ehefrau auf Zahlung von Trennungsunterhalt

An das

Amtsgericht[1]
– Familiengericht[2] –

. . . . .

Antrag

In der Familiensache

der Frau . . . . .

wohnhaft . . . . .

– Antragstellerin –

Verfahrensbevollmächtigter: Rechtsanwalt . . . . .

gegen

Herrn . . . . .

wohnhaft . . . . .

– Antragsgegner –

wird namens und in Vollmacht der Antragstellerin beantragt:

Der Antragsgegner wird verpflichtet, an die Antragstellerin ab . . . . . monatlich Trennungsunterhalt in Höhe von . . . . . EUR zu zahlen, und zwar im Voraus bis zum 3. eines jeden Monats.[3]
Der Antragsgegner wird außerdem verpflichtet, an die Antragstellerin Zinsen[4] in Höhe von 5 Prozentpunkten über dem jeweiligen Basiszinssatz nach § 247 BGB aus dem folgenden monatlichen Unterhaltsrückstand zu zahlen:
von . . . . . EUR seit dem . . . . .,
von . . . . . EUR seit dem . . . . .,
von . . . . . EUR seit dem . . . . .
Der Beschluss ist sofort wirksam.[5]

Darüber hinaus wird beantragt:

Der Antragstellerin wird für die erste Instanz Verfahrenskostenhilfe unter Beiordnung ihres Verfahrensbevollmächtigten bewilligt.[6]
Für den Fall der nicht rechtzeitig angezeigten Verteidigungsbereitschaft im schriftlichen Vorverfahren wird Antrag auf Versäumnisbeschluss (§ 113 Abs. 1 S. 2 FamFG, § 331 Abs. 3 ZPO) ohne mündliche Verhandlung gestellt.[7]

Begründung:

Die Beteiligten sind seit dem ..... miteinander verheiratet und leben seit dem ..... voneinander getrennt.[3] Einen Unterhaltstitel zugunsten der Antragstellerin gibt es bisher nicht.[8]

Die Antragstellerin ist überwiegend Hausfrau und erzielt wie in der Zeit des Zusammenlebens mit dem Antragsgegner nur Einkommen aus einer geringfügigen Erwerbstätigkeit in Höhe von ..... EUR, das um berufsbedingte Aufwendungen in Höhe von ..... EUR zu bereinigen ist.[9] Sie ist ohne Vermögen und bezieht keine Sozialleistungen. (Der Träger der Sozialleistungen hat durch den beigefügten Vertrag vom ..... die kraft Gesetzes übergegangenen Unterhaltsansprüche der Antragstellerin auf diese zur gerichtlichen Geltendmachung rückübertragen.)[10]

Der Antragsgegner ist von Beruf ....., bei der Firma ..... beschäftigt und erzielt mindestens ein um die berufsbedingten Aufwendungen[11] bereinigtes monatliches Nettoeinkommen in Höhe von ..... EUR.[12]

Beweis: Anliegende Lohn- und Gehaltsabrechnungen für die Zeit .....

Falls der Antragsgegner die Höhe dieses Nettoeinkommens bestreiten sollte, wird das Gericht vorsorglich gebeten, ihm gemäß § 235 FamFG aufzugeben, binnen zwei Wochen seine Verdienstabrechnungen für die letzten 12 Monate und seinen neuesten Einkommensteuerbescheid vorzulegen. Wenn der Antragsgegner der Aufforderung nicht oder nicht vollständig nachkommt, wird das Gericht gebeten, gemäß § 236 FamFG diese Belege beim Arbeitgeber des Antragsgegners bzw. beim Finanzamt seines Wohnsitzes einzuholen. Ein Antrag gemäß § 236 Abs. 2 FamFG bleibt vorbehalten.[13]

Danach errechnet sich nach dem Halbteilungsgrundsatz unter Berücksichtigung eines Erwerbstätigenbonusses ein monatlicher Unterhaltsanspruch der Antragstellerin in Höhe von ..... EUR (..... EUR anrechenbares Einkommen des Antragsgegners abzgl. ..... EUR anrechenbares Einkommen der Antragstellerin = ... EUR; davon 45 %).[14]

Der Antragsgegner ist in dieser Höhe leistungsfähig.

Der Antragsgegner zahlt keinen Unterhalt an die Antragstellerin, obwohl er hierzu durch das beigefügte Mahnschreiben vom ....., zugegangen am ....., aufgefordert worden ist. Gemäß § 1361 Abs. 4 S. 4, § 1360a Abs. 3, § 1613 BGB wird Unterhalt ab dem Ersten des Monats, in dem der Antragsgegner das Mahnschreiben erhalten hat, verlangt.[15]

Beweis: Anliegendes Aufforderungsschreiben (einschließlich Einschreiben mit Rückschein)

Die Verzugszinsen auf die im Beschlussantrag bezeichneten Unterhaltsrückstände werden gemäß § 288 Abs. 1, § 286 Abs. 1 S. 1 BGB geltend gemacht.[4] Durch das vorgenannte Mahnschreiben ist der Antragsgegner in Verzug gesetzt worden. Eine Erweiterung des Zinsantrages auf die bis zum Verhandlungstermin etwa zusätzlich aufgelaufenen Unterhaltsrückstände bleibt vorbehalten.

Zum Antrag auf Bewilligung von Verfahrenskostenhilfe sind die nach § 117 Abs. 2 und 4 ZPO iVm § 113 Abs. 1 S. 2 FamFG erforderlichen Unterlagen mit Abschriften für den Gegner beigefügt.[16] Die Antragstellerin hat keinen alsbald realisierbaren Anspruch auf Verfahrenskostenvorschuss gegen den Antragsgegner, da dieser wegen seiner geringen Leistungsfähigkeit selbst Verfahrenskostenhilfe erhalten könnte.

Rechtsanwalt[17, 18]

Anmerkungen

1. Zum **Anwaltszwang** u. den Begrifflichkeiten in erstinstanzlichen Unterhaltsstreitigkeiten: → Form. J.I.1 Anm. 1.

2. Der Antrag auf Zahlung von Trennungsunterhalt betrifft nach § 111 Nr. 8 FamFG eine Familiensache, für das das Amtsgericht (Familiengericht) **sachlich zuständig** ist (§§ 23a Abs. 1 S. 1 Nr. 1 u. S. 2, 23b Abs. 1 GVG).

Die **örtliche Zuständigkeit** für diese durch Ehe begründete Familienstreitsache (§ 112 Nr. 1, § 231 Abs. 1 Nr. 2 FamFG) bestimmt sich primär nach § 232 Abs. 1 Nr. 1 FamFG, so dass während der Anhängigkeit einer Ehesache das Gericht der Ehesache zuständig ist. Ist keine Ehesache anhängig, bestimmt sich die Zuständigkeit gem. § 232 Abs. 3 S. 1 FamFG nach den Vorschriften der ZPO mit der Maßgabe, dass in den Vorschriften über den allgemeinen Gerichtsstand an die Stelle des Wohnsitzes der gewöhnliche Aufenthalt tritt. Demnach ist hier nach § 232 Abs. 3 S. 1 FamFG, §§ 12, 13 ZPO örtlich zuständig das für den inländischen gewöhnlichen Aufenthaltsort des Antragsgegners zuständige Familiengericht. Wird während der Anhängigkeit des Verfahrens betr. Trennungsunterhalt im ersten Rechtszug eine Ehesache rechtshängig, ist das Trennungsunterhaltsverfahren gem. § 233 FamFG an das Gericht der Ehesache von Amts wegen abzugeben.

Hält sich der Antragsteller im Inland u. der **Antragsgegner im Ausland** auf, richtet sich die internationale u. örtliche Zuständigkeit des Familiengerichts gem. § 232 Abs. 3 S. 2 Nr. 3 FamFG nach dem inländischen gewöhnlichen Aufenthalt des Antragstellers o. nach dem vorrangig (s. § 97 FamFG) anwendbaren europäischen Verfahrensrecht. Der unterhaltsberechtigte Antragsteller sollte dann den Vorteil des nahen inländischen Gerichtsstandes am Ort seines gewöhnlichen Aufenthalts gem. Art. 3 Buchst. b EuUnthVO wählen. Diese Vorschrift gilt auch für den hier geltend gemachten Trennungsunterhalt.

Für die Fälle des Art. 3 Buchst. a u. b EuUnthVO bestimmt § 28 Abs. 1 S. 1 Auslandsunterhaltsgesetz (AUG) beim gewöhnlichen Aufenthalt eines der Verfahrensbeteiligten im Ausland eine – nicht ausschließliche – **örtliche Zuständigkeitskonzentration** bei dem für den Sitz des OLG zuständige Amtsgericht, in dessen Bezirk der im Inland lebende Antragsgegner o. Berechtigte seinen gewöhnlichen Aufenthalt hat. Näheres bei → Form. J.I.1 Anm. 2.

3. Der Anspruch auf **Trennungsunterhalt** beruht auf § 1361 BGB u. setzt das Bestehen einer wirksamen Ehe voraus, was die Antragstellerin im Streitfall darlegen u. beweisen muss (OLG Bremen BeckRS 2015, 19424 Rn. 15 = FamRZ 2016, 828, auch zum Problem der Doppelehe), u. beginnt mit dem Getrenntleben der Ehegatten iSv § 1567 BGB, also mit der Aufhebung der häuslichen Gemeinschaft bei erkennbarem Trennungswillen („Trennung von Tisch u. Bett").

Der Unterhaltsanspruch auf Trennungsunterhalt von **eingetragenen Lebenspartnern** gem. § 12 LPartG verweist auf § 1361 BGB u. ist wie bei Ehegatten zu bemessen. Da seit dem 30.9.2017 in der BRD keine Lebenspartnerschaften mehr begründet werden (§ 1 S. 2 Nr. 1 LPartG) u. die vor dem 1.10.2017 in der BRD begründeten Lebenspartnerschaften nach § 20a LPartG in eine Ehe umgewandelt werden können, findet § 12 LPartG nur noch bei nicht in eine Ehe umgewandelten Lebenspartnerschaften u. bei im Ausland begründeten Lebenspartnerschaften Anwendung, soweit auf sie deutsches Recht anwendbar ist. Insgesamt hat die Vorschriften damit kaum praktische Bedeutung. Regelungen zu Ehegatten u. Ehen, die nach dem 22.12.2018 in Kraft treten, gelten gem. § 21 LPartG grundsätzlich entsprechend für Lebenspartner u. Lebenspartnerschaften.

Trennungsunterhalt kann nur in einem **isolierten Verfahren** u. nicht im Scheidungsverbundverfahren geltend gemacht werden, da beim Trennungsunterhalt keine „Entscheidung für den Fall der Scheidung" (§ 137 Abs. 2 S. 1 Nr. 2 FamFG) zu treffen ist. Die Ehegatten können aber in einem Gerichtsverfahren über Trennungsunterhalt formwirksam einen **Vergleich über nachehelichen Unterhalt** protokollieren lassen, ohne dass eine Folgesache über nachehelichen Unterhalt rechtshängig sein muss (BGH NJW 2014, 1231 Rn. 16 ff. = FamRZ 2014, 728).

Der Anspruch auf Trennungsunterhalt nach § 1361 BGB u. der Anspruch auf Geschiedenenunterhalt nach §§ 1569 ff. BGB sind **nicht identisch** (BGH NJW 1981, 978 = FamRZ 1981, 242). Das Gesetz geht nämlich gem. § 1569 BGB nach der Ehescheidung grds. von der Eigenverantwortung jedes Ehegatten für seinen Unterhalt aus u. gewährt einen Unterhaltsanspruch nur unter den besonderen, in den §§ 1570 ff. BGB genannten Voraussetzungen. Dagegen besteht nach § 1361 BGB während des Getrenntlebens in der Ehe regelmäßig ein Anspruch auf angemessenen Unterhalt nach den Lebensverhältnissen u. den Erwerbs- u. Vermögensverhältnissen der Ehegatten.

Der Anspruch aus § 1361 BGB **erlischt** am Tage des Eintritts der Rechtskraft der Ehescheidung (BGH NJW 1988, 1137 = FamRZ 1988, 370), sodass der Anspruch auf nachehelichen Unterhalt gesondert geltend gemacht u. tituliert werden muss. Ein titulierter Trennungsunterhaltsanspruch erlischt auch durch ein Wiederzusammenleben der Eheleute mit dem Ziel einer Versöhnung für länger als drei Monate, so dass der Titel nicht bei einem erneuten Getrenntleben wieder auflebt, sondern der Trennungsunterhalt neu tituliert werden muss (OLG Stuttgart BeckRS 2019, 42826 = FamRZ 2020, 752).

4. Zum **Zinsantrag** u. zur Zinshöhe: → Form. J.I.1 Anm. 4.

5. Zur Anordnung der **sofortigen Wirksamkeit** des Beschlusses: → Form. J.I.1 Anm. 5.

6. Zur **Verfahrenskostenhilfe:** → Form. J.I.1 Anm. 6.

7. Zum Antrag auf **Versäumnisbeschluss:** → Form. J.I.1 Anm. 7.

8. Nach einer **Titulierung des vollen Unterhalts** wäre ein Leistungsantrag regelmäßig ausgeschlossen u. nur ein Abänderungsantrag nach § 238 FamFG o. § 239 FamFG möglich (→ Form. J.I.1 Anm. 9).

9. Der Unterhalt bei Getrenntleben bemisst sich gem. § 1361 Abs. 1 S. 1 BGB nach den Lebensverhältnissen u. den **Erwerbs- u. Vermögensverhältnissen beider Ehegatten**. Die Lebensverhältnisse sind nach den zu § 1578 Abs. 1 BGB entwickelten Maßstäben zu beurteilen. Demnach ist auf die wirtschaftlichen Verhältnisse abzustellen, an deren Entwicklung die Ehegatten grds. bis zur Rechtskraft der Scheidung gemeinschaftlich teilhaben. Somit können auch Einkommensveränderungen nach der Trennung bis zur Scheidung Einfluss auf die Unterhaltsbemessung haben, sofern es sich nicht um eine unerwartete u. vom Normalverlauf erheblich abweichende Entwicklung wie einen die ehelichen Verhältnisse nicht mehr prägenden Karrieresprung handelt (OLG Karlsruhe BeckRS 2019, 34914 Rn. 23 = FamRZ 2020, 93 mwN).

Nach dem **Grundsatz der Halbteilung** sollen die von beiden erwerbstätigen Ehegatten erzielten Einkünfte ihnen auch nach Trennung u. Scheidung gleichmäßig zugutekommen. Hälftig aufzuteilen ist das „verteilungsfähige Einkommen", dh der Teil der in der Ehe angelegten Einkünfte, der zur Deckung des Lebensbedarfs zur Verfügung steht. Das sogenannte prägende Einkommen der Eheleute ist zur Ermittlung des Bedarfs daher vorher zu bereinigen, dh um Steuern, Vorsorgeaufwendungen, berufsbedingte Aufwendungen, Kinderbetreuungskosten, Schulden u. Kindesunterhalt, im Einzelfall ferner um alters- o. krankheitsbedingten Mehrbedarf u. Ausgaben zur gemeinsamen Vermögensbildung zu kürzen.

Bis zu einem unterhaltsrelevanten Familieneinkommen in Höhe des Doppelten der vormals letzten, nun 10. Einkommensstufe der Düsseldorfer Tabelle (in 2026: 11.400 EUR) besteht die widerlegbare Vermutung des laufenden tatsächlichen Verbrauchs des Einkommens (BGH NZFam 2018, 130 = FamRZ 2018, 260; BGH NJW 2022, 621 Rn. 20 = FamRZ 2021, 1965), so dass bis zu dieser Höhe der Unterhalt **quotal zu berechnen** ist. Bei Erwerbseinkünften ist ferner vorab vom bereinigten Nettoeinkommen bei der Quotierung des Unterhalts der Erwerbstätigenbonus von einem Zehntel (vgl. DT Anm. B I.) abzuziehen (bis 31.12.2021 galt teilweise ein Erwerbstätigenbonus von 1/7).

Da bei (sehr) günstigen Einkommensverhältnissen (Familieneinkommen von mehr als das Doppelte der 10. Einkommensgruppe der DT) regelmäßig nicht davon auszugehen ist, dass das gesamte Einkommen zur Deckung des Lebensbedarfs, sondern teilweise zur Vermögensbildung verwendet wird, ist in diesen Fällen der Unterhaltsbedarf **konkret zu berechnen.** Zur Darstellung des konkreten Bedarfs ist der Unterhaltsberechtigte gehalten, die einzelnen Positionen seines gegenwärtigen persönlichen Bedarfs – orientiert an den ehelichen Lebensverhältnissen – konkret darzulegen u. unter Beweis zu stellen.

Die bei der Trennung **erwerbstätigen Ehegatten** haben nach der Trennung grds. ihre bisherige Erwerbstätigkeit fortzusetzen (OLG Bremen BeckRS 2012, 7709 = FamRZ 2012, 1391; Dose UnterhaltsR/Bömelburg § 4 Rn. 50). Den im Zeitpunkt der Trennung längere Zeit nicht erwerbstätig gewesenen Ehegatten trifft im ersten **Trennungsjahr** idR keine Erwerbsobliegenheit (BGH NJW 2008, 1946 Rn. 26 = FamRZ 2008, 963), da auch bei einer kinderlosen Ehe der bisherige Status nicht vorschnell verändert werden soll. Nach Ablauf des Trennungsjahrs muss er/sie ggf. eine zusätzliche Tätigkeit aufnehmen, wenn die bisherige Tätigkeit nicht vollschichtig ist (OLG Köln BeckRS 2002, 5932).

Von diesem Grundsatz bestehen Ausnahmen:

- war der Ehemann/die Ehefrau bereits bei der Trennung arbeitssuchend, besteht sofort eine Erwerbsobliegenheit
- bei kurzer Ehe werden schon im Trennungsjahr Bemühungen um Arbeit geschuldet (BGH BeckRS 2001, 209 = FamRZ 2001, 350)
- bei langer Ehe besteht ggf. eine längere Übergangszeit (vgl. OLG München BeckRS 2000, 30470921 = FamRZ 2002, 462; OLG Hamm BeckRS 2004, 01307 = FamRZ 2004, 1208)
- auch bei nur kurzer Berufspause besteht nur eine kürzere Übergangszeit (OLG Koblenz OLG Koblenz BeckRS 1993, 31134308 = FamRZ 1994, 1253)

Ähnliche Maßstäbe sind für die **Ausweitung einer Teilzeitarbeit** anzuwenden, wobei aber das Arbeitsplatzrisiko zu berücksichtigen ist (OLG Frankfurt NJWE-FER 1999, 289 = FamRZ 2000, 25). Weitere wichtige Kriterien sind die Dauer der Nichterwerbstätigkeit u. die wirtschaftlichen Verhältnisse beider Ehegatten (OLG Brandenburg BeckRS 2020, 5019).

Der Vertrauenstatbestand durch **freiwillige Unterhaltszahlung** kann den Zeitpunkt der Erwerbsobliegenheit hinausschieben (OLG Köln NJWE-FER 1999, 201 = FamRZ 1999, 853).

10. Bitte den zutreffenden Text auswählen.

Zum gesetzlichen **Übergang des Unterhaltsanspruchs** der Antragstellerin beim Empfang subsidiärer Sozialleistungen sowie zur Rückübertragung des übergegangenen Unterhaltsanspruchs vom Leistungsträger auf den Leistungsempfänger zur gerichtlichen Geltendmachung sowie zur Abtretung nach § 33 Abs. 4 S. 1 SGB II bzw. § 94 Abs. 5 S. 1 SGB XII: → Form. J.I.1 Anm. 10.

11. Zu den **berufsbedingten Aufwendungen:** → Form. J.I.1 Anm. 15.

12. Zur **Berechnung des Einkommens:** → Form. J.I.1 Anm. 16.

13. Zur **verfahrensrechtlichen Auskunftspflicht** nach §§ 235, 236 FamFG: → Form. J.I.1 Anm. 17.

14. Die **Berechnung** des Unterhaltsanspruchs richtet sich nach den Lebensverhältnissen u. den Erwerbs- u. Vermögensverhältnissen beider Ehegatten (Stand 2026).

Beispiel 1: Die verheirateten Eheleute leben seit kurzem getrennt. Sie verdient 3.000 EUR monatlich bereinigt u. er hat keine Einkünfte

Es gilt der Halbteilungsgrundsatz, nach dem jeder die Hälfte des Einkommens für sich beanspruchen kann. Jedoch soll demjenigen, der Erwerbseinkünfte erzielt, ein Bonus von 10 % verbleiben. Der Anspruch kann abgekürzt mit 45 % der Differenz beider Einkommen berechnet werden.
Auf Seiten des Unterhaltspflichtigen ist der eheangemessene (billige) Selbstbehalt für Erwerbstätige zu wahren (in 2025: 1.600 EUR).

Beispiel 2: Die verheirateten Eheleute leben seit kurzem getrennt. Er verdient 2.000 EUR monatlich bereinigt u. sie verdient 500 EUR monatlich bereinigt

Der Anspruch kann abgekürzt mit 45 % der Differenz beider Einkommen berechnet werden.
Die Leistungsfähigkeit ist anhand des eheangemessenen Selbstbehaltes zu prüfen. Dabei ist das Einkommen des Unterhaltspflichtigen jedoch nicht (mehr) um einen Erwerbstätigenbonus zu bereinigen (vgl. BGH NJW 2014, 1590 = FamRZ 2014, 912 Rn. 39). Wird der Selbstbehalt nicht gewahrt, besteht kein Anspruch auf den vollen Unterhalt.

Beispiel 3: Die verheirateten Eheleute leben seit kurzem getrennt. Er erzielt ein Arbeitseinkommen von 2.400 EUR monatlich bereinigt u. daneben aus Vermietung u. Verpachtung 600 EUR monatlich bereinigt. Sie verdient 500 EUR monatlich bereinigt

Der Erwerbstätigenbonus gilt nicht bei Einkünften aus anderen Erwerbsquellen.

Es ergibt sich folgende Berechnung des **Elementarunterhalts:**

	Beispiel 1	Beispiel 2	Beispiel 3
Einkommen Mann		2.000 EUR	3.000 EUR
Einkommen Frau	3.000 EUR	500 EUR	500 EUR
Einkommen Mann, 9/10		1.800 EUR	2.160 EUR
Einkommen Mann			600 EUR
Einkommen Frau, 9/10	2.700 EUR	450 EUR	450 EUR
Differenz		1.350 EUR	2.310 EUR
Halbteilung	1.350 EUR	675 EUR	1.155 EUR
abgekürzt			
Differenz	3.000 EUR	1.500 EUR	
* 0,45	1.350 EUR	675 EUR	

Kontrolle Leistungsfähigkeit

Einkommen Unterhaltspflichtiger	3.000 EUR	2.000 EUR	3.000 EUR
Unterhaltspflichten	-1.350 EUR	-675 EUR	-1.155 EUR
verbleibt	1.650 EUR	1.325 EUR	1.845 EUR
Selbstbehalt	1.600 EUR	1.600 EUR	1.600 EUR
Unterhaltsanspruch	1.350 EUR	400 EUR	1.155 EUR

Mit der Trennung entstehen für die **Kranken- u. Pflegevorsorge** regelmäßig noch keine zusätzlichen Kosten, wenn der einkommenslose o. gering verdienende Ehegatte in der gesetzlichen Kranken- u. Pflegeversicherung (Familienversicherung) gem. § 10 SGB V, § 25 SGB XI beitragsfrei mitversichert ist. Der Unterhaltsbedarf eines Ehegatten kann jedoch schon während der Trennungszeit ausnahmsweise die Kosten der Kranken- u. Pflegevorsorge umfassen, wenn der unterhaltsberechtigte Ehegatte eine eigene private Kranken- u. Pflegeversicherung unterhält (BGH NJW 2008, 57 Rn. 51 = FamRZ 2007, 1532). Besteht keine beitragsfreie Mitversicherung o. entfällt die bisher vom Antragsgegner gezahlte private Versicherung, sind die Kosten einer angemessenen Kranken- u. Pflegeversicherung als zusätzlichen Unterhaltsbedarf neben dem Elementarunterhalt zu verlangen (vgl. Grüneberg/von Pückler, BGB § 1361 Rn. 65 mwN).

Zusätzlich zum Elementarunterhalt kann nach § 1361 Abs. 1 S. 2 BGB ein **Altersvorsorgeunterhalt** für den Fall des Alters sowie der verminderten Erwerbsfähigkeit verlangt werden, jedoch erst ab dem Beginn des Monats, in dem das Scheidungsverfahren rechtshängig geworden ist (BGH NJW 1981, 1556 aE = FamRZ 1981, 442), da die Altersvorsorge bis dahin über den Versorgungsausgleich abgedeckt ist. Elementar- u. Altersvorsorgeunterhalt sind keine eigenständigen Ansprüche, sondern nur Teile des einheitlichen, den gesamten Lebensbedarf umfassenden Unterhaltsanspruchs, sodass es wegen des Altersvorsorgeunterhalts keiner gesonderten Mahnung bedarf, wenn der Verpflichtete gem. § 1361 Abs. 4 S. 4, § 1360a Abs. 3, § 1605, 1613 Abs. 1 S. 1 BGB zum Zwecke der Geltendmachung des Trennungsunterhalts aufgefordert worden ist, über seine Einkünfte u. sein Vermögen Auskunft zu erteilen (BGH BeckRS 2006, 15362 Rn. 43 f. = FamRZ 2007, 193; s. auch Rn. 47 ff. zur zweistufigen Berechnung des Altersvorsorgeunterhalts = FamRZ 2007, 193 (196)). Der BGH (NJW 2008, 1946 = FamRZ 2008, 963 m. insoweit kritAnm Büttner) berücksichtigte beim Trennungsunterhalt den Vorsorgeunterhalt, ohne dass er ausdrücklich geltend gemacht wurde. Die Höhe des geschuldeten Altersvorsorgeunterhalts ist bei sehr guten Einkommensverhältnissen nicht auf den sich aus der Beitragsbemessungsgrenze der gesetzlichen Rentenversicherung ergebenden Betrag beschränkt (BGH BeckRS 2006, 14485 Rn. 22 ff. = FamRZ 2007, 117). Bei besonders günstigen Einkommensverhältnissen des Unterhaltspflichtigen bedarf es auch keiner zweistufigen Berechnung des Elementarunterhalts (BGH NJW 2012, 1581 Rn. 9 = FamRZ 2012, 945). Zur Nachforderung „vergessenen" Altersvorsorgeunterhalts s. BGH NJW 2015, 334 = FamRZ 2015, 309; OLG Koblenz BeckRS 2023, 33515 = NZFam 2024, 373.

Im **Mangelfall** geht der Krankenvorsorgeunterhalt dem Altersvorsorgeunterhalt u. der Elementarunterhalt beiden vor.

Ein **Verzicht** auf künftigen Trennungsunterhalt ist nach § 1361 Abs. 4 S. 4, § 1360a Abs. 3, § 1614 Abs. 1 BGB unwirksam u. nach § 134 BGB nichtig. Dies gilt auch für das Versprechen des unterhaltsberechtigten Ehegatten, Trennungsunterhalt nicht geltend zu machen, da in einem solchen pactum de non petendo ein unzulässiges Umgehungsgeschäft zu sehen wäre (BGH NJW 2014, 1101 Rn. 48 = FamRZ 2014, 629). Einer vertraglichen Ausgestaltung des Trennungsunterhalts für die Zukunft steht aber § 1614

Abs. 1 BGB nicht entgegen, wenn der rechnerisch festzustellende angemessene Trennungsunterhaltsanspruch um nicht mehr als 20 % unterschritten wird. Dagegen wird eine Unterschreitung um ein Drittel im Regelfall als mit § 1614 Abs. 1 BGB unvereinbar angesehen (BGH NJW 2015, 3715 Rn. 16 ff. = FamRZ 2015, 2131).

Eine **Aufrechnung** durch den Unterhaltspflichtigen mit angeblich überzahltem Kindesunterhalt gegen den Trennungsunterhalt scheitert an der fehlenden Gegenseitigkeit der Forderungen, weil Gläubiger des Trennungs- u. des Kindesunterhalts nicht personenidentisch sind (OLG Düsseldorf BeckRS 2019, 26713 = FamRZ 2020, 687).

Der Anspruch auf Trennungsunterhalt kann nicht analog § 1578b BGB **herabgesetzt u. zeitlich begrenzt** werden, nachdem lt. Gesetzesbegründung (BT-Drs. 16/1830, 16) für eine entspr. Anwendung dieser Vorschrift auf den Trennungsunterhalt keine Notwendigkeit gesehen worden ist (s. auch OLG Bremen NJW-RR 2009, 1226 = FamRZ 2009, 1415).

Entspr. anwendbar ist aber gem. § 1361 Abs. 3 BGB die Vorschrift des § 1579 Nr. 2–8 BGB über die **Beschränkung o. Versagung des Unterhalts wegen grober Unbilligkeit**. Die Norm ermöglicht eine Korrektur des Unterhaltsanspruchs aufgrund Verhaltens des Unterhaltsberechtigten, wobei zunächst die Prüfung einzelner Härtegründe erfolgt u. sodann die unterhaltsbeschränkende Wirkung in einem zweiten Schritt einer umfassenden Billigkeitsabwägung unter vorrangiger Berücksichtigung der Kindesbetreuung unterliegt (BGH NJW 1992, 2477 = FamRZ 1992, 1045). – Bei der Suche nach Rechtsprechung ist zu beachten, dass sich die Nummerierung in § 1579 BGB zum 1.1.2008 verschob. Der Verwirkungsgrund des § 1579 Nr. 2 BGB wegen einer verfestigten Lebensgemeinschaft setzt eine gewisse Dauer (mehr als ein Jahr u. idR zwei bis drei Jahre) der neuen Lebensgemeinschaft voraus (BGH NJW-RR 1994, 1154 = FamRZ 1995, 540). Eine Verwirkung nach § 1579 Nr. 3 BGB wegen unberechtigter Strafanzeigen des Unterhaltsberechtigten gegen den Unterhaltspflichtigen ist auf gravierende Fälle begrenzt (BGH NJW 2004, 1324 = FamRZ 2004, 612). Zum Härtegrund des § 1579 Nr. 6 BGB wegen einer gröblichen Verletzung der Familienunterhaltspflicht vor der Trennung längere Zeit hindurch s. OLG Düsseldorf NJOZ 2019, 1368 = FamRZ 2019, 1134. Ein Beispiel für ein offensichtliches u. einseitiges Fehlverhalten nach § 1579 Nr. 7 BGB ist die Abwendung während des Bestehens der Ehe gegen den Willen des Unterhaltsverpflichteten u. die Zuwendung zu einem neuen Partner, die zum Scheitern führt (BGH NJW 2008, 2779 Rn. 26 f. = FamRZ 2008, 1414). Lt. OLG Brandenburg (BeckRS 2008, 15846) muss die einseitige Abwendung von der Ehe u. die Zuwendung zu einem anderen Partner wesentliche Ursache für das Scheitern der Ehe sein u. darf die Ehe nicht schon vorher gescheitert gewesen sein, wobei aber eine voll intakte u. spannungsfreie Ehe nicht für erforderlich gehalten wird (ähnlich OLG Karlsruhe BeckRS 2009, 1257 = FamRZ 2008, 2279); meist scheitert dieser Verwirkungsgrund an dem Beweis der Einseitigkeit des Fehlverhaltens. Das OLG Bamberg (NZFam 2014, 1095 = FamRZ 2014, 1707) hält den Trennungsunterhaltsanspruch bei einer Trennungszeit von über zehn Jahren gem. § 1361 Abs. 3, § 1579 Nr. 8 BGB für verwirkt.

15. Zur Aufforderung zur Auskunftserteilung: → Form. J.I.1 Anm. 22.

Bei eigenen Einkünften der Antragstellerin sind diese dem Antragsgegner mit dem Mahnschreiben substantiiert mitzuteilen, um die Verzugsfolgen auszulösen. Denn die Höhe des Trennungsunterhalts hängt maßgeblich auch von dem eigenen Einkommen der Antragstellerin ab (KG FamRZ 1994, 1344; OLG Hamburg FamRZ 1997, 621).

16. Zum Antrag auf Bewilligung von Verfahrenskostenhilfe: → Form. J.I.2 Anm. 8.

Die Antragstellerin sollte dartun, dass sie keinen durch einstweilige Anordnung (§ 246 FamFG) alsbald realisierbaren Anspruch auf **Verfahrenskostenvorschuss** (§§ 1361 Abs. 4 S. 4, 1360a Abs. 4 S. 1 BGB) gegen den Antragsgegner mangels seiner ausreichenden Leistungsfähigkeit hat.

Kosten und Gebühren

17. Zunächst → Form. J.I.1 Anm. 24.

Der **Verfahrenswert** eines Antrags auf Trennungsunterhalt beläuft sich gem. § 51 Abs. 1 S. 1 FamGKG auf den für die ersten zwölf Monate nach Einreichung des Antrags geforderten Betrag, wenn nicht der Gesamtbetrag geringer ist. Dem grds. maßgeblichen Jahresbetrag werden etwaige bei Antragseinreichung fälligen Beträge hinzugerechnet (§ 51 Abs. 2 S. 1 FamGKG).

Tritt die Rechtskraft der Scheidung während des über den Trennungsunterhalt geführten Verfahrens ein u. beträgt der **Unterhaltszeitraum weniger als ein Jahr**, ist für die Wertfestsetzung der Zeitpunkt bei Einleitung des Unterhaltsverfahrens maßgeblich; da zu diesem Zeitpunkt der rechtskräftige Abschluss des Scheidungsverfahrens noch nicht abgesehen werden kann, bleibt es insoweit bei der Bemessungsgrundlage von zwölf Monaten, soweit nicht von vornherein lediglich für einen kürzeren Zeitraum Unterhalt verlangt wurde (OLG Frankfurt BeckRS 2019, 94 = JurBüro 2019, 374–375).

Fristen und Rechtsmittel

18. → Form. B.II.1 Anm. 13.

13. Auskunftsstufenantrag der Ehefrau gegen den Ehemann betreffend Trennungs- und Kindesunterhalt

An das

Amtsgericht[1]

– Familiengericht[2] **–**

. . . . .

Antrag

In der Familiensache

der Frau . . . . .

wohnhaft . . . . .

– Antragstellerin –

Verfahrensbevollmächtigter: Rechtsanwalt . . . . .

gegen

Herrn . . . . .

wohnhaft . . . . .

– Antragsgegner –

wird namens und in Vollmacht der Antragstellerin beantragt:[3]

1. **Der Antragsgegner wird verpflichtet, der Antragstellerin Auskunft**[4] **zu erteilen durch Vorlage einer vollständigen, einheitlichen und systematischen Aufstellung über**

a) sein Vermögen am . . . . .;
b) seine sämtlichen Brutto- und Nettoeinkünfte einschließlich Sonderzuwendungen sowie aller Nebeneinkünfte aus nichtselbständiger Tätigkeit und Lohnersatzleistungen in der Zeit vom . . . . . bis . . . . .;
c) seine sämtlichen Einnahmen und Aufwendungen aus selbständiger Arbeit, aus Kapitalvermögen, aus Vermietung und Verpachtung sowie aus anderer Herkunft unter Angabe der Privatentnahmen in der Zeit vom . . . . . bis . . . . .;
d) Steuererstattungen in der Zeit vom . . . . . bis . . . . .;
e) Wohnvorteile und sonstige geldwerte Vorteile (z.B. Fahrzeugnutzung) unter konkreter Angabe von wertbildenden Faktoren, im Hinblick auf das Eigenheim . . . . ., Größe, Ausstattung sowie abzugsfähige Positionen, wie Zahlungen für Schuldzinsen und Instandhaltung im Zeitraum . . . . .;
f) unterhaltsrechtliche Belastungen.

2. Der Antragsgegner wird verpflichtet, die erteilte Auskunft zu Ziff. 1 geeignet zu belegen und zwar insbesondere auch durch Vorlage[5]
a) von Kontoauszügen mit Saldenbestätigung;
b) der Verdienstabrechnungen des Arbeitgebers für die Monate . . . . . sowie der Bescheide über im vorgenannten Zeitraum etwa bezogenes Krankengeld und etwa bezogenes Arbeitslosengeld;
c) der etwaigen Bilanzen nebst den Gewinn- und Verlustrechnungen bzw. der etwaigen Einnahmenüberschussrechnungen mit allen Anlagen und Unterlagen für die Abzugspositionen für die Jahre . . . . . sowie der Einkommensteuerbescheide nebst Einkommensteuererklärungen für die Jahre . . . . .;
d) der Lohnsteuerbescheinigung und des Einkommensteuerbescheids für das Jahr . . . . .
e) sonstiger geeigneter Belege zum Nachweis des Einkommens sowie der unterhaltsrelevanten Abzüge.
3. Der Antragsgegner wird verpflichtet, zu Protokoll des Amtsgerichts seines Wohnsitzes an Eides statt zu versichern, dass er die Auskunft über sein Vermögen und seine Einkünfte nach bestem Wissen so vollständig abgegeben habe, als er dazu imstande sei.[6]
4. Der Antragsgegner wird verpflichtet, an die Antragsteller monatlich ab . . . . . den nach Erfüllung der Auskunftsverpflichtung noch zu beziffernden Trennungsunterhalt sowie ab . . . . . den nach Erfüllung der Auskunftsverpflichtung noch zu beziffernden Kindesunterhalt für das Kind . . . . ., geboren am . . . . ., zu zahlen.

Darüber hinaus wird beantragt:

Der Antragstellerin wird für die erste Instanz Verfahrenskostenhilfe unter Beiordnung ihres Verfahrensbevollmächtigten bewilligt.[7]

Für den Fall der nicht rechtzeitig angezeigten Verteidigungsbereitschaft im schriftlichen Vorverfahren wird Antrag auf Versäumnisbeschluss (§ 113 Abs. 1 S. 2 FamFG, § 331 Abs. 3 ZPO) ohne mündliche Verhandlung gestellt.[8]

Begründung:

Die Beteiligten sind seit dem . . . . . miteinander verheiratet und leben seit dem . . . . . voneinander getrennt.[9] Aus der Ehe ist das Kind . . . . ., geboren am . . . . ., hervorgegangen, für das die Beteiligten das Sorgerecht gemeinsam ausüben.

Die Antragstellerin macht sowohl ihren eigenen Anspruch auf Trennungsunterhalt gemäß § 1361 BGB als gemäß § 1629 Abs. 3 S. 1 BGB als Verfahrensstandschafterin des Kindes dessen Unterhaltsansprüche nach §§ 1601 ff. BGB gegen den Antragsgegner geltend.[10]

Einen Unterhaltstitel zugunsten der Antragstellerin und des Kindes gibt es bisher nicht.[11] Die Antragstellerin und das Kind sind ohne Einkommen und ohne Vermögen; sie beziehen keine Sozialleistungen. (Der Träger der Sozialleistungen hat durch den beigefügten Vertrag vom . . . . . die kraft Gesetzes übergegangenen Unterhaltsansprüche der Antragstellerin auf diese zur gerichtlichen Geltendmachung rückübertragen.)[12]

Das Kind lebt im Haushalt der Antragstellerin, die ihre Unterhaltsverpflichtung durch die Pflege und die Erziehung des minderjährigen unverheirateten Kindes (§ 1606 Abs. 3 S. 2 BGB) erfüllt.[13] Das Kindergeld von monatlich . . . . . EUR,[14] welches die Antragstellerin erhält, ist bedarfsdeckend anzurechnen.

Die Antragstellerin übt wie in der Zeit des Zusammenlebens mit dem Antragsgegner neben der Betreuung des erst . . . . . Jahre alten Kindes keine Erwerbstätigkeit aus.[15]

Der Antragsgegner, dessen zurzeit ausgeübter Beruf und dessen derzeitiges Nettoeinkommen nicht genau bekannt sind, ist von der Antragstellerin durch das beigefügte Mahnschreiben vom . . . . . vor Verfahrensbeginn aufgefordert worden, zum Zwecke der Geltendmachung der Ansprüche auf Trennungsunterhalt und Kindesunterhalt Auskunft über seine Einkünfte und sein Vermögen zu erteilen.[16]

Beweis: Anliegendes Aufforderungsschreiben (einschließlich Einschreiben mit Rückschein)

Der Antragsgegner erteilte jedoch der Antragstellerin bisher keine Auskunft und zahlte keinen Unterhalt, so dass nunmehr ein Stufenantrag gemäß § 254 ZPO iVm § 113 Abs. 1 S. 2 FamFG geboten ist.

Mit dem Antrag zu 1. wird zunächst Auskunft nach § 1361 Abs. 4 S. 4 BGB iVm § 1605 BGB verlangt. Mit dem Antrag zu 2. wird der Anspruch auf Vorlage von Belegen verfolgt; die Bezeichnung der Belege wird gegebenenfalls nach Erteilung der Auskunft angepasst.

Der Antrag zu 3. wird für den Fall gestellt werden, dass Grund zu der Annahme besteht, der Antragsgegner habe die Auskunft nicht mit der erforderlichen Sorgfalt erteilt (§ 1605 Abs. 1 S. 3, §§ 260, 261 BGB).

Nach der Erteilung der Auskunft wird die Antragstellerin den geschuldete Trennungs- und Kindesunterhalts der Höhe nach beziffern.[17]

Zum Antrag auf Bewilligung von Verfahrenskostenhilfe sind die nach § 117 Abs. 2 und 4 ZPO iVm § 113 Abs. 1 S. 2 FamFG erforderlichen Unterlagen mit Abschriften für den Gegner beigefügt.[18] Die Antragstellerin hat keinen alsbald realisierbaren Anspruch auf Verfahrenskostenvorschuss gegen den Antragsgegner, da dieser wegen seiner wohl geringen Leistungsfähigkeit selbst Verfahrenskostenhilfe erhalten könnte.

Rechtsanwalt[19, 20]

Anmerkungen

1. Zum **Anwaltszwang** u. den Begrifflichkeiten in erstinstanzlichen Unterhaltsstreitigkeiten: → Form. J.I.1 Anm. 1.

2. Zur sachlichen, örtlichen u. internationalen **Zuständigkeit:** → Form. J.I.1 Anm. 2 (Kindesunterhalt) u. → Form. J.I.12 Anm. 2 (Trennungsunterhalt).

3. Zum **Auskunftsstufenantrag** gem. § 254 ZPO iVm § 113 Abs. 1 S. 2 FamFG: → Form. J.I.5 Anm. 3.

Der unterhaltspflichtige Ehemann kann sich seiner Auskunftsverpflichtung nicht mit dem Argument entziehen, er beabsichtige, in der Leistungsstufe gegenüber dem Trennungsunterhalt den **Einwand der Verwirkung** gem. § 1361 Abs. 3, § 1579 Nr. 2–8 BGB zu erheben. Denn selbst wenn ein Verwirkungsgrund vorliegen sollte, unterliegt die unterhaltsbeschränkende Wirkung einer umfassenden Billigkeitsabwägung unter vorrangiger Berücksichtigung der Kindesbetreuung (BGH NJW 1992, 2477 = FamRZ 1992, 1045) (→ Form. J.I.12 Anm. 14).

4. Zum Anspruch auf **Auskunft** über das Vermögen u. das Einkommen: → Form. J.I.5 Anm. 4–9.

5. Zum Anspruch auf **Vorlage von Belegen:** → Form. J.I.5 Anm. 10.

6. Zum Anspruch auf **Versicherung an Eides statt:** → Form. J.I.5 Anm. 11.

7. Zur **Verfahrenskostenhilfe:** → Form. J.I.1 Anm. 6, insbesondere zum Stufenantrag: → Form. J.I.5 Anm. 12.

8. Zum Antrag auf **Versäumnisbeschluss:** → Form. J.I.1 Anm. 7.

9. Zum Antrag auf **Trennungsunterhalt** gem. § 1361 BGB: → Form. J.I.12 Anm. 3.

10. Zur Geltendmachung des Kindesunterhalts in **Verfahrensstandschaft:** → Form. J.I.4 Anm. 3.

11. Zum einheitlichen Antrag auf Unterhalt u. der Abänderung eines bereits bestehenden Titels: → Form. J.I.1 Anm. 9; nach einer **Titulierung des vollen Unterhalts** ist ein Leistungsantrag regelmäßig ausgeschlossen u. nur ein Abänderungsantrag möglich.

12. Bitte den zutreffenden Text wählen.

Zum gesetzlichen **Übergang des Unterhaltsanspruchs** beim Empfang subsidiärer Sozialleistungen sowie zur Rückübertragung des übergegangenen Unterhaltsanspruchs vom Leistungsträger auf den Leistungsempfänger zur gerichtlichen Geltendmachung sowie zur Abtretung nach § 33 Abs. 4 S. 1 SGB II bzw. § 94 Abs. 5 S. 1 SGB XII: → Form. J.I.1 Anm. 10.

Besteht das gemeinsame Sorgerecht der verheirateten Eltern (§ 1626 BGB) fort, kann kein Elternteil allein eine Vereinbarung mit dem Träger von Sozialleistungen über den Abschluss einer Rückübertragung der gesetzlich übergegangenen Unterhaltsanspruchs vom Leistungsträger auf den Leistungsempfänger zur gerichtlichen Geltendmachung abschließen (BGH NZFam 2020, 618 = FamRZ 2020, 991 für § 1629 Abs. 2 Satz 2 BGB); eine wirksame Rückübertragung ist nur bei alleinigem Sorgerecht des Elternteils, bei dem das Kind lebt, möglich.

13. Zur **Unterhaltspflicht des Betreuenden:** → Form. J.I.1 Anm. 11.

14. **Kindergeldtabelle** → Form. J.I.1 Anm. 12.

15. Zur **Erwerbsobliegenheit** im Trennungsjahr zunächst: → Form. J.I.12 Anm. 9.

Werden **Kinder betreut,** ist für die Frage der Erwerbsobliegenheit des Betreuenden das Alter u. die Zahl der Kinder maßgebend; anders als beim Nachscheidungsunterhalt sind auch nicht gemeinsame Kinder beim Trennungsunterhalt zu berücksichtigen. Es ist gegenüber der Erwerbsobliegenheit nach § 1570 BGB (vgl. → Form. B.II.3 Anm. 7) idR eine großzügigere Beurteilung im Vertrauen auf den Fortbestand der ursprünglich gemeinsamen Planung gerechtfertigt; bei engen wirtschaftlichen Verhältnissen u. längerer Trennung kann der Maßstab wie bei § 1570 BGB anzusetzen sein. Mit der Verfestigung der Trennung nach längerer Dauer u. Einreichung des Scheidungsantrags gleichen sich die Obliegenheiten getrennt lebender u. geschiedener Unterhaltsberechtigter im Hinblick auf die Erwerbsobliegenheit an (BGH NJW 2008, 1946 = FamRZ 2008, 963 Rn. 26).

In § 1570 Abs. 1 S. 1 BGB wird ein **Basisunterhalt** während der ersten drei Lebensjahre des Kindes für den betreuenden Elternteil normiert. Eine Erwerbsobliegenheit besteht in dieser Zeit nicht. Dieser Anspruch verlängert sich durch § 1570 Abs. 1 S. 2 BGB, solange u. soweit dies der **Billigkeit** entspricht. Bei der vorzunehmenden Abwägung sind nach § 1570 Abs. 1 S. 3 BGB in erster Linie kindbezogene Gründe u. die bestehenden Möglichkeiten der Kinderbetreuung zu berücksichtigen. Zudem ist in § 1570 Abs. 2 BGB eine zeitliche Verlängerung des Anspruches aus elternbezogenen Gründen unter Billigkeitsgesichtspunkten eingefügt. Bei der Billigkeitsabwägung aus kindbezogenen Gründen ist zu prüfen, inwieweit im Einzelfall eine Erwerbstätigkeit unter Berücksichtigung des konkreten Betreuungsbedürfnisses des Kindes/der Kinder zumutbar ist u. ob sich unter den gegebenen Umständen des Einzelfalles eine Beschäftigung in dem durch eine Fremdbetreuung vorgegebenen zeitlichen Korridor finden lässt (vgl. BGH NJW 2012, 1868 = FamRZ 2012, 1040). Maßgebende Kriterien sind:

- Existenz von Betreuungseinrichtungen
- Physischer u. psychischer Entwicklungs- u. Gesundheitszustand des Kindes; ggf. besonderer Betreuungsbedarf (zB aufgrund der Trennung)
- Betreuungsbedarf bei mehreren Kindern.

Darlegungs- u. beweispflichtig für die Verlängerung des Anspruchs über drei Jahre hinaus ist der Bedürftige – überzogene Anforderungen an die Darlegung der kindbezogenen Gründe sind aber trotz der erforderlichen Einzelfallentscheidung nicht zu stellen (BGH NJW 2012, 1868 = FamRZ 2012, 1040).

16. Die Aufforderung zur **Erteilung der Auskunft** über die Einkünfte u. das Vermögen vor Verfahrensbeginn ist wegen §§ 286, 1613 BGB u. § 243 S. 2 Nr. 2 FamFG zu empfehlen (→ Form. J.I.1 Anm. 22).

Zur **Kostenverteilung** gem. § 243 S. 2 Nr. 2 FamFG bei unterlassener o. ungenügender Auskunftserteilung: → Form. J.I.5 Anm. 17.

17. Zur **Berechnung** eines Trennungsunterhaltsanspruchs einschließlich Verzicht, Aufrechnung, Verwirkung u. Ende des Anspruchs zunächst: → Form. J.I.12 Anm. 14.

Beim **Zusammentreffen von Kindesunterhalts- u. Trennungsunterhaltsansprüchen** ist zunächst der Kindesunterhalt zu berechnen, der mit dem Zahlbetrag die ehelichen Lebensverhältnisse prägt. Grundsätzlich richtet sich der Bedarf der Kinder nach dem gemeinsamen Einkommen der Eltern, ist allerdings für den Unterhaltspflichtigen begrenzt auf die Höhe seines eigenen Einkommens. Für die Berechnung des Trennungsunterhalts ist vom Einkommen des Pflichtigen nicht der Tabellenbetrag, sondern der Zahlbetrag des Kindesunterhalts abzuziehen (BGH NJW 2009, 2744 Rn. 21 ff. = FamRZ 2009, 1477 mwN). Sodann ist der Bedarf für den Trennungsunterhalt zu ermitteln. Bei der Leistungsfähigkeit sind die verschiedenen Selbstbehaltssätze in den unterschiedlichen Unterhaltskonstellationen zu berücksichtigen.

Beispiel 1: Die verheirateten Eheleute leben seit kurzem getrennt. Er verdient 2.500 EUR monatlich bereinigt und sie verfügt über kein Einkommen. Das gemeinsame Kind ist 2 Jahre alt und lebt bei der Frau

	Beispiel 1	Neuberechnung
Einkommen Mann	2.500,00 EUR	2.500,00 EUR
Einkommensgruppe	2	2–1=1
Bedarf Kind (1. Altersstufe)	511,00 EUR	486,00 EUR
1/2 Kindergeld	–129,50 EUR	–129,50 EUR
offener Bedarf	381,50 EUR	356,50 EUR
Kontrolle Leistungsfähigkeit		
Einkommen Mann	2.500,00 EUR	2.500,00 EUR
Unterhaltspflichten ggü. Kind	–381,50 EUR	–356,50 EUR
verbleibt	2.118,50 EUR	2.143,50 EUR
Selbstbehalt ggü. Kind	1.450,00 EUR	1.450,00 EUR
Bedarfskontrollbetrag	1.750,00 EUR	1.450,00 EUR
Einkommen Mann nach Kindesunterhalt	2.118,50 EUR	2.143,50 EUR
davon 45%	953,33 EUR	964,58 EUR
Bedarf Frau, gerundet	953,00 EUR	965,00 EUR
Kontrolle Leistungsfähigkeit		
Einkommen Mann	2.500,00 EUR	2.500,00 EUR
Unterhaltspflichten ggü. Kind	–381,50 EUR	–356,50 EUR
Unterhaltspflicht ggü. Frau	–953,00 EUR	–965,00 EUR
verbleibt	1.165,50 EUR	1.178,50 EUR
Selbstbehalt ggü. Frau	1.600,00 EUR	1.600,00 EUR

Für den Anspruch auf Trennungsunterhalt gilt der Halbteilungsgrundsatz, nach dem jeder die Hälfte des Einkommens für sich beanspruchen kann. Jedoch soll demjenigen, der Erwerbseinkünfte erzielt, ein Bonus von 10 % verbleiben. Der Anspruch kann abgekürzt mit 45 % der Differenz beider Einkommen berechnet werden.

Bei einem **Mangelfall im 2. Rang** des § 1609 BGB ist zur Deckung des Mindestbedarfs aller Beteiligten – einschließlich des Ehegatten – eine Herabstufung des Unterhaltsbedarfs des minderjährigen Kindes bis in die unterste Tabellengruppe auf den Mindestunterhalt vorzunehmen (→ Form. J.I.1 Anm. 3). Dies erfordert im Beispielfall eine Herunterstufung in die 1. Einkommensgruppe zur Bemessung des Kindesunterhalts.

Der **Bedarfskontrollbetrag** soll eine ausgewogene Verteilung zwischen dem Unterhaltspflichtigen, den Kindern u. ggf. dem anderen Elternteil sicherstellen. Jedenfalls ist gegenüber dem Kind der notwendige Selbstbehalt eines Erwerbstätigen (in 2026: 1.450 EUR) u. gegenüber dem Ehegatten der eheangemessene (billige) Selbstbehalt für Erwerbstätige zu wahren (in 2026: 1.600 EUR).

Ergebnis: Für das Kind ist der Mindestunterhalt abzgl. hälftigem Kindergeld in Höhe von monatlich 356,50 EUR zu zahlen. Unter Wahrung des Selbstbehalts ist der Mann zur Zahlung eines Trennungsunterhalts in Höhe von monatlich 543,50 EUR leistungsfähig.

Beispiel 2: Die verheirateten Eheleute leben seit kurzem getrennt. Sie verdient monatlich bereinigt 3.000 EUR und er verdient mit einer halbschichtigen Tätigkeit monatlich bereinigt 2.000 EUR. Da er das gemeinsame 5-jährige Kind betreut und keine Möglichkeit hat, diesen in eine Ganztagsbetreuung zu geben, kann er seine Tätigkeit nicht ausweiten

Zunächst ist der Kindesunterhalt zu berechnen, der mit dem Zahlbetrag die ehelichen Lebensverhältnisse prägt. Grundsätzlich richtet sich der **Bedarf der Kinder** nach dem gemeinsamen Einkommen der Eltern, ist allerdings für den Unterhaltspflichtigen begrenzt auf die Höhe seines eigenen Einkommens. Im Rahmen der Bedarfsberechnung zum Unterhalt des betreuenden Ehegatten ist der **Barbedarf der betreuten, minderjährigen Kinder** zu berücksichtigen, der bei Erwerbstätigkeit des betreuenden Elternteils anteilig durch diesen (in Natur) gedeckt wird (BGH NZFam 2017, 171 = FamRZ 2017, 437; NZFam 2017, 312 = FamRZ 2017, 711 Rn. 13 f., NZFam 2021, 1008 = FamRZ 2021, 1965 u. NZFam 2022, 833 = FamRZ 2022, 1366; zustimmend: Langeheine, FamRZ 2022, 1371; Gutdeutsch, FamRZ 2022, 1757; FamRZ 2023, 668; Borth, FamRZ 2022, 1758; Lies-Benachib, FamRZ 2023, 9; Viefhues, FuR 2023, 166; Soyka, FuR 2022, 529; ambivalent: Obermann, NJW 2022, 2475; kritisch: Götz/Seiler, FamRZ 2022, 1338; Schwamb, FamRB 2022, 342; Duderstadt, FamRZ 2022, 1755; Schürmann, FF 2022, 356; Niepmann, NZFam 2022, 838; Götz, FamRZ Newsletter 22/2022; Bruske, FamRZ 2023, 339 u. FamRZ 2024, 1838, dagegen Teubel FamRZ 2025, 661; Born, NZFam 2023, 433). Durch die Berücksichtigung des in Natur dem Kind gewährten Unterhalt verringert sich beim Betreuenden sein anrechenbares Einkommen u. erhöht sich sein Ehegatten-Unterhaltsanspruch.

Einkommen Frau, bereinigt	3.000,00 EUR
Einkommen Mann, bereinigt	2.000,00 EUR
Zusammengerechnetes Einkommen	5.000,00 EUR
Einkommensgruppe nach beider Einkommen	9
Tabellenbedarf Kind (1. Altersstufe)	739,00 EUR
Kindergeld	–129,50 EUR
offener Bedarf	609,50 EUR

Für diesen vollen Bedarf des Kindes haften beide Eltern grundsätzlich quotal, wobei sich die Haftung aus dem nach Abzug des Selbstbehalts zur Verfügung stehenden Einkommen errechnet.

Aufteilung Kindesunterhalt nach Quote	
Einkommen Frau	3.000,00 EUR
abzgl. angemessener Selbstbehalt	–1.750,00 EUR
für Kindesunterhalt	1.250,00 EUR
Einkommen Mann	2.000,00 EUR
abzgl. angemessener Selbstbehalt	–1.750,00 EUR
für Kindesunterhalt	250,00 EUR
quotaler Anteil Frau	507,92 EUR
quotaler Anteil Mann	101,58 EUR

Zur Kontrolle ist der Unterhaltsanspruch aufgrund des Bedarfs nach dem alleinigen Einkommen der barunterhaltspflichtigen Frau zu errechnen:

Anteil Frau am Kindesunterhalt	
Einkommensgruppe nach Frau	4
Tabellenbedarf Kind (1. Altersstufe)	559,00 EUR
Kindergeld	–129,50 EUR
Barunterhalt von Frau	429,50 EUR
Anteil Mann am Bedarf des Kindes	
voller, offener Bedarf Kind	609,50 EUR
Barunterhalt von Frau	–429,50 EUR
Fehlbetrag bis zum vollen Kindesunterhalt	180,00 EUR

Da die Haftung der Frau auf den nach ihrem eigenen Unterhalt errechneten Bedarf begrenzt ist, haftet sie in Höhe von 429,50 EUR auf Kindesunterhalt.
Ist der quotal errechnete Kindesunterhaltsanspruch gegen die Frau (im Beispiel: gerundet 508 EUR) niedriger als der nach ihrem Einkommen errechnete Anspruch, ist streitig, welcher Betrag anzusetzen ist; eine solche Konstellation ist bislang vom BGH nicht entschieden worden u. in der Literatur umstritten: Nach Klinkhammer (Dose UnterhaltsR/Klinkhammer § 2 Rn. 205a, 206c) ist der aufgrund des Alleineinkommen des Barunterhaltspflichtigen errechnete Betrag zugleich Höchst- und Mindestunterhalt, auch wenn der Quotenunterhalt des Barunterhaltspflichtigen geringer ausfällt als der aufgrund seines Alleineinkommens geschuldete Unterhalt (anders bei dem Betreuenden, bei dem lediglich der geringere Quotenunterhalt zu berücksichtigen ist, Klinkhammer a. a. O. § 2 Rn. 206d). Nach Bruske (FamRZ 2024, 1838) soll der Barunterhaltspflichtige nur in Höhe der Beteiligungsquote haften, wenn dieser Betrag geringer ist als die Unterhaltspflicht nach seinem alleinigen Einkommen.
Der Mann gewährt dem Kind Unterhalt in Natur in Höhe des Fehlbetrages bis zum vollen Kindesunterhalt, allerdings begrenzt auf die Haftung nach seiner Quote (im Beispiel: gerundet 101,50 EUR)

Einkommen Frau, bereinigt	3.000,00 EUR
Barunterhalt Kind	–429,50 EUR
verbleibt:	2.570,50 EUR
abzgl. Erwerbsanreiz bleibt:	2.313,45 EUR
Einkommen Mann, bereinigt	2.000,00 EUR
Naturalunterhalt Kind (gedeckelt nach Quote)	–101,50 EUR
verbleibt:	1.898,50 EUR
abzgl. Erwerbsanreiz bleibt:	1.708,65 EUR
Summe der Einkommen nach Kindesunterhalt	4.022,10 EUR
davon 1/2 = Bedarf Mann:	2.011,05 EUR
abzgl. anrechenbares Eigeneinkommen:	–1.708,65 EUR
bleibt ungedeckt, gerundet	302,00 EUR

Kontrolle Leistungsfähigkeit	
Einkommen Frau	3.000,00 EUR
Unterhaltspflichten ggü. Kind	–429,50 EUR
Unterhaltspflicht ggü. Mann	–302,00 EUR
verbleibt	2.268,50 EUR
Selbstbehalt ggü. Mann	1.600,00 EUR
Bedarfskontrollbetrag	1.950,00 EUR

Ergebnis: Kindesunterhalt zahlt die Frau nach ihrer Einkommensgruppe in Höhe von monatlich 429,50 EUR u. Trennungsunterhalt in Höhe von monatlich 302,00 EUR; insoweit ist sie leistungsfähig u. der Bedarfskontrollbetrag ist gewahrt.

Soweit dem betreuenden Elternteil infolge der Berufstätigkeit **Kosten für die Fremdbetreuung** des Kindes entstehen, sind dies als berufsbedingte Aufwendungen des Betreuenden zu berücksichtigen u. mindern dessen unterhaltsrelevantes Einkommen (BGH NZFam 2017, 1101 = FamRZ 2018, 23). Ab dem 3. Lebensjahr können sich die Kinderbetreuungskosten, soweit „pädagogisch wertvoll" (regelmäßig in staatlichen Einrichtungen wie Kindergarten, Schule, Hort anzunehmen), als Mehrbedarf des Kindes darstellen, der nicht im Tabellenbetrag enthalten (BGH NJW 2009, 1816 = FamRZ 2009, 962) u. anteilig von beiden Elternteilen nach ihren Einkommensverhältnissen zu tragen ist.

Bei einer späteren Bezifferung des zu zahlenden Unterhalts sollte zugleich beantragt werden: „Der Beschluss ist **sofort wirksam.**" (→ Form. J.I.1 Anm. 5).

18. Zum Antrag auf Bewilligung von Verfahrenskostenhilfe: → Form. J.I.2 Anm. 8.

Die Antragstellerin sollte dartun, dass sie keinen durch einstweilige Anordnung (§ 246 FamFG) alsbald realisierbaren Anspruch auf **Verfahrenskostenvorschuss** (§§ 1361 Abs. 4 S. 4, 1360a Abs. 4 S. 1 BGB) gegen den Antragsgegner mangels seiner ausreichenden Leistungsfähigkeit hat.

Kosten und Gebühren

19. Zunächst → Form. J.I.5 Anm. 20.

Die Zahlungsansprüche der Ehefrau u. des Kindes sind für die Höhe des gerichtlichen **Verfahrenswertes,** nach dem sich gem. § 23 Abs. 1 S. 1 RVG auch der Gegenstandswert für die Berechnung der anwaltlichen Gebühren im gerichtlichen Verfahren bestimmt, zu addieren (§ 113 Abs. 1 S. 2 FamFG, § 5 ZPO).

Fristen und Rechtsmittel

20. → Form. B.II.1 Anm. 13.

14. Antrag der Frau gegen den Mann nach Abschluss des Scheidungsverfahrens auf Zahlung von Elementar-, Krankheits- und Pflege- sowie Altersvorsorgeunterhalt

An das

Amtsgericht[1]

– Familiengericht[2] –

. . . . .

Antrag

In der Familiensache

der Frau . . . . .

wohnhaft . . . . .

– Antragstellerin –

Verfahrensbevollmächtigter: Rechtsanwalt . . . . .

gegen

Herrn . . . . .

wohnhaft . . . . .

– Antragsgegner –

wird namens und in Vollmacht der Antragstellerin beantragt:[3]

Der Antragsgegner wird verpflichtet, an die Antragstellerin ab . . . . . monatlich nachehelichen Unterhalt in Höhe von insgesamt . . . . . EUR, davon . . . . . EUR als Elementarunterhalt, ... EUR als Krankheits- und Pflegevorsorgeunterhalt und . . . . . EUR als Altersvorsorgeunterhalt, zu zahlen, und zwar im Voraus bis zum 3. eines jeden Monats.[4]
Der Antragsgegner wird außerdem verpflichtet, an die Antragstellerin Zinsen[5] in Höhe von 5 Prozentpunkten über dem jeweiligen Basiszinssatz nach § 247 BGB aus dem folgenden monatlichen Unterhaltsrückstand zu zahlen:
von . . . . . EUR seit dem . . . . .,
von . . . . . EUR seit dem . . . . .,
von . . . . . EUR seit dem . . . . . .
Der Beschluss ist sofort wirksam.[6]

Darüber hinaus wird beantragt:

Der Antragstellerin wird für die erste Instanz Verfahrenskostenhilfe unter Beiordnung ihres Verfahrensbevollmächtigten bewilligt.[7]
Für den Fall der nicht rechtzeitig angezeigten Verteidigungsbereitschaft im schriftlichen Vorverfahren wird Antrag auf Versäumnisbeschluss (§ 113 Abs. 1 S. 2 FamFG, § 331 Abs. 3 ZPO) ohne mündliche Verhandlung gestellt.[8]

Begründung:

Die Beteiligten schlossen am ..... miteinander die Ehe und leben seit dem ..... endgültig getrennt. Die Ehe wurde auf den am ..... zugestellten Scheidungsantrag durch den beigefügten Beschluss des Amtsgerichts – Familiengericht – ..... vom ..... (Aktenzeichen .....) geschieden. Die aus der Ehe hervorgegangenen Kinder der Beteiligten (....., geboren am....., und ....., geboren am.....) sind volljährig und wirtschaftlich selbständig.[9]

Einen Unterhaltstitel betreffend den Geschiedenenunterhalt zugunsten der Antragstellerin gibt es bisher nicht.[10] Die Antragstellerin hatte fälschlicherweise angenommen, der in Fotokopie anliegende Unterhaltstitel über den Trennungsunterhalt gelte über die Scheidung hinaus.

Die Antragstellerin ist Hausfrau. Sie bezieht keine Sozialleistungen. (Der Träger der Sozialleistungen hat durch den beigefügten Vertrag vom ..... die kraft Gesetzes übergegangenen Unterhaltsansprüche der Antragstellerin auf diese zur gerichtlichen Geltendmachung rückübertragen.)[11]

Die Antragstellerin, die zuletzt im Jahre ..... in ihrem Beruf als ..... versicherungspflichtig gearbeitet hat, betreute in der Ehe überwiegend die gemeinsamen Kinder. Sie leidet seit dem Jahre ..... an ..... (ICD 10: .....), und damit auch bereits zum Zeitpunkt der Scheidung, an ..... und ist seitdem nicht mehr erwerbsfähig.[12]

Beweis: Das anliegende Attest des behandelnden Arztes .....

Die genannten Leiden sind trotz ärztlicher Behandlung nicht mehr völlig heilbar und wirken sich auf die Arbeitsfähigkeit der Antragstellerin dahin aus, dass diese .....

Die Antragstellerin ist als dauernd erwerbsunfähig anzusehen. Von ihr kann wegen ihrer Krankheit eine Erwerbstätigkeit nicht erwartet werden.[13]

Beweis: Einzuholendes ärztliches Gutachten

Danach hat die geschiedene Antragstellerin gegen den Antragsgegner einen Anspruch gem. § 1572 Nr. 1 BGB wegen Krankheit zum Zeitpunkt der Scheidung entsprechend der ehelichen Lebensverhältnisse.

Er ist ferner verpflichtet, der Antragstellerin die erforderlichen Vorsorgeaufwendungen für den Fall der Krankheit und der Pflegebedürftigkeit sowie des Alters zu zahlen.[14]

Die Antragstellerin war früher in der gesetzlichen Krankenversicherung des Antragsgegners nach § 10 Abs. 1 S. 1 SGB V als Ehefrau beitragsfrei (§ 3 S. 3 SGB V) mitversichert. Den Anspruch auf Familienversicherung hat sie mit der Rechtskraft der Scheidung verloren (BSG BeckRS 1979, 608 Rn. 12). Nach § 188 Abs. 4 SGB V hat sich die Versicherung der Antragstellerin mit dem Tag nach dem Ende ihrer Familienversicherung mangels ihrer Austrittserklärung automatisch als freiwillige gesetzliche Krankenversicherung fortgesetzt. Damit ist die Antragstellerin nach § 20 Abs. 3, § 50 Abs. 1 S. 3 SGB XI auch in der sozialen Pflegeversicherung pflichtversichert.

Die am ..... geborene Antragstellerin ist ohne Einkommen und Vermögen. Sie hat noch keinen Anspruch auf eine Regelaltersrente, da sie das 67. Lebensjahr noch nicht vollendet hat (§§ 35, 235 SGB VI). Auch die Voraussetzungen einer Rente wegen Erwerbsminderung bis zur Vollendung des 67. Lebensjahres nach § 43 SGB VI erfüllt die Antragstellerin nicht; die von der Antragstellerin durch den Versorgungsausgleich erworbenen Rentenanwartschaften gelten nicht als Pflichtbeiträge für drei Jahre im Sinne von § 43 Abs. 1 S. 1 Nr. 2 und Abs. 2 S. 1 Nr. 2 SGB VI (LSG Nordrhein-Westfalen BeckRS 2018, 15114 Rn. 46 ff.).

Der Bedarf der Antragstellerin richtet sich nach dem Einkommen der geschiedenen Beteiligten.[12]

Der Antragsgegner ist von Beruf . . . . ., bei der Firma . . . . . beschäftigt und erzielt mindestens ein um die berufsbedingten Aufwendungen[15] bereinigtes monatliches Nettoeinkommen in Höhe von . . . . . EUR.[16]

Beweis: Anliegende Lohn- und Gehaltsabrechnungen für die Zeit . . . . .

Falls der Antragsgegner die Höhe dieses Nettoeinkommens bestreiten sollte, wird das Gericht vorsorglich gebeten, ihm gemäß § 235 FamFG aufzugeben, binnen zwei Wochen seine Verdienstabrechnungen für die letzten 12 Monate und seinen neuesten Einkommensteuerbescheid vorzulegen. Wenn der Antragsgegner der Aufforderung nicht oder nicht vollständig nachkommt, wird das Gericht gebeten, gemäß § 236 FamFG diese Belege beim Arbeitgeber des Antragsgegners bzw. beim Finanzamt seines Wohnsitzes einzuholen. Ein Antrag gemäß § 236 Abs. 2 FamFG bleibt vorbehalten.[17]

Danach errechnet sich nach dem Halbteilungsgrundsatz ein monatlicher Unterhaltsanspruch der Antragstellerin gegen den Antragsgegner in Höhe von . . . . . EUR, davon . . . . . EUR als Elementarunterhalt, ... EUR als Krankheits- und Pflegevorsorgeunterhalt und . . . . . EUR als Altersvorsorgeunterhalt.[18]

Der Antragsgegner ist in dieser Höhe leistungsfähig.

Vorsorglich wird ausgeführt, dass der Unterhaltsanspruch der Antragstellerin nicht nach § 1578b BGB zu begrenzen oder zu befristen ist. Denn die Antragstellerin hat aufgrund der in der Ehe praktizierten Rollenverteilung, nach der sie den Haushalt führte und die Kinder versorgte, in der Ehezeit vom . . . . . bis zum . . . . .[19] einen ehebedingten Nachteil erlitten. Ohne die Ehe und die Kindererziehung hätte die Antragstellerin in ihrem erlernten Beruf weitergearbeitet und heute ein Einkommen, welches höher als ihr Bedarf nach den ehelichen Lebensverhältnissen wäre.[20]

Der Antragsgegner zahlt keinen Unterhalt an die Antragstellerin, obwohl er hierzu durch das beigefügte Mahnschreiben vom . . . . ., zugegangen am . . . . ., aufgefordert worden ist. Gemäß § 1585 Abs. 2 § 1613 BGB wird Unterhalt ab dem Ersten des Monats, in dem der Antragsgegner das Mahnschreiben erhalten hat, verlangt.[21]

Beweis: Anliegendes Aufforderungsschreiben (einschließlich Einschreiben mit Rückschein)

Die Verzugszinsen auf die im Antrag bezeichneten Unterhaltsrückstände werden gemäß § 288 Abs. 1, § 286 Abs. 1 S. 1 BGB geltend gemacht.[5] Durch das vorgenannte Mahnschreiben ist der Antragsgegner in Verzug gesetzt worden. Eine Erweiterung des Zinsantrages auf die bis zum Verhandlungstermin etwa zusätzlich aufgelaufenen Unterhaltsrückstände bleibt vorbehalten.

Zum Antrag auf Bewilligung von Verfahrenskostenhilfe sind die nach § 117 Abs. 2 und 4 ZPO iVm § 113 Abs. 1 S. 2 FamFG erforderlichen Unterlagen mit Abschriften für den Gegner beigefügt.[22] Die Antragstellerin hat als Geschiedene keinen Anspruch auf Verfahrenskostenvorschuss gegen den Antragsgegner (BGH NJW 2017, 1960 Rn. 12 = FamRZ 2017, 1052).

Rechtsanwalt[23, 24]

Anmerkungen

1. Zum **Anwaltszwang** u. den Begrifflichkeiten in erstinstanzlichen Unterhaltsstreitigkeiten: → Form. J.I.1 Anm. 1.

2. Zur sachlichen, örtlichen u. internationalen **Zuständigkeit:** → Form. J.I.12 Anm. 2. Nach Abschluss der Ehesache bestimmt sich die örtliche Zuständigkeit nach § 232 Abs. 3 FamFG.

3. In den meisten Fällen ist es sinnvoll, den Anspruch auf nachehelichen Unterhalt bereits im Scheidungsverbund geltend zu machen (→ Form. B.II.5). Er kann aber auch nach der Rechtskraft der Scheidung in einem **isolierten Verfahren** geltend gemacht werden.

Der Anspruch auf Trennungsunterhalt gem. § 1361 BGB u. der Anspruch auf Geschiedenenunterhalt gem. §§ 1569 ff. BGB sind **nicht identisch** (BGH NJW 1981, 978 = FamRZ 1981, 242), so dass ein titulierter Trennungsunterhaltsanspruch am Tage des Eintritts der Rechtskraft der Scheidung der Ehe erlischt (BGH NJW 1988, 1137 = FamRZ 1988, 370). Der Anspruch auf nachehelichen Unterhalt ist gesondert zu titulieren.

Nachehelicher Unterhalt kann auch erstmals mehrere Jahre nach der Scheidung geltend gemacht werden. Aus dem Grundsatz der Eigenverantwortung (§ 1569 BGB) ist eine **lückenlose Unterhaltskette** erforderlich u. die Voraussetzungen eines Anspruchs wegen Alters, Krankheit o. auf Aufstockungsunterhalt müssen bereits im Zeitpunkt der Scheidung sowie auch in der Folgezeit grundsätzlich vorgelegen haben (s. OLG Koblenz NJW 2016, 2279 Rn. 9 = FamRZ 2016, 1460, welches das Vorliegen einer lückenlosen Unterhaltskette 12 Jahre nach der Scheidung als nicht ausreichend dargetan ansah). Vgl. auch BGH (NJW 2016, 153 = FamRZ 2016, 203), wonach ein auf drei Monate beschränkter Wegfall der Voraussetzungen eines Anspruchs auf nachehelichen Aufstockungsunterhalt infolge vorübergehender Arbeitslosigkeit des Unterhaltspflichtigen die Unterhaltskette nicht unterbricht.

4. Der Anspruch auf nachehelichen Unterhalt setzt folgendes voraus:
- Vorliegen eines **Unterhaltstatbestand** nach §§ 1570–1576 BGB, was die Unterhaltsberechtigte darzulegen u. zu beweisen hat,
- ggf. Wahrung eines **Einsatzzeitpunktes,**
- **Bedarf** der Unterhaltsberechtigten nach den ehelichen Lebensverhältnissen (§ 1578 BGB),
- Darlegung der Unterhaltsberechtigten, dass sie sich in dieser Höhe aus eigenen Einkünften o. eigenem Vermögen nicht selbst unterhalten kann (§ 1577 BGB) (**Bedürftigkeit**),
- **Leistungsfähigkeit** des Unterhaltspflichtigen (§ 1581 BGB),
- keine Darlegung durch den Unterhaltspflichtigen von **grober Unbilligkeit** nach § 1579 BGB,
- keine Darlegung durch den Unterhaltspflichtigen von Tatsachen für die zeitliche **Begrenzung o. Herabsetzung** des Unterhalts nach § 1578b BGB,
- keine sonstigen **Ausschlussgründe** (Verjährung, Verwirkung nach § 242 BGB),
- **Angemessenheit** des Unterhaltsanspruchs.

5. Zum **Zinsantrag** u. zur Zinshöhe: → Form. J.I.1 Anm. 4.

6. Zur Anordnung der **sofortigen Wirksamkeit** des Beschlusses: → Form. J.I.1 Anm. 5.

7. Zur **Verfahrenskostenhilfe:** → Form. J.I.1 Anm. 6.

Zwischen geschiedenen Ehegatten besteht kein Anspruch auf **Verfahrenskostenvorschuss** mehr (BGH NJW 2017, 1960 Rn. 12 = FamRZ 2017, 1052 mwN).

Verfahrenskostenhilfe kann für eine außerhalb des Verbundverfahrens anhängig gemachte Antragsfolgesache nicht mehr wegen Mutwilligkeit verweigert werden (BGH NJW 2005, 1497 = FamRZ 2005, 786 mwN).

8. Zum Antrag auf **Versäumnisbeschluss:** → Form. J.I.1 Anm. 7.

9. Der Anspruch auf nachehelichen Unterhalt setzt die **rechtskräftige Scheidung** einer Ehe voraus. Er beginnt mit dem Tag der Rechtskraft der Scheidung u. kann daher nicht vor Rechtskraft der Scheidung angemahnt werden; ausnahmsweise kann er vor seiner Entstehung im Verbund mit der Scheidung gem. § 137 FamFG geltend gemacht werden (→ Form. B.II.3). Es handelt sich um einen einheitlichen Anspruch, gleich auf welche Anspruchsgrundlage nach §§ 1570–1573, 1575, 1576 BGB er gestützt ist.

Die **Daten** betr. der endgültigen Trennung, der Zustellung des Scheidungsantrags u. den Kindern können für das Maß des Unterhalts gem. § 1578 BGB u. die Billigkeitsprüfung nach § 1578b BGB relevant werden.

10. Nach einer **Titulierung des vollen Unterhalts** wäre ein Leistungsantrag regelmäßig ausgeschlossen u. nur ein Abänderungsantrag nach § 238 FamFG o. § 239 FamFG möglich (→ Form. J.I.1 Anm. 9).

11. Bitte den zutreffenden Text auswählen.
Zum gesetzlichen **Übergang des Unterhaltsanspruchs** der Antragstellerin beim Empfang subsidiärer Sozialleistungen sowie zur Rückübertragung des übergegangenen Unterhaltsanspruchs vom Leistungsträger auf den Leistungsempfänger zur gerichtlichen Geltendmachung sowie zur Abtretung nach § 33 Abs. 4 S. 1 SGB II bzw. § 94 Abs. 5 S. 1 SGB XII: → Form. J.I.1 Anm. 10.

12. Der Bedarf für den Unterhalt nach Scheidung bestimmt sich grds. gem. § 1578 Abs. 1 S. 1 BGB nach den **ehelichen Lebensverhältnissen**, die bis zur Rechtskraft der Ehescheidung eingetreten sind. Nacheheliche Entwicklungen wirken sich auf die Bedarfsbemessung nach den ehelichen Lebensverhältnissen aus, wenn sie auch bei fortbestehender Ehe eingetreten wären o. in anderer Weise in der Ehe angelegt u. mit hoher Wahrscheinlichkeit zu erwarten waren (BGH NJW 2012, 384 = FamRZ 2012, 281 unter Verweis auf BVerfG NJW 2011, 836 = FamRZ 2011, 437). Um die prägenden Verhältnisse festzustellen, ist es regelmäßig notwendig, die Verhältnisse während des Zusammenlebens u. ihre Entwicklung nach der Trennung zu erforschen. Eine normale Entwicklung der wirtschaftlichen Verhältnisse ist grds. miteinzubeziehen (zB übliche Gehaltssteigerungen). Außergewöhnliche Entwicklungen (zB Karrieresprung) bleiben außer Betracht. Trennungs- u. scheidungsbedingte Umstände beeinflussen die ehelichen Lebensverhältnisse grds. nicht (BGH NJW 2003, 1796 = FamRZ 2003, 848); der Bedarf nach den ehelichen Lebensverhältnissen wird aber durch den trennungsbedingten Wechsel von Steuerklasse III zu I beeinflusst (BGH NJW 1988, 2101 = FamRZ 1988, 817).

Zum Grundsatz der **Halbteilung** mit Quotenunterhalt u. konkreter Bedarfsberechnung: → Form. J.I.12 Anm. 9.

13. Für die Darlegung ihres Bedarfs muss die Unterhaltsberechtigte ihre **Erwerbsunfähigkeit** substantiiert darlegen (vergleichbar der Darlegungs- u. Beweislast eines Unterhaltspflichtigen für seine fehlende Leistungsfähigkeit: → Form. J.I.2 Anm. 6), dh die gesundheitlichen Beeinträchtigungen mit konkreter Diagnose sowie die konkreten Auswirkungen auf die Erwerbsfähigkeit mitteilen.

Beim Krankheitsunterhalt ist der Einsatzzeitpunkt zu wahren: Eine im Zeitpunkt der Scheidung nur **latent vorhandene Erkrankung** kann dann keinen Unterhaltsanspruch nach § 1572 Nr. 1 BGB mehr begründen, wenn sie nicht in nahem zeitlichem Zusammenhang mit der Scheidung ausgebrochen ist u. zur Erwerbsunfähigkeit geführt hat. Daran fehlt es bei einem zeitlichen Abstand von 23 Monaten (BGH NJW 2001, 3260 = FamRZ 2001, 1291).

Zum Anspruch auf **Unterhalt wegen Krankheit o. Gebrechen** gem. § 1572 BGB: → Form. B.II.5 Anm. 1.

14. Zum Anspruch auf **Kranken-, Pflege- u. Altersvorsorgeunterhalt:** → Form. B.II.5 Anm. 9 u. 12.

15. Zu den **berufsbedingten Aufwendungen:** → Form. J.I.1 Anm. 15.

16. Zur **Berechnung des Einkommens:** → Form. J.I.1 Anm. 16.

17. Zur **verfahrensrechtlichen Auskunftspflicht** nach §§ 235, 236 FamFG: → Form. J.I.1 Anm. 17.

18. Zur **Berechnung des Unterhaltsanspruchs** einschließlich wiederholter Kontrollrechnung des Krankheits- u. Pflegvorsorgeunterhalts sowie des Altersvorsorgeunterhalts mit Hilfe der Bremer Tabelle: → Form. B.II.5 Anm. 12.

19. Die **Ehezeit** bemisst sich von der Eheschließung bis zur Zustellung des Scheidungsantrags (BGH NJW 2012, 1356 = FamRZ 2012, 699 Rn. 51).

20. Zur **Herabsetzung u. zeitlichen Begrenzung** wegen Unbilligkeit nach § 1578b BGB: → Form. B.II.5 Anm. 1.

21. Unterhalt für die Vergangenheit kann nur nach Maßgabe der § 1585b Abs. 2 BGB, § 1613 Abs. 1 BGB verlangt werden u. setzt eine Mahnung nach Fälligkeit voraus, die auf den Monatsersten zurückwirkt. Näheres bei → Form. J.I.1 Anm. 22.

Ein **Verzug** bei dem mit der Rechtskraft der Scheidung erlöschenden Anspruch auf Trennungsunterhalt begründet keinen Verzug für den künftigen Anspruch auf Geschiedenenunterhalt, da die beiden Ansprüche nicht identisch sind (BGH NJW 1981, 978 = FamRZ 1981, 242). Der Anspruch auf Geschiedenenunterhalt entsteht erst ab der Rechtskraft der Scheidung u. muss danach (§ 286 Abs. 1 S. 1 BGB) neu angemahnt werden (BGH NJW 1988, 1137 = FamRZ 1988, 370). Eine vor Entstehung des Anspruchs ausgesprochene Mahnung setzt den Schuldner hinsichtlich des erst künftig fälligen Anspruchs auf nachehelichen Unterhalt nicht in Verzug (BGH NJW 1992, 1956 = FamRZ 1992, 920; s. aber auch OLG Hamm NJOZ 2008, 1881 = FamRZ 2007, 1468, wonach die Berufung des Schuldners auf fehlenden Verzug uU gegen § 242 BGB verstoßen kann). Wurde der Anspruch nicht bereits im Scheidungsverbund (§ 137 FamFG) geltend gemacht, kann Unterhalt erst ab dem Tage des Zugangs einer den Geschiedenenunterhalt betreffenden – nach der Rechtskraft der Scheidung ausgesprochenen – Mahnung beim Antragsgegner verlangen werden. Um kurzfristig Unterhaltszahlungen zu erhalten, sollte eine einstweilige Anordnung nach § 246 FamFG auf Zahlung von Unterhalt (→ Form. C.I.3) beantragt werden.

Nach § 1585b Abs. 3 BGB kann selbst bei einem Verzug des Verpflichteten der laufende Geschiedenenunterhalt rückwirkend nur **bis zu einem Jahr vor der Rechtshängigkeit** des Antrags verlangt werden, es sei denn, der Verpflichtete hätte sich der Leistung absichtlich entzogen. Dazu genügt jedes zweckgerichtete Verhalten o. Unterlassen des Schuldners, das die zeitnahe Realisierung der Unterhaltsschuld verhindert o. zumindest wesentlich erschwert hat (BGH NJW 1989, 526 = FamRZ 1989, 150; s. auch OLG Schleswig NJW 2009, 2223: evidente Unredlichkeit erforderlich; OLG Köln NJW-RR 1997, 449 = FamRZ 1997, 426: bloße Einstellung der privatschriftlich vereinbarten Unterhaltszahlungen reicht nicht aus).

22. Zum Antrag auf Bewilligung von Verfahrenskostenhilfe: → Form. J.I.2 Anm. 8.

Kosten und Gebühren

23. Zunächst → Form. J.I.1 Anm. 24.

Der gerichtliche **Verfahrenswert** eines **isolierten Antrags** auf Geschiedenenunterhalt beläuft sich gem. § 51 Abs. 1 S. 1 FamGKG auf den für die ersten zwölf Monate nach Einreichung des Antrags geforderten Betrag, wenn nicht der Gesamtbetrag geringer ist. Dem Jahresbetrag werden die bei Antragseinreichung fälligen Beträge hinzugerechnet (§ 51 Abs. 2 S. 1 FamGKG).

Fristen und Rechtsmittel

24. → Form. B.II.1 Anm. 13.

15. Abänderungsstufenantrag zwecks Erhöhung des aufgrund gerichtlichen Beschlusses zu zahlenden Geschiedenenunterhalts (§ 238 FamFG)

An das

Amtsgericht[1]

– Familiengericht[2] –

. . . . .

Antrag

In der Familiensache

der Frau . . . . .

wohnhaft . . . . .

– Antragstellerin –

Verfahrensbevollmächtigter: Rechtsanwalt . . . . .

gegen

Herrn . . . . .

wohnhaft . . . . .

– Antragsgegner –

wird namens und in Vollmacht der Antragstellerin beantragt:[3]

1. **Der Antragsgegner wird verpflichtet, der Antragstellerin Auskunft[4] zu erteilen durch Vorlage einer vollständigen, einheitlichen und systematischen Aufstellung über**
   a) **sein Vermögen am . . . . .;**
   b) **seine sämtlichen Brutto- und Nettoeinkünfte einschließlich Sonderzuwendungen sowie aller Nebeneinkünfte aus nichtselbständiger Tätigkeit und Lohnersatzleistungen in der Zeit vom . . . . . bis . . . . .;**

c) seine sämtlichen Einnahmen und Aufwendungen aus selbständiger Arbeit, aus Kapitalvermögen, aus Vermietung und Verpachtung sowie aus anderer Herkunft unter Angabe der Privatentnahmen in der Zeit vom . . . . . bis . . . . .;
d) Steuererstattungen in der Zeit vom . . . . . bis . . . . .;
e) Wohnvorteile und sonstige geldwerte Vorteile (z.B. Fahrzeugnutzung) unter konkreter Angabe von wertbildenden Faktoren, im Hinblick auf das Eigenheim . . . . ., Größe, Ausstattung sowie abzugsfähige Positionen, wie Zahlungen für Schuldzinsen und Instandhaltung im Zeitraum . . . . .;
f) unterhaltsrechtliche Belastungen.

2. Der Antragsgegner wird verpflichtet, die erteilte Auskunft zu Ziff. 1 geeignet zu belegen und zwar insbesondere auch durch Vorlage[5]
a) von Kontoauszügen mit Saldenbestätigung;
b) der Verdienstabrechnungen des Arbeitgebers für die Monate . . . . . sowie der Bescheide über im vorgenannten Zeitraum etwa bezogenes Krankengeld und etwa bezogenes Arbeitslosengeld;
c) der etwaigen Bilanzen nebst den Gewinn- und Verlustrechnungen bzw. der etwaigen Einnahmenüberschussrechnungen mit allen Anlagen und Unterlagen für die Abzugspositionen für die Jahre . . . . . sowie der Einkommensteuerbescheide nebst Einkommensteuererklärungen für die Jahre . . . . .;
d) der Lohnsteuerbescheinigung und des Einkommensteuerbescheids für das Jahr . . . . .
e) sonstiger geeigneter Belege zum Nachweis des Einkommens sowie der unterhaltsrelevanten Abzüge.

3. Der Antragsgegner wird verpflichtet, zu Protokoll des Amtsgerichts seines Wohnsitzes an Eides statt zu versichern, dass er die Auskunft über sein Vermögen und seine Einkünfte nach bestem Wissen so vollständig abgegeben habe, als er dazu imstande sei.[6]

4. Der Antragsgegner wird unter Abänderung des Beschlusses des Amtsgerichts – Familiengericht – . . . . . vom . . . . . (Aktenzeichen . . . . .)[7] verpflichtet, an die Antragstellerin monatlich ab . . . . . den nach Erfüllung der Auskunftsverpflichtung noch zu beziffernden angemessenen nachehelichen Unterhalt zu zahlen.

Darüber hinaus wird beantragt:

Der Antragstellerin wird für die erste Instanz Verfahrenskostenhilfe unter Beiordnung ihres Verfahrensbevollmächtigten bewilligt.[8]

Für den Fall der nicht rechtzeitig angezeigten Verteidigungsbereitschaft im schriftlichen Vorverfahren wird Antrag auf Versäumnisbeschluss (§ 113 Abs. 1 S. 2 FamFG, § 331 Abs. 3 ZPO) ohne mündliche Verhandlung gestellt.[9]

Begründung:

Die am . . . . . geschlossene Ehe der Beteiligten ist durch die in Fotokopie beigefügte, seit dem . . . . . rechtskräftige Entscheidung des Amtsgerichts – Familiengericht – . . . . . vom . . . . . (Aktenzeichen . . . . .) unter Regelung des Versorgungsausgleichs geschieden worden. Nach dieser Entscheidung ist der Antragsgegner verpflichtet, der Antragstellerin einen unbefristeten nachehelichen Unterhalt wegen Krankheit in Höhe von monatlich . . . . . EUR zu zahlen.[10]

Der Unterhaltsanspruch wurde wie folgt errechnet: . . . . .[11]

Die Antragstellerin hat nach wie vor keine eigenen Einkünfte.

Die Antragstellerin, die zuletzt im Jahre . . . . . in ihrem Beruf als . . . . . versicherungspflichtig gearbeitet hat, leidet seit dem Jahre . . . . . fortdauernd an . . . . . (ICD 10: . . . . .) und ist seitdem nicht mehr erwerbsfähig.

Beweis: Das anliegende Attest des behandelnden Arztes . . . . .

Die genannten Leiden sind trotz ärztlicher Behandlung nicht mehr völlig heilbar und wirken sich auf die Arbeitsfähigkeit der Antragstellerin dahin aus, dass diese . . . . .

Die Antragstellerin ist weiterhin als dauernd erwerbsunfähig anzusehen. Von ihr kann weiterhin wegen ihrer Krankheit eine Erwerbstätigkeit nicht erwartet werden.[12]

Beweis: Einzuholendes ärztliches Gutachten

Seit der Unterhaltsfestsetzung sind folgende wesentlichen Veränderungen der tatsächlichen Verhältnisse eingetreten:[11]

Der Antragsgegner hat inzwischen in seinem Beruf als . . . . ., ohne dass ein unerwarteter Karrieresprung vorliegt, die dem Normalverlauf entsprechende und schon in der früheren Ehe der Beteiligten absehbare positive berufliche Entwicklung zum . . . . . mit einem erheblichen Einkommenszuwachs erfahren. Es ist deshalb von einer wesentlichen Erhöhung des Unterhaltsanspruchs der Antragstellerin auszugehen.[13]

Die jetzigen Einkünfte des Antragsgegners sind der Antragstellerin nicht genau bekannt. Er erteilte der Antragstellerin zuletzt am . . . . . Auskunft über seine Einkünfte und sein Vermögen und ist nun nach § 1605 BGB erneut zur Auskunftserteilung verpflichtet; die Frist von zwei Jahren nach § 1605 Abs. 2 BGB ist abgelaufen. Die Antragstellerin forderte ihn durch das beigefügte Mahnschreiben vom . . . . . vor Verfahrensbeginn vergeblich auf, zum Zwecke der Geltendmachung eines etwaigen höheren Unterhaltsanspruchs über seine Einkünfte und sein Vermögen eine aktuelle Auskunft zu erteilen.[14]

Der Antragsgegner erteilte jedoch der Antragstellerin bisher keine Auskunft und zahlte ihr keinen höheren Unterhalt, so dass nunmehr ein Stufenantrag gemäß § 254 ZPO iVm § 113 Abs. 1 S. 2 FamFG geboten ist.

Mit dem Antrag zu 1. wird zunächst Auskunft nach § 1605 BGB verlangt. Mit dem Antrag zu 2. wird der Anspruch auf Vorlage von Belegen verfolgt; die Bezeichnung der Belege wird gegebenenfalls nach Erteilung der Auskunft angepasst.

Der Antrag zu 3. wird für den Fall gestellt werden, dass Grund zu der Annahme besteht, der Antragsgegner habe die Auskunft nicht mit der erforderlichen Sorgfalt erteilt (§ 1605 Abs. 1 S. 3, §§ 260, 261 BGB).

Nach der Erteilung der Auskunft wird die Antragstellerin den Abänderungszahlungsantrag der Höhe nach beziffern.[15]

Zum Antrag auf Bewilligung von Verfahrenskostenhilfe sind die nach § 117 Abs. 2 und 4 ZPO iVm § 113 Abs. 1 S. 2 FamFG erforderlichen Unterlagen mit Abschriften für den Gegner beigefügt.[16] Die Antragstellerin hat als Geschiedene keinen Anspruch auf Verfahrenskostenvorschuss gegen den Antragsgegner (BGH NJW 2017, 1960 Rn. 12 = FamRZ 2017, 1052).

Rechtsanwalt[17, 18]

Anmerkungen

1. Zum **Anwaltszwang** u. den Begrifflichkeiten in erstinstanzlichen Unterhaltsstreitigkeiten: → Form. J.I.1 Anm. 1.

Der Abänderungsstufenantrag leitet ein **neues Verfahren** ein.

2. Zur sachlichen, örtlichen u. internationalen **Zuständigkeit:** → Form. J.I.12 Anm. 2. Nach Abschluss der Ehesache bestimmt sich die örtliche Zuständigkeit nach § 232 Abs. 3 FamFG.

3. Zum **Auskunftsstufenantrag:** → Form. J.I.5 Anm. 3.

Der **Abänderungsstufenantrag** dient der Verminderung des Verfahrenskostenrisikos sowie der Verfahrensökonomie. Mit dem Stufenantrag wird ein der Höhe nach zunächst unbezifferter Abänderungszahlungsantrag zugleich mit den zu seiner Konkretisierung erforderlichen Hilfsansprüchen auf Auskunft u. Richtigkeitsversicherung geltend gemacht.

4. Zum Anspruch auf **Auskunft** über das Vermögen u. das Einkommen: → Form. J.I.5 Anm. 4–9.

5. Zum Anspruch auf **Vorlage von Belegen:** → Form. J.I.5 Anm. 10.

6. Zum Anspruch auf **Versicherung an Eides statt:** → Form. J.I.5 Anm. 11.

7. Der abzuändernde Titel ist genau nach Gericht, Datum u. Aktenzeichen zu bezeichnen.

8. Zur **Verfahrenskostenhilfe:** → Form. J.I.1 Anm. 6, insbesondere zum Stufenantrag: → Form. J.I.5 Anm. 12.

Zwischen geschiedenen Ehegatten besteht kein Anspruch auf **Verfahrenskostenvorschuss** mehr (BGH NJW 2017, 1960 Rn. 12 = FamRZ 2017, 1052 mwN).

9. Zum Antrag auf **Versäumnisbeschluss:** → Form. J.I.1 Anm. 7.

10. Zur **Abänderung** gerichtlicher Endentscheidungen in Unterhaltssachen gem. § 238 FamFG zunächst: → Form. J.I.8 Anm. 10.

Liegt eine gerichtliche Endentscheidung über den vollen Geschiedenenunterhalt vor, kann die **Erhöhung** des Unterhalts auch mit einem Abänderungsstufenantrag nach § 238 FamFG, § 254 ZPO iVm § 113 Abs. 1 S. 2 FamFG verlangt werden, u. zwar nach § 238 Abs. 3 S. 2 FamFG rückwirkend ab der Zeit, für die nach den Vorschriften des bürgerlichen Rechts (zB §§ 1585b Abs. 2, 1613 Abs. 1 BGB) Unterhalt für die Vergangenheit verlangt werden kann (→ Form. J.I.1 Anm. 22).

11. Zur Abänderung gerichtlicher Entscheidungen o. von Vergleichen u. Urkunden gem. §§ 238, 239 FamFG unter **Wahrung der Grundlagen** des Ausgangsbeschlusses: → Form. J.I.8 Anm. 11.

12. Zur Darlegung der dauerhaften Erwerbsunfähigkeit: → Form. J.I.14 Anm. 13.

Für die Annahme eines **Fortbestehens der Erwerbsunfähigkeit** u. für die etwaige Einholung eines Gutachtens ist ein Vortrag der Antragstellerin entscheidend, wie sich das Krankheitsbild auf ihre Arbeitsfähigkeit konkret auswirkt.

13. Zum **Bedarf** nach den ehelichen Lebensverhältnissen zunächst: → Form. J.I.14 Anm. 13.

Nach der Rechtskraft der Ehescheidung eingetretene **Einkommensveränderungen** beim Unterhaltspflichtigen o. beim Unterhaltsberechtigten sind bei der Bemessung des Bedarfs für die Berechnung des nachehelichen Ehegattenunterhalts dann zu berücksichtigen, wenn es sich um bereits während der Ehezeit absehbare Entwicklungen handelt (BGH NJW 2012, 384 Rn. 22 ff. = FamRZ 2012, 281). Dies wird man bei Einkommenssteigerungen durch allgemeine Lohnerhöhungen bejahen können. Nicht mehr in der Ehe angelegt wäre dagegen eine auf einen unvorhersehbaren Karrieresprung zurückzuführende Einkommenssteigerung (BGH NJW 2010, 2056 Rn. 22 = FamRZ 2010, 869). Bei einem mit dem Ziel der Erhöhung des Geschiedenenunterhalts eingereichten Abänderungsantrag kommt es demnach in der Praxis häufig darauf an, ob der Mehrverdienst des Unterhaltspflichtigen auf einer normalen Entwicklung der Erwerbsverhältnisse (Regelbeförderung, übliche Einkommenserhöhung) beruht, der den Bedarf der Unterhaltsberechtigten beeinflusst, o. ob ein unerwarteter nachehelicher Karrieresprung vorliegt, an dem der geschiedene Ehegatte als Unterhaltsgläubiger nicht mehr partizipiert.

Ein unerwarteter **Karrieresprung** wird vor allem dann angenommen, wenn der geschiedene Ehegatte eine neue berufliche Position erlangt hat u. die hieraus erzielten Einkommenssteigerungen wesentlich über dem statistischen Mittelwert liegen. Einkommenssteigerungen von mehr als 20 % infolge einer neuen Funktion sind regelmäßig als Karrieresprung einzuschätzen (vgl. BGH NJW 2007, 2628 = FamRZ 2007, 1232; BGH NJW 2009, 1271 Rn. 46 = FamRZ 2009, 579; OLG Köln BeckRS 2024, 30777 = FamRZ 2025, 505; OLG Köln NJW–RR 2004, 297 = FamRZ 2004, 1114; OLG München FuR 2003, 328; OLG Koblenz FamRZ 1997, 1079; OLG München BeckRS 1997, 31362456 = FamRZ 1997, 613).

Eine normale u. damit **eheprägende Einkommenssteigerung** beim Unterhaltspflichtigen u. die entsprechende Erhöhung des Bedarfs beim Unterhaltsberechtigten kann auch darauf beruhen, dass der Unterhaltspflichtige ehebedingte Schulden getilgt hat (BGH NJW 1998, 2821 = FamRZ 1998, 899) o. dass mit der wirtschaftlichen Selbständigkeit eines Kindes die frühere Unterhaltspflicht gegenüber dem Kind entfallen ist (BGH NJW 1990, 2886 = FamRZ 1990, 1085).

14. Zur Aufforderung zur **Erteilung der Auskunft** über die Einkünfte u. das Vermögen vor Verfahrensbeginn: → Form. J.I.1 Anm. 22.

Für ein Verlangen auf eine erneute Auskunft zum Geschiedenenunterhalt ist die **Sperrfrist von zwei Jahren** nach Errichtung des Ursprungstitels (§ 1580 S. 2, § 1605 Abs. 2 BGB) zu beachten, falls nicht vorher wesentlich höhere Einkünfte o. weiteres Vermögen des Verpflichteten glaubhaft gemacht werden können (OLG Köln NJW-RR 2004, 6 = FamRZ 2003, 1960). Die Zwei-Jahres-Frist beginnt mit dem Tag der letzten mündlichen Verhandlung, in der der Antragsgegner zur Auskunft verpflichtet worden war o. sich dazu durch Vergleich verpflichtet hatte (OLG München BeckRS 2010, 7674 = FamRZ 2010, 816). Ein verfrühtes Auskunftsverlangen löst keine Verzugswirkungen aus (OLG Düsseldorf NJW 1993, 1079 = FamRZ 1993, 591) u. kann somit keine rückwirkende Unterhaltsabänderung begründen.

Zur **Kostenverteilung** bei vergeblicher Aufforderung u. nach Erteilung der Auskunft aussichtslosem unbeziffertem Zahlungsantrages (→ Form. J.I.5 Anm. 17).

15. Bei einer späteren Bezifferung des Abänderungszahlungsantrages sollte zusätzlich beantragt werden: „Der Beschluss ist sofort wirksam." (→ Form. J.I.1 Anm. 5).

16. Zum Antrag auf Bewilligung von **Verfahrenskostenhilfe:** → Form. J.I.2 Anm. 8.

Kosten und Gebühren

17. → Form. J.I.8 Anm. 18.

Fristen und Rechtsmittel

18. → Form. B.II.1 Anm. 13.

16. Abänderungsantrag zwecks Herabsetzung des aufgrund gerichtlichen Beschlusses zu zahlenden Geschiedenenunterhalts (§ 238 FamFG)

An das

Amtsgericht[1]

– Familiengericht[2] –

. . . . .

Antrag

In der Familiensache

des Herrn . . . . .

wohnhaft . . . . .

– Antragsteller –

Verfahrensbevollmächtigter: Rechtsanwalt . . . . .

gegen

Frau . . . . .
wohnhaft . . . . .

– Antragsgegnerin –

wird namens und in Vollmacht des Antragstellers beantragt:

Die Unterhaltsverpflichtung des Antragstellers aus dem Beschluss des Amtsgerichts – Familiengericht – . . . . . vom . . . . . (Aktenzeichen . . . . .)[3] wird dahin abgeändert, dass er mit Wirkung ab . . . . . nur noch zu monatlichen Unterhaltszahlungen in Höhe von . . . . . EUR an die Antragsgegnerin verpflichtet ist.

Darüber hinaus wird beantragt:

Dem Antragsteller wird für die erste Instanz Verfahrenskostenhilfe unter Beiordnung seines Verfahrensbevollmächtigten bewilligt.[4]
Für den Fall der nicht rechtzeitig angezeigten Verteidigungsbereitschaft im schriftlichen Vorverfahren wird Antrag auf Versäumnisbeschluss (§ 113 Abs. 1 S. 2 FamFG, § 331 Abs. 3 ZPO) ohne mündliche Verhandlung gestellt.[5]

Begründung:

Die am ..... geschlossene Ehe der Beteiligten ist durch die in Fotokopie beigefügte, seit dem ..... rechtskräftige Entscheidung des Amtsgerichts – Familiengericht – ..... vom ..... (Aktenzeichen .....)[3] unter Regelung des Versorgungsausgleichs geschieden worden. Nach dieser Entscheidung ist der Antragsteller verpflichtet, der Antragstellerin einen unbefristeten nachehelichen Aufstockungsunterhalt in Höhe von monatlich ..... EUR zu zahlen.[6]

Dem lag ein damaliges monatliches Nettoeinkommen des Antragstellers von ..... EUR und ein solches der Antragsgegnerin von ..... EUR zugrunde.[7]

Seit der Unterhaltsfestsetzung sind folgende wesentlichen Veränderungen der tatsächlichen Verhältnisse eingetreten:[8]

Die Antragsgegnerin bezieht nach ihrer Auskunft nun ein monatliches Renteneinkommen in Höhe von ..... EUR netto.

Der Antragsteller bezieht seit dem ..... nur noch ein monatliches Renteneinkommen in Höhe von ..... EUR netto.[9]

Beweis: Anliegender Versorgungsnachweis der ..... vom .....

Neben der Pension hat der Antragsteller keine weiteren Einkünfte.

Ferner ist der Antragsteller seit dem ..... mit Frau ..... in neuer Ehe verheiratet.

Beweis: Anliegende Heiratsurkunde vom ..... in Fotokopie

Der Antragsteller ist seiner jetzigen Ehefrau ebenfalls unterhaltspflichtig, da diese nur eine Rente in Höhe von ..... EUR monatlich netto bezieht. Die neue Ehe ist kinderlos.[10]

Damit errechnet sich ein Unterhaltsanspruch der Antragsgegnerin von nur noch ..... EUR.[11]

Es liegt eine wesentliche Veränderung der Verhältnisse im Sinne von § 238 Abs. 1 und 4 FamFG vor, so dass die Ausgangsentscheidung entsprechend anzupassen ist.[12]

Der Antragsteller forderte mit seinem in Fotokopie beigefügten Schreiben vom ....., zugegangen am ....., die Antragsgegnerin auf, auf die Rechte aus dem Unterhaltstitel zu verzichten, soweit ein Betrag von ..... EUR monatlich überschritten ist.

Beweis: Anliegendes Aufforderungsschreiben (einschließlich Einschreiben mit Rückschein)

Da die Antragsgegnerin dies nicht getan hat, ist gemäß § 238 Abs. 1 u. Abs. 3 S. 3 FamFG dieser Abänderungsantrag veranlasst.[13]

Zum Antrag auf Bewilligung von Verfahrenskostenhilfe sind die nach § 117 Abs. 2 und 4 ZPO iVm § 113 Abs. 1 S. 2 FamFG erforderlichen Unterlagen mit Abschriften für den Gegner beigefügt.[14]

Rechtsanwalt[15, 16]

Anmerkungen

1. Zum **Anwaltszwang** u. den Begrifflichkeiten in erstinstanzlichen Unterhaltsstreitigkeiten: → Form. J.I.1 Anm. 1.

Der Abänderungsantrag leitet ein **neues Verfahren** ein.

2. Zur sachlichen, örtlichen u. internationalen **Zuständigkeit:** → Form. J.I.12 Anm. 2. Nach Abschluss der Ehesache bestimmt sich die örtliche Zuständigkeit nach § 232 Abs. 3 FamFG.

3. Der abzuändernde Titel ist genau nach Gericht, Datum u. Aktenzeichen zu **bezeichnen.**

4. Zur **Verfahrenskostenhilfe:** → Form. J.I.1 Anm. 6.

5. Zum Antrag auf **Versäumnisbeschluss:** → Form. J.I.1 Anm. 7.

6. Zur **Abänderung** gerichtlicher Endentscheidungen in Unterhaltssachen gem. § 238 FamFG zunächst: → Form. J.I.8 Anm. 10.

Ein Antrag auf **Herabsetzung des Unterhalts** ist nach § 238 Abs. 3 S. 3 FamFG auch zulässig für die Zeit ab dem Ersten des auf ein entsprechendes Auskunfts- o. Verzichtsverlangen des Antragstellers folgenden Monats, wobei § 238 Abs. 3 S. 4 FamFG jedoch das Herabsetzungsverlangen auf die ein Jahr vor Rechtshängigkeit liegende Zeit begrenzt.

7. Zur Abänderung gerichtlicher Entscheidungen o. von Vergleichen u. Urkunden gem. §§ 238, 239 FamFG unter **Wahrung der Grundlagen** des Ausgangsbeschlusses: → Form. J.I.8 Anm. 11. Es ist die damalige Unterhaltsberechnung darzulegen.

8. Zum **Bedarf** nach den ehelichen Lebensverhältnissen: → Form. J.I.14 Anm. 12. u. zu den nach der Rechtskraft der Ehescheidung eingetretene **Einkommensveränderungen:** → Form. J.I.15 Anm. 13.

9. Der Bezug der **Regelaltersrente** o. ein **Versorgungsbeginn** mit dem Erreichen der Altersgrenze u. die damit üblicherweise einhergehende Einkommensminderung stellt eine normale Entwicklung dar, an der beide Ehegatte auch bei Fortbestand der Ehe partizipiert hätten. Die von einem Ehegatten bezogene Pension o. Rente prägt die ehelichen Lebensverhältnisse grundsätzlich selbst dann, wenn sie auf einer vor o. nach der Ehe ausgeübten Erwerbstätigkeit beruht u. erst nach der Scheidung angefallen ist. Die Pension o. Rente ist auch hinsichtlich des im Versorgungsausgleich erworbenen Anteils schon bei der Bemessung des Unterhaltsbedarfs nach den ehelichen Lebensverhältnissen (BGH NJW 2002, 436 (439) = FamRZ 2002, 88 (91)) u. nicht erst bei der Leistungsfähigkeit zu berücksichtigen. Die durch den Versorgungsbezug gebotene Anpassung des Unterhaltsanspruchs an die geänderten wirtschaftlichen Verhältnisse hat stets im Wege der Unterhaltsabänderung zu erfolgen (BGH NJW 2005, 2313 = FamRZ 2005, 1479).

10. Es ist unterhaltsrechtlich nicht vorwerfbar, wenn durch die **Gründung einer neuen Familie** weitere vorrangige o. gleichrangige Unterhaltspflichten (s. § 1609 BGB) entstehen (BGH NJW 2008, 1663 Rn. 47 = FamRZ 2008, 968). Schuldet dann der Unterhaltspflichtige neben dem geschiedenen Ehegatten auch einem neuen Ehegatten Unterhalt, ist die neu hinzugekommene Unterhaltspflicht unter Beachtung des Ranges nach § 1609 BGB zu berücksichtigen (näheres bei → Anm. 11).

11. Beim Abänderungsverfahren sind die bisherigen Grundlagen der Unterhaltsberechnung sowie die **einzelnen Veränderungen** darzulegen.

Beispiel 1: Bei Scheidung erzielte der Ehemann ein Nettoeinkommen aus Erwerbstätigkeit in Höhe von 3.000 EUR u. die Ehefrau ein solches in Höhe von 1.600 EUR. Mit Beginn der Regelaltersgrenze bezieht der Ehemann eine Rente in Höhe von 2.000 EUR netto u. die Ehefrau eine solche in Höhe von 1.200 EUR

Es ist wie folgt darzulegen (Berechnung mit Stand DT 2026):

	Titel	Abänderung
Erwerbseinkommen Mann, netto	3.000,00 EUR	
Renteneinkommen Mann, netto		2.000,00 EUR
berufsbedingte Aufwendungen	–150,00 EUR	
anrechenbares Einkommen	2.850,00 EUR	2.000,00 EUR
nach Abzug Erwerbstätigenbonus	2.565,00 EUR	
Erwerbseinkommen Frau, netto	1.600,00 EUR	
Renteneinkommen Frau, netto		1.200,00 EUR
berufsbedingte Aufwendungen	–80,00 EUR	
anrechenbares Einkommen	1.520,00 EUR	1.200,00 EUR
nach Abzug Erwerbstätigenbonus	1.368,00 EUR	
gemeinsames Einkommen	3.933,00 EUR	3.200,00 EUR
Bedarf der Frau	1.966,50 EUR	1.600,00 EUR
abzgl. eigenes Einkommen Frau	–1.368,00 EUR	–1.200,00 EUR
Unterhaltsanspruch der Frau (gerundet)	599,00 EUR	400,00 EUR
Kontrolle Leistungsfähigkeit		
anrechenbares Einkommen Mann	2.850,00 EUR	2.000,00 EUR
Unterhaltspflicht ggü. Frau	–599,00 EUR	–400,00 EUR
eheangemessener Selbstbehalt	–1.600,00 EUR	–1.475,00 EUR
verbleibt	651,00 EUR	125,00 EUR

Beim Renteneinkommen sind weder berufsbedingte Aufwendungen noch ein Erwerbstätigenbonus anzusetzen. Bei der Kontrolle der Leistungsfähigkeit ist nach Renteneintritt der Selbstbehalt eines Nichterwerbstätigen anzusetzen.

Ergebnis: Der Unterhaltsanspruch der Ehefrau reduziert sich von 599 EUR auf 400 EUR monatlich.

Wird der Unterhaltspflichtige nach Rechtskraft der Scheidung einer **weiteren Person gegenüber unterhaltspflichtig**, beeinflusst dies **nicht den Bedarf** des geschiedenen Ehegatten. Entwicklungen der Einkommenssituation des Unterhaltspflichtigen, die erst nach Rechtskraft der Scheidung erfolgt sind, sind begrenzt auf solche Entwicklungen, die schon die Ehe geprägt haben u. in ihr angelegt worden sind, die also schon während der Ehe mit hoher Wahrscheinlichkeit erwartbar waren (BVerfG NJW 2011, 836 = FamRZ 2011, 437). Auf der **Ebene der Leistungsfähigkeit** des Unterhaltspflichtigen nach § 1581 BGB ist der Halbteilungsgrundsatz zu beachten. Sonstige Verpflichtungen gegenüber anderen Unterhaltsberechtigten, die nicht bereits den Bedarf des Unterhaltsberechtigten beeinflusst haben, sind entsprechend ihrem Rang zu berücksichtigen. Sind ein geschiedener u. ein neuer Ehegatte nach **§ 1609 BGB gleichrangig**, ist im Rahmen der Leistungsfähigkeit des Unterhaltspflichtigen eine Billigkeitsabwägung in Form einer Dreiteilung des gesamten unterhaltsrelevanten Einkommens vorzunehmen (BGH NJW 2012, 384 = FamRZ 2012, 281–288). Ist der neue Ehegatte des Unterhaltspflichtigen gegenüber dem geschiedenen Ehegatten nach § 1609 Nr. 3 BGB **nachrangig,** ist dessen Unterhaltsanspruch im Rahmen der Leistungsfähigkeit grundsätzlich nicht als sonstige Verpflichtung zu berücksichtigen (BGH NJW 2014, 2109 = FamRZ 2014, 1183). Ist der Unterhaltspflichtige nicht leistungsfähig für die Deckung des Bedarfs aller Unterhaltsberechtigten, ist wegen des Vorhandenseins einer nachrangigen Unterhaltspflicht eine Kürzung des Bedarfs der geschiedenen Ehefrau auf den Betrag denkbar, der dem Unterhaltspflichtigen verbleibt (vgl. Ziff. 15.1 der Leitlinien: relativer Mangelfall).

Beispiel 2: Der Mann bezieht mit Beginn der Regelaltersgrenze eine Rente in Höhe von 2.400 EUR netto, seine zweite Ehefrau eine solche von 900 EUR u. die geschiedene Ehefrau eine solche in Höhe von 1.300 EUR. Die zweite Ehefrau ist gegenüber der geschiedenen Ehefrau nachrangig

Es ist wie folgt zu rechnen (mit Stand Düsseldorfer Tabelle 2026):

Renteneinkommen Mann, netto	2.400 EUR
Renteneinkommen geschiedene Frau, netto	1.300 EUR
gemeinsames Einkommen	3.700 EUR
Bedarf geschiedene Frau	1.850 EUR
abzgl. eigenes Einkommen geschiedene Frau	–1.300 EUR
Unterhaltsanspruch geschiedene Frau	550 EUR
Einkommen Mann neue Ehe	2.400 EUR
abzgl. eheprägende Unterhaltspflicht	–550 EUR
anrechenbares Einkommen Mann neue Ehe	1.850 EUR
Renteneinkommen 2. Ehefrau	900 EUR
gemeinsames Einkommen	2.750 EUR
Bedarf 2. Ehefrau	1.375 EUR
abzgl. eigenes Einkommen 2. Ehefrau	–900 EUR
Unterhaltsanspruch 2. Ehefrau	475 EUR
Kontrolle Leistungsfähigkeit	
Einkommen Mann	2.400 EUR
abzgl. Unterhaltspflicht geschiedene Frau	–550 EUR
abzgl. Unterhaltspflicht 2. Ehefrau	–475 EUR
eheangemessener Selbstbehalt, gekürzt 10%	–1.328 EUR
verbleibt	48 EUR

Bei Nachrang der 2. Ehefrau belässt der BGH (NJW 2014, 2109 = FamRZ 2014, 1183) dem vorrangigen geschiedenen Ehegatten den nach den ehelichen Lebensverhältnissen bemessenen Bedarf insgesamt u. verweist die neue Ehe ergänzend auf die durch den nachrangigen Ehegatten erzielten o. erzielbaren Einkünfte sowie auf die der neuen Ehe vorbehaltenen wirtschaftlichen Vorteile – hier also insbesondere den steuerlichen Splittingvorteil u. den hälftigen Familienzuschlag der Stufe 1. Der Selbstbehalt des Pflichtigen ist wegen des Vorteils des Zusammenlebens um 10 % zu kürzen (vgl. Ziff. 21.5 der Leitlinien).

Ist der **zweite Ehegatte vor- o. gleichrangig,** empfiehlt sich zunächst die Prüfung, ob ein absoluter Mangelfall vorliegt. Das ist dann der Fall, wenn das Gesamteinkommen die festen Bedarfsbeträge für den Pflichtigen u. beide Ehegatten nicht deckt (als Untergrenze wird das Existenzminimum mit dem notwendigen Selbstbehalt – 1.200 EUR mit Stand 2026 – angesetzt, vgl. BGH NJW 2013, 866 = FamRZ 2013, 534), mithin das Einkommen der drei Ehegatten insgesamt weniger als den Selbstbehalt pro Person beträgt, der ggf. bei Zusammenleben pro Person um 10 % zu kürzen ist. Bei einem absoluten Mangelfall ist das Gesamteinkommen auf den Bedarf der einzelnen Personen entsprechend dem Rang zu verteilen: Bei Gleichrang der unterhaltsberechtigten Ehegatten wird der den Selbstbehalt von 1.200 EUR übersteigende Betrag quotal auf beide Ehegatten verteilt. Bei Vorrang der 2. Ehefrau wird mit dem den Selbstbehalt von 1.200 EUR übersteigende Betrag zunächst der Bedarf dieser Ehefrau gedeckt.

Wenn kein absoluter Mangelfall vorliegt, dann ist der **relative Mangelfall** zu prüfen, also ob der Drittelanteil der geschiedenen Ehefrau an dem Gesamteinkommen der drei Ehegatten ihren vollen Bedarf, den sie ohne Berücksichtigung der weiteren Unterhaltspflichten hätte, unterschreitet. Ist ihr voller Unterhalt höher, wird dieser wegen der vorrangigen Unterhaltspflicht der 2. Ehefrau auf das Drittel herabgesetzt. Ist ihr voller Unterhalt niedriger, entfällt dieser Betrag auf sie.

Jedenfalls schließt sich eine **abschließende Billigkeitskontrolle** an.

S. auch die **Rechenbeispiele** betreffend Unterhaltspflichten gegenüber zwei Ehegatten für die unterschiedlichen Konstellationen bei Dose UnterhaltsR/Guhling § 5 Rn. 107, 109 (mit Berücksichtigung der Ersparnis aufgrund Zusammenlebens).

12. Zur **Herabsetzung u. zeitlichen Begrenzung** des Unterhalts gem. § 1578b BGB zunächst: → Form. B.II.4 Anm. 1. u. die in → Form. B.II.6 Anm. 1 genannten Entscheidungen.

Ist ein Abänderungsantrag des Unterhaltsgläubigers auf Erhöhung des durch Urteil o. Beschluss titulierten Unterhalts vollständig abgewiesen worden, so kann ein späterer Abänderungsantrag des Unterhaltsschuldners auf Herabsetzung in zulässiger Weise auch auf solche Tatsachen gestützt werden, die schon im vorausgegangenen Abänderungsverfahren zu berücksichtigen gewesen wären (BGH NZFam 2018, 555 = FamRZ 2018, 914). Die **Präklusion von Alttatsachen** setzt voraus, dass die Umstände schon für die Entscheidung des Ausgangsverfahrens erheblich waren. Soweit im vorangehenden Verfahren der Umstand der Begrenzung bzw. Befristung des Unterhalts erheblich war, ist entscheidend, ob der fragliche Umstand bereits im Vorverfahren zu einer abweichenden Entscheidung hätte führen müssen (BGH NZFam 2018, 555 = FamRZ 2018, 914 Rn. 14 unter Bezug auf BGH NJW 2015, 2963 = FamRZ 2015, 1694 Tz. 23).

Falls die abzuändernde Ausgangsentscheidung einen unbefristeten Aufstockungsunterhalt gem. § 1573 Abs. 2 BGB aF nach langer Ehedauer zuspricht u. aus der **Zeit vor der Rechtsprechungsänderung zur Befristung des nachehelichen Aufstockungsunterhalts** durch die BGH-Entscheidung vom 12.4.2006 (NJW 2006, 2401 = FamRZ 2006, 1006) stammt u. der Antragsteller im jetzigen Abänderungsverfahren (auch) eine zeitliche Begrenzung des Unterhalts (§ 1578b BGB) erreichen will, ist er mit dem Befristungseinwand nicht gem. § 238 Abs. 2 FamFG präkludiert (BGH NJW 2012, 1209 Rn. 25 = FamRZ 2012, 525; BGH NJW 2010, 1595 Rn. 22 = FamRZ 2010, 538; BGH NJW 2007, 1961 Rn. 55 ff. = FamRZ 2007, 793; Dose FamRZ 2007, 1289 (1296); s. auch BGH NJW 2014, 2192 Rn. 18 = FamRZ 2014, 1276 zum Altersunterhalt nach § 1571 BGB).

Der Antrag sollte dann um folgenden Satz ergänzt werden:

Formulierungsvorschlag:

„Diese Unterhaltsverpflichtung wird bis zum . . . . . zeitlich begrenzt."

13. Der Abänderungsbeginn kann gem. § 238 Abs. 3 S. 3 FamFG durch ein entsprechendes Auskunfts- o. Verzichtsverlangen vorverlagert werden: → Form. J.I.9 Anm. 14.

14. Zum Antrag auf Bewilligung von **Verfahrenskostenhilfe:** → Form. J.I.2 Anm. 8.

Kosten und Gebühren

15. Zunächst → Form. J.I.1 Anm. 24.

Der **Verfahrenswert** dieses Abänderungsantrags errechnet sich gem. § 51 Abs. 1 u. 2 FamGKG nach dem Unterschied zwischen dem bisherigen u. dem neu begehrten Jahresbetrag unter Hinzurechnung des bei Einreichung des Abänderungsantrags ab dem Ersten des Monats nach dem Zugang des Verzichtsverlangens aufgelaufenen Herabsetzungsbetrages.

Fristen und Rechtsmittel

16. → Form. B.II.1 Anm. 13.

17. Abänderungsantrag gegen einen Verfahrensvergleich über Betreuungsunterhalt (§ 239 FamFG)

An das

Amtsgericht[1]

– Familiengericht[2] –

. . . . .

Antrag

In der Familiensache

des Herrn . . . . .

wohnhaft . . . . .

– Antragsteller –

Verfahrensbevollmächtigter: Rechtsanwalt . . . . .

gegen

Frau . . . . .

wohnhaft . . . . .

– Antragsgegnerin –

wird namens und in Vollmacht des Antragstellers beantragt:

Der vor dem Amtsgericht – Familiengericht – . . . . . . am . . . . . . abgeschlossene Vergleich (Aktenzeichen . . . . .)[3] wird dahin abgeändert, dass der Antragsteller mit Wirkung ab . . . . . an die Antragsgegnerin keinen nachehelichen Unterhalt mehr zu zahlen hat.

Darüber hinaus wird beantragt:

Dem Antragsteller wird für die erste Instanz Verfahrenskostenhilfe unter Beiordnung seines Verfahrensbevollmächtigten bewilligt.[4]
Für den Fall der nicht rechtzeitig angezeigten Verteidigungsbereitschaft im schriftlichen Vorverfahren wird Antrag auf Versäumnisbeschluss (§ 113 Abs. 1 S. 2 FamFG, § 331 Abs. 3 ZPO) ohne mündliche Verhandlung gestellt.[5]

Begründung:

Die am . . . . . geschlossene Ehe der Beteiligten ist durch die in Fotokopie beigefügte, seit dem . . . . . rechtskräftige Entscheidung des Amtsgerichts – Familiengericht – . . . . . vom . . . . . (Aktenzeichen . . . . . .) unter Regelung des Versorgungsausgleichs geschieden worden.

Mit dem vor dem Amtsgericht – Familiengericht – . . . . . . am . . . . . abgeschlossenen Vergleich der Beteiligten (Aktenzeichen . . . . .),[3] der ebenfalls in Fotokopie beigefügt ist, hat sich der Antragsteller verpflichtet, der Antragsgegnerin wegen der Betreuung des gemeinsamen Kindes . . . . ., geborenen am . . . . ., ab der Rechtskraft der Scheidung mindestens bis zur Vollendung des 3. Lebensjahres des Kindes einen monatlichen Unterhalt in Höhe von . . . . . EUR zu zahlen.[6] Die Beteiligten vereinbarten, dass es für einen etwaigen Unterhaltsanspruch der Antragsgegnerin nach der Vollendung des 3. Lebensjahres des Kindes aus kindbezogenen oder elternbezogenen Gründen bei der gesetzlichen Regelung verbleiben soll. Dem Vergleich lag zu Grunde, dass die Antragsgegnerin über kein Einkommen verfügt und der Antragsteller ein monatliches Nettoeinkommen von . . . . . EUR erzielt, von dem folgende Abzüge gemacht wurden: . . . . .. Weiter wurde der vom Antragsteller zu zahlende Kindesunterhalt in Höhe von monatlich . . . . . EUR berücksichtigt, der entsprechend tituliert ist.[7]

Die rechtliche Grundlage des Vergleichs hat sich so schwerwiegend verändert, dass eine Störung der Geschäftsgrundlage im Sinne des § 313 Abs. 1 BGB vorliegt. Dem Antragsteller ist ein Festhalten an dem Vergleich nicht zumutbar:

Der Antragsteller ist infolge eines schweren Unfalls erwerbsunfähig geworden, und erhält seit dem . . . . . ausweislich des in Fotokopie beigefügten Rentenbescheides eine Rente nach § 43 Abs. 2 SGB VI wegen voller Erwerbsminderung in Höhe von . . . . . EUR monatlich netto und verfügt damit über ein wesentlich geringeres Einkommen als bei Vergleichsabschluss. Nach Abzug des vorrangigen Kindesunterhalts liegt sein Einkommen nun unter dem Ehegattenselbstbehalt eines Nichterwerbstätigen von . . . . . EUR, so dass der Antragsteller nicht mehr leistungsfähig für die Zahlung von nachehelichem Unterhalt ist.

Damit ist der Unterhaltsanspruch der Antragsgegnerin entfallen. Der Antragsteller kann gemäß § 239 FamFG, § 794 Abs. 1 Nr. 1 ZPO iVm § 313 Abs. 1 BGB eine Abänderung des Vergleichs hinsichtlich des Betreuungsunterhalts ab dem Rentenbeginn verlangen.[8]

Verfahrensrechtlich unterliegt die Abänderung eines Verfahrensvergleichs mangels einer entsprechenden Vereinbarung der Beteiligten weder einer Wesentlichkeitsgrenze noch einer zeitlichen Beschränkung. Gleichwohl forderte der Antragsteller aber vor Verfahrensbeginn die Antragsgegnerin per Einschreiben/Rückschein vergeblich auf, auf die Rechte aus dem gerichtlichen Vergleich hinsichtlich ihres Betreuungsunterhalts zu ver-

zichten, sodass sein rückwirkendes Abänderungsbegehren nicht gegen Treu und Glauben (§ 242 BGB) verstößt.

Angesichts der Leistungsunfähigkeit des Antragstellers ist die Antragsgegnerin gehalten, nunmehr selbst für ihren Unterhalt zu sorgen.

Zum Antrag auf Bewilligung von Verfahrenskostenhilfe sind die nach § 117 Abs. 2 und 4 ZPO iVm § 113 Abs. 1 S. 2 FamFG erforderlichen Unterlagen mit Abschriften für den Gegner beigefügt.[9]

Rechtsanwalt[10, 11]

Anmerkungen

1. Zum **Anwaltszwang** u. den Begrifflichkeiten in erstinstanzlichen Unterhaltsstreitigkeiten: → Form. J.I.1 Anm. 1.

Der Abänderungsantrag leitet ein **neues Verfahren** ein.

2. Zur sachlichen, örtlichen u. internationalen **Zuständigkeit:** → Form. J.I.12 Anm. 2. Nach Abschluss der Ehesache bestimmt sich die örtliche Zuständigkeit nach § 232 Abs. 3 FamFG.

3. Der abzuändernde Titel ist genau nach Aussteller (Gericht/Notar), Datum u. Aktenzeichen zu **bezeichnen.**

4. Zur **Verfahrenskostenhilfe:** → Form. J.I.1 Anm. 6.

5. Zum Antrag auf **Versäumnisbeschluss:** → Form. J.I.1 Anm. 7.

6. Der Unterhaltsanspruch ist grds. auf einen einheitlichen Betrag gerichtet: Wenn bereits eine Endentscheidung über das gleiche Unterhaltsrechtsverhältnis vorliegt, die sich auch auf zukünftige Ansprüche bezieht, ist nur der **Abänderungsantrag** statthaft. Mit einer Entscheidung wird der Unterhaltsbetrag sowohl nach oben als auch nach unten rechtskräftig festgestellt. Begehrt der Unterhaltsgläubiger für die Zukunft einen höheren Unterhaltsbetrag, ist er auf ein Abänderungsverfahren gem. §§ 238, 239 FamFG zu verweisen. Zu der Ausnahme eines titulierten Teil-Unterhalts o. der Geltendmachung von Sonderbedarf: → Form. J.I.1 Anm. 9.

Die **Abänderung von Vergleichen** iSv § 794 Abs. 1 Nr. 1 ZPO u. von vollstreckbaren Urkunden, die eine Verpflichtung zu künftig fällig werdenden wiederkehrenden Leistungen enthalten, ist in § 239 FamFG geregelt.

Der **abzuändernde Vergleich** kann in der mündlichen Verhandlung protokolliert o. im schriftlichen Verfahren durch Beschluss (§ 113 Abs. 1 S. 2 FamFG iVm § 278 Abs. 6 S. 1 u. 2 ZPO) festgestellt worden sein; auch der gerichtlich festgestellte Vergleich wahrt durch die analoge Anwendung von § 127a BGB die Form der notariellen Beurkundung (BGH BeckRS 2017, 103151 = FamRZ 2017, 603). Erfasst ist ebenfalls ein im Güterichterverfahren protokollierter Vergleich (§ 113 Abs. 1 S. 2 FamFG iVm § 278 Abs. 5 ZPO). Ein im einstweiligen Anordnungsverfahren geschlossener Vergleich kann nach § 239 FamFG nur abgeändert werden, wenn er nach dem Willen der Beteiligten nicht lediglich eine vorläufige, sondern eine endgültige Unterhaltsregelung enthält; andernfalls ist der negative Feststellungsantrag gegeben.

Mit **vollstreckbaren Urkunden** iSv § 239 Abs. 1 FamFG sind vor allem die vor dem Jugendamt (§ 59 Abs. 1 S. 1 Nr. 3, § 60 SGB VIII) o. vor dem Notar (§ 794 Abs. 1 Nr. 5 ZPO) errichteten vollstreckbaren Urkunden sowie die für vollstreckbar erklärten Anwaltsvergleiche (§§ 796a–796c ZPO) gemeint.

Zur **Abänderung von gerichtlichen Beschlüssen** betr. Unterhalt gem. § 238 FamFG: → Form. J.I.8 Anm. 10, u. zur Abänderung von Entscheidungen nach § 237 FamFG (Unterhaltsfestsetzung bei Feststellung der Vaterschaft) u. § 253 FamFG (Festsetzungsbeschluss im vereinfachten Verfahren) gem. § 240 FamFG: → Form. J.I.10 Anm. 3 u. → Form. J.I.11 Anm. 3.

7. Die **Zulässigkeit** eines Abänderungsantrags erfordert gem. § 239 Abs. 1 S. 2 FamFG die Darlegung von Abänderungsgründen. Es müssen Tatsachen vorgetragen werden, die – ihr tatsächliches Vorliegen unterstellt – eine Abänderung nach den Regeln über die Störung bzw. den Wegfall der Geschäftsgrundlage (§ 313 BGB) begründen können.

Geschäftsgrundlage eines Vergleichs sind die bei dessen Abschluss zutage getretenen gemeinsamen Vorstellungen der Beteiligten sowie die dem jeweils anderen Teil erkennbaren u. von diesem nicht beanstandeten Vorstellungen eines Beteiligten vom Bestehen o. künftigen Eintritt bestimmter Umstände, soweit der Geschäftswille beider Beteiligten darauf aufbaut (BGH BeckRS 2015, 4569 = FamRZ 2015, 734). Dies erfordert eine vollständige Darlegung der Verhältnisse bei Vergleichsabschluss u. der damaligen Berechnung des Unterhaltsanspruchs sowie der neuen Verhältnisse, aus denen eine Abänderung des Vergleichs hergeleitet wird. Es sind – wie bei der Abänderung eines gerichtlichen Beschlusses gem. § 238 FamFG – alle für die Unterhaltsbemessung im Vergleich maßgeblich gewesenen Faktoren u. deren Änderung darzustellen, einschl. des Zahlenwerks der Unterhaltsberechnung. Es kann uU aber ausreichen, wenn der Antragsteller auf den unstreitigen Sachverhalt des Ausgangsverfahrens Bezug nimmt (BGH NZFam 2020, 244 Rn. 16 = FamRZ 2020, 577).

Liegt bei einer **vollstreckbaren Urkunde** eine einseitige Verpflichtungserklärung vor, ist der Unterhaltsgläubiger mangels für ihn bestehender rechtsgeschäftlicher Bindung an die bei Errichtung der Urkunde gegebenen Verhältnisse nicht gebunden u. er kann eine Neuberechnung nach den gesetzlichen Vorschriften u. den danach maßgeblichen Tatsachen verlangen (BGH BeckRS 2011, 13882 = FamRZ 2011, 1041). Der Unterhaltsschuldner ist dagegen an seine einseitige, ein konstitutives Schuldanerkenntnis (§ 781 BGB) darstellende Verpflichtungserklärung u. damit zugleich an die ihr nach Grund u. Höhe zugrunde liegenden Umstände rechtsgeschäftlich gebunden (BGH BeckRS 2011, 13882 = FamRZ 2011, 1041). Beruht die vollstreckbare Urkunde auf einer Vereinbarung der Beteiligten, sind die Grundsätze über die Störung bzw. den Wegfall der Geschäftsgrundlage (§ 313 BGB) anzuwenden (BGH NZFam 2017, 111 = FamRZ 2017, 370); es ist jeweils vorzutragen wie bei der Abänderung eines gerichtlichen Vergleichs.

Da Vergleichen u. vollstreckbare Urkunden keine materielle Rechtskraft zukommt, besteht **keine Tatsachenpräklusion** u. es können grds. auch Tatsachen geltend gemacht werden, die schon bei Errichtung des Titels bestanden haben (BGH NJW 2017, 1108 Rn. 20 = FamRZ 2017, 611) – aus diesem Grund kann es im Erstverfahren vorteilhaft sein, einen Vergleich abzuschließen, um eine gerichtliche Entscheidung zu vermeiden, die nur unter den (strengeren) Voraussetzungen des § 238 Abs. 2 FamFG abänderbar ist. Maßgeblich für die Abänderbarkeit sind die Vergleichsgrundlagen, also ob die Beteiligten den Vergleich abänderbar o. unabänderbar schließen wollten (BGH NJW 2015, 1242 = FamRZ 2015, 734); der Wille der Beteiligten, der in dem Vergleich zum Ausdruck kommt o. sich als Geschäftsgrundlage feststellen lässt, ist entscheidend (OLG Karlsruhe NJW-RR 2009, 1011 mwN). Lässt sich die Geschäftsgrundlage für die jetzige Höhe des Unterhalts nicht feststellen, ist dieser ohne Bindung an den Vergleich nach den gesetzlichen Vorschriften neu zu bemessen (BGH NJW 2001, 2259 = FamRZ 2001, 1140). Frei abänderbar ist auch ein Vergleich, wonach ein nachehelicher Unterhalt nur bis zu einem bestimmten Alter des gemeinsamen Kindes gezahlt werden u. sich für die Zeit danach der Unterhaltsanspruch nach den gesetzlichen Bestimmungen richten sollte (BGH NJW 2013, 528 Rn. 15 = FamRZ 2013, 274). Haben die Beteiligten beim Abschluss des Vergleichs eine bestimmte Rechtslage zugrunde gelegt, können auch Änderungen der Rechtslage o. der höchstrichterlichen Rechtsprechung zu einer Anpassung des Vergleichs führen (BGH NJW 2010, 440 Rn. 33 f. = FamRZ 2010, 192.

Zur **Zulässigkeit** der Abänderung eines Unterhaltsvergleichs nach § 239 FamFG muss der Antragsteller alle für die Unterhaltsbemessung im Vergleich maßgeblich gewesenen Faktoren wie die Einkommens- u. Vermögensverhältnisse sowie den zugrunde liegenden Rechenweg darstellen. Die bloße Angabe, ihm verbleibe heute nur ein Betrag unterhalb des Selbstbehalts, genügt nicht (OLG Brandenburg NJW 2019, 2039).

Es erfolgt keine Fehlerkorrektur, sondern eine **Anpassung** an die geänderten Verhältnisse, die sich nach Vergleichsabschluss anders entwickelt haben, als bei Vergleichsabschluss angenommen worden ist. Der Antragsteller des Abänderungsverfahrens, der sich auf den Fortfall der Geschäftsgrundlage beruft, trägt hierfür die Darlegungs- u. Beweislast (BGH NJW-RR 2004, 1155 = FamRZ 2004, 1179; OLG Düsseldorf BeckRS 2019, 26930 = FamRZ 2020, 249).

8. Die Abänderung von Vergleichen u. vollstreckbare Urkunden richtet sich allein nach den Regeln des materiellen Rechts u. es bestehen hinsichtlich des **Zeitpunkts**, ab dem eine Abänderung begehrt wird, keine verfahrensrechtlichen Einschränkungen (BGH NJW 2017, 1108 Rn. 20 = FamRZ 2017, 611). Unterhaltstitel iSv § 239 FamFG können rückwirkend uneingeschränkt u. nicht erst ab dem Verzug des Gläubigers mit einem Verzicht auf seine Rechte aus dem Titel herabgesetzt werden; es bedarf keiner negativen Mahnung. Der Titelgläubiger ist hinreichend durch den Einwand des Wegfalls der Bereicherung (§ 818 Abs. 3 BGB) geschützt (OLG Brandenburg NJW-RR 2007, 79 = FamRZ 2006, 1856). Ein rückwirkendes Erhöhungsverlangen unterliegt aber wie bei der Abänderung eines Beschlusses den materiellrechtlichen Voraussetzungen des § 1613 Abs. 1 BGB.

Die Abänderung eines gerichtlichen Vergleichs o. einer vollstreckbaren Urkunde setzt voraus, dass die **Änderung der Verhältnisse bereits eingetreten** ist. Besteht dieser in einer Änderung der Rechtslage, ist auf das Inkrafttreten des sie bewirkenden Gesetzes o. auf die Verkündung der die höchstrichterliche Rechtsprechung ändernden Entscheidung (BGH BeckRS 2007, 06051 = FamRZ 2007, 793) abzustellen.

9. Zum Antrag auf Bewilligung von **Verfahrenskostenhilfe:** → Form. J.I.2 Anm. 8.

Kosten und Gebühren

10. Zunächst → Form. J.I.1 Anm. 24.

Der **Verfahrenswert** dieses Abänderungsantrags errechnet sich gem. § 51 Abs. 1 u. 2 FamGKG nach dem Unterschied zwischen dem bisherigen u. dem neu begehrten Jahresbetrag unter Hinzurechnung des bei Einreichung des Abänderungsantrags aufgelaufenen Herabsetzungsbetrages.

Fristen und Rechtsmittel

11. → Form. B.II.1 Anm. 13.

Unterhalt der nichtehelichen Mutter

18. Antrag der nicht verheirateten Mutter auf Betreuungsunterhalt (§ 1615l Abs. 2 S. 2 BGB)

An das
Amtsgericht[1]
– Familiengericht[2] –
. . . . .

Antrag

In der Familiensache

der Frau . . . . .
wohnhaft . . . . .

– Antragstellerin –

Verfahrensbevollmächtigter: Rechtsanwalt . . . . .

gegen

Herrn . . . . .
wohnhaft . . . . .

– Antragsgegner –

wird namens und in Vollmacht der Antragstellerin beantragt:[3]

Der Antragsgegner wird verpflichtet, an die Antragstellerin ab . . . . . monatlich Unterhalt in Höhe von . . . . . EUR zu zahlen, und zwar im Voraus bis zum 3. eines jeden Monats.
Der Antragsgegner wird außerdem verpflichtet, an die Antragstellerin Zinsen[4] in Höhe von 5 Prozentpunkten über dem jeweiligen Basiszinssatz nach § 247 BGB aus dem folgenden monatlichen Unterhaltsrückstand zu zahlen:
von . . . . . EUR seit dem . . . . .,
von . . . . . EUR seit dem . . . . .,
von . . . . . EUR seit dem . . . . .
Der Beschluss ist sofort wirksam.[5]

Darüber hinaus wird beantragt:

Der Antragstellerin wird für die erste Instanz Verfahrenskostenhilfe unter Beiordnung ihres Verfahrensbevollmächtigten bewilligt.[6]
Für den Fall der nicht rechtzeitig angezeigten Verteidigungsbereitschaft im schriftlichen Vorverfahren wird Antrag auf Versäumnisbeschluss (§ 113 Abs. 1 S. 2 FamFG, § 331 Abs. 3 ZPO) ohne mündliche Verhandlung gestellt.[7]

Begründung:

Aus der nichtehelichen Beziehung der Beteiligten ist das Kind . . . . ., geboren am . . . . ., hervorgegangen. Der Antragsgegner hat die Vaterschaft zu dem Kind mit

Zustimmung der Antragstellerin als Mutter ausweislich der beigefügten Urkunde anerkannt. (Die Vaterschaft des Antragsgegners zu dem Kind ist ausweislich des beigefügten Beschlusses gerichtlich festgestellt worden.)[8] Das Kind lebt bei der Antragstellerin und wird von ihr betreut. Der Antragsgegner zahlt einen Kindesunterhalt von monatlich . . . . . EUR.

Die Antragstellerin macht gegen den Antragsgegner einen Anspruch auf Betreuungsunterhalt nach § 1615l Abs. 2 S. 2 BGB geltend.

Vor der Geburt des Kindes war die Antragstellerin als . . . . . berufstätig und hat nach den beigefügten Gehaltsabrechnungen für die letzten zwölf Monate ein durchschnittliches monatliches Nettoeinkommen von . . . . . EUR erzielt. Durch dieses Einkommen ist ihre Lebensstellung geprägt, sodass ihr Bedarf nach § 1615l Abs. 3 S. 1, § 1610 Abs. 1 BGB hieran auszurichten ist.[9]

Die Antragstellerin verfügt, abgesehen vom Elterngeld in Höhe von monatlich . . . . . EUR, seit dem . . . . . über kein Einkommen, weil sie wegen der Betreuung des Kindes keiner Erwerbstätigkeit nachgeht. Da das Kind noch nicht drei Jahre alt ist, braucht die Antragstellerin sich gemäß § 1615l Abs. 2 S. 3 BGB derzeit nicht auf eine eigene Erwerbstätigkeit verweisen zu lassen.[10]

Da der Antragsgegner keine Auskunft über seine Einkommens- und Vermögensverhältnisse erteilt hat, ist von seiner Leistungsfähigkeit auszugehen.[11] Er ist von Beruf . . . . . und kann damit ein monatliches Nettoeinkommen von mindestens ca. . . . . . EUR erzielen.

Somit errechnet sich folgender Unterhaltsanspruch der Antragstellerin gegen den Antragsgegner: . . . . . EUR.[12]

Der Betreuungsunterhalt wird unbefristet verlangt.[13] Vorsorglich wird bereits jetzt vorgetragen, dass für die Zeit nach Vollendung des dritten Lebensjahres des Kindes die folgenden kind- und elternbezogenen Verlängerungsgründe vorliegen: . . . . .

Der Antragsgegner zahlt keinen Unterhalt an die Antragstellerin, obwohl er nach Feststehen seiner Vaterschaft durch das beigefügte Mahnschreiben vom . . . . ., zugegangen am . . . . ., zur Auskunft über seine Einkommens- und Vermögensverhältnisse zum Zwecke der Geltendmachung des Unterhaltsanspruchs nach § 1615l BGB aufgefordert worden ist. Gemäß § 1615l Abs. 3 S. 1, § 1613 BGB wird Unterhalt ab dem Ersten des Monats, in dem der Antragsgegner das Mahnschreiben erhalten hat, verlangt.[14]

Beweis: Anliegendes Aufforderungsschreiben (einschließlich Einschreiben mit Rückschein)

Die Verzugszinsen auf die im Beschlussantrag bezeichneten Unterhaltsrückstände werden gemäß § 288 Abs. 1, § 286 Abs. 1 S. 1 BGB geltend gemacht.[4] Durch das vorgenannte Mahnschreiben ist der Antragsgegner in Verzug gesetzt worden. Eine Erweiterung des Zinsantrages auf die bis zum Verhandlungstermin etwa zusätzlich aufgelaufenen Unterhaltsrückstände bleibt vorbehalten.

Zum Antrag auf Bewilligung von Verfahrenskostenhilfe sind die nach § 117 Abs. 2 und 4 ZPO iVm § 113 Abs. 1 S. 2 FamFG erforderlichen Unterlagen mit Abschriften für den Gegner beigefügt.[15]

Rechtsanwalt[16, 17]

Anmerkungen

1. Zum **Anwaltszwang** u. den Begrifflichkeiten in erstinstanzlichen Unterhaltsstreitigkeiten: → Form. J.I.1 Anm. 1.

2. Der Antrag auf Zahlung von Unterhalt gem. § 1615l Abs. 2 S. 2 BGB betrifft nach § 111 Nr. 8 FamFG eine Familiensache, für das das Amtsgericht (Familiengericht) **sachlich zuständig** ist (§ 23a Abs. 1 S. 1 Nr. 1 u. S. 2, § 23b Abs. 1 GVG).

Die **örtliche Zuständigkeit** bestimmt sich gem. § 232 Abs. 3 FamFG nach den Vorschriften der ZPO mit der Maßgabe, dass in den Vorschriften über den allgemeinen Gerichtsstand an die Stelle des Wohnsitzes der gewöhnliche Aufenthalt tritt. Demnach ist hier nach § 232 Abs. 3 S. 1 FamFG, §§ 12, 13 ZPO örtlich zuständig das für den inländischen gewöhnlichen Aufenthaltsort des Antragsgegners zuständige Familiengericht.

Zur örtlichen Zuständigkeit, wenn sich die Antragstellerin im Inland u. der Antragsgegner **im Ausland** aufhält: → Form. J.I.12 Anm. 2.

3. In § 1615l BGB sind **vier Unterhaltstatbestände** nicht miteinander verheirateter Eltern untereinander geregelt, insbesondere die der Mutter des nichtehelichen Kindes gegen den Vater, aber gem. § 1615l Abs. 5 BGB auch umgekehrt.

Dabei handelt es sich erstens um den **Mutterschutzunterhalt** gem. § 1615l Abs. 1 S. 1 BGB für die Dauer von sechs Wochen vor u. acht Wochen nach der Geburt des Kindes, was den Mutterschutzfristen nach § 3 Abs. 1 u. 2 MuSchG entspricht. Wegen der Zahlung des Mutterschutzlohns nach § 18 MuSchG u. des Mutterschaftsgeldes nach § 19 MuSchG nebst einem Zuschuss nach § 20 MuSchG u. der Fortzahlung der Dienstbezüge (zB nach § 3 Abs. 1 MuSchEltZV für die Beamtinnen des Bundes) ist die Mutter in diesem Zeitraum meistens nicht bedürftig, so dass dieser Unterhaltsanspruch kaum praktische Bedeutung erlangt hat.

Der zweite Anspruch der Mutter auf **Ersatz von Schwangerschafts- u. Entbindungskosten** gem. § 1615l Abs. 1 S. 2 BGB hat ebenfalls kaum praktische Bedeutung, weil diese Kosten der Mutter regelmäßig von ihrer gesetzlichen Krankenversicherung (s. §§ 24c, 24f SGB V) o. von ihrer privaten Krankenversicherung u. ihrer Beihilfestelle (s. § 42 BBhV u. die entspr. LandesbeihilfeVOen) getragen werden.

Auch der dritte Anspruch der Mutter auf **Krankheitsunterhalt** gem. § 1615l Abs. 2 S. 1 BGB spielt praktisch kaum eine Rolle, da Krankheiten, die durch die Schwangerschaft o. die Entbindung verursacht worden sind u. die der Mutter eine Erwerbstätigkeit unmöglich machen, nicht regelmäßig vorkommen u. selbst dann eine Bedürftigkeit der Mutter wegen ihrer versicherungsrechtlichen Ansprüche meistens nicht besteht. Erforderlich ist im Unterschied zu den Ansprüchen nach § 1615l Abs. 1 BGB Ursächlichkeit bzw. Mitursächlichkeit.

Praktisch relevant ist der vierte Anspruch der Mutter auf **Betreuungsunterhalt** nach § 1615l Abs. 2 S. 2 BGB. Die Bestimmung entspricht (seit 2008) § 1570 BGB bei der Frage, inwieweit von der Mutter eine Erwerbstätigkeit erwartet werden kann (vgl. → Form. B.II.3 Anm. 7). Der Anspruch ist insofern kausalitätsunabhängig, als er auch dann besteht, wenn die Mutter schon zuvor erwerbslos war o. ein anderes Kind betreute.

4. Zum **Zinsantrag** u. zur Zinshöhe: → Form. J.I.1 Anm. 4.

5. Zur Anordnung der **sofortigen Wirksamkeit** des Beschlusses: → Form. J.I.1 Anm. 5.

6. Zur **Verfahrenskostenhilfe:** → Form. J.I.1 Anm. 6.

7. Zum Antrag auf **Versäumnisbeschluss:** → Form. J.I.1 Anm. 7.

8. Bitte den zutreffenden Text auswählen.

Nach hM setzt die Geltendmachung von Unterhalt gem. § 1615l BGB im Wege des Leistungsantrags mangels einer Ausnahmeregelung in § 1615l BGB voraus, dass die **rechtliche Vaterschaft** des in Anspruch genommenen Mannes durch Anerkennung (§ 1592 Nr. 2 BGB, §§ 1594 ff. BGB) o. durch Gerichtsentscheidung (§§ 1592 Nr. 3, 1600d BGB, § 182 Abs. 1 FamFG) **feststeht** (OLG Celle BeckRS 2004, 11824 = FamRZ 2005, 747; OLG Bremen NJW 2004, 1601 = FamRZ 2005, 213; OLG Köln NJW-RR 2006, 218; OLG Oldenburg BeckRS 2018, 13615 = FamRZ 2018, 1511; OLG Hamm BeckRS 2023, 29690; aM: OLG Schleswig BeckRS 2007, 32292 mwN = FamRZ 2008, 2057 für den Fall, dass die Vaterschaft unstreitig ist).

Während der Anhängigkeit eines Vaterschaftsfeststellungsverfahren nach § 1600d BGB besteht gem. § 248 FamFG die Möglichkeit, im Wege der **einstweiligen Anordnung** den vollen Betreuungsunterhalt der Mutter zu titulieren (vgl. → Form. C.I.4).

9. Die **Bedarfsberechnung** für den Betreuungsunterhalt der bedürftigen nichtehelichen Mutter richtet sich gem. § 1615l Abs. 3 S. 1, § 1610 Abs. 1 BGB allein nach ihrer eigenen Lebensstellung vor der Geburt des Kindes (BGH NZFam 2016, 410 = FamRZ 2016, 887 Rn. 23 mwN), die nicht auf den Zeitpunkt der Geburt des Kindes festgeschrieben ist, so dass sich später ein höherer Bedarf ergeben kann (BGH NZFam 2015, 661 = FamRZ 2015, 1369).

Mit Dose UnterhaltsR/Bömelburg § 7 Rn. 93 ff. können mögliche Fallgruppen bei den Einkommensverhältnissen des anspruchsberechtigten Elternteils vor der Geburt des Kindes unterschieden werden:

a) **kein eigenes Einkommen:**

Verfügte die Mutter vor der Geburt des Kindes nicht über ein eigenes Einkommen, ist ein Mindestbedarf iHd notwendigen Selbstbehalts von nicht Erwerbstätigen (in 2026: 1.200 EUR) anzusetzen (BGH NJW 2010, 937 Rn. 28 ff. = FamRZ 2010, 357). Dies gilt auch nach einem mehrjährigen Zusammenleben mit dem gut verdienenden, sie nachhaltig unterhaltenden Vater u. wenn aus der nichtehelichen Lebensgemeinschaft mehrere gemeinsame Kinder hervorgegangen sind (BGH NJW 2008, 3125 Rn. 24 ff., 34 ff. = FamRZ 2008, 1739). Es bleiben die (fortzuschreibenden) Verhältnisse der Mutter vor/bei Geburt des ersten Kindes maßgeblich, da der Vater vor der Geburt jederzeit seine Leistungen hätte einstellen können; insoweit ist sie gegenüber der verheirateten Mutter schlechter gestellt.

War die Mutter im Zeitpunkt der Geburt des nichtehelichen Kindes verheiratet o. geschieden u. stand ihr ein Unterhaltsanspruch gegen den (früheren) Ehemann zu, ergibt sich ihr Unterhaltsbedarf aus dieser Lebensstellung, sofern diese nicht unter den Mindestbedarfssätzen liegt (BGH NJW 2010, 937 Rn. 28, 33 = FamRZ 2010, 357).

b) **Leistungen nach SGB II o. SGB XII:**

Bei Bezug von Leistungen nach SGB II o. SGB XII vor der Geburt besteht ein Bedarf der Mutter in Höhe dieser Leistungen, wenigstens aber iHd Mindestbedarfs wie bei der Fallgruppe a) (BGH NJW 2008, 3125 Rn. 40 = FamRZ 2008, 1739).

c) **Schülerin, Studentin:**

Eine Schülerin o. Studentin hat normalerweise noch keine nachhaltig gesicherte eigene Lebensstellung erreicht, sondern leitet diese weiterhin von ihren eigenen Eltern ab; streitig ist, ob der Bedarf gegenüber ihren Eltern als Bedarf für ihren Anspruch nach § 1615l BGB (Büttner FamRZ 2000, 781) o. ein Mindestbedarf wie bei a) (OLG Nürnberg BeckRS 2009, 87542 = FamRZ 2010, 577) anzusetzen ist. Hätte die Studentin ohne die Geburt des Kindes ihr Studium beendet u. Einkünfte aus einer Vollzeitbeschäftigung erzielen können, sind diese als Bedarf anzusetzen (BGH NJW 2015, 2257 Rn. 34 = FamRZ 2015, 1369).

d) **Erwerbstätigkeit vor der Geburt:**
Bei Erwerbstätigkeit der Mutter vor der Geburt des (ersten) Kindes wird ihre Lebensstellung grundsätzlich durch ihr nachhaltig erzieltes Einkommen geprägt. Ihr Unterhaltsbedarf ist mindestens mit dem Existenzminimum iHd notwendigen Selbstbehalts einer nicht Erwerbstätigen anzunehmen (BGH NJW 2010, 1138 Rn. 15 ff. = FamRZ 2010, 444).

Zur Ermittlung der Höhe des Betreuungsunterhalts (iHv 6.031 EUR monatlich) bei gehobenen Einkommensverhältnissen: s. OLG Köln BeckRS 2017, 109156, Rn. 29 ff. = FamRZ 2017, 1309.

Würde sie einen höheren Bedarf als die Hälfte des Vater-Einkommens beanspruchen können, wird ihr Bedarf durch den Halbteilungsgrundsatz auf die Hälfte des Vatereinkommens begrenzt (BGH NJW 2019, 2392 Rn. 23 = FamRZ 2019, 1234; OLG Frankfurt a. M. BeckRS 2019, 12306 Rn. 54, 63) u. sie wird insoweit wie eine verheiratete Mutter behandelt; aufgrund dieser doppelten Bedarfsbegrenzung (eigene Lebensstellung sowie Halbteilungsgrundsatz) ist die nichteheliche Mutter gegenüber der verheirateten Mutter schlechter gestellt.

Zum Lebensbedarf der unverheirateten Mutter gehören gem. § 1615l Abs. 3 S. 1, § 1610 Abs. 2 BGB auch die angemessenen **Kosten der Kranken- u. Pflegeversicherung,** die der Vater des Kindes im Rahmen des Unterhaltsanspruchs nach § 1615l Abs. 2 S. 2 BGB zusätzlich schuldet (BGH NJW 2010, 937 Rn. 39 = FamRZ 2010, 357).

Ob ein Anspruch auf **Altersvorsorgeunterhalt** besteht, ist mangels einer § 1578 Abs. 3, § 1361 Abs. 1 S. 2 BGB entsprechenden Vorschrift streitig (s. Meinungsstand bei Grüneberg/v.Pückler BGB § 1615l Rn. 22). Denkbar ist der Ausgleich der Nachteile bei der Altersvorsorge, soweit dies nicht schon durch Entgeltpunkte für Kindererziehungszeiten geschieht (vgl. Ermann/Hammermann BGB § 1615l Rn. 28).

10. Zur Frage der **Erwerbsobliegenheit** beim Betreuungsunterhalt nach § 1615l Abs. 2 S. 2 BGB u. § 1570 BGB: → Form. B.II.3 Anm. 7.

11. Ist der Vater nicht leistungsfähig für die Zahlung des vollen Unterhalts an das Kind u. die Mutter sowie ggf. weiterer Unterhaltpflichten, ist die **Rangfolge** nach § 1609 BGB zu beachten.

Nach § 1609 Nr. 2 BGB befinden sich die Betreuungsunterhaltsansprüche aller bedürftigen Elternteile ohne Rücksicht auf den Personenstand im **zweiten Rang,** da die Tatsache der Kindesbetreuung bei getrennt lebenden bzw. geschiedenen Ehegatten u. bei nicht verheirateten Berechtigten identisch ist. Der kinderbetreuende unverheiratete Elternteil geht damit einem Ehegatten o. geschiedenen Ehegatten vor, der keine Kinder (mehr) zu betreuen hat u. bei dem auch keine Ehe von langer Dauer (mehr als 15 Jahre) vorliegt (BGH NJW 2008, 3213 Rn. 58, 66 = FamRZ 2008, 1911; vgl. zur Konkurrenz zwischen einer unverheirateten unterhaltsberechtigten Mutter u. einer geschiedenen kinderlosen Ehefrau auch OLG Celle NJW-RR 2009, 146 = FamRZ 2009, 348).

12. Der Bedarf der Mutter für ihren Unterhaltsanspruch bestimmt sich nach ihrer Lebensstellung vor der Geburt des Kindes (→ Anm. 9).

Beispiel: Vor der Geburt des Kindes erzielt die Mutter ein nachhaltiges Einkommen von 1.200 EUR netto monatlich. Sie betreut nun das Kind u. bezieht Elterngeld in Höhe von monatlich 900 EUR. Der Vater verdient monatlich 3.300 EUR netto u. zahlt den titulierten Kindesunterhalt nach der 4. Einkommensgruppe in Höhe von monatlich 429,50 EUR

Der Unterhaltsbedarf der Mutter richtet sich nach ihrem Einkommen vor der Geburt:

Bedarf Mutter	1.400,00 EUR
Berufsbedingte Aufwendungen von 5%	–70,00 EUR
Zwischensumme:	1.330,00 EUR
abzgl. Elterngeld	–600,00 EUR
offener Bedarf Mutter	730,00 EUR

Auf ihren Bedarf ist das Elterngeld anzurechnen, von dem ihr gem. § 11 BEEG ein Sockelbetrag von 300 EUR anrechnungsfrei verbleibt; es sind 600 EUR anzurechnen.
In der Beispielrechnung wurde davon abgesehen, einen Unterhaltsteil auf Seiten der Mutter zu berücksichtigen, den diese dem Kind in Natur gewährt (vgl. → Form. J.I.12 Anm. 17 – Beispiel 2). Denn der Abzug des Naturalunterhalt bei der Betreuungsperson ist bei deren fehlender Leistungsfähigkeit streitig (vgl. Lies-Benachib, FamRZ 2023, 9); ablehnend Dose UnterhaltsR/Klinkhammer § 2 Rn. 2066).

Einkommen Vater	3.300,00 EUR
Berufsbedingte Aufwendungen von 5%	–165,00 EUR
Barunterhalt Kind	–429,50 EUR
Zwischensumme:	2.705,50 EUR
Anspruch Mutter	–730,00 EUR
Vater bleibt:	1.975,50 EUR
Selbstbehalt ggü. Mutter	1.600,00 EUR

Der Vater ist leistungsfähig zur Zahlung dieses Unterhalts. Allerdings ist der Mutterunterhalt auf den Betrag begrenzt, den sie bekommen würde, wenn sie mit dem Vater verheiratet gewesen wäre.

Einkommen Vater	3.300,00 EUR
Berufsbedingte Aufwendungen (hier 5 %):	–165,00 EUR
Unterhalt Kind (Zahlbetrag):	–429,50 EUR
verbleibt:	2.705,50 EUR
nach Abzug ETB bleibt	2.434,95 EUR
Halbteilung:	1.217,48 EUR
abzgl. Elterngeld	–600,00 EUR
offener Bedarf Mutter (gerundet)	617,00 EUR

Auf diese Höhe ist der Unterhaltsanspruch der Mutter durch den Halbteilungsgrundsatz begrenzt. Mit Wegfall des Elterngeldes ist der Anspruch neu zu berechnen.

Falls die Mutter bereits vor dem dritten Geburtstag des Kindes wieder Erwerbseinkünfte erzielt, sind ihr diese **überobligatorischen Einkünfte** lt. OLG Hamm (NJW-RR 2011, 868 = FamRZ 2011, 1600) nur zur Hälfte bedarfsdeckend anzurechnen. Nach BGH NJW 2019, 2392 Rn. 43 ff. = FamRZ 2019, 1234 ist analog § 1577 Abs. 2 BGB eine Billigkeitsabwägung danach vorzunehmen, wie die Betreuung des Kindes geregelt ist, ob zusätzliche Betreuungskosten entstehen, ob die Mutter aus freien Stücken erwerbstätig ist o. ob die Arbeitsaufnahme durch eine wirtschaftliche Notlage veranlasst war, wobei eine Arbeitsaufnahme wegen ausbleibender Unterhaltszahlungen nicht zwingend zu einer vollständigen Anrechnungsfreiheit des Einkommens führt.

13. Der vor dem dritten Geburtstag des Kindes geltend gemachte Betreuungsunterhalt sollte **unbefristet** verlangt werden (s. BGH NJW 2013, 3578 Rn. 19 ff. = FamRZ 2013, 1958), um der Antragstellerin nach drei Jahren einen weiteren Unterhaltsantrag zu ersparen. Schon zu § 1570 BGB hatte der BGH (NJW 2009, 1876 Rn. 41 = FamRZ 2009, 770) entschieden, dass der Betreuungsunterhalt während der ersten drei Lebensjahre des Kindes u. ein daran anschließender weiterer Betreuungsunterhalt aus kind- u. elternbezogenen Gründen einen einheitlichen Unterhaltsanspruch bilden, dessen Befristung nicht schon nach der gesetzlichen Systematik geboten sei; nur wenn im Zeitpunkt der Entscheidung für die Zeit nach Vollendung des dritten Lebensjahres absehbar keine kind- u. elternbezogenen Verlängerungsgründe mehr vorlägen, sei ein Antrag auf künftigen Betreuungsunterhalt abzuweisen.

Zur **Verlängerung** des Betreuungsunterhaltsanspruchs gem. § 1615l Abs. 2 S. 2 BGB o. gem. § 1570 BGB aus kindbezogenen o. elternbezogenen Gründen: → Form. B.II.3 Anm. 7. Diese Verlängerungsgründe bei der Betreuung eines ehelichen Kindes (§ 1570 BGB) gelten für die Betreuung eines nichtehelichen Kindes entsprechend. Hinsichtlich der kindbezogenen Gründe meint die mit § 1570 Abs. 1 S. 2 u. 3 BGB fast wortgleiche Formulierung des § 1615l Abs. 2 S. 4 u. 5 BGB das Gleiche. Das Wort „insbesondere" in § 1615l Abs. 2 S. 5 BGB bedeutet, dass es bei einer eheähnlichen Gemeinschaft auch elternbezogene Gründe geben kann wie bei einer länger dauernden Lebensgemeinschaft mit einem gemeinsamen Kinderwunsch, insbes. wenn ein Elternteil wegen der Kindesbetreuung einvernehmlich seine Erwerbstätigkeit aufgegeben hat o. wenn er mehrere gemeinsame Kinder betreut (BT-Drs. 16/6980, 10; Menne FamRB 2008, 110 (112 f.); Menne ZKJ 2009, 244). Nur diese Auslegung der Verlängerungsgründe entspricht dem Beschluss des BVerfG vom 28.2.2007 (NJW 2007, 1735 = FamRZ 2007, 965), wonach die Dauer des Unterhaltsanspruchs wegen der Betreuung eines ehelichen u. eines nichtehelichen Kindes nicht unterschiedlich bestimmt werden darf (s. auch Borth FamRZ 2016, 269 ff. zum Erfordernis einer klarer strukturierten Normierung).

Nähere Ausführungen zur Beziehung der Eltern empfehlen sich, wenn die Antragstellerin unbegrenzten Betreuungsunterhalt über die Vollendung des dritten Geburtstages des Kindes hinaus erhalten möchte o. wenn das Gericht möglicherweise erst nach dem dritten Geburtstag entscheiden wird. Als **elternbezogene Gründe** kommen laut BGH (NJW 2008, 3125 Rn. 102 f.) in Betracht, dass die unverheirateten Eltern mit ihrem gemeinsamen Kind o. mehreren gemeinsamen Kindern zusammengelebt haben u. ein Vertrauenstatbestand als Nachwirkung dieser gelebten Familie zu berücksichtigen ist o. dass die vollschichtige Erwerbstätigkeit des Elternteils, dem nach der Ganztagsbetreuung eines kleineren Kindes in einer staatlichen Einrichtung ein erheblicher zusätzlicher Betreuungsaufwand verbleibt, zur überobligationsmäßigen Doppelbelastung führen würde. Die Darlegungs- u. Beweislast für die Verlängerungsgründe trifft den unterhaltsberechtigten Elternteil (BGH NJW 2008, 3125 Rn. 97).

Eine **Verwirkung** des nach § 1615l BGB gegebenen Unterhaltsanspruchs kommt allenfalls gem. § 1615l Abs. 3 S. 1, § 1611 BGB, aber mangels Verweisung nicht gem. § 1579 Nr. 2–8 BGB in Betracht (Dose UnterhaltsR/Bömelburg § 7 Rn. 228 ff. mwN). Somit ist der Unterhaltsanspruch nach § 1615l Abs. 2 S. 2 BGB nicht etwa gem. § 1579 Nr. 2 BGB verwirkt, weil die Mutter in einer verfestigten Lebensgemeinschaft mit einem neuen Partner lebt (OLG Nürnberg NJW 2011, 939 = FamRZ 2011, 735).

Wenn die Mutter einen anderen Mann als den Vater **heiratet**, erlöschen ihre Ansprüche aus § 1615l Abs. 1 S. 1 u. Abs. 2 S. 1 u. 2 BGB in analoger Anwendung von § 1586 Abs. 1 BGB (BGH NJW 2005, 503 = FamRZ 2005, 347; BGH NJW 2016, 1961 Rn. 16 f. = FamRZ 2016, 892, auch zur Haftung des Rechtsanwalts der Mutter wegen fehlerhafter Beratung). Diese Analogie gilt nicht, wenn die Mutter ihre mit einem anderen Mann als dem Vater zum Zeitpunkt der Zeugung des Kindes bereits bestehende Ehe fortsetzt (KG BeckRS 2015, 8500 Rn. 15).

Mit dem **Tod des Vaters** erlischt der Unterhaltsanspruch der Mutter aus § 1615l BGB nicht (§ 1615l Abs. 3 S. 4 BGB), u. zwar selbst dann nicht, wenn der Vater vor der Geburt des Kindes gestorben ist (§ 1615n BGB). Es haften nach § 1967 BGB unbegrenzt die Erben des Vaters. Dies ist eine Besserstellung der unverheirateten Mutter gegenüber dem geschiedenen Ehegatten, da hier die Haftung des Erben des Verpflichteten nach § 1586b Abs. 1 S. 3 u. Abs. 2 BGB beschränkt ist auf den fiktiven kleinen Pflichtteil, der dem geschiedenen Ehegatten ohne Ehescheidung zustände. Der zum Zeitpunkt des Todeseintritts des unterhaltspflichtigen Vaters bestehende Bedarf der unterhaltsberechtigten Mutter ist fiktiv fortzuschreiben, wenn der Anspruch der Mutter aus § 1615l Abs. 2 S. 2 BGB mit einem gleichrangigen ehelichen Unterhaltsanspruch konkurriert u. ersterer bereits vor Rechtskraft der Scheidung bestanden hat; dabei können die Erben des Vaters sich die Beschränkung ihrer Haftung auf den Nachlass vorbehalten (BGH NJW 2019, 2392 Rn. 28, 52 = FamRZ 2019, 1234).

14. Zur **Aufforderung** zunächst zur Auskunftserteilung: → Form. J.I.3 Anm. 15.

Die Unterhaltspflicht des Vaters hinsichtlich des Betreuungsunterhalts **beginnt** nach § 1615l Abs. 2 S. 3 BGB frühestens vier Monate vor der Geburt des Kindes u. besteht für mindestens drei Jahre nach der Geburt des Kindes mit der Verlängerungsmöglichkeit nach § 1615l Abs. 2 S. 4 u. 5 BGB aus kind- u. elternbezogenen Gründen.

Um den Zahlungsbeginn zu sichern, sollte die Antragstellerin den Antragsgegner sofort nach der Anerkennung o. rechtskräftigen Feststellung der Vaterschaft auffordern, zum Zwecke der Geltendmachung des Unterhaltsanspruchs Auskunft über seine Einkünfte u. sein Vermögen zu erteilen. Denn lt. BGH (NJW 2013, 3578 Rn. 11 f. = FamRZ 2013, 1958) enthält § 1615l Abs. 3 S. 1 BGB eine Rechtsgrundverweisung auf § 1613 BGB insges., weshalb für die Geltendmachung von Unterhalt für die Vergangenheit grundsätzlich die **Voraussetzungen des § 1613 Abs. 1 S. 1 BGB** vorliegen müssen, soweit nicht § 1613 Abs. 2 BGB, der keinen Verzug verlangt, zur Anwendung kommt. Für den Fall der rechtlichen Verhinderung an der Geltendmachung des Unterhaltsanspruchs ist die Antragstellerin durch § 1613 Abs. 2 Nr. 2a BGB lückenlos abgesichert (BGH NJW 2013, 3578 Rn. 17).

Die **eigenen Einkünfte** der Antragstellerin vor der Geburt u. aktuell sind dem Antragsgegner mit dem Mahnschreiben substantiiert mitzuteilen, um die Verzugsfolgen auszulösen. Denn die Höhe des Unterhaltsanspruchs hängt maßgeblich von ihren Einkünften vor der Geburt u. ihren aktuellen Einkünften ab.

15. Zum Antrag auf Bewilligung von Verfahrenskostenhilfe: → Form. J.I.2 Anm. 8.

Kosten und Gebühren

16. Zunächst → Form. J.I.1 Anm. 24.

Der **Verfahrenswert** eines Antrags auf Betreuungsunterhalt nach § 1615l Abs. 2 S. 2 BGB beläuft sich, da es sich um eine Familienstreitsache handelt (§§ 112 Nr. 1, 231 Abs. 1 Nr. 3 FamFG), gem. § 51 Abs. 1 S. 1 FamGKG auf den für die ersten zwölf Monate nach Einreichung des Antrags geforderten Betrag, wenn nicht der Gesamtbetrag geringer ist. Dem grundsätzlich maßgeblichen Jahresbetrag werden etwaige bei Antragseinreichung fälligen Beträge hinzugerechnet (§ 51 Abs. 2 S. 1 FamGKG).

Fristen und Rechtsmittel

17. → Form. B.II.1 Anm. 13.

Kindergeldberechtigter

19. Bestimmung des Kindergeldberechtigten (§ 64 Abs. 2 S. 3 EStG oder § 3 Abs. 2 S. 3 BKGG)

An das

Amtsgericht[1]

– Familiengericht[2] –

. . . . .

Antrag

In der Familiensache

des Herrn . . . . .

wohnhaft . . . . .

– Antragsteller –

Verfahrensbevollmächtigter: Rechtsanwalt . . . . .

gegen

Frau . . . . .

wohnhaft . . . . .

– Antragsgegnerin –

wird namens und in Vollmacht des Antragstellers beantragt:[3]

Der Antragsteller wird im Sinne von § 64 EStG[4] zum Kindergeldberechtigten für das Kind . . . . ., geboren am . . . . ., ab dem . . . . .[5] bestimmt.

Darüber hinaus wird beantragt:

Dem Antragsteller wird für die erste Instanz Verfahrenskostenhilfe unter Beiordnung seines Verfahrensbevollmächtigten bewilligt.[6]

Begründung:

Die Beteiligten sind die seit dem . . . . . getrennt lebenden Eltern des im Verfahrensantrag genannten Kindes. Sie hatten am . . . . . gegenüber der Familienkasse den Antragsteller zum Bezugsberechtigten für das Kindergeld bestimmt. An diesen wurde das Kindergeld auch bis zum . . . . . ausgezahlt.

Die Antragsgegnerin widerrief ihre zugunsten des Antragstellers erklärte Bestimmung mit dem an die Familienkasse gerichteten Schreiben vom . . . . .. Beide Beteiligten beantragten sodann gegenüber der Familienkasse, ihnen jeweils allein das volle Kindergeld auszuzahlen. Die Familienkasse forderte die Beteiligten mangels übereinstimmender Bestimmung des Kindergeldberechtigten auf, eine Entscheidung des Familiengerichts herbeizuführen.[7]

Beweis: Anliegendes Schreiben der Familienkasse vom . . . . .

Da das Kindergeld den Beteiligten als monatliche Steuervergünstigung nach §§ 62 ff. EStG gewährt wird, richtet sich die Entscheidung nach § 64 Abs. 2 S. 3 EStG.[8]

Die Beteiligten einigten sich unter Beibehaltung der gemeinsamen elterlichen Sorge auf eine Betreuung des Kindes im paritätischen Wechselmodell mit gleichlangen Phasen. Sie einigten sich weiter darauf, dass sie sich wechselseitig keinen Kindesunterhalt zahlen.

Diese Fallkonstellation, dass das Kind getrennt lebender oder geschiedener Eltern eine gleichwertige Aufnahme in mehrere Haushalte gefunden hat, ist in § 64 EStG nicht geregelt. In einem solchen Fall ist § 64 Abs. 2 S. 2–4 EStG analog anzuwenden (BFH NJW 2005, 2175 = FamRZ 2005, 1173). Da die Eltern untereinander keinen Kindergeldberechtigten bestimmt haben, hat das Familiengericht nach § 64 Abs. 2 S. 3 EStG analog auf Antrag den Berechtigten zu bestimmen (BFH BeckRS 2014, 94393 Rn. 4).[9]

Die Bestimmung des Antragstellers zum Kindergeldberechtigten entspricht dem Kontinuitätsgrundsatz. Auch ist der Antragsteller der finanziell und wirtschaftlich schwächere Elternteil, so dass ihm die Kindergeldberechtigung zuzusprechen ist. Er hat kein Vermögen; er ist von Beruf . . . . . und hat nach der beigefügten Lohnsteuerbescheinigung und dem Einkommensteuerbescheid für das Jahr . . . . . ein durchschnittliches monatliches Nettoeinkommen von . . . . . EUR. Dagegen ist die Antragsgegnerin der finanziell und wirtschaftlich stärkere Elternteil. Sie verdient in ihrem Beruf als . . . . . mindestens . . . . . EUR monatlich netto und damit mehr als der Antragsteller.

Zum Antrag auf Bewilligung von Verfahrenskostenhilfe sind die nach § 117 Abs. 2 und 4 ZPO iVm § 113 Abs. 1 S. 2 FamFG erforderlichen Unterlagen mit Abschriften für den Gegner[10] beigefügt.

Rechtsanwalt[11, 12]

Anmerkungen

1. Zu den **Begrifflichkeiten** in erstinstanzlichen Unterhaltsverfahren: → Form. J.I.1 Anm. 1.

In dem Verfahren zur Bestimmung des Kindergeldberechtigten besteht **kein Anwaltszwang.** Denn bei der Unterhaltssache nach § 231 Abs. 2 FamFG handelt es sich um keine Familienstreitsache iSd § 112 Nr. 1, § 231 Abs. 1 FamFG, sodass der mit § 114 Abs. 1 FamFG für die erstinstanzlichen Familienstreitsachen angeordnete Anwaltszwang nicht gilt (OLG Celle NJW-RR 2011, 1231).

2. Sachlich zuständig für die Bestimmung des Kindergeldberechtigten nach § 64 Abs. 2 S. 3 EStG o. § 3 Abs. 2 S. 3 BKGG ist das Familiengericht (§ 23a Abs. 1 S. 1 Nr. 1 u. S. 2, § 23b Abs. 1 GVG). Es handelt sich gem. § 111 Nr. 8 FamFG um eine Familiensache, auf die gem. § 231 Abs. 2 S. 2 FamFG die Vorschriften der §§ 235–245 FamFG nicht anzuwenden sind. Es gelten vor allem die §§ 1–110 FamFG, sodass von „Unterhaltssachen der freiwilligen Gerichtsbarkeit" gesprochen wird (KG BeckRS 2010, 17830 = FamRZ 2011, 494; OLG Nürnberg BeckRS 2011, 4168 = FamRZ 2011, 1243; OLG Zweibrücken BeckRS 2020, 23300 Rn. 4 = NZFam 2020, 980).

Die **örtliche Zuständigkeit** richtet sich nach § 232 FamFG (vgl. → Form. J.I.1 Anm. 2). Ausschließlich zuständig ist das Familiengericht, in dessen Bezirk das minderjährige Kind seinen gewöhnlichen Aufenthalt hat. Besteht gemeinsames Sorgerecht u. wird das Kind im Einvernehmen der Eltern abwechselnd von beiden betreut, hat das Kind seinen gewöhnlichen Aufenthalt bei beiden Elternteilen (OLG München NJW-RR 2008, 1534 = FamRZ 2008, 1103). Falls sich der doppelte gewöhnliche Aufenthalt in verschiedenen

Gerichtsbezirken befinden sollte, kann zwischen den beiden Gerichtsständen gewählt werden (BGH NJW-RR 1992, 579 = FamRZ 1992, 794; BGH NJWE-FER 1997, 136).

Für Fälle mit **Auslandsbezug**, die aber bei der Bestimmung des Kindergeldberechtigten kaum eine Rolle spielen dürften (s. aber BFH BeckRS 2016, 94792) → Form. J.I.1 Anm. 2.

Zuständig für die Unterhaltsverfahren nach § 231 Abs. 2 FamFG ist der **Rechtspfleger** des Familiengerichts (§ 3 Nr. 3g, § 25 Nr. 2a RPflG).

3. Bei dem Antrag auf Bestimmung des Kindergeldberechtigten geht es allein um die **Auswahl** aus dem Kreis mehrerer Anspruchsberechtigter. Kindergeld wird gem. § 64 Abs. 1 EStG für jedes Kind nur einem Berechtigten ausgezahlt; eine Aufteilung ist unzulässig (BFH NJW 2005, 2175 = FamRZ 2005, 1173). Das Kindergeld wird demjenigen ausgezahlt, der das Kind in seinen Haushalt aufgenommen hat (**Obhutsprinzip**).

Wird das Kind überwiegend im **Haushalt eines Elternteils** betreut, ist diesem zwingend nach § 64 Abs. 2 S. 1 EStG das Kindergeld auszuzahlen.

Bei Betreuung des Kindes im **gemeinsamen Haushalt der Eltern** können diese gem. § 64 Abs. 2 S. 2 EStG untereinander den Berechtigten bestimmen (sog. Berechtigtenbestimmung). Bei der Bestimmung handelt es sich um eine empfangsbedürftige Willenserklärung, welcher nach Zugang bei der zuständigen Familienkasse rechtsgestaltende Wirkung zukommt u. bei mehreren Berechtigten Voraussetzung für die Festsetzung des Kindergelds ist; meist wird sie im Kindergeldantrag erklärt. Die Bestimmung bleibt bestehen, bis sie gegenüber der Familienkasse von den Berechtigten einvernehmlich geändert o. einseitig widerrufen wird. Bestimmen die Eltern bei Obhut des Kindes in ihrem gemeinsamen Haushalt nicht übereinstimmend einen von ihnen als Kindergeldberechtigten, wird die Bestimmung gem. § 64 Abs. 2 S. 3 FamFG durch das Familiengericht bestimmt.

Die Berechtigtenbestimmung wird gegenstandslos, wenn sich die **Obhutsverhältnisse dergestalt ändern**, dass das Kind nur noch in einem Haushalt aufgenommen ist; das Kindergeld ist sodann gem. § 64 Abs. 2 S. 1 EStG dem Obhutselternteil auszuzahlen u. es bedarf keiner Bestimmung. Die Trennung der Eltern berührt die vorgenommene Bestimmung nicht, wenn das Kind nach der Trennung in etwa annähernd gleichwertigem Umfang bei beiden Elternteilen lebt (BFH BeckRS 2005, 24002070 = FamRZ 2005, 1173), da dann weiterhin eine Bestimmung erforderlich ist.

Unterbleibt eine übereinstimmende Bestimmung des Kindergeldberechtigten bei annähernd **gleichwertiger Aufnahme des Kindes in die Haushalte beider Elternteile** (o. wird eine Bestimmung – einseitig – widerrufen), bestimmt das Familiengericht in analoger Anwendung des § 64 Abs. 2 S. 3 FamFG auf Antrag den Kindergeldberechtigten (BFH NJW 2005, 2175 = FamRZ 2005, 1173; BFH BeckRS 2014, 94393). Das Verfahren nach § 64 Abs. 2 Satz 3 EStG trifft keine Aussage über die materielle Berechtigung hinsichtlich des Kindergeldes (OLG Hamm BeckRS 2023, 30199 = FamRZ 2024, 276). Die Entscheidung darüber, wer zum Kreis der Kindergeldberechtigten gehört, obliegt der Familienkasse o. im Streitfall dem Finanzgericht. So ist der tatsächliche Aufenthalt des Kindes von der Familienkasse in eigener Zuständigkeit zu klären (OLG Celle BeckRS 2013, 13092 mwN = FamRZ 2014, 415). Das Familiengericht kann erst angerufen werden, wenn die Familienkasse die Anspruchsberechtigung mehrerer Personen festgestellt hat; ein bei dem Familiengericht gestellter Antrag auf gerichtliche Bestimmung des Empfangsberechtigten ist daher bei Nichtvorliegen dieser Voraussetzungen grds. als unzulässig zurückzuweisen (LG Berlin BeckRS 2011, 9033). An die Feststellung der Familienkasse ist das Familiengericht gebunden. Das Familiengericht ersetzt dann lediglich die eigentlich den Berechtigten zukommende Entscheidung über den Vorrang zwischen mehreren an sich gleichrangig Berechtigten. Es kann keine andere, von der Familienkasse nicht benannte Person zur Kindergeldberechtigten bestimmen (BFH BeckRS 2014, 94077 Rn. 21 ff. = FamRZ 2014, 388; Blümich/Selder EStG § 64 Rn. 39).

Erste Anlaufstelle für die Beantragung des Kindergeldes ist deshalb die zuständige Familienkasse (s. Näheres bei www.familienkasse.de).

Eine Entscheidung des Familiengerichts kann auf Antrag ferner dann erforderlich werden, wenn das Kind **nicht im Haushalt eines Kindergeldberechtigten** lebt, aber von den Berechtigten gleich hohe Unterhaltsrenten gezahlt werden (§ 64 Abs. 3 S. 3 u. 4 EStG).

Das Kindergeld wird normalerweise an unbeschränkt Steuerpflichtige zur Steuerfreistellung des elterlichen Einkommens in Höhe des Existenzminimums eines Kindes (§ 31 S. 1 EStG) u. nur ausnahmsweise als Sozialleistung zur Förderung der Familie (§ 31 S. 2 EStG) gezahlt. Deshalb stellt das Formular auf § 64 Abs. 2 S. 3 EStG u. nicht auf § 3 Abs. 2 S. 3 BKGG ab. **§ 64 EStG u. § 3 BKGG** sind aber im Wesentlichen gleichlautend, sodass die Anm. auch für die Entscheidung des Familiengerichts nach § 3 Abs. 2 S. 3 BKGG zutreffen.

Sozialrechtliches Kindergeld nach dem BKGG kann für sein Kind erhalten, wer im **Ausland** wohnt u. in Deutschland nicht nach § 1 Abs. 1 u. 2 EStG unbeschränkt steuerpflichtig ist, wenn die Voraussetzungen der §§ 1 u. 2 BKGG erfüllt sind. Das BKGG findet daher nur in Ausnahmefällen Anwendung. Vorrang hat das steuerrechtliche Kindergeld nach dem EStG (BSG BeckRS 2019, 5053 Rn. 24 ff., 27 = BSGE 128, 15 = NJW 2019, 3544).

Eingetragene Lebenspartner sind beim Kindergeld durch § 2 Abs. 8 EStG mit Ehegatten gleichgestellt (BFH NJW 2013, 3392 = FamRZ 2013, 1973).

Zur **Höhe des Kindergeldes** s. die Kindergeldtabelle bei → Form. J.I.1 Anm. 12.

Das Verfahren zur Auswahl des Kindergeldempfängers ist von den Verfahren zu unterscheiden, in denen es um die gerechte Aufteilung des Kindergeldes durch einen selbständigen **familienrechtlichen Ausgleichsanspruch** (Auskehrung jedenfalls eines Viertels des jeweils ausgezahlten Kindergeldes, BGH NJW 2016, 1956 Rn. 29 ff. = FamRZ 2016, 1053) o. um den Ausgleich in Form der **Verrechnung mit dem Kindesunterhalt** (BGH NJW 2017, 1676 = FamRZ 2017, 437; s. zur Berechnung → Form. J.I.1 Anm. 12) geht. Denn es ist nicht Zweck des § 64 EStG, einen Ausgleich unter den Eltern wegen verschieden hoher Unterhaltsleistungen herzustellen; dies ist allein Sache des Unterhaltsrechts (KG NJW-RR 2019, 1412 Rn. 15 mwN).

4. § 64 Abs. 2 S. 3 EStG bitte ersetzen durch § 3 Abs. 2 S. 3 BKGG, wenn das **Kindergeld** ausnahmsweise **als Sozialleistung** gezahlt wird → Anm. 3).

5. Die **rückwirkende Geltung** der Bestimmung ab einem konkreten Zeitpunkt bewirkt, dass das Kindergeld lückenlos ausgezahlt werden kann. Widerruft ein Elternteil die frühere gemeinsame Bestimmung gegenüber der Familienkasse, fehlt bei annähernd gleichwertiger Aufnahme des Kindes in die Haushalte beider Elternteile eine erforderliche Bestimmung des Kindergeldberechtigten. Ohne die rückwirkende Anordnung besteht ein ungeregelter Zeitraum vom Wirksamwerden des Widerrufs bis zum Wirksamwerden der gerichtlichen Entscheidung u. das Kindergeld kann für diese Zeit nicht ausgezahlt werden (KG OLGZ 1984, 152 = FamRZ 1984, 612 zum damaligen Recht).

Für den **Widerruf** einer früheren einvernehmlichen Bestimmungserklärung genügt die einseitige formlose Erklärung des Elternteils, der die frühere Bestimmung nicht länger hinnehmen will. Auf die Gründe des Widerrufs kommt es nicht an. Vielmehr kann die einvernehmliche Bestimmungserklärung vom nicht begünstigten Elternteil gegenüber der Familienkasse frei widerrufen werden. Das gilt selbst dann, wenn die Bestimmung in einem Ehescheidungsfolgenvergleich getroffen worden war (BSG NJW-RR 1993, 578). Bis zum Widerruf bleibt die frühere Bestimmung eines Elternteils zum Kindergeldberechtigten grundsätzlich wirksam (BFH BeckRS 2001, 25000207).

Dabei kann es bei fehlender einvernehmlicher Kindergeldbestimmung u. spätem Kindergeldantrag um eine beträchtliche **Rückstandssumme** gehen. Denn Kindergeld wird nicht erst ab dem Eingang des nach § 67 EStG schriftlich zu stellenden Antrags bei der Familienkasse, sondern ab dem Beginn des Monats gezahlt, in dem die Anspruchsvoraussetzungen erfüllt sind (§ 66 Abs. 2 EStG). Eine Beschränkung der Rückstandszeit ergibt sich aus der vierjährigen Festsetzungsfrist für Steuervergütungen nach § 169 Abs. 2 S. 1 Nr. 2, § 170 Abs. 1 AO. So würde zB die vierjährige Festsetzungsfrist für das in den einzelnen Monaten des Jahres 2021 zu zahlende Kindergeld mit Ablauf des Jahres 2021 beginnen u. am 31.12.2025 enden. Eine versäumte Festsetzungsfrist ist nicht wiedereinsetzungsfähig (FG Düsseldorf BeckRS 2008, 26025470 mwN). Sollte aber die Familienkasse eine frühere Kindergeldfestsetzung nicht aufgehoben haben, würde die Festsetzung zunächst fortwirken u. sich die Frage der Festsetzungsverjährung nicht stellen. Die fehlende Feststellbarkeit eines Aufhebungsbescheids ginge zu Lasten der Familienkasse, u. es wäre von einer fortbestehenden Festsetzung auszugehen (BFH BeckRS 2014, 96354 Rn. 30, 32).

Kindergeld ist dann nicht mehr rückständig, wenn eine frühere Berechtigtenbestimmung **bereits vollzogen** u. das Kindergeld an den bisher Berechtigten ausgezahlt worden ist. Dann kommt dem Beschluss des Familiengerichts nur Wirkung für die Zukunft zu. Hierdurch soll die Gefahr vermieden werden, dass die Familienkasse infolge eines rückwirkenden Abänderungsbeschlusses ein zweites Mal für bereits ausgezahltes Kindergeld in Anspruch genommen wird (FG Baden-Württemberg BeckRS 2008, 26026326).

6. Zur **Verfahrenskostenhilfe:** → Form. J.I.1 Anm. 6.

Zur erforderlichen Beiordnung eines Rechtsanwalts s. OLG Brandenburg BeckRS 2023, 14093 = FamRZ 2024, 446.

7. Zum **Widerruf** der Berechtigungsbestimmung u. Aufforderung der Familienkasse: → Anm. 5.

8. § 64 Abs. 2 S. 3 EStG bitte ersetzen durch § 3 Abs. 2 S. 3 BKGG, wenn das Kindergeld ausnahmsweise als **Sozialleistung** gezahlt wird (→ Anm. 3).

9. Bei der **Auswahl des Kindergeldempfängers** ist entscheidend zu berücksichtigen, wer in seiner Person die bessere Gewähr dafür bietet, dass er das Kindergeld zum **Wohl des Kindes** verwenden wird (OLG Celle NJOZ 2019, 663 Rn. 13 mwN = FamRZ 2019, 31).

Wenn beide Eltern diese Gewähr bieten, soll nach dem Grundgedanken des § 64 EStG vorrangig der Elternteil Kindergeldberechtigter sein, der für das Kind die höheren wirtschaftlichen Leistungen erbringt. So wird bei getrenntlebenden Eltern, die mit dem Kind **gemeinsam in der Ehewohnung** leben, ohne nach § 64 Abs. 2 S. 2 EStG untereinander den Kindergeldberechtigten zu bestimmen, regelmäßig der Elternteil auf Antrag zum Berechtigten bestimmt, der mit seinem höheren Einkommen überwiegend für den Familienunterhalt aufkommt (OLG Stuttgart NJOZ 2009, 1148 = FamRZ 2009, 155). Jedenfalls ist zu berücksichtigen, bei welchem Berechtigten das Kindergeld in weiterem Umfang den Kindern zugutekommt (OLG Stuttgart NJW-RR 2010, 1014 = FamRZ 2010, 1476).

Bei **paritätischer Betreuung** des Kindes stellt die hM bei der Ermessensentscheidung des Familiengerichts auf den Kontinuitätsgrundsatz ab (KG NJW-RR 2019, 1412 Rn. 13; OLG Celle NJOZ 2019, 663 Rn. 17; OLG München BeckRS 2021, 20130 = FamRZ 2021, 1200; OLG Hamm BeckRS 2023, 30199 = FamRZ 2024, 276 KG BeckRS 2025, 23829; OLG Karlsruhe BeckRS 2025, 33885; aA OLG Schleswig NJOZ 2004, 2145, das auf die subjektiv höheren Leistungen des finanziell u. wirtschaftlich schwächeren Elternteils abstellen will); mit dem Maßstab der Kontinuität wird vermieden, Aspekte des unterhaltsrechtlich vorzunehmenden Ausgleichs zwischen den Kindeseltern (vgl. BGH

NJW 2016, 1956 = FamRZ 2016, 1053) in das zur Klärung dieser Fragen nicht geeignete Verfahren nach § 64 Abs. 2 S. 3 EStG zu verlagern.

10. Zum Antrag auf Bewilligung von Verfahrenskostenhilfe: → Form. J.I.2 Anm. 8.

Kosten und Gebühren

11. In der Unterhaltssache des § 231 Abs. 2 FamFG ist stets über die **Kosten** zu entscheiden u. zwar gem. § 81 Abs. 1 S. 3 FamFG; § 243 FamFG findet gem. § 231 Abs. 2 S. 2 FamFG keine Anwendung.

Die Kostenverteilung gem. § 81 Abs. 1 S. 1 FamFG erfolgt nach **billigem Ermessen**. Das Familiengericht kann einem Beteiligten die Kosten des Verfahrens (Gerichtskosten u. außergerichtliche Kosten) auferlegen o. diese aufteilen. Es besteht keine Grundregel, dass im Verfahren der freiwilligen Gerichtsbarkeit jeder Beteiligte seine außergerichtlichen Kosten selbst zu tragen hat; die Auferlegung der Kosten bedarf nicht besonderer Rechtfertigung im Einzelfall (BGH BeckRS 2015, 19984 = FamRZ 2016, 218).

Die **Verfahrenswert** beträgt gem. § 51 Abs. 3 S. 1 FamGKG regelmäßig 500 EUR (vgl. OLG Zweibrücken BeckRS 2020, 23300 Rn. 5 = NZFam 2020, 980). Bei mehreren Kindern ist der Festbetrag für jedes Kind anzusetzen (OLG Dresden BeckRS 2014, 1928 = FamRZ 2014, 1055). Ist der einheitliche Festwert nach den besonderen Umständen des Einzelfalls unbillig, kann das Gericht gem. § 51 Abs. 3 S. 2 FamGKG einen höheren Wert festsetzen (zB bei umfangreichen Ermittlungen). Eine Unbilligkeit des Festwertes kann nicht allein unter Berufung auf die Summe des in der Zeit der Bestimmung anfallenden Kindergeldes begründet werden, u. eine Abweichung vom Festwert kommt dann nicht in Betracht, wenn das Familiengericht von vornherein nicht zuständig war (OLG Celle BeckRS 2013, 13092 = FamRZ 2014, 415). Auch die Tatsache, dass das Verfahren streitig geführt wurde, rechtfertigt keine Erhöhung des Festwertes, wenn keine besonderen rechtlichen o. tatsächlichen Schwierigkeiten vorliegen (OLG Frankfurt a. M. BeckRS 2013, 15712 = FamRZ 2014, 594).

Nach dem KV 1320 FamGKG entstehen für die vorliegende „Familiensache der freiwilligen Gerichtsbarkeit“ in erster Instanz **Gerichtskosten** in Höhe einer zweifachen Verfahrensgebühr. Die Verfahrensgebühr wird erst fällig, wenn eine unbedingte Entscheidung über die Kosten ergangen ist (§ 11 Abs. 1 Nr. 1 FamGKG).

Der **Rechtsanwalt** erhält für seine erstinstanzliche Tätigkeit folgende Vergütung (Gebühren u. Auslagen):

- Verfahrensgebühr iHv 1,3 des Satzes nach § 13 RVG (VV 3100 RVG)
- Terminsgebühr iHv 1,2 des Satzes nach § 13 RVG (VV 3104 RVG) bei Terminswahrnehmung
- Einigungsgebühr iHv 1,0 des Satzes der Gebühr nach § 13 RVG (VV 1003 RVG) bei Mitwirkung bei einem Vergleich.

Fristen und Rechtsmittel

12. Die Endentscheidung des Rechtspflegers nach § 231 Abs. 2 FamFG ergeht durch Beschluss (§ 38 Abs. 1 S. 1 FamFG). Gegen eine solche Endentscheidung ist gem. § 11 Abs. 1 RPflG, § 58 Abs. 1 FamFG das **Rechtsmittel der Beschwerde** gegeben. Die Beschwerde ist gem. §§ 63, 64 FamFG binnen eines Monats ab der schriftlichen Bekanntgabe des Beschlusses an die Beteiligten bei dem Gericht, dessen Beschluss angefochten wird, durch Einreichung einer Beschwerdeschrift o. zur Niederschrift der Geschäftsstelle einzulegen.

Eine Beschwerde ist aber regelmäßig unzulässig, da der **Beschwerdewert** des § 61 Abs. 1 FamFG von 1.000 EUR meist nicht erreicht ist. Der Wert dieser Familiensache beträgt gem. § 51 Abs. 3 S. 1 FamGKG normalerweise 500 EUR (vgl. → Anm. 11); bei einem Streit über den Kindergeldbezug für mehrere Kinder ist der Beschwerdewert nach § 33 Abs. 1 S. 1 FamGKG zusammenzurechnen (OLG Karlsruhe BeckRS 2025, 33885). Auch wenn die Vorschrift lediglich den Wert für die Verfahrensgebühren bestimmt u. nicht mit der Beschwer gleichzusetzen ist (OLG Jena BeckRS 2013, 03177 = FamRZ 2013, 1413), hat der Gesetzgeber zum Ausdruck gebracht, dass er dem Verfahren nur eine geringe wirtschaftliche Bedeutung zuerkennt, weil sie insbesondere keine Entscheidung über die wirtschaftliche Zuweisung des Kindergeldes an einen Elternteil trifft (OLG Frankfurt NJW-RR 2025, 1028). Ein Beschwerdeführer müsste einen ihn treffenden wirtschaftlichen Nachteil von mehr als 1.000 EUR darlegen (OLG Hamm BeckRS 2013, 17413 = FamRZ 2014, 595). Das wirtschaftliche Interesse eines Beschwerdeführers an der Kindergeldbezugsberechtigung wird daher im Regelfall einen Wert von 1.000 EUR nicht erreichen (BGH NJW-RR 2014, 833 = FamRZ 2014, 646; OLG Frankfurt NJW-RR 2025, 1028). Auch die isolierte Anfechtung der Kostenentscheidung setzt eine Mindestbeschwer von mehr als 1.000 EUR voraus (OLG Brandenburg BeckRS 2022, 29519).

Der Rechtspfleger kann die **Beschwerde zulassen** (§ 61 Abs. 2 u. 3 FamFG). Dies kann auch im Rahmen des Abhilfeverfahrens nach einer Rechtspflegererinnerung erfolgen (OLG Stuttgart BeckRS 2010, 2420 = FamRZ 2010, 1003). Trifft das Gericht in einem Beschluss keine ausdrückliche Entscheidung über die Zulassung, so wird damit regelmäßig dessen Unanfechtbarkeit zum Ausdruck gebracht, da die Nichtzulassung keines ausdrücklichen Ausspruchs bedarf. Ein späteres Nachholen der Zulassung ist grundsätzlich unzulässig (OLG Braunschweig NJW-RR 2023, 1044 = FamRZ 2023, 1307).

Wenn die Beschwerde mangels Erreichens des Beschwerdewertes unzulässig ist, findet gegen den Beschluss des Rechtspflegers die **Rechtspflegererinnerung** gemäß § 11 Abs. 2 S. 1 RPflG statt (OLG Frankfurt BeckRS 2013, 15712 = FamRZ 2014, 594; OLG Braunschweig NJW-RR 2023, 1044 = FamRZ 2023, 1307). Die Erinnerung ist innerhalb einer Frist von zwei Wochen einzulegen. Der Rechtspfleger kann der Erinnerung abhelfen (§ 11 Abs. 2 S. 5 RPflG). Wenn er der Erinnerung nicht abhilft, legt er diese dem Familienrichter zur Entscheidung vor (§ 11 Abs. 2 S. 6 RPflG). Das Erinnerungsverfahren ist gem. § 11 Abs. 4 RPflG gerichtsgebührenfrei.

Elternunterhalt

20. Antrag des Sozialhilfeträgers auf übergegangenen Elternunterhalt

An das

Amtsgericht[1]

– Familiengericht[2] –

. . . . .

Antrag

In der Familiensache

der Stadt . . . . .

vertreten durch die Oberbürgermeisterin . . . . .

– Antragstellerin –

gegen

Frau . . . . .

wohnhaft . . . . .

– Antragsgegnerin –

wird namens und in Vollmacht der Antragstellerin beantragt:

Die Antragsgegnerin wird verpflichtet, an die Antragstellerin rückständigen Unterhalt für Frau . . . . . für die Zeit von . . . . . bis . . . . . in Höhe von insgesamt . . . . . EUR zu zahlen.[3]
Die Antragsgegnerin wird außerdem verpflichtet, an die Antragstellerin Zinsen[4] in Höhe von 5 Prozentpunkten über dem jeweiligen Basiszinssatz nach § 247 BGB von folgenden monatlichen Unterhaltsrückstandsbeträgen zu zahlen:
von . . . . . EUR seit dem . . . . .,
von . . . . . EUR seit dem . . . . .,
von . . . . . EUR seit dem . . . . . .
Der Beschluss ist sofort wirksam.[5]

Darüber hinaus wird beantragt:

Für den Fall der nicht rechtzeitig angezeigten Verteidigungsbereitschaft im schriftlichen Vorverfahren wird Antrag auf Versäumnisbeschluss (§ 113 Abs. 1 S. 2 FamFG, § 331 Abs. 3 ZPO) ohne mündliche Verhandlung gestellt.[6]

Begründung:

Die Antragsgegnerin ist die Tochter der am . . . . . geborenen Frau . . . . . (Mutter) und dieser gegenüber nach §§ 1601 ff. BGB unterhaltspflichtig.

Die Mutter . . . . . lebt seit dem . . . . . in einem Pflegeheim, für die Kosten in Höhe von monatlich . . . . . EUR anfallen. Nach Abzug des Einkommens der Mutter (Rente in Höhe von . . . . . EUR) und Leistungen der Pflegeversicherung (. . . . . EUR) verbleibt eine Unterdeckung von monatlich ..... EUR. In dieser Höhe gewährt die Antragstellerin der Mutter Leistungen nach SGB XII für die Monate ..... bis ......[7]

Beweis: Leistungsbescheid für die Mutter für die Monate ..... bis .....

Mit Schreiben vom ....., zugegangen am ....., zeigte die Antragstellerin der Antragsgegnerin die Gewährung der Leistungen an.[8]

Beweis: Rechtswahrungsanzeige vom ..... (einschließlich Einschreiben mit Rückschein)

Mit der Gewährung der Sozialleistungen geht der zivilrechtliche Unterhaltsanspruch der Mutter gegen die Antragsgegnerin gem. § 94 Abs. 1 SGB XII auf den Antragsteller über. Der Antragsteller macht diesen übergegangen Anspruch gegen die Antragsgegnerin geltend. Der Anspruchsübergang ist nicht gem. § 94 Abs. 1a S. 1, 2 SGB XII ausgeschlossen, da die Antragsgegnerin über ein Jahresbruttoeinkommen von mehr als 100.000 EUR verfügt.[9] Er ist auch nicht nach § 94 Abs. 3 S. 1 Nr. 2 SGB XII wegen unbilliger Härte ausgeschlossen.[10]

Der Bedarf der Mutter ergibt sich aus den monatlich anfallenden Kosten im Pflegeheim und die Bedürftigkeit besteht in Höhe des nach Abzug des Einkommens der Mutter und Leistungen der Pflegeversicherung.[11]

Beweis: .....

(Vorlage der Abrechnungen des Pflegeheims, des Rentenbescheids der Mutter sowie der Leistungsabrechnung der Pflegeversicherung für die Monate .....)

Die Antragsgegnerin erzielt ein monatliches Einkommen in Höhe von ..... EUR. Davon abzuziehen sind die dargelegten Verbindlichkeiten in Höhe von ..... EUR sowie die Unterhaltspflicht der Antragsgegnerin gegenüber ihrem minderjährigen Sohn, dem am ..... geborenen ....., für den sie allein barunterhaltspflichtig ist. Zusammengefasst ergibt sich ein anrechenbares Einkommen der Antragsgegnerin in Höhe von .... EUR.[12]

Der Antragsgegnerin ist ein Sockelselbstbehalt in Höhe von ..... EUR zu belassen. Für die Berechnung ihres individuellen Selbstbehaltes ist 70 % ihres über dem Sockelselbstbehalt hinausgehenden Einkommens dem Sockelselbstbehalt hinzuzurechnen, so dass sich ihr individueller Selbstbehalt auf ..... EUR beläuft.[13] Damit ist die Antragsgegnerin in Höhe von ..... EUR leistungsfähig.

Der Unterhaltsanspruch der Mutter gegen die Antragsgegnerin ist nicht nach § 1611 BGB verwirkt.[14]

Die weiteren Kinder der Mutter, die Geschwister der Antragsgegnerin ..... und ..... sind nicht quotal an der Unterhaltspflicht für die Mutter beteiligt, da sie nicht leistungsfähig sind.[15] Ihr Einkommen liegt bereits unter dem ihnen jedenfalls zu belassenen Basisselbstbehalt. Die Schwester der Antragsgegnerin ..... verfügt lediglich über ein anrechenbares Einkommen in Höhe von ..... EUR und der Bruder der Antragsgegnerin ..... lediglich über ein anrechenbares Einkommen in Höhe von ..... EUR.

Die Antragsgegnerin hat der Antragstellerin zwar Auskunft über ihr Einkommen erteilt, aber keinen Unterhalt gezahlt. Da die Antragsgegnerin durch die Rechtswahrungsanzeige in Verzug gesetzt wurde, hat sie Verzugszinsen auf die im Beschlussantrag bezeichneten Unterhaltsrückstände gemäß § 288 Abs. 1, § 286 Abs. 1 S. 1 BGB zu zahlen.[4]

Der Antrag auf Anordnung der sofortigen Wirksamkeit beruht auf § 116 Abs. 3 S. 3 FamFG. Die begehrte Endentscheidung betrifft eine Familienstreitsache im Sinne von § 112 Nr. 1, § 231 Abs. 1 Nr. 1 FamFG, sie enthält eine Verpflichtung zur Leistung von Unterhalt.[5]

Rechtsanwalt[16, 17]

Anmerkungen

1. Zum **Anwaltszwang** u. den Begrifflichkeiten in erstinstanzlichen Unterhaltsstreitigkeiten → Form. J.I.1 Anm. 1.

Für die Stadt besteht gem. § 114 Abs. 2 FamFG kein Anwaltszwang. Sie kann sich auch durch eigene Beschäftigte vor Gericht vertreten lassen.

2. Zur sachlichen, örtlichen u. internationalen **Zuständigkeit:** → Form. J.I.1 Anm. 2.

Durch den Anspruchsübergang auf die Stadt ändert sich die Rechtsnatur des Anspruchs nicht und für den zivilrechtlichen Anspruch ist weiterhin das Familiengericht **sachlich zuständig.**

Eine **örtliche Zuständigkeit** nach § 232 Abs. 1 FamFG ist für den Elternunterhalt nicht gegeben, so dass sich diese nach § 232 Abs. 3 FamFG richtet. Der Anspruch ist bei dem nach den allgemeinen Vorschriften zuständigen Gericht geltend zu machen, wobei statt des Wohnsitzes immer der gewöhnliche Aufenthalt maßgeblich ist, also beim Gericht des gewöhnlichen Aufenthalts des Antragsgegners, §§ 12, 13 ZPO.

3. Der Anspruch auf Verwandtenunterhalt gem. §§ 1601 ff. BGB besteht bei **Verwandten in gerader Linie**, also zwischen Personen, deren eine von der anderen abstammt (§ 1589 BGB) und damit sowohl von Kinder gegenüber ihren Eltern also auch von Eltern gegenüber ihren Kindern.

Die Ansprüche gehen gem. § 94 Abs. 1 SGB XII mit laufender Leistungsgewährung über, so dass der Leistungsträger ausschließlich hinsichtlich **Unterhaltsrückständen** aktiv legitimiert ist. Ist absehbar, dass die sozialhilferechtliche Leistung voraussichtlich auf längere Zeit erbracht werden muss, kann der Träger der Sozialhilfe bis zur Höhe der bisherigen monatlichen Aufwendungen gem. § 94 Abs. 4 S. 1 SGB XII auch auf künftige Leistungen klagen. Meist leiten die Sozialhilfeträger nur ein Verfahren betreffend Unterhaltsrückstände ein, um die streitigen Fragen des Einzelfalls gerichtlich zu klären und hoffen ansonsten auf eine vergleichsweise Regelung. Die Konzentration auf Unterhaltsrückstände erleichtert die Feststellung des maßgeblichen Einkommens auf Seiten des unterhaltspflichtigen Kindes (und insbesondere die Überschreitung der Einkommensgrenze des § 94 Abs. 1a SGB XII von 100.000 EUR Jahresbruttoeinkommen).

4. Zum **Zinsantrag** u. zur Zinshöhe → Form. J.I.1 Anm. 4.

5. Zur Anordnung der **sofortigen Wirksamkeit** des Beschlusses → Form. J.I.1 Anm. 5.

Gerade bei Unterhaltsrückständen, die auf einen öffentlichen Träger übergegangen sind, kommt aber ein Absehen von der Anordnung der sofortigen Wirksamkeit im Rahmen der Ermessensentscheidung nach § 116 Abs. 3 Satz 2 FamFG in Betracht, da die Unterhaltsberechtigte zur Sicherung ihres laufenden Unterhalts nicht auf die sofortige Wirksamkeit angewiesen ist.

6. Zum Antrag auf **Versäumnisbeschluss:** → Form. J.I.1 Anm. 7.

7. Voraussetzung des Anspruchsübergang ist gem. § 94 Abs. 1 SGB XII, dass der Sozialhilfeträger tatsächlich **Leistungen gewährt**. Nach hM ist unerheblich, ob die Leistungsgewährung rechtmäßig erfolgte (BeckOK SozR/Weber SGB XII § 93 Rn. 30 ff.). Der

Umfang des monatlichen Anspruchsübergangs wird begrenzt durch die Höhe der monatlich gewährten Leistungen (**zeitliche Deckungsgleichheit**).

Ein unterhaltsbedürftiger Elternteil kann seinen zivil-rechtlichen Anspruch gegen sein Kind auch selbst verfolgen. Das Kind kann sich aber gegen seine unmittelbare Inanspruchnahme durch Verweis auf die Inanspruchnahme des Sozialhilfeträgers wehren; einen weitergehenden unterhaltsrechtlichen Bedarf hat ein Leistungsbezieher nicht. Denn Leistungen der Pflegeversicherung und des Grundsicherungsgesetzes sind in Anspruch zu nehmen, deren Darlegung gehört zur Schlüssigkeit des Unterhaltsantrags vom Elternteil gegenüber dem Kind. Nimmt der Unterhaltsberechtigte die öffentlichen Leistungen nicht in Anspruch, können ihm wegen einer Obliegenheitsverletzung **fiktive Einkünfte in Höhe der entgangenen Leistungen** angerechnet werden; dies führt zu einer Inzidenterprüfung der Sozialleistungen im Unterhaltsverfahren.

8. Zur **Aufforderung** zur Zahlung des Unterhalts zunächst: → Form. J.I.1 Anm. 22.

Der Anspruchsübergang nach § 94 Abs. 1 SGB XII setzt neben der zivilrechtlichen Mahnung eine sog. **Rechtswahrungsanzeige** nach § 94 Abs. 4 S. 1 SGB XII voraus, nach der der Unterhaltspflichtige nicht (mehr) darauf vertrauen darf, nicht in Anspruch genommen zu werden. Beides kann miteinander verknüpft werden.

9. Seit dem 1.1.2020 ist durch das Gesetz zur Entlastung unterhaltsverpflichteter Angehöriger in der Sozialhilfe und in der Eingliederungshilfe ein Anspruchsübergang auf den Sozialhilfeträger gem. § 94 Abs. 1a SGB XII ausgeschlossen, wenn das jährliche **Gesamtbruttoeinkommen des Kindes 100.000 EUR nicht übersteigt**; diese Einkommensgrenze wird nach dem Einkommenssteuerrecht bestimmt und lässt sich erst am Jahresende feststellen.

Es besteht gem. § 91 Abs. 1a S. 3 SGB XII eine **gesetzliche Vermutung**, dass die Jahreseinkommensgrenze nicht überschritten wird. Dazu ist der Leistungsbezieher zunächst verpflichtet, Angaben zu machen, die Rückschlüsse auf die Höhe des Einkommens seines Kindes (zB Beruf, Arbeitgeber, Wohnverhältnisse) zulassen. Bestehen sodann hinreichende Anhaltspunkte für eine Überschreitung der Einkommensgrenze, kann der Leistungsträger gegenüber dem Kind seinen öffentlich-rechtlichen Auskunftsanspruch geltend machen und gem. § 117 SGB II konkrete Auskünfte zum Einkommen einholen.

Der durch das Angehörigen-Entlastungsgesetz neu gefasste § 94 SGB XII beschränkt die Regressansprüche des Leistungsträgers erst **ab Januar 2020**; die zuvor fällig gewordenen Ansprüche bleiben hiervon unberührt.

10. Die Verwirkung des zivil-rechtlichen Unterhaltsanspruchs nach § 1611 BGB (→ Anm. 14) ist vorrangig gegenüber dem Ausschluss des Anspruchsübergangs wegen einer **unbilligen Härte** nach § 94 Abs. 3 S. 1 Nr. 2 SGB XII zu beachten.

Über § 1611 BGB hinaus gehende Härten können sozialhilferechtlich den Anspruchsübergang ausschließen. Entscheidend ist, ob aus Sicht des Sozialhilferechts durch den Anspruchsübergang soziale Belange berührt werden, was notwendigerweise voraussetzt, dass der den Härtegrund rechtfertigende Lebenssachverhalt einen erkennbaren **Bezug zum Sozialhilferecht** oder zu einem sonstigen Handeln des Staates und seiner Organe aufweist. Dies hat der BGH (NJW-RR 2004, 1298) angenommen, wenn der Elternteil wegen einer auf seine Kriegserlebnisse zurückzuführenden psychischen Erkrankung nicht in der Lage war, für das auf Elternunterhalt in Anspruch genommene Kind während dessen Kindheit zu sorgen. Liegt es im Verantwortungsbereich des Sozialhilfeträgers, dass der Unterhaltsberechtigte nicht pflegeversichert ist, kann dies eine unbillige Härte in Höhe des fiktiven Pflegegelds bedeuten (BGH NZFam 2015, 859). Haben die Kinder einer gehörlosen Mutter diese Einschränkung im Familienverband seit frühester Kindheit mitgetragen, stellt die Heranziehung für erhöhte Heimkosten eine unbillige Härte dar, da diese auf eine dem staatlichen Handeln zuzurechnende Rechtslage zurückzuführen ist, die den besonderen Belangen hörbehinderter Menschen in der vollstationären Pflege nicht ausreichend Rechnung trägt (BGH NJW 2019, 512).

Auch bei Vorliegen einer unbilligen Härte ist zu beachten, dass diese den Anspruchsübergang **nicht zwingend vollständig ausschließt** („soweit").

Es obliegt dem Unterhaltspflichtigen, die **Tatbestandsvoraussetzungen** der unbilligen Härte darzulegen und zu beweisen, muss aber als negative Voraussetzung des Anspruchs nicht mit einer Einrede geltend gemacht werden. Anhaltspunkten für eine unbillige Härte hat der Hilfeträger gem. § 94 Abs. 3 S. 2 SGB XII nur nachzugehen, wenn sie für ihn offenkundig sind oder durch vorgelegte Hinweise (zB durch den Leistungsberechtigten) mitgeteilt sind.

11. Der **Bedarf** bestimmt sich gemäß § 1610 Abs. 1 BGB nach der – eigenen – Lebensstellung des Bedürftigen und erfasst insbesondere Kosten für notwendige Heimunterbringung und Pflege (zzgl. einen Barbetrag für Bedürfnisse des täglichen Lebens, § 27b SGB II) und auch die Kosten der Kranken- und Pflegeversicherung.

Die Höhe des Bedarfs hat bei einer Heimunterbringung der Berechtigte darzulegen. Der Pflichtige kann aber substantiiert bestreiten, indem er konkrete, **kostengünstigere Heime** und deren Kosten benennt; eine frühere gehobene Lebensstellung des Berechtigten ist unerheblich. Zwischen verschiedenen Heimen im unteren Preissegment verbleibt dem Berechtigten eine Auswahl; im Übrigen hat er besondere Gründe für die Wahl eines teureren Heims vorzutragen. Hat das Kind hingegen das Heim (mit) ausgewählt, ist der Einwand eines geringeren Bedarfs abgeschnitten (BGH NZFam 2015, 1148).

Auf den Bedarf sind das **eigene Einkommen sowie Leistungen der Pflegeversicherung** anzurechnen. Grundsätzlich haben unterhaltsberechtigte Eltern auch das Vermögen zu verwerten, wie sich als Umkehrschluss aus § 1602 Abs. 2 BGB ergibt. Es ist aber eine gewisse Vermögensreserve zu lassen, wenn dies erforderlich ist, wobei auf die Unzumutbarkeit der Vermögensverwertung abzustellen sein dürfte.

12. Bereits bei der Berechnung des **anrechenbaren Einkommens** für Elternunterhalt ist zu beachten, dass dieser auf Grund seiner untergeordneten Rangstufe (§ 1609 Nr. 6 BGB) vergleichsweise schwach ausgestaltet ist. Der Pflichtige braucht daher bei Inanspruchnahme für Elternunterhalt keine spürbare und dauerhafte Senkung seines berufs- und einkommenstypischen Unterhaltsniveaus, an das er sich selbst schon längerfristig angepasst hat, hinzunehmen, soweit er nicht einen nach den Verhältnissen unangemessenen Aufwand betreibt oder ein Leben in Luxus führt. Es sind vorrangige Unterhaltsverpflichtungen, berücksichtigungswürdige Belastungen und vermögensbildende Aufwendungen (5 % des Vorjahresbruttoeinkommens als sekundäre Altersvorsorge, BGH NJW 2017, 1169) abzuziehen. Insgesamt sind in großzügigerem Umfang als in anderen Unterhaltsverhältnissen Verbindlichkeiten berücksichtigungswürdig zu belassen (Dose UnterhaltsR/Wönne § 2 Rn. 997).

Verfügt das unterhaltspflichtige Kind über verwertbares **Vermögen**, muss es dieses einsetzen, wenn der geschuldete Unterhalt aus laufenden Einkünften nicht geleistet werden kann. Allerdings gilt auch bei der Bemessung des Schonvermögens ein großzügiger Maßstab. Der Wert einer selbstgenutzten Immobilie und das mit 5 % des jeweiligen Vorjahresbruttoeinkommens gebildete Altersvorsorgevermögen ist unangreifbar und muss vom Unterhaltspflichtigen nicht für Unterhalt eingesetzt werden (BGH BeckRS 2013, 14953 = FamRZ 2013, 203).

Es sind nur die eigenen Einkünfte des unterhaltspflichtigen Kindes einzusetzen, nicht auch die Einkünfte des **Schwiegerkindes**, das außerhalb des Unterhaltsrechtsverhältnisses steht und rechtlich weder zum Unterhalt für die Schwiegereltern noch zur Einschränkung seiner Lebensführung verpflichtet ist (BGH NJW 2004, 674; auch zum Anspruch auf Taschengeld). Verfügen sowohl Kind als auch Schwiegerkind über Einkommen sind die

Steuern anteilig bezogen auf ihr jeweiliges Einkommen unter zusätzlicher Berücksichtigung der steuerlichen Progression fiktiv aufzuteilen (zur Berechnung: BGH NJW 2015, 2577 = FamRZ 2015, 1594).

13. Für den Ausgleich zwischen den Unterhaltsinteressen des hilfebedürftigen Elternteils und dem Interesse des unterhaltspflichtigen Kindes an der Aufrechterhaltung seines berufs- und einkommenstypischen Lebensstandards, ist beim Elternunterhalt der **angemessene Eigenbedarf** anhand der konkreten Umstände des Einzelfalles und unter Berücksichtigung der besonderen Lebensverhältnisse, die bei der Inanspruchnahme auf Elternunterhalt vorliegen, zu ermitteln. Neben den großzügigen Maßstäben für berücksichtigungswürdige Belastungen und vermögensbildenden Aufwendungen, ist ein individuell zu bemessender Selbstbehalt zu ermitteln, der sich aus einem Mindestselbstbehalt und einem Bruchteil des diesen Freibetrag übersteigenden Einkommens zusammensetzt (BGH NJW 2025, 362, NJW 2025, 1272 und NJW 2025, 2254).

Für 2020 hat der BGH (a.a.O.) entschieden, dass ein Betrag von 2.000 EUR zzgl. etwa 70 % des darüber hinausgehenden Einkommens als **Selbstbehalt beim Elternunterhalt** angemessen ist. Für die Zeit bis 2025 haben einige OLG-Leitlinien nach der Änderung des § 94 SGB XII die Höhe des Selbstbehalts im Elternunterhalt nicht angegeben und für 2026 weist die Düsseldorfer Tabelle in Anm. D.I. nun den Selbstbehalt mit mindestens monatlich 2.650 EUR (einschließlich 1.000 EUR Warmmiete) zuzüglich 70 % des darüber hinausgehenden Einkommens aus. Der angemessene Unterhalt des mit dem Unterhaltspflichtigen zusammenlebenden Ehegatten bemisst sich nach den ehelichen Lebensverhältnissen (Halbteilungsgrundsatz), beträgt jedoch mindestens 2.120 EUR (einschließlich 800 EUR Warmmiete).

Danach ist beispielhaft (mit den Selbstbehaltssätzen der DT Stand 2026) wie folgt zu rechnen:

Beispiel 1:

Fall: Das einem Elternteil gegenüber unterhaltspflichtige Kind lebt allein und hat keine weiteren Unterhaltspflichten. Es verfügt über ein Nettoeinkommen in Höhe von 6.000 EUR und es sind insgesamt Abzüge in Höhe von 1.600 EUR zu berücksichtigen.

Das Einkommen des Kindes ist um die berücksichtigungswürdigen Abzüge zu vermindern und sodann ist der Betrag zu ermitteln, der nach Abzug des Sockelselbstbehalts von 2.650 EUR verbleibt. Von diesem Betrag sollen dem Kind weitere 70 % zur Wahrung seines Lebensstandards verbleiben. Aus dem Sockelselbstbehalt und dem Aufschlag von 70 % des darüber hinausgehenden Betrages errechnet sich der individuelle Selbstbehalt des Kindes. Dieser ist ihm zu belassen und nur hinsichtlich des darüber hinausgehenden Betrages ist das Kind leistungsfähig.

Einkommen Kind	6.000 EUR
berücksichtigungsfähige Abzüge (zB Darlehensraten)	–1.600 EUR
anrechenbar	4.400 EUR
Sockelselbstbehalt	–2.650 EUR
verbleiben	1.750 EUR
ca. 70 % über Sockelselbstbehalt	1.225 EUR
Sockelselbstbehalt	2.650 EUR
Aufschlag zur Wahrung Lebensstandard	1.225 EUR
individueller Selbstbehalt	3.875 EUR

anrechenbares Einkommen	4.400 EUR
individueller Selbstbehalt	–3.875 EUR
für Unterhaltszwecke	525 EUR

Das Kind ist in Höhe von 525 EUR leistungsfähig zur Zahlung von Elternunterhalt.

Beispiel 2:

Fall: Die ihrem Vater gegenüber unterhaltspflichtige Frau lebt mit ihrem Ehemann und ihrer 18-jährigen Tochter im gemeinsamen Haushalt. Sie verfügt über ein Nettoeinkommen in Höhe von 6.000 EUR und es sind insgesamt Abzüge in Höhe von 200 EUR zu berücksichtigen. Der Ehemann verfügt über kein Einkommen.
Das Einkommen der Frau ist um die berücksichtigungswürdigen Abzüge sowie den Kindesunterhalt zu vermindern. Der Kindesunterhalt wird allein nach dem Einkommen der Frau bemessen, da der Ehemann über kein Einkommen verfügt. Danach beläuft sich der Kindesunterhalt nach der 11. Einkommensgruppe auf 914 EUR (1.173 EUR abzüglich vollem Kindergeld).
Sodann ist das Einkommen zu ermitteln, der nach Abzug des Sockelselbstbehalts der Familie von 2.650 EUR und 2.120 EUR verbleibt; in dem Sockelselbstbehalt ist bereits ein Abschlag für die Synergieeffekte aufgrund gemeinsamer Haushaltsführung eingerechnet. Aus dem Sockelselbstbehalt und dem Aufschlag von 70 % des darüber hinausgehenden Betrages errechnet sich der individuelle Selbstbehalt, nach dem sich ihre Leistungsfähigkeit für die Zahlung von Elternunterhalt bestimmt.

Einkommen Frau	6.000 EUR
berücksichtigungsfähige Abzüge	–200 EUR
Kindesunterhalt	–914 EUR
anrechenbar	4.886 EUR
Sockelselbstbehalt der Familie	–4.770 EUR
verbleiben	116 EUR
ca. 70 % über Sockelselbstbehalt	81 EUR

Sockelselbstbehalt der Familie	4.770 EUR
Aufschlag zur Wahrung Lebensstandard	81 EUR
individueller Selbstbehalt der Familie	4.851 EUR

anrechenbares Einkommen Frau	6.000 EUR
berücksichtigungsfähige Abzüge	–200 EUR
Kindesunterhalt	–914 EUR
Zwischensumme	4.886 EUR
individueller Selbstbehalt	–4.851 EUR
für Unterhaltszwecke (gerundet)	35 EUR

Die Frau ist in Höhe von 35 EUR leistungsfähig zur Zahlung von Elternunterhalt.

Haftet das auf Elternunterhalt in Anspruch genommene Kind auch für den Unterhalt eines eigenen Kindes, ist zu beachten, dass beide Eltern grds. quotal auf den Kindesunterhalt haften. Verfügen beide Eltern über ein Einkommen oberhalb des angemessenen Selbstbehalts von 1.750 EUR (der im Kindesunterhaltsverhältnis zu beachten ist), ist der nach § 1606 Abs. 3 S. 1 BGB zu tragende Anteil in die Berechnung einzustellen. Dieser ist bei hinreichender Leistungsfähigkeit beider Eltern aufgrund der Quote des den angemessenen Selbstbehalt übersteigenden (verteilungsfähigen) Einkommens des Unterhaltspflichtigen am gesamten verteilungsfähigen Einkommen der Eltern zu bemessen (vgl. → Form. J.I.7 Anm. 12).

14. Der Anspruch auf Elternunterhalt kann nach § 1611 BGB **verwirkt** sein. Eine Kürzung des Unterhalts auf einen der Billigkeit entsprechenden Betrag oder sogar ein vollständiger Wegfall des Unterhalts kommt dann in Betracht, wenn der Berechtigte durch eigenes sittliches Verschulden bedürftig geworden ist, wenn er (früher) seine Unterhaltspflicht gegenüber dem (jetzt) ihm gegenüber Unterhaltspflichtigen grob vernachlässigt hat, oder wenn er sich vorsätzlich einer schweren Verfehlung gegenüber dem Verpflichteten oder einem nahen Angehörigen desselben schuldig gemacht hat. Insgesamt ist eine umfassende **Billigkeitsprüfung** erforderlich. Ein Wegfall des Anspruchs kann bei fehlender Fürsorge des Elternteils zu bejahen sein. Die Hürden sind jedoch hoch; krankheitsbedingtes Fehlverhalten des Elternteils reicht ebenso wenig aus (BGH NJW 2010, 3714) wie jahrelanger Kontaktabbruch, jedenfalls, wenn dieser erst nach (fast) erreichter Volljährigkeit erfolgt (BGH NZFam 2014, 259). Hingegen kann ein Zurücklassen des Kindes im Haushalt von dessen Großeltern im Alter von 1 Jahr zum Wegfall führen (BGH NJW 2004, 3109).

15. Mehrere Kinder haften gem. § 1606 Abs. 3 S. 1 BGB anteilig nach ihren Erwerbs- und Vermögensverhältnissen; die Kinder sind insoweit **Teilschuldner**, nicht Gesamtschuldner. Daher gehört zum schlüssigen Vortrag im Unterhaltsverfahren gegen ein Kind die Darlegung der Haftungsanteile der übrigen Geschwister. Ihre Haftungsanteile bestimmen sich – ebenso wie bei Eltern gegenüber ihren Kindern – nicht nach Kopfteilen, sondern prozentual nach ihren Erwerbs- und Vermögensverhältnissen.

Verfügt eines der Kinder über ein Einkommen **oberhalb seines Selbstbehaltes, aber unterhalb der Einkommensgrenze des § 94 Abs. 1a SGB XII**, geht der Anspruch gegen dieses Kind nicht auf den Sozialleistungsträger über, aber seine quotale Haftung mindert dennoch die Haftung eines weiteren Kindes – für den Anspruchsübergang und die Haftungsquoten gelten verschiedene Einkommensgrenzen.

Zur Berechnung der **Haftungsanteile** wird zunächst das jeweilige Einkommen ermittelt, das für Unterhaltszwecke zur Verfügung steht. Sodann ist der Selbstbehalt (→ Anm. 13) abzuziehen und aus diesem Einkommen sind die Haftungsquoten zu ermitteln.

Beispiel:

Das Sozialamt gewährt dem in einem Heim lebenden Vater monatlich 1.000 EUR Hilfe zur Pflege. Sein Sohn erzielt – nach Abzug berücksichtigungswürdiger Verbindlichkeiten – ein Einkommen von 6.000 EUR monatlich und seine Tochter ein solches von 10.000 EUR monatlich. Die Kinder haben keine weiteren Unterhaltspflichten.
Zunächst ist der Einsatzbetrag des jeweiligen Einkommens für die Berechnung der Haftungsquoten zu ermitteln.

anrechenbares Einkommen Sohn	6.000 EUR
Sockelselbstbehalt	–2.650 EUR
verbleiben	3.350 EUR
ca. 70 % über Sockelselbstbehalt	2.345 EUR
Sockelselbstbehalt	2.650 EUR
Aufschlag zur Wahrung Lebensstandard	2.345 EUR

individueller Selbstbehalt Sohn	4.995 EUR

anrechenbares Einkommen	6.000 EUR
individueller Selbstbehalt	–4.995 EUR
Einsatzbetrag Sohn	1.005 EUR

anrechenbares Einkommen Tochter	10.000 EUR
Sockelselbstbehalt	–2.650 EUR
verbleiben	7.350 EUR
ca. 70 % über Sockelselbstbehalt	5.145 EUR

Sockelselbstbehalt	2.650 EUR
Aufschlag zur Wahrung Lebensstandard	5.145 EUR
individueller Selbstbehalt Tochter	7.795 EUR

anrechenbares Einkommen	10.000 EUR
individueller Selbstbehalt	–7.795 EUR
Einsatzbetrag Tochter	2.205 EUR

Sodann ist die Haftungsquote zu ermitteln.

Bedarf Vater	1.000 EUR
Anteil Sohn (1.000 x 1.005 / (1.005 + 2.205)	313 EUR
Anteil Tochter (1.000 x 2.205 / (1.005 + 2.205)	687 EUR

Insgesamt hat der Vater einen Unterhaltsanspruch in Höhe von 1.000 EUR, der auf das Sozialamt übergegangen ist.

Kommen Geschwister als Haftende für Elternunterhalt in Betracht, haben sie gegeneinander einen **Auskunftsanspruch** über ihre Einkommens- und Vermögensverhältnisse, der sich aus § 242 BGB mit Rücksicht auf ihre besondere Rechtsbeziehung der anteiligen Haftung ergibt. Soweit das Einkommen ihrer jeweiligen Ehegatten von Interesse ist, besteht der Anspruch eines Kindes nicht gegenüber dem betreffenden Ehegatten, sondern nur gegenüber dem entsprechenden Geschwisterkind (BGH FamRZ 2011, 21 Rn. 13; 2003, 1836). Der Leistungsträger hat einen Auskunftsanspruch auch gegen die Ehegatten der übrigen Geschwister (MüKoBGB/Langeheine § 1601 Rn. 44).

Kosten und Gebühren

16. → Form. J.I.1 Anm. 24.

Fristen und Rechtsmittel

17. → Form. B.II.1 Anm. 13.

II. Vereinfachtes Verfahren über den Unterhalt Minderjähriger

1. Antragsformular (§§ 249, 250, 259 Abs. 2 FamFG)

An das
Amtsgericht Familiengericht

① PLZ, Ort

Raum für Geschäftsnummer des Gerichts

② **Antragsgegner/in**

– Bitte beachten Sie die Hinweise in dem Merkblatt zu diesem Formular –

③ ☐ **Antrag auf Festsetzung von Unterhalt**

Es sind .... Ergänzungsblätter beigefügt.

☐ **Ergänzungsblatt zum Antrag auf Festsetzung von Unterhalt**
für ein weiteres Kind
– Bitte erst ab Zeile 5 ausfüllen (Name des Kindes) –

A **Antragsteller/in:** ☐ **Elternteil** im eigenen Namen

☐ **Kind,** vertreten durch: ☐ Elternteil ☐ Beistand

④ Vornamen, Name, Anschrift des Elternteils, in dessen Obhut das Kind lebt

⑤ Vornamen, Name, PLZ, Wohnort des minderjährigen Kindes | geboren am

⑥ Beistand/Verfahrensbevollmächtigter

Es wird beantragt, den Unterhalt, den der/die Antragsgegner/in an das Kind zu zahlen hat, im vereinfachten Verfahren wie folgt festzusetzen:

⑦

Unterhalt nach § 1612a Abs. 1 des Bürgerlichen Gesetzbuchs **veränderlich**	Unterhalt **gleichbleibend**		Soweit unter „beginnend ab“ Unterhalt für die Vergangenheit verlangt wird, liegen die Voraussetzungen, unter denen **Unterhalt für die Vergangenheit** geltend gemacht werden kann, seither vor. Auf diesen Unterhalt sind seit dem unter „beginnend ab“ bezeichneten Zeitpunkt bis heute gezahlt: €
beginnend ab	beginnend ab	€ mtl.	
in Höhe von , **Prozent**	beginnend ab	€ mtl.	
des Mindestunterhalts der jeweiligen Altersstufe	beginnend ab	€ mtl.	

☐ Es werden zusätzlich gesetzliche Verzugszinsen ab Zustellung des Festsetzungsantrags in Höhe von 5 Prozentpunkten über dem Basiszinssatz aus einem rückständigen Unterhaltsbetrag von € beantragt.

⑧ Das Kind hat ein monatliches Bruttoeinkommen von: €. **Belege sind beigefügt.**

⑨ Die kindbezogenen Leistungen (z. B. Kindergeld) erhält: ☐ die Mutter ☐ der Vater | andere Person (Bezeichnung)

Die kindbezogenen Leistungen (z. B. Kindergeld) betragen: Es handelt sich um das gemeinschaftliche Kind.	ab	€ mtl.	ab	€ mtl.

⑩ ☐ Für das Verfahren wird Verfahrenskostenhilfe beantragt. Eine Erklärung zu den Voraussetzungen ihrer Bewilligung ist beigefügt. | Die Beiordnung von Rechtsanwalt/Rechtsanwältin wird beantragt.

⑪ ☐ Der/Die Antragsgegner/in wurde zur Erteilung der Auskunft über Einkünfte und Vermögen aufgefordert am:
Er/Sie ist dieser Verpflichtung nicht oder nur unvollständig nachgekommen.

☐ Der/Die Antragsgegner/in wurde zur Unterhaltszahlung aufgefordert am:

Es wird beantragt, die von dem/der Antragsgegner/in an den/die Antragsteller/in zu erstattenden Kosten (zuzüglich Zinsen) laut zweifach beiliegender Aufstellung festzusetzen auf: €

⑫ Zwischen Kind und Antragsgegner/in besteht ein Eltern-Kind-Verhältnis.
Das Kind lebt mit dem auf Unterhaltsleistung in Anspruch genommenen Elternteil nicht in einem Haushalt und hat für Zeiträume, für die der Unterhalt festgesetzt werden soll, weder Leistungen nach dem Zweiten, Achten oder Zwölften Buch Sozialgesetzbuch oder dem Unterhaltsvorschussgesetz noch Unterhalt von einer verwandten oder dritten Person im Sinne des § 1607 Abs. 2 oder 3 BGB erhalten. Soweit solche Leistungen erbracht worden sind, sind gesetzlich übergegangene Ansprüche auf das Kind treuhänderisch rückübertragen.
Über den Unterhaltsanspruch hat bisher weder ein Gericht entschieden noch ist über ihn ein gerichtliches Verfahren anhängig oder ein Vollstreckungstitel (z. B. Beschluss über Unterhalt, Vergleich, notarielle Urkunde, Urkunde vor dem Jugendamt) errichtet worden.

Ort, Datum	Unterschrift Antragst. / gesetzl. Vertreter / Verfahrensbevollm.	Aufgenommen von (Dienststelle, Name, Unterschrift)

Blatt 1: Antrag nach § 249 FamFG

Amtsgericht Familiengericht

Seite 1

Geschäftsnummer des Gerichts
Bei Schreiben an das Gericht bitte stets angeben.

Sehr geehrte/r ....

Das Amtsgericht Familiengericht übermittelt Ihnen hiermit die Abschrift eines Antrages, mit dem Sie als Antragsgegner bzw. Antragsgegnerin des Kindes im vereinfachten Verfahren auf Zahlung von Unterhalt in Anspruch genommen werden.

Das Gericht teilt Ihnen auf der folgenden Seite 2 mit, in welcher Höhe nach dem Antrag der Unterhalt festgesetzt werden kann und was Sie in dem Verfahren beachten müssen.

☐ **Antrag auf Festsetzung von Unterhalt**

– Abschrift –

☐ **Ergänzungsblatt zum Antrag auf Festsetzung von Unterhalt**
für ein weiteres Kind
– Bitte erst ab Zeile 5 ausfüllen (Name des Kindes) –

Es sind .... Ergänzungsblätter beigefügt.

Zutreffendes ist angekreuzt bzw. ausgefüllt

A **Antragsteller/in:** ☐ **Elternteil** im eigenen Namen

☐ **Kind,** vertreten durch: ☐ Elternteil ☐ Beistand

Vornamen, Name, Anschrift des Elternteils, in dessen Obhut das Kind lebt

Vornamen, Name, PLZ, Wohnort des minderjährigen Kindes | geboren am

Beistand/Verfahrensbevollmächtigter

Es wird beantragt, den Unterhalt, den der/die Antragsgegner/in an das Kind zu zahlen hat, im vereinfachten Verfahren wie folgt festzusetzen:

Unterhalt nach § 1612a Abs. 1 des Bürgerlichen Gesetzbuchs **veränderlich**	Unterhalt **gleichbleibend**		Soweit unter „beginnend ab" Unterhalt für die Vergangenheit verlangt wird, liegen die Voraussetzungen, unter denen **Unterhalt für die Vergangenheit** geltend gemacht werden kann, seither vor. Auf diesen Unterhalt sind seit dem unter „beginnend ab" bezeichneten Zeitpunkt bis heute gezahlt: €
beginnend ab	beginnend ab	€ mtl.	
in Höhe von ___,__ **Prozent**	beginnend ab	€ mtl.	
des Mindestunterhalts der jeweiligen Altersstufe	beginnend ab	€ mtl.	

☐ Es werden zusätzlich gesetzliche Verzugszinsen ab Zustellung des Festsetzungsantrags in Höhe von 5 Prozentpunkten über dem Basiszinssatz aus einem rückständigen Unterhaltsbetrag von .... € beantragt.

Das Kind hat ein monatliches Bruttoeinkommen von: .... €. Belege sind beigefügt.

Die kindbezogenen Leistungen (z. B. Kindergeld) erhält:	☐ die Mutter	☐ der Vater	andere Person (Bezeichnung)	
Die kindbezogenen Leistungen (z. B. Kindergeld) betragen: Es handelt sich um das gemeinschaftliche Kind.	ab	€ mtl.	ab	€ mtl.

☐ Für das Verfahren wird Verfahrenskostenhilfe beantragt. Eine Erklärung zu den Voraussetzungen ihrer Bewilligung ist beigefügt. | Die Beiordnung von Rechtsanwalt/Rechtsanwältin .... wird beantragt.

☐ Der/Die Antragsgegner/in wurde zur Erteilung der Auskunft über Einkünfte und Vermögen aufgefordert am:
Er/Sie ist dieser Verpflichtung nicht oder nur unvollständig nachgekommen.

☐ Der/Die Antragsgegner/in wurde zur Unterhaltszahlung aufgefordert am:

Es wird beantragt, die von dem/der Antragsgegner/in an den/die Antragsteller/in zu erstattenden Kosten (zuzüglich Zinsen) laut zweifach beiliegender Aufstellung festzusetzen auf: €

Zwischen Kind und Antragsgegner/in besteht ein Eltern-Kind-Verhältnis.
Das Kind lebt mit dem auf Unterhaltsleistung in Anspruch genommenen Elternteil nicht in einem Haushalt und hat für Zeiträume, für die der Unterhalt festgesetzt werden soll, weder Leistungen nach dem Zweiten, Achten oder Zwölften Buch Sozialgesetzbuch oder dem Unterhaltsvorschussgesetz noch Unterhalt von einer verwandten oder dritten Person im Sinne des § 1607 Abs. 2 oder 3 BGB erhalten. Soweit solche Leistungen erbracht worden sind, sind gesetzlich übergegangene Ansprüche auf das Kind treuhänderisch rückübertragen.
Über den Unterhaltsanspruch hat bisher weder ein Gericht entschieden noch ist über ihn ein gerichtliches Verfahren anhängig oder ein Vollstreckungstitel (z. B. Beschluss über Unterhalt, Vergleich, notarielle Urkunde, Urkunde vor dem Jugendamt) errichtet worden.

Ort, Datum	Unterschrift Antragst. / gesetzl. Vertreter / Verfahrensbevollm.	Aufgenommen von (Dienststelle, Name, Unterschrift)

Blatt 2: Abschrift für Antragsgegner/in nach § 251 FamFG

Seite 2

Nach dem Bürgerlichen Gesetzbuch hat ein Kind Anspruch auf **angemessenen**, seiner Lebensstellung entsprechenden Unterhalt. Der Unterhalt umfasst den gesamten Lebensbedarf des Kindes einschließlich der Kosten einer angemessenen Vorbildung zu einem Beruf. Der Unterhalt ist monatlich im Voraus zu zahlen.

Von einem Elternteil, mit dem es nicht in einem Haushalt lebt, kann ein minderjähriges Kind den angemessenen Unterhalt nach seiner Wahl *entweder* in Höhe eines – vorbehaltlich späterer Änderung – **gleichbleibenden Monatsbeitrages** *oder* **veränderlich als Prozentsatz** des jeweiligen Mindestunterhalts nach § 1612 a Abs. 1 des Bürgerlichen Gesetzbuchs verlangen. Der festgelegte Mindestunterhalt ändert sich in regelmäßigen Zeitabständen. Der Mindestunterhalt ist nach dem Alter des Kindes gestaffelt, und zwar für die Zeit bis zur Vollendung des sechsten Lebensjahres (**1. Altersstufe**), für die Zeit vom siebten bis zur Vollendung des zwölften Lebensjahres (**2. Altersstufe**) und für die Zeit vom dreizehnten Lebensjahr an (**3. Altersstufe**). Er beträgt:

vom	bis	1. Altersstufe, €	2. Altersstufe, €	3. Altersstufe, €

Der Mindestunterhalt deckt im Allgemeinen den bei einfacher Lebenshaltung erforderlichen Bedarf des Kindes. Im vereinfachten Verfahren ist die Festsetzung des Unterhalts bis zur Höhe des 1,2fachen (120 %) des Mindestunterhalts nach § 1612 a Abs. 1 des Bürgerlichen Gesetzbuchs zulässig.

Auf den Ihnen in Abschrift mitgeteilten Antrag kann der Unterhalt wie folgt festgesetzt werden:

Der zum Ersten jeden Monats zu zahlende Unterhalt kann festgesetzt werden:

Vornamen des Kindes	für die Zeit	Veränderlich gemäß dem Mindestunterhalt nach § 1612a Abs. 1 des Bürgerlichen Gesetzbuchs		gleichbleibend
	ab	auf	% des Mindestunterhalts der 1. Altersstufe	auf € mtl.
	ab	auf	% des Mindestunterhalts der 2. Altersstufe	auf € mtl.
	ab	auf	% des Mindestunterhalts der 3. Altersstufe	auf € mtl.

Berücksichtigung kindbezogener Leistungen

Gleichbleibend:
Der für das Kind festgesetzte Unterhalt **vermindert** sich (Betrag mit Minuszeichen)/ **erhöht** sich (Betrag mit Pluszeichen) um anteilige kindbezogene Leistungen wie folgt:

ab	um € mtl.
ab	um € mtl.
ab	um € mtl.

Veränderlich: (nur bei Kindergeld)

☐ a) Der für das Kind festzusetzende Unterhalt vermindert sich um zu berücksichtigendes Kindergeld für ein 1./2./3./4. oder weiteres Kind. Zu berücksichtigen ist das hälftige/volle Kindergeld, derzeit:
€

☐ b) Der für das Kind festzusetzende Unterhalt erhöht sich um das hälftige/volle Kindergeld für ein 1./2./3./4. oder weiteres Kind, derzeit:
€

Der rückständige Unterhalt kann festgesetzt werden für die Zeit	vom	bis	auf €

☐ Es werden zusätzlich gesetzliche Verzugszinsen ab Zustellung des Festsetzungsantrags aus einem rückständigen Unterhaltsbetrag von € festgesetzt.

Das Gericht hat nicht geprüft, ob angegebenes Kindeseinkommen schon berücksichtigt ist oder bedarfsmindernd zu berücksichtigen ist.

Wenn Sie <u>innerhalb eines Monats</u> nach der Zustellung dieser Mitteilung keine Einwendungen erheben, kann über den Unterhalt in der angegebenen Höhe ein Festsetzungsbeschluss ergehen, aus dem die Zwangsvollstreckung gegen Sie betrieben werden kann.

Einwendungen können Sie erheben **gegen** die Zulässigkeit des vereinfachten Verfahrens. Andere Einwendungen sind nur zulässig, wenn Sie dem Gericht mitteilen, inwieweit Sie zur Unterhaltsleistung bereit sind und dass Sie sich insoweit zur Erfüllung des Unterhaltsanspruchs verpflichten. Den Einwand der Erfüllung können Sie nur erheben, wenn Sie angeben, inwieweit Sie geleistet haben, und entsprechende Belege vorlegen. Den Einwand eingeschränkter oder fehlender Leistungsfähigkeit kann das Gericht nur zulassen, wenn Sie außerdem zugleich Auskunft über Ihre Einkünfte und Ihr Vermögen erteilen und für die letzten 12 Monate Ihre Einkünfte belegen. Beziehen Sie Leistungen zur Sicherung des Lebensunterhalts nach dem Zweiten Buch Sozialgesetzbuch oder Zwölften Buch Sozialgesetzbuch, ist es ausreichend, wenn Sie eine Kopie des aktuellen Bewilligungsbescheids beifügen. Erzielen Sie Einkünfte aus selbständiger Arbeit, Gewerbebetrieb sowie Land- und Forstwirtschaft, legen Sie als Beleg den letzten Einkommenssteuerbescheid und für das letzte Wirtschaftsjahr die Gewinn-und-Verlust-Rechnung oder die Einnahmenüberschussrechnung vor.
Hilfe beim Erheben der Einwendungen leisten Angehörige der rechtsberatenden Berufe, jedes Amtsgericht und gegebenenfalls das Jugendamt. Beim Jugendamt oder Amtsgericht werden die Einwendungen nach Ihren Angaben kostenlos für Sie aufgenommen. Bringen Sie dazu bitte unbedingt die notwendigen Unterlagen und Belege mit.

Mit freundlichen Grüßen

....
Rechtspfleger/in

Datum dieser Mitteilung	Telefon
Anschrift des Gerichts	

Blatt 2: Abschrift für Antragsgegner/in nach § 251 FamFG

Anmerkungen

1. Das **vereinfachte Verfahren** ist eine **Familienstreitsache** (§§ 112 Nr. 1, 231 Abs. 1 Nr. 1 FamFG). Gleichwohl besteht – im Gegensatz zu den anderen selbständigen Familienstreitsachen (§ 114 Abs. 1 FamFG) – **kein Anwaltszwang.** Dies gilt sowohl für das Verfahren vor dem Familiengericht als auch vor dem OLG. Denn nach § 257 S. 1 FamFG können im vereinfachten Verfahren die Anträge u. Erklärungen vor dem Urkundsbeamten der Geschäftsstelle abgegeben werden. Damit bedarf es gem. § 114 Abs. 4 Nr. 6 FamFG, § 78 Abs. 3 ZPO keiner Vertretung durch einen Rechtsanwalt (OLG Brandenburg BeckRS 2013, 17123 = FamRZ 2014, 681; Sternal/Giers FamFG § 257 Rn. 1), obwohl eine solche Vertretung oft zweckmäßig sein wird.

2. Zu beachten ist, dass bei einer **Antragstellung durch einen Rechtsanwalt o. eine Behörde** die Gerichte **zum 1.1.2018** den **elektronischen Rechtsverkehr** eröffnet haben u. dass **seit 1.1.2022** (bzw. dem durch LandesVO bestimmten früheren Zeitpunkt) die Einreichung von Schriftsätzen als elektronische Dokumente (vorbehaltlich § 130d S. 2 u. 3 ZPO) **für alle Rechtsanwälte u. Behörden Pflicht** ist (§§ 130a, 130d ZPO iVm § 113 Abs. 1 S. 2 FamFG; BGBl. 2013 I 3786 (3798)). Nutzungspflichtig sind alle Rechtsanwälte, auch in eigener Sache (BGH NJW 2025, 1660 Rn. 16 ff.), alle Behörden u. juristischen Personen des öffentlichen Rechts einschließlich der von ihnen zur Erfüllung ihrer öffentlichen Aufgaben gebildeten Zusammenschlüsse, einerlei, ob es sich um Bundes-, Landes- oder Kommunalbehörden handelt (BGH BeckRS 2023, 38920 Rn. 9 = FamRZ 2024, 452; BT-Drucks. 17/12634 S. 27 zu Nr. 4). Die elektronischen Dokumente müssen in druckbarer, kopierbarer u. – soweit technisch möglich – durchsuchbarer Form im **Dateiformat PDF** o. (für Bilder) **TIFF** übermittelt u. zur Bearbeitung durch das Gericht geeignet sein (§ 130a Abs. 2 ZPO, § 2 ERVV, BGBl. 2017 I 3803).

Die nach § 258 FamFG zulässige **maschinelle Bearbeitung** des vereinfachten Verfahrens dürfte aber auf sich warten lassen, da es bisher an der Einführung eines maschinell lesbaren Antragsformulars fehlt (BeckOK FamFG/Weber, § 258 Rn. 3). Die Antragstellung durch einen Rechtsanwalt bzw. Rechtsanwältin o. durch eine Behörde erfolgt somit noch schriftlich mit dem eingeführten Antragsvordruck. Der Antrag ist aber seit dem 1.1.2022 nach der ab diesem Zeitpunkt geltenden Fassung von § 130d S. 1 ZPO (iVm § 113 Abs. 1 S. 2 FamFG) **als elektronisches Dokument** zu übermitteln (s. BeckOK FamFG/Weber FamFG § 258 Rn. 3). § 130d S. 1 ZPO ist für den Rechtsanwalt auch dann anwendbar, wenn kein Anwaltszwang besteht (OLG Frankfurt a. M. BeckRS 2022, 20279 Rn. 12 = NJW 2022, 3371 u. BeckRS 2024, 1805 Rn. 13 = NJW-RR 2024, 544). **Ein mit normaler Post durch den Anwalt beim Amtsgericht eingereichter Antrag ist unwirksam** (BGH BeckRS 2022, 31312 Rn. 14; OLG Rostock BeckRS 2024, 18378 = FamRZ 2024, 1808 mwN).

Einer **Privatperson** stehen für die Antragstellung u. für andere Schriftsätze weiterhin die bisherigen **Kommunikationswege** wie Brief, Telefax o. Computerfax zur Verfügung.

3. Für die ab 1.1.2025 beantragten **Verfahren** enthält dieses Prozessformularbuch das dreiseitige **PDF-Formular** „Antrag auf Festsetzung von Kindesunterhalt, ab 1. Januar 2025". Es kann im Internet abgerufen werden bei ***www.bmjv.de*** >Formulare und Muster >Antragsformulare Kindesunterhalt >Antragsformular, ab 1. Januar 2025 >Antrag auf Festsetzung von Kindesunterhalt. Dieses Formular kann mit dem kostenlosen **Adobe Acrobat Reader DC**, wenn dieses Programm als Standard festgelegt u. auf „Immer mit deaktiviertem geschütztem Modus öffnen" eingestellt wurde, **am PC ausgefüllt** werden, indem man den Cursor mit linkem Mausklick in die auszufüllenden Felder setzt u. dort den erforderlichen Text ergänzt bzw. in die zutr. Kästchen klickt u. diese damit ankreuzt.

Der **Formularzwang** nach § 259 Abs. 2 FamFG erstreckt sich **nur auf den Antrag selbst** u. **nicht auf die Verfügung des Familiengerichts** nach § 251 FamFG auf der zweiten Seite der Abschrift, die das Gericht in eigener Arbeit erstellen u. nicht der Antragsteller vorbereiten muss.

4. Der **Formularzwang gilt** nach § 1 Abs. 2 KindUFV **nicht,** wenn die **Träger der Sozialhilfe, des Bürgergeldes, der Kinder- u. Jugendhilfe,** die **Unterhaltsvorschussstellen** u. die **in § 1607 Abs. 2 o. 3 BGB genannten Verwandten** die auf sie übergegangenen Unterhaltsansprüche im vereinfachten Verfahren geltend machen. Auch diesen steht das vereinfachte Verfahren offen. Dies ergibt sich aus § 250 Abs. 1 Nr. 11 FamFG, wo Antragserfordernisse beim Unterhaltsverlangen aus übergegangenem o. rückabgetretenem Recht genannt werden, sowie aus der Freistellung vom Formularzwang in § 1 Abs. 2 KindUFV.

Der Gesetzgeber hat den Bundesländern empfohlen, eine einheitliche Datensatzstruktur zu erarbeiten, um eine Verarbeitung der übermittelten Antragsdaten bei Gericht in maschineller Form zu ermöglichen (s. BT-Drs. 18/6287, 5 f., 9; Bömelburg FamRB 2016, 27 (31)). Künftig soll das Antragsformular nach § 3 Nr. 2 KindUFV so angepasst werden, dass den Gerichten ermöglicht wird, die Verfahren maschinell zu bearbeiten. Dann sollen die nach § 1 Abs. 2 S. 1 Nr. 1 u. 2 KindUFV antragsberechtigten Behörden ebenfalls das Antragsformular nutzen. Das Erarbeiten einer solchen Struktur dürfte aber noch einige Zeit dauern.

5. Zum besseren Ausfüllen des Antragsformulars hat das BMJV ein **Merkblatt** (→ Form. J.II.2 mit Hinweisen) verfasst, welches ebenfalls bei **www.bmjv.de** >Formulare u. Muster >Antragsformulare Kindesunterhalt abgerufen werden kann. Dieses Merkblatt ist in J.II.2 für die Zeit ab 1.1.2026 enthalten.

6. Das vereinfachte Verfahren hat eine **große Bedeutung,** weil in Deutschland ca. **36 %** aller Kindesunterhaltsanträge – mehrheitlich von Behörden auf Grund eines Forderungsübergangs o. vom Jugendamt als Beistand – im vereinfachten Verfahren gestellt werden (BT-Drs. 18/5918, 15 f.).

2. Merkblatt zum Festsetzungsantrag

Merkblatt
zum Antrag auf Festsetzung von Unterhalt
für ein minderjähriges Kind im vereinfachten Verfahren
ab 1. Januar 2026

Worum geht es im vereinfachten Verfahren?

Das vereinfachte Verfahren gibt dem minderjährigen Kind getrennt lebender – verheirateter oder nicht verheirateter – Eltern die Möglichkeit, über seinen Unterhaltsanspruch gegen den Elternteil, der nicht mit ihm zusammenlebt, rasch und kostengünstig einen Vollstreckungstitel zu erwirken. Besteht schon ein **Unterhaltstitel oder ist ein gerichtliches Verfahren anhängig**, kann das vereinfachte Verfahren nicht genutzt werden.

Wo und wie ist die Festsetzung des Unterhalts zu beantragen?

Zuständig für das vereinfachte Verfahren ist das Amtsgericht-Familiengericht, in dessen Bezirk das Kind seinen gewöhnlichen Aufenthalt hat.

Antragsformulare sind beim Jugendamt oder bei jedem Amtsgericht erhältlich. Dort erhalten Sie auch Hilfe beim Ausfüllen des Formulars.

Um zu klären, ob das vereinfachte Verfahren in Ihrem Fall geeignet ist, sollten Sie sich an einen Angehörigen der rechtsberatenden Berufe (z. B. Rechtsanwältin, Rechtsanwalt) oder an das Jugendamt wenden. Dessen gesetzliche Aufgabe ist es unter anderem, alleinerziehende Mütter und Väter bei der Geltendmachung von Unterhaltsansprüchen für das Kind kostenfrei zu beraten und zu unterstützen. Außerdem besteht die Möglichkeit einer kostenfreien oder doch wesentlich verbilligten Rechtsberatung nach dem Beratungshilfegesetz, nach der Sie sich bei Ihrem Amtsgericht oder einer Rechtsanwältin oder einem Rechtsanwalt erkundigen können.

Was geschieht im vereinfachten Verfahren?

In dem Verfahren setzt das Gericht den Unterhalt auf Antrag des Kindes oder des Elternteils, der den Unterhalt für das Kind geltend macht, in einem Beschluss fest. Aus dem Beschluss kann die Zwangsvollstreckung betrieben werden, wenn der Unterhalt nicht oder nicht pünktlich gezahlt wird.

Das Kind oder der Elternteil, der die Festsetzung des Unterhalts für das Kind beantragt, wird in dem Verfahren als Antragsteller bzw. Antragstellerin bezeichnet, der auf Unterhaltszahlung in Anspruch genommene Elternteil als Antragsgegner oder Antragsgegnerin.

In welcher Höhe kann die Festsetzung des Unterhalts im vereinfachten Verfahren beantragt werden?

Nach dem Bürgerlichen Gesetzbuch hat ein Kind Anspruch auf angemessenen, seiner Lebensstellung entsprechenden Unterhalt. Der Unterhalt umfasst den gesamten Lebensbedarf des Kindes einschließlich der Kosten einer angemessenen Vorbildung für einen Beruf. Die Höhe des Unterhalts, den das Kind verlangen kann, hängt davon ab, wie hoch das Einkommen des unterhaltsverpflichteten Elternteils ist, das zur Erfüllung des Unterhaltsanspruchs verfügbar ist.

Das Kind kann den Unterhalt nach seiner Wahl als **gleichbleibenden** Monatsbetrag oder **veränderlich** in Höhe eines bestimmten Prozentsatzes des Mindestunterhalts nach § 1612a Abs. 1 des Bürgerlichen Gesetzbuchs verlangen. Die Festlegung des Unterhalts als Prozentsatz des Mindestunterhalts hat den Vorteil, dass dem Kind wegen des höheren Lebensbedarfs, den es mit dem Heranwachsen ab Erreichen bestimmter Altersstufen hat, oder wegen der Entwicklung der allgemeinen wirtschaftlichen Verhältnisse künftige Anträge auf Abänderung des Unterhalts weitgehend erspart werden.

Der Mindestunterhalt ist in § 1612a Abs. 1 des Bürgerlichen Gesetzbuchs nach dem Alter des Kindes gestaffelt, und zwar für die Zeit bis zur Vollendung des sechsten Lebensjahres (**erste Altersstufe**), die Zeit vom siebten bis zur Vollendung des zwölften Lebensjahres (**zweite Altersstufe**) und für die Zeit vom 13. Lebensjahr an (**dritte Altersstufe**). Diese Beträge werden alle zwei Jahre durch Rechtsverordnung festgelegt.

Der Mindestunterhalt nach § 1612a Abs. 1 des Bürgerlichen Gesetzbuchs beträgt ab dem **1. Januar 2026**:

1. Altersstufe	2. Altersstufe	3. Altersstufe
486 €	**558 €**	**653 €**

2

Die Mindestunterhaltsbeträge legen fest, was für den Unterhalt des Kindes bei einfacher Lebenshaltung erforderlich ist. Damit für möglichst viele Kinder Unterhalt im vereinfachten Verfahren festgesetzt werden kann, ist die Grenze, bis zu der das vereinfachte Verfahren statthaft ist, auf das **1,2fache (120%) des Mindestunterhalts** vor Berücksichtigung der Leistungen nach den §§ 1612b, 1612c des Bürgerlichen Gesetzbuchs festgelegt worden. Derzeit sind das entsprechend der Altersstufe des Kindes also **584 €, 670 €** oder **784 €**.

Kann der als Antragsgegner in Anspruch genommene Elternteil Einwendungen erheben?

Gegen die Festsetzung des Unterhalts in der für das Kind beantragten Höhe kann der in Anspruch genommene Elternteil Einwendungen nur erheben, wenn er bestimmte gesetzliche Vorgaben erfüllt. Das gilt insbesondere für den wichtigsten der möglichen Einwände: den Einwand, den Unterhalt ohne Gefährdung des eigenen Unterhalts nicht oder nicht in der beantragten Höhe aufbringen zu können. Diesen Einwand lässt das Gericht nur zu und setzt den Unterhalt nur dann nicht in der für das Kind beantragten Höhe fest, wenn der unterhaltspflichtige Elternteil

1. Auskunft über seine Einkünfte und sein Vermögen erteilt,
2. Belege über seine Einkünfte vorlegt (z. B. Lohnabrechnung des Arbeitgebers, Einkommensteuerbescheid) und
3. eine Erklärung darüber abgibt, inwieweit er zur Unterhaltsleistung bereit ist und sich insoweit zur Erfüllung des Unterhaltsanspruchs verpflichtet.

Kommt er diesen gesetzlichen Vorgaben nicht rechtzeitig in allen Punkten nach, lässt das Gericht den Einwand unberücksichtigt und setzt den Unterhalt in der für das Kind verlangten Höhe fest.

Werden die genannten Vorgaben erfüllt, teilt das Gericht diese Informationen und die vorgelegten Belege dem anderen Elternteil bzw. der Person oder Stelle mit, die das Kind in dem Verfahren vertritt. Das Gericht setzt den Unterhalt für das Kind in der Höhe fest, in der sich der in Anspruch genommene Elternteil zur Zahlung verpflichtet hat. Gerichtskosten werden in diesem Fall nicht erhoben.

Der Antragsteller bzw. die Antragstellerin wird durch die ordnungsgemäß erteilte Auskunft über die Einkünfte sowie über das Vermögen und die vorgelegten Belege in die Lage versetzt zu beurteilen, auf welchen Betrag der Unterhalt entsprechend der Leistungsfähigkeit des unterhaltsverpflichteten Elternteils zu bemessen ist oder welche weitere Auskunft von diesem dazu eingeholt werden muss.

Ergibt die Prüfung, dass eine weitere Auskunft nötig ist oder höherer Unterhalt verlangt werden kann als der, der nach der Verpflichtungserklärung festgesetzt worden ist, kann der weiter gehende Anspruch des Kindes im streitigen Verfahren vor dem Familiengericht verfolgt werden. Ein solches Verfahren ist mit Kosten verbunden, die im Einzelfall das für die Erfüllung des Unterhaltsanspruchs verfügbare Einkommen des unterhaltsverpflichteten Elternteils mindern können. Bevor das streitige Verfahren beantragt wird, empfiehlt es sich daher in der Regel, dem unterhaltsverpflichteten Elternteil zunächst Gelegenheit zu geben, die erforderliche weitere Auskunft freiwillig zu erteilen bzw. sich in einer vom Jugendamt oder Amtsgericht kostenfrei aufgenommenen Urkunde freiwillig zur Zahlung des höheren Unterhalts zu verpflichten.

Wird das Kind durch die Wahl des vereinfachten Verfahrens von einem regulären Unterhaltsverfahren ausgeschlossen?

Das Kind kann zwischen dem vereinfachten Verfahren und einem regulären Verfahren in Unterhaltssachen grundsätzlich frei wählen. Es wird durch die Festsetzung des Unterhalts im vereinfachten Verfahren nicht gebunden und nicht daran gehindert, später mit einem Streitantrag einen Anspruch auf höheren Unterhalt geltend zu machen, auch wenn sich die Verhältnisse, die für die Bemessung des Unterhalts maßgeblich sind, zwischenzeitlich nicht geändert haben.

In Fällen von Verfahrenskostenhilfe kann das mit geringeren Kosten verbundene vereinfachte Verfahren unter Umständen vorrangig vor einem Unterhaltsverfahren sein.

Was ist zu beachten?

Bevor der Antrag auf Festsetzung des Unterhalts im vereinfachten Verfahren bei dem Familiengericht eingereicht wird, sollte dem unterhaltsverpflichteten Elternteil grundsätzlich Gelegenheit gegeben werden, sich in einer Urkunde, die das Jugendamt oder Amtsgericht kostenfrei aufnimmt, zur Zahlung des Unterhalts in vollstreckbarer Form zu verpflichten. Wird dies nicht beachtet, können dem Kind oder dem Elternteil, der das Verfahren für das Kind betreibt, die Kosten des Verfahrens auferlegt werden, wenn der in Anspruch genommene Elternteil einwendet, zu dem Verfahren keinen Anlass gegeben zu haben, und sich sofort zur Unterhaltszahlung verpflichtet.

3

Ausfüllhinweise

① Der Festsetzungsantrag ist an das Amtsgericht-Familiengericht zu richten, in dessen Bezirk das Kind oder der Elternteil, in dessen Obhut sich das Kind befindet, seinen gewöhnlichen Aufenthalt hat. Einzutragen sind hier Postleitzahl und Ort dieses Gerichts.

② In diesem Feld bezeichnen Sie bitte den auf Unterhaltszahlung in Anspruch genommenen Elternteil in der Form der Postanschrift mit Vornamen, Namen und Anschrift.

③ Für das erste Kind, für das Unterhalt begehrt wird, ist das Feld „Antrag auf Festsetzung von Unterhalt" anzukreuzen. Für alle weiteren sind Ergänzungsblätter zu diesem Antrag auszufüllen und das entsprechende Feld anzukreuzen. Außerdem ist auf dem Antragsformular die Anzahl der beigefügten Ergänzungsblätter zu bezeichnen. Für die Festsetzung von Unterhalt muss auf jeden Fall ein Formular, das durch Ankreuzen als „Antrag auf Festsetzung" bezeichnet ist, vorliegen.

In der mit A bezeichneten Zeile geben Sie bitte an, wer Antragsteller ist. Dies können Eltern im eigenen Namen sein oder aber das Kind. Das Kind wird im letzten Fall entweder durch einen Elternteil gesetzlich vertreten oder durch einen Beistand. Solange verheiratete Eltern getrennt leben oder eine Ehesache (z. B. Scheidungsverfahren) zwischen ihnen anhängig ist, kann ein Elternteil Unterhaltsansprüche des Kindes gegen den anderen Elternteil nur in eigenem Namen geltend machen. In diesem Fall ist das erste Kästchen dieser Zeile anzukreuzen. In allen anderen Fällen ist das zweite Kästchen anzukreuzen und außerdem ein weiteres Kästchen für den jeweiligen Vertreter des Kindes. Besteht für das Kind eine Beistandschaft des Jugendamts, kann der jeweilige Elternteil das Kind nicht vertreten und keinen Antrag stellen.

④ In dieser Zeile bezeichnen Sie bitte mit Vornamen, Namen und Anschrift den Elternteil, in dessen Obhut das Kind lebt.

⑤ In diesem Feld bezeichnen Sie bitte das Kind, für das die Festsetzung des Unterhalts beantragt wird, jeweils mit Vornamen, Namen, Postleitzahl, Wohnort und Geburtsdatum.

⑥ Diese Zeile ist nur auszufüllen, wenn das Kind vom Jugendamt als Beistand vertreten wird oder für das vereinfachte Verfahren Verfahrensvollmacht (z. B. einer Rechtsanwältin oder einem Rechtsanwalt) erteilt ist.

⑦ In diesem Abschnitt des Formulars ist anzugeben, **ab welchem Zeitpunkt** und **in welcher Höhe** der Unterhalt für das Kind (ohne Berücksichtigung der kindbezogenen Leistungen, z. B. des Kindergelds) festgesetzt werden soll. Bei der Angabe des Beginns der Unterhaltszahlungen und der Höhe des Unterhalts sollten Sie sich von einer zur **Rechtsberatung** zugelassenen Person oder Stelle beraten lassen. Insbesondere kann hier eventuell vorhandenes Kindeseinkommen bedarfsmindernd zu berücksichtigen sein.

Unterhalt kann als **„Unterhalt nach § 1612a Abs. 1 des Bürgerlichen Gesetzbuches"** veränderlich oder als **gleichbleibender Unterhalt** verlangt werden:

Nach § 1612a Abs. 4 des Bürgerlichen Gesetzbuchs in Verbindung mit § 1 der Mindestunterhaltsverordnung beträgt ab 1. Januar 2026 der Mindestunterhalt minderjähriger Kinder:

a) für die Zeit bis zur Vollendung des sechsten Lebensjahres (erste Altersstufe) 486 Euro
b) für die Zeit vom siebten bis zur Vollendung des zwölften Lebensjahres (zweite Altersstufe) 558 Euro
c) für die Zeit vom 13. Lebensjahr an (dritte Altersstufe) 653 Euro.

Wird „Unterhalt gemäß § 1612a Abs. 1 des Bürgerlichen Gesetzbuches veränderlich" gewählt, so wird seine Höhe in dem Prozentsatz des jeweiligen Mindestunterhalts festgesetzt, der auf das Kind anzuwenden ist. Der Unterhalt ändert sich immer, wenn der Mindestunterhalt angepasst wird und wenn das Kind die nächsthöhere Altersstufe erreicht. Hierzu brauchen Sie in der Spalte nur das Datum des Beginns der Unterhaltszahlung und den Prozentsatz des Mindestunterhalts anzugeben.

Als „Unterhalt gleichbleibend" kann die Festsetzung eines *unveränderlichen Monatsbetrags* beantragt werden. Eine Anpassung des Unterhalts findet dann nicht statt. Diese Variante kommt insbesondere in Betracht, wenn Unterhalt für einen zurückliegenden Zeitraum begehrt wird. Es können auch für verschiedene Zeiträume unterschiedliche Unterhaltsbeträge geltend gemacht werden, z. B. wenn sich die Einkommensverhältnisse des Unterhaltspflichtigen im zurückliegenden Zeitraum verändert haben und deshalb Unterhalt in unterschiedlicher Höhe geschuldet wird.

Für einen Zeitraum darf immer nur eine der Spalten ausgefüllt werden. Möglich ist aber, für verschiedene Zeiträume verschiedene Spalten zu wählen. Insbesondere kann Unterhalt für die Vergangenheit mit dem unveränderlichen Monatsbetrag in der *zweiten Spalte* (Unterhalt gleichbleibend), Unterhalt für die Zukunft in der *ersten Spalte* (Unterhalt nach § 1612 a Abs. 1 des Bürgerlichen Gesetzbuches) angegeben werden.

Beachten Sie bitte bei der Angabe, dass der Unterhalt im vereinfachten Verfahren nur bis zur Höhe des 1,2fachen des Mindestunterhalts festgesetzt werden kann. Das Gericht muss den Antrag als unzulässig zurückweisen, wenn beantragt wird, den Unterhalt auf einen höheren Betrag als 120 Prozent des Mindestunterhalts festzusetzen. Ab dem 1. Januar 2026 darf der Unterhalt – vor Berücksichtigung der kindbezogenen Leistungen – im vereinfachten Verfahren auf höchstens folgende Beträge festgesetzt werden:

4

1. Altersstufe	2. Altersstufe	3. Altersstufe
584 €	670 €	784 €

Auf die Einhaltung dieser Höchstbeträge ist besonders zu achten, wenn die Festsetzung nicht gemäß den Altersstufen nach § 1612a Abs. 1 des Bürgerlichen Gesetzbuches, sondern in festen Beträgen oder für abweichende Zeiträume beantragt wird. Die in diesem Fall in dem Betragsfeld „€ mtl." anzugebende Höhe des Unterhalts darf den nach dem Alter des Kindes maßgebenden Höchstbetrag während des in dem zugehörigen Datumsfeld bezeichneten Zeitraums nicht übersteigen.

Besonders zu beachten ist auch, dass der tatsächlich geschuldete Unterhalt nicht selten hinter den gesetzlichen Höchstbeträgen zurückbleibt. Um nachteilige Kostenfolgen zu vermeiden, ist zu empfehlen, sich zunächst Klarheit über den ungefähr geschuldeten Unterhalt zu verschaffen. Diesen bemisst die Rechtsprechung regelmäßig auf der Grundlage von **Unterhaltstabellen** nach dem verfügbaren Einkommen des Verpflichteten. Über die in Ihrem Gerichtsbezirk verwandte Unterhaltstabelle informiert Sie u. a. auch das Jugendamt.

Wenn Sie in dem „beginnend ab" überschriebenen Datumsfeld einen zurückliegenden Zeitpunkt angeben, d. h. **Unterhalt für die Vergangenheit** verlangen und sich nicht sicher sind, von welchem Zeitpunkt ab Sie den Unterhalt für das Kind verlangen können, sollten Sie sich von einer zur Rechtsberatung zugelassenen Person oder Stelle beraten lassen.

Unterhalt für die Vergangenheit kann von dem Zeitpunkt an gefordert werden, zu dem der unterhaltsverpflichtete Elternteil zum Zwecke der Geltendmachung des Unterhaltsanspruchs aufgefordert worden ist, über seine Einkünfte und sein Vermögen Auskunft zu erteilen, oder zu dem er in Verzug gekommen ist. Der Unterhalt kann in diesen Fällen ab dem Ersten des Monats verlangt werden, in dem der Elternteil aufgefordert worden oder in Verzug gekommen ist, wenn der Unterhaltsanspruch dem Grunde nach in diesem Monat bereits bestanden hat. Unabhängig davon kann der Unterhalt für einen zurückliegenden Zeitraum verlangt werden, in dem das Kind aus rechtlichen oder aus tatsächlichen Gründen, die in den Verantwortungsbereich des unterhaltsverpflichteten Elternteils fallen, an der Geltendmachung des Unterhaltsanspruchs gehindert war.

Im vereinfachten Unterhaltsverfahren können die gesetzlichen Verzugszinsen von derzeit 5 Prozentpunkten über dem Basiszinssatz, die ab dem Zeitpunkt der Zustellung des Festsetzungsantrags auf den zu dieser Zeit rückständigen Unterhalt gezahlt werden müssen, beantragt und festgesetzt werden.

⑧ In dieser Zeile ist eventuell vorhandenes Einkommen des Kindes, z. B. Ausbildungsvergütung, Zinserträge, Mieterträge, Arbeitseinkommen usw. anzugeben, das den Unterhaltsbedarf mindern kann (Taschengeld muss hier nicht angegeben werden). Die Angabe hier dient nur der Information des Unterhaltsschuldners. Ob Einkommen bedarfsmindernd zu berücksichtigen ist, hat schon in die Höhe des beantragten Unterhalts (oben unter ⑦) einzufließen.

⑨ Geben Sie in der Zeile bitte an, wer das Kindergeld oder die sonstigen kindbezogenen Leistungen erhält, in der 2. Zeile, in welcher Höhe für das Kind **Kindergeld** oder **andere kindbezogene Leistungen** gewährt werden (z. B. Kinderzuschüsse aus der gesetzlichen Rentenversicherung, im Ausland gezahlte, dem Kindergeld vergleichbare Leistungen, Kinderbonus; **nicht**: Familienzuschlag der Beamtenbesoldung).

⑩ In der beizufügenden Erklärung sind Angaben zu den Einkommens- und Vermögensverhältnissen des Kindes und der Eltern zu machen, wenn für das Verfahren Verfahrenskostenhilfe beantragt wird. Näheres teilt Ihnen das Jugendamt oder das Amtsgericht mit, die Ihnen auch beim Ausfüllen des Antrags und der notwendigen Erklärung über die persönlichen und wirtschaftlichen Verhältnisse behilflich sind.

⑪ Die Zeilen 1 und 2 dieses Abschnitts sind nur auszufüllen, wenn entsprechende Aufforderungen an den Antragsgegner ergangen sind.

Mit einer Angabe in Zeile 3 kann die Festsetzung von Kosten beantragt werden. Diese sind in einer anzufügenden Aufstellung (in zweifacher Ausfertigung) näher darzulegen.

Eine Festsetzung der Kosten findet im vereinfachten Verfahren nicht statt, wenn der in Anspruch genommen Elternteil zulässige Einwendungen erhebt, über die auf Antrag das streitige Verfahren durchgeführt wird. Über die Kosten auch des vereinfachten Verfahrens wird in diesem Fall in dem Beschluss entschieden, der das streitige Verfahren beendet.

⑫ Ein Eltern-Kind-Verhältnis besteht zwischen dem Kind, seiner Mutter und seinem Vater sowie zwischen dem Kind und den Personen, die es als Kind angenommen (adoptiert) haben. Nach der gesetzlichen Regelung ist Vater, wer im Zeitpunkt der Geburt des Kindes mit dessen Mutter verheiratet war, wer die Vaterschaft anerkannt hat oder wessen Vaterschaft gerichtlich festgestellt wurde.

Anmerkungen

1. Zum **fehlenden Anwaltszwang,** zum **elektronischen Rechtsverkehr,** zum **Antragsformular** u. **Ausfüllen am PC,** zum **Formularzwang,** zum bundeseinheitlichen **Merkblatt** u. zur **Bedeutung des vereinfachten Verfahrens** s. zunächst → Form. J.II.1 Anm. 1–6.

Zum **Erfordernis des genauen Ausfüllens** der einzelnen Formularfelder vgl. Zöller/Feskorn FamFG § 250 Rn. 2 ff.

Voraussetzung der Zulässigkeit des Unterhaltsantrags im vereinfachten Verfahren ist nach § 249 Abs. 1 FamFG vor allem ein **Eltern-Kind-Verhältnis** zwischen dem Kind u. dem Antragsgegner bzw der Antragsgegnerin iSv §§ 1591–1593 BGB, was gem. § 250 Abs. 1 Nr. 8 FamFG mit dem Antrag zu erklären ist.

Zudem darf das Kind mit dem auf Unterhalt in Anspruch genommenen Elternteil **nicht in einem Haushalt** leben (§ 249 Abs. 1 FamFG). Nicht im Haushalt des in Anspruch genommenen Elternteils lebt das Kind auch dann, wenn es sich etwa im Einverständnis der sorgeberechtigten Mutter regelmäßig am Wochenende zum Zwecke des Umgangs beim Vater aufhält. Ein bloßer **Umgangsaufenthalt** verlagert nämlich den Lebensmittelpunkt des Kindes nicht u. stellt keine teilweise Aufnahme des Kindes in den Haushalt des Vaters dar (OLG Brandenburg NJW-RR 2018, 195 Rn. 13 = FamRZ 2018, 592).

Dagegen ist das **vereinfachte Verfahren unzulässig,** wenn nach dem **schlüssigen,** vom Rechtspfleger nicht zu überprüfenden **Vortrag** des in Anspruch genommenen Elternteils die **Eltern** trotz ihrer Trennung noch **gemeinsam mit dem Kind in einem Haushalt** wohnen (OLG Oldenburg BeckRS 2012, 19686 = FamRZ 2013, 563). Denn das vereinfachte Verfahren mit dem Ziel einer schnellen vollstreckungsfähigen Festsetzung des existenzsichernden Unterhalts minderjähriger Kinder (BT-Drs. 18/5918, 1) soll nicht mit schwierigen Rechts- u. Tatsachenfragen belastet werden.

Unzulässig ist das vereinfachte Verfahren ferner

a) beim vom in Anspruch genommenen Elternteil **substanziiert vorgebrachten paritätischen Wechselmodell,** weil beim praktizierten echten Wechselmodell das Kind sowohl im Haushalt des einen als auch in dem des anderen Elternteils lebt (OLG Brandenburg BeckRS 2022, 2633 Rn. 8 mwN = NzFam 2022, 369; OLG Brandenburg BeckRS 2021, 38477; OLG Dresden NJOZ 2019, 1655 Rn. 4 f. = FamRZ 2020, 112; OLG Brandenburg NJW-RR 2018, 195 Rn. 13 = FamRZ 2018, 592). Dagegen **fehlt es nicht an der Zulässigkeitsvoraussetzung** für das vereinfachte Verfahren nach § 250 Abs. 1 Nr. 9 FamFG **beim asymmetrischen Wechselmodell,** wenn der **Betreuungsanteil** des in Anspruch genommenen Elternteils unstreitig nur **40 %** beträgt (OLG Frankfurt a. M. NJW-RR 2020, 518 Rn. 6 = FamRZ 2020, 838; s. auch OLG Karlsruhe NJW-RR 2015, 328 Rn. 17 f. = FamRZ 2015, 423);

b) wenn das **Kind bei keinem Elternteil lebt, sondern durch Dritte betreut wird** u. daher beide Eltern barunterhaltspflichtig sind, weil das vereinfachte Verfahren zur Klärung der Haftungsanteile der Eltern gem. § 1606 Abs. 3 S. 1 BGB nicht geeignet ist (OLG Stuttgart BeckRS 2014, 17201 Rn. 6 f. = FamRZ 2014, 1473; BeckOGK/Strube FamFG § 249 Rn. 36);

c) gegen den **Inhaber der alleinigen Personensorge,** weil hier der antragstellende Elternteil weder Verfahrensstandschafter noch gesetzlicher Vertreter des Kindes ist (OLG Karlsruhe (BeckRS 2000, 30108710 = FamRZ 2001, 767).

Wechselt das Kind während des laufenden vereinfachten Verfahrens in den Haushalt des unterhaltspflichtigen Elternteils, lässt dieser **Obhutswechsel** allein die **Zulässigkeit des Verfahrens** für Unterhaltsansprüche aus der Zeit bis zum Obhutswechsel **unberührt,** sofern durch diesen Aufenthaltswechsel nicht die **Verfahrensführungsbefugnis** berührt wird. **Berührt wird die Verfahrensführungsbefugnis,** wenn bei gemeinsamer elterlicher Sorge der Elternteil, bei dem das Kind bislang gelebt hat, dessen Unterhaltsansprüche nicht mehr gem. § 1629 Abs. 2 S. 2 BGB gegen den anderen Elternteil geltend machen kann. Mit dem Entfallen der Obhut entfällt das Alleinvertretungsrecht aus § 1629 Abs. 2 S. 2 BGB u. damit die Verfahrensführungsbefugnis. Hier wird das gesamte Verfahren rückwirkend unzulässig. **Unberührt** bleibt dagegen **die Verfahrensführungsbefugnis,** wenn der Elternteil, bei dem das Kind zu Beginn des vereinfachten Verfahrens gelebt hat, **Inhaber der alleinigen elterlichen Sorge** ist o. wenn ein **Dritter** die Unterhaltsansprüche **aus übergegangenem Recht** (§ 7 UVG, § 33 SGB II, § 94 SGB XII, § 37 BAföG) geltend macht. In diesen Fällen kann der Kindesunterhalt bis zum Zeitpunkt des Obhutswechsels festgesetzt werden (BGH NJW-RR 2017, 705 Rn. 17 ff. = FamRZ 2017, 816).

Das vereinfachte Verfahren steht **wahlweise zum Streitverfahren** allen (ehelichen u. nichtehelichen) minderjährigen Kindern für die **Erstfestsetzung** ihres **Unterhalts** bis zum **1,2-fachen des Mindestunterhalts** (§ 249 Abs. 1 FamFG) nach § 1612a Abs. 1 BGB (vor Berücksichtigung des Kindergeldes nach § 1612b BGB o. vergleichbarer kindbezogener Leistungen nach § 1612c BGB) zur Verfügung, also **ab dem 1.1.2026** bis zur Höhe von **120 %** der in 2026 geltenden **Mindestunterhaltsbeträge** (s. Gruppe 5 der DT 2026), dh bis mtl. **584 EUR (1. Altersstufe)** bzw. **670 EUR (2. Altersstufe)** bzw. **784 EUR (3. Altersstufe)**. Die Düsseldorfer Tabellen ab 2026 mit den künftigen Mindestunterhaltsbeträgen können unter www.olg-duesseldorf.nrw.de abgerufen werden.

Diese **ohne nähere Begründung** durch den Gläubiger **mögliche Erstfestsetzung** des Kindesunterhalts kann deshalb **zweckmäßig** sein, weil im Streitverfahren das Kind, wenn es einen den Mindestunterhalt übersteigenden Unterhalt verlangt, für die Höhe seines Bedarfs darlegungs- u. beweispflichtig wäre (BGH NZFam 2019, 78 Rn. 24 f. = FamRZ 2019, 112).

Das vereinfachte Verfahren ist nach zutr. Ansicht des OLG Dresden (BeckRS 2017, 107870 Rn. 13 ff. = FamRZ 2017, 1244) auch dann eröffnet, wenn ein Antragsteller aus übergegangenem Anspruch **ausschließlich Unterhalt für die Vergangenheit** geltend macht aA OLG Hamm BeckRS 2022, 56757; OLG Nürnberg BeckRS 2026, 448 = FamRZ 2026, 528).

Nach **§ 249 Abs. 2 FamFG** ist das vereinfachte Verfahren aber **nicht statthaft**, wenn zum Zeitpunkt der Zustellung des Antrags o. einer Mitteilung über seinen Inhalt an den Antragsgegner ein Gericht **über den Unterhaltsanspruch** des Kindes **in der Sache entschieden** hat, ein gerichtliches **Verfahren anhängig** ist o. ein zur Zwangsvollstreckung geeigneter **Schuldtitel** (zB Endentscheidung, Verfahrensvergleich, einstweilige Anordnung, notarielle Urkunde, Jugendamtsurkunde) **errichtet** worden ist, u. zwar unabhängig davon, ob aus dem Schuldtitel noch vollstreckt werden kann (OLG München BeckRS 2011, 298 = FamRZ 2011, 48). Eine zeitliche oder betragsmäßige Identität dieser Unterhaltsansprüche mit den im vereinfachten Verfahren geltend gemachten Ansprüchen ist nicht erforderlich (BeckOK FamFG/Weber FamFG § 249 Rn. 19a). Auch eine **ausländische gerichtliche Entscheidung** zum Kindesunterhalt hindert an einem vereinfachten Unterhaltsverfahren, und zwar auch dann, wenn die Vollstreckung von einem Exequaturverfahren nach §§ 36 ff. AUG abhängig ist (OLG Frankfurt a.M. BeckRS 2025, 1929 Rn. 14).

Ein von der **Unterhaltsvorschusskasse erstrittener Titel** steht dem vereinfachten Verfahren jedoch **nicht** entgegen (OLG Stuttgart BeckRS 2012, 24291 = FamRZ 2013, 646), ebenso **nicht ein bloßes Auskunftsverfahren** u. ferner **kein** – etwa nach § 250 Abs. 2 FamFG – **als unzulässig abgewiesener Unterhaltsantrag** (BT-Drs. 13/7338, 38 zu § 645 Abs. 3 ZPO aF).

Dagegen ist ein **Stufenantrag** o. ein **Mahnverfahren** ein gerichtliches Verfahren iSv § 249 Abs. 2 FamFG (OLG Dresden BeckRS 2018, 30522 Rn. 9 = FamRZ 2019, 545). Wird ein **Leistungs- o. Stufenantrag** betr. einen **abgeschlossenen Zeitraum** in der Vergangenheit wegen fehlender Leistungsfähigkeit **als unbegründet abgewiesen, hindert** diese Sachentscheidung eine weitere Festsetzung im vereinfachten Unterhaltsverfahren **für**

zukünftige Unterhaltszeiträume (AG Erfurt BeckRS 2020, 2098 Rn. 15 ff. = FamRZ 2020, 1019).

Die **Anwendbarkeit** des vereinfachten Verfahrens ist entgegen der ursprünglichen Absicht auch für den Fall des gewöhnlichen **Aufenthalts des Antragsgegners im Ausland beibehalten** worden (BT-Drs. 18/6287, 1 f., 8; BT-Drs. 18/6380, 11). Der Unterhaltsanspruch des Kindes muss sich dann aber nach deutschem u. nicht nach ausländischem Recht richten (Johannsen/Henrich/Maier FamFG § 249 Rn. 16).

Ein **nach der Zustellung des Antrags** vom Antragsgegner **errichteter Schuldtitel** wie eine vollstreckbare Jugendamtsurkunde führt nicht zur Unstatthaftigkeit des vereinfachten Unterhaltsverfahrens, kann aber das Regelungsbedürfnis entfallen lassen (OLG Karlsruhe BeckRS 2022, 27097 Rn. 14 f. = FamRZ 2023, 215).

Das minderjährige Kind kann im vereinfachten Verfahren auch rückständigen Unterhalt geltend machen. Erbringt der Unterhaltsschuldner nur **Teilleistungen** auf den geschuldeten Unterhalt, kann der Unterhaltsgläubiger die Titulierung seines gesamten Unterhaltsanspruchs verlangen (KG FPR 2002, 164 = FamRZ 2002, 546; so auch BGH NJW 2010, 238 Rn. 14 ff. = FamRZ 2010, 195 für das Streitverfahren). Hat der Unterhaltsschuldner in der Vergangenheit den geschuldeten Unterhalt stets **freiwillig u. pünktlich** gezahlt, hat das minderjährige Kind trotzdem ein berechtigtes Interesse an der Errichtung eines vollstreckbaren Titels (OLG Brandenburg BeckRS 2000, 30405162).

Ob das schriftliche **vereinfachte Verfahren** mit dem möglichen Übergang ins streitige Verfahren (§ 255 FamFG) o. das **einstweilige Anordnungsverfahren** nach § 246 FamFG über den vollen Unterhalt mit der Möglichkeit einer Verzögerung bei mündlicher Verhandlung (vgl. BT-Drs. 16/6308, 259 f.) o. das **Streitverfahren** (§ 231 Abs. 1 Nr. 1 FamFG) zweckmäßiger ist, sollte nach den Umständen des Einzelfalls abgeschätzt werden. Im vereinfachten Verfahren kann durch das Einreichen des schnell ausgefüllten Antragsformulars die Festsetzung eines doch recht hohen u. für die meisten Fälle ausreichenden Kindesunterhalts erreicht werden, u. dem Antragsgegner ist die Berufung auf eine mangelnde Leistungsfähigkeit durch seine Auskunftspflichten nach § 252 Abs. 4 FamFG erschwert.

Die Unterhaltsfestsetzung im vereinfachten Verfahren wird **nicht dadurch unzulässig,** dass das Kind nach der Antragstellung, aber **vor der Entscheidung** über den Antrag **volljährig** wird (BGH NJW-RR 2006, 582 Rn. 21 f. = FamRZ 2006, 402; OLG Koblenz BeckRS 2019, 34921 Rn. 8 ff. = FamRZ 2020, 111). Der **Festsetzungsbeschluss ist** im Hinblick auf § 244 FamFG auch **nicht** bis zum Eintritt des 18. Lebensjahres **zu befristen** (OLG Koblenz BeckRS 2019, 34921 Rn. 11 = FamRZ 2020, 111). Ein dynamisierter Titel findet zwar mit der dritten Altersstufe seine höhenmäßige Beendigung, der sich danach ergebende Betrag gilt aber unverändert über den Eintritt der Volljährigkeit hinaus fort (OLG Hamm BeckRS 2012, 4437 = FamRZ 2012, 993).

Die **sachliche Zuständigkeit** des Familiengerichts folgt aus §§ 23a Abs. 1 S. 1 Nr. 1 u. S. 2, 23b Abs. 1 GVG u. die des Oberlandesgerichts als Beschwerdegericht aus § 119 Abs. 1 Nr. 1 Buchst. a GVG.

Die Bearbeitung der erstinstanzlichen vereinfachten Verfahren ist dem **Rechtspfleger** übertragen worden (§§ 3 Nr. 3 Buchst. g, 25 Nr. 2c RPflG).

Die **örtliche Zuständigkeit** des Familiengerichts richtet sich nach § 232 FamFG.

Ausschließlich zuständig ist bei **Inlandsfällen** gem. § 232 Abs. 1 Nr. 2 FamFG das Familiengericht, in dessen Bezirk das **minderjährige Kind** o. der **Elternteil,** der auf Seiten des minderjährigen Kindes zu handeln befugt ist, seinen **gewöhnlichen Aufenthalt** hat. Die Worte „zu handeln befugt" bedeuten, dass nicht mehr auf die gesetzliche Vertretung, sondern allgemein auf die **Handlungsbefugnis** in der Unterhaltsangelegenheit abgestellt wird, sodass auch die Fälle der Verfahrensstandschaft nach § 1629 Abs. 3 S. 1 BGB mit umfasst werden. Handlungsbefugt ist trotz gemeinsamer elterlicher Sorge auch der Elternteil, in dessen Obhut sich das Kind befindet (§ 1629 Abs. 2 S. 2 BGB), dh der das

Kind überwiegend betreut u. erzieht. Befindet sich das **Kind nicht in der alleinigen Obhut** eines Elternteils, sind nach der jetzigen Rechtsprechung des BGH **beide Elternteile** hinsichtlich des gegen den jeweils anderen Elternteil gerichteten Unterhaltsanspruchs des Kindes **vertretungsberechtigt.** Der Bestellung eines Ergänzungspflegers oder einer Entscheidung nach § 1628 BGB bedarf es nicht (BGH NJW 2024, 2176 mit Anm. Born = FamRZ 2024, 1093 mit Anm. Langeheine).

Hat ein Bundesland von der Ermächtigung des § 260 FamFG zur **Konzentration der Zuständigkeit** bei einem Amtsgericht für die Bezirke mehrerer Amtsgerichte Gebrauch gemacht, kann das Kind nach § 260 Abs. 2 FamFG Anträge u. Erklärungen im vereinfachten Verfahren dennoch mit der gleichen Wirkung bei dem ohne die Konzentration zuständigen Amtsgericht einreichen o. anbringen.

Da das **Feld 1** des Antragsformulars nur eine einzige Zeile für die Postleitzahl u. den Ort des Familiengerichts zur Verfügung stellt, sollte beim Vorhandensein mehrerer Familiengerichte in einer Großstadt wie Berlin o. Hamburg der Name des zuständigen Familiengerichts hinter dem Ortsnamen hinzugefügt werden. Die Adressen u. Zuständigkeiten der Berliner o. Hamburger Familiengerichte findet man am schnellsten mit Google >Berlin Familiengericht Zuständigkeit bzw. >Hamburg Familiengericht Zuständigkeit.

Auch bei **Unterhaltssachen mit grenzüberschreitendem Bezug** wird das vereinfachte Verfahren zunehmend angewandt.

Hält sich das **minderjährige Kind im Inland** auf, und hat der **Antragsgegner** seinen gewöhnlichen **Aufenthalt im Ausland,** kann das Kind das Gericht des nahen inländischen Gerichtsstandes am Ort seines gewöhnlichen Aufenthalts gem. **Art. 3 Buchst. b EuUnthVO** unter Beachtung der für ihn vorteilhaften örtlichen Zuständigkeitskonzentration nach **§ 28 Abs. 1 S. 1 AUG** wählen (s. OLG Brandenburg BeckRS 2016, 15147 Rn. 8 = FamRZ 2017, 135), u. nach Art. 15 EuUnthVO iVm Art. 3 HUnthProt ist deutsches Unterhaltsrecht maßgebend. Die **Auslandszustellung innerhalb der Europäischen Union** erfolgt dann gem. **Art. 18 EuZustVO** [VO (EU) 2020/1784] iVm § 113 Abs. 1 S. 2 FamFG, §§ 183, 1069 Abs. 1 Nr. 1 ZPO **direkt durch die Post per Einschreiben mit Rückschein** (OLG Karlsruhe BeckRS 2024, 39793 Rn. 16 = FamRZ 2025, 871; OLG Dresden NJW-RR 2019, 319 Rn. 5) o. (in der Praxis oft besser) gem. **Art. 8 EuZustVO** durch die Behörden des fremden Staates.

Bei der **Auslandszustellung in Nicht-EU-Staaten** sind die völkerrechtlichen Vereinbarungen maßgeblich (s. den Länderteil der ZRHO). Enthalten diese keine Regelung zur Zustellung, ist nach hM ebenfalls eine direkte Zustellung durch Einschreiben mit Rückschein zulässig. Art. 10 Buchst. a HZÜ (BGBl. 1977 II 1455) schließt eine unmittelbare Zustellung durch die Post nicht aus, sofern der Bestimmungsstaat die Direktzustellung auch ohne völkerrechtliche Vereinbarung duldet (vgl. Zöller/Geimer ZPO § 183 Rn. 1, 11).

Alle ausgehenden Gesuche müssen zuvor gem. § 9 ZRHO über die zuständige **Prüfungsstelle** zur Prüfung, ob die ausgehenden Ersuchen zur Weiterleitung geeignet sind, geleitet werden.

Es ist misslich u. kostenträchtig, dass das BMJV für den Antragsgegner immer noch keine **Musterübersetzungen** insbes. vom Antragsformular u. vom Hinweisblatt in alle gängigen Sprachen hat herstellen lassen. Denn vor allem die Jugendämter als Unterhaltsbeistände der inländischen Kinder (§ 1712 Abs. 1 Nr. 2 BGB) machen vom vereinfachten Verfahren auch bei Auslandsbezug Gebrauch. Dadurch entsteht bei den Familiengerichten ein hoher Übersetzungsaufwand.

Wenn die Übersetzung des Antragsformulars u. der gerichtlichen Zustellungsverfügung im Einzelfall schwierig u. zeitaufwendig ist, sollte vom vereinfachten Verfahren Abstand genommen werden. Dann wird vor allem bei **Antragsgegnern außerhalb der EU** das **einstweilige Anordnungsverfahren** gem. § 246 FamFG o. das **Streitverfahren** vor dem

Familienrichter mit einer kurzen, leicht zu übersetzenden Antragsbegründung von Praktikern zu Recht als der bessere Weg angesehen.

Befindet sich der gewöhnliche Aufenthalt des **Antragsgegners im Inland** u. der des **antragstellenden Kindes im Ausland,** wird in der Praxis vom möglichen vereinfachten Verfahren so gut wie kein Gebrauch gemacht, selbst wenn **deutsches materielles Unterhaltsrecht** gilt. Örtlich zuständig wäre in diesem Fall das für den inländischen gewöhnlichen Aufenthaltsort des Antragsgegners zuständige Familiengericht gem. § 232 Abs. 3 S. 1 FamFG, §§ 12, 13 ZPO bzw. gem. dem vorrangigen Art. 3 Buchst. a EuUnthVO, wenn das Kind diesen Gerichtsstand wählt. Nach **Art. 4 Abs. 3 S. 1 HUnthProt** wäre hier das **am Ort des angerufenen Gerichts geltende Recht** anzuwenden.

Das OLG Karlsruhe (NJW-RR 2006, 1587 = FamRZ 2006, 1393) meint, im vereinfachten Verfahren könne auch **ausländisches Unterhaltsrecht** angewendet werden, u. es hält die Festsetzung von statischem, auf türkischem Sachrecht beruhenden Unterhalt für ein in der Türkei wohnhaftes Kind gegen den in Deutschland wohnenden Antragsgegner für möglich. Diese Ansicht ist abzulehnen, da das formalisierte vereinfachte Verfahren eine schnelle u. einfache Unterhaltsfestsetzung durch den Rechtspfleger nur bei der Anwendung deutschen Unterhaltsrechts ermöglicht (BeckOK FamFG/Weber FamFG § 249 Rn. 7 mwN).

2. In **Feld 2** sollte die Postanschrift des auf Unterhaltszahlung in Anspruch genommenen Elternteils vollständig u. mit besonderem Bedacht auf die richtige Schreibweise eingetragen werden, um Fehlzustellungen u. Verfahrensverzögerungen zu vermeiden.

3. Abschnitt 3 des Antragsformulars wird trotz der Ausfüllhinweise im Merkblatt immer wieder dadurch falsch ausgefüllt, dass hier alle o. teilweise die falschen Kästchen angekreuzt werden.

Wenn Unterhalt für mehrere minderjährige Kinder verlangt wird, ist für das älteste Kind das gesamte Antragsformular auszufüllen u. in Abschnitt 3 das Kästchen vor „Antrag auf Festsetzung von Unterhalt" anzukreuzen u. in der Zeile darunter die Zahl der beigefügten Ergänzungsblätter (zB zwei) anzugeben. Für das zweite u. dritte Kind ist dann jeweils ein weiteres Formular ab Zeile 5 auszufüllen u. in diesen weiteren Formularen das Kästchen vor „Ergänzungsblatt zum Antrag auf Festsetzung von Unterhalt" anzukreuzen.

In **Zeile A** darf, wenn der Elternteil als **Verfahrensstandschafter** nach § 1629 Abs. 3 S. 1 BGB selbst **Antragsteller** ist, nur das Kästchen vor „Elternteil im eigenen Namen" angekreuzt werden.

Ist dagegen das **Kind Antragsteller**, muss in der **Zeile unter A** das Kästchen vor „Kind, vertreten durch:" u. daneben **entweder** „Elternteil" **oder** „Beistand" angekreuzt werden. Sofern ein Jugendamt **Unterhaltsbeistand** des Kindes ist (§§ 1712 ff. BGB), ist nach § 234 FamFG im Unterhaltsverfahren die Vertretung durch den sorgeberechtigten Elternteil insoweit ausgeschlossen u. wird das Kind nur durch den Beistand vertreten.

Nach **BGH** (NJW 2015, 232 Rn. 14 ff. = FamRZ 2015, 130) wird durch § 1629 Abs. 3 S. 1 BGB eine **Vertretung des Kindes** durch das **Jugendamt als Beistand nicht ausgeschlossen.** Somit kann das **Kind** auch bei an sich gesetzlicher Verfahrensstandschaft (also bei getrenntlebenden, noch verheirateten bzw. verpartnerten u. gemeinsam sorgeberechtigten Eltern) **selbst Antragsteller** sein. Das Kind wird dann durch den auf Antrag des Obhutsinhabers (§ 1713 Abs. 1 S. 2 BGB) bestellten Beistand im vereinfachten Verfahren vertreten, wobei die Verfahrenshandlungen des Beistandes gem. § 234 FamFG Vorrang vor denen des Elternteils haben (OLG Jena BeckRS 2014, 11487 = FamRZ 2014, 965). Bei einer **Kündigung der Beistandschaft** durch den betreuenden Elternteil während des Verfahrens muss der Antrag des Kindes im Wege eines Beteiligtenwechsels in einen solchen des betreuenden Elternteils umgestellt werden (BGH NJW 2015, 232 Rn. 23 = FamRZ 2015, 130).

4. In **Zeile** 4 ist unabhängig von den Angaben in Abschnitt 3 stets die Anschrift des Elternteils einzutragen, in dessen Obhut das Kind lebt.

5. In **Zeile** 5 ist ebenfalls unabhängig von den Angaben in Abschnitt 3 immer die Adresse des Kindes u. dessen Geburtsdatum einzutragen.

6. **Zeile** 6 ist nur auszufüllen, wenn das Kind vom Jugendamt als Beistand vertreten wird o. wenn einem Rechtsanwalt (einer Rechtsanwältin) Verfahrensvollmacht erteilt worden ist. Dann bitte die volle Adresse nennen.

7. Es wird empfohlen, stets einen **dynamisierten Unterhalt** zu beantragen, damit das Kind in den Genuss der automatischen Unterhaltserhöhung beim Erreichen der nächsten Altersstufe u. bei jeder Änderung des Mindestunterhalts kommt u. Abänderungsverfahren vermieden werden. Es sollten daher in **Abschnitt 7, erste Spalte** („**Unterhalt** nach § 1612a Abs. 1 des Bürgerlichen Gesetzbuches **veränderlich**") der begehrte Zahlungsbeginn unter Beachtung des § 1613 Abs. 1 BGB (zB beginnend ab 1.12.2025 bei einem Auskunftsverlangen am 17.12.2025) sowie darunter die Prozentzahl (**höchstens 120,0 %** des Mindestunterhalts, s. § 249 Abs. 1 FamFG) eingetragen werden. Es sollte aber nicht unüberlegt stets der Höchstbetrag verlangt werden. Kann zB ein Unterhaltsschuldner mit zwei Unterhaltsverpflichtungen realistischerweise nur ein bereinigtes monatliches Nettoeinkommen von ca. 2.000 EUR verdienen, sollten nur 100 % nach Gruppe 1 der Düsseldorfer Tabelle 2025 beantragt werden. Dazu setzt man den Cursor mit linkem Mausklick in die sich öffnende schwarz umrandete Prozentzeile u. gibt dort 100 ein. Die Ziffern verteilen sich automatisch zu 100 Prozent.

Auch zugunsten einer **Unterhaltsvorschusskasse** kann der Unterhalt eines minderjährigen Kindes nicht nur in Festbeträgen, sondern ebenso **in dynamisierter Form** beantragt u. tituliert werden (OLG Celle BeckRS 2009, 6744; OLG Hamm BeckRS 2010, 26806 = FamRZ 2011, 409).

In der Praxis werden in der zweiten Spalte („**Unterhalt gleichbleibend**") immer wieder statische Beträge, die über der 120 %-Grenze liegen, gefordert. Die dadurch bedingte Verfahrensverzögerung tritt nicht ein, wenn der Antragsteller möglichst keinen betragsmäßigen Unterhalt, sondern nur dynamisierten Unterhalt bis zu 120 % des Mindestunterhalts der jeweiligen Altersstufe o. weniger fordert. Wenn aber ein gleichbleibender Unterhalt, insbes. ein solcher **für die Vergangenheit**, verlangt wird, sollte der Antragsteller eine erläuternde **Rückstandsberechnung** beifügen o. deutlich machen, bis zu welchem Zeitpunkt ein rückständiger Monatsbetrag verlangt wird. Dazu kann in Abschnitt 7, zweite Spalte bei „Unterhalt gleichbleibend" in der nächsten freien Zeile das Wort „ab" durch „bis" ersetzt werden. Der verlangte **statische Unterhalt ist ohne Abzug von Kindergeld einzutragen**, was nicht selten falsch gemacht wird (s. OLG Dresden BeckRS 2015, 1289 = FamRZ 2015, 951).

Lt. **BGH** (NJW 2008, 2710 Rn. 21 ff. = FamRZ 2008, 1428 mAnm Vossenkämper) können im vereinfachten Verfahren gesetzliche **Verzugszinsen** gem. § 286 Abs. 1 S. 2 BGB analog iVm § 288 Abs. 1 BGB **ab dem Zeitpunkt der Zustellung des Festsetzungsantrags** (§ 251 Abs. 1 FamFG) **auf** den zu dieser Zeit **rückständigen Unterhalt** beantragt u. festgesetzt werden; die Festsetzung künftiger Verzugszinsen auf noch nicht fällige Unterhaltsraten ist allerdings ausgeschlossen. Von der Möglichkeit, Verzugszinsen bereits im vereinfachten Verfahren u. nicht erst in einem gesonderten Mahn- o. Unterhaltsverfahren ohne zusätzliche Kosten neben der Hauptsache geltend zu machen, sollte wegen des Verzugszinssatzes für das Jahr von fünf Prozentpunkten über dem Basiszinssatz stets Gebrauch gemacht werden. Der Basiszinssatz gem. § 247 BGB wird von der Deutschen

Bundesbank im Internet unter www.bundesbank.de >Startseite >basiszinssatz bekannt gegeben.

8. In **Zeile** 8 ist zur Information des Antragsgegners ein etwaiges **Einkommen des Kindes** wie Ausbildungsvergütung, Zinserträge, Mieterträge, Arbeitseinkommen (kein Taschengeld) anzugeben, das den Unterhaltsbedarf mindern kann. Wenn ein solches Einkommen vorhanden ist, hat dies schon in die Höhe des beantragten Unterhalts bei Abschnitt 7 einzufließen.

9. Wichtig ist, dass in **Abschnitt** 9 der **volle Kindergeldbetrag** u. nicht nur der normalerweise zur Hälfte anzurechnende Anteil (§ 1612b Abs. 1 S. 1 Nr. 1 BGB) genannt wird. Das volle Kindergeld ergibt sich aus der nachstehenden **Kindergeldtabelle** ab 2002, soweit das Kindergeld bis 2026 bekannt ist. Die Kindergeldtabelle wird in **WinFam** >Formulare >Einführung u. Arbeitshilfen fortgeführt.

1.1.2002 – 31.12.2008	154 EUR	154 EUR	154 EUR	179 EUR
1.1.2009 – 31.12.2009	164 EUR	164 EUR	170 EUR	195 EUR
1.1.2010 – 31.12.2014	184 EUR	184 EUR	190 EUR	215 EUR
1.1.2015 – 31.12.2015	188 EUR	188 EUR	194 EUR	219 EUR
1.1.2016 – 31.12.2016	190 EUR	190 EUR	196 EUR	221 EUR
1.1.2017 – 31.12.2017	192 EUR	192 EUR	198 EUR	223 EUR
1.1.2018 – 30.06.2019	194 EUR	194 EUR	200 EUR	225 EUR
1.7.2019 – 31.12.2020	204 EUR	204 EUR	210 EUR	235 EUR
1.1.2021 – 31.12.2022	219 EUR	219 EUR	225 EUR	250 EUR
1.1.2023 – 31.12.2024	250 EUR	250 EUR	250 EUR	250 EUR
1.1.2025 – 31.12.2025	255 EUR	255 EUR	255 EUR	255 EUR
Ab 1.1.2026	259 EUR	259 EUR	259 EUR	259 EUR

Es ist anzugeben, um das **wievielte gemeinschaftliche Kind** es sich handelt, weil nach § 1612b Abs. 2 BGB **Zählkindvorteile** (bis 2022) nicht berücksichtigt werden dürfen. Wenn sich in der Obhut des betreuenden Elternteils zB auch drei nicht gemeinschaftliche ältere Kinder befinden, wird für das antragstellende erste gemeinschaftliche Kind als viertes Zählkind in 2022 ein um (250–219 =) 31 EUR höheres Kindergeld gezahlt. Dieses ist aber in Abschnitt 9 nur mit 219 EUR u. nicht mit 250 EUR einzutragen. Hierdurch sollen eine Benachteiligung des antragstellenden Kindes vermieden u. dem Rechtspfleger Nachfragen erspart werden (BR-Drs. 539/09). Wenn das Kindergeld wie ab 2023 für alle Kinder gleich hoch ist, gibt es keinen Zählkindvorteil mehr.

10. In **Zeile** 10 kann der Antragsteller **Verfahrenskostenhilfe** (VKH) u. auch die Beiordnung eines Rechtsanwalts beantragen.

Dem Antragsteller ist auf Antrag unter den üblichen Voraussetzungen des § 114 ZPO iVm § 113 Abs. 1 S. 2 FamFG (Bedürftigkeit u. hinreichende Erfolgsaussicht) VKH zu bewilligen.

Wird das antragstellende Kind nicht durch das rechtskundige Jugendamt als Beistand vertreten, ist dem Antragsteller auf Antrag nach § 121 Abs. 2 ZPO iVm § 113 Abs. 1 S. 2 FamFG grds. ein **Rechtsanwalt beizuordnen.** Denn das vereinfachte Verfahren u. schon das erforderliche Ausfüllen des nicht ohne weiteres verständlichen **Antragspflichtformu-**

lars (§ 259 Abs. 2 FamFG) setzt Rechtskenntnisse voraus (sa Sternal/Giers FamFG § 249 Rn. 12 mwN).

Ist ein Elternteil als **Verfahrensstandschafter** nach § 1629 Abs. 3 S. 1 BGB selbst **Antragsteller**, muss er seinem **VKH-Antrag** nach § 117 Abs. 2 u. 4 ZPO iVm § 113 Abs. 1 S. 2 FamFG das vollständig ausgefüllte **Formular** über **seine** persönlichen u. wirtschaftlichen Verhältnisse (Familienverhältnisse, Beruf, Vermögen, Einkommen u. Lasten) nebst entsprechenden **Belegen** beifügen. Es kommt nämlich auf **seine Einkommens- u. Vermögenslage** u. **nicht** auf die **des Kindes** an (BGH NJW-RR 2005, 1237 = FamRZ 2005, 1164).

Ein minderjähriges unverheiratetes Kind als Antragsteller dagegen kann gem. **§ 2 Abs. 1 PKHFV** (nebst einem Formular u. Hinweisblatt im BGBl. 2014 I 34) in einer beizufügenden **formfreien Erklärung** – vorbehaltlich einer anderweitigen Anordnung des Gerichts nach § 2 Abs. 1 S. 4 PKHFV – angeben, dass es selbst u. sein es vertretender Elternteil über kein nach § 115 ZPO einzusetzendes Einkommen u. Vermögen verfügen. Dabei hat das Kind auch anzugeben, wie es seinen Lebensunterhalt bestreitet.

11. In **Abschnitt 11** ist einzutragen, ob u. wann der Antragsgegner zur Erteilung der Auskunft über seine Einkünfte u. sein Vermögen o. zur Unterhaltszahlung aufgefordert worden ist. Im Hinblick auf die nach billigem Ermessen zu treffende Kostenentscheidung (§ 243 FamFG) u. wegen der Verzugszinsen sollte der Antragsteller **vor** der Einreichung seines Antrags per Einschreiben/Rückschein **den Antragsgegner** zumindest **aufgefordert haben,** über seine Einkünfte (der datumsmäßig abzugrenzenden letzten 12 Monate) u. über sein Vermögen (zu einem bestimmten Stichtag) zum Zwecke der Geltendmachung des Unterhaltsanspruchs **Auskunft zu erteilen** (s. OLG Hamm BeckRS 2013, 3176 = FamRZ 2013, 1510).

Wenn in Zeile 3 die **Festsetzung von Kosten** gegen den Antragsgegner beantragt wird, sind diese in zweifach beiliegender Aufstellung darzutun.

12. **Abschnitt 12** betrifft die mit der Unterschrift zu bestätigenden Zulässigkeitsvoraussetzungen des vereinfachten Verfahrens (→ Anm. 1) u. die vorhandene Sachbefugnis des Kindes.

Kosten und Gebühren

13. Im vereinfachten Verfahren des ersten Rechtszugs entsteht nach KV 1210 FamGKG, im Gegensatz zur Verfahrensgebühr des Beschwerdeverfahrens (KV 1211, 1212 FamGKG), **keine gerichtliche Verfahrensgebühr**, sondern nur eine **halbe Entscheidungsgebühr**, wenn u. soweit über einen Festsetzungsantrag nach § 249 Abs. 1 FamFG tatsächlich entschieden wird (OLG Brandenburg BeckRS 2000, 30405162 zum früheren Recht).

Ergeht nach §§ 252 Abs. 2, 253 Abs. 1 S. 2 FamFG ein **Teilfestsetzungsbeschluss** u. nimmt der Antragsgegner seine Einwendungen hinsichtlich der nicht anerkannten Unterhaltsansprüche zurück, ist das gesamte Verfahren **gerichtsgebührenfrei.** Ebenfalls keine Gebühr entsteht bei der Zurücknahme des Festsetzungsantrags vor der gerichtlichen Entscheidung oder bei Abschluss eines Vergleichs (Schneider/Volpert/Fölsch, Familiengerichtskostengesetz, Nr. 1210 KV Rn. 3, 5).

Ein **Vorschuss** ist für das vereinfachte Verfahren somit **nicht** zu zahlen (§ 9 Abs. 2 FamGKG). Deshalb darf der **Fortgang** des vereinfachten Verfahrens **nicht** von der etwa beantragten **Bewilligung der VKH abhängig** gemacht werden.

Der **gerichtliche Verfahrenswert** ist gem. § 51 FamGKG zu bestimmen. Nach § 51 Abs. 1 S. 1 FamGKG ist der für die ersten zwölf Monate nach Einreichung des Antrags geforderte Betrag, höchstens jedoch der Gesamtbetrag der geforderten Leistung, maßgeblich. Die bei Einreichung des Antrags fälligen Beträge werden dem Wert hinzugerechnet (§ 51 Abs. 2 S. 1 u. 3 FamGKG), wobei der Einreichung des Verfahrensantrags die Einreichung eines Antrags auf Bewilligung der VKH gleichsteht, wenn der Verfahrensantrag alsbald nach Mitteilung der Entscheidung über den VKH-Antrag eingereicht wird (§ 51 Abs. 2 S. 2 u. 3 FamGKG). Näheres zur Berechnung bei Schneider NZFam 2015, 1000 ff.

Der **Anwalt** erhält für seine Tätigkeit die Vergütung (Gebühren u. Auslagen) nach dem Rechtsanwaltsvergütungsgesetz (§ 1 Abs. 1 RVG u. § 2 RVG), u. zwar im ersten Rechtszug üblicherweise die **Verfahrensgebühr** iHv **1,3** des Satzes der Gebühr nach § 13 RVG (VV 3100 RVG), die sich unter den Voraussetzungen von VV 3101 Nr. 1 u. 2 RVG auf 0,8 ermäßigt u. sich **im Beschwerdeverfahren** gem. VV 3200 RVG auf **1,6** des Satzes der Gebühr nach § 13 RVG erhöht (Schneider NZFam 2015, 1000 ff.).

Der **Gegenstandswert für** die Berechnung der **anwaltlichen Gebühren** im gerichtlichen Verfahren bestimmt sich gem. § 23 Abs. 1 RVG nach dem gerichtlichen Verfahrenswert.

Fristen und Rechtsmittel

14. Im vereinfachten Verfahren besteht vor dem **Familiengericht** u. vor dem **OLG kein Anwaltszwang**, da nach **§ 257 S. 1 FamFG** die Anträge u. Erklärungen vor dem Urkundsbeamten der Geschäftsstelle abgegeben werden können. § 257 FamFG gilt auch für das **Beschwerdeverfahren** (OLG Brandenburg BeckRS 2013, 17123 = FamRZ 2014, 681; Sternal/Giers FamFG § 257 Rn. 1).

Für eine **Erinnerung**, die nach § 11 Abs. 2 RPflG nur statthaft ist, wenn gegen die Entscheidung des Rechtspflegers kein zulässiges Rechtsmittel eröffnet ist (OLG Brandenburg BeckRS 2013, 17123 Rn. 13 = FamRZ 2014, 681), bedarf es nach § 114 Abs. 4 Nr. 6 FamFG, § 78 Abs. 3 ZPO ebenfalls keiner Vertretung durch einen Rechtsanwalt, da eine Erinnerung nach § 11 Abs. 2 S. 7 RPflG, § 569 Abs. 3 Nr. 1 ZPO zur Niederschrift der Geschäftsstelle eingelegt werden kann.

Einer **Privatperson** stehen daher für ihre Erinnerungs- o. Beschwerde-Schriftsätze weiterhin die bisherigen **Kommunikationswege** wie Brief, Telefax o. Computerfax zur Verfügung. Für die **Rechtsanwälte u. Behörden** besteht allerdings **ab 1.1.2022** die **Pflicht,** bei Gericht alle Schriftsätze **als elektronische Dokumente** einzureichen (§§ 130a, 130d ZPO iVm § 113 Abs. 1 S. 2 FamFG (Näheres → Form. J.II.1 Anm. 2). Auch bei Anträgen von Privatpersonen legen die meisten Familiengerichte inzwischen aber keine Papierakte, sondern nur noch eine elektronische Akte an.

Da das vereinfachte Verfahren über den Unterhalt Minderjähriger ein Unterhaltsverfahren iSv § 231 Abs. 1 Nr. 1 FamFG u. gem. § 112 Nr. 1 FamFG eine **Familienstreitsache** ist, ergeht die **Endentscheidung** des Rechtspflegers stets **durch Beschluss** (§§ 38 Abs. 1 S. 1, 116 Abs. 1 FamFG), der mit Rechtskraft wirksam wird (§ 116 Abs. 3 S. 1 FamFG). Soweit die Endentscheidung eine Verpflichtung zur Leistung von Unterhalt enthält, soll das Gericht nach § 116 Abs. 3 S. 3 FamFG auf Antrag deren **sofortige Wirksamkeit** anordnen, was deren **sofortige Vollstreckbarkeit** kraft Gesetzes zur Folge hat (§ 120 Abs. 2 S. 1 FamFG). Damit wird die Bedeutung des Unterhalts zur Sicherung des Lebensbedarfs zum Ausdruck gebracht (BT-Drs. 16/6308, 224).

A) **Rechtsmittel des Antragstellers:**

Wird der **Festsetzungsantrag** des Antragstellers **insges. zurückgewiesen**, weil der Antrag nicht den Voraussetzungen nach §§ 249, 250 Abs. 1 FamFG entspricht, ist die Zurückweisung **nicht mit der Beschwerde anfechtbar** (§ 250 Abs. 2 S. 3 FamFG). Dem Antragsteller bleibt dann nach § 11 Abs. 2 S. 1 RPflG nur der innerhalb einer **Frist von zwei Wochen** einzulegende Rechtsbehelf der **Erinnerung**. Die **Frist beginnt** mit der **Zustellung des Beschlusses** (§ 11 Abs. 2 S. 7 RPflG, § 569 Abs. 1 S. 2 ZPO). Die Erinnerung kann trotz § 11 Abs. 2 S. 7 RPflG, § 569 Abs. 1 S. 1 ZPO wirksam **nicht bei dem Beschwerdegericht**, sondern **nur bei dem Gericht eingelegt werden**, dem der Rechtspfleger angehört u. **dessen Entscheidung angefochten wird**, da das Beschwerdegericht zur Entscheidung über die Erinnerung überhaupt nicht zuständig ist (Arnold/Meyer-Stolte/Rellermeyer/Hintzen/Georg/Hintzen RPflG § 11 Rn. 60). Die Erinnerung ist **schriftlich** (auch per Telegramm, Telefax o. Computerfax, s. GmS-OGB NJW 2000, 2340) **o. durch Erklärung zu Protokoll der Geschäftsstelle** einzulegen (§ 11 Abs. 2 S. 7 RPflG, § 569 Abs. 2 u. Abs. 3 Nr. 1 ZPO). Der Rechtspfleger kann der Erinnerung abhelfen (§ 11 Abs. 2 S. 5 RPflG). Wenn er der Erinnerung nicht abhilft, legt er diese dem Familienrichter zur abschließenden Entscheidung vor (§ 11 Abs. 2 S. 6 RPflG). Das Erinnerungsverfahren ist gem. § 11 Abs. 4 RPflG gerichtsgebührenfrei.

Helfen weder der Rechtspfleger noch der Richter der Erinnerung ab u. ist der **Antrag** gem. § 250 Abs. 2 FamFG **als unzulässig zurückgewiesen** worden, kann der Antragsteller einen **neuen verbesserten Festsetzungsantrag** stellen o. ein Unterhaltsstreitverfahren anstrengen.

Bei einer **Teilzurückweisung** des Festsetzungsantrags können **beide Beteiligte**, also **auch der** durch die Zurückweisung seines Zinsantrages o. durch die unrichtige Festsetzung des Unterhalts nach Zeitraum o. Höhe zu seinen Lasten **beschwerte Antragsteller**, trotz § 250 Abs. 2 S. 3 FamFG stets eine **Beschwerde** gegen den **Festsetzungsbeschluss** des Rechtspflegers – vorbehaltlich der Einschränkung aus § 256 FamFG – einlegen, um sich widersprechende Entscheidungen des Familienrichters (auf eine Erinnerung des Antragstellers) u. des OLG (auf eine Beschwerde des Antragsgegners) zu vermeiden (so schon zum alten Recht BGH NJW 2008, 2710 Rn. 7 ff. = FamRZ 2008, 1428; Sternal/Giers FamFG § 256 Rn. 3).

Für die antragstellende **Unterhaltsvorschusskasse** ist allerdings **keine Beschwerde** eröffnet, wenn die Unterhaltsfestsetzung unter der **Bedingung** der tatsächlichen Erbringung der Unterhaltsvorschussleistungen steht (BGH NJW 2008, 2708 Rn. 12 = FamRZ 2008, 1433). Dagegen ist die **Beschwerde** der Unterhaltsvorschusskasse **statthaft**, wenn das Amtsgericht entgegen dem Antrag die Festsetzung des Unterhalts **nicht in dynamisierter Form**, sondern in einem festen Betrag vorgenommen hat (OLG Hamm BeckRS 2010, 26806 = FamRZ 2011, 409).

Zur **Beschwerdefrist** u. zur Einlegung der Beschwerde gilt das unter B) Gesagte entsprechend. Für die Praxis sind die unterschiedlichen Fristen für die Beschwerde (ein Monat) u. für die Erinnerung (zwei Wochen) irritierend.

B) Rechtsmittel des Antragsgegners:

Meistens wird der Antragsgegner durch den Festsetzungsbeschluss in seinen Rechten beeinträchtigt sein (§ 59 Abs. 1 FamFG) u. gegen eine zu hohe o. zeitlich falsche Festsetzung des Unterhalts zu seinen Lasten Beschwerde einlegen.

Der **Antragsgegner** muss dann seine **Beschwerde** binnen **eines Monats ab der an ihn** erfolgten – nach § 113 Abs. 1 FamFG iVm § 329 Abs. 2 S. 2 ZPO vorgeschriebenen – **Zustellung des Beschlusses beim Familiengericht**, dessen Entscheidung angefochten wird, einlegen (§§ 58 Abs. 1, 63 Abs. 1 u. 3, 64 Abs. 1 FamFG). **Beim Oberlandesgericht** als Beschwerdegericht (§ 119 Abs. 1 Nr. 1a GVG) kann die Beschwerde **nicht** eingelegt werden (BT-Drs. 16/6308, 206).

Nach überwiegender Meinung in der Rechtsprechung gelten die Form- u. Fristbestimmungen des **§ 117 Abs. 1 FamFG** auch für die Beschwerde im vereinfachten Unterhaltsfestsetzungsverfahren (**OLG Oldenburg** BeckRS 2025, 21318; **OLG Stuttgart** BeckRS 2024, 34142 mit zust. Anm. Maaß in NZFam 2025, 352; **OLG Saarbrücken** NJOZ 2021, 1065; **OLG Brandenburg** BeckRS 2020, 24975 u. BeckRS 2016, 13577 u. BeckRS 2016, 11137 u. BeckRS 2015, 7237; **OLG Jena** BeckRS 2015, 5453; aM **OLG Frankfurt a.M.** BeckRS 2024, 27262 m. ablehnender Anm. Frank NZFam 2025, 91; **OLG Brandenburg** BeckRS 2024, 9870 m. kritischer Anm. Fritzsche NZFam 2024, 944.

Da zu dieser Streitfrage bisher keine Entscheidung des BGH bekannt ist, sollte der Antragsgegner die Formalien des § 117 FamFG einhalten u. seine Beschwerde begründen u. zur Begründung einen **bestimmten Sachantrag** stellen (BeckOGK/Keuter FamFG § 117 Rn. 4.1). Die Begründung ist beim Beschwerdegericht einzureichen (§ 117 Abs. 1 S. 2 FamFG). Die Frist zur Begründung der Beschwerde beträgt **zwei Monate** ab der schriftlichen Begründung des Beschlusses (§ 117 Abs. 1 S. 3 FamFG). Zur verspäteten Beschwerdebegründung s. OLG Brandenburg BeckRS 2015, 7237 Rn. 19 ff.

Das Familiengericht darf der gegen eine Endentscheidung in einer Familiensache gerichteten **Beschwerde nicht abhelfen** (§ 68 Abs. 1 S. 2 FamFG). Ist der Festsetzungsbeschluss (§ 253 FamFG) einmal im Sinne von § 38 Abs. 3 S. 3 FamFG erlassen worden, darf der Rechtspfleger den Beschluss – ohne eine Rüge gem. § 44 FamFG – nicht von Amts wegen deshalb aufheben u. das Verfahren fortsetzen, weil nachträglich die **Nichtberücksichtigung eines** rechtzeitig eingegangenen **Schriftsatzes** bemerkt worden ist (KG BeckRS 2010, 26411 = FamRZ 2011, 394). Sind die in erster Instanz erhobenen zulässigen Einwendungen zu Unrecht unberücksichtigt geblieben, wird das Beschwerdegericht den Festsetzungsbeschluss ersatzlos aufheben u. die Entscheidung in der Sache dem streitigen Verfahren (§ 255 FamFG) vorbehalten (OLG Karlsruhe BeckRS 2012, 19001 = FamRZ 2013, 562).

Mit der Beschwerde können nach § 256 S. 1 FamFG nur **Einwendungen** gegen die Zulässigkeit o. die Unzulässigkeit des vereinfachten Verfahrens, die Zulässigkeit von Einwendungen nach § 252 Abs. 2–4 FamFG sowie die Unrichtigkeit der Kostenentscheidung o. Kostenfestsetzung, sofern sie nach allgemeinen Grundsätzen anfechtbar sind, geltend gemacht werden.

In der Praxis berufen sich die Antragsgegner oft erst nach dem Erlass des Festsetzungsbeschlusses mit ihrer Beschwerde darauf, **nicht leistungsfähig** zu sein. Eine solche Beschwerde ist unzulässig (OLG Karlsruhe BeckRS 2021, 15983 Rn. 17 f.). Denn nach **§§ 256 S. 2, 252 Abs. 4 FamFG** ist eine **Beschwerde unzulässig, wenn** sie sich auf Einwendungen nach § 252 Abs. 2–4 FamFG stützt, die nicht erhoben waren, bevor der Festsetzungsbeschluss erlassen war. Mit dieser Formulierung wollte der Gesetzgeber die **Unzulässigkeit** der Beschwerde für den vorgenannten Fall ausdrücklich vorsehen (BT-Drs. 18/5918, 21).

Gegen eine Entscheidung, mit der das OLG in einem vereinfachten Unterhaltsverfahren eine Beschwerde des Antragsgegners verworfen hat, ist die **Rechtsbeschwerde zum BGH** gem. §§ 112 Nr. 1, 117 Abs. 1 S. 4 FamFG, §§ 522 Abs. 1 S. 4, 574 Abs. 1 S. 1 Nr. 1 ZPO auch ohne Zulassung statthaft (BGH NJW 2023, 152 Rn. 5 ff.).

Nach § 11 Abs. 2 S. 1 RPflG findet die **Erinnerung** statt, wenn gegen die Entscheidung des Rechtspflegers nach den allgemeinen verfahrensrechtlichen Vorschriften ein Rechtsmittel nicht eingelegt werden kann. Die **Erinnerung ist** – entspr. den obigen Ausführungen bei A) – **binnen zwei Wochen** ab der Zustellung des Beschlusses beim erstinstanzlichen Familiengericht **einzulegen.** Über sie entscheidet gem. § 11 Abs. 2 S. 6 RPflG im Falle der Nichtabhilfe durch den Rechtspfleger der Familienrichter.

Das **Erinnerungsverfahren** ist nach jetzt hM aber im Hinblick auf die **Abänderungsmöglichkeit nach § 240 FamFG nicht eröffnet**, wenn das OLG die Beschwerde des Antragsgegners gem. § 256 S. 2 FamFG als unzulässig verworfen hat, etwa weil dieser erstmals **nach Erlass des Festsetzungsbeschlusses** Leistungsunfähigkeit eingewendet hat (OLG Brandenburg BeckRS 2019, 22809 Rn. 6; OLG Dresden BeckRS 2017, 107870 Rn. 20 ff. = FamRZ 2017, 1244; OLG Frankfurt a. M. BeckRS 2017, 123532 Rn. 8, 10; Sternal/Giers FamFG § 256 Rn. 13).

Im Fall einer verspäteten Einwendung insbes. zur eingeschränkten o. fehlenden Leistungsfähigkeit (§ 252 Abs. 4 S. 1 FamFG) sollte der Antragsgegner statt einer aussichtslosen Erinnerung o. Beschwerde sofort einen **Korrekturantrag nach § 240 FamFG** innerhalb eines Monats nach Rechtskraft der Unterhaltsfestsetzung stellen. Denn auch diese

Möglichkeit steht dem Antragsgegner zur Verfügung, und er kann so eine auch rückwirkende Abänderung des vom Rechtspfleger titulierten Unterhalts erreichen (BGH NJW 2023, 152 Rn. 41).

Über den Wortlaut des § 256 FamFG hinaus kann der Antragsgegner mit seiner Beschwerde, wie anerkannt ist, **schwerwiegende Verfahrensmängel** wie die fehlende o. fehlerhafte Zustellung des Festsetzungsantrages rügen (OLG Celle BeckRS 2011, 23454 = FamRZ 2012, 141; Sternal/Giers FamFG § 256 Rn. 1).

Kein zulässiger Beschwerdegrund ist das Vorbringen des Antragsgegners, der Unterhaltsanspruch des Kindes sei wegen **Umgangsverweigerung** verwirkt (KG BeckRS 2009, 20794). Hat der Antragsgegner die Vaterschaft für den Antragsteller anerkannt, vermag die **Anfechtung der Vaterschaft** vor einer rechtskräftigen Feststellung des Nichtbestehens der Vaterschaft (§ 1599 Abs. 1 BGB) keine Aussetzung des Verfahrens zu rechtfertigen (OLG Brandenburg BeckRS 2015, 15452 = FamRZ 2015, 1511).

Die isolierte **Kostenentscheidung** kann nach jetzt hM gem. § 113 Abs. 1 S. 2 FamFG, §§ 269 Abs. 5, 511 Abs. 2 Nr. 1, 567 Abs. 1, 569 Abs. 1 ZPO (s. BGH NJW 2011, 3654 Rn. 12 ff. = FamRZ 2011, 1933) von den Beteiligten nur bei einem **Wert der Hauptsache** von **mehr als 600 EUR** binnen **zwei Wochen** nach Zustellung der angefochtenen Entscheidung mit der beim Familiengericht o. beim Beschwerdegericht einzulegenden **sofortigen Beschwerde** angefochten werden, wofür nach § 114 Abs. 4 Nr. 6 FamFG, §§ 78 Abs. 3, 569 Abs. 3 ZPO, § 257 S. 1 FamFG **kein Anwaltszwang** besteht (OLG Köln BeckRS 2017, 108843 Rn. 5 = FamRZ 2017, 1598). Unabhängig hiervon ist nach § 567 Abs. 2 ZPO die sofortige Beschwerde gegen eine Kostenentscheidung unzulässig, wenn der **Beschwerdewert 200 EUR nicht übersteigt.** Der Beschwerdewert entspricht dem Interesse an einer Abänderung der Kostenentscheidung u. ist vom Wert der Hauptsache zu unterscheiden (OLG Köln BeckRS 2017, 108843 Rn. 6 f.).

Die **Kostenfestsetzung** kann nach § 113 Abs. 1 S. 2 FamFG, §§ 104 Abs. 3 S. 1, 567 ZPO binnen zwei Wochen durch das Rechtsmittel der **sofortigen Beschwerde** angefochten werden. Der ebenfalls binnen zwei Wochen einzulegende Rechtsbehelf der **befristeten Erinnerung** ist **nur dann noch** gegeben, **wenn kein Rechtsmittel** eingelegt werden kann, etwa wenn der Wert des Beschwerdegegenstandes weniger als 200,01 EUR beträgt (§ 11 Abs. 2 S. 1 RPflG, § 567 Abs. 2 ZPO), o. wenn der **Rechtspfleger am OLG** entschieden hat, weil hier mangels eines nach den allgemeinen verfahrensrechtlichen Vorschriften statthaften Rechtsmittels (s. § 567 Abs. 1 ZPO) die sofortige Beschwerde gem. § 11 Abs. 2 S. 1 RPflG nicht statthaft ist (OLG München BeckRS 2016, 12875 Rn. 11; Musielak/Voit/Flockenhaus ZPO § 104 Rn. 22).

3. Einwendungen des Antragsgegners (§ 252 FamFG)

Antragsgegner/in (Vorname, Name, Anschrift):

....
....
....

An das

Amtsgericht-Familiengericht ....

....

Postleitzahl, Ort

Geschäftsnummer des Gerichts: ....

Datenblatt für Einwendungen gegen den Antrag auf Festsetzung von Unterhalt

– Belege sind in Kopie durchnummeriert beizufügen; Ergänzungen auf Extraseite –

A Ich erhebe Einwendungen gegen den Antrag auf Festsetzung von Unterhalt für:

Kind	Vorname, Name, Anschrift (Straße, Hausnummer, Postleitzahl, Wohnort)	Geburtsdatum
1		
2		

B Ich erhebe folgende Einwendung: (Auswahlpflicht)

☐ **Das Verfahren ist nicht zulässig, weil** (weiter bei Abschnitt G)

☐ **Ich bin grundsätzlich bereit, den geforderten Unterhalt zu zahlen und verpflichte mich zur Erfüllung, aber:**
(Bei Leistungsunfähigkeit Abschnitt C, bei Zahlungen Abschnitt D und für andere Einwendungen Abschnitt G nutzen.)

C Ich bin teilweise oder vollständig leistungsunfähig:
Dieser Einwand ist nur zulässig, wenn die Abschnitte E (Einkommen) und F (Vermögen) **vollständig** ausgefüllt und die notwendigen Belege beigefügt werden.

☐ Ich verfüge weder über Einkommen noch Vermögen, das mir eine Unterhaltszahlung erlaubt.

☐ Ich verfüge weder über Einkommen noch Vermögen, das mir eine Unterhaltszahlung in der beantragten Höhe erlaubt.
Ich bin bereit, für mein Kind folgenden Unterhalt als gleichbleibenden Monatsbetrag ODER veränderlichen Prozentsatz vom Mindestunterhalt zu zahlen und verpflichte mich in folgender Höhe zur Zahlung:

ab heute	Monatsbetrag	ODER Prozentsatz vom Mindestunterhalt der jeweiligen Altersstufe
Kind 1	€	%
Kind 2	€	%
Für die Vergangenheit	**Gesamtbetrag/Datum**	**ODER Prozentsatz vom Mindestunterhalt der jeweiligen Altersstufe/Datum**
Kind 1	€ ab	% ab
Kind 2	€ ab	% ab

D Ich habe vom geforderten Unterhalt bereits folgende Beträge gezahlt:
Zum Nachweis füge ich Quittungen, Kontoauszüge oder sonstige Urkunden bei. (Auflistung auf Extraseite möglich)

	Monatsbetrag	Gezahlt von bis (Monat/Jahr)	Beleg
Kind 1	€		
Kind 2	€		

– weiter auf Seite 2 –

E Mein Einkommen:

☐ **Ich bin berufstätig** — Beleg Nummer

bei Arbeitsgeber			
und verdiene monatlich netto	€	Sonderzuwendungen (z.B. Weihnachtsgeld)	monatlich/jährlich €

Zum Nachweis füge ich die Verdienstbescheinigungen (auch für Nebentätigkeit) für die letzten zwölf Monate bei.

☐ **Ich habe Einkünfte aus selbständiger Arbeit, aus einem Gewerbebetrieb oder aus der Land- und Forstwirtschaft. Zum Nachweis füge ich bei:** — Beleg Nummer

- den letzten Einkommenssteuerbescheid **UND**
- für das letzte Wirtschaftsjahr die Gewinn-und-Verlust-Rechnung oder die Einnahmenüberschussrechnung
- Nachweise zur Kranken- und Pflegeversicherung sowie Altersvorsorge

☐ **Ich beziehe Leistungen nach SGB II (Arbeitslosenhilfe II) oder nach SGB XII (Sozialhilfe).** — Beleg Nummer

den vollständigen, aktuellen Bewilligungsbescheid.

☐ **Ich beziehe** — Beleg Nummer

☐ Rente/Pension, Arbeitslosengeld, Krankengeld, Elterngeld, Wohngeld

☐ folgende andere Leistungen:

Zum Nachweis füge ich die Bescheinigungen für die letzten zwölf Monate bei.

☐ **Ich habe Einnahmen aus** — Beleg Nummer

☐ Vermietung/Verpachtung, Kapitalvermögen

☐ folgenden anderen Quellen:

Zum Nachweis füge ich die Belege für die letzten zwölf Monate bei.

F Mein Vermögen besteht aus:

Bankkonten, Grundeigentum, Bargeld, Lebens- und Rentenversicherungen,
sonstigen Vermögenswerten (z. B. Bausparverträge, Wertpapiere, Beteiligungen, Forderungen, Schmuck, Antiquitäten)

☐ Kein Vermögen	☐ Folgendes Vermögen:	
	Beschreibung der Vermögensgegenstände (Vermögensaufstellung auf Extraseite möglich)	Betrag in €

G Andere Einwendungen, Ergänzungen und Anmerkungen — Beleg Nummer

☐ füge ich auf einer Extraseite bei.

H Anzahl der beigefügten Belege:

		Aufgenommen:
Ort, Datum	Unterschrift Antragsgegner/in	Unterschrift/Amtsbezeichnung

2

Hinweisblatt
für die Einwendungen des Antragsgegners
im vereinfachten Verfahren über den Unterhalt Minderjähriger

ab 1. Januar 2026

Worum geht es im vereinfachten Verfahren?

Sie sind als Elternteil nach dem Gesetz zu Kindesunterhalt verpflichtet (§ 1601 des Bürgerlichen Gesetzbuchs).

Das vereinfachte Verfahren gibt dem minderjährigen Kind die Möglichkeit, über seinen Unterhaltsanspruch gegen den Elternteil, der nicht mit ihm zusammenlebt, rasch und kostengünstig einen Vollstreckungstitel zu erwirken. Besteht schon ein Unterhaltstitel oder ist ein gerichtliches Verfahren anhängig, kann das vereinfachte Verfahren nicht genutzt werden.

Was geschieht im vereinfachten Verfahren?

In dem Verfahren setzt das Gericht den Unterhalt auf Antrag in einem Beschluss fest. Aus dem Beschluss kann gegen Sie die Zwangsvollstreckung betrieben werden, wenn Sie den Unterhalt nicht, nicht vollständig oder nicht pünktlich zahlen.

In welcher Höhe kann die Festsetzung des Unterhalts im vereinfachten Verfahren beantragt werden?

Nach dem Bürgerlichen Gesetzbuch hat ein Kind Anspruch auf angemessenen, seiner Lebensstellung entsprechenden Unterhalt. Der Unterhalt umfasst den gesamten Lebensbedarf des Kindes einschließlich der Kosten einer angemessenen Vorbildung für einen Beruf. Die Höhe des Unterhalts, den das Kind verlangen kann, hängt auch davon ab, wie hoch Ihr Einkommen ist.

Das Kind kann den Unterhalt nach seiner Wahl als **gleichbleibenden** Monatsbetrag oder **veränderlich** in Höhe eines bestimmten Prozentsatzes des Mindestunterhalts nach § 1612a Absatz 1 des Bürgerlichen Gesetzbuchs verlangen.

Der Mindestunterhalt ist in § 1612a Absatz 1 des Bürgerlichen Gesetzbuchs nach dem Alter des Kindes gestaffelt, und zwar für die Zeit bis zur Vollendung des sechsten Lebensjahres (**erste Altersstufe**), die Zeit vom siebten bis zur Vollendung des zwölften Lebensjahres (**zweite Altersstufe**) und für die Zeit vom 13. Lebensjahr an (**dritte Altersstufe**). Diese Beträge werden alle zwei Jahre durch Rechtsverordnung festgelegt. Der Mindestunterhalt minderjähriger Kinder im Sinne des § 1612a Absatz 1 des Bürgerlichen Gesetzbuchs beträgt ab dem **1. Januar 2025**:

1. Altersstufe	2. Altersstufe	3. Altersstufe
486 €	**558 €**	**€**

Die Mindestunterhaltsbeträge legen fest, was für den Unterhalt des Kindes bei einfacher Lebenshaltung erforderlich ist. Die Grenze, bis zu der die Festsetzung im vereinfachten Verfahren statthaft ist, ist auf das 1,2 fache (120%) des Mindestunterhalts vor Abzug des (hälftigen oder vollen) Kindergeldes oder vergleichbarer kindbezogener Leistungen (§§ 1612b, 1612c des Bürgerlichen Gesetzbuchs) festgelegt worden. Derzeit sind das entsprechend der Altersstufe des Kindes also **584 €, 670 € oder 653 €**. Ein höherer Unterhaltsanspruch kann nur in einem regulären Unterhaltsverfahren geltend gemacht werden.

Wenn Sie nicht <u>innerhalb eines Monats</u> nach der Zustellung des Antrags Einwendungen erheben, ergeht über den Unterhalt in der angegebenen Höhe ein Festsetzungsbeschluss, aus dem der Unterhalt durch Zwangsvollstreckung gegen Sie beigetrieben werden kann.

– weiter auf Seite 2 –

Wie können Sie sich gegen die Festsetzung von Unterhalt wehren und Einwendungen erheben?

Das Gesetz sieht nur unter ganz engen Voraussetzungen vor, dass Einwendungen von Ihnen als Antragsgegner im vereinfachten Unterhaltsverfahren berücksichtigt werden können.

Möglich sind **Einwendungen gegen die Zulässigkeit** des vereinfachten Unterhaltsverfahrens. Dies können folgende Einwendungen sein:

- Das Kind ist älter als 17 Jahre.
- Das Kind lebt in Ihrem Haushalt.
- Zwischen Ihnen und dem Kind besteht kein rechtliches Eltern-Kind-Verhältnis.
- Es besteht bereits ein Unterhaltstitel oder ein gerichtliches Verfahren ist anhängig.
- Der beantragte Unterhaltsbetrag ist höher als 120 Prozent des Mindestunterhalts.

Andere Einwendungen sind grundsätzlich nur zulässig, wenn Sie zugleich erklären, ob und gegebenenfalls in welcher Höhe Sie zur Unterhaltsleistung bereit sind und sich insoweit zur Erfüllung des Unterhaltsanspruchs verpflichten.

Den **Einwand, den Unterhalt ohne Gefährdung des eigenen Unterhalts nicht oder nicht in der beantragten Höhe aufbringen zu können**, lässt das Gericht nur zu und setzt den Unterhalt nur dann nicht in der für das Kind beantragten Höhe fest, wenn Sie:

1. eine Erklärung darüber abgeben, ob und gegebenenfalls in welcher Höhe Sie zur Unterhaltsleistung bereit sind und sich insoweit zur Erfüllung des Unterhaltsanspruchs verpflichten,
2. Auskunft über Ihre Einkünfte und Ihr Vermögen erteilen **und**
3. Belege über Ihre Einkünfte in den letzten 12 Monaten vorlegen (z. B. Lohnabrechnung des Arbeitgebers, Einkommensteuerbescheid). Beziehen Sie Leistungen nach dem Zweiten Buch Sozialgesetzbuch (SGB II; Arbeitslosenhilfe II) oder dem Zwölften Buch Sozialgesetzbuch (SGB XII; Sozialhilfe), müssen Sie den aktuellen Bewilligungsbescheid darüber vorlegen. Bei Einkünften aus selbständiger Arbeit, aus einem Gewerbebetrieb sowie aus Land- und Forstwirtschaft sind als Belege der letzte Einkommensteuerbescheid und für das letzte Wirtschaftsjahr die Gewinn-und-Verlust-Rechnung oder die Einnahmenüberschussrechnung vorzulegen.

Den **Einwand, bereits Unterhalt gezahlt zu haben**, lässt das Gericht nur zu, wenn Sie:

1. eine Erklärung darüber abgeben, ob und gegebenenfalls in welcher Höhe Sie zur Unterhaltsleistung bereit sind und sich insoweit zur Erfüllung des Unterhaltsanspruchs verpflichten,
2. zugleich erklären, welchen Unterhalt Sie geleistet haben **und**
3. entsprechende Zahlungsbelege vorlegen.

Mögliche **andere Einwendungen** können sich richten:

- **gegen den Zeitpunkt**, von dem an Unterhalt gezahlt werden soll oder
- **gegen die Höhe des Unterhalts** (hinsichtlich Altersstufe, Berücksichtigung von Kindergeld).

Diese Einwendungen sind ebenfalls nur zulässig, wenn Sie erklären, ob und gegebenenfalls in welcher Höhe Sie zur Unterhaltsleistung bereit sind und dass Sie sich insoweit zur Erfüllung des Unterhaltsanspruchs verpflichten.

Das beiliegende Datenblatt für Einwendungen soll eine Hilfestellung zur Erhebung von Einwendungen sein. Ergänzungen können Sie auf einer Extraseite mitteilen. Es besteht keine Pflicht, das Datenblatt zu verwenden.

Kommen Sie den beschriebenen gesetzlichen Vorgaben nicht innerhalb eines Monats nach Zustellung des Antrags an Sie in allen Punkten nach, lässt das Gericht den Einwand unberücksichtigt und setzt den Unterhalt in der für das Kind verlangten Höhe fest. Das Gericht kann Sie auffordern, fehlende Belege nachzureichen. Wenn Sie angeforderte Belege nicht nachreichen, kann dies dazu führen, dass Ihre Einwendungen nicht berücksichtigt werden.

Erheben Sie Ihre Einwendungen korrekt, werden diese Einwendungen dem Antragsteller mitgeteilt und der Kindesunterhalt wird in der Höhe, in der Sie sich zur Zahlung verpflichtet haben, gerichtskostenfrei festgesetzt.

Die Einwendungen und die entsprechenden Anlagen und Belege senden Sie bitte unterschrieben und zweifach an das Gericht. Die Erstschrift bleibt bei Gericht. Die Zweitschrift wird vom Gericht als Abschrift dem Antragsteller übersandt. Sie sollten eine weitere Kopie bei Ihren Unterlagen behalten. Ihre Einwendungen können Sie auch zur Niederschrift der Geschäftsstelle des Amtsgerichts aufnehmen lassen.

Wenn Sie eine rechtliche Beratung benötigen, wenden Sie sich bitte an einen Rechtsanwalt oder an eine Rechtsanwältin.

2

Anmerkungen

Der Antragsgegner kann seine **Einwendungen ohne Bindung an ein Formular** erheben (s. BT-Drs. 18/5918, 20; Többen NJW 2016, 273 (275)). Er ist also **nicht verpflichtet, das** vorstehende **„Datenblatt** für Einwendungen gegen den Antrag auf Festsetzung von Unterhalt" **zu benutzen.** Der Bundesrat hat sich aber dafür ausgesprochen, außerhalb der Kindesunterhalt-Formularverordnung zur Orientierungshilfe für den Antragsgegner u. zur Vereinfachung der Sachbearbeitung bei Gericht sowohl ein Merkblatt als auch ein lediglich fakultativ zu verwendendes Datenblatt zu erstellen, in dem zumindest die wesentlichen Angaben nach § 252 FamFG abgefragt werden. Man befürchtete anderenfalls die Zunahme irrelevanten Sachvortrags durch Antragsgegner mit niedrigem Ausbildungsstand bzw. Sprachschwierigkeiten sowie einen ganz erheblichen Prüfungsmehraufwand bei den Gerichten. Ferner sah man die Gefahr, dass manche Antragsgegner ihre in der Sache begründeten Einwendungen nicht zulässig erheben würden (BT-Drs. 18/6287, 2 f.). Dem hat die Bundesregierung zugestimmt (BT-Drs. 18/6287, 8) u. der Gerichtspraxis das vorstehend abgedruckte **untergesetzliche Datenblatt** nebst einem auf den jeweiligen Mindestunterhalt abgestellten **Hinweisblatt** zur Verfügung gestellt (www.bmjv.de >Formulare u. Muster >Antragsformulare Kindesunterhalt >Datenblatt für Einwendungen gegen den Antrag auf Festsetzung von Unterhalt, 01. Januar 2017 >Hinweisblatt für die Einwendungen des Antragsgegners, 01. Januar 2025). Leider hat man versäumt, Übersetzungen in die gängigen Sprachen zu schaffen.

Das Datenblatt u. das Hinweisblatt mit ihren kurzen u. verständlichen Sätzen erklären sich im Wesentlichen selbst. Ergänzend wird aber angemerkt:

Der Antragsgegner sollte möglichst die **Hilfe eines Rechtsanwaltes** in Anspruch nehmen, obwohl das vereinfachte Verfahren nach §§ 249 ff. FamFG nicht dem Anwaltszwang unterliegt (§§ 114 Abs. 4 Nr. 6, 257 FamFG, § 78 Abs. 3 ZPO). Denn auch bei Benutzung des Datenblattes wird es für einen Unterhaltsschuldner ohne Rechtskenntnisse schwer sein, das Verfahrensrecht u. seine Unterhaltspflicht dem Grunde u. der Höhe nach richtig einzuschätzen bzw. seine Einwendungen substanziiert zu erheben. Das gilt vor allem für den häufigen **Einwand eingeschränkter o. fehlender Leistungsfähigkeit** (§ 252 Abs. 4 FamFG). Ein Rechtsanwalt würde sich bei diesem Einwand kaum mit dem Ausfüllen des Datenblattes begnügen, sondern zB zu den Gründen der Arbeitslosigkeit des Antragsgegners u. zu seinen realen Erwerbschancen, zu seinen erforderlichen ernsthaften Bemühungen um einen neuen Arbeitsplatz durch Vorlage von ausreichenden Bewerbungsschreiben nebst den Absagen o. durch Vorlage eines ärztlichen Attests über seine eingeschränkte Arbeitsfähigkeit Näheres vortragen (s. BGH NJW 2013, 2897 Rn. 13 f. = FamRZ 2013, 1558; BGH BeckRS 2000, 5476 Rn. 16 = FamRZ 2000, 1358; KG BeckRS 2007, 17204 = FamRZ 2007, 1121; OLG Hamm BeckRS 2016, 20544 = FamRZ 2017, 617; BeckOK BGB/Reinken BGB§ 1603 Rn. 43 ff. mwN).

Fraglich ist, **ob dem(der) Antragsgegner(in)** im vereinfachten Verfahren im Rahmen der bewilligten VKH trotz der Abschaffung der Formularpflicht für Einwendungen **regelmäßig ein Rechtsanwalt beizuordnen** ist. § 78 Abs. 2 FamFG gilt hier gem. § 113 Abs. 1 S. 1 FamFG nicht, da die vereinfachten Verfahren Familienstreitsachen sind (§§ 112 Nr. 1, 231 Abs. 1 Nr. 1 FamFG). Vielmehr gilt nach § 113 Abs. 1 S. 2 FamFG für die Frage der Beiordnung § 121 Abs. 2 ZPO. Danach ist dem Antragsgegner auf seinen Antrag ein Rechtsanwalt seiner Wahl beizuordnen, wenn die Vertretung durch einen Rechtsanwalt erforderlich erscheint o. der Gegner durch einen Rechtsanwalt vertreten ist. Letzteres ist aber in der Praxis häufig nicht der Fall, da das antragstellende Kind oft durch das rechtskundige Jugendamt als Beistand vertreten wird (§ 1712 Abs. 1 Nr. 2 BGB).

In der Literatur wird deshalb wegen der mit dem Verfahren verbundenen rechtlichen Schwierigkeiten u. wegen der Hilfebedürftigkeit des rechtsunkundigen Antragsgegners überwiegend ein generelles Erfordernis der Beiordnung eines Rechtsanwalts bejaht (BeckOK ZPO/Reichling ZPO § 121 Rn. 21.2; Wendl/Dose/UnterhaltsR/Schmitz § 10 Rn. 655; Sternal/Giers FamFG § 249 Rn. 12; Prütting/Helms/Bömelburg § 249 FamFG Rn. 6; aM Zöller/Feskorn ZPO § 78 FamFG Rn. 16).

Das **OLG Celle** (BeckRS 2019, 42830 Rn. 3 ff. = FamRZ 2020, 765) **verneint** wegen der zum 1.1.2017 in Kraft getretenen Änderung des § 252 FamFG mit der jetzt möglichen einfachen Darlegung der Einwände ohne den früheren Formularzwang **grundsätzlich die Erforderlichkeit der anwaltlichen Vertretung** u. macht die Erforderlichkeit vom Einzelfall abhängig; diese sei hier aber gegeben, da die Frage einer fingierten unterhaltsrechtlichen Leistungsfähigkeit im Raum stehe. Das **OLG Hamburg** (BeckRS 2019, 19360 Rn. 7 ff. = FamRZ 2019, 1879) lässt offen, ob mit dem Wegfall des Formularzwanges die Beiordnung eines Rechtsanwaltes grundsätzlich nicht mehr erforderlich sei; dagegen spreche, dass das Festsetzungsverfahren hinsichtlich des Bedeutungsinhalts der Formulierungen der möglichen Einwendungen insbes. für einen Antragsgegner mit limitierten Sprachkenntnissen weiterhin kompliziert u. unübersichtlich sei; es könne aber eine **Mutwilligkeit der Rechtsverteidigung** im vereinfachten Unterhaltsverfahren begründen, wenn ein Antragsgegner der außergerichtlichen Aufforderung zur Darlegung seiner Einkommens- u. Vermögensverhältnisse ohne nachvollziehbaren Grund nicht nachgekommen sei. Das **OLG Naumburg** (BeckRS 2017, 150187) **verneint** die Erforderlichkeit der Beiordnung, wenn der Antragsgegner wie bei einem außergerichtlichen Auskunftsersuchen lediglich zwanglos u. formungebunden die Einkünfte der letzten 12 Monate angebe u. zum Nachweis die Leistungsbescheide über den Bezug von Sozialhilfeleistungen übersende.

Der Antragsgegner kann die im Hinweisblatt genannten **Einwendungen gegen die Zulässigkeit** des vereinfachten Verfahrens geltend machen (§ 252 Abs. 1 S. 1 FamFG). Dazu würde vor allem die **plausible** – nicht nur unsubstanziierte – **Darstellung** gehören, mit der Mutter u. dem Kind **noch im selben Haushalt zu leben.** Eine solche Einwendung könnte nicht im vereinfachten Verfahren geprüft u. nicht durch Beschl. zurückgewiesen werden, sondern es bliebe dem Antragsteller nur der vor Ablauf von 6 Monaten ab Zugang der Einwendung (§ 255 Abs. 6 FamFG) zu stellende Antrag auf Durchführung des streitigen Verfahrens (OLG Oldenburg BeckRS 2012, 19686 = FamRZ 2013, 563 u. → Form. J.II.4).

Zu den zulässigen Einwendungen nach § 252 Abs. 1 S. 1 FamFG zählt aber auch die **ordnungsgemäße Vertretung** des unterhaltsberechtigten Kindes, die zum Zeitpunkt des Erlasses der Unterhaltsentscheidung noch bestehen muss (OLG Frankfurt a. M. BeckRS 2020, 9836 Rn. 7 = FamRZ 2020, 1665).

Andere Einwendungen des Antragsgegners sind nur zulässig, wenn er zugleich erklärt, inwieweit er zur Unterhaltsleistung bereit ist u. dass er sich insoweit zur Erfüllung des Unterhaltsanspruchs verpflichtet (§ 252 Abs. 2 FamFG).

Der **Einwand der Erfüllung** ist nur zulässig, wenn der Antragsgegner zugleich erklärt, inwieweit er Unterhalt geleistet hat, u. wenn er entsprechende Belege vorlegt (§ 252 Abs. 3 FamFG).

Der in der Praxis wichtigste **Einwand eingeschränkter o. fehlender Leistungsfähigkeit** ist nach § 252 Abs. 4 FamFG nur zulässig, wenn der Antragsgegner zugleich Auskunft über seine Einkünfte u. sein Vermögen erteilt u. für die letzten zwölf Monate seine Einkünfte belegt. Wer Leistungen zur Sicherung des Lebensunterhalts nach dem SGB II o. dem SGB XII bezieht, muss den aktuellen Bewilligungsbescheid darüber vorlegen. Allein durch die kommentarlose Übersendung des Bewilligungsbescheids zur Sozialhilfe aber wird die erforderliche Auskunft zum Vermögen nicht entbehrlich, da der Antragsgegner über sozialhilferechtliches Schonvermögen verfügen kann (KG BeckRS 2019, 14383 Rn. 6 = FamRZ 2019, 1797; zust. OLG Hamburg BeckRS 2019, 42132 Rn. 12 = FamRZ 2020, 1094). Bei Einkünften aus selbständiger Arbeit, Gewerbebetrieb sowie Land- u. Forstwirtschaft sind der letzte Einkommensteuerbescheid u. für das letzte Wirtschaftsjahr die Gewinn- u. Verlustrechnung o. die Einnahmenüberschussrechnung vorzulegen.

Die Behauptung, dass **Leistungen nach dem Unterhaltsvorschussgesetz** nicht mehr erbracht werden, gehört nicht zu den zulässigen Einwendungen iSv § 252 FamFG (OLG Hamm BeckRS 2011, 6368).

Wenn der Antragsgegner **keine Einwendungen** o. **nur unzulässige Einwendungen** iSv § 252 Abs. 2–4 FamFG erhoben hat, erlässt der Rechtspfleger bei einem zulässigen Antrag nach **Ablauf von einem Monat** (§ 251 Abs. 1 S. 2 Nr. 3 FamFG) o. nach Ablauf der bei einer Zustellung im Ausland vom Gericht bestimmten anderen Frist (§ 251 Abs. 1 S. 3 FamFG) einen **Festsetzungsbeschluss** (§ 253 Abs. 1 S. 1 FamFG). Die Festsetzung durch Beschl. erfolgt auch, soweit sich der Antragsgegner nach § 252 Abs. 2 FamFG zur Zahlung von Unterhalt verpflichtet hat.

Unbegründete Einwendungen weist das Gericht mit dem Festsetzungsbeschluss nach § 253 FamFG zurück (§ 252 Abs. 1 S. 3 FamFG). Dazu würde ein **unsubstanziierter Einwand** des Antragsgegners gehören, es bestehe noch ein gemeinsamer Haushalt mit Mutter u. Kind (OLG Oldenburg BeckRS 2012, 19686 = FamRZ 2013, 563).

Zum möglichen **Rechtsmittel** des Antragsgegners gegen einen Festsetzungsbeschluss → Form. J.II.2 Anm. 14.

Hat der Antragsgegner **zulässige Einwendungen** (§ 252 Abs. 2–4 FamFG) **erhoben**, entscheidet der Rechtspfleger **nicht** über ihre Begründetheit (BT-Drs. 13/7338, 40). Vielmehr teilt er dem Antragsteller mit, dass der Antragsgegner zulässige Einwendungen erhoben hat u. dass das **streitige Verfahren** (→ Form. J.II.4) **auf Antrag** eines Beteiligten, der **vor Ablauf von 6 Monaten** nach Zugang der Mitteilung zu stellen ist, durchgeführt wird (§§ 254, 255 FamFG). Wird ein solcher **Antrag nicht gestellt**, gilt der Festsetzungsantrag als zurückgenommen (§ 255 Abs. 6 FamFG), u. das beendete Verfahren ist durch eine Kostenentscheidung abzuschließen (OLG Oldenburg BeckRS 2012, 19686). **Der Antrag** auf Durchführung des streitigen Verfahrens **sollte** rechtzeitig **gestellt werden**, damit das Verfahren als mit der Zustellung des Festsetzungsantrags rechtshängig geworden gilt (§ 255 Abs. 3 FamFG) u. die Kosten des vereinfachten Verfahrens als Teil der Kosten des streitigen Verfahrens behandelt werden können (§ 255 Abs. 5 FamFG).

Der Antragsteller kann aber auch seinen **Antrag** so **ändern**, dass ein Festsetzungsbeschluss nach § 253 FamFG möglich wird, **oder** er beantragt, wenn der Antragsgegner sich teilweise zur Zahlung von Unterhalt verpflichtet hat, einen **Teilfestsetzungsbeschluss** (§ 253 Abs. 1 S. 2 FamFG) u. im Übrigen binnen 6 Monaten die Durchführung des **streitigen Verfahrens**. Ansonsten werden die Akten ohne gerichtliche Entscheidung weggelegt (Zöller/Feskorn FamFG § 254 Rn. 2; sa § 10 Abs. 1 S. 2 Nr. 2 AktO 2025 NRW).

Ein möglicher Antrag auf Erlass eines Teilfestsetzungsbeschlusses sollte gestellt werden, da der Teilfestsetzungsbeschluss gerichtsgebührenfrei ist (KV 1210 FamGKG) u. im streitigen Verfahren ein höherer einheitlicher Unterhaltstitel erstritten werden kann (§ 255 Abs. 4 FamFG).

4. Antrag des Kindes auf streitiges Verfahren (§ 255 FamFG)

An das

Amtsgericht[1, 2]

– Familiengericht –

per beA[3]

Antrag gemäß § 255 FamFG

In der Familiensache[4]

des Kindes . . . . .

geboren am . . . . .

Staatsangehörigkeit: . . . . .

gesetzlich vertreten durch seine Mutter,

Frau . . . . .

beide wohnhaft . . . . . – Antragstellers –

Verfahrensbevollmächtigter: Rechtsanwalt . . . . .

gegen

Herrn . . . . .

geboren am . . . . .

Staatsangehörigkeit: . . . . .

wohnhaft . . . . . – Antragsgegner –

Verfahrensbevollmächtigter: Rechtsanwalt . . . . .

wird namens und in Vollmacht des Antragstellers des bisherigen vereinfachten Verfahrens (Az. . . . . .) beantragt:

> Es wird das streitige Verfahren nach § 255 FamFG durchgeführt und der Unterhalt entsprechend dem im vereinfachten Verfahren gestellten Festsetzungsantrag des Antragstellers vom . . . . . festgesetzt.[5]
> Dem Antragsteller wird für das streitige Verfahren Verfahrenskostenhilfe unter Beiordnung seines Verfahrensbevollmächtigten bewilligt.[6]

Begründung:

Der Antragsteller hat als minderjähriges Kind des Antragsgegners unter dem . . . . . im vereinfachten Verfahren zum Aktenzeichen . . . . . gemäß § 249 Abs. 1 FamFG die Erstfestsetzung seines Unterhalts beantragt.

Der Antragsgegner hat laut Mitteilung des Rechtspflegers zulässige Einwendungen erhoben.

Der nunmehr mögliche Antrag auf Durchführung des streitigen Verfahrens wird hiermit vor Ablauf von 6 Monaten nach Zugang der gemäß § 254 FamFG erfolgten Mitteilung gestellt, damit das Verfahren als mit der Zustellung des Festsetzungsantrags rechtshängig geworden gilt (§ 255 Abs. 3 FamFG) und die Kosten des vereinfachten Verfahrens als Teil der Kosten des streitigen Verfahrens behandelt werden können (§ 255 Abs. 5 FamFG).

Der bereits im vereinfachten Verfahren zugestellte Festsetzungsantrag gilt nach § 255 Abs. 3 FamFG als Verfahrensschrift, sodass für das streitige Verfahren keine Vorschusspflicht besteht.

Die Einwendungen des Antragsgegners gelten als Antragserwiderung (§ 255 Abs. 2 S. 2 FamFG), sodass um baldige Anberaumung eines Verhandlungstermins gebeten wird.

Soweit der Antragsgegner den Einwand der eingeschränkten oder fehlenden Leistungsfähigkeit erhoben hat, ist er seiner Darlegungs- und Beweislast im Hinblick darauf nicht ausreichend nachgekommen, dass er seinem minderjährigen Kind gegenüber nach § 1603 Abs. 2 S. 1 BGB eine gesteigerte Erwerbsobliegenheit mit der Pflicht zur Ausübung einer Vollzeiterwerbstätigkeit und zudem einer Nebentätigkeit hat (BGH NJW 2014, 3784 Rn. 18 ff. = FamRZ 2014, 1992). Mangels hinreichend nachprüfbarer Angaben des Antragsgegners insoweit ist dem Antrag des Antragstellers stattzugeben.

Zum Antrag auf Bewilligung von Verfahrenskostenhilfe wird gemäß § 2 PKHFV formfrei mitgeteilt, dass der minderjährige Antragsteller keine Einnahmen hat, dass er seinen Lebensunterhalt mit Hilfe seines ihn gesetzlich vertretenden Elternteils bestreitet und dass er und sein ihn gesetzlich vertretender Elternteil über kein nach § 115 ZPO einzusetzendes Einkommen und Vermögen verfügen.

Rechtsanwalt[7, 8]

Anmerkungen

1. Der **Übergang in das streitige Verfahren** erfolgt nicht von Amts wegen, sondern **nur** auf formlos möglichen **Antrag** eines der beiden Beteiligten (§ 255 Abs. 1 FamFG), wenn der Antragsgegner zulässige Einwendungen erhoben hat (→ Form. J.II.3). In der Praxis wird der Antrag vor allem vom unterhaltsbedürftigen Kind gestellt, wenn dieses nach der vom Antragsgegner im vereinfachten Verfahren erteilten Auskunft einen (über dem anerkannten Betrag liegenden) Unterhaltsanspruch zu haben meint.

Der **Antragsgegner** wird kaum einen Anlass haben, das streitige Verfahren zu beantragen. Jedenfalls **kann er zulässigerweise keinen solchen Antrag stellen, ohne** seine Einwendungen rechtzeitig (§ 252 Abs. 5 FamFG) u. mit den in § 252 Abs. 2–4 FamFG vorgeschriebenen Erklärungen u. Belegen erhoben zu haben. Denn das streitige Verfahren soll vom Antragsgegner nicht dazu benutzt werden, die Einwendungen zu umgehen, indem er sofort einen Antrag auf Durchführung des streitigen Verfahrens stellt (BT-Drs. 14/7349, 26; Prütting/Helms/Bömelburg FamFG § 255 Rn. 4).

Mit dem Eingang des Antrags nach § 255 FamFG bei Gericht ist wie nach dem Eingang eines Streitantrags in einer Unterhaltssache zu verfahren (§ 255 Abs. 2 S. 1 FamFG). Anders als beim Mahnverfahren **bedarf** es aber **keiner Anspruchsbegründung,** sondern der **Festsetzungsantrag** nach §§ 249, 250 FamFG **wird automatisch zur Antragsschrift** (Wendl/Dose UnterhaltsR/Schmitz § 10 Rn. 689). Das **Verfahren gilt als mit** der bereits im vereinfachten Verfahren erfolgten **Zustellung des Festsetzungsantrags** an den Antragsgegner **rechtshängig** geworden, wenn der Streitantrag vor Ablauf von **6 Monaten** (§ 255 Abs. 6 FamFG) nach dem Zugang der gem. § 254 FamFG erfolgten Mitteilung gestellt wird (§ 255 Abs. 3 FamFG). Der bloße **Antrag nach § 255 FamFG** braucht deshalb der gegnerischen Partei **nur formlos mitgeteilt** zu werden (Zöller/Feskorn FamFG § 255 Rn. 2). Eine **förmliche Zustellung** ist allerdings dann erforderlich, **wenn** der Antragsteller neben dem Antrag auf Durchführung des streitigen Verfahrens im Wege der **Antragserweiterung** eine nähere Auskunft nach § 1605 BGB o. einen höheren als den im Festsetzungsantrag begehrten Unterhalt beantragt, was im streitigen Verfahren ohne Bindung an die 120 %-Grenze des § 249 Abs. 1 FamFG zulässig ist (Schumacher/Grün FamRZ 1998, 778 (793) für das alte Recht). Der Antragsteller muss dann aber seinen höheren Bedarf nach § 1610 BGB näher darlegen (Sternal/Giers FamFG § 255 Rn. 6).

2. Der Antrag auf Durchführung des streitigen Verfahrens ist bei dem Amtsgericht (Familiengericht) einzureichen, welches für das vereinfachte Verfahren zuständig war. Dort wird eine neue Akte mit dem Registerzeichen F angelegt, mit der die bisherige FH-Akte vereinigt u. fortgeführt wird. Für den bloßen Antrag auf Durchführung des streitigen Verfahrens besteht **kein Anwaltszwang** (§§ 257 S. 1, 114 Abs. 4 Nr. 6 FamFG, § 78 Abs. 3 ZPO), wohl aber für das **streitige Verfahren** selbst, da es sich um eine Familienstreitsache im Sinne von § 114 Abs. 1 FamFG handelt (Sternal/Giers FamFG § 255 Rn. 4).

3. Wegen der Eröffnung des elektronischen Rechtsverkehrs durch die Gerichte und die Pflicht der Rechtsanwälte, ihre Schriftsätze als elektronische Dokumente einzureichen, ist das Formular auf das **besondere elektronische Anwaltspostfach (beA)** ausgerichtet. Siehe zur komplexen Funktionsweise des beA-Systems den Beschluss des BGH vom 30.03.2023 – III ZB 13/22, BeckRS 2023, 9123 mwN.

4. Somit ist an sich **kein volles Rubrum** erforderlich. Dieses ist **aber** für die weitere Bearbeitung der neuen F-Akte u. für die elektronische Speicherung des Rubrums **zweckmäßig,** weil das Antragsformular des vereinfachten Verfahrens kein gerichtsübliches Rubrum zulässt, was zu Kanzleiversehen führen kann.

Wenn nach § 1629 Abs. 3 S. 1 BGB während des Getrenntlebens der miteinander verheirateten o. verpartnerten Eltern o. der Anhängigkeit einer Ehesache o. Lebenspartnerschaftssache zwischen ihnen nur der Elternteil, in dessen Obhut sich das Kind befindet, als **Verfahrensstandschafter** Antragsteller sein kann, müssen das vorgeschlagene Rubrum u. die Antragsbegründung entsprechend angepasst werden.

Liegt kein Fall des § 1629 Abs. 3 S. 1 BGB vor, ist das **Kind selbst Beteiligter** u. wird von dem Elternteil gesetzlich vertreten, dem nach § 1626a Abs. 3 BGB die elterliche Sorge allein zusteht o. nach § 1671 BGB allein übertragen worden ist. Steht den Eltern nach § 1626 BGB o. § 1626a Abs. 1 BGB die elterliche Sorge gemeinsam zu, ist das Kind ebenfalls selbst Beteiligter; es wird dann nach § 1629 Abs. 2 S. 2 BGB hinsichtlich seiner Unterhaltsansprüche gegen den anderen Elternteil von dem Elternteil gesetzlich vertreten, in dessen (überwiegender) **Obhut** es sich befindet. Der Begriff der Obhut wird nicht nach den rechtlichen, sondern ausschließlich nach den tatsächlichen Verhältnissen bestimmt. Das Kind befindet sich in der Obhut desjenigen Elternteils, bei dem der **Schwerpunkt der tatsächlichen Fürsorge u. Betreuung** liegt, dh der sich vorrangig um die Befriedigung der elementaren Bedürfnisse des Kindes nach Pflege, Verköstigung, Kleidung, ordnen der Gestaltung des Tagesablaufs u. ständig abrufbereiter emotionaler Zuwendung kümmert (BGH NJW 2014, 1958 Rn. 16 = FamRZ 2014, 917; OLG Nürnberg BeckRS 2018, 23157 Rn. 24 = FamRZ 2019, 295; BeckOK BGB/Veit/Schmidt BGB § 1629 Rn. 81 mwN).

Diese Zuordnung wird durch den Aufenthalt des Kindes beim anderen Elternteil im Rahmen des Umgangsrechts selbst bei einer zeitlich umfänglichen Ferienregelung (6 Wochen in den Sommerferien) nicht in Frage gestellt (OLG Köln BeckRS 2005, 9976). Lebt ein Kind zB zu 2/3 der Zeit in der Wohnung der Mutter u. zu 1/3 der Zeit in der Wohnung des Vaters, lässt diese Regelung die Alleinvertretungsbefugnis der Mutter nach

§ 1629 Abs. 2 S. 2 BGB ebenfalls nicht entfallen (BGH NJW 2006, 2258 Rn. 10 = FamRZ 2006, 1015).

Kein Elternteil hat jedoch die alleinige Obhut iSd Gesetzes inne beim **paritätischen Wechselmodell mit** in etwa **gleichlangen Phasen,** sodass das Kind bisher seinen Unterhaltsanspruch durch einen nach § 1809 BGB vom Familiengericht zu bestellenden **Ergänzungspfleger** geltend machen musste, wenn nicht gem. **§ 1628 BGB** einem Elternteil die Entscheidung zur Geltendmachung des Kindesunterhalts allein übertragen worden war. **Seit dem Beschluss des BGH vom 10.04.2024** (NZFam 2024, 693 Rn. 18 mAnm Siebert = FamRZ 2024, 1093 mAnm Langeheine) **werden beide nicht (mehr) miteinander verheirateten Elternteile hinsichtlich des gegen den jeweils anderen Elternteil gerichteten Unterhaltsanspruchs als vertretungsberechtigt angesehen.** Der Bestellung eines Ergänzungspflegers oder einer Entscheidung nach § 1628 BGB bedarf es dann also nicht mehr, was eine erhebliche Beschleunigung des Unterhaltsverfahrens darstellt.

Bis zu einer gesetzlichen Neuregelung gilt dies nach hM aber gem. §§ 1629 Abs. 2 S. 1 iVm § 1824 Abs. 1 Nr. 1 u. 3 BGB **nicht für verheiratete Eltern,** die ein paritätischen Wechselmodell praktizieren. Hier muss der Elternteil, der den anderen für barunterhaltspflichtig hält, zunächst eine Entscheidung nach § 1628 BGB herbeiführen o. die Bestellung eines Ergänzungspflegers veranlassen (BGH aaO Rn. 10; OLG Frankfurt a. M. BeckRS 2024, 17398 Rn. 18 = FamRZ 2024, 1631; BeckOK BGB/Veit/Schmidt BGB § 1629 Rn. 85 mwN; aM OLG Karlsruhe BeckRS 2024, 17087 Rn. 19 ff. für eine analoge Anwendung des § 1629 Abs. 3 BGB, da eine ungewollte Gesetzeslücke vorliege u. die Interessenlagen vergleichbar seien; ebenso OLG Dresden BeckRS 2025, 10711 Rn. 22 ff. mwN).

5. Der Antragsteller sollte im Hinblick auf das Kostenrisiko des streitigen Verfahrens den Festsetzungsantrag dann nicht in voller Höhe aufrechterhalten, wenn der Antragsgegner nach der von ihm erteilten Auskunft auch unter Berücksichtigung seiner gesteigerten Erwerbsobliegenheit nach § 1603 Abs. 2 S. 1 BGB ersichtlich zu Unterhaltsleistungen in dieser Höhe nicht verpflichtet ist. Auf der anderen Seite gilt für das streitige Verfahren die Begrenzung nach § 249 Abs. 1 FamFG nicht, sodass auch ein inzwischen **volljährig gewordenes Kind** das Verfahren weiterführen darf (BGH NJW-RR 2006, 582 Rn. 21 f. = FamRZ 2006, 402; OLG Celle BeckRS 2023, 23401 Rn. 13 = FamRZ 2024, 444; OLG Koblenz BeckRS 2019, 34921 Rn. 8 ff. = FamRZ 2020, 111) u. es seinen Antrag über die 120 %-Grenze hinaus erweitern kann (Sternal/Giers FamFG § 255 Rn. 6).

6. Für das streitige Verfahren ist **gesondert VKH zu beantragen,** da die für das vereinfachte Unterhaltsverfahren gewährte VKH sich nach einem Übergang nicht auf das streitige Verfahren erstreckt (OLG Koblenz BeckRS 2019, 39033 Rn. 7 = FamRZ 2020, 1024).

Kosten und Gebühren

7. Eine **Vorauszahlungspflicht** des Antragstellers nach §§ 14, 21 Abs. 1 S. 1 FamGKG besteht, wenn kein antragserweiternder Schriftsatz zuzustellen ist (s. § 14 Abs. 1 S. 2 FamGKG), für das streitige Verfahren **nicht,** da der als Streitantrag geltende Festsetzungsantrag bereits im vorschussfreien vereinfachten Verfahren zugestellt worden ist.

Die **Kostenverteilung** durch das Gericht erfolgt gem. § 243 FamFG **nach billigem Ermessen** (BGH NJW 2011, 3654 Rn. 23 ff. = FamRZ 2011, 1933).

Für das **streitige Verfahren** entsteht die **dreifache gerichtliche Verfahrensgebühr** nach KV 1220 FamGKG. Die **Kosten** des vorangegangenen **vereinfachten Verfahrens** werden nach § 255 Abs. 5 FamFG als Teil der Kosten des streitigen Verfahrens behandelt, sodass darüber erst im streitigen Verfahren u. nicht vom Rechtspfleger in einem Teilfestsetzungsbeschluss zu entscheiden ist (OLG Naumburg BeckRS 2001, 30202221 zum früheren Recht).

Der **gerichtliche Verfahrenswert** errechnet sich nach § 51 FamGKG. Maßgeblich ist der für die ersten zwölf Monate nach Einreichung des Antrags geforderte Betrag, höchstens jedoch der Gesamtbetrag der geforderten Leistung. Die bei Einreichung des Antrags fälligen Beträge werden dem Wert hinzugerechnet (§ 51 Abs. 2 S. 1 FamGKG). Für das Verfahren nach § 255 FamFG ist als **„Einreichung des Antrags"** iSv § 51 Abs. 1 u. 2 FamGKG die **Antragstellung im vereinfachten Verfahren** u. nicht erst diejenige auf Durchführung des streitigen Verfahrens **maßgeblich** (OLG Celle BeckRS 2014, 2648).

Nach dem gerichtliche Verfahrenswert richtet sich der **Gegenstandswert für die** Berechnung der **anwaltlichen Gebühren** im gerichtlichen Verfahren (§ 23 Abs. 1 RVG).

Der **Anwalt** erhält für seine erstinstanzliche Tätigkeit im streitigen Verfahren die **Verfahrensgebühr** iHv **1,3** des Satzes der Gebühr nach § 13 RVG, auf die die **Verfahrensgebühr für das vereinfachte Verfahren angerechnet wird** (VV 3100 RVG), sowie bei einer Terminswahrnehmung die **Terminsgebühr** iHv **1,2** des Satzes der Gebühr nach § 13 RVG (VV 3104 RVG) u. ggf. die **Einigungsgebühr** iHv **1,0** des Satzes der Gebühr nach § 13 RVG (VV 1003 RVG).

Insgesamt entsteht somit durch die Vorschaltung des vereinfachten Verfahrens **keine höhere Kostenbelastung** als im Unterhaltsstreitverfahren. Die **Kosten können** sogar **geringer sein, wenn** die Beteiligten von der gerichtsgebührenfreien **Festsetzung eines Teilbetrages** nach § 253 Abs. 1 S. 2 FamFG Gebrauch machen (KV 1210 FamGKG).

Fristen und Rechtsmittel

8. Gegen die im streitigen Verfahren nach § 255 FamFG durch Beschluss ergangene Endentscheidung des Familiengerichts ist die **Beschwerde an das OLG** gegeben.

Die Beschwerde ist **binnen eines Monats** ab der schriftlichen Bekanntgabe des Beschlusses (§ 63 Abs. 1 u. 3 FamFG) **beim Familiengericht** (nicht beim OLG, s. BT-Drs. 16/6308, 206) einzulegen, dessen Beschluss angefochten wird (§ 64 Abs. 1 S. 1 FamFG). Ist keine schriftliche Bekanntgabe (Zustellung) des Beschlusses erfolgt, beginnt die Beschwerdefrist gem. § 63 Abs. 3 S. 2 FamFG spätestens mit Ablauf von fünf Monaten nach Erlass (Verkündung) des Beschlusses zu laufen (§ 113 Abs. 1 S. 2 FamFG iVm §§ 311 Abs. 2 S. 1, 329 Abs. 1 S. 1 ZPO; BGH NJW 2015, 1529 Rn. 10, 22 ff.).

Beim Familiengericht (nicht beim OLG) ist auch ein Antrag auf Bewilligung von VKH für eine beabsichtigte Beschwerde einzureichen (§ 64 Abs. 1 S. 2 FamFG).

Die Beschwerde steht nach § 59 Abs. 1 FamFG demjenigen zu, der durch den Beschluss in seinen Rechten beeinträchtigt ist. Der **Wert des Beschwerdegegenstandes** muss 600 EUR übersteigen, mithin wenigstens 600,01 EUR betragen (§ 61 Abs. 1 FamFG), o. das Gericht des ersten Rechtszugs muss die Beschwerde zugelassen haben (§ 61 Abs. 2 u. 3 FamFG).

Zur **Begründung der Beschwerde** hat der Beschwerdeführer einen bestimmten Sachantrag zu stellen u. diesen zu begründen (§ 117 Abs. 1 S. 1 FamFG).

Die **Beschwerdebegründungsfrist** beträgt zwei Monate u. beginnt mit der schriftlichen Bekanntgabe des Beschlusses, bei unterbliebener o. fehlerhafter Zustellung spätestens mit Ablauf von fünf Monaten nach Erlass des Beschlusses (§ 117 Abs. 1 S. 3 FamFG). Die Begründungsfrist kann auf den von einem Rechtsanwalt vor ihrem Ablauf (BGH NJW-RR 2017, 577 Rn. 7 ff.) schriftlich gestellten Antrag vom Vorsitzenden des Beschwerdegerichts verlängert werden (§ 117 Abs. 1 S. 4 FamFG, § 520 Abs. 2 S. 2 u. 3 ZPO).

III. Einwendungen des Vaters gemäß § 1613 Abs. 3 BGB gegen außerhalb von § 237 FamFG geltend gemachte rückständige Unterhaltsansprüche

An das

Amtsgericht[1]

– Familiengericht –

per beA[2]

In der Familiensache

. . . . ./. . . . .

Az.: . . . . .

wird namens und in Vollmacht des Antragsgegners beantragt,

dem Antragsgegner für die erste Instanz Verfahrenskostenhilfe unter Beiordnung seines Verfahrensbevollmächtigten zu bewilligen und wie folgt zu beschließen:

Der Antrag wird zurückgewiesen, soweit der Antragsteller den Antragsgegner auf rückständigen Unterhalt für die Zeit vom . . . . . bis . . . . . in Höhe von insgesamt . . . . . EUR in Anspruch nimmt. Dieser rückständige Unterhalt wird dem Antragsgegner erlassen.

Hilfsweise: Dem Antragsgegner wird der für die Zeit vom . . . . . bis . . . . . in Höhe von insgesamt . . . . . EUR geltend gemachte rückständige Unterhalt bis zum . . . . . gestundet.

Hilfsweise: Der Antragsgegner darf den rückständigen Unterhalt für die Zeit vom . . . . . bis . . . . . in Höhe von insgesamt . . . . . EUR in Raten von monatlich . . . . . EUR ab dem . . . . . zahlen.

Begründung:

Zutreffend ist, dass der Antragsgegner seit dem . . . . . als der Vater des am . . . . . geborenen Antragstellers feststeht und dass er dem Antragsteller nach §§ 1601 ff. BGB zur Zahlung eines laufenden Unterhalts in Höhe von . . . . . verpflichtet ist. Richtig ist auch, dass der Antragsteller im Haushalt seiner Mutter lebt und dass diese das Kindergeld für den Antragsteller erhält.

Der Unterhaltsantrag ist jedoch hinsichtlich des rückständigen Unterhalts für die Zeit vom . . . . . bis . . . . . in Höhe von insgesamt . . . . . EUR nicht begründet. Denn insoweit liegt eine unbillige Härte für den Antragsgegner im Sinne von § 1613 Abs. 3 BGB vor.

Dem Antragsgegner ist nämlich erstmalig am . . . . . von der Mutter des Antragstellers mitgeteilt worden, dass er der Vater des Antragstellers sein könnte. Vorher wusste der Antragsgegner nicht, dass der Antragsteller sein Kind ist, und der Antragsgegner musste bis dahin nicht mit einer Inanspruchnahme auf Kindesunterhalt rechnen.

Der Antragsgegner hat deshalb seine Lebensführung nicht auf eine eventuelle Unterhaltspflicht gegenüber dem Antragsteller einstellen und keine Rückstellungen für die

Unterhaltsrückstände ab der Geburt des Antragstellers (§ 1613 Abs. 2 Nr. 2 BGB) vornehmen können.

Der Antragsgegner ist aufgrund seines Einkommens und seiner sonstigen Verpflichtungen selbst ratenweise nicht in der Lage, die erheblichen Rückstände ohne eine Gefährdung seiner wirtschaftlichen und sozialen Existenz und damit auch des laufenden Unterhalts des Antragstellers zu zahlen.

Der Antragsgegner übt vollschichtig den Beruf eines ..... aus und erzielt daraus ein um die berufsbedingten Aufwendungen[3] bereinigtes monatliches Nettoeinkommen in Höhe von ..... EUR. Weitere Einkünfte hat der Antragsgegner nicht, und er ist nicht in der Lage, solche zu erzielen. Er hat auch kein nennenswertes Vermögen.

Beweis: Der neueste Einkommensteuerbescheid des Antragsgegners sowie seine Verdienstabrechnungen für die letzten 12 Monate jeweils in Kopie anbei

Von diesem monatlichen Nettoeinkommen muss der Antragsgegner unterhaltsrechtlich relevante Schuldverpflichtungen,[4] die er schon lange vor der Feststellung der Vaterschaft und der Kenntnis hiervon eingegangen ist, in einer Höhe von monatlich ..... EUR abzahlen. Es handelt sich um keine leichtfertig oder für luxuriöse Zwecke eingegangenen Schulden, sondern um Kreditraten für .....

Beweis: Die Kreditverträge und die Bankbelege über die laufenden Zahlungen des Antragsgegners auf diese Kredite jeweils in Kopie anbei

Ferner hat der Antragsgegner weitere Unterhaltsverpflichtungen in Höhe von monatlich ..... EUR gegenüber seinen Kindern .....

Beweis: Die Unterhaltstitel und die Belege über die laufenden Unterhaltszahlungen des Antragsgegners jeweils in Kopie anbei

Ohne einen völligen Erlass des rückständigen Unterhalts würde die Fähigkeit des Antragsgegners beseitigt werden, den laufenden Unterhalt für den Antragsteller und für die weiteren gleichrangigen Unterhaltsberechtigten zahlen zu können. Angesichts seiner wirtschaftlichen Lage bekommt der Antragsgegner auch keinen weiteren Kredit, um den Rückstand auszugleichen.

Beweis: Bescheinigung der Bank .....

Der Antragsgegner kann neben dem laufenden Unterhalt den erheblichen Rückstand selbst in Raten nicht abzahlen. Nach allem würde eine Erfüllung des Unterhaltsrückstandes den Antragsgegner unverschuldet in wirtschaftliche Not geraten lassen und eine unbillige Härte für ihn bedeuten. Dem kann nur durch den in erster Linie beantragten Erlass des rückständigen Unterhalts begegnet werden (vgl. OLG Oldenburg BeckRS 2011, 16859 Rn. 15 = FamRZ 2006, 1561; BT-Drs. 13/7338, 32).

Nur vorsorglich und hilfsweise beantragt der Antragsgegner die Stundung des rückständigen Unterhalts bis zum Auslaufen seiner Kreditverträge am ..... oder die Bewilligung einer Zahlung in Raten von monatlich ..... EUR ab dem ..... Hierdurch kann allerdings eine unbillige Härte nicht vermieden werden. Es ist vielmehr ein Erlass des Unterhaltsrückstandes erforderlich.

Zum Antrag auf Bewilligung von Verfahrenskostenhilfe sind die nach § 117 Abs. 2 und 4 ZPO iVm § 113 Abs. 1 S. 2 FamFG erforderlichen Unterlagen mit Abschriften für den Gegner[4] beigefügt.

Rechtsanwalt

Anmerkungen

1. § 1613 Abs. 3 BGB ist ein „erweitertes **Korrektiv** zugunsten des Unterhaltsverpflichteten", da nach § 1613 Abs. 2 Nr. 2 BGB Unterhaltsansprüche für die Vergangenheit unter erleichterten Voraussetzungen geltend gemacht werden können (BT-Drs. 13/7338, 32).

Der Unterhaltsverpflichtete muss nicht selten Unterhalt für einen sehr langen Zeitraum nachzahlen, wenn der Berechtigte aus rechtlichen Gründen o. aus tatsächlichen, in den Verantwortungsbereich des Unterhaltspflichtigen fallenden Gründen an der Geltendmachung des Unterhaltsanspruchs gehindert war. Dann soll der Berechtigte nach § 1613 Abs. 3 S. 1 BGB **Erfüllung nicht** o. **nur in Teilbeträgen** o. **erst zu einem späteren Zeitpunkt** verlangen können, soweit die volle o. die sofortige Erfüllung für den Verpflichteten eine **unbillige Härte** bedeuten würde.

Dieses **Billigkeitskorrektiv** gilt gem. § 1613 Abs. 3 S. 2 BGB auch, soweit ein **Dritter** (aus übergegangenem Recht nach § 1607 Abs. 2, 3 BGB) vom Verpflichteten Unterhalt verlangt, weil er anstelle des Verpflichteten Unterhalt gewährt hat (OLG Schleswig NJW-RR 2007, 1017 = FamRZ 2007, 2102 betr. den teilweisen Erlass des Unterhaltserstattungsanspruchs des Scheinvaters gegen den leiblichen Vater sowie die Bewilligung von Ratenzahlungen im Übrigen).

Die Billigkeitsgründe für einen **Erlass** (= Erfüllung nicht) o. eine **Stundung** (= nur in Teilbeträgen) o. eine **Ratenzahlung** (= erst zu einem späteren Zeitpunkt) hinsichtlich des rückständigen Unterhalts müssen vom Unterhaltsverpflichteten als materiellrechtliche Einwendungen im Verfahren betr. den Unterhaltsrückstand vorgebracht werden (BT-Drs. 13/7338, 32). Dies geschieht in einem Unterhaltsverfahren außerhalb von § 237 FamFG mit einem Antrag auf (teilweise) Antragsabweisung, dagegen nach der Festsetzung des Mindestunterhalts gem. § 237 FamFG, in dessen Rahmen kein Raum für Billigkeitserwägungen ist (§ 237 Abs. 3 S. 3 FamFG), mit einem Abänderungsantrag (Korrekturantrag) des Vaters nach § 240 FamFG.

In der Praxis hat die Härteregelung hauptsächlich Bedeutung, wenn die **Vaterschaft** eines hinsichtlich seiner Unterhaltsschuld **subjektiv redlichen Mannes** erst **nach vielen Jahren** gerichtlich festgestellt o. anerkannt wird u. bis dahin erhebliche Unterhaltsrückstände ab der Geburt des Kindes aufgelaufen sind, deren Verjährungsfrist nach § 199 Abs. 1 Nr. 1 BGB erst ab der rechtskräftigen Feststellung der Vaterschaft bzw. ihrer wirksamen Anerkennung zu laufen beginnt.

Eine **unbillige Härte** wird **nur** anzunehmen sein **bei** einer **Unkenntnis** o. Ungewissheit **des Schuldners über seine Vaterschaft,** nicht aber, wenn er seine Unterhaltspflicht u. die ihre Realisierung hindernden Gründe kennt (OLG Karlsruhe BeckRS 2000, 6016 = NJWE-FER 2001, 147). Bei der **Billigkeitsabwägung** sind alle Umstände des Falles zu berücksichtigen wie die Höhe des Unterhaltsrückstandes u. die Gründe seiner späten Geltendmachung sowie die wirtschaftliche Lage des Schuldners angesichts seiner weiteren Unterhaltsverpflichtungen u. sonstigen Verbindlichkeiten. Vor allem darf die Fähigkeit des Schuldners nicht gefährdet werden, den laufenden Unterhalt für das von den Rückständen betroffene Kind u. für weitere Unterhaltsberechtigte bezahlen zu können (BeckOK BGB/Reinken BGB § 1613 Rn. 45 ff.).

Die Rechtsfolgen einer unbilligen Härte (Erlass, Stundung o. Ratenzahlung) wählt das Gericht von Amts wegen aus. Ein völliger **Erlass** des rückständigen Unterhalts kann **„nur ganz ausnahmsweise"** gewährt werden (BT-Drs. 13/7338, 32), wenn eine Stundung, eine Ratenzahlung o. eine Herabsetzung des Unterhaltsrückstandes zur Vermeidung der unbilligen Härte auf Seiten des Antragsgegners nicht genügen. Das ist insbes. dann der Fall, wenn ein möglicher Kindesvater mit begrenzter wirtschaftlicher Leistungsfähigkeit **nicht** mit seiner späteren Inanspruchnahme auf Kindesunterhalt **rechnen musste** (OLG

Oldenburg BeckRS 2011, 16859 Rn. 14 f. = FamRZ 2006, 1561; OLG Celle NJW-RR 2019, 776 Rn. 34 ff. = FamRZ 2019, 1787). Dagegen ist ein völliger Erlass nicht billig, wenn der Antragsgegner von vornherein davon ausging, der biologische Vater des Kindes zu sein (OLG Koblenz BeckRS 2015, 14282 = FamRZ 2015, 1401).

Die Anspruchsbeschränkung des § 1613 Abs. 3 ist nicht von Amts wegen zu berücksichtigen, sondern es handelt sich um eine **Einrede**, die vom Unterhaltsverpflichteten erhoben werden muss (OLG Brandenburg BeckRS 2020, 41250 Rn. 18 mwN). Der Antragsgegner sollte daher die Härtegründe sorgfältig dartun u. möglichst belegen, damit das Familiengericht näher in eine Billigkeitsprüfung wegen des Unterhaltsrückstandes eintritt. Dies gilt insbes. dann, wenn der Antragsgegner einen (teilweisen) Erlass anstrebt. Denn der Unterhaltspflichtige hat die **Darlegungs- u. Beweislast** für die Voraussetzungen seines Härteeinwandes, weil er sich im Rahmen des § 1613 Abs. 3 BGB auf eine Ausnahme gegenüber dem allgemeinen Grundsatz des § 1613 Abs. 2 Nr. 2 BGB beruft (OLG Brandenburg aaO Rn. 19).

2. Zum beA → Form. J.II.4 Anm. 3.

3. Den Abzug der **berufsbedingten Aufwendungen** hat das jeweils zuständige OLG seit der bundeseinheitlichen Leitlinienstruktur 2011 in **Ziffer 10.2** seiner aktuellen **Unterhaltsrechtlichen Leitlinien** geregelt. Bei Einkünften aus nichtselbständiger Arbeit wird meistens eine Pauschale von 5 % (mindestens 50 EUR u. höchstens 150 EUR monatlich) des Nettoeinkommens ohne konkreten Vortrag abgezogen. Der BGH (NJW 2006, 369 Rn. 22 ff.) akzeptiert diese pauschalierende Berechnungsmethode. Übersteigen die berufsbedingten Aufwendungen diese Pauschale, sind sie aber vom Unterhaltspflichtigen insges. nach Grund und Höhe darzulegen u. bei Bestreiten zu nachzuweisen (vgl. Dose UnterhaltsR/Dose § 1 Rn. 124 ff.).

4. Die Berücksichtigung **unterhaltsrechtlich relevanter Schulden** (Zins u. Tilgung) ist in **Ziffer 10.4** der **Unterhaltsrechtlichen Leitlinien** geregelt. Die Schulden sind bei tatsächlicher Zahlung im Rahmen eines vernünftigen Tilgungsplanes in angemessenen Raten unter Berücksichtigung der Interessen des Kindes abzuziehen (s. Dose UnterhaltsR § 1 Rn. 1105 ff.).

5. Die **VKH-Unterlagen** sollten mit einem Doppel für den Verfahrensgegner eingereicht werden. Denn im Unterhaltsstreitverfahren zwischen Gläubiger u. Schuldner dürfen die Erklärung u. die Belege nach § 113 Abs. 1 S. 2 FamFG, § 117 Abs. 2 S. 2 ZPO dem Gegner ohne Zustimmung des die VKH beantragenden Beteiligten zugänglich gemacht werden, wenn der Gegner gegen den Antragsteller einen Anspruch auf Auskunft über Einkünfte u. Vermögen nach den Vorschriften des bürgerlichen Rechts hat. Nach § 117 Abs. 2 S. 3 ZPO ist dem die VKH beantragenden Antragsteller allerdings vor der Übermittlung seiner Erklärung an den Gegner Gelegenheit zur Stellungnahme zu geben. Wenn seine Erklärung übermittelt wurde, muss das Gericht ihn darüber unterrichten (§ 117 Abs. 2 S. 4 ZPO).

K. Güterrechtssachen

I. Ansprüche aus Güterrecht, § 261 Abs. 1 FamFG

1. Zahlung von Zugewinnausgleich

An das Amtsgericht . . . . [Datum]

– Familiengericht –[1, 2]

Antrag[3]

In Sachen

. . . . . [Vorname, Familienname, Adresse] – Antragsteller –

Verfahrensbevollmächtigte: . . . . .[4]

gegen

. . . . . [Vorname, Familienname, Adresse] – Antragsgegnerin –

wegen Zugewinns

Verfahrenswert: . . . . .[5]
hiermit bestelle ich mich unter Vorlage

- einer auf mich lautenden Vollmacht[6] für den Antragsteller, zahle
- . . . . . EUR in Form eines von meiner Kanzlei ausgestellten Einzugsermächtigung

als Verfahrenskostenvorschuss[7] ein und

beantrage:[8]

I. Die Antragsgegnerin ist verpflichtet, an den Antragsteller . . . . . EUR nebst 5 Prozentpunkten Zinsen[9] über dem Basiszinssatz hieraus seit . . . . . zu bezahlen.
II. Die Antragsgegnerin trägt die Kosten des Verfahrens.[10]
III. Der Beschluss ist vorläufig vollstreckbar.[11]
IV. Vorsorglich: Soweit die gesetzlichen Voraussetzungen vorliegen, wird der Erlass eines Versäumnisbeschlusses bzw. Anerkenntnisbeschlusses ohne mündliche Verhandlung beantragt.[12]

Begründung:

A. Allgemeine Ausführungen

I. Anspruchsgrund

Der Antragsteller stützt seinen Zugewinnausgleichsanspruch auf § 1378 Abs. 1 BGB. Der Zugewinn der Antragsgegnerin übersteigt den Zugewinn des Antragstellers um ..... EUR Davon steht ihm die Hälfte als Ausgleichsforderung zu, somit ..... EUR. Diesen Betrag macht der Antragsteller mit diesem Antrag geltend.[13]

II. Formalien[14]

Die Beteiligten haben am ..... die Ehe geschlossen. Zwischen ihnen bestand der Güterstand der Zugewinngemeinschaft. Der Scheidungsantrag des Antragstellers ist der Antragsgegnerin am ..... zugestellt worden. Stichtag für das Endvermögen iSv §§ 1384, 1375 BGB ist somit der ....., für das Anfangsvermögen iSv § 1374 Abs. 1 BGB der ..... Der Scheidungsbeschluss ist seit ..... rechtskräftig.

Beweis: Beiziehung der Akten des Amtsgerichts ..... mit dem Aktenzeichen .....

Stichtag für die Berechnung des Anfangsvermögens im Sinne von § 1374 Abs. 1 BGB ist somit der ..... Am ..... ist der Vater des Antragstellers verstorben, dessen Alleinerbe der Antragsteller wurde.

Beweis: Erbschein vom ..... in Kopie als – Anlage AS 1 –

Stichtag für die Zurechnung zum Anfangsvermögen iSv § 1374 Abs. 2 BGB auf der Seite des Antragstellers ist somit der ..... (evtl. weitere Zuwendungen iSv § 1374 Abs. 2 BGB auf der Seite des Antragstellers samt Angabe des Stichtags)

Am ..... hat Frau ..... [Vorname, Familienname] der Antragsgegnerin ..... EUR geschenkt. Stichtag für die Zurechung zum Anfangsvermögen iSv § 1374 Abs. 2 BGB auf der Seite der Antragsgegnerin ist somit der .....

(evtl. weitere Zuwendungen iSv § 1374 Abs. 2 BGB auf der Seite der Antragsgegnerin samt Angabe des Stichtags)

Preisindizes[15]

Der Preisindex für die Gesamtlebenshaltung aller privaten Haushalte mit Basis 2010 = 100 lautet (Jahresdurchschnitt; vgl. Grüneberg/Siede BGB § 1376 Rn. 40 f.):

- 19 ..... : .....
- 200 ..... : .....
- 200 ..... : .....
- 200 ..... : .....

(evtl. Vortrag zu § 1375 Abs. 2 BGB)

B. Der beiderseitige Zugewinn[16]

I. Endvermögen des Antragstellers

1.	Aktiva iSv § 1375 Abs. 1 BGB	
	a.	–,– EUR
	b.	–,– EUR
	Summe	–,– EUR
2.	Passiva iSv § 1375 Abs. 1 BGB	
	a.	–,– EUR
	b.	–,– EUR
	Summe	./. –,– EUR
3.	Zurechnung zum Endvermögen iSv § 1375 Abs. 2 BGB	
	a.	–,– EUR
	b.	–,– EUR
	Summe	–,– EUR
4.	Endvermögen des Antragstellers insgesamt	–,– EUR

II. Anfangsvermögen des Antragstellers

1.	Aktiva iSv § 1374 Abs. 1 BGB	
	a.	–,– EUR
	b.	–,– EUR
	Summe	–,– EUR
2.	Passiva iSv § 1374 Abs. 1 BGB	
	a.	–,– EUR
	b.	–,– EUR
	Summe	–,– EUR
3.	Anfangsvermögen des Antragstellers iSv § 1374 Abs. 1 BGB	
	insgesamt	–,– EUR
	indexiert (× . . . . . : . . . . .)	–,– EUR
4.	Anfangsvermögen des Antragstellers iSv § 1374 Abs. 2 BGB	
	a.	–,– EUR
	indexiert (× . . . . . : . . . . .)	–,– EUR
	b.	–,– EUR
	indexiert (× . . . . . : . . . . .)	–,– EUR
	Summe	–,– EUR
5.	Anfangsvermögen des Antragstellers insgesamt	–,– EUR

III. Endvermögen der Antragsgegnerin

1.	Aktiva iSv § 1375 Abs. 1 BGB	
	a.	–,– EUR
	b.	–,– EUR
	Summe	–,– EUR
2.	Passiva iSv § 1375 Abs. 1 BGB	
	a.	–,– EUR
	b.	–,– EUR
	Summe	./. –,– EUR
3.	Zurechnungen zum Endvermögen iSv § 1375 Abs. 2 BGB	
	a.	–,– EUR
	b.	–,– EUR
	Summe	–,– EUR
4.	Endvermögen der Antragsgegnerin insgesamt	–,– EUR

IV. Anfangsvermögen der Antragsgegnerin

1.	Aktiva iSv § 1374 Abs. 1 BGB	
	a.	–,– EUR
	b.	–,– EUR
	Summe	–,– EUR
2.	Passiva iSv § 1374 Abs. 1 BGB	
	a.	–,– EUR
	b.	–,– EUR
	Summe	./. –,– EUR
3.	Anfangsvermögen der Antragsgegnerin iSv § 1374 Abs. 1 BGB insgesamt	–,– EUR
	indexiert (× ..... : .....)	–,– EUR
4.	Anfangsvermögen der Antragsgegnerin iSv § 1374 Abs. 2 BGB	
	a.	–,– EUR
	indexiert (× ..... : .....)	–,– EUR
	b.	–,– EUR
	indexiert (× ..... : .....)	–,– EUR
	Summe	–,– EUR
5.	Anfangsvermögen der Antragsgegnerin insgesamt	–,– EUR

C. Berechnung der Zugewinnausgleichsforderung

1. Endvermögen des Antragstellers
   (s. oben . . . . .) –,– EUR
2. Anfangsvermögen des Antragstellers
   (s. oben . . . . .) –,– EUR
3. Zugewinn des Antragstellers –,– EUR
4. Endvermögen der Antragsgegnerin
   (s. oben . . . . .) –,– EUR
5. Anfangsvermögen der Antragsgegnerin
   (s. oben . . . . .) –,– EUR
6. Zugewinn der Antragsgegnerin –,– EUR
7. Differenz –,– EUR
8. davon § = Zugewinnausgleichsforderung
   des Antragstellers gegen die Antragsgegnerin –,– EUR

Diese Zugewinnausgleichsforderung macht der Antragsteller hiermit gegen die Antragsgegnerin geltend.

D. Zinsen[9]

Der Zinsanspruch wird auf § 284 Abs. 1 BGB gestützt. Der Antragsteller hat die Antragsgegnerin mit Schreiben vom . . . . . zum . . . . . in Verzug gesetzt.

Beweis: Das Schreiben vom . . . . . in Kopie als – Anlage AS . . . . . –

Rechtsanwalt[17, 18]

Anmerkungen

1. Der Zugewinn steht nicht – wie der Versorgungsausgleich – im so genannten Zwangsverbund. Werden die Ansprüche aus dem Güterrecht nicht **rechtzeitig** anhängig gemacht (→ Form. B.IV.1 Anm. 2), kommen sie nicht in den Verbund. Rechtzeitig bedeutet, dass der Zugewinnausgleichsantrag frühestens gleichzeitig mit dem Scheidungsantrag, aber auch während des Verfahrens bis zur letzten mündlichen Verhandlung der ersten Instanz der Scheidungssache anhängig gemacht werden kann, jedoch spätestens zwei Wochen vor der mündlichen Verhandlung im ersten Rechtszug in der Scheidungssache (§ 137 Abs. 2 S. 1 FamFG). Er kann aber anschließend im Wege eines Antrags als isolierte Familiensache geltend gemacht werden, wie im vorliegenden Fall unterstellt. Der isolierte Zugewinnausgleichsantrag ist **Familiensache** (§ 111 Nr. 9 FamFG), jedoch keine Ehesache iSv § 121 FamFG. Es gelten die Vorschriften von §§ 111–120, 261–265 FamFG, ansonsten wird dieses Verfahren im Wesentlichen wie ein normaler Zivilprozess geführt (s. aber die folgenden Anmerkungen). Zugewinnausgleichssachen sind **Familienstreitsachen** (§ 112 Nr. 2 FamFG). Nach § 113 FamFG gelten die Vorschriften über das Verfahren vor den Landgerichten entsprechend. An die Stelle der Bezeichnung Prozess oder Rechtsstreit tritt jedoch die Bezeichnung Verfahren, an die Stelle Klage tritt die Bezeichnung Antrag. Zu beachten ist, dass die Ausgleichsforderung regelmäßig in drei Jahren verjährt, gerechnet ab dem Zeitpunkt, in dem der Anspruchsteller von der Beendigung des Güterstandes erfährt (§§ 195, 199 Abs. 1 BGB).

2. Für Zugewinnausgleichsanträge ist das Familiengericht ausschließlich zuständig. Da derartige Anträge keine Ehesachen sind, gelten für die örtliche Zuständigkeit auch nicht die Zuständigkeitsregeln von § 122 FamFG. Vielmehr sind die Vorschriften über den Gerichtsstand nach §§ 12 ff. ZPO maßgeblich, meist also der **allgemeine Gerichtsstand** des Wohnsitzes/gewöhnlichen Aufenthalts (§ 13 ZPO, § 262 FamFG). Eine **Gerichtsstandsvereinbarung** bezüglich der örtlichen Zuständigkeit kann unter den Voraussetzungen von §§ 38 ff. ZPO geschlossen werden; auch eine rügelose Einlassung nach § 39 ZPO kann die gesetzliche örtliche Zuständigkeit ändern (§ 113 Abs. 1 S. 2 FamFG).

Die internationale Zuständigkeit folgt aus § 105 FamFG, sonst § 98 Abs. 2 FamFG, wenn sie als Folgesachen gem. § 137 Abs. 2 Nr. 4 FamFG anhängig gemacht werden. Für Verfahren, die ab dem 29.1.2019 eingeleitet werden, ist die Verordnung (EU) 2016/1103 vom 24.6.2016 zur Durchführung einer Verstärkten Zusammenarbeit im Bereich der Zuständigkeit, des anzuwendenden Rechts und der Anerkennung und Vollstreckung von Entscheidungen in Fragen des ehelichen Güterstandes maßgebend (Art. 5 ff. EuGSVO).

3. Da Güterrechtssachen Familiensachen sind, tritt an die Stelle der Bezeichnung Kläger und Beklagter die Bezeichnung Antragsteller und Antragsgegner (§ 113 Abs. 5 Nr. 3 und 4 FamFG).

4. Es besteht Anwaltszwang (§ 114 Abs. 1 FamFG).

5. Der Wert des Verfahrensgegenstandes (**Verfahrenswert:** §§ 33 ff. FamGKG) entspricht der Höhe des Antrags zum Zeitpunkt der den jeweiligen Verfahrensgegenstand betreffenden ersten Antragstellung.

6. Durch die ZPO ist die Vorlage einer Vollmacht nicht geboten. Das Familiengericht hat den Mangel der Vollmacht eines Rechtsanwalts nicht von Amts wegen zu berücksichtigen, sondern nur auf Rüge des Gegners (§ 88 Abs. 2 ZPO). Um sich nicht einer solchen Rüge auszusetzen, ist die Vorlage einer Vollmacht zweckmäßig. Die Sondervorschrift von § 114 Abs. 5 S. 1 FamFG mit dem Erfordernis einer besonderen, auf das Verfahren gerichteten Vollmacht, gilt nicht, weil keine Ehesache vorliegt (→ Anm. 1).

7. In einzelnen Bundesländern kann der Verfahrenskostenvorschuss auch mittels einer Bank-Abbuchungsermächtigung eingezahlt werden, die dem Antrag in Schriftsatzform beigefügt wird (zB in Bayern), sonst geschieht dies weiterhin mittels einer Banküberweisung nach gerichtlicher Aufforderung.

Die Erlangung von **Verfahrenskostenhilfe** für isolierte Zugewinnausgleichsanträge ist regelmäßig schwierig, da die Rechtsprechung die Pflicht statuiert hat, möglichst alle Verfahren in dem kostengünstigeren Verbund geltend zu machen (**„Verbundpflicht"**). Es ist deshalb im VKH-Antrag darzustellen, dass triftige Gründe eine abweichende Verfahrensgestaltung rechtfertigen.

8. Ein bestimmter Antrag mit genauer Bezifferung der Ausgleichsforderung (BGH NJW 1994, 3102) und – soweit verlangt – einer Bestimmbarkeit der Zinsen ist gem. § 253 Abs. 2 Nr. 2 ZPO erforderlich. Anderenfalls ist der Antrag unzulässig (OLG Zweibrücken FamRZ 2000, 238). Aber auch ein unzulässiger Antrag hemmt die Verjährung (BGHZ 78, 5; vgl. Grüneberg/Ellenberger BGB § 204 Rn. 5).

9. Die Ausgleichsforderung entsteht mit der Beendigung des Güterstandes (§ 1378 Abs. 3 S. 1 BGB), in den hier interessierenden Fällen also mit Rechtskraft der Scheidung, der Rechtskraft des Beschlusses auf vorzeitigen Zugewinn oder der ehevertraglichen Beendigung der Zugewinngemeinschaft. Gleichzeitig wird die Ausgleichsforderung fällig (§ 271 Abs. 1 BGB; Johannsen/Henrich/Althammer/Kohlenberg BGB § 1378 Rn. 9). Verzinslich wird die Ausgleichsforderung durch Verzugsetzung (§ 284 Abs. 1 BGB) oder in Form von Prozesszinsen ab Rechtshängigkeit (§ 291 S. 1 BGB; → Form. B.IV.1 Anm. 4). Für Verzugszinsen ist zu beachten, dass die Verzugsetzung nach dem Wortlaut von § 284 Abs. 1 BGB erst nach Eintritt der Fälligkeit der Ausgleichsforderung erfolgen kann. Eine vor Rechtskraft der Ehescheidung erfolgte außergerichtliche Mahnung führt mangels Fälligkeit der Ausgleichsforderung noch nicht zum Verzugseintritt. Die Zahlungsaufforderung ist deshalb umgehend nach Rechtskraft der Scheidung zu wiederholen (Johannsen/Henrich/Althammer/Kohlenberg BGB § 1378 Rn. 9). Es ist daher zu prüfen, ob es Sinn macht, den Zugewinnausgleich im Verbund einzufordern oder ob aufgrund der Verzinsungsmöglichkeit ein isoliertes Verfahren nach Rechtskraft der Scheidung einzuleiten ist.

10. Für die Kostenpflicht gelten die allgemeinen Vorschriften. § 150 FamFG gilt nur für Ehescheidung, Eheaufhebung und Folgesachen, also nicht für isolierte Zugewinnausgleichssachen. Ein Kostenantrag ist durch die ZPO nicht geboten (§ 308 Abs. 2 ZPO); er ist jedoch allgemein üblich.

11. Zur Vollstreckbarkeit s. §§ 86 ff. FamFG.

12. Rechtsgrundlage für den Erlass eines Versäumnisbeschlusses bzw. Anerkenntnisbeschlusses ohne mündliche Verhandlung sind § 331 Abs. 3 ZPO bzw. § 307 Abs. 2 ZPO (§ 113 FamFG).

13. Abweichend vom Muster → Form. B.IV.1 ist im obigen Muster der Zinsanspruch auf § 284 Abs. 1 BGB gestützt.

14. Für einen ordnungsgemäßen Antrag sind folgende Daten anzugeben:
- Zeitpunkt der Eheschließung (wegen § 1374 Abs. 1 BGB)
- Zeitpunkte des Erwerbs von Todes wegen oder mit Rücksicht auf ein künftiges Erbrecht, durch Schenkung oder als Ausstattung (wegen § 1374 Abs. 2 BGB)
- Zeitpunkt der Rechtshängigkeit des Scheidungsantrags (wegen §§ 1384, 1375 BGB)
- Zeitpunkt der Rechtskraft des Scheidungsbeschlusses (wegen § 1378 Abs. 3 S. 1 BGB).

15. → Form. B.IV.1 Anm. 5.

16. → Form. B.IV.1 Anm. 1, 6 ff. Im Schema des Formulars sind alle Modalitäten und Ansätze im Anfangsvermögen (§ 1374 Abs. 1 und 2 BGB) und Endvermögen (§ 1375 Abs. 1 und 2 BGB) erfasst, die in dieser Vollständigkeit in der Praxis aber wohl kaum vorkommen.

Kosten und Gebühren

17. → Form. K.I.2 Anm. 2.

Fristen und Rechtsmittel

18. → Form. K.I.2 Anm. 2.

2. Stufenantrag wegen Zugewinnausgleichs

→ Form. B.IV.3[1, 2]

Anmerkungen

1. Liegt bereits eine rechtskräftige Scheidung vor, ist das Verfahren über einen Stufenantrag ein normaler **Zivilprozess**, auf welche im Grunde die Vorschriften der ZPO anzuwenden sind (§ 113 FamFG). Ansonsten gelten die Vorschriften über Familienstreitsachen (§ 112 Nr. 2 FamFG) und Güterrechtssachen (§§ 261 ff. FamFG). Die **Bezeichnungen** richten sich jedoch nach § 113 Abs. 5 FamFG; statt Klage heißt es Antrag usw. Der Stufenantrag richtet sich somit nach § 254 ZPO. Der im Rahmen eines Stufenantrags mit dem Auskunftsanspruch nur bedingt geltend gemachte Zahlungsanspruch hemmt die **Verjährung**, nicht jedoch der bloße Auskunftsantrag (Grüneberg/Ellenberger BGB § 204 Rn. 2). Im Hinblick auf die verhältnismäßig kurze Verjährungsfrist von drei Jahren (§§ 195, 199 Abs. 1 BGB) kann die Wahl der Antragsart von großer Bedeutung sein.

2. Der Antrag und die Begründung sind mit → Form. B.IV.3 identisch. In die Begründung ist lediglich zusätzlich ein Vortrag zur Eheschließung, zum Güterstand (§ 1363 Abs. 1 BGB) zur Beendigung des Güterstandes, zum Endtermin (§ 1384 BGB) und zum Zeitpunkt der Trennung (→ Form. B.IV.3 Anm. 3) aufzunehmen.

Da der nach rechtskräftiger Scheidung geltend gemachte Antrag auf Zugewinnausgleich keine Folgesache ist, ist auch § 150 FamFG nicht anwendbar. Es gelten also für die **Kostentragung** die Vorschriften von §§ 91 ff. ZPO.

Als Familienstreitsache (§ 112 FamFG) gilt für Rechtsmittel die Vorschrift des § 117 FamFG. S. auch → Form. O.I ff.

3. Antrag auf vorzeitigen Zugewinnausgleich (§§ 1385 ff. BGB)

An das Amtsgericht . . . . . **. . . . . [Datum]**

– Familiengericht –[1, 2]

In Sachen

. . . . . [Vorname, Familienname, Adresse] **– Antragstellerin –[3]**

Verfahrensbevollmächtigte: . . . . .[4]

gegen

. . . . . [Vorname, Familienname, Adresse] **– Antragsgegner –[3]**

wegen vorzeitigen Zugewinnausgleichs

vorläufiger Verfahrenswert: . . . . . EUR[5]

zeige ich hiermit unter Vorlage

- einer auf mich lautenden Vollmacht[6]

an, dass ich die Antragstellerin vertrete, übergebe

- von meiner Kanzlei ausgestellten Einzugsermächtigung über . . . . . EUR[5]

als Verfahrenskostenvorschuss und

beantrage[7]

I. Der Zugewinn der Beteiligten ist unter Aufhebung der Zugewinngemeinschaft vorzeitig auszugleichen.[8]
II. Der Antragsgegner ist verpflichtet, der Antragstellerin Auskunft über den Bestand seines Endvermögens zu erteilen.[9]
III. Der Antragsgegner ist verpflichtet, die eidesstattliche Versicherung abzugeben, dass er das Endvermögen vollständig und richtig angegeben hat.
IV. Der Antragsgegner ist verpflichtet, der Antragstellerin Zugewinnausgleich in einer nach Auskunftserteilung noch zu beziffernden Höhe nebst 5 Prozentpunkten Zinsen über dem Basiszinssatz hieraus seit Rechtskraft des Teilbeschlusses gem. Ziffer I. des Antrags zu bezahlen.
V. Der Antragsgegner trägt die Kosten des Rechtsstreits.[10]
VI. Vorsorglich: Soweit die gesetzlichen Voraussetzungen vorliegen, wird der Erlass eines Versäumnisbeschlusses bzw. Anerkenntnisbeschlusses ohne mündliche Verhandlung beantragt.[11]

Begründung:

1. Die Antragstellerin macht mit ihrem Antrag ihre Rechte auf vorzeitigen Zugewinnausgleich gem. § 1385 BGB geltend. Ihren Antrag unter Ziffer I. verbindet sie mit einem Stufenantrag iSv § 254 ZPO, § 113 FamFG und zwar ihren Auskunftsanspruch in der ersten Stufe (Antrag Ziffer II.), ihren Anspruch auf Abgabe der eidesstattlichen Versicherung in der zweiten Stufe (Antrag Ziffer III.) und ihren Zahlungsanspruch in der dritten Stufe (Antrag Ziffer IV.).[7]
2. Die Beteiligten sind Eheleute, die am . . . . . die Ehe geschlossen haben, im Güterstand der Zugewinngemeinschaft leben und seit . . . . . getrennt sind.[12]
3. Die Antragstellerin hat den Antragsgegner mit Einschreibebrief vom . . . . . aufgefordert, sie über den Bestand seines Vermögens zu unterrichten.[13]

   Beweis: Schreiben der Antragstellerin vom . . . . . an den Antragsgegner, in Kopie als – Anlage AS 1 –

   Als der Antragsgegner auf dieses Schreiben nach einem Monat noch immer nicht geantwortet hatte, ließ sie ihren Verfahrensbevollmächtigten mit Schreiben vom . . . . . unter Fristsetzung von zwei Wochen diese Aufforderung wiederholen.

   Beweis: Schreiben des Verfahrensbevollmächtigten der Antragstellerin vom . . . . ., in Kopie als – Anlage AS 2 –

   Nachdem auch dieses Schreiben ohne Reaktion des Antragsgegners verblieben war, wiederholte der genannte Verfahrensbevollmächtigte diese Aufforderung erneut, diesmal unter Fristsetzung von einer Woche und unter der Ankündigung der Einleitung gerichtlicher Schritte.

   Beweis: Schreiben des Verfahrensbevollmächtigten der Antragstellerin vom . . . . ., in Kopie als – Anlage AS 3 –

Auch auf dieses Schreiben reagierte der Antragsgegner nicht.

4. Der Anspruch der Antragstellerin auf vorzeitigen Zugewinnausgleich ist gem. § 1385 Nr. 4 BGB begründet, da sich der Antragsgegner ohne ausreichenden Grund trotz seiner Auskunftsverpflichtung nach § 1379 Abs. 2 BGB beharrlich weigert, ihr Auskunft über den Bestand seines Vermögens zu erteilen.

Rechtsanwalt[14, 15]

Anmerkungen

1. Der **Stichtag** zur Berechnung des Endvermögens beim Zugewinn ist der Tag der Rechtshängigkeit des Ehescheidungsantrags (§ 1384 BGB). Da der Einreichung des Scheidungsantrags regelmäßig eine einjährige Trennung vorauszugehen hat (§ 1565 Abs. 1 BGB; → Vorb. A.I Nr. 8), besteht bis dahin eine erhebliche finanzielle **Manipulationsgefahr.** Dieser Gefahr kann in Einzelfällen mit einem Antrag auf vorzeitigen Zugewinnausgleich begegnet werden.

Während der Ehe kann in **fünf Fällen** vorzeitiger Ausgleich des Zugewinns beantragt werden (§ 1385 BGB), nämlich:

- die Ehegatten leben seit mindestens drei Jahren getrennt (§ 1385 Nr. 1 BGB). Die Voraussetzungen des Getrenntlebens ergeben sich aus § 1567 BGB (vgl. Johannsen/Henrich/Althammer/Kohlenberg BGB § 1385 Rn. 2; → Form. A.II.5 Anm. 3). Jeder der beiden Ehegatten kann einen Antrag stellen, auch der mutmaßliche Ausgleichsschuldner, wenn er beispielsweise den anderen Ehegatten nicht mehr an seinem weiteren Zugewinn teilhaben lassen will (§ 1386 BGB).
- bei schuldhafter Nichterfüllung wirtschaftlicher Verpflichtungen über längere Zeit (§ 1385 Nr. 3 BGB).
- bei die Ausgleichsforderung gefährdenden Gesamtvermögensgeschäften (§§ 1385 Nr. 2, 1365 BGB).
- bei die Ausgleichsforderung gefährdenden Vermögensminderungen (§§ 1385 Nr. 2, 1375 BGB).
- bei beharrlicher und grundloser Verweigerung der Unterrichtung (§ 1385 Nr. 4 BGB).

Der vorzeitige Zugewinnausgleich ist auf diese fünf Fälle beschränkt. Die **Darlegungs- und Beweislast** für den Beginn und den Ablauf der dreijährigen Verjährungsfrist trifft den Antragsteller, ebenso für die übrigen Voraussetzungen von § 1385 BGB. Dass ein ausreichender Grund für die Verweigerung der Unterrichtung vorliegt, hat demgegenüber der Antragsgegner darzulegen und zu beweisen (vgl. im Einzelnen Grüneberg/Siede BGB §§ 1385, 1386 Rn. 15).

Die Neuregelung sieht in all diesen Fällen in den §§ 1385, 1386 BGB zwei Varianten vor:

- Der zum Zugewinnausgleich berechtigte Ehegatte kann gemäß § 1385 BGB den vorzeitigen Zugewinnausgleich bei vorzeitiger Aufhebung der Zugewinngemeinschaft verlangen (so das vorstehende Muster).
- Jeder Ehegatte kann aber gemäß § 1386 BGB auch (nur) die vorzeitige Aufhebung der Zugewinngemeinschaft verlangen.

Der Antrag auf vorzeitigen Zugewinnausgleich ist **Familiensache** (§§ 111 Nr. 9, 261 Abs. 1 FamFG) und Familienstreitsache (§ 112 Nr. 2 FamFG), jedoch weder Ehesache (§ 121 FamFG) noch Folgesache nach § 137 Abs. 2 Nr. 4 FamFG), da die Entscheidung nicht für den Fall der Scheidung zu treffen ist. Für sie gelten die Vorschriften der §§ 261 ff. FamFG. Ansonsten wird das Verfahren im Wesentlichen wie ein normaler Zivilprozess geführt (s. aber die folgenden Anmerkungen). Nach § 133 FamFG gelten die Vorschriften über das Verfahren vor den Landgerichten entsprechend.

2. Das Familiengericht ist ausschließlich zuständig. Die örtliche Zuständigkeit richtet sich nach § 262 FamFG, §§ 12 ff. ZPO. Eine örtliche **Gerichtsstandsvereinbarung** ist möglich (→ Form. K.I.1 Anm. 2).

3. An die Stelle der Bezeichnung Kläger und Beklagter treten die Bezeichnungen **Antragsteller** und **Antragsgegner** usw (§ 113 Abs. 5 FamFG).

4. Es besteht Anwaltszwang (§ 114 FamFG).

5. Zum **Gebührenstreitwert** und zum Gerichtskostenvorschuss → Form. K.I.1 Maßgebend ist – mit allen Unsicherheiten – ein geschätzter Wert der Zugewinnausgleichsforderung.

6. Zur Vollmacht s. § 114 Abs. 5 FamFG und → Form. K.I.1 Anm. 6.

7. Die Ansprüche auf vorzeitigen Ausgleich des Zugewinns einerseits und auf Auskunft, eidesstattliche Versicherung und Zahlung andererseits können gemeinsam geltend gemacht werden. Es liegt jedoch nicht insgesamt ein Stufenantrag vor, sondern nur bezüglich der Ansprüche auf Auskunft, eidesstattliche Versicherung und Zahlung (OLG Nürnberg FamRZ 1998, 685). Seit der am 1.9.2009 in Kraft getretenen Änderung des Zugewinnausgleichsrechts ist das Verfahren in der Weise vereinfacht, dass mit dem stattgebenden Beschluss auf vorzeitigen Zugewinnausgleich Gütertrennung eintritt (§ 1388 BGB) und deshalb gleichzeitig über den Auskunftsanspruch im Rahmen des Zugewinnausgleichsantrags entschieden werden kann. Der Teilbeschluss wird deshalb regelmäßig die Anträge oben unter I. und II. umfassen.

8. Der Antrag auf vorzeitigen Zugewinn ist kein Zahlungsantrag, sondern ein auf Beendigung der Zugewinngemeinschaft gerichteter **Gestaltungsantrag.** Mit Eintritt der Rechtskraft des Gestaltungsbeschlusses ist die Zugewinngemeinschaft **beendet.** Der Antragsteller kann sich selbstverständlich auf den Antrag auf vorzeitige Aufhebung der Zugewinngemeinschaft (§ 1386 BGB) beschränken und braucht neben diesem Antrag keine weiteren Ansprüche geltend zu machen; wird er keine Ausgleichsforderung erwarten, wird er nur den Gestaltungsantrag stellen und damit die Gütertrennung herbeiführen (§ 1388 BGB).

9. Zum Stufenantrag bezüglich Auskunft, eidesstattlicher Versicherung und Zahlung → Form. B.IV.3. Der Auskunftsanspruch kann um einen Wertermittlungs- und Beleganspruch ergänzt werden (→ Form. B.IV.3 Anm. 1–6). Maßgeblicher **Stichtag** für die Berechnung des Endvermögens ist der Tag der Rechtshängigkeit des Antrags auf vorzeitigen Zugewinnausgleich (§ 1387 BGB).

10. Als isolierte Familienstreitsache (§ 112 Nr. 2 FamFG), auf die § 150 FamFG nicht anzuwenden ist, richtet sich die Kostenpflicht nach den allgemeinen Vorschriften, insbes. §§ 91 ff. ZPO.

11. Rechtsgrundlage für den Erlass eines Versäumnisbeschlusses bzw. Anerkenntnisbeschlusses ohne mündliche Verhandlung sind § 331 Abs. 3 ZPO bzw. § 307 Abs. 2 ZPO und § 113 Abs. 1 FamFG.

12. Neben den speziellen Tatbestandsmerkmalen von §§ 1385 und 1386 BGB ist vorzutragen, dass die Beteiligten miteinander verheiratet sind und im Güterstand der Zugewinngemeinschaft leben.

13. Von den Fällen, in denen die Voraussetzungen für einen Antrag auf vorzeitige Aufhebung der Zugewinngemeinschaft in den beiden Varianten der §§ 1385, 1386 BGB gegeben sind, ist die beharrliche Verweigerung der **Unterrichtung** (§ 1385 Nr. 4 BGB) von großer Bedeutung. Mit dem **Unterrichtungsanspruch** kann nur eine Information in groben Zügen, so dass sich der andere Ehegatte ein ungefähres Bild machen kann, verlangt werden (Grüneberg/Siede BGB §§ 1385, 1386 Rn. 8). Anspruchsgrundlage ist § 1353 BGB (BGH NJW 2015, 154; vgl. Grüneberg/Siede BGB § 1353 Rn. 13). Der Unterrichtungsanspruch bedeutet ein Minus gegenüber dem Auskunftsanspruch nach § 1379 Abs. 2 BGB (Trennungsvermögen). Es besteht im Rahmen des Unterrichtungsanspruchs kein Recht auf Einsicht in Belege, Unterlagen usw. (OLG Hamm FamRZ 2000, 228). Wegen der Nichterfüllung des Auskunftsanspruchs nach § 1379 Abs. 2 BGB (Trennungsvermögen) kann der vorzeitige Ausgleich des Zugewinns oder die vorzeitige Aufhebung der Zugewinngemeinschaft jedoch nicht verlangt werden (BGH NJW 2015, 154). Die Sanktion wegen Verletzung des Unterrichtungsanspruchs nach § 1385 Nr. 4 BGB ist deshalb ganz besonders für diejenigen Fälle von Bedeutung, in denen die Ehegatten **noch nicht oder noch nicht ein Jahr getrennt** leben. (s. Bergschneider FamRZ 2009, 1713; Grüneberg/Siede BGB § 1386 Rn. 8; BGH NJW 2022, 944).

Fristen und Rechtsmittel

14. → Form. K.I.2 Anm. 2.

Kosten und Gebühren

15. → Form. K.I.2 Anm. 2.

4. Ausgleichsanspruch gegen Dritte, § 1390 BGB

An das **. . . . . [Datum]**

Amtsgericht . . . . .

– Familiengericht[2] –

In Sachen

. . . . . [Vorname, Familienname, Adresse]

– Antragsteller –

Verfahrensbevollmächtigte: Rechtsanwältin . . . . . [Vorname, Familienname, Adresse[3]]

gegen

. . . . . [Vorname, Familienname, Adresse]

– Antragsgegnerin –

wegen Ausgleichsanspruch gegen Dritten gem. § 1390 BGB[1]

vorläufiger Verfahrenswert: . . . . . EUR

zeige ich hiermit an, dass ich den Antragsteller anwaltlich vertrete, zahle . . . . . EUR in Form einer von mir ausgestellten Einzugsermächtigung als Verfahrenskostenkostenvorschuss ein und

beantrage:

I. Die Antragsgegnerin ist verpflichtet, an den Antragsteller ..... EUR nebst Zinsen in Höhe von 5 Prozentpunkten über dem Basiszinssatz seit ..... zu bezahlen.
II. Die Antraggegnerin trägt die Kosten des Verfahrens.[4]
III. Für den Fall des Vorliegens der gesetzlichen Voraussetzungen wird der Erlass eines Versäumnisbeschlusses bzw. Anerkenntnisbeschlusses beantragt.

Begründung:

1. Der Antragsteller war mit Frau ..... [Vorname, Familienname] im gesetzlichen Güterstand der Zugewinngemeinschaft verheiratet. Diese Ehe wurde durch rechtskräftigen Beschluss des Amtsgerichts ..... Familiengericht vom ..... geschieden. Der Beschluss ist seit ..... rechtskräftig. Gemäß diesem Beschluss ist Frau ..... [Vorname, Familienname] – im folgenden frühere Ehefrau genannt – verpflichtet, an den Antragsgegner 50.000 EUR als Zugewinnausgleich zu zahlen.

   Beweis: Der genannte Beschluss, der in beglaubigter Kopie der Ausfertigung beiliegt.

2. Bei beiden Ehegatten handelte es sich um die zweite Ehe, die kinderlos geblieben ist. Die Antragsgegnerin ist die Tochter aus der ersten Ehe der früheren Ehefrau.
3. Die frühere Ehefrau war Eigentümerin des unbebauten Grundstücks in ....., vorgetragen im Grundbuch ..... Dieses Grundstück hat sie der Antragsgegnerin am ..... unentgeltlich zugewendet, also während des Scheidungsverfahrens.[5] Die Schenkung ist im Grundbuch vollzogen.

   Beweis: Notarielle Urkunde und Grundbuchauszug, deren Vorlegung durch die Antragsgegnerin hiermit beantragt wird.

4. Die frühere Ehefrau hat gegenüber mehreren Personen erklärt, der Antragsgegner werde im Falle der Scheidung nichts von ihr bekommen, dafür habe sie vorgesorgt.

   Beweis: ..... [Vorname, Familienname, Adresse] als Zeuge

5. Der Antragsteller hat vergeblich versucht, seine Zugewinnausgleichsforderung im Wege der Zwangsvollstreckung beizutreiben. Die frühere Ehefrau hat eidesstattlich versichert, dass sie, von einigen wertlosen Gegenständen abgesehen, vermögenslos ist und zudem angegeben, ihr nach Übertragung des Grundstücks verbliebenes Vermögen habe sie auf einer kostspieligen Weltreise verbraucht.

   Beweis: Eidesstattliche Versicherung der früheren Ehefrau, die in beglaubigter Kopie beiliegt.

6. In der Folgesache Zugewinnausgleich wurde ein gerichtliches Wertgutachten bezüglich des genannten Grundstücks eingeholt. Dort wurde der Verkehrswert des Grundstücks in Höhe von 110.000 EUR festgestellt.
7. Der Antragsteller stützt seinen Anspruch gegen die Antragsgegnerin auf § 1390 BGB. Die frühere Ehefrau hat die unentgeltliche Zuwendung an die Antragsgegnerin in der Absicht gemacht, den Antragsteller zu benachteiligen. Zudem übersteigt die Höhe der Ausgleichsforderung des Antragstellers den Wert des vorhandenen Vermögens der früheren Ehefrau.

Rechtsanwältin[6, 7]

Anmerkungen

1. Mit dem Gesetz zur Änderung des Zugewinnausgleichs- und Vormundschaftsrechts sind zum 1.9.2009 die bisherigen Bestimmungen des § 1390 Abs. 1 BGB aF **geändert,** § 1390 Abs. 4 BGB aF ist aufgehoben worden. **Voraussetzungen** für die Inanspruchnahme eines Dritten ist nach Abs. 1 die unentgeltliche Zuwendung durch den Ehegatten in der Absicht, den anderen Ehegatten zu **benachteiligen** plus **Beeinträchtigung** der Ausgleichsforderung. Ferner kann der Dritte nach (dem unveränderten) Abs. 2 bei einer ihm bekannten Benachteiligungsabsicht in Anspruch genommen werden. Der Wertersatz erfolgt nach Bereicherungsrecht. Der Anspruch verjährt in drei Jahren. Der Verjährungsbeginn ist nicht auf den Schluss des Jahres hinausgeschoben (§§ 1390 Abs. 3, 195 BGB; Grüneberg/Siede BGB § 1390 Rn. 8).

2. Für einen Antrag nach § 1390 BGB ist das **Familiengericht** zuständig. Er ist **Familiensache** und **Familienstreitsache** (§§ 23a Abs. 1 Nr. 1, 23b Abs. 1 S. 1 GVG; §§ 111 Nr. 9, 112 Nr. 2, 261 Abs. 1 FamFG). Der Antrag kann bei Vorliegen der entsprechenden Voraussetzungen als **Folgesache** anhängig gemacht werden (§§ 137 Abs. 2 Nr. 4, 261 Abs. 1 FamFG). Wird er nicht als Folgesache geltend gemacht, richtet sich die **örtliche Zuständigkeit** grundsätzlich nach der ZPO (§ 262 Abs. 2 FamFG). Im obigen Muster ist die Geltendmachung nach der Scheidung erfolgt und damit nicht mehr Folgesache. Wenn es sich beim Grundstück der früheren Ehefrau um ihr (nahezu) gesamte Vermögen gehandelt hat, kann der Antragsteller auch die Rückübertragung (Revokation) verlangen; → Form. K.I.9.

3. Es besteht **Anwaltszwang** (§§ 114 Abs. 1, 112 Nr. 2 FamFG).

4. Die **Kostentragung** ergibt sich aus § 113 Abs. 1 FamFG, §§ 91 ff. ZPO, wenn der Anspruch aus § 1390 BGB nicht als Folgesache geltend gemacht wird, ansonsten aus § 150 FamFG.

5. In der Variante von § 1390 Abs. 1 BGB ist die **Kenntnis des Dritten** von der Benachteiligungsabsicht nicht erforderlich.

Fristen und Rechtsmittel

6. → Form. K.I.2 Anm. 2 und → Form. O.I ff.

Kosten und Gebühren

7. → Form. K.I.2 Anm. 2.

5. Stufenantrag zur Auseinandersetzung des Gesamtguts – Auskunftsstufe

Amtsgericht[1, 2]

– Familiengericht –

Antrag in der Familienstreitsache

Name, Vorname, Anschrift

– Antragstellerin –

gegen

Name, Vorname, Anschrift

– Antragsgegner –

wegen Güterrechts

Für die Antragstellerin werde ich im Falle des Scheiterns der Güteverhandlung beantragen:

1. Der Antragsgegner wird verurteilt, der Antragstellerin Auskunft zu erteilen,
   a) durch Erstellung eines Verzeichnisses über den Bestand des Gesamtguts zum . . . . .;
   b) welche Vermögensgegenstände, insbesondere Geld, er seit . . . . . aus dem ehelichen Gesamtgut in Alleinbesitz genommen hat, insbesondere auf das bei der . . . . .-Bank geführte, auf seinen Namen lautende Konto sowie auf etwaige weitere solcher Konten, auch Auslandskonten.

2. Der Antragsgegner wird verurteilt, die Richtigkeit und Vollständigkeit der nach Ziffer 1. erteilten Auskunft an Eides statt zu versichern.

3. Der Antragsgegner wird verurteilt, einem nach Erledigung der Ziffern 1. und 2. von der Antragstellerin aufgestellten Auseinandersetzungsplan zuzustimmen.

Begründung:

Die Parteien sind geschiedene Eheleute und hatten den Güterstand der Gütergemeinschaft vereinbart. Die Antragstellerin verlangt im Wege der Stufenklage vom Antragsgegner Mitwirkung[3] bei deren Auseinandersetzung. Hierzu ist sie zunächst auf vollständige Auskünfte des Antragsgegners angewiesen, da dieser das Gesamtgut allein verwaltet hat. Klage war geboten, weil der Antragsgegner einmal seine Auskunftspflicht im Sinne der Erstellung eines vollständigen Verzeichnisses über das zum Ende des Güterstandes vorhandene Gesamtgut nicht erfüllt hat und darüber hinaus bereits jetzt Anhaltspunkte dafür bestehen, dass bisherige Teilauskünfte unrichtig sind. Erst nach Erfüllung dieser Verpflichtungen wird sich die eigentliche Auseinandersetzung des Gesamtguts dahin bewirken lassen, dass ein Auseinandersetzungsplan erstellt und für den Fall, dass hierüber keine Einigung erzielt wird, der Antragsgegner zur Zustimmung verurteilt wird. Dazu im Einzelnen:

Die Parteien haben am . . . . . die Ehe geschlossen und anschließend am . . . . . gemäß des als Anlage beigefügten Ehevertrages den Güterstand der Gütergemeinschaft mit gemeinschaftlicher Verwaltung des Gesamtguts vereinbart. Die Ehe wurde durch den an diesem Tage rechtskräftig gewordenen Beschluss des Familiengerichts vom . . . . .

geschieden. Damit wurde die Gütergemeinschaft beendet.[4] Für diesen Zeitpunkt begehrt die Antragstellerin auch Auskunft; er ist zugleich Ansatz[5] für die Auseinandersetzung des Gesamtguts, als nach Beendigung des Güterstandes keine neuen Gesamtgutsverbindlichkeiten mehr entstehen und auch die Gesamtgutsaktiva sich nur unter den in § 1473 BGB genannten besonderen Voraussetzungen noch verändern können.

Der Antragsgegner schuldet der Antragstellerin Auskunft über den Bestand des Gesamtguts, § 1435 S. 2 BGB. Diese Bestimmung gilt nicht nur für den Ehegatten, dem nach dem Ehevertrag die Verwaltung des Gesamtguts allein übertragen wurde, sondern auch für den, der tatsächlich das Gesamtgut allein verwaltet hat.[6] Das hat der Antragsgegner jedenfalls seit . . . . ., dem im Klageantrag zu Ziffer 1. a) genannten Zeitpunkt, getan.

Die hierdurch begründete Verpflichtung des Antragsgegners umfasst[7] sowohl die Erstellung eines Verzeichnisses über den Bestand des Gesamtguts zu einem bestimmten Zeitpunkt wie auch Auskunft über Verwaltungshandlungen, die zur Beurteilung des Standes des Gesamtguts erforderlich sind, insbesondere als sie zu Ersatzansprüchen des Gesamtguts gegenüber dem verwaltenden Ehegatten aus zustimmungsbedürftigen Verfügungen oder aus verschuldeter Minderung des Gesamtguts nach §§ 1428, 1435 S. 3 BGB führen.

Der Antragsgegner hat diese Verpflichtung bisher nicht erfüllt, obwohl er hierzu von der Antragstellerin mit dem als Anlage beigefügten Schreiben vom . . . . . aufgefordert wurde. Er hat sich in seinem ebenfalls beigefügten Schreiben vom . . . . . auf die Behauptung beschränkt, außer dem landwirtschaftlichen Betrieb seien keine Vermögenswerte, sondern nur Verbindlichkeiten vorhanden, weil wegen der zunehmend ungünstigen Ertragslage in der Landwirtschaft Bankverbindlichkeiten in der der Antragstellerin bekannten Höhe entstanden seien.

Eine solche Erklärung ist unzureichend,[8] weil sie keine geordnete Aufstellung über sämtliche am Stichtag zum Gesamtgut gehörenden Vermögensaktiva und -passiva enthält. Nur anhand einer sich hieraus ergebenden Übersicht lassen sich die im Einzelnen nach den gesetzlichen Auseinandersetzungsregeln durchzuführenden Maßnahmen beurteilen, nämlich: Die vorrangige Berichtigung der Gesamtgutsverbindlichkeiten, § 1475 BGB; die Ermittlung der danach verbleibenden Vermögensaktiva, welche erst die Erfüllung der im zweiten Rang zu berichtigenden Werterstattungsforderungen der Eheleute nach § 1478 BGB ermöglichen; die Feststellung, ob danach noch ein Überschuss verbleibt, welcher gemäß § 1476 BGB dann zwischen den Eheleuten aufgeteilt werden kann.

Die Antragstellerin selbst hat nur Teilkenntnisse über den Umfang des Gesamtguts. Sie weiß, dass während der Ehezeit ein Bankdarlehen aufgenommen wurde; den Darlehensvertrag hat sie zwar mitunterzeichnet; jedoch sind sämtliche Verhandlungen mit der Bank allein vom Antragsgegner geführt worden; auch hat der Antragsgegner bei seinem Auszug aus der ehelichen Wohnung fast alle Unterlagen mitgenommen.

Über den Umfang dieser Bankverbindlichkeiten sowohl zum Zeitpunkt der Beendigung des Güterstandes sowie auch zur aktuellen Höhe hat die Antragstellerin keine Informationen; ebenso wenig über Bestand und Umfang weiterer Verbindlichkeiten oder etwaiger zusätzlicher Gesamtgutsaktiva.

Die bisher vom Antragsgegner erteilte Auskunft ist nicht nur unvollständig, sondern auch unrichtig.[9]

Die Antragstellerin weiß, dass während der Ehezeit vom Antragsgegner eine Lebensversicherung abgeschlossen worden ist; die Prämien wurden von dem auf den Namen beider Parteien lautenden Bankkonto abgebucht. Darüber hinaus hat der Antragsgegner während der Ehezeit allein auf seinen Namen ein Konto bei der

A-Bank eingerichtet, was der beigefügte Tagesauszug belegt, den die Antragstellerin bei den vom Antragsgegnern zurückgelassenen Papieren gefunden hat. Dort befand sich auch die ebenfalls beigefügte Abrechnung der Waldbauernvereinigung über einen Holzeinschlag, der auf dem zum Gesamtgut gehörenden Grundbesitz vorgenommen und allein zu Händen des Antragsgegners erteilt wurde. Es ist daher zu vermuten, dass der Antragsgegner während der Ehezeit Einkünfte, die das Gesamtgut betreffen, in seinen Alleinbesitz genommen und für sich persönlich verwendet hat, sodass er gemäß § 1435 S. 3 BGB Ersatz zum Gesamtgut und diesen jedenfalls im Zeitpunkt der Auseinandersetzung schuldet, § 1468 BGB.[10]

Somit ergeben sich bereits jetzt Anhaltspunkte dafür, dass die vom Antragsgegnern erteilte und zu erteilende Auskunft nicht richtig oder vollständig ist, sodass er entsprechend dem Antrag nach Ziffer 2. gemäß §§ 1435 S. 2, 259 Abs. 1, 260 Abs. 2 BGB die eidesstattliche Versicherung abzugeben hat.

Nach Erfüllung der Anträge zu Ziffer 1. und 2. wird die Antragstellerin einen Auseinandersetzungsplan aufstellen und dementsprechend den Leistungsantrag nach Ziffer 3. des Antrages konkretisieren.[11]

Bevor die verfahrensgegenständliche Auskunft des Antragsgegner vorliegt, kann der für die Streitwertbemessung maßgebende Wert des künftigen Leistungsantrags nur vorläufig und rein überschlägig auf . . . . EUR geschätzt werden.

Rechtsanwalt[12, 13]

Anmerkungen

1. Nur in den seltensten Fällen verfügt der Ehegatte, der die Auseinandersetzung der Gütergemeinschaft betreibt, über alle hierzu erforderlichen Informationen. In der Praxis wird die Verwaltung des Gesamtguts jedenfalls bis zum Beginn der Ehekrise fast ausschließlich nur von einem Ehepartner geführt, auch wenn in den Eheverträgen überwiegend gemeinschaftliche Verwaltung des Gesamtguts vereinbart ist. Mit Eintritt der Krise handelt jeder für sich, sodass Vorgänge, die sich in der Sphäre des anderen ereignet haben, unbekannt bleiben. Nur ein Überblick über sämtliche zum Gesamtgut gehörenden Vermögensaktiva und -passiva ermöglicht eine zutreffende Beurteilung der sich hieraus ergebenden Ansprüche und der im Einzelnen zu treffenden Maßnahmen. Die hierzu fehlenden Informationen müssen also zunächst einmal beschafft werden; erst dann kann die eigentliche Auseinandersetzung beginnen. Auf einer solchen Konstellation beruht das hier vorgelegte Muster. Die Verbindung von Auskunftsanspruch und Leistungsanspruch durch einen Stufenantrag ist dabei nicht nur zweckmäßig, sondern wird auch in der Literatur (FA-FamR/Roßmann Kap. 9 Rn. 553) als zulässig angesehen. Sind im Einzelfall einmal alle erforderlichen Informationen bereits vorhanden, kann gleich Leistungsantrag nach → Form. K.I.6 gestellt werden.

2. Eine Alternative zur Auseinandersetzung des Gesamtguts in Form der Familienstreitsache ist ein Antrag auf Vermittlung der Auseinandersetzung nach §§ 373 Abs. 1, 363 ff. FamFG. Danach kann bei Mitwirkung aller Beteiligten ein Auseinandersetzungsplan erstellt und vereinbart werden. In der Praxis ist das Vermittlungsverfahren weitgehend bedeutungslos, vor allem deshalb, da der Abschluss einer entsprechenden Auseinandersetzungsvereinbarung nicht erzwungen werden kann (vgl. § 366 Abs. 3, 4 FamFG); so muss auch für den Fall, dass eine Einigung über Einzelpunkte fehlt, das Verfahren ausgesetzt werden (§§ 373 Abs. 1, 370 FamFG) und damit ohnehin streitig entschieden werden. In prozessualer Hinsicht ist die Durchführung eines Vermittlungsverfahrens nicht Prozessvoraussetzung für die Erhebung eines Auseinandersetzungsantrags. Die Alternative zur kompletten Auseinandersetzung des Gesamtguts stellt die isolierte Rückübernahme eines einzelnen, in das Gesamtgut eingebrachten Gegenstandes dar. Eine solche bietet sich vor allem dem Ehepartner an, der einen gewerblichen oder landwirtschaftlichen Betrieb in das Gesamtgut eingebracht hat und diesen vorrangig zurückerhalten will, ohne damit die in aller Regel wesentlich langwierigere Gesamtauseinandersetzung betreiben zu müssen. Ein solcher Antrag ist in → Form. B.IV.5 enthalten, nachdem er zweckmäßigerweise bereits im Scheidungsverbund geltend gemacht wird.

3. Die Verpflichtung jedes Ehegatten zur Mitwirkung bei der Auseinandersetzung folgt im Grundsatz aus § 1472 Abs. 3 BGB. Einzelheiten hierzu sowie auch ein Musterantrag für eine konkrete Mitwirkungshandlung findet sich unter → Form. B.IV.7.

4. Die Ehescheidung als Beendigungstatbestand ist im Gesetz nicht geregelt, aber durch höchstrichterliche Rechtsprechung bestätigt (BGH FamRZ 1982, 991).

5. Im Gegensatz zum gesetzlichen Güterstand (§ 1384 BGB) gibt es bei der Gütergemeinschaft keinen gesetzlich fixierten Auseinandersetzungsstichtag. Auch der Zeitpunkt der Beendigung des Güterstandes gibt nur den Ansatz für die Erfassung der Vermögensgegenstände her, welche zum Gesamtgut gehören und somit in die Auseinandersetzung mit einzubeziehen sind. Die Aktiva können auch nach diesem Zeitpunkt noch Veränderungen erfahren (vgl. § 1473 BGB), als einmal Gegenstände noch Gesamtgut werden, die aufgrund eines zum Gesamtgut gehörenden Rechts erworben werden, beispielsweise Mieten aus einer zum Gesamtgut gehörenden Immobilie (BGH FamRZ 1984, 559 (561)); zum zweiten Gegenstände, die als Ersatz für eine Zerstörung, Beschädigung oder Entziehung eines zum Gesamtgut gehörenden Gegenstandes erworben werden, also beispielsweise Versicherungsleistungen; schließlich Gegenstände, die durch ein Rechtsgeschäft erworben wurden, welches sich auf das Gesamtgut bezieht, beispielsweise Erlöse aus der Veräußerung eines zum Gesamtgut gehörenden Gegenstandes. Gesamtgutsverbindlichkeiten können nach Beendigung des Güterstandes schon begrifflich nicht mehr entstehen (BayObLG FamRZ 2004, 879; OLG München FamRZ 1996, 170); ausgenommen sind Zinsen aus Darlehen, die vor Beendigung des Güterstandes aufgenommen worden sind (OLG Zweibrücken FamRZ 1992, 821). Davon zu unterscheiden ist der Stichtag, zu dem die sonach in die Auseinandersetzung fallenden Vermögensgegenstände zu bewerten sind; auch insoweit kommt es weder auf den Zeitpunkt der Zustellung des Scheidungsantrages noch der Beendigung des Güterstandes an; vielmehr auf den, zu dem die erforderliche Übertragungsakte dinglich vollzogen werden (BGH FamRZ 1984, 254 (256); 1986, 40 (41)). Aus all diesen Gründen empfiehlt es sich dringend, mit dem Gegner zumindest eine Vereinbarung über einen Stichtag zu treffen, der sowohl über den Bestand des Gesamtguts als auch über den Wert der einzelnen Gegenstände entscheidet; eine solche Vereinbarung hat Vorrang und kann auch formfrei getroffen werden (BGH NJW 1970, 1184; NJW 1982, 2327 = FamRZ 1982, 991). Wenn dies im Einzelfall geschah, ist unter Hinweis auf diese Vereinbarung der dort gewählte Stichtag einzusetzen.

6. Die hier zugrunde gelegte faktische Alleinverwaltung durch einen Ehegatten überwiegt in der Praxis. Die entsprechende Anwendbarkeit des an sich für die vertraglich geregelte Alleinverwaltung geltenden § 1435 BGB ist höchstrichterlich anerkannt (BGH FamRZ 1986, 40 (42)).

7. Der Inhalt der in § 1435 S. 2 BGB bestimmten Auskunftsverpflichtung ist in der Literatur umstritten, jedoch mit dem aus dem Formulartext ersichtlichen Umfang obergerichtlich bestätigt (OLG Stuttgart FamRZ 1979, 809 (810)). Für den Auseinandersetzungsantrag besonders wichtig ist dabei die Verpflichtung, Auskunft über den Bestand des Gesamtguts zu einem bestimmten Zeitpunkt durch Erstellung eines Verzeichnisses zu erteilen, weil sich nur daraus die erforderliche Auseinandersetzungsbilanz und die aus dieser folgenden Maßnahmen entwickeln lassen.

8. Zum Nachweis des Rechtsschutzbedürfnisses erscheint die Darlegung erforderlich, aus welchen Gründen der Antragsteller die für die Auseinandersetzung erforderliche vollständige Kenntnis nicht besitzt.

9. Die mit dem Antrag nach Ziffer 2. verlangte Abgabe der eidesstattlichen Versicherung setzt zumindest die Vermutung voraus, dass das Bestandsverzeichnis nicht mit der erforderlichen Sorgfalt erstellt worden ist (§ 260 Abs. 2 BGB).

10. Ansprüche, die sich aus Handlungen des alleinverwaltenden Ehegatten ergeben, werden erst mit Beendigung des Güterstandes fällig (§§ 1446, 1468 BGB).

11. Die endgültige, erst aus der Auskunft folgende Fassung des in der letzten Stufe geltend gemachten Leistungsantrags ist im nachfolgenden → Form. K.I.6 berücksichtigt.

Kosten und Gebühren

12. Besonderheiten ergeben sich hinsichtlich des Streitwertes. Wie bei Stufenklagen generell ist für den Gebührenstreitwert nicht die Summe der Werte der Einzelanträge maßgebend, sondern der Wert des Leistungsanspruchs, § 38 FamGKG, auch wenn es darüber nicht zur Verhandlung und Entscheidung gekommen ist (vgl. Binz/Dörndorfer/Zimmermann/Dörndorfer FamGKG § 38 Rn. 1). Der Streitwert des auf Zustimmung zu einem Auseinandersetzungsplan gerichteten Leistungsantrags richtet sich im Anschluss an die für die Miterbenauseinandersetzung geltende Rechtsprechung des BGH (BGH NJW 1975, 1415) nach dem Interesse des klagenden Ehepartners; maßgebend ist also nicht der Wert des Gesamtguts, sondern nur der des vom Kläger begehrten Anteils hieran (OLG Düsseldorf FamRZ 2007, 572). Dieser Anteil beträgt keineswegs stets die Hälfte, sondern kann insbesondere nach dem Umfang des von den Eheleuten jeweils eingebrachten Vermögens völlig unterschiedlich ausfallen. Bis zur Erteilung der Auskunft kann der Umfang des Leistungsanspruchs und damit der Streitwert nur vorläufig geschätzt werden.

Fristen und Rechtsmittel

13. Über den Antrag wird durch Beschluss entschieden, § 38 FamFG; hiergegen ist Beschwerde gegeben, §§ 58, 117 FamFG.

6. Stufenantrag zur Auseinandersetzung des Gesamtguts – Leistungsstufe

Amtsgericht

– Familiengericht –

In der Familienstreitsache

. . . . .

werde ich für die Antragstellerin nach Beendigung der Auskunftsstufe nunmehr beantragen:

3. Der Antragsgegner wird verurteilt, dem folgenden Auseinandersetzungsplan[1] zuzustimmen:

a) Der landwirtschaftliche Betrieb . . . . ., vorgetragen im Grundbuch des Amtsgerichts . . . . . für . . . . . Band . . . . . Blatt . . . . ., wird mit allen Aktiva und Passiva dem Antragsgegner zu Alleineigentum bzw. Alleinberechtigung übertragen.

b) Der Antragsgegner bleibt Alleinberechtigter des bei der . . . . .-Bank auf seinen Namen geführten Kontos Nr. . . . . . unter Anrechnung von . . . . . EUR.

c) Die Rechte aus der bei der . . . . . Versicherungs-AG unter Policen Nr. . . . . . bestehenden Lebensversicherung werden unter Anrechnung von . . . . . EUR auf den Antragsgegner übertragen.

d) Der Antragsgegner hat an die Antragstellerin eine Ausgleichszahlung in Höhe von . . . . . EUR zu leisten.

4. Hilfsweise statt 3. c)–d):

a) Die Rechte aus der bei der . . . . . Versicherungs-AG unter Policen Nr. . . . . . bestehenden Lebensversicherung werden unter Anrechnung von . . . . . EUR auf die Antragstellerin übertragen.

b) Der Antragsgegner hat an die Antragstellerin eine Ausgleichszahlung in Höhe von . . . . . EUR zu leisten.

Begründung:[2]

Der Antragsgegner hat am . . . . . die als Anlage beigefügte Auskunft erteilt und am . . . . . vor dem Amtsgericht[3] . . . . . die eidesstattliche Versicherung abgegeben; die Antragstellerin geht damit zur Leistungsstufe über.

Nach dieser Auskunft des Antragsgegners ergibt sich zum . . . . ., dem Zeitpunkt der Beendigung des Güterstandes,[4] der folgende Bestand des Gesamtgutes:

Gesamtgutsaktiva	
landwirtschaftlicher Betrieb	1.200.000 EUR
Guthaben auf dem Girokonto des Antragsgegners bei der X-Bank	24.000 EUR
Fortsetzungswert einer Lebensversicherung bei der . . . . . Versicherungs-AG	36.000 EUR
Forderung des Gesamtguts gegen den Antragsgegner	64.000 EUR
Summe der Aktiva	1.324.000 EUR
Gesamtgutspassiva	
Darlehensverbindlichkeit gegenüber der Y-Bank	260.000 EUR
Werterstattungsforderung des Antragsgegners	760.000 EUR
Werterstattungsforderung der Antragstellerin	42.000 EUR
Summe der Passiva	1.062.000 EUR
Überschuss der Aktiva über die Passiva	262.000 EUR

Soweit die vorstehenden Wertbeträge[5] zusätzlich oder abweichend von den Angaben des Antragsgegners aufgeführt sind, begründen sie sich im Einzelnen:

Den im Antrag bezeichneten landwirtschaftlichen Betrieb hat der Antragsgegner am[6] . . . . ., vor Abschluss des Ehevertrages, von seinen Eltern übergeben erhalten und somit gemäß § 1478 Abs. 2 Nr. 1 BGB in die Gütergemeinschaft eingebracht. Seinen sich hieraus nach § 1477 Abs. 2 BGB ergebenden Rückübernahmeanspruch hat er außergerichtlich geltend gemacht[7] und gleichzeitig erklärt, dass er die vorstehend bei den Passiva aufgeführte Darlehensverbindlichkeit der Y-Bank, die durch eine auf dem Betrieb lastende Grundschuld gesichert ist, im Innenverhältnis allein übernimmt und ferner eine Erklärung der genannten Bank vorgelegt, nach welcher sie die Antragstellerin aus der persönlichen Haftung für die genannte Darlehensverbindlichkeit entlässt. Für diese Rückübernahme schuldet der Antragsgegner ebenfalls nach § 1477 Abs. 2 BGB gegenüber dem Gesamtgut den aktuellen[8] Betriebsfortsetzungswert.[9] Dieser beläuft sich auf 1.600.000 EUR.

Beweis: Erholung eines Sachverständigengutachtens[10]

Gegenüber dem nachstehend erläuterten Einbringungswert ist hier eine ganz erhebliche Wertsteigerung[11] zu verzeichnen, die sich letztlich daraus begründet, dass die Parteien während der Ehezeit zum Hof gehörende Grundstücke, die Bauland geworden waren, veräußert und den Erlös in die Errichtung eines modernen Stallgebäudes investiert haben. Zugleich ist jedoch auch eine Minderung zu berücksichtigen, als der sonach gefundene Wert um die sog. latente Einkommenssteuer[12] zu bereinigen ist, also die Steuerlast, die im Falle der – gedachten[13] – Veräußerung des Betriebes entstehen würde. Diese beläuft sich auf höchstens 400.000 EUR, sodass im Ergebnis der vorstehende Betrag von 1.200.000 EUR einzusetzen ist.

Die Auskunft des Antragsgegners hat ergeben, dass das im vorstehenden Status aufgeführte Guthaben bei der X-Bank und die dort aufgeführte Lebensversicherung mit den zum genannten Zeitpunkt bestehenden Werten[14] vorhanden waren.

Weiter hat der Antragsgegner dort behauptet, außer der bereits in der Antragsschrift erwähnten Abrechnung der Waldbauernvereinigung über 170.000 DM habe er keine weiteren Werte aus dem Gesamtgut entnommen; das im Status aufgeführte Guthaben auf dem Konto der X-Bank sei der Restbetrag aus der damaligen Überweisung. Im Hinblick auf die von ihm hierzu abgegebene eidesstattliche Versicherung sollen diese Angaben zugrunde gelegt werden, sodass Einsatzbetrag für die Bilanz die Differenz zwischen der damaligen Abrechnung und dem heutigen Guthaben, umgerechnet in EUR, der genannte Betrag von 64.000 EUR ist. Diesen hat der Antragsgegner aus den bereits in der Antragsschrift dargelegten Gründen in das Gesamtgut durch Verrechnung zu erstatten, §§ 1435 S. 2, 1468, 1476 Abs. 2 S. 1 BGB.

Bei den Passiva ist neben der bereits angegebenen Darlehensverbindlichkeit bei der Y-Bank berücksichtigt, dass der Antragsgegner hinsichtlich des von ihm eingebrachten landwirtschaftlichen Betriebes gemäß § 1478 Abs. 1 BGB bei der Auseinandersetzung die Erstattung dessen Wertes zum Zeitpunkt der Einbringung verlangen kann. Dieser Betriebsfortsetzungswert betrug im Zeitpunkt der Begründung des Güterstandes,[15] also dem . . . . ., nicht mehr als 700.000 EUR.[16] Der hieraus folgende Einbringungswert mindert sich jedoch um Bankverbindlichkeiten, welche zu diesem Zeitpunkt 156.000 DM betrugen und nach Umrechnung auf 80.000 EUR anzusetzen sind. Ferner mindert sich der Einbringungswert um die hierauf ruhende latente Einkommensteuerlast von 150.000 EUR. Der hiernach verbleibende Differenzbetrag ist um die seitdem eingetretene Geldentwertung, berechnet nach dem Lebenshaltungsindex, zu bereinigen,[17] sodass sich der im vorstehenden Status berücksichtigte Einsatzbetrag von 760.000 EUR ergibt.

Schließlich hat die Antragstellerin selbst einen gleichartigen Anspruch auf Werterstattung. Anlässlich der Eheschließung der Parteien hatte sie von ihren Eltern einen Barbetrag in Höhe von 50.000 DM erhalten, der im Zeitpunkt der Begründung der Gütergemeinschaft auf einem gemeinsamen Bankkonto einbezahlt war.

Beweis: Einvernahme des Zeugen[18] . . . . ., des Vaters der Antragstellerin

Nach Umrechnung in EUR und unter Berücksichtigung der seitdem eingetretenen Geldentwertung ergibt[19] sich hieraus der in vorstehendem Status aufgeführte Einsatzbetrag von 42.000 EUR.

Aus dem sonach festgestellten Bestand des Gesamtguts sind entsprechend den gesetzlichen Auseinandersetzungsregeln vorrangig die gegenüber Dritten bestehenden Verbindlichkeiten zu berichtigen, § 1475 Abs. 1 BGB. Diese Maßnahme kann nach höchstrichterlicher Rechtsprechung von einem der Ehepartner auch durch eine anderweitige Regelung ersetzt werden, welche sicherstellt, dass der andere Ehepartner von den Gesamtgutgläubigern nicht mehr aus § 1480 BGB in Anspruch genommen werden kann;[20] hierzu gehört insbesondere, dass der Ehepartner diese Verbindlichkeit im Innenverhältnis allein übernimmt und zugleich bewirkt, dass der andere Ehepartner vom Gläubiger aus der persönlichen Haftung entlassen wird. Das ist hier geschehen, sodass dieser Schritt in der Auseinandersetzung entfallen und durch Verrechnung der übernommenen Verbindlichkeiten ersetzt werden kann.

Danach sind im zweiten Rang die Werterstattungsforderungen der Ehepartner zu berücksichtigen, die diesen nach § 1478 BGB zustehen.[21] Dies folgt insbesondere aus der Regelung des § 1478 Abs. 1 S. 1 Hs. 2 BGB, wonach sich der Ehepartner dann, wenn das nach Berichtigung der gegenüber Dritten bestehenden Gesamtgutsverbindlichkeiten verbleibende Gesamtgut hierfür nicht ausreicht, eine entsprechende Kürzung dieser Werterstattungsforderung gefallen lassen muss.

In einem dritten und letzten Schritt ist dann der etwa danach verbleibende Überschuss zwischen den Eheleuten hälftig zu teilen, § 1476 Abs. 1 BGB. Ein solcher Überschuss ist im hier vorliegenden Fall in Höhe von 262.000 EUR gegeben.

Die Verteilung der Gesamtgutsgegenstände richtet sich also nach dem Betrag der jeweiligen Auseinandersetzungsguthaben der Parteien. Dieses ergibt sich jeweils aus der Summe von Werterstattungsforderung und Überschussanteil.[22]

Beim Antragsgegner beträgt die Werterstattungsforderung	760.000 EUR
und der Überschussanteil (262.000 EUR : 2 =)	131.000 EUR,
sein Auseinandersetzungsguthaben also	891.000 EUR.

Für die Antragstellerin ergibt sich ein Werterstattungsanspruch in	
Höhe von	42.000 EUR
sowie ein gleich hoher Überschussanteil von	131.000 EUR
gesamt also ein Guthaben von	173.000 EUR.

Unter Anrechnung auf diese Guthaben sind sonach die einzelnen, im Gesamtgut enthaltenen Vermögensgegenstände aufzuteilen, was nach Vorschlag[23] der Antragstellerin wie folgt geschehen soll:

Der Antragsgegner hat sich auf sein Guthaben von 891.000 EUR

zunächst gemäß § 1477 Abs. 2 BGB den aktuellen Wert des von ihm zurückübernommenen

landwirtschaftlichen Betriebes in vorstehend angegebener Höhe von – 1.200.000 EUR

anrechnen[24] zu lassen; ebenso gemäß § 1476 Abs. 2 BGB auch die gegen ihn gerichtete Forderung des Gesamtguts in Höhe von – 64.000 EUR

Nachdem er im Außenverhältnis Alleinberechtigter des auf seinen Namen lautenden Kontos

bei der X-Bank mit einem Guthaben von – 24.000 EUR

ist, erscheint es sinnvoll, dass der Antragsgegner auch dieses Guthaben unter Anrechnung des genannten Betrages behält; dasselbe gilt für die Rechte des ohnehin allein auf seinen Namen lautenden Lebensversicherungsvertrages, dessen Fortsetzungswert von – 36.000 EUR

sonach ebenfalls angerechnet wird.

Gutzubringen ist dem Antragsgegner der Betrag der von ihm übernommenen Gesamtgutsverbindlichkeit – Bankdarlehen – von + 260.000 EUR.

Der Antragsgegner wird sonach um insgesamt – 173.000 EUR

mehr erhalten, als ihm als Auseinandersetzungsguthaben zusteht; er muss diesen Betrag der Antragstellerin ausgleichen.

Dem entspricht auch das Guthaben der Antragstellerin in vorstehend bereits ermittelter Höhe von + 173.000 EUR,

sodass die Auseinandersetzungsbilanz damit ausgeglichen ist.

Sollte der Antragsgegner die genannte Lebensversicherung jedoch nicht übernehmen[25] wollen, wären die Rechte allein auf die Antragstellerin zu übertragen. Eine Kündigung des Lebensversicherungsvertrages kommt nicht in Betracht, nachdem die Parteien als Nachwirkung der ehelichen Treuepflicht gehalten sind, bei der Auseinandersetzung des Gesamtguts den schonendsten Weg zu wählen.[26] Das ist hier die Übertragung der Rechte, da im Falle einer Kündigung ein Rückkaufswert ausgezahlt werden würde, der betragsmäßig erheblich unter dem Fortsetzungswert des Lebensversicherungsvertrages liegt.

Beweis: Erholung einer Auskunft der . . . . . Versicherungs-AG

Unter dieser Voraussetzung berechnet sich die an die Antragstellerin zu leistende Ausgleichszahlung wie folgt:

Ihr Auseinandersetzungsguthaben beläuft sich auf den bereits genannten Betrag von 173.000 EUR.

Bei Übertragung und sonach Anrechnung des Fortsetzungswertes der Lebensversicherung in bereits genannter Höhe von **– 36.000 EUR**

verbliebe somit eine auszugleichende Differenz von **+ 137.000 EUR.**

Die beiden letztgenannten Beträge sind sonach im Hilfsantrag nach Ziffer 4. berücksichtigt.

Für den Fall, dass der Antragsgegner wider Erwarten die Übernahme des allein auf seinen Namen lautenden Bankkontos bzw. -guthabens ablehnen sollte, wird die Antragstellerin ihren Hilfsantrag nach Ziffer 4. entsprechend weiter anpassen.[27]

Rechtsanwalt[28]

Anmerkungen

1. Der Antrag ist auf Zustimmung zu einem Auseinandersetzungsplan zu richten. Damit allein ist es allerdings nicht getan. Der Plan selbst muss in den Antrag aufgenommen werden. Er ist an den gesetzlichen Teilungsregeln auszurichten. Die Gestaltung kann nicht dem Richter überlassen werden; dieser ist vielmehr darauf beschränkt, dem vom Kläger aufgestellten Teilungsplan – so wie er ist – stattzugeben oder den Antrag abzuweisen (vgl. zu alldem BGH FamRZ 1986, 776 (777) sowie FamRZ 1988, 813 (814)). Darüber hinaus muss der Plan alle Aktiva und Passiva des Gesamtguts erfassen; fehlt auch nur ein Gegenstand, muss der Antrag ebenfalls abgewiesen werden (OLG Koblenz FamRZ 2006, 40 (41)). Nach welchen Grundsätzen dieser Auseinandersetzungsplan aufzustellen ist und welche Einzelheiten sonach in den Klageantrag gehören, wird im anschließenden Formulartext wie auch in den folgenden Anmerkungen weiter erläutert (siehe hierzu auch Kappler FamRZ 2007, 696).

2. Die nachstehende Fassung wurde bewusst so gewählt, dass sie die gedankliche Schrittfolge wiedergibt, in der ein Auseinandersetzungsplan aufzustellen ist. Die hierzu gehörenden Formulierungen sollen nicht nur der Information des Lesers dienen; es kann sich auch empfehlen, diese in den konkreten Schriftsatz zu übernehmen, da häufig auch der Familienrichter mit den Besonderheiten der Gütergemeinschaft nicht vertraut ist und dadurch zugleich ein Leitfaden für die Entscheidungsfindung geboten wird. Hierfür gilt im Grundsatz: Die Gütergemeinschaft ist eine Art „Ehegesellschaft" und wird auch wie eine Gesellschaft auseinandergesetzt. Zunächst werden die gegenüber Dritten bestehenden Verbindlichkeiten berichtigt. Danach werden den Eheleuten – soweit das verbliebene Vermögen reicht – ihre Einlagen erstattet; ein etwa danach noch verbleibender Überschuss wird hälftig verteilt. Welcher dieser drei Grundschritte im Einzelfall zu vollziehen ist, ergibt sich nach der in der Auskunftsstufe vorgenommenen Ermittlung aller zum Gesamtgut gehörenden Gegenstände. Ist die Auseinandersetzungsbilanz positiv, als die Gesamtgutsaktiva sowohl die gegenüber Dritten bestehenden Verbindlichkeiten wie auch die Einlagen (Werterstattungsforderungen) der Eheleute übersteigen, sind alle Schritte durchzuführen. Ist die Bilanz negativ, als die Summe der Verbindlichkeiten sowohl gegenüber Dritten als auch der Werterstattungsforderungen höher ist, entfällt der dritte Schritt und es müssen nach Berichtigung der ersteren die Werterstattungsforderungen entsprechend gekürzt werden. Übersteigen die gegenüber Dritten bestehenden Verbindlichkeiten den Wert der Gesamtgutsaktiva, entfallen die beiden letzten Schritte und es bleibt nur die Berichtigung der Gesamtgutsverbindlichkeiten, ggf. auch durch Erbringung persönlicher Haftungsbeiträge. Je nachdem, wie diese Bilanz ausfällt, ergeben sich auch unterschiedliche Auseinandersetzungsguthaben der Eheleute. Im ersten Fall setzten sie sich aus dem Werterstattungsanspruch und dem Überschussanteil zusammen; im zweitgenannten Fall bleibt es allein bei einer – ggf. gekürzten – Werterstattungsforderung; im dritten Fall gibt es nichts zwischen den Eheleuten zu verteilen. Auf die sonach feststehenden Auseinandersetzungsguthaben sind dann die einzelnen Gesamtgutsgegenstände aufzuteilen, wie das im Formular und auch in den nachfolgenden Anmerkungen behandelt wird.

3. Die eidesstattliche Versicherung nach § 261 BGB ist an sich nicht vor dem Familiengericht, sondern, wenn sie freiwillig erfolgt, nach § 410 Nr. 1 FamFG vor dem für den Wohnsitz des Auskunftsschuldners zuständigen Amtsgericht oder im Wege der Vollstreckung vor diesem Amtsgericht als Vollstreckungsgericht (§ 20 Abs. 1 Nr. 17 RPflG) abzugeben. In der Praxis sind die Familiengerichte jedoch manchmal bereit, zur Vereinfachung des Verfahrens selbst eine solche Erklärung entgegenzunehmen, wenn sich der Auskunftsgläubiger damit begnügt.

4. Für die Bestandsermittlung des Gesamtguts sollte der Zeitpunkt der Beendigung des Güterstandes nur dann gewählt werden, wenn zwischen den Parteien noch keine Stichtagsvereinbarung getroffen wurde; andernfalls ist deren Zeitpunkt heranzuziehen (ergänzend → Form. K.I.5 Anm. 5).

5. Die in die Auseinandersetzungsbilanz eingesetzten Werte sind nicht stets die zum Zeitpunkt der Beendigung des Güterstandes bestehenden; sie können auch hiervon abweichen, → Form. K.I.5 Anm. 5. Auch soweit sich die Wertbeträge unabhängig davon nicht unmittelbar als Geldwerte aus der Auskunft ergeben, sondern sachverständig ermittelt werden müssen, sind die in der Bilanz angegebenen Beträge ggf. im Einzelnen zu erläutern und mit Beweisangebot zu versehen. Dies gilt vor allem auch dann, wenn Wertangaben des Auskunftsschuldners bestritten und durch eigene, abweichende Wertbehauptungen ersetzt werden.

6. Wurde der konkrete, zurück zu übernehmende Gegenstand erst nach Abschluss des Ehevertrages in das Gesamtgut eingebracht, besteht ein Übernahmeanspruch hieran nur unter den in § 1477 Abs. 2 S. 2 BGB bestimmten Voraussetzungen, also Erwerb von Todes wegen oder mit Rücksicht auf ein künftiges Erbrecht, durch Schenkung oder als Ausstattung. Die Überlassung eines landwirtschaftlichen Betriebes in einem zu Lebzeiten abgeschlossenen Übergabevertrag zählt als Einbringung in diesem Sinne (BGH FamRZ 1986, 776); ebenso, wenn ein landwirtschaftlicher Betrieb zunächst in den Nachlass gefallen und dann im Wege der Erbauseinandersetzung auf den betreffenden Ehepartner übertragen worden ist (BGH FamRZ 1986, 776 (777)). Auf Surrogate eines eingebrachten Gegenstandes erstreckt sich das Rückübernahmerecht grundsätzlich nicht; Ausnahmen können wiederum für den Bereich landwirtschaftlicher Betriebe gelten, wenn sich der ursprüngliche Bestand etwa durch ein Flurbereinigungsverfahren verändert hat (BGH FamRZ 1998, 817). Auch Um- und Neubauten lassen das Übernahmerecht bestehen (OLG Nürnberg OLGZ 1982, 375)

7. Gemeint ist hier der Rückübernahmeanspruch an einem konkreten, in das Gesamtgut eingebrachten Vermögensgegenstand nach § 1477 Abs. 2 BGB (im Unterschied zu dem inhaltlich anderen Anspruch auf Erstattung des Wertes des oder der eingebrachten Gegenstände nach § 1478 BGB). Dieses Übernahmerecht am konkreten Gegenstand ist nicht von Amts wegen zu berücksichtigen, sondern muss ausdrücklich durch zugangsbedürftige, ansonsten aber an keine Form oder Frist gebundene Erklärung gegenüber dem anderen Ehegatten erfolgt sein (OLG München FamRZ 1988, 1275).

8. Der gemäß § 1477 Abs. 2 BGB in das Gesamtgut zu ersetzende Wert eines zurück übernommenen konkreten Gegenstandes bemisst sich, sofern keine Stichtagsvereinbarung getroffen wurde, nach dem Zeitpunkt des dinglichen Übertragungsaktes (BGH FamRZ

1984, 254 (256); 1986, 40 (41); → Form. K.I.5 Anm. 5), kann sich also durchaus von dem im Zeitpunkt der Beendigung des Güterstandes bestehenden Wert unterscheiden. Auf den aktuellen Wert ist vor allem dann abzustellen, wenn er sich im Zeitpunkt der Klageerhebung erhöht hat. Nachdem der dingliche Übertragungsakt zum Zeitpunkt der Entscheidung noch nicht vollzogen ist, kann sich das Gericht damit behelfen, dass es den Wert zunächst durch einen Sachverständigen ermitteln lässt, diesen zur letzten mündlichen Verhandlung erneut hinzuzieht und ihn nach etwaigen Veränderungen befragt und den sonach endgültigen Wert dann seiner Entscheidung zugrunde legt (BGH FamRZ 1992, 421 (423)).

9. Wie im gesetzlichen Güterstand sind die einzelnen Vermögensgegenstände entsprechend der höchstrichterlichen Rechtsprechung (BGH FamRZ 1986, 37 (39); 1986, 776 (779)) im Grundsatz mit ihrem „vollen wirklichen Wert" anzusetzen, im Regelfall also nach dem Verkehrswert. Für landwirtschaftliche Betriebe, die in der Gütergemeinschaft eine besondere Rolle spielen, als sie meist Gegenstand eines Rückübernahmerechts sind, gelten nach höchstrichterlicher Rechtsprechung gleich zwei Ausnahmen: Im Gegensatz zum gesetzlichen Güterstand, bei dem im Rahmen des Zugewinnausgleichs ein landwirtschaftlicher Betrieb nach § 1376 Abs. 4 BGB mit dem Ertragswert anzusetzen ist, gilt dies für den Bereich der Gütergemeinschaft nicht, auch nicht in entsprechender Anwendung der genannten Bestimmung (BGH FamRZ 1986, 776). Darüber hinaus ist in Abweichung vom erstgenannten Grundsatz hier nicht der Verkehrswert, sondern ein sog. Betriebsfortsetzungswert maßgebend, welcher sich an dem Erlös orientiert, der bei einer Veräußerung des gesamten Betriebes von einem Erwerber, der den Betrieb als Landwirtschaft fortführt, unter Berücksichtigung der Ertragslage erzielt werden würde (BGH FamRZ 1986, 779 (780)). Hieraus ergibt sich in der Praxis ein Abschlag, nicht nur gegenüber dem Verkehrswert, sondern auch gegenüber dem Liquidationswert.

10. Nach der Grundregel, wonach jede Prozesspartei für die ihr günstigen tatsächlichen Voraussetzungen die Darlegungs- und Beweislast trägt, sollte der Antragsteller für seine Behauptung zum aktuellen Wert, den der andere Ehepartner für den von ihm zurückübernommenen, konkreten Gegenstand gemäß § 1477 Abs. 2 BGB in das Gesamtgut zu ersetzen hat, auch Beweis antreten, wenn – wie hier – sein Auseinandersetzungsguthaben im Wesentlichen aus einer in der Ehezeit eingetretenen Wertsteigerung dieses rückübernommenen Gegenstandes herrührt.

11. Dass der Wert eines zurückübernommenen, konkreten Gegenstandes seit der Einbringung gestiegen ist, kann oft allein ein Auseinandersetzungsguthaben (Überschussanteil) des anderen Ehepartners auslösen, wenn dieser selbst nichts in das Gesamtgut eingebracht hat. Eine solche Steigerung ist nicht selbstverständlich; sofern wie im Formular eine erhebliche vorliegt, sollte dies auch plausibel dargestellt werden.

12. Nachdem sich auch der für einen landwirtschaftlichen Betrieb maßgebende Betriebsfortsetzungswert wie der Verkehrswert am Veräußerungserlös orientiert, müssen in die Bewertung auch die Kosten einfließen, die sich im Falle einer solchen Veräußerung ergeben; das gilt nach inzwischen ständiger Rechtsprechung des BGH (FamRZ 1999, 361 (364)) für gewerbliche wie freiberufliche Unternehmen. Hierzu gehört insbesondere auch die Einkommensteuerlast, was der BGH auch für einen landwirtschaftlichen Betrieb zu dessen Bewertung bei der Auseinandersetzung einer Gütergemeinschaft ausdrücklich bestätigt hat (BGH FamRZ 1986, 776 (779)). Diese ermittelt sich unter Zugrundelegung des persönlichen Steuersatzes aus der Differenz zwischen Verkehrs-/Betriebsfortsetzungswert und Buchwert. An dieser Rechtsprechung hat der BGH gegen alle in der Literatur geäußerte Kritik festgehalten und darüber hinaus bestimmt, dass bei der Ermittlung der Höhe der Steuerlast nicht der Zeitpunkt einer etwa künftig erfolgenden Veräußerung, sondern die am Stichtag bestehenden rechtlichen und tatsächlichen Verhältnisse maßgebend sind (BGH NJW 2011, 2572). Das kann erhebliche betragsmäßige Auswirkungen haben, als nach § 34 Abs. 3 EStG nur der halbe Steuersatz anzuwenden ist, wenn der Steuerpflichtige – am Stichtag – das 55. Lebensjahr vollendet hat oder dauernd berufsunfähig ist.

13. Entgegen einer in der Praxis vertretenen Auffassung wird diese latente Einkommensteuerlast nicht nur dann abgezogen, wenn eine Veräußerung des Betriebes tatsächlich erfolgt oder im Raum steht; sie ist vielmehr ein Bewertungsfaktor, der unabhängig davon zu berücksichtigen ist, ob eine reale Veräußerung erfolgt oder beabsichtigt ist (BGH FamRZ 1991, 43 (48); NJW 2011, 2572).

14. → Anm. 5.

15. Für die Berechnung des Werterstattungsanspruchs ist der Zeitpunkt der Einbringung maßgebend (§ 1478 Abs. 3 BGB). Dies muss nicht stets der im Mustertext zugrunde gelegte Zeitpunkt der Begründung der Gütergemeinschaft sein; auch zeitlich nachfolgende Einbringungen lösen einen Werterstattungsanspruch aus, sofern die bereits unter vorstehender → Anm. 6 dargelegten Voraussetzungen erfüllt sind.

16. Wenn – wie hier – dem Antragsgegner ein bestimmter Wert des von ihm eingebrachten und rückübernommenen Gegenstandes zugestanden wird, ist anders als im Fall des aktuellen Auseinandersetzungswertes (→ Anm. 9) ein Beweisangebot nicht erforderlich.

17. Wie im gesetzlichen Güterstand das Anfangsvermögen, ist auch der nach § 1478 BGB zurückzuerstattende Wert um die seit der Einbringung bis zum Auseinandersetzungsstichtag eingetretene Geldentwertung zu bereinigen (BGH FamRZ 1982, 991). Im Einzelnen kann dabei so verfahren werden, wie das aus dem Bereich der Zugewinngemeinschaft bekannt ist.

18. Für die Höhe des Wertersatzanspruchs aus § 1478 BGB ist der einbringende Ehepartner darlegungs- und beweispflichtig. Nachdem hier im Muster die Antragstellerin ihrerseits einen solchen Anspruch geltend macht, muss der angegebene Wert mit einem Beweisangebot versehen werden.

19. Die Bereinigung eines eingebrachten Wertes um die Geldentwertung ist auch dann vorzunehmen, wenn es sich um eingebrachtes Barvermögen handelt (BGH FamRZ 1990, 256).

20. Die gesetzlichen Teilungsregeln sehen im ersten Schritt die Bedienung der Dritten gegenüber bestehenden Gesamtgutsverbindlichkeiten vor (§ 1475 Abs. 1 S. 1 BGB). Gegenüber diesem Vorrang muss das in § 1477 Abs. 2 BGB begründete Recht der Rückübernahme eines in das Gesamtgut eingebrachten Gegenstandes zurücktreten, wenn der Wert der Aktiva hierfür nicht ausreicht (BGH FamRZ 1985, 903 (904); 1988, 813 (815)). Ebenfalls nach gesetzlichem Leitbild muss die Bedienung dieser Gesamtgutsverbindlichkeiten an sich im Wege der Erfüllung geschehen, wozu erforderlichenfalls das Gesamtgut in Geld umgesetzt werden muss (§ 1475 Abs. 3 BGB). Der Zweck dieser Regelung, eine persönliche Inanspruchnahme des anderen Ehepartners durch die Gesamtgutsgläubiger nach § 1480 BGB zu vermeiden, erfordert jedoch nicht stets eine solche Erfüllung der Verbindlichkeiten. Der genannte Sicherungszweck lässt sich „auch auf jede andere Weise" erreichen (BGH FamRZ 1986, 40 (41)), beispielsweise also auch durch Stellung einer Bankbürgschaft (→ Form. K.I.7 Anm. 9). Der in der Praxis jedoch am häufigsten gewählte und ausreichende Weg ist die im Formulartext geschilderte Übernahme der Gesamtgutsverbindlichkeit durch den einen und Entlassung des anderen Ehegatten aus der Haftung (BGH FamRZ 1985, 903 (905); 1988, 813 (815)). Da die Eheleute für Gesamtgutsverbindlichkeiten nach § 1437 BGB bzw. § 1459 BGB als Gesamtschuldner haften, wirkt sich die Übernahme durch einen der Ehepartner gemäß § 426 Abs. 2 BGB dahin aus, dass die Forderung des Gesamtgutgläubigers auf ihn übergeht und er diesen Anspruch bei der Auseinandersetzung mit seiner gegenüber dem Gesamtgut bestehenden Verbindlichkeit auf Erstattung des Wertes des zurückübernommenen Gegenstandes verrechnen kann, wie das im anschließenden Formulartext dargestellt ist.

21. Die Werterstattungsforderung der Ehepartner nach § 1478 Abs. 1 BGB entspricht der Einlageerstattung bei Abwicklung einer Gesellschaft. Wie dort können in der Gütergemeinschaft die Einlagen/Einbringungen höchst unterschiedlich ausfallen; die in § 1476 Abs. 1 BGB vorgesehene hälftige Aufteilung gilt also nur für einen nach Bedienung der Werterstattungsforderungen etwa verbleibenden Überschuss der Aktiva über alle Passiva.

22. Wenn anders als im Formular die Summe der Gesamtgutsaktiva die Summe sämtlicher Passiva nicht übersteigt, gibt es keinen Überschuss, der nach § 1476 Abs. 1 BGB verteilt werden könnte. Die nach Berichtigung der gegenüber Dritten bestehenden Gesamtgutsverbindlichkeiten verbleibenden Aktiva sind dann im Verhältnis der Einbringungen/Werterstattungsforderungen der Ehepartner zu verteilen (§ 1478 Abs. 1 S. 1 Hs. 2 BGB). Hat im konkreten Fall nur einer der Eheleute etwas eingebracht, kann er also alle verbliebenen Aktiva allein übernehmen.

23. Die sich bei der Aufstellung des Auseinandersetzungsplans aus der Zahl der Gesamtgutsgegenstände rein rechnerisch ergebenden Möglichkeiten lassen sich dadurch erheblich einschränken, dass man sie zunächst nach Konstanten und Variablen aufteilt. Die Konstanten entstehen dabei aus den gesetzlichen Teilungsregeln wie auch aus der Ausübung gesetzlicher Übernahmerechte durch einen der Ehepartner. Enthält die Bilanz Gesamtgutsverbindlichkeiten, die Dritten gegenüber bestehen, müssen diese also aufgrund des durch § 1475 Abs. 1 BGB bestimmten Vorrangs zwangsläufig zunächst berichtigt werden. Damit steht dann auch der erste Schritt fest, beispielsweise also, dass die gegenüber der Bank bestehenden Darlehensverbindlichkeiten durch Veräußerung der im Einzelnen zu benennenden Gesamtgutsaktiva zurückgeführt werden. Ist wie im Musterfall eine solche Maßnahme wegen Übernahme dieser Verbindlichkeiten nicht erforderlich, beginnt der Plan mit der zweiten Konstante, nämlich der Abwicklung des ausgeübten gesetzlichen Übernahmerechts an einem konkreten Gegenstand, also die im Formularantrag unter Ziffer 3a) angeführte Rückübertragung des landwirtschaftlichen Betriebes. Weitere Konstanten können sich dadurch ergeben, dass – wie auch im Formular – ein Ehepartner etwas dem Gesamtgut schuldet. Das kann neben der im Beispielsfall geschilderten Minderung des Gesamtguts durch Verwaltungshandlung auch durch Verwendungen aus dem Gesamtgut für das Vorbehalts- oder Sondergut eintreten (§ 1467 BGB) oder bei Gesamtgutsverbindlichkeiten, die im Innenverhältnis allein einen der Ehepartner treffen (§ 1463 BGB). Gemäß § 1476 Abs. 2 S. 1 BGB kann ausschließlich eine Verrechnung auf das Auseinandersetzungsguthaben des betroffenen Ehepartners erfolgen; auch dieser Schritt ist also vorgegeben. Erst danach sollten in den Auseinandersetzungsplan die verbleibenden sog. Variablen eingesetzt werden. Auch hierzu gibt es Einschränkungsmöglichkeiten, wie sie nachstehend unter → Anm. 25 behandelt werden.

24. Wenn ein Ehepartner für den von ihm zurückübernommenen Gegenstand dessen aktuellen Wert in das Gesamtgut zu erstatten hat (§ 1477 Abs. 2 BGB), muss er diesen Wertersatz nicht einzahlen; er kann ihn vielmehr gemäß § 1476 Abs. 2 S. 1 BGB mit seinem sich aus dieser Einbringung zugleich ergebenden Werterstattungsanspruch nach § 1478 Abs. 1 BGB verrechnen (BGH FamRZ 1985, 903 (904); 1988, 813 (815)).

25. Wenn die durch die gesetzlichen Teilungsregeln vorgeschriebenen Auseinandersetzungsschritte (die in → Anm. 23 so genannten Konstanten) erledigt sind, können hinsichtlich der verbleibenden Vermögensgegenstände die Möglichkeiten der Aufteilung frei gewählt werden; das sind die vorstehend so bezeichneten Variablen. Bei deren Aufteilung kann zunächst einmal nach Zweckmäßigkeitsgesichtspunkten vorgegangen werden, wie das im Formulartext geschehen ist. Jedoch sollte von vornherein auch bedacht werden, dass der Antragsgegner mit der vorgeschlagenen Aufteilung nicht in allen Punkten einverstanden sein wird; zur Übernahme von Gegenständen kann er nämlich nicht gezwungen werden (vgl. Grüneberg/Siedl/Weidlich BGB § 1475 Rn. 2 unter Hinweis auf RGZ 73, 41; 85, 1). Nachdem der Richter in den Auseinandersetzungsplan nicht gestaltend eingreifen darf (→ Anm. 1), muss der Antragsteller den sich hieraus ergebenden Varianten durch Stellung von Hilfsanträgen Rechnung tragen (BGH FamRZ 1986, 776 (777); 1988, 813 (814)).

26. Der Auseinandersetzungsplan setzt Teilungsreife voraus. Das beinhaltet nicht nur die vorrangige Bedienung der Dritten gegenüber bestehenden Gesamtgutsverbindlichkeiten, sondern an sich auch, dass die verbleibenden Gesamtgutsgegenstände in Geld umgesetzt werden müssten, um eine dem jeweiligen Auseinandersetzungsguthaben der Eheleute entsprechende betragsmäßige Aufteilung zu ermöglichen. Ist das nicht schon bei Klageerhebung, spätestens zur letzten Tatsachenverhandlung gegeben, muss die Klage abgewiesen werden (BGH FamRZ 1988, 813 (815 f.)). Die an sich notwendige Versilberung lässt sich in der Praxis jedoch dadurch ersetzten, dass der die Auseinandersetzung betreibende Ehepartner bestimmte, bei Weigerung des Gegners sogar alle verbleibenden Gesamtgutsgegenstände unter Anrechnung auf sein Auseinandersetzungsguthaben übernimmt. Der andere Ehepartner kann sich dem aus Gründen der nachwirkenden ehelichen Treuepflicht nicht widersetzen, weil die Eheleute bei der Auseinandersetzung verpflichtet sind, den Weg zu wählen, der das Gesamtgut am wenigsten belastet und dabei den Eintritt eines Schadens, auch wenn er nur der Person eines der Ehegatten entstehen würde, zu vermeiden (OLG Düsseldorf FamRZ 1993, 194 (196)). Selbst dann, wenn durch Versilberung kein Wertverlust eintritt, wird die Übernahme eines Gesamtgutsgegenstandes als der schonendste Weg im Sinne dieser Rechtsprechung anzusehen sein, weil jedenfalls hierdurch die mit einer Verwertung verbundenen Kosten erspart werden.

27. Nicht alle für die Aufteilung denkbaren Varianten müssen von vornherein in Form eines Hilfsantrags berücksichtigt werden. Wenn wider Erwarten der Prozessgegner mit einem bestimmten Aufteilungsvorschlag nicht einverstanden sein sollte, können die in der Leistungsstufe gestellten Anträge auch im Prozessverlauf durch weitere Hilfsanträge angepasst werden, worauf der Richter hinwirken muss (BGH FamRZ 1988, 813 (814)).

Kosten und Gebühren

28. Mit Beginn der Leistungsstufe lässt sich auch der endgültige Streitwert angeben. Zu den Grundsätzen seiner Ermittlung wird auf die entsprechenden Ausführungen zu → Form. K.I.5 Anm. 12 verwiesen. Im Musterfall würde sich daher der Streitwert entsprechend des Anteils der antragstellenden Ehefrau am Auseinandersetzungsguthaben auf 173.000 EUR stellen; wäre stattdessen der Antrag vom Ehemann eingereicht, wäre der Streitwert mit 891.000 EUR anzusetzen.

7. Drittwiderspruch gegen Teilungsversteigerung

Amtsgericht[1]
– Familiengericht[2] –

Antrag in der Familienstreitsache

Name, Vorname, Anschrift

– Antragstellerin –

gegen

Name, Vorname, Anschrift

– Antragsgegner –

wegen Güterrechts

Für die von mir vertretene Antragstellerin beantrage ich:

A. Folgenden Beschluss zu erlassen:
Das Teilungsversteigerungsverfahren des Amtsgerichts ..... Az. ...... wird bis zum Erlass des endentscheidenden Beschlusses einstweilen eingestellt.[3]

B. Folgenden Beschluss als Endentscheidung zu erlassen:
Die im Verfahren des Amtsgerichts ..... Az. ...... betriebene Teilungsversteigerung ist unzulässig.

Begründung:

Die Parteien sind geschiedene Eheleute und waren im Güterstand der Gütergemeinschaft verheiratet. Unter dem Vorwand, deren Auseinandersetzung vorzubereiten, betreibt der Antragsgegner die Teilungsversteigerung eines von der Antragstellerin in das Gesamtgut eingebrachten Einfamilienhauses. Ihr hieran nach § 1477 Abs. 2 BGB bestehendes und von der Antragstellerin auch ausgeübtes Rückübernahmerecht verbietet jedoch deren Durchführung. Die Antragstellerin begehrt daher, die Teilungsversteigerung für unzulässig zu erklären und das betreffende Verfahren bis zum Erlass des hierauf ergehenden Beschlusses einstweilen einzustellen. Dazu im Einzelnen:

Im Grundbuch des Amtsgerichts ..... für ..... Band ..... Blatt ..... sind die Parteien als Gesamtberechtigte in Gütergemeinschaft eingetragen.[4] Dieses Anwesen hat die Antragstellerin ausweislich des beigefügten notariellen Vertrages vom ..... in das Gesamtgut eingebracht,[5] als es ihr von den Eltern im Wege der vorweggenommenen Erbfolge übergeben worden ist. Die Antragstellerin hat somit nach § 1477 Abs. 2 BGB Anspruch darauf, diesen Grundbesitz mit Beendigung des Güterstandes zurück zu übernehmen. Dieses Recht hat sie mit dem als Anlage beigefügten Schreiben vom ..... gegenüber dem Antragsgegner ausgeübt.[6]

Gleichwohl hat der Antragsgegner Antrag auf Teilungsversteigerung des bezeichneten Grundbesitzes nach §§ 180 ff. ZVG in dem im Antrag bezeichneten Verfahren gestellt. Er behauptet, das von der Antragstellerin geltend gemachte Übernahmerecht müsse zurücktreten,[7] weil der Grundbesitz zur Berichtigung von Gesamtgutsverbindlichkeiten verwertet werden müsse, die in Form eines Darlehens der A-Bank in Höhe von derzeit 362.420 EUR bestünden. Das ist jedoch mit dieser Begründung unzutreffend. Zwar verlangt § 1475 BGB in Absatz 1 die vorrangige Befriedigung der Gesamtgutsverbindlichkeiten sowie in Absatz 3 die Umsetzung der hierzu gehörenden Gegenstände in Geld, soweit dies hierzu erforderlich ist, bei Grundstücken also die Teilungsversteigerung, §§ 1477 Abs. 1, 753 BGB, § 180 ZVG. Jedoch soll die vom Gesetz geforderte vorrangige Befriedigung der Drittgläubiger die Ehepartner nur vor einer persönlichen Haftung schützen, die gemäß § 1480 BGB bei einer vorzeitigen Aufteilung des Gesamtguts zwischen den Eheleuten eintreten würde; für eine Erfüllung dieser Gesamtgutsverbindlichkeiten besteht somit dann kein Anlass, wenn die persönliche Haftung des anderen Ehepartners auf andere Weise wirksam ausgeschlossen wird.[8] Diese Voraussetzung ist hier erfüllt, als die Antragstellerin die in Abschrift beigefügte Bürgschaft der Sparkasse B über 100.000 EUR gestellt und die A-Bank diese auch angenommen hat.[9]

Dies gilt auch im Hinblick darauf, dass die von der Antragstellerin gestellte Sicherheit nur auf 100.000 EUR lautet, wogegen sich die vom Antragsgegner genannten Bankverbindlichkeiten auf 362.420 EUR belaufen. Im übersteigenden Umfang handelt es sich nämlich nicht um Gesamtgutsverbindlichkeiten. Die Ehe der Parteien wurde durch den an diesem Tage rechtskräftig gewordenen Beschluss des erkennenden Gerichts vom . . . . . geschieden. Damit wurde auch der Güterstand beendet und ab diesem Zeitpunkt konnten schon begrifflich keine Gesamtgutsverbindlichkeiten mehr entstehen.[10]

Der vom Antragsgegner genannte Gesamtbetrag setzt sich zusammen aus einem zuvor während der Ehezeit von den Parteien in Anspruch genommenen Darlehen, welches heute noch mit 86.236 EUR valutiert; im Weiteren aus der Überziehung eines auf den Namen beider Parteien lautenden Girokontos mit 12.065 EUR; schließlich aber in Höhe des Restbetrages von 264.119 EUR für ein weiteres Darlehen, welches der Antragsgegner allein auf seinen Namen und am . . . . ., also nach Beendigung des Güterstandes, in Anspruch genommen hat.

Beweis: Erholung einer Auskunft der A-Bank

Die von der Antragstellerin gestellte Sicherheit deckt also die Summe der Gesamtgutsverbindlichkeiten ab. § 1475 BGB bezieht sich ausdrücklich nur auf Gesamtgutsverbindlichkeiten. Eine Befriedigung bzw. Sicherung gegenüber Verbindlichkeiten, die allein den Antragsgegner betreffen, kann von der Antragstellerin nicht verlangt werden. Dies gilt umso mehr, als nach dem beigefügten Ehevertrag vom . . . . . die Parteien nur gemeinsam das Gesamtgut verwalten und somit die vom Antragsgegner allein bewirkte Darlehensaufnahme eine Gesamtgutsverbindlichkeit auch deswegen nicht begründen konnte, § 1460 Abs. 1 BGB.[11]

Wenn sonach das Übernahmerecht des § 1477 Abs. 2 BGB von der Antragstellerin wirksam ausgeübt wurde, ist damit ein die Zwangsvollstreckung hinderndes Recht iSd § 95 FamFG, § 771 ZPO entstanden.[12]

Der Antrag auf einstweilige Einstellung der Zwangsvollstreckung rechtfertigt sich nach § 95 FamFG, §§ 771 Abs. 3, 769 ZPO sowie daraus, dass Versteigerungstermin bereits auf den . . . . . anberaumt ist. Eine Abschrift der Terminsladung ist beigefügt. Zur Glaubhaftmachung des Rückübernahmerechts wird auf den bereits in Abschrift vorgelegten Übergabevertrag sowie die Bürgschaftsurkunde verwiesen.[13]

Der Streitwert[14] ist mit 20 Prozent des Verkehrswertes des derzeitigen Anteils der Antragstellerin am Grundbesitz zu bemessen. Der Verkehrswert wurde im Versteigerungsverfahren auf . . . . . EUR festgestellt.

Rechtsanwalt[15, 16]

Anmerkungen

1. Die Auseinandersetzung der Gütergemeinschaft geht in der Praxis häufig mit einem Teilungsversteigerungsverfahren einher. Anlass für ein solches Verfahren ergibt sich einmal daraus, dass das Gesetz zu der von ihm geforderten Berichtigung der Gesamtgutsverbindlichkeiten die Verwertung von Gesamtgutsgegenständen vorsieht, was bei zum Gesamtgut gehörenden Grundstücken durch Teilungsversteigerung zu geschehen hat. Wird die hierzu erforderliche Mitwirkung verweigert – beispielsweise weil der andere Ehepartner sich unzutreffender Weise auf das nachstehend im Einzelnen behandelte Übernahmerecht beruft – kann auch ein Antrag in einer dem Formularansatz genau umgekehrten Richtung und Begründung – also auf Duldung der Teilungsversteigerung – erhoben werden. Zum anderen entfällt mit Scheidung der Ehe und der damit eintretenden Beendigung der Gütergemeinschaft die bis dahin bestehende Möglichkeit, sich aus dem Gedanken des § 1353 Abs. 1 S. 2 BGB gegen die Aufhebung der Rechtsgemeinschaft am Familienheim zu wehren (vgl. unter anderem BGHZ 37, 38 = FamRZ 1962, 295). Soweit der BGH für den gesetzlichen Güterstand die Zustimmung des anderen Ehepartners zur Teilungsversteigerung verlangt (BGH FamRZ 2007, 1634), gilt das auch für die – bestehende – Gütergemeinschaft, weil hier ein Zustimmungserfordernis sich schon aus den gesetzlichen Verwaltungsregeln nach § 1424 BGB bzw. § 1450 BGB ergibt. Anders jedoch bei dem dem Formular zugrunde gelegten Sachverhalt, dass die Ehe bereits geschieden ist; dann sind die Ehepartner verpflichtet, an der Auseinandersetzung mitzuwirken, § 1472 Abs. 3 BGB, wozu auch gerade die Teilungsversteigerung eines zum Gesamtgut gehörenden Grundstücks gehört, §§ 1475 Abs. 3, 753 BGB. Die sonach ab Ehescheidung eröffnete Teilungsversteigerung wird in der Praxis häufig benutzt, um auf den anderen Ehepartner Druck auszuüben; eine solche Fallgestaltung liegt dem Mustertext zugrunde. Bei der Gütergemeinschaft besteht die Besonderheit, als der Ehegatte, der den zu versteigernden Grundbesitz in das Gesamtgut eingebracht hat, ihn bei der Auseinandersetzung in Natur zurückverlangen kann (§ 1477 Abs. 2 BGB). Dieses gesetzliche Rückübernahmerecht stellt ein die Versteigerung hinderndes Recht dar, auf das eine Drittwiderspruchsklage des rückübernehmenden Ehegatten gestützt werden kann. Aus der höchstrichterlichen Rechtsprechung ergeben sich hierzu allerdings weitere Voraussetzungen; diese sind im Formulartext wie auch in den nachfolgenden Anmerkungen näher erläutert.

2. Zur Entscheidung über den auf § 1477 Abs. 2 BGB gestützten Drittwiderspruch ist das Familiengericht sachlich zuständig (BGH FamRZ 1985, 903 (904)); nunmehr nach § 266 Abs. 1 Nr. 3 FamFG.

3. Aus Gründen der Vorsorge empfiehlt es sich, zugleich mit dem Antrag in der Hauptsache auch einen Antrag auf einstweilige Einstellung der Teilungsversteigerung zu stellen.

4. Der Antrag auf Teilungsversteigerung setzt nur voraus, dass die Eheleute als Miteigentümer oder – wie hier bei der Gütergemeinschaft – als Gesamthandsberechtigte im Grundbuch eingetragen sind (§§ 17 Abs. 1, 181 Abs. 2 S. 1 ZVG) Ein Vollstreckungstitel oder sonstige Nachweise sind nicht erforderlich. Wenn einer der Ehepartner sein Rückübernahmerecht nach § 1477 Abs. 2 BGB geltend macht, muss dieses vom Vollstreckungsgericht im Teilungsversteigerungsverfahren nicht berücksichtigt werden (§ 8 ZVG). Die Teilungsversteigerung kann nur dadurch verhindert werden, dass der rückübernehmende Ehepartner den Drittwiderspruch nach § 771 ZPO erhebt (BGH FamRZ 1985, 903 (904)).

5. Die das Rückübernahmerecht auslösende Einbringung umfasst nicht nur die Vermögensgegenstände, die den Ehepartnern im Zeitpunkt der Begründung des Güterstandes gehört haben und die damit ohne weiteren Übertragungsakt zum Gesamtgut werden (§ 1416 Abs. 1 und 2 BGB), sondern auch solche, die zeitlich erst danach während der Gütergemeinschaft durch Erbfolge, durch Vermächtnis oder mit Rücksicht auf ein künftiges Erbrecht, durch Schenkung oder als Ausstattung erworben worden sind, § 1477 Abs. 2 S. 2 BGB. Voraussetzung für das Rückübernahmerecht ist allerdings, dass der eingebrachte Gegenstand im Zeitpunkt der Auseinandersetzung des Gesamtguts noch in Natur vorhanden ist. Wenn ein Ersatzgegenstand erworben wurde, entfällt das Rückübernahmerecht, weil es sich grundsätzlich nicht auf Surrogate erstreckt (BGH FamRZ 1998, 817 (818)). Zu Ausnahmen dieses Grundsatzes wird auf → Form. K.I.6 Anm. 6 verwiesen.

6. Das Übernahmerecht wird nicht von Amts wegen berücksichtigt. Es muss durch eine zugangsbedürftige Erklärung gegenüber dem anderen Ehepartner ausgeübt worden sein, wobei diese Erklärung an keine weitere Form oder Frist gebunden ist (OLG München FamRZ 1988, 1275). Die Ausübung des Rechts muss zur Schlüssigkeit des Antrags vorgetragen oder, falls bisher außergerichtlich noch nicht geschehen, spätestens mit der Antragsschrift nachgeholt werden.

7. Aus dem Wortlaut des das Übernahmerecht begründenden § 1477 Abs. 2 BGB ergeben sich keine Einschränkungen für dessen Ausübung; solche folgen vielmehr aus dem Zusammenhang der weiteren, gesetzlichen Auseinandersetzungsregeln. § 1475 BGB bestimmt, dass das Gesamtgut zwischen den Eheleuten erst dann aufgeteilt werden darf, wenn sämtliche Verbindlichkeiten des Gesamtguts berichtigt worden sind. Das Übernahmerecht kann daher nur dann ausgeübt werden, wenn der Wert des übrigen Gesamtguts ausreicht, um diese Gesamtgutsverbindlichkeiten zu erfüllen, der rückübernommene Gegenstand also nicht zu deren Befriedigung herangezogen werden muss; ferner, wenn an dem zurückverlangten Gegenstand nicht der Herausgabeanspruch eines Dritten besteht (BGH FamRZ 1985, 903 (904, 905)). Allerdings kann ebenfalls nach höchstrichterlicher Rechtsprechung diese vorrangige Befriedigung der Gesamtgutsverbindlichkeiten durch anderweitige Maßnahmen ersetzt werden, auf die im Einzelnen im nachfolgenden Formulartext und den hierzu gehörigen weiteren Anmerkungen eingegangen wird.

8. Die Möglichkeit, die vom Gesetz an sich geforderte Berichtigung der Gesamtgutsverbindlichkeiten durch eine andere Regelung zu ersetzen, ist durch die höchstrichterliche Rechtsprechung bestätigt; insbesondere für den in der Praxis wichtigsten Fall, dass einer der Ehepartner die Gesamtgutsverbindlichkeit im Innenverhältnis allein übernimmt und – als weitere Voraussetzung – durch Vereinbarung mit dem Gläubiger bewirkt, dass der andere Ehepartner aus der persönlichen Haftung entlassen wird (BGH FamRZ 1985, 903 (905); 1988, 813 (815)).

9. Die im Formulartext zugrunde gelegte Lösung, die erforderliche Sicherung des anderen Ehepartners durch Stellung einer Bankbürgschaft herbeizuführen, lässt sich jedenfalls mittelbar und in zweifacher Hinsicht aus der Rechtsprechung des BGH ableiten. In einer Entscheidung (FamRZ 1986, 40 (41)) hat der BGH seine bisherige Rechtsprechung dahin zusammengefasst, dass die nach § 1475 BGB an sich gebotene Berichtigung der Gesamtgutsverbindlichkeiten „auch auf jede andere Weise erfolgen" kann, „die dem Sicherungsbedürfnis der Ehegatten nach der Teilung des Gesamtguts Rechnung trägt". Nach einer dem Sachverhalt vorausgegangenen Entscheidung (FamRZ 1985, 903 (905)) hatte der dortige Kläger eine Erklärung seiner Bank vorgelegt, nach welcher diese für die Forderung der Gläubiger die selbstschuldnerische Bürgschaft gegenüber dem anderen Ehepartner übernommen hatte; aufgrund dessen war das Berufungsgericht zur Auffassung gelangt, dies stelle eine zureichende Regelung der Gesamtgutsverbindlichkeiten dar. Der BGH hat hierzu angemerkt, dass diese Begründung einer revisionsrechtlichen Prüfung standhalte.

10. Vgl. hierzu OLG München FamRZ 1996, 170 unter Hinweis auf BGH FamRZ 1986, 40 (41); sowie BayObLG FamRZ 2004, 879.

11. Ob eine die Befriedigung oder Sicherung erfordernde Gesamtgutsverbindlichkeit überhaupt wirksam begründet worden ist, sollte vorsorglich auch in den Fällen geprüft werden, als ihr Entstehungszeitpunkt vor der Beendigung des Güterstandes liegt. Dies gilt vor allem für die Fallgestaltung, in denen die Ehepartner zwar eine gemeinschaftliche Verwaltung im Ehevertrag vereinbart haben, faktisch aber einer der Ehepartner die Alleinverwaltung ausgeübt hat. Eine etwa anzunehmende stillschweigende Billigung durch den anderen Ehepartner wird sich nicht ohne weiteres auf die Rechtsgeschäfte erstrecken können, für die sogar der statuarische Alleinverwalter der Zustimmung des anderen Ehepartners bedarf, also für Verfügungen über das Gesamtgut im Ganzen (§ 1423 BGB), für Verfügungen über Grundstücke (§ 1424 BGB) sowie für Schenkungen (§ 1425 BGB).

12. Obwohl die Teilungsversteigerung an sich keine Vollstreckung und der hieran beteiligte andere Ehepartner nicht „Dritter" ist, wird der Drittwiderspruch gem. § 771 ZPO nach einhelliger Auffassung als der zulässige Rechtsbehelf angesehen (BGH FamRZ 1985, 903 (904)).

13. Der über § 95 FamFG anwendbare § 769 Abs. 1 S. 2 ZPO, auf den für die Drittwiderspruchsklage in § 771 Abs. 3 ZPO verwiesen ist, fordert die Glaubhaftmachung der tatsächlichen Behauptungen, welche auch nicht durch eine Sicherheitsleistung ersetzt werden kann. Das erfordert zumindest den Nachweis, dass ein Rückübernahmerecht in der Person des Antragstellers besteht, also die Einbringung in das Gesamtgut; ferner auch, dass die sich aus der Rechtsprechung ergebenden Voraussetzungen für die Ausübung dieses Rechts, die ausreichende Regelung der Gesamtgutsverbindlichkeiten, erfüllt sind.

14. Für die Bemessung des Streitwertes ist im Gegensatz zum Rückübernahmeantrag nicht der Anteil des Antragstellers am Verkehrswert des Grundbesitzes maßgebend, sondern sein Interesse am Fortbestand der Rechtsgemeinschaft. Ein solches kann mit etwa zehn bis zwanzig Prozent des Verkehrswertes des Antragstelleranteils angesetzt werden (vgl. BGH FamRZ 1991, 547).

Kosten und Gebühren

15. Zum Streitwert wird auf → Anm. 14 verwiesen.

Fristen und Rechtsmittel

16. Gegen die Ablehnung des Antrags auf einstweilige Einstellung der Zwangsvollstreckung ist weder die Erinnerung nach § 766 ZPO noch die sofortige Beschwerde nach § 793 ZPO statthaft (MüKoZPO/Schmidt/Brinkmann ZPO § 769 Rn. 34).

8. Unterlassung eines Gesamtvermögensgeschäfts, § 1365 BGB

An das ..... [Datum]

Amtsgericht .....

– Familiengericht[1, 2] –

In Sachen

..... [Vorname, Familienname, Adresse] – Antragstellerin –

Verfahrensbevollmächtigter: Rechtsanwalt ..... [Vorname, Familienname, Adresse[3]]

gegen

..... [Vorname, Familienname, Adresse] – Antragsgegner –

wegen

Unterlassung eines Gesamtvermögensgeschäfts gem. § 1365 BGB

vorläufiger Verfahrenswert: ..... EUR

zeige ich hiermit an, dass ich den Antragsteller anwaltlich vertrete, zahle ..... EUR in Form einer von mir ausgestellten Einzugsermächtigung als Verfahrenskostenvorschuss ein und

beantrage:

I. Der Antragsgegner hat zu unterlassen, über sein Wertpapierdepot bei der X-Bank im Ganzen oder nahezu im Ganzen zu verfügen.
II. Dem Antragsgegner wird angedroht, dass für jeden Fall der Zuwiderhandlung gegen die in Ziffer I. ausgesprochene Verpflichtung ein Ordnungsgeld bis zu 250.000 EUR und für den Fall, dass dieses nicht beigetrieben werden kann, Ordnungshaft bis zu sechs Monaten festgesetzt werden kann.[4]
III. Der Antragsgegner hat die Kosten des Verfahrens zu tragen.[5]
IV. Für den Fall des Vorliegens der gesetzlichen Voraussetzungen wird der Erlass eines Versäumnisbeschlusses bzw. Anerkenntnisbeschlusses beantragt.

Begründung:

1. Die Antragstellerin ist mit dem Antragsgegner im gesetzlichen Güterstand der Zugewinngemeinschaft verheiratet. Aus der Ehe sind zwei Kinder hervorgegangen. Der Antragsgegner hat zudem ein nichteheliches Kind, N. N.
2. Die Eheleute haben ihr gesamtes Vermögen an ihre beiden gemeinsamen Kinder übertragen.
3. Der Antragsgegner ist noch Inhaber – Alleininhaber – eines Wertpapierdepots bei der X-Bank im Wert von etwa 100.000 EUR. Weiteres Vermögen hat er nicht. Er hat der Antragstellerin gegenüber geäußert, er halte es für ungerecht, dass lediglich seine ehelichen Kinder Vermögen übertragen erhalten haben. Er sei deshalb entschlossen, sein Wertpapierdepot an sein nichteheliches Kind zu übertragen. Die Antragstellerin machte ihn daraufhin aufmerksam, er könne das Wertpapierdepot nicht ohne ihre

Einwilligung an sein nichteheliches Kind übertragen, da dieses Depot sein gesamtes Vermögen darstelle. Trotz dieser Vorhaltungen erklärte der Antragsgegner wiederholt gegenüber der Antragstellerin, er werde in Kürze die Transaktion vornehmen, sein Gewissen gebiete ihm das. Er habe ausreichend Einkünfte aus der gesetzlichen Rentenversicherung und einer Betriebsrente für den Lebensunterhalt von ihnen beiden.[6] Er brauche nur noch die Kontonummer seines nichtehelichen Kindes. Die Antragstellerin machte ihm wiederholt klar, sie sei mit einer Übertragung des Wertpapierdepots an seine nichteheliche Tochter nicht einverstanden.

4. Die Antragstellerin stützt ihren Antrag auf § 1365 Abs. 1 BGB. Da das Wertpapierdepot das gesamte Vermögen des Antragsgegners darstellt, kann er darüber nur mit Einwilligung der Antragstellerin verfügen. Diese Einwilligung, ohne die der Antragsgegner das Depot nicht wirksam an sein nichteheliches Kind übertragen kann, erteilt die Antragstellerin nicht und wird sie auch nicht erteilen. Um die Schaffung vollendeter Tatsachen durch den Antragsteller zu verhindern, ist ihm die Überlassung mit einem Ordnungsgeld bewehrt zu untersagen.

Rechtsanwalt[7, 8]

Anmerkungen

1. Die Zugewinngemeinschaft ist in der Grundkonstruktion eine Gütertrennung mit grundsätzlich selbständiger Vermögensverwaltung. Als Ausnahme davon ist jeder Ehegatte einigen Beschränkungen in der Verwaltung seines Vermögens unterworfen. Insbesondere kann ein Ehegatte nicht ohne **Zustimmung** des anderen Ehegatten eine Übertragung seines Vermögens im Ganzen oder – von der Rechtsprechung entwickelt – nahezu seines ganzen Vermögens vornehmen (§§ 1365 ff. BGB). Ein solcher Unterlassungsantrag ist als zulässig anzusehen, da die eventuelle Wirksamkeit der Verfügung einen durch § 1365 Abs. 1 BGB geschützten Rechtsbereich beträfe (vgl. Grüneberg/Siede BGB § 1365 Rn. 22).

2. Zuständig ist das **Familiengericht.** Es handelt sich um eine **Familiensache, eine Familienstreitsache** (§§ 23a Abs. 1 Nr. 1, 23b Abs. 1 S. 1 GVG; §§ 111 Nr. 9, 112 Nr. 2, FamFG und eine Güterrechtssache (§ 261 Abs. 1 FamFG; Zöller/Feskorn FamFG § 261 Rn. 9). Ein solcher Antrag ist **nicht Folgesache,** weil die Entscheidung nicht iSv § 137 Abs. 2 FamFG für den Fall der Scheidung zu treffen ist. Die **örtliche Zuständigkeit** richtet sich nach der ZPO (§ 262 Abs. 2 FamFG). Da nach der vorliegenden Sachlage das dringende Bedürfnis für ein sofortiges Tätigwerden besteht, kann auch eine **einstweilige Anordnung** beantragt werden (§§ 49 ff. FamFG).

3. Es besteht **Anwaltszwang** (§§ 114 Abs. 1, 112 Nr. 2 FamFG).

4. Die Bewehrung des Unterlassungsanspruch durch ein Ordnungsgeld ist nach § 120 Abs. 1 FamFG, § 890 ZPO möglich.

5. Die **Kostentragung** ergibt sich aus § 113 Abs. 1 FamFG, §§ 91 ff. ZPO.

6. Die aus einem sicheren **Arbeits-** oder **Renteneinkommen** beruhende Erwartung künftigen Einkommens kann weder als Vermögen iSv § 1365 Abs. 1 BGB angesehen werden noch sonst in den nach dieser Vorschrift vorzunehmenden Wertausgleich einbezogen werden (vgl. BGH NJW 1987, 2673).

Kosten und Gebühren

7. → Form. L.II.1 Anm. 8.

Fristen und Rechtsmittel

8. Das Rechtsmittel bestimmt sich nach § 117 FamFG. → Form. O.I ff.

9. Rückforderung von Dritten, § 1368 BGB

An das ..... **[Datum]**

Amtsgericht .....

– Familiengericht[1, 2] –

In Sachen

..... [Vorname, Familienname, Adresse] **– Antragstellerin –**

Verfahrensbevollmächtigter: Rechtsanwalt ..... [Vorname, Familienname, Adresse[3]]

gegen

..... [Vorname, Familienname, Adresse] **– Antragsgegnerin –**

wegen

Rückforderung von Dritten gem. § 1368 BGB
vorläufiger Verfahrenswert: ..... EUR

zeige ich hiermit an, dass ich den Antragsteller anwaltlich vertrete, zahle ..... EUR in Form einer von mir ausgestellten Einzugsermächtigung als Verfahrenskostenvorschuss ein und

beantrage:

I. Die Antragsgegnerin ist verpflichtet, dass ihr von Herrn N. N. (Vorname, Familienname, Adresse) übertragene Wertpapierdepot bei der X-Bank an ihn zurück zu übertragen. Will N. N. das Wertpapierdepot nicht übernehmen, ist die Antragstellerin berechtigt, die Herausgabe an sich selbst zu fordern.[4]
II. Die Antragsgegnerin hat die Kosten des Verfahrens zu tragen.[5]
III. Für den Fall des Vorliegens der gesetzlichen Voraussetzungen wird der Erlass eines Versäumnisbeschlusses bzw. Anerkenntnisbeschlusses beantragt.

Begründung:

1. Die Antragstellerin ist mit N. N. im gesetzlichen Güterstand der Zugewinngemeinschaft verheiratet. Die Antragsgegnerin ist das nichteheliche Kind von N. N.
2. N. N. war Alleininhaber eines Wertpapierdepots bei der X-Bank im Wert von etwa 100.000 EUR. Weiteres Vermögen hatte er nicht. Ohne Kenntnis der Antragstellerin hat er, wie sie zufällig erfuhr, sein gesamtes Wertpapierdepot an die Antragsgegnerin übertragen. Auf ihre Vorhaltung hin hat N. N. diese Übertragung eingestanden. Die Antragsgegnerin ist mit dieser Übertragung nicht einverstanden und wird diese auch nicht genehmigen.

3. Mit Schreiben ihres Verfahrensbevollmächtigten vom . . . . . hat die Antragstellerin die Antragsgegnerin aufgefordert, den gesamten Wertpapierbestand bis . . . . . an sie zu übertragen, hilfsweise an N. N. zurück zu übertragen.

Beweis: Das Schreiben, das in beglaubigter Kopie beigefügt ist

4. Dieser Aufforderung ist die Antragsgegnerin nicht nachgekommen.
5. Die Antragstellerin stützt ihren Anspruch auf § 1368 BGB. Da N. N. ohne ihre Zustimmung über sein Vermögen verfügt hat, ist sie berechtigt, die sich aus der Unwirksamkeit seiner Verfügung ergebenden Rechte gegen die Antragsgegnerin geltend zu machen, nämlich die Rückübertragung an den N. N. zu verlangen. Die subsidiäre Befugnis der Antragstellerin, die Übertragung an sich zu verlangen, wird auf die analoge Anwendung von §§ 986 Abs. 1 S. 2, 869 S. 2 Hs. 2 BGB gestützt.

Rechtsanwalt[6, 7]

Anmerkungen

1. Der zustimmungsberechtigte und übergangene Ehegatte kann die Unwirksamkeit des Geschäfts über das Gesamtvermögen nicht nur seinem Ehegatten gegenüber geltend machen. § 1368 BGB räumt ihm vielmehr das Recht ein, die sich aus der Unwirksamkeit der Verfügung ergebenden Rechte **gegen den Dritten** gerichtlich geltend zu machen (**Revokation**).

2. Zuständig ist das **Familiengericht.** Es handelt sich um eine **Familiensache, Familienstreitsache** und **Güterrechtssache** (§§ 23a Abs. 1, 23b Abs. 1 S. 1 GVG; §§ 111 Nr. 9, 112 Nr. 2, 261 Abs. 1 FamFG; Zöller/Feskorn FamFG § 261 Rn. 9). Ein solcher Antrag ist **nicht Folgesache,** weil die Entscheidung nicht iSv § 137 Abs. 2 FamFG für den Fall der Scheidung zu treffen ist. Die **örtliche Zuständigkeit** richtet sich nach der ZPO (§ 262 Abs. 2 FamFG). Wenn das dringende Bedürfnis für ein sofortiges Tätigwerden besteht, kann auch eine **einstweilige Anordnung** beantragt werden (§§ 49 ff. FamFG).

3. Es besteht Anwaltszwang (§§ 114 Abs. 1, 112 Nr. 2 FamFG).

4. Die sich aus der Unwirksamkeit der Verfügung ergebenden Rechte gegen den Dritten bleiben Rechte des verfügenden Ehegatten, die der übergangene Ehegatte im eigenen Namen prozessual geltend macht (**gesetzliche Verfahrensstandschaft;** vgl. Grüneberg/Siede BGB § 1368 Rn. 3). Streitig ist, wie der **Antrag** zu formulieren ist. Die wohl überwiegende Meinung kommt zu folgendem Ergebnis: Da durch den Revokationsantrag der vor der Verfügung bestehende Zustand hergestellt werden soll, muss – zumindest **in erster Linie** – die Herausgabe an den verfügenden Ehegatten beantragt werden. Kann oder will der verfügende Ehegatte die Sache nicht übernehmen, kann der andere Ehegatte in Analogie zu §§ 986 Abs. 1 S. 2, 869 S. 2 Hs. 2 BGB die Herausgabe an sich selbst fordern. Die **subsidiäre Befugnis** zur Übernahme in eigenen Besitz ist in den Klageantrag – und den Beschlusstenor – aufzunehmen (vgl. MüKoBGB/Koch BGB § 1368 Rn. 16 ff.).

5. Die Kostentragung ergibt sich aus § 113 Abs. 1 FamFG, §§ 91 ff. ZPO.

Kosten und Gebühren

6. → Form. K.I.1 Anm. 17.

Fristen und Rechtsmittel

7. → Form. K.I.2 Anm. 2 und → Form. O.I ff. und → Form. P.I.1 ff.

II. Stundung des Zugewinnausgleichs (§ 261 Abs. 2 FamFG, § 1382 BGB)

An das Amtsgericht . . . . .[1, 2] . . . . . [Datum]

– Familiengericht –
Aktenzeichen . . . . .

In Sachen

. . . . . [Vorname, Familienname]

gegen

. . . . . [Vorname, Familienname]

wegen Ehescheidung;

hier: Folgesache Güterrecht

zeige ich an, dass ich den Antragsteller auch in der Folgesache Güterrecht anwaltlich vertrete und beantrage:

> Die Zugewinnausgleichsforderung der Antragsgegnerin gegen den Antragsteller in Höhe von . . . . . EUR wird bis . . . . . gestundet.
> Hilfsweise: Dem Antragsteller wird gestattet, diesen Betrag in jährlichen Raten von . . . . . EUR, beginnend am . . . . . zu bezahlen.[3]

Begründung:

1. Der Antrag wird auf § 1382 BGB gestützt. Die sofortige Zahlung der Ausgleichsforderung durch den Antragsteller würde auch unter Berücksichtigung der Interessen der Antragsgegnerin zur Unzeit erfolgen.
2. Die Parteien leben im Güterstand der Zugewinngemeinschaft. Im Übrigen beziehe ich mich auf den gesamten Akteninhalt und übergebe
   Kopie des Schreibens des Verfahrensbevollmächtigten der Antragsgegnerin als
   – Anlage AS 1 –.
   Daraus ergibt sich, dass der Verfahrensbevollmächtigte der Antragsgegnerin eine Zugewinnausgleichsforderung mit . . . . . EUR berechnet hat. Dieser Berechnung tritt der Antragsteller nicht entgegen.
3. Diese Zugewinnausgleichsforderung resultiert ausschließlich aus drei kleineren Kapitallebensversicherungen, deren Versicherungsnehmer der Antragsteller ist. Diese Versicherungen sind in drei, vier bzw. fünf Jahren zur Auszahlung fällig.

   Beweis: Die Versicherungsscheine in Kopie als
   – Anlage AS 2 –

   Nennenswertes sonstiges Vermögen ist bei keinem der beiden Ehegatten vorhanden, wie sich aus dem erwähnten Schreiben des Verfahrensbevollmächtigten der Antragsgegnerin ergibt.[4]
4. Der Antragsteller ist nicht in der Lage, den Ausgleichsbetrag zum Zeitpunkt der Rechtskraft der Scheidung zu zahlen.[5]
   Der Antragsteller hat nur noch ein monatliches Nettoeinkommen von . . . . . EUR

Beweis: Gehaltsabrechnung für Monat Dezember . . . . . mit Jahresaddition, in Kopie als
– Anlage AS 3 –

Wegen Unterhaltsverpflichtungen gegenüber zwei nichtehelichen Kindern und seinem geringen Einkommen haben es zwei Banken abgelehnt, dem Antragsteller einen Kredit zu gewähren.

Beweis: Schreiben der . . . . . Bank und der . . . . . Bank vom . . . . . als
– Anlage AS 4 –

5. Die Antragsgegnerin ist auf die sofortige Zahlung des Zugewinnausgleichs nicht unbedingt angewiesen, da sie bereits in Rente ist und daraus ein Einkommen bezieht, das etwa gleich hoch wie dasjenige des Antragstellers ist. Zudem lebt sie mit einem anderen Mann, der über ein gutes Einkommen verfügt, in nichtehelicher Lebensgemeinschaft zusammen.[6]
6. Der Antragsteller ist bereit, für die Dauer der Stundung Zinsen zu zahlen. Es wird jedoch gebeten, keine Zinsen anzusetzen, die höher sind als sie derzeit der Anleger eines kleines Festgeldbetrages erhält, das sind . . . . . % pa.[7] Zur Stellung einer Sicherheit[8] ist der Antragsteller nicht in der Lage. Eine Abtretung der Lebensversicherungen ist nach den Versicherungsbedingungen nicht möglich.
7. Sollte das Gericht bezüglich der Stundung zu einem anderen Ergebnis kommen, ist hilfsweise der Ratenzahlungsantrag gestellt.[9] Für diesen Fall wird gebeten, keine höheren Monatsraten festzulegen als im Antrag angegeben, da das Einkommen des Antragstellers ohnedies in der Nähe des Selbstbehalts liegt.

Rechtsanwalt[10, 11]

Anmerkungen

1. Die Zugewinnausgleichsforderung wird mit der Rechtskraft der Scheidung fällig (§ 1378 Abs. 3 S. 1 BGB; → Form. B.IV.1 Anm. 4). § 1382 BGB bietet die Möglichkeit, durch richterliche Gestaltung eine Stundung oder – als Sonderform davon – eine Ratenzahlung zu erreichen. **Beispiele** hierfür sind vorübergehende wirtschaftliche Schwierigkeiten, Krankheit, eine ungünstige Marktlage, die Gefahr einer überstürzten und unwirtschaftlichen Veräußerung unter Wert (vgl. die Beispiele bei Johannsen/Henrich/Althammer/Kohlenberg BGB § 1382 Rn. 5). § 1382 Abs. 1 S. 2 BGB enthält eine besondere Kinderschutzklausel.

2. Zuständig ist ausschließlich das Familiengericht (§ 23b Abs. 1 S. 2 Nr. 10 GVG, § 111 Nr. 9 FamFG). Örtlich zuständig ist regelmäßig das Gericht am gewöhnlichen Aufenthalt des Antragsgegners (§§ 261 Abs. 3, 262 Abs. 2 FamFG iVm § 13 ZPO).

Der Stundungsantrag kommt während der Anhängigkeit der Ehescheidung in den Verbund und ist damit eine Folgesache (§ 137 Abs. 2 Nr. 4 FamFG). Beim Antrag auf Stundung einer unstreitigen Ausgleichsforderung im isolierten Verfahren richtet sich die örtliche Zuständigkeit nach § 262 Abs. 2 FamFG, §§ 12 ff. ZPO. Sowohl im Verbund als auch im isolierten Verfahren kann bezüglich streitiger und unstreitiger Ausgleichsforderungen ein Stundungsantrag gestellt werden. Ist die Ausgleichsforderung streitig, kann der Stundungsantrag auch als Hilfsantrag gestellt werden. Das obige Formular nimmt eine unbestrittene Ausgleichsforderung im Verbund an. Für einen Hilfsantrag im streitigen Ausgleichsverfahren gelten die Ausführungen entsprechend. Ist die Ausgleichsforderung bestritten und ist darüber ein Rechtsstreit anhängig, kann der Ausgleichsschuldner einen Stundungsantrag nur in diesem Verfahren bis zur letzten mündlichen Verhandlung stellen (§ 1382 Abs. 5 BGB).

3. Eine Stundung erfolgt nur auf **Antrag.** Der Antragsschriftsatz wird überzeugender, wenn nicht erst in der Begründung, sondern bereits in der Antragsformel zumindest die Stundungsfrist genannt ist. Ist der Fall so gestaltet, dass statt der Stundung des gesamten Betrages eine Ratenzahlung sinnvoll sein kann, sollte ein entsprechender Hilfsantrag gestellt werden, wobei Ratenhöhe, Zahlungsbeginn und Fälligkeit angegeben werden sollten. Rechtlich erforderlich ist dies jedoch nicht, weil ein Stundungsantrag als Sonderform davon den Ratenzahlungsantrag beinhaltet. Die **Beweislast** (Feststellungslast) für die Stundungsvoraussetzungen trifft den Ausgleichsschuldner.

4. Lebensversicherungen sind meist beleihbar, so dass sie als Sicherheit für einen Kredit verwendet werden können. In sehr engen Verhältnissen mit hohen Unterhaltsverpflichtungen lehnen seriöse Banken die Gewährung eines Kredits ab. Auf unseriöse Banken mit hohen Zinsen und Gebühren ist der aus dem Zugewinnausgleich Verpflichtete nur in ganz besonderen Ausnahmefällen zu verweisen.

5. Eine Stundung setzt auf der Seite des Ausgleichsverpflichteten voraus, dass die sofortige Zahlung zur **Unzeit** erfolgen würde. Jeder Ehegatte ist im Rahmen der insoweit erforderlichen Abwägung der beiderseitigen Interessen gehalten, die zu seinen Gunsten sprechenden Umstände vorzutragen. Die objektive Beweislast (Feststellungslast) dafür, dass die sofortige Zahlung zur Unzeit erfolgen würde, trägt der ausgleichspflichtige Ehegatte (vgl. Baumgärtel/Laumen/Prütting/Schick Beweislast PrivatR-HdB BGB § 1382 Rn. 1). Da die Rechtsprechung sehr restriktiv ist, sollten der Vortrag und die Ausführungen dazu entsprechend ausführlich sein. Dies gilt auch bei der Berufung auf die Kinderschutzklausel von § 1382 Abs. 1 S. 2 BGB, die ua voraussetzt, dass die sofortige Zahlung „die Wohnverhältnisse oder sonstigen Lebensverhältnisse gemeinschaftlicher Kinder nachhaltig verschlechtern würde“. Darunter fallen auch volljährige Kinder (vgl. BeckOK BGB Scheller/Sprink § 1382 Rn. 8 a.E.).

6. § 1382 BGB verlangt eine **Abwägung** der Schuldner- mit den Gläubigerinteressen. Die Antragsbegründung des Ausgleichsverpflichteten sollte deshalb von vornherein auf die Gläubigerinteressen eingehen.

7. Die gestundete Forderung muss stets verzinst werden (§ 1382 Abs. 2 BGB). Es empfiehlt sich, auf die Höhe der Zinsen von vornherein einzugehen, jedoch erst in der Begründung, noch nicht im abgesetzten Antrag, weil in der Begründung flexibler formuliert werden kann, zumal das Familiengericht über Höhe und Fälligkeit der Zinsen nach billigem Ermessen entscheidet (§ 1382 Abs. 4 BGB).

8. Eine **Sicherheitsleistung** setzt einen entsprechenden Antrag des Ausgleichsgläubigers voraus (§ 1382 Abs. 3 BGB). Es ist deshalb eine Frage der taktischen Situation, ob der Ausgleichspflichtige bereits im Stundungsantrag auf die Sicherheitsleistung eingeht. Da über Art und Umfang der Sicherheitsleistung nach billigem Ermessen zu entscheiden ist, kann es sich im Einzelfall empfehlen, bereits in der Antragsschrift auf diesen Punkt einzugehen, um nicht dem Ausgleichsgläubiger den „Aufschlag“ zu überlassen.

9. → Anm. 3.

Kosten und Gebühren

10. → Form. B.IV.1 Anm. 25 und → Vorb. A.I Nr. 7.

Fristen und Rechtsmittel

11. Auch Verfahren nach § 1382 BGB sind Familienstreitsachen (§§ 112 Nr. 2, 262 Abs. 2 FamFG). Die Rechtsmittel richten sich damit nach § 117 FamFG, unabhängig, ob sie Folgesachen sind oder nicht. Siehe dazu → Form. O

III. Antrag auf Übertragung von Gegenständen zur Erfüllung des Anspruchs (§ 1383 BGB)

An das Amtsgericht . . . . .[1, 2] . . . . . [Datum]

Familiengericht
Aktenzeichen . . . . .
In Sachen
. . . . . [Vorname, Familienname, Adresse]

gegen

. . . . . [Vorname, Familienname, Adresse]

wegen Ehescheidung;
hier: Folgesache Güterrecht

zeige ich an, dass ich die Antragstellerin auch in der Folgesache Güterrecht anwaltlich vertrete und beantrage:[3]

Der Antragsgegner ist verpflichtet,[4] seinen Hälfteanteil am Grundstück in . . . . . Flurnummer . . . . ., vorgetragen im Grundbuch des Amtsgerichts . . . . . für . . . . . Band . . . . . Blatt . . . . ., zum Alleineigentum der Antragstellerin aufzulassen und deren Eintragung im Grundbuch zu bewilligen.[5] Für die Übertragung wird ein Betrag von 275.000 EUR festgesetzt, der auf die Ausgleichsforderung der Antragstellerin angerechnet wird.[6]

Begründung:

1. Der Antrag wird auf § 1383 BGB gestützt. Die Übertragung des Miteigentumsanteils des Antragsgegners an dem im Antrag genannten Anwesen auf die Antragstellerin ist erforderlich, um eine grobe Unbilligkeit für die Antragstellerin zu vermeiden; diese Übertragung kann dem Antragsgegner zugemutet werden.[7]
2. Die Beteiligten leben im Güterstand der Zugewinngemeinschaft. Im Übrigen beziehe ich mich auf den gesamten Akteninhalt.
3. Die Beteiligten sind darüber einig, dass die Antragstellerin gegen den Antragsgegner eine Zugewinnausgleichsforderung von 310.500 EUR hat. Diese Forderung resultiert im Wesentlichen daraus, dass die Antragstellerin dem Antragsgegner kurz nach der Eheschließung, nämlich am . . . . ., den hälftigen Miteigentumsanteil an dem im Antrag genannten Anwesen sowie an mehreren Eigentumswohnungen übertragen hat.

   Beweis: Urkunde des Notars . . . . . vom . . . . . in Kopie als – Anlage AS 1 –

   Bei dem im Antrag genannten Anwesen handelt es sich um das Elternhaus der Antragstellerin, in dem die Beteiligten mit den beiden jetzt fünf bzw. acht Jahre alten Kindern lebten und in dem die Antragstellerin mit den Kindern nach der Trennung verblieben ist. Es ist ein ruhig gelegenes Einfamilienhaus mit einer Wohnfläche von ca. 120 m² und einer Grundstücksfläche von 1.300 m², direkt am Wald gelegen, aus dem immer wieder Rehe und Hasen auf das Grundstück kommen. Die beiden Kinder leben dort wie im Paradies, haben einen schönen Spielplatz mit Schaukel, Rutschen, Karus-

sell und kleinem Sommerhäuschen, das allein ihnen zur Verfügung steht. Der Kindergarten und die Schule, in die die Kinder gehen und wo die Antragstellerin Lehrerin ist, sind zu Fuß in fünf Minuten zu erreichen. Dies alles wird der Antragsgegner nicht bestreiten.
Würde das Gericht dem Antrag nicht stattgeben, wäre damit zu rechnen, dass der Antragsgegner seine Drohungen verwirklicht und die Zwangsversteigerung beantragt, was zu einer massiven und sinnlosen Störung der Familieninteressen und insbesondere des Kindeswohls führen würde.

4. Dem Antragsgegner ist die beantragte Übertragung zuzumuten. Seine finanziellen Interessen sind durch die Anrechnung des Werts seines Miteigentumsanteils gewahrt. Sachliche Gründe gegen die Übertragung des Miteigentumsanteils hat er nicht geltend gemacht; solche Gründe sind auch nicht ersichtlich. Zudem ist er weiterhin Miteigentümer der in der notariellen Urkunde genannten Eigentumswohnungen. Die Antragstellerin hat ihm bereits angeboten, ihm einzelne dieser Wohnungen zu Alleineigentum zu übertragen.

   Beweis: Schreiben des Verfahrensbevollmächtigten der Antragstellerin vom . . . . ., in Kopie als – Anlage AS 2 –

5. Der Wert des Miteigentumsanteils des Antragsgegners beträgt 275.000 EUR, wie der von den Parteien beauftragte Sachverständige . . . . . ermittelt hat.

   Beweis: 1. Sachverständigengutachten
   2. Gutachten des Sachverständigen . . . . . vom . . . . ., in Kopie als – Anlage AS 3 –

Die Immobilie ist unbelastet.

Rechtsanwalt[8, 9]

Anmerkungen

1. Die Zugewinnausgleichsforderung ist eine Geldforderung (§ 1378 Abs. 1 BGB). Unter den engen Voraussetzungen von § 1383 BGB kann jedoch eine Billigkeitskorrektur des Inhalts vorgenommen werden, dass der Zugewinnausgleichsschuldner bestimmte **Gegenstände** seines Vermögens dem Zugewinnausgleichsgläubiger zu übertragen hat. Voraussetzung ist, dass mit dieser Übertragung einerseits eine grobe Unbilligkeit für den Gläubiger vermieden wird und andererseits die Übertragung dem Schuldner zugemutet werden kann. Diese beiderseitigen Interessen sind im Antrag substantiiert und ausführlich darzulegen. Sind die Voraussetzungen von § 1383 BGB gegeben, ist im Hinblick auf eine **Zwangsversteigerung** ein Übertragungsantrag in aller Regel effizienter als Maßnahmen nach dem ZVG (zB § 180 Abs. 3 ZVG). Einen Übertragungsantrag kann nur der **Ausgleichsgläubiger** stellen. Der Ausgleichsschuldner hat nur die Antragsmöglichkeiten nach §§ 1381, 1382 BGB.

2. Der Übertragungsantrag ist Familiensache (§ 23b Abs. 1 S. 1 Nr. 10 GVG). Das Familiengericht ist ausschließlich zuständig. Während der Anhängigkeit der Ehescheidung kommt der Übertragungsantrag in den Verbund und ist damit eine Folgesache (§ 137 Abs. 1 Nr. 4 FamFG). Für das Verfahren gelten im Wesentlichen die gleichen Vorschriften wie beim Stundungsantrag nach § 1382 BGB (→ Form. K.II Anm. 2). Ist der Schuldner zur Abgabe einer Willenserklärung verpflichtet, gilt die Erklärung mit Rechtskraft des Urteils als abgegeben (§ 894 BGB). Für die Verpflichtung zur Herausgabe gelten

§§ 883, 897 ZPO. Die gerichtliche Entscheidung wird erst mit der Rechtskraft wirksam. Eine Abänderung oder Wiederaufnahme ist ausgeschlossen (§ 264 Abs. 1 FamFG).

3. Die Übertragung erfolgt nur auf **Antrag.**

4. Es besteht nur ein **Verpflichtungsanspruch** auf Übertragung. Die Übertragungsentscheidung hat deshalb keine dingliche Wirkung, weshalb auch kein Antrag auf Eintragung eines Rechtshängigkeitsvermerks im Grundbuch gestellt werden kann (OLG Schleswig FamRZ 1996, 175).

5. Die Gegenstände, deren Übertragung der Gläubiger begehrt, sind zu bezeichnen (§ 1383 Abs. 2 BGB). Zu den übertragbaren Gegenständen vgl. Johannsen/Henrich/Althammer/Kohlenberg BGB § 1383 Rn. 3. Es sind alle Sachen und Rechte umfasst, die Objekt einer rechtsgeschäftlichen Übertragung sein können.

6. In § 1383 BGB ist nicht vorgeschrieben, dass der Antrag einen bestimmten Betrag zu nennen hat, der auf die Zugewinnausgleichsforderung angerechnet werden soll. Die **Höhe** des Ausgleichsbetrags kann deshalb in das Ermessen des Gerichts gestellt werden. Da aber der Wert der zu übertragenden Gegenstände nicht höher sein darf als die Zugewinnausgleichsforderung (vgl. Johannsen/Henrich/Althammer/Kohlenberg BGB § 1383 Rn. 10), sollte dem Antrag zumindest ein realistische Überprüfung der beiden Beträge vorausgehen. Zudem wirkt die Nennung eines Betrags zumindest in der Begründung überzeugender als wenn man die Festlegung des Betrags von vornherein dem Gericht überlässt.

7. Zur **Interessenabwägung** zwischen grober Unbilligkeit einerseits und Zumutbarkeit andererseits sowie zu einschlägigen **Beispielen** vgl. Johannsen/Henrich/Althammer/Kohlenberg BGB § 1383 Rn. 5. Die objektive Beweislast (Feststellungslast) für das Vorliegen der Voraussetzungen einer Übertragung trägt der ausgleichsberechtigte Ehegatte (vgl. Baumgärtel/Laumen/Prütting/Schick Beweislast PrivatR-HdB BGB § 1383 Rn. 1).

Kosten und Gebühren

8. → Form. B.IV.1 Anm. 25 und → Vorb. A.I Nr. 7.

Fristen und Rechtsmittel

9. Auch Verfahren nach § 1383 BGB sind Familienstreitsachen (§§ 112 Abs. 2, 262 Abs. 2 FamFG). Die Rechtsmittel richten sich damit nach § 117 FamFG, unabhängig davon, ob sie Folgesachen sind oder nicht.

IV. Ersetzung der Zustimmung, § 261 Abs. 2 FamFG

1. Zustimmung nach §§ 1365, 1369 BGB

An das ..... [Datum]

Amtsgericht .....
– Familiengericht[1, 2] –

In Sachen

..... [Vorname, Familienname, Adresse]

– Antragsteller –

Verfahrensbevollmächtigte: Rechtsanwältin ..... [Vorname, Familienname, Adresse[3]]

gegen

..... [Vorname, Familienname, Adresse]

– Antragsgegnerin –

wegen Zustimmung nach § 1365 BGB

vorläufiger Gegenstandwert: ..... EUR

zeige ich hiermit an, dass ich den Antragsteller anwaltlich vertrete, zahle ..... EUR in Form einer von mir ausgestellten Einzugsermächtigung als Gerichtskostenvorschuss ein und

beantrage:

I. Die Zustimmung der Antraggegnerin zur Übertragung des landwirtschaftlichen Anwesens in ..... (Adresse), vorgetragen im Grundbuch ..... durch den Antragsteller an N. N. wird unter den Bedingungen des beigefügten Entwurfs des notariellen Vertrages des Notars ..... in ..... ersetzt.[4]
II. Die Antragsgegnerin trägt die Kosten des Rechtsstreits.[5]
III. Für den Fall des Vorliegens der gesetzlichen Voraussetzungen wird der Erlass eines Versäumnisurteils bzw. Anerkenntnisurteils beantragt.

Begründung:

1. Die Beteiligten sind Eheleute, die im gesetzlichen Güterstand der Zugewinngemeinschaft leben. Der Antragsteller ist 72 Jahre alt, die Antragsgegnerin 71 Jahre.
2. Der Antragsteller ist Alleineigentümer des landwirtschaftlichen Anwesens in ..... (Adresse), vorgetragen im Grundbuch ..... Weiteres Vermögen, außerhalb eines Sparkontos mit einem Bestand von 3.000 EUR hat er nicht. Der Antragsteller ist mit dem gemeinsamen Sohn, N. N., der seit seiner Jugend im gemeinschaftlichen Anwesen des Antragstellers arbeitet, übereingekommen, an ihn das landwirtschaftliche Anwesen gegen eine Leibrente in Höhe von ..... EUR zu übertragen. Im Falle des Todes des Antragstellers würde Leibrente mit einem Abschlag von 25 Prozent an die Antragsgegnerin weiterbezahlt. Die Einzelheiten ergeben sich aus dem beigefügten Entwurf des notariellen Vertrages des Notars ..... in .....

3. Der Antragsteller hat diesen notariellen Vertragsentwurf der Landwirtschaftskammer in . . . . . zur Prüfung vorgelegt. In ihrem Gutachten vom . . . . . hat die Landwirtschaftskammer erklärt, dass die Höhe der Leibrente und auch die sonstigen Bedingungen angemessen sind.

Beweis: Das genannte Gutachten, das in beglaubigter Kopie der Ausfertigung beiliegt.

4. Der Antragsteller und der gemeinsame Sohn informierten die Antragsgegnerin Schritt für Schritt über die geplante Übertragung des landwirtschaftlichen Anwesens. Sie haben ihr auch den notariellen Vertragsentwurf und das Gutachten ausgehändigt.
5. Trotz mehrmaliger Aufforderung weigert sich die Antragsgegnerin, ihre Einwilligung für die geplante Übertragung des landwirtschaftlichen Anwesens auf den Sohn zu erteilen.
6. Mit Schreiben vom . . . . . hat sie der Verfahrensbevollmächtigte des Antragstellers aufgefordert, ihre Einwilligung zur geplanten Übertragung zu erteilen. Handschriftlich teilte sie ihm jedoch mit, sie sei dazu nicht bereit. Einen Grund hierfür gab sie nicht an.

Beweis: Die Schreiben des Verfahrensbevollmächtigten und der Antragsgegnerin, die in beglaubigter Kopie beiliegen

7. Unstreitig leidet der Antragsteller an einer schweren Bandscheibenerkrankung. Er ist nur unter großen Schmerzen in der Lage, die Arbeit auf dem Bauernhof zu verrichten. Zudem drängt der Sohn aus verständlichen Gründen darauf, dass er auf dem Bauernhof nicht nur arbeite, sondern endlich auch dessen Eigentümer werde. Im Hinblick auf das Alter seiner Eltern sei die Übertragung an der Zeit.
8. Der Antragsteller stützt seinen Ersetzungsantrag auf § 1365 Abs. 2 BGB. Die Übertragung des landwirtschaftlichen Anwesens entspricht einer ordnungsgemäßen Verwaltung seines Vermögens, während die Antragsgegnerin die Übertragung ohne ausreichenden Grund verweigert.

Rechtsanwältin[6, 7]

Anmerkungen

1. → Form. K.I.8. Die für das **Gesamtvermögensgeschäft** erforderliche Zustimmung kann durch das Familiengericht auf Antrag ua dann **ersetzt** werden, wenn es einer ordnungsgemäßen Verwaltung entspricht und sich der andere Ehegatte seine Zustimmung ohne ausreichenden Grund verweigert. Der gleiche Anspruch besteht nach § 1369 Abs. 2 BGB bei Verfügungen über Gegenstände des ehelichen Haushalts, was besonders dann von praktischer Bedeutung sein kann, wenn es um ein Kraftfahrzeug geht, das im Einzelfall **Haushaltsgegenstand** sein kann.

2. Für einen Antrag nach § 1365 Abs. 2 BGB ist das **Familiengericht** zuständig. Er ist **Familiensache** und **Familienstreitsache** (§§ 23a Abs. 1 Nr. 1, 23b Abs. 1 S. 1 GVG; §§ 111 Nr. 9, 112 Nr. 2, 261 Abs. 2 FamFG). Der Ersetzungsantrag ist **nicht Folgesache,** auch wenn er während eines Scheidungsverfahrens gestellt wird, weil die Entscheidung nicht iSv § 137 Abs. 2 FamFG für den Fall der Scheidung zu treffen ist.

3. Es besteht **Anwaltszwang** (§§ 114 Abs. 1, 112 Nr. 2 FamFG).

4. Der Anspruch auf Zustimmung ist als Antrag auf Ersetzung der Zustimmung zu **formulieren.** Ist der Vertrag erst geplant, sind die wesentlichen **Details** anzugeben, am besten bereits im Antrag und in Form des beizufügenden Vertragsentwurfs.

5. Die Kostentragung ergibt sich aus § 113 Abs. 1 FamFG, §§ 91 ff. ZPO.

Kosten und Gebühren

6. Da es sich bei einem Antrag auf Zustimmung um keine Folgesache handelt, ist § 150 FamFG nicht anwendbar. Es gelten also für die Kostentragung die Vorschriften von §§ 91 ff. ZPO. → Vorb. A.I Nr. 7.

Fristen und Rechtsmittel

7. Das Rechtsmittel bestimmt sich nach § 117 FamFG → Form. O.I.

2. Antrag auf Ersetzung der Zustimmung nach § 1452 BGB

Amtsgericht[1]

– Familiengericht –[2]

Antrag in der Güterrechtssache

Name, Vorname, Anschrift

– Antragsteller –

gegen

Name, Vorname, Anschrift

– Antragsgegnerin –

Für den von mir vertretenen Antragsteller beantrage ich, den folgenden Beschluss zu erlassen:

> **Die Zustimmung der Antragsgegnerin zum Abschluss des als Anlage beigefügten Vertrages[3] über die Errichtung einer Fotovoltaik-Anlage wird familiengerichtlich ersetzt.**

Begründung:

Der vorstehende Antrag ist auf § 1452 Abs. 1 BGB gestützt. Die Antragsgegnerin verweigert ohne triftigen Grund ihre Zustimmung zum Abschluss des genannten Vertrages, obwohl dieser zur ordnungsgemäßen Verwaltung des Gesamtguts erforderlich ist. Dazu im Einzelnen:

Zur Entscheidung über den Antrag ist das Familiengericht gemäß § 261 Abs. 2 FamFG zuständig.

Die Parteien sind Eheleute und leben im noch nicht beendeten[4] Güterstand der Gütergemeinschaft, den sie in dem beigefügten Ehevertrag vom . . . . . mit gemeinschaftlicher Verwaltung des Gesamtguts vereinbart haben. Im Hinblick hierauf können sie einerseits Rechtsgeschäfte wirksam nur gemeinsam abschließen, §§ 1450, 1453 BGB, andererseits sind sie verpflichtet, an allen Maßnahmen mitzuwirken, die zur ordnungsgemäßen Verwaltung des Gesamtguts erforderlich sind, § 1451 BGB.

Das Gesamtgut besteht im Wesentlichen aus einem vom Antragsteller eingebrachten landwirtschaftlichen Betrieb. Diesen haben die Parteien gemeinsam geführt, bis die

Antragsgegnerin am . . . . . . aus der ehelichen Wohnung ausgezogen ist. Seitdem verweigert sie nicht nur die Mitarbeit im Betrieb, sondern auch die Mitwirkung an jeder erforderlichen Verwaltungsmaßnahme.

Ausweislich der beigefügten Abschlüsse für die drei letzten Wirtschaftsjahre ist der Gewinn des Betriebes rückläufig. Die Ertragslage wird sich in Zukunft weiter verschlechtern, als die Antragsgegnerin als Arbeitskraft ausgefallen ist und mit zusätzlichem Aufwand durch Hilfskräfte ersetzt werden muss. Der Betrieb ist daher auf die Schaffung zusätzlicher Einkünfte angewiesen. Hierzu hat sich in der Landwirtschaft die Errichtung von Fotovoltaik-Anlagen bewährt, also die Gewinnung von Solarstrom mit auf den Dachflächen der Wirtschaftsgebäude angebrachten Zellen. Solche Anlagen können entweder vom Landwirt selbst errichtet und betrieben werden, sodass Erlöse aus der Einspeisung des hieraus gewonnenen Stroms in das allgemeine Betriebsnetz erzielt werden, oder aber durch Vermietung der Dachflächen der Wirtschaftsgebäude an einen dritten Betreiber. Nachdem die Ertragslage des Betriebes der Parteien die Finanzierung einer solchen Investition nicht zulässt, kommt nur die Vermietung in Betracht.

Hierzu ist der Abschluss des als Anlage beigefügten Vertrages[5] vorgesehen, der bereits von Seiten der Betreiberin wie auch von Seiten des Antragstellers unterzeichnet ist. Daraus wird dem Betrieb der Parteien ein jährlicher Mietzins von . . . . . EUR zufließen, wogegen die Errichtung und Unterhaltung der Anlage auf den Dächern der Wirtschaftsgebäude geduldet und im Übrigen nur die übliche Instandhaltung der Wirtschaftsgebäude zu gewährleisten ist. Diese und die übrigen Bestimmungen des Vertrages sind ortsüblich und angemessen, was die Erholung eines Gutachtens des Bauernverbandes ergeben wird.

Da sich der Vertragspartner nur noch bis . . . . . an sein Vertragsangebot hält, wird um baldmögliche Entscheidung gebeten.

Rechtsanwalt

Anmerkungen

1. Die Gütergemeinschaft bringt Verfügungsbeschränkungen der Eheleute mit sich, soweit es um die Verwaltung des Gesamtguts als gemeinschaftliches Vermögen geht. Das Eingreifen des Gerichts ist in diesem Bereich nicht nur zur Klärung der Rechtswirksamkeit, sondern auch zur Zweckmäßigkeit einzelner Maßnahmen erforderlich, wenn sich die Eheleute über deren Ausführungen nicht einigen können. In solchen Fällen muss dann die verweigerte Zustimmung des anderen Ehegatten durch das Gericht ersetzt werden, weil andernfalls keine aktiven Verwaltungsmaßnahmen durchgesetzt werden könnten. Eine solche Patt-Situation tritt meist bei vereinbarter gemeinschaftlicher Verwaltung des Gesamtguts ein, weil hier bei jeder Maßnahme der andere Ehepartner mitwirken muss; für diesen Fall regelt § 1452 BGB die gerichtliche Ersetzung der Zustimmung. Die heute in der Praxis seltene Alleinverwaltung durch einen Ehepartner hat in § 1426 BGB eine Entsprechung, als auch dieser zwar nicht generell, aber für bestimmte Rechtsgeschäfte wie Verfügungen über Grundstücke oder Schenkungen der Zustimmung des anderen Ehepartners bedarf.

2. Für die gerichtliche Ersetzung der Zustimmung ist das Familiengericht zuständig, § 261 Abs. 2 FamFG.

3. Beim Antrag sowie auch beim Vorgehen selbst muss danach unterschieden werden, ob die verlangte Maßnahme im Abschluss eines Rechtsgeschäftes besteht oder sich nur auf eine tatsächliche Mitwirkungshandlung beschränkt. § 1452 BGB sieht die Ersetzungsbefugnis des Gerichts ausdrücklich für den Abschluss eines „Rechtsgeschäftes", nicht aber bei bloßen Handlungen vor. Wenn sich die Mitwirkungspflicht zur ordnungsgemäßen Verwaltung auf bloße tatsächliche Handlungen „reduziert" (BGH FamRZ 1990, 851 (853)) muss der Antrag auf Verpflichtung zur direkten Mitwirkung gerichtet werden (→ Form. B.IV.7).

4. Dem Formular zugrunde gelegt ist der Fall, dass die Eheleute zwar schon getrennt leben, die Ehe aber noch nicht geschieden und damit auch der Güterstand noch nicht beendet ist. Nur unter dieser Voraussetzung kann die Ersetzung der Zustimmung durch das Familiengericht gemäß § 1452 BGB beantragt werden. Ist dagegen der Güterstand schon durch Ehescheidung beendet und damit in das Auseinandersetzungsstadium übergegangen, gilt für die Verwaltung ausschließlich § 1472 Abs. 3 BGB; dann kann und muss in allen Fällen der Antrag auf Mitwirkung (→ Form. B.IV.7) gerichtet werden, also nicht nur auf Mitwirkung bei tatsächlichen Handlungen, sondern auch bei Abschluss von Rechtsgeschäften (OLG Frankfurt a. M. FamRZ 2006, 1678 (1679)).

5. Die zu ersetzende Zustimmung muss inhaltlich genau definiert werden. Es empfiehlt sich daher, eine komplette, schon vom Gegner und dem Antragsteller unterzeichnete Fassung des gewünschten Vertrages vorzulegen (auf den dann auch im Beschlusstenor Bezug genommen wird). Nur nach dem kompletten Vertragsinhalt lässt sich beurteilen, ob die gesetzlichen Kriterien erfüllt sind, wonach das vorzunehmende Rechtsgeschäft zur ordnungsgemäßen Verwaltung des Gesamtguts auch erforderlich ist.

V. Antrag auf güterrechtlichen Ausgleich bei grenzüberschreitendem Bezug

1. Antrag auf güterrechtlichen Ausgleich nach EuGüVO

An das

Amtsgericht

– Familiengericht –[1]

Antrag auf güterrechtlichen Ausgleich

des Herrn . . . . .

– Antragsteller –

Verfahrensbevollmächtigte: Rechtsanwältin . . . . .

gegen

Frau . . . . .

– Antragsgegnerin –

Namens und unter Berufung auf die mir schriftlich erteilte, beigefügte Verfahrensvollmacht des Ast. beantrage ich:

1. Die Ag. ist verpflichtet, an den Ast . . . . . EUR nebst 5 Prozentpunkten Zinsen über dem Basiszinssatz hieraus seit . . . . . zu . . . . . zahlen.
2. Die Ag. trägt die Kosten des Rechtsstreits.

Gerichtskostenvorschuss ist eingezahlt.

Begründung:

1. Die Beteiligten sind geschiedene Eheleute. Ihre Ehe haben sie am . . . . . in . . . . ./Belgien geschlossen. Sie sind beide deutsche Staatsangehörige. Während der Ehe lebten die Eheleute in Belgien, wo sie beide unbefristet bei der EU-Kommission tätig sind. Am . . . . . (Datum nach dem 29.1.2019) schlossen die Eheleute einen Ehevertrag, in dem sie vereinbarten, dass auf ihre güterrechtlichen Verhältnisse deutsches Recht Anwendung finden soll und dass deutsche Gerichte international ausschließlich zuständig sein sollen für Entscheidungen über Fragen ihres ehelichen Güterstandes.

   Beweis: notarieller Ehevertrag vom . . . . .

   Nach der Trennung am . . . . . ist ihre Ehe durch Beschluss des AG . . . . ./Belgien seit dem . . . . . rechtskräftig geschieden.[2]

   Beweis: Urteil vom . . . . .

   Beide Eheleute leben weiter in Belgien.

   Es kommt die Verordnung (EU) 2016/1103 des Rates vom 24.6.2016 zur Durchführung einer Verstärkten Zusammenarbeit im Bereich der Zuständigkeit, des anzuwendenden Rechts und der Anerkennung und Vollstreckung von Entscheidungen in

Fragen des ehelichen Güterstands (EuGüVO) zur Anwendung, da die Rechtswahl nach dem 29.1.2009 stattfand. Hiernach haben die Beteiligten durch den Ehevertrag vom . . . . . wirksam nach Art. 23 Abs. 1 EuGüVO deutsches Recht für ihren güterrechtlichen Ausgleich vereinbart.[3]
Nach deutschem Recht errechnet sich der Ausgleichsanspruch des Ast. wie folgt: (wird ausgeführt).[4]
Weiterer Vortrag bleibt vorbehalten. Sollte das angerufene Gericht Ergänzungen für erforderlich halten, bitte ich um Hinweise nach § 139 ZPO.
Der Ast. bewertet seine Ausgleichsansprüche mit etwa . . . . . EUR.

Rechtsanwältin

Anmerkungen

1. a) Am 28.7.2016 sind die Verordnung (EU) 2016/1103 des Rates vom 24.6.2016 zur Durchführung einer Verstärkten Zusammenarbeit im Bereich der Zuständigkeit, des anzuwendenden Rechts und der Anerkennung und Vollstreckung von Entscheidungen in Fragen des ehelichen Güterstands (**EuGüVO**; ABl. 2016 L 183, 1) und die weitgehend gleichlautende Verordnung (EU) 2016/1104 des Rates vom 24.6.2016 zur Durchführung der Verstärkten Zusammenarbeit im Bereich der Zuständigkeit, des anzuwendenden Rechts und der Anerkennung und Vollstreckung von Entscheidungen in Fragen güterrechtlicher Wirkungen eingetragener Partnerschaften (**EuPartVO**; ABl. 2016 L 183, 30) in Kraft getreten; dazu Andrae IntFamR § 4; Viarengo/Franzina, The EU Regulations on the Property Regimes of International Couples; Dutta/Weber EurGüVO; Döbereiner/Frank IntGüterR; Niethammer-Jürgens/Erb-Klünemann IntFamR Teil 6; Winter IntFamR F; Dutta FamRZ 2016, 1973; Heiderhoff IPRax 2018, 1.

Gemäß Art. 70 beider Verordnungen sind diese grundsätzlich **seit dem 29.1.2019** anzuwenden. Nach Art. 69 EuGüVO ist getrennt zu prüfen, ob die EuGüVO nach ihrem Abs. 1 in Bezug auf internat. Zuständigkeit und nach ihrem Abs. 3 hinsichtlich des anwendbaren Rechts gilt, KG BeckRS 2024, 23037 = FamRZ 2025, 25; OLG Stuttgart BeckRS 2025, 31093 = FamRZ 2026, 274. Denn die Regelungen über das Kollisionsrecht gelten nur für Ehegatten, die nach dem 29.1.2019 die Ehe geschlossen oder eine güterrechtliche Rechtswahl getroffen haben, Art. 69 Abs. 3 EuGüVO. Die vorherige Rechtslage zum anwendbaren Recht, → Form. K.V.2 Anm. 4, wird deswegen noch lange zu beachten sein. In Deutschland gilt das deutsch-persische Niederlassungsabkommen v. 17.2.1929 weiter vorrangig, Art. 62 Abs. 1 EuGüVO. So zB betreffend aus Brauchgabevereinbarung OLG Düsseldorf BeckRS 2024, 26040 = NZFam 2025, 282 mAnm Urel; KG BeckRS 2025, 27954 = NZFam 2026, 292 mAnm Unger/Westenhoff. Das deutsch-französische Wahlgüterstandsabkommen, das alleine sachrechtliche Regelungen enthält, wird nicht tangiert (Dutta FamRZ 2016, 1973 (1985)).

Die beiden Verordnungen schaffen im Wege verstärkter Zusammenarbeit in (zZt., denn die anderen Mitgliedstaaten können sich anschließen) 18 EU-Staaten (Belgien, Bulgarien, Deutschland, Finnland, Frankreich, Griechenland, Italien, Kroatien, Luxemburg, Malta, Niederlande, Österreich, Portugal, Schweden, Slowenien, Spanien, Tschechische Republik und Zypern) einheitliche güterrechtliche Regelungen und damit mehr Rechtssicherheit.

Nach Art. 3 Abs. 1 lit. a EuGüVO umfasst der **eheliche Güterstand** sämtliche vermögensrechtliche Regelungen, die zwischen den Eheleuten und in ihren Beziehungen zu Dritten aufgrund der Ehe oder der Auflösung der Ehe gelten. Die EuGüVO hat ein **autonomes** Verständnis vom Güterrecht, Erwägungsgrund 18 EuGüVO, das **weiter** geht als das deutsche Verständnis. Unter die Regelungen der EuGüVO fallen deswegen auch die **Braut- und Morgengabe**, OLG Stuttgart BeckRS 2025, 31093 = FamRZ 2026, 274 (zur Rechtslage ohne Geltung der EuGüVO → Form. K.V.2 Anm. 4), die **Wohnungszuweisung** – mit Ausnahme einer solchen nach dem Gewaltschutzgesetz, → Form. H.III, die auch nicht der Schutzmaßnahmen-VO unterliegt, → Form. Q.XIII Anm. 1– und **Hausratverteilung** → Form. B.III.14, die Auseinandersetzungen der Ehegatteninnengesellschaft und über unbenannte Zuwendungen (Heiderhoff IPRax 2018, 1 (2); Dutta FamRZ 2019, 1390 (1394); zu evtl. Problemen, die die EuGüVO mit ihrem Schriftformerfordernis auf das sog. Nebengüterrecht ausgelöst hat Wever FamRZ 2019, 1289; Dutta FamRZ 2019, 1390 (1395)). Ausgenommen sind die Regelungsinhalte in Art. 1 Abs. 1 EuGüVO; zu Art. 1 Abs. 1 lit. f und dem Versorgungsausgleich Borth FamRZ 2019, 1573; Dutta FamRZ 2019, 1390 (1399); zum Zugewinn im Todesfall nach § 1371 BGB EuGH 1.3.2018 – C-558/16 BeckRS 2018, 2032 = FamRZ 2018, 632 mAnm Fornasier, AG Stuttgart-Bad Cannstatt BeckRS 2021, 17825 = FamRZ 2022, 388.

Der Begriff „Ehe" ist national auszulegen, Erwägungsgrund 17 EuGüVO. Güterrechtliche Beziehungen einer **gleichgeschlechtlichen Ehe** fallen kollisionsrechtlich nach deutschem Recht unter die EuGüVO, Art. 17b Abs. 4 S. 2 EGBGB. Dies sollte unter weiter Auslegung des Art. 17b Abs. 4 S. 2 EGBGB auch für die verfahrensrechtlichen Vorschriften der EuGüVO gelten (Dutta FamRZ 2019, 1390 (1397)). Die Auflösung der sich aus einer **faktischen Lebensgemeinschaft** ergebenden Vermögensbeziehungen richtet sich nach der Brüssel I-VO, EuGH 6.6.2019 – C-361/18 BeckRS 2019, 10517 = FamRZ 2019, 1557.

In den Güterrechtsverordnungen sind Regelungen zur Zuständigkeit, zum anwendbaren Recht und zur Anerkennung und Vollstreckung von in einem Mitgliedstaat ergangenen vermögensrechtlichen Entscheidungen in einem anderen Mitgliedstaat enthalten. Deutsches Ausführungsgesetz zu EuGüVO und EuPartVO ist das Gesetz zum Internationalen Güterrecht und zur Änderung von Vorschriften des Internationalen Privatrechts (**IntGüRVG**, BGBl. 2018 I 2573).

b) Die **internationale Zuständigkeit** für das eheliche Güterrechtsverfahren folgt für Verfahren, die ab dem 29.1.2019 eingeleitet worden sind, nicht mehr aus § 105 FamFG, sondern aus **Art. 4–19 EuGüVO**; für zuvor eingeleitete Verfahren → Form. K.V.2 Anm. 1. Bei Geltung der EuGüVO sind für güterrechtliche Streitigkeiten im Zusammenhang mit einer Ehescheidung grundsätzlich die nach der Brüssel IIb-VO, → Form. A.V.4 Anm. 2, zuständigen Gerichte auch für die Fragen des ehelichen Güterstandes zuständig, wenn nicht eine Vereinbarung im Rahmen des Art. 5 Abs. 2 und Abs. 3 EuGüVO geschlossen ist, **Art. 5** Abs. 1 EuGüVO. Dieser europäische Verbundgerichtstand greift auch, wenn die Güterrechtssache nicht im Scheidungsverbund geführt wird, KG BeckRS 2024, 23037 = FamRZ 2025, 25; zu Einzelheiten Dutta FamRZ 2019, 1390 (1391). Andernfalls richtet sich die internationale Zuständigkeit nach **Art. 6** EuGüVO vorrangig nach dem gemeinsamen gewöhnlichen Aufenthalt zum Zeitpunkt der Anrufung des Gerichts iSd Art. 14 EuGüVO, sonst nach dem letzten gemeinsamen gewöhnlichen Aufenthalt, wenn ein Ehegatte zum Zeitpunkt der Anrufung des Gerichts dort noch seinen gewöhnlichen Aufenthalt hat, andernfalls nach dem gewöhnlichen Aufenthalt der antragsgegnerischen Partei zum Zeitpunkt der Anrufung des Gerichts und schließlich nach der gemeinsamen Staatsangehörigkeit zum Zeitpunkt der Anrufung des Gerichts. Es handelt sich um eine Rangordnung abgestufter Zuständigkeiten (Dutta FamRZ 2016, 1973 (1977)). Die EuPartVO sieht im Gegensatz zur EuGüVO noch die weitere nachrangige Zuständigkeit der Gerichte des teilnehmenden Mitgliedstaats vor, nach dessen Recht die Partnerschaft begründet wurde, Art. 6 lit. e EuPartVO.

Der Begriff des **gewöhnlichen Aufenthalts** ist autonom auszulegen, wobei eine Orientierung an der Rspr. zur Brüssel IIa-VO/Brüssel IIb-VO, → Form. D.III.1 Anm. 1, bereinigt um ihre etwaigen kindschaftsrechtlichen Besonderheiten, erfolgen kann (Dutta FamRZ 2016, 1973 (1977); Weber DNotZ 2016, 659 (670)). Die Eheleute können in den Fällen des Art. 6 EuGüVO eine Vereinbarung treffen, dass die Gerichte des Mitgliedstaats, dessen Recht nach Art. 22 EuGüVO oder Art. 26 Abs. 1 lit. a oder lit. b EuGüVO anzuwenden ist oder die Gerichte des Mitgliedstaats, in dem sie die Ehe geschlossen haben, ausschließlich zuständig sind für Entscheidungen über Fragen ihres ehelichen Güterstandes, **Art.** 7 Abs. 1 EuGüVO. Die Formerfordernisse des Art. 7 Abs. 2 EuGüVO sind zu beachten. Art. 8–12 EuGüVO regeln die Zuständigkeit aufgrund rügeloser Einlassung, alternative und subsidiäre Zuständigkeit, Notzuständigkeit sowie Zuständigkeit für Widerklagen.

Hier: An sich wären die belgischen Gerichte international zuständig, da die Eheleute beide ihren gewöhnlichen Aufenthalt in Belgien haben, Art. 6 lit. a EuGüVO. Die Eheleute haben aber zulässigerweise eine schriftliche Gerichtsstandsvereinbarung nach Art. 7 EuGüVO geschlossen worden, so dass deutsche Gerichte, deren Recht die Eheleute zulässigerweise nach Art. 22 EuGüVO gewählt haben, ausschließlich zuständig sind.

c) Die **örtliche Zuständigkeit** richtet sich vorrangig bei Annexzuständigkeiten nach Art. 4 und 5 EuGüVO iVm § 2 IntErbRVG bzw. § 122 FamFG, für die Fälle der Art. 6 und 7 EuGüVO nach § 3 IntGüRVG und für die Fälle der Art. 9–11 EuGüVO nach § 3 Abs. 1 Nr. 7–9 IntGüRVG. Von der Möglichkeit Sonderzuständigkeiten zu schaffen, § 3 Abs. 2 IntGüRVG, ist in Deutschland bislang nicht Gebrauch gemacht worden.

2. Die Brüssel IIb-VO bestimmt die internationale Zuständigkeit für das Scheidungsverfahren, → Form. A.V.4 Anm. 2, die Rom III-VO die Frage des anzuwendenden Scheidungsrechts, → Form. A.V.4 Anm. 3.

3. Die Frage nach dem **anwendbaren Recht** regelt sich,

- wenn beide Eheleute ausschließlich iranische Staatsangehörige sind, die nicht politische Flüchtlinge oder Asylberechtigte iSd Art. 12 GFK sind, nach dem Deutsch-Persischen Niederlassungsabkommen v. 17.2.1929, Art. 62 Abs. 1 EuGüVO, Art. 3 Nr. 2 EGBGB (dazu OLG Hamburg BeckRS 2019, 43901 = FamRZ 2020, 741; OLG Celle BeckRS 2020, 24942 = FamRZ 2021, 215; OLG Frankfurt a.M. BeckRS 2023, 28576 = FamRZ 2024, 268);
- wenn die Eheleute die Ehe vor dem 29.1.2019 geschlossen haben und ab diesem Zeitpunkt keine wirksame Rechtswahl nach der EuGüVO geschlossen haben, nach der Rechtslage vor Geltung der EuGüVO, also Art. 3a, 15, 16, 17a, 17b Abs. 4 EGBGB aF, Art. 229 § 47 Abs. 2 Ziff. 2 EGBGB, → Form. K.V.2 Anm. 4;
- wenn die Ehegatten nach dem 29.1.2019 die Ehe geschlossen oder eine güterrechtliche Rechtswahl getroffen haben, nach **Art. 20 ff. EuGüVO**, Art. 69 Abs. 3 EuGüVO:
  Die EuGüVO gilt **universell**, verweist also auf das Recht jeden Staates, egal ob dieser an der Verstärkten Zusammenarbeit teilnimmt, anderer EU-Mitgliedstaat oder anderer sonstiger Staat ist, **Art. 20 EuGüVO.** Nach **Art. 21 EuGüVO** ist das anzuwendende Recht einheitlich auf das gesamte Vermögen ungeachtet der Belegenheit anzuwenden, so dass eine Vermögensspaltung, → Form. K.V.2 Anm. 4, nicht mehr möglich ist (**Grundsatz der Vermögenseinheit**). Es ist wichtig, in der beratenden Praxis hierauf hinzuweisen. Alle Verweisungen sind Sachrechtsverweisungen, Art. 32 EuGüVO.

Vorrangig gilt nach **Art. 22 EuGüVO** das vereinbarte Recht, wenn es das Recht des Staates ist,

- in dem die Ehegatten zum Zeitpunkt der **Rechtswahl** ihren gewöhnlichen Aufenthalt haben oder
- dessen Staatsangehörigkeit ein Ehegatte zum Zeitpunkt der Rechtswahl besitzt, Art. 22 Abs. 1 EuGüVO. Mehrstaater haben die Wahl zwischen den Staatsangehörigkeiten, Erwägungsgrund 50 EuGüVO (Dutta FamRZ 2016, 1973 (1980); Weber DNotZ 2016, 659 (677));

Die strengen Formerfordernisse des **Art. 23 EuGüVO** sind zu beachten. Formulierungsvorschläge für die Rechtswahl bei Döbereiner/Frank, Internationales Güterrecht für die Praxis, Rn. 323 f. Die Rechtswahl kann bereits vorsorglich im Hinblick auf spätere grenzüberschreitende Bezüge getroffen werden (Weber DNotZ 2016, 659 (677)). Zu den Möglichkeiten einer konkludenten Rechtswahl in einem Ehevertrag Dutta FamRZ 2016, 1973 (1981); Weber DNotZ 2016, 659 (680); zur Formwirksamkeit eines im Ausland abgeschlossenen Ehevertrages Bergschneider FamRZ 2020, 563.

Mangels Rechtswahl regelt **Art. 26 EuGüVO** das anzuwendende Recht dergestalt, dass

- vorrangig das Recht des Staates gilt, in dem die Ehegatten nach der Eheschließung ihren ersten gemeinsamen gewöhnlichen Aufenthalt haben, Art. 26 Abs. 1 lit. a EuGüVO (zB OLG Köln BeckRS 2025, 1032 = FamRZ 2026, 103). Ausreichend ist ein gemeinsamer Aufenthalt in einem Staat ohne Zusammenleben (Dutta FamRZ 2019, 1390 (1393); zu Unrecht angewandt von OLG Brandenburg BeckRS 2023, 7901 = FamRZ 2023, 1469 mAnm. Süß wegen Nichtbeachtung von Art. 69 Abs. 3 EuGüVO). Bei Ehegatten, die erst kurz nach der Eheschließung einen gemeinsamen gewöhnlichen Aufenthalt begründen, soll sich die Aufenthalts- gegen die Staatsangehörigkeitsanknüpfung durchsetzen, Erwägungsgrund 49 EuGüVO. Es wird eine zeitliche Grenze von drei Monaten vorgeschlagen (Weber DNotZ 2016, 659 (672); differenzierter Heiderhoff IPRax 2018, 1 (5));
- sonst das Recht des Staates, dessen Staatsangehörigkeit beide Ehegatten zum Zeitpunkt der Eheschließung besitzen, Art. 26 Abs. 1 lit. b EuGüVO. Für Mehrstaater gilt Art. 26 Abs. 2 EuGüVO;
- andernfalls das Recht des Staates, mit dem sie zum Zeitpunkt der Eheschließung am engsten verbunden waren, Art. 26 Abs. 1 lit. c EuGüVO.

Der Güterstand ist damit grundsätzlich **unwandelbar**. Ausnahmen hiervon sind eine spätere Rechtswahl und die **Ausweichklausel** des **Art. 26 Abs. 3 EuGüVO**. Hiernach kann das Gericht auf Antrag unter den Voraussetzungen des Art. 26 Abs. 3 EuGüVO das Recht eines anderen Staates als nach Art. 26 Abs. 1 lit. a EuGüVO anwenden, wobei Art. 26 Abs. 3 S. 4 EuGüVO einschränkt.

Art. 27 EuGüVO legt die Reichweite des anzuwendenden Rechts fest. Fremdes Recht darf nur im Fall eines Verstoßes gegen den **ordre public** nicht angewendet werden, **Art. 31 EuGüVO**. Die Rechtsverweisung findet unter Ausschluss der Rück- und Weiterverweisung statt, **Art. 32 EuGüVO**. Die **Wirkungen gegenüber Dritten** regelt **Art. 28 EuGüVO**; zu dessen Auswirkungen bei inländischen Grundstücksgeschäften Gruber FamRZ 2025, 1161.

Güterrechtliche Entscheidungen aus einem teilnehmenden Mitgliedstaat wie auch öffentl. Urkunden und Vergleiche, Art. 58 EuGüVO, werden ohne besonderes Verfahren **anerkannt**, Art. 36 Abs. 1 EuGüVO. Es kann Anerkennung beantragt werden, Art. 36 Abs. 2 EuGüVO. Die Nichtanerkennungsgründe sind in Art. 37 EuGüVO aufgeführt. Weder die Zuständigkeit der Gerichte des Ursprungsstaats noch in der Sache darf nachgeprüft werden, Art. 39, 40 EuGüVO. Zur Vollstreckbarkeit einer Entscheidung in einem anderen teilnehmenden Mitgliedstaat bedarf es der **Vollstreckbarerklärung** nach Art. 42, 44 ff. EuGüVO bzw. für öffentl. Urkunden und Vergleiche nach Art. 59 und 60 EuGüVO. Art. 55 EuGüVO gibt kostenrechtliche Vorteile.

4. → Form. B.IV.1

2. Antrag auf güterrechtlichen Ausgleich ohne Geltung der EuGüVO (alte Rechtslage)

An das

Amtsgericht

– Familiengericht –[1]

Antrag auf güterrechtlichen Ausgleich

der Frau . . . . .

– Antragstellerin –

Verfahrensbevollmächtigter: Rechtsanwältin . . . . .

gegen

Herrn . . . . .

– Antragsgegner –

Namens und unter Berufung auf die mir schriftlich erteilte, beigefügte Verfahrensvollmacht der Ast. beantrage ich:

1. Der Ag. ist verpflichtet, an die Ast. güterrechtlichen Ausgleich durch . . . . . zu leisten.[2]
2. Der Ag. trägt die Kosten des Rechtsstreits.

Begründung:

1. Die Beteiligte sind geschiedene Eheleute. Ihre Ehe haben sie am . . . . . (Datum vor 29.1.2019) in . . . . ./Kroatien geschlossen. Kroatien war damals noch Teil der Sozialistischen Föderativen Republik Jugoslawien. Beide Eheleute hatten damals die jugoslawische Staatsangehörigkeit. Kurz nach der Heirat sind beide in die Bundesrepublik Deutschland übergesiedelt, wo sie seitdem leben und arbeiten. . . . . . wurde ihre gemeinsame Tochter . . . . . in Deutschland geboren. Nach Auflösung der Republik Jugoslawien erhielt die Ast. die kroatische und der Ag. die slowenische Staatsangehörigkeit. Sie haben keine güterrechtliche Rechtswahl getroffen. Ihre Ehe ist durch Beschluss des AG . . . . ./Deutschland auf Antrag der jetzigen Ast. seit dem . . . . . rechtskräftig geschieden. Das AG hat auf die Scheidung deutsches Recht angewandt. Denn bei Rechtshängigkeit des Scheidungsantrages von Frau . . . . . am . . . . . war deutsches Recht Scheidungsstatut, weil beide Partner ihren gewöhnlichen Aufenthalt in Deutschland hatten, Art. 8 lit. a Rom III-VO.[3]
2. Die Regelungen über das anzuwendende Recht in der EuGüVO gelten hier nicht, Art. 69 Abs. 3 EuGüVO, da die Eheleute weder nach dem 29.1.2019 die Ehe eingegangen sind noch nach diesem Zeitpunkt eine güterrechtliche Rechtswahl getroffen haben. Für die güterrechtlichen Rechtsbeziehungen der Beteiligten legen Art. 220 Abs. 3 S. 5 EGBGB aF iVm Art. 15 EGBGB aF das anzuwendende Recht fest.[4] Da die Republik Jugoslawien aufgelöst ist, können Art. 15 Abs. 1 EGBGB aF iVm Art. 14 Abs. 1 Nr. 1 EGBGB aF nicht mehr unmittelbar auf jugoslawisches Recht verweisen, das bei der Eheschließung für das eheliche Güterrecht der Beteiligten heranzuziehen gewesen ist. Allerdings gab es im jugoslawischen Staat mehrere Teilrechtsordnungen,

so dass nach Art. 4 Abs. 3 S. 1 EGBGB iVm Art. 3 und Art. 6 Abs. 1 des jugoslawischen Gesetzes betr. die Entscheidungen über Gesetzes- und Zuständigkeitskollisionen in Status-, Familien- und Erbbeziehungen v. 27.2.1979 für die vermögensrechtlichen Rechtsbeziehungen der Eheleute das Recht der Teilrepublik maßgebend ist, auf deren Territorium sie den gemeinsamen Wohnsitz haben. Wegen des Grundsatzes der Unwandelbarkeit richten sich die güterrechtlichen Wirkungen der Ehe trotz des Auseinandergehens der Republik Jugoslawien weiterhin nach deren Rechtslage. Es kommt damit das Recht Kroatiens zur Anwendung, wo die Eheleute bei Eheschließung ihren gemeinsamen Wohnsitz hatten.[5]

3. **Nach § 250 des kroatischen Familiengesetzes v. 14.7.2003 kann die Ast., die mit dem Ag. im gesetzlichen Güterstand der Errungenschaftsgemeinschaft lebte, Ausgleich nach den Bestimmungen des Schuld- und Sachenrechts verlangen.[6]**
4. **Die Ast. bewertet ihre Ausgleichsansprüche mit etwa . . . . . EUR.**

Rechtsanwältin

Anmerkungen

1. a) Die **internationale Zuständigkeit** für das eheliche Güterrechtsverfahren folgt für Verfahren, die ab dem 29.1.2019 eingeleitet worden sind, aus **Art. 4–19 EuGüVO,** → Form. K.V.1 Anm. 1. Für vorher eingeleitete Verfahren gilt **§ 105 FamFG** (OLG Nürnberg BeckRS 2016, 20645). Hiernach sind die deutschen Gerichte international zuständig, wenn ein deutsches Gericht örtlich zuständig ist. Die Regeln über die örtliche Zuständigkeit sind insoweit doppelfunktional (OLG Hamm FamRZ 2011, 1535).

b) Die **örtliche Zuständigkeit** richtet sich für Verfahren, die ab dem 29.1.2019 eingeleitet worden sind, nach **Art. 4–11 EuGüVO iVm § 3 IntGüRVG,** → Form. K.V.1 Anm. 1. Für vorher eingeleitete Verfahren regelt **§ 262 FamFG.** Während der Anhängigkeit einer Ehesache besteht dann die Zuständigkeit des Gerichts der Ehesache auch für die Güterrechtssache, § 262 Abs. 1 FamFG. Für isolierte Güterrechtsverfahren bestimmt sich die örtliche Zuständigkeit nach § 262 Abs. 2 FamFG iVm §§ 12 ff. ZPO.

2. Die Regelungen über das **anzuwendende Recht** in der EuGüVO gelten nach Art. 69 Abs. 3 EuGüVO nur für Eheleute, die nach dem 29.1.2019 die Ehe eingegangen sind oder eine güterrechtliche Rechtswahl getroffen haben. Die zuvor geltenden nationalen Regelungen zum anwendbaren Recht, → Anm. 4, werden deswegen noch längere Zeit zur Anwendung kommen.

Hier: Nach den aus ihrer Sicht maßgeblichen güterrechtlichen kroatischen Bestimmungen kann die Ast. Ausgleich „nach den Bestimmungen des Schuld- und Sachenrechts" verlangen, nicht allein einen **Zahlbetrag.** Sie muss daher ihren Antrag entsprechend fassen, also etwa auf Zuweisung einzelner Vermögensgegenstände, Aufteilung von Grundbesitz uÄ, → Anm. 6. Sollte deutsches Recht Grundlage werden, müsste sie dagegen ihren Antrag umstellen und Zahlung fordern. Das Gericht hätte insoweit Hinweise nach § 139 ZPO zu geben.

3. Die Rom III-VO bestimmt die Frage des anzuwendenden Scheidungsrechts, → Form. A.V.4 Anm. 3.

4. a) Beim ehelichen Güterrecht regelt sich die Frage nach dem **anwendbaren Recht**

- vorrangig nach dem Deutsch-Persischen Niederlassungsabkommen v. 17.2.1929, → Form. K.V.1 Anm. 3;
- sonst, wenn die **EuGüVO** nach Art. 69 Abs. 3 EuGüVO insoweit keine Anwendung findet, → Form. K.V.1 Anm. 1, für vermögensrechtliche Streitigkeiten zwischen Ehegatten, die in unmittelbarem Zusammenhang mit der Ehe und deren Auflösung stehen,

nicht nach der Brüssel I-VO (EuGH 14.6.2017 – C-67/17, BeckRS 2017, 122519 = FamRZ 2017, 1913 mAnm Museva FamRZ 2017, 2009), sondern nach **Art. 15 EGBGB** in der bis 28.1.2019 geltenden Fassung (**aF**).

Grundsätzlich ist dann das Ehewirkungsstatut nach **Art. 14 EGBGB aF** zum Zeitpunkt der Eheschließung maßgebend, Art. 15 Abs. 1 EGBGB aF (BGH NJW 2019, 2935). Vorrangig gilt also das Recht des Staates, dem beide Ehegatten angehören oder während der Ehe zuletzt angehört haben, wenn einer diesem Staat noch angehört (zB OLG Stuttgart BeckRS 2022, 52038 = FamRZ 2023, 1954 mAnm Odendahl). Bei Doppelstaatsangehörigkeit ist Art. 5 EGBGB zu beachten. Nachrangige Anknüpfungspunkte sind der gewöhnl. Aufenthalt und die gemeinsame engste Verbundenheit. Bzgl. letzterem kann auch die der Eheschließung nachfolgende Tatsachenentwicklung indizielle Bedeutung haben, BGH NJW 2019, 2935 mAnm Looschelders FamRZ 2019, 1539; auch die Zukunftsplanung, OLG Köln BeckRS 2015, 16000 = FamRZ 2015, 1617). Das Güterrechtsstatut ist **unwandelbar**, dh spätere Änderungen, so auch eine Veränderung des gewöhnlichen Aufenthalts der Eheleute, sind unerheblich mit Ausnahme einer späteren zulässigen Rechtswahl nach Art. 15 Abs. 2 EGBGB aF, KG NZFam 2024, 284 mAnm Frank. Eine Rück- oder Weiterverweisung durch das ausländische Kollisionsrecht ist nach Art. 4 Abs. 1 EGBGB zu beachten.

Nach Art. 15 Abs. 2 EGBGB aF können die Ehegatten

- das Recht des Staates wählen, dem einer von ihnen angehört,
- das Recht des Staates, in dem einer von ihnen seinen gewöhnlichen Aufenthalt hat oder
- für unbewegliches Vermögen das Recht des Lageortes.

Die **Rechtswahl** kann sich auch auf ein einzelnes Grundstück beziehen; zur Frage, ob überhaupt eine Rechtswahl vorliegt BGH NJW 2024, 827. Eine in Deutschland vorgenommen Rechtswahl bedarf der notariellen Beurkundung, Art. 15 Abs. 3 EGBGB aF iVm Art. 14 Abs. 4 S. 1 EGBGB aF. Wird sie im Ausland vorgenommen, sind die Formerfordernisse für einen Ehevertrag nach dem gewählten Recht oder am Ort der Rechtswahl maßgeblich, Art. 15 Abs. 3c EGBGB aF iVm Art. 14 Abs. 4 S. 2 EGBGB aF. Es erfolgt bei gewähltem Recht keine Gesamtverweisung, sondern eine **Sachnormverweisung**, Art. 4 Abs. 2 EGBGB. Die Sittenwidrigkeit und Nichtigkeit eines die Rechtswahl enthaltenden Ehevertrags hindert dessen Wirkung nicht, die Wirksamkeit der Rechtswahlvereinbarung richtet sich nach dem anzuwendenden Recht, wenn der Vertrag wirksam wäre, Art. 31 Abs. 1 EGBGB (KG BeckRS 2024, 23037 = FamRZ 2025, 25); zu Möglichkeiten und Risiken der Rechtswahl Rieck NJW 2014, 257.

Durch Ehevertrag kann nach **§ 1519 BGB** der **Güterstand der Wahl-Zugewinngemeinschaft** gewählt werden. Für diesen gelten die Regelungen des am 1.5.2013 in Kraft getretenen Abkommens zwischen der Bundesrepublik Deutschland und der Französischen Republik über den Wahlgüterstand der Zugewinngemeinschaft (BGBl. 2012 II 178; Einzelheiten bei Andrae IntFamR § 4 Rn. 186 ff.; Klippstein FPR 2010, 510; Holschen RNotZ 2015, 317 ff.

Grundsätzlich gilt das jeweilige Güterrechtsstatut für das gesamte Vermögen der Ehegatten, egal wo es belegen ist, Art. 15 Abs. 1 EGBGB aF. Anders ist dies nach **Art. 3a Abs. 2 EGBGB aF** nur dann, wenn im Ausland befindliche „Gegenstände", insbes. also Grundstücke, besonderen Vorschriften unterliegen, wie dies zB bei landwirtschaftlichen Höfen der Fall sein kann. Es gilt der Vorrang des Rechts der Belegenheit. Hierunter fallen auch kollisionsrechtliche Vorschriften, die eine Vermögensspaltung vorsehen, zB durch unterschiedliche Anknüpfung für bewegliches und unbewegliches Vermögen, vor allem bei einer Spaltung des Güterrechtstatus, die auch für die Durchführung eines Zugewinnausgleichs gilt (Hausmann IntEuFamR Rn. 521 mwN; aA OLG Hamm BeckRS 2014, 00218 = RNotZ 2014, 177; Ludwig DNotZ 2000, 663 (665)). So verweist Art. 15 Abs. 2 türk. IPRG für güterrechtliche Auseinandersetzungen über unbewegliches Vermögen auf das Recht des Ortes der Belegenheit. Für in Deutschland gelegene Grundstücke türkischer

Staatsangehöriger gilt damit deutsches Recht, während iÜ türkisches Recht anzuwenden ist (**Güterrechtsspaltung;** OLG Bremen BeckRS 2015, 11706 = FamRZ 2016, 129; dazu auch OLG Stuttgart BeckRS 2022, 52038 = FamRZ 2023, 1954 mAnm Odendahl). Entstehende Verwicklungen können die Ehegatten durch **angepasste Rechtswahl** ausräumen, Art. 15 Abs. 2 EGBGB aF (Ludwig DNotZ 2000, 663 (677) mit Formulierungsvorschlägen).

Wegen Änderung des deutschen IPR **1986** gilt die **Übergangsregel** des Art. 220 Abs. 3 EGBGB für güterrechtliche Wirkungen von Ehen, die vor dem 1.9.1986 geschlossen worden sind.

Bei Geltung deutschen Rechts umfasst der **Auskunftsanspruch** nach § 1379 BGB auch Sachwerte im Ausland, wenn insoweit keine besonderen Vorschriften iSd Art. 3a Abs. 2 EGBGB aF gelten, also eine kollisionsrechtliche Vermögensspaltung vorliegt (OLG Hamm BeckRS 2014, 00218 = FamRZ 2014, 947). Sieht das berufene ausl. Güterrecht keine Auskunftspflichten des in Anspruch genommenen Ausgleichsschuldners vor, kann es geboten sein, im Wege der **Anpassung** den deutschen Auskunftsanspruch zu übernehmen (OLG Köln BeckRS 9998, 01532 = NJW-RR 1998, 865; OLG Hamm BeckRS 2006, 12815 = FamRZ 2006, 1383; OLG Stuttgart BeckRS 2022, 52038 = FamRZ 2023, 1954 mAnm Odendahl). Hieraus folgt aber nicht zwingend ein Anspruch auf Abgabe der eidesstattlichen Versicherung (OLG Stuttgart BeckRS 2011, 06669 = FamRZ 2003, 1749).

Die Sache hätte die Ast. auch als **Zwischenfeststellungsantrag** mit dem Ziel führen können, vorab zu klären, welches Güterrecht maßgeblich ist (OLG Frankfurt a. M. BeckRS 2000, 12818 = IPrax 2001, 140).

Auch wegen eines auf ausländischem Recht beruhenden zukünftigen Zugewinnausgleichsanspruchs kann der **dingliche Arrest** beantragt werden (OLG Bremen BeckRS 2015, 11706 = FamRZ 2016, 129).

b) Ansprüche auf **Braut- und Morgengabe** fallen, wenn die Ehegatten, nach dem 29.1.2019 die Ehe geschlossen oder eine güterrechtliche Rechtswahl getroffen haben, in den Geltungsbereich der EuGüVO, Art. 69 Abs. 3 EuGüVO, → Form. K.V.1 Anm. 1, anders nur, wenn das nach Art. 62 Abs. 1 EuGüVO vorrangige Deutsch-Persische Niederlassungsabkommen greift, OLG Frankfurt a. M. BeckRS 2023, 28576 = FamRZ 2024, 269; OLG Düsseldorf BeckRS 2024, 26040= NZFam 2025, 282 mAnm Unger, KG BeckRS 2025, 27954 = NZFam 2026, 292 mAnm Unger/Westenhoff. Ansonsten unterliegt der Anspruch als allgemeine Wirkung der Ehe dem von Art. 14 EGBGB aF berufenen Sachrecht (BGH NJW 2010, 1528). Ein Brautgabeversprechen anlässlich einer islamisch geprägten Eheschließungszeremonie ist ein familienrechtlicher Vertrag sui generis, auf deren Formgültigkeit nach Art. 11 Abs. 1 EGBGB deutsches Recht anwendbar ist. Es bedarf nach § 518 Abs. 1 BGB analog der notariellen Beurkundung (BGH NJW 2020, 2024 mAnm Dutta FamRZ 2020, 1077). Der Anspruch an sich wird grds. als unbedenklich angesehen – bei Geltung deutschen Rechts keine Sittenwidrigkeit nach § 138 Abs. 1 BGB, bei Geltung ausl. Rechts kein Verstoß gegen den ordre public. Bedenken können sich nur bei Besonderheiten wie zB ruinöser Höhe ergeben (OLG Bamberg BeckRS 2011, 2042 = NJOZ 2011, 577, aA OLG Celle BeckRS 2023, 710 = FamRZ 2023, 679 mAnm Looschelders). Ein Anspruch auf Brautgabe als Kompensation kann der Annahme der Sittenwidrigkeit eines ehevertraglich vereinbarten Verzichts auf Scheidungsfolgen entgegenstehen (KG BeckRS 2017, 128210). Selbst im Fall einer Änderung der Verhältnisse besteht kein Recht auf Anpassung (OLG Oldenburg NJW-RR 2022, 1373).

Im Fall eines Statutenwechsels nach deutschem Recht, das beide ehemalige Eheleute nun deutsche Staatsangehörige sind, gilt Art. 14 Abs. 2 Nr. 1 EGBGB nF, so dass im Fall einer Störung der Geschäftsgrundlage eine Anpassung nach § 313 Abs. 1 BGB möglich ist (OLG Stuttgart BeckRS 2025, 31093 = FamRZ 2026, 274).

5. **Unwandelbarkeit** bedeutet nicht Versteinerung der Rechtsanknüpfung mit einer Orientierung auf die zum Zeitpunkt der Eheschließung maßgeblichen materiellen Bestimmungen. Entscheidend ist das aktuell geltende ausländische Recht (KG BeckRS 2008, 26227 = FamRZ 2005, 1676; OLG Celle BeckRS 2014, 08196 = FamRZ 2015, 160).

Hier: Wäre Jugoslawien weiterhin ein einheitliches Staatsgebilde und hätte sich nur das Güterrecht nach der Eheschließung der Parteien dort verändert, müssten die neuen jugoslawischen Regeln unter Beachtung dortiger Übergangsvorschriften angewendet werden. Es besteht aber die frühere Bundesrepublik Jugoslawien in dieser Form nicht fort. Die Parteien gehören Staaten an, die selbständig geworden sind. Schon zu Zeiten Jugoslawiens hatte Kroatien wie die anderen jugoslawischen Teilrepubliken und autonomen Gebiete ein eigenes Familienrecht, das hier über das Internationale Privatrecht der Republik Jugoslawien gegolten hätte (OLG Düsseldorf BeckRS 1994, 11262 = FamRZ 1995, 1203; OLG Frankfurt a.M. BeckRS 2000, 12818 = IPRax 2001, 140 mAnm Henrich IPRax 2001, 113; OLG Nürnberg BeckRS 2011, 07081 = FamRZ 2011, 1509 unter Hinweis auf das in den Nachfolgestaaten fortgeltende jugoslawische Gesetz v. 15.7.1982 zur Lösung von Gesetzeskollisionen mit den Vorschriften anderer Staaten; aA OLG Stuttgart BeckRS 2015, 06041 = FamRZ 2015, 1616 mAnm Andrae IPRax 2016, 578, das nicht „totes“ gesamtstaatliches interlokales Privatrecht des zerfallenen jugoslawischen Staates anwenden will, sondern über Art. 4 Abs. 3 S. 2 EGBGB analog die Rechtsordnung des Nachfolgestaates mit dem engste Verbindung besteht; ebenso OLG Nürnberg BeckRS 2016, 20645 = FamRZ 2017, 698 betr. den nicht mehr existierenden föderalen Gesamtstaat der Tschechoslowakei).

6. Henrich/Dutta/Ebert IntEheR/Majstorović/Hoško Länderteil Kroatien S. 34 f.: Die Eheleute führen eheliches Vermögen und Eigenvermögen. **Eheliches Vermögen** ist das Vermögen, das die Ehegatten während der Ehegemeinschaft durch Arbeit erwerben oder das aus diesem Vermögen stammt, Art. 36 Abs. 1 FamG v. 18.9.2015 (Henrich/Dutta/Ebert IntEheR/Majstorović/Hoško Länderteil Kroatien III.B.2). Sofern nichts anderes vereinbart ist, sind die Eheleute zu gleichen Teilen Miteigentümer am ehelichen Vermögen, Art. 36 Abs. 3 FamG. Für das eheliche Vermögen gelten die Vorschriften des Sachen- und Schuldrechts, Art. 38 FamG. Dieses ist abzugrenzen vom **Eigenvermögen** als dem Vermögen, das ein Ehegatte im Zeitpunkt der Eheschließung besaß, Art. 39 FamG. Die Eheleute können ihre vermögensrechtlichen Beziehungen durch Ehevertrag regeln, Einzelheiten in Art. 40–42 FamG. Regeln die Eheleute ihre Vermögensbeziehungen nach Eheauflösung nicht einvernehmlich, enthält Art. 46 FamG besondere Bestimmungen zum Schutz des Kindeswohls und des Familienheims. Ansonsten gelten die schuld-, sachen- und sonstigen vermögensrechtlichen Vorschriften, Art. 45 Abs. 2 FamG.

L. Sonstige Familiensachen

I. Antrag auf Schadenersatz nach Rücktritt von der Verlobung

An das

Amtsgericht[1]
– Familiengericht –

. . . . .

Antrag

der . . . . . **– Antragstellerin –**

Verfahrensbevollmächtigte: Rechtsanwälte[2] **. . . . .**

gegen

Herrn . . . . . **– Antragstellerin –**

Verfahrensbevollmächtigte: Rechtsanwälte . . . . .

wegen Ersatzpflicht zwischen ehemals Verlobten
Vorläufiger Verfahrenswert: . . . . .

Namens und in Vollmacht des Antragstellers werde ich beantragen:

1. **Der Antragsgegner wird verurteilt, an die Antragstellerin . . . . . EUR nebst Zinsen in Höhe von 5 Prozentpunkten über dem Basiszinssatz seit dem . . . . . zu zahlen.**
2. **Der Antragsgegner hat die Kosten des Rechtsstreits zu tragen.**
3. **Sofern das Gericht das schriftliche Vorverfahren anordnet, wird für den Fall der Fristversäumnis beantragt,**[3] **gegen den Antragsgegner Versäumnisentscheidung ohne mündliche Verhandlung zu erlassen.**

Begründung:

Die Antragstellerin macht gegen den Antragsgegner, ihren ehemaligen Verlobten, Ersatzansprüche geltend. Die Beteiligten hatten sich am . . . . . verlobt[4] **und sich die Ehe versprochen.**

Der Antragsgegner hat nunmehr am . . . . . der Antragstellerin erklärt, dass er sie nicht mehr heiraten wolle und ist von dem Verlöbnis zurückgetreten.[5] **Die Antragstellerin hat ihm keinen Anlass dazu gegeben.**[6] **Im Einzelnen ist auszuführen . . . . .**

Im Hinblick auf die beabsichtigte Eheschließung ist der Antragstellerin ein Schaden entstanden.[7] **Sie hat nach der Verlobung ihre Wohnung in . . . . . aufgegeben und ist zu dem Antragsgegner gezogen. Jetzt musste sie erneut umziehen nach . . . . . Durch die**

beiden Umzüge sind ihr Kosten in Höhe von ..... EUR entstanden. Die Renovierung der früheren Wohnung hat einen Aufwand von ..... EUR verursacht.

Beweis: Vorlage der Rechnungen für Umzug/Renovierung

Die Antragstellerin hat den Antragsgegner mit Schreiben vom ..... zur Zahlung des hier geltend gemachten Betrages aufgefordert.

Beweis: Vorlage des Schreibens vom .....

Der Antragsgegner verweigert die Zahlung mit der Begründung ..... Hierzu ist zu sagen .....

Der Antragsgegner wurde durch Schreiben vom ..... mit Fristsetzung zum ..... zur Zahlung aufgefordert. Er schuldet daher Verzugszinsen,[8] §§ 286, 288 BGB, in Höhe von 5 Prozentpunkten über dem Basiszinssatz.

Rechtsanwalt[9, 10]

Anmerkungen

1. Zuständig ist das **Familiengericht.** Es handelt sich um eine Familiensache, § 23a GVG, §§ 111 Abs. 1 Nr. 10, 266 Abs. 1 Nr. 1 FamFG.

2. Anwaltliche Vertretung ist bei dem Familiengericht notwendig, § 114 Abs. 1 FamFG, da die hier geltend gemachten Ausgleichsansprüche als Familienstreitsache, § 112 Nr. 3 FamFG, dem **Anwaltszwang** unterliegende Verfahren sind.

3. Diese Nebenanträge sind auch zur eigenen Arbeitserleichterung mit aufzunehmen.

4. Ein **Verlöbnis** muss nicht **formell** mit Ringtausch etc begründet werden. Erforderlich ist der übereinstimmende Wille der Beteiligten, die Ehe eingehen zu wollen (BeckOK BGB/Wellenhofer BGB § 1297 Rn. 8 ff.; Grüneberg/Götz BGB Einf. vor § 1297 Rn. 2). Eine analoge Anwendung auf die nichteheliche Lebensgemeinschaft ist nicht möglich, sofern dort nicht das Eheversprechen gegeben wurde. Es ist aber unschädlich, wenn die ernsthafte wechselseitige Absicht, heiraten zu wollen, in den Herkunftsländern der Beteiligten nicht als Verlöbnis bezeichnet wird (LG Marburg FamRZ 2020, 1903)

Ein Verlöbnis, welches nach mehreren Telefongesprächen und ohne persönliches Kennenlernen des Partners zustande kam, löst die Rechtsfolgen des § 1298 BGB nicht aus, wenn die Vermögensverfügungen unangemessen waren (OLG Frankfurt a. M. FamRZ 2008, 305). Wenn das Verlöbnis nichtig ist, der Schenker jedoch bei der Schenkung diese Tatsache nicht kannte, sondern die Schenkung gutgläubig im Vertrauen auf die Gültigkeit des Verlöbnisses vornimmt, ist § 1301 BGB entsprechend anwendbar (OLG Schleswig FamRZ 2014, 1846).

5. Der **Rücktritt** vom Verlöbnis muss nicht förmlich erklärt werden. Er kann auch durch konkludentes Handeln erfolgen.

6. Der vom Verlöbnis Zurücktretende ist nur dann schadensersatzpflichtig, wenn er grundlos die Verlobung löst. Sofern der andere Partner die Trennung verschuldet hat, kann er keinen Ersatz verlangen, § 1299 BGB.

7. Wenn ein Verlobter von dem Verlöbnis zurücktritt, hat er nach § 1298 BGB dem anderen Verlobten, dessen Eltern sowie weiteren Beteiligten den **Schaden zu ersetzen,** der daraus entstanden ist, dass sie in Erwartung der Ehe Aufwendungen gemacht haben oder Verbindlichkeiten eingegangen sind. Der Schaden ist nur insoweit zu ersetzen, als die

Aufwendungen, die Eingehung der Verbindlichkeiten und die sonstigen Maßnahmen den Umständen nach angemessen waren. Dazu gehören zB Umzugskosten, Kauf des Brautkleides und Kosten der Vorbereitung der Feier.

Anschaffungen, die vorrangig der Gestaltung des bereits seit Jahren bestehenden eheähnlichen Verhältnisses dienen, werden nicht erstattet. Die Aufgabe einer gesicherten Erwerbstätigkeit nach einem Verlöbnis, welches nach mehreren Telefongesprächen und ohne persönliches Kennenlernen des Partners zustande kam, ist unangemessen iSd § 1298 Abs. 2 BGB; der daraus entstandene Schaden ist deshalb bei Rücktritt vom Verlöbnis nicht zu ersetzen (OLG Frankfurt a. M. FamRZ 2008, 305; OLG Oldenburg FamRZ 2016, 2102).

Große Zuwendungen können nicht über Ersatzansprüche nach § 1298 BGB zurückgefordert werden. Möglich sind Ausgleichsansprüche wegen Störung der Geschäftsgrundlage, § 313 BGB (OLG Oldenburg NJW-RR 2009, 938).

8. Der Antragsgegner kommt nach § 286 Abs. 3 BGB automatisch spätestens 30 Tage nach Zugang der Zahlungsaufforderung in Verzug. Er schuldet dann Zinsen gemäß § 288 Abs. 1 BGB in Höhe von fünf Prozentpunkten über dem Basiszinssatz. Daneben besteht ein Anspruch auf Prozesszinsen seit Rechtshängigkeit, § 291 BGB, in gleicher Höhe.

Kosten und Gebühren

9. Das Verfahren ist sowohl bezüglich der Gerichtskosten als auch bezüglich der Anwaltsgebühren eine normale Familienstreitsache. Es gelten daher die allgemeinen Vorschriften des Kosten- und Gebührenrechts.

Für die Anwaltskosten gelten die üblichen Regelungen des RVG. Die für das familiengerichtliche Verfahren, insbesondere den Scheidungsverbund geltenden Spezialregelungen sind nicht anwendbar.

Fristen und Rechtsmittel

10. Spezielle prozessuale Fristen sind für die Einleitung des Verfahrens nicht zu beachten. Für die Verjährung der Ersatzansprüche der Verlobten enthält § 1302 BGB eine eigene Regelung, die eine zweijährige Verjährungsfrist vorsieht,

Es sind die üblichen Rechtsmittel gegen Beschlüsse in Familienstreitsachen gegeben. → Form. O.Iff.

II. Ansprüche aus der Ehe, § 266 Abs. 1 Nr. 2 FamFG

1. Antrag auf Herstellung der ehelichen Lebensgemeinschaft

An das Amtsgericht . . . . .[1, 2, 3] . . . . . [Datum]

– Familiengericht –

Antrag auf Herstellung der ehelichen Lebensgemeinschaft

In Sachen

. . . . . [Vorname, Familienname, Adresse]

– Antragstellerin –

Verfahrensbevollmächtigte: Rechtsanwälte . . . . . [Vorname, Familienname, Adresse[5]]

gegen

. . . . . [Vorname, Familienname, Adresse]

– Antragsgegner –

vorläufiger Verfahrenswert: . . . . . EUR[4]
zeigen wir hiermit unter Vorlage

- **einer auf uns lautenden besonderen Vollmacht[5]**

an, dass wir die Antragstellerin anwaltlich vertreten, zahlen hiermit

- **. . . . . EUR in Form einer von unserer Kanzlei ausgestellten Einzugsermächtigung als Gerichtskostenvorschuss[4] ein und**

beantragen:[6]

I. Dem Antragsgegner wird geboten, unverzüglich seinen übermäßigen Alkoholkonsum einzustellen, ihm wird insbesondere untersagt, angetrunken nach Hause zu kommen, in der Wohnung Krach zu schlagen und seine Familienangehörigen oder sonstige Besucher anzuschreien.

II. Dem Antragsgegner wird aufgegeben, unverzüglich eine Beratungsstelle für Suchtkranke aufzusuchen und deren Ratschläge zu befolgen.

III. Der Antragsgegner trägt die Kosten des Verfahrens.[7]

Begründung:

1. **Die örtliche Zuständigkeit des Amtsgerichts . . . . . ergibt sich aus § 267 Abs. 2 FamFG, §§ 12 ff. ZPO. Die Beteiligten haben ihren gemeinsamen gewöhnlichen Aufenthalt im Bezirk des angerufenen Gerichts.**
2. **Der Anspruch der Antragstellerin auf Herstellung der ehelichen Lebensgemeinschaft wird auf § 1353 Abs. 1 S. 2 BGB gestützt.**
3. **Die Beteiligten haben am . . . . . die Ehe geschlossen. Sie sind beide deutsche Staatsangehörige. Aus der Ehe ist das Kind . . . . ., geboren . . . . ., das die sechste**

Klasse des örtlichen Gymnasiums besucht, hervorgegangen. Die Beteiligten leben nicht getrennt, ein Ehescheidungsverfahren ist nicht anhängig.

4. Der Antragsgegner genießt seit etwa zwei Jahren im Übermaß Alkohol, was bereits dazu führte, dass ihm der Führerschein entzogen wurde. Nach Büroschluss um 16.30 Uhr begibt er sich fast jeden Tag in eine Stehbierhalle, wo er nach eigenem Bekunden regelmäßig fünf bis sieben halbe Liter Bier und einige Schnäpse trinkt. Er kommt dann gegen 19.00 Uhr schwankenden Gangs angetrunken bis betrunken nach Hause, knallt die Türen, schaltet das Fernsehgerät mit so übergroßer Lautstärke ein, dass sich bereits Grundstücksnachbarn beschwert haben und brüllt die Antragstellerin, das Kind und gelegentlich anwesende Besucher, wie die Mutter der Antragstellerin und Schulkameraden des Kindes, in kasernenmäßigem Ton an. Ein einigermaßen vernünftiges Gespräch ist mit dem Antragsgegner bei solchen Gelegenheiten nicht möglich, auch jedes gütliche Zureden ist vergeblich.

Beweis: 1. Vorname, Familienname, Adresse,
Mutter der Antragstellerin, als Zeuge
2. Beteiligtenvernehmung

5. Die Antragstellerin und der Hausarzt der Beteiligten haben den Antragsgegner bereits mehrmals mit Dringlichkeit geraten, seinen Alkoholkonsum zu mäßigen und eine Beratungsstelle für Suchtkranke aufzusuchen.

Beweis: 1. Dr. med., Vorname, Familienname, Adresse,
als Zeuge
2. Beteiligtenvernehmung

Der Antragsgegner hat zu diesen Ratschlägen entweder keine Stellung genommen oder sie mit der Begründung abgelehnt, er trinke nicht im Übermaß und halte eine Beratung nicht für nötig.

6. Die Antragstellerin hat den Antragsgegner durch ihre jetzigen Verfahrensbevollmächtigten bereits im Sinne des Antrags anschreiben lassen.

Beweis: Das Schreiben vom . . . . ., das in Kopie anliegt.

Der Antragsgegner hat dieses Schreiben weder beantwortet noch hat er sein Verhalten geändert.

7. Mit seinem Verhalten verstößt der Antragsgegner gegen seine Verpflichtungen zur ehelichen Lebensgemeinschaft, nämlich auf die Antragstellerin, das gemeinsame Kind und die Besucher Rücksicht zu nehmen. Nach der Rechtsprechung (vgl. zB OLG Frankfurt a. M. FamRZ 1982, 484) kann sich das Herstellungsverlangen nicht nur auf die Gesamtheit der aus der Ehe fließenden Pflichten beziehen. Vielmehr kann auch die Erfüllung einzelner aus der ehelichen Lebensgemeinschaft sich ergebender Aufgaben verlangt werden.

Rechtsanwalt[8, 9]

Anmerkungen

1. Das Verfahren auf Herstellung des ehelichen Lebens ist nicht mehr wie früher in die Legaldefinition der Ehesache (damals § 606 Abs. 1 S. 1 ZPO, jetzt § 121 FamFG) aufgenommen. Solche Verfahren sind aber auch in Zukunft zulässig und fallen unter sonstige Familiensachen iSv § 266 Abs. 1 Nr. 2 FamFG („aus der Ehe herrührende Ansprüche"). Mit dem Antrag auf Herstellung des ehelichen Lebens kann ein Ehegatte vom Anderen Erfüllung **personaler Ehepflichten** verlangen. Gegenstand des Antrags kann jede aus § 1353 Abs. 1 S. 2 BGB gegebene personale Ehepflicht sein (s. dazu Grüneberg/Siede BGB § 1353 Rn. 5). Im Wege des positiven Herstellungsantrags kann sowohl auf die Wiederherstellung der ehelichen Lebensgemeinschaft insgesamt als auch auf die Erfüllung einzelner Pflichten (s. obiges Formular) geklagt werden. Der Herstellungsantrag wird als unbegründet angesehen, wenn der Antragsgegner die Herstellung der ehelichen Lebensgemeinschaft gem. § 1353 Abs. 2 BGB verweigern kann, das Herstellungsverlangen rechtsmissbräuchlich oder die Ehe gescheitert ist. Es wird jedoch auch der aus § 1353 Abs. 2 BGB abgeleitete **negative Feststellungsantrag** als zulässig angesehen. Ein Herstellungsbeschluss oder ein derartiger negativer Feststellungsbeschluss ist jedoch nicht vollstreckbar (§ 888 Abs. 3 ZPO). In der **Praxis** kommen der Herstellungsbeschluss und diese Art von Feststellungsanträgen fast nie vor. Schon wegen der fehlenden Vollstreckbarkeit sind sie rechtlich in aller Regel ohne Bedeutung, allenfalls haben sie eine moralische oder appellative Bedeutung.

Als **Beispiele** für einen Herstellungsantrag auf Erfüllung einzelner Pflichten werden von Rechtsprechung und Literatur Folgende angeführt: Herstellung der häuslichen Gemeinschaft (zB Umzug an den Arbeitsort eines der Ehegatten), Mithilfe im Haushalt oder Betrieb, Vornahme einer Heilbehandlung mit dem Ziel der Wiederherstellung der ehelichen Lebensgemeinschaft (OLG Frankfurt a. M. FamRZ 1982, 484; an diese Entscheidung ist das obige Formular angelehnt), Unterlassung eines Ehebruchs oder ehewidriger Handlungen, Betreuung minderjähriger Kinder. Am häufigsten sind Streitigkeiten aus vermögensrechtlichen Beziehungen (zB gemeinsame Veranlagung zur Einkommensteuer nach § 26 EStG und Schadenersatzansprüche wegen unterlassener Mitwirkung, Beteiligung am Lohnsteuerjahresausgleich, Freistellungsverpflichtungen aus Realsplitting nach § 10 Abs. 1 Nr. 1 EStG) und **Ehestörungsverfahren** zum Schutz des räumlich-gegenständlichen Bereichs der Ehe. Ferner: Anträge auf Aufhebung einer vom anderen Ehegatten verfügten Beschränkung oder Ausschließung der sog. Schlüsselgewalt iSv § 1357 Abs. 1 BGB (Zöller/Feskorn ZPO § 266 Rn. 27).

2. Das Eheherstellungsverfahren ist eine sonstige Familiensache iSv § 266 Abs. 1 Nr. 2 FamFG und fällt unter Familienstreitsachen (§ 112 Nr. 3 FamFG). Es ist keine Folgesache (§ 137 FamFG).

3. Die örtliche Zuständigkeit ergibt sich aus § 267 FamFG.

4. Zu Gebühren und **Verfahrenswert** → Vorb. A.I Nr. 7.

5. Zur Vollmacht → Vorb. A.I Nr. 6.

6. Es wird ein **spezieller Antrag** verlangt (OLG Köln NJW 1966, 1864).

7. Die Kostentragung bestimmt sich nach allgemeinen Vorschriften, insbes. § 91 ZPO, § 113 Abs. 1 S. 2 FamFG.

Kosten und Gebühren

8. Da es sich bei sonstigen Familiensachen iSv § 266 FamFG um keine Folgesachen handelt, ist auch § 150 FamFG nicht anwendbar. Es gelten also für die Kostentragung die Vorschriften von §§ 91 ff. ZPO. → Vorb. A.I Nr. 7.

Fristen und Rechtsmittel

9. Das Rechtsmittel bestimmt sich nach § 117 FamFG. → Form. O.I ff.

2. Antrag bei Störungen im räumlich-gegenständlichen Ehebereich

An das

Amtsgericht . . . . .[1]

– Familiengericht –

. . . . ., den 22.3.2026

Antrag

In Sachen

des Herrn . . . . ., **– Antragsteller –**

– Verfahrensbevollmächtigter: Rechtsanwalt . . . . .[2]–

gegen

Frau . . . . ., **– Antragsgegnerin –**

– Verfahrensbevollmächtigte: Rechtsanwälte . . . . .[2]–

Wegen Störung des räumlich-gegenständlichen Ehebereichs

Vorläufiger Verfahrenswert: . . . . . EUR[3]

Namens und im Auftrag des Antragstellers und unter Bezugnahme auf die beigefügte Verfahrensvollmacht[4] beantrage ich,

1. **Der Antragsgegnerin wird untersagt, Herrn . . . . . in der Ehewohnung oder dem zur Ehewohnung gehörenden Grundstück zu empfangen.[5]**
2. **Gegen die Antragsgegnerin wird für jeden Fall der Zuwiderhandlung gegen das in Nr. 1 ausgesprochene Verbot ein Ordnungsgeld bis zu 25.000 EUR festgesetzt.[6]**

Begründung:

Der Antragsteller begehrt die Beseitigung einer Störung des räumlich-gegenständlichen Bereichs der Ehe.[7]

Antragsteller und Antragsgegnerin sind seit 52 Jahren verheiratet. Nachdem die Antragsgegnerin dem Antragsteller zum wiederholten Male eine außereheliche Affäre mitgeteilt hat, leben sie seit etwa 6 Wochen wieder einmal innerhalb des beiden zu Miteigentum gehörenden Einfamilienhauses, das ihnen als Ehewohnung dient, getrennt. Die Beteiligten haben schon seit langem das Reihenhaus in der Weise aufgeteilt, dass der Antragsteller das ehemalige Wohnzimmer im Erdgeschoss als Wohn- und Schlafraum und die Küche sowie das im Obergeschoss gelegene Badezimmer nutzt. Die Antragsgegnerin lebt in den im Obergeschoss gelegenen Räumen und nutzt ebenfalls das dortige Badezimmer und die im Erdgeschoss gelegene Küche. Beide Geschosse sind durch ein Treppenhaus mit einem Hauseingang verbunden, von dem aus die Räume im Erd- und Obergeschoss zu erreichen sind. Es bestehen also keine abgeschlossenen Wohnungen, seit 6 Wochen wirtschaften die Eheleute aber getrennt.

Seit etwa 3 Wochen empfängt die Antragsgegnerin ihren neuen Lebenspartner nahezu täglich, selbst wenn der Antragsteller zu Hause ist. In der vergangenen Woche hat der Antragsteller am Montag, Dienstag, Mittwoch und Donnerstag den neuen Lebenspartner der Antragsgegnerin, Herrn . . . . ., mehrfach in der Küche und im Hausflur angetroffen. Außerdem blockierte dieser mehrfach das Badezimmer im ersten Obergeschoss.

Beweis: Zeugnis des Herrn . . . . .

Der Antragsteller fühlt sich in seinem räumlich-gegenständlichen Bereich der Ehewohnung gestört. Die Antragsgegnerin hat ihm auf entsprechende Vorhalte im Beisein der Nachbarin Frau . . . . . erklärt, dass sie gar nicht daran denke, die Besuche des Herrn . . . . . zu unterbinden.

Beweis: Zeugnis der Frau . . . . .

Der Antragsteller geht davon aus, dass die Antragsgegnerin wie immer in den letzten Jahren nach kurzer Zeit das Interesse an diesem Herrn verlieren und reumütig zu ihm zurückkehren wird. Bis dahin ist der Zustand aber unerträglich.[8]

Rechtsanwalt[9, 10]

Anmerkungen

1. Der Ehestörungsantrag, den die Rechtsprechung zum Schutz des räumlich-gegenständlichen Bereichs der Ehe entwickelt hat, ist eine sonstige Familiensache iSd § 266 Abs. 1 Nr. 3 FamFG (BGH FamRZ 2014, 746).

Zu einer einstweiligen Anordnung → Form. C.I.9.

2. Es besteht Anwaltszwang nach § 114 Abs. 1 FamFG schon für das amtsgerichtliche Verfahren.

3. Der Verfahrenswert ist mangels Spezialregelung gemäß § 42 Abs. 2 FamGKG nach billigem Ermessen zu bestimmen. Anzusetzen wäre möglicherweise an einem Bruchteil des Wohnwertes. Ansonsten gilt der Auffangwert von 5.000 EUR, Abs. 3 der Vorschrift.

4. Die Vollmacht ist gemäß § 11 FamFG schriftlich einzureichen.

5. Der Antrag muss auf Erwirkung eines Unterlassens gegen den Ehegatten gerichtet sein. Dem anderen Ehegatten ist die Verpflichtung aufzuerlegen, den Drittstörer aus der Ehewohnung zu entfernen verbunden mit dem Verbot, ihm Wohnung zu gewähren und ihn in der Ehewohnung zu empfangen.

Es können auch Gebote und Verbote an den Drittstörer gerichtet werden. Dann ist dieser aber am Verfahren zu beteiligen, was nicht immer atmosphärisch sinnvoll ist.

6. Der Hinweis auf die Folgen einer Zuwiderhandlung ist gemäß § 120 Abs. 1 FamFG mit § 890 Abs. 2 ZPO Voraussetzung für die Vollstreckung. Daher kann es sinnvoll sein, bereits im Antrag darauf hinzuweisen, da er sonst zeitraubend nachgeholt werden muss.

7. Rechtsgrundlage des geltend gemachten Anspruchs sind §§ 823 Abs. 1, 1004 BGB iVm Art. 6 Abs. 1 GG. Daraus ergeben sich Unterlassungs- und Beseitigungsansprüche bei Störungen des räumlich-gegenständlichen Bereichs der Ehe, auch wenn sie sich gegen einen Dritten richten. Der Schutzbereich des "räumlich-gegenständlichen Bereichs der Ehe" beschränkt sich auf den äußeren Bereich der Lebensgestaltung der Ehegatten, der die Grundlage für das gemeinsame Ehe- und Familienleben bildet und zugleich den einzelnen Familienmitgliedern die Entfaltung ihrer Persönlichkeit ermöglichen soll. Er umfasst daher insbesondere die Ehewohnung in dem Bestand, in dem sie die Eheleute gemeinsam nutzen. Ehestörungen, die unmittelbar die innere Lebens- und Geschlechtsgemeinschaft der Ehegatten berühren, sind dagegen als innerehelicher Vorgang nicht in den Schutzzweck der deliktischen Haftungstatbestände einbezogen (BGH FamRZ 2014, 746).

Abzugrenzen sind diese Ansprüche vom Ehrschutz, der in die Zuständigkeit der allgemeinen Zivilgerichte fällt (BGH FamRZ 2014, 746) sowie von Gewaltschutzsachen (→ Form. H). Letztere sind zwar auch Familiensachen. Eine hilfsweise Geltendmachung im gleichen Verfahren scheitert aber an den grundsätzlich verschiedenen Verfahrensregeln in Streitsachen und sonstigen FamFG-Sachen.

8. Der verletzte Ehegatte muss im Rahmen des allgemeinen Rechtsschutzinteresses auf die Maßnahme zur Abwendung wesentlicher Nachteile angewiesen sein. Dabei muss es ihm gerade um den Schutz der Grundlagen der Ehe gehen. Während früher dieser Schutz bis zur Scheidung angenommen wurde (so noch BGHZ 6, 360), dürfte dieser nach den geänderten gesellschaftlichen Vorstellungen mittlerweile mit Scheitern der Ehe, spätestens mit Rechtshängigkeit der Scheidung enden.

Kosten und Gebühren

9. Gerichtskosten: 3,0 der Gebühr nach § 28 FamGKG für das Verfahren im Allgemeinen, KV 1220 FamGKG.

Anwaltskosten: 1,3 Verfahrensgebühr gemäß VV 3100 RVG iVm § 13 RVG sowie 1,2 Terminsgebühr gemäß VV 3104 RVG iVm § 13 RVG.

Fristen und Rechtsmittel

10. Beschwerde gemäß § 58 FamFG an das Oberlandesgericht. Gemäß § 64 Abs. 1 S. 1 FamFG kann die Einlegung der Beschwerde wirksam nur beim Ausgangsgericht erfolgen. Dies gilt gemäß § 64 Abs. 1 S. 2 FamFG auch für Anträge auf Bewilligung von Verfahrenskostenhilfe für eine beabsichtigte Beschwerde. Das Rechtsmittel kann nach § 64 Abs. 2 FamFG zur Niederschrift der Geschäftsstelle eingelegt werden. Die Beschwerde muss innerhalb einer Notfrist von einem Monat ab Zustellung der Entscheidung eingelegt werden, § 63 Abs. 1 FamFG. Nach erfolgter Bewilligung von Verfahrenskostenhilfe für eine beabsichtigte Beschwerde darf die Beschwerdeeinlegung nicht vergessen werden (!). Die Beschwerde ist nach § 117 Abs. 1 FamFG innerhalb von zwei Monaten ab Zustellung der Entscheidung zu begründen. Die Begründung ist beim OLG einzureichen. Sowohl für die Begründung als auch für die Einlegung, §§ 64 Abs. 2, 114 Abs. 1 FamFG, besteht Anwaltszwang.

3. Antrag auf Zustimmung zur gemeinsamen steuerlichen Veranlagung

An das

Amtsgericht[1]

– Familiengericht –

. . . . .

Antrag

des . . . . . – Antragstellers –

Verfahrensbevollmächtigter: Rechtsanwälte[2] . . . . .

gegen

Frau . . . . . – Antragsgegnerin –

Verfahrensbevollmächtigte: Rechtsanwälte . . . . .

wegen Zustimmung zur gemeinsamen steuerlichen Veranlagung

Vorläufiger Verfahrenswert: . . . . .

Namens und in Vollmacht des Antragstellers werde ich beantragen:

1. Die Antragsgegnerin wird verpflichtet, die Zustimmung[3] zur gemeinsamen steuerlichen Veranlagung für das Veranlagungsjahr . . . . . zu erteilen.
2. Die Antragsgegnerin hat die Kosten des Rechtsstreits zu tragen.
3. Sofern das Gericht das schriftliche Vorverfahren anordnet, wird für den Fall der Fristversäumnis beantragt,[4] gegen die Antragsgegnerin Versäumnisentscheidung ohne mündliche Verhandlung zu erlassen.

Begründung:

Die Beteiligten sind getrennt lebende [*Alt.: geschiedene*] Eheleute. Der Antragsteller begehrt von der Antragsgegnerin die Zustimmung zur gemeinsamen steuerlichen Veranlagung[5] für das Veranlagungsjahr . . . . . Die Ehegatten haben im Veranlagungszeitraum zusammengelebt [*Alt.: haben zeitweise zusammengelebt*]. Die Voraussetzungen von § 26 EstG für eine gemeinsame steuerliche Veranlagung sind erfüllt.

Der Anspruch des Antragstellers ist begründet, da die Antragsgegnerin familienrechtlich[6] verpflichtet ist, an der Realisierung der wirtschaftlich günstigsten Besteuerung mitzuwirken. Die Antragsgegnerin ist aus der ehelichen Treuepflicht, § 1353 BGB, heraus zur Mitwirkung verpflichtet. Sie weigert sich mit der Begründung . . . . .

Dazu ist zu sagen, dass sie nicht berechtigt ist, eine für sie günstigere getrennte Veranlagung durchzuführen. In der Zeit des Zusammenlebens haben die Ehepartner von dem von beiden erzielten Einkommen gelebt.[7]

Bei Durchführung einer gemeinsamen steuerlichen Veranlagung wird der Antragsteller voraussichtlich eine Steuerersparnis in Höhe von . . . . . haben. Dieser Betrag ist als vorläufiger Verfahrenswert[8] angegeben.

Rechtsanwalt[9, 10]

Anmerkungen

1. Zuständig ist das **Familiengericht.** Es handelt sich um eine Familiensache, § 23a GVG, §§ 111 Abs. 1 Nr. 10, 266 Abs. 1 Nr. 2 FamFG.

2. **Anwaltliche Vertretung** ist bei dem Familiengericht notwendig, § 114 Abs. 1 FamFG, da die hier geltend gemachten Ausgleichsansprüche als Familienstreitsache, § 112 Nr. 3 FamFG, dem Anwaltszwang unterliegende Verfahren sind.

3. Der Antrag richtet sich auf Abgabe einer Willenserklärung. Diese gilt mit Rechtskraft des Beschlusses als abgegeben, § 894 ZPO. Auf die Unterzeichnung der Steuererklärung kommt es nicht an.

4. Diese Nebenanträge sind auch zur eigenen Arbeitserleichterung mit aufzunehmen.

5. Eine **gemeinsame steuerliche Veranlagung** ist noch für das Jahr der Trennung möglich, § 26 EStG, und fast immer wirtschaftlich günstiger als eine getrennte Veranlagung. Die Aufteilung der dann erfolgenden nachträglichen Steuerrückerstattungen ist zwischen den Ehegatten oft streitig.

6. Anspruchsgrundlage ist § 1353 BGB. Der Ehepartner ist aus der ehelichen Solidarität verpflichtet, einer steuerlichen Optimierung **zuzustimmen** (ausführlich, Wever Vermögensauseinandersetzung Rn. 646 ff.). Dies gilt auch noch nach der Scheidung. Voraussetzung für den Anspruch ist nicht, dass zweifelsfrei feststeht, dass die Voraussetzungen für eine gemeinsame Veranlagung nach § 26 Abs. 1 S. 1 EStG vorliegen. Ausgeschlossen ist die Pflicht zur Zustimmung zur Zusammenveranlagung nur, wenn eine gemeinsame Veranlagung zweifelsfrei nicht in Betracht kommt (OLG Naumburg FamRZ 2013, 550).

Wenn die Eheleute die Voraussetzungen des § 26 EStG erfüllen und im Veranlagungsjahr noch zusammengelebt haben, wird meistens eine gemeinsame Veranlagung insgesamt günstiger sein für einen der Ehegatten, aber schlechter für den anderen. Dieser kann dann uU verlangen, dass ihm seine aus der gemeinsamen Veranlagung entstehenden Nachteile ausgeglichen werden. Eine Einschränkung beim Ersatz der Nachteile gibt es in Konstellationen, in denen die Ehegatten im steuerlich relevanten Zeitraum noch zusammengelebt haben und bei Steuerklasse III/V die erzielten Einkommen zum Leben zur Verfügung standen. Hier wäre es unbillig, wenn nachträglich Ausgleichsansprüche entstünden zu Beträgen, die gemeinsam verlebt wurde (BGH FamRZ 2007, 1229 mAnm Engels und Peetz FamRZ 2007, 1799 = FamRB 2007, 302 mAnm Christ; BGH FamRZ 2002, 1024; vgl. Wever Vermögensauseinandersetzung Rn. 641 ff.). Gleiches gilt, wenn die Einkünfte aus den früheren Steuerklassen bereits bei der Unterhaltsberechnung berücksichtigt wurden (OLG Bremen NJW 2011, 2145). Steuererstattungen oder Steuernachzahlungen sind dann ggf. aufgrund einer fiktiven getrennten Veranlagung aufzuteilen (instruktiv: Engels, Steuerrecht für die familienrechtliche Praxis Rn. 231 ff). Bei Insolvenz eines Ehepartners ist der Anspruch gegenüber dem Insolvenzverwalter geltend zu machen (BGH FamRZ 2011, 210 mAnm Schlünder/Geißler; BGH FamRZ 2012, 357), aber unter Umständen besteht umgekehrt kein Anspruch des Insolvenzverwalters gegen den Ehegatten (OLG Schleswig FamRZ 2014, 1924; OLG Bamberg FamRZ 2023, 1269).

7. Zu der damit zusammenhängenden Problematik des begrenzten Realsplittings und des Nachteilsausgleiches → Form. L.III.3, → Form. L.III.4.

8. Als Verfahrenswert kann der durch die gemeinsame steuerliche Veranlagung entstehende Steuervorteil angesetzt werden.

Kosten und Gebühren

9. Das Verfahren ist sowohl bezüglich der Gerichtskosten als auch bezüglich der Anwaltsgebühren eine normale Familienstreitsache. Das Vorliegen der persönlichen und wirtschaftlichen Voraussetzungen bezüglich der Verfahrenskostenhilfe sollte wie immer bei Verfahren von getrennten Eheleuten geprüft werden. Gegebenenfalls kann auch die Einzahlung des Gerichtskostenvorschusses durch einen Antrag nach § 15 Nr. 3 FamGKG vermieden werden, wenn glaubhaft gemacht wird, dass die Einzahlung des Vorschusses dem Antragsteller wegen seiner finanziellen Verhältnisse nicht zuzumuten ist.

Für die Anwaltskosten gelten die üblichen Regelungen des RVG. Die für das familiengerichtliche Verfahren, insbesondere den Scheidungsverbund geltenden Spezialregelungen sind nicht anwendbar.

Fristen und Rechtsmittel

10. Spezielle prozessuale Fristen sind für die Einleitung des Verfahrens nicht zu beachten. Da zivilrechtliche Ausgleichsansprüche betroffen sind, gilt eine Verjährungsfrist von drei Jahren, § 195 BGB. Die Verjährung ist gehemmt, solange die Ehe besteht, § 207 BGB.

Es sind die üblichen Rechtsmittel gegen Beschlüsse in Familienstreitsachen gegeben. → Form. O.I ff.

III. Ansprüche zwischen (ehemaligen) Ehegatten oder Ehegatten und Elternteil im Zusammenhang mit Scheidung, § 266 Abs. 1 Nr. 3 FamFG

1. Vorbemerkungen

Die Regelungen des Familienrechts umfassen nur einen Teil der zwischen den Eheleuten bestehenden vermögensrechtlichen Beziehungen. In verschiedenen häufig vorkommenden Konstellationen sind daher die allgemeinen Regeln des Schuldrechts ergänzend und modifiziert heranzuziehen.

Am Ende vieler Ehen bestehen **Darlehen,** die noch unter Berücksichtigung insbesondere des Unterhalts und eventueller Nutzungen einer Immobilie (→ Form. L.III.6, → Form. L.III.5) ausgeglichen werden müssen. Der Gesamtschuldnerausgleich, § 426 BGB, ist hier oft durchzuführen.

Rechtlich und tatsächlich schwierig ist der Komplex der **„ehebezogenen Zuwendung“.** Hier wird von der Rechtsprechung insbesondere bei Gütertrennung versucht, unbillige Lösungen zu verhindern (→ Form. L.III.9, → Form. L.III.8). In die gleiche Richtung geht die Frage der **„Ehegattenmitarbeit“** im Betrieb bei Gütertrennung (→ Form. L.III.14, → Form. L.III.13). Die Rückforderung einer **Schenkung** ist zwischen Ehegatten in der Regel nicht möglich, da nach der Rechtsprechung zwischen Ehegatten fast keine echten Schenkungen gegeben sind (→ Form. L.III.8 Anm. 4). **Abhebungen vom Konto** im Zusammenhang mit der Trennung sind ein ständiger Streitpunkt (→ Form. L.III.10, → Form. L.III.12), der wegen der Berührungspunkte zum Unterhaltsrecht und dem Zugewinnausgleich besonderer Beachtung bedarf.

Die Auseinandersetzung um **Steuerfragen** spielt in der Praxis ebenfalls eine Rolle, insbesondere wenn Steuerrückzahlungen zu verteilen sind (→ Form. L.III.1) oder bei dem begrenzten Realsplitting (→ Form. L.III.4, → Form. L.III.3). Der **„familienrechtliche Ausgleichsanspruch“** soll Unbilligkeiten bei der Durchsetzung von Unterhaltsansprüchen vermeiden, insbesondere beim Wechsel eines Kindes zum anderen Elternteil (→ Form. L.III.16, → Form. L.III.15). Die **Nutzungsentschädigung** für die von einem Ehepartner allein genutzte Immobilie hat eine Zwitterstellung, da sie teilweise als familienrechtlicher und teilweise als schuldrechtlicher Anspruch ausgestaltet ist (→ Form. G.II.2bis → Form. G.II.4).

Dritte sind beteiligt bei Ansprüchen von bzw. gegen Schwiegereltern. Die Investition in das Haus der Schwiegereltern oder deren Unterstützung der Ehegatten bei dem Hausbau sind die häufigsten Fälle (→ Form. L.III.18, → Form. L.III.17).

Für alle diese Fälle sind die **Familiengerichte** zuständig. In §§ 111 Abs. 1 Nr. 10, 266 Abs. 1 FamFG werden diese Verfahren sämtlich dem Familiengericht zugewiesen.

Auseinandersetzung wegen der Steuern

2. Verfahren auf Zahlung der anteiligen Steuerrückerstattung

An das

Amtsgericht[1]

– Familiengericht –

. . . . .

Antrag

der . . . . . – Antragstellerin –

Verfahrensbevollmächtigte: Rechtsanwälte[2] . . . . .

gegen

Herrn . . . . . – Antragsgegner –

Verfahrensbevollmächtigte: Rechtsanwälte . . . . .

wegen Zahlung der anteiligen Steuerrückerstattung

Vorläufiger Verfahrenswert: . . . . .

Namens und in Vollmacht des Antragstellers werde ich beantragen:

1. Der Antragsgegner wird verurteilt, an die Antragstellerin . . . . . EUR nebst Zinsen in Höhe von 5 Prozentpunkten über dem Basiszinssatz seit dem . . . . . zu zahlen.
2. Der Antragsgegner hat die Kosten des Rechtsstreits zu tragen.
3. Sofern das Gericht das schriftliche Vorverfahren anordnet, wird für den Fall der Fristversäumnis beantragt,[3] gegen den Antragsgegner Versäumnisentscheidung ohne mündliche Verhandlung zu erlassen.

Begründung:

Die Antragstellerin macht gegen den Antragsgegner, ihren Ehemann, einen Ausgleichsanspruch wegen Steuerrückerstattung[4] geltend. Die Eheleute leben seit dem . . . . . getrennt.

Der Antragsgegner hat vom Finanzamt eine Steuerrückerstattung für das Jahr . . . . . in Höhe von . . . . . erhalten.

Im vergangenen Jahr waren beide Ehegatten berufstätig und haben Steuern gezahlt. Sie gaben eine gemeinsame Steuererklärung ab. Der Antragsgegner ist verpflichtet, einen Teil des Erstattungsbetrages an die Antragstellerin zu zahlen.

Dieser errechnet sich aus dem Verhältnis[5] der Steuerbeträge, die bei getrennter Veranlagung anfielen. Es ist eine fiktive getrennte Veranlagung durchzuführen, wie sie in §§ 268, 270 AO für den Fall der Vollstreckung vorgesehen ist.

Im fraglichen Veranlagungszeitraum hatte der Antragsgegner zu versteuernde Einkünfte von . . . . . EUR. Bei Anwendung der Grundtabelle ergäbe sich eine Steuerlast von . . . . . EUR.

Beweis: anliegende Berechnung

Die Antragstellerin versteuerte . . . . . EUR, woraus sich Steuern von . . . . . EUR ergäben.

Beweis: anliegende Berechnung

Der Antragsgegner muss von der gesamten Steuerschuld von . . . . . EUR laut Steuerbescheid einen Anteil von . . . . . EUR (eigene Steuerschuld bei getrennter Veranlagung) geteilt durch . . . . . EUR (Gesamtsteuerschuld bei getrennter Veranlagung) gleich . . . . . EUR tragen.

Die Antragstellerin muss von der gesamten Steuerschuld laut Steuerbescheid von . . . . . EUR einen Anteil von . . . . . EUR (eigene Steuerschuld bei getrennter Veranlagung) geteilt durch . . . . . EUR (Gesamtsteuerschuld bei getrennter Veranlagung) gleich . . . . . EUR tragen.

Da die Antragstellerin . . . . . EUR Steuern gezahlt hat, ihr Anteil aber nur . . . . . EUR beträgt, hat der Antragsgegner ihr den hier geltend gemachten Betrag zu zahlen.

Der Anspruch der Antragstellerin ergibt sich aus § 426 Abs. 2 BGB.[6] Die hier angewandte Berechnungsmethode führt zu einem gerechten Ergebnis und ist konform mit der Rechtsprechung des BGH (NJW 1979, 546), der diesen Weg als Möglichkeit aufzeigt. Die inzwischen hM geht diesen in der Berechnungsweise aufwändigeren Weg, da hier die im Laufe des Jahres gezahlten Steuern Berücksichtigung finden und nicht nur auf den Erstattungsanspruch ohne Berücksichtigung der bereits erfolgten Leistungen abgestellt wird.

Da die Steuerrückerstattung nicht bei der Einkommensermittlung des Antragsgegners berücksichtigt wurde, ist eine Überlagerung[7] des Ausgleiches durch Unterhaltszahlungen nicht gegeben.

Der Antragsgegner verweigert die Zahlung des geforderten Betrages mit der Begründung . . . . . Hierzu ist zu sagen . . . . .

Der Antragsgegner wurde durch Schreiben vom . . . . . mit Fristsetzung zum . . . . . zur Zahlung aufgefordert. Er schuldet daher Verzugszinsen,[8] §§ 286, 288 BGB, in Höhe von 5 Prozentpunkten über dem Basiszinssatz.

Rechtsanwalt[9, 10]

Anmerkungen

1. Zuständig ist das **Familiengericht.** Es handelt sich um eine Familiensache, § 23a GVG, §§ 111 Abs. 1 Nr. 10, 266 Abs. 1 Nr. 3 FamFG.

2. Anwaltliche Vertretung ist bei dem Familiengericht notwendig, § 114 Abs. 1 FamFG, da die hier geltend gemachten Ausgleichsansprüche als Familienstreitsache, § 112 Nr. 3 FamFG, dem Anwaltszwang unterliegende Verfahren sind.

3. Diese Nebenanträge sind auch zur eigenen Arbeitserleichterung mit aufzunehmen.

4. Eine **gemeinsame steuerliche Veranlagung** ist noch für das Jahr der Trennung möglich, § 26 EStG, und fast immer wirtschaftlich günstiger als eine getrennte Veranlagung. Die Aufteilung der dann erfolgenden nachträglichen Steuerrückerstattungen ist zwischen den Ehegatten oft streitig.

5. Bei gemeinsamer steuerlicher Veranlagung hat im Verhältnis zueinander jeder Ehepartner für die Steuer, die auf seine Einkünfte fällt, selbst aufzukommen (BGH NJW 1979, 546 = FamRZ 1979, 115). Die Steuerschuld ist entsprechend dem **Verhältnis der bei getrennter Veranlagung** entstehenden Steuerbeträge aufzuteilen (sehr ausführlich mit Beispielrechnung: Engels, Steuerrecht für die familienrechtliche Praxis, Rn 231 ff; Arens NJW 1996, 704; BGH FamRZ 2002, 1024 mAnm Bergschneider FamRZ 2002, 1181; OLG Düsseldorf FamRZ 1998, 1235; OLG Köln NJW-RR 1995, 1027; OLG Düsseldorf FamRZ 1991, 1315; OLG Karlsruhe FamRZ 1991, 832 (834); Liebelt NJW 1993, 1741 (1743) und FamRZ 1993, 626 (633); Dostmann FamRZ 1991, 760 (761)). Einzelheiten hierzu sind streitig (Überblick bei Wever Vermögensauseinandersetzung Rn. 614 ff.) Die Wechselwirkungen zwischen Steuer- und Familienrecht sind für die verschiedenen Konstellationen jeweils zu betrachten, was den Ausgang solcher Verfahren nur schwer vorhersehbar macht.

6. Anspruchsgrundlage ist § 426 Abs. 2 BGB bei Guthaben, gegebenenfalls auch § 816 Abs. 2 BGB (vgl. ausführlich: Liebelt NJW 1993, 1741 und FamRZ 1993, 626). Gegenüber dem Finanzamt sind die Eheleute Gesamtschuldner, § 44 Abs. 1 AO. Bei Zahlungen wird vermutet, dass diese auf die gemeinsame Schuld erfolgen (BFH NJW 2011, 2318; BFH FamRB 2012, 51).

7. Eine Klage auf Beteiligung an der Erstattung ist nicht möglich, wenn der Betrag an den Unterhaltspflichtigen geflossen ist und bei der Berechnung des **Unterhalts** Berücksichtigung gefunden hat. Er kann nur einmal dem anderen Ehepartner zugutekommen (vgl. Wever Vermögensauseinandersetzung Rn. 621 ff.). Zur Vermeidung komplizierter Berechnungen kann es sich anbieten, in Standardkonstellationen auf einen gesonderten Ausgleich zu verzichten und die Beträge lediglich unterhaltsrechtlich zu berücksichtigen.

Für die Zeit, in der beide Partner von dem gemeinsamen Einkommen gelebt haben, wird vorgeschlagen, die Steuererstattung im Verhältnis der gezahlten Steuern zu teilen (vgl. Wever Vermögensauseinandersetzung Rn. 621 ff.). Steuererstattungsansprüche unterliegen zudem dem Zugewinnausgleich (OLG Dresden FamRZ 2011, 113).

8. Der Antragsgegner kommt nach § 286 Abs. 3 BGB automatisch spätestens 30 Tage nach Zugang der Zahlungsaufforderung in Verzug. Er schuldet dann Zinsen gemäß § 288 Abs. 1 BGB in Höhe von fünf Prozentpunkten über dem Basiszinssatz. Daneben besteht ein Anspruch auf Prozesszinsen seit Rechtshängigkeit, § 291 BGB, in gleicher Höhe.

Kosten und Gebühren

9. Das Verfahren ist sowohl bezüglich der Gerichtskosten als auch bezüglich der Anwaltsgebühren eine normale Familienstreitsache. Es gelten daher die allgemeinen Vorschriften des Kosten- und Gebührenrechts. Das Vorliegen der persönlichen und wirtschaftlichen Voraussetzungen bezüglich der Verfahrenskostenhilfe sollte wie immer bei Verfahren von getrennten Eheleuten geprüft werden. Gegebenenfalls kann auch die Einzahlung des Gerichtskostenvorschusses durch einen Antrag nach § 15 Nr. 3 FamGKG vermieden werden, wenn glaubhaft gemacht wird, dass die Einzahlung des Vorschusses dem Antragsteller wegen seiner finanziellen Verhältnisse nicht zuzumuten ist.

Für die Anwaltskosten gelten die üblichen Regelungen des RVG. Die für das familiengerichtliche Verfahren, insbesondere den Scheidungsverbund geltenden Spezialregelungen sind nicht anwendbar.

Fristen und Rechtsmittel

10. Spezielle prozessuale Fristen sind für die Einleitung des Verfahrens nicht zu beachten. Da zivilrechtliche Ausgleichsansprüche betroffen sind, gilt eine Verjährungsfrist von drei Jahren, § 195 BGB. Die Verjährung ist gehemmt, solange die Ehe besteht, § 207 BGB.

Es sind die üblichen Rechtsmittel gegen Beschlüsse in Familienstreitsachen gegeben. → Form. O.Iff.

3. Antrag auf Zustimmung zum begrenzten Realsplitting

An das
Amtsgericht[1]

– Familiengericht –

. . . . .

Antrag

des . . . . . **– Antragstellers –**

Verfahrensbevollmächtigte: Rechtsanwälte[2] . . . . .

gegen

Frau . . . . . **– Antragsgegnerin –**

Verfahrensbevollmächtigte: Rechtsanwälte . . . . .
wegen Zustimmung zum begrenzten Realsplitting

Vorläufiger Verfahrenswert: . . . . .

Namens und in Vollmacht des Antragstellers beantrage ich:

1. **Die Antragsgegnerin wird verurteilt, die Zustimmung[3] zur Durchführung des begrenzten Realsplittings für das Veranlagungsjahr . . . . . zu erteilen.**
2. **Die Antragsgegnerin hat die Kosten des Verfahrens zu tragen.**
3. **Sofern das Gericht das schriftliche Vorverfahren anordnet, wird für den Fall der Fristversäumnis beantragt,[4] gegen den Antragsgegner Versäumnisentscheidung ohne mündliche Verhandlung zu erlassen.**

Begründung:

Die Beteiligten sind getrennt lebende [*Alt.: geschiedene*] Eheleute. Der Antragsteller begehrt von der Antragsgegnerin die Zustimmung zum begrenzten Realsplitting[5] für das Veranlagungsjahr . . . . . Er hat in diesem Zeitraum an die Antragsgegnerin insgesamt . . . . . EUR im Rahmen seiner Unterhaltspflicht gezahlt.[6]

Beweis: Vorlage der Zahlungsbelege

Beide Ehegatten sind unbeschränkt steuerpflichtig und der Antragsteller beabsichtigt, den gezahlten Unterhalt mit dem begrenzten Realsplitting gemäß § 10 Abs. 1a Nr. 1 EStG steuerlich geltend zu machen.

Er hat daher die Antragsgegnerin aufgefordert, die „Anlage U"[7] zur Einkommensteuererklärung zu unterzeichnen und gleichzeitig angeboten, ihr alle daraus resultierenden wirtschaftlichen Nachteile[8] auszugleichen.

Beweis: Vorlage des Schreibens vom .....

Die Antragsgegnerin hat die Unterzeichnung verweigert mit der Begründung ..... Hierzu ist zu sagen .....

Der Anspruch des Antragstellers ist begründet, da die Antragsgegnerin familienrechtlich[9] verpflichtet ist, an der Realisierung der wirtschaftlich günstigsten Besteuerung mitzuwirken. Soweit die Unterhaltszahlungen gemäß § 22 Nr. 1a EStG bei ihr zu besteuern sind, wird der Antragsteller ihr diese Beträge ersetzen. Gleiches gilt für eventuell an anderer Stelle auftretende Nachteile. Der Antragsteller hat eine entsprechende Erklärung gegenüber der Antragsgegnerin abgegeben.

Bei Durchführung des begrenzten Realsplittings wird der Antragsteller voraussichtlich nach Abzug des Nachteilsausgleiches für die Antragsgegnerin eine Steuerersparnis in Höhe von ..... haben. Dieser Betrag ist als vorläufiger Verfahrenswert[10] angegeben.

Rechtsanwalt[11, 12]

Anmerkungen

1. Zuständig ist das **Familiengericht,** § 23a GVG, §§ 111 Abs. 1 Nr. 10, 266 Abs. 1 Nr. 3 FamFG. Der Antrag ist eine Familienstreitsache, § 112 Nr. 3 FamFG.

2. Das Verfahren richtet sich auf **Abgabe einer Willenserklärung** (OLG Koblenz FamRZ 2005, 224). Diese gilt mit Rechtskraft des Urteils als abgegeben, § 120 FamFG, § 894 ZPO. Auf die Unterzeichnung der „Anlage U" zur Einkommensteuererklärung kommt es nicht an (BGH NJW-RR 1998, 1153; OLG Oldenburg FamRZ 2011, 1226). Der Antragsteller reicht den mit dem Rechtskraftattest versehenen Beschluss gemeinsam mit der Steuererklärung bei dem Finanzamt ein. Anders als die „Anlage U" wirkt der Beschluss nur für das im Tenor angegebene Veranlagungsjahr und nicht für weitere Zeiträume. → Anm. 7.

3. Anwaltliche Vertretung ist in dieser Familienstreitsache notwendig, § 114 FamFG.

4. Diese Nebenanträge sind auch zur eigenen Arbeitserleichterung mit aufzunehmen.

5. Unterhaltszahlungen an den getrennt lebenden oder geschiedenen Ehegatten sind steuerlich in der Regel weder bei dem Zahler noch bei dem Empfänger zu berücksichtigen, § 12 Nr. 1 EStG. Der Unterhaltspflichtige kann bei dem **„begrenzten Realsplitting"** mit Zustimmung des Unterhaltsberechtigten seine Zahlungen als Sonderausgaben, § 10 Abs. 1a Nr. 1 EStG, bis zur Höhe von 13.805 EUR jährlich (oder 1.150,42 EUR monatlich) von seinem zu versteuernden Einkommen absetzen und gegebenenfalls auch einen entsprechenden Freibetrag in die Lohnsteuerkarte eintragen lassen, § 39a Abs. 1 Nr. 2 EStG. Der Unterhaltsberechtigte muss seinerseits dann diesen Unterhalt als sonstige Einkünfte versteuern, § 22 Nr. 1a EStG. Er ist deshalb nur dann zur Zustimmung verpflichtet, wenn der andere Ehepartner ihm die daraus entstehenden **Nachteile ersetzt,** wozu er sich bereits im Voraus verpflichten muss (→ Anm. 8).

Keine solche Absetzungsmöglichkeit ist bei dem Kindesunterhalt und den Leistungen an die Mutter des nichtehelichen Kindes gegeben. Bei diesen Zahlungen kann es sich eventuell um teilweise absetzbare außergewöhnliche Belastungen, §§ 33, 33a EStG, handeln (Laws FamRB 2011, 382). Eine wirtschaftlich günstigere gemeinsame steuerliche Veranlagung ist letztmals in dem Steuerjahr möglich, in dem sich die Beteiligten getrennt haben (→ Form. L.II.3).

6. Die **Höhe der Unterhaltszahlungen** ist in dem Verfahren auf Zustimmung zum Realsplitting ohne Bedeutung. Nur die Finanzbehörden entscheiden über die Anerkennungsfähigkeit dieser Leistungen (OLG Schleswig FuR 2014, 606). In dem Tenor sind sie daher auch nicht aufgeführt. Sofern über den Umfang des Unterhalts Streit besteht, berechtigt dies nicht zur Verweigerung der Zustimmung (BGH NJW-RR 1998, 1153).

Geldwerte **Sachleistungen** oder sonstige Leistungen, die dem Unterhalt dienen, wie die Überlassung einer Wohnung oder die Übernahme damit verbundener Kosten (vgl. BFH NJW 2000, 3735; OLG Köln NJW-RR 1998, 1300) können ebenfalls mit dem begrenzten Realsplitting geltend gemacht werden.

7. Die Unterzeichnung der **„Anlage U"** zur Einkommensteuererklärung ist der in der Praxis genutzte Weg. Es besteht für die Zustimmung aber kein Zwang, dieses Formular zu verwenden (OLG Koblenz FamRZ 2002, 1129), insbesondere dort die Höhe der erhaltenen Zahlungen anzugeben, da diese nur vom Finanzamt verbindlich festgesetzt werden können (→ Anm. 2, 6). Die gegenüber dem Finanzamt erteilte Zustimmung bleibt für die Zukunft bis zum jederzeit möglichen Widerruf wirksam, der ist aber nur für das Folgejahr möglich, § 10 Abs. 1a 1 S. 5. Eine Klage ist jeweils nur für ein konkretes Steuerjahr möglich und hat keine Wirkungen darüber hinaus.

8. Der Unterhaltsschuldner hat dem anderen Ehegatten alle aus der Zustimmung resultierenden **Nachteile zu ersetzen** (ausführlich Kogel FamRB 2008, 277; Weidlich FamRZ 2007, 1602). Zunächst sind dies die anfallenden zusätzlichen **Steuern** und in der Regel auch die Kosten eines Steuerberaters zur Ermittlung dieses Betrages bzw. der Abgabe der sonst nicht notwendigen Steuerklärung (BGH NJW 1988, 2886). Während sich der Umfang der steuerlichen Nachteile in der Beratungspraxis meist zutreffend einschätzen lässt, ist dies bei anderen Positionen sehr schwierig und birgt ein gewisses Haftungsrisiko. Öffentliche Leistungen stellen teilweise auf das zu versteuernde Einkommen ab, zu dem bei dem begrenzten Realsplitting auch die Unterhaltszahlung gehört. Wenn wegen der Hinzurechnung beispielsweise die Wohnungsbauprämien, Kindergartengebühren, Wohnberechtigungsscheine oder das Wohngeld beeinflusst werden, ist dies im Voraus nur schwer zu übersehen.

Ein weiterer Problempunkt ist die Berücksichtigung der zu versteuernden Unterhaltsleistungen für die **Krankenversicherungspflicht** (BSG NJW-RR 1994, 1090 FamRZ 1994,1239 mAnm Weychardt) und die Beihilfeberechtigung. Die beitragsfreie Mitversicherung bei dem anderen Ehepartner entfällt, wenn ein bestimmtes Einkommen überschritten ist (§ 10 Abs. 1 Nr. 5 SGB V iVm § 16 SGB IV, § 18 Abs. 1 SGB IV). Es entsteht dann die Verpflichtung zur eigenen Krankenversicherung, deren Beiträge über den Nachteilsausgleich übernommen werden müssen. Besteht diese Versicherung bereits aus anderen Gründen beispielsweise nach rechtskräftiger Scheidung oder bei eigener selbständiger Berufstätigkeit, verändert sich der zu zahlende Beitrag durch Erhöhung des krankenversicherungspflichtigen Gesamteinkommens um den Unterhalt. Zur Frage des Nachteilsausgleiches bei Wiederverheiratung des Unterhaltsberechtigten (vgl. BGH NJW 2010, 865 mAnm Schlünder/Geißler FamRZ 2010, 801).

Der Anspruch auf Nachteilsausgleich besteht unabhängig davon, ob vor Zustimmung eine entsprechende Verpflichtungserklärung abgegeben wurde (BGH NJW 1986, 245). Die Zustimmung darf nicht von einer vorherigen **Sicherheitsleistung** abhängig gemacht werden, sofern hierfür keine konkreten Anhaltspunkte bestehen (BGH NJW 1983, 1545; OLG Düsseldorf FamRZ 1999, 1132; KG FamFR 2013, 573). Eine Klage auf Zustimmung sollte aber nur mit der vorherigen Erklärung der Freistellung erfolgen bzw. diese Erklärung als Zug um Zug Leistung in der Klage enthalten (OLG Nürnberg FamRZ 2004, 1967). Wer die Nachteile ausgeglichen haben möchte, die aus der Versteuerung des Unterhalts resultieren, muss die Unterhaltsleistung so verwenden, dass die auszugleichende Steuerlast möglichst gering ist. Deshalb besteht die Obliegenheit, den Altersvorsorgeunterhalt steuerbegünstigt zu verwenden (OLG Brandenburg NZFam 2016, 506).

Der Unterhaltsberechtigte hat keinen Anspruch auf direkte Teilhabe an der Steuerersparnis (OLG Hamm FamRZ 1987, 489). Diese führt aber in der Regel zu einer erhöhten unterhaltsrechtlichen Leistungsfähigkeit vgl. Krause FamRZ 2003, 899. Der Unterhaltsverpflichtete kann insbesondere bei engen Einkommensverhältnissen verpflichtet sein, die Vorteile aus dem begrenzten Realsplitting in Anspruch zu nehmen.

9. Der Unterhaltsberechtigte ist aus §§ 1353, 242 BGB familienrechtlich verpflichtet, an Maßnahmen mitzuwirken, die die Leistungsfähigkeit des Unterhaltsverpflichteten erhöhen, solange dies für ihn selbst nicht nachteilig ist (BGH FamRZ 2007, 793; NJW 1983, 1545; BGH FamRZ 1984, 1211; NJW-RR 1998, 1153; Arens FamRZ 1999, 1558).

10. Der **Verfahrenswert** errechnet sich nach der voraussichtlichen Steuerersparnis abzüglich der für den Nachteilsausgleich aufzubringenden Beträge.

Kosten und Gebühren

11. Das Verfahren ist sowohl bezüglich der Gerichtskosten als auch bezüglich der Anwaltsgebühren eine normale Familienstreitsache. Es gelten daher die allgemeinen Vorschriften des Kosten- und Gebührenrechts. Das Vorliegen der persönlichen und wirtschaftlichen Voraussetzungen bezüglich der Verfahrenskostenhilfe sollte wie immer bei Verfahren von getrennten Eheleuten geprüft werden. Für die Anwaltskosten gelten die üblichen Regelungen des RVG.

Fristen und Rechtsmittel

12. Spezielle prozessuale Fristen sind für das Verfahren nicht zu beachten. Da Ansprüche erhoben werden, die Unterhaltsleistungen betreffen, gilt eine Verjährungsfrist von drei Jahren, §§ 195, 197 BGB. Die Verjährung ist gehemmt, solange die Ehe besteht, § 207 BGB. Es sind die üblichen Rechtsmittel gegen Beschlüsse in Familienstreitsachen gegeben.

4. Antrag auf Nachteilsausgleich bei begrenztem Realsplitting

An das

Amtsgericht[1]

– Familiengericht –

. . . . .

Antrag

der . . . . . – Antragstellerin –

Verfahrensbevollmächtigte: Rechtsanwälte[2] **. . . . .**

gegen

Herrn . . . . . – Antragsgegner –

Verfahrensbevollmächtigte: Rechtsanwälte . . . . .

wegen Ausgleichs bei begrenztem Realsplitting

Vorläufiger Verfahrenswert: . . . . .

Namens und in Vollmacht der Antragstellerin beantrage ich:

1. **Der Antragsgegner wird verurteilt, an die Antragstellerin . . . . . EUR nebst Zinsen in Höhe von 5 Prozentpunkten über dem Basiszinssatz seit dem . . . . . zu zahlen.**
2. **Der Antragsgegner hat die Kosten des Rechtsstreits zu tragen.**
3. **Sofern das Gericht das schriftliche Vorverfahren anordnet, wird für den Fall der Fristversäumnis beantragt,**[3] **gegen den Antragsgegner Versäumnisentscheidung ohne mündliche Verhandlung zu erlassen.**
4. **Der Antragstellerin wird Verfahrenskostenhilfe**[4] **unter Beiordnung ihres Verfahrensbevollmächtigten für den ersten Rechtszug bewilligt.**

Begründung:

Die Beteiligten sind getrennt lebende Eheleute. Die Antragstellerin erhält von dem Antragsgegner Unterhaltszahlungen. Beide Ehegatten sind unbeschränkt steuerpflichtig und der Antragsgegner hat den gezahlten Unterhalt mit dem begrenzten Realsplitting[5] **gemäß § 10 Abs. 1a Nr. 1 EStG steuerlich geltend gemacht. Er hatte sich verpflichtet, der Antragstellerin, die dieser steuerlichen Maßnahme zugestimmt hat, die daraus resultierenden Nachteile**[6] **zu ersetzen.**

Beweis: Vorlage des Schreibens vom . . . . .

Die Antragstellerin hat im Jahr . . . . . insgesamt . . . . . EUR Unterhalt erhalten. Diesen Betrag musste sie versteuern. Es ergab sich eine Steuerschuld[7] **von . . . . . EUR.**

Beweis: Steuerbescheid vom . . . . .

Ohne die Berücksichtigung der Unterhaltszahlungen hätte sie keine Steuern zahlen müssen.

Beweis: 1. anliegende Berechnung des Steuerberaters
2. Sachverständigengutachten

Die Kosten des Steuerberaters[8] in Höhe von ..... EUR sind nur angefallen, da die Antragstellerin erstmals eine Einkommensteuererklärung abgeben musste. Ohne sachkundige Hilfe war sie nicht in der Lage, ihre Rechte gegenüber dem Finanzamt zu wahren.

Wegen der steuerlichen Bedeutung des Unterhalts hatte die Antragstellerin für die Zeit vom ..... bis ..... monatlich ..... an Krankenversicherungsbeiträgen[9] zu zahlen.

Beweis: Vorlage der Beitragsrechnung

Der gezahlte Unterhalt überschritt die Grenze der beitragsfreien Mitversicherung bei dem anderen Ehegatten und die Antragstellerin wurde dadurch beitragspflichtig. Eine kostengünstigere Versicherung war nicht möglich.

Der Anspruch der Antragstellerin ist begründet, da der Antragsgegner sich verpflichtet hat, ihr die bei der Durchführung des begrenzten Realsplittings entstehenden wirtschaftlichen Nachteile[10] zu ersetzen.

Die Antragstellerin hat den Antragsgegner mit Schreiben vom ..... vergeblich aufgefordert, die oben genannten Beträge zu zahlen.

Beweis: Vorlage des Aufforderungsschreibens vom .....

Der Antragsgegner verweigert die Zahlung des geforderten Betrages mit der Begründung ..... Hierzu ist zu sagen .....

Der Antragsgegner wurde durch Schreiben vom ..... mit Fristsetzung zum ..... zur Zahlung aufgefordert. Er schuldet daher Verzugszinsen,[11] §§ 286, 288 BGB, in Höhe von 5 Prozentpunkten über dem Basiszinssatz.

Die Antragstellerin ist nicht in der Lage, die Verfahrenskosten zu tragen und der Antrag hat hinreichende Aussicht auf Erfolg. Zu den persönlichen und wirtschaftlichen Verhältnissen wird auf die beigefügte[12] Erklärung über die persönlichen und wirtschaftlichen Verhältnisse nebst Belegen Bezug genommen.

Rechtsanwalt[13, 14]

Anmerkungen

1. Zuständig ist das **Familiengericht,** § 23a GVG, §§ 111 Abs. 1 Nr. 10, 266 Abs. 1 Nr. 3 FamFG. Die Klage ist eine Familienstreitsache, § 112 Nr. 3 FamFG.

2. Anwaltliche Vertretung ist in dieser Familienstreitsache notwendig, § 114 FamFG.

3. Diese Nebenanträge sind auch zur eigenen Arbeitserleichterung mit aufzunehmen.

4. Meistens sind in diesen Familiensachen die Einkommensverhältnisse so, dass Verfahrenskostenhilfe beantragt werden kann.

5. Das begrenzte Realsplitting ermöglicht die steuerliche Berücksichtigung des Ehegattenunterhalts bei dem Zahler (→ Form. L.III.3 Anm. 5).

6. Der Unterhaltspflichtige hat dem Unterhaltsberechtigten die aus dem begrenzten Realsplitting resultierenden **Nachteile zu ersetzen** unabhängig von einer vorherigen entsprechenden Erklärung. Der BGH (NJW 1986, 254) führt aus: „Der Ausgleichsanspruch nach Zustimmung zum begrenzten Realsplitting dient demgegenüber nicht der Befriedigung von Lebensbedürfnissen in einer bestimmten Zeit, sondern soll gewährleisten, dass dem unterhaltsberechtigten Ehegatten aus der ihm abverlangten Zustimmungserklärung keine Nachteile entstehen, wobei hierher auch Nachteile beim Bezug öffentlicher Transferleistungen gehören . . . . . Es handelt sich um einen Anspruch eigener Art, der – anders als der Unterhaltsanspruch – nicht davon abhängig ist, dass die Leistungsfähigkeit des Verpflichteten und die Unterhaltsbedürftigkeit des Berechtigten gegeben sind . . . . . Vielmehr ist er aus Billigkeitsgründen gewährt, damit die Zustimmung zum begrenzten Realsplitting für den Berechtigten zumutbar ist".

Der Unterhaltsschuldner hat dem anderen Ehegatten **alle** aus der Zustimmung resultierenden **Nachteile zu ersetzen.** Dies sind zusätzliche **Steuern** (→ Anm. 7) und meist auch die Kosten eines Steuerberaters (→ Anm. 8). Die Berücksichtigung der zu versteuernden Unterhaltsleistungen für die **Krankenversicherungspflicht** (→ Anm. 9) wird in vielen Fällen übersehen.

Daneben sind **weitere Nachteile** zu ersetzen, wenn an das höhere zu versteuernde Einkommen angeknüpft wird. Zu nennen sind beispielsweise die Wohnungsbauprämien, Kindergartengebühren, Wohnberechtigungsscheine oder das Wohngeld (vgl. OLG Hamm FamRZ 1993, 205), sowie die Beihilfeberechtigung. Eventuell ist dann der Abzug von Unterhaltsleistungen nach § 33a EStG vorteilhafter. Die Wahl hat aber der Unterhaltspflichtige (OLG Brandenburg NZFam 2016, 284).

7. Der Unterhaltspflichtige ist zur nachträglichen Erstattung der **zusätzlichen Steuern** verpflichtet. Die Höhe des Anspruches ergibt sich aus der Differenz der Steuerlast mit und ohne Berücksichtigung der Unterhaltszahlungen. Steuervorauszahlungen, die auf dem begrenzten Realsplitting beruhen, sind ebenso wie die aus dem nachträglichen Steuerbescheid ersichtlichen Belastungen zeitnah zu ersetzen (vgl. Arens FamRZ 1999, 1558; OLG Hamm FamRZ 1987, 489). Der Unterhaltsverpflichtete darf die geltend gemachten Beträge anhand des Steuerbescheides des Unterhaltsberechtigten überprüfen (OLG Karlsruhe FamRZ 2001, 99).

Zu den erstattungspflichtigen Nachteilen gehört auch der Splitting-Schaden bei Wiederverheiratung (vgl. zur Höhe BGH NJW 1992, 1391; BGH FamRZ 1992, 1050).

8. Eine generelle Ersatzpflicht für Kosten des **Steuerberaters** ist nicht gegeben. In einfachen Fällen ist dem Unterhaltsberechtigten zumutbar, die erforderliche Steuererklärung gegebenenfalls mit Hilfe der Finanzbehörden zu erstellen (BGH NJW 1988, 1886; differenzierend: AG Biedenkopf FamRZ 2009, 607). Diese Kosten können aber verlangt werden, wenn der Unterhaltsberechtigte in steuerlichen Angelegenheiten unerfahren ist, nicht die Möglichkeit hat, an vorliegende Veranlagungen und Bescheide anzuknüpfen, und es aus seiner Sicht auch nicht genügt, sich wegen lediglich ergänzender Fragen an das Finanzamt zu wenden (vgl. OLG Köln FamRZ 1998, 834).

9. Von erheblicher wirtschaftlicher Bedeutung ist der Verlust des Privilegs der beitragsfreien Mitversicherung in der gesetzlichen Krankenversicherung. Die zu versteuernden Unterhaltsleistungen sind für die **Krankenversicherungspflicht** zu berücksichtigen (BSG NJW-RR 1994, 1090 = FamRZ 1994, 1239 mAnm Weychardt). Die beitragsfreie Mitversicherung bei dem anderen Ehepartner entfällt, wenn ein bestimmtes Einkommen überschritten ist (§ 10 Abs. 1 Nr. 5 SGB V iVm § 16 SGB IV, § 18 Abs. 1 SGB IV). Es entsteht dann die Verpflichtung zur eigenen Krankenversicherung, deren Beiträge über den Nachteilsausgleich übernommen werden müssen. Besteht diese Versicherung bereits aus anderen Gründen beispielsweise nach rechtskräftiger Scheidung oder bei eigener selbständiger Berufstätigkeit, verändert sich der zu zahlende Beitrag durch Erhöhung des krankenversicherungspflichtigen Gesamteinkommens um den Unterhalt.

10. → Anm. 6.

11. Der Antragsgegner kommt nach § 286 Abs. 3 BGB automatisch spätestens 30 Tage nach Zugang der Zahlungsaufforderung in Verzug. Er schuldet dann Zinsen gemäß § 288 Abs. 1 BGB in Höhe von fünf Prozentpunkten über dem Basiszinssatz. Daneben besteht ein Anspruch auf Prozesszinsen seit Rechtshängigkeit, § 291 BGB, in gleicher Höhe.

12. Die Erklärung über die persönlichen und wirtschaftlichen Verhältnisse des Mandanten sollte auch zur eigenen Arbeitserleichterung dem Schriftsatz direkt beigefügt werden.

Kosten und Gebühren

13. Das Verfahren ist sowohl bezüglich der Gerichtskosten als auch bezüglich der Anwaltsgebühren eine normale Familienstreitsache. Es gelten daher die allgemeinen Vorschriften des Kosten- und Gebührenrechts. Das Vorliegen der persönlichen und wirtschaftlichen Voraussetzungen bezüglich der Verfahrenskostenhilfe sollte wie immer bei Verfahren von getrennten Eheleuten geprüft werden.

Für die Anwaltskosten gelten die üblichen Regelungen des RVG.

Fristen und Rechtsmittel

14. Spezielle verfahrensrechtliche Fristen sind für die Einleitung des Verfahrens nicht zu beachten. Da Ansprüche erhoben werden, die Unterhaltsleistungen betreffen, gilt eine Verjährungsfrist von drei Jahren, §§ 195, 197 BGB (OLG Saarbrücken NJW-RR 2009, 1520). Die Verjährung ist gehemmt, solange die Ehe besteht, § 207 BGB. Es sind die üblichen Rechtsmittel gegen Beschlüsse in Familienstreitsachen gegeben. Grundsätzlich ist aber auch der Einwand der Verwirkung möglich (OLG Schleswig FamRZ 2014, 798)

Gesamtschuldnerausgleich

5. Verfahren auf Ausgleich eines gesamtschuldnerischen Darlehens

An das

Familiengericht[1, 2]

. . . . .

Antrag

des . . . . . **– Antragstellers –**

Verfahrensbevollmächtigte: Rechtsanwälte[3] **. . . . .**

gegen

Frau . . . . . **– Antragsgegnerin –**

Verfahrensbevollmächtigte: Rechtsanwälte . . . . .
wegen Gesamtschuldnerausgleich

Vorläufiger Verfahrenswert: . . . . .

Namens und in Vollmacht des Antragstellers werde ich beantragen:

1. **Die Antragsgegnerin wird verurteilt, an den Antragsteller . . . . . EUR nebst Zinsen in Höhe von 5 Prozentpunkten über dem Basiszinssatz seit dem . . . . . zu zahlen.**
2. **Die Antragsgegnerin hat die Kosten des Rechtsstreits zu tragen.**
3. **Sofern das Gericht das schriftliche Vorverfahren anordnet, wird für den Fall der Fristversäumnis beantragt,[4] gegen die Antragsgegnerin Versäumnisentscheidung ohne mündliche Verhandlung zu erlassen.**

Begründung:

Der Antragsteller begehrt die Beteiligung der Antragsgegnerin an der Rückzahlung eines gesamtschuldnerischen[5] Darlehens. Die Beteiligten sind seit . . . . . miteinander verheiratet und leben seit dem . . . . . getrennt.[6] Beide Eheleute sind berufstätig und erzielen eigene Einkünfte.[7]

Im vergangenen Jahr haben sie ein gemeinsames Darlehen aufgenommen, da ihr Girokonto erheblich überzogen war und ein größerer Urlaub finanziert werden musste. Weiter ist zur Verwendung[8] der Darlehensvaluta auszuführen . . . .

Seit der Trennung der Beteiligten hat der Antragsteller den zu diesem Zeitpunkt noch verbliebenen Darlehensrest von 2.500 EUR allein gezahlt.

Beweis: Vorlage des Kontoauszuges

Die Antragsgegnerin wurde durch Schreiben vom . . . . . unter Fristsetzung zum . . . . . aufgefordert, ihren hälftigen Anteil in Höhe von 1.250 EUR an den Antragsteller zu zahlen. Sie verweigert die Zahlung und führt hierzu aus . . . . . Dazu ist zu sagen, ...

Der Anspruch des Antragstellers ist begründet nach § 426 Abs. 2 BGB, da beide Ehegatten als Gesamtschuldner Kreditnehmer waren und der Antragsteller den restlichen Betrag von 2.500 EUR alleine gezahlt hat. Die Eheleute sind zu gleichen Anteilen[9] verpflichtet, das Darlehen zurückzuzahlen. Der Antragsteller kann daher von der Antragsgegnerin die Hälfte dieses Betrages verlangen. Eine andere Aufteilung ist zwischen ihnen nicht vereinbart[10] und ergibt sich auch nicht konkludent.[11] Die Eheleute haben den Darlehensbetrag verbraucht und verfügen über ein ausreichendes Einkommen zur anteiligen Rückzahlung.[12]

Die Antragsgegnerin wurde durch Schreiben vom . . . . . mit Fristsetzung zum . . . . . vergeblich zur Zahlung aufgefordert. Sie schuldet daher Verzugszinsen,[13] §§ 286, 288 BGB, in Höhe von 5 Prozentpunkten über dem Basiszinssatz.

Rechtsanwalt[14, 15]

Anmerkungen

1. Der Ausgleich im Gesamtschuldverhältnis ist bei dem **Familiengericht** geltend zu machen. Es handelt sich um eine Familiensache, § 23a GVG, §§ 111 Abs. 1 Nr. 10, 266 Abs. 1 Nr. 3 FamFG. Ausreichend ist ein sachlicher Zusammenhang der Ansprüche zur Ehe. Dieser liegt auch dann vor, wenn die Eheleute einer GmbH, deren alleiniger Gesellschafter ein Ehegatte ist, gemeinsam ein Darlehen gewährt hatten und nach der Trennung der eine Ehegatte vom anderen die (Mit-)Erklärung der Darlehenskündigung begehrt (BGH FamRZ 2018, 1853). Ein enger zeitlicher Bezug dazu ist nicht erforderlich (OLG Hamm FamRZ 2011, 1421). Im Zugewinnprozess ist der Gesamtschuldnerausgleich nur in wenigen Ausnahmefällen von Bedeutung, führt dann aber zur Aussetzung des güterrechtlichen Verfahrens (→ Anm. 2). Im Zugewinnverfahren kann diese Problematik nur im Rahmen von Vergleichsgesprächen erörtert werden. Der Gesamtschuldnerausgleich kommt auch bei nichtehelichen Lebensgemeinschaften häufig vor (BGH FamRZ 2018, 1817).

2. Der **Gesamtschuldnerausgleich** kann gelegentlich Vorfrage eines **Zugewinnverfahrens** sein. In der Regel hat er aber hierauf keinen Einfluss (BGH NJW 1988, 133; BGH NJW 1995, 652; ausführlich: Kasenbacher NJW-Spezial 2011, 132; Gerhardt/Schulz FamRZ 2005, 317; Gerhards FamRZ 2001, 661; Gernhuber JZ 1996, 696; Wever FamRZ 1996, 905; Kleinle FamRZ 1997, 8). Bei der Gefahr divergierender Entscheidungen (vgl. Kleinle FamRZ 1997, 8 (13)) ist aber eine Aussetzung des Zugewinnverfahrens nach § 113 Abs. 2 FamFG, § 148 ZPO geboten (zur taktischen Frage, ob und in welchem Umfang es sinnvoll ist, gegenseitige Ansprüche der Ehegatten vor dem Endstichtag außerhalb eines Zugewinnausgleichsverfahrens gerichtlich geltend zu machen vgl. Hansen-Tilker FamRZ 1997, 1188).

Der Gesamtschuldnerausgleich ist **ausgeschlossen,** wenn die gesamte Verbindlichkeit im Endvermögen eines Ehegatten eingestellt ist und dadurch bereits eine „Mitbeteiligung“ des anderen Ehegatten gegeben ist (OLG Köln FamRZ 2011, 221; OLG Karlsruhe FamRZ 1991, 1195). Wurde die Ausgleichsforderung bei dem Zugewinnausgleich übersehen, kann sie noch separat geltend gemacht werden (BGH FamRZ 2009, 1343). Über diesen anteiligen Ansatz der Gesamtschuld in den jeweiligen Anfangs- oder Endvermögen entscheidet inzident das Familiengericht.

Ausnahmen gibt es nur in wenigen Situationen. Wenn zu befürchten ist, dass bei Durchführung des Zugewinnausgleiches die Beschränkung des § 1378 Abs. 2 BGB eingreift und bei Betreiben des Verfahrens nach § 426 BGB noch Masse vorhanden ist, kann dieser Weg sinnvoll sein. Die lange Dauer eines Zugewinnverfahrens kann ebenfalls Entscheidungskriterium werden. Im Gesamtschuldnerausgleich wird es meist früher zu einer Entscheidung und damit auch zur Vollstreckungsmöglichkeit kommen können.

3. Anwaltliche Vertretung ist bei dem Familiengericht notwendig, § 114 FamFG.

4. Diese Nebenanträge sind auch zur eigenen Arbeitserleichterung mit aufzunehmen.

5. Eine **Gesamtschuld** ist gegeben, wenn mehrere eine Leistung in der Weise schulden, dass jeder die ganze Leistung zu bewirken verpflichtet ist, der Gläubiger die Leistung aber nur einmal fordern kann (§ 421 BGB). Die Erfüllung der Gesamtschuld durch einen Gesamtschuldner wirkt gemäß § 422 BGB auch für alle anderen und gibt dem Zahler eventuell Rückgriffsansprüche gegen die anderen Schuldner, § 426 Abs. 2 BGB (ausführlich: Kleinle FamRZ 1997, 8; → Anm. 6 ff.).

Bei der **Übernahme einer Mithaftung** durch einen Ehegatten für Verbindlichkeiten des anderen handelt es sich dabei nicht um eine Problematik der Gesamtschuld. Der sicherheitsleistende Ehegatte hat einen Anspruch auf Befreiung von der Verbindlichkeit gegen den anderen Ehepartner (ausführlich: Koch FamRZ 1994, 537; BGH NJW 1999, 2584; FamRZ 2015, 996; → Form. L.III.19 „Freistellungsanspruch“) aus Auftragsverhältnis (BGH FamRZ 2015, 818); anwendbar ist § 314 Abs. 3 BGB. Danach kann der Berechtigte nur innerhalb einer angemessenen Frist kündigen, nachdem er vom Kündigungsgrund Kenntnis erlangt hat (AG Steinfurt FamRZ 2017, 1563).

6. Für den Zeitraum **bis zur Trennung** der Eheleute ist in der Regel kein Ausgleich möglich, sofern keine ausdrückliche andere Vereinbarung gegeben ist. Bis zu diesem Zeitpunkt ist ganz wesentlich auf die einverständliche Praxis abzustellen (vgl. BGH FamRZ 2001, 1442; OLG Bamberg FamRZ 2001, 1074; OLG Bremen NJW 2000, 82; BGH NJW-RR 1993, 386; BGH NJW-RR 1988, 259). Die bisher gelebten Verhältnisse sind als konkludente Regelung anzusehen, die einen späteren Ausgleich ausschließt.

Wenn beide Ehepartner Einkommen erzielen, ist wohl keine Beteiligung an den Schulden gemäß dem Verhältnis der beiderseitigen Einkünfte gegeben (vgl. BGH NJW 2002, 1570 = FamRZ 2002, 739 mAnm Wever; str. Kleinle FamRZ 1997, 8; Wever Vermögensauseinandersetzung Rn. 362 ff.; anders: BGH FamRZ 2001, 1442 mwN)

Maßgeblicher Stichtag für die Ausgleichsansprüche ist das Scheitern der Ehe. Dies kann nach BGH NJW 1983, 2449 die endgültige Trennung der Beteiligten, die Zustellung des Scheidungsantrages oder die Rechtskraft der Scheidung sein. Regelmäßig dürfte auf den Zeitpunkt des Auszuges eines Ehegatten abzustellen sein (vgl. Kleinle FamRZ 1997, 8; Bosch FamRZ 2002, 366 jeweils mwN).

Auch der die vorehelichen Schulden seiner Frau (Hausfrau) tilgende Ehemann kann nach der Trennung keinen Ersatz verlangen. Dies ist mit der Überlagerung des Gesamtschuldnerausgleiches durch die eheliche Lebensgestaltung zu begründen (BGH FamRZ 2001, 1442; NJW 1983, 1845; BGH NJW 1995, 652).

Für die Zeit nach der Trennung gilt dies nicht mehr, da die Aufrechterhaltung der ehelichen Lebensgemeinschaft und die ehelichen Unterhaltsleistungen als Begründung für eine bestimmte Aufteilung wegfallen (BGH NJW 1995, 652).

Der Anspruch kann ab der endgültigen Trennung der Eheleute geltend gemacht werden. Ein Hinweis des zahlenden an den anderen Ehegatten, er werde die gemeinsamen Schulden nach der Trennung nicht mehr alleine tragen, ist für die rückwirkende Geltendmachung des Ausgleichsanspruchs nicht notwendig (BGH NJW 1995, 652; Wever FamRZ 1996, 905 (908) mwN; zT anders BGH FamRZ 1983, 795 (796) und BGH FamRZ 1983, 797 (799)).

Ein rückwirkender Ausgleich für die Zeit des Zusammenlebens ist nur in seltenen, ansonsten grob unbilligen Fällen möglich (BGH NJW-RR 1988, 259: Kurz vor der Trennung wurde von einem Partner eine größere Rückzahlung auf ein Darlehen geleistet, das beiden berufstätigen Eheleuten zugutegekommen war). Die Höhe des Einkommens und eventuell auch des Vermögens können dann mit zur Ermittlung des Haftungsmaßstabes herangezogen werden; (kritisch hierzu Kleinle FamRZ 1997, 8 (10)).

Bei gemeinsamer gesamtschuldnerischer **Miete einer Wohnung** besteht zwischen haftenden Ehegatten grundsätzlich eine Ausgleichspflicht im Innenverhältnis. Besonderheiten gelten, wenn ein Ehegatte die gemeinsame eheliche Wohnung verlässt. Die Vergütungsregelung knüpft nur an die faktische Überlassung an. Es kommt nicht darauf an, ob der ausziehende Ehegatte die Wohnung freiwillig verlässt, oder ob er sie dem anderen zur alleinigen Benutzung überlassen musste (BGH NZFam 2014, 526). Wurde die Nutzung aufgedrängt, so kann diesem Gesichtspunkt mit dem Kriterium der Billigkeit Rechnung getragen werden, an das der Vergütungsanspruch nach Grund und Höhe anknüpft. Die Judikatur zur Frage, ab wann die Mithaftung endet, ist uneinheitlich. Nach zutreffender Auffassung muss der zurückbleibende Ehegatte nach einer Übergangsfrist entscheiden, ob er die **Wohnung aufgibt oder behält**. Die Dauer der Frist orientiert sich an der Kündigungsfrist und eventuell der Dauer der bisherigen Nutzung (OLG Düsseldorf FamRZ 2011, 375; OLG München FamRZ 1996, 291; ähnlich OLG Köln FamRZ 2003, 1664 mAnm Wever). Nach Ablauf der Überlegungsfrist kann der ausgezogene Ehegatte aus Gründen der materiellen Gerechtigkeit nicht mehr zu Ausgleichszahlungen herangezogen werden. Eine gesamtschuldnerische Mithaftung im Innenverhältnis wird vom LG Hannover (FamRZ 2002, 29; LG Mönchengladbach FamRZ 2003, 1839) nur für die Zeit vom Auszug bis zum Ablauf der gesetzlichen Kündigungsfrist (bis Ablauf des befristeten

Mietverhältnisses: OLG Frankfurt a. M. FamRZ 2002, 27) gesehen. Das KG (FamRZ 2002, 1355) sieht eine Alleinhaftung des Nutzers. Bei gemeinsam abgeschlossenem Mietvertrag haftet der Ausgezogene aber im Außenverhältnis weiter (vgl. Volmer FamRZ 1999, 263). Zur Höhe des Ausgleichs, s. OLG Bremen NZFam 2016, 569.

7. Der Gesamtschuldnerausgleich hat immer Einfluss auf die **Unterhaltsberechnung.** Die von dem Gesamtschuldner gezahlten Beträge mindern seine Leistungsfähigkeit bezüglich des Ehegattenunterhalts, da sie in der Regel vorab von dem Einkommen abzuziehen sind. Wenn dies erfolgt ist, besteht keine weitere Ausgleichspflicht des unterhaltsberechtigten Ehegatten (Bernreuther FamRZ 1995, 769; OLG Stuttgart NJW-RR 2010, 1011; OLG Zweibrücken FamRZ 2002, 1341; OLG Celle FamRZ 2001, 1071; OLG Köln NJW-RR 1994, 899; OLG München FamRZ 1996, 291). In der Anrechnung der Darlehensraten ist eine konkludente Vereinbarung der Beteiligten zu sehen, wonach diese Verpflichtungen allein von einem Partner zu tragen sind (OLG Zweibrücken FamRZ 2002, 1341). Eine einstweilige Anordnung zum Unterhalt mit Berücksichtigung der Gesamtschuld ist keine abschließende, Ausgleichsansprüche ausschließende Regelung (OLG Düsseldorf FamRZ 2009, 1834). Wirkt sich der Abtrag der Gesamtschuld bei der Unterhaltsberechnung nur zum Teil aus, so besteht ein Restausgleichsanspruch.

Die Berücksichtigung gemeinschaftlicher Schulden bei der Berechnung des Unterhalts wird als anderweitige Regelung im Sinne von § 426 Abs. 1 S. 1 BGB angesehen. Streitig ist, ob noch ein ergänzender Anspruch besteht, da bei Anrechnung eines Erwerbstätigenbonus ($^1/_{10}$) die durch den Schuldabzug verursachte Unterhaltsminderung um die Hälfte dieses Bonusses geringer ausfällt. Die Folge hiervon kann ein restlicher Ausgleichsanspruch von $^1/_{20}$ sein (OLG Köln NJW-RR 1992, 258 (259); str. vgl. Wever FamRZ 1996, 905 (908); zweifelnd: BGH FamRZ 2010, 1901).

Alleine aus der tatsächlichen Handhabung, dass der (alleinverdienende) Ehemann auch nach der Trennung die Kreditraten weiterzahlt und die Ehefrau deshalb keinen Trennungsunterhalt geltend gemacht hat, ergibt sich nicht, dass Ausgleichsansprüche aus der Gesamtschuld ausgeschlossen sind (OLG Köln FamRZ 1999, 1501). Eine solche Vereinbarung liegt aber nahe, wenn die Raten Berechnungspositionen waren (BGH NJW 2008, 849).

Die Berücksichtigung von Darlehensraten bei der Berechnung des **Kindesunterhalts** (grundsätzlich für ein minderjähriges Kind) ist regelmäßig keine andere Bestimmung im Sinne von § 426 Abs. 1 S. 1 BGB (Meyer FamRZ 2011, 1703; BGH NJW 2008, 849 = FamRZ 2008, 602; BGH FamRZ 2007, 1975).

8. Die **Verwendung der Darlehensvaluta** kann für die Haftungsquote von Bedeutung sein, da Verpflichtungen, die im überwiegenden oder ausschließlichen Interesse eines Ehepartners eingegangen wurden, zu einer Abweichung von der hälftigen Haftung führen (→ Anm. 11 und → Form. L.III.7 Anm. 4 ff.).

9. Die Gesamtschuldner haften nach § 426 Abs. 1 S. 1 BGB im Verhältnis zueinander in der Regel **zu gleichen Teilen,** „soweit nicht ein anderes bestimmt ist". Eine anderweitige Bestimmung kann sich ergeben aus Gesetz, aus Vereinbarung, aus dem Inhalt und Zweck des Rechtsverhältnisses oder aus der Natur der Sache, mithin aus der besonderen Gestaltung des tatsächlichen Geschehens (OLG Köln MDR 1999, 470; BGH NJW-RR 1993, 386; BGH NJW 1983, 1845; BGH FamRZ 2015, 993).

10. Eine ausdrückliche **Vereinbarung** zwischen den Beteiligten über die interne Haftungsverteilung wird nur selten gegeben sein und noch seltener schriftlich vorliegen. Beweispflichtig hierfür ist derjenige, der sich auf die Vereinbarung beruft (BGH NJW 2000, 1944; BGH NJW 1988, 133). Eine solche gegebenenfalls sogar notarielle Regelung ist kein abstraktes Schuldanerkenntnis, eventuell aber ein deklaratorisches Schuldanerkenntnis, wenn die Beteiligten insoweit ihr Verhältnis dem Streit oder der Ungewissheit entziehen wollten (OLG Köln FamRZ 2002, 1341).

11. Ein Ausgleich findet nicht oder nur im begrenzten Umfang statt, wenn die Verpflichtung **ausschließlich im Interesse eines Ehepartners** eingegangen wurde und dieser jetzt die Beteiligung des Ehepartners verlangt. Dies ist beispielsweise gegeben bei einer Mithaftung für ein Darlehen zum Erwerb eines Grundstücks, das allein im Eigentum eines Partners steht und nicht als Familienheim dient (BGH FamRZ 1988, 596 (597); OLG Frankfurt a.M. FamRZ 2005, 908 = FamRB 2004, 384 mAnm Wever; OLG Frankfurt a.M. FamRZ 2002, 28; OLG Hamm FamRZ 1992, 437). Hier kann sogar ein **Freistellungsanspruch** nach Auftragsrecht gegeben sein (BGH NJW 1989, 1920; ausführlich: Gerhards FamRZ 2006, 1793; Koch FamRZ 1994, 537; → Form. L.III.19 „Freistellungsanspruch"). Ausgleichsansprüche bei allein von einem aufgenommenen Darlehen für das Familienheim sind kein Problem der Gesamtschuld, sondern eventuell über die Störung der Geschäftsgrundlage, § 313 BGB, zu regeln (BGH FamRZ 2010, 1542; OLG Celle NJW 2010, 1612).

Schwierig ist die Situation bei Verwendung des Darlehens für zB einen PKW, der nach der Trennung nur von einem Partner genutzt wird. Diese Lasten hat der Nutzer zu tragen (vgl. AG Ludwigslust NJW-RR 2010, 367; KG NJW-RR 1999, 1093); nicht aber, wenn das Fahrzeug weiterhin für die gemeinsamen Bedürfnisse der Familie genutzt wird (OLG Karlsruhe FamRZ 2013, 819). Hier treten Probleme auf mit der Zuordnung des Gegenstandes bei der Teilung des Hausrates (vgl. KG NJW-RR 1999, 1093) und dem Zugewinnausgleich. Je nach Wertansatz im Zusammenhang mit der Hausratsteilung bzw. Zugewinnberechnung kann hier ein Anspruch auf hälftige Beteiligung gegeben sein. Bei Ansatz des „freien" Wertes des Gegenstandes im Rahmen dieser Auseinandersetzung wird der Erwerber die Verbindlichkeiten allein tragen müssen. Wird der Gegenstand aber mit dem vollen Wert ohne Berücksichtigung der Verbindlichkeiten bei der Aufteilung berücksichtigt, werden beide Partner das Darlehen zurückzahlen müssen (→ Anm. 2).

Sehr streitig ist die Frage der Behandlung von Krediten, die nur dem **Konsum der Eheleute** dienten. Fraglich ist hier, ob sie ohne unterhaltsrechtliche Berücksichtigung von dem allein verdienenden Teil zurückzuzahlen sind (vgl. OLG Hamm NJW-RR 1993, 197 und FamRZ 1990, 1359; LG Hildesheim NJW-RR 1992, 1285) oder nicht (vgl. BGH FamRZ 1988, 920 und 1983, 795 (796); Wever FamRZ 1996, 905 (908)).

Beweispflichtig für eine konkludente Regelung ist derjenige, der diese behauptet (BGH NJW 2000, 1944; BGH NJW 1988, 133).

12. Die eventuell fehlende Leistungsfähigkeit des anderen Ehepartners ist kein Hinderungsgrund für seine anteilige Verpflichtung (BGH NJW 1983, 1845).

13. Die Antragsgegnerin kommt nach § 286 Abs. 3 BGB automatisch spätestens 30 Tage nach Zugang der Zahlungsaufforderung in Verzug. Sie schuldet dann Zinsen gemäß § 288 Abs. 1 BGB in Höhe von fünf Prozentpunkten über dem Basiszinssatz. Daneben besteht ein Anspruch auf Prozesszinsen seit Rechtshängigkeit, § 291 BGB, in gleicher Höhe.

Kosten und Gebühren

14. Das Verfahren ist eine normale Familienstreitsache. Es gelten daher die allgemeinen Vorschriften des Kosten- und Gebührenrechts. Das Vorliegen der persönlichen und wirtschaftlichen Voraussetzungen bezüglich der Verfahrenskostenhilfe sollte wie immer bei Verfahren von getrennten Eheleuten geprüft werden. Gegebenenfalls kann auch die Einzahlung des Gerichtskostenvorschusses durch einen Antrag nach § 15 Nr. 3 FamGKG vermieden werden, wenn glaubhaft gemacht wird, dass die Einzahlung des Vorschusses dem Antragsteller wegen seiner finanziellen Verhältnisse nicht zuzumuten ist.

Für die Anwaltskosten gelten die üblichen Regelungen des RVG. Die für das familiengerichtliche Verfahren, insbesondere den Scheidungsverbund geltenden Spezialregelungen sind nicht anwendbar.

Fristen und Rechtsmittel

15. Spezielle prozessuale Fristen sind für das Verfahren nicht zu beachten. Da zivilrechtliche Ausgleichsansprüche betroffen sind, gilt die Verjährungsfrist von drei Jahren, § 195 BGB. Die Verjährung ist gehemmt, solange die Ehe besteht, § 207 BGB. Es handelt sich nicht um einen familienrechtlichen Anspruch, § 197 Abs. 1 Nr. 2 BGB, mit dreißigjähriger Frist (ausführlich: Pfeiffer NJW 2010, 23; BGH NJW 2010, 60; Büttner FamRZ 2002, 361).

Es sind die üblichen Rechtsmittel gegen Entscheidungen in Familienstreitsachen gegeben. Die **Beschwerde, § 58 ff. FamFG,** ist innerhalb eines Monats nach Zustellung des Beschlusses, § 63 FamFG, bei dem Beschwerdegericht einzulegen. Sie ist nur zulässig, wenn der Wert des Beschwerdegegenstandes 600 EUR übersteigt oder die Berufung im Urteil zugelassen wurde, § 61 FamFG.

6. Verfahren auf Ausgleich eines Haus-Darlehens mit Anrechnung des Wohnvorteils

An das

Familiengericht[1, 2]

. . . . .

Antrag

des . . . . . – Antragstellers –

Verfahrensbevollmächtigte: Rechtsanwälte[3] . . . . .

gegen

Frau . . . . . – Antragsgegnerin –

Verfahrensbevollmächtigte: Rechtsanwälte . . . . .

wegen Gesamtschuldnerausgleich

Vorläufiger Verfahrenswert: . . . . .

Namens und in Vollmacht des Antragstellers werde ich beantragen:

1. Die Antragsgegnerin wird verurteilt, an den Antragsteller . . . . . EUR nebst Zinsen in Höhe von 5 Prozentpunkten über dem Basiszinssatz seit dem . . . . . zu zahlen.
2. Die Antragsgegnerin hat die Kosten des Rechtsstreits zu tragen.

3. Sofern das Gericht das schriftliche Vorverfahren anordnet, wird für den Fall der Fristversäumnis beantragt,[4] gegen die Antragsgegnerin Versäumnisentscheidung ohne mündliche Verhandlung zu erlassen.

Begründung:

Der Antragsteller begehrt die Beteiligung der Antragsgegnerin an der Rückzahlung eines gesamtschuldnerischen[5] Darlehens. Die Beteiligten sind miteinander verheiratet und leben seit dem . . . . . getrennt.[6] Beide Eheleute sind berufstätig und erzielen eigene Einkünfte.[7]

Sie haben vor einigen Jahren gemeinsam ein Eigenheim erworben und teilweise finanziert. Die monatlich aufzubringenden Raten belaufen sich auf 900 EUR. Seit der Trennung der Beteiligten zahlte der Antragsteller diese Raten in den folgenden 10 Monaten allein.[8]

Beweis: Vorlage der Kontoauszüge

Zu dieser Zeit bewohnte er die Wohnung[9] allein. Seit seinem Auszug werden nach Absprache mit der Bank im Hinblick auf die beabsichtigte Veräußerung keine Raten mehr gezahlt. Der Mietwert[10] der Wohnung beläuft sich auf 500 EUR. Dies ergibt sich aus . . . . .

Die Antragsgegnerin wurde durch Schreiben vom . . . . . unter Fristsetzung zum . . . . . aufgefordert, ihren hälftigen Anteil in Höhe von 2.000 EUR an den Antragsteller zu zahlen. Sie verweigert die Zahlung[11] und führt hierzu aus . . . . . Dazu ist zu sagen, ...

Der Anspruch des Antragstellers ist begründet nach § 426 Abs. 2 BGB, da beide Beteiligte als Gesamtschuldner Kreditnehmer waren und der Antragsteller die offenen Raten von 9.000 EUR (900 × 10 Monate) alleine gezahlt hat. Der Antragsteller hat in dieser Zeit die Wohnung selbst bewohnt. Diese Nutzung lässt er sich mit einem Mietwert von 500 EUR monatlich anrechnen. Nach Abzug dieses Betrages verbleiben noch 400 EUR monatlich.

Der Antragsteller kann von der Antragsgegnerin die Hälfte dieses Betrages verlangen, da die Parteien zu gleichen Anteilen verpflichtet sind. Eine andere Vereinbarung besteht nicht und ergibt sich auch nicht konkludent. Die Antragsgegnerin hat die Hälfte, also 200 EUR für 10 Monate, insgesamt 2.000 EUR zu zahlen. Beide Beteiligte verfügen über ein ausreichendes Einkommen zur anteiligen Rückzahlung.

Die Antragsgegnerin wurde durch Schreiben vom . . . . . mit Fristsetzung zum . . . . . vergeblich zur Zahlung aufgefordert. Sie schuldet daher Verzugszinsen,[12] §§ 286, 288 BGB, in Höhe von 5 Prozentpunkten über dem Basiszinssatz.

Rechtsanwalt[13, 14]

Anmerkungen

1. Der Ausgleich im Gesamtschuldverhältnis ist bei dem **Familiengericht** geltend zu machen. Es handelt sich um eine Familiensache, § 23a GVG, §§ 111 Abs. 1 Nr. 10, 266 Abs. 1 Nr. 3 FamFG. Im Zugewinnprozess ist der Gesamtschuldnerausgleich nur in wenigen Ausnahmefällen von Bedeutung, führt dann aber zur Aussetzung des güterrechtlichen Verfahrens (→ Form. L.III.5 Anm. 2). Das Familiengericht kann diese Problematik im Zugewinnverfahren nur im Rahmen von Vergleichsgesprächen erörtern.

2. Der Gesamtschuldnerausgleich kann gelegentlich Vorfrage eines **Zugewinnverfahrens** sein. In der Regel hat er aber hierauf keinen Einfluss (ausführlich: → Form. L.III.5 Anm. 2).

3. Anwaltliche Vertretung ist bei dem Familiengericht notwendig, § 114 FamFG.

4. Diese Nebenanträge sind auch zur eigenen Arbeitserleichterung mit aufzunehmen.

5. Eine **Gesamtschuld** ist gegeben, wenn mehrere eine Leistung in der Weise schulden, dass jeder die ganze Leistung zu bewirken verpflichtet ist, der Gläubiger die Leistung aber nur einmal fordern kann, § 421 BGB. Die Erfüllung der Gesamtschuld durch einen Gesamtschuldner wirkt gemäß § 422 BGB auch für alle anderen und gibt dem Zahler eventuell Rückgriffsansprüche gegen die anderen Schuldner, § 426 Abs. 2 BGB.

6. Für die Zeit **bis zur Trennung** ist in der Regel ein Ausgleich ausgeschlossen, auch wenn ein Ehepartner bis dahin die Belastungen allein getragen hat. Der BGH (NJW 1983, 1845) hat hierzu ausgeführt: „Erwerben Ehegatten ein Haus und übernimmt einer von ihnen, der nach den Einkommens- und Vermögensverhältnissen allein dazu in der Lage ist, die Zins- und Tilgungsleistungen für die zur Finanzierung des Hauses gemeinschaftlich aufgenommenen Kredite, so bringen sie durch den Erwerb von Miteigentum je zur Hälfte in aller Regel zum Ausdruck, es solle so angesehen werden, wie wenn jeder gleichviel zu den Kosten beigetragen habe. Wenn ein Ehegatte allein über ein Einkommen verfügt, während der andere den Haushalt versorgt, ist es üblich, dass der verdienende Teil die gemeinschaftlichen finanziellen Verpflichtungen trägt, auch wenn sie dem gemeinsamen Vermögenserwerb dienen. Ein Ausgleichsanspruch wegen finanzieller Mehrleistungen des einen Teils kommt dann grundsätzlich nicht in Betracht." (ebenso OLG Düsseldorf NJW-RR 1998, 146; → Form. L.III.5 Anm. 6).

Bis zur Trennung der Eheleute ist ganz wesentlich auf die einverständliche Praxis abzustellen (vgl. BGH NJW-RR 1993, 386; BGH NJW-RR 1988, 259). Die bisher gelebten Verhältnisse sind als konkludente Regelung anzusehen, die einen späteren Ausgleich ausschließt (OLG Brandenburg FuR 2021,39).

7. Der Gesamtschuldnerausgleich hat immer Einfluss auf die **Unterhaltsberechnung.** Die im Rahmen des Gesamtschuldnerausgleiches gezahlten Beträge sind hierfür bedeutsam (ausführlich: → Form. L.III.5 Anm. 7).

8. Bei der alleinigen Bedienung eines gemeinschaftlichen Kredites durch den alleinigen Nutzer der **Immobilie** und einem **Wohnwert** in der Größenordnung der Darlehensbelastung kann darin eine stillschweigende Bestimmung nach § 426 Abs. 1 S. 1 BGB liegen. Ein Ausgleich ist auch dann ausgeschlossen, wenn der andere Ehegatte in einer solchen Konstellation nicht rechtzeitig einen Anspruch auf Nutzungsentgelt angemeldet hat. Er kann trotzdem dem Anspruchsteller entgegenhalten, dass ihm für diese Zeit die Nutzungen des Hauses zugekommen sind (KG FamRZ 2008, 2034; OLG Koblenz FamRZ 2015, 142, BGH FamRZ 2015, 1272; OLG Düsseldorf FamRZ 1991, 1443). Eine andere rechtliche Konstruktion beruht auf dem Grundsatz des Rechtsmissbrauches für die in der Vergangenheit liegende Zeit, da Nutzungsvergütung nicht rückwirkend geltend gemacht werden kann (OLG Oldenburg NJW-RR 1986, 752) (Zur Konkurrenz zwischen Nutzungsvergütung und Unterhalt Huber FamRZ 2000, 129 und Duderstadt FuR 2024, 454).

In der hiesigen, in der Praxis oft anzutreffenden Konstellation differieren Ratenzahlung und Wohnwert. Ein eventuell noch offener Betrag kann dann im Gesamtschuldnerausgleich geltend gemacht werden (BGH NJW-RR 1993, 386).

9. Sofern anders als in diesem Fall der **ausgezogene Ehegatte allein weiter auf den Kredit zahlt,** während der andere das Haus nutzt, besteht ebenfalls ein Ausgleichsanspruch. Dieser bemisst sich nach dem Unterschiedsbetrag zwischen dem tatsächlichen Nutzungswert und dem hälftigen Anteil des nutzenden Ehegatten an den Schuldverpflichtungen. Vielfach wird hier aber eine Verrechnung im Rahmen des Unterhalts erfolgen (→ Form. L.III.5 Anm. 7), was den Gesamtschuldnerausgleich ausschließt. Im Ergebnis wird jeweils der das Haus nicht nutzende Ehegatte so gestellt, als ob er dem anderen rechtzeitig einen Anspruch auf Nutzungsentschädigung entgegengehalten hätte (BGH NJW-RR 1993, 386; OLG Hamm NJW-RR 1997, 122; im Ergebnis auch OLG Celle NJW-RR 1990, 265; OLG Köln NJW-RR 1992, 1286; OLG Schleswig NJW-RR 1993, 1029).

10. Der Mietwert ist jeweils in Höhe des objektiven **Mietwertes** anzusetzen. Problematisch wird dies, wenn aus Gründen des Unterhaltsrechtes die fiktive Miete unterhalb des objektiven Wertes angesetzt wird. Es dürfte hier der „unterhaltsrechtliche" Wert zu berücksichtigen sein, mindestens aber die Hälfte der Schuldrate (Kleinle FamRZ 1997, 8 (11); OLG Brandenburg FamRZ 2003, 378).

11. Eine Zahlungsverpflichtung wäre nicht gegeben, wenn die Gesamtschuld ausschließlich im **Interesse eines Ehepartners** eingegangen wurde. Dies wäre gegeben bei einer Mithaftung für ein Darlehen, das allein dem anderen Partner zukommt, zB für ein Grundstück, das allein in seinem Eigentum steht und nicht als Familienheim dient (BGH FamRZ 1988, 596 (597); OLG Hamm FamRZ 1992, 437). Hier könnte sogar ein Freistellungsanspruch nach Auftragsrecht gegeben sein (BGH NJW 1989, 1920; OLG Bremen FamRZ 2006, 122; BGH FamRZ 2015, 996).

12. → Form. L.III.5 Anm. 13.

Kosten und Gebühren

13. Das Verfahren ist sowohl bezüglich der Gerichtskosten als auch bezüglich der Anwaltsgebühren eine normale Familienstreitsache. Ergänzend ist auf die Anmerkung zu → Form. L.III.5 zu verweisen.

Fristen und Rechtsmittel

14. Spezielle prozessuale Fristen sind für das Verfahren nicht zu beachten. Da es sich um zivilrechtliche Ausgleichsansprüche handelt, gilt eine Verjährungsfrist von drei Jahren, § 195 BGB. Die Verjährung ist gehemmt, solange die Ehe besteht, § 207 BGB. Es handelt sich nicht um einen familienrechtlichen Anspruch, § 197 Abs. 1 Nr. 2 BGB, mit dreißigjähriger Frist (Büttner FamRZ 2002, 361).

Es sind die üblichen Rechtsmittel gegen Entscheidungen in Familienstreitsachen gegeben. → Form. O.Iff.

7. Abweisungsantrag

An das

Familiengericht

. . . . .

In dem Verfahren

. . . . .

Verfahrensbevollmächtigte: Rechtsanwälte . . . . .

gegen

. . . . .

Verfahrensbevollmächtigte: Rechtsanwälte . . . . .

Az. . . . . .

zeige ich an, dass ich die Antragsgegnerin vertrete.

Im Termin zur mündlichen Verhandlung werde ich beantragen,

den Antrag abzuweisen.
Außerdem beantrage ich, meiner Mandantin Verfahrenskostenhilfe[1] zu bewilligen und ihr den Unterzeichnenden als Rechtsanwalt beizuordnen.

Begründung:

Der Antragsteller hat keinen Anspruch auf Zahlung des geltend gemachten Betrages.

Der Antrag ist abzuweisen, da zwischen den Ehegatten bei dem Familiengericht . . . . . unter dem Az. . . . . . ein Verfahren bezüglich des Zugewinns[2] anhängig war und die hier problematische Forderung dort bereits berücksichtigt wurde.

Beweis: Beiziehung der Akten . . . . .

Eine doppelte Inanspruchnahme der Antragsgegnerin ist nicht zulässig. Der Gesamtschuldnerausgleich ist aufgrund der Einstellung des gesamten Darlehensrestes als Negativposition im Endvermögen des Antragstellers bereits zu Lasten des Zugewinnausgleichs der Antragsgegnerin berücksichtigt. Die Antragsgegnerin ist damit bereits zur Hälfte an der Rückzahlung beteiligt.

Der Antragsteller hat außerdem keinen Anspruch, da der Antragsteller Darlehensraten geltend macht, mit denen sich die Parteien in Verzug[3] befanden. Nach dem Vertrag mit dem Darlehensgeber wären die hier fraglichen Raten noch vor der Trennung zu zahlen gewesen.

Beweis: Vorlage des Darlehensvertrages

Der Antragsteller hat aber nicht gezahlt und stattdessen das Geld für sich verwendet. Während des Zusammenlebens der Parteien war der Antragsteller allein berufstätig und die Raten wurden aus seinem Einkommen erbracht.

Beweis: Vorlage der Kontoauszüge

Bei vereinbarungsgemäßer Verwendung des Einkommens wäre das Darlehen längst getilgt.

Auch aus einem weiteren Grund ist der Antrag abweisungsreif. Der Kredit wurde aufgenommen, um Konsumwünsche[4] der Eheleute befriedigen zu können. Da der Antragsteller zu Zeiten des Zusammenlebens der Alleinverdiener war, ist er auch nach der Trennung zur alleinigen Rückführung des Darlehens verpflichtet. Dies entsprach der konkludenten Vereinbarung der Parteien, da dem Antragsteller klar sein musste, dass er als Alleinverdiener auch einziger Zahler der Raten werden würde und auch bei Fortführung der Ehe gewesen wäre.

Der Antrag ist darüber hinaus abzuweisen, da die Antragstellerin nicht in den Genuss[5] der Darlehensvaluta gekommen ist. Letztlich musste das Darlehen nicht für die im Antrag angegebenen Zwecke aufgenommen werden. Das hierfür notwendige Geld wäre vorhanden gewesen, wenn der Antragsteller nicht unter erheblichem Alkoholeinfluss den gemeinsamen PKW zu Schrott gefahren hätte. Die Vollkaskoversicherung hat die Zahlung verweigert.

Beweis: Schreiben der Versicherung vom . . . . .

Die Inanspruchnahme der Antragsgegnerin würde den Antragsteller unzulässig begünstigen, da die Antragsgegnerin für den allein von ihm verschuldeten Unfall mitzahlen müsste.

Der Antrag auf Abweisung des Antrages beruht auch auf der bereits erfolgten Beteiligung der Antragsgegnerin am Gesamtschuldnerausgleich. Nach der Trennung hat die Antragsgegnerin eine Erwerbstätigkeit aufgenommen, aus der sie ein relativ geringes Einkommen erzielt. Sie hätte eigentlich noch einen Anspruch auf Unterhalt[6] gegen den Antragsteller. Zu den Einkommensverhältnissen und der Unterhaltsberechnung ist auszuführen . . . . .

Der nicht geltend gemachte Unterhalt stellt damit die bereits erfolgte Beteiligung der Antragsgegnerin an dem Gesamtschuldnerausgleich dar.

Die Antragsgegnerin ist nicht in der Lage, die Verfahrenskosten zu tragen und die Verteidigung gegen den Antrag hat hinreichende Aussicht auf Erfolg. Zu den persönlichen und wirtschaftlichen Verhältnissen wird auf die beigefügte[7] Erklärung über die persönlichen und wirtschaftlichen Verhältnisse Bezug genommen.

Rechtsanwalt

Anmerkungen

1. In den meisten Familiensachen sind die Einkommensverhältnisse so, dass bei entsprechender Erfolgsaussicht auf Antrag **Verfahrenskostenhilfe** zumindest mit Ratenzahlung zu bewilligen ist.

2. Der Gesamtschuldnerausgleich ist ausgeschlossen, wenn die gesamte Verbindlichkeit bereits im **Endvermögen eines Ehegatten** eingestellt ist. Dadurch wird eine Mitbeteiligung des anderen erreicht (OLG Karlsruhe FamRZ 1991, 1195; BGH NJW 1988, 133). Ein Beispiel illustriert dies: Endvermögen des Antragstellers: 50.000 EUR minus 10.000 EUR Darlehen gleich 40.000 EUR; Endvermögen der Antragsgegnerin: 0 EUR; Zugewinnausgleich: 20.000 EUR für Antragsgegnerin; alternativ: Endvermögen des Antragstellers ohne Darlehen: 50.000 EUR, Endvermögen der Antragsgegnerin: 0 EUR;

Zugewinnausgleich: 25.000 EUR für Antragsgegnerin abzüglich hälftiger Gesamtschuld von 500 EUR gleich 20.000 EUR (→ Form. L.III.5 Anm. 2).

3. Für den Zeitraum **bis zur Trennung** ist prinzipiell kein Gesamtschuldnerausgleich möglich (→ Form. L.III.5 Anm. 6). Diesen Rechtsgedanken einer anderweitigen konkludenten Regelung iSd § 426 BGB kann man auch auf die hier gegebene Fallkonstellation anwenden. Problematisch ist aber, dass letztlich die Ehegatten noch zusammengelebt haben und nicht alle wirtschaftlich unsinnigen Handlungen eines Ehepartners einen späteren Gesamtschuldnerausgleich ausschließen. Dies wird auf einige Ausnahmefälle bei besonders treuwidrigen Handlungen des Ehepartners, der den Ausgleich verlangt, beschränkt bleiben.

4. Bei Krediten, die nur dem **Konsum** der Eheleute dienten, ist streitig, ob sie nach der Trennung, sofern sie nicht bereits unterhaltsrechtlich berücksichtigt wurden, von dem allein verdienenden Ehepartner zurückzuzahlen sind (vgl. OLG Hamm NJW-RR 1993, 197 und FamRZ 1990, 1359; LG Hildesheim NJW-RR 1992, 1285; dagegen BGH FamRZ 1988, 920 und 1983, 795 (796); Wever FamRZ 1996, 905 (908)). Bei Arbeitsaufnahme nach der Trennung wird eine alleinige Zahlungsverpflichtung des früheren Alleinverdieners ohne Hinzukommen weiterer Merkmale nicht zu begründen sein.

5. Verpflichtungen, die nur **im Interesse eines Ehepartners** eingegangen wurden, können zu einer Einschränkung des Ausgleiches nach der Trennung führen. Regelmäßig wird dies aber nur dann der Fall sein, wenn noch ein Gegenwert im Vermögen des Ausgleichs verlangenden Partners vorhanden ist. Dies ist zB gegeben bei Darlehen zum Erwerb von Immobilien, die nicht Familienheim sind und im Alleineigentum eines Ehegatten stehen (OLG Frankfurt a. M. FamRB 2004, 384 mAnm Wever; → Form. L.III.5 Anm. 11). Bei Ausgaben, die nur einem Ehegatten zugutegekommen sind, ist in der Regel aber von Bedeutung, dass die Schuldverpflichtung während bestehender Ehe eingegangen wurde und bereits damals der andere Ehegatte durch Begründung der Gesamtschuld ein Einverständnis gegeben hat, von dem er nach der Trennung nur in besonderen Ausnahmefällen entlassen werden kann.

6. Gemeinsame Schuldverpflichtungen, die nach der Trennung von dem unterhaltspflichtigen Ehegatten getragen werden, sind in der Regel durch vorhergehenden Abzug vom Einkommen bereits bei der Berechnung des **Unterhalts** berücksichtigt. Dies ist dann eine Regelung iSd § 426 BGB, die einen erneuten Gesamtschuldnerausgleich weitgehend (→ Form. L.III.5 Anm. 7) ausschließt. Diese Grundsätze gelten auch dann, wenn wie hier wegen der alleinigen Zahlung durch den Ehegatten kein Unterhaltsanspruch geltend gemacht wurde. Problematisch ist in diesem Zusammenhang, dass Unterhalt nur geschuldet wird, wenn der Unterhaltspflichtige zuvor in Verzug gesetzt wurde. Man wird aber auch hier die im Zusammenhang mit der Nutzungsentschädigung (→ Form. L.III.6 Anm. 9) entwickelten Grundsätze anwenden können, wonach letztlich eine doppelte Zahlung/Inanspruchnahme ausgeschlossen ist.

7. Die Erklärung zu den persönlichen und wirtschaftlichen Verhältnissen nebst den erforderlichen Belegen sollte auch zur eigenen Arbeitserleichterung bereits mit der Antragserwiderung und nicht erst mit einem späteren Schriftsatz vorgelegt werden.

Rückforderung unbenannter Zuwendung

8. Verfahren auf Rückforderung einer „ehebezogenen Zuwendung"

An das

Familiengericht[1]

. . . . .

Antrag

des . . . . . – Antragstellers –

Verfahrensbevollmächtigte: Rechtsanwälte[2] . . . . .

gegen

Frau . . . . . – Antragsgegnerin –

Verfahrensbevollmächtigte: Rechtsanwälte . . . . .

wegen Rückforderung einer „unbenannten Zuwendung"

Vorläufiger Verfahrenswert: . . . . .

Namens und in Vollmacht des Antragstellers werde ich beantragen:

1. Die Antragsgegnerin wird verurteilt, an den Antragsteller . . . . . EUR nebst Zinsen in Höhe von 5 Prozentpunkten über dem Basiszinssatz seit dem . . . . . zu zahlen.
2. Die Antragsgegnerin hat die Kosten des Rechtsstreits zu tragen.
3. Sofern das Gericht das schriftliche Vorverfahren anordnet, wird für den Fall der Fristversäumnis beantragt,[3] die Antragsgegnerin durch Versäumnisurteil ohne mündliche Verhandlung zu verurteilen.

Begründung:

Der Antragsteller begehrt von der Antragsgegnerin, seiner früheren Ehefrau, die Zahlung eines Ausgleichsbetrages[4] im Zusammenhang mit einer von den Eheleuten errichteten Immobilie. Die Parteien waren miteinander verheiratet und hatten mit notariellem Vertrag vom . . . . . Gütertrennung vereinbart. Sie leben seit dem . . . . . voneinander getrennt. Die rechtskräftige Scheidung[5] der Ehe erfolgte am . . . . .

Beweis: Beiziehung der Akten . . . . . des Familiengerichts . . . . .

Bei Eheschließung und Vereinbarung der Gütertrennung[6] verfügten beide Ehegatten über kein nennenswertes Vermögen. In der Folgezeit war der Antragsteller selbständig tätig und im Hinblick auf die zwischenzeitlich geborenen gemeinsamen Kinder, die von der Mutter betreut wurden, Alleinverdiener. Er erwarb ein Grundstück und errichtete darauf ein Mehrfamilienhaus. Der Antragsteller tätigte risikoreiche Geschäfte und die Eheleute kamen überein, das Mehrfamilienhaus in das Alleineigentum der Antragsgegnerin zu übertragen, um den Zugriff eventueller Gläubiger zu verhindern. Weiterer Grund für diese Investition war die Absicherung beider Eheleute für das Alter, da der Antragsteller keine nennenswerte sonstige Altersversorgung hat.

Bei Trennung der Eheleute verfügte der Antragsteller über ein Vermögen von 50.000 EUR, das sich zusammensetzt aus . . . . .

Beweis: . . . . .

Die Antragsgegnerin ist Eigentümerin des oben genannten Mehrfamilienhauses, das einen Wert von 700.000 EUR hat.

Beweis: Sachverständigengutachten

Das Objekt ist noch belastet mit Verbindlichkeiten in Höhe von 150.000 EUR, für die alleine die Antragsgegnerin haftet.

Beweis: Vorlage der Bankbelege

Die monatlichen Mieteinnahmen der Antragsgegnerin in Höhe von . . . . . sind zur Bedienung dieser Darlehen mehr als ausreichend. Über weiteres nennenswertes Vermögen verfügt sie nicht.

Der Antragsteller macht Ansprüche wegen Wegfalls der Geschäftsgrundlage[7] geltend. Grundlage der Zuwendungen an die Ehefrau war die Erwartung des Fortbestehens der Ehe und die finanzielle Absicherung der Parteien auch im Alter.[8] Es entspricht nicht der Billigkeit, dass die Antragsgegnerin das gesamte Familienvermögen von 550.000 EUR behält und der Antragsteller, der es im Wesentlichen erarbeitet hat, nichts erhält. Der Antragsteller ist für das Alter nicht abgesichert. Er stützt sich hilfsweise auf die Rückgewährverpflichtung der Antragsgegnerin nach Kündigung des Auftrages, § 667 BGB. Das Eigentum wurde ihr nur zur treuhänderischen Verwaltung übertragen, damit das Vermögen haftungsgünstig verteilt wurde.

Der Antragsteller hat die Antragsgegnerin mit Schreiben vom . . . . . aufgefordert, an ihn einen Betrag[9] von 250.000 EUR als Ausgleich[10] zu zahlen. Dieser Betrag resultiert aus der Überlegung, dass die Eheleute während der Ehe gemeinsam ein Vermögen von 600.000 EUR erarbeitet haben und die Hälfte hiervon 300.000 EUR wäre. Der Antragsteller hat nach Abzug des eigenen Vermögens noch einen restlichen Anspruch von 250.000 EUR. Der Antragsteller benötigt diesen Betrag auch, um seine Altersversorgung, für die das Haus ebenfalls errichtet wurde, zu sichern. Zudem hat der Antragsteller . . . .

Dieses Ergebnis ist auch angemessen, da der Antragsgegnerin noch die Einkünfte aus dem Haus verbleiben. Weiterhin ist auszuführen . . . . .

Die Antragsgegnerin hat die Zahlung des geforderten Betrages verweigert mit der Begründung . . . . . Hierzu ist zu sagen . . . . .

Die Antragsgegnerin wurde durch Schreiben vom . . . . . mit Fristsetzung zum . . . . . zur Zahlung aufgefordert. Sie schuldet daher Verzugszinsen,[11] §§ 286, 288 BGB, in Höhe von 5 Prozentpunkten über dem Basiszinssatz.

Rechtsanwalt[12, 13]

Anmerkungen

1. Der Ausgleichsanspruch wegen ehebezogener Zuwendungen ist bei dem **Familiengericht** geltend zu machen, § 23a GVG, §§ 111 Abs. 1 Nr. 10, 266 Abs. 1 FamFG.

Sofern die Eheleute – anders als im vorliegenden Fall – im gesetzlichen Güterstand der Zugewinngemeinschaft leben, ist die Rückforderung einer unbenannten Zuwendung in der Regel ausgeschlossen, da die güterrechtliche Regelung meist vorgeht (→ Anm. 6).

2. **Anwaltliche Vertretung** ist bei dem Familiengericht notwendig, § 114 FamFG, da die Rückforderung einer ehebedingten Zuwendung eine dem Anwaltszwang unterliegende Familienstreitsache ist.

3. Diese Nebenanträge sind auch zur eigenen Arbeitserleichterung mit aufzunehmen.

4. Zuwendungen unter Ehegatten sind in der Regel sogenannte **„ehebezogene Zuwendungen“** (BGH NJW 2012, 1789) und unterliegen besonderen Regeln (ausführlich: Schramm NJW-Spezial 2008, 612; Winklmaier FamRZ 2006, 1650; Schulz FamRB 2004, 364; kritisch Waas FamRZ 2000, 453). Zu klären ist zuvor aber, ob überhaupt eine Vermögenszuwendung vorliegt. Dies ist nicht der Fall, wenn beispielsweise dingliche Sicherheiten eingeräumt werden oder die Alleinhaftung oder Mithaftung für Kredite im Interesse des anderen Ehegatten übernommen wird. Die Lösung bietet in diesem Fall § 670 BGB (Auftragsrecht). „Eine ehebezogene Zuwendung liegt vor, wenn ein Ehegatte dem anderen einen Vermögenswert um der Ehe willen und als Beitrag zur Verwirklichung und Ausgestaltung, Erhaltung oder Sicherung der ehelichen Lebensgemeinschaft zukommen lässt, wobei er die Vorstellung oder Erwartung hegt, dass die eheliche Lebensgemeinschaft Bestand haben und er innerhalb dieser Gemeinschaft am Vermögenswert und dessen Früchten weiter teilhaben werde“ (BGHZ 142, 137 = NJW 1999, 2962 (2965)). Rechtsgrundlage ist ein gesetzlich nicht geregeltes familienrechtliches Rechtsgeschäft besonderer Art (BGH NJW-RR 1990, 834), das trotz zahlreicher BGH-Entscheidungen in der Praxis noch nicht hinreichend klar strukturiert ist und die Rechtsberatung in diesem Bereich sehr schwierig macht. Die Erfolgsaussichten einer entsprechenden Klage sind schwer kalkulierbar.

Die unbenannte Zuwendung ist abzugrenzen von der treuhänderischen Überlassung (Anspruchsgrundlage wäre dann §§ 667, 670 BGB, Auftragsrecht), der Schenkung (Anspruchsgrundlage §§ 527 ff. BGB), Darlehen (§§ 488 ff., 607 ff. BGB) und dem Beitrag zur Ehegatteninnengesellschaft (→ Form. L.III.13).

Zur **treuhänderischen Überlassung** s. BGH FamRZ 2005, 1667; OLG Bremen FamRZ 2017, 279 und OLG Oldenburg FamRZ 2011, 70. Wird den Ehegatten ein größerer Geldbetrag überlassen, so kann stillschweigend ein **Darlehensvertrag** geschlossen worden sein, ohne dass die Zuwendung als Darlehen deklariert wurde (OLG Saarbrücken FamRZ 2010, 297). Umgekehrt kann trotz eines als Darlehen titulierten Vertrages ggf. kein Darlehen vorliegen, wenn den Umständen dies zu entnehmen ist.

Schenkungen, §§ 516 ff. BGB, sind unter Ehegatten eher selten, da die Zuwendungen regelmäßig an die Erwartung des Fortbestandes der Ehe geknüpft werden. Ein solch seltener Fall der Schenkung lag der Entscheidung des BGH in FamRZ 2013, 296 zugrunde.

5. Die Rückforderung einer „unbenannten Zuwendung“ nach den Grundsätzen des Wegfalls der Geschäftsgrundlage ist nach endgültiger Trennung (BGH FamRB 2007, 193 mAnm Kogel; OLG Bremen FamRZ 2008, 2117) **der Eheleute** und nicht erst bei Scheidung möglich, BGH FamRZ 2007, 877.

6. Von praktischer Bedeutung wird die Frage der Rückforderung einer unbenannten Zuwendung bei vereinbarter **Gütertrennung,** wenn diese wirksam vereinbart wurde (vgl. ausführlich bezüglich Zuwendung: Hoppenz FamRZ 2011, 1697).

Bei Geltung des gesetzlichen **Güterstandes der Zugewinngemeinschaft** geht in fast allen Fällen der Zugewinnausgleich vor (BGH FamRZ 2003, 230; NJW-RR 1990, 834; ausführlich: Kleinle FamRZ 1997, 1383). Ein Ausgleich wegen Wegfalls der Geschäftsgrundlage kommt nur dann in Betracht, wenn die güterrechtliche Lösung zu einem untragbaren Ergebnis führen würde (BGH NJW-RR 1990, 834; bei Verjährung des Zugewinns: OLG Düsseldorf FamRZ 2003, 872 mit abl. Anm. Bergschneider). Mit der hälftigen Beteiligung im Rahmen des Zugewinnausgleiches soll ein Maß an Ausgleichung erreicht sein, das nach dem Grundgedanken der Zugewinnausgleichsregelung grundsätzlich nicht als untragbar bezeichnet werden kann. Die Zuwendung wird nicht über § 1374 Abs. 2 BGB dem Anfangsvermögen zugerechnet (BGH FamRB BGHZ 187, 82 = FamRZ 2010, 2057).

Nach Rechtsprechung des BGH (NJW 1997, 2747) kann ein Ausgleichsanspruch nicht nur zur Korrektur schlechthin unangemessener und untragbarer Ergebnisse, sondern auch schon dann bestehen, wenn dem zuwendenden Ehegatten die Beibehaltung der herbeigeführten Vermögensverhältnisse **nach Treu und Glauben** nicht zugemutet werden kann. Nähere Kriterien hierfür hat der BGH aber nicht genannt. Bei bestehender Zugewinngemeinschaft wird ein finanzieller Ausgleich der Zuwendung nach den Grundsätzen des Wegfalls der Geschäftsgrundlage in der Praxis fast nur dann möglich sein, wenn im Wege des Güterrechts kein Ausgleich erfolgt. Dies kann etwa in Betracht kommen, wenn der Zuwendende in seinem Auskommen beeinträchtigt ist, weil er mit den ihm verbliebenen Mitteln seinen angemessenen Unterhalt nicht bestreiten kann. Ein derartiger **Notbedarfsfall,** der im Schenkungsrecht zur Rückforderung des Geschenkes berechtigen kann (§ 528 BGB), kann auch bei Zuwendungen der vorliegenden Art dazu führen, dass das in Anwendung der Vorschriften über den Zugewinnausgleich gewonnene Ergebnis für den Zuwendenden schlechthin unzumutbar ist (BGH NJW 1991, 2553). In einem vom OLG Brandenburg entschiedenen Fall (FamRZ 2024, 1767) bejahte der Senat die Rückabwicklung der Übertragung des hälftigen Miteigentums an einem Grundstück.

Gründe hierfür waren unter anderem die kurze Ehe, der kurze Zeitablauf zwischen Eigentumserwerb und Trennung, die Bedürftigkeit des Zuwenders und die Tatsache, dass der Empfänger die Zugewinnausgleichsforderung, die durch die Zuwendung entstanden ist, nicht befriedigen konnte. Es wäre dann zur Teilungsversteigerung gekommen, wobei der Antragsteller keine finanziellen Mittel hatte, den Grundstücksanteil wieder zurückzuersteigern.

Der BGH (FamRZ 2012, 1789) erkennt einen Ausgleichsanspruch an bei kurz vor der Heirat erfolgter Schenkung zum Erwerb der im Eigentum des anderen Ehepartners stehenden Ehewohnung. Die Grundsätze zur Rückgewähr ehebezogener Zuwendungen sind auch auf Zuwendungen anzuwenden, die in Erwartung einer bevorstehenden Eheschließung vorgenommen wurden.

Bei der güterrechtlichen Regelung ist zudem die problematische und oft übersehene Regelung des § 1380 BGB zu beachten, wonach der Wert der Zuwendung dem Endvermögen des Zuwendenden zugerechnet werden muss (BGH FamRZ 2001, 413; Kleinle FamRZ 1997, 1383 (1386)).

7. Ist die Beibehaltung der durch eine Zuwendung an den anderen Ehegatten herbeigeführten Vermögensverhältnisse dem Zuwendenden nicht zuzumuten, so kann in besonderen Fällen ein Ausgleichsanspruch nach den Grundsätzen über die **Störung der Geschäftsgrundlage** (§ 313 BGB) entstehen (BGHZ 142, 137 = NJW 1999, 2962 (2965); OLG Bremen FamRZ 2008, 2117; OLG Celle FamRZ 1997, 563), da im Güterstand der Gütertrennung bei Scheidung der Ehe unbenannte Zuwendungen grundsätzlich nicht zurückgefordert werden können. Nach einer in der praktischen Umsetzung schwierigen Formel sind die Voraussetzungen der Rückforderung zu beurteilen aufgrund einer „Abwägung aller Umstände des Einzelfalls nebst einer Gesamtwürdigung, die Beurteilungselemente aus Vergangenheit, Gegenwart und Zukunft zu berücksichtigen hat". Die Beibehaltung der bisherigen Zustände muss für den Zuwendenden unzumutbar sein.

Für Zuwendungen aus der Zeit vor der Schuldrechtsreform zum 1.1.2002 bleibt es bei dem Institut des Wegfalls der Geschäftsgrundlage, § 242 BGB. Es hat sich ohne Auswirkung auf die Ergebnisse lediglich die Anspruchsgrundlage geändert (vgl. Grüneberg/ Grüneberg BGB § 313 Rn. 1; Wever Vermögensauseinandersetzung Rn. 962).

In der Beratungspraxis ist der Ausgang eines solchen Verfahrens nur schwer vorauszusagen. Nach den Kriterien der Rechtsprechung (vgl. OLG Düsseldorf NJW-RR 1996, 644) ist eine **Gesamtwürdigung** anzustellen. Die Dauer der Ehe bis zu einer Trennung, das Alter der Beteiligten im Zeitpunkt der Scheidung, die Art und der Umfang der vom begünstigten Ehegatten innerhalb seines zwischen den Ehegatten einvernehmlich (§ 1356 BGB) gestalteten Aufgabenbereichs erbrachten Leistungen, wozu die Erziehung und Pflege von Kindern und die Führung des Hauswesens ebenso zählt wie eine Mitarbeit im Unternehmen des anderen (ausführlich → Form. L.III.13, → Form. L.III.14) Ehegatten, ist zu berücksichtigen. Der Einsatz eigener nicht zurückzugewährender Vermögenswerte, die Höhe der eingetretenen und noch vorhandenen Vermögensmehrung, die weiteren Aussichten auf Einkünfte aus künftiger Erwerbstätigkeit oder aus Vermögen, wobei gesundheitliche Belastungen ebenso wie Risiken aus der Art der Vermögensanlagen einzubeziehen sind, müssen ebenfalls berücksichtigt werden (BGH NJW 1989, 1986; ausführliche Einteilung nach Fallgruppen bei Jaeger DNotZ 1991, 431 (464) und Herr NJW 2012, 3486).

Mehrere Zuwendungen bilden dabei keine Gesamtleistung, selbst wenn ihre Zweckrichtung identisch sein sollte (BGH NJW 1989, 1986). Jede einzelne Zuwendung muss also konkret dargelegt und ggf. nachgewiesen werden. In solchen Fällen könnte aber eine „Ehegatteninnengesellschaft“ gegeben sein (→ Form. L.III.13). Zur Abgrenzung Herr NJW 2012, 3486, s. auch BGH FamRZ 2024, 841, wonach bei der Ehegatteninnengesellschaft der Rechtsbindungswillen von besonderer Bedeutung ist.

8. Unbenannte Zuwendungen können in einzelne **Fallgruppen** (vgl. Jaeger DNotZ 1991, 431 (464); Kleinle FamRZ 1997, 1383 (1389)) eingeteilt werden. Bei Zuwendungen aus haftungsrechtlichen Gründen hat wegen des **treuhänderischen Charakters** in der Regel eine Rückgewähr zu erfolgen. Hilfen bei dem Bau des **Familienheimes** (vgl. OLG Bamberg FamRZ 1995, 234) sollen auf Dauer den Wohnbedarf der Familie sicherstellen. Dieser Zweck wird bei dem Scheitern der Ehe nicht in der ursprünglich gewollten Form erfüllt, weshalb ein Ausgleich in Geld unter Berücksichtigung des noch vorhandenen zugewandten Vermögens erfolgen muss. Zuwendungen zur **Alterssicherung** führen wegen des weiterhin bestehenden Zweckes in der Regel nicht zu Rückforderungsansprüchen (BGH MDR 1988, 655 und BGH NJW 1972, 778). Aber auch hier gibt es Ausnahmen.

9. Der Ausgleichsanspruch ist als **Zahlungsanspruch** geltend zu machen. Die **Rückübertragung** ist denkbar, wenn nur die Rückgewähr geeignet erscheint, einen untragbaren, mit den Grundsätzen von Treu und Glauben unvereinbaren Zustand zu vermeiden (BGH NJW 1991, 2553; OLG München FamRZ 2002, 393; OLG Celle FamRZ 2000, 668; LG Aachen FamRZ 2000, 669). Ein Anspruch auf dingliche Rückgewähr des zugewendeten Gegenstandes kann nur ausnahmsweise in Betracht kommen, wenn der Zuwendende das übertragene Vermögensgut für seine gewerbliche Tätigkeit benötigt oder wenn die Zuwendung dazu diente, den übertragenen Gegenstand dem Zugriff der Gläubiger zu entziehen (BGH FamRZ 1992, 293). Zur Frage der Rückübertragung einer Haushälfte liegt eine Entscheidung des BGH vor (BGH NJW 1977, 1234), die aber angesichts der neueren Rechtsprechung nicht unumstritten ist (vgl. BGH FamRZ 1982, 778 und 1982, 246; Wever Vermögensauseinandersetzung Rn. 1021 f.; MüKoBGB/Koch BGB § 1363 Rn. 31). Eine Rückgewähr kann nur unter Berücksichtigung des nach den Umständen des Einzelfalles gerechtfertigten Ausgleichs in Betracht kommen, also Zug um Zug gegen Erstattung möglicher finanzieller Gegenansprüche (BGH FamRZ 1998, 669; OLG Celle FamRZ 2000, 668; BGH FamRZ 2002, 949). Die Größenordnung dieser Ausgleichszahlung ist im Antrag schlüssig darzulegen, muss aber nicht beziffert werden. Sie kann in das Ermessen des Gerichts gestellt werden (vgl. BGH FamRZ 1999, 365). Die Darlegungs- und Beweislast trägt die Partei, die die Rückgewähr verlangt (BGH FamRZ 2002, 949; OLG Bremen FamRZ 2008, 2117).

10. Die **Höhe des Ausgleichsbetrages** ist nur sehr schwer zu bestimmen. Mit dem Antrag, der nicht unbeziffert erhoben werden darf, ist also ein erhebliches Risiko verbunden, zumal es meist um hohe Verfahrenswerte geht. Zur Minimierung des Kostenrisikos kann auch eine Teilklage erhoben werden.

Bei der Bemessung des Ausgleichsbetrages kommt es insbesondere auf Art und Umfang der von dem Zuwendenden erbrachten Leistungen an. Außerdem sind sonstige Billigkeitsgründe zu berücksichtigen, wie die Dauer der Ehe und die beiderseitigen Einkommens- und Vermögensverhältnisse. Die Höhe ist daher in großem Umfang von den Umständen des Einzelfalles abhängig und feste Regeln können nicht aufgestellt werden (BGH NJW 1989, 1986 = FamRZ 1989, 599; BGH FamRZ 1988, 481). Die Höhe steht unter der Prämisse, dass der Ausgleich die Funktion hat, den Wegfall der dauernden Mitnutzung der Leistungsergebnisse für die Zukunft angemessen zu entschädigen.

Obere Grenze wird die durch die Zuwendung bedingte und noch vorhandene Vermögensmehrung darstellen, im Ergebnis also der **hälftige Wert des Zugewendeten** im Zeitpunkt des Scheiterns der Ehe, BGH FamRZ 2007, 877. Bei Zahlung von Kreditraten sind neben dem Tilgungsanteil grds. auch die Zinsen auszugleichen. Allerdings kann sich aus den ehelichen Lebensverhältnissen eine abweichende Verteilung der Lasten ergeben (BGH FamRZ 2018, 775). Dabei ist aber zusätzlich zu beachten, dass gerade durch die Vereinbarung der Gütertrennung dieses Ergebnis nicht eintreten sollte (→ Form. L.III.9 Anm. 2). Dabei hat eine Abwägung aller Umstände des Einzelfalls nebst einer Gesamtwürdigung, die Beurteilungselemente aus Vergangenheit, Gegenwart und Zukunft berücksichtigt, (vgl. OLG Düsseldorf NJW-RR 1996, 644) zu erfolgen. Von Bedeutung sind dabei ua die Dauer der Ehe sowie die Einkommens- und Vermögensverhältnisse der Eheleute zur Zeit der Scheidung (OLG Düsseldorf NJW-RR 1996, 644). Relevant ist die Dauer der Ehe bis zu der Trennung, denn für diese Zeit wurde der Zweck der Zuwendung erreicht. Streitig ist, wie der Abschlag für die teilweise Zweckerreichung vorzunehmen ist. Eine pauschale Lösung kommt nicht in Betracht, so hat der BGH (FamRZ 2015, 490 mAnm Wever) der Ansicht des OLG Düsseldorf (FamRZ 2014, 161), dass nach 20 Jahren Ehe kein Ausgleich mehr zu erfolgen habe, eine Absage erteilt. Weitere Beurteilungskriterien sind das Alter der Beteiligten im Zeitpunkt der Scheidung und die Art und der Umfang der vom begünstigten Ehegatten innerhalb seines zwischen den Ehegatten einvernehmlich (§ 1356 BGB) gestalteten Aufgabenbereichs erbrachten Leistungen.

11. → Form. L.III.5 Anm. 13

Kosten und Gebühren

12. Das Verfahren ist sowohl bezüglich der Gerichtskosten als auch bezüglich der Anwaltsgebühren eine normale Familienstreitsache. Ergänzend ist auf die Anmerkung zu → Form. L.III.5 zu verweisen.

Fristen und Rechtsmittel

13. Spezielle prozessuale Fristen sind für das Verfahren nicht zu beachten. Es gilt die dreijährige Verjährungsfrist, § 197 Abs. 1 Nr. 2 BGB (Grüneberg/Ellenberger BGB § 197 Rn. 6; anders, 30 Jahre: Büttner FamRZ 2002, 361; BGH NJW-RR 1994, 258 zum alten Recht; Verjährungsbeginn, § 199 Abs. 1 BGB. Wenn es sich um Ansprüche auf Rückgewähr bei Zuwendung eines Grundstücks und eventuelle Ansprüche auf eine diesbezügliche Gegenleistung handelt, gilt die zehnjährige Verjährungsfrist (§ 196 BGB); Verjährungsbeginn § 200 BGB.

Es sind die üblichen Rechtsmittel gegen Entscheidungen in Familienstreitsachen gegeben. → Form. L.III.5 Anm. 15.

9. Abweisungsantrag

An das

Familiengericht

. . . . .

In dem Verfahren

. . . . .

Verfahrensbevollmächtigte: Rechtsanwälte . . . . .

gegen

. . . . .

Verfahrensbevollmächtigte: Rechtsanwälte . . . . .

Az . . . . .

zeige ich an, dass ich die Antragsgegnerin vertrete.

Im Termin zur mündlichen Verhandlung werde ich beantragen,

den Antrag abzuweisen.

Begründung:

Der Antragsteller hat keinen Anspruch auf Zahlung des geltend gemachten Betrages.

Der Antrag ist abzuweisen, da die Beteiligten den Zugewinnausgleich ausdrücklich ausgeschlossen[1] haben. Diese Vereinbarung, die vor dem Notar geschlossen wurde, kann von dem Antragsteller nicht durch diesen Antrag unwirksam gemacht werden. Es ist nicht einzusehen, dass eine solche Gütertrennung, um deren Bedeutung der Antragsteller wusste, obsolet wird.

Die Antragsgegnerin hat dem Antragsteller die Immobilie ausdrücklich geschenkt[2] und aus dem Verhalten des Antragstellers ergeben sich keine Gründe, die einen Widerruf der Schenkung rechtfertigen würden.

Beide haben es einmal für richtig erachtet, dass der Antragsteller der Antragsgegnerin diese Leistung gewährt. Ein korrigierender Eingriff ist nicht gerechtfertigt, da die Beibehaltung weder unzumutbar noch unbillig ist. Der Antragsteller wird noch mindestens 10 Jahre im Berufsleben stehen und kann auch nach der Scheidung Vermögen erwerben und eine Altersvorsorge aufbauen.

Auch wenn man grundsätzlich zu einem Ausgleichsanspruch käme, kann dieser nicht in der geforderten Höhe[3] verlangt werden. Nach den einschlägigen Kriterien ist hier besonders zu berücksichtigen, dass . . . . .

Gegen den Anspruch spricht zudem die Herkunft des Vermögens. Nur durch die Mitarbeit der Ehefrau[4] und Antragsgegnerin bei der selbständigen Tätigkeit des Antragstellers kam es zu dem vorhandenen Vermögen. Die Antragsgegnerin hat für die entscheidenden gewinnträchtigen Geschäfte gesorgt. Im Einzelnen ist hierzu auszuführen . . . . .

Rechtsanwalt

Anmerkungen

1. Der Ausschluss des Zugewinnausgleiches durch **Ehevertrag** verhindert regelmäßig Ausgleichsansprüche (MüKoBGB/Münch BGB Vorb. § 1414 Rn. 6; BayObLG FamRZ 1961, 220; OLG Celle FamRZ 1997, 563). Der BGH hat auch nur in Fällen sehr grober Unbilligkeit Ausgleichsansprüche anerkannt. Nur wenn die Beibehaltung der durch eine Zuwendung an den anderen Ehegatten herbeigeführten Vermögensmehrung dem Zuwendenden überhaupt nicht zugemutet werden kann, erfolgt ein Ausgleich nach den Grundsätzen des Wegfalls der Geschäftsgrundlage (OLG Celle FamRZ 1997, 563). Der BGH hat in seinen Entscheidungen darauf abgestellt, dass einer Ausgleichspflicht ein besonderer Ausnahmefall zugrunde liegen muss.

2. Bei der Beurteilung, ob eine vermögensrechtliche Korrektur erforderlich ist, sind viele Kriterien zu berücksichtigen, zu denen der Anwalt ausführlich vortragen sollte. Neben den Einkommens- und Vermögensverhältnissen sind das die Dauer der Lebensgemeinschaft bzw. der Ehe, das Alter der Beteiligten, sowie Art und Umfang der erbrachten Leistung. Anspruchsbegrenzende Bedeutung hat die noch vorhandene Vermögensmehrung. Tilgt der Anspruchsteller ein Darlehen, so dürfte es hinsichtlich der Zinszahlungen an der noch vorhandenen Vermögensmehrung der Antragsgegnerin fehlen, da der Zinsanteil die laufenden Wohnkosten im täglichen Zusammenleben widerspiegelt und nicht mit einem Wertzuwachs der erworbenen Immobilie einhergeht (BGH FamRZ 2012, 1789 mAnm Hoppenz).

3. Die **Höhe des Ausgleichsbetrages** ist nur sehr schwierig zu bemessen (→ Form. L. III.8 Anm. 10). Sie steht unter der Prämisse, dass der Ausgleich die Funktion hat, den Wegfall der dauernden Mitnutzung der Leistungsergebnisse für die Zukunft angemessen zu entschädigen. Dies spricht gegen einen vollen Wertersatz. Im konkreten Fall wird umfangreich zu allen hiermit im Zusammenhang stehenden Kriterien vorzutragen sein, da klare Grundsätze nicht gegeben sind.

4. Die Mitarbeit der Ehefrau kann in besonderen Einzelfällen zu **gesellschaftsrechtlichen Ausgleichsansprüchen** führen. Dies gilt aber nur, wenn ein Ehegatte in besonderem Maße durch persönliche Leistungen das Vermögen des anderen vermehrt (eingehend: BGH NJW 1999, 2962 (2965); Haas FamRZ 2002, 205; Arens FamRZ 2000, 266 und Wever FamRZ 1996, 905 (910)). Die Mitarbeit muss von einer gewissen Dauer und Regelmäßigkeit sein oder gar die Beschäftigung einer anderen Arbeitskraft erspart haben. Gelegentliche oder kurzzeitige Hilfeleistungen genügen nicht (BGH NJW 1994, 2545). Besteht ein Anstellungsverhältnis im Betrieb des anderen Ehepartners, sind diese speziellen Ausgleichsansprüche nicht gegeben, da von einer entsprechenden Entlohnung auszugehen ist (OLG Bremen FamRZ 1999, 227).

Ausgleich von Kontoabhebungen

10. Verfahren wegen unberechtigter Abhebung vom gemeinsamen Konto

An das

Familiengericht[1]

. . . . .

Antrag

des . . . . . – Antragstellers –

Verfahrensbevollmächtigte: Rechtsanwälte[2] . . . . .

gegen

Frau . . . . . – Antragsgegnerin –

Verfahrensbevollmächtigte: Rechtsanwälte . . . . .

wegen unberechtigter Abhebung vom gemeinsamen Konto

Vorläufiger Verfahrenswert: . . . . .

Namens und in Vollmacht des Antragstellers werde ich beantragen:

1. **Die Antragsgegnerin wird verurteilt, an den Antragsteller . . . . . EUR nebst Zinsen in Höhe von 5 Prozentpunkten über dem Basiszinssatz seit dem . . . . . zu zahlen.**
2. **Die Antragsgegnerin hat die Kosten des Rechtsstreits zu tragen.**
3. **Sofern das Gericht das schriftliche Vorverfahren anordnet, wird für den Fall der Fristversäumnis beantragt,[3] die Antragsgegnerin durch Versäumnisurteil ohne mündliche Verhandlung zu verurteilen.**

Begründung:

Der Antragsteller begehrt von der Antragsgegnerin, seiner getrennt lebenden Ehefrau, die Zahlung eines Ausgleichsbetrages[4] im Hinblick auf mehrere unberechtigte Abhebungen vom gemeinsamen Girokonto.

Die Beteiligten sind noch miteinander verheiratet und hatten ein gemeinsames Konto[5] bei der Sparkasse . . . . ., über das beide Ehepartner jeweils allein verfügen konnten. Von diesem Konto wurden sämtliche Ein- und Ausgaben der Beteiligten getätigt. Sie leben seit dem . . . . . voneinander getrennt. Das Scheidungsverfahren ist anhängig bei . . . . .

Beweis: Beiziehung der Akten . . . . . des Familiengerichts . . . . .

Am . . . . ., also vier Monate vor der Trennung[6] hat die Antragsgegnerin von diesem Konto 1.000 EUR abgehoben, um hiermit Schmuck für sich zu kaufen. Der Antragsgegnerin war bekannt, dass der Antragsteller damit nicht einverstanden war, da diese Anschaffung bereits seit längerem zwischen den Beteiligten diskutiert wurde.

Beweis: . . . . .

Am . . . . . , also eine Woche nach der Trennung[7] hat die Antragsgegnerin einen weiteren Betrag von 1.500 EUR abgehoben, den sie nach eigenen Angaben je zur Hälfte für ihren Unterhalt und für die Einrichtung ihrer neuen Wohnung benötigte.[8]

Beweis: . . . . .

Der Antragsteller hat die Antragsgegnerin mit Schreiben vom . . . . . aufgefordert, an ihn einen Betrag von 1.250 EUR zu zahlen.

Beweis: Vorlage des Aufforderungsschreibens vom . . . . .

Dieser Betrag resultiert aus der Überlegung, dass die Eheleute während der Ehe ein gemeinsames Konto hatten und die Antragsgegnerin nicht berechtigt war, hiervon Beträge ohne Rücksprache mit dem Antragsteller abzuheben. Der von der Antragsgegnerin vereinnahmte Betrag von insgesamt 2.500 EUR steht mindestens zur Hälfte[9] dem Antragsteller zu. Der Antragsteller selbst hat während des hier fraglichen Zeitraumes nur die zum Lebensunterhalt notwendigen Beträge von dem Konto entnommen. Weiterhin ist auszuführen . . . . .

Die Antragsgegnerin hat die Zahlung des geforderten Betrages verweigert mit der Begründung . . . . . Hierzu ist zu sagen . . . . .

Die Antragsgegnerin wurde durch Schreiben vom . . . . . mit Fristsetzung zum . . . . . zur Zahlung aufgefordert. Sie schuldet daher Verzugszinsen,[10] §§ 286, 288 BGB, in Höhe von 5 Prozentpunkten über dem Basiszinssatz.

Rechtsanwalt[11, 12]

Anmerkungen

1. Der Ausgleichsanspruch wegen unberechtigter Abhebungen vom gemeinsamen Konto ist bei dem **Familiengericht** geltend zu machen, § 23a GVG, §§ 111 Abs. 1 Nr. 10, 266 Abs. 1 Nr. 3 FamFG.

Für die Vermögensauseinandersetzung von eingetragenen **Lebenspartnerschaften** gilt das Gleiche. Hier ist das Familiengericht zuständig nach § 23a GVG, §§ 111 Abs. 1 Nr. 11, 269 Abs. 2 Nr. 3 FamFG.

2. Anwaltliche Vertretung ist bei dem Familiengericht notwendig, § 114 FamFG. Die Rückforderung einer ehebedingten Zuwendung ist eine dem Anwaltszwang unterliegende Familienstreitsache.

3. Diese Nebenanträge sind auch zur eigenen Arbeitserleichterung mit aufzunehmen.

4. Im Zusammenhang mit der Trennung von Eheleuten sind **Abhebungen** vom gemeinsamen Konto durch einen Ehepartner oft gegeben. Eine Berücksichtigung bei der Berechnung des Unterhalts ist meistens nicht möglich (→ Form. L.III.10 Anm. 7 aE).

Für das Verhältnis zum Zugewinnausgleich gilt das → Form. L.III.5 Anm. 2 Gesagte. Danach ist das Verfahren für den Zugewinnprozess in der Regel ohne Bedeutung. Es ist aber genau zu prüfen, ob dieses Verfahren auf Zahlung notwendig ist, da bei Akzeptanz der Abhebung durch den Antragsteller die Beträge im Zugewinnausgleich jeweils einzustellen sind. Insbesondere bei größeren Summen, die nicht direkt dem Lebensunterhalt dienen und deshalb zu dem meist später liegenden Termin des Zugewinnausgleiches noch vorhanden sind, ist dies zu überlegen. Ein Beispiel: Endvermögen des Antragstellers: 100.000 EUR minus 30.000 EUR vom Konto abgehobener Betrag gleich: 70.000 EUR; Endvermögen der Antragsgegnerin: 30.000 EUR (abgehoben); Zugewinnausgleich: 20.000 EUR für Antragsgegnerin (plus 30.000 EUR Abhebung); alternativ: Endvermögen des Antragstellers nach Zahlung des Ausgleiches ($^1/_2$): 85.000 EUR (100.000 EUR minus 30.000 EUR Abhebung plus 15.000 EUR Ausgleichszahlung nach Prozess), Endvermögen der Antragsgegnerin: 15.000 EUR ($^1/_2$ Abhebung); Zugewinnausgleich: 50.000 EUR für Beklagte. In beiden Fällen zahlt der Antragsteller jeweils 50.000 EUR.

Instruktiv zum Verhältnis zwischen Ausgleichsanspruch und Zugewinn äußert sich der BGH (FamRZ 2002, 1696). Ob aber wie dort angedeutet, der Zugewinnausgleich ins Leere geht bei bestehender, aber nicht geltend gemachter schuldrechtlicher Ausgleichsforderung, erscheint fraglich.

5. Konten der Eheleute werden meist als sogenannte **„Oder-Konten"** geführt. Beide Beteiligten sind gleichberechtigte Kontoinhaber und können unabhängig voneinander allein über das Konto verfügen. Sie haben als Gesamtgläubiger, §§ 428 ff. BGB, ein eigenes Forderungsrecht gegenüber der Bank. Entscheidend für die Frage des Anteils jedes Ehegatten ist das Innenverhältnis der Eheleute, § 430 BGB. Das Guthaben ist grundsätzlich hälftig zu teilen, sofern die Beteiligten nichts anderes vereinbaren.

Teilweise andere Regelungen gelten, wenn lediglich ein Ehepartner Kontoinhaber ist und der andere Ehepartner nur über eine Kontovollmacht verfügt, ausführlich: → Form. L.III.11.

6. Abhebungen deutlich **vor der Trennung** können meistens nicht zurückgefordert werden. Sie sind im Zweifel von der Stellung als Mitinhaber bzw. vom Inhalt der Vollmacht gedeckt. Hier gelten ähnliche Grundsätze wie bei den Ansprüchen aus Gesamtschuldverhältnis (→ Form. L.III.5). Das Recht, vom Konto des Ehegatten Barabhebungen durchzuführen, dient regelmäßig der Verwirklichung der ehelichen Lebensgemeinschaft und hat das Zusammenleben der Ehegatten als Geschäftsgrundlage (LG Detmold FamRZ 2002, 670). Nach der Trennung können Meinungsdifferenzen nicht rückwirkend gerichtlich ausgefochten werden. Nur wenn die Abhebung in unmittelbarem inhaltlichem Zusammenhang mit der Trennung steht, können Ausgleichsansprüche bestehen.

Während intakter Ehe wird der Beweis für eine der Ausgleichspflicht entgegenstehende Gestaltung des Innenverhältnisses im Allgemeinen unproblematisch zu führen sein (Instruktiv: OLG Düsseldorf NJW-RR 1999, 1090 (1091); Wever Vermögensauseinandersetzung Rn. 568). Dies ist jedoch anders bei einem zweckgebundenen Konto (zB einem sog. Baukonto). Diesem kann die konkludente Abrede zugrunde liegen, dass Verfügungen über das Guthaben ausschließlich das Bauvorhaben betreffen (OLG Koblenz FamRZ 2018, 23).

7. Nach der Trennung können unberechtigte Abhebungen in der Regel zumindest hälftig zurückgefordert werden. Prinzipiell stehen bei einem „Oder-Konto" beiden Beteiligten die Guthaben **je zur Hälfte** zu, da sie Gesamtgläubiger, § 428 BGB, sind und im Innenverhältnis zu gleichen Teilen, § 430 BGB, berechtigt sind, sofern „nicht ein anderes bestimmt ist" (BGH NJW 2002, 3702; BGH NJW 2000, 2347; OLG Brandenburg FamRZ 2008, 2036). Bei solchen „Oder-Konten" kommt es weder auf die Herkunft der Mittel an noch darauf, aus welchen Gründen das Gemeinschaftskonto überhaupt errichtet worden ist. Im Rechtsstreit muss nur dargetan werden, dass dem anderen Gesamtgläubiger durch die Leistung der Bank mehr zugeflossen ist, als seinem hälftigen Anteil entspricht. Der in Anspruch genommene Ehepartner muss dann eine Gestaltung des Innenverhältnisses darlegen und notfalls **beweisen,** die eine andere als die vom Gesetz vermutete hälftige Beteiligung oder einen Ausschluss der Ausgleichspflicht ergibt (BGH NJW-RR 1993, 2; OLG Brandenburg FamRZ 2008, 2036). Ähnliches gilt auch bei einem gemeinsamen Wertpapierdepot (OLG Düsseldorf NJW-RR 1998, 918).

Ein Ausgleichsanspruch bei Verfügungen über mehr als die Hälfte des Kapitals (BGH NJW 1990, 705) besteht aber dann nicht, wenn es um eine Geldentnahme geht, die mit den früheren gemeinsamen Vorstellungen der Ehegatten im Einklang steht und auch jetzt noch dem mutmaßlichen Willen des anderen Ehepartners entspricht. Wenn also nach der Trennung Beträge im früheren Umfang zum **Unterhalt** der Restfamilie entnommen werden, löst dies keinen Ausgleichsanspruch aus (vgl. BGH NJW-RR 1989, 834). Diese Beträge können dann aber auf den Unterhalt angerechnet werden, da insoweit Erfüllung eingetreten ist. Oftmals ist diese „Verrechnung" sinnvoller als einen Ausgleichsanspruch geltend zu machen, der kaum vollstreckbar ist (vgl. Wever Vermögensauseinandersetzung Rn. 550). Eine Aufrechnung mit dem Ausgleichsanspruch gegen Unterhaltsansprüche ist meist nicht möglich, § 394 BGB, § 850d ZPO (ausführlich: Wohlfahrt FamRZ 2001, 1185).

8. Der Einwand, das Geld für einen „sinnvollen" Zweck benötigt zu haben, berechtigte nicht zur „Selbstbedienung". Gerade im Zusammenhang mit einer Trennung wird von beiden Ehepartnern dringend Geld benötigt für wichtige Anschaffungen. Hier kann nicht der „Schnellere" belohnt werden (→ Anm. 6, 7).

9. Der Ausgleichsanspruch ist in Höhe der **Hälfte der Abhebungen** geltend zu machen, da das Guthaben beiden Beteiligten je zur Hälfte zusteht, § 428 BGB, und damit nur über die Hälfte des anderen Ehepartners unberechtigt verfügt wurde. Für abweichende Vereinbarungen muss der in Anspruch genommene Ehepartner den Beweis führen (Instruktiv: OLG Düsseldorf NJW-RR 1999, 1090 (1091)). Hier gelten entsprechend die zur gesamtschuldnerischen Haftung (→ Form. L.III.5) entwickelten Grundsätze. Ausnahmen gibt es bei Unterhalt (→ Form. L.III.10 Anm. 7 aE).

10. → Form. L.III.5 Anm. 13.

Kosten und Gebühren

11. Das Verfahren ist sowohl bezüglich der Gerichtskosten als auch der Anwaltsgebühren eine normale Familienstreitsache. Ergänzend ist auf die Anmerkung zu → Form. L.III.5 zu verweisen.

Fristen und Rechtsmittel

12. Spezielle prozessuale Fristen sind für das Verfahren nicht zu beachten. Da zivilrechtliche Ausgleichsansprüche erhoben werden, gilt eine Verjährungsfrist von drei Jahren, § 195 BGB. Die Verjährung ist gehemmt, solange die Ehe besteht, § 207 BGB. Es handelt sich nicht um einen familienrechtlichen Anspruch, § 197 Abs. 1 Nr. 2 BGB, mit dreißigjähriger Frist (Büttner FamRZ 2002, 361). Es sind die üblichen Rechtsmittel gegen Entscheidungen in Familienstreitsachen gegeben → Form. L.III.5 Anm. 15.

11. Verfahren wegen unberechtigter Abhebung vom Konto des Ehepartners

An das

Familiengericht[1]

. . . . .

Antrag

des . . . . . – Antragstellers –

Verfahrensbevollmächtigte: Rechtsanwälte[2] . . . .

gegen

Frau . . . . . – Antragsgegnerin –

Verfahrensbevollmächtigte: Rechtsanwälte . . . .

wegen unberechtigter Abhebung vom Konto des Antragstellers

Vorläufiger Verfahrenswert: . . . . .

Namens und in Vollmacht des Antragstellers werde ich beantragen:

1. Die Antragsgegnerin wird verurteilt, an den Antragsteller . . . . EUR nebst Zinsen in Höhe von 5 Prozentpunkten über dem Basiszinssatz seit dem . . . . zu zahlen.
2. Die Antragsgegnerin hat die Kosten des Rechtsstreits zu tragen.
3. Sofern das Gericht das schriftliche Vorverfahren anordnet, wird für den Fall der Fristversäumnis beantragt,[3] die Antragsgegnerin durch Versäumnisurteil ohne mündliche Verhandlung zu verurteilen.

Begründung:

Der Antragsteller begehrt von der Antragsgegnerin, seiner getrennt lebenden Ehefrau, die Zahlung eines Ausgleichsbetrages[4] im Hinblick auf mehrere unberechtigte Abhebungen von seinem Girokonto.

Die Beteiligten waren miteinander verheiratet und der Antragsteller hatte ein Konto[5] bei der Sparkasse . . . . ., bei dem er alleiniger Inhaber war. Die Antragsgegnerin hatte eine Vollmacht, um über dieses Konto zu verfügen. Von diesem Konto wurden sämtliche Ein- und Ausgaben der Beteiligten getätigt. Sie leben seit dem . . . . . voneinander getrennt. Das Scheidungsverfahren ist anhängig.

Beweis: Beiziehung der Akten . . . . . des Familiengerichts . . . . .

Am . . . . ., also sechs Monate vor der Trennung[6] hat die Antragsgegnerin von diesem Konto 3.000 EUR abgehoben, um hiermit Schmuck für sich zu kaufen. Der Antragsgegnerin war bekannt, dass der Antragsteller damit nicht einverstanden war, da diese Anschaffung bereits seit längerem zwischen den Beteiligten diskutiert wurde.

Beweis: . . . . .

Am . . . . ., also eine Woche nach der Trennung[7] hat die Antragsgegnerin einen weiteren Betrag von 2.000 EUR abgehoben, den sie nach eigenen Angaben je zur Hälfte für ihren Unterhalt und für die Einrichtung ihrer neuen Wohnung benötigte.[8]

Beweis: . . . . .

Der Antragsteller hat die Antragsgegnerin mit Schreiben vom . . . . . aufgefordert, an ihn den mit der Klage geltend gemachten Betrag[9] zu zahlen.

Beweis: Vorlage des Aufforderungsschreibens vom . . . . .

Die Beklage war nicht Inhaber des Kontos und daher nicht berechtigt, ohne dessen Einverständnis darüber zu verfügen.

Die Antragsgegnerin hat die Zahlung des geforderten Betrages verweigert mit der Begründung . . . . . Hierzu ist zu sagen . . . . .

Die Antragsgegnerin wurde durch Schreiben vom . . . . . mit Fristsetzung zum . . . . . zur Zahlung aufgefordert. Sie schuldet daher Verzugszinsen,[10] §§ 286, 288 BGB, in Höhe von 5 Prozentpunkten über dem Basiszinssatz.

Rechtsanwalt[11, 12]

Anmerkungen

1. **Zuständig** ist das Familiengericht, → Form. L.III.5 Anm. 1.

2. **Anwaltliche Vertretung** ist bei dem Familiengericht notwendig, § 114 FamFG.

3. Diese Nebenanträge sind auch zur eigenen Arbeitserleichterung mit aufzunehmen.

4. Bei der Trennung von Eheleuten kommt es oft zu streitigen **Abhebungen** vom Konto des anderen Partners. Direkte Konflikte mit dem Anspruch auf Zugewinnausgleich sind nicht gegeben, → Form. L.III.8 Anm. 4.

Teilweise andere Regelungen gelten für sogenannte „Oder-Konten", bei denen beide Beteiligten gleichberechtigte Kontoinhaber sind und unabhängig voneinander allein über das Konto verfügen können, ausführlich → Form. L.III.8.

5. Der Inhaber eines **Einzelkontos** ist alleiniger Gläubiger der Guthabensforderung und gegebenenfalls Schuldner des Negativsaldos gegenüber der Bank. Dem anderen Partner ist durch die erteilte **Bankvollmacht** in der Regel im Außenverhältnis unbegrenzte Verfügungsmacht erteilt. Im Innenverhältnis ermöglicht diese Vollmacht regelmäßig nur Verfügungen, die zur gemeinsamen Lebensführung notwendig sind.

Eine andere Situation ist gegeben, wenn beide Eheleute auf ein Einzelkonto einzahlen und sich darüber einig sind, dass die Ersparnisse beiden gemeinsam zugutekommen sollen. Es entsteht dann stillschweigend eine Bruchteilsgemeinschaft, § 741 BGB, an dem Sparkonto (vgl. BGH NJW 2002, 3702; BGH NJW 2000, 2347; FamRZ 2000, 948; OLG Celle FamRB 2007, 321 mAnm Heinle = FamRZ 2007, 826; OLG Bremen NJW-RR 2005, 1667). Hier sei regelmäßig nach § 742 BGB eine hälftige Beteiligung anzunehmen. Bei der Verwaltung des gemeinsamen Vermögens durch einen Partner entstehe kein Auftragsverhältnis iSd §§ 662 ff. BGB (BGH FamRZ 2002, 1696).

Bei einmaliger Zahlung eines größeren Betrages auf das Konto kann auch eine ehebezogene Zuwendung vorliegen (→ Form. L.III.8).

6. Abhebungen **vor der Trennung** können meistens nicht zurückgefordert werden. Sie sind im Zweifel vom Inhalt der Vollmacht gedeckt. Hier gelten ähnliche Grundsätze wie bei den Ansprüchen aus Gesamtschuldverhältnis (→ Form. L.III.5) und gemeinschaftlichem Konto (→ Form. L.III.8). Das Recht, vom Konto des Ehegatten Barabhebungen durchzuführen, dient regelmäßig der Verwirklichung der ehelichen Lebensgemeinschaft und hat das Zusammenleben der Ehegatten als Geschäftsgrundlage (LG Detmold FamRZ 2002, 670). Nach der Trennung können nicht rückwirkend die unterschiedlichen Meinungsdifferenzen gerichtlich ausgefochten werden.

Nur wenn die Abhebung in unmittelbarem Zusammenhang mit der Trennung steht, können Ausgleichsansprüche bestehen (vgl. OLG Düsseldorf FamRZ 1992, 439; OLG Bamberg FamRZ 1991, 1058). Dies kann beim zweckgebundenen Konto anders sein (OLG Koblenz FamRZ 2018, 23). Die der Kontovollmacht ausdrücklich oder stillschweigend zugrundeliegende Vereinbarung deckt Verfügungen des bevollmächtigten Ehegatten nicht, die dieser vornimmt, um damit eigene Bedürfnisse im Zusammenhang mit einer von ihm beabsichtigten Trennung von dem anderen Ehepartner zu finanzieren.

Beweispflichtig ist der Kontoinhaber für die Abhebung und die fehlende Berechtigung (vgl. Wever Vermögensauseinandersetzung Rn. 551). Während intakter Ehe wird der Beweis für eine der Ausgleichspflicht entgegenstehende Gestaltung des Innenverhältnisses im Allgemeinen unproblematisch zu führen sein (Instruktiv: OLG Düsseldorf NJW-RR 1999, 1090 zur vergleichbaren Situation bei gemeinschaftlichem Konto).

7. Nach einer Trennung sind Abhebungen unabhängig von einem förmlichen Widerruf der Vollmacht nicht mehr erlaubt (BGH NJW-RR 1989, 834). Sie begründen Schadensersatzansprüche. Als Rechtsgrundlage dafür werden angenommen: § 242 BGB (AG Grevenbroich FamRZ 2006, 1679), aus angemaßter Eigengeschäftsführung, § 687 Abs. 2 BGB, Schadensersatz wegen Pflichtverletzung, § 280 BGB, des Kontovollmachtvertrages und aus ungerechtfertigter Bereicherung in sonstiger Weise gemäß § 812 Abs. 1 S. 1 Alt. 2 BGB zu. Es können zudem Ansprüche aus § 826 BGB bestehen (vgl. OLG Frankfurt a. M. FamRZ 2000, 1215). Weiter ist an § 823 Abs. 2 BGB iVm § 266 StGB oder Pflichtverletzung, § 280 BGB, zu denken (BGH FamRZ 1988, 476).

Nur in Ausnahmefällen sind eine Modifizierung und ein Fortbestehen der Verfügungsbefugnis in eingeschränktem Umfang gegeben. Der andere Ehegatte kann ein berechtigtes Interesse daran haben, die Verfügungsbefugnis nicht unvermittelt zu verlieren, wenn er sich im Einvernehmen mit seinem Ehepartner darauf eingerichtet und im gerechtfertigten Vertrauen auf ihren Fortbestand Dispositionen getroffen hatte, die er nicht ohne weiteres wieder rückgängig machen oder ändern kann. Im Allgemeinen wird sich die Befugnis mit der Trennung dahin einschränken, dass der Ehegatte nur noch solche Verfügungen über das Konto treffen darf, die nicht nur mit den früheren gemeinsamen Vorstellungen in Einklang stehen, sondern auch nach der Trennung weiterhin dem mutmaßlichen Willen des Ehepartners, der Kontoinhaber ist, entsprechen (BGH NJW-RR 1989, 834). Zu denken ist hier beispielsweise an maßvolle Abhebungen vom Konto des Alleinverdieners, um den **Unterhalt** der übrigen Familienmitglieder zu decken (vgl. Schulz/Hauß Vermögensauseinandersetzung Rn. 440). Diese Beträge können dann aber auf den Unterhalt angerechnet werden, da insoweit Erfüllung eingetreten ist. Oftmals ist diese „Verrechnung“ sinnvoller als einen Ausgleichsanspruch geltend zu machen, der kaum vollstreckbar ist (vgl. Wever Vermögensauseinandersetzung Rn. 550 und → Form. L.III.10 Anm. 7). Eine Aufrechnung mit dem Ausgleichsanspruch gegen Unterhaltsansprüche ist meist nicht möglich, § 394 BGB, § 850d ZPO (ausführlich: Wohlfahrt FamRZ 2001, 1185).

Beweispflichtig ist der Kontoinhaber für die Abhebung. Der andere Ehegatte muss dann seine Berechtigung belegen (vgl. Wever Vermögensauseinandersetzung Rn. 551; instruktiv: OLG Düsseldorf NJW-RR 1999, 1090 zur vergleichbaren Situation bei gemeinschaftlichem Konto).

8. Der Einwand, das Geld für einen „sinnvollen“ Zweck benötigt zu haben, berechtigt nicht zur „Selbstbedienung“. Gerade im Zusammenhang mit einer Trennung wird von beiden Ehepartnern dringend Geld für wichtige Anschaffungen benötigt. Hier kann nicht der „Schnellere“ belohnt werden. → Anm. 6, 7.

9. Der Ausgleichsanspruch ist in Höhe des bezogenen Betrages geltend zu machen, da das Guthaben einem Partner allein zusteht. Ausnahmen gelten im Zusammenhang mit dem Unterhalt und bei berechtigten Abhebungen (→ Anm. 7). Anders als bei dem gemeinschaftlichen Konto (→ Form. L.III.10) gilt hier keine hälftige Aufteilung, sondern meist ein „Alles oder Nichts“.

10. → Form. L.III.5 Anm. 13.

Kosten und Gebühren

11. Das Verfahren ist sowohl bezüglich der Gerichtskosten als auch bezüglich der Anwaltsgebühren eine normale Familienstreitsache. Ergänzend → Form. L.III.5.

Fristen und Rechtsmittel

12. Spezielle prozessuale Fristen sind für das Verfahren nicht zu beachten. Da zivilrechtliche Ausgleichsansprüche erhoben werden, gilt eine Verjährungsfrist von drei Jahren, § 195 BGB. Die Verjährung ist gehemmt, solange die Ehe besteht, § 207 BGB. Es handelt sich nicht um einen familienrechtlichen Anspruch, § 197 Abs. 1 Nr. 2 BGB, mit dreißigjähriger Frist (Büttner FamRZ 2002, 361).

Es sind die üblichen Rechtsmittel gegen zivilgerichtliche Entscheidungen gegeben. → Form. L.III.5 Anm. 15.

12. Abweisungsantrag

An das

Familiengericht

. . . . .

In dem Verfahren

. . . . .

Verfahrensbevollmächtigte: Rechtsanwälte . . . . .

gegen

. . . . .

Verfahrensbevollmächtigte: Rechtsanwälte . . . . .

Az. . . . .

zeige ich an, dass ich die Antragsgegnerin vertrete.

Im Termin zur mündlichen Verhandlung werde ich beantragen,

den Antrag abzuweisen.

Außerdem beantrage ich, meiner Mandantin Verfahrenskostenhilfe[1] zu bewilligen und ihr den Unterzeichnenden als Rechtsanwalt beizuordnen.

Begründung:

Der Antragsteller hat keinen Anspruch auf Zahlung des geltend gemachten Betrages.

Der Antrag ist abzuweisen, soweit die Antragsgegnerin lange vor der Trennung[2] Beträge mit Einverständnis des Antragstellers abgehoben hat. Im Einzelnen ist hierzu auszuführen . . . . .

Auch aus rechtlichen Gründen kann der Antragsteller nicht die Rückzahlung verlangen. Selbst wenn er mit der Verwendung des Geldes nicht einverstanden war, könnte ein so lange zurückliegender Vorfall nicht zu Ausgleichsansprüchen führen. Nicht alle Differenzen[3] der Beteiligten über die Verwendung des Einkommens können gerichtlich im Nachhinein geklärt werden. Die zu diesem Zeitpunkt bestehende Lebensgemeinschaft steht dem entgegen.

Das Geld auf dem Konto war außerdem letztlich das Guthaben der Antragsgegnerin,[4] da sich zu diesem Zeitpunkt nur ihr Gehalt dort befand. Von dem letzten Monatslohn des Antragstellers war nichts mehr vorhanden, da hiervon . . . . . bezahlt wurden.

Der Antrag ist weiterhin abzuweisen, da die Antragsgegnerin sich von dem Konto nur den ihr zustehenden Unterhalt[5] geholt hat. Der Antragsteller hat seine Unterhaltszahlungen in Höhe von . . . . . EUR erst am . . . . . aufgenommen, obwohl er bereits durch Schreiben vom . . . . . zu monatlichen Zahlungen in Höhe von . . . . . EUR aufgefordert worden war. Zur Höhe des entnommenen Betrages ist zu sagen, dass dieser sich im Rahmen dessen hielt, was auch in den Monaten des Zusammenlebens von der Antragsgegnerin einverständlich abgehoben wurde. Es handelte sich um folgende Beträge . . . . .

Hilfsweise ist vorzutragen, dass der Antragsteller der Antragsgegnerin nicht eine unberechtigte Abhebung vorwerfen kann, da er selbst einen ähnlich hohen Betrag des Kontos zu eigenen Zwecken entnommen hat.

Beweis: Vorlage der Kontoauszüge

Von diesem Geld ist er mit seiner neuen Freundin in Urlaub gefahren. Hier bestünden umgekehrt[6] Ausgleichsansprüche der Antragsgegnerin. Im Einzelnen . . . . .

Hilfsweise erklärt die Antragsgegnerin mit einem Anspruch auf Zahlung einer Nutzungsentschädigung iHv monatlich . . . . . EUR für die Monate . . . . . die Aufrechnung, weil der Antragsteller im genannten Zeitraum das jeweils im hälftigen Miteigentum der Beteiligten stehende Familienheim bewohnt hat.[8]

Die Antragsgegnerin ist nicht in der Lage, die Verfahrenskosten zu tragen und die Verteidigung gegen den Antrag hat hinreichende Aussicht auf Erfolg. Im Übrigen wird auf die beigefügte[7] Erklärung zu den persönlichen und wirtschaftlichen Verhältnissen Bezug genommen.

Rechtsanwalt

Anmerkungen

1. In den meisten Familiensachen sind die Einkommensverhältnisse so, dass bei entsprechender Erfolgsaussicht auf Antrag **Verfahrenskostenhilfe** zumindest mit Ratenzahlung zu bewilligen ist.

2. Für den Zeitraum des Bestehens der ehelichen Lebensgemeinschaft, also in der Regel **bis zur Trennung** besteht meist kein Ausgleich wegen unberechtigter Abhebungen (→ Form. L.III.10 Anm. 6 und → Form. L.III.11 Anm. 6). Das Recht, vom Konto des Ehegatten Barabhebungen durchzuführen, dient regelmäßig der Verwirklichung der ehelichen Lebensgemeinschaft und hat das Zusammenleben der Ehegatten als Geschäftsgrundlage. Die Beteiligten haben letztlich noch zusammengelebt und nicht alle wirtschaftlich unsinnigen Handlungen eines Ehepartners begründen einen späteren Ausgleich.

3. Der rückwirkende Ausgleich wird auf einige Ausnahmefälle bei besonders treuwidrigen Handlungen des Ehepartners, der die Abhebungen getätigt hat, beschränkt bleiben.

4. Für die Zeit vor der Trennung ist es im Allgemeinen unerheblich, **woher das Guthaben** auf dem Konto stammt, sofern es sich um ein „Familienkonto" handelt, bei dem auch während der Ehe beide Eheleute Zugang hatten und gleichberechtigt verfügt haben. Dabei spielt es keine Rolle, dass lediglich ein Ehepartner Einkommen erzielt, sofern es sich um Familieneinkommen handelt (Instruktiv: OLG Düsseldorf NJW-RR 1999, 1090 (1091)).

Anders ist die Situation, wenn zB beide Ehepartner jeweils ein Konto haben, über das sie im Wesentlichen allein verfügen, auch wenn jeweils der andere Ehepartner Mitinhaber ist. Dann kann man nicht nur von einer hälftigen Ausgleichspflicht ausgehen. Gleiches gilt, wenn ein nennenswerter Betrag auf das Konto gekommen ist, der aus einer alleinigen Forderung eines Ehegatten stammt und erkennbar nicht der allgemeinen Lebensführung dient (vgl. OLG Brandenburg FamRZ 1997, 363).

5. Die Verpflichtung, **Unterhalt** zu zahlen, spielt meistens bei Abhebungen vom gemeinsamen Konto eine Rolle. Sofern sich die Abhebungen im Rahmen dessen halten, was auch zu Zeiten des Zusammenlebens vom Konto für den Lebensunterhalt entnommen wurde, sind Ausgleichsansprüche nicht gegeben. Diese Beträge sind aber auf einen Unterhaltsanspruch anzurechnen (vgl. BGH NJW-RR 1989, 834), da insoweit Erfüllung eingetreten ist. Oftmals ist diese „Verrechnung" sinnvoller als einen Ausgleichsanspruch geltend zu machen, der kaum vollstreckbar ist (vgl. Wever Vermögensauseinandersetzung Rn. 550 und → Form. L.III.10 Anm. 4).

6. Treuwidrig handelt ein Ehepartner, wenn er vom anderen Ausgleich verlangt und seinerseits eigentlich auch ausgleichspflichtig ist. Der „dolo-agit-Einwand" kann ihm hier entgegengehalten werden.

7. Die Erklärung zu den persönlichen und wirtschaftlichen Verhältnissen nebst den erforderlichen Belegen sollte auch zur eigenen Arbeitserleichterung bereits mit der Antragserwiderung und nicht erst mit einem späteren Schriftsatz vorgelegt werden.

8. Die Hilfsaufrechnung mit einem Anspruch auf Nutzungsvergütung gegen den in der Wohnung Verbliebenen ist nicht deshalb verwehrt, weil dieser in einem anhängigen Unterhaltsverfahren den Vorteil des mietfreien Wohnens einbezogen hat (OLG Bremen FamRZ 2014, 1299). Es ist allerdings darauf zu achten, dass es nicht zu einer Doppelverwertung kommt. Eine Aufrechnung mit einem Zugewinnausgleichsanspruch wäre aber bspw. dann nicht gestattet, wenn die Abhebung sittenwidrig gewesen wäre (vgl. KG FamRZ 2025, 585).

Ansprüche aus Mitarbeit

13. Verfahren wegen „Ehegatteninnengesellschaft"

An das

Familiengericht[1]

. . . . .

Antrag

des . . . . . – Antragstellers –

Verfahrensbevollmächtigte: Rechtsanwälte[2] . . . . .

gegen

Frau . . . . . – Antragsgegnerin –

Verfahrensbevollmächtigte: Rechtsanwälte . . . . .

wegen Ansprüchen aus einer sogenannten „Ehegatteninnengesellschaft"

Vorläufiger Verfahrenswert: . . . . .

Namens und in Vollmacht des Antragstellers werde ich beantragen:

1. **Die Antragsgegnerin wird verurteilt, an den Antragsteller . . . . . EUR nebst Zinsen in Höhe von 5 Prozentpunkten über dem Basiszinssatz seit dem . . . . . zu zahlen.**
2. **Die Antragsgegnerin hat die Kosten des Rechtsstreits zu tragen.**
3. **Sofern das Gericht das schriftliche Vorverfahren anordnet, wird für den Fall der Fristversäumnis beantragt,[3] die Antragsgegnerin durch Versäumnisurteil ohne mündliche Verhandlung zu verurteilen.**

Begründung:

Der Antragsteller begehrt von der Antragsgegnerin einen Ausgleich für seine Mitarbeit an dem Aufbau des gemeinsam erwirtschafteten Vermögens,[4] das allein im Eigentum der Ehefrau steht.

Die Beteiligten waren seit . . . . . miteinander verheiratet und lebten seit dem . . . . . getrennt. Aus der Ehe sind . . . . . inzwischen volljährige und wirtschaftlich selbständige Kinder hervorgegangen. Die Ehe wurde durch rechtskräftiges Urteil des Amtsgerichts . . . . . vom . . . . . geschieden. Durch Ehevertrag vom . . . . . haben die Beteiligten Gütertrennung[5] vereinbart.

In den vergangenen Jahren waren beide Ehepartner berufstätig. Der Antragsteller arbeitete als selbstständiger Kaufmann. Das Ladengeschäft ist zwischenzeitlich wegen fehlender Rentabilität geschlossen.

Während der Ehe entstand bei der Antragsgegnerin ein Vermögen[6] mit Immobilien im Wert von . . . . . Die dazu notwendigen Mittel stammten im Wesentlichen vom Antragsteller, der auch bei dem Erwerb und der Verwaltung mitwirkte. Im Einzelnen ist auszuführen . . . . .

Mit der Anschaffung der vermieteten Immobilien verfolgten die Beteiligten den Zweck, eine gemeinsame zusätzliche Einkommensquelle im Alter zu haben ..... Sie waren sich einig darin, die jeweils erzielten Überschüsse wieder in dieser Weise anzulegen.

Die rein formale Zuordnung des Vermögens erfolgte ursprünglich einmal aus haftungsrechtlichen Gründen, spielte aber in der Folgezeit keine Rolle mehr. Beide Ehepartner wollten gemeinsam Vermögen bilden .....

Es handelte sich bei der Arbeit des Antragstellers nicht lediglich um Tätigkeiten im Rahmen der üblichen ehelichen Mitarbeit. Seine finanziellen und persönlichen Beiträge gingen weit darüber hinaus und erfolgten nicht um der Ehe willen, sondern im eigenen Interesse .....

Die Forderung berechnet sich nach der Höhe[7] des hälftigen Wertes des gemeinsam erwirtschafteten Vermögens zum Zeitpunkt der Trennung. Hierzu ist auszuführen .....

Die Antragsgegnerin wurde durch Schreiben vom ..... unter Fristsetzung zum ..... aufgefordert, den hier geltend gemachten Betrag an den Antragsteller zu zahlen. Sie verweigert die Zahlung und führt hierzu aus ..... Dazu ist zu sagen, ...

Der Anspruch des Antragstellers ist begründet, da eine sogenannte „Ehegatteninnengesellschaft"[8] bestand. Nach der Rechtsprechung des BGH (NJW 1999, 2962 = FamRZ 2024, 841) bestehen hier Ansprüche auf Auseinandersetzung einer zwischen den Ehegatten stillschweigend begründeten sogenannten Innengesellschaft nach den gesellschaftsrechtlichen Regelungen der §§ 722, 730 ff. BGB.

Die Ehegatten verfolgten mit den Investitionen in die Immobilien einen über die Verwirklichung der ehelichen Lebensgemeinschaft hinausgehenden Zweck. Die Mitarbeit und die finanzielle Beteiligung des Antragstellers erfolgten nicht um der Ehe willen, sondern im eigenen Interesse. Er hat damit einen Anspruch auf Geldzahlung in Höhe des Wertes seiner Beteiligung an dem gemeinsam erworbenen Vermögen. In entsprechender Anwendung von § 722 BGB ist dies die Hälfte, da beide Beteiligten in gleicher Weise an dem Vermögen teilhaben sollten.
Die Antragsgegnerin wurde durch Schreiben vom ..... mit Fristsetzung zum ..... vergeblich zur Zahlung aufgefordert. Sie schuldet daher Verzugszinsen,[9] §§ 286, 288 BGB, in Höhe von 5 Prozentpunkten über dem Basiszinssatz.

Rechtsanwalt[10, 11]

Anmerkungen

1. Zuständig ist das **Familiengericht**, § 23a GVG, §§ 111 Abs. 1 Nr. 10, 266 Abs. 1 Nr. 3 FamFG.

2. Anwaltliche Vertretung ist bei dem Familiengericht notwendig, § 114 FamFG. Die hier geltend gemachten Ausgleichsansprüche sind dem Anwaltszwang unterliegende Familienstreitsachen.

3. Diese Nebenanträge sind auch zur eigenen Arbeitserleichterung mit aufzunehmen.

4. Die Ehegatten haben Vermögen geschaffen, das formal einer Partei zugeordnet ist. In vielen Ehen arbeitet der eine Ehegatte im Tätigkeitsbereich des anderen mit bzw. beteiligt sich am Aufbau von dessen Vermögen.

Abzugrenzen ist gegen eine im **Rahmen der Ehe** erfolgende Zusammenarbeit, die zu unterschiedlichen Endvermögen bei Gütertrennung führt. Die in diesem Kapitel dargestellten Ausgleichsansprüche sollen nicht zu einer allgemeinen Umgehung des Güterrechts führen. Lediglich besondere Situationen rechtfertigen einen Zahlungsanspruch (BGH NJW 1999, 2962). Die erwiesenen Dienste oder Leistungen müssen über Gefälligkeiten hinausgehen und nicht lediglich im Rahmen der gegenseitigen Beistands- oder Unterstützungspflichten erfolgen (vgl. BGH FamRZ 1982, 910; OLG Düsseldorf FamRZ 2019, 190). Bei Fällen mit Auslandsberührung ist Art. 25 Abs. 1 EuGüVO zu beachten. Demnach bedarf eine Vereinbarung über den ehelichen Güterstand mindestens der Schriftform. Die Errichtung einer Ehegatteninnengesellschaft kann als Teil des Nebengüterrechts güterrechtlich zu qualifizieren sein (vgl. Döbereiner/Frank, Internationales Güterrecht für die Praxis E Rn. 346).

Abzugrenzen ist zudem gegen die **ehebezogene Zuwendung,** wenn lediglich eine finanzielle Leistung erfolgt. Der BGH (NJW 1999, 2962 = FamRZ 1999, 1580) führt dazu aus: „Ehebezogene Zuwendungen sind schon von ihrem begrifflichen Ansatz her auf Fälle zugeschnitten, in denen das Element des Gebens um der persönlichen Bindung der Ehepartner willen im Vordergrund steht. Ihre Geschäftsgrundlage wird gerade damit erklärt, dass sie „um der Ehe willen" gemacht werden. Ihre Zielrichtung beschränkt sich darauf, die eheliche Lebensgemeinschaft zu verwirklichen. Daher sind sie auch anfangs überwiegend in solchen Fällen angenommen worden, in denen es lediglich um die Schaffung eines Familienheims als Basis für die Führung der Ehe ging." Für die Rückforderung solcher Zuwendungen gibt es eigene Ansprüche (→ Form. L.III.8).

Die **Mitarbeit im Betrieb** des anderen Partners ohne gleichberechtigte partnerschaftliche Zusammenarbeit führt eventuell zu Ansprüchen wegen Wegfalls der Geschäftsgrundlage (→ Form. L.III.14).

5. Der hier dargestellte Anspruch aus Ehegattenmitarbeit wird meist nur bei Gütertrennung einschlägig sein. Wenn ein Zugewinnausgleich stattfindet, führt dieser zu billigen Ergebnissen (BGH FamRZ 1986, 558). Ein separat geltend gemachter Ausgleichsanspruch wäre in die Zugewinnbilanz einzustellen und in voller Höhe zu berücksichtigen. Dadurch würde er sich am Ende wirtschaftlich nicht auswirken (vgl. mit Rechenbeispielen Schulz/Hauß Vermögensauseinandersetzung Rn. 1672 ff.; → Form. L.III.10 Anm. 4 zu vergleichbarer Situation; ausführlich: Wall FamRB 2010, 348; Herr FamRB 2011, 86). Lediglich bei negativem Endvermögen des Anspruchstellers ist eine andere Betrachtung geboten. Über die Innengesellschaft ist ein gegenüber dem Zugewinnausgleich früherer Ausgleich möglich (vgl. Herr FamRB 2011, 258)

6. Eine Vermögensbildung durch beide Ehepartner bei einem von ihnen kann eine **„Ehegatteninnengesellschaft"** sein und Ausgleichsansprüche begründen (Münch FamRZ 2004, 233; zur Dogmatik: Haas FamRZ 2002, 205). Der BGH (instruktiv: BGH FamRZ 2024, 841) führt aus:

Für das Zustandekommen einer solchen Ehegatteninnengesellschaft durch konkludenten Vertragsschluss kommt es dabei maßgeblich darauf an, welche **Zielvorstellungen die Ehegatten** mit einer Vermögensbildung verfolgen, insbesondere ob sie mit ihrer Tätigkeit einen über die bloße Verwirklichung der ehelichen Lebensgemeinschaft hinausgehenden Zweck erreichen wollen, und ob ihrem Tun die Vorstellung zugrunde liegt, dass das gemeinsam geschaffene Vermögen wirtschaftlich betrachtet nicht nur dem formal Berechtigten, sondern auch dem anderen Ehegatten zustehen soll. Indizien für eine nach gesellschaftsrechtlichen Grundsätzen zu bewertende Zusammenarbeit der Ehegatten, die einen zumindest schlüssig zustande gekommenen Vertrag erfordert, können sich beispielsweise aus der Planung, dem Umfang und der Dauer der Vermögensbildung sowie aus Absprachen über die Verwendung und Wiederanlage erzielter Erträge ergeben (vgl. Senatsurteile, BGHZ 155, 249 = FamRZ 2003, 1454, 1456 mAnm. Wever, mwN, und v. 3.2.2016 – XII ZR 29/13 –, FamRZ 2016, 965 mAnm Wever Rz. 23, mwN).

Ein Zusammenschluss zu einer Ehegatteninnengesellschaft durch schlüssiges Verhalten ist dabei nur dann anzunehmen, wenn aus dem Verhalten der Ehegatten deren Wille deutlich wird, neben der ehelichen Gemeinschaft eine **rechtliche Bindung gesellschaftsrechtlicher Art** einzugehen, wobei sie sich dieser rechtlichen Einordnung nicht bewusst sein müssen.

Gegen einen auf Gründung einer Ehegatteninnengesellschaft gerichteten Rechtsbindungsweillen der Ehegatten kann sprechen, wenn Motiv der Übertragung des Vermögens auf den anderen Ehegatten die Verwehrung des Zugriffs möglicher Gläubiger ist (BGH a.a.O). Ein weiteres gegen das Zustandekommen einer Innengesellschaft sprechendes Indiz ist die vertragliche Regelung der geschäftlichen Aktivität (AG Kehl FamRZ 2016, 2014). Die Vereinbarung der Gütertrennung spricht nicht gegen das Zustandekommen eines Gesellschaftsverhältnisses zwischen den Ehegatten. Denn daraus folgt nicht zwingend, dass die Ehegatten eine Teilhabe am gemeinsam erwirtschafteten Vermögen von vornherein ablehnen. Zu den Indizien einer Ehegatteninnengesellschaft s. Herr FF 2016, 296.

Die Auseinandersetzung der Gesellschaft richtet sich nach §§ 736 ff. BGB. Eine Bewertung des Gesellschaftsvermögens ist Grundlage für einen Ausgleichsanspruch meist in Höhe des halben Wertes dieses Vermögens (→ Anm. 7).

7. Der Antragsteller hat einen Anspruch auf eine Geldzahlung in **Höhe** des Wertes seiner Beteiligung an dem gemeinsam erworbenen Vermögen. Er hat keinen Anspruch auf einzelne Gegenstände (vgl. §§ 738 ff. BGB). Es muss in der Klage eine der Zugewinnberechnung ähnliche Zusammenstellung vorgelegt werden, damit erkennbar ist, in welchem Umfang das Vermögen durch die gemeinsame Arbeit gewachsen ist (BGH FamRZ 2003, 1648; OLG Karlsruhe FamRZ 2008, 1080). Dieses Vermögen betreffende Schulden sind zu berücksichtigen. Ein Anspruch auf **Auskunft** und Rechnungslegung unterstützt den ausgleichsberechtigten Partner (BGH FamRZ 2008, 1841; 1975, 35).

Der Anteil des Anspruchstellers geht in erster Linie nach der Verteilungsabsicht der Vertragspartner, soweit sie aus einer Vereinbarung oder aus Umständen hergeleitet werden kann. Sind keine Anhaltspunkte für eine gewünschte individuelle Beteiligungsquote feststellbar, kommt die gesellschaftsrechtliche Halbteilungsregel des § 722 BGB zur Anwendung (BGH FamRZ 2016, 965). Maßgeblicher **Stichtag** ist der Zeitpunkt der Auflösung der Gesellschaft, meist also die Trennung der Eheleute (BGH FamRZ 2007, 877).

8. → Anm. 6.

9. Die Antragsgegnerin kommt nach § 286 Abs. 3 BGB automatisch spätestens 30 Tage nach Zugang der Zahlungsaufforderung in Verzug. Sie schuldet dann Zinsen gemäß § 288 Abs. 1 BGB in Höhe von fünf Prozentpunkten über dem Basiszinssatz. Daneben besteht ein Anspruch auf Prozesszinsen seit Rechtshängigkeit, § 291 BGB, in gleicher Höhe.

Kosten und Gebühren

10. Das Verfahren ist sowohl bezüglich der Gerichtskosten als auch bezüglich der Anwaltsgebühren eine normale Familienstreitsache. Ergänzend → Form. L.III.5 Anm. 14.

Fristen und Rechtsmittel

11. Spezielle prozessuale Fristen sind für das Verfahren nicht zu beachten. Da zivilrechtliche Ausgleichsansprüche erhoben werden, die sich auf eine von Monat zu Monat zu bewirkende Geldleistung richten, gilt eine Verjährungsfrist von drei Jahren, §§ 195, 197 BGB. Die Verjährung ist gehemmt, solange die Ehe besteht, § 207 BGB.

Es sind die üblichen Rechtsmittel gegen Entscheidungen in Familienstreitsachen gegeben. → Form. L.III.4 Anm. 16.

14. Verfahren wegen Arbeitsleistung für den anderen Ehegatten

An das

Familiengericht[1]

. . . . .

Antrag

der . . . . . – Antragstellerin –

Verfahrensbevollmächtigte: Rechtsanwälte[2] . . . . .

gegen

Herrn . . . . . – Antragsgegner –

Verfahrensbevollmächtigte: Rechtsanwälte . . . . .

wegen Wegfalls der Geschäftsgrundlage

Vorläufiger Verfahrenswert: . . . . .

Namens und in Vollmacht des Antragstellers werde ich beantragen:

1. **Der Antragsgegner wird verurteilt, an die Antragstellerin . . . . . EUR nebst Zinsen in Höhe von 5 Prozentpunkten über dem Basiszinssatz seit dem . . . . . zu zahlen.**
2. **Der Antragsgegner hat die Kosten des Rechtsstreits zu tragen.**
3. **Sofern das Gericht das schriftliche Vorverfahren anordnet, wird für den Fall der Fristversäumnis beantragt,[3] den Antragsgegner durch Versäumnisurteil oder Anerkenntnisurteil ohne mündliche Verhandlung zu verurteilen.**

Begründung:

Die Antragstellerin macht gegen den Antragsgegner, ihren geschiedenen Ehemann, einen Ausgleichsanspruch wegen Mitarbeit[4] in dessen Betrieb geltend.

Die Beteiligten waren seit . . . . . miteinander verheiratet und lebten seit dem . . . . . getrennt. Aus der Ehe sind . . . . . inzwischen volljährige und wirtschaftlich selbständige Kinder hervorgegangen. Die Ehe wurde durch rechtskräftiges Urteil des Amtsgerichts . . . . . vom . . . . . geschieden. Durch Ehevertrag vom . . . . . haben die Beteiligten Gütertrennung[5] vereinbart.

Der Antragsgegner betreibt eine Gärtnerei,[6] in der die Antragstellerin in den letzten Jahren annähernd wie eine volle Arbeitskraft[7] tätig war. Während der gesamten Ehe ersparte sie dem Antragsgegner die Einstellung von anderen Mitarbeitern. Sie war in dieser Zeit nicht als Arbeitnehmerin eingestellt und erhielt auch keinen Arbeitslohn. Die Investitionen in das Unternehmen und der Lebensunterhalt der Familie wurden aus dem Gewinn des Betriebes bestritten.

Die Antragstellerin beansprucht jetzt nach dem Scheitern der Ehe ihren Anteil am Unternehmen, den sie im Hinblick auf den Bestand der Ehe erwirtschaftet hat.

Zur Höhe[8] des Anspruchs ist auszuführen, dass die Antragstellerin dem Antragsgegner eine Arbeitskraft ersetzt hat. Über ..... Jahre wären dafür ..... EUR zu zahlen gewesen, weil .....

Die von der Antragstellerin erbrachte Arbeitsleistung ist auch noch im Vermögen des Antragsgegner vorhanden. Bei Eheschließung hatte die Gärtnerei einen Wert von ..... Dieser ist während der Ehe gestiegen auf ..... Dies ergibt sich aus .....

Der Antragsgegner verweigert die Zahlung des geforderten Betrages mit der Begründung ..... Hierzu ist zu sagen .....

Der Antragsgegner wurde durch Schreiben vom ..... mit Fristsetzung zum ..... zur Zahlung aufgefordert. Er schuldet daher Verzugszinsen,[9] §§ 286, 288 BGB, in Höhe von 5 Prozentpunkten über dem Basiszinssatz.

Rechtsanwalt[10, 11]

Anmerkungen

1. Zuständig ist das **Familiengericht,** § 23a GVG, §§ 111 Abs. 1 Nr. 10, 266 Abs. 1 Nr. 3 FamFG.

2. Anwaltliche Vertretung ist bei dem Familiengericht notwendig, § 114 FamFG, da die hier geltend gemachten Ausgleichsansprüche dem Anwaltszwang unterliegende Familienstreitsachen sind.

3. Diese Nebenanträge sind auch zur eigenen Arbeitserleichterung mit aufzunehmen.

4. Zur **Abgrenzung** zu den allgemeinen ehelichen gegenseitigen Beistands- oder Unterstützungspflichten, den ehebezogenen Zuwendungen sowie der Ehegatteninnengesellschaft → Form. L.III.13 Anm. 4.

5. Der hier dargestellte Anspruch aus Mitarbeit im Betrieb des Ehegatten wird meist nur bei Gütertrennung einschlägig sein. Wenn ein Zugewinnausgleich stattfindet, führt dieser zu billigen Ergebnissen (→ Form. L.III.14 Anm. 5).

6. Der Fall ist BGH NJW 1994, 2545 nachgebildet.

7. Die **Mitarbeit im Betrieb** des anderen Partners ohne gleichberechtigte partnerschaftliche Zusammenarbeit kann zu Ansprüchen wegen Wegfalls der Geschäftsgrundlage führen und es kann vom stillschweigenden Abschluss eines sogenannten Kooperationsvertrages ausgegangen werden. Das Konstrukt eines Kooperationsvertrages ist auch auf Arbeitsleistungen der Schwiegereltern anzuwenden (BGH FamRZ 2010, 1047). Voraussetzung dafür ist ein Umfang der Tätigkeiten, die über die allgemeinen ehelichen Unterhaltspflichten sowie die gegenseitigen Beistands- und Unterstützungspflichten hinausgehen. Eine gewisse Dauer und Regelmäßigkeit der Mitarbeit ist notwendig. Der

Ehepartner muss die Beschäftigung einer anderen Arbeitskraft erspart haben. Wenn die soziale Absicherung, insbesondere die Altersversorgung dieser mithelfenden Familienangehörigen durch das Unternehmen gewährleistet werden sollte, ist dies ein weiterer Anhaltspunkt (vgl. BGH NJW 1994, 2545; zur dogmatischen Grundlage: Wever Vermögensauseinandersetzung Rn. 1200 ff.). Aber nur wenn die Aufrechterhaltung des bestehenden Vermögensstandes für den mitarbeitenden Ehegatten unzumutbar ist, steht ihm ein billiger Ausgleich zu.

8. Die **Höhe** des Anspruches hängt von den Umständen des Einzelfalles ab, wie die Dauer der Ehe, Alter, Einkommens- und Vermögensverhältnisse der Parteien, Führung des Haushalts, Betreuung der Kinder, Art und Umfang der erbrachten Leistungen. Umfangreicher Sachvortrag ist sinnvoll. Konkrete Kriterien der Rechtsprechung fehlen bislang. Der Anspruch ist sicherlich begrenzt durch den ersparten Arbeitslohn und erfasst nicht den erzielten Gewinn (vgl. NJW 1999, 2962). Der mitarbeitende Ehegatte hat bei Wegfall der Geschäftsgrundlage keinen Anspruch auf nachträgliche Vergütung seiner Dienste, sondern auf Beteiligung am gemeinsam Erarbeiteten (BGH FamRZ 1982, 910; vgl. Wever Vermögensauseinandersetzung Rn. 1204; Schulz/Hauß Vermögensauseinandersetzung S. 412). Beim Scheitern der Ehe müssen „die Früchte der geleisteten Arbeit in Gestalt einer messbaren Vermögensmehrung beim anderen Ehegatten noch vorhanden" sein. Welcher Anteil an der Steigerung der Mitarbeit zuzurechnen ist, kann nur nach den Besonderheiten des Falles, und zwar regelmäßig durch eine Schätzung nach § 287 ZPO, beurteilt werden. Der Anteil hängt ua davon ab, wie umfangreich und wie qualifiziert die Mitarbeit war und welche Bedeutung sie für das Funktionieren des Betriebes hatte (BGH NJW 1994, 2545). Maßgeblicher Stichtag ist der Zeitpunkt der Trennung der Eheleute.

9. Der Antragsgegner kommt nach § 286 Abs. 3 BGB automatisch spätestens 30 Tage nach Zugang der Zahlungsaufforderung in Verzug. Er schuldet dann Zinsen gemäß § 288 Abs. 1 BGB in Höhe von fünf Prozentpunkten über dem Basiszinssatz. Daneben besteht ein Anspruch auf Prozesszinsen seit Rechtshängigkeit, § 291 BGB, in gleicher Höhe.

Kosten und Gebühren

10. Das Verfahren ist sowohl bezüglich der Gerichtskosten als auch bezüglich der Anwaltsgebühren eine normale Familienstreitsache. Ergänzend → Form. L.III.5 Anm. 14.

Fristen und Rechtsmittel

11. → Form. L.III.5 Anm. 15.

Unterhaltsregress (familienrechtlicher Ausgleich)

15. Verfahren wegen familienrechtlichen Ausgleichsanspruches

An das

Familiengericht[1]

. . . . . .

Antrag

der . . . . . . – Antragstellerin –

Verfahrensbevollmächtigte: Rechtsanwälte[2] . . . . . .

gegen

Herrn . . . . . . – Antragsgegner –

Verfahrensbevollmächtigte: Rechtsanwälte . . . . . .

wegen familienrechtlichen Ausgleichs

Vorläufiger Verfahrenswert: . . . . . .

Namens und in Vollmacht des Antragstellers werde ich beantragen:

1. Der Antragsgegner wird verurteilt, an die Antragstellerin . . . . . . EUR nebst Zinsen in Höhe von 5 Prozentpunkten über dem Basiszinssatz seit dem . . . . . . zu zahlen.
2. Der Antragsgegner hat die Kosten des Rechtsstreits zu tragen.
3. Sofern das Gericht das schriftliche Vorverfahren anordnet, wird für den Fall der Fristversäumnis beantragt,[3] den Antragsgegner durch Versäumnisurteil ohne mündliche Verhandlung zu verurteilen.

Begründung:

Die Antragstellerin macht gegen den Antragsgegner, ihren geschiedenen Ehemann, einen familienrechtlichen Ausgleichsanspruch[4] geltend. Die Beteiligten sind Eltern des am . . . . . . geborenen Sohnes . . . . . ., der bis zum 30.11. dieses Jahrs bei seiner Mutter lebte und danach auf eigenen Wunsch mit Einverständnis aller Beteiligten zum Vater zog.

Der Antragsgegner hat seit 1.5. seine Unterhaltszahlungen ohne weitere Begründung eingestellt. Die Antragstellerin erhielt außer dem Kindergeld keine anderen Leistungen[5] zum Unterhalt des Kindes und musste daher allein dafür aufkommen. Sie ist für die laufenden Kosten für Kleidung, Lebensmittel, Schulbücher, Schulfahrten, Sport, Zuzahlung für Zahnspange und Medikamente, Schließfachmiete, Unfallversicherung und Weiteres aufgekommen, ohne vom Antragsgegner Unterhaltsleistungen zu erhalten.

Der Antragsgegner ist verpflichtet, der Antragstellerin den Unterhalt für die Monate Mai bis November im Rahmen des familienrechtlichen Ausgleichsanspruches[6] zu zahlen. Die Antragstellerin kann als gesetzliche Vertreterin des Kindes den Unterhalt nicht mehr geltend machen, da sie nicht mehr vertretungsberechtigt ist.

Die Höhe[7] des Ausgleichsanspruches orientiert sich an dem zu zahlenden Unterhalt. Dazu ist auszuführen . . . . . .

Sie hat den Antragsgegner mit Schreiben vom . . . . . . vergeblich aufgefordert,[8] Unterhalt zu zahlen.

Beweis: Vorlage des Aufforderungsschreibens vom . . . . . .

Sie hat die Unterhaltsleistung in der Absicht erbracht, vom Antragsgegner dafür Ersatz zu verlangen, was sie durch ihre Vollstreckungsmaßnahmen und die Strafanzeigen zum Ausdruck gebracht hat.

Der Antragsgegner verweigert die Zahlung des geforderten Betrages mit der Begründung . . . . . . Hierzu ist zu sagen . . . . . .

Der Antragsgegner wurde durch Schreiben vom . . . . . . mit Fristsetzung zum . . . . . . zur Zahlung aufgefordert. Er schuldet daher Verzugszinsen,[9] §§ 286, 288 BGB, in Höhe von 5 Prozentpunkten über dem Basiszinssatz.

Rechtsanwalt[10, 11]

Anmerkungen

1. **Zuständig** ist das **Familien**gericht, § 23a GVG, §§ 111 Abs. 1 Nr. 10, 266 Abs. 1 FamFG (anders: Unterhaltssache, OLG Köln FamRZ 2012, 574 mit abl. Anm. der Red.; OLG Brandenburg FamRZ 2016, 1462, § 231 Abs. 1 FamFG).

2. Anwaltliche Vertretung ist bei dem Familiengericht notwendig, § 114 FamFG, da die hier geltend gemachten Ausgleichsansprüche dem Anwaltszwang unterliegende Familienstreitsachen sind.

3. Diese Nebenanträge sind auch zur eigenen Arbeitserleichterung mit aufzunehmen.

4. Ein **familienrechtlicher Ausgleichsanspruch** kann zugunsten des Elternteils bestehen, der für den Barunterhalt eines gemeinsamen Kindes aufkommt in der Absicht, von dem anderen Elternteil Ersatz zu verlangen und in der Regel wegen **Wechsels des Kindes zum anderen Elternteil** keinen Unterhaltsanspruch mehr geltend machen kann (→ Anm. 6). Er dient der Vermeidung grober Ungerechtigkeiten im Hinblick auf die bestehende Gesetzeslücke für bestimmte Konstellationen (vgl. BGH NJW 1989, 2816; Wohlgemuth FamRZ 2009, 1873; Gießler FamRZ 1994, 800; Roth FamRZ 1994, 793; Wever Vermögensauseinandersetzung Rn. 768 ff.). Weiterer Anwendungsfall ist die **zwischenzeitlich eingetretene Volljährigkeit** des Kindes, nachdem es zum anderen Elternteil gewechselt ist und noch Unterhaltsrückstände bestehen (vgl. BGH NJW 1989, 2816).

Der **Kindergeldausgleich** kann mit dieser rechtlichen Regelung ebenfalls angepasst werden (vgl. BGH NJW 1988, 2375). Dies gilt aber nicht für den **Familienzuschlag** und den **erhöhten Beihilfebemessungssatz**, da es sich nicht um öffentliche Sozialleistungen handelt, auf die beide Elternteile bei Erfüllung der gesetzlichen Voraussetzungen gleichermaßen Anspruch haben. Familienzuschlag und erhöhter Beihilfebemessungssatz werden wegen des Beamtenverhältnisses gewährt, sind also die Erfüllung der Alimentationsverpflichtung des Dienstherrn (BGH FamRZ 2018, 681). Auch **Pflegegeldzahlungen** gemäß § 37 SGB XI sind nicht auszugleichen, da sie dem pflegebedürftigen Kind und nicht dem Elternteil zustehen (OLG Düsseldorf FamRZ 2018, 928).

Während des Prozesses über den Kindesunterhalt kann bei Wegfall der Voraussetzungen für diesen Anspruch die Klage auf den Ausgleichsanspruch umgestellt werden. Es handelt sich um eine zulässige Klageänderung (OLG Koblenz NJW-RR 1997, 1230;

Finger Der familienrechtliche Ausgleichsanspruch FamRB 2025, 302; aA OLG Rostock FamRZ 2003, 933).

Mit der Bezeichnung „familienrechtlicher Ausgleichsanspruch" sind nur die vorstehend genannten Konstellationen erfasst und **keine weiteren zivilrechtlichen Ansprüche** (→ Form. L.III.2 bis → Form. L.III.14).

5. Der klagende Elternteil muss dem Kind tatsächlich Unterhalt geleistet haben. Bei Bezug von Sozialleistungen ist der Ausgleichsanspruch nicht gegeben (OLG Köln FamRZ 1985, 1168), da dann keine eigenen Leistungen des betreuenden Elternteils für den anderen Teil erbracht wurden.

6. Der **familienrechtliche Ausgleichsanspruch** setzt zunächst eine nicht erfüllte Barunterhaltsverpflichtung des auf Ausgleich in Anspruch genommenen Elternteils gegenüber dem Kind voraus. Der den Unterhalt leistende Elternteil muss mit seiner Leistung eine im Innenverhältnis der Eheleute zueinander dem anderen Elternteil obliegende Verpflichtung gegenüber dem Kind erfüllt haben, die sich im Verhältnis zu dem Kind als Verpflichtung des anderen Elternteils darstellte (BGH NJW 1994, 2234). Geleistete Betreuung führt nicht zum Ausgleichsanspruch, nur geleisteter Barunterhalt (OLG Frankfurt FamRZ 2011, 227; vgl. Wever Vermögensauseinandersetzung Rn. 781). Eine Leistungsfähigkeit in dem fraglichen Zeitraum muss ebenfalls gegeben gewesen sein (→ Anm. 7).

Der Anspruchsteller muss die Absicht haben, von dem anderen Ersatz zu verlangen (→ Anm. 8). Die Höhe des Anspruchs richtet sich nach dem, was als Unterhalt zu zahlen gewesen wäre (→ Anm. 7).

Ein familienrechtlicher Ausgleichsanspruch ist ausgeschlossen, wenn der Unterhalt leistende Elternteil hierzu rechtskräftig verurteilt ist. Regelungen (auch Vergleiche) über den Kindesunterhalt dürfen nicht durch den Ausgleichsanspruch unterlaufen werden (BGH NJW 1994, 2234 mit abl. Anm. Scholz FamRZ 1994, 1314; Wever Vermögensauseinandersetzung Rn. 795). Falls das Kind nach der Verurteilung eines Elternteils zum Barunterhalt zu diesem wechselt und der andere Elternteil keinen Unterhalt zahlt, muss der betreuende Elternteil ein Abänderungsverfahren, §§ 238, 239 FamFG, einleiten. Sofern er dies unterlässt, kann er keinen familienrechtlichen Ausgleichsanspruch geltend machen. Er kann dann die Abänderungsverfahren mit dem Ausgleichsverlangen verbinden (vgl. im Einzelnen: Wever Vermögensauseinandersetzung Rn. 801). Dies gilt nicht, wenn die Unterhaltsverpflichtung auf einem gerichtlichen Vergleich beruht, da ein solcher nicht in materieller Rechtskraft erwächst. Die Abänderung eines Vergleichs kann inzident im Rahmen des familienrechtlichen Ausgleichsanspruchs überprüft werden (Wever Vermögensauseinandersetzung Rn. 798, 799; BGH mAnm Borth NJW 2017, 1108).

Wenn der familienrechtliche Ausgleichsanspruch und der Unterhaltsanspruch des Kindes (zB bei zwischenzeitlicher Volljährigkeit) zusammentreffen, ist der Unterhaltsschuldner vor doppelter Inanspruchnahme zu schützen (ausführlich: Gießler FamRZ 1994, 800 und Roth FamRZ 1994, 793). Dies ist dogmatisch zu begründen entweder über den Weg der Erfüllung des Unterhaltsanspruches durch Zahlung auf den Ausgleichsanspruch oder über die nachträgliche Bestimmung des ausgleichsberechtigten Elternteils, dass durch die eigene Barunterhaltsleistung der Unterhaltsanspruch erfüllt wurde (vgl. OLG Karlsruhe FamRZ 1998, 1190).

7. Der familienrechtliche Ausgleichsanspruch richtet sich nach der **Höhe** der erbrachten Bar-Unterhaltsleistungen. Es besteht aber die Vermutung, dass der Anspruchsteller den Barbedarf des Kindes in der Höhe des eigentlich bestehenden Unterhaltsanspruches gedeckt hat, wenn es bei ihm gelebt hat (OLG Frankfurt a. M. FamRZ 2011, 227). Dieser ergibt sich üblicherweise aus der „Düsseldorfer Tabelle" (OLG Koblenz NJW-RR 1997, 514). Sofern der Verpflichtete einen geringeren Aufwand behauptet, hat er diese zugunsten des betreuenden Elternteils bestehende Vermutung zu entkräften. Erst dann hat ggf. der Ausgleichsberechtigte seine Baraufwendungen im Einzelnen zu belegen (OLG Koblenz NJW-RR 1997, 514).

Der Ausgleichsanspruch ist in der Höhe begrenzt nach der Leistungsfähigkeit des Unterhaltspflichtigen (OLG Hamm FamRZ 2011, 1407). Bei Barunterhaltsverpflichtung beider Eltern kommt es auf den Haftungsanteil gemäß § 1606 Abs. 3 BGB an. Eine Entscheidung über den Unterhaltsanspruch des Kindes, welche die Leistungsfähigkeit beider Elternteile schon berücksichtigt, kann nicht dadurch unterlaufen werden, dass ein Elternteil mit der Behauptung, der ihm auferlegte Anteil sei zu hoch und der des anderen zu niedrig bemessen, einen Ausgleichsanspruch gegen den anderen Elternteil erhebt (BGH NJW 1989, 2816).

8. Der Anspruchsteller muss die **Absicht** haben, von dem anderen Ersatz zu verlangen. Eine solche Absicht wird ausreichend dokumentiert durch das Verlangen des Kindes, Unterhalt zu zahlen. Es ist nicht notwendig, den anderen Elternteil im Falle der Nichtzahlung zusätzlich wegen des Ausgleichsanspruches in **Verzug** zu setzen (BGH NJW 1989, 2816; OLG Koblenz NJW-RR 1997, 514; OLG Brandenburg NZFam 2016, 745 mAnm Graba). Erforderlich ist aber, dass er wegen des Kindesunterhalts in Verzug gesetzt wurde. Über den Ausgleichsanspruch kann nicht mehr erlangt werden als durch den (rechtzeitig) erfüllten Anspruch auf Kindesunterhalt.

9. → Form. L.III.5 Anm. 13. Zinsen auf diesen Anspruch können erst ab dem Zeitpunkt verlangt werden, zu dem der Gegner mit der Zahlung des Ausgleichsbetrages in Verzug gekommen ist (BGH NJW 1989, 2816). Verzug bezüglich des Unterhaltsanspruches reicht nicht aus.

Kosten und Gebühren

10. Das Verfahren ist sowohl bezüglich der Gerichtskosten als auch bezüglich der Anwaltsgebühren eine normale Familienstreitsache. Ergänzend → Form. L.III.5 Anm. 14.

Fristen und Rechtsmittel

11. Spezielle prozessuale Fristen sind für das Verfahren nicht zu beachten. Da zivilrechtliche Ausgleichsansprüche erhoben werden, die sich auf eine von Monat zu Monat zu bewirkende Geldleistung richten, gilt eine Verjährungsfrist von drei Jahren, §§ 195, 197 BGB (vgl. BGH NJW 1989, 2816 = FamRZ 1989, 850). Es handelt sich nicht um einen familienrechtlichen Anspruch, § 197 Abs. 1 Nr. 2 BGB, mit dreißigjähriger Frist (Büttner FamRZ 2002, 361). Die Verjährung ist gehemmt, solange die Ehe besteht, § 207 BGB. Es sind die üblichen Rechtsmittel gegen Beschlüsse in Familienstreitsachen gegeben. → Form. L.III.5 Anm. 15.

16. Abweisungsantrag

An das

Familiengericht

. . . . .

In dem Verfahren

. . . . .

Verfahrensbevollmächtigte: Rechtsanwälte . . . . .

gegen

. . . . .

Verfahrensbevollmächtigte: Rechtsanwälte . . . . .

Az . . . . .

zeige ich an, dass ich den Antragsgegner vertrete.

Im Termin zur mündlichen Verhandlung werde ich beantragen,

den Antrag abzuweisen.

Außerdem beantrage ich, meinem Mandanten Verfahrenskostenhilfe[1] zu bewilligen und ihm den Unterzeichnenden als Rechtsanwalt beizuordnen.

Begründung:

Die Antragstellerin hat keinen Anspruch auf Zahlung des geltend gemachten Betrages.

Der Antrag kann aus rechtlichen Gründen keinen Erfolg haben. Ein familienrechtlicher Ausgleichsanspruch ist ausgeschlossen, wenn Sozialleistungen[2] bezogen werden. Dem Antragsgegner ist bekannt, dass die Antragstellerin zumindest entsprechende Anträge gestellt hat. Es handelt sich um Leistungen nach dem Unterhaltsvorschussgesetz/SGB II (Hartz IV)/SGB XII (Sozialhilfe) . . . . .

Der Antrag ist zudem abzuweisen, da die Antragstellerin es selbst zu verantworten[3] hat, dass der Sohn erst im Dezember zum Vater gewechselt ist. Bereits im Mai erklärte der Antragsgegner seine Bereitschaft, das gemeinsame Kind aufzunehmen und zu versorgen. Im Einzelnen ist hierzu auszuführen . . . . .

Hilfsweise bestreitet der Antragsgegner die Höhe[4] der geltend gemachten Aufwendungen. Die Antragstellerin wendete nur geringe Beträge für die Versorgung des Sohnes auf. Sie kann nicht mehr Barunterhalt verlangen, als sie selbst aufgewandt hat, wozu auszuführen ist . . . . . Mit dem geltend gemachten Anspruch kann sie nur Aufwendungsersatz verlangen.

Außerdem ist der Antragsgegner nicht leistungsfähig.[5] Nach den hier anzulegenden unterhaltsrechtlichen Kriterien ergibt sich . . . . .

Hilfsweise ist der eingeklagte Zinsanspruch[6] in dieser Form zu bezweifeln. Ein eventueller familienrechtlicher Ausgleichsanspruch muss separat gemahnt werden. Die im Übrigen bestrittene Aufforderung zur Zahlung des Unterhalts[7] ist nicht ausreichend.

Der Antragsgegner ist nicht in der Lage, die Verfahrenskosten zu tragen und die Verteidigung gegen den Antrag hat hinreichende Aussicht auf Erfolg. Im Übrigen wird auf die beigefügte[8] Erklärung zu den persönlichen und wirtschaftlichen Verhältnissen Bezug genommen.

Der Anspruch ist zudem verwirkt.[9]

Rechtsanwalt

Anmerkungen

1. In den meisten Familiensachen sind die Einkommensverhältnisse so, dass bei entsprechender Erfolgsaussicht auf Antrag **Verfahrenskostenhilfe** zumindest mit Ratenzahlung zu bewilligen ist.

2. Der familienrechtliche Ausgleichsanspruch richtet sich auf Aufwendungsersatz und kann folglich nicht beim gleichzeitigen Bezug von **Sozialleistungen** geltend gemacht werden (OLG Köln FamRZ 1985, 1168). Er ist begrenzt durch die dem Elternteil entstandenen Kosten (→ Anm. 4).

3. Für die Unterhaltsverpflichtung gegenüber einem minderjährigen Kind ist es unerheblich, ob der Elternteil ihm den Umzug anbietet. Kritisch kann in diesem Zusammenhang werden, wenn ein Kind nach dem Ferienaufenthalt den Lebensmittelpunkt wechselt und nicht mehr zurückgeht. Für die Zeit des Ferienaufenthaltes besteht die ursprüngliche Unterhaltsregelung weiter.

4. Der familienrechtliche Ausgleichsanspruch ist begrenzt durch die entstandenen Kosten (→ Form. L.III.15 Anm. 7). Das OLG Koblenz führt zur Höhe weiter aus: „Der Barbedarf des mdj. Kindes, der sich nach dem Einkommen des Barunterhaltspflichtigen richtet, steht vom Grundsatz her fest und wird herkömmlicherweise nach Tabellensätzen – vom Senat in stRspr in Anwendung der Düsseldorfer Tabelle – pauschal bewertet. Es ist deshalb vom Grundsatz her davon auszugehen, dass der Elternteil, der keinen Barunterhalt für das Kind erhält, es aber versorgt, auch den vorhandenen Barbedarf deckt. Sofern der Verpflichtete einen geringeren Aufwand behauptet, hat er diese zugunsten des betreuenden Elternteils bestehende Vermutung zu entkräften. Erst dann hat ggf. der Ausgleichsberechtigte seine Baraufwendungen im Einzelnen zu belegen." (NJW-RR 1997, 514). Der Antragsgegner muss konkret darlegen, warum hier ein geringerer Betrag ausgereicht haben soll. Nach Ansicht des OLG Frankfurt (FamRZ 2007, 909) gilt dies nur für den Mindestbedarf im Sinn von § 1612a BGB, bei dem eine tatsächliche Vermutung dafür spreche, dass diese Mittel aufgebracht werden mussten und konnten, so dass es keines weiteren Nachweises bedürfe (ebenso Götz Der familienrechtliche Ausgleichsanspruch FF 2013, 225). Zum Meinungsstand instruktiv Wever in Vermögensauseinandersetzung Rn. 806.

5. Maßgeblich für den Ausgleichsanspruch ist der Unterhaltsanspruch, der sich nach den allgemeinen Kriterien richtet. Ohne unterhaltsrechtliche Leistungsfähigkeit ist auch kein Ausgleichsanspruch erfolgreich (→ Form. L.III.15 Anm. 7).

6. Es ist zu trennen zwischen dem Verzug des Antragsgegners mit der Zahlung von Unterhalt und dem Verzug mit dem Ausgleichsanspruch (→ Form. L.III.15 Anm. 9).

7. Der Antragsgegner muss von der Antragstellerin aufgefordert worden sein, Unterhalt zu zahlen. Eine zusätzliche Aufforderung, im Falle der Nichtzahlung von Unterhalt einen Ausgleichsanspruch geltend zu machen, ist nicht notwendig (→ Form. L.III.15 Anm. 8).

8. Die Erklärung zu den persönlichen und wirtschaftlichen Verhältnissen nebst den erforderlichen Belegen sollte auch zur eigenen Arbeitserleichterung bereits mit der Erwiderung und nicht erst mit einem späteren Schriftsatz vorgelegt werden.

9. Der Umstand der Verwirkung ist von Amts wegen zu beachten. Wird der Ausgleichsanspruch längere Zeit nicht geltend gemacht, konnte sich der Verpflichtete möglicherweise darauf einrichten, dass er nicht mehr belangt wird. Die erforderliche Zeitspanne richtet sich nach den Umständen des Einzelfalles, wobei Art und Bedeutung des Anspruchs zu berücksichtigen sind, dazu OLG Brandenburg FamRZ 2016, 1466.

Zuwendungen von und an Schwiegereltern

17. Verfahren von Schwiegereltern

An das

Familiengericht[1]

. . . . .

Antrag

der Eheleute . . . . . – Antragsteller –

Verfahrensbevollmächtigte: Rechtsanwälte[2] . . . . .

gegen

Herrn . . . . . – Antragsgegner –

Verfahrensbevollmächtigte: Rechtsanwälte . . . . .

wegen Ausgleichsanspruch[3]

Vorläufiger Verfahrenswert: . . . . .

Namens und in Vollmacht des Antragstellers werde ich beantragen:

1. **Der Antragsgegner wird verurteilt, an die Antragsteller . . . . . EUR nebst Zinsen in Höhe von 5 Prozentpunkten über dem Basiszinssatz seit dem . . . . . zu zahlen.**
2. **Der Antragsgegner hat die Kosten des Rechtsstreits zu tragen.**
3. **Sofern das Gericht das schriftliche Vorverfahren anordnet, wird für den Fall der Fristversäumnis beantragt,[4] den Antragsgegner durch Versäumnisurteil ohne mündliche Verhandlung zu verurteilen.**

Begründung:

Der Antragsgegner war mit der Tochter der Antragsteller verheiratet. Die Ehe wurde am . . . . . rechtskräftig geschieden.[5] Der Antragsgegner hatte vor der Heirat ein Haus erworben, das der jungen Familie später als Wohnung diente. Dieses Objekt war fast vollständig mit Fremdmitteln finanziert. Nach der Heirat schenkten die Antragsteller der Tochter und[6] dem Schwiegersohn am . . . . . einen Betrag von 80.000 EUR, um das

vom Antragsgegner aufgenommene Darlehen zurückzuführen und die finanzielle Situation der jungen Familie zu verbessern.

Beweis: Vorlage des Kontoauszuges

Nach der Trennung der Eheleute ist die Tochter am . . . . . ausgezogen. Die Antragsteller verlangen von dem Antragsgegner einen Teil des erhaltenen Betrages zurück. Die Antragsteller gingen mit ihrer Zuwendung davon aus, dass die Schenkung der eigenen Tochter dauerhaft zukommen würde. Die Schenkung erfolgte, als der Antragsgegner 34 Jahre alt war. Die Lebenserwartung des Antragstellers betrug nach der Sterbetabelle noch 45 Jahre; die Tochter der Antragsteller ist 5 Jahre jünger. Die Erwartung der Antragsteller war, dass die Ehe auf Lebenszeit halten werde, also konkret noch 45 Jahre. Tatsächlich hat die Ehe des Antragsgegners mit der Tochter der Antragsteller nur 10 Jahre gedauert. Somit ist eine Kürzung um 22 % hinsichtlich der tatsächlich gelebten Ehedauer interessengerecht, da der mit der Schenkung erfolgte Zweck der Antragsteller nicht vollständig verwirklicht wurde. Die Zahlungen wurden in Erwartung des Bestehens der Ehe erbracht. Nachdem die Eheleute geschieden sind, ist dieser Zweck teilweise weggefallen und kein Grund für einen Verbleib des Geldes bei dem ehemaligen Schwiegersohn gegeben.[7]

Der Antragsgegner wurde durch Schreiben vom . . . . . unter Fristsetzung zum . . . . . aufgefordert, den Betrag[8] von 31.200 EUR an die Antragsteller zu zahlen. Er verweigert die Zahlung und führt hierzu aus . . . . . Dazu ist zu sagen, ...

Der Anspruch ist begründet, da die Antragsteller gegen den Antragsgegner einen Anspruch aus § 313 BGB[9] wegen Störung der Geschäftsgrundlage[10] haben. Zweck der Zuwendung war die Ausgestaltung der Lebensgemeinschaft der Tochter mit ihrem Ehegatten. Die für ehebezogene Zuwendungen entwickelten Grundsätze sind hier analog anzuwenden (BGH NJW 2010, 2202 = FamRZ 2010, 958; bestätigt: BGH NJW 2010, 2884 = FamRZ 2010, 1626).

Die Antragsteller haben einen Anspruch auf Rückzahlung eines Anteils[11] von 39 %. Es ist von einer Zuwendung an beide[12] Ehegatten auszugehen und nur gegenüber dem Schwiegersohn der eigentliche Zweck weggefallen. Die Beibehaltung der bestehenden Vermögenssituation ist für die Antragsteller unzumutbar, da diese Rentner mit geringem Einkommen sind, hingegen der Antragsgegner über ein gutes Einkommen verfügt.

Der Antragsgegner wurde durch Schreiben vom . . . . . mit Fristsetzung zum . . . . . vergeblich zur Zahlung aufgefordert. Er schuldet daher Verzugszinsen,[13] §§ 286, 288 BGB, in Höhe von 5 Prozentpunkten über dem Basiszinssatz.

Rechtsanwalt[14, 15]

Anmerkungen

1. Der Anspruch der Schwiegereltern ist bei dem **Familiengericht** geltend zu machen, da es sich um eine Familiensache, § 23a GVG, §§ 111 Abs. 1 Nr. 10, 266 Abs. 1 Nr. 3 FamFG, handelt. Dies ist auch bei einer anderen Begründung (zB abstraktes Schuldanerkenntnis oder Darlehen) der Fall, wenn die behauptete Rückzahlungsansprüche mit der Trennung des Schwiegerkindes und des eigenen Kindes zusammenhängen (OLG Koblenz FamRZ 2019, 1161).

2. Anwaltliche Vertretung ist bei dem Familiengericht notwendig, § 114 FamFG, da die hier geltend gemachten Ausgleichsansprüche dem Anwaltszwang unterliegende Familienstreitsachen sind.

3. Die Rechtslage ist seit der rechtsschöpfenden Entscheidung des BGH im Jahr 2010 komplett verändert (BGHZ 184, 190 = NJW 2010, 2202 mAnm Schmitz = FamRZ 2010, 958 mAnm Wever FamRZ 2010, 1047 = FamRB 2010, 197 mAnm Wever; bestätigt: BGH NJW 2010, 2884 = FamRZ 2010, 1626 mAnm Wever = FamRB 2010, 325 mAnm Wever; BGH NJW 2012, 523 = FamRZ 2012, 273 mAnm Wever). Während früher wegen des Vorrangs der güterrechtlichen Regelung nur im Ausnahmefall ein direkter Anspruch der Schwiegereltern gegeben war, wird er jetzt zur Regel (ausführlich: Roßmann FuR 2019, 622; Koch, FF 2023, 20; Heiß/Lan NZFam 2017, 446; Langheim FF 2024, 91; Herr FF 2021, 276).

4. Diese Nebenanträge sind auch zur eigenen Arbeitserleichterung mit aufzunehmen.

5. Der Anspruch kann erst nach dem endgültigen Scheitern der Ehe des Schwiegerkindes geltend gemacht werden; bzw. nach der Trennung der nichtehelichen Lebensgemeinschaft. Dies ist in der Regel mit endgültiger Trennung der Eheleute der Fall, nicht zwingend ist die Rechtshängigkeit der Scheidung (BGHZ 208, 210 = FamRZ 2016, 457 mAnm Wever). Wenn allerdings besondere Umstände nicht den Schluss auf eine endgültige Trennung zulassen („Auszug, um Abstand zu gewinnen"), ist die Rechtshängigkeit des Scheidungsantrags entscheidend (Wever FamRZ 2016, 857).

Da der Rückgewähranspruch kein höchstpersönlicher Anspruch ist, ist die Abtretung an das eigene Kind möglich (BGH FamRZ 2015, 393).

6. Es gibt keinen Erfahrungssatz, dass größere Zuwendungen lediglich dem eigenen Kind und nicht auch dessen Ehepartner zugutekommen sollen, sofern dies nicht ausdrücklich erklärt wird (vgl. BGH NJW 1995, 1889; Langheim FF 2014, 91).

7. Zuwendungen an das Schwiegerkind sind Schenkungen. Deren Rückforderung erfolgt analog den Regelungen für die **„unbenannten Zuwendungen"**, die unter Eheleuten gelten (→ Form. L.III.9, → Form. L.III.8). Die Schwiegereltern müssen darlegen und beweisen, dass bei der Schenkung die Vorstellung, die Ehe werde fortbestehen, Geschäftsgrundlage wurde. Ein Indiz dafür kann sein, dass das Geld für eine nachhaltige Anschaffung hergegeben wurde (OLG Saarbrücken NZFam 2014, 44). Die Schwiegereltern haben einen eigenen Rückforderungsanspruch gegen das Schwiegerkind aus § 313 BGB wegen Störung der Geschäftsgrundlage. Die flexible Abwicklung nach diesen Grundsätzen trage gegebenenfalls besser dem Umstand Rechnung, dass der begünstigte Ehegatte die Zuwendung jedenfalls insoweit behalten dürfe, als die Ehe Bestand gehabt habe und daher der Zweck der Zuwendung jedenfalls teilweise erreicht worden sei. Im Falle der Scheidung müsse deswegen in der Regel das Zugewendete nicht voll zurückgegeben werden (BGH NJW 1995, 1889). **Arbeitsleistungen von Schwiegereltern** für Bau eines Hauses können ebenfalls als Zuwendung angesehen werden und zu Ansprüchen führen (Schulz/Hauß Vermögensauseinandersetzung S. 512; Wever Vermögensauseinandersetzung Rn. 1323). Haben die Schwiegereltern ein Darlehen für Kind und Schwiegerkind zurückgeführt, dann hat nur der Tilgungsanteil das Vermögen der beiden gemehrt. Der Zinsanteil diente nämlich zum Bestreiten des Lebensunterhalts und der Befriedigung des Wohnbedarfs (BGH FamRZ 2015, 490).

Eine Kollision mit dem Güterrecht gibt es nicht, da die Zuwendung (anders als früher) auch bei dem Schwiegerkind in das Anfangsvermögen einbezogen wird. Durch die Einbeziehung in Anfangs- und Endvermögen ist dies zugewinnneutral. Eine Verpflichtung zur Rückzahlung an die Schwiegereltern ist ebenfalls zu beiden Zeitpunkten als Abzugsposition anzusetzen und vermeidet eine doppelte Berücksichtigung in Zugewinn und Ausgleichsanspruch. Für die Höhe des Anspruches sind die bisherigen Abwägungskriterien im Rahmen von § 313 BGB heranzuziehen und damit verbietet sich nach Aussage des BGH eine schematische Betrachtungsweise.

Daneben kann es – anders als früher – bereicherungsrechtliche Ansprüche wegen Zweckverfehlung, § 812 Abs. 1 S. 2 Alt. 2 BGB, geben (str. vgl. Wever, Vermögensauseinandersetzung Rn. 1287). Dies allerdings selten, da regelmäßig eine positive Kenntnis des Beschenkten von der Zweckvorstellung des anderen Teils vorausgesetzt wird.
Beispiel:
Zahlung von zB 80.000 EUR an beide Ehegatten zum Erwerb einer Immobilie:
- 40.000 EUR als privilegierter Erwerb, § 1374 Abs. 2 BGB, im Anfangsvermögen des leiblichen Kindes
- 40.000 EUR als privilegierter Erwerb, § 1374 Abs. 2 BGB, im Anfangsvermögen des Schwiegerkindes. Der Betrag reduziert sich um den Anspruch der Schwiegereltern in Anfangs- und Endvermögen

Ergebnis:

	Anfangsvermögen	Endvermögen	Zugewinn
Frau	40.000 EUR	40.000 EUR	0
Mann	40.000 EUR – 25.000 EUR Rückzahlung = 15.000 EUR	40.000 EUR – 25.000 EUR Rückzahlung = 15.000 EUR	0
		Differenz:	0
		Ausgleichsbetrag: (aber Rückzahlung 25.000 EUR an Schwiegereltern)	0

Frühere Rechtslage: Zuwendungen an das Schwiegerkind waren grundsätzlich güterrechtlich zwischen den Eheleuten auszugleichen. Dafür wurde die Zuwendung an das eigene Kind in dessen Anfangsvermögen berücksichtigt, während sie bei dem Schwiegerkind Zugewinn war. Nur wenn über das Güterrecht keine angemessene Beteiligung des eigenen Kindes erfolgte (zB Gütertrennung/fehlender Zugewinn), war ein direkter Anspruch der Schwiegereltern gegeben (BGH NJW 1995, 1889; OLG Hamm FamRZ 2002, 1404).

8. Der Anspruch richtet sich hier auf Zahlung eines Geldbetrages. Eine **dingliche Rückgewähr** bei Zuwendung beispielsweise eines Hausgrundstückes kommt nur in sehr engen Grenzen in Betracht. Hier gelten die gleichen Grundsätze wie bei den ehebedingten Zuwendungen (→ Form. L.III.8 Anm. 9; BGH NJW 1998, 2600; BGH NJW 1999, 353). Eine Besonderheit gilt in Fällen, in denen die Schwiegereltern mit der Übertragung eines Hausgrundstückes auch eigene Interessen verfolgten und beispielsweise ein Wohnrecht oder Pflege vereinbart wurden (vgl. Schulz/Hauß Vermögensauseinandersetzung S. 515; BGH NJW 1999, 353). In diesem Fall ist kein Abschlag wegen Zweckerreichung vorzunehmen (Wever FamRZ 2016, 857).

9. Für Zuwendungen aus der Zeit vor der Schuldrechtsreform zum 1.1.2002 bleibt es bei dem Institut des Wegfalls der Geschäftsgrundlage, § 242 BGB. Es hat sich ohne Auswirkung auf die Ergebnisse lediglich die Anspruchsgrundlage geändert

10. Ist die Beibehaltung der durch eine Zuwendung an das Schwiegerkind herbeigeführten Vermögensverhältnisse dem Zuwendenden nicht zuzumuten, so kann in besonderen Fällen ein Ausgleichsanspruch nach den Grundsätzen über die **Störung der Geschäftsgrundlage,** § 313 BGB, entstehen. → Anm. 7

11. Der Anspruch richtet sich auf Zahlung des Betrages, den der Antragsgegner erhalten hat. Zinsen können nicht verlangt werden. Die **Höhe des Ausgleichsbetrages** ist nur sehr schwer zu bestimmen. Mit dem Antrag, der nicht unbeziffert erhoben werden darf (Ausnahme: BGH NJW 1999, 353), ist also ein erhebliches Risiko verbunden, zumal es meist um hohe Verfahrenswerte geht. Zur Minimierung des Kostenrisikos kann auch eine Teilklage erhoben werden.

Bei der Bemessung des Ausgleichsbetrages kommt es insbesondere auf Art und Umfang der von dem Zuwendenden erbrachten Leistungen an. Außerdem sind sonstige Billigkeitsgründe zu berücksichtigen, wie die Dauer der Ehe und die beiderseitigen Einkommens- und Vermögensverhältnisse. Die Höhe ist daher in großem Umfang von den Umständen des Einzelfalles abhängig und feste Regeln können nicht aufgestellt werden (zur ähnlichen Problematik zwischen Eheleuten → Form. G.III.1 Anm. 10). Insbesondere gibt es keine allgemeine zeitliche Grenze, mit der die vorgestellte Nutzungsdauer abgelaufen ist und somit der Zweck erreicht wurde (BGH FamRZ 2015, 490). So allerdings OLG Düsseldorf FamRZ 2015, 173 (20 Jahre). In Entscheidungen des BGH wurden vergleichbare Sachverhalte hinsichtlich der Höhe des Rückgewähranspruchs bei Ehegatten anders beurteilt als bei nichtehelichen Lebenspartnern. Dem lag die damalige Geschäftsverteilung des BGH zugrunde, die dazu führte, dass zwei Zivilsenate des BGH vergleichbare Sachverhalte rechtlich beurteilten. (s. hierzu Anm. Wever zu BGH X. Zivilsenat in FamRZ 2019, 1595). Dies ist inzwischen geändert; insgesamt ist nun der XII. Senat zuständig. Wichtig ist jedenfalls, dass die Schenkung im Vermögen des Beschenkten zur Zeit der Entstehung des Anspruchs noch werterhöhend vorhanden ist (OLG Düsseldorf FamRZ 2014, 161). Dies ist möglicherweise bei Zahlung von Erschließungskosten und Übernahme von Heizungsreparaturrechnung nicht der Fall.

Sollte bereits zwischen den Eheleuten ein Zugewinnausgleich unter Berücksichtigung der Zuwendung durchgeführt worden sein, ist dies bei der Höhe der Ausgleichsforderung zu berücksichtigen (BGH NJW 2010, 2202).

12. → Anm. 6.

13. Der Antragsgegner kommt nach § 286 Abs. 3 BGB automatisch spätestens 30 Tage nach Zugang der Zahlungsaufforderung in Verzug. Sie schuldet dann Zinsen gemäß § 288 Abs. 1 BGB in Höhe von fünf Prozentpunkten über dem Basiszinssatz. Daneben besteht ein Anspruch auf Prozesszinsen seit Rechtshängigkeit, § 291 BGB, in gleicher Höhe.

Kosten und Gebühren

14. Das Verfahren ist eine normale Familienstreitsache. Es gelten daher die üblichen Vorschriften des Kosten- und Gebührenrechts sowie des RVG.

Fristen und Rechtsmittel

15. Spezielle prozessuale Fristen sind für das Verfahren nicht zu beachten. Da zivilrechtliche Ausgleichsansprüche betroffen sind, gilt eine Verjährungsfrist von drei Jahren, § 195 BGB (str. Wever Vermögensauseinandersetzung Rn. 1303 ff.;). Sie läuft ab Kenntnis der Schwiegereltern von der endgültigen Trennung der Eheleute (Wever in Anm. zu BGH FamRZ 2012, 273), die spätestens mit der Zustellung des Scheidungsantrags zum Ausdruck kommt (BGH FamRZ 2016, 457). Im Regelfall liegt dies beim Auszug eines Ehegatten aus der Wohnung vor. Beginn gem. § 199 Abs. 1 S. 1 BGB mit Schluss des Jahres, in dem der Anspruch entstanden ist und die Schwiegereltern hiervon Kenntnis erlangt haben. Geht es aber um Ansprüche auf Rückgewähr bei Zuwendung eines Grundstücks, auch wenn nicht das Grundstück herausverlangt wird, sondern Geld, ist die Frist 10 Jahre (§ 196 BGB) und der Anspruch beginnt mit der Entstehung, § 200 BGB

(BGH FamRZ 2015, 393). Anders als bei Ehegatten gibt es für den Anspruch der Schwiegereltern keine Verjährungshemmung während bestehender Ehe.

Es sind die üblichen Rechtsmittel gegen erstinstanzliche Entscheidungen in Familienstreitsachen gegeben. → Form. L.III.5 Anm. 15.

18. Verfahren gegen Schwiegereltern

An das

Familiengericht[1]

. . . . .

Antrag

des . . . . . **– Antragstellers –**

Verfahrensbevollmächtigte: Rechtsanwälte[2] **. . . . .**

gegen

Eheleute . . . . . **– Antragsgegner –**

Verfahrensbevollmächtigte: Rechtsanwälte . . . . .

wegen Ausgleichsanspruch[3]

Vorläufiger Verfahrenswert: . . . . .

Namens und in Vollmacht des Antragstellers werde ich beantragen:

1. **Die Antragsgegner werden verurteilt, an den Antragsteller . . . . . EUR monatlich**[4] **im Voraus zum 3. eines jeden Monats beginnend ab . . . . . sowie einen rückständigen Betrag von . . . . . EUR nebst Zinsen in Höhe von 5 Prozentpunkten über dem Basiszinssatz seit dem . . . . . zu zahlen.**
2. **Die Antragsgegner haben die Kosten des Rechtsstreits zu tragen.**
3. **Sofern das Gericht das schriftliche Vorverfahren anordnet, wird für den Fall der Fristversäumnis beantragt,**[5] **gegen die Antragsgegner Versäumnisentscheidung zu erlassen.**

Begründung:

Der Antragsteller war mit der Tochter der Antragsgegner verheiratet. Die Ehe wurde am . . . . . rechtskräftig geschieden.[6] **Der Antragsteller baute nach der Heirat das Dachgeschoss im Haus der Schwiegereltern mit einem Kostenaufwand von 50.000 EUR um und wohnte dort mit seiner Familie bis zum Auszug am . . . . . Die Ehefrau lebte mit den Kindern noch ca. ein Jahr bis zum . . . . . in der Wohnung, bis sie zu ihrem neuen Partner zog.**

Die Wohnung hat jetzt einen Mietwert von . . . . . monatlich.

Beweis: Sachverständigengutachten

Vor den Ausbauarbeiten handelte es sich um ein Dachgeschoss, das nur als Lagerraum zu nutzen war und dem kein eigener wirtschaftlicher Wert zukam.

Beweis: Sachverständigengutachten

Die Antragsgegner können jetzt die Wohnung vermieten. Dies ist nur möglich wegen der Investitionen des Antragstellers. Der Antragsteller verlangt von den Antragsgegnern Ausgleich für diese Bereicherung durch Zahlung eines monatlichen Betrages von ..... EUR. Die Rückstände belaufen sich für die Zeit vom ..... bis ..... auf ..... EUR.

Die Antragsgegner sind seit dem Auszug der Ehefrau um monatlich ..... EUR aufgrund der Leistungen des Antragstellers rechtsgrundlos bereichert[7] (vgl. BGH NJW 1985, 313; BGH NJW 1990, 843). Der rechtliche Grund für die finanziellen Investitionen ist weggefallen, § 812 Abs. 1 S. 2 Alt. 1 BGB. Rechtsgrund der Aufwendungen des Antragstellers war das Leihverhältnis an der Wohnung. Die Familie des Antragstellers hat gemäß der vorherigen Absprache kostenfrei die ausgebauten Räume bis zum Auszug[8] der Ehefrau genutzt.

Die Aufwendungen in der Wohnung wurden in Erwartung des Bestehens der Ehe erbracht. Nachdem die Eheleute geschieden und ausgezogen sind, ist dieser Zweck nicht mehr gegeben und kein Grund für einen Verbleib des Vorteils bei den ehemaligen Schwiegereltern vorhanden. Ab dem Auszug der Ehefrau wird der Ausgleich verlangt.

Die Höhe des Anspruches[9] richtet sich nach dem Vorteil, den die Antragsgegner daraus erzielen könnten, dass sie vorzeitig die Möglichkeit zur Nutzung der geschaffenen Räume erhalten. Der zugewachsene Vermögensvorteil ist durch Zahlung einer Geldrente auszugleichen.

Die Antragsgegner wurden durch Schreiben vom ..... unter Fristsetzung zum ..... aufgefordert, die eingeklagten Beträge an den Antragsteller zu zahlen. Sie verweigern die Zahlung und führen hierzu aus ..... Dazu ist zu sagen, ...

Die Antragsgegner schulden Verzugszinsen,[10] §§ 286, 288 BGB, in Höhe von 5 Prozentpunkten über dem Basiszinssatz.

Rechtsanwalt[11, 12]

Anmerkungen

1. Der Anspruch der Schwiegereltern ist bei dem **Familiengericht** geltend zu machen, da es sich um eine Familiensache, § 23a GVG, §§ 111 Abs. 1 Nr. 10, 266 Abs. 1 Nr. 3 FamFG, handelt.

2. Anwaltliche Vertretung ist bei dem Familiengericht notwendig, § 114 FamFG, da die hier geltend gemachten Ausgleichsansprüche dem Anwaltszwang unterliegende Familienstreitsachen sind.

3. Veröffentlichungen zu den Ausgleichsansprüchen gegen Schwiegereltern sind selten. Der BGH hat sich in zwei **grundlegenden Entscheidungen** mit der Thematik befasst (BGH NJW 1985, 313; BGH NJW 1990, 1789). Weitere zusammenfassende Darstellungen finden sich bei Schulz/Hauß Vermögensauseinandersetzung Rn. 518 ff.; Wever Vermögensauseinandersetzung Rn. 1230 ff.; Ullrich NJW-Spezial 2005, 103; Ansprüche dieser Art gegen die eigenen Eltern behandelt BGH NJW 2002, 436; Ansprüche des ehemaligen Lebensgefährten werden in FamRZ 2015, 502 vom BGH erörtert.

4. Der Anspruch richtet sich auf eine Geldrente, die monatlich zu zahlen ist (→ Anm. 7).

5. Diese Nebenanträge sind auch zur eigenen Arbeitserleichterung mit aufzunehmen.

6. Für den **Zeitpunkt,** ab dem die Ansprüche geltend gemacht werden können, dürfte es nicht auf die endgültige Trennung oder die Scheidung der Eheleute ankommen. Die rechtliche Konstruktion stellt darauf nicht ab, sondern betrifft nur die Frage des gemeinsamen Wohnens im Haus (→ Anm. 7).

7. Wird eine Wohnung der Eltern/Schwiegereltern kostenfrei genutzt, liegt ein **Leihvertrag** zugrunde (vgl. BGH NJW 1985, 313 = FamRZ 1985, 150). Ist nach dem Auszug beider Eheleute (→ Anm. 8) die Leihe beendet, entfällt der Rechtsgrund für die von den Eigentümern geduldeten Investitionen. Dies führt zu einem Bereicherungsanspruch nach § 812 Abs. 1 S. 2 Alt. 1 BGB (BGH NJW 1985, 313; BGH NJW 1990, 1789; OLG Hamm FamRZ 1995, 732; Schulz/Hauß Vermögensauseinandersetzung S. 519, 520; Wever Vermögensauseinandersetzung Rn. 1234). Die Leihe ist auch bei Abschluss eines Mietvertrages mit dem verbleibenden Ehegatten beendet, was Bereicherungsansprüche ermöglicht (BGH NJW 1990, 1789).

Zieht die Tochter nicht aus und wird auch kein Mietvertrag mit ihr abgeschlossen, könnten dem Mann möglicherweise Ansprüche auf Nutzungsvergütung gegen die Frau gem. § 1361b Abs. 3 S. 2 BGB zustehen. Er ist nämlich gem. § 741 BGB Mitinhaber des aus dem gemeinsam abgeschlossenen Leihvertrages resultierenden Nutzungsrechts (so OLG Hamm FamRZ 2013, 214). Nach Ansicht des OLG Rostock (FamRZ 2017, 433) ist dies jedoch nur bis zur Rechtskraft der Scheidung der Fall (aA Wever FamRZ 2018, 649, OLG Brandenburg NZFam 2021, 1035).

Der Anspruch richtet sich über § 601 Abs. 2 BGB nach den Vorschriften über die Geschäftsführung ohne Auftrag, §§ 677 ff. BGB. Danach kann der Geschäftsführer wie ein Beauftragter, § 670 BGB, Ersatz seiner Aufwendungen verlangen, wenn die Übernahme der Geschäftsführung dem wirklichen oder mutmaßlichen Willen des Geschäftsherrn entspricht, § 683 BGB. Liegen diese Voraussetzungen nicht vor und genehmigt der Geschäftsherr die Geschäftsführung auch nicht, § 684 S. 2 BGB, so ist der Geschäftsherr nach den Vorschriften über die Herausgabe einer ungerechtfertigten Bereicherung verpflichtet, § 684 S. 1 BGB.

Ein **Bereicherungsanspruch** nach § 812 Abs. 1 S. 2 Alt. 1 BGB kommt nach den Grundsätzen in Betracht, die der BGH für den Ausgleich von Mieterleistungen (Baukostenzuschuss, eigene Aus- und Umbauten) bei vorzeitiger Beendigung langfristiger Miet- und Pachtverhältnisse entwickelt hat (BGH NJW 1985, 313). Es ist auf die Vorteile abzustellen, die die Schwiegereltern daraus erzielen können, dass sie vorzeitig in den Genuss derjenigen Nutzungsmöglichkeit des vermieteten Objekts gelangt ist, die der jungen Familie für die Zeit nach Auszug entgangen ist. Eine etwaige Bereicherung der Schwiegereltern bestimmt sich daher in den genannten Fällen danach, inwieweit es ihnen gelingt, die Räume anderweitig zu vermieten bzw. sonst gewinnbringend zu nutzen. Bei Mitarbeit in einem Betrieb ist auf den erzielten Gewinn und nicht auf die einzelnen eingebrachten Werte abzustellen (LG Coburg FamRZ 2009, 604).

Bei Verkauf des Objektes dürfte auf die Wertsteigerung abzustellen sein (Schulz/Hauß Vermögensauseinandersetzung S. 520). Dieser Betrag ist auch bei der Berechnung des **Zugewinns** als Vermögensposition anzusetzen (BGH NJW 2002, 436).

Instruktiv zu weiteren – abzulehnenden – Anspruchsgrundlagen: OLG Düsseldorf FamRZ 2010, 1849.

8. Der Rechtsgrund der Leihe besteht solange, wie die Ehefrau noch in dieser Wohnung lebt. Erst **nach deren Auszug** kann der Bereicherungsanspruch geltend gemacht werden. Erfolgt kein Auszug, sind Ansprüche gegen die Schwiegereltern nicht realisierbar (BGH NJW 1985, 313 = FamRZ 1985, 150; OLG Düsseldorf FamRZ

2010, 1849; Schulz/Hauß Vermögensauseinandersetzung S. 519; Wever Vermögensauseinandersetzung Rn. 1233).

9. → Anm. 7.

10. Die Antragsgegner kommen nach § 286 Abs. 3 BGB automatisch spätestens 30 Tage nach Zugang der Zahlungsaufforderung in **Verzug.** Sie schulden dann Zinsen gemäß § 288 Abs. 1 BGB in Höhe von fünf Prozentpunkten über dem Basiszinssatz. Daneben besteht ein Anspruch auf Prozesszinsen seit Rechtshängigkeit, § 291 BGB, in gleicher Höhe.

Kosten und Gebühren

11. Das Verfahren ist eine normale Familienstreitsache. Es gelten daher die üblichen Vorschriften des Kosten- und Gebührenrechts sowie des RVG.

Fristen und Rechtsmittel

12. Spezielle prozessuale Fristen sind für das Verfahren nicht zu beachten. Da bereicherungsrechtliche Ansprüche betroffen sind, gilt die Verjährungszeit von drei Jahren, § 195 BGB (str. Wever Vermögensauseinandersetzung Rn. 1248).

Es sind die üblichen Rechtsmittel gegen erstinstanzliche Entscheidungen in Familienstreitsachen gegeben. → Form. L.III.5 Anm. 15.

19. Freistellungsanspruch

An das ..... [Datum]

Amtsgericht .....

Familiengericht

Antrag[1]

In Sachen

..... [Vorname, Familienname, Adresse] – Antragstellerin –

Verfahrensbevollmächtigte: Rechtsanwalt/Rechtsanwältin ..... [Vorname, Familienname, Adresse[2]]

gegen

..... [Vorname, Familienname, Adresse] – Antragsgegner –

wegen Befreiungsanspruchs

Verfahrenswert: ..... EUR

bestellen wir uns hiermit für die Antragstellerin, übergeben

- **eine von unserer Kanzlei ausgestellte Einzugsermächtigung über ..... EUR** als Gerichtskostenvorschuss

und

beantragen:

I. Der Antragsgegner ist verpflichtet, die Antragstellerin von ihren Verpflichtungen gegenüber den Vereinigten Sparkassen im Landkreis . . . . . betreffend die Darlehen Nr. 6.603.427, Nr. 6.603.435 und die Konten Nr. 639.393 sowie Nr. 223.800 zu befreien.[3]

II. Der Antragsgegner trägt die Kosten des Rechtsstreits.

Begründung:

1. Mit dem Antrag verlangt die Antragstellerin die Beendigung ihrer persönlichen und dinglichen Haftung für Kredite, welche die genannte Sparkasse während intakter Ehe dem Antragsgegner gewährt haben.
2. Die Beteiligten hatten am . . . . . die Ehe geschlossen. Diese Ehe wurde mit Beschluss des Amtsgerichts . . . . . vom . . . . . geschieden. Der Beschluss ist seit jenem Tage rechtskräftig. Aus der Ehe ist eine am . . . . . geborene Tochter hervorgegangen, die bei der Mutter lebt.

   Beweis: Beziehung der Akten des Amtsgerichts . . . . . mit dem Aktenzeichen

3. Der Antragsgegner betreibt in . . . . . ein Druckereiunternehmen. Zur Betreibung dieses Unternehmens hat der Antragsgegner Bankkredite bei der genannten Sparkasse aufgenommen, für welche die Klägerin die Mithaftung übernahm und dingliche Sicherheiten stellte. Dabei handelt es sich um das Darlehen Konto Nr. 6.603.427 iHv . . . . . EUR, das Darlehen Konto Nr. 6.603.435 iHv . . . . . EUR, das Darlehen Konto Nr. 6.603.856 iHv . . . . . EUR und den Kontokorrentkredit Konto Nr. 223.800 von ca . . . . . EUR. Zur „Sicherheit für alle bestehenden und künftigen, auch bedingten oder befristeten Forderungen der Sparkasse“ gegen die Beteiligten bestellte die Antragstellerin auf dem in ihrem Alleineigentum stehenden Hausgrundstück (Grundbuch des Amtsgerichts . . . . .) Grundschulden zu . . . . . EUR und . . . . . EUR, somit insgesamt . . . . . EUR.

   Beweis: die Darlehensverträge und die Zweckerklärung für Grundschulden, die in Kopie anliegen.

4. Mit Schreiben vom . . . . . bezifferte die genannte Sparkasse den Betrag der Mithaftung der Antragstellerin und des genannten Grundstücks auf . . . . . EUR und forderte sie auf, bis . . . . . für die Wegfertigung der Darlehensrückstände von . . . . . EUR sowie der Kontoüberziehung von . . . . . EUR Sorge zu tragen. Ferner kündigte die Sparkasse an, dass die nicht pünktliche Zahlung dieser beiden Beträge die Gesamtfälligstellung und die zwangsweise Verwertung des Grundstücks zur Folge habe.

   Beweis: Das Schreiben vom . . . . . in Kopie.

5. Bereits seit . . . . . drängt die Antragstellerin den Antragsgegner zur Freistellung von dieser Haftung. Am . . . . . hat in der Kanzlei des Verfahrensbevollmächtigten der Antragstellerin eine Besprechung mit dem Antragsgegner stattgefunden, in welcher die Antragstellerseite auf die Freistellung von dieser Haftung drängte. Der Antragsgegner versprach, innerhalb eines Monats Vorschläge für die Regelung der Verbindlichkeiten zu unterbreiten.

Mit Schreiben vom . . . . . wiederholte der Verfahrensbevollmächtigte der Antragstellerin dieses Verlangen in schriftlicher Form und setzte dem Antragsgegner eine Frist bis . . . . ., um Vorschläge für die Durchführung der Freistellung zu machen.

Beweis: Das Schreiben vom . . . . . in Kopie des Aktendurchschlags.

Mit Schreiben vom . . . . . wiederholte der Verfahrensbevollmächtigte der Antragstellerin diese Aufforderung und setzte eine Frist bis . . . . .

Beweis: Das Schreiben vom . . . . . in Kopie des Aktendurchschlags.

Mit Schreiben vom . . . . . ließ der Antragsgegner durch den nunmehr von ihm beauftragten Rechtsanwalt . . . . . erklären, der von der Antragstellerin verlangten Enthaftung des Anwesens iHv . . . . . EUR werde zugestimmt werden.

Beweis: Das Schreiben vom . . . . . in Kopie.

6. Mit Schreiben vom . . . . . brachte der Verfahrensbevollmächtigte der Antragstellerin die Enthaftung gegenüber Rechtsanwalt . . . . . in Erinnerung.

   Beweis: Das Schreiben vom . . . . . in Kopie des Aktendurchschlags.

   Mit Schreiben vom . . . . . bat der Verfahrensbevollmächtigte der Antragstellerin den Rechtsanwalt . . . . . um die Bekanntgabe von Vorstellungen über die Freistellung der Antragstellerin. Ferner wurde rückständiger Kindesunterhalt geltend gemacht.

   Beweis: Das Schreiben vom . . . . . in Kopie des Aktendurchschlags.

   Mit Schreiben vom . . . . . gab der Verfahrensbevollmächtigte der Antragstellerin dem Antragsgegner unter Fristsetzung zum . . . . . die Gelegenheit, akzeptable Vorschläge zur Haftungsentlassung der Antragstellerin zu machen. Darin wurde angekündigt, einen gerichtlichen Antrag zu stellen, wenn innerhalb der gesetzten Frist kein akzeptabler Vorschlag vorliege.

   Beweis: Das Schreiben vom . . . . . in Kopie des Aktendurchschlags.

   Irgendeine Erklärung zur Befreiung der Antragstellerin von den Verpflichtungen gegenüber der genannten Sparkasse gab der Antragsgegner nicht ab.[4]

7. Das Rechtsverhältnis zwischen den Beteiligten ist nach den Regeln des Auftragsrechts abzuwickeln. Dieser Auftrag kann gem. § 671 BGB gekündigt werden. Die Kündigung ist in dem Freistellungsverlangen der Antragstellerin zu sehen, zumindest in der im Schreiben vom . . . . . abgegebenen Erklärung. Demzufolge hat die Antragstellerin einen Anspruch gegen den Antragsgegner auf Befreiung von ihren Verpflichtungen (§§ 670, 257 BGB). Der Antragsgegner ist danach verpflichtet, die Antragstellerin so zu stellen, wie sie ohne die Belastung mit den Drittschulden stehen würde (vgl. BGH FamRZ 1989, 835 (837)). Dieser Anspruch wird mit dem Antrag geltend gemacht. Die Geltendmachung eines Zahlungsanspruchs bleibt ausdrücklich vorbehalten.
8. Das einzige Vermögen der Antragstellerin besteht in dem genannten Hausgrundstück. Sie hat zudem in erheblichem Maße für den Unterhalt des gemeinsamen Kindes aufzukommen, da der Antragsgegner teilweise unregelmäßig und teilweise überhaupt nicht zahlt.
9. Da der Antragsgegner allen Bitten und Aufforderungen nicht nachgekommen ist und er sich gegenüber der Antragstellerin überhaupt äußerst zahlungsunwillig zeigt, ist dieser Antrag geboten.

Rechtsanwalt[5, 6]

Anmerkungen

1. Der Freistellungsanspruch zwischen Ehegatten fällt unter die Verfahren in sonstigen Familiensachen (§ 266 Abs. 1 Nr. 3 FamFG). Sie sind Familiensachen (§ 111 Nr. 10 FamFG) und Familienstreitsachen (§ 112 Nr. 3 FamFG). Nach § 113 FamFG gelten für sie die Vorschriften der ZPO, allerdings mit den in Familiensachen üblichen Bezeichnungen (§ 113 Abs. 5 FamFG). Die Familiengerichte sind ausschließlich zuständig. Die örtliche Zuständigkeit ergibt sich aus § 267 Abs. 2 FamFG, § 13 ZPO: der gewöhnliche Aufenthalt des Antragsgegners. Ansonsten gilt für einen solchen Freistellungsanspruch das Gleiche wie bei isolierten Güterrechtssachen. → Form. K.I.1.

2. Es besteht Anwaltszwang (§ 114 FamFG). Zur Vollmacht s. § 114 Abs. 5 FamFG und → Form. K.I.1 Anm. 6.

3. Ein Anspruch auf Befreiung von den Verbindlichkeiten kann sich bei Scheitern der Ehe ergeben. Hat eine Ehefrau die persönliche Haftung für Kredite des Ehemannes übernommen, so kann sich ein Aufwendungsanspruch nach Kündigung des Auftrags aus wichtigem Grund (§§ 670, 671 Abs. 3 BGB) ergeben, der zu einem Befreiungsanspruch nach § 257 BGB führt. Weder der noch offene Zugewinnausgleich noch die Regeln über den Gesamtschuldausgleich stehen dem im Wege. Doch kann dem Ehemann entsprechend §§ 671 Abs. 2 S. 1 und 242 BGB einzuräumen sein, einen seinen finanziellen Möglichkeiten entsprechenden Tilgungs- und Umschuldungsplan zu entwickeln (BGH NJW 1989, 1920).

Die Vollstreckung des Freistellungsbeschlusses erfolgt nach § 887 Abs. 2 ZPO.

4. Die ausführliche Darstellung der Bemühungen der Antragstellerin erfolgte im Hinblick darauf, dass der Antragsgegner sich von der Ernsthaftigkeit der Geltendmachung des Befreiungsanspruchs der Antragstellerin überzeugen konnte und Zeit hatte, einen entsprechenden Tilgungs- und Umschuldungsplan zu entwickeln.

Kosten und Gebühren

5. → Form. L.II.1 Anm. 8.

Fristen und Rechtsmittel

6. Sonstige Familiensachen sind nach § 112 Nr. 2 FamFG Familienstreitsachen. Das statthafte ist die Beschwerde (§ 58 FamFG iVm § 117 FamFG). → Form. O.I ff.

IV. Antrag gegen den anderen Ehegatten bei Schadensersatzansprüchen aus dem Umgangsrecht

An das

Amtsgericht . . . . .[1]

– Familiengericht –

. . . . ., den 22.3.2026

Antrag

In Sachen

des Herrn . . . . ., – Antragsteller –

– Verfahrensbevollmächtigter: Rechtsanwalt . . . . .[2] –

gegen

Frau . . . . ., – Antragsgegnerin –

– Verfahrensbevollmächtigte: Rechtsanwälte . . . . .[2] –

Wegen Schadensersatz wegen Vereitelung des Umgangsrechts

Vorläufiger Verfahrenswert: . . . . . EUR[3]

Namens und im Auftrag des Antragstellers und unter Bezugnahme auf die beigefügte Verfahrensvollmacht[4] beantrage ich,

Die Antragsgegnerin wird verpflichtet, an den Antragsteller . . . . . EUR zu zahlen.[5]

Begründung:

Der Antragsteller und die Antragsgegnerin leben seit dem 15.11.2024 getrennt. Das aus der Ehe hervorgegangene Kind Luca, geb. am 14.5.2021, lebt bei der Antragsgegnerin. Der Antragsteller hat ein Umgangsrecht, das auf einer Vereinbarung der Beteiligten beruht und mit Beschl. v. . . . . . (Az. . . . . .) gerichtlich gebilligt wurde.

Danach ist ihm gestattet, Luca an jedem 3. Samstag im Monat von morgens 10.00 Uhr bis abends 18.00 Uhr zu sich zu nehmen. Da die Antragsgegnerin im Zuge der Trennung nach . . . . . gezogen ist, hat der Antragsteller zur Wahrnehmung der Besuchskontakte . . . . . km für eine Strecke zurückzulegen. Am Samstag, den . . . . ., wollte der Antragsteller, der für die Fahrt hin und zurück . . . . . EUR aufgewendet hat,

Beweis: Beigefügte Flugtickets mit der Rechnung der Air Berlin vom . . . . .

gegen 10.00 Uhr wie vereinbart Luca bei der Antragsgegnerin abholen. Beide waren jedoch nicht zu Hause. Selbst gegen Mittag konnte der Antragsteller niemanden erreichen. Ein letzter Versuch vor seinem Rückflug blieb ebenfalls erfolglos.

Am nächsten Montag konnte er die Antragsgegnerin telefonisch erreichen. Diese erklärte ihm, dass sie nicht an den Besuchstag gedacht und mit ihrem neuen Freund ein Wochenende in . . . . . verbracht hat.

Da die Aufwendungen für den Flug somit nutzlos waren, ist die Antragsgegnerin verpflichtet, diese zu ersetzen.

Rechtsanwalt[6, 7]

Anmerkungen

1. Der Schadensersatzantrag wegen Vereitelung des Umgangsrechts ist eine sonstige Familiensache iSd § 266 Abs. 1 Nr. 5 FamFG. Unter diese Regelung fallen vor allem Schadensersatzansprüche wegen nicht ordnungsgemäßer Gewährung des Umgangsrechts (BT-Drs. 16/6308, 263).

2. Es besteht Anwaltszwang nach § 114 Abs. 1 FamFG schon für das amtsgerichtliche Verfahren.

3. Der Verfahrenswert bestimmt sich gemäß § 35 FamGKG nach dem bezifferten Antrag.

4. Die Vollmacht ist gemäß § 11 FamFG schriftlich einzureichen.

5. Gewährt ein Elternteil dem anderen umgangsberechtigten Elternteil das Umgangsrecht nicht in der vereinbarten Art und Weise, macht er sich dem anderen gegenüber schadenersatzpflichtig, wenn diesem dadurch vergebliche Aufwendungen entstehen (BGH FamRZ 2002, 1099). Ein überwiegendes Mitverschulden kommt aber in Betracht, wenn die Verletzung des Umgangsrechts bereits angekündigt war und eine verständige Person in vergleichbarer Situation dann eine Reise nicht angetreten hätte (OLG Frankfurt a. M. FamRZ 2016, 387).

Kosten und Gebühren

6. Gerichtskosten: 3,0 der Gebühr nach § 28 FamGKG für das Verfahren im Allgemeinen, KV 1220 FamGKG.

Anwaltskosten: 1,3 Verfahrensgebühr gemäß VV 3100 RVG iVm § 13 RVG sowie 1,2 Terminsgebühr gemäß VV 3104 RVG iVm § 13 RVG.

Fristen und Rechtsmittel

7. Beschwerde gemäß § 58 FamFG an das Oberlandesgericht. Gemäß § 64 Abs. 1 S. 1 FamFG kann die Einlegung der Beschwerde wirksam nur beim Ausgangsgericht erfolgen. Dies gilt gemäß § 64 Abs. 1 S. 2 FamFG auch für Anträge auf Bewilligung von Verfahrenskostenhilfe für eine beabsichtigte Beschwerde. Das Rechtsmittel kann nach § 64 Abs. 2 FamFG zur Niederschrift der Geschäftsstelle eingelegt werden. Ein Anwaltszwang besteht nach § 114 Abs. 1 FamFG ohnehin nicht. Die befristete Beschwerde muss innerhalb einer Notfrist von einem Monat ab Zustellung der Entscheidung eingelegt werden, § 63 Abs. 1 FamFG. Nach erfolgter Bewilligung von Verfahrenskostenhilfe für eine beabsichtigte Beschwerde darf die Beschwerdeeinlegung nicht vergessen werden (!). Die Beschwerde ist nach § 117 Abs. 1 FamFG innerhalb von zwei Monaten ab Zustellung der Entscheidung zu begründen. Die Begründung ist beim OLG einzureichen. Sowohl für die Begründung als auch für die Einlegung besteht gemäß § 114 Abs. 1 FamFG mit § 112 Nr. 3 FamFG Anwaltszwang.

V. Antrag gegen den anderen Ehegatten bei Ansprüchen aus dem Eltern-Kind-Verhältnis

An das

Amtsgericht . . . . .[1]

– Familiengericht –

. . . . ., den 22.3.2026

Antrag

In Sachen

des Kindes . . . . ., vertreten durch[6] den Vater . . . . . – Antragsteller –

– Verfahrensbevollmächtigter: Rechtsanwalt . . . . .[2] –

gegen

Frau . . . . ., – Antragsgegnerin –

– Verfahrensbevollmächtigte: Rechtsanwälte . . . . .[2] –

wegen Schadensersatzes wegen Pflichtverletzung bei der Ausübung der elterlichen Sorge

Vorläufiger Verfahrenswert: . . . . . EUR[3]

Namens und im Auftrag des Antragstellers und unter Bezugnahme auf die beigefügte Verfahrensvollmacht[4] beantrage ich,

> Die Antragsgegnerin wird verpflichtet, an den Antragsteller . . . . . EUR zu Händen des Vaters[6] zu zahlen.[5]

Begründung:

Der Vater des Antragstellers und die Antragsgegnerin sind mittlerweile rechtskräftig geschieden. Die Antragsgegnerin ist die Mutter des Antragstellers, Luca, geb. am 14.5.2020, der beim Vater lebt. Es bestand zunächst weiterhin gemeinsame elterliche Sorge.

Kurz nach der Geburt von Luca wurde ein Sparbuch der Sparkasse über . . . . . EUR auf seinen Namen eingerichtet, auf das die Eltern des Vaters einen Geldbetrag von 20.000 EUR als Schenkung überwiesen.

Beweis: Zeugnis der Eltern des Vaters . . . . .

Das Sparbuch ist seit dem Auszug der Antragsgegnerin aus der gemeinsamen Wohnung verschwunden. Vor ein paar Wochen hat der Vater von der Sparkasse erfahren, dass die Antragsgegnerin kurz zuvor das gesamte Guthaben abgehoben hat.

Beweis: Zeugnis des Sparkassenmitarbeiters . . . . .

Da die Antragsgegnerin durch Mitnahme des Sparbuches und Abhebung des Guthabens bei der Ausübung des gemeinsamen Sorgerechts pflichtwidrig die Vermögensinteressen des Kindes verletzt hat, ist sie zum Schadenersatz verpflichtet, also zur Wiederherstellung des Sparguthabens.

Das Guthaben auf dem Sparbuch betrug im Zeitpunkt der Abhebung einschließlich Zinsen . . . . . EUR.

Beweis: Zeugnis des Sparkassenmitarbeiters . . . . .

Dem Vater wurde mit mittlerweile einstweiliger Anordnung vom 1.3.2026 (Az. . . . . .) unter anderem vorläufig das Vermögenssorgerecht übertragen, dieser ist daher zur Vertretung des Kindes berechtigt.[6]

Der Aufforderung, den Betrag zu ersetzen, ist die Antragsgegnerin mit Schreiben vom . . . . . entgegengetreten.

Beweis: Schreiben vom . . . . .

Die Einleitung eines Verfahrens ist mithin geboten.

Rechtsanwalt[7, 8]

Anmerkungen

1. Der Schadensersatzantrag wegen Verletzung der Vermögenssorge ist eine sonstige Familiensache iSd § 266 Abs. 1 Nr. 4 FamFG.

2. → Form. L.IV Anm. 2.

3. → Form. L.IV Anm. 3.

4. → Form. L.IV Anm. 4.

5. § 1664 BGB regelt nach allgemeiner Meinung nicht nur eine Regelung des Haftungsmaßstabes, sondern ist auch Anspruchsgrundlage für Schadensersatzansprüche des Kindes gegen seine Eltern, die in einer Pflichtverletzung bei der Ausübung der elterlichen Sorge begründet sind. Außerdem kommt bei Abhebungen vom Konto des Kindes ein Anspruch aus § 816 Abs. 2 BGB in Betracht (BGH FamRZ 2019, 1620).

Beim Pflichtverstoß ist – auch für Teilbeträge – genau zu prüfen, ob das Sparvermögen im Innenverhältnis durch treuhänderische Bindung dem Kind oder den Eltern zuzuordnen ist (BGH FamRZ 2019, 1620). Hier ist wegen des Geldgeschenkes der Großeltern die Zuordnung zum Kind eindeutig.

6. Die Vertretungsmacht des Vaters folgt aus § 1629 Abs. 1 S. 3 BGB wegen der vorläufigen Übertragung der Vermögenssorge. Ohne diese hätte wegen der Verhinderung der Mutter gemäß §§ 1629 Abs. 2 S. 1, 1824 Abs. 2, 181 BGB ein Ergänzungspfleger nach § 1809 BGB bestellt werden müssen (OLG Karlsruhe FamRZ 2016, 2138).

Kosten und Gebühren

7. → Form. L.IV Anm. 6.

Fristen und Rechtsmittel

8. → Form. L.IV Anm. 7.

VI. Anträge auf sonstige Leistungen nach ausländischem Scheidungs- oder Scheidungsfolgenstatut

1. Zahlung einer Morgengabe (Iran); Variante: Herausgabe von persönlichem Vermögen (Türkei)

An das

Amtsgericht

– Familiengericht –[1]

Antrag

der Frau . . . . .

– Antragstellerin –

Verfahrensbevollmächtigte: Rechtsanwältin . . . . .

gegen

Herrn . . . . .

– Antragsgegner –

wegen: Zahlung einer Morgengabe nach iran. Recht

Namens und unter Berufung auf die mir schriftlich erteilte, beigefügte (§§ 11, 114 Abs. 5 FamFG) Verfahrensvollmacht der Antragstellerin bitte ich um Anberaumung eines möglichst nahen Termins zur mündlichen Verhandlung, in dem ich beantragen werde:

1. Der Antragsgegner wird verpflichtet, an die Antragstellerin . . . . . EUR nebst Zinsen in Höhe von 5 Prozentpunkten über dem Basiszinssatz seit Rechtshängigkeit als Morgengabe zu zahlen.
2. Der Antragsgegner hat die Kosten des Verfahrens zu tragen.[2]

Gerichtskostenvorschuss ist eingezahlt.

Begründung:

1. Die in Deutschland wohnhaften Beteiligten, die beide ausschließlich die iran. Staatsangehörigkeit besitzen, haben am . . . . . in . . . . ./Iran geheiratet.

   Beweis: Vorlage der Heiratsurkunde mit begl. dt. Übersetzung

   Aus der Ehe sind zwei Kinder hervorgegangen; A. und J. sind beide volljährig, leben in den USA und sorgen für sich selbst. Seit dem Jahr . . . . . leben die Beteiligten getrennt (wird ausgeführt). Damals ist der Antragsgegner aus der ehelichen Wohnung ausgezogen. Zunächst zahlte er der Antragstellerin für ihren Bedarf mtl. Unterhalt in Höhe von . . . . . EUR. Inzwischen hat er seine Leistungen eingestellt. Auf das Unterhaltsverfahren, das die Antragstellerin deshalb einleiten musste, nehme ich ebenso Bezug wie auf das güterrechtliche Verfahren, in dem der Antragsgegner zunächst zur Auskunftserteilung verpflichtet worden ist; um Beiziehung der Akten . . . . . und . . . . . wird gebeten.

2. Mit Ehevertrag[3] (notarielle Heiratsurkunde) haben die Beteiligten bei der Eheschließung vereinbart:
Die Ehefrau erhält einen „Band des heiligen Buchs Koran im Wert von 200 Rial sowie 100.000 Rial der gültigen iranischen Währung als Verpflichtung des Ehemannes, die nach Forderung der Ehefrau ihr auszuhändigen sind".
Diesen Anspruch, der bisher nicht erfüllt ist, macht die Antragstellerin vorliegend geltend.[4,5]

3. Außergerichtliche Korrespondenz ist erfolglos geblieben (wird ausgeführt). Daher ist die gerichtliche Geltendmachung geboten. Der Antragsgegner ist ohne weiteres in der Lage, die verlangten Beträge zu zahlen[6] (wird ausgeführt). Er bleibt jedoch untätig; ebenso verhält er sich im Unterhalts- und im Güterrechtsverfahren,[7] in denen er mittlerweile zur Auskunftserteilung verpflichtet worden ist, bisher aber nichts weiter unternommen hat, so dass dort Vollstreckung notwendig wird.

4. Weiterer Vortrag bleibt vorbehalten. Sollte das Gericht ergänzende Ausführungen für notwendig halten, bitte ich um Hinweise nach § 139 ZPO.

Rechtsanwältin

(Variante:

Herausgabe von persönlichem Vermögen nach türk. Recht.[8, 9])

Anmerkungen

1. Für Ansprüche auf Zahlung einer **Morgengabe,** die unterschiedliche Aufgaben wahrnehmen kann und daher in der Vergangenheit unterschiedlich eingestuft worden ist (ehewirkungsrechtlich, unterhaltsrechtlich oder güterrechtlich; vgl. dazu BGH NJW 2010, 1528 = FamRZ 2010, 533; zum Meinungsstand auch Grüneberg/Thorn EGBGB Art. 13 Rn. 11 sowie OLG Köln FamRZ 2006, 1380), sind – gleich wie sie einzustufen ist – in Deutschland die Familiengerichte zuständig, § 266 FamFG für Verfahren in sonstigen Familiensachen, bei unterhaltsrechtlicher Prägung nach §§ 111 Nr. 8, 231 FamFG und bei güterrechtlicher Einschätzung nach §§ 111 Nr. 9, 261 FamFG. Allerdings hatte der BGH zwischenzeitlich entschieden, dass der Anspruch auf eine nach iranischem Recht vereinbarte Morgengabe als allgemeine Wirkung der Ehe zu qualifizieren sei, BGH NJW 2010, 1528 = FamRZ 2010, 533. Im Ergebnis das Brautgabeversprechen ebenfalls als allgemeine Wirkung der Ehe qualifizierend, allerdings differenzierend und ausdrücklich auf die konkrete Vertragsausgestaltung abstellend nunmehr BGH NJW 2020, 2024: Eine unter deutschem Recht zu beurteilende Brautgabevereinbarung, die nicht ausnahmsweise güterrechtlich oder unterhaltsrechtlich eingeordnet werden kann, kann als familienrechtlicher Vertrag sui generis einzuordnen sein. Wegen seiner Ehebezogenheit weise dieser Vertrag zumindest grundsätzliche Übereinstimmungen mit dem Rechtsinstitut der unbenannten Zuwendung auf (hier finden sich auch Ausführungen zur Formbedürftigkeit eines solchen Versprechens). Sofern dt. Kollisionsrecht zur Anwendung gelangt, → Anm. 3, unterliegt der Anspruch mithin dem nach Art. 14 EGBGB berufenen Sachrecht. Nach iran. Verständnis soll die **Morgengabe** im Wesentlichen Ausgleich dafür sein, dass der Ehemann einen verbrieften Anspruch auf eheliche Kontakte mit seiner Frau hat, dazu Art. 1078 ff. iran. ZGB, OLG Hamburg FamRZ 2004, 459 mN. Deutsche Gerichte müssen diesen Vorgaben aber nicht in allen Einzelheiten folgen. Anderenfalls könnte ein Verstoß gegen Art. 6 EGBGB vorliegen, etwa weil persönliche Beziehungen nach dt. Verständnis nicht durch Geldleistungen ausgeglichen werden sollen, mit der Folge, dass der Ehefrau der Schutz genommen würde, den ihr ausländisches Recht bietet, ohne dass ihr vom dt. Sachrecht entsprechender „Ersatz" bereitgestellt werden könnte. Sind die zugesagten Leistungen aus dt. Sicht überhöht, können sie gegebenenfalls herabgesetzt werden, etwa bei kurzer Ehedauer uÄ, OLG Hamburg FamRZ 2004, 459 (461); ebenso kommt eine Anpassung des vereinbarten Betrages an die Geldwertentwicklung in Betracht, sofern eine solche nicht nach dem Wortlaut der Erklärung ausgeschlossen werden sollte, iE BGH NJW 2010, 1528 = FamRZ 2010, 533; zur Morgengabe sonst Yassari FamRZ 2002, 1088 (1093 f.) und StAZ 2003, 198; OLG Frankfurt a.M. NJW 2017, 896 mAnm Bock; zur **Brautgeldzahlung** (und ihrer Sittenwidrigkeit) für kurdische Yeziden OLG Hamm FamRZ 2011, 1506; zur einverständlichen Ehescheidung von Iranern und der Verpflichtung der Frau, die Morgengabe zurückzuzahlen, vgl. OLG Stuttgart FamRBint 2009, 26 mAnm Yassari und → Form. A.V.5 Anm. 9c).

2. Für das Streitverfahren bei Gericht gelten nach §§ 112, 113 Abs. 1 S. 2 FamFG die allgemeinen **Vorschriften der ZPO,** → Anm. 1. Die Voraussetzungen für die Anordnung der sofortigen Wirksamkeit nach § 116 Abs. 3 S. 2 FamFG, die im Ermessen des Gerichts steht, hat der Ast. darzulegen. Auch wenn das Gericht hierüber von Amts wegen zu befinden hat, sollte, wenn die Voraussetzungen vorliegen, vorsorglich ein entsprechender Antrag gestellt werden.

3. Damit ist noch keine **Rechtswahl** für die güterrechtl. Beziehungen unter den Eheleuten getroffen, die dann die Anknüpfung bei uns festlegen würde (für Altfälle nach **Art. 15 Abs. 2 EGBGB aF,** vgl. OLG Frankfurt a.M. FamRZ 1996, 1478 für Jordanien). Am 24.6.2016 wurden die Europäischen Güterrechtsverordnungen erlassen, eine zum ehelichen Güterrecht, VO (EU) 2016/1103 (EuGüVO), die andere zum Güterrecht der eingetragenen Partnerschaften, VO (EU) 2016/1104 (EuPartVO). Beide Verordnungen gelten für Ehegatten, die am oder nach dem 29.1.2019 die Ehe bzw. eingetragene Partnerschaft eingegangen sind oder an oder nach diesem Datum eine güterrechtliche Rechtswahl getroffen haben, vgl. hierzu näher Weber DNotZ 2016, 659. Sofern die Beteiligten beide wie vorliegend ausschließlich die iran. Staatsangehörigkeit besitzen, ist allerdings wegen des Vorrangs des dt.-iran. Niederlassungsabkommens (Art. 3 Nr. 2 EGBGB) das maßgebliche materielle Recht nicht den Bestimmungen der Güterrechtsverordnungen (bzw. für Altfälle des EGBGB) zu entnehmen, sondern es gelangt iran. Recht zur Anwendung, welches keine Rückverweisung auf deutsches Sachrecht vorsieht. Vgl. zum Vorrang des Deutsch-Iranischen Niederlassungsabkommens gegenüber der Europäischen Güterrechtsverordnung bei einer Morgengabe auch OLG Frankfurt a.M., NZFam 2024, 120 mAnm Unger.

4. Nach den Vereinbarungen der Parteien kann die **Morgengabe** bei der Eheschließung zu übergeben sein. Manchmal wird sie auch auf erstes Anfordern fällig gestellt, und häufig soll sie nach der **Scheidung** gezahlt werden („Abendgabe"), zur vereinbarten Morgen- und Abendgabe OLG Hamm NZFam 2016, 1035. Oftmals ist sie so gering festgelegt, dass von einem ernsthaften „Vermögensausgleich" keine Rede sein kann. Dann kann **Art. 6 EGBGB** eingreifen, wenn in anderen Bereichen wie dem Unterhalt oder dem ehelichen Güterrecht kein angemessener Ausgleich erfolgt, dazu BGH FamRZ 1999, 217; zur (von Gesetzes wegen angeordneten) Indexierung einer Morgengabe nach iran. Recht vgl. Art. 1082 Abs. 2 (amtl. Ergänzung) iran. ZGB. Eine Anpassung des Geldbetrages an die iranische Geldwertentwicklung ist im Wege der Auslegung nach den Grundsätzen über den Wegfall der Geschäftsgrundlage möglich, vgl. BGH NJW 2010, 1528. Jedenfalls greift es zu kurz, in der Vereinbarung der Morgengabe lediglich ein abstraktes **Leistungsversprechen** nach unserem Verständnis zu sehen, dazu BGH FamRZ 1999, 271, weil so die sonstigen, familienrechtlichen Bezüge nicht erkennbar werden, etwa die Verbindung mit nachehelichem Unterhalt oder ehelichem Güterrecht.

5. Fordert die Braut die **Mitgift** zurück, die aus ihrer Familie stammt, ist der Streit als sonstige Familiensache nach § 266 FamFG in der Zuständigkeit des **FamG** zu führen, wenn die Ehefrau selbst tätig wird; Einschränkungen ergeben sich nach § 266 Abs. 1 Nr. 3 FamFG, wenn andere Familienangehörige Ansprüche stellen. Ist ein (echter) **Brautpreis** (vgl. für das Verhältnis zur Türkei Obermann NZFam 2015, 894) festgelegt, den der Ehemann oder seine Familie zu zahlen hat, ist die Vereinbarung aus dt. Sicht unwirksam und bleibt folgenlos, vgl. auch OGH (Öst.) FamRZ 2003, 1391. Haben die Parteien gleichwohl die Ehe geschlossen, bleibt sie jedenfalls rechtsbeständig. Andere **schuldrechtliche** Abreden sind möglich und wirksam, dazu OLG Köln NJW-RR 1994, 1026, für die **Brautgeldvereinbarung** nach „Sinti-Art"; zur Vereinbarung eines „Brautgeldes" unter deutschen Eheleuten (rechtswirksam) OLG Saarbrücken FamRZ 2006, 1378 (mit Auslegungshinweisen). Auch für die Rückgabe von **Geschenken** unter Eheleuten oder zwischen Eheleuten und anderen Familienangehörigen sind nach § 266 FamFG die Familiengerichte zuständig.

6. Bei ruinösen Zahlungszusagen kann Art. 6 EGBGB in seinem Teilaspekt **„negative Eheschließungsfreiheit"** bzw. **„Freiheit,** sich aus einer gescheiterten Ehe (wieder) lösen" zu können, betroffen sein, zivilrechtl. damit **§ 138 Abs. 1 BGB,** BGH FamRZ 1990, 372, und BGHZ 178, 322 = FamRZ 2009, 198 mAnm Bergschneider FamRZ 2009, 202 (Wirksamkeitskontrolle und Anpassung eines Ehevertrages bei „unzumutbaren" Belastungen des Schuldners), vgl. auch OLG Düsseldorf FamRZ 2002, 1118 (1119) für Israel; OLG Saarbrücken NJW-RR 2005, 1306 (Wegfall der Geschäftsgrundlage, § 313 BGB), OLG Köln NJW 2016, 649 (keine Sittenwidrigkeit, da Ehemann nach seinen Einkommens- und Vermögensverhältnissen nicht krass überfordert). Zu berücksichtigen ist neben der objektiven Zweckrichtung auch, welche Vorstellungen die Beteiligten gehabt und welche Ziele sie verfolgt haben.

7. Auch bei Zusage einer Morgengabe bleiben die sonstigen güterrechtl. Rechtsbeziehungen zwischen den Beteiligten – meist – ungeregelt, → Anm. 3. Jedenfalls sind sie nicht von der Morgengabevereinbarung miterfasst, sondern bedürfen vielmehr einer ausdrücklichen Rechtswahlvereinbarung, die den Voraussetzungen der **Art. 22 ff. EuGüVO** entsprechen muss. Für Rechtswahlvereinbarungen und Ehen, die vor dem 29.1.2019 geschlossen wurden, bestimmt sich das anwendbare Recht nach wie vor nach Art. 15 EGBGB aF, Art. 229 § 47 Abs. 2 EGBGB, vgl. auch DNotI-Report 2019, 5. Ohne Rechtswahlvereinbarung richtet sich die Anknüpfung für das eheliche Güterrecht für ab dem 29.1.2019 geschlossene Ehen nach Art. 26 EuGüVO. Zum Vorrang des dt.-iran. Niederlassungsabkommens in der vorliegenden Konstellation → Anm. 3. Sieht das berufene Sachrecht keine **Auskunftsansprüche** zur Vorbereitung der Geltendmachung von Unterhaltsansprüchen oder güterrechtlichem Ausgleich vor, sind sie dem dt. Recht zu entnehmen (Ausfüllung einer aus dt. Sicht regelungsbedürftigen Lücke, denn ohne Erklärungen der anderen Seite könnte der Antragsteller seine Forderung nicht durchsetzen), OLG Köln NJW-RR 1998, 865 (zu Art. 15 EGBGB aF), zur EuGüVO vgl. Grüneberg/Thorn EuGüVO Art. 27 Rn. 6.

8. **Türk. Zivilrecht** kennt die **Morgengabe** nicht. Gleichwohl sind entspr. Zahlungen in der Türkei durch ausdrückliche Leistungsversprechen im **Ehevertrag** nicht selten, vgl. Obermann NZFam 2015, 894. Ausführlich zur Morgengabe nach türk. Recht in der dt. Rechtspraxis Yarayan NZFam 2016, 1153. Aus dt. Sicht sind sie auch wirksam, OLG Düsseldorf FamRZ 1998, 623 (mit einer – auch – schuldrechtlichen Einstufung der Leistungszusage), denn die abweichende Auffassung in der Türkei (religiöse Bezüge) ist aus dt. Sicht unerheblich, wobei dort ohnehin eine „schenkungsrechtliche" Qualifizierung erfolgt. Im Verhältnis zur Türkei für die Rückgabe von **Verlobungsgeschenken** Art. 122 türk. ZGB. Maßgeblich werden dabei die örtlichen Gepflogenheiten. Deshalb gehen „Brautpreis und Morgengabe", falls dt. Gerichte über sie entscheiden müssen, nicht in das Vermögen der Braut über, dazu Bergmann/Ferid/Henrich IntEheR Länderbericht Türkei S. 28. Ausgenommen sind persönliche Vergünstigungen für den anderen Ehegatten, die nicht rückgängig gemacht werden sollen, wenn die Verbindung (auch: die Ehe) scheitert, zu weiteren Einzelheiten Bergmann/Ferid/Henrich IntEheR Länderbericht Türkei S. 29. Maßgeblich für die Abgrenzung ist „der Wille der Parteien vor dem Hintergrund der Sitten und Gebräuche", die sie für maßgeblich halten bzw. gehalten haben; zu weiteren Einzelheiten → Anm. 9, zum Antrag auf Zahlung von immateriellem (materiellem) Schadensersatz → Form. L.VI.2.

9. Streitigkeiten um die Herausgabe des in die Ehe eingebrachten **Vermögens,** insbesondere Hochzeitsgeschenke in Form von **Schmuck** und **Goldmünzen,** spielen bei uns im Verhältnis zur Türkei eine erhebliche Rolle, zur Einstufung als sonstige Familiensache im Sinne von § 266 FamFG → Anm. 5. Grundlage war früher **Art. 146 türk. ZGB aF,** eine Bestimmung, die im neuen türk. Familienrecht keine Entsprechung mehr findet. Maßgeblich ist nun bei **Gütertrennung,** die nicht mehr gesetzlicher, sondern vertraglicher Güterstand ist – abgelöst durch die **Errungenschaftsbeteiligung** ab 1.1.2002 –, Art. 248 Abs. 1 türk. ZGB, vgl. auch OLG Hamm FamRZ 2006, 1383; für den gesetzlichen Güterstand der Errungenschaftsbeteiligung richtet sich die Herausgabe nach Art. 226 Abs. 1 türk. ZGB. Auf diese Weise sind (wie schon früher) Verbindungen zwischen Ersatzforderungen und Güterrecht hergestellt. Danach erhält jeder Ehegatte seine Vermögenwerte zurück, die er in die Ehe eingebracht hat und die im Besitz des anderen Teils sind, aber nun auf güterrechtl. Grundlage. Maßgebend ist, ob die Zuwendung an beide Ehegatten oder nur einen von ihnen gerichtet war mit der Folge, dass dieser Alleineigentum erlangt hat. Entscheidend ist die Absicht des Zuwendenden unter Berücksichtigung von Traditionen und Gebräuchen. Bei der Zuwendung von Schmuckstücken, die offensichtlich von der Frau zu tragen sind, gehen diese ins Eigentum der Frau über, OLG Hamm FamRZ 2016, 1687. Dabei ist unbeachtlich, ob sie durch die Familie des Ehemannes oder den Ehemann selbst geschenkt worden sind, LG Tübingen FamRZ 1992, 1437; LG Berlin FamRZ 1993, 198. Ist die Herausgabe unmöglich, wandelt sich der Anspruch in einen nach dem Zeitwert zu bestimmenden Schadensersatzanspruch, OLG Hamm FamRZ 1994, 1259, zu weiteren Einzelheiten Turan-Schnieders/Finger FamRB 2002, 187 und 213.

2. Antrag auf Ersatz des immateriellen Schadens (Türkei)

An das

Amtsgericht

– Familiengericht –[1]

Antrag

der Frau . . . . .

– Antragstellerin –

Verfahrensbevollmächtigter: Rechtsanwalt . . . . .

gegen

Herrn . . . . .

– Antragsgegner –

Verfahrensbevollmächtigter: Rechtsanwalt . . . . .

wegen: Ersatz des immateriellen Schadens, hier: Art. 174 Abs. 2 türk. ZGB

Namens und unter Berufung auf die mir schriftlich erteilte, beigefügte (§§ 11, 114 Abs. 5 FamFG) Verfahrensvollmacht der Antragstellerin bitte ich um Anberaumung eines möglichst nahen Termins zur mündlichen Verhandlung, in dem ich beantragen werde:

1. Der Antragsgegner wird verpflichtet, an die Antragstellerin 7.500 EUR nebst Zinsen in Höhe von 5 Prozentpunkten über dem Basiszinssatz seit Rechtshängigkeit als immateriellen Schadensersatz nach Art. 174 Abs. 2 türk. ZGB zu zahlen.[2]
2. Der Antragsgegner hat die Kosten des Verfahrens zu tragen.[3]

Gerichtskostenvorschuss ist eingezahlt.

Begründung:

1. Beide Beteiligte sind türkische Staatsangehörige. Sie leben seit mehr als 15 Jahren in Deutschland. Die Antragstellerin ist Hausfrau und kümmert sich um die Versorgung und Erziehung der beiden ehelichen Kinder N. und A. Eigene Einkünfte hat sie nicht. Ihre Ehe ist durch Beschluss des FamG . . . . ./Deutschland nach türk. Recht geschieden worden. Die Beteiligten hatten mit notarieller Vereinbarung vom . . . . . eine entsprechende Rechtswahl getroffen.

   Beweis: Scheidungsbeschluss und Rechtswahlvereinbarung, in begl. Kopie beigefügt

   Der Beschluss ist seit dem . . . . . rechtskräftig.

   Beweis: Rechtskraftvermerk
2. Der Antragsgegner betreibt ein türk. Restaurant in . . . . .; er verdient mindestens 7.500 EUR netto im Monat.

   Beweis: Belege, Steuererklärungen, Abrechnungen uÄ (Angaben zu seinem Lebensstil bzw. zum Lebensstil zuletzt in der Familie, wird ausgeführt), in Kopie beigefügt
3. Die Antragstellerin hat den Antragsgegner immer gut versorgt. Zuletzt ist der Antragsgegner allerdings zunehmend unzufriedener geworden, hat ihr das auch in mehr oder weniger ärgerlicher Form gesagt und ist am . . . . . aus der Ehewohnung ausgezogen. Inzwischen lebt er mit einer wesentlich jüngeren, dt. Frau zusammen. Der Antragsgegner hat ihr erklärt, er „sei ein moderner Mann“ und werde sich von den „einfachen und rückständigen Verhältnissen lösen“, in denen er bisher gelebt habe, ein Vorwurf, den die Antragstellerin auch auf sich bezogen hat und sicherlich beziehen sollte.

   Beweis für das tatsächliche Vorbringen: Beteiligtenvernehmung
4. Durch das geschilderte Verhalten des Antragsgegners und durch seine Äußerungen ihr gegenüber fühlt sich die Antragstellerin gekränkt, die sich offensichtlich auch gekränkt fühlen soll. Bei ihrer Familie in der Türkei und bei der Familie des Antragsgegners – beide stammen aus einem kleinen Ort an der Grenze zum Iran – ist sie in ihrem Ansehen stark herabgesetzt (wird ausgeführt); immer wieder muss sie sich mit Nachfragen von Angehörigen beschäftigen, die bei ihr anrufen oder sich brieflich melden (wird ausgeführt).
5. Aus der Ehe der Beteiligten, die mehr als 18 Jahre dauerte, sind die beiden Kinder N. und A. hervorgegangen. N. studiert, lebt aber weiterhin bei der Antragstellerin. A. ist ebenfalls volljährig, geht aber noch zur Schule und wird wie ihr Bruder von der Antragstellerin versorgt (wird ausgeführt).[4] An die Antragstellerin zahlt der Antragsgegner monatlichen Unterhalt in Höhe von . . . . . EUR, übernimmt allerdings auch

die Kosten der Wohnung, die die Antragstellerin mit den Kindern bewohnt, und die Nebenkosten (insgesamt rund . . . . EUR).[5]

6. Im Übrigen übernimmt der Antragsgegner die Kosten für die Krankenversicherung der Antragstellerin und der beiden Kinder. Mit N. und A. hat er sich über Kindesunterhalt verständigt.
7. Die allgemeinen Ehewirkungen, das Recht der Scheidung und die unterhaltsrechtlichen Folgen der Scheidung richten sich für die Beteiligten nach türk. Recht, so dass auch Art. 174 Abs. 2 türk. ZGB Anwendung findet.[6] Ihre Ansprüche macht die Antragstellerin nun nachträglich geltend.
8. Weiterer Vortrag bleibt vorbehalten; sollte das Gericht ergänzende Ausführungen, insbesondere zu den tatsächlichen und finanziellen Verhältnissen der Beteiligten, für erforderlich halten, bitte ich um Hinweise nach § 139 ZPO.

Rechtsanwalt

Anmerkungen

1. Zur int. Zuständigkeit dt. Gerichte und zur örtlichen Zuständigkeit → Form. A.V.1 Anm. 1, 2; sachlich sind die Familiengerichte berufen, sonstige Familiensache, § 266 FamFG, oder bei unterhaltsrechtlicher Prägung, §§ 111, 231 FamFG.

2. OLG Frankfurt a. M. FamRZ 1992, 1182 gewährt 10.000 DM, zu weiteren Einzelheiten Turan-Schnieders/Finger FamRB 2002, 307 (310) mN. OLG Schleswig FamRZ 1993, 1206 will sich an den „von der dt. Rspr. zu § 847 BGB (nun § 253 Abs. 2 BGB) entwickelten Maßstäben" orientieren. Das kommt vor allem dann in Betracht, wenn dem Schadensersatzanspruch eine Körperverletzung (Gewalttätigkeit) zugrunde liegt. Das OLG Stuttgart hat bei einem alleinigen Verschulden des Ehemannes bei einem fiktiven Einkommen von 1.700 DM einen Antrag in Höhe von 5.000 DM nicht beanstandet, jedoch aufgrund mangelnder Leistungsfähigkeit im konkreten Fall mit 1.000 DM einen weitaus geringeren Betrag zugesprochen, OLG Stuttgart FamRZ 1993, 974. Als grober Anhaltspunkt kann nach Auffassung von Savaş Türkisches Familienrecht in der anwaltlichen Praxis, § 4 Rn. 17, das Dreifache des mtl. Nettoeinkommens in Ansatz gebracht werden. Soweit der Schuldner vermögend ist, kann der Betrag entsprechend erhöht werden.

3. Für Familienstreitsachen gelten nach § 113 Abs. 1 S. 2 FamFG iVm § 112 FamFG die Allgemeinen Vorschriften der ZPO.

4. Ähnlich OLG Frankfurt a. M. FamRZ 1992, 1182.

5. Damit erfüllt der Antragsgegner Unterhaltsverpflichtungen der Antragstellerin gegenüber, die – ebenso wie die Durchführung des Versorgungsausgleichs – bei der Angemessenheitsabwägung nach Art. 174 Abs. 1 türk. ZGB im Rahmen der Bemessung eines materiellen Schadensersatzanspruchs zu berücksichtigen sind; zu dieser Gesamtschau OLG Stuttgart NJW-RR 1994, 135 = FamRZ 1993, 975.

6. a) Die in **Art. 143 türk. ZGB aF** vorgesehene nacheheliche Genugtuung/Entschädigung wurde im neuen Recht im Wesentlichen in Form des materiellen und immateriellen Schadenersatzes nach **Art. 174 türk. ZGB** beibehalten, zu den Veränderungen ab 1.1.2002 → Form. L.VI.1 Anm. 9 und Odendahl FamRZ 2002, 224, sowie OLG Karlsruhe NJW-RR 2003, 725. Nach neuem Recht kann „der Ehegatte, der an der Scheidung nicht oder weniger schuldig ist", „wenn durch die Scheidung für ihn bestehende oder erwartete Vorteile beeinträchtigt werden", einen angemessenen **materiellen Schadensersatz** verlangen, Art. 174 Abs. 1 türk. ZGB. Darüber hinaus kann derjenige „Ehegatte, der durch die Ereignisse, die Grund für die Scheidung waren, eine Verletzung seiner Persönlichkeit erleidet", „von der schuldigen Gegenseite einen angemessenen Betrag als Schmerzensgeld verlangen", **immaterieller Schadensersatz** nach Art. 174 Abs. 2 türk. ZGB. Der Anspruch auf materiellen Schadensersatz dient dem Ausgleich von Nachteilen, die durch die Scheidung eintreten. Er kann sowohl als Rente als auch als einmalige Abfindungszahlung zugesprochen werden, Art. 176 Abs. 1 türk. ZGB, während immaterieller Schadensersatz nicht als Rente, sondern nur in Form eines Einmalbetrages zugesprochen werden kann, Art. 176 Abs. 2 türk. ZGB. Als Nachteile sind auch zukünftig zu erwartende Schäden und Anwartschaften anzusehen. Hier kommen insbesondere der Fortfall der Nutzungsmöglichkeit von Vermögensgegenständen des anderen Ehegatten wie Immobilien und Fahrzeugen sowie Umzugskosten, erhöhte Aufwendungen für die Krankheitsvorsorge oder Wegfall der kostenfreien Nutzung einer Wohnung wie der Dienstwohnung in Betracht. Da der Anspruch lediglich auf einen angemessenen Ausgleich gerichtet ist, kann er weit hinter dem tatsächlichen Schaden zurückbleiben. Bei der Bemessung der Höhe sind der Umfang des Verschuldens der Ehegatten, die Dauer der Ehe, das Vorhandensein von gemeinsamen Kindern, der Umfang der Kindererziehung und die wirtschaftlichen und persönlichen Verhältnisse zu berücksichtigen. Bei der Prüfung, ob ein Schaden eingetreten ist, sind die Vermögenslagen bei Fortbestand und bei Beendigung der Ehe zu vergleichen, OLG Bremen FamRZ 2005, 1683, Maciej FamRZ 1998, 937 (938). Immaterieller Schadensersatz kann nur bei fehlendem oder geringem Verschulden auf Seiten des Schadensersatz verlangenden Ehegattens beansprucht werden. Ein Mitverschulden ist bei der Bemessung der Höhe zu beachten. Liegt beiderseits ein Verschulden im gleichen Umfang vor, kommt ein Schadenersatzanspruch nicht in Betracht. Der Schadensersatz begehrende Ehegatte muss durch die Vorkommnisse oder das Verhalten des anderen Teils einen seelischen Schmerz erlitten haben. Die Umstände, die hierzu geführt haben, müssen objektiv geeignet sein, die Persönlichkeitsrechte in schwerer Weise zu verletzen. Als solche kommen typischerweise Ehebruch, Verletzung der körperlichen Unversehrtheit, die Zuwendung des Ehemannes zu einer anderen Frau schon während der noch bestehenden Ehe oder nach langjähriger Ehe, OLG Stuttgart FamRZ 1993, 974, OLG Frankfurt a.M. FamRZ 1992, 1182, in Betracht. Bei der Bemessung sind – wie beim materiellen Schadensersatz – sämtliche Umstände, die zur Scheidung geführt haben, sowie Art und Ausmaß der Verletzung der persönlichen Interessen, der Grad des Verschuldens, die Ehedauer, das Alter, die Kinderbetreuung und die sozialen und wirtschaftlichen Verhältnisse der Ehegatten zu berücksichtigen.

b) Art. 174 Abs. 2 türk. ZGB verstößt nicht gegen den dt. ordre public, **Art. 6 EGBGB**. Das Schmerzensgeld stellt keine Scheidungsstrafe dar, sondern bezweckt den Schutz des Persönlichkeitsrechts, OLG Stuttgart FamRZ 2012, 999, OLG Frankfurt a.M. FamRZ 1992, 1182, OLG Karlsruhe NJW-RR 2003, 725. Nicht die Bestrafung des schuldigen Ehegatten, sondern die Kompensation von mit der Scheidung einhergehenden Verlusten immaterieller Art ist der Zweck der Regelung.

c) Während der materielle Schadensersatzanspruch dem nachehelichen Unterhalt zugeordnet wird (OLG Karlsruhe FamRZ 2006, 948, OLG Stuttgart NJW-RR 1994, 135 = FamRZ 1993, 975, OLG Frankfurt a.M. FamRZ 1992, 1182; wohl auch BGH FamRZ 2010, 1060) mit der Folge, dass in der Sache das auf die Scheidung tatsächlich angewandte Recht bestimmend ist, → Form. A.V.2 Anm. 8a), hier mithin türk. Recht, ist die Rechtsnatur des immateriellen Schadensersatzes und damit das nach dt. IPR anzuwendende Statut zweifelhaft. Während teilweise die Auffassung vertreten wird, es handele sich beim immateriellen Schadensersatz um eine besondere Form des nachehelichen Unterhalts (OLG Karlsruhe FamRZ 2006, 948; BGH FamRZ 2010, 1060 in einem obiter dictum), verneinen andere einen unterhalts- oder güterrechtlichen Charakter und gehen von der Anwendbarkeit des Scheidungsstatuts aus (OLG Stuttgart FamRZ 2012,

999; OLG Frankfurt a.M. FamRZ 1992, 1182; Wendl/Dose UnterhaltsR/Dose § 9 Rn. 10). Selbst wenn es sich um eine allgemeine Ehewirkung handeln sollte, wie der BGH für die Morgengabe nach iran. Recht entschieden hat, → Form. L.VI.1 Anm. 1, gelangte vorliegend – unabhängig von der Einordnung – in jedem Fall türkisches Sachrecht zur Anwendung. Zur Rechtswahlvereinbarung hinsichtlich des anzuwendenden Scheidungsstatuts → Form. A.V.2 Anm. 7.

d) Die Ansprüche aus Art. 174 türk. ZGB **verjähren** gemäß Art. 178 türk. ZGB **ein Jahr** nach Rechtskraft der Scheidung. Von daher kann es sich empfehlen, diese bereits als Folgesache im Rahmen des Scheidungsverfahrens und nicht erst im Anschluss an dieses isoliert geltend zu machen.

M. Lebenspartnerschaftssachen

I. Eingetragene Lebenspartnerschaft

1. Vorbemerkungen

a) Verfahren nach dem FamFG

Lebenspartnerinnen und Lebenspartner, die ihre eingetragene Lebenspartnerschaft nicht ohnehin in eine Ehe umgewandelt haben (§ 20a LPartG), werden in **familiengerichtlichen Verfahren Ehegatten gleichgestellt.** § 270 FamFG verweist hierzu auf die entsprechenden Vorschriften, die die familiengerichtlichen Verfahren zwischen Ehegatten regeln. Betroffen sind nur noch Lebenspartnerschaften, die im Inland vor dem 1.10.2017 begründet und nicht in eine Ehe umgewandelt wurden, sowie im Ausland begründete Lebenspartnerschaften, auf die das deutsche Lebenspartnerschaftsrecht anwendbar ist (vgl. § 1 LPartG). Es handelt sich um ein „Auslaufmodell mit erheblich reduzierter tatsächlicher Bedeutung“ (MüKoBGB/Coester EGBGB Art. 17b Rn. 3). Die nachfolgende Darstellung beschränkt sich deshalb auf einen Überblick und auf Hinweise zu einzelnen Besonderheiten, insbesondere hinsichtlich der „Alt-Lebenspartnerschaften“, die vor dem 1.1.2005 geschlossen und nicht in eine Ehe umgewandelt wurden. Bezüglich der Klage-/Antragsschriftsätze wird zur Vermeidung von Wiederholungen auf die entsprechenden Muster für Ehegatten verwiesen, bei denen lediglich die Terminologie angepasst werden muss (vgl. zu der mitunter verwirrenden Begrifflichkeit Schwab (Hrsg.), Die eingetragene Lebenspartnerschaft, 2002, S. 145, 151 u. Schwab/Dutta FamR GdR Rn. 550; s. zur terminologischen Gleichstellung auch das Gesetz zur Bereinigung des Rechts der Lebenspartner, BGBl. 2015 I 2010; Kemper FamRB 2016, 116 ff. u. Schwab FamRZ 2016, 1 ff.). Durch das Eheöffnungsgesetz BGBl. 2017 I 2787 wurde mit Wirkung ab 1.10.2017 die Ehe auch für gleichgeschlechtliche Paare geöffnet; die bisher begründeten Lebenspartnerschaften werden jedoch nicht automatisch in eine Ehe umgewandelt. Die Regelungen des LPartG und der §§ 269 f. FamFG haben deshalb noch Bedeutung für die bestehen bleibenden eingetragenen Lebenspartnerschaften. Es wird sich dabei auch um Lebenspartnerschaften handeln, die nach der ursprünglichen Intention des Gesetzes unabhängig von der sexuellen Orientierung (vgl. HK-LPartG/Kemper LPartG § 1 Rn. 6; Dethloff NJW 2001, 2598; Grziwotz Gleichgeschlechtl. Lebensgemeinschaft Rn. 48) eingegangen wurden, zB Alterslebenspartnerschaften von verwitweten Personen.

aa) Definitionen

Auch bei den Lebenspartnerschaftssachen besteht die **Unterteilung** in solche, die gewöhnliche Familiensachen sind, und solche, bei denen es sich um Familienstreitsachen handelt.

§ 269 Abs. 1 FamFG definiert die **Lebenspartnerschaftssachen** im Wesentlichen in Anlehnung an den früheren § 661 ZPO. Gegenstände sind die Aufhebung der Lebenspartnerschaft (Nr. 1), die Feststellung des Bestehens oder Nichtbestehens einer Lebenspartnerschaft (Nr. 2), die elterliche Sorge, das Umgangsrecht oder die Herausgabe in Bezug auf ein gemeinschaftliches Kind (Nr. 3), die Annahme als Kind und die Ersetzung der Einwilligung zur Annahme als Kind (Nr. 4), die Wohnungszuweisungssachen (Nr. 5, §§ 14, 17 LPartG), Haushaltssachen (Nr. 6, §§ 13, 17 LPartG), der Versorgungsausgleich (Nr. 7), die gesetzliche Unterhaltspflicht für ein gemeinschaftliches minderjähriges Kind (Nr. 8), die durch die Lebenspartnerschaft begründete Unterhaltspflicht (Nr. 9), Ansprüche aus dem lebenspartnerschaftlichen Güterrecht, auch bei Beteiligung Dritter (Nr. 10), Entscheidungen nach § 6 LPartG iVm §§ 1365 Abs. 2, 1369 Abs. 2, 1382, 1383 BGB (Nr. 11) und nach § 7 LPartG iVm §§ 1426, 1430, 1452 BGB oder § 1519 BGB iVm Art. 5 Abs. 2, 12 Abs. 2 S. 2, 17 WZGA (Nr. 12). Bei den Verfahren nach § 269 Abs. 1 Nr. 8, 9 und 10 FamFG handelt es sich um Familienstreitsachen, auf die die ZPO-Vorschriften anzuwenden sind (§§ 112, 113 FamFG).

§ 269 Abs. 2 FamFG regelt die **sonstigen Lebenspartnerschaftssachen.** Hierzu gehören die Verfahren über Ansprüche nach § 1 Abs. 4 S. 2 LPartG aF, aus der Lebenspartnerschaft und zwischen Personen, die miteinander eine Lebenspartnerschaft führen oder geführt haben, oder zwischen einer solchen Person und einem Elternteil im Zusammenhang mit der Trennung oder Aufhebung der Lebenspartnerschaft, sofern nicht die Zuständigkeit der Arbeitsgerichte gegeben ist oder ein Verfahren im Bereich der §§ 348 Abs. 1 S. 2 Nr. 2 lit. a–k ZPO, des Wohnungseigentumsrechts oder des Erbrechts vorliegt. Es handelt sich um Familienstreitsachen (§ 112 Nr. 3 FamFG); sie waren früher den Zivilgerichten zugewiesen.

§ 269 Abs. 3 FamFG ergänzt die sonstigen Lebenspartnerschaftssachen um das Verfahren über die Beschränkung oder Aufhebung der Schlüsselgewalt (§ 8 Abs. 2 LPartG). Das Tatbestandsmerkmal „im Zusammenhang mit Trennung und Aufhebung der Lebenspartnerschaft" (§ 269 Abs. 2 Nr. 3 FamFG) ist weit auszulegen (vgl. BGH NJW 2013, 616 = FamRZ 2013, 281). Es handelt sich um ein Verfahren der freiwilligen Gerichtsbarkeit (zum Ausschluss der Einigungsgebühr in diesem Verfahren s. → Anm. 5 zu VV 1000 RVG; vgl. LG Siegen NZFam 2017, 1016 u. zur Aussöhnungsgebühr Schneider NZFam 2019, 561.

bb) Anwendbare Vorschriften

§ 270 FamFG bestimmt die anwendbaren Vorschriften und differenziert dabei zwischen den Lebenspartnerschaftssachen und den sonstigen Lebenspartnerschaftssachen. In § 270 Abs. 1 FamFG werden für Lebenspartnerschaftssachen (§ 269 Abs. 1 FamFG) die für die „parallelen" Verfahren unter Ehegatten geltenden Vorschriften für entsprechend anwendbar erklärt. § 270 Abs. 2 FamFG regelt die **entsprechend anwendbaren Vorschriften** für die sonstigen Lebenspartnerschaftssachen (§ 269 Abs. 2 und 3 FamFG) unter Verweisung auf die für die in sonstigen Familiensachen (§ 111 Nr. 10 FamFG) geltenden Vorschriften.

b) Das Recht der eingetragenen Lebenspartnerschaft

aa) Differenzierung zwischen alten und neuen Lebenspartnerschaften

Das ursprüngliche Lebenspartnerschaftsgesetz (BGBl. 2001 I 266) ist am 1.8.2001 in Kraft getreten. Erst nach der Entscheidung des Bundesverfassungsgerichts vom 17.7.2002 (BVerfGE 195, 313 = FamRZ 2002, 1169 = NJW 2002, 2543) wurde durch das Gesetz zur Überarbeitung des Lebenspartnerschaftsgesetzes (BGBl. 2004 I 3396), das am **1.1.2005** in Kraft trat, die eingetragene Lebenspartnerschaft weitgehend der Ehe gleichgestellt. Gleichwohl bestehen weiterhin Unterschiede zwischen den bis zum Ablauf des 31.12.2004 und den ab diesem Zeitpunkt begründeten Lebenspartnerschaften. Lebenspartner konnten zudem einseitig durch Erklärung gegenüber dem Amtsgericht des Wohnsitzes die Überleitung in das neue Güterrecht verhindern und zur Gütertrennung optieren

(§ 21 Abs. 2 LPartG aF). Auch hinsichtlich des alten Unterhaltsrechts war eine entsprechende einseitige Erklärung möglich (§ 21 Abs. 3 LPartG aF). Umgekehrt mussten Lebenspartner, die ihre Lebenspartnerschaft vor dem 1.1.2005 begründet hatten, falls sie bei einer Aufhebung der Lebenspartnerschaft die Durchführung des Versorgungsausgleichs wünschten, gemeinsam eine entsprechende Erklärung gegenüber dem Amtsgericht bis zum 31.12.2005 abgeben (§ 21 Abs. 4 LPartG aF). Andernfalls wird ein Versorgungsausgleich auch nicht für den Zeitraum ab 1.1.2005 durchgeführt. Eine Vereinbarung zur Durchführung des Versorgungsausgleichs im Lebenspartnerschaftsvertrag oder in einer sonstigen diesbezüglichen Regelung ist nur möglich, wenn die maßgeblichen Regelungen dies zulassen, was bei den Regelversorgungen derzeit nicht der Fall ist, und die betroffenen Versorgungsträger zustimmen (§ 8 Abs. 2 VersAusglG). Die komplizierte Gesetzesfassung dürfte für zahlreiche „Alt-Lebenspartner" erst im Rahmen eines Aufhebungsverfahrens zu Überraschungen führen. Zusätzlich können sich Probleme ergeben, wenn die Lebenspartner nach der alten Gesetzeslage zur Regelung des Güter- und nachpartnerschaftlichen Unterhaltsrechts Vereinbarungen getroffen und diese nicht mehr angepasst haben. Während dies im Fall der Umwandlung in eine Ehe geregelt wurde (§ 20a Abs. 3 LPartG), ist dies bei der Reform 2005 versäumt worden. Weitere Schwierigkeiten können sich insbesondere für Altlebenspartnerschaften aus der pauschalen Gleichstellung von Ehe und Lebenspartnerschaft in Regelungen ergeben, die nach dem 21.12.2018 in Kraft traten (§ 21 LPartG).

bb) Die Aufhebung der eingetragenen Lebenspartnerschaft

Die Aufhebung der eingetragenen Lebenspartnerschaft ist **nur teilweise identisch** mit der Scheidung der Ehe. Zwar gelten seit 1.1.2005 hinsichtlich der Antragstellung, der Getrenntlebenszeiträume und der Härtefälle die entsprechenden Vorschriften wie unter Ehegatten. Die Aufhebung der eingetragenen Lebenspartnerschaft umfasst jedoch abweichend vom Scheidungsrecht auch Tatbestände, die bei Ehegatten unter die Aufhebung der Ehe fallen. Betroffen sind die Fälle von Willensmängeln, die bei Ehegatten in § 1314 Abs. 2 Nr. 1–4 BGB (Geistesstörung, Unkenntnis, Täuschung und Drohung) geregelt sind. Für die Lebenspartnerschaftshindernisse der § 1 Abs. 1 und 3 LPartG aF (Minderjährigkeit, Doppelehe bzw. -lebenspartnerschaft, enge Verwandtschaft) fehlt ein Verweis auf die Eheaufhebungsvorschriften. Dies gilt insbesondere auch für den Fall der Scheinlebenspartnerschaft (vgl. § 1314 Abs. 2 Nr. 5 BGB, § 1 Abs. 2 Nr. 4 LPartG aF); dieser wird nicht in Bezug genommen. Damit gelten nach überwiegender Ansicht hierfür die allgemeinen Regelungen der §§ 116 ff. BGB, soweit in § 15 LPartG keine Sonderregelung enthalten ist (vgl. Staudinger/Voppel LPartG § 1 Rn. 84). Eine Lebenspartnerschaft, bei der die Beteiligten (zunächst) darüber einig waren, eine partnerschaftliche Lebensgemeinschaft nach dem wohl gegenüber dem Umfang des § 1353 BGB eingeschränkten § 2 LPartG nicht eingehen zu wollen, ist somit von Anfang an nichtig (§ 117 BGB; hM, vgl. Schwab FamRZ 2001, 385 (388); v. Koppenfels-Spies FPR 2003, 5 (6); Trimbach NJ 2001, 399 (400) u. MüKoBGB/Wacke, 7. Aufl. 2017, LPartG § 2 Rn. 3; aA Grziwotz DNotZ 2001, 280 (292); Grziwotz Gleichgeschlechtl. Lebensgemeinschaft Rn. 54 u. 545 u. nunmehr auch MüKoBGB/Duden, 9. Aufl. 2022, LPartG § 1 Rn. 18). Dies hat die Konsequenz, dass auch nach langjähriger Lebenspartnerschaft eine Heilung ausscheidet und die Nichtigkeit auch von den Erben des verstorbenen Lebenspartners noch geltend gemacht werden kann (s. nur Stüber FamRZ 2005, 274 (275) u. HK-LPartG/Kemper LPartG § 15 Rn. 29). Eine Bestätigung der unwirksamen Lebenspartnerschaft war bis 1.10.2017 durch nochmalige (wirksame) Lebenspartnerschaftsbegründung möglich. Seit 1.10.2017 können die Partner nur eine Ehe schließen.

Hinsichtlich der Aufhebungsanträge kann auf die Muster → Form. A.II.1 ff. und das spezielle Muster → Form. M.II verwiesen werden.

cc) Das Güterrecht

Bis zum 31.12.2004 konnte eine eingetragene Lebenspartnerschaft nur dann wirksam begründet werden, wenn die künftigen Partner sich bereits vorher auf einen Vermögensstand (nunmehr Güterstand) geeinigt hatten und dies vor der Begründungsbehörde erklärten. Sie hatten dabei die Wahl, formfrei den Vermögensstand der Ausgleichsgemeinschaft zu vereinbaren, der der Zugewinngemeinschaft entsprach, oder durch notariellen Lebenspartnerschaftsvertrag Vermögenstrennung (nunmehr Gütertrennung) und nach herrschender Meinung (vgl. nur Dethloff NJW 2001, 2598 (2601); Leipold ZEV 2001, 218 (220); Rellermeyer Rpfleger 2001, 381 (382) und Süß DNotZ 2001, 168 (172); aA Epple BWNotZ 2001, 44 (46); Grziwotz DNotZ 2001, 280 (287); Langenfeld ZEV 2002, 8 (9) u. Mayer ZEV 2001, 169 (175)) auch Vermögensgemeinschaft (nunmehr Gütergemeinschaft). Im Unterschied zur nunmehrigen Gütertrennung galten bei Vereinbarung der Vermögenstrennung die Verfügungsbeschränkungen der §§ 1365, 1369 BGB entsprechend. Ist die Lebenspartnerschaft vor dem 1.1.2005 begründet worden und haben die Lebenspartner bis dahin im Vermögensstand der Ausgleichsgemeinschaft gelebt, so sollen seit 1.1.2005 für die gesamte Lebenspartnerschaftszeit (vgl. MüKoBGB/Wacke, 7. Aufl. 2017, LPartG § 21 Rn. 1) die Vorschriften über die Zugewinngemeinschaft gelten. Ob dies bei der Vermögenstrennung, die vertraglich vereinbart werden musste und die wegen der Geltung der Verfügungsbeschränkungen der §§ 1365, 1369 BGB nicht der Gütertrennung entsprach, ebenso der Fall ist, ist streitig (vgl. Grziwotz DNotZ 2005, 14 (18) u. Everts FamRZ 2005, 1888 ff.). Eine Überführung der Vermögensgemeinschaft in die Gütergemeinschaft ist nur dann zulässig, wenn man der herrschenden Meinung folgt, wonach bereits vor dem 1.1.2005 eine Gütergemeinschaft vereinbart werden konnte. Diese Rechtsfragen sind höchstrichterlich noch nicht entschieden und müssen im Aufhebungsverfahren beachtet werden. Der vertragliche Güterstand der Wahl-Zugewinngemeinschaft (§ 1519 BGB iVm Art. 3 WZGA) kann erst seit 1.5.2013 vereinbart werden.

Der seit 1.1.2005 geltende gesetzliche Güterstand der Zugewinngemeinschaft ist „deckungsgleich" mit dem **gesetzlichen Güterstand** von Ehegatten. Lebenspartner können durch notariell beurkundeten Vertrag ihre güterrechtlichen Beziehungen anderweitig regeln (§ 7 LPartG). Die Reform des Zugewinnausgleichs, die zum 1.9.2009 in Kraft trat, hat an diesem „Gleichlauf" nichts geändert. Wurden Modifizierungen der damaligen Ausgleichsgemeinschaft vor dem 1.1.2005 vereinbart, kann davon ausgegangen werden, dass sie für die nunmehrige Zugewinngemeinschaft entsprechend gelten.

dd) Das Recht des Lebenspartnerschafts- und Getrenntlebensunterhalts sowie des nachpartnerschaftlichen Unterhalts

Die zwischen Lebenspartnern bestehende **Unterhaltspflicht** konkretisiert die sich aus der Lebenspartnerschaft ergebenden Pflichten zur Fürsorge und Unterstützung (§ 2 S. 1 LPartG; s. nur HK-LPartG/Kemper LPartG § 2 Rn. 8). Wie bei Ehegatten wird zwischen den Unterhaltspflichten während bestehender Lebenspartnerschaft (§ 5 LPartG), während des Getrenntlebens (§ 12 LPartG) und für den Zeitraum nach Aufhebung der Lebenspartnerschaft (§ 16 LPartG) unterschieden.

Während gemäß § 1360 S. 1 BGB Ehegatten dazu verpflichtet sind, durch ihre Arbeit und mit ihrem Vermögen die **Familie angemessen zu unterhalten,** bezieht sich die entsprechende Verpflichtung der Lebenspartner nur auf „die partnerschaftliche Lebensgemeinschaft" (§ 5 S. 1 LPartG). Allerdings geht wegen der Verweisung auf § 1360a BGB die hM trotz des Wortlauts, der sich nur auf die beiden Partner bezieht, zwischenzeitlich von einem Gleichlauf der Bestimmungen des § 5 LPartG und des § 1360 BGB aus

(Grüneberg/Siede LPartG § 5 Rn. 1 u. HK-LPartG/Kemper LPartG § 5 Rn. 16; zweifelnd Staudinger/Voppel LPartG § 5 Rn. 2; aA Grziwotz DNotZ 2005, 13 (22)). Umfasst werden danach die Bedürfnisse beider Lebenspartner und der gemeinsamen Kinder, nicht jedoch weiterer Personen, wie zB der Eltern eines Lebenspartners. Nach überwiegender Ansicht gehören Kinder aus einer früheren Beziehung und lediglich sozial gemeinsame Kinder ebenfalls nicht zu den Personen, die zu unterhalten sind. Im Übrigen bestehen keine Unterschiede zum Ehegattenunterhalt. Dies betrifft ebenfalls die Ansprüche auf Zahlung eines angemessenen Taschengeldes und die Leistung von Prozesskostenvorschüssen (vgl. Büttner FamRZ 2001, 1105 (1106 f.)). Auch die Gleichstellung der Haushaltsführung mit der Erwerbstätigkeit ist seit 1.1.2005 erfolgt.

Der **Anspruch auf Getrenntlebensunterhalt** entsteht mit der Trennung und endet mit der Rechtskraft der Aufhebungsentscheidung. In dieser Phase kann ein Lebenspartner von dem anderen den nach den Lebensverhältnissen und den Erwerbs- und Vermögensverhältnissen angemessenen Unterhalt verlangen (§ 12 S. 1 LPartG). Hinsichtlich der Einzelheiten wird auf die bei Ehegatten geltenden Vorschriften der §§ 1361 u. 1609 BGB verwiesen. § 12 LPartG in der bis zum 1.1.2005 geltenden Fassung enthielt noch die Einschränkung, dass der nicht erwerbstätige Lebenspartner vorrangig darauf verwiesen werden konnte, seinen Unterhalt durch eigene Erwerbstätigkeit zu verdienen. Der Trennungsunterhalt war zudem weniger weitreichend als der nachpartnerschaftliche Unterhalt (zu diesem Wertungswiderspruch Büttner FamRZ 2001, 1105 ff.). Das alte Unterhaltsrecht ist dann zu beachten, wenn ein Lebenspartner durch Fortgeltungsoption gemäß § 21 Abs. 3 LPartG aF zum bisherigen Recht optiert hat.

Beim **Recht des nachpartnerschaftlichen Unterhalts** (§ 16 LPartG) besteht ein Gleichlauf mit dem Recht des nachehelichen Unterhalts. Der nachpartnerschaftliche Unterhalt kann nur von demjenigen Lebenspartner verlangt werden, der außer Stande ist, selbst für seinen Unterhalt zu sorgen. Auch die Rangordnung gemäß § 1609 BGB gilt für den nachpartnerschaftlichen Unterhalt entsprechend. Nachdem der Lebenspartner in dieser Vorschrift nicht erwähnt wird, ist davon auszugehen, dass der kinderbetreuende Lebenspartner unter § 1609 Nr. 2 BGB und die übrigen unter § 1609 Nr. 3 BGB fallen (vgl. BT-Drs. 16/1830, 24). Die bis 1.1.2005 geltende Fassung gewährte dem unterhaltsbegehrenden Lebenspartner nur dann nachpartnerschaftlichen Unterhalt, wenn er nicht für sich selbst sorgen konnte, insbesondere wenn von ihm wegen seines Alters, wegen Krankheit oder Gebrechen eine Erwerbstätigkeit nicht erwartet werden konnte (vgl. Büttner FamRZ 2001, 1105 (1107); Battis FuR 2002, 113 (120) u. Roller FamRZ 2003, 1424 ff.). Die Einzelheiten, insbesondere das Bestehen eines Anspruchs auf Aufstockungsunterhalt, Betreuungsunterhalt und Altersvorsorgeunterhalt, waren dabei umstritten. Einsatzzeitpunkte sah das Gesetz nicht vor. Unklar war ferner, ob eine Analogie zu den Vorschriften des nachehelichen Unterhalts geboten war (s. nur Kemper FF 2001, 156 (165)). Ferner war ungeklärt, inwieweit vorhandenes Vermögen eines Lebenspartners dessen Bedürftigkeit ausschloss. Nach der gesetzlichen Formulierung, wonach Unterhalt nur gewährt wurde, wenn ein Lebenspartner nicht für sich selbst sorgen konnte, wären auch Erträge und der Stamm des Vermögens vorrangig einzusetzen gewesen (so wohl Büttner FamRZ 2001, 1105 (1110)). Der Anspruch auf nachpartnerschaftlichen Unterhalt erlosch bei grober Unbilligkeit entsprechend § 1579 BGB. Demgegenüber bestand ein Anspruch auf Getrenntlebensunterhalt bereits bei einfacher Unbilligkeit nicht mehr; dies war ebenfalls systemwidrig. Aus diesem Grunde wurde vertreten, dass auch der Anspruch auf nachpartnerschaftlichen Unterhalt bei einfacher Unbilligkeit erlosch (Büttner FamRZ 2001, 1105 (1108) u. Weinreich FuR 2001, 481 (484); aA Kemper FPR 2001, 449 (455)). Heiratete der Unterhaltsberechtigte oder begründete er eine neue eingetragene Lebenspartnerschaft, so erlosch der Unterhaltsanspruch und lebte nach einer späteren Auflösung dieser neuen Rechtsbeziehung nicht wieder auf (ebenso Schwab FamRZ 2001, 385 (389); aA Büttner FamRZ 2001, 1105 (1110)). Streitig war unter Geltung des alten Rechts ferner, ob bei sozial gemeinschaftlichen Kindern ein stillschweigender Unterhaltsvertrag entsprechend § 1570 BGB angenommen werden konnte (vgl. nunmehr OLG Brandenburg NJW 2021, 1889). Das alte nachpartnerschaftliche Unterhaltsrecht ist wiederum zu berücksichtigen, wenn ein Lebenspartner hierzu optiert hat (§ 21 Abs. 3 LPartG aF). Ob die gesetzliche Verweisung auf das alte Recht unbeachtlich ist, soweit nach einer Stiefkindadoption Unterhalt nach § 1570 BGB iVm § 1602 LPartG in Betracht kommt, ist fraglich. Die gesetzliche Regelung des Ausschlusses des Kinderbetreuungsunterhalts kann schwerlich sittenwidrig nach § 138 BGB sein; auch eine Anpassung der gesetzlichen „Fehlleistung" nach § 242 BGB scheidet aus. Eine Lösung lässt sich nur über die Annahme einer insoweit bestehenden Verfassungswidrigkeit der Bestimmung des § 21 Abs. 3 LPartG aF erreichen (vgl. BVerfGE 118, 45 = NJW 2007, 1735 = FamRZ 2007, 1076).

Die Musterformulare → Form. B.II.2 bis → Form. B.II.6 können entsprechend verwendet werden; zum nachpartnerschaftlichen Unterhalt → Form. B.II.7, → Form. B.II.8.

ee) Der Versorgungsausgleich

Durch die Reform des Versorgungsausgleichs ist es zu einem Gleichlauf der Bestimmungen, die zwischen Ehegatten, und denjenigen, die für Lebenspartner gelten, gekommen. Der Versorgungsausgleich findet jedoch nicht statt, wenn die Lebenspartnerschaft vor dem 1.1.2005 begründet worden ist und beide Lebenspartner keine Erklärung nach § 21 Abs. 4 LPartG aF am 30.12.2005 abgegeben haben (§ 20 Abs. 4 LPartG). In diesem Fall wird der **Versorgungsausgleich** auch nicht für die Zeit nach dem 1.1.2005 durchgeführt, sondern für die gesamte Lebenspartnerschaftszeit der „Altlebenspartnerschaft" findet kein Versorgungsausgleich statt. Dies kann dann zu Problemen führen, wenn ein Lebenspartner wegen der Betreuung eines gemeinsamen Kindes oder des Partners seine Berufstätigkeit aufgibt und keine eigenen Anwartschaften für das Alter und die Invalidität erwirbt. Hierbei sind auch die etwaigen Fehlvorstellungen der Lebenspartner zu berücksichtigen, die davon ausgehen, dass die Gleichstellung zum 1.1.2005 im Bereich des Güter- und des Unterhaltsrechts auch das Recht des Versorgungsausgleichs betroffen hätte. Die Lebenspartner können den Wertausgleich nur vereinbaren, wenn die maßgeblichen Regelungen dies zulassen und die betroffenen Versorgungsträger zustimmen (§ 8 Abs. 2 VersAusglG); weitergehend sind lediglich Vereinbarungen zum schuldrechtlichen Versorgungsausgleich möglich. Ob man wegen der Fehlvorstellungen der Beteiligten aufgrund der wenig transparenten gesetzgeberischen Regelung und des verfassungsrechtlich gebotenen Schutzes der Familie auch insoweit von einer Verfassungswidrigkeit der § 20 Abs. 4 LPartG u. § 21 Abs. 4 LPartG aF mit der Folge ausgehen kann, dass jedenfalls für die Zeiten der Kinderbetreuung ein Versorgungsausgleich durchzuführen ist, ist derzeit offen (verneinend die ganz hM: s. nur Staudinger/Voppel LPartG § 20 Rn. 3).

Hinsichtlich der Musterformulare → Form. B.I.1 bis → Form. B.I.11.

ff) Überleitung mit Verfallsdatum

Gemäß Art. 7 Abs. 2 LPartÜG ist § 21 LPartG aF am 31.12.2010 außer Kraft getreten. Damit besteht keine Übergangsvorschrift mehr. Die Gesetzesbegründung geht davon aus, dass die Übergangsvorschrift nach Ablauf der darin geregelten Jahresfristen gegenstandslos wird (BT-Drs. 15/3445, 16 f.). Dadurch können allerdings aufgrund einer ausgeübten Wahlmöglichkeit eingetretene Rechtsfolgen nicht wieder entfallen (ebenso v. Dickhuth-Harrach FPR 2005, 273 (279) und auch Walter MittBayNot 2005, 193 (198)). Die Streichung bedeutet insbesondere nicht, dass ab 1.1.2011 der Versorgungsausgleich für alle Lebenspartnerschaften gelten würde. Unabhängig davon, ob es sich um ein Redaktionsversehen des Gesetzgebers handelt (so Walter MittBayNot 2005, 193 (198)), gelten die Regelungen des § 21 LPartG aF auch nach seiner Streichung weiter.

gg) Das Sorge- und Umgangsrecht

Gemeinsame Kinder sind in eingetragenen Lebenspartnerschaften – abgesehen von den Transsexuellenfällen (vgl. BGH NJW 2018, 471 = FamRZ 2018, 290; OLG Schleswig FamRZ 2020, 1095; KG NZFam 2019, 974 = FamRZ 2020, 109 u. BVerfGE 128, 109 = NJW 2011, 909 = FamRZ 2011, 117) – nur im Rahmen der Adoption möglich. Das Gesetz beschränkt diese auf Stiefkinder (§ 9 Abs. 7 S. 1 LPartG; zur Verfassungskonformität BVerfG FamRZ 2009, 1653 = FamRB 2009, 378). Der Gesetzeswortlaut („ein Kind seines Lebenspartners") differenzierte niemals zwischen leiblichen und angenommenen Kindern. § 9 Abs. 7 S. 2 LPartG lässt durch die Verweisung auf § 1742 BGB die Sukzessivadoption durch Lebenspartner zu (BVerfGE 133, 59 = NJW 2013, 847 = FamRZ 2013, 521; vgl. EGMR NJW 2013, 2173 = FamRZ 2013, 763; s. dazu Maurer FamRZ 2013, 752 ff. u. Maierhöfer EuGRZ 2013, 105 ff.). Die sukzessive Erwachsenenadoption war bereits vor der vorgenannten Entscheidung des BVerfG zulässig (vgl. § 1768 Abs. 1 S. 2 BGB). Erfolgt die Adoption nach einer Samenspende, ist dem leiblichen Vater entsprechend § 7 Abs. 4 FamFG eine Beteiligung am Verfahren grundsätzlich zu ermöglichen, wenn dieser nicht auf sein rechtliches Interesse, die Rechtsstellung als Vater des Kindes einnehmen zu können, von vornherein verzichtet hat oder ein Fall des § 1747 Abs. 4 BGB vorliegt (BGH NJW 2015, 1820 = FamRZ 2015, 828; OLG Bamberg NJW-RR 2017, 840 = FamRZ 2017, 1236). Ob der Ausschluss der gemeinschaftlichen Adoption durch zwei eingetragene Lebenspartner verfassungsgemäß ist, hat das BVerfG offen gelassen (vgl. auch BVerfG FamRZ 2014, 537); seine Argumente sprechen für eine Verfassungswidrigkeit des Ausschlusses. Außerdem stellt es eine nicht zu rechtfertigende Diskriminierung der Lebenspartner gegenüber gleichgeschlechtlichen Ehegatten dar, wenn diesen eine gemeinsame Adoption erlaubt ist, eingetragenen Lebenspartnern dagegen nicht (aZ Zschiebsch notar 2017, 363). Nicht geboten ist es, der Lebenspartnerin die Stellung einer Mitmutter einzuräumen (EGMR FamRZ 2014, 97; NJOZ 2025, 1161 = FamRZ 2025, 37; BGH NJW 2019, 153 = FamRZ 2018, 1919). Auch die genetische Mutter kann nicht als rechtliche Mutter anerkannt werden (VG Berlin FamRZ 2013, 738). Erfolgt keine Adoption, besteht wie bei Ehegatten (vgl. § 1687b BGB) hinsichtlich des Stiefkindes nur das sog. kleine **Sorgerecht** (§ 9 LPartG; vgl. dazu Löhnig FPR 2008, 157 ff.). Eine Bestellung als gemeinsame Vormünder ist möglich (AG München FamRZ 2016, 2017). Hinsichtlich des Sorge- und Umgangsrechts nach einer Trennung oder Aufhebung der Lebenspartnerschaft gelten dieselben Regeln wie beim Getrenntleben und der Scheidung von Ehegatten. → Form. B.V.1bis → Form. B.V.3, → Form. D.I.1 bis → Form. D.I.6, → Form. D.II ff., → Form. D.III ff.

hh) Das Erbrecht und Hinweise zum Schenkung- und Erbschaftsteuerrecht sowie zu weiteren Rechtsgebieten

Auch das **Erbrecht** der Lebenspartner ist weitgehend dem Erbrecht der Ehegatten angeglichen (§ 10 LPartG). Dies gilt auch hinsichtlich des Pflichtteilsrechts (§ 10 Abs. 6 LPartG; wie hier auch v. Dickhuth-Harrach FamRZ 2001, 1660 (1666) u. Kaiser FPR 2005, 286 ff.; vgl. zu etwaigen Unterschieden Mayer ZEV 2001, 169 (173)). Auf die Vorschriften der Erbunwürdigkeit wird jedoch nicht verwiesen. Die EuErbVO gilt dagegen auch für Lebenspartner (Art. 23 Abs. 2 lit. b EuErbVO; Art. 25 EGBGB; vgl. Bruns ZErb 2014, 181 ff. u. Coester ZEV 2013, 115 ff.).

Steuerrechtlich ist eine Gleichstellung der eingetragenen Lebenspartner mit den Ehegatten erreicht (vgl. Selder DStR 2013, 1064 ff.). Dies betrifft insbesondere das Erbschaftsteuerrecht (vgl. §§ 15 Abs. 1 Nr. 1, 16 Abs. 1 Nr. 1 ErbStG; vgl. BVerfGE 126, 400 = NJW 2010, 2783 = FamRZ 2010, 1525), das Einkommensteuerrecht (§ 2 Abs. 8 EStG; vgl. BVerfG NJW 2013, 2257 = FamRZ 2013, 1103; BFH NJW 2013, 3392 = FamRB 2014, 13; BFH FamRZ 2014, 1551; BFH DStR 2026, 266; Christ FamRB 2013, 257 ff.; Erkan FPR 2013, 262 ff.; Merkt DStR 2013, 2312 ff.) und das Grunderwerbsteuerrecht (§§ 3 Nr. 4, 5a, 6 S. 2 u. 7 S. 2 GrEStG; vgl. BVerfG NJW 2012, 2719 = FamRZ 2012, 1477). Das Familienheim ist sowohl bei einer Zuweisung unter Lebenden als auch beim Erwerb von Todes wegen ebenso wie beim Ehegatten steuerfrei (§ 13 Abs. 1 Nr. 4 lit. a und b ErbStG).

Die Zuweisung von Haushaltsgegenständen und Wohnung sowohl während des Getrenntlebens als auch nach Aufhebung der Lebenspartnerschaft (§§ 13, 14, 17 LPartG) entspricht den Bestimmungen, die zwischen Ehegatten gelten.

Hinsichtlich der **neben dem Güterrecht bestehenden Ausgleichsmechanismen,** dh der sog. „zweiten Spur" (vgl. Schwab, 11. Dt. Familiengerichtstag 1995, 1996, S. 33, 50), liegt eine Rechtsprechung bisher nicht vor. Es ist jedoch davon auszugehen, dass auch die Lebenspartnerinnengesellschaft, die lebenspartnerschaftsbedingten Zuwendungen und der Wegfall der Geschäftsgrundlage eines familienrechtlichen Vertrages etc. entsprechend auf Lebenspartner bei vergleichbaren Tatbeständen anwendbar sein werden. → Form. L.III.1 bis → Form. L.III.19.

ii) Internationales Privatrecht

Am 29.1.2019 ist die EuPartVO in Kraft getreten. Ihre kollisionsrechtlichen Vorschriften sind jedoch nur auf Partner anzuwenden, die am 29.1.2019 oder danach ihre Lebenspartnerschaft haben eintragen lassen oder eine Rechtswahl bezüglich des auf die güterrechtlichen Wirkungen ihrer Partnerschaft anzuwendenden Rechts getroffen haben (Art. 70 Abs. 2 UAbs. 2 EuPartVO). Für die **güterrechtlichen Verhältnisse** von Paaren, die vor dem 29.1.2019 ihre Lebenspartnerschaft haben eintragen lassen, bleibt Art. 17b Abs. 1 S. 1 EGBGB in der bis einschließlich 28.1.2019 geltenden Fassung maßgeblich (Art. 229 § 47 Abs. 2 und 3 EGBGB). Danach bestimmen sich die güterrechtlichen Wirkungen einer eingetragenen Lebenspartnerschaft, die im Inland (und damit zwangsläufig vor dem 29.1.2019 geschlossen wurde), nach dem Registrierungsstatut (= Recht des das Register führenden Staats), gegebenenfalls bei mehreren Registrierungen nach dem der letzten Registrierung, also nicht nach der EuPartVO. Diese kommt nur dann zur Anwendung, wenn die Lebenspartner am 29.1.2019 oder danach eine Rechtswahl des auf die güterrechtlichen Wirkungen ihrer Partnerschaft anzuwendenden Rechts treffen. Die bis zum 1.10.2017 geltende „Kappungsgrenze" (Art. 17b Abs. 4 EGBGB aF) findet jedoch auch dann keine Anwendung, wenn die eingetragene Lebenspartnerschaft noch vor diesem Zeitpunkt im Ausland registriert wurde (Art. 229 § 48 EGBGB). Hinsichtlich des **Unterhalts** gilt mangels einer Rechtswahl grundsätzlich das Recht des gewöhnlichen Aufenthalts des Unterhaltsberechtigten (Art. 3 HUntProt 2007) und, falls dieses keine Unterhaltsberechtigung vorsieht, das Recht des Staates mit der engsten Verbindung (Art. 5 HUntProt 2007; str., vgl. MüKoBGB/Coester EGBGB Art. 17b Rn. 41; zur Geltung des HUntProt 2007 für eingetragene Lebenspartner s. nur Grüneberg/Thorn HUntProt Art. 1 Rn. 2).

Für den **Versorgungsausgleich** ist das Registrierungsstatut maßgeblich. Allerdings ist Voraussetzung, dass deutsches Recht anwendbar ist und zumindest eines der Heimatrechte der Lebenspartner eine dem Versorgungsausgleich vergleichbare Aufteilung von Versorgungsrechten kennt (Art. 17b Abs. 1 S. 2 EGBGB). Falls das nicht der Fall ist, dh bei Registrierung der Lebenspartnerschaft im Ausland, kann der Versorgungsausgleich durchgeführt werden, wenn während der Lebenspartnerschaftszeit zumindest ein Anrecht bei einem inländischen Versorgungsträger erworben wurde und die beantragte Durchführung des Versorgungsausgleichs nicht unbillig ist (Art. 17b Abs. 1 S. 3 EGBGB). Für die **Lebenspartnerschaftswohnung und Haushaltsgegenstände** gilt für vorläufige Regelungen Art. 17a EGBGB (Art. 17b Abs. 2 EGBGB; vgl. BeckOGK/Roßbach EGBGB Art. 17a Rn. 15); für endgültige Regelungen im Zusammenhang mit der Lebenspartnerschaftsaufhebung ist das Registrierungsstatut maßgeblich. Für die **Auflösung** der Lebenspartnerschaft ist das Registrierungsstatut maßgeblich (Art. 17b Abs. 1 S. 1 EGBGB). Für eine nach deutschem Recht registrierte Lebenspartnerschaft ist demnach eine Auflösung durch ein in- oder ausländisches Gericht erforderlich; eine Privatauflösung im Ausland ist nicht ausreichend, auch wenn sie das ausländische Recht kennt (vgl. MüKoBGB/Coester EGBGB Art. 17b Rn. 36). Bei Geltung eines ausländischen Registrierungsstatuts ist dieses maßgeblich; kennt es eine Privatauflösung, ist sie zulässig (s. nur Henrich FamRZ 2002, 137 (141)).

c) Umwandlung in eine Ehe ohne Grenzen?

Eingetragene Lebenspartner können ihre Lebenspartnerschaft in eine Ehe gleichsam formwechselnd umwandeln (§ 20a LPartG). Hierfür besteht keine zeitliche Beschränkung; lediglich die steuerlichen Vorteile einer derartigen Umwandlung hat der Gesetzgeber gleichsam als „Umtauschprämie" an eine Umwandlung bis zum Ablauf des 31.12.2019 geknüpft (Art. 97 § 9 Abs. 5 EGAO; Christ FamRB 2019, 122 ff.; vgl. FG Hamburg FamRZ 2018, 1620). Allerdings dürfte die Umwandlung einer eingetragenen Lebenspartnerschaft in die Ehe ist bereits aufgrund allgemeiner Grundsätze als rückwirkendes Ereignis iSd § 175 Abs. 1 S. 1 Nr. 2 AO zu qualifizieren sein, was weiterhin die Möglichkeit einer rückwirkenden Anwendung des Ehegattensplittings auf bereits bestandskräftige Veranlagungen eröffnet (ebenso FG Sachsen NZFam 2024, 334 (Rev. BFH – III ZR 18/23); Rüsch DStR 2021, 1211 (1212 f.)). Beide Lebenspartner müssen allerdings vor dem Standesbeamten erklären, miteinander eine Ehe führen zu wollen (§ 20a Abs. 1 S. 1 LPartG). Fraglich ist, ob eine Umwandlung noch möglich ist, wenn die Lebenspartner bereits getrennt leben oder sogar schon ein Aufhebungsantrag beim Familiengericht anhängig ist. Praktische Bedeutung hat die Frage für vor dem 1.1.2005 begründete Lebenspartnerschaften, bei denen kein Versorgungsausgleich mangels diesbezüglicher Option durchgeführt wird und ohne Zustimmung des Versorgungsträgers auch nicht vereinbart werden kann (vgl. Erman/Kaiser, 16. Aufl. 2020, LPartG § 20a Rn. 35). Bei einer Umwandlung in eine Ehe gelten die Vorschriften über die Ehe rückwirkend (§ 20a Abs. 5 LPartG). Dazu gehört auch der Versorgungsausgleich, für den § 20a Abs. 6 LPartG die rückwirkende Geltung hinsichtlich der Ehezeit bei Durchführung des Versorgungsausgleichs anordnet; eine Ausnahme für Altlebenspartnerschaften sieht das Gesetz nicht vor (vgl. Grüneberg/Siede LPartG § 20a Rn. 11; Kaiser FamRZ 2019, 845 (850); Erbarth FamRB 2019, 319 (325); Löhnig NZFam 2017, 977 (979); Siede FamRZ 2018, 1 (3); DNotI-Report 2017, 145 (147)). Die frühere missverständliche Gesetzesformulierung (Erklärung, „eine Ehe auf Lebenszeit führen zu wollen"), wurde durch die Erklärung, miteinander „eine Ehe führen zu wollen", ersetzt (vgl. Grziwotz FF 2019, 139 (142)). Allerdings können bei einem Getrenntleben und einem anhängigen Aufhebungsantrag hieran Zweifel bestehen. Da der Gesetzgeber den Lebenspartnern jedoch die Möglichkeit eröffnen wollte, die frühere Diskriminierung insgesamt zu beseitigen und sich rechtlich so zu stellen, als hätte von Anfang an zwischen ihnen eine Ehe bestanden (vgl. auch Wasmuth NJ 2017, 353 (359)), bestehen keine Bedenken, wenn getrennt lebende Partner, auch noch nach Anhängigkeit eines Aufhebungsvertrags, ihre Lebenspartnerschaft in eine Ehe umwandeln (so bereits Grziwotz FF 2019, 139 (142); ebenso Siede FamRZ 2018, 1 (4)). Dass es dadurch zu einer Mehrbelastung der Gemeinschaft der Versicherten kommt, ist durch die Gleichstellung der eingetragenen Lebenspartnerschaft mit der Ehe und die rückwirkende Umwandlungsmöglichkeit der Lebenspartnerschaft in eine Ehe intendiert und tritt auch in anderen Konstellationen ein (vgl. BGH NJW 2017, 2191 = FamRZ 2017, 1099). Ein bereits anhängiges Aufhebungsverfahren wird in diesem Fall als Scheidungsverfahren fortgeführt.

Auch Lebenspartner, die vor Zulässigkeit der inländischen Ehe für alle im Ausland eine gleichgeschlechtliche Ehe geschlossen haben, können ihre Lebenspartnerschaft in Deutschland rückwirkend in eine Ehe umwandeln (OLG Köln NZFam 2019, 1022 = FamRZ 2019, 1551). Grund ist, dass die ausländische Eheschließung die Diskriminierung nicht vollständig beseitigt; dies ist nur durch eine identitätswahrende Umwandlung (s. nur Schwab FamRZ 2017, 1284 (1288); Löhnig NZFam 2019, 166 (167)) der weiterhin bestehenden deutschen Lebenspartnerschaft in eine Ehe möglich. Dagegen kann eine Scheinlebenspartnerschaft nicht in eine Ehe umgewandelt werden, da Voraussetzung der Umwandlung das Bestehen einer (wirksamen) Lebenspartnerschaft ist (Löhnig NZFam 2017, 977; Kaiser FamRZ 2017, 1985 (1988); Kaiser FamRZ 2019, 845 (848)).

2. Feststellung der Nichtigkeit einer Scheinlebenspartnerschaft

An das

Amtsgericht . . . . .[1]

Familiengericht

Antrag

des . . . . .

wohnhaft . . . . .

geboren am . . . . .

Verfahrensbevollmächtigter: Rechtsanwalt . . . . .

– Antragsteller –

gegen

Herrn/Frau . . . . .

wohnhaft . . . . .

geboren am . . . . .

Verfahrensbevollmächtigter: Rechtsanwalt . . . . .

– Antragsgegner –

wegen Feststellung der Nichtigkeit einer Lebenspartnerschaft

wird namens und in Vollmacht des Antragstellers Antrag gestellt werden:

Es wird festgestellt, dass die zwischen dem Antragsteller und dem Antragsgegner am . . . . . begründete eingetragene Lebenspartnerschaft als Scheinlebenspartnerschaft nach § 1 Abs. 3 Nr. 4 LPartG aF nichtig ist.

Begründung:

Der Antragsteller und der Antragsgegner waren bei Begründung ihrer Lebenspartnerschaft darüber einig, dass eine Verpflichtung zur Aufnahme einer Lebensgemeinschaft

nicht begründet werden sollte. Vielmehr diente die eingetragene Lebenspartnerschaft nur dazu, den Antragsgegner, der . . . . . Staatsangehöriger war, vor einer Ausweisung zu schützen. Dies war auch den Freunden der Beteiligten bekannt.[2]

Beweis: Herr . . . . ., wohnhaft . . . . .,
als Zeuge.

Eine Lebenspartnerschaft konnte nicht wirksam begründet werden, wenn die Lebenspartner bei der Begründung der Lebenspartnerschaft darüber einig waren, keine Verpflichtung gemäß § 2 LPartG begründen zu wollen (§ 1 Abs. 3 Nr. 4 LPartG aF). Diese Regelung entsprach im Wesentlichen dem Eheaufhebungsgrund des § 1314 Abs. 2 Nr. 5 BGB. Anders als bei der Ehe besteht jedoch kein Heilungstatbestand entsprechend § 1315 Abs. 1 Nr. 5 BGB, wenn die Lebenspartner später eine echte Lebenspartnerschaft geführt haben. Deshalb ist die Lebenspartnerschaft als Scheinlebenspartnerschaft von Anfang an nichtig (§ 117 BGB).[3] Es kann im vorliegenden Fall offen bleiben, ob im Einzelfall eine Berufung auf die Nichtigkeitsfolge rechtsmissbräuchlich ist, wenn entgegen der früheren Planung dann doch eine Lebensgemeinschaft verwirklicht wurde.[4] Im vorliegenden Fall haben nämlich die Parteien bisher keinen Tag zusammengelebt, sondern hatten stets getrennte Wohnungen.

Beweis: Herr . . . . ., wohnhaft . . . . .,
als Zeuge.

Der Umstand, dass der Antragsgegner beim Antragsteller melderechtlich geführt wird, diente von vornherein nur dazu, die Ausländerbehörde nicht misstrauisch zu machen. Eine Bestätigung der Lebenspartnerschaft durch eine Neubegründung ist ebenfalls nicht erfolgt.

Rechtsanwalt[5]

Anmerkungen

1. Zur Zuständigkeit s. §§ 269 Abs. 1 Nr. 2, 270 Abs. 1, 121 Nr. 3 FamFG (MüKo-FamFG/Rauscher FamFG § 269 Rn. 11; HK-ZPO/Kemper FamFG § 269 Rn. 6). Es gelten die für das Feststellungsverfahren bei der Ehe anwendbaren Vorschriften entsprechend (§ 270 Abs. 1 S. 1 Hs. 2 FamFG).

2. Eine Lebenspartnerschaft konnte nicht wirksam begründet werden, wenn die Lebenspartner bei ihrer Begründung darüber einig waren, keine Verpflichtung gemäß § 2 LPartG begründen zu wollen (zur Abgrenzung VG Berlin NZFam 2017, 44). Dabei sind die geringeren normativen Anforderungen an die Lebensgemeinschaft bei eingetragenen Lebenspartnern nach der vorgenannten Bestimmung zu berücksichtigen (vgl. Grüneberg/Siede LPartG § 2 Rn. 2). Die Lebensgestaltung ist grundsätzlich den Lebenspartnern überlassen. Die Einigkeit der künftigen Lebenspartner darüber, sich nicht zur Lebensgemeinschaft in der geminderten Form verpflichten zu wollen, stand einer wirksamen Begründung der Lebenspartnerschaft entgegen. Konnte dies die zuständige Behörde erkennen, entsprach es ihrer Amtspflicht, die Mitwirkung an der Begründung der Partnerschaft zu verweigern (analog § 1310 Abs. 1 S. 2 Hs. 2 BGB; vgl. Wellenhofer Lebenspartnerschaft Rn. 55; MüKoBGB/Duden, 9. Aufl. 2022, LPartG § 1 Rn. 17). Während eine unter Verstoß gegen das Verbot der Scheinehe geschlossene Ehe aufhebbar ist (§ 1314 Abs. 2 Nr. 5 BGB), handelt es sich beim Verbot der Scheinlebenspartnerschaft um ein **absolutes Lebenspartnerschaftshindernis** (Henrich FamRZ 2002, 137). Eine „Heilung" (§ 1315 Abs. 1 Nr. 5 BGB) durch Zusammenleben ist im Gesetz nicht vorgesehen (s. nur NK-BGB/Olsen-Ring, 3. Aufl. 2014, LPartG § 1 Rn. 42 u. Erman/Kaiser,

15. Aufl. 2017, LPartG § 1 Rn. 12). Es bleibt vielmehr bei dem Grundsatz der Nichtigkeit gemäß §§ 116, 117 BGB. Auch nach langjährigem Zusammenleben müsste es nach Feststellung der Nichtigkeit zu einer Rückgängigmachung und Rückabwicklung aller aufgrund der Scheinlebenspartnerschaft beruhenden Akte kommen (so konsequenterweise NK-BGB/Olsen-Ring, 3. Aufl. 2014, LPartG § 1 Rn. 49; vgl. auch Burghardt StAZ 2012, 252; teilw. abw. Dethloff NJW 2001, 2598 u. Grziwotz DNotZ 2001, 280 (292)), sofern keine Heilung durch eine erneute Registrierung bis 1.10.2017 erfolgt ist. Gerade in Fällen der Erlangung einer Aufenthaltserlaubnis sind die Fälle einer Scheinlebenspartnerschaft nicht selten.

3. Antragsbefugt hinsichtlich der **Feststellung der Nichtigkeit** der formell geschlossenen, aber materiell nichtigen eingetragenen Lebenspartnerschaft sind nur die Lebenspartner selbst. Antragsbefugnisse der Behörden bestehen nicht (str., ebenso HK-LPartG/Kemper ZPO § 661 Rn. 363 u. 365; MüKoBGB/Duden, 9. Aufl. 2022, LPartG § 1 Rn. 20; Staudinger/Voppel (2010) LPartG § 1 Rn. 87). In anderen Verfahren kann die Nichtigkeit nur inzident festgestellt werden.

4. Teilweise wird in der Literatur versucht, das Fehlen einer Heilungsmöglichkeit dadurch zu kompensieren, dass die nachträgliche Berufung auf das Wirksamkeitshindernis bei einem längeren Zusammenleben missbräuchlich (§ 242 BGB) sein kann (Kemper FPR 2001, 449 (451); HK-LPartG/Kemper LPartG § 1 Rn. 18 und Wellenhofer Lebenspartnerschaft Rn. 57). Mitunter wird auch eine Auflösung mit ex-nunc-Wirkung vorgeschlagen (Muscheler, Das Recht der Eingetragenen Lebenspartnerschaft, Rn. 67; Battes FuR 2002, 49 (54)). Allerdings ist es höchst fraglich, ob diese Einschränkungen nur die Rechtsfolgen betreffen oder die Feststellung einer Nichtigkeit der Lebenspartnerschaft als solche. Im Hinblick auf die Sicherheit des Rechtsverkehrs wird überwiegend die Meinung vertreten, dass es im Außenverhältnis dabei bleibt, dass eine wirksam eingetragene Lebenspartnerschaft nicht vorliegt; die personenstandsrechtliche Zuordnung bleibt damit nicht in der Schwebe (ebenso Kemper FPR 2001, 449 (450) u. Wellenhofer Lebenspartnerschaft Rn. 57).

Kosten und Gebühren

5. → Vorb. A.I Nr. 7.

II. Aufhebungsantrag für eine eingetragene Lebenspartnerschaft

. . . . . [Datum]

An das

Amtsgericht

– Familiengericht –[1, 2]

Antrag auf Aufhebung einer eingetragenen Lebenspartnerschaft

In Sachen

Vorname, Familienname, Adresse

– Antragsteller –

Verfahrensbevollmächtigter: Rechtsanwalt/in, Vorname, Familienname, Adresse

gegen

Vorname, Familienname, Adresse

– Antragsgegner –

Vorläufiger Gegenstandwert: . . . . EUR[3]

zeige ich hiermit unter Vorlage

- einer auf mich lautenden besonderen Vollmacht[4] an, dass ich den Antragsteller anwaltlich vertrete,
- zahle . . . . . EUR in Form eines auf meine Kanzlei ausgestellten Verrechnungsschecks als Gerichtskostenvorschuss für die Lebenspartnerschaftssache[5] ein und werde beantragen:

1. Die am . . . . . vor . . . . . unter Register-Nr . . . . . begründete Lebenspartnerschaft der Beteiligten wird aufgehoben.[6]
2. Der Antragsgegner wird verurteilt, insoweit wird Antrag auf Entscheidung im Verbund gestellt werden, an den Antragsgegner monatlich im Voraus, das heißt bis zum jeweiligen Monatsersten zu leistenden nachpartnerschaftlichen Unterhalt von . . . . . EUR auf die Dauer von drei Jahren ab dem Zeitpunkt der Rechtskraft des Aufhebungsbeschlusses an zu zahlen.
3. Die gemeinsame Wohnung in . . . . . Straße . . . . ., Stockwerk . . . . ., gelegen, bestehend aus . . . . . sowie dem damit verbundenen Stellplatz in der Tiefgarage (Nr. . . . . .), wird dem Antragsteller nach Rechtskraft des Aufhebungsbeschlusses zur alleinigen Nutzung zugewiesen und dem Antragsgegner aufgegeben, diese Wohnung an den Antragsteller herauszugeben.
   Im Übrigen wird Ergänzung der Anträge vorbehalten.
4. Der Antragsgegner wird verurteilt, an den Antragsteller einen Zugewinnausgleich in Höhe von . . . . . EUR zu bezahlen.
5. Sonstige Lebenspartnerschaftssachen sind nicht anhängig.
6. Die Kostenentscheidung folgt aus §§ 270, 150 FamFG.[7]

Begründung:

I. Allgemeine Angaben:[8]
Begründungsbehörde . . . . ., Register-Nr. . . . . ; Tag der Begründung der Lebenspartnerschaft . . . . .,
Antragsteller:
Lebenspartnerschaftsname . . . . .,
Vorname . . . . .,
Geburtsname . . . . .,
Geburtsdatum . . . . . und
Geburtsort . . . . .
Geburtsregisternummer . . . . .
Staatsangehörigkeit/gewöhnlicher Aufenthalt . . . . .
Adresse . . . . .
Antragsgegner:
Lebenspartnerschaftsname . . . . .,
Vorname . . . . .,
Geburtsname . . . . .,
Geburtsdatum . . . . . und
Geburtsort . . . . .
Geburtsregisternummer . . . . .
Staatsangehörigkeit/gewöhnlicher Aufenthalt . . . . .
Adresse . . . . .

Weitere Angaben:

1. Sonstige Lebenspartnerschaftssachen, an denen beide Lebenspartner beteiligt sind, sind nicht anhängig.
2. Die Lebenspartner hatten ihren gemeinsamen gewöhnlichen Aufenthalt zuletzt in der im Antrag in Ziffer 3. bezeichneten gemeinsamen Wohnung, in der der Antragsgegner weiterhin seinen gewöhnlichen Aufenthalt hat. Die örtliche Zuständigkeit ergibt sich somit aus § 122 Nr. 3 FamFG, nachdem keine gemeinschaftlichen minderjährigen Kinder vorhanden sind.[9]

II. Ausführungen zum Aufhebungsantrag

1. Der Aufhebungsantrag wird auf § 15 Abs. 2 S. 1 Nr. 1 LPartG gestützt. Die Beteiligten leben seit mehr als einem Jahr getrennt. Die Beteiligten sehen keine Möglichkeit für eine Wiederherstellung der lebenspartnerschaftlichen Gemeinschaft mehr und begehren deshalb die Aufhebung der von ihnen begründeten Lebenspartnerschaft.[10]

   Beweis: Beteiligtenvernehmung

2. Der Antragsteller hat bei Begründung der Lebenspartnerschaft als . . . . . gearbeitet und ein monatliches Einkommen von . . . . . EUR erzielt. Er hat auf Wunsch des Antragsgegners diese Tätigkeit aufgegeben und ist seitdem freiberuflich tätig; aus dieser Tätigkeit erzielt er lediglich ein Einkommen in Höhe von . . . . . EUR. Grund war, dass der Antragsteller auf Wunsch des Antragsgegners die Haushaltsführung und vor allem die Betreuung der kranken Mutter des Antragsgegners, die im gemeinsamen Haushalt untergebracht war, übernommen hat.

   Beweis: Anlage von Verdienstbescheinigungen, Beteiligtenvernehmung, ... als Zeuge

   Eine Einigung ist hinsichtlich des nachpartnerschaftlichen Unterhalts nicht erzielt worden. Aus diesem Grund macht der Antragsteller Unterhaltsansprüche für die Zeit nach Rechtskraft des Aufhebungsbeschlusses im Aufhebungsverbund geltend. Das

Einkommen des Antragstellers beträgt . . . . . EUR, das des Antragsgegners . . . . . EUR (weitere Ausführungen).[11] Ergänzend wird vorgetragen, dass die Beteiligten zwar ihre Lebenspartnerschaft vor dem 1.1.2005 begründet haben, aber kein Lebenspartner von der Optionsmöglichkeit des § 21 Abs. 3 LPartG aF Gebrauch gemacht hat.

3. Den Antrag auf Zuweisung der gemeinsamen Wohnung stützt der Antragsteller auf § 17 LPartG iVm § 1568a BGB.[12]
4. Der Antragsteller kann vom Antragsgegner einen Zugewinnausgleich in Höhe von . . . . . EUR fordern. Zur Berechnung des Anfangs- und des Endvermögens des Antragstellers und des Antragsgegners . . . . . (nähere Ausführungen).[13]
Lediglich klarstellend wird darauf hingewiesen, dass der Versorgungsausgleich nicht durchzuführen ist, da die Beteiligten ihre Lebenspartnerschaft vor dem 1.1.2005 begründet und die Lebenspartner auch keine Erklärungen nach § 21 Abs. 4 LPartG aF abgegeben haben (§ 20 Abs. 4 LPartG).[14]

Anlagen:

- Vollmacht
- amtliche Kopie der Urkunde über die Begründung der Lebenspartnerschaft
- Verrechnungsscheck über . . . . . EUR[15]

Rechtsanwalt/in

Anmerkungen

1. Bei eingetragenen Lebenspartnerschaften nach dem Lebenspartnerschaftsgesetz handelte es sich um den „Eheersatz" für gleichgeschlechtliche Paare, der in Deutschland erst seit 1.1.2001 existierte und später durch die „Ehe für alle" (§ 1353 Abs. 1 S. 2 BGB) mit Wirkung zum 1.10.2017 in Deutschland abgeschafft wurde (§ 1 Nr. 1 LPartG). Seit diesem Zeitpunkt kann eine eingetragene Lebenspartnerschaft im Inland nicht mehr begründet werden. Die existierenden Lebenspartnerschaften bleiben bis zu einer Beendigung durch Tod, Aufhebung oder Umwandlung in eine Ehe bestehen. Im IPR gilt nach Art. 17b Abs. 1 S. 1 EGBGB das **Registrierungsstatut** nicht nur für die Begründung und die Wirkungen der eingetragenen Lebenspartnerschaft, sondern auch für ihre Auflösung. Bei Registrierung in verschiedenen Staaten ist die letzte Registrierung maßgeblich (Art. 17b Abs. 3 EGBGB). Rück- und Weiterverweisungen scheiden aus (Meise RNotZ 2016, 553 (566)). Bei einer bis 30.9.2017 erfolgten Registrierung einer bereits im Ausland eingetragenen Lebenspartnerschaft in Deutschland sind daher weder das gemeinsame Heimatrecht noch das gemeinsame Aufenthaltsrecht für die Auflösung der Lebenspartnerschaft in Deutschland von Bedeutung. Das Registrierungsstatut betrifft sowohl die Voraussetzungen wie auch die Folgen der Auflösung der eingetragenen Lebenspartnerschaft. Auch für das eigentliche Verfahren der Auflösung durch eine Behörde oder ein Gericht gelten nach hM nicht die allgemeinen Regeln der lex fori, sondern das Registrierungsstatut (BeckOK BGB/Heiderhoff EGBGB Art. 17b Rn. 31; MüKoBGB/Coester EGBGB Art. 17b Rn. 29 ff.). Die Rom III-VO gilt nach ihrem Wortlaut (Art. 1 Abs. 1) „für die Ehescheidung und die Trennung ohne Auflösung des Ehebandes". Die eingetragene Lebenspartnerschaft wird hiervon nach hM nicht erfasst (s. nur Althammer NZFam 2015, 9 (11); Andrae FPR 2010, 505 (506); Meise RNotZ 2016, 553 (566); Grüneberg/Thorn Rom III Art. 1 Rn. 4). Umstritten war dies bei im Ausland geschlossenen gleichgeschlechtlichen Ehen (s. nur Grüneberg/Thorn Rom III Art. 1 Rn. 1; Althammer NZFam 2015, 9 (11); Gruber IPrax 2012, 381 (382); Hau FamRZ 2013, 249 (250); Helms FamRZ 2011, 1765 (1766); Mankowski/Hoffmann IPRax 2011, 247; Rauscher

FPR 2013, 257 (259)); Art. 17b Abs. 4 EGBGB ordnet nunmehr die Anwendung der Rom III-VO auf die Auflösung gleichgeschlechtlicher Ehen ausdrücklich an. Umstritten ist ferner hinsichtlich des Verfahrens, ob für die Auflösung einer zuletzt im Ausland registrierten Lebenspartnerschaft nach der lex fori stets ein Gerichtsverfahren erforderlich ist (so weiterhin Grüneberg/Thorn EGBGB Art. 17b Rn. 6 aE) oder sich entsprechend der hM auch das Verfahren nach dem Registrierungsstatut richtet (so Henrich FamRZ 2002, 137 (141); NK-BGB/Gebauer EGBGB Art. 17b Rn. 49; MüKoBGB/Coester EGBGB Art. 17b Rn. 30 ff. u. BeckOK BGB/Heiderhoff EGBGB Art. 17b Rn. 31). Wurde eine im Ausland begründete Lebenspartnerschaft zuletzt in Deutschland registriert, ist unstrittig, dass die Auflösung nur im gerichtlichen Verfahren erfolgen kann (§ 15 Abs. 1 LPartG; OLG München FamRZ 2011, 249; MüKoBGB/Coester EGBGB Art. 17b Rn. 33; BeckOK BGB/Heiderhoff EGBGB Art. 17b Rn. 32; Althammer NZFam 2015, 9 (11)).

2. Zu dem Verfahren nach dem FamFG s. ausführlich Heiter FamRB 2010, 22 ff. u. → Vorb. M.I.1 Nr. 1a. Zu den Lebenspartnerschaftssachen gehören auch die Verfahren hinsichtlich der Aufhebung der Lebenspartnerschaft (§ 269 Abs. 1 Nr. 1 FamFG). Materiell-rechtliche Vorschrift ist § 15 LPartG, welche unter dem Begriff der Aufhebung der Lebenspartnerschaft insbesondere auch diejenigen Tatbestände erfasst, die der Scheidung von Ehegatten entsprechen. § 270 FamFG bestimmt, welche Vorschriften des Scheidungsverfahrens entsprechend anwendbar sind. Gemäß § 270 Abs. 1 S. 1 FamFG sind hinsichtlich der Aufhebung der Lebenspartnerschaft die für Scheidungsverfahren geltenden Vorschriften und somit die §§ 121–150 FamFG anzuwenden. Die örtliche Zuständigkeit ergibt sich folglich aus § 122 FamFG. Das Verfahren in Lebenspartnerschaftssachen wird durch Einreichung einer Antragsschrift anhängig. Die Vorschriften der Zivilprozessordnung über die Klageschrift gelten entsprechend (§ 124 FamFG). Die Entscheidung ergeht durch Beschluss (§ 38 FamFG) und ist mit einer Rechtsbehelfsbelehrung zu versehen (§ 39 FamFG). Einstweilige Anordnung, Beschwerde und die Rechtsbeschwerde bestimmen sich nach den §§ 49–75 FamFG. Die internationale Zuständigkeit, die Anerkennung und Vollstreckbarkeit ausländischer Scheidungen sind in den §§ 97–110 FamFG geregelt. Für eingetragene Lebenspartnerschaften besteht kein entsprechendes Anerkennungsverfahren; die Brüssel IIa-VO ist insoweit nicht anwendbar. Vertragliche und europarechtliche Kollisionsnormen fehlen derzeit noch. Damit sind Aufhebungsentscheidungen ausländischer Gerichte ohne besonderes Verfahren anzuerkennen (§ 108 Abs. 1 FamFG). Anerkennungshindernisse können sich aus § 109 FamFG ergeben (ebenso MüKoBGB/Coester EGBGB § 17b Rn. 105 ff.; BeckOK BGB/Heiderhoff EGBGB Art. 17b Rn. 70 f.).

3. → Form. A.II.1 Anm. 4.

4. Vgl. § 114 Abs. 5 FamFG, wonach der Bevollmächtigte einer besonderen, auf das Verfahren gerichteten Vollmacht bedarf. Die Vollmacht für die Aufhebung der Lebenspartnerschaft erstreckt sich auch auf die damit verbundenen Folgesachen.

5. Nicht für die Lebenspartnerschaftsfolgensache → Form. A.II.1 Anm. 6.

6. Zur Registrierungszuständigkeit s. §§ 1 Abs. 1 S. 1, Abs. 2 S. 1 und 2, 23 LPartG. Zuständig ist grundsätzlich der Standesbeamte, wobei abweichende landesrechtliche Zuständigkeiten möglich sind.

7. Zur Verfahrenskostenhilfe vgl. § 76 FamFG. Verfahrenskostenhilfe wird nur auf Antrag gewährt (§ 114 Abs. 1 S. 1 ZPO); eine Ausnahme gilt lediglich für die Verfahrenskostenhilfe für einen im Verbund durchzuführenden Versorgungsausgleich. Für einen diesbezüglichen Antrag besteht kein Anwaltszwang (§§ 10 Abs. 1, Abs. 4 S. 1 u. 114 Abs. 4 Nr. 5 FamFG). Hinsichtlich der Erklärung der persönlichen und wirtschaftlichen

Verhältnisse ist der amtliche Vordruck zu verwenden (§ 117 Abs. 4 ZPO iVm § 1 PKHVV). Das Formular ist unter https://service.justiz.de/Erklaerung_Prozesskostenhilfe.pdf (Stand: 28.10.2025) abrufbar.

Ein Antrag hinsichtlich der Kosten ist prozessrechtlich nicht geboten. Die Beteiligten können eine Kostenvereinbarung treffen. In diesem Fall kann in der Antragsschrift ein dieser Vereinbarung entsprechender Kostenantrag gestellt werden (§ 150 Abs. 4 S. 3 FamFG).

Allerdings kann ein Anspruch auf einen Prozesskostenvorschuss im Rahmen des Trennungsunterhalts bestehen, der dazu führt, dass die für die Gewährung von Verfahrenskostenhilfe erforderlichen Voraussetzungen nicht vorliegen.

8. Angaben zu den Kindern sind meist entbehrlich, sofern nicht ein Partner bereits ein Kind hat oder eine Adoption erfolgt ist.

9. Bei einem Auslandsbezug gelten hinsichtlich der kindschaftsrechtlichen Aspekte die allgemeinen Vorschriften. Für die Abstammung eines Kindes kommt es auf das Bestehen der eingetragenen Lebenspartnerschaft nicht an. Maßgeblich ist Art. 19 Abs. 1 EGBGB. Hinsichtlich der sorgerechtlichen Befugnisse eines Lebenspartners in Bezug auf die Kinder seines Lebenspartners ist nach den allgemeinen Vorschriften an das KSÜ anzuknüpfen. Entsprechend Art. 21 EGBGB, Art. 16, 17 KSÜ kommt es wie bei Ehegatten auf das Recht des gewöhnlichen Aufenthalts des Kindes an (str., wie hier MüKoBGB/Coester EGBGB Art. 17b Rn. 67; BeckOK BGB/Heiderhoff EGBGB Art. 17b Rn. 53).

10. Die Aufhebung der eingetragenen Lebenspartnerschaft wegen der diesbezüglichen Entwicklung des partnerschaftlichen Verhältnisses ist ähnlich wie bei der Ehescheidung geregelt (§ 15 Abs. 2 S. 1 LPartG). Allerdings hütet sich das Gesetz offenbar davor, vom „Scheitern der Lebenspartnerschaft“ zu sprechen und dies als Grundtatbestand voranzustellen (vgl. Schwab/Dutta FamR GdR Rn. 557). Das Gesetz formuliert entsprechend der Scheidung von Ehegatten vier selbstständige Aufhebungsgründe (vgl. Dethloff FamR § 7 Rn. 26):

- Die Lebenspartner leben seit einem Jahr getrennt und beantragen beide die Aufhebung bzw. bei einseitigem Antrag stimmt der Antragsgegner der Aufhebung zu (so genannte einverständliche Aufhebung, § 15 Abs. 2 S. 1 Nr. 1 lit. a LPartG). In diesem Fall ist in der Antragsschrift lediglich anzugeben, ob eine Einigung über die Folgen der Aufhebung (elterliche Sorge, Umgangsrecht, Kindesunterhalt, Lebenspartnerunterhalt, Rechtsverhältnisse an Wohnung und Haushaltsgegenständen) erfolgt ist (§ 133 Abs. 1 Nr. 2 FamFG).
- Die Lebenspartner leben bereits seit einem Jahr getrennt und es kann nicht erwartet werden, dass eine partnerschaftliche Lebensgemeinschaft wiederhergestellt wird (§ 15 Abs. 2 S. 1 Nr. 1 lit. b LPartG). Dies entspricht insoweit einem Scheitern der eingetragenen Lebenspartnerschaft.
- Die Lebenspartner leben bereits seit drei Jahren getrennt. Zumindest ein Lebenspartner beantragt die Aufhebung der Lebenspartnerschaft (§ 15 Abs. 2 S. 1 Nr. 2 LPartG).
- Unabhängig von einem Getrenntleben wird die Lebenspartnerschaft auf Antrag eines Lebenspartners aufgehoben, wenn ihre Fortsetzung aus Gründen, die in der Person des anderen liegen, eine unzumutbare Härte darstellen würde (§ 15 Abs. 2 S. 1 Nr. 3 LPartG).

Der Gesetzgeber hat ferner in die Aufhebung die besonderen Aufhebungsfälle des § 1314 Abs. 2 Nr. 1–4 BGB (nicht jedoch die Scheinlebenspartnerschaft entsprechend § 1314 Abs. 2 Nr. 5 BGB) einbezogen (§ 15 Abs. 1 S. 2 LPartG). → Vorb. M.I.1 Nr. 2 b, bb.

11. Grundsätzlich hat nach Aufhebung der Lebenspartnerschaft jeder Beteiligte wirtschaftlich eigenverantwortlich für den eigenen Unterhalt aufzukommen. Allerdings wirkt die Unterstützungs- und Fürsorgepflicht zwischen den Lebenspartnern (§ 2 LPartG) auch nach Aufhebung der Lebenspartnerschaft noch fort. Das Gesetz verweist hinsichtlich des nachpartnerschaftlichen Unterhalts in § 16 LPartG auf den nachehelichen Unterhalt. Hinsichtlich der unterhaltsrechtlichen Folgen gilt bei Auslandsberührung das allgemeine Unterhaltsstatut. Durch die Streichung von Art. 17b Abs. 1 S. 2 EGBGB aF wurde klargestellt, dass das HUntProt 2007 (Art. 3, 5 und 7 f.) bei eingetragenen Lebenspartnern die partnerschaftlichen Unterhaltsansprüche abschließend regelt (BT-Drs. 17/4887, 53; vgl. Meise RNotZ 2016, 553 (566)). Geht man von einer Anwendbarkeit von Art. 5 HUntProt 2007 entsprechend den Regelungen bei Ehegatten aus (str., wie hier BeckOK BGB/Heiderhoff EGBGB Art. 17b Rn. 42), kann sich somit jeder Lebenspartner gegen die Anwendung des Unterhaltsrechts des Aufenthaltsortes wenden, wenn die betreffende Lebenspartnerschaft eine engere Verbindung zu einem anderen Staat aufweist, dessen Recht dann angewendet werden kann. Insbesondere ist dies das Unterhaltsrecht des Staates des letzten gemeinsamen gewöhnlichen Aufenthalts. Für Unterhaltsansprüche zwischen Lebenspartnern, die in einem vor dem 18.6.2011 eröffneten Verfahren und zugleich für einen Zeitraum vor dem 18.6.2011 geltend gemacht worden waren, verblieb es noch bei der Regelung nach Art. 17b Abs. 1 S. 2 EGBGB, die ein Ausweichen auf die Sachvorschriften des Registrierungsstaates erlaubte, falls das Unterhaltsstatut keine Unterhaltsansprüche zwischen Partnern einer eingetragenen Lebenspartnerschaft kannte.

12. Nach Auflösung der Lebenspartnerschaft kann die Überlassung der gemeinsamen Wohnung oder die Überlassung oder Übereignung von Haushaltsgegenständen verlangt werden. § 17 LPartG verweist insoweit auf die für das Scheidungsverfahren geltenden Vorschriften der §§ 1568a u. 1568b BGB. Zu beachten ist, dass für die Zeit des Getrenntlebens demgegenüber §§ 13 u. 14 LPartG die Verteilung der Haushaltsgegenstände und die Wohnungszuweisung regeln. Bei einem Auslandsbezug sieht Art. 17a EGBGB iVm Art. 17b Abs. 2 EGBGB für die vorläufige Nutzungsbefugnis der im Inland belegenen gemeinsamen Wohnung im Zusammenhang mit dem Gewaltschutz die Anwendung deutscher Sachvorschriften, dh das Belegenheitsrecht, vor. Im Übrigen handelt es sich bei der Nutzung der gemeinsamen Wohnung und der Haushaltsgegenstände, insbesondere für die Zeit nach Aufhebung der Lebenspartnerschaft, um eine güterrechtliche Problematik (Grüneberg/Thorn EGBGB Art. 17b Rn. 7; MüKoBGB/Coester EGBGB Art. 17b Rn. 57; zu den entsprechenden Streitfragen bei der Scheidung s. nur Henrich FS Ferid, 1988, 147 (152 ff.)).

13. Nach § 6 LPartG besteht bei eingetragenen Lebenspartnern ebenso wie bei Ehegatten, falls sie keine güterrechtliche Regelung durch Lebenspartnerschaftsvertrag getroffen haben, der gesetzliche Güterstand der Zugewinngemeinschaft. Für diesen gelten die Bestimmungen der §§ 1363 Abs. 2 bis 1390 BGB entsprechend. Eingetragene Lebenspartner können durch Lebenspartnerschaftsvertrag abweichende Regelungen treffen (§ 7 LPartG). Hinsichtlich der gerichtlichen Inhaltskontrolle, nämlich der Wirksamkeits- und der Ausübungskontrolle (§§ 138 Abs. 1, 242 BGB) gelten die gleichen Vorschriften wie bei Ehegatten (ebenso Dethloff FamR § 7 Rn. 21). Bei Auslandsberührung gilt für die güterrechtlichen Wirkungen für vor dem 29.1.2019 im Inland geschlossene Lebenspartnerschaften das Registrierungsstatut (Art. 17b Abs. 1 S. 1 EGBGB), also nicht das an das Heimat- oder Aufenthaltsrecht anknüpfende Wirkungsstatut wie früher bei der Ehe (Art. 15 iVm Art. 14 EGBGB aF). Nachdem seit 1.10.2017 keine neue Lebenspartnerschaft mehr im Inland begründet werden kann, verbleibt es hierbei in den meisten Fällen (Art. 229 § 47 Abs. 2 und 3 EGBGB). Eine Rechtswahlmöglichkeit, wie sie für Eheleute vorgesehen war, bestand für Lebenspartner unmittelbar bis 29.1.2019 nicht; Lebenspartner konnten allerdings durch eine Neuregistrierung mittelbar einen Statutenwechsel herbeiführen (NK-BGB/Gebauer EGBGB Art. 17b Rn. 45). Seit 29.1.2019 können eingetragene Lebenspartner nach den güterrechtlichen Regelungen der EuPartVO ehevertraglich eine Rechtswahl treffen (Art. 22 EuPartVO). Art. 22 EuPartVO lässt eine Rechtswahl für die Lebenspartner bezüglich der güterrechtlichen Wirkungen ihrer eingetragenen Partnerschaft hinsichtlich des Aufenthaltsrechts, des Staatsangehörigkeitsrechts und des Rechts des Staates, nach dessen Recht die Partnerschaft begründet wurde, zu (vgl. Meise RNotZ 2016, 553 (565) u. Weber DNotZ 2016, 659 (694)). Die Zuständigkeit des über die Auflösung oder Ungültigerklärung der Partnerschaft angerufenen Gerichts auch für die Fragen ihrer güterrechtlichen Wirkungen ergibt sich mangels einer Rechtswahl (Art. 7 EuPartVO) aus Art. 5 (ggf. Art. 6) EuPartVO. Nach § 7 LPartG können auch ausländische Lebenspartner einen Güterrechtsvertrag schließen. Die pauschale Verweisung auf ausländisches Recht ist ihnen jedoch nicht gestattet (§ 7 S. 2 LPartG iVm § 1409 BGB; aA BeckOK BGB/Heiderhoff EGBGB Art. 17b Rn. 37, die allerdings übersieht, dass sich der von ihr angegebene Nachweis von Henrich FamRZ 2002, 137 (139) auf die früheren güterrechtlichen Bestimmungen vor der Novelle von 2005 bezieht). Für gleichgeschlechtliche Ehepaare treffen § 17b Abs. 4 und 5 EGBGB Sonderregelungen.

14. Bei der Aufhebung der Lebenspartnerschaft findet der Versorgungsausgleich statt, sofern die Lebenspartnerschaft nach dem 1.1.2005 begründet wurde oder bei Begründung der Lebenspartnerschaft vor diesem Zeitpunkt die Lebenspartner Erklärungen nach § 21 Abs. 4 LPartG aF abgegeben haben. Die Lebenspartner können wie Ehegatten den Versorgungsausgleich ausschließen. Dies kann auch im Rahmen eines Lebenspartnerschaftsvertrages erfolgen (§§ 6–8 VersAusglG, § 20 Abs. 3 LPartG). In Fällen mit Auslandsberührung modifiziert Art. 17b Abs. 1 S. 2 EGBGB die Geltung des Registrierungsstatuts für den Versorgungsausgleich. Der Versorgungsausgleich wird danach nur durchgeführt, wenn deutsches Recht anzuwenden ist und eines der Heimatrechte der eingetragenen Lebenspartner den Versorgungsausgleich kennt. Maßgeblich ist allein das materielle Recht des entsprechenden Staates; Rück- oder Weiterverweisungen sind nicht zu beachten. Es ist erforderlich, dass das ausländische Recht den Versorgungsausgleich unter Lebenspartnern und nicht nur unter verschiedengeschlechtlichen Ehegatten kennt (Grüneberg/Thorn EGBGB Art. 17b Rn. 8). Ist ein Versorgungsausgleich nach Art. 17b Abs. 3 S. 2 nicht durchzuführen, kommt es auf Antrag eines der Lebenspartner zur hilfsweisen Anwendung deutschen Rechts (Art. 17b Abs. 1 S. 3 EGBGB). Es muss hierzu der andere Lebenspartner während der Lebenspartnerschaftsdauer eine deutsche Versorgungsanwartschaft erworben haben und zusätzlich die Durchführung der Billigkeit nicht widersprechen (vgl. auch Art. 17 EGBGB u. ausführlich BeckOK BGB/Heiderhoff EGBGB Art. 17 Rn. 72 ff.).

15. → Form. A.II.1.

N. Faktische Lebensgemeinschaft

I. Vorbemerkungen

1. Verfahrensrechtliche Regelungen

Die sachliche Zuständigkeit bei Streitigkeiten zwischen nichtehelichen Lebensgefährten richtet sich nach den allgemeinen Vorschriften. Eine besondere **Zuständigkeit der Familiengerichte** besteht auch nach dem FamFG **nicht.** Unberührt bleibt die Zuständigkeit der Familiengerichte für den Kindesunterhalt, den Unterhalt gemäß § 1615l BGB, Sorgerechtssachen und die übrigen Kindschaftssachen. Das betrifft auch Kinder, deren Eltern in einer faktischen Lebensgemeinschaft zusammenleben. Ebenfalls unabhängig von dem Bestehen einer besonderen Nähebeziehung zwischen den Beteiligten fallen sämtliche Gewaltschutzsachen in die Zuständigkeit der Familiengerichte (§ 210 FamFG, s. MüKo-FamFG/Erbarth FamFG § 210 Rn. 3 f.; Sternal/Giers, FamFG § 210 Rn. 2 ff.; Kemper, FamFG, FGG, ZPO, 2009, S. 190). Für diese gilt das Verfahrensrecht der Freiwilligen Gerichtsbarkeit. Hinsichtlich der internationalen Zuständigkeit fallen Streitigkeiten über die Vermögensauseinandersetzung nach Auflösung einer nichtehelichen Lebensgemeinschaft unter die „Zivil- und Handelssachen" im Sinne von Art. 1 Abs. 1 Brüssel Ia-VO (EuGH NZFam 2019, 890 = FamRZ 2019, 1557).

Die **örtliche Zuständigkeit** der ordentlichen Gerichte bestimmt sich nach den §§ 12 ff. ZPO. Besonderheiten gelten hinsichtlich der nicht nach dem FamFG geregelten Verfahren auch bei Bestehen einer faktischen Lebensgemeinschaft nicht. Die örtliche Zuständigkeit bei Gewaltschutzsachen bestimmt sich nach § 211 FamFG, in Kindschaftssachen nach § 152 FamFG und in Unterhaltssachen nach § 232 FamFG.

Besonderheiten gelten bei der **Prozesskostenhilfe.** § 1360a Abs. 4 BGB und § 5 S. 2 LPartG, die bei Ehegatten und eingetragenen Lebenspartnern einen Prozesskostenvorschuss regeln, sind nicht analog anwendbar (vgl. nur BAG FamRZ 2006, 117 u. OLG Karlsruhe JurBüro 2004, 382). Einkünfte des Lebensgefährten sind nach überwiegender Ansicht nicht anrechenbar (vgl. OLG Köln FamRZ 1988, 306; ArbG Heilbronn NZFam 2017, 770). Dies gilt auch für Versorgungsleistungen durch eine Haushaltsführung analog § 850h ZPO (str., OLG Düsseldorf NJW-RR 2001, 725; OLG Koblenz NJW-RR 1996, 1150 u. OLG Köln NJW-RR 1996, 837 = FamRZ 1995, 940; vgl. auch OLG Stuttgart FamRZ 2005, 1183). Anders soll dies bei freiwilligen Zahlungen des Lebensgefährten sein, die allerdings praktisch kaum Relevanz haben (str., vgl. OLG Hamm FamRZ 1984, 409; OLG Köln NJW-RR 1996, 1404 = FamRZ 1996, 1021 u. ArbG Regensburg FamRZ 1989, 1103).

2. Betroffene Paare

Die Rechtsprechung und ihr folgend die überwiegende Literatur haben früher zwischen eheähnlichen und sonstigen weniger eheähnlichen Lebensgemeinschaften differenziert. Nach dieser Ansicht, die zunächst beschränkt auf heterosexuelle Paare entwickelt wurde, ist eine eheähnliche Lebensgemeinschaft bei Vorliegen einer Beziehung anzunehmen, die auf unbestimmte Dauer angelegt ist, sich durch innere Bindungen der Partner auszeichnet und neben sich keine weitere Lebensgemeinschaft gleicher Art duldet. Weitere Voraussetzung soll sein, dass die Bindungen der Partner zueinander so eng sind, dass sie auch in den Not- und Wechselfällen des Lebens füreinander einstehen und Verantwortung übernehmen, also das „Verhältnis" über die Beziehungen in einer reinen Haushalts- und Wirtschaftsgemeinschaft hinausgeht (s. nur BVerfGE 87, 234 = NJW 1993, 413 = FamRZ 1993, 1314; BVerfG NJW 2005, 3347 = FamRZ 2004, 1950; BGHZ 121, 116 = NJW 1993, 999 = FamRZ 1993, 533; BSGE 72, 125 = NJW 1993, 3346 = FamRZ 1993, 1315; BSGE 90, 90 = NZS 2003, 546; BSG NJW 2020, 1246 = NZS 2020, 235 u. BVerwGE 98, 195 = NJW 1995, 2802 = FamRZ 1995, 1352; BGH NZFam 2018, 522 = FamRZ 2018, 710; s. auch OVG Münster NWVBl. 2025, 287). Bereits die weitgehende Gleichstellung gleichgeschlechtlicher Paare mit der Ehe vor dem 1.10.2017 hat eine entsprechende Begriffsbestimmung bei fehlender Registrierung der Partnerschaft auch für sie zugelassen. Nach der „Ehe für alle" ist auch die Lebensgemeinschaft mit einem gleichgeschlechtlichen oder einem weder dem weiblichen noch dem männlichen Geschlecht angehörenden Partner nicht mehr umstritten. Die eheähnliche Lebensgemeinschaft entspricht nach dieser Definition weitgehend der Ehe; ihr einziges Unterscheidungskriterium ist dasjenige des Fehlens der Form, das heißt der Mitwirkung des Standesbeamten bei der Eingehung und später des Familiengerichts bei einer etwaigen Aufhebung. Bei von diesen Tatbestandsmerkmalen abweichenden **Formen von Lebensgemeinschaften,** bei denen entweder keine (exklusive) sexuelle Gemeinschaft besteht, oder bei Mehrpersonenbeziehungen (vgl. auch zur Partnerschaft neben einer Ehe § 1766a Abs. 2 S. 2 BGB; BSG NJW 2020, 1246; OLG Karlsruhe NJW-RR 2023, 944; OLG Oldenburg MittBayNot 2023, 59 = NZFam 2023, 142; FG Nürnberg DStRE 2005, 938) sowie bei Partnerschaften, die zwar über eine bloße Wohngemeinschaft hinausgehen (zur Abgrenzung von einer AltersWG LSG BW NZS 2022, 473), aber dennoch nicht die Stufe der Verantwortungs- bzw. Einstehensgemeinschaft erreichen, stellen sich allerdings spätestens bei der Auflösung ähnliche Probleme wie bei den eheähnlichen Gemeinschaften. Ein in der Praxis wichtiges Beispiel ist der gemeinsame Hausbau oder Immobilienerwerb, für dessen finanzielle „Rückabwicklung" es unerheblich ist, ob sich die Partner wechselseitig sexuelle Treue versprochen oder diesbezügliche „Exklusivitätsansprüche" ausdrücklich ausgeschlossen haben. Auch der Bundesgerichtshof (NJW 2008, 3277 = FamRZ 2008, 1822 = FPR 2008, 519 = MDR 2008, 489; s. auch BGH NJW 2013, 2025 = FamRZ 2013, 1030 = MittBayNot 2013, 471; vgl. ferner Grziwotz FPR 2010, 369 ff.) hat hinsichtlich des Ausgleichs anlässlich der Beendigung einer Lebensgemeinschaft ausdrücklich darauf hingewiesen, dass sich die diesbezüglichen Probleme nicht nur bei eheähnlichen Lebensgemeinschaften, sondern auch bei anderen faktischen Lebensgemeinschaften stellen. Als Beispiele werden verwitwete Geschwister, sonstige Verwandte und Freunde genannt. Darüber hinausgehend dürften sich bei den vorerwähnten Mehrpersonengemeinschaften ähnliche Probleme stellen. Ob dies beim Zusammenleben eines Elternteils mit seinem erwachsenen Kind gilt, ist zurzeit offen. Wendet beispielsweise eine Mutter ihrem erwachsenen Sohn einen größeren Geldbetrag, den sie eigentlich für ihre Alterssicherung gedacht hatte, in der Erwartung zu, dass die Wohn- und Fürsorgegemeinschaft mit ihm bis zu ihrem Tod weiter besteht, da der Sohn keine Beziehung mehr eingeht, und lernt dieser dann doch eine Partnerin kennen, mit der er zusammenzieht, stellen sich ähnliche Probleme wie bei den „Ehen ohne Trauschein" (vgl. Grziwotz FamRZ 2009, 852).

3. Vertragliche Regelungen

Mitunter schließen Lebensgefährten Partnerschaftsverträge ab, die vor allem für den Fall einer späteren Trennung Bedeutung haben sollen (vgl. Grziwotz NZFam 2021,

410 ff.). Während umfassende Partnerschaftsverträge eher selten sind, werden zu Einzelfragen häufiger Vereinbarungen getroffen, insbes. zum Immobilienerwerb (s. nur Sommer/Sikora MittBayNot 2020, 415 ff.; Panz BWNotZ 2021, 445 ff.). Sie sind nicht bereits wegen ihres Gegenstandes, der Regelung des Zusammenlebens außerhalb der gesetzlichen Formen, sittenwidrig. Dies gilt auch dann, wenn einer der Partner oder beide noch verheiratet oder in eingetragener Lebenspartnerschaft gebunden sind (OLG Hamm NJW 1988, 2474; OLG Karlsruhe NJW 1988, 3023 u. OLG Hamm FamRZ 2000, 95). Die Frage der Zulässigkeit von Rechtsgeschäften betrifft auch Testamente und Erbverträge. Das früher unter dem Stichwort „Geliebtentestament" behandelte **Problem der Sittenwidrigkeit** letztwilliger Verfügungen zugunsten eines Lebensgefährten spielt zwischenzeitlich keine Rolle mehr (vgl. bereits BGHZ 53, 369 = NJW 1970, 1273). Auch wenn die diesbezügliche Rechtsprechung nicht aufgegeben wurde, wurden Verfügungen verheirateter Personen zugunsten ihrer gleich- oder verschiedengeschlechtlicher Partner von den Gerichten stets anerkannt (BayObLG FamRZ 1984, 1153; NJW 1987, 910; FamRZ 1992, 226; OLG Frankfurt a.M. NJW-RR 1995, 265; BayObLG FamRZ 2002, 915 u. OLG Düsseldorf BeckRS 2008, 19390 = JuS 2009, 184). Von größerer Bedeutung sind Bindungswirkungen aus bestehenden gemeinschaftlichen Testamenten mit früheren oder noch vorhandenen Ehegatten und Lebenspartnern oder aus Erbverträgen auch mit sonstigen Personen, auch früheren Lebensgefährten. Diese Verfügungen sollten auf jeden Fall im Zusammenhang mit Verfügungen von Todes wegen und deren späterer Abwicklung beachtet werden (vgl. zu Nichtanwendung des § 2077 BGB bei einer Verfügung aus der Zeit des nichtehelichen Zusammenlebens BGH NJW 2024, 2537; OLG Rostock ZEV 2021, 709; OLG Zweibrücken BeckRS 2022, 49458; OLG Schleswig NJW-RR 2023, 984); Grziwotz, FamRB 2025, 457 (461).

Die **Grenzen der Gestaltungsfreiheit** bilden für Partnerschaftsverträge die zwingenden Gesetzesnormen (§ 134 BGB) und die guten Sitten (§ 138 BGB). Problematisch können insoweit Vereinbarungen sein, die den ausschließlichen Zweck haben, einen (Noch-)Ehegatten, einen (Noch-)Lebenspartner oder Kinder aus einer bestehenden oder möglicherweise bereits aufgelösten Ehe oder Lebenspartnerschaft zu benachteiligen. Allerdings ist insoweit auch die Schutzbedürftigkeit des neuen Lebensgefährten zu berücksichtigen, insbesondere wenn dieser als Folge einer Betreuung gemeinsamer Kinder oder des Partners selbst Einschränkungen hinsichtlich seiner sozialen Biographie erfährt. Vereinbarungen sind nur dann unwirksam, wenn sie sich zweckgerichtet gegen eine Person aus dem vorstehend genannten Kreis richten, also subjektiv eine familienfeindliche Gesinnung zugrunde liegt. Häufiges Beispiel ist die Veräußerung eines Miteigentumsanteils am gemeinsamen Hausgrundstück, um dem neuen Lebensgefährten eine Teilungsversteigerung zu ermöglichen (OLG Schleswig NJW-RR 1995, 900; vgl. auch OLG Hamm NJW-RR 2005, 104). Im Verhältnis der Lebensgefährten untereinander können Regelungen sittenwidrig sein, wenn sie eine Vertragsstrafe für den Fall der Trennung enthalten (OLG Hamm NJW 1988, 2474). Allerdings werden sie dann aufrecht zu erhalten sein, wenn sie trotz eines möglicherweise bedenklichen Wortlauts getroffen werden, um dem wirtschaftlich schwächeren Partner einen angemessenen Ausgleich für lebensgemeinschaftsbedingte Nachteile zu gewähren (OLG Köln FamRZ 2001, 1608).

Vereinbarungen zwischen Lebensgefährten bedürfen grundsätzlich keiner Form, sofern nicht für das betreffende Rechtsgeschäft (zB § 311b Abs. 1 BGB für Grundstücksgeschäfte) eine **Formvorschrift** besteht. Ist dies der Fall, sind allein wegen des Bestehens einer Lebensgemeinschaft keine Formerleichterungen anzunehmen (BGH NJW-RR 2020, 962 = FamRZ 2020, 1604). Konkludent geschlossene Kooperationsverträge zwischen Partnern können mangels Formzwangs überwiegend formfrei abgeschlossen werden. Allerdings wird man nicht so weit gehen können, dass bereits das faktische Zusammenleben zweier Menschen in einer Lebensgemeinschaft einen Vertragsabschluss bedeutet (so aber früher Roth-Stielow JR 1978, 233 ff., wie hier Staudinger/Löhnig Anh. zu §§ 1297 ff. Rn. 41 aE).

Vielfach wird im Zusammenhang mit einer Trennung versucht, einen früheren Rechtsbindungswillen nachträglich zu unterstellen. Bestehen ausdrückliche oder konkludente Vereinbarungen, so muss geprüft werden, ob es sich um eine abschließende Regelung handelt oder eventuell weitergehende Ansprüche, die die neuere Rechtsprechung gewährt, daneben bestehen bleiben sollen.

4. Praktisch relevante Streitfragen

a) Vermögensauseinandersetzung beim Ende der Lebensgemeinschaft. aa) Der frühere Grundsatz: Keine Rechtspflichten. Das nichteheliche Zusammenleben bildet **nicht** automatisch eine **Rechtsgemeinschaft** (OLG Brandenburg NJOZ 2019, 1183). Entscheidendes Merkmal ist seine Unverbindlichkeit. Aus diesem Umstand hat die frühere Rechtsprechung geschlossen, dass im Bereich des Zusammenlebens rechtliche Bindungen und rechtlich verbindliche Geschäfte in aller Regel nicht gewollt seien, sondern die Ausnahme darstellten (BGH FamRZ 1983, 1213). Die persönlichen Beziehungen prägten auch das vermögensrechtliche Handeln der Partner. Deshalb bestehe auch in wirtschaftlicher Hinsicht grundsätzlich keine Rechtsgemeinschaft. Persönliche und wirtschaftliche Leistungen würden bei Beendigung der Lebensgemeinschaft nicht gegeneinander auf- und abgerechnet; sie werden vielmehr während des Zusammenlebens von demjenigen erbracht, der dazu gerade in der Lage sei. Dies geschehe nicht in Erfüllung einer Rechtspflicht, sondern aufgrund der persönlichen Solidarität, die mit der Vorstellung unvereinbar sei, dass Leistungen im gemeinschaftlichen Interesse ohne besondere Vereinbarung die Verpflichtung auslösen könnten, Gegenleistungen, Wertersatz oder Entschädigung zu beanspruchen (BGHZ 77, 55 = NJW 1980, 1520 = FamRZ 1988, 664; BGH NJW 1981, 1502 = FamRZ 1981, 530; BGH NJW 1983, 2375 = FamRZ 1983, 791; BGH NJW 1996, 2727 = FamRZ 1996, 1141; BGH NJW 1996, 1473; 2004, 59 = FamRZ 2004, 94; BGH NJW-RR 2005, 1089 = FamRZ 2005, 1151 u. BGH NJW 2008, 443 = FamRZ 2008, 247 (249); vgl. auch von Proff zu Irnich RNotZ 2008, 313 (316 ff.) u. Röthel JURA 2006, 641 (648)).

bb) Ausgleichspflichten ohne Vertrag. Die frühere Rechtsprechung, die Ausgleichsansprüche regelmäßig ablehnte, hat der BGH aufgegeben (BGH NJW 2008, 3277 = FamRZ 2008, 1822 = FPR 2008, 519 = MDR 2008, 489; BGH NJW 2008, 3282 = FamRZ 2008, 1828; BGH NJW-RR 2009, 1142 = FamRZ 2009, 849; BGH NJW 2010, 998 = FamRZ 2010, 277; BGH NJW 2010, 868 = FamRZ 2010, 542; BGH NJW 2011, 2880 = FamRZ 2011, 1563; BGH NJW 2013, 2187 = FamRZ 2013, 1295 u. BGH NJW 2014, 2638 = FamRZ 2014, 1947; vgl. auch BGH NJW 2015, 1523 = FamRZ 2015, 833 u. Grziwotz NZFam 2015, 543 (548)). Die **Ausgleichsmechanismen**, die zwischen Ehegatten bei Bestehen der Gütertrennung neben dem Güterrecht gelten, sollen auch beim nichtehelichen Zusammenleben anwendbar sein (so bereits Schulz FamRZ 2007, 593 (594); vgl. auch Schulz FPR 2010, 373 ff.; M. Schwab FamRZ 2010, 1701 ff.; Weinreich FuR 2011, 492 ff.; Weinreich FuR 2021, 127 ff. u. 185 ff.; Wellenhofer NZFam 2021, 381 ff.; Strube NZFam 2023, 192 ff.; Münster JuS 2025, 724 (726 ff.)). Allerdings soll das Aufrechnungsverbot weiterhin für die Leistungen des täglichen Lebens, die lediglich das Zusammenleben der Lebensgefährten ermöglichen, anwendbar sein (OLG Bremen NJW-RR 2013, 197 = FamRZ 2013, 1826). Sie bleiben somit ohne Ausgleich. In gleicher Weise soll dies gelten, wenn die finanziellen Leistungen nicht deutlich über das Maß dessen hinausgehen, was für das Zusammenleben erforderlich ist (zB Mietkosten einer Wohnung; vgl. BGH NJW 2013, 2187 = FamRZ 2013, 1295; OLG Bremen FamRZ 2012, 463 = FamFR 2011, 383; OLG Oldenburg NZG 2012, 225; OLG Brandenburg NZFam 2016, 336 = FuR 2016, 418; OLG München NZFam 2023, 192; OLG Frankfurt a.M ZEV 2023, 398 = ZEV 2022, 1543 (auch zu luxuriösem Lebensstil);

vgl. auch BGH NJW 2015, 1523 = FamRZ 2015, 833; LG Frankfurt (Oder) BeckRS 2017, 154475; LG Köln BeckRS 2017, 122731 = FamRZ 2018, 194). Nicht betroffen von den familienrechtlichen Ausgleichsansprüchen sind zudem solche Leistungen, die aufgrund ausdrücklicher vertraglicher Vereinbarungen, zB gesellschaftsrechtlicher oder arbeitsrechtlicher Grundlage erbracht werden (OLG Brandenburg NJW-RR 2015, 516 = FamRZ 2015, 1308). Ausgleichsansprüche sollen mangels vertraglicher Vereinbarungen jedoch im Rahmen der gemeinsamen Vermögensbildung bestehen, wenn Leistungen entweder weit über das zur Ermöglichung des Zusammenlebens Erforderliche hinaus gehen oder wenn sie zwar, wie dies zB bei der Schaffung eines gemeinsamen Heims der Fall ist (vgl. Milzer NJW 2008, 1621 ff.), dem Zusammenleben dienen, aber zusätzlich neben diesem Zweck auch eine gemeinsame Vermögensbildung erfolgt (übersehen von Schlögel MittBayNot 2009, 100).

Während die Rechtsprechung früher in den Hausbaufällen Ausgleichsansprüche analog den Liquidationsvorschriften der BGB-Gesellschaft (§§ 730 ff. BGB aF) angenommen hat, dürften nunmehr die Anforderungen hinsichtlich des Rechtsbindungswillens für eine **Lebensgefährten-Innengesellschaft** gestiegen sein (BGH FamRZ 2006, 607 = NJW 2006, 1268; BGH NJW 2008, 443 = FamRZ 2008, 247 u. BGH NJW 2011, 2880 = FamRZ 2011, 1563; vgl. Lieder/Schmelzing FamRZ 2024, 1509 ff.; Staudinger/Löhnig FaktLG Anh. zu §§ 1297 ff. Rn. 96 ff.). Die Hausbaufälle werden nicht mehr über die entsprechende Anwendung der Liquidationsvorschriften der GbR abgewickelt (vgl. auch OLG Hamm NZM 2023, 182), sondern über den Wegfall der Geschäftsgrundlage einer lebensgemeinschaftsbedingten Zuwendung (zur Grunderwerbsteuerpflicht BFH MittBayNot 2021, 410 (Ls.) = FamRZ 2021, 811 (Ls.)).. Auch bei einer Beteiligung an einem Kontoguthaben wurde keine Innengesellschaft, sondern eine Bruchteilsgemeinschaft angenommen (OLG Brandenburg BeckRS 2010, 23386; OLG Bremen NZFam 2016, 240 = FamRZ 2016, 993).

Entsprechend der Rechtsprechung zur **Rückabwicklung unbenannter Zuwendungen** unter Ehegatten, die im Güterstand der Gütertrennung leben, kann sich auch beim nichtehelichen Zusammenleben ein Anspruch wegen Wegfalls der Geschäftsgrundlage des eine Rechtsgrundlage für eine unbenannte Zuwendung bildenden familienrechtlichen Vertrags ergeben (vgl. auch BGH NJW 2019, 3511 = FamRZ 2019, 1595 zur Zuwendung von „Schwiegereltern"). Die frühere Rechtsprechung hatte solche Ansprüche bei nichtehelichen Paaren mit der Begründung abgelehnt, dass das Fehlen der Rechtsverbindlichkeit einer Beziehung eine rechtliche Verbindlichkeit auch hinsichtlich der vermögensrechtlichen Beziehungen der Partner nicht entstehen lassen könne, die durch die Trennung wegfiele (BGH NJW 1997, 3371; keine Ausnahme hierzu bildete OLG Naumburg NJW 2006, 2418, da insoweit eine vertragliche Vereinbarung vorlag).

Eine Rückabwicklung von Zuwendungen über das **Recht der ungerechtfertigten Bereicherung,** insbesondere über die Kondiktion wegen Zweckverfehlung (§ 812 Abs. 1 S. 2 Alt. 2 BGB), ist denkbar. Die erforderliche Willensübereinstimmung über den mit der Leistung verfolgten Zweck ist bereits gegeben, wenn diese Erwartung dem Zuwendungsempfänger erkennbar war und er dem bei der Annahme nicht widersprochen hat (BGH NJW-RR 2009, 1142 = FamRZ 2009, 849; BGH NJW 2011, 2880 = FamRZ 2011, 1563; OLG Brandenburg NZFam 2016, 336; vgl. M. Schwab FamRZ 2010, 1701 ff.; Sorge JZ 2011, 660 ff. u. Moes FamRZ 2016, 757 (758); verneint für Strohmanngeschäft von OLG Brandenburg NJOZ 2019, 1183). Dies ist dann gegeben, wenn die Partner zwar keine gemeinsamen Vermögenswerte schaffen wollen, der eine aber das Vermögen des anderen in der Erwartung vermehrt, an dem erworbenen Gegenstand langfristig partizipieren zu können. Welche Konstellationen konkret davon betroffen sein werden, ist gegenwärtig noch offen.

Die **Abgrenzung** der einzelnen Ausgleichsansprüche ist derzeit unklar (BGH FamRZ 2009, 849; OLG München BeckRS 2019, 45646; vgl. dazu nur Kemper NJ 2009, 177;

Majer NJOZ 2009, 114; Schulz FamRZ 2007, 593 u. Wellenhofer AnwBl 2008, 559; zur Verjährung OLG Brandenburg BeckRS 2022, 2649). Erforderlich ist zunächst eine Gesamtschau, in deren Rahmen die Dauer der Lebensgemeinschaft einschließlich des Nutzungszeitraums von Anschaffungen, das Alter der Partner, die Einkommens- und Vermögensverhältnisse sowie die Alterssicherung und wohl auch das Bestehen lebensgemeinschaftsbedingter Nachteile eine Rolle spielen. Schließlich kommt es auch darauf an, ob eine Zuwendung oder der durch Arbeitsleistungen geschaffene Vermögenswert oder ein Surrogat noch vorhanden ist (vgl. aber KG FamRZ 2021, 97 zu wertlosem Röntgengerät). Bereicherungsrechtlich stellt sich die Frage, ob die condictio ob rem nur auf die Fälle der Verfolgung eines über die Erfüllung einer Verbindlichkeit hinausgehenden Zwecks (vgl. Medicus/Petersen BürgerlR, 30. Aufl. 2025, Rn. 691) oder auch auf die Fälle eines über die Erfüllung der Verbindlichkeiten hinausgehenden „gestaffelten" (zusätzlichen) Zwecks (so Grüneberg/Sprau BGB § 812 Rn. 30) anwendbar ist. Nach der letztgenannten Auffassung stünde beispielsweise einem einen Immobilienerwerb mitfinanzierenden Lebensgefährten nur das Institut der Störung der Geschäftsgrundlage zum späteren Ausgleich zur Verfügung (vgl. MüKoBGB/Schwab BGB § 812 Rn. 535 ff.). Gleiches gilt dann für Vermögenszuwendungen mit der Maßgabe, dass der Partner den Gegenstand nur behalten darf, wenn sich das Zuwendungsobjekt bis zur Beendigung der Lebensgemeinschaft amortisiert hat (vgl. Schulz FamRZ 2007, 593 (594)). Wendet man zudem die Innengesellschaft – wie bei Ehegatten – nicht auf die Hausbau- und Immobilienerwerbsmodelle an (BGH FamRZ 1999, 1580; OLG Hamm NZM 2023, 182), so bleiben für ihre Abwicklung nur die Grundsätze der unbenannten Zuwendung.

Weiterhin nahezu unbestritten ist, dass das Scheidungs- und Aufhebungsfolgenrecht auf nichteheliche Lebensgemeinschaften **nicht entsprechend anwendbar** ist (s. nur von Proff zu Irnich FD-FamR 2008, 270368). Dies gilt auch für das Verlöbnisrecht (§§ 1297 ff. BGB, vgl. auch § 1 Abs. 4 S. 2 LPartG aF), obwohl einzelne Rechtsgedanken daraus sinnvoll übertragen werden könnten (vgl. Grziwotz Nichteheliche Lebensgemeinschaft Teil 3 Rn. 4 ff.; s. auch OLG Oldenburg NJW 2016, 3185) Auch gegenseitige Unterhaltspflichten bestehen zwischen Partnern einer Lebensgemeinschaft nicht. § 1615l BGB macht hiervon keine Ausnahme (Schreiber FPR 2010, 387 ff.; Löhnig NJW 2016, 1487 (1488); Christl FF 2016, 290 (293)), da diese Vorschrift nicht an das Bestehen einer Lebensgemeinschaft anknüpft, sondern den Fall der Betreuung eines gemeinschaftlichen Kindes regelt.

cc) **Trennung – Ausgleich oder Rückgewähr?** Bei der Vermögensauseinandersetzung nach einer Trennung kommt es zunächst darauf an, was begehrt wird, nämlich die **Rückgewähr** der eigenen Leistung **oder** eine **Vermögensteilhabe** entsprechend dem Zugewinnausgleich. Praktisch relevant sind vor allem die Fälle der Mitfinanzierung einer Immobilie, des gemeinsamen Aufbaus eines Unternehmens und der Beteiligung an der Finanzierung sonstiger Wirtschaftsgüter (zB Auto, Wohnwagen, Segelboot etc). Bedeutung haben auch diejenigen Fälle, in denen ein Partner den anderen entschuldet. Die Abgrenzung zwischen einer Zuwendung im Rahmen der Lebensgemeinschaft und einer gemeinsamen Vermögensbildung fällt dabei im konkreten Fall nicht leicht. Dies zeigen die Hausbau- und Immobilienanschaffungsfälle, die neben der Verwirklichung des Zusammenlebens in der konkreten Immobilie auch die Vermögensbildung betreffen. Steht die bewohnte Immobilie im Alleineigentum eines Partners, können Zahlungen des Lebensgefährten eine Beteiligung an den Kosten des Zusammenlebens entsprechend einer Miete, aber auch die Mitfinanzierung des gemeinsam genutzten Vermögenswertes darstellen. Erbringt ein Lebensgefährte bei Miteigentum beider Partner einen höheren Anteil an den Zins- und Tilgungsleistungen, als seiner Miteigentumsquote entspricht, können partnerschaftsbedingte Zuwendungen vorliegen, es kann sich aber auch um einen Ausgleich lebensgemeinschaftsbedingter Nachteile, zB durch eine Kinder- oder Angehörigenbetreuung oder die Haushaltsführung durch einen Partner unter Einschränkung der eigenen

Erwerbstätigkeit, handeln. Auch bei einer Rückgewähr von Zuwendungen kann die teilweise Zweckerreichung im Rahmen eines Abschlags zu berücksichtigen sein (vgl. Wever FamRZ 2013, 1 ff., aber auch BGH NJW 2019, 3511 = FamRZ 2019, 1595 u. BGH NJW-RR 2018, 1217 = FamRZ 2018, 1517). Bedeutung hat ferner die Frage, ob der zugewandte Wert noch vorhanden ist (vgl. KG FamRZ 2021, 97). Schließlich kann auch die Frage, ob eine Trennung vorliegt, problematisch sein; Bedeutung hat dies vor allem bei der gesundheitsbedingten Unterbringung eines Partners in ein Pflegeheim (vgl. BGHZ 178, 262 = NJW 2008, 2333 = FamRZ 2008, 1404; OLG Oldenburg MittBayNot 2023, 59 = NZFam 2023, 142; SG Karlsruhe FamRZ 2016, 415; vgl. aber EuGH NJW 2022, 675).

b) Gemeinsame Kinder – Sorge- und Umgangsrecht. Die elterliche Sorge für ein Kind, dessen Eltern nicht miteinander verheiratet sind, steht grundsätzlich der Mutter alleine zu (§ 1626a Abs. 3 BGB). Die Mutter kann allerdings den Vater nicht einseitig vom Sorge- und Umgangsrecht ausschließen (so bereits BVerfGE 127, 132 = NJW 2010, 3008 = FamRZ 2010, 1403; anders noch BVerfGE 107, 150 = NJW 2003, 955 = FamRZ 2003, 285). Der rechtliche und der biologische Vater können Rechtsbeziehungen zu „ihrem" Kind auch gegen den Willen der Mutter begründen (krit. Peschel-Gutzeit NJW 2010, 2990 u. Peschel-Gutzeit NJW 2013, 2465). Dagegen kann die Partnerin der Mutter auch bei einer gemeinsamen Kinderwunscherfüllung mittels Samenspende nach derzeitiger Rechtslage nicht „Mitmutter" werden (vgl. BGHZ 220, 58 = FamRZ 2018, 1919 = NJW 2019, 153; OLG München NZFam 2018, 286; KG MittBayNot 2024, 151).

Die gemeinsame Sorge kann durch nicht miteinander verheiratete Partner erlangt werden, wenn sie parallele Sorgeerklärungen, die öffentlich beurkundet werden müssen, abgeben (§§ 1626b u. 1626d BGB). Dies kann bereits vor der Geburt, nach hM aber nicht vor der Zeugung des Kindes erfolgen. Auch gegen den Willen der Mutter kann auf Antrag des Vaters das Familiengericht die elterliche Sorge beiden Eltern gemeinsam übertragen (§ 1626a Abs. 1 Nr. 3, Abs. 2 BGB; § 155a FamFG; s. dazu OLG Brandenburg NZFam 2015, 1027; vgl. auch Kasenbacher NJW-Spezial 2016, 196 f.). Wird die gemeinsame elterliche Sorge begründet, so ergeben sich bei einer vorübergehenden oder endgültigen **Trennung der Partner** dieselben Probleme wie bei einem gemeinsamen Sorgerecht, das aufgrund bei Geburt bestehender Ehe oder nachfolgender Eheschließung begründet wurde (vgl. OLG Celle NZFam 2016, 477). Einem Lebensgefährten kann nach einer Trennung ein Umgangsrecht mit seinem früheren „Stiefkind" zustehen, wenn er für dieses Verantwortung getragen hat und der Umgang dem Wohl des Kindes dient (§ 1685 Abs. 2 BGB; OLG Hamm NZFam 2016, 525; OLG Frankfurt a. M. NJW-RR 2020, 1204; OLG Braunschweig NJW-RR 2021, 135 = FamRZ 2021, 195; OLG Karlsruhe NJW 2022, 2418; AG Tempelhof-Kreuzberg NZFam 2016, 908; vgl. aber OLG Karlsruhe FamRZ 2018, 511 zur Kindeswohlgefährdung bei einem wegen sexuellen Missbrauchs verurteilten Lebensgefährten der Mutter). Ein Zusammenleben in häuslicher Gemeinschaft ist hierfür nicht zwingend erforderlich (OLG Braunschweig NJW-RR 2021, 135). Auch der biologische Vater hat, wenn er beispielsweise mit der Mutter vorübergehend in einer Lebensgemeinschaft lebte, ein Recht auf Umgang mit dem Kind, wenn der Umgang dem Kindeswohl dient (vgl. BGH NJW 2017, 160; er kann ferner Auskunft über die persönlichen Verhältnisse des Kindes fordern (§ 1686a Abs. 1 Nr. 1 u. 2 BGB; vgl. Clausius MDR 2013, 685 ff.). Hierzu wird ohne Folgen für das Unterhalts- und Erbrecht die biologische Vaterschaft festgestellt (§ 167a FamFG), auch wenn die rechtliche Vaterschaft eines anderen Mannes (zB des Ehemanns der Mutter) besteht. Einen Anspruch auf isolierte Feststellung der Vaterschaft ohne den Zusammenhang mit einem Umgangs- oder Auskunftsverfahren hat der biologische Vater nicht (BVerfG NJW 2016, 1939; OLG Frankfurt a. M. NZFam 2016, 1054). Ein Verzicht des biologischen Vaters auf seine Rechte ist jedenfalls vor der Geburt nicht rechtsverbindlich (OLG Zweibrücken NZFam 2016, 958). Eine gemeinsame Elternschaft durch eine „Stiefkindadoption", die Paaren ohne „Trauschein" lange Zeit nicht möglich war (BGH FamRZ 2017, 626; s. aber BVerfGE 151, 101 = NZFam 2019, 473 = FamRZ 2019, 1061), lässt § 1766a BGB in einer verfestigten Lebensgemeinschaft mit einem gemeinsamen Haushalt bei in der Regel nicht mit einer dritten Person verheirateten Paaren zu (vgl. Ecketsrecht NJW 2020, 1403 ff.; Helms FamRZ 2020, 645 ff. u. Teklote NZFam 2020, 409 ff.).

→ Form. D.I.1 bis → Form. D.I.5, → Form. D.II ff., → Form. D.III ff., → Form. E.II ff., → Form. E.III, → Form. E.IV ff., → Form. E.V, → Form. F.II.

c) **Die Wohnungszuweisung bei Gewalt, Mitwirkung bei der Kündigung und Löschungsanspruch intimer Aufnahmen.** Wird ein Partner der Lebensgemeinschaft Opfer einer vorsätzlichen oder widerrechtlichen Körper-, Gesundheits- oder Freiheitsverletzung durch den anderen Lebensgefährten, kann das Opfer unabhängig von der Berechtigung hinsichtlich der Wohnung (Eigentum, Miete) in der Wohnung bleiben; der Täter muss sie verlassen (§ 2 GewSchG). Die eigene Position als Eigentümer oder Mieter hat nur Einfluss auf die Dauer der gerichtlichen **Zuweisung der Wohnung** zur Alleinnutzung. Ist nämlich das Gewaltopfer allein oder mit einem Dritten berechtigt, stellt die Wohnungszuweisung eine endgültige Regelung dar. Im anderen Fall erfolgt nur eine vorläufige Benutzungsregelung, wobei die Bemessung der Frist eine sich daran anschließende endgültige Regelung ermöglichen soll. Die Anerkennung und Vollstreckung derartiger Schutzmaßnahmen, die am oder nach dem 11.1.2015 angeordnet werden, erfolgt in grenzüberschreitenden Fällen (Art. 2 Abs. 2 Schutzmaßnahmen-VO) in den EU-Mitgliedsstaaten mit Ausnahme Dänemarks ohne ein besonderes Exequaturverfahren; erforderlich ist lediglich eine Bescheinigung der zuständigen Behörde des Ursprungsmitgliedsstaates (Art. 4 ff. und 16 Schutzmaßnahmen-VO; vgl. Hausmann IntEuFamR/Hausmann R Rn. 80 ff.). Bei sonstigen Streitigkeiten über die Nutzung der „gemeinsamen" Wohnung, die nicht unter das GewSchG fallen, ist zu beachten, dass die Rechtsprechung den Partner einer nichtehelichen Lebensgemeinschaft, auch wenn er nicht Mieter oder Eigentümer der Wohnung ist, aufgrund der Lebensgemeinschaft teilweise als gleichberechtigten Mitbesitzer ansieht (AG Waldshut-Tiengen NJW-RR 1994, 712 = FamRZ 1994, 522; AG Köln FamRZ 2015, 1310; zum Räumungsanspruch s. LG Kempten NJOZ 2025, 1033) → Form. H.II, → Form. H.III.

Sind beide Partner Mieter der von ihnen genutzten Wohnung, so müssen sie bei einer Trennung gemeinsam mit dem Vermieter die Übernahme des Mietverhältnisses durch den verbleibenden Partner unter Ausscheiden des anderen regeln, da andernfalls dessen gesamtschuldnerische Mithaftung für die Verpflichtungen aus dem Mietverhältnis trotz seines Auszugs auf Dauer bestehen bleibt. Ist der Vermieter zur Entlassung des ausziehenden Partners aus dem Mietverhältnis nicht bereit oder will keiner der Lebensgefährten die Wohnung übernehmen, bleibt nur die gemeinsame Kündigung. Eine einseitige Kündigung (zur Ersetzung bei Kindeswohlgefährdung AG Sigmaringen NZM 2009, 255) und die Vereinbarung eines Aufhebungsvertrages mit dem Vermieter ohne Mitwirkung des verbleibenden Partners sind nicht möglich. Deshalb muss der ausziehende Partner den anderen notfalls durch ein Gerichtsurteil verpflichten, an der Kündigung mitzuwirken → Form. N.V.

Zwischen Ehegatten gilt für die Verteilung von während der Ehe angeschafften Haushaltsgegenständen für den Fall der Scheidung die Regelung des § 1568b BGB (Mende NZFam 2021, 386). Haushaltsgegenstände werden von Partnern einer nichtehelichen Lebensgemeinschaft meist zu Miteigentum angeschafft, wobei umstritten ist, ob aufgrund des Mitbesitzes eine Vermutung für Miteigentum gem. § 1006 BGB besteht (vgl. OLG Hamm NJW 1989, 909; OLG Düsseldorf NJW 1992, 1706; OLG Hamm FamRZ 2003, 529; LG Aachen FamRZ 1983, 61; AG Brandenburg NZFam 2021, 432). Bei einer Trennung ist das bestehende Miteigentum an Haushaltsgegenständen nach den Regeln der §§ 741 ff. BGB aufzuheben. Können sie nicht in Natur geteilt werden (§ 752 BGB), hat die Aufhebung durch Verkauf nach den Vorschriften des Pfandverkaufs zu erfolgen

(§ 753 Abs. 1 S. 1 BGB). Der Anspruch des die Aufhebung verlangenden Partners richtet sich somit gemäß §§ 749, 753 Abs. 1, 1235 Abs. 1, 383 Abs. 2 BGB auf Duldung des Pfandverkaufs und Einwilligung in die Teilung des Erlöses (Mende NZFam 2021, 386 (387)). Häufiger Streitpunkt bei einer Trennung ist das im Miteigentum stehende Haustier. Erfolgt insoweit keine einvernehmliche Regelung im Sinne eines „Wechselmodells", ist fraglich, ob auf entsprechenden Antrag eines Partners das Gericht eine entsprechende Nutzungsregelung gem. § 745 Abs. 2 BGB unter Berücksichtigung des Tierwohls treffen kann (vgl. LG Frankenthal NZFam 2023, 959; LG Potsdam NJW 2024, 3457; AG Bad Mergentheim NJW 1997, 3033; AG Bad Dürkheim BeckRS 2022, 47908; Gängel NJ 2000, 107 ff.; zurückhaltend OLG Schleswig NJW 1998, 3127; OLG Hamm NJW-RR 2011, 583; OLG Stuttgart NZFam 2019, 540 u. Seidel NJW 2025, 1007 ff.)Im Hinblick darauf, dass zwischenzeitlich aufgrund der Verbreitung von Smartphones auch intime Situationen jederzeit als Foto oder Video festgehalten werden können, hat die Frage des Behaltens derartiger Aufnahmen nach einer beendeten Beziehung große praktische Bedeutung erlangt. Beim Verlöbnis ist streitig, ob nach dessen Beendigung sog. Brautbriefe und Fotografien analog § 1301 BGB herausverlangt und bei einer Speicherung auf elektronischen Kommunikationsmedien die Löschung der Daten gefordert werden kann (vgl. Grziwotz Nichteheliche Lebensgemeinschaft Teil 3 Rn. 15). Zumindest bei intimen Aufnahmen ergibt sich ein Herausgabe- bzw. Löschungsanspruch aus §§ 823 Abs. 1, 1004 BGB iVm einer Verletzung des Persönlichkeitsrechts (Art. 2 Abs. 1 GG iVm Art. 1 Abs. 1 GG; BGHZ 207, 163 = NJW 2016, 1094 = FamRZ 2016, 220). Der Klageantrag muss dabei hinreichend bestimmt sein. Zusätzlich muss dargelegt werden, dass das Behalten der entsprechenden Aufnahmen, die zunächst mit Einwilligung des Betroffenen gefertigt wurden, zumindest konkludent zeitlich auf die Dauer der Beziehung der Beteiligten beschränkt war. Hinsichtlich privater Textmitteilungen, auch mit teilweise (sehr) intimen Inhalten kann wohl keine Löschung, aber das Unterlassen einer Weitergabe an Dritte verlangt werden (LG Frankfurt a. M. BeckRS 2017, 141348).

II. Klage auf Rückforderung einer Zuwendung wegen Wegfall der Geschäftsgrundlage

An das

Amts-/Landgericht[1]

Klage

der/des . . . . .

wohnhaft . . . . .

geboren am . . . . .

Prozessbevollmächtigter: Rechtsanwalt[2]

– Klägers –

gegen

Frau . . . . .

wohnhaft . . . . .

geboren am . . . . .

Prozessbevollmächtigter: Rechtsanwalt . . . . .

– Beklagte –

wegen Rückforderung einer Zuwendung im Rahmen einer nichtehelichen Lebensgemeinschaft wird namens und in Vollmacht des Klägers Klage erhoben. Es wird beantragt werden:

1. Die Beklagte wird verurteilt, an den Kläger . . . . . EUR nebst Zinsen in Höhe von 5 Prozentpunkten über dem Basiszinssatz seit dem . . . . . zu zahlen.
2. Die Beklagte hat die Kosten des Rechtsstreits zu tragen.[3]

Begründung:

Die Parteien lebten vom . . . . . bis . . . . . in einer nichtehelichen Lebensgemeinschaft zusammen. Sie führten ihre Lebensgemeinschaft zunächst in getrennten Wohnungen, erwarben aber dann entsprechend ihrem gemeinsamen Entschluss am . . . . . eine Eigentumswohnung zu einem Kaufpreis von . . . . . EUR. Beide wurden am . . . . . als Miteigentümer je zur Hälfte im Grundbuch eingetragen.

Beweis: Beglaubigte Abschrift des notariellen Kaufvertrags der Notarin . . . . . vom . . . . . URNr. . . . . . samt beigehefteter grundbuchamtlicher Vollzugsmitteilung sowie Auszug aus dem Wohnungsgrundbuch von . . . . . Blatt . . . . .

Vom Kaufpreis wurde ein Betrag in Höhe von 150.000 EUR durch einen Kredit der . . . . .-Bank, für den die Parteien gesamtschuldnerisch hafteten, erbracht. Die Beklagte verfügte über ein Eigenkapital in Höhe von 10.000 EUR, der Kläger in Höhe von 40.000 EUR.

Beweis: Darlehensvertrag der . . . . .-Bank vom . . . . . im Original.

Mit der . . . . .-Bank wurden neben den monatlichen Annuitäten jährliche Sondertilgungen vereinbart. Diese wurden in Höhe von 70.000 EUR vom Kläger erbracht. Es handelt sich um Schenkungen von seinen Eltern an ihn, die durch Überweisung auf das Konto des Klägers erfolgten, für das die Beklagte keine Kontovollmacht besaß.

Beweis: Eltern des Klägers, Herr . . . . . und Frau . . . . ., wohnhaft . . . . . sowie Kontoauszug der . . . . .-Bank vom . . . . .

Die Eigentumswohnung diente den Parteien zunächst zur Führung ihrer Lebensgemeinschaft. Gleichwohl handelte es sich bei den Zuwendungen des Klägers an die Beklagte nicht nur um Leistungen im Rahmen des täglichen Zusammenlebens, sondern auch um eine gemeinsame Wertschöpfung. Aufgrund des Miteigentums waren die Parteien mangels abweichender Vereinbarungen zur hälftigen Begleichung des Kaufpreises sowie zur ebenfalls hälftigen Tragung der Zins- und Tilgungsleistungen des gemeinsam aufgenommenen Darlehens verpflichtet. Die Rechtsprechung hat beim gemeinsamen Immobilienerwerb nichtehelicher Partner Ausgleichsansprüche früher auf die analoge Anwendung der §§ 730 ff.[4] BGB gestützt. Nunmehr wendet sie die Grundsätze der Rückabwicklung unbenannter Zuwendungen zwischen Ehegatten, die im Güterstand der Gütertrennung leben, entsprechend an.[5] Insoweit hat eine Rückabwicklung einer lebensgemeinschaftsbedingten Zuwendung zu erfolgen, wenn die Geschäftsgrundlage des stillschweigend oder konkludent geschlossenen Vertrages „sui generis", bei dem der Fortbestand der Lebensgemeinschaft die Geschäftsgrundlage darstellt, weggefallen ist. Die Zuwendung des Klägers an die Beklagte erfolgte somit nicht unentgeltlich, sondern hatte ihren Sinn im Zusammenleben der Parteien. Das Scheitern ihrer Beziehung bedeutet nunmehr, dass die Geschäftsgrundlage für das Behalten der Zuwendung entfallen ist (s. nur BGH NJW 2011, 2880 = FamRZ 2011, 1563; BGH NJW 2013, 2187 = FamRZ 2013, 1295; BGH NJW 2014, 2638 = FamRZ 2014, 1547; s. ferner BGH NJW-RR 2013, 404 = FamRZ 2013, 376 u. BGH NJW 2015, 1523 = FamRZ 2015, 833; vgl. zur ehebedingten Zuwendung nur BGH FamRZ 1999, 1580 u. BGH FamRZ 2006, 1022). Die Aufrechterhaltung der bisherigen Vermögenslage ist infolge des Verkaufs der Immobilie dem Kläger nicht zumutbar. Die Billigkeit gebietet es im vorliegenden Fall aufgrund des Verkaufes der Immobilie, die erbrachte Leistung wegen des Wegfalls der Geschäftsgrundlage der lebensgemeinschaftsbedingten Zuwendung (§ 313 BGB) zurückzuerstatten. Die Parteien haben beim Verkauf keinen Verlust erlitten. Die Dauer der Lebensgemeinschaft, die Art und der Umfang der erbrachten Leistungen der Beklagten, die Einkommens- bzw. Vermögensverhältnisse der Parteien sowie die gemeinsame Nutzung der Immobilie, die gleichberechtigt erfolgte, sprechen nicht gegen eine Billigkeitslösung, die auf völlige Rückerstattung der Leistungen des Klägers geht (BGH NJW 2019, 3511 = FamRZ 2019, 1595; vgl. BGH FamRZ 1990, 600 u. BGH FamRZ 2002, 949 (950) zur entsprechenden Situation bei Ehegatten).

Zudem lässt sich der Ausgleichsanspruch auch auf § 426 Abs. 2 S. 1 BGB stützen, da die Parteien sowohl hinsichtlich des Kaufpreises als auch gegenüber der . . . . . -Bank als Gesamtschuldner hafteten und der Kläger durch die über seinen Anteil hinausgehende Zahlung den jeweiligen Gläubiger befriedigt hat; ihm steht deshalb ein Ersatzanspruch gegen die Beklagte zu.[6]

Der Kläger hat die Beklagte mit Schreiben vom . . . . . aufgefordert, ihm einen Betrag in Höhe von 50.000 EUR zu erstatten. Die Immobilie wurde zwischenzeitlich von den Parteien zu einem Kaufpreis von 240.000 EUR veräußert, wovon der Kläger und die Beklagte jeweils die Hälfte erhielten. Eine Erstattung der lebensgemeinschaftsbedingten Zuwendung wurde von der Beklagten bisher mit der Begründung verweigert, es habe sich

um eine echte Schenkung gehandelt und ein Fall des groben Undanks wegen eines entsprechenden Verhaltens der Beklagten liege nicht vor.[7] Die Beklagte wurde durch Schreiben des Unterzeichneten vom ..... mit Fristsetzung zum ..... zur Zahlung aufgefordert. Sie schuldet daher Verzugszinsen in Höhe von 5 Prozentpunkten über dem Basiszinssatz (§§ 286, 288 BGB).[8]

Rechtsanwalt[9]

Anmerkungen

1. Da keine Zuständigkeit des Familiengerichts gegeben ist, ist die Klage nach dem Streitwert beim zuständigen Amts- oder Landgericht zu erheben.

2. Nur beim Landgericht besteht Anwaltszwang (§ 78 Abs. 1 ZPO).

3. Eventuell Antrag bei Säumnis oder einem Anerkenntnis in einem schriftlichen Vorverfahren zur Verurteilung ohne mündliche Verhandlung.

4. Die Rechtsprechung hat zunächst Ausgleichsansprüche in den sog. Hausbaufällen weitgehend abgelehnt (s. nur BAGE 7, 353 = NJW 1959, 1511; BGHZ 77, 55 = NJW 1980, 1520 = FamRZ 1980, 664; BGH NJW 1983, 1055 = FamRZ 1983, 349; BGH NJW 1989, 2375 = FamRZ 1983, 791; BGH FamRZ 1983, 1213; NJW 1986, 51 = FamRZ 1985, 1232; BGH NJW-RR 1991, 898). Aufwendungen, die der Verwirklichung der Lebensgemeinschaft dienen, sollten danach auch nach ihrer Auflösung nicht gegeneinander auf- oder abgerechnet werden. Die Gerichte gingen vielmehr davon aus, dass sie endgültig von demjenigen erbracht wurden, der dazu in der Lage war. Zweck dieser Leistungen sei die Verwirklichung der Lebensgemeinschaft; deshalb erfolgten sie aus partnerschaftlicher Solidarität. Dies sollte auch für Leistungen eines Teils gelten, die über die Trennung hinaus zu einer fortdauernden Vermögenssteigerung beim anderen führten. Der Partner, der langlebige Wirtschaftsgüter anschaffte, dürfe nicht bessergestellt sein als derjenige, der für den täglichen Bedarf einkaufe. Deshalb trage jeder Beteiligte das Risiko, dass er wirtschaftliche Leistungen erbringe, die er selbst nach einer Trennung nicht voll ausnutzen und auch nicht ersetzt verlangen könne. Ein Indiz für die Richtigkeit dieser Ansicht sei die Alleinberechtigung eines Partners hinsichtlich des Vermögensgegenstandes, das heißt die dingliche Zuordnung (Eigentümer). Nur in Ausnahmefällen, wenn die Lebensgefährten ausdrücklich oder durch schlüssiges Verhalten einen Gesellschaftsvertrag abgeschlossen hatten, war danach ein Ausgleich geschuldet. Beim Fehlen eines ausdrücklich oder stillschweigend geschlossenen Gesellschaftsvertrages wurde die Anwendung gesellschaftsrechtlicher Grundsätze bejaht, wenn beide Partner in länger dauernder Lebensgemeinschaft durch gemeinsame Leistungen zur Anschaffung oder zur Erhaltung eines zwar im Alleineigentum eines Partners stehenden, aber als gemeinschaftliches Vermögen betrachteten Gegenstandes beigetragen hatten. Beispiel hierfür war insbesondere der gemeinsame Hausbau. Mindestvoraussetzung für einen Ausgleichsanspruch war jedoch, dass die Parteien überhaupt die Absicht verfolgt hatten, mit dem Erwerb des Vermögensgegenstandes einen, wenn auch nur **wirtschaftlich, gemeinschaftlichen Wert** zu schaffen, der von ihnen für die Dauer der Partnerschaft nicht nur gemeinsam genutzt werden, sondern ihnen nach ihrer Vorstellung auch gemeinsam gehören sollte (zB BGH NJW 1986, 51 = FamRZ 1985, 1232 u. KG NJW 1982, 1886 = FamRZ 1983, 271; vgl. auch BGH NJW-RR 1991, 422 zum Hausbau zusammen lebender Schwestern). In diesen Fällen sollte sich der Ausgleich nach gesellschaftsrechtlichen Grundsätzen (analog der Liquidationsvorschriften der §§ 730 ff. BGB aF) vollziehen. Später hat der BGH (NJW 1992, 906 = FamRZ 1992, 408) seine Rechtsprechung dahingehend modifiziert, dass die (formale) dingliche Zuordnung des Vermögensgegenstandes nach außen nicht mehr als ausschlaggebendes Indiz gegen eine wirtschaftlich gesehen gemeinschaftliche Wertschöpfung heranzuziehen sei. Die Absicht der gemeinsamen Wertschöpfung könne sich vielmehr aus den getroffenen Absprachen, Äußerungen des dinglich allein berechtigten Partners gegenüber Dritten und einer Gesamtwürdigung ergeben. Entscheidend seien die Art des geschaffenen Vermögenswertes und die finanziellen Verhältnisse der beiden Partner in der konkreten Lebensgemeinschaft (so noch BGH NJW-RR 1993, 774 = FamRZ 1993, 939; BGH NJW 1996, 2727 = FamRZ 1996, 1141; BGH NJW 1996, 1473; 1997, 3371; NJW-RR 2003, 1658 = FamRZ 2003, 1542; BGH NJW 2004, 58 = FamRZ 2004, 94; BGH NJW-RR 2005, 1089 = FamRZ 2005, 1151 u. BGH NJW 2008, 443 = FamRZ 2008, 247).

5. Der BGH hat seine Rechtsprechung im Jahr 2008 geändert (BGH NJW 2008, 3282 = FamRZ 2008, 1828; BGH NJW 2008, 3277 = FamRZ 2008, 1822 = FPR 2008, 519 = MDR 2008, 489; s. auch BGH FamRZ 2009, 852; NJW-RR 2009, 1142 = FamRZ 2009, 849; BGH NJW 2010, 998 = FamRZ 2010, 277; BGH NJW 2010, 868 = FamRZ 2010, 542; BGH NJW 2011, 2880 = FamRZ 2011, 1563; BGH NJW 2013, 2187 = FamRZ 2013, 1295; BGH NJW 2014, 2638 = FamRZ 2014, 1547; BGH NJW 2015, 1523 = FamRZ 2015, 833; vgl. bereits BGHZ 165, 1 = FamRZ 2006, 607 = NJW 2006, 1268). Auf die **Rückabwicklung von Zuwendungen** zwischen nichtehelichen Lebensgefährten wendet er nunmehr die Grundsätze zum Ausgleich und zur Rückabwicklung ehebedingter Zuwendungen, insbesondere bei Bestehen einer Gütertrennung, entsprechend an (s. nur BGHZ 82, 227 (231) und dazu auch Schulz/Hauß Vermögensauseinandersetzung Rn. 2159 ff.). Die Zuwendung von Vermögenswerten kann durch Mitzahlung, aber ebenso durch Mitarbeit erfolgen. Neben dem Wegfall der Geschäftsgrundlage einer lebensgemeinschaftsbedingten Zuwendung kann auch eine Rückabwicklung nach Auflösung einer Innengesellschaft infolge der Trennung durchgeführt werden (s. ausführlich Schulz FamRZ 2007, 593 (594)). Für die Annahme einer Innengesellschaft ist kein über das Zusammenleben hinausgehender Zweck erforderlich. Nicht entbehrlich ist aber ein zumindest stillschweigend geschlossener Gesellschaftsvertrag; verfolgen die Lebensgefährten einen Zweck, der nicht über die Verwirklichung der Lebensgemeinschaft hinausgeht, bestehen Zweifel an einem diesbezüglichen Rechtsbindungswillen (BGH NJW 2008, 3277 = FamRZ 2008, 1822 = FPR 2008, 519 = MDR 2008, 489 u. BGH NJW 2011, 2880 = FamRZ 2011, 1563; OLG Hamm NZM 2023, 182; vgl. auch Staudinger/Löhnig FaktLG Anh. zu §§ 1297 ff. Rn. 95 f. und 103 f., der die Schaffung eines gemeinsamen Vermögenswertes und die Leistung von Beiträgen, die über die Verwirklichung der bloßen Gemeinschaft und des Zusammenlebens hinausgehen, fordert; vgl. auch OLG Naumburg NJW-RR 2003, 578). Jedoch hat der BGH bei Ehegatten die Annahme einer Innengesellschaft im Zusammenhang mit dem Familienwohnheim bisher stets abgelehnt (s. nur BGH NJW 1974, 1554; BGHZ 142, 137 = FamRZ 1999, 1580; vgl. auch Hofer FS Schwab, 2005, 79 ff.). Schließlich ist eine Abwicklung von Zuwendungen auch über die so genannte Zweckverfehlungskondiktion (condictio ob rem, § 812 Abs. 1 S. 2 Alt. 2 BGB) denkbar. Der BGH (FamRZ 2009, 849; vgl. BGHZ 197, 110 = FamRZ 2013, 1030) lässt zwar die hinsichtlich der Zweckabrede erforderliche Willensübereinstimmung stillschweigend durch eine widerspruchslose Annahme der Leistung, wenn der Zweck erkennbar ist, genügen. Er grenzt den Zweck aber dahingehend ein, dass die Einigung nur bezüglich solcher Zuwendungen und Arbeitsleistungen angenommen werden kann, die deutlich über das hinausgehen, was die Gemeinschaft Tag für Tag benötigt. Dabei muss es sich um eine konkrete Zweckabrede handeln, so dass das Zusammenleben allein nicht genügt. Häufig wird es bereits an der Willensübereinstimmung des Inhalts fehlen, dass der Partner Zuwendungen nur behalten darf, wenn sich der zugewendete Gegenstand bis zur Beendigung der Lebensgemeinschaft amortisiert hat. Bei sämtlichen Anspruchsgrundlagen wird ein Ausgleich hinsichtlich der

im Rahmen des täglichen Zusammenlebens erbrachten Leistungen verneint. Dies soll wohl auch für diesbezügliche größere Einmalzahlungen (zB die Finanzierung einer Urlaubsreise) gelten. Anders soll dies bei einer Vermögensmehrung in der Erwartung, an dem erworbenen Gegenstand langfristig zu partizipieren, sein. Die gleiche Abgrenzung gilt für Arbeitsleistungen.

6. Die Rechtsprechung hat bisher überwiegend einen späteren hälftigen Ausgleich für erbrachte Leistungen bei einer **gesamtschuldnerischen Haftung** abgelehnt (BGH FuR 2001, 366; OLG Karlsruhe FamRZ 1983, 1119; OLG Köln NJW-RR 1995, 1283; MDR 1997, 650; OLG Koblenz NJW-RR 1988, 1227; krit. hierzu Weinreich FPR 2001, 29 (34)). Lediglich in Einzelfällen wurde ein Auftragsverhältnis angenommen, in dessen Rahmen derjenige Partner, der zugunsten des anderen Sicherheiten stellte oder ein Darlehen übernahm, zwar keine Erstattung für die während des Bestands der Lebensgemeinschaft erbrachten Leistungen verlangen, aber Aufwendungsersatz für die nach der Trennung erbrachten Zahlungen und Freistellung von künftigen Verbindlichkeiten fordern konnte (BGH NJW 1981, 1502 = FamRZ 1981, 530; OLG Saarbrücken FamRZ 1998, 738; LG Bamberg FamRZ 2015, 1307). Als entscheidend wurde nach der Rechtsprechung somit teilweise die zeitliche Abfolge angesehen, ob Verbindlichkeiten eines Partners während des Bestehens der Lebensgemeinschaft durch den anderen getilgt wurden oder erst nach deren Ende (krit. Grziwotz Nichteheliche Lebensgemeinschaft Teil 8 Rn. 26). Im Hinblick darauf, dass der BGH nunmehr (NJW 2008, 3282 = FamRZ 2008, 1828; BGH NJW 2008, 3277 = FamRZ 2008, 1822 = FPR 2008, 519 = MDR 2008, 489; s. auch BGH FamRZ 2009, 852; NJW-RR 2009, 1142 = FamRZ 2009, 849; BGH NJW 2010, 998 = FamRZ 2010, 277; BGH NJW 2010, 868 = FamRZ 2010, 542 u. BGH NJW 2011, 2880 = FamRZ 2011, 1563) Ausgleichsansprüche bei Mehrzahlungen befürwortet, kann auch auf den Ausgleich von Gesamtschuldnern abgestellt werden. Insofern schadet die diesbezügliche Begründung nicht, auch wenn sie nur in Ausnahmefällen erfolgversprechend sein wird (vgl. OLG Bremen NJW 2000, 82 = FamRZ 2000, 1152 zur entsprechenden Ablehnung bei Ehegatten). Entscheidend ist nämlich bei Leistungen im Rahmen des Zusammenlebens die entsprechende „Bestimmung“ der Partner; insbesondere wenn ein Lebensgefährte aufgrund der gewählten Rollenverteilung für die Kosten der gemeinsamen Lebensführung aufkommen soll, weil der andere zB die Familienarbeit übernimmt, wird die grundsätzliche Haftung der Gesamtschuldner zu gleichen Teilen im Innenverhältnis von dieser Rollenverteilung überlagert. Dies gilt auch für die Tilgung von Verbindlichkeiten aus der Zeit des Zusammenlebens, wenn diese nach Beendigung der Lebensgemeinschaft erfolgt (BGH NJW 2010, 868 = FamRZ 2010, 542; vgl. auch OLG Bremen NJW 2016, 1248).

7. Eine bloße Trennung vom Partner stellt auch hinsichtlich des Schenkungswiderrufs gem. § 530 BGB, falls ausnahmsweise eine echte Schenkung vorliegt (BGH NJW 2014, 2638 = FamRZ 2014, 1547), keine zur Bejahung des groben Undanks ausreichende Handlung dar (BGH FamRZ 1970, 19 (23)). Anders ist dies, wenn der beschenkte Partner trotz einer Trennungsabsicht und einer eventuell schon bestehenden „Zweitbeziehung“ weiterhin Geschenke annimmt (OLG Hamm NJW 1978, 224; zur Zuwendung, die an das Fortbestehen der Lebensgemeinschaft geknüpft ist, LG Köln NJW-Spezial 2017, 645 = FamRZ 2018, 194). Umgekehrt schließt eine vom Zuwendenden ausgehende Trennung dessen Recht auf Widerruf gem. § 530 BGB bei einer echten Schenkung auch nicht aus, wenn der Partner eine schwere Verfehlung begangen hat.

8. Verzug tritt ein mit Mahnung (§ 286 Abs. 1 BGB), bei einer Entgeltforderung spätestens 30 Tage nach Fälligkeit und Zugang einer Zahlungsaufstellung (§ 286 Abs. 3 BGB), ferner sind ab Rechtshängigkeit Prozesszinsen geschuldet (§ 291 BGB). Zum Verzugszinssatz s. § 288 Abs. 1 S. 2 BGB, zum Basiszinssatz § 247 BGB. Auf den Zeitpunkt der Leistung (vor oder nach einer Trennung) soll es, wenn die Verpflichtungen vor der Trennung fällig wurden, nicht ankommen (BGH NJW 2010, 868 = FamRZ 2010, 542). Allerdings dürfte auch der Fälligkeitszeitpunkt nicht entscheidend sein, sondern der Umstand, ob die Verbindlichkeit aus dem Zusammenleben herrührt und ein Lebensgefährte aufgrund der Rollenverteilung dafür aufkommen muss (unklar OLG Oldenburg NZG 2010, 225). Zur Verjährung vgl. OLG Brandenburg BeckRS 2022, 2649.

Kosten und Gebühren

9. Es handelt sich um einen „normalen" Zivilprozess. Es liegt trotz der Sachnähe zu familienrechtlichen Regelungsgegenständen keine sonstige Familiensache gem. § 266 Abs. 1 FamFG vor (vgl. nur Löhnig FPR 2011, 65 (68)). Dies führt hinsichtlich der unterschiedlichen Phasen einer Beziehung zu einer gespaltenen Zuständigkeit: Für den Zeitraum des nichtehelichen Zusammenlebens ist die Zuständigkeit der „normalen" Zivilgerichte gegeben, ab der Verlobung entscheiden die Familiengerichte (zum Zugewinn unter Einbeziehung der voreehelichen Zeit vgl. Jüdt FuR 2017, 118 ff.). Diese Unterscheidung betrifft auch die Gerichts- und die Anwaltskosten. Damit gelten für die Anwaltsgebühren die üblichen Regeln des RVG; die für das familiengerichtliche Verfahren, insbesondere den Scheidungsverbund, geltenden Spezialregelungen sind nicht anwendbar.

III. Klage auf Rückforderung einer Zuwendung wegen Zweckverfehlung

An das

Amts-/Landgericht[1]

Klage

der/des . . . . .

wohnhaft . . . . .

geboren am . . . . .

Prozessbevollmächtigter: Rechtsanwalt[2]

– Klägers –

gegen

Frau . . . . .

wohnhaft . . . . .

geboren am . . . . .

Prozessbevollmächtigter: Rechtsanwalt . . . . .

– Beklagte –

wegen Rückforderung einer Zuwendung im Rahmen einer nichtehelichen Lebensgemeinschaft wird namens und in Vollmacht des Klägers Klage erhoben. Es wird beantragt werden:

1. Die Beklagte wird verurteilt, an den Kläger . . . . . EUR nebst Zinsen in Höhe von 5 Prozentpunkten über dem Basiszinssatz seit dem . . . . . zu zahlen.
2. Die Beklagte hat die Kosten des Rechtsstreits zu tragen.[3]

Begründung:

Die Parteien lebten ca. zwei Jahre in einer nichtehelichen Lebensgemeinschaft zusammen. Der damals 58jährige Kläger lernte die Beklagte kennen, als diese zum Erwerb einer Eigentumswohnung das Notariat aufsuchte, in dem der Kläger beschäftigt ist. Die Beklagte war zu diesem Zeitpunkt 33 Jahre alt. Es entwickelte sich eine Liebesbeziehung. Der Kläger zog bereits nach wenigen Wochen mit der Beklagten in die von dieser erworbene Eigentumswohnung ein. Anstelle des zunächst beabsichtigten Bankkredites in Höhe von 150.000 EUR zur teilweisen Finanzierung des Kaufpreises und der Anschaffungskosten stellte der Kläger diesen Betrag der Beklagten zur Verfügung. Er verwandte dazu seine Lebensversicherung, indem er sich diese auszahlen ließ. Die von ihm beabsichtigte Ausübung des Rentenwahlrechts erfolgte deshalb nicht. Vor dem Versicherungsvertreter erklärte der Kläger, dass er das Geld der Beklagten zur Verfügung stellen wolle, damit sie beide für ihr gemeinsames Leben ohne Belastung durch einen Kredit mehr Geld zur Verfügung hätten.

Beweis: Versicherungsvertreter, Herr . . . . ., wohnhaft . . . . .

Der Kläger hat den gesamten Betrag auf sein Konto auszahlen lassen und diesen sodann auf das Konto der Beklagten überwiesen.

Beweis: Kontoauszüge der . . . . .-Bank vom . . . . . und vom . . . . .

Der Kläger hat wiederholt gegenüber der Beklagten deutlich gemacht, dass er mit ihr „alt werden wolle". Zur Feier des 60. Geburtstags des Klägers lernte die Beklagte dessen Neffen kennen, in den sie sich verliebte. Kurz darauf trennte sie sich vom Kläger, der die gemeinsam benutzte Wohnung verlassen und sich ein Appartement angemietet hat. Das Rückzahlungsverlangen lehnte die Beklagte ab und erklärte, es habe sich um eine Schenkung gehandelt. Ihr tue die Sache leid, aber sie treffe kein Verschulden an der Trennung; der zunächst von ihr im Stadium der Verliebtheit nicht so wahrgenommene Altersunterschied habe sich wegen der unterschiedlichen Interessen der Parteien immer stärker ausgewirkt. Deshalb sei die Lebensgemeinschaft gescheitert. Grober Undank sei ihr deshalb nicht vorzuwerfen.

Bei der Zuwendung des Klägers an die Beklagte handelt es sich um den typischen Fall einer Leistung, bei der der besondere Erfolg, nämlich das Zusammenleben bis zum Ableben des Klägers und die von der Beklagten erwartete Zuwendung und Fürsorge im Alter, nicht eingetreten ist.[4] Die Leistung des Klägers erfolgte im Hinblick auf diesen beabsichtigten besonderen Erfolg, der zum Grund des Behaltens der zugewandten Geldsumme gemacht wurde. Dieser Grund war der Beklagten auch erkennbar, da der Kläger wiederholt hierauf hingewiesen hat. Ausreichend ist jeder Zweck, der nach dem Willen der Beteiligten für das Behalten maßgeblich sein soll. Die Einigung über den Zweck kann auch konkludent erfolgen (BGH MDR 2009, 693 = FamRZ 2009, 849 u. BGH MDR 2011, 1109 = FamRZ 2011, 1563). Der beabsichtigte Erfolg kann durch die Trennung der Beteiligten nicht mehr eintreten. Das kurzfristige Zusammenleben führt nicht bereits zur Zweckerfüllung. Es handelte sich zudem um eine Leistung, die über die Erfüllung der täglichen Bedürfnisse der Lebensgemeinschaft hinausgeht. Auch eine Gesamtschau der Umstände, nämlich das relativ kurzzeitige Zusammenleben und die Tatsache, dass es sich um die gesamte private Alterssicherung des Klägers handelt, der über keine weiteren finanziellen Mittel außer einem kleinen Sparbuch mit einer Sparsumme von 7.500 EUR verfügt, führen dazu, dass die Zuwendung zurückzugewähren ist.

Hilfsweise wird geltend gemacht, dass es sich nach der stillschweigenden Übereinkunft der Parteien um ein zinsloses Darlehen handelte.[5] Der Beklagten war erkennbar, dass sie die Summe keinesfalls behalten sollte, wenn die Lebensgemeinschaft scheitert. Der Kläger war, wie der Beklagten deutlich wurde, auf die Geldsumme zur Alterssicherung angewiesen, wenn er nicht im Rahmen der Lebensgemeinschaft mit der Beklagten eine anderweitige teilweise Deckung seiner Lebenshaltungskosten bewerkstelligte. Hierin liegt die Einigung über die vorübergehende Überlassung des Geldes mit der Verpflichtung, dieses an den Kläger bei Trennung zurückzuzahlen.

Die Beklagte wurde mit Schreiben des unterfertigten Prozessbevollmächtigten vom . . . . . aufgefordert, den Betrag in Höhe von 150.000 EUR auf das Konto des Klägers Konto Nr . . . . . bei der . . . . . mit Fristsetzung zum . . . . . zurückzuerstatten. Sie schuldet daher Verzugszinsen in Höhe von 5 Prozentpunkten über dem Basiszinssatz (§§ 286, 288 BGB).[6]

Rechtsanwalt[7]

Anmerkungen

1. Da keine Zuständigkeit des Familiengerichts gegeben ist, ist die Klage nach dem Streitwert beim zuständigen Amts- oder Landgericht (hier: Landgericht) zu erheben.

2. Nur beim Landgericht besteht Anwaltszwang (§ 78 Abs. 1 ZPO).

3. Eventuell Antrag bei Säumnis oder einem Anerkenntnis in einem schriftlichen Vorverfahren zur Verurteilung ohne mündliche Verhandlung.

4. Die Kondiktion wegen Nichteintritt des bezweckten Erfolges (§ 812 Abs. 1 S. 2 Alt. 2 BGB) setzt voraus, dass eine zweckgebundene Leistung erbracht wurde, wobei sich der Zweck nicht aus einem bestimmten Kausalverhältnis ergibt, sondern aus einer gesonderten, gegebenenfalls auch konkludent erfolgten Zweckabrede. Als Zweck genügt insbesondere in den Immobilienerwerbs- und Hausbaufällen die Möglichkeit der Mitnutzung der Immobilie auf Lebensdauer. Aber auch die Sorge für den Partner, insbesondere die Pflege im Alter, kann zum Zweck einer Zuwendung gemacht werden. Hierüber müssen sich die Beteiligten einigen. Es genügt eine tatsächliche Einigung in der Weise, dass die Leistung nach dem Willen der Beteiligten von einem bestimmten mit ihr bezweckten Erfolg abhängig sein soll. Diese Übereinstimmung kann sich aus schlüssigem Verhalten ergeben. Ausreichend ist, wenn der Leistende mit der Zuwendung einen bestimmten Erfolg erreichen möchte und der Zuwendungsempfänger dies erkennt und die Leistung annimmt, ohne zu widersprechen (BGH MDR 2009, 693 = FamRZ 2009, 849; BGHZ 183, 242 = NJW 2010, 998 = FamRZ 2010, 277; BGH NJW 2011, 2880 = FamRZ 2011, 1563). Mit der Trennung steht regelmäßig endgültig fest, dass dieser bezweckte Erfolg nicht eintritt (vgl. OLG München FamRB 2017, 302; vgl. BGH NZFam 2015, 502 = FamRZ 2015, 833). Das künftige Verhalten, zB die Erbringung von Pflegeleistungen, ist nach einer Trennung jedenfalls im Rahmen des partnerschaftlichen Zusammenlebens nicht mehr möglich. Weitere Voraussetzung ist, dass kein vorrangiges Vertragsverhältnis zwischen den Beteiligten vorliegt. Insofern hat der Wegfall der Geschäftsgrundlage (§ 313 BGB) einer lebensgemeinschaftsbedingten Zuwendung Vorrang vor der Zweckverfehlungskondiktion. Im Anwendungsbereich des § 313 BGB scheidet deshalb eine Zweckverfehlungskondiktion regelmäßig aus (Grüneberg/Sprau BGB § 812 Rn. 34). Anders ist dies möglicherweise, wenn man eine zusätzliche Zweckvereinbarung der Partner über den vertraglich verfolgten Erfolg annimmt (sog. Zweckstaffelung; vgl. zum Ganzen MüKoBGB/Schwab BGB § 812 Rn. 470 ff.).

5. Regelmäßig wird im Zusammenhang mit Streitigkeiten zwischen früheren Lebensgefährten bei Geldzuwendungen im Rahmen des Zusammenlebens behauptet, dass es sich um eine lediglich darlehensweise Hingabe der entsprechenden Geldbeträge gehandelt habe (vgl. zu Ehegatten OLG Frankfurt a. M. NJW-RR 2020, 706). Aufgrund Kündigung des Darlehens wird nach einer Trennung Rückzahlung gefordert. Allerdings hat der Darlehensgeber, der sich auf das Bestehen eines Darlehens beruft, die Beweislast für das Bestehen eines Darlehensvertrages und die Auszahlung als Voraussetzung des Rückzahlungsanspruchs (Grüneberg/Weidenkaff BGB § 488 Rn. 29). Dies gilt auch hinsichtlich der Verzinslichkeit (s. nur OLG Oldenburg BeckRS 2013, 13032 = MDR 2014, 203; Prütting/Wegen/Weinreich/Pöschke BGB § 488 Rn. 72). Meist wird sich eine darlehensweise Hingabe nicht nachweisen lassen, da in der Regel hinsichtlich der Zuwendung auch kein Darlehensverhältnis gewollt und begründet wurde, sondern dies nur nachträglich behauptet wird. In manchen Fällen lassen sich Lebensgefährten bei Hingabe des Geldes eine Bestätigung unterschreiben, dass die betreffende Summe bei einer Trennung zurückzuerstatten wäre. In diesem Fall handelt es sich um ein zinsloses Darlehen, das bei einer

Trennung der Lebensgefährten gekündigt und danach zurückgefordert werden kann. Der Umstand, dass nicht ausdrücklich von einer „darlehensweisen Zuwendung" gesprochen wird, steht der Einstufung als Darlehen zumindest in diesem Fall nicht entgegen. Bei dem Verzicht auf die Verzinsung handelt es sich zivilrechtlich meist nicht um eine diesbezügliche Schenkung. Der Verzicht auf Zinsen beruht vielmehr auf dem Zusammenleben, sodass insoweit dh hinsichtlich des Zinsverzichts eine lebensgemeinschaftsbedingte Zuwendung vorliegt, die jedoch im Rahmen des täglichen Zusammenlebens und nicht zur Vermögensbildung erfolgt, sodass insoweit ein Ausgleichsanspruch bei Beendigung der Lebensgemeinschaft regelmäßig ausscheiden dürfte. Schenkungsteuerrechtlich handelt es sich um eine unentgeltliche Zuwendung (BFH BFH/NV 2014, 537 = MittBayNot 2014, 489; FG München DStRE 2017, 861); dies ist, wenn – wie im Regelfall – keine Steuern entrichtet wurden, bei entsprechenden Klageanträgen zu beachten.

6. → Form. N.II Anm. 8.

Kosten und Gebühren

7. Es handelt sich um einen „normalen" Zivilprozess. → Form. N.II Anm. 9.

IV. Klage auf Ausgleich nach Beendigung einer Innengesellschaft

An das
Amts-/Landgericht[1]

Klage

der/des .....

wohnhaft .....

geboren am .....

Prozessbevollmächtigter: Rechtsanwalt[2] .....

– Kläger –

gegen

Herrn .....

wohnhaft .....

geboren am .....

Prozessbevollmächtigter: Rechtsanwalt .....

– Beklagter –

wegen des Ausgleichs bei Beendigung einer Innengesellschaft unter Lebensgefährten wird namens und in Vollmacht des Klägers Klage erhoben. Es wird beantragt werden:

1. Der Beklagte wird verurteilt, an den Kläger ..... EUR nebst Zinsen in Höhe von 5 Prozentpunkten über dem Basiszinssatz seit dem ..... zu zahlen.
2. Der Beklagte hat die Kosten des Rechtsstreits zu tragen.[3]

Begründung:

Der Kläger begehrt von dem Beklagten den Ausgleich für seine Mitarbeit im gastronomischen Betrieb „.....“, dessen Inhaber allein der Beklagte ist. Die Parteien lebten vom ..... in nicht eingetragener Lebensgemeinschaft zusammen. Vom ..... bis zum Auszug des Klägers aus dem Haus des Beklagten, dem zahlreiche Streitigkeiten insbesondere auch über die Führung des gastronomischen Betriebs vorausgingen und der am ..... erfolgte, arbeitete der Kläger im Rahmen eines so genannten „Minijobs“ im gastronomischen Betrieb des Beklagten mit. Der Kläger, der vom Beruf Steuerberater ist, betreute in dieser Zeit neben dem Beklagten lediglich drei weitere Mandate; seine übrige Arbeitskraft setzte er in vollem Umfang im Betrieb des Beklagten ein. Über seine formale Stellung als Arbeitnehmer hinaus war er gleichberechtigt im Betrieb des Beklagten tätig. Er regelte die gesamte Buchführung, wirkte an der Aufstellung der Arbeitspläne mit, stellte die Aushilfskräfte selbstständig ein und erteilte diesen Anweisungen. Die Arbeitnehmer sahen den Kläger neben dem Beklagten stets als „Chef“ an.

Beweis: Frau .....,
wohnhaft .....,
die der Kläger einstellte, als Zeugin.

Der Kläger arbeitete nicht lediglich die seiner Entlohnung entsprechenden Stunden, sondern war dieselben Zeiten wie der Beklagte im Betrieb anwesend und tätig. Es handelte sich wöchentlich um ca. 60–80 Stunden.

Beweis: Herr . . . . ., Frau . . . . ., Frau . . . . ., Frau . . . . . und Herr . . . . ., sämtliche Arbeitnehmer im vorbezeichneten gastronomischen Betrieb, zu laden über die Geschäftsanschrift als Zeugen.

Die Mitarbeit des Klägers und die Einschränkung seiner eigenen Berufstätigkeit erfolgten im Hinblick auf die zwischen den Parteien bestehende Lebensgemeinschaft. Wegen dieser bestand der Kläger auch nicht auf der Einräumung einer Mitbeteiligung am Unternehmen des Beklagten. Weiterer Grund war, dass der Kläger standesrechtliche Probleme bei einer gewerblichen Tätigkeit neben seiner Steuerberatertätigkeit bekommen hätte. Eine angemessene Entlohnung für die Tätigkeit des Klägers erfolgte nicht.[4] Der Kläger hat bei der . . . . .-Bank die Mithaftung für den Betriebskredit in Höhe von . . . . . EUR übernommen. Die Parteien haben zwar keinen schriftlichen Gesellschaftsvertrag geschlossen. Dies war aber auch nicht erforderlich. Die Innengesellschaft wurde konkludent durch das Zusammenwirken zur gemeinsamen Zweckverfolgung vereinbart. Die Mitarbeit und damit die zwischen den Parteien bestehende Innengesellschaft hinsichtlich des gastronomischen Betriebs endeten am . . . . .

Die Auseinandersetzung einer Innengesellschaft erfolgt nach den §§ 730 ff. BGB. Der im vorgenannten Zeitraum erwirtschaftete Überschuss ist zwischen den Parteien hälftig zu teilen. Hieran hat jeder Beteiligte gleichen Anteil (§ 722 Abs. 1 BGB). Eine abweichende Verteilung ist aufgrund der gleichberechtigten Mitarbeit des Klägers auch nicht gerechtfertigt.

Der Beklagte wurde durch Schreiben des Unterzeichneten vom . . . . . mit Fristsetzung zum . . . . . aufgefordert, den klageweise geltend gemachten Betrag an den Kläger zu entrichten. Er hat bis dato keine Zahlung geleistet und nur einmal gegenüber dem Kläger mündlich geäußert, dass dieser freiwillig mitgearbeitet habe, hätte er etwas haben wollen, hätte er sich früher melden müssen.

Da der Beklagte durch das vorerwähnte Schreiben vom . . . . . mit Fristsetzung zum . . . . . vergeblich zur Zahlung aufgefordert wurde, schuldet er Verzugszinsen in Höhe von 5 Prozentpunkten über dem Basiszinssatz (§§ 286, 288 BGB).[5]

Rechtsanwalt[6]

Anmerkungen

1. → Form. N.II Anm. 1.

2. → Form. N.II Anm. 2.

3. → Form. N.II Anm. 3.

4. Der **Ausgleich für eine Mitarbeit** im Betrieb des Partners erfolgt regelmäßig nach den Grundsätzen der Innengesellschaft oder der lebensgemeinschaftsbedingten Zuwendung. Ein Ausgleich nach Schenkungsrecht ist nicht möglich, da Dienstleistungen nicht Gegenstand einer Schenkung sein können. Die Rechtsprechung nimmt bei Ehegatten die Begründung einer Innengesellschaft durch schlüssiges Verhalten an, wenn die Eheleute durch beiderseitige Leistungen einen über den typischen Rahmen der ehelichen Lebensgemeinschaft hinausgehenden Zweck verfolgen, indem sie etwa durch den Einsatz von Vermögenswerten und Arbeitsleistungen gemeinsam ein Unternehmen aufbauen oder eine berufliche oder gewerbliche Tätigkeit ausüben (s. nur BGHZ 142, 137 = NJW 1999, 2962 = FamRZ 1999, 1580; vgl. auch BGH NZFam 2016, 521 = NZG 2016, 547). Auch bei nichtehelichen Lebenspartnern setzt der Ausgleich über die Grundsätze einer Innengesellschaft den zumindest konkludenten Abschluss eines Gesellschaftsvertrages voraus (BGHZ 165, 1 = NJW 2006, 1268 = FamRZ 2006, 607; BGH NJW 2008, 443 = FamRZ 2008, 247; BGHZ 177, 193 = NJW 2008, 3277 = FamRZ 2008, 1822; BGH NJW 2011, 2880 = FamRZ 2011, 1563; KG NJW-RR 2010, 295 = FamRZ 2010, 476; OLG Brandenburg NJOZ 2019, 1183; vgl. auch OLG Hamm NZM 2023, 182; Haußleiter NJW 2006, 2741 ff.). Es darf sich nicht um bloße Gefälligkeitshandlungen eines Partners im Rahmen des Zusammenlebens handeln. Außerdem darf keine ausdrückliche Vereinbarung bestehen, die abschließend das Verhältnis zwischen den Lebensgefährten regelt. Allerdings ist auch bei Bestehen eines Arbeitsverhältnisses im Rahmen der Auseinandersetzung nach einer Trennung selbstständig zu prüfen, ob der mitarbeitende Lebensgefährte wirklich lediglich wie ein Arbeitnehmer entlohnt werden sollte und die Früchte der gemeinsamen Arbeit allein dem anderen Partner zufließen sollten (OLG Hamm NJW 1980, 1530). Ergibt sich aus den Umständen, insbesondere dem Zweck einer Steuerersparnis oder dem Wunsch nach einer nicht teuren Sicherung für den Fall der Krankheit und des Alters, dass das Anstellungsverhältnis von den Beteiligten nicht als angemessene Vergütung für die Tätigkeit des mitarbeitenden Lebensgefährten angesehen wurde, so kann trotz des Arbeitsverhältnisses ein Ausgleich nach gesellschaftsrechtlichen Grundsätzen in Betracht kommen (BGH NJW-RR 1990, 736 = FamRZ 1990, 973; BGH NJW 2006, 1268 = FamRZ 2006, 607; OLG Brandenburg NJW-RR 2015, 516 = FamRZ 2016, 1308). Die Rechtsbeziehungen bestimmen sich sodann auch bei einem steuerlich anerkannten Arbeitsverhältnis nicht allein nach den Vereinbarungen des Anstellungsvertrages. Entscheidend für die Bejahung einer „Mitunternehmerschaft“ neben der Abwicklung des „Arbeitsverhältnisses“ sind insbesondere die Erbringung nicht gesondert entlohnter Mehrarbeit und der Verzicht auf einen Urlaub sowie ferner auch die Mittragung des Unternehmerrisikos durch die Übernahme von Bürgschaften, Mithaftungserklärungen und den Einsatz eigenen Kapitals. Liegt einer dieser Umstände vor, so spricht eine Vermutung dafür, dass der mitarbeitende Partner nicht auf seine Entlohnung als Arbeitnehmer beschränkt bleiben, sondern auch an den Früchten des gemeinsamen Unternehmens beteiligt werden sollte. Allerdings ist in den Fällen der Überlassung eines Geldbetrages für Investitionen noch zu prüfen, ob nicht ein partiarisches Darlehen vorliegt. Entscheidend für die Abgrenzung zum Ausgleich nach gesellschaftsrechtlichen Regelungen ist, ob die Beteiligten ohne jeden gemeinsamen Zweck lediglich ihre eigenen Interessen verfolgten (dann partiarisches Darlehen) oder ob neben der Hingabe von Kapital persönliches Engagement entwickelt und Mitentscheidungsrechte übernommen wurden. Scheidet eine gesellschaftsrechtliche Beteiligung aus, so kann zumindest ein Anspruch auf eine Vergütung für die in der Vergangenheit erbrachten Arbeitsleistungen anzunehmen sein (vgl. BAG NJW 1959, 191 = FamRZ 1959, 500; BAG NJW 1974, 380; LAG Köln NZA-RR 2000, 580 = MDR 1999, 1331; LAG Hamm BeckRS 2016, 71263). Allerdings ist in diesem Fall die Verjährungsfrist (§ 195 BGB) zu beachten, wobei die Verjährungseinrede häufig mangels Kenntnis vom Scheitern der Vergütungserwartung nicht durchgreift (zum Verjährungsbeginn OLG Brandenburg BeckRS 2022, 2649: Schluss des Jahres, in dem die nichteheliche Lebensgemeinschaft gescheitert ist).

Steuerlich unterliegt die Gesellschaft zwischen Lebensgefährten wohl nicht den strengen Kriterien, die für Verträge zwischen Ehegatten und eingetragenen Lebenspartnern gelten (BFHE 153, 1224 = NJW 1988, 2135 = FamRZ 1989, 177 = BStBl. II 1988, 670 = DStR 1988, 513, zu den steuerlichen Folgen vgl. auch Engels FF 2004, 285 ff.). Allerdings wird im Hinblick auf die Rechtsprechungsänderung des BGH zur Anerkennung von Ausgleichsansprüchen zwischen nichtehelichen Partnern eine diesbezügliche weitere Entwicklung im Steuerrecht beachtet werden müssen. Das Bestehen von Betriebsvermögen kann zudem bei Auflösung der nichtehelichen Lebensgemeinschaft mit steuerlichen Folgen verbunden sein, insbesondere kann es zur Aufdeckung stiller Reserven kommen. Steuerrechtlich kann es sich nämlich um eine verdeckte Mitunternehmerschaft handelnd (FG München DStRE 2015, 1105).

5. → Form. N.II Anm. 8.

Kosten und Gebühren

6. Es handelt sich um einen „normalen" Zivilprozess. → Form. N.II Anm. 9.

V. Klage auf Zustimmung zur Kündigung eines Mietvertrages

An das

Amts-/Landgericht[1]

Klage

der/des .....

wohnhaft .....

geboren am .....

Prozessbevollmächtigter: Rechtsanwalt[2] .....

– Klägerin –

gegen

Herrn/Frau .....

wohnhaft .....

geboren am .....

Prozessbevollmächtigter: Rechtsanwalt .....

– Beklagter –

wegen Mitwirkung an Kündigung des mit dem Vermieter, Herrn ....., über die Mietwohnung in ....., ...straße Nr. .... im 1. Obergeschoss rechts, bestehend aus drei Zimmern mit Bad, WC und Diele sowie Kellerraum abgeschlossenen Mietvertrages vom ..... wird namens und in Vollmacht der Klägerin Klage erhoben. Es wird beantragt werden:

1. Der Beklagte wird verurteilt, das Mietverhältnis mit dem Vermieter, Herrn ....., über die Mietwohnung in ....., ...straße Nr. .... im 1. Obergeschoss rechts, bestehend aus drei Zimmern mit Bad und WC und Diele sowie Kellerraum vom ..... schriftlich ordentlich zum nächstmöglichen Zeitpunkt gemeinsam mit der Klägerin zu kündigen.
2. Der Beklagte hat die Kosten des Rechtsstreits zu tragen.[3]

Begründung:

Die Klägerin und der Beklagte lebten in einer nichtehelichen Lebensgemeinschaft zunächst in einer von der Klägerin gemieteten Wohnung. Da ihnen diese zu klein wurde, beschlossen sie, eine größere Wohnung gemeinsam anzumieten. Dies erfolgte durch gemeinsame Unterzeichnung des Mietvertrages über die Mietwohnung in ....., ...straße Nr. .... im 1. Obergeschoss rechts, bestehend aus drei Zimmern mit Bad, WC und Diele sowie Kellerraum mit dem Vermieter, Herrn ..... am .....

Am ..... ist die Klägerin, nachdem zahlreiche Streitigkeiten vorausgegangen waren, aus der gemeinsamen Wohnung ausgezogen und wohnt derzeit bei ihren Eltern. Der Beklagte hat bereits einmal die Miete an den Vermieter nicht pünktlich entrichtet, worauf der Vermieter an die Klägerin im Hinblick auf ihre gesamtschuldnerische Mithaftung herangetreten ist. Der konkrete Fall hat sich dadurch erledigt, dass der Beklagte die Miete verspätet doch noch entrichtet hat. Einer Änderung des Mietvertrages dahingehend, dass die Klägerin aus diesem entlassen wird, hat der Vermieter im Hinblick auf die unregelmäßigen Erwerbseinkünfte des Beklagten, der als freischaffender Künstler tätig ist, nicht zugestimmt. Der Vermieter wollte an diesen allein nicht vermieten. Bereits der ursprüngliche Abschluss des Mietvertrages erfolgte mit dem Vermieter nur im Hinblick darauf, dass die Klägerin im öffentlichen Dienst beschäftigt ist, und beide Parteien gemeinsam den Mietvertrag unterzeichneten.

Beweis: Herr . . . . . (Vermieter) als Zeuge

Der Beklagte wurde mit Schreiben vom . . . . . unter Fristsetzung zum . . . . . durch den Unterzeichneten aufgefordert, an der gemeinsamen Kündigung des Mietverhältnisses zum nächstmöglichen Zeitpunkt mitzuwirken. Der Beklagte hat hierauf nicht reagiert. Der Anspruch der Klägerin auf Mitwirkung an der Kündigung des Mietverhältnisses ergibt sich, nachdem die Lebensgemeinschaft zwischen den Parteien unstreitig beendet ist, aus den Abwicklungsbestimmungen bei Beendigung einer Gesellschaft des bürgerlichen Rechts oder zumindest aus Treu und Glauben.[4] Danach kann die Klägerin vom Beklagten jedenfalls die Zustimmung zur ordentlichen Kündigung des gemeinsam begründeten Mietverhältnisses verlangen. Dem Zustimmungsverlangen kann nicht entgegengehalten werden, dass der Beklagte die Klägerin lediglich im Innenverhältnis von seinen Verpflichtungen aus dem Mietverhältnis freistellt. Ferner steht dem Kündigungsverlangen nicht entgegen, dass die Klägerin aus der Wohnung selbst ausgezogen ist. Unabhängig davon, dass das Zerwürfnis zwischen den Parteien nicht einseitig durch die Klägerin hervorgerufen wurde, handelt diese bereits deshalb nicht treuwidrig, da sie ein nachhaltiges Interesse daran hat, nicht auf unabsehbare Zeit an ein Mietverhältnis gebunden zu sein und für die sich daraus ergebenden Verpflichtungen gesamtschuldnerisch neben dem Beklagten mitzuhaften, nachdem die Grundlage des gemeinsamen Mietverhältnisses, nämlich die Führung der Lebensgemeinschaft in der angemieteten Wohnung, nach dem Auszug entfallen ist. Eine andere Möglichkeit als die beiderseitige Kündigung besteht, nachdem der Vermieter der Entlassung der Beklagten aus dem Mietverhältnis nicht zustimmt, nicht. Der Beklagte kann mit dem Vermieter gegebenenfalls unter Stellung eines Bürgen einen neuen Mietvertrag abschließen oder eine andere Wohnung anmieten.

Rechtsanwalt[5]

Anmerkungen

1. Der ausschließliche Gerichtsstand nach § 29a ZPO besteht nicht, da die Klage nicht in dem Raummietvertrag ihre Grundlage hat (vgl. OLG München NJW-RR 2014, 80; Zöller/Vollkommer ZPO § 29a Rn. 11).

2. Nur beim Landgericht besteht Anwaltszwang (§ 78 Abs. 1 ZPO).

3. Eventuell Antrag bei Säumnis oder einem Anerkenntnis in einem schriftlichen Vorverfahren zur Verurteilung ohne mündliche Verhandlung; → Form. L.III.2 Antrag 3.

4. Lebensgefährten können bei Bestehen eines gemeinsamen Mietvertrages eine Vereinbarung darüber treffen, dass das Mietverhältnis in bestimmter Weise fortgesetzt wird. Falls der Vermieter hierzu nicht zustimmt, können beide Beteiligten sich auch verpflichten, an der Kündigung des Mietverhältnisses mitzuwirken. Dies kann vorsorgend vereinbart werden, aber auch anlässlich einer Trennung. In diesem Fall hat ein Partner aus dieser Vereinbarung gegen den anderen einen Anspruch darauf, dass dieser an der Kündigung des Mietvertrages mitwirkt. Im Übrigen kann die Kündigung des Mietverhältnisses nur durch sämtliche Partner, die Mietvertragspartei sind, gemeinsam erfolgen. Ein

Anspruch auf Mitwirkung bei der entsprechenden Kündigungserklärung wird auch ohne diesbezügliche Vereinbarung zunehmend aufgrund der Stellung als Gesamtschuldner (§ 426 Abs. 1 BGB) bejaht (BGH NJW 2010, 60 = MDR 2009, 1276; BGH NJW 2010, 868 = FamRZ 2010, 542; OLG München NJW-RR 2014, 80; OLG Düsseldorf FamRZ 2007, 154 = MDR 2008, 138; LG München II NJW-RR 1993, 334; AG Bad Homburg NJW-RR 1992, 1035; LG Köln NJW-RR 1993, 712; LG Karlsruhe FamRZ 1995, 94; LG Gießen NJWE-MietR 1996, 152 = MDR 1996, 898; OLG Köln NZM 1999, 998; AG Berlin-Schöneberg NJW-RR 1993, 1038 u. AG Kiel NJW-RR 2001, 154; vgl. auch Kinne FPR 2001, 36 (40); Schrader NZM 2010, 257 (259 ff.); Streyl NZM 2011, 377 (385); Bühler NJOZ 2019, 529 (533)). Der Anspruch wird teilweise auf einen wichtigen Grund entsprechend § 725 Abs. 2 u. 3 BGB (früher § 723 Abs. 1 S. 2 BGB aF) gestützt, wobei die gemeinsame Anmietung einer Wohnung als Gesellschaft des bürgerlichen Rechts qualifiziert wird (vgl. OLG München ZMR 1994, 116; LG Berlin ZMR 2002, 751). Teilweise wird zur Begründung des Kündigungsrechts der Grundsatz von Treu und Glauben herangezogen. Ob bereits der Auszug aus der angemieteten Wohnung konkludent die Kündigung der Gesellschaft bedeutet, wobei sich die anschließende Auseinandersetzung unter den Gesellschaftern auf die Mitwirkung zur Kündigung bezieht, ist dann fraglich, wenn es sich um keinen endgültigen Auszug handelt. Umstritten ist schließlich, ob eine Verpflichtung zur Mitwirkung bei der Kündigung nur dann besteht, wenn sich die Wohnbereiche der beteiligten Partner nicht gänzlich voneinander trennen lassen. Umstritten ist ferner, ob die Partner gehalten sind, an der Beendigung des Mietverhältnisses mit sofortiger Wirkung mitzuwirken, wenn der Vermieter hiermit einverstanden ist und sich das Verlangen nach einer Beendigung des Mietverhältnisses mit sofortiger Wirkung nicht als rechtsmissbräuchlich darstellt, oder ob lediglich ein Anspruch auf Zustimmung zur Kündigung zu dem vertraglich nächstmöglichen Zeitpunkt besteht, selbst wenn der Vermieter einer vorzeitigen Kündigung zustimmen würde. Kommt es aufgrund eines Verhaltens des in der Wohnung verbleibenden Partners zu einer verspäteten Kündigung, so ist derjenige Lebensgefährte, der die Gemeinschaft und die Wohnung verlassen hat, jedenfalls nicht verpflichtet, dem anderen den hälftigen Mietzins, der während der Dauer der Kündigung anfällt, zu ersetzen (AG Bad Homburg NJW-RR 1992, 1035).

Denkbar wäre es ferner, dass der ausgezogene Partner von dem in der Wohnung verbliebenen lediglich Freistellung hinsichtlich sämtlicher aus dem Mietverhältnis ergebenden Verpflichtungen im Innenverhältnis fordert. Allerdings bleibt damit die gesamtschuldnerische Haftung gegenüber dem Vermieter im Außenverhältnis bestehen. Auf diese Lösung kann jedenfalls der in der Wohnung verbleibende Partner den anderen nicht beschränken (LG Köln NJW-RR 1993, 712; vgl. OLG Hamburg NJW-RR 2011, 374; teilw. abw. OLG Düsseldorf NJW-RR 1998, 658 = FamRZ 1998, 739). Schließlich bleibt noch die Möglichkeit der Stellung eines Nachmieters, mit dem allerdings der Vermieter und der in der Wohnung verbleibende Ex-Partner einverstanden sein müssen (vgl. BGH NJW 2015, 3780 = MDR 2016, 77; vgl. auch LG Berlin BeckRS 2012, 22169).

Kosten und Gebühren

5. Es handelt sich um einen „normalen“ Zivilprozess. → Form. N.II.

VI. Klage auf Löschung intimer Aufzeichnungen

An das

Amts-/Landgericht[1]

Klage

der .....

wohnhaft .....

geboren am .....

Prozessbevollmächtigter: Rechtsanwalt[2] .....

– Klägerin –

gegen

Herrn .....

wohnhaft .....

geboren am .....

Prozessbevollmächtigter: Rechtsanwalt .....

– Beklagter –

wegen Löschung von elektronischen Aufnahmen der Klägerin wird namens und in Vollmacht der Klägerin Klage erhoben. Es wird beantragt werden:

1. Der Beklagte wird verurteilt, sämtliche in seinem Besitz befindlichen bzw. seiner Einwirkung/Funktionsherrschaft unterliegenden elektronischen Vervielfältigungsstücke von Lichtbildern und/oder Filmaufnahmen, auf denen die Klägerin in unbekleidetem Zustand, in teilweise unbekleidetem Zustand, soweit Intimbereiche der Klägerin (Brust, Gesäß [Po] und/oder Geschlechtsteil) zu sehen sind, sowie ganz oder teilweise lediglich mit Unterwäsche bekleidet abgebildet ist, vollständig zu löschen.
2. Der Beklagte hat die Kosten des Rechtsstreits zu tragen.[3]

Begründung:

Die Klägerin begehrt von dem Beklagten die Löschung von intimen Lichtbildaufnahmen und Filmaufnahmen, die der Beklagte während der Zeit des nichtehelichen Zusammenlebens von ihr gemacht hat. Es handelt sich dabei um Aufnahmen, auf denen die Klägerin in unbekleidetem Zustand, in teilweise unbekleidetem Zustand, wobei jedoch Intimbereiche der Klägerin zu sehen sind, sowie ganz oder teilweise nur mit Unterwäsche bekleidet abgebildet ist. Die Klägerin hat dem Beklagten zwar gestattet, diese Aufnahmen von ihr zu machen. Teilweise hat sie die Aufnahmen sogar selbst gefertigt („Selfie"). Allerdings sollte der Beklagte diese Aufnahmen lediglich für die Dauer des Bestehens der Beziehung der Parteien in seiner Verfügungsmacht behalten dürfen. Dies ergibt sich bereits aus dem Charakter der diesbezüglichen Aufnahmen, die einen Eingriff in das Persönlichkeitsrecht der Klägerin darstellen, da es sich um Aufnahmen aus intimsten Situationen handelt. Der

Bundesgerichtshof (BGH NJW 2016, 1094 = FamRZ 2016, 220) hat einen Löschungsanspruch gem. §§ 823 Abs. 1, 1004 BGB iVm Art. 2 Abs. 1, Art. 1 Abs. 1 GG bejaht.[4]

Der Beklagte wurde durch Schreiben des Unterzeichneten vom . . . . . mit Fristsetzung zum . . . . . aufgefordert, die vorbezeichneten intimen Aufnahmen der Klägerin zu löschen. Er hat dies ausdrücklich abgelehnt, da er sich die Aufnahmen als Erinnerung behalten wollte und angegeben hat, dass diese Aufnahmen aufgrund seiner nebenberuflichen Tätigkeit als Fotograf künstlerischen Wert hätten und zudem das Behaltendürfen nicht ausdrücklich auf die Zeit der Lebensgemeinschaft beschränkt wurde.

Rechtsanwalt[5]

Anmerkungen

1. → Form. N.II Anm. 1.

2. → Form. N.II Anm. 2.

3. → Form. N.II Anm. 3.

4. Durch die technischen Möglichkeiten, jederzeit intime Situationen in der Form von Fotos oder Videos festzuhalten, wird bei Beendigung einer Beziehung die Herausgabe bzw. Löschung der Aufnahmen künftig einen großen Stellenwert erlangen. Bedeutung hat dies insbesondere auch deshalb, da eine Veröffentlichung dieser Aufnahmen in den sozialen Medien jederzeit möglich ist. Die Problematik besteht darin, dass der oder die Betroffene zunächst in diese Aufnahmen während der bestehenden Beziehung eingewilligt hat. Allerdings geht die Rechtsprechung (BGHZ 207, 163 = NJW 2016, 1094 = FamRZ 2016, 220) davon aus, dass bei Aufnahmen mit Intimbezug das Behalten eine Verletzung des Persönlichkeitsrechts des oder der Betroffenen darstellen kann (zur unbefugten Weitergabe OLG Hamm NJW-RR 2017, 1124; kein Löschungsanspruch bei privaten Briefen LG Frankfurt a. M. BeckRS 2017, 141348). Der Löschungsanspruch ergibt sich somit aus §§ 823 Abs. 1, 1004 BGB iVm Art. 2 Abs. 1 GG, Art. 1 Abs. 1 GG. Der Eingriff in das allgemeine Persönlichkeitsrecht besteht in der weiter bestehenden Verfügungsbefugnis über die Aufnahmen gegen den Willen des oder der Betroffenen. Im Hinblick auf die einen überragenden Schutz genießende Intimsphäre als Kernbereich privater Lebensgestaltung und die besondere Bedeutung des Rechts am eigenen Bild (BGH NJW 2018, 2849 Rn. 19 ff.), ist der Löschungsanspruch regelmäßig gegeben. Auch an die örtliche und räumliche Beschränkung der Einwilligung des oder der Betroffenen entsprechend § 22 KUG stellt die Rechtsprechung keine erhöhten Anforderungen (vgl. auch Jesgarzewski NZFam 2017, 935 (938); Ebarth NZFam 2017, 1038 (1039), jeweils zur Problematik in der Ehe). Deshalb wird man in der Regel davon ausgehen können, dass die Einwilligung auf die Dauer des Bestehens der Beziehung begrenzt ist. Nach Ende der Beziehung besteht somit trotz des zunächst freiwillig geschaffenen Öffentlichkeitsbezugs ein Anspruch auf vollständige Löschung dieser Aufnahmen, auch wenn dies nicht ausdrücklich im Zusammenhang mit der Fertigung der Aufnahmen vereinbart wurde.

Kosten und Gebühren

5. Es handelt sich um einen „normalen" Zivilprozess. → Form. N.II Anm. 8.

VII. Klage auf Nutzungsregelung („Wechselmodell") bezüglich des gemeinsamen Hundes

An das

Amts-/Landgericht[1]

Klage

der/des . . . .

wohnhaft . . . . .

geboren am . . . . .

Prozessbevollmächtigter: Rechtsanwalt[2] . . . . .

– Klägerin –

gegen

Herrn/Frau . . . . .

wohnhaft . . . . .

geboren am . . . .

Prozessbevollmächtigter: Rechtsanwalt . . . . .

– Beklagter –

wegen Verlangen einer Verwaltungs- und Benutzungsregelung des im Miteigentum stehenden Rauhaardackel-Rüden (3 Jahre, mit vollständigem Stammbaum und in Ablichtung beigefügten Papieren sowie Hundemarke), hörend auf den Namen „Bazi". Es wird beantragt werden:

1. Der Beklagte wird verurteilt, seine Einwilligung in eine Verwaltungs- und Benutzungsregelung zu erteilen, die vorsieht, dass der Beklagte den im Miteigentum der Parteien stehenden Hund der Rasse Rauhaardackel, hörend auf den Namen „Bazi" , alle zwei Wochen Freitags um 17.00 Uhr, beginnend ab Rechtskraft des Urteils, zur Wohnung der Klägers (derzeitige Anschrift . . . .) zu bringen und ihn eine Woche später ebenfalls Freitags um 17.00 Uhr in seiner Wohnung (derzeitige Anschrift . . . .) entgegenzunehmen hat, sodass sich der Hund jeweils eine Woche bei jeder der Parteien befindet.
2. Der Beklagte hat die Kosten des Rechtsstreits zu tragen.[3]

Begründung:

Der Kläger und der Beklagte lebten sechs Jahre gemeinsam in einer nichtehelichen Lebensgemeinschaft in Haus des Klägers zusammen. Vor ca. drei Jahren beschlossen sie, einen gemeinsamen Hund anzuschaffen. Sie kauften gemeinsamen den oben bezeichneten Dackelwelpen und gaben ihm den Namen „Bazi". Die Kosten haben sie vom gemeinsamen Konto bestritten, ebenso die Kosten des Futters, tierärztlicher Untersuchungen und die Hundesteuer.

Am . . . . . hat der Beklagte das gemeinsam bewohnte Haus verlassen und ist zu einem jüngeren Partner gezogen. Den Dackel „Bazi" hat er zunächst beim Auszug mitgenommen. Die Parteien haben sich danach auf ein vierzehntägiges „Wechselmodell" hinsichtlich des Tieres geeinigt. Allerdings hat es bereits nach kurzer Zeit nicht mehr funktioniert; zudem hat auch der Dackel unter der längeren Trennung vom Kläger als seinem „Mitherrchen" gelitten. Dies bestätigt auch das beigefügte tierpsychologische Gutachten, das der Kläger auf seine Kosten hat fertigen lassen, auch wenn dessen Aussagen vom Beklagten bestritten werden.

Beweis: Einholung eines tierpsychologischen Gutachtens durch das Gericht und Ladung des Gutachters als Sachverständiger

Auch der benachbarte Grundstückseigentümer, Herr . . . . . ., kann bestätigen, dass es dem Tierwohl des Dackels „Bazi" am besten entspricht, wenn dieser sich zumindest wöchentlich abwechselnd beim Kläger aufhält, da er auf diese Weise auch zumindest im Wochenrhythmus in der Nachbarschaft der Dackeldame „Rosi" befindet.

Beweis: Herr . . . . . (Nachbar) als Zeuge

Der Beklagte wurde mit Schreiben vom . . . . . unter Fristsetzung zum . . . . . durch den Unterzeichneten aufgefordert, eine Entsprechende Vereinbarung über die Verwaltung und Benutzung des im Miteigentum stehenden Dackels mit dem Kläger abzuschließen. Der Beklagte hat hierauf nicht reagiert und auch das vorgeschlagene Wechselmodell nicht entsprechend praktiziert.

Der Anspruch des Klägers auf die entsprechende Regelung ergibt sich dem Scheitern der nichtehelichen Lebensgemeinschaft der Parteien, nachdem keine Vereinbarung zustande gekommen ist, aus § 745 Abs. 2 BGB, gegebenenfalls in Verbindung mit § 242 BGB. §§ 1361a, 1568b BGB sind nach ganz hM auf nichteheliche Paare nicht entsprechend anwendbar.

Rechtsanwalt[4]

Anmerkungen

1. Die Klage ist beim allgemeinen Gerichtsstand (§ 12 ZPO) zu erheben; eine Zuständigkeit der Familiengerichte besteht bei Streitigkeiten unter (ehemaligen) nichtehelichen Paaren nicht.

2. Nur beim Landgericht besteht Anwaltszwang (§ 78 Abs. 1 ZPO).

3. Beim Streit zwischen ehemaligen Lebensgefährten über ein im Miteigentum stehendes Haustier (§ 90a BGB) sind Teilung (§ 752 S. 1 BGB) und Verkauf (§ 753 BGB) unbefriedigende und auch nicht dem Tierwohl entsprechende Lösungen (Münster JuS 2025, 724 (725). Die Vorschriften der 1361a, 1568b BGB, die für die Zuweisung der Haushaltsgegenstände bei einer Trennung und Scheidung von Ehegatten gelten, sind nicht entsprechend anwendbar (s. nur Gängel NJ 2020, 107 (109)) und zudem auch bei diesen hinsichtlich der Auseinandersetzung über gemeinsame Haustiere häufig nicht zielführend (vgl. OLG Stuttgart NZFam 2019, 540). Den Parteien ist deshalb dringend zu empfehlen, eine einvernehmliche Regelung (Vereinbarung) gem. § 745 Abs. 2 BGB zu treffen (Seidel NJW 2025, 1007 (1010)).

Kommt diese nicht zustande, kann eine diesbezügliche Klage erhoben werden. Inwieweit über § 745 Abs. 2 BGB, gegebenenfalls in Verbindung mit § 242 BGB, ein „Wechselmodell" bezüglich eines im Miteigentum stehenden Haustieres möglich ist, ist umstritten (bejahend LG Frankenthal NZFam 2023, 959; AG Bad Dürkheim BeckRS 2022,

47908). Hilfsweise kann der entsprechende Antrag mit einem Antrag auf Zuweisung des Haustieres an den Kläger und Entschädigung des anderen Partners verbunden werden (so LG Potsdam NJW 2024, 3457 Rn. 33 ff.).

Kosten und Gebühren

4. Es handelt sich um einen „normalen“ Zivilprozess. → Form. N.II.

O. Rechtsmittel gegen Endentscheidungen und in Kostensachen

I. Vorbemerkungen

1. Das Rechtsbehelfsrecht des FamFG ist unübersichtlich und haftungsträchtig. Die äußere Gestalt der Entscheidung lenkt anders als im Zivilprozess nicht automatisch zum statthaften Rechtsmittel, weil nicht nur die verfahrensleitenden Zwischenentscheidungen, sondern auch alle Endentscheidungen des Familiengerichts in der Form eines Beschlusses ergehen, § 38 FamFG. Hauptsacherechtsmittel ist zudem nicht die Berufung, sondern die Beschwerde, die es von der einfachen Beschwerde etwa nach dem FamGKG abzugrenzen gilt. In einstweiligen Anordnungsverfahren näher → Form. P.I gelten zahlreiche Besonderheiten. Zwischen dem Rechtsbehelfsrecht in den Ehe- und Familienstreitsachen, der ZPO und den übrigen FG-Familiensachen bestehen Unterschiede, die weder auf den ersten Blick erkennbar noch folgerichtig sind.
   Zwar muss das Familiengericht die Beteiligten in jedem Beschluss über die statthaften Rechtsmittel und ihre Zulässigkeitsvoraussetzungen belehren, auch wenn diese anwaltlich vertreten sind. Die anwaltlichen Verfahrensbevollmächtigten dürfen sich auf diese – nicht selten unrichtigen – Belehrungen aber nicht verlassen, sondern müssen in eigener Verantwortung prüfen, welches Rechtsmittel gegeben ist und wie dies wirksam einzulegen ist. Wird dies versäumt und eine Zulässigkeitsvoraussetzung nicht eingehalten, scheidet eine Wiedereinsetzung trotz § 17 Abs. 3 FamFG nach der strengen Rechtsprechung des 12. Zivilsenats des BGH in der Regel aus, weil die unrichtige Belehrung nicht kausal für die Fristversäumung ist.
2. Für die Rechtsmittel gegen urteilsgleiche Endentscheidungen der Familiengerichte gelten folgende Besonderheiten:
   a) Gegen die nicht in Urteils-, sondern stets in Beschlussform ergehenden Endentscheidungen der Familiengerichte ist statt der Berufung die Beschwerde gemäß § 58 FamFG gegeben. Besonderheiten gelten aber für die Kostenentscheidung in Ehe- und Familienstreitsachen, näher → Form. O.IX.
   b) Die Beschwerdefrist beträgt wie bei der Berufung einen Monat, § 63 Abs. 2 FamFG. Sie ist aber auf zwei Wochen verkürzt, wenn die Entscheidung in einem einstweiligen Anordnungsverfahren oder einem Verfahren über die familiengerichtliche Genehmigung eines Rechtsgeschäfts ergeht, § 63 Abs. 2 FamFG. Dies wird in Rechtsbehelfsbelehrungen der Familiengerichte gelegentlich übersehen.
   c) Die Beschwerde ist nicht wie die Berufung bei dem Rechtsmittelgericht, sondern bei dem Ausgangsgericht – also dem Familiengericht – einzulegen, § 64 Abs. 1 S. 1 FamFG. Auch der Antrag auf Bewilligung von Verfahrenskostenhilfe für die Einlegung der Beschwerde muss bei dem Amtsgericht angebracht werden, § 64 Abs. 1 S. 2 FamFG.
   d) Die Wertgrenze liegt in vermögensrechtlichen Angelegenheiten wie in der ZPO bei über 1000 EUR (bis 31.12.2025: 600 EUR)
   e) In FG-Familiensachen (alle Familiensachen außer den Ehe- und Familienstreitsachen, siehe §§ 111, 112 FamFG) besteht kein Beschwerdebegründungszwang (§ 65 FamFG). In Ehe- und Familienstreitsachen muss die Beschwerde aber wie im Berufungsrecht binnen zwei Monaten ab schriftlicher Bekanntgabe des angegriffe-

nen Ausgangsschlusses gegenüber dem OLG begründet werden, damit sie nicht verworfen wird, § 117 Abs. 1 FamFG.

f) Anders als nach der ZPO muss das OLG über die Beschwerde nicht zwingend mündlich verhandeln, sondern kann nach Maßgabe des § 68 Abs. 3 FamFG auch ohne Zustimmung der Parteien im schriftlichen Verfahren entscheiden. Dies gilt in allen Familiensachen, also auch in den Ehe- und Familienstreitsachen. Diese Regelung ist nicht wie in § 522 ZPO auf die einstimmige Zurückweisung offenkundig aussichtsloser Beschwerden beschränkt, sondern ermöglicht auch die Stattgabe im Wege der Mehrheitsentscheidung (Ausnahme gem. § 68 Abs. 5 FamFG: Eingriff in das Sorgerecht und Umgangsausschluss)

g) Neuer Vortrag unterliegt nicht den strengen Restriktionen des § 531 ZPO, sondern ist in allen FG-Familiensachen uneingeschränkt zulässig; in Ehe- und Familienstreitsachen ist dieser in den weiten Grenzen des § 115 FamFG möglich.

3. Die Entscheidung des Beschwerdegerichts unterliegt nur dann der Rechtsbeschwerde, wenn das OLG diese ausdrücklich zugelassen hat, § 70 FamFG. Die Nichtzulassungsbeschwerde wie in der ZPO gibt es in weder in den FG- noch in den Ehe- und Familienstreitsachen. Gegen die Verwerfung einer unzulässigen Beschwerde und die Versagung von Wiedereinsetzung ist nur in den Ehe- und Familienstreitsachen, nicht aber in den FG-Familiensachen die Rechtsbeschwerde statthaft (§ 117 Abs. 1 S. 4 iVm § 522 Abs. 1 ZPO).

4. Gegen die verfahrensleitenden Entscheidungen des Familiengerichts ist in FG-Familiensachen die binnen zwei Wochen einzulegende sofortige Beschwerde nur dann gegeben, wenn dies im FamFG ausdrücklich vorgesehen ist. Auch gegen Beschlüsse im Zwangsvollstreckungsverfahren ist in allen Familiensachen die sofortige Beschwerde das statthafte Rechtsmittel, §§ 87 Abs. 4, 120 FamFG, § 793 ZPO.
In Ehe- und Familienstreitsachen richtet sich die Statthaftigkeit und Zulässigkeit der sofortigen Beschwerde nach dem ersten Buch der ZPO, § 113 Abs. 1 FamFG iVm § 567 ZPO. Zudem ist die sofortige Beschwerde gemäß § 567 Abs. 1 Nr. 2 ZPO analog statthaft, wenn ein das Verfahren betreffendes Gesuch zurückgewiesen worden ist (BGH NJW 2015, 1308 für die Anfechtung der Verweigerung der öffentlichen Zustellung eines Scheidungsantrags).

5. Gegen die Versagung von Verfahrenskostenhilfe ist gemäß §§ 76, 113 FamFGin allen Familiensachen die sofortige Beschwerde nach Maßgabe der §§ 127 Abs. 2–4, 567 ff. ZPO mit der besonderen Beschwerdefrist von einem Monat gegeben.

II. Beschwerde gegen Endentscheidungen

1. Beschwerde mit Begründung gegen Abweisung des Scheidungsantrags

Rechtsanwalt/Rechtsanwältin[1]

An das

Amtsgericht
– Familiengericht –[2] . . . .

In der Sache

. . . . . Verfahrensbevollmächtigte(r): . . . . .

Ast(in)

gegen

. . . . . Verfahrensbevollmächtigte(r): . . . . .

AG(in)

wegen . . . . .
Scheidung

lege ich namens und in Vollmacht d. Ast(in) gegen den am . . . . . erlassenen Beschluss des Gerichts vom . . . . ., Aktenzeichen . . . . . F/. . . . ., zugestellt am . . . . .[3] über die Zurückweisung des Scheidungsantrags des Antragstellers[4]

Beschwerde

ein.

Namens und in Vollmacht d. Ast(in) wird beantragt,

> **den Beschl. v. . . . . . aufzuheben, das Verfahren an das Amtsgericht – Familiengericht – zur Entscheidung über die Scheidung der am . . . . . vor dem Standesbeamten des Standesamts . . . . . geschlossenen Ehe der beteiligten Eheleute sowie die Folgesache Versorgungsausgleich zurückzuverweisen sowie die Kosten des Beschwerdeverfahrens d. AG(in) aufzuerlegen.[5]**

Begründung:[6, 7]

Durch den am . . . . . erlassenen Beschluss des Familiengerichts wurde der Scheidungsantrag d. Ast(in) abgewiesen, weil das Trennungsjahr noch nicht abgelaufen war. Entgegen der Ansicht des Familiengerichts waren die Voraussetzungen für die Scheidung aber gemäß § 1565 Abs. 2, Abs. 1 BGB gegeben, weil die Fortsetzung der Ehe für d. Ast (in) aus in der Person d. AG(in) liegenden Gründen unzumutbar war *(wird näher ausgeführt).*

Das Trennungsjahr ist nunmehr am . . . . . verstrichen, so dass die Voraussetzungen für die Scheidung spätestens jetzt gegeben sind. Denn keiner der Ehegatten will die eheliche Lebensgemeinschaft wiederherstellen. Da noch über die Folgesache Versorgungsausgleich

zu entscheiden sein wird, ist der Rechtsstreit an das Familiengericht zurückzuverweisen (§ 146 Abs. 1 S. 1 FamFG).[8]

Es wird ausdrücklich beantragt, die im Beschwerdeverfahren entstandenen Gerichtskosten und notwendigen Aufwendungen der Beteiligten bereits mit der Beschwerdeentscheidung d. AG(in) aufzuerlegen, weil er/sie sich dem Scheidungsantrag in erster Instanz zu Unrecht entgegengestellt hat.[9]

Rechtsanwalt/Rechtsanwältin[10]

Anmerkungen

1. Die anwaltliche Vertretung ist in Ehe- und Familienstreitsachen stets vorgeschrieben, § 114 Abs. 1 FamFG. Eine Ausnahme gilt nur im vereinfachten Unterhaltsverfahren, weil die Beschwerde dort zu Protokoll der Geschäftsstelle eingelegt werden kann, § 78 Abs. 3 ZPO, § 114 Abs. 4 Nr. 6 FamFG, § 257 S. 1 FamFG. Ist ein Ehegatte im Scheidungsverfahren in erster Instanz nicht anwaltlich vertreten gewesen, weil er lediglich seine Zustimmung zur Scheidung zu erklären hatte, bedarf er für die Einlegung der Beschwerde gegen den Ausspruch zur Scheidung also eines Anwalts.

2. Die Beschwerde ist bei dem Ausgangsgericht einzureichen, § 64 Abs. 1 FamFG. Die Einlegung der Beschwerde beim Beschwerdegericht (OLG) wahrt die Beschwerdefrist also nicht. Diese ist nur eingehalten, wenn das OLG die Beschwerdeschrift noch rechtzeitig innerhalb der Beschwerdefrist dem Amtsgericht zuleitet. Zur Weiterleitung der Schrift im gewöhnlichen Geschäftsgang ist das Beschwerdegericht verpflichtet.

3. Die Beschwerde muss innerhalb eines Monats nach schriftlicher Bekanntgabe der Entscheidung eingelegt werden (§ 63 Abs. 1 FamFG). In Ehe- und Familienstreitsachen erfolgte diese Bekanntgabe durch Zustellung. Die Angabe des Zustellungszeitpunkts erleichtert die Kontrolle der Rechtzeitigkeit der Beschwerde für die anwaltlichen Verfahrensbevollmächtigten selbst und das Beschwerdegericht.

4. Nach § 64 Abs. 2 S. 3 FamFG muss die Beschwerdeschrift auch die Bezeichnung des angefochtenen Beschlusses enthalten. Dafür ist es erforderlich, aber auch ausreichend, wenn aufgrund der Angaben in der Beschwerdeschrift und den sonstigen aus den Verfahrensakten erkennbaren Umständen vor Ablauf der Beschwerdefrist für das Gericht nicht zweifelhaft bleibt, welche Entscheidung angefochten wird (BGH FamRZ 2015, 1276). Dafür genügt in der Regel die vollständige Bezeichnung der Verfahrensbeteiligten, des Gerichts, das den angefochtenen Beschluss erlassen hat, des Verkündungsdatums und des Aktenzeichens. In Familiensachen kommt es insoweit auf das auf jeder Entscheidung zu vermerkende Erlassdatum an, § 38 Abs. 3 S. 3 FamFG. Dies ist vor allem bei Beschlüssen zu beachten, die nicht verkündet worden sind. Fehlt es an diesem Erlassdatum, muss der Beschluss zur Vermeidung von Verwechslungen – zum Beispiel mit Beschlüssen zum Verfahrenswert oder zur Verfahrenskostenhilfe vom selben Datum – unbedingt auch nach seinem Gegenstand bezeichnet werden.

5. Die Beschwerdebegründung muss einen Sachantrag enthalten (§ 117 Abs. 1 S. 1 FamFG). Der Antrag, den Beschluss aufzuheben und die Sache an das Familiengericht zurückzuverweisen, stellt zwar keinen Sachantrag im engeren Sinne dar. Er dürfte hier aber unschädlich sein, weil die Zurückverweisung gesetzlich vorgeschrieben ist (§ 146 Abs. 1 S. 1 FamFG), wenn noch über eine oder mehrere Folgesachen zu entscheiden ist.

Der Antrag zu den Kosten ist zwar entbehrlich, weil das Beschwerdegericht über die Kosten des Verfahrens von Amts wegen zu entscheiden hat. Wegen der hier zu berücksichtigenden Besonderheiten empfiehlt sich der Antrag gleichwohl, weil sonst die Gefahr droht, dass das Beschwerdegericht die Entscheidung dem Amtsgericht – Familiengericht – überlässt und dies die Kosten gemäß § 150 Abs. 1 FamFG gegeneinander aufhebt.

6. Die Beschwerde gegen eine Endentscheidung in einer Ehe- und Familienstreitsache ist zudem nur zulässig, wenn sie binnen zwei Monaten ab schriftlicher Bekanntgabe des angegriffenen Beschlusses begründet wird, § 117 Abs. 1 S. 3 FamFG. Diese Begründung muss gemäß § 117 Abs. 1 S. 2 FamFG bei dem Beschwerdegericht eingereicht werden.

Wird die Begründung mit der Beschwerde verbunden, ist diese Voraussetzung noch nicht erfüllt, weil die Beschwerde gemäß § 64 Abs. 1 FamFG bei dem Ausgangsgericht – also bei dem Familiengericht – und nicht bei dem OLG einzulegen ist. Im Regelfall wird die Akte nach Eingang einer fristgerechten Beschwerde aber innerhalb der Begründungsfrist dem Beschwerdegericht vorgelegt (s. § 68 Abs. 1 FamFG). Dies wird von den Gerichten als rechtzeitiger Eingang der Beschwerdebegründung beim Beschwerdegericht behandelt. Falls die Akte ausnahmsweise nach Ablauf der Beschwerdebegründungsfrist beim Beschwerdegericht eingeht, ist die Begründung nach dem Gesetzeswortlaut zwar verspätet eingegangen. In diesen Fällen ist jedoch vom Beschwerdegericht von Amts wegen (auch ohne Antrag) Wiedereinsetzung in den vorigen Stand zu bewilligen (BGH NJW 2012, 2814; FamRB 2012, 274 mit Beraterhinweisen von Ahn-Roth).

Zur Sicherheit sollte eine sofort begründete Beschwerde jedoch gleichzeitig an das Beschwerdegericht zur Wahrung der Begründungsfrist mit dem Hinweis gesandt werden, dass die Beschwerde bei dem Amtsgericht eingelegt worden ist.

7. Mit der nach § 117 Abs. 1 FamFG erforderlichen Beschwerdebegründung sind die Tatsachen und Rechtsmeinungen vorzutragen, die nach Ansicht des Beschwerdeführers geeignet sind, dem Rechtsmittel zum Erfolg zu verhelfen. Für den notwendigen Inhalt der Beschwerdebegründung können die Anforderungen herangezogen werden, die für eine Berufungsbegründung nach § 520 Abs. 3 S. 2 ZPO gelten. Der Beschwerdeführer muss also angeben, welche bestimmten Punkte des angefochtenen Beschlusses angegriffen werden und welche tatsächlichen oder rechtlichen Gründe er ihnen im Einzelnen entgegensetzt. Die Begründung muss auf den konkreten Streitfall zugeschnitten sein. Es reicht nicht aus, die Auffassung des Erstgerichts mit formularmäßigen Sätzen oder allgemeinen Redewendungen zu rügen oder lediglich auf das Vorbringen erster Instanz zu verweisen (BGH NJW-RR 2015, 1409 ff.).

Anders als in der ZPO ist das Beschwerdegericht nicht gemäß § 529 ZPO an die erstinstanzlichen Feststellungen gebunden. Der Beschwerdeführer ist auch nicht wie gemäß § 531 ZPO mit neuem Vorbringen ausgeschlossen. Vielmehr können gemäß § 115 FamFG Angriffs und Verteidigungsmittel, die nicht rechtzeitig vorgebracht worden sind, nur dann zurückgewiesen werden, wenn ihre Zulassung das Verfahren verzögern würde und die Verspätung auf grober Nachlässigkeit beruht.

8. Wird eine Entscheidung aufgehoben, durch die der Scheidungsantrag abgewiesen wurde, soll das Rechtsmittelgericht die Sache gemäß § 146 Abs. 1 FamFG an das Gericht zurückverweisen, das die Abweisung ausgesprochen hat, wenn dort eine Folgesache zur Entscheidung ansteht. Der Begriff des „Anstehens" iSd § 146 Abs. 1 S. 1 FamFG erfordert aber nicht, dass eine Sache bereits anhängig oder eingeleitet worden ist. Deshalb kommt es auch dann zur Aufhebung, wenn eine Folgesache erst während des laufenden Beschwerdeverfahrens beim Familiengericht anhängig gemacht worden ist. Über den Versorgungsausgleich muss immer von Amts wegen entschieden werden. Aufgrund der Zurückverweisung wird der Scheidungsverbund wieder hergestellt mit der Folge, dass die Frist des § 137 Abs. 2 FamFG von neuem zu laufen beginnt.

§ 146 FamFG ist eine Sollvorschrift. Deshalb kann von einer Zurückverweisung abgesehen werden, wenn die Ehegatten mit einer Entscheidung über die Folgesachen einverstanden und diese zur Endentscheidung reif sind (OLG Hamm FamRZ 2014, 208).

Folglich kann in 2. Instanz ein genehmigungsfähiger Ausschluss des Versorgungsausgleichs vereinbart werden mit der Folge, dass dann über den Scheidungsantrag entschieden werden kann.

9. Die Kostenentscheidung ergibt sich zwar grundsätzlich aus § 150 Abs. 1 FamFG (Kostenaufhebung). Im Beschwerdeverfahren sind die Kosten des Verfahrens jedoch auch im Scheidungsverbundverfahren in der Regel dem unterliegenden Beteiligten aufzuerlegen, § 97 Abs. 1 ZPO, § 113 Abs. 1 FamFG. Das Beschwerdegericht kann über die Kosten des Beschwerdeverfahrens auch entscheiden, wenn es das Verfahren unter Aufhebung der Ausgangsentscheidung an das Familiengericht zurückverweist.

In Anwendung des Rechtsgedankens des § 97 Abs. 2 ZPO sind dem Rechtsmittelführer die Kosten des Beschwerdeverfahrens dann aufzuerlegen, wenn er mit seinem verfrüht gestellten Scheidungsantrag nur deshalb durchdringt, weil das Trennungsjahr erst in der zweiten Instanz abgelaufen ist (siehe zB OLG Köln NJW-RR 2015, 389 f.). Dies ist aber dann nicht der Fall, wenn die Voraussetzungen für die Scheidung bereits vor Ablauf des Trennungsjahres vorlagen, wie es hier geltend gemacht wird.

10. Gemäß §§ 130d S. 1 ZPO, 113 Abs. 1 FamFG muss die von dem oder der anwaltlichen Bevollmächtigten einzureichende Beschwerde in Ehe- und Familienstreitsachen als elektronisches Dokument eingereicht werden, und zwar auch bei anwaltlicher Selbstvertretung (BGH FamRZ 2025, 952–954). Die Einreichung als eingescannte und als PDF übersandte Beschwerdeschrift reicht anders als nach früherer Rechtslage also auch dann nicht aus, wenn sie bei dem Gericht ausgedruckt wird (so früher noch BGH NJW 2015, 1527 und FamRZ 2020, 847 = BeckRS 2020, 4237). Bestimmende anwaltliche Schriftsätze können auch nicht mehr formwirksam per Computerfax, also durch elektronische Übertragung einer Textdatei mit eingescannter Unterschrift auf ein Faxgerät des Gerichts übermittelt werden (so früher noch GmS-OGB BGHZ 144, 160 = NJW 2000, 2340 f.), auch nicht per Telefax und erst recht nicht per bloßer E-Mail. Bei der Übersendung der Beschwerde als elektronisches Dokument muss das Rechtsmittel von der verantwortlichen Person gemäß §§ 130a Abs. 3 Satz 1, S. 2 ZPO, 14 Abs. 2 S. 2 entweder mit einer qualifizierten elektronischen Signatur versehen oder einfach signiert und auf einem sicheren Übermittlungsweg – zB dem besonderen Anwaltspostfach – eingereicht werden. Ist dies aus technischen Gründen vorübergehend nicht möglich, muss die Beschwerde gemäß § 130d S. 2 ZPO, 113 I ZPO nach den allgemeinen Vorschriften eingelegt, also namentlich unterschrieben werden. Die Unterschrift muss den von der Rechtsprechung aufgestellten Anforderungen entsprechen, namentlich darf es sich nicht um ein bloßes Kürzel oder eine Paraphe handeln. Erforderlich ist vielmehr ein – nicht notwendig lesbarer – Schriftzug, der die Identität des Unterzeichnenden ausreichend kennzeichnet und charakteristische Merkmale aufweist, die die Nachahmung erschweren, der sich als Wiedergabe eines Namens darstellt und der die Absicht einer vollen Unterschrift erkennen lässt, selbst wenn er nur flüchtig niedergelegt und von einem starken Abschleifungsprozess gekennzeichnet ist. Bei gesicherter Urheberschaft ist an diese Anforderungen aber ein großzügiger Maßstab anzulegen (vgl. BGH NJW-RR 2017, 445).

Zur Fristwahrung muss die gesamte unterschriebene Beschwerde- und Beschwerdebegründungsschrift innerhalb der vorgegebenen Fristen bei dem richtigen Empfangsgericht eingehen.

2. Beschwerde gegen Entscheidungen in Ehesachen, Folgesachen und Familienstreitsachen ohne gleichzeitige Begründung

Rechtsanwalt/Rechtsanwältin[1]

An das

Amtsgericht

– Familiengericht –[2] . . . . .

In der Sache

. . . . . AG(in) und Beschwerdeführer(in)[3]

Verfahrensbevollmächtigte(r): . . . . .

gegen

. . . . . Ast(in) und Beschwerdegegner(in)

Verfahrensbevollmächtigte(r): . . . . .

wegen . . . . .

Scheidung

lege ich namens und in Vollmacht d. AG(in) gegen den am . . . . . erlassenen Beschluss des Gerichts vom . . . . ., Aktenzeichen . . . . . F/. . . . ., zugestellt am . . . . .[4]

Beschwerde

ein.

Rechtsanwalt/Rechtsanwältin[5]

Anmerkungen

1. Die Vertretung durch Rechtsanwälte ist vorgeschrieben (§ 114 Abs. 1 FamFG).

2. Die Beschwerde ist bei dem Ausgangsgericht einzureichen (§ 64 Abs. 1 FamFG).

3. Die Bezeichnung der Beteiligten bleibt in der zweiten Instanz unverändert. Wer Antragsteller und wer Antragsgegner ist, richtet sich im Scheidungsverbundverfahren auch dann nach der Stellung im Verfahren über die Scheidung der Ehe, wenn die Beschwerde nur in einer Folgesache geführt wird. Weil auch im Rubrum der Beschwerdeentscheidungen der Beschwerdeführer als erster genannt wird, selbst wenn es sich um den Antragsgegner handelt, wird die Benennung des Beschwerdeführers an erster Stelle empfohlen. Zwingend ist dies nicht.

4. Die Beschwerde muss innerhalb eines Monats nach Bekanntgabe der Entscheidung eingelegt werden. Im einstweiligen Anordnungsverfahren und in Verfahren über die Genehmigung von Rechtsgeschäften beträgt die Frist jedoch nur 2 Wochen (§ 63 FamFG).

5. Der Schriftsatz muss als bestimmender Schriftsatz unterschrieben seins und gemäß §§ 130d Satz 1 ZPO, 113 Abs. 1 FamFG als elektronisches Dokument übermittelt werden. Zur ordnungsgemäßen Unterschrift → Form. O.II.1 Anm. 10.

3. Antrag auf Verlängerung der Beschwerdebegründungsfrist

Rechtsanwalt/Rechtsanwältin[1]

An das

Oberlandesgericht

– Familiensenat –[2] . . . . .

In der Sache

. . . . .

vertreten durch Rechtsanwalt . . . . .

ASt(in) und Beschwerdeführer(in)

gegen

. . . . .

vertreten durch Rechtsanwalt . . . . .

AGin (AG) und Beschwerdegegner(in)

wegen . . . . .

Scheidung

Aktenzeichen: . . . . . UF . . . . .

beantrage ich namens und in Vollmacht d. Ast(in),

die Frist zur Begründung der Beschwerde gegen den am . . . . . zugestellten Beschluss des Amtsgerichts – Familiengericht – . . . . . bis zum . . . . .[3] zu verlängern.

Begründung:[4]

. . . . .

Rechtsanwalt/Rechtsanwältin[5]

Anmerkungen

1. Die Vertretung durch einen Rechtsanwalt ist für das gesamte Verfahren, also auch für die Stellung des Verlängerungsantrags vorgeschrieben.

2. Der Antrag muss vor Ablauf der Begründungsfrist bei dem Beschwerdegericht eingehen, weil die Beschwerdebegründung dort eingereicht werden muss (§ 117 Abs. 1 S. 2 FamFG). Dies gilt auch dann, wenn das Familiengericht die Sache mit der dort eingelegten Beschwerde entgegen § 68 Abs. 1 FamFG noch nicht an das Beschwerdegericht übersandt hat und die Sache noch kein Aktenzeichen des Beschwerdegerichts trägt. In diesem Falle ist dringend zu empfehlen, dem Antrag eine Ablichtung der Ausgangsentscheidung, der bei dem Familiengericht eingereichten Beschwerdeschrift und des Empfangsbekenntnisses beizufügen, damit der oder die Vorsitzende des Beschwerdegerichts den regulären Ablauf der zu verlängernden Beschwerdebegründungsfrist auch ohne die – noch nicht vorliegende – Ausgangsakte erkennen kann.

3. Die Verlängerung der Frist um bis zu einem Monat kann ohne Anhörung der Gegenseite erfolgen. Es empfiehlt sich dringend die Angabe des konkreten Datums, bis zu dem die Frist verlängert werden soll, um Unklarheiten bei der Berechnung des genauen Ablaufs der verlängerten Begründungsfrist zu vermeiden (zu diesen Schwierigkeiten siehe Zöller/Heßler ZPO § 520 Rn. 26).

Die reguläre Beschwerdebegründungsfrist endet zwei Monate ab Zustellung des angegriffenen Beschlusses an dem Tag, der nach seiner Benennung dem Tag der Zustellung entspricht (Zustellung am 17.4., Ablauf der Begründungsfrist am 17.6., 24.00 Uhr). Fällt der Tag der Zustellung auf das Monatsende, endet die Frist gemäß § 188 Abs. 3 BGB mit Ablauf des übernächsten Monats (Zustellung 31.7., Fristablauf 30.9.).

Der Lauf der Beschwerdefrist ist für § 117 Abs. 1 FamFG ohne jede Bedeutung. Namentlich reiht sich der zweite Monat der Begründungsfrist nicht an den Ablauf der Beschwerdefrist an (Zustellung am 17.4., Ablauf der Beschwerdefrist am Montag 19.5.: Ablauf der Begründungsfrist trotzdem am 17.6. und nicht am 19.6.). Fällt das Ende der Begründungsfrist auf einen Sonnabend, einen Feiertag oder einen Sonntag und endet diese also gemäß § 222 Abs. 2 ZPO, § 113 Abs. 1 FamFG erst am Montag, beginnt eine um einen Monat verlängerte Frist erst am darauffolgenden Dienstag und endet also auch erst einen Monat später mit Ablauf des Montags (siehe ua BGH NJW-RR 2010, 211).

Soll die Frist über einen Monat hinaus verlängert werden, ist die Zustimmung der Gegenseite erforderlich (§ 117 Abs. 1 S. 4 FamFG, § 520 Abs. 2 S. 2, 3 ZPO). Wird eine Verlängerung über einen Monat hinaus beantragt, ist es deshalb unerlässlich, sich vorher von der Gegenseite das Einverständnis mit der Verlängerung bestätigen zu lassen. Übermittelt der Beschwerdeführer die ihm gegenüber erklärte Einwilligung nicht an das Gericht, kann er nicht auf eine Bewilligung der Fristverlängerung vertrauen (BGH BeckRS 2020, 41925). Wenn eine Fristverlängerung über einen Monat hinaus ohne vorherige Anhörung der Gegenseite bewilligt wurde, ist die Verlängerung aber dennoch wirksam.

4. Der Antrag ist zu begründen, weil auch eine Fristverlängerung bis zu einem Monat nur bewilligt werden kann, wenn der Rechtsstreit durch die Verlängerung nicht verzögert wird oder wenn der Beschwerdeführer erhebliche Gründe darlegt (§ 520 Abs. 2 S. 3 ZPO). Ohne Begründung darf der Anwalt nicht darauf vertrauen, dass der Vorsitzende keine Verzögerung annimmt. Erhebliche Gründe können zum Beispiel eine – nicht im Einzelnen darzulegende – Arbeitsüberlastung, Urlaub, notwendige Rücksprachen mit den Beteiligten oder Vergleichsverhandlungen sein.

5. Auch der Verlängerungsantrag ist vom Rechtsanwalt zu unterschreiben und gemäß §§ 130d, 113 Abs. 1 FamFG als elektronisches Dokument zu übermitteln.

4. Beschwerdebegründung in Ehe- und Familienstreitsachen

Rechtsanwalt/Rechtsanwältin[1]

An das

Oberlandesgericht

– Familiensenat –[2] . . . . .

In der Sache

. . . . .

vertreten durch Rechtsanwalt . . . . .

AGin (AG) und Beschwerdeführer(in)

gegen

. . . . .

vertreten durch Rechtsanwalt . . . . .

Ast(in) und Beschwerdegegner(in)

wegen . . . . .

Scheidung

Beschwerdebegründung:

Namens und in Vollmacht der Antragsgegnerin wird beantragt,

> **den am . . . . . erlassenen und am . . . . . zugestellten[3] Beschluss des Amtsgerichts – Familiengericht – . . . . . abzuändern und den Antrag des ASt (der AStin) kostenpflichtig abzuweisen.[4]**

Begründung:[5]

. . . . .

Rechtsanwalt/Rechtsanwältin[6]

Anmerkungen

1. Die Vertretung durch Rechtsanwälte ist in Ehe- und Familienstreitsachen zwingend vorgeschrieben (§ 114 Abs. 1 FamFG). Eine Ausnahme gilt nur im vereinfachten Unterhaltsfestsetzungsverfahren (§ 257 S. 1 FamFG iVm § 78 Abs. 3 ZPO).

2. Die Beschwerdebegründung muss bei dem Beschwerdegericht eingereicht werden (§ 117 Abs. 1 S. 2 FamFG).

3. Die Rechtsmittelbegründung muss innerhalb von 2 Monaten nach Bekanntgabe der angefochtenen Entscheidung eingereicht werden (§ 117 Abs. 1 S. 2 FamFG). Es ist deshalb zweckmäßig, (noch einmal) das Zustellungsdatum anzugeben. Notwendig ist das aber nicht, weil das Gericht den Zeitpunkt der Zustellung aus seinen Akten entnehmen kann. Sollte die Frist unverschuldet versäumt werden, kann Wiedereinsetzung in den vorigen Stand gewährt werden (§ 117 Abs. 5 FamFG).

4. Ein Antrag zu den Kosten ist nicht erforderlich und dient nur der Anregung, weil das Gericht die Kostenentscheidung von Amts wegen trifft.

5. Die Beschwerde muss begründet werden (§ 117 Abs. 1 S. 1 FamFG). Dabei sind alle tatsächlichen und rechtlichen Gründe vorzutragen, von denen der Rechtsanwalt des Beschwerdeführers annimmt, dass sie zu der erstrebten Änderung der angefochtenen Entscheidung führen können (→ Form. O.II.1 Anm. 7). Eine Zurückweisung neuen Vorbringens als verspätet kommt in Ehesachen und Familienstreitsachen abweichend von den §§ 296 ff., 530, 531 ZPO nur ausnahmsweise in Betracht, wenn die Zulassung nicht rechtzeitig vorgebrachter Angriffs- und Verteidigungsmittel die Erledigung des Rechtsstreits verzögern würde und die Verspätung auf grober Nachlässigkeit beruht (§ 115 FamFG). Unbeschränkt ist neues Vorbringen nur in FG-Familiensachen zulässig (§ 65 Abs. 3 FamFG).

6. Der Schriftsatz muss als bestimmender Schriftsatz unterschrieben sein und gemäß §§ 130d Satz 1 ZPO, 113 Abs. 1 FamFG als elektronisches Dokument übermittelt werden. Zur ordnungsgemäßen Unterschrift → Form. O.II.1 Anm. 10.

5. Beschwerde gegen den Scheidungsausspruch (wenn dadurch der Verbund aufgelöst worden ist)

Rechtsanwalt/Rechtsanwältin[1, 2]

An das

Oberlandesgericht

– Familiensenat –[3] . . . . .

In der Sache

. . . . . vertreten durch RA . . . . .

AG(in) und Beschwerdeführer(in)[4]

gegen

. . . . . vertreten durch RA . . . . .

Ast(in) und Beschwerdegegner(in)

wegen Scheidung

Beschwerdebegründung:

Namens und in Vollmacht der Antragsgegnerin wird beantragt,

den am . . . . . erlassenen und am . . . . . zugestellten[5] Beschluss des Amtsgerichts – Familiengericht – . . . . . aufzuheben[6] und die Sache an das Amtsgericht – Familiengericht – . . . . . zurückzuverweisen.[7] Es wird beantragt, die Gerichtskosten des Beschwerdeverfahrens niederzuschlagen.[8]

Begründung:[9]

Das Amtsgericht – Familiengericht – hat die Ehe der beteiligten Eheleute mit dem angegriffenen Beschluss geschieden, ohne gemäß § 137 Abs. 1 FamFG in der gebotenen Weise über die Scheidung und die Folgesachen zusammen zu verhandeln und zu entscheiden.

Zum einen hat es die Folgesache Versorgungsausgleich unter Verstoß gegen § 140 Abs. 2 FamFG abgetrennt.

Zum anderen hätte es die Ehe nicht scheiden dürfen, ohne über die rechtzeitig gestellten Anträge d. AG(in) zum nachehelichen Unterhalt und zum Zugewinnausgleich zu entscheiden.

Der angegriffene unzulässige Teilbeschluss des Amtsgerichts ist deshalb aufzuheben und die Sache an das Amtsgericht zur Wiederherstellung des Verbundes und zur erneuten Verhandlung und Entscheidung zurückzuverweisen. Wegen der unrichtigen Sachbehandlung des Amtsgerichts wird ausdrücklich beantragt, die Gerichtskosten des Beschwerdeverfahrens niederzuschlagen.

Im Einzelnen gilt folgendes: . . . . .

Rechtsanwalt[9]

Anmerkungen

1. Gemäß § 137 FamFG ist über alle im Verbund anhängigen Sachen gleichzeitig zu verhandeln und entscheiden. Es sind jedoch Fälle denkbar, in denen der Verbund durch Abtrennung der Folgesache aufgelöst werden muss (§ 140 Abs. 1 FamFG) oder kann (§ 140 Abs. 2 FamFG). Trennt das Familiengericht eine Folgesache zu Unrecht vom Verbund ab, kann dieser Beschluss zwar nicht selbständig angefochten werden, § 140 Abs. 6 FamFG. Ein solche unzulässige Auflösung des Verbunds kann aber mit der Beschwerde gegen den Ausspruch zur Scheidung gerügt werden, weil dieser unter Verstoß gegen § 137 Abs. 1 FamFG zustande gekommen ist. Gleiches gilt, wenn das Amtsgericht bei der Scheidung der Ehe eine Familiensache entgegen § 137 Abs. 2 S. 1 FamFG nicht als Folgesache behandelt hat, obwohl der Beschwerdeführer diese spätestens zwei Wochen vor der mündlichen Verhandlung im ersten Rechtszug in der Scheidungssache beim Familiengericht anhängig gemacht hat. Auch dieser Verstoß kann nur, aber auch mit der Beschwerde gegen den Scheidungsausspruch geltend gemacht werden.

Ein solcher Verstoß gegen §§ 137 Abs. 1, 140 FamFG stellt einen wesentlichen Verfahrensmangel dar, der es gestattet, den als unzulässige Teilentscheidung ergangenen Scheidungsbeschluss auch ohne besonderen Antrag aufzuheben und durch Zurückverweisung nach § 117 Abs. 2 FamFG iVm § 538 Abs. 2 Nr. 7 ZPO den Verbund wieder herzustellen, wenn die abgetrennte Folgesache noch in der Vorinstanz anhängig ist (vgl. zB OLG Koblenz FamRZ 2016, 1396).

2. Die Vertretung durch Rechtsanwälte ist vorgeschrieben (§ 114 Abs. 1 FamFG).

3. Die Beschwerdebegründung muss beim Beschwerdegericht eingereicht werden (§ 117 Abs. 1 S. 2 FamFG).

4. Diese Beschwerde kann von beiden Beteiligten eingelegt werden, auch von der Antragstellerseite, wenn dem Scheidungsantrag antragsgemäß stattgegeben wurde. Denn durch die unzulässige Auflösung des Verbunds ist auch ein nur scheinbar vollumfänglich erfolgreicher Antragsteller beschwert.

5. Die Rechtsmittelbegründung muss innerhalb von zwei Monaten nach Bekanntgabe der angefochtenen Entscheidung eingereicht werden (§ 117 Abs. 1 S. 2 FamFG). Es ist deshalb zweckmäßig, (noch einmal) das Zustellungsdatum anzugeben. Notwendig ist das aber nicht, weil das Gericht den Zeitpunkt der Zustellung aus seinen Akten entnehmen kann. Sollte die Frist unverschuldet versäumt werden, kann Wiedereinsetzung in den vorigen Stand gewährt werden (§ 117 Abs. 5 FamFG).

6. Ein Antrag zu den Kosten ist an sich nicht erforderlich, weil das Gericht die Kostenentscheidung von Amts wegen trifft. Das Beschwerdegericht sollte aber darauf hingewiesen werden, dass es für den Fall des Erlasses einer unzulässigen Teilentscheidung des Amtsgerichts die Regelung des § 20 FamGKG in den Blick nehmen muss, wonach eine Niederschlagung der Gerichtskosten des Beschwerdeverfahrens wegen unrichtiger Sachbehandlung in Betracht kommt. Diese Vorschrift ist schon bei der Kostengrundentscheidung zu beachten (vgl. BGH NJW-RR 2015, 385).

7. Gemäß § 117 Abs. 1 S. 1 FamFG hat der Beschwerdeführer zur Begründung seiner Beschwerde zwingend einem bestimmten Sachantrag zu stellen, der auch darauf gerichtet sein kann, den angegriffenen Beschluss aufzuheben und die Sache an das Familiengericht zur erneuten Verhandlung und Entscheidung zurückzuverweisen. Gemäß § 69 FamFG hat das Beschwerdegericht grundsätzlich in der Sache selbst zu entscheiden. Es darf die Sache unter Aufhebung des angefochtenen Beschlusses und des Verfahrens von Amts wegen ohne den Antrag eines Beteiligten nur dann an das Gericht des ersten Rechtszugs zurückweisen, wenn dieses in der Sache noch nicht entschieden hat. In allen anderen Fällen ist ein Aufhebungsantrag eines Beteiligten unerlässlich, der nur dann zur Aufhebung und Zurückweisung führt, wenn das Verfahren an einem wesentlichen Mangel leidet und zur Entscheidung eine umfangreiche oder aufwändige Beweiserhebung notwendig wäre. Bei unzulässiger Auflösung des Verbunds gelten aber die § 117 Abs. 2 S. 1 FamFG iVm § 538 Abs. 2 Nr. 1 und 7 ZPO, wonach ein Aufhebungsantrag entbehrlich ist, wenn das Familiengericht in einer Ehe- oder Familienstreitsache ein unzulässiges Teilurteil erlassen hat.

8. Die Beschwerde muss begründet werden (§ 117 Abs. 1 S. 1 FamFG). Dabei sind alle tatsächlichen und rechtlichen Gründe vorzutragen, von denen der Rechtsanwalt des Beschwerdeführers annimmt, dass sie zu der erstrebten Änderung der angefochtenen Entscheidung führen können. Dabei ist neues Vorbringen uneingeschränkt zulässig, und zwar auch dann, wenn dieses Vorbringen schon in der ersten Instanz möglich gewesen ist (§ 65 Abs. 3 FamFG). Eine Zurückweisung als verspätet kommt in Ehesachen und Familienstreitsachen nur ausnahmsweise in Betracht, wenn die Zulassung nicht rechtzeitig vorgebrachter Angriffs- und Verteidigungsmittel die Erledigung des Rechtsstreits verzögern würde und die Verspätung auf grober Nachlässigkeit beruht (§ 115 FamFG). Mit der Begründung muss also näher vorgebracht werden, warum das Amtsgericht die Folgesache Versorgungsausgleich zu Unrecht abgetrennt und warum es über die Anträge der Beschwerdeführerin zum nachehelichen Unterhalt und zum Zugewinnausgleich nach Maßgabe des § 137 FamFG im Scheidungsverbund entscheiden musste.

9. Der Schriftsatz muss als bestimmender Schriftsatz unterschrieben sein und ist gemäß §§ 130d Satz 1 ZPO, 113 Abs. 1 FamFG als elektronisches Dokument zu übermitteln. Zur ordnungsgemäßen Unterschrift → Form. O.II.1 Anm. 10.

6. Antrag auf Bewilligung von Verfahrenskostenhilfe für ein beabsichtigtes Beschwerdeverfahren

Rechtsanwalt/Rechtsanwältin[1, 2]

An das

Amtsgericht[3]

– Familiengericht – . . . . .

In der Sache

. . . . . vertreten durch Rechtsanwalt . . . . .

AGin (AG)[4] und Beschwerdeführer(in)

gegen

. . . . . vertreten durch Rechtsanwalt . . . . .

ASt(in) und Beschwerdegegner(in)

wegen . . . . .

Aktenzeichen: . . . . . F . . . . .

zeige ich an, dass ich d. AG(in) auch im Beschwerdeverfahren vertrete.

Namens und in Vollmacht d. AGin (AG) wird beantragt,

d. AG(in) Verfahrenskostenhilfe für die Einlegung der Beschwerde gegen den am . . . . . erlassenen Beschluss das Amtsgerichts – Familiengericht – . . . . . vom . . . . . zugestellt am . . . . . sowie für die Durchführung des Rechtsmittels unter Beiordnung des Unterzeichners zu bewilligen.[5]

Begründung:

D. AG(in) beabsichtigt, gegen den oben genannten Beschluss die Beschwerde einzulegen und diese durchzuführen. D. AG(in) kann jedoch die Kosten der beabsichtigten Verfahrensführung nach seinen/ihren persönlichen und wirtschaftlichen Verhältnissen nicht aufbringen. Weil die beabsichtigte Beschwerde auch hinreichende Erfolgsaussichten hat, ist die beantragte Verfahrenskostenhilfe zu bewilligen, § 114 Abs. 1 ZPO. Gemäß § 121 Abs. 1 ZPO ist der Unterzeichner zur Vertretung im Beschwerdeverfahren beizuordnen.[6]

1. D AG(in) ist bedürftig. Dazu wird auf die anliegende aktuelle Erklärung der Antragsgegnerin über die persönlichen und wirtschaftlichen Verhältnisse nebst Anlagen verwiesen.[7] D AG(in) steht namentlich kein Anspruch auf Verfahrenskostenvorschuss gegenüber dem Ehegatten zu.[8]

2. Wegen der hinreichenden Erfolgsaussichten der Beschwerde wird auf den anliegenden Entwurf einer Beschwerdebegründung Bezug genommen. Es wird anwaltlich versichert, dass der Unterzeichner zur Einlegung der Beschwerde und der Durchführung des Rechtsmittels nur bereit ist, soweit d. AG(in) Verfahrenskostenhilfe bewilligt wird.[9]

Rechtsanwalt/Rechtsanwältin

Anmerkungen

1. Ist ein Beteiligter nicht in der Lage, die Kosten für das Beschwerdeverfahren aufzubringen, ist er so lange unverschuldet an der Einlegung und Durchführung des Rechtsmittels gehindert, wie er alles in seinen Kräften Stehende und Zumutbare getan hat, um die Beschwerde- und Beschwerdebegründungsfrist zu wahren. Damit ihm später Wiedereinsetzung in die Versäumung dieser Fristen gewährt werden kann, muss er sich deshalb darum bemühen, den Hinderungsgrund der Bedürftigkeit aus dem Weg zu räumen, indem er sich innerhalb der laufenden Rechtmittel- und Rechtsmittelbegründungsfrist in der gesetzlich vorgeschriebenen Weise um Verfahrenskostenhilfe bemüht. Wer vor Ablauf dieser Fristen Verfahrenskostenhilfe beantragt hat, ist bis zur Entscheidung über seinen Antrag aber nur so lange ohne Verschulden an der Fristwahrung gehindert, als er nicht mit der Ablehnung seines Antrages wegen fehlender Bedürftigkeit rechnen muss (BGH FamRZ 2006, 32). Er muss sich also einerseits für bedürftig im Sinne der §§ 114 ff. FamFG halten dürfen und andererseits alles tun, damit aufgrund der von ihm eingereichten Unterlagen ohne Verzögerung über sein Verfahrenskostenhilfegesuch entschieden werden kann.

2. Eine Vertretung durch Rechtsanwälte ist im Verfahren über einen Antrag auf Verfahrenskostenhilfe nicht vorgeschrieben, auch nicht im Beschwerdeverfahren (§ 114 Abs. 4 Nr. 5 FamFG). Gemäß §§ 130d ZPO, 113 Abs. 1, 14b FamFG muss der von einem Anwalt gestellte Antrag aber als elektronisches Dokument übermittelt werden.

3. Der Antrag ist gemäß § 64 Abs. 1 S. 2 FamFG bei dem Gericht einzureichen, dessen Beschluss angefochten werden soll. Dies ist nicht das Oberlandesgericht, sondern das Amtsgericht, obwohl das Oberlandesgericht in der Sache über den Antrag zu entscheiden hat. Denn es hat auch über das Rechtsmittel zu entscheiden. Wer den Antrag auf

Bewilligung von Verfahrenskostenhilfe fälschlich bei dem OLG anbringt, ohne dass der Antrag noch im gewöhnlichen Geschäftsgang innerhalb der Beschwerdefrist dem Amtsgericht zugeleitet werden kann, hat nicht alles getan, um seine Bedürftigkeit zu beseitigen und kann keine Wiedereinsetzung erwarten (BGH Beck RS 2020, 30924 = FamRZ 2021, 209).

Der Antrag muss innerhalb der Beschwerdefrist gestellt werden. Zu diesem Zeitpunkt muss der Verfahrenskostenhilfeantrag dem Gericht vollständig vorliegen (BGH BeckRS 2020, 30924 = FamRZ 2021, 209). Wenn ein Teil nach Fristablauf eingeht, wird der Antrag abgelehnt, weil der Antragsteller nicht erwarten kann, dass ihm aufgrund unvollständiger Unterlagen Verfahrenskostenhilfe bewilligt wird. Deshalb muss auch eine unterschriebene vollständige aktuelle Erklärung über die persönlichen und wirtschaftlichen Verhältnisse des Antragstellers rechtzeitig innerhalb der Beschwerdefrist eingereicht werden. Die Anforderungen sind streng, weshalb der anwaltliche Verfahrensbevollmächtigte die Erklärung eigenverantwortlich prüfen muss. Es reicht also nicht aus, am letzten Tag der Frist den Schriftsatz an das Gericht per Fax mit dem Vermerk zu übermitteln, die Erklärung über die persönlichen und wirtschaftlichen Verhältnisse werde mit dem Original des Schriftsatzes eingereicht, wenn dieser Schriftsatz nach Fristablauf bei Gericht eingeht. Auch in diesem Fall muss der Verfahrenskostenhilfeantrag vom Gericht abgelehnt werden. Eine spätere Wiedereinsetzung wird nicht in Betracht kommen.

4. Die Beteiligtenbezeichnung der ersten Instanz muss in der zweiten Instanz beibehalten werden. Es empfiehlt sich aber, den beschwerdeführenden Beteiligten voranzustellen, wie es auch im Rubrum der Beschlüsse des Beschwerdegerichts geschieht.

5. Der Antrag muss erkennen lassen, dass zum gegenwärtigen Zeitpunkt nicht die kostenauslösende Einlegung einer unbedingten Beschwerde gewollt ist. Es müssen deshalb unbedingt Formulierungen vermieden werden, wonach Beschwerde „für den Fall“ oder „unter der Voraussetzung der Bewilligung von Verfahrenskostenhilfe“ eingelegt werde. Denn bei Zweifeln gilt die Beschwerde in einem solchen Fall als unbedingt eingelegt.

6. Da sich die Beteiligten in Ehe- und Familienstreitsachen anwaltlich vertreten lassen müssen, ist die Beiordnung eines Anwalts obligatorisch, § 121 Abs. 1 ZPO, § 113 FamFG. In FG-Sachen kommt eine Beiordnung aber nur in Betracht, wenn die Vertretung durch einen Rechtsanwalt wegen der Schwierigkeit der Sach- und Rechtslage erforderlich erscheint, § 78 Abs. 2 FamFG. Dazu sollte in FG-Familiensachen stets gesondert vorgetragen werden.

7. Diese Erklärung ist im Zweifelsfall auch in zweiter Instanz vorzulegen. Denn es ist unerlässlich, dass die aktuellen persönlichen und wirtschaftlichen Verhältnisse des Antragstellers in jeder Instanz vollständig dargelegt werden. Am Sichersten erweist sich die Vorlage einer formularmäßigen, vom Verfahrensbevollmächtigten sorgfältig überprüften vollständigen neuen Erklärung über die aktuellen persönlichen und wirtschaftlichen Verhältnisse, zumal diese für jede Instanz neu verlangt werden kann. Die in der Praxis übliche pauschale Verweisung auf die in erster Instanz abgegebene Erklärung ist sehr risikobehaftet, weil sie sich meist auf lange zurückliegende Zeitpunkte bezieht. Sie reicht allenfalls dann, wenn bereits in erster Instanz Verfahrenskostenhilfe bewilligt worden ist und keine Verbesserung der wirtschaftlichen Situation eingetreten ist. Dann kann es auch unschädlich sein, wenn die neu vorgelegten Unterlagen unvollständig sind (vgl. BGH BeckRS 2020, 30924 = FamRZ 2021, 209 und BVerfG FamRZ 2020, 846). Die maßgeblichen Umstände ändern sich im Verlauf eines familiengerichtlichen Verfahrens wegen der Entflechtung der familiären Verhältnisse und Neustrukturierung der Lebensumstände der Beteiligten jedoch häufig. Ergeben sich diese Änderungen – wie ein Wohnungs- und Arbeitswechsel, der Zufluss von Vermögen durch Immobilienverkäufe, der Wechsel unterhaltspflichtiger Kinder zum anderen Elternteil – bereits aus der Hauptakte, kann der Anwalt nicht darauf vertrauen, dass seinem Mandanten bei pauschaler Bezugnahme auf frühere Erklärungen Verfahrenskostenhilfe bewilligt werden kann. Damit gefährdet er die spätere Wiedereinsetzung in die Versäumung der Beschwerdefrist. Gleiches gilt für ins Blaue abgegebene Erklärungen, dass sich an den in erster Instanz maßgeblichen persönlichen und wirtschaftlichen Verhältnissen des Mandanten nichts geändert habe.

8. In der Praxis wird häufig bereits vom Amtsgericht übersehen, dass dem Antragsteller gemäß § 1360a Abs. 4 S. 1 BGB ein Anspruch auf Verfahrenskostenvorschuss gegenüber seinem getrennt lebenden Ehegatten oder einem Elternteil zustehen kann. Mit dieser Frage muss sich der anwaltliche Verfahrensbevollmächtigte auseinandersetzen und dazu vortragen, wenn ein solcher Anspruch ernsthaft in Betracht kommt.

9. Damit der Antragsteller auf die Bewilligung von Verfahrenskostenhilfe vertrauen kann, muss er mit seinem Antrag auch darlegen, warum die beabsichtigte Rechtsverfolgung hinreichende Erfolgsaussichten hat. Dies kann in der Antragsschrift selbst geschehen. Es kann aber auch auf den beigefügten Entwurf einer Beschwerdebegründung Bezug genommen werden. Dabei darf aber nicht der Eindruck erweckt werden, der Antragsteller bedürfe keiner Verfahrenskostenhilfe, weil sein Anwalt die notwendige Arbeit bereits für ihn erledigt habe. Der Beteiligte sollte deshalb glaubhaft machen, dass sein anwaltlicher Vertreter nicht bereit ist, das Rechtsmittel ohne Bewilligung von Verfahrenskostenhilfe ordnungsgemäß und insbesondere fristgerecht einzulegen und zu begründen (vgl. BGH NJW 2012, 2041).

7. Beschwerde in FG-Familiensachen (Kindschaftssachen, Abstammungssachen, Adoptionssachen, Wohnungszuweisungs- und Hausratssachen, Gewaltschutzsachen sowie Versorgungsausgleich, § 111 FamFG)

Rechtsanwalt/Rechtsanwältin[1, 2, 3]

An das

Amtsgericht[4]

– Familiengericht – . . . . .

In der Sache

. . . . . vertreten durch RAe . . . . .

AGin (AG) und Beschwerdeführer(in)

gegen

. . . . . vertreten durch Rechtsanwalt . . . . .

Ast(in) und Beschwerdegegnerin (Beschwerdegegner)

wegen . . . . .

Aktenzeichen: . . . . . F . . . . .

Namens und in Vollmacht d. AG(in) wird gegen den am . . . . . erlassenen Beschluss des Amtsgerichts – Familiengericht – vom . . . . ., zugestellt am[5]

Beschwerde

eingelegt.

Es wird beantragt,[6]

1. den Antrag d. ASt(in) auf Übertragung des alleinigen Sorgerechts für das gemeinsame zu Ziffer 1 beteiligte Kind K . . . . ., geboren am . . . . . in Abänderung des angegriffenen Beschlusses zurückzuweisen,
2. das Aufenthaltsbestimmungsrecht für des zu Ziffer 1 beteiligte Kind K . . . . . in Abänderung des angegriffenen Beschlusses auf d. AG(in) zu übertragen,
3. gemäß § 64 Abs. 3 FamFG die sofortige Wirksamkeit des angegriffenen Beschlusses auszusetzen,[7]
4. über die Sache nach mündlicher Erörterung und erneuter persönlicher Anhörung des Kindes und der übrigen Beteiligten durch den Senat als Kollegialgericht zu entscheiden.[8]

Begründung:[9]

I.

Das Amtsgericht – Familiengericht – hat die für das zu Ziffer 1 beteiligte Kind . . . . . bestehende gemeinsame Sorge auf Antrag d. Ast(in) aufgelöst und das Sorgerecht d. Ast (in) zur alleinigen Sorge übertragen. D. AG(in) hat dem in erster Instanz zwar noch vor allem deshalb zugestimmt, weil d. Ast(in) von ihrem bereits in erster Instand im Raum stehenden Umzugswillen glaubhaft Abstand genommen hatte, nachdem das Kind . . . . . einem Umzug vehement widersprochen hat. Diese Zustimmung kann jedoch nicht mehr aufrecht erhalten werden, weil d. Ast(in) überraschend angekündigt hat, mit dem nunmehr 14 Jahre alten Kind gegen dessen ausdrücklichen Willen zu einem bisher nicht bekannten neuen Partner in das weit entfernte M . . . . . ziehen zu wollen. Das Kind hat bereits angekündigt, einer einvernehmlichen Übertragung der Sorge auf d. Ast (in) gemäß § 1671 Abs. 1 S. 2 Nr. 1 BGB zu widersprechen. Es entspricht dem Wohl des Kindes deshalb nunmehr am besten, dem Beschwerdeführer unter Aufrechterhaltung des gemeinsamen Sorgerechts im Übrigen das alleinige Aufenthaltsbestimmungsrecht zu übertragen.

Gemäß dem Antrag zu Ziffer 3 ist die sofortige Wirksamkeit des Beschlusses vorläufig auszusetzen, da die d. Ast(in) sonst kurzfristig wie angekündigt den Aufenthaltsort des Kindes verändern und damit zum Schaden des Kindes Fakten schaffen wird.

Der Antrag zu Ziffer 4 ist begründet, weil die in erster Instanz durchgeführten Verfahrenshandlungen im Hinblick auf die seit der letzten Anhörung der Verfahrensbeteiligten eingetretenen wesentlichen Änderungen der tatsächlichen Verhältnisse keine tragfähige Grundlage für die zu treffende Beschwerdeentscheidung sein können. Wegen der essenziellen Bedeutung der Sache für das Kind und die Eltern ist die Sache nicht durch den Einzelrichter, sondern den gesamten Senat zu entscheiden.

II.

Zur Begründung im Einzelnen:

. . . . .

Rechtsanwalt/Rechtsanwältin[10]

Anmerkungen

1. Die Beschwerde nach § 58 FamFG findet gegen alle Endentscheidungen der Familiengerichte in den in § 111 FamFG aufgezählten Angelegenheiten statt. Handelt es sich nicht um eine Ehe- oder Familienstreitsache gemäß § 112 FamFG (Unterhalt, Güterrecht, sonstige Familiensachen nach § 266 FamFG, Lebenspartnerschaftssachen), gelten die Regelungen der §§ 58 ff. FamFG für das Beschwerdeverfahren uneingeschränkt, ohne dass die ZPO zur Anwendung kommt. Die Zulässigkeit des Rechtsmittels hängt nicht von der Begründung der Beschwerde ab, weil § 117 FamFG nur für Ehe- und Familienstreitsachen gilt. Gemäß § 65 Abs. 1 FamFG soll die Beschwerde aber begründet werden. Neue Tatsachen und neuer Vortrag sind einschränkungslos zulässig bis zum Erlass der Beschwerdeentscheidung (Empfang durch den Urkundsbeamten der Geschäftsstelle, § 38 Abs. 3 S. 3 FamFG, BGH NJW-RR 2022, 217–219 = FamRZ 2022, 189–192). Es besteht auch kein Anwaltszwang gemäß § 114 FamFG. Die Beiordnung eines Rechtsanwaltes kommt nur unter den Voraussetzungen des § 78 Abs. 2 FamFG in Betracht.

Gemäß § 68 Abs. 3 S. 1 FamFG richtet sich das Beschwerdeverfahren nach den Vorschriften über das Verfahren im ersten Rechtszug. Der Amtsermittlungsgrundsatz gemäß § 26 FamFG gilt deshalb auch für das Beschwerdegericht. Dies hat auch die für jede Familiensache geltenden spezifischen Verfahrensvorschriften zu beachten. Dies gilt zum Beispiel in Kindschaftssachen für die Vorschriften der §§ 151 ff. FamFG über die persönliche Anhörung der Eltern, des Kindes, die Bestellung eines Verfahrensbeistands und die Mitwirkung des Jugendamtes. Die in erster Instanz erfolgte Bestellung des Verfahrensbeistands endet erst mit rechtskräftigem Abschluss des Verfahrens. Der Verfahrensbeistand ist also automatisch auch für das Beschwerdeverfahren bestellt und verdient seine Vergütung nach § 158c FamFG aufs Neue, die einen gewichtigen Teil der nach § 81 FamFG zu verteilenden Gerichtskosten ausmacht. Dies muss der anwaltliche Verfahrensbevollmächtigte bei der Bemessung des mit der Erhebung der Beschwerde in einer Kindschaftssache verbundenen Kostenrisikos unbedingt in den Blick nehmen.

2. Wegen der Familienstreitsachen Unterhalt, Güterrecht und sonstige aus Verlöbnis oder Ehe stammende Ansprüche (§ 266 FamFG) wird auf → Form. O.II.2 und → Form. O.II.3 verwiesen.

3. Eine Vertretung durch Rechtsanwälte ist in diesen Verfahren nicht zwingend. Dies gilt auch für Versorgungsausgleichssachen außerhalb des Verbundes. Gemäß § 114 FamFG ist die Vertretung durch Rechtsanwälte nur für Ehesachen, Folgesachen, in Familienstreitsachen (Definition in § 112 FamFG) und den entsprechenden Lebenspartnerschaftssachen vorgeschrieben.

4. Die Beschwerde muss immer bei dem Gericht eingelegt werden, dessen Entscheidung angefochten wird (§ 64 Abs. 1 FamFG).

5. Die Beschwerde muss innerhalb einer Frist von einem Monat (§ 63 Abs. 1 FamFG), bei Beschwerden gegen Endentscheidungen in einstweiligen Anordnungsverfahren oder in Verfahren über die Genehmigung eines Rechtsgeschäfts innerhalb einer Frist von zwei Wochen (§ 63 Abs. 2 FamFG) ab Zustellung eingelegt werden. Das Zustellungsdatum muss nicht angegeben werden, weil das Gericht dieses Datum aus seinen Akten feststellen kann. Es ist aber auch zur Eigenkontrolle des Rechtsanwaltes zu empfehlen, dieses Datum anzugeben.

6. In FG-Familiensachen bedarf es zwar im Grundsatz keines konkreten Beschwerdeantrags. Es ist aber gleichwohl dringend anzuraten, die Zielrichtung des Rechtsmittels in Antragsform an den Anfang der Beschwerdeschrift zu stellen.

7. Gemäß § 64 Abs. 3 FamFG kann das Beschwerdegericht einstweilige Anordnungen treffen und insbesondere anordnen, dass die Vollziehung des angegriffenen Beschlusses ausgesetzt wird. Da Entscheidungen in FG-Familiensachen namentlich in Sorge- und Umgangssachen gemäß § 40 FamFG bereits mit schriftlicher Bekanntgabe sofort wirksam und damit gemäß § 86 Abs. 2 FamFG vollstreckbar sind, ist ein solcher Antrag geboten, wenn die Gefahr besteht, dass der Beschluss vollzogen und vor einer Entscheidung des Beschwerdegerichts vollendete Tatsachen geschaffen werden. Hat das Familiengericht die Herausgabe eines Kindes angeordnet, wird der Antrag unerlässlich sein.

8. Gemäß § 68 Abs. 3 S. 2 FamFG kann das Beschwerdegericht von erstinstanzlich vorgenommenen Verfahrenshandlungen – außer in den Fällen des seit 2021 geltenden § 68 Abs. 5 FamFG – absehen, wenn deren Wiederholung keinen neuen Erkenntnisgewinn verspricht, auch wenn diese gemäß § 68 Abs. 3 S. 1 FamFG in Verbindung mit den §§ 151 ff. FamFG an sich durchzuführen wären. Dafür ist aber unerlässliche Voraussetzung, dass das vor dem Amtsgericht geführte Verfahren weiterhin Grundlage für die Entscheidung des Beschwerdegerichts sein kann. Dies ist nicht der Fall, wenn nach der Durchführung dieser Verfahrenshandlungen wesentliche Änderungen in den entscheidungsrelevanten Verhältnissen eingetreten sind. Dazu sollte in der Beschwerde stets vorgetragen werden. Gleiches gilt für die Umstände, die gegen die Übertragung der Sache auf den Einzelrichter sprechen, § 526 ZPO, § 68 Abs. 4 FamFG. Gemäß § 68 Abs. 5 FamFG muss aber stets mündlich verhandelt werden, wenn es im Beschwerdeverfahren um Eingriffe in die Personensorge nach § 1666 BGB, einen Umgangsausschluss oder eine Verbleibensanordnung geht.

9. Die Beschwerde soll begründet werden (§ 65 Abs. 1 FamFG). Wenn dies nicht mit dem Schriftsatz, mit dem die Beschwerde eingelegt wurde, erfolgt ist, kann das Gericht dem Beschwerdeführer eine Frist zur Begründung einräumen (§ 65 Abs. 2 FamFG). Dies dient aber nur der Verfahrensbeschleunigung und -straffung und schließt späteren Vortrag nicht aus. Da in Familiensachen generell eine Abhilfe durch das Erstgericht ausgeschlossen ist (§ 68 Abs. 1 S. 2 FamFG), kann diese Fristsetzung in den Familiensachen nicht durch das Erstgericht, sondern nur durch den Vorsitzenden des Beschwerdegerichts verfügt werden. Eine Fristsetzung durch das Erstgericht ist unwirksam; in einem solchen Fall muss sofort darauf hingewiesen werden, dass die Sache unverzüglich dem Beschwerdegericht vorzulegen ist, § 68 Abs. 1 S. 1 FamFG.

Die Beschwerde kann auf neue Tatsachen und Beweismittel gestützt werden (§ 65 Abs. 3 FamFG). Es können alle in erster Instanz (noch) nicht vorgetragenen Tatsachen und Beweismittel zur Begründung der Beschwerde herangezogen werden. Dabei kommt es nicht darauf an, ob die Beteiligten die neu vorgetragenen Tatsachen und/oder Beweismittel schon in erster Instanz hätten vortragen können. Der Beschwerdeführer kann die Beschwerdebegründung bis zum Zeitpunkt des Erlasses der Beschwerdeentscheidung einreichen (BGH NJW-RR 2015, 1090). In Verfahren nach § 1671 BGB ist es deshalb auch zulässig, von einer erstinstanzlich erklärten Zustimmung zur Übertragung des Sorgerechts auf den anderen Elternteil Abstand zu nehmen und erstmals im Beschwerdeverfahren einen eigenen Gegenantrag zu stellen.

10. Der Schriftsatz muss vom Rechtsanwalt oder dem (der) Beteiligten unterschrieben werden (§ 64 Abs. 2 S. 3 FamFG). Gemäß § 14b FamFG muss die Beschwerde aber als elektronisches Dokument übermittelt und signiert werden, wenn sie von einem Rechtsanwalt, einem Notar, einer Behörde (z. B. dem Jugendamt) oder einer juristischen Person des öffentlichen Rechts eingereicht wird.

III. Anschlussbeschwerde

1. Vorbemerkungen

a) Hat ein Beteiligter gegen eine Endentscheidung des Familiengerichts Beschwerde eingelegt, steht dies der anschließenden Erhebung einer Beschwerde durch andere Beteiligte nicht entgegen. Wird eine solche Beschwerde in zulässiger Weise, also frist- und formgerecht beim richtigen Gericht eingelegt, handelt es sich um eine selbstständige Beschwerde, für die keine besonderen Regelungen gelten.

Nach Ablauf der Beschwerdefrist kann der Beschwerdegegner jedoch nicht mehr selbst Beschwerde gegen den Beschluss einlegen und aus eigenen Kräften keine Abänderung des Beschlusses mehr zu seinen Gunsten erreichen. Gemäß § 66 S. 1 FamFG kann er aber sowohl in FG-Familiensachen als auch in Ehe- und Familienstreitsachen die Anschlussbeschwerde erheben, um dies Ziel zu erreichen, auch wenn er auf die Beschwerde verzichtet hat oder die Beschwerdefrist für ihn bereits verstrichen ist. Auf diese Möglichkeit ist er dann angewiesen, wenn es dem Beschwerdegericht aufgrund des Verbots der reformatio in peius versagt ist, die von dem Beschwerdeführer angegriffene Ausgangsentscheidung zu dessen Lasten zu verschlechtern. Dies kommt zum Beispiel in Betracht, wenn ein zur Zahlung von Unterhalt verpflichteter Ehegatte Beschwerde gegen die Höhe der Unterhaltsverpflichtung einlegt und der berechtigte Ehegatte im Vertrauen auf den Bestand der Entscheidung von der fristgerechten Erhebung einer auf die Zahlung höheren Unterhalts gerichteten Beschwerde abgesehen hat.

b) Der Anschlussbeschwerde bedarf es in allen Verfahren, in denen der Grundsatz des Verbots der reformatio in peius gilt, also namentlich in Ehe- und Familienstreitsachen nach § 112 FamFG. Die Kostengrundentscheidung des Familiengerichts kann das Beschwerdegericht zwar von Amts wegen auch zu Lasten des Beschwerdeführers ändern, sodass insoweit keine Anschlussbeschwerde nötig ist. Richtet sich die Beschwerde aber isoliert nur gegen die Kostenentscheidung, kann diese nur auf die Anschlussbeschwerde eines anderen Beteiligten zu Lasten des Beschwerdeführers verschlechtert werden.

Eine besondere und oft übersehene Bedeutung hat die Anschlussbeschwerde im Bereich des Versorgungsausgleichs, wenn ein Beteiligter die Beschwerde zulässigerweise nur auf den zu einem Einzelrecht ergangenen Ausspruch des Amtsgerichts beschränkt hat. Dies ist fast immer dann der Fall, wenn nur ein Versorgungsträger die Beschwerde führt. In diesem Fall darf sich das Beschwerdegericht grundsätzlich nicht von Amts wegen mit den übrigen Teilen des Ausspruchs zum Versorgungsausgleich beschäftigen, weil diese nicht Gegenstand des Beschwerdeverfahrens sind. Will ein Ehegatte in einem solchen Fall die umfassende Prüfung der Entscheidung zum Versorgungsausgleich erreichen, muss er deshalb gegen den übrigen Ausspruch zum Versorgungsausgleich die Anschlussbeschwerde einlegen.

c) Im Scheidungsverbundverfahren gelten für die Erhebung der Anschlussbeschwerde innerhalb einer Folgesache – zB innerhalb der Folgesache nachehelicher Unterhalt gegen den Ausspruch zum nachehelichen Unterhalt – keine Besonderheiten. § 145 FamFG ermöglicht aber auch die Anschlussbeschwerde gegen den Ausspruch zur Ehesache oder einer Folgesache, wenn sich die Beschwerde des Beschwerdeführers gegen den Gegenstand einer anderen Folgesache richtet. Wendet sich der Beschwerdeführer z. B. gegen den Ausgleich einer – eigentlich von Zugewinnausgleich erfassten – Kapitallebensversicherung im Versorgungsausgleich, kann der andere Ehegatte also Anschlussbeschwerde gegen die Entscheidung zum Zugewinnausgleich einlegen, um die – sonst verwehrte –

Berücksichtigung des Werts der Versicherung bei der Berechnung des Zugewinnausgleichsanspruch zu erreichen. Ebenso kann der Beschwerdegegner den Ausspruch zur Scheidung mit der Anschlussbeschwerde angreifen, wenn der andere Ehegatte Beschwerde in einer der Folgesachen einlegt.

d) Die Anschlussbeschwerde kann grundsätzlich unbefristet noch bis zum Erlass der Beschwerdeentscheidung erhoben werden.

Dies gilt aber nur in FG-Familiensachen. Denn in einer Ehe- und Familienstreitsache ist die Anschlussbeschwerde nur innerhalb der von dem Beschwerdegericht gesetzten Frist zur Beschwerdeerwiderung zulässig (§ 117 Abs. 2 S. 1 FamFG, § 524 Abs. 2 S. 2 ZPO). Hat das Beschwerdegericht keine solche Frist gesetzt, sondern nur die Beschwerdebegründung übersandt, kann die Anschlussbeschwerde aber auch in allen Ehe- und Familienstreitsachen wenigstens bis zum Schluss der mündlichen Verhandlung erhoben werden.

Eine Gegenausnahme zur Befristung gilt gemäß § 524 Abs. 2 S. 3 ZPO, § 117 Abs. 2 S. 1 FamFG, wenn es um Ansprüche auf künftig fällig werdende wiederkehrende Leistungen geht. In Unterhaltssachen kommt eine Anschlussbeschwerde also auch noch nach Ablauf einer zur Beschwerdeerwiderung gesetzten Frist in Betracht. Sie kann auch auf Rückstände erweitert werden.

Diese Grundsätze gelten auch im Scheidungsverbundverfahren, solange sich Beschwerde und Anschlussbeschwerde auf denselben Verfahrensgegenstand, also etwa den Ausspruch zur Scheidung oder in derselben Folgesache beziehen. Innerhalb einer Versorgungsausgleichssache kann die Anschlussbeschwerde also noch bis zum Erlass der Beschwerdeentscheidung erhoben werden, obwohl eine Anschlussbeschwerde innerhalb der Folgesache Güterecht wegen Ablaufs der Frist des § 524 Abs. 2 S. 2 ZPO nicht mehr möglich wäre.

Will der Gegner auf die Beschwerde seines Ehegattens in einer Folgesache Anschlussbeschwerde in der Ehesache oder in einer anderen Folgesache erheben, gelten jedoch die Besonderheiten des § 145 FamFG. In diesem Fall kann die Anschlussbeschwerde gemäß § 145 S. 1 FamFG nur bis zum Ablauf eines Monats nach Bekanntgabe der Rechtsmittelgründung angefochten werden, ohne dass es darauf ankommt, ob eine Frist zur Beschwerdeerwiderung gesetzt worden ist. Ist eine Rechtsmittelbegründung – wie zum Beispiel bei der Beschwerde in der Folgesache Versorgungsausgleich oder Sorgerecht – nicht vorgeschrieben, tritt an deren Stelle die bloße Bekanntgabe der Beschwerdeschrift. Wird mit der Beschwerde gegen den Ausspruch zum Güterrecht gerügt, eine Kapitallebensversicherung falle wegen § 2 VersAusglG in den Versorgungsausgleich, muss also in der Versorgungsausgleichssache binnen eines Monats ab Erhalt der Beschwerdebegründung Anschlussbeschwerde eingelegt werden. Sonst wird der Ausspruch zum Versorgungsausgleich rechtskräftig.

Nach dem zum 15.10.2016 neugefassten § 145 Abs. 3 FamFG kann durch die Anschließung an die Beschwerde eines Versorgungsträgers der Scheidungsausspruch jedoch nicht mehr angefochten werden. Diese Einschränkung gilt aber nicht, wenn der andere Ehegatte die Beschwerde gegen den Ausspruch zum Versorgungsausgleich führt.

e) Über die nach Ablauf der eigenen Beschwerdefrist eingelegte Anschlussbeschwerde wird nur entschieden, wenn die Beschwerde des anderen Beteiligten nicht als unzulässig verworfen oder zurückgenommen wird. Denn die unselbstständige Anschlussbeschwerde verliert gemäß § 66 S. 2 FamFG in diesem Fall ihre Wirkung. Bei der Anschlussbeschwerde handelt es sich nicht um ein Rechtsmittel, sondern um ein Verteidigungsmittel, deren Kosten deshalb als solche des Verfahrens behandelt werden; wird eine Beschwerde zurückgenommen, trägt der Beschwerdeführer folglich die Kosten des Anschlussrechtsmittels ungeachtet dessen Erfolgsaussichten.

2. Anschlussbeschwerde in einer Familienstreitsache (§ 66 FamFG)

Rechtsanwalt/Rechtsanwältin[1]

An das

Oberlandesgericht[2]

– Familiensenat – . . . . .

In der Sache

. . . . .

vertreten durch Rechtsanwalt . . . . .

Ast(in) und Beschwerdegegner(in)

gegen

. . . . .

vertreten durch Rechtsanwalt . . . . .

AG(in) und Beschwerdeführer(in)

wegen . . . . .

Aktenzeichen: . . . . . UF . . . . .

Namens und in Vollmacht d. Ast(in) wird hiermit

Anschlussbeschwerde

gegen den am . . . . . erlassenen Beschluss des Amtsgerichts – Familiengerichts – eingelegt.[3]

Es wird beantragt,

1. die Beschwerde d. AG(in) zurückzuweisen,[4]
2. den am . . . . . erlassenen Beschluss des Amtsgerichts – Familiengericht – . . . . . vom . . . . . dahingehend abzuändern, dass d. AG(in) verpflichtet wird, an d. Ast (in) über den zugesprochenen Zugewinnausgleich von 30.000 EUR hinaus weitere 15.000 EUR zu zahlen.[5]

Begründung:

Das Amtsgericht hat d. AG(in) mit dem angegriffenen Beschluss verpflichtet, an d. Ast(in) einen Zugewinnausgleich in Höhe von 30.000 EUR zu zahlen und den weitergehenden Antrag zurückgewiesen. Dagegen richtet sich die bei dem Senat anhängige Beschwerde d. AG(in). Die Beschwerdebegründung ist d. Ast(in) am . . . . . zugestellt und eine Frist zur Erwiderung von einem Monat gesetzt worden.

D. Ast(in) hat im Vertrauen auf das Ende der güterrechtlichen Auseinandersetzung keine Beschwerde erhoben. Nachdem sich d. AG(in) nicht mit der Entscheidung zufrieden geben kann, schließt sich d. Ast(in) der Beschwerde gemäß § 66 FamFG fristgerecht an, weil sich ihr Anspruch auf Zugewinnausgleich auf insgesamt 45.000 EUR beläuft.[6]

Im Einzelnen gilt folgendes: . . . . .

Rechtsanwalt/Rechtsanwältin[7]

Anmerkungen

1. Eine Vertretung durch Rechtsanwälte ist gemäß § 114 FamFG in den Ehe- und Familienstreitsachen vorgeschrieben (§§ 112, 113, 114 FamFG).

2. Die Anschlussbeschwerde muss bei dem Beschwerdegericht eingelegt werden (§ 66 S. 1 Hs. 2 FamFG). Sollte die Anschlussbeschwerde noch innerhalb der Beschwerdefrist des § 63 FamFG eingelegt werden können, muss sie beim Erstgericht eingelegt werden, weil sie dann als selbstständige Beschwerde zu behandeln ist und ihre Wirkung nicht allein dadurch verlieren kann, dass die Beschwerde der Gegenseite als unzulässig verworfen oder zurückgenommen wird.

3. Die Anschlussbeschwerde kann auch dann eingelegt werden, wenn auf die Einlegung einer Beschwerde verzichtet wurde. Auch muss die Beschwerdefrist nicht eingehalten werden (§ 66 S. 1 Hs. 1 FamFG). Die Anschlussbeschwerde kann in FG-Familiensachen zwar so lange eingelegt werden, wie die Entscheidung des Beschwerdegerichts noch nicht auf der Geschäftsstelle eingegangen (erlassen) ist. In Streitsachen (Ausnahme: laufender Unterhalt) muss sie jedoch innerhalb der von dem Beschwerdegericht wirksam durch den Vorsitzenden gesetzten Frist zur Erwiderung auf die Beschwerdebegründung eingelegt werden, § 524 Abs. 2 S. 2, 3 ZPO, § 117 Abs. 2 FamFG (→ Vorb. O.I Nr. 4).

Im Scheidungsverbundverfahren ist die Anschlussbeschwerde gegen eine andere Sache, als in der Beschwerde eingelegt worden ist, nur innerhalb der Fristen des § 145 FamFG zulässig, vorliegend also z.B. gegen den Ausspruch zum Unterhalt nur binnen eines Monats ab Zustellung der Beschwerdebegründung in der Folgesache Güterrecht ohne Rücksicht auf eine Fristsetzung zur Erwiderung.

4. Im Regelfall wird die Anschlussbeschwerde in einem Schriftsatz mit der Beschwerdeerwiderung eingelegt. Dies ist aber nicht zwingend, solange die gerichtlich gesetzte Erwiderungsfrist gewahrt ist.

5. Hier ist der Antrag einzusetzen.

6. Mit der Anschlussbeschwerde kann auch ein erstinstanzlich gestellter Antrag erstmals im Beschwerdeverfahren erweitert werden, auch wenn der Anschlussbeschwerdeführer in erster Instanz vollumfänglich obsiegt hat.

7. Der Anschlussbeschwerdeschriftsatz ist zu unterschreiben, weil auch eine Beschwerdeschrift zu unterschreiben ist, und zwar im Anwaltsverfahren vom Rechtsanwalt, sonst vom Beschwerdeführer selbst (§ 64 Abs. 2 S. 3 FamFG) und gemäß §§ 130d S. 1 ZPO, 113 Abs. 1 FamFG im Falle der Einlegung durch einen Rechtsanwalt, aber auch durch eine Behörde wie das Jugendamt als elektronisches Dokument zu übermitteln.

3. Anschlussbeschwerde in Ehe-(Verbund-)sachen

Rechtsanwalt/Rechtsanwältin[1]

An das

Oberlandesgericht[2]

– Familiensenat – . . . . .

In der Sache

. . . . . vertreten durch Rechtsanwalt . . . . .

Ast(in) und Beschwerdeführer(in)

gegen

. . . . . vertreten durch Rechtsanwalt . . . . .

AG(in) und Beschwerdegegnerin (Beschwerdegegner)

wegen . . . . .

Aktenzeichen: . . . . . UF . . . . .

Namens und in Vollmacht der Antragstellerin wird

Anschlussbeschwerde

gegen den Ausspruch zum Güterrecht (Tenor zu Ziffer 4) des am . . . . . erlassenen Scheidungsverbundbeschlusses des Amtsgerichts – Familiengericht – . . . . .

eingelegt.[3]

Es wird beantragt,

den am . . . . . erlassenen Beschluss des Amtsgerichts – Familiengericht – . . . . . vom . . . . . im Ausspruch zum Güterrecht (Tenor zu Ziffer 4) dahingehend . . . . . abzuändern, dass der Antragsgegner verpflichtet wird, der Antragstellerin einen Zugewinnausgleich in Höhe von 30.000 EUR zu zahlen.[4]

Begründung:[5]

Das Amtsgericht – Familiengericht – hat die Ehe der beteiligten Eheleute mit dem angegriffenen Scheidungsverbundbeschluss geschieden, den Versorgungsausgleich geregelt, den Antragsgegner zur Zahlung nachehelichen Unterhalts in Höhe von . . . . . verpflichtet und den Antrag der Antragstellerin auf Zahlung eines Zugewinnausgleichs abgewiesen.

Der Antragsgegner hat sich mit seiner gemäß den nachstehenden Ausführungen unbegründeten Beschwerde gegen den Ausspruch zum Versorgungsausgleich und zum nachehelichen Unterhalt gewandt. Er macht unter anderem geltend, das Amtsgericht habe beim Ausspruch zum Versorgungsausgleich zu Unrecht ein bei der A-Lebensversicherung begründetes Anrecht des Antragsgegners zum Ausgleich gebracht. Dies dürfte sich als richtig erweisen, so dass die Lebensversicherung in den Zugewinn des Antragsgegners fällt. Daraus erwächst der Antragstellerin aber ein Anspruch auf Zahlung eines Zugewinnausgleichs in Höhe von 30.000 EUR. Dieser Anspruch wird nun im Wege der nur gegen den Ausspruch zum Güterrecht gerichteten Anschlussbeschwerde geltend gemacht.

Die Anschlussbeschwerde ist fristgerecht eingelegt, weil der Antragstellerin die Beschwerdebegründungsschrift des Antragsgegners am ..... bekannt gemacht worden ist.[6]

Zur Begründung wird Folgendes ausgeführt:

.....

Rechtsanwalt/Rechtsanwältin[7]

Anmerkungen

1. In Ehesachen und Folgesachen ist die Vertretung durch Rechtsanwälte vorgeschrieben (§ 114 Abs. 1 FamFG).

2. Die Anschlussbeschwerde muss bei dem Beschwerdegericht eingelegt werden (§ 66 S. 1 Hs. 2 FamFG).

3. Die Anschlussbeschwerde kann auch eingelegt werden, wenn vorher auf die Einlegung einer Beschwerde verzichtet wurde oder wenn die Beschwerdefrist (§ 63 Abs. 1 FamFG) abgelaufen ist (§ 66 S. 1 Hs. 1 FamFG).

4. Die Anschlussbeschwerde muss einen Sachantrag enthalten.

5. Die Anschlussbeschwerde ist zu begründen, weil auch eine (Haupt-)Beschwerde begründet werden muss (§ 117 Abs. 1 S. 1 FamFG). Die Notwendigkeit des Anschlussrechtsmittels ergibt sich vorliegend daraus, dass sich das Beschwerdegericht auf die gegen den Ausspruch zum Versorgungsausgleich gerichtete Beschwerde des Ehemanns nicht von Amts wegen mit dem Ausspruch des Amtsgerichts zum Güterrecht befassen darf. Nimmt der Beschwerdeführer seine Beschwerde zurück, wird eine zum Güterrecht erhobene unselbständige, also erst nach Ablauf der eigenen Beschwerdefrist eingelegten Anschlussbeschwerde aber unwirksam.

6. Die Anschlussbeschwerde muss innerhalb eines Monats nach Zustellung der Beschwerdebegründung eingelegt werden, wenn eine andere Sache aus dem Verbund angegriffen wird (§ 145 Abs. 1 FamFG); ob eine Frist zur Beschwerdeerwiderung gesetzt worden ist, ist hier ohne Bedeutung. Ist in der Sache – wie zum Beispiel in Versorgungsausgleichssachen – keine Begründung erforderlich, beginnt die Anschlussbeschwerdefrist aber früher, nämlich bereits mit Bekanntgabe der Beschwerdeschrift.

Bei einer Anschlussbeschwerde, welche dieselbe Familiensache betrifft (zB Güterrecht), ist die Anschlussbeschwerde nur innerhalb der richterlich gesetzten Frist zur Beschwerdeerwiderung zulässig (§ 117 Abs. 2 S. 1 FamFG, § 524 Abs. 2 S. 2 ZPO), soweit es sich nicht um Ansprüche auf künftig fällig werdende wiederkehrende Leistungen (in Familiensachen meist Unterhalt, möglich auch bei Leistungen für das Wohnen im Haus oder der Wohnung des anderen Beteiligten) handelt (§ 117 Abs. 2 S. 1 FamFG, § 524 Abs. 2 S. 3 ZPO). In diesen Fällen kann die Anschlussbeschwerde bis zum Ende der mündlichen Verhandlung erhoben werden (vgl. BGH NJW 2009, 1271 = FamRZ 2009, 579). Dabei können auch trotz der Zitierung des § 323 ZPO in § 524 Abs. 2 S. 3 ZPO Tatsachen vorgetragen und Beweismittel angeboten werden, die in erster Instanz schon vorhanden und bekannt waren (BGH NJW 2009, 1271).

7. Die Anschlussbeschwerdeschrift muss unterschrieben und als anwaltlicher Schriftsatz gemäß §§ 130d Satz 1 ZPO, 113 Abs. 1 FamFG als elektronisches Dokument übermittelt werden.

IV. Beschwerdeerweiterung im Verbundverfahren

Rechtsanwalt/Rechtsanwältin[1]

An das

Oberlandesgericht[2]

– Familiensenat – . . . . .

In der Sache

. . . . .

vertreten durch Rechtsanwalt . . . . .

Ast(in) und Beschwerdeführer(in)

gegen

. . . . .

vertreten durch Rechtsanwalt . . . . .

AG(in) und Beschwerdegegnerin (Beschwerdegegner)

wegen . . . . .

Aktenzeichen: . . . . . UF . . . . .

Namens und in Vollmacht der Ast(in) wird die eingelegte Beschwerde gegen den Ausspruch zum nachehelichen Unterhalt (Tenor zu Ziffer . . . . .) des am . . . . . erlassenen . . . . .

Beschlusses des Amtsgerichts – Familiengericht – . . . . . auf den Ausspruch zum Versorgungsausgleich (Tenor zu Ziffer . . . . .) erweitert und beantragt[3, 4]

den Versorgungsausgleich gemäß § 27 VersAusglG auszuschließen.

Begründung:[5]

. . . . .

Rechtsanwalt/Rechtsanwältin[6]

Anmerkungen

1. Die Vertretung durch Rechtsanwälte ist in Ehe- und Folgesachen vorgeschrieben (§ 114 Abs. 1 FamFG).

2. Da die Beschwerdebegründung bei dem Rechtsmittelgericht einzureichen ist (§ 117 Abs. 1 S. 2 FamFG), ist auch die Erweiterung der Beschwerde beim Beschwerdegericht einzureichen.

3. Die Erweiterung der Beschwerde auf andere Bestandteile des Verbundes ist nur innerhalb eines Monats nach Zustellung der Beschwerdebegründung zulässig. Da die Zustellung der Beschwerdebegründung immer an die Gegenseite des die Beschwerde erweiternden Beteiligten erfolgt, ist zweckmäßigerweise das Datum dieser Zustellung anzuführen. Dies dient auch der Eigenkontrolle des Rechtsanwaltes, der damit gleichzeitig überprüfen kann, ob die Erweiterung fristgerecht erfolgt. Sollte der Rechtsanwalt keine Mitteilung erhalten haben, wann die Beschwerdebegründung an die Gegenseite erfolgt ist, so muss er das Datum selbst ermitteln. Das Gesetz spricht nur von der Zustellung der Rechtsmittelbegründung, nicht von einer Bekanntgabe an oder Kenntnisnahme durch den Beschwerdeführer selbst (die Beschwerdeführerin).

4. Hier ist der entsprechende Sachantrag zu stellen.

5. Die Erweiterung der Beschwerde muss (wie die Beschwerde) begründet werden (§ 117 Abs. 1 FamFG).

6. Der Schriftsatz muss unterschrieben (§ 64 Abs. 2 S. 3 FamFG) und gemäß §§ 130d Satz 1 ZPO, 113 Abs. 1 FamFG als elektronisches Dokument übermittelt werden.

V. Vereinfachtes Verfahren über den Unterhalt Minderjähriger

Rechtsanwalt/Rechtsanwältin[1]

An das

Amtsgericht

– Familiengericht – . . . . .[2]

In der Sache

. . . . . gesetzlich vertreten durch . . . . .[3]

ASt(in)

vertreten durch Rechtsanwalt . . . . .

gegen

. . . . .

AG(in)

vertreten durch Rechtsanwalt . . . . .

wegen Unterhaltsfestsetzung im vereinfachten Verfahren

lege ich namens und in Vollmacht d. AG(in)[4]

Beschwerde

gegen den am . . . . . erlassenen und am . . . . . zugestellten[5] Unterhaltsfestsetzungsbeschluss vom . . . . . ein.

Es wird beantragt,

den Beschluss aufzuheben und den Antrag auf Festsetzung des Unterhalts im vereinfachten Verfahren abzuweisen.[6]

Begründung:[7]

D. AG(in) ist mit dem angegriffenen Unterhaltsfeststellungsbeschluss zur Zahlung von Mindestunterhalt für das antragstellende Kind K . . . . . verpflichtet worden.

Dies war jedoch unzulässig, weil das Kind die Hälfte seiner Zeit im Rahmen eines echten Wechselmodells bei d. AG(in) verbringt. Zudem war zum Zeitpunkt der Zustellung das Verfahren über Kindesunterhalt bei dem Amtsgericht – Familiengericht – in . . . . . anhängig. Das Amtsgericht hat überdies teilweise Unterhalt über das 1,2fache des Mindestunterhalts zugesprochen. Schließlich hat d. AG(in) bereits am . . . . . und folglich vor Erlass des Festsetzungsbeschlusses zu Protokoll der Geschäftsstelle des Amtsgerichts Einwendungen nach § 252 FamFG erhoben, welche jedoch nur unzureichend und ohne Hinweis auf die teilweise fehlenden Eintragungen in dem vorgelegten Formular aufgenommen worden sind.[8]

Im Einzelnen gilt Folgendes:

(wird näher ausgeführt)

. . . . .

Rechtsanwalt/Rechtsanwältin[9]

Anmerkungen

1. Die Vertretung durch Rechtsanwälte ist nicht vorgeschrieben. In § 114 Abs. 1 FamFG ist zwar bestimmt, dass sich die Beteiligten in selbstständigen Familienstreitsachen vor dem Familiengericht – auch der Rechtspfleger ist im Unterhaltsfestsetzungsverfahren Familiengericht – durch einen Rechtsanwalt vertreten lassen müssen. Zu diesen Verfahren gehören ua Verfahren, welche die durch Verwandtschaft begründete gesetzliche Unterhaltspflicht betreffen (§§ 112 Nr. 1, 231 Abs. 1 Nr. 1 FamFG). Da jedoch Anträge und Erklärungen auch vor dem Urkundsbeamten der Geschäftsstelle abgegeben werden können (§ 257 FamFG), ist die Mitwirkung von Rechtsanwälten in dem ausschließlich schriftlichen Verfahren nicht erforderlich. (Näheres auch in → Form. J.II.2 Anm. 14).

2. Auch die vom Rechtspfleger erlassenen Unterhaltsfestsetzungsbeschlüsse stellen Endentscheidungen dar, gegen welche die Beschwerde nach § 58 FamFG gegeben ist. Die Beschwerde ist deshalb stets beim Ausgangsgericht einzulegen (§ 64 Abs. 1 FamFG). Das Familiengericht darf nicht abhelfen.

3. Antragsteller(in) ist im Regelfall ein minderjähriges Kind. Wenn die Eltern (noch) miteinander verheiratet sind, müssen die Unterhaltsansprüche von dem betreuenden Elternteil im eigenen Namen geltend gemacht werden (§ 1629 Abs. 3 S. 1 BGB).

4. Die Beschwerde kann nur vom AG (der AGin) eingelegt werden (s. § 250 Abs. 1 Nr. 6 FamFG). Soweit ein Antrag zurückgewiesen wird, ist eine Beschwerde ausgeschlossen (§ 250 Abs. 2 S. 3 FamFG). Näheres zur Beschwerde auch bei → Form. J.II.2 Anm. 14.

5. Das Zustellungsdatum anzugeben ist zweckmäßig, weil die Beschwerde innerhalb eines Monats nach schriftlicher Bekanntgabe der Entscheidung eingelegt werden muss (§ 64 Abs. 1 FamFG).

6. Eine Herabsetzung des im angefochtenen Beschluss festgesetzten Unterhaltsbetrages kommt nicht in Betracht.

7. Nach einem Teil der obergerichtlichen Rechtsprechung muss die Beschwerde gemäß §§ 117 Abs. 1, 113 Abs. 1 FamFG binnen zwei Monaten nach Zustellung des Beschlusses begründet werden, weil das Verfahren eine Familienstreitsache betrifft (zum Streitstand siehe MüKo FamFG/A. Fischer § 65 Rn. 20). Dem steht zwar entgegen, dass im Verfahren kein Anwaltszwang besteht. Da der Anwalt den sichersten Weg beschreiten muss, ist eine Beschwerdebegründung aber unerlässlich. Die Einwände gegen den Beschluss sind schon deshalb konkret zu formulieren, weil sie gemäß § 256 FamFG nur eingeschränkt zugelassen sind.

8. Die Beschwerde kann nur auf die in § 256 FamFG genannten Gründe gestützt werden. Hat d. AG(in) die Einwendungen gegen die Leistungsfähigkeit nach § 252 FamFG nicht vor Erlass des Festsetzungsbeschlusses vorgetragen, ist die Beschwerde nach dem seit dem 1.1.2017 geltendem neuem Recht unzulässig, wobei gegen die Verwerfung der Beschwerde die zulassungsfreie Rechtsbeschwerde gegeben ist.

9. Der Schriftsatz muss unterschrieben werden (§ 64 Abs. 2 S. 3 FamFG). Gemäß §§ 130d ZPO, 113 Abs. 1 FamFG muss eine von einem Anwalt eingelegte Beschwerde als elektronisches Dokument übermittelt werden.

VI. Antrag auf Feststellung der Rechtsverletzung nach § 62 FamFG

1. Vorbemerkungen

Das FamFG eröffnet in § 62 die Möglichkeit der Feststellung, dass der Beschwerdeführer durch die Erstentscheidung in seinen Rechten verletzt wurde. Dies setzt voraus, dass sich die Hauptsache nach der Entscheidung erster Instanz erledigt hat und der Betroffene durch die Entscheidung einem besonders schwerwiegenden Grundrechtseingriff ausgesetzt war oder die Wiederholung der Rechtsverletzung droht. Ob zum Zeitpunkt der Erledigung bereits ein Rechtsmittel gegen die Entscheidung eingelegt worden ist, ist unerheblich, solange die Beschwerdefrist noch nicht abgelaufen ist. § 62 FamFG spielt eine große Rolle in Verfahren über freiheitsentziehende Maßnahmen, in denen eine Haftentschädigung im Raum steht. In Familiensachen besteht ein Rehabilitationsinteresse iSd § 62 FamFG nur ausnahmsweise etwa bei rechtwidriger Genehmigung einer vollzogenen Unterbringung oder nach unberechtigter Inobhutnahme eines Kindes. Ist das der erledigten Endentscheidung zugrunde liegende Verfahren mit einem schweren Mangel behaftet, kann dies allein die Feststellung einer Rechtsverletzung rechtfertigen, ohne dass das Beschwerdegericht die für die Beteiligten belastenden Verfahrenshandlungen nachholen muss.

Antragsberechtigt ist jeder, der durch die Entscheidung unmittelbar in einem eigenen Recht betroffen worden ist, in Sorgerechtssachen also namentlich das Kind und die Eltern. Seit 2017 kann der Verfahrensbeistand das Rehabilitationsinteresse des Kindes gemäß § 62 Abs. 3 FamFG in eigenem Namen geltend machen.

2. Antrag auf Feststellung der Rechtsverletzung nach § 62 FamFG

Rechtsanwalt/Rechtsanwältin[1]

An das

Oberlandesgericht

– Familiensenat – . . . . .

In der Sache

. . . . .

Ast(in) und Beschwerdeführer(in)

vertreten durch Rechtsanwalt . . . . .

gegen

. . . . .

AG(in) und Beschwerdegegner(in)

vertreten durch Rechtsanwalt . . . . .

wegen . . . . .

Aktenzeichen: . . . . . F . . . . .

wird hiermit nach Erledigung der Hauptsache beantragt[3]

festzustellen, dass der am . . . . . erlassene Beschluss des Amtsgerichts – Familiengericht – . . . . . vom . . . . ., zugestellt[2] am . . . . . d. Ast(in) in ihren Rechten verletzt hat.[4]

Begründung:[5]

Das Amtsgericht – Familiengericht – hat d. Ast(in) mit dem am . . . . . erlassenen Beschl. v. . . . . . gemäß § 1666 BGB das gesamte Sorgerecht entzogen und auf das Jugendamt übertragen, welches das zu Ziffer 1 beteiligte Kind d. Ast(in) unverzüglich in Obhut genommen hat. Gegen diesen Beschluss führt d. Ast. im vorliegenden Verfahren vor dem erkennenden Senat die Beschwerde. Nachdem der Senat die in erster Instanz versäumte Anhörung des Kindes und die Bestellung des Verfahrensbeistands nachgeholt und sich erwiesen hat, dass die vom Jugendamt gegen d. Ast. erhobenen Vorwürfe auf einem leicht aufklärbaren Missverständnis beruhten, hat der Amtsvormund das Kind sofort wieder in die Obhut d. Ast. zurückgegeben. Das Amtsgericht hat d. Ast. die elterliche Sorge auf Anregung des Jugendamtes bereits wieder zurückübertragen, weil sich die zugrundeliegenden Verhältnisse geändert hätten. Die Beschwerde und die Hauptsache haben sich damit erledigt.

D. Ast(in) hat ein durch § 62 FamFG geschütztes Interesse an der Feststellung, dass der aufgrund des mit schweren Mängeln behafteten Verfahren erlassene sachwidrige Beschluss des Amtsgerichts d. Ast(in) in dem verfassungsrechtlich verbürgten Sorgerecht verletzt hat. Das Amtsgericht hat den Entzug des Sorgerechts mit dem unrichtigen Vorwurf begründet, das Kind sei in der Obhut d. Ast(in) der Gefahr körperlicher Misshandlungen und sexueller Übergriffe ausgesetzt. Das Kind war aufgrund des Beschlusses mehr als fünf Monate von d. Ast.(in) getrennt und in einer Bereitschaftsfamilie untergebracht. All dies ist der Öffentlichkeit infolge des vom Amtsvormund veranlassten sofortigen Wechsels des Kindergartens und der dort vor Ort unter Polizeieinsatz erfolgten Inobhutnahme offenkundig geworden.

Die Rückübertragung der Sorge auf d. Ast(in) lässt das durch § 62 FamFG geschütztes Rehabilitationsinteresse nicht entfallen. Denn das Amtsgericht hat dies nicht mit der Rechtswidrigkeit des Ausgangsbeschlusses, sondern nur damit begründet, dass die Kindeswohlgefährdung mittlerweile weggefallen sei.

Rechtsanwalt/Rechtsanwältin[6]

Anmerkungen

1. Die Mitwirkung von Rechtsanwälten ist nur in Ehe- und Familienstreitsachen vorgeschrieben, in denen kaum Raum für die Anwendung des § 62 FamFG besteht.

2. Erledigt sich die Hauptsache nach Einlegung der Beschwerde, kommt es auf das Datum der Zustellung nicht an. Dies ist aber dann erheblich, wenn sich die Hauptsache vor Einlegung der Beschwerde erledigt hat. Denn weil der Antrag nicht weiter als das Rechtsmittel bei unerledigter Hauptsache gehen kann, muss er in diesem Falle innerhalb der Beschwerdefrist gestellt werden. § 64 FamFG ist nicht anwendbar, so dass der Antrag unmittelbar bei dem Beschwerdegericht erhoben werden kann, auch wenn dort noch keine Beschwerde anhängig ist.

3. Die Feststellung des § 62 FamFG erfordert einen Antrag (§ 62 Abs. 1 FamFG: „. . . . . spricht das Beschwerdegericht auf Antrag aus . . . . .“).

4. Die Aufhebung des angefochtenen Beschlusses muss nicht ausdrücklich beantragt werden, weil sich dessen Erledigung aus der Feststellung der Rechtsverletzung nach § 62 FamFG unmittelbar erschließt.

5. Eine Begründung ist erforderlich, weil das Gericht auf einen bloßen Antrag im Regelfall weder die Erledigung der Hauptsache noch die Begründetheit des Rechtsmittels noch die Verletzung der Rechte des Beschwerdeführers (der Beschwerdeführerin) feststellen kann.

6. Der Schriftsatz muss unterschrieben werden. Gemäß § 14b FamFG muss die Beschwerde als elektronisches Dokument übermittelt werden, wenn sie von einem Rechtsanwalt oder einer Behörde wie dem Jugendamt eingereicht wird.

VII. Rechtsbeschwerde

1. Vorbemerkungen

a) Durch das FamFG wurde die Revision in Familiensachen beseitigt. Es gibt nur noch die Rechtsbeschwerde. Hat das Oberlandesgericht in der Sache über die Beschwerde entschieden, ist die Rechtsbeschwerde gemäß § 70 Abs. 1 FamFG in Familiensachen (§ 111 FamFG) nur gegeben, wenn das Oberlandesgericht sie gemäß § 70 Abs. 1 FamFG aus einem der Gründe des § 70 Abs. 2 FamFG zugelassen hat. Dies gilt auch für die Verwerfung der Beschwerde in den FG-Familiensachen (alle Familiensachen außer den Ehe- und Familienstreitsachen). Lediglich die Rechtsbeschwerde gegen den in einer Ehe- und Familienstreitsache wegen Unzulässigkeit der Beschwerde ergangenen Verwerfungsbeschluss ist auch ohne Zulassung durch das OLG gegeben, § 522 Abs. 1 ZPO, § 117 Abs. 1 S. 4 FamFG. Auch diese ist jedoch nur zulässig, wenn die Sache grundsätzliche Bedeutung hat oder die Fortbildung des Rechts oder die Sicherung einer einheitlichen Rechtsprechung eine Entscheidung des Rechtsbeschwerdegerichts erfordert, worüber der BGH zu befinden hat, §§ 574 Abs. 2, 522 Abs. 2 ZPO, § 117 Abs. 1 S. 4 FamFG.

b) Hat sich das Beschwerdegericht nicht zur Zulassung verhalten, gilt diese als nicht erfolgt. Eine nachträgliche Zulassung im Wege der Tatbestandsberichtigung oder Beschlussergänzung ist unzulässig und bindet das Rechtsbeschwerdegericht nicht. Es ist deshalb bereits im Beschwerdeverfahren zu den Voraussetzungen für die Zulassung vorzutragen und diese ausdrücklich zu beantragen, wenn diese vorliegen. Setzt sich das Beschwerdegericht willkürlich über einen Zulassungsgrund hinweg, kann dies zunächst mit der Anhörungsrüge und sodann mit der Verfassungsbeschwerde gerügt werden (vgl. BVerfG NZFam 2016, 66 ff.).

c) Die Rechtsbeschwerde gegen Beschwerdeentscheidungen in einstweiligen Anordnungsverfahren ist gemäß § 70 Abs. 4 FamFG immer ausgeschlossen und wird auch nicht dadurch eröffnet, dass das Beschwerdegericht sie zulässt.

d) Die Rechtsbeschwerde muss immer bei dem Rechtsbeschwerdegericht eingelegt werden, § 71 Abs. 1 S. 1 FamFG. Rechtsbeschwerdegericht in Familiensachen ist stets der Bundesgerichtshof. Dort müssen sich die Beteiligten durch einen beim Bundesgerichtshof zugelassenen Rechtsanwalt vertreten lassen (§ 114 Abs. 2 FamFG). Eine Ausnahme hiervon besteht für Anträge auf Bewilligung von Verfahrenskostenhilfe (§ 114 Abs. 4 Nr. 5 FamFG).

e) Eine Nichtzulassungsbeschwerde ist im FamFG nicht vorgesehen. Eine Nichtzulassungsbeschwerde ist also unstatthaft.

f) Weil eine Rechtsbeschwerde nur von einem der wenigen am BGH zugelassenen Rechtsanwälte eingelegt und begründet werden kann, werden nur Formulare für Anträge auf Bewilligung von Verfahrenskostenhilfe für ein Rechtsbeschwerdeverfahren vorgeschlagen.

2. Antrag auf Verfahrenskostenhilfe für eine Rechtsbeschwerde

Rechtsanwalt/Rechtsanwältin[1]

An den

Bundesgerichtshof[2]

Herrenstr. 45a

76133 Karlsruhe

In der Sache

. . . . .

ASt(in)

vertreten durch Rechtsanwalt . . . . .

gegen

. . . . .

AG(in)

vertreten durch Rechtsanwalt . . . . .

wegen (Unterhalts)

Aktenzeichen des Oberlandesgerichts[3] . . . UF . . . .

beantrage ich namens und in Vollmacht d. Ast(in),

> d. Ast(in) für die Einlegung und Durchführung der Rechtsbeschwerde gegen den am . . . . . erlassenen Beschluss des Oberlandesgerichts . . . . ., ... /UF . . . . Verfahrenskostenhilfe zu bewilligen und d. bei dem Bundesgerichtshof zugelassene (n) Rechtsanwalt/Rechtsanwältin . . . . beizuordnen.

Begründung:

Das Oberlandesgericht hat am . . . . . folgenden Beschluss erlassen, der am[4] . . . . . zugestellt wurde.

In dem Beschluss wurde die Rechtsbeschwerde zugelassen.

D. ASt(in) beabsichtigt, die Rechtsbeschwerde einzulegen, ist aber aus finanziellen Gründen nicht in der Lage, die Kosten zu tragen. Einzelheiten ergeben sich aus der beigefügten aktuellen Erklärung über die persönlichen und wirtschaftlichen Verhältnisse vom . . . . ., die als Anlage[5] diesem Schriftsatz beiliegt.

In der Sache wird beantragt[6] werden,

> den Beschluss des Oberlandesgerichts . . . . vom . . . . . abzuändern und nach dem in der Beschwerdeinstanz in der mündlichen Verhandlung vom . . . . . gestellten Antrag zu entscheiden.

Der Beschluss des Beschwerdegerichts ist aus folgenden Gründen in rechtlicher Hinsicht[7] unrichtig:

. . . . .[8]

Rechtsanwalt/Rechtsanwältin[9]

Anlagen:

1. **Erklärung über die persönlichen und wirtschaftlichen Verhältnisse**
2. **Ausfertigung (beglaubigte Abschrift) des Beschlusses vom . . . . .[10]**

Anmerkungen

1. Für das Verfahrenskostenhilfeverfahren ist eine Vertretung durch Rechtsanwälte nicht vorgeschrieben. Dies gilt auch für Anträge beim Bundesgerichtshof (§ 114 Abs. 4 Nr. 5 FamFG).

2. Da die Rechtsbeschwerde immer beim Rechtsbeschwerdegericht einzureichen ist (§ 71 Abs. 1 S. 1 FamFG), muss auch der Antrag auf Bewilligung von Verfahrenskostenhilfe dort gestellt werden.

3. Da beim Rechtsbeschwerdegericht noch kein Aktenzeichen vorhanden ist, ist das des OLG anzugeben. Dies ist auch notwendig, um eine Aktenanforderung zu ermöglichen.

4. Das Datum der Zustellung sollte immer angegeben werden, weil die Rechtsbeschwerde und damit auch der Antrag auf Bewilligung von Verfahrenskostenhilfe innerhalb einer Frist von einem Monat nach schriftlicher Bekanntgabe der anzufechtenden Entscheidung beim Rechtsbeschwerdegericht eingehen muss (§ 71 Abs. 1 S. 1 FamFG).

5. Eine vollständige aktuelle Erklärung über die persönlichen und wirtschaftlichen Verhältnisse ist immer innerhalb der Frist zur Einlegung der Rechtsbeschwerde mit vorzulegen, damit das Rechtsbeschwerdegericht in die Lage versetzt wird, die persönlichen Voraussetzungen für die Bewilligung von Verfahrenskostenhilfe zu prüfen. Wenn diese Erklärung nach Fristablauf beim Rechtsbeschwerdegericht eingeht, wird wegen fehlender Erfolgsaussichten keine Verfahrenskostenhilfe bewilligt, weil eine Wiedereinsetzung in die versäumte Rechtsbeschwerdefrist nicht in Betracht kommen kann.

Es genügt auch nicht anzukündigen, dass die Erklärung nachgereicht wird. Möglich ist zwar auch eine Versicherung des Rechtsanwaltes, dass sich an den persönlichen und wirtschaftlichen Verhältnissen seit Bewilligung der Verfahrenskostenhilfe in der Vorinstanz nichts verändert habe. Mit einer solchen Erklärung muss allerdings sehr vorsichtig umgegangen werden, weil jede noch so kleine Veränderung dazu führen kann, dass das Gericht die Bewilligung von Verfahrenskostenhilfe ablehnt mit der Begründung, die persönlichen und wirtschaftlichen Verhältnisse seien unrichtig vorgetragen worden. Es ist also dringend zu raten, in jeder Instanz eine neue, aktuelle Erklärung über die persönlichen und wirtschaftlichen Verhältnisse einzureichen. Sollten sich die persönlichen und wirtschaftlichen Verhältnisse nach Ansicht des die Verfahrenskostenhilfe begehrenden Beteiligten seit der letzten Bewilligung verschlechtert haben, ist dennoch eine neue Erklärung erforderlich, weil die Prüfung, ob die Verhältnisse tatsächlich schlechter geworden sind, dem Gericht obliegt und nicht einem Antragsteller oder seinem Rechtsanwalt.

6. Da in der Rechtsbeschwerde ein bestimmter Antrag zu stellen ist (§ 71 Abs. 3 Nr. 1 FamFG), muss dieser Antrag schon im Antrag auf Bewilligung von Verfahrenskostenhilfe angekündigt werden. Nur so kann das Rechtsbeschwerdegericht die Erfolgsaussichten der beabsichtigten Rechtsbeschwerde beurteilen.

7. Mit der Rechtsbeschwerde können nur Rechtsverletzungen geltend gemacht werden (§ 72 Abs. 1 FamFG), wobei die Rüge, das Erstgericht habe seine Zuständigkeit zu Unrecht angenommen, ausgeschlossen ist (§ 72 Abs. 2 FamFG), und zwar auch dann wenn das Beschwerdegericht die Rechtsbeschwerde wegen der Frage der Zuständigkeit der Erstgerichts zugelassen hat (vgl. BGH NJW 2010, 1674).

8. Hier sind die Umstände anzugeben, aus denen sich die vorgetragene Rechtsverletzung ergibt (§ 72 Abs. 3 Nr. 2 FamFG).

9. Der Schriftsatz muss unterschrieben werden (vgl. § 71 Abs. 1 S. 3 FamFG). Gemäß §§ 130d ZPO, 113 Abs. 1, 14b FamFG muss der von einem Anwalt gestellte Antrag als elektronisches Dokument übermittelt werden.

10. Es soll eine Ausfertigung oder beglaubigte Abschrift des angefochtenen Beschlusses mit vorgelegt werden. Auch im Verfahrenskostenhilfeantrag soll dieser Beschluss beigefügt werden, um dem Rechtsbeschwerdegericht eine rasche Überprüfung des Antrags zu ermöglichen.

3. Antrag auf Bewilligung von Verfahrenskostenhilfe für eine Sprungrechtsbeschwerde

Rechtsanwalt/Rechtsanwältin[1, 2]

An den

Bundesgerichtshof[3]

Herrenstr. 45a

76133 Karlsruhe

In der Sache

. . . . .

Ast(in)

vertreten durch Rechtsanwalt . . . . .

gegen

. . . . .

AG(in)

vertreten durch Rechtsanwalt . . . . .

wegen (Unterhalts)

Aktenzeichen des Amtsgerichts – Familiengericht[4] . . . . .: . . . . . F . . . . .

beantrage ich namens und in Vollmacht d. Ast(in),

d. Ast(in), für die Einlegung und Durchführung der Sprungrechtsbeschwerde gegen den am . . . . . erlassenen Beschluss des Amtsgerichts – Familiengericht – . . . . ., Az. . . . . . Verfahrenskostenhilfe zu bewilligen und d. Ast(in) den bei dem Bundesgerichtshof zugelassenen Rechtsanwalt . . . . . beizuordnen.

Begründung:

Das Amtsgericht – Familiengericht – . . . . . erließ am . . . . . folgenden Beschluss, der am[5] . . . . . zugestellt wurde:

D. ASt(in) beabsichtigt gegen diesen Beschluss Sprungrechtsbeschwerde einzulegen. Die Einverständniserklärungen der übrigen Beteiligten liegen bei.[6]

D. Ast(in) ist finanziell nicht in der Lage, die Kosten der Sprungrevision aufzubringen.

Eine aktuelle Erklärung über die persönlichen und wirtschaftlichen Verhältnisse liegt bei.[7]

Nach Bewilligung der beantragten Verfahrenskostenhilfe soll beantragt werden,

die Sprungrechtsbeschwerde zuzulassen und in der Sache entsprechend den erstinstanzlich in der letzten mündlichen Verhandlung vom . . . . . gestellten Anträgen zu entscheiden.

Begründung:

Die Sprungrechtsbeschwerde ist zuzulassen,[8] weil die Rechtssache sowohl grundsätzliche Bedeutung hat als auch die Sicherung einer einheitlichen Rechtsprechung (bzw. die Fortbildung des Rechts) eine Entscheidung des Rechtsbeschwerdegerichts erfordern. Dies ergibt sich aus folgenden Gründen:

Die Entscheidung des Erstgerichts weicht von verschiedenen Entscheidungen sowohl des Bundesgerichtshofs als auch von Oberlandesgerichten ab. Es sind dies folgende Entscheidungen:

. . . . .

Die angefochtene Entscheidung enthält eine Reihe von Rechtsverletzungen[9] . . . . . zum Nachteil d. ASt(in). Dadurch kam es zu der angefochtenen Entscheidung, die ohne Rechtsfehler anders hätte ausfallen müssen.

. . . . .

Rechtsanwalt/Rechtsanwältin[10]

Anlagen:

1. Einwilligungserklärungen der übrigen Beteiligten in das Verfahren der Sprungrechtsbeschwerde.
2. Erklärung über die persönlichen und wirtschaftlichen Verhältnisse vom . . . . .
3. Ausfertigung (beglaubigte Abschrift) des Beschlusses[11] vom . . . . .

Anmerkungen

1. Neben der Rechtsbeschwerde gegen Entscheidungen der Oberlandesgerichte stellt das Gesetz in § 75 FamFG die Sprungrechtsbeschwerde zur Verfügung. Durch diese kann eine familiengerichtliche Entscheidung unter Übergehung des Beschwerdegerichts mit einem Sprungrechtsmittel angefochten werden.

Voraussetzung ist das Einverständnis der Beteiligten mit diesem Verfahren (§ 75 Abs. 1 S. 1 Nr. 1 FamFG). In FG-Familiensachen ist deshalb streng darauf zu achten, wer am

Verfahren beteiligt ist. In Kindschaftssachen sind dies neben den meist unmittelbar betroffenen Eltern stets das betroffene Kind, der Verfahrensbeistand (§ 158 Abs. 3 S. 2 FamFG), das Jugendamt nach Maßgabe des § 162 Abs. 2 FamFG, ein Amtsvormund (BGH NJW-RR 2017, 193) und vom Familiengericht beteiligte Dritte nach § 7 Abs. 3 FamFG, zB Großeltern oder Pflegeeltern.

Das Rechtsbeschwerdegericht (nicht das Familiengericht) muss die Sprungrevision zulassen (§ 75 Abs. 1 S. 1 Nr. 2 FamFG). Dabei gelten der Antrag auf Zulassung der Sprungrevision und die Einwilligung der Beteiligten in dieses Verfahren als Verzicht auf die Beschwerde (§ 75 Abs. 1 S. 2 FamFG).

Für das Verfahren gelten die Vorschriften der ZPO über die Sprungrevision entsprechend, § 566 Abs. 2–8 ZPO, § 75 Abs. 2 FamFG).

2. Für das Verfahrenskostenhilfeverfahren ist eine Vertretung durch Rechtsanwälte nicht vorgeschrieben. Dies gilt auch für Anträge beim Bundesgerichtshof (§ 114 Abs. 4 Nr. 5 FamFG).

3. Da die Sprungrechtsbeschwerde immer beim Rechtsbeschwerdegericht einzureichen ist (§ 75 Abs. 2 FamFG, § 566 Abs. 2 S. 1 ZPO), muss auch der Antrag auf Bewilligung von Verfahrenskostenhilfe dort gestellt werden.

4. Da beim Rechtsbeschwerdegericht noch kein Aktenzeichen vorhanden ist, ist das des Amtsgerichts anzugeben. Dies ist auch notwendig, um eine Aktenanforderung zu ermöglichen.

5. Das Datum der Zustellung sollte immer angegeben werden, weil die Sprungrechtsbeschwerde und damit auch der Antrag auf Bewilligung von Verfahrenskostenhilfe innerhalb der Frist des § 63 FamFG nach schriftlicher Bekanntgabe der anzufechtenden Entscheidung beim Rechtsbeschwerdegericht eingehen muss (§ 75 Abs. 2 S. 1 FamFG). Richtet sich die Sprungrechtsbeschwerde gegen eine Entscheidung in einem familiengerichtlichen Genehmigungsverfahren oder in einem einstweiligen Anordnungsverfahren, gegen die ausnahmsweise gemäß § 57 S. 2 FamFG die Beschwerde statthaft wäre, beträgt die Frist nur zwei Wochen.

6. Voraussetzung für die Durchführung des Verfahrens der Sprungrevision ist eine Einwilligung der übrigen Beteiligten (§ 75 Abs. 1 S. 1 Nr. 1 FamFG). Die schriftliche Einwilligung ist immer vorzulegen, wobei diese Erklärung auch von deren erstinstanzlichen Verfahrensbevollmächtigten abgegeben werden kann. Sollte das Verfahren in erster Instanz kein Anwaltsverfahren gewesen sein, kann die Einwilligungserklärung von den Beteiligten auch zu Protokoll der Geschäftsstelle erklärt werden (§ 75 Abs. 2 FamFG, § 266 Abs. 2 S. 4 ZPO).

7. Eine aktuelle Erklärung über die persönlichen und wirtschaftlichen Verhältnisse ist immer innerhalb der Frist zur Einlegung der Rechtsbeschwerde mit vorzulegen, damit das Rechtsbeschwerdegericht in die Lage versetzt wird, die persönlichen Voraussetzungen für die Bewilligung von Verfahrenskostenhilfe zu prüfen.

8. Bevor das Rechtsbeschwerdegericht in eine Sachprüfung eintreten kann, muss die Sprungrechtsbeschwerde zugelassen werden (§ 75 Abs. 1 S. 1 Nr. 2 FamFG). Ein Zulassungsgrund ist entweder die grundsätzliche Bedeutung der Rechtssache oder das Erfordernis einer Fortbildung des Rechts bzw. der Sicherung einer einheitlichen Rechtsprechung (§ 75 Abs. 2 FamFG, § 566 Abs. 4 ZPO).

9. In der Sachbegründung sind die Rechtsfehler anzuführen, die dem Erstgericht unterlaufen sind. Weiter ist darzustellen, dass diese Fehler sich auf das Ergebnis der Entscheidung ausgewirkt haben.

10. Der Schriftsatz ist zu unterschreiben. Gemäß §§ 130d ZPO, 113 Abs. 1. 14b FamFG muss ein vom Anwalt gestellter Antrag als elektronisches Dokument übermittelt werden.

11. Auch bei der Sprungrechtsbeschwerde soll der angefochtene Beschluss mit vorgelegt werden.

VIII. Untätigkeit

1. Vorbemerkungen

Gegen die Untätigkeit des Gerichts kann seit dem 15.10.2016 in Kindschaftssachen, die den Aufenthalt des Kindes, das Umgangsrecht oder die Herausgabe des Kindes betreffen, sowie in Verfahren wegen Gefährdung des Kindeswohls die Beschleunigungsrüge nach § 155b FamFG erhoben werden (s. näher Keuter FamRZ 2016, 1817). Über diese Rüge muss das Familiengericht spätestens innerhalb eines Monats nach deren Eingang durch Beschluss entscheiden.

Gegen diesen Beschluss kann innerhalb einer Frist von zwei Wochen nach der schriftlichen Bekanntgabe die Beschleunigungsbeschwerde gemäß § 155c FamFG zum Oberlandesgericht erhoben werden, die aber bei dem Amtsgericht anzubringen ist. Hat das Gericht innerhalb der Monatsfrist des § 155b Abs. 2 S. 1 FamFG keine Entscheidung über die Beschleunigungsrüge getroffen, kann die Beschwerde binnen zwei Monaten nach Eingang der Rüge erhoben werden. Das Beschwerdegericht muss unverzüglich, spätestens aber innerhalb eines Monats nach Aktenlage feststellen, ob die bisherige Dauer des Verfahrens dem Vorrang- und Beschleunigungsgebot des § 155 Abs. 1 FamFG entspricht. Stellt es fest, dass dies nicht der Fall ist, hat das Familiengericht das Verfahren unter Beachtung der rechtlichen Beurteilung des Beschwerdegerichts unverzüglich vorrangig und beschleunigt durchzuführen.

2. Beschleunigungsrüge nach § 155b FamFG

Rechtsanwalt/Rechtsanwältin[1]

An das
Amtsgericht – Familiengericht – . . . . .[2]

In der Sache

. . . . .

Ast(in)

vertreten durch Rechtsanwalt . . . . .

gegen

. . . . .

AG(in)

vertreten durch Rechtsanwalt . . . . .

wegen Umgangs

Aktenzeichen: . . . . . UF . . . . . (F)

erhebe ich namens und in Vollmacht d. Ast (in) die

Rüge der Untätigkeit[3]

und beantrage,

> **festzustellen, dass die bisherige Dauer des Verfahrens dem Vorrang- und Beschleunigungsgebot des § 155 Abs. 1 FamFG nicht entspricht.[4]**

Begründung:[5]

D. Ast(in) hat am . . . . . Umgang mit dem leiblichen Kind K, geb. am . . . . . beantragt. Das Amtsgericht – Familiengericht – hat am . . . . ., also vor drei Monaten einen Termin zur mündlichen Erörterung mit d. Ast(in), d. AG(in) und dem Jugendamt durchgeführt, in dem keine Einigung über die Durchführung des Umgangs herbeigeführt werden konnte. Seitdem ist das Verfahren nicht weiter gefördert worden. Dies verstößt gegen das Beschleunigungsgebot des § 155 FamFG. Es ist deshalb zur Verwirklichung des Rechts d. Ast(in) und des Kindes auf Umgang ein Verfahrensbeistand zu bestellen, das Kind anzuhören und die Sache unter Zurückstellung anderer nicht von § 155 FamFG erfasster Verfahren mündlich zu erörtern. Der d. UnterzeichnerIn bekannte krankheitsbedingte längerfristige Ausfall d. zuständigen Dezernent(in) ist durch eine Vertretung aufzufangen und stellt keinen Grund dar, das Verfahren nicht weiter zu befördern.

Zum Verfahrensverlauf im Einzelnen:

. . . . .

Rechtsanwalt/Rechtsanwältin[6]

Anmerkungen

1. Eine Vertretung durch einen Rechtsanwalt ist in FG-Familiensachen nicht geboten.

2. Betrifft die Rüge das verzögerte erstinstanzliche Verfahren, ist diese bei dem Familiengericht zu erheben. Sie ist aber auch gegen Verzögerungen des Beschwerdeverfahrens statthaft und in diesem Falle bei dem Oberlandesgericht anzubringen.

3. Die Beschleunigungsrüge muss zwar nicht ausdrücklich als solche bezeichnet werden. Der Erklärung d. Bet. muss aber mit hinreichender Deutlichkeit zu entnehmen sein, dass die Verfahrensdauer als dem Vorrang- und Beschleunigungsgebot nicht genügend gerügt und eine Entscheidung des Gerichts über die Rüge begehrt werden.

4. Dieser Antrag ist nicht zwingend, entspricht aber dem Gesetz. Das Gericht hat unverzüglich geeignete Maßnahmen zur vorrangigen und beschleunigten Durchführung des Verfahrens zu ergreifen, wenn es die Beschleunigungsrüge für begründet hält. Der Rügeführer sollte in der Begründung darlegen, welche Maßnahmen aus seiner Sicht vorzunehmen sind, um einer weiteren Verzögerung durch solche Verfügungen des Gerichts entgegenzuwirken, die nur den Schein der Verfahrensförderung erwecken.

5. § 155b Abs. 1 S. 2 FamFG verlangt, dass die Umstände dargelegt werden, aus denen sich ergibt, dass das Verfahren nicht vorrangig und beschleunigt durchgeführt wurde. Es empfiehlt sich deshalb, vorher Akteneinsicht zum Zwecke der Vorbereitung der Untätigkeitsrüge zu nehmen, zumal bereits ein solcher Antrag bewirken kann, dass das Verfahren gefördert wird.

6. Der Schriftsatz ist zu unterschreiben. Gemäß § 14b FamFG muss die Rüge als elektronisches Dokument übermittelt werden, wenn sie von einem Rechtsanwalt, einem Notar, einer Behörde (zB dem Jugendamt) oder einer juristischen Person des öffentlichen Rechts (zB einem Träger der gesetzlichen Rentenversicherung) eingereicht wird.

3. Beschleunigungsbeschwerde nach § 155c FamFG

Rechtsanwalt/Rechtsanwältin[1]

An das

Amtsgericht – Familiengericht – . . . . .[2]

In der Sache

. . . . .

Ast(in)

vertreten durch Rechtsanwalt . . . . .

gegen

. . . . .

AG(in)

vertreten durch Rechtsanwalt . . . . .

wegen Umgangs

Aktenzeichen: . . . . . UF . . . . . (F)

erhebe ich namens und in Vollmacht d. Ast(in) gegen den am . . . . . erlassenen Beschluss des Amtsgerichts – Familiengericht – vom . . . . . über die Zurückweisung der Untätigkeitsrüge

Beschleunigungsbeschwerde[3]

und beantrage,

> **festzustellen, dass die bisherige Dauer des Verfahrens dem Vorrang- und Beschleunigungsgebot des § 155 Abs. 1 FamFG nicht entspricht.[4]**

Begründung:[5]

D. Ast(in) hat am . . . . . gegen die Untätigkeit des Gerichts die Rüge nach § 155b FamFG erhoben. Das Familiengericht hat diese Rüge mit Beschl. v. . . . . ., d. Ast(in) zugestellt am . . . . . zu Unrecht zurückgewiesen.[6] Es ist deshalb vom Beschwerdegericht der Verstoß gegen das Beschleunigungsgebot des § 155 Abs. 1 FamFG festzustellen und sodann das Verfahren wie mit der Untätigkeitsrüge geltend gemacht zu fördern.

Zur näheren Begründung wird Folgendes ausgeführt:

. . . . .

Rechtsanwalt/Rechtsanwältin[7]

Anmerkungen

1. Eine Vertretung durch einen Rechtsanwalt ist in FG-Familiensachen nicht geboten.

2. Die Beschwerde gegen die Untätigkeit ist wie die Rüge bei dem Familiengericht zu erheben. Dies darf nicht abhelfen, sondern muss die Beschwerde unverzüglich dem

Oberlandesgericht vorlegen. Hat das Familiengericht nicht binnen eines Monats über die Rüge entschieden, ist gegen die Untätigkeit die Beschwerde unmittelbar zum Oberlandesgericht gegeben.

3. Die Beschleunigungsbeschwerde sollte als solche bezeichnet werden.

4. Dieser Antrag ist nicht zwingend, weil das Beschwerdegericht die Feststellung von Amts wegen treffen muss. Er dient aber der Klarstellung und vermeidet die drohende Teilzurückweisung, wenn stattdessen konkrete Ziele formuliert werden, die mit dem Rechtsmittel nicht verfolgt werden können. Es sollte aber angeregt werden, welche verfahrensfördernden Maßnahmen zur vorrangigen und beschleunigten Durchführung des Verfahrens zu ergreifen sind, weil das Amtsgericht an die Vorgaben des Beschwerdegerichts gebunden ist.

5. Auch § 155c Abs. 1 S. 2 FamFG verlangt, dass die Umstände dargelegt werden, aus denen sich ergibt, dass das Verfahren nicht vorrangig und beschleunigt durchgeführt wurde.

6. Das Familiengericht hat über die Beschleunigungsrüge spätestens innerhalb eines Monats nach deren Eingang durch Beschluss zu entscheiden. Dieser Beschluss kann innerhalb einer Frist von zwei Wochen nach der schriftlichen Bekanntgabe mit der Beschwerde angefochten werden, die bei dem Familiengericht anzubringen ist. Hat das Familiengericht nicht binnen eines Monats über die Rüge entschieden, ist gegen die Untätigkeit die Beschwerde unmittelbar zum Oberlandesgericht gegeben, die innerhalb von zwei Monaten ab Eingang der Untätigkeitsrüge zu erheben ist.

7. Der Schriftsatz ist zu unterschreiben. Gemäß § 14b FamFG muss die Beschwerde als elektronisches Dokument übermittelt werden, wenn sie von einem Rechtsanwalt, einem Notar, einer Behörde (zB dem Jugendamt) oder einer juristischen Person des öffentlichen Rechts (zB einem Träger der gesetzlichen Rentenversicherung) eingereicht wird.

IX. Rechtsbehelfe und Rechtsmittel in Kostensachen

1. Vorbemerkungen

In Kostensachen gibt es im Familienrecht verschiedene Rechtsbehelfe und Rechtsmittel: Für die Anfechtung der Kostengrundentscheidung in FG-Sachen gelten die §§ 58 ff. FamFG über die Beschwerde gegen die Endentscheidung, in Ehe- und Familienstreitsachen die Regelungen der ZPO. Das FamGKG regelt die Rechtmittel und Rechtsbehelfe gegen die übrigen kostenrelevanten Entscheidungen.

a) Bei der Anfechtung der Kostengrundentscheidung des Familiengerichts muss streng zwischen Ehe- und Familienstreitsachen und den übrigen Verfahren unterschieden werden:

aa) Hat das Familiengericht in einer FG-Familiensache (alle Verfahren des § 111 FamFG außer den Ehesachen gemäß Ziffer 1 sowie den Familienstreitsachen gemäß § 112 FamFG) über die Kosten des Verfahrens entschieden, richtet sich die Anfechtung dieser Entscheidung streng nach den §§ 58 ff. FamFG. Die Kostengrundentscheidung wird in diesen Verfahren stets als eigenständige und selbstständig mit der Beschwerde anfechtbare Endentscheidung behandelt. Sie kann deshalb unabhängig davon angegriffen werden, ob der Beschwerdeführer sich auch gegen die Entscheidung in der Hauptsache wendet (isolierte Kostenbeschwerde). Im Zivilprozess wäre dies gemäß § 99 Abs. 1 ZPO unzulässig.

Hat das Familiengericht in einer FG-Familiensache nach Erledigung der Hauptsache, namentlich nach Antragsrücknahme über die Kosten entschieden, stellt auch dies eine Endentscheidung dar, gegen welche die Beschwerde gemäß § 58 FamFG gegeben ist. Für die Beschwerdewertgrenze gilt zwar § 61 Abs. 1 FamFG, wonach die Beschwerde in vermögensrechtlichen Angelegenheiten nur zulässig ist, wenn der Wert des Beschwerdegegenstandes 1000 € (bis 31.12.2025: 600 EUR) übersteigt. Dies gilt aber nur in solchen Verfahren, in denen die Hauptsache vermögensrechtlicher Natur ist, also namentlich nicht in den meisten Kindschaftssachen (BGH NJW 2013, 3523 ff.).

bb) Da in den Ehe- und Familienstreitsachen die Kostenvorschriften des FamFG (§§ 80 ff. FamFG) ausgeschlossen sind (§ 113 Abs. 1 S. 1 FamFG), müssen nach der feststehenden Rechtsprechung des BGH in diesen Verfahren die §§ 91 ff. ZPO herangezogen werden (§ 113 Abs. 1 S. 2 FamFG; s. BGH NJW 2011, 3654). Dies gilt nicht nur für die Frage der Kostenverteilung, wobei in Unterhaltssachen die Sondervorschrift des § 243 FamFG und in Eheverbundsachen § 150 FamFG zu beachten ist, sondern auch für das Rechtsmittelverfahren. Beim Angriff gegen eine Kostengrundentscheidung in einer Ehe- oder Familienstreitsache gelten deshalb folgende Besonderheiten:

(1) Wegen § 99 Abs. 1 ZPO kann der Beschwerdeführer die Kostengrundentscheidung des Gerichts in einer Ehe- und Familienstreitsache nicht isoliert angreifen, wenn er sich mit seiner Beschwerde nach § 58 FamFG nicht gleichzeitig gegen die Entscheidung zur Hauptsache wendet (BGH FamRZ 2019, 551). Etwas anderes gilt gemäß § 99 Abs. 2 ZPO nur beim Anerkenntnisbeschluss.

(2) Hat das Familiengericht nach Rücknahme eines Antrags oder übereinstimmenden Erledigungserklärungen nur noch über die Kosten entschieden, ist in den Ehe- und Familienstreitsachen nicht die Beschwerde nach § 58 FamFG, sondern die sofortige Beschwerde gemäß §§ 269 Abs. 5, 91a Abs. 2, 567 ff. ZPO statthaft.

Gegenüber der Beschwerde nach §§ 58 ff. FamFG ergeben sich folgende wesentlichen Unterschiede:

- Die sofortige Beschwerde muss binnen zwei Wochen entweder beim Ausgangsgericht oder beim Beschwerdegericht eingelegt werden (Beschwerde nach § 58 FamFG: Frist 1 Monat, einzulegen beim Ausgangsgericht).
- Die Kostenbeschwer des Beschwerdeführers muss 300 EUR (bis 31.12.2025: 200 EUR) übersteigen, § 567 Abs. 2 ZPO (Beschwerde: über 1000 EUR (bis 31.12.2025: 600 EUR) nur in vermögensrechtlichen Hauptsacheverfahren, sonst keine Grenze, § 61 Abs. 1 FamFG)
- Das Familiengericht muss darüber entscheiden, ob es der sofortigen Beschwerde abhilft (Beschwerde: Abhilfeverbot gemäß § 68 Abs. 1 S. 2 FamFG).
- Bei dem OLG entscheidet der Einzelrichter (Beschwerde: Senat)
- Gemäß § 114 FamFG gilt für alle Kostenbeschwerden in Ehe- und Familienstreitsachen Anwaltszwang.

b) Wenn gegen eine Kostenentscheidung Beschwerde eingelegt wird, ist zu beachten, dass Angriffe gegen eine Ermessensentscheidung des Erstgerichts (zB nach §§ 81 Abs. 1 S. 1, 150, 243 FamFG) nach teilweise nach wie vor vertretener Ansicht nur zulässig sein sollen, wenn ein Ermessensfehlgebrauch geltend gemacht wird. Dem steht aber entgegen, dass das Beschwerdegericht zur eigenverantwortlichen Ausübung dieses Ermessens berufen ist (zum Streit siehe etwa MüKoFamFG/Fischer § 69 FamFG Rn. 11 f).

c) Das Gesetz über Gerichtskosten in Familiensachen (FamGKG) betrifft nicht die Kostengrundentscheidung, sondern vor allem die Rechtsbehelfe gegen den Kostenansatz und die Festsetzung des Verfahrenswertes.

Es sieht im 8. Abschnitt (§§ 57 ff. FamGKG) folgende Rechtsbehelfe und Rechtsmittel vor:

§ 57 FamGKG: Erinnerungen und Beschwerde gegen den Kostenansatz (→ Form. O.IX.7)

§ 58 FamGKG: Beschwerde gegen die Anordnung einer Vorauszahlung

§ 59 FamGKG: Beschwerde gegen die Festsetzung des Verfahrenswertes (→ Form. O.IX.5, → Form. O.IX.6)

§ 60 FamGKG: Beschwerde gegen die Auferlegung einer Verzögerungsgebühr

§ 61 FamGKG: Abhilfe bei Verletzung des rechtlichen Gehörs (→ Form. P.VIII)

2. Isolierte Beschwerde gegen die Kostengrundentscheidung (weder Ehe- noch Familienstreitsache)

Rechtsanwalt/Rechtsanwältin[1, 2]

An das

Amtsgericht

– Familiengericht – . . . . .[3]

In der Sache

. . . . .

vertreten durch Rechtsanwalt . . . . .

Ast(in) und Beschwerdeführer(in)

gegen

. . . . .

vertreten durch Rechtsanwalt . . . . .

AG (AGin) und Beschwerdegegnerin (Beschwerdegegner)

wegen . . . . .

Aktenzeichen: . . . . . F . . . . .

lege ich namens und in Auftrag d. ASt(in) gegen die Entscheidung zu den Kosten in dem am . . . . . erlassenen Beschluss des Amtsgerichts – Familiengericht – . . . . . vom[4] . . . . ., zugestellt am[5]

Beschwerde

ein.

Es wird beantragt,[6]

1. die Gerichtskosten und die notwendigen Aufwendungen der Beteiligten d. AG(in) aufzuerlegen,
2. hilfsweise davon abzusehen, die Kosten des Verfahrens ganz oder teilweise d. Ast(in) aufzuerlegen,
3. ganz hilfsweise davon abzusehen, die Kosten des Sachverständigengutachtens und des Verfahrensbeistands zu erheben.

Begründung:[7]

D. Ast(in) wendet sich mit der Beschwerde ausschließlich gegen die Entscheidung des Familiengerichts, d. Beschwerdeführer(in) mit Kosten des Verfahrens zu belasten.[8]

1. Vorliegend handelt es sich um eine gegen eine Endentscheidung gerichtete Beschwerde nach § 58 FamFG mit einmonatiger Beschwerdefrist und gemäß § 68 Abs. 1 S. 2 FamFG ohne Abhilfemöglichkeit, so dass um Vorlage des Rechtsmittels bei dem Beschwerdegericht gebeten wird. Da es sich in der Hauptsache um eine nichtvermögensrechtliche Angelegenheit handelt, kommt § 61 Abs. 1 FamFG nicht zur Anwendung (BGH NJW 2013, 3523). Der Beschwerdewert von über 1000 EUR wäre aber auch erreicht, weil d. Ast(in) durch die angegriffene Kostengrundentscheidung des Familiengerichts mit Kosten von mehr als 1000 EUR beschwert ist.[9] (wird ausgeführt). Da § 99 Abs. 1 ZPO in FG-Familiensachen nicht gilt, ist die Beschwerde auch zulässig, obwohl der Ausspruch zur Hauptsache nicht angegriffen werden soll. .

2. Entgegen der Auffassung des Amtsgerichts entspricht es nicht billigem Ermessen, die Kosten des Verfahrens gegeneinander aufzuheben.[10]

a) Es ist mit dem Rechtsgedanken des § 81 Abs. 2 Nr. 2 FamFG nicht zu vereinbaren, d. Ast(in) mit der Hälfte der Gerichtskosten und seinen Aufwendungen zu belasten. Diese sind vielmehr der AG(in) aufzuerlegen. (näher auszuführen)

b) Die angegriffene Entscheidung des Amtsgerichts ist auch nicht von dem durch § 81 FamFG eröffneten Ermessen gedeckt. Es ist bereits nicht zu erkennen, dass das Amtsgericht überhaupt von diesem Ermessen Gebrauch gemacht hat. Denn es hat sich zur Begründung seiner Entscheidung nur auf den Gesetzeswortlaut des § 81 Abs. 1 FamFG bezogen.[11]

3. Hilfsweise wird geltend gemacht, dass gemäß § 81 Abs. 1 S. 2 FamFG jedenfalls von der Erhebung der Kosten zu Lasten d. Ast(in) abzusehen ist. Das Amtsgericht hat noch vor Anhörung des Kindes und Bestellung des Verfahrensbeistands entgegen der Stellungnahme des Jugendamtes das Sachverständigengutachten zur Erziehungsfähigkeit der Eltern eingeholt, die keiner der Beteiligten jemals in Frage gestellt hat. Dies war erkennbar entbehrlich, zumal das Amtsgericht seine Entscheidung letztlich nur auf das eindeu-

tige Ergebnis der Kindesanhörung gestützt hat. Auch die Bestellung eines Verfahrensbeistands für das über 16 Jahre alte Kind war nicht erforderlich. Für die Erhebung dieser Kosten besteht deshalb kein Anlass.

4. Ganz hilfsweise wird beantragt, diese Kosten nach § 20 Abs. 1 S. 1 FamGKG wegen unrichtiger Sachbehandlung niederzuschlagen.[12]

Rechtsanwalt/Rechtsanwältin[13]

Anmerkungen

1. Nach dem FamFG kann die Kostenentscheidung des Familiengerichts im Ausgangspunkt isoliert mit der Beschwerde angefochten werden, ohne dass der Beschwerdeführer sich mit seinem Rechtsmittel auch gegen die Entscheidung zur Hauptsache wenden muss. Dies entspricht dem ausdrücklichen Willen des Gesetzgebers, der das früher geltende Verbot der isolierten Anfechtung der Kostenentscheidung für das FG-Verfahren ausdrücklich aufgehoben hat.

Etwas anderes gilt nur in Ehe- und Familienstreitsachen, weil dort gemäß § 113 Abs. 1 FamFG die Vorschrift des § 99 Abs. 1 ZPO zur Anwendung kommt. Deshalb ist die Beschwerde gegen die mit einer Hauptsacheentscheidung verbundene Kostenentscheidung in einem Scheidungsverbundbeschluss gemäß §§ 91 ff. ZPO, § 150 FamFG, einer Endentscheidung zum Unterhalt nach §§ 91 ff. ZPO, § 243 FamFG oder zum Güterrecht nach §§ 91 ff. ZPO unzulässig, wenn nicht gegen die Entscheidung in der Hauptsache Beschwerde eingelegt wird (BGH FamRZ 2019, 551).

2. Im Kostenbeschwerdeverfahren ist die Vertretung durch einen Rechtsanwalt nur nach Maßgabe von § 114 FamFG erforderlich. In FG-Familiensachen bedarf es deshalb auch für die isolierte Beschwerde gegen die Kostengrundentscheidung keiner anwaltlichen Vertretung, wenn es sich nicht um eine Folgesache handelt. Legt ein Rechtsanwalt Beschwerde ein, muss er diese aber auch in FG-Familiensachen gemäß § 14b Abs. 1 S. 1 FamFG als elektronisches Dokument übermitteln. Dies gilt auch für Behörden wie das Jugendamt oder juristische Personen des öffentlichen Rechts wie die Träger der gesetzlichen Rentenversicherung (§ 14b Abs. 2 FamFG).

Die Beschwerde ist immer beim Ausgangsgericht einzulegen (§ 64 Abs. 1 FamFG), auch wenn dieses Gericht nicht abhelfen darf (s. § 68 Abs. 1 S. 2 FamFG).

3. Eine Beschwerdemöglichkeit gegen eine Kostenentscheidung eines Oberlandesgerichts besteht grundsätzlich nicht. Eine Rechtsbeschwerde in diesem Punkt kann aber zugelassen werden. Die Rechtsbeschwerde ist aber nicht beim Ausgangsgericht, sondern beim Rechtsbeschwerdegericht, dem BGH, einzulegen (§ 71 Abs. 1 S. 1 FamFG).

4. Der angefochtene Beschluss muss in der Beschwerdeschrift genannt werden (§ 64 Abs. 2 S. 2 FamFG). Gleichzeitig muss erklärt werden, dass gegen diesen Beschluss Beschwerde eingelegt wird.

5. Die Angabe des Zustellungsdatums ist nicht erforderlich. Sie ist aber zweckmäßig, weil der Anwalt überprüfen muss, ob seine Beschwerde innerhalb der Beschwerdefrist des § 63 FamFG eingelegt wird.

6. Ein Antrag ist zwar nur in Ehesachen und Familienstreitsachen vorgeschrieben (§ 117 Abs. 1 S. 1 FamFG). Es ist aber zweckmäßig, im Rahmen der gemäß § 65 Abs. 2 FamFG einzureichenden Beschwerdebegründung auch in den anderen Sachen einen genauen Antrag zu stellen, um dem Gericht darzulegen, welches Ziel mit der Beschwerde verfolgt wird. Dies gilt umso mehr, als bei Beschwerde gegen Kostengrundentscheidungen der Grundsatz des Verbots der Verschlechterung der Ausgangsentscheidung zu Lasten des Beschwerdeführers gilt (Verbot der reformatio in peius). Soll – wie hier – nur ein Teil der Hauptsacheentscheidung, nämlich lediglich die Kostengrundentscheidung angefochten werden, muss dies zwingend zum Ausdruck gebracht werden.

7. Eine Begründung ist nur in Ehesachen und Familienstreitsachen vorgeschrieben, § 117 FamFG. In sonstige Angelegenheiten soll die Beschwerde begründet werden, § 65 Abs. 1 FamFG. Das Gericht kann eine Frist zur Beschwerdebegründung setzen (§ 65 Abs. 2 FamFG).

8. Dies dient der nochmaligen ausdrücklichen Klarstellung, dass sich die Beschwerde nicht gegen die Entscheidung zur Hauptsache richtet.

9. In der gerichtlichen Praxis herrscht beim Angriff gegen eine Kostenentscheidung gelegentlich Unsicherheit bei der Abgrenzung der in FG-Sachen statthaften Beschwerde nach § 58 FamFG von der in Ehe- und Familienstreitsachen statthaften sofortigen Beschwerde. Es bietet sich deshalb an, schon in der Beschwerde auf die Statthaftigkeit der Hauptsachebeschwerde, die einmonatige – statt nur zweiwöchige – Rechtsmittelfrist und die fehlende Abhilfemöglichkeit hinzuweisen, um einer rechtsirrigen Eröffnung des bei sofortigen Beschwerde gemäß § 571 Abs. 3 ZPO gegebenen Abhilfeverfahrens vorzubeugen.

Nach früherer obergerichtlicher Rechtsprechung wurde eine Kostenbeschwerde nach § 58 FamFG stets als Beschwerde in einer vermögensrechtlichen Angelegenheit behandelt und deshalb verlangt, dass der Beschwerdeführer gemäß § 61 Abs. 1 FamFG eine Kostenbeschwer von mehr als 600 EUR (seit dem 1.1.2026: 1000 EUR) geltend machte. Dem ist der BGH NJW 2013, 3523 entgegengetreten, weil es für die Anwendung der Regelung nur darauf ankommt, ob die Angelegenheit in der Hauptsache vermögensrechtlicher Natur ist. Darauf kann mit der Beschwerde hingewiesen werden. Ist zweifelhaft, ob § 61 Abs. 1 FamFG anwendbar ist, sollte eine vorhandene Kostenbeschwer von über 1000 EUR auch dargelegt werden.

10. Eine „Aufhebung der Kosten" nach § 81 FamFG ist schon allein deshalb fehlerhaft, weil dann alle Beteiligten mit Gerichtskosten (Gebühren und vor allem Auslagen wie den Kosten einer Verfahrensbeistandschaft und eines Sachverständigen) belastet werden, obwohl weder dem Kind noch dem Jugendamt noch dem Verfahrensbeistand solche Kosten auferlegt werden können. Anwaltlich vertretene Beteiligte müssen nach einer solchen Kostenentscheidung ihre eigenen notwendigen Auslagen selbst tragen.

Gemäß BGH NJW 2025, 1351–1353 enthält der Ausspruch, dass ein Beteiligter die „Kosten des Verfahrens" zu tragen habe, entgegen bisherigem verbreiteten Verständnis in der Praxis – anders als in der ZPO und bei der Entscheidung über die Kosten eines Beschwerdeverfahrens gemäß § 84 FamFG (dazu BGH NJW 2025, 840–842 = FamRZ 2025, 291–292) – regelmäßig nicht die Anordnung der Erstattung der zur Durchführung des Verfahrens notwendigen Aufwendungen weiterer Beteiligter. Hätte das Familiengericht vorliegend der Gegenseite die Kosten des Verfahrens auferlegt, hätte es also einer Beschwerde bedurft, wenn erreicht werden soll, dass der andere Beteiligte auch die eigenen notwendigen Auslagen in Gestalt von Anwalts- und Fahrkosten trägt.

11. Gemäß nach wie vor verbreiteter Ansicht darf das Beschwerdegericht sein Ermessen bei der Billigkeitsbetrachtung nach § 81 FamFG nicht an die Stelle des Ermessens des Familiengerichts setzen. Es kann nach dieser – indes unrichtigen – Auffassung eine Kostenentscheidung nach § 81 FamFG vielmehr nur daraufhin überprüfen, ob das Familiengericht beanstandungsfrei von seinem Ermessen Gebrauch gemacht hat (zum Streitstand siehe MüKoFamFG/A. Fischer FamFG § 69 Rn. 11). Es sollte deshalb zwar darauf hingewiesen werden, dass die Kostenentscheidung der vollen Überprüfung durch das Beschwerdegericht unterliegt. Zugleich sollte aber allein aus anwaltlicher Vorsicht auch verdeutlicht werden, dass das Ausgangsgericht sein Ermessen entweder überhaupt nicht oder jedenfalls fehlerhaft ausgeübt hat. Dies ist jedenfalls dann der Fall, wenn das Gericht seine Kostenentscheidung überhaupt nicht, nur durch Angabe der einschlägigen Kostengrundnorm oder nur floskelhaft – etwa durch bloße Bezugnahme auf den Gesetzeswortlaut – begründet hat. Ein Ermessensfehlgebrauch kann vorliegen, wenn es der Entscheidung an der notwendigen Einzelfallbetrachtung fehlt oder wichtige Abwägungsgesichtspunkte unberücksichtigt geblieben sind.

12. Werden die Kosten des Verfahrens gegeneinander aufgehoben, tragen die Beteiligten die Gerichtskosten nach Kopfteilen. Gemäß § 81 Abs. 1 S. 2 FamFG ist aber anzuordnen, dass von der Erhebung der Kosten abzusehen ist, wenn diese auf unrichtiger Sachbehandlung beruhen, was schon das Beschwerdegericht – und nicht erst der Kostenbeamte – zu berücksichtigen hat (BGH NJW-RR 2015, 385). Dies kann zB dann der Fall sein, wenn das Familiengericht ein Sachverständigengutachten ohne sachlichen Grund eingeholt (vgl. dazu OLG Frankfurt a. M. FamRZ 2016, 479) oder einen Verfahrensbeistand bestellt hat, obwohl dies offensichtlich nicht erforderlich war (dazu OLG Frankfurt a. M. FamRZ 2013, 1331). Auf eine Abänderung der Kostengrundentscheidung muss in einen solchen Fall unbedingt hingewirkt werden, um der Gefahr zu entgegen, dass der Beteiligte im Verfahren über den Kostenansatz mit diesem Einwand ausgeschlossen ist. Hat das Amtsgericht die Kosten in einer Kindschaftssache „gegeneinander aufgehoben“, ohne dies auf die beteiligten Eltern zu beschränken, haften die Eltern bei streng formaler Betrachtung nur anteilig neben anderen Beteiligten wie dem Kind selbst, dem Verfahrensbeistand und dem Jugendamt, auf jeden Fall aber einem Amtsvormund.

13. Die Beschwerde muss unterschrieben (§ 64 Abs. 2 S. 3 FamFG) und die Regelung über die zwingende Einreichung als elektronisches Dokument gemäß § 14b Satz 1 FamFG beachtet werden.

3. Beschwerde gegen eine isolierte Kostenentscheidung (weder Ehe- noch Familienstreitsachen)

Rechtsanwalt/Rechtsanwältin[1]

An das

Amtsgericht

– Familiengericht – . . . . .[2]

In der Sache

. . . . .

AG(in)

vertreten durch Rechtsanwalt . . . . .

gegen

. . . . .

Ast(in)

vertreten durch Rechtsanwalt . . . . .

wegen . . . . .

lege ich namens und in Vollmacht d. AG(in) gegen den am . . . . . erlassenen Beschl. v. . . . . .,[3] zugestellt am . . . . .[4]

Beschwerde

ein und beantrage,

die Kosten des Verfahrens einschließlich der außergerichtlichen Auslagen d. AG(in) d. Ast(in) aufzuerlegen.[5]

Begründung:[6]

Das Amtsgericht – Familiengericht – hat die Kosten des Verfahrens über den Antrag d. Ast(in) auf Übertragung des alleinigen Sorgerechts gegeneinander aufgehoben,[7] nachdem d. Ast(in) den Antrag im Hinblick auf das Ergebnis der Anhörung des Kindes und der Stellungnahme des Verfahrensbeistands auf dringendes Anraten des Familiengerichts zurückgenommen hat. Zur Begründung hat es ausgeführt, die Kosten in Sorgerechtssachen seien stets gegeneinander aufzuheben.

Damit hat das Familiengericht jedoch weder das nach § 81 FamFG eröffnete Ermessen ausgeübt noch erkannt, dass die Kosten des Verfahrens gemäß § 81 Abs. 2 Nr. 2 FamFG d. Ast(in) aufzuerlegen waren, weil dem Antrag von vorneherein erkennbar keine Aussicht auf Erfolg hatte. Denn das Kind hat den mit dem Antrag verfolgten Wechsel in den Haushalt d. Ast(in) von vornherein stets nachdrücklich und konstant abgelehnt[8]*(wird weiter ausgeführt)*.

Rechtsanwalt/Rechtsanwältin[9]

Anmerkungen

1. Die isolierte Kostenentscheidung in einer FG-Familiensache ist eine Endentscheidung, gegen welche die Beschwerde zum Oberlandesgericht nach § 58 FamFG gegeben ist. Es gelten die §§ 58 ff. FamFG, so dass auch diese Beschwerde binnen eines Monats bei dem Familiengericht anzubringen ist, §§ 63 Abs. 1, 64 FamFG. Da es sich nicht um eine Ehe- oder Familienstreitsache handelt, besteht kein Anwaltszwang. Das Familiengericht darf gem. § 68 Abs. 1 S. 2 FamFG nicht abhelfen, sondern muss die Beschwerde unverzüglich dem Oberlandesgericht vorlegen. Betrifft der Gegenstand des Hauptverfahren keine vermögensrechtliche Angelegenheit, kommt es nicht darauf an, ob die mit der angegriffenen Kostenentscheidung verbundene Kostenlast für den Beschwerdeführer 1000 EUR (bis 31.12.2025: 600 EUR) übersteigt, § 61 Abs. 1 FamFG (BGH NJW 2013, 3523 gegen die bis dahin herrschende Ansicht).

Die Beschwerde ist unzulässig, wenn das Familiengericht eine isolierte Kostenentscheidung im einstweiligen Anordnungsverfahren getroffen hat, welches nicht unter § 57 S. 2 FamFG fällt. Ob sie in Verfahren nach § 57 S. 2 FamFG statthaft ist, ist umstritten, aber nach richtiger Ansicht zu bejahen (zum Streitstand siehe MüKoFamFG/A. Fischer FamFG § 58Rn. 73 ff) Soweit sie für zulässig erachtet wird, beträgt die Beschwerdefrist nur zwei Wochen, § 63 Abs. 2 Nr. 1 FamFG.

In Ehe- und Familienstreitsachen ist gegen eine isolierte Kostenentscheidung nicht die Beschwerde, sondern gemäß §§ 269 Abs. 5, 91a Abs. 2 FamFG die sofortige Beschwerde ab einer Beschwer von mehr als 300 EUR (bis 31.12.2025: 200 EUR) gegeben (→ Form. O.IX.4). Ist die Kostenentscheidung Teil einer Entscheidung zur Hauptsache, ist die isolierte Anfechtung wegen § 99 Abs. 1 ZPO ausgeschlossen.

2. Eine Beschwerdemöglichkeit gegen die Kostenentscheidung eines Oberlandesgerichts besteht grundsätzlich nicht. Eine Rechtsbeschwerde kann in diesem Punkt aber zugelassen werden. Die Rechtsbeschwerde ist aber nicht beim Ausgangsgericht, sondern beim Rechtsbeschwerdegericht, dem BGH, durch einen beim BGH zugelassenen Rechtsanwalt einzulegen (§ 71 Abs. 1 S. 1 FamFG).

3. Der angefochtene Beschluss muss in der Beschwerdeschrift genannt werden (§ 64 Abs. 2 S. 2 FamFG). Gleichzeitig muss erklärt werden, dass gegen diesen Beschluss Beschwerde eingelegt wird.

4. Die Angabe des Zustellungsdatums ist nicht erforderlich. Sie ist aber zweckmäßig, weil der Anwalt überprüfen muss, ob seine Beschwerde innerhalb der Beschwerdefrist des § 63 FamFG eingelegt wird.

5. Ein Antrag ist nur in Ehesachen und Familienstreitsachen vorgeschrieben (§ 117 Abs. 1 S. 1 FamFG). Es ist aber zweckmäßig, auch in den anderen Sachen einen genauen Antrag zu stellen, um dem Gericht darzulegen, welches Ziel mit der Beschwerde verfolgt wird. Gemäß BGH NJW 2025, 1351–1353 enthält der auf § 81 FamFG gestützte Ausspruch, dass ein Beteiligter die „Kosten des Verfahrens" zu tragen habe, entgegen bisherigem verbreiteten Verständnis in der Praxis – anders als in der ZPO – regelmäßig nicht die Anordnung der Erstattung der zur Durchführung des Verfahrens notwendigen Aufwendungen weiterer Beteiligter. Es ist deshalb ausdrücklich der Antrag zu stellen, der Gegenseite die im Ausgangsverfahren entstandenen Auslagen des Beschwerdeführers aufzuerlegen.

6. Eine Begründung ist nur in Ehesachen und Familienstreitsachen vorgeschrieben. In sonstigen Angelegenheiten soll die Beschwerde begründet werden. Das Gericht kann eine Frist zur Beschwerdebegründung setzen (§ 65 Abs. 2 FamFG).

7. Die Kostenaufhebung in einer Kindschaftssache verbietet sich in der Regel schon deshalb, weil damit bei förmlicher Betrachtung nicht nur die Eltern, sondern alle Beteiligten (Kind, Verfahrensbeistand, Amtsvormund, uU auch Jugendamt und Pflegeeltern, siehe § 9 FamFG) in unzulässiger Weise nach Kopfteilen mit den Gerichtskosten belastet werden. Die Gerichtsgebühren sind zwar niedrig, es fallen aber auch in einfach gelagerten Sachen meist nicht unerhebliche Auslagen für den Verfahrensbeistand an.

8. Nach verbreiteter Ansicht darf das Beschwerdegericht eine nach § 81 FamFG ergangene Kostenentscheidung des Familiengericht nur daraufhin überprüfen, ob das Gericht das eingeräumte Ermessen erkannt und richtig ausgeübt hat (für volles eigenes Ermessen dagegen zutreffend ua OLG Bamberg FamRZ 2020, 1401 f.). Es muss deshalb allein aus anwaltlicher Vorsicht dargelegt werden, wo der Ermessensfehlgebrauch des Familiengerichts liegt. Hat das Familiengericht seine Kostenentscheidung nicht durch Bezugnahme auf die Umstände des Einzelfalls begründet, kann in der Regel nicht von einer ordnungsgemäßen Ermessensausübung gesprochen werden, die in diesem Falle vollumfänglich dem Beschwerdegericht obliegt.

9. Die Beschwerde muss unterschrieben werden (§ 64 Abs. 2 S. 3 FamFG). Gemäß § 14b FamFG muss die Beschwerde als elektronisches Dokument übermittelt werden, wenn sie von einem Rechtsanwalt, einem Notar, einer Behörde (zB dem Jugendamt) oder einer juristischen Person des öffentlichen Rechts (zB einem Träger der gesetzlichen Rentenversicherung) eingereicht wird.

4. Sofortige Beschwerde gegen eine isolierte Kostenentscheidung (Ehe- und Familienstreitsachen)

Rechtsanwalt/Rechtsanwältin[1, 2]

An das

Amtsgericht

– Familiengericht – . . . . . (oder das Oberlandesgericht – Familiensenat – . . . . .).[3]

In der Sache

. . . . .

AG(in)

Verfahrensbevollmächtigter: Rechtsanwalt . . . . .

gegen

. . . . .

ASt(in)

gesetzlich vertreten durch die Mutter/den Vater . . . . .

Verfahrensbevollmächtigter: Rechtsanwalt . . . . .

wegen . . . . .

lege ich namens und in Vollmacht d. AG(in) gegen den am . . . . . erlassenen Kostenbeschluss vom . . . . . ,[4] zugestellt am . . . . .[5]

sofortige Beschwerde[6]

ein und beantrage,

den Beschluss dahingehend abzuändern, dass die Kosten des Verfahrens d. Ast(in) auferlegt werden.[7]

Begründung:[7]

Nachdem d. Ast (in) während des laufenden Verfahrens über Kindesunterhalt von der Obhut der Mutter/des Vaters in die Obhut d. AG(in) gewechselt ist, hat d. Ast.(in) seinen/ihren Verpflichtungsantrag zurückgenommen. Das Amtsgericht – Familiengericht – hat die Kosten des Verfahrens gemäß § 243 FamFG gegeneinander aufgehoben. Diese sind gemäß § 269 Abs. 5 ZPO, §§ 113 Abs. 1, 243 FamFG jedoch d. Ast(in) aufzuerlegen, weil er/sie sich durch die Rücknahme des Antrags in die Rolle des Unterlegenden begeben hat *(wird näher ausgeführt)*.

Der ASt (die AStin) ist durch diese Entscheidung in Höhe von mehr als 300 EUR beschwert.[8]

Rechtsanwalt/Rechtsanwältin[9]

Anmerkungen

1. Gegen isolierte Kostenentscheidungen in Ehe- und Familienstreitsachen nach Erledigung, Rücknahme oder Anerkenntnis ist – anders als in FG-Familiensachen – nicht die Beschwerde nach § 58 FamFG, sondern wegen der Anwendbarkeit der Kostengrundvorschriften der §§ 91 ff. ZPO, § 113 Abs. 1 FamFG die sofortige Beschwerde gemäß §§ 91a Abs. 2, 269 Abs. 5, 99 Abs. 2 ZPO gegeben (BGH NJW 2011, 3654). Dadurch ergeben sich erhebliche Unterschiede zu den oben Nr. 2 behandelten Beschwerden in den Sachen, die weder Ehesache noch Familienstreitsache sind (→ Vorb. O.IX.1 a) bb) (2).

2. Da in Ehesachen und Familiensachen die Vertretung durch Rechtsanwälte vorgeschrieben ist (§ 114 Abs. 1 FamFG), muss auch die sofortige Beschwerde durch einen Rechtsanwalt eingelegt (und begründet) werden (s. § 569 Abs. 3 Nr. 1 ZPO).

3. Die Beschwerde ist beim Ausgangsgericht oder beim Beschwerdegericht einzulegen (§ 569 Abs. 1 ZPO). Beim Oberlandesgericht ist im Gegensatz zu Beschwerden nach dem FamFG der originäre Einzelrichter zuständig (§ 568 Abs. 1 ZPO).

Eine Beschwerdemöglichkeit gegen die Kostenentscheidung eines Oberlandesgerichts besteht grundsätzlich nicht. Eine Rechtsbeschwerde kann aber zugelassen werden (§ 574 Abs. 1 Nr. 2 ZPO). Die Rechtsbeschwerde ist nicht beim Ausgangsgericht, sondern beim Rechtsbeschwerdegericht, dem BGH, durch einen dort zugelassenen Rechtsanwalt einzulegen (§ 575 Abs. 1 S. 1 ZPO).

4. Der angefochtene Beschluss muss in der Beschwerdeschrift genannt werden (§ 569 Abs. 2 S. 2 ZPO). Gleichzeitig muss erklärt werden, dass gegen diesen Beschluss Beschwerde eingelegt wird.

5. Die Angabe des Zustellungsdatums ist nicht erforderlich. Sie ist aber zweckmäßig, weil der Anwalt überprüfen muss, ob seine Beschwerde innerhalb der Beschwerdefrist des § 569 Abs. 2 ZPO eingelegt wird. Die Frist beträgt hier nur zwei Wochen, nicht wie in § 63 Abs. 1 FamFG einen Monat, auch wenn die Rechtsbehelfsbelehrung im angegriffenen Beschluss – wie gelegentlich – rechtsirrig auf die längere Monatsfrist hinweisen mag.

6. Das richtige Rechtsmittel ist in diesem Fall die sofortige Beschwerde nach §§ 567 ff. ZPO (BGH NJW 2011, 3654 ff.).

7. Ein Antrag und eine Begründung sind nicht vorgeschrieben. Die sofortige Beschwerde soll aber begründet werden (§ 571 Abs. 1 ZPO). Es ist auch zweckmäßig einen genauen Antrag zu stellen und zu begründen, um dem Gericht darzulegen, welches Ziel mit der Beschwerde verfolgt wird. Wechselt das minderjährige Kind im laufenden Verfahren über Kindesunterhalt zum Antragsgegner, wird sein Antrag sowohl wegen der Rückstände als auch wegen des laufenden Unterhalts unzulässig und muss für erledigt erklärt werden. Schließt sich d. AG(in) der Erklärung an, ist nach § 91a Abs. 1 ZPO, § 243 FamFG über die Kosten zu entscheiden (Rechtmittel: sofortige Beschwerde). Widerspricht d. AG(in), ist eine Endentscheidung zu der Frage herbeizuführen, ob der Antrag zum Zeitpunkt des Obhutswechsels zulässig und begründet (= erledigt) war. Dagegen wäre die Beschwerde nach § 58 FamFG gegeben. Nimmt d. Ast(in) den Antrag zurück, sind ihm/ihr jedoch die Kosten des Verfahrens gemäß § 269 Abs. 5 ZPO, § 243 FamFG aufzuerlegen.

8. Die Höhe des erforderlichen Beschwerdewerts (über 300 EUR bis 31.12.2025: 200 EUR) ergibt sich aus § 567 Abs. 2 ZPO (BGH NJW 2011, 3654 ff.). Eine Zulassung der sofortigen Beschwerde durch das Erstgericht ist nicht vorgesehen.

9. Die sofortige Beschwerde muss unterschrieben (§ 130 Nr. 6 ZPO) und gemäß §§ 130d ZPO, 113 Abs. 1 FamFG als elektronisches Dokument übermittelt werden.

5. Beschwerde gegen die zu niedrige Festsetzung des Verfahrenswertes

Rechtsanwalt/Rechtsanwältin[1, 2]

An das

Amtsgericht

– Familiengericht – . . . . .[3]

In der Sache

. . . . .

ASt(in)

vertreten durch Rechtsanwalt . . . . .

gegen

. . . . .

AG(in)

vertreten durch Rechtsanwalt . . . . .

wegen Festsetzung des Verfahrenswerts

lege ich gegen den Beschl. v. . . . . . im eigenen Namen

Beschwerde

ein.

Begründung:

Durch den angefochtenen Beschluss wurde der Verfahrenswert auf . . . . . EUR festgesetzt. Diese Festsetzung ist zu niedrig. Der Verfahrenswert hätte auf . . . . . EUR festgesetzt werden müssen. Dadurch bin ich in Höhe von (300 + ×) EUR beschwert (Alternative: Das Erstgericht hat die Beschwerde zugelassen).[4]

Das Hauptsacheverfahren ist seit . . . . . beendet.[5]

Rechtsanwalt/Rechtsanwältin[6]

Anmerkungen

1. Diese Beschwerde kann ein Rechtsanwalt nur im eigenen Namen einlegen. Denn sein Mandant ist durch eine zu niedrige Verfahrenswertfestsetzung nicht beschwert.

2. Eine Vertretung durch einen Rechtsanwalt ist aber nicht vorgeschrieben (§§ 59 Abs. 1 S. 5, 57 Abs. 4 S. 1 FamGKG). Die Beschwerde kann ohne Mitwirkung eines RA schriftlich eingereicht oder zu Protokoll der Geschäftsstelle abgegeben werden (§ 57 Abs. 4 S. 1 FamGKG). Gemäß § 8 FamGKG iVm. §§ 130d ZPO, 14b FamFG muss die Beschwerde aber als elektronisches Dokument übermittelt werden, wenn sie von einem

Rechtsanwalt, einem Notar, einer Behörde (zB dem Jugendamt) oder einer juristischen Person des öffentlichen Rechts (zB einem Träger der gesetzlichen Rentenversicherung) eingereicht wird.

3. Die Beschwerde ist beim Ausgangsgericht einzulegen, §§ 57 Abs. 3, 59 Abs. 1 S. 5 FamGKG.

4. Die Beschwerde ist nur zulässig, wenn der Beschwerdewert, dh der Wert der mit der Beschwerde erstrebten Änderung der Ausgangsentscheidung über 300 EUR (bis 31.12.2025: 200 EUR) beträgt (§ 59 Abs. 1 S. 1 FamGKG) oder wenn das Erstgericht die Beschwerde zugelassen hat (§ 59 Abs. 1 S. 2 FamGKG).

5. Die Beschwerde ist fristgebunden. Sie muss innerhalb von sechs Monaten nach Rechtskraft der Hauptsacheentscheidung bzw. anderweitiger Erledigung der Hauptsache eingelegt werden (§§ 59 Abs. 1 S. 3, 55 Abs. 3 S. 2 FamGKG). Sollte diese Frist unverschuldet versäumt werden, kann vom Oberlandesgericht Wiedereinsetzung in den vorigen Stand bewilligt werden (§ 59 Abs. 2 FamGKG). Die Wiedereinsetzung ist innerhalb von zwei Wochen nach Wegfall des Hindernisses zu beantragen. Ein Jahr nach Ablauf der versäumten Frist (also bis zu 18 Monaten nach Beendigung der Hauptsache) kann auch keine Wiedereinsetzung mehr beantragt werden.

6. Der Schriftsatz muss unterschrieben bzw. als elektronisches Dokument ordnungsgemäß signiert werden.

6. Beschwerde gegen die zu hohe Festsetzung des Verfahrenswertes

Rechtsanwalt/Rechtsanwältin[1, 2]

An das

Amtsgericht

– Familiengericht – . . . . .[3]

In der Sache

. . . . .

Ast(in)

vertreten durch Rechtsanwalt . . . . .

gegen

. . . . .

AG(in)

vertreten durch Rechtsanwalt . . . . .
wegen Festsetzung des Verfahrenswerts

Namens und in Vollmacht d. Ast(in) wird gegen den . . . . . Beschl. v. . . . . . über die Festsetzung des Verfahrenswerts

Beschwerde

eingelegt.

Begründung:

Durch den angefochtenen Beschluss wurde der Verfahrenswert auf . . . . . EUR festgesetzt. Diese Festsetzung ist zu hoch. Der Verfahrenswert hätte auf . . . . . EUR festgesetzt werden müssen. Dadurch ist d. Ast(in) in Höhe von mehr als 300 EUR beschwert (Alternative: Das Erstgericht hat die Beschwerde zugelassen).[4]

Das Hauptsacheverfahren ist seit . . . . . beendet.[5]

Rechtsanwalt/Rechtsanwältin

Anmerkungen

1. Gegen die endgültige Festsetzung des Verfahrenswertes ist die Beschwerde nach § 59 FamGKG gegeben. Das Verfahren richtet sich also nicht nach den nur für die Beschwerde gegen Endentscheidungen geltenden Regelungen der §§ 58 ff. FamFG, sondern gemäß § 59 Abs. 1 S. 5 FamGKG nach den für die Kostenerinnerung geltenden Verfahrensvorschriften des § 57 Abs. 3 ff. FamGKG.

Hat das Familiengericht den Verfahrenswert zu hoch festgesetzt, ist dadurch nur der Beteiligte, nicht aber der Rechtsanwalt beschwert, weshalb sie im Namen der Mandantschaft geführt werden muss. Der Rechtsanwalt kann und muss die Beschwerde gegen die Festsetzung aber dann in eigenem Namen führen, wenn der Wert zu niedrig angesetzt worden ist. Eine Beschwerde des Beteiligten wäre unzulässig, weil dieser durch eine zu niedrige Wertansetzung nur begünstigt, nicht aber beschwert wird, → Form. O.IX.5.

2. Die Beschwerde kann ohne Mitwirkung eines RA schriftlich eingereicht oder zu Protokoll der Geschäftsstelle abgegeben werden (§§ 59 Abs. 1 S. 5, 57 Abs. 4 S. 1 FamGKG). Gemäß §§ 8 FamFG, 130d ZPO, 14b FamFG muss die Beschwerde aber dann als elektronisches Dokument übermittelt werden, wenn sie von einem Rechtsanwalt, einem Notar, einer Behörde (z. B. dem Jugendamt) oder einer juristischen Person des öffentlichen Rechts (zB einem Träger der gesetzlichen Rentenversicherung) eingereicht wird.

3. Die Beschwerde ist beim Ausgangsgericht einzulegen (§§ 59 Abs. 1 S. 5, 57 Abs. 4 S. 4 FamGKG).

4. Die Beschwerde ist nur zulässig, wenn der Beschwerdewert, dh der Wert der mit der Beschwerde erstrebten Änderung der Ausgangsentscheidung über 300 EUR (bis 31.12.2025: 200 EUR) beträgt oder wenn das Erstgericht die Beschwerde zugelassen hat (§ 59 Abs. 1 FamGKG).

5. Die Beschwerde ist fristgebunden. Sie muss innerhalb von 6 Monaten nach Rechtskraft der Hauptsacheentscheidung bzw. nach anderweitiger Erledigung der Hauptsache eingelegt werden (§§ 59 Abs. 1 S. 3, 55 Abs. 3 S. 2 FamGKG). Sollte diese Frist unverschuldet versäumt werden, kann vom Oberlandesgericht Wiedereinsetzung in den vorigen Stand bewilligt werden (§ 59 Abs. 2 FamGKG). Die Wiedereinsetzung ist innerhalb von zwei Wochen nach Wegfall des Hindernisses zu beantragen. Ein Jahr nach Ablauf der versäumten Frist (also bis zu 18 Monaten nach Beendigung der Hauptsache) kann auch keine Wiedereinsetzung mehr beantragt werden.

7. Erinnerung gegen den Kostenansatz (§ 57 FamGKG)

Rechtsanwalt/Rechtsanwältin[1, 2]

An das

Amtsgericht

– Familiengericht – . . . . . (Oberlandesgericht – Familiensenat – . . . . .)[3]

In der Sache

. . . . .

Ast(in) und Erinnerungsführer(in)

vertreten durch RAe . . . . .

gegen

. . . . .

AG(in) und Erinnerungsgegner(in)

vertreten durch RAe . . . . .

wegen . . . . .

Namens und in Vollmacht d. Ast(in) wird hiermit gegen die Kostenrechnung des Amtsgerichts vom . . . . ., zugestellt am . . . . .[4]

Erinnerung

eingelegt und beantragt,

Kosten in Höhe von lediglich . . . . EUR in Ansatz zu bringen.

Für den Fall der Zurückweisung der Erinnerung wird beantragt, die Beschwerde zuzulassen, da das Familiengericht in diesem Falle von der Rechtsprechung des OLG Frankfurt a. M. abweichen würde.[5]

Begründung:[6]

D. Ast(in) wendet sich gegen die Kostenrechnung vom . . . . ., soweit ihr Kosten für das im Umgangsverfahren eingeholte Sachverständigengutachten berechnet worden sind.

1. Eine Haftung nach § 24 Nr. 1 FamGKG scheidet aus, da d. Ast(in) die Kosten nicht durch gerichtliche Entscheidung auferlegt sind. Auch hat er/sie die Kosten nicht nach § 24 Nr. 2 FamGKG übernommen. Zu Unrecht geht der Kostenbeamte davon aus, dass d. Ast (in) gemäß § 83 Abs. 1 FamFG und damit kraft Gesetzes für die Kosten des Verfahrens haftet. Zwar haben die Eltern zum Ende des Verfahrens eine Umgangsvereinbarung getroffen. Damit ist das Verfahren aber nicht durch einen Vergleich beendet worden (vgl. OLG Frankfurt a. M. FamRZ 2014, 53) *(wird näher ausgeführt)*.

2. Der Sachverständige hat zudem Kosten berechnet, die nicht angefallen sind, einen zu hohen Stundensatz angesetzt, zu hohe Reisekosten in Rechnung gestellt und eine Vergütung für Tätigkeiten erhalten, die nicht von dem gerichtlichen Auftrag gedeckt waren *(wird näher ausgeführt)*.

3. Die Kosten des Sachverständigen sind zudem gemäß § 20 FamGKG niederzuschlagen, weil sein Gutachten unverwertbar war. Denn dem Sachverständigen fehlte die notwendige Qualifikation nach § 163 FamFG (*wird näher ausgeführt*).

Rechtsanwalt/Rechtsanwältin

Anmerkungen

1. Gegen den Kostenansatz des Familiengerichts (Kostenrechnung) ist ungeachtet des Werts der Beschwer gemäß § 57 Abs. 1 S. 1 FamGKG immer die Erinnerung gegeben, über welche der Richter bei dem Ausgangsgericht zu entscheiden hat. Gegen dessen Entscheidung ist sodann die Beschwerde zum OLG gegeben, soweit die Kostenbeschwer 200 EUR übersteigt. Sonst ist sie nur zulässig, wenn das Familiengericht sie zulässt.

Gegen die Kostenfestsetzung ist hingegen über § 85 FamFG bzw. in Ehe- und Familienstreitsachen über § 113 Abs. 1 FamFG die sofortige Beschwerde gegeben, §§ 567, 104 Abs. 3 ZPO. Der erforderliche Beschwerdewert bestimmt sich nach § 567 Abs. 2 ZPO (mehr als 200 EUR). Unterhalb dieses Wertes ist die sofortige Erinnerung (§ 11 Abs. 2 RPflG) gegeben, über die der Richter der ersten Instanz abschließend entscheidet. Er kann aber die Beschwerde zulassen.

2. Eine Vertretung durch Rechtsanwälte ist in diesem Verfahren nicht erforderlich, weil Anträge und Erklärungen auch zu Protokoll des Urkundsbeamten der Geschäftsstelle oder schriftlich abgegeben werden können (§ 57 Abs. 4 S. 1 FamGKG). Gemäß §§ 8 FamFG, 130d ZPO, 14b FamFG muss die Erinnerung aber als elektronisches Dokument übermittelt werden, wenn sie von einem Rechtsanwalt, einem Notar, einer Behörde (zB dem Jugendamt) oder einer juristischen Person des öffentlichen Rechts (zB einem Träger der gesetzlichen Rentenversicherung) eingereicht wird.

3. Die Erinnerungen sind bei dem Gericht einzulegen, bei dem die Kosten angesetzt wurden (§ 57 Abs. 4 S. 2, Abs. 1 S. 1 FamGKG). Dies sind bei Verfahren vor dem Familiengericht das Amtsgericht (§ 18 Abs. 1 S. 1 Nr. 1 FamGKG) und in Rechtsmittelverfahren in Familiensachen das Oberlandesgericht (§ 18 Abs. 1 S. 1 Nr. 2 FamGKG) bzw. der Bundesgerichtshof.

4. Die Erinnerung ist zwar nicht fristgebunden. Da aber sonst die Vollstreckung droht, ist sie zeitnah zu erheben.

5. Hilft der Kostenbeamte der Erinnerung nicht ab, ist sie d. Familienrichter(in) vorzulegen, gegen dessen Beschluss die Beschwerde gegeben ist, wenn der Beschwerdewert mehr als 300 EUR (bis 31.12.2025: 200 EUR) beträgt. Ist dies nicht der Fall, ist die Beschwerde nur zulässig, wenn sie das Familiengericht zulässt, § 57 Abs. 2 FamGKG. Auf einen potenziellen Zulassungsgrund sollte bereits mit der Erinnerung hingewiesen werden. Entscheidungen eines Oberlandesgerichts über Erinnerungen sind jedoch nicht anfechtbar (§ 57 Abs. 7 FamGKG). Es ist auch nicht möglich, eine Rechtsbeschwerde zuzulassen.

6. Eine Begründung ist nicht zwingend, aber zweckmäßig, um zu vermeiden, dass die Entscheidung über den Rechtsbehelf ohne weitere Einzelheiten nur auf den angefochtenen Beschluss Bezug nimmt. In diesem Fall kann auch nicht mit einer Zulassung der Beschwerde gerechnet werden. Zwar kann der Beschwerdeführer im Verfahren nach § 57 FamGKG nicht mehr einwenden, das Familiengericht habe ihn zu Unrecht in der rechtkräftigen Kostengrundentscheidung Kosten des Verfahrens auferlegt. Er kann er aber seine Kostenschuldnerschaft nach Maßgabe des § 24 FamGKG in Frage stellen, Einwände gegen die sachliche Berechtigung der in Rechnung gestellten Auslagen erheben und die Niederschlagung der Kosten wegen unrichtiger Sachbehandlung nach § 20 FamGKG begehren.

P. Rechtsbehelfe gegen andere Entscheidungen

I. Rechtsbehelfe im einstweiligen Anordnungsverfahren

1. Vorbemerkungen

a) Das einstweilige Anordnungsverfahren bildet nach dem FamFG ein eigenes in sich abgeschlossenes Verfahren, welches durch eine Endentscheidung beendet wird. Sowohl der Erlass als auch die Ablehnung einer einstweiligen Anordnung unterliegen deshalb im Ausgangspunkt der Beschwerde nach § 58 FamFG, die in Familiensachen jedoch gemäß § 57 S. 1 FamFG grundsätzlich unstatthaft und nur in den Fällen des § 57 S. 2 FamFG gegeben ist. Die Beteiligten können stattdessen gemäß § 52 FamFG das Hauptsacheverfahren einleiten oder gemäß § 54 Abs. 1 FamFG auf eine Aufhebung oder Abänderung der Entscheidung hinwirken.

b) Die Beschwerde ist gemäß § 57 S. 2 FamFG ausnahmsweise gegeben, wenn das Familiengericht über die Genehmigung der Unterbringung eines Kindes, die elterliche Sorge für ein Kind, die Herausgabe des Kindes an den anderen Elternteil, über einen Antrag auf Verbleiben eines Kindes bei einer Pflege- oder Bezugsperson, über einen Antrag nach den §§ 1 und 2 GewSchG (Gewaltschutzgesetz) oder in einer Wohnungszuweisungssache über einen Antrag auf Zuweisung der Wohnung entschieden hat.

Entscheidungen in einstweiligen Anordnungsverfahren über Unterhalt und Umgang – auch bei einem Umgangsausschluss – sind also in keinem Fall einer Überprüfung durch das OLG zugänglich.

Auch in den Ausnahmefällen des § 57 S. 2 FamFG ist die Beschwerde aber nur dann statthaft, wenn das Familiengericht zuvor über den Antrag im einstweiligen Anordnungsverfahren mündlich verhandelt hat. Eine Ausnahme gilt insoweit nur in den kindschaftsrechtlichen Unterbringungssachen. Hat das Familiengericht eine einstweilige Anordnung im schriftlichen Verfahren erlassen oder abgelehnt, muss deshalb vor der Erhebung der Beschwerde ein Antrag auf Durchführung der mündlichen Verhandlung gemäß § 54 FamFG gestellt werden. Erst gegen die aufgrund dieser Verhandlung ergangene Entscheidung kann dann Beschwerde eingelegt werden.

c) Soweit gegen die Endentscheidung des Familiengerichts wegen § 57 FamFG keine Beschwerde gegeben ist, kann auch die Kostenentscheidung nicht angefochten werden. Ob die in einem der Verfahren des § 57 S. 2 FamFG ergangene Kostenentscheidung nach § 58 FamFG anfechtbar ist, obwohl sie unmittelbar nicht einen der dort genannten Verfahrensgegenstände betrifft, ist hingegen umstritten.

d) § 57 S. 1 FamFG steht auch der Überprüfung der Versagung von Verfahrenskostenhilfe für das einstweilige Anordnungsverfahren im Wege der sofortigen Beschwerde entgegen, soweit es um die Beurteilung der hinreichenden Erfolgsaussichten der Rechtsverfolgung geht. Fragen der Bedürftigkeit und der Beiordnung eines Verfahrensbevollmächtigten sind hingegen der sofortigen Beschwerde zugänglich.

2. Antrag auf Aufhebung einer einstweiligen Anordnung (Umgang)

Rechtsanwalt/Rechtsanwältin . . . . .[1, 2]

An das

Amtsgericht

– Familiengericht – . . . . .[3]

In der Sache

. . . . .

AG(in)

vertreten durch Rechtsanwalt . . . . .

gegen

. . . . .

Ast(in)

vertreten durch Rechtsanwalt . . . . .

wegen . . . . .

Aktenzeichen . . . . . F . . . . . / . . . . .

Namens und in Vollmacht d. AG(in) wird beantragt,

1. den am . . . . . erlassenen Beschl. v. . . . . . über die einstweilige Anordnung begleiteten Umgangs mit dem zu Ziffer 1 beteiligten gemeinsamen Kind K . . . . . aufzuheben und d. Ast(in) vorläufig jeden Kontakt mit dem Kind zu untersagen,[4]
2. vorab die sofortige Wirksamkeit der am . . . . . erlassenen einstweiligen Anordnung des Familiengerichts vom . . . . . auszusetzen.[5]

Begründung:[6]

Das Amtsgericht – Familiengericht – hat d. Beschwerdeführer(in) mit der aufgrund mündlicher Verhandlung vom . . . . . modifizierten einstweiligen Anordnung, erlassen am . . . . . verpflichtet, d. Ast(in) begleiteten Umgang mit dem bei d. Beschwerdeführer (in) lebenden und zu Ziffer 1. beteiligten Kind K . . . . . zu gewähren. Diese Anordnung ist gemäß § 54 Abs. 1 FamFG aufzuheben und dahingehend zu ändern, dass d. Ast(in) bis auf weiteres jeder Umgang mit dem Kind untersagt wird. Das 13 Jahre alte Kind verweigert aus den nachfolgend dargelegten Gründen jede Umgangskontakte mit d. Ast (in). Zur Glaubhaftmachung wird Bezug genommen auf die anliegende Erklärung der mit der Begleitung des Umgangs betrauten Sozialpädagogin . . . . . und die aus dem Hauptsacheverfahren . . . . . F . . . . . / . . . . . bekannten vorläufigen Stellungnahmen des Verfahrensbeistands und der Sachverständigen. D. Ast(in) hat jedoch angekündigt, sich über den Willen des Kindes hinwegzusetzen und den angeordneten Umgang notfalls zu erzwingen.

Da mit der Durchführung weiterer Umgänge eine erhebliche Kindeswohlgefährdung verbunden wäre, ist die Vollziehung der einstweiligen Anordnung gemäß § 55 Abs. 2 FamFG vorab auszusetzen.

Im Einzelnen gilt Folgendes:

. . . . .

Unterschrift[7]

Rechtsanwalt/Rechtsanwältin

Anmerkungen

1. Das einstweilige Anordnungsverfahren nach dem FamFG ist ein selbständiges Verfahren, welches ohne Anhängigkeit eines Hauptsacheverfahrens betrieben werden kann (§ 50 Abs. 1 S. 1 FamFG). Das Gericht kann in einem solchen Fall sogar anordnen, dass ein Antrag auf Einleitung des Hauptverfahrens für eine bestimmte Zeit (höchstens drei Monate) nicht zulässig ist (§ 52 Abs. 1 S. 2, 3 FamFG), wenn es sich um eine einstweilige Anordnung handelt, die ohne Antrag eines Beteiligten erlassen wurde. Bei einer auf Antrag eines Beteiligten erlassenen einstweiligen Anordnung hat das Gericht jedoch auf Antrag der Gegenseite eine Frist zur Einleitung eines Hauptsacheverfahrens zu setzen (§ 52 Abs. 2 S. 1 FamFG). Die Frist darf drei Monate nicht überschreiten (§ 52 Abs. 2 S. 2 FamFG).

Da Entscheidungen in einstweiligen Anordnungsverfahren nicht in materieller Rechtskraft erwachsen, kann gemäß § 54 FamFG jederzeit die Aufhebung oder Abänderung beantragt werden. Ist gegen die einstweilige Anordnung ein Beschwerdeverfahren bei dem OLG anhängig, ist der Aufhebungsantrag gemäß § 54 Abs. 4 FamFG jedoch unzulässig.

Weil in Umgangssachen die Beschwerde im einstweiligen Anordnungsverfahren immer unstatthaft ist, ist eine Änderung nur über § 54 FamFG zu erreichen.

2. Der Antrag muss nicht von einem Rechtsanwalt, er kann auch von einem (einer) Beteiligten gestellt werden. Für den Antrag auf Erlass, Änderung oder Aufhebung einer einstweiligen Anordnung gibt es selbst dann keinen Anwaltszwang, wenn das Hauptsacheverfahren als Anwaltsverfahren geführt werden muss (§ 114 Abs. 4 Nr. 1 FamFG).

3. Der Aufhebungsantrag muss an das Familiengericht gerichtet werden, das die einstweilige Anordnung erlassen hat (§ 54 Abs. 3 S. 1 FamFG). Wenn dieses Gericht die Sache an ein anderes Gericht abgegeben oder verwiesen hat, ist dieses Gericht zuständig (§ 54 Abs. 3 S. 2 FamFG). Hat ausnahmsweise das OLG die einstweilige Anordnung erlassen, ist der Antrag an dieses zu richten.

4. Der Antrag ist nur in echten familiengerichtlichen Antragsverfahren unerlässliche Verfahrensvoraussetzung. In Umgangsverfahren muss das Familiengericht hingegen grundsätzlich selbst von Amts wegen tätig werden. Ein Antrag sollte aber auch in einem solchen Verfahren gestellt werden, um die Richtung des Begehrens d. Antragstellers zu verdeutlichen. Weil das Familiengericht bei der Entscheidung zum Umgang auch über einen Umgangsausschluss befinden muss, kann dieser zusammen mit dem Antrag auf Aufhebung angeregt werden.

5. Gemäß § 55 FamFG kann das Familiengericht die Vollstreckung ganz oder teilweise aussetzen und sie von Bedingungen oder Auflagen abhängig machen. Die Vorschrift erfasst auch die Aussetzung der sofortigen Wirksamkeit, die in FG-Sachen wie zum Umgang oder zur elterlichen Sorge bereits mit Bekanntgabe eintritt (§ 40 Abs. 1 FamFG). § 55 Abs. 2 FamFG stellt klar, dass über den Aussetzungsantrag vorab zu entscheiden ist. Zwar muss das Familiengericht in einer Umgangssache auch über die Aussetzung von Amts wegen entscheiden, ohne dass es eines Antrags bedarf. Dieser sollte aber als

Anregung vorgebracht werden, wenn das Familiengericht nicht selbst vom Amts wegen tätig wird.

6. Eine Begründung des Antrags ist in jedem Falle zweckmäßig und dringend zu empfehlen, auch wenn sie in § 54 FamFG nicht vorgeschrieben ist.

7. Eine Unterschrift ist nicht zwingend vorgeschrieben; es ist aber zweckmäßig zu unterschreiben, damit die Identität des Verfassers des Schriftsatzes zweifelsfrei festgestellt werden kann und keine Zweifel darüber bestehen, ob der Verfasser den Schriftsatz auch wirklich bei Gericht einreichen wollte. Zu den Anforderungen an eine Unterschrift → Form. O.II.1 Anm. 10. Gemäß § 14b FamFG muss die Beschwerde als elektronisches Dokument übermittelt werden, wenn sie von einem Rechtsanwalt, einem Notar, einer Behörde (zB dem Jugendamt) oder einer juristischen Person des öffentlichen Rechts (zB einem Träger der gesetzlichen Rentenversicherung) eingereicht wird.

II. Antrag auf Durchführung einer mündlichen Verhandlung

An das . . . . ., den . . . . .

Amtsgericht

– Familiengericht – . . . . .[1]

In der Sache

. . . . .

AG(in)

vertreten durch Rechtsanwalt . . . . .[2]

gegen

. . . . .

Ast(in)

vertreten durch Rechtsanwalt . . . . .

wegen . . . . .

Az. F . . . . ./. . . . . (UF . . . . ./. . . . .)

wird namens und in Vollmacht d. AG(in) beantragt,

1. gemäß § 54 Abs. 2 FamFG über die am . . . . . im schriftlichen Verfahren erlassene einstweilige Anordnung mündlich zu verhandeln,[3]
2. die einstweilige Anordnung aufzuheben und den Antrag d. Ast(in) auf Erlass der Anordnung zurückzuweisen,
3. hilfsweise d. Ast(in) für den Fall der vollständigen oder teilweisen Aufrechterhaltung der Anordnung aufzugeben, binnen eines Monats einen Antrag auf Einleitung des Hauptsacheverfahrens oder einen Antrag auf Bewilligung von Verfahrenskostenhilfe für das Hauptsacheverfahren zu stellen,
4. den Verfahrenswert in Abänderung der Festsetzung in der einstweiligen Anordnung auf die Hälfte des Jahresbetrages des geltend gemachten Unterhalts festzusetzen.

Begründung:[4]

Das Familiengericht hat mit dem oben genannten Beschl. v. . . . . . eine einstweilige Anordnung erlassen und d. AG(in) vorläufig zur Zahlung laufenden künftigen Trennungsunterhalts verpflichtet, ohne zuvor mündlich zu verhandeln. Gemäß § 54 Abs. 2 FamFG ist auf Grund mündlicher Verhandlung erneut zu entscheiden und die einstweilige Anordnung aufzuheben. Denn d. Ast(in) steht der geltend gemachte Unterhaltsanspruch auch nicht nach der im einstweiligen Anordnungsverfahren gebotenen summarischen Prüfung zu. Es fehlt auch an der Dringlichkeit, weil der geltend gemacht Bedarf d. Ast (in) in voller Höhe durch ihre eigenen Einkünfte und die in Anspruch genommenen Sozialleistungen nach dem SGB II gedeckt ist.

Sollte das Familiengericht die einstweilige Anordnung wider Erwarten ganz oder teilweise aufrechterhalten, wird bereits jetzt beantragt, d. Ast(in) gemäß § 52 Abs. 2 FamFG eine kurze Frist von einem Monat für die Einleitung des Hauptsacheverfahrens zu setzen.

Denn die bereits lange währende außergerichtliche Auseinandersetzung ist nach Erteilung aller Auskünfte längst ausgeschrieben und ohne weiteres einer Klärung im Hauptsacheverfahren zugänglich.

Schließlich hat das Familiengericht den Verfahrenswert zu hoch festgesetzt, der im vorliegenden Verfahren gemäß § 41 FamGKG lediglich mit der Hälfte des Jahreswerts des geltend gemachten Unterhalts anzusetzen ist.

Im Einzelnen gilt Folgendes:

. . . . .

Rechtsanwalt/Rechtsanwältin

Anmerkungen

1. Welches Gericht anzurufen ist, hängt davon ab, welches Gericht die einstweilige Anordnung erlassen hat (§ 54 Abs. 3 FamFG). Dies wird in der Regel das Familiengericht sein. Hat ausnahmsweise das OLG gemäß §§ 50 Abs. 1 S. 2, 64 Abs. 3 FamFG eine einstweilige Anordnung ohne mündliche Verhandlung erlassen, muss der Antrag jedoch beim OLG gestellt werden.

2. Eine Vertretung durch einen Rechtsanwalt ist auch für diesen Antrag nicht vorgeschrieben (§ 114 Abs. 4 Nr. 1 FamFG). Gemäß §§ 130d ZPO, 113 Abs. 1, 14b FamFG muss der von einem Anwalt gestellte Antrag aber dennoch zwingend als elektronisches Dokument übermittelt werden.

3. Wenn eine einstweilige Anordnung im schriftlichen Verfahren erlassen wurde (§ 51 Abs. 2 S. 2 FamFG), ist die mündliche Verhandlung auf Antrag nachzuholen (§ 54 Abs. 2 FamFG). Da mit dem Antrag in der Regel eine Abänderung der Entscheidung erreicht werden soll, sollten bereits der Antrag zur Sache sowie alle weiteren maßgeblichen verfahrensleitenden Anträge gestellt werden. Es ist bei der Formulierung unbedingt darauf zu achten, dass der Antrag nicht als negativer Hauptsachefeststellungsantrag zum Unterhalt missverstanden werden kann (siehe dazu OLG Frankfurt a. M. NJW-RR 2015, 326).

Im vorliegenden Beispielfall ist die Beschwerde auch nach mündlicher Verhandlung nicht gegeben, § 57 S. 1 FamFG. Die vorherige Durchführung einer mündlichen Verhandlung ist aber zwingende Voraussetzung für die Statthaftigkeit der Beschwerde zum OLG, soweit diese ausnahmsweise in den Verfahren nach § 57 S. 2 FamFG – namentlich betreffend die elterliche Sorge und in Gewaltschutzsachen – gegeben ist. Hat das Familiengericht in Abwesenheit eines Beteiligten mündlich verhandelt, hat es nur dann nicht aufgrund mündlicher Verhandlung entschieden, wenn der Beteiligte entschuldigt verhindert oder nicht ordnungsgemäß geladen war (OLG Frankfurt a. M. FamRZ 2013, 1831; OLG Zweibrücken NZFam 2016, 951). Wenn das Gericht nach einer mündlichen Verhandlung weitere Ermittlungen veranlasst und dann ohne erneute mündliche Verhandlung entscheidet, ist diese Entscheidung nicht nach einer mündlichen Verhandlung ergangen (OLG Braunschweig NJW 2020, 1819 ff.). In diesen Fällen bedarf es also eines (weiteren) Antrags nach § 54 Abs. 2 FamFG, bevor Beschwerde erhoben werden kann.

Lehnt das Familiengericht die Durchführung einer mündlichen Verhandlung ab, soll dagegen in allen Familiensachen die Beschwerde nach § 58 FamFG eröffnet sein, weil § 57 FamFG insoweit nicht greift (so OLG Karlsruhe FamRZ 2014, 1317).

4. Eine weitere Begründung ist dringend zu empfehlen, damit sich d. Gegner(in) und das Familiengericht bereits vor der mündlichen Verhandlung mit den gegen die einstweilige Anordnung vorgebrachten Argumenten auseinandersetzen können. Ausführungen zu § 54 Abs. 2 FamFG (Durchführung der mündlichen Verhandlung) sind in der Regel nicht notwendig. Jedoch sollte zum Anordnungsanspruch und zum Anordnungsgrund vorgetragen werden. Ob die zur Glaubhaftmachung zugelassenen Beweismittel wie eidesstattliche Versicherungen oder Ablichtungen von Urkunden (§ 31 FamFG, § 294 ZPO) bereits vor oder erst im Termin vorgelegt werden, ist eine Frage der Verfahrenstaktik und vor allem davon abhängig, ob terminsvorbereitende Anordnungen des Familiengerichts zugunsten des Beschwerdeführers erforderlich sind.

Diese Überlegungen gelten auch für die Begründung der Anträge zu Ziffer 3. und 4. Die Festsetzung des Verfahrenswerts im einstweiligen Unterhaltsanordnungsverfahren richtet sich nach § 41 FamGKG (halber Wert der Hauptsache, siehe ua OLG Oldenburg, FamRZ 2023, 74–75 = NZFam 2025, 776 (Ls und Kurzwiedergabe). Dies gilt auch für die einstweilige Anordnung über den Anspruch auf Verfahrenskostenvorschuss (sehr str.; wie hier OLG Zweibrücken NZFam 2016, 951 mit Nachweisen zur gewichtigen Gegenmeinung).

III. Beschwerde im Verfahren der einstweiligen Anordnung

1. Beschwerde nach Ablehnung einer einstweiligen Anordnung aufgrund mündlicher Verhandlung

Rechtsanwalt/Rechtsanwältin . . . . .[1]

An das

Amtsgericht

– Familiengericht – . . . . .[2]

In der Sache

. . . . .

Ast(in) und Beschwerdeführer(in)

vertreten durch Rechtsanwalt . . . . .

gegen

. . . . .

AG(in) und Beschwerdegegnerin

vertreten durch Rechtsanwalt . . . . .

wegen . . . . .

Aktenzeichen . . . . . F . . . . . / . . . . .

lege ich namens und in Vollmacht d. Ast(in) gegen den aufgrund mündlicher Verhandlung vom . . . . . erlassenen Beschluss des Amtsgerichts – Familiengericht – . . . . . vom[3] . . . . ., zugestellt am[4] . . . . .

Beschwerde

ein und beantrage,[5]

> den angegriffenen Beschl. v. . . . . . aufzuheben und die einstweilige Gewaltschutzanordnung entsprechend meinem Antrag im Schriftsatz vom . . . . . zu erlassen.

Begründung:[6]

Das Amtsgericht – Familiengericht – hat den Antrag d. Ast(in) auf Erlass einer Gewaltschutzanordnung aufgrund mündlicher Verhandlung vom . . . . . zurückgewiesen.

Dem Antrag ist jedoch in Abänderung des angegriffenen Beschlusses stattzugeben. D. Ast (in) steht der geltend gemachte Anordnungsanspruch aus folgenden Gründen zu: . . . . . *(wird ausgeführt)*

Die Sache ist auch nach wie vor dringlich, weil d. Ast(in) weiterhin in erheblicher Weise belästigt und verfolgt wird. Dazu wird Bezug genommen auf die beigefügten eidesstattlichen Versicherung d. Ast(in) und der Zeugen . . . . . sowie Ausdrucke von E-Mails und über den Messenger-Dienst WhatsApp versandter Nachrichten d. AG(in). Aus diesen ergibt sich folgendes: . . . . .

Rechtsanwalt/Rechtsanwältin[7]

Anmerkungen

1. Eine Vertretung durch Rechtsanwälte ist auch im Beschwerdeverfahren nicht vorgeschrieben (§ 114 Abs. 4 Nr. 1 FamFG).

2. Gemäß § 57 S. 1 FamFG ist die Beschwerde gegen Endentscheidungen der Familiengerichte in einstweiligen Anordnungsverfahren grundsätzlich nicht gegeben. Eine Ausnahme besteht nur für Entscheidungen betreffend einen der in § 57 S. 2 FamFG aufgezählten Verfahrensgegenstände, wenn das Familiengericht aufgrund mündlicher Verhandlung entschieden hat. Ist der Antrag im schriftlichen Verfahren zurückgewiesen worden, muss deshalb erst ein Antrag auf mündliche Verhandlung nach § 54 FamFG gestellt werden, bevor die Beschwerde statthaft ist. Ist die Beschwerde gegeben, gelten die §§ 58 ff. FamFG. Das Familiengericht darf also nicht nach § 68 Abs. 1 FamFG abhelfen, sondern muss die Sache sofort dem Beschwerdegericht vorlegen, über welche der Senat mit oder ohne mündliche Verhandlung entscheidet, §§ 68 Abs. 3 S. 1, 32 FamFG.

Gegen Entscheidungen der Oberlandesgerichte ist selbst dann kein Rechtsmittel gegeben, wenn das OLG die Rechtsbeschwerde fälschlicherweise zugelassen hat (§ 70 Abs. 4 FamFG).

3. Der Beschluss, gegen den Beschwerde eingelegt wird, muss im Beschwerdeschriftsatz bezeichnet werden (§ 64 Abs. 2 S. 2 FamFG).

4. Die Angabe des Zustellungsdatums ist zu empfehlen, weil die Beschwerde innerhalb von 2 Wochen nach schriftlicher Bekanntgabe (im Regelfall nach Zustellung) des Beschlusses angefochten werden muss (§ 63 Abs. 2 Nr. 1, Abs. 3 S. 1 FamFG). Die Angabe des Zustellungsdatums dient gleichzeitig der Kontrolle, ob die Beschwerdefrist abgelaufen ist. Sollte eine Zustellung an einen der Beteiligten nicht möglich oder die Zustellung unwirksam sein, beginnt die Beschwerdefrist spätestens 5 Monate nach Erlass des Beschlusses (§ 63 Abs. 3 S. 2 FamFG).

5. Es ist zweckmäßig einen Antrag zu stellen, damit das Gericht schon hier erkennen kann, was begehrt wird. Es kann zu Missverständnissen führen, wenn das Gericht das genaue Ziel der Beschwerde erst aus dem Sachvortrag ermitteln muss.

6. Die Beschwerde soll begründet werden, was dringend zu empfehlen ist (§ 65 Abs. 1 FamFG). Die Begründung kann im Fall der Ablehnung des Antrags in einer Bezugnahme auf das Antragsvorbringen bestehen, wenn gleichzeitig deutlich wird, dass an diesem Vorbringen festgehalten wird. Im Hinblick auf das Erfordernis eines Anordnungsgrunds sollte aber stets dargelegt werden, warum trotz der im Ausgangsverfahren fruchtlos verstrichenen Zeit weiterhin Dringlichkeit gegeben ist.

Zur Begründung der Beschwerde kann eine Frist gesetzt werden (§ 65 Abs. 2 FamFG). Dies darf aber nicht durch das Familiengericht geschehen, weil dies der Beschwerde nicht abhelfen darf (§ 68 Abs. 1 FamFG).

7. Die Beschwerde muss unterschrieben (§ 64 Abs. 2 S. 3 FamFG) und gemäß § 14b FamFG als elektronisches Dokument übermittelt werden, wenn sie von einem Rechtsanwalt oder einer Behörde (zB dem Jugendamt) eingereicht wird.

2. Beschwerde nach Erlass einer einstweiligen Anordnung aufgrund mündlicher Verhandlung

Rechtsanwalt/Rechtsanwältin . . . . .[1]

An das

Amtsgericht

– Familiengericht – . . . . .[2]

In der Sache

. . . . .

AG(in) und Beschwerdeführer(in)[3]

vertreten durch Rechtsanwalt . . . . .

gegen

. . . . .

Ast(in) und Beschwerdegegner(in)[3]

vertreten durch Rechtsanwalt . . . . .

wegen . . . . .

Aktenzeichen . . . . . F . . . . . / . . . . .

lege ich namens und in Vollmacht d. AG(in) gegen den am . . . . . erlassenen Beschl. v.[4] . . . . ., zugestellt am[5] . . . . . über die einstweilige Übertragung des Sorgerechts auf d. Ast(in)

Beschwerde[6]

ein und beantrage,[7]

1. den angegriffenen Beschluss aufzuheben und den Antrag auf Erlass einer einstweiligen Anordnung zurückzuweisen,
2. gemäß § 64 Abs. 3 FamFG die sofortige Wirksamkeit der einstweiligen Anordnung vorab auszusetzen, hilfsweise d. Ast(in) vorläufig zu untersagen, mit dem Kind nach M. zu ziehen.

Begründung:[8]

Das Amtsgericht – Familiengericht – hat dem Antrag d. Ast(in) auf vorläufige Übertragung des Aufenthaltsbestimmungsrechts für das zu Ziffer 1 beteiligte und derzeit noch im Haushalt d. AG(in) lebende gemeinsame Kind K . . . . . aufgrund mündlicher Verhandlung vom . . . . . stattgegeben. D. Ast(in) hat bereits angekündigt, das Kind in seinen Haushalt zu überführen. Jedoch fehlt es sowohl an einem Anordnungsanspruch als auch an einem Anordnungsgrund.

Zum einen wird das Hauptsacheverfahren ergeben, dass es dem Wohl des Kindes besser dient, wenn das alleinige Aufenthaltsbestimmungsrecht d. Beschwerdeführer(in) übertragen wird und das Kind dort bleibt, wo es derzeit lebt.

Zum anderen fehlt es an der Dringlichkeit, weil das Wohl des Kindes bei d. AG(in) in keiner Weise gefährdet ist. Eine im Hinblick auf den ungewissen Ausgang des Verfahrens

nur vorläufige Veränderung des Lebensschwerpunkts des Kindes widerspricht vielmehr gerade dessen Wohl.

Weil d. Ast(in) zudem überraschend entgegen den Erklärungen vor dem Amtsgericht angekündigt hat, mit dem Kind in Kürze in Ausübung des vorläufig übertragenen alleinigen Sorgerechts mit dem Kind in das 500 Kilometer entfernte[9] . . . . . umzuziehen, bedarf es der unverzüglichen Aussetzung der sofortigen Wirksamkeit der einstweiligen Anordnung gemäß § 64 Abs. 3 FamFG, wegen der erheblichen Dringlichkeit ohne vorheriger Anhörung der Beteiligten.

Rechtsanwalt/Rechtsanwältin[10]

Anmerkungen

1. Eine Vertretung durch Rechtsanwälte ist auch im Beschwerdeverfahren nicht vorgeschrieben (§ 114 Abs. 4 Nr. 1 FamFG).

2. Die Beschwerde ist nur gegen Entscheidungen der Familiengerichte statthaft, die einen Verfahrensgegenstand nach § 57 S. 2 FamFG – hier die Übertragung der elterlicher Sorge – betreffen und aufgrund mündlicher Verhandlung ergangen sind. Dann finden die §§ 58 ff. FamFG Anwendung. Die Beschwerdefrist ist aber auf zwei Wochen verkürzt.

3. Die Stellung der Beteiligten soll im Beschwerdeverfahren nicht verändert werden. Zur Klarstellung empfiehlt es sich aber, den beschwerdeführenden Beteiligten an die erste Stellung zu setzen, wie es auch in den Rubren der Beschwerdeentscheidungen üblich ist.

4. Der Beschluss, gegen den Beschwerde eingelegt wird, muss im Beschwerdeschriftsatz bezeichnet werden (§ 64 Abs. 2 S. 2 FamFG).

5. Die Angabe des Zustellungsdatums ist zu empfehlen, weil die Beschwerde innerhalb von 2 Wochen nach schriftlicher Bekanntgabe (im Regelfall nach Zustellung) des Beschlusses angefochten werden muss (§ 63 Abs. 2 Nr. 1, Abs. 3 S. 1 FamFG). Die Angabe des Zustellungsdatums dient gleichzeitig der Kontrolle, ob die Beschwerdefrist abgelaufen ist. Sollte eine Zustellung an einen der Beteiligten nicht möglich oder die Zustellung unwirksam sein, beginnt die Beschwerdefrist spätestens fünf Monate nach Erlass des Beschlusses (§ 63 Abs. 3 S. 2 FamFG).

6. Aus dem Schriftsatz muss deutlich werden, dass Beschwerde eingelegt wird (§ 64 Abs. 2 S. 2 FamFG).

7. Es ist dringend zu empfehlen, einen Antrag zu stellen, damit das Gericht schon hier erkennen kann, was begehrt wird.

8. Die Beschwerde soll begründet werden, was dringend empfohlen wird. (§ 65 Abs. 1 FamFG). Zur Begründung der Beschwerde kann eine Frist gesetzt werden (§ 65 Abs. 2 FamFG). Diese Frist kann aber nicht das Erstgericht, sondern nur das Beschwerdegericht setzen, weil das Familiengericht der Beschwerde gemäß § 68 Abs. 1 S. 2 FamFG nicht abhelfen darf.

9. Wird kein Antrag auf Aussetzung der sofortigen Wirksamkeit nach § 64 Abs. 3 FamFG gestellt, besteht in Sorgesachen die Gefahr, dass d. Ast(in) vollendete Tatsachen schafft. Ist es erst einmal in Vollzug einer einstweiligen Anordnung zu einem Obhutswechsel des Kindes gekommen, kann ein erneuter – wegen des ungewissen Ausgangs des Hauptsacheverfahrens wiederum nur vorläufiger – Wechsel zum bisherigen Obhutselternteil gegen das Kindeswohl verstoßen (siehe zB OLG Hamm FamRZ 2013, 47).

10. Die Beschwerde muss unterschrieben (§ 64 Abs. 2 S. 3 FamFG) und gemäß § 14b FamFG als elektronisches Dokument übermittelt werden, wenn sie von einem Rechtsanwalt oder einer Behörde (zB dem Jugendamt) eingereicht wird.

IV. Antrag auf Abänderung einer einstweiligen Anordnung

Rechtsanwalt/Rechtsanwältin[1]

An das . . . . ., den . . . . .

Amtsgericht
– Familiengericht – . . . . . (Oberlandesgericht . . . . . – Familiensenat –)[2]
In der Sache

. . . . .

Ast(in)

vertreten durch Rechtsanwalt[3] . . . . .

gegen

. . . . .

AG(in)

vertreten durch Rechtsanwalt . . . . .

wegen . . . . .

Az. F . . . . . / . . . . . (UF . . . . . / . . . . .)

beantrage ich namens und in Vollmacht d. Ast(in),

> die am . . . . . erlassene einstweilige Anordnung des Amtsgerichts – Familiengericht – . . . . . dahingehend abzuändern, dass d. AG(in) verpflichtet wird, an d. Ast(in) ab dem . . . . . einen monatlich vorauszahlbaren, spätestens am 3. Werktag eines Monats fälligen Trennungsunterhalt in Höhe von . . . . . EUR zu zahlen.

Begründung:[4]

Das Amtsgericht – Familiengericht – hat d. AG(in) mit am . . . . . erlassenen Beschluss zur Zahlung monatlichen Trennungsunterhalts in Höhe von . . . . . verpflichtet. D. Ast (in) steht jedoch ein darüber hinaus gehender Anspruch auf Unterhalt in Höhe von insgesamt . . . . . EUR zu.

Wie das Familiengericht nach Wechsel des zuständigen Dezernenten im Hauptsacheverfahren zutreffend zu erkennen gegeben hat, bedürfen die dem angegriffenen Beschluss zugrunde liegenden rechtlichen Bewertungen einer Korrektur. Zudem haben sich zahlreiche entscheidungserhebliche Umstände seit Erlass der einstweiligen Anordnung verändert. Die einstweilige Anordnung ist deshalb gemäß § 54 Abs. 1 FamFG entsprechend zu ändern und anzupassen.

Im Einzelnen gilt Folgendes:

. . . . .

Rechtsanwalt/Rechtsanwältin

Anmerkungen

1. Gemäß § 54 FamFG kann nicht nur die Aufhebung, sondern auch die Abänderung einer einstweiligen Anordnung zugunsten d. Ast(in) beantragt werden. Dies kann insbesondere in Unterhaltssachen vorkommen, wenn die ASt-Seite eine Erhöhung des zugesprochenen Unterhalts erstrebt, namentlich wenn sich unterhaltsprägende Umstände verändert haben. Da gegen Entscheidungen in einstweiligen Anordnungsverfahren in Unterhaltssachen selbst dann keine Beschwerde gegeben ist, wenn mündlich verhandelt wurde, bietet allein § 54 FamFG die Möglichkeit der Aufhebung oder Abänderung im Rahmen dieses Verfahrens.

2. Der Abänderungsantrag ist auch dann an das Familiengericht zu richten, wenn das Verfahren zur Hauptsache bei dem Beschwerdegericht anhängig ist (str., wie hier OLG Brandenburg MDR 2013, 854). Denn § 54 Abs. 3 FamFG erfasst nur den Fall, dass dort eine Entscheidung gegen die einstweilige Anordnung anhängig ist. § 50 Abs. 1 FamFG betrifft nur den Erstantrag auf Erlass einer einstweiligen Anordnung.

3. Eine Vertretung durch einen Rechtsanwalt ist nicht erforderlich (§ 114 Abs. 4 Nr. 1 FamFG). Gemäß § 130d ZPO, 113 Abs. 1 FamFG muss der von einem Anwalt gestellte Antrag aber dennoch stets als elektronisches Dokument übermittelt werden.

4. Eine Begründung des Abänderungsantrags ist zwar nicht erforderlich (vgl. § 54 FamFG), aber unbedingt zu empfehlen. Eine Änderung der rechtlichen und tatsächlichen Umstände muss nicht zwingend eingetreten sein. Ohne triftige neue Gründe wird das Familiengericht seine Entscheidung aber kaum ändern.

V. Antrag auf Feststellung des Außerkrafttretens einer einstweiligen Anordnung

Rechtsanwalt/Rechtsanwältin . . . . .[1]

An das

Amtsgericht

– Familiengericht – . . . . . (Oberlandesgericht – Familiensenat – . . . . .)[2]

In der Sache

. . . . .

AG(in)

vertreten durch Rechtsanwalt . . . . .

gegen

. . . . .

Ast(in)

vertreten durch Rechtsanwalt

wegen . . . . .

Aktenzeichen: . . . . . F . . . . . (UF . . . . .)

beantrage ich namens und in Vollmacht d. AG(in),

> festzustellen, dass die einstweilige Anordnung des Amtsgerichts – Familiengerichts – (Oberlandesgericht – Familiensenat – . . . . .) vom . . . . . außer Kraft getreten ist (§ 56 FamFG).

Begründung:[3]

Das Amtsgericht – Familiengericht – . . . . . erließ am . . . . . folgende einstweilige Anordnung:

. . . . .

Diese einstweilige Anordnung ist außer Kraft getreten, weil[4] . . . . .

Rechtsanwalt/Rechtsanwältin[5]

Anmerkungen

1. Eine Vertretung durch einen Rechtsanwalt ist auch für diesen Feststellungsantrag nicht erforderlich unabhängig davon, ob das Hauptsacheverfahren als Anwaltsverfahren zu führen ist (§ 114 Abs. 4 Nr. 1 FamFG).

2. Zuständig für die Feststellung des Außerkrafttretens einer einstweiligen Anordnung ist das Gericht, das in der einstweiligen Anordnungssache im ersten Rechtszug zuletzt entschieden hat (§ 56 Abs. 3 FamFG), auch wenn die Anordnung vom Beschwerdegericht bestätigt worden sein sollte. Hat das Oberlandesgericht die einstweilige Anordnung im

Beschwerdeverfahren erlassen, weil die Hauptsache bei ihm anhängig war, ist der Antrag dort anzubringen, wenn es keine einstweilige Anordnung des Familiengerichts gibt. Dagegen ist das Amtsgericht zuständig, wenn die einstweilige Anordnung vom OLG im Beschwerdeverfahren erlassen wurde, nachdem das Familiengericht den Erlass einer einstweiligen Anordnung abgelehnt hatte. Auch die Ablehnungsentscheidung des Familiengerichts ist eine Entscheidung „im ersten Rechtszug".

3. Eine Begründung ist nicht ausdrücklich vorgeschrieben. Sie ist aber (wie auch in allen anderen Fällen) zweckmäßig.

4. Hier ist einer der in § 56 Abs. 1 und 2 FamFG genannten Fälle anzuführen.

5. Eine Unterschrift ist nicht ausdrücklich vorgeschrieben. Sie sollte aber nicht fehlen, um Missverständnisse auszuschließen. Gemäß § 14b FamFG muss der Antrag als elektronisches Dokument übermittelt werden, wenn er von einem Rechtsanwalt oder einer Behörde (zB dem Jugendamt) gestellt wird.

VI. Einspruch gegen eine Versäumnisentscheidung

1. Einspruch gegen eine Versäumnisentscheidung in einer Ehesache

Rechtsanwalt/Rechtsanwältin[1, 2, 3]

An das

Amtsgericht

– Familiengericht – . . . . . (Oberlandesgericht – Familiensenat –)[4]

In der Sache

. . . . .

Ast(in)

vertreten durch Rechtsanwalt . . . . .

gegen

. . . . .

AGin (AG)

vertreten durch Rechtsanwalt . . . . .

lege ich namens und in Vollmacht d. Ast(in) gegen die Versäumnisentscheidung vom . . . . ., zugestellt am[5] . . . . .

Einspruch

ein.

Begründung:[6]

Der Scheidungsantrag d. Ast(in) wurde durch Versäumnisentscheidung vom . . . . . als zurückgenommen erklärt. D. Ast(in) hält den Scheidungsantrag aufrecht.

Rechtsanwalt/Rechtsanwältin[7]

Anmerkungen

1. Versäumnisentscheidungen sind in Ehesachen (§ 121 FamFG) und Familienstreitsachen (§ 112 FamFG) grundsätzlich zulässig. Dies ergibt sich aus der Verweisung auf das Verfahren vor den Landgerichten in der ZPO in § 113 Abs. 1 S. 2 FamFG.

2. In Ehesachen ist eine Versäumnisentscheidung gegen d. AG(in) nicht zulässig (§ 130 Abs. 2 FamFG). Gegen d. Ast(in) kann aber eine Versäumnisentscheidung mit dem Inhalt ergehen, dass der Antrag als zurückgenommen gilt (§ 130 Abs. 1 FamFG).

3. Eine Vertretung durch einen Rechtsanwalt ist in Ehesachen für d. Ast (in) vorgeschrieben (§ 114 Abs. 1 FamFG). Dabei ist eine besondere, auf das Eheverfahren gerichtete Vollmacht erforderlich (§ 114 Abs. 5 FamFG). Die in § 114 Abs. 4 FamFG vorgesehenen Ausnahmen vom Anwaltszwang umfassen nicht den Einspruch gegen eine Versäumnisentscheidung in einer Ehe- und Familienstreitsache.

4. Der Einspruch ist an das Gericht zu richten, das die Versäumnisentscheidung erlassen hat (§ 340 Abs. 1 ZPO). Das kann auch das Rechtsmittelgericht sein.

5. Da der Einspruch fristgebunden ist (§§ 339 Abs. 1 ZPO, 113 Abs. 1 FamFG: Einspruchsfrist zwei Wochen), ist zur Prüfung der Frage, ob der Einspruch rechtzeitig eingelegt wurde, die Angabe des Zustellungsdatums zweckmäßig, auch wenn das Gericht den Zeitpunkt der Zustellung aus seinen Akten feststellen kann. Durch die Angabe des Zustellungsdatums kann (und muss) der Rechtsanwalt kontrollieren, ob die Einspruchsfrist eingehalten ist. Versäumt er diese Prüfung, kann für den Fall der Verfristung des Einspruchs grundsätzlich keine Wiedereinsetzung in den vorigen Stand bewilligt werden.

6. Eine Begründung ist vorgeschrieben (§ 340 Abs. 3 ZPO). Sie kann aber im vorliegenden Fall sehr kurz gefasst werden, wenn d. Ast(in) den Scheidungsantrag schon im Antragsschriftsatz begründet hatte.

7. Der Schriftsatz muss vom Rechtsanwalt unterzeichnet werden (zu den Anforderungen → Form. O.II.1 Anm. 10) und gem. § 130d ZPO, 113 Abs. 1 FamFG als elektronisches Dokument übermittelt werden.

2. Einspruch gegen einen Versäumnisbeschluss in einer Familienstreitsache

Rechtsanwalt/Rechtsanwältin[1, 2]

An das

Amtsgericht

– Familiengericht – . . . . . (Oberlandesgericht . . . . . – Familiensenat –)[3]

In der Sache

. . . . .

AG(in)

vertreten durch Rechtsanwalt . . . . .

gegen

. . . . .

Ast(in)

vertreten durch Rechtsanwalt . . . . .

wegen . . . . .

Aktenzeichen: . . . . . F . . . . . / . . . . . (UF . . . . . / . . . . .)

zeige ich an, dass ich die AG(in) vertrete.

Hiermit wird namens und in Vollmacht d. AG(in) gegen die Versäumnisentscheidung vom . . . . .

Einspruch

eingelegt und beantragt,

die Versäumnisentscheidung vom . . . . ., zugestellt am[4] . . . . . aufzuheben und den Antrag d. Ast(in) kostenfällig zurückzuweisen.

Begründung:[5]

D. bisher anwaltlich nicht vertretene AG(in) ist mit dem angegriffenen Versäumnisbeschluss des Amtsgerichts zur Zahlung von Trennungsunterhalt in Höhe von . . . . . EUR monatlich verpflichtet worden. D. Ast(in) steht dieser Trennungsunterhalt jedoch nicht zu. Zum einen wäre d. Ast(in) in der Lage und gehalten, den geltend gemachten ehebedingten Bedarf zwei Jahre nach Ablauf des Trennungsjahrs selbst durch Aufnahme einer Vollzeittätigkeit im erlernten Beruf zu befriedigen, beide gemeinsamen Kinder sind längst volljährig. Zum anderen ist der Anspruch in vollem Umfang verwirkt, weil d. Ast (in) seit mehr als zwei Jahren in einer verfestigten Lebensgemeinschaft lebt.

Im Einzelnen gilt Folgendes:

. . . . .

Rechtsanwalt/Rechtsanwältin[6]

Anmerkungen

1. Die Familienstreitsachen sind in § 112 FamFG aufgezählt, darunter fallen namentlich Unterhaltssachen im Sinne des § 231 FamFG.

2. In Familienstreitsachen ist die Vertretung durch einen Rechtsanwalt vorgeschrieben (§ 114 Abs. 1 FamFG).

3. Der Einspruch ist an das Gericht zu richten, das die Versäumnisentscheidung getroffen hat (§ 340 Abs. 1 ZPO, § 113 Abs. 1 FamFG: „bei dem Prozessgericht").

4. Die Angabe des Zustellungsdatums ist nicht erforderlich, weil das Gericht die Rechtzeitigkeit des Einspruchs von Amts wegen an Hand seiner Akten prüft. Sie dient aber der Eigenkontrolle des Rechtsanwaltes. Wenn er diese Prüfung unterlässt und der Einspruch ist verspätet, kann eine Wiedereinsetzung in den vorigen Stand nach Ablauf der Frist des § 234 Abs. 1 S. 1 ZPO nicht gewährt werden.

5. Eine Begründung, in der alle Einwände gegen den Antrag vorgetragen werden müssen, ist vorgeschrieben (§ 340 Abs. 2 und 3 ZPO). In dem Einspruchsschriftsatz sollte das gesamte für erforderlich gehaltene Vorbringen enthalten sein.

6. Der Einspruchsschriftsatz muss als bestimmender Schriftsatz vom Rechtsanwalt unterschrieben werden (vgl. § 130 Nr. 6 ZPO). Zu den Anforderungen an die Unterschrift → Form. O.II.1 Anm. 10. Gemäß §§ 130d ZPO, 113 Abs. 1 FamFG muss er zudem als elektronisches Dokument übermittelt werden.

VII. Antrag auf Wiedereinsetzung in den vorigen Stand

1. Vorbemerkungen

a) Das FamFG befasst sich mit dem Rechtsinstitut der Wiedereinsetzung in den vorigen Stand an drei Stellen:

1. §§ 17 ff. FamFG erfassen die Wiedereinsetzung für Familiensachen, die keine Ehe- und Familienstreitsachen darstellen, also namentlich Kindschafts-, aber auch Versorgungsausgleichsverfahren (→ Form. P.VII.2).
2. In den Ehesachen und Familienstreitsachen (§ 112 FamFG) kommen über die Verweisung in § 113 Abs. 1 S. 2 FamFG die Vorschriften der §§ 233 ff. ZPO zur Anwendung. (→ Form. P.VII.3).
3. § 117 Abs. 5 FamFG erklärt die §§ 233, 234 Abs. 1 S. 2 ZPO für entsprechend anwendbar, wenn die Frist zur Begründung der Beschwerde oder der Rechtsbeschwerde versäumt worden ist (→ Form. P.VII.4).

b) Wiedereinsetzung in den vorigen Stand ist nach § 233 ZPO, §§ 113 Abs. 1, 17 FamFG zu gewähren, wenn ein Beteiligter ohne Verschulden gehindert war, eine Notfrist oder die Frist zur Begründung der Beschwerde, der Rechtsbeschwerde, der Nichtzulassungsbeschwerde oder der Frist zur Stellung eines Antrags auf Wiedereinsetzung in den vorigen Stand einzuhalten. Notfristen sind nur solche Fristen, die im Gesetz als Notfristen bezeichnet werden (§ 224 Abs. 1 S. 2 ZPO). Hier kommen zB die Frist für die Verteidigungsanzeige im schriftlichen Vorverfahren (§ 113 Abs. 1 FamFG, § 276 Abs. 1 S. 1 ZPO) und die Einspruchsfrist gegen eine Versäumnisentscheidung in Betracht (§ 113 Abs. 1 FamFG, § 339 Abs. 1 ZPO). Keine Notfristen sind zwar die Fristen zur Begründung der Beschwerde und der Rechtsbeschwerde. Für sie ist die Möglichkeit einer Wiedereinsetzung in den vorigen Stand aber ausdrücklich in § 117 Abs. 5 FamFG geregelt.

Ein besonders häufiger Fall in der Praxis ist die Versäumung der Frist zur Einlegung der Beschwerde und/oder Beschwerdebegründung, wenn das Hindernis in der Bedürftigkeit des Beteiligten besteht und deshalb vor Einlegung oder Begründung des Rechtsmittels ein Antrag auf Bewilligung von Verfahrenskostenhilfe gestellt und die Bewilligung oder Ablehnung nach Fristablauf erfolgt ist (→ Form. P.VII.3).

c) Zur Frage, wann eine Fristversäumung unverschuldet ist, gibt es eine umfangreiche Rechtsprechung des BGH und der Instanzgerichte. Es gelten folgende Grundsätze:

aa) Anwaltlich vertretene Beteiligte müssen sich ein Verschulden ihres anwaltlichen Verfahrensbevollmächtigten zurechnen lassen.

bb) Der anwaltlich vertretene Beteiligte darf sich zwar im Grundsatz auf die Richtigkeit der Rechtsbehelfsbelehrung verlassen, die notwendiger Teil jeder familiengerichtlichen Endentscheidung ist. Dies gilt aber nicht, wenn sie evident falsch ist, also zB in einem einstweiligen Anordnungsverfahren oder in einem familiengerichtlichen Genehmigungsverfahren eine Beschwerdefrist von einem Monat statt von zwei Wochen vorgibt oder in einer Ehe- und Familienstreitsache nicht ausreichend auf die Beschwerdebegründungsfrist des § 117 FamFG hinweist; siehe näher MüKo FamFG A. Fischer § 63 Rn. 55; BGH NJW-RR 2018, 385 BVerfG NJW 2025, 386; 915–917).

cc) Der Beteiligte muss sein fehlendes Verschulden bzw. die fehlende Ursächlichkeit eines vorliegenden Verschuldens darzulegen und glaubhaft machen (§ 236 Abs. 2 S. 1 ZPO). Bleibt die Möglichkeit offen, dass die Fristversäumung verschuldet war, ist der Antrag zurückzuweisen. Hat ein Verfahrensbevollmächtigter die Ursache der Fristversäumung festgestellt, muss er deshalb lückenlos glaubhaft machen, dass er den strengen

Anforderungen der obergerichtlichen Rechtsprechung an die Überwachung von Fristen und deren Einhaltung genügt hat (zu diesen Anforderungen siehe etwa die ständige Berichterstattung über die Rechtsprechung des BGH in der NJW, zuletzt Rohwetter-Kühl NJW 2025,1998 ff).).

d) Hat der Beteiligte die Frist für die Einlegung der Beschwerde oder der Beschwerdebegründung ohne Verschulden versäumt, muss er die versäumte Rechtshandlung innerhalb der Wiedereinsetzungsfrist nachholen und die Wiedereinsetzung unter Glaubhaftmachung des Entschuldigungsgrundes beantragen.

Die Beschwerde muss wegen § 64 Abs. 1 FamFG binnen zwei Wochen bei dem Ausgangsgericht eingelegt werden. Dies gilt selbst dann, wenn das Beschwerdegericht Verfahrenskostenhilfe für die Einlegung der Beschwerde bewilligt hat. Der Wiedereinsetzungsantrag ist jedoch bei dem Beschwerdegericht anzubringen, weil dies zur Entscheidung über die versäumte Rechtshandlung berufen ist, § 236 ZPO, §§ 113 Abs. 1, 19 FamFG (BGH NJW 2011, 3240; NJW-RR 2014, 1).

Für den Antrag auf Wiedereinsetzung in die Versäumung der Beschwerdebegründungsfrist gilt jedoch eine Frist von einem Monat, § 234 Abs. 1 S. 2 ZPO, § 117 Abs. 5 FamFG. Auch dieser Antrag ist neben der Begründung innerhalb dieser Frist beim Beschwerdegericht einzureichen

Hat das Beschwerdegericht in einer Ehe- und Familienstreitsache Verfahrenskostenhilfe für eine beabsichtigte Beschwerde bewilligt, muss also

- binnen zwei Wochen ab Zustellung dieses Beschlusses Beschwerde bei dem Familiengericht eingelegt werden,
- parallel dazu binnen gleicher Frist der Wiedereinsetzungsantrag bei dem Beschwerdegericht gestellt werden und
- binnen eines Monats ab Zustellung des Beschlusses über die Wiedereinsetzung in die Versäumung der Beschwerdefrist die Beschwerdebegründung nebst Wiedereinsetzungsgesuch bei dem Beschwerdegericht eingereicht werden, § 234 Abs. 1 S. 2 ZPO, § 113 Abs. 1 FamFG, siehe BGH NJW 2014, 2442 f.

Hat der Beschwerdeführer die Beschwerde fristgerecht beim Ausgangsgericht nachgeholt und zugleich alle Tatsachen glaubhaft gemacht, welche die Wiedereinsetzung begründen, kann diese aber auch ohne einen rechtzeitig bei dem Beschwerdegericht eingereichten Antrag von Amts wegen gewährt werden, § 236 Abs. 2 S. 2 ZPO, §§ 113 Abs. 1, 18 Abs. 3 S. 3 FamFG. Darauf darf sich der anwaltliche Verfahrensbevollmächtigter aber nicht verlassen, sondern muss immer den sichersten Weg der Anbringung des Wiedereinsetzungsantrags beim Beschwerdegericht wählen.

2. Antrag auf Wiedereinsetzung nach § 17 FamFG

Rechtsanwalt/Rechtsanwältin[1, 2]

An das

Oberlandesgericht – . . . . .[3]

In der Sache

. . . . .

AG(in)

vertreten durch Rechtsanwalt . . . . .

gegen

. . . . .

ASt(in)

vertreten durch Rechtsanwalt . . . . .

wegen . . . . .

Aktenzeichen: . . . . . F . . . . . / . . . . .

Namens und in Vollmacht d. AG(in) wird hiermit beantragt,

d. AG(in) Wiedereinsetzung in die Versäumung der Frist für die Einlegung der Beschwerde gegen den am . . . . . erlassenen Beschluss des Amtsgerichts – Familiengerichts . . . . . – vom . . . . ., zugestellt am . . . . . zu gewähren.

Begründung:[4]

Das Amtsgericht – Familiengericht – hat d. in erster Instanz anwaltlich nicht vertretenen AG(in) mit dem in Ablichtung beigefügten Beschluss das Sorgerecht für das Kind K. entzogen und auf das Jugendamt übertragen. Der Beschluss enthält keine Rechtsbehelfsbelehrung.[5] Er ist der AG(in) am . . . . . zugestellt worden.

D. rechtsunkundige AG(in) hat den Unterzeichner in Unkenntnis des Laufs der Beschwerdefrist erst gestern am . . . . ., also einen Tag nach Ablauf der einmonatigen Beschwerdefrist aufgesucht, erst bei dieser Gelegenheit vom Lauf der Beschwerdefrist erfahren und die Frist folglich ohne Verschulden versäumt.[6] Auf die anliegende eidesstattliche Versicherung der AG(in) wird Bezug genommen.[7]

Die AG(in) hat mit Schriftsatz vom heutigen Datum per elektronischer Übermittlung die anliegende Beschwerde gegen den Beschluss bei dem Amtsgericht – Familiengericht – eingelegt. Die Beschwerde ist dort heute eingegangen. Dies wird von mir hiermit anwaltlich versichert. Zudem wird zum Zwecke der Glaubhaftmachung auf die anliegende Beschwerdeschrift die Eingangsbestätigung des Amtsgerichts verwiesen.[8]

Der AG(in) ist deshalb Wiedereinsetzung in die Versäumung der Beschwerdefrist zu gewähren.

. . . . .

Rechtsanwalt/Rechtsanwältin[9]

Anmerkungen

1. § 17 Abs. 1 FamFG stellt einen allgemeinen Grundsatz auf, der eine Wiedereinsetzung in den vorigen Stand ermöglicht: bei unverschuldetem Versäumen einer gesetzlichen Frist ist Wiedereinsetzung in den vorigen Stand zu bewilligen.

2. Soweit das Verfahren als Anwaltsprozess zu führen ist (§ 114 Abs. 1 FamFG: Ehesachen und Folgesachen sowie Familienstreitsachen), muss auch der Antrag auf Wiedereinsetzung in den vorigen Stand von einem Rechtsanwalt gestellt werden. In den isolierten FG-Familiensachen unterliegt der Antrag auf Wiedereinsetzung in den vorigen Stand nach § 17 FamFG jedoch nicht dem Anwaltszwang.

3. Der Antrag ist an das Gericht zu richten, welches über die versäumte Rechtshandlung zu entscheiden hat. Zwar ist gemäß § 64 Abs. 1 FamFG die Beschwerde bei dem Gericht einzulegen, dessen Entscheidung angefochten werden soll. Dies muss innerhalb der zweiwöchigen Wiedereinsetzungsfrist nachgeholt werden, damit Wiedereinsetzung gewährt werden kann.

Der Antrag auf Wiedereinsetzung in den vorigen Stand darf aber nicht an das Familiengericht, sondern muss an das Oberlandesgericht gerichtet werden. Denn dies und nicht das Ausgangsgericht entscheidet über die Beschwerde. Zwar kann gemäß § 18 Abs. 3 FamFG auch von Amts wegen Wiedereinsetzung bewilligt werden, wenn innerhalb der Wiedereinsetzungsfrist die versäumte Rechtshandlung nachgeholt und der unverschuldete Hinderungsgrund glaubhaft gemacht worden ist. Der vom anwaltlichen Verfahrensbevollmächtigten zu wählende sicherste Weg besteht aber darin, den an das Beschwerdegericht gerichteten Wiedereinsetzungsantrag zu stellen.

Da das OLG noch keine Kenntnis von dem Verfahren haben kann und dort noch kein Aktenzeichen existiert, ist dem Antrag unbedingt der angegriffene Beschluss beizufügen.

4. Der Wiedereinsetzungsantrag muss begründet werden (vgl. § 18 Abs. 3 FamFG).

5. § 39 FamFG schreibt vor, dass jeder Beschluss eine Rechtsbehelfsbelehrung enthalten muss. Wenn diese fehlt, wird vermutet, dass die Fristversäumung unverschuldet war (§ 17 Abs. 2 FamFG). Diese Vermutung ist aber widerlegt, wenn der Beschwerdeführer noch innerhalb der Beschwerdefrist anwaltlichen Beistand in Anspruch nimmt. In diesem Falle ist der Irrtum des Betroffenen über den Lauf der Frist nicht ursächlich für ihre Versäumung. Denn der Rechtsanwalt muss die einschlägigen Rechtsmittelfristen kennen oder in Erfahrung bringen.

Die Vermutung kann aber auch dann widerlegt sein, wenn der Betroffene aus anderen Gründen Kenntnis vom Lauf der Beschwerdefrist hat. Deshalb ist zur Sicherheit glaubhaft zu machen, dass ihm diese Kenntnis wegen der fehlenden Rechtsbehelfsbelehrung gefehlt hat.

6. Der Antrag auf Wiedereinsetzung in den vorigen Stand muss innerhalb von zwei Wochen nach Wegfall des Hindernisses gestellt werden (§ 18 Abs. 1 FamFG). Wenn ein Rechtsanwalt beauftragt wird, ist davon auszugehen, dass spätestens mit dem Zeitpunkt der Beauftragung des Rechtsanwaltes das Hindernis (die Unkenntnis der Rechtsbehelfe) weggefallen ist. Dies kann aber auch vorher der Fall sein, wenn das Ausgangs- oder Beschwerdegericht dem Betroffenen nach Einlegung einer verfristeten Beschwerde einen entsprechenden Hinweis erteilt.

7. Die tatsächlichen Angaben, die eine Wiedereinsetzung in den vorigen Stand begründen sollen, sind innerhalb der zweiwöchigen Wiedereinsetzungsfrist glaubhaft zu machen (§ 18 Abs. 3 S. 1 FamFG).

8. Das OLG kann nur dann Wiedereinsetzung gewähren, wenn der Beteiligte die versäumte Rechtshandlung innerhalb der Wiedereinsetzungsfrist nachholt. Er muss also in seinem Wiedereinsetzungsantrag glaubhaft machen, dass er die Beschwerde innerhalb von zwei Wochen nach Beseitigung des Hindernisses bei dem Amtsgericht – Familiengericht – eingelegt hat.

9. Der Schriftsatz muss unterschrieben werden. Zu den Anforderungen an eine Unterschrift → Form. O.II.1 Anm. 10. Gemäß §§ 130d ZPO, 113 Abs. 1, 14b FamFG muss der von einem Anwalt gestellte Antrag zudem als elektronisches Dokument übermittelt werden.

3. Antrag auf Wiedereinsetzung nach §§ 234 ff. ZPO, § 113 Abs. 1 FamFG

Rechtsanwalt/Rechtsanwältin[1, 2]

An das

Oberlandesgericht – . . . . .[3]

In der Sache

. . . . .

AG(in)

vertreten durch Rechtsanwalt . . . . .

gegen

. . . . .

ASt(in)

vertreten durch Rechtsanwalt . . . . .

wegen . . . . .

Aktenzeichen: . . . . . F . . . . . / . . . . . (UF . . . . . / . . . . .)

wird namens und in Vollmacht d. AG(in) beantragt,

d. AG(in) Wiedereinsetzung in die versäumte Frist zur Einlegung der Beschwerde gegen den am . . . . . erlassenen Beschluss des Familiengerichts . . . . . vom . . . . ., zugestellt am . . . . . zu bewilligen.

Begründung:[4]

Das Amtsgericht – Familiengericht – hat d. AG(in) mit dem in Ablichtung beigefügten am . . . . . erlassenen und d. AG(in) am . . . . . zugestellten Beschluss zur Zahlung von Kindesunterhalt in Höhe von . . . . . monatlich verpflichtet. D. AG(in) war wegen Bedürftigkeit unverschuldet daran gehindert, die nur durch einen Rechtsanwalt zu führende Beschwerde innerhalb der am . . . . . abgelaufenen Beschwerdefrist einzulegen. Nachdem der Senat d. AG(in) mit Beschl. v. . . . . ., d. AG(in) zugestellt am . . . . . Verfahrenskostenhilfe für die Erhebung und Durchführung der Beschwerde bewilligt hat, ist dies Hindernis weggefallen. D. AG(in) hat deshalb innerhalb der zweiwöchigen Wiedereinsetzungsfrist am . . . . . Beschwerde bei dem Amtsgericht – Familiengericht – eingelegt.[5] Zur Glaubhaftung wird Bezug genommen auf . . . . .[6]

D. AG(in) ist folglich Wiedereinsetzung in die Versäumung der Beschwerdefrist zu gewähren.

Rechtsanwalt/Rechtsanwältin[7]

Anmerkungen

1. § 113 Abs. 1 S. 2 FamFG erklärt in Ehesachen und Familienstreitsachen (Definition in § 112 FamFG) die Vorschriften der ZPO für das Verfahren vor den Landgerichten für entsprechend anwendbar. Zu diesen Vorschriften gehören auch die Vorschriften über die Wiedereinsetzung in den vorigen Stand (§§ 233 ff. ZPO).

2. Weil diese Verfahren als Anwaltsprozesse zu führen sind (§ 114 Abs. 1 FamFG: Ehesachen und Folgesachen, sowie Familienstreitsachen), muss auch der Antrag auf Wiedereinsetzung in den vorigen Stand von einem Rechtsanwalt gestellt werden.

3. Der Antrag ist an das Gericht zu richten, welches über die nachgeholte Rechtshandlung zu entscheiden hat. Dies ist nicht das Familiengericht, sondern das Oberlandesgericht. Zwar ist die innerhalb der zweiwöchigen Wiedereinsetzungsfrist nachzuholende Beschwerde gemäß § 64 Abs. 1 FamFG bei dem Familiengericht einzulegen, dessen Entscheidung angefochten werden soll. Der Antrag auf Wiedereinsetzung in den vorigen Stand muss aber bei dem Beschwerdegericht eingereicht werden.

Die Wiedereinsetzungsfrist bei der Versäumung der Beschwerdebegründungsfrist beträgt zwar nicht nur zwei Wochen, sondern einen Monat. Die Wiedereinsetzung in die Versäumung der Beschwerdefrist muss aber schon binnen zwei Wochen seit Beseitigung des Hindernisses (hier die Bewilligung von Verfahrenskostenhilfe) beantragt werden. Ist die Beschwerdebegründungsfrist bereits zu diesem Zeitpunkt abgelaufen, kann die Wiedereinsetzung in diese Frist auch bereits zusammen mit der Wiedereinsetzung in die Beschwerdefrist beantragt werden. Darüber kann aber erst entschieden werden, wenn dem Oberlandesgericht innerhalb der einen Monat betragenden Frist für den Antrag auf Wiedereinsetzung in die Versäumung der Beschwerdebegründungsfrist auch eine Beschwerdebegründung vorliegt. (→ Form. O.VIII.3).

4. Der Wiedereinsetzungsantrag muss begründet werden (vgl. § 236 Abs. 2 ZPO, § 117 Abs. 5 FamFG).

5. Der Antrag auf Wiedereinsetzung in den vorigen Stand muss innerhalb von zwei Wochen nach Wegfall des Hindernisses gestellt werden (§ 234 Abs. 1 S. 1 ZPO). Für die Versäumung der Frist zur Begründung der Beschwerde und der Rechtsbeschwerde beträgt die Frist für den Antrag auf Wiedereinsetzung in den vorigen Stand jedoch einen Monat (§ 113 Abs. 1 FamFG, § 234 Abs. 1 S. 2 ZPO). Die §§ 17 ff. FamFG sind hier nicht anzuwenden (§ 113 Abs. 1 S. 1 FamFG).

6. Die tatsächlichen Angaben, die eine Wiedereinsetzung in den vorigen Stand begründen sollen, sind glaubhaft zu machen (§ 236 Abs. 2 S. 1 ZPO). Neben der Versicherung des Anwalts kommen alle Mittel der Glaubhaftmachung in Betracht, vor allem die Versicherung an Eides Statt.

Mit dem Antrag auf Wiedereinsetzung in den vorigen Stand ist das versäumte Rechtsmittel nachzuholen (§ 113 Abs. 1 FamFG, § 236 Abs. 2 S. 2 ZPO). Die Beschwerde muss an das Familiengericht und der Wiedereinsetzungsantrag an das Beschwerdegericht gerichtet werden.

7. Der Schriftsatz muss unterschrieben werden. Zu den Anforderungen an eine Unterschrift → Form. O.II.1 Anm. 10. Gemäß §§ 130d ZPO, 113 Abs. 1, 14b FamFG muss der von einem Anwalt gestellte Antrag als elektronisches Dokument übermittelt werden.

4. Antrag auf Wiedereinsetzung in die Versäumung der Beschwerdebegründungsfrist nach § 117 Abs. 5 FamFG

Rechtsanwalt/Rechtsanwältin[1, 2]

An das

Oberlandesgericht . . . . . – Familiensenat –[3]

In der Sache

. . . . .

Ast(in)

vertreten durch Rechtsanwalt . . . . .

gegen

. . . . .

AG(in)

vertreten durch den Rechtsanwalt . . . . .

wegen . . . . .

Aktenzeichen: . . . . . F . . . . . / . . . . . (UF . . . . . / . . . . .)

wird namens und in Vollmacht d. Ast(in) beantragt,

1. d. Ast(in) Wiedereinsetzung in die Versäumung der Frist zur Begründung der am eingelegten Beschwerde gegen den am . . . . . erlassenen Beschluss des Amtsgerichts – Familiengericht – . . . . . vom . . . . ., zugestellt am . . . . ., zu gewähren,[4]
2. d. AG(in) in Abänderung des am . . . . . erlassenen Beschluss des Amtsgerichts – Familiengericht – . . . . . vom . . . . . zu verpflichten, an d. Ast(in) monatlichen Trennungsunterhalt in Höhe von . . . . . zu zahlen.[5]

Begründung:[6]

Das Amtsgericht – Familiengericht – hat den Antrag d. Ast(in) auf Verpflichtung d. AG (in) zur Zahlung von Trennungsunterhalt zurückgewiesen. D. Ast(in) war wegen Bedürftigkeit an der rechtzeitigen Einlegung und Begründung der gegen diesen Beschluss gerichteten Beschwerde gehindert, bis der Senat mit am . . . . . zugestellten Beschl. v. . . . . . Verfahrenskostenhilfe für die Einlegung und Durchführung der Beschwerde bewilligt hat. D. Ast(in) hat die Einlegung der Beschwerde daraufhin am . . . . . nachgeholt. Der Senat hat wegen der Versäumung der Beschwerdefrist mit Beschl. v. . . . . ., hier eingegangen am . . . . . Wiedereinsetzung in den vorherigen Stand bewilligt.

Die Beschwerde wird hiermit begründet und Wiedereinsetzung in die unverschuldete Versäumung der Beschwerdebegründungsfrist beantragt.

Zur Begründung der Beschwerde wird Folgendes ausgeführt:

. . . . .

Rechtsanwalt/Rechtsanwältin[7]

Anmerkungen

1. § 117 Abs. 5 FamFG erklärt für die Wiedereinsetzung gegen die Versäumung der Fristen zur Begründung der Beschwerde (Rechtsbeschwerde) in Ehe- und Familienstreitsachen (Definition in § 112 FamFG) die §§ 233, 234 Abs. 1 S. 2 ZPO für entsprechend anwendbar. Die Vorschriften der § 17 FamFG finden gemäß § 113 Abs. 1 FamFG keine Anwendung.

2. Da das Verfahren als Anwaltsprozess zu führen ist (§ 236 Abs. 1 ZPO, §§ 113 Abs. 1, 114 Abs. 1 FamFG), muss auch der Wiedereinsetzungsantrag von einem Rechtsanwalt gestellt werden.

3. Die Beschwerdebegründung ist innerhalb der Wiedereinsetzungsfrist bei dem Beschwerdegericht einzureichen, welche einen Monat beträgt (vgl. § 117 Abs. 1 S. 2 FamFG mit § 234 Abs. 1 S. 2 ZPO). Die Wiedereinsetzungsfrist für die Versäumung der Beschwerdefrist beträgt aber nur zwei Wochen, bis zu deren Ablauf die Beschwerde bei dem Familiengericht eingelegt und bei dem Oberlandesgericht Wiedereinsetzung in die Versäumung der Beschwerde beantragt worden sein muss.

4. Die Frist für den Antrag auf Wiedereinsetzung in den vorigen Stand beträgt hier einen Monat (§ 117 Abs. 5 FamFG, § 234 Abs. 1 S. 2 ZPO).

5. Gemäß § 117 Abs. 1 FamFG muss die Beschwerdebegründung einen Antrag enthalten.

6. Der Wiedereinsetzungsantrag ist zu begründen (vgl. § 236 Abs. 2 S. 1 ZPO, § 117 Abs. 5 FamFG). Dafür ist glaubhaft zu machen, dass die Beschwerdebegründungsfrist unverschuldet versäumt worden ist. Hat das Oberlandesgericht noch nicht über den bereits innerhalb der Wiedereinsetzungsfrist von zwei Wochen bei dem OLG anzubringenden Antrag auf Wiedereinsetzung in die Beschwerdefrist entschieden, sollte wegen der Wahrung der Beschwerdefrist Bezug auf die dortigen Ausführungen genommen werden. Da damit gerechnet werden muss, dass dem OLG die Akten noch nicht vorliegen, sollte der angefochtene Beschluss und die eingelegte Beschwerde in Kopie beigefügt werden.

7. Der Antrag muss vom Rechtsanwalt unterschrieben werden (→ Form. O.II.1 Anm. 10). Gemäß §§ 130d ZPO, 113 Abs. 1, 14b FamFG muss der von einem Anwalt gestellte Antrag als elektronisches Dokument übermittelt werden.

VIII. Abhilfe bei Verletzung des rechtlichen Gehörs

1. Vorbemerkungen

Das FamFG stellt an zwei Stellen die Rüge der Verletzung des rechtlichen Gehörs zur Verfügung: in § 44 FamFG und in § 113 Abs. 1 FamFG iVm § 321a ZPO.

2. Rüge der Verletzung des rechtlichen Gehörs nach § 44 FamFG

Rechtsanwalt/Rechtsanwältin[1]

An das

Amtsgericht

– Familiengericht – . . . . . (Oberlandesgericht . . . . .)[2]

In der Sache

. . . . .

Ast(in)

vertreten durch Rechtsanwalt . . . . .

gegen

. . . . .

AG(in)

vertreten durch den Rechtsanwalt . . . . .
wegen . . . . .

Aktenzeichen: . . . . . F . . . . . (. . . . . UF)

stelle ich namens und in Vollmacht d. Ast(in) den Antrag,

das durch den Beschl. v. . . . . . abgeschlossene Verfahren fortzuführen.[3]

Begründung:[4]

Durch nicht anfechtbaren Beschluss[5] **vom . . . . . wurde entschieden, dass . . . . .**

Durch diesen Beschluss wurde das Recht der Ast(in) auf Gewährung des rechtlichen Gehörs verletzt . . . . . Denn das Amtsgericht – Familiengericht – hat diese Entscheidung getroffen, ohne den Inhalt meines Schriftsatzes vom . . . . . zu berücksichtigen, der per Fax noch vor Erlass des Beschlusses eingereichten Schriftsatzes bei Gericht eingereicht und eingegangen ist.

Bei ordnungsgemäßer Einräumung des Anspruchs auf rechtliches Gehör wäre die Entscheidung entsprechend meinem Antrag im Schriftsatz vom . . . . . ergangen (wird näher ausgeführt).

Von der Verletzung des Anspruchs auf rechtliches Gehör haben meine Mandantschaft und Unterfertigter seit ..... Kenntnis.[6]

Die Kenntnis erst seit ..... wird durch die beiliegende Versicherung an Eides Statt glaubhaft gemacht.[7]

Rechtsanwalt/Rechtsanwältin[8]

Anmerkungen

1. Eine Vertretung durch Rechtsanwälte ist in den FG-Familiensachen, in denen die Rüge der Verletzung des rechtlichen Gehörs nach § 44 FamFG erfolgen kann, nicht erforderlich. Nach § 114 FamFG ist eine Vertretung durch Rechtsanwälte beim Familiengericht und beim Oberlandesgericht vielmehr nur in Ehesachen, in Folgesachen und in selbstständigen Familienstreitsachen (Definition in § 112 FamFG) vorgeschrieben.

2. Die Rüge ist bei dem Gericht einzulegen, das die gerügte Entscheidung erlassen hat (§ 44 Abs. 2 S. 3 FamFG).

3. Auf die erfolgreiche Rüge der Verletzung des rechtlichen Gehörs ist das Verfahren fortzusetzen (§ 44 Abs. 5 FamFG). Ein nicht seltener Fall einer solchen Verletzung kann vorkommen, wenn im schriftlichen Verfahren entschieden wird. Denn es kann schnell geschehen, dass das Gericht seine Entscheidung absetzt und erlässt, ohne dass dem Richter oder dem Rechtspfleger ein kurz zuvor eingegangener Schriftsatz zur Kenntnis gebracht worden ist.

Eine formelle Aufhebung der mit der Rüge angefochtenen Entscheidung erfolgt zunächst nicht. Erst wenn das weitere Verfahren ergibt, dass die gerügte Entscheidung wegen der Verletzung des Anspruchs auf rechtliches Gehör abzuändern ist, kommt eine Abänderung oder Aufhebung der Entscheidung in Frage. Stellt sich heraus, dass die Rüge unzulässig oder unbegründet ist, weist sie das Gericht durch unanfechtbaren Beschluss zurück, der kurz begründet werden soll (§ 44 Abs. 4 FamFG). Es bleibt dann bei dem gerügten Beschluss, ohne dass dieser erneuert oder ein neuer Beschluss gefasst wird.

4. Der Antrag muss begründet werden, wie sich aus § 44 Abs. 2 S. 4 FamFG ergibt. In der Begründung müssen die angegriffene Entscheidung genannt, die Verletzung des rechtlichen Gehörs begründet sowie die Entscheidungserheblichkeit dieser Verletzung des rechtlichen Gehörs dargelegt werden (§ 44 Abs. 2 S. 4 FamFG). Sonst ist der Antrag unzulässig. Entscheidungserheblichkeit ist bereits dann, aber auch erst dann zu bejahen, wenn die Entscheidung bei Berücksichtigung des übergangenen Vorbringens möglicherweise anders ausgefallen wäre, mithin wenn nicht auszuschließen ist, dass das Gericht bei Berücksichtigung des übergangenen Vorbringens anders entschieden hätte.

5. Die Rüge kann nur gegen Entscheidungen erhoben werden, gegen die weder ein Rechtsmittel noch ein sonstiger Rechtsbehelf oder ein Abänderungsverfahren zulässig ist (§ 44 Abs. 1 S. 1 Nr. 1 FamFG).

6. Die Rüge muss innerhalb von 2 Wochen nach Kenntnis der Verletzung des rechtlichen Gehörs erhoben werden (§ 44 Abs. 2 S. 1 FamFG), wobei die Rüge ausgeschlossen ist, wenn seit der Bekanntgabe der Entscheidung an den rügenden Beteiligten mehr als ein Jahr verstrichen ist (§ 44 Abs. 2 S. 2 FamFG). Im Regelfall wird die Kenntnis mit dem Zugang der Entscheidung anzunehmen sein. Dies dürfte bei einer Zustellung an einen am Verfahren beteiligten Rechtsanwalt nur in wenigen Ausnahmefällen nicht zutreffen.

Bei unverschuldeter Fristversäumung kommt eine Wiedereinsetzung in den vorigen Stand nach § 17 Abs. 1 FamFG in Betracht.

7. Der Zeitpunkt der Kenntnis der Verletzung des rechtlichen Gehörs ist glaubhaft zu machen (§ 44 Abs. 2 S. 1 FamFG). Wenn die Rüge innerhalb von zwei Wochen nach Bekanntgabe der Entscheidung erfolgt, genügt ein Hinweis auf den Zeitpunkt der Bekanntmachung.

8. Da auch die Rüge der Verletzung des rechtlichen Gehörs durch einen „bestimmenden" Schriftsatz zu erfolgen hat, muss der Schriftsatz ordnungsgemäß (→ Form. O.II.1 Anm. 10) unterschrieben sein. Gemäß §§ 130d ZPO, 113 Abs. 1, 14b FamFG muss der von einem Anwalt oder einer Behörde (zB dem Jugendamt) gestellter Antrag als elektronisches Dokument übermittelt werden.

3. Abhilfe bei Verletzung des rechtlichen Gehörs in Ehe- und Familienstreitsachen (§ 113 Abs. 1 FamFG, § 321a ZPO)

Rechtsanwalt/Rechtsanwältin[1]

An das

Amtsgericht

– Familiengericht – . . . . . (Oberlandesgericht . . . . .)[2]

In der Sache

. . . . .

Ast(in)

vertreten durch Rechtsanwalt . . . . .

gegen

. . . . .

AG(in)

vertreten durch den Rechtsanwalt . . . . .

wegen . . . . .

Aktenzeichen: . . . . . F . . . . . (. . . . . UF . . . . .)

stelle ich namens und in Vollmacht d. Ast(in) den Antrag,

das durch den Beschl. v. . . . . . abgeschlossene Verfahren[3] fortzuführen.[4]

Begründung:[5]

Durch nicht anfechtbaren Beschl. v. . . . . . wurde entschieden, dass . . . . .

Durch diesen Beschluss wurde das Recht meines Mandanten (meiner Mandantin) auf Gewährung des rechtlichen Gehörs verletzt . . . . .

Bei ordnungsgemäßer Einräumung des Anspruchs auf rechtliches Gehör wäre die Entscheidung entsprechend meinem Antrag im Schriftsatz vom . . . . . ergangen.

Von der Verletzung des Anspruchs auf rechtliches Gehör haben meine Mandantschaft und Unterfertigter seit . . . . . Kenntnis[6]

Die Kenntnis erst seit ..... wird durch die beiliegende Versicherung an Eides statt glaubhaft gemacht.[7]

Rechtsanwalt/Rechtsanwältin[8]

Anmerkungen

1. Die Vertretung durch Rechtsanwälte ist in Ehesachen, in Folgesachen und in Familienstreitsachen vorgeschrieben (§ 114 Abs. 1 FamFG).

2. Die Rüge ist bei dem Gericht einzulegen, das die gerügte Entscheidung erlassen hat (§ 113 Abs. 1 FamFG, § 321a Abs. 2 S. 4 ZPO).

3. Die Rüge kann nur gegen Entscheidungen erhoben werden, gegen die weder ein Rechtsmittel noch ein sonstiger Rechtsbehelf oder ein Abänderungsverfahren zulässig ist (§ 113 Abs. 1 FamFG, § 321a Abs. 1 ZPO).

Eine Anhörungsrüge kann im Rechtsbeschwerdeverfahren nicht darauf gestützt werden, dass das Beschwerdegericht nicht über eine Anhörungsrüge, die gegen die Entscheidung des Erstgerichts erhoben war, entschieden habe (BVerfG NJW 2008, 2635).

4. Auf die erfolgreiche Rüge der Verletzung des rechtlichen Gehörs ist das Verfahren fortzusetzen (§ 113 Abs. 1 FamFG, § 321a Abs. 5 ZPO). Eine formelle Aufhebung der mit der Rüge angefochtenen Entscheidung erfolgt zunächst nicht. Erst wenn das weitere Verfahren ergibt, dass die gerügte Entscheidung wegen der Verletzung des Anspruchs auf rechtliches Gehör abzuändern ist, kommt eine Abänderung oder Aufhebung der Entscheidung in Frage. Stellt sich heraus, dass die Rüge unzulässig oder unbegründet ist, weist sie das Gericht durch einen unanfechtbaren Beschluss, der kurz begründet werden soll, zurück (§ 113 Abs. 1 FamFG, § 321a Abs. 4 S. 4, 5 ZPO). Es bleibt dann bei dem gerügten Beschluss, ohne dass dieser erneuert oder ein neuer Beschluss gefasst werden muss.

5. Der Antrag muss begründet werden, § 113 Abs. 1 FamFG, § 321a Abs. 2 S. 5 ZPO. In der Begründung müssen die angegriffene Entscheidung genannt und die Voraussetzungen der Verletzung des rechtlichen Gehörs sowie die Entscheidungserheblichkeit dieser Verletzung des rechtlichen Gehörs dargelegt werden.

6. Die Rüge muss innerhalb einer Notfrist von 2 Wochen nach Kenntnis der Verletzung des rechtlichen Gehörs erhoben werden (§ 114 Abs. 1 FamFG, § 321a Abs. 2 S. 1 ZPO), wobei die Rüge ausgeschlossen ist, wenn seit der Bekanntgabe der Entscheidung an den rügenden Beteiligten mehr als ein Jahr verstrichen ist (§ 114 Abs. 1 FamFG, § 321a Abs. 2 S. 2 ZPO). Im Regelfall wird die Kenntnis mit dem Zugang der Entscheidung anzunehmen sein. Dies dürfte bei einer Zustellung an einen am Verfahren beteiligten Rechtsanwalt nur in wenigen Ausnahmefällen nicht zutreffen.

Bei unverschuldeter Fristversäumung kommt eine Wiedereinsetzung in den vorigen Stand nach § 113 Abs. 1 FamFG, §§ 233, 321a Abs. 2 S. 1 ZPO in Betracht.

7. Der Zeitpunkt der Kenntnis der Verletzung des rechtlichen Gehörs ist glaubhaft zu machen (§ 114 Abs. 1 FamFG, § 321a Abs. 2 S. 1 Hs. 2 ZPO). Wenn die Rüge innerhalb von 2 Wochen nach Bekanntgabe der Entscheidung erfolgt, genügt ein Hinweis auf den Zeitpunkt der Bekanntmachung.

8. Da auch die Rüge der Verletzung des rechtlichen Gehörs durch einen „bestimmenden" Schriftsatz zu erfolgen hat, muss der Schriftsatz ordnungsgemäß (→ Form. O.II.1 Anm. 10) unterschrieben sein. Gemäß §§ 130d ZPO, 113 Abs. 1, FamFG muss die von einem Anwalt erhobene Rüge als elektronisches Dokument übermittelt werden.

Q. Anerkennung und Vollstreckbarerklärung ausländischer Entscheidungen

I. Antrag auf Anerkennung einer ausländischen Scheidung (Libanon)

An den

Präsidenten des Oberlandesgerichts[1]

Antrag auf Anerkennung einer ausländischen Ehescheidung[2]

hier: Libanon

Sehr geehrter Herr Präsident,

ich vertrete Frau . . . . ., wohnhaft in . . . . ., Frankfurt/Main, anwaltlich. Eine entsprechende Vollmacht ist beigefügt.[3]

Meine Mandantin schloss am . . . . . 2000 mit Herrn . . . . ., wohnhaft in . . . . ., Kassel, in . . . . ./Libanon die Ehe. Am . . . . . 2011 erfolgte eine Ehescheidung durch Selbstloskauf (*kholi*-Scheidung). Diese wurde vom Schariagericht . . . . ./Libanon protokolliert. Am . . . . . stellte das Zivilregisteramt . . . . ./Libanon eine Scheidungsurkunde über die Registrierung der Ehescheidung vom . . . . . 2011 aus.[4]

Meine Mandantin ist am . . . . . in . . . . ./Libanon geboren und seit Geburt libanesische Staatsangehörige. Ihr geschiedener Ehemann wurde am . . . . . in . . . . ./Libanon geboren. Er war zunächst nur libanesischer Staatsangehöriger und erwarb nach der Ehescheidung durch Einbürgerung zusätzlich die deutsche Staatsangehörigkeit, so dass er heute beide Staatsangehörigkeiten besitzt.[5]

Der gewöhnliche Aufenthalt meiner Mandantin zum Zeitpunkt der Ehescheidung war in Frankfurt/Main. Ihr geschiedener Ehemann hatte zu diesem Zeitpunkt seinen gewöhnlichen Aufenthalt in Kassel. Der letzte gemeinsame gewöhnliche Aufenthalt vor der Ehescheidung war in Kassel. Seit dem . . . . . leben meine Mandantin und ihr geschiedener Ehemann getrennt. Eine Wahl des auf die Ehescheidung anzuwendenden Rechts wurde zu keiner Zeit getroffen.[6]

Weder meine Mandantin noch ihr geschiedener Ehemann haben sich wiederverheiratet. Der geschiedene Ehemann meiner Mandantin erkennt die Ehescheidung ausdrücklich an.[7]

Da keine Anerkennungshindernisse gegeben sind, beantrage ich festzustellen, dass die Voraussetzungen für die Anerkennung der oben genannten Ehescheidung für den deutschen Rechtsbereich vorliegen. Meine Mandantin beabsichtigt eine neue Eheschließung.[8]

Ein Anerkennungsverfahren ist bisher bei keiner anderen deutschen Landesjustizverwaltung anhängig. Meine Mandantin hat am . . . . . beim Amtsgericht Kassel Scheidungsantrag gegen ihren geschiedenen Ehegatten eingereicht. Dieser wurde am . . . . . zu-

gestellt. Am . . . . . hat das Amtsgericht Kassel das Scheidungsverfahren zur Durchführung eines Anerkennungsverfahrens ausgesetzt.[9]

Das monatliche Nettoeinkommen meiner Mandantin beträgt . . . . . EUR. Unterhaltsverpflichtungen hat meine Mandantin nicht.[10]

Die Heiratsurkunde meiner Mandantin (nebst Übersetzung), die Ausfertigung des Scheidungsprotokolls (nebst Übersetzung), die Scheidungsurkunde (nebst Übersetzung), eine beglaubigte Abschrift des Familienbuches, eine Verdienstbescheinigung meiner Mandantin, einen Identitätsnachweis sowie einen Nachweis ihrer Staatsangehörigkeit füge ich bei.[11]

Mit freundlichen Grüßen

Rechtsanwalt

Anmerkungen

1. Nach § 107 Abs. 1 S. 1 FamFG sind für die Entscheidungen über die Anerkennung ausländischer Ehescheidungen **sachlich** die Landesjustizverwaltungen **zuständig.** In den meisten Bundesländern sind dies die Präsidenten bzw. Präsidentinnen der Oberlandesgerichte. In einigen Bundesländern sind jedoch die Justizministerien zuständig (Berlin, Hamburg, Mecklenburg-Vorpommern und Schleswig-Holstein). **Örtlich** ist nach § 107 Abs. 2 S. 1 FamFG die Justizverwaltung des Landes **zuständig,** in dem ein Ehegatte seinen gewöhnlichen Aufenthalt hat. Hat keiner der Ehegatten seinen gewöhnlichen Aufenthalt im Inland, ist die Justizverwaltung des Landes zuständig, in dem eine neue Ehe geschlossen oder eine Lebenspartnerschaft begründet werden soll (§ 107 Abs. 2 S. 2 FamFG). Hat keiner der Ehegatten seinen Aufenthalt im Inland und soll im Inland auch keine neue Ehe geschlossen oder Lebenspartnerschaft begründet werden, ist gemäß § 107 Abs. 2 S. 3 FamFG die Senatsverwaltung für Justiz und Verbraucherschutz in Berlin zuständig. Einige Bundesländer mit mehreren Oberlandesgerichten haben die örtliche Zuständigkeit zentral dem Präsidenten bzw. der Präsidentin eines bestimmten Oberlandesgerichtes zugewiesen (so etwa in Bayern dem Präsidenten des Oberlandesgerichts München oder in Nordrhein-Westfalen dem Präsidenten des Oberlandesgerichts Düsseldorf).

2. Die meisten zuständigen Justizverwaltungsbehörden bieten auf ihren Internetseiten **Formularanträge** für die Anerkennung ausländischer Ehescheidungen an (vgl. etwa https://www.berlin.de/sen/justv/service/anerkennung-auslaendischer-entscheidungen-in-ehesachen/). Die Verwendung eines derartigen Formularantrages stellt (weitgehend) sicher, dass sämtliche entscheidungserheblichen Angaben gemacht werden.

Hinsichtlich der Erforderlichkeit einer Anerkennung ist Folgendes anzumerken: Nach den allgemeinen Grundsätzen des Staats- und Völkerrechts entfalten Urteile und vergleichbare Staatsakte unmittelbare Rechtswirkungen grundsätzlich nur in dem Gebiet des Staates, in dem sie erlassen worden sind. Jedem Staat steht es frei, ob und gegebenenfalls unter welchen Voraussetzungen er ausländische Hoheitsakte anerkennt, soweit er nicht durch Staatsverträge gebunden ist. Gemäß § 107 Abs. 1 S. 1 FamFG bedürfen ausländische Entscheidungen, die das Eheband betreffen, wie etwa die Scheidung, die Nichtigerklärung oder die Auflösung einer Ehe, der **förmlichen Anerkennung durch die Landesjustizverwaltung.** Nicht in den Anwendungsbereich der Norm fallen Entscheidungen, durch die im Ausland eine Lebenspartnerschaft iSd § 1 LPartG aufgelöst wird. Für diese ist § 108 FamFG maßgeblich.

Ehescheidungen, die in einem **Mitgliedstaat der Europäischen Union** ergangen sind, bilden eine Ausnahme. Art. 30 Abs. 1 der Verordnung (EU) 2019/1111 des Rates vom

25. Juni 2019 über die Zuständigkeit, die Anerkennung und Vollstreckung von Entscheidungen in Ehesachen und in Verfahren betreffend die elterliche Verantwortung und über internationale Kindesentführungen (Brüssel IIb-VO) normiert die Anerkennung der in einem Mitgliedstaat ergangenen Entscheidungen, ohne dass es eines besonderen Verfahrens bedarf. Das gilt gemäß Art. 30 Abs. 2 Brüssel IIb-VO auch für die Beischreibung in Personenstandsbüchern. Bei Bedarf besteht jedoch die Möglichkeit eines Feststellungsverfahrens nach Art. 30 Abs. 3 Brüssel IIb-VO. Eine Art. 30 Brüssel IIb-VO entsprechende Regelung fand sich auch in Art. 21 Brüssel IIa-VO sowie in Art. 14 der zuvor geltenden Verordnung (EG) Nr. 1347/2000 des Rates vom 29.5.2000 über die Zuständigkeit und die Anerkennung und Vollstreckung von Entscheidungen in Ehesachen und in Verfahren betreffend die elterliche Verantwortung für die gemeinsamen Kinder der Ehegatten (**„Brüssel II-VO“**, ABl. 2000 L 160, 19). Entscheidungen, die vor dem 1.3.2001 ergangen sind, werden nicht automatisch anerkannt. Für Entscheidungen, die zwar nach dem 28.2.2001 ergangen sind, aber auf einem vor dem 1.3.2001 begonnenen Verfahren beruhen, gelten gesonderte Regelungen (Art. 42 Abs. 1 Brüssel II-VO). Bei einer späteren Aufnahme eines Mitgliedstaates in die Europäische Union ist insoweit der spätere Zeitpunkt maßgeblich. Die Brüssel IIb-VO, Brüssel IIa-VO und die Brüssel II-VO gelten allerdings jeweils nicht für Dänemark.

Eine Anerkennung ist nach § 107 Abs. 1 S. 2 FamFG weiterhin entbehrlich, wenn eine Ehe durch ein Gericht oder eine Behörde des Staates aufgelöst wurde, dem beide Ehegatten zum Zeitpunkt der Scheidung angehörten. Eine derartige **Heimatstaatentscheidung** setzt jedoch voraus, dass keiner der Ehegatten zum Scheidungszeitpunkt außer der Staatsangehörigkeit des Scheidungsstaates noch eine weitere Staatsangehörigkeit hatte. Besaß zumindest einer der Ehegatten im Zeitpunkt der Einleitung des Scheidungsverfahrens auch die deutsche Staatsangehörigkeit oder unterstand zumindest einer der Ehegatten im Zeitpunkt der Einleitung des Scheidungsverfahrens als heimatloser Ausländer, Asylberechtigter oder ausländischer Flüchtling einem anderen Personalstatut als dem des Scheidungsstaates, liegt keine Heimatstaatentscheidung vor (BayObLG FamRZ 1998, 1594; 1990, 897; BGH FamRZ 1990, 1228; MüKoFamFG/Rauscher FamFG § 107 Rn. 35). Einer Anerkennung nach § 107 Abs. 1 S. 2 FamFG bedarf es ebenfalls bei Zweifeln, ob ein gemeinsamer Heimatstaat entschieden hat (OLG Frankfurt a. M. BeckRS 2012, 16080 für Serbien/Kosovo). Bei (anderen) Mehrstaatern ist in Anwendung von Art. 5 Abs. 1 S. 1 EGBGB die gemeinsame effektive Staatsangehörigkeit entscheidend. Wegen ihres Ausnahmecharakters wird die Heimatstaatklausel von den meisten Landesjustizverwaltungen restriktiv angewandt. Daher bietet es sich aus Gründen der Rechtssicherheit an, bei Ungewissheit über die Staatsangehörigkeiten beider Ehegatten ein Anerkennungsverfahren durchzuführen. Dies gilt beispielsweise im Hinblick auf Eheleute, die aus ehemals dt. Gebieten stammen oder die Flüchtlinge oder Vertriebene dt. Volkszugehörigkeit sind, oder bei Personen, die aus der ehemaligen UdSSR und ihren Nachfolgestaaten sowie dem ehemaligen Jugoslawien stammen. Allerdings kann auch bei Heimatstaatentscheidungen ein Anerkennungsantrag gestellt werden, wenn ein entsprechendes rechtliches Interesse vorliegt. Ein rechtliches Interesse ist ua gegeben, wenn eine allgemein bindende Klärung des Personenstandes für ein Scheidungsfolgeverfahren oder aus melde- oder steuerrechtlichen Gründen herbeigeführt werden soll. Eine Anerkennung ist jedoch nicht allein schon deshalb möglich, weil eine Behörde, der die Ehescheidung nachzuweisen ist, Zweifel an der Echtheit oder Rechtmäßigkeit der Scheidungsdokumente hat (BGHZ 112, 127; Andrae/Heidrich FPR 2004, 292; MüKoFamFG/Rauscher FamFG § 107 Rn. 33; aA Zöller/Geimer FamFG § 107 Rn. 38). Ergeht bzgl. einer Heimatstaatentscheidung eine Anerkennungsentscheidung, hat diese die gleichen Wirkungen wie bei einer Nicht-Heimatstaatentscheidung (BGHZ 112, 127; OLG Frankfurt a. M. StAZ 2003, 137).

3. **Antragsberechtigt** ist gemäß § 107 Abs. 4 S. 2 FamFG jeder, der ein rechtliches Interesse an der Anerkennung glaubhaft macht. Dies setzt keine Beschwer im formellen Sinne voraus. Ein rechtliches Interesse besitzen – neben den beiden Ehegatten – grundsätzlich die Kinder (MüKoFamFG/Rauscher FamFG § 107 Rn. 42), die Erben (BGH FamRZ 1990, 1100; BayObLG FamRZ 1999, 1588; KG FamRZ 1988, 642), der Sozialversicherungsträger (OLG Koblenz IPRax 1988, 359; KG NJW 1970, 2169; Richter/Krzywon IPRax 1988, 349) und die Verwaltungsbehörden in Eheaufhebungsverfahren nach den §§ 1313 ff. BGB (Staudinger/Spellenberg FamFG § 107 Rn. 171). Gerichte, Staatsanwaltschaften, Standesämter und Finanzämter haben hingegen regelmäßig kein eigenes Feststellungsinteresse (MüKoFamFG/Rauscher FamFG § 107 Rn. 42). Der Verlobte, der mit dem im Ausland Geschiedenen die Ehe schließen will, ist ebenfalls nicht antragsbefugt, KG FamRZ 2017, 638.

4. Grundsätzlich muss zwischen staatlichen Scheidungen und privatrechtlichen Scheidungen differenziert werden. Beide Formen der Ehescheidung können Gegenstand eines Anerkennungsverfahrens sein. **Staatliche Scheidungen** sind solche, die durch einen konstitutiven gerichtlichen oder behördlichen Hoheitsakt erfolgen. **Privatrechtliche Scheidungen** sind solche, die durch Rechtsgeschäft, kirchliche Gerichte oder sonstige nichtstaatliche Stellen erfolgen und an deren Vollziehung Gerichte bzw. Behörden gar nicht oder lediglich deklaratorisch (etwa durch Protokollierung, Beurkundung oder Registrierung) mitwirken (BGHZ 110, 267).

Privatscheidungen kommen vor allem im islamischen und jüdischen Recht sowie in afrikanischen Stammesrechten vor. Die häufigste Form der Privatscheidung ist die Verstoßung der Ehefrau durch den Ehemann im islamischen Recht (*talaq*-Scheidung). In einigen Staaten ist dieses Recht insoweit eingeschränkt, als die Verstoßung nur vor einem Gericht oder vor Notaren (*Adulen*) ausgesprochen werden kann. In den meisten islamischen Staaten ist eine amtliche Registrierung der Scheidung vorgeschrieben. Weiterhin sind Scheidungen nach Stammesrecht in vielen afrikanischen Staaten neben staatlichen Ehescheidungen möglich. Die Scheidung nach Stammesrecht erfolgt in der Regel durch eine Vereinbarung der Familien- oder Stammesoberhäupter der beiden Ehegatten.

Hier liegt eine islamische Privatscheidung (*kholi*-Scheidung) vor. Der privatrechtliche Selbstloskauf stellte den entscheidenden Scheidungsakt dar. Die Protokollierung durch das Schariagericht und die anschließende Registrierung durch das Zivilregisteramt waren lediglich deklaratorisch.

Während sich das **formelle Anerkennungsverfahren** sowohl bei staatlichen als auch bei privatrechtlichen Scheidungen, an denen eine Behörde konstitutiv oder deklaratorisch durch Beurkundung oder Registrierung mitgewirkt hat, nach **§ 107 FamFG** richtet (bei reinen Privatscheidungen ohne jegliche behördliche Mitwirkung kommt nach hM nur das Feststellungsverfahren nach § 108 Abs. 2 FamFG in Betracht), muss im Hinblick auf die **materiellen Anerkennungsvoraussetzungen** differenziert werden. Für **staatliche** Scheidungen ist **§ 109 FamFG** maßgeblich. Privatrechtliche Scheidungen waren hingegen nach den Art. 6, 14, 17 EGBGB aF, also den allgemeinen Grundsätzen des internationalen Privatrechts, zu beurteilen (BGH FamRZ 1990, 607). Mittlerweile wurde auf Grundlage einer Vorlage des OLG München (FamRZ 2016, 1363) durch den EuGH geklärt, dass **Privatscheidungen nicht** in den sachlichen Anwendungsbereich der nunmehr geltenden **Rom III-VO** fallen, EuGH NJW 2018, 447. Der BGH hat nunmehr klargestellt, dass sich das anwendbare Sachrecht für Privatscheidungen, die seit dem 29.1.2013 durchgeführt worden sind, nach **Art. 17 Abs. 2 EGBGB** idFd IntGüRVG vom 17.12.2018 bestimmt (BGH NJW 2020, 3592).

Im Übrigen gilt für **Privatscheidungen**, dass sie nur anerkennungsfähig sind, wenn die Ehe nicht den Wirkungen des deutschen Rechts unterliegt. Kommt man zur Anwendung deutschen Rechts, steht das Scheidungsmonopol deutscher Gerichte (§ 1564 Abs. 1 BGB) einer Anerkennung der Privatscheidung zwingend entgegen (BGHZ 110, 267; BVerfG FamRZ 2007, 615).

Für die Frage, welches Recht zur Anwendung gelangt, ist danach zu differenzieren, ob der Anwendungsbereich der Rom III-VO eröffnet ist oder nicht. Dabei ist zu beachten, dass nach Art. 4 Rom III-VO das nach der VO bezeichnete Recht auch dann anzuwenden ist, wenn es nicht das Recht eines teilnehmenden Mitgliedstaates ist, dh das Recht eines nicht teilnehmenden Mitgliedstaates oder eines Drittstaates (universelle Anwendung). Neben Deutschland sind teilnehmende Mitgliedstaaten Belgien, Bulgarien, Spanien, Estland, Frankreich, Griechenland, Italien, Lettland, Litauen, Luxemburg, Ungarn, Malta, Österreich, Portugal, Rumänien und Slowenien (Erwägungsgrund 6 Rom III-VO). In zeitlicher Hinsicht ist der Anwendungsbereich nach Art. 18 Rom III-VO für gerichtliche (Scheidungs-) Verfahren und für Rechtswahlvereinbarungen nach Art. 5 Rom III-VO eröffnet, die ab dem 21.6.2012 eingeleitet bzw. geschlossen wurden. Sofern eine Rechtswahlvereinbarung vor dem 21.6.2012 geschlossen wurde, ist sie dennoch wirksam, sofern sie die Voraussetzungen nach Art. 6 und Art. 7 bzw. der deutschen Durchführungsbestimmungen (näheres → Form. A.V.1 Anm. 4 a)) erfüllt. Rechtswahlvereinbarungen, die nach dem Recht eines teilnehmenden Mitgliedstaates geschlossen wurden, dessen Gerichtsbarkeit vor dem 21.6.2012 angerufen wurde, bleiben schließlich unberührt.

Nach der **Rom III-VO** gilt für das auf die Ehescheidung anzuwendende Recht Folgendes:

Haben die Eheleute eine den Kriterien von Art. 5–7 Rom III-VO genügende Rechtswahl getroffen, die, sofern zum Zeitpunkt der Rechtswahl nur einer der Ehegatten seinen gewöhnlichen Aufenthalt in Deutschland hat, zudem den Anforderungen des dt. Rechts genügt, ist das gewählte Recht zugrunde zu legen, soweit kein ordre public-Verstoß in Betracht kommt. Andernfalls richtet sich das anzuwendende Recht nach Art. 8 Rom III-VO.

Eine **Rechtswahl** ist nach Art. 5 Abs. 1 Rom III-VO möglich, wenn es sich dabei um a) das Recht des Staates handelt, in dem die Ehegatten zum Zeitpunkt der Rechtswahl ihren gewöhnlichen Aufenthalt haben, oder b) des Staates, in dem die Ehegatten zuletzt ihren gewöhnlichen Aufenthalt hatten, sofern einer von ihnen zum Zeitpunkt der Rechtswahl dort noch seinen gewöhnlichen Aufenthalt hat, oder c) das Recht des Staates, dessen Staatsangehörigkeit einer der Ehegatten zum Zeitpunkt der Rechtswahl besitzt, oder d) das Recht des Staates des angerufenen Gerichts. Die Rechtswahl ist gemäß Art. 46e Abs. 2 EGBGB in Deutschland bis zum Schluss der letzten mündlichen Verhandlung erster Instanz möglich. § 127a BGB gilt entsprechend. Das Zustandekommen und die Wirksamkeit der Vereinbarung oder einer ihrer Bestimmungen richten sich gemäß Art. 6 Abs. 1 Rom III-VO nach dem Recht, das nach der Verordnung anzuwenden wäre, wenn die Vereinbarung oder Bestimmung wirksam wäre. Eine Ausnahme sieht Art. 6 Abs. 2 vor, wenn sich aus den Umständen ergibt, dass es nicht gerechtfertigt wäre, die Wirkung des Verhaltens eines Ehegatten nach dem in Art. 6 Abs. 1 bestimmten Recht zu bestimmen. In diesem Fall kann sich dieser Ehegatte für die Behauptung, er habe der Vereinbarung nicht zugestimmt, auf das Recht des Staates berufen, in dem er zum Zeitpunkt der Anrufung des Gerichts seinen gewöhnlichen Aufenthalt hat. Da in den Erwägungsgründen 17 und 18 Rom III-VO die Bedeutung der umfassenden Information und Kenntnis der Ehegatten über ihr Tun hervorgehoben wird, sollte in der beratenden Praxis bei der Formulierung einer Rechtswahlvereinbarung dafür Sorge getragen werden, dass Ausführungen über Art und Umfang der vorangegangenen Information und Beratung der Ehegatten enthalten sind. Aus Erwägungsgrund 18 wird auch eine richterliche Überprüfbarkeit von Rechtswahlvereinbarungen im Hinblick auf die Frage abzuleiten sein, ob die Ehegatten die Vereinbarung in voller Kenntnis der Sache und der Rechtsfolgen getroffen haben (Becker NJW 2011, 1543 (1545); zur Rechtswahl und weiteren Fragen der Rom III-VO vgl. auch Pietsch NJW 2012, 1768 und Althammer NZFam 2015, 9).

Fehlt es an einer wirksamen **Rechtswahlvereinbarung** unterliegt die Ehescheidung nach Art. 8 Rom III-VO a) dem Recht des Staates, in dem die Ehegatten zum Zeitpunkt der Anrufung des Gerichts ihren gewöhnlichen Aufenthalt haben, oder anderenfalls b) dem Recht des Staates, in dem die Ehegatten zuletzt ihren gewöhnlichen Aufenthalt hatten, sofern dieser nicht vor mehr als einem Jahr vor Anrufung des Gerichts endete und einer der Ehegatten zum Zeitpunkt der Anrufung des Gerichts dort noch seinen gewöhnlichen Aufenthalt hat, oder anderenfalls c) dem Recht des Staates, dessen Staatsangehörigkeit beide Ehegatten zum Zeitpunkt der Anrufung des Gerichts besitzen, oder anderenfalls d) dem Recht des Staates des angerufenen Gerichts.

In **Altfällen**, in denen die **Rom III-VO** (noch) nicht zur Anwendung gelangt, richtet sich die Ehescheidung gemäß **Art. 14 Abs. 1 EGBGB, Art. 17 Abs. 1 S. 1 EGBGB** (in der bis zum Inkrafttreten eines Gesetzes zur Anpassung der Vorschriften des Internationalen Privatrechts an die Rom III-VO geltenden Fassung) nach dem Recht des Staates, a) dem beide Ehegatten zum Zeitpunkt der Scheidung angehören oder während der Ehe zuletzt angehörten, wenn einer von ihnen diesem Staat zum Zeitpunkt der Scheidung noch angehört, sonst b) dem Recht des Staates, in dem beide Ehegatten ihren gewöhnlichen Aufenthalt zum Zeitpunkt der Scheidung haben oder während der Ehe zuletzt hatten, wenn einer von ihnen dort zum Zeitpunkt der Scheidung noch seinen gewöhnlichen Aufenthalt hat, und hilfsweise c) dem Recht des Staates, mit dem die Ehegatten gemeinsam am engsten verbunden sind. Bei Mehrstaatern mit deutscher Staatsangehörigkeit ist nach Art. 5 Abs. 1 S. 2 EGBGB die deutsche Staatsangehörigkeit maßgebend. Bei Mehrstaatern ohne deutsche Staatsangehörigkeit ist auf die effektive Staatsangehörigkeit abzustellen. Die effektive Staatsangehörigkeit richtet sich regelmäßig nach dem Ort des gewöhnlichen Aufenthaltes, berücksichtigt aber auch die Wahrnehmung staatsbürgerlicher Rechte bzw. Pflichten, kulturelle Prägungen, Sprachkenntnisse, wirtschaftliche bzw. berufliche Bindungen, private Kontakte und die zukünftige Lebensplanung (OLG München FamRZ 1994, 634; Grüneberg/Thorn EGBGB Art. 5 Rn. 2).

Eine Privatscheidung ist nach Art. 17 Abs. 3 EGBGB als Ausprägung des deutschen ordre public überdies nur anerkennungsfähig, wenn der die Ehe auflösende **konstitutive Akt im Ausland** erfolgte. Dies gilt auch, wenn es sich um eine Privatscheidung von Ausländern handelt, die nach dem Scheidungsstatut ihres Heimatstaates wirksam wäre.

Zudem muss die **Ehescheidung** nach dem Recht des Scheidungsstaates **wirksam geworden** sein. Ist nach dem relevanten ausländischen Recht beispielsweise die Registrierung eine Wirksamkeitsvoraussetzung, muss diese vor der Anerkennung erfolgt sein und dementsprechend nachgewiesen werden (BGH FamRZ 1994, 434; NJW 1990, 2194).

Schließlich ist der **ordre public (Art. 6 EGBGB bzw. Art. 12 Rom III-VO)** zu beachten. Die Wirkungen einer Anerkennung dürfen nicht den wesentlichen Grundsätzen des dt. Rechts widersprechen. Allerdings stellen nicht alle dem dt. Recht fremden Scheidungsgründe einen ordre public-Verstoß dar. So begründet auch die Verstoßung nach islamischem Recht keinesfalls zwangsläufig einen Verstoß gegen den deutschen ordre public (OLG Hamm FamRZ 1997, 881; BVerfG NJW-RR 2007, 577). Näheres → Form. Q.II Anm. 2, → Form. Q.IV Anm. 5).

5. Vorliegend sind keine Anerkennungshindernisse gegeben. Die Ehescheidung richtet sich gemäß Art. 14 Abs. 1 Nr. 1 Alt. 2 EGBGB, Art. 17 Abs. 1 EGBGB (in der bis zum Inkrafttreten eines Gesetzes zur Anpassung der Vorschriften des Internationalen Privatrechts an die Rom III-VO geltenden Fassung → Form. A.V.1 Anm. 4) nach libanesischem Recht. Mangels Rechtswahl und angesichts der Tatsache, dass die Ehescheidung vor dem 21.6.2012 erfolgte, finden weder die Rom III-VO noch Art. 17 Abs. 2 EGBGB nF Anwendung. Im Zeitpunkt der Scheidung waren beide Ehegatten libanesische Staatsangehörige. Die Antragstellerin ist dies auch heute noch. Der die Ehe auflösende konstitutive Akt (privatrechtliche Selbstloskauf) erfolgte im Libanon. Durch die deklaratorische Protokollierung seitens des Schariagerichtes und die Registrierung seitens des Zivilregisteramtes wurde die Ehescheidung nach dem anzuwendenden libanesischen Scheidungsrecht wirksam. Ein Verstoß gegen den deutschen ordre public liegt nicht vor.

6. Der **Ort des gewöhnlichen Aufenthaltes** iSv Art. 5 und Art. 8 Rom III-VO bzw. Art. 14 Abs. 1 Nr. 1 und 2, Abs. 2 Nr. 1 und 2 EGBGB muss nicht zwingend mit der Meldeanschrift übereinstimmen. Als gewöhnlicher Aufenthalt gilt der Ort eines nicht nur vorübergehenden Verweilens, an dem der Schwerpunkt der Bindungen einer Person in familiärer bzw. beruflicher Hinsicht, also ihr Daseinsmittelpunkt, liegt (zu Art. 14 EGBGB: BGH FamRZ 2001, 412; NJW 1993, 2048). In der Regel muss zur Qualifikation eines gewöhnlichen Aufenthaltsortes die Begründung des Lebensmittelpunktes an dem Aufenthaltsort (wohl) mindestens 6 Monate bestehen. Ist der Aufenthalt von Beginn an auf längere Zeit angelegt, so wird der gewöhnliche Aufenthalt bereits mit Beginn dieses Aufenthaltes und nicht erst nach Ablauf von 6 Monaten begründet (zu Art. 14 EGBGB: OLG Frankfurt a. M. FamRZ 1996, 1478; OLG Düsseldorf FamRZ 1995, 37; zurückhaltender: BGH FamRZ 1997, 1070; zu Art. 8 Brüssel IIa-VO: EuGH Slg. 2009, I-2805 = FamRZ 2009, 843).

7. **Art. 103 Abs. 1 GG** erfordert, den früheren Ehegatten auch im Verfahren der Anerkennung seiner ausländischen Ehescheidung **rechtliches Gehör** zu gewähren. Dementsprechend ist dem **früheren Ehegatten** im Anerkennungsverfahren – unabhängig von dessen Beteiligung am Scheidungsverfahren – Gelegenheit zur schriftlichen Stellungnahme einzuräumen. Entsprechendes gilt für die nach § 7 Abs. 2 FamFG Beteiligten. Eine Anhörung kann ausnahmsweise entbehrlich sein, wenn der Antrag unzulässig oder (offensichtlich) unbegründet ist. Da die Handhabung der zuständigen Justizverwaltungen insofern sehr unterschiedlich ist, sollte im Zweifel unterstellt werden, dass die Justizverwaltung die nach § 7 Abs. 2 FamFG Beteiligten anhört. Zur Durchführung der Anhörung muss der Antragsteller bzw. die Antragstellerin, sofern es sich um einen der früheren Ehegatten handelt, eine aktuelle und zustellungsfähige Anschrift seines früheren Ehegatten mitteilen. Hat dieser seinen Wohnsitz im Ausland, ist es zweckmäßig, die Anschrift zusätzlich in Schrift und Sprache des Empfangslandes anzugeben. Der Antragsteller bzw. die Antragstellerin hat alle zumutbaren Anstrengungen zu unternehmen, um die Anschrift des früheren Ehegatten zu ermitteln. Sollte die Anschrift des früheren Ehegatten nicht ermittelbar sein, ist die Unmöglichkeit ihrer Beibringung – ggf. unter Vorlage einer eidesstattlichen Versicherung – glaubhaft zu machen. Auch wenn im Anerkennungsverfahren der Amtsermittlungsgrundsatz aus § 26 FamFG gilt, besteht keine umfassende Pflicht der Landesjustizverwaltung, eigenständig den Aufenthalt des früheren Ehegatten des Antragstellers bzw. der Antragstellerin zu ermitteln. Vielmehr obliegt es nach § 27 FamFG dem Antragsteller bzw. der Antragstellerin, aktiv an der Ermittlung des Sachverhaltes mitzuwirken (BayObLG FamRZ 1990, 897).

8. Bei Zulässigkeit und Begründetheit des Antrags auf Anerkennung der ausländischen Ehescheidung wird ein Bescheid mit der **Feststellung** erlassen, **dass die gesetzlichen Voraussetzungen für die Anerkennung der ausländischen Ehescheidung vorliegen.** Mit der Anerkennung der ausländischen Ehescheidung gilt die Ehe auch für den deutschen Rechtsbereich rückwirkend auf den Zeitpunkt der ausländischen Lösung des Ehebandes als geschieden (BGH NJW 1983, 514 sowie NJW 2019, 2935). Eventuelle in der ausländischen Entscheidung getroffene Regelungen zu Scheidungsfolgesachen werden davon jedoch nicht berührt. Besteht insoweit Streit oder weiterer Regelungsbedarf, sind die Familien- bzw. Zivilgerichte zuständig.

9. Die Feststellung der Landesjustizverwaltung zur Anerkennungsfähigkeit der ausländischen Ehescheidung entfaltet nach § 107 Abs. 9 FamFG gegenüber sämtlichen deutschen Gerichten und Behörden **Bindungswirkung**. Nebenentscheidungen (Scheidungsfolgesachen) unterliegen jedoch nicht der Bindungswirkung aus § 107 Abs. 9 FamFG (BGHZ 64, 19).

10. Für das Anerkennungsverfahren wird abhängig vom Einkommen des Antragstellers unter Berücksichtigung des Schwierigkeitsgrades des jeweiligen Falles eine **Gebühr** zwischen 15,00 EUR und 305,00 EUR fällig (§ 4 Abs. 2 JVKostO iVm KV 1131 JVKostO). Für die Rücknahme eines Antrages kann ein Betrag bis zur Höhe der Hälfte der für die Entscheidung fälligen Gebühr – mindestens jedoch 15,00 EUR – erhoben werden (§ 4 Abs. 3 S. 1 JVKostO). Daher bedarf es der Angabe des gesamten monatlichen Nettoeinkommens des Antragstellers. Verfahrenskostenhilfe iSd §§ 76 ff. FamFG kommt nicht in Betracht, da es sich bei dem Anerkennungsverfahren der Landesjustizverwaltung um kein Gerichtsverfahren handelt (OLG Stuttgart FamRZ 2011, 384).

11. Es sind grundsätzlich die **Originalausfertigungen** des Heiratsnachweises und der Scheidungsentscheidung bzw. der Scheidungsurkunde vorzulegen. Im Hinblick auf einzelne Staaten wird von den Landesjustizverwaltungen regelmäßig ergänzend eine Beglaubigung der Echtheit der vorzulegenden Dokumente durch eine **Legalisation** iSv § 13 Abs. 1 und 2 KonsularG gefordert. Diese enthält eine Bestätigung des diplomatischen oder konsularischen Vertreters des Landes, in dem die Urkunde verwertet werden soll, dass die Unterschriften auf der Urkunde echt sind und der Unterzeichner zur Ausstellung öffentlicher Urkunden berechtigt war. Bei Staaten, die dem **Haager Übereinkommen vom 5.10.1961 zur Befreiung ausländischer öffentlicher Urkunden von der Legalisation** beigetreten sind, tritt die **Apostille** an die Stelle der Legalisation. Die Apostille wird von der zuständigen Behörde des Errichtungsstaates der Urkunde erteilt und begründet eine widerlegbare Vermutung für die Echtheit der Urkunde. Einige der zuständigen Justizverwaltungsbehörden bieten auf ihren Internetseiten Übersichten an, bei welchen Staaten zunächst auf Legalisation bzw. Apostille verzichtet werden kann (vgl. etwa http://www.olg-duesseldorf.nrw.de/02aufgaben/02_anerk_ausl_Urteile/02_laenderteil/index.php).

Zudem bedarf es der Vorlage deutscher **Übersetzungen** der genannten Dokumente. Die Übersetzungen müssen von einem durch eine deutsche Landesjustizverwaltung hierzu ermächtigten Übersetzer erstellt werden. Eine Liste dieser Übersetzer bzw. Übersetzerinnen kann beispielsweise unter http://www.dolmetscher-uebersetzer.nrw.de eingesehen werden. Durch die VO (EU) 2016/1191 vom 6.7.2016 zur Förderung der Freizügigkeit von Bürgern durch die Vereinfachung der Anforderungen an die Vorlage bestimmter öffentlicher Urkunden innerhalb der Europäischen Union, die am 16.2.2019 in Kraft getreten ist, sind Urkunden ua aus dem Melde-, Personenstands- und Staatsangehörigkeitsrecht (Art. 2 EU-Apostille-VO) für die Verwendung in einem anderen EU-Staat generell nicht mehr mit einer Apostille zu versehen, sondern auch ohne Apostillierung in einem anderen Mitgliedstaat als echt anzuerkennen. Neben dem Wegfall der Apostille ist gemäß Art. 6 EU-Apostille-VO ua bei Geburts-, Sterbe- und Eheurkunden, Ehefähigkeitszeugnissen, Lebenspartnerschaftsurkunden und Bescheinigungen zur Begründung einer Lebenspartnerschaft, im Regelfall auch eine Übersetzung der Urkunde entbehrlich, wenn der Urkunde ein den Vorgaben der VO entsprechendes mehrsprachiges Formular beigefügt ist. Die Formulare sind unter https://beta.e-justice.europa.eu/35981/DE/public_documents_forms abrufbar. Gemäß § 1118 ZPO ist das Bundesamt für Justiz Zentralbehörde nach Art. 15 Abs. 1 EU-Apostille-VO.

II. Antrag auf Nichtanerkennung einer ausländischen Scheidung (Türkei)

An den

Präsidenten des Oberlandesgerichts

Antrag auf Nichtanerkennung einer ausländischen Ehescheidung[1]

hier: Türkei

Sehr geehrter Herr Präsident,

ich vertrete Frau . . . . ., wohnhaft in . . . . ., anwaltlich. Eine entsprechende Vollmacht füge ich bei.

Meine Mandantin schloss am . . . . . mit Herrn . . . . ., wohnhaft in . . . . . vor dem türkischen Generalkonsulat in Stuttgart die Ehe. Herr . . . . . hat am . . . . . bei dem Familiengericht Antalya/Türkei die Ehescheidung beantragt. Meiner Mandantin wurde die Scheidungsklage am . . . . . über das türkische Generalkonsulat in Stuttgart per Einschreiben zugesandt. Sie hat sich nicht auf das Scheidungsverfahren eingelassen. Die Ehe meiner Mandantin wurde dann – nach Auffassung von Herrn . . . . . wirksam – mit Scheidungsurteil vom . . . . . durch das Familiengericht Antalya/Türkei geschieden. Das Scheidungsurteil ist seit dem . . . . . rechtskräftig.

Meine Mandantin wurde am . . . . . in . . . . ./Deutschland geboren. Sie war zunächst türkische Staatsangehörige und wurde noch vor der Übersendung des Scheidungsantrages und der Ehescheidung eingebürgert, so dass sie ausschließlich die deutsche Staatsangehörigkeit besitzt. Herr . . . . . wurde in Antalya/Türkei geboren und ist von Geburt an türkischer Staatsangehöriger.

Der gewöhnliche Aufenthalt meiner Mandantin zum Zeitpunkt der Ehescheidung war in . . . . ./Deutschland. Herr . . . . . hatte zu diesem Zeitpunkt seinen gewöhnlichen Aufenthalt in . . . . ./Deutschland. Der letzte gemeinsame gewöhnliche Aufenthalt vor der Ehescheidung war in . . . . ./Deutschland. Seit dem . . . . . leben meine Mandantin und Herr . . . . . getrennt. Beide sind nach wie vor in Deutschland wohnhaft.

Meine Mandantin hat nunmehr erfahren, dass ihr nach deutschem Recht im Falle einer Scheidung Ansprüche auf Zugewinn- und Versorgungsausgleich zugestanden hätten. Angesichts dessen, dass sie nach der Eheschließung mit Herrn . . . . . einvernehmlich ihren Beruf aufgegeben hatte, während Herr . . . . . allein in der Zeit bis zur – nach Auffassung meiner Mandantin unwirksamen – Scheidung in der Türkei beträchtliche Ersparnisse erwirtschaftet und Rentenanwartschaften erworben hat, möchte sie nunmehr die Scheidung vor einem deutschen Gericht herbeiführen. Hierzu bedarf es eines Bescheides zur Nichtanerkennung der türkischen Scheidung.

Vorliegend steht einer Anerkennung der Ehescheidung § 109 Abs. 1 Nr. 2 FamFG entgegen.[2]

Denn meiner Mandantin ist das verfahrenseinleitende Dokument nicht ordnungsgemäß mitgeteilt worden. Die Türkei ist Vertragsstaat des HZÜ und des HZPÜ. Zuständige Behörde für die Entgegennahme von Zustellungsanträgen aus der Türkei im Sinne von Art. 1 HZPÜ ist nach § 1 AG HZPÜ der Präsident oder die Präsidentin des Landgerichts,

in dessen Bezirk die Zustellung bewirkt werden soll. Folglich wäre hier eine Zustellung des Scheidungsantrages an meine Mandantin nicht über das türkische Generalkonsulat in Stuttgart, sondern über den Präsidenten des Landgerichts . . . . zu bewirken gewesen.[3]

Daher beantrage ich festzustellen, dass die Voraussetzungen für die Anerkennung des Scheidungsurteils des Familiengerichts Antalya/Türkei vom . . . . . für den deutschen Rechtsraum nicht vorliegen. Meine Mandantin möchte ein Scheidungsverfahren vor dem zuständigen deutschen Familiengericht durchführen.

Ein (Nicht-) Anerkennungsverfahren ist bisher bei keiner anderen deutschen Landesjustizverwaltung anhängig. Auch wurde bisher bei keinem deutschen Gericht ein Scheidungsantrag gestellt.

Das nunmehr wieder erzielte monatliche Nettoeinkommen meiner Mandantin beträgt . . . . . EUR. Unterhaltsverpflichtungen hat meine Mandantin nicht.

Die Heiratsurkunde (nebst Übersetzung), die Ausfertigung des Scheidungsurteiles mit Rechtskraftvermerk (nebst Übersetzung), eine beglaubigte Abschrift des Familienbuches, eine Verdienstbescheinigung meiner Mandantin, einen Identitätsnachweis sowie einen Nachweis der Staatsangehörigkeit meiner Mandantin füge ich bei.

Mit freundlichen Grüßen

Rechtsanwalt

Anmerkungen

1. Liegt eine Anerkennungsvoraussetzung nicht vor oder besteht ein Anerkennungshindernis, kann die **Nichtanerkennung** der ausländischen Ehescheidung **beantragt** bzw. ein bereits gestellter **Anerkennungsantrag** in einen Nichtanerkennungsantrag **umgestellt** werden. Da auch insoweit das Feststellungsmonopol nach § 107 Abs. 1 FamFG bei den Landesjustizverwaltungen liegt, ist eine Ehescheidung durch ein deutsches Gericht grundsätzlich erst nach Feststellung der Nichtanerkennungsfähigkeit der ausländischen Ehescheidung möglich. Das OLG Stuttgart etwa verweigerte bereits die Bewilligung von Verfahrenskostenhilfe für ein Scheidungsverfahren, an dem auch ein Deutscher beteiligt war, da das Anerkennungsverfahren in einem solchen Fall zwingend sei, um die Gefahr einander widersprechender Entscheidungen über die Wirksamkeit der ausländischen Ehescheidung im Inland zu vermeiden, OLG Stuttgart FamRZ 2019, 1561. Von der antragsgemäßen Nichtanerkennung einer ausländischen Ehescheidung ist die Zurückweisung eines auf Anerkennung gerichteten Antrages zu unterscheiden. Liegt eine Anerkennungsvoraussetzung nicht vor oder besteht ein Anerkennungshindernis und hält der Antragsteller bzw. die Antragstellerin einen Anerkennungsantrag aufrecht, ergeht ein begründeter Bescheid, mit dem der Anerkennungsantrag zurückgewiesen wird. Dieser Bescheid kann dann zwar gemäß § 107 Abs. 5 FamFG zur gerichtlichen Überprüfung gestellt werden, stellt aber keine förmliche Nichtanerkennung dar.

Zur Zuständigkeit des Präsidenten des Oberlandesgerichts → Form. Q.I Anm. 1.

2. Die Voraussetzungen für die Anerkennung **staatlicher Ehescheidungen** sind (anders als die Voraussetzungen für die Anerkennung von Privatscheidungen) in **§ 109 Abs. 1 FamFG** geregelt. Zunächst muss gemäß § 109 Abs. 1 Nr. 1 FamFG die **internationale Zuständigkeit des Scheidungsstaates** gegeben sein. Diese wird in spiegelbildlicher Anwendung von § 98 Abs. 1 FamFG beurteilt. Die internationale Zuständigkeit des Scheidungsstaates ist zunächst zu bejahen, wenn mindestens ein Ehegatte zum Zeitpunkt der Scheidung oder bei Eheschließung die Staatsangehörigkeit des Scheidungsstaates besessen hat (§ 98 Abs. 1 Nr. 1 FamFG). Sollten beide Ehegatten zum Zeitpunkt der Scheidung nur die Staatsangehörigkeit des Entscheidungsstaates besessen haben, liegt eine Heimatstaatentscheidung vor, die grundsätzlich nicht der Anerkennung im Verfahren nach § 107 FamFG bedarf, § 107 Abs. 1 S. 2 FamFG. Weiter ist die internationale Zuständigkeit des Scheidungsstaates gegeben, wenn mindestens ein Ehegatte zum Zeitpunkt der Scheidung seinen gewöhnlichen Aufenthalt im Scheidungsstaat hatte (§§ 98 Abs. 1 Nr. 2, 3 und 4, 109 Abs. 2 S. 1 FamFG; Näheres zum Begriff des „gewöhnlichen Aufenthalts" → Form. Q.I Anm. 6). Letztlich kann eine internationale Zuständigkeit des Scheidungsstaates auch dann vorliegen, wenn zwar die genannten Voraussetzungen nicht erfüllt sind, aber die Drittstaatenentscheidung von den Heimatstaaten der Ehegatten anerkannt wird (§ 109 Abs. 2 S. 2 FamFG). Dies gilt jedoch nicht, wenn ein Ehegatte auch Deutscher ist (Art. 5 Abs. 1 S. 2 EGBGB).

Weiter muss dem **ehemaligen Ehegatten** gemäß § 109 Abs. 1 Nr. 2 FamFG **im Scheidungsverfahren Gelegenheit zur Stellungnahme** gegeben worden sein. Dazu muss dem ehemaligen Ehegatten das verfahrenseinleitende Dokument (Scheidungsantrag) ordnungsgemäß und so rechtzeitig zugestellt worden sein, dass dieser seine Rechte im Scheidungsverfahren wahrnehmen konnte. Durch die Zustellung der verfahrensabschließenden Entscheidung wird selbst dann kein ausreichendes rechtliches Gehör gewährt, wenn noch die Einlegung eines Rechtsmittels möglich ist (OLG München FamRZ 2012, 1512). Die Landesjustizverwaltung prüft die Frage der Ordnungsmäßigkeit der Zustellung eigenständig und ist dabei nicht an die Feststellungen des Scheidungsgerichtes gebunden. Allerdings steht § 109 Abs. 1 Nr. 2 FamFG einer Anerkennung nur entgegen, wenn sich der ehemalige Ehegatte im Anerkennungsverfahren auf den Gehörsmangel beruft.

Eine **Unvereinbarkeit** der ausländischen Ehescheidung **mit einer bereits erlassenen deutschen Entscheidung, mit einer anzuerkennenden früheren ausländischen Entscheidung oder mit einem in Deutschland früher rechtshängig gewordenen Verfahren** steht der Anerkennung nach § 109 Abs. 1 Nr. 3 FamFG ebenfalls entgegen.

Schließlich darf die Anerkennung nicht zu einem Ergebnis führen, das gegen den **deutschen ordre public** verstößt, also mit wesentlichen Grundsätzen des deutschen Rechts unvereinbar ist (§ 109 Abs. 1 Nr. 4 FamFG). Insbesondere Ehescheidungen wegen Verstoßes gegen ein Eheverbot der Religions- oder Rassenverschiedenheit oder auf Antrag Dritter wegen Abfalls vom rechten Glauben stellen materielle Verstöße gegen den deutschen ordre public dar (MüKoFamFG/Rauscher FamFG § 109 Rn. 55). Eine Scheinscheidung (etwa zwecks Erlangung einer Ausreisegenehmigung) stellt hingegen grundsätzlich keinen Verstoß gegen den deutschen ordre public dar. Etwas anderes gilt jedoch, wenn es an einem hinreichenden Scheidungswillen einer Partei fehlte, weil Dritte aus politischen, ethnischen oder sonstigen Gründen Zwang ausgeübt haben (BayObLG FamRZ 1993, 451). Ein Verstoß gegen den verfahrensrechtlichen ordre public liegt vor, wenn grundlegende Anforderungen des deutschen Verfahrensrechtes im ausländischen Verfahren nicht gewahrt wurden. Zu diesen Verfahrensprinzipien zählen der Grundsatz des rechtlichen Gehörs, der Grundsatz der Unabhängigkeit und Unparteilichkeit des Gerichts, der Grundsatz der Gleichbehandlung der Parteien und des fairen Verfahrens (BGH NJW 2010, 153; 1999, 3198; 1978, 1115). Allein die Tatsache, dass eine Scheidung durch eine (zuständige) Verwaltungsbehörde und nicht durch ein Gericht erfolgte, begründet keinen Verstoß gegen den verfahrensrechtlichen ordre public (OLG Schleswig FamRZ 2009, 609). Die Anerkennung einer ausländischen Ehescheidung ist aber zu versagen, wenn ein Beteiligter die Entscheidung durch einen Prozessbetrug, etwa durch Vorlage gefälschter Unterlagen oder durch Falschaussagen, erlangt hat (BGH NJW 1999, 3198; 1993, 1270; OLG Zweibrücken NJW-RR 2006, 207). Eine Überprüfung der Gesetzmäßigkeit der ausländischen Ehescheidung findet gemäß § 109 Abs. 5 FamFG nicht statt (Ausschluss der **révision au fond**).

3. In welcher Weise ein verfahrenseinleitendes Dokument den Beteiligten im Scheidungsverfahren gemäß § 109 Abs. 1 Nr. 2 FamFG mitzuteilen ist, bestimmt sich nach dem Recht des Scheidungsstaates unter Einschluss der im Verhältnis zu dem Staat, in dem die Mitteilung den Beteiligten erreichen soll, geltenden völkerrechtlichen Abkommen (BGH NJW 1997, 2051; BGHZ 120, 305; BayObLG FamRZ 2000, 1170). Die Türkei ist dem Haager Übereinkommen über die Zustellung gerichtlicher und außergerichtlicher Schriftstücke im Ausland in Zivil- oder Handelssachen vom 15.11.1965 („HZÜ", BGBl. 1977 II 1452) und dem Haager Übereinkommen über den Zivilprozess vom 1.3.1954 („HZPÜ", BGBl. 1958 II 576) beigetreten. Im Hinblick auf die Zustellung in Deutschland gelten das Gesetz zur Ausführung des HZPÜ vom 18.12.1958 („AG HZPÜ", BGBl. 1958 I 939) und das Gesetz zur Ausführung des HZÜ vom 22.12.1977 („AG HZÜ", BGBl. 1977 I 3105), jeweils in der Fassung des Gesetzes vom 10.12.2008 (BGBl. 2008 I 2399).

Im Hinblick auf die **Heilung von Zustellungsmängeln** (etwa durch einen tatsächlichen Zugang des Dokuments iSv § 189 ZPO) muss bei Auslandszustellungen differenziert werden. Werden bei einer Auslandszustellung lediglich **Formvorschriften des Verfahrensrechts des Zustellungsstaates** verletzt, kommt nach der Rechtsprechung des Bundesgerichtshofes eine Anwendung von § 189 ZPO analog in Betracht, BGH FamRZ 2011, 1860. Die Zustellungsvorschriften dienen grundsätzlich der Verwirklichung des rechtlichen Gehörs. Daran knüpft auch die Heilungsmöglichkeit des § 189 ZPO an. Mit dieser Vorschrift soll verhindert werden, dass Mängel eines streng formalisierten Zustellungsvorgangs die Zustellung unwirksam machen, wenn feststeht, dass der Adressat das Dokument erhalten hat und sachlich so gestellt ist, als ob die Zustellung ordnungsgemäß erfolgt wäre. Auch wenn ein Zustellungsfehler möglicherweise dazu führt, dass der weitere Zweck einer förmlichen Zustellung, den Zeitpunkt der Übergabe eindeutig nachweisen zu können, nicht erreicht wird, wird dem Zustellungsempfänger bei tatsächlichem Zugang hinreichend rechtliches Gehör gewährt. Dies rechtfertigt es, den Verfahrensfehler zu ignorieren und eine wirksame Zustellung zu fingieren. Bei Zustellungen, bei denen hingegen Bestimmungen des HZÜ oder des HZPÜ verletzt wurden, scheidet eine Heilung nach den Vorschriften des nationalen Rechts aus. HZÜ und HZPÜ dienen nicht primär dem Schutz des rechtlichen Gehörs des Zustellungsempfängers, sondern vielmehr dem geordneten zwischenstaatlichen Rechtsverkehr. Dieser besondere Schutzzweck verbietet es, die Bestimmungen des HZÜ und des HZPÜ nationalen Heilungsvorschriften zu unterstellen (BGH FamRZ 2011, 1860; BGHZ 141, 286; 120, 305; 58, 177). Vorliegend ist ein Verstoß gegen das HZÜ bzw. HZPÜ gegeben, so dass eine Heilung nach § 189 ZPO analog ausscheidet. Zwar steht es nach Art. 8 Abs. 1 HZÜ jedem Vertragsstaat frei, Personen, die sich im Ausland befinden, gerichtliche Schriftstücke unmittelbar durch seine diplomatischen oder konsularischen Vertretungen zustellen zu lassen. Deutschland hat jedoch in § 6 S. 1 AG HZÜ von der in Art. 8 Abs. 2 HZÜ vorgesehenen Möglichkeit des Widerspruchs Gebrauch gemacht mit der Folge, dass durch die konsularische Vertretung zwar unmittelbar an eigene Staatsangehörige zugestellt werden darf, im konkreten Fall mithin an einen türkischen Staatsangehörigen, nicht aber an fremde Staatsangehörige wie die Antragstellerin, die ja zuvor eingebürgert worden war.

III. Antrag auf Anerkennung der Wirksamkeit einer ausländischen Entscheidung

An das

Amtsgericht

– Familiengericht –

Antrag auf Anerkennung der Wirksamkeit einer ausl. Entscheidung

der Frau . . . . .

– Antragstellerin –

Verfahrensbevollmächtigte: Rechtsanwältin . . . . .

gegen

Herrn . . . . .

– Antragsgegner –

Verfahrensbevollmächtigte: Rechtsanwältin . . . . .

wegen: Unterhaltsabänderung

hier: Zwischenfeststellungsantrag

Namens und unter Berufung auf die mir schriftlich erteilte, beigefügte (§§ 11, 114 Abs. 5 FamFG) Verfahrensvollmacht der Antragstellerin bitte ich um Anberaumung eines möglichst nahen Termins zur mündlichen Verhandlung, in dem ich beantragen werde:

1. Das Urteil des . . . . ./Schweiz, das den Antragsgegner zur Zahlung von Ehegattenunterhalt (wertgesichert, wird ausgeführt) in Höhe von . . . . . mtl., jeweils im Voraus fällig und bis zum 1. Werktag jeden Monats zu zahlen, verpflichtet, wird für den deutschen Rechtsraum anerkannt.
2. Der Antragsgegner hat die Kosten des Zwischenverfahrens zu tragen.

Begründung:

1. In dem Verfahren . . . . . bei dem Amtsgericht . . . . . – Familiengericht – betreibt die Antragstellerin die Abänderung des Unterhaltsurteils,[1] das sie bei der Ehescheidung am . . . . . beim . . . . . /Schweiz erwirkt hat. Weiterhin vollstreckt sie die ihr zuerkannten Unterhaltsbeträge, nachdem das Gericht die Vollstreckbarkeit für Deutschland in einem gesonderten Verfahren ausgesprochen hat.[2]
2. Im Abänderungsverfahren widersetzt sich der Antragsgegner nicht nur der beantragten Unterhaltserhöhung, sondern bestreitet auch die Wirksamkeit und Bestandskraft des schweizerischen Unterhaltsurteils. Deshalb ist der Zwischenfeststellungsantrag, über den ich vorab zu entscheiden bitte, statthaft, um die maßgeblichen Rechtsfragen zwischen den Beteiligten endgültig und verbindlich zu klären.
3. Weiterer Vortrag bleibt vorbehalten. Wenn das Gericht Ergänzungen für erforderlich halten sollte, bitte ich um Hinweise nach § 139 ZPO.[3]

Rechtsanwältin

Anmerkungen

1. a) Obgleich § 108 Abs. 2 FamFG die Möglichkeit, eine ausländische Entscheidung in einem isolierten Feststellungsverfahren anerkennen zu lassen, nur für Entscheidungen nicht vermögensrechtlichen Charakters vorsieht, weil der Gesetzgeber bei vermögensrechtlichen Entscheidungen angesichts der Notwendigkeit einer Vollstreckbarerklärung nach § 110 Abs. 2 FamFG vor der Vollstreckung keinen entsprechenden Bedarf gesehen hat (vgl. BT-Drs. 16/6308, 222), ist hier ein Feststellungsantrag statthaft, Art. 33 Abs. 2 LugÜ vom 30.10.2007. Entsprechende Regelungen finden sich in Art. 30 Abs. 3 Brüssel IIb-VO, Art. 23 EuUnthVO und Art. 33 Abs. 2 Brüssel I-VO.

b) Auch ein **negativer Feststellungsantrag** kann statthaft sein, wenn die sonstigen Voraussetzungen für ihn vorliegen. Zwar ist ein solcher nach dem Wortlaut von Art. 33 Abs. 2 LugÜ (2007) nicht zulässig. Das wäre jedoch mit dem Gleichheitssatz nicht vereinbar, der gebietet, dem Beteiligten, der sich der Anerkennung widersetzt, das gleiche vereinfachte Verfahren zur Verfügung zu stellen, Zöller/Geimer ZPO § 328 Rn. 280.

2. Als Grundlage scheiden §§ 722, 723 ZPO ebenso aus, vgl. §§ 108–110 FamFG, wie das dt.-schweiz. Abkommen, denn dieses Abkommen ist im Verhältnis zur Schweiz durch das LugÜ vom 30.10.2007 (als Parallelabkommen zur EuGVVO) verdrängt, soweit die eigenen, besonderen Voraussetzungen vorliegen, zu Einzelheiten → Form. Q.VII und → Form. Q.VIII. Gerichtl. Zuständigkeiten und weitere verfahrensrechtliche Einzelheiten in Deutschland hängen davon ab, welches Abk. maßgeblich für die Vollstreckbarerklärung wird; für sie wiederum wird maßgeblich, wann die Entscheidung ergangen ist, die anerkannt und Vollstreckungsgrundlage werden soll, → Form. Q.VII und → Form. Q.VIII.

3. Ein **Rechtsschutzbedürfnis** für einen solchen Antrag dürfte regelmäßig gegeben sein, weil die Gefahr besteht, dass die sonst inzident im Rahmen anderer Verfahren zu prüfende Frage der Anerkennungsfähigkeit der ausländischen Entscheidung in unterschiedlichen Verfahren abweichend beantwortet wird, vgl. auch MüKoZPO/Gottwald ZPO § 328 Rn. 14. Vorsichtige Einschränkungen sind allerdings angebracht. Ist die Rechtslage eindeutig und die Begründung für ein gesondertes Feststellungsverfahren erkennbar weit hergeholt, kann auch das besondere **Interesse** an einer gerichtl. Feststellung zu verneinen sein. Ein Zwischenfeststellungsantrag ist durch Art. 33 Abs. 2 und 3 LugÜ (2007) aber jedenfalls nicht ausgeschlossen.

IV. Antrag auf gerichtliche Entscheidung gegen einen Anerkennungsbescheid (Marokko)

An das

Oberlandesgericht

– Zivilsenat –

Antrag auf gerichtliche Entscheidung[1]

der Frau . . . . .

– Rechtsmittelantragstellerin und Beteiligte zu 2. –

Verfahrensbevollmächtigte: Rechtsanwältin . . . . ., ...,[2]

gegen

den Bescheid der Präsidentin des Oberlandesgerichtes . . . . . vom . . . . . (Az . . . . .) bzgl. des Anerkennungsantrages des

Herrn . . . . ./Marokko,

– Rechtsmittelantragsgegners und Beteiligten zu 1. –.

Namens der Beteiligten zu 2. und unter Vorlage einer entsprechenden anwaltlichen Vollmacht beantrage ich:[3]

1. den Bescheid der Präsidentin des Oberlandesgerichtes . . . . . vom . . . . . (Az . . . . .) aufzuheben,
2. den Antrag des Beteiligten zu 1., festzustellen, dass die gesetzlichen Voraussetzungen für die Anerkennung der bei der Beurkundungsabteilung des Amtsgerichts . . . . ./Marokko am . . . . . unter Blatt . . . . ., Nr. . . . . ., registrierten Ehescheidung vom . . . . . 2003 vorliegen, soweit dadurch die Ehe der Beteiligten geschieden worden ist, zurückzuweisen.

Begründung:[4]

Die Beteiligten schlossen am . . . . . in . . . . ./Marokko, die Ehe. Während der Beteiligte zu 1. nach wie vor die marokkanische Staatsangehörigkeit besitzt, erwarb die Beteiligte zu 2. neben der marokkanischen Staatsangehörigkeit am . . . . . durch Einbürgerung auch die deutsche Staatsangehörigkeit. Die Ehe der Beteiligten wurde am . . . . . 2003 durch die Erklärung einer widerruflichen Scheidung geschieden, worüber bei der Beurkundungsabteilung des Amtsgerichts . . . . ./Marokko, am . . . . . unter Blatt . . . . ., Nr. . . . . ., ein Eintrag erfolgte. Die Scheidung wurde nicht innerhalb der *Idda*-Zeit widerrufen.

Mit Schreiben vom . . . . . hat der Beteiligte zu 1. beantragt, festzustellen, dass die gesetzlichen Voraussetzungen für die Anerkennung der genannten Ehescheidung für den deutschen Rechtsraum vorliegen. Die in dem Anerkennungsverfahren angehörte Beteiligte zu 2. hat ua geltend gemacht, dass der in Rede stehende Scheidungsgrund des marokkanischen Gesetzbuches des Personen- und Erbrechtes gegen den deutschen ordre public verstoße. Dennoch hat die Präsidentin des Oberlandesgerichtes mit Bescheid vom

. . . . . (Az. . . . . .) festgestellt, dass die gesetzlichen Voraussetzungen für die Anerkennung der Ehescheidung der Beteiligten vorlägen.

Der Bescheid der Präsidentin des Oberlandesgerichtes vom . . . . . (Az. . . . . .) ist nicht rechtmäßig und verletzt die Beteiligte zu 2. in ihren Rechten. Die bei der Beurkundungsabteilung des Amtsgerichts . . . . ./Marokko am . . . . . unter Blatt . . . . ., Nr. . . . . ., registrierte Ehescheidung der Beteiligten vom . . . . . kann nicht anerkannt werden, weil das ihr zugrundeliegende marokkanische Scheidungsstatut dem deutschen ordre public (Art. 6 EGBGB) widerspricht.[5]

Die relevanten Normen des zum Scheidungszeitpunkt geltenden marokkanischen Gesetzbuches des Personen- und Erbrechtes (Art. 44, 53, 54, 56, 57, 58 CSPS) verstoßen gegen den deutschen ordre public.

Der Sachverhalt weist zunächst einen hinreichenden Inlandsbezug auf, weil die Beteiligten ihre Ehe in Deutschland geführt haben und hier auch zum Zeitpunkt der – nach Auffassung der Beteiligten zu 2. unwirksamen – Ehescheidung ihren gewöhnlichen Aufenthalt hatten, die Beteiligte zu 2. auch weiter hier lebt und inzwischen die deutsche Staatsangehörigkeit besitzt.

Das Ergebnis der Anwendung der Normen des zum Scheidungszeitpunkt geltenden marokkanischen Gesetzbuches des Personen- und Erbrechtes steht in einem untragbaren Widerspruch zu den Gerechtigkeitsvorstellungen der deutschen Rechtsordnung. Die Tatsache, dass die der streitgegenständlichen Ehescheidung seitens des Beteiligten zu 1. zugrunde gelegten Normen dem Mann eine Ehescheidung unter wesentlich leichteren Voraussetzungen gestatten als der Ehefrau, stellt einen Verstoß gegen den allgemeinen Gleichheitsgrundsatz aus Art. 3 Abs. 2 GG dar. Dem einseitigen und willkürlich auszuübenden Verstoßungsrecht des Ehemannes (Art. 44 CSPS) stand nach der zum Scheidungszeitpunkt geltenden Gesetzeslage nur ein an enge Tatbestandsvoraussetzungen geknüpftes Scheidungsrecht der Ehefrau (Art. 53, 54, 56, 57, 58 CSPS) gegenüber.

Die Anwendung der genannten Normen des zum Scheidungszeitpunkt geltenden marokkanischen Gesetzbuches des Personen- und Erbrechtes führt auch im konkreten Fall der Beteiligten zu 2. zu einem missbilligenswerten Ergebnis. Die Beteiligte zu 2. hat sich im Anerkennungsverfahren ausdrücklich gegen die Ehescheidung gewandt. Zum Zeitpunkt der Ehescheidung im Jahr 2003 lagen auch die Voraussetzungen für eine Scheidung nach den §§ 1565, 1566 BGB nicht vor, weil seit der Trennung nicht einmal ein Jahr vergangen war. Dass zum Zeitpunkt der Anerkennungsentscheidung der Präsidentin des Oberlandesgerichtes im Jahr . . . . . die Voraussetzungen für eine Scheidung nach den §§ 1565, 1566 BGB – insbesondere der Ablauf des Trennungszeitraumes von drei Jahren – gegeben waren, ist unbeachtlich. Entgegen der Rechtsauffassung der Präsidentin des Oberlandesgerichtes kann es für die Frage eines Verstoßes gegen den deutschen ordre public nur auf den Zeitpunkt der ausländischen Ehescheidung und nicht auf den Zeitpunkt der Anerkennungsentscheidung ankommen.[6]

Rechtsanwältin

Anmerkungen

1. Gegen die Ablehnung einer beantragten Anerkennung bzw. Nichtanerkennung einer ausländischen Ehescheidung durch die Landesjustizverwaltung kann nach § 107 Abs. 5 FamFG der Antragsteller eine **gerichtliche Entscheidung** beantragen. Gegen die Entscheidung der Landesjustizverwaltung, dass die Voraussetzungen für die Anerkennung vorliegen, kann zudem der Ehegatte, der den Antrag nicht gestellt hat, nach § 107

Abs. 6 FamFG einen Antrag auf gerichtliche Entscheidung stellen. Zuständig ist gemäß § 107 Abs. 7 S. 1 FamFG ein **Zivilsenat des Oberlandesgerichtes,** in dessen Bezirk die Landesjustizverwaltung ihren Sitz hat. Antragsberechtigt sind gemäß den §§ 107 Abs. 7 S. 3, 59 Abs. 1 FamFG neben den beiden Beteiligten des Anerkennungsverfahrens auch Dritte, die im Anerkennungsverfahren antragsberechtigt gewesen wären und durch die Entscheidung der Landesjustizverwaltung beschwert sind (KG FamRZ 2004, 275; OLG Koblenz IPRax 1988, 359). Der Antrag ist binnen eines Monates ab schriftlicher Bekanntgabe des Bescheides einzureichen (§§ 107 Abs. 7 S. 3, 63 Abs. 1 und 3 FamFG). Er hat gemäß § 107 Abs. 7 S. 2 FamFG allerdings keine aufschiebende Wirkung. Die Landesjustizverwaltung hat die Möglichkeit der Abhilfe (§§ 107 Abs. 7 S. 3, 68 Abs. 1 FamFG). Die Entscheidung des Oberlandesgerichtes entfaltet ebenfalls eine umfassende Bindungswirkung iSv § 107 Abs. 9 FamFG. Gegen die Entscheidung des Oberlandesgerichtes ist gemäß den §§ 107 Abs. 7 S. 3, 70 FamFG die Rechtsbeschwerde statthaft (vgl. BGH FamRZ 2011, 788 zur Zulassung der Rechtsbeschwerde wegen grundsätzlicher Bedeutung).

2. Ein **Anwaltszwang besteht nicht.**

3. Nach den §§ 107 Abs. 7 S. 3, 49 Abs. 1 und 2 FamFG kommt auch der **Erlass einer einstweiligen Anordnung** in Betracht (zum einstweiligen Rechtsschutz allgemein MüKo-FamFG/Soyka FamFG Vorb. §§ 49 ff. Rn. 1). Diese darf jedoch nicht zur Vorwegnahme der Hauptsache führen (OLG Düsseldorf 8.9.2011 – I-3 VA 9/11, BeckRS 2011, 145757; OLG Hamm FamRZ 2010, 825; Bumiller/Harders/Schwamb FamFG § 49 Rn. 7). Eine einstweilige Anordnung kommt vor allem zur Aussetzung der Wirkungen einer bereits ergangenen Anerkennungsentscheidung in Betracht. So kann insbesondere der Tatsache Rechnung getragen werden, dass ein Antrag auf gerichtliche Entscheidung gemäß § 107 Abs. 7 S. 2 FamFG keine aufschiebende Wirkung entfaltet. Der Erlass einer einstweiligen Anordnung kommt insbesondere dann in Betracht, wenn ein Ehegatte, der den Anerkennungsantrag nicht gestellt hat, gegen einen Anerkennungsbescheid einen Antrag auf gerichtliche Entscheidung gestellt hat und eine zeitnahe Wiederverheiratung des Antragstellers zu befürchten ist (BeckOK FamFG/Sieghörtner FamFG § 107 Rn. 26). Eine vorläufige Anerkennung einer ausländischen Ehescheidung im Wege einer einstweiligen Anordnung ist jedoch ausgeschlossen. Dies gilt vor allem angesichts der Tatsache, dass es sich bei der Anerkennung einer ausländischen Ehescheidung um eine Entscheidung mit statusrechtlichen Wirkungen handelt, die gemäß § 107 Abs. 9 FamFG für sämtliche deutschen Gerichte und Verwaltungsbehörden bindend ist. Insoweit würde es sich um eine unzulässige Vorwegnahme der Hauptsache handeln.

4. Die Beteiligten können gemäß den §§ 107 Abs. 7 S. 3, 65 Abs. 3 FamFG im gerichtlichen Überprüfungsverfahren **neue Tatsachen und Beweismittel** vorbringen. Im Übrigen gilt auch hier der Grundsatz der Amtsermittlung aus § 26 FamFG. Eine mündliche Verhandlung ist zwar möglich, jedoch unüblich.

5. Zu dem Verstoß gegen den deutschen ordre public → Form. Q.I Anm. 4 und → Form. Q.II Anm. 2.

6. Die vorliegende Begründung folgt einer (nicht veröffentlichten) Entscheidung des Oberlandesgerichts Düsseldorf (7.1.2011 – I-13 VA 3/10). Nach der Kommentarliteratur scheidet ein Verstoß gegen den deutschen ordre public aus, wenn auch die Voraussetzungen für eine Scheidung nach deutschem Recht „gegeben wären" (Staudinger/Mankowski EGBGB Art. 17 Rn. 122). Belastbare Rückschlüsse auf den Beurteilungszeitpunkt lassen sich aus dieser allgemeinen Formulierung jedoch nicht ziehen. Nach Auffassung von *Rauscher* ist Beurteilungszeitpunkt für einen Verstoß gegen den deutschen ordre public der Zeitpunkt der Anerkennung der ausländischen Entscheidung. Auch wenn die

Berücksichtigung nachträglicher Veränderungen des Sachverhaltes systematisch bedenklich sei, könne eine Versagung der Anerkennung wegen eines Verstoßes gegen den deutschen ordre public ohne Not zu hinkenden Statusverhältnissen führen, wenn im Zeitpunkt des Anerkennungsverfahrens kein Verstoß gegen den deutschen ordre public mehr gegeben wäre (MüKoFamFG/Rauscher FamFG § 109 Rn. 38 f.). An dieser Stelle sollte daher der Mandant aus **anwaltlicher Vorsicht** darauf hingewiesen werden, dass das angerufene OLG nicht zwingend dem Antrag stattgeben wird und das Ergebnis von der Normauslegung des Gerichts abhängen dürfte.

V. Antrag auf Anerkennung und Wirkungsfeststellung einer ausländischen Adoption

An das

Amtsgericht

– Familiengericht –[1]

Antrag auf Anerkennung und Wirkungsfeststellung einer ausländischen Adoption[2]

In der Familiensache

der Eheleute[3]

Frau . . . . ., geb. am . . . . . in . . . . ., und

Herr . . . . ., geb. am . . . . . in . . . . ., beide wohnhaft in . . . . .,

– Antragsteller –

Verfahrensbevollmächtigter: Rechtsanwalt . . . . .

weitere Beteiligte:

Jugendamt . . . . .,

Landesjugendamt . . . . ., Zentrale Adoptionsstelle,

Bundesamt für Justiz, Bundeszentralstelle für Auslandsadoptionen, Adenauerallee 99–103, 53113 Bonn,[4]

Namens und unter Berufung auf die mir schriftlich erteilte, beigefügte Verfahrensvollmacht der Antragsteller beantrage ich festzustellen,

1. **dass die Annahme des Kindes . . . . ., geb. . . . . ., als Kind der Antragsteller durch Beschluss des . . . . .gerichts . . . . ./. . . . . (Ausland), Az. . . . . vom . . . . . anerkannt wird,[5]**
2. **dass das Eltern-Kind-Verhältnis des Kindes zu seinen bisherigen Eltern durch die Annahme erloschen ist,[6]**
3. **dass das Annahmeverhältnis einem nach deutschen Sachvorschriften begründeten Annahmeverhältnis gleichsteht.[7]**

Begründung:

Die Antragsteller, die beide ausschließlich . . . . . Staatsangehörige sind, haben am . . . . . in . . . . . geheiratet. Sie leben seit . . . . . in Deutschland.

Sie haben das Adoptionsverfahren nach dem 1.4.2021 eingeleitet, nämlich am . . . . ., indem . . . . . Durch Beschluss des . . . . .gerichts . . . . ./. . . . . (Ausland) vom . . . . ., Az. . . . . ., haben die Antragsteller dann das minderjährige Kind . . . . ., geb. . . . . . in . . . . ./. . . . ., als Kind angenommen. Außerdem wurde der Name des Kindes auf Antrag der Antragsteller dergestalt geändert, dass das Kind nun . . . . . heißt.

Das angenommene Kind, das ausschließlich . . . . . Staatsangehörige ist, hat ab seinem . . . . . Lebensjahr bis zur Annahme durch die Antragsteller in einem staatlichen Kinderheim in . . . . ./. . . . . gelebt. Die leiblichen Eltern haben, wie sich aus den

Gründen der Entscheidung ergibt, in die Adoption eingewilligt. Die Adoption fand unter Mitwirkung der anerkannten Adoptionsvermittlungsstelle ..... statt.

Einige Wochen nach der Annahme sind die Antragsteller mit dem Kind nach Deutschland zurückgekehrt. Sie leben seit dem ..... gemeinsam in .....

Sollten weitere Unterlagen notwendig sein, bitte ich um Hinweis.

Rechtsanwalt

Anlagen:

- **Beglaubigte Kopie der ausländischen ursprünglichen Geburtsurkunde des Kindes,**
- **beglaubigte Kopie der ausländischen Adoptionsentscheidung,**
- **beglaubigte Kopie der ausländischen Geburtsurkunde nach Adoption,**
- **sämtliche fremdsprachigen Dokumente jeweils fest verbunden mit einer Übersetzung durch einen in Deutschland vereidigten Übersetzer,**
- **beglaubigte Kopie der Heiratsurkunde,**
- **beglaubigte Kopien der Pässe der Annehmenden und des Kindes,**
- **persönliche Darstellung des Adoptionsverfahrens durch die Antragsteller,**
- **Nachweise über die Mitwirkung einer anerkannten Adoptionsvermittlungsstelle.**

Anmerkungen

1. **Auslandsadoptionen** sind Kindesannahmen durch ausländischen Rechtsakt, sei es durch Entscheidung eines Gerichts/einer Verwaltungsbehörde (**Dekretadoption**), durch privatrechtliche Vereinbarung (**Vertragsadoption**) oder ein Mischsystem in Form eines Vertragsabschlusses und einer gestattenden bzw. genehmigenden gerichtlichen oder behördlichen Sachentscheidung (**Mischadoption**). Umfasst sind internationale Adoptionen, sei es mit oder ohne Begleitung einer Fachstelle und im Ausland durchgeführte Inlandsadoptionen.

Dabei liegt eine **Annahme als Kind** iSd § 1 AdWirkG nach dem Grundverständnis der deutschen Rechtsvorschriften vor, wenn rechtlich ein dauerhaftes Eltern-Kind-Verhältnis begründet wird mit vollständiger Übertragung der elterlichen Sorge auf Adoptiveltern, die vorrangig unterhaltsverpflichtet sind, wobei unschädlich ist, wenn nachrangige Rechte gegenüber leiblichen Verwandten bestehen bleiben, Andrae IntFamR § 8 Rn. 2. Hierunter fällt zB nicht **sozioaffektive Elternschaft** durch den brasilianischen Personenstandsbeamten nach Art. 10 brasilianische Verordnungen Nr. 63 v. 14.11.2027 und Nr. 83 v. 14.8.2029, die umfassende Eltern- und Kinderrechte und -pflichten entstehen lässt, wobei die bisher bestehenden Rechte und Pflichten für das Kind, die vollständig erhalten bleiben (Henrich/Dutta/Ebert IntEheR/Schmidt Länderteil Brasilien III.A.8). Damit stellt sie keinen anerkennungsfähigen Rechtsakt iSd § 1 S. 1 AdWirkG dar. **Kafala** nach islamischem Recht, wobei die Ausgestaltung staatenabhängig verschieden ist, ist ebenfalls keine Adoption, so dass das Anerkennungsverfahren nicht zur Verfügung steht. Durch sie wird nicht in die Abstammungs- und Verwandtschaftsverhältnisse eingegriffen, sondern es wird ein Kind unter Einbeziehung von Sorgerecht und Unterhaltsverpflichtung jemandem allein zur Betreuung und Erziehung anvertraut. Es handelt sich um ein schuldrechtliches Pflegeverhältnis, das als grenzüberschreitende Maßnahme zwischen Vertragsstaaten des KSÜ (zur Kafala nach marokkanischem Recht https://rabat.diplo.de/ma-de/service/05-visaeinreise/2597730-2597730, Stand 30.10.2025) nach Art. 1, 3 lit. e KSÜ den Regelungen des KSÜ unterliegt. Von Art. 22 EGBGB sollte die kafala im Wege der Auslegung nicht umfasst sein (OLG Hamm BeckRS 2014, 22450 = FamRZ 2015, 427; Grünenwald NZFam 2016, 389). Kafala ist abzugrenzen von einer nach islamischen

Recht teils möglichen Kindesannahme („sarparasti", OLG Köln BeckRS 2012, 09517 = FamRZ 2012, 1815; AG Saarbrücken BeckRS 2025, 9542 = FamRZ 2025, 792).

Viele Informationen zu Auslandsadoptionen finden sich auf der Webseite des Bundesamtes für Justiz als deutscher Zentrale Behörde: https://www.bundesjustizamt.de/DE/Themen/Familieinternational/Adoption/Adoption_node.html (Stand 30.10.2025); ansonsten ausführlich Andrae IntFamR § 8; Müller-Engels/Sieghörtner/Emmerling de Oliveira AdoptionsR 3. Abschnitt.

a) Eine **Erwachsenenadoption** liegt vor, wenn das Kind zum Zeitpunkt der Adoptionsentscheidung das 18. Lebensjahr bereits vollendet hatte. Eine spätere Volljährigkeit nach Heimatrecht ist insoweit unerheblich (HK-AdoptionsR/Weitzel AdWirkG § 1 Rn. 9). Diese unterliegt gemäß Art. 3 HAÜ nicht dem HAÜ und nach § 1 S. 2 AdWirkG nicht dem AdWirkG. Volljährigenadoptionen werden nach §§ 108, 109 FamFG anerkannt, dazu BGH NJW 2020, 3026; Wedemann FamRZ 2015, 2106; Andrae IntFamR § 8 Rn. 117 ff. Das Anerkennungsfeststellungsverfahren nach § 108 Abs. 2 FamFG ist fakultativ. § 108 Abs. 3 FamFG regelt die örtliche Zuständigkeit, ohne dass es eine Spezialzuständigkeit gibt, OLG Nürnberg BeckRS 2016, 3660 = FamRZ 2016, 1605.

b) Für **Minderjährigenadoptionen** hat das am 1.4.2021 in Kraft getretene **Adoptionshilfe-Gesetz** (BGBl. 2021 I 226) zu erheblichen Erschwernissen bei der Anerkennung ausländischer Adoptionen geführt. Es gelten seitdem in weitem Umfang unterschiedliche Rechtslagen abhängig davon, ob das Adoptionsverfahren vor bzw. ab dem **1.4.2021 als Stichtag** eingeleitet worden ist, § 9 AdWirkG. Einleitung ist die erstmalige Befassung der zuständigen Behörde mit dem Vorgang, BR-Drs. 575/19, 69. Dies führt, wie von Schlauß FamRZ 2021, 249 vorhergesagt, in der Praxis zu Abgrenzungsschwierigkeiten. Spätestmöglicher Zeitpunkt ist der der Stellung des Adoptionsantrag bei der entscheidenden Stelle im Ausland. Bei begleiteten Adoptionen kommt es auf den davorliegenden Zeitpunkt der Erteilung des Vermittlungsauftrags bzw. des Abschlusses des Vermittlungsvertrags mit der deutschen Auslandsvermittlungsstelle an, bei unbegleiteten Adoptionen auf die erstmalige Befassung einer staatlichen Stelle oder zugelassenen Organisation mit der Vorbereitung des Adoptionsverfahrens, Schlauß ZKJ 2022, 206 (213), aA Andrae IntFamR § 8 Rn. 84, dass zuständige Stelle nicht eine die Adoption vermittelnde Stelle sei. Bei unbegleiteten Adoptionen ist auf den Beginn der Befassung einer staatlichen Stelle abzustellen. Im Fall von Unklarheiten trägt der Beteiligte, der einen früheren Zeitpunkt geltend macht, die Beweislast, BT-Drs. 19/16718, 63.

Überblick Anerkennung Minderjährigenadoption

	Feststellungsverfahren	Rechtsgrundlage
I. alte Rechtslage (Verfahrenseinleitung vor dem 1.4.2021)		
1. Dekretadoption		
a) HAÜ-Adoption (aus HAÜ-Vertragsstaat mit Art. 23 HAÜ)	fakultativ	Art. 23, 24 HAÜ
b) sonstige Adoption	fakultativ	§§ 108 f. FamFG aF, AdWirkG aF
2. Vertragsadoption, die nicht HAÜ-Adoption ist	fakultativ	Art. 22 I2, 6 EGBGB für Adopt. seit 1.4.2020, sonst Art. 22 Abs. 1 S. 2, 6 EGBGB

II. neue Rechtslage (Verfahrenseinleitung ab dem 1.4.2021)		
a) HAÜ-Adoption (aus HAÜ-Vertragsstaat mit Art. 23 HAÜ)	fakultativ	Art. 23, 24 HAÜ
b) ausl. Adopt.entscheidung im Rahmen eines internat. Adopt.verfahrens iSd § 1 II AdWirkG, § 2a I AdVermiG		
aa) aus HAÜ-Vertragsstaat begleitet ohne Art. 23 HAÜ	zwingend	§ 108 I, II 3, 109 FamFG iVm § 4 AdWirkG
bb) aus sonstigem Staat begleitet	zwingend	§ 108 I, II 3, 109 FamFG iVm § 4 AdWirkG
cc) aus HAÜ-Vertragsstaat unbegleitet	zwingend	§ 108 I, II 3, 109 FamFG iVm § 4 AdWirkG
dd) aus sonstigem Staat unbegleitet	zwingend	§ 108 I, II 3, 109 FamFG iVm § 4 AdWirkG
c) ausländische Inlandsadoption	fakultativ	§§ 108, 109 FamFG
d) Drittstaatenadoption	fakultativ	§§ 108, 109 FamFG
2. Vertragsadoption, die nicht HAÜ-Adoption ist	fakultativ	Art. 22 I2, 6 EGBGB für Adopt. seit 1.4.2020, sonst Art. 22 Abs. 1 S. 2, 6 EGBGB

aa) Die Anerkennung ausländischer Adoptionsentscheidungen, die in Verfahren ergangen sind, die **vor dem 1.4.2021 eingeleitet** worden sind, richtet sich nach **alter Rechtslage,** § 9 AdwirkG:

Ausländische Minderjährigenadoptionen werden in Deutschland grundsätzlich anerkannt, wenn kein Hindernis besteht. Die Anerkennung erfolgt entweder vereinfacht nach **Art. 23, 24** Haager Übereinkommen vom 29.5.1993 über den Schutz von Kindern und die Zusammenarbeit auf dem Gebiet der internationalen Adoption (**HAÜ**), wenn eine Konformitätsbescheinigung nach Art. 23 HAÜ erteilt ist. Für Dekretadoptionen richtet sie sich sonst nach **§§ 108 f. FamFG aF,** → Anm. 5, für nicht unter Art. 23 HAÜ fallenden Vertragsadoptionen nach den zum Zeitpunkt der Adoption geltenden Kollisionsnormen des EGBGB, damit für solche seit dem 1.4.2020 nach **Art. 22 Abs. 1 S. 2, 6 EGBGB** und für ältere Vertragsadoptionen nach Art. 11, 22, 23 EGBGB in der zum Adoptionszeitpunkt jeweils geltenden Fassung.

Die Anerkennungswirkung tritt automatisch ein. Das Verfahren auf Anerkennung und Wirkungsausspruch ist fakultativ. Es empfiehlt sich aber, um Rechtssicherheit für das Kind im Inland zu schaffen, denn hierdurch wird bindend Rechtsgültigkeit im Inland festgestellt, § 4 Abs. 2 AdWirkG aF. Die Anerkennung wirkt für und gegen alle, § 4 Abs. 2 S. 1 AdWirkG aF und hat damit auch Bindungswirkung gegenüber Verwaltungsbehörden und -gerichten (BVerwG BeckRS 2007, 25117 = FamRZ 2007, 1550 und BVerwG BeckRS 2012, 54946; BGH BeckRS 2015, 12686 = NJW 2015, 2800 = FamRZ 2015, 1479 = BGHZ 206, 86). Die Bindungswirkung bezieht sich auch auf Namensänderungen in der Adoptionsentscheidung, nicht aber auf nachträgliche Namensänderungen im Ausland. Hier kann ein Namensänderungsantrag im Umwandlungsverfahren, → Form. Q.VI Anm. 2, gestellt werden.

bb) Für Anerkennungen ausländischer Adoption, die in Verfahren ergangen sind, die **ab dem 1.4.2021** eingeleitet worden sind, gelten die Regelungen des **Adoptionshilfe-Gesetzes**, dazu Schlauß FamRZ 2021, 249.

Der anerkennungsfreundliche Grundsatz ist nicht mehr für alle ausländischen Adoptionen gegeben, **§ 108 Abs. 1 FamFG**. Dieser bezieht sich nur noch auf Adoptionen, die nicht solche nach § 1 Abs. 2 AdWirkG sind, also keine ausländischen Adoptionsentscheidungen, die im Rahmen eines internationalen Adoptionsverfahrens iSd § 2a Abs. 1 AdVermiG ergangen sind und nicht nach Art. 23 HAÜ anerkannt werden. Dies sind Adoptionen aus einem HAÜ-Vertragsstaat mit Konformitätsbescheinigung nach Art. 23 HAÜ, ausländische Inlandsadoptionen und auch Vertragsadoptionen, die nicht HAÜ-Adoptionen sind. Nur für diese Adoptionen gilt unverändert, dass die Anerkennung beantragt werden kann, aber nicht obligatorisch ist.

§ 108 Abs. 2 S. 3 FamFG verweist für andere Adoptionen auf die Bestimmungen des AdWirkG. **§ 1 Abs. 2 AdWirkG** regelt, dass ausländische Adoptionsentscheidungen, die im Rahmen eines **internationalen Adoptionsverfahrens iSd § 2a Abs. 1 AdVermiG** ergangen sind (also Adoptionsverfahren, bei dem ein Kind mit gewöhnlichem Aufenthalt im Ausland ins Inland gebracht worden ist, wird oder werden soll, entweder nach Adoption im Heimatstaat durch Annehmende mit gewöhnl. Aufenthalt im Inland oder im Hinblick auf eine Adoption im Inland oder im Heimatstaat; auch bei gewöhnl. Aufenthalt der Annehmenden im Inland und einem Kind, das binnen 2 Jahren vor Stellung des Adoptionsantrags im In- oder Heimatstaat ins Inland gebracht worden ist; auch wenn das Kind mit gewöhnl. Aufenthalt im Inland durch Annehmende mit gewöhnl. Aufenthalt im Ausland ins Ausland gebracht worden ist, gebracht wird oder gebracht werden soll) und nicht nach Art. 23 HAÜ anerkannt werden, nach neuer Rechtslage **zwingend** der **Anerkennungsfeststellung** durch das Familiengericht bedürfen.

Es ist deswegen nach neuer Rechtslage bei der Anerkennung von Kindesadoptionen, die vor Annahme ihres 18. Lebensjahres durchgeführt worden sind, zu unterscheiden (Schlauß FamRZ 2021, 249 (253)):

- Bei einer durch eine Vermittlungsstelle begleiteten Auslandsadoption aus einem Vertragsstaat des HAÜ, bei der eine **Konformitätsbescheinigung** nach Art. 23 HAÜ vorgelegt wird, egal ob Dekret-, Vertrags- oder Mischadoption (**HAÜ-Adoption**), bleibt es unverändert bei der automatischen Anerkennung nach Art. 23 HAÜ. Die Anerkennung ist bei Vorliegen eines Verstoßes gegen den ordre public zu versagen, Art. 24 HAÜ, → Anm. 5a.
- Unverändert bleibt die Behandlung nach §§ 108, 109 FamFG, wenn Kind und Adoptierende ihren gewöhnlichen Aufenthalt im Herkunftsstaat des Kindes haben (**ausländische Inlandsadoptionen**), wobei Auslandsbezug im Zeitpunkt der ausländischen Adoption tatsächlich vorgelegen haben muss und wenn Adoptierende mit gewöhnlichem Aufenthalt im Ausland ein Kind aus einem dritten Staat adoptieren und diese Adoption in Deutschland anerkannt werden soll (**Drittstaatenadoptionen**).
- Ausländische Vertragsadoptionen fallen ebenfalls nicht unter die Gesetzesänderungen. Für solche seit dem 1.4.2020 gelten Art. 22 I2, 6 EGBGB.
- Für **internationale Adoptionsverfahren iSd § 2a AdVermiG**, also **begleitete Adoptionen** in internationalen Adoptionsverfahren aus Vertragsstaaten des HAÜ ohne Vorliegen einer Bescheinigung nach Art. 23 HAÜ und aus Nichtvertragsstaaten sowie für **unbegleitete Auslandsadoptionen** (ohne Beteiligung einer deutschen anerkannten Adoptionsvermittlungsstelle), ergeben sich nach neuer Rechtslage erhebliche Veränderungen:

Adoptierende erlangen in Deutschland erst durch die **obligatorische gerichtliche Anerkennungsfeststellung** die Rechtsstellung der Eltern des im Ausland adoptierten Kindes, BR-Drs. 575/19, 64.

Der zwingende Anerkennungsantrag ist unverzüglich nach Erlass der ausländischen Adoptionsentscheidung zu stellen, § 5 Abs. 1 S. 2 AdWirkG. Das OLG Koblenz BeckRS 2025, 622 = FamRZ 2025, 785 erachtet drei Monate noch für unverzüglich. Nach § 7 AdWirkG werden diese Auslandsadoptionen bis zum Abschluss des Anerkennungsverfahrens von jeder zuständigen Behörde **vorläufig anerkannt**, wenn eine **Bescheinigung nach § 2d AdVermiG** vorgelegt wird und die Anerkennung nicht nach § 109 FamFG ausgeschlossen ist. Die auf grundsätzlich 2 Jahre eingeschränkte Geltungsdauer der Bescheinigung nach § 2d Abs. 3 AdVermiG ist zu beachten.

Internationale Zuständigkeit betr. die Anerkennung einer Minderjährigenadoptionen besteht nach § 5 Abs. 1 S. 2 AdWirkG aF/§ 6 Abs. 1 S. 2 AdWirkG, § 101 FamFG entspr., wenn ein Annehmender oder das Kind die deutsche Staatsangehörigkeit oder den gewöhnlichen Aufenthalt in Deutschland hat. **Örtlich zuständig** ist das Familiengericht, in dessen Bezirk ein Oberlandesgericht seinen Sitz hat, jeweils für den Bezirk dieses Oberlandesgerichts, § 5 Abs. 1 Hs. 1 AdWirkG aF/§ 6 Abs. 1 Hs. 1 AdwirkG, § 187 FamFG entspr. (beachte § 187 Abs. 4 FamFG). Von der Möglichkeit weiterer Zuständigkeitskonzentration, § 5 Abs. 2 AdWirkG aF/§ 6 Abs. 2 AdWirkG hat bislang kein Bundesland Gebrauch gemacht. Das Amtsgericht Schöneberg ist für den Bezirk des KG zuständig, § 5 Abs. 1 S. 1 Hs. 2 AdWirkG aF/§ 6 Abs. 1 S. 1 Hs. 2 AdWirkG und auch dann, wenn Deutsche ihren gewöhnlichen Aufenthalt im Ausland haben, § 5 Abs. 1 S. 2 AdWirkG aF/§ 6 Abs. 1 S. 2 AdwirkG.

Das Verfahren ist nicht vorschusspflichtig, §§ 13, 14, 21 FamGKG. Es entstehen Kosten in Höhe der Gebühr nach KV 1710 Nr. 3 FamGKG (zzt. 288 EUR) und Auslagen.

2. Der Antrag auf Anerkennung einer Minderjährigenadoption ist bei **Dekretadoptionen** auf die **Feststellung der Anerkennung**, bei **Vertragsadoptionen** auf die **Feststellung der Wirksamkeit** zu richten. Nach alter Rechtslage kann der Antrag für Auslandsadoptionen nach dem HAÜ, für solche aus Nicht-Vertragsstaaten und auch für im Ausland ausgesprochene Inlandsadoptionen gestellt werden. Bei Geltung neuer Rechtslage, → Anm. 1, ist der Anerkennungsantrag für internationale Adoptionsverfahren iSd § 2a AdVermiG (begleitete Adoptionen in internationalen Adoptionsverfahren aus Vertragsstaaten des HAÜ ohne Vorliegen einer Bescheinigung nach Art. 23 HAÜ und aus Nichtvertragsstaaten sowie für unbegleitete Auslandsadoptionen) zwingend, § 108 Abs. 2 S. 3 FamFG iVm § 1 Abs. 2 AdWirkG. Anerkennungsverfahren sind von den Gerichten aller Instanzen vorrangig zu behandeln, § 6 Abs. 5 AdWirkG. Nach § 2 Abs. 2 AdwirkG kann der obligatorische Anerkennungsantrag nach § 1 Abs. 2 AdWirkG nicht zurückgenommen werden. Hiermit soll verhindert werden, dass Antragstellende sich der gerichtlichen Entscheidung entziehen, Schlauß FamRZ 2021, 249 (253). Der Antrag unterliegt keinen Formerfordernissen. Bei Bedarf ist **Umwandlung** zu beantragen, → Form. Q.VI, die der vorherigen Anerkennung bedarf. Im Umwandlungsverfahren kann im Gegensatz zum Anerkennungsverfahren auch ein Namensänderungsantrag gestellt werden.

3. Antragsberechtigte sind nach § 4 Abs. 1 Nr. 1 AdWirkG aF/§ 5 Abs. 1 S. 1 Nr. 1 AdwirkG jeder Annehmende, das Kind, ein bisheriger Elternteil und das für die Beurkundung zuständige Standesamt.

4. Für das Verfahren auf Anerkennung einer Minderjährigenadoption und seinen Ablauf gelten die Regeln des FamFG entsprechend, § 5 Abs. 3 S. 1 AdWirkG aF/§ 6 Abs. 3 S. 1 AdwirkG. Das Bundesamt für Justiz als deutsche Zentrale Behörde nach Art. 6 HAÜ ist nach § 5 Abs. 3 S. 4 AdWirkG aF/§ 6 Abs. 3 S. 4 AdWirkG vom Gericht zu beteiligen und nimmt Stellung. Nach neuer Rechtslage sind nach § 6 Abs. 3 S. 4

AdwirkG auch das zuständige Jugendamt und die zentrale Adoptionsstelle beim zuständigen Landesjugendamt (https://www.bundesjustizamt.de/DE/Themen/Familieinternational/Adoption/Anschriften/Landesjugendaemter/Landesjugendaemter_node.html, Stand 30.10.2025) im Anerkennungsverfahren zu beteiligen. Denn nun kommt es für die Anerkennung auch auf materielle Kindeswohlaspekte an, Schlauß FamRZ 2021, 249 (254). Im Fall unbegleiteter Adoptionen beteiligen die Gerichte diese Stellen regelmäßig nacheinander, ansonsten kann zur Vermeidung von Verzögerungen auch gleichzeitig angehört werden. Bei Auslandsaufenthalt der Familie kann von Jugendamtsbeteiligung und Einholung eines Auslandssozialberichts bei eindeutiger Rechtslage abgesehen werden, AG Hamm BeckRS 2024, 47309.

Die Beteiligten, § 188 FamFG, sollen persönlich gehört werden, § 192 Abs. 2 FamFG. Die Anhörung weiterer Personen richtet sich nach § 193 FamFG; zur Beteiligtenstellung des Kindes OLG Düsseldorf BeckRS 2012, 16747 = FamRZ 2012, 1229. Das Gericht hat zu prüfen, ob für das Kind ein Ergänzungspflegers zu bestellen ist (OLG Koblenz BeckRS 2025, 622 = FamRZ 2025, 622). Fraglich ist, ob ein Verfahrensbeistand bestellt werden kann, obwohl § 6 Abs. 3 AdWirkG nicht auf §§ 159 ff. FamFG verweist, kritisch OLG Brandenburg BeckRS 2025, 2711 = FamRZ 2025, 780 mAnm Botthoff, offener OLG Frankfurt a. M. BeckRS 2024, 9567 = FamRZ 2024, 1489; OLG Braunschweig BeckRS 2025, 2711 = FamRZ 2025, 1149 mAnm Kukielka. Das Gericht hat sämtliche Erkenntnisquellen zu nutzen, um den Sachverhalt aufzuklären, so auch die Instrumentarien der EuBVO und des Europäischen Justiziellen Netzes für Zivil- und Handelssachen (BVerfG BeckRS 2015, 55208 = NJW 2016, 626).

Bei Geltung alter Rechtslage ist nach § 59 Abs. 2 FamFG in Antragsverfahren nur die antragstelle Person beschwerdeberechtigt, so dass allein gegen einen antragszurückweisenden Beschluss Beschwerde eingelegt werden. Die Beschwerdefrist beträgt einen Monat, § 63 Abs. 1 FamFG. Das Amtsgericht hat nach hM nicht über die Frage der Abhilfe zu entscheiden (OLG Düsseldorf BeckRS 2012, 18591 = FamRZ 2013, 714; OLG Frankfurt a. M. BeckRS 2017, 107383 = FamRZ 2017, 1512; OLG Hamm BeckRS 2017, 113315 = FamRZ 2017, 1583). Gegen den die Beschwerde zurückweisenden Beschluss kann, wenn zugelassen, Rechtsbeschwerde eingelegt werden, § 70 Abs. 1 FamFG. Bei Geltung neuer Rechtslage hat zusätzlich das BfJ die Beschwerdemöglichkeit gegen eine erstinstanzliche Entscheidung, mit der einem Antrag nach § 2 Abs. 1 AdWirkG stattgegeben worden ist, § 6 Abs. 6 AdWirkG. Hierdurch ist nun im Einzelfall die Möglichkeit einer Überprüfung gewichtiger Verstöße gegen wesentliche Grundsätze des deutschen Rechts gegeben, BR-Drs. 575/19, 68.

Im Fall der Nichtanerkennung sind die Adoptierenden in Deutschland nicht rechtliche Eltern. Es besteht die Möglichkeit in Deutschland eine (Erst-) Adoption zu beantragen oder eine Inpflegenahme des abstammungsrechtlich elternlosen Kindes, BR-Drs. 575/19, 66; zur Vormundschaftsanordnung, wenn eine Anerkennung nach alter Rechtslage fehlt, OLG Nürnberg BeckRS 2020, 23444 = FamRZ 2021, 361. Befindet sich das Kind im Ausland, kann ein internationalen Adoptionsverfahren durchgeführt werden.

Beschlüsse, die anerkennen und die Wirksamkeit feststellen, sind – abgesehen von § 6 Abs. 6 AdWirkG im Fall der Geltung der neuen Rechtslage – unabänderbar und unanfechtbar, § 5 Abs. 4 AdWirkG aF/§ 6 Abs. 5 AdWirkG iVm § 197 Abs. 3 FamFG. Die Bindungswirkung der Feststellungsentscheidung entfällt nach hM ausnahmsweise dann, wenn diese an einem so offensichtlichen und schwerwiegenden rechtlichen Mangel leidet, dass sie wegen greifbarer Rechtswidrigkeit als unwirksam zu behandeln sind (von BGH BeckRS 2015, 12686 Rn. 28 = NJW 2015, 2800 nach Darstellung des Meinungsstands offengelassen).

5. a) Im Fall der Geltung **alter Rechtslage,** → Anm. 1, ist bezüglich der Anerkennungsvoraussetzungen von Dekretadoptionen Minderjähriger (gerichtlicher/behördlicher Akt, keine bloße Registrierung) und Vertragsadoptionen Minderjähriger ist zu unterscheiden:

aa) Die Anerkennung von Minderjährigenadoptionen aus einem **Vertragsstaat des HAÜ** (Vertragsstaatenliste unter: https://www.bundesjustizamt.de/DE/Themen/Familie-international/Adoption/Vertragsstaaten/Vertragsstaaten_node.html, Stand 30.10.2025).

- erfolgt vereinfacht, wenn eine **Konformitätsbescheinigung nach Art. 23 HAÜ** durch die zuständige Stelle des Vertragsstaats, der die Adoption durchgeführt hat, vorgelegt wird. Das HAÜ gilt nur für grenzüberschreitende Adoptionen iSd Art. 2 Abs. 1 HAÜ, die ein dauerhaftes Eltern-Kind-Verhältnis begründen (Art. 2 Abs. 2 HAÜ) und wenn die Zustimmungen nach Art. 17 lit. c HAÜ vor Vollendung des 18. Lebensjahres erteilt sind (Art. 3 HAÜ). Für Inlandsadoptionen aus einem Vertragsstaat kommt dieser erleichterte Weg damit nicht in Frage. Die Anerkennung ist nur dann zu versagen, wenn sie offensichtlich der öffentlichen Ordnung (**ordre public**) widerspricht, **Art. 24 HAÜ** (dazu Weitzel NJW 2008, 186). Dies ist sehr eng auszulegen, es müssen unverzichtbare Anforderungen der lex fori betroffen sein (Staudinger/Winkelsträter FamRBint 2006, 12 Rn. 21). Insoweit ist auf § 109 FamFG abzustellen (OLG München FamRZ 2014, 582), → Anm. 5b).
- Erfolgte die Auslandsadoption in einem Vertragsstaat des HAÜ ohne Durchführung des Vermittlungsverfahrens nach dem HAÜ oder ohne die Ausstellung einer ordnungsgemäßen Bescheinigung nach Art. 23 HAÜ, sind nach dem Günstigkeitsprinzip §§ 108, 109 FamFG anwendbar (OLG Köln BeckRS 2009, 15534 = FamRZ 2009, 1607; OLG Celle BeckRS 2012, 16746 = FamRZ 2012, 1226 und BeckRS 2017, 125339 = FamRZ 2017, 1503; OLG Karlsruhe BeckRS 2105, 16004 = FamRZ 2015, 1642; OLG Stuttgart BeckRS 2023, 28914 = NZFam 2024, 88 mAnm. Braun, aA OLG Schleswig BeckRS 2013, 19582 = FamRZ 2014, 498; OLG Dresden FamRZ 2014, 1120, wobei zT in der fehlenden Behördenbeteiligung ein Verstoß gegen den ordre public gesehen wird, OLG München IPRspr. 2011 Nr. 120, 284; aA OLG Nürnberg BeckRS 2023, 39256 = FamRZ 2024, 622, das trotz bewusster Umgehung der HAÜ-Vorschriften und unzureichender Kindeswohlprüfung wegen fehlendem Bewusstsein des int. Charakters der Adoption wegen der aktuellen Eltern-Kind-Beziehung anerkannte, weil die Rückführung nach Brasilien das Kindeswohl der in Deutschland integrierten Kindern gefährdet hätte).
- §§ 108, 109 FamFG gelten auch, wenn es sich um eine Inlandsadoption aus einem Vertragsstaat handelt (BVerfG BeckRS 2015, 55208 Rn. 30 = NJW 2016, 626).

bb) Eine Adoption aus einem **Nichtvertragsstaat** richtet sich, wenn es sich um eine **Dekretadoption** handelt, nach §§ 108, 109 FamFG (ausführlich bei Klinck FamRZ 2009, 741). Voraussetzungen sind:

- die Existenz einer wirksamen Entscheidung, wobei grds. die Entscheidung vorzulegen ist. Es reicht aber auch ein anderweitiger Nachweis, so die Registereintragung der Adoption (OLG Schleswig BeckRS 2016, 9604 = FamRZ 2015, 1985). Bei einer vorausgegangenen vertragl. Einigung ist es erforderlich, dass eine staatl. Behörde oder ein Gericht eine sachliche und inhaltliche Prüfung vor seiner Entscheidung vorgenommen hat (OLG Stuttgart BeckRS 2019, 3515 = FamRZ 2019, 1548);
- internationale Zuständigkeit des ausländischen Gerichts aus deutscher Sicht, § 109 Abs. 1 Nr. 1 FamFG, nämlich dortige Staatsangehörigkeit oder dortiger gewöhnlicher Aufenthalt eines Annehmenden oder des Kindes;
- die Wahrung bestimmter verfahrensrechtlicher Grundsätze (verfahrensrechtlicher ordre public), § 109 Abs. 1 Nr. 2 u. 3 FamFG;
- keine offensichtliche Unvereinbarkeit mit wesentlichen Grundsätzen des deutschen Rechts (materiell-rechtlicher ordre public), § 109 Abs. 1 Nr. 4 FamFG. Es ist dabei nicht auf den nationalen (kollisionsrechtlichen) ordre public nach Art. 6 EGBGB

abzustellen, sondern auf den großzügigeren anerkennungsrechtlichen **ordre public international**. Es sind auch die von der Europäischen Menschenrechtskonvention verbürgten Menschenrechte zu berücksichtigen (BGH BeckRS 2014, 23505 = NJW 2015, 479 und BeckRS 2015, 12686 = NJW 2015, 2800).

§ 109 Abs. 1 Nr. 4 FamFG ist eine die grundsätzliche Anerkennung ausländischer Entscheidungen durchbrechende, eng auszulegende Ausnahmevorschrift. Ein Verstoß ist nicht bereits dann gegeben, wenn ein deutsches Gericht den Fall nach deutschem Recht anders entschieden hätte. Die Anerkennung ist nur dann ausgeschlossen, wenn sie zu einem Ergebnis führt, das zu den Grundgedanken der deutschen Regelung und den darin enthaltenden Gerechtigkeitsvorstellungen in so starkem Widerspruch steht, dass das Ergebnis nach inländischen Vorstellungen **untragbar** erscheint (BGH BeckRS 2014, 19311 = NJW 2015, 485). Das Fehlen einer internationalen Adoptionsvermittlung stellt für sich genommen noch keinen Verstoß gegen den ordre public dar. Neben der Erforderlichkeit, Einwilligungen Beteiligter, insbes. der Eltern, einzuholen, gehört die Ausrichtung der Adoption ausschließlich am Kindeswohl (§ 1741 BGB) zu den wesentlichen Grundsätzen des deutschen Rechts. Für die Anerkennungsfähigkeit ist zwingend erforderlich, dass die Entscheidung sich mit der Frage auseinandergesetzt hat, ob die Adoption dem Kindeswohl entspricht, ob also ein Adoptionsbedürfnis vorliegt, ob die Elterneignung der Annehmenden gegeben ist und ob eine Eltern-Kind-Beziehung bereits entstanden ist bzw. ihre Entstehung zu erwarten ist (OLG Hamm BeckRS 2014, 20108 = NZFam 2014, 1154; OLG Bremen BeckRS 2014, 18542 = FamRZ 2015, 425; deswegen abgelehnt vom OLG Köln BeckRS 2016, 5945 = FamRZ 2016, 992 bei alleiniger Prüfung der wirtschaftlichen Situation; abgelehnt vom OLG Frankfurt a. M. BeckRS 2019, 25106 = NJW-RR 2020, 326 bei Überprüfung der Adoptionsbewerber ohne Einschaltung einer Fachstelle und nach rein formalen Kriterien, wobei auch die persönl. Anhörung der Adoptionsbewerber im ausl. Verfahren für zwingend erforderlich angesehen wird; Weitzel JAmt 2016, 4; sehr weitreichend allein das Kindeswohl in den Mittelpunkt der Betrachtung stellend OLG Celle BeckRS 2017, 125339 = FamRZ 2017, 1503 und OLG Celle BeckRS 2020, 6265 = FamRZ 2020, 1926). Eine ausreichende Kindeswohlprüfung erfordert, dass das Kindeswohl auch im Hinblick auf das zukünftige Leben in Deutschland untersucht wird (OLG Nürnberg BeckRS 2015, 16003 = FamRZ 2015, 1640; zu verschleiertem Auslandsbezug OLG Celle BeckRS 2012, 16746 = FamRZ 2012, 1226, OLG Stuttgart BeckRS 2023, 28914 = NZFam 2024, 88 mAnm. Braun). Bei dieser Prüfung ist nicht auf den Zeitpunkt der ausländischen Entscheidung abzustellen, sondern auf den Zeitpunkt, in dem über die Anerkennung entschieden wird (BGH BeckRS 1983, 955 = NJW 1983, 2775; OLG Hamm BeckRS 2014, 20108 = NZFam 2014, 1154 mAnm. Leipold; anders OLG München BeckRS 2019, 10471 = NZFam 2019, 696 mit kritischer Anm. Majer). Bejaht wird ein Verstoß auch, wenn die Entscheidung nach dem Recht des ausländischen Staates als auch nach deutschem Recht nicht hätte ergehen dürfen (zB aufgrund der wahrheitswidrigen Behauptung, die erforderliche Pflegezeit habe vorgelegen OLG Hamm BeckRS 2017, 113315 = FamRZ 2017, 1584). Es sind deswegen dem Gericht sämtliche Unterlagen vorzulegen, aus denen sich eine umfassende Prüfung durch die ausländische Stelle belegen lässt. Das Gericht hat noch die Möglichkeit, durch die Verbindungsrichter, → Form. D.III.1 Anm. 2, sonst durch einen Vertrauensanwalt des deutschen Konsulats im Ausland direkt Informationen zum Verfahrensablauf einzuholen. Eine unzureichende Kindeswohlprüfung im Adoptionsverfahren kann im Anerkennungsverfahren nicht nachgeholt werden (OLG Düsseldorf BeckRS 2012, 18591 = FamRZ 2013, 714).

Einzeladoptionen durch Ehegatten sind unproblematisch (OLG Nürnberg BeckRS 2001, 30211416 = FamRZ 2002, 1145), denn auch das deutsche Gesetz kennt Adoptionsverhältnisse nur zu einem Ehegatten; ebenso Stiefkindadoptionen nach Inanspruchnahme einer **Leihmutter**. Sie sind von sofort bei Geburt erfolgten Zuordnungen kraft

Abstammung zu unterscheiden (dazu BGH NJW 2015, 479 zu einer kalifornischen Entscheidung, die die Elternschaft Eheleuten zuweist und BGH BeckRS 2014, 23505 = FamRZ 2015, 240 zu einer kalifornischen Entscheidung, die die Elternstellung dem genetischen Vater und dessen eingetragenem Lebenspartner zuweist; OLG Celle BeckRS 2023, 1046 = FamRZ 2023, 1126 zu einem georgischen Bescheid, der die Eintragung in die Geburtsurkunde bestätigt). Kein Verstoß ist gegeben, wenn gleichgeschlechtliche Partner, die in einer Lebensgemeinschaft ohne rechtl. Bindung leben, im Ausland adoptieren (BGH BeckRS 2015, 12686 = NJW 2015, 2800). Heiderhoff FamRZ 2015, 1484, meint, dass die Ablehnung bestimmter Lebensformen sich rechtlich niemals zulasten der betroffenen Kinder auswirken dürfe. Da das Wohl des Kindes ein wesentliches Element des deutschen ordre public sei, dürfe dieser nie dazu führen, dass für das Kind durch die Nichtanerkennung größere Nachteile entstünden als durch die Anerkennung. Hierfür spricht die weitere Öffnung der Adoption nach deutschem Recht für verfestigte nichteheliche Lebensgemeinschaften durch § 1766a BGB. Andererseits darf die im Fall einer Anerkennungsablehnung bestehende Möglichkeit der Beantragung einer (Erst-) Adoption in Deutschland nicht außer Acht gelassen werden, → Anm. 4.

cc) Bei einer (sehr seltenen) reinen **Vertragsadoption** außerhalb des HAÜ, also einer solchen ohne gerichtliche/behördliche Überprüfung, richtet sich die Anerkennung für ab dem 1.4.2020 erfolgte Adoptionen nach dem nach Art. 11, 22 Abs. 1, 23 EGBGB anwendbaren Recht; für zuvor erfolgte Adoptionen nach Art. 11, 22, 23 EGBGB in der jeweils geltenden Fassung (OLG München IPRspr. 2011 Nr. 117, 268). Gilt deutsches Adoptionsstatut, ist eine Vertragsadoption wegen § 1752 BGB stets unwirksam (KG BeckRS 2006, 5398 = FamRZ 2006, 1405; OLG Stuttgart BeckRS 2019, 3515 = FamRZ 2019, 1548). Gilt ausländisches Recht findet noch eine Prüfung des kollisionsrechtlichen ordre public, Art. 6 EGBGB, statt (OLG Köln BeckRS 2019, 8577 = NZFam 2019, 649 mAnm Majer).

dd) Für Mischsysteme gelten §§ 108, 109 FamFG, sofern die Bestätigung konstitutive Wirkung hat.

b) Im Fall der Geltung **neuer Rechtslage,** → Anm. 1, ist die Verpflichtung zur unverzüglichen Antragstellung bei unbegleiteten Adoptionen, § 5 Abs. 1 S. 2 AdWirkG, nicht Wirksamkeitsvoraussetzung, Schlauß FamRZ 2021, 249 (253). Eine verspätete Antragstellung fließt bei der Würdigung aller Umstände im Einzelfall ein, BR-Drs. 575/19, 67.

Es gilt für unbegleitete Adoptionen der **Grundsatz,** dass eine ausländische Adoptionsentscheidung, die **ohne int. Adoptionsvermittlung** gemäß § 2a Abs. 2 AdWirkG vorgenommen worden ist, **nicht anerkannt** wird, § 4 Abs. 1 S. 1 AdWirkG. Anders ist dies nur **ausnahmsweise,** wenn zu erwarten ist, dass zwischen annehmender Person und dem Kind ein Eltern-Kind-Verhältnis entsteht und die Annahme für das Wohl des Kindes erforderlich ist, **§ 4 Abs. 1 S. 2 AdWirkG.** Für die Erforderlichkeit gilt der Maßstab des § 1741 Abs. 1 S. 2 BGB, BR-Drs. 575/19, 65; dazu näher Schlauß FamRZ 2021, 249 (254). Damit wird im Unterschied zur bisher eingeschränkten Prüfung des ordre public eine **umfassende Kindeswohlprüfung** ermöglicht, Schlauß FamRZ 2021, 249 (254). Für das Vorliegen der Voraussetzungen ist der Zeitpunkt der gerichtlichen Entscheidung maßgeblich, § 4 Abs. 2 AdWirkG. Es bedarf des Vorliegens eines Auslandsadoptionsbedürfnisses, was eine Prüfung erfordert, dass anderweitige Unterbringungsmöglichkeiten im Heimatstaat nicht bestehen, dass Elterneignung der Annehmenden gegeben ist und dass ein zumindest begründet erwartbares Eltern-Kind-Verhältnis besteht. Es hat eine Gesamtabwägung der Umstände des Einzelfalls stattzufinden, wobei erheblich ist, dass sich die Lebensbedingungen des Kindes im Vergleich zur Lage ohne Adoption so verändern müssen, dass eine merklich bessere Persönlichkeitsentwicklung zu erwarten ist, OLG Köln BeckRS 2023, 228 = NJW 2023, 1521 = FamRZ 2023, 443, OLG Koblenz BeckRS 2025, 622 = FamRZ 2025, 785, AG Frankfurt a.M. BeckRS 2025, 5637 = FamRZ 2025, 789; strenger, eine deutlich bessere Lösung verlangend, um eine sonst eintretende Gefährdung des Kindeswohls abzuwenden OLG Celle BeckRS 2025, 621 = NZFam 2025, 567 mAnm Runge-Rannow. Ein Adoptionsbedürfnis liegt nicht vor, wenn mit der Adoptionsanerkennung keine erhebliche Verbesserung der Lebensbedingungen des Kindes verbunden wäre, OLG Braunschweig BeckRS 2025, 2711 = FamRZ 2025, 780 mAnm Botthof. Einem bereits längeren Zusammenleben kommt dabei Gewicht zu. Befindet sich das Kind im Ausland und kann trotz erheblicher Bemühungen keine zeitlich eingeschränkte Einreise ermöglicht werden, ist die Einholung eines vorschusspflichtigen Berichts aus dem Ausland durch familie international frankfurt e.V. (https://fif-ev.de, Stand 30.10.2025) zu erwägen.

Werden die Voraussetzungen des § 4 Abs. 1 S. 2 AdWirkG bejaht, hat noch die zusätzliche Prüfung des § 109 FamFG stattzufinden; Näheres bei Schlauß FamRZ 2021, 249 (254). Insbes. ist zu prüfen, ob gegen den deutschen Ordre-public-Vorbehalt des § 109 Abs. 1 Nr. 4 FamFG verstoßen worden ist. Neben Auslandsadoptionsbedürfnis, Elterneignung, Eltern-Kind-Beziehung bedarf es auch der Wahrung der Rechte der leiblichen Eltern. Im Rahmen dieser Prüfung dürften bei der Gesamtabwägung Umstände zum Zeitpunkt der Anerkennungsentscheidung mit zu berücksichtigen sein, Schlauß FamRZ 2021, 249 (255). Auch bei Erforderlichkeit für das Kindeswohl hat also eine Prüfung des ordre public stattzufinden (BT-Drs. 19/16718, S. 61). So sind auf Kinderhandel beruhende Adoptionen abzuwehren. Auch Fälle, in denen eine verdeckte Auslandsadoption unter Umgehung des HAÜ vorliegt, werden hierunter gefasst und führen zur Ablehnung der Anerkennung trotz Erforderlichkeit der Annahme für das Wohl des Kindes, AG Frankfurt a. M. BeckRS 2024, 17211 = NZFam 2024, 792 mit kritischer Anm. Oldenburger. Eine der Adoption im Ausland zugrunde liegende **Leihmutterschaft** begründet trotz Ablehnung der Leihmutterschaft nach deutschem Recht keinen Verstoß gegen den ordre public, wenn die Person adoptiert hat, die die Kindesentstehung unterstützt hat (BGH BeckRS 2018, 23794 = FamRZ 2018, 1846 mAnm Reuß; zur Stiefkindadoption in Deutschland eines durch Leihmutterschaft im Ausland geborenen Kindes OLG Frankfurt a. M. BeckRS 2023, 38116 = FamRZ 2024, 618 unter Heranziehung von EGMR BeckRS 2022, 34593 = FamRZ 2023, 615).

6. Die **Wirkungsfeststellung** des Erlöschens des Eltern-Kind-Verhältnisses (§ 2 Abs. 1 AdWirkG) ist zu beantragen und richtet sich nach dem auf die Adoption tatsächlich angewandten Recht. Entscheidend ist, ob das Eltern-Kind-Verhältnis zu den bisherigen Eltern durch die Adoption erloschen ist. Dies ist der Fall,

- wenn das Kind das Rechtsverhältnis zu den leiblichen Eltern sowie zu den Verwandten verliert und die rechtliche Stellung eines leiblichen Kindes erhält, also wie nach deutschem Recht („**Volladoption**");
- wenn das Kind das Rechtsverhältnis zu den leiblichen Eltern verliert und zu dem Annehmenden erlangt, wobei das Entstehen eines Verwandtschaftsverhältnisses auf die neue Eltern-Kind-Beziehung beschränkt ist, nicht unbedingt die gesamte Adoptivfamilie umfasst („**starke Adoption**") (OVG Hamburg BeckRS 2006, 27631 = FamRZ 2007, 930);
- das Kind weiterhin restliche Rechtsbeziehungen, zB Erbrechte, zu den leiblichen Eltern behält und Rechtsbeziehungen zu dem Annehmenden erlangt („**schwache Adoption**") (Staudinger/Winkelsträter FamRBint 2006, 12).

Staatenliste betr. die rechtlichen Wirkungen einer im Ausland oder nach ausländischem Recht ausgesprochenen Adoption unter https://www.bundesjustizamt.de/SharedDocs/Downloads/DE/BZAA/Adoptionswirkungen_Laenderliste.pdf?__blob=publicationFile&v=1 (Stand 30.10.2025).

Eine Wirkungserstreckung auf die leiblichen Eltern erfolgt nur bei deren Beteiligung am Verfahren, § 4 Abs. 2 S. 2–4 AdWirkG aF/§ 5 Abs. 2 S. 2–4 AdWirkG.

7. Die **weitere Wirkungsfeststellung**, über die von Amts wegen zu entscheiden ist, § 2 Abs. 2 AdWirkG aF/§ 2 Abs. 3 AdWirkG, erfolgt,

a) wenn das Eltern-Kind-Verhältnis erloschen ist, also bei Voll- und starker Adoption, durch Feststellung, dass das Annahmeverhältnis einem nach den deutschen Sachvorschriften begründeten Annahmeverhältnis gleichsteht (§ 2 Abs. 2 Nr. 1 AdWirkG aF/§ 2 Abs. 3 Nr. 1 AdWirkG);

b) ansonsten, wenn die Rechtsbeziehungen zu den leiblichen Eltern nicht vollständig abgebrochen sind, also bei schwacher Adoption, dergestalt, dass das Annahmeverhältnis in Ansehung der elterlichen Sorge und der Unterhaltspflicht des Annehmenden einem nach deutschen Sachvorschriften begründeten Annahmeverhältnis gleichsteht (§ 2 Abs. 2 Nr. 2 AdWirkG aF/§ 2 Abs. 3 Nr. 2 AdWirkG).

Ist die Adoption nach ausländischem Recht keine Volladoption, kann der Umwandlungsausspruch, → Form. Q.VI, beantragt werden.

VI. Antrag auf Umwandlung einer ausländischen Adoption

An das

Amtsgericht

– Familiengericht –[1]

Antrag auf Umwandlung einer ausländischen Adoption[2]

der Frau . . . . . und des Herrn . . . . . (Eheleute),[3] beide wohnhaft . . . . . ,

– Antragsteller –

Verfahrensbevollmächtigter: Rechtsanwalt . . . . .

weitere Beteiligte:[4]
Jugendamt . . . . . ,

Zentrale Adoptionsstelle des Landesjugendamtes . . . . .

Namens und unter Berufung auf die mir schriftlich erteilte, beigefügte Verfahrensvollmacht der Antragsteller überreiche ich den notariell beurkundeten Antrag der Antragsteller,[5]

1. dass das durch Beschluss des Gerichts in . . . . . /Äthiopien vom . . . . . , Az. . . . . . , als Kind der Antragsteller angenommene Kind . . . . . die Rechtstellung eines nach den deutschen Sachvorschriften angenommenen Kindes der Antragsteller erhält,[6]

2. dass dem bisherigen Vornamen des Kindes der erste Vorname . . . . . vorangestellt wird, so dass das Kind . . . . . heißt.[7]

Begründung:

Die Antragsteller, die beide ausschließlich . . . . . Staatsangehörige sind, haben am . . . . . in . . . . . vor dem Standesbeamten die Ehe geschlossen.

Das . . . . . gericht in . . . . . /Äthiopien hat durch Entscheidung v. . . . . . , Az. . . . . . , den Adoptionsvertrag des Waisenhauses . . . . . in . . . . . mit den Antragstellern über die Adoption des minderjährigen Kindes . . . . . gerichtlich bestätigt. Das Kind . . . . . wurde am . . . . . außerhalb einer Ehe in . . . . . / . . . . . geboren und hat ausschließlich die . . . . . Staatsangehörigkeit. Die Vaterschaft wurde nicht festgestellt. Nach dem Tod der Mutter am . . . . . kam das Kind in das Waisenheim . . . . .

Durch Beschluss des Amtsgerichts – Familiengerichts . . . . . vom . . . . . , Az. . . . . . , ist festgestellt worden, dass die Adoption anzuerkennen ist und dass das Eltern-Kind-Verhältnis des Kindes zu seinen bisherigen Eltern nicht erloschen ist. Es wurde zugleich festgestellt, dass das Annahmeverhältnis in Ansehung der elterlichen Sorge und der Unterhaltspflicht der Annehmenden gegenüber dem Kind einem nach deutschen Sachvorschriften begründeten Annahmeverhältnis gleichsteht.[8]

Die Antragsteller wollen nach § 3 AdWirkG durch Entscheidung des Familiengerichts feststellen lassen, dass das Kind die Rechtstellung eines nach den deutschen Sachvorschriften angenommenen Kindes erhält (Umwandlungsausspruch).

Die Umwandlungsvoraussetzungen liegen vor, denn

- die beantragte Entscheidung dient dem Wohl des Kindes (wird ausgeführt);[9]
- die notwendigen Zustimmungen in die Volladoption sind erteilt (wird ausgeführt);[10]
- überwiegende Interessen des Ehegatten (bzw.: beide Eheleute nehmen das Kind an), der Kinder des Annehmenden (bzw.: leibliche Kinder sind nicht vorhanden) oder des Angenommenen stehen nicht entgegen (wird ausgeführt).

Wenn das Gericht weitere Nachweise für notwendig hält, bitte ich um Hinweis.

Rechtsanwalt

Anlagen:

- Notariell beurkundeter Antrag auf Umwandlung vom . . . . .,
- beglaubige Kopie des Adoptionsvertrages vom . . . . .,
- beglaubigte Kopie des ausländischen Adoptionsbeschlusses vom . . . . . mit Rechtskraftvermerk,
- beglaubigte Kopien der ausländischen Geburtsurkunden des Kindes, ausgestellt vor und nach der Adoption,
- beglaubigte Kopie der Sterbeurkunde der Mutter,
- sämtliche fremdsprachigen Dokumente jeweils fest verbunden mit einer Übersetzung durch einen in Deutschland vereidigten Übersetzer,
- beglaubigte Kopie der Heiratsurkunde der Antragsteller.

Anmerkungen

1. Zur Zuständigkeit der spezialisierten Gerichte → Form. Q.V.1.

2. Der **Umwandlungsausspruch**, § 3 AdWirkG, bedeutet eine Änderung der rechtlichen Wirkungen der Adoption. Er verstärkt die Wirkungen einer Adoption, die nach ausländischem Recht schwächer ist als eine Volladoption nach deutschem Recht. Voraussetzungen und Wirkungen bestimmen sich nach deutschem Recht. Der Umwandlungsausspruch entspricht dem Ausspruch nach § 1752 Abs. 1 BGB. Das Kind erhält die Rechtsstellung eines nach deutschem Recht angenommenen Kindes. Er kann gestellt werden bezogen auf

a) eine im Ausland durchgeführte Adoption, dabei bezogen auf HAÜ-Vertragsstaaten nach Art. 27 HAÜ und bezogen auf sonstige Staaten, wenn die Adoption vom Anwendungsbereich des AdWirkG umfasst ist, wobei es der Anerkennung der Entscheidung im Deutschland bedarf, → Form. Q.V.1,

b) eine Inlandsadoption nach ausländischem Recht nach Art. 22 EGBGB aF. Letztere sind nach Übergang zum lex-fori Prinzip für Inlandsadoptionen durch Art. 22 Abs. 1 S. 1 EGBGB – in Kraft seit 31.3.2020, wobei nach Art. 229 § 51 EGBGB auf vor dem 31.1.2020 abgeschlossene Vorgänge das bisherige IPR anwendbar bleibt – selten geworden; zur neuen Rechtslage Helms FamRZ 2020, 645.

Der Umwandlungsausspruch ist sinnvoll, wenn die Adoption alleine schwache Wirkungen hat → Form. Q.V.7, aber auch, wenn es sich um eine starke Adoption handelt, bei der die Wirkungen der Annahme von denen nach den deutschen Sachvorschriften vorgesehenen Wirkungen abweichen, § 3 Abs. 2 AdWirkG. Neben der Veränderung der rechtlichen Beziehung zu den leiblichen Eltern ist der Wirkungsumfang der Adoption im Staatsangehörigkeits-, Erb- und Steuerrecht wichtig. Nach § 6 StAG erwirbt ein Kind die **deutsche Staatsangehörigkeit**, wenn die Adoption nach deutschen Gesetzen wirksam, also anerkennungsfähig ist, der/die Annehmende oder einer der annehmenden Ehegatten die deutsche Staatsangehörigkeit besitzen, das Kind zum Zeitpunkt des Annahmeantrages das 18. Lebensjahr noch nicht vollendet hat und die rechtlichen Wirkungen der ausländischen Adoption denen einer Annahme Minderjähriger nach deutschen Sachvorschriften zumindest gleichwertig ist. Andernfalls erwirbt das Kind erst mit der Umwandlung die deutsche Staatsangehörigkeit nach § 6 StAG, BVerwG BeckRS 2017, 138201 = NJW 2018, 881; mehr unter https://www.bundesjustizamt.de/SharedDocs/Downloads/DE/BZAA/Adoptionswirkungen_Laenderliste.pdf?__blob=publicationFile&v=1 und https://www.bundesjustizamt.de/DE/Themen/Familieinternational/Adoption/Fragen/Fragen_node.html#AnkerDokument231426 (Stand 30.10.2025)).

Es muss sich um eine **Minderjährigenadoption** iSd § 1 Abs. 1 S. 2 AdWirkG, → Form. Q.V Anm. 1, handeln, wobei Minderjährigkeit zum Zeitpunkt des Umwandlungsantrags nicht erforderlich ist (§ 3 Abs. 1 S. 4 AdWirkG). Der Umwandlungsausspruch wirkt für und gegen alle, § 5 Abs. 2 S. 1 AdWirkG. Eine wiederholte Adoption im Inland ist, wenn eine schwache Adoption durch eine Volladoption nach deutschem Recht ersetzt werden soll, durch die Spezialvorschrift des § 3 AdWirkG ausgeschlossen; zum Meinungsstreit, ob eine Wiederholung der Adoption im Inland möglich ist, wenn die Anerkennung zweifelhaft ist, BeckOK BGB/Heiderhoff EGBGB Art. 22 Rn. 63.

Das Gerichtsverfahren ist gebührenfrei. Es sind alleine gerichtliche Auslagen zu erstatten. Es kann Verfahrenskostenhilfe bewilligt werden. Anwaltliche Beiordnung dürfte, da es der notariellen Beurkundung bedarf, bei einfacher gelagerten Fällen ausscheiden; Beiordnung abgelehnt von OLG Hamm 2.2.2016 – 11 WF 18/17, nv.

3. Antragsbefugt ist nach § 5 Abs. 1 S. 1 Nr. 2 AdWirkG alleine die annehmende Person, annehmende Ehegatten nur gemeinschaftlich.

4. § 6 Abs. 3 S. 4 Hs. 2 AdWirkG regelt die Beteiligtenstellung von Jugendamt und Zentraler Adoptionsstelle des Landesjugendamts.

5. Der Antrag auf Umwandlungsausspruch bedarf der notariellen Beurkundung, § 3 Abs. 1 S. 3 AdWirkG iVm §§ 1752 Abs. 2, 1753 BGB. Dem steht eine von einem Konsularbeamten aufgenommene Urkunde nach § 10 Abs. 2 Gesetz über die Konsularbeamten, ihre Aufgaben und Befugnisse gleich.

Für das Verfahren und seinen Ablauf gelten die Regeln des FamFG entsprechend, § 6 Abs. 3 S. 1 AdWirkG. Die Beteiligten (§ 188 FamFG) sind persönlich zu hören, § 192 FamFG. Die Anhörung weiterer Personen richtet sich nach § 193 FamFG. Das Gericht hat die Bestellung eines Verfahrensbeistands zu prüfen. Im Umwandlungsverfahren betr. einen minderjährigen Angenommenen hat das Gericht auch das Jugendamt anzuhören, § 194 Abs. 1 S. 1 FamFG sowie die Zentrale Adoptionsstelle des Landesjugendamtes.

6. Im Fall einer Vertragsadoption heißt es: „. . . . . dass die Vertragsadoption wirksam ist."

7. Im Umwandlungsverfahren kann, anders als im Rahmen des Anerkennungsverfahrens, → Form. Q.V.1, ein **Namensänderungsantrag** nach Maßgabe des § 1757 Abs. 2–4 BGB gestellt werden. Zum neuen Namensrecht bei Adoptionen Teklote FamRZ 2025, 1001.

8. Vor dem Umwandlungsausspruch muss das Anerkennungsverfahren mit der Feststellung nach § 2 Abs. 3 Nr. 2 AdWirkG abgeschlossen sein, damit geklärt ist, ob eine Volladoption, starke oder schwache Adoption vorliegt. Hilfreich ist die Adoptionswirkungen- und Staatenliste des Bundesamts für Justiz (https://www.bundesjustizamt.de/SharedDocs/Downloads/DE/BZAA/Adoptionswirkungen_Laenderliste.pdf?__blob=publicationFile&v=1 (Stand 30.10.2025)).

Hier: Die Adoption nach äthiopischem Recht in den Stadtstaaten Addis Ababa und Dire Dawa ist eine „schwache" Adoption. Zwar gilt das Kind als Kind der Adoptierenden, Art. 181 des äthiopischen Revised Family Code (RFC). Nach Art. 182 RFC hat die

Adoption keine Wirkungen betreffend die Familien der Annehmenden. Nach Art. 183 RFC führt die Adoption nicht zum Erlöschen der verwandtschaftlichen Beziehungen zur Ursprungsfamilie.

9. Das Gericht prüft nach § 3 Abs. 1 S. 1 Nr. 1–3 AdWirkG

- ob die Umwandlung der Adoption in eine Volladoption, also die Veränderung der Adoptionswirkungen, dem **Kindeswohl** entspricht (AG Frankfurt a. M. BeckRS 2012, 23776 = FamRZ 2012, 1815; OLG Hamm BeckRS 2013, 11170 = FamRZ 2013, 1499). Abzustellen ist auf das Bestehen persönlicher Beziehungen des Kindes zu der leiblichen Familie sowie kindliche unterhalts- und erbrechtliche Ansprüche gegenüber der Ursprungsfamilie. Lebt das Kind bereits länger in der Adoptivfamilie und hat dort familiäre Beziehungen entwickelt, während solche zur Herkunftsfamilie nicht mehr bestehen, dient die Umwandlung dem Kindeswohl, wenn auch nach deutschem Recht die rechtliche Stellung des Kindes seiner tatsächlichen Position im Familiensystem angeglichen wird, AG Brandenburg BeckRS 2012, 220168. Diese Voraussetzung entfällt nach § 3 Abs. 1 S. 4 AdWirkG, wenn der Angenommene zum Zeitpunkt der Umwandlung volljährig ist;
- ob die erforderlichen Zustimmungen zu einer Annahme mit einer das Eltern-Kind-Verhältnis beendenden Wirkung erteilt sind, → Anm. 10, und
- ob überwiegende Interessen des Ehegatten oder der Kinder des Annehmenden oder des Angenommenen nicht entgegenstehen, wobei finanzielle Interessen nicht maßgeblich sein sollten, vgl. § 1745 Abs. 2 BGB.

10. Es bedarf erforderlicher **Zustimmungen zur Volladoption**, § 3 Abs. 1 S. 1 Nr. 2 AdWirkG, sei es, dass die Zustimmungen in die ursprüngliche Adoption diese schon mitumfasst haben oder indem umfassendere Zustimmungen nach der Adoption eingeholt worden sind.

Zustimmungspflichtigkeit richtet sich

a) im Fall der Adoptionsanerkennung nach Art. 23 HAÜ nach dem Recht des ursprünglichen gewöhnlichen Aufenthalts des Kindes unter Einschluss des IPR dieses Staates, Art. 27 Abs. 1 lit. b, Art. 4 lit. c, lit. d HAÜ,

b) sonst nach entsprechender Anwendung der für die Zustimmung zu der Annahme maßgeblichen Vorschriften und des ordre-public-Vorbehalts des Art. 6 EGBGB, § 3 Abs. 1 S. 2 AdWirkG. Erforderlich ist die kindliche Zustimmung, für die zusätzlich § 1746 BGB gilt, § 3 Abs. 1 S. 3 AdWirkG. Sie erfolgt durch die Adoptiveltern, AG Bamberg BeckRS 2024, 38794. Es bedarf auch der Zustimmung der leiblichen Eltern nach dem Recht, aus dem die Wirkungen der Adoption herzuleiten sind, Andrae IntFamR § 8 Rn. 115.

Die Zustimmung, die nach Art. 11 Abs. 1 EGBGB auch in der Ortsform ausreicht, muss erkennen lassen, dass sie inhaltlich über die sonst übliche Einwilligung nach Ortsrecht hinausgeht (OLG Hamm BeckRS 2013, 11170 = FamRZ 2013, 1499). Es ist grundsätzlich die ausdrückliche Erklärung erforderlich. Möglichkeiten des Absehens und der Ersetzung der Zustimmung richten sich nach dem auf die Adoption angewandten Recht (Busch IPRax 2003, 19). Sieht das ausländische Recht diese Möglichkeiten nicht vor, kann ggf. über Art. 6 EGBGB entspr. auf deutsches Recht zurückgegriffen werden (Staudinger/Winkelsträter FamRBint 2005, 13).

hier: Nach Art. 191 Abs. 2 RFC müssen die leiblichen Eltern des Kindes der Adoption zustimmen. Ist ein Elternteil verstorben, unbekannten Aufenthaltes oder zu einer Willenserklärung außer Stande, reicht die Zustimmung des anderen Elternteils, Art. 191 Abs. 2 RFC. Hat das Kind keine für eine Zustimmung verantwortlichen Verwandten, kann das Gericht die Zustimmung unter Berücksichtigung der Interessen des Kindes nach Art. 191 Abs. 4 RFC ersetzen.

VII. Vollstreckbarerklärung eines Unterhaltstitels nach EuUnthVO (Dänemark)

An das
Amtsgericht
– Familiengericht – . . . . .[1, 2]

Antrag

In der Familiensache

der Frau . . . . ., wohnhaft . . . . ./Dänemark, – Antragstellerin –

Verfahrensbevollmächtigte: Rechtsanwältin . . . . .

gegen

Herrn . . . . ., wohnhaft . . . . ./Deutschland, – Antragsgegner –

wegen Vollstreckbarerklärung des Bescheids der Staatsverwaltung (Statsforvaltningen) . . . . ./Dänemark[3] vom . . . . . betreffend Ehegattenunterhalt nach der EuUnthVO

Namens und unter Berufung auf die mir schriftlich erteilte, beigefügte Verfahrensvollmacht der Ast. stelle ich hiermit folgende Anträge:

1. Der Bescheid der Staatsverwaltung (Statsforvaltningen) . . . . ./Dänemark vom . . . . ., Az. . . . . ., wonach der Ag. verpflichtet ist, der Ast. Unterhalt in Höhe von mtl. . . . . Dänische Kronen ab . . . . . zu zahlen, wird für die Zeit ab . . . . . mit der Vollstreckungsklausel[4] versehen.
2. Der Ag. trägt die Kosten des Verfahrens.[5]
3. Der Ast. wird Verfahrenskostenhilfe unter Beiordnung der Unterzeichnerin bewilligt.[6]

Begründung:

1. Die Beteiligten sind geschiedene Eheleute (wird ausgeführt).
2. Durch Bescheid der Staatsverwaltung . . . . ./Dänemark vom . . . . . ist der Ag. zu Unterhaltsleistungen an die Ast. in Höhe von mtl. . . . . Dänische Kronen ab . . . . . (wird ausgeführt) verurteilt. Der Bescheid ist rechtskräftig und in Dänemark vollstreckbar (wird ausgeführt).
3. Der Ag. wohnt seit . . . . . in . . . . ./Deutschland und arbeitet dort bei der Firma . . . . . mit einem mtl. Verdienst von mindestens . . . . . EUR (wird ausgeführt). Seit seinem Umzug nach Deutschland zahlt der Ag. den titulierten Unterhalt nicht mehr freiwillig. Die Ast. benötigte die Vollstreckungsklausel für die Zeit ab . . . . ., um in Deutschland vollstrecken zu können
4. Dem Antrag sind folgende Anlagen beigefügt:[7]
   - Vollmacht,
   - Ausfertigung des vollstreckbaren Bescheids der Staatsverwaltung . . . . ./Dänemark vom . . . . ., Az. . . . . .,

- **durch die dänische Staatsverwaltung ..... erstellter Auszug aus einer öffentlichen Urkunde nach Anhang II zur EuUnthVO.**

5. **Es wird bereits jetzt beantragt, ein Zeugnis nach § 53 Abs. 2 AUG zu erteilen und die Zwangsvollstreckung aus dem Titel über Maßregeln zur Sicherung hinaus fortzusetzen, § 53 Abs. 1 AUG.[8]**
6. **Sollten weitere Unterlagen erforderlich sein, wird um Hinweis unter Gewahrung angemessener Fristen aufgrund des Aufenthalts der Ast. im Ausland gebeten.**

Rechtsanwältin

Anmerkungen

1. a) Für die Frage der Anerkennung und Vollstreckung ausländischer Unterhaltstitel in Deutschland gelten eine Vielzahl von Vorschriften. Die wichtigsten Regelungen sind:

- die Verordnung (EG) Nr. 4/2009 über die Zuständigkeit, das anwendbare Recht, die Anerkennung und Vollstreckung von Entscheidungen und die Zusammenarbeit in Unterhaltssachen v. 18.12.2008 (**EuUnthVO**), die zwischen den Mitgliedstaaten der EU – mit Ausnahme von Dänemark, für das diese nur eingeschränkt Anwendung findet – ausschließlich gilt, Art. 69 Abs. 2 EuUnthVO,
- das Haager Übereinkommen v. 23.11.2007 über die internationale Geltendmachung der Unterhaltsansprüche von Kindern und anderen Familienangehörigen (**HUntÜbk** 2007; ABl. 2011 L 192, 51), das zwischen Vertragsstaaten das HUnthVÜ über das auf Unterhaltspflichten anzuwendende Recht und das Haager Übk. 1958 ersetzt, Art. 18 Haager Unterhaltsprotokoll 2007. Das UN-Übk. 1956 wird ebenso verdrängt, soweit sich im Verhältnis der jeweiligen Vertragsstaaten die Anwendungsbereiche der Übereinkommen decken (BT-Drs. 17/4887, 29), → Form. Q.VIII,
- das Haager Übereinkommen v. 2.10.1973 über die Anerkennung und Vollstreckung von Unterhaltsentscheidungen (**HUnthVÜ**), das für Vertragsstaaten des Haager Übk. 1958, die auch dem HUnthVÜ beigetreten sind, vorrangig ist, → Form. Q.X,
- das **Haager Übereinkommen v. 2.10.1973** über das auf **Unterhaltspflichten** anzuwendende Recht, das für Vertragsstaaten des Haager Übk. 1958, die auch dem HUnthVÜ beigetreten sind, vorrangig ist,
- das **Haager Übereinkommen v. 15.4.1958** über die Anerkennung und Vollstreckung von Entscheidungen auf dem Gebiet der Unterhaltspflicht gegenüber Kindern (BGBl. 1961 II 1006), das im Verhältnis der Vertragsstaaten des HUnthVÜ über die Anerkennung und Vollstreckung durch dieses ersetzt wird, Art. 29 HUnthVÜ, und das wegen des Vorrangs der EuUnthVO nur noch im Verhältnis zu Liechtenstein, Surinam und den franz. Überseegebieten gilt (BT-Drs. 17/4887, 29),
- das **Haager Übereinkommen v. 24.10.1956** über das auf Unterhaltsverpflichtungen gegenüber Kindern anzuwendende Recht, das im Verhältnis der Vertragsstaaten durch das HUnthVÜ über das auf Unterhaltspflichten anzuwendende Recht ersetzt worden ist, Art. 18 HUnthVÜ über das auf Unterhaltspflichten anzuwendende Recht,
- das **Lugano-Übereinkommen 2007**, → Form. Q.IX,
- das **Lugano-Übereinkommen 1988**, → Form. Q.IX Anm. 1,
- das **UN-Übereinkommen v. 20.6.1956** über die Geltendmachung von Unterhaltsansprüchen im Ausland, → Form. R.IV.3, das unter Beachtung des Vorrangs der EuUnthVO und des HUntÜbk 2007 ergänzend zu weiteren internationalen Übereinkommen in Anspruch genommen werden kann. Es hat damit nur noch Bedeutung für Altfälle und im Verhältnis zu Vertragsstaaten, die weder EU-Mitgliedstaaten noch Vertragsstaaten des HUntÜbk 2007 sind,

- das Übereinkommen von Brüssel von 1968 über die gerichtliche Zuständigkeit und die Vollstreckung gerichtlicher Entscheidungen in Zivil- und Handelssachen, das nur noch für Altfälle und im Verhältnis zu bestimmten franz. und niederländischen Überseegebieten gilt, für die der Vertrag über die Arbeitsweise der EU nicht anwendbar ist (BT-Drs. 17/4887, 29),
- der Vertrag v. 20.7.1977 zwischen der Bundesrepublik Deutschland und dem Staat **Israel** über die gegenseitige Anerkennung und Vollstreckung gerichtlicher Entscheidungen in Zivil- und Handelssachen vom 10.7.1977 (BGBl. 1980 II 925),
- der Rechtshilfe- und Vollstreckungsvertrag v. 19.7.1966 zwischen der Bundesrepublik Deutschland und **Tunesien** (BGBl. 1969 II 889),
- **§§ 108 ff. FamFG**, die gelten, wenn keine bi- oder multilateralen Abkommen eingreifen. Hierzu zählen auch Fälle, in denen die Gegenseitigkeit verbürgt ist, → Form. R.III.4. § 64 AUG enthält insoweit Regelungen der Vollstreckung (dazu BGH BeckRS 2018, 14926 = FamRZ 2018, 1347).

Ein Großteil der Fälle richtet sich nach EuUnthVO oder HUntÜbk 2007; die früheren Haager Übereinkommen und das UN-Übereinkommen spielen nur noch eine untergeordnete Rolle (BT-Drs. 17/4887, 30 und 32). Unter https://www.ir-online.nrw.de (Stand 21.4.2026) findet sich eine Datenbank zum Internationalen Rechtsverkehr in Zivilsachen, die auch einen Länderteil mit Auflistung der jeweils geltenden Rechtsintrumente vorhält; unter htttps://www.bundesjustizamt.de/SharedDocs/Downloads/DE/AU/Staatenliste.pdf?-blob=publicationFilev = 3 (Stand 21.4.2026) eine Liste der Staaten, im Verhältnis zu denen das Bundesamt für Justiz unterstützend tätig werden kann.

b) Die Anerkennung und Vollstreckbarkeit ausländischer Unterhaltstitel zwischen Mitgliedstaaten der EU richtet sich nach der **EuUnthVO**. Die EuUnthVO wurde auch wirksam im Verhältnis zum **Vereinigten Königreich,** das diese Verordnung zunächst nicht angenommen hatte (vgl. Präambel 47) gemäß Art. 1 der Entscheidung der Kommission vom 8.6.2009. Für Anerkennung und Vollstreckbarkeit von Entscheidungen, die in bis zum 31.12.2020 eingeleiteten gerichtlichen Verfahren ergangen sind und öffentlichen Urkunden, die bis zum 31.12.2020 förmlich errichtet, eingetragen, gebildet oder geschlossen worden sind, gilt die EuUnthVO, Art. 67 Abs. 2 lit. c BrexitAbk. Für spätere Titel findet das HUntÜbK 2007 Anwendung, → Form. Q.VIII. Im Verhältnis zu **Dänemark** gilt die EuUnthVO nur eingeschränkt: Nachdem Dänemark sich zunächst gemäß Präambel (48) nicht beteiligt hatte, hat es im Wege einer Erklärung zu dem mit der Europäischen Gemeinschaft am 12.6.2009 geschlossenen Abkommen zwischen der Europäischen Gemeinschaft und dem Königreich Dänemark über die gerichtliche Zuständigkeit und die Anerkennung und Vollstreckung von Entscheidungen in Zivil- und Handelssachen (ABl. 2009 L 149, 73) seine Absicht bestätigt, die mit der EuUnthVO vorgenommenen Änderungen der Brüssel I-VO und die DurchführungsVO v. 10.11.2011 zur Festlegung der Anhänge X und XI der EuUnthVO umzusetzen (Mitteilung Dänemarks ABl. 2013 L 195, 1). Es gilt die EuUnthVO im Verhältnis zu Dänemark mit Ausnahme der Bestimmungen in Kapitel III und VII. Außerdem gelten Art. 2 und Kapitel IX der EuUnthVO nur insoweit, als sie die gerichtliche Zuständigkeit, die Anerkennung, Vollstreckbarkeit und Vollstreckung von Entscheidungen und den Zugang zum Recht betreffen. Überblick unter htttps://www.bundesjustizamt.de/SharedDocs/Downloads/DE/AU/Uebersicht_Anträge-DK.pdf?-blob=publicationFile&v = z (Stand 21.4.2026).

Die EuUnthVO ersetzt die für Unterhaltssachen geltenden Bestimmungen der **Brüssel I-VO**. Der Begriff des „Unterhalts" iSd Art. 1 EuUnthVO ist weit auszulegen, → Form. B. II.9 Anm. 1. Dies sind vor allem finanzielle Verpflichtungen, bei deren Festsetzung die Bedürfnisse und Mittel beider Ehegatten berücksichtigt werden. Hierzu zählen evtl. sogar bereicherungsrechtliche Rückzahlungsansprüche (BT-Drs. 17/4887, 33). Dieses eigenständige gemeinschaftliche Rechtsinstrument betreffend Unterhaltssachen verdrängt andere Rechtsinstrumente der Gemeinschaft, Art. 68 EuUnthVO und hat nach Art. 69

Abs. 2 EuUnthVO im Verhältnis der Mitgliedstaaten Vorrang vor Übereinkommen und Vereinbarungen. Die EuUnthVO gilt nach Art. 48 EuUnthVO auch für gerichtl. Vergleiche und öffentliche Urkunden. Den Antrag auf Anerkennung und Vollstreckbarerklärung kann neben demjenigen, dem der Unterhalt zusteht, Art. 2 Abs. 2 Nr. 10 EuUnthVO, nach Art. 64 EuUnthVO auch eine öffentliche Aufgaben wahrnehmende Einrichtung stellen; dazu mehr unter htttps://www.bundesjustizamt.de/SharedDocs/Downloads/DE/AU/Merkblatt_UVG.pdf?-blob=publicationFile&v = 1 (Stand 21.4.2026).

Anerkennung und Vollstreckbarkeit sind in der EuUnthVO verschieden geregelt, abhängig von den Zeitpunkten der Entscheidung und der Verfahrenseinleitung sowie den Zeiträumen, um die es geht, sowie der Tatsache, ob der andere Mitgliedstaat durch das **HUnthProt 2007** (ABl. 2009 L 331, 19) **gebunden** ist oder nicht; nicht gebunden sind Dänemark und Großbritannien.

- Ab dem 18.6.2011 erlassene unterhaltsrechtliche Titel aus Verfahren, die ab dem 18.6.2011 eingeleitet worden sind, aus EU-Mitgliedstaaten, die durch das HUnthProt 2007 **gebunden** sind, bedürfen weder Anerkennung noch Vollstreckbarerklärung, **Art. 17 ff.**, 75 Abs. 1 **EuUnthVO (Wegfall des Exequaturverfahrens)**; zu Art. 75 Abs. 1 EuUnthVO bei Entscheidungen im Verbund BGH BeckRS 2019, 26890 = NJW 2020, 928. Dies gilt auch soweit das Verfahren Unterhaltszeiträume vor dem Inkrafttreten des HUnthProt 2007 am 18.6.2011 umfasst (BGH BeckRS 2015, 01475 = NJW 2015, 694). Zumindest vorläufige Vollstreckbarkeit im Ursprungsstaat ist erforderlich, § 30 Abs. 1 AUG (Andrae IntFamR § 10 Rn. 242). Der Gläubiger wendet sich mit dem ausl. Titel und dem Formblatt Anhang I der EuUnthVO, das er auf Antrag von der den Titel erstellenden Stelle erhält, Art. 40 Abs. 2 EuUnthVO, direkt an das Vollstreckungsorgan, §§ 34, 35 AuG. Unterhaltstitel und Formblatt sollen nach § 30 Abs. 2 AUG untrennbar miteinander verbunden sein. Eine Nachprüfung erfolgt nur im Ursprungsstaat, Art. 19 EuUnthVO. Es gelten in Deutschland §§ 30 ff. AUG Für Übersetzungen gilt § 30 Abs. 3 AuG. Lehnt das Vollstreckungsorgan die Zwangsvollstreckung mangels Bestimmtheit ab, kann der Gläubiger nach § 34 AUG. Konkretisierung beim Spezialgericht, beantragen. Zur Frage, welche Einwände gegen die Vollstreckung erhoben werden können, detailliert Andrae NJW 2011, 2545; Henrich FamRZ 2015, 1761.
- Für Dänemark und das Vereinigte Königreich (unabhängig vom Stand nach Brexit → Anm. 1) ist die Geltung des HUnthProt 2007 **ausgeschlossen**, Art. 3 sowie Erwägungsgründe 11 und 12 des Ratsbeschlusses 2009/941/EG (ABl. 2009 L 331, 17). Für die Anerkennung und Vollstreckbarerklärung gelten **Art. 23 ff. EuUnthVO.** Der Titel wird im anderen Mitgliedstaat nach Art. 23 EuUnthVO ohne besonderes Verfahren anerkannt. Art. 23 Abs. 2 EuUnthVO sieht die Möglichkeit eines Anerkennungsverfahrens vor. Art. 24 EuUnthVO regelt Anerkennungsversagungsgründe. Der Titel bedarf der Vollstreckbarerklärung, Art. 26 EuUnthVO (**Exequaturverfahren**). Es gelten in Deutschland §§ 36 ff. AUG. Wenn es sich um einen unbestrittenen Titel handelt, können Unterhaltsgläubiger aus England, Wales und Schottland weiterhin nach Art. 68 Abs. 2 EuUnthVO eine Vollstreckung nach Art. 5 ff. **EuVTVO** durchführen (Heeger/Selg FamRZ 2010, 1101 (1105)).
- Für vor dem 18.6.2011 erlassene unterhaltsrechtliche Titel, für die die Anerkennung/Vollstreckbarkeit für Zeiträume nach dem 18.6.2011 beantragt wird, gilt die Übergangsvorschrift Art. 75 Abs. 2 lit. a EuUnthVO. Es bedarf des Exequaturverfahrens nach Art. 23 ff. EuUnthVO. Gleiches gilt nach Art. 75 Abs. 2 lit. b EuUnthVO für ab 18.6.2011 erlassene Entscheidung aus Verfahren, die vor dem 18.6.2011 eingeleitet worden sind, sofern die Entscheidung für die Zwecke der Anerkennung und Vollstreckung in den Anwendungsbereich der Brüssel I-VO fällt, die Klage damit nach deren Inkrafttreten am 1.3.2002 – also zwischen 1.3.2002 und 18.6.2011 – erhoben worden ist, Art. 66 Abs. 1, 76 Abs. 1 Brüssel I-VO.

c) Die **Vollstreckung** richtet nach nationalem Recht des Vollstreckungsmitgliedsstaats, Art. 41 Abs. 1 EuUnthVO (dazu EuGH 4.6.2020 – C-41/19, NJW 2020, 2323) iVm § 65 AUG, § 120 FamFG, §§ 704 ff. ZPO. Der Vollstreckungsschuldner kann Einwendungen im Vollstreckungsverfahren nach §§ 31 ff. AUG erheben (örtl. Zuständigkeit richtet sich nach Art. 24 Nr. 5 EuGVVO) oder Vollstreckungsgegenantrag nach §§ 65 Abs. 1, 66 AUG, § 767 ZPO (örtl. Zuständigkeit richtet sich nach §§ 66 Abs. 3 S. 2, 35 AUG) stellen (zur Abgrenzung OLG Frankfurt a. M. BeckRS 2016, 11310 = FamRZ 2016, 1603).

2. Für die Vollstreckbarerklärung von Unterhaltstitel mit grenzüberschreitendem Bezug ist das Gericht des Vollstreckungsmitgliedstaates international zuständig, Art. 27 Abs. 1 EuUnthVO. Eine zwingende Beteiligung der Zentralen Behörden ist nicht vorgesehen, EuGH BeckRS 2017, 101315 = NJW 2017, 1227. Deutsches Ausführungsgesetz ist das Gesetz zur Geltendmachung von Unterhaltsansprüchen im Verkehr mit ausländischen Staaten (**AUG**). Gemäß § 2 AUG gilt das FamFG ergänzend. Nach Art. 27 Abs. 2 EuUnthVO, §§ 35, 36 ff. AUG ist bei Unterhaltstiteln iSd Abschnitte 3–5 AUG örtlich ausschließlich das Amtsgericht am Sitz des OLG zuständig, wenn der Schuldner sich gewöhnlich im OLG-Bezirk aufhält oder die Vollstreckung im OLG-Bezirk durchgeführt werden soll. Für den Bezirk des KG entscheidet das AG Pankow nach § 35 Abs. 1 S. 2 AUG. Die familiengerichtliche Zuständigkeit nach § 23b GVG ist gegeben, wenn der Titel eine Angelegenheit betrifft, die nach inländischem Verfahrensrecht als Familiensache einzuordnen ist (BGH BeckRS 1985, 2085 = NJW 1986, 1440). Gemäß Art. 27 Abs. 1 EuUnthVO iVm § 35 Abs. 3 Nr. 1 AUG kann auch ein **Notar** im Anwendungsbereich der EuUnthVO eine notarielle Urkunde für vollstreckbar erklären.

Das Amtsgericht-Familiengericht prüft nicht inhaltlich, Art. 42 EuUnthVO, auch nicht, ob Anerkennungshindernisse nach Art. 24 EuUnthVO vorliegen, Art. 30 S. 1 EuUnthVO. Geprüft wird erstinstanzlich allein die Erfüllung der Förmlichkeiten, Art. 30, 28 EuUnthVO, → Anm. 5. Das Amtsgericht entscheidet ohne Beteiligung des Schuldners, Art. 30 S. 2 EuUnthVO und in der Regel ohne mündliche Verhandlung, § 38 Abs. 1 AUG. Die EuUnthVO setzt, sobald die Förmlichkeiten erfüllt sind, eine dreißigtägige Frist bis zur Entscheidung für die erste Instanz, Art. 30 EuUnthVO. Das Amtsgericht erklärt die Entscheidung für vollstreckbar auf dem Gebiet der Bundesrepublik Deutschland, Art. 30 EuUnthVO, § 38 AUG. Der Tenor lautet, dass der Titel mit der Vollstreckungsklausel zu versehen ist, § 40 Abs. 1 S. 1 AUG. Die Entscheidung wird der antragsgegnerischen Partei zugestellt und der antragstellenden Partei mitgeteilt, Art. 31 EuUnthVO, § 42 Abs. 1 AUG. Sie wird mit der Bekanntgabe an die Beteiligten wirksam, Art. 40 Abs. 3 AUG. Das Rechtsmittel der **Beschwerde**, § 43 AUG, ist binnen 30 Tagen nach Zustellung einzulegen, Art. 32 Abs. 5 EuUnthVO. Es ist die Beschwerdebegründungsfrist nach § 2 AUG, § 117 Abs. 1 FamFG zu wahren (OLG München BeckRS 2014, 23254 = FamRZ 2015, 775; OLG Frankfurt a. M. BeckRS 2016, 11310 = FamRZ 2016, 1603). Für die Beschwerdeinstanz gilt eine neunzigtägige Frist bis zur Entscheidung, Art. 34 Abs. 2 EuUnthVO. Im Beschwerdeverfahren nach Art. 32 EuUnthVO iVm §§ 43 ff. AUG werden Gründe für die Versagung der Anerkennung, Art. 24 EuUnthVO, von Amts wegen geprüft (OLG Stuttgart BeckRS 2014, 23407 = FamRZ 2015, 871; OLG Nürnberg BeckRS 2014, 17085 = FamRZ 2015, 355 mAnm Andrae IPRax 2016, 278; OLG Frankfurt a. M. BeckRS 2016, 11310 = FamRZ 2016, 1603). Hier ist auch die formelle Vollstreckbarkeit des Titels zu prüfen, an der es mangelt, wenn der Titel im Ursprungsstaat bereits aufgehoben oder abgeändert ist (BGH BeckRS 2015, 17502 = FamRZ 2015, 2144). Es kann Rechtsbeschwerde eingelegt werden, § 46 AUG. Zum Vollstreckungsschutz durch das Beschwerdegericht nach § 52 AUG BGH BeckRS 2020, 12408 = FamRZ 2020, 1293 mAnm Knöfel.

3. Informationen zur Unterhaltsrealisierung im Ausland unter https://dijuf.de/service/unterhaltsrealisierung (Stand 30.10.2025); in Dänemark kann die dänische Staatsverwaltung am gewöhnlichen Aufenthalt des Unterhaltspflichtigen in Dänemark angerufen werden. Hierbei handelt es sich um eine dem Wirtschafts- und Innenministerium unterstehende staatliche Behörde mit neun lokalen Stellen in Dänemark.

4. Mit Wirksamkeit der Entscheidung erteilt der Urkundsbeamte der Geschäftsstelle antragsgemäß die **Vollstreckungsklausel**, §§ 36, 41 AUG.

Beispiel einer Vollstreckungsklausel:

Vollstreckungsklausel nach §§ 36, 41 des Auslandsunterhaltsgesetzes vom 23.5.2011 (BGBl. 2011 I 898).

Gemäß dem Beschluss des Amtsgerichts . . . . . vom . . . . ., Az. . . . . . ist die Zwangsvollstreckung aus dem Bescheid der Staatsverwaltung (Statsforvaltningen) . . . . ./Dänemark[3] vom . . . . ., Az. . . . . ., zugunsten der Gläubigerin, Frau . . . . . gegen den Schuldner, Herrn . . . . . (für den Zeitraum . . . . .) zulässig.

Die zu vollstreckende Verurteilung/Verpflichtung lautet: (Angabe der Urteilsformel oder des Ausspruchs des Gerichts/der Behörde oder der dem Schuldner aus dem Prozessvergleich oder der anzuerkennenden Urkunde obliegenden Verpflichtung in deutscher Sprache).

Die Zwangsvollstreckung darf über Maßregeln zur Sicherung nicht hinausgehen, bis der Gläubiger eine gerichtliche Anordnung oder ein Zeugnis vorlegt, dass die Zwangsvollstreckung unbeschränkt stattfinden darf.

(Wenn der Schuldtitel auf Leistung von Geld lautet, ist folgender Zusatz anzufügen:) Solange die Zwangsvollstreckung über Maßregeln zur Sicherung nicht hinausgehen darf kann der Schuldner die Zwangsvollstreckung durch Leistung einer Sicherheit in Höhe von . . . . . (Angabe des Betrages wegen dessen der Gläubiger vollstrecken darf) abwenden.

5. Für die Kosten gilt § 40 Abs. 1 S. 4 AUG iVm § 788 ZPO entspr. Der Gegenstandswert wird wie sonst auch festgelegt, wobei Rückstände aus der Zeit vor Erlass der ausl. Entscheidung nicht zuzurechnen sind (BGH BeckRS 2008, 25325 = FamRZ 2009, 222). Für die Vollstreckbarkeit ausl. Titel fällt die Gerichtsgebühr Anl. 1 zu § 3 Abs. 2 FamGKG, Hauptabschnitt 7, Verfahren mit Auslandsbezug KV 1710 Nr. 2 FamGKG (zZt 288 EUR) an. Es entstehen die üblichen Anwaltsgebühren nach dem vollen Gegenstandswert, nicht etwa nur aus dem Vollstreckungsinteresse. Kosten des ausl. Verkehrsanwalts sind zumindest dann erstattungsfähig, wenn dies auch in Deutschland so wäre (BGH BeckRS 2005, 03880 = NJW 2005, 1373).

6. → Form. Q.XI.

7. Dem Antrag sind folgende Anlagen gemäß Art. 28 EuUnthVO beizufügen: eine Ausfertigung der vollstreckbaren Entscheidung sowie ein durch das Ursprungsgericht bzw. die zuständige Behörde im Ursprungsstaat erstellter Auszug aus einer Entscheidung nach **Anhang II bzw. IV** zur EuUnthVO; Leitlinien für die Verwendung der Anhänge zur EuUnthVO unter https://op.europa.eu/de/publication-detail/-/publication/8aa572b8-6eb3-11e8-9483-01aa75ed71a1 (Stand 30.10.2025). Formblatt und Titel sollen untrennbar miteinander verbunden sein, § 30 Abs. 2 AUG. Das Gericht kann sich anstelle des Auszugs nach Art. 29 Abs. 1 EuUnthVO mit einem gleichwertigen Schriftstück begnügen oder von der Vorlage des Auszugs befreien. Das Gericht kann eine Teilübersetzung des Anhangs II/IV verlangen, Art. 28 Abs. 1 lit. c, Abs. 3 EuUnthVO. Der Titel selbst bedarf im Rahmen des erstinstanzlichen Verfahrens keiner Übersetzung, Art. 28 Abs. 2 S. 1 EuUnthVO.

8. Unter den Voraussetzungen des § 53 Abs. 2 AUG, also insbesondere dann, wenn der Schuldner bis zum Ablauf der Beschwerdefrist keine Beschwerdeschrift eingereicht hat, erteilt der Urkundsbeamte der Geschäftsstelle dem Gläubiger auf Antrag ein **Zeugnis**. Unter Vorlage des Zeugnisses kann der Gläubiger beantragen, dass die Zwangsvollstreckung aus dem Titel über Maßregeln der Sicherung hinaus fortzusetzen ist, § 53 Abs. 1 AUG.

VIII. Anerkennung und Vollstreckbarerklärung eines Unterhaltstitels nach HUntÜbk 2007 (Norwegen)

An das

Amtsgericht

– Familiengericht – . . . . . .[1, 2]

Antrag

In der Familiensache

des Kindes . . . . . ., vertreten durch seinen Vater, Herrn . . . . . ., wohnhaft . . . . . ./Norwegen,

Verfahrensbevollmächtigte: Rechtsanwalt . . . . . . – Antragsteller –

gegen

Frau . . . . . ., wohnhaft . . . . . ./Deutschland, – Antragsgegnerin –

wegen Anerkennung und Vollstreckbarerklärung des Urteils des . . . . . .gerichts . . . . . ./Norwegen vom . . . . . . betreffend Kindesunterhalt nach dem Haager Übereinkommen v. 23.11.2007 über die internationale Geltendmachung der Unterhaltsansprüche von Kindern und anderen Familienangehörigen (HUntÜbk 2007)

Namens und unter Berufung auf die mir schriftlich erteilte, beigefügte Verfahrensvollmacht des Ast. stelle ich hiermit folgende Anträge:

1. Das Urteil des . . . . . .gerichts . . . . . ./Norwegen vom . . . . . ., Az. . . . . . ., wird anerkannt und mit der Vollstreckungsklausel versehen.[3]
2. Die Ag. trägt die Kosten des Verfahrens.[4]
3. Dem Ast. wird Verfahrenskostenhilfe unter Beiordnung des Unterzeichners bewilligt.[5]

Begründung:

1. Der Ast. ist das während der Ehe der Ag. mit dem Kindesvater am . . . . . geborene Kind. Er lebt seit der Trennung der Eltern, nämlich seit . . . . . ., aufgrund gemeinsamer elterl. Entscheidung beim Kindesvater in Norwegen. Die Ag. lebt in Deutschland. Dem Vater ist die alleinige elterliche Sorge für den Ast. übertragen worden (wird ausgeführt).
2. Durch Urteil des . . . . . .gerichts . . . . . ./Norwegen vom . . . . . ., Az. . . . . . ., ist die Ag. zu Kindesunterhaltsleistungen an den Ast. in Höhe von mtl. . . . . . . Norwegische Kronen für die Zeit ab . . . . . . verurteilt. Das Urteil ist rechtskräftig und in Norwegen vollstreckbar (wird ausgeführt).
3. Die Ag. wohnt inzwischen in . . . . . ./Deutschland und arbeitet dort bei der Firma . . . . . . mit einem mtl. Verdienst von mindestens . . . . . . EUR. Der Ast. benötigt Anerkennung und Vollstreckungsklausel, um in Deutschland vollstrecken zu können.
4. Dem Antrag sind folgende Anlagen beigefügt:[6]

a) Vollmacht,
b) Sorgerechtsentscheidung vom . . . . . .,
c) Ausfertigung der Entscheidung des Urteils des . . . . . . gerichts . . . . . ./Norwegen v. . . . . . ., Az. . . . . . . nebst zwei Abschriften,
d) Bescheinigung der Vollstreckbarkeit der Entscheidung im Ursprungsstaat,
e) Übersetzung des Antrags und Titels in die englische Sprache nebst zwei Abschriften.

5. Es wird bereits jetzt beantragt, ein Zeugnis nach § 53 Abs. 2 AUG zu erteilen und die Zwangsvollstreckung aus dem Titel über Maßregeln zur Sicherung hinaus fortzusetzen, § 53 Abs. 1 AUG.[7]
6. Sollten weitere Unterlagen erforderlich sein, wird um Hinweis unter Gewahrung angemessener Fristen aufgrund des Aufenthalts des Ast. im Ausland gebeten.

Rechtsanwalt

Anmerkungen

1. a) Das am 1.8.2014 nach Genehmigung durch die EU für Deutschland in Kraft getretene Haager Übereinkommen über die internationale Geltendmachung der Unterhaltsansprüche von Kindern und Familienangehörigen v. 23.11.2007 (**HUntÜbk 2007**) vereinfacht die Geltendmachung von Unterhaltsansprüchen, indem es ein System der Zusammenarbeit Zentraler Behörden festlegt, grundsätzlich kostenfreie VKH gewährleistet und das Anerkennungs- und Vollstreckungsverfahren nach dem Vorbild der Brüssel I-VO rationalisiert. Es regelt zwischen Vertragsstaaten, wobei zu beachten ist, dass zwischen den EU-Mitgliedstaaten, die sämtlich Vertragsstaaten der HUntÜbk 2007 sind, die vorrangige EuUnthVO gilt; einzige Ausnahme ist Dänemark, für die die EuUnthVO nur eingeschränkt gilt, → Form. Q.VII. Das HUntÜbk 2007 gilt für Deutschland im Verhältnis zu Albanien, Aserbaidschan, Belarus, Bosnien-Herzegowina, Botsuana, Brasilien, Cabo Verde, Dänemark, Dominikanische Republik, Ecuador, El Salvador, Georgien, Guyana, Honduras, Kanada – nur British Columbia, Manitoba und Ontario, Kasachstan, Kirgisistan, Kolumbien, Montenegro, Neuseeland, Nicaragua, Norwegen, Paraguay, Philippinen, Serbien, Türkei, Ukraine, Vereinigtes Königreich für Titel aus Verfahren, die ab dem 1.1.2021 eingeleitet worden sind und ab dem 1.1.2021 förmlich errichtete, eingetragene, gebilligte oder geschlossene öffentliche Urkunden (Überblick zu ausgehenden Anträgen in das Vereinigte Königreich unter htttps://www.bundesjustizamt.de/SharedDocs/Downloads/DE/AU/Uebersicht_Aufträge_UK.pdf?-blob=publicationFile&v=1 (Stand 21.4.2026), Vereinigte Staaten von Amerika; Vertragsstaatenliste unter https://www.bundesjustizamt.de/SharedDocs/Downloads/DE/AU/Staatenliste.pdf?__blob=publicationFile&v=2 (Stand 30.10.2025); Formulare unter https://www.bundesjustizamt.de/DE/Themen/Familieinternational/Unterhalt/HaagerUnterhaltsuebereinkommen/Formulare/Formulare_node.html (Stand 30.10.2025). Art. 56 HUntÜbk 2007 enthält Übergangsvorschriften (zu dessen Abs. 3 OLG Bremen BeckRS 2024, 8148 = FamRZ 2024, 1485). Gemäß Art. 56 Abs. 1 HUntÜbk 2007 ist der Vollstreckungsstaat nach diesem Übereinkommen nicht verpflichtet, eine Entscheidung oder Unterhaltsvereinbarung in Bezug auf Zahlungen zu vollstrecken, die vor dem Inkrafttreten des Übereinkommens zwischen dem Ursprungsstaat und dem Vollstreckungsstaat fällig geworden sind, es sei denn, dass Unterhaltspflichten aus einer Eltern-Kind-Beziehung gegenüber einer Person betroffen sind, die das 21. Lebensjahr noch nicht vollendet hat. Durch den Beitritt der Vereinigten Staaten von Amerika sowie der Türkei und den erwarteten Beitritten weiterer kanadischer Provinzen und Israel ist von einer zukünftigen erheblichen Erweiterung des Anwendungsbereiches des HUntÜbk 2007 auszugehen. Zum Konkurrenzverhältnis des HUntÜbk 2007 zu anderen

Regelungen, → Form. Q.VII Anm. 1. Viele Informationen finden sich unter https://www.hcch.net/en/instruments/conventions/specialised-sections/child-support (Stand 30.10.2025); dort auch der Bericht von Borrás/Degeling sowie ein praktisches Handbuch.

b) Das HUntÜbk 2007 entspricht inhaltlich weitgehend der EuUnthVO. Kollisionsnormen wurden wegen rechtspolitischer Kontroversen in das **Haager Protokoll vom 23.11.2007** über das auf Unterhaltspflichten anzuwendende Recht ausgelagert, dazu Bonomi Erläuternder Bericht zum Haager Protokoll vom 23.11.2007, Schmidt Int. Unterhaltsrealisierung/Hess § 1 Rn. 4, → Form. B.II.9 Anm. 4.

Das HUntÜbk 2007 ist anwendbar auf Unterhaltspflichten aus einer Eltern-Kind-Beziehung gegenüber einem Kind bis zum 21. Lebensjahr, Art. 2 Abs. 1 lit. a HUntÜbk 2007. Der Anwendungsbereich kann vom einzelnen Vertragsstaat auf Unterhaltspflichten gegenüber unter 18-jährigen Kindern eingeschränkt oder auf andere Unterhaltspflichten, wie zB isoliert geltend gemachten Ehegattenunterhalt, erstreckt werden, Art. 2 Abs. 2 u. 3 HUntÜbk 2007. Die EU hat durch Beschluss des Rates v. 9.6.2011 über die Genehmigung des HUntÜbk 2007 im Namen der Europäischen Union gemäß Erwägungsgrund 6 entschieden, dass die Union bei Genehmigung des Übereinkommens alle Vorbehalte und Erklärungen anbringen bzw. abgeben soll, die nach Art. 62 und Art. 63 des UntÜbk zulässig sind und die sie für erforderlich hält (ABl. 2011 L 192, 39). In deren Anhang I unter B. hat die EU erklärt, dass sie die Anwendung der Kapitel II und III des Übereinkommens auf Unterhaltspflichten zwischen Ehegatten und früheren Ehegatten erstrecken wird.

Verpflichtungen ergeben sich im Verhältnis der Vertragsstaaten nur insoweit, als der Anwendungsbereich des Übereinkommens für beide Vertragsstaaten übereinstimmt. Das HUntÜbk 2007 findet grundsätzlich auf gerichtliche und behördliche Unterhaltsentscheidungen, Vergleiche sowie Vereinbarungen, die vor einer Behörde geschlossen oder von dieser genehmigt worden sind, Anwendung, Art. 19 HUntÜbk 2007 der Möglichkeit, sich das Recht vorzubehalten, Unterhaltsvereinbarung nicht anzuerkennen und zu vollstrecken, Art. 30 Abs. 8, 62 HUntÜbk 2007 vollstreckt werden können. Für öffentliche Aufgaben wahrnehmende Einrichtungen als Ast. gilt Art. 36 HUntÜbk 2007. Art. 4 ff. HUntÜbk 2007 sehen die Einrichtung Zentraler Behörden vor, die bei der wirksamen internationalen Geltendmachung von Unterhaltsansprüchen unterstützen, Art. 14 ff. HUntÜbk 2007. Dies ist in Deutschland das Bundesamt für Justiz (https://www.bundesjustizamt.de/DE/Themen/Familieinternational/Unterhalt/Unterhalt_node.html (Stand 30.10.2025).

c) Unter den in Art. 20 HUntÜbk 2007 genannten Voraussetzungen werden Unterhaltsentscheidungen aus anderen Vertragsstaaten **anerkannt und vollstreckt.** Für Unterhaltsvereinbarungen gilt Art. 30 HUntÜbk 2007. Erforderlich ist für die Vollstreckbarkeit zusätzlich, dass die Entscheidung im Ursprungsstaat wirksam und vollstreckbar ist, Art. 20 Abs. 6 HUntÜbk 2007. Art. 22 HUntÜbk 2007 regelt die Verweigerungsgründe. Hierzu zählt insbes. ein Verstoß gegen den ordre public. Neben dem gerichtlichen Anerkennungs- und Vollstreckungsverfahren, geregelt in Art. 23 HUntÜbk 2007, steht für die Vertragsstaaten, die eine entsprechende Erklärung nach Art. 63 HUntÜbk 2007 abgegeben haben (so Norwegen und Ukraine, gilt nicht für Deutschland), ein alternatives Verfahren auf Anerkennung und Vollstreckung nach Art. 24 HUntÜbk 2007 zur Verfügung. Hiernach kann unter bestimmten Voraussetzungen die Zentrale Behörde selbst anerkennen und für vollstreckbar erklären.

d) Die Vollstreckung regelt sich nach deutschem Recht, wobei Art. 32–36 HUntÜbk 2007 zu beachten sind, Art. 32 Abs. 1 HUntÜbk 2007.

2. a) Der Antrag auf Vollstreckung einer Entscheidung kann direkt oder über die **Zentrale Behörde** gestellt werden, Art. 23 Abs. 2 lit. a HUntÜbk 2007. Für Anträge über die deutsche Zentrale Behörde gelten neben Art. 9–17 HUntÜbk 2007 auch Art. 11 Abs. 1 lit. g, 63 HUntÜbk 2007 iVm Anhang III zum Beschluss des Rates v. 9.6.2011 über die Genehmigung des HUntÜbk 2007 im Namen der Europäischen Union

→ Anm. 1. Danach bedarf es zusätzlich der folgenden Angaben: die Staatsangehörigkeit der berechtigten Person, ihr Beruf bzw. ihre Beschäftigung sowie gegebenenfalls der Name und die Anschrift ihres gesetzlichen Vertreters, die Staatsangehörigkeit der verpflichteten Person, ihr Beruf bzw. ihre Beschäftigung, soweit diese Angaben der berechtigten Person bekannt sind; bei einem Antrag eines öffentlich-rechtlichen Leistungsträgers, der Unterhaltsansprüche aus übergegangenem Recht geltend macht, der Name und die Koordinaten derjenigen Person, deren Anspruch übergegangen ist; bei einer Indexierung einer titulierten Unterhaltsforderung die Modalitäten für die Berechnung dieser Indexierung und bei einer Verpflichtung zur Zahlung von gesetzlichen Zinsen, der gesetzliche Zinssatz sowie der Beginn der Zinspflicht. Es wird empfohlen, die zur Verfügung gestellten **Formulare** (https://www.bundesjustizamt.de/DE/Themen/Familie-international/Unterhalt/HaagerUnterhaltsuebereinkommen/Formulare/Formulare_node.html (Stand 30.10.2025)) zu nutzen. Die Zentrale Behörde gilt als bevollmächtigt, im Namen des Unterhaltsberechtigten tätig zu werden, § 5 Abs. 5 AUG.

Nach §§ 35, 36 ff. AUG ist bei Unterhaltstiteln iSd Abschnitte 3–5 AUG örtlich ausschließlich das Amtsgericht am Sitz des OLG zuständig, wenn der Schuldner sich gewöhnlich im OLG-Bezirk aufhält oder die Vollstreckung im OLG-Bezirk durchgeführt werden soll. Für den Bezirk des KG entscheidet das AG Pankow, § 35 Abs. 1 S. 2 AUG. Es besteht kein Anwaltszwang, § 38 Abs. 2 AUG. Wenn weder Verfahrensbevollmächtigter noch Zustellungsbevollmächtigter benannt sind, gilt § 37 Abs. 1 AUG. Der Antrag kann nur aus den Gründen des Art. 22 lit. a HUntÜbk 2007 (Unvereinbarkeit mit dem ordre public) verweigert werden. Es besteht eine Bindung an die tatsächlichen Feststellungen betr. die Zuständigkeit, Art. 27 HUntÜbk 2007. In der Sache darf nicht nachgeprüft werden, Art. 28 HUntÜbk 2007. Weder die antragstellende noch die antragsgegnerische Partei können erstinstanzlich Einwendungen vorbringen, Art. 23 Abs. 4 HUntÜbk 2007. Es wird beschleunigt und grundsätzlich ohne mündliche Verhandlung entschieden, § 38 Abs. 1 AUG. Die Zwangsvollstreckung wird zugelassen, indem der Titel auf Antrag mit der Vollstreckungsklausel versehen wird, § 36 AUG. Die Entscheidung wird antragstellender und antragsgegnerischer Partei umgehend bekanntgegeben, Art. 23 Abs. 5 HUntÜbk 2007. Innerhalb von 30 bzw. 60 Tagen kann Beschwerde eingelegt werden, Art. 23 Abs. 6 HUntÜbk 2007, § 60a AUG. Die Beschwerde kann sich auf tatsächliche oder rechtliche Gründe berufen, Art. 23 Abs. 5 Hs. 2 HUntÜbk 2007 und kann nur auf die in Art. 23 Abs. 7 und Abs. 8 HUntÜbk 2007 genannten Umstände gestützt werden. Art. 25 Abs. 2 HUntÜbk 2007 ist zu beachten. Nach § 59a AUG kann der Schuldner materiell-rechtliche Einwendungen im Beschwerdeverfahren erheben, wenn die Gründe, auf denen sie beruhen, erst nach Entscheidungserlass entstanden sind. Es bedarf – anders als bei der Geltung der EuUnthVO, → Form. Q.VII, und des LugÜ 2007, → Form. Q.IX – dann keines Vollstreckungsgegenantrags. Hierzu zählt nicht der Einwand, dass der antragstellende Elternteil, der den Titel erwirkt hat, nach Eintritt der Volljährigkeit des Kindes auch hinsichtlich der Unterhaltsrückstände aus der Zeit der Minderjährigkeit nicht mehr zur Vollstreckung der titulierten Kindesunterhaltsansprüche befugt ist (BGH BeckRS 2024, 11625 = FamRZ 2024, 1145 mAnm Gruber).

b) Die Vorschriften im AUG für die Vollstreckung gelten nach Maßgabe des § 55 AUG für die Anerkennung entsprechend.

3. Mit Wirksamkeit der Entscheidung erteilt der Urkundsbeamte der Geschäftsstelle antragsgemäß die **Vollstreckungsklausel**, §§ 36, 41 AUG, → Form. Q.VII Anm. 3.

4. Kosten und Gegenstandswert → Form. Q.VII Anm. 4.

5. → Form. Q. XI.

6. Dem Antrag sind die in Art. 25 HUntÜbk 2007 genannten **Schriftstücke** beizufügen, wobei auch elektronische Dokumente ausreichen (Präambel Erwägungsgrund 4). Dies sind insbes.:

- der vollständige Wortlaut der Entscheidung, wobei auch eine Kopie ausreicht, außer der Vertragsstaat hat nach Art. 57 HUntÜbk 2007 angegeben, dass es einer von der zuständigen Behörde des Ursprungsstaats beglaubigten vollständigen Kopie bedarf, Art. 25 Abs. 3 lit. a HUntÜbk 2007 (so die Ukraine) oder dass er eine Zusammenfassung oder einen Auszug (insbes. unter Verwendung des Formblatts der Haager Konferenz), der von der zuständigen Behörde des Ursprungsstaats erstellt ist, akzeptiert, Art. 25 Abs. 3 lit. b HUntÜbk 2007. Länderspezifische Angaben zu Erklärungen finden sich unter https://www.hcch.net/en/instruments/conventions/status-table/?cid=131 nach Anklicken der rechten Rubrik „Res/D/N" (Stand 30.10.2025),
- der Nachweis der Vollstreckbarkeit, wobei die Vollstreckbarkeit auch ohne Beibringung der nach Art. 25 Abs. 1 lit. b HUntÜbk 2007 geforderten formalen Nachweise möglich ist (BGH BGHZ 234, 270 = FamRZ 2022, 1719 mAnm Kern und BeckRS 2024, 11625 = FamRZ 2024, 1145 mAnm Gruber),
- der Nachweis der Rückstände mit Höhe und Datum der Berechnung,
- ggf. Angaben bei Indexierung.
- ggf. Schriftstück über unentgeltliche juristische Unterstützung im Ursprungsstaat. Dies kann nach Art. 17b HUntÜbk 2007 präjudizierende Wirkung für den Anerkennungs- und Vollstreckungsstaat haben,
- Der Ausfertigung des Titels, der mit der Vollstreckungsklausel versehen werden soll, und seiner Übersetzung sollen zwei Abschriften beigefügt werden, § 36 Abs. 4 AUG. Für einen nicht in der deutschen Sprache abgefassten Antrag gilt § 36 Abs. 3 AUG.

7. Unter den Voraussetzungen des § 53 Abs. 2 AUG, also insbesondere dann, wenn der Schuldner bis zum Ablauf der Beschwerdefrist keine Beschwerdeschrift eingereicht hat, erteilt der Urkundsbeamte der Geschäftsstelle dem Gläubiger auf Antrag ein **Zeugnis**. Unter Vorlage des Zeugnisses kann der Gläubiger beantragen, dass die Zwangsvollstreckung aus dem Titel über Maßregeln der Sicherung hinaus fortzusetzen ist, § 53 Abs. 1 AUG.

IX. Vollstreckbarerklärung eines Unterhaltstitels nach dem LugÜ 2007 (Schweiz)

An das

Amtsgericht

– Familiengericht – . . . . . .[1, 2]

Antrag auf Vollstreckbarerklärung nach dem LugÜ 2007

In der Familiensache

der Frau . . . . . ., wohnhaft . . . . . .,

– Antragstellerin –

Verfahrensbevollmächtigter: Rechtsanwalt . . . . . .[3]

gegen

Herrn . . . . . ., wohnhaft . . . . . .,

– Antragsgegner –

Verfahrensbevollmächtigte: Rechtsanwältin . . . . . .

wegen Vollstreckbarerklärung des Urteils des . . . . . . gerichts/Schweiz vom . . . . . . betreffend Ehegattenunterhalt nach dem LugÜ 2007

Namens und unter Berufung auf die mir schriftlich erteilte, beigefügte (§§ 11, 114 Abs. 5 FamFG) Verfahrensvollmacht der Ast. stelle ich hiermit folgende Anträge:

1. Das Urteil des . . . . . . gerichts/Schweiz vom . . . . . ., Az. . . . . . ., wonach der Ag. verurteilt ist, an die Ast. ab . . . . . . mtl. . . . . . . zu zahlen, wird für den Zeitraum von . . . . . . bis . . . . . .[4] mit der Vollstreckungsklausel[5] versehen.
2. Der Ag. trägt die Kosten des Verfahrens.[6]
3. Der Ast. wird Verfahrenskostenhilfe unter Beiordnung der Unterzeichnerin bewilligt.[7]

Begründung:

1. Die Beteiligten sind durch Urteil des . . . . . ./Schweiz vom . . . . . ., Az. . . . . . ., geschiedene Eheleute. Die Ast. ist deutsche Staatsangehörige, lebt in der Schweiz, während der Ag. . . . . . . Staatsangehöriger ist und in . . . . . . (Deutschland) wohnt und arbeitet.
2. Durch das Urteil des . . . . . ./Schweiz vom . . . . . ., Az. . . . . . ., ist der Ag. mit der Ehescheidung zum Unterhalt für die Ast. als seine Ehefrau in dem im Antrag genannten Umfang verurteilt worden. Ab . . . . . . hat er keinerlei Zahlungen erbracht. Auf außergerichtliche Anforderungen hat er nicht reagiert. Wegen Unterhaltspflichtverletzung ist er in der Schweiz zu einer Geldstrafe verurteilt worden.
3. Der Ag. wohnt inzwischen in . . . . . ./Deutschland und arbeitet mit einem mtl. Verdienst von mindestens . . . . . . EUR bei . . . . . . (wird ausgeführt). Die Ast. benötigt die Vollstreckungsklausel, um in Deutschland vollstrecken zu können.
4. Dem Antrag sind folgende Anlagen beigefügt:[8]

- **Vollmacht,**
- **Ausfertigung der vollstreckbaren Entscheidung nebst zwei Abschriften,**
- **Bescheinigung nach Art. 54, Anhang V LugÜ 2007.**

5. Sollten weitere Unterlagen für erforderlich angesehen werden, wird um Hinweis gebeten.

Rechtsanwalt

Anmerkungen

1. Anerkennung und Vollstreckung ausländischer Titel richten sich im Verhältnis zu der Schweiz, Island und Norwegen nach dem Übereinkommen über die gerichtl. Zuständigkeit und die Anerkennung und Vollstreckung von Zivil- und Handelssachen v. 30.10.2007 (**LugÜ 2007**; ABl. 2007 L 339, 3; erläuternder Bericht von Pocar; weitere Informationen: Dasser/Oberhammer, Kommentar zum Lugano-Übereinkommen, 2. Aufl. 2011; Andrae IntFamR § 10 Rn. 264 ff.; Wagner/Janzen IPRax 2010, 298). Zum Konkurrenzverhältnis zu anderen Regelungen → Form. Q.VII Anm. 1.

Das LugÜ 2007 erhebt nicht den Anspruch der Ausschließlichkeit, lässt die Heranziehung Haager Übereinkommen zu, Art. 67 Abs. 5 LugÜ 2007 (ansonsten Andrae IntFamR § 10 Rn. 232). Kommen mehrere Rechtsquellen in Frage, und liegen die Anerkennungsvoraussetzungen nach einer Rechtsquelle nicht vor, kommt diese nach einer anderen Rechtsquelle in Frage, wenn das **Günstigkeitsprinzip** gilt. Die Voraussetzungen müssen stets einer Rechtsquelle entnommen werden, → Form. Q.X Anm. 1; dort auch – praxisrelevant betr. die Schweiz – zur Wahl zwischen LugÜ 2007 und Haager Übk. 1973.

Das auf Zivil- und Handelssachen anzuwendende LugÜ 2007 regelt Gerichtsstände für Erkenntnis- und Zwangsvollstreckungsverfahren und stellt Regeln für Anerkennung und Vollstreckung auf. Ausführungsgesetz zum LugÜ 2007 als EU-Abkommen ist nach § 1 Abs. 1 Nr. 1 lit. c, §§ 36 ff. AUG das **AUG**. Dieses ist insoweit an die Stelle des AVAG getreten. Das LugÜ 2007 ersetzt das Vorgänger-Übereinkommen **LugÜ 1988** (BGBl. 1994 II 2658) im Verhältnis der Teilnehmerstaaten, Art. 69 Abs. 6 LugÜ 2007. Auch für das LugÜ 1988 gilt gemäß § 1 Abs. 1 Nr. 2 lit. b AUG das AUG.

Das LugÜ 2007 stimmt inhaltlich weitgehend mit der **EuUnthVO** überein, soweit es um Staaten geht, die nicht durch das Haager Unterhaltsprotokoll gebunden sind, → Form. Q.VII Anm. 1.

2. a) Entscheidungen eines durch das LugÜ 2007 gebundenen Staates werden in den anderen durch das LugÜ 2007 gebundenen Staaten **anerkannt**, ohne dass es eines besonderen Verfahrens bedarf, Art. 33 LugÜ 2007. Es besteht die Möglichkeit eines Anerkennungsverfahrens nach Art. 33 ff. LugÜ 2007. Dies ist in Deutschland beim Spezialgericht, dem Amtsgericht am Sitz des OLG, zu führen, § 35 AUG. Das Amtsgericht- Familiengericht prüft nur, ob die in Art. 53 LugÜ 2007 aufgeführten Förmlichkeiten erfüllt sind, Art. 41 S. 1 LugÜ 2007, ob also die erforderlichen Unterlagen eingereicht worden sind, → Anm. 7. Eine Prüfung der Anerkennungsversagungsgründe der Art. 34, 35 LugÜ 2007 findet erstinstanzlich nicht statt, Art. 41 S. 1 LugÜ 2007. Das Amtsgericht entscheidet gemäß Art. 41 LugÜ 2007 unverzüglich, dabei gemäß Art. 41 Nr. 2 LugÜ 2007 ohne Anhörung der antragsgegnerischen Partei. Deren rechtliches Gehör wird durch den Anerkennungsversagungsgrund des Art. 34 Nr. 2 LugÜ 2007 geschützt. Einer mündlichen Verhandlung bedarf es nicht, § 38 AUG.

Es kann Beschwerde innerhalb der Beschwerdefrist des § 43 Abs. 4 Nr. 2 AUG eingelegt werden. Das Vorliegen eines Versagungsgrundes iSd Art. 34 LugÜ 2007 wird erst in der Beschwerdeinstanz von Amts wegen geprüft (BGH BeckRS 2011, 21194 = NJW

2011, 3103 und BeckRS 2008, 02216 = NJW-RR 2008, 586); zu Art. 34 Nr. 3 LugÜ 2007 OLG Koblenz BeckRS 109906 = FamRZ 2017, 1521.

b) Für die Vollstreckung bedarf es eines **Exequaturverfahrens**, dh der im Ursprungsstaat vollsteckbare Titel ist in dem anderen Staat für vollstreckbar zu erklären, Art. 38 Nr. 1 LugÜ 2007. Das LugÜ 2007 sieht ein besonderes, vereinfachtes Vollstreckungsverfahren vor. Für Verfahren auf Vollstreckbarerklärung von Unterhaltstiteln nach dem LugÜ 2007 sind gemäß Art. 22 Nr. 5 LugÜ 2007 die Gerichte des durch das LugÜ 2007 gebundenen Staates international zuständig, in dessen Hoheitsgebiet die Zwangsvollstreckung durchgeführt werden soll. Die familiengerichtliche Zuständigkeit ist in Deutschland nach § 23b GVG gegeben, wenn der Titel eine Angelegenheit betrifft, die nach inländischem Verfahrensrecht als Familiensache einzuordnen ist (BGH BeckRS 1985, 2085= NJW 1986, 1440). Nach §§ 35, 36 ff. AUG ist örtlich ausschließlich das Amtsgericht am Sitz des OLG zuständig, wenn der Schuldner sich gewöhnlich im OLG-Bezirk aufhält oder die Vollstreckung im OLG-Bezirk durchgeführt werden soll. Für den Bezirk des KG entscheidet das AG Pankow, § 35 Abs. 1 S. 2 AUG.

Gegenstand der Vollstreckbarerklärung nach dem LugÜ 2007 sind gerichtliche Entscheidungen, unabhängig davon, wie sie bezeichnet sind, Art. 32 LugÜ 2007, öffentliche Urkunden, Art. 57 LugÜ 2007 und Vergleiche, Art. 58 LugÜ 2007. Gemäß Art. 39 Nr. 1 LugÜ 2007 iVm § 35 Abs. 3 Nr. 2 AUG kann auch ein **Notar** im Anwendungsbereich des LugÜ 2007 eine notarielle Urkunde für vollstreckbar erklären.

Die Vollstreckbarerklärung gibt die Befugnis, Maßnahmen zu veranlassen, die auf eine Sicherung gerichtet sind, Art. 47 Nr. 2 LugÜ 2007. Solange die Beschwerdefrist läuft und solange über die Beschwerde nicht entschieden ist, darf die Zwangsvollstreckung in das Vermögen des Schuldners nicht über Maßnahmen der Sicherung hinausgehen, Art. 47 Nr. 3 LugÜ 2007. Bei Erlass eines **Pfändungs-** und **Überweisungsbeschlusses** muss der zu vollstreckende mtl. Unterhalt nicht unbedingt beziffert ausgewiesen werden. Dem Drittschuldner kann es vielmehr möglich und zumutbar sein, den jeweiligen Unterhalt nach den Angaben im Titel und den sonst maßgeblichen Faktoren zu berechnen (OLG Jena BeckRS 2000, 1448= NJW-RR 2000, 1027). Die Entscheidung wird dem Antragsteller mitgeteilt und dem Schuldner zugestellt, Art. 42 LugÜ 2007 iVm § 42 AUG. Die **Beschwerde** ist binnen eines Monats ab Erteilung der Vollstreckungsklausel möglich, Art. 43 LugÜ 2007, § 43 AUG. Das Beschwerdegericht darf die Vollstreckbarerklärung aus einer gerichtlichen Entscheidung nur aus einem der in Art. 34 und 35 LugÜ 2007 aufgeführten Anerkennungsversagungsgründe ablehnen oder aufheben; die ausländische Entscheidung darf nicht in der Sache selbst nachgeprüft werden, Art. 45 LugÜ 2007 (hierzu Schmidt Int. Unterhaltsrealisierung/Junggeburth § 3 Rn. 38 ff.). Wichtigster Versagungsgrund betr. Entscheidungen und einzig zulässiger Versagungsgrund betr. öffentl. Urkunden (Art. 57 Nr. 1 S. 2 LugÜ 2007) ist ein Verstoß gegen den **ordre public**. Dieser kommt vor in der Form, dass das Ergebnis mit wesentlichen Grundsätzen des deutschen Rechts unvereinbar ist oder als Verstoß gegen die fundamentalen Wertvorstellungen des Gemeinschaftsrechts (doppelter Bezugsrahmen) (Hess Europäisches Zivilprozessrecht 2010, S. 538). Die uneingeschränkte Verurteilung zur Zahlung bzw. die Vollstreckbarerklärung eines ausl. Urteils unter Zurückweisung einer **Aufrechnung** des sonst Zahlungspflichtigen verstößt nicht gegen den deutschen ordre public (für AVAG noch in der aF, BGBl. 1988 I 662, OLG Frankfurt a. M. LSK 1999, 180566 = IPRax 1999, 460), denn damit sind Forderungen und Gegenforderungen nicht endgültig abgeschnitten (BGH BeckRS 1970 = BGHZ 53, 357 (363)). Vollstreckung in Deutschland aus einem Urteil zum nachehelichen Unterhalt verletzt nicht den deutschen ordre public, selbst wenn der gerichtl. Ausspruch darauf beruht, dass dem unterhaltspflichtigen Ehegatten die Schuld am Scheitern der Ehe zugesprochen wird, und er erst so zu Unterhaltsleistungen herangezogen werden kann (OLG Frankfurt a. M. BeckRS 2005, 05944 = NJW-RR 2005, 1375 unter Hinweis auf § 1579 BGB).

Beim Beschwerdegericht kann ein Antrag auf Aussetzung des Verfahrens gestellt werden, wenn im Ursprungsstaat ein Rechtsbehelf eingelegt ist oder noch eingelegt werden kann, Art. 46 LugÜ 2007. Das Gericht kann die Zwangsvollstreckung nach Art. 46 Nr. 1 LugÜ 2007 von der Leistung einer Sicherheit abhängig machen.

Gegen den Beschluss des OLG kann **Rechtsbeschwerde** eingelegt werden, über die der BGH entscheidet, §§ 46 ff. AUG.

3. Nach Art. 40 Nr. 2 LugÜ 2007 hat die antragstellende Person, wenn sie im Inland keinen Verfahrensbevollmächtigten eingeschaltet hat, in ihrem Antrag einen **Zustellungsbevollmächtigten** zu benennen. Andernfalls kann an sie nach § 37 AUG durch Aufgabe zur Post zugestellt werden.

4. Mit dem rechtskräftigen Urteil ist die Ehe der Parteien geschieden und der Unterhalt ausgeurteilt worden. Die Vollstreckbarerklärung kann auch nur für einen Teil mehrerer Ansprüche bzw. nur für einen Teil der Verurteilung beantragt werden, Art. 48 LugÜ 2007. Es ergeht dann eine Teilvollstreckungsklausel.

5. Der Urkundsbeamte der Geschäftsstelle erteilt auf Antrag die Vollstreckungsklausel nach § 41 AUG, → Form. Q.VII Anm. 3.

6. Es gelten § 40 Abs. 1 S. 4 AUG und § 788 ZPO entsprechend, → Form. Q.VII Anm. 4.

7. → Form. Q.XI.

8. Beizufügen sind die in Art. 40 Nr. 3, 53 ff. LugÜ 2007 aufgeführten Unterlagen: Ausfertigung der Entscheidung sowie grundsätzlich eine vom Gericht oder der sonst befugten Stelle ausgestellte **Bescheinigung** nach Art. 54, Anhang V LugÜ 2007 bzw. Art. 57 Nr. 4, Anhang VI LugÜ 2007. Vom Erfordernis der Vorlage der Bescheinigung kann unter den Voraussetzungen des Art. 55 Nr. 1 LugÜ 2007 befreit werden. Das Gericht kann zusätzlich die Übersetzung der Urkunden verlangen, Art. 55 Nr. 2 LugÜ 2007, § 36 Abs. 3 AUG. Nach § 36 Abs. 2 AUG sollen der Titelausfertigung und seiner Übersetzung je zwei beglaubigte Abschriften beigefügt werden.

X. Vollstreckbarerklärung eines Unterhaltsurteils nach dem HUnthVÜ (Schweiz)

An das

Amtsgericht

– Familiengericht –[1, 2]

Antrag

In der Familiensache

des minderjährigen Kindes A., ges. vertr. d. seine Mutter, Frau . . . . . ., wohnhaft . . . . . .,

– Antragstellerin –

Verfahrensbevollmächtigte: Rechtsanwältin . . . . . .[3]

gegen

Herrn . . . . . ., wohnhaft . . . . . .,

– Antragsgegner –

wegen Vollstreckbarerklärung des Urteils des . . . . . .gerichts . . . . . ./Schweiz vom . . . . . ., Az. . . . . . ., betreffend Kindesunterhalt nach dem Haager Übereinkommen von 1973

Namens und unter Berufung auf die mir schriftlich erteilte, beigefügte Verfahrensvollmacht der Ast. stelle ich hiermit folgende Anträge:

1. Das Urteil des . . . . . .gerichts . . . . . ./Schweiz vom . . . . . ., Az. . . . . . ., wonach der Ag. verpflichtet worden ist, an die Ast. ab . . . . . . Kindesunterhalt iHv mtl. . . . . . . CHF ab . . . . . . zu zahlen, wird mit der Vollstreckungsklausel versehen.[4]
2. Der Ag. trägt die Kosten des Verfahrens.[5]
3. Der Ast. wird Verfahrenskostenhilfe unter Beiordnung der Unterzeichnerin bewilligt.[6]

Begründung:

1. Die am . . . . . . geborene minderjährige Ast. ist aus der Ehe des Ag. und der Mutter hervorgegangen. Die Ehe der Kindeseltern wurde durch . . . . . . (wird ausgeführt) geschieden. Die Ast. wird von ihrer Mutter, Frau . . . . . ., wohnhaft in . . . . . ., gesetzlich vertreten. Dieser ist die elterliche Sorge für die Ast. durch . . . . . . übertragen worden (wird ausgeführt). Alle Verfahrensbeteiligten sind . . . . . . Staatsangehörige, die in Deutschland leben. Der Ag. arbeitet als . . . . . . bei der Firma . . . . . . und hat ein mtl. Nettoeinkommen iHv . . . . . . EUR (wird ausgeführt).
2. Mit Urteil des . . . . . .gerichts . . . . . ./Schweiz vom . . . . . ., Az. . . . . . ., ist der Ag. zur Zahlung von Kindesunterhalt für die Ast. in Höhe von monatlich . . . . . . CHF ab . . . . . . verurteilt worden. Der Ag. hat keine Leistungen auf den Titel erbracht. Die Ast. will zunächst und vor einer Unterhaltsabänderung in Deutschland[7]

aus dem vorliegenden schweizerischen Urteil vollstrecken. Dazu ist die Vollstreckbarerklärung nach dem Haager Übk. von 1973 erforderlich.

3. Dem Antrag sind folgende Anlagen beigefügt:[8]
   - Vollmacht,
   - Sorgerechtsentscheidung des . . . . . . gerichts/Schweiz vom . . . . . ., Az. . . . . . .,
   - Ausfertigung des Urteils des . . . . . . gerichts/Schweiz vom . . . . . ., Az. . . . . . ., nebst zwei beglaubigter Abschriften,
   - Nachweis über Rechtskraft/Vollstreckbarkeit des Urteils des . . . . . . gerichts/ Schweiz vom . . . . . ., Az. . . . . . .,
   - Rückstandsberechnung.

Sollten weitere Unterlagen für erforderlich angesehen werden, wird um Hinweis gebeten.

Rechtsanwältin

Anmerkungen

1. Anerkennung und Vollstreckung ausländischer Unterhaltstitel in Deutschland richten sich zwischen EU-Mitgliedstaaten (Besonderheiten Dänemark → Form. Q.VII Anm. 1) nach EuUnthVO, ansonsten nach Abkommen der EU, nach völkerrechtlichen Verträgen und nachrangig nach §§ 107 ff. FamFG; Überblick unter → Form. Q.VII Anm. 1. Das Haager Übereinkommens v. 23.11.2007 über die internationale Geltendmachung der Unterhaltsansprüche von Kindern und Familienangehörigen ersetzt zwischen Vertragsstaaten das **HUnthVÜ** gemäß Art. 18 Haager Unterhaltsprotokoll 2007, → Form. Q.VII Anm. 1; Vertragsstaatenliste der HUntÜbk 2007 unter https://www.hcch.net/en/instruments/conventions/status-table/?cid=131 (Stand 30.10.2025). Dessen Vertragsstaatenliste wächst. Es gilt auch im Verhältnis zu Türkei, Ukraine, Vereinigtes Königreich und USA → Form. Q.VII Anm. 1. Für Mitgliedstaaten des Haager Übk. 1958, die auch dem HUnthVÜ beigetreten sind, ist das HUnthVÜ vorrangig. Das LugÜ 2007, → Form. Q.IX, lässt das HUnthVÜ unberührt, Art. 67 Abs. 5 LugÜ 2007. Dies ist praxisrelevant in Bezug auf die Schweiz, die nicht Vertragsstaat des HUntÜbk 2007 ist. Sollte der konkrete Einzelfall vom sachlichen und zeitlichen Anwendungsbereich von HUnthVÜ und LugÜ 2007 abgedeckt sein, bietet es sich regelmäßig an, nach dem LugÜ 2007 vorzugehen, wonach es keines Anerkennungsverfahrens bedarf und das Vollstreckungsverfahren vereinfacht ist, → Form. Q.IX.

Voraussetzungen und Verfahren der Anerkennung und Vollstreckung können sich nach dem LugÜ 2007 richten (**Günstigkeitsprinzip**) (BGH BeckRS 2008, 01149 = NJW 2008, 1531). Nach Art. 23 HUnthVÜ beansprucht dieses selbst keinen absoluten Vorrang gegenüber dem nationalen Recht, sondern lässt den Rückgriff auf innerstaatliches Recht zu, so dass § 97 Abs. 1 FamFG diesem Rückgriff nicht entgegensteht (BGH BeckRS 2015, 17166 = NJW-RR 2016, 67).

Das HUnthVÜ regelt ausschließlich die Anerkennung und Vollstreckung von Unterhaltsentscheidungen und Vergleichen. Deutsches Ausführungsgesetz ist gemäß Art. 13 HUnthVÜ, § 1 Abs. 1 Nr. 2 lit. a AUG iVm §§ 57 ff. AUG das **AUG**. Dieses ist auf die in der Praxis bedeutsamsten, aber nicht auf sämtliche internationale Rechtsinstrumente anzuwenden.

Das HUnthVÜ gilt für Titel betreffend Kindes- und Ehegattenunterhalt, Art. 1 S. 1 HUnthVÜ. Es ist auf Entscheidungen von Gerichten und Verwaltungsbehörden und Vergleiche beschränkt, Art. 2 HUnthVÜ, wobei § 61 Abs. 1 AUG betreffend öffentliche Urkunden einschränkt. Die Titel bedürfen der Anerkennung und Vollstreckbarerklärung, Art. 4 HUnthVÜ.

2. Die Gerichte des Vollstreckungsstaates sind gemäß Art. 4 S. 1 HUnthVÜ international zuständig, über **Anerkennung, Vollstreckbarerklärung** und **Vollstreckung** zu entscheiden. Es handelt sich um eine Familiensache, wenn der Titel eine Angelegenheit betrifft, die nach deutschem Verfahrensrecht als Familiensache einzuordnen ist, → Form. Q.VII Anm. 2. Nach §§ 35, 57 ff. AUG ist in Deutschland das Amtsgericht am Sitz des OLG ausschließlich örtlich zuständig, wenn der Schuldner sich gewöhnlich im OLG-Bezirk aufhält oder die Vollstreckung im OLG-Bezirk durchgeführt werden soll. Für den Bezirk des KG entscheidet das AG Pankow, § 35 Abs. 1 S. 2 AUG. Für das gerichtliche Verfahren gilt ergänzend das FamFG, § 2 AUG.

Das Amtsgericht prüft, ob die Voraussetzungen für die Vollstreckbarerklärung nach Art. 4 ff. HUnthVÜ gegeben sind: Die den Titel erlassende Behörde muss gemäß Art. 4 S. 1 Nr. 1 HUnthVÜ als zuständig anzusehen sein iSd Art. 7, 8, 9 HUnthVÜ. Außerdem darf im Ursprungsstaat gegen die Entscheidung kein ordentliches Rechtsmittel mehr zulässig sein, Art. 4 S. 1 Nr. 2 HUnthVÜ. § 61 Abs. 1 AUG enthält eine Sonderregelung für öffentliche Urkunden. Für vorläufig vollstreckbare und einstweilige Maßnahmen gilt Art. 4 S. 2 HUnthVÜ, für Versäumnisentscheidungen Art. 6 HUnthVÜ. Ist der Gläubiger eine öffentliche Aufgaben wahrnehmende Einrichtung, die die Erstattung der dem Unterhaltsberechtigten erbrachten Leistungen titulieren lässt, stellen Art. 18, 19 HUnthVÜ zusätzliche Voraussetzungen auf. Art. 5 HUnthVÜ (zu Art. 5 Nr. 4 HUntÜbk 2007 OLG Koblenz BeckRS 1992, 2716 = FamRZ 2017, 1521) sowie § 61 Abs. 2 AUG regeln mögliche Versagungsgründe, zu denen insbes. ein Verstoß gegen den **ordre public** zählt. Anerkennungsversagungsgründe werden erst in der Beschwerdeinstanz geprüft. Eine Überprüfung der Entscheidung auf ihre Gesetzmäßigkeit, wenn im HUnthVÜ nichts anderes bestimmt ist, darf nicht stattfinden, Art. 12 HUnthVÜ.

Die antragsgegnerische Person wird im erstinstanzlichen Verfahren nicht angehört, § 58 AUG. Die Entscheidung wird ihr zugestellt. Für die Zustellung im Ausland bzw. durch öffentliche Bekanntmachung ist § 59 Abs. 2 AUG zu beachten. Die **Beschwerde**frist beträgt bei Zustellung an den Schuldner im Ausland gemäß § 62 Abs. 1 AUG zwei Monate, sonst gemäß § 59 Abs. 1 AUG einen Monat ab Zustellung. Das OLG kann auf Antrag unter den Voraussetzungen des § 62 Abs. 2 S. 1 AUG die Entscheidung über die Beschwerde gegen die Zulassung der Zwangsvollstreckung aussetzen. Es kann die Zwangsvollstreckung auch von einer Sicherheit abhängig machen, § 62 Abs. 2 S. 3 AUG. § 59a AUG ermöglicht dem Schuldner im Beschwerdeverfahren nach Entscheidungserlass entstandene Einwendungen gegen den Anspruch selbst vorzubringen (BGH BeckRS 2011, 06781 = NJW-RR 2011, 650). Insoweit ist der Vollstreckungsabwehrantrag nach § 120 FamFG iVm § 767 ZPO ausgeschlossen, § 66 Abs. 2 AUG. Eine Rechtsbeschwerde gegen die Entscheidung des OLG gibt es, anders als bei Entscheidungen nach EuUnthVO und EU-Abkommen, nicht.

3. Nach §§ 57, 37 AUG entspr. kann an die antragstellende Person, die keinen Verfahrensbevollmächtigten bestellt und keinen Zustellungsbevollmächtigten benannt hat, durch Aufgabe zur Post zugestellt werden.

4. Der Urkundsbeamte der Geschäftsstelle erteilt auf Antrag die Vollstreckungsklausel, §§ 57, 36 Abs. 1, 41 AUG entspr., → Form. Q.VII Anm. 3.

5. Die Kostenentscheidung beruht auf §§ 57, 40 Abs. 1 S. 3 AUG, § 788 ZPO. Für den Anwalt entstehen die üblichen Gebühren, → Form. Q.VII Anm. 4. Der Gegenstandswert wird nur auf Antrag festgesetzt, § 33 RVG.

6. → Form. Q.XI.

7. Bei gewöhnlichem Aufenthalt in Deutschland und internat. Zuständigkeit deutscher Gerichte kann **Unterhaltsabänderung** in Deutschland im üblichen Verfahren beantragt werden, **§§ 238 ff. FamFG,** → Form. B.II.9.

8. Es bedarf der Beifügung der in Art. 17, 20 HUnthVÜ aufgeführten Unterlagen. Dies ist zum einen die Ausfertigung der Entscheidung bzw. des Vergleiches, wobei einer Versäumnisentscheidung der Zustellungsnachweis beizufügen ist. Weiter sind Urkunden einzureichen, aus denen sich ergibt, dass gegen die Entscheidung im Ursprungsstaat kein ordentliches Rechtsmittel mehr zulässig ist und ggf., dass die Entscheidung dort vollstreckbar ist (letzteres kann auch anders festgestellt werden, BGH BeckRS 2024, 11625 = FamRZ 2024, 1145 mAnm Gruber). Bei Antragstellung durch eine öffentliche Aufgaben wahrnehmende Einrichtung bedarf es zusätzlich der in Art. 20 HUnthVÜ genannten Urkunden. Im Fall von VKH oder Befreiung von den Verfahrenskosten im Ursprungsstaat ist ein entspr. Schriftstück beizubringen, → Form. Q.IX. Außerdem sind, wenn die Behörde des Vollstreckungsstaates hierauf nicht verzichtet, beglaubigte Übersetzungen sämtlicher Urkunden einzureichen. Der Legalisation oder ähnlicher Förmlichkeiten bedarf es nicht, Art. 17 Abs. 3 HUnthVÜ. Nach §§ 57, 36 Abs. 2 AUG entspr. sollen der Titelausfertigung und seiner Übersetzung je zwei beglaubigte Abschriften beigefügt werden.

XI. Antrag auf Bewilligung von Verfahrenskostenhilfe für das Verfahren auf Vollstreckbarerklärung

An das

Amtsgericht – Familiengericht[1] –

(sonst wie → Form. Q.VII, → Form. Q.VIII, → Form. Q.IX und → Form. Q.X)

Antrag auf Bewilligung von Verfahrenskostenhilfe

Die Antragstellerin beantragt Verfahrenskostenhilfe unter Beiordnung des Unterzeichners.

Begründung:

1. Die Ast. macht Unterhaltsansprüche gegen ihren geschiedenen Ehemann geltend. Grundlage ist das Urteil des . . . . . .gerichts . . . . . ./(Staat) vom . . . . . ., Az. . . . . . ., das mtl. Unterhaltsbeiträge gegen den Ag. (Schuldner) in Höhe von . . . . . . ab . . . . . . für die Ast. festlegt.
   Mit Antrag vom . . . . . . hat die Ast. beim angerufenen Gericht unter dem Az. . . . . . . Vollstreckbarerklärung dieses Urteils für den Bereich der Bundesrepublik Deutschland beantragt.
2. Für dieses Verfahren beantrage ich für die Ast. Bewilligung von Verfahrenskostenhilfe unter meiner Beiordnung. Aufgrund ihrer eingeschränkten wirtschaftlichen Verhältnisse ist die Ast. nicht in der Lage, die Kosten des Verfahrens zu tragen. Die Erklärung über die persönlichen und wirtschaftlichen Verhältnisse meiner Mandantin nebst Belegen liegt an. Maßgeblich sind ebenso wie für den Antrag auf Vollstreckbarerklärung die Bestimmungen der EuUnthVO/des HUntÜbk 2007/des LugÜ 2007/des HUnthVÜ iVm AUG.[2]

Rechtsanwalt

Anmerkungen

1. Die Zuständigkeit für die Bewilligung von Verfahrenskostenhilfe bestimmt sich als Nebenverfahren zur Hauptsache nach dem jeweiligen Übereinkommen bzw. Vertrag, der dem Antrag zugrunde liegt. Danach ist, wenn das **AUG** gilt, → Form. Q.VII Anm. 1, das Amtsgericht-Familiengericht am Sitz des OLG örtlich ausschließlich zuständig, wenn der Schuldner sich gewöhnlich im OLG-Bezirk aufhält oder die Vollstreckung im OLG-Bezirk durchgeführt werden soll.

2. Sowohl die EuUnthVO als auch einige völkerrechtliche Verträge enthalten Sondervorschriften betreffend Verfahrenskostenhilfe.

Im Rahmen der Verfahren nach **EuUnthVO**, → Form. Q.VII, wird Verfahrenskostenhilfe nach Maßgabe der Art. 44 ff. EuUnthVO, §§ 20 ff. AUG gewährt. Nach Art. 46 EuUnthVO, § 22 Abs. 1 AUG erhalten Personen unter 21 Jahren, die das Verfahren über die Zentralen Behörden führen, in Verfahren über Kindesunterhalt VKH unabhängig von ihrer Bedürftigkeit. VKH kann nur bei Mutwilligkeit oder offensichtlicher Unbegründetheit abgelehnt werden, wobei Mutwilligkeit wegen Art. 46 Abs. 1 EuUnthVO nicht mit wirtschaftlichen Erwägungen begründet werden darf. Für Anerkennung, Vollstreckbarerklärung und Vollstreckung wird keine Erfolgsaussicht geprüft, § 22 Abs. 2 S. 2 AUG. Im Falle der Antragszurückweisung kann unter den Voraussetzungen des § 22 Abs. 3 AUG von der antragstellenden Person eine Erstattung der im Wege der VKH verauslagten Kosten verlangt werden.

Für Verfahren nach dem **HUntÜbk 2007,** → Form. Q.VIII, gelten Art. 15 ff. HUntÜbk 2007. Für Kindesunterhaltsverfahren bis zum 21. Lebensjahr wird VKH nach Maßgabe von § 22 AUG ohne Weiteres bewilligt, Art. 15 Abs. 1 HUntÜbk 2007. IÜ gelten die allgemeinen Regeln für VKH, Art. 15 Abs. 2 HUntÜbk 2007 und Art. 17 HUntÜbk 2007, wobei §§ 22 Abs. 2, Abs. 3 und 23 AUG zu beachten sind.

Für Verfahren nach dem **LugÜ 2007,** → Form. Q.IX, erhält die antragstellende Person, der im Ursprungsland Prozesskostenhilfe oder Kosten-/Gebührenbefreiung bewilligt worden ist, in Deutschland die günstigste Behandlung, also Verfahrenskostenhilfe ohne Anordnung einer Ratenzahlung, Art. 50 LugÜ 2007, § 23 AUG. Für die Vollstreckung einer Entscheidung einer Verwaltungsbehörde enthält Art. 50 Nr. 2 LugÜ 2007 eine Sonderregelung.

Auch für Anträge nach dem **Haager Übereinkommen 1973,** → Form. Q.X, genießt die antragstellende Person im Vollstreckungsstaat die günstigste Verfahrenskostenhilfe, wenn sie im Ursprungsstaat Prozesskostenhilfe oder Befreiung von Verfahrenskosten genossen hat, Art. 15 HUnthVÜ, § 23 AUG.

§ 23 AUG regelt, dass keine nochmalige Überprüfung der wirtschaftlichen Verhältnisse in Deutschland stattfindet, wenn die antragstellende Person im Ursprungsstaat bereits VKH erhalten hat. Im Übrigen gelten § 2 AUG, §§ 76 ff. FamFG, §§ 114 ff. ZPO. Eine Vertretung durch Anwälte ist regelmäßig geboten.

§ 21 AUG regelt die Zuständigkeit der Spezialgerichte für Entgegennahme und Übermittlung von **Anträgen auf Verfahrenskostenhilfe im EU-Ausland** nach der Richtlinie 2002/8/EG des Rates v. 27.1.2003 zur Verbesserung des Zugangs zum Recht bei Streitsachen mit grenzüberschreitendem Bezug durch Festlegung gemeinsamer Mindestvorschriften für die Prozesskostenhilfe in derartigen Streitsachen (http://eur-lex.europa.eu/legal-content/DE/ALL/?uri=CELEX%3A32003L0008 (Stand 30.10.2025)).

XII. Beschwerde gegen den Beschluss über den Vollstreckungsabwehrantrag nach § 120 FamFG, § 767 ZPO, § 66 Abs. 2 AUG

An das

Amtsgericht – Familiengericht –[1]

Beschwerde[2]

der Frau . . . . . ., wohnhaft . . . . . . ,

– Antragsgegnerin und Beschwerdeführerin –

Verfahrensbevollmächtigte: Rechtsanwältin . . . . . .

gegen

Herrn . . . . . ., wohnhaft . . . . . . ,

– Antragsteller und Beschwerdegegner –

Verfahrensbevollmächtigter: Rechtsanwalt . . . . . .

wegen Beschluss des Amtsgerichts . . . . . . (Deutschland) vom. . . . . . , Az. . . . . . . über den Vollstreckungsgegenantrag betreffend das durch Beschluss des Amtsgerichts . . . . . . (Deutschland) vom . . . . . . , Az. . . . . . . , für vollstreckbar erklärte Urteil des . . . . . . gerichts . . . . . . / . . . . . . (Ausland)

Namens und unter Berufung auf die mir schriftlich erteilte, beigefügte Verfahrensvollmacht der Beschwerdeführerin und Ag. lege ich hiermit gegen den Beschluss des Amtsgerichts . . . . . . vom . . . . . . zum Az. . . . . . . Beschwerde ein und beantrage:

1. Der Beschluss des Amtsgerichts . . . . . . vom . . . . . . zum Az. . . . . . . wird aufgehoben. Der Vollstreckungsgegenantrag des Ast. und Beschwerdegegners wird zurückgewiesen.
2. Der Beschwerdegegner trägt die Kosten des Verfahrens.

Begründung:

1. Die Beteiligten sind geschiedene Eheleute (wird ausgeführt). Durch Urteil des . . . . . . gerichts . . . . . . / . . . . . . (Ausland) vom . . . . . . , Az. . . . . . . ist der Beschwerdegegner verurteilt worden, an die Beschwerdeführerin mtl. Unterhalt in Höhe von . . . . . . zu zahlen (wird ausgeführt; Unterlagen anbei).
2. Das Amtsgericht . . . . . . hat durch Beschl. v. . . . . . . , Az. . . . . . . das Urteil des . . . . . . gerichts . . . . . . / . . . . . . (Ausland) vom . . . . . . , Az. . . . . . . , mit der Vollstreckungsklausel versehen. Der Ast. und Beschwerdegegner hat dann in dem hiesigen Verfahren nach § 767 ZPO, § 66 Abs. 2 AUG beantragt, die Vollstreckung aus dem durch Beschluss des Amtsgerichts . . . . . . (Deutschland) vom . . . . . . , Az. . . . . . . , für vollstreckbar erklärten Urteil des . . . . . . gerichts . . . . . . / . . . . . . (Ausland) vom . . . . . . , Az. . . . . . . , für unzulässig zu erklären. Das Amtsgericht . . . . . . hat daraufhin die Vollstreckung aus dem durch Beschluss des Amtsgerichts . . . . . . (Deutschland) vom . . . . . . , Az. . . . . . . , für vollstreckbar erklärten

Urteil des . . . . . . gerichts . . . . . . /. . . . . . (Ausland) vom . . . . . . , Az. . . . . . . , mit Beschl. v. . . . . . . in diesem Verfahren für unzulässig erklärt.

3. **Der angegriffene Beschluss des Amtsgerichts . . . . . . ist fehlerhaft. Die Behauptung des Beschwerdegegners, die Beschwerdeführerin habe ihm gegenüber auf Unterhalt nach Rechtskraft des Scheidungsurteils verzichtet, ist frei erfunden. Der Brief, den er in erster Instanz vorgelegt hat, ist jedenfalls nicht von meiner Mandantin geschrieben. Ihre Unterschrift ist gefälscht (wird ausgeführt).**
4. **Dem Rechtsmittel ist daher stattzugeben. Der angegriffene Beschluss ist aufzuheben.**
5. **Weiterer Sachvortrag bleibt vorbehalten. Sollten aus Sicht des Gerichts ergänzende Ausführungen notwendig sein, bitte ich um Hinweise nach § 139 ZPO.**

Rechtsanwältin

Anmerkungen

1. Das **Vollstreckungsabwehrverfahren** ist ein vollstreckungsrechtliches Verfahren, für das die Gerichte des Vollstreckungsstaates international zuständig sind. Dies folgt im Bereich der EU-Mitgliedstaaten aus Art. 41 Abs. 1 **EuUnthVO** (EuGH BeckRS 2020, 11036 = FamRZ 2020, 1289 mAnm Domej). Es gelten in Deutschland ergänzend das **AUG** und **§ 120 FamFG,** § 65 AUG.

Nach § 67 Abs. 3 AUG ist das Gericht örtlich zuständig, das über den Antrag auf Erteilung der Vollstreckungsklausel entschieden hat, also nach §§ 35, 57 ff. AUG als Spezialgericht das Amtsgericht am Sitz des OLG, wenn der Schuldner sich gewöhnlich im OLG-Bezirk aufhält oder die Vollstreckung im OLG-Bezirk durchgeführt werden soll. Für den Bezirk des KG entscheidet das AG Pankow nach § 35 Abs. 1 S. 2 AUG. Beschwerdegericht ist nach allgemeinen Vorschriften das OLG.

Erforderlich ist, dass die Entscheidung, die angegriffen wird, sich auf § 1 AUG stützt, also aus den dort genannten Übk. hergeleitet wird (ua EuUnthVO, HUntÜbk 2007, LugÜ 2007, HUnthVÜ, → Form. Q.VII Anm. 1, → Form. R.III.1 Anm. 1). Für die wenigen völkerrechtlichen Verträge, für die das **AVAG** noch gilt, hat das AG auf § 14 AVAG abzustellen, der inhaltsgleich mit § 66 Abs. 2 AUG ist.

2. Der Schuldner hat die Möglichkeit, **Beschwerde gegen die Entscheidung über den Antrag auf Erteilung der Vollstreckungsklausel** einzulegen, → Form. Q.VII Anm. 2, → Form. Q.VIII Anm. 2, → Form. Q.IX Anm. 2. und → Form. Q.X Anm. 2. Vor dem Hintergrund der Rechtsprechung des EuGH (BeckEuRS 2011, 628179 = NJW 2011, 3506), wonach in Verfahren nach der EuUnthVO das Exequaturverfahren nicht der Platz ist, um Einwendungen gegen den titulierten Anspruch selbst geltend zu machen, ist § 44 AUG aF aufgehoben worden. § 59a Abs. 1 AUG regelt nun, dass der Schuldner mit der Beschwerde gegen die Zulassung der Zwangsvollstreckung auch Einwendungen gegen den Anspruch selbst insoweit geltend machen kann, als die Gründe nach Entscheidungserlass entstanden sind (dazu BGH BeckRS 2024, 11625 = FamRZ 2024, 1145 mAnm Gruber). Für Vergleiche und öffentl. Urkunden gilt § 59a Abs. 2 AUG.

Der Schuldner kann sich im Ursprungsstaat gegen die Vollstreckung des Titels wehren, kann aber auch wahlweise in Deutschland als Vollstreckungsstaat einen Vollstreckungsabwehrantrag gegen den ausländischen Titel nach § 767 ZPO, § 66 AUG stellen. § 66 Abs. 1 AUG gilt für Titel nach der EuUnthVO aus EU-Mitgliedstaaten, die durch das Haager Unterhaltsprotokoll 2007 gebunden sind und die damit nach Art. 17, 48 EuUnthVO ohne Exequaturverfahren vollstreckbar sind, → Form. Q.VII Anm. 1, → Form. R.III.1 Anm. 1 sowie für Titel, die nach den in § 1 Abs. 1 S. 1 Nr. 1 AUG genannten Abkommen für vollstreckbar erklärt worden sind, so nach der EuUnthVO für Titel aus EU-Mitgliedstaaten, die nicht durch das Haager Unterhaltsprotokoll gebunden sind,

→ Form. Q.VII Anm. 1, → Form. R.III.1 Anm. 1, auch nach dem LugÜ 2007, → Form. Q.IX Anm. 1. Handelt es sich um eine gerichtliche Entscheidung, so gilt dies nur, soweit die Gründe nach Entscheidungserlass entstanden sind, § 66 Abs. 1 S. 2 AUG (OLG Frankfurt a. M. BeckRS 2016, 11310 = FamRZ 2016, 1603). § 66 Abs. 2 AUG regelt den Präklusionszeitpunkt für Titel, die nach den in § 1 Abs. 1 S. 1 Nr. 2 AUG genannten Übereinkommen zugelassen sind und schränkt die zulässigen Gründe ein, als sie nach Ablauf der Frist, innerhalb derer die Beschwerde hätte eingelegt werden können oder, wenn keine Beschwerde eingelegt worden ist, nach Verfahrensbeendigung entstanden sind. Es handelt sich hierbei nicht um eine unzulässige Überprüfung der ausländischen Entscheidung in der Hauptsache (BT-Drs. 17/4887, 48).

Ferner besteht für den Schuldner die Möglichkeit, einen Antrag auf Abänderung des Titels nach § 238 FamFG zu stellen, → Form. B.II.9.

XIII. Anpassung eines zivilrechtl. Gewaltschutztitels aus Frankreich nach Schutzmaßnahmen-VO

An das

Amtsgericht

– Familiengericht – . . . . .[1]

Antrag

In der Familiensache der Frau . . . . ., wohnhaft in . . . . ./Deutschland, ihre genaue Anschrift wird dem Gericht in gesondertem Schriftsatz mitgeteilt, mdB, diese vor dem Ag. geheim zu halten und den Schriftsatz zu einem Sonderheft zu nehmen,

– Antragstellerin –

Verfahrensbevollmächtigte: Rechtsanwältin . . . . .

gegen

Herrn . . . . ., wohnhaft . . . . ./Frankreich, (ausländischer Mitgliedstaat),

– Antragsgegner –

wegen Anpassung des Urteils des . . . . .gerichts . . . . ./Frankreich vom . . . . . betreffend zivilrechtlichen Gewaltschutz nach der Schutzmaßnahmen-VO

Namens und unter Berufung auf die mir schriftlich erteilte, beigefügte Verfahrensvollmacht der Ast. stelle ich hiermit folgende Anträge:

1. Das Urteil des . . . . .gerichts . . . . ./Frankreich vom . . . . ., Az. . . . . ., wonach der Ag. wie folgt verpflichtet ist:
   „Dem Ag. wird verboten, Kontakt mit der Ast. aufzunehmen.
   Dem Ag. wird verboten, den Bezirk . . . . . in der Stadt . . . . ./Frankreich zu betreten.
   Dem Ag. wird verboten, eine Waffe zu halten und zu tragen.
   Der Ast. wird erlaubt, ihre neue Adresse geheim zu halten und verwaltungsrechtlich Aufenthalt bei der sie vertretenden Rechtsanwältin . . . . . zu nehmen.
   Die Anordnung gilt für die Dauer von 4 Monaten.[2]"
   wird dergestalt angepasst, dass dem Ag. verboten wird, den Stadtbezirk . . . . . in der Stadt . . . . ./Deutschland zu betreten.
2. Der Ag. trägt die Kosten des Verfahrens.

Begründung:

1. Die Beteiligten haben am . . . . . geheiratet. Aus ihrer Ehe sind keine Kinder hervorgegangen. Sie haben ihre Ehe in . . . . ./Frankreich geführt. Hier kam es wiederholt zu erheblichen Gewaltanwendungen des Ag. gegen die Ast.
2. Am . . . . . erließ das . . . . .gericht . . . . ./Frankreich, Az. . . . . . ein Urteil zum zivilrechtlichen Gewaltschutz der Ast. gegen den Ag. Hierin ist geregelt (wird ausgeführt). Das Urteil ist rechtskräftig und in Frankreich vollstreckbar (wird ausgeführt).

3. Das Urteil hielt den Ag. nicht von weiteren Gewaltanwendungen ab (wird ausgeführt). Die Ast. entschied sich dann wegen der weiterhin gegebenen Gefährdung durch den Ag. nach Deutschland umzuziehen. Sie wohnt seit . . . . . in . . . . . /Deutschland. Es wird dringend gebeten, dem Ag. die aktuelle Anschrift der Ast., die dem Gericht mit heutigem gesondertem Schriftsatz mitgeteilt wird, nicht bekanntzugeben.
Die Ast. benötigt die Anpassung, um dem Titel nach Umzug nach Deutschland ausreichende Wirkung zu verschaffen.

4. Dem Antrag sind folgende Anlagen beigefügt:
- **die Entscheidung über die Schutzmaßnahme,**
- **die Bescheinigung nach Anhang I, DurchführungsVO (EU) Nr. 939/2014,**
- **eine Übersetzung in die deutsche Sprache,**
- **Vollmacht.**

5. Sollten weitere Unterlagen erforderlich sein, wird um Hinweis gebeten.

Rechtsanwältin

(Variante:

Anerkennung eines strafrechtl. Gewaltschutztitels aus einem EU-Mitgliedstaat und Entscheidung einer Maßnahme nach deutschem Recht nach EuGewSchRL[3]*)*

Anmerkungen

1. a) Innerhalb der EU besteht **grenzüberschreitender Europäischer Gewaltschutz**. Eine durch eine Gewaltschutzmaßnahme geschützte Person behält bei Umzug oder zeitweiligem Aufenthalt in einen anderen Mitgliedstaat den gewährten Schutz, indem in einem Mitgliedstaat erlassene Schutzmaßnahmen in einem anderen Mitgliedstaat anerkannt werden. Da Gewaltschutz in den Mitgliedstaten teils im Zivil-, teils im Strafverfahren gewährleistet wird, und der Unionsgesetzgeber nicht in den innerstaatlichen Gewaltschutz eingreifen wollte, musste der europäische grenzüberschreitende Gewaltschutz auf zwei Instrumente verteilt werden (Informationen bei BeckOGK/Reinken GewSchG § 1 Rn. 78 f.; Dutta FamRZ 2015, 85; Kemper FuR 2015, 218; Pietsch NZFam 2014, 726):

- Die Verordnung (EU) Nr. 606/2013 des Europäischen Parlaments und des Rates vom 12.6.2013 über die gegenseitige Anerkennung von Schutzmaßnahmen in Zivilsachen (**Schutzmaßnahmen-VO**; ABl. 2013 L 181, 4) führt einen einfachen und zügigen Mechanismus zur Anerkennung zivilrechtl. Schutzmaßnahmen aus einem Ursprungsmitgliedstaat in einen anderen Mitgliedstaat ein, Art. 1 Schutzmaßnahmen-VO. Die Schutzmaßnahmen-VO ist für Entscheidungen anwendbar, die ab dem 11.1.2015 erlassen worden sind und die aus einem EU-Mitgliedstaat außer Dänemark stammen, Erwgr. 40, 41 Schutzmaßnahmen-VO.
- Die Richtlinie 2011/99/EU des Europäischen Parlaments und des Rates vom 13.12.2011 über die Europäische Schutzanordnung (**EuGewSchRL**; ABl. 2011 L 338, 2) gilt für Schutzmaßnahmen im Rahmen eines Strafverfahrens iSd Art. 5 EuGewSchRL.

Beide Instrumente regeln weder die internationale Zuständigkeit noch die Frage nach dem anwendbaren Recht (hierzu mehr im Best Practice Guide des POAM-Projekts, S. 26 f.; https://research.abdn.ac.uk/poam/recources/guide-to good-practice/ (Stand 30.10.2025).

Das nationale Gesetz zum Europäischen Gewaltschutzverfahren v. 5.12.2014 (**EuGewSchVG**) setzt Schutzmaßnahmen-VO und EuGewSchRL um. Viele Informationen mit Stand 2015 in Form eines Handbuchs sowie einer vergleichenden Analyse der Rechtsvorschriften und Rechtspraxis in den Mitgliedstaaten auf der Grundlage der

EuGewSchRL unter besonderer Berücksichtigung der Schutzmaßnahmen für Opfer von geschlechtsbezogener Gewalt bietet das Projekt „Epogender“ (https://www.bib.uab.cat/socials/exposicions/videnciagenere/bibliografie.html (Stand 21.4.2026). Zur Abgrenzung von anderen Unionsrechtsakten Dutta FamRZ 2015, 85 (90).

b) Die **Schutzmaßnahmen-VO** gilt für **zivilrechtliche Schutzmaßnahmen** iSd Art. 2 Nr. 1, Erwgr. 6 Schutzmaßnahmen-VO, egal, ob sie von einer zivil-, verwaltungs- oder strafrechtlichen Behörde erlassen wurden, Erwgr. 10 Schutzmaßnahmen-VO. Ausgeschlossen sind Gewaltschutzmaßnahmen, die in einem Strafverfahren ergehen. Inhaltlich muss es um Maßnahmen iSd Art. 3 Schutzmaßnahmen-VO gehen. Hierunter fallen Verbote, bestimmte Orte zu betreten, Kontakt aufzunehmen und sich der geschützten Person zu nähern. Wohnungszuweisungen zählen nicht hierzu. Titel aus Deutschland, die hierunter fallen, sind Beschlüsse des Familiengerichts nach dem Gewaltschutzgesetz, → Form. H.I.9; zur internat. Zuständigkeit zum Erlass von Gewaltschutzmaßnahmen bei Auslandsbezug BeckOGK/Roßbach Art. 17a Rn. 39 f.; zum anwendbaren Recht bei Auslandsbezug Breidenstein FamFR 2012, 172.

Eine Person, die eine Schutzmaßnahme in einem anderen Mitgliedstaat geltend machen will, beantragt eine **Bescheinigung** gemäß Art. 5 Schutzmaßnahmen-VO bei der entscheidenden Behörde im Ursprungsstaat zu. Die entscheidende Behörde im Ursprungsmitgliedstaat stellt, wenn die Voraussetzungen nach Art. 6 Schutzmaßnahmen-VO erfüllt sind, das mehrsprachige Formblatt **Anhang I** zur **DurchführungsVO (EU) Nr. 939/2014** der Kommission vom 2.9.2014 aus. In Deutschland ist das entscheidende Gericht für die Erteilung einer Bescheinigung betreffend eine deutsche Schutzmaßnahme zuständig, § 14 EuGewSchVG. Nach § 15 S. 1 EuGewSchVG wird die Bescheinigung in Deutschland ohne Anhörung der gefährdenden Person ausgestellt. Die ausstellende Behörde hat nach Art. 8 Schutzmaßnahmen-VO die Bescheinigung auch an die gefährdende Person zuzustellen. Für das deutsche Gericht gilt ferner Art. 15 S. 2 EuGewSchVG. Ein Rechtsbehelf gegen die Ausstellung der Bescheinigung besteht nicht, Art. 5 Abs. 2 Schutzmaßnahmen-VO. Die gefährdende Person kann Berichtigung oder Aufhebung der Bescheinigung bewirken, Art. 9 Schutzmaßnahmen-VO.

Die Bescheinigung ist nur insoweit wirksam, als die Schutzmaßnahme vollstreckbar ist, Art. 4 Abs. 3 Schutzmaßnahmen-VO. Art. 4 Abs. 4 Schutzmaßnahmen-VO befristet selbst bei längerer Gültigkeitsdauer der Schutzmaßnahme die Wirkung der Anerkennung auf 12 Monate ab Ausstellung der Bescheinigung, vgl. auch Erwgr. 15–17 Schutzmaßnahmen-VO. Ungeklärt ist, ob nach Befristungsablauf eine neue Bescheinigung ausgestellt werden kann (so Mohr FamZ 2014, 221 (224)).

Die geschützte Person kann die Ausstellungsbehörde des Mitgliedstaats auch um **Hilfestellung** bitten, wo im anderen Mitgliedstaat die Schutzmaßnahme geltend zu machen ist oder deren Vollstreckung beantragt werden kann, Art. 10 Schutzmaßnahmen-VO.

Im ersuchten Mitgliedstaat sind zum Zwecke der grenzüberschreitenden Durchsetzung vorzulegen: Antrag, Kopie der Entscheidung über die Schutzmaßnahme, Bescheinigung nach Art. 5 Schutzmaßnahmen-VO und ggf. eine Übersetzung.

Die Schutzmaßnahme wird ohne besonderes Verfahren **anerkannt** und ist ohne Vollstreckbarerklärungsverfahren dort **vollstreckbar**, Art. 4 Abs. 1 Schutzmaßnahmen-VO. In Deutschland ist keine Vollstreckungsklausel erforderlich, § 17 EuGewSchVG. Eine Nachprüfung in der Sache ist ausgeschlossen, Art. 12 Schutzmaßnahmen-VO. Der ersuchte Staat darf die Anerkennung und Vollstreckung nur auf Antrag der gefährdenden Person **versagen**, wenn die Schutzmaßnahme dem nationalen ordre public zuwiderläuft oder mit einer Entscheidung unvereinbar ist, die im Vollstreckungsstaat ergangen ist, Art. 13 Abs. 1 Schutzmaßnahmen-VO, sa Erwgr. 32 Schutzmaßnahmen-VO. Einen Versagungsgrund stellt es nicht dar, wenn der Vollstreckungsstaat die Schutzmaßnahme nicht kennt, Art. 13 Abs. 3 Schutzmaßnahmen-VO. In Deutschland ist für die Versagung der Anerkennung oder Vollstreckung einer ausländischen Entscheidung das Familiengericht, in dessen Bezirk sich die gefährdete Person aufhält oder die Vollstreckung durchgeführt werden soll, örtlich zuständig, §§ 21, 19 EuGewSchVG. Für den Bezirk des KG entscheidet das AG Pankow, § 19 S. 2 EuGewSchVG. Die Entscheidung ergeht nach Anhörung der geschützten Person ohne zwingende mündliche Verhandlung, § 21 Abs. 3 EuGewSchVG. Im Fall eines stattgebenden Antrags ist eine **Bescheinigung** gemäß Standardformular im **Anhang II** zur DurchführungsVO (EU) Nr. 939/2014 der Kommission vom 2.9.2014 zu erteilen. Gegen die Versagung durch ein deutsches Gericht findet die Beschwerde statt, § 21 Abs. 4 EuGewSchVG.

Die zuständige Behörde im ersuchten Staat kann die Schutzmaßnahme, falls erforderlich, nach Art. 11 Schutzmaßnahmen-VO **anpassen**, damit sie auch in diesem Staat Wirkung zeigt. Enthält zB wie hier die Schutzmaßnahme ein Näherungsverbot bezogen auf die Wohnung im Ursprungsstaat, kann dies dergestalt angepasst werden, dass das Näherungsverbot jetzt auf die Wohnung im Zuzugsstaat bezogen wird. Anpassungen, die die Art und den zivilrechtl. Charakter der Schutzmaßnahme nicht berühren dürfen, erfolgen durch deutsche Gerichte nach § 20 Abs. 1 EuGewSchVG. Die Entscheidung kann in Deutschland ohne Anhörung der Gegenseite und ohne mündliche Verhandlung getroffen werden, § 20 Abs. 2 EuGewSchVG. Der untrennbar mit der Bescheinigung verbundene Beschluss ist der geschützten und der gefährdenden Person zuzustellen. Auch hier bedarf es für die Vollstreckung keiner Vollstreckungsklausel, § 20 Abs. 3 EuGewSchVG. Gegen die deutsche Anpassungsentscheidung findet die Beschwerde statt, § 20 Abs. 4 EuGewSchVG.

c) Die **EuGewSchRL** gilt für Schutzmaßnahmen **im Rahmen eines Strafverfahrens** iSd Art. 5 EuGewSchRL. Umfasst sind Maßnahmen aus allen EU-Mitgliedstaaten mit Ausnahme von Dänemark und Irland, Erwgr. 41, 42 EuGewSchRL. In Deutschland gibt es solche Maßnahmen nicht.

Verlagert die geschützte Person ihren gewöhnlichen Aufenthalt in einen anderen Mitgliedstaat, erlässt der anordnende Staat eine **Europäische Schutzanordnung**, Art. 6, 7 EuGewSchRL. Die anordnende Behörde übersetzt das mehrsprachige Standardformular im **Anhang I** zur EuGewSchRL in die Amtssprache des vollstreckenden Staates, Art. 17 Abs. 1 EuGewSchRL, und übermittelt die Europäische Schutzanordnung an die zuständige Behörde des vollstreckenden Staates, Art. 8 EuGewSchRL. In Deutschland ist, da der Gewaltschutz allein privatrechtlich ausgestaltet ist, hierfür das Familiengericht ausschließlich zuständig, nämlich das Spezialgericht, in dessen Bezirk ein OLG seinen Sitz hat, für den Bezirk dieses OLG. Für den Bezirk des KG entscheidet das AG Pankow, §§ 3, 5 EuGewSchVG.

Die Maßnahme wird im anderen Mitgliedstaat unverzüglich **anerkannt**. Fehlen Unterlagen, ist der Behörde im anordnenden Staat eine Frist zu setzen, Art. 9 Abs. 4 EuGewSchRL. § 4 Abs. 3 EuGewSchVG regelt näher für deutsche Gerichte. Die Europäische Schutzanordnung wird im vollstreckenden Mitgliedstaat anerkannt, wenn nicht ein Nichtanerkennungsgrund iSd Art. 10 EuGewSchRL vorliegt. Dies ist ua dann der Fall, wenn

- die Europäische Schutzanordnung trotz Aufforderung unvollständig ist, wobei § 6 Nr. 1 EuGewSchVG für Deutschland näher regelt;
- die Voraussetzungen nach Art. 5 EuGewSchRL nicht erfüllt sind, was für Deutschland näher konkretisiert ist in § 6 Nr. 2 EuGewSchVG oder
- die Handlung nach dem Recht des vollstreckenden Staats keine Straftat darstellt.

Im Fall einer Anerkennungsablehnung gilt Art. 10 Abs. 2 EuGewSchRL. Die Entscheidung über die Anerkennung einer Europäischen Schutzanordnung ist in Deutschland nicht anfechtbar, § 8 S. 2 EuGewSchVG. Wird die Anerkennung abgelehnt, kann in Deutschland Beschwerde eingelegt werden, § 8 S. 1 EuGewSchVG.

Außerdem erlässt die Behörde im vollstreckenden Staat **Maßnahmen nach Anerkennung**, die nach deren nationalem Recht in einem vergleichbaren Fall zum Schutz der geschützten Person vorgesehen sind, sei es straf-, verwaltungs- oder zivilrechtlicher Natur. Die Europäische Schutzanordnung wird also in eine entsprechende Maßnahme nach innerstaatlichem Recht überführt, Art. 9 Abs. 1 EuGewSchRL. In Deutschland sind dies zivilrechtl. Maßnahmen nach §§ 1, 3 EuGewSchVG, die das Gericht nach § 9 EuGewSchVG zugleich mit der Anerkennungsentscheidung trifft. In Deutschland sind für Anerkennung und Maßnahmen nach Anerkennung die spezialisierten Gerichte zuständig, also das AG, in dessen Bezirk ein OLG seinen Sitz hat, für den Bezirk dieses OLG, §§ 4, 5 EuGewSchVG. Informationspflichten des Gerichtes sind in § 9 Abs. 1 EuGewSchVG näher geregelt.

Die Behörde im Vollstreckungsstaat hat die Behörde im anordnenden Staat über **Verstöße** unter Verwendung des nach Art. 17 Abs. 2 EuGewSchRL übersetzten Formulars im **Anhang II** zu unterrichten, Art. 12 EuGewSchRL. Für deutsche Gerichte regelt § 10 EuGewSchVG weiter. Für weitere Entscheidungen ist die Behörde des anordnenden Staats nach eigenem Recht zuständig, Art. 13, 14 EuGewSchRL, wobei deutsche Gericht §§ 11, 12 EuGewSchVG zu beachten haben.

d) Die **Vollstreckung** nach der Schutzmaßnahmen-VO geschieht nach nationalem Vollstreckungsrecht, Art. 4 Abs. 5 Schutzmaßnahmen-VO. In Deutschland vollstreckt also das Familiengericht nach §§ 23 Abs. 1 S. 1 Nr. 1, 23b GVG unter Beachtung von §§ 22, 23 EuGewSchVG nach §§ 86 ff. FamFG (Dutta FamRZ 2015, 85 (89)). Die Vollstreckung nach Anerkennung einer Europäischen Schutzanordnung richtet sich nach Art. 11 ff. EuGewSchRL. Die Vollstreckung der umsetzenden Schutzmaßnahme erfolgt nach §§ 86 ff. FamFG. Sie wird durch polizei- und ordnungsrechtl. Mechanismen unterstützt, Art. 10 Abs. 2 S. 1 EuGewSchRL.

2. Schutzmaßnahmen (alleine) gegen häusliche Gewalt zwischen Partnern werden in Frankreich vom Familiengericht als zivilrechtliche Maßnahme auf Antrag erlassen nach Art. 515-9 bis 515-13 Code Civil (CC; https://www.legifrance.gouv.fr/affichCode.do?cidTexte=LEGITEXT000006070721&dateTexte=20161030 (Stand 30.10.2025), auf Deutsch Henrich/Dutta/Ebert IntEheR/Brandhuber III.B). Das Familiengericht kann Schutzmaßnahmen zum Schutz von Partnern und Kindern erlassen. Nach Art. 515-12 CC beträgt die Höchstdauer 6 Monate, wobei eine Verlängerung möglich ist, wenn ein Scheidungs-, – oder Sorgerechtsantrag gestellt ist. Das Projekt „Poems" (http://poems-project.com/relevant-legislation/ (Stand 30.10.2025)) stellt mit Stand 2015 Informationen zu den Gewaltschutzmaßnahmen in den einzelnen EU-Mitgliedstaaten zur Verfügung und prüft die Funktionsweise von EuGewSchRL und Schutzmaßnahmen-VO.

3. → Anm. 1.

R. Zwangsvollstreckung in Familiensachen

I. Vorbemerkungen

1. Vollstreckung nach dem FamFG

Das **FamFG** – als Symbiose von ZPO und FGG – konnte den Dualismus dieser Verfahren in der Vollstreckung nur teilweise beseitigen. Die Übersicht fällt nicht leicht:

In **Familienstreitsachen** (§ 112 FamFG) ergangene Titel sind gemäß **§ 120 Abs. 1 FamFG** entsprechend den Vorschriften der ZPO über die Zwangsvollstreckung zu vollstrecken, allerdings mit bedeutsamen Abweichungen wegen der sofortigen Wirksamkeit und Vollstreckbarkeit von Endentscheidungen nach § 120 Abs. 2 FamFG.

Bei Verfahrensgegenständen aus dem Bereich der **freiwilligen Gerichtsbarkeit** regelt das FamFG die **Vollstreckung** schwerpunktmäßig in §§ 86–96a FamFG, gegliedert in allgemeine Vorschriften (§§ 86, 87 FamFG), die Vollstreckung betreffend die Herausgabe von Personen und die Regelung des Umgangs (§§ 88–94 FamFG) sowie Verfahren, bei denen sich die Vollstreckung nach den Vorschriften der ZPO richtet (§§ 95–96a FamFG, insbesondere in Ehewohnungs-, Haushalts- und Gewaltschutzsachen).

Neben diesen allein **Endentscheidungen** betreffenden Vollstreckungsmöglichkeiten regelt § 35 FamFG die Vollstreckung verfahrensleitender Anordnungen, etwa betreffend die Auskunftserteilung für den Versorgungsausgleich.

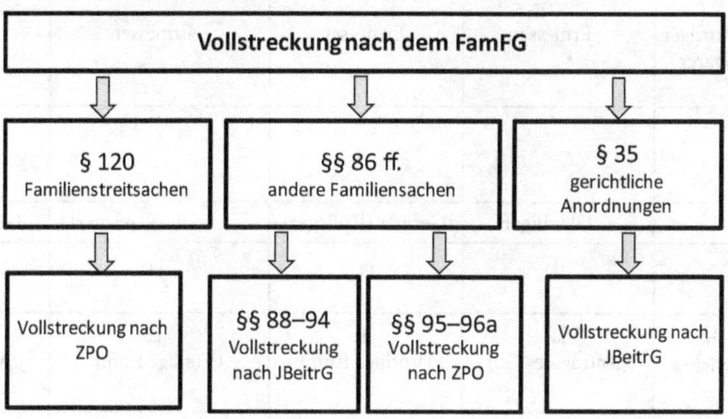

2. Vollstreckung von Zwangs- und Ordnungsmitteln

In der Praxis sind des Öfteren Unklarheiten bei der Zwangsvollstreckung von Handlungs- und Unterlassungspflichten festzustellen. Dies betrifft zunächst die generelle Unterscheidung von Zwangs- und Ordnungsmitteln. Bereits bei der Terminologie zeigt sich Verwirrung. Möglicherweise hat der Paradigmenwechsel in § 89 FamFG – statt Ahndung durch Zwangsmittel (§ 33 FGG aF) nunmehr Verhängung von Ordnungsmitteln – mit zur Unsicherheit beigetragen. Dabei ist die Abgrenzung klar: Mit der Verhängung von **Zwangsmitteln** soll ein bestimmtes Verhalten des Betroffenen **erzwungen** werden. Demgegenüber haben **Ordnungsmittel** nicht nur Beuge-, sondern auch repressiven, strafähnlichen **Sanktionscharakter** (BVerfG NJW-RR 2017, 957; BGH NJW 2004, 506 (509)) und dürfen noch festgesetzt und vollstreckt werden, wenn die geschuldete Handlung wegen Zeitablaufs nicht mehr vorgenommen werden kann.

Die folgende **Synopse** verdeutlicht die wesentlichen Unterschiede und Gemeinsamkeiten bei der Vollstreckung der in Familiensachen gängigen **Zwangsmittel** (§ 888 ZPO, § 35 FamFG) und **Ordnungsmittel** (§ 890 ZPO, § 89 FamFG):

Vollstreckung von Zwangs- und Ordnungsmitteln in Familiensachen

	§ 888 ZPO	§ 890 ZPO	§ 89 FamFG	§ 35 FamFG
Regelungsgegenstand	**Unvertretbare Handlung**	**Unterlassung / Duldung**	**Umgang / Kindesherausgabe**	**Mitwirkung im Verfahren**
– Anwendungsschwerpunkt	Auskunftserteilung	Gewaltschutz	Umgangsregelung	Versorgungsausgleich
Festsetzungsverfahren				
– Maßnahmen	**Zwangsmittel**	**Ordnungsmittel**	**Ordnungsmittel**	**Zwangsmittel**
– Antrag / von Amts wegen	Antrag	Antrag	Antrag	vAw
– Vollstreckungsklausel	ja	idR nein	bei Umzug des Kindes	nein
– Zustellung des Titels	ja	ja	ja	Bekanntgabe
– Hinweis auf Folgen	nein	Androhung	Hinweis	Hinweis
– Verschulden des Verpflichteten	nein	ja	vermutet (Abs. 4)	nein
– Entschließungsermessen	nein (<u>ist</u>*… zu erkennen*)	nein (<u>ist</u>*… zu verurteilen*)	ja (*kann…*), aber begrenzt	ja (*kann…*)
– Anordnung von Ersatzhaft	zwingend	zwingend	zwingend	Ermessen
– Anordnung sofortiger Haft bei absehbarer Erfolglosigkeit	Ermessen	Ermessen	Ermessen	geringes Ermessen (*soll…*)
Beitreibung des Zwangs-/Ordnungsgeldes				
– Auftrag	Gläubiger	Gericht (Rpfleger)	Gericht (Rpfleger)	Gericht (Rpfleger)
– Abführung an Staatskasse	ja	ja	ja	ja
– bei Nichtbeitreibbarkeit: richterlicher Haftbefehl	ja (Antrag des Gl.)	ja (Vorlage Rpfl.)	ja (Vorlage Rpfl.)	ja (Vorlage Rpfl.)
Vollziehung der Zwangs-/Ordnungshaft				
– Verhaftungsauftrag an GV	Gläubiger	Gericht (Rpfleger)	Gericht (Rpfleger)	Gericht (Rpfleger)
– (bloße) Aushändigung des Haftbefehls bei Verhaftung	ja	ja	ja	ja
– Hafthöchstdauer	6 Monate	2 Jahre	6 Monate	6 Monate

II. Zwangsvollstreckung in Familienstreitsachen

1. Allgemeine Vollstreckungsvoraussetzungen

a) Überblick

Gemäß **§ 120 Abs. 1 FamFG** gelten für die Vollstreckung in Familienstreitsachen grundsätzlich die Vorschriften der ZPO (§§ 704–915h ZPO) mit den terminologischen Besonderheiten nach § 113 Abs. 5 FamFG und den Modifizierungen gemäß § 120 Abs. 2 FamFG. Die Vollstreckungsbestimmungen nach §§ 86 ff. FamFG finden keine Anwendung (§ 113 Abs. 1 S. 1 FamFG).

Bei der Vollstreckung der unterschiedlichen Titel, die in Familienstreitsachen ergehen können, sind zunächst die besonderen Voraussetzungen für deren **Wirksamkeit** zu beachten. Zudem müssen die weiteren allgemeinen Vollstreckungsvoraussetzungen gegeben sein (insbesondere Vollstreckungsklausel und Zustellung), ferner das Fehlen von **Vollstreckungshindernissen** (ausführlich zum Ganzen Cirullies, Vollstreckung in Familiensachen, Rn. 8 ff. mwN).

b) Wirksamkeit

Je nach Titelart bestehen unterschiedliche Anforderungen an die Vollstreckbarkeit. Das FamFG stellt bei gerichtlichen Entscheidungen auf das **Wirksamwerden** ab, für das je nach Titel unterschiedliche Zeitpunkte gelten. Allerdings ist auch die Anordnung der **sofortigen Wirksamkeit** möglich.

aa) Titelarten

Endentscheidungen in Familienstreitsachen (Hauptsacheverfahren) werden grundsätzlich mit Rechtskraft wirksam (§ 116 Abs. 3 S. 1 FamFG). Dies entspricht der Regelung für Endurteile in § 704 ZPO. Hingegen wurde die aus dem Zivilprozess vertraute (vorläufige) Vollstreckbarkeit (§§ 704, 708 ZPO) in Familienstreitsachen ersetzt durch das (sofortige) **Wirksamwerden** der Entscheidung gemäß § 120 Abs. 2 S. 1 FamFG iVm § 116 Abs. 3 S. 2 und 3 FamFG. Hiernach kann oder soll das Gericht die **sofortige Wirksamkeit** anordnen (dazu → Form. R.II.5). Der Beschluss entspricht dann einem vorläufig vollstreckbaren Urteil.

Einstweilige Anordnungen werden in Familienstreitsachen schon mangels Anfechtbarkeit (§ 57 FamFG) sofort wirksam und damit vollstreckbar. Dies bedeutet allerdings nicht, dass sie bereits mit ihrem Erlass (§ 38 Abs. 3 S. 3 FamFG) vollstreckbar werden. Wirksamkeitsvoraussetzung ist vielmehr – neben einer etwaigen Klausel (§ 53 Abs. 1 FamFG) – die **Zustellung** der Entscheidung. Eine Vollziehungsfrist wie bei Arrest und einstweiliger Verfügung (vgl. § 929 Abs. 2 ZPO) besteht nicht.

Ein **gerichtlicher Vergleich** ist ohne Beachtung der **Formvorschriften** der §§ 160 ff. ZPO unwirksam und nicht vollstreckbar (OLG Düsseldorf FamRZ 2020, 1396).

bb) Anordnung der sofortigen Wirksamkeit

Für Endentscheidungen in (isolierten) Familienstreitsachen kann das Gericht nach pflichtgemäßem Ermessen gemäß § 116 Abs. 3 S. 2 FamFG die **sofortige Wirksamkeit** anordnen; hiervon soll es in Unterhaltssachen im Regelfall Gebrauch machen (Abs. 3 S. 3). **Versäumnisbeschlüsse** werden regelmäßig für **sofort wirksam** erklärt. Die Entscheidung im **Scheidungsverbund** wird nur dann vollstreckbar, wenn sie entweder in Rechtskraft erwachsen oder ihre sofortige Wirksamkeit angeordnet ist. Im Übrigen ist ohne Anordnung der sofortigen Wirksamkeit eine Kostenfestsetzung in Familienstreitsachen erst ab Rechtskraft zulässig (OLG Bamberg FamRZ 2020, 1213, dazu Schneider NZFam 2020, 403).

c) Einstellung der Vollstreckung (§ 120 Abs. 2 FamFG)

Nach **§ 120 Abs. 2 S. 1 FamFG** sind Beschlüsse mit **Wirksamwerden** bereits kraft Gesetzes vollstreckbar, ohne dass es hierzu einer Vollstreckbarerklärung des Gerichts bedürfte. Dabei stellt die Anordnung der **sofortigen Wirksamkeit** nach § 116 Abs. 3 FamFG – in Unterhaltssachen sogar der Regelfall – ein scharfes Schwert gegenüber dem Verpflichteten dar. Um zu vermeiden, dass diesem durch die Vollstreckung vor Eintritt der Rechtskraft ein Schaden entsteht, der auch im Fall des Erfolgs eines Rechtsmittels nicht mehr rückgängig zu machen ist, wurde – in Anlehnung an § 62 Abs. 1 S. 2 ArbGG – die Möglichkeit der Einstellung der Zwangsvollstreckung in **§ 120 Abs. 2 S. 2 FamFG** geschaffen: Macht der Verpflichtete **glaubhaft**, dass die Vollstreckung ihm einen nicht zu ersetzenden Nachteil bringen würde, hat das Gericht auf seinen Antrag die Vollstreckung vor Eintritt der Rechtskraft in der Endentscheidung einzustellen oder zu beschränken (→ Form. R.II.5 Anm. 1).

§ 120 Abs. 2 S. 3 FamFG bestimmt ergänzend, dass in den gesetzlich geregelten Fällen des § 707 Abs. 1 ZPO (Wiedereinsetzung usw) und des § 719 Abs. 1 ZPO (Rechtsmittel und Einspruch) eine Einstellung oder Beschränkung der Vollstreckung nur unter denselben Voraussetzungen angeordnet werden kann.

d) Vollstreckungsklausel

Das grundsätzliche Erfordernis einer Vollstreckungsklausel besteht auch für die nach der ZPO zu vollstreckenden Familienstreitsachen (§ 120 Abs. 1 FamFG iVm §§ 724, 725 ZPO), ebenso für die weiteren in § 794 ZPO genannten Vollstreckungstitel (zB Vergleiche, Unterhaltsfestsetzungsbeschlüsse etc, § 795 ZPO).

Keiner Vollstreckungsklausel bedürfen Kostenfestsetzungsbeschlüsse, die nach § 105 ZPO auf einen Titel gesetzt werden (§ 795a ZPO), Vollstreckungsbescheide (§ 796 Abs. 1 ZPO) und Arrestbefehle (§ 929 Abs. 1 ZPO), sofern nicht die Zwangsvollstreckung für einen anderen als den im Titel bezeichneten Gläubiger oder Schuldner erfolgen soll, ferner Ordnungsmittelbeschlüsse.

Für **einstweilige Anordnungen** sind auch in Familienstreitsachen die Vorschriften des FamFG über die einstweilige Anordnung, also auch **§ 53 Abs. 1 FamFG** anzuwenden (§ 119 Abs. 1 S. 1 FamFG). Danach bedarf diese der Vollstreckungsklausel nur, wenn die Vollstreckung für oder gegen einen anderen als den in dem Beschluss bezeichneten Beteiligten erfolgen soll. Im Übrigen ist die Klausel entbehrlich. Diese Regelung entspricht § 929 Abs. 1 ZPO.

Gegen die Klauselerteilung kann sich der Schuldner, wenn es um formelle Einwendungen geht, mit dem Rechtsbehelf der **Klauselerinnerung** nach **§ 732 ZPO** wenden, bei materiell-rechtlichen Einwendungen hingegen mit dem **Klauselgegenantrag** nach **§ 768 ZPO**.

e) Zustellung

Die Zwangsvollstreckung darf nur beginnen, wenn eine Ausfertigung oder beglaubigte Abschrift des Titels vor Beginn der Vollstreckung dem Schuldner **zugestellt** ist oder gleichzeitig zugestellt wird (§ 750 ZPO). Mitunter bedarf es der **vorherigen** Zustellung, weil das Gesetz Wartezeiten von ein bis zwei Wochen zwischen Zustellung und Vollstreckungsbeginn vorschreibt (zB bezüglich der notariellen Urkunde, § 798 ZPO).

Unabhängig davon, ob die Beschlüsse zu verkünden sind oder nicht, müssen sie grundsätzlich nach §§ 317, 329 Abs. 2 S. 2 bzw. Abs. 3 ZPO **von Amts wegen** zugestellt werden, und zwar nach den Vorgaben der §§ 166 ff. ZPO. Dies gilt auch für in Familienstreitsachen erlassene **einstweilige Anordnungen**. Dabei ist die Zustellung von Urteilen und Beschlüssen nicht mehr in Ausfertigung, sondern nur noch in **beglaubigter Abschrift** vorgesehen. Die **Ausfertigung** wird nur noch **auf Antrag** und ausschließlich in Papierform erteilt (§ 317 Abs. 2 S. 1 ZPO). Sie wird ua für die **Klauselerteilung** benötigt.

In der Regel macht die entgegen § 750 Abs. 1 ZPO fehlende Zustellung eine Vollstreckungsmaßnahme nur anfechtbar, weil ein solcher Mangel durch Nachholung der Zustellung **geheilt** werden kann. Insoweit kann sogar der tatsächliche Zugang ausreichen (BGH Rpfleger 2017, 168).

2. Antrag auf Erlass eines Pfändungs- und Überweisungsbeschlusses wegen Unterhaltsforderungen

Antrag auf Erlass eines Pfändungsbeschlusses
und eines Pfändungs- und Überweisungsbeschlusses ①

Vom Gericht auszufüllen:
Raum für Kostenvermerke und Eingangsstempel

An das Amtsgericht ②

– Vollstreckungsgericht –

Bitte beachten Sie die Ausfüllhinweise zu diesem Formular auf www.bmj.de/Zwangsvollstreckungsformulare.

______________, den ______

☐ Elektronische Kostenmarke:
Nummer ______ Wert ______, ______ Euro vom Datum ______

☐ Ein SEPA-Lastschriftmandat wurde erteilt.

☐ Gerichtskostenbefreiung gemäß

Angaben zum Schuldner:
☐ Herr ☐ Frau ☐ Unternehmen ☐ ______

Name/Firma ______ ggf. Vorname(n) ______

Straße ______ Hausnummer ______

Postleitzahl ______ Ort ______

Land (wenn nicht Deutschland) ______

☐ Es besteht bereits ein vorläufiges Zahlungsverbot nach § 845 ZPO (Vorpfändung). ③

Kontaktdaten des Antragstellers: ④
☐ Gläubiger ☐ gesetzlicher Vertreter ☐ Bevollmächtigter

Name/Firma ______ ggf. Vorname(n) ______

Telefon ______ E-Mail ______ Fax ______

SAFE-ID ______

Geschäftszeichen ______

Es wird beantragt, den beigefügten Entwurf wie ausgefüllt als Beschluss zu erlassen.

Zusätzlich wird beantragt,
☐ anstelle einer beglaubigten Abschrift eine Ausfertigung des Beschlusses zu erteilen.
☐ die Zustellung durch die Geschäftsstelle zu vermitteln (anstatt die Zustellung selbst in Auftrag zu geben). ⑤
  ☐ Gleichzeitig ist der Drittschuldner aufzufordern, eine Erklärung nach § 840 Absatz 1 ZPO abzugeben. ⑥
☐ Prozesskostenhilfe für den Gläubiger (zu Ziffer ______) zu bewilligen. ⑦

1

☐ Gleichzeitig wird beantragt, einen Rechtsanwalt beizuordnen.
Begründung:

☐ Die Schuldnerseite wird rechtsanwaltlich vertreten.

☐ Die Vertretung durch einen Rechtsanwalt ist aus den folgenden Gründen erforderlich:

☐ Es wird folgender zur Vertretung bereiter Rechtsanwalt gewählt:

☐ Herr ☐ Frau ☐ Unternehmen ☐

Name/Firma | ggf. Vorname(n)

Straße | Hausnummer

Postleitzahl | Ort

☐

Es werden

- **die in dem Beschlussentwurf bezeichneten Vollstreckungstitel mit den jeweiligen Zustellungsnachweisen**
- **und die Forderungsaufstellung (bei Mehrfachverwendung: ______ Forderungsaufstellungen)**

übermittelt. ⑧

Bei elektronisch übermittelten Anträgen: ⑧

☐ Die Ausfertigungen der Vollstreckungstitel werden erst nach Mitteilung des Aktenzeichens versandt. Es wird um Mitteilung des Aktenzeichens gebeten.

☐ Die Ausfertigungen der Vollstreckungstitel werden gleichzeitig auf dem Postweg übersandt.

☐ Eine Abschrift des Vollstreckungsbescheides nebst Zustellungsbescheinigung ist als elektronisches Dokument beigefügt.

Es werden folgende weitere Anlagen übermittelt:

☐ Abdruck Gerichtskostenstempler

☐ Elektronische Kostenmarke

☐ Beschluss über bewilligte Prozesskostenhilfe

☐ Im Fall eines Antrags auf Bewilligung von Prozesskostenhilfe: Erklärung über die persönlichen und wirtschaftlichen Verhältnisse des Gläubigers mit Belegen

☐ Vollmacht

☐ Geldempfangsvollmacht

☐ Belege zu Angaben über die persönlichen und wirtschaftlichen Verhältnisse der Schuldner oder Dritter

☐ Aufstellung über die geleisteten Zahlungen ⑨

☐ Aufstellung der Inkassokosten

☐ Aufstellung der bisherigen Vollstreckungskosten mit Belegen

☐ Bescheid nach § 9 Absatz 2 UhVorschG

☐

☐

☐

Versicherungen

☐ Es wird gemäß § 753a Satz 1 ZPO die ordnungsgemäße Bevollmächtigung zur Vertretung versichert.

☐ Es wird gemäß § 829a Absatz 1 Satz 1 Nummer 4 ZPO versichert, dass Ausfertigungen der als elektronische Dokumente übermittelten Vollstreckungsbescheide mit den jeweiligen Zustellungsnachweisen vorliegen und die Forderungen in Höhe des Vollstreckungsantrags noch bestehen.

☐

Namen der Antragsteller ⑩

Unterschriften der Antragsteller ⑩

2

Amtsgericht ______________________

– Vollstreckungsgericht –

Vom Gericht auszufüllen:
Geschäftszeichen: ______________

Beschluss

In der Zwangsvollstreckungssache

A

des Gläubigers (zu Ziffer ______)

☐ Herrn ☐ Frau ☐ Unternehmen ☐ ______________

Name/Firma | ggf. Vorname(n)

Straße | Hausnummer

Postleitzahl | Ort

Land (wenn nicht Deutschland) | Geschäftszeichen

Registergericht | Registernummer

☐ Der Gläubiger ist nicht vorsteuerabzugsberechtigt.

☐ sowie der weiteren Gläubiger gemäß weiterer Anlage

Gläubiger (zu Ziffer ______) vertreten durch

☐ den gesetzlichen Vertreter
☐ Herrn ☐ Frau ☐ ______________
Name
Vorname(n)
Straße
Hausnummer
Postleitzahl
Ort
Land (wenn nicht Deutschland)

☐ den gerichtlich bestellten Betreuer,
☐ der eine Ausschließlichkeitserklärung abgegeben hat (§ 53 Absatz 2 ZPO)
☐ Herrn ☐ Frau ☐ ______________
Firma/Name
ggf. Vorname(n)
Straße
Hausnummer
Postleitzahl
Ort
Land (wenn nicht Deutschland)

Firma oder Funktion
☐ ______________
☐ diese vertreten durch
Funktion
Name
ggf. Vorname(n)

☐ den gesetzlichen Vertreter
☐ Herrn ☐ Frau ☐ ______________
Name
Vorname(n)
Straße | Hausnummer
Postleitzahl | Ort
Land (wenn nicht Deutschland)

1

A

Gläubiger (zu Ziffer ______) vertreten durch den Bevollmächtigten

☐ Herrn ☐ Frau ☐ Unternehmen ☐ ______

Name/Firma | ggf. Vorname(n)

Straße | Hausnummer | Postleitzahl | Ort

Land (wenn nicht Deutschland) | Geschäftszeichen

Bankverbindung des

☐ Gläubigers: ☐ gesetzlichen Vertreters: ☐ Bevollmächtigten: ☐ abweichenden Kontoinhabers:

Name des Kontoinhabers

IBAN | BIC (Angabe kann entfallen, wenn IBAN mit DE beginnt)

Verwendungszweck

gegen

B

den Schuldner (zu Ziffer ______)

☐ Herr ☐ Frau ☐ Unternehmen ☐ ______

Name/Firma | ggf. Vorname(n)

Straße | Hausnummer

Postleitzahl | Ort | Land (wenn nicht Deutschland)

Geschäftszeichen | Geburtsdatum | Geburtsort

Registergericht | Registernummer

☐ sowie die weiteren Schuldner gemäß weiterer Anlage

Schuldner (zu Ziffer ______) vertreten durch

☐ den gesetzlichen Vertreter

☐ Herrn ☐ Frau ☐ ______

Name

Vorname(n)

Straße

Hausnummer

Postleitzahl

Ort

Land (wenn nicht Deutschland)

☐ den gerichtlich bestellten Betreuer,

☐ der eine Ausschließlichkeitserklärung abgegeben hat (§ 53 Absatz 2 ZPO)

☐ Herrn ☐ Frau ☐ ______

Firma/Name

ggf. Vorname(n)

Straße

Hausnummer

Postleitzahl

Ort

Land (wenn nicht Deutschland)

☐ Firma oder Funktion

☐ diese vertreten durch

Funktion

Name

ggf. Vorname(n)

2

B

☐ den gesetzlichen Vertreter
☐ Herrn ☐ Frau ☐ ____________
Name

Vorname(n)

Straße Hausnummer

Postleitzahl Ort

Land (wenn nicht Deutschland)

Schuldner (zu Ziffer ______) vertreten durch den Bevollmächtigten ⑪

☐ Herrn ☐ Frau ☐ Unternehmen ☐ ____________

Name/Firma ggf. Vorname(n)

Straße Hausnummer Postleitzahl Ort

Land (wenn nicht Deutschland) Geschäftszeichen

ergeht folgender

☐ Pfändungs- und Überweisungsbeschluss ☐ Pfändungsbeschluss: ⑫

Die Gläubiger können von den Schuldnern

C

aus dem Vollstreckungstitel (zu Ziffer ______) ⑬

Art Aussteller

Datum Geschäftszeichen

sowie aus dem Vollstreckungstitel (zu Ziffer ______)

Art Aussteller

Datum Geschäftszeichen

☐ sowie aus den weiteren Vollstreckungstiteln aufgeführt in weiterer Anlage

die sich aus den als Anlagen beigefügten Forderungsaufstellungen ergebenden Beträge beanspruchen.

Wegen dieser Ansprüche

Vom Gericht auszufüllen:

☐ sowie wegen der Kosten für die Zustellung dieses Beschlusses an sämtliche aufgeführte Schuldner und sämtliche aufgeführte Drittschuldner

werden

3

gegenüber dem Drittschuldner (zu Ziffer ______) (14)

☐ Herrn ☐ Frau ☐ Unternehmen ☐ ______

Name/Firma ______ ggf. Vorname(n) ______

Straße ______ Hausnummer ______

Postleitzahl ______ Ort ______

Land (wenn nicht Deutschland) ______

Registergericht ______ Registernummer ______

Geschäftszeichen ______ elektronische Zustelladresse ______

wegen der Forderungen, Ansprüche und sonstigen Rechte des Schuldners (zu Ziffer ______) aus den Modulen ______

sowie dem Drittschuldner (zu Ziffer ______)

☐ Herrn ☐ Frau ☐ Unternehmen ☐ ______

Name/Firma ______ ggf. Vorname(n) ______

Straße ______ Hausnummer ______

Postleitzahl ______ Ort ______

D

Land (wenn nicht Deutschland) ______

Registergericht ______ Registernummer ______

Geschäftszeichen ______ elektronische Zustelladresse ______

wegen der Forderungen, Ansprüche und sonstigen Rechte des Schuldners (zu Ziffer ______) aus den Modulen ______

sowie dem Drittschuldner (zu Ziffer ______)

☐ Herrn ☐ Frau ☐ Unternehmen ☐ ______

Name/Firma ______ ggf. Vorname(n) ______

Straße ______ Hausnummer ______

Postleitzahl ______ Ort ______

Land (wenn nicht Deutschland) ______

Registergericht ______ Registernummer ______

Geschäftszeichen ______ elektronische Zustelladresse ______

wegen der Forderungen, Ansprüche und sonstigen Rechte des Schuldners (zu Ziffer ______) aus den Modulen ______

☐ sowie den weiteren Drittschuldnern aufgeführt in weiterer Anlage (16)

die angeblichen fälligen und noch künftig fällig werdenden nachfolgend aufgeführten Forderungen, sonstigen Ansprüche und anderen Vermögensrechte der Schuldner so lange gepfändet, bis der Gläubigeranspruch gedeckt ist: (15)

4

(17)

E

Forderungen gegenüber Arbeitgebern

1. Forderung auf Zahlung des gesamten gegenwärtigen und künftigen Arbeitseinkommens (einschließlich des Geldwertes von Sachbezügen)
2. Forderung auf Auszahlung des als Überzahlung jeweils auszugleichenden Erstattungsbetrages aus dem durchgeführten Lohnsteuer-Jahresausgleich sowie aus dem Kirchenlohnsteuer-Jahresausgleich für das Kalenderjahr ______ und für alle folgenden Kalenderjahre
3. Forderung auf Zahlung des Kurzarbeitergeldes

☐ ______

F

Forderungen gegenüber ☐ Agentur für Arbeit ☐ Versicherungsträger ☐ Versorgungseinrichtung (18)

Forderung auf Zahlung der nachfolgend genannten gegenwärtig und künftig dem Schuldner zustehenden Geldleistungen:

Bezeichnung der Geldleistung	Konto-/Versicherungs-/Mitgliedsnummer

☐ ______

G

Forderungen gegenüber dem Finanzamt

Forderung auf Auszahlung des als Überzahlung auszugleichenden Erstattungsbetrages bzw. des Überschusses, der sich als Erstattungsanspruch bei Abrechnung der auf die Einkommensteuer (zuzüglich Solidaritätszuschlag) und Kirchensteuer sowie Körperschaftsteuer anzurechnenden Leistungen für das abgelaufene Kalenderjahr ______
☐ und für alle früheren Kalenderjahre
ergibt.

☐ ______

H

Forderungen und sonstige Rechte gegenüber Kreditinstituten (19) (20) (21)

1. Forderung auf Zahlung der zu Gunsten des Schuldners bestehenden Guthaben seiner sämtlichen Zahlungskonten bei diesen Kreditinstituten einschließlich der Ansprüche auf Gutschrift der eingehenden Beträge; mitgepfändet wird die angebliche (gegenwärtige und künftige) Forderung des Schuldners an den Drittschuldner auf Auszahlung eines vereinbarten Dispositionskredits („offene Kreditlinie"), soweit der Schuldner den Kredit in Anspruch nimmt
2. Forderung auf Auszahlung des Guthabens und der bis zum Tag der Auszahlung aufgelaufenen Zinsen sowie das Recht auf fristgerechte bzw. vorzeitige Kündigung der für ihn geführten Sparguthaben und/oder Festgeldkonten
3. Forderung auf Auszahlung der bereitgestellten, noch nicht abgerufenen Darlehensvaluta aus einem Kreditgeschäft, wenn es sich nicht um zweckgebundene Ansprüche handelt
4. Forderung auf Zahlung aus dem zum Wertpapierkonto gehörenden Gegenkonto, auf dem die Zinsgutschriften für die festverzinslichen Wertpapiere gutgeschrieben sind

☐ Anspruch auf Zugang zu Bankschließfächern und auf Mitwirkung des Drittschuldners bei der Öffnung des Bankschließfachs bzw. auf die Öffnung des Bankschließfachs allein durch den Drittschuldner zum Zweck der Entnahme des Inhalts

☐ Anspruch auf Herausgabe der in den Depots und Unterdepots des Schuldners verwahrten Wertpapiere aus Sonder- und Drittverwahrung mitsamt den Eigentumsrechten an den Wertpapieren sowie bei Sammelverwahrung den Anspruch auf Herausgabe einer dem Anteil bzw. dem Wertpapiernennbetrag des Schuldners entsprechenden Anzahl von Einzelstücken aus der Sammelverwahrung mitsamt dem Miteigentumsanteil des Schuldners am Sammelbestand sowie bei Verbriefung von Wertpapieren in Sammelurkunden, insbesondere Globalurkunden, den Anspruch auf Übertragung der Buchforderung bzw. auf Umbuchung von Girosammel-Depotgutschriften mitsamt dem Miteigentumsanteil des Schuldners an solchen Sammelurkunden, jeweils einschließlich des Anspruchs auf Auskehrung von jeglichen Wertpapiererträgen

☐

I

Forderungen und sonstige Rechte gegenüber Bausparkassen (22)

aus dem über eine Bausparsumme von (rund) ______ Euro abgeschlossenen Bausparvertrag Nummer
Vertragsnummer
______,
insbesondere

1. Forderung auf Auszahlung des Bausparguthabens nach Zuteilung
2. Forderung auf Auszahlung der Sparbeiträge nach Einzahlung der vollen Bausparsumme
3. Forderung auf Rückzahlung des Sparguthabens nach Kündigung
4. Recht zur Kündigung und Änderung des Vertrags

☐ ______

5

J

Forderungen und sonstige Rechte gegenüber Versicherungsgesellschaften

1. Forderung auf Zahlung der Versicherungssumme, der Gewinnanteile und des Rückkaufwertes aus den Lebensversicherungen, die mit dem Drittschuldner abgeschlossen sind
2. Recht zur Bestimmung desjenigen, zu dessen Gunsten im Todesfall die Versicherungssumme ausgezahlt wird, bzw. Recht zur Bestimmung einer anderen Person an Stelle der von dem Schuldner vorgesehenen
3. Recht zur Kündigung des Lebens-/Rentenversicherungsvertrages, Recht auf Umwandlung der Lebens-/Rentenversicherung in eine prämienfreie Versicherung sowie Recht zur Aushändigung der Versicherungspolice

☐ ____________________

K

Weitere Forderungen, Ansprüche und Vermögensrechte (23)

L

Es ergehen folgende Anordnungen nach § 829 Absatz 1 und § 835 Absatz 1 ZPO: (24)

Die Drittschuldner dürfen, soweit die Forderungen gepfändet sind, an die Schuldner nicht mehr zahlen; die Schuldner dürfen insoweit nicht über die Forderungen verfügen, sie insbesondere nicht einziehen. Im Anwendungsbereich des § 850c ZPO wird auf die Pfändungsfreigrenzenbekanntmachung in der jeweils geltenden Fassung Bezug genommen (§ 850c Absatz 5 Satz 3 ZPO).

Dem Gläubiger werden die Forderungen in Höhe des gepfändeten Betrages

☐ **zur Einziehung überwiesen.** ☐ an Zahlungs statt überwiesen.

M

(25)

Es wird des Weiteren angeordnet, dass:

☐ der Schuldner (zu Ziffer ________) die ihm vom Drittschuldner (zu Ziffer ________) ausgestellten Lohn- oder Gehaltsabrechnungen oder die Verdienstbescheinigungen einschließlich der entsprechenden Bescheinigungen der letzten drei Monate vor Zustellung dieses Beschlusses an die Gläubiger herauszugeben hat.

☐ der Schuldner (zu Ziffer ________) die für ihn vom Drittschuldner (zu Ziffer ________) über das jeweilige Sparguthaben geführten Sparbücher bzw. die Sparurkunden an die Gläubiger herauszugeben hat und diese die Sparbücher bzw. Sparurkunden unverzüglich dem Drittschuldner vorzulegen haben.

☐ der Schuldner (zu Ziffer ________) die ihm vom Drittschuldner (zu Ziffer ________) erteilten Kontoauszüge ab Zustellung dieses Beschlusses an den Drittschuldner im Original oder als Kopie an die Gläubiger herauszugeben hat.

☐ ein von den Gläubigern zu beauftragender Gerichtsvollzieher für die Pfändung des Inhalts Zugang zum Schließfach des Schuldners (zu Ziffer ________) bei Drittschuldner (zu Ziffer ________) zu nehmen hat.

☐ der Drittschuldner (zu Ziffer ________) an einen von den Gläubigern zu beauftragenden Gerichtsvollzieher die Wertpapiere herauszugeben hat.

☐ der Schuldner (zu Ziffer ________) die ihm vom Drittschuldner (zu Ziffer ________) ausgestellten Versicherungspolicen an den Gläubiger herauszugeben hat und dieser sie unverzüglich dem Drittschuldner vorzulegen hat.

☐ der Schuldner eine Abschrift der ihm erteilten Bescheinigung nach § 903 Absatz 1 Satz 2 ZPO an den Gläubiger herauszugeben hat.

☐ ____________________

☐ ____________________

6

N

Es wird nach § 850e Nummer 2 und 2a ZPO angeordnet, dass zur Berechnung des nach § 850c ZPO pfändbaren Teils des Gesamteinkommens des Schuldners (zu Ziffer ______) zusammenzurechnen sind: (26)

☐ Arbeitseinkommen bei Drittschuldner (zu Ziffer ______) in Höhe von ______ Euro

und

Arbeitseinkommen bei Drittschuldner (zu Ziffer ______) in Höhe von ______ Euro.

Der unpfändbare Grundbetrag ist in erster Linie den Einkünften des Schuldners bei Drittschuldner (zu Ziffer ______) zu entnehmen, weil diese Einkünfte die wesentliche Grundlage der Lebenshaltung des Schuldners bilden.

☐ Folgende laufende Geldleistung nach dem Sozialgesetzbuch: ______
bei Drittschuldner (zu Ziffer ______)

und

Arbeitseinkommen bei Drittschuldner (zu Ziffer ______).

Der unpfändbare Grundbetrag ist in erster Linie

☐ dem Arbeitseinkommen ☐ der genannten laufenden Geldleistung nach dem Sozialgesetzbuch

zu entnehmen.

☐ Folgende laufende Geldleistung nach dem Sozialgesetzbuch: ______
bei Drittschuldner (zu Ziffer ______) in Höhe von ______ Euro

und

folgende laufende Geldleistung nach dem Sozialgesetzbuch: ______
bei Drittschuldner (zu Ziffer ______) in Höhe von ______ Euro.

Der unpfändbare Grundbetrag ist in erster Linie den Einkünften des Schuldners bei Drittschuldner (zu Ziffer ______) zu entnehmen, weil diese Einkünfte die wesentliche Grundlage der Lebenshaltung des Schuldners bilden.

O

Es liegen folgende Angaben über die wirtschaftlichen und persönlichen Verhältnisse des Schuldners (27) **(zu Ziffer ______) vor** (Angaben für Pfändungen nach § 850d ZPO (**Modul Q**) oder § 850f Absatz 2 ZPO (**Modul S**)):

Der Schuldner kommt laufenden gesetzlichen Unterhaltspflichten gegenüber nachstehend genannten Personen wie folgt nach:

Name ______ Vorname(n) ______

Geburtsdatum ______ Verwandtschaftsverhältnis zum Schuldner: ______

☐ vollständig. ☐ teilweise. ☐ nicht.

Name ______ Vorname(n) ______

Geburtsdatum ______ Verwandtschaftsverhältnis zum Schuldner: ______

☐ vollständig. ☐ teilweise. ☐ nicht.

Name ______ Vorname(n) ______

Geburtsdatum ______ Verwandtschaftsverhältnis zum Schuldner: ______

☐ vollständig. ☐ teilweise. ☐ nicht.

Angaben zur teilweisen Erfüllung von Unterhaltspflichten:
______

Sonstige Angaben:
______

Der Schuldner ist

☐ erwerbstätig. ☐ nicht erwerbstätig.

Der Schuldner ist

☐ ledig. ☐ mit dem Gläubiger verheiratet oder eine eingetragene Lebenspartnerschaft führend. ☐ mit einem Dritten verheiratet oder eine eingetragene Lebenspartnerschaft führend. ☐ geschieden.

Zusätzliche Angaben ausschließlich für Pfändungen nach § 850d ZPO (Modul Q): (27)

☐ Der Schuldner hat sich in Bezug auf Unterhaltsrückstände, die länger als ein Jahr vor Stellung dieses Antrags fällig geworden sind, seiner Zahlungspflicht nicht absichtlich entzogen.

7

P

Angaben über Einkünfte von Unterhaltsberechtigten (zusätzliche Angaben für Pfändungen nach § 850d ZPO (**Modul Q**) oder § 850f Absatz 2 ZPO (**Modul S**) sowie bei Anträgen nach § 850c Absatz 6 ZPO (**Modul R**)): (28)

Folgende Personen, denen der Schuldner (zu Ziffer ______) aufgrund gesetzlicher Verpflichtung Unterhalt gewährt, haben eigenes Einkommen:

der Ehegatte oder eingetragene Lebenspartner

Name ______ Vorname(n) ______

Art und Höhe des Einkommens ______

die Kinder

Name ______ Vorname(n) ______ Geburtsdatum ______

Art und Höhe des Einkommens ______

Name ______ Vorname(n) ______ Geburtsdatum ______

Art und Höhe des Einkommens ______

Name ______ Vorname(n) ______ Geburtsdatum ______

Art und Höhe des Einkommens ______

☐ ______

Q

☐ **Es wird eine Pfändbarkeit bei Unterhaltsansprüchen gegen den Schuldner (zu Ziffer ______) nach § 850d ZPO angeordnet.** (29)

Vom Gericht auszufüllen:

Es ergehen folgende Anordnungen nach § 850d ZPO:

☐ Für die Pfändung wegen der Rückstände, die länger als ein Jahr vor dem Antrag auf Erlass des Pfändungsbeschlusses, bei Gericht eingegangen am ______, fällig geworden sind, gilt § 850d Absatz 1 Satz 1 bis 3 ZPO nicht.

Dem Schuldner sind bis zur Deckung des Gläubigeranspruchs für seinen eigenen notwendigen Unterhalt ______ Euro als unpfändbarer Betrag monatlich zu belassen.

Darüber hinaus sind ihm bis zur Deckung des Gläubigeranspruchs als unpfändbarer Betrag monatlich zu belassen:

☐ ______ Euro zur Erfüllung seiner laufenden gesetzlichen Unterhaltspflichten gegenüber den Berechtigten, die dem Gläubiger vorgehen.

☐ ____ / ____ des verbleibenden Betrages zur gleichmäßigen Befriedigung der Unterhaltsansprüche der unterhaltsberechtigten Personen, die dem Gläubiger gleichstehen.

Der dem Schuldner danach zu belassende Teil seines Arbeitseinkommens darf den Betrag nicht übersteigen, der ihm nach der Tabelle in der Pfändungsfreigrenzenbekanntmachung in der jeweils geltenden Fassung bei voller Berücksichtigung der genannten unterhaltsberechtigten Person zu verbleiben hätte.

Dieser monatliche unpfändbare Betrag gilt für

☐ das Arbeitseinkommen und die in § 850a Nummer 1, 2 und 4 ZPO genannten Bezüge, jeweils ohne die in § 850c ZPO bezeichneten Pfändungsgrenzen.

Sonstige Anordnungen:

______

Gründe:

______

8

R

☐ **Es wird die (teilweise) Nichtberücksichtigung von Unterhaltsberechtigten des Schuldners (zu Ziffer ______) nach § 850c Absatz 6 ZPO angeordnet.**

Vom Gericht auszufüllen:

Bei der Berechnung des unpfändbaren Teils des

☐ Arbeitseinkommens des Schuldners

☐ Guthabens auf dem Pfändungsschutzkonto des Schuldners

bleiben nachfolgende Personen, denen der Schuldner auf Grund gesetzlicher Verpflichtung Unterhalt gewährt und die eigene Einkünfte haben, wie folgt unberücksichtigt:

Name ______ Vorname(n) ______ Geburtsdatum ______

☐ ganz ☐ in Höhe von ______ Euro ☐ in Höhe von ______ Prozent.

Name ______ Vorname(n) ______ Geburtsdatum ______

☐ ganz ☐ in Höhe von ______ Euro ☐ in Höhe von ______ Prozent.

Name ______ Vorname(n) ______ Geburtsdatum ______

☐ ganz ☐ in Höhe von ______ Euro ☐ in Höhe von ______ Prozent.

Gründe:

S

☐ **Es wird eine Pfändbarkeit bei Forderungen aus einer vorsätzlich begangenen unerlaubten Handlung des Schuldners (zu Ziffer ______) nach § 850f Absatz 2 ZPO angeordnet.**

Vom Gericht auszufüllen:

Der pfändbare Teil des Arbeitseinkommens wird ohne Rücksicht auf die in § 850c ZPO vorgesehenen Beschränkungen bestimmt.

Dem Schuldner sind

☐ von dem pfändbaren Arbeitseinkommen

☐ von dem Guthaben auf seinem Pfändungsschutzkonto

für seinen eigenen notwendigen Unterhalt ______ Euro

☐ sowie zur Erfüllung seiner laufenden gesetzlichen Unterhaltspflichten ______ Euro monatlich zu belassen.

Gründe:

T

Vom Gericht auszufüllen:

Vom Gericht auszufüllen:

Datum ______ Name Rechtspflegerin/Rechtspfleger ______

______ Unterschrift Rechtspflegerin/Rechtspfleger

☐ Ausgefertigt ☐ Beglaubigt

Datum ______ Name Urkundsbeamtin/Urkundsbeamter ______

______ Unterschrift Urkundsbeamtin/Urkundsbeamter

9

Aufstellung von Forderungen bei der Vollstreckung von gesetzlichen Unterhaltsansprüchen für den Antrag auf Erlass eines Pfändungsbeschlusses und eines Pfändungs- und Überweisungsbeschlusses

Lfd. Nr.

	Name	Vorname(n)	geboren am
Unterhaltsberechtigter:	______	______	______

Der Gläubiger kann von dem Schuldner (zu Ziffer ______) aus dem Vollstreckungstitel (zu Ziffer ______) die nachfolgend aufgeführten Beträge beanspruchen:

I. Rückständigen Unterhalt einschließlich dazugehöriger Zinsen und Säumniszuschläge	
Unterhaltsrückstand für die Zeit vom ______ bis ______	______ Euro
(Teil-/Rest-)Zinsen wie im Vollstreckungstitel ausgerechnet	______ Euro
(Teil-/Rest-)Zinsen in Höhe von	
☐ ______ Prozentpunkten über dem jeweiligen Basiszinssatz ☐ ______ Prozent aus ______ Euro seit dem ______ bis ______	______ Euro
☐ ______ Prozentpunkten über dem jeweiligen Basiszinssatz ☐ ______ Prozent aus ______ Euro seit dem ______ bis ______	______ Euro
☐ ______ Prozentpunkten über dem jeweiligen Basiszinssatz ☐ ______ Prozent aus ______ Euro seit dem ______	
☐ ______ Prozentpunkten über dem jeweiligen Basiszinssatz ☐ ______ Prozent aus ______ Euro seit dem ______	
Unterhaltsrückstand für die Zeit von ______ bis ______	______ Euro
(Teil-/Rest-)Zinsen wie im Vollstreckungstitel ausgerechnet	______ Euro
(Teil-/Rest-)Zinsen in Höhe von	
☐ ______ Prozentpunkten über dem jeweiligen Basiszinssatz ☐ ______ Prozent aus ______ Euro seit dem ______ bis ______	______ Euro
☐ ______ Prozentpunkten über dem jeweiligen Basiszinssatz ☐ ______ Prozent aus ______ Euro seit dem ______ bis ______	______ Euro
☐ ______ Prozentpunkten über dem jeweiligen Basiszinssatz ☐ ______ Prozent aus ______ Euro seit dem ______	
☐ ______ Prozentpunkten über dem jeweiligen Basiszinssatz ☐ ______ Prozent aus ______ Euro seit dem ______	
☐ Hauptforderung ☐ Restforderung aus Hauptforderung in Höhe von ______ Euro ☐ Teilforderung aus Hauptforderung in Höhe von ______ Euro	______ Euro
Säumniszuschläge gemäß ______ aus ______ Euro seit dem ______ bis ______	______ Euro
Säumniszuschläge gemäß ______ aus ______ Euro seit dem ______	
☐	______ Euro

1

II. Titulierte Kosten einschließlich dazugehöriger Nebenforderungen			
In den Vollstreckungsbescheid aufgenommene Kosten des Mahnverfahrens			
☐ Gesamtkosten	☐ Restkosten aus Gesamtkosten in Höhe von ______ Euro	☐ Teilkosten aus Gesamtkosten in Höhe von ______ Euro	______ Euro
(Teil-/Rest-)Zinsen wie im Vollstreckungsbescheid ausgerechnet			______ Euro
(Teil-/Rest-)Zinsen in Höhe von			
☐ ______ Prozentpunkten über dem jeweiligen Basiszinssatz ☐ ______ Prozent aus ______ Euro seit dem ______ bis ______			______ Euro
☐ ______ Prozentpunkten über dem jeweiligen Basiszinssatz ☐ ______ Prozent aus ______ Euro seit dem ______ bis ______			______ Euro
☐ ______ Prozentpunkten über dem jeweiligen Basiszinssatz ☐ ______ Prozent aus ______ Euro seit dem ______			
☐ ______ Prozentpunkten über dem jeweiligen Basiszinssatz ☐ ______ Prozent aus ______ Euro seit dem ______			
Titulierte vorgerichtliche Kosten			
☐ Gesamtkosten	☐ Restkosten aus Gesamtkosten in Höhe von ______ Euro	☐ Teilkosten aus Gesamtkosten in Höhe von ______ Euro	______ Euro
(Teil-/Rest-)Zinsen wie im Vollstreckungstitel ausgerechnet			______ Euro
(Teil-/Rest-)Zinsen in Höhe von			
☐ ______ Prozentpunkten über dem jeweiligen Basiszinssatz ☐ ______ Prozent aus ______ Euro seit dem ______ bis ______			______ Euro
☐ ______ Prozentpunkten über dem jeweiligen Basiszinssatz ☐ ______ Prozent aus ______ Euro seit dem ______ bis ______			______ Euro
☐ ______ Prozentpunkten über dem jeweiligen Basiszinssatz ☐ ______ Prozent aus ______ Euro seit dem ______			
☐ ______ Prozentpunkten über dem jeweiligen Basiszinssatz ☐ ______ Prozent aus ______ Euro seit dem ______			
Festgesetzte Kosten			
☐ Gesamtkosten	☐ Restkosten aus Gesamtkosten in Höhe von ______ Euro	☐ Teilkosten aus Gesamtkosten in Höhe von ______ Euro	______ Euro
(Teil /Rest)Zinsen wie im Kostenfestsetzungsbeschluss ausgerechnet			______ Euro
(Teil-/Rest-)Zinsen in Höhe von			
☐ ______ Prozentpunkten über dem jeweiligen Basiszinssatz ☐ ______ Prozent aus ______ Euro seit dem ______ bis ______			______ Euro
☐ ______ Prozentpunkten über dem jeweiligen Basiszinssatz ☐ ______ Prozent aus ______ Euro seit dem ______ bis ______			______ Euro
☐ ______ Prozentpunkten über dem jeweiligen Basiszinssatz ☐ ______ Prozent aus ______ Euro seit dem ______			
☐ ______ Prozentpunkten über dem jeweiligen Basiszinssatz ☐ ______ Prozent aus ______ Euro seit dem ______			
☐ ______			______ Euro

III. Kosten der Zwangsvollstreckung gemäß § 788 Absatz 1 ZPO	
Bisherige Vollstreckungskosten gemäß Aufstellung in weiterer Anlage	______ Euro
Kosten für dieses Verfahren:	
Gerichtskosten nach GKG (Gebühr nach KV Nr. 2111)	______ Euro
Rechtsanwaltskosten nach RVG (Gegenstandswert (§ 25 RVG): ______ Euro)	
Verfahrensgebühr (VV Nr. 3309, ggf. i. V. m. VV Nr. 1008)	______ Euro
Entgelte für Post und Telekommunikationsdienstleistungen, ggf. Pauschale (VV Nr. 7001 oder 7002)	______ Euro
weitere Auslagen ______	______ Euro
Umsatzsteuer (VV Nr. 7008)	______ Euro
Zwischensumme Rechtsanwaltskosten ______ **Euro**	
Kosten von Inkassodienstleistern nach § 13e RDG gemäß Aufstellung in weiterer Anlage	______ Euro
☐ ______	______ Euro

2

IV. Statische Unterhaltsrente (30)

Unterhalt für

☐ Kind ☐ Ehegatten/eingetragenen Lebenspartner ☐ Mutter oder Vater nach § 1615l BGB ☐ Eltern ☐ Enkel

Der Unterhalt ist zu zahlen:

☐ wöchentlich ☐ monatlich ☐ vierteljährlich

☐ laufend ab ________

☐ zahlbar am ________ (Wochentag bzw. bezifferten Tag des Monats oder des Jahres angeben)

☐ jeder Woche ☐ jeden Monats ☐ jeden Jahres ☐ bis ________

☐ Unterhalt bis zur Vollendung des **sechsten** Lebensjahres des Kindes ________ Euro

☐ Unterhalt von der Vollendung des **sechsten** Lebensjahres bis zur Vollendung des **zwölften** Lebensjahres des Kindes ________ Euro

☐ Unterhalt von der Vollendung des **zwölften** Lebensjahres bis zur Vollendung des **achtzehnten** Lebensjahres des Kindes ________ Euro

☐ Unterhalt von der Vollendung des **achtzehnten** Lebensjahres des Gläubigers an ________ Euro

☐ Unterhalt für die Zeit von ________ bis ________ ________ Euro

☐ Unterhalt für die Zeit von ________ bis ________ ________ Euro

☐ Unterhalt für die Zeit von ________ bis ________ ________ Euro

☐ Unterhalt für die Zeit ab ________

V. Dynamisierte Unterhaltsrente (31)

Unterhalt, veränderlich gemäß dem Mindestunterhalt nach § 1612a Absatz 1 BGB, zahlbar am Ersten jeden Monats, laufend ab ________ bis ________

________ Prozent des Mindestunterhalts der **ersten Altersstufe**,

☐ abzüglich

☐ des hälftigen Kindergeldes ☐ des vollen Kindergeldes

☐ abzüglich Kindergeld in Höhe von ________ Euro

☐ abzüglich sonstiger kindesbezogener Leistungen in Höhe von ________ Euro (derzeitiger monatlicher Zahlbetrag des Unterhalts: ________ Euro) bis zur Vollendung des **sechsten** Lebensjahres des Kindes (Zeitraum vom ________ bis ________)

________ Prozent des Mindestunterhalts der **zweiten Altersstufe**,

☐ abzüglich

☐ des hälftigen Kindergeldes ☐ des vollen Kindergeldes

☐ abzüglich Kindergeld in Höhe von ________ Euro

☐ abzüglich sonstiger kindesbezogener Leistungen in Höhe von ________ Euro (derzeitiger monatlicher Zahlbetrag des Unterhalts: ________ Euro) vom **siebten** bis zur Vollendung des **zwölften** Lebensjahres des Kindes (Zeitraum vom ________ bis ________)

________ Prozent des Mindestunterhalts der **dritten Altersstufe**,

☐ abzüglich

☐ des hälftigen Kindergeldes ☐ des vollen Kindergeldes

☐ abzüglich Kindergeld in Höhe von ________ Euro

☐ abzüglich sonstiger kindesbezogener Leistungen in Höhe von ________ Euro (derzeitiger monatlicher Zahlbetrag des Unterhalts: ________ Euro) ab dem **dreizehnten** Lebensjahres des Kindes (Zeitraum vom ________ bis ________)

Summe I. bis V. (Zinsen, Säumniszuschläge und Unterhaltsrenten nur, soweit nicht laufend) ________ Euro

3

Anmerkungen

1. Formularzwang. Bereits im Jahr 2013 wurde bezüglich der Forderungspfändung ein Formularzwang eingeführt. Die Formulare wurden mehrmals verändert und ergänzt. Der Gläubiger ist nach § 829 Abs. 4 ZPO iVm der **Zwangsvollstreckungsformular-Verordnung** verpflichtet, die amtlichen Formulare zu verwenden. Allerdings beschränkt die mit 1.9.2024 in Kraft getretene Fassung der Zwangsvollstreckungsformular-Verordnung den Formularzwang auf die Pfändung von **Geld**forderungen. Andere Vermögensrechte wie zB der Anteil an einem Nachlass, der Nießbrauch, ein Wohnrecht mit Nutzungsüberlassung oder ein Abtretungsanspruch dürfen ohne Verwendung des Formulars gepfändet werden. Das empfiehlt sich häufig, weil das amtliche Formular auf die Pfändung der gängigen Geldforderungen gegen die üblichen Drittschuldner zugeschnitten ist. Der Pfändungs- und Überweisungsbeschluss muss letztlich nicht nur für den informierten Rechtspfleger, sondern auch für den Gläubiger, den Schuldner und den Drittschuldner verständlich bleiben.

Die Anwendbarkeit dieser Regelungen im **Familienrecht** folgt aus § 120 FamFG (Streitsachen) oder § 95 Abs. 1 Nr. 1 FamFG (fG-Sachen).

Mit der Standardisierung bei Geldforderungen soll die Arbeit des Vollstreckungsgerichts erleichtert werden (kritisch dazu Korves MDR 2019, 396). Daher sind **Abweichungen** lediglich sehr eingeschränkt zulässig (§ 3 ZVFV). Hierzu ist zusätzlich das amtliche Hinweisblatt zu beachten. Die amtlichen Formulare mit Hinweisblatt können für typische und alltägliche Fälle als Checkliste dienen. Es müssen die jeweils aktuellen Formulare und Hinweisblätter verwendet werden, zu finden auf der Internetseite des BMJV unter Service/Formulare und Muster/Formulare für die Zwangsvollstreckung. Wird der verbindliche Vordruck nicht verwendet, ist der Antrag **unzulässig** (LG Wuppertal JurBüro 2017, 377). Allerdings muss das Vollstreckungsgericht dem Gläubiger vor einer Antragszurückweisung Gelegenheit zur Nachbesserung geben. Familienrechtlich von besonderem Interesse ist das hier ausgewählte Formular für den Antrag auf Erlass eines Pfändungs- und Überweisungsbeschlusses wegen Unterhaltsforderungen nach § 850d ZPO. Es gilt auch für die Pfändung gesetzlicher Unterhaltsansprüche, die auf die öffentliche Hand übergeleitet worden oder gesetzlich übergegangen sind, zB nach § 7 UVG, § 33 SGB II (eingehend Benner NZFam 2019, 845).

2. Zuständigkeit. Auch bei der Vollstreckung aus einem familienrechtlichen Titel ist das Amtsgericht als Vollstreckungsgericht ausschließlich sachlich zuständig (§§ 764 Abs. 2, 802 ZPO). Die örtliche Zuständigkeit richtet sich nach dem allgemeinen Gerichtsstand des Schuldners, § 828 Abs. 2 ZPO. Maßgeblicher Zeitpunkt ist nicht die Antragsstellung, sondern die erste Vollstreckungshandlung, also der Erlass des Pfändungsbeschlusses durch das Gericht. Hat der Schuldner keinen inländischen allgemeinen Gerichtsstand, so ist gem. §§ 828 Abs. 2, 23 ZPO das Vollstreckungsgericht zuständig, bei dem der Drittschuldner, also der Schuldner des Schuldners, seinen Sitz hat. Funktionell zuständig ist der Rechtspfleger.

Ist das angerufene Gericht **nicht zuständig**, gibt es die Sache auf Antrag des Gläubigers an das zuständige Gericht ab (§ 828 Abs. 3 S. 1 ZPO).

3. Vorpfändung. Das Formular enthält einen Hinweis an das Gericht, der der Einhaltung der Fristen dienen soll. Das vorläufige Zahlungsverbot sichert den Rang der zu pfändenden Forderung nämlich nur für einen Monat. Das vorläufige Zahlungsverbot (§ 845 ZPO) muss der Gläubiger durch den Gerichtsvollzieher zustellen lassen (→ Form. R.II.3 Anm. 12). Der Gläubiger muss dabei den Betrag der vorzupfändenden

Forderung angeben. Auf diesen Betrag beschränkt sich der rangwahrende Arrest (BGH NJW 2001, 2976).

4. Unter der Rubrik Kontaktdaten trägt der Rechtsanwalt seine Daten ein, nicht die des Gläubigers oder gesetzlichen Vertreters. Er ist dann der Ansprechpartner für das Gericht.

5. Zustellung. Erst durch die Zustellung des Beschlusses an den Drittschuldner wird die Pfändung der Forderung wirksam (§ 829 Abs. 3 ZPO). Diese Zustellung nach §§ 191 ff. ZPO ist Sache des Gläubigers (§ 829 Abs. 2 S. 1 ZPO). Er kann den hierfür zuständigen Gerichtsvollzieher selbst direkt beauftragen oder – so der Regelfall – durch Vermittlung der Geschäftsstelle (§ 192 Abs. 2, 3 ZPO). Das muss entsprechend angekreuzt werden.

6. Drittschuldnererklärung. Die Aufforderung zur Abgabe der Drittschuldnererklärung muss gem. § 840 Abs. 2 ZPO nach hM durch den Gerichtsvollzieher zugestellt werden, und zwar persönlich oder durch Ersatzzustellung. Ansonsten entfällt jede Haftung des Drittschuldners, falls der Drittschuldner auf die Aufforderung schweigt (Anders/Gehle/Nober ZPO § 840 Rn. 6; Musielak/Voit/Flockenhaus ZPO § 840 Rn. 3).

7. Prozesskostenhilfe. Schon wegen der Vorschusspflicht des Gläubigers ist stets zu prüfen, ob für die Vollstreckung Prozesskostenhilfe bewilligt werden kann.

Da in Vollstreckungssachen in der Regel kein Anwaltszwang besteht, richtet sich die Frage, ob und inwieweit dem Antragsteller im Rahmen der bewilligten Prozesskostenhilfe ein Rechtsanwalt beizuordnen ist, nach § 121 Abs. 2 ZPO iVm § 120 FamFG. Danach ist die Beiordnung geboten, wenn die Vertretung durch einen Rechtsanwalt **erforderlich** erscheint oder der Gegner durch einen Rechtsanwalt vertreten ist („Waffengleichheit"). Insbesondere wegen der sich aus § 850d ZPO ergebenden rechtlichen Schwierigkeiten bei der Pfändung aus einem Unterhaltstitel ist dem **Unterhaltsgläubiger** in der Regel ein Rechtsanwalt im Rahmen der Prozesskostenhilfebewilligung beizuordnen (BGH NJW-RR 2012, 1153).

8. Vollstreckungsunterlagen. Werden die amtlichen Formulare als Schriftstücke eingereicht, müssen dem Antrag die vollstreckbare Ausfertigung des Unterhaltstitels (§ 724 ZPO) nebst Zustellungsnachweis beigefügt werden. Bei Jugendamtsurkunden wird die vollstreckbare Ausfertigung von der Urkundsperson des Jugendamts erteilt. Aus Kostengründen sollten für die Zustellung an alle Drittschuldner und den Schuldner alle erforderlichen Abschriften beigefügt werden (vgl. §§ 133, 192 Abs. 2, 193 ZPO).

Rechtsanwälte, Behörden und juristische Personen des öffentlichen Rechts müssen die amtlichen Formulare elektronisch einreichen. Das gilt auch für die Unterlagen, die beigefügt werden, nicht aber für die Titel. Hier muss angekreuzt werden, ob die Titel zugleich mit dem elektronischen Antrag auf dem Postweg oder erst nach Mitteilung des Aktenzeichens versandt werden. Zumindest bei größeren Vollstreckungsgerichten sollte die Bekanntgabe des Aktenzeichens abgewartet werden, um eine zügige Zuordnung der Titel zu erleichtern.

Geht es um **Kindesunterhalt**, ist zu prüfen, ob der Elternteil, der den Titel gemäß § 1629 Abs. 3 BGB im eigenen Namen erstritten hat, noch **vollstreckungsbefugt** ist. Ist die Verfahrensstandschaft – insbesondere bei Eintritt der Volljährigkeit des Kindes – weggefallen, muss der Titel zuvor umgeschrieben werden (§ 727 ZPO).

Ist der Titel verloren gegangen oder wird er für eine andere Vollstreckungsmaßnahme benötigt, kann der Gläubiger die Erteilung einer **weiteren Ausfertigung** beantragen.

9. Teilzahlungen. Falls der Unterhaltsschuldner statt des vollen Unterhalts, nur Teilzahlungen geleistet hat, sind diese in einer eigenen Anlage einschließlich ihrer Verrechnung zu dokumentieren. Das amtliche Formular enthält hierzu keine vorgegebene Einzelaufstellung. Erfasst werden Teilzahlungen nur summarisch in der Forderungsaufstellung unter „Unterhaltsrückstand".

10. Unterschrift. Im Feld mit der Bezeichnung Name der Antragsteller ist eine elektronische Signatur, die den Namen des Antragstellers kenntlich macht, anzubringen (BGH NJW 2022, 3512). Das Feld mit der Bezeichnung Unterschrift bleibt dann frei. Wird nicht elektronisch signiert, muss im Feld Unterschrift unterschrieben werden. Zu den Formerfordernissen bei einer qualifizierten oder einfachen elektronischen Signatur siehe BGH NJW-RR 2023, 906. Die Formanforderungen sind erfüllt, wenn die zu verantwortende Person entweder elektronisch signiert oder einfach signiert und der Antrag auf einem sicheren Übermittlungsweg eingereicht wird. Der sichere Übermittlungsweg wird allein anhand des Prüfvermerks, des Transfervermerks oder des Prüfprotokolls dokumentiert. Für eine einfache Signatur genügt dann die maschinenschriftliche Widergabe des Namens (BGH NJW-RR 2023, 906 Rn. 15 f.).

11. Vollmacht. Wird der Schuldner in einem noch anhängigen Verfahren von einem Rechtsanwalt vertreten, so ist der Pfändungs- und Überweisungsbeschluss gem. § 172 Abs. 1 S. 3 ZPO dem Anwalt zuzustellen. Ein Verstoß macht die Zustellung wirkungslos (BGH NJW 1984, 926). Dasselbe gilt, wenn der Schuldner in der Zwangsvollstreckung anwaltlich vertreten ist (Anders/Gehle/Vogt-Beheim ZPO § 172 Rn. 9). Hat der Anwalt das Mandat niedergelegt und nimmt trotzdem die Zustellung an, so ist diese nach § 87 Abs. 2 ZPO wirksam (BGH NJW 2008, 234). Besonders schädlich ist eine Missachtung dieser Vorschriften, wenn es ausnahmsweise wie bei der Pfändung von Urheber- und Patentrechten keinen Drittschuldner gibt.

12. Pfändung und/oder Überweisung. In der Regel wird der Gläubiger beides beantragen, sowohl die Pfändung wie auch die Überweisung. Manchmal ist das aber nicht zulässig. So zB wenn vorsorglich ein noch nicht geltend gemachter Pflichtteilsanspruch gepfändet wird (BGH NJW 1993, 2876; BGH NJW 1997, 2384; BGH ZEV 2009, 247). Bei Sicherungsmaßnahmen wie etwa einem Arrest ist ebenfalls nur ein **isolierter** Pfändungsbeschluss zulässig (§ 930 ZPO). Die Überweisung der gepfändeten Forderung kann dann später schlicht und einfach ohne Verwendung des amtlichen Formulars beantragt werden.

13. Vollstreckungstitel. Grundlage der Vollstreckung sind vornehmlich Endentscheidungen, die in Familienstreitsachen stets durch Beschluss ergehen (§§ 38 Abs. 1, 116 Abs. 1 FamFG). Darüber hinaus kommen alle in § 794 Abs. 1 ZPO aufgeführten Titel in Betracht, insbesondere familiengerichtliche Vergleiche, Kostenfestsetzungsbeschlüsse, einstweilige Anordnungen, Vollstreckungsbescheide, Anwaltsvergleiche sowie notarielle Urkunden. Ferner sind im Unterhaltsrecht zu nennen Jugendamtsurkunden (§§ 59 Abs. 1 S. 1 Nr. 3 und 4, 60 SGB VIII) und Festsetzungsbeschlüsse im vereinfachten Verfahren für den Unterhalt Minderjähriger (§ 253 FamFG).

Bei einem **Vollstreckungsbescheid** ist zu beachten, dass sich durch diese Form des Titels der Nachweis der Privilegierung gemäß § 850d ZPO generell **nicht** führen lässt (BGH NJW 2016, 1663, dazu Cirullies NZFam 2016, 551). Allerdings kann der Gläubiger zum Nachweis des nach § 7 Abs. 1 UVG übergegangenen Unterhaltsanspruchs iSd § 850d ZPO den Bewilligungsbescheid gemäß §§ 9 Abs. 1 UVG beifügen (LG Frankfurt (Oder) NZFam 2019, 554).

Nach Wegfall der Verfahrensstandschaft, also zB mit seiner Volljährigkeit kann das unterhaltsberechtigte Kind die Umschreibung des Titels auf sich nach § 727 ZPO beantragen (OLG Brandenburg BeckRS 2024, 17237). Diese qualifizierte Klausel muss sodann dem Unterhaltsschuldner zugestellt werden.

14. Drittschuldner. Der Drittschuldner, also der Schuldner des Schuldners, sollte wie eine Partei mit Namen, eventuell Beruf und Adresse möglichst präzise bezeichnet werden. Seine Identität muss mindestens feststellbar sein. Die Bezeichnung des Kreditinstituts als Drittschuldner darf knapp ausfallen: Es bedarf keiner Angaben über das zur Vertretung berechtigte Organ und die Mitglieder des Vertretungsorgans (BGH NJW-RR 2016, 254).

15. Vorratspfändung. Grundsätzlich kann bei Ansprüchen, deren Geltendmachung vom Eintritt eines Kalendertages abhängig ist (zB bei Unterhaltsansprüchen), die Zwangsvollstreckung nur beginnen, wenn der Kalendertag abgelaufen ist, § 751 Abs. 1 ZPO. Dieses Fälligkeitsprinzip wird durchbrochen bei Schuldnern, die mit ihren Unterhaltszahlungen in Rückstand geraten sind: § 850d Abs. 3 ZPO gestattet dann mit der Pfändung wegen fälliger Unterhaltsansprüche auch die Pfändung künftig fällig werdenden Arbeitseinkommens (sog. **Vorratspfändung**). Gleiches gilt für laufende Sozialleistungen (§ 54 Abs. 4 SGB I). Im Zeitpunkt der Zustellung des Pfändungsbeschlusses entsteht ein **Pfandrecht gleichen bevorzugten Ranges** auch an diesem zukünftigen Einkommen. Der Unterhaltsgläubiger erlangt damit Vorrang gegenüber späteren Pfändungen.

Die Ausnutzung einer Vorratspfändung kann rechtsmissbräuchlich sein, zB dann wenn zu erwarten ist, dass der Schuldner künftig seinen Zahlungspflichten nachkommt (MüKoZPO/Heßler § 765a Rn. 29).

Von der Vorratspfändung, die eben nur im Falle eines Unterhaltsrückstandes ermöglicht wird, ist die Vorauspfändung insbesondere von Kontoguthaben für künftig fällig werdende Unterhaltsansprüche zu unterscheiden. Diese vom BGH (NJW 2004, 369) für zulässig erachtete **Dauerpfändung** entfaltet ihre Wirkung immer erst bei Fälligkeit des titulierten Anspruchs, hat also **keine rangwahrende Wirkung.** Jedoch lassen sich auf diese Weise immer wiederkehrende Pfändungsbeschlüsse (und damit auch Mehrkosten für den Schuldner) vermeiden.

16. Angebliche Forderung. Gepfändet wird nur die angebliche Forderung des Schuldners. Im Pfändungsverfahren ist nicht zu prüfen, ob die Forderung gegen den Dritten tatsächlich besteht. Nur bei offenkundigem Nichtbestehen kann das Vollstreckungsgericht den Erlass des Pfändungs- und Überweisungsbeschlusses ablehnen. Dies ist für den Schuldner durchaus mit Risiken verbunden, denn er wird vor dem Erlass des Beschlusses nicht angehört (§ 834 ZPO).

17. Forderungen des Schuldners. Grundsätzlich muss die zu pfändende Forderung des Schuldners hinreichend bestimmt bezeichnet werden (BGH MDR 2017, 1081 = NZI 2017, 623). Hierfür können verschiedene Varianten von Ansprüchen – auch mit eigenen Formulierungen eingetragen werden.

Privilegierung. Bei der Pfändung von Ansprüchen des Schuldners gegen seinen **Arbeitgeber** sind die Vorgaben der §§ 850a–850i ZPO zu beachten (dazu Würdinger NJW 2014, 3121). Für Unterhaltsgläubiger ist das Arbeitseinkommen von besonderem Interesse, denn es ermöglicht eine verschärfte Pfändung: Nach § 850d ZPO kann bei **gesetzlichen** Unterhaltsansprüchen zusätzlich in denjenigen Teil des Schuldnereinkommens vollstreckt werden, der zwischen der üblichen Pfändungsfreigrenze und dem sich an dem Sozialhilfesatz orientierenden notwendigen Selbstbehalt liegt. Der erweiterte Zugriff wird dem Unterhaltsgläubiger **nur auf Antrag** gewährt. Das muss angekreuzt werden!

18. Pfändung von Sozialleistungen. Konkrete Bezeichnungen sind zB: Altersrente oder Arbeitslosengeld

19. Kreditinstitute. Die Reform der Sachaufklärung hilft dem Gläubiger, Konten des Schuldners überhaupt in Erfahrung zu bringen: Kommt nämlich der Schuldner seiner Pflicht zur Abgabe der Vermögensauskunft nicht nach oder ist bei einer Vollstreckung in die dort aufgeführten Vermögensgegenstände eine vollständige Befriedigung des Gläubigers voraussichtlich nicht zu erwarten, so kann der Gerichtsvollzieher auf Antrag (→ Form. R.II.3 Anm. 17) nach § 802l ZPO bei bestimmten Dritten Vermögensauskünfte einholen. So können über das **Bundeszentralamt für Steuern** Konten und Depots des Schuldners abgefragt werden. Die Auskunft bezieht sich nicht nur auf Giro- und Sparkonten bei Kreditinstituten, sondern auch auf Konten bei Bausparkassen (→ Anm. 22).

20. Nutzt der Schuldner das **Konto eines Dritten**, sollte der Gläubiger den Rückzahlungsanspruch des Schuldners pfänden. Für diesen Rückzahlungsanspruch gelten die Vorschriften über Pfändungsfreigrenzen nicht (Waldschmidt JurBüro 2016, 182). Der Antrag gehört ins Modul „K".

21. Kontopfändungsschutz (§ 850k ZPO). Seit dem 1.1.2012 wird dem von Pfändungen betroffenen Schuldner durch ein **Pfändungsschutzkonto** („P-Konto") ein automatischer gesetzlicher Basispfändungsschutz gewährt: Die Geldmittel, die er zur Sicherung seines existenziellen Lebensbedarfs benötigt, sollen ohne aufwändiges gerichtliches Verfahren gesichert werden (eingehend Ehlenz FPR 2012, 168; Homann DGVZ 2015, 45). Das Pfändungsschutzkonto wird nur auf **Antrag** des Schuldners eingerichtet, auch durch Umwandlung des etwa bestehenden Girokontos (§ 850k Abs. 7 S. 2 ZPO).

Wird die Zwangsvollstreckung wegen eines **Unterhaltsanspruchs** iSd § 850d ZPO betrieben, hat der Gläubiger einen Anspruch auf ausdrückliche Festsetzung eines **reduzierten Freibetrags für Pfändungsschutzkonten** nach § 850k ZPO Abs. 3 ZPO (LG Frankfurt (Oder) NZFam 2019, 554; dazu Benner NZFam 2020, 173).

22. Bausparkassen. Etwaige Konten bei **Bausparkassen** kann der Gläubiger über eine vom Gerichtsvollzieher bei dem Bundeszentralamt für Steuern einzuholende Vermögensauskunft in Erfahrung bringen (→ Anm. 19).

23. Andere Forderungen und Vermögensrechte. An dieser Stelle können zB Mietforderungen eingetragen werden oder der Auszahlungsanspruch gegen eine Bank, wenn der Unterhaltsschuldner nicht sein eigenes Konto, sondern das Konto eines Dritten benutzt. Hierher gehört auch die Pfändung des Pflichtteils, der als Geldforderung dem Formularzwang unterliegt, auch wenn die Besonderheiten dieser Pfändung nicht im Formular berücksichtigt sind. Ergänzend müssen die Freifelder genutzt und notfalls eine eigene Anlage beigefügt werden.

24. § 835 ZPO. Das Vollstreckungsgericht ordnet als Folge der Pfändung nach § 829 Abs. 1 S. 1 und 2 ZPO zweierlei an: Dem Drittschuldner wird ein Zahlungsverbot erteilt. Dem Schuldner wird das Gebot auferlegt, sich jeder Verfügung über die Forderung zu enthalten.

Außerdem wird die gepfändete Geldforderung dem Gläubiger überwiesen, wenn er dies beantragt, und zwar nach seiner Entscheidung zur **Einziehung** oder **an Zahlungs statt** (§ 835 Abs. 1 ZPO). Der Gläubiger kann und muss also wählen:

- Die Überweisung zur Einziehung gestattet dem Gläubiger, die gepfändete Forderung des Schuldners im eigenen Namen geltend zu machen. Sie entspricht gängiger Praxis und ist daher auch bei dem linken Ankreuzfeld durch Fettdruck hervorgehoben.
- Die Überweisung an Zahlungs statt wirkt demgegenüber wie eine Abtretung der gepfändeten Forderung, die der Gläubiger nun seinerseits – mit allen Risiken – gegen den Drittschuldner geltend zu machen hat. Anders als bei der Überweisung zur Einziehung gilt der Gläubiger im Verhältnis zum Schuldner als befriedigt (§ 835 Abs. 2 ZPO).

25. Mitwirkungspflichten des Schuldners. Nach § 836 Abs. 3 S. 1 ZPO ist der Schuldner verpflichtet, dem Gläubiger die zur Geltendmachung der Forderung nötige Auskunft zu erteilen und ihm die über die Forderung vorhandenen Urkunden herauszugeben. Diese

Pflichten bestehen **unabhängig** von der Auskunftspflicht des Drittschuldners nach § 840 ZPO und auch von dem Vorliegen einer Vermögensauskunft des Schuldners.

Diese Auskunftspflicht umfasst alle erheblichen Tatsachen und wesentlichen Umstände, die der Gläubiger benötigt, um die Forderung im eigenen Namen gegenüber dem Drittschuldner geltend zu machen und durchzusetzen. Der Umfang der Auskunft richtet sich nach dem Einzelfall. Verweigert der Schuldner die Auskunftserteilung, so ist er auf Antrag des Gläubigers verpflichtet, die Auskunft zu Protokoll zu geben und die Richtigkeit seiner Angaben an Eides statt zu versichern.

Die Herausgabepflicht bezieht sich auf Urkunden, die den Gläubiger als zur Empfangnahme der Leistung berechtigt legitimieren, sowie auf solche, die für Bestand und Höhe der Forderung von Bedeutung sind. Die herauszugebenden Urkunden werden auf Antrag des Gläubigers in den Pfändungs- und Überweisungsbeschluss aufgenommen, ohne dass ein besonderes Rechtsschutzbedürfnis an der Herausgabe dargelegt werden muss.

Bei der Pfändung von Arbeitseinkommen sind regelmäßig (nur) die letzten drei Lohn- oder Gehaltsabrechnungen aus der Zeit vor der Pfändung herauszugeben (BGH NJW 2007, 606), ferner vorrangige Pfändungs- und Überweisungsbeschlüsse sowie Urkunden über der Pfändung vorgehende Abtretungen dieser Ansprüche. Auf Antrag des Gläubigers kann das Vollstreckungsgericht die Mitpfändung des Anspruchs auf Abrechnung als unselbstständigen Nebenanspruch im Pfändungs- und Überweisungsbeschluss klarstellend aussprechen (dazu BGH NJW 2013, 539). Dieser Antrag kann und sollte im Freifeldtext gestellt werden.

Hat der Gläubiger Ansprüche des Schuldners gegen ein **Kreditinstitut** gepfändet, muss in den Pfändungs- und Überweisungsbeschluss auf Antrag des Gläubigers die Pflicht zur Herausgabe sämtlicher Kontoauszüge aufgenommen werden. Dem Schuldner sind Schwärzungen in den Kontoauszügen nicht gestattet (BGH NJW 2012, 1223). Die Herausgabe der Urkunden kann der Gläubiger im Wege der Zwangsvollstreckung nach § 883 ZPO iVm § 836 Abs. 3 S. 5 ZPO durchsetzen.

26. Mehrere Arbeitgeber und Arbeitseinkommen. Hat ein Schuldner mehrere Arbeitgeber oder bei einem Arbeitgeber mehrere Verträge, müssen die Lohnansprüche einzeln gepfändet werden – mit der Folge, dass dem Schuldner die entsprechenden Freibeträge grundsätzlich mehrfach zustehen. Diese Benachteiligung kann der Gläubiger durch seinen Antrag nach § 850e Nr. 2 und 2a ZPO auf Zusammenrechnung aller Bezüge durch das Vollstreckungsgericht vermeiden. Um dies zu vermeiden, kann der Gläubiger die Zusammenrechnung der Arbeitseinkommen beantragen (§ 850e Nr. 2 ZPO). Gleiches gilt für die Zusammenrechnung von Arbeitseinkommen und **Sozialleistungen** (§ 850e Nr. 2a ZPO). Dies ist im Formular kenntlich zu machen.

Hinweis: Im Vermögensverzeichnis des Schuldners finden sich die Angaben zum Lohn nicht nur bei „10. Monatliche Einkünfte", sondern häufig auch unter „11. Ansprüche aus Nebenverdienst" (Benner NZFam 2020, 173).

27. Angaben zum Schuldner. Der Gläubiger hat nach bestem Wissen und Gewissen alle wesentlichen Umstände für die Bemessung des Selbstbehalts des Schuldners mitzuteilen. Dazu gehört insbesondere die Anzahl der vor- und gleichrangigen Unterhaltsberechtigten.

Unterhaltsrückstände (§ 850d ZPO). Für die Pfändung wegen der Rückstände, die länger als ein Jahr vor Eingang des Antrags auf Erlass des Pfändungsbeschlusses bei Gericht fällig geworden sind (sog. überjährige Rückstände) besteht eine besondere Regelung in § 850d Abs. 1 S. 4 ZPO: Die Bevorzugung der Unterhaltsgläubiger gilt insoweit nicht, als nach der Lage der Verhältnisse nicht anzunehmen ist, dass der Schuldner sich seiner Zahlungspflicht **absichtlich entzogen**, dh durch ein zweckgerichtetes Verhalten die zeitnahe Realisierung der Unterhaltsschuld verhindert oder zumindest wesentlich erschwert hat (BGH NJW-RR 2005, 718). Das muss vom Gläubiger nicht weiter begründet werden. Im Streitfall trägt der Schuldner die Darlegungs- und Beweislast: Will er überjährige Rückstände von der Privilegierung des § 850d Abs. 1 ZPO ausschließen, hat er – im Wege der **Erinnerung** – Tatsachen vorzutragen, die die Annahme rechtfertigen, dass er sich seiner Zahlungspflicht nicht absichtlich entzogen hat.

28. Einkünfte anderer Unterhaltsberechtigter. Nach § 850d Abs. 1 ZPO ist dem Schuldner so viel zu belassen, als er für seinen **notwendigen Unterhalt** bedarf. Dementsprechend mindern andere Einnahmen, auch die Einkommen unterhaltsberechtigter Personen, sowie geldwerte Vorteile den Freibetrag des Schuldners Praktisch bedeutsam ist das Zusammentreffen von Einkünften aus einer geringfügigen Beschäftigung des Schuldners und Bürgergeld. Hier verbleibt dem Schuldner nur derjenige Teil seines Arbeitseinkommens als pfändungsfrei, der zusammen mit dem Bürgergeld zur Sicherung des Existenzminimums erforderlich ist (BGH NJW 2020, 1371 mAnm Würdinger). Dies wird auch für die Pfändung von Kurzarbeitergeld zu gelten haben (dazu Benner NZFam 2020, 385).

29. Antrag auf Herabsetzung des Pfändungsfreibetrages gemäß § 850d ZPO. Dieser Freibetrag wird dem Unterhaltsberechtigten nur auf Antrag gewährt. Es besteht kein Automatismus dahingehend, dass bei der Pfändung wegen gesetzlicher Unterhaltsansprüche die Pfändung nach § 850d ZPO erfolgen muss (LG Hamburg JurBüro 2017, 209). Ohne den zusätzlichen Antrag „Herabsetzung des Pfändungsfreibetrages gemäß § 850d ZPO" drohen also dem Unterhaltsgläubiger Rechtsnachteile.

30. Unterhalt statisch. Im Regelfall ist der titulierte Unterhalt als bestimmter, wiederkehrend zu zahlender Betrag festgelegt (**statischer Titel**). Dies gilt auch für den nach den Unterhaltstabellen bezifferten Kindesunterhalt. Die künftig fällig werdenden Beträge sind entsprechend einzutragen.

31. Unterhalt dynamisch. Der Kindesunterhalt kann auch als Prozentsatz des Mindestunterhalts der jeweiligen Altersstufe beantragt und im Titel ausgewiesen werden (sog. dynamisierte Unterhaltsrente, § 1612a BGB).

Der **unbefristete** dynamisierte Titel (dazu OLG Hamm FamRZ 2012, 993) behält auch nach Eintritt der Volljährigkeit Gültigkeit. Dieser Umstand kann nicht mit einem Vollstreckungsgegenantrag, sondern lediglich im Wege der Abänderung geltend gemacht werden (§ 244 FamFG). Jedoch kann das volljährig gewordene Kind nur den Unterhalt der 3. Altersstufe, nicht der 4. Altersstufe vollstrecken; insoweit bedarf es einer Abänderung des Titels (OLG München NJOZ 2015, 1282).

3. Vollstreckungsauftrag an die Gerichtsvollzieher zur Vollstreckung von Geldforderungen

Vollstreckungsauftrag an Gerichtsvollzieher ①

An ②

Bitte beachten Sie die Ausfüllhinweise zu diesem Formular auf www.bmj.de/Zwangsvollstreckungsformulare.

_______________, den _______________

Angaben zum Schuldner:

☐ Herr ☐ Frau ☐ Unternehmen ☐ _______________

Name/Firma | ggf. Vorname(n)

Straße | Hausnummer

Postleitzahl | Ort

Land (wenn nicht Deutschland)

Kontaktdaten des Auftraggebers:

☐ Gläubiger ☐ gesetzlicher Vertreter ☐ Bevollmächtigter

Name/Firma | ggf. Vorname(n)

Telefon | E-Mail | Fax

SAFE-ID

Geschäftszeichen

☐ Der Gläubiger beabsichtigt, für die Begleichung der Kosten für diesen Vollstreckungsauftrag ein SEPA-Lastschriftmandat zu erteilen. ③

☐ Befreiung von Gerichtsvollzieherkosten gemäß:

☐ Für die Weiterleitung der vom Gerichtsvollzieher vereinnahmten Gelder wird folgende Bankverbindung mitgeteilt:

Bankverbindung des

☐ Gläubigers: ☐ gesetzlichen Vertreters: ☐ Bevollmächtigten: ☐ abweichenden Kontoinhabers:

Name des Kontoinhabers

IBAN | BIC (Angabe kann entfallen, wenn IBAN mit DE beginnt)

Verwendungszweck

1

In der Zwangsvollstreckungssache

des Gläubigers (zu Ziffer ______) ④

☐ Herr ☐ Frau ☐ Unternehmen ☐ ______

Name/Firma ______ ggf. Vorname(n) ______

Straße ______ Hausnummer ______

Postleitzahl ______ Ort ______

Land (wenn nicht Deutschland) ______ Geschäftszeichen ______

Registergericht ______ Registernummer ______

☐ Der Gläubiger ist nicht vorsteuerabzugsberechtigt.

☐ sowie der weiteren Gläubiger gemäß weiterer Anlage

A

Gläubiger (zu Ziffer ______) vertreten durch

☐ den gesetzlichen Vertreter

☐ Herrn ☐ Frau ☐ ______

Name ______

Vorname(n) ______

Straße ______

Hausnummer ______

Postleitzahl ______

Ort ______

Land (wenn nicht Deutschland) ______

☐ den gerichtlich bestellten Betreuer,

☐ der eine Ausschließlichkeitserklärung abgegeben hat (§ 53 Absatz 2 ZPO)

☐ Herrn ☐ Frau ☐ ______

Firma/Name ______

ggf. Vorname(n) ______

Straße ______

Hausnummer ______

Postleitzahl ______

Ort ______

Land (wenn nicht Deutschland) ______

☐ Firma oder Funktion ______

☐ diese vertreten durch

Funktion ______

Name ______

ggf. Vorname(n) ______

☐ den gesetzlichen Vertreter

☐ Herrn ☐ Frau ☐ ______

Name ______

Vorname(n) ______

Straße ______ Hausnummer ______

Postleitzahl ______ Ort ______

Land (wenn nicht Deutschland) ______

2

A

Gläubiger (zu Ziffer ______) vertreten durch den Bevollmächtigten

☐ Herr ☐ Frau ☐ Unternehmen ☐ ______

Name/Firma ______ ggf. Vorname(n) ______

Straße ______ Hausnummer ______ Postleitzahl ______ Ort ______

Land (wenn nicht Deutschland) ______ Geschäftszeichen ______

gegen

den Schuldner (zu Ziffer ______) ④

☐ Herr ☐ Frau ☐ Unternehmen ☐ ______

Name/Firma ______ ggf. Vorname(n) ______

Straße ______ Hausnummer ______

Postleitzahl ______ Ort ______ Land (wenn nicht Deutschland) ______

Geschäftszeichen ______ Geburtsdatum ______ Geburtsort ______

Registergericht ______ Registernummer ______

☐ sowie die weiteren Schuldner gemäß weiterer Anlage

B

Schuldner (zu Ziffer ______) vertreten durch

☐ den gesetzlichen Vertreter

☐ Herrn ☐ Frau ☐ ______

Name ______

Vorname(n) ______

Straße ______

Hausnummer ______

Postleitzahl ______

Ort ______

Land (wenn nicht Deutschland) ______

☐ den gerichtlich bestellten Betreuer,

☐ der eine Ausschließlichkeitserklärung abgegeben hat (§ 53 Absatz 2 ZPO)

☐ Herrn ☐ Frau ☐ ______

Firma/Name ______

ggf. Vorname(n) ______

Straße ______

Hausnummer ______

Postleitzahl ______

Ort ______

Land (wenn nicht Deutschland) ______

Firma oder Funktion

☐ ______

☐ diese vertreten durch

Funktion ______

Name ______

ggf. Vorname(n) ______

☐ den gesetzlichen Vertreter

☐ Herrn ☐ Frau ☐ ______

Name ______

Vorname(n) ______

Straße ______ Hausnummer ______

Postleitzahl ______ Ort ______

Land (wenn nicht Deutschland) ______

3

B

Schuldner (zu Ziffer ______) vertreten durch den Bevollmächtigten

☐ Herr ☐ Frau ☐ Unternehmen ☐ ______

Name/Firma | ggf. Vorname(n)

Straße | Hausnummer | Postleitzahl | Ort

Land (wenn nicht Deutschland) | Geschäftszeichen

wird/werden

C

der Vollstreckungstitel (zu Ziffer ______) ⑤

Art | Aussteller

Datum | Geschäftszeichen

☐ **zuzüglich Zustellungsnachweis**

sowie der Vollstreckungstitel (zu Ziffer ______)

Art | Aussteller

Datum | Geschäftszeichen

☐ **zuzüglich Zustellungsnachweis**

☐ sowie die weiteren Vollstreckungstitel aufgeführt in weiterer Anlage

(sowie) die Forderungsaufstellung (bei Mehrfachverwendung ______ Forderungsaufstellungen) übermittelt.

Bei elektronisch übermittelten Aufträgen: ⑥

☐ Die Ausfertigungen der Vollstreckungstitel werden erst nach Mitteilung des Aktenzeichens versandt. Es wird um Mitteilung des Aktenzeichens gebeten.

☐ Die Ausfertigungen der Vollstreckungstitel werden gleichzeitig auf dem Postweg übersandt.

☐ Eine Abschrift des Vollstreckungsbescheides nebst Zustellungsbescheinigung ist als elektronisches Dokument beigefügt.

D

Es werden folgende weitere Anlagen übermittelt:

☐ Beschluss über bewilligte Prozesskosten- oder Verfahrenskostenhilfe
☐ Vollmacht
☐ Geldempfangsvollmacht
☐ Vorpfändungsbenachrichtigung
☐ Aufstellung über die geleisteten Zahlungen ⑦
☐ Aufstellung der Inkassokosten
☐ Aufstellung der bisherigen Vollstreckungskosten mit Belegen
☐ Bescheid nach § 9 Absatz 2 UhVorschG
☐ Negativauskunft des Einwohnermeldeamtes
☐ ______
☐ ______
☐ ______

E

Versicherungen

☐ Es wird gemäß § 753a Satz 1 ZPO die ordnungsgemäße Bevollmächtigung zur Vertretung versichert.

☐ Es wird gemäß § 754a Absatz 1 Satz 1 Nummer 4 ZPO versichert, dass Ausfertigungen der als elektronische Dokumente übermittelten Vollstreckungsbescheide mit den jeweiligen Zustellungsnachweisen vorliegen und die Forderungen in Höhe des Vollstreckungsauftrags noch bestehen.

☐ ______

4

Wegen der aus den Forderungsaufstellungen ersichtlichen Forderungen und der für dieses Verfahren entstehenden Kosten werden folgende Aufträge erteilt:

F

Zustellung

☐ sämtlicher beigefügter Vollstreckungstitel

☐ des Vollstreckungstitels (zu Ziffer ______)

☐ der beigefügten Vorpfändungsbenachrichtigung nach § 845 ZPO

☐ ______

G

Gütliche Erledigung, Zahlungsvereinbarung (§ 802b ZPO) ⑧

☐ Der Vollstreckungsauftrag beschränkt sich auf die **gütliche Erledigung.**

☐ Mit einer **Zahlungsvereinbarung** besteht

☐ kein Einverständnis ☐ Einverständnis wie folgt:

☐ Folgende Zahlungsfrist wird gewährt: ______

☐ Es werden Teilbeträge eingezogen.

☐ Ratenhöhe mindestens ______ Euro

☐ monatlicher Turnus ☐ sonstiger Turnus: ______

☐ Abweichung von den Zahlungsmodalitäten nach dem Ermessen des Gerichtsvollziehers.

☐ sonstige Weisungen:

H

Abnahme der Vermögensauskunft des Schuldners (zu Ziffer ______)

☐ Vermögensauskunft nach § 802c ZPO ⑨

☐ Weitere Vermögensauskunft nach § 802d ZPO ⑩
Die Vermögensverhältnisse des Schuldners haben sich wesentlich geändert, weil

______

Zur Glaubhaftmachung wird beigefügt:

______

Die Vermögensauskunft nach § 802c ZPO oder die weitere Vermögensauskunft nach § 802d ZPO soll erfolgen

☐ ohne vorherigen Pfändungsversuch nach den §§ 802c, 802f ZPO.

☐ nach vorherigem Pfändungsversuch nach den §§ 802c, 807 ZPO (Modul L).

☐ Sofern der Schuldner wiederholt nicht anzutreffen ist,

☐ wird beantragt, das Verfahren zur Abnahme der Vermögensauskunft nach den §§ 802c, 802f ZPO einzuleiten.

☐ wird um Rücksendung der Vollstreckungsunterlagen gebeten.

☐ ______

☐ Auf die Mitteilung der Terminsbestimmung nach § 802f ZPO wird verzichtet.

☐ Es ist beabsichtigt, an dem Termin zur Abnahme der Vermögensauskunft teilzunehmen.

☐ ______

I

Erlass eines Haftbefehls (§ 802g Absatz 1 ZPO) gegen den Schuldner (zu Ziffer ______) ⑪

☐ Für den Fall, dass der Schuldner dem Termin zur Abgabe der Vermögensauskunft unentschuldigt fernbleibt oder sich ohne Grund weigert, die Vermögensauskunft zu erteilen, wird der Erlass eines Haftbefehls nach § 802g Absatz 1 ZPO beantragt. Der Gerichtsvollzieher wird gebeten, den Antrag an das zuständige Amtsgericht weiterzuleiten und dieses zu ersuchen, nach Erlass des Haftbefehls diesen zu übersenden an

☐ den Gläubiger. ☐ den Bevollmächtigten. ☐ den zuständigen Gerichtsvollzieher.
Der Gerichtsvollzieher wird mit der Verhaftung des Schuldners nach § 802g Absatz 2 ZPO beauftragt.

5

J	**Verhaftung des Schuldners (zu Ziffer ______) (§ 802g Absatz 2 ZPO)** Haftbefehl des Amtsgerichts ______ vom ______ Geschäftszeichen ______
K	**Vorpfändung (§ 845 ZPO) (12)** Anfertigung der Benachrichtigung über die Vorpfändung und Zustellung sowie unverzügliche Mitteilung über die ☐ pfändbaren Forderungen, die dem Gerichtsvollzieher bekannt sind oder bekannt werden ☐ mit Ausnahme folgender Forderungen: ______ ☐ folgenden Forderungen: ______
L	**Pfändung und Verwertung (13)** ☐ Es soll eine Sachpfändung durchgeführt werden ☐ einschließlich ☐ beschränkt auf: ☐ Taschenpfändungen ☐ Kassenpfändungen ☐ ______ ☐ Es soll eine Pfändung von Forderungen aus Wechseln und anderen Papieren, die durch Indossament übertragen werden können, durchgeführt werden. ☐ Mit der Erteilung einer Fruchtlosigkeitsbescheinigung nach § 32 GVGA besteht kein Einverständnis. ☐ Der Pfändungsauftrag steht unter der Bedingung, dass sich aus dem Vermögensverzeichnis pfändbare Gegenstände ergeben. ☐ ______
M	**Ermittlung des Aufenthaltsorts des Schuldners (zu Ziffer ______) (§ 755 ZPO) (14)** Ermittlung des Aufenthaltsorts des Schuldners: ☐ für den Fall, dass sich im Verfahren herausstellt, dass keine zustellungsfähige Anschrift des Schuldners vorliegt: ☐ Ermittlung nach § 755 Absatz 1 ZPO ☐ der gegenwärtigen Anschriften sowie der Angaben zur Haupt- und Nebenwohnung des Schuldners durch Nachfrage bei der Meldebehörde ☐ der gegenwärtigen Anschriften, des Ortes der Hauptniederlassung oder des Sitzes des Schuldners durch Einsicht in das Handels-, Genossenschafts-, Partnerschafts-, Unternehmens- oder Vereinsregister ☐ der gegenwärtigen Anschriften, des Ortes der Hauptniederlassung oder des Sitzes des Schuldners durch Einholung einer Auskunft bei den nach Landesrecht für die Durchführung der Aufgaben nach § 14 Absatz 1 GewO zuständigen Behörden ☐ Ermittlung nach § 755 Absatz 2 ZPO ☐ des Aufenthaltsorts durch Nachfragen beim Ausländerzentralregister und bei der aktenführenden Ausländerbehörde ☐ der bekannten derzeitigen Anschrift sowie des derzeitigen oder zukünftigen Aufenthaltsorts des Schuldners bei ☐ den Trägern der gesetzlichen Rentenversicherung ☐ der folgenden berufsständischen Versorgungseinrichtung im Sinne des § 6 Absatz 1 Satz 1 Nummer 1 SGB VI: Bezeichnung ______ Postfach ______ Straße ______ Hausnummer ______ Postleitzahl Ort ______ Tatsächliche Anhaltspunkte dafür, dass der Schuldner Mitglied dieser berufsständischen Versorgungseinrichtung ist: ______ ☐ der Halterdaten nach § 33 Absatz 1 Satz 1 Nummer 2 StVG des Schuldners beim Kraftfahrt-Bundesamt ☐ ______

6

N

Einholung von Auskünften Dritter (§ 802l ZPO) über den Schuldner (zu Ziffer ______) ⑮

☐ Erhebung des Namens und der Vornamen oder der Firma sowie der Anschrift der derzeitigen Arbeitgeber des Schuldners bei

☐ den Trägern der gesetzlichen Rentenversicherung

☐ der folgenden berufsständischen Versorgungseinrichtung im Sinne des § 6 Absatz 1 Satz 1 Nummer 1 SGB VI:

Bezeichnung

Postfach

Straße Hausnummer

Postleitzahl Ort

Tatsächliche Anhaltspunkte dafür, dass der Schuldner Mitglied dieser berufsständischen Versorgungseinrichtung ist:

☐ Ersuchen an das Bundeszentralamt für Steuern, bei den Kreditinstituten die in § 93b Absatz 1 und Absatz 1a AO bezeichneten Daten abzurufen

☐ Erhebung der Fahrzeug- und Halterdaten nach § 33 Absatz 1 StVG zu einem Fahrzeug, als dessen Halter der Schuldner eingetragen ist, beim Kraftfahrt-Bundesamt

☐ Antrag auf aktuelle Einholung von Auskünften (§ 802l Absatz 4 Satz 3 ZPO)
Zur Änderung der Vermögensverhältnisse des Schuldners wird vorgetragen:

☐

O

weitere Aufträge

☐

☐

P

Angaben zur Reihenfolge bzw. Kombination der einzelnen Aufträge ⑯

Die gestellten Aufträge sollen in folgender Reihenfolge durchgeführt werden:

1. ___

2. ___

3. ___

☐

Q

Dem Gerichtsvollzieher werden folgende Hinweise gegeben und es werden folgende Vorgaben gemacht: ⑰

☐ Es wird um Übersendung des
☐ Protokolls ☐ Gesamtprotokolls
gebeten.

☐ Im Fall der Nichtzuständigkeit wird um Weiterleitung des Vollstreckungsauftrags an den zuständigen Gerichtsvollzieher gebeten, wenn nicht bereits eine Weiterleitung von Amts wegen erfolgt.

☐ Es wird um Rücksendung der Vollstreckungsunterlagen für den Fall gebeten, dass

☐

☐

Namen der Auftraggeber ⑱

Unterschriften der Auftraggeber ⑱

7

Aufstellung von Forderungen ⑦ für Vollstreckungsaufträge an Gerichtsvollzieher

Lfd. Nr.

Die Gläubiger können von den Schuldnern aus dem Vollstreckungstitel (zu Ziffer ______) die nachfolgend aufgeführten Beträge beanspruchen:

I. Hauptforderungen einschließlich dazugehöriger Zinsen und Säumniszuschläge

☐ Hauptforderung	☐ Restforderung aus Hauptforderung in Höhe von ______ Euro	☐ Teilforderung aus Hauptforderung in Höhe von ______ Euro	______ Euro
(Teil-/Rest-)Zinsen wie im Vollstreckungstitel ausgerechnet			______ Euro
(Teil-/Rest-)Zinsen in Höhe von			
☐ ______ Prozentpunkten über dem jeweiligen Basiszinssatz ☐ ______ Prozent aus ______ Euro seit dem ______ bis ______			______ Euro
☐ ______ Prozentpunkten über dem jeweiligen Basiszinssatz ☐ ______ Prozent aus ______ Euro seit dem ______ bis ______			______ Euro
☐ ______ Prozentpunkten über dem jeweiligen Basiszinssatz ☐ ______ Prozent aus ______ Euro seit dem ______			
☐ ______ Prozentpunkten über dem jeweiligen Basiszinssatz ☐ ______ Prozent aus ______ Euro seit dem ______			
☐ Hauptforderung	☐ Restforderung aus Hauptforderung in Höhe von ______ Euro	☐ Teilforderung aus Hauptforderung in Höhe von ______ Euro	______ Euro
(Teil-/Rest-)Zinsen wie im Vollstreckungstitel ausgerechnet			______ Euro
(Teil-/Rest-)Zinsen in Höhe von			
☐ ______ Prozentpunkten über dem jeweiligen Basiszinssatz ☐ ______ Prozent aus ______ Euro seit dem ______ bis ______			______ Euro
☐ ______ Prozentpunkten über dem jeweiligen Basiszinssatz ☐ ______ Prozent aus ______ Euro seit dem ______ bis ______			______ Euro
☐ ______ Prozentpunkten über dem jeweiligen Basiszinssatz ☐ ______ Prozent aus ______ Euro seit dem ______			
☐ ______ Prozentpunkten über dem jeweiligen Basiszinssatz ☐ ______ Prozent aus ______ Euro seit dem ______			
☐ Hauptforderung	☐ Restforderung aus Hauptforderung in Höhe von ______ Euro	☐ Teilforderung aus Hauptforderung in Höhe von ______ Euro	______ Euro
Säumniszuschläge gemäß ______ aus ______ Euro seit dem ______ bis ______			______ Euro
Säumniszuschläge gemäß ______ aus ______ Euro seit dem ______			
☐ ______			______ Euro

II. Rückständiger Unterhalt oder rückständige Renten aus Anlass einer Verletzung des Körpers oder der Gesundheit für

Name ______ Vorname(n) ______ geboren am ______ :	
Rückstand für die Zeit vom ______ bis ______	______ Euro
(Teil-/Rest-)Zinsen wie im Vollstreckungstitel ausgerechnet	______ Euro
(Teil-/Rest-)Zinsen in Höhe von	
☐ ______ Prozentpunkten über dem jeweiligen Basiszinssatz ☐ ______ Prozent aus ______ Euro seit dem ______ bis ______	______ Euro
☐ ______ Prozentpunkten über dem jeweiligen Basiszinssatz ☐ ______ Prozent aus ______ Euro seit dem ______ bis ______	______ Euro
☐ ______ Prozentpunkten über dem jeweiligen Basiszinssatz ☐ ______ Prozent aus ______ Euro seit dem ______	
☐ ______ Prozentpunkten über dem jeweiligen Basiszinssatz ☐ ______ Prozent aus ______ Euro seit dem ______	

III. Titulierte Kosten einschließlich dazugehöriger Nebenforderungen

In den Vollstreckungsbescheid aufgenommene Kosten des Mahnverfahrens			
☐ Gesamtkosten	☐ Restkosten aus Gesamtkosten in Höhe von ______ Euro	☐ Teilkosten aus Gesamtkosten in Höhe von ______ Euro	______ Euro
(Teil-/Rest-)Zinsen wie im Vollstreckungsbescheid ausgerechnet			______ Euro
(Teil-/Rest-)Zinsen in Höhe von			

1

☐ ______ Prozentpunkten über dem jeweiligen Basiszinssatz ☐ ______ Prozent aus ____________ Euro seit dem ________ bis ________	____________ Euro
☐ ______ Prozentpunkten über dem jeweiligen Basiszinssatz ☐ ______ Prozent aus ____________ Euro seit dem ________ bis ________	____________ Euro
☐ ______ Prozentpunkten über dem jeweiligen Basiszinssatz ☐ ______ Prozent aus ____________ Euro seit dem ________	
☐ ______ Prozentpunkten über dem jeweiligen Basiszinssatz ☐ ______ Prozent aus ____________ Euro seit dem ________	
Titulierte vorgerichtliche Kosten	
☐ Gesamtkosten | ☐ Restkosten aus Gesamtkosten in Höhe von ________ Euro | ☐ Teilkosten aus Gesamtkosten in Höhe von ________ Euro	____________ Euro
(Teil-/Rest-)Zinsen wie im Vollstreckungstitel ausgerechnet	____________ Euro
(Teil-/Rest-)Zinsen in Höhe von	
☐ ______ Prozentpunkten über dem jeweiligen Basiszinssatz ☐ ______ Prozent aus ____________ Euro seit dem ________ bis ________	____________ Euro
☐ ______ Prozentpunkten über dem jeweiligen Basiszinssatz ☐ ______ Prozent aus ____________ Euro seit dem ________ bis ________	____________ Euro
☐ ______ Prozentpunkten über dem jeweiligen Basiszinssatz ☐ ______ Prozent aus ____________ Euro seit dem ________	
☐ ______ Prozentpunkten über dem jeweiligen Basiszinssatz ☐ ______ Prozent aus ____________ Euro seit dem ________	
Festgesetzte Kosten	
☐ Gesamtkosten | ☐ Restkosten aus Gesamtkosten in Höhe von ________ Euro | ☐ Teilkosten aus Gesamtkosten in Höhe von ________ Euro	____________ Euro
(Teil-/Rest-)Zinsen wie im Kostenfestsetzungsbeschluss ausgerechnet	____________ Euro
(Teil-/Rest-)Zinsen in Höhe von	
☐ ______ Prozentpunkten über dem jeweiligen Basiszinssatz ☐ ______ Prozent aus ____________ Euro seit dem ________ bis ________	____________ Euro
☐ ______ Prozentpunkten über dem jeweiligen Basiszinssatz ☐ ______ Prozent aus ____________ Euro seit dem ________ bis ________	____________ Euro
☐ ______ Prozentpunkten über dem jeweiligen Basiszinssatz ☐ ______ Prozent aus ____________ Euro seit dem ________	
☐ ______ Prozentpunkten über dem jeweiligen Basiszinssatz ☐ ______ Prozent aus ____________ Euro seit dem ________	
☐ ____	____________ Euro

IV. Kosten der Zwangsvollstreckung gemäß § 788 Absatz 1 ZPO	
Bisherige Vollstreckungskosten gemäß Aufstellung in weiterer Anlage	____________ Euro
Kosten für dieses Verfahren:	
Rechtsanwaltskosten nach RVG für Vollstreckungsmaßnahme ____________; Gegenstandswert (§ 25 RVG): ____________ Euro	
Verfahrensgebühr (VV Nr. 3309, ggf. i. V. m. VV Nr. 1008)	____________ Euro
Entgelte für Post- und Telekommunikationsdienstleistungen, ggf. Pauschale (VV Nr. 7001 oder 7002)	____________ Euro
weitere Auslagen ____________	____________ Euro
Umsatzsteuer (VV Nr. 7008)	____________ Euro
Zwischensumme Rechtsanwaltskosten ____________ **Euro**	
Rechtsanwaltskosten nach RVG für Vollstreckungsmaßnahme ____________; Gegenstandswert (§ 25 RVG): ____________ Euro	
Verfahrensgebühr (VV Nr. 3309, ggf. i. V. m. VV Nr. 1008)	____________ Euro
Entgelte für Post- und Telekommunikationsdienstleistungen, ggf. Pauschale (VV Nr. 7001 oder 7002)	____________ Euro
weitere Auslagen ____________	____________ Euro
Umsatzsteuer (VV Nr. 7008)	____________ Euro
Zwischensumme Rechtsanwaltskosten ____________ **Euro**	
Kosten von Inkassodienstleistern nach § 13e RDG gemäß Aufstellung in weiterer Anlage	____________ Euro
☐	____________ Euro
Summe I. bis IV. (Zinsen und Säumniszuschläge nur, soweit nicht laufend)	____________ **Euro**

2

Anmerkungen

1. Formularzwang. Soweit nicht die Gerichte zuständig sind (Prozessgericht, Vollstreckungsgericht, Grundbuchamt), wird die Zwangsvollstreckung gemäß § 753 Abs. 1 ZPO durch Gerichtsvollzieher vorgenommen, und zwar nur im Auftrag/auf Antrag des Gläubigers. Auch für die Zwangsvollstreckung wegen Geldforderungen durch den Gerichtsvollzieher gilt gem. § 2 Abs. 1 Nr. 1 ZVFV Formularzwang. Es muss das amtliche Formular mit der zugehörigen Forderungsaufstellung verwendet werden. Das ausfüllbare interaktive Formular kann unter auf der Internetseite des BMJV unter Service/Formulare und Muster/Formulare für die Zwangsvollstreckung heruntergeladen werden. Zu beachten ist darüber hinaus das zugehörige amtliche Hinweisblatt. Hinweisblatt und Formular können weitgehend wie eine Checkliste genutzt werden. Werden die Vorgaben in den Formularen und im Hinweisblatt missachtet, bearbeitet der Gerichtsvollzieher die Anträge wegen formeller Unwirksamkeit nicht (so zur Forderungspfändung LG Wuppertal JurBüro 2017, 377). Vor einer entsprechenden Ablehnung des Antrags ist der Gerichtsvollzieher allerdings gehalten, den Gläubiger auf den Formmangel hinzuweisen. Verstöße gegen den Formularzwang liegen auch vor, wenn inhaltliche Änderungen vorgenommen oder wenn Freifelder oder Anlagen genutzt werden, obwohl zweckmäßige vorformulierte Eintragungsmöglichkeiten bestehen.

2. Adressat. In der Regel wird der Vollstreckungsauftrag an die bei jedem Amtsgericht eingerichtete Gerichtsvollzieher-Verteilungsstelle gesandt, die dann den Auftrag an den für die Schuldneranschrift zuständigen Gerichtsvollzieher weiterleitet (§ 22 GVO). Ist der zuständige Gerichtsvollzieher bekannt, kann er unmittelbar kontaktiert und so Zeit gewonnen werden. Die meisten Bundesländer bieten – zentral auf den Informationsseiten der Landesjustizverwaltungen oder über die Internetseiten der einzelnen Amtsgerichte – auch eine Zuständigkeitsübersicht zur Geschäftsverteilung der Gerichtsvollzieher im Internet an (Salten MDR 2016, 125 (126)).

3. Vorschuss. Nach Möglichkeit sollte der Gläubiger dem Gerichtsvollzieher ein SEPA-Lastschriftmandat erteilen, um zu vermeiden, dass die Durchführung des Auftrags von der Zahlung des nach § 4 Abs. 1 GvKostG grundsätzlich erforderlichen Vorschusses abhängig gemacht wird und durch den Zeitverlust ein Rangnachteil gegenüber konkurrierenden Gläubigern eintritt. Eine Ausnahme von der Vorschusspflicht besteht im Fall der Bewilligung von Verfahrenskostenhilfe (§ 4 Abs. 1 S. 3 GvKostG, vgl. auch **Modul P 3**).

4. Auftragsumfang. Es können mit einem Formular mehrere Vollstreckungsaufträge für mehrere Gläubiger und mehrere Schuldner erteilt werden.

5. Vollstreckungstitel. Grundlage der Vollstreckung sind vornehmlich Endentscheidungen, die in Familienstreitsachen stets durch Beschluss ergehen (§§ 38 Abs. 1, 116 Abs. 1 FamFG).

Darüber hinaus kommen alle in § 794 Abs. 1 ZPO aufgeführten Titel in Betracht, insbesondere familiengerichtliche Vergleiche, Kostenfestsetzungsbeschlüsse, einstweilige Anordnungen, Vollstreckungsbescheide, Anwaltsvergleiche sowie notarielle Urkunden. Ferner sind im Unterhaltsrecht zu nennen Jugendamtsurkunden (§§ 59 Abs. 1 S. 1 Nr. 3 und 4, 60 SGB VIII) und Festsetzungsbeschlüsse im vereinfachten Verfahren für den Unterhalt Minderjähriger (§ 253 FamFG).

Wurde der Titel bereits zugestellt, muss der Zustellungsnachweis beigefügt werden. Muss die Zustellung noch erfolgen, ist der Gerichtsvollzieher in Modul F – unter ziffernmäßiger Bezeichnung des Titels – mit der Zustellung zu beauftragen. Nach Wegfall der Verfahrensstandschaft, also zB mit seiner Volljährigkeit kann das unterhaltsberechtigte Kind die Umschreibung des Titels auf sich nach § 727 ZPO beantragen (OLG Brandenburg BeckRS 2024, 17237). Diese qualifizierte Klausel muss sodann dem Unterhaltsschuldner zugestellt werden.

6. Elektronischer Auftrag. Seit **1.1.2018** können die Anträge grundsätzlich als elektronisches Dokument bei dem Gerichtsvollzieher eingereicht werden (§ 753 Abs. 4 ZPO in der ab 1.1.2018 geltenden Fassung). Sie müssen die Voraussetzungen des § 130a ZPO und der hiernach ergangenen Rechtsverordnungen erfüllen (eingehend BeckOK ZPO/Ulrici ZPO § 753 Rn. 16 ff.; Hesterberg/Mathey DGVZ 2018, 136; Moß DGVZ 2018, 1; Socha FamRZ 2020, 1252). Rechtsanwälte, Behörden und juristische Personen des öffentlichen Rechts **müssen** gem. § 130d ZPO den Vollstreckungsauftrag elektronisch einreichen. Wird der Antrag elektronisch eingereicht, müssen auch die beizufügenden Unterlagen elektronisch beigefügt werden. Das gilt mit Ausnahme eines Vollstreckungsbescheides nach § 829a ZPO nicht für Titel. Diese müssen als Schriftstücke übersandt werden. Diese gleichzeitig mit dem Antrag auf den Postweg zu geben, macht nur Sinn, wenn der Vollstreckungsauftrag unmittelbar an den Gerichtsvollzieher gerichtet wird – ohne Vermittlung durch die Geschäftsstelle. So wird die Zuordnung erleichtert.

7. Teilzahlungen. Falls der Unterhaltsschuldner statt des vollen Unterhalts, nur Teilzahlungen geleistet hat, sind diese in einer eigenen Anlage einschließlich ihrer Verrechnung zu dokumentieren. Das amtliche Formular enthält hierzu keine vorgegebene Einzelaufstellung. Erfasst werden im Formular Teilzahlungen nur summarisch in der Forderungsaufstellung unter „Unterhaltsrückstand". Andererseits kann der Gerichtsvollzieher vom Gläubiger keine spezifizierte Forderungsaufstellung verlangen (AG Leverkusen JurBüro 2020, 216). Der Gerichtsvollzieher ist nicht befugt, die vom Gläubiger vorgenommene Verrechnung zu überprüfen (so zur Forderungspfändung BGH NJW 2016, 2810).

8. Gütliche Erledigung. Der Gerichtsvollzieher soll in jeder Lage des Verfahrens auch ohne entsprechenden Auftrag des Gläubigers auf eine gütliche Erledigung bedacht sein (§ 802b Abs. 1 ZPO, ausführlich § 68 GVGA). Das Einverständnis des Gläubigers hierzu wird vermutet. Jedoch kann der Gläubiger von vornherein eine **Zahlungsvereinbarung ausschließen** oder aber dem zwischen Gerichtsvollzieher und Schuldner festgelegten Zahlungsplan widersprechen (§ 802b Abs. 2 und 3 ZPO). Dabei ist allerdings zu bedenken, dass der Gerichtsvollzieher im Wege der Einigung beachtliche Beitreibungserfolge erzielt, schon weil er den persönlichen Kontakt zum Schuldner suchen muss und hierbei einen unmittelbaren Eindruck von dessen tatsächlichen Lebensverhältnissen erhält. Daher sollte der Gläubiger diese Möglichkeit nutzen, das Vorgehen dabei jedoch mitgestalten und **nicht** alles dem Ermessen des Gerichtsvollziehers zu überlassen. Um den nötigen Druck auf den Schuldner auszuüben, empfiehlt es sich, eine Höchstfrist und eine Mindestrate vorzugeben.

Im Übrigen hat sich der Antrag auf **gütliche Erledigung** in Kombination mit dem Antrag auf Abnahme der **Vermögensauskunft** bewährt (Goebel FoVo 2016, 61).

9. Vermögensauskunft. Seit der Reform der Sachaufklärung wird die bislang sog. eidesstattliche Versicherung als Vermögensauskunft bezeichnet (hierzu Sturm FPR 2013, 547; Dierck/Griedl NJW 2013, 3201). Inhalt und Umfang der Auskunftspflicht nach § 802c Abs. 2 ZPO entsprechen im Wesentlichen der bisherigen Rechtslage: Der Schuldner muss insbesondere alle ihm gehörenden Vermögensgegenstände, dh körperliche Gegenstände, Forderungen und Vermögensrechte auflisten. Richtigkeit und Vollständigkeit sind an Eides statt zu versichern. Ein nicht prozessfähiger Schuldner kann hierbei gem. § 51 Abs. 3 ZPO durch einen Vorsorgebevollmächtigten vertreten werden (BGH NJW 2020, 1143).

Das Verfahren zur Abnahme der Vermögensauskunft ist im Einzelnen in § 802f ZPO geregelt (zur Zuständigkeit vgl. LG Ellwangen DGVZ 2018, 146). Der Gerichtsvollzieher errichtet ausschließlich in einem elektronischen Dokument (pdf-Datei) eine Aufstellung mit den Angaben des Schuldners, dem Vermögensverzeichnis. Hiervon erhält der Gläubiger vom Gerichtsvollzieher automatisch einen Ausdruck, der Schuldner hingegen lediglich auf Antrag und nur im Anschluss an die Abnahme (§ 802f Abs. 5 ZPO). Das elektronische Dokument übermittelt der Gerichtsvollzieher dem zentralen Vollstreckungsgericht, das die Vermögensverzeichnisse verwaltet. Anstelle der Übersendung eines Ausdrucks kann dem Gläubiger das **Vermögensverzeichnis** als **elektronisches Dokument** übermittelt werden (§ 802d Abs. 2 ZPO). Voraussetzung hierfür ist, dass der Gläubiger dies beantragt, ein elektronisches Postfach besitzt und im Antragsformular (Seite 1, unter Kontaktdaten) die elektronischen Kommunikationsdaten angegeben hat (Salten MDR 2016, 125 (130)).

Der Gläubiger kann die Abnahme der Vermögensauskunft **sofort** oder auch **nach einem Pfändungsversuch** oder auch in **Kombination** beantragen („Kombi-Auftrag). Verweigert dann der Schuldner die Durchsuchung (§ 758 ZPO) oder ist der Pfändungsversuch „unbefriedigend“, kann der Gerichtsvollzieher dem Schuldner die Vermögensauskunft sofort abnehmen (§ 807 ZPO).

Wichtig: Wird das amtliche Formular als Schriftstück eingereicht, soll dies in doppelter Ausführung erfolgen, weil der Schuldner eine Abschrift erhält (vgl. § 136 Abs. 1 S. 1 GVGA).

10. Erneute Vermögensauskunft. Ein Schuldner, der die Vermögensauskunft innerhalb der **letzten zwei Jahre** abgegeben hat, ist zur erneuten Abgabe nur verpflichtet, wenn sein Gläubiger in seinem Antrag Tatsachen glaubhaft macht, die auf eine wesentliche Veränderung der Vermögensverhältnisse des Schuldners schließen lassen. Insoweit genügt bereits die Eheschließung des Schuldners (LG Karlsruhe DGVZ 2019, 185). Ohne entsprechende Glaubhaftmachung, leitet der Gerichtsvollzieher dem Gläubiger automatisch einen Ausdruck des letzten abgegebenen Vermögensverzeichnisses zu (§ 802d Abs. 1 ZPO). Hierauf kann der Gläubiger nicht verzichten, auch wenn das Verzeichnis veraltet ist. Die Beschränkung des Auftrages zur Abnahme der Vermögensauskunft auf den Fall, dass der Schuldner innerhalb der 2-jährigen Sperrfrist noch keine Vermögensauskunft abgegeben hat, ist unzulässig (LG Arnsberg JurBüro 2018, 489).

Von der erneuten Abgabe der Vermögensauskunft ist das **Nachbesserungsverfahren** zu unterscheiden: Ergibt sich der begründete Verdacht, dass die bereits abgegebene Vermögensauskunft unvollständig oder unklar ist, kann jeder Gläubiger unabhängig von der Sperrfrist des § 802d ZPO verlangen, dass der Gerichtsvollzieher einen neuen Termin zur Vervollständigung des Verzeichnisses anberaumt (BGH NZM 2016, 768). Es wird dann – ohne zusätzliche Kosten – das Ursprungsverfahren fortgesetzt. Die Abgrenzung ist nicht selten schwierig (vgl. LG München II DGVZ 2020, 129; AG Wuppertal DGVZ 2019, 156). Lehnt der Gerichtsvollzieher die erneute Ladung des Schuldners ab, kann der Gläubiger **Erinnerung** nach § 766 ZPO einlegen. Auch für einen unbegründeten Antrag auf Nachbesserung einer bereits abgegebenen Vermögensauskunft entstehen weder Gebühren noch Auslagen (LG Halle DGVZ 2017, 134).

Im Freifeld können Hinweise zu vermuteten Vermögensgegenständen gemacht werden, nach denen der Schuldner gefragt werden soll.

11. Haftbefehl. Auf Antrag des Gläubigers erlässt das Gericht Haftbefehl, wenn der Schuldner unentschuldigt der Vermögensauskunft fernbleibt oder diese grundlos verweigert (§ 802g Abs. 1 ZPO). Den Haftbefehl kann das Gericht nach Wahl des Unterhaltsgläubigers zunächst an diesen oder aber sofort an den Gerichtsvollzieher zwecks Durchführung der Verhaftung übersenden. Ersteres wird sich empfehlen, wenn Aussicht besteht, dass der Schuldner unter dem Druck der bevorstehenden Verhaftung doch noch Zahlungen erbringen wird. Scheitert dieser Versuch, kann die Verhaftung des Schuldners später beantragt werden.

Vor Erteilung des Verhaftungsauftrages muss der Gläubiger bedenken, dass er im Falle der Einlieferung des Schuldners in die JVA wegen der **Haftkosten** gemäß § 4 GvKostG grundsätzlich vorschusspflichtig ist.

12. Vorpfändung. Bei der Forderungspfändung nach § 829 ZPO läuft der Gläubiger – schon wegen mitunter langer Bearbeitungszeiten bei den Vollstreckungsgerichten – Gefahr, leer auszugehen, wenn der Schuldner noch vor Wirksamwerden der Pfändung über seine Forderung verfügt oder diese von dritter Seite vorher gepfändet wird. Hier hilft es, die zu pfändende Forderung des Schuldners vorläufig mit Beschlag zu belegen, und zwar im Wege der Vorpfändung nach § 845 ZPO (sog. vorläufiges Zahlungsverbot (dazu Waldschmidt JurBüro 2016, 118). Die Vorpfändung ist grundsätzlich **sofort** nach Bekanntgabe des vollstreckbaren Titels möglich; der Erteilung einer vollstreckbaren Ausfertigung und der Zustellung des Titels bedarf es nicht (§ 802a Abs. 2 Nr. 5 ZPO). Auch die Wartefrist nach § 798 ZPO braucht nicht eingehalten zu werden.

Die Vorpfändung kann der Unterhaltsgläubiger selbst anfertigen und den Gerichtsvollzieher in Modul F mit der Zustellung beauftragen. Alternativ kann der Gläubiger in Modul K auch den Gerichtsvollzieher gemäß § 845 Abs. 1 S. 2 ZPO mit der Anfertigung der Benachrichtigung beauftragen. In der Übermittlung eines nicht formgerecht vorgelegten vorläufigen Zahlungsverbotes durch den Gläubiger ist der schlüssige Auftrag zu sehen, dass der Gerichtsvollzieher das vorläufige Zahlungsverbot selbst anzufertigen und zuzustellen hat (LG Frankfurt (Oder) DGVZ 2019, 238).

Für das vorläufige Zahlungsverbot gelten die gleichen Maßstäbe wie für die Pfändung selbst: Es geht ins Leere, wenn es die zu pfändende Forderung nicht hinreichend genug bezeichnet. Die gepfändete Forderung muss wenigstens in allgemeinen Umrissen erläutert werden, damit sie von anderen unterschieden werden kann (BGH NJW-RR 2005, 1361). Zudem muss konkret der Betrag angegeben werden, der gepfändet werden soll. Der durch die Vorpfändung eintretende Arrest beschränkt sich auf diesen Betrag (BGH NJW 2001, 2976).

Bei der Vorpfändung wegen einer **Unterhaltsforderung** ist der Drittschuldner zusätzlich darauf hinzuweisen, dass die Beschränkung des § 850c ZPO im Falle der privilegierten Vollstreckung nicht gilt. Anderenfalls besteht die Gefahr, dass der Drittschuldner (befreiend) einen zu hohen Betrag an den Schuldner auskehrt (Neugebauer MDR 2004, 1223 (1225)).

Die Vorpfändung führt eine Beschlagnahme der betroffenen Forderung herbei und hat die Wirkung eines Arrestes, sofern die Pfändung durch das Gericht innerhalb eines Monats ab Zustellung an den Drittschuldner stattfindet (§ 845 Abs. 2 ZPO iVm §§ 804, 930 Abs. 1 ZPO). Die Frist beginnt mit dem Tag der Zustellung; der Zustellungstag selbst bleibt unberücksichtigt.

Die Monatsfrist ist unbedingt einzuhalten, da das vorläufige Zahlungsverbot anderenfalls seine rangsichernde Wirkung verliert (dazu BGH FGPrax 2016, 234).

13. Pfändung körperlicher Sachen. Zahlt der Schuldner nicht freiwillig, kann in sein bewegliches Vermögen und damit auch in körperliche Sachen vollstreckt werden (§ 803 Abs. 1 S. 1 ZPO). Hierzu bedarf es eines entsprechenden Antrages des Gläubigers nach § 802a Abs. 2 Nr. 4 ZPO.

Der Gläubiger kann dem Gerichtsvollzieher einen allgemeinen umfassenden Pfändungsauftrag erteilen. Er darf ihn jedoch auch mit speziellen Pfändungen beauftragen, wobei sich die sog. Taschen- oder Kassenpfändung in der Praxis am häufigsten anbietet. Empfehlen kann sich im Einzelfall ein **bedingter** Sachpfändungsantrag. Es können Hinweise auf besondere pfändbare Habe und deren Verwertung gegeben oder weitere Anträge gestellt werden. Beantragt der Gläubiger im verbindlichen Antragsvordruck die Vermögensauskunft nach vorherigem Pfändungsversuch in Modul H, jedoch keine Pfändung in Modul L, so ist ein Pfändungsauftrag **nicht** wirksam erteilt (AG Aachen DGVZ 2017, 247; dies wird häufig übersehen, vgl. May DGVZ 2017, 45 (47)).

Die Pfändung der im **Gewahrsam** des Schuldners befindlichen körperlichen Sachen wird dadurch bewirkt, dass der Gerichtsvollzieher sie in Besitz nimmt (§ 808 Abs. 1 ZPO). Entsprechendes gilt, wenn sich die Sache im Gewahrsam des Gläubigers oder eines zur Herausgabe bereiten Dritten befindet (§ 809 ZPO). Unter dem Gewahrsam ist der äußerlich erkennbare Zustand tatsächlicher Sachherrschaft zu verstehen. Bei Ehegatten und Lebenspartnern ist die Gewahrsamsvermutung des § 739 ZPO zu beachten. Auf das Eigentum kommt es grundsätzlich nicht an (dazu §§ 70, 71 GVGA).

Die gepfändeten Sachen bleiben in der Regel im Gewahrsam des Schuldners, wobei die Pfändung durch Anlegung von Siegeln oder auf sonstige Weise ersichtlich gemacht wird (§ 808 Abs. 2 ZPO). Bei der Pfändung von **Fahrzeugen** fordert der Gerichtsvollzieher mitunter – auch unter Hinweis auf § 107 GVGA – die Zahlung eines beträchtlichen **Kostenvorschusses** für die Einlagerung eines zu pfändenden **PKW**. Hier kann der Gläubiger notfalls im Wege der Erinnerung durchsetzen, dass er das Fahrzeug im Gewahrsam des Schuldners – ohne Nutzungsmöglichkeit – belassen will (LG Verden DGVZ 2015, 128; AG Pirna JurBüro 2013, 606). Bereits die Pfändung erhöht in der Regel die Zahlungsbereitschaft (eingehend Goebel FoVo 2014, 154).

Der Gerichtsvollzieher kann von einem Pfändungsversuch absehen, wenn – insbesondere wegen vorausgegangener erfolgloser Versuche im letzten Vierteljahr – begründete Anhaltspunkte dafür bestehen, dass die Zwangsvollstreckung **fruchtlos** verlaufen wird. Bei solchen Vollstreckungsaufträgen betreffend (mutmaßlich) vermögenslose Schuldner sendet der Gerichtsvollzieher dem Gläubiger unverzüglich den Schuldtitel mit einer entsprechenden Fruchtlosigkeitsbescheinigung zurück (§ 32 Abs. 1 GVGA). Dabei teilt er ihm mit, dass er den Auftrag zur Vermeidung unnötiger Kosten als zurückgenommen betrachtet.

Doch gilt dies nach § 32 Abs. 2 GVGA **nicht**, wenn der Wunsch des Gläubigers auf Ausführung des Auftrags aus der Sachlage hervorgeht (zB der Pfändungsauftrag zum Zwecke des Neubeginns der **Verjährung** erteilt ist, vgl. § 212 Abs. 1 Nr. 2 BGB) oder wenn das Gläubigerinteresse an der Ermittlung von Drittschuldnern ersichtlich oder zu unterstellen ist.

Im Übrigen hat die (wenn auch kostengünstige) Unpfändbarkeitsbescheinigung den Nachteil, dass der Gerichtsvollzieher mangels Kontakt mit dem Schuldner weder hilfreiche Informationen (§ 806a ZPO) noch eine gütliche Einigung (§ 802b BGB) erreichen kann. Die Bescheinigung verhilft auch nicht zu einem Verfahren auf sofortige Abgabe der Vermögensauskunft nach § 807 Abs. 1 S. 1 Nr. 2 ZPO. Denn die Vorschrift setzt ausdrücklich und nach ihrem Sinn und Zweck einen Pfändungsversuch bei dem angetroffenen Schuldner voraus. Es kann sich daher empfehlen, in dem Vollstreckungsauftrag anzukreuzen, dass kein Einverständnis mit einer Fruchtlosigkeitsbescheinigung besteht.

14. Aufenthaltsermittlung. Der Gerichtsvollzieher darf gemäß § 755 Abs. 1 und 2 ZPO – im Rahmen eines Vollstreckungsauftrages den Aufenthaltsort des Schuldners bei bestimmten Behörden und Registern ermitteln (ausführlich Goebel FoVo 2016, 201; Salten MDR 2016, 125 (129)). Die Aufenthaltsermittlung stellt keine selbständige Maßnahme der Zwangsvollstreckung, sondern lediglich eine den Gerichtsvollzieher bei den ihm zugewiesenen Vollstreckungsmaßnahmen unterstützende Hilfsbefugnis dar. Sie setzt daher einen Vollstreckungsauftrag voraus (BGH DGVZ 2019, 238; NJW-RR 2017,

960). Die Tätigkeit ist allerdings gebührenpflichtig (KV 440, 441 GvKostG). Die so gewonnenen Erkenntnisse dürfen drei Monate lang auch für Aufträge weiterer Gläubiger verwendet werden (§ 755 Abs. 3 ZPO).

15. Auskünfte Dritter. Kommt der Schuldner seiner Pflicht zur Abgabe der Vermögensauskunft nicht nach oder ist bei einer Vollstreckung in die dort aufgeführten Vermögensgegenstände eine vollständige Befriedigung des Gläubigers voraussichtlich nicht zu erwarten, so darf der Gerichtsvollzieher auf Antrag gemäß § 802l ZPO die zur Vollstreckung erforderlichen Auskünfte bei Dritten einholen. Es geht dabei um näher bezeichnete Daten der Träger der gesetzlichen Rentenversicherung, des Bundeszentralamtes für Steuern sowie des Kraftfahrt-Bundesamtes. Der Gläubiger kann auch **isoliert** die Einholung von Drittauskünften beantragen. Dann hat er vorzutragen, nach welcher der Alternativen des § 802l Abs. 1 ZPO die Berechtigung zur Einholung von Drittauskünften besteht. Der allgemeine Vortrag, dass Eintragungen im Schuldnerverzeichnis vorhanden seien, reicht hierfür nicht aus (BGH NJW-RR 2019, 1079).

Die eingeholten Informationen dürfen unter bestimmten Voraussetzungen auch an **weitere Gläubiger** übermittelt werden (§ 802l Abs. 4 und 5 ZPO). Eine neue Auskunft ist nur bei Anhaltspunkten für eine Änderung der Vermögensverhältnisse des Schuldners sowie auf Antrag des Gläubigers (Modul N) einzuholen.

Nach § 802l Abs. 3 ZPO erhält der Gläubiger die Auskunft unverzüglich, der Schuldner dagegen erst mehrere Wochen später. Es besteht also die Möglichkeit einer überraschenden Vollstreckungsmaßnahme.

Die Auskunftsgebühren des Gerichtsvollziehers sind nunmehr aufwandsabhängig gestaffelt (dazu Giers FamRB 2017, 114 (116)). Die „alte" Auskunft löst dementsprechend geringere Gebühren aus (wegen der Rechtsanwaltsgebühren vgl. BGH DGVZ 2019, 32).

16. Kombination. Das Modul P bietet die Möglichkeit, für mehrere Vollstreckungsaufträge eine bestimmte Reihenfolge oder Kombination vorzugeben. Das kann sich aus Kostengründen empfehlen. In der Praxis bewährt sich vielfach ein kombinierter Auftrag: zunächst eine Sachpfändung und bei deren Erfolglosigkeit die Abnahme der Vermögensauskunft (§ 807 ZPO, Module H und L).

17. Hinweise und Vorgaben. Über jede Vollstreckungshandlung hat der Gerichtsvollzieher ein Protokoll aufzunehmen (§ 762 Abs. 1 ZPO). Diese Pflicht wird nach § 63 Abs. 1 S. 1 GVGA ausgedehnt auf versuchte Vollstreckungshandlungen und vorbereitende Tätigkeiten. Auch eine fruchtlose Pfändung muss hinreichend dargelegt sein. So hat der Gerichtsvollzieher auf Verlangen des Gläubigers im Pfändungsprotokoll pfändbare Sachen, die nicht beschlagnahmt wurden, im Einzelnen anzugeben und sonstige Gegenstände nach Art und Zahl zu bezeichnen (OLG Bremen NJW-RR 1989, 1407). Pfändet er gleichzeitig für mehrere Gläubiger, erstellt er ein Gesamtprotokoll.

Der Gläubiger muss die Übersendung des Protokolls/Gesamtprotokolls ausdrücklich beantragen.

18. Unterschrift. Im Feld mit der Bezeichnung Name der Antragsteller ist eine elektronische Signatur, die den Namen des Antragstellers kenntlich macht, anzubringen (BGH 2022, 3512). Das Feld mit der Bezeichnung Unterschrift bleibt dann frei. Wird nicht elektronisch signiert, muss im Feld Unterschrift unterschrieben werden. Zu den Formerfordernissen bei einer qualifizierten oder einfachen elektronischen Signatur siehe BGH NJW-RR 2023, 906. Die Formanforderungen sind erfüllt, wenn die zu verantwortende Person entweder elektronisch signiert oder einfach signiert und der Antrag auf einem sicheren Übermittlungsweg eingereicht wird. Der sichere Übermittlungsweg wird allein anhand des Prüfvermerks, des Transfervermerks oder des Prüfprotokolls dokumentiert. Für eine einfache Signatur genügt dann die maschinenschriftliche Widergabe des Namens (BGH NJW-RR 2023, 906 Rn. 15f).

4. Antrag auf Festsetzung von Zwangsmitteln wegen Nichterfüllung von Auskunftsansprüchen

An das

Amtsgericht

– Familiengericht – zu Az.: . . . . .[1]

. . . . .

Antrag auf Festsetzung von Zwangsmitteln wegen Nichterfüllung von Auskunftsansprüchen[2]

In der Zwangsvollstreckungssache

der . . . . . – Gläubigerin –

Verfahrensbevollmächtigter: Rechtsanwälte . . . . .

gegen

Herrn . . . . . – Schuldner –

Verfahrensbevollmächtigter: Rechtsanwälte

. . . . .

beantrage ich namens und in Vollmacht der Gläubigerin zu beschließen:[3]

Gegen den Schuldner wird zur Erzwingung der ihm in dem vollstreckbaren Beschluss[4] des Amtsgerichts – Familiengericht – . . . . . vom . . . . . Az. . . . . auferlegten Verpflichtung, Auskunft zu erteilen über . . . . . (Bezeichnung wie im Vollstreckungstitel), ein angemessenes Zwangsgeld[5] und für den Fall, dass dieses nicht beigetrieben werden kann, Zwangshaft[6] festgesetzt.

Begründung:

In dem im Antrag näher bezeichneten Beschluss wurde der Schuldner verpflichtet, die dort näher bezeichnete Auskunft zu seinen Einkommensverhältnissen zu erteilen.

Beweis: beigefügte vollstreckbare Ausfertigung des Beschlusses.

Trotz Zustellung dieses Titels und ergänzender Aufforderung durch Schriftsatz vom . . . . . hat der Schuldner die erforderlichen Angaben nicht gemacht.[7] Es ist daher die Festsetzung eines Zwangsgeldes, ersatzweise von Zwangshaft geboten.

Für die Gläubigerin wird die Bewilligung von Verfahrenskostenhilfe[8] für die Zwangsvollstreckung nach § 888 ZPO und die Beiordnung des unterzeichnenden Rechtsanwalts

beantragt. Die Erklärung über die persönlichen und wirtschaftlichen Verhältnisse des Gläubigers ist beigefügt.

Rechtsanwalt[9, 10]

Anmerkungen

1. Zuständig für die Festsetzung von Zwangsmitteln nach § 888 ZPO ist das „Prozessgericht" des ersten Rechtszugs, also das Familiengericht, das den Titel erlassen hat. Da hierbei das Ursprungsverfahren fortgesetzt wird, empfiehlt sich die Angabe des entsprechenden Aktenzeichens. Damit kann auch vermieden werden, dass der Zwangsmittelantrag versehentlich dem Vollstreckungsgericht vorgelegt wird.

2. Vor allem in Unterhalts- und Zugewinnausgleichsverfahren wird nicht selten durch (Teil-) Beschluss die Verpflichtung zur Auskunftserteilung ausgesprochen – allerdings oft ohne Erfolg, weil der Schuldner Informationen verweigert. Dann kann in solchen Familienstreitsachen die Verhängung von Zwangsmitteln gemäß § 888 ZPO iVm § 120 FamFG geboten sein.

Vielfach ist allerdings nur ein geringes Einkommen vorhanden, das dem Gläubiger zumindest ungefähr bekannt ist. Vor Durchführung des Auskunftsverfahrens und auch der entsprechenden Vollstreckung ist es überlegenswert, ob nicht ein bezifferter (Teil-) Antrag auf Unterhalt ausgehend von den bekannten Einkommensverhältnissen rascher und effektiver zum Ziel führt. Bei weiterer Untätigkeit des Schuldners erhält der Gläubiger relativ schnell eine Versäumnisentscheidung. Lässt sich der Unterhaltspflichtige zum Verfahren ein, wird er Angaben zu seinem Einkommen machen müssen, wenn er den geltend gemachten Unterhalt als zu hoch erachtet. Das in dieser Vorgehensweise liegende Kostenrisiko ist im Hinblick auf § 243 S. 2 Nr. 2 FamFG gering. Im Übrigen kann der Unterhaltsgläubiger den Druck auf den Schuldner dadurch erhöhen, dass er eine einstweilige Anordnung beantragt.

Mit der Verhängung von Zwangsmitteln soll – anders als bei Ordnungsmitteln mit ihrem strafähnlichen Sanktionscharakter – ein bestimmtes Verhalten des Betroffenen erzwungen werden (zur Abgrenzung vgl. → Vorb. R.I Nr. 2). Dementsprechend dürfen sie nach Erteilung der Auskunft nicht mehr vollstreckt werden.

Bei der Antragstellung sollte auf genaue Begriffe stets geachtet werden. Doch ist ein unrichtiger Antrag nach Möglichkeit auszulegen und umzudeuten, etwa dann, wenn er – wie in der Praxis nicht selten – unter Gebrauch der Termini „Bestrafungsantrag" und „Ordnungsgeld" zu Unrecht auf § 890 ZPO gestützt wird (dazu MüKoZPO/Gruber ZPO § 888 Rn. 18 mwN).

3. Das Verfahren wird nur auf Antrag des Gläubigers eingeleitet; es besteht in Familienstreitsachen **Anwaltszwang** (OLG Brandenburg BeckRS 2020, 20883). Die Parteien sind die des Hauptverfahrens. Die Vollmacht der Verfahrensbevollmächtigten gilt gem. § 81 ZPO auch die Zwangsvollstreckung. Zu dem Antrag ist der Schuldner anzuhören (§ 891 ZPO). Hingegen bedarf es – anders als bei der Unterlassungsvollstreckung nach § 890 ZPO – einer vorherigen Androhung der Zwangsmittel nicht (§ 888 Abs. 2 ZPO). In dem Tenor oder jedenfalls in den Gründen des Zwangsmittelbeschlusses ist die zu erzwingende Handlung im Einzelnen zu bezeichnen.

Der Zwangsmittelbeschluss ist ein eigener Vollstreckungstitel iSv § 794 Abs. 1 Nr. 3 ZPO für die Beitreibung des Zwangsgeldes und die Vollstreckung der (Ersatz-)Zwangshaft (BGH NJW 2008, 2919). Er bedarf daher einer Vollstreckungsklausel und muss förmlich zugestellt werden (OLG Frankfurt a.M. FamRZ 2019, 627; OLG Düsseldorf NJOZ 2012, 1740).

4. Grundlage des Verfahrens kann nur ein vollstreckbarer Titel sein, der dem Antrag in vollstreckbarer Ausfertigung und mit einem Nachweis über die Zustellung an den Schuldner beizufügen ist. Bei dem Titel kann es sich um einen auf Auskunftserteilung gerichteten (Teil-)Beschluss, aber auch um einen gerichtlichen Vergleich oder eine notarielle Urkunde handeln. Ein in diesen Fällen oft ebenfalls titulierter Anspruch auf **Vorlage von Belegen** (§§ 1379 Abs. 1 S. 2, 1605 Abs. 1 S. 2 BGB) ist **selbständig** zu behandeln und grundsätzlich als vertretbare Handlung entsprechend § 883 Abs. 1 ZPO iVm § 120 Abs. 1 FamFG zu vollstrecken. Doch wird in der Praxis die Belegpflicht im Rahmen einer Auskunftserteilung vollstreckungsrechtlich meist als ergänzende und von der Vollstreckung nach § 888 ZPO mit abgedeckte **Nebenpflicht** eingestuft (OLG Frankfurt a. M. FamRZ 2019, 627; OLG Jena FamRZ 2013, 656). Belege, die ein Auskunftspflichtiger vorlegen soll, müssen in dem Titel bezeichnet und daher zumindest in den Entscheidungsgründen konkretisiert werden. Hierzu ist es jedenfalls erforderlich, dass aus dem Titel der Zeitraum hervorgeht, auf den sich die vorzulegenden Belege beziehen müssen (BGH NJW-RR 2019, 961 = FamRZ 2019, 1442).

Der zugrunde liegende Titel muss hinreichend bestimmt sein und einen vollstreckbaren Inhalt haben. Insbesondere sollte die geforderte Handlung genau umschrieben sein; sie ist in Ausnahmefällen durch Auslegung zu ermitteln (BGH NZFam 2015, 1059 mAnm Erbarth). Notfalls muss der Antragsteller sein Auskunftsverlangen im Antrag konkretisieren. Das Gericht gibt dann dem Schuldner im Rahmen der Anhörung nach § 891 ZPO Gelegenheit zur Erfüllung oder Verteidigung (OLG Hamburg FamRZ 1988, 1213).

5. Die Bestimmung der Höhe des Zwangsgelds (5–25.000 EUR) sowie der Dauer der Zwangshaft (ein Tag bis zu sechs Monaten) liegt im pflichtgemäßen Ermessen des Gerichts. Die Höhe des Zwangsmittels richtet sich nach dem Vollstreckungsinteresse des Gläubigers und der Hartnäckigkeit, mit der der Schuldner die Erfüllung seiner Verpflichtung unterlässt (OLG Karlsruhe NJW-RR 2000, 1312). Die konkrete Höhe sollte in das Ermessen des Gerichts gestellt werden, um das Kostenrisiko einer teilweisen Zurückweisung des Antrags zu vermeiden (vgl. BGH NJW 2015, 1829 betreffend Ordnungsgeld).

Da durch die Verhängung von Zwangsmitteln lediglich ein bestimmtes Verhalten erzwungen werden soll, kann der Verpflichtete der Ahndung durch „Wohlverhalten" entgehen. Diese Abwendungsbefugnis sollte im Tenor oder jedenfalls in den Gründen des Zwangsmittelbeschlusses klargestellt werden.

Die **Beitreibung** eines Zwangsgeldes wird nach den Vorschriften über die Zwangsvollstreckung wegen Geldforderungen durchgeführt, und zwar nur auf Antrag. Das Geld fließt der Landeskasse zu (BGH NJW 1983, 1859).

6. Bei einer Ahndung durch Zwangsgeld ist für den Fall der Nichtbeitreibbarkeit die Dauer der Ersatzzwangshaft im Verhältnis zur Höhe des Zwangsgeldes zwingend festzusetzen. Tritt diese „Bedingung" ein, so erlangt der Zwangsgeldbeschluss nicht automatisch den Charakter einer Haftanordnung. Der Gläubiger kann also nicht nach Vorliegen einer „Fruchtlosigkeitsbescheinigung" unmittelbar den Gerichtsvollzieher mit der Verhaftung beauftragen. Vielmehr bedarf es (auf Antrag) jetzt noch eines **weiteren Beschlusses** des Richters, der nicht nur die Frage der Uneinbringlichkeit des Zwangsgeldes, sondern auch die übrigen Vollstreckungsvoraussetzungen prüft und dann den Haftantrag bescheidet (eingehend Cirullies NJW 2013, 203 (205)). Erweist sich das Zwangsgeld im Wege der üblichen Pfändungsversuche als uneinbringlich, sollte nicht das zeitaufwändige und meist unergiebige Vermögensauskunftsverfahren (§ 802c ZPO mit der Möglichkeit eines Erzwingungshaftbefehl nach § 802g ZPO) angestrebt, sondern unmittelbar die Festsetzung von Ersatzzwangshaft beantragt werden.

Die Anordnung der (unmittelbaren) Zwangshaft nach § 888 ZPO setzt hingegen nicht die Festsetzung einer bestimmten Dauer voraus, da sich das Mindestmaß von einem Tag aus Art. 6 Abs. 1 EGStGB und das Höchstmaß von sechs Monaten aus § 888 Abs. 3 ZPO iVm § 802j Abs. 1 ZPO ergibt und diese Haft von vornherein (bis zur Höchstdauer) solange andauert, bis die zu erfüllende Handlung bewirkt ist (Cirullies NJW 2013, 203). Bei hartnäckiger Auskunftsverweigerung eines Schuldners mit geringem Einkommen, der sich absehbar nicht durch Zwangsgeld beeindrucken lassen wird, sollte durchaus **originär Zwangshaft** verhängt – und auch beantragt – werden. Den Eingriff in seine Freiheitsrechte kann der Schuldner jederzeit durch rechtstreues Verhalten abwenden.

Für die **Vollstreckung** der (Ersatz-)Zwangshaft gelten nach § 888 Abs. 1 S. 3 ZPO die in den §§ 802a ff. ZPO enthaltenen Vorschriften über die Haft entsprechend. Die Ausfertigung der richterlichen Haftanordnung ist der **Haftbefehl** iSd § 802g ZPO (ausführlich Cirullies NJW 2013, 203). Er ist dem Schuldner bei der Verhaftung in beglaubigter Form auszuhändigen. Den Verhaftungsauftrag an den Gerichtsvollzieher erteilt der Gläubiger.

7. Trägt der Schuldner vor, die geschuldete Leistung vollumfänglich bereits erbracht zu haben, ist dieser **Erfüllungseinwand** aus Gründen der Verfahrensökonomie grundsätzlich im Vollstreckungsverfahren nach § 888 ZPO zu berücksichtigen. Ebenso kann der Erfüllungseinwand in der Vollstreckungsabwehrklage gem. § 767 ZPO erhoben werden (VerfG Brandenburg NZFam 2022, 691). Die Vollstreckung scheidet sogar aus, wenn der Schuldner erst **nach rechtskräftiger Festsetzung** des Zwangsgeldes die verlangte Handlung nachholt (BGH NJW-RR 2015, 610). Erfüllung tritt ein, wenn alle auskunftspflichtigen Umstände in formal ordnungsgemäßer Weise mitgeteilt worden sind. Daran fehlt es, wenn in sachlicher oder zeitlicher Hinsicht über Teile des Auskunftsgegenstandes überhaupt keine Auskunft erteilt worden ist. Die Auskunft muss so umfangreich sein, dass dem Gläubiger eine hinreichend verlässliche Wertermittlung möglich ist (OLG Brandenburg FamRZ 2019, 1601 = NZFam 2019, 452 bspr. v. Obermann). Geht es lediglich um die **Richtigkeit** erteilter Auskünfte, so ist dieser Streit nicht im Zwangsmittelverfahren auszutragen, sondern in dem Verfahren über die Abgabe einer eidesstattlichen Versicherung (§ 260 Abs. 2 BGB).

Die titulierte Handlungspflicht darf nicht auf eine **unmögliche Leistung** gerichtet sein. Den entsprechenden Einwand prüft das Gericht ebenfalls im Verfahren nach § 888 ZPO (BGH NZFam 2015, 1059 mAnm Erbarth; OLG Brandenburg JurBüro 2020, 476 betr. die Beschaffung von Kontoauszügen). Der Einwand der **Unzumutbarkeit** der Erbringung einer vertretbaren Handlung kann nur im Wege der Zwangsvollstreckungsgegenklage geltend gemacht werden (OLG Bremen DGVZ 2020, 146).

8. In dem Zwangsmittelverfahren ist auch über die **Kosten** zu entscheiden (§ 891 S. 3 ZPO; dies verkennt OLG Frankfurt a. M. FamRZ 2019, 627). Daher sollte bei entsprechenden wirtschaftlichen Verhältnissen **Verfahrenskostenhilfe** beantragt werden.

Kosten und Gebühren

9. In Ordnungs- und Zwangsmittelverfahren werden **Gerichtsgebühren** nach KV 1602 FamGKG in Höhe einer Festgebühr von 24 EUR erhoben. Die Festsetzung eines Verfahrenswertes ist unzulässig (OLG Brandenburg NZFam 2019, 455 bspr. v. Schneider).

Bezüglich der **Rechtsanwaltsgebühren** gilt § 33 Abs. 1 RVG. Das Gericht des Rechtszugs setzt den Wert des Gegenstands der anwaltlichen Tätigkeit **auf Antrag** durch Beschluss selbstständig fest. Es handelt sich – auch bei mehrfacher Beantragung des Zwangsmittels – um eine (einzige) besondere Angelegenheit nach § 18 Abs. 1 Nr. 13 RVG (BGH NJW 2020, 2196, dazu Schneider NZFam 2020, 540). Der Gegenstandwert bemisst sich nach dem Wert der zu erzwingenden Handlung (§ 25 Abs. 1 Nr. 3 RVG). Ob der Wert der Hauptsache ungeschmälert oder nur ein Bruchteil (1/4 – 1/5) davon maßgebend ist, ist streitig. Für die Beitreibung durch den **Gerichtsvollzieher** fällt mindestens eine Gebühr von 31,20 EUR nach KV 205 GvKostG und für die Verhaftung von 46,80 EUR nach KV 270 GvKostG an. Hinzu kommen Wegegeld und Auslagen. Die Kosten der Haft gehören zu den Auslagen.

Fristen und Rechtsmittel

10. Der Gläubiger kann bei Ablehnung der Festsetzung des Zwangsmittels oder zu geringer Festsetzung **sofortige Beschwerde** nach § 793 ZPO einlegen (zur Beschwer des Rechtsmittelführers vgl. BGH NJW-RR 2019, 961 = FamRZ 2019, 1442 mAnm Borth). Gleiches gilt für den **Schuldner** gegen den stattgebenden Beschluss. Auch hier ist der Anwaltszwang zu beachten (OLG Bamberg FamRZ 2017, 1331). Im Einzelfall kann gegen einen Zwangsgeldbeschluss auch die **Vollstreckungsgegenklage** statthaft sein (OLG Karlsruhe MDR 2020, 568).

5. Antrag auf Einstellung der Vollstreckung nach § 120 FamFG

An das

Amtsgericht

– Familiengericht –

Az.: . . . . .

In der Familiensache

der . . . . . – Antragstellerin –

Verfahrensbevollmächtigte: Rechtsanwälte . . . . .

gegen

den . . . . . – Antragsgegner –

Verfahrensbevollmächtigte: Rechtsanwälte . . . . .

wegen Ehegattenunterhalts

wird namens und im Auftrag des Antragsgegners beantragt:

1. **Der Antrag wird zurückgewiesen.**
2. **Die Antragstellerin trägt die Kosten des Verfahrens zu tragen.**

Außerdem wird vorsorglich beantragt, gemäß § 120 Abs. 2 S. 2 FamFG die Vollstreckung vor Eintritt der Rechtskraft der Entscheidung über die Verpflichtung zur Zahlung von Unterhalt einzustellen, hilfsweise zu beschränken.[1]

Begründung:

Der Antragstellerin steht schon dem Grunde nach ein Anspruch auf Zahlung von Ehegattenunterhalt nicht zu.

Denn die Antragstellerin hat einen etwa bestehenden Unterhaltsanspruch gemäß § 1579 Abs. 1 Nr. 2 BGB verwirkt, weil sie seit fast drei Jahren in einer verfestigten Lebensgemeinschaft mit dem nach benannten Zeugen . . . . . lebt . . . . . (wird ausgeführt).

Rein vorsorglich wird Vollstreckungsschutz gemäß § 120 Abs. 2 S. 2 FamFG begehrt, da eine Vollstreckung dem Antragsgegner einen nicht zu ersetzenden Nachteil bringen würde.[2]

Soweit rückständiger Unterhalt tituliert werden sollte, bedarf es schon nicht der Anordnung der sofortigen Wirksamkeit nach § 116 Abs. 3 FamFG, weil die Antragstellerin diese Beträge nicht zur Bestreitung ihres Lebensunterhalts benötigt. Hinzu kommt, dass sie in Anbetracht ihrer beschränkten Einkommens- und Vermögensverhältnisse den auf Rückstände geleisteten Unterhalt nicht wird zurückzahlen können.

Soweit der Antragsgegner auch zur Zahlung laufenden Unterhalts verpflichtet werden sollte, wird er noch zu dem für ihn nicht zu ersetzenden Nachteil ergänzend vortragen.

Rechtsanwalt

Anmerkungen

1. Eine vorläufige Vollstreckbarkeit mit der Möglichkeit der Einstellung gegen Sicherheitsleistung wie in §§ 708 ff. ZPO ist in Familienstreitsachen (§ 112 FamFG) nicht vorgesehen. Hier sind Endentscheidungen mit ihrem Wirksamwerden vollstreckbar (§ 120 Abs. 2 S. 1 FamFG). Das ist grundsätzlich erst mit Rechtskraft der Fall. Doch kann das Gericht die sofortige Wirksamkeit anordnen und soll es sogar, wenn es um eine Verpflichtung zur Leistung von Unterhalt geht (§ 116 Abs. 3 FamFG; eingehend Cirullies, Vollstreckung in Familiensachen, Rn. 62 ff.). Wurde die Anordnung der sofortigen Wirksamkeit unterlassen, kommt deren **Nachholung** nur innerhalb der **Zwei-Wochen-Frist** des § 321 Abs. 2 ZPO beim Ausgangsgericht in Betracht (OLG Brandenburg FamRZ 2016, 161, dazu Beger-Oelschlegel NZFam 2015, 1127).

Dieser bewussten Stärkung der Rechte des Unterhaltsberechtigten kann der Verpflichtete (nur) mit einem Antrag auf Beschränkung oder Einstellung der Vollstreckung gemäß § 120 Abs. 2 S. 2 FamFG entgegentreten. Damit soll er vermeiden können, dass ihm durch die Vollstreckung vor Eintritt der Rechtskraft ein Schaden entsteht, der auch im Fall des Erfolgs eines Rechtsmittels nicht mehr rückgängig zu machen ist (eingehend Spieker NZFam 2016, 102; Griesche FamRB 2012, 93). § 120 Abs. 2 S. 3 FamFG bestimmt ergänzend, dass in den gesetzlich geregelten Fällen der §§ 707 Abs. 1, 719 Abs. 1 ZPO eine Einstellung oder Beschränkung der Vollstreckung nur unter denselben Voraussetzungen angeordnet werden kann (dazu Spieker NZFam 2016, 102 (104)).

Umstritten ist, ob der Schutzantrag nach § 120 Abs. 2 S. 2 FamFG noch in der Beschwerdeinstanz nachgeholt werden kann (so OLG Düsseldorf FamRZ 2019, 870; Musielak/Borth § 12 FamFG Rn. 3). Der Unterhaltsschuldner sollte ihn daher bereits im **erstinstanzlichen** Verfahren vorsorglich stellen – am besten schon in der Antragserwiderungsschrift und mit eingehendem Vortrag zu § 116 Abs. 3 FamFG.

2. Um die Einstellung des Verfahrens zu erreichen, muss der Antragsgegner **glaubhaft machen**, dass die Vollstreckung ihm einen nicht zu ersetzenden Nachteil bringen würde.

Dies ist in der Regel schwierig, soweit es den **laufenden Unterhalt** betrifft. Denn die Aussichtslosigkeit der etwaigen Rückforderung zu viel gezahlten Unterhalts reicht allein nicht aus. Es ist typisch für den Unterhalt, dass die zur Sicherung des Lebensbedarfs benötigten Mittel vom Unterhaltsbedürftigen verbraucht werden und in der Regel nicht zurückgezahlt werden können (OLG Schleswig NZFam 2025, 664 = BeckRS 2024

39115; OLG Brandenburg FamRZ 2016, 1961, dazu Tomfort NZFam 2016, 715). Aus dem Zweck des § 116 Abs. 3 FamFG (Stärkung der Gläubigerrechte) folgt, dass das allgemeine **Risiko** einer Rückzahlung zu viel gezahlten Unterhalts dem Unterhaltsschuldner auferlegt wird. Bloße finanzielle Nachteile durch die Zwangsvollstreckung reichen daher nicht, solange sie nicht mit irreparablen Folgeschäden verbunden sind (OLG Koblenz FamRZ 2020, 1936 = BeckRS 2020, 19343; Spieker NZFam 2016, 102 (105) mwN). Vielmehr muss ein besonderer Umstand hinzukommen, der dem Schuldner einen **weitergehenden** Schaden zufügt, etwa wenn die Vollstreckung in das einzige Geschäftskonto des Schuldners zur Folge hat, dass dieser keine Einnahmen erwirtschaften kann, aus denen der Unterhalt bestritten werden könnte (Griesche NZFam 2014, 558 (561) mwN).

Dabei ist zu dem **laufenden** Unterhalt die Zahlung zu rechnen, die vor dem Anbringen eines Vollstreckungsantrags zuletzt fällig geworden ist, ferner die **künftig fällig** werdenden Zahlungen, auf die der Antrag schon gerichtet werden kann, auch wenn die Vollstreckung erst nach Ablauf des Fälligkeitstages beginnen darf (§ 120 Abs. 1 FamFG, § 751 Abs. 1 ZPO; vgl. OLG Brandenburg FamRZ 2014, 866 = NZFam 2014, 558 mAnm Griesche).

Hingegen kann bei der Geltendmachung **rückständigen Unterhalts** die Interessenabwägung für die Einstellung der Vollstreckung anders ausfallen. Insoweit reicht nach überwiegender Meinung die Darlegung des endgültigen Verlustes der Unterhaltsleistungen an den nach Verbrauch zur Rückerstattung unfähigen Gläubiger aus, um einen nicht zu ersetzenden Nachteil geltend zu machen (OLG Brandenburg FamRZ 2019, 1947). Der Unterhaltsgläubiger ist in der Regel nur dann schutzbedürftig, wenn er zur Finanzierung seines Unterhalts in der Vergangenheit **Kredite** aufnehmen musste. In der Regel ist jedoch davon auszugehen, dass er sich selbst hat helfen können und nur ausnahmsweise sofort auf die Nachzahlung angewiesen ist (OLG Schleswig NZFam 2025, 664 = BeckRS 2024, 39115) Grundsätzlich muss der Unterhaltsgläubiger abwarten, bis die Entscheidung unanfechtbar geworden ist (OLG Jena BeckRS 2016, 02232, dazu Graba NZFam 2016, 331). Gleiches wird zu gelten haben, wenn zum Unterhalt bereits eine einstweilige Anordnung erlassen worden oder die Forderung auf die öffentliche Hand übergegangen ist.

In diesen Fällen sollte der Unterhaltsschuldner durch substantiierten Vortrag zu etwaigen nicht zu ersetzenden Nachteilen bereits darauf hinwirken, dass das Familiengericht – entgegen der üblichen stereotypen Handhabung – bereits von der Anordnung der sofortigen Wirksamkeit nach § 116 Abs. 3 FamFG absieht. Andererseits kann auch dem Unterhaltsberechtigten zu empfehlen sein, ein besonderes Bedürfnis für eine Anordnung der sofortigen Wirksamkeit geltend zu machen, etwa wenn wegen des nicht gezahlten Unterhalts eine Überschuldung droht.

Macht der Verpflichtete glaubhaft, dass die Vollstreckung ihm einen nicht zu ersetzenden Nachteil bringen würde, hat das Gericht auf seinen Antrag die Vollstreckung vor Eintritt der Rechtskraft in der Endentscheidung einzustellen oder zu beschränken. Die Beschränkung kann sich auch auf einen Teilbetrag beziehen. Eine Sicherheitsleistung kann nach hM nicht mehr angeordnet werden.

6. Vollstreckungsabwehrantrag mit Antrag auf vorläufige Einstellung der Zwangsvollstreckung

An das

Amtsgericht . . . . .

– Familiengericht –[1]

. . . . .

Eilt! Sofort vorlegen!

Vollstreckungsabwehrantrag[2]

des . . . . . – Antragstellers –

Verfahrensbevollmächtigter: Rechtsanwälte[3] . . . . .

gegen

Frau . . . . . – Antragsgegnerin –

Verfahrensbevollmächtigter: Rechtsanwälte . . . . .

wegen Unzulässigkeit der Zwangsvollstreckung

Vorläufiger Verfahrenswert: . . . . .[4]

Namens und in Vollmacht des Antragstellers werde ich beantragen:

1. Die Zwangsvollstreckung aus dem Beschluss[5] des Amtsgerichts – Familiengericht – . . . . . vom . . . . . Aktenzeichen . . . . . wird für unzulässig erklärt, soweit Unterhaltsbeträge seit dem . . . . . tituliert sind.[6]
2. Die Zwangsvollstreckung aus dem Beschluss des Amtsgerichts . . . . . vom . . . . . Aktenzeichen: . . . . . wird ohne, hilfsweise gegen Sicherheitsleistung einstweilen eingestellt,[7] soweit Unterhaltsbeträge seit dem . . . . . tituliert sind.
3. Die Antragsgegnerin trägt die Kosten des Verfahrens.[8]
4. Sofern das Gericht das schriftliche Vorverfahren anordnet, wird für den Fall der Fristversäumnis beantragt, gegen die Antragsgegnerin durch Versäumnisbeschluss ohne mündliche Verhandlung zu entscheiden.
5. Dem Antragsteller wird Verfahrenskostenhilfe unter Beiordnung seines Verfahrensbevollmächtigten für den ersten Rechtszug bewilligt.
6. Es wird gemäß § 15 Nr. 3 FamGKG beantragt, den Antrag unverzüglich zuzustellen.[9]

Begründung:

Die ehemals verheirateten Beteiligten wurden durch Beschluss des Amtsgerichts – Familiengericht – . . . . . vom . . . . . Aktenzeichen: . . . . . rechtskräftig geschieden. Unterhaltspflichtige Kinder sind nicht vorhanden.

Aufgrund des im Antrag näher bezeichneten Vollstreckungstitels ist der Antragsteller verpflichtet, an die Antragsgegnerin seit dem . . . . . Aufstockungsunterhalt in Höhe von monatlich . . . . . EUR zu zahlen. Dieser Verpflichtung ist der Antragsteller bis einschließlich Januar des vergangenen Jahres nachgekommen.

Beweis: Vorlage des Titels sowie der Kontoauszüge

Da die Antragsgegnerin über längere Zeit ein Einkommen erzielt hatte, das keinen Aufstockungsunterhalt rechtfertigte, vereinbarten die Beteiligten, dass die Unterhaltszahlungen ab Februar eingestellt werden sollten.

Beweis: Zeugnis des . . . . . und Schreiben der Antragsgegnerin vom . . . . .

Da die Antragsgegnerin vor drei Monaten arbeitslos wurde und seitdem nur Arbeitslosengeld bezieht, hat sie den Antragsteller zur Aufnahme der Unterhaltszahlungen aufgefordert.

Beweis: Schreiben vom . . . . .

Als der Antragsteller dies verweigerte, wurde mit Anwaltsschreiben die Zwangsvollstreckung[10] auch bezüglich der Rückstände ab Februar des vergangenen Jahres angekündigt.

Beweis: Schreiben des Rechtsanwalts . . . . . vom . . . . .

Der Vollstreckungstitel befindet sich noch bei der Antragsgegnerin.

Der Vollstreckungsabwehrantrag ist begründet.

Die Beteiligten haben am . . . . . vereinbart, dass der Antragsteller im Hinblick auf das Eigeneinkommen der Antragsgegnerin nicht mehr verpflichtet ist, Unterhalt zu zahlen. Die durch den Beschluss ausgesprochene Verpflichtung ist durch die Vereinbarung der Beteiligten abgeändert worden. Diese Vereinbarung steht der Vollstreckung entgegen.[11]

Beweis: Beigefügte Vereinbarung vom . . . . .

Sollte die Antragsgegnerin behaupten, sie sei jetzt unterhaltsbedürftig, ist vorzutragen, dass die Antragsgegnerin nach der jetzt fünf Jahre zurückliegenden Scheidung wirtschaftlich selbstständig war und ein nachhaltig gesichertes Einkommen bei Beendigung der Unterhaltszahlungen hatte. Weiterhin ist vorzutragen . . . . .

Die angedrohte Zwangsvollstreckung rechtfertigt den Antrag auf einstweilige Einstellung der Zwangsvollstreckung. Der Antragsteller ist zur Leistung einer Sicherheit nicht in der Lage, da . . . . . Die Durchführung der Vollstreckung würde für ihn einen nicht zu ersetzenden Nachteil bringen, da eine Rückforderung der Beträge an der Vermögenslosigkeit der Antragsgegnerin scheitern wird. Bezüglich der Einzelheiten wird auf die beigefügte ausführliche eidesstattliche Versicherung Bezug genommen.

Der Antragsteller ist nicht in der Lage, den erforderlichen Gerichtskostenvorschuss zu zahlen. Da eine Verzögerung der Zustellung dem Antragsteller einen nicht zu ersetzenden Nachteil bringen würde, wird gemäß § 15 Nr. 3 FamGKG um unverzügliche Zustellung des Antrages gebeten.[12] Die entsprechenden Voraussetzungen sind anliegend glaubhaft gemacht.

Der Antragsteller ist nicht in der Lage, die Verfahrenskosten zu tragen. Zu den persönlichen und wirtschaftlichen Verhältnissen wird auf die beigefügte[13] Erklärung nebst Belegen Bezug genommen.

Rechtsanwalt[14, 15]

Anmerkungen

1. Für Vollstreckungsabwehrverfahren ist gemäß §§ 767 Abs. 1, 802 ZPO grundsätzlich das (Prozess-)Gericht des ersten Rechtszuges ausschließlich zuständig. Das gilt auch, wenn der Titel erst in zweiter Instanz durch Beschluss oder Vergleich geschaffen wurde. Bei Anträgen gegen vollstreckbare notarielle Urkunden und vollstreckbare Anwaltsvergleiche ist gemäß § 797 Abs. 5, 6 ZPO das Gericht des allgemeinen Gerichtsstandes des Schuldners maßgebend, hilfsweise der Gerichtsstand des Vermögens (§ 23 ZPO). Nach hM ist ein Vorgehen nach § 767 ZPO auch in Fällen der einstweiligen Anordnung zulässig (Graba NZFam 2020, 465; Weigl JA 2020, 377 (379) mwN).

Richtet sich das Verfahren gegen einen **Unterhaltstitel**, handelt es sich um eine Unterhaltssache nach § 231 FamFG und damit eine Familienstreitsache nach § 112 Nr. 1 FamFG. Geht es dabei um Kindesunterhalt, ist die Sonderzuständigkeit in § 232 Abs. 1 FamFG zu beachten, die derjenigen nach § 802 ZPO vorgeht (§ 232 Abs. 2 FamFG). Zuständig ist in jedem Fall das Familiengericht.

Gerichtsstandsvereinbarungen sind gemäß § 40 Abs. 2 S. 1 ZPO nicht zulässig, da § 802 ZPO und § 232 FamFG einen ausschließlichen Gerichtsstand anordnen.

Internationale Zuständigkeit: Wendet sich der Schuldner gegen einen **Europäischen Vollstreckungstitel**, steht ihm im Vollstreckungsstaat auch die Vollstreckungsabwehrklage zur Verfügung (Nagel/Gottwald IntZivilProzR/Gottwald Rn. 14.116; ferner EuGH NJW 2020, 2323 = FamRZ 2020, 1289 mAnm Domej; Varianten bei MüKoZPO/Brinkmann/Karsten Schmidt § 767 Rn. 54).

2. Durch ein Vollstreckungsabwehrverfahren nach **§ 767 ZPO** kann der Schuldner nicht die Aufhebung des angegriffenen Titels erreichen, sondern lediglich die Beseitigung oder Einschränkung der Vollstreckbarkeit. Daher ist dieses Verfahren auch nur gegen Titel mit vollstreckungsfähigem Inhalt zulässig (nicht also gegen Feststellungs- und Gestaltungsbeschlüsse).

Erforderlich sind **nach** Erlass des Titels entstandene materiell-rechtliche Einwendungen gegen den zugrunde liegenden (Unterhalts-)Anspruch wie etwa der Wegfall der Verfahrensstandschaft (OLG Brandenburg NJW-RR 2019, 1480; OLG Hamm NJOZ 2016, 1597), gesetzlicher Forderungsübergang (OLG Köln FamRZ 2002, 555), Forderungsverzicht, Erfüllung, Verwirkung, Einrede der Verjährung oder sonstige Erlöschensgründe (zB Wegfall des Unterhaltsanspruchs bei Wiederheirat, OLG Naumburg FamRZ 2006, 1402). Eine Erfüllung des Unterhaltsanspruches durch „Verrechnung" scheitert in der Regel an dem Aufrechnungsverbot (§ 394 BGB, § 850 Abs. 1 Nr. 2 ZPO, § 850 Abs. 2 ZPO; ausführlich Wohlfahrt FamRZ 2001, 1185).

Formelle Mängel einzelner Vollstreckungsmaßnahmen hingegen sind mit der Vollstreckungserinnerung nach § 766 ZPO (oder der sofortigen Beschwerde nach § 793 ZPO, § 11 Abs. 1 RPflG) geltend zu machen.

Schwierig ist mitunter in Unterhaltssachen die Abgrenzung zu einem **Abänderungsantrag** nach §§ 238 ff. FamFG. Dieser ermöglicht sowohl dem Schuldner wie dem Gläubiger, einen Unterhaltstitel unter Durchbrechung seiner Rechtskraft an veränderte Verhältnisse anzupassen. Demgegenüber beschränkt sich das Ziel des nur von dem Schuldner zu erhebenden Vollstreckungsabwehrantrags auf die vollständige oder teilweise Beseitigung der Vollstreckbarkeit des Titels, dessen Inhalt und Rechtskraft aber bestehen bleiben (MüKO FamFG Witt § 238 Rn. 38). **Beispiel:** Wendet sich der Unterhaltsschuldner wegen des inzwischen eingetretenen Rentenbezugs des Unterhaltsberechtigten gegen einen titulierten Unterhaltsanspruch, ist hierfür der **Abänderungsantrag** nach § 238 FamFG und nicht der Vollstreckungsgegenantrag nach § 767 ZPO eröffnet (BGH NJW 2005, 2313 = FamRZ 2005, 1479; eingehend Graba NZFam 2020, 465).

Vollstreckungsabwehr- und Abänderungsantrag schließen sich grundsätzlich gegenseitig aus. Allerdings können sie, sofern eine Klageverbindung gemäß § 260 ZPO (gleicher Gerichtsstand) zulässig ist, als Haupt- und Hilfsantrag gestellt werden (BGH NJW 1979, 1306 = FamRZ 1979, 973; OLG Köln FamRZ 2002, 555). Das Gericht muss dann gemäß § 139 ZPO auf den „richtigen" Klageantrag hinweisen (vgl. BGH NJW 2006, 695 = FamRZ 2006, 261).

3. Für die Vertretung in dem Vollstreckungsabwehrverfahren besteht **Anwaltszwang,** § 114 FamFG. Die Verfahrensvollmacht aus dem Vorverfahren erstreckt sich gem. § 81 ZPO auf die Verfahrensabwehrklage. Diese muss gem. § 172 ZPO an die alten Verfahrensbevollmächtigten zugestellt werden (Musielak/Voit/Lackmann ZPO § 767 Rn. 43). Die Zustellung ist ansonsten unwirksam (BGH NJW 1984, 926).

4. Der **Verfahrenswert** bemisst sich in **Unterhaltssachen** grundsätzlich nach dem 12-fachen des monatlich geschuldeten Unterhalts. Die bei Einreichung des Antrags bereits fälligen Beträge werden dem Wert hinzugerechnet (§ 51 Abs. 1 und 2 FamGKG). Im Falle eines zeitlich oder der Höhe nach beschränkten Gegenantrags ist die monatliche Differenz zwischen dem titulierten und dem mit dem Gegenantrag angestrebten Zahlbetrag maßgebend (OLG Karlsruhe FamRZ 2013, 325). Betrifft das Vollstreckungsabwehrverfahren lediglich einen begrenzten Zeitraum, bestimmen nur diese konkreten Beträge den Verfahrenswert (BGH NJW 1962, 806; OLG Hamm Rpfleger 1991, 387).

Der Antrag auf vorläufige Einstellung der Vollstreckung aus einem Unterhaltstitel nach §§ 767, 769 ZPO löst für das Gericht keine Gebühren aus (OLG Karlsruhe FamRZ 2013, 325). Gleiches gilt für den etwaigen Antrag auf Herausgabe des Titels (→ Anm. 6).

5. Das Vollstreckungsabwehrverfahren ist auch gegen gerichtliche Vergleiche mit vollstreckungsfähigem Inhalt möglich. Falls allerdings die Unwirksamkeit des Vergleiches selbst geltend gemacht wird, ist vorrangig das Ausgangsverfahren fortzusetzen.

Bei dem Vollstreckungsabwehrverfahren gegen Beschlüsse können nur Gründe, die nach Abschluss des ursprünglichen Verfahrens entstanden sind, geltend gemacht werden, § 767 Abs. 2 ZPO. Entscheidend ist für die **Präklusion** allein der Zeitpunkt der Entstehung, nicht derjenige der Kenntnis des jeweiligen Beteiligten (BGH NJW 2001, 231). Diese Einschränkung gilt **nicht** bei Titeln ohne Rechtskraftwirkung wie etwa einem Verfahrensvergleich oder einer notariellen Urkunde gemäß § 797 Abs. 4 ZPO.

Bei **einstweiligen Anordnungen** nach §§ 49 ff., 246 FamFG ist der Schuldner nach hM nicht auf die Möglichkeiten des § 54 FamFG beschränkt. Er kann vielmehr alternativ ein **Vollstreckungsabwehrverfahren** einleiten, wenn die Vollstreckbarkeit einer Anordnung beseitigt werden soll (Weigl JA 2020, 377 (379); Musielak/Borth/Frank/Borth FamFG § 54 Rn. 13; Sternal/Giers FamFG § 54 Rn. 9, ferner FamFG § 246 Rn. 8 zu den Möglichkeiten eines **negativen Feststellungsantrags**).

6. Der Antrag muss **präzise formuliert** sein, damit der Umfang der Rechtshängigkeit und der späteren Vollstreckbarkeit exakt bestimmt ist. Maßgeblich für die Formulierung des Antrages ist § 775 Nr. 1 ZPO. Der Antrag ist also darauf zu richten, die Zwangsvollstreckung ganz oder zum Teil, nur derzeit oder diesem Beteiligten gegenüber für unzulässig zu erklären. Sollte sich aus dem Antrag nicht klar ergeben, dass nur für einen begrenzten Zeitraum die Unzulässigkeit der Zwangsvollstreckung geltend gemacht wird (zB weil im Übrigen erfüllt ist oder werden soll), erhöht dies unnötig den Verfahrenswert (→ Anm. 4) mit der Gefahr von Regressansprüchen. Auf die Kulanz des Gerichts (vgl. OLG Koblenz FamRZ 2001, 845), eine konkludente Beschränkung anzunehmen, sollte man sich nicht verlassen.

Wenn das Vollstreckungsabwehrverfahren zum Ziel hat, die Zwangsvollstreckung insgesamt und nicht nur zum Teil für unzulässig zu erklären, sollte stets auch an die kumulativ zu beantragende Herausgabe der vollstreckbaren Ausfertigung des Titels nach § 371 BGB analog gedacht werden nach folgendem **Muster:**

„Die Antragsgegnerin ist verpflichtet, die vollstreckbare Ausfertigung des unter Nr. 1 genannten Beschlusses an den Antragsteller herauszugeben."

Andernfalls besteht die Gefahr, dass der Gläubiger auch nach einem Erfolg des Vollstreckungsabwehrantrags und trotz der gerichtlich ausgesprochenen Unzulässigkeit der Zwangsvollstreckung weiter gegen den Schuldner vorgeht (eingehend Kaiser NJW 2014, 364 (365); ferner OLG Brandenburg BeckRS 2020, 7562).

7. Gemeinsam mit dem Vollstreckungsabwehrverfahren kann für den Fall, dass der Gläubiger aus dem Titel vollstreckt bzw. dies androht, gemäß § 769 ZPO die **vorläufige Einstellung der Zwangsvollstreckung** beantragt werden. Dies sollte direkt mit dem verfahrenseinleitenden Schriftsatz geschehen, da spätere Ansprüche zur Rückzahlung überzahlten Unterhalts nur selten realisiert werden können und dem Schuldner insoweit nur eine rasche Entscheidung über den Einstellungsantrag hilft. Das Vollstreckungsabwehrverfahren führt nicht zur verschärften bereicherungsrechtlichen Haftung nach § 818 Abs. 4 BGB (vgl. BGH FamRZ 2000, 751). Dies lässt sich nur mit einem Antrag auf Rückzahlung überzahlten Unterhalts oder ein Abänderungsverfahren erreichen, § 241 FamFG (dazu Cirullies, Vollstreckung in Familiensachen, Rn. 65 ff.).

In Betracht kommt ferner ein Antrag auf **Aufhebung von Vollstreckungsmaßnahmen,** die jedoch nur gegen Sicherheitsleistung (dazu § 108 ZPO) zulässig ist, § 769 Abs. 1 S. 1 ZPO. In jedem Fall ist der Tatsachenvortrag glaubhaft zu machen (§ 769 Abs. 1 S. 3 ZPO; meist durch eidesstattliche Versicherung).

Die einstweilige Anordnung nach § 769 ZPO stellt ein gebührenfreies Annexverfahren zur Hauptsache nach § 767 ZPO dar, unterscheidet sich also wesentlich von dem selbständigen Verfahren der einstweiligen Anordnung nach § 49 FamFG (OLG Nürnberg MDR 2014, 36; ausführlich Schneider NZFam 2014, 940).

Über den Antrag nach § 769 ZPO kann das Prozessgericht erst befinden, wenn die Hauptsache anhängig gemacht worden und die Rechtshängigkeit sichergestellt ist. Der **Vorschuss** muss gezahlt sein. Ein Verfahrenskostenhilfeantrag reicht nicht (hM, allerdings streitig, vgl. MüKoZPO/Schmidt/Brinkmann ZPO § 769 Rn. 12 mwN). Damit weist das Verfahren nach §§ 767, 769 ZPO einen wesentlichen Unterschied auf zu dem Abänderungsantrag auf Herabsetzung, bei dem nach § 242 FamFG das VKH-Prüfungsverfahren ausreicht. Diese Einschränkung soll auch in dringenden Fällen gelten, weil dann nach § 769 Abs. 2 ZPO eine Anordnung des Vollstreckungsgerichts eingeholt werden kann (Musielak/Voit/Lackmann ZPO § 769 Rn. 2). Zudem ist eine Abhilfe über den Antrag gemäß **§ 15 FamGKG** auf Zustellung unter Verzicht auf vorherige Vorschusszahlung möglich (→ Anm. 9). Gegen die Entscheidung nach § 769 ZPO ist kein Rechtsmittel gegeben (BGH NJW 2004, 2224; OLG Hamm BeckRS 2010, 22733).

8. Abweichend von den üblichen Vorschriften der ZPO über die Kostenverteilung entscheidet das Gericht in **Unterhaltssachen,** also auch in einem Vollstreckungsabwehrverfahren, **nach billigem Ermessen** über die Verteilung der Kosten des Verfahrens auf die Beteiligten (§ 243 FamFG).

9. Der Antrag auf sofortige Zustellung unter Verzicht auf die Einzahlung eines Gerichtskostenvorschusses ist vor allem bedeutsam bei gleichzeitig gestelltem Antrag auf Bewilligung von Verfahrenskostenhilfe, weil die Zustellung der Antragsschrift erst nach Bewilligung vorgenommen wird und andererseits Voraussetzung für die Bescheidung des Einstellungsantrages ist (→ Anm. 7). Gemäß § 14 Abs. 1 S. 1 FamGKG soll in selbstständigen Familienstreitsachen die Antragsschrift erst nach Zahlung der Verfahrensgebühr zugestellt werden. Diese **Vorschusspflicht** gilt nach § 15 FamGKG ua nicht, soweit dem Antragsteller Verfahrenskostenhilfe bewilligt ist, ferner dann nicht, wenn die beabsichtigte Rechtsverfolgung nicht aussichtslos oder mutwillig erscheint und wenn glaubhaft gemacht wird, dass entweder dem Antragsteller die alsbaldige Zahlung der Kosten mit Rücksicht auf seine Vermögenslage oder aus sonstigen Gründen Schwierigkeiten bereiten würde oder eine Verzögerung dem Antragsteller einen nicht oder nur schwer zu ersetzenden Schaden bringen würde. Entsprechender Vortrag hierzu nebst Glaubhaftmachung ist erforderlich.

10. Der Vollstreckungsabwehrantrag ist zulässig, solange die Zwangsvollstreckung droht. Eine **konkret** drohende Zwangsvollstreckung ist für den Antrag – anders bei der einstweiligen Einstellung nach § 769 ZPO – **nicht** erforderlich (OLG Celle FamRZ 1992, 842 (843); OLG Oldenburg FamRZ 1992, 844; einschränkend OLG Köln NJW 1996, 1481 = NJW-RR 1996, 381).

Ein **Rechtsschutzbedürfnis** liegt grundsätzlich vor, solange der Antragsgegnerin den Vollstreckungstitel in den Händen hat (BGH NJW 1994, 1161 f.; 1992, 2148 f.; OLG Celle FamRZ 1992, 842 (843)). Ausnahmen zur Herausgabeverpflichtung gibt es nur bei Titeln über laufende Leistungen, wenn diese noch für zukünftige (Teil-)Ansprüche benötigt werden. Dann muss vom Gläubiger erklärt werden, dass insoweit nicht mehr vollstreckt wird. Bei einem solchen **Vollstreckungsverzicht** kann das Rechtsschutzbedürfnis für den Gegenantrag fehlen (OLG Stuttgart BeckRS 2016, 18442; ausführlich Holznagel NZFam 2014, 58). Gleiches gilt, wenn ein einfacherer und billigerer Weg zur Beseitigung der Vollstreckbarkeit möglich ist, etwa durch Vorlage einer **Zahlungsquittung** oder eines Überweisungsbelegs als urkundlicher Nachweis iSd § 775 Nr. 4, 5 ZPO. Allerdings reichen solche Nachweise nicht aus, wenn der Gläubiger eine Befriedigung oder die Stundung der titulierten Forderung bestreitet. Der Schuldner muss in diesem Fall seine materiell-rechtlichen Einwendungen mit dem **Vollstreckungsgegenantrag** geltend machen (BGH NJW-RR 2016, 317).

11. Mit dem Vollstreckungsabwehrverfahren können nur materiell-rechtliche Einwendungen erhoben werden. Eine außergerichtliche Vereinbarung wie im vorliegenden Fall, die auch konkludent zustande kommen kann und eine Veränderung des Vollstreckungstitels zum Inhalt hat, ist eine zulässige Einwendung (BGH NJW 1991, 2295; OLG Karlsruhe NJW-RR 1999, 941 = FamRZ 1999, 311; zum Vollstreckungsverzicht Graba FamRZ 2017, 1649; Holznagel NZFam 2014, 58).

12. Bei Einreichung eines Vollstreckungsabwehrantrags gemeinsam mit einem Antrag auf Bewilligung von Verfahrenskostenhilfe ist der **Antrag auf sofortige Zustellung** unter Verzicht auf die Einzahlung eines Gerichtskostenvorschusses (§ 15 FamGKG) von besonderer Bedeutung (→ Anm. 9).

13. Die Erklärung über die persönlichen und wirtschaftlichen Verhältnisse nebst den erforderlichen Belegen sollte auch zur eigenen Arbeitserleichterung bereits mit dem Antrag und nicht erst mit einem späteren Schriftsatz vorgelegt werden.

Kosten und Gebühren

14. Die Kostenentscheidung richtet sich nach § 243 FamFG (→ Anm. 8).

Maßgeblich für die Höhe des Verfahrenswertes bei dem Vollstreckungsabwehrverfahren ist der Wert der Gläubigerforderung , deren Zwangsvollstreckung ausgeschlossen werden soll (BGH FamRZ 2011, 560; KG FamRZ 2011, 668; → Anm. 4). Ein mit dem Hauptsacheantrag verbundener Antrag auf einstweilige Einstellung der Zwangsvollstreckung erhöht diesen Wert nicht (OLG Karlsruhe NJW-RR 2018, 255).

Im Übrigen gelten für das Verfahren (Familienstreitsache) die üblichen Vorschriften des Kostenrechts.

Fristen und Rechtsmittel

15. Spezielle verfahrensrechtlichen Fristen sind für die Einleitung des Verfahrens und Rechtsmittel nicht zu beachten. Es gelten die üblichen Regelungen für Beschwerden gegen erstinstanzliche Beschlüsse in Familienstreitsachen, §§ 58 ff., 117 FamFG.

Soweit das Vollstreckungsabwehrverfahren bei dem Amtsgericht – Familiengericht anhängig war, ist die Beschwerde bei dem hierfür zuständigen Familiensenat des Oberlandesgerichts einzulegen.

III. Zwangsvollstreckung in anderen Familiensachen

1. Vollstreckung in fG-Verfahren (§§ 86 ff. FamFG)

a) Überblick

Die Vollstreckung der Titel, die in Verfahren der **freiwilligen Gerichtsbarkeit** ergangen sind, regelt das FamFG schwerpunktmäßig in Buch 1, Abschnitt 8 (§§ 86–96a FamFG) wie folgt:
- Der erste Unterabschnitt (§§ 86, 87 FamFG) umfasst **allgemeine** Vorschriften.
- Der zweite Unterabschnitt (§§ 88–94 FamFG) behandelt die Vollstreckung von Entscheidungen über die Herausgabe von **Personen** und die Regelung des Umgangs.
- Der dritte Unterabschnitt (§§ 95–96a FamFG) bezieht sich auf Verfahren, bei denen die Vollstreckung nach den Vorschriften der ZPO verläuft, sofern §§ 86–94 FamFG nichts Abweichendes regeln; dies betrifft insbesondere **Abstammungs-, Gewaltschutz-, Ehewohnungs- und Haushaltssachen.**

Hiervon zu unterscheiden ist die Möglichkeit des Gerichts, nach § 35 Abs. 1 FamFG Zwangsmittel festzusetzen. Diese Vorschrift bezieht sich (nur) auf Entscheidungen, die das Gericht während des laufenden Verfahrens trifft (zur Vollstreckung → Vorb. R.I Nr. 2).

b) Allgemeine Voraussetzungen

Im Einklang mit der ZPO bestimmen §§ 86 Abs. 1 und 3, 87 Abs. 2 FamFG, dass Vollstreckungstitel, Vollstreckungsklausel und Zustellung vorliegen müssen. Allerdings gibt es zahlreiche Ausnahmen (eingehend Dörndorfer FPR 2012, 478 (479)).

aa) Vollstreckungstitel

Entsprechend der abschließenden Aufzählung in § 86 Abs. 1 FamFG findet die Vollstreckung statt aus
- gerichtlichen Beschlüssen (Nr. 1, **nicht** dazu zählen: verfahrensleitende Anordnungen (§ 35 FamFG) und Entscheidungen über Ordnungsmittel),
- gerichtlich **gebilligten** Vergleichen nach § 156 Abs. 2 FamFG (Nr. 2) sowie
- Vollstreckungstiteln iSd § 794 ZPO, soweit die Beteiligten über den Gegenstand des Verfahrens bestimmen können (Nr. 3).

bb) Wirksamwerden des Titels

(1) **Beschluss.** Beschlüsse sind mit ihrer verfahrensrechtlichen Wirksamkeit vollstreckbar (§ 86 Abs. 2 FamFG). Allerdings knüpft das Gesetz insoweit an viele unterschiedliche und oft nah beieinander liegende **Zeitpunkte** an (ausführlich Cirullies FPR 2012, 473 (476)).

Die Wirksamkeit tritt ein:
- meist mit der **Bekanntgabe** (§ 40 Abs. 1 FamFG), dh durch Zustellung oder Verkündung (§ 41 Abs. 1 und 2 FamFG); dies gilt idR auch für einstweilige Anordnungen.

- mitunter erst mit **Rechtskraft** bei Ehewohnungs-, Haushalts- und Gewaltschutzsachen, jedoch bei Anordnung der **sofortigen Wirksamkeit** (vgl. §§ 209 Abs. 2, 216 Abs. 1 FamFG) mit Bekanntgabe,
- mit der **Übergabe an die Geschäftsstelle** des Gerichts bei Zulässigkeit der **Vollstreckung vor der Zustellung** in Ehewohnungs- und Gewaltschutzsachen (§§ 209 Abs. 3, 216 Abs. 2 FamFG) sowie bei einer **einstweiligen Anordnung** (§§ 53 Abs. 2, 38 Abs. 3 S. 3 FamFG).

(2) **Gerichtlich gebilligter Vergleich. Besondere Voraussetzungen** müssen für die Vollstreckbarkeit eines gerichtlich gebilligten Vergleichs nach § 156 Abs. 2 FamFG erfüllt sein. Der Abschluss eines solchen Vergleichs erfordert, dass alle formell am Verfahren Beteiligten Einvernehmen über den Umgang oder die Herausgabe des Kindes erzielen und das Gericht dieser Regelung nach Kindeswohlprüfung zustimmt. Die bloße Protokollierung des Vergleichs genügt insoweit nicht. Es bedarf eines gerichtlichen **Billigungsbeschlusses.** Erst hierdurch tritt die Erledigung des Verfahrensgegenstandes ein (OLG Brandenburg BeckRS 2020, 3336, dazu Prinz NZFam 2020, 301). Dieser Beschluss wirkt also nicht nur deklaratorisch, sondern konstitutiv und ist dementsprechend **anfechtbar** (BGH NZFam 2019, 818 mAnm Wache = FamRZ 2019, 1616 mAnm Zavier; eingehend Kischkel NZFam 2019, 907; Schlünder FamRZ 2020, 1150). Bei fehlender persönlicher Anhörung des Kindes ist die Billigung verfahrensfehlerhaft erfolgt und bereits deswegen mit der Beschwerde angreifbar. Beschwerdebefugt ist auch ein Elternteil, der der Umgangsregelung vorher zugestimmt hat (BGH NZFam 2019, 818). Allerdings machen **Verfahrensfehler** – wie etwa die unzureichende Protokollierung, das fehlende Einvernehmen der Beteiligten oder eine unterlassene Kindesanhörung – den gebilligten Vergleich lediglich anfechtbar, nicht jedoch unwirksam (OLG Karlsruhe FamRZ 2019, 1451 mAnm Hammer; eingehend Cirullies FamRB 2020, 241 (242)). Vor diesem Hintergrund kann sich zur Vermeidung von Unklarheiten ein **Rechtsmittelverzicht** im Anschluss an die Bekanntgabe des Billigungsbeschlusses empfehlen (dazu Götsche jurisPR-FamR 5/2020, Anm. 2; Heilmann/Cirullies FamFG § 86 Rn. 1). Ändern Eltern später einvernehmlich den Vergleich über eine Umgangsregelung ab, kommt eine Festsetzung von Ordnungsgeld durch das Gericht nicht mehr in Betracht (OLG Karlsruhe NJW-RR 2024, 424 = BeckRS 2024, 1230; OLG Hamm NZFam 2025, 718 mAnm Röder= BeckRS 2024, 42579).

Die **Vollstreckbarkeit** des gerichtlich gebilligten Vergleichs setzt somit grundsätzlich voraus:
- hinreichend bestimmte Regelung, also bei einer Umgangsregelung Art, Ort und Zeit des Umgangs (BGH FamRZ 2012, 533 (534)
- Zustimmung aller Beteiligten,
- formwirksame Genehmigung des Protokolls,
- Billigungsbeschluss nebst Folgenankündigung (§ 89 Abs. 2 FamFG),
- Zustellung des Protokolls und des Beschlusses von Amts wegen (vgl. dazu dd)).

cc) **Vollstreckungsklausel.** Sämtliche Vollstreckungstitel iSd § 86 Abs. 1 FamFG bedürfen nach Abs. 3 einer **Vollstreckungsklausel** nur dann, wenn die Vollstreckung – etwa nach einem Umzug des Kindes – nicht durch das Gericht erfolgt, das den Titel erlassen hat (OLG Brandenburg NZFam 2019, 694, bespr. v. Dürbeck). Benötigt wird sie ferner, wenn ein **anderes Vollstreckungsorgan** als das „Prozessgericht" (zB Gerichtsvollzieher) oder wenn ein **Beteiligter** vollstreckt (zu anderen Konstellationen vgl. OLG Zweibrücken NZFam 2020, 592, bespr. v. Cirullies).

Eine **einstweilige Anordnung** bedarf der Vollstreckungsklausel nur, wenn die Vollstreckung für oder gegen eine nicht im Beschluss genannte Person erfolgen soll (§ 53 Abs. 1 FamFG). § 53 FamFG verdrängt insoweit als Spezialvorschrift § 86 Abs. 3 FamFG (MüKoFamFG/Soyka § 53 Rn. 4a).

dd) Zustellung. Weitere Voraussetzung der Vollstreckung ist grundsätzlich die Zustellung des Titels (§ 87 Abs. 2 FamFG). Allerdings kann das Gericht in bestimmten

Fällen (§§ 53 Abs. 2, 209 Abs. 3, 216 Abs. 2 FamFG) anordnen, dass die Vollstreckung **vor Zustellung** zulässig ist.

Die Bekanntgabe eines Beschlusses hat in jedem Fall das Gericht zu veranlassen (§ 41 Abs. 1 FamFG). Im FamFG fehlt eine § 750 Abs. 1 S. 2 ZPO entsprechende Regelung, wonach auch eine Zustellung im Parteibetrieb ausreicht. Eine „Parteizustellung" heilt nicht die eigentlich gebotene Amtszustellung; die Zustellung bleibt unwirksam (BGH FamRZ 2010, 1328).

Auch ein **gebilligter Vergleich** muss zu Beginn der Zwangsvollstreckung **zugestellt** sein, obgleich § 87 Abs. 2 FamFG dem Wortlaut nach die Zustellung nur für die Vollstreckung aus „Beschlüssen" verlangt (OLG Hamburg NZFam 2019, 730 mit eingehender Begründung). Schon im Hinblick auf den gerichtlichen Billigungsbeschluss, der den Vergleich erst vollstreckbar macht, ist eine Zustellung von Amts wegen geboten (§ 41 FamFG; vgl. KG NZFam 2020, 265). Eine Zustellung lediglich im Beteiligtenbetrieb ist nicht ausreichend (OLG Oldenburg NJW-RR 2018, 1416 = FamRZ 2018, 1943). Die genaueren Modalitäten sind je nach Handhabung des Gerichts unterschiedlich: Vielfach nimmt der Billigungsbeschluss auf den Umgangsvergleich Bezug; dann müssen beide Titelbestandteile zugestellt werden. Bei einer Wiedergabe des vollständigen Vergleichsinhalts in dem Billigungsbeschluss bedarf es nur dessen Zustellung. Hat das Gericht den Billigungsbeschluss gleich im Anschluss an den Vergleichsabschluss zu Protokoll erklärt, genügt die Zustellung dieses mit einem vollständigen Rubrum zu versehenden Protokolls. Der Beschluss muss den Warnhinweis gem. § 89 Abs. 2 FamFG enthalten (MükoFamFG/Schumann § 156 Rn. 43). Ist das nicht der Fall, muss der Hinweis auf die Folgenankündigung gesondert zugestellt werden.

Die Zustellung kann zwar jederzeit in richtiger Art und Weise **nachgeholt** werden. Jedoch darf eine Festsetzung von Ordnungsmitteln lediglich zukünftige Verstöße gegen Verpflichtungen aus dem Umgangsvergleich ahnden, also nur diejenigen, die nach ordnungsgemäßer Bekanntgabe der Belehrung nach § 89 Abs. 2 FamFG (als Bestandteil des Titels) vorgenommen worden sind (OLG Oldenburg NJW-RR 2018, 1416 = FamRZ 2018, 1943; zur **Heilung** einer fehlerhaften Zustellung vgl. BGH NJW-RR 2020, 648).

c) Vollstreckung wegen Umgang und Kindesherausgabe

§§ 88–94 FamFG normieren speziell die Vollstreckung von **Umgangsregelungen** sowie von Entscheidungen über die **Herausgabe von Personen**. Sofern es um die Kindesherausgabe aufgrund **internationaler** Übereinkommen geht, beurteilt sich die Vollstreckung nach § 44 IntFamRVG.

Das Gericht kann gemäß § 89 Abs. 1 FamFG Ordnungsgeld, ersatzweise Ordnungshaft verhängen, um eine bereits erfolgte Zuwiderhandlung zu ahnden (→ Vorb. R.I Nr. 2), in Ausnahmefällen auch gegen den sich weigernden Umgangsberechtigten (OLG Oldenburg BeckRS 2016, 16531). Lediglich als letztes Mittel der Vollstreckung kommt die Anwendung unmittelbaren Zwangs in Betracht, allerdings nie gegenüber dem Kind zur Ausübung des Umgangsrechts (§ 90 FamFG).

Die Vollstreckung nimmt dasjenige Gericht vor, in dessen Bezirk das Kind zum Zeitpunkt der Einleitung der Vollstreckung seinen **gewöhnlichen Aufenthalt** hat (§ 88 Abs. 1 FamFG).

Wird das herauszugebende **Kind nicht vorgefunden**, kann das Familiengericht anordnen, dass der Verpflichtete eine eidesstattliche Versicherung über ihren Verbleib abzugeben hat (§ 94 FamFG).

d) Vollstreckung nach der ZPO (§§ 95 ff. FamFG)

§ 95 FamFG ordnet für die Vollstreckung bestimmter Verpflichtungen im Bereich der fG-Verfahren die entsprechende Anwendung der Vorschriften der ZPO an, soweit nicht die Spezialregelungen in §§ 88 ff. FamFG eingreifen. Dies gilt beispielsweise für die Vollstreckung von Titeln auf Herausgabe **beweglicher Sachen** (etwa Haushaltsgegenstände) oder von Unterlassungspflichten bei Schutzanordnungen in **Gewaltschutzsachen** nach § 890 ZPO (wegen der Vollstreckung → Vorb. R.I Nr. 2).

Sonderregelungen finden sich in **§ 96 FamFG** (Gewaltschutz- und Ehewohnungssachen, → Form. R.III.5 und → Form. R.III.6) sowie in **§ 96a FamFG** (Abstammungssachen, → Form. R.III.7).

2. Antrag auf Festsetzung von Ordnungsgeld Verstoß gegen Umgangsregelung

An das
Amtsgericht

– Familiengericht[1] –

. . . . .

Eilt sehr! Bitte sofort vorlegen!

Festsetzung von Ordnungsmitteln gemäß § 89 FamFG

In der Familiensache

der . . . . . **– Antragstellerin –**

Verfahrensbevollmächtigte: Rechtsanwälte . . . . .

gegen

den . . . . . **– Antragsgegner –**

Verfahrensbevollmächtigte: Rechtsanwälte[2] . . . . .

wird namens und in Vollmacht der Antragstellerin beantragt,[3]

1. **gegen den Antragsgegner wegen Verstoßes gegen die Anordnung des Amtsgerichts – Familiengerichts – . . . . ., Az.: . . . . . vom . . . . ./den gerichtlich gebilligten Vergleich vom . . . . ., wodurch der Umgang der Antragstellerin mit dem Kind . . . . ., geboren am . . . . ., bestimmt worden ist, ein angemessenes Ordnungsgeld, ersatzweise Ordnungshaft[4] festzusetzen;**
2. **dem Antragsgegner die Kosten des Verfahrens aufzuerlegen und anzuordnen, dass er die außergerichtlichen Kosten der Antragstellerin zu erstatten hat.**

Es wird weiterhin beantragt, der Antragstellerin Verfahrenskostenhilfe[5] unter meiner Beiordnung zu bewilligen.

Begründung:

Durch Beschluss des Amtsgerichts – Familiengerichts – . . . . ., vom . . . . . Az.: . . . . ./durch gerichtlich gebilligten Vergleich vom . . . . . Az.: . . . . . ist der Umgang der Antragstellerin mit dem gemeinsamen, bei dem Antragsgegner lebenden Kind . . . . . geregelt worden. Gleichzeitig wurden die Eltern gemäß § 89 Abs. 2 FamFG auf die Folgen einer Zuwiderhandlung hingewiesen.[6]

Beweis: beigefügter Beschluss/beigefügtes Protokoll[7] des Amtsgerichts . . . . . mit Billigungsbestätigung

Nach Nr.[8] . . . . . der Umgangsregelung ist die Antragstellerin berechtigt, das Kind in der 2. Hälfte der insgesamt sechs Wochen andauernden Schulsommerferien, und zwar in der Zeit vom . . . . . bis zum . . . . ., zu sich zu nehmen und mit dem Kind zu verreisen.[9] Im Vertrauen auf diese Regelung hat die Antragstellerin eine dreiwöchige Flugreise nach . . . . . gebucht. Erst wenige Tage vor dem Abflug teilte der Antragsgegner mit, dass er aus berufsbedingten Gründen selbst nur in der dritten und vierten Ferienwoche mit dem Kind verreisen könne und hierfür auch schon eine Reise fest gebucht habe. Trotz der Hinweise der Antragstellerin auf die gerichtlich festgelegte Besuchsregelung trat der Antragsgegner seine Reise an und gab das Kind nicht pünktlich heraus, so dass die Antragstellerin ihre eigene Reise mit dem Kind verkürzen und kostenträchtig umbuchen musste. Das von der Antragstellerin eingeschaltete Jugendamt[10] sah sich in der Kürze der Zeit zu einer Vermittlung nicht in der Lage.

Damit hat der Antragsgegner schuldhaft der titulierten Umgangsregelung zuwidergehandelt.[11] Gegen ihn ist gemäß § 89 FamFG ein Ordnungsgeld festzusetzen, dessen Höhe in das Ermessen des Gerichts gestellt wird.[12] Zur Ahndung der gravierenden Verletzung der Umgangsregelung durch den Antragsgegner sollte das Ordnungsgeld mindestens . . . . . betragen. Für den Fall, dass das Ordnungsgeld nicht beigetrieben werden kann, ist ersatzweise Ordnungshaft zu verhängen.[13]

Schon im Hinblick auf die bevorstehenden Herbstferien, in denen die Antragstellerin wiederum eine Reise unternehmen möchte, wird um eine beschleunigte Erledigung gebeten. Insoweit wird auf § 88 Abs. 3 FamFG verwiesen.[14]

Im Übrigen ist der Umgangstitel vollstreckbar iSd § 86 Abs. 2 FamFG, da er gemäß § 40 Abs. 1 FamFG mit der Bekanntgabe an den Antragsgegner wirksam geworden ist.[15] Einer Vollstreckungsklausel bedarf es nach § 86 Abs. 3 FamFG nicht.[16]

Die Antragstellerin ist nicht in der Lage, die Verfahrenskosten zu tragen. Insoweit wird auf die beigefügte[17] Erklärung über die persönlichen und wirtschaftlichen Verhältnisse nebst Belegen Bezug genommen.

Rechtsanwalt[18, 19]

Anmerkungen

1. Bei der Vollstreckung von Umgangstiteln ist zu beachten, dass entsprechende Anträge nicht das Hauptsacheverfahren fortsetzen, sondern **selbständige Verfahren** einleiten (BGH FamRZ 2011, 1729). Entsprechend ist auch die Zuständigkeit neu zu prüfen.

Die Vollstreckung nimmt dasjenige Gericht vor, in dessen Bezirk das Kind zum Zeitpunkt der Einleitung der Vollstreckung seinen gewöhnlichen Aufenthalt hat (§ 88 Abs. 1 FamFG). Im Falle eines **Umzugs** des Kindes ist der Antrag nach § 89 FamFG also bei dem neuen Wohnsitzgericht zu stellen. Sofern keine supranationalen Regelungen einschlägig sind (vgl. § 97 Abs. 1 FamFG), beurteilt sich die **internationale Zuständigkeit** auch für die Vollstreckung von Entscheidungen über das Umgangsrecht nach § 99 Abs. 1 FamFG (BGH NJW-RR 2020, 130 = FamRZ 2020, 272 mAnm Gomille).

2. In Verfahren der freiwilligen Gerichtsbarkeit ist das Rubrum grundsätzlich so zu gestalten, dass unter dem „Betreff" mit Angabe des Verfahrensgegenstandes die Beteiligten in nummerierter Folge aufgelistet werden. Dies ist gerade bei reinen Amtsverfahren (zB nach § 1666 BGB) geboten. In Verfahren jedoch, die nur oder auch auf Antrag eingeleitet werden (können), ist es auch üblich, das Rubrum wie in Streitsachen (Antragsteller und Antragsgegner) zu fassen.

3. Bei sog. doppeltypischen Verfahren (insbesondere Umgangssachen), die sowohl auf Antrag wie auch von Amts wegen eingeleitet werden können, muss das Gericht über einen Vollstreckungsantrag des Berechtigten entscheiden (§ 87 Abs. 1 S. 2 FamFG; zur Abgrenzung Amts-/Antragsverfahren im Einzelnen vgl. Heilmann/Cirullies FamFG §§ 23–25 Rn. 1 ff.). Die **Vollziehung** des nach § 89 FamFG festgesetzten Ordnungsmittels erfolgt – wie bei jedem Ordnungsmittel – von Amts wegen durch das Familiengericht.

4. Ordnungsmittel haben strafähnlichen Charakter und sind von den Zwangsmitteln zu unterscheiden (→ Vorb. R.I Nr. 2). Umgangstitel sind stets nach Maßgabe der §§ 86 ff. FamFG zu vollstrecken und nicht gemäß § 35 FamFG (OLG Jena BeckRS 2015, 13401). Die vorherige Durchführung eines Vermittlungsverfahrens nach § 165 FamFG (→ Form. R.III.8) ist nicht erforderlich (§ 92 Abs. 3 FamFG).

5. In den meisten Umgangs- und Sorgerechtsverfahren sind die Einkommensverhältnisse so, dass bei entsprechender Erfolgsaussicht Verfahrenskostenhilfe zumindest mit Ratenzahlung zu bewilligen ist. Ein Anwalt wird nur dann beigeordnet, wenn wegen der Schwierigkeit der Sach- und Rechtslage die Vertretung durch einen Rechtsanwalt erforderlich erscheint (§ 78 Abs. 2 FamFG). Eine entsprechende Begründung empfiehlt sich.

6. Ordnungsmittel nach § 89 FamFG können nur verhängt werden, wenn die Beteiligten nach Abs. 2 zuvor auf die Folgen einer Zuwiderhandlung hingewiesen wurden (ausführlich Keuter FamRZ 2016, 1732; Cirullies ZKJ 2016, 450). Diese Belehrung ist von Amts wegen zu erteilen. Das gilt auch für den gerichtlich gebilligten Vergleich nach § 156 Abs. 2 FamFG, der durch den Billigungsbeschluss letztendlich ein Beschluss ist (MüKoFamFG/Schumann § 156 Rn,38; BVerfG FamRZ 2011, 957; OLG Naumburg BeckRS 2014, 23398, dazu Cirullies NZFam 2015, 182) sowie für negative Umgangsregelungen wie einen Umgangsausschluss (OLG Saarbrücken NJW-RR 2019, 327 dazu Riegner NZFam 2019, 84). Ohne ein konkretes Verbot im Titel, sind zusätzliche Kontakte zwischen dem umgangsberechtigten Elternteil und dem Kind möglich. Ordnungsmittel lösen diese nicht aus (OLG Frankfurt a.M. NZFam 2023, 791 mAnm. Cirullies; KG NZFam2024, 29 (zu Telefonkontakten) mAnm Rake NZFam).

Der Hinweis auf die Ordnungsmittel muss **hinreichend bestimmt** sein. In der obergerichtlichen Praxis wird häufig auf folgenden **„Musterhinweis" des BGH** (FamRZ 2011, 1729) verwiesen:

Bei schuldhafter Zuwiderhandlung gegen die sich aus dem Beschluss des . . . . . vom . . . . . ergebenden Verpflichtungen kann das Gericht gegenüber dem Verpflichteten Ordnungsgeld bis zur Höhe von 25.000 EUR und für den Fall, dass dieses nicht beigetrieben werden kann, Ordnungshaft bis zu sechs Monaten anordnen. Verspricht die Anordnung eines Ordnungsgeldes keinen Erfolg, kann das Gericht Ordnungshaft bis zu sechs Monaten anordnen. Die Festsetzung eines Ordnungsmittels unterbleibt, wenn der Verpflichtete Gründe vorträgt, aus denen sich ergibt, dass er die Zuwiderhandlung nicht zu vertreten hat.

Dieser Musterhinweis wird zwischenzeitlich differenziert betrachtet. Tatsächlich müssen bei Ordnungsmitteln weder die Höchstgrenzen für ein Ordnungsgeld noch die

Ordnungshaft zwingend genannt werden (Cirullies, NZFam 2023, 126 (127); aA OLG Naumburg 14.7.2022 – 9 WF 47/22 = NZFam 2023, 124). Problematisch erweist sich ein Hinweis auf die Exkulpationsmöglichkeit gem. § 89 Abs. 4 FamFG. Dieser verführt in der Praxis leicht zu Ausreden, gestützt auf das Kindeswohl. Ein solcher Hinweis ist nicht geboten. Wird er dennoch in die Anordnung aufgenommen, sollte etwa folgender Zusatz aufgenommen werden (Cirullies NZFam 2023, 126 (127)):

Wegen neu hinzutretender Umstände, die der Vollstreckung ausnahmsweise zur Wahrung des Kindeswohls entgegenstehen, darf der Umgang (die Kindesherausgabe) nicht eigenmächtig, sondern grundsätzlich erst aufgrund einer entsprechenden Entscheidung des Gerichts ausgesetzt oder abgeändert werden (Vorschlag Prütting/Helms/Hammer § 89 FamFG Rn. 30 sowie Cirullies NZFam 2023, 126 (127))

Eine zunächst vergessene Folgenankündigung von Ordnungsmitteln kann später **nachgeholt** werden, jedoch lediglich mit Wirkung für die Zukunft (OLG Celle FamRZ 2024, 476). Wird die bestehende Umgangsregelung irgendwann **modifiziert**, muss der Warnhinweis **erneuert** werden (BGH NJW-RR 2016, 1153, dazu Keuter FamRZ 2016, 1732; Grün NZFam 2016, 1000). **Achtung:** Die Vollstreckbarkeit des ursprünglichen gerichtlich gebilligten Vergleichs entfällt, wenn die Verfahrensbeteiligten diesen einvernehmlich ändern (OLG Karlsruhe NJW-RR 2024, 424 = BeckRS 2024, 1230; OLG Hamm NZFam 2025, 718 mAnm Röder = BeckRS 2024, 42579).

Auf diese Formalitäten ist unbedingt zu achten. Denn im Falle eines absehbar erfolglosen, aber gleichwohl gestellten Ordnungsmittelantrags trägt der Berechtigte die gesamten Kosten des Verfahrens (OLG Köln FamRZ 2015, 163).

7. Vollstreckungsgrundlage einer Umgangsvereinbarung ist nicht die Vereinbarung, sondern der gerichtliche Billigungsbeschluss (OLG Brandenburg BeckRS 2022, 17352). Er kann, muss aber nicht im Terminsprotokoll enthalten sein und ist mit dem Vollstreckungsantrag vorzulegen, ebenso die **Folgenankündigung** nach § 89 Abs. 2 FamFG. Der **Titel nebst Klausel** ist nur einzureichen, wenn nunmehr ein anderes Gericht zuständig ist (→ Vorb. R.III.1).

8. Auch wenn die Gliederungspunkte in Beschlüssen und Vergleichen regelmäßig **„Ziffern"** genannt werden, handelt sich in Wahrheit um **„Nummern"** – wie sie auch der Gesetzgeber (zB § 93 Abs. 2 FamFG) richtig bezeichnet.

9. Die Durchsetzung eines Vollstreckungstitels nach § 86 FamFG erfordert, dass dieser aus sich heraus für eine Auslegung hinreichend bestimmt ist (KG FamRZ 2011, 588). An diesem Erfordernis scheitert die Vollstreckung häufig. Bei Umgangstiteln ist eine genaue und erschöpfende Bestimmung über **Art, Ort und Zeit** des Umgangs geboten. Nicht erforderlich sind hingegen detailliert bezeichnete Verpflichtungen des betreuenden Elternteils, etwa zum Bereithalten und Abholen des Kindes (BGH NJW-RR 2012, 324; Prütting/Helms/Hammer FamFG § 89 Rn. 7). Dies gilt auch für Ferienregelungen. Insoweit soll sogar die jeweilige Uhrzeit für das Abholen und Zurückbringen des Kindes festzulegen sein (OLG Bamberg FamRZ 2013, 1759, kritisch dazu Cirullies FamFR 2013, 286).

Ebenso darf das Gericht die Entscheidung über die Frage zu der Häufigkeit, der Art und der Zeit des Umgangs eines Elternteils mit dem gemeinsamen Kind nicht einem Umgangspfleger überlassen; vielmehr hat es hierüber selbst eine Entscheidung zu treffen (OLG Hamm FamRZ 2014, 1792). Lediglich hinsichtlich untergeordneter Aspekte des Umgangs soll sich das Familiengericht auf die Vorgabe von Höchstgrenzen bzw. eines ausfüllungsfähigen Rahmens beschränken und die „Feinabstimmung" dem Umgangspfleger nach Maßgabe der Verhältnisse vor Ort überlassen können (KG NJOZ 2017, 43 = FamRZ 2016, 1780 mAnm Dürbeck). Gleiches gilt für die gerichtliche Anordnung von begleiteten Umgangskontakten nach § 1684 Abs. 4 S. 3 BGB (KG NJOZ 2017, 43, dazu Kemper NZFam 2016, 957).

10. Das Jugendamt hat gemäß § 88 Abs. 2 FamFG die Pflicht, das Gericht in geeigneten Fällen zu unterstützen. Doch auch die Eltern können und sollten sich vor der Anrufung des Gerichts zunächst an das Jugendamt zwecks Beratung und Unterstützung wenden. Hierauf haben sie einen Anspruch (§ 18 Abs. 3 S. 3 SGB VIII).

11. Die Anordnung von Ordnungsmitteln setzt die gerichtliche Feststellung voraus, dass der Verpflichtete dem Titel schuldhaft zuwidergehandelt hat. In der Praxis erweist sich die Feststellung des Verschuldens oft als hohe Hürde. Daher wird nunmehr ein solches Verschulden vermutet. Nur wenn der Verpflichtete hinreichende Gründe zu seiner Entlastung vorbringt (und im Falle des Bestreitens nachweist), kann die Festsetzung eines Ordnungsmittels unterbleiben oder wieder rückgängig gemacht werden (BGH NJW-RR 2014, 513).

Insoweit sind auch im Rahmen des Ordnungsmittelverfahrens grundsätzlich Beweiserhebungen zulässig und im Einzelfall nach den Grundsätzen des Strengbeweises (§ 30 Abs. 3 FamFG) geboten. Hat etwa der Verpflichtete konkrete Anhaltspunkte für Gewaltanwendungen oder sexuellen Missbrauch durch den Umgangsberechtigten dargelegt, muss das Familiengericht von sich aus diesen Vorwürfen nachgehen (OLG Karlsruhe NZFam 2014, 793 mAnm Cirullies; ferner OLG Braunschweig NZFam 2018, 931; Dürbeck ZKJ 2018, 317 (319)). **Neue Umstände** können jedoch grundsätzlich der Vollstreckung nur entgegenstehen, wenn sie mit einem zulässigen Antrag auf **Abänderung** des Titels und auf Einstellung der Zwangsvollstreckung geltend gemacht werden (OLG Brandenburg FamRZ 2020, 44).

Beruft sich der Verpflichtete im Umgangsverfahren auf einen entgegenstehenden Willen des Kindes (dazu Schäder FamRZ 2019, 1120), dann obliegt es ihm, gehaltvoll darzulegen, auf welche Weise er auf das Kind erzieherisch eingewirkt hat, um es zum Umgang zu bewegen (BGH NJW-RR 2012, 324; OLG Köln FamRZ 2015, 1734). An den Vortrag, der Wohlverhaltenspflicht nach § 1684 Abs. 2 BGB nachgekommen zu sein, sind hohe Anforderungen zu stellen (OLG Frankfurt a.M. FamRZ 2013, 812). Der Verpflichtete muss detailliert erläutern, warum er an der Befolgung der gerichtlichen Anordnung gehindert war (BGH NZFam 2014, 358 mAnm Heiß; OLG Brandenburg BeckRS 2018, 33638, dazu Opitz NZFam 2019, 132). Es genügt nicht, dem Kind im Ergebnis freizustellen, ob es den Umgang mit dem anderen Elternteil wahrnimmt oder nicht (OLG Saarbrücken FamRZ 2015, 863). Bei beharrlicher Verweigerungshaltung des Kindes sollten die gleichwohl durchgeführten Bemühungen in geeigneter Weise dokumentiert werden.

Vielfach scheitert die Durchführung einer Umgangsregelung an einer angeblichen oder tatsächlichen Erkrankung des Kindes. Insoweit sollte bereits der Umgangstitel Regelungen hinsichtlich des Krankheitsnachweises und eines Nachholtermins enthalten.

12. Das Gericht kann nach § 89 Abs. 1 FamFG bei Zuwiderhandlung gegen einen Umgangstitel Ordnungsmittel anordnen. Bei der Ausübung dieses Entschließungsermessens soll es sich in erster Linie davon leiten lassen, dass das Vollstreckungsverfahren der effektiven Durchsetzung einer gerichtlichen Entscheidung dient, die im Erkenntnisverfahren unter umfassender Beachtung auch des Kindeswohls getroffen wurde. In den meisten Fällen wird sich das Ermessen daher verdichten, etwa wenn der Umgang von dem betreuenden Elternteil grundlos verweigert wird (BT-Drs. 16/9733, 292; Krekeler FuR 2017, 240 (243)). Bei der Bestimmung des Ordnungsmittels hat das Gericht grundsätzlich ein breites Auswahlermessen. In der Regel ist zunächst ein Ordnungsgeld festzusetzen. Das gilt auch bei weitgehender Mittellosigkeit des Verpflichteten (OLG Koblenz FamRZ 2016, 1104). Die Höhe bewegt sich zwischen 5 EUR (Art. 6 Abs. 1 EGStGB) und

25.000 EUR (§ 89 Abs. 3 S. 1 FamFG) und orientiert sich in erster Linie am Einkommen des Verpflichteten (OLG Saarbrücken FamRZ 2013, 48 (Ls.), dazu Schmid FamFR 2012, 358). Maßgeblich sind zudem Art und Intensität des Verstoßes sowie dessen Auswirkungen, ferner der Verschuldensgrad und die individuelle Ordnungsmittelempfindlichkeit des Verpflichteten (OLG Brandenburg NJW-RR 2020, 887; OLG Köln FamRZ 2015, 163). Üblich sind Beträge zwischen 300 und 5.000 EUR (Keidel/Giers FamFG § 89 Rn. 14a mwN; vgl. auch OLG Brandenburg BeckRS 2019, 19624: 500 EUR bei beharrlichem Umgangsboykott).

Ordnungsgeld wird stets von Amts wegen durch das Gericht beigetrieben. Die Vollstreckung erfolgt also nicht durch den Berechtigten, sondern auf Veranlassung des Familiengerichts durch den Rechtspfleger nach den Vorschriften des Justizbeitreibungsgesetzes. Das beigetriebene Ordnungsgeld ist in jedem Fall an die Landeskasse (Gerichtskasse) abzuführen und steht nicht dem Berechtigten zu (BGH FamRZ 1983, 578).

13. Das Gericht kann aber (auch) Ordnungshaft anordnen, und zwar bei Nichtbeitreibbarkeit des Ordnungsgeldes (Ersatzordnungshaft) oder sofort im Fall der bereits feststehenden oder absehbaren Erfolglosigkeit einer Ordnungsgeldfestsetzung. (→ Form. R.III.3 Anm. 4).

Die Ordnungshaft dauert entsprechend Art. 6 Abs. 2 EGStGB mindestens einen Tag und darf sechs Monate nicht übersteigen (§ 89 Abs. 3 S. 2 FamFG iVm § 802j Abs. 1 ZPO). Bei **wiederholten** Verstößen ist nicht das Vielfache der für eine einzelne Zuwiderhandlung als angemessen erachteten Sanktion zu verhängen. Insoweit können die zu § 890 ZPO entwickelten Grundsätze angewandt werden (eingehend Cirullies FamRB 2020, 241). In Fällen hartnäckigen Umgangsboykotts wird von den Obergerichten meist eine „Gesamtordnungshaft" von 5 oder 6 Tagen verhängt (OLG Saarbrücken NZFam 2020, 175 mAnm Leipold).

14. Ein nach § 86 Abs. 2 FamFG mit seiner Wirksamkeit vollstreckbarer Umgangstitel bedarf einer effektiven Durchsetzungsmöglichkeit (BGH NJW-RR 2014, 513). Deshalb ist in § 88 Abs. 3 FamFG ausdrücklich bestimmt, dass die Vollstreckung in Umgangs- und Kindesherausgabeverfahren vorrangig und beschleunigt durchzuführen ist. Die Rechtsbehelfe nach §§ 155b und 155c FamFG (Beschleunigungsrüge und Beschleunigungsbeschwerde) gelten hier entsprechend (dazu Keuter FamRZ 2016, 1817 (1819); Heilmann/Salgo FamRZ 2016, 432).

15. Beschlüsse sind mit ihrer verfahrensrechtlichen Wirksamkeit vollstreckbar (§ 86 Abs. 2 FamFG). Dieses Wirksamwerden entspricht der Vollstreckbarerklärung nach der ZPO.

16. Bei Vollstreckungstiteln iSd § 86 Abs. 1 FamFG ist nach Abs. 3 eine Vollstreckungsklausel nur erforderlich, wenn die Vollstreckung nicht durch das Gericht erfolgt, das den Titel erlassen hat (→ Vorb. R.III.1 b) cc)). Benötigt wird die Klausel also insbesondere, wenn ein anderes Gericht vollstreckt, zB bei der Ordnungsmittelfestsetzung oder der Kindesherausgabevollstreckung nach einem Umzug des Kindes.

Eine stärkere Einschränkung besteht bei der **einstweiligen Anordnung**: Sie bedarf der Vollstreckungsklausel nur, wenn die Vollstreckung für oder gegen eine nicht im Beschluss genannte Person erfolgen soll (§ 53 Abs. 1 FamFG).

Im Übrigen ist umstritten, ob § 86 FamFG überhaupt Beschlüsse betrifft, die im Rahmen der Zwangsvollstreckung eines Titels erlassen werden. Jedenfalls für **Ordnungsmittel** ist dies zu verneinen, weil sich deren Vollziehung nach dem Justizbeitreibungsgesetz richtet (Keidel/Giers FamFG § 86 Rn. 9; Cirullies FPR 2012, 473).

17. Die Erklärung über die persönlichen und wirtschaftlichen Verhältnisses nebst den erforderlichen Belegen sollte auch zur eigenen Arbeitserleichterung bereits mit diesem Antrag und nicht erst mit einem späteren Schriftsatz vorgelegt werden.

Kosten und Gebühren

18. Bei der Festsetzung von Ordnungsmitteln sind die **Verfahrenskosten** gemäß § 92 Abs. 2 FamFG stets dem **Verpflichteten** aufzuerlegen.

In Ordnungs- und Zwangsmittelverfahren werden **Gerichtsgebühren** nach KV 1602 FamGKG in Höhe einer **Festgebühr** erhoben (nicht jedoch für die Anordnung unmittelbaren Zwangs nach § 90 FamFG). Das Gericht setzt also keinen Verfahrenswert fest. Hat das Familiengericht gleichwohl einen Verfahrenswert festgesetzt, ist diese Entscheidung im Beschwerdeverfahren aufzuheben, um den Rechtsschein einer auch für die Rechtsanwaltsgebühren maßgeblichen Wertfestsetzung zu vermeiden (OLG Brandenburg BeckRS 2019, 6495, dazu Schneider NZFam 2019, 455).

Bezüglich der Rechtsanwaltsgebühren gilt § 33 Abs. 1 RVG. Da es an einer speziellen Vorschrift bezüglich der Festsetzung des Verfahrenswertes fehlt, setzt das Gericht des Rechtszugs den Wert des Gegenstands der anwaltlichen Tätigkeit **auf Antrag** durch Beschluss selbstständig fest. Bei der **Schätzung** des Wertes der durch das Ordnungsmittel zu erzwingenden Schuldnerhandlung kommt es nach § 25 Abs. 1 Nr. 3 RVG auf die Gläubigersicht an, wofür ein Bruchteil des Wertes der Hauptsache herangezogen werden kann. **Nicht** maßgebend ist die Höhe des in Frage stehenden Ordnungsgeldes (OLG Celle NJOZ 2010, 9; OLG München FamRZ 2011, 1686, dazu Schneider FamFR 2011, 182).

Fristen und Rechtsmittel/Vollstreckungsschutz

19. Ein Beschluss, der im Vollstreckungsverfahren ergeht, ist mit der sofortigen Beschwerde anfechtbar (§ 87 Abs. 4 FamFG iVm §§ 567 ff. ZPO). Die Frist hierfür beträgt lediglich **zwei Wochen**. Das Rechtsmittel hat aufschiebende Wirkung, § 570 ZPO. Für die Gewährung von Vollstreckungsschutz nach § 765a ZPO gegen die Beitreibung des Ordnungsgeldes ist das Amtsgericht als Vollstreckungsgericht, und nicht das Familiengericht zuständig (OLG Frankfurt a. M. NZFam 2022, 428).

3. Antrag auf Anordnung von Ordnungshaft zur Kindesherausgabe (§ 89 FamFG)

An das
Amtsgericht
– Familiengericht[1] –
. . . . .

Eilt sehr! Bitte sofort vorlegen!

Anordnung von Ordnungshaft gemäß § 89 FamFG

In der Familiensache

der . . . . . – Antragstellerin –

Verfahrensbevollmächtigte: Rechtsanwälte . . . . .

gegen

den . . . . . – Antragsgegner –[2]

wird namens und in Vollmacht der Antragstellerin beantragt,[3]

1. gegen den Antragsgegner zur Durchsetzung der Anordnung des Amtsgerichts – Familiengerichts – . . . . . vom . . . . ., Az. . . . . ., nach der der Antragsgegner verpflichtet ist, das Kind . . . . ., geboren am . . . . ., an die Antragstellerin herauszugeben, Ordnungshaft[4] anzuordnen;
2. dem Antragsgegner die Kosten des Verfahrens aufzuerlegen und anzuordnen, dass er die außergerichtlichen Kosten der Antragstellerin zu erstatten hat.

Es wird weiterhin beantragt, der Antragstellerin Verfahrenskostenhilfe[5] unter meiner Beiordnung zu bewilligen.

Begründung:

Die Beteiligten sind getrennt lebende Eltern des Kindes . . . . . und üben das Sorgerecht gemeinsam aus. Das Kind lebt seit der Trennung bei dem Antragsgegner.

Durch den im Antrag bezeichneten Beschluss ist das Aufenthaltsbestimmungsrecht für das Kind aus Gründen des Kindeswohls auf die Antragstellerin übertragen worden. Gleichzeitig wurde der Antragsgegner verpflichtet, das Kind umgehend an die Antragstellerin herauszugeben.[6] Ferner wurde der Antragsgegner gemäß § 89 Abs. 2 FamFG darauf hingewiesen, dass gegen ihn im Falle einer Zuwiderhandlung Ordnungsgeld, ersatzweise Ordnungshaft oder unmittelbar Ordnungshaft festgesetzt werden kann.[7]

Beweis: beigefügter Beschluss des Amtsgerichts . . . . . und Beiziehung der Akten[8]

Trotz Einschaltung des Jugendamtes[9] konnte der Antragsgegner bislang nicht dazu bewegt werden, das Kind freiwillig herauszugeben. Dieses wird also nach wie vor der Antragstellerin widerrechtlich iSd § 1632 Abs. 1 BGB vorenthalten.

Zur Schonung des Kindes soll vor der Anwendung unmittelbaren Zwanges[10] versucht werden, durch die Verhängung von Ordnungsmitteln auf den Antragsgegner einzuwirken. Hierfür erscheint die sofortige Festsetzung von Ordnungshaft unerlässlich, da der Antragsgegner in hohem Maße uneinsichtig ist und allenfalls durch Haft zu beeindrucken ist. Im Übrigen verfügt er nur über ein geringes Einkommen, so dass die Beitreibung von Ordnungsgeld ins Leere ginge.

Gemäß § 89 Abs. 1 S. 2 FamFG ist daher gegen den Antragsgegner zur Befolgung der Herausgabeanordnung des Familiengerichts nunmehr Ordnungshaft anzuordnen, deren Dauer in das Ermessen des Gerichts gestellt wird.[11]

Es wird um Bestimmung einer nur sehr kurzen Anhörungsfrist im schriftlichen Verfahren[12] und um rasche Entscheidung[13] gebeten, weil der weitere Verbleib des Kindes im Haushalt des Antragsgegners dem Kindeswohl zuwiderläuft.[14]

Die Ausfertigung des Haftanordnungsbeschlusses stellt den gemäß § 89 Abs. 3 FamFG iVm § 802g ZPO erforderlichen Haftbefehl[15] dar, der dem Gerichtsvollzieher umgehend mit dem Verhaftungsauftrag zu übersenden ist.[16]

Die Antragstellerin ist nicht in der Lage, die Verfahrenskosten zu tragen. Zu den persönlichen und wirtschaftlichen Verhältnissen wird auf die beigefügte[17] Erklärung nebst Belegen Bezug genommen.

Rechtsanwalt[18, 19]

Anmerkungen

1. → Form. R.III.2 Anm. 1.

2. → Form. R.III.2 Anm. 2.

3. → Form. R.III.2 Anm. 3.

4. Das Gericht kann **Ordnungshaft** anordnen, und zwar bei Nichtbeitreibbarkeit des Ordnungsgeldes (Ersatzordnungshaft) oder sofort im Fall der bereits feststehenden oder absehbaren Erfolglosigkeit der Ordnungsgeldfestsetzung. Letzteres ist zB anzunehmen, wenn bereits früher ein Ordnungsgeld erfolglos festgesetzt wurde oder die Vermögenslosigkeit offenkundig ist oder ein Ordnungsgeld den Verpflichteten erkennbar nicht beeindrucken würde. Gleiches gilt, wenn der Herausgabeverpflichtete das Kind bei Dritten (meist Verwandten) versteckt hält (EGMR FamRZ 2008, 1317). Auch bei hartnäckigem **Umgangsboykott** kann die Verhängung von Ordnungshaft durchaus angezeigt sein (OLG Saarbrücken NJW-RR 2020, 195, dazu Cirullies FamRB 2020, 241 mwN). Allerdings muss für den Fall der Inhaftierung der Betreuungsperson des Kindes dessen Schicksal und eine geeignete Unterbringungsmöglichkeit selbstverständlich in den Blick genommen werden. Ansprechpartner ist hierfür vornehmlich das Jugendamt, das nach § 88 Abs. 2 FamFG zur Unterstützung des Gerichts verpflichtet ist.

5. → Form. R.III.2 Anm. 5.

6. Die bloße gerichtliche Regelung der elterlichen Sorge oder des Umgangsrechts zum Nachteil der Eltern rechtfertigt allein noch keine Vollstreckung der Kindesherausgabe. Erforderlich ist stets zusätzlich eine gerichtliche Herausgabeanordnung.

Der Herausgabeanspruch kann alternativ auch durch einen gerichtlich gebilligten Vergleich (§§ 86 Abs. 1 Nr. 2, 156 Abs. 2 FamFG) wirksam tituliert werden.

7. → Form. R.III.2 Anm. 6.

8. Der Titel nebst Klausel ist nur einzureichen, wenn nunmehr ein anderes Gericht zuständig ist (→ Vorb. R.III.1).

9. → Form. R.III.2 Anm. 10.

10. Neben der Verhängung von Ordnungsmitteln kommt als letztes Mittel zur Durchsetzung einer Umgangsregelung oder der Kindesherausgabe die Anwendung **unmittelbaren Zwangs** nach § 90 FamFG in Betracht (→ Form. R.III.4).

11. Die Haftdauer beträgt zwischen einem Tag und sechs Monaten (→ Form. R.III.2 Anm. 13).

Bei der Zumessung der Höhe eines Ordnungsmittels sind insbesondere Art, Umfang und Dauer des Verstoßes, der Verschuldensgrad und die Gefährlichkeit der begangenen und möglichen künftigen Verletzungshandlungen für den Verletzten zu berücksichtigen (BGH NJW 2004, 506 (510)). Maßgeblich sind aber auch spezialpräventive Aspekte (OLG Köln FamRZ 2015, 163), ferner die Haftempfindlichkeit des Adressaten (Alter, Gesundheitszustand, familiäre, berufliche, soziale Bindungen, vgl. OLG Brandenburg NJW-RR 2020, 887).

Die Höhe des Ordnungsmittels wird üblicherweise in das Ermessen des Gerichts gestellt. Gleichwohl kann in diesen Verfahren risikolos ein bestimmter Betrag oder eine Mindesthaftdauer gefordert werden. Wegen der zwingenden Kostenregel in § 92 Abs. 2 FamFG läuft der Antragsteller nicht Gefahr der teilweisen Kostentragung, wie dies bei der Vollstreckung nach § 890 ZPO der Fall ist (dazu OLG Frankfurt a. M. WRP 2015, 1008).

12. Der Verpflichtete ist vor der Festsetzung von Ordnungsmitteln grundsätzlich anzuhören, vor der Anordnung **unmittelbaren Zwangs** nur, wenn hierdurch nicht die Vollstreckung vereitelt oder wesentlich erschwert wird (§ 92 Abs. 1 FamFG). Hierfür genügt nach hM eine schriftliche Anhörung, wofür bereits der Wortlaut spricht (OLG Karlsruhe FamRZ 2011, 1669; Zöller/Feskorn FamFG § 92 Rn. 2; aA MüKo FormFG/Zimmermann § 92 Rn. 2).

13. Nach § 88 Abs. 3 FamFG ist die Vollstreckung in Umgangs- und Kindesherausgabeverfahren vorrangig und beschleunigt durchzuführen (→ Form. R.III.2 Anm. 14).

14. Die Prüfung der Kindeswohldienlichkeit erfolgt im Erkenntnisverfahren. Die Vollstreckung nach §§ 86, 89 FamFG baut sodann auf dieser im Erkenntnisverfahren vorgenommenen Prüfung auf. Eine erneute Kontrolle der Rechtmäßigkeit der zu vollstreckenden Entscheidung findet grundsätzlich nicht statt, um eine effektive Durchsetzung zu ermöglichen (BGH NJW-RR 2016, 69).

15. Für die Vollstreckung der Ordnungshaft verweist § 89 Abs. 3 S. 2 FamFG auf § 802g Abs. 1 ZPO, wonach der Erlass eines Haftbefehls geboten ist. Dieser „Haftbefehl" ist identisch mit der richterlichen Haftanordnung (eingehend Cirullies NJW 2013, 203 (205)). Es bedarf folglich keines darüber hinaus gehenden zusätzlichen „Haftbefehls", wie gelegentlich gefordert.

16. Die Haftvollstreckung liegt in der Hand des Familiengerichts, nicht des berechtigten Elternteils (vgl. auch § 156 GVGA zur Vollstreckung der Kindesherausgabe). Die Vollstreckung des richterlichen Ordnungshaftbefehls ist grundsätzlich dem Rechtspfleger übertragen (§ 31 Abs. 3 RPflG). Dieser beauftragt dann entsprechend § 802g Abs. 2 ZPO mit der Verhaftung den Gerichtsvollzieher, der bei der Verhaftung dem Verpflichteten den Ordnungshaftbefehl in beglaubigter Form aushändigt (§ 802g Abs. 2 S. 2 ZPO) und notfalls polizeiliche Unterstützung in Anspruch nehmen kann (§ 87 Abs. 3 S. 1 FamFG). Der Ablauf des Verhaftungsverfahrens im Einzelnen ergibt sich aus § 145 GVGA. Dort ist allerdings nicht geregelt, wie sich der Gerichtsvollzieher bei der Inhaftierung eines Schuldners verhält, der Kinder in seiner Obhut hat. Im Zweifelsfall wird auch er das Jugendamt um Unterstützung bitten.

17. Die Erklärung über die persönlichen und wirtschaftlichen Verhältnisse nebst den erforderlichen Belegen sollte auch zur eigenen Arbeitserleichterung bereits mit diesem Antrag und nicht erst mit einem späteren Schriftsatz vorgelegt werden.

Kosten und Gebühren

18. → Form. R.III.2 Anm. 18.

Fristen und Rechtsmittel

19. → Form. R.III.2 Anm. 19.

4. Antrag auf Anordnung unmittelbaren Zwangs Kindesherausgabe (§ 90 FamFG)

An das

Amtsgericht

– Familiengericht –[1]

Eilt sehr! Bitte sofort vorlegen!

Antrag auf Anordnung unmittelbaren Zwangs gemäß § 90 FamFG

In der Familiensache

betreffend die Vollstreckung einer Anordnung über die Herausgabe des Kindes . . . . ., geb. am . . . . .,

an der beteiligt sind:[2]

1. der Vater, ...

– Antragsteller –

Verfahrensbevollmächtigte: Rechtsanwälte . . . . .

2. die Mutter, ...

– Antragsgegnerin –

3. Jugendamt der Stadt . . . . .

wird namens und in Vollmacht des Antragstellers beantragt,[3]

1. **dem zuständigen Gerichtsvollzieher zu gestatten, zur Durchsetzung der Herausgabeanordnung[4] des Familiengerichts . . . . . vom . . . . ., Az. . . . . . unmittelbaren Zwang[5] anzuwenden,**
2. **den Gerichtsvollzieher zu ermächtigen, die Wohnung der Antragsgegnerin nach dem Kind zu durchsuchen,[6]**

3. den Gerichtsvollzieher ferner zu ermächtigen, die Vollstreckung der Herausgabeanordnung auch zur Nachtzeit sowie an Sonn- und Feiertagen durchzuführen,[7]
4. der Antragsgegnerin die Kosten des Verfahrens aufzuerlegen.

Es wird weiterhin beantragt, dem Antragsteller für dieses Verfahren Verfahrenskostenhilfe unter meiner Beiordnung zu bewilligen.

Ferner sollte die Antragsgegnerin darauf hingewiesen werden, dass sie bei Nichtauffinden des Kindes vom zuständigen Amtsgericht zur Abgabe der eidesstattlichen Versicherung über den Verbleib des Kindes geladen oder vorgeführt werden kann.[8]

Begründung:

Durch Beschluss des Amtsgerichts – Familiengerichts – . . . . . vom . . . . ., Az. . . . ., ist die Antragsgegnerin verpflichtet, das Kind . . . . ., geboren . . . . ., an den Antragsteller herauszugeben.

Beweis: beigefügter Beschluss des Amtsgerichts . . . . . und Beiziehung der Akten

Bislang hat die Antragsgegnerin, die auch nach Einschätzung der Mitarbeiter des Jugendamtes[9] psychisch hochgradig belastet wirkt, das Kind nicht an den Antragsteller übergeben. Sie hat lediglich erklärt, eher werde sie sich etwas antun, als ihm das Kind zu überlassen. Es ist dringend zu befürchten, dass sie sich oder dem Kind Schaden zufügt oder aber das Kind bei Verwandten versteckt.

Vor diesem Hintergrund wird um sofortige Entscheidung[10] über die gestellten Anträge ohne vorherige Anhörung[11] der Antragsgegnerin gebeten. Eine Verhängung von Ordnungsmitteln als weniger einschneidende Maßnahme verbietet sich in einem solchen Eilfall.[12]

Ein eventueller der Herausgabe entgegenstehender Wille des Kindes ist unbeachtlich, da er bereits in dem zugrundeliegenden Herausgabestreit der Beteiligten eingehend geprüft und bereits dort bei der Prüfung des Kindeswohls berücksichtigt wurde.[13] Im Übrigen besteht Gefahr für Leib und Leben des Kindes.

Gemäß § 90 Abs. 1 FamFG ist daher unmittelbarer Zwang gegen die Antragsgegnerin anzuordnen, um sie zur Befolgung der Herausgabeanordnung des Familiengerichts zu zwingen.

Für den Fall, dass die Antragsgegnerin das Kind versteckt hält, muss die Durchsuchung ihrer Wohnung zwecks Herausnahme des Kindes gemäß § 91 FamFG gestattet werden, und zwar auch außerhalb der üblichen Vollstreckungszeiten.

Aus den genannten Gründen soll auch von der vorherigen Bekanntmachung der Anordnungen an die Antragsgegnerin abgesehen werden.[14]

Es wird alsdann um unverzügliche Beauftragung des zuständigen Gerichtsvollziehers[15] zur Durchsetzung der Herausgabeanordnung des Familiengerichts gebeten. Das Kind ist der Antragsgegnerin oder einer dritten Person, die das Kind vorenthält, unter Hinzuziehung des Jugendamtes wegzunehmen und dem Antragsteller an Ort und Stelle zu übergeben.[16] Der Antragsteller ist nicht in der Lage, die Verfahrenskosten zu tragen und der Antrag ist nicht mutwillig. Zu den persönlichen und wirtschaftlichen Verhältnissen wird auf die beigefügte Erklärung über die persönlichen und wirtschaftlichen Verhältnisse nebst Belegen Bezug genommen.

Rechtsanwalt[17, 18]

Anmerkungen

1. → Form. R.III.2 Anm. 1.

2. → Form. R.III.2 Anm. 2.

3. Da es sich bei dem Kindesherausgabeverfahren nach § 1632 Abs. 1 BGB um ein reines **Antragsverfahren** handelt, kann die Vollstreckung nur auf entsprechenden Antrag eingeleitet werden (§ 87 Abs. 1 FamFG; → Form. R.III.2 Anm. 3). Alle diese Verfahren sind selbstständige Verfahren. Sie können einzeln durchgeführt, aber auch wie hier verbunden werden (MüKoFamFG/Zimmermann § 90 Rn. 4), um den Vorgang zu beschleunigen. Liegt die Vermutung nahe, dass das Kind nicht aufgefunden wird, kann als weiterer zusätzlicher Antrag auch der auf Abgabe der eidesstattlichen Versicherung angefügt werden, beschränkt auf den Fall, dass das Kind nicht aufgefunden wird (MüKoFamFG/Zimmermann § 94 Rn. 5).

4. Der Herausgabeanspruch kann durch einen gerichtlichen Beschluss, aber auch durch einen gerichtlich gebilligten Vergleich (§§ 86 Abs. 1 Nr. 2, 156 Abs. 2 FamFG, → Vorb. R.III.1) wirksam tituliert werden.

Das Gericht kann die Gewaltanwendung in Fällen absehbarer Dringlichkeit bereits in der **Hauptsacheentscheidung** (zB Herausgabeanordnung nach § 1632 BGB oder § 1684 Abs. 3 BGB, dazu OLG Braunschweig NZFam 2018, 931 = FamRZ 2019, 119) gestatten. Stellt sich die entsprechende Notwendigkeit erst im Verlauf des Vollstreckungsverfahrens heraus, ergeht die Anordnung in einem **ausdrücklichen Beschluss** (Prütting/Helms/Hammer FamFG § 90 Rn. 7, und zwar nach überwiegender Auffassung in einem selbständigen Verfahren (BeckOK FamFG/Sieghörtner FamFG § 90 Rn. 8; Zöller/Feskorn FamFG § 90 Rn. 5; MüKoFamFG/Zimmermann FamFG § 90 Rn. 4 mwN). Daher bedarf sie wie jede Endentscheidung in jedem Fall der Kostenentscheidung (schon wegen der Kosten des Gerichtsvollziehers), Begründung und Rechtsmittelbelehrung.

5. Neben der Verhängung von Ordnungsmitteln kommt als letztes Mittel zur Durchsetzung einer Umgangsregelung oder der Kindesherausgabe die Anwendung unmittelbaren Zwangs in Betracht, § 90 Abs. 1 FamFG. Der Begriff stammt aus dem Polizeirecht und ersetzt den noch in der Vorgängervorschrift § 33 Abs. 2 FGG verwendeten Ausdruck „Gewalt", ohne allerdings nennenswerte inhaltliche Unterschiede aufzuweisen (vgl. Heilmann/Cirullies FamFG § 90 Rn. 2). Für die Anwendung unmittelbaren Zwangs bedarf es einer entsprechenden Anordnung (besser: Gestattung) des Gerichts durch „ausdrücklichen Beschluss". Der vorherigen Durchführung eines Vermittlungsverfahrens nach § 165 FamFG (→ Form. R.III.8) bedarf es nicht, § 92 Abs. 3 S. 1 FamFG.

Die gerichtliche Anordnung unmittelbaren Zwangs zur Vollstreckung gestattet die Gewaltanwendung sowohl gegenüber einem Elternteil, einem Dritten wie auch dem Kind (MüKoFamFG/Zimmermann FamFG § 90 Rn. 6; Prütting/Helms/Hammer FamFG § 90 Rn. 7 mwN). Die konkrete Notwendigkeit hat der Gerichtsvollzieher als Vollstreckungsorgan selbst vor Ort zu beurteilen, § 156 Abs. 2 S. 2 GVGA. Die Personen, gegen die Gewalt angewandt werden kann, müssen also auch im Antrag nicht näher umschrieben werden.

6. Um den titulierten Anspruch auf Kindesherausgabe oder Umgang zu vollstrecken, ist mitunter das Betreten der Wohnung des Pflichtigen oder eines Dritten gegen dessen Willen erforderlich. Bei diesem Eingriff in die räumliche Lebenssphäre handelt es sich um eine Durchsuchung iSd Art. 13 Abs. 2 GG. Danach dürfen Durchsuchungen nur durch den Richter, bei Gefahr im Verzuge auch durch die in den Gesetzen vorgesehenen anderen Organe angeordnet und nur in der dort vorgeschriebenen Form durchgeführt werden (BVerfG FamRZ 2000, 411). Dies ist für Umgangs- und Kindesherausgabeverfahren in § 91 FamFG geregelt. Die Anordnung unmittelbaren Zwangs allein beinhaltet nicht die Erlaubnis zur Wohnungsdurchsuchung.

Die richterliche Anordnung muss Rahmen, Grenzen und Ziel der Durchsuchung definieren. Mitgewahrsamsinhaber müssen die Durchsuchung dulden (§ 91 Abs. 3 FamFG). Nach § 91 Abs. 4 FamFG ist der Durchsuchungsbeschluss jeder duldungspflichtigen Person unaufgefordert vorzulegen.

7. Die in § 758a Abs. 4 ZPO enthaltene Einschränkung der Vollstreckung durch den Gerichtsvollzieher zur Nachtzeit sowie an Sonn- und Feiertagen nennt § 91 FamFG nicht. Die Vorschrift ist jedoch nach überwiegender Auffassung entsprechend anzuwenden (Heilmann/Cirullies FamFG § 91 Rn. 3 mwN).

8. Sollte das Kind nicht auffindbar sein, kann der herausgabepflichtige Elternteil durch eidesstattliche Versicherung zur Offenbarung des Aufenthaltsortes gezwungen werden, § 94 FamFG. Die Regelungen in § 883 Abs. 2 und 3 ZPO iVm §§ 478 ff., 802g ff. ZPO gelten entsprechend. Funktionell zuständig für die – vom Familienrichter angeordnete – Abnahme der eidesstattlichen Versicherung ist der Gerichtsvollzieher (nicht der Rechtspfleger, § 883 Abs. 2 S. 2 ZPO), der den Verpflichteten zum Termin lädt und die Erklärungen zu Protokoll nimmt. Falls der Verpflichtete zu dem Termin nicht erscheint oder die Abgabe der eidesstattlichen Versicherung grundlos verweigert, kann das Familiengericht (Richter) gegen ihn einen Erzwingungshaftbefehl erlassen, den wiederum der Gerichtsvollzieher zu vollstrecken hat.

Das Verfahren hat in der Praxis keine nennenswerte Bedeutung.

9. → Form. R.III.2 Anm. 10.

10. Nach § 88 Abs. 3 FamFG ist die Vollstreckung in Umgangs- und Kindesherausgabeverfahren vorrangig und beschleunigt durchzuführen (→ Form. R.III.2 Anm. 14).

11. Der Verpflichtete ist vor der Anordnung unmittelbaren Zwangs nur dann anzuhören, wenn hierdurch nicht die Vollstreckung vereitelt oder wesentlich erschwert wird (§ 92 Abs. 1 FamFG).

12. Zur Durchsetzung einer Umgangsregelung oder der Kindesherausgabe kommt die Anwendung unmittelbaren Zwangs nach § 90 FamFG – neben der Verhängung von Ordnungsmitteln – grundsätzlich nur als **letztes Mittel** in Betracht (Grundsatz der Verhältnismäßigkeit). Es muss also in der Regel eine besondere **Eilbedürftigkeit** zur Gefahrenabwehr bestehen, um körperliche Gewalt zum Schutz des Kindes einzusetzen.

13. Die Prüfung der Kindeswohldienlichkeit erfolgt im Erkenntnisverfahren. Die Vollstreckung nach §§ 86, 89 FamFG baut sodann auf dieser im Erkenntnisverfahren erfolgten Prüfung auf. Eine erneute Kontrolle der Rechtmäßigkeit der zu vollstreckenden Entscheidung findet grundsätzlich nicht statt, um eine effektive Durchsetzung zu ermöglichen (BGH FamRZ 2015, 2147). Allerdings sind nach § 90 Abs. 2 S. 2 FamFG das Kindeswohl und der Verhältnismäßigkeitsgrundsatz auch während der Vollstreckung besonders zu berücksichtigen. Eine gewaltsame Kindeswegnahme ist unter größtmöglicher Schonung des betroffenen Kindes durchzuführen (BVerfG FamRZ 2006, 537; ferner Völker FPR 2012, 485 (489)). Dabei spielt im Hinblick auf § 1626 Abs. 2 S. 1 BGB auch das Alter des Kindes eine wichtige Rolle.

14. Die vorherige Zustellung der Anordnung ist wenig sinnvoll, da im hier fraglichen Verfahrensstadium kaum damit zu rechnen ist, dass die Ankündigung der Gewaltanwendung zur freiwilligen Herausgabe des Kindes führt. Gemäß § 87 Abs. 2 FamFG genügt die Zustellung bei Vollstreckungsbeginn. Zu erwägen ist auch, die Gestattung unmittelbaren

Zwangs im Wege der **einstweiligen Anordnung** zu beantragen. Dann kann das Gericht nach § 53 Abs. 2 FamFG anordnen, dass die **Vollstreckung vor Zustellung** an den Verpflichteten zulässig ist. Im Übrigen wird die Zustellung nicht durch die Erteilung einer Abschrift durch den Gerichtsvollzieher nach § 156 Abs. 2 S. 4 GVGA ersetzt.

15. Die Anwendung unmittelbaren Zwangs obliegt dem Gerichtsvollzieher. Ihm erteilt das Familiengericht, **nicht** der Herausgabeberechtigte den Vollstreckungsauftrag (§ 156 Abs. 1 GVGA). Hierzu bedarf es grundsätzlich eines konkreten Auftrages des Familiengerichts. Mitunter überreicht der herausgabeberechtigte Elternteil (oder sein Vertreter) dem Gerichtsvollzieher den Herausgabetitel, in dessen Tenor das Familiengericht – wie recht häufig – den Gerichtsvollzieher bereits mit der Herausnahme des Kindes „beauftragt“ hat. Diese Übermittlung durch einen „Boten“ genügt nicht (eingehend Heilmann/Cirullies FamFG § 90 Rn. 10).

16. Im Zuge der Herausgabevollstreckung ist der Gerichtsvollzieher befugt, erforderlichenfalls Polizeibeamte zur Unterstützung anzufordern. Entsprechend der Verweisung auf §§ 758 ff. ZPO darf er beispielsweise eine Haustüröffnung und (richterlich genehmigte) Wohnungsdurchsuchung vornehmen und hat hierüber Protokoll zu führen (§ 87 Abs. 3 FamFG).

Im Übrigen richtet sich das Vollstreckungsverfahren nach § 156 GVGA. So weist der Gerichtsvollzieher den Herausgabeberechtigten darauf hin, dass die Vollstreckung nur durchgeführt werden kann, wenn der Berechtigte das Kind an Ort und Stelle übernimmt. Es ist also nicht Aufgabe des Gerichtsvollziehers oder des Jugendamtes, das Kind zum Berechtigten „zurückzubringen“. Sachen, die das Kind sofort benötigt, wie zum Beispiel Kleidung sowie Schulsachen, können gleichzeitig weggenommen werden. Es empfiehlt sich, zur Vermeidung und notfalls Überwindung eines Kindeswiderstandes von vornherein einen Vertreter des Jugendamts hinzuzuziehen.

Schließlich ist der Gerichtsvollzieher befugt, die Vollstreckung bis zu einer Woche aufzuschieben (etwa bei einer Suizid-Drohung, dazu §§ 156, 65 GV).

Kosten und Gebühren

17. → Form. R.III.2 Anm. 18.

Fristen und Rechtsmittel

18. → Form. R.III.2 Anm. 19.

5. Vollstreckung in Gewaltschutzsachen (§ 96 FamFG)

a) Vollstreckungsvoraussetzungen

Die Vollstreckung in Gewaltschutzsachen (→ Form. H.I. ff.) bestimmt sich nach §§ 86 ff. FamFG. Sie erfordert grundsätzlich das Vorliegen der allgemeinen Vollstreckungsvoraussetzungen: Titel, Klausel, Zustellung (→ Vorb. R.III.1).

aa) Vollstreckungstitel

In Gewaltschutzsachen spielen Beschlüsse nach § 86 Abs. 1 Nr. 1 FamFG, zu denen auch die in diesen Verfahren bedeutsamen einstweiligen Anordnungen zählen, eine Rolle, aber auch gerichtliche Vergleiche (§ 86 Abs. 1 Nr. 3 FamFG; eingehend Cirullies FamRB 2019, 407). Die nunmehr vorgesehene **gerichtliche Bestätigung** eines Gewaltschutzvergleichs nach § 214a FamFG ist nur für die Strafbarkeit nach § 4 GewSchG von Bedeutung, nicht jedoch für dessen zivilrechtliche Vollstreckbarkeit (Cirullies/Cirullies FamRZ 2017, 493 (495); Cirullies NZFam 2021, 504).

bb) Vollstreckungsklausel

Nach § 86 Abs. 3 FamFG ist eine Vollstreckungsklausel (§ 725 ZPO) nur erforderlich, wenn die Vollstreckung nicht durch das Gericht erfolgt, das den Titel in der Hauptsache erlassen hat. Dementsprechend bedarf der Titel einer Klausel nicht, wenn der Vollstreckungsgläubiger sich mit seinem Antrag an das Gericht der Hauptsache zu wenden hat. Entscheidend ist die Trennung von Erkenntnis- und Vollstreckungsorgan (Dutta/Jacoby/Schwab/Althammer FamFG § 86 Rn. 10). Einstweilige Anordnungen benötigen sie nach § 53 Abs. 1 FamFG nur, wenn für oder gegen eine nicht im Beschluss genannte Person vollstreckt werden soll. Im Ergebnis ist daher die Klausel idR lediglich bei in **Hauptsacheverfahren** ergangenen Schutzanordnungen erforderlich, wenn das Opfer die Anwendung **unmittelbaren Zwangs** durch den Gerichtsvollzieher beantragt (Cirullies DGVZ 2016, 17).

cc) Zustellung

Für die Vollstreckung ist im Grundsatz gemäß § 87 Abs. 2 FamFG die Zustellung des Beschlusses – und auch eines Vergleichs – erforderlich, und zwar stets **von Amts wegen** förmlich nach den Vorschriften der ZPO (OLG Oldenburg NJW-RR 2018, 1416; Tenner DGVZ 2019, 53). Auch aus einer einstweiligen Anordnung kann daher grundsätzlich erst nach Zustellung vollstreckt werden. In Gewaltschutzsachen kann jedoch das Gericht mit der Anordnung der sofortigen Wirksamkeit auch die Zulässigkeit der **Vollstreckung vor der Zustellung** an den Antragsgegner anordnen (§ 216 Abs. 2 FamFG). Eine ähnliche Regelung findet sich für die **einstweilige Anordnung** in § 53 Abs. 2 FamFG (zu den Problemen wegen des Kennens des Unterlassungsgebots als Verschuldensvoraussetzung bei einem nachfolgenden Ordnungsmittelantrag vgl. OLG Brandenburg NZFam 2019, 416 bspr. v. Neumann = FamRZ 2019, 1269 mAnm Cirullies). Auf Verlangen des Antragstellers darf nach § 214 Abs. 2 S. 3 Hs. 2 FamFG die Zustellung einer einstweiligen Anordnung nicht vor der Vollstreckung erfolgen (ausführlich zu den Zustellungsproblemen in Gewaltschutzsachen Cirullies DGVZ 2015, 33).

b) Vollstreckungswege

aa) Überblick

Während sich das Erkenntnisverfahren in Gewaltschutzsachen nach dem FamFG vollzieht, verweisen §§ 95, 96 FamFG wegen der Vollstreckung auf die Vorschriften der ZPO. Das Verfahren hängt wesentlich davon ab, ob eine Schutzanordnung nach § 1 GewSchG zugrunde liegt oder ob eine Wohnungsüberlassung nach § 2 GewSchG zu vollstrecken ist:

- Geht es um die Vollstreckung von Schutzmaßnahmen nach § 1 GewSchG, hat das Opfer die Wahl (vgl. § 96 Abs. 1 S. 3 FamFG). Es kann im Falle des Verstoßes gegen eine gerichtliche Unterlassungsanordnung:
  - zur Beseitigung der andauernden Zuwiderhandlung einen Gerichtsvollzieher zuziehen (sog. unmittelbarer Zwang, § 96 Abs. 1 FamFG)

  und/oder
  - die Festsetzung von Ordnungsmitteln (Ordnungsgeld oder Ordnungshaft) beantragen (§ 95 Abs. 1 Nr. 4 FamFG iVm § 890 ZPO).

  Diese Vollstreckungsmöglichkeiten bestehen alternativ und kumulativ (§ 96 Abs. 1 S. 3 FamFG). Welchen Weg der Berechtigte beschreiten will, kann er nach freiem Ermessen situationsabhängig selbst entscheiden (eingehend Cirullies/Cirullies Schutz Rn. 251 ff.).
- Die Vollstreckung einer Wohnungsüberlassung nach § 2 GewSchG wird grundsätzlich im Wege der Besitzeinweisung durch den Gerichtsvollzieher vorgenommen, § 885 ZPO iVm § 95 Abs. 1 Nr. 2 FamFG.

bb) Unmittelbarer Zwang (§ 96 Abs. 1 FamFG)

(1) **Hinzuziehung eines Gerichtsvollziehers.** Vollstreckungsorgan ist der Gerichtsvollzieher, der von dem Berechtigten aufgrund eines entsprechenden Auftrags zur Beseitigung der noch andauernden Zuwiderhandlung hinzugezogen werden kann. Er wird zu dieser Vollstreckungshandlung ermächtigt durch den Besitz einer vollstreckbaren Ausfertigung (→ Vorb. R.I Nr. 1) der gerichtlichen Schutzanordnung; ein „Fax" genügt also nicht. Es bedarf hier nicht – wie bei § 90 FamFG (→ Form. R.III.4 Anm. 5) – einer gerichtlichen Gestattung. Der Gerichtsvollzieher prüft auf der Grundlage der ergangenen Schutzanordnung **selbstständig**, ob und wieweit das Verlangen des Gläubigers gerechtfertigt erscheint (§ 134 Abs. 2 GVGA).

Im Falle des Widerstandes kann der Gerichtsvollzieher entweder selbst (unter Hinzuziehung von Zeugen) Gewalt anwenden oder die Polizei zur Unterstützung einschalten (§ 96 Abs. 1 S. 2 FamFG iVm §§ 758 Abs. 3, 759 ZPO). Die Entscheidung hierüber steht in seinem pflichtgemäßen Ermessen (dazu Cirullies DGVZ 2016, 17).

(2) **Unzurechnungsfähigkeit des Täters.** Insbesondere bei Fällen intensiven **Stalkings** handelt es sich nicht selten um zurechnungsunfähige Täter. Gerade hier kann die Anwendung unmittelbaren Zwangs angebracht sein. Denn dieser setzt – im Gegensatz zu § 890 ZPO – nicht eine schuldhafte Zuwiderhandlung voraus (hierzu OLG Koblenz FamRZ 2017, 1933 = BeckRS 2017, 134051; AG Dresden NZFam 2020, 408 bspr. v. Cirullies).

cc) Festsetzung von Ordnungsmitteln (§ 890 ZPO)

(1) **Voraussetzungen.** Beantragt der Berechtigte die Vollstreckung nach § 890 ZPO, so „verurteilt" das Familiengericht als Prozessgericht nach seinem Ermessen den Schuldner wegen jeder Zuwiderhandlung zu einem Ordnungsgeld, ersatzweise Ordnungshaft, oder unmittelbar zur Ordnungshaft (→ Vorb. R.I Nr. 2).

Wesentliche Voraussetzung hierfür ist die **Androhung** der Ordnungsmittel (§ 890 Abs. 2 ZPO). Ferner setzt die Festsetzung **Verschulden** voraus, denn Ordnungsmittel sind nicht nur Maßnahmen zur Beugung des Willens des Schuldners, sondern enthalten auch strafrechtliche Elemente.

(2) **Höhe.** Das Ordnungsgeld beträgt pro Zuwiderhandlung fünf bis 250.000 EUR (Art. 6 Abs. 1 S. 1 EGStGB, § 890 Abs. 1 S. 2 ZPO). Die mögliche Ordnungshaftdauer liegt zwischen einem Tag und sechs Monaten für jede Zuwiderhandlung (bei mehreren Verstößen maximal zwei Jahre, § 890 Abs. 1 S. 2 ZPO). Bei wiederholten Verstößen ist nicht das Vielfache der für eine einzelne Zuwiderhandlung als angemessen erachteten Sanktion zu verhängen (dazu OLG Oldenburg NJW-RR 2014, 782; OLG Hamm FamRZ 2013, 1507 = BeckRS 2013, 06006; Musielak/Voit/Lackmann ZPO § 890 Rn. 13).

(3) **Vollziehung.** Die Vollstreckung von Ordnungsmitteln unterscheidet sich wesentlich von der Zwangsmittelvollstreckung nach § 888 ZPO: Das Ordnungsgeld wird nicht im Parteibetrieb, sondern gemäß § 1 Abs. 1 Nr. 3 JBeitrG **von Amts wegen** durch das Gericht (Rechtspfleger) vollstreckt, allerdings nur auf **Antrag des Gläubigers.** Das beigetriebene Ordnungsgeld ist – wie das Zwangsgeld – in jedem Fall an die Staatskasse (Gerichtskasse) abzuführen und steht nicht dem Gläubiger zu. Auch die **Haftvollstreckung** liegt in der Hand des Familiengerichts, nicht des Gläubigers. Ausführlich zur Ordnungshaftvollstreckung Cirullies DGVZ 2017, 81.

dd) Vollstreckung der Wohnungsüberlassung

(1) **Räumung.** Der Titel muss klar zum Ausdruck bringen, dass der Schuldner die Wohnung zu verlassen hat. Dabei soll nach hM die Pflicht zur „Räumung" ausdrücklich genannt sein (→ Vorb. R.III.6 zu b) Ehewohnungssachen).

(2) **Einstweilige Anordnung.** Grundsätzlich ist der Titel auf Wohnungsüberlassung nach vollständiger Durchführung der Räumung „verbraucht". Eine Ausnahme besteht während der Geltungsdauer einer einstweiligen Anordnung: Hier ist die mehrfache Einweisung des Besitzes iSd § 885 Abs. 1 ZPO zulässig (§ 96 Abs. 2 FamFG), und zwar auch dann, wenn das Opfer den Täter freiwillig wieder in die Wohnung aufgenommen hat. Der Schuldner muss dann auf eigenen Antrag die Aufhebung des Titels anstreben, um bei einem neuen Zerwürfnis eine Entfernung aus der Wohnung aufgrund des vorliegenden Titels zu vermeiden (OLG Koblenz FamRZ 2019, 629 = BeckRS 2018, 36838; zu den rechtlichen Folgen der Versöhnung der Beteiligten Cirullies FamRZ 2016, 953).

(3) **Durchführungsanordnungen.** In Verfahren nach § 2 GewSchG soll das Gericht in der Endentscheidung die zu ihrer **Durchführung** erforderlichen **Anordnungen** treffen (§ 215 FamFG). Dazu zählen auch gerichtliche Schutzmaßnahmen nach § 1 GewSchG (OLG Brandenburg NZFam 2020, 644), etwa Näherungs- und Betretungsverbot, Schlüsselübergabe etc, (dazu Bergschneider FamilienVermögensR-HdB/Cirullies Rn. 3.231 ff.). Diese flankierenden Anordnungen werden auf Antrag nach § 95 Abs. 1 FamFG iVm den jeweiligen Vorschriften der ZPO vollstreckt (dazu Giers FPR 2010, 564 (566)):

- Bei einem Verstoß gegen **Verbote** (zB Kündigung des Mietvertrages, Betreten der Wohnung) können Ordnungsmittel (Ordnungsgeld, ersatzweise Ordnungshaft) gemäß § 890 ZPO verhängt werden.
- Bei einem Verstoß gegen **Gebote** ist zu unterscheiden, ob es bei der Verpflichtung um eine vertretbare Handlung geht (zB Entfernung neu eingebauter Türschlösser, dann Gestattung der Ersatzvornahme nach § 887 ZPO) oder um eine unvertretbare Handlung (zB bei der Pflicht zur Kündigung eine Untermietverhältnisses oder zur Mitnahme persönlicher Habe, dann Zwangsmittel nach § 888 ZPO).
- Die verweigerte **Herausgabe** beweglicher Sachen, zB der Wohnungsschlüssel, wird nach § 883 ZPO durch den Gerichtsvollzieher vollstreckt. Wird die herauszugebende Sache

nicht vorgefunden, so hat der Verpflichtete auf entsprechenden Antrag an Eides statt zu versichern, dass er die Sache nicht besitze und auch nicht wisse, wo die Sache sich befinde (§ 883 Abs. 2 ZPO).

(4) **Vollstreckungsalternative.** Neben oder anstelle einer **Räumungsvollstreckung** kann das Gericht gemäß § 95 Abs. 4 FamFG nunmehr auch **Zwangsmittel** nach § 888 ZPO verhängen (→ Form. R.II.4). Insoweit ist ebenfalls ein **Antrag** des Berechtigten erforderlich, und zwar bei dem Familiengericht. Diese Möglichkeit betrifft auch die Vollstreckung von **Durchführungsanordnungen.** So könnte etwa gegen den zur Herausgabe oder zur Auskunft über den Verbleib einer Sache verpflichteten Ehegatten statt oder zusätzlich zu der Anordnung der Abgabe einer eidesstattlichen Versicherung Zwangsgeld, ersatzweise Zwangshaft angeordnet werden.

c) Grenzüberschreitender Gewaltschutz in der EU

Seit dem 11.1.2015 ist die **Europäische Gewaltschutzverordnung (Schutzmaßnahmen-VO)** anwendbar, die eine grenzüberschreitende Anerkennung und Vollstreckung von Gewaltschutzmaßnahmen in Zivilsachen vorsieht (eingehend Dutta FamRZ 2015, 85, auch zur parallel ergangenen Europäischen Gewaltschutzrichtlinie betreffend die Durchsetzung von Schutzmaßnahmen in Strafsachen). Die Umsetzung beider Gesetzgebungswerke in das deutsche Recht erfolgte zeitgleich durch das **EU-Gewaltschutzverfahrensgesetz** (EUGewSchVG, BGBl. 2014 I 1964).

Sachlich erfasst die **Schutzmaßnahmen-VO** gemäß Art. 3 Nr. 1 bestimmte Maßnahmen des zivilrechtlichen Gewaltschutzes, nämlich Betretungs-, Näherungs- und Kontaktverbote. Durch die Verordnung sollen solche Maßnahmen automatisch in allen EU-Mitgliedstaaten anerkannt und vollstreckt werden können, ohne dass es hierfür der Durchführung eines Exequaturverfahrens bedarf (Hausmann IntEuFamR R. Sonstige Familiensachen Rn. 48). Die **Vollstreckung** selbst richtet sich nach dem Recht des jeweiligen Mitgliedstaates (Art. 4 Abs. 5 Schutzmaßnahmen-VO). Soweit erforderlich, kann die angeordnete Maßnahme gemäß Art. 11 Schutzmaßnahmen-VO an das Recht des Vollstreckungsstaates **angepasst** werden (Nagel/Gottwald IntZivilProzR/Gottwald Rn. 13.117).

Die grenzüberschreitende Durchsetzung einer ausländischen Schutzmaßnahme im Inland setzt die Einhaltung der in Art. 4 Abs. 2–4 Schutzmaßnahmen-VO aufgeführten Formalitäten voraus. So bedarf es eines Antrags der geschützten Person, der in jedem Fall gerichtet ist auf Anerkennung der ausländischen Schutzmaßnahme (vgl. Art. 2 Abs. 2 Schutzmaßnahmen-VO) – auch wenn diese bei Erfüllung der Formvorschriften ohne ein besonderes Verfahren ausgesprochen wird.

Mit dem Antrag vorzulegen sind:
- eine beweiskräftige Kopie der Schutzmaßnahme sowie
- eine Bescheinigung nach Art. 5 Schutzmaßnahmen-VO durch die Ausstellungsbehörde im Ursprungsmitgliedstaat, ggf. mit Übersetzung in die deutsche Sprache (Art. 16 Abs. 1 Schutzmaßnahmen-VO, § 18 EUGewSchVG). Die Bescheinigung stellt den eigentlichen Vollstreckungstitel dar und bedarf keiner Vollstreckungsklausel.

Je nach konkretem Einzelfall sollte in dem **Antrag** die – auch von Amts wegen vorzunehmende – **Anpassung** der angeordneten Maßnahmen an veränderte Verhältnisse angeregt werden (→ Form. Q.XIII). Diese ist, zumal im Fall eines angeordneten Abstandsgebots, regelmäßig nach einem **Umzug** der geschützten Person erforderlich. Es kann aber auch eine Modifizierung der Schutzmaßnahme geboten sein, etwa die Erweiterung einer bereits festgelegten „Bannmeile". Unzulässig ist die Überlassung der Wohnung an die geschützte Person, wie sie in § 2 GewSchG vorgesehen ist. Die nach inländischem Verfahrensrecht getroffene Anpassungsentscheidung muss der gefährdenden Person zugestellt werden (Art. 11 Abs. 3 Schutzmaßnahmen-VO, § 20 EU-GewSchVG). Erst danach können bei Zuwiderhandlungen **Vollstreckungsmaßnahmen** (unmittelbarer Zwang, Ordnungsmittel) beantragt werden. Wenn hingegen die gefährdende Person ihren Wohnsitz nach Deutschland verlegt hat und von dort aus beispielsweise die geschützte Person dem im EU-Ausland verhängten Kontaktverbot zuwider weiterhin telefonisch oder auf elektronischem Wege verfolgt, kann das Opfer unmittelbar – unter Vorlage der genannten Urkunden – die Anerkennung des ausländischen Titels und die Zwangsvollstreckung nach deutschem Recht beantragen. Zuständig hierfür ist das Gericht, in dessen Bezirk sich die gefährdende Person aufhält oder die Zwangsvollstreckung durchgeführt werden soll (§ 19 Abs. 1 EUGewSchVG).

Freilich ist es der geschützten Person unbenommen, statt der Anerkennung und Vollstreckung der ausländischen Schutzmaßnahme in Deutschland eine (einstweilige) **Schutzanordnung nach § 1 GewSchG** – ggf. nebst Wohnungsüberlassung nach § 2 GewSchG – zu beantragen und aus dem inländischen Titel zu vollstrecken.

6. Vollstreckung in Ehewohnungs- und Haushaltssachen

a) Vollstreckungsvoraussetzungen

Die Vollstreckung in Ehewohnungs- und Haushaltssachen (→ Form. G.I ff.) bestimmt sich nach §§ 86 ff. FamFG. Sie erfordert grundsätzlich das Vorliegen der allgemeinen Vollstreckungsvoraussetzungen: Titel, Klausel, Zustellung. Zudem muss der Titel wirksam geworden sein (→ Vorb. R.III.1).

(aa) Vollstreckungstitel

(1) **Titelarten.** Grundlage für die Vollstreckung in Ehewohnungs- und Haushaltssachen ist in der Regel ein gerichtlicher Beschluss (auch einstweilige Anordnung) oder ein entsprechender gerichtlicher Vergleich (§ 86 Abs. 1 Nr. 1 und 3 FamFG), mitunter auch eine notarielle Urkunde.

(2) **Hinreichende Bestimmtheit.** Bei jedem Titel ist auf die nötige Bestimmtheit zu achten. Soll eine Wohnung überlassen werden, müssen ihre Lage und die herauszugebenden Räume genau beschrieben sein (dazu OLG Celle FamFR 2012, 567 mAnm Kemper). Auch muss der Titel klar zum Ausdruck bringen, dass der Schuldner die Wohnung zu verlassen hat. Der Titel muss auf Herausgabe Räumung oder Überlassung bestimmter Räume lauten (OLG Frankfurt a. M. FamRZ 2024, 139).

Gerade bei Haushaltsgegenständen erweist sich die hinreichende Konkretisierung oft als schwierig. Dabei sollte dem Antragsteller daran gelegen sein, dem Gericht die nötigen Daten an die Hand zu geben: Soll nämlich der Antragsgegner laut Überlassungsbeschluss „ein Fernsehgerät" herausgeben und befinden sich in seiner Wohnung zwei Geräte, so geht insoweit die Vollstreckung ins Leere (Giers FPR 2010, 564 (566)).

bb) Vollstreckungsklausel

Nach § 86 Abs. 3 FamFG ist eine Vollstreckungsklausel nur erforderlich, wenn die Vollstreckung nicht durch das Gericht erfolgt, das den Titel in der Hauptsache erlassen hat. Benötigt wird sie lediglich, wenn auf Antrag eines Beteiligten, nicht auf Veranlassung des Erkenntnisgerichts vollstreckt werden soll – also **in Ehewohnungs- und Haushaltssachen stets.** Dies gilt auch für gerichtliche Vergleiche (→ Vorb. R.III.1). Eine Namensänderung zB durch Heirat braucht keine neue Vollstreckungsklausel. Der neue Name wird schlicht bei der alten Klausel vermerkt (MüKoFamFG/Zimmermann § 86 Rn. 33)

Eine Besonderheit besteht bei der **einstweiligen Anordnung:** Sie bedarf der Vollstreckungsklausel nur, wenn die Vollstreckung für oder gegen eine nicht im Beschluss genannte Person erfolgen soll (§ 53 Abs. 1 FamFG).

cc) Zustellung

Für die Vollstreckung ist in der Regel gemäß § 87 Abs. 2 FamFG die Zustellung des Beschlusses erforderlich, und zwar in jedem Fall **von Amts wegen.** Auch aus einer einstweiligen Anordnung kann daher grundsätzlich erst nach Zustellung vollstreckt werden.

b) Ehewohnungssachen

aa) Räumung

Die Vollstreckung einer **Wohnungsüberlassung** nach §§ 1361b, 1568a BGB wird – wie bei § 2 GewSchG (→ Vorb. R.III.5) – im Wege der Besitzeinweisung durch den Gerichtsvollzieher vorgenommen, § 885 ZPO iVm § 95 Abs. 1 Nr. 2 FamFG. Obwohl der Anspruch nur auf Überlassung des Besitzes abzielt, soll nach hM die Pflicht zur „Räumung" im Titeltenor ausdrücklich genannt sein (OLG Zweibrücken NZFam 2020, 305 bespr. v. Cirullies; eingehend zur Räumungsvollstreckung Cirullies DGVZ 2018, 77). Der Titel muss auf Herausgabe Räumung oder Überlassung bestimmter Räume lauten (OLG Frankfurt a. M. FamRZ 2024, 139). Ist die Wohnungsüberlassung **befristet**, muss darauf geachtet werden, dass die Zwangsvollstreckung innerhalb dieser Frist durchgeführt wird.

Auf Antrag hat der Gerichtsvollzieher den Täter aus dem Besitz der Wohnung zu setzen und den Gläubiger in den Besitz einzuweisen (§ 885 Abs. 1 S. 1 ZPO). Dabei setzt er (lediglich) den Schuldner nebst persönlicher Habe wie Kleidung etc aus der Wohnung; gemeinsame eheliche Haushaltsgegenstände verbleiben in der Wohnung – es sei denn, das Familiengericht hätte ihm bestimmte Haushaltsgegenstände zugewiesen. § 885 Abs. 2–4 ZPO findet demnach nicht Anwendung (OLG Saarbrücken BeckRS 2005, 11657; Ehinger FPR 2010, 567 (570); kritisch dazu Billhardt jurisPR-FamR 18/2020, Anm. 4).

Hinweis: Da diese Frage jedoch umstritten ist, sollte das Gericht klarstellend die Räumung der Wohnung mit der Einschränkung anordnen, dass Haushaltsgegenstände in der Wohnung zu belassen sind. Entsprechend sollte auch bereits der **Antrag nach** § 885 ZPO formuliert werden.

bb) Einstweilige Anordnung

Während der Geltungsdauer einer einstweiligen Anordnung ist die **mehrfache Einweisung** des Besitzes iSd § 885 Abs. 1 ZPO zulässig. Einer erneuten Zustellung an den Schuldner bedarf es nicht (§ 96 Abs. 2 FamFG).

cc) Zwangsmittel

Neben oder anstelle einer Räumungsvollstreckung kann das Familiengericht gemäß § 95 Abs. 4 FamFG auf Antrag nunmehr auch Zwangsmittel nach § 888 ZPO verhängen (→ Vorb. R.III.5).

dd) Durchführungsanordnungen

Auch in Ehewohnungs- und Haushaltssachen soll das Gericht in der Endentscheidung von Amts wegen die zu ihrer Durchführung der Räumung erforderlichen Anordnungen treffen (§ 209 Abs. 1 FamFG). Dazu zählen etwa Näherungs- und Betretungsverbot, Schlüsselübergabe etc (→ Vorb. R.III.5 b) dd)).

ee) Abschluss eines Mietvertrages

Bei einem titulierten Anspruch auf Begründung eines Mietverhältnisses nach § 1568a Abs. 4 und 5 BGB ist die Abgabe einer Willenserklärung zu erzwingen. Diese gilt als abgegeben mit Rechtskraft der Entscheidung (§ 894 ZPO).

c) Haushaltssachen

aa) Herausgabe an Gerichtsvollzieher

Die titulierte Überlassungsverpflichtung, aber auch die Zuteilung von Haushaltsgegenständen nach § 1361a Abs. 3 BGB muss mit einem Herausgabegebot einhergehen (OLG Zweibrücken FamRZ 1993, 82 (84)). Die Herausgabeanordnung wird nach § 95 Abs. 1 Nr. 2 FamFG, § 883 ZPO auf Grund eines Auftrags des Gläubigers durch den Gerichtsvollzieher vollstreckt: Dieser nimmt dem die freiwillige Herausgabe verweigernden Schuldner die betreffenden Haushaltsgegenstände weg und übergibt sie dem Gläubiger (Eckebrecht FPR 2008, 436 (440), auch zu dem etwa geltend gemachten Vermieterpfandrecht).

bb) Vollstreckungsalternativen

Bestreitet der Verpflichtete, die herauszugebenden Gegenstände im Besitz zu haben, kann der Berechtigte auch hier die Abgabe der **eidesstattlichen Versicherung** nach § 883 Abs. 2 ZPO oder die Festsetzung von Zwangsmitteln nach § 95 Abs. 4 FamFG iVm § 888 ZPO beantragen.

7. Vollstreckung in Abstammungssachen (§ 96a FamFG)

a) Erzwingen der Untersuchung im Abstammungsverfahren, §§ 169 ff. FamFG

aa) Überblick

Abstammungssachen sind als Familiensachen (§ 111 Nr. 3 FamFG) sämtlich der freiwilligen Gerichtsbarkeit zuzuordnen und verfahrensrechtlich in §§ 169 ff. FamFG geregelt (→ Vorb. E.I). In diesen Verfahren kann sich die Notwendigkeit von Vollstreckungsmaßnahmen ergeben, wenn Beteiligte die gerichtlich angeordnete, für die genetische Abstammungsuntersuchung benötigte (Blut- oder Speichel-)Probe verweigern, die dann zwangsweise herbeigeführt werden muss. Die Pflicht, Probenentnahmen zu dulden, ist geregelt in §§ 167a Abs. 2, 178 Abs. 1 FamFG und §§ 1598a BGB. Die Durchsetzung dieser Duldungsansprüche erfolgt nach den Vorschriften der ZPO – allerdings mit teilweise unterschiedlichen Vollstreckungsmöglichkeiten (ausführlich Wellenhofer NZFam 2014, 117; CirulliesFamiliensachen Rn. 544 ff.).

bb) §§ 167a, 178 FamFG

(1) **Duldungs- und Auskunftspflichten.** Soweit es zur **Feststellung der Abstammung** erforderlich ist, hat jede Person Untersuchungen, insbesondere die Entnahme von Blutproben, zu dulden, es sei denn, dass ihr die Untersuchung nicht zugemutet werden kann (§ 178 Abs. 1 FamFG). Die gleiche Duldungspflicht bestimmt § 167a Abs. 2 FamFG für Verfahren zum Umgangs- oder Auskunftsrecht nach § 1686a BGB, soweit dort eine Klärung der leiblichen Vaterschaft erforderlich ist. Die in § 1686a BG normierte **Auskunftspflicht** wird dagegen nach § 120 FamFG iVm § 888 ZPO vollstreckt (BGH NJW 2022, 1088; MüKoBGB/Wellenhofer § 1598a Rn. 51).

Bei der Frage einer Unzumutbarkeit der Untersuchung ist eine Interessenabwägung vorzunehmen (dazu OLG Frankfurt a. M. NZFam 2019, 431 mAnm Schmidt). Allerdings wird in der Regel von einer Zumutbarkeit auszugehen sein (BGH NJW 2006, 1657). Sein Weigerungsrecht kann die Testperson entsprechend §§ 386–389 ZPO iVm § 178 Abs. 2 FamFG geltend machen. Über die Rechtmäßigkeit der Weigerung wird in einem Zwischenstreitverfahren nach § 387 ZPO analog entschieden; → Vorb. E.I.

(2) **Vollstreckung.** Die Durchsetzung dieser **Duldungspflichten** richtet sich gemäß §§ 178 Abs. 2, 167a Abs. 3 FamFG jeweils nach § 178 Abs. 2 FamFG, der auf §§ 386–390 ZPO verweist. Danach ergibt sich im Fall der Weigerung des Duldungspflichtigen bei den **Zwangsmaßnahmen** folgende Stufenleiter:

- Zunächst ist **Ordnungsgeld, ersatzweise Ordnungshaft** zu verhängen (§ 390 Abs. 1 S. 2 ZPO). Die Höhe beträgt fünf bis 1.000 EUR (Art. 6 Abs. 1 EGStGB).
- Bei **wiederholter** (unberechtigter) Verweigerung der Untersuchung ist nicht nach § 390 Abs. 2 ZPO Erzwingungshaft festzusetzen. Vielmehr ist für diesen Fall § 178 Abs. 2 S. 2 FamFG als die **speziellere** Vorschrift zu erachten (hM, vgl. BeckOK FamFG/Weber FamFG § 178 Rn. 21; Vogel FPR 2011, 526 (528); Kieninger FPR 2011, 376 (378); (aber streitig). Um also die Blut- oder Speichelprobe zu erlangen, muss die **zwangsweise Vorführung** zur Untersuchung durch den Gerichtsvollzieher angeordnet werden.
- Bleibt auch der unmittelbare Zwang **erfolglos**, kann der Verpflichtete so behandelt werden, als wäre die Begutachtung erfolgt und hätte keine schwerwiegenden Zweifel an seiner Vaterschaft begründet (BGH FamRZ 1986, 663; 1993, 691; ferner OLG Bremen NJW-RR 2009, 876; Vogel FPR 2011, 526).

Hinweis: Die Ladung zur Blutentnahme muss das **Gericht** vornehmen; eine „Ladung" durch den Sachverständigen (das Gesundheitsamt) ist nicht ausreichend (OLG Brandenburg FamRZ 2001, 1010; Vogel FPR 2011, 526).

Mit der zwangsweisen Vorführung beauftragt das Gericht den Gerichtsvollzieher (§ 149 S. 1 GVGA).

cc) § 1598a BGB

(1) **Duldungsanordnung.** Neben den gerichtlichen Abstammungsverfahren ist ein grundsätzlich **außergerichtliches Verfahren** auf Klärung der Abstammung eingeführt worden (§ 1598a BGB). Nach Abs. 2 hat allerdings das Familiengericht auf Antrag eines Klärungsberechtigten eine nicht erteilte Einwilligung zu ersetzen und die Duldung einer Probeentnahme anzuordnen.

(2) **Vollstreckung.** Verweigert der Verpflichtete trotz dieser Anordnung die Probenentnahme, wird die Vollstreckung eines rechtskräftigen Beschlusses oder gerichtlichen Vergleichs gemäß § 96a FamFG vollzogen. Insoweit ist in Abs. 2 klargestellt, dass bei wiederholter unberechtigter Verweigerung der Untersuchung – wie im Fall des § 178 Abs. 2 S. 2 FamFG – auch unmittelbarer Zwang angewendet, insbesondere die zwangsweise Vorführung des Betroffenen zur Probenentnahme angeordnet werden kann. Allerdings wird überwiegend angenommen, vorrangig müsse die Vollstreckung durch Ver-

hängung von Ordnungsmitteln gemäß § 95 Abs. 1 Nr. 4 FamFG iVm § 890 ZPO (→ Form. R.I Nr. 2) beantragt und versucht werden (Prütting/Helms/Hammer FamFG § 96a Rn. 8; BeckOK FamFG/Sieghörtner FamFG § 96a Rn. 5; aA Zöller/Feskorn FamFG § 96a Rn. 4).

Zuständig für die Gestattung des unmittelbaren Zwangs ist entsprechend § 890 Abs. 1 S. 1 ZPO das Familiengericht, das den Titel erlassen hat und auch für die Anordnung der Ordnungsmittel zuständig ist.

Die Anordnung setzt den rechtskräftig titulierten Duldungsanspruch voraus. Der Titel bedarf nicht der Klausel, sofern – wie regelmäßig – das erkennende Gericht selbst vollstreckt (§ 86 Abs. 3 FamFG), wohl aber der Zustellung (§ 87 Abs. 2 FamFG).

Ausgeschlossen ist die Vollstreckung, wenn die Art der Probeentnahme der zu untersuchenden Person nicht zugemutet werden kann § 96a Abs. 1 FamFG. Allerdings ist unklar, wie der Einwand der Unzumutbarkeit verfahrensrechtlich zu behandeln ist, da ein Zwischenstreitverfahren – anders als noch in § 56 Abs. 4 S. 2 FGG aF – hier nicht vorgesehen ist (dazu MüKoFamFG/Zimmermann FamFG § 96a Rn. 7).

Mit der zwangsweise Vorführung des Betroffenen zur Probenentnahme das Gericht den Gerichtsvollzieher, der notfalls polizeiliche Unterstützung anfordern kann (§ 87 Abs. 3 FamFG).

8. Antrag auf Vermittlungsverfahren (§ 165 FamFG)

An das

Amtsgericht

– Familiengericht[1] –

. . . . .

Einleitung eines Vermittlungsverfahrens nach § 165 FamFG

In der Familiensache

des . . . . . – Antragstellers –

Verfahrensbevollmächtigte: Rechtsanwälte . . . . .

gegen

die . . . . . – Antragsgegnerin –

Verfahrensbevollmächtigte: Rechtsanwälte . . . . .

wird namens und in Vollmacht des Antragstellers beantragt,[2]

1. **zur Durchsetzung der Umgangsregelung in dem Beschluss[3] des Amtsgerichts – Familiengerichts – . . . . . vom . . . . ., Az.: . . . . . betreffend das Kind . . . . ., geboren am . . . . ., ein Vermittlungsverfahren[4] gemäß § 165 FamFG einzuleiten.**
2. **dem Antragsgegner die Kosten des Verfahrens aufzuerlegen und anzuordnen, dass er die außergerichtlichen Kosten der Antragstellerin zu erstatten hat.**

Es wird weiterhin beantragt, dem Antragsteller für dieses Verfahren Verfahrenskostenhilfe[5] unter meiner Beiordnung[6] zu bewilligen.

Begründung:

Durch den im Antrag genannten Beschluss hat das Familiengericht den Umgang betreffend das Kind . . . . . im Einzelnen geregelt und die Beteiligten auf die Folgen einer Zuwiderhandlung nach § 89 Abs. 2 FamFG hingewiesen.[7]

Beweis: beigefügter Beschluss des Amtsgerichts . . . . . und Beiziehung der Akten

Gleichwohl verweigert die Kindesmutter dem Antragsteller den Umgang mit dem Kind.

Die Durchführung des Umgangsrechts war in der Vergangenheit sehr problematisch (wird ausgeführt).[8] Der Antragsteller hat sich immer wieder bemüht, eine einvernehmliche Regelung zu erzielen. Trotz der gerichtlichen Entscheidung findet die Kindesmutter immer wieder Ausflüchte, um das Umgangsrecht des Antragstellers zu torpedieren: Mal ist das Kind krank, mal muss es zu einem Kindergeburtstag, mal zu einem Sportwettkampf.

Für das Kindeswohl ist der regelmäßige Kontakt zum anderen Elternteil dringend erforderlich. Das Kind will auch den Vater sehen, wie es bereits bei seiner Anhörung im Umgangsverfahren erklärt hat.

Es wird gebeten, das gerichtliche Vermittlungsverfahren nach § 165 FamFG einzuleiten und möglichst bald einen Vermittlungstermin, zu bestimmen.[9] Die Teilnahme des Jugendamtes an diesem Termin wird für sinnvoll erachtet.[10]

Sollte eine tragfähige Einigung[11] nicht erzielt werden können, sollten gegen die Antragsgegnerin Ordnungsmittel festzusetzt werden. Auch ist die Einrichtung einer Umgangspflegschaft zu erwägen.[12]

Der Antragsteller ist nicht in der Lage, die Verfahrenskosten zu tragen und der Antrag ist nicht mutwillig. Zu den persönlichen und wirtschaftlichen Verhältnissen wird auf die beigefügte[13] Erklärung über die persönlichen und wirtschaftlichen Verhältnisse nebst Belegen Bezug genommen.

Rechtsanwalt[14, 15]

Anmerkungen

1. Zuständig für das Vermittlungsverfahren nach § 165 FamFG ist grundsätzlich das Familiengericht, das bei Einleitung eines Hauptsacheverfahrens hierfür zuständig wäre. Da es sich bei dem Vermittlungsverfahren um ein **selbständiges Verfahren** handelt, kann die örtliche Zuständigkeit nach § 152 FamFG eine andere sein als bei der Erstentscheidung; der Grundsatz der Fortdauer der Zuständigkeit gilt nicht.

2. Ein Vermittlungsverfahren nach § 165 FamFG wird nur auf Grund eines ausdrücklichen **Antrages** eines Beteiligten eingeleitet. Antragsberechtigt sind ausschließlich die **Eltern** eines gemeinschaftlichen Kindes (nicht der Vormund, OLG Bremen FamRZ 2015, 2190, und auch nicht das Kind selbst). Das Familiengericht kann nach eigenem Ermessen ein Vermittlungsverfahren ablehnen, wenn ein solches oder eine dem Vermittlungsverfahren folgende außergerichtliche Beratung erfolglos geblieben ist (§ 165 Abs. 1 S. 2 FamFG).

3. Auch zwecks Durchführung eines gerichtlich gebilligten Vergleichs nach § 156 Abs. 2 FamFG (→ Vorb. R.III.1) betreffend den Umgang ist das Vermittlungsverfahren möglich, § 165 Abs. 1 FamFG.

4. Nur wenn eine **Umgangsregelung** besteht und der Vorwurf erhoben wird, der andere Elternteil vereitle oder erschwere das bestehende Umgangsrecht, steht das Vermittlungsverfahren zur Verfügung. Es soll vor Einleitung von Vollstreckungsmaßnahmen mit Hilfe des Gerichts eine **einverständliche Konfliktlösung** ermöglichen. Allerdings ist die Durchführung des Vermittlungsverfahrens weder notwendige Voraussetzung für Vollstreckungsanträge, noch steht sie der Festsetzung von Ordnungsmitteln entgegen (§ 92 Abs. 3 FamFG).

Bei der Beratung sollte man immer beachten, dass eine mit Hilfe des Gerichts und des Jugendamtes zustande kommende einvernehmliche Lösung einer Festsetzung von Ordnungsmitteln vorzuziehen ist. Eine Vielzahl streitiger Umgangsrechtsverfahren zeigt, dass „unwillige" Elternteile immer wieder Gründe für eine Behinderung des Umgangs finden. Freiwillig gewährter Umgang ist besser als gerichtlich angeordnetes Umgangsrecht, das praktisch nicht realisiert werden kann.

5. In den meisten Umgangs- und Sorgerechts-Verfahren sind die Einkommensverhältnisse so, dass Verfahrenskostenhilfe zumindest mit Ratenzahlung zu bewilligen ist. Die Erfolgsaussicht für ein Vermittlungsverfahren ist in aller Regel zu bejahen. Zu beachten ist allerdings, dass die in einem Vermittlungsverfahren bewilligte Verfahrenskostenhilfe sich im Falle des Scheiterns nicht auf das nachfolgende Umgangsverfahren erstreckt. Insoweit ist eine gesonderte Bewilligung erforderlich (Schneider NZFam 2020, 633).

6. Ein Anwalt kann nur dann beigeordnet werden, wenn die Vertretung durch einen Rechtsanwalt wegen der Schwierigkeit der Sach- und Rechtslage erforderlich erscheint (§ 78 Abs. 2 FamFG). Dies wird in Vermittlungsverfahren ganz überwiegend verneint (OLG Frankfurt a. M. NJW-RR 2013, 962; OLG Hamm FamRZ 2013, 565). Eine Notwendigkeit kann sich danach nur aus den besonderen Umständen des **Einzelfalls** ergeben, etwa wenn das Verhältnis der Kindeseltern zueinander überdurchschnittlich konfliktgeprägt ist (OLG Hamm NZFam 2020, 633 bspr. v. Schneider; OLG Bremen FamRZ 2017, 1144). Entsprechender ausführlicher Vortrag ist demnach geboten.

7. → Form. R.II.3 Anm. 6.

8. Da in dem Verfahren eine Einigung erzielt werden soll, ist den Beteiligten anzuraten, den Sachverhalt zwar ausführlich zu schildern, nicht aber unnötige Schärfe in den Vortrag zu bringen.

9. Das Vermittlungsverfahren soll zu einem schnellen Verhandlungstermin führen, § 165 Abs. 2 S. 1 FamFG. Bereits in der Terminsladung ist nach S. 3 auf die Rechtsfolgen eines erfolglosen Vermittlungsverfahrens (→ Anm. 12) hinzuweisen. Der Gang des Verfahrens ist in § 165 Abs. 2–5 FamFG eingehend darstellt.

10. Das Jugendamt ist in geeigneten Fällen um Teilnahme an dem Termin zu bitten, § 165 Abs. 2 S. 4 FamFG (→ Form. R.III.2 Anm. 10).

11. Ziel des Verfahrens ist eine tragfähige Einigung der Beteiligten, die vom Gericht protokolliert wird und auch ohne speziellen Beschluss des Gerichts in einem späteren Verfahren als Grundlage der Vollstreckung dienen kann, § 165 Abs. 4 FamFG. Das Einvernehmen kann in der Zusage, nunmehr die gerichtliche Regelung umzusetzen, ggf. flankiert durch eine außergerichtliche Beratung, bestehen oder aber in der Vereinbarung einer neuen Umgangsregelung, die dann in Form eines gerichtlich gebilligten Vergleichs nach § 156 Abs. 2 FamFG mit den entsprechenden Formerfordernissen (→ Vorb. R.III.1) geschlossen wird (Heilmann/Gottschalk FamFG § 165 Rn. 9). Können die Eltern kein Einvernehmen erzielen, so werden die Streitpunkte in einem Vermerk festgehalten (§ 165 Abs. 4 S. 3 FamFG).

12. Bleibt das Vermittlungsverfahren ohne Ergebnis, gibt § 165 Abs. 5 FamFG das weitere Verfahren vor. Zunächst wird die Erfolglosigkeit durch nicht anfechtbaren Beschluss festgestellt. Alsdann ist das Gericht verpflichtet, zu prüfen, ob

- **Ordnungsmittel** nach § 89 FamFG (→ Form. R.III.2) zu verhängen sind,
- die **Umgangsregelung** in einem **neuen Verfahren modifiziert** werden muss (in Betracht kommt zum Beispiel ein Umgangsausschluss, die Bestellung eines Umgangspflegers oder die Anordnung eines begleiteten Umgangs) oder
- ob als letztes Mittel ein Eingriff in die **elterliche Sorge** gemäß § 1666 BGB geboten ist (etwa durch Entzug des Umgangsbestimmungsrechts und Einsetzung eines Ergänzungspflegers, dazu Heilmann/Gottschalk FamFG § 165 Rn. 10).

Sollte das Gericht nicht von Amts wegen diese Maßnahmen ergreifen, kann sie auch der Berechtigte beantragen bzw. anregen.

13. Die Erklärung über die persönlichen und wirtschaftlichen Verhältnisses nebst den erforderlichen Belegen sollte auch zur eigenen Arbeitserleichterung bereits mit diesem Antrag und nicht erst mit einem späteren Schriftsatz vorgelegt werden.

Kosten und Gebühren

14. **Gerichtsgebühren:** Für das Verfahren entsteht eine 0,5-Gebühr nach KV 1310 FamGKG. Schließt sich ein gerichtliches Umgangsverfahren an, entsteht eine weitere 0,5-Gebühr nach KV 1310 FamGKG (ausführlich Schneider NZFam 2014, 906).

Der **Anwalt** hat Anspruch auf die üblichen Gebühren (dazu Schneider NZFam 2014, 906), also in der Regel die Gebühren nach VV 3100, 3104 und 1003 RVG. Bei Erfolglosigkeit der Vermittlung sind die Kosten gem. VV 3100 Abs. 2 und Abs. 5 RVG Teil der Kosten des anschließenden Verfahrens, sofern dieses binnen eines Monats eingeleitet wird, § 165 Abs. 5 FamFG (Schneider NZFam 2020, 633).

Auch im Vermittlungsverfahren gilt grundsätzlich der **Regelwert** des § 45 Abs. 1 Nr. 2 FamGKG in Höhe von 5.000 EUR.

Fristen und Rechtsmittel

15. Die Feststellung des Scheiterns des Vermittlungsverfahrens geschieht durch nicht anfechtbaren Beschluss, § 165 Abs. 5 S. 1 FamFG. Die Entscheidung über die Ablehnung der Durchführung eines Vermittlungsverfahrens ist mit der Beschwerde nach § 58 FamFG anfechtbar.

IV. Zwangsvollstreckung im Ausland

1. Antrag auf Unterstützung bei der Vollstreckung von Unterhalt im Ausland nach der EuUnthVO

An da

Amtsgericht . . . . .[1, 2]

Antrag auf Unterstützung bei der Vollstreckung von Unterhalt im Ausland nach der EuUnthVO[3]

In Sachen

des Kindes . . . . ., geb. am . . . . . in . . . . ., vertreten durch die Mutter . . . . ., wohnhaft . . . . . (Deutschland),

– Antragsteller –

gegen

Herrn . . . . ., geb. am . . . . . in . . . . ., wohnhaft . . . . . Spanien (ausländischer Mitgliedstaat),

– Antragsgegner –

Wir überreichen unter Vorlage der auf uns lautenden Vollmacht anliegenden Antrag auf Unterhaltsvollstreckung in Spanien nebst Anlagen mit der Bitte um Vorprüfung und Übersendung an das Bundesamt für Justiz, Zentrale Behörde zur Geltendmachung von Unterhaltsansprüchen im Verkehr mit ausländischen Staaten.
Außerdem wird beantragt, den Ast. für das Verfahren von der Erstattungspflicht für die Kosten der von der Zentralen Behörde zu veranlassenden Übersetzungen zu befreien.[4]

Begründung:

Der am . . . . . geborene Ast. ist aus der am . . . . . geschlossen Ehe des Ag. und der Kindesmutter hervorgegangen. Die Ehe wurde . . . . . geschieden (wird ausgeführt). Der Ast. lebt seit . . . . . bei der Kindesmutter in Deutschland. Der Ag. hat sich durch Urkunde des Jugendamts . . . . . verpflichtet, an den Ast. ab . . . . . monatlich 100 % des Mindestunterhaltes gemäß Düsseldorfer Tabelle der jeweiligen Altersstufe nach § 1612a Abs. 1 S. 2 und 3 BGB abzüglich der Hälfte des jeweiligen gesetzlichen Kindergeldes zu zahlen. Der Titel ist auf Antrag am . . . . . beziffert worden auf monatlich . . . . . EUR seit . . . . .

Seitdem der Ag. am . . . . . nach Spanien verzogen ist, zahlt er keinen Unterhalt mehr. Der Rückstand bis einschließlich . . . . . beträgt gemäß anliegender Berechnung . . . . . EUR.

Der Ag. wurde mit Schreiben vom . . . . . vergeblich zur Zahlung aufgefordert. Es wird deswegen gebeten, die erforderlichen Schritte zu unternehmen, um die Vollstreckung aus dem Titel im Ausland herbeizuführen.

Sollten weitere Unterlagen erforderlich sein, wird um kurzfristigen Hinweis gebeten.

Rechtsanwalt

Anlagen:

- **Antrag nach Anhang VI EuUnthVO,**[5]
- **begl. Abschrift der vollstreckbaren Ausfertigung der Jugendamtsurkunde mit Bezifferung,**[6]
- **Auszug aus einer öffentlichen Urkunde nach Anhang III EuUnthVO,**[7]
- **Rückstandsberechnung,**[8]
- **Verfahrensvollmacht,**
- **Erklärung über die persönlichen und wirtschaftlichen Verhältnisse nebst Belegen,**[9]
- **eine einfache und eine begl. Abschrift sämtlicher Anlagen**[10]

Anmerkungen

1. a) Um einen Unterhaltstitel im Ausland durchzusetzen, kann die Vollstreckung im Ausland selbst betrieben oder die häufig vorhandenen Möglichkeiten der zwischenbehördlichen Zusammenarbeit genutzt werden. Das Deutsche Institut für Jugendhilfe und Familienrecht e. V. (DIJuF) bietet kostenpflichtig Unterstützung bei Geltendmachung und Vollstreckung von Unterhaltsansprüchen weltweit an; Näheres unter https://dijuf.de/service/unterhaltsrealisierung (Stand 30.10.2025).

Die wichtigsten Regelungen sind:

- die **EuUnthVO**, → Form. Q.VII. Sie regelt die Durchsetzung von Unterhaltsansprüchen im EU-Ausland, wobei die Geltung für Dänemark eingeschränkt ist, → Form. B.II.9 Anm. 1, und bietet zwischenbehördliche Zusammenarbeit an, → Anm. 1;
- das **HUntÜbk 2007**, → Form. Q.VIII, → Form. R.IV.2. Es regelt die Durchsetzung von Kindesunterhalt bis zu 21 Jahren (ggf. nur bis zu 18 Jahren) und Ehegattenunterhalt, der im Zusammenhang mit Kindesunterhalt geltend gemacht wird, gilt zwischen Vertragsstaaten und bietet ebenfalls ein zwischenbehördliches System der Zusammenarbeit an; zu beachten ist, dass die EuUnthVO zwischen ihren Mitgliedstaaten vorrangig ist, → Form. Q.VII Anm. 1;
- das **UN-Übereinkommen von 1956** regelt als Rechtshilfeabkommen die Durchsetzung von Unterhaltsansprüchen, die auf einer gesetzlichen Grundlage beruhen, in Vertragsstaaten und bietet ein zwischenbehördliches System der Zusammenarbeit an, → Form. Q.VII Anm. 1, → Form. R.IV.3;
- Rechtshilfe bei **Verbürgung der förmlichen Gegenseitigkeit** gilt zwischen Partnerstaaten, bezieht sich auf gesetzliche Unterhaltsansprüche (zT weiter eingeschränkt) und bietet ein zwischenbehördliches System der Zusammenarbeit an, → Form. Q.VII Anm. 1, → Form. R.IV.4.
- Gelten weder EU-Verordnungen noch Haager Übereinkommen oder bilaterale Abkommen mit einzelnen Staaten, entscheidet das innerstaatliche Recht des Staates, in dem der Unterhaltstitel durchgesetzt werden soll.

Eine hilfreiche Auflistung nach Ländern einschließlich länderspezifischer Besonderheiten findet sich unter http://www.ir-online.nrw.de/landliste.jsp?anfang=S#inhalt (Stand 30.10.2025).

b) Für die Geltendmachung von Unterhaltsansprüchen in einem Staat der Europäischen Union gibt es neben der Möglichkeit, die Vollstreckung im Ausland selbst zu betreiben, die Alternative, nach der seit 18.6.2011 geltenden **EuUnthVO** vorzugehen, → Form. Q. VII Anm. 1. Diese erleichtert für den Bereich ihrer Mitgliedstaaten die Durchsetzung von Unterhaltsansprüchen im Ausland, indem sie ein System der Zusammenarbeit staatlicher **Zentraler Behörden** festlegt. Diese ist in Deutschland beim Bundesamt für Justiz (BfJ), Zentrale Behörde für Auslandsunterhalt angesiedelt (https://www.bundesjustizamt.de/DE/Themen/Familieinternational/Unterhalt/Unterhalt_node.html (Stand 30.10.2025) mit vielen Informationen; Schlauß ZKJ 2016, 162). Die EuUnthVO gilt im Verhältnis zu EU-Mitgliedstaaten und eingeschränkt im Verhältnis zu **Dänemark**, → Form. Q.VII Anm. 1. Da Dänemark keine Zentrale Behörde eingerichtet hat, leitet das BfJ den Antrag an die in Dänemark zuständige Stelle weiter. Die Formulare zur EuUnthVO können auch im Verhältnis zu Dänemark benutzt werden; Informationen betr. das Vereinigte Königreich unter https://www.bundesjustizamt.de/SharedDocs/Downloads/DE/AU/Uebersicht_Antraege_UK.pdf?__blob=publicationFile&v=1 (Stand 30.10.2025).

Die EuUnthVO verdrängt im Verhältnis zu Mitgliedstaaten andere Übereinkommen, auch das **HUntÜbk 2007**, → Form. Q.VII Anm. 1. Für Entscheidungen, die vor dem 18.6.2011 ergangen sind, ist die Übergangsbestimmung Art. 75 EuUnthVO einschlägig.

Nach der EuUnthVO können in einem vereinfachten Verfahren Anerkennung, Vollstreckbarerklärung, Vollstreckung, Herbeiführen einer Entscheidung (einschließlich Abstammungsfeststellung) und Änderung einer Entscheidung beantragt werden, Art. 56 EuUnthVO. Es wird Rechtshilfe in Form der behördlichen Zusammenarbeit gewährt. Derzeit akzeptieren Finnland, Lettland und Ungarn elektronische Dokumente mit qualifizierter elektronischer Signatur. Das elektronische Kommunikationssystem „iSupport" wird zu Änderungen führen.

Kernstück der EuUnthVO ist der Wegfall des Exequaturverfahrens, wenn die Entscheidung in einem Mitgliedstaat ergangen ist, der durch das **Haager Protokoll von 2007** gebunden ist, Art. 17 EuUnthVO, → Form. B.II.9 Anm. 4. Die EuUnthVO verdrängt in ihrem Anwendungsbereich die **EuVTVO**, Art. 75 Abs. 2 S. 2 EuUnthVO. Die EuVTVO gilt gemäß Art. 68 Abs. 2 EuUnthVO weiterhin für Titel aus Mitgliedstaaten, die nicht an das Haager Protokoll von 2007 gebunden sind, also aus Dänemark. Hier gilt die EuUnthVO ohne Geltung des Haager Protokolls von 2007, dh, dass Titel hier der Vollstreckbarerklärung nach Art. 26 ff. EuUnthVO bedürfen.

2. Gemäß § 7 **AUG** als deutschem Ausführungsgesetz hat in Deutschland für **Anträge auf Unterstützung in Unterhaltssachen** zunächst eine gerichtliche **Vorprüfung** stattzufinden, an die sich die Weiterleitung des Antrags an das Bundesamt für Justiz als deutscher Zentraler Behörde anschließt, §§ 7, 9 AUG. Für diese Vorprüfung ist das Amtsgericht am Sitz des OLG, in dessen Zuständigkeitsbezirk die antragstellende Partei ihren gewöhnlichen Aufenthalt hat, als Spezialgericht für den Bezirk des OLG zuständig; für den Bezirk des KG das AG Pankow, § 7 Abs. 1 AUG. Dort sind die Anträge einzureichen. Es handelt sich um ein Justizverwaltungsverfahren, §§ 7 Abs. 2, 9 Abs. 1 AUG, das nach § 7 Abs. 3 AUG kostenfrei ist. Für das Verfahren kann keine Prozesskostenhilfe bewilligt werden (KG BeckRS 2005, 09251 = FamRZ 2006, 1210 mit Hinweis auf mögliche Beratungshilfe und BeckRS 1992, 2716 = FamRZ 1992, 1318; Böhmer IPRax 1993, 223).

Es besteht die Möglichkeit, bei der Zentralen Behörde ein **Ersuchen auf Durchführung besonderer Maßnahmen** zu stellen, Art. 53 EuUnthVO. Hierzu zählt insbes. die Ermittlung der Anschrift eines potenziellen Unterhaltsschuldners im Ausland. Dieses Ersuchen kann bereits vor Stellung eines Antrags iSd Art. 56 EuUnthVO formfrei und direkt beim BfJ gestellt werden unter Nutzung des Formblatts Anhang V (https://online-forms.e-justice.europa.eu/online-forms/maintenance-obligations-forms_de (Stand 30.10.2025). Nach Art. 61 EuUnthVO haben die Zentralen Behörden alle geeigneten und erforderlichen Mittel einzusetzen. § 16 AUG regelt das Auskunftsrecht der deutschen Zentralen Behörde bei eingehenden Ersuchen. Ferner können die Zentralen Behörden gemäß

Art. 51 Abs. 2 lit. c EuUnthVO in Fällen von Anerkennung, Vollstreckbarerklärung und Vollstreckung um Hilfestellung zur Ermittlung der Einkommens- und Vermögensverhältnisse ersucht werden wie Einkommen, Arbeitgeber, Bankverbindung, Vermögen nach Maßgabe des Art. 61 Abs. 2 EuUnthVO. § 17 AUG konkretisiert weiter.

3. Das **Vorprüfungsverfahren** eines Gesuches gerichtet auf Tätigwerden nach der EuUnthVO beinhaltet die Prüfung, ob der Antrag mutwillig oder offensichtlich unbegründet ist, § 9 Abs. 1 Nr. 2 AUG. Der Inhalt des Antrages muss den Erfordernissen des Art. 57 EuUnthVO entsprechen, § 8 Abs. 1 AUG, → Anm. 5. Die erforderlichen Urkunden müssen beigefügt sein, → Anm. 6–9. Der Schuldner wird nicht angehört. Liegen keine Ablehnungsgründe nach § 9 Abs. 2 AUG vor, übersendet das Gericht Antrag, Anlagen und evtl. vorliegende Übersetzungen, → Anm. 4, an das BfJ als deutsche Zentrale Behörde. Andernfalls lehnt das Amtsgericht das Gesuch ab, wobei es seine Entscheidung zu begründen und der antragstellenden Partei mit einer Rechtsmittelbelehrung zuzustellen hat (sie ist nach § 23 EGGVG anfechtbar), § 9 Abs. 2 AUG. Wird das Gesuch vom Amtsgericht an das BfJ übersandt, unternimmt dieses dann die erforderlichen Schritte zur Unterhaltsdurchsetzung, § 5 Abs. 2 AUG. Das BfJ prüft den Antrag im Hinblick auf die förmlichen Anforderungen, § 11 Abs. 1 AUG. Hinsichtlich der Erfolgsaussichten ist es an die Bescheinigung des AG gebunden (Andrae NJW 2011, 2545). Das BfJ schickt den vollständigen Antrag an die ausländische Zentrale Behörde weiter und überwacht die Erledigung, § 11 Abs. 1 und Abs. 2 AUG. Lehnt das BfJ die Weiterleitung ab, gilt nach § 11 Abs. 3 AUG die Regelung für eine gerichtliche Ablehnung, § 9 Abs. 2 S. 2 und 3 AUG entsprechend. Hat die ausländische Zentrale Behörde Fragen, so regelt § 11 Abs. 4 AUG das Verfahren.

Der Schuldnerschutz verlagert sich zulasten des Schuldners in das Vollstreckungsverfahren (Heger/Selg FamRZ 2011, 1101). Dort bestehen die Möglichkeiten nach Art. 21 EuUnthVO: Auf Antrag des Verpflichteten kann die zuständige Behörde des Vollstreckungsmitgliedstaats die **Vollstreckung verweigern**, wenn das Recht auf Vollstreckung nach dem Recht eines der zwei Staaten, wobei die längere Verjährungsfrist gilt, verjährt ist oder wenn die Entscheidung mit einer anderen Entscheidung, die in einem anderen Staat ergangen ist, unvereinbar ist. Hierzu zählen auch Entscheidungen aus Nichtmitgliedstaaten, wenn diese im Vollstreckungsmitgliedstaat anzuerkennen sind. Schließlich können die im Vollstreckungsmitgliedstaat vorgesehenen Verweigerungsgründe geltend gemacht werden, soweit sie nicht mit dem Vorgenannten unvereinbar sind. Die Vollstreckung kann aus Gründen, die im Recht des Vollstreckungsmitgliedstaates vorgesehen sind, **ausgesetzt** werden und ferner dann, wenn im Ursprungsmitgliedstaat ein **Antrag auf Nachprüfung der Entscheidung** des Ursprungsgerichts gestellt ist nach Art. 19 EuUnthVO. Für Anträge auf Vollstreckung in Deutschland gilt § 31 AUG.

4. Für das Vorprüfungsverfahren sind **Übersetzungen** nicht zwingend, § 10 Abs. 2 AUG. Es sollte damit auch aus Kostengründen abgewartet werden. Das BfJ wird nach Antragsübersendung dorthin die erforderlichen Übersetzungen nach § 10 Abs. 1, 2 AUG anfordern. In Entsprechung von Art. 71 Abs. 1 lit. g EuUnthVO haben die Mitgliedstaaten die von ihnen zugelassenen Sprachen für die Übersetzungen der Schriftstücke mitgeteilt. Länderspezifische Informationen finden sich unter https://e-justice.europa.eu/topics/family-matters-inheritance/family-maintenance_de?language=de (Stand 30.10.2025). Bei Bedürftigkeit kann beim Spezialgericht ein **Antrag auf Befreiung von der Erstattungspflicht** für die Kosten der von der Zentralen Behörde veranlassten Übersetzungen nach § 10 Abs. 3 AUG gestellt werden. Um das Verfahren nicht zu verzögern, sollte dieser Antrag direkt im Antrag auf Unterstützung gestellt werden. Eine Erstattung selbst veranlasster Übersetzungen kommt nicht in Frage.

5. Der Antrag ist in der Form des Art. 57 EuUnthVO zu stellen, also durch zwingende Verwendung der **Formblätter** im Anhang VI. (Anerkennung, Vollstreckbarerklärung,

Vollstreckung) bzw. VII. (Änderung einer Entscheidung). Diese sind in der Sprache des Landes auszufüllen, an das der Antrag gerichtet wird. Das Formular kann wie folgt zunächst auf Deutsch ausgefüllt und dann in der anderen Sprache gefertigt werden: unter https://online-forms.e-justice.europa.eu/online-forms/maintenance-obligations-forms_de (Stand 30.10.2025) finden sich die Formulare, bei denen gewählt werden kann, ob das Formular online ausgefüllt oder das leere Formular heruntergeladen oder werden soll. Es bietet sich an, die Option „Formular online ausfüllen" zu wählen. Das Formular kann dann mit Fehlerhinweisen auf Deutsch ausgefüllt werden. Am Ende des Formulars kann die Sprache gewählt werden, in der es benötigt wird. Es wird dann ein PDF-Formular in der erforderlichen Sprache erstellt, wobei die eigenen Einfügungen nicht übersetzt werden. Es bietet sich an, das Formular parallel auf Deutsch dem Antrag beizufügen; Leitlinien für die Verwendung der Anhänge der EuUnthVO unter https://op.europa.eu/de/publication-detail/-/publication/8aa572b8-6eb3-11e8-9483-01aa75ed71a1 (Stand 30.10.2025).

6. Eine Ausfertigung des vollstreckbaren Titels, die die für ihre Beweiskraft erforderlichen Voraussetzungen erfüllt, ist beizufügen, Art. 57 Abs. 5, 20 Abs. 1 lit. a EuUnthVO. Hier ist das Recht des Ursprungsstaates entscheidend (Heger/Selig FamRZ 2011, 1101 (1106)). Da viele Staaten diese besondere Form der Ausfertigung nicht kennen, bedarf es oftmals nicht der Vorlage einer vollstreckbaren Ausfertigung (aber jedenfalls zwingend erforderlich in Österreich und Polen). Zurückhaltung ist auch vor dem Hintergrund geboten, dass die Gefahr der Vernichtung der vollstreckbaren Ausfertigung im Ausland droht, insbes. wenn dort mit elektronischer Akte gearbeitet wird. Für den deutschen Titel gelten § 113 Abs. 1 FamFG, § 317 Abs. 4 ZPO. Der Titel muss dabei mindestens vorläufig vollstreckbar sein (Heger/Selig FamRZ 2011, 1101 (1106)). Bei dynamisierten Titeln bietet sich eine Bezifferung nach § 72 AUG iVm § 245 FamFG an.

7. Es bedarf außerdem des Auszugs aus dem Titel (Anhang I.–IV.), erstellt von der den Titel erstellenden Behörde, Art. 57 Abs. 5, 20 Abs. 1 lit. b EuUnthVO. Hinweis zum Herunterladen → Anm. 5.

8. Die Rückstandsberechnung, Art. 57 Abs. 5, 20 Abs. 1 lit. c EuUnthVO, sollte möglichst einfach und mit wenig Text versehen sein. Das Europäische Justizielle Netz für Zivil- und Handelssachen stellt ein nicht verbindliches Standardformular zur Angabe von Unterhaltsrückständen zur Verfügung (https://e-justice.europa.eu/topics/family-matters-inheritance/family-maintenance_de?language=de (Stand 30.10.2025)).

9. Die Erklärung ist im Fall des Art. 46 EuUnthVO nicht erforderlich.

10. Drei beglaubigte Abschriften sind zwar gemäß § 9 Abs. 3 AUG erforderlich. Das BFJ akzeptiert aber, da in der Praxis regelmäßig ausreichend, eine beglaubigte Abschrift. Für das Amtsgericht sind die Anlagen als einfache Kopie zusätzlich beizufügen.

2. Antrag auf Unterstützung bei Anerkennung und Vollstreckung von Unterhalt im Ausland nach dem HUntÜbk 2007

An das

Amtsgericht . . . . .[1, 2]

Antrag auf Unterstützung bei der Anerkennung und Vollstreckung von Unterhalt im Ausland nach dem HUntÜbk 2007[3]

In Sachen

des Kindes . . . . ., geb. am . . . . . in . . . . ., vertreten durch den Vater . . . . ., wohnhaft . . . . . (Deutschland),

Verfahrensbevollmächtigter: Rechtsanwalt . . . . .

– Antragsteller –

gegen

Frau . . . . ., geb. am . . . . . in . . . . ., wohnhaft . . . . ./Norwegen (ausländischer Vertragsstaat),

– Antragsgegnerin –

Ich überreiche unter Vorlage der auf mich lautenden Vollmacht anliegenden Antrag auf Unterhaltsanerkennung und -vollstreckung in Norwegen nebst Anlagen mit der Bitte um Vorprüfung und Übersendung an das Bundesamt für Justiz, Zentrale Behörde zur Geltendmachung von Unterhaltsansprüchen im Verkehr mit ausländischen Staaten.

Außerdem wird beantragt, den Ast. für das Verfahren von der Erstattungspflicht für die Kosten der von der Zentralen Behörde zu veranlassenden Übersetzungen zu befreien.[4]

Begründung:

Der am . . . . . geborene Ast. ist aus der am . . . . . geschlossen Ehe der Ag. und dem Kindesvater hervorgegangen. Die Ehe wurde . . . . . geschieden (wird ausgeführt). Der Ast. lebt seit der Trennung beim Kindesvater in Deutschland. Die Ag. ist durch Beschluss des Amtsgerichts . . . . . (Deutschland) vom . . . . ., Az. . . . . ., verpflichtet, an den Ast. ab . . . . . monatlich . . . . . EUR Kindesunterhalt zu zahlen.

Die Ag. hat hierauf keinerlei Unterhalt gezahlt. Der Rückstand bis einschließlich . . . . . beträgt gemäß anliegender Berechnung . . . . . EUR.

Die Ag. wurde mit Schreiben vom . . . . . vergeblich zur Zahlung aufgefordert. Es wird deswegen gebeten, die erforderlichen Schritte zu unternehmen, um die Vollstreckung aus dem Titel im Ausland herbeizuführen.

Sollten weitere Unterlagen erforderlich sein, wird um kurzfristigen Hinweis gebeten.

Rechtsanwalt

Anlagen:

- **Antrag auf Anerkennung und Vollstreckung einer Entscheidung[5]**
- **begl. Abschrift der vollstreckbaren Ausfertigung des Beschlusses des Amtsgerichts . . . . . vom . . . . .[6]**
- **Bescheinigung über die Vollstreckbarkeit der Entscheidung[7]**
- **Formblatt über die finanziellen Verhältnisse nebst Belegen[8]**
- **Rückstandsberechnung[9]**
- **Verfahrensvollmacht**
- **(Nachweis über den Erhalt von Verfahrenskostenhilfe im Ursprungsstaat[10])**
- **eine einfache und eine begl. Abschrift sämtlicher Anlagen[11]**

Anmerkungen

1. a) Zum Verhältnis der wichtigsten Regelungen betreffend die Durchsetzung von Unterhaltsansprüchen im Ausland → Form. Q.VII Anm. 1.

b) Das am 1.8.2014 in Kraft getretene **HUntÜbk 2007**, → Form. Q.VIII (dort auch Hinweis zur Vertragsstaatenliste) gilt zwischen Vertragsstaaten, wobei zu beachten ist, dass die EuUnthVO zwischen ihren Mitgliedstaaten vorrangig ist, → Form. Q.VII Anm. 1. Mehr Informationen im Erläuternder Bericht von Borrás/Degeling unter https://www.hcch.net/de/instruments/specialised-sections/child-support (Stand 31.10.2025). Besonders praxisrelevant ist die Geltung gegenüber USA, Türkei und Ukraine. Das UntÜbk 2007 regelt die Durchsetzung von Kindesunterhalt zur Vollendung des 21. Lebensjahres (ggf. nur bis zur Vollendung des 18. Lebensjahres) und Ehegattenunterhalt, der im Zusammenhang mit Kindesunterhalt geltend gemacht wird, Art. 2 HUntÜbk 2007. Eine Unterhaltsvereinbarung fällt dann unter die Regelungen, wenn sie im Ursprungsstaat wie eine Entscheidung vollstreckbar ist, Art. 30 Abs. 1 HUntÜbk 2007. Die Zusammenarbeit der Zentrale Behörden ist in Art. 4–17 HUntÜbk 2007 geregelt. Deutsche Zentrale Behörde ist das Bundesamt für Justiz (BfJ), → Form. R.IV.1 Anm. 1. Beantragt werden kann

- die Anerkennung oder die Anerkennung und Vollstreckung nach Art. 10 Abs. 1 lit. a, 10 Abs. 2 lit. a, 30 HUntÜbk 2007;
- die Vollstreckung aus einer im ersuchten Staat ergangenen oder anerkannten Entscheidung, Art. 10 Abs. 1 lit. b HUntÜbk 2007;
- die Herbeiführung einer Entscheidung, Art. 10 Abs. 1 lit. c und d HUntÜbk 2007;
- die Änderung einer Entscheidung, Art. 10 Abs. 1 lit. e und f, Abs. 2 lit. b und c HUntÜbk 2007.

2. Es findet am Amtsgericht am Sitz des OLG für den Bezirk des OLG als spezialisiertem Amtsgericht ein **Vorprüfungsverfahren** statt, bevor der Antrag an das BfJ als deutsche Zentrale Behörde weitergeleitet wird, §§ 7, 9 AUG; zu Einzelheiten → Form. R.IV.1 Anm. 2, → Form. R.IV.1 Anm. 3.

Es besteht die Möglichkeit, bei der deutschen Zentralen Behörde direkt ein **Ersuchen um besondere Maßnahmen** zu stellen, Art. 7 HUntÜbk 2007. Mit formlosem Antrag (unverbindliche Formulare stehen insoweit nicht zur Vfg.) kann ein Ersuchen auf Aufenthaltsermittlung an die Zentrale Behörde des Vertragsstaats gerichtet werden, in dem die Person sich vermutlich gewöhnlich aufhält. Daneben kann beantragt werden, Informationen über Einkommen, Beweismittel, Hilfe bei der vorgelagerten Abstammungsfeststellung, Erwirkung vorläufiger Maßnahmen und Erleichterung von Zustellungen zu erlangen, Art. 7 Abs. 1, Art. 6 Abs. 2 lit. b, c, g, h, i und j HUntÜbk 2007. Dieser Antrag kann dem Antrag auf Geltendmachung von Unterhaltsansprüchen im Ausland vorgelagert werden.

3. Das **Vorprüfungsverfahren** eines Gesuches gerichtet auf Tätigwerden nach dem HUntÜbk 2007 beinhaltet die Prüfung, ob der Antrag mutwillig oder offensichtlich unbegründet ist, § 9 Abs. 1 Nr. 2 AUG. Der Inhalt des Antrages muss den Erfordernissen des Art. 11 HUntÜbk 2007 entsprechen, § 8 Abs. 1 AUG, → Anm. 5. Die erforderlichen Urkunden müssen beigefügt sein, → Anm. 6–9. Der Schuldner wird nicht angehört. Liegen keine Ablehnungsgründe iSd § 9 Abs. 2 AUG vor, übersendet das Gericht Antrag, Anlagen und evtl. vorliegende Übersetzungen, → Anm. 4, an das BfJ als deutsche Zentrale Behörde. Andernfalls lehnt das Amtsgericht das Gesuch ab; Einzelheiten → Form. R.IV.1 Anm. 3. Die deutsche Zentrale Behörde leitet die Unterlagen nach positivem Prüfungsergebnis an die ausländische Zentrale Behörde; zum weiteren Verfahren Art. 12 HUntÜbk 2007, → Form. R.IV.1 Anm. 4.

4. Nach Art. 44 Abs. 1 HUntÜbk 2007 bedarf es grundsätzlich **Übersetzungen** in die Amtssprache des ersuchten Staates. Informationen zu jeweils weiter akzeptierten Sprachen finden sich unter https://www.hcch.net/en/instruments/conventions/status-table/?cid=131 (Stand 30.10.2025) nach Anklicken der rechten Rubrik „Res/D/N". Für das Vorprüfungsverfahren sind Übersetzungen noch nicht zwingend, § 10 Abs. 2 AUG, sollten zu diesem Zeitpunkt auch noch nicht veranlasst werden. Das BfJ wird nach Antragsübersendung dorthin die erforderlichen Übersetzungen nach § 10 Abs. 1, 2 AUG anfordern. Gemäß Mitteilung der norwegischen Zentralen Behörde akzeptiert diese Antragsunterlagen nur in (bevorzugt) englischer oder norwegischer Sprache. Viele US-Bundesstaaten benötigen für die Registrierung keine vollständige Übersetzung des Titels, sondern alleine einen Auszug aus der Entscheidung, Art. 25 Abs. 3 lit. b HUntÜbk 2007; Einzelheiten unter www.acf.hhs.gov/css/irg-state-map (Stand 30.10.2025); bilinguales Formular unter https://www.bundesjustizamt.de/DE/Themen/Familieinternational/Unterhalt/HaagerUnterhaltsuebereinkommen/Formulare/Formulare_node.html (Stand 30.10.2025). Für Jugendamtsurkunden, die unter Art. 30 HUntÜbk 2007 fallen, gilt aber weiterhin Art. 25 Abs. 1 lit. a HUntÜbk 2007. Auf Antrag kann das Spezialgericht gemäß § 10 Abs. 3 AUG von den Übersetzungskosten befreien, → Form. R.IV.1 Anm. 3.

5. Der Inhalt eines Antrags richtet sich nach Art. 11 HUntÜbk 2007, § 8 Abs. 2 AUG. Es gibt keine zwingend zu nutzenden Formulare. Es wird angeraten, die gemäß Art. 11 Abs. 4 HUntÜbk 2007 von der Haager Konferenz für Internationales Privatrecht empfohlenen Formulare zu nutzen (https://www.bundesjustizamt.de/DE/Themen/Familieinternational/Unterhalt/HaagerUnterhaltsuebereinkommen/Formulare/Formulare_node.html (Stand 21.4.2026); dort neben Deutsch auch in Englisch und Französisch und über Verlinkungen auch andere Sprachen). Erforderlich sind insbes. eine genaue Antragstellung und die Gründe hierfür, die Personalangaben und Angaben über finanzielle Verhältnisse zu sämtlichen Beteiligten, außer in den Fällen des Art. 10 Abs. 1 lit. a und Abs. 2 lit. a HUntÜbk 2007 (Anträge auf Anerkennung und Vollstreckung), die Angaben und Schriftstücke, die der ersuchte Staat in einer Erklärung nach Art. 63 HUntÜbk 2007 verlangt hat. Erforderliche Belege sind nach Art. 11 Abs. 3 HUntÜbk 2007 beizufügen. Den Anträgen nach Art. 10 Abs. 1 lit. a und Abs. 2 lit. a HUntÜbk 2007 sind nur die in Art. 25 HUntÜbk 2007 aufgeführten Unterlagen beizufügen, Art. 11 Abs. 3 HUntÜbk 2007. Dies sind der Wortlaut der Entscheidung, der Nachweis der Vollstreckbarkeit im Ursprungsstaat, eine Rückstandsberechnung, ggf. der Nachweis über Verfahrenskostenhilfe im Ursprungsstaat. Für Versäumnisentscheidungen gilt zusätzlich Art. 25 Abs. 1 lit. c HUntÜbk 2007, für indexierte Forderungen Art. 25 Abs. 1 lit. e HUntÜbk 2007. Zusätzlich kann jeder Vertragsstaat Angaben nach Art. 25 Abs. 3 HUntÜbk 2007 machen. Um genauere Informationen zu dem jeweiligen Staat zu erlangen, ist das **Länderprofil** (Country profile) des ersuchten Staates unter http://hcch.cloudapp.net/smartlets/sfjsp?interviewID=hcchcp2012&t_lang=en (Stand 30.10.2025) heranzuziehen. So haben zB

Belarus, Philippinen, Türkei und Ukraine nach Art. 30 Abs. 8, 62 HUntÜbk 2007 sich das Recht vorbehalten, Unterhaltsvereinbarungen nicht anzuerkennen und zu vollstrecken mit der Folge, dass die Vollstreckung von Jugendamtsurkunden dort nicht möglich ist. Für ein Anerkennungsverfahren entfällt das Erfordernis des Vollstreckbarkeitsnachweises, Art. 26 HUntÜbk 2007. Art. 40 HUntÜbk 2007 regelt den Schutz vor Offenlegung von Informationen.

Hier: Der Titel stammt nicht aus dem ersuchten Staat, so dass es auch der Anerkennung bedarf. Es wird Anerkennung und Vollstreckung nach Art. 10 Abs. 1 lit. a HUntÜbk 2007 beantragt. Würde es sich um einen Titel handeln, der im ersuchten Staat ergangen ist, wäre allein Vollstreckung nach Art. 10 Abs. 1 lit. b HUntÜbk 2007 zu beantragen.

Gemäß Länderprofil hat Norwegen keinen Vorbehalt nach Art. 20 Abs. 1 lit. c, e und f, Abs. 2 HUntÜbk 2007 erklärt; es wurde keine Angabe nach Art. 25 Abs. 3 HUntÜbk 2007 gemacht; ein Nachweis über bewilligte VKH ist erforderlich; es wurde betr. Unterhaltsvereinbarungen kein Vorbehalt nach Art. 30 Abs. 8 HUntÜbk 2007 erklärt, wohl aber ein solcher nach Art. 30 Abs. 7 HUntÜbk 2007; Vollstreckung ist für Rückstände möglich.

6. Das Erfordernis der Vorlage des „vollständigen Wortlauts der Entscheidung“, Art. 25 Abs. 1lit. a HUntÜbk 2007 ist jedenfalls erfüllt mit Vorlage einer Ausfertigung des vollstreckbaren Titels. Grundsätzlich reicht sogar eine Kopie, auch eine elektronische Unterlage; zu Einzelheiten → Form. Q.VIII.5. Da eingereichte Unterlagen zT bei der ausländischen Zentralen Behörde (jedenfalls in Norwegen) eingescannt und dann vernichtet werden, sollte die vollstreckbare Ausfertigung nicht eingereicht werden. Unter den Voraussetzungen des Art. 25 Abs. 3, 57 HUntÜbk 2007 kann bei entsprechender Erklärung durch den ersuchten Vertragsstaat auch eine Zusammenfassung oder ein von der Behörde des Ursprungsstaates ausgefüllter Auszug aus einer Entscheidung (Formular unter https://www.bundesjustizamt.de/DE/Themen/Familieinternational/Unterhalt/HaagerUnterhaltsuebereinkommen/Formulare/Formulare_node.html (Stand 30.10.2025) ausreichen. Die ergibt sich für den jeweils ersuchten Staat aus dem Länderprofil, → Anm. 5.

Bei dynamisierten Titeln ist ein Schriftstück beizufügen, aus dem sich die Berechnungen ergeben, Art. 25 Abs. 1 lit. e HUntÜbk 2007. Dies kann eine Bezifferung nach § 72 AUG iVm § 245 FamFG sein oder auch jede informelle Information, die die Berechnung erlaubt (Borras/Degeling Erläuternder Bericht Rn. 536).

7. Eine Bescheinigung über die Vollstreckbarkeit der Entscheidung im Herkunftsstaat durch die Behörde des Ursprungsstaates ist beizufügen, Art. 25 Abs. 1 lit. b HUntÜbk 2007; Formular unter https://www.bundesjustizamt.de/DE/Themen/Familieinternational/Unterhalt/HaagerUnterhaltsuebereinkommen/Formulare/Formulare_node.html (Stand 30.10.2025). Diese wird von der den Titel erstellenden Behörde im Ursprungsstaat erteilt, hier dem Amtsgericht.

8. Angaben über die finanziellen Verhältnisse beider Seiten sind nach Art. 11 Abs. 2 lit. a und b HUntÜbk 2007 erforderlich; Formblatt unter https://www.bundesjustizamt.de/DE/Themen/Familieinternational/Unterhalt/HaagerUnterhaltsuebereinkommen/Formulare/Formulare_node.html (Stand 30.10.2025). Es sind für die Zentrale Behörde Belege beizufügen. Diese überprüft und unterschreibt den Antrag.

9. Die Rückstandsberechnung, aus der sich die Höhe der Zahlungsrückstände und das Datum der Berechnung ergeben, Art. 25 Abs. 1 lit. d HUntÜbk 2007, sollte möglichst einfach und mit wenig Text versehen sein.

10. Der Nachweis über den Erhalt von VKH im Herkunftsstaat, Art. 25 Abs. 1 lit. f HUntÜbk 2007, ist, wenn es nicht um Kindesunterhalt geht, empfehlenswert, da dies präjudizierende Wirkung für eine unentgeltliche juristische Unterstützung im Anerkennungs-/Vollstreckungsstaat hat, Art. 17 lit. b HUntÜbk 2007. Für Kindesunterhalt ist dies nicht erforderlich, da die unentgeltliche Unterstützung nach Art. 15 HUntÜbk 2007 gilt.

11. Drei beglaubigte Abschriften sind zwar gemäß § 9 Abs. 3 AUG erforderlich. Das BfJ akzeptiert aber, da in der Praxis regelmäßig ausreichend, eine beglaubigte Abschrift. Für das Amtsgericht sind die Anlagen als einfache Kopie zusätzlich beizufügen.

3. Antrag auf Unterstützung bei der Vollstreckung im Ausland nach dem UN-Übereinkommen von 1956

An das

Amtsgericht . . . . .[1, 2]

Antrag auf Unterstützung bei der Vollstreckung von Unterhalt im Ausland nach dem UN-Übereinkommen vom 1956[3]

In Sachen

des Kindes . . . . ., geb. am . . . . . in . . . . ., vertreten durch die Mutter . . . . ., wohnhaft . . . . (Deutschland),

– Antragsteller –

Verfahrensbevollmächtigter; Rechtsanwalt . . . . .

gegen

Herrn . . . . ., geb. am . . . . . in . . . . ., wohnhaft . . . . ./Schweiz (ausländischer Vertragsstaat)

– Antragsgegner –

Wir überreichen unter Vorlage der auf uns lautenden Vollmacht anliegenden Antrag auf Unterstützung in Unterhaltssachen nebst weiteren Anlagen mit der Bitte um Vorprüfung, Feststellung, dass der Antrag weder mutwillig noch offensichtlich ist, und Übersendung an das Bundesamt für Justiz, Zentrale Behörde zur Geltendmachung von Unterhaltsansprüchen im Verkehr mit ausländischen Staaten.

Außerdem wird beantragt, den Ast. für das Verfahren von der Erstattungspflicht für die Kosten der von der Zentralen Behörde zu veranlassenden Übersetzungen zu befreien.[4]

Rechtsanwalt

Anlagen:

- **Antrag an die ausländische Empfangsstelle[5]**
- **Verfahrensvollmacht für den antragstellenden Rechtsanwalt[6]**
- **Vollmacht für die ausländische Empfangsstelle[7]**
- **Nachweis der gesetzlichen Vertretung**
- **beglaubigte Kopie der Geburtsurkunde**
- **beglaubigte Kopie der Vaterschaftsanerkenntnisurkunde**

- **Bankverbindungsnachweis**[8]
- **beglaubigte Abschrift der vollstreckbaren Ausfertigung der Jugendamtsurkunde**[9]
- **Zeugnis über die Befreiung von Prozesskosten im Verfahren vor Gericht**[10]
- **Schulbescheinigung des Antragstellers**[11]
- **Rückstandsberechnung**[12]
- **Lichtbilder von dem Berechtigten, seiner gesetzlichen Vertreterin und dem Verpflichteten**[13]
- **eine einfache und eine begl. Abschrift sämtlicher Anlagen**[14]

Anmerkungen

1. Neben der Möglichkeit, Unterhaltsansprüche direkt im Ausland geltend zu machen, steht als Durchsetzungshilfe für die Geltendmachung von Unterhaltsansprüchen in Vertragsstaaten das UN-Übereinkommens vom 20.6.1956 über die Geltendmachung von Unterhaltsansprüchen im Ausland (**UN-Unterhaltsübereinkommen 1956**, BGBl. 1959 II 150 ff.; https://www.bundesjustizamt.de/SharedDocs/Downloads/DE/AU/UN_Uebereinkommen.pdf?__blob=publicationFile&v=1 (Stand 30.10.2025)) zur Verfügung. Die Vertragsstaatenliste findet sich unter https://www.bundesjustizamt.de/DE/Themen/Familieinternational/Unterhalt/VertragsstaatenUN/Staatenliste/Staatenliste_node.html (Stand 30.10.2025) sowie mit zusätzlichen Informationen wie Vorbehalten etc auf der Internetseite der Vereinten Nationen (https://treaties.un.org/pages/ViewDetailsIII.aspx?src=TREATY&mtdsg_no=XX-1&chapter=20&Temp=mtdsg3&clang=_en (Stand 30.10.2025).

Im Verhältnis zwischen EU-Staaten (eingeschränkte Geltung für Dänemark) besteht nach Art. 69 Abs. 2 EuUnthVO ein Vorrang der EuUnthVO, → Form. R.IV.1 Anm. 1. Auch das **HUntÜbk 2007,** → Form. R.IV.2 Anm. 1, ist dem UN-Unterhaltsübereinkommen 1956 vorrangig, → Form. Q.VII Anm. 1. Art. 1 Abs. 2 UN-Unterhaltsübereinkommen 1956 regelt, dass Unterhaltsansprüche auf anderem Wege geltend gemacht werden können, sofern dies nach innerstaatlichem Recht oder zwischenstaatlichen Verträgen zulässig ist.

Das UN-Unterhaltsübereinkommen 1956 ist ein reines Rechtshilfeübereinkommen. Dieses erleichtert zwischen Vertragsstaaten die Geltendmachung von Unterhaltsansprüchen durch behördliche Zusammenarbeit der **Empfangs- und Übermittlungsstellen,** Art. 1 Abs. 1, 2 UN-Unterhaltsübereinkommen 1956. Diese Stellen korrespondieren direkt miteinander, Art. 4 Abs. 1 UN-Unterhaltsübereinkommen 1956. In Deutschland ist das Bundesamt für Justiz (BfJ) Empfangs- und Übermittlungsstelle.

Umfasst sind entsprechend dem Recht des Staates der verpflichteten Person Anträge auf erstmalige Titulierung, Abänderung, Anerkennung und Vollstreckung, Art. 5 Abs. 3, Art. 8 UN-Unterhaltsübereinkommen 1956. Im Gegensatz zur EuUnthVO gilt das UN-Übereinkommen 1956 nur für Unterhaltsverpflichtungen, die auf gesetzlicher Grundlage beruhen. Die Geltendmachung von übergegangenen Ansprüchen durch eine staatliche Stelle ist im Rahmen des UN-Unterhaltsübereinkommen 1956 grds. nicht möglich (OLG Celle BeckRS 2016, 04627 = NJOZ 2016, 1071). Auf eine staatliche Stelle nach § 7 UVG, § 33 SGB II, § 94 SGB XII, § 37 BAföG übergegangene Ansprüche können allerdings seit 2018 gegenüber der Schweiz geltend gemacht werden.

2. Zur örtlichen Zuständigkeit für das Vorprüfungsverfahren → Form. R.IV.1 Anm. 2.

3. Das Verfahren ist dem in → Form. R.IV.1 Anm. 3 beschriebenen Verfahren ähnlich: Das spezialisierte Amtsgericht führt ein **Vorprüfungsverfahren** durch, ob der Antrag mutwillig oder offensichtlich unbegründet ist, §§ 7, 9 Abs. 1 Nr. 2 AUG. Das Gericht legt hier sowohl Anträge, die es für nicht mutwillig und offensichtlich unbegründet erachtet als auch solche, bei denen es dies abgelehnt, der Zentralen Behörde zur Entscheidung über die Weiterleitung vor, § 9 Abs. 4 AUG. Das BfJ übermittelt den Antrag an die ausländische Übermittlungsstelle. Diese kann nur auf diesem Weg, nicht direkt von dem Antragsteller angerufen werden (Schmidt Int. Unterhaltsrealisierung/Junggeburth § 3 Rn. 117).

Die Tätigkeit der Zentralen Behörden ist kostenfrei, Art. 9 Abs. 3 UN-Unterhaltsübereinkommen 1956. Im gerichtlichen Verfahren im Ausland darf wegen der Ausländereigenschaft keine Sicherheit verlangt werden, Art. 9 Abs. 2 UN-Unterhaltsübereinkommen 1956.

4. Grundsätzlich sind dem Gesuch auf Deutsch auch Übersetzungen von Gesuch und Anlagen in die Sprache des anderen Landes beizufügen. Diese Kosten trägt grundsätzlich die antragstellende Person. Es empfiehlt sich, die Übersetzungen zur Vermeidung von Kosten erst zu beschaffen, nachdem die Prüfstelle den deutschen Text geprüft hat. Es kann beim spezialisierten Amtsgericht ein Antrag auf Befreiung von den Übersetzungskosten nach § 10 Abs. 3 AUG gestellt werden, → Form. R.IV.1 Anm. 4.

5. Art. 3 Abs. 2–4, Art. 5 Abs. 1 und Abs. 2 UN-Unterhaltsübereinkommen 1956 iVm § 8 Abs. 3–6 AUG regeln, welche Angaben und Unterlagen erforderlich sind.

Der **Antrag an die ausländische Empfangsstelle** ist darauf gerichtet, dass die Empfangsstelle alle geeigneten Schritte unternehmen möge, um die Leistung von Unterhalt in der geforderten Höhe herbeizuführen, Art. 6 UN-Unterhaltsübereinkommen 1956. Für Inhalt und Form des Antrages an die ausländische Empfangsstelle gelten Art. 3 Abs. 4 UN-Unterhaltsübereinkommen 1956, § 8 Abs. 3 AUG. Der Antrag kann formfrei gestellt werden. Er sollte keine Abkürzungen enthalten, auch keine abgekürzten Gesetzesbezeichnungen. Hierbei ist auch evtl. besonderen Anforderungen des zu ersuchenden Staates an Form und Inhalt sowie evtl. Erforderlichkeit einer eidesstattlichen Versicherung zu genügen, § 8 Abs. 4 S. 2 AUG. Wichtige Informationsquellen insoweit sind die Webseiten der deutschen Botschaften im Ausland und der jeweiligen ausländischen Zentralen Behörde, so für die Schweiz unter https://www.bj.admin.ch/bj/de/home/gesellschaft/alimente.html (Stand 30.10.2025) und http://www.bern.diplo.de/contentblob/3283792/Daten/6066191/Download_Merkblatt_Unterhalt.pdf (Stand 30.10.2025).

Antrag und Anlagen sind auf Deutsch einzureichen und in der Sprache des Landes, an das der Antrag gerichtet wird, § 10 Abs. 1 S. 1 AUG. Für den formlosen Antrag an die ausländische Empfangsstelle, die Vollmacht für die ausländische Empfangsstelle, → Anm. 7, und den Bankverbindungsnachweis, → Anm. 8, hält das BfJ Vordrucke in mehreren Sprachen bereit unter https://www.bundesjustizamt.de/DE/Themen/Familieinternational/Unterhalt/VertragsstaatenUN/Formulare/Formulare_node.html (Stand 30.10.2025).

Textvorschlag für den formfreien **Antrag an die ausländische Empfangsstelle:**

An das Bundesamt für Justiz, Bundesrain 20, CH-3003 Bern

In Sachen

des Kindes . . . . ., geb. am . . . . ., Geschlecht: . . . . ., wohnhaft . . . . . (Deutschland), gesetzlich vertreten durch die Mutter, Frau . . . . ., geborene . . . . ., geb. am . . . . ., wohnhaft . . . . . (Deutschland),

– Antragsteller –

Verfahrensbevollmächtigter: Rechtsanwalt . . . . .

gegen

Herrn . . . . ., geb. am . . . . . in . . . . ./Deutschland, Geschlecht männlich, deutscher Staatsangehöriger, letzte bekannte Anschrift im ersuchten Staat . . . . ./Schweiz,

– Antragsgegner –

Unter Vorlage der auf uns lautenden und beigefügten Vollmacht der Kindesmutter als gesetzliche Vertreterin des antragstellenden Kindes beantragen wir, dass die Empfangsstelle alle geeigneten Schritte unternehmen möge, um die Leistung von Unterhalt in der titulierten monatlichen Höhe

einschließlich der Zahlung der bestehenden Unterhaltsrückstände für den Zeitraum . . . . . bis . . . . . in Höhe von insgesamt . . . . . herbeizuführen. Die entsprechende Vollmacht liegt bei.
Der Ast., der Schüler ist, ist deutscher Staatsangehöriger. Er ist außerhalb einer Ehe geboren. Der Ag. hat die Vaterschaft mit Zustimmung der Kindesmutter durch Urkunde des Jugendamts . . . . . am . . . . . anerkannt. Geburts- und Jugendamtsurkunde liegen bei.
Seit der Trennung seiner Eltern im Jahr . . . . . wohnt der Ast. bei seiner Mutter, die seine gesetzliche Vertreterin ist. Der Kindesvater, der ebenfalls deutscher Staatsangehöriger ist, zog am . . . . . in die Schweiz, arbeitete ab . . . . . als . . . . . bei der Firma . . . . . Die aktuellen finanziellen und wirtschaftlichen Verhältnisse des Ag. sind nicht bekannt. Der Kontakt brach . . . . . ab, so dass weder bekannt ist, ob die Anschrift des Ag. aktuell ist, noch ob er weiterhin für diesen Arbeitgeber tätig ist. Frau . . . . ., wohnhaft . . . . ., die ebenfalls in der Schweiz lebt und die ehemalige Lebenspartnerin des Ag. ist, teilte der gesetzlichen Vertreterin des Ast. bei einem zufälligen Treffen am . . . . . mündlich mit, dass der Ag. weiterhin in der Schweiz als . . . . . tätig sei.
Lichtbilder von dem Ast., seiner gesetzlichen Vertreterin und dem Ag. liegen bei.
Durch Beschluss des Amtsgerichts . . . . . vom . . . . ., Az. . . . . ., wurde der Ag. verpflichtet, an den Ast. ab . . . . . monatlich . . . . . EUR Kindesunterhalt zu zahlen. Zustellungen an den Ag. erfolgten wie folgt: des verfahrenseinleitenden Schriftstücks am . . . . ., der Ladung am . . . . ., der Entscheidung am . . . . . Die Entscheidung ist am . . . . . rechtskräftig geworden, sie ist vollstreckbar seit dem . . . . .
Seit dem . . . . . zahlt der Ag. ohne Angabe von Gründen keinen Unterhalt mehr. Auf die Aufforderung vom . . . . ., den titulierten Unterhalt zu zahlen, reagierte er nicht. Der Unterhaltsrückstand beträgt für den Zeitraum . . . . . bis . . . . . insgesamt . . . . . EUR. Eine Rückstandberechnung liegt bei.
Der festgesetzte Unterhalt soll auch in Zukunft erbracht werden.
Es kann zunächst eine Aufforderung zur freiwilligen Zahlung des monatlichen Unterhaltes einschließlich einer monatlichen Rate zur Abtragung der bestehenden Unterhaltsrückstände erfolgen. Sollte dies vergeblich sein, so wird bereits jetzt gebeten, die Forderung im Wege der Zwangsvollstreckung durchzusetzen.
Dem Schreiben sind folgende Unterlagen beigefügt: . . . . .

Rechtsanwalt

6. Nach Art. 3 Abs. 3 S. 1 UN-Unterhaltsübereinkommen 1956 sind dem Gesuch alle erheblichen Urkunden beizufügen. § 8 Abs. 5 AUG regelt, dass dem Antrag, der von einem bevollmächtigten Vertreter unterschreiben wird, seine Vollmacht beizufügen ist.

7. Die Vollmacht, die die ausländische Empfangsstelle ermächtigt, in Vertretung des Berechtigten tätig zu werden, ist dem Gesuch immer beizufügen, Art. 3 Abs. 3 S. 1 UN-Unterhaltsübereinkommen 1956. Ein nicht zwingendes Formular findet sich unter https://www.bundesjustizamt.de/DE/Themen/Familieinternational/Unterhalt/VertragsstaatenUN/Formulare/Formulare_node.html (Stand 30.10.2025).

Textvorschlag für eine formfreie Vollmacht auf der Grundlage des UN-Unterhaltsübereinkommen 1956:
Vollmacht
Auf der Grundlage des UN-Übereinkommens über die Geltendmachung von Unterhaltsansprüchen im Ausland vom 20.6.1956
erteile ich, Frau . . . . ., geboren am . . . . .,
der zuständigen Empfangsstelle nach Artikel 6 des oben genannten Übereinkommens die Vollmacht, alle geeigneten Schritte zu unternehmen, um die Leistung von Unterhalt für mein Kind . . . . ., geboren am . . . . ., als gesetzliche Vertreterin gegenüber dem Unterhaltspflichtigen . . . . ., geboren am . . . . ., herbeizuführen.
Die zuständige ausländische Empfangsstelle ist ermächtigt, die Vollmachtgeberin bei der Durchsetzung des Unterhaltsanspruchs vor allen Behörden und Gerichtsinstanzen zu vertreten, Zahlungen entgegenzunehmen, den Unterhaltsanspruch im Wege einer außergerichtlichen gütlichen Einigung oder falls erforderlich durch Erhebung und Verfolgung einer Unterhaltsklage zu regeln und die Vollstreckung eines Unterhaltstitels zu betreiben.

Der ausländischen Empfangsstelle wird das Recht zur vollständigen oder teilweisen Übertragung der Vollmacht auf andere (Untervollmacht) eingeräumt.
Diese Vollmacht schließt Abschluss gerichtlicher Vergleiche und Einlegung von Rechtsmitteln ein.
Ort, Datum und Unterschrift

8. Ein nicht zwingendes Formular findet sich unter https://www.bundesjustizamt.de/DE/Themen/Familieinternational/Unterhalt/VertragsstaatenUN/Formulare/Formulare_node.html (Stand 30.10.2025).

Textvorschlag für den Bankverbindungsnachweis
Unterhaltszahlungen sollen an folgende Bankverbindung geleistet werden:
Empfänger (Kontoinhaber): . . . . .
Anschrift des Empfängers: . . . . .
Bank des Empfängers: . . . . .
Zweigstelle: . . . . .
Bankleitzahl: . . . . .
Kontonummer: . . . . .
Verwendungszweck: Unterhalt für . . . . .
Bank Identifier Code – BIC: . . . . .
Internationale Bank Account Number – IBAN: . . . . .
. . . . .
Ort, Datum und Unterschrift

Art. 10 UN-Unterhaltsübereinkommen 1956 erleichtert Überweisungen von Geldbeträgen in das Ausland.

9. Für die Schweiz ist die Vorlage der vollstreckbaren Ausfertigung des Titels nach nationalem Vollstreckungsrecht zwingend. Bei einem Gerichtsentscheid ist ferner der Zustellungsnachweis vorzulegen. Die Schweiz verlangt zusätzlich das Formblatt V nach Art. 54 LugÜ 2007, → Form. Q.IX.

10. Die Übermittlungsstelle kann die Gewährung von Verfahrenskostenhilfe empfehlen, Art. 4 Abs. 3 UN-Unterhaltsübereinkommen 1956. Nach Art. 9 Abs. 1 UN-Unterhaltsübereinkommen 1956 genießt der Berechtigte die gleiche Behandlung und Befreiungen von der Zahlung von Gebühren und Auslagen wie Bewohner oder Staatsangehörige des Staates, in dem das Verfahren anhängig ist. Wenn der Berechtigte nicht minderjährig ist, ist noch eine Erklärung über die persönlichen und wirtschaftlichen Verhältnisse beizufügen.

11. Für Kinder ab dem 16. Lebensjahr sind Schul- oder Ausbildungsbescheinigung vorzulegen, Art. 3 Abs. 4 lit. a UN-Unterhaltsübereinkommen 1956.

12. Die Rückstandberechnung sollte möglichst einfach und mit wenig Text versehen sein.

13. Die Verpflichtung folgt aus Art. 3 Abs. 3 S. 2 UN-Unterhaltsübereinkommen 1956, wobei das Bild des Verpflichteten fakultativ ist. Die Bilder sollten sich auf einem festen Bogen befinden und mit Vermerken versehen sein, wer auf dem jeweiligen Bild dargestellt ist.

14. Nach § 9 Abs. 3 AUG sind zwar drei beglaubigte Abschriften erforderlich. Das BfJ akzeptiert aber, da in der Praxis regelmäßig ausreichend, eine beglaubigte Kopie. Für das Amtsgericht sind die Anlagen als einfache Kopie zusätzlich beizufügen.

4. Antrag auf Unterstützung bei der Geltendmachung von Unterhaltsansprüchen bei Verbürgung der förmlichen Gegenseitigkeit

An das

Amtsgericht . . . . .[1, 2]

Antrag auf Unterstützung bei der Geltendmachung von Unterhaltsansprüchen in einem Staat, mit dem die Gegenseitigkeit verbürgt ist

In Sachen

der Frau . . . . ., wohnhaft . . . . . (Deutschland),

– Antragstellerin –

Verfahrensbevollmächtigter: Rechtsanwalt . . . . .

gegen

Herrn . . . . ., geb. am . . . . . in . . . . ., wohnhaft . . . . ./Kanada

– Antragsgegner –

Wir überreichen unter Vorlage der auf uns lautenden Vollmacht einen Antrag auf Unterhaltsvollstreckung in . . . . ./Kanada nebst Anlagen.

Es wird um Bescheinigung der Erfolgsaussicht und Übersendung der Unterlagen an das Bundesamt für Justiz als deutscher Zentraler Behörde gebeten, damit von dort bei der Durchsetzung der Ansprüche unterstützt werden kann, indem das Gesuch an die ausländische Zentrale Behörde weitergeleitet wird und die Vollstreckung in das Gehalt des Ag. als . . . . . bei der Firma . . . . . in . . . . ./Kanada betrieben wird.[3]

Außerdem wird beantragt, die Ast. für das Verfahren von der Erstattungspflicht für die Kosten der von der Zentralen Behörde zu veranlassenden Übersetzungen zu befreien.[4]

Sollten weitere Unterlagen oder Informationen erforderlich sein, wird um kurzfristigen Hinweis gebeten.

Rechtsanwalt

Anlagen:[5]

- zweisprachige Erklärung zur Unterhaltsverpflichtung[6]
- Registration Statement (Registrierungserklärung)[7]
- zweisprachige Erklärung über Zahlungsrückstand[8]
- zweisprachige Forderungsaufstellung mit Zahlungsübersicht[9]
- Geburts- und Vaterschaftsanerkenntnisurkunde
- (nebst Übersetzungen – wenn kein Befreiungsantrag gestellt wird)
- beglaubigte Abschrift der vollstreckbareren Ausfertigung des Unterhaltstitels vom . . . . .
- (nebst Übersetzungen – wenn kein Befreiungsantrag gestellt wird)
- Erklärung über die persönlichen und wirtschaftlichen Verhältnisse
- vier beglaubigte Abschriften und eine einfache Abschrift sämtlicher Anlagen

Anmerkungen

1. Geht es um die Geltendmachung von Unterhaltsansprüchen in Staaten, mit denen weder völkerrechtliche Verträge noch internationale Übereinkommen gelten, → Form. R.IV.1 Anm. 1, besteht neben der Möglichkeit, den Unterhalt direkt im Ausland geltend zu machen, der Rechtsverkehr, wenn die **förmliche Gegenseitigkeit** für die Geltendmachung von Unterhaltsansprüchen verbürgt worden ist. Hier bestehen staatsvertragliche Vereinbarungen über die Durchsetzung von Unterhaltsansprüchen (Bekanntmachung über die Feststellung der Gegenseitigkeit für die Geltendmachung von Unterhaltsansprüchen nach dem Auslandsunterhaltsgesetz vom 18.6.2011; BGBl. 2011 I 1109; https://www.gesetze-im-internet.de/aug2011uhbek/BJNR110900011.html (Stand 30.10.2025); Mit acht kanadischen Provinzen und der Republik Südafrika ist diese förmliche Gegenseitigkeit derzeit eröffnet; Vertragsstaatenliste unter https://www.bundesjustizamt.de/DE/Themen/Familieinternational/Unterhalt/FoermlicheGegenseitigkeit/FoermlicheGegenseitigkeit_node.html (Stand 30.10.2025). Bezüglich der US-Bundesstaaten ist zu beachten, dass seit 1.1.2017 im Verhältnis mit den gesamten Vereinigten Staaten von Amerika das HUntÜbk 2007 gilt. Auch für die kanadischen Provinzen Ontario, Manitoba und British Columbia gilt nun das HUntÜbk 2007, → Form. Q.VIII Anm. 1. Es kann nun ein Antrag auf Unterstützung bei Anerkennung und Vollstreckung von Unterhalt im Ausland nach dem HUntÜbk 2007 gestellt werden, → Form. R.IV.2.

Die nationale Umsetzung in Deutschland bei förmlicher Gegenseitigkeit erfolgt über das AUG, § 1 Abs. 1 Nr. 3 AUG. Das Bundesamt für Justiz (BfJ) unterstützt als **Empfangs- und Übermittlungsstelle** bei der Unterhaltsverfolgung und -durchsetzung. Es ist befugt, direkt mit den im Ausland zuständigen Stellen zu korrespondieren, § 4 Abs. 1 AUG. Lediglich im Verhältnis zu der Republik Südafrika muss der diplomatische Weg eingehalten werden. Für das außergerichtliche Verfahren sowie die Tätigkeit der Zentralen Behörde werden keine Gebühren erhoben.

Grundsätzlich besteht nach dem AUG die Möglichkeit, sowohl gesetzliche Unterhaltsansprüche aus Verwandtschaft als auch aus der Ehe resultierende Unterhaltsverpflichtungen erstmalig geltend zu machen, eine Entscheidung anerkennen zu lassen und zu vollstrecken. Gütliche Einigungen werden unterstützt. Im Rahmen des Kindesunterhalts ist es möglich, im Vorfeld gerichtlich eine Vaterschaft feststellen zu lassen.

Ein Teil der kanadischen Provinzen, mit denen die förmliche Gegenseitigkeit verbürgt ist, hat die Erklärung der Gegenseitigkeit allerdings auf Kindesunterhalt beschränkt bzw. für Ehegattenunterhalt an die Bedingung der gleichzeitigen Geltendmachung von Kindesunterhalt geknüpft. Informationen hierzu finden in der angegebenen Vertragsstaatenliste. Darüber hinaus kann es betreffend Volljährigenunterhalt über das 19 ½. bzw. 21. Lebensjahr hinaus teilweise zu Ablehnungen kommen.

2. Zur örtlichen Zuständigkeit für das Vorprüfungsverfahren → Form. R.IV.1 Anm. 2.

3. Das Amtsgericht am Sitz des Oberlandesgerichts führt ein **Vorprüfungsverfahren** nach § 7 AUG durch, indem es gemäß § 9 Abs. 1 S. 1 Nr. 1 AUG prüft, ob das Gesuch nach deutschem Recht hinreichende Aussicht auf Erfolg haben würde. Das Amtsgericht stellt dann eine **Bescheinigung über die hinreichende Erfolgsaussicht** aus, § 9 Abs. 1 S. 2 AUG und veranlasst deren Übersetzung. Das Amtsgericht kann sich des im Verhältnis zu US-Bundesstaaten entwickelten nicht zwingenden zweisprachigen Formulars bedienen (https://www.bundesjustizamt.de/DE/Themen/Familieinternational/Unterhalt/FoermlicheGegenseitigkeit/Formulare/Formulare_node.html (Stand 30.10.2025)). Sodann übersendet das Amtsgericht den Antrag mit Anlagen und der Bescheinigung über die hinreichende Erfolgsaussicht an das BfJ als deutscher Zentralen Behörde. Andernfalls lehnt das Amtsgericht das Gesuch ab, wobei es seine Entscheidung zu begründen und der antragstellenden Partei mit einer Rechtsmittelbelehrung zuzustellen hat (sie ist nach § 23 EGGVG anfechtbar), § 9 Abs. 2 AUG. Die **Zentrale Behörde** prüft, ob das Gesuch den förmlichen Anforderungen des einzuleitenden ausl. Verfahrens genügt. Sind sie erfüllt, leitet sie das Gesuch an die im Ausland bestimmte Stelle weiter.

4. Es sind Übersetzungen beizubringen, deren Kosten die antragstellende Person grundsätzlich zu tragen hat. Es empfiehlt sich, im Fall der Bedürftigkeit beim zuständigen Amtsgericht einen Antrag auf Befreiung von der Erstattungspflicht für die Kosten der Übersetzung gemäß § 10 Abs. 3 AUG zu stellen.

5. Es ist ein formfreier Antrag gerichtet an die Empfangsstelle des ausländischen Staates in beiden Sprachen zu stellen, § 8 Abs. 5 AUG. Die erforderlichen Angaben ergeben sich aus § 8 Abs. 2 und Abs. 4 AUG. Bei mehreren Antragstellern, zB bei der Geltendmachung von Kindes- und Ehegattenunterhalt, sind alle Angaben in einem Formular zu machen. Da auf das ausländische Rechtsverständnis abzustellen ist, ist betreffend Kindesunterhalt immer diejenige Person antragstellende Person, die die elterliche Sorge innehat. Dies gilt auch nach rechtskräftiger Scheidung der Ehe. Denn auf das deutsche Rechtsverständnis kommt es insoweit nicht an. Es empfiehlt sich, das nicht zwingende zweisprachige Formular zu benutzen, das das BfJ bereithält, → Anm. 6. Dem Antrag sind Personenstandsurkunden und alle sachdienlichen Schriftstücke in Urschrift, Ausfertigung oder beglaubigter Abschrift beizufügen, § 8 Abs. 3 AUG. Hierzu zählen Unterhaltsentscheidung, Heiratsurkunde, Scheidungsentscheidung, Vaterschaftsanerkennungsurkunde sowie Nachweis der Vertretungsberechtigung für die Antragstellung (zB Vollmacht eines Rechtsanwalts, Sorgerechtsentscheidung, Urkunde über eine wirksame Pfleger- oder Vormundbestellung). Es ist empfehlenswert, den Betrag in die ausländische Währung unter Angabe des aktuellen Umrechnungskurses umzurechnen. Notwendig und zweckmäßig ist ferner eine eidesstattliche Versicherung der antragstellenden Person bzw. ihres gesetzlichen Vertreters hinsichtlich der Richtigkeit sämtlicher Angaben des Gesuchs, sofern diese Versicherung nicht bereits im Gesuch enthalten ist. Erforderlich ist auch eine spezifizierte monatliche Unterhaltsrückstandsberechnung mit einer besonderen eidesstattlichen Versicherung. Jedes Schriftstück ist deutsch- und englischsprachig einzureichen. Übersetzungen sind durch einen vereidigten Übersetzer zu fertigen. Die Blattsammlung ist vierfach in beglaubigter Form und einmal in einfacher Form für das Amtsgericht vorzulegen.

6. Die erforderlichen Angaben in dem formfreien Antrag, gerichtet an die Empfangsstelle des ausländischen Staates, ergeben sich aus § 8 Abs. 2 und Abs. 4 AUG. Danach soll der Antrag alle Angaben enthalten, die für die Geltendmachung des Anspruches von Bedeutung sein können. Hierzu zählen insbesondere:

- die berechtigte Person betreffend: Familien- und Vornamen, Anschrift, Geburtsdatum, Staatsangehörigkeit, Beruf, Beschäftigung, ggf. Name und Anschrift des gesetzlichen Vertreters;
- die verpflichtete Person betreffend: Familien- und Vornamen, Anschrift, Geburtsdatum, -ort und -staat, Staatsangehörigkeit, Beruf, Beschäftigung, soweit der Berechtigte diese Angaben machen kann;
- den Anspruch betreffend: nähere Angaben über die Tatsachen, auf die der Anspruch gestützt wird; über die Art und Höhe des geforderten Unterhalts; über die finanziellen und familiären Verhältnisse der berechtigten Person, sofern dies für die Entscheidung bedeutsam ist; über die finanziellen und familiären Verhältnisse der verpflichteten Person, soweit bekannt.

Der Antrag ist gemäß § 8 Abs. 4 AUG von der antragstellenden Partei, deren gesetzlichem Vertreter bzw. einem bevollmächtigten Vertreter zu unterschreiben. Sofern dies nach dem Recht des ersuchten Staates erforderlich ist, bedarf es einer eidesstattlichen Versicherung der Richtigkeit der Angaben. Besondere Anforderungen des ersuchenden Staates an Form und Inhalt des Ersuchens ist nach § 8 Abs. 4 S. 3 AUG zu genügen, wenn keine zwingenden deutschen Vorschriften entgegenstehen. Das Gesuch ist in deutscher und in englischer Sprache einzureichen.

Es empfiehlt sich, das auf die USA zugeschnittene zweisprachige Formular zu benutzen, das das BfJ nebst einer Ausfüllanleitung unter https://www.bundesjustizamt.de/DE/Themen/Familieinternational/Unterhalt/FoermlicheGegenseitigkeit/Formulare/Formulare_node.html (Stand 30.10.2025) bereithält.

Beispiel eines Gesuchs:
Name, address, telephone
Name, Adresse, Telefon
Attorneys . . . . .
Attorney for petitioner or petitioning authority
Rechtsanwalt des Antragstellers, antragstellende Behörde, Antragsteller oder sein gesetzlicher Vertreter
Court:
Gericht:
. . . . . *Kanada*

Petitioner *Mrs* . . . . . **Petition for/Antrag auf:**

Antragsteller *Frau* . . . . .

Erstmalige Unterhaltsfestsetzung und Erwirkung einer Entscheidung
Establishment of an order for support [ ]

Ex rel *Mrs* . . . . .
Im Namen des *Frau* . . . . .
(Obligee)
(Unterhaltsberechtigter)

Reimbursement of social benefits
Rückerstattung von Unterhaltsvorschüssen bzw. Sozialhilfe [ ]

Registration of a foreign support order
Anerkennung einer ausländischen Unterhaltsentscheidung [ ]

vs./gegen

Enforcement of existing support order
Vollstreckung einer bestehenden Unterhaltsentscheidung [x]

Collection of arrearages
Beitreibung von Rückständen [x]

Respondent *Mr* . . . . .
Antragsgegner *Herr* . . . . .

Establishment of paternity
Feststellung der Vaterschaft [ ]

Pursuant to the Uniform Reciprocal Enforcement of Support Act:

Unter Bezugnahme auf das Auslandsunterhaltsgesetz bzw. den Uniform Reciprocal Enforcement of Support Act:
Petitioner alleges:
Der Antragsteller erklärt:

I.

Listed are the obligees of the respondent:
Bezeichnung der im gegenständlichen Verfahren betroffenen Unterhaltsberechtigten:
Name: *Mrs* . . . . .
Name: *Frau* . . . . .
Date and place of birth: . . . . . *in* . . . . .
Geburtsdatum und -ort: . . . . . *in* . . . . .
Nationality: . . . . .
Staatsbürgerschaft: . . . . .
Residence: . . . . ., *Germany*
Wohnsitz: . . . . ., *Deutschland*
Occupation: . . . . .
Beruf: . . . . .

II.

The marital status and support obligation of respondent:
Familienstand des Antragsgegners und Grund der Unterhaltsverpflichtung:
The respondent is the obligees:
Der Antragsgegner ist im Verhältnis zu den Unterhaltsberechtigten:

[] Noncustodial parent
nicht sorgeberechtigter Elternteil

[x] Spouse
Ehegatte

[] Former Spouse
früherer Ehegatte

[x] Married on . . . . . in . . . . .
verheiratet seit . . . . . in . . . . .

[x] Separated on . . . . . at . . . . .
Getrennt seit . . . . . in . . . . .

[] Divorced on . . . . . at . . . . .
Geschieden seit . . . . . in . . . . .

[] Never married
nicht verheiratet gewesen

[] Parentage established (order attached)
Vaterschaft festgestellt (Nachweis samt Übersetzung ist beigefügt)

[] Parentage not established (Attached statement sworn before a notary, an official authorized to take an oath or by a consular officer).
Vaterschaft nicht festgestellt (Beigefügt ist eine vor einem Notar, einer hierzu befugten Amtsperson oder einem Konsulat abgegebene Erklärung/eidesstattliche Versicherung).

III.

________________________ is the other parent of the obligees and

(Name) resides at . . . . .

________________________ ist der andere Elternteil des Unterhaltsberechtigten und wohnhaft in . . . . .

(Name)

IV.

Respondent was ordered to pay
Der Antragsgegner wurde verpflichtet zu zahlen

[x] Spousal support in the amount of . . . . . CAD weekly/*monthly*

Ehegattenunterhalt in Höhe von . . . . . *EUR* wöchentlich/*monatlich*[1]

(order attached)

(Nachweis samt Übersetzung beigefügt)

[ ] Child support in the amount of USD ____________ weekly/monthly

USD ____________ weekly/monthly

Kindesunterhalt in Höhe von EUR __________ wöchentlich/monatlich

EUR __________ wöchentlich/monatlich

(order attached)

(Nachweis samt Übersetzung beigefügt)

[x] Respondent is in arrears in the amount of . . . . . *CAD*

Der Antragsgegner ist in Zahlungsrückstand in Höhe von . . . . . EUR

(statement attached)

(Erklärung samt Übersetzung beigefügt)

[1] rate of exchange . . . . . *(date): 1 EUR = ... CAD*
Umrechnungskurs . . . . . *(Datum): 1 EUR = ... CAD*

V.

The financial circumstances of the oblige(s) are as follows:
Die finanziellen Verhältnisse des (der) Unterhaltsberechtigten sind wie folgt:

[ ] Named children are receiving monthly the sum of in social assistance USD ____________

Folgende Kinder erhalten monatlich insgesamt als Sozialhilfe oder sonstige Sozialunterstützung EUR ____________

[ ] During the period of ________ to ________ the sum of USD ____________

in social assistance was paid for their support.

(Statement attached)

In der Zeit von _________ bis _________ sind insgesamt EUR ___________
an Sozialhilfe (sonstige Sozialunterstützung) für ihren Unterhalt gezahlt worden.
(Erklärung samt Übersetzung beigefügt).

The children are not receiving social assistance and the necessary expenses are USD _____, as set out in the attached statement
Die Kinder erhalten keine Sozialhilfe oder sonstige Sozialunterstützung und die notwendigen Kosten betragen EUR _________, wie in der beigefügten Erklärung ausgeführt wird.
The children are receiving payments in advance by the state because the respondent does not comply with his obligation to support them; the monthly advance payments are USD _________.
Die Kinder erhalten Unterhaltsvorschüsse im monatlichen Betrag von EUR _________.

VI.

Information about the respondent follows:
Informationen über den Antragsgegner:
Address: . . . . ., *Kanada*
Adresse: . . . . ., *Kanada*
Employer: . . . . ., ...
Arbeitgeber: . . . . ., ... (Anschrift)
Occupation: . . . . .
Beruf: . . . . .
Salary (monthly net-income) and other property: . . . . . *CAD pre-tax*
Einkommen (monatliches Nettoeinkommen) und anderes Vermögen: . . . . . *CAD brutto*

Date of birth: . . . . . Place of birth: . . . . .
Geburtsdatum: . . . . . Geburtsort: . . . . .

Social Security No: . . . . . or: *unknown*
Sozialversicherungsnummer: . . . . . oder: *unbekannt*
Nationality: . . . . .
Staatsangehörigkeit: . . . . .
Description or photo: *picture attached*
Personenbeschreibung oder Lichtbild: *Bild beigefügt*

Height: . . . . . *feet* . . . . . *Inches*	Weight: *unknown*	Eyes:	Hair: . . . . .
Größe: . . . . . *cm*	Gewicht: *unbekannt*	Augen:	Haare: . . . . .
Complexion:	Origin:		
Hautfarbe:	Herkunftsland:		

VII.

Petitioner requests the following:
Der Antragsteller verlangt:

A. [x] Registration of the support order attached hereto.
Anerkennung und Vollstreckung der beigefügten Unterhaltsentscheidung.

Three certified copies of the following described support order together with all modifications, if any, are filed with this statement.
Mit dieser Erklärung sind drei beglaubigte Kopien der Unterhaltsentscheidung einschließlich aller Abänderungen vorzulegen.

a. Name of state and title of court

Bezeichnung des Staates und Gerichts

Local court:	*district court* . . . . .
Gericht:	*Amtsgericht* . . . . .
State of:	*Germany*
des Staates:	*Deutschland*
Country of:	. . . . .
des Bezirkes:	

The support order is registered or recognized for enforcement in the following states (specify title and the location of court, in each state):
Die Unterhaltsentscheidung ist in folgenden Staaten (genaue Bezeichnung des Gerichts und des Gerichtsortes in jedem Staat) registriert oder zwecks Vollstreckung anerkannt:

b. Name of state and title of court

Bezeichnung des Staates und Gerichts

Local court:	*district court* . . . . .
Gericht:	*Amtsgericht* . . . . .
State of:	*Germany*
des Staates:	*Deutschland*
Country of:	. . . . .
des Bezirkes:	

B. [x] An order directing respondent to pay support in the amount of . . . . . *CAD* per month for

Eine vollstreckbare gerichtliche Entscheidung gegen den Antragsgegner über monatliche . . . . . EUR soll erwirkt werden für

[ ] each child

jedes Kind

[x] spouse

Ehegatten

[ ] former spouse

früheren Ehegatten

C. [x] An order directing respondent to pay . . . . . *CAD* as arrearages, said amount to be paid:

Eine vollstreckbare gerichtliche Entscheidung gegen den Antragsgegner zur Zahlung der Rückstände im Betrag von . . . . . EUR soll erwirkt werden:

[x] in one sum

als einmalige Summe

[ ] at USD _____________ per month until paid

in monatlichen Raten von EUR _____________

D. [ ] An order directing respondent to pay USD _____________ as reimbursement for social assistance, said amount to be paid:

Eine vollstreckbare gerichtliche Entscheidung gegen den Antragsgegner zur Rückzahlung geleisteter Sozialhilfe im Betrag von EUR ___________ soll erwirkt werden:

[ ] in one sum

als einmalige Summe

[ ] at USD ______________ per month until paid

in monatlichen Raten von EUR ______________

E. [x] An order directing that all payments be made to *the attorney of petitioner*

and forwarded to *Mrs* . . . . .

Eine vollstreckbare gerichtliche Entscheidung soll erwirkt werden, dass alle Zahlungen zu leisten sind an den *Antragstellervertreter* und weiterzuleiten sind an *Frau* . . . . .

Dated . . . . . Attorney for petitioner or petitioning authority ______________

Datum . . . . . Rechtsanwalt des Antragstellers oder antragstellende Behörde, Antragsteller oder sein gesetzlicher Vertreter

I declare under penalty of perjury, that the foregoing information is true and correct to the best of my knowledge and belief.
Ich versichere, obige Angaben nach bestem Wissen und Gewissen gemacht zu haben und bekräftige die Richtigkeit der vorstehenden Angaben an Eides Statt.

Dated: . . . . .

Datum: . . . . .

Signature:

Unterschrift:

Petitioner

Antragsteller

bzw.

Attorney for petitioner

or petitioning authority

Rechtsanwalt des Antragstellers

oder antragstellende Behörde

Subscribed and sworn to before me this day of . . . . . (1)

____

SEAL Signature

Vor mir unterschrieben und als richtig bekräftigt/an Eides Statt versichert

am . . . . .

Siegel

____

Unterschrift

1. **This oath must be taken by a notary, or other official authorized to take an oath or by a competent consular officer.**
Diese Erklärung muss vor einem Notar, einer hierzu berechtigten Amtsperson (Richter) oder einem zuständigen Konsulatsbeamten abgegeben werden.

7. Der Vordruck einer Registrierungserklärung findet sich unter https://www.bundesjustizamt.de/DE/Themen/Familieinternational/Unterhalt/FoermlicheGegenseitigkeit/Formulare/Formulare_node.html (Stand 30.10.2025). Diese ist nur in englischer Sprache auszufüllen.

8. Es ist eine spezifizierte Rückstandsberechnung auf monatlicher Abrechnungsbasis vorzunehmen. Es empfiehlt sich, beide Formulare zu nutzen, nämlich Erklärung über Zahlungsrückstände (mit Tabellen)", s. im Beispiel und „Tabelle 1 zur Erklärung über Zahlungsrückstände (Arbeitshilfe)", beide unter https://www.bundesjustizamt.de/DE/Themen/Familieinternational/Unterhalt/FoermlicheGegenseitigkeit/Formulare/Formulare_node.html (Stand 30.10.2025), → Anm. 9.

Beispiel einer Erklärung über Zahlungsrückstände:

Statement of arrearages
Erklärung über Zahlungsrückstand

Court	***district court***	**No** . . . . . ***F*** . . . . . / . . . . .
Gericht	***Amtsgericht***	**Az**. . . . . **F** . . . . . / . . . . .
Plaintiff	***Mrs***	
Antragsteller	***Frau***	
vs.		
gegen		
Defendant	***Mr***	
Antragsgegner	***Herr***	

Court order: ***district court*** . . . . . **Dated:** . . . . .
Entscheidung: ***Amtsgericht*** . . . . . **vom:** . . . . .

	Amount ordered: . . . . . ***CAD***
	festgesetzter Betrag: . . . . . ***EUR***
	Commencing: . . . . .
	beginnend mit: . . . . .
	Action number: . . . . . ***F*** . . . . . / . . . . .
	Aktenzeichen: . . . . . ***F*** . . . . . / . . . . .

Year Jahr	amount owed geschuldeter Betrag	amount paid gezahlter Betrag	amount in arrears rückständiger Betrag
. . . . .	. . . . . *CAD*	. . . . . USD	. . . . . *CAD*
Total	. . . . . *CAD*	. . . . . USD	. . . . . *CAD*
	. . . . . EUR	. . . . . EUR	. . . . . EUR

I declare under penalty of perjury, that the foregoing information is true and correct to the best of my knowledge and belief.
Ich versichere, obige Angaben nach bestem Wissen und Gewissen gemacht zu machen und bekräftige die Richtigkeit der vorstehenden Angaben an Eides Statt.

Dated:	**Signature:**	
Datum:	**Unterschrift:**	
	Obligee	
	Unterhaltsberechtigter	
	bzw.	
	Custodian	
	Inhaber der elterlichen Sorge	
	Attorney for petitioner or petitioning authority	
	bzw.	
	Rechtsanwalt des Antragstellers	
	oder der antragstellenden Behörde	

Subscribed and sworn to before me this ___________ day of . . . . . ***(1)***

Vor mir unterschrieben und an Eides Statt versichert am . . . . .

SEAL		
Siegel	***Signature***	
	Unterschrift	

1. **This oath must be taken by a notary, any other official authorized to take an oath or by a competent consulat officer.**
   Diese Erklärung muss vor einem Notar, einer hierzu berechtigten Amtsperson (Richter) oder einem zuständigen Konsulatsbeamten abgegeben werden.

9. Der Monatsübersicht ist teilweise wichtig. Unter dem angegebenen Link, → Anm. 8, findet sich das zweisprachige Formular „Tabelle 1 zur Erklärung über Zahlungsrückstände (Arbeitshilfe)".

Sachverzeichnis

Die fettgesetzten Großbuchstaben, römischen und arabischen Ziffern beziehen sich auf die Systematik, die nachfolgenden mageren Ziffern kennzeichnen die betreffende Anmerkung.